KODEX

DES ÖSTERREICHISCHEN RECHTS

Herausgeber: em. o. Univ.-Prof. Dr. Werner Doralt
Redaktion: Dr. Veronika Doralt

LEBENSMITTEL-RECHT

bearbeitet von

Dr. Amire MAHMOOD
Bundesministerium für Soziales, Gesundheit, Pflege und Konsumentenschutz

Rubbeln Sie Ihren persönlichen Code frei und laden
Sie diesen Kodexband kostenlos in die Kodex App!

D1690922

Der Code kann bis zum Erscheinen der Neuauflage eingelöst werden.
Beachten Sie bitte, dass das Aufrubbeln des Feldes
zum Kauf des Buches verpflichtet!

Benützungsanleitung: Die Novellen sind nach dem Muster der Wiederverlautbarung in Kursivdruck jeweils am Ende eines Paragraphen, eines Absatzes oder einer Ziffer durch Angabe des Bundesgesetzblattes in Klammer ausgewiesen. Soweit nach Meinung des Bearbeiters ein Bedarf nach einem genauen Novellenausweis besteht, ist der geänderte Text zusätzlich durch Anführungszeichen hervorgehoben.

KODEX
DES ÖSTERREICHISCHEN RECHTS

VERFASSUNGSRECHT	SV DURCHFÜHRUNGSVORSCHRIFTEN
PARLAMENTSRECHT	STEUERGESETZE
EUROPARECHT (EU-VERFASSUNGSRECHT)	STEUER-ERLÄSSE I – IV
VÖLKERRECHT	EU-STEUERRECHT
SCHIEDSVERFAHREN	EStG – RICHTLINIENKOMMENTAR
EINFÜHRUNGSGESETZE ABGB und B-VG	LSt – RICHTLINIENKOMMENTAR
BÜRGERLICHES RECHT	KStG – RICHTLINIENKOMMENTAR
UNTERNEHMENSRECHT	UmGrStG – RICHTLINIENKOMMENTAR
ZIVILGERICHTLICHES VERFAHREN	UStG – RICHTLINIENKOMMENTAR
INTERNATIONALES PRIVATRECHT	DOPPELBESTEUERUNGSABKOMMEN
FAMILIENRECHT	ZOLLRECHT UND VERBRAUCHSTEUERN
STRAFRECHT	RECHNUNGSLEGUNG UND PRÜFUNG
IT-STRAFRECHT	INTERNATIONALE RECHNUNGSLEGUNG
GERICHTSORGANISATION	VERKEHRSRECHT
ANWALTS- UND GERICHTSTARIFE	WEHRRECHT
JUSTIZGESETZE	ÄRZTERECHT
WOHNUNGSGESETZE	GESUNDHEITSBERUFE I + II
FINANZMARKTRECHT I	KRANKENANSTALTENGESETZE
FINANZMARKTRECHT II	LEBENSMITTELRECHT
FINANZMARKTRECHT III	VETERINÄRRECHT
FINANZMARKTRECHT IV	UMWELTRECHT
FINANZMARKTRECHT V	EU-UMWELTRECHT
VERSICHERUNGSRECHT I + II	EU-CHEMIKALIENRECHT
COMPLIANCE FÜR UNTERNEHMEN	CHEMIKALIENGESETZE
WIRTSCHAFTSGESETZE I + II	WASSERRECHT
UNLAUTERER WETTBEWERB	ABFALLRECHT
TELEKOMMUNIKATION	SCHULGESETZE
WETTBEWERBS- und KARTELLRECHT	UNIVERSITÄTSRECHT
DATENSCHUTZ	INNERE VERWALTNG
ENERGIERECHT	BESONDERES VERWALTUNGSRECHT
IP-/IT-RECHT	ASYL- UND FREMDENRECHT
VERGABEGESETZE	POLIZEIRECHT
ARBEITSRECHT	VERWALTUNGSVERFAHRENSGESETZE
EU-ARBEITSRECHT	LANDESRECHT TIROL I + II
ARBEITNEHMERSCHUTZ	LANDESRECHT VORARLBERG
SOZIALVERSICHERUNG I + II	

ISBN: 978-3-7007-7645-1

LexisNexis Verlag ARD ORAC GmbH & CoKG, 1020 Wien, Trabrennstraße 2A
Druck: Prime Rate GmbH, Budapest

Alle Rechte, insbesondere das Recht der Vervielfältigung und Verbreitung sowie der Übersetzung, vorbehalten. Kein Teil des Werkes darf in irgendeiner Form ohne schriftliche Genehmigung des Verlags reproduziert oder unter Verwendung elektronischer Systeme gespeichert, verarbeitet, vervielfältigt oder verbreitet werden. Alle Angaben in diesem Fachbuch sowie digitale Ausgabemedien (wie Apps, E-Books udgl.), die diesen Inhalt enthalten, erfolgen trotz sorgfältiger Bearbeitung ohne Gewähr; eine Haftung des Verlags, des Herausgebers, der Bearbeiter sowie der Software-Entwickler ist ausgeschlossen.

Vorwort

Die Neuauflage des Kodex berücksichtigt die seit der 19. Auflage erfolgten Änderungen der einschlägigen Rechtsvorschriften.

Die am 31. Dezember 2021 kundgemachten Novellen zum Lebensmittelsicherheits- und Verbraucherschutzgesetz und zum EU-Qualitätsregelungen-Durchführungsgesetz wurden eingearbeitet.

Wien, März 2022   *Dr. Amire Mahmood*

Inhaltsverzeichnis

1. **Lebensmittelsicherheits- und Verbraucherschutzgesetz – LMSVG**
   1/1. Verordnung über die Information der Öffentlichkeit durch Lebensmittelunternehmer im Einzelhandel
2. **Kennzeichnung**
   2/1. Verordnung (EU) Nr. 1169/2011 betreffend die Information der Verbraucher über Lebensmittel
   2/2. Durchführungsverordnung (EU) Nr. 1337/2013 mit Durchführungsbestimmungen zur Verordnung (EU) Nr. 1169/2011 des Europäischen Parlaments und des Rates hinsichtlich der Angabe des Ursprungslandes bzw. Herkunftsortes von frischem, gekühltem oder gefrorenem Schweine-, Schaf-, Ziegen- und Geflügelfleisch
   2/3. Durchführungsverordnung (EU) 2018/775 mit den Einzelheiten zur Anwendung von Artikel 26 Absatz 3 der Verordnung (EU) Nr. 1169/2011 des Europäischen Parlaments und des Rates betreffend die Information der Verbraucher über Lebensmittel hinsichtlich der Vorschriften für die Angabe des Ursprungslands oder Herkunftsorts der primären Zutat eines Lebensmittels
   2/4. Durchführungsverordnung (EU) Nr. 828/2014 über die Anforderungen an die Bereitstellung von Informationen für Verbraucher über das Nichtvorhandensein oder das reduzierte Vorhandensein von Gluten in Lebensmitteln
   2/5. Allergeninformationsverordnung
   2/5/1. Leitlinie Allergeninformation
   2/5/2. Leitlinie Personalschulung
   2/6. Loskennzeichnungsverordnung
   2/7. Verordnung über die Verpflichtung zur Weitergabe von Informationen über die Herkunft von Fleisch, Milch und Eiern entlang der Lieferkette von Lebensmittelunternehmen
3. **Lebensmittel**
   3/1. Verordnung über tiefgefrorene Lebensmittel
   3/2. Kaseine-Verordnung
   3/3. Verordnung über die Behandlung von Lebensmitteln und Verzehrprodukten mit ionisierenden Strahlen
   3/4. Verordnung über Kaffee- und Zichorienextrakte
   3/5. Schädlingsbekämpfungsmittel-Höchstwerteverordnung
   3/6. Zuckerverordnung
   3/7. Schokoladeverordnung
   3/8. Honigverordnung
   3/9. Trockenmilchverordnung
   3/10. Fruchtsaftverordnung
   3/11. Nahrungsergänzungsmittelverordnung – NEMV
   3/12. Konfitürenverordnung 2004
4. **Lebensmittel für spezielle Gruppen**
   4/1. Verordnung (EU) Nr. 609/2013 über Lebensmittel für Säuglinge und Kleinkinder, Lebensmittel für besondere medizinische Zwecke und Tagesrationen für gewichtskontrollierende Ernährung
   4/2. Delegierte Verordnung (EU) 2016/127 zur Ergänzung der Verordnung (EU) Nr. 609/2013 des Europäischen Parlaments und des Rates im Hinblick auf die besonderen Zusammensetzungs- und Informationsanforderungen für Säuglingsanfangsnahrung und Folgenahrung und hinsichtlich der Informationen, die bezüglich der Ernährung von Säuglingen und Kleinkindern bereitzustellen sind
   4/3. Delegierte Verordnung (EU) 2016/128 zur Ergänzung der Verordnung (EU) Nr. 609/2013 des Europäischen Parlaments und des Rates im Hinblick auf die besonderen Zusammensetzungs- und Informationsanforderungen für Lebensmittel für besondere medizinische Zwecke

4/4. Delegierte Verordnung (EU) 2017/1798 zur Ergänzung der Verordnung (EU) Nr. 609/2013 des Europäischen Parlaments und des Rates hinsichtlich der besonderen Zusammensetzungs- und Informationsanforderungen an Tagesrationen für gewichtskontrollierende Ernährung

4/5. Verordnung über Getreidebeikost und andere Beikost für Säuglinge und Kleinkinder

4/6. Verordnung über Lebensmittel für kalorienarme Ernährung zur Gewichtsverringerung

5. Wasser

5/1. Trinkwasserverordnung – TWV

5/2. Mineralwasser- und Quellwasserverordnung

5/3. Verordnung (EU) Nr. 115/2010 zur Festlegung der Bedingungen für die Verwendung von aktiviertem Aluminiumoxid zur Entfernung von Fluorid aus natürlichen Mineralwässern und Quellwässern

6. Zusatzstoffe

6/1. Verordnung (EG) Nr. 1331/2008 über ein einheitliches Zulassungsverfahren für Lebensmittelzusatzstoffe, -enzyme und -aromen

6/1a. Verordnung (EU) Nr. 234/2011 der Kommission vom 10. März 2011 zur Durchführung der Verordnung (EG) Nr. 1331/2008 des Europäischen Parlaments und des Rates über ein einheitliches Zulassungsverfahren für Lebensmittelzusatzstoffe, -enzyme und -aromen

6/2. Verordnung (EG) Nr. 1332/2008 über Lebensmittelenzyme und zur Änderung der Richtlinie 83/417/EWG, der Verordnung (EG) Nr. 1493/1999, der Richtlinie 2000/13/EG, der Richtlinie 2001/112/EG sowie der Verordnung (EG) Nr. 258/97

6/3. Verordnung (EG) Nr. 1333/2008 über Lebensmittelzusatzstoffe

6/3a. Verordnung (EU) Nr. 231/2012 mit Spezifikationen für die in den Anhängen II und III der Verordnung (EG) Nr. 1333/2008 des Europäischen Parlaments und des Rates aufgeführten Lebensmittelzusatzstoffe

6/4. Verordnung (EG) Nr. 1334/2008 über Aromen und bestimmte Lebensmittelzutaten mit Aromaeigenschaften zur Verwendung in und auf Lebensmitteln sowie zur Änderung der Verordnung (EWG) Nr. 1601/91 des Rates, der Verordnungen (EG) Nr. 2232/96 und (EG) Nr. 110/2008 und der Richtlinie 2000/13/EG

6/4a. Verordnung (EU) Nr. 873/2012 über Übergangsmaßnahmen bezüglich der Unionsliste der Aromen und Ausgangsstoffe gemäß Anhang I der Verordnung (EG) Nr. 1334/2008

6/5. Verordnung (EG) Nr. 2065/2003 über Raucharomen zur tatsächlichen oder beabsichtigten Verwendung in oder auf Lebensmitteln

6/5a. Durchführungsverordnung (EU) Nr. 1321/2013 zur Festlegung der Unionsliste zugelassener Primärprodukte für die Herstellung von Raucharomen zur Verwendung als solche in oder auf Lebensmitteln und/oder für die Produktion daraus hergestellter Raucharomen

6/6. Zusatzstoff-Rahmenverordnung

6/7. Extraktionslösungsmittelverordnung

7. Hygiene

7/1. Lebensmittelhygiene-Zulassungsverordnung

7/2. Lebensmittelhygiene-Anpassungsverordnung

7/3. Lebensmittelhygiene-Einzelhandelsverordnung

7/4. Lebensmittelhygiene-Direktvermarktungsverordnung

7/5. Rohmilchverordnung

8. Gebrauchsgegenstände

8/1. Spielzeugverordnung 2011

8/2. Spielzeugkennzeichnungsverordnung

8/3. Verordnung über gasförmige Füllstoffe für Spielzeugluftballons

8/4. Verordnung über die Freisetzung von N-Nitrosaminen und N-nitrosierbaren Stoffen

8/5. Keramik-Verordnung

8/6. Zellglasfolien-Verordnung

8/7. Verordnung über die Kennzeichnung von Materialien und Gegenständen, die für die Verwendung bei Lebensmitteln bestimmt sind

8/8. Verordnung über das Verbot der Verwendung von Bisphenol A in Beruhigungssaugern und Beißringen

- 8/9. Verordnung (EG) Nr. 1935/2004 über Materialien und Gegenstände, die dazu bestimmt sind, mit Lebensmitteln in Berührung zu kommen und zur Aufhebung der Richtlinien 80/590/EWG und 89/109/EWG
- 8/10. Verordnung (EU) Nr. 10/2011 über Materialien und Gegenstände aus Kunststoff, die dazu bestimmt sind, mit Lebensmitteln in Berührung zu kommen

9. Kosmetika
- 9/1. Verordnung (EG) Nr. 1223/2009 über kosmetische Mittel
- 9/2. Verordnung (EU) Nr. 655/2013 zur Festlegung gemeinsamer Kriterien zur Begründung von Werbeaussagen im Zusammenhang mit kosmetischen Mitteln
- 9/3. Kosmetik-Durchführungsverordnung

10. Amtliche Kontrolle
- 10/1. LMSVG- Aus- und Weiterbildungsverordnung
- 10/2. Lebensmittelgutachterverordnung
- 10/3. LMSVG-Kontrollgebührenverordnung
- 10/4. LMSVG-Abgabenverordnung
- 10/5. Verordnung über den örtlichen Zuständigkeitsbereich der Österreichischen Agentur für Gesundheit und Ernährungssicherheit GmbH zur Übernahme von amtlichen Proben
- 10/6. Fleischuntersuchungsverordnung 2006 - FlUVO
- 10/7. Rückstandskontrollverordnung 2006
- 10/8. Temperaturkontrollverordnung
- 10/9. Kosmetik-Analysenverordnung
- 10/10. Verordnung (EU) 2015/705 zur Festlegung von Probenahmeverfahren und Leistungskriterien für die Analysemethoden, die für die amtliche Kontrolle des Erucasäuregehalts in Lebensmitteln verwendet werden, und zur Aufhebung der Richtlinie 80/891/EWG der Kommission

11. EG-Basisverordnung

12. EG-Hygiene-Verordnungen
- 12/1. Verordnung (EG) Nr. 852/2004 über Lebensmittelhygiene
- 12/2. Verordnung (EG) Nr. 853/2004 mit spezifischen Hygienevorschriften für Lebensmittel tierischen Ursprungs
- 12/3. Verordnung (EG) Nr. 2073/2005 über mikrobiologische Kriterien für Lebensmittel
- 12/4. Verordnung (EG) Nr. 2074/2005 zur Festlegung von Durchführungsvorschriften für bestimmte unter die Verordnung (EG) Nr. 853/2004 des Europäischen Parlaments und des Rates fallende Erzeugnisse und für die in den Verordnungen (EG) Nr. 854/2004 des Europäischen Parlaments und des Rates und (EG) Nr. 882/2004 des Europäischen Parlaments und des Rates vorgesehenen amtlichen Kontrollen, zur Abweichung von der Verordnung (EG) Nr. 852/2004 des Europäischen Parlaments und des Rates und zur Änderung der Verordnungen (EG) Nr. 853/2004 und (EG) Nr. 854/2004
- 12/5. Durchführungsverordnung (EU) 2015/1375 mit spezifischen Vorschriften für die amtlichen Fleischuntersuchungen auf Trichinen
- 12/6. Verordnung (EU) Nr. 101/2013 über die Verwendung von Milchsäure zur Verringerung mikrobiologischer Oberflächenverunreinigungen von Rinderschlachtkörpern
- 12/7. Verordnung (EU) Nr. 210/2013 über die Zulassung von Sprossen erzeugenden Betrieben gemäß der Verordnung (EG) Nr. 852/2004 des Europäischen Parlaments und des Rates
- 12/8. Verordnung (EU) Nr. 579/2014 über eine Ausnahmeregelung zu einigen Bestimmungen des Anhangs II der Verordnung (EG) Nr. 852/2004 des Europäischen Parlaments und des Rates hinsichtlich der Beförderung flüssiger Öle und Fette auf dem Seeweg
- 12/9. Verordnung (EU) 2015/1474 über die Verwendung wiederaufbereiteten Heißwassers zur Entfernung mikrobiologischer Oberflächenverunreinigungen von Schlachtkörpern
- 12/10. Verordnung (EU) 2017/185 zur Festlegung von Übergangsmaßnahmen für die Anwendung gewisser Bestimmungen der Verordnungen (EG) Nr. 853/2004 und (EG) Nr. 854/2004 des Europäischen Parlaments und des Rates
- 12/11. Verordnung (EU) 2017/2158 zur Festlegung von Minimierungsmaßnahmen und Richtwerten für die Senkung des Acrylamidgehalts in Lebensmitteln *(nicht abgedruckt)*

13. EU-Kontrollverordnungen
13/1. EU-Kontrollverordnung
13/2. Delegierte Verordnung (EU) 2019/624 vom 8. Februar 2019 mit besonderen Bestimmungen für die Durchführung amtlicher Kontrollen der Fleischerzeugung sowie von Erzeugungs- und Umsetzgebieten für lebende Muscheln gemäß der Verordnung (EU) 2017/625 des Europäischen Parlaments und des Rates
13/3. Durchführungsverordnung (EU) 2019/627 vom 15. März 2019 zur Festlegung einheitlicher praktischer Modalitäten für die Durchführung der amtlichen Kontrollen in Bezug auf für den menschlichen Verzehr bestimmte Erzeugnisse tierischen Ursprungs gemäß der Verordnung (EU) 2017/625 des Europäischen Parlaments und des Rates und zur Änderung der Verordnung (EG) Nr. 2074/2005 der Kommission in Bezug auf amtliche Kontrollen
13/4. Delegierte Verordnung (EU) 2019/2090 zur Ergänzung der Verordnung (EU) 2017/625 des Europäischen Parlaments und des Rates in Bezug auf mutmaßliche oder festgestellte Verstöße gegen Unionsvorschriften über die Verwendung oder über Rückstände pharmakologisch wirksamer Stoffe, die in Tierarzneimitteln oder als Futtermittelzusatzstoffe zugelassen sind, bzw. gegen Unionsvorschriften über die Verwendung oder über Rückstände verbotener oder nicht zugelassener pharmakologisch wirksamer Stoffe

14. EG-Health Claims-Verordnungen
14/1. EG-Health Claims-Verordnung
14/2. EU-Health Claims-Liste
14/3. Verordnung (EU) Nr. 907/2013 zur Festlegung von Regeln für Anträge auf Verwendung allgemeiner Bezeichnungen
14/4. Verordnung (EU) 2019/343 mit Ausnahmen von Artikel 1 Absatz 3 der Verordnung (EG) Nr. 1924/2006 des Europäischen Parlaments und des Rates über nährwert- und gesundheitsbezogene Angaben über Lebensmittel zwecks Verwendung bestimmter allgemeiner Bezeichnungen

15. EG-Anreicherungsverordnung
15/1. DfV zu Art 8 der EG-Anreicherungsverordnung

16. EU-Novel Food-Verordnung

17. EU-Qualitätsregelungen-Durchführungsgesetz

LMSVG

Übereinstimmungstabelle LMG 1975 – LMSVG

Tabellarische Gegenüberstellung des LMG 1975 mit dem LMSVG

LMG	LMSVG	Bemerkungen
§ 1 Abs. 1	§ 1 Abs. 1	Geltungsbereich
§ 1 Abs. 2	§ 3 Z 9	Inverkehrbringen
§ 2	§ 3 Z 1	Lebensmittel
§ 3	§ 3 Z 4	Nahrungsergänzungsmittel
§ 4	§ 3 Z 5	Lebensmittelzusatzstoffe
§ 5	§ 3 Z 8	Kosmetische Mittel
§ 6	§ 3 Z 7	Gebrauchsgegenstände
§ 7	§ 5 Abs. 1, 2 und 4	Verbote des Inverkehrbringens
§ 8	§ 5 Abs. 5	Begriffsbestimmungen
§ 9	§ 5 Abs. 3, 4	Verbot krankheitsbezogener Angaben
§ 10 Abs. 1	§ 6 Abs. 1	Verordnungsermächtigung für LM
§ 11	§ 5 Abs. 1	Zusatzstoffe
§ 14 Abs. 1 und 2	§ 9	Strahlenbehandlung
§ 17 Abs. 2 und Abs. 3	§ 8 Abs. 1 und Abs. 4	Lebensmittel für spezielle Gruppen, Meldung
§ 19 Abs. 1	§ 6 Abs. 2	Einvernehmensregelung mit dem BMDW betreffend Kennzeichnung
§ 20 ff	§ 10 ff	Hygiene im LM-Bereich
§ 23 Abs. 1	§ 39 Abs. 1 Z 3	Benützung von Räumen und Betriebsmitteln
§ 24	§ 39 Abs. 1 Z 2	Betriebsschließung
§ 25a Abs. 1 und Abs. 2	§ 43 Abs. 1 und Abs. 2	Information der Öffentlichkeit
§ 26 Abs. 1 und Abs. 2	§ 18 Abs. 1 und Abs. 2	Anforderungen an kosmetische Mittel
§ 27 Abs. 1 und 2	§ 20	Verordnungsermächtigung für kosmetische Mittel
§ 28 Abs. 1	§ 16 Abs. 1	Anforderungen an Gebrauchsgegenstände
§ 28 Abs. 2	§ 17 Abs. 1	Zulassungsverfahren
§ 29	§ 19	Verordnungsermächtigung für Gebrauchsgegenstände
§ 30 Abs. 2	§ 17 Abs. 2	Zulassungsverfahren
§ 33	§ 46	Mitwirkung der Zollbehörden
§ 34	§ 52	Ausfuhr
§ 35	§ 24	Aufsichtsorgane
§ 35 Abs. 3	§ 25	Aufgabeübertragung an Gemeinden
§ 36	§ 31	Nationaler Kontrollplan
§ 37	§ 35	Befugnisse und Pflichten der Aufsichtsorgane
§ 38	§ 38	Pflichten der Unternehmer
§ 39	§ 36	Probenahme
§ 40	§ 41	Beschlagnahme
§ 41	§ 24 Abs. 3	Kontrolle durch Tierärzte
§ 42 Abs. 4	§ 68 Abs. 3	Untersuchungsmethoden
§ 42 Abs. 5	§ 66	Gebührentarif
§ 43 Abs. 1	§ 65 Abs. 1	Agentur
§ 43 Abs. 2	§ 67 Abs. 1	Auskunftspflicht der Agentur
§ 44	§ 69	Anzeigepflicht
§ 45	§ 71	Kosten der Untersuchung und Begutachtung
§ 47	§ 70	Fachliche Qualifikation

LMSVG

LMG	LMSVG	Bemerkungen
§ 49	§ 72	Untersuchungsanstalten der Länder
§ 50	§ 73	Untersuchung durch andere Berechtigte
§ 51	§ 76	Österreichisches Lebensmittelbuch
§ 52	§ 77	Zusammensetzung der Codexkommission
§ 55	§ 80	FAO/WHO Codex Alimentarius – WECO
§ 56 bis § 64	§ 81 Abs. 1 und 2, § 82	Gerichtliche Strafbestimmungen – Tatbestände
§ 65	§ 83	Einziehung
§ 66	§ 84	Untersagung der Gewerbeausübung
§ 67	§ 85	Urteilsveröffentlichung
§ 69	§ 86	Haftung des Unternehmers
§ 70	§ 87	Haftung des Unternehmers
§ 72 Abs. 1	§ 89	Informationspflicht
§ 73	§ 88	Örtliche Zuständigkeit
§ 74	§ 90	Verwaltungsstrafbestimmungen
§ 75	§ 92	Verfall
§ 76	§ 95	In-Kraft- und Außer-Kraft-Treten
§ 77	§ 96	Übergangsbestimmungen
§ 82	§ 108	Vollziehung

1. LMSVG

Inhaltsverzeichnis

1. Lebensmittelsicherheits- und Verbraucherschutzgesetz

BGBl I 2006/13 idF

1 BGBl I 2005/151
2 BGBl I 2006/136
3 BGBl I 2007/24
4 BGBl I 2007/112
5 BGBl I 2008/121
6 BGBl I 2009/52
7 BGBl I 2010/95
8 BGBl I 2013/80
9 BGBl I 2013/171
10 BGBl I 2014/67
11 BGBl I 2015/130
12 BGBl I 2015/144
13 BGBl I 2017/51
14 BGBl I 2018/37 (2. Materien-Datenschutz-Anpassungsgesetz 2018)
15 BGBl I 2019/104
16 BGBl II 2019/401
17 BGBl I 2021/256

Bundesgesetz über Sicherheitsanforderungen und weitere Anforderungen an Lebensmittel, Gebrauchsgegenstände und kosmetische Mittel zum Schutz der Verbraucherinnen und Verbraucher (Lebensmittelsicherheits- und Verbraucherschutzgesetz – LMSVG)

Inhaltsverzeichnis

1. Hauptstück

Grundsätze und Anforderungen an Lebensmittel, Wasser für den menschlichen Gebrauch, Gebrauchsgegenstände und kosmetische Mittel

1. Abschnitt

Allgemeine Bestimmungen

§ 1	Geltungsbereich
§ 2	Zielbestimmung
§ 3	Begriffsbestimmungen
§ 4	Vollziehung von Verordnungen der „Europäischen Union" *(BGBl I 2014/67)*

2. Abschnitt

Lebensmittel

§ 5	Allgemeine Anforderungen
§ 6	Verordnungsermächtigung für Lebensmittel und Wasser für den menschlichen Gebrauch
§ 7	Verordnungsermächtigung in Krisenzeiten
§ 8	„Meldung von Lebensmitteln für spezielle Gruppen" *(BGBl I 2021/256)*
§ 9	Behandlung mit ionisierenden Strahlen

3. Abschnitt

Hygiene im Lebensmittelbereich

§ 10	Eintragung und Zulassung von Betrieben
§ 11	Direktvermarktung
§ 12	Einzelhandelsunternehmen
§ 13	Anpassung der Anforderungen für bestimmte Lebensmittelunternehmer
§ 14	Rohmilch

4. Abschnitt

Primärproduktion

§ 15	Verordnungsermächtigung

5. Abschnitt

Gebrauchsgegenstände und kosmetische Mittel

§ 16	Allgemeine Anforderungen an Gebrauchsgegenstände
§ 17	Zulassungsverfahren
§ 18	Allgemeine Anforderungen an kosmetische Mittel
§ 19	Verordnungsermächtigung für Gebrauchsgegenstände
§ 20	Verordnungsermächtigung für kosmetische Mittel
§ 20a	Aufnahme in das Register

6. Abschnitt

Verantwortung des Unternehmers

§ 21	Eigenkontrolle
§ 22	Rückverfolgbarkeit

7. Abschnitt

Gebühren

1. LMSVG

Inhaltsverzeichnis

§ 23	Entrichtung von Gebühren für Antragsverfahren und Meldungen

2. Hauptstück
Amtliche Kontrolle
1. Abschnitt
Aufsichtsorgane

§ 24	Allgemeines
§ 25	Übertragung von Aufgaben an die Gemeinden
§ 25a	„Aufgaben des Bundesamtes für Verbrauchergesundheit" *(BGBl I 2021/256)*
§ 26	Übertragung von Aufgaben an das Bundesministerium für Landesverteidigung
§ 27	Sonstige mit Kontrollen befasste Personen
§ 28	Beauftragung
§ 29	Aus- und Weiterbildung

2. Abschnitt
Durchführung der amtlichen Kontrolle

§ 30	„Mehrjähriger nationaler Kontrollplan (MNKP) und Jahresbericht" *(BGBl I 2021/256)*
§ 31	„Nationaler Kontrollplan" *(BGBl I 2014/67)*
§ 32	Lebensmittelsicherheitsbericht und Notfallplan
§ 33	Verbindungsstelle
§ 34	Verordnungsermächtigung für die Durchführung der Kontrolle
§ 35	Befugnisse und Pflichten der Aufsichtsorgane
§ 36	Probenahme
§ 37	Monitoring
§ 38	Pflichten der Unternehmer
§ 39	Maßnahmen
§ 40	Amtsbeschwerde
§ 40	„Revision" *(BGBl I 2013/80)*
§ 41	Beschlagnahme
§ 42	Informationspflichten
§ 43	Information der Öffentlichkeit
§ 44	Trinkwasserbericht
§ 45	„Sofortmaßnahmen" *(BGBl I 2017/51)*
§ 45a	„ " *(BGBl I 2017/51)*

3. Abschnitt

„Verbringen, Eingang, Einfuhr, Ausfuhr und Handel von Waren innerhalb der Europäischen Union" *(BGBl I 2021/256)*

§ 46	Mitwirkung der Zollbehörden
§ 47	„Kontrolle von Warensendungen" *(BGBl I 2021/256)*
§ 48	„Eingang und Handel innerhalb der Europäischen Union von Lebensmitteln tierischer Herkunft" *(BGBl I 2021/256)*
§ 49	„Verordnungsermächtigung für den Eingang und den Handel innerhalb der Europäischen Union" *(BGBl I 2021/256)*
§ 50	„Ausstellung amtlicher Bescheinigungen für Sendungen von Waren durch den Landeshauptmann zum Zwecke der Ausfuhr" *(BGBl I 2021/256)*
§ 51	Ausfuhrberechtigung
§ 52	Ausfuhr und Wiederausfuhr von Waren

4. Abschnitt
Schlachttier- und Fleischuntersuchung

§ 53	Untersuchungspflicht
§ 54	Hygienekontrollen in Schlacht-, Zerlegungs- und Wildbearbeitungsbetrieben
§ 55	Probenahme und Untersuchung bei der Schlachtung

5. Abschnitt
Rückstandskontrollen von Lebensmitteln tierischer Herkunft

§ 56	Untersuchung von Proben auf Rückstände
§ 57	Verordnungsermächtigung für die Durchführung von Rückstandskontrollen
§ 58	Rückstände bei lebenden Tieren, tierischen Primärerzeugnissen und Fleisch
§ 59	Vorschriftswidrige Behandlung
§ 60	Entsorgung von nicht zum menschlichen Genuss geeignetem Material

6. Abschnitt
Gebühren

§ 61	Amtliche Kontrollen
§ 61a	„ " *(BGBl I 2021/256, entfällt)*
§ 62	„Rückstandshöchstgehalte" *(BGBl I 2017/51)*

1. LMSVG

Inhaltsverzeichnis

§ 62a	„ " *(BGBl I 2017/51)*	
§ 63	Ausfuhrberechtigung	
§ 64	Schlachttier- und Fleischuntersuchung	

3. Hauptstück
Untersuchungs- und Sachverständigentätigkeit

1. Abschnitt
Agentur, Untersuchungsanstalten der Länder und Lebensmittelgutachter

- § 65 Aufgaben der Agentur
- § 66 Gebührentarif
- § 67 Auskunftspflicht
- § 68 Untersuchungen
- § 69 Mitteilungspflicht
- § 70 Fachliche Qualifikation
- § 71 Kosten der Untersuchung und Begutachtung
- § 72 Untersuchungsanstalten der Länder
- § 73 Untersuchung und Begutachtung durch andere Berechtigte
- § 74 Pflichten von Labors
- § 75 Nationale Referenzlabors

2. Abschnitt
Österreichisches Lebensmittelbuch und Codexkommission

- § 76 Österreichisches Lebensmittelbuch
- § 77 Zusammensetzung der Codexkommission
- § 78 „ " „ " *(BGBl I 2010/95; BGBl I 2021/256, entfällt*)*
- § 79 „ " *(BGBl I 2010/95)*
- § 80 FAO/WHO Codex Alimentarius – Kommission (WECO)

*) Redaktionsversehen.

4. Hauptstück
Strafbestimmungen

1. Abschnitt
Gerichtliche Strafbestimmungen

- § 81, 82 Tatbestände
- § 83 Einziehung
- § 84 Untersagung der Gewerbeausübung
- § 85 Urteilsveröffentlichung
- § 86, 87 Haftung des Unternehmers
- § 88 Örtliche Zuständigkeit

§ 89 „Informationspflicht und Amtshilfe" *(BGBl I 2021/256)*

2. Abschnitt
Verwaltungsstrafbestimmungen

- § 90 Tatbestände
- § 91 Informationspflicht
- § 92 Verfall
- § 93 Verantwortlichkeit
- § 94 Amtsbeschwerde
- § 94 „Revision" *(BGBl I 2013/80)*

5. Hauptstück
Schlussbestimmungen

1. Abschnitt

§ 95 In-Kraft-Treten und Außer-Kraft-Treten

2. Abschnitt
Übergangs- und Vollzugsbestimmungen

- „§ 96 - 102" *(BGBl I 2021/256)* Übergangsbestimmungen
- § 103 „Vorbereitung der Vollziehung" *(BGBl I 2021/256)*
- § 104 „Verweisungen auf andere Rechtsvorschriften" *(BGBl I 2021/256)*
- § 105 „Personenbezogene Bezeichnungen" *(BGBl I 2021/256)*
- § 106 „Umsetzungshinweis" *(BGBl I 2021/256)*
- § 107 „Vollziehung" *(BGBl I 2021/256)*
- § 108 „ " *(BGBl I 2021/256, entfällt)*

Anlage

„Rechtsakte" der „Europäischen Union" gemäß § 4 Abs. 1 *(BGBl I 2014/67; BGBl I 2017/51)*

Teil 1

Teil 2

1. LMSVG
§§ 1-3

1. Hauptstück
Grundsätze und Anforderungen an Lebensmittel, Wasser für den menschlichen Gebrauch, Gebrauchsgegenstände und kosmetische Mittel

1. Abschnitt
Allgemeine Bestimmungen

Geltungsbereich

§ 1. (1) Dieses Bundesgesetz regelt die Anforderungen an Lebensmittel, Wasser für den menschlichen Gebrauch, Gebrauchsgegenstände und kosmetische Mittel und die damit verbundene Verantwortung der Unternehmer. Es gilt für alle Produktions-, Verarbeitungs- und Vertriebsstufen.

(2) Dieses Bundesgesetz gilt nicht für die Primärproduktion für den privaten häuslichen Gebrauch oder für die häusliche Verarbeitung, Handhabung oder Lagerung von Lebensmitteln, Gebrauchsgegenständen und kosmetischen Mitteln zum häuslichen privaten Verbrauch.

Zielbestimmung

§ 2. (1) Ziel dieses Bundesgesetzes ist der Gesundheitsschutz des Verbrauchers sowie der Schutz des Verbrauchers vor Täuschung. Diese Ziele sind durch die in der Verordnung (EG) Nr. 178/2002 vom 28. Jänner 2002 zur Festlegung der allgemeinen Grundsätze und Anforderungen des Lebensmittelrechts, zur Errichtung der Europäischen Behörde für Lebensmittelsicherheit und zur Festlegung von Verfahren zur Lebensmittelsicherheit (ABl. Nr. L 31 vom 1. Februar 2002) dargelegten Grundsätze der Risikoanalyse, des Vorsorgeprinzips und der Transparenz zu gewährleisten.

(2) Dieses Bundesgesetz dient ferner der Umsetzung und Durchführung von Rechtsakten der „Europäischen Union", die den Geltungsbereich dieses Gesetzes betreffen. *(BGBl I 2014/67)*

Begriffsbestimmungen

§ 3. Für dieses Bundesgesetz gelten folgende Begriffsbestimmungen:
1. **Lebensmittel:** Lebensmittel gemäß Art. 2 der Verordnung (EG) Nr. 178/2002.
2. **Wasser für den menschlichen Gebrauch:** Wasser vom Wasserspender bis zum Abnehmer zum Zweck der Verwendung als Lebensmittel und in Lebensmittelunternehmen gemäß Z 10 1. Satz.
3. **Lebensmittel für spezielle Gruppen:** Lebensmittel, die gemäß Art. 2 Abs. 2 der Verordnung (EU) Nr. 609/2013 (ABl. Nr. L 181 vom 29. Juni 2013) in die Lebensmittelkategorien Säuglingsanfangsnahrung und Folgenahrung, Getreidebeikost und andere Beikost, Lebensmittel für besondere medizinische Zwecke oder Tagesrationen für eine gewichtskontrollierende Ernährung einzuordnen sind. *(BGBl I 2017/51)*
4. **Nahrungsergänzungsmittel:** Lebensmittel, die dazu bestimmt sind, die normale Ernährung zu ergänzen und die aus Einfach- oder Mehrfachkonzentraten von Nährstoffen oder sonstigen Stoffen mit ernährungsspezifischer oder physiologischer Wirkung bestehen und in dosierter Form in Verkehr gebracht werden, d.h. in Form von zB Kapseln, Pastillen, Tabletten, Pillen und anderen ähnlichen Darreichungsformen, Pulverbeuteln, Flüssigampullen, Flaschen mit Tropfeinsätzen und ähnlichen Darreichungsformen von Flüssigkeiten und Pulvern zur Aufnahme in abgemessenen kleinen Mengen.
5. **Lebensmittelzusatzstoffe:** Stoffe gemäß Art. 3 Abs. 2 lit. a der Verordnung (EG) Nr. 1333/2008. *(BGBl I 2010/95)*
5a. **Lebensmittelenzyme:** Erzeugnisse gemäß Art. 3 Abs. 2 lit. a der Verordnung (EG) Nr. 1332/2008. *(BGBl I 2010/95)*
5b. **Aromen:** Erzeugnisse/Stoffe gemäß Art. 3 Abs. 2 der Verordnung (EG) Nr. 1334/2008. *(BGBl I 2010/95; BGBl I 2014/67)*
6. **Verarbeitungshilfsstoffe:** Stoffe gemäß Art. 3 Abs. 2 lit. b der Verordnung (EG) Nr. 1333/2008. *(BGBl I 2010/95)*
7. **Gebrauchsgegenstände:**
a) Materialien und Gegenstände gemäß Art. 1 Abs. 2 der Verordnung (EG) Nr. 1935/2004; *(BGBl I 2006/136)*
b) Materialien und Gegenstände, die bestimmungsgemäß oder vorhersehbar in Kontakt mit kosmetischen Mitteln kommen zu dem ausschließlichen oder überwiegenden Zweck, als Umschließungen für die Verwendung bei kosmetischen Mitteln zu dienen;
c) Gegenstände, die dazu bestimmt sind, ausschließlich oder überwiegend in Kontakt mit dem Mund oder der Mundschleimhaut von Kindern zu kommen;
d) Gegenstände, die bestimmungsgemäß äußerlich mit dem menschlichen Körper oder den Schleimhäuten in Berührung kommen zu dem ausschließlichen oder überwiegenden Zweck der Körperhygiene, sofern sie nicht kosmetische Mittel oder Medizinprodukte sind;
e) Spielzeug für Kinder bis zum vollendeten 14. Lebensjahr.
8. **Kosmetische Mittel:** Stoffe oder Zubereitungen, die dazu bestimmt sind, äußerlich mit den verschiedenen Teilen des menschlichen Körpers (Haut, Behaarungssystem, Nägel, Lippen, intime Regionen) oder mit den Zähnen und den Schleimhäuten der Mundhöhle in Berührung zu kommen, und zwar zu dem ausschließlichen oder überwiegenden Zweck, diese zu reinigen, zu par-

(8) „Der Bundesminister für Gesundheit" kann nach Anhören „der Codexkommission" mit Verordnung für Betriebe, die gemäß Art. 6 der Verordnung (EG) Nr. 852/2004 einer Eintragung bedürfen,

1. eine Zulassung vorschreiben und
2. nach Anhören der Landeshauptmänner nähere Bestimmungen betreffend die Voraussetzungen und Bedingungen hierfür erlassen.
(BGBl I 2010/95)

Direktvermarktung

§ 11. „Der Bundesminister für Gesundheit" hat nach Anhören „der Codexkommission" im Einvernehmen mit dem Bundesminister für Land- und Forstwirtschaft, Umwelt und Wasserwirtschaft mit Verordnung Hygienevorschriften für die direkte Abgabe kleiner Mengen von *(BGBl I 2010/95)*

1. Primärerzeugnissen durch den Erzeuger an den Endverbraucher oder an örtliche Einzelhandelsunternehmen, die die Erzeugnisse direkt an den Endverbraucher abgeben,
2. Fleisch von Geflügel und Hasentieren, das/die im landwirtschaftlichen Betrieb geschlachtet worden ist/sind, durch den Erzeuger an den Endverbraucher oder an örtliche Einzelhandelsunternehmen, die dieses Fleisch „ " direkt an den Endverbraucher abgeben, und *(BGBl I 2010/95)*
3. Wild oder Wildfleisch durch den Jäger an den Endverbraucher oder an örtliche Einzelhandelsunternehmen zur direkten Abgabe an den Endverbraucher,

zu erlassen.

Einzelhandelsunternehmen

§ 12. „Der Bundesminister für Gesundheit" kann nach Anhören „der Codexkommission" mit Verordnung festlegen, dass die Hygienevorschriften der Verordnung (EG) Nr. 853/2004 auf Einzelhandelsunternehmen, die gemäß Art. 1 Abs. 5 lit. a oder b der Verordnung (EG) Nr. 853/2004 nicht vom Geltungsbereich dieser Verordnung erfasst sind, Anwendung finden. *(BGBl I 2010/95)*

Anpassung der Anforderungen für bestimmte Lebensmittelunternehmer

§ 13. (1) „Der Bundesminister für Gesundheit" kann nach Anhören „der Codexkommission" mit Verordnung

1. die allgemeinen Hygienevorschriften für Lebensmittelunternehmer gemäß Anhang II der Verordnung (EG) Nr. 852/2004 und
2. die besonderen Anforderungen gemäß Anhang III der Verordnung (EG) Nr. 853/2004

im Hinblick auf die weitere Anwendung traditioneller Methoden auf allen Produktions-, Verarbeitungs- oder Vertriebsstufen von Lebensmitteln oder die Bedürfnisse von Lebensmittelunternehmen in Regionen in schwieriger geografischer Lage sowie in den anderen Fällen betreffend Bau, Konzeption und Ausrüstung der Betriebe anpassen. *(BGBl I 2010/95)*

(2) Verordnungen gemäß Abs. 1 Z 2, die die Primärproduktion betreffen, sind im Einvernehmen mit dem Bundesminister für Land- und Forstwirtschaft, Umwelt und Wasserwirtschaft zu erlassen.

Rohmilch

§ 14. „Der Bundesminister für Gesundheit" kann nach Anhören „der Codexkommission" im Einvernehmen mit dem Bundesminister für Land- und Forstwirtschaft, Umwelt und Wasserwirtschaft mit Verordnung

1. das Inverkehrbringen von Rohmilch oder Rohrahm, die für den unmittelbaren menschlichen Verzehr bestimmt sind, einschränken oder untersagen oder
2. die Verwendung von Rohmilch, die hinsichtlich des Gehalts an Keimen und somatischen Zellen nicht den Kriterien des Anhangs III Abschnitt IX der Verordnung (EG) Nr. 853/2004 entspricht, zur Herstellung von Käse mit einer Alterungs- oder Reifezeit von mindestens 60 Tagen und von Milchprodukten, die in Verbindung mit der Herstellung solchen Käses gewonnen werden, unter bestimmten Voraussetzungen gestatten.

(BGBl I 2010/95)

4. Abschnitt
Primärproduktion

Verordnungsermächtigung

§ 15. „Der Bundesminister für Gesundheit" kann nach Anhören „der Codexkommission" im Einvernehmen mit dem Bundesminister für Land- und Forstwirtschaft, Umwelt und Wasserwirtschaft zur Durchführung der Bestimmungen von Anhang I der Verordnung (EG) Nr. 852/2004 nähere Vorschriften mit Verordnung erlassen. *(BGBl I 2010/95)*

5. Abschnitt
Gebrauchsgegenstände und kosmetische Mittel

Allgemeine Anforderungen an Gebrauchsgegenstände

§ 16. (1) Es ist verboten, Gebrauchsgegenstände, die

1. gesundheitsschädlich gemäß § 5 Abs. 5 Z 1 oder

2. für den bestimmungsgemäßen Gebrauch ungeeignet sind oder

3. bei bestimmungsgemäßem Gebrauch geeignet sind, Lebensmittel oder kosmetische Mittel nachteilig zu beeinflussen, oder

4. den nach § 4 Abs. 3 oder § 19 erlassenen Verordnungen nicht entsprechen,

in Verkehr zu bringen.

(2) § 5 Abs. 2, 3 und 4 gelten sinngemäß.

Zulassungsverfahren

§ 17. (1) Es ist verboten, Stoffe, die bisher nicht für die Herstellung von Gebrauchsgegenständen gemäß § 3 Z 7 lit. a rechtmäßig Verwendung gefunden haben, vor erfolgter Zulassung oder entgegen den Zulassungsbedingungen für diese Zwecke in Verkehr zu bringen.

(2) „Der Bundesminister für Gesundheit"* hat, wenn das unter Bedachtnahme auf den jeweiligen Stand der Wissenschaft und der Technologie mit dem Schutz der Verbraucher vor Gesundheitsschädigung und vor einem nachteiligen Einfluss auf Lebensmittel „** vereinbar ist, und sofern nicht das Antragsverfahren gemäß der Verordnung (EG) Nr. 1935/2004 anzuwenden ist, auf Antrag nicht zugelassene Stoffe im Sinne des Abs. 1 mit Bescheid zuzulassen, Reinheitsanforderungen vorzuschreiben und Bedingungen für ihre Verwendung anzugeben. Der Bescheid ist zu befristen, wobei die Befristung fünf Jahre nicht übersteigen darf. Er ist aufzuheben, wenn die Voraussetzungen für die Zulassung nicht mehr gegeben sind. Mit dem Antrag auf Zulassung hat der Antragsteller alle Unterlagen vorzulegen, die eine Beurteilung des Stoffes und seines Inverkehrbringens ermöglichen. (*BGBl I 2010/95; **BGBl I 2021/256)

Allgemeine Anforderungen an kosmetische Mittel

§ 18. (1) Es ist verboten, kosmetische Mittel,

1. die gesundheitsschädlich gemäß § 5 Abs. 5 Z 1 sind, oder

2. deren bestimmungsgemäße Verwendbarkeit nicht gewährleistet ist, oder

3. die den nach § 20 erlassenen Verordnungen nicht entsprechen,

in Verkehr zu bringen.

(2) § 5 Abs. 2 gilt sinngemäß. § 5 Abs. 4 gilt sinngemäß, soweit er sich auf § 5 Abs. 2 bezieht. *(BGBl I 2014/67)*

Verordnungsermächtigung für Gebrauchsgegenstände

§ 19. (1) „Der Bundesminister für Gesundheit" hat zum Schutz der Verbraucher vor Gesundheitsschädigung oder Täuschung oder vor einem nachteiligen Einfluss auf Lebensmittel oder kosmetische Mittel, unter Bedachtnahme auf den jeweiligen Stand der Wissenschaft und der Technologie nach Anhören der Codexkommission mit Verordnung für Gebrauchsgegenstände

1. Stoffe zuzulassen, Bedingungen für ihre Verwendung anzugeben und Reinheitsanforderungen vorzuschreiben oder

2. die Verwendung bestimmter Stoffe auszuschließen oder zu beschränken oder von bestimmten Voraussetzungen abhängig zu machen oder

3. sonstige Gebote oder Verbote zu erlassen, insbesondere betreffend die Beschaffenheit, das Herstellen, das Behandeln, die Verwendung von Angaben oder die Voraussetzungen für das Inverkehrbringen.

(BGBl I 2010/95)

(2) „Der Bundesminister für Gesundheit" kann mit Verordnung Fundstellen für harmonisierte Normen, die für Gebrauchsgegenstände gemäß § 3 Z 7 lit. e vorliegen, unter Angabe der Bezugsquelle kundmachen. *(BGBl I 2010/95)*

Verordnungsermächtigung für kosmetische Mittel

§ 20. „Der Bundesminister für Gesundheit" hat zum Schutz der Verbraucher vor Gesundheitsschädigung oder Täuschung, unter Bedachtnahme auf den jeweiligen Stand der Wissenschaft und der Technologie nach Anhören der Codexkommission mit Verordnung für kosmetische Mittel

1. Stoffe zuzulassen, Bedingungen für ihre Verwendung anzugeben und Reinheitsanforderungen vorzuschreiben oder

2. die Verwendung bestimmter Stoffe auszuschließen oder zu beschränken oder von bestimmten Voraussetzungen abhängig zu machen oder

3. sonstige Gebote oder Verbote zu erlassen, insbesondere betreffend die Beschaffenheit, das Herstellen, das Behandeln, die Verwendung von Angaben oder die Voraussetzungen für das Inverkehrbringen.

(BGBl I 2010/95)

Aufnahme in das Register

§ 20a. In das Register gemäß § 10 Abs. 4 sind auch Betriebe dieses Abschnitts aufzunehmen. § 10 Abs. 3 und 5 gilt sinngemäß.

(BGBl I 2010/95)

6. Abschnitt
Verantwortung des Unternehmers

Eigenkontrolle

§ 21. Unternehmer haben hinsichtlich Lebensmittel im Sinne des Art. 17 der Verordnung (EG)

Nr. 178/2002 und hinsichtlich Gebrauchsgegenstände und kosmetischer Mittel im Sinne des § 7 Abs. 3 des Produktsicherheitsgesetzes 2004 – PSG 2004, BGBl. I Nr. 16/2005, die lebensmittelrechtlichen Vorschriften einzuhalten, deren Einhaltung durch Eigenkontrollen zu überprüfen und gegebenenfalls die erforderlichen Maßnahmen zur Mängelbehebung oder Risikominderung zu setzen.

(BGBl I 2006/136)

Rückverfolgbarkeit

§ 22. Unternehmer haben auf der jeweiligen Produktions-, Verarbeitungs- und Vertriebsstufe die Rückverfolgbarkeit

1. gemäß Art. 18 der Verordnung (EG) Nr. 178/2002 in Bezug auf Lebensmittel,

2. gemäß Art. 17 der Verordnung (EG) Nr. 1935/2004 in Bezug auf Gebrauchsgegenstände gemäß § 3 Z 7 lit. a „," *(BGBl I 2014/67)*

3. im Sinne des § 7 Abs. 3 PSG 2004 in Bezug auf Gebrauchsgegenstände gemäß § 3 Z 7 lit. b, c und d, *(BGBl I 2006/136; BGBl I 2014/67)*

4. gemäß Art. 9 der Richtlinie 2009/48/EG in Bezug auf Spielzeug und *(BGBl I 2014/67)*

5. gemäß Art. 7 der Verordnung (EG) Nr. 1223/2009 in Bezug auf kosmetische Mittel *(BGBl I 2014/67)*

sicherzustellen.

7. Abschnitt

Gebühren

Entrichtung von Gebühren für Antragsverfahren und Meldungen

§ 23. (1) Wird „der Bundesminister für Gesundheit"** auf Grund dieses Bundesgesetzes auf Antrag oder im Rahmen einer Meldung tätig, so hat derjenige, der diese behördlichen Tätigkeiten in Anspruch nimmt, nach Maßgabe einer Gebührentarifverordnung, die „vom Bundesminister für Gesundheit"** im Einvernehmen mit dem Bundesminister für Finanzen zu erlassen ist, Gebühren nach kostendeckenden Tarifen zu entrichten. „Die Kosten für die Bewertung durch die Agentur sind direkt an diese zu entrichten."*
(*BGBl I 2007/24; **BGBl I 2010/95)

(2) Für die „Bewertung" im Rahmen von Antragsverfahren gemäß § 4 Abs. 4 ist vom Antragsteller eine Gebühr nach Maßgabe eines Tarifs gemäß § 66 an die Agentur zu entrichten. *(BGBl I 2021/256)*

2. Hauptstück

Amtliche Kontrolle

1. Abschnitt

Aufsichtsorgane

Allgemeines

§ 24. (1) Die Kontrolle der Einhaltung der lebensmittelrechtlichen Vorschriften obliegt dem Landeshauptmann. Dem Landeshauptmann obliegt auch die Kontrolle der Einhaltung des Bundesgesetzes über den Verkehr mit Speisesalz, BGBl. Nr. 112/1963. *(BGBl I 2017/51)*

(2) Die amtliche Kontrolle hat in Übereinstimmung mit der Verordnung (EG) Nr. 178/2002 und der Verordnung (EU) 2017/625 vom 15. März 2017 über amtliche Kontrollen (ABl. Nr. L 95 vom 7. April 2017) samt Änderungsrechtsakten, delegierten Rechtsakten und Durchführungsrechtsakten sowie entsprechend dem Stand der Wissenschaft und Technologie zu erfolgen. *(BGBl I 2021/256)*

(3) Der Landeshauptmann hat sich zur Erfüllung seiner Aufgaben besonders geschulter Organe als Aufsichtsorgane zu bedienen, die in einem Dienstverhältnis zu einer Gebietskörperschaft stehen und deren Bestellung durch einen entsprechenden Bestellungsakt kundzutun ist. Als besonders geschult gelten Aufsichtsorgane, die den Ausbildungserfordernissen gemäß § 29 entsprechen. „Für die Schlachttier- und Fleischuntersuchung sowie für Hygienekontrollen von Schlacht- und Wildbearbeitungsbetrieben müssen die Aufsichtsorgane, ausgenommen Personen gemäß Abs. 5, ein Studium der Veterinärmedizin abgeschlossen haben. Sie gelten als amtliche Tierärzte im Sinne der Verordnung (EU) 2017/625."** „Die Aufsichtsorgane können auch in einem Dienstverhältnis zu einer juristischen Person, die sich im Eigentum eines Landes oder mehrerer Länder befindet, stehen."* *(*BGBl I 2014/67; **BGBl I 2021/256)*

(4) „Wird mit den unter Abs. 3 genannten bestellten amtlichen Tierärzten nicht das Auslangen gefunden, kann der Landeshauptmann Tierärzte, die in keinem Dienstverhältnis zu einer Gebietskörperschaft stehen und die die Ausbildungserfordernisse gemäß § 29 erfüllen, für die Schlachttier- und Fleischuntersuchung, für Hygienekontrollen von Schlacht- und Wildbearbeitungsbetrieben sowie für die Entnahme von Proben von lebenden Tieren gemäß § 56 als amtliche Tierärzte gemäß § 28 beauftragen."**„Diese Personen dürfen auch für Hygienekontrollen in anderen zugelassenen Betrieben herangezogen werden, sofern sie die dafür vorgesehenen Ausbildungserfordernisse gemäß § 29 erfüllen."* *(*BGBl I 2014/67; **BGBl I 2021/256)*

(5) „Der Landeshauptmann kann zur Unterstützung der amtlichen Tierärzte bei der Schlachttier- und Fleischuntersuchung und den Hygienekontrollen von Schlacht- und Wildbearbeitungsbetrieben amtliche Fachassistenten heranziehen, die die Ausbildungserfordernisse gemäß § 29 erfüllen."** Diese unterliegen in ihrer Tätigkeit nach diesem Bundesgesetz der Fachaufsicht und den fachlichen Weisungen des amtlichen Tierarztes. „Der Umfang der Tätigkeit ergibt sich aus Art. 17 und 18 der Verordnung (EU) 2017/625."** „Diese können in einem Dienstverhältnis zu einer Gebietskörperschaft oder in einem Dienstverhältnis zu einer juristischen Person, die sich im Eigentum eines Landes oder mehrerer Länder befindet, stehen, oder gemäß § 28 beauftragt werden."*
(*BGBl I 2010/95; **BGBl I 2021/256)

(6) Der Landeshauptmann kann unter den in „Art. 18 der Verordnung (EU) 2017/625" gegebenen Bedingungen betriebseigene Hilfskräfte dem zuständigen amtlichen Tierarzt auf Antrag des Betriebes zur Hilfestellung für bestimmte Aufgaben zuordnen. *(BGBl I 2021/256)*

(7) Sämtliche in Abs. 3 bis 6 genannten Personen müssen einen Gesundheitszustand aufweisen, der sicherstellt, dass bei der Tätigkeit mit Lebensmitteln keine Möglichkeit der Übertragung von Krankheitserregern besteht. „Der Bundesminister für Gesundheit" kann nach Anhören „der Codexkommission" nähere Bestimmungen in Form von Leitlinien hierfür erlassen. *(BGBl I 2010/95)*

(8) Der Landeshauptmann kann beauftragte amtliche Tierärzte und beauftragte amtliche Fachassistenten, zusätzlich zu den in Abs. 3 3. Satz genannten Betrieben, auch in Fleischverarbeitungsbetrieben und in Kühlhäusern, in denen Fleisch gelagert wird, zur Kontrolle heranziehen.

(8)*⁾ Der Landeshauptmann kann für Kontrollen in Zerlegungsbetrieben amtliche Tierärzte oder amtliche Fachassistenten oder andere für diesen Zweck besonders geschulte Personen gemäß Art. 2 Z 5 der Delegierten Verordnung (EU) 2019/624 heranziehen. *(BGBl I 2021/256)*

(9) Der Landeshauptmann kann beauftragte amtliche Tierärzte oder beauftragte amtliche Fachassistenten neben Schlacht- und Wildbearbeitungsbetrieben, auch in Zerlegungs- und Fleischverarbeitungsbetrieben sowie in Kühlhäusern, in denen Fleisch gelagert wird, zur Kontrolle heranziehen. *(BGBl I 2021/256)*

„(10)" Aufsichtsorgane gemäß Abs. 3 sind zur Führung des Funktionstitels „Lebensmittelinspektor" oder im Fall des amtlichen Tierarztes zur Führung des Funktionstitels „tierärztlicher Lebensmittelinspektor" berechtigt. Die Berechtigung zur Führung des Funktionstitels „tierärztlicher Lebensmittelinspektor" gilt auch für Aufsichtsorgane gemäß Abs. 4. *(BGBl I 2010/95; BGBl I 2021/256)*

---
*⁾ Redaktionsfehler: Abs. 8 ist doppelt vergeben.

Übertragung von Aufgaben an die Gemeinden

§ 25. (1) Der Landeshauptmann kann, wenn es Sparsamkeit, Wirtschaftlichkeit und Zweckmäßigkeit der amtlichen Kontrolle erfordern, Aufgaben der amtlichen Kontrolle – ausgenommen Schlachttier- und Fleischuntersuchung, Hygienekontrollen von Schlacht-, Zerlegungs- und Wildbearbeitungsbetrieben sowie Rückstandskontrollen bei lebenden Tieren und Fleisch – mit Verordnung solchen Gemeinden übertragen, die über eigene Aufsichtsorgane im Sinne des § 24 Abs. 3 und – zur Setzung von mit Bescheid zu erlassenden Maßnahmen gemäß § 39 – über andere Bedienstete verfügen. Die Gemeinden sind hinsichtlich der ihnen übertragenen Aufgaben gemäß Art. 119 Abs. 2 B-VG dem Landeshauptmann unterstellt.

(2) Der Landeshauptmann hat eine nach Abs. 1 vorgenommene Übertragung von Aufgaben zurückzunehmen, wenn die Gemeinde diese Aufgaben nicht erfüllt oder wenn die Voraussetzungen, unter denen die Übertragung erfolgt ist, weggefallen sind.

Aufgaben des Bundesamtes für Verbrauchergesundheit

§ 25a. (1) Die amtliche Kontrolle von Sendungen von Lebensmitteln sowie Gebrauchsgegenständen gemäß § 3 Z 7 lit. a beim Eingang in die Europäische Union über österreichisches Staatsgebiet ist vom Bundesamt für Verbrauchergesundheit, welches gemäß § 6c des Gesundheits- und Ernährungssicherheitsgesetzes – GESG, BGBl. I Nr. 63/2002, errichtet wurde, durchzuführen. Dabei ist nach Titel II Kapitel V der Verordnung (EU) 2017/625 samt Änderungsrechtsakten, delegierten Rechtsakten und Durchführungsrechtsakten vorzugehen. Mit 1. Jänner 2023 ist auch die amtliche Kontrolle von Sendungen von Gebrauchsgegenständen gemäß § 3 Z 7 lit. b bis e sowie von kosmetischen Mitteln bei der Einfuhr in die Europäische Union vom Bundesamt für Verbrauchergesundheit auf der Grundlage der Verordnung (EU) 2019/1020 vom 20. Juni 2019 über Marktüberwachung und die Konformität von Produkten sowie zur Änderung der Richtlinie 2004/42/EG und der Verordnungen (EG) Nr. 765/2008 und (EU) Nr. 305/2011 (ABl. Nr. L 169 vom 25. Juni 2019) durchzuführen.

(2) Dem Bundesamt für Verbrauchergesundheit obliegt auch die Ausstellung amtlicher Bescheinigungen für Waren gemäß § 1 Abs. 1 für die freie Handelbarkeit sowie zum Zwecke der Ausfuhr von Warensendungen in Drittländer auf Antrag des Verfügungsberechtigten, wenn für den jewei-

ligen Staat eine solche vorgesehen ist. Als Grundlage dafür dienen Verkehrsfähigkeitsgutachten, die von der Agentur gemäß § 65 LMSVG, einer Untersuchungsstelle der Länder gemäß § 72 LMSVG oder von einer gemäß § 73 LMSVG hierzu berechtigten Person, stammen. Die Festlegung und Einhebung von Gebühren für diese Tätigkeiten erfolgt gemäß § 6c Abs. 1 Z 5 GESG.

(3) Waren gemäß § 1 Abs. 1, die über das Internet oder andere Fernabsatzkanäle aus Mitgliedstaaten der EU, EWR-Vertragsstaaten oder Drittstaaten in Österreich zum Verkauf angeboten werden, unterliegen einem regelmäßigen Monitoring durch das Bundesamt für Verbrauchergesundheit. Die Bestimmungen der §§ 36 und 37 finden sinngemäß Anwendung.

(4) Das Bundesamt für Verbrauchergesundheit hat den Landeshauptmann unverzüglich zu informieren, wenn im Rahmen seiner Tätigkeiten gemäß § 6c GESG der Zuständigkeitsbereich gemäß § 24 Abs. 1 berührt wird.

(BGBl I 2021/256)

Übertragung von Aufgaben an das Bundesministerium für Landesverteidigung

§ 26. Die Durchführung der Schlachttier- und Fleischuntersuchung gemäß Abschnitt 4 von Proviantieren, die im Eigentum des österreichischen Bundesheeres stehen und deren Fleisch zur Versorgung von Heeresangehörigen dient, obliegt Tierärzten, die Angehörige des Bundesheeres sind und vom Bundesminister für Landesverteidigung hierfür bestellt wurden.

Sonstige mit Kontrollen befasste Personen

§ 27. (1) Für die Schlachttieruntersuchung im Herkunftsbetrieb, die Vornahme der Kontrollen in Milcherzeugungsbetrieben gemäß Art. 5 der Delegierten Verordnung (EU) 2019/624 sowie die Probenentnahme bei lebenden Tieren zur Untersuchung auf Rückstände kann der Landeshauptmann auch Tierärzte, die nicht amtliche Tierärzte sind, mit Bescheid zulassen. Diese gelten als amtliche Tierärzte gemäß der Verordnung (EU) 2017/625. Die Bestimmungen über die Befangenheit gemäß § 7 AVG und § 47 des Beamtendienstrechtsgesetzes 1979 gelten sinngemäß. Interessenkonflikte mit sonstigen beruflichen Tätigkeiten sind zu berücksichtigen. *(BGBl I 2021/256)*

(2) „Der Bundesminister für Gesundheit" kann mit Verordnung nähere Bestimmungen für die Zulassung der in Abs. 1 genannten Tierärzte, insbesondere betreffend die fachlichen Voraussetzungen, die Unbefangenheit, den Arbeitsumfang, die Arbeitseinteilung und die Dauer der Zulassung festlegen. *(BGBl I 2010/95)*

(3) Der Landeshauptmann kann für die Erstuntersuchung von in freier Wildbahn erlegtem Wild gemäß Anhang III Abschnitt IV der Verordnung (EG) Nr. 853/2004 entsprechend ausgebildete Jäger heranziehen.

Beauftragung

§ 28. (1) Die Beauftragung als amtlicher Tierarzt gemäß § 24 Abs. 4 oder als amtlicher Fachassistent gemäß § 24 Abs. 5 hat mit Zustimmung des Betroffenen durch Bescheid des Landeshauptmannes für die Dauer von fünf Jahren zu erfolgen. Sie sind vom Landeshauptmann auf die genaue Erfüllung ihrer Pflichten und dienstlichen Anweisungen anzugeloben. Durch die Beauftragung wird kein Dienstverhältnis begründet. Erfolgt eine weitere Beauftragung, so hat diese unbefristet zu erfolgen.

(2) „Die Arbeitsaufgaben und die Arbeitseinteilung der Organe gemäß Abs. 1 hat der Landeshauptmann mit Bescheid im für die amtlichen Kontrollen jeweils erforderlichen Ausmaß festzulegen;"* auf die durch die Angelobung gemäß Abs. 1 entstandene Verpflichtung zur Einhaltung der Dienstverpflichtungen und dienstlichen Anweisungen ist hinzuweisen. Hiebei hat der Landeshauptmann die betroffenen amtlichen Tierärzte und amtlichen Fachassistenten anzuhören und nach den Grundsätzen der Zweckmäßigkeit, Raschheit, Einfachheit und Kostenersparnis zu entscheiden. Die Bestimmungen über die Befangenheit gemäß § 7 AVG und § 47 des Beamten-Dienstrechtsgesetzes 1979 gelten sinngemäß. Interessenskonflikte mit sonstigen beruflichen Tätigkeiten insbesondere der Tätigkeit als Amtstierarzt gemäß Tierärztegesetz (TierÄG), BGBl. Nr. 16/1975, sind zu berücksichtigen. „Die Beschwerde gegen diesen Bescheid hat keine aufschiebende Wirkung."** Die im Bescheid vorgeschriebenen Arbeitsaufgaben, die Arbeitseinteilung und deren Dauer sind in geeigneter Weise kundzumachen. *(*BGBl I 2010/95; **BGBl I 2013/80)*

(3) Als amtliche Tierärzte dürfen nur Tierärzte beauftragt werden, die in Österreich ihren Berufssitz haben und nicht Amtstierärzte im Sinne des § 2 Abs. 2 TierÄG sind.

(4) Als amtliche Fachassistenten dürfen nur jene Personen beauftragt werden, die zum Zeitpunkt des In-Kraft-Tretens dieses Bundesgesetzes Fleischuntersucher im Sinne der §§ 7 oder 15 des Fleischuntersuchungsgesetzes sind.

(5) Die Beauftragung eines amtlichen Tierarztes oder eines amtlichen Fachassistenten ist mit Bescheid zurückzunehmen, wenn der Beauftragte

1. auf die Ausübung der Schlachttier- und Fleischuntersuchung und die Durchführung der Hygienekontrollen verzichtet oder

2. dauernd unfähig wird, die ihm auf Grund der amtlichen Betrauung obliegenden Pflichten zu erfüllen, oder

3. der Verpflichtung zur Teilnahme an „Weiterbildungslehrgängen" entgegen den Bestimmungen des § 29 nicht nachkommt oder *(BGBl I 2006/136)*

4. sich vorsätzlich oder grob fahrlässig öfter als zweimal in den letzten fünf Jahren nicht an schriftliche Weisungen über die Durchführung der Untersuchungen, Berichtspflichten und Kontrollen gehalten hat und deshalb zweimal schriftlich verwarnt wurde oder

5. wegen Übertretung nach § 90 Abs. 6 öfter als zweimal in den letzten fünf Jahren bestraft wurde.

(6) *(aufgehoben, BGBl I 2013/80)*

(7) Die Beauftragung zur Durchführung der Schlachttier- und Fleischuntersuchung und sonstigen Untersuchungen gemäß diesem Bundesgesetz ruht, solange

1. der amtliche Tierarzt oder der amtliche Fachassistent vorübergehend unfähig ist, die ihm auf Grund der amtlichen Betrauung obliegenden Pflichten zu erfüllen, oder

2. der amtliche Tierarzt oder der amtliche Fachassistent den Gesundheitszustand gemäß § 24 Abs. 7 nicht erbringt oder

3. im Falle des amtlichen Tierarztes das Recht zur Ausübung des tierärztlichen Berufes ruht.

(8) Die Beauftragung erlischt

1. nach Ende der Beauftragungen gemäß Abs. 1 oder

2. mit Ablauf des Jahres, in dem der amtliche Tierarzt oder der amtliche Fachassistent das 68. Lebensjahr vollendet hat.

Aus- und Weiterbildung

§ 29. (1) „Der Bundesminister für Gesundheit"** hat mit Verordnung nähere Vorschriften über die „Aus- und Weiterbildung"* von Organen nach § 24 Abs. 3 bis 6 zu erlassen. Die Verordnung hat unter Berücksichtigung des Anhangs II Kapitel I der „Verordnung (EU) 2017/625"*** die Voraussetzungen für die Zulassung zur Ausbildung, Art und Umfang der „Aus- und Weiterbildung"* sowie Umfang der Prüfungsfächer und der Prüfungskommission festzulegen, „wobei auf die Bestimmungen des Anhangs II Kapitel I, II und III der Delegierten Verordnung (EU) 2019/624 Bedacht zu nehmen ist."*** Die Bundesministerin für Gesundheit und Frauen kann dabei für bestimmte Organe den Umfang der „Aus- und Weiterbildung"* einschränken, um *(*BGBl I 2006/136; **BGBl I 2010/95; ***BGBl I 2021/256)*

1. dem spezifischen Aufgabenbereich von amtlichen Tierärzten und amtlichen Fachassistenten oder dem spezifischen Aufgabenbereich von Amtsärzten im Bereich der amtlichen Kontrolle von Wasser für den menschlichen Gebrauch oder *(BGBl I 2010/95)*

2. einer nachgewiesenen spezifischen „Aus- und Weiterbildung" *(BGBl I 2006/136)*

Rechnung zu tragen.

(2) Die beauftragten amtlichen Tierärzte gemäß § 24 Abs. 4 und beauftragten amtlichen Fachassistenten

1. sind verpflichtet, sich beruflich „weiterzubilden" und sich mit dem letzten Stand der einschlägigen Vorschriften vertraut zu machen, und *(BGBl I 2006/136)*

2. haben vom Landeshauptmann vorgesehene „Weiterbildungsveranstaltungen" zu besuchen und jährlich den Nachweis darüber dem Landeshauptmann vorzulegen. *(BGBl I 2007/24)*

2. Abschnitt

Durchführung der amtlichen Kontrolle

Mehrjähriger nationaler Kontrollplan (MNKP) und Jahresbericht

§ 30. (1) Der Bundesminister für Soziales, Gesundheit, Pflege und Konsumentenschutz hat in Zusammenarbeit mit der Bundesministerin für Landwirtschaft, Regionen und Tourismus und dem Bundesminister für Finanzen nach Maßgabe der jeweiligen Zuständigkeit unter Berücksichtigung der Risikobewertung durch die Agentur und nach Befassung der Länder einen mehrjährigen nationalen Kontrollplan gemäß Art. 109 ff. der Verordnung (EU) 2017/625 zu erstellen, der jährlich aktualisiert wird. Spezifische Vorgaben der Europäischen Union sind hierbei zu berücksichtigen. Der Bundesminister für Soziales, Gesundheit, Pflege und Konsumentenschutz erstellt jährlich bis zum 31. August des Folgejahres einen Bericht über die Durchführung des Kontrollplanes.

(2) Der Landeshauptmann, das Bundesamt für Verbrauchergesundheit, die Agentur und die Untersuchungsanstalten der Länder übermitteln dem Bundesminister für Soziales, Gesundheit, Pflege und Konsumentenschutz die hiefür notwendigen Informationen elektronisch bis 31. März des Folgejahres.

(BGBl I 2021/256)

Nationaler Kontrollplan

§ 31. (1) Im Rahmen des mehrjährigen nationalen Kontrollplans (MNKP) gemäß § 30 hat der Bundesminister für Soziales, Gesundheit, Pflege und Konsumentenschutz unter dem Gesichtspunkt einer zweckmäßigen und wirksamen Kontrolle jährlich einen nationalen Kontrollplan für die amtliche Kontrolle von Unternehmen und Waren zu erlassen. Dieser wird nach Befassung der Länder und der Agentur und auf Basis von Risikobewertungen und statistischen Daten sowie unter Berücksichtigung von Art. 9 Abs. 2 der Verordnung (EU) 2017/625 hinsichtlich betrügerischer und irreführender Praktiken erstellt. Er ist in seinen Grundzügen der Öffentlichkeit zugänglich zu machen. *(BGBl I 2014/67; BGBl I 2021/256)*

(2) Der Landeshauptmann hat für die Durchführung des „nationalen Kontrollplans"** in seinem Bundesland Sorge zu tragen und „dem Bundesminister für Gesundheit"* bis zum 31. März des Folgejahres über den Vollzug zu berichten. Der Bericht erfolgt im Umfang eines Berichtsschemas, das „vom Bundesminister für Gesundheit"* erlassen wird. *(*BGBl I 2010/95; **BGBl I 2014/67)*

(3) Der Landeshauptmann hat im Rahmen des „nationalen Kontrollplans" gemäß Abs. 1 die ordnungsgemäße Durchführung der Schlachttier- und Fleischuntersuchungen sowie der Hygienekontrollen gemäß §§ 53 bis 55 zu kontrollieren. *(BGBl I 2014/67)*

(4) Dem Landeshauptmann sind im Interesse einer zweckmäßigen, raschen, einfachen und kostensparenden Verwaltung die bei Behörden bereits vorhandenen Daten, soweit dies zur Wahrnehmung seiner gesetzlichen Aufgaben erforderlich ist, zur Verfügung zu stellen.

Lebensmittelsicherheitsbericht und Notfallplan

§ 32. (1) Der Bundesminister für Gesundheit legt zur Information der Verbraucher jährlich einen Bericht über die Sicherheit von Lebensmitteln vor, in welchen die Ergebnisse des Vollzugs des „nationalen Kontrollplans" gemäß § 31 Abs. 1 einfließen. Der Bericht ist bis 30. Juni des Folgejahres zu veröffentlichen. *(BGBl I 2017/51)*

(2) Der Bundesminister für Gesundheit hat einen „Notfallplan im Sinne des Art. 115 der Verordnung (EU) 2017/625 zu erstellen, der Maßnahmen enthält, die unverzüglich durchzuführen sind, wenn eine Ware ein ernstes Risiko für die Gesundheit des Verbrauchers darstellt. Der Notfallplan hat jedenfalls die beteiligten Behörden, ihre Befugnisse und Zuständigkeiten, die Informationswege der Behörden untereinander sowie gegebenenfalls die Informationswege zwischen Behörden und Unternehmer zu umfassen. *(BGBl I 2021/256)*

(BGBl I 2010/95)

Verbindungsstelle

§ 33. (1) Zur Unterstützung einer einheitlichen Vorgangsweise bei der amtlichen Kontrolle sowie zur Gewährleistung „der in Art. 102 ff. der Verordnung (EU) 2017/625 normierten Amtshilfe und Zusammenarbeit"** in Lebensmittelbereich wird „durch den Bundesminister für Gesundheit"* eine Verbindungsstelle eingerichtet. *(*BGBl I 2014/67; **BGBl I 2021/256)*

(2) „Der Bundesminister für Gesundheit" kann mit Verordnung nähere Vorschriften über Informations- und Kommunikationswege für die Tätigkeit der Verbindungsstelle erlassen. *(BGBl I 2010/95)*

Verordnungsermächtigung für die Durchführung der Kontrolle

§ 34. Zur Gewährleistung der in den Verordnungen (EG) Nr. 178/2002 und „(EU) 2017/625"** genannten Ziele und Grundsätze kann „der Bundesminister für Gesundheit"* unter Bedachtnahme auf den anerkannten Stand der Wissenschaft und Technologie mit Verordnung nähere Vorschriften zur Durchführung der amtlichen Kontrolle wie die Vorgangsweise der Aufsichtsorgane bei Kontrollen von Unternehmen oder die Methoden für die Probenahme erlassen. *(*BGBl I 2010/95; **BGBl I 2021/256)*

Befugnisse und Pflichten der Aufsichtsorgane

§ 35. (1) Die Aufsichtsorgane haben „gemäß Art. 12 der Verordnung (EU) 2017/625"*** im Rahmen der einzurichtenden Qualitätsmanagementsysteme nach schriftlich festgelegten Verfahren vorzugehen. „Das Qualitätsmanagementsystem ist im gesamten Bundesgebiet einheitlich zu überprüfen."** Über jede amtliche Kontrolle ist ein Bericht „im Umfang des Art. 13 Abs. 1 der Verordnung (EU) 2017/625"*** zu erstellen. Im Falle einer Beanstandung ist dem Unternehmer eine Ausfertigung des Berichtes zur Verfügung zu stellen. „Dieser Bericht kann auch der bei der Kontrolle anwesenden betriebsangehörigen Person ausgehändigt werden."* *(*BGBl I 2006/136; **BGBl I 2010/95; ***BGBl I 2021/256)*

(2) Die Aufsichtsorgane sind befugt, alle für die amtliche Kontrolle maßgeblichen Nachforschungen anzustellen und dabei insbesondere

1. die entsprechenden Grundstücke, Gebäude und Transportmittel zu betreten,

2. die erforderlichen Auskünfte zu verlangen und Personen zu befragen,

3. Geschäftsunterlagen auf Schrift- und Datenträgern einzusehen und gegebenenfalls davon Kopien oder Ausdrucke anzufertigen oder anfertigen zu lassen,

4. Proben nach den §§ 36, 37, 55 und 56 zu entnehmen „," *(BGBl I 2021/256)*

5. Hilfestellung bei der Durchführung der Untersuchungen und der Kontrolle zu verlangen „," *(BGBl I 2021/256)*

6. Fotos anzufertigen. *(BGBl I 2021/256)*

(3) Die Kontrolle hat, abgesehen von jener der Transportmittel und bei Gefahr im Verzug, während der Geschäfts- oder Betriebszeit stattzufinden und ist in der Regel ohne Vorankündigung durchzuführen.

(4) Die Aufsichtsorgane haben bei der amtlichen Kontrolle die Störung des Geschäftsbetriebes und jedes Aufsehen tunlichst zu vermeiden.

(5) Die Aufsichtsorgane haben eine Ausweisurkunde mit sich zu führen und diese auf Verlangen vorzuweisen.

(6) Die Durchführung einer Kontrolle kann erzwungen werden, wenn deren Duldung verweigert wird. In diesem Fall haben die Organe des öffentlichen Sicherheitsdienstes den Aufsichtsorganen über deren Ersuchen zur Sicherung der Ausübung der Kontrollbefugnisse im Rahmen ihres gesetzmäßigen Wirkungsbereiches Hilfe zu leisten.

(7) Die Aufsichtsorgane können bei der Wahrnehmung von Verstößen gegen lebensmittelrechtliche Vorschriften eine Organstrafverfügung gemäß § 50 Abs. 1 VStG erlassen oder gemäß § 50 Abs. 5a VStG vorgehen. Sie können auch von der Erstattung einer Anzeige absehen, wenn das Verschulden des Beschuldigten geringfügig ist und die Folgen der Übertretung unbedeutend sind. Sie können den Beschuldigten in solchen Fällen in geeigneter Weise auf die Rechtswidrigkeit seines Verhaltens aufmerksam machen. *(BGBl I 2014/67)*

(8) Auf Anforderung durch den Landeshauptmann können Sachverständige der Agentur oder der Untersuchungsanstalten der Länder die Aufsichtsorgane bei der Durchführung von Tätigkeiten im Rahmen dieses Bundesgesetzes unterstützen.

(9) Sachverständige der Europäischen Kommission und des Bundesministeriums für Gesundheit, nationale Experten aus anderen Mitgliedstaaten, die gemeinsam mit Sachverständigen der Europäischen Kommission tätig werden, sowie Personen in Ausbildung gemäß § 29 dürfen die Aufsichtsorgane bei der Durchführung von Tätigkeiten im Rahmen dieses Bundesgesetzes begleiten. Aufsichtsorgane eines Bundeslandes, die im Rahmen der Überprüfung des gemäß § 35 Abs. 1 eingerichteten Qualitätsmanagementsystems tätig werden, dürfen für diesen Zweck Aufsichtsorgane in anderen Bundesländern bei der Durchführung ihrer Tätigkeiten ebenfalls begleiten. Sachverständigen der Europäischen Kommission stehen überdies die Rechte nach Abs. 2 Z 2 und 3 zu. Amtsorgane einer zuständigen Behörde eines anderen Mitgliedstaates dürfen die Aufsichtsorgane „auf Grund von der in Art. 104 Abs. 2 der Verordnung (EU) 2017/625 normierten Amtshilfe und Zusammenarbeit" begleiten. Diese Personen unterliegen der Amtsverschwiegenheit. Abs. 4 und 5 gelten sinngemäß. *(BGBl I 2010/95; BGBl I 2021/256)*

Probenahme

§ 36. (1) Die Aufsichtsorgane können Proben von Waren einschließlich ihrer Werbemittel, Etiketten und Verpackungen entnehmen.

(2) „Die entnommene Probe ist, soweit dies ihrer Natur nach möglich ist und dadurch nicht ihre einwandfreie Beurteilung bei der Untersuchung und Begutachtung vereitelt wird oder im Folgenden nicht anderes bestimmt ist, in drei annähernd gleiche Teile zu teilen; hernach ist jeder Teil zweckentsprechend zu verpacken und zu versiegeln." Der Unternehmer ist berechtigt, im Beisein des Aufsichtsorgans auf jeder Verpackung der Teile Angaben über das Unternehmen (Firmenstempel u. dgl.) anzubringen. Er ist über Lagerfrist und -bedingungen im Sinne des Abs. 8 zu informieren. *(BGBl I 2006/136)*

(3) Ist eine Teilung der entnommenen Probe ihrer Natur nach nicht möglich, so ist die Probe ohne vorherige Teilung als amtliche Probe der Untersuchung zuzuführen. Sind noch augenscheinlich gleiche Einheiten der Ware vorhanden, so ist eine ausreichende Zahl der Einheiten zu entnehmen und dem Unternehmer amtlich verschlossen als Gegenproben zurückzulassen.

(4) Erfolgt die Probenziehung beim Hersteller, ist abweichend von Abs. 2 die Probe in eine amtliche Probe und eine Gegenprobe zu teilen.

(5) „Abweichend von Abs. 2 wird bei Probenahme zum alleinigen Zweck der Untersuchungen auf Kontaminanten gemäß der Verordnung (EWG) Nr. 315/93 oder auf das Vorhandensein von Spuren genetisch veränderter Lebensmittel gemäß der Verordnung (EG) Nr. 1829/2003 nur eine Probe amtlich entnommen."** Aus dem Homogenisat dieser Probe sind „durch die für die Untersuchung der Probe beauftragte Einrichtung der Agentur"*** oder die für die Untersuchung der Probe beauftragte Untersuchungsanstalt der Länder die amtliche Probe und die Gegenproben zu entnehmen sowie die Gegenproben zu versiegeln. Abs. 3 und 4 gelten sinngemäß. Gegenproben sind von den genannten Stellen in geeigneter Weise bis zu einer gemäß Abs. 8 zu setzenden Frist aufzubewahren. Abs. 7 gilt sinngemäß. „Ebenso ist bei den stichprobenweisen Untersuchungen von lebenden Tieren, Fleisch sowie Erzeugnissen der Aquakultur auf Rückstände gemäß § 56 nur eine Probe zu entnehmen. Von dieser Probe ist, soweit es technisch möglich ist, ein Teil durch die für die Untersuchung der Probe beauftragte Agentur oder die für die Untersuchung der Probe beauftragte Untersuchungsanstalt der Länder aufzubewahren."* (*BGBl I 2006/136; **BGBl I 2010/95; ***BGBl I 2014/67)*

(6) Die Aufsichtsorgane haben den Hersteller, sofern er eine Zustelladresse in Österreich hat, oder wenn dies nicht der Fall ist, den Importeur oder Vertreiber in Österreich, über die Tatsache der Probenziehung und den Aufbewahrungsort der Gegenprobe unverzüglich schriftlich zu informieren. Ist eine Aufbewahrung der Gegenprobe auf Grund der Beschaffenheit der Ware nicht

möglich, so ist dies dem Hersteller oder Importeur oder Vertreiber zeitgleich mitzuteilen.

(7) Der Unternehmer, bei dem die Gegenprobe für den Hersteller zurückgelassen wurde, hat die Probe gemäß den Bedingungen des Abs. 8 aufzubewahren und sie auf Verlangen des Herstellers und auf dessen Kosten und Gefahr einer Untersuchung zuzuleiten.

(8) „Der Bundesminister für Gesundheit" hat auf Grund eines Vorschlages der Agentur Richtlinien für Fristen und Lagerbedingungen für die Aufbewahrung der Gegenproben für den Hersteller nach Anhörung der Codexkommission zu erlassen. *(BGBl I 2006/136; BGBl I 2010/95)*

(9) Die entnommene amtliche Probe ist „der örtlich zuständigen Einrichtung der Agentur" oder der örtlich zuständigen Untersuchungsanstalt der Länder zwecks Untersuchung gemäß § 68 Abs. 1 zu übermitteln. *(BGBl I 2006/136; BGBl I 2014/67)*

(10) Für die entnommene amtliche Probe ist auf Verlangen des Unternehmers eine Entschädigung vom Bund zu leisten, sofern der Wert der Probe 150 – bezogen auf den Einstandspreis der Ware – übersteigt. Die Entschädigung entfällt, wenn auf Grund dieser Probe entweder eine bestimmte Person bestraft, verurteilt oder auf den Verfall der betreffenden Ware erkannt worden ist. Für Gegenproben ist keine Entschädigung zu leisten. *(BGBl I 2006/136)*

(11) Der jeweils über die betreffende Gegenprobe verfügungsberechtigte Unternehmer kann auf die Entnahme der ihm zustehenden Gegenprobe verzichten.

(12) Anlässlich der Probenziehung ist vom Aufsichtsorgan ein Begleitschreiben anzufertigen, welches der amtlichen Probe beizulegen oder elektronisch zu übermitteln ist. Den Gegenproben ist je eine Kopie oder ein Ausdruck des Begleitschreibens beizulegen. Das Begleitschreiben darf dem Unternehmer auch elektronisch übermittelt werden. Die nähere Ausgestaltung des Probenbegleitschreibens ist vom Bundesminister für Soziales, Gesundheit, Pflege und Konsumentenschutz mit Erlass festzulegen. Im Probenbegleitschreiben werden als personenbezogene Daten Name und Anschrift des Lebensmittelunternehmers sowie gegebenenfalls der Name der bei der Probeziehung anwesenden Personen im Lebensmittelunternehmen angeführt. *(BGBl I 2021/256)*

(13) „Der Bundesminister für Gesundheit" kann, wenn das im Interesse einer wirksamen und zweckmäßigen Kontrolle geboten ist, mit Verordnung hiefür besonders geschulten Aufsichtsorganen bestimmte Vorprüfungen und einfache Untersuchungen, deren Durchführung an Ort und Stelle möglich ist, auftragen. *(BGBl I 2010/95)*

Monitoring

§ 37. (1) Um sich einen Überblick über den Stand der Einhaltung der lebensmittelrechtlichen Vorschriften zu verschaffen, insbesondere im Internet, aber auch um bestimmte Fragestellungen abzuklären, können der Bundesminister für Soziales, Gesundheit, Pflege und Konsumentenschutz oder der Landeshauptmann Monitoringaktionen (andere amtliche Tätigkeiten gemäß Art. 2 Abs. 2 der Verordnung (EU) Nr. 2017/625) anordnen.

(2) Bei Probenahme im Rahmen von Monitoringaktionen ist abweichend von § 36 Abs. 2 nur eine Probe zu entnehmen. Bei Monitoringaktionen, die den Internethandel betreffen, ist die Probe zu kaufen. Monitoringproben ziehen unmittelbar keine Maßnahmen gemäß § 39 sowie keine Beschlagnahme gemäß § 41 nach sich. Die Aufsichtsorgane sind unverzüglich von der für die Untersuchung zuständigen Stelle über Ergebnisse, die auf den Verdacht eines Verstoßes gegen die lebensmittelrechtlichen Vorschriften schließen lassen, zu informieren.

(BGBl I 2006/136; BGBl I 2021/256)

Pflichten der Unternehmer

§ 38. (1) Unternehmer sind verpflichtet,

1. Kontrollvorgänge gemäß den §§ 35, 53, 54 und 55 zu dulden. *(BGBl I 2006/136)*

2. die Aufsichtsorgane in Ausübung der Aufgaben im Rahmen dieses Hauptstückes bestmöglich zu unterstützen, insbesondere ihnen in Vollziehung des § 36 Abs. 6 Hersteller und Importeure oder Vertreiber von Waren zu nennen, sowie Personen, die mit dem Unternehmen vertraut sind, bereitzustellen, *(BGBl I 2010/95; BGBl I 2014/67)*

3. die Einsichtnahme der für die Kontrolle und Zwecke der Rückverfolgbarkeit maßgeblichen Unterlagen, insbesondere Geschäftsaufzeichnungen, Lieferscheine und Rechnungen, auf Schrift- und Datenträger zu ermöglichen, oder, falls nicht möglich ist, diese Unterlagen binnen angemessener Frist nachzureichen, und auf Verlangen Abschriften oder Ausdrucke darüber unentgeltlich anzufertigen,

4. auf Verlangen den Aufsichtsorganen die erforderlichen Auskünfte, insbesondere über Herstellung, Bearbeitung, Herkunft und Abnehmer von Waren sowie über alle Betriebe des Unternehmens einschließlich Transportmittel, zu erteilen und die Umsatzsteueridentifikationsnummer (UID – Nummer), sofern eine solche zugeteilt wurde, bekannt zu geben; falls dies nicht möglich ist, sind die Informationen binnen einer vom Aufsichtsorgan zu setzenden Frist nachzureichen, *(BGBl I 2010/95)*

5. entsprechend ihrer Verantwortung
 a) gemäß Art. 19 der Verordnung (EG) Nr. 178/2002 in Bezug auf Lebensmittel,

b) im Sinne des § 7 Abs. 3 PSG 2004 in Bezug auf Gebrauchsgegenstände, ausgenommen Spielzeug,

c) gemäß Art. 4 Abs. 8, Art. 6 Abs. 7 und Art. 7 Abs. 4 der Richtlinie 2009/48/EG in Bezug auf Spielzeug und *(BGBl I 2017/51)*

d) gemäß Art. 5 und Art. 6 der Verordnung (EG) Nr. 1223/2009 in Bezug auf kosmetische Mittel *(BGBl I 2017/51)*

vorzugehen und *(BGBl I 2014/67)*

6. im Rahmen der Eigenkontrollen betreffend das Vorliegen von Zoonosen und Zoonoseerregern gemäß Art. 4 ff. der Richtlinie 2003/99/EG vom 17. November 2003 zur Überwachung von Zoonosen und Zoonoseerregern und zur Änderung der Entscheidung 90/424/EWG des Rates sowie zur Aufhebung der Richtlinie 92/117/EWG des Rates (ABl. Nr. L 325 vom 12. Dezember 2003) die Ergebnisse zu verwahren „und unverzüglich, längstens jedoch binnen zwei Tagen, die Isolate dem gemäß § 75 zuständigen Referenzlabor zu übermitteln oder deren unverzügliche Übermittlung „durch das untersuchende Labor unter Nennung des Unternehmens"** zu veranlassen."* *(*BGBl I 2010/95; **BGBl I 2014/67)*

(2) Unternehmer haben dafür zu sorgen, dass Pflichten im Sinne von Abs. 1 auch während ihrer Abwesenheit erfüllt werden. Den Anordnungen der Aufsichtsorgane ist unverzüglich Folge zu leisten.

(3) Unternehmer haben im Rahmen von amtlichen Kontrollen auf Verlangen maßgebliche Informationen über die Zusammensetzung und Herstellung der untersuchten Ware der Agentur oder den Untersuchungsanstalten der Länder bekannt zu geben, wenn dies in einem konkreten Anlassfall zum Schutz der Gesundheit oder zur Gewährleistung von sicheren Waren oder zum Schutz vor Täuschung für die Beurteilung einer Probe notwendig ist.

(4) Der Bundesminister für Gesundheit kann mit Verordnung nähere Vorschriften über die von „Unternehmern" zu treffenden Maßnahmen gemäß Abs. 1 Z 5 lit. a erlassen. *(BGBl I 2010/95; BGBl I 2017/51)*

Maßnahmen

§ 39. (1) Bei Wahrnehmung von Verstößen gegen lebensmittelrechtliche Vorschriften hat der Landeshauptmann mit Bescheid, gegebenenfalls unter einer gleichzeitig zu setzenden angemessenen Frist und unter Ausspruch der notwendigen Bedingungen oder Auflagen, die nach Art des Verstoßes und unter Berücksichtigung des Prinzips der Verhältnismäßigkeit erforderlichen Maßnahmen zur Mängelbehebung oder Risikominderung anzuordnen, wie insbesondere:

1. die Einschränkung oder das Verbot des Inverkehrbringens oder der Verwendung, einschließlich der Abschaltung der vom Unternehmer betriebenen oder genutzten Internetseiten; *(BGBl I 2021/256)*

2. die teilweise oder gänzliche Schließung von Betrieben;

3. die Untersagung oder Einschränkung der Benützung von Räumen und Betriebsmitteln;

4. den Entzug oder die Aussetzung der Zulassung von Betrieben;

5. eine geeignete Behandlung, wobei eine Vermischung bei Überschreitung der Grenzwerte von Kontaminanten und Rückständen, ausgenommen bei Wasser für den menschlichen Gebrauch, jedenfalls unzulässig ist;

6. die Verwendung zu anderen als den ursprünglich vorgesehenen Zwecken;

7. die unschädliche Beseitigung;

8. die Rücksendung an den Ursprungsort im Falle des grenzüberschreitenden Verbringens;

9. die Rücknahme vom Markt oder den Rückruf vom Verbraucher;

10. die Information der Abnehmer und Verbraucher;

11. die Anpassung der Kennzeichnung;

12. die Durchführung betrieblicher Verbesserungen, insbesondere bei der Herstellung, Lagerung, Verwendung, Dokumentation und Eigenkontrolle, einschließlich der Vorlage von Untersuchungszeugnissen in begründeten Fällen;

13. die Durchführung baulicher, anlagentechnischer und ausstattungsmäßiger Verbesserungen;

14. die unverzügliche Berichtspflicht über die Durchführung der angeordneten Maßnahmen.

Der Unternehmer hat die Kosten der Maßnahmen zu tragen.

(2) Das Aufsichtsorgan kann vor der allfälligen Erlassung eines Bescheides gemäß Abs. 1, ausgenommen in den Fällen der Z 1, 2, 3, 4 und 8, den Betrieb schriftlich, allenfalls unter Setzung einer angemessenen Frist, zur Abstellung der wahrgenommenen Verstöße auffordern, sofern der Mangel nicht sofort an Ort und Stelle behoben wird. „Diese Aufforderung kann im Fall einer Betriebsrevision der bei der Kontrolle anwesenden betriebsangehörigen Person ausgehändigt werden."* Kommt der Unternehmer der Aufforderung nicht oder nicht innerhalb der gesetzten Frist nach, ist ein Bescheid gemäß Abs. 1 zu erlassen. „Den im Bescheid angeordneten Maßnahmen ist auch dann nachzukommen, wenn ein Wechsel in der Person des Unternehmers eintritt."** *(*BGBl I 2006/136; **BGBl I 2021/256)*

(3) Bei Gefahr im Verzug kann das Aufsichtsorgan mit Bescheid zu erlassende Maßnahmen nach vorhergegangener Verständigung des Unternehmers oder einer mit der Betriebsführung beauftragten Person auch ohne vorausgegangenes Verfahren und vor Erlassung eines förmlichen

Bescheides an Ort und Stelle anordnen; hierüber ist jedoch „binnen zwei Wochen" ein schriftlicher Bescheid zu erlassen, widrigenfalls die getroffene Anordnung als aufgehoben gilt. *(BGBl I 2021/256)*

(4) Im Falle von lebensmittelbedingten Krankheitsausbrüchen hat der Landeshauptmann bei Mitteilung eines begründeten Verdachts hinsichtlich des möglichen Verursachers

1. durch den Amtsarzt gemäß dem Epidemiegesetz 1950, BGBl. Nr. 186, oder

2. auf Grund eines Berichtes gemäß § 7 Abs. 2 des Zoonosengesetzes, BGBl. I Nr. 128/2005,

gegebenenfalls die erforderlichen Maßnahmen gemäß Abs. 1 anzuordnen. *(BGBl I 2010/95)*

(5) *(aufgehoben, BGBl I 2013/80)*

Revision

§ 40. Gegen Erkenntnisse und Beschlüsse der Verwaltungsgerichte der Länder, die auf der Grundlage von § 39 erlassen worden sind, steht dem Landeshauptmann zu, Revision beim Verwaltungsgerichtshof zu erheben. „Dem Bundesminister für Soziales, Gesundheit, Pflege und Konsumentenschutz steht gemäß Art. 133 Abs. 8 B-VG das Recht zu, gegen Erkenntnisse oder Beschlüsse der Verwaltungsgerichte der Länder Revision wegen Rechtswidrigkeit aufgrund einer Verletzung unionsrechtlicher Vorschriften beim Verwaltungsgerichtshof zu erheben." *(BGBl I 2021/256)* *(BGBl I 2013/80)*

Beschlagnahme

§ 41. (1) Die Aufsichtsorgane haben Waren vorläufig zu beschlagnahmen „oder sicherzustellen", wenn

1. einer behördlich angeordneten Maßnahme gemäß § 39 nicht oder nicht innerhalb festgesetzter Frist Folge geleistet wurde und dies zum Gesundheitsschutz des Verbrauchers oder zum Schutz des Verbrauchers vor Täuschung erforderlich ist oder

2. Gesundheitsschädlichkeit vorliegt und der Unternehmer seiner „Verantwortung" gemäß § 38 Abs. 1 Z 5 nicht nachgekommen ist. *(BGBl I 2007/112)* *(BGBl I 2006/136; BGBl I 2007/112)*

(2) Liegen bei leicht verderblichen Waren die Voraussetzungen für eine vorläufige Beschlagnahme oder Sicherstellung gemäß Abs. 1 Z 2 vor, kann an Stelle solcher Maßnahmen die unschädliche Beseitigung der Ware durch den Unternehmer in Anwesenheit des Aufsichtsorgans erfolgen. Diese Vorgangsweise ist zu dokumentieren. *(BGBl I 2007/112)*

(3) Im Fall der vorläufigen Beschlagnahme hat das Aufsichtsorgan unverzüglich Anzeige an die Bezirksverwaltungsbehörde zu erstatten, im Fall der Sicherstellung jedoch der Staatsanwaltschaft über die Sicherstellung zu berichten, je nachdem ob der Verstoß eine gerichtlich strafbare Handlung oder eine Verwaltungsübertretung darstellt. Im Fall einer Verwaltungsübertretung erlischt die vorläufige Beschlagnahme, wenn nicht binnen vier Wochen ein Beschlagnahmebescheid erlassen wird. *(BGBl I 2007/112)*

(4) Das Verfügungsrecht über die vorläufig beschlagnahmten oder sichergestellten Erzeugnisse steht zunächst der Behörde, der das Aufsichtsorgan angehört, und wenn der Verstoß eine Verwaltungsübertretung darstellt, ab Erlassung des Beschlagnahmebescheides der Behörde, die den Beschlagnahmebescheid erlassen hat, zu. Wenn der Verstoß eine gerichtlich strafbare Handlung darstellt, steht das Verfügungsrecht ab Einlangen des Berichtes bei der Staatsanwaltschaft dieser, ab Einbringen der Anklage dem Gericht zu. *(BGBl I 2007/112)*

(5) Über die vorläufige Beschlagnahme „oder Sicherstellung" hat das Aufsichtsorgan dem bisherigen Verfügungsberechtigten eine Bescheinigung auszustellen. *(BGBl I 2007/112)*

(6) Die vorläufig beschlagnahmten, „sichergestellten" oder die beschlagnahmten Waren sind im Betrieb zu belassen. Sie sind so zu verschließen oder zu kennzeichnen, dass eine Veränderung ohne Verletzung der Behältnisse, der Verpackung oder der Kennzeichnung nicht möglich ist. Der über die Waren bisher Verfügungsberechtigte ist vom Aufsichtsorgan schriftlich auf die strafrechtlichen Folgen der Verbringung oder Veränderung der beschlagnahmten Erzeugnisse sowie der Verletzung des Dienstsiegels aufmerksam zu machen. *(BGBl I 2007/112)*

(7) Die Bewahrung der im Betrieb belassenen Erzeugnisse vor Schäden obliegt dem bisherigen Verfügungsberechtigten. Sind hierzu besondere Maßnahmen erforderlich, so hat er die anordnende Stelle vorher zu verständigen; diese hat auf Kosten des Betroffenen erforderlichenfalls Anordnungen hinsichtlich des Verbringens, der Lagerung, Versiegelung oder Kennzeichnung zu treffen. Die Maßnahmen sind, außer bei Gefahr im Verzug, in Anwesenheit eines Aufsichtsorgans zu treffen.

(8) Während der „Sicherstellung oder" Beschlagnahme dürfen Proben der Waren nur über Auftrag der zuständigen Behörde „, der zuständigen Staatsanwaltschaft" oder des zuständigen Gerichts entnommen werden. *(BGBl I 2007/112)*

(9) Die Bestimmungen der §§ 87, 106 StPO sind sinngemäß anzuwenden. *(BGBl I 2007/112)*

Informationspflichten

§ 42. (1) Bei Wahrnehmung eines Verstoßes gegen lebensmittelrechtliche Vorschriften sind vom Landeshauptmann, sofern andere Bundesländer betroffen sein können, unverzüglich jene

1. LMSVG
§§ 42 – 44

Landeshauptmänner zu informieren, in deren Zuständigkeitsbereich Betriebe oder Unternehmen betroffen sind „ " , sowie unverzüglich sämtliche Informationen an die Agentur weiterzuleiten". *(BGBl I 2010/95)*

(2) Die Informationspflicht gemäß Abs. 1 gilt auch für die Ergebnisse im Rahmen der amtlichen Kontrolle auf Grund einer Meldung über das Schnellwarnsystem gemäß Art. 50 der Verordnung (EG) Nr. 178/2002 oder über das Schnellwarnsystem RAPEX gemäß Art. 12 der Richtlinie 2001/95/EG und für alle relevanten Informationen, die dem Landeshauptmann vom Unternehmer auf Grund seiner Verantwortung gemäß § 38 Abs. 1 Z 5 zur Kenntnis gebracht werden.

(3) Alle Bundesorgane sind, ungeachtet einer gesetzlichen Verschwiegenheitspflicht, berechtigt, verdächtige Umstände, die auf die Verwendung gesundheitsschädlicher Mittel oder das Inverkehrbringen gesundheitsschädlicher Waren hindeuten, den Aufsichtsorganen mitzuteilen.

(4) Die Koordination der gemeldeten Informationen durch die Länder gemäß Abs. 1 ist von der Agentur durchzuführen. Die Agentur ist an die Weisungen des Bundesministers für Gesundheit gebunden. *(BGBl I 2010/95)*

(5) Der Bundesminister für Gesundheit kann mit Verordnung nähere Vorschriften über die Informations- und Kommunikationswege zur Durchführung des Abs. 4 erlassen. *(BGBl I 2010/95)*

(6) Wird das Inverkehrbringen von Spielzeug gemäß § 3 Z 7 lit. e gemäß § 39 Abs. 1 Z 1 verboten oder das Spielzeug gemäß § 41 Abs. 1 vorläufig beschlagnahmt oder sichergestellt, hat der Landeshauptmann, sofern das Spielzeug in einem anderen Mitgliedstaat der EU oder EWR-Vertragsstaat hergestellt wurde, den Hersteller unter der auf dem betreffenden Produkt oder in den Begleitunterlagen des Produktes angegebenen Adresse im Wege der Verbindungsstelle gemäß § 33 Abs. 1 zu informieren. *(BGBl I 2014/67)*

Information der Öffentlichkeit

§ 43. (1) Besteht auf Grund des Befundes und Gutachtens der Agentur oder einer Untersuchungsanstalt der Länder oder einer Risikobewertung durch die Agentur, welche auf einer Meldung über das Schnellwarnsystem gemäß Art. 50 der Verordnung (EG) Nr. 178/2002 oder über das Schnellwarnsystem RAPEX gemäß Art. 12 der Richtlinie 2001/95/EG basiert, der begründete Verdacht, dass Waren gesundheitsschädlich gemäß § 5 Abs. 5 Z 1 sind und dadurch eine größere Bevölkerungsgruppe gefährdet ist (Gemeingefährdung), so hat der Bundesminister für Gesundheit eine Information der Öffentlichkeit zu veranlassen. Allfällige vom Unternehmer getroffene Maßnahmen sind zu berücksichtigen. *(BGBl I 2010/95)*

(2) Die Information gemäß Abs. 1 hat zu enthalten:

1. die Bezeichnung der Ware,
2. den Erzeuger, Hersteller, Importeur oder Vertreiber,
3. weshalb die Ware gesundheitsschädlich ist,
4. die Warnung vor dem Verbrauch der Ware,
5. den Hinweis, dass die Warnung nicht besagt, dass die Gesundheitsschädlichkeit der Ware vom Erzeuger, Hersteller, Importeur oder Vertreiber verursacht worden ist, und
6. die getroffenen oder beabsichtigten Maßnahmen.

(3) Besteht aufgrund eines Berichtes gemäß § 7 Abs. 2 des Zoonosengesetzes, BGBl. I Nr. 128/2005 (lebensmittelbedingter Krankheitsausbruch) der begründete Verdacht, dass ein oder mehrere konkrete Lebensmittel weitere Menschen gefährden, so hat der Bundesminister für Gesundheit eine Information der Öffentlichkeit zu veranlassen. Allfällige vom Unternehmer getroffenen Maßnahmen sind zu berücksichtigen. Die Information hat zu enthalten:

1. die Bezeichnung des Lebensmittels,
2. den Erzeuger, Hersteller, Importeur oder Vertreiber,
3. das mit dem Lebensmittel verbundene Risiko,
4. die Warnung vor dem Verbrauch des Lebensmittels,
5. den Hinweis, dass die Warnung nicht besagt, dass die Gefährdung vom Erzeuger, Hersteller, Importeur oder Vertreiber verursacht worden ist, und
6. die getroffenen oder beabsichtigten Maßnahmen.

(BGBl I 2010/95)

„(4)" Zur Gewährleistung der Information der Verbraucher kann „der Bundesminister für Gesundheit" unter Bedachtnahme auf den anerkannten Stand der Wissenschaft und Technologie mit Verordnung nähere Vorschriften zur Bewertung von Internetseiten, auf denen Waren, die diesem Bundesgesetz unterliegen, angeboten werden, erlassen. *(BGBl I 2010/95)*

Trinkwasserbericht

§ 44. (1) „Der Bundesminister für Gesundheit" legt zur Information der Verbraucher jährlich einen Bericht über die Qualität des für den menschlichen Gebrauch bestimmten Wassers vor. Jeder Bericht umfasst zumindest die Versorgungsanlagen, aus denen mehr als 1 000 m3 pro Tag im Durchschnitt entnommen oder mit denen mehr als 5 000 Personen versorgt werden. *(BGBl I 2010/95)*

(2) Der Landeshauptmann hat jährlich für sein Bundesland einen Bericht zu erstellen, der „dem Bundesministerium für Gesundheit"* „ "** elektronisch bis 31. Mai des Folgejahres zu übermitteln ist. *(*BGBl I 2010/95; **BGBl I 2014/67)*

(3) Die Betreiber von Wasserversorgungsanlagen haben sicherzustellen, dass dem Landeshauptmann alle zur Erstellung des Berichtes erforderlichen Unterlagen durch die gemäß § 5 Z 2 der Trinkwasserverordnung, BGBl. II Nr. 304/2001, genannten Untersuchungsstellen elektronisch übermittelt werden. *(BGBl I 2014/67)*

(4) Der Bundesminister für Gesundheit kann durch Verordnung nähere Vorschriften für die Gestaltung der Berichte gemäß Abs. 2 sowie für Inhalt und Format der erforderlichen Unterlagen gemäß Abs. 3 erlassen. *(BGBl I 2010/95)*

Sofortmaßnahmen

„§ 45." Der Bundesminister für Gesundheit kann unter den Bedingungen des Art. 54 der Verordnung (EG) Nr. 178/2002 mit Verordnung Sofortmaßnahmen in Bezug auf Lebensmittel erlassen, wenn ein Lebensmittel wahrscheinlich ein ernstes Risiko für die Gesundheit von Menschen darstellt. *(BGBl I 2017/51)*

(BGBl I 2010/95)

3. Abschnitt

Verbringen, Eingang, Einfuhr, Ausfuhr und Handel von Waren innerhalb der Europäischen Union

Mitwirkung der Zollbehörden

§ 46. Machen Organe bei der zollamtlichen Abfertigung von Waren Wahrnehmungen, die Anlass zu Zweifeln geben, ob die Ware den lebensmittelrechtlichen Vorschriften entspricht, so haben sie ihre Wahrnehmungen unverzüglich dem Landeshauptmann mitzuteilen. Dabei ist nach Art. 76 der Verordnung (EU) 2017/625 vorzugehen und soweit es Gebrauchsgegenstände gemäß § 3 Z 7 lit. b bis e sowie kosmetische Mittel betrifft nach den §§ 25 bis 28 der Verordnung (EU) 2019/1020. Mit 1. Jänner 2023 sind die Wahrnehmungen nicht mehr dem Landeshauptmann, sondern dem Bundesamt für Verbrauchergesundheit mitzuteilen.

(BGBl I 2021/256)

Kontrolle von Warensendungen

§ 47. (1) Die amtliche Kontrolle der Sendungen von Waren durch das Bundesamt für Verbrauchergesundheit gemäß § 25a ist entsprechend den Bestimmungen der §§ 17a bis 17d GESG durchzuführen.

(2) Ist die Anmeldung von Sendungen beim Eingang in die Europäischen Union in den Rechtsakten der Europäischen Union nicht ausdrücklich festgelegt, hat der Unternehmer die Sendung jedenfalls mindestens einen Werktag vor der Ankunft am Abfertigungsort schriftlich anzumelden. Die Anmeldung muss mindestens den KN-Code, die voraussichtliche Ankunftszeit, die Menge der Ware und die Nummer des Beförderungsmittels oder des Containers enthalten.

(BGBl I 2021/256)

Eingang und Handel innerhalb der Europäischen Union von Lebensmitteln tierischer Herkunft

§ 48. (1) Die aus Mitgliedstaaten der Europäischen Union sowie aus Staaten, die auf Grund entsprechender Abkommen als solche zu behandeln sind, nach Österreich verbrachten Lebensmittel tierischer Herkunft sind durch die Aufsichtsorgane in den Bestimmungsbetrieben regelmäßig zu kontrollieren.

(2) Wird auf Grund der Kontrolle gemäß Abs. 1 ein Verstoß gegen lebensmittelrechtliche Vorschriften wahrgenommen oder geben die Untersuchungen sonst in veterinär- oder sanitätspolizeilicher Hinsicht Anlass zu Bedenken, so sind folgende Maßnahmen in Übereinstimmung mit den diesbezüglichen Rechtsakten der Europäischen Union anzuordnen:

1. die Zulassung der Sendung zu einem anderen Zweck als zum menschlichen Genuss, wenn diese Sendung in einen im Sinne der Verordnung (EG) Nr. 1069/2009 zugelassenen und regelmäßig behördlich kontrollierten Betrieb verbracht und dort bestimmungsgemäß behandelt wird, oder

2. die Rücksendung an den Versenderstaat oder

3. die unschädliche Beseitigung.

(BGBl I 2021/256)

Verordnungsermächtigung für den Eingang und den Handel innerhalb der Europäischen Union

„§ 49."*** „Der Bundesminister für Gesundheit"* hat mit Verordnung nähere Bestimmungen über „den Eingang und den Handel innerhalb der Europäischen Union"*** von Lebensmitteln tierischer Herkunft – einschließlich allenfalls erforderlicher Verbote, Einschränkungen, Ausnahmen und Bedingungen – zu erlassen, wenn und soweit dies nach dem jeweiligen Stand der Wissenschaft und Technologie sowie zum Schutz der Verbraucher vor Gesundheitsschädigung oder aus veterinärhygienischen Gründen erforderlich ist und soweit dies auf Grund von Rechtsakten der „Europäischen Union"** geboten ist. *(*BGBl I 2010/95; **BGBl I 2014/67; ***BGBl I 2021/256)*

1. LMSVG
§§ 50 – 53

Ausstellung amtlicher Bescheinigungen für Sendungen von Waren durch den Landeshauptmann zum Zwecke der Ausfuhr

§ 50. Unternehmer können beim Landeshauptmann einen Antrag auf Ausstellung amtlicher Bescheinigung für eine Sendung stellen, wenn sie diese Bescheinigung auf Grund der Bestimmungen des Bestimmungslandes für die Ausfuhr von Waren benötigen und eine Prüfung der Sendung vor Ort erforderlich ist. Die Ablehnung der Ausstellung einer Bescheinigung mittels Bescheid erfolgt auf ausdrückliches Verlangen des Antragstellers.

(BGBl I 2021/256)

Ausfuhrberechtigung

§ 51. (1) Betriebe können beim Bundesamt für Verbrauchergesundheit einen Antrag auf Ausfuhrberechtigung stellen, wenn sie diese Ausfuhrberechtigung auf Grund der Bestimmungen von Drittstaaten für die Ausfuhr von Waren benötigen. Das Bundesamt für Verbrauchergesundheit hat den Betrieb vor Ort zu kontrollieren, ob die Voraussetzungen erfüllt sind. Das Bundesamt für Verbrauchergesundheit hat Betrieben mit Bescheid die Ausfuhrberechtigung zu erteilen, wenn festgestellt wird, dass

1. der Antragsteller über betriebliche Einrichtungen verfügt, die den vom Bestimmungsland gestellten Mindestanforderungen genügen, und
2. die Einhaltung jener Mindestanforderungen des Bestimmungslandes gesichert ist, die sich auf die hygienische Gewinnung und Behandlung von Waren beziehen.

Vom Bestimmungsland entsandte Fachexperten dürfen bei den Erhebungen anwesend sein. Eine Teilnahme von nominierten Fachexperten im Wege der elektronischen Medien ist gleichfalls zulässig.

(2) Die Ausfuhrberechtigung ist durch das Bundesamt für Verbrauchergesundheit zu entziehen, wenn festgestellt wird, dass die Voraussetzungen für ihre Erteilung nicht mehr vorliegen.

(3) Betriebe, denen eine Ausfuhrberechtigung erteilt worden ist, unterliegen der regelmäßigen amtlichen Kontrolle durch das Bundesamt für Verbrauchergesundheit im Hinblick auf jene Anforderungen, die für die Ausfuhr in das jeweilige Bestimmungsland wesentlich sind.

(BGBl I 2021/256)

Ausfuhr und Wiederausfuhr von Waren

§ 52. (1) Waren dürfen nur unter Einhaltung oder in sinngemäßer Anwendung von Art. 12 der Verordnung (EG) Nr. 178/2002 aus der Gemeinschaft ausgeführt oder wiederausgeführt werden.

(2) Die Konformität einer Ware mit den Bestimmungen des Drittstaates, in den die Ware ausgeführt oder wiederausgeführt wird (Art. 12 Abs. 1 Unterabsatz 1 der Verordnung (EG) Nr. 178/2002), ist vom Unternehmer zu dokumentieren.

(3) Die Zustimmung der zuständigen Behörden des Drittstaates bei fehlender Konformität einer Ware (Art. 12 Abs. 1 Unterabsatz 2 der Verordnung (EG) Nr. 178/2002) ist vom Unternehmer einzuholen. Die Ausfuhr oder Wiederausfuhr ist durch die mit der zollamtlichen Ausgangsbestätigung versehene schriftliche Zollausfuhranmeldung nachzuweisen. Der Landeshauptmann ist von der Ausfuhr oder Wiederausfuhr dieser Ware zu informieren.

4. Abschnitt
Schlachttier- und Fleischuntersuchung sowie Hygienekontrollen

Untersuchungspflicht

§ 53. (1) Die in der „Durchführungsverordnung (EU) 2019/627" genannten Tierarten sind, wenn deren Fleisch zum Genuss für Menschen verwendet werden soll, vor und nach der Schlachtung oder nach dem Erlegen, Ernten oder Fischen einer amtlichen Untersuchung und Beurteilung entsprechend den Vorgaben „der Delegierten Verordnung (EU) 2019/624 und der Durchführungsverordnung (EU) 2019/627" zu unterziehen. *(BGBl I 2021/256)*

(2) „Der Landeshauptmann hat sich bei der Schlachttier- und Fleischuntersuchung von Säugetieren und Geflügel sowie bei den amtlichen Kontrollen in Schlacht- und Wildbearbeitungsbetrieben approbierter Aufsichtsorgane, die Tierärzte sind, zu bedienen." Zu deren Unterstützung kann der Landeshauptmann amtliche Fachassistenten oder auf Antrag des Betriebes Hilfskräfte gemäß § 24 Abs. 6 heranziehen. *(BGBl I 2021/256)*

(3) Schlachtungen von Schweinen, Schafen, Ziegen, Geflügel, Kaninchen, Farmwild und Wild aus freier Wildbahn für den Eigenbedarf des Tierhalters gemäß Art. 1 Abs. 3 lit. b der Verordnung (EG) Nr. 853/2004 sind nur dann von der Untersuchungspflicht gemäß Abs. 1 ausgenommen, wenn

1. die Schlachtung

a) nicht in gewerblichen oder industriellen Betrieben und

b) nicht gemeinsam mit anderen Tieren, die der Schlachttier- und Fleischuntersuchung unterliegen,

erfolgt und

2. das Fleisch dieser Tiere nicht mit Fleisch, das in Verkehr gebracht wird, bearbeitet oder gelagert wird und

3. a) beim Tier kein Seuchenverdacht gegeben ist und

b) das Tier keine Krankheitserscheinungen zeigt, die einen Einfluss auf die Verwendbarkeit als Lebensmittel haben, und

c) kein Verdacht auf höhere als erlaubte Rückstände gegeben ist.

(4) Unbeschadet des Abs. 3 sind Geflügel und Kaninchen von der Untersuchungpflicht ausgenommen, wenn sie für die direkte Abgabe gemäß Art. 1 Abs. 3 lit. d der Verordnung (EG) Nr. 853/2004 geschlachtet werden.

(5) Unbeschadet des Abs. 3 ist Wild aus freier Wildbahn oder Wildfleisch von der Untersuchungpflicht ausgenommen, wenn es für die direkte Abgabe gemäß Art. 1 Abs. 3 lit. e der Verordnung (EG) Nr. 853/2004 verwendet wird. Diese Tierkörper sind von Jägern gemäß § 27 Abs. 3 zu untersuchen.

(6) Der Landeshauptmann kann beim Auftreten einer anzeigepflichtigen Tierseuche bis zu deren Erlöschen für das Seuchengebiet anordnen, wenn dies zur raschen Tilgung oder zur Verhinderung der Weiterverbreitung oder auf Grund von Rechtsakten der „Europäischen Union" erforderlich ist, dass alle für diese Tierseuche empfänglichen Tiere gemäß den Abs. 3 bis 5 bei deren Schlachtung oder nach dem Erlegen der Schlachttier- und Fleischuntersuchung unterliegen. *(BGBl I 2014/67)*

(7) „Der Bundesminister für Gesundheit"* hat mit Verordnung nähere Bestimmungen über die Durchführung der Schlachttier- und Fleischuntersuchung und über die Beurteilung des Fleisches der in der „Durchführungsverordnung (EU) 2019/627"*** genannten Tierarten sowie über allfällige Ausnahmen von und Ergänzungen zu der Untersuchungspflicht bei anderen als unter Abs. 3 angeführten Tierarten festzulegen, wenn und soweit dies nach dem jeweiligen Stand der Wissenschaft und Technologie aus veterinär- oder sanitätspolizeilichen Gründen erforderlich und mit den diesbezüglichen Rechtsakten der „Europäischen Union"** vereinbar ist. Dabei können Besonderheiten einzelner Tierarten und deren Haltungs- und Vermarktungsformen berücksichtigt werden. *(*BGBl I 2010/95; **BGBl I 2014/67; ***BGBl I 2021/256)*

Hygienekontrollen in Schlacht-, Zerlegungs- und Wildbearbeitungsbetrieben

§ 54. (1) Der amtliche Tierarzt hat in Schlacht- und Wildbearbeitungsbetrieben entsprechend der Durchführungsverordnung (EU) 2019/627 Kontrollen durchzuführen. Der amtliche Tierarzt kann hiebei von amtlichen Fachassistenten unterstützt werden. In Zerlegungsbetrieben sind die Kontrollen entweder von einem amtlichen Tierarzt oder von einem amtlichen Fachassistenten oder von einer besonders geschulten Person gemäß Art. 2 Z 5 der Delegierten Verordnung (EU) 2019/624 durchzuführen. *(BGBl I 2021/256)*

(2) Bei Wahrnehmung von Verstößen gegen lebensmittelrechtliche Vorschriften hat der amtliche Tierarzt den Landeshauptmann hievon zu unterrichten. Es ist gemäß § 39 vorzugehen. Bei Vorliegen der Voraussetzungen des § 39 Abs. 1 Z 1 hinsichtlich des Verbotes der Verwendung, Z 6 oder 7 hat der amtliche Tierarzt das Fleisch für genussuntauglich zu erklären.

Probenahme und Untersuchung bei der Schlachtung

§ 55. (1) Der amtliche Tierarzt hat erforderlichenfalls

1. geeignete Proben in dem für die Untersuchung notwendigen Ausmaß vom Tierkörper oder von dessen Teilen zu entnehmen, wenn eine Beurteilung des Fleisches nur unter Zuhilfenahme von besonderen Untersuchungen möglich ist;

2. im Verdachtsfall auch Proben zur mikrobiologischen Fleischuntersuchung, zur Feststellung von Fleischmängeln oder zur Untersuchung auf Rückstände zu entnehmen oder entnehmen zu lassen.

(2) Die mikrobiologische Fleischuntersuchung im Sinne des Abs. 1 Z 2 umfasst die Untersuchung auf Bakterien, Viren und sonstige Erreger von Tierkrankheiten und von auf den Menschen übertragbaren Krankheiten.

(3) „Der Bundesminister für Gesundheit" kann zusätzlich zu Abs. 1 zur wirksamen Kontrolle auf Erreger von Tierkrankheiten und von auf den Menschen übertragbaren Krankheiten die Entnahme und Untersuchung geeigneter Proben anordnen. *(BGBl I 2010/95)*

(4) Die zur Untersuchung entnommenen Proben sind genussuntaugliches Fleisch. Eine Entschädigung hiefür ist nicht zu leisten.

5. Abschnitt

Rückstandskontrollen von Lebensmitteln tierischer Herkunft

Untersuchung von Proben auf Rückstände

§ 56. Zur Sicherung einer wirksamen Kontrolle von Lebensmitteln tierischer Herkunft auf Rückstände ist „vom Bundesminister für Gesundheit" die stichprobenweise Entnahme und Untersuchung geeigneter Proben zusätzlich zu den in § 55 Abs. 1 Z 2 genannten Proben auf Rückstände anzuordnen. Solche Proben können sowohl von lebenden Tieren, deren Ausscheidungen und deren Futter einschließlich Wasser als auch von tierischen Primärerzeugnissen und von Fleisch entnommen werden. Sie sind auf Rückstände von Stoffen mit anaboler Wirkung, Tierarzneimitteln

1. LMSVG
§§ 56 – 59

sowie anderen Stoffen, welche die menschliche Gesundheit gefährden können, und auf Umweltkontaminanten zu untersuchen. *(BGBl I 2010/95)*

Verordnungsermächtigung für die Durchführung von Rückstandskontrollen

§ 57. Der Bundesminister für Soziales, Gesundheit, Pflege und Konsumentenschutz hat, soweit dies zur Kontrolle der Anwendung der in § 56 genannten Stoffe notwendig ist, unter Bedachtnahme auf die Zielsetzung dieses Bundesgesetzes, den anerkannten Stand der Wissenschaft und Technologie und die diesbezüglichen Rechtsakte der Europäischen Union mit Verordnung

1. betriebliche Eigenkontrollen in Tierhaltungsbetrieben, die Tiere zur Lebensmittelproduktion halten, und in Erstverarbeitungsbetrieben von tierischen Primärprodukten und Fleisch, sowie betriebliche Aufzeichnungen und Aufzeichnungen über die Behandlung von Tieren,

2. Bestimmungen über amtliche Kontrollen in Räumlichkeiten und auf Flächen, die der Tierhaltung dienen, und

3. die Art der zu untersuchenden Stoffe, die Probenart und die Untersuchungen von Proben sowie die hiefür notwendigen Aufzeichnungen vorzuschreiben.

Hierbei dürfen auch Ergänzungen zu und Ausnahmen von Bestimmungen des § 58 vorgesehen werden.

(BGBl I 2021/256)

Rückstände bei lebenden Tieren, tierischen Primärerzeugnissen und Fleisch

§ 58. (1) Werden bei Untersuchungen gemäß § 55 Abs. 1 Z 2 oder § 56 Rückstände festgestellt, so hat der Landeshauptmann, sofern dies unter Bedachtnahme auf die Zielsetzung dieses Bundesgesetzes oder gemäß den Rechtsakten der „Europäischen Union" erforderlich ist, die Tiere des betroffenen Bestandes in geeigneter Weise eindeutig zu kennzeichnen und mit Bescheid eine Sperre dieses Tierbestandes zu erlassen. *(BGBl I 2014/67)*

(2) Der Bescheid gemäß Abs. 1 hat zumindest folgende Angaben zu enthalten:

1. den Namen des Verfügungsberechtigten über die betroffenen Tiere,

2. die genaue Bezeichnung, die Zahl und den Standort der von der Sperre betroffenen Tiere,

3. das Verbot, die betroffenen Tiere ohne behördliche Zustimmung aus ihrem Bestand zu entfernen oder ohne behördliche Zustimmung der Schlachtung zuzuführen oder anders zu töten oder töten zu lassen, und

4. die Dauer der Sperre.

(3) „Beschwerden" gegen Bescheide gemäß Abs. 1 haben keine aufschiebende Wirkung. *(BGBl I 2013/80)*

(4) Der Landeshauptmann kann die Sperre gemäß Abs. 1 vor deren Ablauf gemäß Abs. 2 Z 4 aufheben, wenn durch zusätzliche Kontrollen nachgewiesen wird, dass die Tiere keine unzulässigen Rückstände mehr enthalten.

(5) Abs. 4 gilt nicht für Tiere, bei denen Substanzen gemäß Tabelle 2 des Anhangs der Verordnung (EU) Nr. 37/2010 über pharmakologisch wirksame Stoffe und ihre Einstufung hinsichtlich der Rückstandshöchstmengen in Lebensmitteln tierischen Ursprungs (ABl. Nr. L 15 vom 20. Jänner 2010) oder Stoffe, deren Anwendung gemäß der Richtlinie 96/22/EG über das Verbot der Verwendung bestimmter Stoffe mit hormonaler bzw. thyreostatischer Wirkung und von ß-Agonisten in der tierischen Erzeugung und zur Aufhebung der Richtlinien 81/602/EWG, 88/146/EWG und 88/299/EWG (ABl. Nr. L 125 vom 23. Mai 1996) verboten sind, festgestellt wurden. *(BGBl I 2021/256)*

Vorschriftswidrige Behandlung

§ 59. (1) Bei Vorliegen einer vorschriftswidrigen Behandlung „gemäß Art. 2 lit. c der Delegierten Verordnung (EU) 2019/2090" sind die betroffenen Tiere zu töten. Die Tötung ist vom Landeshauptmann mit Bescheid anzuordnen. *(BGBl I 2021/256)*

(2) Der Landeshauptmann kann von einer Tötungsanordnung gemäß Abs. 1 „in den Fällen des Art. 2 lit. c zweiter Gedankenstrich der Delegierten Verordnung (EU) 2019/2090" Abstand nehmen, wenn durch andere Maßnahmen, insbesondere jene gemäß § 58, eine Gefährdung von Mensch und Tier ausgeschlossen wird. *(BGBl I 2021/256)*

(3) Der Bescheid gemäß Abs. 1 hat zumindest folgende Angaben zu enthalten:

1. den Namen des Verfügungsberechtigten über die betroffenen Tiere,

2. die genaue Bezeichnung, die Zahl, die Kennzeichnung und den Standort der betroffenen Tiere und

3. die genaue Bezeichnung des Ortes, wo die Tötung der Tiere durchgeführt werden soll.

(4) Die Tötung der Tiere hat innerhalb von drei Werktagen ab Anordnung der Tötung unter Berücksichtigung des Tierschutzes zu erfolgen. Für die Beseitigung der Tierkörper gilt § 60.

(5) Die „Beschwerde" gegen einen Bescheid gemäß Abs. 1 hat keine aufschiebende Wirkung. *(BGBl I 2013/80)*

Entsorgung von nicht zum menschlichen Genuss geeignetem Material

§ 60. Für die Behandlung oder Beseitigung von Lebensmitteln tierischer Herkunft, die für den menschlichen Verzehr nicht oder nicht mehr geeignet oder bestimmt sind, sowie für nicht zum menschlichen Verzehr bestimmte tierische Nebenprodukte, die bei der Schlachtung und bei der Bearbeitung von Fleisch anfallen, gelten die Vorschriften des Tiermaterialiengesetzes, BGBl. I Nr. 141/2003, sowie die „Verordnung (EG) Nr. 1069/2009". *(BGBl I 2014/67)*

6. Abschnitt
Gebühren

Amtliche Kontrollen

§ 61. (1) „Der Bundesminister für Gesundheit" hat nach Anhörung der Landeshauptmänner mit Verordnung im Einvernehmen mit dem Bundesminister für Finanzen die Höhe von Verwaltungsabgaben festzulegen, die Unternehmer auf Grund 1. der Wahrnehmung von Verstößen gegen lebensmittelrechtliche Vorschriften für zusätzlich erforderliche amtliche Kontrollen oder

„2." der Tätigkeit der Aufsichtsorgane gemäß § 31 im Rahmen der amtlichen Kontrolle bei Betrieben, bei denen auf Grund der Art oder Menge der be- oder verarbeiteten Waren ein erhöhtes Risiko besteht, *(BGBl I 2009/52, Z 2 wurde aufgehoben und Z 3 in Z 2 umbenannt.; BGBl I 2010/95)* zu entrichten haben. *(BGBl I 2010/95)*

(2) Die Verwaltungsabgaben sind von der in der Sache zuständigen Behörde einzuheben und fließen der Gebietskörperschaft, die den Aufwand dieser Behörde zu tragen hat, oder der in § 24 Abs. 3 genannten juristischen Person für deren Tätigkeit zu. *(BGBl I 2014/67)*

(3) Die Kosten für die Untersuchung und Begutachtung im Rahmen der in Abs. 1 genannten Kontrolltätigkeit sind gemäß dem Gebührentarif (§ 66) der betreffenden Untersuchungsstelle gemäß §§ 65 oder 72 durch den Unternehmer zu ersetzen. Die Kosten können im Verwaltungsweg eingebracht werden.

(4) Verwaltungsabgaben gemäß Abs. 1 verändern sich jährlich mit Beginn eines jeden Kalenderjahres in dem Maß, das sich aus der Veränderung des Verbraucherpreisindex 2010 oder des an seine Stelle tretenden Index im Zeitraum von Juni des vorvergangenen Jahres bis Juni des der Valorisierung vorangegangenen Kalenderjahres ergibt, wenn die Indexerhöhung mehr als 2% beträgt. Ist dies nicht der Fall, ist diese Indexerhöhung im Folgejahr bzw. in den Folgejahren dafür, ob und in welcher Höhe eine Änderung gemäß dem ersten Satz eintritt, maßgeblich. Die sich ändernden Beträge sind von der Bundesministerin für Gesundheit auf volle 10 Cent kaufmännisch zu runden und auf der Homepage des Bundesministeriums für Gesundheit kundzumachen. Die kundgemachten Beträge bilden die Ausgangsbasis für die nächste Valorisierung. *(BGBl I 2007/24; BGBl I 2010/95; BGBl I 2015/144)*

(5) *(aufgehoben, BGBl I 2010/95)*

§ 61a. *(entfällt samt Überschrift, BGBl I 2021/256)*

Rückstandshöchstgehalte

„**§ 62.**" Für Tätigkeiten der Agentur in Vollziehung der in § 4 Abs. 6 angeführten hoheitlichen Aufgaben ist eine Gebühr nach Maßgabe eines Tarifes (§ 57 AVG) zu entrichten, den die Agentur mit Zustimmung des Bundesministers für Gesundheit und des Bundesministers für Finanzen kostendeckend festzusetzen hat. Die Zustimmung gilt als erteilt, sofern innerhalb einer Frist von einem Monat ab Einlangen im jeweiligen Ressort kein schriftlicher Widerspruch durch zumindest einen der angeführten Bundesminister erfolgt. In diesem Tarif können Vorschriften über die Einhebung der Gebühr, insbesondere über den Zeitpunkt der Entrichtung, vorgesehen werden. Der Tarif ist in den „Amtlichen Nachrichten des Bundesamtes für Ernährungssicherheit" gemäß § 6 Abs. 7 GESG kundzumachen. *(BGBl I 2017/51)*

(BGBl I 2010/95)

Ausfuhrberechtigung

§ 63. (1) Der Bundesminister für Soziales, Gesundheit, Pflege und Konsumentenschutz hat mit Verordnung unter Bedachtnahme auf die Rechtsakte der Europäischen Union kostendeckende Gebühren für die Tätigkeiten des Landeshauptmannes in Zusammenhang mit der Ausstellung von amtlichen Bescheinigungen gemäß § 50 im Einvernehmen mit dem Bundesminister für Finanzen festzulegen. *(BGBl I 2021/256)*

(2) Der Bundesminister für Gesundheit hat im Einvernehmen mit dem Bundesminister für Finanzen mit Verordnung die Höhe von Verwaltungsabgaben für Kontrollen im Hinblick auf die Ausstellung einer Ausfuhrbescheinigung gemäß § 52 Abs. 1 festzulegen. *(BGBl I 2014/67)*

„(3)" Die Verwaltungsabgaben sind von der in der Sache in erster Instanz zuständigen Behörde einzuheben und fließen der Gebietskörperschaft, die den Aufwand dieser Behörde zu tragen hat. *(BGBl I 2014/67)*

(4) Verwaltungsabgaben gemäß Abs. 1 verändern sich jährlich mit Beginn eines jeden Kalenderjahres in dem Maß, das sich aus der Veränderung des Verbraucherpreisindex 2010 oder des an seine Stelle tretenden Index im Zeitraum von

Juni des vorvergangenen Jahres bis Juni des der Valorisierung vorangegangenen Kalenderjahres ergibt, wenn die Indexerhöhung mehr als 2% beträgt. Ist dies nicht der Fall, ist diese Indexerhöhung im Folgejahr bzw. in den Folgejahren dafür, ob und in welcher Höhe eine Änderung gemäß dem ersten Satz eintritt, maßgeblich. Die sich ändernden Beträge sind von der Bundesministerin für Gesundheit auf volle 10 Cent kaufmännisch zu runden und auf der Homepage des Bundesministeriums für Gesundheit kundzumachen. Die kundgemachten Beträge bilden die Ausgangsbasis für die nächste Valorisierung. *(BGBl I 2015/144)*

Schlachttier- und Fleischuntersuchung

§ 64. (1) Der Unternehmer hat für die Schlachttier- und Fleischuntersuchung „der in der Durchführungsverordnung (EU) 2019/627" genannten Tierarten und die amtlichen Hygienekontrollen in Schlacht-, Zerlegungs- und Wildbearbeitungsbetrieben gemäß Abschnitt 4 sowie für die Rückstandskontrollen gemäß Abschnitt 5 dieses Hauptstückes Gebühren zu entrichten. *(BGBl I 2021/256)*

(2) Gebühren gemäß Abs. 1 sind Landes(Gemeinde)abgaben. „Die Gebühren sind von der in der Sache zuständigen Behörde einzuheben und fließen der Gebietskörperschaft, die den Aufwand dieser Behörde zu tragen hat, oder der in § 24 Abs. 3 genannten juristischen Person für deren Tätigkeit zu." *(BGBl I 2014/67)*

(3) **(Grundsatzbestimmung)** Die Höhe der Gebühren ist, soweit diese nicht gemäß Abs. 4 durch „den Bundesminister für Gesundheit"*** festgelegt wird, unter Bedachtnahme auf die Art der Tiere und die Rechtsakte der „Europäischen Union"*** unter Beachtung des Kapitels VI und „des Anhangs IV der Verordnung (EU) 2017/625"**** festzusetzen. Eine direkte Verrechnung zwischen Unternehmer und Aufsichtsorgan ist unzulässig. „Die Durchführung der Schlachttier- und Fleischuntersuchung in Betrieben gemäß Abs. 4 kann vom Nachweis der Zahlung eines angemessenen Vorschusses, spätestens am letzten Werktag vor der Untersuchung, abhängig gemacht werden."* (**BGBl I 2007/24*; **BGBl I 2010/95; ***BGBl I 2014/67; ****BGBl I 2021/256)*

(4) Der Bundesminister für Gesundheit hat im Einvernehmen mit dem Bundesminister für Finanzen, nach Anhörung der Landeshauptmänner, der Wirtschaftskammer Österreich, der Landwirtschaftskammer Österreich und der Österreichischen Tierärztekammer, für Betriebe, die mehr als 1000 Großvieheinheiten Säugetiere oder 150 000 Stück Geflügel jährlich schlachten oder die jährlich mehr als 250 Tonnen Wildfleisch in Wildbearbeitungsbetrieben bearbeiten, oder Zerlegungsbetriebe, die jährlich mehr als 250 Tonnen Fleisch zerlegen, die Gebühr für

1. routinemäßige Schlachttier- und Fleischuntersuchungen gemäß § 53 Abs. 1,

2. Probenahmen und Untersuchungen gemäß § 55 Abs. 1 Z 1,

3. Hygienekontrollen gemäß § 54,

4. Rückstandskontrollen gemäß § 56 entsprechend dem Kapitel VI und dem Anhang IV der Verordnung (EU) 2017/625 und *(BGBl I 2021/256)*

5. Probenahmen und Untersuchungen der Proben gemäß § 55 Abs. 1 Z 2 unter Berücksichtigung von § 61 Abs. 1 Z 1

durch Verordnung festzusetzen. *(BGBl I 2014/67)*

(5) Die Kosten der in mittelbarer Bundesverwaltung durchzuführenden Untersuchungen und Kontrollen gemäß Abs. 1 und der sich aus den Abschnitten 4 und 5 dieses Hauptstückes ergebenden damit im Zusammenhang stehenden Untersuchungen und Kontrollen sowie die Kosten der Aus- und Weiterbildung gemäß § 29 Abs. 1 und 2 Z 2 der amtlichen Tierärzte und amtlichen Fachassistenten sind vom Land zu tragen. *(BGBl I 2007/24)*

(6) Gebühren gemäß Abs. 4 verändern sich jährlich mit Beginn eines jeden Kalenderjahres in dem Maß, das sich aus der Veränderung des Verbraucherpreisindex 2010 oder des an seine Stelle tretenden Index im Zeitraum von Juni des vorvergangenen Jahres bis Juni des der Valorisierung vorangegangenen Kalenderjahres ergibt, wenn die Indexerhöhung mehr als 2% beträgt. Ist dies nicht der Fall, ist diese Indexerhöhung im Folgejahr bzw. in den Folgejahren dafür, ob und in welcher Höhe eine Änderung gemäß dem ersten Satz eintritt, maßgeblich. Die sich ändernden Beträge sind von der Bundesministerin für Gesundheit auf volle 10 Cent kaufmännisch zu runden und auf der Homepage des Bundesministeriums für Gesundheit kundzumachen. Die kundgemachten Beträge bilden die Ausgangsbasis für die nächste Valorisierung. *(BGBl I 2015/144)*

3. Hauptstück

Untersuchungs- und Sachverständigentätigkeit

1. Abschnitt

Agentur, Untersuchungsanstalten der Länder und Lebensmittelgutachter

Aufgaben der Agentur

§ 65. (1) In Bezug auf Waren nimmt die Agentur die in § 8 GESG aufgeführten Aufgaben im Rahmen der amtlichen Kontrolle wahr.

(2) „Der Bundesminister für Gesundheit" hat mit Verordnung den örtlichen Zuständigkeitsbereich der Institute für Lebensmitteluntersuchung der Agentur zur Übernahme von amtlichen Proben festzulegen. *(BGBl I 2010/95)*

Gebührentarif

§ 66. (1) Für die Tätigkeiten der Agentur im Rahmen der amtlichen Kontrolle ist eine Gebühr nach Maßgabe eines Tarifes (§ 57 AVG) zu entrichten, den die Agentur mit Zustimmung des Bundesministers für Soziales, Gesundheit, Pflege und Konsumentenschutz und des Bundesministers für Finanzen kostendeckend festzusetzen hat. Die Zustimmung gilt als erteilt, sofern innerhalb einer Frist von einem Monat ab Einlangen im jeweiligen Ressort kein schriftlicher Widerspruch durch zumindest einen der angeführten Bundesminister erfolgt. In diesem Tarif können Regelungen über Mahngebühren, Zuschläge, Pauschalierungen sowie die Einhebung der Gebühr, insbesondere über den Zeitpunkt der Entrichtung, vorgesehen werden. Der Tarif ist in den „Amtlichen Nachrichten des Bundesamtes für Ernährungssicherheit" gemäß § 6 Abs. 7 GESG kundzumachen. *(BGBl I 2021/256)*

(2) Gebühren gemäß Abs. 1 verändern sich jährlich mit Beginn eines jeden Kalenderjahres in dem Maß, das sich aus der Veränderung des Verbraucherpreisindex 2010 oder des an seine Stelle tretenden Index im Zeitraum von Juni des vorvergangenen Jahres bis Juni des der Valorisierung vorangegangenen Kalenderjahres ergibt, wenn die Indexerhöhung mehr als 2% beträgt. Ist dies nicht der Fall, ist diese Indexerhöhung in Folgejahr bzw. in den Folgejahren dafür, ob und in welcher Höhe eine Änderung gemäß dem ersten Satz eintritt, maßgeblich. Die sich ändernden Beträge sind von der Bundesministerin für Gesundheit auf volle 10 Cent kaufmännisch zu runden und auf der Homepage des Bundesministeriums für Gesundheit kundzumachen. Die kundgemachten Beträge bilden die Ausgangsbasis für die nächste Valorisierung. *(BGBl I 2015/144)*

Auskunftspflicht

§ 67. (1) Die Agentur hat den Untersuchungsanstalten der Länder und den gemäß § 73 autorisierten Personen, die mit der Untersuchung einer Gegenprobe befasst sind, sowie den in anderen Mitglied- oder Vertragsstaaten der EU oder EWR-Staaten mit der Untersuchung von Gegenproben betrauten autorisierten Untersuchungsanstalten und Personen, auf Anfrage alle Auskünfte über die Untersuchung bekanntzugeben, die für die Prüfung der Gegenprobe unerlässlich sind, sofern dadurch die Zielsetzung des Gesetzes nicht gefährdet ist.

(2) Der Partei sind auf Verlangen auch Befund und Gutachten über amtliche Proben bekanntzugeben, wenn die Untersuchung keinen Anlass zu einer Beanstandung gegeben hat. Der Gebührentarif (§ 66) ist anzuwenden. *(BGBl I 2007/24; BGBl I 2009/52)*

Untersuchungen

§ 68. (1) Für die Untersuchung sind geeignete Methoden entsprechend dem Stand der Wissenschaft und Technologie in Übereinstimmung mit den Rechtsvorschriften der „Europäischen Union" und nationalen Vorschriften anzuwenden. *(BGBl I 2014/67)*

(2) Für die Untersuchungen im Rahmen dieses Bundesgesetzes hat die Agentur eine Akkreditierung gemäß dem Akkreditierungsgesetz 2012 nachzuweisen. *(BGBl I 2021/256)*

(3) „Der Bundesminister für Gesundheit" kann nach dem anerkannten Stand der Wissenschaft und Technologie mit Verordnung Methoden für die Untersuchung vorschreiben. *(BGBl I 2010/95)*

Mitteilungspflicht

§ 69. Wenn die Agentur bei ihrer Tätigkeit zur begründeten Auffassung gelangt, dass der Verdacht der Verletzung von lebensmittelrechtlichen Vorschriften gegeben ist, so hat sie dies in ihrem Gutachten festzustellen und der jeweils zuständigen Behörde oder dem zuständigen amtlichen Tierarzt unverzüglich Mitteilung zu erstatten.

(BGBl I 2017/51; BGBl I 2021/256)

Fachliche Qualifikation

§ 70. (1) In der Agentur dürfen für die Erstattung von Gutachten nur Personen herangezogen werden, die entsprechend der Verordnung gemäß Abs. 4
1. über eine wissenschaftliche Berufsvorbildung verfügen und
2. eine praktische Ausbildung absolviert haben.
Die Zustimmung des „Bundesministeriums für Gesundheit" ist einzuholen. *(BGBl I 2010/95)*

(2) Die Personen gemäß Abs. 1 sind verpflichtet, sich entsprechend der Verordnung gemäß Abs. 4 in ihrem Aufgabenbereich regelmäßig „weiterzubilden" und sich mit dem letzten Stand der einschlägigen Vorschriften vertraut zu machen. *(BGBl I 2006/136)*

(3) Die Untersuchung und Befunderstellung im Rahmen der Schlachttier- und Fleischuntersuchung muss unter Aufsicht eines nach Abs. 1 qualifizierten Tierarztes erfolgen. Die Erstellung des Gutachtens auf Grund eines Befundes obliegt dem amtlichen Tierarzt.

(4) „Der Bundesminister für Gesundheit"** hat unter Berücksichtigung „des Anhangs II Kapitel I der Verordnung (EU) 2017/625"*** mit Verordnung nähere Vorschriften darüber zu erlassen, welche wissenschaftliche Berufsvorbildung sowie „Aus- und Weiterbildung"* die in Abs. 1 genannten Personen zu absolvieren und nachzuweisen haben. *(*BGBl I 2006/136; **BGBl I 2010/95; ***BGBl I 2021/256)*

(5) In der Verordnung nach Abs. 4 ist für die wissenschaftliche Berufsvorbildung jedenfalls zu bestimmen, dass Personen nach Abs. 1 ein Studium einer „Universität", das beispielsweise die Fachgebiete Chemie, Biologie, Pharmazie, Medizin, Veterinärmedizin, Lebensmittel- und Biotechnologie oder Ernährungswissenschaften umfasst, oder ein einschlägiges Studium an einer Fachhochschule absolviert haben müssen. *(BGBl I 2010/95)*

(6) In der Verordnung nach Abs. 4 ist für die praktische Ausbildung zu bestimmen, dass eine „drei- bis fünfjährige praktische Tätigkeit"** auf dem Gebiete der Untersuchung von Waren in dafür geeigneten Instituten der „Universitäten"*, in staatlichen und privaten Untersuchungslabors oder Forschungslaboratorien nachzuweisen ist, aus der abgeleitet werden kann, dass Untersuchungen durchgeführt und Gutachten erstattet werden können. *(*BGBl I 2010/95; **BGBl I 2021/256)*

(7) Für andere als in Abs. 1 genannte Personen, die bei der Untersuchung der amtlichen Proben tätig sind, gilt Abs. 2 sinngemäß in Bezug auf das jeweilige Aufgabengebiet.

Kosten der Untersuchung und Begutachtung

§ 71. (1) Wird von einer Privatperson bei Verdacht einer nicht den lebensmittelrechtlichen Vorschriften entsprechenden Ware um eine Untersuchung angesucht, hat sie die Kosten der Untersuchung nur dann zu erstatten, wenn die Untersuchung nicht Anlass zu einer Anzeige gegeben hat.

(2) Im Ermittlungsverfahren nach der StPO hat die Staatsanwaltschaft die vorläufige Auszahlung der Kosten einer auf ihr Verlangen durchgeführten Untersuchung nach dem Gebührentarif (§ 66) aus den Amtsgeldern nach Anhörung des Revisors anzuordnen, wenn dieser nicht binnen 14 Tagen Einwendungen dagegen erhebt. Nach Erhebung von Einwendungen und im gerichtlichen Hauptverfahren sind die Kosten einer auf Verlangen der Staatsanwaltschaft oder des Gerichts durchgeführten Untersuchung vom Gericht nach dem Gebührentarif (§ 66) zu bestimmen und vorläufig aus den Amtsgeldern zu tragen. Im Fall der Verurteilung ist der zum Kostenersatz verpflichteten Partei der Ersatz der Kosten nach Maßgabe der §§ 389 bis 391 StPO aufzutragen. *(BGBl I 2007/112; BGBl I 2010/95)*

(2a) Wurde die Untersuchung weder auf Verlangen der Staatsanwaltschaft noch des Gerichts durchgeführt und wird das Strafverfahren gegen den Angeklagten mit Schuldspruch erledigt, gelten hinsichtlich der Kosten der Untersuchung die Bestimmungen des § 389 StPO. Soweit die Untersuchungskosten vom Verurteilten einbringlich sind, hat das Gericht deren Auszahlung an die untersuchende Stelle zu verfügen. *(BGBl I 2010/95)*

(3) Im Verwaltungsstrafverfahren ist im Straferkenntnis der zum Kostenersatz verpflichteten Partei der Ersatz der Kosten an die Agentur oder an die jeweilige Untersuchungsanstalt der Länder vorzuschreiben.

(4) Die Kosten der Untersuchung sind nach dem Gebührentarif (§ 66) zu berechnen. „Dabei dürfen nur die Kosten jener Untersuchungsparameter, die zu einer Beanstandung geführt haben, in Rechnung gestellt werden." *(BGBl I 2021/256)*

(5) Die von einer Partei zu ersetzenden Kosten der Untersuchung können im Verwaltungsweg eingebracht werden.

Untersuchungsanstalten der Länder

§ 72. (1) Untersuchungsanstalten der Länder, die Aufgaben wie die Agentur besorgen wollen, bedürfen sowohl zu ihrer Errichtung wie auch zu ihrem Betrieb einer Bewilligung „des Bundesministers für Gesundheit". *(BGBl I 2010/95)*

(2) Die Bewilligung zur Errichtung ist zu erteilen, wenn die vorgesehene Ausstattung sowie das vorgesehene Personal erwarten lassen, dass die geplante Anstalt die vorgesehenen Aufgaben so erfüllen wird wie die Agentur.

(3) Die Bewilligung zum Betrieb ist zu erteilen, wenn das erforderliche Personal und die erforderliche Ausstattung vorhanden sind und das den Betrieb regelnde Statut gewährleistet, dass die vorgesehenen Aufgaben so erfüllt werden wie von der Agentur.

(4) Für den Betrieb der Anstalten gelten die Bestimmungen für die Agentur sinngemäß. Die Kosten sind von den Rechtsträgern der Anstalten selbst zu tragen.

(5) „Der Bundesminister für Gesundheit" hat die Bewilligung zurückzunehmen oder einzuschränken, wenn die Voraussetzungen für ihre Erteilung nicht mehr oder nur noch in eingeschränktem Umfang gegeben sind. *(BGBl I 2010/95)*

(6) Die Rechtsträger der Anstalten haben „dem Bundesminister für Gesundheit" jährlich einen Bericht bis zum 31. März des Folgejahres vorzulegen. Dieser Bericht hat neben der Darlegung der Tätigkeit auch Angaben über alle wesentlichen Veränderungen der Ausstattung und des Personalstandes zu enthalten. *(BGBl I 2010/95)*

(7) Bei Bedarf sind der Agentur Informationen über durchgeführte Untersuchungen zu übermitteln.

Untersuchung und Begutachtung durch andere Berechtigte

§ 73. (1) Wer, abgesehen von den in den §§ 65 und 72 geregelten Fällen, entgeltlich Untersuchungen durchführt und Gutachten, wie Verkehrsfähigkeitsgutachten, im Sinne dieses Bundesgesetzes erstattet, bedarf hiezu einer Bewilligung des Bundesministers für Gesundheit.

(2) Die Bewilligung ist zu erteilen, wenn der Bewerber nachweist, dass er die Voraussetzungen einer nach § 70 Abs. 4 erlassenen Verordnung erfüllt. In den Bewilligungsbescheid können Vorschreibungen über die Ausübung der Untersuchungstätigkeit aufgenommen werden.

(3) Jede wesentliche Änderung der für die Bewilligung maßgebenden Umstände ist dem Bundesministerium für Gesundheit anzuzeigen.

(4) Der Bewilligungsinhaber muss in einer im Umfang der erteilten Bewilligung gemäß dem Akkreditierungsgesetz 2012 akkreditierten Konformitätsbewertungsstelle oder in einer Konformitätsbewertungsstelle in einem anderen Mitgliedoder Vertragsstaat der EU oder EWR-Staat mit einer dieser gleichzuhaltenden Akkreditierung angestellt oder vertraglich gebunden sein und in Übereinstimmung mit dem Managementsystem der Konformitätsbewertungsstelle arbeiten. Die Konformitätsbewertungsstelle samt Anschrift ist dem Bundesministerium für Gesundheit und Frauen zu melden. Jede wesentliche Änderung der für die Meldung maßgebenden Umstände ist unverzüglich anzuzeigen. *(BGBl I 2017/51)*

(5) Der Bundesminister für Gesundheit kann die Untersuchungstätigkeit jederzeit kontrollieren, insbesondere deren tatsächliche Ausübung überprüfen und die der Untersuchungstätigkeit dienenden Einrichtungen besichtigen.

(6) Gemäß § 73 Abs. 2 autorisierte Personen sind verpflichtet, sich nachweislich in ihrem Aufgabenbereich regelmäßig „weiterzubilden" und sich mit dem letzten Stand der einschlägigen Vorschriften vertraut zu machen. *(BGBl I 2021/256)*

(7) Die Bewilligung ist zurückzunehmen oder einzuschränken, wenn die Voraussetzungen für ihre Erteilung nicht mehr oder nur noch in eingeschränktem Umfang gegeben sind.

(8) Gemäß § 73 Abs. 2 autorisierte Personen werden mit ihrem Namen, dem Bewilligungsumfang und „der Konformitätsbewertungsstelle" samt Anschrift in einer vom Bundesministerium für Gesundheit herauszugebenden Liste veröffentlicht. *(BGBl I 2014/67; BGBl I 2021/256)*

(BGBl I 2010/95)

Pflichten von Labors

§ 74. Labors, die im Rahmen von § 38 Abs. 1 Z 6 das Vorliegen von Zoonosen und Zoonoseerregern untersuchen, haben Isolate unverzüglich, längstens jedoch binnen zwei Tagen, dem gemäß § 75 zuständigen Referenzlabor anonymisiert und unter Hinweis auf die Produktgruppe zu übermitteln. „Diese Verpflichtung entfällt, sofern die Isolate bereits auf Veranlassung des Unternehmers gemäß § 38 Abs. 1 Z 6 übermittelt wurden." *(BGBl I 2014/67)*

(BGBl I 2010/95)

Nationale Referenzlabors

§ 75. (1) „Zum Zweck der Zusammenarbeit mit den Referenzlaboratorien der Europäischen Union sind gemäß Art. 100 der Verordnung (EU) 2017/625 nationale Referenzlabors zu benennen, die" *(BGBl I 2021/256)*

1. in ihrem jeweiligen Aufgabengebiet die Tätigkeiten der Agentur, der Untersuchungsanstalten der Länder sowie der gemäß § 73 autorisierten Personen koordinieren;

2. Laborvergleichstests durchführen und im Anschluss an solche Tests für entsprechende Folgemaßnahmen in Zusammenarbeit mit dem „Bundesministerium für Gesundheit" sorgen;

3. Informationen vom jeweiligen Gemeinschaftsreferenzlabor an das „Bundesministerium für Gesundheit", die Agentur, die Untersuchungsanstalten der Länder sowie an die gemäß § 73 autorisierten Personen weiterleiten. *(BGBl I 2010/95)*

(2) Sämtliche der in Abs. 1 genannten Stellen haben mit dem jeweils zuständigen nationalen Referenzlabor zusammenzuarbeiten.

(3) „Der Bundesminister für Gesundheit" kann mit Erlass Richtlinien für die Zusammenarbeit zwischen den in Abs. 1 genannten Stellen erlassen. *(BGBl I 2010/95)*

2. Abschnitt
Österreichisches Lebensmittelbuch und Codexkommission

Österreichisches Lebensmittelbuch

§ 76. „Dem Bundesminister für Gesundheit"** obliegt die Herausgabe des Österreichischen Lebensmittelbuches (Codex Alimentarius Austriacus). Es dient der Verlautbarung von Sachbezeichnungen, Begriffsbestimmungen, Untersuchungsmethoden und Beurteilungsgrundsätzen sowie von Richtlinien „für das Herstellen und Inverkehrbringen von Waren"* und kann in elektronischer Form veröffentlicht werden. (*BGBl I 2006/136; **BGBl I 2010/95)*

Zusammensetzung der Codexkommission

§ 77. (1) Zur Beratung des Bundesministers für Gesundheit in Angelegenheiten sämtlicher lebensmittelrechtlicher Vorschriften, einschließlich Hygieneleitlinien, sowie zur Vorbereitung des Österreichischen Lebensmittelbuches (Codex Alimentarius Austriacus) ist eine Kommission

1. LMSVG
§§ 77 – 80

(Codexkommission) einzurichten. *(BGBl I 2010/95)*

(2) Der Codexkommission haben als Mitglieder anzugehören:

a) drei Vertreter des „Bundesministeriums für Gesundheit", *(BGBl I 2010/95)*

b) ein Vertreter des Bundesministeriums für Justiz,

c) ein Vertreter des Bundesministeriums für Land- und Forstwirtschaft, Umwelt und Wasserwirtschaft

d) ein Vertreter des Bundesministeriums für soziale Sicherheit, Generationen und Konsumentenschutz

e) ein Vertreter des Bundesministeriums für Wirtschaft und Arbeit,

f) ein Vertreter des Bundesministeriums für Finanzen,

g) zwei Vertreter der Länder

h) ein Vertreter der Bundesarbeitskammer,

i) ein Vertreter der Wirtschaftskammer Österreich,

j) ein Vertreter des Österreichischen Gewerkschaftsbundes,

k) ein Vertreter der Präsidentenkonferenz der Landwirtschaftskammern Österreichs,

l) ein Vertreter des Vereins für Konsumenteninformation,

m) drei fachkundige Bedienstete der Agentur oder der Untersuchungsanstalten der Länder und ein Vertreter der nach § 73 Berechtigten,

n) je ein mit dem Verkehr von diesem Bundesgesetz unterliegenden Waren vertrauter, tunlichst nach § 70 Abs. 4 qualifizierter Fachmann auf Vorschlag der Bundesarbeitskammer, der Wirtschaftskammer Österreich, der Präsidentenkonferenz der Landwirtschaftskammern Österreichs, des Österreichischen Gewerkschaftsbundes, der Vereinigung Österreichischer Industrieller sowie der Österreichischen Tierärztekammer.

(3) Die in Abs. 2 aufgezählten Mitglieder der Codexkommission werden auf die Dauer von fünf Jahren bestellt. Für jedes unter Abs. 2 lit. a bis m genannte Mitglied ist ein Ersatzmitglied zu bestellen. Die Unterlassung eines Vorschlages hindert nicht die Konstituierung der Codexkommission.

(4) Außer den in Abs. 2 aufgezählten Mitgliedern hat „der Bundesminister für Gesundheit" die erforderliche Zahl von Vertretern der einschlägigen Wissenschaften als Mitglieder zu bestellen. *(BGBl I 2010/95)*

(5) „Der Bundesminister für Gesundheit" bestellt für die gleiche Zeit den Vorsitzenden der Codexkommission und seinen Stellvertreter. *(BGBl I 2010/95)*

(6) Alle Mitglieder sowie der Vorsitzende und sein Stellvertreter haben beschließende Stimme.

Ein Ersatzmitglied hat ein solches Stimmrecht nur bei Verhinderung jenes Mitgliedes, welches es zu vertreten befugt ist.

(7) Die Codexkommission kann zur Bearbeitung bestimmter Sachgebiete fallweise Sachverständige mit beratender Stimme beiziehen.

(8) Die Codexkommission hat sich eine Geschäftsordnung zu geben, die der Genehmigung „des Bundesministers für Gesundheit" bedarf. *(BGBl I 2010/95)*

(9) Die Anhörung der Codexkommission kann auch im schriftlichen Weg erfolgen.

Ständiger Hygieneausschuss

§ 78. *(aufgehoben, BGBl I 2010/95)*

Aufgaben des Ständigen Hygieneausschusses

§ 79. *(aufgehoben, BGBl I 2010/95)*

FAO/WHO Codex Alimentarius – Kommission (WECO)

§ 80. (1) „Der Bundesminister für Soziales, Gesundheit, Pflege und Konsumentenschutz hat zu seiner" Beratung in Fragen des FAO/WHO Codex Alimentarius eine Kommission (WECO) zu bestellen. Der Vorsitzende der WECO und sein Stellvertreter sind aus den Reihen der Mitglieder der Codexkommission zu bestellen. *(BGBl I 2021/256)*

(2) Der WECO haben als Mitglieder anzugehören:

a) zwei Vertreter des „Bundesministeriums für Gesundheit" *(BGBl I 2010/95)*

b) ein Vertreter „des Bundesministeriums für Soziales und Konsumentenschutz", *(BGBl I 2007/24)*

c) ein Vertreter des Bundesministeriums für Wirtschaft und Arbeit,

d) ein Vertreter des Bundesministeriums für Land- und Forstwirtschaft, Umwelt und Wasserwirtschaft,

e) ein Vertreter der Bundesarbeitskammer,

f) ein Vertreter der Wirtschaftskammer Österreich,

g) ein Vertreter des Österreichischen Gewerkschaftsbundes,

h) ein Vertreter der Präsidentenkonferenz der Landwirtschaftskammern Österreichs,

i) ein fachkundiger Bediensteter der Agentur oder der Untersuchungsanstalten der Länder,

j) Vertreter der einschlägigen Fachgebiete.

(3) Die in Abs. 2 aufgezählten Mitglieder der WECO werden auf die Dauer von fünf Jahren bestellt. Für jedes unter Abs. 2 lit. a bis i genannte Mitglied ist ein Ersatzmitglied zu bestellen. Die

Unterlassung eines Vorschlages hindert nicht die Konstituierung der WECO.

(4) Die WECO kann zur Bearbeitung bestimmter Sachgebiete fallweise Sachverständige mit beratender Stimme beiziehen.

(5) Die WECO hat sich eine Geschäftsordnung zu geben, die der Genehmigung „des Bundesministers für Gesundheit" bedarf. *(BGBl I 2010/95)*

4. Hauptstück
Strafbestimmungen

1. Abschnitt
Gerichtliche Strafbestimmungen

Tatbestände

§ 81. (1) Wer gesundheitsschädliche Lebensmittel, Gebrauchsgegenstände oder kosmetische Mittel in Verkehr bringt, ist mit Freiheitsstrafe bis zu einem Jahr oder mit Geldstrafe bis zu 360 Tagessätzen zu bestrafen.

(2) Hat die im Abs. 1 mit Strafe bedrohte Tat die Gefahr der Verbreitung einer übertragbaren Krankheit unter Menschen zur Folge, so ist der Täter mit Freiheitsstrafe bis zu zwei Jahren, hat sie aber den Tod eines Menschen oder eine Gefahr für Leib oder Leben einer größeren Zahl von Menschen zur Folge, mit Freiheitsstrafe bis zu drei Jahren zu bestrafen.

(3) Wer Fleisch, welches nach den Bestimmungen dieses Bundesgesetzes der Untersuchungspflicht unterliegt, oder Zubereitungen von solchem Fleisch als Lebensmittel in Verkehr bringt, ohne dass es den vorgeschriebenen Untersuchungen unterzogen wurde, oder genussuntaugliches Fleisch als Lebensmittel in Verkehr bringt, ist, sofern die Handlung nicht nach Abs. 1 mit Strafe bedroht ist, „mit Freiheitsstrafe bis zu sechs Monaten oder mit Geldstrafe bis zu 360 Tagessätzen" zu bestrafen. *(BGBl I 2013/171)*

§ 82. (1) Wer eine im § 81 Abs. 1 mit Strafe bedrohte Handlung fahrlässig begeht, ist mit Freiheitsstrafe bis zu sechs Monaten oder mit Geldstrafe bis zu 360 Tagessätzen zu bestrafen.

(2) Hat die im Abs. 1 mit Strafe bedrohte Tat den Tod eines Menschen oder eine Gefahr für Leib oder Leben einer größeren Zahl von Menschen zur Folge, so ist der Täter mit Freiheitsstrafe bis zu zwei Jahren zu bestrafen.

(3) Wer eine im § 81 Abs. 3 mit Strafe bedrohte Handlung fahrlässig begeht, ist mit Geldstrafe bis zu 180 Tagessätzen zu bestrafen.

Einziehung

§ 83. (1) Die den Gegenstand einer in den §§ 81 und 82 mit Strafe bedrohten Handlungen bildenden Lebensmittel, Gebrauchsgegenstände oder kosmetischen Mittel sind, ohne Rücksicht darauf, wem sie gehören, einzuziehen, es sei denn, dass trotz des vorangegangenen mit Strafe bedrohten Verhaltens Gewähr geboten ist, dass die Mittel, Gegenstände oder Stoffe nicht unter Verletzung der lebensmittelrechtlichen Vorschriften in Verkehr gebracht werden.

(2) Liegt der objektive Tatbestand einer in den §§ 81 und 82 mit Strafe bedrohten Handlung vor, so sind die Mittel, Gegenstände oder Stoffe auch dann einzuziehen, wenn keine bestimmte Person wegen der mit Strafe bedrohten Handlung verfolgt oder verurteilt werden kann. In einem solchen Fall hat der Ankläger einen gesonderten Antrag auf Einziehung zu stellen.

(3) Für das Verfahren bei der Einziehung gelten die §§ 443 bis 446 StPO entsprechend.

(4) In besonders berücksichtigungswürdigen Fällen kann das Gericht in dem Urteil, mit dem auf die Einziehung der Mittel, Stoffe oder Gegenstände erkannt wird, aussprechen, dass der durch eine allfällige Verwertung erzielte Erlös dem von der Einziehung Betroffenen auszufolgen ist. Sind die eingezogenen Mittel, Stoffe oder Gegenstände aus dem Zollausland eingeführt und darauf entfallende Zölle oder sonstige Eingangsabgaben nicht entrichtet worden, so ist vor der Ausfolgung des erzielten Erlöses ein den Eingangsabgaben entsprechender Betrag abzuziehen. Dieser Betrag bestimmt sich, wenn eine Eingangsabgabenschuld noch nicht entstanden ist, nach der Beschaffenheit, dem Wert und den Abgabensätzen, die im Zeitpunkt der Verwertung der Ware bestehen.

(5) Die eingezogenen Mittel, Stoffe oder Gegenstände sind der Verwaltungsbehörde zur Vernichtung oder Verwertung nach Maßgabe des § 92 zu überlassen.

Untersagung der Gewerbeausübung

§ 84. (1) Im Strafurteil wegen einer der in den §§ 81 und 82 mit Strafe bedrohten Handlungen ist dem Täter, wenn er schon zweimal wegen Taten verurteilt ist, die auf der gleichen schädlichen Neigung beruhen wie die abgeurteilte Tat, die Ausübung seines Gewerbes oder seiner Tätigkeit in Bezug auf bestimmte Formen des Inverkehrbringens oder in Bezug auf bestimmte Waren für einen Zeitraum von mindestens einem und höchstens fünf Jahren zu untersagen, wenn zu befürchten ist, dass der Verurteilte sonst neuerlich in Ausübung des Gewerbes oder der Tätigkeiten nach diesem Bundesgesetz mit Strafe bedrohte Handlungen begehen werde, die geeignet sind, die menschliche Gesundheit zu gefährden. Statt einer Untersagung sind dem Täter Bedingungen für die Ausübung des Gewerbes oder der Tätigkeiten vorzuschreiben, wenn dadurch der Zweck der Untersagung erreicht werden kann.

(2) Die Dauer der Maßnahme ist mit dem Zeitraum zu bestimmen, für den sie ihr Zweck (Abs. 1) erforderlich macht.

(3) Das Gericht hat Urteile nach Abs. 1 nach Eintritt der Rechtskraft der für den Entzug der Gewerbeberechtigung zuständigen Gewerbebehörde, wenn die Handlung im Rahmen einer nicht der Gewerbeordnung 1994 unterliegenden Tätigkeit begangen wurde, dem Landeshauptmann mitzuteilen.

Urteilsveröffentlichung

§ 85. (1) Im Strafurteil wegen einer nach den §§ 81 und 82 mit Strafe bedrohten Handlung ist auf die Veröffentlichung des Urteilsspruchs in einer oder mehreren „periodischen Druckwerken" auf Kosten des Verurteilten zu erkennen, wenn der Täter schon zweimal wegen Taten verurteilt worden ist, die auf der gleichen schädlichen Neigung beruhen wie die abgeurteilte Tat, und nach der Person des Täters und der Art der Tat zu befürchten ist, dass der Täter sonst weiterhin nach diesem Bundesgesetz strafbare Handlungen mit nicht bloß leichten Folgen begehen werde. *(BGBl I 2006/136)*

(2) Die Entscheidung über die Urteilsveröffentlichung oder ihr Unterbleiben bildet einen Teil des Ausspruches über die Strafe und kann zugunsten und zum Nachteil des Verurteilten mit Berufung angefochten werden.

Haftung des Unternehmers

§ 86. (1) Der Unternehmer haftet für Geldstrafen, Kosten der Urteilsveröffentlichung und für gemäß § 20 Abs. 3 StGB für verfallen erklärte Geldbeträge, zu deren Zahlung ein Arbeitnehmer oder Beauftragter seines Betriebes wegen einer nach den §§ 81 und 82 mit Strafe bedrohten Handlung verurteilt worden ist, es sei denn, dass der Verurteilte die strafbare Handlung nicht im Rahmen der dienstlichen Obliegenheiten des Betriebes begangen hat. *(BGBl I 2014/67)*

(2) Über die Haftung ist in der Regel im Strafurteil zu entscheiden. Der Unternehmer ist zur Hauptverhandlung zu laden. Er hat die Rechte des Beschuldigten; besonders steht ihm das Recht zu, alle Verteidigungsmittel wie der Beschuldigte vorzubringen und das Urteil in der Hauptsache anzufechten. Doch werden das Verfahren und die Urteilsfällung durch sein Nichterscheinen nicht gehemmt; auch kann er gegen ein in seiner Abwesenheit gefälltes Urteil keinen Einspruch erheben. Die Entscheidung über die Haftung oder ihr Unterbleiben bildet einen Teil des Ausspruchs über die Strafe und kann vom Unternehmer und der Staatsanwaltschaft mit Berufung angefochten werden. *(BGBl I 2014/67)*

(3) Die Haftung ist in Anspruch zu nehmen, wenn die Geldstrafe, die Kosten oder die Geldbeträge aus dem beweglichen Vermögen des Verurteilten nicht eingebracht werden können. Der Einbringungsversuch kann unterbleiben, wenn Einbringungsmaßnahmen offenkundig aussichtslos sind. Soweit Maßnahmen zur Einbringung einer Geldstrafe beim Haftenden erfolglos bleiben, ist, unbeschadet des § 31a Abs. 2 StGB, die entsprechende Ersatzfreiheitsstrafe am Verurteilten zu vollziehen.

(4) Die Bestimmungen in Abs. 1 bis 3 sind auf Verbände im Sinn des Verbandsverantwortlichkeitsgesetzes, BGBl. I Nr. 151/2005, nicht anzuwenden. *(BGBl I 2005/151)*

§ 87. Können die §§ 81 und 82 nur deshalb nicht angewendet werden, weil sich die Tat als eine mit strengerer Strafe bedrohte Handlung darstellt, so ist dennoch auf die in den §§ 83 bis 85 vorgesehenen Maßnahmen und auf die Haftung zu erkennen.

Örtliche Zuständigkeit

§ 88. Das „Hauptverfahren" und das selbständige Verfahren wegen aller nach diesem Bundesgesetz den Bezirksgerichten zur Bestrafung zugewiesenen strafbaren Handlungen stehen dem Bezirksgericht zu, in dessen Sprengel das Amtsgebäude des „Landesgerichts" gelegen ist, in Wien jedoch dem Bezirksgericht Innere Stadt Wien. *(BGBl I 2007/112)*

Informationspflicht und Amtshilfe

§ 89. (1) Das Gericht oder die Staatsanwaltschaft haben den jeweils zuständigen Landeshauptmann und den Bundesminister für Soziales, Gesundheit, Pflege und Konsumentenschutz zum Zweck der Erfüllung der Berichtspflicht gemäß Art. 113 Abs. 1 lit. c der Verordnung (EU) 2017/625 über den Ausgang der nach diesem Abschnitt anhängigen Strafverfahren unter Nennung der jeweiligen Geschäftszahl des Verfahrens und der Art des Verstoßes zu verständigen.

(2) Die Kriminalpolizei, Staatsanwaltschaften und Gerichte sind unter den Bedingungen des § 76 Abs. 4 erster und zweiter Satz StPO ermächtigt, den Namen, die Anschrift, die Email-Adresse und die Telefonnummer eines Unternehmens oder eines Unternehmers, soweit diese Daten für die Durchführung eines Verwaltungsverfahrens nach diesem Bundesgesetz erforderlich sind, den zuständigen Verwaltungsbehörden für Zwecke der Durchführung des Verwaltungsverfahrens zu übermitteln.

(BGBl I 2021/256)

2. Abschnitt

Verwaltungsstrafbestimmungen

Tatbestände

§ 90. (1) Wer

1. Lebensmittel, die für den menschlichen Verzehr ungeeignet oder „mit irreführenden Informationen oder krankheitsbezogenen Angaben" versehen sind, oder in irreführender oder krankheitsbezogener Aufmachung, *(BGBl I 2021/256)*

2. Lebensmittel, die wertgemindert oder verfälscht sind, wenn dieser Umstand nicht deutlich und allgemein verständlich kenntlich gemacht ist „ ", *(BGBl I 2010/95)*

3. Gebrauchsgegenstände, die für den bestimmungsgemäßen Gebrauch ungeeignet oder „mit irreführenden Informationen oder krankheitsbezogenen Angaben" versehen sind, oder in irreführender oder krankheitsbezogener Aufmachung, *(BGBl I 2021/256)*

4. kosmetische Mittel, deren bestimmungsgemäße Verwendbarkeit nicht gewährleistet ist oder die „mit irreführenden Informationen oder verbotenen krankheitsbezogenen Angaben" versehen sind, oder in irreführender oder verbotener krankheitsbezogener Aufmachung, *(BGBl I 2021/256)*

5. Gebrauchsgegenstände, die bei bestimmungsgemäßem Gebrauch geeignet sind, Lebensmittel derart zu beeinflussen, dass diese für den menschlichen Verzehr ungeeignet oder wertgemindert sind,

6. Gebrauchsgegenstände, die bei bestimmungsgemäßem Gebrauch geeignet sind, kosmetische Mittel derart zu beeinflussen, dass deren bestimmungsgemäße Verwendbarkeit nicht gewährleistet ist oder sie wertgemindert sind,

in Verkehr bringt, begeht, sofern die Tat nicht den Tatbestand einer in die Zuständigkeit der Gerichte fallenden strafbaren Handlung bildet oder nach anderen Vorschriften einer strengeren Strafe unterliegt, eine Verwaltungsübertretung und ist von der Bezirksverwaltungsbehörde mit Geldstrafe bis zu „35 000 Euro", im Wiederholungsfall bis zu „70 000 Euro", im Fall der Uneinbringlichkeit mit Ersatzfreiheitsstrafe bis zu sechs Wochen zu bestrafen.
„
(BGBl I 2021/256)

(2) Wer

1. Lebensmittel „mit irreführenden Informationen oder krankheitsbezogenen Angaben" oder in irreführender oder krankheitsbezogener Aufmachung, *(BGBl I 2021/256)*

2. Gebrauchsgegenstände „mit irreführenden Informationen oder krankheitsbezogenen Angaben" oder in irreführender oder krankheitsbezogener Aufmachung, *(BGBl I 2021/256)*

3. kosmetische Mittel „mit irreführenden Informationen oder verbotenen krankheitsbezogenen Angaben" oder in irreführender oder verbotener krankheitsbezogener Aufmachung, *(BGBl I 2021/256)*

bewirbt, begeht, sofern die Tat nicht den Tatbestand einer in die Zuständigkeit der Gerichte fallenden strafbaren Handlung bildet oder nach anderen Vorschriften einer strengeren Strafe unterliegt, eine Verwaltungsübertretung und ist von der Bezirksverwaltungsbehörde mit Geldstrafe bis zu „35 000 Euro", im Wiederholungsfall bis zu „70 000 Euro", im Fall der Uneinbringlichkeit mit Ersatzfreiheitsstrafe bis zu sechs Wochen zu bestrafen.
„
(BGBl I 2021/256)

(3) Wer

1. den in der Anlage genannten „unmittelbar anwendbaren Rechtsakten der Europäischen Union samt Änderungsrechtsakten, delegierten Rechtsakten und Durchführungsrechtsakten" oder den näheren Vorschriften zur Durchführung dieser Rechtsakte gemäß § 4 Abs. 3 oder § 15 zuwiderhandelt, *(BGBl I 2017/51)*

2. den Bestimmungen einer auf Grund der §§ 6, 7 Abs. 1, 9 Abs. 2, 10 Abs. 7 oder 8, der §§ 11, 12, 13, 14, 19, 20, 34, 47 Abs. 2, 53 Abs. 7 oder 57 Abs. 1 erlassenen Verordnung zuwiderhandelt, *(BGBl I 2014/67)*

3. den Bestimmungen der in den §§ 96 und 97 angeführten Rechtsvorschriften zuwiderhandelt, *(BGBl I 2006/136)*

4. *(aufgehoben, BGBl I 2017/51)*

begeht, sofern die Tat nicht den Tatbestand einer in die Zuständigkeit der Gerichte fallenden strafbaren Handlung bildet oder nach anderen Vorschriften einer strengeren Strafe unterliegt, eine Verwaltungsübertretung und ist von der Bezirksverwaltungsbehörde mit Geldstrafe bis zu „35 000 Euro", im Wiederholungsfall bis zu „70 000 Euro", im Fall der Uneinbringlichkeit mit Ersatzfreiheitsstrafe bis zu sechs Wochen zu bestrafen. *(BGBl I 2021/256)*

(4) Wer

1. den Bestimmungen der §§ 9 Abs. 1, 10 Abs. 1 oder 17 Abs. 1 zuwiderhandelt,

2. den Verpflichtungen der §§ 21, 22, 36 Abs. 7, 38, 47 Abs. 1 oder 52 zuwiderhandelt,

3. einer Anordnung gemäß den §§ 39, 58 Abs. 1 oder 59 Abs. 1 oder 4 zuwiderhandelt,

„4."* gegen „eine auf Grund von § 49 erlassene nähere Vorschrift"** verstößt, *(BGBl I 2006/136; BGBl I 2015/130; *BGBl I 2017/51; **BGBl I 2021/256)*

„5." Anordnungen von Maßnahmen gemäß § 49 Abs. 3 oder 6 nicht Folge leistet, *(BGBl I 2017/51)*

„6." ohne Bewilligung gemäß § 73 entgeltlich Untersuchungen durchführt und Gutachten im Sinne dieses Bundesgesetzes erstattet, den Bestimmungen des § 73 Abs. 3, 4 oder 6 zuwiderhandelt oder die Durchführung der Bestimmung des § 73 Abs. 5 verweigert, *(BGBl I 2010/95; BGBl I 2017/51)*

„7." der Verpflichtung des § 74 zuwiderhandelt, *(BGBl I 2010/95; BGBl I 2017/51)*

begeht, sofern die Tat nicht den Tatbestand einer in die Zuständigkeit der Gerichte fallenden strafbaren Handlung bildet oder nach anderen Vorschriften einer strengeren Strafe unterliegt, eine Verwaltungsübertretung und ist von der Bezirksverwaltungsbehörde mit Geldstrafe bis zu „35 000 Euro", im Wiederholungsfall bis zu „70 000 Euro", im Fall der Uneinbringlichkeit mit Ersatzfreiheitsstrafe bis zu sechs Wochen zu bestrafen. *(BGBl I 2021/256)*

(5) Wer der Bestimmung des § 8 Abs. 1 zuwiderhandelt, begeht, sofern die Tat nicht den Tatbestand einer in die Zuständigkeit der Gerichte fallenden strafbaren Handlung bildet oder nach anderen Vorschriften einer strengeren Strafe unterliegt, eine Verwaltungsübertretung und ist von der Bezirksverwaltungsbehörde mit Geldstrafe bis zu 10 000 Euro, im Wiederholungsfall bis zu 20 000 Euro, im Fall der Uneinbringlichkeit mit Ersatzfreiheitsstrafe bis zu sechs Wochen zu bestrafen.

(6) Wer

1. sich als beauftragter amtlicher Tierarzt oder amtlicher Fachassistent vorsätzlich oder grob fahrlässig nicht an Weisungen über die Durchführungen der Untersuchungen und Kontrollen hält,

2. als beauftragter amtlicher Tierarzt oder amtlicher Fachassistent Fleisch nicht nach den Bestimmungen des 2. Hauptstückes, 4. Abschnitt, untersucht,

3. als beauftragter amtlicher Tierarzt oder amtlicher Fachassistent vorsätzlich oder grob fahrlässig Fleisch, das nicht genusstauglich ist, als genusstauglich erklärt,

begeht, sofern die Tat nicht den Tatbestand einer in die Zuständigkeit der Gerichte fallenden strafbaren Handlung bildet oder nach anderen Vorschriften einer strengeren Strafe unterliegt, eine Verwaltungsübertretung und ist von der Bezirksverwaltungsbehörde mit Geldstrafe bis zu 20 000 Euro, im Wiederholungsfall mit Geldstrafe bis zu 40 000 Euro zu bestrafen.

(7) Die Verfolgung einer Person wegen einer der in den Abs. 1, 2, 3 oder 4 angeführten Verwaltungsübertretungen ist unzulässig, wenn gegen sie binnen Jahresfrist von der Behörde keine Verfolgungshandlung vorgenommen wurde.

(8) Im Verwaltungsstrafverfahren sind die Bestimmungen der §§ 83 und 85 sinngemäß anzuwenden.

(9) Für Bestrafungen wegen Verletzung von Melde-, Mitwirkungs-, und Auskunftspflichten ist in erster Instanz jene Bezirksverwaltungsbehörde zuständig, in deren Sprengel der Melde-, Mitwirkungs- oder Auskunftspflichtige seinen Hauptwohnsitz hat, bei Fehlen eines Hauptwohnsitzes seinen sonstigen Wohnsitz. Trifft die Mitwirkungs- oder Auskunftspflicht juristische Personen, Personengesellschaften des Handelsrechts oder eingetragene Erwerbsgesellschaften oder Unternehmungen, so ist für die örtliche Zuständigkeit deren Sitz maßgebend; bei Fehlen eines Sitzes der Ort, in dem hauptsächlich die Tätigkeit ausgeübt wird.

Informationspflicht

§ 91. (1) Die Bezirksverwaltungsbehörden haben den Landeshauptmann und die Agentur über den Ausgang der auf Grund dieser Bestimmungen anhängigen Strafverfahren zu verständigen.

(2) Die Verwaltungsgerichte der Länder haben den Bundesminister für Soziales, Gesundheit, Pflege und Konsumentenschutz, den Landeshauptmann sowie die Agentur über den Ausgang der bei ihnen auf Grund dieser Bestimmungen anhängigen Strafverfahren zu verständigen.

(BGBl I 2010/95; BGBl I 2021/256)

Verfall

§ 92. (1) Vor Verwertung der für verfallen erklärten Waren hat die Behörde dem Beschuldigten und der durch den Verfall betroffenen Person Gelegenheit zur Äußerung zu geben.

(2) Die verfallenen Waren sind nutzbringend zu verwerten. Die verfallene Ware ist auf Kosten des Beschuldigten oder der vom Verfall betroffenen Person zu vernichten, wenn eine nutzbringende Verwertung nicht möglich ist oder die Verwertung der Ware nicht erwarten lässt, dass der erzielbare Erlös die Verwertungskosten übersteigen wird. Die Vernichtung der verfallenen Waren ist durch den Beschuldigten oder durch die vom Verfall betroffene Person auf ihre Kosten unter Aufsicht eines Aufsichtsorgans zulässig.

(3) Unbeschadet des § 90 Abs. 6 ist der Erlös der Verwertung nach Abzug der damit verbundenen Auslagen und der etwa sonst uneinbringlichen Kosten des Strafverfahrens sowie auf der Sache allenfalls lastenden öffentlichen Verbindlichkeiten an den Bund abzuführen.

Verantwortlichkeit

§ 93. Die Verantwortlichkeit bestimmt sich nach § 9 VStG.

Revision

§ 94. (1) Gegen Erkenntnisse und Beschlüsse der Verwaltungsgerichte der Länder, die in Verwaltungsstrafverfahren auf Grund dieses Bundesgesetzes erlassen worden sind, steht dem Landeshauptmann zu, Revision beim Verwaltungsgerichtshof zu erheben.

(2) Dem Bundesminister für Soziales, Gesundheit, Pflege und Konsumentenschutz steht gemäß Art. 133 Abs. 8 B-VG das Recht zu, gegen Erkenntnisse oder Beschlüsse der Verwaltungsgerichte der Länder Revision wegen Rechtswidrigkeit aufgrund einer Verletzung unionsrechtlicher Vorschriften beim Verwaltungsgerichtshof zu erheben.

(3) Sofern Erkenntnisse oder Beschlüsse der Verwaltungsgerichte der Länder Entscheidungen über den Ersatz der Kosten von Untersuchungen zum Inhalt haben, steht der Agentur gemäß Art. 133 Abs. 8 B-VG das Recht zu, Revision wegen Rechtswidrigkeit an den Verwaltungsgerichtshof zu erheben.

(BGBl I 2013/80; BGBl I 2021/256)

5. Hauptstück

Schlussbestimmungen

1. Abschnitt

Inkrafttreten und Außerkrafttreten

§ 95. (1) Dieses Bundesgesetz tritt mit 1. Jänner 2006, nicht jedoch vor dem Ablauf des Tages seiner Kundmachung im Bundesgesetzblatt, in Kraft.

(2) § 22 Z 2 tritt mit 27. Oktober 2006 in Kraft.

(3) § 30 tritt mit 1. Jänner 2007 in Kraft.

(4) § 61 Abs. 1 Z 1 tritt mit Kundmachung einer auf Grund dieser Bestimmung erlassenen Verordnung, frühestens jedoch mit 1. Jänner 2007 in Kraft.

(5) § 64 tritt mit Kundmachung einer Verordnung gemäß dessen Abs. 4, spätestens jedoch mit 1. Jänner 2008 in Kraft.

(6) Mit Inkrafttreten dieses Bundesgesetzes treten folgende Rechtsvorschriften – vorbehaltlich der Bestimmungen des Abs. 7 – außer Kraft:

1. das Lebensmittelgesetz 1975, BGBl. Nr. 86/1975, mit Ausnahme dessen §§ 10 Abs. 4, 35 bis 40 und 74 Abs. 6 in Bezug auf Erzeugnisse, die unter den Anwendungsbereich der in § 10 Abs. 4 genannten Verordnung fallen, welche mit Inkrafttreten vor diesen Gegenstand regelnde „gesetzlichen" Bestimmungen außer Kraft treten, *(BGBl I 2006/136)*

2. das Fleischuntersuchungsgesetz, BGBl. Nr. 522/1982, mit Ausnahme dessen § 47, welcher mit Kundmachung einer Verordnung gemäß § 64 Abs. 4, spätestens jedoch am 31. Dezember 2007 außer Kraft tritt, und

3. Artikel V des EU-Veterinärrechtsanpassungsgesetzes 1997, BGBl. I Nr. 66/1998. *(BGBl I 2006/136)*

„Das Kontrollsystem für Erzeugnisse aus biologischer Landwirtschaft gemäß Z 1 ist in § 41 LMG 1975 geregelt." *(BGBl I 2008/121)*

(7) Mit In-Kraft-Treten dieses Bundesgesetzes treten folgende Verordnungen – vorbehaltlich der Bestimmungen des Abs. 8 – außer Kraft:

1. Verordnung vom 7. Mai 1947 betreffend den Verkehr mit Enteneiern, BGBl. Nr. 118/1947;

2. Verordnung vom 13. Dezember 1972 über den Verkehr mit Speiseeis, BGBl. Nr. 6/1973;

3. Verordnung vom 3. Juni 1986 über Lebensmitteltransportbehälter, BGBl. Nr. 313/1986;

4. Verordnung vom 30. Dezember 1986 über die Beschaffenheit und Reinigung von Schankanlagen (Schankanlagenverordnung), BGBl. Nr. 16/1987;

5. Verordnung vom 10. Februar 1988 über die Hygiene bei Zuckerwaren aus Automaten, BGBl. Nr. 127/1988;

6. Verordnung über Hygienevorschriften für die Herstellung und Vermarktung von Rohmilch, wärmebehandelter Milch und Erzeugnissen auf Milchbasis (Milchhygieneverordnung), BGBl. Nr. 897/1993;

7. Verordnung über die Hygiene bei Stielbonbons und Stiellutschern, BGBl. Nr. 572/1994;

8. Verordnung über die hygienischen Anforderungen an das Behandeln und Inverkehrbringen von Hühnereiern und roheihaltigen Lebensmitteln (Hühnereierverordnung), BGBl. Nr. 656/1995;

9. Verordnung über Eiprodukte (Eiprodukteverordnung), BGBl. Nr. 527/1996;

10. Verordnung über lebende Muscheln (Muschelverordnung), BGBl. II Nr. 93/1997;

11. Verordnung über Hygienebestimmungen für das Inverkehrbringen von Fischereierzeugnissen (Fischhygieneverordnung), BGBl. II Nr 260/1997;

12. Verordnung über allgemeine Lebensmittelhygiene (Lebensmittelhygieneverordnung), BGBl. II Nr. 31/1998.

(8) Die in Abs. 7 Z 6 und 9 genannten Verordnungen bleiben hinsichtlich der mikrobiologischen Kriterien und Temperaturkontrollerfordernisse, soweit diese nicht in der Verordnung (EG) Nr. 853/2004 geregelt sind, bis zur Erlassung von Rechtsakten der „Europäischen Union", die diese Gegenstände regeln, in Kraft. *(BGBl I 2014/67)*

(9) Abgesehen von Abs. 7 treten folgende Verordnungen auf Grund des LMG 1975 außer Kraft:

1. LMSVG
§ 95

1. Verordnung über die Bundesanstalten für Lebensmitteluntersuchung, BGBl. Nr. 231/1980;

2. Verordnung über mit Lebensmitteln verwechselbare Gebrauchsgegenstände, BGBl. Nr. 417/1994;

3. Verordnung über Speisepilze (Speisepilzverordnung), BGBl. II Nr. 386/1997.

(10) Mit In-Kraft-Treten dieses Bundesgesetzes tritt § 4 der Gebührentarifverordnung, BGBl. 189/1989, außer Kraft.

(11) Bescheide gemäß § 9 Abs. 3 LMG 1975 treten mit Erlassung von diesen Gegenstand regelnden Rechtsakten der „Europäischen Union" außer Kraft. *(BGBl I 2014/67)*

(12) Die §§ 58 bis 64 LMG 1975 sind auf strafbare Handlungen, die vor dem In-Kraft-Treten dieses Bundesgesetzes begangen worden sind, weiter anzuwenden.

(13) § 8 Abs. 1 in der Fassung des Budgetbegleitgesetzes 2007, BGBl. I Nr. 24, tritt mit 1. Jänner 2008 in Kraft. *(BGBl I 2007/24)*

(14) § 61 Abs. 1, 4 und 5 sowie § 67 Abs. 2 in der Fassung des Budgetbegleitgesetzes 2007, BGBl. I Nr. 24, treten mit 1. Jänner 2009 in Kraft. *(BGBl I 2007/24)*

(15) Die §§ 41, 71 und 88 in der Fassung des Bundesgesetzes, BGBl. I Nr. 112/2007 treten mit 1. Jänner 2008 in Kraft. *(BGBl I 2007/112)*

(16) § 61 Abs. 1 Z 2 und 3 sowie § 67 Abs. 2 in der Fassung des Budgetbegleitgesetzes 2009, BGBl. I Nr. 52, treten rückwirkend mit 1. Jänner 2009 in Kraft. *(BGBl I 2009/52)*

(17) §§ 78 und 79 treten mit 1. April 2011 außer Kraft. Gleichzeitig treten § 10 Abs. 7 und 8, § 11 hinsichtlich der Wortfolge „der Codexkommission", § 12, § 13 Abs. 1, § 14, § 15 und § 24 Abs. 7 in der Fassung des Bundesgesetzes BGBl. I Nr. 95/2010 in Kraft. *(BGBl I 2010/95)*

(18) § 38 Abs. 1 Z 6 und § 74 in der Fassung des Bundesgesetzes BGBl. I Nr. 95/2010 sowie § 90 Abs. 4 Z 8 treten mit 1. Jänner 2011 in Kraft. *(BGBl I 2010/95)*

(19) § 28 Abs. 2 vorletzter Satz, § 40, § 58 Abs. 3, § 59 Abs. 5, § 91 Abs. 2 und § 94 in der Fassung des Bundesgesetzes BGBl. Nr. 80/2013 treten mit 1. Jänner 2014 in Kraft. § 28 Abs. 6, § 39 Abs. 5 und § 45 Abs. 7 treten mit 1. Jänner 2014 außer Kraft. *(BGBl I 2013/80)*

(20) Auf strafbare Handlungen, die vor dem Inkrafttreten des § 81 Abs. 3 und § 90 Abs. 1 bis 4 in der Fassung des Bundesgesetzes BGBl. I Nr. 171/2013 begangen worden sind, sind die gerichtlichen Strafbestimmungen und die Verwaltungsstrafbestimmungen in der Fassung des Bundesgesetzes BGBl. I Nr. 80/2013 anzuwenden. *(BGBl I 2013/171)*

(21) Die folgenden Verordnungen treten mit Ablauf des Tages der Kundmachung dieses Bundesgesetzes, in der Fassung des Bundesgesetzes BGBl. I Nr. 67/2014, außer Kraft:

1. Verordnung über Margarineerzeugnisse und Mischfetterzeugnisse, BGBl. Nr. 378/1993;

2. Verordnung über Farbstoffe, die in kosmetischen Mitteln enthalten sein dürfen (Kosmetik-Farbstoffverordnung), BGBl. II Nr. 416/1995;

3. Verordnung über Kontrollmaßnahmen betreffend kosmetische Mittel, BGBl. II Nr. 168/1996;

4. Verordnung über die Nichteintragung eines oder mehrerer Bestandteile in die für die Kennzeichnung kosmetischer Mittel vorgesehene Liste, BGBl. II Nr. 359/1996;

5. Verordnung über kosmetische Mittel (Kosmetikverordnung) BGBl. II Nr. 375/1999.
(BGBl I 2014/67)

(22) Die folgenden Verordnungen treten mit Ablauf des 12. Dezember 2014 außer Kraft:

1. Verordnung über die Kennzeichnung von verpackten Lebensmitteln (Lebensmittelkennzeichnungsverordnung 1993 – LMKV, BGBl. Nr. 72/1993;

2. Verordnung über den Zusatz von Farbstoffen zu Lebensmitteln, BGBl. Nr. 541/1996;

3. Verordnung über den Zusatz von Süßungsmitteln zu Lebensmitteln und Nahrungsergänzungsmitteln (Süßungsmittelverordnung), BGBl. Nr. 547/1996;

4. Verordnung über andere Zusatzstoffe als Farbstoffe und Süßungsmittel (ZuV), BGBl. II Nr. 383/1998.
(BGBl I 2014/67)

(23) Die Verordnung über die Nährwertkennzeichnung von Lebensmitteln (NWKV), BGBl. Nr. 896/1995, tritt mit Ablauf des 12. Dezember 2016 außer Kraft. *(BGBl I 2014/67)*

(24) § 45 Abs. 4 vorletzter Satz in der Fassung des Bundesgesetzes BGBl. I Nr. 67/2014 tritt rückwirkend mit 1. Jänner 2011 in Kraft. *(BGBl I 2014/67)*

„(25)" § 48 Abs. 3 in der Fassung des Budgetbegleitgesetzes 2016, BGBl. I Nr. 144/2015, tritt mit dem der Kundmachung des genannten Bundesgesetzes folgenden Tag in Kraft; § 48 Abs. 4 in der Fassung des Budgetbegleitgesetzes 2016, BGBl. I Nr. 144/2015, tritt mit 1. Juni 2016 in Kraft; § 61 Abs. 4, § 61a Abs. 3, § 62 Abs. 3, § 63 Abs. 4, § 64 Abs. 6 und § 66 in der Fassung des genannten Bundesgesetzes treten mit 1. Jänner 2016 in Kraft. Grundlage für die erstmalige Valorisierung ist der Verbraucherpreisindex für den Monat Juni 2015. *(BGBl I 2015/144; BGBl I 2017/51)*

(26) Die folgenden Verordnungen treten mit Ablauf des Tages der Kundmachung dieses Bundesgesetzes, in der Fassung des Bundesgesetzes BGBl. I Nr. 51/2017, außer Kraft:

1. Verordnung zur Festsetzung des Höchstgehaltes an Erucasäure (Erucasäureverordnung), BGBl. Nr. 468/1994;

2. Verordnung über Gebrauchsgegenstände aus Kunststoff, die für die Verwendung bei Lebensmitteln bestimmt sind (Kunststoffverordnung 2003), BGBl. II Nr. 476/2003;

3. Verordnung über Stoffe, die diätetischen Lebensmitteln zu besonderen Ernährungszwecken zugefügt werden dürfen und über allgemeine Kennzeichnungsvorschriften für diätetische Lebensmittel (Diät-Rahmenverordnung), BGBl. II Nr. 162/2006.
(BGBl I 2017/51)

(27) Der § 10 Abs. 4a und 4b in der Fassung des 2. Materien-Datenschutz-Anpassungsgesetzes, BGBl. I Nr. 37/2018, tritt mit 25. Mai 2018 in Kraft. *(BGBl I 2018/37)*

(28) § 46 Abs. 2 und § 48 Abs. 4, jeweils in der Fassung des Bundesgesetzes BGBl. I Nr. 104/2019, treten mit 1. Juli 2020 in Kraft. *(BGBl I 2019/104)*

(29) § 102 Abs. 2 und 4 treten mit Ablauf des Tages der Kundmachung dieses Bundesgesetzes, in der Fassung des Bundesgesetzes BGBl. I Nr. 256/2021, außer Kraft. *(BGBl I 2021/256)*

(30) Die folgenden Verordnungen treten mit Ablauf des Tages der Kundmachung dieses Bundesgesetzes, in der Fassung des Bundesgesetzes BGBl. I Nr. 256/2021, außer Kraft:

1. Verordnung über diätetische Lebensmittel für besondere medizinische Zwecke, BGBl. II Nr. 416/2000;

2. Trans-Fettsäuren-Verordnung, BGBl. II Nr. 267/2009.
(BGBl I 2021/256)

(31) Die Gebührentarifverordnung, BGBl. Nr. 189/1989, tritt mit 1. Jänner 2022 außer Kraft. *(BGBl I 2021/256)*

(32) Die Verordnung über Säuglingsanfangsnahrung und Folgenahrung, BGBl. II Nr. 68/2008 in der Fassung der Verordnung BGBl. II Nr. 109/2014, tritt mit 22. Februar 2022 außer Kraft. *(BGBl I 2021/256)*

(33) Die §§ 47, 48, 49, 50, 51 und 66 Abs. 1 in der Fassung des Bundesgesetzes BGBl. I Nr. 256/2021 sowie der Entfall des § 61a treten mit 1. Jänner 2022 in Kraft. *(BGBl I 2021/256)*

(34) § 8 Abs. 1 in der Fassung des Bundesgesetzes BGBl. I Nr. 256/2021 tritt mit 22. Februar 2022 in Kraft. *(BGBl I 2021/256)*

2. Abschnitt
Übergangs- und Vollzugsbestimmungen

Übergangsbestimmungen

§ 96. Folgende Rechtsvorschriften bleiben als Bundesgesetze so lange weiter in Kraft, bis ihren Gegenstand regelnde Verordnungen auf Grund dieses Bundesgesetzes in Wirksamkeit getreten sind:

1. Verordnung vom 6. Juni 1959, BGBl. Nr. 148, über den Verkehr mit Essigsäure zu Genusszwecken;[1]

2. Verordnung vom 15. November 1960, BGBl. Nr. 258, über Herstellung, Verkauf, Zurichtung und Verwendung von Geschirren und Geräten, die mit Lebensmitteln unmittelbar in Berührung kommen, über Kinderspielzeug bestimmter Art sowie über bestimmte Arten der Aufbewahrung und Verpackung von Lebensmitteln (Geschirrverordnung).

---
[1] *Die Essigsäureverordnung ist mit BGBl I 2014/67 außer Kraft getreten.*

§ 97. Die Verordnung über das Verbot bzw. die Verwendungsbeschränkung bestimmter nickelhältiger Gebrauchsgegenstände (Nickelverordnung), BGBl. II Nr. 204/2000, bleibt als Bundesgesetz so lange weiter in Kraft, bis eine ihren Gegenstand regelnde Verordnung auf Grund des Chemikaliengesetzes 1996 – ChemG 1996, BGBl. I Nr. 53/1997, in Wirksamkeit getreten ist[1].

---
[1] *Auf Grund des In-Kraft-Tretens des § 17a, BGBl II 2007/114, der Chemikalien-Verbotsverordnung 2003, trat die Nickelverordnung außer Kraft.*

§ 98. (1) Verordnungen auf Grund des LMG 1975 und Verordnungen auf Grund des Fleischuntersuchungsgesetzes gelten als auf Grund dieses Bundesgesetzes erlassen. *(BGBl I 2006/136)*

(2) Die bisher erfolgten Veröffentlichungen des Österreichischen Lebensmittelbuches (Codex Alimentarius Austriacus) gelten als Verlautbarungen im Sinne des § 76 dieses Bundesgesetzes.

§ 99. (1) Aufsichtsorgane gemäß § 35 Abs. 2 und 3 LMG 1975 und Amtstierärzte gemäß § 2 Abs. 2 TierÄG gelten als Aufsichtsorgane gemäß § 24 Abs. 3 1. Satz dieses Bundesgesetzes. Amtstierärzte gemäß § 2 Abs. 2 TierÄG, dürfen nicht mit der Schlachttier- und Fleischuntersuchung gemäß § 53 beauftragt werden, wenn sie zu Kontrollen gemäß § 31 Abs. 3 herangezogen werden.

(2) Tierärzte, die eine Prüfung gemäß § 27 Abs. 2 Z 2 des Fleischuntersuchungsgesetzes erfolgreich abgelegt haben, gelten als Tierärzte im

1. LMSVG
§§ 99 – 102

Sinne des § 70 Abs. 3 1. Satz dieses Bundesgesetzes.

(3) Die gemäß § 4 Abs. 2 des Fleischuntersuchungsgesetzes bestellten Fleischuntersuchungstierärzte gelten für fünf Jahre ab In-Kraft-Treten dieses Bundesgesetzes als beauftragte amtliche Tierärzte gemäß § 24 Abs. 4 dieses Bundesgesetzes für das jeweilige Bundesland. Bescheidmäßige Arbeitseinteilungen und Arbeitsaufgaben sind erforderlichenfalls gemäß § 28 Abs. 2 anzupassen.

(4) Fleischuntersuchungstierärzte, die zu einer Gemeinde in einem Dienstverhältnis stehen, sind den Tierärzten gemäß § 24 Abs. 3 dieses Bundesgesetzes gleichzuhalten, solange sie Gemeindeangestellte sind.

(5) Freiberufliche Fleischuntersucher gemäß § 7 des Fleischuntersuchungsgesetzes oder freiberufliche Trichinenuntersucher gemäß § 15 des Fleischuntersuchungsgesetzes gelten für fünf Jahre als amtliche Fachassistenten gemäß § 24 Abs. 5 dieses Bundesgesetzes.

(6) Bei Gebietskörperschaften angestellte Fleischuntersucher oder angestellte Trichinenuntersucher gelten als Aufsichtsorgane gemäß § 24 Abs. 3, eingeschränkt auf den Tätigkeitsbereich gemäß „Art. 17 und 18 der Verordnung (EU) 2017/625". *(BGBl I 2021/256)*

(7) Eine weitere Beauftragung der unter Abs. 3 und 5 genannten Personen nach Ablauf der genannten Frist ist von einer Evaluierung abhängig zu machen. Die Evaluierung hat nach Leitlinien, die vom „Bundesministerium für Gesundheit" in Zusammenarbeit mit den Ländern und unter Einbindung der Österreichischen Tierärztekammer zu erstellen sind, zu erfolgen. Die Leitlinien sind durch „den Bundesminister für Gesundheit" zu veröffentlichen. *(BGBl I 2010/95)*

(8) Die bis zum Zeitpunkt des Inkrafttretens dieses Bundesgesetzes in der Fassung des Bundesgesetzes BGBl. I Nr. 256/2021 gemäß § 27 Abs. 1 zugelassenen Tierärzte gelten als amtliche Tierärzte gemäß der Verordnung (EU) 2017/625. *(BGBl I 2021/256)*

§ 100. (1) Die im Sinne des § 49 LMG 1975 eingerichteten Untersuchungsanstalten gelten als gemäß § 72 dieses Bundesgesetzes bewilligte Untersuchungsanstalten.

(2) Labors, die derzeit eine Berechtigung gemäß § 27 des Fleischuntersuchungsgesetzes besitzen, gelten als Labors gemäß diesem Bundesgesetz. Solche Labors, die keine Akkreditierung besitzen, müssen spätestens zwei Jahre nach dem In-Kraft-Treten dieses Bundesgesetzes die Akkreditierung „dem Bundesminister für Gesundheit" nachweisen. *(BGBl I 2010/95)*

(3) „Gemäß § 50 LMG 1975 autorisierte Personen gelten als gemäß § 73 dieses Bundesgesetzes autorisiert."* Verfügen sie über kein akkreditiertes Labor, müssen sie die Akkreditierung spätestens zwei Jahre nach dem In-Kraft-Treten dieses Bundesgesetzes „dem Bundesminister für Gesundheit"** nachweisen. *(*BGBl I 2006/136; **BGBl I 2010/95)*

(4) Personen, die bereits vor dem Inkrafttreten der Bestimmung des § 73 in der Fassung des Bundesgesetzes BGBl. I Nr. 95/2010 autorisiert wurden, dürfen ihre Tätigkeit im Umfang der erteilten Bewilligung auch in anderen, im Umfang der erteilten Bewilligung gemäß „dem Akkreditierungsgesetz 2012" akkreditierten Labors oder in Labors in anderen Mitglied- oder Vertragsstaaten der EU oder EWR-Staaten mit einer dieser gleichzuhaltenden Akkreditierung ausüben, sofern sie in diesen angestellt oder vertraglich gebunden sind und in Übereinstimmung mit dem Managementsystem des Labors arbeiten. *(BGBl I 2010/95; BGBl I 2014/67)*

(5) Personen, die zwischen dem Inkrafttreten des § 73 in der Fassung des Bundesgesetzes BGBl. I Nr. 95/2010 und dem Inkrafttreten des § 73 in der Fassung des Bundesgesetzes BGBl. I Nr. 67/2014 autorisiert wurden, müssen das Labor samt Anschrift, in dem sie angestellt oder an das sie vertraglich gebunden sind, dem Bundesministerium für Gesundheit gemäß Abs. 4 binnen einer Frist von sechs Monaten melden. *(BGBl I 2014/67)*

§ 101. Mit In-Kraft-Treten dieses Bundesgesetzes werden in allen bundesgesetzlichen Regelungen, in denen die Worte „Lebensmittelgesetz 1975" oder „Fleischuntersuchungsgesetz" für sich stehen, diese durch die Wortfolge "Lebensmittelsicherheits- und Verbraucherschutzgesetz – LMSVG" ersetzt.

§ 102. (1) Soweit in Verordnungen auf Grund des LMG 1975 oder des Fleischuntersuchungsgesetzes auf Bestimmungen des LMG 1975 oder des Fleischuntersuchungsgesetzes verwiesen wird, erhalten diese Verweisungen ihren Inhalt aus den entsprechenden Bestimmungen dieses Bundesgesetzes.

(2) Der Begriff des Inverkehrbringens in auf Grund des LMG 1975 erlassenen Verordnungen gilt mit der Maßgabe des § 3 Z 9 2. Absatz.

(3) Soweit in anderen Bundesgesetzen und Verordnungen auf Bestimmungen des LMG 1975 oder des Fleischuntersuchungsgesetzes verwiesen wird, erhalten diese Verweisungen ihren Inhalt aus den entsprechenden Bestimmungen dieses Bundesgesetzes.

(4) Abweichend von Abs. 3 in Bezug auf Bestimmungen des LMG 1975 gilt der Begriff des Inverkehrbringens sinngemäß mit der Maßgabe des § 3 Z 9 2. Absatz.

1. LMSVG
§§ 103 – 107

Vorbereitung der Vollziehung

„**§ 103.**" Verordnungen auf Grund dieses Bundesgesetzes dürfen bereits von dem Tag an erlassen werden, der der Kundmachung des durchzuführenden Bundesgesetzes folgt; sie dürfen jedoch nicht vor den durchzuführenden Gesetzesbestimmungen in Kraft treten. *(BGBl I 2017/51)*

Verweisungen auf andere Rechtsvorschriften

„**§ 104.**" Soweit in diesem Bundesgesetz auf andere Rechtsvorschriften verwiesen wird, sind diese in ihrer jeweils geltenden Fassung anzuwenden. *(BGBl I 2017/51)*

Personenbezogene Bezeichnungen

„**§ 105.**" Bei den in diesem Bundesgesetz verwendeten personenbezogenen Bezeichnungen gilt die gewählte Form für beide Geschlechter. *(BGBl I 2017/51)*

Umsetzungshinweis

§ 106. Dieses Bundesgesetz dient der Umsetzung folgender Richtlinien der Europäischen Union:

1. Richtlinie 96/23/EG vom 29. April 1996 über Kontrollmaßnahmen hinsichtlich bestimmter Stoffe und ihrer Rückstände in lebenden Tieren und tierischen Erzeugnissen und zur Aufhebung der Richtlinie 85/358/EWG und 86/469/EWG und der Entscheidungen 89/187/EWG und 91/664/EWG (ABl. Nr. L 125 vom 23. Mai 1996),

2. Richtlinie 98/83/EG vom 3. November 1998 über die Qualität von Wasser für den menschlichen Gebrauch (ABl. Nr. L 330 vom 5. Dezember 1998),

3. Richtlinie 2002/46/EG vom 10. Juni 2002 zur Angleichung der Rechtsvorschriften der Mitgliedstaaten über Nahrungsergänzungsmittel (ABl. Nr. L 183 vom 12. Juli 2002),

4. Richtlinie 2004/41/EG vom 21. April 2004 zur Aufhebung bestimmter Richtlinien über Lebensmittelhygiene und Hygienevorschriften für die Herstellung und das Inverkehrbringen von bestimmten, zum menschlichen Verzehr bestimmten Erzeugnissen tierischen Ursprungs sowie zur Änderung der Richtlinien 89/662/EWG und 92/118/EWG und der Entscheidung 95/408/EG (ABl. Nr. L 157 vom 30. April 2004, berichtigt durch ABl. Nr. L 195 vom 2. Juni 2004),

5. Richtlinie 2009/48/EG vom 18. Juni 2009 über die Sicherheit von Spielzeug (ABl. Nr. L 170 vom 30. Juni 2009).

(BGBl I 2017/51; BGBl I 2021/256)

Vollziehung

„**§ 107.**" Mit der Vollziehung dieses Bundesgesetzes sind betraut:

1. „der Bundesminister für Gesundheit" hinsichtlich des § 6 Abs. 2 im Einvernehmen mit dem Bundesminister für Wirtschaft und Arbeit; *(BGBl I 2010/95)*

2. „der Bundesminister für Gesundheit" hinsichtlich der §§ 11, 13 Abs. 2, 14 und 15 im Einvernehmen mit dem Bundesminister für Land- und Forstwirtschaft, Umwelt und Wasserwirtschaft; *(BGBl I 2010/95)*

3. der Bundesminister für Landesverteidigung hinsichtlich des § 26;

4. der Bundesminister für Land- und Forstwirtschaft, Umwelt und Wasserwirtschaft hinsichtlich des § 30 Abs. 1, soweit diese Bestimmung die Zuständigkeit des Bundesministers für Land- und Forstwirtschaft, Umwelt und Wasserwirtschaft berührt;

5. die Bundesministerin für Inneres hinsichtlich des § 35 Abs. 6;

6. „der Bundesminister für Gesundheit"* hinsichtlich der §§ 8 Abs. 3, 23 Abs. 1, „ "** 61 Abs. 1, 62 „ "**, 63, 64 Abs. 4 und 66 im Einvernehmen mit dem Bundesminister für Finanzen; (*BGBl I 2010/95; **BGBl I 2021/256)

7. der Bundesminister für Finanzen „hinsichtlich des § 64 Abs. 2 und 3" sowie hinsichtlich der §§ 30 und 46 „ ", soweit diese Bestimmungen die Zuständigkeit des Bundesministers für Finanzen berühren; *(BGBl I 2021/256)*

8. die Bundesministerin für Justiz hinsichtlich der §§ 71 Abs. 2 und 81 bis 89;

9. hinsichtlich aller übrigen Bestimmungen „der Bundesminister für Gesundheit". *(BGBl I 2010/95)*

(BGBl I 2017/51)

1. LMSVG
Anlage

Anlage

Verordnungen der Europäischen Union gemäß § 4 Abs. 1

Teil 1

1. Verordnung (EWG) Nr. 315/93 zur Festlegung von gemeinschaftlichen Verfahren zur Kontrolle von Kontaminanten in Lebensmitteln (ABl. Nr. L 37 vom 13. Februar 1993);
2. Titel II der Verordnung (EG) Nr. 1760/2000 zur Einführung eines Systems zur Kennzeichnung und Registrierung von Rindern und über die Etikettierung von Rindfleisch und Rindfleischerzeugnissen sowie zur Aufhebung der Verordnung (EG) Nr. 820/97 des Rates (ABl. Nr. L 204 vom 11. August 2000);
3. Artikel 8 in Verbindung mit Anhang V der Verordnung (EG) Nr. 999/2001 mit Vorschriften zur Verhütung, Kontrolle und Tilgung bestimmter transmissibler spongiformer Enzephalopathien (ABl. Nr. L 147 vom 31. Mai 2001) im Hinblick auf Maßnahmen im Zusammenhang mit spezifizierten Risikomaterialien in Lebensmittelunternehmen;
4. Verordnung (EG) Nr. 1829/2003 über genetisch veränderte Lebensmittel und Futtermittel (ABl. Nr. L 268 vom 18. Oktober 2003), soweit diese nicht im Rahmen des Gentechnikgesetzes – GTG, BGBl. Nr. 510/1994, oder des Futtermittelgesetzes 1999 – FMG 1999, BGBl. I Nr. 139/1999, zu vollziehen ist;
5. Verordnung (EG) Nr. 1830/2003 über die Rückverfolgbarkeit und Kennzeichnung von genetisch veränderten Organismen und über die Rückverfolgbarkeit von aus genetisch veränderten Organismen hergestellten Lebensmitteln und Futtermitteln sowie zur Änderung der Richtlinie 2001/18/EG (ABl. Nr. L 268 vom 18. Oktober 2003), soweit diese Lebensmittel betrifft;
6. Verordnung (EG) Nr. 1831/2003 über Zusatzstoffe zur Verwendung in der Tierernährung (ABl. Nr. L 268 vom 18. Oktober 2003), soweit diese nicht im Rahmen des FMG 1999 zu vollziehen ist;
7. Verordnung (EG) Nr. 2065/2003 über Raucharomen zur tatsächlichen oder beabsichtigten Verwendung in oder auf Lebensmitteln (ABl. Nr. L 309 vom 26. November 2003);
8. Verordnung (EG) Nr. 1935/2004 über Materialien und Gegenstände, die dazu bestimmt sind, mit Lebensmitteln in Berührung zu kommen und zur Aufhebung der Richtlinien 80/590/EWG und 89/109/EWG (ABl. Nr. L 338 vom 13. November 2004), soweit diese nicht im Rahmen des Bundesgesetzes gegen den unlauteren Wettbewerb 1984 – UWG, BGBl. Nr. 448/1984, zu vollziehen ist;
9. Verordnung (EG) Nr. 37/2005 zur Überwachung der Temperaturen von tiefgefrorenen Lebensmitteln in Beförderungsmitteln sowie Einlagerungs- und Lagereinrichtungen (ABl. Nr. L 10 vom 13. Jänner 2005);
10. Verordnung (EG) Nr. 396/2005 über Höchstgehalte an Pestizidrückständen in oder auf Lebens- und Futtermitteln pflanzlichen und tierischen Ursprungs und zur Änderung der Richtlinie 91/414/EWG des Rates (ABl. Nr. L 70 vom 16. März 2005), soweit diese Lebensmittel betrifft;
11. Verordnung (EG) Nr. 1924/2006 über nährwert- und gesundheitsbezogene Angaben über Lebensmittel (ABl. Nr. L 404 vom 30. Dezember 2006 in der Fassung der Berichtigung ABl. Nr. L 12 vom 18. Jänner 2007);
12. Verordnung (EG) Nr. 1907/2006 zur Registrierung, Bewertung, Zulassung und Beschränkung chemischer Stoffe (REACH), zur Schaffung einer Europäischen Chemikalienagentur, zur Änderung der Richtlinie 1999/45/EG und zur Aufhebung der Verordnung (EWG) Nr. 793/93 des Rates, der Verordnung (EG) Nr. 1488/94 der Kommission, der Richtlinie 76/769/EWG des Rates sowie der Richtlinien 91/155/EWG, 93/67/EWG, 93/105/EG und 2000/21/EG der Kommission (ABl. Nr. L 396 vom 30. Dezember 2006 in der Fassung der Berichtigung ABl. Nr. L 136 vom 29. Mai 2007), soweit diese Azofarbstoffe für Gebrauchsgegenstände gemäß § 3 Z 7 lit. d und e LMSVG sowie Weichmacher für Gebrauchsgegenstände gemäß § 3 Z 7 lit. a und lit. c bis e LMSVG betrifft;
13. Verordnung (EG) Nr. 1925/2006 über den Zusatz von Vitaminen und Mineralstoffen sowie bestimmten anderen Stoffen zu Lebensmitteln (ABl. Nr. L 404 vom 30. Dezember 2006);
14. Verordnung (EG) Nr. 110/2008 zur Begriffsbestimmung, Bezeichnung, Aufmachung und Etikettierung von Spirituosen sowie zum Schutz geografischer Angaben für Spirituosen und zur Auf-

1. LMSVG
Anlage

hebung der Verordnung (EWG) Nr. 1576/89 (ABl. Nr. L 39 vom 13. Februar 2008), soweit diese nicht im Rahmen des EU-QuaDG, BGBl. I Nr. 130/2015, zu vollziehen ist;

15. Verordnung (EG) Nr. 1243/2008 zur Änderung der Anhänge III und VI der Richtlinie 2006/141/EG hinsichtlich der Anforderungen an die Zusammensetzung bestimmter Säuglingsanfangsnahrung (ABl. Nr. L 335 vom 13. Dezember 2008);
16. Verordnung (EG) Nr. 1331/2008 über ein einheitliches Zulassungsverfahren für Lebensmittelzusatzstoffe, -enzyme und -aromen (ABl. Nr. L 354 vom 31. Dezember 2008), soweit diese nicht im Rahmen des Weingesetzes 2009, BGBl. I Nr. 111/2009, zu vollziehen ist;
17. Verordnung (EG) Nr. 1332/2008 über Lebensmittelenzyme und zur Änderung der Richtlinie 83/417/EWG des Rates, der Verordnung (EG) Nr. 1493/1999 des Rates, der Richtlinie 2000/13/EG, der Richtlinie 2001/112/EG des Rates sowie der Verordnung (EG) Nr. 258/97 (ABl. Nr. L 354 vom 31. Dezember 2008). soweit diese nicht im Rahmen des Weingesetzes 2009 zu vollziehen ist;
18. Verordnung (EG) Nr. 1333/2008 über Lebensmittelzusatzstoffe (ABl. Nr. L 354 vom 31. Dezember 2008 in der Fassung der Berichtigung ABl. Nr. L 105 vom 27. April 2010), soweit diese nicht im Rahmen des Weingesetzes 2009 zu vollziehen ist;
19. Verordnung (EG) Nr. 1334/2008 über Aromen und bestimmte Lebensmittelzutaten mit Aromaeigenschaften zur Verwendung in und auf Lebensmitteln sowie zur Änderung der Verordnung (EG) Nr. 1601/91 des Rates, der Verordnungen (EG) Nr. 2232/96 und (EG) Nr. 110/2008 und der Richtlinie 2000/13/EG (ABl. Nr. L 354 vom 31. Dezember 2008 in der Fassung der Berichtigung ABl. Nr. L 105 vom 27. April 2010), soweit diese nicht im Rahmen des Weingesetzes 2009 zu vollziehen ist;
20. Verordnung (EG) Nr. 470/2009 über die Schaffung eines Gemeinschaftsverfahrens für die Festsetzung von Höchstmengen für Rückstände pharmakologisch wirksamer Stoffe in Lebensmitteln tierischen Ursprungs, zur Aufhebung der Verordnung (EWG) Nr. 2377/90 des Rates und zur Änderung der Richtlinie 2001/82/EG des Europäischen Parlaments und des Rates und der Verordnung (EG) Nr. 726/2004 des Europäischen Parlaments und des Rates (ABl. Nr. L 152 vom 16. Juni 2009), soweit diese nicht in den Geltungsbereich des Arzneimittelgesetzes, BGBl. Nr. 185/1983, oder des Tierarzneimittelkontrollgesetzes – TAKG, BGBl. I Nr. 28/2002, fällt;
21. Verordnung (EG) Nr. 669/2009 zur Durchführung der Verordnung (EG) Nr. 882/2004 des Europäischen Parlaments und des Rates im Hinblick auf verstärkte amtliche Kontrollen bei der Einfuhr bestimmter Futtermittel und Lebensmittel nicht tierischen Ursprungs und zur Änderung der Entscheidung 2006/504/EG (ABl. Nr. L 194 vom 25. Juli 2009);
22. Verordnung (EG) Nr. 953/2009 über Stoffe, die Lebensmitteln für eine besondere Ernährung zu besonderen Ernährungszwecken zugefügt werden dürfen (ABl. Nr. L 269 vom 14. Oktober 2009);
23. Verordnung (EG) Nr. 1069/2009 mit Hygienevorschriften für nicht für den menschlichen Verzehr bestimmte tierische Nebenprodukte und zur Aufhebung der Verordnung (EG) Nr. 1774/2002 (Verordnung über tierische Nebenprodukte) (ABl. Nr. L 300 vom 14. November 2009), soweit diese in Lebensmittelunternehmen anzuwenden ist und nicht in den Geltungsbereich des Tiermaterialiengesetzes – TMG, BGBl. I Nr. 141/2003, fällt;
24. Verordnung (EG) Nr. 1170/2009 zur Änderung der Richtlinie 2002/46/EG des Europäischen Parlaments und des Rates und der Verordnung (EG) Nr. 1925/2006 des Europäischen Parlaments und des Rates hinsichtlich der Listen von Vitaminen und Mineralstoffen sowie ihrer Aufbereitungsformen, die Lebensmitteln zugesetzt bzw. bei der Herstellung von Nahrungsergänzungsmitteln verwendet werden dürfen (ABl. Nr. L 314 vom 1. Dezember 2009 in der Fassung der Berichtigung ABl. Nr. L 203 vom 5. August 2010);
25. Verordnung (EG) Nr. 1223/2009 über kosmetische Mittel (ABl. Nr. L 342 vom 22. Dezember 2009);
26. Verordnung (EU) Nr. 115/2010 zur Festlegung der Bedingungen für die Verwendung von aktiviertem Aluminiumoxid zur Entfernung von Fluorid aus natürlichen Mineralwässern und Quellwässern (ABl. Nr. L 37 vom 10. Februar 2010);
27. Verordnung (EU) Nr. 284/2011 mit besonderen Bedingungen und detaillierten Verfahren für die Einfuhr von Polyamid- und Melamin-Kunststoffküchenartikeln, deren Ursprung oder Herkunft die Volksrepublik China bzw. die Sonderverwaltungsregion Hongkong, China, ist (ABl. Nr. L 77 vom 23. März 2011);

1. LMSVG
Anlage

28. Verordnung (EU) Nr. 1169/2011 betreffend die Information der Verbraucher über Lebensmittel und zur Änderung der Verordnungen (EG) Nr. 1924/2006 und (EG) Nr. 1925/2006 des Europäischen Parlaments und des Rates und zur Aufhebung der Richtlinie 87/250/EWG der Kommission, der Richtlinie 90/496/EWG des Rates, der Richtlinie 1999/10/EG der Kommission, der Richtlinie 2000/13/EG des Europäischen Parlaments und des Rates, der Richtlinien 2002/67/EG und 2008/5/EG der Kommission und der Verordnung (EG) Nr. 608/2004 der Kommission (ABl. Nr. L 304 vom 22. November 2011);
29. Durchführungsverordnung (EU) Nr. 208/2013 über die Anforderungen an die Rückverfolgbarkeit von Sprossen und von Samen zur Erzeugung von Sprossen (ABl. Nr. L 68 vom 12. März 2013), soweit diese Lebensmittel betrifft;
30. Verordnung (EU) Nr. 609/2013 über Lebensmittel für Säuglinge und Kleinkinder, Lebensmittel für besondere medizinische Zwecke und Tagesrationen für gewichtskontrollierende Ernährung und zur Aufhebung der Richtlinie 92/52/EWG des Rates, der Richtlinien 96/8/EG, 1999/21/EG, 2006/125/EG und 2006/141/EG der Kommission, der Richtlinie 2009/39/EG des Europäischen Parlaments und des Rates sowie der Verordnungen (EG) Nr. 41/2009 und (EG) Nr. 953/2009 des Rates und der Kommission (ABl. Nr. L 181 vom 29. Juni 2013);
31. Artikel 78 in Verbindung mit Anhang VII Teil 1 der Verordnung (EU) Nr. 1308/2013 über eine gemeinsame Marktorganisation für landwirtschaftliche Erzeugnisse und zur Aufhebung der Verordnungen (EWG) Nr. 922/72, (EWG) Nr. 234/79, (EG) Nr. 1037/2001 und (EG) Nr. 1234/2007 (ABl. Nr. L 347 vom 20. Dezember 2013), ausgenommen die Vorschriften über die Einstufung der bis zu zwölf Monate alten Rinder im Schlachthof;
32. Durchführungsverordnung (EU) Nr. 884/2014 zur Festlegung besonderer Bedingungen für die Einfuhr bestimmter Futtermittel und Lebensmittel aus bestimmten Drittländern wegen des Risikos einer Aflatoxin-Kontamination und zur Aufhebung der Verordnung (EG) Nr. 1152/2009 (ABl. Nr. L 242 vom 14. August 2014), soweit diese Lebensmittel betrifft;
33. Verordnung (EU) Nr. 119/2014 zur Änderung der Richtlinie 2002/46/EG des Europäischen Parlaments und des Rates und der Verordnung (EG) Nr. 1925/2006 des Europäischen Parlaments und des Rates im Hinblick auf mit Chrom angereicherte Hefe zur Verwendung bei der Herstellung von Nahrungsergänzungsmitteln sowie Lebensmitteln zugesetztes Chrom(III)-lactattrihydrat (ABl. Nr. L 39 vom 8. Februar 2014);
34. Delegierte Verordnung (EU) Nr. 1040/2014 zur Änderung der Richtlinie 2001/112/EG des Rates über Fruchtsäfte und bestimmte gleichartige Erzeugnisse für die menschliche Ernährung zwecks Anpassung von Anhang I an den technischen Fortschritt (ABl. Nr. L 288 vom 2. Oktober 2014);
35. Durchführungsverordnung (EU) 2015/175 zur Festlegung von Sondervorschriften für die Einfuhr von Guarkernmehl, dessen Ursprung oder Herkunft Indien ist, wegen des Risikos einer Kontamination mit Pentachlorphenol und Dioxinen (ABl. Nr. L 30 vom 6. Februar 2015);
36. Verordnung (EU) 2015/414 zur Änderung der Richtlinie 2002/46/EG des Europäischen Parlaments und des Rates im Hinblick auf (6S)-5-Methyltetrahydrofolsäure, Glucosaminsalz zur Verwendung bei der Herstellung von Nahrungsergänzungsmitteln (ABl. Nr. L 68 vom 13. März 2015);
37. Durchführungsverordnung (EU) 2015/943 über Sofortmaßnahmen zur Aussetzung der Einfuhr getrockneter Bohnen aus Nigeria und zur Änderung von Anhang I der Verordnung (EG) Nr. 669/2009 (ABl. Nr. L 154 vom 19. Juni 2015);
38. Verordnung (EU) 2015/2283 vom 25. November 2015 über neuartige Lebensmittel, zur Änderung der Verordnung (EU) Nr. 1169/2011 des Europäischen Parlaments und des Rates und zur Aufhebung der Verordnung (EG) Nr. 258/97 des Europäischen Parlaments und des Rates und der Verordnung (EG) Nr. 1852/2001 der Kommission (ABl. Nr. L 327 vom 11. Dezember 2015);
39. Durchführungsverordnung (EU) 2016/6 mit besonderen Bedingungen für die Einfuhr von Lebensund Futtermitteln, deren Ursprung oder Herkunft Japan ist, nach dem Unfall im Kernkraftwerk Fukushima und zur Aufhebung der Durchführungsverordnung (EU) Nr. 322/2014 (ABl. Nr. L 3 vom 6. Jänner 2016);
40. Verordnung (EU) 2019/787 vom 17. April 2019 über die Begriffsbestimmung, Bezeichnung, Aufmachung und Kennzeichnung von Spirituosen, die Verwendung der Bezeichnungen von Spirituosen bei der Aufmachung und Kennzeichnung von anderen Lebensmitteln, den Schutz geografischer Angaben für Spirituosen und die Verwendung von Ethylalkohol und Destillaten landwirtschaftlichen Ursprungs in alkoholischen Getränken sowie zur Aufhebung der Verordnung (EG) Nr. 110/2008 (ABl. Nr. L 130 vom 17. Mai 2019), soweit diese nicht im Rahmen des EU-QuaDG, BGBl. I Nr. 130/2015, zu vollziehen ist.

1. LMSVG Anlage

Teil 2

1. Verordnung (EG) Nr. 852/2004 über Lebensmittelhygiene (ABl. Nr. L 139 vom 30. April 2004 in der Fassung der Berichtigung ABl. Nr. L 226 vom 25. Juni 2004);
2. Verordnung (EG) Nr. 853/2004 mit spezifischen Hygienevorschriften für Lebensmittel tierischen Ursprungs (ABl. Nr. L 139 vom 30. April 2004 in der Fassung der Berichtigung ABl. Nr. L 226 vom 25. Juni 2004);
3. Delegierte Verordnung (EU) 2019/624 mit besonderen Bestimmungen für die Durchführung amtlicher Kontrollen der Fleischerzeugung sowie von Erzeugungs- und Umsetzgebieten für lebende Muscheln gemäß der Verordnung (EU) 2017/625 (ABl. Nr. L 131 vom 17. Mai 2019);
4. Durchführungsverordnung (EU) 2019/627 zur Festlegung einheitlicher praktischer Modalitäten für die Durchführung der amtlichen Kontrollen in Bezug auf für den menschlichen Verzehr bestimmte Erzeugnisse tierischen Ursprungs gemäß der Verordnung (EU) 2017/625 und zur Änderung der Verordnung (EG) Nr. 2074/2005 in Bezug auf amtliche Kontrollen (ABl. Nr. L 131 vom 17. Mai 2019).

(BGBl II 2019/401)

1/1. Öffentl. - InfoV LMSVG
§§ 1 – 3

1/1. Verordnung des Bundesministers für Gesundheit über die Information der Öffentlichkeit durch Lebensmittelunternehmer im Einzelhandel

BGBl II 2011/334

Verordnung des Bundesministers für Gesundheit über die Information der Öffentlichkeit durch Lebensmittelunternehmer im Einzelhandel

Auf Grund des § 38 Abs. 4 des Lebensmittelsicherheits- und Verbraucherschutzgesetzes - LMSVG, BGBl. I Nr. 13/2006, zuletzt geändert durch das Bundesgesetz BGBl. I Nr. 95/2010, wird verordnet:

§ 1. (1) Lebensmittelunternehmer gemäß § 3 Z 11 LMSVG haben im Einzelhandel gemäß Art. 3 Z 7 der Verordnung (EG) Nr. 178/2002 zur Festlegung der allgemeinen Grundsätze und Anforderungen des Lebensmittelrechts, zur Errichtung der Europäischen Behörde für Lebensmittelsicherheit und zur Festlegung von Verfahren zur Lebensmittelsicherheit, ABl. Nr. L 31 vom 1.2.2002 in der jeweils geltenden Fassung, wenn sie Grund zur Annahme haben, dass ein von ihnen vertriebenes Lebensmittel gemäß § 5 Abs. 5 Z 1 LMSVG gesundheitsschädlich ist und dadurch eine größere Bevölkerungsgruppe gefährdet ist (Gemeingefährdung), gemäß § 38 Abs. 1 Z 5 lit. a LMSVG eine Information der Öffentlichkeit unverzüglich vorzunehmen.

(2) Die Information der Öffentlichkeit gemäß Abs. 1 durch einen Aushang bei den Kassen im Einzelhandel zu erfolgen. Der Aushang hat folgende Informationen zu enthalten:

1. die Bezeichnung des Lebensmittels,
2. den Erzeuger, Hersteller, Importeur oder Vertreiber,
3. weshalb das Lebensmittel gesundheitsschädlich ist,
4. die Warnung vor dem Verbrauch des Lebensmittels,
5. den Hinweis, dass die Warnung nicht besagt, dass die Gesundheitsschädlichkeit des Lebensmittels vom Erzeuger, Hersteller, Importeur oder Vertreiber verursacht worden ist, und
6. die getroffenen oder beabsichtigten Maßnahmen.

(3) Der Aushang gemäß Abs. 2 muss
1. deutlich sichtbar (mindestens A 4 Format, Schriftgröße Kleinbuchstabe 5 mm) und
2. leicht lesbar

sein.

(4) Der Aushang gemäß Abs. 2 hat
1. bei verpackten Lebensmitteln bis zu dem auf der Verpackung angegebenen Ende des Verbrauchsdatums oder des Mindesthaltbarkeitsdatums gemäß den Bestimmungen der Lebensmittelkennzeichnungsverordnung 1993 – LMKV, BGBl. Nr. 72 in der jeweils geltenden Fassung,
2. bei unverpackten Lebensmitteln bis zum Ende der zu erwartenden Haltbarkeit,

höchstens jedoch zwei Wochen im Einzelhandel zu verbleiben. Die Information muss in allen Betrieben eines Unternehmens zugänglich sein, in denen das betroffene Lebensmittel in Verkehr gebracht wurde.

(5) Verfügt der Lebensmittelunternehmer über eine Internetseite, die auch dem Fernabsatz der Lebensmittel dient, so hat die Information der Öffentlichkeit gemäß Abs. 1 auch auf dieser für den Verbraucher unmittelbar erkennbar zu erfolgen.

§ 2. Im Fall von lebensmittelbedingten Krankheitsausbrüchen gemäß § 43 Abs. 3 LMSVG hat der Aushang durch den Lebensmittelunternehmer im Einzelhandel folgende Informationen zu enthalten:

1. die Bezeichnung des Lebensmittels,
2. den Erzeuger, Hersteller, Importeur oder Vertreiber,
3. das mit dem Lebensmittel verbundene Risiko,
4. die Warnung vor dem Verbrauch des Lebensmittels,
5. den Hinweis, dass die Warnung nicht besagt, dass die Gefährdung vom Erzeuger, Hersteller, Importeur oder Vertreiber verursacht worden ist, und
6. die getroffenen oder beabsichtigten Maßnahmen.

§ 1 Abs. 2 erster Satz sowie Abs. 3, 4 und 5 ist anzuwenden.

§ 3. Bei den in dieser Verordnung verwendeten personenbezogenen Bezeichnungen gilt die gewählte Form für beide Geschlechter.

2. Kennzeichnung

Übersicht

2/1. Verordnung (EU) Nr. 1169/2011 betreffend die Information der Verbraucher über Lebensmittel, ABl L 304 S 18 idF ABl L 2013/306, 7, ABl L 2014/27, 7 und ABl L 2015/327, 1

2/2. Durchführungsverordnung (EU) Nr. 1337/2013 mit Durchführungsbestimmungen zur Verordnung (EU) Nr. 1169/2011 des Europäischen Parlaments und des Rates hinsichtlich der Angabe des Ursprungslandes bzw. Herkunftsortes von frischem, gekühltem oder gefrorenem Schweine-, Schaf-, Ziegen- und Geflügelfleisch, ABl L 335 S 19

2/3. Durchführungsverordnung (EU) 2018/775 mit den Einzelheiten zur Anwendung von Artikel 26 Absatz 3 der Verordnung (EU) Nr. 1169/2011 des Europäischen Parlaments und des Rates betreffend die Information der Verbraucher über Lebensmittel hinsichtlich der Vorschriften für die Angabe des Ursprungslands oder Herkunftsorts der primären Zutat eines Lebensmittels, ABl L 131 S 8

2/4. Durchführungsverordnung (EU) Nr. 828/2014 vom 30. Juli 2014 über die Anforderungen an die Bereitstellung von Informationen für Verbraucher über das Nichtvorhandensein oder das reduzierte Vorhandensein von Gluten in Lebensmitteln, ABl L 228 S 5

2/5. Allergeninformationsverordnung, BGBl II 2014/175 idF BGBl II 2017/249
2/5/1. Leitlinie Allergeninformation
2/5/2. Leitlinie Personalschulung

2/6. Loskennzeichnungsverordnung, BGBl II 2014/230

2/7. Verordnung über die Verpflichtung zur Weitergabe von Informationen über die Herkunft von Fleisch, Milch und Eiern entlang der Lieferkette von Lebensmittelunternehmen, BGBl II 2021/566

2/1. EU/LM-InfoV

Kennzeichnung

2/1. Verordnung (EU) Nr. 1169/2011 betreffend die Information der Verbraucher über Lebensmittel

ABl L 304 vom 22. 11. 2011, S. 18 idF

1 ABl L 306 vom 16. 11. 2013, S. 7
2 ABl L 27 vom 30. 1. 2014, S. 7
3 ABl L 331 vom 18. 11. 2014, S. 40 (Berichtigung)
4 ABl L 50 vom 21. 2. 2015, S. 48 (Berichtigung)
5 ABl L 327 vom 11. 12. 2015, S. 1
6 ABl L 266 vom 30. 9. 2016, S. 7 (Berichtigung)

Verordnung (EU) Nr. 1169/2011 des europäischen Parlaments und des Rates vom 25. Oktober 2011 betreffend die Information der Verbraucher über Lebensmittel und zur Änderung der Verordnungen (EG) Nr. 1924/2006 und (EG) Nr. 1925/2006 des Europäischen Parlaments und des Rates und zur Aufhebung der Richtlinie 87/250/EWG der Kommission, der Richtlinie 90/496/EWG des Rates, der Richtlinie 1999/10/EG der Kommission, der Richtlinie 2000/13/EG des Europäischen Parlaments und des Rates, der Richtlinien 2002/67/EG und 2008/5/EG der Kommission und der Verordnung (EG) Nr. 608/2004 der Kommission

DAS EUROPÄISCHE PARLAMENT UND DER RAT DER EUROPÄISCHEN UNION —

gestützt auf den Vertrag über die Arbeitsweise der Europäischen Union, insbesondere auf Artikel 114,

auf Vorschlag der Europäischen Kommission,

nach Stellungnahme des Europäischen Wirtschafts- und Sozialausschusses[1],

gemäß dem ordentlichen Gesetzgebungsverfahren[2],

in Erwägung nachstehender Gründe:
(1) Nach Artikel 169 des Vertrags über die Arbeitsweise des Europäischen Union (AEUV) leistet die Union durch die Maßnahmen, die sie nach Artikel 114 des Vertrags erlässt, einen Beitrag zur Erreichung eines hohen Verbraucherschutzniveaus.

(2) Der freie Verkehr mit sicheren und gesunden Lebensmitteln ist ein wichtiger Aspekt des Binnenmarkts und trägt wesentlich zum Schutz der Gesundheit und des Wohlergehens der Bürger und zur Wahrung ihrer sozialen und wirtschaftlichen Interessen bei.

(3) Um auf dem Gebiet des Gesundheitsschutzes der Verbraucher ein hohes Niveau zu erreichen und das Recht der Verbraucher auf Information zu gewährleisten, sollte sichergestellt werden, dass die Verbraucher in Bezug auf die Lebensmittel, die sie verzehren, in geeigneter Weise informiert werden. Die Wahl der Verbraucher kann unter anderem durch gesundheitsbezogene, wirtschaftliche, umweltbezogene, soziale und ethische Erwägungen beeinflusst werden.

(4) Nach der Verordnung (EG) Nr. 178/2002 des Europäischen Parlaments und des Rates vom 28. Januar 2002 zur Festlegung der allgemeinen Grundsätze und Anforderungen des Lebensmittelrechts, zur Errichtung der Europäischen Behörde für Lebensmittelsicherheit und zur Festlegung von Verfahren zur Lebensmittelsicherheit[3] ist es ein allgemeiner Grundsatz des Lebensmittelrechts, den Verbrauchern die Möglichkeit zu bieten, in Bezug auf die Lebensmittel, die sie verzehren, eine fundierte Wahl zu treffen, und alle Praktiken, die die Verbraucher irreführen können, zu verhindern.

(5) Die Richtlinie 2005/29/EG des Europäischen Parlaments und des Rates vom 11. Mai 2005 über unlautere Geschäftspraktiken von Unternehmen gegenüber Verbrauchern im Binnenmarkt[4] umfasst bestimmte Aspekte der Information der Verbraucher, insbesondere um irreführende Verhaltensweisen oder Unterlassungen im Zusammenhang mit Informationen zu verhindern. Die allgemeinen Grundsätze in Bezug auf unlau-

---

Zur Präambel
[1] ABl. C 77 vom 31.3.2009, S. 81.
[2] Standpunkt des Europäischen Parlaments vom 16. Juni 2010 (ABl. C 236 E vom 12.8.2011, S. 187) und Standpunkt des Rates in erster Lesung vom 21. Februar 2011 (ABl. C 102 E vom 2.4.2011, S. 1). Standpunkt des Europäischen Parlaments vom 6. Juli 2011 (noch nicht im Amtsblatt veröffentlicht) und Beschluss des Rates vom 29. September 2011.

Zu Abs. 4:
[3] ABl. L 31 vom 1.2.2002, S. 1.
Zu Abs. 5:
[4] ABl. L 149 vom 11.6.2005, S. 22.

tere Geschäftspraktiken sollten durch spezielle Regelungen für die Information der Verbraucher über Lebensmittel ergänzt werden.

(6) Für alle Lebensmittel geltende Unionsvorschriften für die Kennzeichnung von Lebensmitteln finden sich in der Richtlinie 2000/13/EG des Europäischen Parlaments und des Rates vom 20. März 2000 zur Angleichung der Rechtsvorschriften der Mitgliedstaaten über die Etikettierung und Aufmachung von Lebensmitteln sowie die Werbung hierfür[5]. Die meisten Bestimmungen dieser Richtlinie gehen auf das Jahr 1978 zurück und sollten deshalb aktualisiert werden.

(7) Die Richtlinie 90/496/EWG des Rates vom 24. September 1990 über die Nährwertkennzeichnung von Lebensmitteln[6] regelt den Inhalt und die Darstellung von Informationen zum Nährwert auf vorverpackten Lebensmitteln. Nach diesen Regeln ist die Aufnahme von Informationen zum Nährwert freiwillig, es sei denn, es wird eine nährwertbezogene Angabe zum Lebensmittel gemacht. Die meisten Bestimmungen dieser Richtlinie gehen auf das Jahr 1990 zurück und sollten deshalb aktualisiert werden.

(8) Die allgemeinen Kennzeichnungsanforderungen werden ergänzt durch eine Reihe von Vorschriften, die unter bestimmten Umständen für alle Lebensmittel oder für bestimmte Klassen von Lebensmitteln gelten. Darüber hinaus gibt es mehrere spezielle Regelungen, die für bestimmte Lebensmittel gelten.

(9) Die geltenden Kennzeichnungsvorschriften sind in ihren ursprünglichen Zielsetzungen und Kernbestimmungen weiterhin gültig, müssen jedoch gestrafft werden, um den Akteuren die Einhaltung zu erleichtern und ihnen mehr Klarheit zu verschaffen; außerdem müssen sie modernisiert werden, um neuen Entwicklungen im Bereich der Lebensmittelinformation Rechnung zu tragen. Diese Verordnung dient sowohl den Binnenmarktinteressen, indem sie die Rechtsvorschriften vereinfacht, für Rechtssicherheit sorgt und den Verwaltungsaufwand verringert, als auch den Bürgern, indem sie eine klare, verständliche und lesbare Kennzeichnung von Lebensmitteln vorschreibt.

(10) In der allgemeinen Öffentlichkeit besteht Interesse an dem Zusammenhang zwischen Ernährung und Gesundheit und an der Wahl einer geeigneten, individuellen Bedürfnissen entsprechenden Ernährung. Die Kommission hat in ihrem Weißbuch vom 30. Mai 2007 „Ernährung, Übergewicht, Adipositas: Eine Strategie für Europa" („Weißbuch der Kommission") ausgeführt, dass die Nährwertkennzeichnung eine wichtige Methode darstellt, um Verbraucher über die Zusammensetzung von Lebensmitteln zu informieren und ihnen zu helfen, eine fundierte Wahl zu treffen. In der Mitteilung der Kommission vom 13. Mai 2007 mit dem Titel „Verbraucherpolitische Strategie der EU (2007-2013) Stärkung der Verbraucher — Verbesserung des Verbraucherwohls — wirksamer Verbraucherschutz" wird betont, dass es für einen wirksamen Wettbewerb und das Wohlergehen der Verbraucher wichtig ist, dass diese eine fundierte Wahl treffen können. Die Kenntnis der wichtigsten Ernährungsgrundsätze und eine angemessene Information über den Nährwert von Lebensmitteln würden wesentlich dazu beitragen, den Verbrauchern eine solche fundierte Wahl zu ermöglichen. Aufklärungs- und Informationskampagnen sind ein wichtiges Instrument, um das Verständnis der Verbraucher von Informationen über Lebensmittel zu verbessern.

(11) Im Interesse einer größeren Rechtssicherheit sowie einer rationalen und kohärenten Durchsetzung sollten die Richtlinien 90/496/EWG und 2000/13/EG aufgehoben und durch eine einzige Verordnung ersetzt werden, die Verbrauchern und anderen betroffenen Akteuren Gewissheit bringt und den Verwaltungsaufwand verringert.

(12) Aus Gründen der Klarheit sollten andere horizontale Rechtsakte aufgehoben und in diese Verordnung aufgenommen werden, namentlich die Richtlinie 87/250/EWG der Kommission vom 15. April 1987 betreffend die Angabe des Alkoholgehalts als Volumenkonzentration in der Etikettierung von alkoholhaltigen, für den Endverbraucher bestimmten Lebensmitteln[7], die Richtlinie 1999/10/EG der Kommission vom 8. März 1999 über Ausnahmen von Artikel 7 der Richtlinie 79/112/EWG des Rates hinsichtlich der Etikettierung von Lebensmitteln[8], die Richtlinie 2002/67/EG der Kommission vom 18. Juli 2002 über die Etikettierung von chininhaltigen und von koffeinhaltigen Lebensmitteln[9], die Verordnung (EG) Nr. 608/2004 der Kommission vom 31. März 2004 über die Etikettierung von Lebensmitteln und Lebensmittelzutaten mit Phytosterin-, Phytosterinester-, Phytostanol- und/oder Phytostanolesterzusatz[10] und die Richtlinie 2008/5/EG

Zu Abs. 6:
[5] ABl. L 109 vom 6.5.2000, S. 29.
Zu Abs. 7:
[6] ABl. L 276 vom 6.10.1990, S. 40.

Zu Abs. 12:
[7] ABl. L 113 vom 30.4.1987, S. 57.
[8] ABl. L 69 vom 16.3.1999, S. 22.
[9] ABl. L 191 vom 19.7.2002, S. 20.
[10] ABl. L 97 vom 1.4.2004, S. 44.

der Kommission vom 30. Januar 2008 über Angaben, die zusätzlich zu den in der Richtlinie 2000/13/EG des Europäischen Parlaments und des Rates aufgeführten Angaben auf dem Etikett bestimmter Lebensmittel verpflichtend sind[11].

(13) Es ist notwendig, gemeinsame Begriffsbestimmungen, Grundsätze, Anforderungen und Verfahren festzulegen, um einen klaren Rahmen und eine gemeinsame Grundlage für die Maßnahmen der Union und einzelstaatliche Maßnahmen zur Regulierung der Information über Lebensmittel zu schaffen.

(14) Um bei der Information der Verbraucher über die Lebensmittel, die sie verzehren, ein umfassendes und entwicklungsorientiertes Konzept zu verfolgen sollte der Begriff des Lebensmittelinformationsrechts weit gefasst werden und allgemeine wie auch spezielle Regelungen einbeziehen; ebenso sollte der Begriff der Information über Lebensmittel weit gefasst werden und Informationen einbeziehen, die auch auf andere Weise als durch das Etikett bereitgestellt werden.

(15) Das Unionsrecht sollte nur für Unternehmen gelten, wobei der Unternehmensbegriff eine gewisse Kontinuität der Aktivitäten und einen gewissen Organisationsgrad voraussetzt. Tätigkeiten wie der gelegentliche Umgang mit Lebensmitteln und deren Lieferung, das Servieren von Mahlzeiten und der Verkauf von Lebensmitteln durch Privatpersonen z. B. bei Wohltätigkeitsveranstaltungen oder auf Märkten und Zusammenkünften auf lokaler Ebene sollten nicht in den Anwendungsbereich dieser Verordnung fallen.

(16) Das Lebensmittelinformationsrecht sollte hinreichend flexibel sein, um neuem Informationsbedarf der Verbraucher Rechnung zu tragen und um das Gleichgewicht zwischen dem Schutz des Binnenmarkts und den unterschiedlichen Erwartungen der Verbraucher in den Mitgliedstaaten zu wahren.

(17) Die Einführung verpflichtender Informationen über Lebensmittel sollte hauptsächlich dem Zweck dienen, die Verbraucher in die Lage zu versetzen, das gewünschte Lebensmittel zu finden und in geeigneter Weise zu verwenden und eine Wahl zu treffen, die ihren individuellen Ernährungsbedürfnissen entspricht. Zu diesem Zweck sollten die Lebensmittelunternehmer diese Informationen auch für Sehbehinderte leichter zugänglich machen.

(18) Damit das Lebensmittelinformationsrecht den sich wandelnden Informationsbedürfnissen der Verbraucher Rechnung tragen kann, sollte bei der Prüfung, ob eine Information über ein Lebensmittel verpflichtend sein muss, auch dem nachweislich großen Interesse der Mehrheit der Verbraucher an der Offenlegung bestimmter Informationen Rechnung getragen werden.

(19) Neue Anforderungen hinsichtlich der verpflichtenden Informationen über Lebensmittel sollten jedoch nur dann aufgestellt werden, wenn und soweit sie im Einklang mit den Grundsätzen der Subsidiarität, der Verhältnismäßigkeit und der Nachhaltigkeit notwendig sind.

(20) Das Lebensmittelinformationsrecht sollte die Verwendung von Informationen verbieten, die die Verbraucher irreführen würden, insbesondere in Bezug auf die Merkmale des Lebensmittels, seine Wirkungen oder Eigenschaften, oder die den Lebensmitteln medizinische Eigenschaften zuschreiben. Um wirksam zu sein, sollte dieses Verbot auch auf die Lebensmittelwerbung und auf die Aufmachung der Lebensmittel ausgedehnt werden.

(21) Damit es nicht zu einer Zersplitterung der Rechtsvorschriften über die Haftung von Lebensmittelunternehmern für Informationen über Lebensmittel kommt, sollten die Pflichten der Lebensmittelunternehmer auf diesem Gebiet geklärt werden. Diese Klarstellung sollte im Einklang mit den Zuständigkeiten im Hinblick auf die Verbraucher gemäß Artikel 17 der Verordnung (EG) Nr. 178/2002 erfolgen.

(22) Es sollte eine Liste aller verpflichtenden Informationen erstellt werden, die grundsätzlich zu allen für Endverbraucher oder Anbieter von Gemeinschaftsverpflegung bestimmten Lebensmitteln bereitzustellen sind. Diese Liste sollte weiterhin diejenigen Informationen enthalten, die schon jetzt nach geltendem Unionsrecht verpflichtend sind, da das geltende Recht allgemein als wertvolle Errungenschaft im Hinblick auf Verbraucherinformationen betrachtet wird.

(23) Damit Änderungen und Entwicklungen im Bereich der Information über Lebensmittel berücksichtigt werden können, sollte der Kommission ermöglicht werden, die Bereitstellung bestimmter Angaben durch andere Mittel zuzulassen. Die Anhörung der betroffenen Akteure sollte zügige und gezielte Änderungen an den Vorschriften für die Information über Lebensmittel erleichtern.

(24) Bestimmte Zutaten oder andere Stoffe oder Erzeugnisse (wie Verarbeitungshilfsstoffe),

---

[11] ABl. L 27 vom 31.1.2008, S. 12.

die bei der Herstellung von Lebensmitteln verwendet werden und darin verbleiben, können bei manchen Menschen Allergien und Unverträglichkeiten verursachen, die teilweise die Gesundheit der Betroffenen gefährden. Es ist wichtig, dass die Verbraucher Informationen zum Vorhandensein von Lebensmittelzusatzstoffen, Verarbeitungshilfen und sonstigen Stoffen oder Erzeugnissen, bei denen wissenschaftlich belegt ist, dass sie Allergien oder Unverträglichkeiten verursachen können, erhalten, damit insbesondere diejenigen Verbraucher, die unter einer Lebensmittelallergie oder -unverträglichkeit leiden, eine fundierte Wahl treffen und Lebensmittel auswählen können, die für sie unbedenklich sind.

(25) Um Verbraucher über das Vorhandensein von technisch hergestellten Nanomaterialien in Lebensmitteln zu informieren, sollte eine Begriffsbestimmung für technisch hergestellte Nanomaterialien vorgesehen werden. Da Lebensmittel, die technisch hergestellte Nanomaterialien enthalten oder aus solchen bestehen, als neuartige Lebensmittel gelten können, sollte der angemessene Rechtsrahmen für diese Begriffsbestimmung im Zusammenhang mit der anstehenden Überarbeitung der Verordnung (EG) Nr. 258/97 des Europäischen Parlaments und des Rates vom 27. Januar 1997 über neuartige Lebensmittel und neuartige Lebensmittelzutaten[12] überprüft werden.

(26) Die Etiketten von Lebensmitteln sollten klar und verständlich sein, um Verbraucher zu unterstützen, die sich auf der Grundlage besserer Informationen für bestimmte Lebensmittel und die gewünschte Ernährungsweise entscheiden möchten. Studien haben gezeigt, dass gute Lesbarkeit eine erhebliche Rolle dabei spielt, wie stark sich die Kunden durch die Informationen auf den Etiketten beeinflussen lassen, und dass eine unleserliche Produktinformation eine der Hauptursachen der Unzufriedenheit der Verbraucher mit Lebensmitteletiketten ist. Daher sollte ein umfassendes Konzept entwickelt werden, das allen Aspekten in Bezug auf die Lesbarkeit, einschließlich Schriftart, Farbe und Kontrast, Rechnung trägt.

(27) Um die Bereitstellung der Informationen über Lebensmittel sicherzustellen, müssen alle Arten der Bereitstellung von Lebensmitteln an Verbraucher berücksichtigt werden, darunter der Verkauf mittels Fernkommunikation. Zwar sollten Lebensmittel, die im Fernabsatz geliefert werden, hinsichtlich der Information selbstverständlich denselben Anforderungen unterliegen wie Lebensmittel, die in Geschäften verkauft werden, doch ist eine Klarstellung dahingehend geboten, dass in solchen Fällen die einschlägigen verpflichtenden Informationen schon vor dem Abschluss des Kaufvertrags verfügbar sein sollten.

(28) Die beim Einfrieren von Lebensmitteln eingesetzte Technologie hat sich in den letzten Jahrzehnten erheblich weiterentwickelt und findet inzwischen breite Anwendung, was den Warenverkehr auf dem Binnenmarkt der Union verbessert und die Risiken im Bereich der Lebensmittelsicherheit verringert. Allerdings wird durch das Einfrieren und das spätere Auftauen von bestimmten Lebensmitteln, insbesondere Fleisch- und Fischereierzeugnissen, ihre mögliche Weiterverwendung eingeschränkt und möglicherweise ihre Sicherheit, ihr Geschmack und ihre äußere Beschaffenheit beeinträchtigt. Hingegen hat das Einfrieren bei anderen Erzeugnissen, insbesondere Butter, keine derartigen Auswirkungen. Daher sollte der Endverbraucher über den Zustand von Lebensmitteln, die aufgetaut wurden, angemessen informiert werden.

(29) Das Ursprungsland oder der Herkunftsort eines Lebensmittels sollten immer dann angegeben werden, wenn ohne diese Angabe die Verbraucher über das eigentliche Ursprungsland oder den eigentlichen Herkunftsort dieses Erzeugnisses irregeführt werden könnten. In allen Fällen sollte die Angabe des Ursprungslands oder des Herkunftsorts so gestaltet sein, dass die Verbraucher nicht getäuscht werden; ferner sollte sie auf eindeutig definierten Kriterien beruhen, die gleiche Ausgangsbedingungen für Unternehmen gewährleisten und das Verständnis der Informationen zum Ursprungsland oder Herkunftsort eines Lebensmittels seitens der Verbraucher fördern. Für Angaben zum Namen oder zur Anschrift des Lebensmittelunternehmers sollten keine derartigen Kriterien gelten.

(30) Mitunter wollen Lebensmittelunternehmer möglicherweise freiwillige Ursprungsangaben zu einem Lebensmittel liefern, um auf diese Weise die Verbraucher auf die Qualität ihres Erzeugnisses aufmerksam zu machen. Derartige Angaben sollten ebenfalls harmonisierten Kriterien entsprechen.

(31) Ursprungsangaben sind derzeit in der Union aufgrund der Krise um die Spongiforme Rinderenzephalopathie (BSE) für Rindfleisch und Rindfleischerzeugnisse verpflichtend[13], was zu

---

Zu Abs. 25:

[12] ABl. L 43 vom 14.2.1997, S. 1.

Zu Abs. 31:

[13] *Verordnung (EG) Nr. 1760/2000 des Europäischen Parlaments und des Rates vom 17. Juli 2000 zur Einführung eines Systems zur Kennzeichnung und Registrierung von Rindern und über die Etikettierung von Rindfleisch*

einer gewissen Erwartungshaltung der Verbraucher geführt hat. Die Folgenabschätzung der Kommission bestätigt, dass die Herkunft des Fleisches das wichtigste Anliegen der Verbraucher zu sein scheint. In der Union ist auch der Verbrauch anderer Fleischsorten, wie Schweine-, Schaf-, Ziegen- und Geflügelfleisch, weit verbreitet. Es ist daher angezeigt, für diese Erzeugnisse die Angabe des Ursprungs verbindlich vorzuschreiben. Je nach Fleischsorte könnten entsprechend den Merkmalen der Tierart unterschiedliche spezielle Ursprungsangaben verpflichtend werden. Es ist angezeigt, durch Durchführungsvorschriften zwingende Anforderungen vorzuschreiben, die sich je nach Fleischsorte unterscheiden können, wobei der Grundsatz der Verhältnismäßigkeit und der Verwaltungsaufwand für Lebensmittelunternehmer und Aufsichtsbehörden zu berücksichtigen sind.

(32) Auf der Grundlage vertikaler Ansätze sind bereits zwingende Ursprungsangaben ausgearbeitet worden, so etwa für Honig[14], Obst und Gemüse[15], Fisch[16], Rindfleisch und Rindfleischerzeugnisse[17] sowie Olivenöl[18]. Es muss geprüft werden, ob es möglich ist, auch für andere Lebensmittel Ursprungsangaben verbindlich vorzuschreiben. Daher sollte die Kommission ersucht werden, Berichte zu folgenden Lebensmitteln zu erstellen: andere Fleischsorten als Rind-, Schweine-, Schaf-, Ziegen- und Geflügelfleisch; Milch; Milch, die als Zutat in Milchprodukten verwendet wird; als Zutat in unverarbeitetem Fleisch; unverarbeitete Lebensmitteln; Erzeugnisse aus einer Zutat; sowie Zutaten, die über 50 % eines Lebensmittels ausmachen. Da Milch als eines der Erzeugnisse gilt, für die eine Ursprungsangabe von besonderem Interesse ist, sollte der Bericht der Kommission zu diesem Erzeugnis baldmöglichst vorgelegt werden. Die Kommission kann auf der Grundlage der Schlussfolgerungen solcher Berichte Vorschläge zur Änderung der einschlägigen Unionsvorschriften vorlegen oder gegebenenfalls neue Initiativen für die verschiedenen Sektoren ergreifen.

(33) Die nicht präferenziellen Ursprungsregeln der Union sind in der Verordnung (EWG) Nr. 2913/92 des Rates vom 12. Oktober 1992 zur Festlegung des Zollkodex der Gemeinschaften[19] und ihren Durchführungsvorschriften gemäß der Verordnung (EWG) Nr. 2454/93 der Kommission vom 2. Juli 1993 mit Durchführungsvorschriften zu der Verordnung (EWG) Nr. 2913/92 des Rates zur Festlegung des Zollkodex der Gemeinschaften[20] festgelegt. Die Bestimmung des Ursprungslands von Lebensmitteln wird auf den genannten Vorschriften beruhen, die den Lebensmittelunternehmern und Behörden bereits bekannt sind, und sollte deren Umsetzung erleichtern.

(34) Die Nährwertdeklaration für Lebensmittel bezieht sich auf Informationen zum Energiegehalt und zu bestimmten Nährstoffen in Lebensmitteln. Die Pflicht zur Information über den Nährwert auf der Verpackung sollte Ernährungsmaßnahmen als Bestandteil der Gesundheitspolitik ergänzen, die wissenschaftliche Empfehlungen im Bereich der Aufklärung der Öffentlichkeit über Ernährungsfragen umfassen und eine fundierte Auswahl von Lebensmitteln fördern können.

(35) Aus Gründen der Vergleichbarkeit von Produkten in unterschiedlichen Packungsgrößen ist es sinnvoll, weiterhin vorzuschreiben, dass sich die verpflichtende Nährwertdeklaration auf Mengen von 100 g oder 100 ml beziehen sollte, und gegebenenfalls zusätzliche Angaben auf Portionsbasis zuzulassen. Ist das Lebensmittel in Form von Einzelportionen oder Verzehreinheiten vorverpackt, sollte zusätzlich zur Angabe je 100 g oder je 100 ml eine Nährwertdeklaration je Portion oder je Verzehreinheit zulässig sein. Damit vergleichbare Angaben zu den Portionen oder den Verzehreinheiten bereitgestellt werden, sollte der Kommission die Befugnis übertragen werden, Vorschriften über die Nährwertdeklaration je Portion oder je Verzehreinheit bei bestimmten Klassen von Lebensmitteln zu erlassen.

(36) Im Weißbuch der Kommission wurden bestimmte Nährwertelemente, die für die öffentliche Gesundheit von Bedeutung sind, wie gesättigtes Fett, Zucker oder Natrium, besonders hervorgehoben. Deshalb sollten die Anforderungen an die verpflichtenden Informationen zum Nährwert diese Elemente berücksichtigen.

---

und Rindfleischerzeugnissen (ABl. L 204 vom 11.8.2000, S. 1).

Zu Abs. 32:
[14] *Richtlinie 2001/110/EG des Rates vom 20. Dezember 2001 über Honig (ABl. L 10 vom 12.1.2002, S. 47).*
[15] *Verordnung (EG) Nr. 1580/2007 der Kommission vom 21. Dezember 2007 mit Durchführungsbestimmungen zu den Verordnungen (EG) Nr. 2200/96, (EG) Nr. 2201/96 und (EG) Nr. 1182/2007 des Rates im Sektor Obst und Gemüse (ABl. L 350 vom 31.12.2007, S. 1).*
[16] *Verordnung (EG) Nr. 104/2000 des Rates vom 17. Dezember 1999 über die gemeinsame Marktorganisation für Erzeugnisse der Fischerei und der Aquakultur (ABl. L 17 vom 21.1.2000, S. 22).*
[17] *Verordnung (EG) Nr. 1760/2000.*
[18] *Verordnung (EG) Nr. 1019/2002 der Kommission vom 13. Juni 2002 mit Vermarktungsvorschriften für Olivenöl (ABl. L 155 vom 14.6.2002, S. 27)*

Zu Abs. 33:
[19] *ABl. L 302 vom 19.10.1992, S. 1.*
[20] *ABl. L 253 vom 11.10.1993, S. 1.*

(37) Da das Ziel dieser Verordnung darin besteht, dem Endverbraucher eine Grundlage für eine fundierte Wahl zu schaffen, ist es wichtig, in diesem Zusammenhang dafür zu sorgen, dass die auf der Kennzeichnung angegebenen Informationen für den Endverbraucher leicht verständlich sind. Daher ist es angezeigt, auf der Kennzeichnung die Bezeichnung „Salz" anstelle der entsprechenden Nährstoffbezeichnung „Natrium" zu verwenden.

(38) Im Interesse der Stimmigkeit und Kohärenz des Unionsrechts sollten freiwillige nährwert- oder gesundheitsbezogene Angaben auf den Etiketten von Lebensmitteln der Verordnung (EG) Nr. 1924/2006 des Europäischen Parlaments und des Rates vom 20. Dezember 2006 über nährwert- und gesundheitsbezogene Angaben über Lebensmittel entsprechen[21].

(39) Um eine unnötige Belastung der Lebensmittelunternehmen zu vermeiden, sollten bestimmte Klassen von Lebensmitteln, die unverarbeitet sind oder bei denen Informationen zum Nährwert für die Kaufentscheidung der Verbraucher nicht ausschlaggebend sind oder deren Verpackung zu klein ist, um die Pflichtkennzeichnung aufzubringen, von der Pflicht zur Bereitstellung einer Nährwertdeklaration ausgenommen werden, es sei denn, andere Rechtsvorschriften der Union sehen bereits eine Pflicht zur Bereitstellung solcher Information vor.

(40) Angesichts der Besonderheiten alkoholischer Getränke sollte die Kommission aufgefordert werden, die Anforderungen an Informationen für diese Produkte weiter zu analysieren. Daher sollte die Kommission innerhalb von drei Jahren nach Inkrafttreten dieser Verordnung einen Bericht über die Anwendung der Anforderungen in Bezug auf die Bereitstellung von Informationen über die Zutaten in alkoholischen Getränken und deren Nährwert ausarbeiten, wobei sie die erforderliche Kohärenz mit anderen einschlägigen Politikbereichen der Union berücksichtigen sollte. Unter Berücksichtigung der Entschließung des Europäischen Parlaments vom 5. September 2007 zur EU-Strategie zur Unterstützung der Mitgliedstaaten bei der Verringerung alkoholbedingter Schäden[22], der Stellungnahme des Europäischen Wirtschafts- und Sozialausschusses[23], der Tätigkeiten der Kommission und der allgemeinen Besorgnis wegen der durch Alkohol bedingten Schäden insbesondere bei jungen und empfindlichen Verbrauchern sollte die Kommission nach Konsultation der betroffenen Akteure und der Mitgliedstaaten prüfen, ob eine Begriffsbestimmung für Getränke wie „Alkopops", die gezielt auf junge Menschen ausgerichtet sind, erforderlich ist. Die Kommission sollte gegebenenfalls auch spezielle Anforderungen in Bezug auf alkoholische Getränke im Rahmen dieser Verordnung vorschlagen.

(41) Damit die Informationen zum Nährwert den Durchschnittsverbraucher ansprechen und den Informationszweck erfüllen, für den sie eingeführt werden, sollten sie — in Anbetracht des derzeitigen Kenntnisstands über das Thema Ernährung — einfach und leicht verständlich sein. Es kann den Verbraucher verwirren, wenn ein Teil der Informationen zum Nährwert im allgemein als Packungsvorderseite bekannten Hauptsichtfeld und ein Teil auf einer anderen Packungsseite, wie z. B. der Packungsrückseite, steht. Deshalb sollten alle Bestandteile der Nährwertdeklaration im selben Sichtfeld stehen. Ferner können auf freiwilliger Basis die wichtigsten Bestandteile der Nährwertdeklaration ein weiteres Mal im Hauptsichtfeld erscheinen, damit die Verbraucher die wesentlichen Informationen zum Nährwert beim Kauf von Lebensmitteln leicht sehen können. Es könnte den Verbraucher verwirren, wenn frei gewählt werden kann, welche Informationen ein weiteres Mal erscheinen. Deshalb ist es notwendig zu präzisieren, welche Informationen ein weiteres Mal erscheinen dürfen.

(42) Um die Lebensmittelunternehmer dazu anzuhalten, die in der Nährwertdeklaration vorgesehenen Informationen über Lebensmittel, wie alkoholische Getränke und unverpackte Lebensmittel, für die unter Umständen keine Nährwertdeklaration vorgeschrieben ist, auf freiwilliger Basis zu erteilen, sollte es möglich sein, die Nährwertdeklaration auf bestimmte Bestandteile zu beschränken. Dennoch ist es angezeigt, eindeutig festzulegen, welche Informationen freiwillig erteilt werden können, damit die Verbraucher durch die freie Wahl der Lebensmittelunternehmen nicht irregeführt werden.

(43) In jüngster Zeit hat es bei der Nährwertdeklaration, die von der Angabe je 100 g, je 100 ml oder je Portion abweicht, bzw. bei ihrer Darstellungsform insofern Entwicklungen gegeben, als von einigen Mitgliedstaaten und Organisationen der Lebensmittelbranche grafische Formen oder Symbole verwendet werden. Diese zusätzlichen Angabe- und Darstellungsformen können dem Verbraucher helfen, die Nährwertdeklaration besser zu verstehen. Es gibt jedoch unionsweit keinen gültigen hinreichenden Nachweis dafür, wie der Durchschnittsverbraucher diese zusätzlichen Angabe- und Darstellungsformen versteht

---

Zu Abs. 38:
[21] ABl. L 404 vom 30.12.2006, S. 9.
Zu Abs. 40:
[22] ABl. C 187 E vom 24.7.2008, S. 160.
[23] ABl. C 77 vom 31.3.2009, S. 81.

und verwendet. Daher ist es angezeigt zuzulassen, auf Grundlage der in dieser Verordnung festgelegten Kriterien weitere Angabe- und Darstellungsformen zu entwickeln, und die Kommission zu ersuchen, einen Bericht darüber zu erstellen, inwieweit diese Angabe- und Darstellungsformen verwendet werden, wie sie sich auf den Binnenmarkt auswirken und ob eine weitere Harmonisierung angezeigt ist.

(44) Um der Kommission bei der Erstellung dieses Berichts zu helfen, sollten die Mitgliedstaaten ihr einschlägige Informationen über die auf dem Markt in ihrem Hoheitsgebiet verwendeten zusätzlichen Angabe- und Darstellungsformen bei der Nährwertdeklaration übermitteln. Deshalb sollten die Mitgliedstaaten ermächtigt werden, Lebensmittelunternehmer, die in ihrem Hoheitsgebiet Lebensmittel mit zusätzlichen Angabe- und Darstellungsformen in Verkehr bringen, zu verpflichten, den nationalen Behörden die Verwendung dieser zusätzlichen Formen mitzuteilen und einschlägige Belege dafür vorzulegen, dass die Anforderungen dieser Verordnung erfüllt sind.

(45) Die Entwicklung zusätzlicher Angabe- und Darstellungsformen bei der Nährwertdeklaration sollte in gewissem Grade kohärent verlaufen. Daher sollte es unterstützt werden, dass die Mitgliedstaaten sich untereinander und mit der Kommission fortlaufend über bewährte Verfahren und Erfahrungen austauschen und dass sich auch andere Akteure an diesem Austausch beteiligen.

(46) Die Angabe der Mengen der einzelnen Nährwertelemente und von vergleichenden Indikatoren, die in leicht erkennbarer Form im selben Blickfeld erscheinen soll, damit die ernährungsphysiologischen Eigenschaften eines Lebensmittels beurteilt werden können, sollte in ihrer Gesamtheit als Bestandteil der Nährwertdeklaration betrachtet und nicht als Gruppe von Einzelangaben behandelt werden.

(47) Erfahrungsgemäß wird die Klarheit der verpflichtenden Informationen über Lebensmittel in vielen Fällen durch freiwillig hinzugefügte Informationen beeinträchtigt. Aus diesem Grund sollten Kriterien festgelegt werden, mit deren Hilfe die Lebensmittelunternehmer und Aufsichtsbehörden für ein ausgewogenes Verhältnis zwischen verpflichtenden und freiwilligen Informationen sorgen können.

(48) Die Mitgliedstaaten sollten weiterhin die Möglichkeit haben, entsprechend den örtlichen Gegebenheiten und praktischen Umständen Regelungen über die Bereitstellung von Informationen über nicht vorverpackte Lebensmittel festzulegen. Obgleich die Verbraucher in solchen Fällen kaum andere Informationen verlangen, betrachten sie Informationen über potenzielle Allergene als sehr wichtig. Es hat sich gezeigt, dass die meisten Fälle von Lebensmittelallergien durch nicht vorverpackte Lebensmittel ausgelöst werden. Deshalb sollten die Verbraucher Informationen über potenzielle Allergene immer erhalten.

(49) Es sollte den Mitgliedstaaten nicht gestattet sein, in Bezug auf die durch diese Verordnung speziell harmonisierten Aspekte einzelstaatliche Vorschriften zu erlassen, es sei denn, das Unionsrecht gestattet dies. Diese Verordnung sollte die Mitgliedstaaten nicht daran hindern, einzelstaatliche Maßnahmen zu nicht speziell durch diese Verordnung harmonisierten Aspekten zu erlassen. Allerdings sollten diese einzelstaatlichen Maßnahmen nicht den freien Verkehr der Waren, die dieser Verordnung entsprechen, unterbinden, behindern oder einschränken.

(50) Die Verbraucher in der Union sind zunehmend daran interessiert, dass beim Schlachten die Tierschutzvorschriften der Union angewandt werden, und möchten unter anderem wissen, ob die Tiere vor dem Schlachten betäubt wurden. In diesem Zusammenhang sollte im Rahmen einer künftigen Strategie der Union für den Tierschutz und das Wohlergehen der Tiere die Durchführung einer Studie in Betracht gezogen werden, in der untersucht wird, ob den Verbrauchern einschlägige Informationen über die Betäubung von Tieren zur Verfügung gestellt werden sollten.

(51) Die Vorschriften über Lebensmittelinformationen sollten an sich rasch wandelnde soziale, wirtschaftliche und technologische Rahmenbedingungen angepasst werden können.

(52) Die Mitgliedstaaten sollten amtliche Kontrollen durchführen, um die Einhaltung der vorliegenden Verordnung gemäß der Verordnung (EG) Nr. 882/2004 des Europäischen Parlaments und des Rates vom 29. April 2004 über amtliche Kontrollen zur Überprüfung der Einhaltung des Lebensmittel- und Futtermittelrechts sowie der Bestimmungen über Tiergesundheit und Tierschutz durchzusetzen[24].

(53) Die Bezugnahmen auf die Richtlinie 90/496/EWG in der Verordnung (EG) Nr. 1924/2006 und in der Verordnung (EG) Nr. 1925/2006 des Europäischen Parlaments und des Rates vom 20. Dezember 2006 über den Zusatz von Vitaminen und Mineralstoffen sowie bestimm-

---
Zu Abs. 52:
[24] *ABl. L 165 vom 30.4.2004, S. 1.*

ten anderen Stoffen zu Lebensmitteln[25] sollten unter Berücksichtigung der vorliegenden Verordnung aktualisiert werden. Die Verordnungen (EG) Nr. 1924/2006 und (EG) Nr. 1925/2006 sollten daher entsprechend geändert werden.

(54) Unregelmäßige und häufige Aktualisierungen der Anforderungen an Informationen für Lebensmittel können zu einem erheblichen Verwaltungsaufwand für Lebensmittelunternehmen, insbesondere für kleine und mittlere Unternehmen, führen. Daher sollte sichergestellt werden, dass Maßnahmen, die die Kommission in Ausübung der ihr durch diese Verordnung übertragenen Befugnisse erlassen kann, nach einer angemessenen Übergangsfrist in jedem Kalenderjahr am selben Tag zur Anwendung gelangen. Ausnahmen von diesem Grundsatz sollten in Notfällen gestattet sein, sofern die betreffenden Maßnahmen dem Schutz der menschlichen Gesundheit dienen.

(55) Damit die Lebensmittelunternehmer die Kennzeichnung ihrer Erzeugnisse an die mit dieser Verordnung eingeführten neuen Anforderungen anpassen können, ist es wichtig, angemessene Übergangsfristen für die Anwendung dieser Verordnung festzulegen.

(56) In Anbetracht der Tatsache, dass die Anforderungen an die Nährwertkennzeichnung — insbesondere in Bezug auf den Inhalt der Nährwertdeklaration — mit dieser Verordnung erheblich geändert werden, sollte den Lebensmittelunternehmern gestattet werden, diese Verordnung schon früher als vorgeschrieben anzuwenden.

(57) Da die Ziele dieser Verordnung auf Ebene der Mitgliedstaaten nicht ausreichend verwirklicht werden können und daher besser auf Unionsebene zu erreichen sind, kann die Union im Einklang mit dem in Artikel 5 des Vertrags über die Europäische Union niedergelegten Subsidiaritätsprinzip tätig werden. Entsprechend dem in demselben Artikel genannten Grundsatz der Verhältnismäßigkeit geht diese Verordnung nicht über das zur Erreichung dieser Ziele erforderliche Maß hinaus.

(58) Der Kommission sollte die Befugnis übertragen werden, gemäß Artikel 290 AEUV delegierte Rechtakte zu erlassen, in denen unter anderem Folgendes geregelt wird: die Bereitstellung bestimmter verpflichtender Angaben auf andere Weise als auf der Verpackung oder auf dem Etikett, das Verzeichnis der Lebensmittel, für die kein Zutatenverzeichnis erforderlich ist, die Überprüfung des Verzeichnisses der Stoffe oder Erzeugnisse, die Allergien oder Unverträglichkeiten auslösen, oder das Verzeichnis der Nährwerte, die freiwillig deklariert werden dürfen. Es ist von besonderer Wichtigkeit, dass die Kommission im Zuge ihrer Vorbereitungsarbeit angemessene Konsultationen, auch auf der Ebene von Sachverständigen, durchführt. Bei der Vorbereitung und Ausarbeitung delegierter Rechtsakte sollte die Kommission gewährleisten, dass die einschlägigen Dokumente dem Europäischen Parlament und dem Rat gleichzeitig, rechtzeitig und auf angemessene Weise übermittelt werden.

(59) Zur Gewährleistung einheitlicher Bedingungen für die Durchführung dieser Verordnung sollten der Kommission Durchführungsbefugnisse übertragen werden, damit sie Durchführungsrechtsakte erlassen kann, in denen unter anderem Folgendes geregelt wird: die Modalitäten für die Angabe einer oder mehrerer Informationen mit Hilfe von Piktogrammen oder Symbolen statt mit Worten oder Zahlen, die Art und Weise, in der das Mindesthaltbarkeitsdatum anzugeben ist, die Art und Weise, in der bei Fleisch das Ursprungsland oder der Herkunftsort anzugeben ist, die Genauigkeit der in der Nährwertdeklaration anzugebenden Werte oder die Angabe je Portion oder je Verzehreinheit in der Nährwertdeklaration. Diese Befugnisse sollten im Einklang mit der Verordnung (EU) Nr. 182/2011 des Europäischen Parlaments und des Rates vom 16. Februar 2011 zur Festlegung der allgemeinen Regeln und Grundsätze, nach denen die Mitgliedstaaten die Wahrnehmung der Durchführungsbefugnisse durch die Kommission kontrollieren[26], wahrgenommen werden —

HABEN FOLGENDE VERORDNUNG ERLASSEN:

KAPITEL I

ALLGEMEINE VORSCHRIFTEN

Artikel 1
Gegenstand und Anwendungsbereich

(1) Diese Verordnung bildet die Grundlage für die Gewährleistung eines hohen Verbraucherschutzniveaus in Bezug auf Informationen über Lebensmittel unter Berücksichtigung der unterschiedlichen Erwartungen der Verbraucher und ihrer unterschiedlichen Informationsbedürfnisse bei gleichzeitiger Gewährleistung des reibungslosen Funktionierens des Binnenmarkts.

(2) Diese Verordnung legt allgemeine Grundsätze, Anforderungen und Zuständigkeiten für die Information über Lebensmittel und insbesondere für die Kennzeichnung von Lebensmitteln

---

Zu Abs. 53:
[25] *ABl. L 404 vom 30.12.2006, S. 26.*

Zu Abs. 59:
[26] *ABl. L 55 vom 28.2.2011, S. 13.*

2/1. EU/LM-InfoV
Artikel 1 – 2 — Kennzeichnung

fest. Unter Berücksichtigung der Notwendigkeit einer hinreichenden Flexibilität, damit künftigen Entwicklungen und neuen Informationserfordernissen Rechnung getragen werden kann, legt sie die Mittel zur Wahrung des Rechts der Verbraucher auf Information und die Verfahren für die Bereitstellung von Informationen über Lebensmittel fest.

(3) Diese Verordnung gilt für Lebensmittelunternehmer auf allen Stufen der Lebensmittelkette, sofern deren Tätigkeiten die Bereitstellung von Information über Lebensmittel an die Verbraucher betreffen. Sie gilt für alle Lebensmittel, die für den Endverbraucher bestimmt sind, einschließlich Lebensmitteln, die von Anbietern von Gemeinschaftsverpflegung abgegeben werden, sowie für Lebensmittel, die für die Lieferung an Anbieter von Gemeinschaftsverpflegung bestimmt sind.

Diese Verordnung gilt für durch Verkehrsunternehmen erbrachte Verpflegungsdienstleistungen, wenn der Abfahrtsort innerhalb der Hoheitsgebiete der Mitgliedstaaten liegt, für die die Verträge gelten.

(4) Diese Verordnung gilt unbeschadet der in speziellen Rechtsvorschriften der Union für bestimmte Lebensmittel enthaltenen Kennzeichnungsvorschriften.

Artikel 2
Begriffsbestimmungen

(1) Für die Zwecke dieser Verordnung gelten folgende Begriffsbestimmungen:

a) die Begriffsbestimmungen für „Lebensmittel", „Lebensmittelrecht", „Lebensmittelunternehmen", „Lebensmittelunternehmer", „Einzelhandel", „Inverkehrbringen" und „Endverbraucher" in Artikel 2 und Artikel 3 Absätze 1, 2, 3, 7, 8 und 18 der Verordnung (EG) Nr. 178/2002;

b) die Begriffsbestimmungen für „Verarbeitung", „unverarbeitete Erzeugnisse" und „Verarbeitungserzeugnisse" in Artikel 2 Absatz 1 Buchstaben m, n und o der Verordnung (EG) Nr. 852/2004 des Europäischen Parlaments und des Rates vom 29. April 2004 über Lebensmittelhygiene[27];

c) die Begriffsbestimmung für „Lebensmittelenzym" in Artikel 3 Absatz 2 Buchstabe a der Verordnung (EG) Nr. 1332/2008 des Europäischen Parlaments und des Rates vom 16. Dezember 2008 über Lebensmittelenzyme[28];

d) die Begriffsbestimmungen für „Lebensmittelzusatzstoff" und „Verarbeitungshilfsstoff" und „Trägerstoff" in Artikel 3 Absatz 2 Buchstaben a und b und Anhang I Ziffer 5 der Verordnung (EG) Nr. 1333/2008 des Europäischen Parlaments und des Rates vom 16. Dezember 2008 über Lebensmittelzusatzstoffe[29];

e) die Begriffsbestimmung für „Aroma" in Artikel 3 Absatz 2 Buchstabe a der Verordnung (EG) Nr. 1334/2008 des Europäischen Parlaments und des Rates vom 16. Dezember 2008 über Aromen und bestimmte Lebensmittelzutaten mit Aromaeigenschaften zur Verwendung in und auf Lebensmitteln[30];

f) die Begriffsbestimmungen für „Fleisch", „Separatorenfleisch", „Fleischzubereitungen", „Fischereierzeugnisse" und „Fleischerzeugnisse" in Anhang I Nummern 1.1, 1.14, 1.15, 3.1 und 7.1 der Verordnung (EG) Nr. 853/2004 des Europäischen Parlaments und des Rates vom 29. April 2004 mit spezifischen Hygienevorschriften für Lebensmittel tierischen Ursprungs[31];

g) die Begriffsbestimmung für „Werbung" in Artikel 2 Buchstabe a der Richtlinie 2006/114/EG des Europäischen Parlaments und des Rates vom 12. Dezember 2006 über irreführende und vergleichende Werbung[32];

h) die Begriffsbestimmung für ‚technisch hergestellte Nanomaterialien' in Artikel 3 Absatz 2 Buchstabe f der Verordnung (EU) 2015/2283 des Europäischen Parlaments und des Rates[33]. *(ABl L 327 vom 11. 12. 2015, S. 1)*

(2) Ferner bezeichnet der Ausdruck

a) „Information über Lebensmittel" jede Information, die ein Lebensmittel betrifft und dem Endverbraucher durch ein Etikett, sonstiges Begleitmaterial oder in anderer Form, einschließlich über moderne technologische Mittel oder mündlich, zur Verfügung gestellt wird;

b) „Lebensmittelinformationsrecht" die Unionsvorschriften auf dem Gebiet der Information über Lebensmittel, insbesondere Kennzeichnungsvorschriften, einschließlich Vorschriften allgemeiner Art, die unter bestimmten Umständen für alle Lebensmittel oder für bestimmte Klassen von Lebensmittel gelten, sowie Vorschriften, die nur für bestimmte Lebensmittel gelten;

c) „verpflichtende Informationen über Lebensmittel" diejenigen Angaben, die dem Endverbraucher aufgrund von Unionsvorschriften bereitgestellt werden müssen;

Zu Artikel 2:
[27] *ABl. L 139 vom 30.4.2004, S. 1*
[28] *ABl. L 354 vom 31.12.2008, S. 7.*
[29] *ABl. L 354 vom 31.12.2008, S. 16.*
[30] *ABl. L 354 vom 31.12.2008, S. 34.*
[31] *ABl. L 139 vom 30.4.2004, S. 55.*
[32] *ABl. L 376 vom 27.12.2006, S. 21.*
[33] *Verordnung (EU) 2015/2283 des Europäischen Parlaments und des Rates vom 25. November 2015 über neuartige Lebensmittel, zur Änderung der Verordnung (EU) Nr. 1169/2011 des Europäischen Parlaments und des Rates und zur Aufhebung der Verordnung (EG) Nr. 258/97 des Europäischen Parlaments und des Rates und der Verordnung (EG) Nr. 1852/2001 der Kommission (ABl. L 327 vom 11.12.2015, S. 1).*

2/1. EU/LM-InfoV
Artikel 2

d) „Anbieter von Gemeinschaftsverpflegung" Einrichtungen jeder Art (darunter auch Fahrzeuge oder fest installierte oder mobile Stände) wie Restaurants, Kantinen, Schulen, Krankenhäuser oder Catering-Unternehmen, in denen im Rahmen einer gewerblichen Tätigkeit Lebensmittel für den unmittelbaren Verzehr durch den Endverbraucher zubereitet werden;

e) „vorverpacktes Lebensmittel" jede Verkaufseinheit, die als solche an den Endverbraucher und an Anbieter von Gemeinschaftsverpflegung abgegeben werden soll und die aus einem Lebensmittel und der Verpackung besteht, in die das Lebensmittel vor dem Feilbieten verpackt worden ist, gleichviel, ob die Verpackung es ganz oder teilweise umschließt, jedoch auf solche Weise, dass der Inhalt nicht verändert werden kann, ohne dass die Verpackung geöffnet werden muss oder eine Veränderung erfährt; Lebensmittel, die auf Wunsch des Verbrauchers am Verkaufsort verpackt oder im Hinblick auf ihren unmittelbaren Verkauf vorverpackt werden, werden von dem Begriff „vorverpacktes Lebensmittel" nicht erfasst;

f) „Zutat" jeden Stoff und jedes Erzeugnis, einschließlich Aromen, Lebensmittelzusatzstoffen und Lebensmittelenzymen, sowie jeden Bestandteil einer zusammengesetzten Zutat, der bei der Herstellung oder Zubereitung eines Lebensmittels verwendet wird und der — gegebenenfalls in veränderter Form — im Enderzeugnis vorhanden bleibt; Rückstände gelten nicht als „Zutaten";

g) „Herkunftsort" den Ort, aus dem ein Lebensmittel laut Angabe kommt und der nicht sein „Ursprungsland" im Sinne der Artikel 23 bis 26 der Verordnung (EWG) Nr. 2913/92 ist; der Name, die Firma oder die Anschrift des Lebensmittelunternehmens auf dem Etikett gilt nicht als Angabe des Ursprungslands oder Herkunftsorts von Lebensmitteln im Sinne dieser Verordnung;

h) „zusammengesetzte Zutat" eine Zutat, die selbst aus mehr als einer Zutat besteht;

i) „Etikett" alle Aufschriften, Marken- oder Kennzeichen, bildlichen oder anderen Beschreibungen, die auf die Verpackung oder das Behältnis des Lebensmittels geschrieben, gedruckt, geprägt, markiert, graviert oder gestempelt werden bzw. daran angebracht sind;

j) „Kennzeichnung" alle Wörter, Angaben, Hersteller- oder Handelsmarken, Abbildungen oder Zeichen, die sich auf ein Lebensmittel beziehen und auf Verpackungen, Schriftstücken, Tafeln, Etiketten, Ringen oder Verschlüssen jeglicher Art angebracht sind und dieses Lebensmittel begleiten oder sich auf dieses Lebensmittel beziehen;

k) „Sichtfeld" alle Oberflächen einer Verpackung, die von einem einzigen Blickpunkt aus gelesen werden können;

l) „Hauptsichtfeld" das Sichtfeld einer Verpackung, das vom Verbraucher beim Kauf höchstwahrscheinlich auf den ersten Blick wahrgenommen wird und ihm ermöglicht, die Beschaffenheit oder die Art und gegebenenfalls die Handelsmarke eines Produkts sofort zu erkennen. Hat eine Verpackung mehrere identische Hauptsichtfelder, gilt das vom Lebensmittelunternehmen ausgewählte Sichtfeld als Hauptsichtfeld;

m) „Lesbarkeit" das äußere Erscheinungsbild von Informationen, durch das die Informationen für die Allgemeinheit visuell zugänglich sind und das von verschiedenen Faktoren bestimmt wird, so u. a. der Schriftgröße, dem Buchstabenabstand, dem Zeilenabstand, der Strichstärke der Schrift, der Schriftfarbe, der Schriftart, dem Verhältnis zwischen Buchstabenbreite und -höhe, dem Materialoberfläche und dem Kontrast zwischen Schrift und Hintergrund;

n) „rechtlich vorgeschriebene Bezeichnung" die Bezeichnung eines Lebensmittels, die durch die für dieses Lebensmittel geltenden Rechtsvorschriften der Union vorgeschrieben ist, oder, wenn es keine derartigen Unionsvorschriften gibt, die Bezeichnung, welche in den Rechts- und Verwaltungsvorschriften des Mitgliedstaats vorgesehen ist, in dem das Lebensmittel an die Endverbraucher oder Anbieter von Gemeinschaftsverpflegung verkauft wird;

o) „verkehrsübliche Bezeichnung" eine Bezeichnung, die von den Verbrauchern in dem Mitgliedstaat, in dem das Lebensmittel verkauft wird, als Bezeichnung dieses Lebensmittels akzeptiert wird, ohne dass eine weitere Erläuterung notwendig wäre;

p) „beschreibende Bezeichnung" eine Bezeichnung, die das Lebensmittel und erforderlichenfalls seine Verwendung beschreibt und die hinreichend genau ist, um es den Verbrauchern zu ermöglichen, die tatsächliche Art des Lebensmittels zu erkennen und es von Erzeugnissen zu unterscheiden, mit denen es verwechselt werden könnte;

q) „primäre Zutat" diejenige Zutat oder diejenigen Zutaten eines Lebensmittels, die über 50 % dieses Lebensmittels ausmachen oder die die Verbraucher üblicherweise mit der Bezeichnung des Lebensmittels assoziieren und für die in den meisten Fällen eine mengenmäßige Angabe vorgeschrieben ist;

r) „Mindesthaltbarkeitsdatum eines Lebensmittels" das Datum, bis zu dem dieses Lebensmittel bei richtiger Aufbewahrung seine spezifischen Eigenschaften behält;

s) „Nährstoff" Eiweiße, Kohlenhydrate, Fett, Ballaststoffe, Natrium, Vitamine und „Mineralstoffe", die in Anhang XIII Teil A Nummer 1 dieser Verordnung aufgeführt sind, sowie Stoffe, die zu einer dieser Klassen gehören oder Bestandteil einer dieser Klassen sind. *(ABl L 331 vom 18. 11. 2014, S. 40)*

2/1. EU/LM-InfoV
Artikel 2 – 5   Kennzeichnung

t) *(aufgehoben, ABl L 327 vom 11. 12. 2015, S. 1)*

u) „Fernkommunikationstechnik" jedes Kommunikationsmittel, das zum Abschluss eines Vertrags zwischen einem Verbraucher und einem Lieferer ohne gleichzeitige körperliche Anwesenheit der Vertragsparteien eingesetzt werden kann.

(3) Für die Zwecke dieser Verordnung bezieht sich der Begriff „Ursprungsland eines Lebensmittels" auf den Ursprung eines Lebensmittels im Sinne der Artikel 23 bis 26 der Verordnung (EWG) Nr. 2913/92.

(4) Die speziellen Begriffsbestimmungen in Anhang I gelten ebenfalls.

KAPITEL II
ALLGEMEINE GRUNDSÄTZE DER INFORMATION ÜBER LEBENSMITTEL

Artikel 3
Allgemeine Ziele

(1) Die Bereitstellung von Informationen über Lebensmittel dient einem umfassenden Schutz der Gesundheit und Interessen der Verbraucher, indem Endverbrauchern eine Grundlage für eine fundierte Wahl und die sichere Verwendung von Lebensmitteln unter besonderer Berücksichtigung von gesundheitlichen, wirtschaftlichen, umweltbezogenen, sozialen und ethischen Gesichtspunkten geboten wird.

(2) Ziel des Lebensmittelinformationsrechts ist es, in der Union den freien Verkehr von rechtmäßig erzeugten und in Verkehr gebrachten Lebensmitteln zu gewährleisten, wobei gegebenenfalls die Notwendigkeit des Schutzes der berechtigten Interessen der Erzeuger und der Förderung der Erzeugung qualitativ guter Erzeugnisse zu berücksichtigen ist.

(3) Werden im Lebensmittelinformationsrecht neue Anforderungen eingeführt, so wird für die Zeit nach dem Inkrafttreten der neuen Anforderungen — außer in hinreichend begründeten Fällen — eine Übergangsfrist gewährt. Während dieser Übergangsfrist dürfen Lebensmittel, deren Etikett nicht den neuen Anforderungen entspricht, in Verkehr gebracht werden, und dürfen die Bestände solcher Lebensmittel, die vor dem Ablauf der Übergangsfrist in Verkehr gebracht wurden, bis zur Erschöpfung der Bestände verkauft werden.

(4) Bei der Erarbeitung, Bewertung und Überprüfung des Lebensmittelinformationsrechts ist unmittelbar oder über Vertretungsgremien in offener und transparenter Weise eine Konsultation der Öffentlichkeit, einschließlich der betroffenen Akteure, durchzuführen, es sei denn, dies ist aus Dringlichkeitsgründen nicht möglich.

Artikel 4
Grundsätze für verpflichtende Informationen über Lebensmittel

(1) Schreibt das Lebensmittelinformationsrecht verpflichtende Informationen über Lebensmittel vor, so gilt dies insbesondere für Informationen, die unter eine der folgenden Kategorien fallen:

a) Informationen zu Identität und Zusammensetzung, Eigenschaften oder sonstigen Merkmalen des Lebensmittels;

b) Informationen zum Schutz der Gesundheit der Verbraucher und zur sicheren Verwendung eines Lebensmittels. Hierunter fallen insbesondere Informationen zu

i) einer Zusammensetzung, die für die Gesundheit bestimmter Gruppen von Verbrauchern schädlich sein könnte;

ii) Haltbarkeit, Lagerung und sicherer Verwendung;

iii) den Auswirkungen auf die Gesundheit, insbesondere zu den Risiken und Folgen eines schädlichen und gefährlichen Konsums von Lebensmitteln;

c) Informationen zu ernährungsphysiologischen Eigenschaften, damit die Verbraucher — auch diejenigen mit besonderen Ernährungsbedürfnissen — eine fundierte Wahl treffen können.

(2) Bei der Prüfung, ob verpflichtende Informationen über Lebensmittel erforderlich sind, und um Verbraucher zu einer fundierten Wahl zu befähigen, ist zu berücksichtigen, ob ein weit verbreiteter, eine Mehrheit der Verbraucher betreffender Bedarf an bestimmten Informationen besteht, denen sie erhebliche Bedeutung beimessen, oder ob Verbrauchern durch verpflichtende Informationen nach allgemeiner Auffassung ein Nutzen entsteht.

Artikel 5
Anhörung der Europäischen Behörde für Lebensmittelsicherheit

Alle Maßnahmen der Union auf dem Gebiet des Lebensmittelinformationsrechts, die sich auf die öffentliche Gesundheit auswirken können, werden nach Anhörung der Europäischen Behörde für Lebensmittelsicherheit („European Food Safety Agency — EFSA") erlassen.

2/1. EU/LM-InfoV
Artikel 6 – 8

KAPITEL III
ALLGEMEINE ANFORDERUNGEN AN DIE INFORMATION ÜBER LEBENSMITTEL UND PFLICHTEN DER LEBENSMITTELUNTERNEHMER

Artikel 6
Grundlegende Anforderung

Jedem Lebensmittel, das für die Lieferung an Endverbraucher oder Anbieter von Gemeinschaftsverpflegung bestimmt ist, sind Informationen nach Maßgabe dieser Verordnung beizufügen.

Artikel 7
Lauterkeit der Informationspraxis

(1) Informationen über Lebensmittel dürfen nicht irreführend sein, insbesondere

a) in Bezug auf die Eigenschaften des Lebensmittels, insbesondere in Bezug auf Art, Identität, Eigenschaften, Zusammensetzung, Menge, Haltbarkeit, Ursprungsland oder Herkunftsort und Methode der Herstellung oder Erzeugung;

b) indem dem Lebensmittel Wirkungen oder Eigenschaften zugeschrieben werden, die es nicht besitzt;

c) indem zu verstehen gegeben wird, dass sich das Lebensmittel durch besondere Merkmale auszeichnet, obwohl alle vergleichbaren Lebensmittel dieselben Merkmale aufweisen, insbesondere durch besondere Hervorhebung des Vorhandenseins oder Nicht-Vorhandenseins bestimmter Zutaten und/oder Nährstoffe;

d) indem durch das Aussehen, die Bezeichnung oder bildliche Darstellungen das Vorhandensein eines bestimmten Lebensmittels oder einer Zutat suggeriert wird, obwohl tatsächlich in dem Lebensmittel ein von Natur aus vorhandener Bestandteil oder eine normalerweise in diesem Lebensmittel verwendete Zutat durch einen anderen Bestandteil oder eine andere Zutat ersetzt wurde.

(2) Informationen über Lebensmittel müssen zutreffend, klar und für die Verbraucher leicht verständlich sein.

(3) Vorbehaltlich der in den Unionsvorschriften über natürliche Mineralwässer und über Lebensmittel, die für eine besondere Ernährung bestimmt sind, vorgesehenen Ausnahmen dürfen Informationen über ein Lebensmittel diesem keine Eigenschaften der Vorbeugung, Behandlung oder Heilung einer menschlichen Krankheit zuschreiben oder den Eindruck dieser Eigenschaften entstehen lassen.

(4) Die Absätze 1, 2 und 3 gelten auch für

a) die Werbung;

b) die Aufmachung von Lebensmitteln, insbesondere für ihre Form, ihr Aussehen oder ihre Verpackung, die verwendeten Verpackungsmaterialien, die Art ihrer Anordnung und den Rahmen ihrer Darbietung.

Artikel 8
Verantwortlichkeiten

(1) Verantwortlich für die Information über ein Lebensmittel ist der Lebensmittelunternehmer, unter dessen Namen oder Firma das Lebensmittel vermarktet wird, oder, wenn dieser Unternehmer nicht in der Union niedergelassen ist, der Importeur, der das Lebensmittel in die Union einführt.

(2) Der für die Information über das Lebensmittel verantwortliche Lebensmittelunternehmer gewährleistet gemäß dem anwendbaren Lebensmittelinformationsrecht und den Anforderungen der einschlägigen einzelstaatlichen Rechtsvorschriften das Vorhandensein und die Richtigkeit der Informationen über das Lebensmittel.

(3) Lebensmittelunternehmer, deren Tätigkeiten die Informationen über Lebensmittel nicht beeinflussen, dürfen keine Lebensmittel abgeben, von denen sie aufgrund der ihnen im Rahmen ihrer Berufstätigkeit vorliegenden Informationen wissen oder annehmen müssen, dass sie dem anwendbaren Lebensmittelinformationsrecht und den Anforderungen der einschlägigen einzelstaatlichen Rechtsvorschriften nicht entsprechen.

(4) Lebensmittelunternehmer dürfen in den ihrer Kontrolle unterstehenden Unternehmen keine Änderung der Informationen zu einem Lebensmittel vornehmen, wenn diese Änderung den Endverbraucher irreführen oder in anderer Weise den Verbraucherschutz und die Möglichkeit des Endverbrauchers, eine fundierte Wahl zu treffen, verringern würde. Die Lebensmittelunternehmer sind für jede Änderung, die sie an den Informationen zu einem Lebensmittel vornehmen, verantwortlich.

(5) Unbeschadet der Absätze 2 bis 4 stellen die Lebensmittelunternehmer in den ihrer Kontrolle unterstehenden Unternehmen die Einhaltung der für ihre Tätigkeiten relevanten Anforderungen des Lebensmittelinformationsrechts und der einschlägigen einzelstaatlichen Rechtsvorschriften sicher und prüfen die Einhaltung dieser Vorschriften nach.

(6) Die Lebensmittelunternehmer stellen in den ihrer Kontrolle unterstehenden Unternehmen sicher, dass Informationen über nicht vorverpackte Lebensmittel, die für die Abgabe an Endverbraucher oder Anbieter von Gemeinschaftsverpflegung bestimmt sind, an den Lebensmittelunternehmer übermittelt werden, der die Lebensmittel erhält, damit erforderlichenfalls verpflichtende Informationen über das Lebensmittel an den Endverbraucher weitergegeben werden können.

(7) In folgenden Fällen stellen die Lebensmittelunternehmer in den ihrer Kontrolle unterstehenden Unternehmen sicher, dass die nach den Arti-

keln 9 und 10 verlangten verpflichtenden Angaben auf der Vorverpackung oder auf einem mit ihr verbundenen Etikett oder aber auf den Handelspapieren, die sich auf das Lebensmittel beziehen, erscheinen, sofern gewährleistet werden kann, dass diese Papiere entweder dem Lebensmittel, auf das sie sich beziehen, beiliegen oder aber vor oder gleichzeitig mit der Lieferung versendet wurden:

a) wenn vorverpackte Lebensmittel für den Endverbraucher bestimmt sind, aber auf einer dem Verkauf an den Endverbraucher vorangehenden Stufe vermarktet werden, sofern auf dieser Stufe nicht der Verkauf an einen Anbieter von Gemeinschaftsverpflegung erfolgt;

b) wenn vorverpackte Lebensmittel für die Abgabe an Anbieter von Gemeinschaftsverpflegung bestimmt sind, um dort zubereitet, verarbeitet, aufgeteilt oder geschnitten zu werden.

Ungeachtet des Unterabsatzes 1 stellen Lebensmittelunternehmer sicher, dass die in Artikel 9 Absatz 1 Buchstaben a, f, g und h genannten Angaben auch auf der Außenverpackung erscheinen, in der die vorverpackten Lebensmittel vermarktet werden.

(8) Lebensmittelunternehmer, die anderen Lebensmittelunternehmern Lebensmittel liefern, die nicht für die Abgabe an Endverbraucher oder Anbieter von Gemeinschaftsverpflegung bestimmt sind, stellen sicher, dass diese anderen Lebensmittelunternehmer ausreichende Informationen erhalten, um ihre Verpflichtungen nach Absatz 2 erfüllen zu können.

KAPITEL IV
VERPFLICHTENDE INFORMATIONEN ÜBER LEBENSMITTEL

ABSCHNITT 1

Inhalt und Darstellungsform

Artikel 9
Verzeichnis der verpflichtenden Angaben

(1) Nach Maßgabe der Artikel 10 bis 35 und vorbehaltlich der in diesem Kapitel vorgesehenen Ausnahmen sind folgende Angaben verpflichtend:

a) die Bezeichnung des Lebensmittels;

b) das Verzeichnis der Zutaten;

c) alle in Anhang II aufgeführten Zutaten und Verarbeitungshilfsstoffe sowie Zutaten und Verarbeitungshilfsstoffe, die Derivate eines in Anhang II aufgeführten Stoffes oder Erzeugnisses sind, die bei der Herstellung oder Zubereitung eines Lebensmittels verwendet werden und — gegebenenfalls in veränderter Form — im Enderzeugnis vorhanden sind und die Allergien und Unverträglichkeiten auslösen;

d) die Menge bestimmter Zutaten oder Klassen von Zutaten;

e) die Nettofüllmenge des Lebensmittels;

f) das Mindesthaltbarkeitsdatum oder das Verbrauchsdatum;

g) gegebenenfalls besondere Anweisungen für Aufbewahrung und/oder Anweisungen für die Verwendung;

h) der Name oder die Firma und die Anschrift des Lebensmittelunternehmers nach Artikel 8 Absatz 1;

i) das Ursprungsland oder der Herkunftsort, wo dies nach Artikel 26 vorgesehen ist;

j) eine Gebrauchsanleitung, falls es schwierig wäre, das Lebensmittel ohne eine solche angemessen zu verwenden;

k) für Getränke mit einem Alkoholgehalt von mehr als 1,2 Volumenprozent die Angabe des vorhandenen Alkoholgehalts in Volumenprozent;

l) eine Nährwertdeklaration

(2) Die in Absatz 1 genannten Angaben sind in Worten und Zahlen zu machen. Unbeschadet des Artikels 35 können sie zusätzlich durch Piktogramme oder Symbole ausgedrückt werden.

(3) Erlässt die Kommission die in diesem Artikel genannten Rechtsakte und Durchführungsrechtsakte, können die in Absatz 1 genannten Angaben alternativ durch Piktogramme oder Symbole anstatt durch Worte oder Zahlen ausgedrückt werden.

Um sicherzustellen, dass die Verbraucher verpflichtende Informationen über Lebensmittel auch auf andere Weise als durch Worte oder Zahlen erhalten, und sofern derselbe Umfang an Informationen wie mit Worten oder Zahlen gewährleistet ist, kann die Kommission gemäß Artikel 51 durch delegierte Rechtsakte die Kriterien festlegen, anhand derer eine oder mehrere der in Absatz 1 genannten Angaben durch Piktogramme oder Symbole anstatt durch Worte oder Zahlen ausgedrückt werden können, wobei sie Nachweisen eines einheitlichen Verständnisses der Verbraucher Rechnung trägt.

(4) Um die einheitliche Durchführung von Absatz 3 dieses Artikels zu gewährleisten, kann die Kommission Durchführungsrechtsakte zu den Modalitäten der Anwendung der gemäß Absatz 3 festgelegten Kriterien erlassen, nach denen eine oder mehrere Angaben durch Piktogramme oder Symbole anstatt durch Worte oder Zahlen ausgedrückt werden können. Diese Durchführungsrechtsakte werden gemäß dem in Artikel 48 Absatz 2 genannten Prüfverfahren erlassen.

2/1. EU/LM-InfoV
Artikel 10 – 14

Artikel 10
Weitere verpflichtende Angaben für bestimmte Arten oder Klassen von Lebensmitteln

(1) Zusätzlich zu den in Artikel 9 Absatz 1 aufgeführten Angaben sind in Anhang III für bestimmte Arten oder Klassen von Lebensmitteln weitere Angaben verpflichtend.

(2) Um die Information des Verbrauchers über bestimmte Arten oder Klassen von Lebensmitteln sicherzustellen und dem technischen Fortschritt, dem Stand der Wissenschaft, dem Schutz der Gesundheit der Verbraucher oder der sicheren Verwendung eines Lebensmittels Rechnung zu tragen, kann die Kommission Anhang III gemäß Artikel 51 durch delegierte Rechtsakte ändern.

Ist dies im Falle einer Gefährdung der Gesundheit der Verbraucher aus Gründen äußerster Dringlichkeit erforderlich, so findet das Verfahren gemäß Artikel 52 auf delegierte Rechtsakte, die gemäß dem vorliegenden Artikel erlassen werden, Anwendung.

Artikel 11
Maße und Gewichte

Artikel 9 lässt speziellere Bestimmungen der Union über Maße und Gewichte unberührt.

Artikel 12
Bereitstellung und Platzierung verpflichtender Informationen über Lebensmittel

(1) Die verpflichtenden Informationen über Lebensmittel müssen gemäß dieser Verordnung bei allen Lebensmitteln verfügbar und leicht zugänglich sein.

(2) Bei vorverpackten Lebensmitteln sind die verpflichtenden Informationen über Lebensmittel direkt auf der Verpackung oder auf einem an dieser befestigten Etikett anzubringen.

(3) Um sicherzustellen, dass die Verbraucher verpflichtende Informationen über Lebensmittel auch auf eine andere, für bestimmte verpflichtende Angaben besser geeignete Weise erhalten, und sofern derselbe Umfang an Informationen wie auf der Verpackung oder auf dem Etikett gewährleistet ist, kann die Kommission gemäß Artikel 51 durch delegierte Rechtsakte Kriterien festlegen, anhand deren bestimmte verpflichtende Angaben auf andere Weise als auf der Verpackung oder auf dem Etikett ausgedrückt werden können, wobei sie Nachweisen eines einheitlichen Verständnisses der Verbraucher und der verbreiteten Nutzung der entsprechenden Ausdrucksmittel durch die Verbraucher Rechnung trägt.

(4) Um die einheitliche Durchführung von Absatz 3 dieses Artikels zu gewährleisten, kann die Kommission Durchführungsrechtsakte zu den Modalitäten der Anwendung der gemäß Absatz 3 festgelegten Kriterien erlassen, nach denen bestimmte verpflichtende Angaben auf andere Weise als auf der Verpackung oder auf dem Etikett ausgedrückt werden können. Diese Durchführungsrechtsakte werden gemäß dem in Artikel 48 Absatz 2 genannten Prüfverfahren erlassen.

(5) Im Fall von nicht vorverpackten Lebensmitteln gelten die Bestimmungen des Artikels 44.

Artikel 13
Darstellungsform der verpflichtenden Angaben

(1) Unbeschadet der gemäß Artikel 44 Absatz 2 erlassenen einzelstaatlichen Vorschriften sind verpflichtende Informationen über Lebensmittel an einer gut sichtbaren Stelle deutlich, gut lesbar und gegebenenfalls dauerhaft anzubringen. Sie dürfen in keiner Weise durch andere Angaben oder Bildzeichen oder sonstiges eingefügtes Material verdeckt, undeutlich gemacht oder getrennt werden, und der Blick darf nicht davon abgelenkt werden.

(2) Unbeschadet spezieller Unionsvorschriften, die auf bestimmte Lebensmittel anwendbar sind, sind die verpflichtenden Angaben gemäß Artikel 9 Absatz 1, wenn sie auf der Packung oder dem daran befestigten Etikett gemacht werden, auf die Verpackung oder das Etikett in einer Schriftgröße mit einer x- Höhe gemäß Anhang IV von mindestens 1,2 mm so aufzudrucken, dass eine gute Lesbarkeit sichergestellt ist.

(3) Bei Verpackungen oder Behältnissen, deren größte Oberfläche weniger als 80 cm² beträgt, beträgt die x-Höhe der Schriftgröße gemäß Absatz 2 mindestens 0,9 mm.

(4) Damit die Ziele dieser Verordnung erreicht werden, legt die Kommission durch delegierte Rechtsakte gemäß Artikel 51 Vorschriften zur Lesbarkeit fest.

Zu dem in Unterabsatz 1 genannten Zweck kann die Kommission außerdem durch delegierte Rechtsakte gemäß Artikel 51 die Anforderungen des Absatzes 5 dieses Artikels auf weitere verpflichtende Angaben für bestimmte Arten oder Klassen von Lebensmitteln ausdehnen.

(5) Die in Artikel 9 Absatz 1 Buchstaben a, e und k aufgeführten Angaben müssen im selben Sichtfeld erscheinen.

(6) Absatz 5 dieses Artikels gilt nicht in den in Artikel 16 Absätze 1 und 2 aufgeführten Fällen.

Artikel 14
Fernabsatz

(1) Unbeschadet der Informationspflichten, die sich aus Artikel 9 ergeben, gilt im Falle von vorverpackten Lebensmitteln, die durch Einsatz von Fernkommunikationstechniken zum Verkauf angeboten werden, Folgendes:

2/1. EU/LM-InfoV
Artikel 14 – 17 — Kennzeichnung

a) Verpflichtende Informationen über Lebensmittel mit Ausnahme der Angaben gemäß Artikel 9 Absatz 1 Buchstabe f müssen vor dem Abschluss des Kaufvertrags verfügbar sein und auf dem Trägermaterial des Fernabsatzgeschäfts erscheinen oder durch andere geeignete Mittel, die vom Lebensmittelunternehmer eindeutig anzugeben sind, bereitgestellt werden. Wird auf andere geeignete Mittel zurückgegriffen, so sind die verpflichtenden Informationen über Lebensmittel bereitzustellen, ohne dass der Lebensmittelunternehmer den Verbrauchern zusätzliche Kosten in Rechnung stellt;

b) alle verpflichtenden Angaben müssen zum Zeitpunkt der Lieferung verfügbar sein.

(2) Im Falle von nicht vorverpackten Lebensmitteln, die durch Einsatz von Fernkommunikationstechniken zum Verkauf angeboten werden, sind die nach Artikel 44 vorgeschriebenen Angaben gemäß Absatz 1 des vorliegenden Artikels verfügbar zu machen.

(3) Absatz 1 Buchstabe a gilt nicht für Lebensmittel, die in Automaten oder automatisierten Anlagen zum Verkauf angeboten werden.

Artikel 15
Sprachliche Anforderungen

(1) Unbeschadet des Artikels 9 Absatz 3 sind verpflichtende Informationen über Lebensmittel in einer für die Verbraucher der Mitgliedstaaten, in denen ein Lebensmittel vermarktet wird, leicht verständlichen Sprache abzufassen.

(2) Innerhalb ihres Hoheitsgebiets können die Mitgliedstaaten, in denen ein Lebensmittel vermarktet wird, bestimmen, dass diese Angaben in einer Amtssprache oder mehreren Amtssprachen der Union zu machen sind.

(3) Die Absätze 1 und 2 stehen der Abfassung der Angaben in mehreren Sprachen nicht entgegen.

Artikel 16
Ausnahmen von dem Erfordernis bestimmter verpflichtender Angaben

(1) Bei zur Wiederverwendung bestimmten Glasflaschen, die eine nicht entfernbare Aufschrift tragen und dementsprechend weder ein Etikett noch eine Halsschleife noch ein Brustschild haben, sind nur die in Artikel 9 Absatz 1 Buchstaben a, c, e, f und l aufgeführten Angaben verpflichtend

(2) Bei Verpackungen oder Behältnissen, deren größte Oberfläche weniger als 10 cm^2 beträgt, sind nur die in Artikel 9 Absatz 1 Buchstaben a, c, e und f aufgeführten Angaben auf der Packung oder dem Etikett verpflichtend. Die in Artikel 9 Absatz 1 Buchstabe b genannten Angaben sind auf andere Weise zu machen oder dem Verbraucher auf Wunsch zur Verfügung zu stellen.

(3) Unbeschadet anderer Unionsvorschriften, die eine Nährwertdeklaration vorschreiben, ist die in Artikel 9 Absatz 1 Buchstabe l genannte Deklaration bei in Anhang V aufgeführten Lebensmitteln nicht verpflichtend.

(4) Unbeschadet anderer Unionsvorschriften, die ein Zutatenverzeichnis oder eine Nährwertdeklaration vorschreiben, sind die in Artikel 9 Absatz 1 Buchstaben b und l aufgeführten Angaben nicht verpflichtend für Getränke mit einem Alkoholgehalt von mehr als 1,2 Volumenprozent.

Die Kommission legt bis zum 13. Dezember 2014 einen Bericht über die Anwendung von Artikel 18 und Artikel 30 Absatz 1 auf die in diesem Absatz genannten Erzeugnisse vor, der auch darauf eingeht, ob alkoholische Getränke in Zukunft insbesondere der Pflicht zur Angabe des Brennwertes unterliegen sollten, und die Gründe für mögliche Ausnahmen angibt, wobei der Notwendigkeit der Kohärenz mit den übrigen einschlägigen Politiken der Union Rechnung zu tragen ist. In diesem Zusammenhang prüft die Kommission, ob es erforderlich ist, eine Begriffsbestimmung für „Alkopops" vorzuschlagen.

Die Kommission fügt diesem Bericht gegebenenfalls einen Gesetzgebungsvorschlag bei, in dem die Regeln für ein Zutatenverzeichnis oder eine verpflichtende Nährwertdeklaration für diese Erzeugnisse festgelegt werden.

ABSCHNITT 2
Detaillierte Bestimmungen für verpflichtende Angaben

Artikel 17
Bezeichnung des Lebensmittels

(1) Ein Lebensmittel wird mit seiner rechtlich vorgeschriebenen Bezeichnung bezeichnet. Fehlt eine solche, so wird das Lebensmittel mit seiner verkehrsüblichen Bezeichnung oder, falls es keine verkehrsübliche Bezeichnung gibt oder diese nicht verwendet wird, mit einer beschreibenden Bezeichnung bezeichnet.

(2) Die Verwendung der Bezeichnung des Lebensmittels, unter der das Erzeugnis im Herstellungsmitgliedstaat rechtmäßig hergestellt und vermarktet wird, ist im Vermarktungsmitgliedstaat zulässig. Wenn jedoch die Anwendung der anderen Bestimmungen dieser Verordnung, insbesondere denjenigen des Artikels 9, es den Verbrauchern im Vermarktungsmitgliedstaat nicht ermöglicht, die tatsächliche Art des Lebensmittels zu erkennen und es von Lebensmitteln zu unterscheiden, mit denen es verwechselt werden könnte, ist die Bezeichnung des Lebensmittels durch weitere beschreibende Informationen zu ergänzen, die in der Nähe der Bezeichnung des Lebensmittels anzubringen sind.

(3) In Ausnahmefällen darf die Bezeichnung des Lebensmittels im Herstellungsmitgliedstaat im Vermarktungsmitgliedstaat nicht verwendet werden, wenn das mit ihr im Herstellungsmitgliedstaat bezeichnete Lebensmittel im Hinblick auf seine Zusammensetzung oder Herstellung von dem unter dieser Bezeichnung im Vermarktungsmitgliedstaat bekannten Lebensmittel derart abweicht, dass Absatz 2 nicht ausreicht, um im Vermarktungsmitgliedstaat eine korrekte Unterrichtung des Käufers zu gewährleisten.

(4) Die Bezeichnung des Lebensmittels darf durch keine als geistiges Eigentum geschützte Bezeichnung, Handelsmarke oder Fantasiebezeichnung ersetzt werden.

(5) Anhang VI enthält spezielle Vorschriften für die Bezeichnung eines Lebensmittels und die Angaben, die dazu zu machen sind.

Artikel 18
Zutatenverzeichnis

(1) Dem Zutatenverzeichnis ist eine Überschrift oder eine geeignete Bezeichnung voranzustellen, in der das Wort „Zutaten" erscheint. Das Zutatenverzeichnis besteht aus einer Aufzählung sämtlicher Zutaten des Lebensmittels in absteigender Reihenfolge ihres Gewichtsanteils zum Zeitpunkt ihrer Verwendung bei der Herstellung des Lebensmittels.

(2) Die Zutaten werden mit ihrer speziellen Bezeichnung, gegebenenfalls nach Maßgabe der Bestimmungen in Artikel 17 und Anhang VI, bezeichnet.

(3) Alle Zutaten, die in Form technisch hergestellter Nanomaterialien vorhanden sind, müssen im Zutatenverzeichnis eindeutig aufgeführt werden. Auf die Bezeichnung solcher Zutaten muss das in Klammern gesetzte Wort „Nano" folgen.

(4) Anhang VII enthält technische Vorschriften für die Anwendung der Absätze 1 und 2 dieses Artikels.

(5) *(aufgehoben, ABl L 327 vom 11. 12. 2015, S. 1)*

Artikel 19
Ausnahme vom Erfordernis eines Zutatenverzeichnisses

(1) Ein Zutatenverzeichnis ist bei folgenden Lebensmitteln nicht erforderlich:

a) frischem Obst und Gemüse — einschließlich Kartoffeln —, das nicht geschält, geschnitten oder auf ähnliche Weise behandelt worden ist;

b) Tafelwasser, das mit Kohlensäure versetzt ist und in dessen Beschreibung dieses Merkmal aufgeführt ist;

c) Gärungsessig, der nur aus einem Grundstoff hergestellt ist und dem keine weitere Zutat zugesetzt worden ist;

d) Käse, Butter, fermentierter Milch und Sahne, denen keine Zutat zugesetzt wurde außer für die Herstellung notwendige Milchinhaltsstoffe, Lebensmittelenzyme und Mikroorganismen-Kulturen oder für die Herstellung von Käse — ausgenommen Frisch- oder Schmelzkäse — notwendiges Salz;

e) Lebensmitteln, die aus einer einzigen Zutat bestehen, sofern

i) die Bezeichnung des Lebensmittels mit der Zutatenbezeichnung identisch ist oder

ii) die Bezeichnung des Lebensmittels eindeutig auf die Art der Zutat schließen lässt.

(2) Um der Bedeutung eines Zutatenverzeichnisses für die Verbraucher bei bestimmten Arten oder Klassen von Lebensmitteln Rechnung zu tragen, kann die Kommission in Ausnahmefällen die in Absatz 1 dieses Artikels enthaltene Liste durch delegierte Rechtsakte gemäß Artikel 51 ergänzen, sofern das Fehlen des Zutatenverzeichnisses nicht dazu führt, dass Endverbraucher oder Anbieter von Gemeinschaftsverpflegung unzureichend informiert werden.

Artikel 20
Ausnahme vom Erfordernis der Angabe von Bestandteilen von Lebensmitteln im Zutatenverzeichnis

Unbeschadet des Artikels 21 brauchen die folgenden Bestandteile eines Lebensmittels nicht im Zutatenverzeichnis aufgeführt zu werden:

a) Bestandteile einer Zutat, die während der Herstellung vorübergehend entfernt und dann dem Lebensmittel wieder hinzugefügt werden, ohne dass sie mengenmäßig ihren ursprünglichen Anteil überschreiten;

b) Lebensmittelzusatzstoffe und Lebensmittelenzyme,

i) deren Vorhandensein in einem Lebensmittel lediglich darauf beruht, dass sie — in Übereinstimmung mit dem Übertragungsgrundsatz gemäß Artikel 18 Absatz 1 Buchstaben a und b der Verordnung (EG) Nr. 1333/2008 — in einer Zutat oder in mehreren Zutaten dieses Lebensmittels enthalten waren, sofern sie im Enderzeugnis keine technologische Wirkung mehr ausüben, oder

ii) die als Verarbeitungshilfsstoffe verwendet werden;

c) Trägerstoffe und andere Stoffe, die keine Lebensmittelzusatzstoffe sind, aber in derselben Weise und zu demselben Zweck verwendet werden wie Trägerstoffe, und die nur in den unbedingt erforderlichen Mengen verwendet werden;

d) Stoffe, die keine Lebensmittelzusatzstoffe sind, aber auf dieselbe Weise und zu demsel-

2/1. EU/LM-InfoV
Artikel 20 – 24 — Kennzeichnung

Zweck wie Verarbeitungshilfsstoffe verwendet werden und — selbst wenn in veränderter Form — im Enderzeugnis vorhanden sind;

e) Wasser:

i) wenn das Wasser bei der Herstellung lediglich dazu dient, eine Zutat in konzentrierter oder getrockneter Form in ihren ursprünglichen Zustand zurückzuführen; oder

ii) bei Aufgussflüssigkeit, die üblicherweise nicht mitverzehrt wird.

Artikel 21
Kennzeichnung bestimmter Stoffe oder Erzeugnisse, die Allergien oder Unverträglichkeiten auslösen

(1) Unbeschadet der gemäß Artikel 44 Absatz 2 erlassenen Vorschriften müssen die in Artikel 9 Absatz 1 Buchstabe c genannten Angaben den folgenden Anforderungen entsprechen:

a) sie sind in dem Zutatenverzeichnis nach den Vorschriften, die in Artikel 18 Absatz 1 niedergelegt sind, aufzuführen, und zwar unter genauer Bezugnahme auf die in Anhang II aufgeführte Bezeichnung des Stoffs oder Erzeugnisses; und

b) die in Anhang II aufgeführte Bezeichnung des Stoffs oder Erzeugnisses wird durch einen Schriftsatz hervorgehoben, durch den sie sich von dem Rest des Zutatenverzeichnisses eindeutig abhebt, z. B. durch die Schriftart, den Schriftstil oder die Hintergrundfarbe.

Ist kein Zutatenverzeichnis vorgesehen, so umfasst die Angabe gemäß Artikel 9 Absatz 1 Buchstabe c das Wort „Enthält", gefolgt von der in Anhang II aufgeführten Bezeichnung des Stoffs oder Erzeugnisses.

Wurden mehrere Zutaten oder Verarbeitungshilfsstoffe eines Lebensmittels aus einem einzigen in Anhang II aufgeführten Stoff oder Erzeugnis gewonnen, so muss die Kennzeichnung dies für jede dieser Zutaten oder Verarbeitungshilfsstoffe deutlich machen.

Die Angaben gemäß Artikel 9 Absatz 1 Buchstabe c sind nicht erforderlich, wenn sich die Bezeichnung des Lebensmittels eindeutig auf den betreffenden Stoff oder das betreffende Erzeugnis bezieht.

(2) Um eine bessere Information der Verbraucher sicherzustellen und den neuesten wissenschaftlichen und technischen Erkenntnissen Rechnung zu tragen, überprüft die Kommission das Verzeichnis in Anhang II systematisch und aktualisiert es erforderlichenfalls durch delegierte Rechtsakte gemäß Artikel 51.

Ist dies im Falle einer Gefährdung der Gesundheit der Verbraucher aus Gründen äußerster Dringlichkeit erforderlich, so findet das Verfahren gemäß Artikel 52 auf delegierte Rechtsakte, die gemäß dem vorliegenden Artikel erlassen werden, Anwendung.

Artikel 22
Quantitative Angabe der Zutaten

(1) Die Angabe der Menge einer bei der Herstellung oder Zubereitung eines Lebensmittels verwendeten Zutat oder Zutatenklasse ist erforderlich, wenn die betreffende Zutat oder Zutatenklasse:

a) in der Bezeichnung des Lebensmittels genannt ist oder normalerweise von Verbrauchern mit dieser Bezeichnung in Verbindung gebracht wird;

b) auf der Kennzeichnung durch Worte, Bilder oder eine graphische Darstellung hervorgehoben ist; oder

c) von wesentlicher Bedeutung für die Charakterisierung eines Lebensmittels und seine Unterscheidung von anderen Erzeugnissen ist, mit denen es aufgrund seiner Bezeichnung oder seines Aussehens verwechselt werden könnte.

(2) Anhang VIII enthält technische Vorschriften für die Anwendung von Absatz 1, die sich auch auf spezielle Fälle beziehen können, in denen eine Mengenangabe für bestimmte Zutaten nicht erforderlich ist.

Artikel 23
Nettofüllmenge

(1) Die Nettofüllmenge eines Lebensmittels ist in Litern, Zentilitern, Millilitern, Kilogramm oder Gramm auszudrücken, und zwar, je nachdem, was angemessen ist:

a) bei flüssigen Erzeugnissen in Volumeneinheiten,

b) bei sonstigen Erzeugnissen in Masseeinheiten.

(2) Um ein besseres Verständnis der Verbraucher für die Information über Lebensmittel auf der Kennzeichnung sicherzustellen, kann die Kommission für bestimmte Lebensmittel durch delegierte Rechtsakte gemäß Artikel 51 eine andere Art der Angabe der Nettofüllmenge als die in Absatz 1 dieses Artikels beschriebene Art festlegen.

(3) Anhang IX enthält technische Vorschriften für die Anwendung von Absatz 1, auch für spezielle Fälle, in denen die Angabe der Nettofüllmenge nicht erforderlich ist.

Artikel 24
Mindesthaltbarkeits- und Verbrauchsdatum und Datum des Einfrierens

(1) Bei in mikrobiologischer Hinsicht sehr leicht verderblichen Lebensmitteln, die folglich

2/1. EU/LM-InfoV
Artikel 24 – 26

nach kurzer Zeit eine unmittelbare Gefahr für die menschliche Gesundheit darstellen können, wird das Mindesthaltbarkeitsdatum durch das Verbrauchsdatum ersetzt. Nach Ablauf des Verbrauchsdatums gilt ein Lebensmittel als nicht sicher im Sinne von Artikel 14 Absätze 2 bis 5 der Verordnung (EG) Nr. 178/2002.

(2) Das jeweilige Datum ist gemäß Anhang X auszudrücken.

(3) Um eine einheitliche Anwendung der Art der Angabe des in Anhang X Nummer 1 Buchstabe c genannten Mindesthaltbarkeitsdatums sicherzustellen, kann die Kommission Durchführungsrechtsakte erlassen, in denen Vorschriften hierzu festgelegt werden. Diese Durchführungsrechtsakte werden gemäß dem in Artikel 48 Absatz 2 genannten Prüfverfahren erlassen.

Artikel 25
Aufbewahrungs- oder Verwendungsbedingungen

(1) Erfordern Lebensmitteln besondere Aufbewahrungs- und/ oder Verwendungsbedingungen, müssen diese angegeben werden.

(2) Um eine angemessene Aufbewahrung oder Verwendung der Lebensmittel nach dem Öffnen der Verpackung zu ermöglichen, müssen gegebenenfalls die Aufbewahrungsbedingungen und/oder der Verzehrzeitraum angegeben werden.

Artikel 26
Ursprungsland oder Herkunftsort

(1) Die Anwendung dieses Artikels lässt die Kennzeichnungsvorschriften bestimmter Rechtsvorschriften der Union, insbesondere der Verordnung (EG) Nr. 509/2006 des Rates vom 20. März 2006 über die garantiert traditionellen Spezialitäten bei Agrarerzeugnissen und Lebensmitteln[33] und der Verordnung (EG) Nr. 510/2006 des Rates vom 20. März 2006 zum Schutz von geografischen Angaben und Ursprungsbezeichnungen für Agrarerzeugnisse und Lebensmittel[34] unberührt.

(2) Die Angabe des Ursprungslands oder des Herkunftsorts ist in folgenden Fällen verpflichtend:

a) falls ohne diese Angabe eine Irreführung der Verbraucher über das tatsächliche Ursprungsland oder den tatsächlichen Herkunftsort des Lebensmittels möglich wäre, insbesondere wenn die dem Lebensmittel beigefügten Informationen oder das Etikett insgesamt sonst den Eindruck erwecken würden, das Lebensmittel komme aus einem anderen Ursprungsland oder Herkunftsort;

b) bei Fleisch, das in die Codes der Kombinierten Nomenklatur (KN) fällt, die in Anhang XI aufgeführt sind. Für die Anwendung dieses Buchstabens müssen zuvor die Durchführungsbestimmungen gemäß Absatz 8 erlassen worden sein.

(3) Ist das Ursprungsland oder der Herkunftsort eines Lebensmittels angegeben und dieses/dieser nicht mit dem Ursprungsland oder dem Herkunftsort seiner primären Zutat identisch, so

a) ist auch das Ursprungsland oder der Herkunftsort der primären Zutat anzugeben; oder

b) ist anzugeben, dass die primäre Zutat aus einem anderen Ursprungsland oder Herkunftsort kommt als das Lebensmittel.

Für die Anwendung dieses Absatzes müssen zuvor die Durchführungsrechtsakte gemäß Absatz 8 erlassen worden sein.

(4) Die Kommission übermittelt binnen fünf Jahren ab Anwendung des Absatzes 2 Buchstabe b einen Bericht an das Europäische Parlament und den Rat, in dem die verpflichtende Angabe des Ursprungslands oder Herkunftsorts bei der Kennzeichnung der in dem genannten Buchstaben genannten Erzeugnisse bewertet wird.

(5) Die Kommission übermittelt bis zum 13. Dezember 2014 einen Bericht an das Europäische Parlament und den Rat über die verpflichtende Angabe des Ursprungslands oder Herkunftsorts bei folgenden Lebensmitteln:

a) anderen Arten von Fleisch als Rindfleisch und den in Absatz 2 Buchstabe b genannten;

b) Milch;

c) Milch, die als Zutat in Milchprodukten verwendet wird;

d) unverarbeiteten Lebensmitteln;

e) Erzeugnissen aus einer Zutat;

f) Zutaten, die über 50 % eines Lebensmittels ausmachen.

(6) Die Kommission übermittelt bis zum 13. Dezember 2013 einen Bericht an das Europäische Parlament und den Rat über die verpflichtende Angabe des Ursprungslands oder Herkunftsorts bei Fleisch, das als Zutat verwendet wird.

(7) Die in den Absätzen 5 und 6 genannten Berichte berücksichtigen die Notwendigkeit der Information der Verbraucher, die Frage, ob die Beibringung der verpflichtenden Angabe des Ursprungslands oder des Herkunftsorts praktikabel ist, und eine Analyse der Kosten und des Nutzens der Einführung solcher Maßnahmen einschließlich der rechtlichen Auswirkungen auf den Binnenmarkt und der Auswirkungen auf den internationalen Handel.

Die Kommission kann diesen Berichten Vorschläge zur Änderung der entsprechenden Unionsvorschriften beifügen.

Zu Artikel 26:
[33] *ABl. L 93 vom 31.3.2006, S. 1.*
[34] *ABl. L 93 vom 31.3.2006, S. 12.*

(8) Die Kommission erlässt nach der Durchführung von Folgenabschätzungen bis zum 13. Dezember 2013 Durchführungsrechtsakte zur Anwendung von Absatz 2 Buchstabe b und Absatz 3 dieses Artikels. Diese Durchführungsrechtsakte werden gemäß dem in Artikel 48 Absatz 2 genannten Prüfverfahren erlassen.

(9) Bei den in Absatz 2 Buchstabe b, Absatz 5 Buchstabe a und Absatz 6 genannten Lebensmitteln ist in den Berichten und Folgenabschätzungen nach diesem Artikel unter anderem zu prüfen, welche Optionen es für die Modalitäten der Angabe des Ursprungslands oder Herkunftsorts dieser Lebensmittel gibt, insbesondere in Bezug auf sämtliche folgenden im Leben eines Tieres entscheidenden Punkte:

a) Geburtsort;

b) Aufzuchtsort;

c) Schlachtort.

Artikel 27
Gebrauchsanweisung

(1) Die Gebrauchsanweisung für ein Lebensmittel muss so abgefasst sein, dass die Verwendung des Lebensmittels in geeigneter Weise ermöglicht wird.

(2) Die Kommission kann Durchführungsrechtsakte erlassen, in denen Durchführungsbestimmungen zu Absatz 1 für bestimmte Lebensmittel festgelegt werden. Diese Durchführungsrechtsakte werden gemäß dem in Artikel 48 Absatz 2 genannten Prüfverfahren erlassen.

Artikel 28
Alkoholgehalt

(1) In Bezug auf die Angabe des Alkoholgehalts in Volumenprozent gelten für Erzeugnisse, die in KN-Code 2204 eingereiht sind, die in den auf solche Erzeugnisse anwendbaren speziellen Unionsvorschriften festgelegten Bestimmungen.

(2) Der vorhandene Alkoholgehalt in Volumenprozent anderer als der in Absatz 1 genannten Getränke, die mehr als 1,2 Volumenprozent Alkohol enthalten, ist gemäß Anhang XII anzugeben.

ABSCHNITT 3
Nährwertdeklaration
Artikel 29
Verhältnis zu anderen Rechtsvorschriften

(1) Dieser Abschnitt gilt nicht für Lebensmittel, die in den Geltungsbereich der folgenden Rechtsvorschriften fallen:

a) Richtlinie 2002/46/EG des Europäischen Parlaments und des Rates vom 10. Juni 2002 zur Angleichung der Rechtsvorschriften der Mitgliedstaaten über Nahrungsergänzungsmittel[35)];

b) Richtlinie 2009/54/EG des Europäischen Parlaments und des Rates vom 18. Juni 2009 über die Gewinnung von und den Handel mit natürlichen Mineralwässern[36)].

(2) Dieser Abschnitt gilt unbeschadet der Richtlinie 2009/39/EG des Europäischen Parlaments und des Rates vom 6. Mai 2009 über Lebensmittel, die für eine besondere Ernährung bestimmt sind[37)], und der in Artikel 4 Absatz 1 dieser Richtlinie genannten speziellen Richtlinien.

Artikel 30
Inhalt

(1) Die verpflichtende Nährwertdeklaration enthält folgende Angaben:

a) Brennwert und

b) die Mengen an Fett, gesättigten Fettsäuren, Kohlenhydraten, Zucker, Eiweiß und Salz.

Gegebenenfalls kann in unmittelbarer Nähe zur Nährwertdeklaration eine Angabe erscheinen, wonach der Salzgehalt ausschließlich auf die Anwesenheit natürlich vorkommenden Natriums zurückzuführen ist.

(2) Der Inhalt der verpflichtenden Nährwertdeklaration gemäß Absatz 1 kann durch die Angabe der Mengen eines oder mehrerer der nachfolgenden Stoffe ergänzt werden:

a) einfach ungesättigte Fettsäuren,

b) mehrfach ungesättigte Fettsäuren,

c) mehrwertige Alkohole,

d) Stärke,

e) Ballaststoffe;

f) jegliche in Anhang XIII Teil A Nummer 1 aufgeführten und gemäß den in Anhang XIII Teil A Nummer 2 angegebenen Werten in signifikanten Mengen vorhandenen Vitamine oder Mineralstoffe.

(3) Enthält die Kennzeichnung eines vorverpackten Lebensmittels die verpflichtende Nährwertdeklaration gemäß Absatz 1, so können die folgenden Angaben darauf wiederholt werden:

a) der Brennwert oder

b) der Brennwert zusammen mit den Mengen an Fett, gesättigten Fettsäuren, Zucker und Salz.

(4) Abweichend von Artikel 36 Absatz 1 darf sich für den Fall, dass die Kennzeichnung der Erzeugnisse gemäß Artikel 16 Absatz 2 eine Nährwertdeklaration enthält, der Inhalt der Deklaration lediglich auf den Brennwert beschränken.

Zu Artikel 29:
[35)] *ABl. L 183 vom 12.7.2002, S. 51.*
[36)] *ABl. L 164 vom 26.6.2009, S. 45.*
[37)] *ABl. L 124 vom 20.5.2009, S. 21.*

(5) Unbeschadet des Artikels 44 und abweichend von Artikel 36 Absatz 1 darf sich für den Fall, dass die Kennzeichnung der in Artikel 44 Absatz 1 genannten Erzeugnisse eine Nährwertdeklaration enthält, der Inhalt der Deklaration lediglich auf

a) den Brennwert oder

b) den Brennwert zusammen mit den Mengen an Fett, gesättigten Fettsäuren, Zucker und Salz beschränken.

(6) Um der Bedeutung der in den Absätzen 2 bis 5 dieses Artikels genannten Angaben für die Information der Verbraucher Rechnung zu tragen, kann die Kommission durch delegierte Rechtsakte gemäß Artikel 51 die in den Absätzen 2 bis 5 dieses Artikels enthaltenen Listen durch Hinzufügung oder Streichung bestimmter Angaben ändern.

(7) Unter Berücksichtigung der in den Mitgliedstaaten gewonnenen wissenschaftlichen Erkenntnisse und Erfahrungen legt die Kommission bis zum 13. Dezember 2014 einen Bericht über Trans-Fettsäuren in Lebensmitteln und in der generellen Ernährung der Bevölkerung der Union vor. Mit diesem Bericht sollen die Auswirkungen geeigneter Mittel bewertet werden, die den Verbrauchern die Möglichkeit an die Hand geben könnten, sich für gesündere Lebensmittel und für eine gesündere generelle Ernährung zu entscheiden, oder mit denen ein größeres Angebot an gesünderen Lebensmitteln für die Verbraucher gefördert werden kann; dazu gehört auch die Bereitstellung von Verbraucherinformationen über Trans-Fettsäuren oder die Beschränkung ihrer Verwendung. Die Kommission fügt dem Bericht gegebenenfalls einen entsprechenden Gesetzgebungsvorschlag bei.

Artikel 31
Berechnung

(1) Der Brennwert ist unter Verwendung der in Anhang XIV aufgeführten Umrechnungsfaktoren zu berechnen.

(2) Die Kommission kann durch delegierte Rechtsakte gemäß Artikel 51 Umrechnungsfaktoren für die in Anhang XIII Teil A Nummer 1 genannten Vitamine und Mineralstoffe festlegen, um den Gehalt solcher Vitamine und Mineralstoffe in Lebensmitteln genauer zu berechnen. Diese Umrechnungsfaktoren werden in Anhang XIV hinzugefügt.

(3) Der Brennwert und die Nährstoffmengen gemäß Artikel 30 Absätze 1 bis 5 sind diejenigen des Lebensmittels zum Zeitpunkt des Verkaufs.

Gegebenenfalls können sich diese Informationen auf das zubereitete Lebensmittel beziehen, sofern ausreichend genaue Angaben über die Zubereitungsweise gemacht werden und sich die Informationen auf das verbrauchsfertige Lebensmittel beziehen.

(4) Die angegebenen Zahlen sind Durchschnittswerte, die je nach Fall beruhen auf

a) der Lebensmittelanalyse des Herstellers,

b) einer Berechnung auf der Grundlage der bekannten oder tatsächlichen durchschnittlichen Werte der verwendeten Zutaten oder

c) einer Berechnung auf der Grundlage von allgemein nachgewiesenen und akzeptierten Daten.

Die Kommission kann Durchführungsrechtsakte erlassen, in denen Durchführungsbestimmungen für die einheitliche Durchführung dieses Absatzes hinsichtlich der Genauigkeit der angegebenen Werte, etwa im Hinblick auf Abweichungen zwischen den angegebenen und den bei amtlichen Überprüfungen festgestellten Werten, festgelegt sind. Diese Durchführungsrechtsakte werden gemäß dem in Artikel 48 Absatz 2 genannten Prüfverfahren erlassen.

Artikel 32
Angabe je 100 g oder je 100 ml

(1) Der Brennwert und die Nährstoffmengen gemäß Artikel 30 Absätze 1 bis 5 sind unter Verwendung der in Anhang XV aufgeführten Maßeinheiten auszudrücken.

(2) Der Brennwert und die Nährstoffmengen gemäß Artikel 30 Absätze 1 bis 5 sind je 100 g oder je 100 ml anzugeben.

(3) Eine etwaige Deklaration der Vitamine und Mineralstoffe ist zusätzlich zu der in Absatz 2 genannten Form der Angabe als Prozentsatz der in Anhang XIII Teil A Nummer 1 festgelegten Referenzmengen im Verhältnis zu 100 g oder zu 100 ml auszudrücken.

(4) Der Brennwert und die Nährstoffmengen gemäß Artikel 30 Absätze 1, 3, 4 und 5 können zusätzlich zu der in Absatz 2 dieses Artikels genannten Form der Angabe gegebenenfalls als Prozentsatz der in Anhang XIII Teil B festgelegten Referenzmengen im Verhältnis zu 100 g oder zu 100 ml ausgedrückt werden.

(5) Werden Angaben nach Absatz 4 gemacht, muss in unmittelbarer Nähe folgende zusätzliche Erklärung angegeben werden: „Referenzmenge für einen durchschnittlichen Erwachsenen (8 400 kJ/2 000 kcal)".

Artikel 33
Angabe je Portion oder je Verzehreinheit

(1) In den folgenden Fällen können der Brennwert und die Mengen an Nährstoffen gemäß Artikel 30 Absätze 1 bis 5 je Portion und/oder je Verzehreinheit in für Verbraucher leicht erkennbarer Weise ausgedrückt werden, sofern die zu-

2/1. EU/LM-InfoV
Artikel 33 – 35 — Kennzeichnung

grunde gelegte Portion bzw. Verzehreinheit auf dem Etikett quantifiziert wird und die Anzahl der in der Packung enthaltenen Portionen bzw. Verzehreinheiten angegeben ist:

a) zusätzlich zu der Form der Angabe je 100 g oder je 100 ml gemäß Artikel 32 Absatz 2;

b) zusätzlich zu der Form der Angabe je 100 g oder je 100 ml gemäß Artikel 32 Absatz 3 betreffend den Gehalt an Vitaminen und Mineralstoffen;

c) zusätzlich zu oder anstelle der Form der Angabe je 100 g oder je 100 ml gemäß Artikel 32 Absatz 4.

(2) „Abweichend von Artikel 32 Absatz 2 dürfen in den Fällen gemäß Artikel 30 Absatz 3 Buchstabe b die Nährstoffmengen und/oder der Prozentsatz der in Anhang XIII Teil B festgelegten Referenzmengen auch nur je Portion oder je Verzehreinheit ausgedrückt werden." *(ABl L 331 vom 18. 11. 2014, S. 40)*

Sind die Nährstoffmengen gemäß Unterabsatz 1 lediglich je Portion oder je Verzehreinheit ausgedrückt, wird der Brennwert je 100 g oder je 100 ml und je Portion oder je Verzehreinheit ausgedrückt.

(3) „Abweichend von Artikel 32 Absatz 2 dürfen in den Fällen gemäß Artikel 30 Absatz 5 der Brennwert und die Nährstoffmengen und/oder der Prozentsatz der in Anhang XIII Teil B festgelegten Referenzmengen auch nur je Portion oder je Verzehreinheit ausgedrückt werden." *(ABl L 331 vom 18. 11. 2014, S. 40)*

(4) Die zugrunde gelegte Portion oder Verzehreinheit ist in unmittelbarer Nähe zu der Nährwertdeklaration anzugeben.

(5) Um die einheitliche Durchführung der Angabe der Nährwertdeklaration je Portion oder je Verzehreinheit sicherzustellen und eine einheitliche Vergleichsbasis für Verbraucher bereitzustellen, erlässt die Kommission unter Berücksichtigung tatsächlicher Verbrauchsmuster der Verbraucher und Ernährungsempfehlungen durch Durchführungsrechtsakte Vorschriften für die Angabe je Portion oder je Verzehreinheit für bestimmte Klassen von Lebensmitteln. Diese Durchführungsrechtsakte werden gemäß dem in Artikel 48 Absatz 2 genannten Prüfverfahren erlassen.

Artikel 34
Darstellungsform

(1) Die Angaben gemäß Artikel 30 Absätze 1 und 2 müssen im selben Sichtfeld erscheinen. Sie müssen als Ganzes in einem übersichtlichen Format und gegebenenfalls in der in Anhang XV vorgegebenen Reihenfolge erscheinen.

(2) Die Angaben gemäß Artikel 30 Absätze 1 und 2 sind, sofern genügend Platz vorhanden ist, in Tabellenform darzustellen, wobei die Zahlen untereinander stehen. Bei Platzmangel können sie hintereinander aufgeführt werden.

(3) Die Angaben gemäß Artikel 30 Absatz 3 müssen wie folgt dargestellt werden:

a) im Hauptsichtfeld und

b) unter Verwendung einer Schriftgröße im Einklang mit Artikel 13 Absatz 2.

Die Angaben gemäß Artikel 30 Absatz 3 können in anderer Form als der Form gemäß Absatz 2 dieses Artikels erscheinen.

(4) Die Angaben gemäß Artikel 30 Absätze 4 und 5 können in anderer Form als der Form gemäß Absatz 2 dieses Artikels erscheinen.

(5) Sind die Brennwert oder die Nährstoffmenge(n) in einem Erzeugnis vernachlässigbar, so können die Angaben dazu durch eine Angabe wie „Enthält geringfügige Mengen von …" ersetzt werden, die in unmittelbarer Nähe zu einer etwaigen Nährwertdeklaration stehen muss.

Um die einheitliche Durchführung dieses Absatzes sicherzustellen, kann die Kommission Durchführungsrechtsakte zum Brennwert und zu den Mengen an Nährstoffen gemäß Artikel 30 Absätze 1 bis 5, die als vernachlässigbar gelten können, erlassen. Diese Durchführungsrechtsakte werden gemäß dem in Artikel 48 Absatz 2 genannten Prüfverfahren erlassen.

(6) Um eine einheitliche Anwendung der Darstellungsweise der Nährwertdeklaration in den in den Absätzen 1 bis 4 dieses Artikels genannten Formen sicherzustellen, kann die Kommission hierzu Durchführungsrechtsakte erlassen. Diese Durchführungsrechtsakte werden gemäß dem in Artikel 48 Absatz 2 genannten Prüfverfahren erlassen.

Artikel 35
Weitere Formen der Angabe und der Darstellung

(1) Zusätzlich zu den Formen der Angabe gemäß Artikel 32 Absätze 2 und 4 und Artikel 33 und der Darstellungsform gemäß Artikel 34 Absatz 2 können der Brennwert und die Nährstoffmengen gemäß Artikel 30 Absätze 1 bis 5 in anderer Form angegeben und/oder mittels grafischer Formen oder Symbole zusätzlich zu Worten oder Zahlen dargestellt werden, sofern diese Angabe- bzw. Darstellungsformen folgende Anforderungen erfüllen:

a) sie beruhen auf fundierten und wissenschaftlich haltbaren Erkenntnissen der Verbraucherforschung und sind für Verbraucher nicht irreführend im Sinne des Artikels 7;

b) ihre Entwicklung ist das Ergebnis der Konsultation einer Vielzahl von Gruppen betroffener Akteure;

c) sie sollen Verbrauchern das Verständnis dafür erleichtern, welchen Beitrag das Lebensmit-

2/1. EU/LM-InfoV
Artikel 35 – 36

tel für den Energie- und Nährstoffgehalt einer Ernährungsweise leistet oder welche Bedeutung es für sie hat;

d) es gibt wissenschaftlich haltbare Nachweise dafür, dass diese Formen der Angabe oder Darstellung vom Durchschnittsverbraucher verstanden werden;

e) sie basieren, im Falle anderer Formen der Angabe, entweder auf den in Anhang XIII genannten harmonisierten Referenzmengen oder, falls es solche nicht gibt, auf allgemein akzeptierten wissenschaftlichen Empfehlungen in Bezug auf die Zufuhr von Energie und Nährstoffen;

f) sie sind objektiv und nicht diskriminierend; und

g) ihre Anwendung beeinträchtigt nicht den freien Warenverkehr.

(2) Die Mitgliedstaaten können den Lebensmittelunternehmern empfehlen, eine oder mehrere zusätzliche Formen der Angabe oder Darstellung der Nährwertdeklaration zu verwenden, die ihrer Ansicht nach die in Absatz 1 Buchstaben a bis g dargelegten Anforderungen am besten erfüllen. Die Mitgliedstaaten teilen der Kommission die Einzelheiten dieser zusätzlichen Formen der Angabe oder Darstellung mit.

(3) Die Mitgliedstaaten gewährleisten eine angemessene Beobachtung der zusätzlichen Formen der Angabe oder Darstellung der Nährwertdeklaration, die auf dem Markt in ihrem Hoheitsgebiet vorhanden sind.

Um die Beobachtung der Verwendung dieser zusätzlichen Formen der Angabe oder Darstellung zu erleichtern, können die Mitgliedstaaten verlangen, dass die Lebensmittelunternehmer, die auf dem Markt in ihrem Hoheitsgebiet Lebensmittel in Verkehr bringen, die solche Informationen tragen, die zuständige Behörde über die Verwendung einer zusätzlichen Form der Angabe oder Darstellung unterrichten und ihnen die einschlägigen Belege für die Erfüllung der in Absatz 1 Buchstaben a bis g niedergelegten Anforderungen vorlegen. In diesem Fall kann auch eine Unterrichtung über die Einstellung der Verwendung solcher zusätzlicher Formen der Angabe oder Darstellung verlangt werden.

(4) Die Kommission erleichtert und organisiert den Austausch von Informationen zwischen den Mitgliedstaaten und ihr selbst sowie den einschlägigen Akteuren über Angelegenheiten im Zusammenhang mit der Verwendung zusätzlicher Formen der Angabe oder Darstellung der Nährwertdeklaration.

(5) Anhand der gewonnenen Erfahrungen übermittelt die Kommission dem Europäischen Parlament und dem Rat bis zum 13. Dezember 2017 einen Bericht über die Verwendung zusätzlicher Formen der Angabe oder Darstellung, über deren Wirkung auf den Binnenmarkt und darüber, ob eine weitere Harmonisierung dieser Formen der Angabe und Darstellung empfehlenswert ist. Zu diesem Zweck stellen die Mitgliedstaaten der Kommission die einschlägigen Informationen über die Verwendung solcher zusätzlicher Formen der Angabe oder Darstellung auf dem Markt in ihrem Hoheitsgebiet zur Verfügung. Die Kommission kann diesem Bericht Vorschläge zur Änderung der entsprechenden Unionsvorschriften beifügen.

(6) Um die einheitliche Anwendung dieses Artikels sicherzustellen, erlässt die Kommission Durchführungsrechtsakte, in denen die Durchführungsbestimmungen zu den Absätzen 1, 3 und 4 dieses Artikels festgelegt werden. Diese Durchführungsrechtsakte werden gemäß dem in Artikel 48 Absatz 2 genannten Prüfverfahren erlassen.

KAPITEL V
FREIWILLIGE INFORMATIONEN ÜBER LEBENSMITTEL

Artikel 36
Geltende Anforderungen

(1) Werden Informationen über Lebensmittel gemäß den Artikeln 9 und 10 freiwillig bereitgestellt, so müssen sie den Anforderungen des Kapitels IV Abschnitte 2 und 3 entsprechen.

(2) Freiwillig bereitgestellte Informationen über Lebensmittel müssen den folgenden Anforderungen entsprechen:

a) sie dürfen für die Verbraucher nicht irreführend im Sinne des Artikels 7 sein;

b) sie dürfen für Verbraucher nicht zweideutig oder missverständlich sein; und

c) sie müssen gegebenenfalls auf einschlägigen wissenschaftlichen Daten beruhen.

(3) Die Kommission erlässt Durchführungsrechtsakte zur Anwendung der in Absatz 2 dieses Artikels genannten Anforderungen für die folgenden freiwillig bereitgestellten Informationen über Lebensmittel:

a) Informationen über das mögliche und unbeabsichtigte Vorhandensein von Stoffen oder Erzeugnissen im Lebensmittel, die Allergien oder Unverträglichkeiten auslösen;

b) Informationen über die Eignung eines Lebensmittels für Vegetarier oder Veganer; und

c) die Angabe von Referenzmengen für spezifische Bevölkerungsgruppen zusätzlich zu den in Anhang XIII festgelegten Referenzmengen.

d) Informationen über das Nichtvorhandensein oder das reduzierte Vorhandensein von Gluten in Lebensmitteln. *(ABl L 306 vom 16. 11. 2013, S. 7)*

Diese Durchführungsrechtsakte werden gemäß dem in Artikel 48 Absatz 2 genannten Prüfverfahren erlassen.

(4) Um eine angemessene Information der Verbraucher sicherzustellen, wenn Lebensmittelunternehmer auf abweichender Basis freiwillige Informationen über Lebensmittel bereitstellen, die Verbraucher irreführen oder zu Verwechslungen führen könnten, kann die Kommission durch delegierte Rechtsakte gemäß Artikel 51 zusätzliche Fälle der Bereitstellung freiwilliger Informationen über Lebensmittel über die in Absatz 3 dieses Artikels genannten Fälle hinaus vorsehen.

Artikel 37
Darstellungsform

Freiwillig bereitgestellte Informationen über Lebensmittel dürfen nicht auf Kosten des für verpflichtende Informationen über Lebensmittel verfügbaren Raums gehen.

KAPITEL VI
EINZELSTAATLICHE VORSCHRIFTEN

Artikel 38
Einzelstaatliche Vorschriften

(1) Die Mitgliedstaaten dürfen in Bezug auf die speziell durch diese Verordnung harmonisierten Aspekte einzelstaatliche Vorschriften weder erlassen noch aufrechterhalten, es sei denn, dies ist nach dem Unionsrecht zulässig. Diese einzelstaatlichen Vorschriften dürfen nicht den freien Warenverkehr behindern, beispielsweise durch die Diskriminierung von Lebensmitteln aus anderen Mitgliedstaaten.

(2) Unbeschadet des Artikels 39 dürfen die Mitgliedstaaten einzelstaatliche Vorschriften zu Aspekten erlassen, die nicht speziell durch diese Verordnung harmonisiert sind, sofern diese Vorschriften den freien Verkehr der Waren, die dieser Verordnung entsprechen, nicht unterbinden, behindern oder einschränken.

Artikel 39
Einzelstaatliche Vorschriften über zusätzliche verpflichtende Angaben

(1) Zusätzlich zu den in Artikel 9 Absatz 1 und Artikel 10 genannten verpflichtenden Angaben können die Mitgliedstaaten nach dem Verfahren des Artikels 45 Vorschriften erlassen, die zusätzliche Angaben für bestimmte Arten oder Klassen von Lebensmitteln vorschreiben, die aus mindestens einem der folgenden Gründe gerechtfertigt sind:

a) Schutz der öffentlichen Gesundheit;

b) Verbraucherschutz;

c) Betrugsvorbeugung;

d) Schutz von gewerblichen und kommerziellen Eigentumsrechten, Herkunftsbezeichnungen, eingetragenen Ursprungsbezeichnungen sowie vor unlauterem Wettbewerb.

(2) Die Mitgliedstaaten können auf der Grundlage von Absatz 1 nur dann Maßnahmen hinsichtlich der verpflichtenden Angabe des Ursprungslands oder des Herkunftsorts von Lebensmitteln treffen, wenn nachweislich eine Verbindung zwischen bestimmten Qualitäten des Lebensmittels und seinem Ursprung oder seiner Herkunft besteht. Bei der Mitteilung solcher Maßnahmen an die Kommission weisen die Mitgliedstaaten nach, dass die Mehrheit der Verbraucher diesen Informationen wesentliche Bedeutung beimisst.

Artikel 40
Milch und Milcherzeugnisse

Die Mitgliedstaaten können für Milch und Milcherzeugnisse in Glasflaschen, die zur Wiederverwendung bestimmt sind, Maßnahmen erlassen, die von Artikel 9 Absatz 1 und Artikel 10 Absatz 1 abweichen.

Sie übermitteln der Kommission unverzüglich den Wortlaut dieser Maßnahmen.

Artikel 41
Alkoholische Getränke

Die Mitgliedstaaten können bis zum Erlass der in Artikel 16 Absatz 4 genannten Unionsvorschriften einzelstaatliche Vorschriften über das Zutatenverzeichnis von Getränken mit einem Alkoholgehalt von mehr als 1,2 Volumenprozent beibehalten.

Artikel 42
Angabe der Nettofüllmenge

Bestehen keine Unionsvorschriften im Sinne des Artikels 23 Absatz 2 hinsichtlich der Angabe der Nettofüllmenge für bestimmte Lebensmittel in einer anderen als der in Artikel 23 Absatz 1 vorgesehenen Art, so können die Mitgliedstaaten einzelstaatliche Vorschriften, die vor dem 12. Dezember 2011 erlassen wurden, aufrechterhalten.

Die Mitgliedstaaten teilen der Kommission die entsprechenden Vorschriften bis zum 13. Dezember 2014 mit. Die Kommission unterrichtet die anderen Mitgliedstaaten hiervon.

Artikel 43
Freiwillige Angabe von Referenzmengen für spezifische Bevölkerungsgruppen

Bis zum Erlass der in Artikel 36 Absatz 3 Buchstabe c genannten Unionsvorschriften können die Mitgliedstaaten einzelstaatliche Maßnahmen zur freiwilligen Angabe von Referenzmengen für spezifische Bevölkerungsgruppen erlassen.

Die Mitgliedstaaten übermitteln der Kommission unverzüglich den Wortlaut dieser Maßnahmen.

Artikel 44
Einzelstaatliche Vorschriften für nicht vorverpackte Lebensmittel

(1) Werden Lebensmittel Endverbrauchern oder Anbietern von Gemeinschaftsverpflegung ohne Vorverpackung zum Verkauf angeboten oder auf Wunsch des Verbrauchers am Verkaufsort verpackt oder im Hinblick auf ihren unmittelbaren Verkauf vorverpackt, so

a) sind die Angaben gemäß Artikel 9 Absatz 1 Buchstabe c verpflichtend;

b) „sind die anderen Angaben gemäß den Artikeln 9 und 10 nicht verpflichtend," es sei denn, die Mitgliedstaaten erlassen nationale Vorschriften, nach denen einige oder alle dieser Angaben oder Teile dieser Angaben verpflichtend sind. *(ABl L 50 vom 21. 2. 2015, S. 48)*

(2) Die Mitgliedstaaten können nationale Vorschriften darüber erlassen, auf welche Weise und gegebenenfalls in welcher Form der Angabe und Darstellung die Angaben oder die Teile der Angaben gemäß Absatz 1 bereitzustellen sind.

(3) Die Mitgliedstaaten teilen der Kommission den Wortlaut der Vorschriften gemäß Absatz 1 Buchstabe b und Absatz 2 unverzüglich mit.

Artikel 45
Mitteilungsverfahren

(1) Bei Bezugnahme auf diesen Artikel teilt der Mitgliedstaat, der den Erlass neuer Rechtsvorschriften auf dem Gebiet der Information über Lebensmittel für erforderlich hält, der Kommission und den anderen Mitgliedstaaten die geplanten Vorschriften zuvor unter Angabe der Gründe mit.

(2) Die Kommission konsultiert den durch Artikel 58 Absatz 1 der Verordnung (EG) Nr. 178/2002 eingesetzten Ständigen Ausschuss für die Lebensmittelkette und Tiergesundheit, wenn sie dies für zweckdienlich hält oder wenn ein Mitgliedstaat dies beantragt. In diesem Fall sorgt die Kommission dafür, dass dieser Prozess für alle betroffenen Akteure transparent ist.

(3) Der Mitgliedstaat, der den Erlass neuer Rechtsvorschriften auf dem Gebiet der Information über Lebensmittel für erforderlich hält, darf die in Aussicht genommenen Vorschriften erst drei Monate nach der Mitteilung nach Absatz 1 und unter der Bedingung treffen, dass er keine ablehnende Stellungnahme der Kommission erhalten hat.

(4) Ist die Stellungnahme der Kommission ablehnend, so leitet die Kommission vor Ablauf der in Absatz 3 dieses Artikels genannten Frist das in Artikel 48 Absatz 2 genannte Prüfverfahren ein, um zu bestimmen, ob die in Aussicht genommenen Vorschriften — gegebenenfalls mit geeigneten Änderungen — zur Anwendung gebracht werden können.

(5) Die Richtlinie 98/34/EG des Europäischen Parlaments und des Rates vom 22. Juni 1998 über ein Informationsverfahren auf dem Gebiet der Normen und technischen Vorschriften und der Vorschriften für die Dienste der Informationsgesellschaft[38] gilt nicht für die unter das Mitteilungsverfahren nach diesem Artikel fallenden Vorschriften.

KAPITEL VII
DURCHFÜHRUNGS-, ÄNDERUNGS- UND SCHLUSSBESTIMMUNGEN

Artikel 46
Änderungen der Anhänge

Um dem technischen Fortschritt, dem Stand der Wissenschaft, der Gesundheit der Verbraucher oder dem Informationsbedarf der Verbraucher Rechnung zu tragen, kann die Kommission vorbehaltlich der Bestimmungen des Artikels 10 Absatz 2 und des Artikels 21 Absatz 2 über Änderungen an den Anhängen II und III die Anhänge dieser Verordnung durch delegierte Rechtsakte gemäß Artikel 51 ändern.

Artikel 47
Übergangszeitraum für und Beginn der Anwendung von Durchführungsmaßnahmen oder delegierten Rechtsakten

(1) Unbeschadet des Absatzes 2 dieses Artikels wird die Kommission bei der Ausübung der ihr durch diese Verordnung übertragenen Befugnisse zum Erlass von Maßnahmen durch Durchführungsrechtsakte gemäß dem in Artikel 48 Absatz 2 genannten Prüfverfahren oder durch delegierte Rechtsakte gemäß Artikel 51

a) eine geeignete Übergangsfrist für die Anwendung der neuen Maßnahmen festlegen, in der Lebensmittel, deren Etiketten nicht den neuen Maßnahmen entsprechen, in Verkehr gebracht werden dürfen und in der die Bestände solcher Lebensmittel, die vor dem Ablauf der Übergangsfrist in Verkehr gebracht wurden, bis zur Erschöpfung der Bestände verkauft werden dürfen, und

b) sicherstellen, dass diese Maßnahmen ab dem 1. April eines Kalenderjahres anwendbar sind.

(2) Absatz 1 gilt nicht in dringenden Fällen, in denen die in Absatz 1 genannten Maßnahmen dem Schutz der menschlichen Gesundheit dienen.

Zu Artikel 45:
[38] *ABl. L 204 vom 21.7.1998, S. 37.*

2/1. EU/LM-InfoV
Artikel 48 – 51

Kennzeichnung

Artikel 48
Ausschuss

(1) Die Kommission wird durch den Ständigen Ausschuss für die Lebensmittelkette und Tiergesundheit, der durch Artikel 58 Absatz 1 der Verordnung (EG) Nr. 178/2002 eingesetzt wurde, unterstützt. Dieser Ausschuss ist ein Ausschuss im Sinne der Verordnung (EU) Nr. 182/2011.

(2) Wird auf diesen Absatz Bezug genommen, so gilt Artikel 5 der Verordnung (EU) Nr. 182/2011.

Gibt der Ausschuss keine Stellungnahme ab, so erlässt die Kommission den Durchführungsrechtsakt nicht und Artikel 5 Absatz 4 Unterabsatz 3 der Verordnung (EU) Nr. 182/2011 findet Anwendung.

Artikel 49
Änderungen der Verordnung (EG) Nr. 1924/2006

Artikel 7 Absätze 1 und 2 der Verordnung (EG) Nr. 1924/2006 erhalten folgende Fassung:
„Die Nährwertkennzeichnung von Erzeugnissen, bei denen nährwert- und/oder gesundheitsbezogene Angaben gemacht werden, ist obligatorisch, es sei denn, es handelt sich um produktübergreifende Werbeaussagen. Es sind die in Artikel 30 Absatz 1 der Verordnung (EU) Nr. 1169/2011 des Europäischen Parlaments und des Rates vom 25. Oktober 2011 betreffend die Information der Verbraucher über Lebensmittel[39)] aufgeführten Angaben zu machen. Bei nährwert- und/oder gesundheitsbezogenen Angaben für einen in Artikel 30 Absatz 2 der Verordnung (EU) Nr. 1169/2011 genannten Nährstoff wird die Menge dieses Nährstoffs nach Maßgabe der Artikel 31 bis 34 der genannten Verordnung angegeben.

Für Stoffe, die Gegenstand einer nährwert- oder gesundheitsbezogenen Angabe sind und nicht in der Nährwertkennzeichnung erscheinen, sind die jeweiligen Mengen nach Maßgabe der Artikel 31, 32 und 33 der Verordnung (EU) Nr. 1169/2011 in demselben Blickfeld anzugeben wie die Nährwertkennzeichnung. Zur Angabe der Mengen werden den jeweiligen einzelnen Stoffen angemessene Maßeinheiten verwendet.

Artikel 50
Änderungen der Verordnung (EG) Nr. 1925/2006

Artikel 7 Absatz 3 der Verordnung (EG) Nr. 1925/2006 erhält folgende Fassung:
„(3) Die Nährwertkennzeichnung von Erzeugnissen, denen Vitamine und Mineralstoffe zugesetzt wurden und die in den Anwendungsbereich dieser Verordnung fallen, ist obligatorisch. Es sind die in Artikel 30 Absatz 1 der Verordnung (EU) Nr. 1169/2011 des Europäischen Parlaments und des Rates vom 25. Oktober 2011 betreffend die Information der Verbraucher über Lebensmittel[40)] aufgeführten Angaben zu machen und es ist der Gesamtgehalt an Vitaminen und Mineralstoffen anzugeben, den das Lebensmittel nach dem Zusatz aufweist.

Artikel 51
Ausübung der Befugnisübertragung

(1) Die Befugnis zum Erlass delegierter Rechtsakte wird der Kommission unter den in diesem Artikel festgelegten Bedingungen übertragen.

(2) Die Befugnis zum Erlass delegierter Rechtsakte gemäß Artikel 9 Absatz 3, Artikel 10 Absatz 2, Artikel 12 Absatz 3, Artikel 13 Absatz 4, Artikel 18 Absatz 5, Artikel 19 Absatz 2, Artikel 21 Absatz 2, Artikel 23 Absatz 2, Artikel 30 Absatz 6, Artikel 31 Absatz 2, Artikel 36 Absatz 4 und Artikel 46 wird der Kommission für einen Zeitraum von fünf Jahren ab dem 12. Dezember 2011 übertragen. Die Kommission erstellt spätestens neun Monate vor Ablauf des Zeitraums von fünf Jahren einen Bericht über die Befugnisübertragung. Die Befugnisübertragung verlängert sich stillschweigend um Zeiträume gleicher Länge, es sei denn, das Europäische Parlament oder der Rat widersprechen einer solchen Verlängerung spätestens drei Monate vor Ablauf des jeweiligen Zeitraums.

(3) Die Befugnisübertragung gemäß Artikel 9 Absatz 3, Artikel 10 Absatz 2, Artikel 12 Absatz 3, Artikel 13 Absatz 4, Artikel 18 Absatz 5, Artikel 19 Absatz 2, Artikel 21 Absatz 2, Artikel 23 Absatz 2, Artikel 30 Absatz 6, Artikel 31 Absatz 2, Artikel 36 Absatz 4 und Artikel 46 kann vom Europäischen Parlament oder vom Rat jederzeit widerrufen werden. Der Beschluss über den Widerruf beendet die Übertragung der in diesem Beschluss angegebenen Befugnis. Er wird am Tag nach seiner Veröffentlichung im Amtsblatt der Europäischen Union oder zu einem im Beschluss über den Widerruf angegebenen späteren Zeitpunkt wirksam. Die Gültigkeit von delegierten Rechtsakten, die bereits in Kraft sind, wird von dem Beschluss über den Widerruf nicht berührt.

(4) Sobald die Kommission einen delegierten Rechtsakt erlässt, übermittelt sie ihn gleichzeitig dem Europäischen Parlament und dem Rat.

(5) Ein delegierter Rechtsakt, der gemäß Artikel 9 Absatz 3, Artikel 10 Absatz 2, Artikel 12 Absatz 3, Artikel 13 Absatz 4, Artikel 18 Absatz

---

Zu Artikel 49:
[39)] ABl. L 304 vom 22.11.2011, S. 18".

Zu Artikel 50:
[40)] ABl. L 304 vom 22.11.2011, S. 18".

2/1. EU/LM-InfoV
Artikel 51 – 55

5, Artikel 19 Absatz 2, Artikel 21 Absatz 2, Artikel 23 Absatz 2, Artikel 30 Absatz 6, Artikel 31 Absatz 2, Artikel 36 Absatz 4 und Artikel 46 erlassen wurde, tritt nur in Kraft, wenn weder das Europäische Parlament noch der Rat innerhalb einer Frist von zwei Monaten nach Übermittlung dieses Rechtsakts an das Europäische Parlament und den Rat Einwände erhoben haben oder wenn vor Ablauf dieser Frist das Europäische Parlament und der Rat beide der Kommission mitgeteilt haben, dass sie keine Einwände erheben werden. Auf Initiative des Europäischen Parlaments oder des Rates wird diese Frist um zwei Monate verlängert.

Artikel 52
Dringlichkeitsverfahren

(1) Delegierte Rechtsakte, die gemäß diesem Artikel erlassen werden, treten umgehend in Kraft und sind anwendbar, solange keine Einwände gemäß Absatz 2 erhoben werden. Bei der Übermittlung eines delegierten Rechtsakts an das Europäische Parlament und den Rat werden die Gründe für die Anwendung des Dringlichkeitsverfahrens angegeben.

(2) Das Europäische Parlament oder der Rat können gemäß dem Verfahren des Artikels 51 Absatz 5 Einwände gegen einen delegierten Rechtsakt erheben. In diesem Fall hebt die Kommission den Rechtsakt umgehend nach der Übermittlung des Beschlusses des Europäischen Parlaments oder des Rates, Einwände zu erheben, auf.

Artikel 53
Aufhebung

(1) Die Richtlinien 87/250/EWG, 90/496/EWG, 1999/10/EG, 2000/13/EG, 2002/67/EG und 2008/5/EG und die Verordnung (EG) Nr. 608/2004 werden mit Wirkung vom 13. Dezember 2014 aufgehoben.

(2) Bezugnahmen auf die aufgehobenen Rechtsakte gelten als Bezugnahmen auf die vorliegende Verordnung.

Artikel 54
Übergangsmaßnahmen

(1) Lebensmittel, die vor dem 13. Dezember 2014 in Verkehr gebracht oder gekennzeichnet wurden, die den Anforderungen dieser Verordnung jedoch nicht entsprechen, dürfen weiterhin vermarktet werden, bis die jeweiligen Bestände erschöpft sind.

Lebensmittel, die vor dem 13. Dezember 2016 in Verkehr gebracht oder gekennzeichnet wurden, die den in Artikel 9 Absatz 1 Buchstabe l niedergelegten Anforderungen jedoch nicht entsprechen, dürfen weiterhin vermarktet werden, bis die jeweiligen Bestände erschöpft sind.

Lebensmittel, die vor dem 1. Januar 2014 in Verkehr gebracht oder gekennzeichnet wurden, die den in Anhang VI Teil B niedergelegten Anforderungen nicht entsprechen, dürfen weiterhin vermarktet werden, bis die jeweiligen Bestände erschöpft sind.

(2) Zwischen dem 13. Dezember 2014 und dem 13. Dezember 2016 muss eine Nährwertdeklaration, die freiwillig bereitgestellt wird, den Artikeln 30 bis 35 entsprechen.

(3) Ungeachtet der Richtlinie 90/496/EWG, des Artikels 7 der Verordnung (EG) Nr. 1924/2006 und des Artikels 7 Absatz 3 der Verordnung (EG) Nr. 1925/2006 dürfen gemäß den Artikeln 30 bis 35 dieser Verordnung gekennzeichnete Lebensmittel vor dem 13. Dezember 2014 in Verkehr gebracht werden.

Ungeachtet der Verordnung (EG) Nr. 1162/2009 der Kommission vom 30. November 2009 zur Festlegung von Übergangsregelungen für die Durchführung der Verordnungen (EG) Nr. 853/2004, (EG) Nr. 854/2004 und (EG) Nr. 882/2004 des Europäischen Parlament und des Rates[41] dürfen gemäß Anhang VI Teil B dieser Verordnung gekennzeichnete Lebensmittel vor dem 1. Januar 2014 in Verkehr gebracht werden.

Artikel 55
Inkrafttreten und Anwendung

Diese Verordnung tritt am zwanzigsten Tag nach ihrer Veröffentlichung im *Amtsblatt der Europäischen Union* in Kraft.

Sie gilt ab dem 13. Dezember 2014, mit Ausnahme des Artikels 9 Absatz 1 Buchstabe l, der ab dem 13. Dezember 2016 gilt, und Anhang VI Teil B, der ab dem 1. Januar 2014 gilt.

Diese Verordnung ist in allen ihren Teilen verbindlich und gilt unmittelbar in jedem Mitgliedstaat.

Geschehen zu Straßburg am 25. Oktober 2011.

Im Namen des europäischen Parlaments
Der Präsident
J. BUZEK

Im Namen des Rates
Der Präsident
M. DOWGIELEWICZ

Zu Artikel 54:
[41] *ABl. L 314 vom 1.12.2009, S. 10.*

2/1. EU/LM-InfoV
ANHANG I — Kennzeichnung

ANHANG I

Spezielle Begriffsbestimmungen

im Sinne von Artikel 2 Absatz 4

1. „Nährwertdeklaration" oder „Nährwertkennzeichnung" bedeutet Informationen über
   a) den Brennwert oder
   b) den Brennwert sowie lediglich einen oder mehrere der folgenden Nährstoffe:
      – Fett (gesättigte Fettsäuren, einfach ungesättigte Fettsäuren, mehrfach ungesättigte Fettsäuren);
      – Kohlenhydrate (Zucker, mehrwertige Alkohole, Stärke);
      – Salz;
      – Ballaststoffe;
      – Eiweiß;
      – in Anhang XIII Teil A Nummer 1 aufgeführte Vitamine und Mineralstoffe, die gemäß der Begriffsbestimmung in Anhang XIII Teil A Nummer 2 in erheblichen Mengen vorkommen;
2. „Fett" bedeutet alle Lipide, einschließlich Phospholipide;
3. „gesättigte Fettsäuren" bedeutet Fettsäuren ohne Doppelbindung;
4. „Trans-Fettsäuren" bedeutet Fettsäuren mit mindestens einer nicht konjugierten (namentlich durch mindestens eine Methylengruppe unterbrochenen) Kohlenstoff-Kohlenstoff-Doppelbindung in der trans-Konfiguration;
5. „einfach ungesättigte Fettsäuren" bedeutet Fettsäuren mit einer cis-Doppelbindung;
6. „mehrfach ungesättigte Fettsäuren" bedeutet Fettsäuren mit zwei oder mehr durch cis-Methylengruppen unterbrochenen Doppelbindungen in der cis-Konfiguration;
7. „Kohlenhydrat" bedeutet jegliches Kohlenhydrat, das im Stoffwechsel des Menschen umgesetzt wird, einschließlich mehrwertiger Alkohole;
8. „Zucker" bedeutet alle in Lebensmitteln vorhandenen Monosaccharide und Disaccharide, ausgenommen mehrwertige Alkohole;
9. „mehrwertige Alkohole" bedeutet Alkohole, die mehr als zwei Hydroxylgruppen enthalten;
10. „Eiweiß" bedeutet den nach folgender Formel berechneten Eiweißgehalt: Eiweiß = Gesamtstickstoff (nach Kjeldahl) × 6,25;
11. „Salz" bedeutet den nach folgender Formel berechneten Gehalt an Salzäquivalent: Salz = Natrium × 2,5;
12. „Ballaststoffe" bedeutet Kohlenhydratpolymere mit drei oder mehr Monomereinheiten, die im Dünndarm des Menschen weder verdaut noch absorbiert werden und zu folgenden Klassen zählen:
    – essbare Kohlenhydratpolymere, die in Lebensmitteln, wenn diese verzehrt werden, auf natürliche Weise vorkommen;
    – essbare Kohlenhydratpolymere, die auf physikalische, enzymatische oder chemische Weise aus Lebensmittelrohstoffen gewonnen werden und laut allgemein anerkannten wissenschaftlichen Nachweisen eine positive physiologische Wirkung besitzen;
    – essbare synthetische Kohlenhydratpolymere, die laut allgemein anerkannten wissenschaftlichen Nachweisen eine positive physiologische Wirkung besitzen;
13. „Durchschnittswert" bedeutet den Wert, der die in einem bestimmten Lebensmittel enthaltenen Nährstoffmengen am besten repräsentiert und jahreszeitlich bedingte Unterschiede, Verbrauchsmuster und sonstige Faktoren berücksichtigt, die eine Veränderung des tatsächlichen Wertes bewirken können.

2/1. EU/LM-InfoV
ANHANG II

ANHANG II

Stoffe oder Erzeugnisse, die Allergien oder Unverträglichkeiten auslösen

1. „Glutenhaltiges Getreide, namentlich Weizen (wie Dinkel und Khorasan-Weizen), Roggen, Gerste, Hafer oder Hybridstämme davon, sowie daraus hergestellte Erzeugnisse, ausgenommen" *(ABl L 27 vom 30. 1. 2014, S. 7)*
   a) Glukosesirupe auf Weizenbasis einschließlich Dextrose[1];
   b) Maltodextrine auf Weizenbasis[1];
   c) Glukosesirupe auf Gerstenbasis;
   d) Getreide zur Herstellung von alkoholischen Destillaten einschließlich Ethylalkohol landwirtschaftlichen Ursprungs;
2. Krebstiere und daraus gewonnene Erzeugnisse;
3. Eier und daraus gewonnene Erzeugnisse;
4. Fische und daraus gewonnene Erzeugnisse, außer
   a) Fischgelatine, die als Trägerstoff für Vitamin- oder Karotinoidzubereitungen verwendet wird;
   b) Fischgelatine oder Hausenblase, die als Klärhilfsmittel in Bier und Wein verwendet wird;
5. Erdnüsse und daraus gewonnene Erzeugnisse;
6. Sojabohnen und daraus gewonnene Erzeugnisse, außer
   a) vollständig raffiniertes Sojabohnenöl und -fett[1];
   b) natürliche gemischte Tocopherole (E306), natürliches D-alpha-Tocopherol, natürliches D-alpha-Tocopherolacetat, natürliches D-alpha-Tocopherolsukzinat aus Sojabohnenquellen;
   c) aus pflanzlichen Ölen gewonnene Phytosterine und Phytosterinester aus Sojabohnenquellen;
   d) aus Pflanzenölsterinen gewonnene Phytostanolester aus Sojabohnenquellen;
7. Milch und daraus gewonnene Erzeugnisse (einschließlich Laktose), außer
   a) Molke zur Herstellung von alkoholischen Destillaten einschließlich Ethylalkohol landwirtschaftlichen Ursprungs;
   b) Lactit;
8. Schalenfrüchte, namentlich Mandeln (Amygdalus communis L.), Haselnüsse (Corylus avellana), Walnüsse (Juglans regia), Kaschunüsse (Anacardium occidentale), Pecannüsse (Carya illinoiesis (Wangenh.) K. Koch), Paranüsse (Bertholletia excelsa), Pistazien (Pistacia vera), Macadamia- oder Queenslandnüsse (Macadamia ternifolia) sowie daraus gewonnene Erzeugnisse, außer Nüssen zur Herstellung von alkoholischen Destillaten einschließlich Ethylalkohol landwirtschaftlichen Ursprungs;
9. Sellerie und daraus gewonnene Erzeugnisse;
10. Senf und daraus gewonnene Erzeugnisse;
11. Sesamsamen und daraus gewonnene Erzeugnisse;
12. Schwefeldioxid und Sulphite in Konzentrationen von mehr als 10 mg/kg oder 10 mg/l als insgesamt vorhandenes SO_2, die für verzehrfertige oder gemäß den Anweisungen des Herstellers in den ursprünglichen Zustand zurückgeführte Erzeugnisse zu berechnen sind;
13. Lupinen und daraus gewonnene Erzeugnisse;
14. Weichtiere und daraus gewonnene Erzeugnisse.

---

[1] und daraus gewonnene Erzeugnisse, soweit das Verfahren, das sie durchlaufen haben, die Allergenität, die von der EFSA für das entsprechende Erzeugnis ermittelt wurde, aus dem sie gewonnen wurden, wahrscheinlich nicht erhöht.

2/1. EU/LM-InfoV
ANHANG III

Kennzeichnung

ANHANG III

Lebensmittel, deren Kennzeichnung eine oder mehrere zusätzliche Angaben enthalten muss

ART ODER KLASSE DES LEBENSMITTELS	ANGABEN
1. In bestimmten Gasen verpackte Lebensmittel	
1.1. Lebensmittel, deren Haltbarkeit durch nach der Verordnung (EG) Nr. 1333/2008 zugelassenes Packgas verlängert wurde	„unter Schutzatmosphäre verpackt"
2. Lebensmittel, die Süßungsmittel enthalten	
2.1. Lebensmittel, die ein oder mehrere nach der Verordnung (EG) Nr. 1333/2008 zugelassene Süßungsmittel enthalten	„mit Süßungsmittel(n)"; dieser Hinweis ist in Verbindung mit der Bezeichnung des Lebensmittels anzubringen
2.2. Lebensmittel, die sowohl einen Zuckerzusatz oder mehrere Zuckerzusätze als auch ein oder mehrere nach der Verordnung (EG) Nr. 1333/2008 zugelassene Süßungsmittel enthalten	„mit Zucker(n) und Süßungsmittel(n)"; dieser Hinweis ist in Verbindung mit der Bezeichnung des Lebensmittels anzubringen
2.3. Lebensmittel, die nach der Verordnung (EG) Nr. 1333/2008 zugelassenes Aspartam/Aspartam-Acesulfamsalz enthalten	Der Hinweis „enthält Aspartam (eine Phenylalaninquelle)" muss auf dem Etikett erscheinen, wenn das Aspartam/Aspartam-Acesulfamsalz in der Zutatenliste lediglich mit der E-Nummer aufgeführt ist. Der Hinweis „enthält eine Phenylalaninquelle" muss auf dem Etikett erscheinen, wenn das Aspartam/Aspartam-Acesulfamsalz in der Zutatenliste mit seiner spezifischen Bezeichnung benannt ist.
2.4. Lebensmittel mit über 10 % zugesetzten, nach der Verordnung (EG) Nr. 1333/2008 zugelassenen mehrwertigen Alkoholen	„kann bei übermäßigem Verzehr abführend wirken"
3. Lebensmittel, die Glycyrrhizinsäure oder deren Ammoniumsalz enthalten	
3.1. Süßwaren oder Getränke, die Glycyrrhizinsäure oder deren Ammoniumsalz durch Zusatz der Substanz(en) selbst oder der Süßholzpflanze *Glycyrrhiza glabra* in einer Konzentration von mindestens 100 mg/kg oder 10 mg/l enthalten	Der Hinweis „enthält Süßholz" ist unmittelbar nach der Zutatenliste anzufügen, es sei denn, der Begriff „Süßholz" ist bereits im Zutatenverzeichnis oder in der Bezeichnung des Lebensmittels enthalten. Ist kein Zutatenverzeichnis vorgesehen, ist der Hinweis in Verbindung mit der Bezeichnung des Lebensmittels anzubringen.
3.2. Süßwaren, die Glycyrrhizinsäure oder ihr Ammoniumsalz durch Zusatz der Substanz(en) selbst oder der Süßholzpflanze *Glycyrrhiza glabra* in Konzentrationen von mindestens 4 g/kg enthalten	Der Hinweis „enthält Süßholz — bei hohem Blutdruck sollte ein übermäßiger Verzehr dieses Erzeugnisses vermieden werden" ist unmittelbar nach dem Zutatenverzeichnis anzufügen. Ist kein Zutatenverzeichnis vorgesehen, ist der Hinweis in Verbindung mit der Bezeichnung des Lebensmittels anzubringen.
3.3. Getränke, die Glycyrrhizinsäure oder ihr Ammoniumsalz durch Zusatz der Substanz(en) selbst oder der Süßholzpflanze *Glycyrrhiza glabra* in Konzentrationen von mindestens 50 mg/l oder mindestens 300 mg/l im Fall von Getränken enthalten, die einen Volumenanteil von mehr als 1,2 % Alkohol enthalten[1]	Der Hinweis „enthält Süßholz — bei hohem Blutdruck sollte ein übermäßiger Verzehr dieses Erzeugnisses vermieden werden" ist unmittelbar nach dem Zutatenverzeichnis anzufügen. Ist kein Zutatenverzeichnis vorgesehen, ist der Hinweis in Verbindung mit der Bezeichnung des Lebensmittels anzubringen.
4. Getränke mit erhöhtem Koffeingehalt oder Lebensmittel mit Zusatz von Koffein	

---

[1] *Diese Menge gilt für verzehrfertige oder gemäß den Anweisungen des Herstellers in den ursprünglichen Zustand zurückgeführte Erzeugnisse.*

2/1. EU/LM-InfoV

ANHANG III

4.1.	Getränke mit Ausnahme derjenigen, die auf Kaffee, Tee bzw. Kaffee- oder Teeextrakt basieren und bei denen der Begriff „Kaffee" oder „Tee" in der Bezeichnung vorkommt, die – zur Aufnahme in unverarbeitetem Zustand bestimmt sind und Koffein aus beliebiger Quelle in einer Menge enthalten, die 150 mg/l übersteigt, oder – konzentriert oder getrocknet sind und nach der Rekonstituierung Koffein aus beliebiger Quelle in einer Menge enthalten, die 150 mg/l übersteigt	Der Hinweis „Erhöhter Koffeingehalt. Für Kinder und schwangere oder stillende Frauen nicht empfohlen" muss im selben Sichtfeld wie die Bezeichnung des Getränks erscheinen, gefolgt von einem Hinweis in Klammern nach Artikel 13 Absatz 1 dieser Verordnung auf den Koffeingehalt, ausgedrückt in mg je 100 ml.
4.2.	Andere Lebensmittel als Getränke, denen zu physiologischen Zwecken Koffein zugesetzt wird.	Der Hinweis „Enthält Koffein. Für Kinder und schwangere Frauen nicht empfohlen" muss im selben Sichtfeld wie die Bezeichnung des Lebensmittels erscheinen, gefolgt von einem Hinweis in Klammern nach Artikel 13 Absatz 1 dieser Verordnung auf den Koffeingehalt, ausgedrückt in mg je 100 g/ml. Bei Nahrungsergänzungsmitteln ist der Koffeingehalt pro empfohlener täglicher Verzehrsmenge, die in der Kennzeichnung angegeben ist, anzugeben.
5.	**Lebensmittel, denen Phytosterine, Phytosterinester, Phytostanole oder Phytostanolester zugesetzt sind**	
5.1.	Lebensmittel oder Lebensmittelzutaten, denen Phytosterine, Phytosterinester, Phytostanole oder Phytostanolester zugesetzt sind	(1) „mit zugesetzten Pflanzensterinen" bzw. „mit zugesetzten Pflanzenstanolen" im selben Sichtfeld wie die Bezeichnung des Lebensmittels; (2) die Menge an zugesetzten Phytosterinen, Phytosterinestern, Phytostanolen oder Phytostanolestern (Angabe in % oder g der freien Pflanzensterine/Pflanzenstanole je 100 g oder 100 ml des Lebensmittels) muss im Zutatenverzeichnis aufgeführt sein; (3) „Hinweis darauf, dass das Erzeugnis nicht für Personen bestimmt ist, die ihren Cholesterinspiegel im Blut nicht zu kontrollieren brauchen;" *(ABl L 27 vom 30. 1. 2014, S. 7)* (4) Hinweis darauf, dass Patienten, die Arzneimittel zur Senkung des Cholesterinspiegels einnehmen, das Erzeugnis nur unter ärztlicher Aufsicht zu sich nehmen sollten; (5) gut sichtbarer Hinweis darauf, dass das Erzeugnis für die Ernährung schwangerer und stillender Frauen sowie von Kindern unter fünf Jahren möglicherweise nicht geeignet ist; (6) Empfehlung, das Erzeugnis als Bestandteil einer ausgewogenen und abwechslungsreichen Ernährung zu verwenden, zu der auch zur Aufrechterhaltung des Carotinoid-Spiegels der regelmäßige Verzehr von Obst und Gemüse zählt; (7) im selben Sichtfeld, das den unter Nummer 3 genannten Hinweis enthält, Hinweis darauf, dass die Aufnahme von mehr als 3 g/Tag an

		zugesetzten Pflanzensterinen/Pflanzenstanolen vermieden werden sollte;
	(8)	Definition einer Portion des betreffenden Lebensmittels oder der Lebensmittelzutat (vorzugsweise in g oder ml) unter Angabe der Menge an Pflanzensterinen/Pflanzenstanolen, die in einer Portion enthalten ist.
6.	**Eingefrorenes Fleisch, eingefrorene Fleischzubereitungen und eingefrorene unverarbeitete Fischereierzeugnisse**	
6.1.	Eingefrorenes Fleisch, eingefrorene Fleischzubereitungen und eingefrorene unverarbeitete Fischereierzeugnisse	gemäß Anhang X Nummer 3 das Datum des Einfrierens oder das Datum des ersten Einfrierens in Fällen, in denen das Produkt mehr als einmal eingefroren wurde

ANHANG IV

Definition der x-Höhe

x-HÖHE

1 Oberlinie
2 Versallinie
3 Mittelinie
4 Grundlinie
5 Unterlinie
6 x-Höhe
7 Schriftgröße

Legende

1	Oberlinie
2	Versallinie
3	Mittelinie
4	Grundlinie
5	Unterlinie
6	x-Höhe
7	Schriftgröße

2/1. EU/LM-InfoV

ANHANG V

Kennzeichnung

ANHANG V

Lebensmittel, die von der verpflichtenden Nährwertdeklaration ausgenommen sind

1. Unverarbeitete Erzeugnisse, die nur aus einer Zutat oder Zutatenklasse bestehen;
2. verarbeitete Erzeugnisse, die lediglich einer Reifungsbehandlung unterzogen wurden und die nur aus einer Zutat oder Zutatenklasse bestehen;
3. für den menschlichen Gebrauch bestimmtes Wasser, auch solches, dem lediglich Kohlendioxid und/oder Aromen zugesetzt wurden;
4. Kräuter, Gewürze oder Mischungen daraus;
5. Salz und Salzsubstitute;
6. Tafelsüßen;
7. Erzeugnisse im Sinne der Richtlinie 1999/4/EG des Europäischen Parlaments und des Rates vom 22. Februar 1999 über Kaffee- und Zichorien-Extrakte[1], ganze oder gemahlene Kaffeebohnen und ganze oder gemahlene entkoffeinierte Kaffeebohnen;
8. Kräuter- oder Früchtetees, Tee, entkoffeinierter Tee, Instant- oder löslicher Tee oder Teeextrakt, entkoffeinierter Instant- oder löslicher Tee oder Teeextrakt ohne Zusatz weiterer Zutaten als Aromen, die den Nährwert des Tees nicht verändern;
9. Gärungsessig und Essigersatz, auch solche, denen lediglich Aromen zugesetzt wurden;
10. Aromen;
11. Lebensmittelzusatzstoffe;
12. Verarbeitungshilfsstoffe;
13. Lebensmittelenzyme;
14. Gelatine;
15. Gelierhilfen für Konfitüre;
16. Hefe;
17. Kaugummi;
18. Lebensmittel in Verpackungen oder Behältnissen, deren größte Oberfläche weniger als 25 cm^2 beträgt;
19. Lebensmittel, einschließlich handwerklich hergestellter Lebensmittel, die direkt in kleinen Mengen von Erzeugnissen durch den Hersteller an den Endverbraucher oder an lokale Einzelhandelsgeschäfte abgegeben werden, die die Erzeugnisse unmittelbar an den Endverbraucher abgeben.

---

[1] *ABl. L 66 vom 13.3.1999, S. 26.*

ANHANG VI

Bezeichnung des Lebensmittels und spezielle zusätzliche Angaben

Teil A – Verpflichtende Angaben zur Ergänzung der Bezeichnung des Lebensmittels

1. Die Bezeichnung des Lebensmittels enthält oder wird ergänzt durch Angaben zum physikalischen Zustand des Lebensmittels oder zur besonderen Behandlung, die es erfahren hat (z. B. pulverisiert, wieder eingefroren, gefriergetrocknet, tiefgefroren, konzentriert, geräuchert), sofern die Unterlassung einer solchen Angabe geeignet wäre, den Käufer irrezuführen.

2. Im Falle von Lebensmitteln, die vor dem Verkauf tiefgefroren wurden und aufgetaut verkauft werden, wird der Bezeichnung des Lebensmittels der Hinweis „aufgetaut" hinzugefügt.

   Diese Anforderung gilt nicht für:

   a) Zutaten, die im Enderzeugnis enthalten sind;

   b) Lebensmittel, bei denen das Einfrieren ein technologisch notwendiger Schritt im Herstellungsprozess ist;

   c) Lebensmittel, bei denen das Auftauen keine negativen Auswirkungen auf die Sicherheit oder Qualität des Lebensmittels hat.

   Diese Nummer lässt Nummer 1 unberührt.

3. Mit ionisierenden Strahlen behandelte Lebensmittel müssen mit einer der folgenden Angaben versehen sein:

   „bestrahlt" oder „mit ionisierenden Strahlen behandelt" oder einer anderen in der Richtlinie 1999/2/EG des Europäischen Parlaments und des Rates vom 22. Februar 1999 zur Angleichung der Rechtsvorschriften der Mitgliedstaaten über mit ionisierenden Strahlen behandelte Lebensmittel und Lebensmittelbestandteile genannten Angabe[1].

4. Im Falle von Lebensmitteln, bei denen ein Bestandteil oder eine Zutat, von dem/der die Verbraucher erwarten, dass er/sie normalerweise verwendet wird oder von Natur aus vorhanden ist, durch einen anderen Bestandteil oder eine andere Zutat ersetzt wurde, muss die Kennzeichnung — zusätzlich zum Zutatenverzeichnis — mit einer deutlichen Angabe des Bestandteils oder der Zutat versehen sein, der/die für die teilweise oder vollständige Ersetzung verwendet wurde, und zwar

   a) in unmittelbarer Nähe zum Produktnamen und

   b) in einer Schriftgröße, deren x-Höhe mindestens 75 % der x-Höhe des Produktnamens beträgt und die nicht kleiner als die in Artikel 13 Absatz 2 dieser Verordnung vorgeschriebene Mindestschriftgröße sein darf.

5. Bei Fleischerzeugnissen, Fleischzubereitungen und Fischereierzeugnissen, die zugesetzte Eiweiße als solche, einschließlich hydrolysierte Proteine, unterschiedlicher tierischer Herkunft enthalten, ist die Bezeichnung des Lebensmittels mit einem Hinweis auf das Vorhandensein dieser Eiweiße und ihren Ursprung zu versehen.

6. Bei Fleischerzeugnissen und Fleischzubereitungen, die „aussehen wie ein Abschnitt, ein Stück, eine Scheibe oder eine Portion Fleisch oder wie ein Tierkörper", enthält die Bezeichnung des Lebensmittels die Angabe, dass Wasser zugesetzt wurde, wenn das zugesetzte Wasser mehr als 5 % des Gewichts des Enderzeugnisses ausmacht. Diese Bestimmung gilt auch für Fischereierzeugnisse und zubereitete Fischereierzeugnisse, die „aussehen wie ein Abschnitt, ein Stück, eine Scheibe oder eine Portion Fisch, ein Filet oder wie ein ganzes Fischereierzeugnis". *(ABl L 331 vom 18. 11. 2014, S. 40)*

7. Fleischerzeugnisse, Fleischzubereitungen und Fischereierzeugnisse, die den Anschein erwecken könnten, dass es sich um ein gewachsenes Stück Fleisch oder Fisch handelt, die jedoch tatsächlich aus verschiedenen Stücken bestehen, die durch andere Zutaten, einschließlich Lebensmittelzusatzstoffe und Enzyme, oder durch andere Mittel zusammengefügt sind, tragen den folgenden Hinweis:

   auf Bulgarisch: „формовано месо" und „формована риба";

---

[1] *ABl. L 66 vom 13.3.1999, S. 16.*

2/1. EU/LM-InfoV
ANHANG VI — Kennzeichnung

auf Spanisch:	„"elaborado a partir de piezas de carne" und „elaborado a partir de piezas de pescado";" *(ABl L 266 vom 30. 9. 2016, S. 7)*
auf Tschechisch:	„ze spojovaných kousků masa" und „ze spojovaných kousků rybího masa";
auf Dänisch:	„Sammensat af stykker af kød" und „Sammensat af stykker af fisk";
auf Deutsch:	„aus Fleischstücken zusammengefügt" und „aus Fischstücken zusammengefügt";
auf Estnisch:	„liidetud liha" und „liidetud kala";
auf Griechisch:	„μορφοποιημένο κρέας" und „μορφοποιημένο ψάρι";
auf Englisch:	„formed meat" und „formed fish";
auf Französisch:	„viande reconstituée" und „poisson reconstitué";
auf Irisch:	„píosaí feola ceangailte" und „píosaí éisc ceangailte";
auf Italienisch:	„carne ricomposta" und „pesce ricomposto";
auf Lettisch:	„formēta gaļa" und „formēta zivs";
auf Litauisch:	„sudarytas (-a) iš mėsos gabalų" und „sudarytas (-a) iš žuvies gabalų";
auf Ungarisch:	„darabokból újraformázott hús" und „darabokból újraformázott hal";
auf Maltesisch:	„laħam rikostitwit" und „ħut rikostitwit";
auf Niederländisch:	„samengesteld uit stukjes vlees" und „samengesteld uit stukjes vis";
auf Polnisch:	„z połączonych kawałków mięsa" und „z połączonych kawałków ryby";
auf Portugiesisch:	„carne reconstituída" und „peixe reconstituído";
auf Rumänisch:	„carne formată" und „carne de pește formată";
auf Slowakisch:	„"zo spájaných kúskov mäsa" und „zo spájaných kúskov ryby";" *(ABl L 266 vom 30. 9. 2016, S. 7)*
auf Slowenisch:	„sestavljeno, iz koščkov oblikovano meso" und „sestavljene, iz koščkov oblikovane ribe";
auf Finnisch:	„paloista yhdistetty liha" und „paloista yhdistetty kala";
auf Schwedisch:	„sammanfogade bitar av kött" und „sammanfogade bitar av fisk".

Teil B – Spezielle Anforderungen an die Bezeichnung „Hackfleisch/Faschiertes"

1. Auf der Grundlage eines Tagesdurchschnitts kontrollierte Zusammensetzung:

	Fettgehalt	Verhältnis Kollagen/Fleischeiweiß[1]
– mageres Hackfleisch/Faschiertes	≤ 7 %	≤ 12 %
– reines Rinderhackfleisch/-faschiertes	≤ 20 %	≤ 15 %
– Hackfleisch/Faschiertes mit Schweinefleischanteil	≤ 30 %	≤ 18 %
– Hackfleisch/Faschiertes von anderen Tierarten	≤ 25 %	≤ 15 %

2. Neben den Anforderungen gemäß Anhang III Abschnitt V Kapitel IV der Verordnung (EG) Nr. 853/2004 muss die Kennzeichnung die folgenden Angaben enthalten:
   – „Fettgehalt geringer als …";
   – „Verhältnis Kollagen/Fleischeiweiß geringer als …".
3. Die Mitgliedstaaten können gestatten, dass auf ihrem Inlandsmarkt Hackfleisch/Faschiertes, das die Kriterien der Nummer 1 dieses Teils nicht erfüllt, mit einem nationalen Kennzeichen, das nicht mit den Kennzeichen gemäß Artikel 5 Absatz 1 der Verordnung (EG) Nr. 853/2004 verwechselt werden kann, in Verkehr gebracht wird.

---

[1] *Das Verhältnis Kollagen/Fleischeiweiß wird als Prozentsatz des im Fleischeiweiß enthaltenen Kollagens ausgedrückt. Der Kollagengehalt ist der mit dem Faktor 8 vervielfältigte Gehalt an Hydroxyprolin.*

ANHANG VI, VII

Teil C – Spezielle Anforderungen an die Bezeichnung von Wursthüllen

Ist eine Wursthülle nicht essbar, muss dies angegeben werden.

ANHANG VII

Angabe und Bezeichnung von Zutaten

Teil A – Spezielle Vorschriften für die Angabe von Zutaten in absteigender Reihenfolge ihres Gewichtsanteils

Zutatenklasse	Vorschriften für die Angabe des Gewichtsanteils
1. Zugefügtes Wasser und flüchtige Zutaten	Werden nach Maßgabe ihres Gewichtsanteils am Enderzeugnis angegeben. Die in einem Lebensmittel als Zutat verwendete Menge Wasser wird durch Abzug aller anderen einbezogenen Zutaten von der Gesamtmenge des Enderzeugnisses bestimmt. Stellt die Menge nicht mehr als 5 % des Gewichts des Enderzeugnisses dar, so kann sie unberücksichtigt bleiben. Diese Ausnahme gilt nicht für Fleisch, Fleischzubereitungen, unverarbeitete Fischereierzeugnisse und unverarbeitete Muscheln.
2. In konzentrierter oder getrockneter Form verwendete und bei der Herstellung in ihren ursprünglichen Zustand zurückgeführte Zutaten	Können nach Maßgabe ihres Gewichtsanteils vor der Eindickung oder vor dem Trocknen im Verzeichnis angegeben werden.
3. Zutaten, die in konzentrierten oder getrockneten Lebensmitteln verwendet werden, denen Wasser zugesetzt werden muss, um sie in ihren ursprünglichen Zustand zurückzuführen	Können in der Reihenfolge der Anteile an dem in seinen ursprünglichen Zustand zurückgeführten Erzeugnis aufgezählt werden, sofern das Zutatenverzeichnis eine Wendung wie „Zutaten des in seinen ursprünglichen Zustand zurückgeführten Erzeugnisses" oder „Zutaten des gebrauchsfertigen Erzeugnisses" enthält.
4. Obst, Gemüse oder Pilze, von denen keines nach seinem Gewichtsanteil deutlich dominiert und die mit potenziell veränderlichen Anteilen in einer Mischung als Zutat für ein Lebensmittel verwendet werden	Können im Zutatenverzeichnis unter der Bezeichnung „Obst", „Gemüse" oder „Pilze" zusammengefasst werden, gefolgt von der Wendung „in veränderlichen Gewichtsanteilen", wobei unmittelbar danach die vorhandenen Obst-, Gemüse- oder Pilzsorten aufzuführen sind. In diesen Fällen wird die Mischung gemäß Artikel 18 Absatz 1 nach dem Gewichtsanteil der Gesamtheit der vorhandenen Obst-, Gemüse- oder Pilzsorten im Zutatenverzeichnis aufgeführt.
5. Mischungen aus Gewürzen oder Kräutern, die sich in ihrem Gewichtsanteil nicht wesentlich unterscheiden	Können in einer anderen Reihenfolge aufgezählt werden, sofern das Verzeichnis der Zutaten eine Wendung wie „in veränderlichen Gewichtsanteilen" enthält.
6. Zutaten, die weniger als 2 % des Enderzeugnisses ausmachen	Können in anderer Reihenfolge nach den übrigen Zutaten aufgezählt werden.
7. Ähnliche und untereinander austauschbare Zutaten, die bei der Herstellung oder Zubereitung eines Lebensmittels verwendet werden können, ohne dass sie dessen Zusammensetzung, Art oder dessen empfundenen Wert verändern, sofern sie weniger als 2 % des Enderzeugnisses ausmachen	Können im Zutatenverzeichnis mit der Angabe „Enthält … und/oder …" aufgeführt werden, sofern mindestens eine von höchstens zwei Zutaten im Enderzeugnis vorhanden ist. Diese Vorschrift gilt nicht für in Teil C dieses Anhangs aufgeführte Lebensmittelzusatzstoffe oder Zutaten und in Anhang II aufgeführte Stoffe oder Erzeugnisse, die Allergien oder Unverträglichkeiten auslösen.
8. Raffinierte Öle pflanzlicher Herkunft	Können im Zutatenverzeichnis unter der Bezeichnung „pflanzliche Öle" zusammengefasst werden, wobei unmittelbar danach eine Liste mit den Angaben der speziellen pflanzlichen Herkunft aufzuführen ist, nach

2/1. EU/LM-InfoV
ANHANG VII — Kennzeichnung

		der die Wendung „in veränderlichen Gewichtsanteilen" folgen kann. Im Falle einer Zusammenfassung werden die pflanzlichen Öle gemäß Artikel 18 Absatz 1 nach dem Gewichtsanteil der Gesamtheit der vorhandenen pflanzlichen Öle im Zutatenverzeichnis aufgeführt. Der Hinweis auf ein gehärtetes Öl muss gegebenenfalls mit dem Ausdruck „ganz gehärtet" oder „teilweise gehärtet" versehen sein.
9.	Raffinierte Fette pflanzlicher Herkunft	Können im Zutatenverzeichnis unter der Bezeichnung „pflanzliche Fette" zusammengefasst werden, wobei unmittelbar danach eine Liste mit den Angaben der speziellen pflanzlichen Herkunft aufzuführen ist, nach der die Wendung „in veränderlichen Gewichtsanteilen" folgen kann. Im Falle einer Zusammenfassung werden die pflanzlichen Fette gemäß Artikel 18 Absatz 1 nach dem Gewichtsanteil der Gesamtheit der vorhandenen pflanzlichen Fette im Zutatenverzeichnis aufgeführt. Der Hinweis auf ein gehärtetes Fett muss gegebenenfalls mit dem Ausdruck „ganz gehärtet" oder „teilweise gehärtet" versehen sein.

Teil B – Bezeichnung bestimmter Zutaten, bei denen die spezielle Bezeichnung durch die Bezeichnung einer Klasse ersetzt werden kann

Unbeschadet des Artikels 21 können Zutaten, die zu einer der im Folgenden aufgeführten Lebensmittelklasse gehören und die Bestandteile eines anderen Lebensmittels sind, statt mit ihrer speziellen Bezeichnung mit der Bezeichnung der betreffenden Klasse benannt werden.

	Definition der Lebensmittelklasse	Bezeichnung
1.	Raffinierte Öle tierischer Herkunft	„Öl", ergänzt entweder durch das Adjektiv „tierisch" oder die Angabe der speziellen tierischen Herkunft Der Hinweis auf ein gehärtetes Öl muss gegebenenfalls mit dem Ausdruck „ganz gehärtet" oder „teilweise gehärtet" versehen sein.
2.	Raffinierte Fette tierischer Herkunft	„Fett", ergänzt entweder durch das Adjektiv „tierisch" oder die Angabe der speziellen tierischen Herkunft Der Hinweis auf ein gehärtetes Fett muss gegebenenfalls mit dem Ausdruck „ganz gehärtet" oder „teilweise gehärtet" versehen sein.
3.	Mischungen von Mehl aus zwei oder mehr Getreidearten	„Mehl", gefolgt von der Aufzählung der Getreidearten, aus denen es hergestellt ist, in abnehmender Reihenfolge ihres Gewichtsanteils
4.	Natürliche Stärke und auf physikalischem oder enzymatischem Wege modifizierte Stärke	„Stärke"
5.	Fisch aller Art, wenn der Fisch Zutat eines anderen Lebensmittels ist und sofern sich Bezeichnung und Darstellung dieses Lebensmittels nicht auf eine bestimmte Fischart beziehen	„Fisch"
6.	Käse aller Art, wenn der Käse oder die Käsemischung Zutat eines anderen Lebensmittels ist und sofern sich Bezeichnung und Darstellung dieses Lebensmittels nicht auf eine bestimmte Käseart beziehen	„Käse"
7.	Gewürze jeder Art, die nicht mehr als 2 Gewichtsprozent des Lebensmittels ausmachen	„Gewürz(e)" oder „Gewürzmischung"

ANHANG VII

8.	Kräuter oder Kräuterteile jeder Art, die nicht mehr als 2 Gewichtsprozent des Lebensmittels ausmachen	„Kräuter" oder „Kräutermischung"
9.	Grundstoffe jeder Art, die für die Herstellung der Kaumasse von Kaugummi verwendet werden	„Kaumasse"
10.	Paniermehl jeglichen Ursprungs	„Paniermehl"
11.	Saccharose jeder Art	„Zucker"
12.	Dextroseanhydrid oder Dextrosemonohydrat	„Dextrose"
13.	Glucosesirup und getrockneter Glucosesirup	„Glukosesirup"
14.	Milcheiweiß aller Art (Kaseine, Kaseinate und Molkenproteine) und Mischungen daraus	„Milcheiweiß"
15.	Kakaopressbutter, Expeller-Kakaobutter, raffinierte Kakaobutter	„Kakaobutter"
16.	Weine aller Art gemäß Anhang XIb der Verordnung (EG) Nr. 1234/2007[1]	„Wein"
17.	Skelettmuskeln[2] von Tieren der Spezies „Säugetiere" und „Vögel", die als für den menschlichen Verzehr geeignet gelten, mitsamt dem natürlicherweise darin eingebetteten oder damit verbundenen Gewebe, deren Gesamtanteil an Fett und Bindegewebe die nachstehend aufgeführten Werte nicht übersteigt, und soweit das Fleisch Zutat eines anderen Lebensmittels ist. Höchstwerte der Fett- und Bindegewebeanteile für Zutaten, die mit dem Begriff „... fleisch" bezeichnet werden:	„... fleisch", dem der Name/die Namen[3] der Tierart, von der/denen es stammt, vorangestellt ist/sind

Art	Fettgehalt	Verhältnis Kollagen/Fleischeiweiß (1)
– Säugetiere (ausgenommen Kaninchen und Schweine) und Mischungen von Tierarten, bei denen Säugetiere überwiegen	25 %	25 %
– Schweine	30 %	25 %
– Vögel und Kaninchen	15 %	10 %

(1) Das Verhältnis Kollagen/Fleischeiweiß wird als Prozentsatz des im Fleischeiweiß enthaltenen Kollagens ausgedrückt. Der Kollagen-

---

[1] Verordnung (EG) Nr. 1234/2007 des Rates vom 22. Oktober 2007 über eine gemeinsame Organisation der Agrarmärkte und mit Sondervorschriften für bestimmte landwirtschaftliche Erzeugnisse (Verordnung über die einheitliche GMO) (ABl. L 299 vom 16.11.2007, S. 1).

[2] Das Zwerchfell und die Kaumuskeln gehören zu den Skelettmuskeln, während das Herz, die Zunge, die Muskeln des Kopfes (außer den Kaumuskeln), des Karpal- und Tarsalgelenks und des Schwanzes nicht darunter fallen.

[3] Bei der Kennzeichnung in englischer Sprache kann diese Bezeichnung durch die allgemeine Bezeichnung für das Fleisch der betreffenden Tierspezies ersetzt werden.

2/1. EU/LM-InfoV
ANHANG VII — Kennzeichnung

	gehalt ist der mit dem Faktor 8 vervielfältigte Gehalt an Hydroxyprolin.	
	Werden diese Höchstwerte überschritten und sind alle anderen Kriterien der Definition von „… fleisch" erfüllt, so muss der „… fleisch-Anteil" entsprechend nach unten angepasst werden und das Zutatenverzeichnis muss neben der Angabe des Begriffs „… fleisch" die Angabe der Zutat Fett bzw. Bindegewebe enthalten. Die unter die Definition von „Separatorenfleisch" fallenden Erzeugnisse fallen nicht unter die vorliegende Definition.	
18.	Alle Arten von Erzeugnissen, die unter die Definition von „Separatorenfleisch" fallen	„Separatorenfleisch", dem der Name/die Namen[3] der Tierart/Tierarten, von der/denen es stammt, vorangestellt ist/ sind

Teil C – Nennung bestimmter Zutaten mit der Bezeichnung der betreffenden Klasse, gefolgt von ihrer speziellen Bezeichnung oder der E-Nummer

Unbeschadet des Artikels 21 sind Lebensmittelzusatzstoffe und Lebensmittelenzyme, die nicht in Artikel 20 Buchstabe b aufgeführt sind und zu einer der in diesem Teil aufgeführten Klassen gehören, mit der Bezeichnung dieser Klasse zu benennen, gefolgt von ihrer speziellen Bezeichnung, oder gegebenenfalls der E-Nummer. Gehört eine Zutat zu mehreren Klassen, so ist die Klasse anzugeben, der die Zutat aufgrund ihrer hauptsächlichen Wirkung für das betreffende Lebensmittel zuzuordnen ist.

Antioxidationsmittel	Modifizierte Stärke [1]
Backtriebmittel	Säuerungsmittel
Emulgator	Säureregulator
„Farbstoff" *(ABl L 331 vom 18. 11. 2014, S. 40)*	Schaummittel
Festigungsmittel	Schaumverhüter
Feuchthaltemittel	„Schmelzsalz"[2] *(ABl L 331 vom 18. 11. 2014, S. 40)*
Füllstoff	Stabilisator
Geliermittel	Süßungsmittel
Geschmacksverstärker	Treibgas
Komplexbildner	Trennmittel
Konservierungsstoff	Überzugsmittel
Mehlbehandlungsmittel	Verdickungsmittel

[1] Die Angabe der spezifischen Bezeichnung oder der E-Nummer ist nicht erforderlich.
[2] Nur im Fall von Schmelzkäse und von Erzeugnissen auf der Grundlage von Schmelzkäse.

Teil D – Bezeichnung von Aromen im Zutatenverzeichnis

1. Aromen sind mit folgenden Begriffen zu bezeichnen:
   – „Aroma/Aromen" oder einer genaueren Bezeichnung bzw. einer Beschreibung des Aromas, wenn der Aromabestandteil Aromen im Sinne von Artikel 3 Absatz 2 Buchstaben b, c, d, e, f, g oder h der Verordnung (EG) Nr. 1334/2008 enthält;
   – „Raucharoma/Raucharomen" oder „Raucharoma/Raucharomen aus einem Lebensmittel/Lebensmitteln bzw. einer Lebensmittelklasse bzw. einem Ausgangsstoff/Ausgangsstoffen" (z. B. „Raucharoma aus Buchenholz"), wenn der Aromabestandteil Aromen im Sinne von Artikel

2/1. EU/LM-InfoV
ANHANG VII

     3 Absatz 2 Buchstabe f der Verordnung (EG) Nr. 1334/2008 enthält und den Lebensmitteln einen Räuchergeschmack verleiht.

2. Der Begriff „natürlich" wird zur Bezeichnung von Aromen im Sinne von Artikel 16 der Verordnung (EG) Nr. 1334/2008 verwendet.
3. Chinin und/oder Koffein, die als Aromen bei der Herstellung oder Zubereitung von Lebensmitteln Verwendung finden, sind im Zutatenverzeichnis unmittelbar nach dem Begriff „Aroma/Aromen" unter ihrer Bezeichnung aufzuführen.

Teil E – Bezeichnung von zusammengesetzten Zutaten

1. Eine zusammengesetzte Zutat kann im Zutatenverzeichnis unter ihrer Bezeichnung, sofern diese in einer Rechtsvorschrift festgelegt oder üblich ist, nach Maßgabe ihres Gesamtgewichtsanteils angegeben werden, sofern unmittelbar danach eine Aufzählung ihrer Zutaten folgt.
2. Unbeschadet des Artikels 21 ist das Zutatenverzeichnis bei zusammengesetzten Zutaten nicht verpflichtend,
   a) wenn die Zusammensetzung der zusammengesetzten Zutat in einer geltenden Unionsvorschrift festgelegt ist, sofern die zusammengesetzte Zutat weniger als 2 % des Enderzeugnisses ausmacht; dies gilt jedoch vorbehaltlich des Artikels 20 Buchstaben a bis d nicht für Zusatzstoffe; oder
   b) für die aus Gewürz- und/oder Kräutermischungen bestehenden zusammengesetzten Zutaten, die weniger als 2 % des Enderzeugnisses ausmachen, mit Ausnahme von Lebensmittelzusatzstoffen, vorbehaltlich des Artikels 20 Buchstaben a bis d; oder
   c) wenn die zusammengesetzte Zutat ein Lebensmittel ist, für das nach Unionsvorschriften kein Zutatenverzeichnis erforderlich ist.

2/1. EU/LM-InfoV
ANHANG VIII — Kennzeichnung

ANHANG VIII

Mengenmässige Angabe der Zutaten

1. Die mengenmäßige Angabe ist nicht erforderlich
   a) für eine Zutat oder Zutatenklasse,
      i) deren Abtropfgewicht gemäß Anhang IX Nummer 5 angegeben ist;
      ii) deren Mengenangabe aufgrund von Unionsvorschriften bereits in der Kennzeichnung aufzuführen ist;
      iii) die in kleinen Mengen zur Geschmacksgebung verwendet wird; oder
      iv) die, obwohl sie in der Bezeichnung des Lebensmittels vorkommt, für die Wahl des Verbrauchers im Land der Vermarktung nicht ausschlaggebend ist, weil unterschiedliche Mengen für die Charakterisierung des betreffenden Lebensmittels nicht wesentlich sind oder es nicht von ähnlichen Lebensmitteln unterscheiden;
   b) wenn in speziellen Unionsbestimmungen die Menge der Zutat oder der Zutatenklasse präzise festgelegt, deren Angabe in der Kennzeichnung aber nicht vorgesehen ist; oder
   c) in den in Anhang VII Teil A Nummern 4 und 5 genannten Fällen.
2. Artikel 22 Absatz 1 Buchstaben a und b gelten nicht für
   a) Zutaten oder Zutatenklassen, die unter die Angabe „mit Süßungsmittel(n)" oder „mit Zucker(n) und Süßungsmittel(n)" fallen, wenn diese Angabe gemäß Anhang III in Verbindung mit der Bezeichnung des Lebensmittels erscheint; oder
   b) zugesetzte Vitamine und Mineralstoffe, wenn diese Stoffe in eine Nährwertdeklaration aufgenommen werden müssen.
3. Die Angabe der Menge einer Zutat oder Zutatenklasse erfolgt
   a) als Prozentsatz der Menge der Zutat bzw. Zutaten zum Zeitpunkt ihrer Verwendung; und
   b) erscheint entweder in der Bezeichnung des Lebensmittels selbst oder in ihrer unmittelbaren Nähe oder im Zutatenverzeichnis zusammen mit der betreffenden Zutat oder Zutatenklasse.
4. Abweichend von Nummer 3
   a) ist die Menge bei Lebensmitteln, denen infolge einer Hitzebehandlung oder einer sonstigen Behandlung Feuchtigkeit entzogen wurde, als Prozentsatz auszudrücken, der der Menge der verarbeiteten Zutat oder Zutaten, bezogen auf das Enderzeugnis, entspricht, es sei denn, diese Menge oder die in der Kennzeichnung angegebene Gesamtmenge aller Zutaten übersteigt 100 %; in diesem Fall erfolgt die Angabe nach Maßgabe des Gewichts der für die Zubereitung von 100 g des Enderzeugnisses verwendeten Zutat bzw. Zutaten;
   b) wird die Menge der flüchtigen Zutaten nach Maßgabe ihres Gewichtsanteils am Enderzeugnis angegeben;
   c) kann die Menge derjenigen Zutaten, die in konzentrierter oder getrockneter Form verwendet und während der Herstellung in ihren ursprünglichen Zustand zurückgeführt werden, nach Maßgabe ihres Gewichtsanteils vor der Konzentration oder der Trocknung angegeben werden;
   d) kann die Menge der Zutaten bei konzentrierten oder getrockneten Lebensmitteln, denen Wasser zugefügt werden muss, nach Maßgabe ihres Gewichtsanteils im in seinen ursprünglichen Zustand zurückgeführten Erzeugnis angegeben werden.

ANHANG IX

Angabe der Nettofüllmenge

1. Die Angabe der Nettofüllmenge ist nicht verpflichtend bei Lebensmitteln,
   a) bei denen in Volumen oder Masse erhebliche Verluste auftreten können und die nach Stückzahlen in den Verkehr gebracht oder in Anwesenheit des Käufers abgewogen werden;
   b) deren Nettofüllmenge unter 5 g oder 5 ml liegt; dies gilt jedoch nicht für Gewürze und Kräuter; oder
   c) die normalerweise nach Stückzahlen in den Verkehr gebracht werden, sofern die Stückzahl von außen leicht zu sehen und einfach zu zählen ist oder anderenfalls in der Kennzeichnung angegeben ist.

2. Ist die Angabe einer bestimmten Mengenart (wie Nennfüllmenge, Mindestmenge, mittlere Menge) in den Unionsvorschriften oder — falls solche fehlen — in den einzelstaatlichen Vorschriften vorgesehen, so gilt diese Menge als Nettofüllmenge im Sinne dieser Verordnung.

3. Besteht eine Vorverpackung aus zwei oder mehr Einzelpackungen mit derselben Menge desselben Erzeugnisses, so wird die Nettofüllmenge in der Weise angegeben, dass die in jeder Einzelpackung enthaltene Nettofüllmenge und die Gesamtzahl der Einzelpackungen angegeben werden. Diese Angaben sind jedoch nicht verpflichtend, wenn die Gesamtzahl der Einzelpackungen von außen leicht zu sehen und einfach zu zählen ist und wenn mindestens eine Angabe der Nettofüllmenge jeder Einzelpackung deutlich von außen sichtbar ist.

4. Besteht eine Vorverpackung aus zwei oder mehr Einzelpackungen, die nicht als Verkaufseinheiten anzusehen sind, so wird die Nettofüllmenge in der Weise angegeben, dass die Gesamtnettofüllmenge und die Gesamtzahl der Einzelpackungen angegeben werden.

5. Befindet sich ein festes Lebensmittel in einer Aufgussflüssigkeit, so ist auch das Abtropfgewicht des Lebensmittels anzugeben. Bei glasierten Lebensmitteln ist das Überzugsmittel nicht im angegebenen Nettogewicht des Lebensmittels enthalten.

   Als Aufgussflüssigkeiten im Sinne dieser Nummer gelten folgende Erzeugnisse — gegebenenfalls in Mischungen und auch gefroren oder tiefgefroren —, sofern sie gegenüber den wesentlichen Bestandteilen der betreffenden Zubereitung nur eine untergeordnete Rolle spielen und folglich für den Kauf nicht ausschlaggebend sind: Wasser, wässrige Salzlösungen, Salzlake, Genusssäure in wässriger Lösung; Essig, wässrige Zuckerlösungen, wässrige Lösungen von anderen Süßungsstoffen oder -mitteln, Frucht- oder Gemüsesäfte bei Obst und Gemüse.

2/1. EU/LM-InfoV
ANHANG X — Kennzeichnung

ANHANG X

Mindesthaltbarkeitsdatum, Verbrauchsdatum und Datum des Einfrierens

1. Das Mindesthaltbarkeitsdatum wird wie folgt angegeben:
   a) Diesem Datum geht folgende Angabe voran:
      – „mindestens haltbar bis …", wenn der Tag genannt wird;
      – „mindestens haltbar bis Ende …" in den anderen Fällen.
   b) In Verbindung mit der Angabe nach Buchstabe a wird angegeben
      – entweder das Datum selbst oder
      – ein Hinweis darauf, wo das Datum in der Kennzeichnung zu finden ist.

      Diese Angaben werden erforderlichenfalls durch eine Beschreibung der Aufbewahrungsbedingungen ergänzt, deren Einhaltung die angegebene Haltbarkeit gewährleistet.
   c) Das Datum besteht aus der unverschlüsselten Angabe von Tag, Monat und gegebenenfalls Jahr in dieser Reihenfolge.

      Ausreichend ist jedoch im Falle von Lebensmitteln,
      – deren Haltbarkeit weniger als drei Monate beträgt: die Angabe des Tages und des Monats;
      – deren Haltbarkeit mehr als drei Monate, jedoch höchstens achtzehn Monate beträgt: die Angabe des Monats und des Jahres;
      – deren Haltbarkeit mehr als achtzehn Monate beträgt: die Angabe des Jahres.
   d) Die Angabe des Mindesthaltbarkeitsdatums ist vorbehaltlich der Unionsvorschriften, in denen andere Datumsangaben vorgeschrieben sind, nicht erforderlich bei
      – frischem Obst und Gemüse — einschließlich Kartoffeln —, das nicht geschält, geschnitten oder auf ähnliche Weise behandelt worden ist; diese Ausnahmeregelung gilt nicht für Keime von Samen und ähnliche Erzeugnisse, wie Sprossen von Hülsenfrüchten;
      – Wein, Likörwein, Schaumwein, aromatisiertem Wein und ähnlichen Erzeugnissen aus anderen Früchten als Weintrauben sowie aus Weintrauben oder Traubenmost gewonnenen Getränken des KN-Codes 2206 00;
      – Getränken mit einem Alkoholgehalt von 10 oder mehr Volumenprozent;
      – Backwaren, die ihrer Art nach normalerweise innerhalb von 24 Stunden nach der Herstellung verzehrt werden;
      – Essig;
      – Speisesalz;
      – Zucker in fester Form;
      – Zuckerwaren, die fast nur aus Zuckerarten mit Aromastoffen und/oder Farbstoffen bestehen;
      – Kaugummi und ähnlichen Erzeugnissen zum Kauen.
2. Das Verbrauchsdatum wird wie folgt angegeben:
   a) Dem Datum geht der Wortlaut „zu verbrauchen bis" voran.
   b) Dem unter Buchstabe a genannten Wortlaut wird Folgendes hinzugefügt:
      – entweder das Datum selbst oder
      – ein Hinweis darauf, wo das Datum in der Kennzeichnung zu finden ist.

      Diesen Angaben folgt eine Beschreibung der einzuhaltenden Aufbewahrungsbedingungen.
   c) Das Datum besteht aus der unverschlüsselten Angabe von Tag, Monat und gegebenenfalls Jahr in dieser Reihenfolge.
   d) Das Verbrauchsdatum wird auf jeder vorverpackten Einzelportion angegeben.
3. Das Datum des Einfrierens bzw. das Datum des ersten Einfrierens gemäß Anhang III Nummer 6 wird wie folgt angegeben:
   a) Dem Datum geht der Wortlaut „eingefroren am …" voran.
   b) Dem in Buchstabe a genannten Wortlaut wird Folgendes hinzugefügt:
      – entweder das Datum selbst oder

2/1. EU/LM-InfoV
ANHANG X, XI

– ein Hinweis darauf, wo das Datum in der Kennzeichnung zu finden ist.

c) Das Datum besteht aus der unverschlüsselten Angabe von Tag, Monat und Jahr in dieser Reihenfolge.

ANHANG XI

Sorten von Fleisch, für die die Angabe des Ursprungslands oder des Herkunftsorts verpflichtend ist

KN-Codes (Kombinierte Nomenklatur 2010)	Beschreibung
0203	Fleisch von Schweinen, frisch, gekühlt oder gefroren
0204	Fleisch von Schafen oder Ziegen, frisch, gekühlt oder gefroren
Ex 0207	Fleisch von Hausgeflügel der Position 0105, frisch, gekühlt oder gefroren

2/1. EU/LM-InfoV
ANHANG XII

ANHANG XII

Alkoholgehalt

Der vorhandene Alkoholgehalt von Getränken mit einem Alkoholgehalt von mehr als 1,2 Volumenprozent ist durch eine Ziffer mit nicht mehr als einer Dezimalstelle anzugeben. Ihr ist das Symbol „% vol" anzufügen; dieser Angabe darf das Wort „Alkohol" oder die Abkürzung „Alk." oder „alc."" vorangestellt werden. *(ABl L 331 vom 18. 11. 2014, S. 40)*

Der Alkoholgehalt wird bei 20 °C bestimmt.

Die für die Angabe des Alkoholgehalts zugelassenen und in absoluten Werten ausgedrückten Abweichungen nach oben und nach unten werden in der folgenden Tabelle festgesetzt. Sie gelten unbeschadet der Toleranzen, die sich aus der für die Bestimmung des Alkoholgehalts verwendeten Analysenmethode ergeben.

	Beschreibung des Getränks	Positive oder negative Abweichungen
1.	Bier des KN-Codes 2203 00 mit einem Alkoholgehalt von höchstens 5,5 % vol; nicht schäumende Getränke des KN-Codes 2206 00, die aus Weintrauben gewonnen werden	0,5 % vol
2.	Bier mit einem Alkoholgehalt von mehr als 5,5 % vol; schäumende Getränke des KN-Codes 2206 00, die aus Weintrauben gewonnen werden, Apfelwein, Birnenwein, Fruchtwein und ähnliche gegorene Getränke, die aus anderen Früchten als Weintrauben gewonnen werden, auch perlend oder schäumend; Met/Honigwein	1 % vol
3.	Getränke mit eingelegten Früchten oder Pflanzenteilen	1,5 % vol
4.	Sonstige Getränke mit einem Alkoholgehalt von mehr als 1,2 Volumenprozent	0,3 % vol

2/1. EU/LM-InfoV
ANHANG XIII

ANHANG XIII

Referenzmengen

Teil A – Referenzmengen für die tägliche Zufuhr von Vitamen und Mineralstoffen (Erwachsene)

1. Vitamine und Mineralstoffe, die angegeben werden können, sowie ihre Nährstoffbezugswerte (nutrient reference values — NRV)

Vitamin A (µg)	800	„Chlorid (mg)" *(ABl L 331 vom 18. 11. 2014, S. 40)*	800
Vitamin D (µg)	5	Calcium (mg)	800
Vitamin E (mg)	12	Phosphor (mg)	700
Vitamin K (µg)	75	Magnesium (mg)	375
Vitamin C (mg)	80	Eisen (mg)	14
Thiamin (mg)	1,1	Zink (mg)	10
Riboflavin (mg)	1,4	Kupfer (mg)	1
Niacin (mg)	16	Mangan (mg)	2
Vitamin B6 (mg)	1,4	„Fluorid (mg)" *(ABl L 331 vom 18. 11. 2014, S. 40)*	3,5
Folsäure (µg)	200	Selen (µg)	55
Vitamin B12 (µg)	2,5	Chrom (µg)	40
Biotin (µg)	50	Molybdän (µg)	50
Pantothensäure (mg)	6	Jod (µg)	150
Kalium (mg)	2 000		

2. Signifikante Menge an Vitaminen und Mineralstoffen

   Bei der Festsetzung der signifikanten Menge sollten in der Regel folgende Werte berücksichtigt werden:
   – 15 % der Nährstoffbezugswerte nach Nummer 1 je 100 g oder 100 ml im Falle von anderen Erzeugnissen als Getränken;
   – 7,5 % der Nährstoffbezugswerte nach Nummer 1 je 100 ml im Falle von Getränken; oder
   – 15 % der Nährstoffbezugswerte nach Nummer 1 je Portion, wenn die Packung nur eine einzige Portion enthält.

Teil B – Referenzmengen für die Zufuhr von Energie und ausgewählten Nährstoffen, die keine Vitamine oder Mineralstoffe sind (Erwachsene)

Energie oder Nährstoff	Referenzmenge
Energie	8 400 kJ/2 000 kcal
Gesamtfett	70 g
gesättigte Fettsäuren	20 g
Kohlenhydrate	260 g
Zucker	90 g
Eiweiß	50 g
Salz	6 g

2/1. EU/LM-InfoV
ANHANG XIV — Kennzeichnung

ANHANG XIV

Umrechnungsfaktoren

Umrechnungsfaktoren für die Berechnung der Energie

Der anzugebende Brennwert wird unter Anwendung der folgenden Umrechnungsfaktoren berechnet:

– Kohlenhydrate (ausgenommen mehrwertige Alkohole)	17 kJ/g – 4 kcal/g
– mehrwertige Alkohole	10 kJ/g – 2,4 kcal/g
– Eiweiß	17 kJ/g – 4 kcal/g
– Fett	37 kJ/g – 9 kcal/g
– Salatrims	25 kJ/g – 6 kcal/g
– Ethylalkohol	29 kJ/g – 7 kcal/g
– organische Säuren	13 kJ/g – 3 kcal/g
– Ballaststoffe	8 kJ/g – 2 kcal/g
– Erythritol	0 kJ/g – 0 kcal/g

2/1. EU/LM-InfoV
ANHANG XV

ANHANG XV

Abfassung und Darstellung der Nährwertdeklaration

In der Nährwertdeklaration sind für die Energiewerte (Kilojoule (kJ) und Kilokalorien (kcal)) und für die Masse (Gramm (g), Milligramm (mg) oder Mikrogramm (µg)) folgende Maßeinheiten zu verwenden und die entsprechenden Angaben müssen in der nachstehenden Reihenfolge erscheinen:

Energie	kJ/kcal
Fett	g
davis:	
– gesättigte Fettsäuren	g
– einfach ungesättigte Fettsäuren	g
– mehrfach ungesättigte Fettsäuren	g
Kohlenhydrate	g
davon:	
– Zucker	g
– mehrwertige Alkohole	g
– Stärke	g
Ballaststoffe	g
Eiweiß	g
Salz	g
Vitamine und Mineralstoffe	in Anhang XIII Teil A Nummer 1 angegebene Maßeinheiten

2/2. Durchführungsverordnung (EU) Nr. 1337/2013 mit Durchführungsbestimmungen zur Verordnung (EU) Nr. 1169/2011 des Europäischen Parlaments und des Rates hinsichtlich der Angabe des Ursprungslandes bzw. Herkunftsortes von frischem, gekühltem oder gefrorenem Schweine-, Schaf-, Ziegen- und Geflügelfleisch

ABl L 335 vom 14. 12. 2013, S. 19 idF

1 ABl L 95 vom 29. 3. 2014, S. 70 (Berichtigung)

Durchführungsverordnung (EU) Nr. 1337/2013 der Kommission vom 13. Dezember 2013 mit Durchführungsbestimmungen zur Verordnung (EU) Nr. 1169/2011 des Europäischen Parlaments und des Rates hinsichtlich der Angabe des Ursprungslandes bzw. Herkunftsortes von frischem, gekühltem oder gefrorenem Schweine-, Schaf-, Ziegen- und Geflügelfleisch

DIE EUROPÄISCHE KOMMISSION –

gestützt auf den Vertrag über die Arbeitsweise der Europäischen Union,

gestützt auf die Verordnung (EU) Nr. 1169/2011 des Europäischen Parlaments und des Rates vom 25. Oktober 2011 betreffend die Information der Verbraucher über Lebensmittel und zur Änderung der Verordnungen (EG) Nr. 1924/2006 und (EG) Nr. 1925/2006 des Europäischen Parlaments und des Rates und zur Aufhebung der Richtlinie 87/250/EWG der Kommission, der Richtlinie 90/496/EWG des Rates, der Richtlinie 1999/10/EG der Kommission, der Richtlinie 2000/13/EG des Europäischen Parlaments und des Rates, der Richtlinien 2002/67/EG und 2008/5/EG der Kommission und der Verordnung (EG) Nr. 608/2004 der Kommission[1], insbesondere Artikel 26 Absatz 8,

in Erwägung nachstehender Gründe:

(1) In Artikel 26 Absatz 2 der Verordnung (EU) Nr. 1169/2011 ist festgelegt, dass auf dem Etikett von Fleisch, das in den in Anhang XI derselben Verordnung aufgeführten Codes der Kombinierten Nomenklatur fällt, d. h. von frischem, gekühltem oder gefrorenem Schweine-, Schaf-, Ziegen- und Geflügelfleisch, das Ursprungsland oder der Herkunftsort anzugeben ist.

(2) Die Notwendigkeit, die Verbraucher zu informieren, und die Mehrkosten für Unternehmer und nationale Behörden, die sich letztlich auf den Endpreis eines Produkts auswirken, müssen gegeneinander abgewogen werden. In der Folgenabschätzung und einer von der Kommission in Auftrag gegebenen Studie wurden im Hinblick auf die wichtigsten Abschnitte während des Lebens der Tiere mehrere Optionen für die Angabe des Ursprungslandes oder Herkunftsortes geprüft. Es ergab sich, dass die Verbraucher vor allem wissen wollen, wo ein Tier aufgezogen wurde. Zugleich müssten bei einer Verpflichtung zur Angabe des Geburtsortes des Tieres neue Rückverfolgbarkeitssysteme auf der Ebene der landwirtschaftlichen Betriebe mit den entsprechenden Kosten eingerichtet werden; die Angabe des Schlachtorts ist dagegen zu tragbaren Kosten möglich und bietet den Verbrauchern hilfreiche Informationen. Was die geografische Ebene betrifft, so weisen die Untersuchungen darauf hin, dass die Angabe des Mitgliedstaats bzw. des Drittlands für die Verbraucher die wichtigste Information wäre.

(3) In Bezug auf die Verordnung (EU) Nr. 1169/2011 ist der Begriff „Ursprungsland" im Sinne der Artikel 23 bis 26 der Verordnung (EWG) Nr. 2913/92 des Rates[2] zu verstehen. Bei tierischen Erzeugnissen bezieht sich der Begriff auf das Land, in dem ein Erzeugnis vollständig gewonnen oder hergestellt wurde, d. h. bei Fleisch das Land, in dem das Tier geboren, aufgezogen und geschlachtet wurde. Wenn mehrere Länder an der Herstellung eines Lebensmittels beteiligt waren, bezieht sich der Begriff auf das Land, in dem es der letzten wesentlichen und wirtschaftlich gerechtfertigten Be- oder Verarbeitung unterzogen

---

Zur Präambel
[1] ABl. L 304 vom 22.11.2011, S. 18.

Zu Abs. 3:
[2] Verordnung (EWG) Nr. 2913/92 des Rates vom 12. Oktober 1992 zur Festlegung des Zollkodex der Gemeinschaften (ABl. L 302 vom 19.10.1992, S. 1).

wurde. Würde dieses Prinzip jedoch auch angewendet, wenn das Fleisch von Tieren stammt, die in verschiedenen Ländern geboren, aufgezogen und geschlachtet wurden, wären die Verbraucher nicht ausreichend über dessen Ursprung informiert. Deshalb ist es in all diesen Fällen notwendig, auf dem Etikett die Angabe des Mitgliedstaats bzw. Drittlands vorzusehen, in dem ein Tier für einen Zeitraum aufgezogen wurde, der einem wesentlichen Teil des gewöhnlichen Aufzuchtszyklus der jeweiligen Tierart entspricht, sowie die Angabe des Mitgliedstaats bzw. Drittlands, in dem es geschlachtet wurde. Der Begriff „Ursprung" sollte solchem Fleisch vorbehalten bleiben, das von Tieren stammt, die in ein und demselben Mitgliedstaat bzw. Drittland geboren, aufgezogen und geschlachtet wurden, d. h. vollständig von ihnen gewonnen oder hergestellt wurde.

(4) In den Fällen, in denen ein Tier in mehreren Mitgliedstaaten oder Drittländern aufgezogen wurde und in keinem Land der erforderliche Aufzuchtszeitraum erreicht wird, sollte dennoch eine angemessene Angabe des Aufzuchtsortes vorhanden sein, so dass den Bedürfnissen der Verbraucher besser Rechnung getragen wird, wobei das Etikett nicht unnötig komplex gestaltet werden sollte.

(5) Ferner sollten Bestimmungen für Verpackungen festgelegt werden, die Fleischstücke derselben Tierart oder verschiedener Tierarten enthalten, die von Tieren stammen, die in verschiedenen Mitgliedstaaten oder Drittländern aufgezogen und geschlachtet wurden.

(6) Dieses Etikettierungssystem erfordert Bestimmungen über die Rückverfolgbarkeit in allen Stufen der Produktion und des Vertriebs des Fleisches, von der Schlachtung bis zum Verpacken, damit die Verbindung zwischen dem etikettierten Fleisch und dem Tier oder der Gruppe von Tieren, von denen das Fleisch stammt, erhalten bleibt..

(7) Für aus Drittländern eingeführtes Fleisch, für das die zur Etikettierung erforderlichen Informationen nicht zur Verfügung stehen, sollten spezielle Bestimmungen festgelegt werden.

(8) Bei Hackfleisch/Faschiertem und Fleischabschnitten sollten die Unternehmer in Anbetracht des spezifischen Produktionsprozesses von einem vereinfachten System für die Angaben Gebrauch machen können.

(9) Angesichts des kommerziellen Interesses, das an den gemäß dieser Verordnung zu machenden Angaben besteht, sollten Lebensmittelunternehmer die Möglichkeit haben, auf dem Etikett neben den verpflichtenden Angaben weitere Informationen zur Herkunft des Fleisches hinzuzufügen.

(10) Da die betreffenden Bestimmungen der Verordnung (EU) Nr. 1169/2011 ab dem 13. Dezember 2014 gelten und nach deren Artikel 47 die Durchführungsbestimmungen zu ihr in jedem Kalenderjahr ab dem 1. April angewandt werden, sollte die vorliegende Verordnung ab dem 1. April 2015 Anwendung finden.

(11) Die in dieser Verordnung vorgesehenen Maßnahmen entsprechen der Stellungnahme des Ständigen Ausschusses für die Lebensmittelkette und Tiergesundheit –

HAT FOLGENDE VERORDNUNG ERLASSEN:

Artikel 1
Gegenstand und Geltungsbereich

In dieser Verordnung werden Bestimmungen über die Angabe des Ursprungslandes bzw. Herkunftsortes auf dem Etikett bei frischem, gekühltem oder gefrorenem Schweine-, Schaf-, Ziegen- und Geflügelfleisch festgelegt, das in die entsprechenden, in Anhang XI der Verordnung (EU) Nr. 1169/2011 aufgeführten Codes der Kombinierten Nomenklatur fällt.

Artikel 2
Begriffsbestimmungen

(1) Für die Zwecke dieser Verordnung gelten die Begriffsbestimmungen für „Lebensmittelunternehmer" in Artikel 3 Nummer 3 der Verordnung (EG) Nr. 178/2002 des Europäischen Parlaments und des Rates[1], für „Betrieb" in Artikel 2 Absatz 1 Buchstabe c der Verordnung (EG) Nr. 852/2004 des Europäischen Parlaments und des Rates[2], sowie für „Hackfleisch/Faschiertes", „Schlachthof" und „Zerlegungsbetrieb" in Anhang I Nummern 1.13, 1.16 bzw. 1.17 der Verord-

---

Zu Artikel 2:

[1] *Verordnung (EG) Nr. 178/2002 des Europäischen Parlaments und des Rates vom 28. Januar 2002 zur Festlegung der allgemeinen Grundsätze und Anforderungen des Lebensmittelrechts, zur Errichtung der Europäischen Behörde für Lebensmittelsicherheit und zur Festlegung von Verfahren zur Lebensmittelsicherheit (ABl. L 31 vom 1.2.2002, S. 1).*

[2] *Verordnung (EG) Nr. 852/2004 des Europäischen Parlaments und des Rates vom 29. April 2004 über Lebensmittelhygiene (ABl. L 139 vom 30.4.2004, S. 1).*

nung (EG) Nr. 853/2004 des Europäischen Parlaments und des Rates[3].

(2) Außerdem bezeichnet der Ausdruck

a) „Fleischabschnitte" kleine Fleischstücke, die in die in Anhang XI der Verordnung (EU) Nr. 1169/2011 aufgeführten Codes der Kombinierten Nomenklatur fallen, als für den Verzehr für den Menschen geeignet eingestuft werden sowie ausschließlich beim Parieren anfallen und beim Entbeinen der Schlachtkörper und/oder beim Zerlegen von Fleisch gewonnen werden;

b) „Partie" Fleisch, das in die in Anhang XI der Verordnung (EU) Nr. 1169/2011 aufgeführten Codes der Kombinierten Nomenklatur fällt und von einer einzigen Tierart stammt, mit oder ohne Knochen, auch Teilstücke oder Hackfleisch/Faschiertes, und das unter praktisch gleichen Bedingungen zerlegt, gehackt oder verpackt wurde.

Artikel 3
Rückverfolgbarkeit

(1) Lebensmittelunternehmer richten ein Kennzeichnungs- und Registrierungssystem ein und nutzen dies in allen Stufen der Produktion und des Vertriebs des in Artikel 1 genannten Fleisches.

(2) Durch die Anwendung des Systems ist sicherzustellen, dass:

a) die Verbindung zwischen dem Fleisch und dem Tier oder der Gruppe von Tieren, von denen das Fleisch stammt, erhalten bleibt, wobei auf der Stufe des Schlachtens der jeweilige Schlachthof dafür die Verantwortung trägt; *(ABl L 95 vom 29. 3. 2014, S. 70)*

b) die Informationen bezüglich der in den Artikeln 5, 6 oder 7 genannten Angaben – wie jeweils anwendbar – zusammen mit dem Fleisch an die Unternehmer in den nachfolgenden Produktions- und Vertriebsstufen übermittelt werden.

Jeder Lebensmittelunternehmer trägt in seiner Produktions- oder Vertriebsstufe die Verantwortung für die Anwendung des im ersten Unterabsatz beschriebenen Kennzeichnungs- und Registrierungssystems.

Derjenige Lebensmittelunternehmer, der das Fleisch entsprechend den Artikeln 5, 6 oder 7 verpackt oder etikettiert, stellt sicher, dass die Zuordnung zwischen der Partienummer, mit der das Fleisch gekennzeichnet wird, das an Verbraucher oder Anbieter von Gemeinschaftsverpflegung abgegeben wird, und der/ den entsprechenden Fleischpartie(n), aus denen die Packung oder die etikettierte Partie stammt, hergestellt wird. Allen Packungen mit derselben Partienummer können dieselben Angaben im Einklang mit den Artikeln 5, 6 oder 7 zugeordnet werden.

(3) Mit dem in Absatz 1 genannten System soll insbesondere erfasst werden, wann Tiere, Schlachtkörper oder Teilstücke — wie jeweils zutreffend — auf dem Betrieb eines Lebensmittelunternehmers ankommen und wann sie ihn wieder verlassen, und Zuordnungen zwischen Ankunft und Verlassen sichergestellt werden.

Artikel 4
Tiergruppe

(1) Die Größe der in Artikel 3 genannten Tiergruppe entspricht:

a) beim Zerlegen von Schlachtkörpern der Anzahl von Schlachtkörpern, die zusammen zerlegt werden und für den betreffenden Zerlegungsbetrieb eine Partie darstellen;

b) bei der Feinzerlegung oder beim Hacken/Faschieren des Fleisches der Anzahl von Schlachtkörpern, deren Fleisch für den betreffenden Zerlegungs- oder Hackfleischbetrieb eine Partie darstellt.

(2) Die Größe einer Partie darf den Umfang einer Tagesproduktion in einem Betrieb nicht überschreiten.

(3) Außer in Fällen, in denen Artikel 7 zur Anwendung kommt, stellen Betriebe, in denen Fleisch zerlegt oder gehackt wird, bei der Zusammenstellung der Partien sicher, dass alle Schlachtkörper einer Partie Tieren zugeordnet werden können, für deren Fleisch gemäß Artikel 5 Absatz 1 oder Artikel 5 Absatz 2 die gleichen Etikettierungsangaben gelten.

Artikel 5
Fleischetikettierung

(1) Das Etikett von in Artikel 1 genanntem Fleisch, das für die Abgabe an Endverbraucher oder Anbieter von Gemeinschaftsverpflegung bestimmt ist, enthält folgende Angaben:

a) den Mitgliedstaat bzw. das Drittland, in dem die Aufzucht stattgefunden hat, in Form der Angabe „Aufgezogen in: (Name des Mitgliedstaats bzw. Drittlands)", gemäß den folgenden Kriterien:

i) bei Schweinen:

– wenn das Tier im Alter von mehr als sechs Monaten geschlachtet wird, den Mitgliedstaat bzw. das Drittland des letzten Aufzuchtabschnitts von mindestens vier Monaten;

– wenn das Tier im Alter von weniger als sechs Monaten und mit einem Lebendgewicht von mindestens 80 kg geschlachtet wird, den Mitgliedstaat bzw. das Drittland

---

[3] *Verordnung (EG) Nr. 853/2004 des Europäischen Parlaments und des Rates vom 29. April 2004 mit spezifischen Hygienevorschriften für Lebensmittel tierischen Ursprungs (ABl. L 139 vom 30.4.2004, S. 55).*

des Aufzuchtsabschnitts, nachdem das Tier ein Lebendgewicht von 30 kg erreicht hat;
- wenn das Tier im Alter von weniger als sechs Monaten und mit einem Lebendgewicht unter 80 kg geschlachtet wird, den Mitgliedstaat bzw. das Drittland, in dem die gesamte Aufzucht stattgefunden hat;

ii) bei Schafen und Ziegen: den Mitgliedstaat bzw. das Drittland des letzten Aufzuchtsabschnitts von mindestens sechs Monaten oder, wenn das Tier im Alter von weniger als sechs Monaten geschlachtet wird, den Mitgliedstaat bzw. das Drittland, in dem die gesamte Aufzucht stattgefunden hat;

iii) bei Geflügel: den Mitgliedstaat bzw. das Drittland des letzten Aufzuchtsabschnitts von mindestens einem Monat oder, wenn das Tier im Alter von weniger als einem Monat geschlachtet wird, den Mitgliedstaat bzw. das Drittland, in dem die gesamte Aufzucht nach Beginn der Mast stattgefunden hat;

b) den Mitgliedstaat bzw. das Drittland, in dem die Schlachtung stattgefunden hat, in Form der Angabe „Geschlachtet in: (Name des Mitgliedstaats bzw. Drittlands)";

c) die Partienummer zur Kennzeichnung des Fleisches, das an Verbraucher oder Anbieter von Gemeinschaftsverpflegung abgegeben wird.

Wenn der erforderliche Aufzuchtsabschnitt gemäß Buchstabe a in keinem der Mitgliedstaaten bzw. Drittländer, in denen das Tier aufgezogen wurde, erreicht wurde, wird die unter Buchstabe a genannte Angabe ersetzt durch „Aufgezogen in mehreren Mitgliedstaaten der EU" bzw., wenn das Fleisch oder die Tiere in die Union eingeführt wurden, durch „Aufgezogen in mehreren Nicht-EU-Ländern" oder „Aufgezogen in mehreren EU- und Nicht-EU-Ländern".

Wenn der erforderliche Aufzuchtsabschnitt gemäß Buchstabe a in keinem der Mitgliedstaaten bzw. Drittländer, in denen das Tier aufgezogen wurde, erreicht wurde, kann die unter Buchstabe a genannte Angabe jedoch auch ersetzt werden durch „Aufgezogen in: (Aufzählung der Mitgliedstaaten oder Drittländer, in denen das Tier aufgezogen wurde)", wenn der Lebensmittelunternehmer der zuständigen Behörde gegenüber hinreichend nachweist, dass das Tier in diesen Mitgliedstaaten oder Drittländern aufgezogen wurde.

(2) Anstelle der Angaben in Absatz 1 Buchstaben a und b kann auch die Angabe „Ursprung: (Name des Mitgliedstaats oder Drittlands)" stehen, wenn der Lebensmittelunternehmer der zuständigen Behörde gegenüber hinreichend nachweist, dass das in Artikel 1 genannte Fleisch von Tieren stammt, die in einem einzigen Mitgliedstaat oder Drittland geboren, aufgezogen und geschlachtet wurden. *(ABl L 95 vom 29. 3. 2014, S. 70)*

(3) Wenn mehrere Stücke Fleisch derselben oder verschiedener Tierarten verschiedenen Etikettierungsangaben im Einklang mit den Absätzen 1 und 2 entsprechen und an Verbraucher oder Anbieter von Gemeinschaftsverpflegung zusammen in einer Verpackung abgegeben werden, ist auf dem Etikett anzugeben:

a) für jede Tierart die Aufzählung der betreffenden Mitgliedstaaten oder Drittländer entsprechend Absatz 1 oder 2;

b) die Partienummer zur Kennzeichnung des Fleisches, das an Verbraucher oder Anbieter von Gemeinschaftsverpflegung abgegeben wird.

Artikel 6
Ausnahmeregelung für Fleisch aus Drittländern

In Abweichung von Artikel 5 Absatz 1 Buchstabe a enthält das in Artikel 1 genannte Fleisch, das zum Zwecke des Inverkehrbringens in der Union eingeführt wird und für das die in Artikel 5 Absatz 1 Buchstabe a vorgesehenen Informationen nicht verfügbar sind, die Angaben „Aufgezogen außerhalb der EU" und „Geschlachtet in: (Name des Drittlands, in dem das Tier geschlachtet wurde)".

Artikel 7
Ausnahmeregelungen für Hackfleisch/Faschiertes und Fleischabschnitte

In Abweichung von Artikel 5 Absatz 1 Buchstaben a und b, Artikel 5 Absatz 2 und Artikel 6 sind bei Hackfleisch/Faschiertem und Fleischabschnitten folgende Angaben möglich:

a) „Ursprung: EU", wenn das Hackfleisch/Faschierte oder die Fleischabschnitte ausschließlich aus Fleisch hergestellt wurden, das von Tieren stammt, die in verschiedenen Mitgliedstaaten geboren, aufgezogen und geschlachtet wurden;

b) „Aufgezogen und geschlachtet in der EU", wenn das Hackfleisch/Faschierte oder die Fleischabschnitte ausschließlich aus Fleisch hergestellt wurden, das von Tieren stammt, die in verschiedenen Mitgliedstaaten aufgezogen und geschlachtet wurden;

c) „Aufgezogen und geschlachtet außerhalb der EU", wenn das Hackfleisch oder die Fleischabschnitte ausschließlich aus Fleisch hergestellt wurde, das in die Union eingeführt wurde;

d) „Aufgezogen außerhalb der EU" und „Geschlachtet in der EU", wenn das Hackfleisch oder die Fleischabschnitte ausschließlich aus Fleisch hergestellt wurde, das von Tieren stammt, die zur Schlachtung in die Union eingeführt und in einem oder mehreren Mitgliedstaaten geschlachtet wurden;

e) „Aufgezogen und geschlachtet in und außerhalb der EU", wenn das Hackfleisch oder die Fleischabschnitte hergestellt wurden aus:

i) Fleisch, das von Tieren stammt, die in einem oder mehreren Mitgliedstaaten aufgezogen und geschlachtet wurden, und aus Fleisch, das in die Union eingeführt wurde, oder

ii) Fleisch, das von Tieren stammt, die in die Union eingeführt und in einem oder mehreren Mitgliedstaaten geschlachtet wurden.

Artikel 8
Zusätzliche freiwillige Angaben auf dem Etikett

Lebensmittelunternehmer können die in den Artikeln 5, 6 oder 7 genannten Angaben mit zusätzlichen Informationen zur Herkunft des Fleisches ergänzen.

Die zusätzlichen Informationen gemäß dem ersten Absatz dürfen nicht im Widerspruch zu den in den Artikeln 5, 6 oder 7 genannten Angaben stehen und müssen den Bestimmungen von Kapitel V der Verordnung (EU) Nr. 1169/2011 entsprechen.

Artikel 9
Inkrafttreten und Anwendbarkeit

Diese Verordnung tritt am zwanzigsten Tag nach ihrer Veröffentlichung im *Amtsblatt der Europäischen Union* in Kraft.

Sie gilt ab dem 1. April 2015. Sie gilt nicht für Fleisch, das vor dem 1. April 2015 in der Union ordnungsgemäß in Verkehr gebracht worden ist, solange bis die jeweiligen Bestände erschöpft sind.

Sie ist in allen ihren Teilen verbindlich und gilt unmittelbar in jedem Mitgliedstaat.

Brüssel, den 13. Dezember 2013

Für die Kommission
Der Präsident
José Manuel BARROSO

2/3. Durchführungsverordnung (EU) 2018/775 mit den Einzelheiten zur Anwendung von Artikel 26 Absatz 3 der Verordnung (EU) Nr. 1169/2011 des Europäischen Parlaments und des Rates betreffend die Information der Verbraucher über Lebensmittel hinsichtlich der Vorschriften für die Angabe des Ursprungslands oder Herkunftsorts der primären Zutat eines Lebensmittels

ABl L 131 vom 29. 5. 2018, S. 8

Durchführungsverordnung (EU) 2018/775 der Kommission vom 28. Mai 2018 mit den Einzelheiten zur Anwendung von Artikel 26 Absatz 3 der Verordnung (EU) Nr. 1169/2011 des Europäischen Parlaments und des Rates betreffend die Information der Verbraucher über Lebensmittel hinsichtlich der Vorschriften für die Angabe des Ursprungslands oder Herkunftsorts der primären Zutat eines Lebensmittels

DIE EUROPÄISCHE KOMMISSION –

gestützt auf den Vertrag über die Arbeitsweise der Europäischen Union,

gestützt auf die Verordnung (EU) Nr. 1169/2011 des Europäischen Parlaments und des Rates vom 25. Oktober 2011 betreffend die Information der Verbraucher über Lebensmittel[1], insbesondere auf Artikel 26 Absatz 8,

in Erwägung nachstehender Gründe:

(1) In Artikel 26 der Verordnung (EU) Nr. 1169/2011 sind allgemeine Vorschriften und Bestimmungen für die Angabe des Ursprungslands oder des Herkunftsorts von Lebensmitteln festgelegt, die unbeschadet bestimmter Rechtsvorschriften der Union gelten.

(2) Nach Artikel 26 Absatz 2 Buchstabe a der Verordnung (EU) Nr. 1169/2011 ist die Angabe des Ursprungslands oder des Herkunftsorts erforderlich, falls ohne diese Angabe eine Irreführung der Verbraucher über das tatsächliche Ursprungsland oder den tatsächlichen Herkunftsort des Enderzeugnisses möglich wäre, insbesondere wenn die dem Lebensmittel beigefügten Informationen oder das Etikett insgesamt sonst den Eindruck erwecken würden, das Lebensmittel komme aus einem anderen Ursprungsland oder Herkunftsort. Dieser Artikel zielt darauf ab, irreführende Informationen über Lebensmittel zu vermeiden, die den Eindruck eines bestimmten Ursprungs eines Lebensmittels erwecken, der aber nicht dessen tatsächlichem Ursprung entspricht.

(3) In Artikel 26 Absatz 3 der Verordnung (EU) Nr. 1169/2011 ist festgelegt, dass in den Fällen, in denen das Ursprungsland oder der Herkunftsort eines Lebensmittels angegeben und dieses/dieser nicht mit dem seiner primären Zutat identisch ist, auch das Ursprungsland oder der Herkunftsort der jeweiligen primären Zutat zu nennen ist oder anzugeben ist, dass die primäre Zutat aus einem anderen Ursprungsland oder Herkunftsort kommt als das Lebensmittel. Weiter heißt es, dass für die Anwendung dieser Vorschriften ein Durchführungsrechtsakt erlassen werden muss.

(4) Artikel 26 Absatz 3 der Verordnung (EU) Nr. 1169/2011 betrifft Fälle, für die die Angabe des Ursprungslands oder des Herkunftsorts gemäß Artikel 26 Absatz 2 Buchstabe a der Verordnung verpflichtend ist oder freiwillig durch Angaben wie Erklärungen, Begriffe' Piktogramme oder Symbole erfolgt.

(5) Freiwillige Hinweise wie etwa geografische Angaben, die in der Bezeichnung des Lebensmittels enthalten sind oder mit ihr einhergehen, können auch Bestandteil der Warenbezeichnungen sein, die gemäß den spezifischen EU-Rechtsvorschriften als geografische Angaben oder Marken geschützt sind.

Zur Präambel
[1] *Verordnung (EU) Nr. 1169/2011 des Europäischen Parlaments und des Rates vom 25. Oktober 2011 betreffend die Information der Verbraucher über Lebensmittel und zur Änderung der Verordnungen (EG) Nr. 1924/2006 und (EG) Nr. 1925/2006 des Europäischen Parlaments und des Rates und zur Aufhebung der Richtlinie 87/250/EWG der Kommission, der Richtlinie 90/496/EWG des Rates, der Richtlinie 1999/10/EG der Kommission, der Richtlinie 2000/13/EG des Europäischen Parlaments und des Rates, der Richtlinien 2002/67/EG und 2008/5/EG der Kommission und der Verordnung (EG) Nr. 608/2004 der Kommission (ABl. L 304 vom 22.11.2011, S. 18).*

2/3. EU/Herkunft DfV primäre Zutat

(6) Angaben zum Ursprungsland oder Herkunftsort eines Lebensmittels, die Bestandteil von Warenbezeichnungen sind, die gemäß den Verordnungen (EU) Nr. 1151/2012[2], (EU) Nr. 1308/2013[3], (EG) Nr. 110/2008[4] oder (EU) Nr. 251/2014 des Europäischen Parlaments und des Rates[5] als geografische Angaben geschützt oder gemäß internationalen Übereinkünften geschützt sind, fallen in den Anwendungsbereich von Artikel 26 Absatz 3 der Verordnung (EU) Nr. 1169/2011. Da diese Warenbezeichnungen einen wesentlichen Zusammenhang zwischen den Merkmalen des Erzeugnisses und dem geografischen Ursprung aufweisen und durch spezifische Vorschriften geregelt sind, einschließlich Vorschriften für die Kennzeichnung, sowie unter Berücksichtigung der Tatsache, dass für diese Bezeichnungen Rechte des geistigen Eigentums gelten, ist es erforderlich, genauer zu prüfen, wie der Ursprung der primären Zutat gemäß Artikel 26 Absatz 3 der Verordnung (EU) Nr. 1169/2011 für diese Bezeichnungen angegeben werden sollte.

(7) Angaben zum Ursprungsland oder Herkunftsort eines Lebensmittels, die Bestandteil eingetragener Marken sind, fallen in den Anwendungsbereich von Artikel 26 Absatz 3 der Verordnung (EU) Nr. 1169/2011. Marken können Zeichen aller Art sein, insbesondere Wörter, einschließlich Personennamen, oder Abbildungen, Buchstaben, Zahlen, Farben, die Form oder Verpackung der Ware oder Klänge, soweit solche Zeichen geeignet sind, den Waren oder Dienstleistungen eines Unternehmens Unterscheidungskraft zu verleihen. Der Zweck von Marken besteht darin, dem Verbraucher die Identifizierung einer bestimmten Geschäftsquelle oder Handelsherkunft im Zusammenhang mit bestimmten Waren und/oder Dienstleistungen zu ermöglichen. In Anbetracht des spezifischen Charakters und Zwecks von Marken ist es angezeigt, genauer zu prüfen, wie der Ursprung der primären Zutat gemäß Artikel 26 Absatz 3 der Verordnung (EU) Nr. 1169/2011 angegeben werden sollte, wenn dies für Marken erforderlich ist.

(8) Verkehrsübliche Bezeichnungen und Gattungsbezeichnungen, einschließlich geografischer Begriffe, die den Ursprung wortwörtlich angeben, die jedoch allgemein nicht als Ursprungsangabe oder Herkunftsort des Lebensmittels verstanden werden, sollten nicht in den Anwendungsbereich der vorliegenden Verordnung fallen.

(9) Für die Zwecke dieser Verordnung sollten Identitätskennzeichen, die Lebensmitteln gemäß der Verordnung (EG) Nr. 853/2004 des Europäischen Parlaments und des Rates[6] mit spezifischen Hygienevorschriften für Lebensmittel tierischen Ursprungs beigefügt werden, nicht als Angabe des Ursprungslands oder des Herkunftsorts gelten.

(10) Damit die Verbraucher auf der Grundlage besserer Informationen Entscheidungen treffen können, ist es erforderlich, durch die vorliegende Verordnung besondere Vorschriften festzulegen, die gelten sollten, wenn das Ursprungsland oder der Herkunftsort der primären Zutat angegeben ist. Diese Vorschriften sollen sicherstellen, dass derartige Informationen hinreichend präzise und aussagekräftig sind.

(11) Daher ist es angezeigt, dass eine solche Angabe zu einer primären Zutat auf ein geografisches Gebiet Bezug nimmt, das für den Verbraucher leicht verständlich sein sollte. Die Verwendung von Phantasienamen für Regionen oder andere geografische Gebiete, die keine aussagekräftige Information darstellen oder den Verbraucher über den tatsächlichen Herkunftsort der primären Zutat irreführen könnten, sollte verboten werden.

(12) Handelt es sich bei einer primären Zutat um ein Lebensmittel, das spezifischen Unionsvorschriften über die Angabe des Ursprungslands oder des Herkunftsorts unterliegt, so könnten diese alternativ für die Zwecke von Artikel 26 Absatz 3 Buchstabe a der Verordnung (EU) Nr. 1169/2011 verwendet werden.

Zu Abs. 6:

[2] *Verordnung (EU) Nr. 1151/2012 des Europäischen Parlaments und des Rates vom 21. November 2012 über Qualitätsregelungen für Agrarerzeugnisse und Lebensmittel (ABl. L 343 vom 14.12.2012, S. 1).*

[3] *Verordnung (EU) Nr. 1308/2013 des Europäischen Parlaments und des Rates vom 17. Dezember 2013 über eine gemeinsame Marktorganisation für landwirtschaftliche Erzeugnisse und zur Aufhebung der Verordnungen (EWG) Nr. 922/72, (EWG) Nr. 234/79, (EG) Nr. 1037/2001 und (EG) Nr. 1234/2007 (ABl. L 347 vom 20.12.2013, S. 671).*

[4] *Verordnung (EG) Nr. 110/2008 des Europäischen Parlaments und des Rates vom 15. Januar 2008 zur Begriffsbestimmung, Bezeichnung, Aufmachung und Etikettierung von Spirituosen sowie zum Schutz geografischer Angaben für Spirituosen und zur Aufhebung der Verordnung (EWG) Nr. 1576/89 des Rates (ABl. L 39 vom 13.2.2008, S. 26).*

[5] *Verordnung (EU) Nr. 251/2014 des Europäischen Parlaments und des Rates vom 26. Februar 2014 über die Begriffsbestimmung, Beschreibung, Aufmachung und Etikettierung von aromatisierten Weinerzeugnissen sowie den Schutz geografischer Angaben für aromatisierte Weinerzeugnisse und zur Aufhebung der Verordnung (EWG) Nr. 1601/91 des Rates (ABl. L 84 vom 20.3.2014, S. 14).*

Zu Abs. 9:

[6] *Verordnung (EG) Nr. 853/2004 des Europäischen Parlaments und des Rates vom 29. April 2004 mit spezifischen Hygienevorschriften für Lebensmittel tierischen Ursprungs (ABl. L 139 vom 30.4.2004, S. 55).*

2/3. EU/Herkunft DfV primäre Zutat

Artikel 1 – 3

Kennzeichnung

(13) Für den Fall, dass Lebensmittelunternehmer sich dafür entscheiden, lediglich anzugeben, dass das Ursprungsland oder der Herkunftsort der primären Zutat nicht dem des Lebensmittels entspricht, beispielsweise aufgrund mehrerer oder unterschiedlicher Bezugsquellen und besonderer Herstellungsprozesse, ist es angezeigt, einen Rahmen zu schaffen, in dem die verschiedenen Umstände der Lebensmittelverarbeitung berücksichtigt werden. Die entsprechende Angabe sollte verständliche Informationen für die Verbraucher enthalten.

(14) Die Informationen, die im Einklang mit der vorliegenden Verordnung über die primäre Zutat bereitgestellt werden, sollten die Informationen ergänzen, die den Verbrauchern zum Ursprungsland oder Herkunftsort des Lebensmittels gegeben werden und deutlich, gut lesbar und gegebenenfalls dauerhaft angebracht werden.

(15) Für die Anwendung dieser Verordnung sollte eine geeignete Übergangsfrist gemäß Artikel 47 der Verordnung (EU) Nr. 1169/2011 festgelegt werden, demzufolge neue Maßnahmen zu Informationen über Lebensmittel ab dem 1. April eines Kalenderjahres anwendbar sind.

(16) Die in der vorliegenden Verordnung vorgesehenen Maßnahmen entsprechen der Stellungnahme des Ständigen Ausschusses für Pflanzen, Tiere, Lebensmittel und Futtermittel –

HAT FOLGENDE VERORDNUNG ERLASSEN:

Artikel 1
Gegenstand

1. In dieser Verordnung werden die Modalitäten für die Anwendung von Artikel 26 Absatz 3 der Verordnung (EU) Nr. 1169/2011 in Fällen festgelegt, in denen das Ursprungsland oder der Herkunftsort eines Lebensmittels durch Angaben wie Erklärungen, Piktogramme, Symbole oder Begriffe erfolgt, die sich auf Orte oder geografische Gebiete beziehen, ausgenommen geografische Begriffe, die in verkehrsüblichen Bezeichnungen und Gattungsbezeichnungen enthalten sind, sofern diese Begriffe den Ursprung wörtlich angeben, sie jedoch allgemein nicht als Angabe des Ursprungslands oder Herkunftsorts des Lebensmittels verstanden werden.

2. Diese Verordnung gilt weder für geografische Angaben, die gemäß der Verordnung (EU) Nr. 1151/2012, der Verordnung (EU) Nr. 1308/2013, der Verordnung (EG) Nr. 110/2008 oder der Verordnung (EU) Nr. 251/2014 oder gemäß internationalen Übereinkünften geschützt sind, noch für eingetragene Marken, wenn letztere eine Ursprungsangabe darstellen, solange keine besonderen Vorschriften über die Anwendung von Artikel 26 Absatz 3 auf derartige Angaben erlassen wurden.

Artikel 2
Angabe des Ursprungslands oder Herkunftsorts der primären Zutat

Das Ursprungsland oder der Herkunftsort einer primären Zutat, das/der nicht mit dem angegebenen Ursprungsland oder Herkunftsort des Lebensmittels identisch ist, ist anzugeben:

a) unter Bezugnahme auf eines der folgenden geografischen Gebiete:

i) „EU", „Nicht-EU" oder „EU und nicht-EU"; oder

ii) eine Region oder ein anderes geografisches Gebiet, die/das entweder in mehreren Mitgliedstaaten oder in Drittländern liegt, sofern sie/es völkerrechtlich als solche/s definiert ist oder für einen normal informierten Durchschnittsverbraucher verständlich ist; oder

iii) ein FAO-Fischereigebiet oder ein Meeres- oder Süßwassergebiet, sofern es völkerrechtlich als solches definiert ist oder für einen normal informierten Durchschnittsverbraucher verständlich ist; oder

iv) ein Mitgliedstaat (Mitgliedstaaten) oder Drittland (Drittländer); oder

v) eine Region oder ein anderes geografisches Gebiet in einem Mitgliedstaat oder Drittland, sofern sie/es für einen normal informierten Durchschnittsverbraucher verständlich ist; oder

vi) das Ursprungsland oder der Herkunftsort im Einklang mit besonderen Unionsvorschriften, die für die primäre(n) Zutat(en) als solche gelten;

b) oder mit folgender Erklärung:

„(Bezeichnung der primären Zutat) stammt/stammen nicht aus (Ursprungsland oder Herkunftsort des Lebensmittels)" oder einem ähnlichen Wortlaut, der für den Verbraucher dieselbe Bedeutung haben sollte.

Artikel 3
Darstellungsform der Informationen

1. Die Informationen gemäß Artikel 2 sind in einer Schriftgröße anzugeben, die nicht kleiner als die Mindestschriftgröße gemäß Artikel 13 Absatz 2 der Verordnung (EU) Nr. 1169/2011 ist.

2. Unbeschadet des Absatzes 1 müssen in Fällen, in denen das Ursprungsland oder der Herkunftsort eines Lebensmittels mit Worten angegeben ist, die Informationen gemäß Artikel 2 im selben Sichtfeld erscheinen wie die Angabe des Ursprungslands oder Herkunftsorts des Lebensmittels und die x-Höhe der Schriftgröße muss mindestens 75 % der x-Höhe der Angabe des

Artikel 3 – 4

Ursprungslands oder des Herkunftsorts des Lebensmittels betragen.

3. Unbeschadet des Absatzes 1 müssen in Fällen, in denen das Ursprungsland oder der Herkunftsort des Lebensmittels nicht schriftlich angegeben ist, die Informationen gemäß Artikel 2 im selben Sichtfeld erscheinen wie die Angabe des Ursprungslands oder Herkunftsorts des Lebensmittels.

Artikel 4
Inkrafttreten, Geltungsbeginn und Übergangsmaßnahmen

Diese Verordnung tritt am dritten Tag nach ihrer Veröffentlichung im *Amtsblatt der Europäischen Union* in Kraft.

Sie gilt ab dem 1. April 2020.

Lebensmittel, die vor dem Geltungsbeginn dieser Verordnung in Verkehr gebracht oder gekennzeichnet wurden, können bis zur Erschöpfung der Bestände in Verkehr gebracht werden.

Diese Verordnung ist in allen ihren Teilen verbindlich und gilt unmittelbar in jedem Mitgliedstaat.

Brüssel, den 28. Mai 2018

Für die Kommission

Der Präsident

Jean-Claude JUNCKER

Kennzeichnung

2/4. Durchführungsverordnung (EU) Nr. 828/2014 über die Anforderungen an die Bereitstellung von Informationen für Verbraucher über das Nichtvorhandensein oder das reduzierte Vorhandensein von Gluten in Lebensmitteln

ABl L 228 vom 31. 7. 2014, S. 5

Durchführungsverordnung (EU) Nr. 828/2014 der Kommission vom 30. Juli 2014 über die Anforderungen an die Bereitstellung von Informationen für Verbraucher über das Nichtvorhandensein oder das reduzierte Vorhandensein von Gluten in Lebensmitteln

DIE EUROPÄISCHE KOMMISSION –

gestützt auf den Vertrag über die Arbeitsweise der Europäischen Union,

gestützt auf die Verordnung (EU) Nr. 1169/2011 des Europäischen Parlaments und des Rates vom 25. Oktober 2011 betreffend die Information der Verbraucher über Lebensmittel[1], insbesondere auf Artikel 36 Absatz 3 Buchstabe d,

in Erwägung nachstehender Gründe:

(1) Menschen, die an Zöliakie erkrankt sind, leiden an einer dauernden Glutenunverträglichkeit. Weizen (d. h. alle Triticum-Arten, zum Beispiel Hartweizen, Dinkel und Khorasan-Weizen), Roggen und Gerste sind Getreidearten, die nach wissenschaftlichen Erkenntnissen Gluten enthalten. Das Gluten in diesen Getreidearten kann bei Menschen mit einer Glutenunverträglichkeit gesundheitsschädliche Auswirkungen haben, weswegen diese Menschen den Verzehr von Gluten vermeiden sollten.

(2) Informationen über das Nichtvorhandensein oder das reduzierte Vorhandensein von Gluten in Lebensmitteln sollen den Menschen mit einer Glutenunverträglichkeit helfen, sich für zu Hause und unterwegs einen möglichst abwechslungsreichen Speiseplan zusammenzustellen.

(3) Die Verordnung (EG) Nr. 41/2009[2] enthält harmonisierte Bestimmungen über die den Verbrauchern bereitzustellenden Informationen betreffend das Nichtvorhandensein von Gluten („glutenfrei") oder das reduzierte Vorhandensein von Gluten („sehr geringer Glutengehalt") in Lebensmitteln. Diese Bestimmungen basieren auf wissenschaftlichen Daten und gewährleisten, dass Verbraucher nicht durch auf unterschiedlichen Grundlagen beruhende Informationen über das Nichtvorhandensein oder das reduzierte Vorhandensein von Gluten in einem Lebensmittel irregeführt oder verwirrt werden.

(4) Im Zuge der Überarbeitung der Rechtsvorschriften über Lebensmittel, die für eine besondere Ernährung bestimmt sind, wird die Verordnung (EG) Nr. 41/2009 mit Wirkung ab dem 20. Juli 2016 durch die Verordnung (EU) Nr. 609/2013 des Europäischen Parlaments und des Rates[3] aufgehoben. Gemäß Artikel 36 Absatz 2 der Verordnung (EU) Nr. 1169/2011 sollte sichergestellt werden, dass die Bereitstellung von Informationen über das Nichtvorhandensein oder das reduzierte Vorhandensein von Gluten in einem Lebensmittel auch nach diesem Zeitpunkt auf den einschlägigen wissenschaftlichen Daten und nicht auf unterschiedlichen Grundlagen beruht. Es muss daher in der Union weiterhin einheitliche Bedingungen für die Anwendung der Bestimmungen über die von den Lebensmittelunternehmern bereitzustellenden Informationen betreffend das Nichtvorhandensein oder das reduzierte Vorhandensein von Gluten in einem Lebensmittel geben; diese Bedingungen sollten auf der Verordnung (EG) Nr. 41/2009 beruhen.

(5) Bestimmte Lebensmittel werden in spezieller Weise hergestellt, zubereitet und/oder verarbeitet, um den Glutengehalt einer oder mehrerer

---

Zur Präambel
[1] ABl. L 304 vom 22.11.2011, S. 18.
Zu Abs. 3:
[2] Verordnung (EG) Nr. 41/2009 der Kommission vom 20. Januar 2009 zur Zusammensetzung und Kennzeichnung von Lebensmitteln, die für Menschen mit einer Glutenunverträglichkeit geeignet sind (ABl. L 16 vom 21.1.2009, S. 3).

Zu Abs. 4:
[3] Verordnung (EU) Nr. 609/2013 des Europäischen Parlaments und des Rates vom 12. Juni 2013 über Lebensmittel für Säuglinge und Kleinkinder, Lebensmittel für besondere medizinische Zwecke und Tagesrationen für gewichtskontrollierende Ernährung und zur Aufhebung der Richtlinie 92/52/EWG des Rates, der Richtlinien 96/8/EG, 1999/21/EG, 2006/125/EG und 2006/141/EG der Kommission, der Richtlinie 2009/39/EG des Europäischen Parlaments und des Rates sowie der Verordnungen (EG) Nr. 41/2009 und (EG) Nr. 953/2009 des Rates und der Kommission (ABl. L 181 vom 29.6.2013, S. 35).

glutenhaltiger Zutaten zu reduzieren oder um solche glutenhaltigen Zutaten durch andere, von Natur aus glutenfreie Zutaten zu ersetzen. Andere Lebensmittel werden ausschließlich aus Zutaten hergestellt, die von Natur aus glutenfrei sind.

(6) Die Entfernung von Gluten aus glutenhaltigem Getreide ist mit erheblichem technischem und finanziellem Aufwand verbunden, weswegen sich die Herstellung vollständig glutenfreier Lebensmittel unter Verwendung solcher Getreidearten schwierig gestaltet. Daher können viele auf dem Markt befindliche Lebensmittel, die speziell verarbeitet wurden, um den Glutengehalt einer oder mehrerer glutenhaltiger Zutaten zu reduzieren, geringe Restmengen an Gluten enthalten.

(7) Die meisten Menschen mit einer Glutenunverträglichkeit können Hafer in ihre Ernährung einbeziehen, ohne dass sich dies schädlich auf ihre Gesundheit auswirkt. Dies wird derzeit wissenschaftlich untersucht. Große Probleme bereitet allerdings die Kontamination von Hafer mit Weizen, Roggen oder Gerste; zu einer solchen Kontamination kann es bei der Ernte, der Beförderung, der Lagerung und der Verarbeitung kommen. Das Risiko einer Glutenkontamination sollte daher im Zusammenhang mit den einschlägigen Informationen berücksichtigt werden, die Lebensmittelunternehmer auf haferhaltigen Lebensmittelerzeugnissen bereitstellen.

(8) Menschen mit einer Glutenunverträglichkeit vertragen unter Umständen geringe, individuell unterschiedliche Glutenmengen unterhalb einer bestimmten Grenze. Damit alle Betroffenen möglichst viele verschiedene Lebensmittel auf dem Markt finden können, die ihren Bedürfnissen und ihrer individuellen Empfindlichkeitsgrenze entsprechen, sollte eine Auswahl aus Erzeugnissen möglich sein, die – innerhalb solcher festgelegter Grenzen – unterschiedliche, geringe Mengen an Gluten enthalten. Dabei ist es jedoch wichtig, dass die verschiedenen Erzeugnisse korrekt gekennzeichnet sind, um ihre sichere Verwendung durch Menschen mit einer Glutenunverträglichkeit zu gewährleisten; dies sollte durch Informationskampagnen in den Mitgliedstaaten unterstützt werden.

(9) Es sollte möglich sein, ein Lebensmittel, das in spezieller Weise hergestellt, zubereitet und/oder verarbeitet wurde, um den Glutengehalt einer oder mehrerer glutenhaltiger Zutaten zu reduzieren oder um solche glutenhaltigen Zutaten durch andere, von Natur aus glutenfreie Zutaten zu ersetzen, bei Nichtvorhandensein von Gluten oder bei reduziertem Vorhandensein von Gluten gemäß dieser Verordnung mit dem Hinweis „glutenfrei" bzw. „sehr geringer Glutengehalt" zu versehen. Ebenso sollte es möglich sein, ein solches Lebensmittel mit einem Hinweis zu versehen, der die Verbraucher informiert, dass es speziell für Menschen mit einer Glutenunverträglichkeit zubereitet worden ist.

(10) Des Weiteren sollte es möglich sein, ein Lebensmittel, das Zutaten enthält, die von Natur aus glutenfrei sind, mit einem Hinweis auf das Nichtvorhandensein von Gluten gemäß den Bestimmungen dieser Verordnung zu versehen, sofern dabei die allgemeinen Bestimmungen der Verordnung (EU) Nr. 1169/2011 zur lauteren Informationspraxis eingehalten werden. Insbesondere darf eine Lebensmittelinformation nicht irreführend sein, indem sie suggeriert, das Lebensmittel besitze besondere Eigenschaften, obwohl alle vergleichbaren Lebensmittel solche Eigenschaften ebenfalls besitzen.

(11) Die Richtlinie 2006/141/EG der Kommission[4] untersagt die Verwendung von glutenhaltigen Zutaten bei der Herstellung von Säuglingsanfangsnahrung und Folgenahrung. Deshalb sollte die Verwendung der Hinweise „sehr geringer Glutengehalt" bzw. „glutenfrei" bei der Bereitstellung von Informationen auf solchen Erzeugnissen untersagt werden, da diese Hinweise gemäß der vorliegenden Verordnung zur Angabe eines Glutengehalts von höchstens 100 mg/kg bzw. 20 mg/kg verwendet werden.

(12) Der „Codex Standard for Foods for Special Dietary Use for Persons Intolerant to Gluten" (Codex-Standard für diätetische Lebensmittel für Menschen mit einer Glutenunverträglichkeit)[5] sollte für die Zwecke dieser Verordnung in geeigneter Weise berücksichtigt werden.

(13) Die in dieser Verordnung vorgesehenen Maßnahmen entsprechen der Stellungnahme des Ständigen Ausschusses für die Lebensmittelkette und Tiergesundheit –

HAT FOLGENDE VERORDNUNG ERLASSEN:

Zu Abs. 11:

[4] *Richtlinie 2006/141/EG der Kommission vom 22. Dezember 2006 über Säuglingsanfangsnahrung und Folgenahrung und zur Änderung der Richtlinie 1999/21/EG (ABl. L 401 vom 30.12.2006, S. 1).*

Zu Abs. 12:

[5] *CODEX STAN 118-1979.*

2/4. EU/LM-InfoV Df Gluten
Artikel 1 – 5

Kennzeichnung

Artikel 1
Anwendungsbereich und Gegenstand

Die Verordnung regelt die Bereitstellung von Informationen für Verbraucher über das Nichtvorhandensein oder das reduzierte Vorhandensein von Gluten in Lebensmitteln.

Artikel 2
Begriffsbestimmungen

Für die Zwecke dieser Verordnung bezeichnet der Ausdruck

a) „Gluten" eine Proteinfraktion von Weizen, Roggen, Gerste, Hafer oder ihren Kreuzungen und Derivaten, die manche Menschen nicht vertragen und die in Wasser und in 0,5 M Natriumchloridlösung nicht löslich ist;

b) „Weizen" sämtliche Triticum-Arten.

Artikel 3
Informationen für Verbraucher

(1) Werden Hinweise verwendet, um die Verbraucher über das Nichtvorhandensein oder das reduzierte Vorhandensein von Gluten in Lebensmitteln zu informieren, so dürfen diese Informationen nur mittels der Hinweise und gemäß den Bedingungen im Anhang bereitgestellt werden.

(2) Die Lebensmittelinformationen gemäß Absatz 1 dürfen den Hinweis „Geeignet für Menschen mit Glutenunverträglichkeit" oder „Geeignet für Menschen mit Zöliakie" umfassen.

(3) Die Lebensmittelinformationen gemäß Absatz 1 dürfen den Hinweis „Speziell formuliert für Menschen mit Glutenunverträglichkeit" oder „Speziell formuliert für Menschen mit Zöliakie" umfassen, wenn das Lebensmittel in spezieller Weise hergestellt, zubereitet und/oder verarbeitet worden ist, um

a) den Glutengehalt einer oder mehrerer glutenhaltiger Zutaten zu reduzieren oder

b) glutenhaltige Zutaten durch andere, von Natur aus glutenfreie Zutaten zu ersetzen.

Artikel 4
Säuglingsanfangsnahrung und Folgenahrung

Die Bereitstellung von Lebensmittelinformationen über das Nichtvorhandensein oder das reduzierte Vorhandensein von Gluten in Säuglingsanfangsnahrung und Folgenahrung gemäß der Definition in der Richtlinie 2006/141/EG ist untersagt.

Artikel 5
Inkrafttreten und Geltung

Diese Verordnung tritt am zwanzigsten Tag nach ihrer Veröffentlichung im *Amtsblatt der Europäischen Union* in Kraft.
Sie gilt ab dem 20. Juli 2016.

Diese Verordnung ist in allen ihren Teilen verbindlich und gilt unmittelbar in jedem Mitgliedstaat.
Brüssel, den 30. Juli 2014

Für die Kommission
Der Präsident
José Manuel BARROSO

ANHANG

Zulässige Hinweise auf das Nichtvorhandensein oder das reduzierte Vorhandensein von Gluten in Lebensmitteln und Bedingungen für die Verwendung dieser Hinweise

A. **Allgemeine Anforderungen**
   GLUTENFREI
   Der Hinweis „glutenfrei" darf nur verwendet werden, wenn ein Lebensmittel beim Verkauf an den Endverbraucher einen Glutengehalt von höchstens 20 mg/kg aufweist.
   SEHR GERINGER GLUTENGEHALT
   Der Hinweis „sehr geringer Glutengehalt" darf nur verwendet werden, wenn ein Lebensmittel, das aus einer oder mehreren – zur Reduzierung ihres Glutengehalts in spezieller Weise verarbeiteten – Zutaten aus Weizen, Roggen, Gerste, Hafer oder Kreuzungen dieser Getreidearten besteht oder diese enthält, beim Verkauf an den Endverbraucher einen Glutengehalt von höchstens 100 mg/kg aufweist.

B. **Zusätzliche Anforderungen an haferhaltige Lebensmittel**
   Der Hafer in einem Lebensmittel, das mit dem Hinweis „glutenfrei" oder „sehr niedriger Glutengehalt" versehen ist, muss so hergestellt, zubereitet und/oder verarbeitet sein, dass eine Kontamination durch Weizen, Roggen, Gerste oder Kreuzungen dieser Getreidearten ausgeschlossen ist; der Glutengehalt dieses Hafers darf höchstens 20 mg/kg betragen.

2/5. AllergeninfoV

§§ 1 – 7 **Kennzeichnung**

2/5. Allergeninformationsverordnung

BGBl II 2014/175 idF

[1] BGBl II 2017/249

Verordnung des Bundesministers für Gesundheit über die Weitergabe von Informationen über unverpackte Lebensmittel, die Stoffe oder Erzeugnisse enthalten, die Allergien oder Unverträglichkeiten auslösen können und über weitere allgemeine Kennzeichnungsbestimmungen für Lebensmittel (Allergeninformationsverordnung)

Auf Grund der §§ 4 Abs. 3 und 6 Abs. 1 und 2 des Lebensmittelsicherheits- und Verbraucherschutzgesetzes – LMSVG, BGBl. I Nr. 13/2006, zuletzt geändert durch das Bundesgesetz BGBl. I Nr. 171/2013, wird – hinsichtlich der §§ 5, 6 und 7 – im Einvernehmen mit dem Bundesminister für Wissenschaft, Forschung und Wirtschaft verordnet:

Geltungsbereich

§ 1. Gegenstand dieser Verordnung ist die Weitergabe von bestimmten Informationen über Lebensmittel.

Information über allergene Stoffe

§ 2. (1) Lebensmittelunternehmer sind verpflichtet, Informationen über unverpackte Lebensmittel, die Stoffe oder Erzeugnisse enthalten, die Allergien oder Unverträglichkeiten auslösen können, die bei der Herstellung oder Zubereitung eines Lebensmittels verwendet werden, an Endverbraucher weiterzugeben.

(2) Stoffe oder Erzeugnisse, die Allergien oder Unverträglichkeiten auslösen können, sind jene in Anhang II der Verordnung (EU) Nr. 1169/2011 betreffend die Information der Verbraucher über Lebensmittel, ABl. Nr. L 304 vom 22. November 2011, geändert durch die delegierte Verordnung (EU) Nr. 78/2014, ABl. Nr. L 27 vom 30. Jänner 2014, genannten Stoffe und Erzeugnisse.

Weitergabe der Information

§ 3. (1) Lebensmittelunternehmer, die unverpackte Lebensmittel an Endverbraucher abgeben, haben sicherzustellen, dass die in § 2 genannten Informationen verfügbar und leicht zugänglich sind. Sie sind den Endverbrauchern unaufgefordert zur Verfügung zu stellen.

(2) Die Verpflichtung des Abs. 1 gilt auch dann als erfüllt, wenn an einer gut sichtbaren Stelle deutlich und gut lesbar ein Hinweis angebracht ist, dass die in § 2 genannten Informationen auf Nachfrage mündlich erhältlich sind.

(3) Die mündliche Weitergabe der Informationen gemäß § 2 hat durch dafür geschulte Personen zu erfolgen. Der Nachweis über die erfolgte Schulung ist zu dokumentieren. *(BGBl II 2017/249)*

Dokumentation

§ 4. Lebensmittelunternehmer haben sicherzustellen, dass die in § 2 genannten Informationen auf einer schriftlich geführten Dokumentation beruhen.

Information über Süßungsmittel

§ 5. (1) Bei unverpackten Lebensmitteln, die Aspartam/Aspartam-Acesulfamsalz gemäß der Verordnung (EG) Nr. 1333/2008 über Lebensmittelzusatzstoffe, ABl. Nr. L 354 vom 31. Dezember 2008, zuletzt geändert durch die Verordnung (EU) Nr. 519/2014, ABl. Nr. L 147 vom 17. Mai 2014, enthalten, ist der Hinweis „Enthält eine Phenylalaninquelle" anzubringen.

(2) Bei unverpackten Lebensmitteln mit über 10 % zugesetzten mehrwertigen Alkoholen gemäß der Verordnung (EG) Nr. 1333/2008 ist der Hinweis „Kann bei übermäßigem Verzehr abführend wirken" anzubringen.

(3) Die Hinweise gemäß Abs. 1 und 2 sind deutlich lesbar, dauerhaft und an gut sichtbarer Stelle auf einem Schild, auch Preisverzeichnis, auf oder nahe bei dem Lebensmittel oder – in Einrichtungen der Gemeinschaftsversorgung – auf Speise- oder Getränkekarten, in sonstigen Fällen auf einem Aushang, den der Endverbraucher einsehen kann, anzubringen.

Abgabe in Selbstbedienung

§ 6. Für im Hinblick auf ihren unmittelbaren Verkauf verpackte Lebensmittel, die in Selbstbedienung abgegeben werden, sind die Angaben gemäß den Art. 9 Abs. 1 lit. a bis h und Art. 10 Abs. 1 der Verordnung (EU) Nr. 1169/2011 verpflichtend.

Ablauf des Mindesthaltbarkeitsdatums

§ 7. Eine Verlängerung der Mindesthaltbarkeitsfrist ist bei verpackten Lebensmitteln nicht zulässig. Ist die Mindesthaltbarkeitsfrist bereits abgelaufen, ist beim Inverkehrbringen auf diesen Umstand deutlich und allgemein verständlich hinzuweisen.

Personenbezogene Bezeichnungen

§ 8. Bei den in dieser Verordnung verwendeten personenbezogenen Bezeichnungen gilt die gewählte Form für beide Geschlechter.

Schlussbestimmungen

§ 9. Durch diese Verordnung werden Durchführungsbestimmungen gemäß Art. 44 Abs. 1 lit. a und b und Abs. 2 der Verordnung (EU) Nr. 1169/2011 betreffend die Information der Verbraucher über Lebensmittel, ABl. Nr. L 304 vom 22. November 2011, geändert durch die delegierte Verordnung (EU) Nr. 78/2014, ABl. Nr. L 27 vom 30. Jänner 2014, erlassen.

§ 10. „(1)" Diese Verordnung tritt mit 13. Dezember 2014 in Kraft. *(BGBl II 2017/249)*

(2) § 3 Abs. 3 in der Fassung der Verordnung BGBl. II Nr. 249/2017 tritt mit dem ihrer Kundmachung folgenden Monatsersten in Kraft. *(BGBl II 2017/249)*

2/5/1. Leitlinie Allergeninformation[1]

[1] siehe https://www.verbrauchergesundheit.gv.at/lebensmittel/buch/codex/A5_Kennzeichnung_Aufmachung.pdf?7a1iye

BMGF-75210/0018-II/B/13/2017 vom 1.8.2017 / idF

1 BMASGK-75210/0011-
IX/B/13/2018 vom 17.7.2018

2 BMSGPK-2020-0.465.709 –
IX/B/13/2020 vom 5.8.2020

LEITLINIE
zur Allergeninformation bei nicht vorverpackten Lebensmitteln („offene Waren") im Sinne der Allergeninformationsverordnung

Alle Lebensmittelunternehmerinnen und Lebensmittelunternehmer, die Lebensmittel ohne Vorverpackung anbieten, sind gemäß der Verordnung (EU) Nr. 1169/2011 (Lebensmittel-Informationsverordnung – LMIV) ab 13. 12. 2014 verpflichtet, Informationen über die allergenen Zutaten gemäß Anhang II der LMIV anzugeben (im Folgenden „Allergeninformation" genannt).

Dies gilt für die Abgabe an Endverbraucher sowohl durch den Einzelhandel als auch durch Anbieter von Gemeinschaftsverpflegung. Die vorliegende Leitlinie stellt ein Modell für die praktische Umsetzung der Verpflichtung zur Allergeninformation dar und wird vom Unternehmen an die betrieblichen Gegebenheiten angepasst.

1. Zuständigkeit

Die Lebensmittelunternehmerin und der Lebensmittelunternehmer oder eine von ihr und ihm beauftragte Person hat jene Person zu bestimmen, die die notwendige Allergeninformation erstellt, die an Endverbraucherinnen und Endverbraucher weitergegeben wird.

2. Informationsgrundlage

Die Lebensmittelunternehmerin und der Lebensmittelunternehmer übernimmt die vom Lieferanten zur Verfügung gestellte Allergeninformation, welche entweder auf einer Verpackung, einem Etikett, in den Begleitpapieren oder in anderer geeigneter Weise vorliegt.

3. Erstellung der Allergeninformation

a) Lebensmittel, die keiner weiteren Be- oder Verarbeitung im Einzelhandelsunternehmen unterzogen wurden („Handelswaren")

Von der Lebensmittelunternehmerin und vom Lebensmittelunternehmer werden schriftliche Unterlagen erstellt, aus denen für die einzelnen Produkte bzw. Produktgruppen die jeweiligen Allergene gemäß Anhang II der LMIV hervorgehen.

Diese Unterlagen können in elektronischer Form (z. B. als Excel-Dateien, in Form von Datenbanken oder Kassensystemen), in anderer schriftlicher Form (auch handschriftlich) vorliegen.

b) Lebensmittel, die einer weiteren Be- oder Verarbeitung im Einzelhandelsunternehmen unterzogen wurden („selbst produzierte Waren")

Die Lebensmittelunternehmerin und der Lebensmittelunternehmer ermittelt auf Basis der Ausgangsprodukte oder Rezepturen und gegebenenfalls der Spezifikationen die Allergene der einzelnen Zutaten. Sie und er verfügt für jedes hergestellte Produkt oder jede Produktgruppe über Unterlagen, aus denen die allergenen Zutaten ersichtlich sind.

c) Tagesangebote

2/5/1. Leitlinie Allergeninformation

Auch bei tagesaktuellen Angeboten oder kurzfristigen Rezepturänderungen hat die Lebensmittelunternehmerin und der Lebensmittelunternehmer den Endverbrauchern eine Information bezüglich der enthaltenen Allergene zu geben. Sie und er stellt intern sicher, dass bei kurzfristigen Rezeptur- oder Zutatenabweichungen die entsprechende Information an die geschulten Mitarbeiterinnen und Mitarbeiter im Verkauf bzw. Service, die für die Behandlung der Anfragen zur Allergeninformation von Kunden bzw. Gästen bestimmt wurden, weitergegeben wird.

4. Weitergabe der Allergeninformation

Die Weitergabe der Information an die Endverbraucherin und den Endverbraucher hat schriftlich oder mündlich zu erfolgen.

a) Im Falle der schriftlichen Information ist diese beispielsweise auf einem Schild auf dem Lebensmittel, oder in dessen Nähe in einem Aushang, in Speise- oder Getränkekarten oder Preisverzeichnissen oder in elektronischer Form bereit zu stellen. Hierzu können auch Abkürzungen oder Symbole verwendet werden, wenn diese in unmittelbarer Nähe aufgeschlüsselt werden. Die Information ist nicht erforderlich, wenn sich die Bezeichnung des Lebensmittels eindeutig auf die betreffende Zutat bezieht oder die Präsentation des Lebensmittels auf das Vorhandensein dieser Zutat schließen lässt.

b) Wird die Allergeninformation durch die Lebensmittelunternehmerin und den Lebensmittelunternehmer mündlich erteilt, ist an einer gut sichtbaren Stelle deutlich und gut lesbar darauf hinzuweisen, z. B. mittels Aushang oder in der Speisekarte etwa mit den Worten *„Unsere Verkaufsmitarbeiterinnen und Verkaufsmitarbeiter informieren Sie über allergene Zutaten in unseren Produkten"*.

5. Laufende Aktualisierung der Allergeninformation

Die Lebensmittelunternehmerin und der Lebensmittelunternehmer hält die Allergeninformation auf aktuellem Stand. Sie und er nimmt insbesondere bei Änderungen des Sortiments, der Zusammensetzung der Produkte sowie bei Änderungen der verwendeten Zutaten die entsprechenden Anpassungen der Allergeninformationen vor.

2/5/2. Leitlinie Personalschulung[1]

[1] siehe https://www.verbrauchergesundheit.gv.at/lebensmittel/buch/codex/A5_Kennzeichnung_Aufmachung.pdf?7a1iye

BMGF-75210/0018-II/B/13/2017 vom 1.8.2017 / idF

1 BMASGK-75210/0011-
IX/B/13/2018 vom 17.7.2018

2 BMSGPK-2020-0.465.709 –
IX/B/13/2020 vom 5.8.2020

LEITLINIE
für die Personalschulung über die Allergeninformation im Sinne der Allergeninformationsverordnung

Wird die Allergeninformation in mündlicher Form auf Anfrage der Kundin und des Kunden bzw. Gastes weitergegeben, hat die Lebensmittelunternehmerin und der Lebensmittelunternehmer sicher zu stellen, dass während der Öffnungszeiten diese Auskunft im Sinne der Allergeninformationsverordnung zu den im Betrieb angebotenen Lebensmitteln und den ihnen zugefügten allergenen Stoffen gegeben werden kann.

1. Schulungspflichtige Personen

Die Lebensmittelunternehmerin und der Lebensmittelunternehmer oder eine von ihr und ihm beauftragte Person hat jene Person zu bestimmen, die Anfragen im Sinne der Allergeninformation behandelt. Das kann auch die Lebensmittelunternehmerin und der Lebensmittelunternehmer selbst sein. Gegebenenfalls können auch mehrere Personen bestimmt werden.

Jene Personen, die für die Behandlung der Anfragen von Kundinnen und Kunden bzw. Gästen zur Allergeninformation bestimmt wurden, sind schulungspflichtig.

2. Schulungsthemen

Die Inhalte der Schulungen müssen auf das jeweilige Aufgabengebiet abgestellt sein und umfassen:

– Vermittlung der Wichtigkeit der Allergeninformation (was ist eine Allergie bzw. Unverträglichkeit, welche Auswirkungen hat diese),
– Sensibilisierung im Hinblick auf das Auslösen einer allergischen Reaktion bzw. Unverträglichkeit,
– Kenntnisse über die Liste der allergenen Stoffe gemäß Anhang II der VO (EU) Nr. 1169/2011 (Lebensmittel-Informationsverordnung – LMIV),
– Kenntnisse über die Durchführung der Allergeninformation im Betrieb und die Art und Weise der Weitergabe an die Endverbraucherin und den Endverbraucher.

3. Aktualität

Die Unternehmerinnen und Unternehmer sind angehalten, dafür Sorge zu tragen, dass die mündliche Weitergabe der Allergeninformation stets auf dem aktuellen Stand – basierend auf Anhang II der Verordnung (EU) Nr. 1169/2011 – beruht.

4. Durchführung der Schulungen

Die Schulungen können durch interne (z. B. Verantwortliche für Lebensmittelsicherheit, Bereichsverantwortliche, Betriebsinhaber) oder externe Expertinnen und Experten durchgeführt werden. Expertinnen und Experten müssen über entsprechendes Fachwissen zu den im Pkt. 2 festgelegten Themen verfügen und in der Lage sein, die Schulungsinhalte zu vermitteln.

5. Schulungsnachweis

2/5/2. Leitlinie Personalschulung

Die Lebensmittelunternehmerin und der Lebensmittelunternehmer oder eine von ihr und ihm beauftragte Person hat dafür Sorge zu tragen, dass Nachweise über die erfolgten Schulungen im Betrieb aufliegen. Die Dokumentation kann analog zur Leitlinie Personalschulung durchgeführt werden.

2/6. Loskennzeichnungsverordnung

BGBl II 2014/230

Verordnung des Bundesministers für Gesundheit über Angaben, mit denen sich das Los, zu dem ein Lebensmittel gehört, feststellen lässt (Loskennzeichnungsverordnung)

Auf Grund des § 6 Abs. 1 und 2 des Lebensmittelsicherheits- und Verbraucherschutzgesetzes – LMSVG, BGBl. I Nr. 13/2006, zuletzt geändert durch das Bundesgesetz BGBl. I Nr. 171/2013, wird im Einvernehmen mit dem Bundesminister für Wissenschaft, Forschung und Wirtschaft verordnet:

Geltungsbereich

§ 1. (1) Diese Verordnung regelt die Kennzeichnung der Angabe, mit der sich das Los, zu dem ein Lebensmittel gehört, feststellen lässt.

(2) Gemäß dieser Verordnung ist das „Los" eine Gesamtheit von Verkaufseinheiten eines Lebensmittels, das unter praktisch gleichen Umständen erzeugt, hergestellt oder verpackt wurde.

(3) Lebensmittel dürfen nur in Verkehr gebracht werden, wenn sie mit einer Angabe gemäß Abs. 1 versehen sind.

§ 2. (1) Diese Verordnung gilt nicht

1. für Agrarerzeugnisse, die vom Gebiet des landwirtschaftlichen Betriebs

a) an Lager-, Aufmachungs- oder Verpackungsstellen verkauft oder geliefert werden,

b) an Erzeugerorganisationen weitergeleitet werden oder

c) zur sofortigen Verwendung in einem in Betrieb befindlichen Zubereitungs- oder Verarbeitungssystem gesammelt werden,

2. wenn die Lebensmittel an der Verkaufsstelle für den Endverbraucher (die Endverbraucherin) nicht verpackt sind, auf Anfrage des Käufers (der Käuferin) verpackt werden oder im Hinblick auf ihren unmittelbaren Verkauf verpackt werden,

3. für Verpackungen oder Behältnisse, deren größte Seitenfläche weniger als 10 cm² misst,

4. für Speiseeis-Einzelpackungen.

(2) Im Ausnahmefall gemäß Abs. 1 Z 4 muss die Angabe, mit der sich das Los feststellen lässt, auf der Sammelpackung angegeben werden.

Festlegung und Anbringung des Loses

§ 3. (1) Das Los wird vom Erzeuger, Hersteller oder Verpacker (von der Erzeugerin, Herstellerin oder Verpackerin) eines Lebensmittels oder vom (von der) ersten in der Europäischen Union ansässigen Verkäufer (Verkäuferin) festgelegt.

(2) Das Los wird in jedem Fall unter der Verantwortung eines (einer) der Lebensmittelunternehmer (Lebensmittelunternehmerinnen) gemäß Abs. 1 festgelegt und angebracht.

(3) Dem Los geht der Buchstabe „L" voraus, es sei denn, es unterscheidet sich deutlich von den anderen Angaben der Kennzeichnung.

§ 4. (1) Bei verpackten Lebensmitteln ist das Los und gegebenenfalls der Buchstabe „L" auf der Verpackung oder einem mit ihr verbundenen Etikett anzugeben.

(2) Bei unverpackten Lebensmitteln ist das Los und gegebenenfalls der Buchstabe „L" auf der äußeren Verpackung oder dem Behältnis oder sonst auf den diesbezüglichen Handelsdokumenten anzugeben.

(3) Das Los ist in jedem Fall gut sichtbar, deutlich lesbar und unverwischbar anzubringen.

Entfall der Angabe des Loses

§ 5. Ist das Mindesthaltbarkeitsdatum oder das Verbrauchsdatum in der Kennzeichnung angegeben, so kann die Angabe des Loses entfallen, sofern das genannte Datum aus der unverschlüsselten Angabe mindestens des Tages und des Monats, in dieser Reihenfolge, besteht.

Bezugnahme auf Richtlinien

§ 6. Durch diese Verordnung wird die Richtlinie 2011/91/EU über Angaben oder Marken, mit denen sich das Los, zu dem ein Lebensmittel gehört, feststellen lässt, ABl. Nr. L 334 vom 16.12.2011, in österreichisches Recht umgesetzt.

Inkrafttreten

§ 7. Diese Verordnung tritt mit 13. Dezember 2014 in Kraft.

2/7. Verordnung des Bundesministers für Soziales, Gesundheit, Pflege und Konsumentenschutz über die Verpflichtung zur Weitergabe von Informationen über die Herkunft von Fleisch, Milch und Eiern entlang der Lieferkette von Lebensmittelunternehmen[1]

[1] In Kraft ab 1. 7. 2022.

BGBl II 2021/566

Verordnung des Bundesministers für Soziales, Gesundheit, Pflege und Konsumentenschutz über die Verpflichtung zur Weitergabe von Informationen über die Herkunft von Fleisch, Milch und Eiern entlang der Lieferkette von Lebensmittelunternehmen

Auf Grund der §§ 4 Abs. 3 und 6 Abs. 1 und 2 des Lebensmittelsicherheits- und Verbraucherschutzgesetzes – LMSVG, BGBl. I Nr. 13/2006, zuletzt geändert durch das Bundesgesetz BGBl. I Nr. 104/2019, wird im Einvernehmen mit der Bundesministerin für Digitalisierung und Wirtschaftsstandort verordnet:

Zielbestimmung

§ 1. Ziel dieser Verordnung ist die verpflichtende Weitergabe von Informationen über die Herkunft von Fleisch, Milch und Eiern entlang der Lieferkette von Lebensmittelunternehmen.

Geltungsbereich

§ 2. Diese Verordnung gilt für inländische

1. Schlacht- und Zerlegungsbetriebe,
2. Molkereibetriebe und
3. Eibetriebe,

die anderen Lebensmittelunternehmen Lebensmittel liefern, die nicht für die Abgabe an Endverbraucherinnen und Endverbraucher bestimmt sind.

Begriffsbestimmungen

§ 3. Im Sinne dieser Verordnung sind

1. „Molkereibetriebe": Lebensmittelunternehmen, die Milch oder Milcherzeugnisse herstellen oder verarbeiten;
2. „Milcherzeugnisse": Konsummilch, Butter, Sauerrahm, Topfen, Joghurt natur, Schlagobers und Frischkäse;
3. „Eibetriebe": Lebensmittelunternehmen, die Ei, Flüssigei, -eigelb, -eiweiß oder Trockenei herstellen oder verarbeiten.

Weitergabe der Information

§ 4. (1) Schlacht- und Zerlegungsbetriebe haben bei Fleisch von Schweinen, Schafen, Ziegen, und Geflügel das Ursprungsland gemäß Art. 5 der Durchführungsverordnung (EU) Nr. 1337/2013 hinsichtlich der Angabe des Ursprungslandes bzw. Herkunftsortes von frischem, gekühltem oder gefrorenem Schweine-, Schaf-, Ziegen- und Geflügelfleisch, ABl. Nr. L 335 vom 14. 12. 2013, S. 19, berichtigt durch ABl. Nr. L 95 vom 29.03.2014, S. 70, in den Handelspapieren anzugeben.

(2) Molkereibetriebe haben bei Milch und Milcherzeugnissen gemäß § 3 Z 2 das Ursprungsland (Name des Landes, in dem das Tier gemolken wurde) in den Handelspapieren anzugeben.

(3) Eibetriebe haben bei Ei, Flüssigei, -eigelb, -eiweiß und Trockenei das Ursprungsland (Name des Landes, in dem das Ei gelegt wurde) in den Handelspapieren anzugeben.

(4) Die Angabe des Ursprungslands gemäß den Abs. 1 bis 3 hat gemäß Art. 2 der Durchführungsverordnung (EU) 2018/775 mit den Einzelheiten zur Anwendung von Artikel 26 Absatz 3 der Verordnung (EU) Nr. 1169/2011 betreffend die Information der Verbraucher über Lebensmittel hinsichtlich der Vorschriften für die Angabe des Ursprungslands oder Herkunftsorts der primären Zutat eines Lebensmittels, ABl. Nr. L 131 vom 29.05.2018, S. 8, zu erfolgen.

Dokumentation

§ 5. (1) Die in § 2 genannten Lebensmittelunternehmen haben über geeignete Unterlagen, Systeme oder Verfahren zu verfügen, um der zuständigen Behörde (Landeshauptmann gemäß § 24 LMSVG) das Ursprungsland nachzuweisen.

(2) Die Teilnahme an gesetzlich anerkannten Herkunftssicherungssystemen gilt als Nachweis gemäß Abs. 1.

2/7. HerkunftV Lieferkette
§§ 6 – 7

Inkrafttreten

§ 6. Diese Verordnung tritt sechs Monate nach dem ihrer Kundmachung im Bundesgesetzblatt folgenden Monatsersten in Kraft.

Schlussbestimmung

§ 7. Diese Verordnung wurde unter Einhaltung der Bestimmungen der Richtlinie (EU) 2015/1535 über ein Informationsverfahren auf dem Gebiet der technischen Vorschriften, ABl. Nr. L 241 vom 17.09.2015, S. 1, notifiziert.

3. Lebensmittel

3. Lebensmittel

Übersicht

3/1. **Verordnung über tiefgefrorene Lebensmittel**, BGBl 1994/201

3/2. **Kaseine-Verordnung**, BGBl II 2016/106

3/3. **Verordnung über die Behandlung von Lebensmitteln und Verzehrprodukten mit ionisierenden Strahlen**, BGBl II 2000/327

3/4. **Verordnung über Kaffee- und Zichorienextrakte**, BGBl II 2000/391

3/5. **Schädlingsbekämpfungsmittel-Höchstwerteverordnung**, BGBl II 2002/441 idF BGBl II 2008/68, BGBl II 2012/175

3/6. **Zuckerverordnung**, BGBl II 2003/472

3/7. **Schokoladeverordnung**, BGBl II 2003/628

3/8. **Honigverordnung**, BGBl II 2004/40 idF BGBl II 2015/209

3/9. **Trockenmilchverordnung**, BGBl II 2004/45 idF BGBl II 2008/76

3/10. **Fruchtsaftverordnung**, BGBl II 2004/83 idF BGBl II 2010/441 und BGBl II 2013/206

3/11. **Nahrungsergänzungsmittelverordnung**, BGBl II 2004/88 idF BGBl II 2006/424, BGBl II 2010/107

3/12. **Konfitürenverordnung 2004**, BGBl II 2004/367 idF BGBl II 2009/265

3/1. Verordnung über tiefgefrorene Lebensmittel

BGBl 1994/201

Verordnung des Bundesministers für Gesundheit, Sport und Konsumentenschutz über tiefgefrorene Lebensmittel

Auf Grund der §§ 10 Abs. 1 und 19 Abs. 1 des Lebensmittelgesetzes 1975, BGBl. Nr. 86, zuletzt geändert durch das Bundesgesetz BGBl. Nr. 756/1992, wird - hinsichtlich § 6 im Einvernehmen mit dem Bundesminister für wirtschaftliche Angelegenheiten - verordnet:

Geltungsbereich

§ 1. (1) Tiefgefrorene Lebensmittel gemäß dieser Verordnung sind Lebensmittel, die

1. einem Gefrierprozeß („Tiefgefrieren") unterzogen worden sind, bei dem der Temperaturbereich der maximalen Kristallisation entsprechend der Art des Erzeugnisses so schnell wie möglich durchschritten wird, mit der Wirkung, daß die Temperatur des Erzeugnisses an allen seinen Punkten - nach thermischer Stabilisierung - ständig bei Werten von minus 18 Grad Celsius oder niedriger (=< -18 Grad C) gehalten wird, und

2. mit dem Hinweis abgegeben werden, daß sie diese Eigenschaft besitzen.

(2) Diese Verordnung gilt nicht für Speiseeis.

(3) Für Verzehrprodukte gelten die Bestimmungen dieser Verordnung sinngemäß.

Ausgangsstoffe - Zubereitung

§ 2. (1) Die zur Herstellung tiefgefrorener Lebensmittel verwendeten Ausgangsstoffe müssen von einwandfreier und handelsüblicher Qualität sein und den nötigen Frischegrad besitzen.

(2) Die Zubereitung der tiefzugefrierenden Erzeugnisse und das Tiefgefrieren müssen unverzüglich mit Hilfe geeigneter Geräte ausgeführt werden, damit die chemischen, biochemischen und mikrobiologischen Veränderungen auf das Mindestmaß reduziert werden.

Gefriermittel

§ 3. Es dürfen ausschließlich folgende Gefriermittel in unmittelbarem Kontakt mit den tiefgefrorenen Lebensmitteln verwendet werden:

– Luft,

– Stickstoff,

– Kohlendioxid.

Temperatur

§ 4. (1) Die Temperatur tiefgefrorener Lebensmittel muß gleichbleibend sein und an allen Punkten des Erzeugnisses auf -18 Grad C oder niedriger gehalten werden.

(2) Beim Versand sowie beim örtlichen Vertrieb und in den Tiefkühltruhen des Einzelhandels ist im Rahmen redlicher Aufbewahrungs- und Vertriebsverfahren ein kurzzeitiger Anstieg der Temperatur um 3 Grad C (bis höchstens -15 Grad C) zulässig.

Verpackungen

§ 5. Die zur Abgabe an den Letztverbraucher oder an Einrichtungen der Gemeinschaftsversorgung bestimmten tiefgefrorenen Lebensmittel sind vom Hersteller oder Verpacker so zu verpacken, daß sie vor einem Bakterienbefall von außen oder anderen nachteiligen äußeren Einflüssen sowie vor dem Austrocknen geschützt sind.

Kennzeichnung

§ 6. (1) Tiefgefrorene Lebensmittel, die - ohne weitere Verarbeitung - für den Letztverbraucher oder für Einrichtungen der Gemeinschaftsversorgung bestimmt sind, sind entsprechend der Lebensmittelkennzeichnungsverordnung, BGBl. Nr. 72/1993, zu kennzeichnen; zusätzlich müssen diese tiefgefrorenen Lebensmittel folgende besondere Kennzeichnungselemente (Angaben) aufweisen:

a) die handelsübliche Sachbezeichnung ergänzt durch einen der folgenden Ausdrücke: „tiefgefroren", „Tiefkühlkost", „tiefgekühlt" oder „gefrostet";

b) zusätzlich zur Angabe des Mindesthaltbarkeitsdatums den Zeitraum, während dessen die tiefgefrorenen Lebensmittel beim Letztverbraucher gelagert werden können in Zusammenhang mit der jeweiligen Aufbewahrungstemperatur oder der zur Aufbewahrung erforderlichen Anlage;

c) den deutlich lesbaren und dauerhaft angebrachten Vermerk der Art „Nach dem Auftauen nicht wieder einfrieren".

(2) Tiefgefrorene Lebensmittel, die weder für den Letztverbraucher noch für Einrichtungen der Gemeinschaftsversorgung bestimmt sind, müssen lediglich folgende Angaben auf der Umhüllung,

den Behältnissen oder der Verpackung oder auf einem damit verbundenen Etikett aufweisen:

a) die handelsübliche Sachbezeichnung ergänzt durch einen der folgenden Ausdrücke: „tiefgefroren", „Tiefkühlkost", „tiefgekühlt" oder „gefrostet";

b) die Nettofüllmenge in Kilogramm oder Gramm;

c) eine Angabe, die die Feststellung des Loses (der Charge) ermöglicht;

d) Name oder Firma (Firmenschlagwort) und Anschrift des Herstellers, des Verpackers oder eines in einem EWR-Mitgliedstaat niedergelassenen Verkäufers.

(3) Nur tiefgefrorene Lebensmittel gemäß dieser Verordnung dürfen die in Abs. 1 lit. a, b und Abs. 2 lit. a vorgesehenen Angaben aufweisen.

Übergangsbestimmung

§ 7. Tiefgefrorene Lebensmittel, die dieser Verordnung nicht entsprechen, dürfen noch bis zum 31. Dezember 1994 in Verkehr belassen werden.

3/2. KaseineV
§§ 1 – 5

3/2. Kaseine-Verordnung

BGBl II 2016/106

Lebensmittel

Verordnung der Bundesministerin für Gesundheit über Kaseine und Kaseinate (Kaseine-Verordnung)

Auf Grund des § 6 Abs. 1 und 2 des Lebensmittelsicherheits- und Verbraucherschutzgesetzes – LMSVG, BGBl. I Nr. 13/2006, zuletzt geändert durch das Bundesgesetz BGBl. I Nr. 144/2015, wird – hinsichtlich § 4 im Einvernehmen mit dem Bundesminister für Wissenschaft, Forschung und Wirtschaft – verordnet:

Geltungsbereich

§ 1. Diese Verordnung gilt für Kaseine und Kaseinate und Mischungen davon.

Begriffsbestimmungen

§ 2. Im Sinne dieser Verordnung ist:

1. **Säure-Nährkasein:** ein Milcherzeugnis, das durch Trennen, Waschen und Trocknen des mit Säure ausgefällten Koagulats von Magermilch oder anderen Milcherzeugnissen gewonnen wird.

2. **Labnährkasein:** ein Milcherzeugnis, das durch Trennen, Waschen und Trocknen des Koagulats von Magermilch oder anderen Milcherzeugnissen gewonnen wird; das Koagulat entsteht durch die Reaktion mit Lab oder anderen milchkoagulierenden Enzymen.

3. **Nährkaseinat:** ein Milcherzeugnis, das durch die Behandlung von Nährkasein oder von Koagulat von Nährkasein mit neutralisierenden Stoffen und anschließender Trocknung gewonnen wird.

Anforderungen

§ 3. Milcherzeugnisse gemäß § 2 dürfen nur in Verkehr gebracht werden, wenn sie den Vorschriften dieser Verordnung und den in den Anhängen I und II der Richtlinie (EU) 2015/2203 zur Angleichung der Rechtsvorschriften der Mitgliedstaaten über Kaseine und Kaseinate für die menschliche Ernährung und zur Aufhebung der Richtlinie 83/417/EWG des Rates, ABl. Nr. L 314 vom 1. Dezember 2015, festgelegten Bestimmungen entsprechen.

Kennzeichnung

§ 4. (1) Die Verpackungen, Behältnisse oder Etiketten der Milcherzeugnisse gemäß § 2 haben die folgenden Hinweise in gut sichtbaren, deutlich lesbaren und unverwischbaren Buchstaben sowie in leicht verständlicher Sprache zu tragen:

1. Die gemäß § 2 Z 1, 2 und 3 für die betreffenden Milcherzeugnisse festgelegte Bezeichnung sowie bei Nährkaseinaten die Angabe der Arten der Kationen gemäß der Auflistung in Anhang II lit. d der Richtlinie (EU) 2015/2203.

2. Bei als Mischungen in Verkehr gebrachten Erzeugnissen

a) den Hinweis „Mischung aus …", gefolgt von den Bezeichnungen der verschiedenen Erzeugnisse, aus denen die Mischung besteht, in absteigender Reihenfolge des Gewichtsanteils;

b) bei Nährkaseinaten die Angabe der Arten der Kationen gemäß der Auflistung in Anhang II lit. d der Richtlinie (EU) 2015/2203;

c) bei Mischungen, die Nährkaseinate enthalten, den Proteingehalt.

3. Die Nettofüllmenge der Erzeugnisse in Kilogramm oder Gramm.

4. Den Namen oder die Firma und die Anschrift des Lebensmittelunternehmers/der Lebensmittelunternehmerin, unter dessen/deren Namen oder Firma die Erzeugnisse in Verkehr gebracht werden oder, wenn der Lebensmittelunternehmer/die Lebensmittelunternehmerin nicht in der Union niedergelassen ist, des Einführers/der Einführerin auf den Unionsmarkt.

5. Bei aus Drittländern eingeführten Erzeugnissen das Ursprungsland.

6. Das Los der Erzeugnisse oder das Herstellungsdatum.

(2) Abweichend von Abs. 1 können die Angaben gemäß Abs. 1 Z 2 lit. c und Abs. 1 Z 3, 4 und 5 nur auf dem Begleitpapier vermerkt sein.

(3) Wird der in Anhang I Abschnitt I lit. a Z 2 und Anhang I Abschnitt II lit. a Z 2 sowie Anhang II lit. a Z 2 der Richtlinie (EU) 2015/2203 festgelegte Mindestmilchproteingehalt in den Milcherzeugnissen gemäß § 2 überschritten, kann dies unbeschadet anderer Bestimmungen des Unionsrechts entsprechend auf den Verpackungen, Behältnissen oder Etiketten der Erzeugnisse angegeben werden.

Schlussbestimmungen

§ 5. (1) Diese Verordnung tritt mit 22. Dezember 2016 in Kraft.

(2) Mit Inkrafttreten dieser Verordnung tritt die Verordnung über Nährkaseine und Nährkaseinate, BGBl. Nr. 548/1996, außer Kraft.

(3) Durch diese Verordnung wird die Richtlinie (EU) 2015/2203 in österreichisches Recht umgesetzt.

3/3. Verordnung über die Behandlung von Lebensmitteln und Verzehrprodukten mit ionisierenden Strahlen

BGBl II 2000/327

Verordnung der Bundesministerin für soziale Sicherheit und Generationen über die Behandlung von Lebensmitteln und Verzehrprodukten mit ionisierenden Strahlen

Auf Grund des § 14 Abs. 2 des Lebensmittelgesetzes 1975 – LMG 1975, BGBl. Nr. 86, zuletzt geändert durch das Bundesgesetz BGBl. I Nr. 157/1999, wird verordnet:

Geltungsbereich

§ 1. (1) Diese Verordnung regelt das Inverkehrbringen von mit ionisierenden Strahlen behandelten Waren und deren Bestandteilen gemäß §§ 2 und 3 LMG 1975 (Lebensmittel und Verzehrprodukte).

(2) Diese Verordnung gilt nicht für

1. Waren gemäß Abs. 1, die ionisierender Strahlung von Mess- oder Prüfgeräten ausgesetzt werden, vorausgesetzt die dabei absorbierte Dosis ist nicht größer als 0,01 Gy bei Geräten, die Neutronen verwenden, und 0,05 Gy bei allen anderen Geräten. Dabei darf bei Röntgenstrahlen die Strahlenenergie maximal 10 MeV, bei Neutronen maximal 14 MeV und in allen anderen Fällen 5 MeV betragen;

2. die Bestrahlung von Waren gemäß Abs. 1, die für Patienten zubereitet werden, die unter medizinischer Kontrolle sterile Nahrung benötigen.

Anforderungen

§ 2. (1) Die Bestrahlung von Waren gemäß § 1 Abs. 1 ist nur zulässig, wenn sie

1. technologisch sinnvoll und notwendig ist,
2. gesundheitlich unbedenklich ist,
3. für den Verbraucher nützlich ist und
4. nicht als Ersatz für Hygiene- und Gesundheitsmaßnahmen oder für gute Herstellungs- oder Landwirtschaftsverfahren verwendet wird.

(2) Die Bestrahlung von Waren gemäß § 1 Abs. 1 darf lediglich auf folgende Zwecke ausgerichtet sein:

1. Verringerung der Krankheitserreger in den Waren durch Zerstörung pathogener Organismen;

2. Verringerung des Verderbs von Waren durch Verzögern oder Anhalten von Verfallprozessen und durch Zerstörung verderbförderlicher Organismen;

3. Verringerung der Verluste von Waren durch vorzeitiges Reifen, Sprossung oder Keimung;

4. Befreiung der Waren vom Befall durch Schadorganismen der Pflanzen und Folgeerzeugnisse.

(3) Die Waren müssen zum Zeitpunkt der Behandlung die entsprechenden Genusstauglichkeitsbestimmungen erfüllen.

§ 3. (1) Die Bestrahlung darf nur mit den nachfolgend angeführten Strahlenquellen durchgeführt werden:

1. Gammastrahlen aus Radionukliden ^{60}Co oder ^{137}Cs;

2. Röntgenstrahlen, die von Geräten erzeugt werden, die mit einer Nennenergie (maximale Quantenenergie) von 5 MeV oder darunter betrieben werden;

3. Elektronen, die von Geräten erzeugt werden, die mit einer Nennenergie (maximale Quantenenergie) von 10 MeV oder darunter betrieben werden.

(2) Die durchschnittlich absorbierte Strahlungsgesamtdosis ist gemäß **Anhang 1** zu berechnen.

§ 4. (1) Es dürfen nur die in **Anhang 2** genannten Waren mit ionisierenden Strahlen behandelt werden.

(2) Die durchschnittlich absorbierte Strahlungsgesamtdosis darf in mehreren Teildosen verabreicht werden. Die gemäß Anhang 2 festgelegte Strahlungshöchstdosis darf jedoch nicht überschritten werden.

(3) Die Behandlung mit ionisierenden Strahlen darf nicht in Verbindung mit einer chemischen Behandlung angewandt werden, die dem gleichen Ziel dient wie die Bestrahlung.

§ 5. Das zur Verpackung der zu bestrahlenden Waren verwendete Material muss für den Bestrahlungsvorgang geeignet sein.

§ 6. (1) Die Bestrahlungsanlage hat den Anforderungen der empfohlenen internationalen Verfahrensleitsätze der Gemeinsamen FAO/WHO-Codex-Alimentarius-Kommission für das Betreiben von Bestrahlungseinrichtungen für die Behandlung von Lebensmitteln (FAO/WHO/CAC/Vol XV Ausgabe 1) zu entsprechen.

(2) Es ist eine für die Einhaltung aller für die Anwendung des Verfahrens erforderlichen Bedingungen qualifizierte verantwortliche Person zu bestimmen.

§ 7. (1) Bei der Bestrahlungsanlage ist für jede verwendete Quelle ionisierender Strahlung ein Register zu führen, das für jedes Los der behandelten Ware folgende Angaben enthält:

1. Art und Menge der bestrahlten Ware;
2. Losnummer;
3. Auftraggeber der Strahlenbehandlung;
4. Empfänger der behandelten Ware;
5. Bestrahlungsdatum;
6. das während der Bestrahlung verwendete Verpackungsmaterial;
7. Parameter für die Überwachung des Bestrahlungsvorganges gemäß Anhang 1, Angaben über die durchgeführten dosimetrischen Kontrollen und deren Ergebnisse, wobei insbesondere der untere und obere Grenzwert der absorbierten Dosis sowie die Art der ionisierenden Strahlen genau anzugeben sind;
8. Hinweise auf die vor der Bestrahlung durchgeführten Validierungsmessungen.

(2) Die Angaben gemäß Abs. 1 müssen fünf Jahre lang aufbewahrt werden.

Kennzeichnung

§ 8. (1) Bei Waren gemäß § 1 Abs. 1, die – ohne weitere Verarbeitung – für den Letztverbraucher oder Einrichtungen der Gemeinschaftsversorgung bestimmt sind, ist der Hinweis „bestrahlt" oder „mit ionisierenden Strahlen behandelt" in Verbindung mit der handelsüblichen Sachbezeichnung gemäß § 4 Z 1 der Lebensmittelkennzeichnungsverordnung 1993 – LMKV, BGBl. Nr. 72, in der jeweils geltenden Fassung wie folgt anzubringen:

1. bei verpackten Waren auf der Verpackung oder auf einem mit ihr verbundenen Etikett;
2. bei lose verkauften Waren auf einem Anschlag oder einem Schild über oder neben dem Behältnis, in dem sich die Ware befindet.

(2) Wird ein bestrahlter Bestandteil verwendet, ist der Hinweis gemäß Abs. 1 in Verbindung mit der Sachbezeichnung des Bestandteiles folgendermaßen anzubringen:

1. bei verpackten Waren im Verzeichnis der Zutaten gemäß § 4 Z 7 LMKV;
2. bei lose verkauften Waren zusammen mit der Sachbezeichnung des Enderzeugnisses auf einem Anschlag oder einem Schild über oder neben dem Behältnis, in dem sich die Ware befindet.

(3) Abweichend von § 4 Z 7 lit. e LMKV ist der Hinweis gemäß Abs. 1 auch dann anzuführen, wenn der bestrahlte Bestandteil in einer zusammengesetzten Zutat verwendet wird, die zu weniger als 25% im Enderzeugnis vorhanden ist. Dies gilt auch für lose verkaufte Waren.

§ 9. Bei nicht für den Letztverbraucher oder für Einrichtungen der Gemeinschaftsversorgung bestimmten Waren sind folgende Kennzeichnungselemente anzubringen:

1. der Hinweis gemäß § 8 Abs. 1 auf die Behandlung von bestrahlten Erzeugnissen oder Bestandteilen;
2. entweder Name und Anschrift oder die amtliche Referenznummer der Bestrahlungsanlage.

§ 10. Der Hinweis auf die Strahlenbehandlung muss sich in den Fällen des § 8 und 9 jedenfalls auf den Dokumenten, die die Waren begleiten oder sich auf sie beziehen, befinden.

Einfuhr aus Drittstaaten

§ 11. Die Einfuhr von mit ionisierenden Strahlen behandelten Waren aus Staaten, die nicht Mitgliedstaaten der Europäischen Gemeinschaft bzw. Vertragsstaaten des Abkommens über den Europäischen Wirtschaftsraum sind, ist nur zulässig, wenn sie

1. den Bestimmungen dieser Verordnung entsprechen,
2. in einer von der Europäischen Gemeinschaft zugelassenen Bestrahlungsanlage, welche in die von der Europäischen Gemeinschaft erstellte Liste aufgenommen worden ist, behandelt wurden und
3. von Dokumenten begleitet werden, die Name und Anschrift der Bestrahlungsanlage sowie die Angaben gemäß § 7 Abs. 1 enthalten.

Schlussbestimmungen

§ 12. Durch diese Verordnung werden nachstehende Richtlinien umgesetzt:

1. Richtlinie 1999/2/EG vom 22. Februar 1999 zur Angleichung der Rechtsvorschriften der Mitgliedstaaten über mit ionisierenden Strahlen behandelte Lebensmittel und Lebensmittelbestandteile.
2. Richtlinie 1999/3/EG vom 22. Februar 1999 über die Festlegung einer Gemeinschaftsliste von mit ionisierenden Strahlen behandelten Lebensmitteln und Lebensmittelbestandteilen.

3/3. IonStrahlenV
Anhang 1

Anhang 1

1. **DOSIMETRIE**

   Durchschnittlich absorbierte Gesamtdosis

   Bei der Bestimmung der Bekömmlichkeit von Lebensmittel, die mit einer durchschnittlichen Gesamtdosis von 10 kGy oder weniger behandelt worden sind, kann davon ausgegangen werden, dass alle chemischen Bestrahlungseffekte in diesem spezifischen Dosisbereich proportional zur Dosis sind.

   Die durchschnittliche Gesamtdosis $\overline{D}$ wird durch die nachstehende Integralgleichung für das behandelte Lebensmittel festgelegt.

   $$\overline{D} = \frac{1}{M} \int p(x,y,z) \, d(x,y,z) \, dV$$

   wobei M = die Gesamtmasse der behandelten Probe
   p = die lokale Dichte an dem betreffenden Punkt (x,y,z)
   d = die an dem betreffenden Punkt (x,y,z) absorbierte lokale Dosis und
   dV = das infinitesimale Volumenelement dx dy dz ist, das in der Realität durch die Volumenteile dargestellt wird.

   Die durchschnittlich absorbierte Gesamtdosis kann für homogene Erzeugnisse oder Erzeugnisse in losem Zustand mit einer homogenen Fülldichte unmittelbar bestimmt werden, indem eine entsprechende Anzahl von Dosimetern gezielt und nach einer Zufallsverteilung über das gesamte Warenvolumen verteilt werden. Aus der so ermittelten Dosisaufteilung kann ein Durchschnittswert errechnet werden, der der durchschnittlich absorbierten Gesamtdosis entspricht.

   Ist der Verlauf der Dosisverteilungskurve durch das gesamte Erzeugnis klar erkennbar, kann auch ermittelt werden, wo Mindest- und Höchstdosis auftreten. Messungen der Dosisverteilung an diesen beiden Stellen bei einer Reihe von Probeexemplaren des Erzeugnisses ermöglichen eine Schätzung der durchschnittlichen Gesamtdosis.

   In einigen Fällen ist der Mittelwert des Durchschnittswertes der Mindest- ($\overline{D}$min) und der Höchstdosis ($\overline{D}$max) ein guter Schätzungswert der durchschnittlichen Gesamtdosis. Das heißt, in diesen Fällen entspricht

   $$\text{die durchschnittliche Gesamtdosis} \approx \frac{\overline{D}\max + \overline{D}\min}{2}$$

   Das Verhältnis $\dfrac{\overline{D}\max}{\overline{D}\min}$ sollte 3 nicht übersteigen.

3/3. IonStrahlenV
Anhang 1, 2

Lebensmittel

2. VERFAHREN

2.1. Vor der routinemäßigen Bestrahlung einer gegebenen Gruppe von Lebensmitteln in einer Bestrahlungsanlage wird mit Dosismessungen im gesamten Produktvolumen ermittelt, an welcher Stelle die Höchst- und die Mindestdosis auftritt. Eine ausreichende Zahl dieser Validierungsmessungen muss vorgenommen werden (zB 3–5), um den Schwankungen der Dichte oder Geometrie der Erzeugnisse Rechnung zu tragen.

2.2. Die Messungen müssen wiederholt werden, wenn das Erzeugnis, seine Geometrie oder die Bestrahlungsbedingungen geändert werden.

2.3. Während der Behandlung werden routinemäßige Dosismessungen durchgeführt, um sicherzustellen, dass die Dosisgrenzen nicht überschritten werden. Zur Durchführung der Messung werden Dosimeter bei der Höchst- und Mindestdosis oder in einer Bezugsstellung angeordnet. Die Dosis bei der Bezugsstellung muss mengenmäßig mit der Höchst- und der Mindestdosis verbunden sein. Die Bezugspunkte müssen an einem günstigen Punkt im oder auf dem Erzeugnis gewählt werden, an dem die Dosisschwankungen gering sind.

2.4. Die routinemäßigen Dosismessungen sollten während der Produktion bei jedem Los und in geeigneten Abständen durchgeführt werden.

2.5. Werden fließende, unverpackte Erzeugnisse bestrahlt, so können Mindest- und Höchstdosis nicht bestimmt werden. Das Ermitteln der Extremwerte sollte in diesen Fällen durch Stichproben erfolgen.

2.6. Die Dosismessungen sollten mit anerkannten Dosimetern vorgenommen und auf Primärnormale bezogen werden.

2.7. Während der Bestrahlung müssen einschlägige Parameter der Anlage ständig überwacht und aufgezeichnet werden. Bei Radionuklidanlagen umfassen die Parameter die Produkttransportgeschwindigkeit oder die Aufenthaltszeit in der Strahlungszone und die genaue Angabe der korrekten Stellung der Quelle. Für die Beschleunigungsanlagen umfassen die Parameter die Produkttransportgeschwindigkeit und das Energieniveau, den Elektronenfluss und die Scanner-Breite der Anlage.

Anhang 2
LEBENSMITTEL, DIE MIT IONISIERENDEN STRAHLEN BEHANDELT WERDEN DÜRFEN, UND STRAHLUNGSHÖCHSTDOSEN:

Lebensmittelgruppe	Maximale durchschnittliche absorbierte Gesamtdosis (kGy)
Getrocknete aromatische Kräuter und Gewürze	10

3/4. Verordnung über Kaffee- und Zichorienextrakte

BGBl II 2000/391

Verordnung des Bundesministers für soziale Sicherheit und Generationen über Kaffee- und Zichorienextrakte

Auf Grund der §§ 10 Abs. 1 und 19 Abs. 1 des Lebensmittelgesetzes 1975, BGBl. Nr. 86, zuletzt geändert durch das Bundesgesetz BGBl. I Nr. 105/2000, wird – hinsichtlich des § 4 im Einvernehmen mit dem Bundesminister für Wirtschaft und Arbeit – verordnet:

Geltungsbereich

§ 1. (1) Diese Verordnung gilt für „Kaffee-Extrakt", „löslichen Kaffee-Extrakt", „löslichen Kaffee", „Instant-Kaffee", „Zichorien-Extrakt", „lösliche Zichorie" und „Instant-Zichorie".

(2) Diese Verordnung gilt nicht für „Café torrefacto soluble".

Definition

§ 2. (1) „Kaffee-Extrakt", „löslicher Kaffee-Extrakt", „löslicher Kaffee" und „Instant-Kaffee" sind konzentrierte Erzeugnisse, die durch Extraktion aus gerösteten Kaffeebohnen gewonnen werden, wobei lediglich Wasser als Extraktionsmittel Verwendung findet und alle Verfahren der Hydrolyse durch Zusatz von Säuren und Laugen ausgeschlossen sind. Neben unlöslichen Stoffen, die technisch nicht zu vermeiden sind, und aus Kaffee stammenden unlöslichen Ölen dürfen diese Erzeugnisse nur die löslichen und aromatischen Bestandteile des Kaffees enthalten.

(2) Für den aus Kaffee stammenden Gehalt an Trockenmasse gelten folgende Werte:

a) Kaffee-Extrakt: mindestens 95 Gewichtsprozent

b) Kaffee-Extrakt in Pastenform: 70 bis 85 Gewichtsprozent

c) flüssiger Kaffee-Extrakt: 15 bis 55 Gewichtsprozent

(3) Kaffee-Extrakt in fester Form oder in Pastenform darf keine anderen als die durch Extraktion aus Kaffee gewonnenen Bestandteile enthalten.

(4) Flüssiger Kaffee-Extrakt darf gebrannte oder ungebrannte Zuckerarten bis zu höchstens 12 Gewichtsprozent enthalten.

§ 3. (1) „Zichorien-Extrakt", „lösliche Zichorie" und „Instant-Zichorie" sind konzentrierte Erzeugnisse, die durch Extraktion aus gerösteter Zichorie gewonnen werden, wobei lediglich Wasser als Extraktionsmittel Verwendung findet und alle Verfahren der Hydrolyse durch Zusatz von Säuren oder Laugen ausgeschlossen sind. Zichorie sind die für die Zubereitung von Getränken verwendeten Wurzeln von Cichorium intybus L., die zum Trocknen und Rösten einwandfrei gereinigt sind und nicht für die Produktion der Zichorie Witloof verwendet werden.

(2) Für den aus Zichorie stammenden Gehalt an Trockenmasse gelten folgende Werte:

a) Zichorien-Extrakt: mindestens 95 Gewichtsprozent

b) Zichorien-Extrakt in Pastenform: 70 bis 85 Gewichtsprozent

c) flüssiger Zichorien-Extrakt: 25 bis 55 Gewichtsprozent

(3) Bei Zichorien-Extrakt in fester Form oder in Pastenform darf der Gehalt an nicht aus Zichorie stammenden Stoffen höchstens 1 Gewichtsprozent betragen.

(4) Flüssiger Zichorien-Extrakt darf gebrannte oder ungebrannte Zuckerarten bis zu höchstens 35 Gewichtsprozent enthalten.

Kennzeichnungsbestimmungen

§ 4. (1) Unbeschadet der Bestimmungen der Lebensmittelkennzeichnungsverordnung 1993 – LMKV, BGBl. Nr. 72, in der jeweils geltenden Fassung, sind die in §§ 2 und 3 vorgesehenen Bezeichnungen den dort definierten Kaffee- und Zichorienextrakten vorbehalten und als Sachbezeichnungen zu verwenden. Diese Bezeichnungen werden durch folgende Angaben ergänzt:

1. „Paste" oder „in Pastenform" oder

2. „flüssig" oder in „flüssiger Form".

(2) In folgenden Fällen können die Sachbezeichnungen gemäß Absatz 1 durch die Angabe „konzentriert" ergänzt werden:

1. Bei „flüssigem Kaffee-Extrakt", sofern der aus dem Kaffee stammende Gehalt an Trockenmasse mehr als 25 Gewichtsprozent,

2. bei „flüssigen Zichorien-Extrakt", sofern der aus Zichorie stammende Gehalt an Trockenmasse mehr als 45 Gewichtsprozent beträgt.

(2)[1)] Bei „Kaffee-Extrakt", „löslichem Kaffee-Extrakt", „löslichem Kaffee" und „Instant-Kaffee", deren Gehalt an wasserfreiem Koffein höchstens 0,3 Gewichtsprozent der aus dem Kaffee stammenden Trockenmasse entspricht, ist der Hinweis „entkoffeiniert" anzugeben. Dieser Hinweis ist im selben Sichtfeld wie die Sachbezeichnung anzubringen.

(3) Bei „flüssigem Kaffee-Extrakt" und „flüssigem Zichorien-Extrakt" ist der Hinweis „mit …", „mit … haltbar gemacht", „mit … zusatz" oder „mit … geröstet", wobei jeweils die verwendete(n) Zuckerart(en) einzufügen ist (sind), anzugeben. Diese Hinweise sind im selben Sichtfeld wie die Sachbezeichnung anzubringen.

(4) Bei „Kaffee-Extrakt in Pastenform" und „flüssigem Kaffee-Extrakt" ist der aus dem Kaffee stammende Mindestgehalt an Trockenmasse in Gewichtsprozent des Enderzeugnisses, bei „Zichorien- Extrakt in Pastenform" und „flüssigem Zichorien-Extrakt" der aus Zichorie stammende Mindestgehalt an Trockenmasse in Gewichtsprozent des Enderzeugnisses anzugeben.

---

[1] *Redaktionsversehen: Abs 2 wurde zweimal vergeben, siehe BGBl II 2000/391*

Schlussbestimmungen

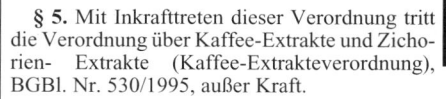

§ 5. Mit Inkrafttreten dieser Verordnung tritt die Verordnung über Kaffee-Extrakte und Zichorien- Extrakte (Kaffee-Extrakteverordnung), BGBl. Nr. 530/1995, außer Kraft.

§ 6. Kaffee- und Zichorienextrakte, die nicht dieser Verordnung jedoch den bisher geltenden Bestimmungen entsprechen, dürfen bis zum 13. September 2001 in Verkehr gebracht und bis zum vollständigen Abbau der Bestände in Verkehr belassen werden.

§ 7. Durch diese Verordnung wird die Richtlinie 1999/4/EG des Europäischen Parlaments und des Rates vom 22. Februar 1999 über Kaffee- und Zichorienextrakte, ABl. Nr. L 66 vom 13. März 1999, in österreichisches Recht umgesetzt.

3/5. Schädlingsbekämpfungsmittel-Höchstwerteverordnung

BGBl II 2002/441 idF

1 BGBl II 2003/552	**5** BGBl II 2007/74
2 BGBl II 2004/434	**6** BGBl II 2008/68
3 BGBl II 2005/166	**7** BGBl II 2012/175
4 BGBl II 2006/130	

Verordnung des Bundesministers für soziale Sicherheit und Generationen über Höchstwerte von Rückständen von Schädlingsbekämpfungsmitteln in oder auf Lebensmitteln pflanzlichen und tierischen Ursprungs „(Schädlingsbekämpfungsmittel-Höchstwerteverordnung – SchäHöV)" [1]

(BGBl II 2004/434)

[1] *Teilweise derogiert durch die Verordnung (EG) Nr. 396/2005.*

Auf Grund der §§ 15 Abs. 7 und 16 Abs. 6 des Lebensmittelgesetzes 1975 - LMG 1975, BGBl. Nr. 86, zuletzt geändert durch das Bundesgesetz BGBl. I Nr. 98/2001, wird im Einvernehmen mit dem Bundesminister für Land- und Forstwirtschaft, Umwelt und Wasserwirtschaft verordnet:

§ 1. (1) Diese Verordnung ist auf Lebensmittel pflanzlichen und tierischen Ursprungs anzuwenden.

(2) Diese Verordnung gilt auch für die in Abs. 1 genannten Erzeugnisse, wenn sie getrocknet, verarbeitet oder einem zusammengesetzten Lebensmittel beigefügt wurden.

§ 2. „" Gemäß dieser Verordnung sind "Rückstände von Schädlingsbekämpfungsmitteln" Rückstände von Schädlingsbekämpfungsmitteln (Stoffe) und ihrer Abbau- und Reaktionsprodukte, die sich auf oder in Lebensmitten pflanzlicher oder tierischer Herkunft befinden. *(BGBl II 2006/130)*

(2) *(aufgehoben, BGBl II 2006/130)*

§ 3. (1) Es ist verboten, Lebensmittel pflanzlicher Herkunft, die in der Anlage 1A genannt sind, „einzuführen oder" in Verkehr zu bringen, wenn die in oder auf ihnen vorhandenen Mengen der dort angeführten Stoffe die festgesetzten Höchstwerte überschreiten. *(BGBl II 2006/130)*

(2) Es ist verboten, Lebensmittel pflanzlicher Herkunft „einzuführen oder" in Verkehr zu bringen, wenn in oder auf ihnen ein in der Anlage 1B angeführter Stoff vorhanden ist. *(BGBl II 2006/130)*

(3) Es ist verboten, Lebensmittel pflanzlicher Herkunft, die bei einem in der Anlage 1A angeführten Stoff nicht genannt sind, „einzuführen oder" in Verkehr zu bringen, wenn in oder auf ihnen der betreffende Stoff in einer Menge von mehr als 0,01 mg/kg vorhanden ist. *(BGBl II 2006/130)*

(4) Es ist verboten, Lebensmittel pflanzlicher Herkunft einzuführen oder in Verkehr zu bringen, wenn in oder auf ihnen Stoffe, die in der Anlage 1 A nicht genannt sind, in einer Menge von mehr als 0,01 mg/kg vorhanden sind. *(BGBl II 2006/130)*

§ 4. (1) Es ist verboten, Lebensmittel tierischer Herkunft, die in der Anlage 2 genannt sind, „einzuführen oder" in Verkehr zu bringen, wenn die in oder auf ihnen vorhandenen Mengen der dort angeführten Stoffe die festgesetzten Höchstwerte überschreiten. *(BGBl II 2006/130)*

(2) Es ist verboten, Lebensmittel tierischer Herkunft, die bei einem in der Anlage 2 angeführten Stoff nicht genannt sind, „einzuführen oder" in Verkehr zu bringen, wenn in oder auf ihnen der betreffende Stoff in einer Menge von mehr als 0,01 mg/kg vorhanden ist. *(BGBl II 2006/130)*

(3) Es ist verboten, Lebensmittel tierischer Herkunft einzuführen oder in Verkehr zu bringen, wenn in oder auf ihnen Stoffe, die in der Anlage 2 nicht genannt sind, in einer Menge von mehr als 0,01 mg/kg vorhanden sind. *(BGBl II 2006/130)*

§ 5. Bei der amtlichen Kontrolle der Rückstände von Schädlingsbekämpfungsmitteln in oder auf Lebensmitteln pflanzlichen und tierischen Ursprungs ist gemäß Anlage 3 (Probenahmeverfahren) vorzugehen.

(BGBl II 2003/552)

§ 6. (1) Zusammengesetzte, getrocknete oder verarbeitete Lebensmittel dürfen nur dann „eingeführt oder" in Verkehr gebracht werden, wenn die in oder auf ihnen vorhandenen Rückstände von in den Anlagen 1A und 2 genannten Stoffen die auf Grund dieser Verordnung für ihre Ausgangsprodukte jeweils festgelegten Höchstwerte unter Berücksichtigung des Produktionsprozesses anteilsmäßig nicht überschreiten, soweit in der Anlage 1A oder 2 nicht anderes bestimmt ist. *(BGBl II 2006/130)*

(2) Bei getrockneten und verarbeiteten Lebensmittteln, für die in den Anlagen 1A und 2 nicht ausdrücklich Höchstgehalte festgelegt wurden, gilt der in den Anlagen 1A und 2 festgesetzte Rückstandshöchstwert unter Berücksichtigung der auf Grund des Trocknungsprozesses bzw. der auf Grund des Verarbeitungsprozesses eingetretenen Rückstandskonzentration oder -verdünnung.

(3) Bei Lebensmitteln aus inländischer Produktion ist § 12 Abs. 10 des Pflanzenschutzmittelgesetzes 1997, BGBl. I Nr. 60, zuletzt geändert durch das Bundesgesetz BGBl. I Nr. „83/2004", zu beachten. *(BGBl II 2003/552; BGBl II 2006/130)*

§§ 7 und 8. *(aufgehoben, BGBl II 2008/68)*

§ 9. (1) Abweichend von den Bestimmungen dieser Verordnung können nach vorhergehender Meldung beim Bundesministerium für Gesundheit, Familie und Jugend Lebensmittel pflanzlichen und tierischen Ursprungs aus anderen Ursprungsmitgliedstaaten (Vertragsstaaten des Abkommens über den Europäischen Wirtschaftsraum oder Nicht-EWR-Staaten) für die Dauer von höchstens fünf Jahren mit höheren Rückstandshöchstwerten oder Rückständen von nicht genannten Wirkstoffen in Verkehr gebracht werden, sofern diese Erzeugnisse

1. die im Ursprungsmitgliedstaat geltenden Rückstandshöchstwerte einhalten und

2. zufolge erfolgter Risikobewertung durch die Agentur für Gesundheit und Ernährungssicherheit GmbH nicht die Gesundheit der Verbraucher zu gefährden oder zu schädigen geeignet sind. *(BGBl II 2007/74)*

(2) Mit der Meldung sind neben einer Verkehrfähigkeitsbescheinigung insbesondere jene Unterlagen und Daten im Sinne der Anhänge II und III der Richtlinie 91/414/EWG über das In-Verkehr-Bringen von Pflanzenschutzmitteln vorzulegen, die eine Beurteilung im Sinne des Abs. 1 ermöglichen.

(3) Die Bundesministerin für Gesundheit, Familie und Jugend hat das Einführen oder In-Verkehr-Bringen von Erzeugnissen gemäß Abs. 1 längstens binnen vier Monaten ab Meldung zu untersagen, wenn sie den in Abs. 1 angeführten Voraussetzungen nicht entsprechen. *(BGBl II 2007/74)*

(4) „Die Bundesministerin für Gesundheit und Frauen" hat im Sinne der Richtlinie 97/41/EG zur Änderung der Richtlinien 76/895/EWG, 86/362/EWG, 86/363/EWG und 90/642/EWG über die Festsetzung von Höchstgehalten an Rückständen von Schädlingsbekämpfungsmitteln auf und in Obst und Gemüse, Getreide, Lebensmitteln tierischen Ursprungs und bestimmten Erzeugnissen pflanzlichen Ursprungs und bestimmten Erzeugnissen pflanzlichen Ursprungs, einschließlich Obst und Gemüse der Kommission der Europäischen Gemeinschaft und den übrigen Mitgliedstaaten unverzüglich die gemäß Abs. 3 getroffene Maßnahme zu melden. Weiters ist nach dem dort angeführten Schlichtungsverfahren vorzugehen. *(BGBl II 2006/130)*

§ 10. (1) Folgende Richtlinien der Europäischen Gemeinschaft sind als innerstaatliches Recht anzuwenden:

– 2002/42/EG der Kommission vom 17. Mai 2002 zur Änderung der Anhänge der Richtlinien 86/362/EWG, 86/363/EWG und 90/642/EWG des Rates hinsichtlich der Festsetzung von Höchstgehalten an Rückständen von Schädlingsbekämpfungsmitteln (Bentazon und Pyridat) auf und in Getreide, Lebensmitteln tierischen Ursprungs und bestimmten Erzeugnissen pflanzlichen Ursprungs, einschließlich Obst und Gemüse;

– 2002/66/EG der Kommission vom 16. Juli 2002 zur Änderung der Anhänge der Richtlinien 76/895/EWG, 86/362/EWG, 86/363/EWG und 90/642/EWG des Rates hinsichtlich der Festsetzung von Höchstgehalten an Rückständen von Schädlingsbekämpfungsmitteln in und auf Obst und Gemüse, Getreide, Lebensmitteln tierischen Ursprungs und bestimmten Erzeugnissen pflanzlichen Ursprungs, einschließlich Obst und Gemüse (Lindan, Quintozen, Permethrin, Parathion);

– 2002/71/EG der Kommission vom 19. August 2002 zur Änderung der Anhänge der Richtlinien 76/895/EWG, 86/362/EWG, 86/363/EWG und 90/642/EWG des Rates hinsichtlich der Festsetzung von Höchstgehalten an Rückständen von Schädlingsbekämpfungsmitteln (Formothion, Dimethoat, Oxydemeton-methyl) auf und in Getreide, Lebensmitteln tierischen Ursprungs und bestimmten Erzeugnissen pflanzlichen Ursprungs, einschließlich Obst und Gemüse;

– 2002/76/EG der Kommission vom 6. September 2002 zur Änderung der Anhänge der Richtlinien 86/362/EWG und 90/642/EWG des Rates hinsichtlich der Festsetzung von Höchstgehalten an Rückständen von Schädlingsbekämpfungsmitteln (Metsulfuron-methyl) auf und in Getreide und bestimmten Erzeugnissen pflanzlichen Ursprungs, einschließlich Obst und Gemüse;

– 2002/79/EG der Kommission vom 2. Oktober 2002 zur Änderung der Anhänge der Richtlinien 76/895/EWG, 86/362/EWG, 86/363/EWG und 90/642/EWG des Rates hinsichtlich der Festsetzung von Höchstgehalten an Rückständen von Schädlingsbekämpfungsmitteln auf und in Getreide, Lebensmitteln tierischen Ursprungs und bestimmten Erzeugnissen pflanzlichen Ursprungs, einschließlich Obst und Gemüse (Abamectin, Azocyclotin und Cyhexatin, Bifenthrin, Bitertanol, Brompropylat, Clofentezin, Cyromazin, Ethion, Fenpropimorph, Flucythrinat, Hexaconazol, Methacrifos, Myclobutanil, Penconazol, Prochloraz, Profenofos, Resmethrin und Bioresmethrin, Tridemorph, Triadimefon und Triadimenol);

– 2002/97/EG der Kommission vom 16. Dezember 2002 zur Änderung der Anhänge der Richtlinien 86/362/EWG, 86/363/EWG und 90/642/EWG des Rates hinsichtlich der Festsetzung von Höchstgehalten an Rückständen von Schädlingsbekämpfungsmitteln (2,4-D, Triasulfuron und Thifensulfuronmethyl) auf und in Getreide, Lebensmitteln tierischen Ursprungs und bestimmten Erzeugnissen pflanzlichen Ursprungs, einschließlich Obst und Gemüse;

– 2002/100/EG der Kommission vom 20. Dezember 2002 zur Änderung der Richtlinie 90/642/EWG des Rates hinsichtlich der Höchstgehalte an Rückständen von Azoxystrobin (auf und in Obst und Gemüse);

– 2003/60/EG der Kommission vom 18. Juni 2003 zur Änderung der Anhänge der Richtlinien 76/895/EWG, 86/362/EWG, 86/363/EWG und 90/642/EWG des Rates hinsichtlich der Festsetzung von Höchstgehalten an Rückständen von bestimmten Schädlingsbekämpfungsmitteln in und auf Getreide, Lebensmitteln tierischen Ursprungs und bestimmten Erzeugnissen pflanzlichen Ursprungs, einschließlich Obst und Gemüse (Cinidon-ethyl, Cyhalofop-butyl, Famoxadon, Florasulam, Flumioxazin, Metalaxyl-M, Picolinafen, Iprovalicarb, Prosulfuron, Sulfosulfuron, Fenhexamid, Acibenzolar-S-methyl, Cyclanilid, Pyraflufen-ethyl, Amitrol, Diquat, Isoproturon, Ethofumesat, Chlorfenapyr, Fentin-acetat und Fentin-hydroxid);

– 2003/62/EG der Kommission vom 20. Juni 2003 zur Änderung der Anhänge der Richtlinien 86/362/EWG und 90/642/EWG des Rates hinsichtlich der Rückstandshöchstgehalte für Hexaconazol, Clofentezin, Myclobutanil und Prochloraz (auf und in Getreide, Obst und Gemüse);

– 2003/69/EG der Kommission vom 11. Juli 2003 zur Änderung des Anhangs der Richtlinie 90/642/EG hinsichtlich der Höchstgehalte an Rückständen für Chlormequat, lambda-Cyhalothrin, Kresoxim-methyl, Azoxystrobin und bestimmte Dithiocarbamate (auf und in Obst und Gemüse);

– berichtigte Richtlinie 2003/113/EG der Kommisson vom 3. Dezember 2003 zur Änderung der Anhänge der Richtlinien 86/362/EWG und 90/642/EWG des Rates hinsichtlich der Festsetzung von Höchstgehalten an Rückständen von Schädlingsbekämpfungsmitteln (2,4-DB, Linuron, Imazamox, Pendimethalin, Oxasulfuron, Ethoxysulfuron, Foramsulfuron, Oxadiargyl, Cyazofamid) auf und in Getreide, Lebensmitteln tierischen Ursprungs und bestimmten Erzeugnissen pflanzlichen Ursprungs, einschließlich Obst und Gemüse;

– Richtlinie 2003/118/EG der Kommission vom 5. Dezember 2003 zur Änderung der Anhänge der Richtlinien 76/895/EWG, 86/362/EWG, 86/363/EWG und 90/642/EWG des Rates hinsichtlich der Höchstgehalte an Rückständen von Acephat, 2,4-D und Parathion-Methyl (auf und in bestimmten Erzeugnissen pflanzlichen Ursprungs einschließlich Obst und Gemüse, Getreide und Lebensmitteln tierischen Ursprungs);

– Richtlinie 2004/2/EG der Kommission vom 9. Januar 2004 zur Änderung der Richtlinien 86/362/EWG, 86/363/EWG und 90/642/EWG des Rates hinsichtlich der Höchstgehalte an Rückständen von Fenamiphos (auf und in bestimmten Erzeugnissen pflanzlichen Ursprungs einschließlich Obst und Gemüse, Getreide und Lebensmitteln tierischen Ursprungs);

– Richtlinie 2004/59/EG der Kommission vom 23. April 2004 zur Änderung der Anhänge der Richtlinie 90/642/EWG des Rates bezüglich der darin festgesetzten Rückstandshöchstgehalte von Bromopropylat (auf und in bestimmten Erzeugnissen pflanzlichen Ursprungs einschließlich Obst und Gemüse);

– Richtlinie 2004/61/EG der Kommission vom 26. April 2004 zur Änderung der Anhänge der Richtlinien 86/362/EWG, 86/363/EWG und 90/642/EWG des Rates hinsichtlich von Rückstandshöchstgehalten in der Gemeinschaft verbotene Schädlingsbekämpfungsmittel (Quecksilberverbindungen, Camphechlor, 1,2-Dibromethan, 1,2-Dichlorethan, Dinoseb, Binapacryl, Nitrofen und Ethylenoxid auf und in Getreide, Nitrofen, Quecksilberverbindungen, Camphechlor, 1,2-Dichlorethan, Binapacryl, Ethylenoxid, Captafol und Dinoseb auf und in Lebensmitteln tierischen Ursprungs und Quecksilberverbindungen, Aldrin und Dieldrin, Chlordan, HCH, Hexachlorbenzol, Ethylenoxid, Nitrofen, und 1,2-Dichlorethan auf und in bestimmten Erzeugnissen pflanzlichen Ursprungs einschließlich Obst und Gemüse);

3/5. SchäHöV
§ 10

Lebensmittel

- Richtlinie 2004/95/EG der Kommission vom 24. September 2004 zur Änderung der Richtlinie 90/642/EWG des Rates bezüglich der darin festgesetzten Rückstandshöchstgehalte von Bifenthrin und Famoxadon (auf und in bestimmten Erzeugnissen pflanzlichen Ursprungs einschließlich Obst und Gemüse);
- Richtlinie 2004/115/EG der Kommission vom 15. Dezember 2004 zur Änderung der Richtlinie 90/642/EWG des Rates bezüglich der darin festgesetzten Rückstandshöchstgehalte von bestimmten Schädlingsbekämpfungsmitteln (Methomyl, Thiodicarb, Myclobutanil, die Maneb-Gruppe, Fenpropimorph, Metalaxyl, Metalaxyl-m, Penconazol, Iprovalicarb, Azoxystrobin und Fenhexamid auf und in bestimmten Erzeugnissen pflanzlichen Ursprungs einschließlich Obst und Gemüse),
- 2005/37/EG der Kommission vom 3. Juni 2005 zur Änderung der Richtlinien 86/362/EWG und 90/642/EWG des Rates hinsichtlich der Höchstgehalte an Rückständen bestimmter Schädlingsbekämpfungsmittel in und auf Getreide und bestimmten Erzeugnissen pflanzlichen Ursprungs, einschließlich Obst und Gemüse (Isoxaflutole, Trifloxystrobin, Carfentrazone-ethyl, Fenamidone, Mecoprop, Maleinsäurehydrazid und Propyzamide);
- 2005/46/EG der Kommission vom 8. Juli 2005 zur Änderung der Anhänge der Richtlinien 86/362/EWG, 86/363/EWG und 90/642/EWG des Rates hinsichtlich der Höchstgehalte an Rückständen für Amitraz;
- 2005/48/EG der Kommission vom 23. August 2005 zur Änderung der Richtlinien 86/362/EWG, 86/363/EWG und 90/642/EWG des Rates hinsichtlich der Rückstandshöchstwerte für bestimmte Schädlingsbekämpfungsmittel auf und in Getreide und bestimmten Erzeugnissen tierischen und pflanzlichen Ursprungs (Iprodion, Propiconazol, Molinat, Mesotrion, Silthiofam, Picoxystrobin, Flufenacet, Iodosulfuron-Methyl-Natrium und Fosthiazat);
- 2005/70/EG der Kommission vom 2. Oktober 2005 zur Änderung der Richtlinien 76/895/EWG, 86/362/EWG, 86/363/EWG und 90/642/EWG des Rates bezüglich der Rückstandshöchstgehalte für bestimmte Schädlingsbekämpfungsmittel auf und in Getreide sowie bestimmten Erzeugnissen tierischen und pflanzlichen Ursprungs (Bromoxynil, Chlorpropham, Dimethenamid-p, Flazasulfuron, Flurtamone, Ioxynil, Mepanipyrim, Propoxycarbazone, Pyraclostrobin, Quinoxyfen, Trimethylsulfonium-Kation, Zoxamide, Glyphosat;
- 2005/74/EG der Kommission vom 25. Oktober 2005 zur Änderung der Richtlinie 90/642/EWG des Rates hinsichtlich der Rückstandshöchstwerte für Ethofumesat, Lambda-Cyhalothrin, Methomyl, Pymetrozin und Thiabendazol;
- 2005/76/EG der Kommission vom 8. November 2005 zur Änderung der Richtlinie 90/642/EWG und 86/362/EWG des Rates bezüglich der dort festgesetzten Rückständenhöchstwerte für Kresoximmethyl, Cyromazin, Bifenthrin, Methalaxyl und Azoxystrobin;
- 2006/4/EG der Kommission vom 26. Jänner 2006 zur Änderung der Anhänge der Richtlinien 86/362/EWG und 90/642/EWG des Rates bezüglich der Rückstandshöchstgehalte für Carbofuran;
- 2006/9/EG der Kommission vom 23. Jänner 2006 zur Änderung der Richtlinie 90/642/EWG des Rates bezüglich der dort festgesetzten Rückstandshöchstgehalte für Diquat,
- 2006/30/EG der Kommission vom 13. März 2006 zur Änderung der Richtlinien 86/362/EWG, 86/363/EWG und 90/642/EWG des Rates bezüglich der Rückstandshöchstgehalte für die Benomylgruppe;
- 2006/53/EG der Kommission vom 7. Juni 2006 zur Änderung der Richtlinie 90/642/EWG des Rates bezüglich der dort festgesetzten Rückstandshöchstgehalte für Fenbutatinoxid, Fenhexamid, Cyazofamid, Linuron, Triadimefon/Triadimenol, Pymetrozin und Pyraclostrobin;
- 2006/59/EG der Kommission vom 28. Juni 2006 zur Änderung der Anhänge der Richtlinien 76/895/EWG, 86/362/EWG, 86/363/EWG und 90/642/EWG des Rates bezüglich der Rückstandshöchstgehalte für Carbaryl, Deltamethrin, Endosulfan, Fenithrothion, Methidathion und Oxamyl;
- 2006/60/EG der Kommission vom 7. Juli 2006 zur Änderung der Richtlinie 90/642/EWG des Rates bezüglich der dort festgesetzten Rückstandshöchstgehalte für Trifloxystrobin, Thiabendazol, Abamectin, Benomyl, Carbendazim, Thiophanatmethyl, Myclobutanil, Glyphosat, Trimethylsulfon, Fenpropimorph und Chlormequat;
- 2006/61/EG der Kommission vom 7. Juli 2006 zur Änderung der Anhänge der Richtlinien 86/362/EWG, 86/363/EWG und 90/642/EWG des Rates bezüglich der Rückstandshöchstgehalte für Atrazin, Azinphosethyl, Cyfluthrin, Ethephon, Fenthion, Methamidophos, Methomyl, Paraquat und Triazophos;

- 2006/62/EG der Kommission vom 12. Juli 2006 zur Änderung der Anhänge der Richtlinien 76/895/EWG, 86/362/EWG, 86/363/EWG und 90/642/EWG des Rates bezüglich der Rückstandshöchstgehalte für Desmedipham, Phenmedipham und Chlorfenvinphos;
- 2006/92/EG der Kommission vom 9. November 2006 zur Änderung der Anhänge der Richtlinien 76/895/EWG, 86/362/EWG und 90/642/EWG des Rates hinsichtlich der Rückstandshöchstgehalte für Captan, Dichlorvos, Ethion und Folpet;
- 2007/7/EG der Kommission vom 14. Februar 2007 zur Änderung bestimmter Anhänge der Richtlinien 86/362/EWG und 90/642/EWG des Rates bezüglich der dort festgesetzten Rückstandshöchstgehalte für Atrazin, Lambda-Cyhalothrin, Phenmedipham, Methomyl, Linuron, Penconazol, Pymetrozin, Bifenthrin und Abamectin;
- 2007/8/EG der Kommission vom 20. Februar 2007 zur Änderung der Anhänge der Richtlinien 76/895/EWG, 86/362/EWG und 90/642/EWG des Rates hinsichtlich der Rückstandshöchstgehalte für Phosphamidon und Mevinphos;
- 2007/9/EG der Kommission vom 20. Februar 2007 zur Änderung der Anhänge der Richtlinie 90/642/EWG des Rates hinsichtlich der Rückstandshöchstgehalte für Aldicarb;
- 2007/11/EG der Kommission vom 21. Februar 2007 zur Änderung der Anhänge der Richtlinien 86/362/EWG, 86/363/EWG und 90/642/EWG des Rates hinsichtlich der Rückstandshöchstgehalte für Acetamiprid, Thiacloprid, Imazosulfuron, Methoxyfenozid, S-metholachlor, Melbemectin und Tribenuron;
- 2007/12/EG der Kommission vom 26. Februar 2007 zur Änderung bestimmter Anhänge der Richtlinie 90/642/EWG des Rates bezüglich der dort festgesetzten Rückstandshöchstgehalte für Penconazol, Benomyl und Carbendazim.

(BGBl II 2007/74)

(2) Für die in der Verordnung genannten Stoffe gelten die Rückstandsdefinitionen der aufgeführten Richtlinien. *(BGBl II 2005/166)*

„§ 11." (1) Mit In-Kraft-Treten dieser Verordnung tritt die Schädlingsbekämpfungsmittel-Höchstwerteverordnung, BGBl. Nr. 747/1995, zuletzt geändert durch die Verordnung BGBl. II Nr. 127/2001, außer Kraft.

(2) Folgende Lebensmittel, die nicht der Verordnung BGBl. II Nr. 74/2007, jedoch der Schädlingsbekämpfungsmittel-Höchstwerteverordnung, BGBl. II Nr. 441/2002, in der Fassung der Verordnung BGBl. II Nr. 130/2006, entsprechen, dürfen bis zum nachstehend angeführten Zeitpunkt in Verkehr gebracht werden:
- tiefgekühlte und eingedoste Lebensmittel pflanzlicher und tierischer Herkunft ausgenommen Säuglingsanfangs- und Folgenahrung sowie Getreidebeikost und andere Beikost bis 31. Dezember 2009;

(BGBl II 2007/74)

(3) Lebensmittel müssen spätestens ab dem nachstehenden Datum der jeweils genannten Richtlinie entsprechen:
- 2005/70/EG: ab 21. April 2007,
- 2006/53/EG: hinsichtlich des Stoffes Pyraclostrobin ab 21. April 2007,
- 2006/59/EG: hinsichtlich des Stoffes Oxamyl ab 30. Dezember 2007,
- 2006/62/EG: ab 21. Jänner 2008,
- 2006/92/EG: ab 11. Mai 2007,
- 2007/7/EG: hinsichtlich der Stoffe Lambda-Cyhalothrin, Phenmedipham, Methomyl, Linuron, Penconazol, Pymetrozin, Bifenthrin und Abamectin ab 16. August 2007,
- 2007/8/EG, 2007/9/EG und 2007/11/EG: ab 2. September 2007,
- 2007/12/EG: ab 28. August 2007.

(BGBl II 2007/74)

(BGBl II 2003/552)

„§ 12." (1) Durch diese Verordnung werden nachstehende Richtlinien der Europäischen Gemeinschaft umgesetzt:
- 76/895/EWG ABl. L 340/26 vom 9. Dezember 1976,
- 80/428/EWG ABl. L 102/26 vom 19. April 1980,
- 81/36/EWG ABl. L 46/33 vom 19. Februar 1981,
- 82/528/EWG ABl. L 234/1 vom 9. August 1982,
- 86/362/EWG ABl. L 221/37 vom 7. August 1986,
- 86/363/EWG ABl. L 221/43 vom 7. August 1986,
- 88/298/EWG ABl. L 126/53 vom 20. Mai 1988,
- 90/642/EWG ABl. L 350/71 vom 14. Dezember 1990,
- 93/57/EG ABl. L 211/1 vom 23. August 1993,
- 93/58/EG ABl. L 211/6 vom 23. August 1993,

3/5. SchäHöV
§ 12

Lebensmittel

- 94/29/EG ABl. L 189/67 vom 23. Juli 1994,
- 94/30/EG ABl. L 189/70 vom 23. Juli 1994,
- 95/38/EG ABl. L 197/14 vom 22. August 1995,
- 95/39/EG ABl. L 197/29 vom 22. August 1995,
- 95/61/EG ABl. L 292/27 vom 7. Dezember 1995,
- 96/32/EG ABl. L 144/12 vom 18. August 1996,
- 96/33/EG ABl. L 144/35 vom 18. Juni 1996,
- 97/41/EG ABl. L 184/33 vom 12. Juli 1997,
- 98/82/EG ABl. L 290/25 vom 29. Oktober 1998,
- 99/39/EG ABl. L 124/8 vom 18. Mai 1999,
- 99/50/EG ABl. L 139/29 vom 2. Juni 1999,
- 99/71/EG ABl. L 194/36 vom 27. Juli 1999,
- 2000/24/EG ABl. L 107/28 vom 4. Mai 2000,
- 2000/42/EG ABl. L 158/51 vom 30. Juni 2000,
- 2000/48/EG ABl. L 197/26 vom 3. August 2000,
- 2000/57/EG ABl. L 244/76 vom 29. September 2000,
- 2000/58/EG ABl. L 244/78 vom 29. September 2000,
- 2000/81/EG ABl. L 326/56 vom 22. Dezember 2000,
- 2000/82/EG ABl. L 3/18 vom 6. Jänner 2001,
- 2001/35/EG ABl. L 136/42 vom 18. Mai 2001,
- 2001/39/EG ABl. L 148/70 vom 1. Juni 2001,
- 2001/48/EG ABl. L 180/26 vom 3. Juli 2001,
- 2001/57/EG ABl. L 208/36 vom 1. August 2001,
- 2002/5/EG ABl. L 34/7 vom 5. Februar 2002,
- 2002/23/EG ABl. L 64/13 vom 7. März 2002.
- 2002/42/EG ABl. L 134/29 vom 22. Mai 2002,
- 2002/63/EG ABl. L 187/30 vom 16. Juli 2002,
- 2002/66/EG ABl. L 192/47 vom 20. Juli 2002,
- 2002/71/EG ABl. L 225/21 vom 22. August 2002,
- 2002/76/EG ABl. L 240/45 vom 7. September 2002,
- 2002/79/EG ABl. L 291/1 vom 28. Oktober 2002,
- 2002/97/EG ABl. L 343/23 vom 18. Dezember 2002,
- 2002/100/EG ABl. L 2/33 vom 7. Jänner 2003,
- 2003/60/EG ABl. L 155/15 vom 24. Juni 2003,
- 2003/62/EG ABl. L 154/70 vom 21. Juni 2003,
- 2003/69/EG ABl. L 175/37 vom 15. Juli 2003,
- 2003/13/EG ABl. L 41/33 vom 14.2.2003,
- 2003/14/EG ABl. L 41/37 vom 14.2.2003,
- 2003/113/EG ABl. L 324/24 vom 11.12.2003, berichtigt durch ABl. L 98/61 vom 2.4.2004,
- 2003/118/EG ABl. L 327/25 vom 16.12.2003,
- 2004/2/EG ABl. L 14/10 vom 21.1.2004,
- 2004/59/EG ABl. L 120/30 vom 24.4.2004,
- 2004/61/EG ABl. L 127/81 vom 29.4.2004,
- 2004/95/EG ABl. L 301/42 vom 28.9.2004,
- 2004/115/EG ABl. L 374/64 vom 22.12.2004,
- 2005/37/EG ABl. Nr. L 141/10 vom 4.6.2005,
- 2005/46/EG ABl. Nr. L 177/35 vom 9.7.2005, 2005/48/EG ABl. Nr. L 219/29 vom 23.8.2005,
- 2005/70/EG ABl. Nr. L 276/35 vom 21.10.2005,
- 2005/74/EG ABl. Nr. L 282/9 vom 26.10.2005,
- 2005/76/EG ABl. Nr. L 293/14 vom 9.11.2005,
- 2006/4/EG ABl. Nr. L 23/69 vom 27.1.2006,
- 2006/9/EG ABl. Nr. L 22/24 vom 26.1.2006,
- 2006/30/EG ABl. L 57/7 vom 14.3.2006,
- 2006/53/EG ABl. L 154/11 8.6.2006,
- 2006/59/EG ABl. L 175/61 vom 29.6.2006,
- 2006/60/EG ABl. L 206/1 vom 27.7.2006,
- 2006/61/EG ABl. L 206/12 vom 27.7.2006,
- 2006/62/EG ABl. L 206/27 vom 27.7.2006,
- 2006/92/EG ABl. L 311/31 vom 10.11.2006,
- 2007/7/EG ABl. L 43/19 vom 15.2.2007,
- 2007/8/EG ABl. L 63/9 vom 1.3.2007,
- 2007/9/EG ABl. L 63/17 vom 1.3.2007,

3/5. SchäHöV
§ 12

- 2007/11/EG ABl. L 63/26 vom 1.3.2007,
- 2007/12/EG ABl. L 59/75 vom 27.2.2007.

(BGBl II 2007/74)

(2) Die Verordnungen BGBl. II Nr. 441/2002 und BGBl. II Nr. 130/2006 wurden unter Einhaltung der Bestimmungen der Richtlinie 98/34/EG über ein Informationsverfahren auf dem Gebiet der Normen und technischen Vorschriften, ABl. Nr. L 217 vom 5.8.1998 S 18, notifiziert. *(BGBl II 2006/130)*

(BGBl II 2003/552)

Anlage: *nicht abgedruckt (Die Anlage ist im Volltext auf www.lexisnexis.at, unter dem Menüpunkt „Service", Unterpunkt „Update" abrufbar.)*

3/6. Zuckerverordnung
BGBl II 2003/472

Verordnung der Bundesministerin für Gesundheit und Frauen über bestimmte Zuckerarten (Zuckerverordnung)

Auf Grund der §§ 10 Abs. 1 und 19 Abs. 1 des Lebensmittelgesetzes 1975, BGBl. Nr. 86/1975, zuletzt geändert durch das Bundesgesetz BGBl. I Nr. 69/2003, wird – hinsichtlich des § 2 im Einvernehmen mit dem Bundesminister für Wirtschaft und Arbeit – verordnet:

Geltungsbereich

§ 1. Diese Verordnung gilt für folgende Erzeugnisse, sofern sie nicht in Form von Staubzucker, Kandiszucker und Zuckerhüten in Verkehr gebracht werden:

1. Halbweißzucker
Gereinigte und kristallisierte Saccharose von einwandfreier und handelsüblicher Qualität mit folgenden Merkmalen:

a) Polarisation	mindestens 99,5 °Z,
b) Gehalt an Invertzucker	höchstens 0,1% in Gewicht,
c) Verlust beim Trocknen	höchstens 0,1% in Gewicht,

2. Zucker oder Weißzucker
Gereinigte und kristallisierte Saccharose von einwandfreier und handelsüblicher Qualität mit folgenden Merkmalen:

a) Polarisation	mindestens 99,7 °Z,
b) Gehalt an Invertzucker	höchstens 0,04% in Gewicht,
c) Verlust beim Trocknen	höchstens 0,06% in Gewicht,
d) Farbtype	höchstens 9 Punkte, ermittelt gemäß Anhang lit. a.

3. Raffinierter Zucker, raffinierter Weißzucker oder Raffinade
Erzeugnis, das den in Z 2 lit. a, b und c angeführten Merkmalen entspricht und dessen gemäß den Vorschriften des **Anhangs** ermittelte Punktezahl insgesamt 8 nicht übersteigt und höchstens beträgt:
– 4 für die Farbtype,
– 6 für den Aschegehalt,
– 3 für die Farbe in Lösung.

4. Flüssigzucker[1]
Wässrige Lösung von Saccharose mit folgenden Merkmalen:

a) Trockenmasse	mindestens 62% in Gewicht,
b) Gehalt an Invertzucker (Verhältnis von Fruktose zu Dextrose: 1,0±0,2)	höchstens 3% in Gewicht in der Trockenmasse,
c) Leitfähigkeitsasche	höchstens 0,1% in Gewicht in der Trockenmasse, ermittelt gemäß Anhang lit. b,
d) Farbe in Lösung	höchstens 45 ICUMSA-Einheiten.

5. Invertflüssigzucker[1]
Wässrige Lösung von teilweise durch Hydrolyse invertierter Saccharose, in welcher der Anteil an Invertzucker nicht vorherrscht und die folgenden Merkmalen entspricht:

a) Trockenmasse	mindestens 62% in Gewicht,
b) Gehalt an Invertzucker (Verhältnis von Fruktose zu Dextrose: 1,0±0,1)	über 3%, jedoch höchstens 50% in Gewicht in der Trockenmasse,
c) Leitfähigkeitsasche	höchstens 0,4% in Gewicht in der Trockenmasse, ermittelt gemäß Anhang lit. b.

6. Invertzuckersirup[1]
Wässrige, auch kristallisierte Lösung von teilweise durch Hydrolyse invertierter Saccharose, in welcher der Anteil an Invertzucker (Verhältnis von Fruktose zu Dextrose 1,0 ± 0,1) an der Trockenmasse mehr als 50% in Gewicht beträgt und die außerdem den Anforderungen gemäß Z 5 lit. a und c entspricht.

7. Glukosesirup (Stärkesirup)
Gereinigte und konzentrierte Lösung von zur Ernährung geeigneten, aus Stärke und/oder Inulin gewonnenen Sacchariden, mit folgenden Merkmalen:

a) Trockenmasse	mindestens 70% in Gewicht,
b) Dextroseäquivalent	mindestens 20% in Gewicht in der Trocken-

c) Sulfatasche — masse, in D-Glukose ausgedrückt, höchstens 1% in Gewicht in der Trockenmasse.

„Stärkesirup" kann als zusätzliche Sachbezeichnung neben „Glukosesirup" verwendet werden.

8. Getrockneter Glukosesirup (Trockenstärkesirup)

Teilweise getrockneter Glukosesirup, bei dem die Trockenmasse mindestens 93% in Gewicht beträgt und der den Anforderungen gemäß Z 7 lit. b und c entspricht.

„Trockenstärkesirup" kann als zusätzliche Sachbezeichnung neben „getrockneter Glukosesirup" verwendet werden.

9. Dextrose oder Traubenzucker, kristallwasserhaltig

Gereinigte und kristallisierte D-Glukose mit einem Molekül Kristallwasser, die folgenden Merkmalen entspricht:

a) Dextrose (D-Glukose)	mindestens 99,5% in Gewicht in der Trockenmasse,
b) Trockenmasse	mindestens 90% in Gewicht,
c) Sulfatasche	höchstens 0,25% in Gewicht in der Trockenmasse.

10. Wasserfreie Dextrose (Dextrose, kristallwasserfrei) oder Traubenzucker, kristallwasserfrei

Gereinigte und kristallisierte D-Glukose ohne Kristallwasser, bei der die Trockenmasse mindestens 98% in Gewicht beträgt und die den Anforderungen gemäß Z 9 lit. a und c entspricht.

11. Fruktose

Gereinigte und kristallisierte D-Fruktose mit folgenden Merkmalen:

a) Fruktosegehalt	mindestens 98,0%,
b) Glukosegehalt	höchstens 0,5%,
c) Trocknungsverlust	höchstens 0,5%,
d) Leitfähigkeitsasche	höchstens 0,1% in Gewicht, ermittelt gemäß Anhang lit. b.

---

[1] Der Zusatz „Weiß-" ist vorbehalten für
a) Flüssigzucker, bei dem die Farbe in Lösung 25 ICUMSA-Einheiten (nach dem Verfahren in Anhang lit. c) nicht übersteigt;
b) Invertflüssigzucker und Invertzuckersirup, bei denen

– der Gehalt an Leitfähigkeitsasche 0,1% nicht übersteigt;
– die Farbe in Lösung 25 ICUMSA-Einheiten (nach dem Verfahren in Anhang lit. c) nicht übersteigt.

Kennzeichnungsbestimmungen

§ 2. (1) Unbeschadet der Bestimmungen der Lebensmittelkennzeichnungsverordnung 1993 – LMKV, BGBl. Nr. 72, in der jeweils geltenden Fassung, sowie des Abs. 7 sind die in § 1 vorgesehenen Bezeichnungen den dort genannten Erzeugnissen vorbehalten und als Sachbezeichnungen zu verwenden.

(2) Die Sachbezeichnung gemäß § 1 Z 2 kann ebenfalls für die Sachbezeichnung des unter § 1 Z 3 genannten Erzeugnisses verwendet werden.

(3) Sofern dies nicht zur Irreführung des Verbrauchers geeignet ist, können die in § 1 angeführten Sachbezeichnungen zusätzlich in zusammengesetzten Sachbezeichnungen verwendet werden, mit denen üblicherweise andere Erzeugnisse bezeichnet werden.

(4) Bei verpackten Erzeugnissen mit einer Nettofüllmenge von weniger als 20 g ist deren Angabe nicht erforderlich.

(5) Bei Flüssigzucker, Invertflüssigzucker und Invertzuckersirup ist der Gehalt an Trockenmasse und Invertzucker anzugeben.

(6) Bei Invertzuckersirup, der Kristalle in der Lösung enthält, ist der Zusatz „kristallisiert" anzugeben.

(7) Enthalten die in § 1 Z 7 und 8 genannten Erzeugnisse mehr als 5% Fruktose in Gewicht in der Trockenmasse, so sind sie im Hinblick auf ihre Sachbezeichnung und Zutaten als „Glukose-Fruktose- Sirup" oder als „Fruktose-Glukose-Sirup" bzw. als „getrockneter Glukose-Fruktose-Sirup" oder als „getrockneter Fruktose-Glukose-Sirup" zu kennzeichnen, je nachdem, ob der Glukose- oder der Fruktosebestandteil den größeren Anteil ausmacht.

Schlussbestimmungen

§ 3. Mit In-Kraft-Treten dieser Verordnung tritt die Verordnung über Zucker und einige Zuckerarten, BGBl. Nr. 551/1994, außer Kraft.

§ 4. (1) Erzeugnisse, die nicht den Bestimmungen dieser Verordnung, jedoch den Bestimmungen der Verordnung über Zucker und einige Zuckerarten, BGBl. Nr. 551/1994, entsprechen, dürfen bis zum 12. Juli 2004 in Verkehr gebracht werden.

(2) Erzeugnisse, die nicht dieser Verordnung entsprechen, aber vor dem 12. Juli 2004 entsprechend den Bestimmungen der Verordnung über Zucker und einige Zuckerarten, BGBl. Nr. 551/1994, etikettiert wurden, dürfen bis zum

vollständigen Abbau der Bestände in Verkehr belassen werden.

§ 5. Durch diese Verordnung wird die Richtlinie 2001/111/EG des Rates vom 20. Dezember 2001 über bestimmte Zuckerarten für die menschliche Ernährung, ABl. Nr. L 10 vom 12. Jänner 2002, in österreichisches Recht umgesetzt.

Anhang

Methode zur Bestimmung des Farbtyps, des Gehalts an Leitfähigkeitsasche und der Farbe in Lösung von in § 1 Z 2 und 3 genanntem (Weiß-)Zucker und raffiniertem (Weiß-)Zucker

Ein „Punkt" entspricht

a) bei dem Farbtyp: 0,5 Einheiten nach der Methode des Braunschweiger Instituts für landwirtschaftliche Technologie und Zuckerindustrie, wie sie in Abschnitt A Z 2 des Anhangs zur Verordnung (EWG) Nr. 1265/69 der Kommission vom 1. Juli 1969 über die Methoden zur Bestimmung der Qualität von Zucker, der von den Interventionsstellen gekauft wird, ABl. Nr. L 163 vom 1. Juli 1969, angegeben ist;

b) beim Aschegehalt: 0,0018% nach der Methode der International Commission for Uniform Methods of Sugar Analyses (ICUMSA), wie sie in Abschnitt A Z 1 des Anhangs der Verordnung (EWG) Nr. 1265/69 angegeben ist;

c) bei der Farbe in Lösung: 7,5 Einheiten nach der in Abschnitt A Z 3 des Anhangs der Verordnung (EWG) Nr. 1265/69 angegebenen ICUMSA-Methode.

3/7. Schokoladeverordnung

BGBl II 2003/628

Lebensmittel

Verordnung der Bundesministerin für Gesundheit und Frauen über Kakao- und Schokoladeerzeugnisse (Schokoladeverordnung)

Auf Grund der §§ 10 Abs. 1 und 19 Abs. 1 des Lebensmittelgesetzes 1975, BGBl. Nr. 86/1975, zuletzt geändert durch das Bundesgesetz BGBl. I Nr. 69/2003, wird – hinsichtlich der §§ 7, 8, 9, 10, 11 und 12 im Einvernehmen mit dem Bundesminister für Wirtschaft und Arbeit – verordnet:

Geltungsbereich

§ 1. Diese Verordnung gilt für folgende Kakao- und Schokoladeerzeugnisse:

1. **Kakaobutter**
Aus Kakaobohnen oder Teilen von Kakaobohnen gewonnenes Fett mit den Merkmalen

- Gehalt an freien Fettsäuren (in Ölsäure ausgedrückt): höchstens 1,75%
- Gehalt an unverseifbaren Stoffen (mittels Petroläther bestimmt): höchstens 0,5% (bei Kakaopressbutter höchstens 0,35%)

2. a) **Kakaopulver, Kakao**
Erzeugnis aus zu Pulver verarbeiteten, gereinigten, geschälten und gerösteten Kakaobohnen, das mindestens 20% Kakaobutter, auf das Gewicht der Trockenmasse bezogen, und höchstens 9% Wasser enthält.

b) **fettarmes oder mageres Kakaopulver, fettarmer oder magerer Kakao, stark entöltes Kakaopulver, stark entölter Kakao**
Kakaopulver mit weniger als 20% Kakaobutter, auf das Gewicht der Trockenmasse bezogen.

c) **Schokoladenpulver**
Erzeugnis aus einer Mischung von Kakaopulver und Zuckerarten, die mindestens 32% Kakaopulver enthält.

d) **Trinkschokoladenpulver, gezuckerter Kakao, gezuckertes Kakaopulver**
Erzeugnis aus einer Mischung von Kakaopulver und Zuckerarten, die mindestens 25% Kakaopulver enthält; diese Bezeichnungen werden durch die Angabe „fettarm" oder „mager" oder „stark entölt" ergänzt, wenn das Erzeugnis gemäß lit. b fettarm oder mager oder stark entölt ist.

3. **Schokolade**
a) Erzeugnis aus Kakaoerzeugnissen und Zuckerarten, das vorbehaltlich lit. b mindestens 35% Gesamtkakaotrockenmasse, einschließlich mindestens 18% Kakaobutter und mindestens 14% fettfreie Kakaotrockenmasse enthält.

b) Wird diese Bezeichnung jedoch ergänzt durch

- die Ausdrücke „-streusel" oder „-flocken", so muss das Erzeugnis in Form von Streuseln oder Flocken mindestens 32% Gesamtkakaotrockenmasse, einschließlich mindestens 12% Kakaobutter und mindestens 14% fettfreie Kakaotrockenmasse enthalten,
- den Ausdruck „-kuvertüre", so muss das Erzeugnis mindestens 35% Gesamtkakaotrockenmasse, einschließlich mindestens 31% Kakaobutter und 2,5% fettfreie Kakaotrockenmasse, enthalten,
- den Ausdruck „Gianduja"-Haselnuss- (oder eine von „Gianduja" abgeleitete Bezeichnung), so muss das Erzeugnis aus Schokolade mit einem Mindestgehalt an Gesamtkakaotrockenmasse von 32% und an fettfreier Kakaotrockenmasse von 8% hergestellt sein und darf ferner je 100 g Erzeugnis nicht weniger als 20 g und nicht mehr als 40 g fein gemahlene Haselnüsse enthalten.

Folgende Zusätze sind zulässig:

1. Milch und/oder aus verdampfter Milch stammende Milchtrockenmasse in einem solchen Verhältnis, dass das Enderzeugnis nicht mehr als 5% Milchtrockenmasse enthält.

2. Mandeln, Haselnüsse und andere Nüsse, ganz oder in Stücken, wenn das Gewicht dieser Zusätze einschließlich der gemahlenen Haselnüsse 60% des Gesamtgewichts des Erzeugnisses nicht übersteigt.

4. **Milchschokolade**
a) Erzeugnis aus Kakaoerzeugnissen, Zuckerarten und Milch bzw. Milcherzeugnissen, das vorbehaltlich lit. b

- mindestens 25% Gesamtkakaotrockenmasse enthält,
- mindestens 14% Milchtrockenmasse aus teilweise oder vollständig dehydratisierter Vollmilch, teil- oder vollentrahmter Milch, Obers/Sahne, teilweise oder vollständig dehydratisiertem(r) Obers/Sahne, Butter oder Milchfett enthält,
- mindestens 2,5% fettfreie Kakaotrockenmasse enthält,

- mindestens 3,5% Milchfett enthält,
- einen Gesamtfettgehalt (aus Kakaobutter und Milchfett) von mindestens 25% aufweist.

b) Wird diese Bezeichnung ergänzt durch
- die Ausdrücke „-streusel" oder „-flocken", so muss das Erzeugnis in Form von Streuseln oder Flocken mindestens 20% Gesamtkakaotrockenmasse und mindestens 12% Milchtrockenmasse aus teilweise oder vollständig dehydratisierter Vollmilch, teil- oder vollentrahmter Milch, Obers/Sahne, teilweise oder vollständig dehydratisiertem(r) Obers/Sahne, Butter oder Milchfett enthalten und einen Gesamtfettgehalt (aus Kakaobutter und Milchfett) von mindestens 12% aufweisen;
- den Ausdruck „-kuvertüre", so muss das Erzeugnis einen Gesamtfettgehalt (aus Kakaobutter und Milchfett) von mindestens 31% aufweisen;
- den Ausdruck „Gianduja"-Haselnuss- (oder eine von „Gianduja" abgeleitete Bezeichnung), so muss das Erzeugnis aus Milchschokolade mit einem Mindestgehalt an Milchtrockenmasse von 10% aus teilweise oder vollständig dehydratisierter Vollmilch, teil- oder vollentrahmter Milch, Obers/Sahne, teilweise oder vollständig dehydratisiertem(r) Obers/Sahne, Butter oder Milchfett hergestellt sein und darf ferner je 100 g Erzeugnis nicht weniger als 15 g und nicht mehr als 40 g fein gemahlene Haselnüsse enthalten. Außerdem ist der Zusatz von Mandeln, Haselnüssen und anderen Nüssen, ganz oder in Stücken, zulässig, wenn das Gewicht dieser Zusätze einschließlich der gemahlenen Haselnüsse 60% des Gesamtgewichts des Erzeugnisses nicht übersteigt.

c) Wird in dieser Bezeichnung das Wort „Milch" durch das Wort
- „Obers/Sahne" ersetzt, so muss das Erzeugnis mindestens 5,5% Milchfett enthalten;
- „Magermilch" ersetzt, so darf das Erzeugnis nicht mehr als 1% Milchfett enthalten.

5. Haushaltsmilchschokolade
Erzeugnis aus Kakaoerzeugnissen, Zuckerarten und Milch oder Milcherzeugnissen, das
- mindestens 20% Gesamtkakaotrockenmasse enthält,
- mindestens 20% Milchtrockenmasse aus teilweise oder vollständig dehydratisierter Vollmilch, teil- oder vollentrahmter Milch, Obers/Sahne, teilweise oder vollständig dehydratisiertem(r) Obers/Sahne, Butter oder Milchfett enthält,
- mindestens 2,5% fettfreie Kakaotrockenmasse enthält,
- mindestens 5% Milchfett enthält,
- einen Gesamtfettgehalt (aus Kakaobutter und Milchfett) von mindestens 25% aufweist.

6. Weiße Schokolade
Erzeugnis aus Kakaobutter, Milch oder Milcherzeugnissen und Zuckerarten, das mindestens 20% Kakaobutter und 14% Milchtrockenmasse einschließlich mindestens 3,5% Milchfett aus teilweise oder vollständig dehydratisierter Vollmilch, teil- oder vollentrahmter Milch, Obers/Sahne, teilweise oder vollständig dehydratisiertem(r) Obers/Sahne, Butter oder Milchfett enthält.

7. Gefüllte Schokolade, Schokolade mit …füllung
Gefülltes Erzeugnis, dessen Außenschicht aus „Schokolade", „Milchschokolade", „Haushaltsmilchschokolade" oder „Weißer Schokolade" besteht. Die Bezeichnung gilt nicht für Erzeugnisse, deren Inneres aus Backwaren, Feinen Backwaren oder Speiseeis besteht. Der Anteil der Außenschicht aus Schokolade beträgt bei Erzeugnissen mit dieser Bezeichnung mindestens 25% des Gesamtgewichts des Erzeugnisses.

8. Chocolate a la taza
Erzeugnis aus Kakaoerzeugnissen, Zuckerarten und Mehl oder Weizen-, Reis- oder Maisstärke, das mindestens 35% Gesamtkakaotrockenmasse enthält, einschließlich mindestens 18% Kakaobutter und mindestens 14% fettfreie Kakaotrockenmasse und höchstens 8% Mehl oder Stärke.

9. Chocolate familiar a la taza
Erzeugnis aus Kakaoerzeugnissen, Zuckerarten und Mehl oder Weizen-, Reis- oder Maisstärke, das mindestens 30% Gesamtkakaotrockenmasse enthält, einschließlich mindestens 18% Kakaobutter und mindestens 12% fettfreie Kakaotrockenmasse und höchstens 18% Mehl oder Stärke.

10. Schokoladebonbon bzw. Praline
Erzeugnis in mundgerechter Größe
- aus gefüllter Schokolade oder
- aus einer einzigen Schokoladenart oder aus zusammengesetzten Schichten oder einer Mischung von Schokolade gemäß den Begriffsbestimmungen der Ziffern 3, 4, 5 oder 6 und anderen Lebensmitteln, sofern der Schokoladeanteil mindestens 25% des Gesamtgewichts des Erzeugnisses entspricht.

Zusatz von pflanzlichen Fetten

§ 2. (1) Den Schokoladeerzeugnissen „Schokolade", „Milchschokolade", „Haushaltsmilchschokolade", „Weiße Schokolade", „Chocolate a la taza" und „Chocolate familiar a la taza" dürfen

3/7. Schokolade V
§§ 2 – 7

neben Kakaobutter auch andere pflanzliche Fette zugesetzt werden. Diese pflanzlichen Fette sind einzeln oder als Mischungen Kakaobutteräquivalente und entsprechen folgenden Kriterien:
- nicht-laurinsäurehaltige pflanzliche Fette, die reich an symmetrischen, einfach ungesättigten Triglyceriden vom Typ POP, POSt und StOSt[1)] sind;

  [1)] P (Palmitinsäure), O (Ölsäure), St (Stearinsäure)

- mit Kakaobutter in jedem Verhältnis mischbar und mit deren physikalischen Eigenschaften kompatibel (Schmelzpunkt und Kristallisierungstemperatur, Schmelzgeschwindigkeit, Notwendigkeit einer Temperierung);
- sie werden nur durch die Verfahren der Raffination und/oder Fraktionierung gewonnen; enzymatische Veränderung der Triglyceridstruktur ist ausgeschlossen.

(2) In Übereinstimmung mit den unter Abs. 1 genannten Kriterien können folgende pflanzliche Fette, gewonnen aus nachstehend angeführten Pflanzen, verwendet werden:

Übliche Bezeichnung der pflanzlichen Fette	Wissenschaftliche Bezeichnung der Pflanzen, aus denen die nebenstehenden Fette gewonnen werden können
1. Illipe, Borneo-Talg oder Tengkawang	Shorea spp.
2. Palmöl	Elaeis guineensis Elaeis olifera
3. Sal	Shorea robusta
4. Shea	Butyrospermum parkii
5. Kokum gurgi	Garcinia indica
6. Mangokern	Mangifera indica

(3) Kokosnussöl darf nur in Schokolade, die für die Herstellung von Eiscreme und ähnlichen gefrorenen Erzeugnissen verwendet wird, verwendet werden.

[1)] P (Palmitinsäure), O (Ölsäure), St (Stearinsäure)

§ 3. Der Anteil der pflanzlichen Fette gemäß § 2 darf nach Abzug des Gesamtgewichts der anderen gemäß § 4 gegebenenfalls verwendeten Lebensmittel höchstens 5% des Enderzeugnisses betragen, wobei der Mindestgehalt an Kakaobutter oder Gesamtkakaotrockenmasse nicht verringert werden darf.

Zusatz von Lebensmitteln

§ 4. (1) Unbeschadet des § 2 und Abs. 4 dürfen den Schokoladeerzeugnissen „Schokolade", „Milchschokolade", „Haushaltsmilchschokolade", „Weiße Schokolade", „Chocolate a la taza" und „Chocolate familiar a la taza" auch andere Lebensmittel zugesetzt werden, wobei der Anteil dieser zugesetzten Lebensmittel – bezogen auf das Gesamtgewicht des Enderzeugnisses – 40% nicht überschreiten darf.

(2) Der Zusatz von tierischen Fetten und ihren Zubereitungen, die nicht ausschließlich aus Milch gewonnen werden, ist verboten.

(3) Der Zusatz von Mehl und körner- oder pulverförmiger Stärke ist nur dann zulässig, wenn dies mit den Bestimmungen über „Chocolate a la taza" und „Chocolate familiar a la taza" übereinstimmt.

(4) Den Erzeugnissen „Kakaopulver, Kakao", „Schokolade", „Milchschokolade", „Haushaltsmilchschokolade", „Weiße Schokolade", „Chocolate a la taza" und „Chocolate familiar a la taza" dürfen nur Aromen zugesetzt werden, mit denen der Geschmack von Schokolade oder von Milchfett nicht nachgeahmt wird.

Berechnung der Prozentsätze

§ 5. (1) Die Mindestgehalte der Schokoladeerzeugnisse „Schokolade", „Milchschokolade", „Haushaltsmilchschokolade", „Weiße Schokolade", „Chocolate a la taza" und „Chocolate familiar a la taza" werden nach Abzug des Gewichts der Zutaten gemäß § 4 berechnet. Im Falle der Schokoladeerzeugnisse „Gefüllte Schokolade, Schokolade mit …füllung" und „Schokoladebonbon bzw. Praline" werden die Mindestgehalte nach Abzug des Gewichts der Zutaten gemäß § 4 sowie des Gewichts der Füllung berechnet.

(2) Bei den Schokoladeerzeugnissen „Gefüllte Schokolade, Schokolade mit …füllung" und „Schokoladebonbon bzw. Praline" wird der Schokoladeanteil in Bezug auf das Gesamtgewicht des Enderzeugnisses einschließlich Füllung berechnet.

Zuckerarten

§ 6. Die Zuckerarten im Sinne dieser Verordnung sind nicht auf die Zuckerarten beschränkt, die in der Verordnung BGBl. II Nr. 472/2003 geregelt sind.

Kennzeichnungsbestimmungen

§ 7. Bei Schokoladeerzeugnissen, die gemäß §§ 2 und 3 andere pflanzliche Fette als Kakaobutter enthalten, ist der ins Auge fallende und deutlich lesbare Hinweis „enthält neben Kakaobutter auch andere pflanzliche Fette" anzubringen. Dieser Hinweis hat

1. im selben Sichtfeld wie die Liste der Zutaten,
2. deutlich abgesetzt von dieser Liste,

3. in mindestens genauso großer Schrift,
4. in Fettdruck und
5. in der Nähe der Sachbezeichnung zu erscheinen.

Unabhängig davon kann die Sachbezeichnung auch an anderer Stelle erscheinen.

§ 8. Unbeschadet der Bestimmungen der Lebensmittelkennzeichnungsverordnung 1993 – LMKV, BGBl. Nr. 72, in der jeweils geltenden Fassung sind die in § 1 vorgesehenen Bezeichnungen den dort definierten Kakao- und Schokoladeerzeugnissen vorbehalten und als Sachbezeichnungen zu verwenden.

§ 9. Werden „Schokolade", „Milchschokolade", „Haushaltsmilchschokolade", „Weiße Schokolade", „Gefüllte Schokolade, Schokolade mit …füllung" und „Schokoladebonbons bzw. Pralinen" als Mischung verkauft, so können die Sachbezeichnungen durch die Bezeichnungen „Schokolademischung/Schokoladebonbon- bzw. Pralinenmischung" bzw. „Mischung von gefüllter Schokolade/Mischung gefüllter Schokoladebonbons bzw. Pralinen" oder eine ähnliche Bezeichnung ersetzt werden. In diesem Fall ist eine einzige Zutatenliste für alle Erzeugnisse der Mischung zulässig.

§ 10. Bei den Erzeugnissen „Schokoladenpulver", „Trinkschokoladenpulver, gezuckerter Kakao, gezuckertes Kakaopulver", „Schokolade", „Milchschokolade", „Haushaltsmilchschokolade", „Chocolate a la taza" und „Chocolate familiar a la taza" ist der Gesamtgehalt an Kakaotrockenmasse mit „Kakao: …% mindestens" anzugeben.

§ 11. Bei den Erzeugnissen „fettarmes oder mageres Kakaopulver, fettarmer oder magerer Kakao, stark entöltes Kakaopulver, stark entölter Kakao" und „fettarmes oder mageres oder stark entöltes Trinkschokoladenpulver, fettarmer oder magerer oder stark entölter gezuckerter Kakao, fettarmes oder mageres oder stark entöltes gezuckertes Kakaopulver" ist der Gehalt an Kakaobutter anzugeben.

§ 12. Die Sachbezeichnungen „Schokolade", „Milchschokolade" und „Schokoladenkuvertüre" dürfen durch Informationen über die Qualitätsmerkmale oder durch Beschreibungen der Qualitätsmerkmale ergänzt werden, sofern folgende Voraussetzungen erfüllt werden:
– „Schokolade": mindestens 43% Gesamtkakaotrockenmasse, einschließlich mindestens 26% Kakaobutter;
– „Milchschokolade": mindestens 30% Gesamtkakaotrockenmasse und mindestens 18% Milchtrockenmasse (einschließlich mindestens 4,5% Milchfett) aus teilweise oder vollständig dehydratisierter Vollmilch, teil- oder vollentrahmter Milch, Obers/Sahne, teilweise oder vollständig dehydratisiertem(r) Obers/Sahne, Butter oder Milchfett;
– „Schokoladenkuvertüre": mindestens 16% fettfreie Kakaotrockenmasse.

Schlussbestimmungen

§ 13. Mit In-Kraft-Treten dieser Verordnung tritt die Verordnung über Kakao- und Schokoladeerzeugnisse, BGBl. Nr. 689/1994, außer Kraft.

§ 14. Kakao- und Schokoladeerzeugnisse, die dieser Verordnung nicht entsprechen, aber vor dem In-Kraft-Treten dieser Verordnung entsprechend den Bestimmungen der Verordnung über Kakao- und Schokoladeerzeugnisse, BGBl. Nr. 689/1994, etikettiert wurden, dürfen bis zum vollständigen Abbau der Bestände in Verkehr belassen werden.

§ 15. Durch diese Verordnung wird die Richtlinie 2000/36/EG des Europäischen Parlaments und des Rates vom 23. Juni 2000 über Kakao- und Schokoladeerzeugnisse für die menschliche Ernährung, ABl. Nr. L 197 vom 3. August 2000, in österreichisches Recht umgesetzt.

3/8. Honigverordnung

BGBl II 2004/40 idF

Lebensmittel

1 BGBl II 2015/209

Verordnung der Bundesministerin für Gesundheit und Frauen über Honig (Honigverordnung)

Auf Grund der §§ 10 Abs. 1 und 19 Abs. 1 des Lebensmittelgesetzes 1975, BGBl. Nr. 86, zuletzt geändert durch das Bundesgesetz BGBl. I Nr. 69/2003, wird – hinsichtlich der §§ 6 und 7 im Einvernehmen mit dem Bundesminister für Wirtschaft und Arbeit – verordnet:

Geltungsbereich und Begriffsbestimmungen

§ 1. Diese Verordnung gilt für die in den §§ 2 bis 4 beschriebenen Erzeugnisse.

§ 2. Im Sinne dieser Verordnung ist „Honig" der natursüße Stoff, der von Bienen der Art Apis mellifera erzeugt wird, indem die Bienen Nektar von Pflanzen, Absonderungen lebender Pflanzenteile oder auf den lebenden Pflanzenteilen befindliche Sekrete von an Pflanzen saugenden Insekten aufnehmen, diese mit arteigenen Stoffen versetzen, umwandeln, einlagern, dehydratisieren und in den Waben des Bienenstockes speichern und reifen lassen.

§ 3. Honigarten werden unterschieden:

1. Nach Herkunft:

a) „Blütenhonig" oder „Nektarhonig"
der aus dem Nektar von Pflanzen stammender Honig;

b) „Honigtauhonig"
Honig, der hauptsächlich aus auf lebenden Pflanzenteilen befindlichen Sekreten von an Pflanzen saugenden Insekten (Hemiptera), oder aus Absonderungen lebender Pflanzenteile stammt.

2. Nach Herstellungsart oder Angebotsform:

a) „Wabenhonig" oder „Scheibenhonig"
Von den Bienen in den gedeckelten, brutfreien Zellen der von ihnen frisch gebauten Honigwaben oder in Honigwaben aus feinen, ausschließlich aus Bienenwachs hergestellten gewaffelten Wachsblättern gespeicherter Honig, der in ganzen oder geteilten Waben gehandelt wird;

b) „Honig mit Wabenteilen" oder „Wabenstücke in Honig"
Honig, der ein oder mehrere Stücke Wabenhonig enthält;

c) „Tropfhonig"
Durch Austropfen der entdeckelten, brutfreien Waben gewonnener Honig;

d) „Schleuderhonig"
Durch Schleudern der entdeckelten, brutfreien Waben gewonnener Honig;

e) „Presshonig"
Durch Pressen der brutfreien Waben ohne Erwärmen oder mit geringem Erwärmen auf höchstens 45°C gewonnener Honig;

f) „Gefilterter Honig"
Honig, der gewonnen wird, indem anorganische oder organische Fremdstoffe so entzogen werden, dass Pollen in erheblichem Maße entfernt werden.

§ 4. „Backhonig" ist Honig, der für industrielle Zwecke oder als Zutat für andere Lebensmittel, die anschließend verarbeitet werden, geeignet ist und der

– einen fremden Geschmack oder Geruch aufweisen,

– in Gärung übergegangen sein oder gegoren haben oder

– überhitzt worden sein

kann.

§ 5. Die vom Geltungsbereich erfassten Erzeugnisse müssen den im Anhang festgelegten Anforderungen entsprechen.

Kennzeichnung

§ 6. (1) Unbeschadet der Bestimmungen der „Verordnung (EU) Nr. 1169/2011 betreffend die Information der Verbraucher über Lebensmittel, ABl. Nr. L 304 vom 22. November 2011 S. 18, zuletzt berichtigt durch ABl. L 50 vom 21.2.2015 S. 48, und zuletzt geändert durch die Delegierte Verordnung (EU) Nr. 78/2014, ABl. Nr. L 27 vom 30. Jänner 2014 S. 7,"

1. ist die Bezeichnung „Honig" den in § 2 definierten Erzeugnissen vorbehalten und als Sachbezeichnung zu verwenden;

2. sind die in den §§ 3 und 4 vorgesehenen Bezeichnungen den dort definierten Erzeugnissen vorbehalten und als Sachbezeichnung zu verwenden. Diese Bezeichnungen können durch die Sachbezeichnung „Honig" ersetzt werden, sofern es sich nicht um „gefilterten Honig", „Wabenhonig" bzw. „Scheibenhonig", „Honig mit Wabenteilen" bzw. „Wabenstücke in Honig" oder „Backhonig" handelt.

(BGBl II 2015/209)

(2) Bei „Backhonig" gemäß § 4 ist in Verbindung mit der Sachbezeichnung auf dem Etikett die Angabe „nur zum Kochen und Backen" anzuführen.

(3) Die Sachbezeichnungen – mit Ausnahme von „gefiltertem Honig" und „Backhonig" – können durch Angaben ergänzt werden, die sich auf Folgendes beziehen:
- Herkunft aus Blüten oder Pflanzenteilen, wenn das Erzeugnis vollständig oder überwiegend der angegebenen Herkunft ist und die dieser Herkunft entsprechenden organoleptischen, physikalisch-chemischen und mikroskopischen Eigenschaften besitzt;
- regionale, territoriale oder topographische Herkunft, wenn das Erzeugnis vollständig der angegebenen Herkunft ist;
- besondere Qualitätskriterien.

(4) Wurde „Backhonig" als Zutat in einem zusammengesetzten Lebensmittel verwendet, so kann die Bezeichnung „Honig" in der Sachbezeichnung des zusammengesetzten Lebensmittels anstelle der Bezeichnung „Backhonig" verwendet werden. Im Verzeichnis der Zutaten ist jedoch die Sachbezeichnung „Backhonig" zu verwenden.

(5) Bei „gefiltertem Honig" und „Backhonig" ist auf den Transportbehältern, den Verpackungen und in den Handelsunterlagen jedenfalls die zutreffende Sachbezeichnung gemäß den §§ 3 Z 2 lit. f) und 4 anzugeben.

(6) Pollen ist ein natürlicher Bestandteil von Honig und nicht als Zutat im Sinne von Art. 2 Abs. 2 lit. f der Verordnung (EU) Nr. 1169/2011 der in §§ 2 bis 4 definierten Erzeugnisse zu betrachten. *(BGBl II 2015/209)*

§ 7. (1) Auf dem Etikett ist das Ursprungsland in dem bzw. sind die Ursprungsländer in denen der Honig erzeugt wurde anzugeben.

(2) Hat der Honig seinen Ursprung in mehr als einem EU-Mitgliedstaat oder Drittland, so kann statt dessen folgende Angabe gewählt werden:
- „Mischung von Honig aus EU-Ländern",
- „Mischung von Honig aus Nicht-EU-Ländern" oder
- „Mischung von Honig aus EU-Ländern und Nicht-EU-Ländern".

(BGBl II 2015/209)

Schlussbestimmungen

§ 8. Mit In-Kraft-Treten dieser Verordnung tritt die Verordnung über Honig, BGBl. Nr. 941/1994, außer Kraft.

§ 9. „(1)" Erzeugnisse gemäß § 1, die nicht dieser Verordnung, jedoch der Verordnung BGBl. Nr. 941/1994 entsprechen, dürfen bis zum 31. Juli 2004 in Verkehr gebracht und bis zum vollständigen Abbau der Bestände in Verkehr belassen werden. *(BGBl II 2015/209)*

(2) Erzeugnisse gemäß § 1, die dieser Verordnung in der Fassung vor der Verordnung BGBl. II Nr. 209/2015 entsprechen und vor dem Inkrafttreten der Verordnung BGBl. II Nr. 209/2015 gekennzeichnet wurden, dürfen bis zum vollständigen Abbau der Bestände in Verkehr gebracht werden. *(BGBl II 2015/209)*

§ 10. Durch diese Verordnung werden die Richtlinie 2001/110/EG über Honig, ABl. Nr. L 10 vom 12. Jänner 2002 S. 47, und die Richtlinie 2014/63/EU zur Änderung der Richtlinie 2001/110/EG über Honig, ABl. Nr. L 164 vom 3. Juni 2014 S. 1, in österreichisches Recht umgesetzt.

(BGBl II 2015/209)

3/8. HonigV
Anhang

Anhang

MERKMALE DER ZUSAMMENSETZUNG DES HONIGS

Honig besteht im Wesentlichen aus verschiedenen Zuckerarten, insbesondere aus Fructose und Glucose sowie aus organischen Säuren, Enzymen und beim Honigsammeln aufgenommenen festen Partikeln. Die Farbe des Honigs reicht von beinahe farblos bis dunkelbraun. Er kann von flüssiger, dickflüssiger oder ganz bis teilweise kristalliner Beschaffenheit sein. Die Unterschiede in Geschmack und Aroma werden vom jeweiligen botanischen Ursprung bestimmt.

Dem Honig darf nichts anderes als Honig beigegeben werden, soll er als Honig in Verkehr gebracht oder als Zutat in einem Erzeugnis verwendet werden. Der Honig muss, soweit möglich, frei von organischen und anorganischen Fremdstoffen sein. Er darf – ausgenommen „Backhonig" gemäß § 4 – keinen fremden Geschmack oder Geruch aufweisen und nicht in Gärung sein und darf weder einen künstlich veränderten Säuregrad haben noch so stark erhitzt worden sein, dass die natürlichen Enzyme vernichtet oder in erheblicher Weise inaktiviert wurden.

„Mit Ausnahme von gefiltertem Honig gemäß § 3 Z 2 lit. f dürfen dem Honig weder Pollen noch andere honigeigene Bestandteile entzogen werden, es sei denn, dass dies beim Entziehen von anorganischen oder organischen Fremdstoffen unvermeidlich ist." *(BGBl II 2015/209)*

Honig hat folgende Merkmale aufzuweisen:

1. Zuckergehalt
1.1. Fructose- und Glucosegehalt (Summe)
– Blütenhonig   mindestens 60 g/100 g,
– Honigtauhonig, allein oder in Mischung mit Blütenhonig   mindestens 45 g/100 g.

1.2. Saccharosegehalt
– Im Allgemeinen   höchstens 5 g/100 g.
– Honig von Robinie (Robinia pseudoacacia), Luzerne (Medicago sativa), Banksia menziesii, Süßklee (Hedysarum), Roter Eukalyptus (Eucalyptus camadulensis), Eucryphia lucida, Eucryphia milliganii, Citrus spp.   höchstens 10 g/100 g,
– Honig von Lavendel (Lavendula spp.), Borretsch (Borago officinalis)   höchstens 15 g/100 g.

2. Wassergehalt
– Im Allgemeinen   höchstens 20 %,
– Honig von Heidekraut (Calluna) und Backhonig im Allgemeinen   höchstens 23 %,
– Backhonig von Heidekraut (Calluna)   höchstens 25 %.

3. Gehalt an wasserunlöslichen Stoffen
– Im Allgemeinen   höchstens 0,1 g/100 g,
– Presshonig   höchstens 0,5 g/100 g.

4. Elektrische Leitfähigkeit
– Nachstehend nicht aufgeführte Honigarten und Mischungen dieser Honigarten   höchstens 0,8 mS/cm,
– Honigtauhonig und Kastanienhonig und Mischungen dieser Honigarten mit Ausnahme der nachstehend angeführten Honigarten   mindestens 0,8 mS/cm.

3/8. HonigV
Anhang

- Ausnahmen: Honig von Erdbeerbaum (Arbutus unedo), Glockenheide (Erica), Eukalyptus, Linden (Tilia spp), Heidekraut (Calluna vulgaris), (Leptospermum), Teebaum (Melaleuca spp.)

5. Gehalt an freien Säuren
- Im Allgemeinen   höchstens 50 Milliäquivalente Säure pro kg,
- Backhonig   höchstens 80 Milliäquivalente Säure pro kg.

6. Diastaseindex und Hydroxymethylfurfurolgehalt (HMF), bestimmt nach der Behandlung und Mischung

a) Diastaseindex (Schade-Skala):
- Im Allgemeinen mit Ausnahme von Backhonig   mindestens 8,
- Honigarten mit einem geringen natürlichen Enzymgehalt (zB Zitrushonig) und einem HMF-Gehalt von höchstens 15 mg/kg   mindestens 3.

b) HMF
- Im Allgemeinen, mit Ausnahme von Backhonig   höchstens 40 mg/kg (vorbehaltlich der Bestimmungen unter Buchstabe a) zweiter Gedankenstrich),
- Honig mit angegebenem Ursprung in Regionen mit tropischem Klima und Mischungen solcher Honigarten   höchstens 80 mg/kg.

3/9. Trockenmilchverordnung

BGBl II 2004/45 idF

1 BGBl II 2008/76

„Verordnung der Bundesministerin für Gesundheit, Familie und Jugend über bestimmte Sorten eingedickter Milch und Trockenmilch (Trockenmilchverordnung)"

(BGBl II 2008/76)

Auf Grund der §§ 10 Abs. 1, 19 Abs. 1 und 42 Abs. 4 des Lebensmittelgesetzes 1975, BGBl. Nr. 86, zuletzt geändert durch das Bundesgesetz BGBl. I Nr. 69/2003, wird - hinsichtlich der §§ 3 und 4 im Einvernehmen mit dem Bundesminister für Wirtschaft und Arbeit - verordnet:

Geltungsbereich

§ 1. Diese Verordnung gilt für folgende Erzeugnisse:

1. Eingedickte Milch
Flüssige gezuckerte oder ungezuckerte Erzeugnisse, die durch teilweisen Wasserentzug aus Milch, aus ganz oder teilweise entrahmter Milch oder einer Mischung dieser Erzeugnisse, auch unter Zusatz von Rahm, Trockenmilch oder diesen beiden Erzeugnissen hergestellt werden, wobei der Zusatz von Trockenmilch 25 Gewichtsprozent der gesamten Milchtrockenmasse in den Enderzeugnissen nicht überschreiten darf.
Darunter fallen:

a) Arten ungezuckerter Kondensmilch
– Kondensmilch mit hohem Fettgehalt
Eingedickte Milch mit einem Gehalt an Fett von mindestens 15 Gewichtsprozent und an gesamter Milchtrockenmasse von mindestens 26,5 Gewichtsprozent.
– Kondensmilch oder kondensierte Vollmilch
Eingedickte Milch mit einem Gehalt an Fett von mindestens 7,5 Gewichtsprozent und an gesamter Milchtrockenmasse von mindestens 25 Gewichtsprozent.
– Teilentrahmte Kondensmilch
Eingedickte Milch mit einem Gehalt an Fett von mindestens 1 Gewichtsprozent und weniger als 7,5 Gewichtsprozent und an gesamter Milchtrockenmasse von mindestens 20 Gewichtsprozent.
– Kondensmagermilch oder kondensierte Magermilch
Eingedickte Milch mit einem Gehalt an Fett von höchstens 1 Gewichtsprozent und an gesamter Milchtrockenmasse von mindestens 20 Gewichtsprozent.

b) Arten gezuckerter Kondensmilch
– Gezuckerte Kondensmilch oder gezuckerte kondensierte Vollmilch
Eingedickte Milch mit Zusatz von Saccharose (Halbweißzucker, Weißzucker oder raffinierter Weißzucker) und einem Gehalt an Fett von mindestens 8 Gewichtsprozent und an gesamter Milchtrockenmasse von mindestens 28 Gewichtsprozent.
– Gezuckerte teilentrahmte Kondensmilch oder gezuckerte teilentrahmte kondensierte Milch
Eingedickte Milch mit Zusatz von Saccharose (Halbweißzucker, Weißzucker oder raffinierter Weißzucker) und einem Gehalt an Fett von mindestens 1 Gewichtsprozent und weniger als 8 Gewichtsprozent und an gesamter Milchtrockenmasse von mindestens 24 Gewichtsprozent.
– Gezuckerte Kondensmagermilch oder gezuckerte kondensierte Magermilch
Eingedickte Milch mit Zusatz von Saccharose (Halbweißzucker, Weißzucker oder raffinierter Weißzucker) und einem Gehalt an Fett von nicht mehr als 1 Gewichtsprozent und an gesamter Milchtrockenmasse von nicht weniger als 24 Gewichtsprozent.

2. Trockenmilch
Durch Wasserentzug aus Milch, aus entrahmter oder teilentrahmter Milch, aus Rahm oder einer Mischung dieser Erzeugnisse hergestellte Erzeugnisse in Pulverform mit einem Wassergehalt von nicht mehr als 5 Gewichtsprozent im Enderzeugnis.
Darunter fallen:

a) Milchpulver mit hohem Fettgehalt
Trockenmilch mit einem Gehalt an Fett von mindestens 42 Gewichtsprozent.

b) Milchpulver oder Vollmilchpulver
Trockenmilch mit einem Gehalt an Fett von mindestens 26 Gewichtsprozent und weniger als 42 Gewichtsprozent.

c) Teilentrahmtes Milchpulver
Trockenmilch mit einem Gehalt an Fett von mehr als 1,5 Gewichtsprozent und weniger als 26 Gewichtsprozent.

d) Magermilchpulver
Trockenmilch mit einem Gehalt an Fett von höchstens 1,5 Gewichtsprozent.

(BGBl II 2008/76)

3/9. TrockenmilchV
§§ 2 – 6

Behandlung bei der Herstellung

§ 2. (1) Bei der Herstellung von Erzeugnissen gemäß § 1 Z 1 lit. b darf Laktose in einer Menge von bis zu 0,03% des Enderzeugnisses zugesetzt werden.

(2) Unbeschadet der Bestimmungen der Verordnung (EG) Nr. 853/2004 mit spezifischen Hygienevorschriften für Lebensmittel tierischen Ursprungs, ABl. Nr. L 139 vom 30. April 2004, berichtigt durch ABl. Nr. L 226 vom 25. Juni 2004, hat die Haltbarmachung zu erfolgen durch:

1. Wärmebehandlung (Sterilisation, UHT usw.) für Erzeugnisse gemäß § 1 Z 1 lit. a.
2. Zusatz von Saccharose für Erzeugnisse gemäß § 1 Z 1 lit. b.
3. Trocknung für Erzeugnisse gemäß § 1 Z 2.

(BGBl II 2008/76)

(3) Unbeschadet der Anforderungen hinsichtlich der Zusammensetzung gemäß § 1 kann der Eiweißgehalt der Milch durch Zugabe oder Entzug von Milchbestandteilen auf einen Mindestgehalt von 34 Gewichtsprozent (bezogen auf die fettfreie Trockenmasse) eingestellt werden, wenn dabei das Verhältnis von Molkeneiweiß zu Kasein der standardisierten Milch unverändert bleibt. Folgende Rohstoffe sind zur Eiweißstandardisierung zugelassen:

1. Milchretentat

Milchretentat ist das Erzeugnis, das durch Konzentrieren von Milcheiweiß mit Hilfe der Ultrafiltration von Milch, teilentrahmter Milch oder Magermilch gewonnen wird.

2. Milchpermeat

Milchpermeat ist das Erzeugnis, das durch Entzug von Milcheiweiß und Milchfett aus Milch, teilentrahmter Milch oder Magermilch mit Hilfe der Ultrafiltration entsteht.

3. Laktose

Laktose ist ein natürlicher Bestandteil der Milch, der normalerweise aus Molke gewonnen wird, mit einem wasserfreien Laktosegehalt von mindestens 99,0 Massenprozent der Trockenmasse. Sie kann wasserfrei sein oder ein Molekül Kristallwasser enthalten oder eine Mischung aus beidem sein.

(BGBl II 2008/76)

Kennzeichnungsbestimmungen

§ 3. (1) Unbeschadet der Bestimmungen der Lebensmittelkennzeichnungsverordnung 1993 – LMKV, BGBl. Nr. 72, in der jeweils geltenden Fassung, sowie des § 4 sind die in § 1 vorgesehenen Bezeichnungen den dort genannten Erzeugnissen vorbehalten und als Sachbezeichnungen zu verwenden.

(2) Mit Ausnahme von „Kondensmagermilch oder kondensierte Magermilch", „gezuckerte Kondensmagermilch oder gezuckerte kondensierte Magermilch" und „Magermilchpulver" ist der Gehalt an Milchfett anzugeben, ausgedrückt in Prozent des Enderzeugnisses, sowie bei Erzeugnissen gemäß § 1 Z 1 der von der Milch stammende entfettete Trockenmassenanteil. Diese Angabe ist in der Nähe der Sachbezeichnung anzubringen.

(3) Bei Erzeugnissen gemäß § 1 Z 2 sind die Empfehlungen für das Verdünnungs- bzw. Rekonstitutionsverfahren anzugeben, einschließlich der Angabe des Fettgehalts des auf diese Weise verdünnten oder rekonstituierten Erzeugnisses.

(4) Bei Erzeugnissen gemäß § 1 Z 2 ist anzugeben, dass das Erzeugnis „nicht als Nahrung für Säuglinge unter 12 Monaten bestimmt" ist.

(5) Bei Erzeugnissen unter 20 g je Einheit mit einer äußeren Umhüllung können die nach Abs. 2 bis 4 erforderlichen Angaben nur auf der äußeren Umhüllung vermerkt werden.

§ 4. Unbeschadet der Bestimmung des § 3 Abs. 1 dürfen für bestimmte Erzeugnisse gemäß § 1 nachstehende besondere Bezeichnungen verwendet werden:

1. Die Bezeichnung „kondensierte Kaffeesahne" für „Kondensmilch mit hohem Fettgehalt".
2. Die Bezeichnungen „Rahmpulver" und „Sahnepulver" für „Milchpulver mit hohem Fettgehalt".

Probenahme und Analysemethoden

§ 5. (1) Die Probenahme für Erzeugnisse gemäß § 1 hat gemäß den Bestimmungen des Anhangs der Richtlinie 87/524/EWG der Kommission vom 6. Oktober 1987 zur Festlegung der Gemeinschaftsmethoden für die Probenahme von Dauermilcherzeugnissen, ABl. Nr. L 306 vom 28. Oktober 1987, zu erfolgen.

(2) Für die Prüfung der Zusammensetzung von Erzeugnissen gemäß § 1, welche nach den Kriterien des Anhangs I der Richtlinie 79/1067/EWG der Kommission vom 13. November 1979 zur Festlegung gemeinschaftlicher Analysemethoden zur Prüfung bestimmter Sorten eingedickter Milch und Trockenmilch für die menschliche Ernährung, ABl. Nr. L 327 vom 24. Dezember 1979, zu erfolgen hat, sind jene Analysemethoden anzuwenden, die im Anhang II dieser Richtlinie beschrieben sind.

Schlussbestimmungen

§ 6. (1) Mit In-Kraft-Treten dieser Verordnung tritt die Verordnung über Kondensmilch- und Milchpulverarten, BGBl. II Nr. 129/1997, außer Kraft.

(2) Erzeugnisse, die nicht den Bestimmungen dieser Verordnung, jedoch den Bestimmungen der Verordnung über Kondensmilch- und Milch-

pulverarten, BGBl. II Nr. 129/1997, entsprechen, dürfen bis zum 16. Juli 2004 in Verkehr gebracht werden.

(3) Erzeugnisse, die nicht dieser Verordnung entsprechen, aber vor dem 17. Juli 2004 entsprechend den Bestimmungen der Verordnung über Kondensmilch- und Milchpulverarten, BGBl. II Nr. 129/1997, etikettiert wurden, dürfen bis zum vollständigen Abbau der Bestände in Verkehr belassen werden.

§ 7. Durch diese Verordnung wird die Richtlinie 2001/114/EG über bestimmte Sorten eingedickter Milch und Trockenmilch für die menschliche Ernährung, ABl. Nr. L 15 vom 17. Jänner 2002, in der Fassung der Richtlinie 2007/61/EG zur Änderung der Richtlinie 2001/114/EG über bestimmte Sorten eingedickter Milch und Trockenmilch für die menschliche Ernährung, ABl. Nr. L 258 vom 4. Oktober 2007, in österreichisches Recht umgesetzt.

(BGBl II 2008/76)

3/10. Fruchtsaftverordnung

BGBl II 2004/83 idF

1 BGBl II 2010/441
2 BGBl II 2013/206
3 ABl L 288 vom 2. 10. 2014, S. 1

Verordnung der Bundesministerin für Gesundheit und Frauen über Fruchtsäfte und einige gleichartige Erzeugnisse (Fruchtsaftverordnung)

Auf Grund der §§ 10 Abs. 1, 12 Abs. 1 und 19 Abs. 1 des Lebensmittelgesetzes 1975, BGBl. Nr. 86, zuletzt geändert durch das Bundesgesetz BGBl. I Nr. 69/2003, wird - hinsichtlich der §§ 7, 8, 9 und 11 im Einvernehmen mit dem Bundesminister für Wirtschaft und Arbeit - verordnet:

§ 1. Im Sinne dieser Verordnung ist

1. **Frucht:** alle Früchte; Tomaten/Paradeiser gelten ebenfalls als Früchte im Sinne dieser Verordnung. Die Früchte müssen gesund, angemessen reif und frisch sein, bzw. mit physikalischen Mitteln haltbar gemacht oder behandelt worden sein, einschließlich mittels Nacherntebehandlungen, die in Übereinstimmung mit dem Unionsrecht angewendet werden.

2. **Fruchtmark:** das gärfähige, jedoch nicht gegorene Erzeugnis, das durch geeignete physikalische Verfahren wie Passieren, Zerkleinern oder Mahlen des genießbaren Teils der ganzen oder geschälten Frucht ohne Abtrennen des Saftes gewonnen wird.

3. **Konzentriertes Fruchtmark:** das aus Fruchtmark durch physikalisches Abtrennen eines bestimmten Anteils des natürlichen Wassergehalts gewonnene Erzeugnis. Konzentriertem Fruchtmark können Restaurationsaromen hinzugefügt sein, wobei diese mit geeigneten physikalischen Verfahren gemäß § 4 erzeugt und von derselben Fruchtart gewonnen sein müssen.

4. **Aroma:** unbeschadet der Verordnung (EG) Nr. 1334/2008 über Aromen und bestimmte Lebensmittelzutaten mit Aromaeigenschaften zur Verwendung in und auf Lebensmitteln, ABl. Nr. L 354 vom 31.12.2008, zuletzt geändert durch die Verordnung (EU) Nr. 872/2012, ABl. Nr. L 267 vom 2.10.2012, werden Restaurationsaromen bei der Verarbeitung der Früchte mittels geeigneter physikalischer Verfahren gewonnen. Diese physikalischen Verfahren können eingesetzt werden, um die Aromaqualität zu erhalten, zu bewahren oder zu stabilisieren und umfassen vor allem Pressen, Extraktion, Destillation, Filtern, Adsorption, Evaporation, Fraktionieren und Konzentrieren. Das Aroma wird aus den genießbaren Teilen der Frucht gewonnen, kann jedoch auch kaltgepresstes Öl aus Zitrusschale und Bestandteile der Steine enthalten.

5. **Zuckerarten:** die in der Zuckerverordnung, BGBl. II Nr. 472/2003, definierten Zuckerarten, Fructosesirup und aus Früchten stammende Zuckerarten.

6. **Honig:** das in der Honigverordnung, BGBl. II Nr. 40/2004, definierte Erzeugnis.

7. **Fruchtfleisch oder Zellen:** das aus den genießbaren Teilen von Früchten der gleichen Art ohne Abtrennen des Saftes gewonnene Erzeugnis. Bei Zitrusfrüchten sind Fruchtfleisch oder Zellen ferner die aus dem Endokarp gewonnenen Saftsäcke.

8. a) **Fruchtsaft:** das gärfähige, jedoch nicht gegorene, aus dem genießbaren Teil gesunder und reifer Früchte (frisch oder durch Kälte haltbar gemacht) einer oder mehrerer Fruchtarten gewonnene Erzeugnis, das die für den Saft dieser Frucht/Früchte charakteristische Farbe, das dafür charakteristische Aroma und den dafür charakteristischen Geschmack besitzt. Aroma, Fruchtfleisch und Zellen, die mit geeigneten physikalischen Verfahren aus derselben Fruchtart gewonnen wurden, dürfen im Saft wiederhergestellt werden. Bei Zitrusfrüchten muss der Fruchtsaft vom Endokarp stammen. Limettensaft darf jedoch auch aus der ganzen Frucht gewonnen werden. Werden Säfte aus Früchten mit Kernen, Samenkörnern und Schale hergestellt, dürfen Stücke oder Bestandteile von Kernen, Samenkörnern und Schale nicht im Saft enthalten sein. Dies gilt jedoch nicht in Fällen, in denen Stücke oder Bestandteile von Kernen, Samenkörnern und Schale nicht durch Verfahren der guten Herstellungspraxis entfernt werden können. Bei der Herstellung von Fruchtsaft ist das Mischen von Fruchtsaft mit Fruchtmark zulässig.

b) **Fruchtsaft aus Fruchtsaftkonzentrat:** das Erzeugnis, das aus konzentriertem Fruchtsaft gemäß Z 9 mit Trinkwasser wiederhergestellt wird, welches die in der Trinkwasserverordnung-TWV, BGBl. II Nr. 304/2001 in der geltenden Fassung, aufgeführten Anforderungen erfüllt. Die lösliche Trockenmasse des Enderzeugnisses muss dem Mindestbrixwert für wiederhergestellte Säfte gemäß Anlage 2 entsprechen. Bei Fruchtsaft aus Fruchtsaftkonzentrat, der aus einer in Anlage 2 nicht genannten Frucht hergestellt wird, entspricht der Mindestbrixwert des wiederhergestellten Fruchtsaftes dem Brixwert des Saftes, der aus der zur Herstellung des Konzentrats verwendeten Frucht extrahiert wurde. Aroma, Fruchtfleisch und Zellen, die mit geeigneten physikalischen

Verfahren aus derselben Fruchtart gewonnen wurden, dürfen im Fruchtsaft aus Fruchtsaftkonzentrat wiederhergestellt werden. Der Fruchtsaft aus Fruchtsaftkonzentrat wird mit geeigneten Verfahren hergestellt, um die wesentlichen physikalischen, chemischen, organoleptischen und nährstoffbezogenen Merkmale eines durchschnittlichen, aus Früchten derselben Art hergestellten Saftes zu erhalten. Bei der Herstellung von Fruchtsaft aus Fruchtsaftkonzentrat ist das Mischen von Fruchtsaft und/oder konzentriertem Fruchtsaft mit Fruchtmark und/oder konzentriertem Fruchtmark zulässig.

9. **Konzentrierter Fruchtsaft (Fruchtsaftkonzentrat):** das aus dem Saft einer bzw. mehrerer Fruchtarten durch physikalischen Entzug eines bestimmten Anteils des natürlichen Wassergehalts gewonnene Erzeugnis. Wenn das Erzeugnis zur Abgabe an den Letztverbraucher bestimmt ist, beträgt dieser Entzug mindestens 50 % des Wassergehalts. Aroma, Fruchtfleisch und Zellen, die mit geeigneten physikalischen Verfahren aus derselben Fruchtart gewonnen wurden, dürfen im konzentrierten Fruchtsaft wiederhergestellt werden.

10. **Mit Wasser extrahierter Fruchtsaft:** das Erzeugnis, das durch die Diffusion mit Wasser aus entweder fleischigen ganzen Früchten, deren Saft nicht mit physikalischen Verfahren extrahiert werden kann, oder getrockneten ganzen Früchten gewonnen wird.

11. **Getrockneter Fruchtsaft (Fruchtsaftpulver):** das Erzeugnis, das aus dem Saft einer oder mehrerer Fruchtarten durch physikalischen Entzug nahezu des gesamten natürlichen Wassergehalts hergestellt wird.

12. **Fruchtnektar:** das gärfähige, jedoch nicht gegorene Erzeugnis, das durch Zusatz von Wasser mit oder ohne Zusatz von Zuckerarten und/oder Honig zu den unter den Ziffern 8 bis 11 definierten Erzeugnissen zu Fruchtmark und/oder konzentriertem Fruchtmark und/oder zu einem Gemisch dieser Erzeugnisse hergestellt wird und den Anforderungen von Anlage 1 entspricht. Unbeschadet der Verordnung (EG) Nr. 1924/2006 über nährwert- und gesundheitsbezogene Angaben über Lebensmittel, ABl. Nr. L 404 vom 30. 12. 2006, zuletzt geändert durch die Verordnung (EU) Nr. 1047/2012, ABl. Nr. L 310 vom 9.11.2012, kann bei der Herstellung von Fruchtnektaren ohne zugesetzte Zuckerarten oder mit vermindertem Energiegehalt der Zucker gemäß der Verordnung (EG) Nr. 1333/2008 über Lebensmittelzusatzstoffe, ABl. Nr. L 354 vom 31.12.2008, zuletzt geändert durch die Verordnung (EU) Nr. 438/2013, ABl. Nr. L 129 vom 14.5.2013, ganz oder teilweise durch Süßungsmittel ersetzt werden. Aroma, Fruchtfleisch und Zellen, die mit geeigneten physikalischen Verfahren aus derselben Fruchtart gewonnen wurden, dürfen im Fruchtnektar wiederhergestellt werden.

(BGBl II 2013/206)

Zusammensetzung

§ 2. (1) Bei Fruchtsäften muss der Brixwert dem des aus der Frucht gewonnenen Saftes entsprechen und darf außer bei Verschnitten mit Saft derselben Fruchtart nicht verändert werden.

(2) Der in Anlage 2 für wiederhergestellten Fruchtsaft und wiederhergestelltes Fruchtmark festgesetzte Mindestbrixwert umfasst nicht die lösliche Trockenmasse eventuell hinzugefügter fakultativer Zutaten und Lebensmittelzusatzstoffe.

(BGBl II 2013/206)

Zugelassene Zutaten

§ 3. Nur die folgenden Zutaten dürfen den in § 1 Z 8 bis 12 genannten Erzeugnissen zugesetzt werden:

1. Vitamine und Mineralstoffe, die im Rahmen der Verordnung (EG) Nr. 1925/2006 über den Zusatz von Vitaminen und Mineralstoffen sowie bestimmten anderen Stoffen zu Lebensmitteln, ABl. Nr. 404 vom 30.12.2006, zuletzt geändert durch die Verordnung (EU) Nr. 1169/2011, ABl. Nr. L 304 vom 22.11.2011, zugelassen wurden,

2. nach der Verordnung (EG) Nr. 1333/2008 zugelassene Lebensmittelzusatzstoffe,

3. sowie zusätzlich:

a) bei Fruchtsaft, Fruchtsaft aus Konzentrat oder konzentriertem Fruchtsaft: fruchtarteigenes Restaurationsaroma, Fruchtfleisch und Zellen;

b) bei Traubensaft: wieder hinzugefügte Weinsäuresalze;

c) bei Fruchtnektar: fruchtarteigenes Restaurationsaroma, Fruchtfleisch und Zellen, Zuckerarten und/oder Honig bis zu 20 % des Gesamtgewichts der Enderzeugnisse und/oder Süßungsmittel;

d) bei den in § 5 Abs. 3 lit a genannten Erzeugnissen: Zuckerarten und/oder Honig;

e) bei den in § 1 Z 8 bis 12 definierten Erzeugnissen zur Korrektur des sauren Geschmacks: Zitronensaft und/oder Limettensaft und/oder konzentrierter Zitronen- und/oder Limettensaft bis zu 3 g/l Saft, ausgedrückt als Zitronensäureanhydrid;

f) bei Tomaten-/Paradeiser-/Paradeissaft und Tomaten-/Paradeiser-/Paradeissaft aus Konzentrat: Salz, Gewürze und aromatische Kräuter.

(BGBl II 2013/206)

Zugelassene Behandlungen und Stoffe

„**§ 4.**" „Zur Herstellung der im § 1 Z 8 bis 12 beschriebenen Erzeugnisse sind unbeschadet des

§ 3 folgende Behandlungen und Stoffe zulässig:" *(BGBl II 2013/206)*

1. mechanische Extraktionsverfahren;

2. die üblichen physikalischen Verfahren, einschließlich der Extraktion des Wassers („in-line"-Verfahren) aus dem essbaren Teil der Früchte, ausgenommen Weintrauben, zur Herstellung der Fruchtsaftkonzentrate, sofern die so gewonnenen Fruchtsäfte den Anforderungen von „§ 1 Z 8 lit. a und b" entsprechen; *(BGBl II 2013/206)*

3. bei Traubensäften ist für den Fall, dass die Trauben mit Schwefeldioxid behandelt wurden, eine Entschwefelung durch physikalische Verfahren zulässig, sofern die Gesamtmenge an Schwefeldioxid im Enderzeugnis 10 mg/l nicht überschreitet;

4. Enzymzubereitungen: Pektinasen (zur Spaltung von Pektin), Proteinasen (zur Spaltung von Proteinen) und Amylasen (zum Abbau von Stärke), die den Anforderungen der Verordnung (EG) Nr. 1332/2008 über Lebensmittelenzyme, ABl. Nr. L 354 vom 31.12.2008, zuletzt geändert durch die Verordnung (EU) Nr. 1056/2012, ABl. Nr. L 313 vom 13.11.2012, entsprechen;

„5." Speisegelatine; *(BGBl II 2013/206)*

„6." Tannine; *(BGBl II 2013/206)*

„7." „Betonite als adsorbierende Tonerde;" *(BGBl II 2013/206)*

„8." Kieselsol; *(BGBl II 2013/206)*

„9." Kohle; *(BGBl II 2013/206)*

„10." chemisch inerte Filterstoffe und Fällungsmittel wie Perlit, Kieselgur, Zellulose, unlösliches Polyamid, Polyvinylpolypyrolidon oder Polystyren, die mit „der Verordnung (EG) Nr. 1935/2004 über Materialien und Gegenstände, die dazu bestimmt sind, mit Lebensmitteln in Berührung zu kommen, ABl. Nr. L 338 vom 13.11.2004, zuletzt geändert durch die Verordnung (EG) Nr. 596/2009, ABl. Nr. L 188 vom 18.7.2009", im Einklang stehen; *(BGBl II 2013/206)*

„11." chemisch inerte Adsorptionsstoffe, die mit „der Verordnung (EG) Nr. 1935/2004", in Einklang stehen und dazu verwendet werden, den Limonoid- und Naringingehalt des Zitrussaftes zu verringern, ohne hierdurch die limonoiden Glukoside, die Säure, die Zucker (einschließlich der Oligosaccharide) oder den Mineralgehalt erheblich zu vermindern „." *(BGBl II 2013/206)*

12. Stickstoff.

– Pflanzenproteine aus Weizen, Erbsen oder Kartoffeln für die Klärung. *(ABl L 288 vom 2. 10. 2014, S. 1)*

(BGBl II 2013/206)

Kennzeichnung

„§ 5." (1) Die in „§ 1 Z 8 bis 12" genannten Bezeichnungen sind den dort definierten Erzeugnissen vorbehalten und müssen als Sachbezeichnung verwendet werden. *(BGBl II 2013/206)*

(2) Bei der Herstellung von Fruchtsäften, Fruchtmark und Fruchtnektaren, die mit der entsprechenden Sachbezeichnung oder der handelsüblichen Bezeichnung der jeweils verwendeten Frucht benannt sind, sind die in Anlage 2 mit ihren botanischen Namen angeführten Fruchtarten zu verwenden. Bei Fruchtarten, die nicht in Anlage 2 angeführt sind, ist der korrekte botanische oder allgemein gebräuchliche Name zu verwenden. *(BGBl II 2013/206)*

„(3)" Zusätzlich zu den in Abs. 1 genannten Bezeichnungen kann folgende Bezeichnung unter folgenden Bedingungen verwendet werden: "Süßmost":

Die Bezeichnung „Süßmost" darf nur in Verbindung mit den Sachbezeichnungen „Fruchtsaft" oder „Fruchtnektar" verwendet werden für

a) Fruchtnektar, der ausschließlich aus Fruchtsäften, konzentrierten Fruchtsäften oder einem Gemisch dieser beiden Erzeugnisse hergestellt wird, die auf Grund ihres hohen natürlichen Säuregehalts zum unmittelbaren Genuss nicht geeignet sind;

b) Fruchtsaft, der aus Äpfeln und/oder Birnen hergestellt wird. *(BGBl II 2013/206)*

„§ 6." (1) Wird das Erzeugnis aus einer einzigen Fruchtart hergestellt, ist deren Bezeichnung an Stelle des Wortes „Frucht" in der Sachbezeichnung anzugeben.

(2) Bei Erzeugnissen aus zwei oder mehr Fruchtarten, außer bei der Verwendung von Zitronensaft und/oder Limettensaft gemäß § 3, muss die Sachbezeichnung aus der Angabe der verwendeten Fruchtarten in absteigender Reihenfolge des Volumens der enthaltenen Fruchtsäfte bzw. des enthaltenen Fruchtmarks entsprechend den Angaben in dem Verzeichnis der Zutaten bestehen. *(BGBl II 2013/206)*

(3) Bei Erzeugnissen, die aus drei oder mehr Fruchtarten hergestellt werden, kann jedoch die Angabe der verwendeten Fruchtarten durch die Bezeichnung „Mehrfrucht" oder eine ähnliche Bezeichnung oder durch die Angabe der Anzahl der verwendeten Fruchtarten ersetzt werden.

(BGBl II 2013/206)

„§ 7." (1) Zusätzlich zu den durch die Lebensmittelkennzeichnungsverordnung 1993-LMKV, BGBl. Nr. 72, in der jeweils geltenden Fassung, vorgeschriebenen Kennzeichnungselementen sind folgende Angaben für die in „§ 1 Z 8 bis 12" aufgezählten Erzeugnisse zwingend, bei

„1." Fruchtsaft, dem Fruchtfleisch oder Zellen zugesetzt werden, die Angabe dieses Zusatzes; *(BGBl II 2013/206)*

„2." Mischungen aus Fruchtsaft und aus Konzentrat gewonnenem Fruchtsaft sowie Fruchtnektar, der ganz oder teilweise aus einem oder mehreren konzentrierten Erzeugnissen gewonnen wurde, die Angabe „aus Fruchtsaftkonzentrat(en)" oder „teilweise aus Fruchtsaftkkonzentrat(en)"; die Angabe muss auf dem Etikett deutlich hervortreten und gut leserlich in unmittelbarer Nähe der Sachbezeichnung angebracht werden; *(BGBl II 2013/206)*

„3." Fruchtnektar, die Angabe des tatsächlichen Mindestgehalts an Fruchtsaft, Fruchtmark oder einem Gemisch dieser Bestandteile durch den Hinweis „Fruchtgehalt:mindestens...%"; diese Angabe muss im selben Sichtfeld wie die Sachbezeichnung angebracht werden. *(BGBl II 2013/206)*

(2) Die Wiederherstellung des ursprünglichen Zustandes der in „§ 1 Z 8 bis 12" definierten Erzeugnisse unter ausschließlicher Verwendung der dafür unerlässlichen Stoffe verpflichtet nicht zur Angabe der dafür verwendeten Zutaten. *(BGBl II 2013/206)*

(3) Werden konzentriertem Fruchtsaft (Fruchtsaftkonzentrat), der (das) nicht für den Letztverbraucher bestimmt ist, Zitronensaft, Limettensaft oder gemäß der Verordnung (EG) Nr. 1333/2008 zugelassene Säuerungsmittel zugesetzt, so ist deren Vorhandensein und deren Menge in der Kennzeichnung anzugeben. Diese Angabe ist auf der Verpackung, auf einem an der Verpackung angebrachten Etikett oder in einem Begleitdokument anzubringen. *(BGBl II 2013/206)*

„(4)" Eine Angabe, dass Fruchtnektar kein Zucker zugesetzt wurde, oder eine Angabe, bei der davon auszugehen ist, dass sie für den Verbraucher dieselbe Bedeutung hat, ist nur zulässig, wenn das Erzeugnis keine zugesetzten Monosaccharide oder Disaccharide oder andere Lebensmittel enthält, die wegen ihrer süßenden Eigenschaften verwendet werden, einschließlich Süßungsmittel gemäß der Verordnung (EG) Nr. 1333/2008. Sind Zucker von Natur aus in Fruchtnektar enthalten, so ist folgender Hinweis ebenfalls auf der Verpackung oder einem mit ihr verbundenen Etikett anzuführen: „Enthält von Natur aus Zucker". *(BGBl II 2013/206)*

(BGBl II 2013/206)

Schlussbestimmungen

„§ 8." Mit In-Kraft-Treten dieser Verordnung tritt die Fruchtsaftverordnung, BGBl. Nr. 635/1996, außer Kraft. *(BGBl II 2013/206)*

§ 9. (1) Erzeugnisse, die vor dem 28. Oktober 2013 im Einklang mit der Fruchtsaftverordnung BGBl. II Nr. 83/2004 in der Fassung der Verordnung BGBl. II Nr. 441/2010, in Verkehr gebracht oder etikettiert wurden, dürfen bis zum 28. April 2015 in Verkehr gebracht werden.

(2) Die Angabe „ab dem 28. April 2015 enthalten Fruchtsäfte keinen zugesetzten Zucker" ist bis zum 28. Oktober 2016 zulässig. Sie ist in demselben Sichtfeld wie die Sachbezeichnung der in § 1 Z 8 bis 11 genannten Erzeugnisse anzubringen.

(BGBl II 2013/206)

„§ 10." Durch diese Verordnung werden folgende Richtlinien der Europäischen Union umgesetzt:

– Richtlinie 2001/112/EG der Kommission vom 20. Dezember 2001 über Fruchtsäfte und bestimmte gleichartige Erzeugnisse für die menschliche Ernährung, ABl. Nr. L 10 vom 12. Jänner 2002,

– Richtlinie 2009/106/EG der Kommission vom 14. August 2009 zur Änderung der Richtlinie 2001/112/EG des Rates über Fruchtsäfte und bestimmte gleichartige Erzeugnisse für die menschliche Ernährung, ABl. Nr. L 212 vom 15. August 2009.

– „ Richtlinie 2012/12/EU zur Änderung der Richtlinie 2001/112/EG des Rates über Fruchtsäfte und bestimmte gleichartige Erzeugnisse für die menschliche Ernährung, ABl. L 115 vom 27.04.2012, berichtigt durch ABl. Nr. L 31 vom 31.01.2012." *(BGBl II 2013/206)*

(BGBl II 2010/441)

3/10. FruchtsaftV
Anlage 1

BESONDERE VORSCHRIFTEN FÜR FRUCHTNEKTAR

Lebensmittel

Fruchtnektar aus	Mindestgehalt an Fruchtsaft und/oder Fruchtmark (in % vol. des fertigen Erzeugnisses)
I. Früchten mit saurem Saft, die zum unmittelbaren Genuss nicht geeignet sind:	
Passionsfrucht	25
Quito-Orangen	25
Schwarze Johannisbeeren/Ribiseln	25
Weiße Johannisbeeren/Ribiseln	25
Rote Johannisbeeren/Ribiseln	25
Stachelbeeren	30
Sanddorn	25
Schlehen	30
Pflaumen	30
Zwetschgen	30
Ebereschen	30
Hagebutten	40
Sauerkirschen/Weichseln	35
andere Kirschen	40
Heidelbeeren	40
Holunderbeeren	50
Himbeeren	40
Aprikosen/Marillen	40
Erdbeeren	40
Brombeeren	40
Kranbeeren/Cranberries	30
Quitten	50
Zitronen und Limetten	25
andere Früchte dieser Kategorie	25
II. säurearmen oder sehr aromatischen Früchten oder Früchten, die viel Fruchtfleisch enthalten, mit Saft, der zum unmittelbaren Genuss nicht geeignet ist:	
Mangos	25
Bananen	25
Guaven	25
Papayas	25
Litschis	25
Azarolen	25
Stachelannonen	25
Netzannonen	25
Cherimoyas, Zimtäpfel	25
Granatäpfel	25
Kaschuäpfel	25
Mombinpflaumen	25
Umbu	25
andere Früchte dieser Kategorie	25
III. Früchten mit zum unmittelbaren Genuss geeignetem Saft:	
Äpfel	50

3/10. FruchtsaftV
Anlage 2

Fruchtnektar aus	Mindestgehalt an Fruchtsaft und/oder Fruchtmark (in % vol. des fertigen Erzeugnisses)
Birnen	50
Pfirsiche	50
Zitrusfrüchte, außer Zitronen und Limetten	50
Ananas	50
Tomaten/Paradeiser	50
andere Früchte dieser Kategorie	50

(BGBl II 2013/206)

Anlage 2

Gebräuchlicher Name der Frucht	Botanischer Name	Mindestbrixwerte für rückverdünnten Fruchtsaft und rückverdünntes Fruchtmark
Apfel (*)	Malus domestica Borkh.	11,2
Aprikose/Marille (**)	Prunus armeniaca L.	11,2
Banane (**)	Musa x paradisiaca L. (außer Mehlbananan)	21,0
Schwarze Johannisbeere/Ribisel (*)	Ribes nigrum L.	11,0
Weintraube (*)	Vitis vinifera L. oder deren Hybride Vitis labrusca L. oder deren Hybride	15,9
Grapefruit (*)	Citrus x paradisi Macfad.	10,0
Guave (**)	Psidium guajava L.	8,5
Zitrone (*)	Citrus limon (L.)Burm.f.	8,0
Mango (**)	Mangifera indica L.	13,5
Orange (*)	Citrus sinensis (L.) Osbeck	11,2
Passionsfrucht (*)	Passiflora edulis Sims	12,0
Pfirsich (**)	Prunus persica (L.) Batsch var. persica	10,0
Birne (**)	Pyrus communis L.	11,9
Ananas (*)	Ananas comosus (L.) Merr.	12,8
Himbeere (*)	Rubus idaeus L.	7,0
Sauerkirsche/Weichsel (*)	Prunus cerasus L.	13,5
Erdbeere (*)	Fragaria x ananassa Duch.	7,0
Tomate (Paradeiser) (*)	Lycopersicon esculentum Mill.	5,0
Mandarine (*)	Citrus reticulata Blanco	11,2

Für die mit einem Sternchen (*) gekennzeichneten Erzeugnisse, die als Saft erzeugt werden, wird ein Mindestwert für die relative Dichte, bezogen auf Wasser bei 20/20° C, bestimmt. Für die mit zwei Sternchen (**) gekennzeichneten Erzeugnisse, die als Fruchtmark erzeugt werden, wird nur ein unkorrigierter Mindestbrixwert (ohne Säurekorrektur) bestimmt.

(BGBl II 2013/206)

3/11. Nahrungsergänzungsmittelverordnung - NEMV

BGBl II 2004/88 idF

1 BGBl II 2006/424
2 BGBl II 2010/97

3 BGBl II 2010/107 (VFB)

Verordnung der Bundesministerin für Gesundheit und Frauen über Nahrungsergänzungsmittel (Nahrungsergänzungsmittelverordnung - NEMV)

Aufgrund der §§ 3, 10 Abs. 1, 18 und 19 Abs. 1 des Lebensmittelgesetzes 1975, BGBl. Nr. 86, zuletzt geändert durch das Bundesgesetz BGBl. I Nr. 69/2003, wird - hinsichtlich der §§ 3 und 5 im Einvernehmen mit dem Bundesminister für Wirtschaft und Arbeit - verordnet:

§ 1. (1) Gegenstand dieser Verordnung sind Nahrungsergänzungsmittel. Diese dürfen nur verpackt an den Letztverbraucher abgegeben werden.

(2) Im Sinne dieser Verordnung gelten Vitamine und Mineralstoffe als Nährstoffe.

§ 2. (1) Es ist verboten, andere als die in Anhang I der Verordnung (EG) Nr. 1170/2009 vom 30. November 2009 zur Änderung der Richtlinie 2002/46/EG des Europäischen Parlaments und des Rates und der Verordnung (EG) Nr. 1925/2006 des Europäischen Parlaments und des Rates hinsichtlich der Listen von Vitaminen und Mineralstoffen sowie ihrer Aufbereitungsformen, die Lebensmitteln zugesetzt bzw. bei der Herstellung von Nahrungsergänzungsmitteln verwendet werden dürfen (ABl. Nr. L 314 vom 1. Dezember 2009), angeführten Vitamine und Mineralstoffe in den in Anhang II der Verordnung (EG) Nr. 1170/2009 angeführten Formen für die Herstellung von Nahrungsergänzungsmitteln zu verwenden.

(2) Für die in Anhang II der Verordnung (EG) Nr. 1170/2009 angeführten Formen von Vitaminen und Mineralstoffen, die für die Herstellung von Nahrungsergänzungsmitteln verwendet werden dürfen, gelten die

1. in der Verordnung über andere Zusatzstoffe als Farbstoffe und Süßungsmittel (ZuV), BGBl. II Nr. 383/1998, in der jeweils geltenden Fassung, und

2. in der Verordnung über den Zusatz von Farbstoffen zu Lebensmitteln (Farbstoffverordnung), BGBl. Nr. 541/1996, in der jeweils geltenden Fassung,

angeführten Reinheitskriterien.

(3) Für jene Stoffe des Anhangs II der Verordnung (EG) Nr. 1170/2009, für die keine Reinheitskriterien festgelegt worden sind, gelten - bis zum Erlass solcher Spezifikationen - die allgemein anerkannten Reinheitskriterien, die von internationalen Gremien empfohlen werden.

(BGBl II 2010/97)

§ 3. (1) Für Nahrungsergänzungsmittel ist die Bezeichnung „Nahrungsergänzungsmittel" Sachbezeichnung gemäß der Lebensmittelkennzeichnungsverordnung 1993 - LMKV, BGBl. Nr. 72, in der jeweils geltenden Fassung.

(2) Unbeschadet der Bestimmungen der Lebensmittelkennzeichnungsverordnung 1993 - LMKV muss die Kennzeichnung zwingend die folgenden Angaben enthalten:

1. die Namen der Kategorien von Nährstoffen oder sonstigen Stoffen, die für das Erzeugnis kennzeichnend sind, oder eine Angabe zur Beschaffenheit dieser Nährstoffe oder sonstigen Stoffe,

2. die empfohlene tägliche Verzehrsmenge in Portionen des Erzeugnisses,

3. einen Warnhinweis, die angegebene empfohlene Tagesdosis nicht zu überschreiten,

4. einen Hinweis darauf, dass Nahrungsergänzungsmittel nicht als Ersatz für eine abwechslungsreiche Ernährung verwendet werden dürfen,

5. einen Hinweis darauf, dass die Erzeugnisse außerhalb der Reichweite von kleinen Kindern zu lagern sind.

§ 4. Die Kennzeichnung und Aufmachung von Nahrungsergänzungsmitteln und die Werbung dafür dürfen keinen Hinweis enthalten, mit dem behauptet oder der Eindruck erweckt wird, dass bei einer ausgewogenen, abwechslungsreichen Ernährung im Allgemeinen die Zufuhr angemessener Nährstoffmengen nicht möglich ist.

§ 5. (1) Die Menge der Nährstoffe oder sonstigen Stoffe mit ernährungsspezifischer oder physiologischer Wirkung, die in dem Erzeugnis enthalten ist, ist in numerischer Form auf dem Etikett anzugeben. Für Vitamine und Mineralstoffe sind die in Anhang I der Verordnung (EG) Nr. 1170/2009 angegebenen Einheiten zu verwenden. *(BGBl II 2010/97)*

(2) Die Mengenangabe der Nährstoffe oder sonstigen Stoffe hat pro empfohlener Tagesdosis des Erzeugnisses, die auf dem Etikett angegeben ist, zu erfolgen.

(3) Vitamine und Mineralstoffe, die in der Anlage der Verordnung über die Nährwertkennzeichnung von Lebensmitteln (NWKV), BGBl. Nr. 896/1995, in der jeweils geltenden Fassung, genannt sind, sind auch als Prozentsatz der darin angeführten Referenzwerte anzugeben.

(4) Die in Abs. 1 und 2 genannten angegebenen Werte sind Durchschnittswerte, die auf der Analyse des Erzeugnisses durch den Hersteller beruhen.

(5) Der in Abs. 3 genannte Prozentsatz der Referenzwerte für Vitamine und Mineralstoffe kann auch in grafischer Form angegeben werden.

§ 6. Nahrungsergänzungsmittel, die nicht dieser Verordnung, jedoch den bisher geltenden Bestimmungen entsprechen, dürfen bis 31. Juli 2005 in Verkehr gebracht werden.

§ 7. Durch diese Verordnung werden die Richtlinien 2002/46/EG, ABl. Nr. L 183 vom 12. Juli 2002, und 2006/37/EG, ABl. Nr. L 94 vom 1. April 2006, in österreichisches Recht umgesetzt.

(BGBl II 2006/424)

Anlage 1

(aufgehoben, BGBl II 2010/97)

Anlage 2

(aufgehoben, BGBl II 2010/97)

3/11. NEMV
Anhang

Anhänge der Verordnung (EG) Nr. 1170/2009 ABl L 314 vom 1. 12. 2009 S 36 idF ABl 2010/203, 23 (Berichtigung), geändert durch die Verordnungen (EU) Nr. 1161/2011 ABl L 296 vom 15. 11. 2011 S 29, (EU) Nr. 119/2014 ABl L 39 vom 8. 2. 2014 S 44, (EU) 2015/414 ABl L 68 vom 13. 3. 2015 S 26, (EU) 2017/1203 ABl L 173 vom 6. 7. 2017 S 9 und (EU) 2021/418 ABl L 83 vom 10. 3. 2021 S 1 zur Information abgedruckt:

Lebensmittel

Anhang I

Vitamine und Mineralstoffe, die bei der Herstellung von Nahrungsergänzungsmitteln verwendet werden dürfen

1. **Vitamine**
   Vitamin A (µg RE)
   Vitamin D (µg)
   Vitamin E (mg α-TE)
   Vitamin K (µg)

   Vitamin B_1 (mg)
   Vitamin B_2 (mg)
   Niacin (mg NE)
   Pantothensäure (mg)
   Vitamin B_6 (mg)
   Folsäure (µg)[1]
   Vitamin B_{12} (µg)
   Biotin (µg)
   Vitamin C (mg)

2. **Mineralstoffe**
   Calcium (mg)
   Magnesium (mg)
   Eisen (mg)
   Kupfer (mg) *(ABl L 83 vom 10. 3. 2021, S 1)*
   Iod (µg)
   Zink (mg)
   Mangan (mg)
   Natrium (mg)
   Kalium (mg)
   Selen (µg)
   Chrom (µg)
   Molybdän (µg)
   Fluorid (mg)
   Chlorid (mg)
   Phosphor (mg)
   Bor (mg)
   Silicium (mg)

---

[1] Folsäure ist der Ausdruck, der in Anhang I der Richtlinie 2008/100/EG der Kommission vom 28. Oktober 2008 zur Änderung der Richtlinie 90/496/EWG des Rates über die Nährwertkennzeichnung von Lebensmitteln hinsichtlich der empfohlenen Tagesdosen, der Umrechnungsfaktoren für den Energiewert und der Definitionen für Nährwertkennzeichnungszwecke aufgenommen wurde, und deckt alle Formen von Folaten ab.
<u>Anmerkung:</u> Siehe auch Art 53 Abs 2 der Verordnung (EU) 1169/2011 betreffend die Information der Verbraucher über Lebensmittel.

3/11. NEMV
Anhang II

Anhang II

Vitamine und Mineralstoffe, die bei der Herstellung von Nahrungsergänzungsmitteln verwendet werden dürfen

A. Vitamine

1. VITAMIN A
a) Retinol
b) Retinylacetat
c) Retinylpalmitat
d) β-Carotin

2. VITAMIN D
a) Cholecalciferol
b) Ergocalciferol

3. VITAMIN E
a) D-α-Tocopherol
b) DL-α-Tocopherol
c) D-α-Tocopherylacetat
d) DL-α-Tocopherylacetat
e) D-α-Tocopherylsäuresuccinat
f) Gemischte Tocopherole*⁾
g) Tocotrienol-Tocopherol**⁾

4. VITAMIN K
a) Phyllochinon (Phytomenadion)
b) Menachinon***⁾

5. VITAMIN B_1
a) Thiaminhydrochlorid
b) Thiaminmononitrat
c) Thiaminmonophosphatchlorid
d) Thiaminpyrophosphatchlorid

6. VITAMIN B_2
a) Riboflavin
b) Natrium-Riboflavin-5′-phosphat

7. NIACIN
a) Nicotinsäure

Zu Z. 3:

*⁾ α-Tocopherol < 20 %, β-Tocopherol < 10 %, γ-Tocopherol 50–70 % und δ-Tocopherol 10–30 %.
**⁾ Typische Mengen einzelner Tocopherole und Tocotrienole sind:
— 115 mg/g α-Tocopherol (101 mg/g Mindestgehalt);
— 5 mg/g β-Tocopherol (< 1 mg/g Mindestgehalt);
— 45 mg/g γ-Tocopherol (25 mg/g Mindestgehalt);
— 12 mg/g δ-Tocopherol (3 mg/g Mindestgehalt);
— 67 mg/g α-Tocotrienol (30 mg/g Mindestgehalt);
— < 1 mg/g β-Tocotrienol (< 1 mg/g Mindestgehalt);
— 82 mg/g γ-Tocotrienol (45 mg/g Mindestgehalt);
— 5 mg/g δ-Tocopherol (1 mg/g Mindestgehalt).

Zu Z. 4:

***⁾ Menachinon kommt in erster Linie als Menachinon-7 und in geringerem Maße als Menachinon-6 vor.

---

b) Nicotinamid
c) Inositolhexanicotinat (Inositolniacinat)
d) Nicotinamid-Ribosidchlorid *(ABl L 83 vom 10. 3. 2021, S 1)*

8. PANTOTHENSÄURE
a) Calcium-D-pantothenat
b) Natrium-D-pantothenat
c) D-Panthenol
d) Pantethin

9. VITAMIN B_6
a) Pyridoxinhydrochlorid
b) Pyridoxin-5′-phosphat
c) Pyridoxal-5′-phosphat

10. FOLAT
a) Pteroylmonoglutaminsäure
b) Calcium-L-methylfolat
c) (6S)-5-Methyltetrahydrofolsäure, Glucosaminsalz *(ABl L 68 vom 13. 3. 2015, S 26)*

11. VITAMIN B_{12}
a) Cyanocobalamin
b) Hydroxocobalamin
c) 5′-Desoxyadenosylcobalamin
d) Methylcobalamin

12. BIOTIN
a) D-Biotin

13. VITAMIN C
a) L-Ascorbinsäure
b) Natrium-L-ascorbat
c) Calcium-L-ascorbat****⁾
d) Kalium-L-ascorbat
e) L-Ascorbyl-6-palmitat
f) Magnesium-L-ascorbat
g) Zink-L-ascorbat

B. Mineralstoffe

Calciumacetat

Calcium-L-ascorbat

Calciumbisglycinat

Calciumcarbonat

Calciumchlorid

Calciumcitratmalat

Calciumsalze der Zitronensäure

Calciumgluconat

Calciumglycerophosphat

Zu Z. 13:

****⁾ Kann bis zu 2 % Threonat enthalten.

3/11. NEMV
Anhang II

Lebensmittel

- Calciumlactat
- Calciumpyruvat
- Calciumsalze der Orthophosphorsäure
- Calciumsuccinat
- Calciumhydroxid
- Calcium-L-lysinat
- Calciummalat
- Calciumoxid
- Calcium-L-pidolat
- Calcium-L-threonat
- Calciumsulfat
- Calcium-Phosphoryl-Oligosaccharide *(ABl L 173 vom 7. 7. 2017, S 9)*
- Magnesiumacetat
- Magnesium-L-ascorbat
- Magnesiumbisglycinat
- Magnesiumcarbonat
- Magnesiumchlorid
- Magnesiumcitratmalat *(ABl L 83 vom 10. 3. 2021, S 1)*
- Magnesiumsalze der Zitronensäure
- Magnesiumgluconat
- Magnesiumglycerophosphat
- Magnesiumsalze der Orthophosphorsäure
- Magnesiumlactat
- Magnesium-L-lysinat
- Magnesiumhydroxid
- Magnesiummalat
- Magnesiumoxid
- Magnesium-L-pidolat
- Magnesiumkaliumcitrat
- Magnesiumpyruvat
- Magnesiumsuccinat
- Magnesiumsulfat
- Magnesiumtaurat
- Magnesiumacetyltaurat
- Eisencarbonat
- Eisencitrat
- Eisenammoniumcitrat
- Eisengluconat
- Eisenfumarat
- Eisennatriumdiphosphat
- Eisenlactat
- Eisensulfat
- Eisendiphosphat (Eisenpyrophosphat)
- Eisensaccharat
- Elementares Eisen (Carbonyl + elektrolytisch + wasserstoffreduziert)
- Eisenbisglycinat
- Eisen-L-pidolat
- Eisenphosphat
- Eisen(II)-Ammoniumphosphat *(ABl L 296 vom 15. 11. 2011, S 29)*
- Eisen(III)-Natrium-EDTA *(ABl L 296 vom 15. 11. 2011, S 29)*
- Eisen(II)-taurat
- Kupfercarbonat
- Kupfercitrat
- Kupfergluconat
- Kupfersulfat
- Kupfer-L-aspartat
- Kupferbisglycinat
- Kupfer-Lysinkomplex
- Kupfer(II)-oxid
- Natriumiodid
- Natriumiodat
- Kaliumiodid
- Kaliumiodat
- Zinkacetat
- Zink-L-ascorbat
- Zink-L-aspartat
- Zinkbisglycinat
- Zinkchlorid
- Zinkcitrat
- Zinkgluconat
- Zinklactat
- Zink-L-lysinat

3/11. NEMV
Anhang II

Zinkmalat
Zink-mono-L-methioninsulfat
Zinkoxid
Zinkcarbonat
Zink-L-pidolat
Zinkpicolinat
Zinksulfat
Manganascorbat
Magnesium-L-aspartat
Mangan-Bisglycinat
Mangancarbonat
Manganchlorid
Mangancitrat
Mangangluconat
Manganglycerophosphat
Manganpidolat
Mangansulfat
Natriumbicarbonat
Natriumcarbonat
Natriumchlorid
Natriumcitrat
Natriumgluconat
Natriumlactat
Natriumhydroxid
Natriumsalze der Orthophosphorsäure
Natriumsulfat *(ABl L 296 vom 15. 11. 2011, S 29)*
Kaliumsulfat *(ABl L 296 vom 15. 11. 2011, S 29)*
Kaliumbicarbonat
Kaliumcarbonat
Kaliumchlorid
Kaliumcitrat
Kaliumgluconat
Kaliumglycerophosphat
Kaliumlactat
Kaliumhydroxid
Kalium-L-pidolat

Kaliummalat
Kaliumsalze der Orthophosphorsäure
L-Selenomethionin
Selen-angereicherte Hefe[*****)]
Selenige Säure
Natriumselenat
Natriumhydrogenselenit
Natriumselenit
Chrom(III)-chlorid
Chrom-angereicherte Hefe[*)] *(ABl L 39 vom 8. 2. 2014, S 44)*
Chrom(III)-lactattrihydrat
Chromnitrat
Chrompicolinat
Chrom(III)-sulfat
Ammoniummolybdat (Molybdän(VI))
Kaliummolybdat (Molybdän(VI))
Natriummolybdat (Molybdän(VI))
Calciumfluorid
Kaliumfluorid
Natriumfluorid
Natriummonofluorphosphat
Borsäure
Natriumborat
cholinstabilisierte Orthokieselsäure
Siliciumdioxid
Kieselsäure[******)]
organisches Silicium (Monomethylsilantriol) *(ABl L 173 vom 7. 7. 2017, S 9)*

[*****)] *In Gegenwart von Natriumselenit als Selenquelle in Kultur gewonnene Arten von Selen-angereicherter Hefe, die in handelsüblicher getrockneter Form nicht mehr als 2,5 mg Se/g enthalten. Die in der Hefe vorherrschende organische Selenart ist Selenomethionin (zwischen 60 und 85 % des insgesamt extrahierten Selens des Produkts). Der Gehalt an anderen organischen Selenverbindungen einschließlich Selenocystein darf 10 % des insgesamt extrahierten Selens nicht überschreiten. Der Gehalt an anorganischem Selen darf üblicherweise 1 % des insgesamt extrahierten Selens nicht überschreiten.*

[*)] *In Gegenwart von Chrom(III)-chlorid als Chromquelle in Kultur von Saccharomyces cerevisiae gewonnene mit Chrom angereicherte Hefe, die in handelsüblicher getrockneter Form 230-300 mg Chrom/kg enthält. Der Gehalt an Chrom(VI) darf 0,2 % des gesamten Chromgehalts nicht überschreiten.*

[******)] *In Gelform (Silicagel).*

3/12. Konfitürenverordnung 2004

BGBl II 2004/367 idF

1 BGBl II 2009/265 (VFB)

Verordnung der Bundesministerin für Gesundheit und Frauen über Konfitüren, Gelees, Marmeladen und Maronenkrem (Konfitürenverordnung 2004)

Auf Grund der §§ 10 Abs. 1 und 19 Abs. 1 des Lebensmittelgesetzes 1975, BGBl. Nr. 86/1975, zuletzt geändert durch das Bundesgesetz BGBl. I Nr. 69/2003, wird - hinsichtlich der §§ 4 und 6 im Einvernehmen mit dem Bundesminister für Wirtschaft und Arbeit - verordnet:

Geltungsbereich

§ 1. (1) Gegenstand dieser Verordnung sind folgende Erzeugnisse:

1. **Konfitüre** ist die auf die geeignete gelierte Konsistenz gebrachte Mischung von Zuckerarten, Pulpe und/oder Fruchtmark einer oder mehrerer Fruchtsorte(n) und gegebenenfalls Wasser. Abweichend davon darf Konfitüre von Zitrusfrüchten aus der in Streifen und/oder in Stücke geschnittenen ganzen Frucht hergestellt werden. Die für die Herstellung von 1000 g Enderzeugnis verwendete Menge Pulpe und/oder Fruchtmark beträgt mindestens:
   – 350 g im Allgemeinen
   – 250 g bei roten Johannisbeeren/Ribiseln, Vogelbeeren, Sanddorn, schwarzen Johannisbeeren/Ribiseln, Hagebutten und Quitten
   – 150 g bei Ingwer
   – 160 g bei Kaschuäpfeln
   – 60 g bei Passionsfrüchten.

2. a) **Konfitüre extra** ist die auf die geeignete gelierte Konsistenz gebrachte Mischung von Zuckerarten, nicht konzentrierter Pulpe aus einer oder mehreren Fruchtsorte(n) und gegebenenfalls Wasser. Konfitüre extra von Hagebutten sowie kernlose Konfitüre extra von Himbeeren, Brombeeren, schwarzen Johannisbeeren/Ribiseln, Heidelbeeren und roten Johannisbeeren/Ribiseln kann jedoch ganz oder teilweise aus nicht konzentriertem Fruchtmark hergestellt werden. Konfitüre extra von Zitrusfrüchten darf aus der in Streifen und/oder in Stücke geschnittenen ganzen Frucht hergestellt werden. Aus Mischungen der nachstehenden Früchte mit anderen Früchten kann keine Konfitüre extra hergestellt werden: Äpfeln, Birnen, nicht steinlösenden Pflaumen/Zwetschken, Melonen, Wassermelonen, Trauben, Kürbissen, Gurken, Tomaten/Paradeisern. Die für die Herstellung von 1000 g Enderzeugnis verwendete Pulpe beträgt mindestens
   – 450 g im Allgemeinen
   – 350 g bei roten Johannisbeeren/Ribiseln, Vogelbeeren, Sanddorn, schwarzen Johannisbeeren/Ribiseln, Hagebutten und Quitten
   – 250 g bei Ingwer
   – 230 g bei Kaschuäpfeln
   – 80 g bei Passionsfrüchten.

   b) **Leichtkonfitüre** ist die auf die geeignete gelierte Konsistenz gebrachte Mischung aus den in lit. a genannten Zutaten - ausgenommen Wasser - mit einer Obsteinwaage von mindestens 600g/kg Enderzeugnis.

3. **Gelee** ist die hinreichend gelierte Mischung von Zuckerarten sowie Saft und/oder wässrigen Auszügen einer oder mehrerer Fruchtsorte(n). Die für die Herstellung von 1000 g Enderzeugnis verwendete Menge an Saft und/oder wässrigen Auszügen entspricht mindestens der für die Herstellung von Konfitüre vorgeschriebenen Menge. Die Mengenangaben gelten nach Abzug des Gewichts des für die Herstellung der wässrigen Auszüge verwendeten Wassers.

4. a) Bei **Gelee extra** entspricht die für die Herstellung von 1000 g Enderzeugnis verwendete Menge an Fruchtsaft und/oder wässrigen Auszügen mindestens der für die Herstellung von Konfitüre extra vorgeschriebenen Menge. Die Mengenangaben gelten nach Abzug des Gewichts des für die Herstellung der wässrigen Auszüge verwendeten Wassers. Aus Mischungen der nachstehenden Früchte mit anderen Früchten kann kein Gelee extra hergestellt werden: Äpfeln, Birnen, nicht steinlösenden Pflaumen/Zwetschken, Melonen, Wassermelonen, Trauben, Kürbissen, Gurken, Tomaten/Paradeisern.

   b) Bei **Leichtgelee** entspricht die für die Herstellung von 1000 g Enderzeugnis verwendete Menge an Fruchtsaft und/oder wässrigen Auszügen mindestens der für die Herstellung von Leichtkonfitüre vorgeschriebenen Menge.

5. a) **Marmelade** ist die auf die geeignete gelierte Konsistenz gebrachte Mischung von gegebenenfalls Wasser, Zuckerarten und einem oder mehreren der nachstehenden, aus Zitrusfrüchten hergestellten Erzeugnisse: Pulpe, Fruchtmark, Saft, wässriger Auszug, Schale. Die für die Herstellung von 1000 g Enderzeugnis verwendete Menge Zitrusfrüchte beträgt mindestens 200 g,

von denen mindestens 75 g dem Endokarp entstammen.

b) **Leichtmarmelade** ist die auf die geeignete gelierte Konsistenz gebrachte Mischung aus den in lit. a genannten Zutaten - ausgenommen Wasser - mit einer Obsteinwaage von mindestens 400g/kg Enderzeugnis.

6. **Gelee-Marmelade** ist das Erzeugnis, aus dem sämtliche unlöslichen Bestandteile mit Ausnahme etwaiger kleiner Anteile feingeschnittener Schale entfernt worden sind.

7. **Maronenkrem** ist die auf die geeignete Konsistenz gebrachte Mischung von Wasser, Zuckerarten und mindestens 380 g Maronenmark (von Castanea sativa) je 1000 g Enderzeugnis.

(2) Bei Mischungen wird der in Abs. 1 vorgeschriebene Mindestanteil der einzelnen Fruchtsorten proportional zu den verwendeten Prozentanteilen angepasst.

(3) Diese Verordnung ist nicht anwendbar auf Erzeugnisse, die für die Herstellung von Backwaren, Konditorwaren und Mehlspeisen bestimmt sind.

(4) Bei der Herstellung der in Abs. 1 genannten Erzeugnisse dürfen ausschließlich die in **Anlage 1** genannten Zutaten und Rohstoffe verwendet werden, die mit **Anlage 2** übereinstimmen.

Begriffsbestimmungen

§ 2. Gemäß dieser Verordnung ist/sind:

1. „Frucht"
die frische, gesunde, nicht verdorbene Frucht, der keine wesentlichen Bestandteile entzogen wurden, in geeignetem Reifezustand, nach Reinigen und Putzen.
Für die Anwendung dieser Verordnung werden Tomaten/Paradeiser, die genießbaren Teile von Rhabarberstängeln, Karotten, Süßkartoffeln, Gurken, Kürbisse, Melonen und Wassermelonen den Früchten gleichgestellt.
„Ingwer" bezeichnet die (frischen oder haltbar gemachten) genießbaren Wurzeln der Ingwerpflanze. Ingwer kann getrocknet oder in Sirup haltbar gemacht werden.

2. „Fruchtpulpe":
der genießbare Teil der ganzen, gegebenenfalls geschälten oder entkernten Frucht, der in Stücke geteilt oder zerdrückt, nicht jedoch zu Mark verarbeitet sein kann.

3. „Fruchtmark":
der genießbare Teil der ganzen, erforderlichenfalls geschälten oder entkernten Frucht, der durch Passieren oder ein ähnliches Verfahren zu Mark verarbeitet ist.

4. „wässriger Auszug von Früchten":
wässriger Auszug von Früchten, der - abgesehen von technisch unvermeidbaren Verlusten - alle in Wasser löslichen Teile der Früchte enthält.

5. „Zuckerarten":
a) die in der Zuckerverordnung, BGBl. II Nr. 472/2003, beschriebenen Zuckerarten
b) Fructosesirup
c) die aus Früchten gewonnenen Zuckerarten
d) brauner Zucker.

§ 3. (1) Die in § 1 Abs. 1 definierten Erzeugnisse müssen mindestens 60% lösliche Trockenmasse (Refraktometerwert) enthalten; hiervon ausgenommen sind die Erzeugnisse, bei denen der Zucker ganz oder teilweise durch Süßungsmittel ersetzt wurde. Leichtkonfitüren, Leichtgelees und Leichtmarmeladen enthalten jedoch weniger als 45%, mindestens aber 38% lösliche Trockenmasse (Refraktometerwert).

(2) Zuckerarme Konfitüren, Gelees und Marmeladen enthalten weniger als 60%, mindestens aber 45% lösliche Trockenmasse (Refraktometerwert) und entsprechen hinsichtlich ihrem Fruchtgehalt mindestens den Anforderungen an Erzeugnisse der Kategorie extra.

Kennzeichnungsbestimmungen

§ 4. (1) Unbeschadet der Bestimmungen der Lebensmittelkennzeichnungsverordnung 1993 – LMKV, BGBl. Nr. 72, in der jeweils geltenden Fassung, sind die in § 1 Abs. 1 genannten Bezeichnungen den dort definierten Erzeugnissen vorbehalten und müssen als Sachbezeichnung verwendet werden.

(2) Unbeschadet des Abs. 1 kann bei direkter Abgabe an den Letztverbraucher durch den Produzenten auf lokalen Märkten, wie Bauernmärkten oder Wochenmärkten, an Stelle der Bezeichnung „Konfitüre" auch die Bezeichnung „Marmelade" verwendet werden.

(3) Unbeschadet des Abs. 1 kann bei direkter Abgabe an den Letztverbraucher durch den Produzenten auf lokalen Märkten, wie Bauernmärkten oder Wochenmärkten, an Stelle der Bezeichnung „Marmelade" auch die Bezeichnung „Marmelade aus Zitrusfrüchten" verwendet werden.

(4) Die Sachbezeichnung wird ergänzt durch die Angabe der verwendeten Frucht bzw. Früchte in absteigender Reihenfolge des Gewichtsanteils der verwendeten Ausgangsstoffe. Jedoch kann die Angabe der verwendeten Früchte bei aus drei oder mehr Früchten hergestellten Erzeugnissen durch den Hinweis „Mehrfrucht", eine ähnliche Angabe oder die Angabe der Zahl der verwendeten Früchte ersetzt werden.

(5) Auf dem Etikett muss der Fruchtgehalt durch den Hinweis „hergestellt aus ... g Früchten je 100 g" Enderzeugnis angegeben werden, gegebenenfalls nach Abzug des Gewichts des für die Zubereitung der wässrigen Auszüge verwendeten Wassers.

3/12. KonfitürenV
§§ 4 – 7, Anlage 1, 2

Lebensmittel

(6) Auf dem Etikett muss der Gesamtzuckergehalt durch den Hinweis „Gesamtzuckergehalt ... g je 100 g" angegeben werden, wobei die angegebene Zahl den bei 20 °C ermittelten Refraktometerwert des Enderzeugnisses darstellt; eine Abweichung von ± 3 °C zwischen dem tatsächlichen Refraktometerwert und dem angegebenen Wert ist zulässig. Diese Angabe ist jedoch nicht erforderlich, wenn gemäß der Verordnung über die Nährwertkennzeichnung von Lebensmitteln (NWKV), BGBl. Nr. 896/1995, in der jeweils geltenden Fassung, eine nährwertbezogene Angabe für Zucker aufscheint.

(7) Die Angaben gemäß Abs. 5 und 6 sind deutlich lesbar im selben Sichtfeld wie die Sachbezeichnung anzubringen.

(8) Unbeschadet des Abs 1 können die „in § 1 Abs. 1 genannten" Bezeichnungen gemäß den Gepflogenheiten auch für nicht unter diese Verordnung fallende Erzeugnisse verwendet werden, wenn das mit dem Schutz der Verbraucher vor Täuschung vereinbar ist. *(BGBl II 2009/265 (VFB))*

(9) Liegen die Schwefeldioxidrückstände über 10 mg/kg, so ist abweichend von der Lebensmittelkennzeichnungsverordnung 1993 – LMKV im Verzeichnis der Zutaten anzugeben, dass diese Rückstände im Erzeugnis enthalten sind.

Schlussbestimmungen

§ 5. Mit In-Kraft-Treten dieser Verordnung tritt die Konfitürenverordnung, BGBl. Nr. 897/1995, außer Kraft.

§ 6. Erzeugnisse, die nicht dieser Verordnung entsprechen, aber vor dem 12. Juli 2004 entsprechend den Bestimmungen der Konfitürenverordnung, BGBl. Nr. 897/1995, etikettiert wurden, dürfen bis zum vollständigen Abbau der Bestände in Verkehr gebracht werden.

§ 7. Durch diese Verordnung wird die Richtlinie 2001/113/EG des Rates vom 20. Dezember 2001 über Konfitüren, Gelees, Marmeladen und Maronenkrem für die menschliche Ernährung, ABl. Nr. L 10 vom 12.1.2002, und die Richtlinie 2004/84/EG des Rates vom 10. Juni 2004 zur Änderung der Richtlinie 2001/113/EG über Konfitüren, Gelees, Marmeladen und Maronenkrem für die menschliche Ernährung, ABl. Nr. L 219 vom 19.6.2004 in österreichisches Recht umgesetzt.

Anlage 1

Den in § 1 Abs. 1 definierten Erzeugnissen können folgende Stoffe zugesetzt werden:

1. Honig: in allen Erzeugnissen als Ersatz für einen Teil der Zuckerarten oder die gesamten Zuckerarten; als Honig gilt das in der Honigverordnung, BGBl. II Nr. 40/2004, beschriebene Erzeugnis;

2. Fruchtsaftkonzentrat (auch entaromatisiert): zur Süßung in Leichtkonfitüre, Leichtmarmelade und Leichtgelee;

3. Fruchtsaft: ausschließlich in Konfitüre;

4. Saft von Zitrusfrüchten bei aus anderen Früchten hergestellten Erzeugnissen: ausschließlich in Konfitüre, Konfitüre extra, Leichtkonfitüre, Gelee, Gelee extra, Leichtgelee;

5. Saft aus roten Früchten: ausschließlich in Konfitüre, Konfitüre extra und Leichtkonfitüre aus Hagebutten, Erdbeeren, Himbeeren, Stachelbeeren, roten Johannisbeeren/Ribisen, Pflaumen/Zwetschken und Rhabarber;

6. Saft aus roten Rüben: ausschließlich in Konfitüre und Gelee aus Erdbeeren, Himbeeren, Stachelbeeren, roten Johannisbeeren/Ribisen und Pflaumen/Zwetschken;

7. ätherische Öle aus Zitrusfrüchten: ausschließlich in Marmelade und Gelee-Marmelade;

8. Speiseöle und -fette zur Verhütung der Schaumbildung: in allen Erzeugnissen;

9. flüssiges Pektin: in allen Erzeugnissen;

10. Schalen von Zitrusfrüchten: in Konfitüre, Konfitüre extra, Leichtkonfitüre, Gelee, Gelee extra und Leichtgelee;

11. Blätter von Pelargonium odoratissimum: in Konfitüre, Konfitüre extra, Gelee, Gelee extra und Leichtgelee aus Quitten;

12. Spirituosen, Wein und Likörwein, Nüsse, Kräuter, Gewürze, Vanille und Vanilleauszüge: in allen Erzeugnissen;

13. Vanillin: in allen Erzeugnissen.

Anlage 2

BEHANDLUNG DER ROHSTOFFE

1. Die in § 2 Z 1 bis 4 beschriebenen Erzeugnisse dürfen folgenden Behandlungen unterzogen werden:

3/12. Konfitüren V
Anlage 2

- Wärme- und Kältebehandlungen;
- Gefriertrocknung;
- Konzentrieren, sofern sie sich technisch dafür eignen;
- mit Ausnahme der zur Herstellung von Erzeugnissen mit dem Zusatz „extra" und „Leichterzeugnissen" verwendeten Rohstoffe:

Verwendung von Schwefeldioxid (E 220) oder dessen Salzen (E 221, E 222, E 223, E 224, E 226 und E 227) als Verarbeitungshilfsstoffe, sofern die in der Verordnung über andere Zusatzstoffe als Farbstoffe und Süßungsmittel (ZuV), BGBl. II Nr. 383/1998, in der jeweils geltenden Fassung, festgelegte Schwefeldioxidhöchstmenge in den in § 1 Abs. 1 definierten Erzeugnissen nicht überschritten wird.

2. Aprikosen/Marillen und Pflaumen/Zwetschken, die zur Herstellung von Konfitüre bestimmt sind, dürfen anderen Trocknungsverfahren als der Gefriertrocknung unterzogen werden.

3. Die Schalen von Zitrusfrüchten können in Lake haltbar gemacht werden.

4. Lebensmittel für spezielle Gruppen

Übersicht

4/1. **Verordnung (EU) Nr. 609/2013 über Lebensmittel für Säuglinge und Kleinkinder, Lebensmittel für besondere medizinische Zwecke und Tagesrationen für gewichtskontrollierende Ernährung**, ABl L 181 S 35 idF ABl L 2017/158, 5, ABl L 2021/120, 1

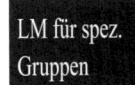

4/2. **Delegierte Verordnung (EU) 2016/127 zur Ergänzung der Verordnung (EU) Nr. 609/2013 des Europäischen Parlaments und des Rates im Hinblick auf die besonderen Zusammensetzungs- und Informationsanforderungen für Säuglingsanfangsnahrung und Folgenahrung und hinsichtlich der Informationen, die bezüglich der Ernährung von Säuglingen und Kleinkindern bereitzustellen sind**, ABl L 25 S 1 idF ABl L 2018/94, 1, ABl L 2019/137, 12, ABl L 2021/225, 4

4/3. **Delegierte Verordnung (EU) 2016/128 zur Ergänzung der Verordnung (EU) Nr. 609/2013 des Europäischen Parlaments und des Rates im Hinblick auf die besonderen Zusammensetzungs- und Informationsanforderungen für Lebensmittel für besondere medizinische Zwecke**, ABl L 25 S 30, ABl L 2021/225, 1

4/4. **Delegierte Verordnung (EU) 2017/1798 zur Ergänzung der Verordnung (EU) Nr. 609/2013 des Europäischen Parlaments und des Rates hinsichtlich der besonderen Zusammensetzungs- und Informationsanforderungen an Tagesrationen für gewichtskontrollierende Ernährung** ABl L 259 S 2

4/5. **Verordnung über Getreidebeikost und andere Beikost für Säuglinge und Kleinkinder**, BGBl II 1998/133 idF BGBl II 1999/200, BGBl II 2012/175

4/6. **Verordnung über Lebensmittel für kalorienarme Ernährung zur Gewichtsverringerung**, BGBl II 1998/112 idF BGBl II 2007/324

4/1. Verordnung (EU) Nr. 609/2013 über Lebensmittel für Säuglinge und Kleinkinder, Lebensmittel für besondere medizinische Zwecke und Tagesrationen für gewichtskontrollierende Ernährung

ABl L 181 vom 29. 6. 2013, S. 35 idF

1 ABl L 349 vom 5. 12. 2014, S. 67 (Berichtigung)
2 ABl L 158 vom 21. 6. 2017, S. 5
3 ABl L 120 vom 8. 4. 2021, S. 1

Verordnung (EU) Nr. 609/2013 des Europäischen Parlaments und des Rates vom 12. Juni 2013 über Lebensmittel für Säuglinge und Kleinkinder, Lebensmittel für besondere medizinische Zwecke und Tagesrationen für gewichtskontrollierende Ernährung und zur Aufhebung der Richtlinie 92/52/EWG des Rates, der Richtlinien 96/8/EG, 1999/21/EG, 2006/125/EG und 2006/141/EG der Kommission, der Richtlinie 2009/39/EG des Europäischen Parlaments und des Rates sowie der Verordnungen (EG) Nr. 41/2009 und (EG) Nr. 953/2009 des Rates und der Kommission

DAS EUROPÄISCHE PARLAMENT UND DER RAT DER EUROPÄISCHEN UNION –

gestützt auf den Vertrag über die Arbeitsweise der Europäischen Union, insbesondere auf Artikel 114,

auf Vorschlag der Europäischen Kommission,

nach Zuleitung des Entwurfs des Gesetzgebungsakts an die nationalen Parlamente,

nach Stellungnahme des Europäischen Wirtschafts- und Sozialausschusses[1)],

gemäß dem ordentlichen Gesetzgebungsverfahren[2)],

in Erwägung nachstehender Gründe:

(1) Gemäß Artikel 114 des Vertrags über die Arbeitsweise der Europäischen Union (AEUV) hat die Kommission bei Maßnahmen, welche die Verwirklichung und das Funktionieren des Binnenmarkts zum Ziel haben und die unter anderem Gesundheit, Sicherheit und Verbraucherschutz betreffen, von einem hohen Schutzniveau auszugehen, wobei sie insbesondere alle auf wissenschaftliche Ergebnisse gestützten neuen Entwicklungen berücksichtigt.

(2) Der freie Verkehr von sicheren und bekömmlichen Lebensmitteln ist ein wichtiger Aspekt des Binnenmarkts und trägt wesentlich zum Schutz der Gesundheit und des Wohlergehens der Bürger und zur Wahrung ihrer sozialen und wirtschaftlichen Interessen bei.

(3) Das Lebensmittelrecht der Union soll unter anderem gewährleisten, dass kein Lebensmittel in Verkehr gebracht werden darf, das als nicht sicher einzustufen ist. Daher sollten alle Stoffe, die als gesundheitsschädlich für die betreffenden Bevölkerungsgruppen oder als ungeeignet für den menschlichen Verzehr betrachtet werden, bei der Zusammenstellung der Lebensmittelkategorien, die in den Anwendungsbereich der vorliegenden Verordnung fallen, ausgeschlossen werden.

(4) In der Richtlinie 2009/39/EG des Europäischen Parlaments und des Rates vom 6. Mai 2009 über Lebensmittel, die für eine besondere Ernährung bestimmt sind[3)], sind allgemeine Vorschriften für die Zusammensetzung und Herstellung von Lebensmitteln festgelegt, die besonders beschaffen sind, damit sie den besonderen Ernährungsanforderungen des Personenkreises entsprechen, für den sie bestimmt sind. Die meisten Bestimmungen dieser Richtlinie gehen auf das Jahr 1977 zurück und erfordern eine Überprüfung.

(5) Die Richtlinie 2009/39/EG enthält eine einheitliche Bestimmung des Begriffs „Lebensmittel, die für eine besondere Ernährung bestimmt sind", sowie allgemeine Kennzeichnungsanforderungen, die unter anderem besagen, dass solche Lebensmittel mit einem Hinweis auf ihre Eignung für den angegebenen Ernährungszweck versehen sein sollten.

Zur Präambel
[1)] *ABl. C 24 vom 28.1.2012, S. 119.*
[2)] *Standpunkt des Europäischen Parlaments vom 14. Juni 2012 (noch nicht im Amtsblatt veröffentlicht) und Standpunkt des Rates in erster Lesung vom 22. April 2013 (noch nicht im Amtsblatt veröffentlicht). Standpunkt des Europäischen Parlaments vom 11. Juni 2013 (noch nicht im Amtsblatt veröffentlicht).*

Zu Abs. 4:
[3)] *ABl. L 124 vom 20.5.2009, S. 21.*

(6) Die allgemeinen Anforderungen an Zusammensetzung und Kennzeichnung, die in der Richtlinie 2009/39/EG niedergelegt sind, werden durch eine Reihe von Unionsrechtsakten ohne Gesetzescharakter für bestimmte Lebensmittelkategorien ergänzt. So sind in den Richtlinien der Kommission 96/8/EG vom 26. Februar 1996 über Lebensmittel für kalorienarme Ernährung zur Gewichtsverringerung[4] und 1999/21/EG vom 25. März 1999 über diätetische Lebensmittel für besondere medizinische Zwecke[5] harmonisierte Vorschriften festgelegt. In ähnlicher Weise legt Richtlinie 2006/125/EG der Kommission[6] harmonisierte Vorschriften für Getreidebeikost und andere Beikost für Säuglinge und Kleinkinder fest. Die Richtlinie 2006/141/EG der Kommission[7] legt harmonisierte Vorschriften in Bezug auf Säuglingsanfangsnahrung und Folgenahrung fest und die Verordnung (EG) Nr. 41/2009 der Kommission[8] harmonisierte Vorschriften betreffend die Zusammensetzung und Kennzeichnung von Lebensmitteln, die für Menschen mit einer Glutenunverträglichkeit geeignet sind.

(7) Außerdem sind harmonisierte Vorschriften in der Richtlinie 92/52/EWG des Rates vom 18. Juni 1992 über Säuglingsanfangsnahrung und Folgenahrung zur Ausfuhr in Drittländer[9] und in der Verordnung (EG) Nr. 953/2009 der Kommission vom 13. Oktober 2009 über Stoffe, die Lebensmitteln für eine besondere Ernährung zu besonderen Ernährungszwecken zugefügt werden dürfen[10], festgelegt.

(8) In der Richtlinie 2009/39/EG ist vorgesehen, dass Lebensmittel, die von den Lebensmittelunternehmern als „Lebensmittel, die für eine besondere Ernährung bestimmt sind" präsentiert werden und für die keine besonderen Vorschriften im Unionsrecht festgelegt worden sind, vor ihrem Inverkehrbringen in der Union auf einzelstaatlicher Ebene einem allgemeinen Notifizierungsverfahren unterliegen, um eine wirksame Überwachung dieser Lebensmittel durch die Mitgliedstaaten zu ermöglichen.

(9) Aus einem Bericht der Kommission vom 27. Juni 2008 an das Europäische Parlament und den Rat über die Durchführung des Notifizierungsverfahrens geht hervor, dass es bei der Definition von „Lebensmitteln, die für eine besondere Ernährung bestimmt sind", die durch nationale Behörden anscheinend unterschiedlich ausgelegt werden kann, zu Problemen kommen kann. Daher kam die Kommission zu dem Schluss, dass eine Überarbeitung der Richtlinie 2009/39/EG erforderlich ist, um eine wirksamere und einheitlichere Durchführung der Unionsrechtsakte zu gewährleisten.

(10) Die Schlussfolgerungen des Kommissionsberichts vom 27. Juni 2008 über die Durchführung des Notifizierungsverfahrens wurden in einem Untersuchungsbericht von Agra CEAS Consulting vom 29. April 2009 über die Überarbeitung der Richtlinie 2009/39/EG bestätigt; außerdem wurde in dem Bericht darauf hingewiesen, dass aufgrund der breiten Begriffsbestimmung in dieser Richtlinie derzeit immer mehr Lebensmittel als für eine besondere Ernährung geeignet gekennzeichnet und vermarktet werden. In dem Bericht wurde auch betont, dass die Art der Lebensmittel, auf die diese Richtlinie angewandt wird, je nach Mitgliedstaat sehr unterschiedlich ist; ähnliche Lebensmittel könnten gleichzeitig in verschiedenen Mitgliedstaaten in Verkehr gebracht werden und in dem einen als Lebensmittel für eine besondere Ernährung und in dem anderen als Lebensmittel des allgemeinen Verzehrs, einschließlich Nahrungsergänzungsmitteln, für die allgemeine Bevölkerung oder aber für Untergruppen, beispielsweise für schwangere oder postmenopausale Frauen, ältere Erwachsene, Kinder im Wachstum, Jugendliche, unterschiedlich aktive Menschen usw. vermarktet werden. Durch diese Situation wird der Binnenmarkt gestört, es kommt zu Rechtsunsicherheit für die zuständigen Behörden, Lebensmittelunternehmer, insbesondere kleine und mittlere Unternehmen (KMU), und Verbraucher; Marktmissbrauch und Wettbewerbsverzerrung können nicht ausgeschlossen werden. Es ist daher notwendig, durch eine Vereinfachung des rechtlichen Rahmens die Auslegungsunterschiede zu beseitigen.

(11) Andere in jüngster Zeit verabschiedete Rechtsakte der Union sind offensichtlich besser an einen sich weiterentwickelnden und innovativen Lebensmittelmarkt angepasst als die Richtlinie 2009/39/EG. Besonders relevant und wichtig sind diesbezüglich die Richtlinie 2002/46/EG des Europäischen Parlaments und des Rates vom 10. Juni 2002 zur Angleichung der Rechtsvorschriften der Mitgliedstaaten über Nahrungsergänzungsmittel[11], die Verordnung (EG) Nr. 1924/2006 des Europäischen Parlaments und des Rates vom 20. Dezember 2006 über nährwert-

---

Zu Abs. 6:
[4] *ABl. L 55 vom 6.3.1996, S. 22.*
[5] *ABl. L 91 vom 7.4.1999, S. 29.*
[6] *ABl. L 339 vom 6.12.2006, S. 16.*
[7] *ABl. L 401 vom 30.12.2006, S. 1.*
[8] *ABl. L 16 vom 21.1.2009, S. 3.*
Zu Abs. 7:
[9] *ABl. L 179 vom 1.7.1992, S. 129.*
[10] *ABl. L 269 vom 14.10.2009, S. 9.*

Zu Abs. 11:
[11] *ABl. L 183 vom 12.7.2002, S. 51.*

und gesundheitsbezogene Angaben über Lebensmittel[12] und die Verordnung (EG) Nr. 1925/2006 des Europäischen Parlaments und des Rates vom 20. Dezember 2006 über den Zusatz von Vitaminen und Mineralstoffen sowie bestimmten anderen Stoffen zu Lebensmitteln[13]. Die in diesen Unionsrechtsakten enthaltenen Bestimmungen würden des Weiteren ausreichen, um eine Reihe der von der Richtlinie 2009/39/EG erfassten Lebensmittelkategorien zu regeln, und dies mit geringerem Verwaltungsaufwand und mehr Klarheit in Bezug auf Geltungsbereich und Ziele.

(12) Darüber hinaus zeigt die Erfahrung, dass bestimmte in der Richtlinie 2009/39/EG enthaltene oder in ihrem Rahmen erlassene Vorschriften das Funktionieren des Binnenmarktes nicht mehr wirksam gewährleisten.

(13) Daher sollte das Konzept „Lebensmittel, die für eine besondere Ernährung bestimmt sind" abgeschafft und die Richtlinie 2009/39/EG durch den vorliegenden Rechtsakt ersetzt werden. Um die Anwendung des vorliegenden Rechtsakts zu vereinfachen und um die Einheitlichkeit der Anwendung in allen Mitgliedstaaten zu gewährleisten, sollte für diesen Rechtsakt die Form einer Verordnung gewählt werden.

(14) Mit der Verordnung (EG) Nr. 178/2002 des Europäischen Parlaments und des Rates vom 28. Januar 2002 zur Festlegung der allgemeinen Grundsätze und Anforderungen des Lebensmittelrechts, zur Errichtung der Europäischen Behörde für Lebensmittelsicherheit und zur Festlegung von Verfahren zur Lebensmittelsicherheit[14] wurden gemeinsame Grundsätze und Begriffsbestimmungen für das Lebensmittelrecht der Union eingeführt. Gewisse in der genannten Verordnung festgelegte Begriffsbestimmungen sollten auch für die vorliegende Verordnung gelten.

(15) Eine begrenzte Zahl von Lebensmittelkategorien stellt die teilweise oder einzige Nahrungsquelle für bestimmte Bevölkerungsgruppen dar. Diese Lebensmittelkategorien sind für die Regulierung bestimmter Krankheitsbilder und/oder, um den Ernährungsanforderungen bestimmter eindeutig bestimmter gefährdeter Bevölkerungsgruppen gerecht zu werden, unverzichtbar. Zu diesen Lebensmittelkategorien gehören Säuglingsanfangsnahrung und Folgenahrung, Getreidebeikost und andere Beikost sowie Lebensmittel für besondere medizinische Zwecke. Erfahrungsgemäß reichen die Bestimmungen der Richtlinien 1999/21/EG, 2006/125/EG und 2006/141/EG aus, um den freien Verkehr dieser Lebensmittelkategorien auf zufriedenstellende Weise zu gewährleisten und gleichzeitig ein hohes Gesundheitsschutzniveau zu garantieren. Daher sollte der Schwerpunkt der vorliegenden Verordnung unter Berücksichtigung der Richtlinien 1999/21/EG, 2006/125/EG und 2006/141/EG auf den allgemeinen Zusammensetzungs- und Informationsanforderungen in Bezug auf diese Lebensmittelkategorien liegen.

(16) Zudem wird angesichts des wachsenden Bevölkerungsanteils, der mit Übergewicht und Adipositas zusammenhängende Probleme hat, eine zunehmende Zahl von Lebensmitteln als Tagesrationen für gewichtskontrollierende Ernährung in Verkehr gebracht. Bei den derzeit in Verkehr gebrachten Lebensmitteln kann unterschieden werden zwischen Erzeugnissen, die für eine kalorienarme Ernährung bestimmt sind und zwischen 3 360 kJ (800 kcal) und 5 040 kJ (1 200 kcal) enthalten, sowie Erzeugnisse, die für eine sehr kalorienarme Ernährung bestimmt sind, die üblicherweise weniger als 3 360 kJ (800 kcal) enthält. Angesichts der Besonderheit dieser Lebensmittel ist es angebracht, hierfür bestimmte besondere Vorschriften festzulegen. Erfahrungsgemäß reichen die einschlägigen Bestimmungen der Richtlinie 96/8/EG aus, um den freien Verkehr von Lebensmitteln, die als Tagesration für gewichtskontrollierende Ernährung angeboten werden, auf zufriedenstellende Weise zu gewährleisten und gleichzeitig einen hohen Gesundheitsschutz zu garantieren. Daher sollte der Schwerpunkt der vorliegenden Verordnung unter Berücksichtigung der einschlägigen Bestimmungen der Richtlinie 96/8/EG auf den allgemeinen Zusammensetzungs- und Informationsanforderungen an Lebensmittel zum Ersatz einer Tagesration, einschließlich von Lebensmitteln mit sehr niedrigem Kaloriengehalt, liegen.

(17) In der vorliegenden Verordnung sollten unter Berücksichtigung der einschlägigen Bestimmungen der Richtlinien 96/8/EG, 1999/21/EG, 2006/125/EG und 2006/141/EG unter anderem die Begriffsbestimmungen für Säuglingsanfangsnahrung und Folgenahrung, Getreidebeikost und andere Beikost sowie für Lebensmittel für besondere medizinische Zwecke und Tagesrationen für eine gewichtskontrollierende Ernährung festgelegt werden.

(18) In der Verordnung (EG) Nr. 178/2002 werden die Grundsätze der Risikoanalyse im Zusammenhang mit Lebensmitteln festgelegt sowie die Strukturen und Verfahren für die wissenschaftlichen und technischen Bewertungen, die von der Europäischen Behörde für Lebensmittelsicherheit (im Folgenden „Behörde") durchgeführt werden.

---

[12] ABl. L 404 vom 30.12.2006, S. 9.
[13] ABl. L 404 vom 30.12.2006, S. 26.

Zu Abs. 14:
[14] ABl. L 31 vom 1.2.2002, S. 1.

Für die Zwecke der vorliegenden Verordnung sollte die Behörde zu allen Belangen konsultiert werden, die die öffentliche Gesundheit tangieren könnten.

(19) Es ist wichtig, dass die Zutaten, die bei der Herstellung der von der vorliegenden Verordnung erfassten Lebensmittel verwendet werden, den Ernährungsanforderungen der Personen, für die diese Lebensmittel bestimmt sind, entsprechen und für diese geeignet sind und dass ihre ernährungsphysiologische Eignung durch allgemein anerkannte wissenschaftliche Daten nachgewiesen ist. Eine solche Eignung sollte durch eine systematische Auswertung der verfügbaren wissenschaftlichen Daten nachgewiesen werden.

(20) Die im einschlägigen Unionsrecht, insbesondere in der Verordnung (EG) Nr. 396/2005 des Europäischen Parlaments und des Rates vom 23. Februar 2005 über Höchstgehalte an Pestizidrückständen in oder auf Lebens- und Futtermitteln pflanzlichen und tierischen Ursprungs[15], festgelegten Höchstgehalte für Pestizidrückstände sollten unbeschadet besonderer, in der vorliegenden Verordnung festgelegter Bestimmungen und unbeschadet der im Einklang mit der vorliegenden Verordnung erlassenen delegierten Rechtsakte gelten.

(21) Die Verwendung von Pestiziden kann zu Pestizidrückständen in von der vorliegenden Verordnung erfassten Lebensmitteln führen. Deshalb sollte die Verwendung unter Berücksichtigung der Anforderungen der Verordnung (EG) Nr. 1107/2009 des Europäischen Parlaments und des Rates vom 21. Oktober 2009 über das Inverkehrbringen von Pflanzenschutzmitteln[16] so weit wie möglich eingeschränkt werden. Eine Einschränkung oder ein Verbot ihrer Verwendung würde jedoch nicht notwendigerweise garantieren, dass die von dieser Verordnung erfassten Lebensmittel und damit auch Lebensmittel für Säuglinge und Kleinkinder pestizidfrei sind, da bestimmte Pestizide die Umwelt kontaminieren und ihre Rückstände möglicherweise in diesen Lebensmitteln zu finden sind. Um gefährdete Bevölkerungsgruppen zu schützen, sollte daher der Höchstgehalt an Pestizidrückständen in diesen Lebensmitteln auf das niedrigste erreichbare Maß festgelegt werden, wobei die gute landwirtschaftliche Praxis sowie andere Expositionsquellen wie Umweltkontamination zu berücksichtigen sind.

(22) Verbote und Einschränkungen für den Einsatz bestimmter Pestizide, die jenen der Anhänge der Richtlinien 2006/125/EG und 2006/141/EG entsprechen, sollten in den gemäß dieser Verordnung erlassenen delegierten Rechtsakten berücksichtigt werden. Diese Verbote und Einschränkungen sollten regelmäßig aktualisiert werden, wobei Pestiziden, die Wirkstoffe, Safener oder Synergisten enthalten, die gemäß der Verordnung (EG) Nr. 1272/2008 des Europäischen Parlaments und des Rates vom 16. Dezember 2008 über die Einstufung, Kennzeichnung und Verpackung von Stoffen und Gemischen[17] als mutagene Stoffe der Kategorie 1A oder 1B, als karzinogene Stoffe der Kategorie 1A oder 1B oder als reproduktionstoxische Stoffe der Kategorie 1A oder 1B oder als Stoffe mit endokrinschädigenden Eigenschaften eingestuft sind, die für den Menschen schädlich sein könnten, besondere Aufmerksamkeit gewidmet werden muss.

(23) Stoffe, die in den Anwendungsbereich der Verordnung (EG) Nr. 258/97 des Europäischen Parlaments und des Rates vom 27. Januar 1997 über neuartige Lebensmittel und neuartige Lebensmittelzutaten[18] fallen, sollten nicht zu den von der vorliegenden Verordnung erfassten Lebensmitteln gezählt werden, sofern sie nicht zusätzlich zu den in der vorliegenden Verordnung und den gemäß der vorliegenden Verordnung erlassenen delegierten Rechtsakten festgelegten Bedingungen auch die Bedingungen für das Inverkehrbringen nach der Verordnung (EG) Nr. 258/97 erfüllen. Wenn die Herstellungsverfahren eines Stoffes, der nach dieser Verordnung verwendet worden ist, erheblich geändert werden oder die Partikelgröße eines solchen Stoffes beispielsweise durch Nanotechnologie geändert wird, sollte dieser Stoff als ein anderer betrachtet werden als der, der nach dieser Verordnung verwendet worden ist, und gemäß der Verordnung (EG) Nr. 258/97 und anschließend gemäß der vorliegenden Verordnung einer erneuten Beurteilung unterzogen werden.

(24) Die Verordnung (EU) Nr. 1169/2011 des Europäischen Parlaments und des Rates vom 25. Oktober 2011 betreffend die Information der Verbraucher über Lebensmittel[19] legt allgemeine Kennzeichnungsbestimmungen fest. Grundsätzlich sollten diese allgemeinen Kennzeichnungsbestimmungen auf die von der vorliegenden Verordnung erfassten Lebensmittelkategorien angewen-

---

Zu Abs. 20:
[15] *ABl. L 70 vom 16.3.2005, S. 1.*
Zu Abs. 21:
[16] *ABl. L 309 vom 24.11.2009, S. 1.*

Zu Abs. 22:
[17] *ABl. L 353 vom 31.12.2008, S. 1.*
Zu Abs. 23:
[18] *ABl. L 43 vom 14.2.1997, S. 1.*
Zu Abs. 24:
[19] *ABl. L 43 vom 14.2.1997, S. 1.*

det werden. In der vorliegenden Verordnung sollten jedoch, soweit dies für ihre besonderen Ziele erforderlich ist, Ausnahmen von der Verordnung (EU) Nr. 1169/2011 bzw. Anforderungen, die über deren Bestimmungen hinausgehen, festgelegt werden.

(25) Die Kennzeichnung, Aufmachung und Bewerbung von Lebensmitteln, die unter diese Verordnung fallen, sollten diesen Lebensmitteln keine Eigenschaften der Vorbeugung, Behandlung oder Heilung einer menschlichen Krankheit zuschreiben oder den Eindruck dieser Eigenschaften entstehen lassen. Lebensmittel für besondere medizinische Zwecke sind jedoch zum Diätmanagement von Patienten bestimmt, deren Fähigkeit beispielsweise zur Aufnahme gewöhnlicher Lebensmittel aufgrund einer spezifischen Krankheit oder Störung oder spezifischer Beschwerden eingeschränkt, behindert oder gestört ist. Der Hinweis auf Diätmanagement von Krankheiten, Störungen oder Beschwerden, für die das Lebensmittel bestimmt ist, sollte nicht als Zuschreibung einer Eigenschaft hinsichtlich der Vorbeugung, Behandlung oder Heilung einer menschlichen Krankheit gelten.

(26) Um gefährdete Verbraucher zu schützen, sollten die Kennzeichnungsvorschriften eine genaue Produktidentifizierung durch Verbraucher gewährleisten. Bei Säuglingsanfangsnahrung und Folgenahrung sollten alle Angaben in Wort und Bild eine eindeutige Unterscheidung zwischen den verschiedenen Anfangsnahrungen ermöglichen. Schwierigkeiten bei der Bestimmung des genauen Alters eines auf einer Kennzeichnung abgebildeten Säuglings könnten die Verbraucher verwirren und die Produktidentifizierung erschweren. Diese Gefahr sollte durch geeignete Kennzeichnungsbeschränkungen vermieden werden. Unter Berücksichtigung der Tatsache, dass Säuglingsanfangsnahrung eine Nahrung darstellt, die für sich allein die Ernährungsanforderungen von Säuglingen von der Geburt bis zum Einführung einer angemessenen Beikost deckt, ist eine ordnungsgemäße Produktidentifizierung zudem von größter Bedeutung für den Verbraucherschutz. Angemessene Beschränkungen hinsichtlich der Aufmachung von Säuglingsanfangsnahrung und der Werbung hierfür sollten daher eingeführt werden.

(27) In der vorliegenden Verordnung sollten unter Berücksichtigung der Richtlinien 96/8/EG, 1999/21/EG, 2006/125/EG und 2006/141/EG die Kriterien für die besonderen Zusammensetzungs- und Informationsanforderungen in Bezug auf Säuglingsanfangsnahrung und Folgenahrung, Getreidebeikost und andere Beikost, Lebensmittel für besondere medizinische Zwecke und Tagesrationen für gewichtskontrollierende Ernährung festgelegt werden.

(28) Mit der Verordnung (EG) Nr. 1924/2006 werden Regeln und Bedingungen hinsichtlich der Verwendung nährwert- und gesundheitsbezogener Angaben über Lebensmittel aufgestellt. Grundsätzlich sollten diese Regeln für die von der vorliegenden Verordnung erfassten Lebensmittelkategorien gelten, sofern in der vorliegenden Verordnung oder in den in ihrem Rahmen erlassenen delegierten Rechtsakten nichts anderes verfügt wird.

(29) Gemäß den Empfehlungen der Weltgesundheitsorganisation (WHO) sollten Säuglinge mit geringem Geburtsgewicht Muttermilch erhalten. Jedoch können bei Säuglingen mit geringem Geburtsgewicht und Frühgeborene oft besondere Ernährungsanforderungen bestehen, denen die Muttermilch oder die gewöhnliche Säuglingsanfangsnahrung nicht genügt. Die Ernährungsanforderungen eines Säuglings mit geringem Geburtsgewicht und eines Frühgeborenen können vom medizinischen Zustand dieses Säuglings abhängen, insbesondere von seinem Gewicht im Vergleich zum Gewicht eines gesunden Säuglings bzw. von der Zahl der Wochen, die er zu früh geboren wurde. Es ist auf Einzelfallbasis zu entscheiden, ob der Zustand des Säuglings die Verwendung eines Lebensmittels für besondere medizinische Zwecke unter ärztlicher Aufsicht erfordert, das für die Ernährungsanforderungen von Säuglingen entwickelt wurde (Anfangsnahrung) und an das in seinem Fall spezifische Diätmanagement angepasst ist.

(30) In der Richtlinie 1999/21/EG wird vorgeschrieben, dass bestimmte Zusammensetzungsanforderungen für Säuglingsanfangsnahrung und Folgenahrung nach der Richtlinie 2006/141/EG auch auf Lebensmittel für besondere medizinische Zwecke für Säuglinge abhängig von deren Alter anzuwenden sind. Einige Bestimmungen der Richtlinie 2006/141/EG, unter anderem solche hinsichtlich Etikettierung, Aufmachung, Werbung sowie hinsichtlich Werbe- und Handelspraktiken, gelten derzeit jedoch nicht für solche Lebensmittel. Aufgrund der Marktentwicklungen und eines erheblichen Zuwachses solcher Lebensmittel ist es erforderlich, die Anforderungen für Anfangsnahrung für Säuglinge zu überprüfen, wie die Anforderungen an die Verwendung von Pestiziden in Erzeugnissen, die zur Herstellung dieser Anfangsnahrung bestimmt sind, Pestizidrückstände, Kennzeichnung, Aufmachung, Werbung sowie Werbe- und Handelspraktiken, die gegebenenfalls auch für Lebensmittel für besondere medizinische Zwecke, die für die Ernährungsanforderungen von Säuglingen entwickelt wurden, gelten sollten.

(31) In der Union werden immer mehr Milchgetränke und gleichartige Erzeugnisse auf den Markt gebracht, die als besonders geeignet für Kleinkinder beworben werden. Diese Erzeugnisse, die aus Proteinen tierischen oder pflanzlichen Ursprungs wie Kuhmilch, Ziegenmilch, Soja oder Reis gewonnen werden können, werden oft als „Wachstumsmilch", „Milch für Kleinkinder" oder unter ähnlichen Bezeichnungen angeboten. Für diese Erzeugnisse gelten derzeit verschiedene Rechtsakte der Union, wie die Verordnungen (EG) Nr. 178/2002, (EG) Nr. 1924/2006 und (EG) Nr. 1925/2006 und die Richtlinie 2009/39/EG, sie fallen hingegen nicht unter die bestehenden spezifischen Maßnahmen, die für Lebensmittel für Säuglinge und Kleinkinder gelten. Darüber, ob die genannten Erzeugnisse den spezifischen Ernährungsanforderungen der Zielbevölkerungsgruppe gerecht werden, herrschen unterschiedliche Auffassungen. Die Kommission sollte daher nach Konsultation der Behörde dem Europäischen Parlament und dem Rat einen Bericht über die Frage vorlegen, ob gegebenenfalls besondere Vorschriften für die Zusammensetzung und Kennzeichnung von diesen Erzeugnissen sowie gegebenenfalls in Bezug auf andere Anforderungen an diese erforderlich sind. In diesem Bericht sollte unter anderem den Ernährungsanforderungen von Kleinkindern und der Rolle dieser Erzeugnisse in ihrer Ernährung unter Berücksichtigung der Verbrauchsgewohnheiten, der Nährstoffzufuhr und der Höhe der Exposition von Kleinkindern durch Schadstoffe und Pestizide Rechnung getragen werden. Darüber hinaus sollte in diesem Bericht bewertet werden, welche Zusammensetzung diese Erzeugnisse haben und ob sie im Vergleich zu einer normalen kindgerechten Ernährung während der Abstillzeit einen ernährungsphysiologischen Nutzen haben. Die Kommission könnte diesem Bericht einen Gesetzgebungsvorschlag beifügen.

(32) Gemäß der Richtlinie 2009/39/EG können außerdem für die folgenden zwei Gruppen von Lebensmitteln, die für eine besondere Ernährung bestimmt sind, besondere Vorschriften erlassen werden: „Lebensmittel für intensive Muskelanstrengungen, vor allem für Sportler" und „Lebensmittel für Personen, die unter einer Störung des Glukosestoffwechsels leiden (Diabetes)". Was besondere Vorschriften für Lebensmittel für Personen mit einer Störung des Glukosestoffwechsels (Diabetes) angeht, so kam die Kommission in ihrem Bericht an das Europäische Parlament und den Rat vom 26. Juni 2008 über Lebensmittel für Personen, die unter einer Störung des Glukosestoffwechsels (Diabetes mellitus) leiden, zu dem Schluss, dass eine wissenschaftliche Grundlage für die Festlegung bestimmter Zusammensetzungsanforderungen fehlt. Bei Lebensmitteln für intensive Muskelanstrengungen, vor allem für Sportler, konnte keine Einigung über besondere Vorschriften erzielt werden, da die Ansichten der Mitgliedstaaten und Interessenträger über Geltungsbereich, Zahl der Unterkategorien, der zu berücksichtigenden Lebensmittel, Kriterien für die Festlegung der Zusammensetzungsanforderungen und potenzielle Auswirkungen auf die Innovation bei der Produktentwicklung weit auseinandergingen. Daher sollten zum jetzigen Zeitpunkt keine besonderen Vorschriften ausgearbeitet werden. Auf Grundlage der von den Lebensmittelunternehmern eingereichten Anträge ist für die einschlägigen Anträge inzwischen in Einklang mit den Vorschriften der Verordnung (EG) Nr. 1924/2006 die Zulassung erwogen worden.

(33) Es gibt jedoch unterschiedliche Auffassungen zu der Frage, ob zusätzliche Vorschriften für Lebensmittel, die für Sportler bestimmt sind, und die auch als Lebensmittel für intensive Muskelanstrengungen bezeichnet werden, erforderlich sind, um einen angemessenen Verbraucherschutz zu gewährleisten. Die Kommission sollte daher ersucht werden, dem Europäischen Parlament und dem Rat nach Anhörung der Behörde einen Bericht über die Frage vorzulegen, ob gegebenenfalls Vorschriften für Lebensmittel, die für Sportler bestimmt sind, erforderlich sind. Die Anhörung der Behörde sollte dem Bericht des Wissenschaftlichen Lebensmittelausschusses vom 28. Februar 2001 über die Zusammensetzung und die Merkmale von Lebensmitteln für intensive Muskelanstrengungen, vor allem für Sportler, Rechnung tragen. In ihrem Bericht sollte die Kommission insbesondere bewerten, ob Bestimmungen zur Gewährleistung des Verbraucherschutzes erforderlich sind.

(34) Die Kommission sollte technische Leitlinien annehmen können, die bezwecken, es Lebensmittelunternehmern, insbesondere KMU, zu erleichtern, diese Verordnung einzuhalten.

(35) Unter Berücksichtigung der gegenwärtigen Marktlage sowie der Richtlinien 2006/125/EG und 2006/141/EG sowie der Verordnung (EG) Nr. 953/2009 sollte eine Unionsliste mit Stoffen der folgenden Kategorien — Vitamine, Mineralstoffe, Aminosäuren, Carnitin und Taurin, Nucleotide, Cholin und Inositol — erstellt und als Anhang in die vorliegende Verordnung aufgenommen werden. Von den Stoffen, die in diese Kategorien fallen, sollten nur diejenigen den unter diese Verordnung fallenden Lebensmitteln zugesetzt werden dürfen, die in die Unionsliste aufgenommen wurden. Bei der Aufnahme von Stoffen in die Unionsliste ist anzugeben, welcher Kategorie von unter diese Verordnung fallenden Lebensmitteln diese Stoffe zugesetzt werden dürfen.

(36) Die Aufnahme von Stoffen in die Unionsliste sollte nicht bedeuten, dass es erforderlich oder wünschenswert ist, dass sie einer oder mehreren unter diese Verordnung fallenden Lebensmittelkategorien zugesetzt werden. Die Unionsliste ist lediglich dazu bestimmt wiederzugeben, welche Stoffe einer bestimmten Stoffkategorie als Zusatz für eine oder mehrere unter diese Verordnung fallende Lebensmittelkategorien zugelassen sind, während die besonderen Zusammensetzungsanforderungen dazu dienen sollen, die Zusammensetzung jeder einzelnen unter diese Verordnung fallenden Lebensmittelkategorie festzulegen.

(37) Einige Stoffe, die den unter diese Verordnung fallenden Lebensmitteln zugesetzt werden dürfen, könnten zu technologischen Zwecken als Lebensmittelzusatzstoffe, Farbstoffe oder Aromen oder zu anderen derartigen Zwecken zugesetzt werden, einschließlich zugelassener önologischer Verfahren und Verarbeitungsprozessen, die in den entsprechenden auf Lebensmittel anwendbaren Rechtsakten der Union vorgesehen sind. Die Spezifikationen für diese Stoffe werden auf Unionsebene festgelegt. Es ist angezeigt, die Spezifikationen für diese Stoffe unabhängig vom Zweck ihrer Verwendung in Lebensmitteln anzuwenden, sofern in dieser Verordnung nichts anderes bestimmt ist.

(38) Für die Stoffe auf der Unionsliste, für die bisher noch keine Reinheitskriterien auf Unionsebene festgelegt worden sind, und um den Schutz der öffentlichen Gesundheit auf hohem Niveau zu gewährleisten, sollten allgemein annehmbare, von internationalen Organisationen oder Einrichtungen, unter anderem vom Gemeinsamen FAO/WHO-Sachverständigenausschuss für Lebensmittelzusatzstoffe (JECFA) sowie im Europäischen Arzneibuch, empfohlene Reinheitskriterien angewandt werden. Unbeschadet der Bestimmungen des AEUV sollten die Mitgliedstaaten nationale Vorschriften beibehalten dürfen, in denen strengere Reinheitskriterien festgelegt sind.

(39) Zur Festlegung der Anforderungen für die unter diese Verordnung fallenden Lebensmittelkategorien sollte der Kommission gemäß Artikel 290 AEUV die Befugnis zum Erlass delegierter Rechtsakte in Bezug auf die Festlegung der Anforderungen an die Zusammensetzung und Informationen hinsichtlich der von der vorliegenden Verordnung erfassten Lebensmittelkategorien, einschließlich zusätzlicher Kennzeichnungsanforderungen zu oder Ausnahmen von der Verordnung (EU) Nr. 1169/2011 sowie hinsichtlich der Zulassung von nährwert- und gesundheitsbezogenen Angaben, übertragen werden. Damit die Verbraucher zudem rasch den technischen und wissenschaftlichen Fortschritt, insbesondere in Bezug auf innovative Erzeugnisse, nutzen können und somit die Innovation gefördert wird, sollte der Kommission die Befugnis übertragen werden, gemäß Artikel 290 AEUV Rechtsakte zu erlassen, auch zum Zweck einer regelmäßigen Aktualisierung dieser besonderen Anforderungen, wobei alle einschlägigen Daten, auch die von den interessierten Parteien bereitgestellten Daten, zu berücksichtigen sind. Um dem technischen Fortschritt, den wissenschaftlichen Entwicklungen oder der Gesundheit der Verbraucher Rechnung zu tragen, sollte der Kommission darüber hinaus die Befugnis übertragen werden, nach Artikel 290 AEUV Rechtsakte in Bezug auf die Ergänzung der Unionsliste um zusätzliche Kategorien von Stoffen mit ernährungsbezogener oder physiologischer Wirkung oder hinsichtlich der Streichung solcher Kategorien von den Kategorien der Stoffe, die unter die Unionsliste fallen sollen, zu erlassen. Zum gleichen Zweck und vorbehaltlich der in dieser Verordnung festgelegten zusätzlichen Anforderungen sollte der Kommission ferner die Befugnis übertragen werden, Rechtsakte nach Artikel 290 AEUV in Bezug auf die Änderung der Unionsliste durch Ergänzung eines neuen Stoffs oder der Streichung eines Stoffs oder der Ergänzung, Streichung oder Änderung von Elementen betreffend einen Stoff auf der Unionsliste zu erlassen. Es ist von besonderer Bedeutung, dass die Kommission im Zuge ihrer Vorbereitungsarbeit angemessene Konsultationen, auch auf der Ebene von Sachverständigen, durchführt. Bei der Vorbereitung und Ausarbeitung der delegierten Rechtsakte sollte die Kommission gewährleisten, dass die einschlägigen Dokumente dem Europäischen Parlament und dem Rat gleichzeitig, zügig und auf angemessene Weise übermittelt werden.

(40) Um einheitliche Voraussetzungen für die Durchführung dieser Verordnung zu gewährleisten, sollten der Kommission Durchführungsbefugnisse übertragen werden, damit sie entscheiden kann, ob ein bestimmtes Lebensmittel unter die Verordnung fällt und zu welcher Lebensmittelkategorie es gehört. Diese Befugnisse sollten im Einklang mit der Verordnung (EU) Nr. 182/2011 des Europäischen Parlaments und des Rates vom 16. Februar 2011 zur Festlegung der allgemeinen Regeln und Grundsätze, nach denen die Mitgliedstaaten die Wahrnehmung der Durchführungsbefugnisse durch die Kommission kontrollieren[20], ausgeübt werden.

(41) Derzeit sind die Regeln für die Verwendung der Angaben „glutenfrei" und „sehr geringer Glutengehalt" in der Verordnung (EG) Nr. 41/2009 festgelegt. Mit dieser Verordnung werden

---

Zu Abs. 40:
[20] *ABl. L 55 vom 28.2.2011, S. 13.*

die Informationen harmonisiert, die Verbraucher über das Nichtvorhandensein oder geringe Vorhandensein von Gluten in Lebensmitteln erhalten, und es werden spezielle Regeln für Lebensmittel aufgestellt, die zur Reduzierung des Glutengehalts einer oder mehrerer glutenhaltiger Zutaten oder als Ersatz für solche glutenhaltigen Zutaten in spezieller Weise hergestellt, zubereitet und/oder verarbeitet werden, sowie für weitere Lebensmittel, die ausschließlich aus Zutaten hergestellt wurden, die von Natur aus glutenfrei sind. In der Verordnung (EU) Nr. 1169/2011 wird geregelt, welche Informationen für alle Lebensmittel, einschließlich nicht vorverpackter Lebensmittel, über das Vorhandensein von Zutaten wie glutenhaltigen Zutaten, bei denen wissenschaftlich belegt ist, dass sie Allergien oder Unverträglichkeiten verursachen können, bereitzustellen sind, damit insbesondere diejenigen Verbraucher, die unter einer Lebensmittelallergie oder -unverträglichkeit leiden, etwa Menschen mit einer Glutenunverträglichkeit, eine fundierte Wahl treffen und Lebensmittel auswählen können, die für sie unbedenklich sind. Im Interesse der Klarheit und Kohärenz sollten die Regeln für die Verwendung der Angaben „glutenfrei" und „sehr geringer Glutengehalt" auch im Rahmen der Verordnung (EU) Nr. 1169/2011 geregelt sein. Rechtsakte, die nach der Verordnung (EU) Nr. 1169/2011 zu erlassen sind, um die Regeln für die Verwendung der Angaben „glutenfrei" und „sehr geringer Glutengehalt" aus der Verordnung (EG) Nr. 41/2009 zu übernehmen, sollten Menschen mit einer Glutenunverträglichkeit mindestens das gleiche Schutzniveau bieten, wie es derzeit die Verordnung (EG) Nr. 41/2009 tut. Die Übernahme der Regeln sollte vor Anwendung der vorliegenden Verordnung abgeschlossen sein. Ferner sollte die Kommission prüfen, wie zu gewährleisten ist, dass Menschen mit einer Glutenunverträglichkeit angemessen über den Unterschied zwischen Lebensmitteln, die zur Reduzierung des Glutengehalts einer oder mehrerer glutenhaltiger Zutaten in spezieller Weise hergestellt, zubereitet und/oder verarbeitet, und Lebensmitteln, die ausschließlich aus Zutaten hergestellt wurden, die von Natur aus glutenfrei sind, unterrichtet werden.

(42) Für die Zusammensetzung und die Kennzeichnung bezüglich des Nichtvorhandenseins oder des geringen Vorhandenseins von Laktose in Lebensmitteln bestehen derzeit auf Ebene der Union keine Harmonisierungsvorschriften. Diese Angaben sind für Menschen mit Laktoseunverträglichkeit jedoch wichtig. In der Verordnung (EU) Nr. 1169/2011 wird geregelt, welche Informationen hinsichtlich von Stoffen, bei denen wissenschaftlich belegt ist, dass sie Allergien oder Unverträglichkeiten verursachen können, bereitzustellen sind, damit Verbraucher, etwa Menschen mit einer Laktoseunverträglichkeit, eine fundierte Wahl treffen und Lebensmittel auswählen können, die für sie unbedenklich sind. Im Interesse der Klarheit und Kohärenz sollte die Festlegung von Regeln für die Verwendung von Angaben wie „laktosefrei" oder „sehr geringer Laktosegehalt" in der Verordnung (EU) Nr. 1169/2011 geregelt werden, wobei dem wissenschaftlichen Gutachten der Behörde vom 10. September 2010 über Laktosegrenzwerte für Laktoseintoleranz und Galaktosämie Rechnung getragen werden sollte.

(43) Lebensmittel mit der Angabe „Mahlzeit für eine gewichtskontrollierende Ernährung", die einen Teil der täglichen Nahrungsmittelration ersetzen sollen, gelten als Lebensmittel für eine besondere Ernährung und unterliegen derzeit den besonderen Bestimmungen gemäß Richtlinie 96/8/EG. Auf dem Markt sind jedoch immer mehr Lebensmittel zu finden, die für die Gesamtbevölkerung bestimmt sind und die Angaben tragen, die als gesundheitsbezogene Angaben für eine gewichtskontrollierende Ernährung präsentiert werden. Zur Vermeidung jeglicher Gefahr einer Verwechslung innerhalb dieser Gruppe von zur Gewichtskontrolle vermarkteten Lebensmitteln und im Interesse der Rechtssicherheit und Kohärenz von Rechtsakten der Union sollten diese Angaben allein der Verordnung (EG) Nr. 1924/2006 unterliegen und in jener Verordnung enthaltenen Anforderungen genügen. Die technischen Anpassungen in der Verordnung (EG) Nr. 1924/2006 in Bezug auf gesundheitsbezogene Angaben über Gewichtskontrolle und im Hinblick auf Lebensmittel, die als „Mahlzeit für eine gewichtskontrollierende Ernährung" angeboten werden, und der Bedingungen für die Verwendung dieser Angaben gemäß der Richtlinie 96/8/EG sollten vor der Anwendung der vorliegenden Verordnung vorgenommen werden.

(44) Diese Verordnung berührt nicht die Verpflichtung zur Achtung der Grundrechte und der allgemeinen Rechtsgrundsätze, einschließlich der Meinungsfreiheit, gemäß Artikel 11 in Verbindung mit Artikel 52 der Charta der Grundrechte der Europäischen Union und anderen einschlägigen Bestimmungen.

(45) Da die Ziele dieser Verordnung, nämlich die Einführung von Zusammensetzungs- und Informationsanforderungen für bestimmte Lebensmittelkategorien, die Einführung einer Unionsliste von Stoffen, die bestimmten Lebensmittelkategorien hinzugefügt werden dürfen, und die Festlegung von Vorschriften zur Aktualisierung der Unionsliste auf Ebene der Mitgliedstaaten nicht ausreichend verwirklicht werden können und daher aufgrund des Umfangs der vorgeschlagenen Maßnahme besser auf Unionsebene zu verwirklichen sind, kann die Union im Einklang mit dem in Artikel 5 des Vertrags über die Europäische

4/1. EU/LM für spez. Gruppen
Artikel 1 – 2

Union niedergelegten Subsidiaritätsprinzip tätig werden. Entsprechend dem in demselben Artikel genannten Grundsatz der Verhältnismäßigkeit geht die vorliegende Verordnung nicht über das für die Erreichung dieser Ziele erforderliche Maß hinaus.

(46) Gemäß der Richtlinie 92/52/EWG müssen Säuglingsanfangsnahrung und Folgenahrung, die aus der Union ausgeführt oder wiederausgeführt werden, dem Unionsrecht entsprechen, sofern das einführende Land nichts anderes verlangt oder die Vorschriften des einführenden Landes nichts anderes festlegen. Für Lebensmittel wurde dieser Grundsatz bereits in der Verordnung (EG) Nr. 178/2002 festgelegt. Der Einfachheit und Rechtssicherheit halber sollte die Richtlinie 92/52/EWG daher aufgehoben werden.

(47) Die Richtlinien 96/8/EG, 1999/21/EG, 2006/125/EG, 2006/141/EG, 2009/39/EG sowie die Verordnungen (EG) Nr. 41/2009 und (EG) Nr. 953/2009 sollten auch aufgehoben werden.

(48) Es sind angemessene Übergangsmaßnahmen erforderlich, damit sich die Lebensmittelunternehmer an die Bestimmungen dieser Verordnung anpassen können —

HABEN FOLGENDE VERORDNUNG ERLASSEN:

KAPITEL I
ALLGEMEINE BESTIMMUNGEN

Artikel 1
Gegenstand

(1) Mit dieser Verordnung werden Zusammensetzungs- und Informationsanforderungen bezüglich folgender Lebensmittelkategorien festgelegt:

a) Säuglingsanfangsnahrung und Folgenahrung;
b) Getreidebeikost und andere Beikost;
c) Lebensmittel für besondere medizinische Zwecke;
d) Tagesrationen für eine gewichtskontrollierende Ernährung.

(2) In dieser Verordnung werden eine Unionsliste der Stoffe, die einer oder mehreren in Absatz 1 genannten Lebensmittelkategorien zugesetzt werden dürfen, sowie die Regeln, die für die Aktualisierung dieser Liste gelten, festgelegt.

Artikel 2
Begriffsbestimmungen

(1) Für die Zwecke dieser Verordnung gelten für die Begriffe

a) „Lebensmittel", „Lebensmittelunternehmer", „Einzelhandel" und „Inverkehrbringen" die Begriffsbestimmungen gemäß Artikel 2 und Artikel 3 Nummern 3, 7 und 8 der Verordnung (EG) Nr. 178/2002;

b) „vorverpacktes Lebensmittel", „Kennzeichnung" und „technisch hergestelltes Nanomaterial" die Begriffsbestimmungen gemäß Artikel 2 Absatz 2 Buchstaben e, j bzw. t der Verordnung (EU) Nr. 1169/2011;

c) „nährwertbezogene Angabe" und „gesundheitsbezogene Angabe" die Begriffsbestimmungen gemäß Artikel 2 Absatz 2 Nummern 4 bzw. 5 der Verordnung (EG) Nr. 1924/2006.

(2) Ferner bezeichnet der Ausdruck

a) „Säugling" ein Kind unter 12 Monaten;

b) „Kleinkind" ein Kind im Alter zwischen einem Jahr und drei Jahren;

c) „Säuglingsanfangsnahrung" Lebensmittel, die zur Verwendung für Säuglinge während der ersten Lebensmonate bestimmt sind und bis zur Einführung einer angemessenen Beikost für sich allein die Ernährungsanforderungen dieser Säuglinge decken;

d) „Folgenahrung" Lebensmittel, die zur Verwendung für Säuglinge ab Einführung einer angemessenen Beikost bestimmt sind und den größten flüssigen Anteil einer nach und nach abwechslungsreicheren Kost für diese Säuglinge darstellen;

e) „Getreidebeikost" Lebensmittel,

  i) die zur Deckung der besonderen Bedürfnisse gesunder Säuglinge während der Abstillzeit und zur Ergänzung der Ernährung und/oder progressiven Gewöhnung an normale Lebensmittel bei gesunden Kleinkindern bestimmt sind und

  ii) die zu einer der folgenden Kategorien gehören:

  – einfache Getreideprodukte, die mit Milch oder anderen geeigneten nahrhaften Flüssigkeiten zubereitet sind oder zubereitet werden müssen;

  – Getreideprodukte mit einem zugesetzten proteinreichen Lebensmittel, die mit Wasser oder anderen eiweißfreien Flüssigkeiten zubereitet sind oder zubereitet werden müssen;

  – Teigwaren, die nach dem Kochen in siedendem Wasser oder anderen geeigneten Flüssigkeiten verzehrt werden;

  – Zwiebacke und Kekse, die entweder direkt oder nach dem Zerkleinern unter Zusatz von Wasser, Milch oder anderen geeigneten Flüssigkeiten verzehrt werden;

f) „Beikost" Lebensmittel zur Deckung der besonderen Bedürfnisse gesunder Säuglinge während der Abstillzeit und zur Ergänzung der Ernährung und/oder progressiven Gewöhnung an normale Lebensmittel bei gesunden Kleinkindern, mit Ausnahme von

  i) Getreidebeikost und

  ii) Milchgetränken und gleichartigen Erzeugnissen, die für Kleinkinder bestimmt sind;

g) „Lebensmittel für besondere medizinische Zwecke" unter ärztlicher Aufsicht zu verwendende Lebensmittel zum Diätmanagement von Patienten, einschließlich Säuglingen, die in spezieller Weise verarbeitet oder formuliert werden; sie sind zur ausschließlichen oder teilweisen Ernährung von Patienten mit eingeschränkter, behinderter oder gestörter Fähigkeit zur Aufnahme, Verdauung, Resorption, Verstoffwechslung oder Ausscheidung gewöhnlicher Lebensmittel oder bestimmter darin enthaltener Nährstoffe oder Stoffwechselprodukte oder von Patienten mit einem sonstigen medizinisch bedingten Nährstoffbedarf bestimmt ist, für deren Diätmanagement die Modifizierung der normalen Ernährung allein nicht ausreicht;

h) „Tagesration für gewichtskontrollierende Ernährung" Lebensmittel mit einer besonderen Zusammensetzung für eine kalorienarme Ernährung zur Gewichtsverringerung, die, sofern sie gemäß den Anweisungen des Lebensmittelunternehmers verwendet werden, die tägliche Nahrungsmittelration vollständig ersetzen.

Artikel 3
Auslegungsentscheidungen

Um die einheitliche Durchführung dieser Verordnung sicherzustellen, kann die Kommission im Wege von Durchführungsrechtsakten entscheiden,

  a) ob ein bestimmtes Lebensmittel in den Anwendungsbereich dieser Verordnung fällt;

  b) zu welcher spezifischen Lebensmittelkategorie gemäß Artikel 1 Absatz 1 ein bestimmtes Lebensmittel gehört.

Diese Durchführungsrechtsakte werden gemäß dem in Artikel 17 Absatz 2 genannten Prüfverfahren erlassen.

Artikel 4
Inverkehrbringen

(1) Die in Artikel 1 Absatz 1 genannten Lebensmittel dürfen nur in Verkehr gebracht werden, wenn sie dieser Verordnung genügen.

(2) Die in Artikel 1 Absatz 1 genannten Lebensmittel dürfen nur in Form vorverpackter Lebensmittel im Einzelhandel vertrieben werden.

(3) Die Mitgliedstaaten dürfen das Inverkehrbringen von Lebensmitteln, die dieser Verordnung genügen, nicht aus Gründen ihrer Zusammensetzung, Herstellungsmerkmale, Aufmachung oder Kennzeichnung untersagen oder beschränken.

Artikel 5
Vorsorgeprinzip

Zur Gewährleistung eines hohen Gesundheitsschutzniveaus für die Personen, für die die in Artikel 1 Absatz 1 dieser Verordnung aufgeführten Lebensmittel bestimmt sind, findet das Vorsorgeprinzip gemäß Artikel 7 der Verordnung (EG) Nr. 178/2002 Anwendung.

KAPITEL II
ZUSAMMENSETZUNGS- UND INFORMATIONSANFORDERUNGEN

ABSCHNITT 1
Allgemeine Anforderungen

Artikel 6
Allgemeine Bestimmungen

(1) Die in Artikel 1 Absatz 1 genannten Lebensmittel müssen sämtlichen Anforderungen des Lebensmittelrechts der Union genügen.

(2) Die in dieser Verordnung festgelegten Anforderungen haben gegenüber jeder anderen widersprüchlichen Bestimmung des Lebensmittelrechts der Union Anwendungsvorrang.

Artikel 7
Gutachten der Behörde

Die Behörde gibt gemäß den Artikeln 22 und 23 der Verordnung (EG) Nr. 178/2002 für die Zwecke der Anwendung der vorliegenden Verordnung wissenschaftliche Gutachten ab. Diese Gutachten bilden die wissenschaftliche Grundlage für alle Maßnahmen der Union, die gemäß der vorliegenden Verordnung erlassen werden und die sich auf die öffentliche Gesundheit auswirken können.

Artikel 8
Zugang zu Dokumenten

Die Kommission wendet auf Anträge auf Zugang zu Dokumenten, die unter die vorliegende Verordnung fallen, die Verordnung (EG) Nr. 1049/2001 des Europäischen Parlaments und des Rates vom 30. Mai 2001 über den Zugang der Öffentlichkeit zu Dokumenten des Europäischen Parlaments, des Rates und der Kommission[1] an.

Zu Artikel 8:
[1] *ABl. L 145 vom 31.5.2001, S. 43.*

Artikel 9
Allgemeine Anforderungen an Zusammensetzung und Information

(1) Die Zusammensetzung der in Artikel 1 Absatz 1 genannten Lebensmittel muss so beschaffen sein, dass sie gemäß allgemein anerkannten wissenschaftlichen Daten den Ernährungsanforderungen der Personen, für die sie bestimmt sind, entsprechen und für diese Personen geeignet sind.

(2) Die in Artikel 1 Absatz 1 genannten Lebensmittel dürfen keinen Stoff in einer solchen Menge enthalten, dass dadurch die Gesundheit der Personen, für die sie bestimmt sind, gefährdet wird. Für Stoffe, bei denen es sich um technisch hergestellte Nanomaterialien handelt, ist die Einhaltung der in Unterabsatz 1 genannten Anforderung gegebenenfalls anhand geeigneter Testverfahren nachzuweisen.

(3) Auf der Grundlage allgemein anerkannter wissenschaftlicher Daten müssen die Stoffe, die den in Artikel 1 Absatz 1 genannten Lebensmitteln für die Zwecke der Anforderungen nach Absatz 1 dieses Artikels zugesetzt werden, in bioverfügbarer Form vorliegen, damit sie vom menschlichen Körper aufgenommen und verwertet werden können, eine ernährungsspezifische oder physiologische Wirkung haben und für die Personen, für die sie bestimmt sind, geeignet sein.

(4) Unbeschadet des Artikels 4 Absatz 1 dieser Verordnung dürfen die in Artikel 1 Absatz 1 dieser Verordnung genannten Lebensmittel Stoffe enthalten, die unter Artikel 1 der Verordnung (EG) Nr. 258/97 fallen, sofern diese Stoffe die Bedingungen für das Inverkehrbringen gemäß jener Verordnung erfüllen.

(5) „Kennzeichnung und Aufmachung der in Artikel 1 Absatz 1 genannten Lebensmittel sowie die Werbung dafür müssen Informationen über die angemessene Verwendung dieser Lebensmittel bieten" und dürfen weder irreführend sein noch diesen Erzeugnissen Eigenschaften der Vorbeugung, Behandlung oder Heilung einer menschlichen Krankheit zuschreiben oder den Eindruck dieser Eigenschaft erwecken. *(ABl L 349 vom 5. 12. 2014, S. 67)*

(6) Absatz 5 steht zweckdienlichen Angaben oder Empfehlungen, die ausschließlich für medizinisch, ernährungswissenschaftlich oder pharmazeutisch qualifizierte Personen oder für andere für die Betreuung von Mutter und Kind zuständige Angehörige der Gesundheitsberufe bestimmt sind, nicht entgegen.

Artikel 10
Zusätzliche Anforderungen an Säuglingsanfangsnahrung und Folgenahrung

(1) Die Kennzeichnung und Aufmachung von Säuglingsanfangsnahrung und Folgenahrung sowie die Werbung dafür ist so zu gestalten, dass sie nicht vom Stillen abhält.

(2) „Die Kennzeichnung und Aufmachung von Säuglingsanfangsnahrung und die Werbung dafür sowie die Kennzeichnung von Folgenahrung darf weder Bilder von Säuglingen noch andere Bilder" oder einen Wortlaut aufweisen, die den Gebrauch dieser Nahrung idealisieren könnten. *(ABl L 349 vom 5. 12. 2014, S. 67)*

Unbeschadet des Unterabsatzes 1 sind Zeichnungen zur leichteren Identifizierung der Säuglingsanfangsnahrung und Folgenahrung und als Illustration der Zubereitungsmethoden zulässig.

ABSCHNITT 2
Besondere Anforderungen

Artikel 11
Besondere Anforderungen an Zusammensetzung und Information

(1) Die Kommission wird ermächtigt, nach Maßgabe der allgemeinen Anforderungen gemäß Artikel 6 und 9 sowie der zusätzlichen Anforderungen des Artikels 10 und unter Berücksichtigung des einschlägigen technischen und wissenschaftlichen Fortschritts delegierte Rechtsakte gemäß Artikel 18 zu folgenden Punkten zu erlassen:

a) besondere Anforderungen an die Zusammensetzung, die auf die in Artikel 1 Absatz 1 genannten Lebensmittel anwendbar sind, mit Ausnahme der Anforderungen gemäß dem Anhang;

b) besondere Anforderungen an die Verwendung von Pestiziden in Erzeugnissen, die zur Herstellung der in Artikel 1 Absatz 1 genannten Lebensmittel bestimmt sind, und an deren Rückstände in den Lebensmitteln. Die besonderen Anforderungen an die in Artikel 1 Absatz 1 Buchstaben a und b genannten Lebensmittelkategorien und an Lebensmittel für besondere medizinische Zwecke, die für die Ernährungsanforderungen von Säuglingen und Kleinkindern entwickelt wurden, werden regelmäßig aktualisiert und enthalten unter anderem Bestimmungen, die die Verwendung von Pestiziden so weit wie möglich einschränken;

c) besondere Anforderungen an die Kennzeichnung und Aufmachung der in Artikel 1 Absatz 1 genannten Lebensmittel sowie an die Werbung dafür, einschließlich der Zulassung nährwert- und gesundheitsbezogener Angaben;

d) Anforderungen an die Notifizierung für das Inverkehrbringen der in Artikel 1 Absatz 1 genannten Lebensmittel zur Ermöglichung einer wirksamen amtlichen Überwachung dieser Lebensmittel, auf deren Grundlage die Lebensmittelunternehmer die zuständigen Behörden der Mitgliedstaaten, in denen diese Lebensmittel vermarktet werden sollen, unterrichten;

e) Anforderungen hinsichtlich Werbe- und Geschäftspraktiken im Zusammenhang mit Säuglingsanfangsnahrung;

f) Anforderungen hinsichtlich der Informationen, die bezüglich der Ernährung von Säuglingen und Kleinkindern bereitzustellen sind, damit eine angemessene Information über das geeignete Ernährungsverhalten gewährleistet ist;

g) besondere Anforderungen an Lebensmittel für besondere medizinische Zwecke, die für die Ernährungsanforderungen von Säuglingen entwickelt wurden, einschließlich Anforderungen an die Zusammensetzung sowie Anforderungen an die Verwendung von Pestiziden in Erzeugnissen, die zur Herstellung derartiger Lebensmittel bestimmt sind, und Anforderungen in Bezug auf Pestizidrückstände, die Kennzeichnung und Aufmachung sowie die Werbung und gegebenenfalls Werbe- und Handelspraktiken dafür.

Diese delegierten Rechtsakte werden bis zum 20. Juli 2015 erlassen.

(2) Die Kommission wird ermächtigt, nach Maßgabe der allgemeinen Anforderungen gemäß Artikel 6 und 9 sowie der zusätzlichen Anforderungen des Artikels 10 und unter Berücksichtigung des einschlägigen technischen und wissenschaftlichen Fortschritts, einschließlich der von den betroffenen Parteien in Bezug auf innovative Erzeugnisse vorgelegten Daten, delegierte Rechtsakte gemäß Artikel 18 zu erlassen, um die in Absatz 1 genannten Rechtsakte zu aktualisieren.

Wenn es im Falle neu auftretender Gesundheitsrisiken aus Gründen der Dringlichkeit zwingend erforderlich ist, findet das in Artikel 19 genannte Verfahren auf die gemäß diesem Absatz erlassenen delegierten Rechtsakte Anwendung.

Artikel 12
Milchgetränke und gleichartige Erzeugnisse, die für Kleinkinder bestimmt sind

Die Kommission legt dem Europäischen Parlament und dem Rat nach Anhörung der Behörde bis zum 20. Juli 2015 einen Bericht über die Frage vor, ob gegebenenfalls besondere Vorschriften für Milchgetränke und gleichartige Erzeugnisse, die für Kleinkinder bestimmt sind, in Bezug auf Anforderungen an die Zusammensetzung und Kennzeichnung sowie gegebenenfalls andere Anforderungen erforderlich sind. Die Kommission wird sich in dem Bericht unter anderem mit den Ernährungsanforderungen von Kleinkindern, mit der Rolle, die diese Erzeugnisse in der Ernährung von Kleinkindern spielen, und mit der Frage befassen, ob diese Erzeugnisse im Vergleich zu einer normalen kindgerechten Ernährung während der Abstillzeit einen ernährungsphysiologischen Nutzen haben. Dieser Bericht kann erforderlichenfalls von einem entsprechenden Gesetzgebungsvorschlag begleitet werden.

Artikel 13
Lebensmittel für Sportler

Die Kommission legt dem Europäischen Parlament und dem Rat nach Anhörung der Behörde bis zum 20. Juli 2015 einen Bericht über die Frage vor, ob gegebenenfalls Vorschriften für Lebensmittel, die für Sportler bestimmt sind, erforderlich sind. Dieser Bericht kann erforderlichenfalls von einem entsprechenden Gesetzgebungsvorschlag begleitet werden.

Artikel 14
Technische Leitlinien

Die Kommission kann technische Leitlinien annehmen, die es Lebensmittelunternehmen, insbesondere KMU, erleichtern, dieses Kapitel und das Kapitel III einzuhalten.

KAPITEL III
UNIONSLISTE

Artikel 15
Unionsliste

(1) Stoffe einer der folgenden Kategorien von Stoffen dürfen einer oder mehreren der in Artikel 1 Absatz 1 genannten Kategorien von Lebensmitteln zugesetzt werden, sofern sie in der im Anhang enthaltenen Unionsliste aufgeführt sind und mit den Angaben in dieser Liste gemäß Absatz 3 übereinstimmen:

a) Vitamine;

b) Mineralstoffe;

c) Aminosäuren;

d) Carnitin und Taurin;

e) Nucleotide;

f) Cholin und Inositol.

(2) Stoffe, die in der Unionsliste aufgeführt sind, müssen die allgemeinen Anforderungen der Artikel 6 und 9 und gegebenenfalls die gemäß Artikel 11 festgelegten besonderen Anforderungen erfüllen.

(3) Die Unionsliste enthält die folgenden Angaben:

a) die in Artikel 1 Absatz 1 genannte Kategorie von Lebensmitteln, der Stoffe zugesetzt werden dürfen, die in die in Absatz 1 dieses Artikels aufgeführten Kategorien fallen;

b) die Bezeichnung und Beschreibung des Stoffes sowie gegebenenfalls die Spezifikation seiner Form;

c) gegebenenfalls die Bedingungen für die Verwendung des Stoffes;

d) gegebenenfalls die auf den Stoff anwendbaren Reinheitskriterien.

(4) Die im Lebensmittelrecht der Union festgelegten Reinheitskriterien, die auf die in der Unionsliste aufgeführten Stoffe Anwendung finden, wenn sie bei der Herstellung von Lebensmitteln zu anderen als den von dieser Verordnung erfassten Zwecken verwendet werden, gelten auch dann für diese Stoffe, wenn sie für die von dieser Verordnung erfassten Zwecke verwendet werden, es sei denn, in dieser Verordnung ist etwas anderes festgelegt.

(5) Für in der Unionsliste aufgeführte Stoffe, für die im Lebensmittelrecht der Union keine Reinheitskriterien festgelegt sind, gelten bis zur Festlegung solcher Kriterien die von internationalen Einrichtungen empfohlenen allgemein annehmbaren Reinheitskriterien.

Die Mitgliedstaaten dürfen nationale Vorschriften mit strengeren Reinheitskriterien beibehalten.

(6) Um dem technischen Fortschritt, den wissenschaftlichen Entwicklungen oder dem Schutz der Gesundheit der Verbraucher Rechnung zu tragen, wird der Kommission die Befugnis übertragen, in Bezug auf die in Absatz 1 genannten Kategorien von Stoffen delegierte Rechtsakte gemäß Artikel 18 zu folgenden Zwecken zu erlassen:

a) Streichung einer Kategorie von Stoffen;

b) Aufnahme einer Kategorie von Stoffen mit ernährungsspezifischer oder physiologischer Wirkung.

(7) Stoffe, die keiner der in Absatz 1 dieses Artikels genannten Kategorien zugehören, dürfen den in Artikel 1 Absatz 1 genannten Lebensmitteln zugesetzt werden, sofern sie die allgemeinen Anforderungen der Artikel 6 und 9 und gegebenenfalls die gemäß Artikel 11 festgelegten besonderen Anforderungen erfüllen.

Artikel 16
Aktualisierung der Unionsliste

(1) Vorbehaltlich der allgemeinen Vorschriften in den Artikeln 6 und 9 und soweit anwendbar gemäß der besonderen Vorschriften, die im Einklang mit Artikel 11 erstellt worden sind, und um dem technischen Fortschritt, den wissenschaftlichen Entwicklungen oder dem Schutz der Gesundheit der Verbraucher Rechnung zu tragen, wird der Kommission die Befugnis übertragen, gemäß Artikel 18 delegierte Rechtsakte zu erlassen, um den Anhang in folgender Hinsicht zu ändern:

a) die Aufnahme eines Stoffes in die Unionsliste;

b) die Streichung eines Stoffes aus der Unionsliste;

c) die Aufnahme, Streichung oder Änderung der Angaben nach Artikel 15 Absatz 3.

(2) Wenn es im Falle neu auftretender Gesundheitsrisiken wegen äußerster Dringlichkeit zwingend erforderlich ist, findet das in Artikel 19 genannte Verfahren auf die gemäß diesem Artikel erlassenen delegierten Rechtsakte Anwendung.

KAPITEL IV
VERFAHRENSBESTIMMUNGEN

Artikel 17
Ausschussverfahren

(1) Die Kommission wird von dem durch die Verordnung (EG) Nr. 178/2002 eingesetzten Ständigen Ausschuss für die Lebensmittelkette und Tiergesundheit unterstützt. Dieser Ausschuss ist ein Ausschuss im Sinne der Verordnung (EU) Nr. 182/2011.

(2) Wird auf diesen Absatz Bezug genommen, so gilt Artikel 5 der Verordnung (EU) Nr. 182/2011.

Wird die Stellungnahme des Ausschusses im schriftlichen Verfahren eingeholt, so wird das Verfahren ohne Ergebnis abgeschlossen, wenn der Vorsitz dies innerhalb der Frist für die Abgabe der Stellungnahme beschließt oder eine einfache Mehrheit der Ausschussmitglieder dies verlangt.

Artikel 18
Ausübung der Befugnisübertragung

(1) Die Befugnis zum Erlass delegierter Rechtsakte wird der Kommission unter den in diesem Artikel festgelegten Bedingungen übertragen.

(2) Die Befugnis zum Erlass delegierter Rechtsakte gemäß Artikel 11, Artikel 15 Absatz 6 und Artikel 16 Absatz 1 genannte wird der Kommission für einen Zeitraum von fünf Jahren ab dem 19. Juli 2013 übertragen. Die Kommission erstellt spätestens neun Monate vor Ablauf des Zeitraums von fünf Jahren einen Bericht über die Befugnisübertragung. Die Befugnisübertragung verlängert sich stillschweigend um Zeiträume gleicher Länge, es sei denn, das Europäische Parlament oder der Rat widersprechen einer solchen Verlängerung spätestens drei Monate vor Ablauf des jeweiligen Zeitraums.

(3) Die Befugnisübertragung gemäß Artikel 11, Artikel 15 Absatz 6 und Artikel 16 Absatz 1 genannte kann vom Europäischen Parlament oder vom Rat jederzeit widerrufen werden. Der Beschluss über den Widerruf beendet die Übertragung der in diesem Beschluss angegebenen Befugnis. Er wird am Tag nach seiner Veröffentlichung im Amtsblatt der Europäischen Union oder zu einem im Beschluss über den Widerruf ange-

gebenen späteren Zeitpunkt wirksam. Die Gültigkeit von delegierten Rechtsakten, die bereits in Kraft getreten sind, wird nicht berührt.

(4) Sobald die Kommission einen delegierten Rechtsakt erlässt, übermittelt sie ihn gleichzeitig dem Europäischen Parlament und dem Rat.

(5) Ein delegierter Rechtsakt, der gemäß Artikel 11, Artikel 15 Absatz 6 und Artikel 16 Absatz 1 erlassen wurde, tritt nur in Kraft, wenn weder das Europäische Parlament noch der Rat innerhalb einer Frist von zwei Monaten ab Übermittlung dieses Rechtsakts an das Europäische Parlament und den Rat Einwände erhoben haben oder wenn vor Ablauf dieser Frist das Europäische Parlament und der Rat beide der Kommission mitgeteilt haben, dass sie keine Einwände erheben werden. Auf Initiative des Europäischen Parlaments oder des Rates wird diese Frist um zwei Monate verlängert.

Artikel 19
Dringlichkeitsverfahren

(1) Delegierte Rechtsakte, die nach diesem Artikel erlassen werden, treten umgehend in Kraft und sind anwendbar, solange keine Einwände gemäß Absatz 2 erhoben werden. Bei der Übermittlung eines delegierten Rechtsakts an das Europäische Parlament und den Rat werden die Gründe für die Anwendung des Dringlichkeitsverfahrens angegeben.

(2) Das Europäische Parlament und der Rat können gemäß dem Verfahren des Artikels 18 Absatz 5 Einwände gegen einen delegierten Rechtsakt Einwände erheben. In diesem Fall hebt die Kommission den Rechtsakt umgehend nach der Übermittlung des Beschlusses des Europäischen Parlaments oder des Rates, Einwände zu erheben, auf.

KAPITEL V
SCHLUSSBESTIMMUNGEN

Artikel 20
Aufhebung

(1) Die Richtlinie 2009/39/EG wird mit Wirkung ab dem 20. Juli 2016 aufgehoben. Verweise auf die aufgehobenen Rechtsakte gelten als Verweise auf die vorliegende Verordnung.

(2) Die Richtlinie 92/52/EWG und die Verordnung (EG) Nr. 41/2009 werden mit Wirkung ab dem 20. Juli 2016 aufgehoben.

(3) Unbeschadet des Absatzes 4 Unterabsatz 1 gilt die Richtlinie 96/8/EG ab dem 20. Juli 2016 nicht für Lebensmittel, die als Ersatz für eine oder mehrere Mahlzeiten im Rahmen der Tagesration angeboten werden.

(4) Die Verordnung (EG) Nr. 953/2009 und die Richtlinien 96/8/EG, 1999/21/EG, 2006/125/EG und 2006/141/EG werden mit Wirkung ab dem Zeitpunkt der Anwendung der delegierten Rechtsakte gemäß Artikel 11 Absatz 1 aufgehoben.

Stehen die Verordnung (EG) Nr. 953/2009, die Richtlinien 96/8/EG, 1999/21/EG, 2006/125/EG und 2006/141/EG im Widerspruch zur vorliegenden Verordnung, so hat letztere Vorrang.

Artikel 21
Übergangsbestimmungen

(1) Lebensmittel im Sinne von Artikel 1 Absatz 1 der vorliegenden Verordnung, die den Anforderungen der vorliegenden Verordnung nicht genügen, wohl aber den Anforderungen der Richtlinie 2009/39/EG und gegebenenfalls der Verordnung (EG) Nr. 953/2009 und der Richtlinien 96/8/EG, 1999/21/EG, 2006/125/EG und 2006/141/EG, und vor dem 20. Juli 2016 in Verkehr gebracht oder gekennzeichnet wurden, dürfen auch nach diesem Datum bis zur Erschöpfung der Bestände des betreffenden Lebensmittels vermarktet werden.

Beginnt die Anwendung der delegierten Rechtsakte gemäß Artikel 11 Absatz 1 der vorliegenden Verordnung nach dem 20. Juli 2016, so dürfen Lebensmittel im Sinne von Artikel 1 Absatz 1, die den Anforderungen der vorliegenden Verordnung und gegebenenfalls der Verordnung (EG) Nr. 953/2009 sowie der Richtlinien 96/8/EG, 1999/21/EG, 2006/125/EG und 2006/141/EG genügen, jedoch nicht den Anforderungen dieser delegierten Rechtsakte, und die vor dem Zeitpunkt der Anwendung dieser delegierten Rechtsakte in Verkehr gebracht oder gekennzeichnet wurden, auch nach diesem Datum bis zur Erschöpfung der Bestände des betreffenden Lebensmittels vermarktet werden.

(2) Lebensmittel, die nicht in Artikel 1 Absatz 1 der vorliegenden Verordnung genannt sind, jedoch im Einklang mit der Richtlinie 2009/39/EG und der Verordnung (EG) Nr. 953/2009 sowie gegebenenfalls mit der Richtlinie 96/8/EG und der Verordnungen (EG) Nr. 41/2009 vor dem 20. Juli 2016 in Verkehr gebracht oder gekennzeichnet wurden, dürfen auch nach diesem Datum bis zur Erschöpfung der Bestände des betreffenden Lebensmittels vermarktet werden.

Artikel 22
Inkrafttreten

Diese Verordnung tritt am zwanzigsten Tag nach ihrer Veröffentlichung im *Amtsblatt der Europäischen Union* in Kraft.

Sie gilt ab dem 20. Juli 2016, mit Ausnahme der folgenden Bestimmungen:

– Artikel 11, 16, 18 und 19, die ab dem 19. Juli 2013 gelten;

4/1. EU/LM für spez. Gruppen
Artikel 22

– Artikel 15 und der Anhang dieser Verordnung, die ab dem Zeitpunkt der Anwendung der delegierten Rechtsakte gemäß Artikel 11 Absatz 1 gelten.

Diese Verordnung ist in allen ihren Teilen verbindlich und gilt unmittelbar in jedem Mitgliedstaat.

Geschehen zu Straßburg am 12. Juni 2013.

Im Namen des Europäischen Parlaments
Der Präsident
M. SCHULZ

Im Namen des Rates
Die Präsidentin
L. CREIGHTON

4/1. EU/LM für spez. Gruppen
Anlage

Anlage

Unionsliste gemäß Artikel 15 Absatz 1

Stoff			Lebensmittelkategorie			
			Säuglingsanfangsnahrung und Folgenahrung	Getreidebeikost und andere Beikost	Lebensmittel für besondere medizinische Zwecke	Tagesration für gewichtskontrollierende Ernährung
Vitamine						
	Vitamin A					
		Retinol	X	X	X	X
		Retinylacetat	X	X	X	X
		Retinylpalmitat	X	X	X	X
		Beta-Carotin		X	X	X
	Vitamin D					
		Ergocalciferol	X	X	X	X
		Cholecalciferol	X	X	X	X
	Vitamin E					
		D-alpha-Tocopherol	X	X	X	X
		DL-alpha-Tocopherol	X	X	X	X
		D-alpha-Tocopherylacetat	X	X	X	X
		DL-alpha-Tocopherylacetat	X	X	X	X
		D-alpha-Tocopherylsäuresuccinat			X	X
		D-alpha-Tocopheryl-Polyethylenglycol-1000-Succinat (TPGS)			X	
	Vitamin K					
		Phyllochinon (Phytomenadion)	X	X	X	X
		Menachinon[1]			X	X
	Vitamin C					
		L-Ascorbinsäure	X	X	X	X
		Natrium-L-ascorbat	X	X	X	X
		Calcium-L-ascorbat	X	X	X	X
		Kalium-L-ascorbat	X	X	X	X
		L-Ascorbyl-6-palmitat	X	X	X	X
	Thiamin					
		Thiaminhydrochlorid	X	X	X	X
		Thiaminmononitrat	X	X	X	X
	Riboflavin					
		Riboflavin	X	X	X	X
		Natrium-Riboflavin-5'-phosphat	X	X	X	X
	Niacin					
		Nicotinsäure	X	X	X	X
		Nicotinamid	X	X	X	X
	Vitamin B_6					
		Pyridoxinhydrochlorid	X	X	X	X

[1] Menachinon kommt in erster Linie als Menachinon-7 und in geringerem Maße als Menachinon-6 vor.

4/1. EU/LM für spez. Gruppen
Anlage

		Stoff	Lebensmittelkategorie			
			Säuglingsanfangsnahrung und Folgenahrung	Getreidebeikost und andere Beikost	Lebensmittel für besondere medizinische Zwecke	Tagesration für gewichtskontrollierende Ernährung
Mineralstoffe		Pyridoxin-5'- phosphat	X	X	X	X
		Pyridoxindipalmitat		X	X	X
	Folat					
		Folsäure (Pteroylmonoglutaminsäure)	X	X	X	X
		Calcium-L-methylfolat	„X" (ABl L 120 vom 8. 4. 2021, S. 1)	„X" (ABl L 120 vom 8. 4. 2021, S. 1)	X	X
	Vitamin B$_{12}$					
		Cyanocobalamin	X	X	X	X
		Hydroxocobalamin	X	X	X	X
	Biotin					
		D-Biotin	X	X	X	X
	Pantothensäure					
		Calcium-D-pantothenat	X	X	X	X
		Natrium-D-pantothenat	X	X	X	X
		Dexpanthenol	X	X	X	X
	Kalium					
		Kaliumbicarbonat	X		X	X
		Kaliumcarbonat	X		X	X
		Kaliumchlorid	X	X	X	X
		Kaliumcitrat	X	X	X	X
		Kaliumgluconat	X	X	X	X
		Kaliumglycerophosphat		X	X	X
		Kaliumlactat	X	X	X	X
		Kaliumhydroxid	X		X	X
		Kaliumsalze der Orthophosphorsäure	X		X	X
		Magnesiumkaliumcitrat			X	X
	Calcium					
		Calciumcarbonat	X	X	X	X
		Calciumchlorid	X	X	X	X
		Calciumsalze der Zitronensäure	X	X	X	X
		Calciumgluconat	X	X	X	X
		Calciumglycerophosphat	X	X	X	X
		Calciumlaktat	X	X	X	X
		Calciumsalze der Orthophosphorsäure	X	X	X	X
		Calciumhydroxid	X	X	X	X
		Calciumoxid		X	X	X
		Calciumsulfat			X	X

4/1 EU/LM für spez. Gruppen
Anlage

Stoff			Lebensmittelkategorie			
			Säuglingsanfangsnahrung und Folgenahrung	Getreidebeikost und andere Beikost	Lebensmittel für besondere medizinische Zwecke	Tagesration für gewichtskontrollierende Ernährung
		Calciumbisglycinat			X	X
		Calciumcitratmalat			X	X
		Calciummalat			X	X
		Calcium-L-pidolat			X	X
		„Calcium-Phosphoryl-Oligosaccharide" *(ABl L 158 vom 21. 6. 2017, S. 5)*			X	
	Magnesium					
		Magnesiumacetat			X	X
		Magnesiumcarbonat	X	X	X	X
		Magnesiumchlorid	X	X	X	X
		Magnesiumsalze der Zitronensäure	X	X	X	X
		Magnesiumgluconat	X	X	X	X
		Magnesiumglycerophosphat		X	X	X
		Magnesiumsalze der Orthophosphorsäure	X	X	X	X
		Magnesiumlactat		X	X	X
		Magnesiumhydroxid	X	X	X	X
		Magnesiumoxid	X	X	X	X
		Magnesiumsulfat	X	X	X	X
		Magnesium-L-aspartat			X	
		Magnesiumbisglycinat			X	X
		Magnesium-L-pidolat			X	X
		Magnesium-L-pidolat			X	X
		Magnesiumkaliumcitrat			X	X
	Eisen					
		Eisencarbonat		X	X	X
		Eisencitrat	X	X	X	X
		Eisenammoniumcitrat	X	X	X	X
		Eisengluconat	X	X	X	X
		Eisenfumarat	X	X	X	X
		Eisennatriumdiphosphat		X	X	X
		Eisenlactat	X	X	X	X
		Eisensulfat	X	X	X	X
		Eisenammoniumphosphat			X	X
		Eisen-Natrium- EDTA			X	X
		Eisendiphosphat (Eisenpyrophosphat)	X	X	X	X
		Eisensaccharat	X	X	X	X
		Elementares Eisen (aus Carbonyl + elektrolytisch + wasserstoffreduziert)		X	X	X
		„Eisenbisglycinat" *(ABl L 158 vom 21. 6. 2017, S. 5)*	X	X	X	X

4/1. EU/LM für spez. Gruppen
Anlage

Stoff		Lebensmittelkategorie			
		Säuglingsanfangsnahrung und Folgenahrung	Getreidebeikost und andere Beikost	Lebensmittel für besondere medizinische Zwecke	Tagesration für gewichtskontrollierende Ernährung
Zink	Eisen-L-pidolat			X	X
	Zinkacetat	X	X	X	X
	Zinkchlorid	X	X	X	X
	Zinkcitrat	X	X	X	X
	Zinkgluconat	X	X	X	X
	Zinklactat	X	X	X	X
	Zinkoxid	X	X	X	X
	Zinkcarbonat			X	X
	Zinksulfat	X	X	X	X
	Zinkbisglycinat			X	X
Kupfer					
	Kupfercarbonat	X	X	X	X
	Kupfercitrat	X	X	X	X
	Kupfergluconat	X	X	X	X
	Kupfersulfat	X	X	X	X
	Kupfer-Lysinkomplex	X	X	X	X
Mangan					
	Mangancarbonat	X	X	X	X
	Manganchlorid	X	X	X	X
	Mangancitrat	X	X	X	X
	Mangangluconat	X	X	X	X
	Manganglycerophosphat		X	X	X
	Mangansulfat	X	X	X	X
Fluorid					
	Kaliumfluorid			X	X
	Natriumfluorid			X	X
Selen					
	Natriumselenat	X		X	X
	Natriumhydrogenselenit			X	X
	Natriumselenit	X		X	X
	Selenangereicherte Hefe[2]			X	X
Chrom					
	Chrom-(III)-Chlorid und sein Hexahydrat			X	X
	Chrom-(III)-Sulfat und sein Hexahydrat			X	X
	Chrompicolinat			X	X
Molybdän					

---

[2] In Gegenwart von Natriumselenit als Selenquelle in Kultur gewonnene Selen-Hefen, die in handelsüblicher getrockneter Form nicht mehr als 2,5 mg Se/g enthalten. Die in der Hefe vorherrschende organische Selenart ist Selenomethionin (zwischen 60 und 85 % des insgesamt im Produkt enthaltenen Selenextrakts). Der Gehalt an anderen organischen Selenverbindungen einschließlich Selenocystein darf 10 % des gesamten Selenextrakts nicht überschreiten. Der Gehalt an anorganischem Selen darf üblicherweise 1 % des gesamten Selenextrakts nicht überschreiten.

4/1. EU/LM für spez. Gruppen
Anlage

		Stoff	Lebensmittelkategorie			
			Säuglingsanfangsnahrung und Folgenahrung	Getreidebeikost und andere Beikost	Lebensmittel für besondere medizinische Zwecke	Tagesration für gewichtskontrollierende Ernährung
Aminosäuren[3]	Jod	Ammoniummolybdat			X	X
		Natriummolybdat			X	X
		Kaliumiodid	X	X	X	X
		Kaliumiodat	X	X	X	X
		Natriumiodid	X	X	X	X
		Natriumiodat		X	X	X
	Natrium	Natriumbicarbonat	X		X	X
		Natriumcarbonat	X		X	X
		Natriumchlorid	X		X	X
		Natriumcitrat	X		X	X
		Natriumgluconat	X		X	X
		Natriumlactat	X		X	X
		Natriumhydroxid	X		X	X
		Natriumsalze der Orthophosphorsäure	X		X	X
	Bor	Natriumborat			X	X
		Borsäure			X	X
		L-Alanin		—	X	X
		L-Arginin	X und sein Hydrochlorid	X und sein Hydrochlorid	X	X
		L-Asparaginsäure			X	
		L-Citrullin			X	
		L-Cystein	X und sein Hydrochlorid	X und sein Hydrochlorid	X	X
		Cystin[4]	X und sein Hydrochlorid	X und sein Hydrochlorid	X	X
		L-Histidin	X und sein Hydrochlorid	X und sein Hydrochlorid	X	X
		L-Glutaminsäure			X	X
		L-Glutamin			X	X

[3] Für Aminosäuren, die Säuglingsanfangsnahrung und Folgenahrung, Getreidebeikost und anderer Beikost zugesetzt werden, dürfen nur die ausdrücklich genannten Hydrochloride verwendet werden. Für Aminosäuren, die Lebensmitteln für besondere medizinische Zwecke und für Tagesrationen für gewichtskontrollierende Ernährung zugesetzt werden, dürfen gegebenenfalls auch die Natrium-, Kalium-, Calcium- und Magnesiumsalze sowie ihre Hydrochloride verwendet werden.

[4] Im Falle der Verwendung in Säuglingsanfangsnahrung und Folgenahrung, Getreidebeikost und anderer Beikost darf Cystin nur in Form von L-Cystin zugesetzt werden.

4/1. EU/LM für spez. Gruppen
Anlage

	Stoff	Lebensmittelkategorie			
		Säuglingsanfangsnahrung und Folgenahrung	Getreidebeikost und andere Beikost	Lebensmittel für besondere medizinische Zwecke	Tagesration für gewichtskontrollierende Ernährung
	Glycin			X	
	L-Isoleucin	X und sein Hydrochlorid	X und sein Hydrochlorid	X	X
	L-Leucin	X und sein Hydrochlorid	X und sein Hydrochlorid	X	X
	L-Lysin	X und sein Hydrochlorid	X und sein Hydrochlorid	X	X
	L-Lysinacetat			X	X
	L-Methionin	X	X	X	X
	L-Ornithin			X	X
	L-Phenylalanin	X	X	X	X
	L-Prolin			X	
	L-Threonin	X	X	X	X
	L-Tryptophan	X	X	X	X
	L-Tyrosin	X	X	X	X
	L-Valin	X	X	X	X
	L-Serin			X	
	L-Arginin-L-Aspartat			X	
	L-Lysin-L-Aspartat			X	
	L-Lysin-L-Glutamat			X	
	N-Acetyl-L-Cystein			X	
	N-Acetyl-L-Methionin			X (in Erzeugnissen, die für Personen ab 1 Jahr bestimmt sind)	
Carnitin und Taurin	L-Carnitin	X	X	X	X
	L-Carnitin-hydrochlorid	X	X	X	X
	Taurin	X		X	X
	L-Carnitin-L-Tartrat	X		X	X
Nucleotide	Adenosin-5'-phosphorsäure (AMP)	X		X	X
	Natriumsalze der AMP	X		X	X
	Cytidin-5'-monophosphorsäure (CMP)	X		X	X
	Natriumsalze der CMP	X		X	X

4/1. EU/LM für spez. Gruppen
Anlage

Stoff			Lebensmittelkategorie			
			Säuglingsanfangsnahrung und Folgenahrung	Getreidebeikost und andere Beikost	Lebensmittel für besondere medizinische Zwecke	Tagesration für gewichtskontrollierende Ernährung
Cholin und Inositol		Guanosin-5'-phosphorsäure (GMP)	X		X	X
		Natriumsalze der GMP	X		X	X
		Inosin-5'-phosphorsäure (IMP)	X		X	X
		Natriumsalze der IMP	X		X	X
		Uridin-5'-phosphorsäure (UMP)	X		X	X
		Natriumsalze der UMP	X		X	X
		Cholin	X	X	X	X
		Cholinchlorid	X	X	X	X
		Cholinbitartrat	X	X	X	X
		Cholincitrat	X	X	X	X
		Inositol	X	X	X	X

4/2. Delegierte Verordnung (EU) 2016/127 zur Ergänzung der Verordnung (EU) Nr. 609/2013 des Europäischen Parlaments und des Rates im Hinblick auf die besonderen Zusammensetzungs- und Informationsanforderungen für Säuglingsanfangsnahrung und Folgenahrung und hinsichtlich der Informationen, die bezüglich der Ernährung von Säuglingen und Kleinkindern bereitzustellen sind

ABl L 25 vom 2. 2. 2016, S. 1 idF

1 ABl L 257 vom 23. 9. 2016, S. 30 (Berichtigung)
2 ABl L 94 vom 12. 4. 2018, S. 1
3 ABl L 137 vom 23. 5. 2019, S. 12
4 ABl L 225 vom 25. 6. 2021, S. 4

Delegierte Verordnung (EU) 2016/127 der Kommission vom 25. September 2015 zur Ergänzung der Verordnung (EU) Nr. 609/2013 des Europäischen Parlaments und des Rates im Hinblick auf die besonderen Zusammensetzungs- und Informationsanforderungen für Säuglingsanfangsnahrung und Folgenahrung und hinsichtlich der Informationen, die bezüglich der Ernährung von Säuglingen und Kleinkindern bereitzustellen sind

DIE EUROPÄISCHE KOMMISSION –

gestützt auf den Vertrag über die Arbeitsweise der Europäischen Union,

gestützt auf die Verordnung (EU) Nr. 609/2013 des Europäischen Parlaments und des Rates vom 12. Juni 2013 über Lebensmittel für Säuglinge und Kleinkinder, Lebensmittel für besondere medizinische Zwecke und Tagesrationen für gewichtskontrollierende Ernährung und zur Aufhebung der Richtlinie 92/52/EWG des Rates, der Richtlinien 96/8/EG, 1999/21/EG, 2006/125/EG und 2006/141/EG der Kommission, der Richtlinie 2009/39/EG des Europäischen Parlaments und des Rates sowie der Verordnungen (EG) Nr. 41/2009 und (EG) Nr. 953/2009 der Kommission[1], insbesondere auf Artikel 11 Absatz 1,

in Erwägung nachstehender Gründe:
(1) In der Richtlinie 2006/141/EG der Kommission[2] sind entsprechend der Regelung der Richtlinie 2009/39/EG des Europäischen Parlaments und des Rates[3] harmonisierte Vorschriften über Säuglingsanfangsnahrung und Folgenahrung festgelegt.

(2) Die Richtlinien 2009/39/EG und 2006/141/EG werden durch die Verordnung (EU) Nr. 609/2013 aufgehoben. Die genannte Verordnung enthält allgemeine Zusammensetzungs- und Informationsanforderungen für unterschiedliche Kategorien von Lebensmitteln, darunter Säuglingsanfangsnahrung und Folgenahrung. Die Kommission muss besondere Zusammensetzungs- und Informationsanforderungen für Säuglingsanfangsnahrung und Folgenahrung unter Berücksichtigung der Bestimmungen der Richtlinie 2006/141/EG erlassen.

(3) Säuglingsanfangsnahrung ist das einzige verarbeitete Nahrungsmittel, das den Ernährungsanforderungen von Säuglingen während der ersten Lebensmonate bis zur Einführung einer angemessenen Beikost voll gerecht wird. Um die Gesundheit von Säuglingen zu schützen, muss gewährleistet sein, dass keine anderen Erzeugnisse als Säuglingsanfangsnahrung für eine Verwendung während dieses Zeitraums auf den Markt kommen.

(4) Die Grundzusammensetzung von Säuglingsanfangsnahrung und Folgenahrung muss den Ernährungsanforderungen gesunder Säuglinge entsprechen, wie sie durch allgemein anerkannte wissenschaftliche Daten belegt sind.

(5) Bei Säuglingsanfangsnahrung und Folgenahrung handelt es sich um hoch entwickelte Er-

---

Zur Präambel
[1] *ABl. L 181 vom 29.6.2013, S. 35.*

Zu Abs. 1:
[2] *Richtlinie 2006/141/EG der Kommission vom 22. Dezember 2006 über Säuglingsanfangsnahrung und Folgenahrung und zur Änderung der Richtlinie 1999/21/EG (ABl. L 401 vom 30.12.2006, S. 1).*

[3] *Richtlinie 2009/39/EG des Europäischen Parlaments und des Rates vom 6. Mai 2009 über Lebensmittel, die für eine besondere Ernährung bestimmt sind (ABl. L 124 vom 20.5.2009, S. 21).*

zeugnisse, die speziell auf eine schutzbedürftige Verbrauchergruppe zugeschnitten sind. Um die Sicherheit und Eignung solcher Erzeugnisse sicherzustellen, sollten detaillierte Anforderungen für die Zusammensetzung von Säuglingsanfangsnahrung und Folgenahrung festgelegt werden, auch hinsichtlich des Brennwerts und des Gehalts an Makronährstoffen und Mikronährstoffen. Diese Anforderungen sollten auf den jüngsten wissenschaftlichen Empfehlungen der Europäischen Behörde für Lebensmittelsicherheit (im Folgenden die „Behörde") in ihrem Gutachten zur Grundzusammensetzung von Säuglingsanfangsnahrung und Folgenahrung[4] beruhen.

(6) Um Innovation und Produktentwicklung sicherzustellen, sollte es möglich sein, Säuglingsanfangsnahrung und Folgenahrung auf freiwilliger Basis Zutaten beizufügen, die nicht durch spezifische Anforderungen im Rahmen dieser Verordnung abgedeckt sind. Alle bei der Herstellung von Säuglingsanfangsnahrung und Folgenahrung verwendeten Zutaten sollten sich für Säuglinge eignen, und ihre Eignung sollte erforderlichenfalls durch geeignete Studien nachgewiesen worden sein. Es obliegt den Lebensmittelunternehmern, diese Eignung nachzuweisen, und den zuständigen nationalen Behörden, dies von Fall zu Fall zu prüfen. Leitlinien für die Konzeption und Durchführung geeigneter Studien sind von wissenschaftlichen Expertengruppen wie dem Wissenschaftlichen Ausschuss „Lebensmittel", dem britischen Committee on the Medical Aspects of Food and Nutrition Policy und der European Society for Paediatric Gastroenterology, Hepatology and Nutrition veröffentlicht worden. Derartige Leitlinien sollten bei der Herstellung von Säuglingsanfangsnahrung und Folgenahrung berücksichtigt werden.

(7) Gemäß Verordnung (EU) Nr. 609/2013 muss die Kommission Vorschriften erlassen, durch die die Verwendung von Pestiziden eingeschränkt oder verboten wird, sowie Vorschriften über Pestizidrückstände in Säuglingsanfangsnahrung und Folgenahrung; dabei sind die gegenwärtig in den Anhängen der Richtlinie 2006/141/EG festgelegten Vorschriften zu berücksichtigen. Der Erlass von Vorschriften, die dem Stand der Wissenschaft entsprechen, erfordert einen erheblichen Zeitaufwand, da eine umfassende Bewertung einer Reihe von Aspekten, einschließlich der Eignung der toxikologischen Referenzwerte für Säuglinge und Kleinkinder, durch die Behörde vorgenommen werden muss. Da die Verordnung (EU) Nr. 609/2013 den 20. Juli 2015 als Endtermin für den Erlass dieser delegierten Verordnung festsetzt, sollten in diesem Stadium die bestehenden einschlägigen Anforderungen der Richtlinie 2006/141/EG übernommen werden. Es ist indessen angezeigt, die Terminologie der Verordnung (EG) Nr. 1107/2009 des Europäischen Parlaments und des Rates[5] zu verwenden.

(8) In der Richtlinie 2006/141/EG sind besondere Anforderungen an die Verwendung von Pestiziden in Erzeugnissen, die zur Herstellung von Säuglingsanfangsnahrung und Folgenahrung bestimmt sind, und an deren Rückstände in solchen Lebensmitteln festgelegt; diese Anforderungen stützen sich auf zwei Gutachten des Wissenschaftlichen Ausschusses „Lebensmittel" vom 19. September 1997[6] bzw. vom 4. Juni 1998[7].

(9) Gemäß dem Vorsorgeprinzip wird ein sehr niedriger Rückstandshöchstgehalt (maximum residue level – MRL) von 0,01 mg/kg für alle Pestizide festgesetzt. Darüber hinaus werden strengere Grenzwerte für eine geringe Zahl von Pestiziden oder deren Metaboliten festgesetzt, bei denen sogar ein Rückstandshöchstgehalt von 0,01 mg/kg unter den ungünstigsten Aufnahmebedingungen zu einer Exposition führen könnte, die die zulässige Tagesdosis (ADI) für Säuglinge und Kleinkinder übersteigt.

(10) Ein Verbot des Einsatzes bestimmter Pestizide würde nicht zwangsläufig garantieren, dass Säuglingsanfangsnahrung und Folgenahrung frei von diesen Pestiziden sind, da einige Pestizide über lange Zeiträume unverändert in der Umwelt verbleiben und Rückstände davon in Lebensmittel gelangen können. Aus diesem Grund werden diese Pestizide als nicht verwendet betrachtet, wenn ihre Rückstände unter einem bestimmten Wert liegen.

Zu Abs. 5:
[4] *EFSA NDA Panel (EFSA Panel on Dietetic Products, Nutrition and Allergies), 2014. Scientific Opinion on the essential composition of infant and follow-on formulae. The EFSA Journal 2014; 12(7):3760.*

Zu Abs. 7:
[5] *Verordnung (EG) Nr. 1107/2009 des Europäischen Parlaments und des Rates vom 21. Oktober 2009 über das Inverkehrbringen von Pflanzenschutzmitteln und zur Aufhebung der Richtlinien 79/117/EWG und 91/414/EWG des Rates (ABl. L 309 vom 24.11.2009, S. 1).*

Zu Abs. 8:
[6] *Stellungnahme des Wissenschaftlichen Ausschusses „Lebensmittel" (SCF) über eine Höchstmenge für Rückstände (MRL) von 0,01 mg/kg für Schädlingsbekämpfungsmittel in Nahrung für Säuglinge und Kleinkinder (abgegeben am 19. September 1997).*

[7] *Weiteres Gutachten zur Stellungnahme des Wissenschaftlichen Ausschusses „Lebensmittel" vom 19. September 1997 über eine Höchstmenge für Rückstände (MRL) von 0,01 mg/kg für Schädlingsbekämpfungsmittel in Nahrung für Säuglinge und Kleinkinder (vom SCF am 4. Juni 1998 angenommen).*

(11) Säuglingsanfangsnahrung und Folgenahrung müssen der Verordnung (EU) Nr. 1169/2011 des Europäischen Parlaments und des Rates[8] entsprechen. Um den Besonderheiten von Säuglingsanfangsnahrung und Folgenahrung Rechnung zu tragen und das Stillen zu fördern und zu schützen, sollten in der vorliegenden Verordnung, soweit angezeigt, Ergänzungen und Ausnahmen zu diesen allgemeinen Bestimmungen festgelegt werden.

(12) Angesichts der besonderen Funktion von Säuglingsanfangsnahrung und Folgenahrung in der Ernährung von Säuglingen ist es wichtig, sicherzustellen, dass in Drittländer ausgeführte Erzeugnisse Lebensmittelinformationen in einer für Eltern und Betreuer leicht verständlichen Sprache aufweisen, falls es in dem Einfuhrland keine einschlägigen spezifischen Bestimmungen gibt oder solche mit diesem vereinbart wurden.

(13) Da Säuglingsanfangsnahrung und Folgenahrung in der Ernährung von Säuglingen eine unterschiedliche Funktion haben, ist es angezeigt, Bestimmungen festzulegen, nach denen eine klare Unterscheidung zwischen diesen Erzeugnissen möglich sein muss, sodass das Risiko einer Verwechslung ausgeschlossen wird.

(14) Die Nährwertdeklaration für Säuglingsanfangsnahrung und Folgenahrung ist unerlässlich, um deren angemessene Verwendung zu gewährleisten, sowohl für Eltern und Betreuer als auch für die Angehörigen der Gesundheitsberufe, die ihren Verzehr empfehlen. Aus diesem Grund und um vollständigere Informationen zur Verfügung zu stellen, sollte die Nährwertdeklaration mehr Angaben umfassen als diejenigen, die die Verordnung (EU) Nr. 1169/2011 verlangt. Außerdem sollte die Ausnahmeregelung in Anhang V Nummer 18 der Verordnung (EU) Nr. 1169/2011 nicht gelten, vielmehr sollte die Nährwertdeklarationen für Säuglingsanfangsnahrung und Folgenahrung grundsätzlich unabhängig von der Größe der Verpackung oder des Behältnisses verpflichtend sein.

Zu Abs. 11:

[8] *Verordnung (EU) Nr. 1169/2011 des Europäischen Parlaments und des Rates vom 25. Oktober 2011 betreffend die Information der Verbraucher über Lebensmittel und zur Änderung der Verordnungen (EG) Nr. 1924/2006 und (EG) Nr. 1925/2006 des Europäischen Parlaments und des Rates und zur Aufhebung der Richtlinie 87/250/EWG der Kommission, der Richtlinie 90/496/EWG des Rates, der Richtlinie 1999/10/EG der Kommission, der Richtlinie 2000/13/EG des Europäischen Parlaments und des Rates, der Richtlinien 2002/67/EG und 2008/5/EG der Kommission und der Verordnung (EG) Nr. 608/2004 der Kommission (ABl. L 304 vom 22.11.2011, S. 18).*

(15) Artikel 30 Absatz 2 der Verordnung (EU) Nr. 1169/2011 enthält eine begrenzte Liste mit Nährstoffen, die auf freiwilliger Basis in die Nährwertdeklaration für Lebensmittel aufgenommen werden können. Der genannte Artikel umfasst nicht alle Stoffe, die Säuglingsanfangsnahrung und Folgenahrung zugesetzt werden dürfen. Zur Gewährleistung der Rechtsklarheit sollte explizit festgelegt werden, dass die Nährwertdeklaration für Säuglingsanfangsnahrung und Folgenahrung solche Stoffe enthalten darf. Außerdem könnten in manchen Fällen detailliertere Angaben der in dem Erzeugnis enthaltenen Proteine, Kohlenhydrate und Fette zusätzliche nützliche Informationen für Eltern, Betreuer und Angehörige der Gesundheitsberufe bieten. Lebensmittelunternehmern sollte es daher erlaubt sein, solche Informationen auf freiwilliger Basis bereitzustellen.

(16) Im Hinblick auf eine bessere Vergleichbarkeit der Erzeugnisse sollte die Nährwertdeklaration für Säuglingsanfangsnahrung und Folgenahrung pro 100 ml des gebrauchsfertigen Lebensmittels nach Zubereitung gemäß den Anweisungen des Herstellers ausgedrückt werden.

(17) Säuglingsanfangsnahrung ist ein Lebensmittel, das zur Verwendung für Säuglinge während der ersten Lebensmonate bestimmt ist und bis zur Einführung einer angemessenen Beikost für sich allein die Ernährungsanforderungen dieser Säuglinge deckt. Die Angabe des Brennwerts und der Nährstoffmengen von Säuglingsanfangsnahrung in Prozent der täglichen Referenzmenge würde die Verbraucher irreführen und sollte daher nicht zugelassen werden. Folgenahrung hingegen bezeichnet Lebensmittel, die zur Verwendung für Säuglinge ab Einführung einer angemessenen Beikost bestimmt sind und den größten flüssigen Anteil einer nach und nach abwechslungsreicheren Kost für diese Säuglinge darstellen. Aus diesem Grund und um die Vergleichbarkeit mit anderen Lebensmitteln, die in der Ernährung solcher Säuglinge aufgenommen werden können, zu gewährleisten, sollten Nährwertangaben für Folgenahrung in Prozent der täglichen Referenzmenge zugelassen werden. Da gesunde Säuglinge einen anderen Ernährungsbedarf als Erwachsene haben, würde die Verwendung täglicher Referenzmengen, wie in der Verordnung (EU) Nr. 1169/2011 für die allgemeine erwachsene Bevölkerung vorgesehen, die Verbraucher irreführen und sollte daher nicht zugelassen werden. Für Folgenahrung sollten als Prozentsatz spezifischer Referenzmengen ausgedrückte Nährwertangaben nur zugelassen werden, wenn diese für die Altersgruppe geeignet sind.

(18) Nährwert- und gesundheitsbezogene Angaben sind Werbeinstrumente, die Lebensmittelunternehmer auf freiwilliger Basis in der kommer-

ziellen Kommunikation gemäß den Bestimmungen der Verordnung (EG) Nr. 1924/2006 des Europäischen Parlaments und des Rates[9] verwenden. Angesichts der besonderen Funktion von Säuglingsanfangsnahrung in der Ernährung von Säuglingen sollten nährwert- und gesundheitsbezogene Angaben für Säuglingsanfangsnahrung nicht zugelassen werden.

(19) Hinweise auf das Vorhandensein oder Nichtvorhandensein von Laktose in Säuglingsanfangsnahrung und Folgenahrung können nützliche Informationen für Eltern und Betreuer liefern. Es ist daher angezeigt, Vorschriften für solche Hinweise festzulegen, die unter Berücksichtigung künftiger Marktentwicklungen überarbeitet werden können.

(20) Der obligatorische Zusatz von Docosahexaensäure (DHA) zu Säuglingsanfangsnahrung und Folgenahrung ist eine mit dieser Verordnung neu eingeführte Anforderung und entspricht der jüngsten Empfehlung der Behörde in ihrem Gutachten zur Grundzusammensetzung von Säuglingsanfangsnahrung und Folgenahrung. Da die Zugabe von DHA auf freiwilliger Basis gemäß der Richtlinie 2006/141/EG zulässig war und Eltern und Betreuer mit der nährwertbezogenen Angabe bezüglich des Vorhandenseins von DHA in Säuglingsanfangsnahrung – deren Verwendung im Rahmen der genannten Richtlinie zulässig war – vertraut sind, sollte es Lebensmittelunternehmern daher erlaubt sein, für einen begrenzten Zeitraum weiterhin durch einen Hinweis, dessen Wortlaut in dieser Verordnung festgelegt ist, auf das Vorhandensein von DHA in Säuglingsanfangsnahrung hinzuweisen, um Unklarheiten zu vermeiden. Es ist jedoch wichtig, dass die Verbraucher durch diesen Hinweis vollständig darüber informiert werden, dass DHA in allen als Säuglingsanfangsnahrung in Verkehr gebrachten Erzeugnissen enthalten sein muss.

(21) Die Verwendung von Proteinhydrolysaten als Proteinquelle in Säuglingsanfangsnahrung und Folgenahrung ist gemäß der Richtlinie 2006/141/EG seit vielen Jahre zulässig, und die Verwendung von Proteinhydrolysaten zur Herstellung solcher Nahrung ist auf dem Markt weit verbreitet. Zurückzuführen ist dies insbesondere auf die im Rahmen der genannten Richtlinie anerkannte Möglichkeit, unter bestimmten, in der Richtlinie festgelegten Bedingungen eine gesundheitsbezogene Angabe über aus Proteinhydrolysaten hergestellte Säuglingsanfangsnahrung zu machen, in der die Funktion dieser Nahrung bei der Verringerung des Risikos von Allergien auf Milchproteine beschrieben wird. In ihrem Gutachten zur Grundzusammensetzung von Säuglingsanfangsnahrung und Folgenahrung wies die Behörde darauf hin, dass die Sicherheit und Eignung jeder spezifischen Nahrung, die Proteinhydrolysate enthält, durch eine klinische Bewertung festgestellt werden muss und dass bislang lediglich in einem Fall Molkenprotein-Teilhydrolysate enthaltende Nahrung positiv bewertet wurde. Ferner wies die Behörde darauf hin, dass klinische Studien erforderlich sind, um aufzuzeigen, ob und in welchem Umfang eine bestimmte Nahrung das Risiko der Entwicklung kurz- und langfristiger klinischer Erscheinungen von Allergien bei gefährdeten Säuglingen, die nicht gestillt werden, verringert. Angesichts des Gutachtens der Behörde sollte Säuglingsanfangsnahrung und Folgenahrung, die aus Proteinhydrolysaten hergestellt werden, nur in Verkehr gebracht werden, wenn ihre Zusammensetzung den Anforderungen dieser Verordnung entspricht. Diese Anforderungen können angepasst werden, um das Inverkehrbringen von aus Proteinhydrolysaten hergestellter Nahrung mit einer Zusammensetzung, die von der bereits positiv bewerteten abweicht, im Anschluss an eine Einzelfallbeurteilung ihrer Sicherheit und Eignung durch die Behörde zu genehmigen. Darüber hinaus wird nach der Bewertung durch die Behörde auf der Grundlage von Studien, in denen die Funktion einer spezifischen aus Proteinhydrolysaten hergestellten Säuglingsanfangsnahrung bei der Verringerung des Risikos der Entwicklung von Allergien auf Milchproteine nachgewiesen wird, die Frage geprüft, wie Eltern und Betreuer über diese Eigenschaft des Erzeugnisses angemessen informiert werden können.

(22) Gemäß der Verordnung (EU) Nr. 609/2013 sind die Kennzeichnung, Aufmachung und Bewerbung von Säuglingsanfangsnahrung und Folgenahrung so zu gestalten, dass sie nicht vom Stillen abhalten. Es besteht wissenschaftlicher Konsens, dass Muttermilch die bevorzugte Nahrung für gesunde Säuglinge ist, und die Union und ihre Mitgliedstaaten halten an der Unterstützung des Stillens fest. In den Schlussfolgerungen des Rates zu Ernährung und körperlicher Bewegung[10] wurden die Mitgliedstaaten zur Förderung und Unterstützung einer adäquaten Stillzeit aufgefordert, und die Vereinbarung der Mitgliedstaaten über einen EU-Aktionsplan zu Adipositas im Kindesalter 2014-2020, der eine Reihe von Maßnahmen zur Erhöhung der Stillquo-

---

Zu Abs. 18:

[9] *Verordnung (EG) Nr. 1924/2006 des Europäischen Parlaments und des Rates vom 20. Dezember 2006 über nährwert- und gesundheitsbezogene Angaben über Lebensmittel (ABl. L 404 vom 30.12.2006, S. 9).*

Zu Abs. 22:

[10] *ABl. C \213 vom 8.7.2014, S. 1.*

ten in der Union umfasst, wurde begrüßt. Mit dem EU-Aktionsplan wird auch die Bedeutung anerkannt, die nach wie vor dem Internationalen Kodex für die Vermarktung von Muttermilchersatzprodukten der Weltgesundheitsorganisation (WHO) zukommt, der die Grundlage der Richtlinie 2006/141/EG bildete. Ziel des von der 34. Weltgesundheitsversammlung beschlossenen WHO-Kodex ist es, durch Schutz und Förderung des Stillens sowie durch richtige Verwendung von Muttermilchersatzprodukten zur sicheren und angemessenen Ernährung von Säuglingen beizutragen. Darin sind eine Reihe von Grundsätzen festgehalten, unter anderem zu Marketing, Information und Zuständigkeiten von Gesundheitsbehörden.

(23) Um die Gesundheit von Säuglingen zu schützen, sollten die in dieser Verordnung verankerten Vorschriften – insbesondere diejenigen über Kennzeichnung, Aufmachung, Werbung sowie Verkaufsförderungs- und Handelspraktiken – weiterhin mit den Grundsätzen und Zielen des Internationalen Kodex für die Vermarktung von Muttermilchersatzprodukten übereinstimmen, wobei allerdings die Besonderheiten der rechtlichen und tatsächlichen Gegebenheiten in der Union zu beachten sind. Insbesondere wurde nachgewiesen, dass die unmittelbare Werbung beim Verbraucher und andere Vermarktungstechniken Eltern und Betreuer darin beeinflussen, wie sie ihre Säuglinge ernähren. Aus diesem Grund und angesichts der besonderen Funktion von Säuglingsanfangsnahrung in der Ernährung von Säuglingen sollten in dieser Verordnung spezifische Beschränkungen für die Bewerbung und andere Vermarktungstechniken für diese Erzeugniskategorie festgelegt werden. Diese Verordnung sollte jedoch nicht die Bedingungen betreffen, unter denen Veröffentlichungen über Säuglingspflege und wissenschaftliche Publikationen gehandelt werden.

(24) Darüber hinaus werden Schwangere, Eltern und Betreuer bei der Auswahl der Nahrungsmittel für Kinder durch Informationen über die Ernährung von Säuglingen und Kleinkindern beeinflusst. Es ist daher erforderlich, Anforderungen festzulegen, die, entsprechend den Grundsätzen des WHO-Kodex, besagen, dass solche Informationen eine ordnungsgemäße Verwendung dieser Erzeugnisse ermöglichen müssen und der Förderung des Stillens nicht entgegenwirken dürfen.

(25) Artikel 17 Absatz 2 der Verordnung (EG) Nr. 178/2002 des Europäischen Parlaments und des Rates[11] verpflichtet die Mitgliedstaaten, das Lebensmittelrecht durchzusetzen und zu überwachen sowie zu überprüfen, ob die entsprechenden Anforderungen des Lebensmittelrechts von den Lebensmittel- und Futtermittelunternehmern in allen Produktions-, Verarbeitungs- und Vertriebsstufen eingehalten werden. Um die wirksame amtliche Überwachung von Säuglingsanfangsnahrung und Folgenahrung zu erleichtern, sollten in diesem Kontext Lebensmittelunternehmer, die Säuglingsanfangsnahrung und Folgenahrung in Verkehr bringen, den zuständigen nationalen Behörden ein Muster des verwendeten Etiketts sowie alle relevanten Informationen vorlegen, die für notwendig erachtet werden, um die Einhaltung der vorliegenden Verordnung nachzuweisen. Eine ähnliche Verpflichtung sollte für bestimmte Arten von Folgenahrung gelten, es sei denn, die Mitgliedstaaten verfügen über ein anderes wirksames Überwachungssystem.

(26) Um den Lebensmittelunternehmern die Anpassung an die neuen Anforderungen zu ermöglichen, sollte der Anwendungszeitpunkt der vorliegende Verordnung vier Jahre nach dem Inkrafttreten liegen. Angesichts der Zahl und des Gewichts der neuen Anforderungen an Säuglingsanfangsnahrung und Folgenahrung, die aus Proteinhydrolysaten hergestellt werden, sollte der Anwendungszeitpunkt der vorliegenden Verordnung in Bezug auf diese Erzeugnisse fünf Jahre nach dem Inkrafttreten liegen –

HAT FOLGENDE VERORDNUNG ERLASSEN:

Artikel 1
Inverkehrbringen

(1) Säuglingsanfangsnahrung und Folgenahrung dürfen nur in Verkehr gebracht werden, wenn sie dieser Verordnung genügen.

(2) Kein anderes Erzeugnis außer Säuglingsanfangsnahrung darf als für sich allein den Ernährungsanforderungen gesunder Säuglinge während der ersten Lebensmonate bis zur Einführung einer angemessenen Beikost genügend in den Verkehr gebracht oder in anderer Weise als diese Bedingungen erfüllend ausgegeben werden.

Zu Abs. 25:

[1] *Verordnung (EG) Nr. 178/2002 des Europäischen Parlaments und des Rates vom 28. Januar 2002 zur Festlegung der allgemeinen Grundsätze und Anforderungen des Lebensmittelrechts, zur Errichtung der Europäischen Behörde für Lebensmittelsicherheit und zur Festlegung von Verfahren zur Lebensmittelsicherheit (ABl. L 31 vom 1.2.2002, S. 1).*

Artikel 2
Zusammensetzungsanforderungen

(1) Säuglingsanfangsnahrung muss den Zusammensetzungsanforderungen des Anhangs I genügen, wobei die Werte für die unverzichtbaren und bedingt unverzichtbaren Aminosäuren gemäß Anhang III zu berücksichtigen sind.

(2) Folgenahrung muss den Zusammensetzungsanforderungen des Anhangs II genügen, wobei die Werte für die unverzichtbaren und bedingt unverzichtbaren Aminosäuren gemäß Anhang III zu berücksichtigen sind.

(3) Die Werte gemäß Anhang I und Anhang II gelten für gebrauchsfertige Säuglingsanfangsnahrung und Folgenahrung, die als solche im Handel sind oder nach den Anweisungen des Herstellers zubereitet wurden. Für die Zubereitung darf höchstens der Zusatz von Wasser erforderlich sein.

Artikel 3
Eignung der Zutaten

(1) Säuglingsanfangsnahrung wird aus den in Anhang I Nummer 2 aufgeführten Proteinquellen und sonstigen Zutaten hergestellt, deren Eignung für Säuglinge von der Geburt an durch allgemein anerkannte wissenschaftliche Daten nachgewiesen ist.

(2) Folgenahrung wird aus den in Anhang II Nummer 2 aufgeführten Proteinquellen und sonstigen Zutaten hergestellt, deren Eignung für Säuglinge, die älter als sechs Monate sind, durch allgemein anerkannte wissenschaftliche Daten nachgewiesen ist.

(3) Die Eignung gemäß den Absätzen 1 und 2 wird von dem Lebensmittelunternehmer durch eine systematische Auswertung der verfügbaren Daten in Bezug auf die erwarteten Vorteile und in Bezug auf Sicherheitserwägungen sowie erforderlichenfalls durch entsprechende Studien nachgewiesen, die unter Zugrundelegung von in Fachkreisen allgemein anerkannten Empfehlungen für Konzeption und Durchführung solcher Studien durchgeführt wurden.

Artikel 4
Anforderungen betreffend Pestizide

(1) Für die Zwecke dieses Artikels bezeichnet der Ausdruck „Rückstand" den Pestizidrückstand gemäß Artikel 3 Absatz 2 Buchstabe c der Verordnung (EG) Nr. 396/2005. *(ABl L 225 vom 25. 6. 2021, S. 4)*

(2) Die Rückstände in Säuglingsanfangsnahrung und Folgenahrung dürfen 0,01 mg/kg je Wirkstoff nicht überschreiten.

Die Rückstandsmengen sind mit allgemein anerkannten Standardanalysemethoden zu ermitteln.

(3) Abweichend von Absatz 2 gelten für die in Anhang IV aufgeführten Wirkstoffe die dort genannten Rückstandshöchstgehalte.

(4) Säuglingsanfangsnahrung und Folgenahrung dürfen nur aus Agrarerzeugnissen hergestellt werden, bei deren Erzeugung keine Pflanzenschutzmittel eingesetzt worden sind, die in Anhang V aufgeführte Wirkstoffe enthalten.

Für die Zwecke von Kontrollen gelten indessen Pflanzenschutzmittel, die die in Anhang V aufgeführten Wirkstoffe enthalten, als nicht verwendet, wenn ihre Rückstände 0,003 mg/kg nicht überschreiten.

(5) Die in den Absätzen 2, 3 und 4 aufgeführten Höchstwerte gelten für gebrauchsfertige Säuglingsanfangsnahrung und Folgenahrung, die als solche im Handel sind oder nach den Anweisungen des Herstellers zubereitet wurden.

Artikel 5
Bezeichnung der Lebensmittel

(1) Die Bezeichnung von Säuglingsanfangsnahrung und Folgenahrung, die nicht ausschließlich aus Kuhmilch- oder Ziegenmilchproteinen hergestellt werden, ist in Anhang VI Teil A festgelegt.

(2) Die Bezeichnung von Säuglingsanfangsnahrung und Folgenahrung, die ausschließlich aus Kuhmilch- oder Ziegenmilchproteinen hergestellt werden, ist in Anhang VI Teil B festgelegt.

Artikel 6
Besondere Anforderungen an die Lebensmittelinformationen

(1) Sofern in dieser Verordnung nichts anderes vorgesehen ist, müssen Säuglingsanfangsnahrung und Folgenahrung der Verordnung (EU) Nr. 1169/2011 genügen.

(2) „Neben den in Artikel 9 Absatz 1 der Verordnung (EU) Nr. 1169/2011 aufgeführten verpflichtenden Angaben sind für Säuglingsanfangsnahrung zusätzlich folgende Angaben verpflichtend:"

a) der Hinweis, dass das Erzeugnis sich für Säuglinge von der Geburt an eignet, wenn sie nicht gestillt werden;

b) eine Anleitung zur richtigen Zubereitung, Lagerung und Entsorgung des Erzeugnisses sowie eine Warnung vor der gesundheitsschädlichen Auswirkung einer unangemessenen Zubereitung und Lagerung;

c) ein Hinweis auf die Überlegenheit des Stillens sowie die Empfehlung, das Erzeugnis nur auf den Rat unabhängiger Fachleute auf dem Gebiet der Medizin, der Ernährung oder der

Pharmazie bzw. anderer für Säuglings- und Kinderpflege zuständiger Personen zu verwenden. Den Angaben gemäß diesem Buchstaben werden die Worte „wichtiger Hinweis" oder eine Formulierung gleicher Bedeutung vorangestellt, und sie werden auch in die Aufmachung und Bewerbung von Säuglingsanfangsnahrung aufgenommen.
(ABl L 257 vom 23. 9. 2016, S. 30)

(3) Neben den in Artikel 9 Absatz 1 der Verordnung (EU) Nr. 1169/2011 aufgeführten verpflichtenden Angaben, sind für Folgenahrung zusätzlich folgende Angaben verpflichtend:

a) der Hinweis, dass sich das Erzeugnis nur für Säuglinge ab einem Alter von mindestens sechs Monaten eignet, dass es nur Teil einer Mischkost sein soll, dass es nicht als Ersatz für die Muttermilch während der ersten sechs Lebensmonate verwendet werden soll und dass die Entscheidung, mit der Verwendung von Beikost zu beginnen, einschließlich eines ausnahmsweisen Beginns bereits in den ersten sechs Monaten, nur auf den Rat unabhängiger Fachleute auf dem Gebiet der Medizin, der Ernährung oder der Pharmazie bzw. anderer für Säuglings- und Kinderpflege zuständiger Personen und unter Berücksichtigung der Wachstums- und Entwicklungsbedürfnisse des einzelnen Säuglings getroffen werden soll;

b) eine Anleitung zur richtigen Zubereitung, Lagerung und Entsorgung des Erzeugnisses sowie eine Warnung vor der gesundheitsschädlichen Auswirkung einer unangemessenen Zubereitung und Lagerung.

(4) Artikel 13 Absätze 2 und 3 der Verordnung (EU) Nr. 1169/2011 gelten auch für die zusätzlichen verpflichtenden Angaben gemäß den Absätzen 2 und 3 dieses Artikels.

(5) Alle verpflichtenden Angaben zu Säuglingsanfangsnahrung und Folgenahrung sind in einer für die Verbraucher leicht verständlichen Sprache abzufassen.

(6) Die Kennzeichnung, Aufmachung und Bewerbung von Säuglingsanfangsnahrung und Folgenahrung muss die erforderlichen Informationen über die richtige Verwendung der Erzeugnisse vermitteln und darf nicht vom Stillen abhalten.
Bei der Kennzeichnung, Aufmachung und Bewerbung von Säuglingsanfangsnahrung und Folgenahrung dürfen die Ausdrücke „humanisiert", „maternisiert", „adaptiert" oder ähnliche Ausdrücke nicht verwendet werden.
Die Kennzeichnung, Aufmachung und Bewerbung von Säuglingsanfangsnahrung und Folgenahrung sind so zu konzipieren, dass die Verbraucher – vor allem aufgrund des Textes, der Bilder und der verwendeten Farben – klar zwischen Säuglingsanfangsnahrung und Folgenahrung unterscheiden können und jede Verwechslungsgefahr ausgeschlossen wird.

Artikel 7
Besondere Anforderungen an die Nährwertdeklaration

(1) Neben den in Artikel 30 Absatz 1 der Verordnung (EU) Nr. 1169/2011 aufgeführten Angaben muss die verpflichtende Nährwertdeklaration für Säuglingsanfangsnahrung und Folgenahrung die Menge aller in Anhang I oder Anhang II der vorliegenden Verordnung aufgeführten Mineralstoffe und Vitamine, die das Erzeugnis enthält, außer Molybdän, ausweisen.
In der verpflichtenden Nährwertdeklaration für Säuglingsanfangsnahrung muss auch die Menge an Cholin, Inositol und Carnitin angegeben werden.
Abweichend von Artikel 30 Absatz 1 der Verordnung (EU) Nr. 1169/2011 darf in der verpflichtenden Nährwertdeklaration für Säuglingsanfangsnahrung und Folgenahrung der Salzgehalt nicht angegeben werden.

(2) Neben den in Artikel 30 Absatz 2 Buchstaben a bis e der Verordnung (EU) Nr. 1169/2011 aufgeführten Angaben kann der Inhalt der verpflichtenden Nährwertdeklaration für Säuglingsanfangsnahrung und Folgenahrung durch eine oder mehrere der folgenden Angaben ergänzt werden:

a) die Mengen an Protein-, Kohlenhydrat- oder Fettkomponenten;

b) das Verhältnis zwischen Molkenproteinen und Kasein;

c) die Menge der in Anhang I oder Anhang II dieser Verordnung oder im Anhang der Verordnung (EU) Nr. 609/2013 aufgeführten Stoffe, falls die Angabe solcher Stoffe nicht durch Absatz 1 abgedeckt ist;

d) die Menge der gemäß Artikel 3 dem Erzeugnis zugesetzten Stoffe.

(3) Abweichend von Artikel 30 Absatz 3 der Verordnung (EU) Nr. 1169/2011 dürfen die in der verpflichtenden Nährwertdeklaration von Säuglingsanfangsnahrung und Folgenahrung enthaltenen Angaben nicht auf dem Etikett wiederholt werden.

(4) Die Nährwertdeklaration ist für Säuglingsanfangsnahrung und Folgenahrung grundsätzlich verpflichtend, unabhängig von der Größe der größten Fläche der Verpackung oder des Behältnisses.

(5) Die Artikel 31 bis 35 der Verordnung (EU) Nr. 1169/2011 gelten für alle in der Nährstoffdeklaration von Säuglingsanfangsnahrung und Folgenahrung aufgeführten Nährstoffe.

(6) Abweichend von Artikel 31 Absatz 3, Artikel 32 Absatz 2 und Artikel 33 Absatz 1 der Verordnung (EU) Nr. 1169/2011 sind der Brennwert und die Nährstoffmengen von Säuglingsanfangsnahrung und Folgenahrung pro 100 ml des

gebrauchsfertigen Lebensmittels nach Zubereitung gemäß den Anweisungen des Herstellers anzugeben. Soweit angezeigt, können die Angaben zusätzlich pro 100 g des Lebensmittels beim Verkauf gemacht werden.

(7) Abweichend von Artikel 32 Absätze 3 und 4 der Verordnung (EU) Nr. 1169/2011 dürfen der Brennwert und die Nährstoffmengen von Säuglingsanfangsnahrung und Folgenahrung nicht als Prozentsatz der Referenzmengen in Anhang XIII der genannten Verordnung angegeben werden.

Zusätzlich zu der in Absatz 6 genannten Form der Angabe kann bei Folgenahrung die Deklaration der Vitamine und Mineralstoffe hinsichtlich der in Anhang VII dieser Verordnung aufgeführten Vitamine und Mineralstoffe als Prozentsatz der in dem genannten Anhang aufgeführten Referenzmengen pro 100 ml des gebrauchsfertigen Lebensmittels nach Zubereitung gemäß den Anweisungen des Herstellers angegeben werden.

(8) Die Angaben in der Nährwertdeklaration von Säuglingsanfangsnahrung und Folgenahrung, die nicht in Anhang XV der Verordnung (EU) Nr. 1169/2011 aufgeführt sind, werden nach dem relevantesten Eintrag dieses Anhangs, zu dem sie gehören oder dessen Bestandteil sie sind, angeführt.

Angaben, die nicht in Anhang XV der Verordnung (EU) Nr. 1169/2011 aufgeführt sind und nicht zu einem gesonderten Eintrag dieses Anhangs gehören oder Bestandteil davon sind, werden in der Nährwertdeklaration nach dem letzten Eintrag des genannten Anhangs angeführt.

Artikel 8
Nährwert- und gesundheitsbezogene Angaben für Säuglingsanfangsnahrung

Nährwert- und gesundheitsbezogene Angaben über Säuglingsanfangsnahrung sind nicht zulässig.

Artikel 9
Hinweise auf Laktose und Docosahexaensäure (DHA)

(1) Der Hinweis „nur Laktose enthalten" kann für Säuglingsanfangsnahrung und Folgenahrung verwendet werden, sofern Laktose das einzige im Erzeugnis vorhandene Kohlenhydrat ist.

(2) Der Hinweis „laktosefrei" darf für Säuglingsanfangsnahrung und Folgenahrung verwendet werden, sofern der Laktoseanteil in dem Erzeugnis 2,5 mg/100 kJ (10 mg/100 kcal) nicht überschreitet.

Wird der Hinweis „laktosefrei" für aus anderen Proteinquellen als Sojaproteinisolaten hergestellte Säuglingsanfangsnahrung und Folgenahrung verwendet, so ist ihm der Hinweis „für Säuglinge mit Galaktosämie nicht geeignet" beizufügen, und zwar in derselben Schriftgröße und mit derselben Sichtbarkeit wie der Hinweis „laktosefrei" und in unmittelbarer Nähe dazu.

(3) Der Hinweis „enthält Docosahexaensäure (gesetzlich für Säuglingsanfangsnahrung vorgeschrieben)" oder „enthält DHA (gesetzlich für Säuglingsanfangsnahrung vorgeschrieben)" darf nur für Säuglingsanfangsnahrung verwendet werden, die vor dem 22. Februar 2025 in Verkehr gebracht wird.

Artikel 10
Anforderungen betreffend Verkaufsförderungs- und Handelspraktiken für Säuglingsanfangsnahrung

(1) Die Werbung für Säuglingsanfangsnahrung darf nur in der Säuglingspflege gewidmeten Veröffentlichungen und in wissenschaftlichen Publikationen erscheinen.

Die Mitgliedstaaten können die Werbung weiter einschränken oder untersagen. Solche Werbung darf nur wissenschaftliche und sachbezogene Informationen enthalten. Diese Information darf nicht implizieren oder suggerieren, dass Flaschennahrung der Muttermilch gleichwertig oder überlegen ist.

(2) Es darf keine Werbung in Verkaufsstellen geben, die Verbraucher durch Verteilung von Proben oder mit anderen Werbemitteln wie z. B. besonderen Auslagen, Rabattmarken, Zugabeartikeln, Sonderangeboten, Lockartikeln und Koppelungsgeschäften direkt auf Einzelhandelsebene zum Kauf von Säuglingsanfangsnahrung anregen.

(3) Herstellern und Vertreibern von Säuglingsanfangsnahrung ist es untersagt, an die Öffentlichkeit oder an Schwangere, Mütter und deren Familienmitglieder kostenlose oder verbilligte Erzeugnisse, Proben oder irgendein anderes Werbegeschenk zu verteilen, sei es direkt oder indirekt über das Gesundheitswesen oder Angehörige der Gesundheitsberufe.

(4) Säuglingsanfangsnahrung, die an Institutionen oder Organisationen zur Verwendung in den Institutionen oder zur Weiterverteilung außerhalb verschenkt oder zum Lagerpreis billig verkauft wird, darf nur für Säuglinge verwendet oder verteilt werden, die mit Säuglingsanfangsnahrung ernährt werden müssen, und das nur so lange, wie diese Säuglinge sie brauchen.

Artikel 11
Informationen, die bezüglich der Ernährung von Säuglingen und Kleinkindern bereitzustellen sind

(1) Die Mitgliedstaaten sorgen dafür, dass objektive und übereinstimmende Informationen über die Ernährung von Säuglingen und Kleinkindern zur Verwendung durch Familien und an der Säuglings- und Kleinkindernährung beteiligte

Personen verfügbar gemacht werden, wozu auch die Planung, Bereitstellung, Aufmachung und Verteilung von Informationen und deren Kontrolle gehört.

(2) Geschriebenes oder audiovisuelles Material für Informations- und Ausbildungszwecke, das die Ernährung von Säuglingen betrifft und sich an Schwangere oder Mütter von Säuglingen und Kleinkindern richtet, muss klare Informationen über folgende Punkte enthalten:

a) den Nutzen und die Vorzüge des Stillens;

b) die Ernährung der Mutter sowie die Vorbereitung auf das Stillen und die Möglichkeiten zur Fortsetzung des Stillens;

c) die mögliche negative Auswirkung der zusätzlichen Flaschennahrung auf das Stillen;

d) die Schwierigkeit, den Entschluss, nicht zu stillen, rückgängig zu machen;

e) erforderlichenfalls die sachgemäße Verwendung der Säuglingsanfangsnahrung.

Wenn dieses Material Informationen über die Verwendung von Säuglingsanfangsnahrung enthält, müssen diese auch Auskunft über die sozialen und finanziellen Auswirkungen, die Gefährdung der Gesundheit durch ungeeignete Lebensmittel oder Ernährungsmethoden und vor allem die Gefährdung der Gesundheit durch unsachgemäße Verwendung von Säuglingsanfangsnahrung geben. Dieses Material darf keine Bilder verwenden, mit denen die Verwendung von Säuglingsanfangsnahrung idealisiert wird.

(3) Die kostenlose Verteilung von Geräten oder Material für Information und Ausbildung durch Hersteller und Vertreiber darf nur auf Wunsch und mit der schriftlichen Genehmigung der zuständigen nationalen Behörde oder im Rahmen der von dieser Behörde für solche Fälle festgelegten Leitlinien erfolgen. Material und Geräte können den Namen oder das Firmenzeichen der Geberfirma tragen, dürfen jedoch keine besondere Handelsmarke für Säuglingsanfangsnahrung erwähnen und nur über das Gesundheitsversorgungssystem verteilt werden.

Artikel 12
Meldung des Inverkehrbringens

(1) Wird Säuglingsanfangsnahrung in Verkehr gebracht, so übermittelt der Lebensmittelunternehmer den zuständigen Behörden aller Mitgliedstaaten, in denen das betreffende Erzeugnis in Verkehr gebracht wird, die Angaben, die auf dem Etikett erscheinen, indem er ihnen ein Muster des für das Erzeugnis verwendeten Etiketts übermittelt, sowie alle anderen Informationen, die die zuständige Behörde vernünftigerweise verlangen kann, um sich von der Einhaltung der vorliegenden Verordnung zu überzeugen.

(2) Wird aus Proteinhydrolysaten hergestellte Folgenahrung oder andere als die in Anhang II aufgeführten Stoffe enthaltende Folgenahrung in Verkehr gebracht, so übermittelt der Lebensmittelunternehmer den zuständigen Behörden aller Mitgliedstaaten, in denen das betreffende Erzeugnis in Verkehr gebracht wird, die Angaben, die auf dem Etikett erscheinen, indem er ihnen ein Muster des für das Erzeugnis verwendeten Etiketts übermittelt, sowie alle anderen Informationen, die die zuständige Behörde vernünftigerweise verlangen kann, um sich von der Einhaltung der vorliegenden Verordnung zu überzeugen, es sei denn, ein Mitgliedstaat befreit den Lebensmittelunternehmer im Rahmen einer nationalen Regelung, die eine wirksame amtliche Überwachung des betreffenden Erzeugnisses gewährleistet, von dieser Verpflichtung.

Artikel 13
Richtlinie 2006/141/EG

Gemäß Artikel 20 Absatz 4 der Verordnung (EU) Nr. 609/2013 wird die Richtlinie 2006/141/EG mit Wirkung ab dem 22. Februar 2020 aufgehoben. Die Richtlinie 2006/141/EG gilt jedoch weiter bis 21. Februar 2021 für Säuglingsanfangsnahrung und Folgenahrung, die aus Proteinhydrolysaten hergestellt wird.

Bezugnahmen auf die Richtlinie 2006/141/EG in anderen Rechtsakten gelten entsprechend der Regelung des Absatzes 1 als Bezugnahmen auf die vorliegende Verordnung.

Artikel 14
Inkrafttreten und Anwendung

Diese Verordnung tritt am zwanzigsten Tag nach ihrer Veröffentlichung im *Amtsblatt der Europäischen Union* in Kraft.

Sie gilt ab dem 22. Februar 2020, außer für Säuglingsanfangsnahrung und Folgenahrung, die aus Proteinhydrolysaten hergestellt werden, für die sie ab dem 22. Februar 2021 gilt.

Für die Zwecke des Artikels 21 Absatz 1 Unterabsatz 2 der Verordnung (EU) Nr. 609/2013 gilt in Bezug auf Säuglingsanfangsnahrung und Folgenahrung, die aus Proteinhydrolysaten hergestellt werden, das spätere der in Absatz 2 dieses Artikels genannten Daten als Anwendungsbeginn.

Diese Verordnung ist in allen ihren Teilen verbindlich und gilt unmittelbar in jedem Mitgliedstaat.

Brüssel, den 25. September 2015

*Für die Kommission
Der Präsident
Jean-Claude JUNCKER*

ANHANG I

ANHANG I
ANFORDERUNGEN AN DIE ZUSAMMENSETZUNG GEMÄSS ARTIKEL 2 ABSATZ 1

1. **ENERGIE**

Mindestens	Höchstens
250 kJ/100 ml	293 kJ/100 ml
(60 kcal/100 ml)	(70 kcal/100 ml)

2. **PROTEINE**
(Proteingehalt = Stickstoffgehalt × 6,25)

2.1. Säuglingsanfangsnahrung, die aus Kuhmilch- oder Ziegenmilchproteinen hergestellt wird

Mindestens	Höchstens
0,43 g/100 kJ	0,6 g/100 kJ
(1,8 g/100 kcal)	(2,5 g/100 kcal)

Bei gleichem Brennwert muss Säuglingsanfangsnahrung, die aus Kuhmilch- oder Ziegenmilchproteinen hergestellt wird, jede unverzichtbare und bedingt unverzichtbare Aminosäure mindestens in der gleichen verwertbaren Menge enthalten wie das Referenzprotein gemäß Anhang III Abschnitt A. Bei dieser Berechnung können jedoch der Methionin- und Cysteingehalt zusammengerechnet werden, sofern das Verhältnis von Methionin zu Cystein nicht größer als 2 ist; der Phenylalanin- und Tyrosingehalt können zusammengerechnet werden, sofern das Verhältnis von Tyrosin zu Phenylalanin nicht größer als 2 ist. Das Verhältnis von Methionin zu Cystein und von Tyrosin zu Phenylalanin darf größer als 2 sein, sofern die Eignung des betreffenden Erzeugnisses für Säuglinge gemäß Artikel 3 Absatz 3 nachgewiesen wurde.

Der Gehalt an L-Carnitin muss mindestens 0,3 mg/100 kJ (1,2 mg/100 kcal) betragen.

2.2. Säuglingsanfangsnahrung, die aus Sojaproteinisolaten, pur oder als Mischung mit Kuhmilch- oder Ziegenmilchproteinen, hergestellt wird

Mindestens	Höchstens
0,54 g/100 kJ	0,67 g/100 kJ
(2,25 g/100 kcal)	(2,8 g/100 kcal)

Bei der Herstellung dieser Säuglingsanfangsnahrung dürfen nur Proteinisolate aus Soja verwendet werden.

Bei gleichem Brennwert muss Säuglingsanfangsnahrung, die aus Sojaproteinisolaten, pur oder in einer Mischung mit Kuhmilch- oder Ziegenmilchproteinen, hergestellt wird, jede unverzichtbare und bedingt unverzichtbare Aminosäure mindestens in der gleichen verwertbaren Menge enthalten wie das Referenzprotein gemäß Anhang III Abschnitt A. Bei dieser Berechnung können jedoch der Methionin- und Cysteingehalt zusammengerechnet werden, sofern das Verhältnis von Methionin zu Cystein nicht größer als 2 ist; der Phenylalanin- und Tyrosingehalt können zusammengerechnet werden, sofern das Verhältnis von Tyrosin zu Phenylalanin nicht größer als 2 ist. Das Verhältnis von Methionin zu Cystein und von Tyrosin zu Phenylalanin darf größer als 2 sein, sofern die Eignung des betreffenden Erzeugnisses für Säuglinge gemäß Artikel 3 Absatz 3 nachgewiesen wurde.

Der Gehalt an L-Carnitin muss mindestens 0,3 mg/100 kJ (1,2 mg/100 kcal) betragen.

2.3. Säuglingsanfangsnahrung, die aus Proteinhydrolysaten hergestellt wird

Mindestens	Höchstens
0,44 g/100 kJ	0,67 g/100 kJ
(1,86 g/100 kcal)	(2,8 g/100 kcal)

2.3.1. Proteinquelle

4/2. EU/SäuglingsV
ANHANG I

Entmineralisiertes Süßmolkenprotein aus Kuhmilch nach enzymatischer Ausfällung von Kasein unter Verwendung von Chymosin, bestehend aus:

a) 63 % Kasein-Glykomakropeptid-freies Molkeprotein-Isolat mit einem Protein-Mindestgehalt von 95 % der Trockenmasse und einer Protein-Denaturierung von weniger als 70 % sowie einem Asche-Höchstgehalt von 3 % und

b) 37 % Süßmolkenproteinkonzentrat mit einem Protein-Mindestgehalt von 87 % der Trockenmasse und Protein-Denaturierung von weniger als 70 % sowie einem Asche-Höchstgehalt von 3,5 %.

2.3.2. Proteinverarbeitung

Zweistufiges Hydrolyseverfahren unter Verwendung einer Trypsin-Zubereitung mit einem Wärmebehandlungsschritt (3 bis 10 Minuten bei 80 bis 100 °C) zwischen den beiden Hydrolyseschritten.

2.3.3. Unverzichtbare und bedingt unverzichtbare Aminosäuren und L-Carnitin

Bei gleichem Brennwert muss Säuglingsanfangsnahrung, die aus Proteinhydrolysaten hergestellt wird, jede unverzichtbare und bedingt unverzichtbare Aminosäure mindestens in der gleichen verwertbaren Menge enthalten wie das Referenzprotein gemäß Anhang III Abschnitt B. Bei dieser Berechnung können jedoch der Methionin- und Cysteingehalt zusammengerechnet werden, sofern das Verhältnis von Methionin zu Cystein nicht größer als 2 ist; der Phenylalanin- und Tyrosingehalt können zusammengerechnet werden, sofern das Verhältnis von Tyrosin zu Phenylalanin nicht größer als 2 ist. Das Verhältnis von Methionin zu Cystein und Tyrosin zu Phenylalanin darf größer als 2 sein, sofern die Eignung des betreffenden Erzeugnisses für Säuglinge gemäß Artikel 3 Absatz 3 nachgewiesen wurde.

Der Gehalt an L-Carnitin muss mindestens 0,3 mg/100 kJ (1,2 mg/100 kcal) betragen.

2.4. In allen Fällen dürfen Aminosäuren der Säuglingsanfangsnahrung nur zur Verbesserung des Nährwerts der Proteine in den hierfür notwendigen Mengen zugesetzt werden.

3. TAURIN

Wenn Taurin Säuglingsanfangsnahrung zugesetzt wird, darf der Tauringehalt nicht größer als 2,9 mg/100 kJ (12 mg/100 kcal) sein.

4. CHOLIN

Mindestens	Höchstens
6,0 mg/100 kJ	12 mg/100 kJ
(25 mg/100 kcal)	(50 mg/100 kcal)

5. LIPIDE

Mindestens	Höchstens
1,1 g/100 kJ	1,4 g/100 kJ
(4,4 g/100 kcal)	(6,0 g/100 kcal)

5.1. Die Verwendung folgender Stoffe ist untersagt:
 – Sesamöl,
 – Baumwollsaatöl.

5.2. Der Gehalt an trans-Fettsäuren darf 3 % des gesamten Fettgehalts nicht übersteigen.

5.3. „Der Erucasäure-Gehalt darf 0,4 % des gesamten Fettgehalts nicht übersteigen." *(ABl L 137 vom 23. 5. 2019, S. 12)*

5.4. Linolsäure

Mindestens	Höchstens
120 mg/100 kJ	300 mg/100 kJ
(500 mg/100 kcal)	(1 200 mg/100 kcal)

5.5. Alpha-Linolensäure

4/2. EU/SäuglingsV
ANHANG I

Mindestens	Höchstens
12 mg/100 kJ	24 mg/100 kJ
(50 mg/100 kcal)	(100 mg/100 kcal)

5.6. Docosahexaensäure

Mindestens	Höchstens
4,8 mg/100 kJ	12 mg/100 kJ
(20 mg/100 kcal)	(50 mg/100 kcal)

5.7. Weitere langkettige (20 und 22 Kohlenstoffatome) mehrfach ungesättigte Fettsäuren können zugesetzt werden. In diesem Fall darf ihr Anteil bei langkettigen mehrfach ungesättigten Fettsäuren höchstens 2 % (bei Arachidonsäure höchstens 1 % (20:4 n-6)) des gesamten Fettgehalts betragen.

Der Gehalt an Eicosapentaensäure (20:5 n-3) darf nicht höher als der Gehalt an Docosahexaensäure (22:6 n-3) sein.

6. PHOSPHOLIPIDE

Der Gehalt an Phospholipiden in Säuglingsanfangsnahrung darf nicht höher als 2 g/l sein.

7. INOSITOL

Mindestens	Höchstens
0,96 mg/100 kJ	9,6 mg/100 kJ
(4 mg/100 kcal)	(40 mg/100 kcal)

8. KOHLENHYDRATE

Mindestens	Höchstens
2,2 g/100 kJ	3,3 g/100 kJ
(9 g/100 kcal)	(14 g/100 kcal)

8.1. Es dürfen nur folgende Kohlenhydrate verwendet werden:
– Laktose,
– Maltose,
– Saccharose,
– Glukose,
– Glukosesirup oder getrockneter Glukosesirup,
– Malto-Dextrine,
– vorgekochte Stärke (von Natur aus glutenfrei),
– gelatinierte Stärke (von Natur aus glutenfrei).

8.2. Laktose

Mindestens	Höchstens
1,1 g/100 kJ	–
(4,5 g/100 kcal)	–

Diese Mindestgehalte gelten nicht für Säuglingsanfangsnahrungen,
– bei denen der Anteil an Sojaproteinisolaten mehr als 50 % des Gesamtproteingehalts beträgt, oder
– die den Hinweis „laktosefrei" gemäß Artikel 9 Absatz 2 tragen.

8.3. Saccharose

Saccharose darf ausschließlich aus Proteinhydrolysaten hergestellter Säuglingsanfangsnahrung zugesetzt werden. Wird Saccharose zugesetzt, darf sie nicht mehr als 20 % des Gesamtkohlenhydratgehalts ausmachen.

8.4. Glukose

Glukose darf ausschließlich aus Proteinhydrolysaten hergestellter Säuglingsanfangsnahrung zugesetzt werden. Wird Glukose zugesetzt, darf ihr Gehalt 0,5 g/100 kJ (2 g/100 kcal) nicht übersteigen.

8.5. Glukosesirup oder getrockneter Glukosesirup

Glukosesirup oder getrockneter Glukosesirup darf aus Kuhmilch- oder Ziegenmilchproteinen hergestellter Säuglingsanfangsnahrung oder Säuglingsanfangsnahrung, die aus Sojaproteinisolaten (pur oder in einer Mischung mit Kuhmilch- oder Ziegenmilchproteinen) hergestellt wird, nur dann zugesetzt werden, wenn sein Dextroseäquivalent 32 nicht überschreitet. Wird Glukosesirup oder getrockneter Glukosesirup diesen Erzeugnissen zugesetzt, darf der sich aus Glukosesirup oder getrocknetem Glukosesirup ergebende Glukosegehalt 0,2 g/100 kJ (0,84 g/100 kcal) nicht übersteigen.

Die Höchstgehalte für Glukose gemäß Nummer 8.4 gelten für den Fall, dass Glukosesirup oder getrockneter Glukosesirup aus Proteinhydrolysaten hergestellter Säuglingsanfangsnahrung zugesetzt wird.

8.6. Vorgekochte Stärke und/oder gelatinierte Stärke

Mindestens	Höchstens
–	2 g/100 ml und 30 % des Gesamtkohlenhydratgehalts

9. FRUCTO-OLIGOSACCHARIDE UND GALACTO-OLIGOSACCHARIDE

Fructo-Oligosaccharide und Galacto-Oligosaccharide dürfen Säuglingsanfangsnahrung zugesetzt werden. In diesem Fall darf ihr Anteil 0,8 g/100 ml in einer Kombination aus 90 % Oligogalactosyl-Lactose und 10 % Oligofructosyl-Saccharose mit hohem Molekulargewicht nicht übersteigen.

Andere Kombinationen und Höchstgehalte von Fructo-Oligosacchariden und Galacto-Oligosacchariden können verwendet werden, sofern ihre Eignung für Säuglinge gemäß Artikel 3 Absatz 3 nachgewiesen wurde.

10. MINERALSTOFFE

10.1. Säuglingsanfangsnahrung, die aus Kuhmilch- oder Ziegenmilchproteinen oder Proteinhydrolysaten hergestellt wird

	je 100 kJ		je 100 kcal	
	Mindestens	Höchstens	Mindestens	Höchstens
Natrium (mg)	6	14,3	25	60
Kalium (mg)	19,1	38,2	80	160
Chlorid (mg)	14,3	38,2	60	160
Calcium (mg)	12	33,5	50	140
Phosphor (mg)[1]	6	21,5	25	90
Magnesium (mg)	1,2	3,6	5	15
Eisen (mg)	0,07	0,31	0,3	1,3
Zink (mg)	0,12	0,24	0,5	1
Kupfer (µg)	14,3	24	60	100
Jod (µg)	3,6	6,9	15	29
Selen (µg)	0,72	2	3	8,6
Mangan (µg)	0,24	24	1	100
Molybdän (µg)	–	3,3	–	14

---

[1] Gesamtphosphorgehalt.

4/2. EU/SäuglingsV
ANHANG I

	je 100 kJ		je 100 kcal	
	Mindestens	Höchstens	Mindestens	Höchstens
Fluoride (µg)	–	24	–	100

Das molare Verhältnis zwischen Calcium und verwertbarem Phosphor muss mindestens 1 und darf höchstens 2 betragen. Die Menge des verwertbaren Phosphors ist für Säuglingsanfangsnahrung, die aus Kuhmilch- oder Ziegenmilchproteinen oder Proteinhydrolysaten hergestellt wird, als 80 % des Gesamtphosphorgehalts zu berechnen.

10.2. Säuglingsanfangsnahrung, die aus Sojaproteinisolaten, pur oder als Mischung mit Kuhmilch- oder Ziegenmilchproteinen, hergestellt wird

Es gelten alle Anforderungen aus Nummer 10.1 mit Ausnahme der Anforderungen für Eisen, Phosphor und Zink, die wie folgt lauten:

	je 100 kJ		je 100 kcal	
	Mindestens	Höchstens	Mindestens	Höchstens
Eisen (mg)	0,11	0,48	0,45	2
Phosphor (mg)[1]	7,2	24	30	100
Zink (mg)	0,18	0,3	0,75	1,25

Das molare Verhältnis zwischen Calcium und verwertbarem Phosphor muss mindestens 1 und darf höchstens 2 betragen. Die Menge des verwertbaren Phosphors ist für Säuglingsanfangsnahrung, die aus Sojaproteinhyd-rolysaten hergestellt wird, als 70 % des Gesamtphosphorgehalts zu berechnen.

11. VITAMINE

	je 100 kJ		je 100 kcal	
	Mindestens	Höchstens	Mindestens	Höchstens
Vitamin A (µg-RE)[1]	16,7	27,2	70	114
„Vitamin D (µg)" *(ABl L 137 vom 23. 5. 2019, S. 12)*	0,48	0,6	2	2,5
Thiamin (µg)	9,6	72	40	300
Riboflavin (µg)	14,3	95,6	60	400
Niacin (mg)[2]	0,1	0,36	0,4	1,5
Pantothensäure (mg)	0,1	0,48	0,4	2
Vitamin B_6 (µg)	4,8	41,8	20	175
Biotin (µg)	0,24	1,8	1	7,5
Folat (µg-DFE)[3]	3,6	11,4	15	47,6
Vitamin B_{12} (µg)	0,02	0,12	0,1	0,5
Vitamin C (mg)	0,96	7,2	4	30
Vitamin K (µg)	0,24	6	1	25
Vitamin E (mg α-Tocopherol)[4]	0,14	1,2	0,6	5

12. NUKLEOTIDE

Folgende Nukleotide können zugesetzt werden:

---

[1] *Vorgebildetes Vitamin A; RE = all-trans-Retinoläquivalent.*
[2] *Vorgebildetes Niacin.*
[3] *Diätetisches Folat-Äquivalent: 1 µg DFE = 1 µg Nahrungsfolat = 0,6 µg synthetische Folsäure aus der Nahrung.*
[4] *Auf Grundlage der Vitamin-E-Aktivität von RRR-α-Tocopherol.*

4/2. EU/SäuglingsV
ANHANG I

	Höchstmeng[1]	
	(mg/100 kJ)	(mg/100 kcal)
Cytidin-5'-monophosphat	0,60	2,50
Uridin-5'-monophosphat	0,42	1,75
Adenosin-5'-monophosphat	0,36	1,50
Guanosin-5'-monophosphat	0,12	0,50
Inosin-5'-monophosphat	0,24	1,00

LM für spez. Gruppen

[1] *Die Gesamtkonzentration an Nukleotiden darf 1,2 mg/100 kJ (5 mg/100 kcal) nicht überschreiten.*

4/2. EU/SäuglingsV
ANHANG II

ANHANG II

ANHANG II
ANFORDERUNGEN AN DIE ZUSAMMENSETZUNG GEMÄSS ARTIKEL 2 ABSATZ 2

1. ENERGIE

Mindestens	Höchstens
250 kJ/100 ml	293 kJ/100 ml
(60 kcal/100 ml)	(70 kcal/100 ml)

2. PROTEINE
(Proteingehalt = Stickstoffgehalt × 6,25)

2.1. Folgenahrung, die aus Kuhmilch- oder Ziegenmilchproteinen hergestellt wird

Mindestens	Höchstens
0,38 g/100 kJ	0,6 g/100 kJ
(1,6 g/100 kcal)	(2,5 g/100 kcal)

(ABl L 94 vom 12. 4. 2018, S. 1)

Bei gleichem Brennwert muss Folgenahrung, die aus Kuhmilch- oder Ziegenmilchproteinen hergestellt wird, jede unverzichtbare und bedingt unverzichtbare Aminosäure mindestens in der gleichen verwertbaren Menge enthalten wie das Referenzprotein gemäß Anhang III Abschnitt A. Bei dieser Berechnung können jedoch der Methionin- und Cysteingehalt sowie der Phenylalanin- und Tyrosingehalt zusammengerechnet werden.

2.2. Folgenahrung, die aus Sojaproteinisolaten, pur oder in einer Mischung mit Kuhmilch- oder Ziegenmilchproteinen, hergestellt wird

Mindestens	Höchstens
0,54 g/100 kJ	0,67 g/100 kJ
(2,25 g/100 kcal)	(2,8 g/100 kcal)

Bei der Herstellung dieser Folgenahrung sind nur Proteinisolate aus Soja zu verwenden.

Bei gleichem Brennwert muss Folgenahrung, die aus Sojaproteinisolaten, pur oder als Mischung mit Kuhmilchoder Ziegenmilchproteinen, hergestellt wird, jede unverzichtbare und bedingt unverzichtbare Aminosäure mindestens in der gleichen verwertbaren Menge enthalten wie das Referenzprotein gemäß Anhang III Abschnitt A. Bei dieser Berechnung können jedoch der Methionin- und Cysteingehalt sowie der Phenylalanin- und Tyrosingehalt zusammengerechnet werden.

2.3. Folgenahrung, die aus Proteinhydrolysaten hergestellt wird

Mindestens	Höchstens
0,44 g/100 kJ	0,67 g/100 kJ
(1,86 g/100 kcal)	(2,8 g/100 kcal)

2.3.1. Proteinquelle

Entmineralisiertes Süßmolkenprotein aus Kuhmilch nach enzymatischer Ausfällung von Kasein unter Verwendung von Chymosin, bestehend aus:

a) 63 % Kasein-Glykomakropeptid-freies Molkeprotein-Isolat mit einem Protein-Mindestgehalt von 95 % der Trockenmasse und einer Protein-Denaturierung von weniger als 70 % sowie einem Asche-Höchstgehalt von 3 % und

b) 37 % Süßmolkenproteinkonzentrat mit einem Protein-Mindestgehalt von 87 % der Trockenmasse und Protein-Denaturierung von weniger als 70 % sowie einem Asche-Höchstgehalt von 3,5 %.

2.3.2. Proteinverarbeitung

Zweistufiges Hydrolyseverfahren unter Verwendung einer Trypsin-Zubereitung mit einem Wärmebehandlungsschritt (3 bis 10 Minuten bei 80 bis 100 °C) zwischen den beiden Hydrolyseschritten.

2.3.3. Unverzichtbare und bedingt unverzichtbare Aminosäuren

Bei gleichem Brennwert muss Folgenahrung, die aus Proteinhydrolysaten hergestellt wird, jede unverzichtbare und bedingt unverzichtbare Aminosäure mindestens in der gleichen verwertbaren Menge enthalten wie das Referenzprotein gemäß Anhang III Abschnitt B. Bei dieser Berechnung können jedoch der Methionin- und Cysteingehalt sowie der Phenylalanin- und Tyrosingehalt zusammengerechnet werden.

2.4. In allen Fällen dürfen Aminosäuren der Folgenahrung ausschließlich zur Verbesserung des Nährwerts der Proteine und nur in den hierfür notwendigen Mengen zugesetzt werden.

3. TAURIN

Wenn Taurin Folgenahrung zugesetzt wird, darf der Tauringehalt nicht größer als 2,9 mg/100 kJ (12 mg/100 kcal) sein.

4. LIPIDE

Mindestens	Höchstens
1,1 g/100 kJ	1,4 g/100 kJ
(4,4 g/100 kcal)	(6,0 g/100 kcal)

4.1. Die Verwendung folgender Stoffe ist untersagt:
   – Sesamöl,
   – Baumwollsaatöl.

4.2. Der Gehalt an trans-Fettsäuren darf 3 % des gesamten Fettgehalts nicht übersteigen.

4.3. „Der Erucasäure-Gehalt darf 0,4 % des gesamten Fettgehalts nicht übersteigen." *(ABl L 137 vom 23. 5. 2019, S. 12)*

4.4. Linolsäure

Mindestens	Höchstens
120 mg/100 kJ	300 mg/100 kJ
(500 mg/100 kcal)	(1 200 mg/100 kcal)

4.5. Alpha-Linolensäure

Mindestens	Höchstens
12 mg/100 kJ	24 mg/100 kJ
(50 mg/100 kcal)	(100 mg/100 kcal)

4.6. Docosahexaensäure

Mindestens	Höchstens
4,8 mg/100 kJ	12 mg/100 kJ
(20 mg/100 kcal)	(50 mg/100 kcal)

4.7. Weitere langkettige (20 und 22 Kohlenstoffatome) mehrfach ungesättigte Fettsäuren können zugesetzt werden. In diesem Fall darf ihr Anteil bei langkettigen mehrfach ungesättigten Fettsäuren höchstens 2 % (bei Arachidonsäure höchstens 1 % (20:4 n-6)) des gesamten Fettgehalts betragen.

Der Gehalt an Eicosapentaensäure (20:5 n-3) darf nicht höher als der Gehalt an Docosahexaensäure (22:6 n-3) sein.

5. PHOSPHOLIPIDE

Der Gehalt an Phospholipiden in Folgenahrung darf nicht höher als 2 g/l sein.

6. KOHLENHYDRATE

4/2. EU/SäuglingsV
ANHANG II

Mindestens	Höchstens
2,2 g/100 kJ	3,3 g/100 kJ
(9 g/100 kcal)	(14 g/100 kcal)

6.1. Die Verwendung von glutenhaltigen Zutaten ist untersagt.

6.2. Laktose

Mindestens	Höchstens
1,1 g/100 kJ	–
(4,5 g/100 kcal)	–

Diese Mindestgehalte gelten nicht für Folgenahrung,
- bei der der Anteil an Sojaproteinisolaten mehr als 50 % des Gesamtproteingehalts beträgt oder
- die den Hinweis „laktosefrei" gemäß Artikel 9 Absatz 2 trägt.

6.3. Saccharose, Fruktose, Honig

Mindestens	Höchstens
–	einzeln oder insgesamt 20 % des Gesamtkohlenhydrat-gehalts

Honig ist einer Behandlung zur Abtötung von Clostridium-botulinum-Sporen zu unterziehen.

6.4. Glukose

Glukose darf ausschließlich aus Proteinhydrolysaten hergestellter Folgenahrung zugesetzt werden. Wird Glukose zugesetzt, darf ihr Gehalt 0,5 g/100 kJ (2 g/100 kcal) nicht übersteigen.

6.5. Glukosesirup oder getrockneter Glukosesirup

Glukosesirup oder getrockneter Glukosesirup darf aus Kuhmilch- oder Ziegenmilchproteinen hergestellter Folgenahrung oder Folgenahrung, die aus Sojaproteinisolaten (pur oder in einer Mischung mit Kuhmilch- oder Ziegenmilchproteinen) hergestellt wird, nur dann zugesetzt werden, wenn sein Dextroseäquivalent 32 nicht überschreitet. Wird Glukosesirup oder getrockneter Glukosesirup diesen Erzeugnissen zugesetzt, darf der sich aus Glukosesirup oder getrocknetem Glukosesirup ergebende Glukosegehalt 0,2 g/100 kJ (0,84 g/100 kcal) nicht übersteigen.

Die Höchstgehalte für Glukose gemäß Nummer 6.4 gelten für den Fall, dass Glukosesirup oder getrockneter Glukosesirup aus Proteinhydrolysaten hergestellter Folgenahrung zugesetzt wird.

7. FRUCTO-OLIGOSACCHARIDE UND GALACTO-OLIGOSACCHARIDE

Fructo-Oligosaccharide und Galacto-Oligosaccharide dürfen Folgenahrung zugesetzt werden. In diesem Fall darf ihr Anteil 0,8 g/100 ml in einer Kombination aus 90 % Oligogalactosyl-Lactose und 10 % Oligofructosyl-Saccharose mit hohem Molekulargewicht nicht übersteigen.

Andere Kombinationen und Höchstgehalte von Fructo-Oligosacchariden und Galacto-Oligosacchariden können verwendet werden, sofern ihre Eignung für Säuglinge gemäß Artikel 3 Absatz 3 nachgewiesen wurde.

8. MINERALSTOFFE

8.1. Folgenahrung, die aus Kuhmilch- oder Ziegenmilchproteinen oder Proteinhydrolysaten hergestellt wird

	je 100 kJ		je 100 kcal	
	Mindestens	Höchstens	Mindestens	Höchstens
Natrium (mg)	6	14,3	25	60
Kalium (mg)	19,1	38,2	80	160
Chlorid (mg)	14,3	38,2	60	160
Calcium (mg)	12	33,5	50	140

4/2. EU/SäuglingsV ANHANG II

LM für spez. Gruppen

	je 100 kJ		je 100 kcal	
	Mindestens	Höchstens	Mindestens	Höchstens
Phosphor (mg)[1]	6	21,5	25	90
Magnesium (mg)	1,2	3,6	5	15
Eisen (mg)	0,14	0,48	0,6	2
Zink (mg)	0,12	0,24	0,5	1
Kupfer (µg)	14,3	24	60	100
Jod (µg)	3,6	6,9	15	29
Selen (µg)	0,72	2	3	8,6
Mangan (µg)	0,24	24	1	100
Molybdän (µg)	–	3,3	–	14
Fluoride (µg)	–	24	–	100

Das molare Verhältnis zwischen Calcium und verwertbarem Phosphor muss mindestens 1 und darf höchstens 2 betragen. Die Menge des verwertbaren Phosphors wird für Folgenahrung, die aus Kuhmilch- oder Ziegenmilchproteinen oder Proteinhydrolysaten hergestellt wird, als 80 % des Gesamtphosphorgehalts berechnet.

8.2. Folgenahrung, die aus Sojaproteinisolaten, pur oder in einer Mischung mit Kuhmilch- oder Ziegenmilchproteinen, hergestellt wird

Es gelten alle Anforderungen aus Nummer 8.1 mit Ausnahme der Anforderungen für Eisen, Phosphor und Zink, die wie folgt lauten:

	je 100 kJ		je 100 kcal	
	Mindestens	Höchstens	Mindestens	Höchstens
Eisen (mg)	0,22	0,6	0,9	2,5
Phosphor (mg)[1]	7,2	24	30	100
Zink (mg)	0,18	0,3	0,75	1,25

Das molare Verhältnis zwischen Calcium und verwertbarem Phosphor muss mindestens 1 und darf höchstens 2 betragen. Die Menge des verwertbaren Phosphors wird für Folgenahrung, die aus Sojaproteinhydrolysaten hergestellt wird, als 70 % des Gesamtphosphorgehalts berechnet.

9. VITAMINE

	je 100 kJ		je 100 kcal	
	Mindestens	Höchstens	Mindestens	Höchstens
Vitamin A (µg-RE)[1]	16,7	27,2	70	114
Vitamin D (µg)	0,48	0,72	2	3
Thiamin (µg)	9,6	72	40	300
Riboflavin (µg)	14,3	95,6	60	400
Niacin (mg)[2]	0,1	0,36	0,4	1,5
Pantothensäure (mg)	0,1	0,48	0,4	2
Vitamin B_6 (µg)	4,8	41,8	20	175
Biotin (µg)	0,24	1,8	1	7,5
Folat (µg-DFE)[3]	3,6	11,4	15	47,6
Vitamin B_{12} (µg)	0,02	0,12	0,1	0,5
Vitamin C (mg)	0,96	7,2	4	30

[1] *Gesamtphosphorgehalt.*
[1] *Vorgebildetes Vitamin A; RE = all-trans-Retinoläquivalent.*
[2] *Vorgebildetes Niacin.*
[3] *Diätetisches Folat-Äquivalent: 1 µg DFE = 1 µg Nahrungsfolat = 0,6 µg synthetische Folsäure aus der Nahrung.*

4/2. EU/SäuglingsV
ANHANG II

	je 100 kJ		je 100 kcal	
	Mindestens	Höchstens	Mindestens	Höchstens
Vitamin K (µg)	0,24	6	1	25
Vitamin E (mg α-Tocopherol)[4]	0,14	1,2	0,6	5

10. NUKLEOTIDE
Folgende Nukleotide können zugesetzt werden:

	Höchstmenge[1]	
	(mg/100 kJ)	(mg/100 kcal)
Cytidin-5'-monophosphat	0,60	2,50
Uridin-5'-monophosphat	0,42	1,75
Adenosin-5'-monophosphat	0,36	1,50
Guanosin-5'-monophosphat	0,12	0,50
[nosin-5'-monophosphat	0,24	1,00

---

[4] *Auf Grundlage der Vitamin-E-Aktivität von RRR-α-Tocopherol.*
[1] *Die Gesamtkonzentration an Nukleotiden darf 1,2 mg/100 kJ (5 mg/100 kcal) nicht überschreiten.*

ANHANG III

UNVERZICHTBARE UND BEDINGT UNVERZICHTBARE AMINOSÄUREN IN MUTTERMILCH

Für die Zwecke von Nummer 2 der Anhänge I und II wird Muttermilch als Referenzprotein gemäß den Abschnitten A und B dieses Anhangs verwendet.

A. Säuglingsanfangsnahrung und Folgenahrung, die aus Kuhmilch- oder Ziegenmilchproteinen hergestellt werden, sowie Säuglingsanfangsnahrung und Folgenahrung, die aus Sojaproteinisolaten, pur oder als Mischung mit Kuhmilch- oder Ziegenmilchproteinen, hergestellt werden

Für die Zwecke von Nummer 2.1 und Nummer 2.2 der Anhänge I und II gelten folgende Werte für die unverzichtbaren und bedingt unverzichtbaren Aminosäuren in Muttermilch, ausgedrückt in mg je 100 kJ und 100 kcal:

	je 100 kJ[1]	je 100 kcal
Cystein	9	38
Histidin	10	40
Isoleucin	22	90
Leucin	40	166
Lysin	27	113
Methionin	5	23
Phenylalanin	20	83
Threonin	18	77
Tryptophan	8	32
Tyrosin	18	76
Valin	21	88

B. Säuglingsanfangsnahrung und Folgenahrung, die aus Proteinhydrolysaten hergestellt werden

Für die Zwecke von Nummer 2.3 der Anhänge I und II gelten folgende Werte für die unverzichtbaren und bedingt unverzichtbaren Aminosäuren in Muttermilch, ausgedrückt in mg je 100 kJ und 100 kcal:

	je 100 kJ[1]	je 100 kcal
Arginin	16	69
Cystein	6	24
Histidin	11	45
Isoleucin	17	72
Leucin	37	156
Lysin	29	122
Methionin	7	29
Phenylalanin	15	62
Threonin	19	80
Tryptophan	7	30
Tyrosin	14	59
Valin	19	80

---

[1] 1 kJ = 0,239 kcal.

ANHANG IV

WIRKSTOFFE GEMÄß ARTIKEL 4 ABSATZ 3

Chemische Bezeichnung der Ausgangsverbindung des Stoffes ([1])	Rückstandshöchstgehalt (mg/kg)
Cadusafos	0,006
Demeton-S-methyl Demeton-S-methylsulfon Oxydemethon-methyl	0,006
Ethoprophos	0,008
Fipronil	0,004
Propineb	0,006

([1]) Es gilt die aktuellste Rückstandsdefinition gilt gemäß den einschlägigen Anhängen II, III, IV oder V der Verordnung (EG) Nr. 396/2005 (die Rückstandsdefinition ist hinter der Ausgangsverbindung des Stoffes in Klammern angegeben).

(ABl L 225 vom 25. 6. 2021, S. 4)

ANHANG V

ANHANG V
WIRKSTOFFE GEMÄSS ARTIKEL 4 ABSATZ 4

Chemische Bezeichnung der Ausgangsverbindung des Stoffes ([1])
Aldrin
Dieldrin
Disulfoton
Endrin
Fensulfothion
Fentin
Haloxyfop
Heptachlor
Hexachlorbenzen
Nitrofen
Omethoat
Terbufos.

([1]) Es gilt die aktuellste Rückstandsdefinition gilt gemäß den einschlägigen Anhängen II, III, IV oder V der Verordnung (EG) Nr. 396/2005 (die Rückstandsdefinition ist hinter der Ausgangsverbindung des Stoffes in Klammern angegeben).

(ABl L 225 vom 25. 6. 2021, S. 4)

ANHANG VI
BEZEICHNUNGEN GEMÄSS ARTIKEL 5

TEIL A
Bezeichnung gemäß Artikel 5 Absatz 1

Säuglingsanfangsnahrung und Folgenahrung, die nicht ausschließlich aus Kuhmilch- oder Ziegenmilchproteinen hergestellt werden, sind wie folgt zu bezeichnen:

- auf Bulgarisch: „Храни за кърмачета" und „Преходни храни",
- auf Spanisch: „Preparado para lactantes" und „Preparado de continuatión",
- auf Tschechisch: „Počáteční kojenecká výživa" und „Pokračovací kojenecká výživa",
- auf Dänisch: „Modermælkserstatning" und „Tilskudsblanding",
- auf Deutsch: „Säuglingsanfangsnahrung" und „Folgenahrung",
- auf Estnisch: „Imiku piimasegu" und „Jätkupiimasegu",
- auf Griechisch: „Παρασκεύασμα για βρέφη" und „Παρασκεύασμα δεύτερης βρεφικῆς ηλικίας",
- auf Englisch: „Infant formula" und „Follow-on formula",
- auf Französisch: „Préparation pour nourrissons" und „Préparation de suite",
- auf Kroatisch: „Početna hrana za dojenčad" und „Prijelazna hrana za dojenčad",
- auf Italienisch: „Formula per lattanti" und „Formula di proseguimento",
- auf Lettisch: „Maisījums zīdaiņiem" und „Papildu ēdināšanas maisījums zīdaiņiem",
- auf Litauisch: „Pradinio maitinimo kūdikių mišiniai" und „Tolesnio maitinimo kūdikių mišiniai",
- auf Ungarisch: „Anyatej-helyettesítő tápszer" und „Anyatej-kiegészítő tápszer",
- auf Maltesisch: „Formula tat-trabi" und „Formula tal-prosegwiment",
- auf Niederländisch: „Volledige zuigelingenvoeding" und „Opvolgzuigelingenvoeding",
- auf Polnisch: „Preparat do początkowego żywienia niemowląt" und „Preparat do dalszego żywienia niemowląt",
- auf Portugiesisch: „Fórmula para lactentes" und „Fórmula de transiç ão",
- auf Rumänisch: „Formulă de început" und „Formulă de continuare",
- auf Slowakisch: „Počiatočná dojčenská výživa" und „Následná dojčenská výživa",
- auf Slowenisch: „Začetna formula za dojenčke" und „Nadaljevalna formula",
- auf Finnisch: „Äidinmaidonkorvike" und „Vieroitusvalmiste",
- auf Schwedisch: „Modersmjölksersättning" und „Tillskottsnäring".

TEIL B
Bezeichnung gemäß Artikel 5 Absatz 2

Säuglingsanfangsnahrung und Folgenahrung, die ausschließlich aus Kuhmilch- oder Ziegenmilchproteinen hergestellt werden, sind wie folgt zu bezeichnen:

- auf Bulgarisch: „Млека за кърмачета" und „Преходни млека",
- auf Spanisch: „Leche para lactantes" und „Leche de continuatión",
- auf Tschechisch: „Počáteční mléčná kojenecká výživa" und „Pokračavací mléčná kojenecká výživa",
- auf Dänisch: „Modermælkserstatning udelukkende baseret på mælk" und „Tilskudsblanding udelukkende baseret på mælk",
- auf Deutsch: „Säuglingsmilchnahrung" und „Folgemilch",
- auf Estnisch: „Piimal põhinev imiku piimasegu" und „Piimal põhinev jätkupiimasegu",
- auf Griechisch: „Γάλα για βρέφη" und „Γάλα δεύτερης βρεφικῆς ηλικίας",

- auf Englisch: „Infant milk" und „Follow-on milk",
- auf Französisch: „Lait pour nourrissons" und „Lait de suite",
- auf Kroatisch: „Početna mliječna hrana za dojenčad" und „Prijelazna mliječna hrana za dojenčad",
- auf Italienisch: „Latte per lattanti" und „Latte di proseguimento",
- auf Lettisch: „Piena maisījums zīdaiņiem" und „Papildu ēdināšanas piena maisījums zīdaiņiem",
- auf Litauisch: „Pradinio maitinimo kūdikių pieno mišiniai" und „Tolesnio maitinimo kūdikių pieno mišiniai",
- auf Ungarisch: „Tejalapú anyatej-helyettesítő tápszer" und „Tejalapú anyatej-kiegészítő tápszer",
- auf Maltesisch: „Ħalib tat-trabi" und „Ħalib tal-prosegwiment",
- auf Niederländisch: „Volledige zuigelingenvöding op basis van melk" oder „Zuigelingenmelk" und „Opvolgmelk",
- auf Polnisch: „Mleko początkowe" und „Mleko następne",
- auf Portugiesisch: „Leite para lactentes" und „Leite de transiç ão",
- auf Rumänisch: „Lapte de început" und „Lapte de continuare",
- auf Slowakisch: „Počiatočná dojčenská mliečna výživa" und „Následná dojčenská mliečna výživa",
- auf Slowenisch: „Začetno mleko za dojenčke" und „Nadaljevalno mleko",
- auf Finnisch: „Maitopohjainen äidinmaidonkorvike" und „Maitopohjainen vieroitusvalmiste",
- auf Schwedisch: „Modersmjölksersättning uteslutande baserad på mjölk" und „Tillskottsnäring uteslutande baserad på mjölk".

LM für spez. Gruppen

ANHANG VII

REFERENZMENGEN IM SINNE DES ARTIKELS 7 ABSATZ 7

Nährstoff	Referenzmenge
Vitamin A	(µg) 400
Vitamin D	(µg) 7
Vitamin E	(mg TE) 5
Vitamin K	(µg) 12
Vitamin C	(mg) 45
Thiamin	(mg) 0,5
Riboflavin	(mg) 0,7
Niacin	(mg) 7
Vitamin B_6	(mg) 0,7
Folat	(µg) 125
Vitamin B_{12}	(µg) 0,8
Pantothensäure	(mg) 3
Biotin	(µg) 10
Calcium	(mg) 550
Phosphor	(mg) 550
Kalium	(mg) 1 000
Natrium	(mg) 400
Chlorid	(mg) 500
Eisen	(mg) 8
Zink	(mg) 5
Iod	(µg) 80
Selen	(µg) 20
Kupfer	(mg) 0,5
Magnesium	(mg) 80
Mangan	(mg) 1,2

4/3. Delegierte Verordnung (EU) 2016/128 zur Ergänzung der Verordnung (EU) Nr. 609/2013 des Europäischen Parlaments und des Rates im Hinblick auf die besonderen Zusammensetzungs- und Informationsanforderungen für Lebensmittel für besondere medizinische Zwecke

LM für spez. Gruppen

ABl L 25 vom 2. 2. 2016, S. 30 idF

1 ABl L 225 vom 25. 6. 2021, S. 1

Delegierte Verordnung (EU) 2016/128 der Kommission vom 25. September 2015 zur Ergänzung der Verordnung (EU) Nr. 609/2013 des Europäischen Parlaments und des Rates im Hinblick auf die besonderen Zusammensetzungs- und Informationsanforderungen für Lebensmittel für besondere medizinische Zwecke

DIE EUROPÄISCHE KOMMISSION –

gestützt auf den Vertrag über die Arbeitsweise der Europäischen Union,

gestützt auf die Verordnung (EU) Nr. 609/2013 des Europäischen Parlaments und des Rates vom 12. Juni 2013 über Lebensmittel für Säuglinge und Kleinkinder, Lebensmittel für besondere medizinische Zwecke und Tagesrationen für gewichtskontrollierende Ernährung und zur Aufhebung der Richtlinie 92/52/EWG des Rates, der Richtlinien 96/8/EG, 1999/21/EG, 2006/125/EG und 2006/141/EG der Kommission, der Richtlinie 2009/39/EG des Europäischen Parlaments und des Rates sowie der Verordnungen (EG) Nr. 41/2009 und (EG) Nr. 953/2009 der Kommission[1], insbesondere auf Artikel 11 Absatz 1,

in Erwägung nachstehender Gründe:

(1) In Richtlinie 1999/21/EG der Kommission[2] sind gemäß der Richtlinie 2009/39/EG des Europäischen Parlaments und des Rates[3] harmonisierte Vorschriften über diätetische Lebensmittel für besondere medizinische Zwecke festgelegt.

(2) Die Richtlinien 2009/39/EG und 1999/21/EG werden durch die Verordnung (EU) Nr. 609/2013 aufgehoben. Die genannte Verordnung enthält allgemeine Zusammensetzungs- und Informationsanforderungen für unterschiedliche Kategorien von Lebensmitteln, darunter für Lebensmittel für besondere medizinische Zwecke. Die Kommission muss besondere Zusammensetzungs- und Informationsanforderungen für Lebensmittel für besondere medizinische Zwecke unter Berücksichtigung der Bestimmungen der Richtlinie 1999/21/EG erlassen.

(3) Lebensmittel für besondere medizinische Zwecke werden in enger Zusammenarbeit mit Angehörigen der Gesundheitsberufe für die Ernährung von Patienten entwickelt, die an diagnostizierten spezifischen Krankheiten, Störungen oder Beschwerden, die es ihnen sehr schwer oder unmöglich machen, ihren Ernährungsbedarf durch den Verzehr anderer Lebensmittel zu decken, oder an einer dadurch hervorgerufenen Mangelernährung leiden. Daher sind Lebensmittel für besondere medizinische Zwecke unter ärztlicher Aufsicht, gegebenenfalls mit Unterstützung anderer kompetenter Angehöriger der Gesundheitsberufe, zu verwenden.

(4) Die Zusammensetzung von Lebensmitteln für besondere medizinische Zwecke kann stark variieren, beispielsweise je nach der Krankheit oder Störung bzw. den Beschwerden der Patienten, für deren Diätmanagement sie bestimmt sind, und je nach dem Alter der Patienten, dem Ort, an dem sie medizinisch behandelt werden, und dem Verwendungszweck des Erzeugnisses. Insbesondere können Lebensmittel für besondere medizinische Zwecke in verschiedene Kategorien eingeordnet werden, je nachdem, ob es sich um Lebensmittel mit einer Standardformulierung oder einer für eine Krankheit, eine Störung oder bestimmte Beschwerden angepassten Nährstoffformulierung handelt, und je nachdem, ob sie die einzige Nahrungsquelle für die Personen darstellen, für die sie bestimmt sind.

(5) Angesichts des breiten Spektrums an diesen Lebensmitteln, der Tatsache, dass sich die wissenschaftlichen Erkenntnisse, die ihnen zugrunde

---

Zur Präambel
[1] ABl. L 181 vom 29.6.2013, S. 35.
Zu Abs. 1:
[2] Richtlinie 1999/21/EG der Kommission vom 25. März 1999 über diätetische Lebensmittel für besondere medizinische Zwecke (ABl. L 91 vom 7.4.1999, S. 29).
[3] Richtlinie 2009/39/EG des Europäischen Parlaments und des Rates vom 6. Mai 2009 über Lebensmittel, die für eine besondere Ernährung bestimmt sind (ABl. L 124 vom 20.5.2009, S. 21).

liegen, rasch weiterentwickeln, und der Notwendigkeit, hinreichende Flexibilität für die Entwicklung innovativer Erzeugnisse zu gewährleisten, ist es nicht angezeigt, detaillierte Vorschriften für die Zusammensetzung solcher Lebensmittelerzeugnisse festzulegen. Es ist jedoch wichtig, auf der Grundlage allgemein anerkannter wissenschaftlicher Daten spezifische Grundsätze und Anforderungen dafür festzulegen, um zu gewährleisten, dass sie sicher, nutzbringend und wirksam für die Personen sind, für die sie bestimmt sind.

(6) So sollte sich insbesondere die Nährwertzusammensetzung von Lebensmitteln für besondere medizinische Zwecke, die für die Ernährungsanforderungen von Säuglingen entwickelt wurden, auf diejenige von Säuglingsanfangsnahrung und Folgenahrung stützen, damit den Besonderheiten der Ernährungsanforderungen von Säuglingen Rechnung getragen wird. Da jedoch Säuglingsanfangsnahrung und Folgenahrung für gesunde Säuglinge bestimmt sind, sollten für Lebensmittel für besondere medizinische Zwecke, die für die Ernährungsanforderungen von Säuglingen entwickelt wurden, Abweichungen zugelassen werden, wenn dies für den Verwendungszweck des Erzeugnisses notwendig ist.

(7) Es ist wichtig, grundlegende Vorschriften über den Vitamin- und Mineralstoffgehalt von Lebensmitteln für besondere medizinische Zwecke zu erlassen, damit der freie Verkehr von Erzeugnissen unterschiedlicher Zusammensetzung und der Schutz der Verbraucher gewährleistet sind. Diese Vorschriften sollten sich auf diejenigen der Richtlinie 1999/21/EG stützen, da diese bisher einen geeigneten Rechtsrahmen für Lebensmittel für besondere medizinische Zwecke geliefert haben. Die Vorschriften sollten Mindest- und Höchstgehalte für Erzeugnisse enthalten, die als diätetisch vollständig zur Deckung des besonderen Ernährungsbedarfs der Patienten gelten, und lediglich Höchstgehalte für Erzeugnisse, die als diätetisch unvollständig gelten; Änderungen hinsichtlich eines oder mehrerer dieser Nährstoffe, die aufgrund des Verwendungszwecks des Erzeugnisses erforderlich sind, sollten hiervon unberührt bleiben.

(8) Gemäß Verordnung (EU) Nr. 609/2013 muss die Kommission Vorschriften erlassen, durch die die Verwendung von Pestiziden eingeschränkt oder verboten wird, sowie Vorschriften über Pestizidrückstände in Lebensmitteln für besondere medizinische Zwecke, die für die Ernährungsanforderungen von Säuglingen und Kleinkindern entwickelt wurden. Der Erlass von Vorschriften, die dem Stand der Wissenschaft entsprechen, erfordert einen erheblichen Zeitaufwand, da die Europäische Lebensmittelbehörde eine umfassende Bewertung einer Reihe von Aspekten, einschließlich der Eignung der toxikologischen Referenzwerte für Säuglinge und Kleinkinder, vornehmen muss.

(9) Die Richtlinie 1999/21/EG enthält keine solchen Vorschriften. Hingegen enthalten gegenwärtig die Richtlinien 2006/125/EG[4] und 2006/141/EG[5] der Kommission diesbezüglich spezifische Anforderungen für Lebensmittel für gesunde Säuglinge und Kleinkinder, die sich auf zwei Stellungnahmen des Wissenschaftlichen Ausschusses „Lebensmittel" vom 19. September 1997[6] bzw. vom 4. Juni 1998[7] stützen.

(10) Da die Verordnung (EU) Nr. 609/2013 den 20. Juli 2015 als Endtermin für den Erlass dieser delegierten Verordnung festsetzt, sollten in diesem Stadium die bestehenden einschlägigen Anforderungen der Richtlinien 2006/125/EG und 2006/141/EG übernommen werden. Es ist indessen angezeigt, die Terminologie der Verordnung (EG) Nr. 1107/2009 des Europäischen Parlaments und des Rates[8] zu verwenden.

(11) Gemäß dem Vorsorgeprinzip wird ein sehr niedriger Rückstandshöchstgehalt (maximum residue level – MRL) von 0,01 mg/kg für alle Pestizide festgesetzt. Darüber hinaus werden strengere Grenzwerte für eine geringe Zahl von Pestiziden oder deren Metaboliten festgesetzt, bei denen sogar ein Rückstandshöchstgehalt von 0,01 mg/kg unter den ungünstigsten Aufnahmebedingungen zu einer Exposition führen könnte, die die zulässige Tagesdosis (ADI) für Säuglinge und Kleinkinder übersteigt.

Zu Abs. 9:

[4] *Richtlinie 2006/125/EG der Kommission vom 5. Dezember 2006 über Getreidebeikost und andere Beikost für Säuglinge und Kleinkinder (ABl. L 339 vom 6.12.2006, S. 16).*

[5] *Richtlinie 2006/141/EG der Kommission vom 22. Dezember 2006 über Säuglingsanfangsnahrung und Folgenahrung und zur Änderung der Richtlinie 1999/21/EG (ABl. L 401 vom 30.12.2006, S. 1).*

[6] *Stellungnahme des Wissenschaftlichen Ausschusses „Lebensmittel" (SCF) über eine Höchstmenge für Rückstände (MRL) von 0,01 mg/kg für Schädlingsbekämpfungsmittel in Nahrung für Säuglinge und Kleinkinder (abgegeben am 19. September 1997).*

[7] *Weiteres Gutachten zur Stellungnahme des Wissenschaftlichen Ausschusses „Lebensmittel" vom 19. September 1997 über eine Höchstmenge für Rückstände (MRL) von 0,01 mg/kg für Schädlingsbekämpfungsmittel in Nahrung für Säuglinge und Kleinkinder (vom SCF am 4. Juni 1998 angenommen).*

Zu Abs. 10:

[8] *Verordnung (EG) Nr. 1107/2009 des Europäischen Parlaments und des Rates vom 21. Oktober 2009 über das Inverkehrbringen von Pflanzenschutzmitteln und zur Aufhebung der Richtlinien 79/117/EWG und 91/414/EWG des Rates (ABl. L 309 vom 24.11.2009, S. 1).*

(12) Ein Verbot des Einsatzes bestimmter Pestizide würde nicht zwangsläufig garantieren, dass Lebensmittel für besondere medizinische Zwecke, die für die Ernährungsanforderungen von Säuglingen und Kleinkindern entwickelt wurden, frei von diesen Pestiziden sind, da einige Pestizide über lange Zeiträume unverändert in der Umwelt verbleiben und Rückstände davon in Lebensmittel gelangen können. Aus diesem Grund werden diese Pestizide als nicht verwendet betrachtet, wenn ihre Rückstände unter einem bestimmten Wert liegen.

(13) Lebensmittel für besondere medizinische Zwecke müssen der Verordnung (EU) Nr. 1169/2011 des Europäischen Parlaments und des Rates[9] genügen. Um den Besonderheiten von Lebensmitteln für besondere medizinische Zwecke Rechnung zu tragen, sollten in der vorliegenden Verordnung, soweit angezeigt, Ergänzungen und Ausnahmen zu diesen allgemeinen Bestimmungen festgelegt werden.

(14) Für Lebensmittel für besondere medizinische Zwecke sollte die Angabe aller Informationen obligatorisch sein, die notwendig sind, um die angemessene Verwendung dieser Art von Lebensmitteln sicherzustellen. Diese Informationen sollten Angaben über die Eigenschaften und Merkmale enthalten, unter anderem in Bezug auf die besondere Verarbeitung und Formulierung, die Nährwertzusammensetzung und die Gründe, weshalb das Erzeugnis nützlich für seinen spezifischen Verwendungszweck ist. Solche Angaben sollten nicht als nährwert- und gesundheitsbezogene Angaben im Sinne der Verordnung (EG) Nr. 1924/2006 des Europäischen Parlaments und des Rates[10] betrachtet werden.

(15) Die Nährwertdeklaration für Lebensmittel für besondere medizinische Zwecke ist unerlässlich, um deren angemessene Verwendung zu gewährleisten, sowohl für die Patienten, die diese Lebensmittel verzehren, als auch für die Angehörigen der Gesundheitsberufe, die sie empfehlen. Aus diesem Grund und um Patienten und Angehörigen der Gesundheitsberufe vollständigere Informationen zur Verfügung zu stellen, sollte die Nährwertdeklaration mehr Angaben umfassen als diejenigen, die die Verordnung (EU) Nr. 1169/2011 verlangt. Außerdem sollte die Ausnahmeregelung in Anhang V Nummer 18 der Verordnung (EU) Nr. 1169/2011 nicht gelten; vielmehr sollte die Nährwertdeklaration für alle Lebensmittel für besondere medizinische Zwecke unabhängig von der Größe der Verpackung oder des Behältnisses verpflichtend sein.

(16) Verbraucher von Lebensmitteln für besondere medizinische Zwecke haben einen anderen Ernährungsbedarf als Normalverbraucher. Die Angabe des Brennwertes und der Nährstoffmengen von Lebensmitteln für besondere medizinische Zwecke in Prozent der täglichen Referenzmenge gemäß der Verordnung (EU) Nr. 1169/2001 würde die Verbraucher irreführen und sollte daher nicht zugelassen werden.

(17) Die Verwendung gemäß der Verordnung (EG) Nr. 1924/2006 zugelassener nährwert- und gesundheitsbezogener Angaben zur Bewerbung von Lebensmitteln für besondere medizinische Zwecke wäre unangemessen, da es sich bei den Verbrauchern solcher Erzeugnisse um Patienten handelt, die an einer Krankheit, einer Störung oder an Beschwerden leiden, und daher nicht zur allgemeinen gesunden Bevölkerung gehören. Außerdem sind Lebensmittel für besondere medizinische Zwecke unter medizinischer Aufsicht zu verwenden, und es sollte nicht mit nährwert- und gesundheitsbezogenen Angaben, die direkt an die Verbraucher gerichtet sind, für ihre Verwendung geworben werden. Aus diesen Gründen sollten nährwert- und gesundheitsbezogene Angaben für Lebensmittel für besondere medizinische Zwecke nicht zugelassen werden.

(18) In den letzten Jahren sind in wachsender Zahl Erzeugnisse als Lebensmittel für besondere medizinische Zwecke, die für die Ernährungsanforderungen von Säuglingen entwickelt wurden, in Verkehr gebracht worden. Diese Erzeugnisse werden zuweilen mit Mitteln beworben, die direkt an die Verbraucher gerichtet sind und nicht den unionsrechtlichen Beschränkungen unterliegen, die für Säuglingsanfangsnahrung und Folgenahrung gelten. Um Missbrauch aufgrund der fehlerhaften Einordnung von Erzeugnissen zu verhindern, die Verunsicherung der Verbraucher hinsichtlich der Art der Produkte, die ihnen angeboten werden, einzudämmen und faire Wettbewerbsbedingungen zu gewährleisten, erscheint es angezeigt, zusätzliche Beschränkungen bezüglich Kennzeichnung, Aufmachung, Werbung sowie

---

Zu Abs. 13:

[9] *Verordnung (EU) Nr. 1169/2011 des Europäischen Parlaments und des Rates vom 25. Oktober 2011 betreffend die Information der Verbraucher über Lebensmittel und zur Änderung der Verordnungen (EG) Nr. 1924/2006 und (EG) Nr. 1925/2006 des Europäischen Parlaments und des Rates und zur Aufhebung der Richtlinie 87/250/EWG der Kommission, der Richtlinie 90/496/EWG des Rates, der Richtlinie 1999/10/EG der Kommission, der Richtlinie 2000/13/EG des Europäischen Parlaments und des Rates, der Richtlinien 2002/67/EG und 2008/5/EG der Kommission und der Verordnung (EG) Nr. 608/2004 der Kommission (ABl. L 304 vom 22.11.2011, S. 18).*

Zu Abs. 14:

[10] *Verordnung (EG) Nr. 1924/2006 des Europäischen Parlaments und des Rates vom 20. Dezember 2006 über nährwert- und gesundheitsbezogene Angaben über Lebensmittel (ABl. L 404 vom 30.12.2006, S. 9).*

Verkaufsförderungs- und Handelspraktiken für Lebensmittel für besondere medizinische Zwecke einzuführen, die für den Ernährungsbedarf von Säuglingen entwickelt wurden. Diese Beschränkungen sollten denjenigen ähneln, die für Säuglingsanfangsnahrung und Folgenahrung für gesunde Säuglinge gelten, mit Anpassungen, um dem Verwendungszweck der Erzeugnisse Rechnung zu tragen, und unbeschadet der Notwendigkeit, Patienten und Angehörigen der Gesundheitsberufe Informationen zur Verfügung zu stellen, die die angemessene Verwendung der Erzeugnisse sicherstellen. Da Lebensmittel für besondere medizinische Zwecke unter medizinischer Aufsicht zu verwenden sind, sollten diese Beschränkungen Lebensmittelunternehmern die Kommunikation mit Angehörigen der Gesundheitsberufe nicht erschweren und Letzteren ermöglichen, die Eignung unterschiedlicher Erzeugnisse für ihren Verwendungszweck zu beurteilen.

(19) Artikel 17 Absatz 2 der Verordnung (EG) Nr. 178/2002 des Europäischen Parlaments und des Rates[11]) verpflichtet die Mitgliedstaaten, das Lebensmittelrecht durchzusetzen und zu überwachen sowie zu überprüfen, ob die entsprechenden Anforderungen des Lebensmittelrechts von den Lebensmittel- und Futtermittelunternehmern in allen Produktions-, Verarbeitungs- und Vertriebsstufen eingehalten werden. Um die wirksame amtliche Überwachung von Lebensmitteln für besondere medizinische Zwecke zu erleichtern, sollten in diesem Kontext Lebensmittelunternehmer, die Lebensmittel für besondere medizinische Zwecke in Verkehr bringen, den zuständigen nationalen Behörden ein Muster des verwendeten Etiketts sowie alle relevanten Informationen vorlegen, die für notwendig erachtet werden, um die Einhaltung der vorliegenden Verordnung nachzuweisen, soweit die Mitgliedstaaten nicht über ein anderes wirksames Überwachungssystem verfügen.

(20) Um den Lebensmittelunternehmern die Anpassung an die neuen Anforderungen zu ermöglichen, sollte der Anwendungszeitpunkt der vorliegenden Verordnung drei Jahre nach dem Inkrafttreten liegen. Angesichts der Zahl und des Gewichts der neuen Anforderungen an Lebensmittel für besondere medizinische Zwecke, die für die Ernährungsanforderungen von Säuglingen entwickelt wurden, sollte der Anwendungszeitpunkt der vorliegenden Verordnung in Bezug auf diese Erzeugnisse vier Jahre nach dem Inkrafttreten liegen –

HAT FOLGENDE VERORDNUNG ERLASSEN:

Artikel 1
Inverkehrbringen

Lebensmittel für besondere medizinische Zwecke dürfen nur in Verkehr gebracht werden, wenn sie dieser Verordnung genügen.

Artikel 2
Zusammensetzungsanforderungen

(1) Lebensmittel für besondere medizinische Zwecke werden in folgende drei Kategorien unterteilt:

a) diätetisch vollständige Lebensmittel mit einer Nährstoff-Standardformulierung, die bei Verwendung nach den Anweisungen des Herstellers die einzige Nahrungsquelle für die Personen, für die sie bestimmt sind, darstellen können;

b) diätetisch vollständige Lebensmittel mit einer für eine bestimmte Krankheit oder Störung oder für bestimmte Beschwerden spezifischen angepassten Nährstoffformulierung, die bei Verwendung nach den Anweisungen des Herstellers die einzige Nahrungsquelle für die Personen, für die sie bestimmt sind, darstellen können;

c) diätetisch unvollständige Lebensmittel mit einer Standardformulierung oder einer für eine bestimmte Krankheit oder Störung oder für bestimmte Beschwerden spezifischen angepassten Nährstoffformulierung, die sich nicht für die Verwendung als einzige Nahrungsquelle eignen.

Die unter den Buchstaben a und b genannten Lebensmittel können auch eingesetzt werden, um die Ernährung der Patienten zu ergänzen oder teilweise zu ersetzen.

(2) Die Formulierung von Lebensmitteln für besondere medizinische Zwecke muss auf vernünftigen medizinischen und diätetischen Grundsätzen beruhen. Sie müssen sich gemäß den Anweisungen des Herstellers sicher und nutzbringend verwenden lassen und wirksam sein in dem Sinne, dass sie den besonderen Ernährungsanforderungen der Personen, für die sie bestimmt sind, entsprechen, was durch allgemein anerkannte wissenschaftliche Daten zu belegen ist.

(3) Lebensmittel für besondere medizinische Zwecke, die für die Ernährungsanforderungen von Säuglingen entwickelt wurden, müssen den Zusammensetzungsanforderungen des Anhangs I Teil A genügen.

Lebensmittel für besondere medizinische Zwecke, die nicht für die Ernährungsanforderungen von Säuglingen entwickelt wurden, müssen

---

Zu Abs. 19:
[11]) *Verordnung (EG) Nr. 178/2002 des Europäischen Parlaments und des Rates vom 28. Januar 2002 zur Festlegung der allgemeinen Grundsätze und Anforderungen des Lebensmittelrechts, zur Errichtung der Europäischen Behörde für Lebensmittelsicherheit und zur Festlegung von Verfahren zur Lebensmittelsicherheit (ABl. L 31 vom 1.2.2002, S. 1).*

den Zusammensetzungsanforderungen des Anhangs I Teil B genügen.

(4) Die Zusammensetzungsanforderungen des Anhangs I gelten für gebrauchsfertige Lebensmittel für besondere medizinische Zwecke, die als solche im Handel sind oder nach den Anweisungen des Herstellers zubereitet wurden.

Artikel 3
Anforderungen bezüglich Pestiziden in Lebensmitteln für besondere medizinische Zwecke, die für die Ernährungsanforderungen von Säuglingen und Kleinkindern entwickelt wurden

(1) Für die Zwecke dieses Artikels bezeichnet der Ausdruck „Rückstand" den Pestizidrückstand gemäß Artikel 3 Absatz 2 Buchstabe c der Verordnung (EG) Nr. 396/2005. *(ABl L 225 vom 25. 6. 2021, S. 1)*

(2) Die Rückstände in Lebensmitteln für besondere medizinische Zwecke, die für die Ernährungsanforderungen von Säuglingen und Kleinkindern entwickelt wurden, dürfen 0,01 mg/kg je Wirkstoff nicht überschreiten.
Die Rückstandsmengen sind mit allgemein anerkannten Standardanalysemethoden zu ermitteln.

(3) Abweichend von Absatz 2 gelten für die in Anhang II aufgeführten Wirkstoffe die dort genannten Rückstandshöchstgehalte.

(4) Lebensmittel für besondere medizinische Zwecke, die für die Ernährungsanforderungen von Säuglingen und Kleinkindern entwickelt wurden, dürfen nur aus Agrarerzeugnissen hergestellt sein, bei deren Erzeugung keine Pflanzenschutzmittel eingesetzt worden sind, die in Anhang III aufgeführte Wirkstoffe enthalten.
Für die Zwecke von Kontrollen gelten indessen Pflanzenschutzmittel, die in Anhang III aufgeführten Wirkstoffe enthalten, als nicht verwendet, wenn ihre Rückstände 0,003 mg/kg nicht überschreiten.

(5) Die in den Absätzen 2, 3 und 4 aufgeführten Höchstwerte gelten für gebrauchsfertige Lebensmittel für besondere medizinische Zwecke, die als solche im Handel sind oder nach den Anweisungen des Herstellers zubereitet wurden.

Artikel 4
Bezeichnung der Lebensmittel

Die Bezeichnung von Lebensmitteln für besondere medizinische Zwecke ist in Anhang IV festgelegt.

Artikel 5
Besondere Anforderungen an die Lebensmittelinformationen

(1) Sofern in dieser Verordnung nichts anderes vorgesehen ist, müssen Lebensmittel für besondere medizinische Zwecke der Verordnung (EU) Nr. 1169/2011 genügen.

(2) Neben den in Artikel 9 Absatz 1 der Verordnung (EU) Nr. 1169/2011 aufgeführten verpflichtenden Angaben sind für Lebensmittel für besondere medizinische Zwecke zusätzlich folgende Angaben verpflichtend:

a) der Hinweis, dass das Erzeugnis unter ärztlicher Aufsicht verwendet werden muss;
b) die Angabe, ob das Erzeugnis zur Verwendung als einzige Nahrungsquelle geeignet ist;
c) gegebenenfalls der Hinweis, dass das Erzeugnis für eine bestimmte Altersgruppe bestimmt ist;
d) gegebenenfalls der Hinweis, dass das Erzeugnis die Gesundheit gefährden kann, wenn es von Personen konsumiert wird, die nicht an der Krankheit, der Störung oder den Beschwerden leiden, für die das Erzeugnis bestimmt ist;
e) der Hinweis „Zum Diätmanagement bei …", ergänzt durch die Krankheit, die Störung oder die Beschwerden, für die das Erzeugnis bestimmt ist;
f) gegebenenfalls ein Hinweis auf Vorsichtsmaßnahmen und Kontraindikationen;
g) eine Beschreibung der Eigenschaften und/oder Merkmale, denen das Erzeugnis seine Zweckdienlichkeit in Bezug auf die Krankheit, die Störung oder die Beschwerden verdankt, für deren Diätmanagement es vorgesehen ist, gegebenenfalls hinsichtlich der besonderen Verarbeitung und Formulierung, mit Angaben zu Nährstoffen, die vermehrt, vermindert, eliminiert oder auf andere Weise verändert wurden, sowie die Begründung für die Verwendung des Erzeugnisses;
h) gegebenenfalls eine Warnung, dass das Erzeugnis nicht parenteral verwendet werden darf;
i) gegebenenfalls Anweisungen für die sachgerechte Zubereitung, Verwendung und Lagerung des Erzeugnisses nach Öffnung des Behälters.

Den Angaben gemäß Buchstabe a bis d werden die Worte „wichtiger Hinweis" oder ein Formulierung gleicher Bedeutung vorangestellt.

(3) Artikel 13 Absätze 2 und 3 der Verordnung (EU) Nr. 1169/2011 gelten auch für die zusätzlichen verpflichtenden Angaben gemäß Absatz 2 dieses Artikels.

Artikel 6
Besondere Anforderungen an die Nährwertdeklaration

(1) Neben den in Artikel 30 Absatz 1 der Verordnung (EU) Nr. 1169/2011 aufgeführten Anga-

ben muss die verpflichtende Nährwertdeklaration für Lebensmittel für besondere medizinische Zwecke folgende Angaben enthalten:

a) die Menge aller in Anhang I der vorliegenden Verordnung aufgeführten Mineralstoffe und Vitamine, die das Erzeugnis enthält;

b) die Menge an Bestandteilen von Proteinen, Kohlehydraten und Fetten und/oder sonstigen Nährstoffen und deren Bestandteilen, sofern diese Information zur zweckentsprechenden Verwendung des Erzeugnisses erforderlich ist;

c) gegebenenfalls Angaben zur Osmolalität oder Osmolarität des Erzeugnisses;

d) Angaben zu Quelle und Art der in dem Erzeugnis enthaltenen Proteine und/oder Proteinhydrolysate.

(2) Abweichend von Artikel 30 Absatz 3 der Verordnung (EU) Nr. 1169/2011 dürfen die in der verpflichtenden Nährwertdeklaration von Lebensmitteln für besondere medizinische Zwecke enthaltenen Angaben nicht auf der Kennzeichnung wiederholt werden.

(3) Die Nährwertdeklaration ist für alle Lebensmittel für besondere medizinische Zwecke verpflichtend, unabhängig von der Größe der größten Oberfläche der Verpackung oder des Behältnisses.

(4) Die Artikel 31 bis 35 der Verordnung (EU) Nr. 1169/2011 gelten für alle in der Nährstoffdeklaration von Lebensmitteln für besondere medizinische Zwecke aufgeführten Nährstoffe.

(5) Abweichend von Artikel 31 Absatz 3 der Verordnung (EU) Nr. 1169/2011 sind der Brennwert und die Nährstoffmengen von Lebensmitteln für besondere medizinische Zwecke diejenigen des Lebensmittels beim Verkauf und, gegebenenfalls, diejenigen des gebrauchsfertigen Lebensmittels nach Zubereitung gemäß den Anweisungen des Herstellers.

(6) Abweichend von Artikel 32 Absätze 3 und 4 der Verordnung (EU) Nr. 1169/2011 dürfen der Brennwert und die Nährstoffmengen von Lebensmitteln für besondere medizinische Zwecke nicht als Prozentsatz der Referenzmengen in Anhang XIII der genannten Verordnung angegeben werden.

(7) Die Angaben in der Nährwertdeklaration von Lebensmitteln für besondere medizinische Zwecke, die nicht in Anhang XV der Verordnung (EU) Nr. 1169/2011 aufgeführt sind, werden nach dem relevantesten Eintrag dieses Anhangs, zu dem sie gehören oder dessen Bestandteil sie sind, angeführt.

Angaben, die nicht in Anhang XV der Verordnung (EU) Nr. 1169/2011 aufgeführt sind und nicht zu einem anderen Eintrag dieses Anhangs gehören oder Bestandteil davon sind, werden in der Nährwertdeklaration nach dem letzten Eintrag des genannten Anhangs angeführt.

Der Natriumgehalt ist zusammen mit den anderen Mineralstoffen anzugeben und kann neben dem Salzgehalt wie folgt wiederholt werden: „Salz: X g (davon Natrium: Y mg)".

Artikel 7
Nährwert- und gesundheitsbezogene Angaben

Nährwert- und gesundheitsbezogene Angaben über Lebensmittel für besondere medizinische Zwecke sind nicht zulässig.

Artikel 8
Besondere Anforderungen an Lebensmittel für besondere medizinische Zwecke, die für die Ernährungsanforderungen von Säuglingen entwickelt wurden

(1) Alle verpflichtenden Angaben zu Lebensmitteln für besondere medizinische Zwecke, die für die Ernährungsanforderungen von Säuglingen entwickelt wurden, sind in einer für die Verbraucher leicht verständlichen Sprache abzufassen.

(2) Die Kennzeichnung, Aufmachung und Bewerbung von Lebensmitteln für besondere medizinische Zwecke, die für die Ernährungsanforderungen von Säuglingen entwickelt wurden, dürfen keine Bilder von Säuglingen oder andere Bilder oder Text enthalten, mit denen die Verwendung des Erzeugnisses idealisiert werden könnte.

Zeichnungen zur leichteren Identifizierung des Erzeugnisses und als Illustration der Zubereitungsmethoden sind jedoch zulässig.

(3) Die Kennzeichnung, Aufmachung und Bewerbung von Lebensmitteln für besondere medizinische Zwecke, die für die Ernährungsanforderungen von Säuglingen entwickelt wurden, sind so zu konzipieren, dass die Verbraucher – vor allem aufgrund des Textes, der Bilder und der verwendeten Farben – klar zwischen diesen Erzeugnissen und Säuglingsanfangsnahrung und Folgenahrung unterscheiden können und jede Verwechslungsgefahr ausgeschlossen wird.

(4) Werbung für Lebensmittel für besondere medizinische Zwecke, die für die Ernährungsanforderungen von Säuglingen entwickelt wurden, darf nur in der Säuglingspflege gewidmeten Veröffentlichungen und in wissenschaftlichen Publikationen erscheinen.

Die Mitgliedstaaten können die Werbung weiter einschränken oder untersagen. Solche Werbung darf nur wissenschaftliche und sachbezogene Informationen enthalten.

Die Unterabsätze 1 und 2 stehen der Verbreitung von Informationen, die ausschließlich für Angehörige der Gesundheitsberufe bestimmt sind, nicht entgegen.

(5) Es darf keine Werbung in Verkaufsstellen geben, die Verbraucher durch Verteilung von Proben oder mit anderen Werbemitteln wie z. B.

besonderen Auslagen, Rabattmarken, Zugebeartikeln, Sonderangeboten, Lockartikeln und Koppelungsgeschäften direkt auf Einzelhandelsebene zum Kauf von Lebensmitteln für besondere medizinische Zwecke, die für den Ernährungsbedarf Säuglingen entwickelt wurden, anregen.

(6) Herstellern und Vertreibern von Lebensmitteln für besondere medizinische Zwecke, die für die Ernährungsanforderungen von Säuglingen entwickelt wurden, ist es untersagt, an die Öffentlichkeit oder an Schwangere, Mütter und deren Familienmitglieder kostenlose oder verbilligte Erzeugnisse, Proben oder irgendein anderes Werbegeschenk zu verteilen.

Artikel 9
Meldung des Inverkehrbringens

Wird ein Lebensmittel für besondere medizinische Zwecke in Verkehr gebracht, so übermittelt der Lebensmittelunternehmer den zuständigen Behörden aller Mitgliedstaaten, in denen das betreffende Erzeugnis in Verkehr gebracht wird, die Angaben, die auf dem Etikett erscheinen, indem er ihnen ein Muster des für das Erzeugnis verwendeten Etiketts übermittelt, sowie alle anderen Informationen die die zuständige Behörde vernünftigerweise verlangen kann, um sich von der Einhaltung der vorliegenden Verordnung zu überzeugen, es sei denn, ein Mitgliedstaat befreit den Lebensmittelunternehmer im Rahmen einer nationalen Regelung, die eine wirksame amtliche Überwachung des betreffenden Erzeugnisses gewährleistet, von dieser Verpflichtung.

Artikel 10
Richtlinie 1999/21/EG

Gemäß Artikel 20 Absatz 4 der Verordnung (EU) Nr. 609/2013 wird die Richtlinie 1999/21/EG mit Wirkung ab dem 22. Februar 2019 aufgehoben. Die Richtlinie 1999/21/EG gilt jedoch weiter bis 21. Februar 2020 für Lebensmittel für besondere medizinische Zwecke, die für die Ernährungsanforderungen von Säuglingen entwickelt wurden.

Bezugnahmen auf die Richtlinie 1999/21/EG in anderen Rechtsakten gelten entsprechend der Regelung des Absatzes 1 als Bezugnahmen auf die vorliegende Verordnung.

Artikel 11
Inkrafttreten und Anwendung

Diese Verordnung tritt am zwanzigsten Tag nach ihrer Veröffentlichung im Amtsblatt der Europäischen Union in Kraft.

Sie gilt ab dem 22. Februar 2019, außer für Lebensmittel für besondere medizinische Zwecke, die für die Ernährungsanforderungen von Säuglingen entwickelt wurden, für die sie ab dem 22. Februar 2020 gilt.

Für die Zwecke des Artikels 21 Absatz 1 Unterabsatz 2 der Verordnung (EU) Nr. 609/2013 gilt in Bezug auf Lebensmittel für besondere medizinische Zwecke, die für die Ernährungsanforderungen von Säuglingen entwickelt wurden, das spätere der in Absatz 2 dieses Artikels genannten Daten als Anwendungsbeginn.

Diese Verordnung ist in allen ihren Teilen verbindlich und gilt unmittelbar in jedem Mitgliedstaat.

Brüssel, den 25. September 2015

Für die Kommission
Der Präsident
Jean-Claude JUNCKER

ANHANG I

ANHANG I
ZUSAMMENSETZUNGSANFORDERUNGEN GEMÄSS ARTIKEL 2 ABSATZ 3

TEIL A
Lebensmittel für besondere medizinische Zwecke, die für die Ernährungsanforderungen von Säuglingen entwickelt wurden

1. Erzeugnisse im Sinne des Artikels 2 Absatz 1 Buchstabe a, die für die Ernährungsanforderungen von Säuglingen entwickelt wurden, müssen Vitamine und Mineralstoffe gemäß Tabelle 1 enthalten.
2. Erzeugnisse im Sinne des Artikels 2 Absatz 1 Buchstabe b, die für die Ernährungsanforderungen von Säuglingen entwickelt wurden, müssen Vitamine und Mineralstoffe gemäß Tabelle 1 enthalten; hiervon unberührt bleiben Änderungen hinsichtlich eines oder mehrerer dieser Nährstoffe, die aufgrund des Verwendungszwecks des Erzeugnisses erforderlich sind.
3. Vitamine und Mineralstoffe dürfen in Erzeugnissen im Sinne des Artikels 2 Absatz 1 Buchstabe c, die für die Ernährungsanforderungen von Säuglingen entwickelt wurden, nicht in höheren als

4/3. EU/LMbmedZwV
ANHANG I

den in Tabelle 1 angegebenen Höchstmengen enthalten sein; hiervon unberührt bleiben Änderungen hinsichtlich eines oder mehrerer dieser Nährstoffe, die aufgrund des Verwendungszwecks des Erzeugnisses erforderlich sind.

4. Sofern dies nicht den aus dem Verwendungszweck resultierenden Erfordernissen zuwiderläuft, müssen Lebensmittel für besondere medizinische Zwecke, die für die Ernährungsanforderungen von Säuglingen entwickelt wurden, den in der Delegierten Verordnung (EU) 2016/127 der Kommission[1)] festgelegten Vorschriften über andere Nährstoffe genügen, die für Säuglingsanfangsnahrung bzw. Folgenahrung gelten.

Tabelle 1
Werte für Vitamine und Mineralstoffe in Lebensmitteln für besondere medizinische Zwecke, die für die Ernährungsanforderungen von Säuglingen entwickelt wurden

	Je 100 kJ		Je 100 kcal	
	Minimum	Maximum	Minimum	Maximum
Vitamine				
Vitamin A (µg RE)[1)]	16,7	43	70	180
Vitamin D (µg)	0,48	0,72	2	3
Vitamin K (µg)	0,24	6	1	25
Vitamin C (mg)	0,96	7,2	4	30
Thiamin (µg)	9,6	72	40	300
Riboflavin (µg)	14,3	107	60	450
Vitamin B_6 (µg)	4,8	72	20	300
Niacin (mg)[2)]	0,1	0,72	0,4	3
Folat (µg DFE)[3)]	3,6	11,4	15	47,6
Vitamin B_{12} (µg)	0,02	0,12	0,1	0,5
Panthotensäure (mg)	0,1	0,48	0,4	2
Biotin (µg)	0,24	4,8	1	20
Vitamin E (mg α-To-copherol)[4)]	0,14	1,2	0,6	5
Mineralstoffe				
Natrium (mg)	6	14,3	25	60
Chlorid (mg)	14,3	38,2	60	160
Kalium (mg)	19,1	38,2	80	160
Calcium (mg)[5)]	12	60	50	250
Phosphor (mg)[6)]	6	24	25	100
Magnesium (mg)	1,2	3,6	5	15
Eisen (mg)	0,07	0,6	0,3	2,5
Zink (mg)	0,12	0,6	0,5	2,4
Kupfer (µg)	14,3	29	60	120

[1)] *Delegierte Verordnung (EU) 2016/127 der Kommission vom 25. September 2015 zur Ergänzung der Verordnung (EU) Nr. 609/2013 des Europäischen Parlaments und des Rates im Hinblick auf die besonderen Zusammensetzungs- und Informationsanforderungen für Säuglingsanfangsnahrung und Folgenahrung und hinsichtlich der Informationen, die bezüglich der Ernährung von Säuglingen und Kleinkindern bereitzustellen sind (siehe Seite 1 dieses Amtsblatts).*

[1)] *Vorgebildetes Vitamin A; RE = all-trans-Retinoläquivalent.*
[2)] *Vorgebildetes Niacin.*
[3)] *Diätetisches Folat-Äquivalent: 1 µg DFE = 1 µg Nahrungsfolat = 0,6 µg synthetische Folsäure aus Lebensmittel für besondere medizinische Zwecke.*
[4)] *Vitamin-E-Aktivität von RRR-α-Tocopherol.*
[5)] *Das Molverhältnis Calcium: verwertbarer Phosphor muss mindestens 1 und darf höchstens 2 betragen.*
[6)] *Gesamtphosphorgehalt.*

	Je 100 kJ		Je 100 kcal	
	Minimum	Maximum	Minimum	Maximum
Jod (µg)	3,6	8,4	15	35
Selen (µg)	0,72	2	3	8,6
Mangan (µg)	0,24	24	1	100
Chrom (µg)	–	2,4	–	10
Molybdän (µg)	–	3,3	–	14
Fluorid (mg)	–	47,8	–	200

LM für spez. Gruppen

TEIL B
Lebensmittel für besondere medizinische Zwecke, die nicht für die Ernährungsanforderungen von Säuglingen entwickelt wurden

1. Erzeugnisse im Sinne des Artikels 2 Absatz 1 Buchstabe a, die nicht für die Ernährungsanforderungen von Säuglingen entwickelt wurden, müssen Vitamine und Mineralstoffe gemäß Tabelle 2 enthalten.
2. Erzeugnisse im Sinne des Artikels 2 Absatz 1 Buchstabe b, die nicht für die Ernährungsanforderungen von Säuglingen entwickelt wurden, müssen Vitamine und Mineralstoffe gemäß Tabelle 2 enthalten; hiervon unberührt bleiben Änderungen hinsichtlich eines oder mehrerer dieser Nährstoffe, die aufgrund des Verwendungszwecks des Erzeugnisses erforderlich sind.
3. Vitamine und Mineralstoffe dürfen in Erzeugnissen im Sinne des Artikels 2 Absatz 1 Buchstabe c, die nicht für die Ernährungsanforderungen von Säuglingen entwickelt wurden, nicht in höheren als den in Tabelle 2 angegebenen Höchstmengen enthalten sein; hiervon unberührt bleiben Änderungen hinsichtlich eines oder mehrerer dieser Nährstoffe, die aufgrund des Verwendungszwecks des Erzeugnisses erforderlich sind.

Tabelle 2
Werte für Vitamine und Mineralstoffe in Lebensmitteln für besondere medizinische Zwecke, die nicht für die Ernährungsanforderungen von Säuglingen entwickelt wurden

	Je 100 kJ		Je 100 kcal	
	Minimum	Maximum	Minimum	Maximum
	Vitamine			
Vitamin A (µg RE)	8,4	43	35	180
Vitamin D (µg)	0,12	0,65/0,75[1]	0,5	2,5/3[1]
Vitamin K (µg)	0,85	5	3,5	20
Vitamin C (mg)	0,54	5,25	2,25	22
Thiamin (mg)	0,015	0,12	0,06	0,5
Riboflavin (mg)	0,02	0,12	0,08	0,5
Vitamin B_6 (mg)	0,02	0,12	0,08	0,5
Niacin (mg NE)	0,22	0,75	0,9	3
Folsäure (µg)	2,5	12,5	10	50
Vitamin B_{12} (µg)	0,017	0,17	0,07	0,7
Panthotensäure (mg)	0,035	0,35	0,15	1,5
Biotin (µg)	0,18	1,8	0,75	7,5
Vitamin E (mg α-TE)	0,5/g mehrfach ungesättigte Fettsäuren, als Linolsäure ausgedrückt, auf keinen Fall jedoch	0,75	0,5/g mehrfach ungesättigte Fettsäuren, als Linolsäure ausgedrückt, auf keinen Fall jedoch	3

[1] *Für Erzeugnisse, die für Kinder zwischen 1 und 10 Jahren bestimmt sind.*

4/3. EU/LMbmedZwV
ANHANG III

	Je 100 kJ		Je 100 kcal	
	Minimum	Maximum	Minimum	Maximum
	weniger als 0,1 mg/100 verwertbare kJ		weniger als 0,5 mg/100 verwertbare kcal	
	Mineralstoffe			
Natrium (mg)	7,2	42	30	175
Chlorid (mg)	7,2	42	30	175
Kalium (mg)	19	70	80	295
Calcium (mg)	8,4/12[1]	42/60[1]	35/50[1]	175/250[1]
Phosphor (mg)	7,2	19	30	80
Magnesium (mg)	1,8	6	7,5	25
Eisen (mg)	0,12	0,5	0,5	2
Zink (mg)	0,12	0,36	0,5	1,5
Kupfer (µg)	15	125	60	500
Jod (µg)	1,55	8,4	6,5	35
Selen (µg)	0,6	2,5	2,5	10
Mangan (mg)	0,012	0,12	0,05	0,5
Chrom (µg)	0,3	3,6	1,25	15
Molybdän (µg)	0,84	4,3	3,5	18
Fluorid (mg)	–	0,05	–	0,2

ANHANG II

ANHANG II
WIRKSTOFFE GEMÄSS ARTIKEL 3 ABSATZ 3

Chemische Bezeichnung der Ausgangsverbindung des Stoffes [1]	Rückstandshöchstgehalt (mg/kg)
Cadusafos	0,006
Demeton-S-methyl Demeton-S-methylsulfon Oxydemethon-methyl	0,006
Ethoprophos	0,008
Fipronil	0,004
Propineb	0,006

(ABl L 225 vom 25. 6. 2021, S. 1)

ANHANG III

ANHANG III
WIRKSTOFFE GEMÄSS ARTIKEL 3 ABSATZ 4

Chemische Bezeichnung der Ausgangsverbindung des Stoffes ([1])
Aldrin
Dieldrin
Disulfoton
Endrin
Fensulfothion

4/3. EU/LMbmedZwV
ANHANG IV

Chemische Bezeichnung der Ausgangsverbindung des Stoffes (¹)
Fentin
Haloxyfop
Heptachlor
Hexachlorbenzen
Nitrofen
Omethoat
Terbufos.
(¹) Es gilt die aktuellste Rückstandsdefinition gemäß den einschlägigen Anhängen II, III, IV oder V der Verordnung (EG) Nr. 396/2005 (die Rückstandsdefinition ist hinter der Ausgangsverbindung des Stoffes in Klammern angegeben).

LM für spez. Gruppen

(ABl L 225 vom 25. 6. 2021, S. 1)

ANHANG IV

ANHANG IV
BEZEICHNUNG GEMÄSS ARTIKEL 4

Lebensmittel für besondere medizinische Zwecke sind wie folgt zu bezeichnen:

– auf Bulgarisch: „Храни за специални медицински цели"
– auf Spanisch: „Alimento para usos médicos especiales"
– auf Tschechisch: „Potravina pro zvláštní lékařské účely"
– auf Dänisch: „Fødevare til særlige medicinske formål"
– auf Deutsch: „Lebensmittel für besondere medizinische Zwecke (bilanzierte Diät)"
– auf Estnisch: „Meditsiinilisel näidustusel kasutamiseks ettenähtud toit"
– auf Griechisch: „Τρόφιμα για ειδικούς ιατρικούς σκοπούς"
– auf Englisch: „Food for special medical purposes"
– auf Französisch: „Denrée alimentaire destinée à des fins médicales spéciales"
– auf Kroatisch: „Hrana za posebne medicinske potrebe"
– auf Italienisch: „Alimento a fini medici speciali"
– auf Lettisch: „Īpašiem medicīniskiem nolūkiem paredzēta pārtika"
– auf Litauisch: „Specialios medicininės paskirties maisto produktai"
– auf Ungarisch: „Speciális gyógyászati célra szánt élelmiszer"
– auf Maltesisch: „Ikel għal skopijiet mediċi speċjali"
– auf Niederländisch: „Voeding voor medisch gebruik"
– auf Polnisch: „Żywność specjalnego przeznaczenia medycznego"
– auf Portugiesisch: „Alimento para fins medicinais específicos"
– auf Rumänisch: „Alimente destinate unor scopuri medicale speciale"
– auf Slowakisch: „Potraviny na osobitné lekárske účely"
– auf Slowenisch: „Živila za posebne zdravstvene namene"
– auf Finnisch: „Erityisiin lääkinnällisiin tarkoituksiin tarkoitettu elintarvike (kliininen ravintovalmiste)"
– auf Schwedisch: „Livsmedel för speciella medicinska ändamål".

4/4. Delegierte Verordnung (EU) 2017/1798 zur Ergänzung der Verordnung (EU) Nr. 609/2013 des Europäischen Parlaments und des Rates hinsichtlich der besonderen Zusammensetzungs- und Informationsanforderungen an Tagesrationen für gewichtskontrollierende Ernährung

LM für spez. Gruppen

ABl L 259 vom 7. 10. 2017, S. 2

Delegierte Verordnung (EU) 2017/1798 der Kommission vom 2. Juni 2017 zur Ergänzung der Verordnung (EU) Nr. 609/2013 des Europäischen Parlaments und des Rates hinsichtlich der besonderen Zusammensetzungs- und Informationsanforderungen an Tagesrationen für gewichtskontrollierende Ernährung

DIE EUROPÄISCHE KOMMISSION –

gestützt auf den Vertrag über die Arbeitsweise der Europäischen Union,

gestützt auf die Verordnung (EU) Nr. 609/2013 des Europäischen Parlaments und des Rates vom 12. Juni 2013 über Lebensmittel für Säuglinge und Kleinkinder, Lebensmittel für besondere medizinische Zwecke und Tagesrationen für gewichtskontrollierende Ernährung und zur Aufhebung der Richtlinie 92/52/EWG des Rates, der Richtlinien 96/8/EG, 1999/21/EG, 2006/125/EG und 2006/141/EG der Kommission, der Richtlinie 2009/39/EG des Europäischen Parlaments und des Rates sowie der Verordnungen (EG) Nr. 41/2009 und (EG) Nr. 953/2009 des Rates und der Kommission[1], insbesondere auf Artikel 11 Absatz 1 Buchstaben a, c und d,

in Erwägung nachstehender Gründe:

(1) Die Richtlinie 96/8/EG der Kommission[2] enthält harmonisierte Vorschriften über Lebensmittel für kalorienarme Ernährung zur Gewichtsverringerung und erfasst in ihrem Geltungsbereich Erzeugnisse, die in der Verordnung (EU) Nr. 609/2013 als Tagesrationen für gewichtskontrollierende Ernährung definiert sind.

(2) Die Verordnung (EU) Nr. 609/2013 hob die Richtlinie 96/8/EG auf und legte allgemeine Zusammensetzungs- und Informationsanforderungen an verschiedene Kategorien von Lebensmitteln fest, darunter auch Erzeugnisse, die als Tagesrationen für gewichtskontrollierende Ernährung definiert sind. Damit die Kommission ihrer Verpflichtung zur Annahme besonderer Zusammensetzungs- und Informationsanforderungen an Tagesrationen für gewichtskontrollierende Ernährung nachkommen kann, ist es angezeigt, die Bestimmungen der Richtlinie 96/8/EG als Grundlage heranzuziehen, da diese Bestimmungen den freien Verkehr von Lebensmitteln, die als Tagesration für gewichtskontrollierende Ernährung angeboten werden, auf zufriedenstellende Weise sichergestellt und zugleich ein hohes Maß an Schutz für die öffentliche Gesundheit garantiert haben.

(3) Bei einer Tagesration für gewichtskontrollierende Ernährung handelt es sich um ein komplexes Erzeugnis, das speziell für übergewichtige oder fettleibige Erwachsene, die ihr Gewicht verringern möchten, formuliert wird. Die Grundzusammensetzung von Tagesrationen für gewichtskontrollierende Ernährung muss die täglichen Ernährungsanforderungen gesunder übergewichtiger oder fettleibiger Erwachsener im Rahmen einer kalorienarmen Ernährung zur Gewichtsverringerung auf der Grundlage allgemein anerkannter wissenschaftlicher Daten erfüllen.

(4) Um die Sicherheit und Eignung von Tagesrationen für gewichtskontrollierende Ernährung sicherzustellen, sollten detaillierte Anforderungen an ihre Zusammensetzung festgelegt werden, auch hinsichtlich des Brennwerts und des Gehalts an Makro- und Mikronährstoffen. Diese Anforderungen sollten auf die jüngsten wissenschaftlichen Empfehlungen der Europäischen Behörde für Lebensmittelsicherheit (im Folgenden die „Behörde") zu diesem Thema[3] gestützt werden.

Zur Präambel:
[1] *ABl. L 181 vom 29.6.2013, S. 35.*
Zu Abs. 1:
[2] *Richtlinie 96/8/EG der Kommission vom 26. Februar 1996 über Lebensmittel für kalorienarme Ernährung zur Gewichtsverringerung (ABl. L 55 vom 6.3.1996, S. 22).*

Zu Abs. 4:
[3] *NDA-Gremium der EFSA (EFSA-Gremium für diätetische Produkte, Ernährung und Allergien), 2015. Scientific Opinion on the essential composition of total diet replacement for weight control, EFSA Journal 2015;13(1):3957, and EFSA NDA Panel (EFSA Panel on Dietetic Products, Nutrition and Allergies), 2016. Scientific Opinion on the*

(5) Um Innovation und Produktentwicklung sicherzustellen, sollte es möglich sein, Tagesrationen für gewichtskontrollierende Ernährung auf freiwilliger Basis Zutaten beizugeben, die nicht unter spezifische Anforderungen im Rahmen dieser Verordnung fallen, wobei insbesondere Ballaststoffe zu berücksichtigen sind. Alle bei der Herstellung von Tagesrationen für gewichtskontrollierende Ernährung verwendeten Zutaten sollten sich für gesunde übergewichtige oder fettleibige Erwachsene eignen, und ihre Eignung sollte erforderlichenfalls durch entsprechende Studien nachgewiesen worden sein. Es obliegt den Lebensmittelunternehmern, diesen Eignungsnachweis zu erbringen, und den nationalen zuständigen Behörden, diesen von Fall zu Fall zu prüfen.

(6) Tagesrationen für gewichtskontrollierende Ernährung müssen der Verordnung (EU) Nr. 1169/2011 des Europäischen Parlaments und des Rates[4)] entsprechen. Um dem besonderen Charakter von Tagesrationen für gewichtskontrollierende Ernährung Rechnung zu tragen, sollten gegebenenfalls Ergänzungen zu bzw. Ausnahmen von diesen allgemeinen Bestimmungen festgelegt werden.

(7) Die Nährwertdeklaration von Tagesrationen für gewichtskontrollierende Ernährung ist unerlässlich, um deren angemessene Verwendung zu gewährleisten, sowohl durch gesunde übergewichtige oder fettleibige Erwachsene, die diese Lebensmittel verzehren, als auch durch Angehörige der Gesundheitsberufe, die bezüglich deren Eignung in bestimmten Fällen Rat geben. Damit vollständigere Informationen zur Verfügung stehen, sollte die Nährwertdeklaration daher mehr Angaben umfassen als in der Verordnung (EU) Nr. 1169/2011 vorgeschrieben. Außerdem sollte die Ausnahmeregelung in Anhang V Nummer 18 der Verordnung (EU) Nr. 1169/2011 nicht gelten; vielmehr sollte die Nährwertdeklaration bei allen Tagesrationen für gewichtskontrollierende Ernährung unabhängig von der Größe der Verpackung oder des Behältnisses verpflichtend sein.

Dietary Reference Values for choline, EFSA Journal 2016;14(8):4484.

Zu Abs. 6:

[4)] *Verordnung (EU) Nr. 1169/2011 des Europäischen Parlaments und des Rates vom 25. Oktober 2011 betreffend die Information der Verbraucher über Lebensmittel und zur Änderung der Verordnungen (EG) Nr. 1924/2006 und (EG) Nr. 1925/2006 des Europäischen Parlaments und des Rates und zur Aufhebung der Richtlinie 87/250/EWG der Kommission, der Richtlinie 90/496/EWG des Rates, der Richtlinie 1999/10/EG der Kommission, der Richtlinie 2000/13/EG des Europäischen Parlaments und des Rates, der Richtlinien 2002/67/EG und 2008/5/EG der Kommission und der Verordnung (EG) Nr. 608/2004 der Kommission (ABl. L 304 vom 22.11.2011, S. 18).*

(8) Um geeignete Informationen zur Verfügung zu stellen und Vergleiche zwischen Erzeugnissen zu erleichtern, sollten bei Tagesrationen für gewichtskontrollierende Ernährung die Angaben in der Nährwertdeklaration je Portion und/oder je Verzehreinheit sowie je Tagesration gemacht werden. Des Weiteren sollten diese Angaben für das gebrauchsfertige Erzeugnis nach Zubereitung gemäß den Anweisungen des Herstellers gelten.

(9) In Artikel 30 Absatz 2 der Verordnung (EU) Nr. 1169/2011 ist eine begrenzte Anzahl von Nährstoffen aufgeführt, die auf freiwilliger Basis in die Nährwertdeklaration für Lebensmittel aufgenommen werden können. Der Anhang der Verordnung (EU) Nr. 609/2013 enthält eine Liste von Stoffen, die Tagesrationen für gewichtskontrollierende Ernährung zugesetzt werden dürfen und von denen einige nicht unter Artikel 30 Absatz 2 der Verordnung (EU) Nr. 1169/2011 fallen. Zur Gewährleistung der Rechtsklarheit sollte explizit festgelegt werden, dass die Nährwertdeklaration bei Tagesrationen für gewichtskontrollierende Ernährung solche Stoffe enthalten darf. Zudem könnten in bestimmten Fällen genauere Angaben zu den im Erzeugnis enthaltenen Kohlenhydraten und Fetten für Verbraucher und Angehörige der Gesundheitsberufe nützlich sein. Lebensmittelunternehmer sollten solche Informationen daher auf freiwilliger Basis bereitstellen dürfen.

(10) Gesunde übergewichtige oder fettleibige Erwachsene können einen anderen Ernährungsbedarf als die Allgemeinbevölkerung haben. Außerdem ist eine Tagesration für gewichtskontrollierende Ernährung ein Lebensmittel, das den täglichen Ernährungsbedarf vollständig deckt. Die Angabe des Brennwerts und der Nährstoffmengen von Tagesrationen für gewichtskontrollierende Ernährung als Prozentsatz der Referenzmenge für die tägliche Aufnahme, wie dies in der Verordnung (EU) Nr. 1169/2011 für die Allgemeinbevölkerung festgelegt ist, würde die Verbraucher folglich irreführen und sollte daher nicht zugelassen werden.

(11) Hinweise auf den „sehr geringen" oder „geringen" Kaloriengehalt von Tagesrationen für gewichtskontrollierende Ernährung können für die Verbraucher von Nutzen sein. Es ist daher angezeigt, Vorschriften für solche freiwilligen Hinweise festzulegen.

(12) Nährwert- und gesundheitsbezogene Angaben sind Werbeinstrumente, die Lebensmittelunternehmer auf freiwilliger Basis in der kommerziellen Kommunikation gemäß den Bestimmungen der Verordnung (EG) Nr. 1924/2006 des Eu-

ropäischen Parlaments und des Rates[5)] einsetzen. Angesichts der besonderen Funktion von Tagesrationen für gewichtskontrollierende Ernährung bei der Ernährung von Personen, die diese verzehren, sollten nährwert- und gesundheitsbezogene Angaben für solche Erzeugnisse nicht zugelassen werden. Da jedoch Informationen zu vorhandenen Ballaststoffen in Tagesrationen für gewichtskontrollierende Ernährung für die Verbraucher nützlich sein können, sollten nährwertbezogene Angaben bezüglich des Zusatzes von Ballaststoffen unter bestimmten Bedingungen erlaubt werden.

(13) Gemäß der Richtlinie 96/8/EG müssen Tagesrationen für gewichtskontrollierende Ernährung Ballaststoffe zugesetzt werden. In Ermangelung entsprechender wissenschaftlicher Nachweise konnte die Behörde in ihrem jüngsten Gutachten keinen Mindestgehalt an Ballaststoffen festlegen. Daher ist es angezeigt, für Tagesrationen für gewichtskontrollierende Ernährung den in der Richtlinie 96/8/EG vorgeschriebenen Mindestgehalt an Ballaststoffen beizubehalten.

(14) Artikel 17 Absatz 2 der Verordnung (EG) Nr. 178/2002 des Europäischen Parlaments und des Rates[6)] verpflichtet die Mitgliedstaaten, das Lebensmittelrecht durchzusetzen sowie zu überwachen und zu überprüfen, ob die Anforderungen von den Lebensmittel- und Futtermittelunternehmern auf allen Produktions-, Verarbeitungs- und Vertriebsstufen eingehalten werden. Um die effiziente amtliche Überwachung von Tagesrationen für gewichtskontrollierende Ernährung zu erleichtern, sollten in diesem Zusammenhang Unternehmer, die solche Erzeugnisse in Verkehr bringen, den nationalen zuständigen Behörden ein Muster des verwendeten Etiketts sowie alle relevanten Informationen vorlegen, die von den zuständigen Behörden für notwendig erachtet werden, um die Einhaltung der vorliegenden Verordnung nachzuweisen, soweit die Mitgliedstaaten nicht über ein anderes effizientes Überwachungssystem verfügen.

(15) Um den Lebensmittelunternehmern die Anpassung an die neuen Anforderungen zu ermöglichen, die technische Anpassungen des Prozesses zur Herstellung der betroffenen Erzeugnisse umfassen können, sollte der Geltungsbeginn dieser Verordnung fünf Jahre nach ihrem Inkrafttreten liegen –

HAT FOLGENDE VERORDNUNG ERLASSEN:

Artikel 1
Gegenstand

Mit dieser Verordnung werden folgende besondere Anforderungen an Tagesrationen für gewichtskontrollierende Ernährung festgelegt:

a) Anforderungen an die Zusammensetzung;

b) Anforderungen an Kennzeichnung, Aufmachung und Bewerbung;

c) Meldeanforderungen in Bezug auf das Inverkehrbringen des Erzeugnisses.

Artikel 2
Inverkehrbringen

1. Die Produktbezeichnung, unter der von Artikel 2 Absatz 2 Buchstabe h der Verordnung (EU) Nr. 609/2013 erfasste Lebensmittel verkauft werden, lautet „Tagesrationen für gewichtskontrollierende Ernährung".

2. Tagesrationen für gewichtskontrollierende Ernährung dürfen nur dann in Verkehr gebracht werden, wenn sie dieser Verordnung entsprechen.

Artikel 3
Anforderungen an die Zusammensetzung

1. Tagesrationen für gewichtskontrollierende Ernährung müssen die in Anhang I festgelegten Zusammensetzungsanforderungen unter Berücksichtigung der Spezifikationen in Anhang II erfüllen.

2. Die in Anhang I festgelegten Zusammensetzungsanforderungen gelten für gebrauchsfertige Lebensmittel, die als solche oder nach Zubereitung gemäß den Anweisungen des Herstellers vermarktet werden.

3. Tagesrationen für gewichtskontrollierende Ernährung dürfen andere Zutaten als die in Anhang I aufgeführten Stoffe nur dann enthalten, wenn ihre Eignung anhand allgemein anerkannter wissenschaftlicher Daten nachgewiesen wurde.

Artikel 4
Besondere Anforderungen an die Lebensmittelinformationen

1. Neben den in Artikel 9 Absatz 1 der Verordnung (EU) Nr. 1169/2011 aufgeführten verpflichtenden Angaben sind bei Tagesrationen für ge-

---

Zu Abs. 12:

[5)] *Verordnung (EG) Nr. 1924/2006 des Europäischen Parlaments und des Rates vom 20. Dezember 2006 über nährwert- und gesundheitsbezogene Angaben über Lebensmittel (ABl. L 404 vom 30.12.2006, S. 9).*

Zu Abs. 14:

[6)] *Verordnung (EG) Nr. 178/2002 des Europäischen Parlaments und des Rates vom 28. Januar 2002 zur Festlegung der allgemeinen Grundsätze und Anforderungen des Lebensmittelrechts, zur Errichtung der Europäischen Behörde für Lebensmittelsicherheit und zur Festlegung von Verfahren zur Lebensmittelsicherheit (ABl. L 31 vom 1.2.2002, S. 1).*

wichtskontrollierende Ernährung zusätzlich folgende Angaben verpflichtend:

a) ein Hinweis, dass das Erzeugnis ausschließlich für gesunde übergewichtige oder fettleibige Erwachsene bestimmt ist, die ihr Gewicht verringern möchten;

b) ein Hinweis, dass das Erzeugnis von Schwangeren oder Stillenden, von Jugendlichen oder von Personen mit Gesundheitsbeschwerden nicht ohne den Rat eines/einer Angehörigen der Gesundheitsberufe verzehrt werden sollte;

c) ein Hinweis auf die Bedeutung einer ausreichenden täglichen Flüssigkeitszufuhr;

d) ein Hinweis, dass das Erzeugnis bei Verzehr gemäß Gebrauchsanweisung eine Versorgung mit ausreichenden täglichen Mengen an allen essenziellen Nährstoffen gewährleistet;

e) ein Hinweis, dass das Erzeugnis von gesunden übergewichtigen oder fettleibigen Erwachsenen nicht länger als acht Wochen oder wiederholt über kürzere Zeiträume als acht Wochen ohne den Rat eines/einer Angehörigen der Gesundheitsberufe verzehrt werden sollte;

f) erforderlichenfalls Anweisungen zur richtigen Zubereitung sowie ein Hinweis auf die Wichtigkeit ihrer Befolgung;

g) falls ein Erzeugnis bei Verzehr gemäß Herstelleranweisung zu einer täglichen Aufnahme von Polyolen in Höhe von mehr als 20 g pro Tag führt, ein Hinweis, dass das Lebensmittel abführend wirken kann;

h) falls dem Erzeugnis keine Ballaststoffe zugesetzt wurden, ein Hinweis, dass der Rat eines/einer Angehörigen der Gesundheitsberufe dazu einzuholen ist, ob dem Erzeugnis Ballaststoffe zugesetzt werden können.

2. Die unter Absatz 1 aufgeführten verpflichtenden Angaben müssen auf der Verpackung oder dem darauf angebrachten Etikett so erscheinen, dass sie die Anforderungen in Artikel 13 Absätze 2 und 3 der Verordnung (EU) Nr. 1169/2011 erfüllen.

3. Kennzeichnung, Aufmachung und Bewerbung von Tagesrationen für gewichtskontrollierende Ernährung dürfen nicht auf das Tempo oder den Umfang der Gewichtsverringerung Bezug nehmen, die durch den Verzehr der Erzeugnisse bewirkt werden kann.

Artikel 5
Besondere Anforderungen an die Nährwertdeklaration

1. Neben den in Artikel 30 Absatz 1 der Verordnung (EU) Nr. 1169/2011 genannten Angaben muss die verpflichtende Nährwertdeklaration bei Tagesrationen für gewichtskontrollierende Ernährung die Menge aller in Anhang I der vorliegenden Verordnung aufgeführten Mineralstoffe und Vitamine, die das Erzeugnis enthält, ausweisen.

Außerdem muss die verpflichtende Nährwertdeklaration bei Tagesrationen für gewichtskontrollierende Ernährung die Menge des enthaltenen Cholins und, soweit zugesetzt, der Ballaststoffe ausweisen.

2. Neben den in Artikel 30 Absatz 2 Buchstaben a bis e der Verordnung (EU) Nr. 1169/2011 genannten Angaben kann der Inhalt der verpflichtenden Nährwertdeklaration bei Tagesrationen für gewichtskontrollierende Ernährung durch Folgendes ergänzt werden:

a) die Menge an Bestandteilen von Fett und Kohlenhydraten;

b) die Menge der im Anhang der Verordnung (EU) Nr. 609/2013 aufgeführten Stoffe, falls die Angabe solcher Stoffe nicht durch Absatz 1 abgedeckt ist;

c) die Menge der dem Erzeugnis gemäß Artikel 3 Absatz 3 zugesetzten Stoffe.

3. Abweichend von Artikel 30 Absatz 3 der Verordnung (EU) Nr. 1169/2011 dürfen die in der verpflichtenden Nährwertdeklaration bei Tagesrationen für gewichtskontrollierende Ernährung enthaltenen Angaben nicht auf der Kennzeichnung wiederholt werden.

4. Die Nährwertdeklaration ist bei allen Tagesrationen für gewichtskontrollierende Ernährung verpflichtend, unabhängig von der Größe der größten Oberfläche der Verpackung oder des Behältnisses.

5. Alle in der Nährstoffdeklaration bei Tagesrationen für gewichtskontrollierende Ernährung aufgeführten Nährstoffe müssen die Anforderungen der Artikel 31 bis 35 der Verordnung (EU) Nr. 1169/2011 erfüllen.

6. Abweichend von Artikel 31 Absatz 3, Artikel 32 Absatz 2 und Artikel 33 Absatz 1 der Verordnung (EU) Nr. 1169/2011 sind der Brennwert und die Nährstoffmengen von Tagesrationen für gewichtskontrollierende Ernährung je Tagesration sowie je Portion und/oder je Verzehreinheit des gebrauchsfertigen Lebensmittels nach Zubereitung gemäß den Anweisungen des Herstellers anzugeben. Soweit angezeigt, können die Angaben zusätzlich pro 100 g oder 100 ml des Lebensmittels beim Verkauf gemacht werden.

7. Abweichend von Artikel 32 Absätze 3 und 4 der Verordnung (EU) Nr. 1169/2011 dürfen der Brennwert und die Nährstoffmengen von Tagesrationen für gewichtskontrollierende Ernährung nicht als Prozentsatz der Referenzmengen in Anhang XIII der genannten Verordnung angegeben werden.

8. Die Angaben in der Nährwertdeklaration bei Tagesrationen für gewichtskontrollierende Ernährung, die nicht in Anhang XV der Verordnung (EU) Nr. 1169/2011 aufgeführt sind, müssen nach

dem relevantesten Eintrag des genannten Anhangs erscheinen, zu dem sie gehören oder dessen Bestandteil sie sind.

Angaben, die nicht in Anhang XV der Verordnung (EU) Nr. 1169/2011 aufgeführt sind und nicht zu einem anderen Eintrag des genannten Anhangs gehören oder Bestandteil davon sind, müssen in der Nährwertdeklaration nach dem letzten Eintrag des genannten Anhangs erscheinen.

Der Natriumgehalt ist zusammen mit den anderen Mineralstoffen anzugeben und kann neben dem Salzgehalt wie folgt wiederholt werden: „Salz: X g (davon Natrium: Y mg)".

9. Der Hinweis „sehr kalorienarme Ernährung" darf bei Tagesrationen für gewichtskontrollierende Ernährung verwendet werden, sofern der Energiegehalt des Erzeugnisses unter 3 360 kJ/Tag (800 kcal/Tag) liegt.

10. Der Hinweis „kalorienarme Ernährung" darf bei Tagesrationen für gewichtskontrollierende Ernährung gegeben werden, sofern der Energiegehalt der Erzeugnisse bei 3 360 kJ/Tag (800 kcal/Tag) bis 5 040 kJ/Tag (1 200 kcal/Tag) liegt.

Artikel 6
Nährwert- und gesundheitsbezogene Angaben

1. Nährwert- und gesundheitsbezogene Angaben zu Tagesrationen für gewichtskontrollierende Ernährung sind nicht zulässig.

2. Abweichend von Absatz 1 darf bei Tagesrationen für gewichtskontrollierende Ernährung die nährwertbezogene Angabe „Zusatz von Ballaststoffen" verwendet werden, sofern der Ballaststoffgehalt des Erzeugnisses nicht weniger als 10 g beträgt.

Artikel 7
Meldung

Werden Tagesrationen für gewichtskontrollierende Ernährung in Verkehr gebracht, so übermittelt der Lebensmittelunternehmer der zuständigen Behörde jedes Mitgliedstaats, in dem das betreffende Erzeugnis in Verkehr gebracht wird, die Angaben, die auf dem Etikett erscheinen, indem er ihr ein Muster des für das Erzeugnis verwendeten Etiketts übermittelt, sowie alle anderen Informationen, die die zuständige Behörde vernünftigerweise verlangen kann, um sich von der Einhaltung der vorliegenden Verordnung zu überzeugen, es sei denn, ein Mitgliedstaat befreit den Lebensmittelunternehmer im Rahmen einer nationalen Regelung, die eine effiziente amtliche Überwachung des betreffenden Erzeugnisses gewährleistet, von dieser Verpflichtung.

Artikel 8
Bezugnahmen auf die Richtlinie 96/8/EG

Bezugnahmen auf die Richtlinie 96/8/EG in anderen Rechtsakten gelten als Bezugnahmen auf die vorliegende Verordnung.

Artikel 9
Inkrafttreten

Diese Verordnung tritt am zwanzigsten Tag nach ihrer Veröffentlichung im *Amtsblatt der Europäischen Union* in Kraft.

Sie gilt ab dem 27. Oktober 2022.

Diese Verordnung ist in allen ihren Teilen verbindlich und gilt unmittelbar in jedem Mitgliedstaat.

Brüssel, den 2. Juni 2017

Für die Kommission

Der Präsident

Jean-Claude JUNCKER

ANHANG I

ANHANG I

Anforderungen an die Zusammensetzung gemäß Artikel 3

1. ENERGIE

   Die von Tagesrationen für gewichtskontrollierende Ernährung gelieferte Energie darf pro Tagesration nicht weniger als 2 510 kJ (600 kcal) betragen und 5 020 kJ (1 200 kcal) nicht übersteigen.

2. PROTEIN

   2.1. Das in Tagesrationen für gewichtskontrollierende Ernährung enthaltene Protein darf pro Tagesration nicht weniger als 75 g betragen und 105 g nicht übersteigen.

   2.2. Für die Zwecke von Nummer 2.1 ist „Protein" definiert als Protein, dessen um die Proteinverdaulichkeit berichtigter Aminosäureindex im Vergleich mit dem Referenzprotein gemäß Anhang II bei 1,0 liegt.

   2.3. Der Zusatz von Aminosäuren ist nur zur Verbesserung des Nährwerts der in Tagesrationen für gewichtskontrollierende Ernährung enthaltenen Proteine und nur in den hierfür erforderlichen Mengen gestattet.

3. CHOLIN

   Das in Tagesrationen für gewichtskontrollierende Ernährung enthaltene Cholin darf pro Tagesration nicht weniger als 400 mg betragen.

4. LIPIDE

   4.1. **Linolsäure**

   Die in Tagesrationen für gewichtskontrollierende Ernährung enthaltene Linolsäure darf pro Tagesration nicht weniger als 11 g betragen.

   4.2. **Alpha-Linolensäure**

   Die in Tagesrationen für gewichtskontrollierende Ernährung enthaltene Alpha-Linolensäure darf pro Tagesration nicht weniger als 1,4 g betragen.

5. KOHLENHYDRATE

   Die in Tagesrationen für gewichtskontrollierende Ernährung enthaltenen Kohlenhydrate dürfen pro Tagesration nicht weniger als 30 g betragen.

6. VITAMINE UND MINERALSTOFFE

   Tagesrationen für gewichtskontrollierende Ernährung müssen pro Tagesration mindestens die in Tabelle 1 aufgeführten Mengen an Vitaminen und Mineralstoffen liefern.

   Tagesrationen für gewichtskontrollierende Ernährung dürfen pro Tagesration nicht mehr als 250 mg Magnesium enthalten.

Tabelle 1

Vitamin A	(µg Retinol-Äquivalente ([1]))	700
Vitamin D	(µg)	10
Vitamin E ([2])	(mg)	10
Vitamin C	(mg)	110
Vitamin K	(µg)	70
Thiamin	(mg)	0,8
Riboflavin	(mg)	1,6
Niacin	(mg Niacin-Äquivalente ([3]))	17
Vitamin B_6	(mg)	1,6
Folat	(µg DFE ([4]))	330
Vitamin B_{12}	(µg)	3

4/4. EU/TagesrationenV

ANHANG I

Biotin	(µg)	40
Pantothensäure	(mg)	5
Calcium	(mg)	950
Phosphor	(mg)	730
Kalium	(g)	3,1
Eisen	(mg)	9
Zink	(mg)	9,4
Kupfer	(mg)	1,1
Jod	(µg)	150
Molybdän	(µg)	65
Selen	(µg)	70
Natrium	(mg)	575
Magnesium	(mg)	150
Mangan	(mg)	3
Chlorid	(mg)	830

(^{1}) Retinol-Äquivalente.
(^{2}) Vitamin-E-Aktivität von RRR-α-Tocopherol.
(^{3}) Niacin-Äquivalente.
(^{4}) Diätetische Folat-Äquivalente: 1 µg DFE = 1 µg Nahrungsfolat = 0,6 µg Folsäure aus Tagesration für gewichtskontrollierende Ernährung.

LM für spez. Gruppen

ANHANG II

ANHANG II

Anforderungsschema für Aminosäuren ([1])

	g/100 g Protein
Cystin + Methionin	2,2
Histidin	1,5
Isoleucin	3,0
Leucin	5,9
Lysin	4,5
Phenylalanin + Tyrosin	3,8
Threonin	2,3
Tryptophan	0,6
Valin	3,9

([1]) Weltgesundheitsorganisation/Ernährungs- und Landwirtschaftsorganisation der Vereinten Nationen/Universität der Vereinten Nationen, 2007. Protein and amino acid requirements in human nutrition (Protein- und Aminosäureanforderungen in der menschlichen Ernährung). Bericht einer gemeinsamen WHO/FAO/UNU-Expertenkonsultation. (WHO Technical Report Series 935, 284 S.).

4/5. Beikostverordnung

BGBl II 1998/133 idF

1 BGBl II 1999/200

Verordnung der Bundesministerin für Frauenangelegenheiten und Verbraucherschutz über Getreidebeikost und andere Beikost für Säuglinge und Kleinkinder (Beikostverordnung)

Auf Grund der §§ 10 Abs. 1, 17 und 19 Abs. 1 des Lebensmittelgesetzes 1975, BGBl. Nr. 86, zuletzt geändert durch das Bundesgesetz BGBl. I Nr. 21/1997, wird hinsichtlich der §§ 4 und 5 im Einvernehmen mit dem Bundesminister für wirtschaftliche Angelegenheiten verordnet:

§ 1. (1) Diese Verordnung ist anzuwenden auf für einen besonderen Ernährungszweck bestimmte Lebensmittel, die den besonderen Ernährungsanforderungen gesunder Säuglinge und Kleinkinder gerecht werden und zur Verwendung während der Entwöhnungsperiode des Säuglings sowie als Beikost für Kleinkinder oder für deren allmähliche Umstellung auf normale Kost bestimmt sind. Folgende Lebensmittel sind umfaßt:

a) „Getreidebeikost":

i) Einfache Getreideprodukte, die mit Milch oder anderen geeigneten nahrhaften Flüssigkeiten zubereitet sind oder zubereitet werden müssen;

ii) Getreideprodukte mit einem zugesetzten proteinreichen Lebensmittel, die mit Wasser oder anderen eiweißfreien Flüssigkeiten zubereitet sind oder zubereitet werden müssen;

iii) Teigwaren, die nach dem Kochen in siedendem Wasser oder anderen geeigneten Flüssigkeiten verzehrt werden;

iv) Zwiebacke oder Kekse, die entweder direkt oder nach dem Zerkleinern unter Zusatz von Wasser, Milch oder anderen geeigneten Flüssigkeiten verzehrt werden;

b) Andere Beikost als Getreidebeikost.

(2) Diese Verordnung ist nicht auf Milch, die für Kleinkinder bestimmt ist, anzuwenden.

(3) Gemäß dieser Verordnung sind:

– „Säuglinge": Kinder unter zwölf Monaten;

– „Kleinkinder": Kinder von ein bis drei Jahren.

§ 2. Getreidebeikost und andere Beikost müssen aus Zutaten hergestellt werden, deren Eignung für die besondere Ernährung von Säuglingen und Kleinkindern durch allgemein anerkannte wissenschaftliche Daten belegt ist.

2 BGBl II 2012/175

§ 3. (1) Getreidebeikost muß den in Anhang I angeführten Anforderungen an die Zusammensetzung entsprechen.

(2) Die in Anhang II beschriebene andere Beikost muß den dort angeführten Anforderungen an die Zusammensetzung entsprechen.

(3) Bei der Herstellung von Getreidebeikost und anderer Beikost dürfen nur die in Anhang IV angeführten Nährstoffe zugesetzt werden.

§ 4. (1) Bei landwirtschaftlichen Erzeugnissen, die für die Herstellung von Getreidebeikost und anderer Beikost bestimmt sind, dürfen die in Anhang VII angeführten Schädlingsbekämpfungsmittel nicht verwendet werden. Zu Kontrollzwecken gelten jedoch für verbrauchsfertig angebotene oder nach den Anweisungen des Herstellers zubereitete Erzeugnisse

1. die in Tabelle 1 des Anhangs VII angeführten Schädlingsbekämpfungsmittel als nicht verwendet, wenn ihre Rückstände nicht mehr als 0,003 mg/kg betragen. Dieser Wert, der als Bestimmungsgrenze der Analyseverfahren angesehen wird, ist regelmäßig unter Berücksichtigung des technischen Fortschritts zu überprüfen.

2. die in Tabelle 2 des Anhangs VII angeführten Schädlingsbekämpfungsmittel als nicht verwendet, wenn ihre Rückstände nicht mehr als 0,003 mg/kg betragen. Dieser Wert ist regelmäßig unter Berücksichtigung der Daten über die Umweltkontamination zu überprüfen.

(2) Rückstände anderer Schädlingsbekämpfungsmittel dürfen in Getreidebeikost und anderer Beikost im verbrauchsfertig angebotenen oder nach den Anweisungen des Herstellers zubereiteten Erzeugnis nicht die Menge von 0,01 mg/kg überschreiten.

(3) Abweichend von Abs. 2 gelten für die in Anhang VIII angeführten Schädlingsbekämpfungsmittel die dort genannten Rückstandshöchstgehalte.

(BGBl II 2012/175)

„**§ 5.**" (1) Die Kennzeichnung hat zusätzlich zu den in der Lebensmittelkennzeichnungsverordnung 1993 - LMKV, BGBl. Nr. 72/1993 in der jeweils geltenden Fassung vorgeschriebenen Kennzeichnungselementen folgende - leicht verständliche, an gut sichtbarer Stelle, deutlich lesbar und dauerhaft angebrachte - Angaben zu enthalten:

a) Einen Hinweis darauf, ab welchem Alter das Lebensmittel unter Berücksichtigung seiner Zusammensetzung, Beschaffenheit oder anderer besonderer Merkmale verwendet werden darf. Für kein Lebensmittel darf das angegebene Alter unter vier Monaten liegen. Lebensmittel, die zur Verwendung ab einem Alter von vier Monaten empfohlen werden, können als ab diesem Alter geeignet ausgewiesen werden, sofern keine anderweitigen Empfehlungen von unabhängigen medizinischen Ernährungs- oder PharmazeutikexpertInnen oder sonstigen einschlägigen Fachleuten vorliegen;

b) Informationen über Glutengehalt oder Glutenfreiheit, wenn das Alter, ab dem das Lebensmittel verwendet werden kann, unter sechs Monaten liegt;

c) den Brennwert in kJ und kcal sowie den Gehalt an Proteinen, Kohlenhydraten und Fetten (ausgedrückt in Zahlen) je 100 g bzw. 100 ml des im Handel erhältlichen Lebensmittels und gegebenenfalls je festgelegte Verzehreinheit des Lebensmittels;

d) den durchschnittlichen Gehalt - ausgedrückt in Zahlen - an den einzelnen Mineralstoffen und Vitaminen, für die in Anhang I und Anhang II spezifische Gehalte festgelegt sind je 100 g bzw. 100 ml des im Handel erhältlichen Lebensmittels und gegebenenfalls je festgelegte Verzehreinheit des Lebensmittels;

e) erforderlichenfalls eine Zubereitungsanleitung mit Verweis auf die Wichtigkeit ihrer Befolgung.

(2) Die Kennzeichnung kann folgende Angaben enthalten:

a) Den durchschnittlichen Gehalt an den in Anhang IV angeführten Nährstoffen (ausgedrückt in Zahlen) je 100 g oder 100 ml des im Handel erhältlichen Lebensmittels und gegebenenfalls je festgelegte Verzehreinheit des Lebensmittels, falls eine solche Angabe nicht unter Abs. 1 lit. d fällt;

b) zusätzlich zu den Zahlenangaben Angaben über die in Anhang V enthaltenen Vitamine und Mineralstoffe (ausgedrückt in den dort angegebenen Referenzwerten) je 100 g oder 100 ml des im Handel erhältlichen Lebensmittels und gegebenenfalls je festgelegte Verzehreinheit des Lebensmittels, sofern der Gehalt mehr als 15% der Referenzwerte beträgt.

(BGBl II 2012/175)

§ 6. Mit Inkrafttreten dieser Verordnung in der Fassung der Verordnung BGBl. II Nr. 175/2012 tritt § 8 der Schädlingsbekämpfungsmittel-Höchstwerteverordnung, BGBl. II Nr. 441/2002, zuletzt geändert durch die Verordnung BGBl. II Nr. 68/2008, außer Kraft.

(BGBl II 2012/175)

§ 7. Durch diese Verordnung wird die Richtlinie 2006/125/EG über Getreidebeikost und andere Beikost für Säuglinge und Kleinkinder, ABl. Nr. L 339 vom 6. Dezember 2006, berichtigt durch ABl. Nr. L 4 vom 9. Jänner 2007, in österreichisches Recht umgesetzt.

(BGBl II 2012/175)

Anhang I

GRUNDZUSAMMENSETZUNG VON GETREIDEBEIKOST FÜR SÄUGLINGE UND KLEINKINDER

Die ernährungsphysiologischen Anforderungen beziehen sich auf das als verzehrsfertig vermarktete oder laut Herstelleranweisung verzehrsfertig zubereitete Produkt.

1. Getreideanteil
   Getreidekost wird hauptsächlich aus einem oder mehreren gemahlenen Getreide- und/oder Knollenstärkeprodukten hergestellt.
   Der Anteil an Getreide mindestens 25% des Gewichts der endgültigen Mischung (Trockengewichtsanteil) betragen.
2. Protein
2.1. Bei den in § 1 Abs. 1 lit. a Z ii und lit. a Z iv genannten Produkten darf der Proteingehalt höchstens 1,3 g/100 kJ (5,5 g/100 kcal) betragen.
2.2. Bei den in § 1 Abs. 1 lit. a Z ii genannten Produkten muß der Gehalt an zugesetztem Protein mindestens 0,48 g/100 kJ (2 g/100 kcal) betragen.
2.3. Die in § 1 Abs. 1 lit. a Z iv genannten Kekse, die unter Zusatz eines Lebensmittels mit hohem Proteingehalt hergestellt und als solche angeboten werden, müssen einen Gehalt an zugesetztem Protein von mindestens 0,36 g/100 kJ (1,5 g/100 kcal) aufweisen.

4/5. Beikost V
Anhang I

2.4. Der chemische Index des zugesetzten Proteins muß mindestens 80% des Referenzproteins (Kasein, wie in Anhang III beschrieben) betragen oder der Eiweißwirkungsgrad (PER) des Proteins in der Mischung muß mindestens 70% des Referenzproteins betragen. In allen Fällen ist der Zusatz von Aminosäuren nur zur Verbesserung des Nährwerts der Proteinmischung und nur in dem dafür notwendigen Verhältnis zulässig.

3. Kohlenhydrate

3.1. Werden den Produkten gemäß § 1 Abs. 1 lit. a Z i und lit. a Z iv Saccharose, Fructose, Glucose, Glucosesirupe oder Honig zugesetzt, so darf
   – der Anteil der aus diesen Zusätzen stammenden Kohlenhydrate höchstens 1,8 g/100 kJ (7,5 g/100 kcal) betragen;
   – der Fructosezusatz höchstens 0,9 g/100 kJ (3,75 g/100 kcal) betragen.

3.2. Werden den Produkten gemäß § 1 Abs. 1 lit. a Z ii Saccharose, Fructose, Glucose, Glucosesirupe oder Honig zugesetzt, so darf
   – der Anteil der aus diesen Zusätzen stammenden Kohlenhydrate höchstens 1,2 g/100 kJ (5 g/100 kcal) betragen;
   – der Fructosezusatz höchstens 0,6 g/100 kJ (2,5 g/100 kcal) betragen.

4. Fette

4.1. Bei den in § 1 Abs. 1 lit. a Z i und lit. a Z iv genannten Produkten darf der Fettgehalt höchstens 0,8 g/100 kJ (3,3 g/100 kcal) betragen.

4.2. Die in § 1 Abs. 1 lit. a Z ii genannten Produkte dürfen einen Fettgehalt von höchstens 1,1 g/100 kJ (4,5 g/100 kcal) aufweisen. Übersteigt der Fettgehalt 0,8 g/100 kJ (3,3 g/100 kcal), so
   – darf der Laurinsäuregehalt höchstens 15% des Gesamtfettgehalts betragen;
   – darf der Myristinsäuregehalt höchstens 15% des Gesamtfettgehalts betragen;
   – muß der Linolsäuregehalt (in Form von Glyceriden = Linoleaten) einen Wert von mindestens 70 mg/100 kJ (300 mg/100 kcal) und höchstens 285 mg/100 kJ (1200 mg/100 kcal) erreichen.

5. Mineralstoffe

5.1. Natrium
   – Natriumsalze dürfen Getreidebeikost nur zugesetzt werden, wenn dies aus technischen Gründen notwendig ist.
   – Der Natriumgehalt von Getreidebeikost darf höchstens 25 mg/100 kJ (100 mg/100 kcal) betragen.

5.2. Calcium

5.2.1. Die in § 1 Abs. 1 lit. a Z ii genannten Produkte müssen einen Calciumgehalt von mindestens 20 mg/100 kJ (80 mg/100 kcal) aufweisen.

5.2.2. Die in § 1 Abs. 1 lit. a Z iv genannten, unter Verwendung von Milch hergestellten Produkte (Milchkekse), die als solche angeboten werden, müssen einen Calciumgehalt von mindestens 12 mg/100 kJ (50 mg/100 kcal) aufweisen.

6. Vitamine

6.1. Getreidebeikost muß einen Thiamingehalt von mindestens 25 µg/100 kJ (100 g/100 kcal) aufweisen.

6.2. Für die in § 1 Abs. 1 lit. a Z ii genannten Produkte gelten folgende Gehalte:

	je 100 kJ		je 100 kcal	
	min.	max.	min.	max.
Vitamin A (µg) RE[1]	14	43	60	180
Vitamin D (µg)[2]	0,25	0,75	1	3

[1] RE = all-trans-Retinoläquivalent.
[2] In Form von Cholecalciferol, davon 10 mµ=400 IE Vitamin D.

4/5. BeikostV
Anhang II

Diese Grenzwerte gelten auch für den Fall, daß Vitamin A und D anderer Getreidebeikost zugesetzt wird.

Anhang II

GRUNDZUSAMMENSETZUNG VON ANDERER BEIKOST FÜR SÄUGLINGE UND KLEINKINDER

Die ernährungsphysiologischen Anforderungen beziehen sich auf das als verzehrsfertig vermarktete oder laut Herstelleranweisung verzehrsfertig zubereitete Produkt.

1. Proteine
   Getreidekost wird hauptsächlich aus einem oder mehreren gemahlenen Getreide- und/oder Knollenstärkeprodukten hergestellt.

   1.1. Sind Fleisch, Geflügel, Fisch, Innereien oder sonstige herkömmliche Eiweißquellen die einzigen in der Produktbezeichnung genannten Zutaten, so muß
   - der genannte Anteil an Fleisch, Geflügel, Fisch, Innereien oder sonstigen herkömmlichen Eiweißquellen insgesamt mindestens 40% des Gesamtproduktgewichts betragen;
   - der jeweils genannte Anteil an Fleisch, Geflügel, Fisch, Innereien oder sonstigen herkömmlichen Eiweißquellen mindestens 25% des Gewichts der Eiweißquellen insgesamt betragen;
   - der Gehalt an Protein aus den genannten Quellen mindestens 1,7 g/100 kJ (7 g/100 kcal) betragen.

   1.2. Stehen Fleisch, Geflügel, Fisch, Innereien oder sonstige herkömmliche Eiweißquellen in der Produktbezeichnung einzeln oder kombiniert an erster Stelle, so muß, unabhängig davon, ob das Produkt als Mahlzeit aufgemacht ist oder nicht,
   - der genannte Anteil an Fleisch, Geflügel, Fisch, Innereien oder sonstigen herkömmlichen Eiweißquellen mindestens 10% des Gesamtproduktgewichts betragen;
   - der jeweils genannte Anteil an Fleisch, Geflügel, Fisch, Innereien oder sonstigen herkömmlichen Eiweißquellen mindestens 25% des Gewichts der Eiweißquellen insgesamt betragen;
   - der Gehalt an Protein aus den genannten Quellen mindestens 1 g/100 kJ (4 g/100 kcal) betragen.

   1.3. Sind Fleisch, Geflügel, Fisch, Innereien oder sonstige herkömmliche Eiweißquellen in der Produktbezeichnung zwar einzeln oder kombiniert genannt, jedoch nicht an erster Stelle, so muß unabhängig davon, ob das Produkt als Mahlzeit aufgemacht ist oder nicht
   - der genannte Anteil an Fleisch, Geflügel, Fisch, Innereien oder sonstigen herkömmlichen Eiweißquellen mindestens 8% des Gesamtproduktgewichts betragen;
   - der jeweils genannte Anteil an Fleisch, Geflügel, Fisch, Innereien oder sonstigen herkömmlichen Eiweißquellen mindestens 25% des Gewichts der Eiweißquellen insgesamt betragen;
   - der Gehalt an Protein aus den genannten Quellen mindestens 0,5 g/100 kJ (2,2 g/100 kcal) betragen;
   - der Gesamtgehalt des Produktes an Protein jeglicher Art mindestens 0,7 g/100 kJ (3 g/100 kcal) betragen.

   1.3.a Wenn Käse zusammen mit anderen Zutaten in der Produktbezeichnung eines nicht süßen Produktes erwähnt ist, unabhängig davon, ob das Produkt als Mahlzeit aufgemacht ist oder nicht, so
   - muss der Gehalt an Protein aus Milchprodukten mindestens 0,5 g/100 kJ (2,2 g/100 kcal) betragen;

1.4.	muss der Gehalt des Produktes an Protein aus allen Quellen insgesamt mindestens 0,7 g/100 kJ (3 g/100 kcal) betragen.
1.4.	Wird das Produkt auf dem Etikett als Mahlzeit bezeichnet, sind Fleisch, Geflügel, Fisch, Innereien oder sonstige herkömmliche Eiweißquellen jedoch in der Produktbezeichnung nicht erwähnt, muß der Gesamtproteingehalt des Produktes aus allen Quellen mindestens 0,7 g/100 kJ (3 g/100 kcal) betragen.
1.4.a	Für Saucen, die als Beilage zu einer Mahlzeit aufgemacht sind, gelten nicht die Anforderungen der Z 1.1 bis 1.4.
1.4.b	Süßspeisen, bei denen in der Produktbezeichnung Milchprodukte als erste oder einzige Zutat angegeben sind, müssen mindestens 0,5 g Milchprotein/100 kJ (2,2 g Milchprotein/100 kcal) enthalten. Alle anderen Süßspeisen sind von den Anforderungen der Z 1.1 bis 1.4 ausgenommen.
1.5.	Der Zusatz von Aminosäuren ist ausschließlich zur Verbesserung des Nährwerts der vorhandenen Proteine und nur in der dafür erforderlichen Menge zulässig.
2.	Kohlenhydrate Der Kohlenhydratgehalt von Säften und Nektar aus Obst und Gemüse, reinen Obstspeisen, Desserts oder Puddings darf höchstens folgende Werte erreichen:

- 10 g/100 ml bei Gemüsesaft und Getränken auf der Grundlage von Gemüsesaft;
- 15 g/100 ml bei Fruchtsaft bzw. Fruchtnektar und auf deren Grundlage hergestellten Getränken;
- 20 g/100 g bei reinen Obstspeisen;
- 25 g/100 g bei Desserts und Puddings;
- 5 g/100 g bei sonstigen Getränken, die nicht aus Milch zubereitet sind.

3.	Fett
3.1.	Für Produkte gemäß 1.1 dieses Anhangs gilt: Sind Fleisch oder Käse die einzigen in der Produktbezeichnung genannten Zutaten, oder stehen sie an erster Stelle so darf der Gesamtgehalt an Fett aus allen Quellen höchstens 1,4 g/100 kJ (6 g/100 kcal) betragen.
3.2.	Bei allen Produkten darf der Gesamtgehalt des Produktes an Fett aus allen Quellen höchstens 1,1 g/100 kJ (4,5 g/100 kcal) betragen.
4.	Natrium
4.1.	Der Natriumgehalt des Fertigproduktes darf höchstens 48 mg/100 kJ (200 mg/100 kcal) bzw. höchstens 200 mg/100 g betragen. Ist jedoch Käse die einzige in der Produktbezeichnung genannte Zutat, darf der Natriumgehalt höchstens 70 mg/100 kJ (300 mg/100 kcal) betragen.
4.2.	Obstspeisen, Desserts und Pudding dürfen, außer für technologische Zwecke, keine Natriumsalze zugesetzt werden.
5.	Vitamine Vitamin C Bei Fruchtsaft, Fuchtnektar (Anm.: richtig: Fruchtnektar) oder Gemüsesaft muß der Gehalt an Vitamin C des Fertigproduktes mindestens 6 mg/100 kJ (25 mg/100 kcal) bzw. 25 mg/100 g betragen. Vitamin A Bei Gemüsesaft muß der Gehalt an Vitamin A des Fertigproduktes mindestens 25 µg RE/100 kJ (100 µg RE/10 kcal)[1] betragen. Anderer Beikost darf Vitamin A nicht zugesetzt werden. Vitamin D Vitamin D darf anderer Beikost nicht zugesetzt werden.

[1] RE = all-trans-Retinoläquivalent.

(BGBl II 1999/200)

4/5. BeikostV
Anhang III

Anhang III

AMINOSÄURENZUSAMMENSETZUNG VON KASEIN

	(g je 100 g Protein)
Arginin	3,7
Cystin	0,3
Histidin	2,9
Isoleucin	5,4
Leucin	9,5
Lysin	8,1
Methionin	2,8
Phenylalanin	5,2
Threonin	4,7
Tryptophan	1,6
Tyrosin	5,8
Valin	6,7

4/5. BeikostV
Anhang IV

Anhang IV

NÄHRSTOFFE

1. Vitamine

Vitamin A

Retinol
Retinyl-acetat
Retinyl-palmitat
beta-Carotin

Vitamin D

Vitamin D2 (= Ergocalciferol)
Vitamin D3 (= Cholecalciferol)

Vitamin B1

Thiaminhydrochlorid
Thiaminnitrat

Vitamin B2

Riboflavin
Riboflavin-5'-phosphat-Natrium

Niacin

Nicotinsäureamid
Nicotinsäure

Vitamin B6

Pyridoxinhydrochlorid
Pyridoxin-5-phosphat
Pyridoxindipalmitat

Pantothensäure

Calcium-D-pantothenat
Natrium-D-pantothenat
Dexpanthenol

Folat
Folsäure

Vitamin B12

Cyanocobalamin
Hydroxocobalamin

Biotin

D-Biotin

Vitamin C

L-Ascorbinsäure
Natrium-L-ascorbat

4/5. BeikostV

Anhang IV

Calcium-L-ascorbat
6-Palmitoyl-L-ascorbinsäure (L-Ascorbylpalmitat)
Kalium-ascorbat

Vitamin K

Phyllochinon (Phytomenadion)

Vitamin E

D-alpha-Tocopherol
DL-alpha-Tocopherol
D-alpha-Tocopherylacetat
DL-alpha-Tocopherylacetat

2. Aminosäuren

L-Arginin
L-Cystin
L-Histidin
L-Isoleucin und deren Hydrochloride
L-Leucin
L-Lysin
L-Cystein
L-Methionin
L-Phenylalanin
L-Threonin
L-Tryptophan
L-Tyrosin
L-Valin

3. Sonstige

Cholin
Cholinchlorid
Cholincitrat
Cholinbitartrat
Inositol
L-Carnitin
L-Carnitinhydrochlorid

4. Mineralstoffe (Mengenelemente und Spurenelemente)

Calcium

Calciumcarbonat
Calciumchlorid
Calciumcitrate
Calciumgluconat
Calciumglycerophosphat
Calciumlactat
Calciumoxid
Calciumhydroxid
Calciumorthophosphate

Magnesium

Magnesiumcarbonat
Magnesiumchlorid
Magnesiumcitrate
Magnesiumgluconat

4/5. BeikostV
Anhang IV

Magnesiumoxid
Magnesiumhydroxid
Magnesiumorthophosphate
Magnesiumsulfat
Magnesiumlactat
Magnesiumglycerophosphat

Kalium

Kaliumchlorid
Kaliumcitrate
Kaliumgluconat
Kaliumlactat
Kaliumglycerophosphat

Eisen

Eisen-(II)-citrat
Eisen-(III)-ammoniumcitrat
Eisen-(II)-gluconat
Eisen-(II)-lactat
Eisen-(II)-sulfat
Eisen-(II)-fumarat
Eisen-(III)-diphosphat (Eisenpyrophosphat)
Elementares Eisen (Carbonyl-, Elektrolyt- und hydrogen reduziertes Eisen)
Eisen-(III)-saccharat
Eisennatriumdiphosphat
Eisen-(II)-carbonat

Kupfer

Kupfer-Lysin-Komplex
Kupfer-(II)-carbonat
Kupfer-(II)-citrat
Kupfer-(II)-gluconat
Kupfer-(II)-sulfat

Zink

Zinkacetat
Zinkchlorid
Zinkcitrat
Zinksulfat
Zinkoxid
Zinkgluconat

Mangan

Mangan-(II)-carbonat
Mangan-(II)-chlorid
Mangan-(II)-citrat
Mangan-(II)-gluconat
Mangan-(II)-sulfat
Mangan-(II)-glycerophosphat

Jod

Natriumjodid
Kaliumjodid
Kaliumjodat
Natriumjodat

4/5. BeikostV
Anhang V

Anhang V

REFERENZWERTE FÜR DIE KENNZEICHNUNG DES NÄHRWERTS VON BEIKOST FÜR SÄUGLINGE UND KLEINKINDER

Nährstoff	Referenzwert für Kennzeichnung
Vitamin A	(µg) 400
Vitamin D	(µg) 10
Vitamin C	(mg) 25
Thiamin	(mg) 0,5
Riboflavin	(mg) 0,8
Niacin-Äquivalent	(mg) 9
Vitamin B6	(mg) 0,7
Folat	(µg) 100
Vitamin B12	(µg) 0,7
Calcium	(mg) 400
Eisen	(mg) 6
Zink	(mg) 4
Jod	(µg) 70
Selen	(µg) 10
Kupfer	(µg) 0,4

4/5. BeikostV
Anhang VI

Anhang VI

Höchstmengen für Vitamine, Mineralien und Spurenelemente, wenn sie Getreidebeikost und anderer Beikost für Säuglinge und Kleinkinder zugesetzt werden

Die Nährstoffanforderungen beziehen sich auf das verzehrfertige Produkt, das als solches auf den Markt gebracht oder nach den Anweisungen des Herstellers rekonstituiert wird, ausgenommen Kalium und Calcium, bei denen sich die Anforderungen auf das verkaufsfertige Produkt beziehen.

LM für spez. Gruppen

Nährstoff	Höchstwert je 100 kcal
Vitamin A (µg RE)	180[1]
Vitamin E (mg a-TE)	3
Vitamin C (mg)	12,5/25[2]/125[3]
Thiamin (mg)	0,25/0,5[4]
Riboflavin (mg)	0,4
Niacin (mg NE)	4,5
Vitamin B6 (mg)	0,35
Folsäure (µg)	50
Vitamin B12 (µg)	0,35
Pantothensäure (mg)	1,5
Biotin (µg)	10
Kalium (mg)	160
Calcium (mg)	80/180[5]/100[6]
Magnesium (mg)	40
Eisen (mg)	3
Zink (mg)	2
Kupfer (µg)	40
Iod (µg)	35
Mangan (mg)	0,6

[1] Im Einklang mit den Bestimmungen der Anhänge I und II.
[2] Dieser Grenzwert gilt für mit Eisen angereicherte Produkte.
[3] Dieser Grenzwert gilt für Produkte auf Fruchtbasis, Fruchtsäfte, Fruchtnektare und Gemüsesäfte.
[4] Dieser Grenzwert gilt für verarbeitete Lebensmittel auf Getreidebasis.
[5] Dieser Grenzwert gilt für die in § 1 Abs. 1 lit. a Z i) und § 1 Abs. 1 lit. a Z ii) genannten Produkte.
[6] Dieser Grenzwert gilt für die in § 1 Abs. 1 lit. a Z iv) genannten Produkte.

(BGBl II 1999/200)

4/5. Beikost V
Anhang VII

Anhang VII

SCHÄDLINGSBEKÄMPFUNGSMITTEL, DIE NICHT BEI LANDWIRTSCHAFTLICHEN ERZEUGNISSEN VERWENDET WERDEN DÜRFEN, DIE ZUR HERSTELLUNG VON GETREIDEBEIKOST UND ANDERER BEIKOST BESTIMMT SIND

Tabelle 1
Chemische Bezeichnung des Stoffs (Rückstandsdefinition)
Disulfoton (Summe von Disulfoton, Disulfoton-Sulfoxid und Disulfoton-Sulfon, ausgedrückt als Disulfoton)
Fensulfothion (Summe von Fensulfothion, dessen Sauerstoff-Analogon und deren Sulfonen, ausgedrückt als Fensulfothion)
Fentin, ausgedrückt als Triphenylzinn-Kation
Haloxyfop (Summe von Haloxyfop, dessen Salzen und Estern einschließlich Konjugaten, ausgedrückt als Haloxyfop)
Heptachlor und trans-Heptachlorepoxid, ausgedrückt als Heptachlor
Hexachlorbenzol
Nitrofen
Omethoat
Terbufos (Summe von Terbufos, dessen Sulfoxid und dessen Sulfon, ausgedrückt als Terbufos)

Tabelle 2
Chemische Bezeichnung des Stoffs
Aldrin und Dieldrin, ausgedrückt als Dieldrin
Endrin

(BGBl II 2012/175)

4/5. BeikostV
Anhang VIII

SPEZIFISCHE RÜCKSTANDSHÖCHSTGEHALTE FÜR SCHÄDLINGSBEKÄMPFUNGSMITTEL ODER DEREN METABOLITEN IN GETREIDEBEIKOST UND ANDERER BEIKOST FÜR SÄUGLINGE UND KLEINKINDER

Chemische Bezeichnung des Stoffs	Rückstandshöchstgehalt (mg/kg)
Cadusafos	0,006
Demeton-S-methyl/Demeton-S-methylsulfon/Oxydemeton-methyl (einzeln oder kombiniert, ausgedrückt als Demeton-S-methyl)	0,006
Ethoprophos	0,008
Fipronil (Summe von Fipronil und Fipronil-desulfinyl, ausgedrückt als Fipronil)	0,004
Propineb/Propylen-thioharnstoff (Summe von Propineb und Propylen-thioharnstoff)	0,006

(BGBl II 2012/175)

4/6. KalorienV
§§ 1 – 5

4/6. Verordnung über Lebensmittel für kalorienarme Ernährung zur Gewichtsverringerung

BGBl II 1998/112 idF

1 BGBl II 2007/324

LM für spez. Gruppen

Verordnung der Bundesministerin für Frauenangelegenheiten und Verbraucherschutz über Lebensmittel für kalorienarme Ernährung zur Gewichtsverringerung

Auf Grund der §§ 10 Abs. 1, 17 und 19 Abs. 1 des Lebensmittelgesetzes 1975, BGBl. Nr. 86, zuletzt geändert durch das Bundesgesetz BGBl. I Nr. 21/1997, wird hinsichtlich der §§ 4 und 5 im Einvernehmen mit dem Bundesminister für wirtschaftliche Angelegenheiten verordnet:

§ 1. Diese Verordnung legt die beim Inverkehrbringen zwingend einzuhaltenden Anforderungen an Zusammensetzung und Kennzeichnung von Lebensmitteln, die für eine besondere kalorienarme Ernährung zur Gewichtsverringerung bestimmt sind (diätetische Lebensmittel) und als solche angeboten werden, fest.

§ 2. Lebensmittel für kalorienarme Ernährung zur Gewichtsverringerung sind Lebensmittel mit einer besonderen Zusammensetzung, die, sofern sie gemäß den Anweisungen des Herstellers/der Herstellerin verwendet werden, die tägliche Nahrungsmittelration ganz oder teilweise ersetzen. Es sind zwei Kategorien zu unterscheiden:

a) Lebensmittel zum Ersatz einer ganzen Tagesration;

b) Lebensmittel, die als Ersatz einer oder mehrerer Mahlzeiten im Rahmen der Tagesration in Verkehr gebracht werden.

§ 3. (1) Die Zusammensetzung muß den in Anhang I angeführten Kriterien entsprechen.

(2) Sämtliche Bestandteile der in § 2 lit. a genannten Lebensmittel müssen in einer einzigen Verpackung enthalten sein.

§ 4. (1) Die Sachbezeichnung hat wie folgt zu lauten:

a) Lebensmittel gemäß § 2 lit. a:
„Tagesration für gewichtskontrollierende Ernährung",

b) Lebensmittel gemäß § 2 lit. b:
„Mahlzeit für eine gewichtskontrollierende Ernährung",

(2) Zusätzlich zu den in der Lebensmittelkennzeichnungsverordnung 1993 - LMKV, BGBl. Nr. 72/1993, in der jeweils geltenden Fassung, vorgeschriebenen Kennzeichnungselementen sind folgende Angaben leicht verständlich und an gut sichtbarer Stelle deutlich lesbar und dauerhaft auf der Verpackung anzubringen:

a) Brennwert (in Kilojoule und Kilokalorien) sowie Eiweiß-, Kohlenhydrat- und Fettgehalt in Zahlenwerten je angegebene Menge des verzehrfertigen Lebensmittels;

b) die durchschnittliche Menge der Mineralstoffe und Vitamine gemäß Anhang I Punkt 5 in Zahlenwerten je angegebene Menge des verzehrfertigen Lebensmittels. Ferner sind Angaben über die in der Tabelle des Anhangs I Punkt 5 angeführten Vitamine und Mineralstoffe bei den in § 2 lit. b genannten Lebensmitteln zusätzlich als Prozentsatz der in der Anlage der Verordnung über die Nährwertkennzeichnung von Lebensmitteln, BGBl. Nr. 896/1995, empfohlenen Tagesdosis anzugeben;

c) erforderlichenfalls Anweisungen für die richtige Zubereitung sowie ein Hinweis auf die Bedeutung ihrer Befolgung;

d) die Angabe, daß das Lebensmittel laxative Wirkung haben kann, wenn ein gemäß den Hinweisen des Herstellers/der Herstellerin verwendetes Lebensmittel zu einer täglichen Einnahme von mehr als 20 g Polyalkoholen führt;

e) eine Erklärung über die Bedeutung einer ausreichenden täglichen Flüssigkeitsaufnahme;

f) bei Lebensmitteln gemäß § 2 lit. a:

i) eine Erklärung, daß das Lebensmittel alle für einen Tag erforderlichen Nährstoffe in angemessener Menge enthält;

ii) eine Erklärung, daß das Lebensmittel nicht länger als drei Wochen ohne ärztlichen Rat verwendet werden soll;

g) bei Lebensmitteln gemäß § 2 lit. b:
eine Erklärung, daß die Lebensmittel nur im Rahmen einer kalorienarmen Ernährung den angestrebten Zweck erfüllen und andere Lebensmittel Teil dieser Ernährung sein müssen.

(3) Beim Inverkehrbringen dürfen keine Angaben über das Zeitmaß bzw. die Höhe der auf Grund ihrer Verwendung möglichen Gewichtsabnahme „ " gemacht werden. *(BGBl II 2007/324)*

§ 5. Durch diese Verordnung werden folgende Richtlinien der Europäischen Gemeinschaft umgesetzt:

§ 5

- Richtlinie 96/8/EG der Kommission vom 26. Februar 1996 über kalorienarme Ernährung zur Gewichtsverringerung, ABl. Nr. L 55 vom 6. März 1996,
- Richtlinie 2007/29/EG der Kommission vom 30. Mai 2007 zur Änderung der Richtlinie 96/8/EG im Hinblick auf die Etikettierung und Verpackung von Lebensmitteln für kalorienarme Ernährung zur Gewichtsverringerung sowie die Werbung für derartige Erzeugnisse, ABl. Nr. L 139 vom 31. Mai 2007.

(BGBl II 2007/324)

4/6. KalorienV

Anhang I

Wesentliche Bestandteile von Lebensmitteln für kalorienarme Ernährung

Die Angaben beziehen sich auf verzehrfertige Lebensmittel, die als solche in Verkehr gebracht werden bzw. nach den Anweisungen des Herstellers/der Herstellerin verzehrfertig gemacht werden.

1. Brennwert
1.1. Der Brennwert eines Lebensmittels gemäß § 2 lit. a muß mindestens 3 360 Kilojoule (800 Kilokalorien) und höchstens 5 040 Kilojoule (1 200 Kilokalorien) je Tagesration betragen.
1.2. Der Brennwert eines Lebensmittels gemäß § 2 lit. b darf nicht unter 840 Kilojoule (200 Kilokalorien) und nicht über 1 680 Kilojoule (400 Kilokalorien) je Mahlzeit liegen.
2. Eiweiß
2.1. Der Brennwert der in § 2 lit. a und lit. b genannten Lebensmittel hat zu mindestens 25 und höchstens 50% auf Eiweiß zu entfallen.
In keinem Fall darf ein Lebensmittel gemäß § 2 lit. a mehr als 125 g Eiweiß enthalten.
2.2. Die unter 2.1 genannten Anforderungen gelten für Eiweiß, dessen chemischer Index demjenigen des in Anhang II genannten Referenzproteins der FAO/WHO (1985) entspricht. Liegt der chemische Index unter 100% des Indexes des Referenzproteins, ist der Mindesteiweißgehalt entsprechend zu erhöhen. Der chemische Index des Eiweißes muß in jedem Fall zumindest bei 80% des Indexes des Referenzproteins liegen.
2.3. Der „chemische Index" ist das niedrigste Verhältnis zwischen der Menge jeder einzelnen essentiellen Aminosäure des zu prüfenden Eiweißes und der Menge der jeweils entsprechenden Aminosäure des Referenzproteins.
2.4. In jedem Fall ist der Zusatz von Aminosäuren allein zur Verbesserung des Nährwerts des Eiweißes und nur in dem dazu erforderlichen Ausmaß gestattet.
3. Fette
3.1. Der Brennwert der Fette darf 30% des gesamten Brennwertes des Lebensmittels nicht überschreiten.
3.2. Lebensmittel gemäß § 2 lit. a müssen mindestens 4,5 g Linolsäure (in Form von Glyceriden) enthalten.
3.3. Lebensmittel gemäß § 2 lit. b müssen mindestens 1 g Linolsäure (in Form von Glyceriden) enthalten.
4. Ballaststoffe
Lebensmittel gemäß § 2 lit. a müssen mindestens 10 g und höchstens 30 g Ballaststoffe je Tagesration enthalten
5. Vitamine und Mineralstoffe
5.1. die in § 2 lit. a genannten Lebensmittel müssen bei der Tagesration mindestens 100% der in der Tabelle angeführten Vitamin- und Mineralstoffmengen liefern.
5.2. Die in § 2 lit. b genannten Lebensmittel müssen je Mahlzeit mindestens 30% der in der Tabelle angeführten Vitamin- und Mineralstoffmengen liefern; dagegen müssen diese Lebensmittel mindestens 500 mg Kalium je Mahlzeit enthalten.

Tabelle

Vitamin A	(µg Retinol-Äquivalent)	700
Vitamin D	(µg)	5
Vitamin E	(mg Tocopherol-Äquivalent)	10
Vitamin C	(mg)	45
Thiamin	(mg)	1,1
Riboflavin	(mg)	1,6
Niacin	(mg Nicotinsäureamid-Äquivalent)	18
Vitamin B6	(mg)	1,5
Folate	(µg)	200
Vitamin B12	(µg)	1,4
Biotin	(µg)	15
Pantothensäure	(mg)	3
Calcium	(mg)	700
Phosphor	(mg)	550
Kalium	(mg)	3100
Eisen	(mg)	16
Zink	(mg)	9,5
Kupfer	(mg)	1,1
Jod	(µg)	130
Selen	(µg)	55
Natrium	(mg)	575
Magnesium	(mg)	150
Mangan	(mg)	1

4/6. Kalorien V
Anhang II

Anhang II

Anforderungsschema für Aminosäuren[1]

[1] *Weltgesundheitsorganisation. Energy and protein requirements (Brennwert- und Proteinanforderungen). Bericht einer gemeinsamen FAO/WHO/UNU-Tagung. Genf: Weltgesundheitsorganisation, 1985 (WHO Technical Report Series: 724).*

	g/100 g Eiweiß
Cystin + Methionin	1,7
Histidin	1,6
Isoleucin	1,3
Leucin	1,9
Lysin	1,6
Phenylalanin + Tyrosin	1,9
Threonin	0,9
Tryptophan	0,5
Valin	1,3

5. Wasser

Übersicht

5/1. **Trinkwasserverordnung**, BGBl II 2001/304 idF BGBl II 2006/254, BGBl II 2007/121, BGBl II 359/2012, BGBl II 2015/208 und BGBl II 2017/362

5/2. **Mineralwasser- und Quellwasserverordnung**, BGBl II 1999/309 idF BGBl II 2004/500

5/3. **Verordnung (EU) Nr. 115/2010 zur Festlegung der Bedingungen für die Verwendung von aktiviertem Aluminiumoxid zur Entfernung von Fluorid aus natürlichen Mineralwässern und Quellwässern**, ABl L 37 S 13

5/1. Trinkwasserverordnung - TWV

BGBl II 2001/304 idF

1 BGBl II 2006/254
2 BGBl II 2007/121
3 BGBl II 2012/359
4 BGBl II 2015/208
5 BGBl II 2017/362

Verordnung des Bundesministers für soziale Sicherheit und Generationen über die Qualität von Wasser für den menschlichen Gebrauch (Trinkwasserverordnung – TWV)

Auf Grund der §§ 10 Abs. 1, 21 Abs. 1, 29 lit. b und 39 Abs. 8 des Lebensmittelgesetzes 1975, BGBl. Nr. 86, zuletzt geändert durch das Bundesgesetz BGBl. I Nr. 21/2001, wird verordnet:

Geltungsbereich

§ 1. (1) Diese Verordnung regelt die Anforderungen an die Qualität von Wasser für den menschlichen Gebrauch.

(2) Diese Verordnung ist nicht anwendbar auf natürliche Mineralwässer gemäß der Mineralwasser- und Quellwasserverordnung, BGBl. II Nr. 309/1999, in der jeweils geltenden Fassung. *(BGBl II 2006/254)*

(2a) Diese Verordnung ist nicht anwendbar auf Wasser für den menschlichen Gebrauch, welches im Rahmen von Auslandseinsätzen gemäß § 2 Abs. 1 lit. d des Wehrgesetzes 2001, BGBl. I Nr. 146/2001, zuletzt geändert durch BGBl. I Nr. 65/2015, verwendet wird. Die Anforderung, wonach das Wasser geeignet sein muss, ohne Gefährdung der menschlichen Gesundheit getrunken oder verwendet zu werden, bleibt bestehen. *(BGBl II 2017/362)*

(3) Bei allen personenbezogenen Formulierungen gilt die gewählte Form für beide Geschlechter.

Definitionen

§ 2. Gemäß dieser Verordnung ist
1. „Wasser"
Wasser für den menschlichen Gebrauch gemäß § 3 Z 2 LMSVG;
2. „Zuständige Behörde"
der Landeshauptmann (§ 24 LMSVG).
(BGBl II 2006/254)

Anforderungen

§ 3. (1) Wasser muss geeignet sein, ohne Gefährdung der menschlichen Gesundheit getrunken oder verwendet zu werden. Das ist gegeben, wenn es

1. Mikroorganismen, Parasiten und Stoffe jedweder Art nicht in einer Anzahl oder Konzentration enthält, die eine potentielle Gefährdung der menschlichen Gesundheit darstellen und

2. den in **Anhang I** Teile A und B festgelegten Mindestanforderungen entspricht. Die in Anhang I Teil C definierten Anforderungen für Indikatorparameter gelten für Überwachungszwecke. Bei Nichteinhaltung der Werte oder Spezifikationen ist den in Anhang I Teil C angeführten Verpflichtungen nachzukommen. *(BGBl II 2006/254)*

(2) Für Wasser, das in Lebensmittelbetrieben ausschließlich „zur Reinigung oder im Zuge von Desinfektionsverfahren (zB Nachspülung)" verwendet wird und bei dem sichergestellt ist, dass dieses Wasser nicht für andere Zwecke gemäß § 2 Z 1 verwendet wird, gelten die Anforderungen gemäß Anhang I Teil B nicht. Der Untersuchungsumfang kann gemäß § 5 Z 2 auf jene Parameter und jene Indikatorparameter beschränkt werden, die zur hygienischen und mikrobiologischen Beurteilung erforderlich sind. *(BGBl II 2007/121)*

§ 4. Die im Anhang I festgelegten Anforderungen gelten

1. an den Entnahmestellen eines Verteilungsnetzes, die üblicherweise zur Wasserentnahme dienen;

2. bei Wasser, das in Flaschen oder andere Behältnisse in Verkehr gebracht wird, am Punkt der Abfüllung;

3. bei in einem Lebensmittelbetrieb verwendeten Wasser an der Stelle der Verwendung des Wassers im Betrieb;

4. bei Wasser aus Tankfahrzeugen an der Entnahmestelle am Tankfahrzeug.

Eigenkontrolle

§ 5. Der Betreiber einer Wasserversorgungsanlage hat
1. die Wasserversorgungsanlage dem Stand der Technik entsprechend zu errichten, in ordnungsgemäßem Zustand zu halten und vorzusorgen, dass eine negative Beeinflussung des Wassers hintangehalten wird;
a) zu diesem Zweck ist die Anlage fachgerecht von geschulten Personen zu errichten, zu warten und instand zu halten;

b) über Maßnahmen gemäß lit. a sind Aufzeichnungen zu führen, insbesondere über

- Baupläne und Planungsunterlagen,
- Wartungsarbeiten und
- Schulungen der für die Instandhaltung und Wartung eingesetzten Personen oder
- gegebenenfalls Nachweise über die durchgeführten Tätigkeiten einschlägiger Betriebe.

Diese Aufzeichnungen sind solange aufzubewahren, dass der Betreiber einer Wasserversorgungsanlage jederzeit die Erfüllung der Aufgaben nach lit. a nachweisen kann. Sie sind jedenfalls fünf Jahre aufzubewahren und jederzeit auf Verlangen der zuständigen Behörde vorzuweisen. Baupläne und Planungsunterlagen sind unbegrenzt aufzubewahren;

2. Untersuchungen und Begutachtungen des Wassers gemäß dem Parameterumfang und den Probenahmehäufigkeiten nach **Anhang II** von der Agentur gemäß § 65 LMSVG, den Untersuchungsanstalten der Länder gemäß § 72 LMSVG oder von einer gemäß § 73 LMSVG hiezu berechtigten Person durchführen zu lassen; diese haben im Rahmen einer gemäß dem Akkreditierungsgesetz 2012 akkreditierten Konformitätsbewertungsstelle oder im Rahmen einer Konformitätsbewertungsstelle in einem anderen Mitglied- oder Vertragsstaat der EU oder EWR-Staat mit einer dieser gleichzuhaltenden Akkreditierung sicherzustellen, dass

- Proben an den vorgesehenen Probenahmestellen entnommen werden,
- bei der Probenahme auch ein Lokalaugenschein und eine hygienische Beurteilung der Wasserversorgungsanlage (einschließlich der Wasserspende mit Fassungszone, allfälligen Aufbereitungsanlagen und der Wasserspeicherung) vorgenommen wird,
- Analysen durchgeführt und die in **Anhang III** angeführten Spezifikationen für die Analyse der Parameter eingehalten werden;

(BGBl II 2017/362)

3. die Proben
- im Falle einer Wasserversorgungsanlage, die ≤ 10 m³ Wasser pro Tag (siehe Anhang II Teil A Z 3 Tabelle 1 Anmerkung 1) liefert, an der Stelle oder an den Stellen entnehmen zu lassen, die eine Beurteilung der Qualität des Wassers an den in § 4 genannten Stellen ermöglichen. Werden Desinfektionsverfahren angewandt, sind zur Überprüfung der Wirksamkeit einer Desinfektionsmaßnahme über die in Anhang II Teil A Z 3 Tabelle 1 festgelegte Mindestprobenzahl hinaus weitere Proben entnehmen zu lassen.
- im Falle einer Wasserversorgungsanlage, die > 10 m³ Wasser pro Tag liefert, für die Untersuchung und Begutachtung gemäß Z 2 zumindest an den von der zuständigen Behörde gemäß § 7 Z 1 festgelegten Probenahmestellen entnehmen zu lassen.

Sind aus Gründen der Sicherung der einwandfreien Beschaffenheit des Wassers an weiteren Stellen oder zusätzliche Probenahmen erforderlich oder besteht Grund zur Annahme, dass Stoffe oder Mikroorganismen, für die keine Parameterwerte festgesetzt wurden, in einer Menge oder Anzahl vorhanden sind, die eine potentielle Gefährdung der menschlichen Gesundheit darstellen, sind entsprechende zusätzliche Proben entnehmen zu lassen oder zusätzliche Untersuchungen durchführen zu lassen;

(BGBl II 2017/362)

4. Befunde und Gutachten über die gemäß Anhang II durchgeführten Untersuchungen

- unverzüglich an die zuständige Behörde weiterzuleiten und
- fünf Jahre lang zur Kontrolle aufzubewahren, ausgenommen die Befunde und Gutachten der Vollanalyse, die zehn Jahre aufzubewahren sind;

„Befund und Gutachten sind fünf Jahre lang zur Kontrolle aufzubewahren, ausgenommen die Befunde und Gutachten der Vollanalyse, die zehn Jahre aufzubewahren sind. Das Ergebnis des einmalig zu ermittelnden Indikatorparameters für die Radioaktivität ist bis zu einer neuerlichen Untersuchung zu dokumentieren;"

(BGBl II 2015/208)

4. „sicherzustellen, dass die Ergebnisse aus Befund und Gutachten über die gemäß Anhang II durchgeführten Untersuchungen, nachdem er davon Kenntnis erlangt hat, unverzüglich in das von der zuständigen Behörde dafür zur Verfügung gestellte Datensystem durch die gemäß Z 2 beauftragte Untersuchungsstelle elektronisch übermittelt werden." Befund und Gutachten sind fünf Jahre lang zur Kontrolle aufzubewahren, ausgenommen die Befunde und Gutachten der Vollanalyse, die zehn Jahre aufzubewahren sind. Das Ergebnis des einmalig zu ermittelnden Indikatorparameters für die Radioaktivität ist bis zu einer neuerlichen Untersuchung zu dokumentieren;

(BGBl II 2015/208)

5. soweit bei Untersuchungen gemäß den Z 2 und 3 die Nichteinhaltung der mikrobiologischen oder chemischen Anforderungen gemäß Anhang I Teil A und B festgestellt wurde, unverzüglich

- Maßnahmen zur Wiederherstellung der einwandfreien Qualität des abgegebenen Wassers zu ergreifen, um spätestens innerhalb von 30 Tagen den Parameterwerten zu entsprechen;

- die Abnehmer über den (die) betreffenden Parameter sowie den dazugehörigen Parameterwert gemäß Anhang I Teil A und B zu informieren und auf etwaige Vorsichtsmaßnahmen (zB Nutzungsbeschränkungen für das Wasser oder bestimmte Behandlungsverfahren wie zB bei Nichteinhaltung der mikrobiologischen Anforderungen das Kochen bei Siedetemperatur, die zumindest drei Minuten gehalten werden muss) hinzuweisen. Weiters sind die Abnehmer darauf hinzuweisen, dass diese Informationen allen Verbrauchern (zB durch Aushang im Gebäude) in geeigneter Weise zur Kenntnis zu bringen sind.
- die zuständige Behörde zu informieren und ihr alle erforderlichen Informationen zur Verfügung zu stellen.

(BGBl II 2006/254)

6. soweit bei Untersuchungen gemäß den Z 2 und 3 die 10-fache Überschreitung eines Indikatorparameters für die Radioaktivität gemäß Anhang I Teil C festgestellt wird, unverzüglich die erforderlichen Abhilfemaßnahmen zu treffen, insbesondere die Abnehmer zu informieren und auf etwaige Vorsichtsmaßnahmen in Bezug auf radioaktive Stoffe hinzuweisen. Die zuständige Behörde ist darüber zu informieren und ihr alle erforderlichen Informationen zur Verfügung zu stellen „–" *(BGBl II 2015/208; BGBl II 2017/362)*

7. Änderungen, die einen grundlegenden Einfluss auf die Ergebnisse der mit dem Antrag nach § 7 Z 4 vorgelegten Risikobewertung haben können, unverzüglich der zuständigen Behörde zu melden. *(BGBl II 2017/362)*

Information

§ 6. (1) Der Betreiber einer Wasserversorgungsanlage hat die Abnehmer über die aktuelle Qualität des Wassers zu informieren. Die Information hat auf Basis der aktuellen Untersuchungsergebnisse gemäß § 5 zu erfolgen.

(2) Die Abnehmer sind einmal jährlich entweder
1. mit der Wasserrechnung oder
2. über Informationsblätter der Gemeinden (zB Gemeindezeitung) oder
3. auf elektronische Weise durch Veröffentlichung auf der Internetseite des Infoportals Trinkwasser oder *(BGBl II 2017/362)*
„4." auf eine andere geeignete Weise zumindest über die Analysenergebnisse folgender Parameter – in der in Klammer angeführten Einheit – zu informieren:

a) "Nitrat" (mg NO_3/l)

b) „Pestizide" (µg/l) unter Angabe der Stoffe, die quantitativ erfasst wurden; liegt der Gehalt aller untersuchten Pestizide unter der Bestimmungsgrenze, so hat die Angabe „Pestizide im untersuchten Umfang nicht bestimmbar" zu erfolgen.

c) Wasserstoffionenkonzentration (pH-Wert) *(BGBl II 2012/359)*

d) Gesamthärte °dH *(BGBl II 2012/359)*

e) Carbonathärte °dH (Säurekapazität bis pH 4,3) *(BGBl II 2012/359)*

f) Kalium, Kalzium, Magnesium und Natrium bzw. Chlorid und Sulfat (mg/l) *(BGBl II 2012/359)*

Wenn auf Grund der Anforderungen gemäß Anhang II keine Untersuchung auf Pestizide erforderlich ist, muss an Stelle der Analysenergebnisse auf diesen Umstand hingewiesen werden. Zu diesen Parametern sind jeweils auch die Parameterwerte gemäß Anhang I Teil B anzugeben. *(BGBl II 2017/362)*

(3) Ist zu erwarten, dass bei den einzelnen Abnehmern die Konzentrationen der Parameter unterschiedlich sind oder schwanken (zB bei Mischung von Wässern unterschiedlicher Beschaffenheit), ist der auf Grund der vorliegenden Analysenergebnisse mögliche Schwankungsbereich anzugeben.

(4) Der Betreiber einer Wasserversorgungsanlage hat die Abnehmer darauf hinzuweisen, dass die Information gemäß Abs. 2 allen Verbrauchern (zB durch Aushang im Gebäude) zur Kenntnis zu bringen ist.

(5) Der Betreiber einer Wasserversorgungsanlage, der auf Grund eines Bescheides gemäß § 8 höher belastetes Wasser abgibt, hat die Abnehmer zunächst unverzüglich und in weiterer Folge einmal jährlich gemäß Abs. 2 über den betreffenden Parameter, den für die Abweichung vorgesehenen höchstzulässigen Wert, die Dauer der Abweichung sowie den dazugehörigen Parameterwert gemäß Anhang I Teil B zu informieren. Stellt die Abweichung für bestimmte Bevölkerungsgruppen ein besonderes Risiko dar, ist bei der Information darauf hinzuweisen; wenn möglich, werden Maßnahmen zur Reduzierung des Risikos empfohlen.

(6) Die Information über weitere Parameter erfolgt auf schriftliche Anfrage des Verbrauchers gemäß Abs. 1. Die Bekanntgabe erfolgt durch schriftliche Information.

Überwachung

§ 7. Die zuständige Behörde
1. hat die Probenahmestellen für jede Wasserversorgungsanlage, die > 10 m³ Wasser pro Tag liefert (siehe Anhang II Teil A Z 3 Tabelle 1 Anmerkung 1), nach Anhörung des Betreibers der Wasserversorgungsanlage festzulegen. Dabei sind auch solche Probenahmestellen aus dem Verteilungsnetz festzulegen, die einen Rückschluss auf

die Wasserbeschaffenheit beim Verbraucher zulassen. Zur Sicherung der einwandfreien Beschaffenheit des Wassers werden Probenahmestellen auf verschiedenen Stufen der Wasserversorgungsanlage festgelegt. Werden Desinfektionsverfahren angewandt, sind zur Überprüfung der Wirksamkeit von Desinfektionsmaßnahmen Probenahmestellen vor und nach der Anlage einzubeziehen;

2. kann bei ihrer Überwachungstätigkeit Untersuchungen folgender Parameter durch hiefür besonders geschulte Organe selbst durchführen:

a) Aussehen,
b) Geruch,
c) Geschmack,
d) Temperatur,
e) pH-Wert,
f) Leitfähigkeit,
g) Nitrit,
h) Messungen im Zusammenhang mit Desinfektionsmaßnahmen (zB Chlor, Chlordioxid, Ozon, UV-Durchlässigkeit);

3. kann vom Betreiber einer Wasserversorgungsanlage eingerichtete kontinuierliche Messverfahren zur Überwachung einzelner Parameter des Anhangs I zulassen;

4. kann auf Antrag des Betreibers einer Wasserversorgungsanlage die Verkürzung der Parameterliste gemäß Anhang II Teil A Z 2 oder die Verringerung der Probenahmehäufigkeiten gemäß Anhang II Teil A Z 3 auf Basis der Ergebnisse einer vom Betreiber vorgelegten Risikobewertung genehmigen, wenn die Bedingungen gemäß Anhang II Teil B Z 4 erfüllt sind. Die Genehmigung erfolgt auf Basis einer Risikobewertung gemäß Anhang II Teil B, die vom Betreiber mit einer Zusammenfassung der Ergebnisse vorzulegen ist, und kann für maximal zehn Jahre erteilt werden. Im Falle einer Verlängerung ist mit dem Antrag das Ergebnis einer aktuellen Überprüfung der Risikobewertung vorzulegen;

5. kann bei der Festlegung der zu überwachenden Pestizide unter Berücksichtigung der in Anhang II Teil B Z 4 lit. h genannten Kriterien die Liste gemäß Anhang I Teil B Anmerkung 6 um jene Pestizide reduzieren, deren Auftreten bei der konkreten Wasserversorgungsanlage nicht anzunehmen ist, oder hat bei der Festlegung der zu überwachenden Pestizide die Liste gemäß Anhang I Teil B Anmerkung 6 um jene Pestizide zu erweitern, deren Auftreten bei der konkreten Wasserversorgungsanlage anzunehmen ist. Die von der zuständigen Behörde festgelegten und vom Betreiber der Wasserversorgungsanlage zu überwachenden Pestizide sind mindestens alle zehn Jahre zu überprüfen;

6. kann die Parameterliste oder die Probenahmehäufigkeit gemäß Anhang II für eine Wasserversorgungsanlage erweitern bzw. erhöhen, wenn es die Überwachung der Einhaltung der einwandfreien Wasserqualität erfordert;

7. kann Wasserversorgungsanlagen, die ≤ 10 m³ Wasser pro Tag abgeben und nicht öffentliche Einrichtungen, wie Kindergärten, Schulen oder Krankenhäuser, versorgen, auf Antrag von der Untersuchungspflicht gemäß Anhang II ausnehmen, wenn sie in ihrer Beurteilung zu dem Schluss kommt, dass der Schutz der menschlichen Gesundheit vor nachteiligen Einflüssen gewährleistet ist. Die Möglichkeit eine solche Ausnahme zu beantragen besteht auch für Lebensmittelbetriebe, die der Herstellung von Hartkäse innerhalb eines saisonal eingeschränkten Zeitraumes dienen. Ausnahmen, welche von der zuständigen Behörde gewährt wurden, sind in Abständen von fünf Jahren einer Prüfung zu unterziehen und allenfalls neu zu entscheiden.

(BGBl II 2017/362)

Ausnahmen

§ 8. (1) Gelangt die zuständige Behörde auf Grund von Messergebnissen zu der Auffassung, dass die Parameterwerte des Anhangs I Teil B in einer bestimmten Wasserversorgungsanlage nicht entsprechen, so kann sie über Antrag des durch diese Belastung betroffenen Betreibers der Wasserversorgungsanlage die Anwendung dieser Parameterwerte befristet aussetzen, sofern die ortsübliche Wasserversorgung nicht auf andere zumutbare Weise sichergestellt werden kann. Mit dem Antrag sind vom Betreiber der Wasserversorgungsanlage alle zur Verfügung stehenden Informationen gemäß Abs. 5 vorzulegen.

(2) Bescheide gemäß Abs. 1 sind zeitlich bis zu jenem Zeitpunkt zu befristen, ab dem voraussichtlich – insbesondere im Hinblick auf die von der Wasserrechtsbehörde getroffenen oder sonstigen Maßnahmen – die Einhaltung der Grenzwerte zu erwarten ist. Diese Befristung darf drei Jahre nicht überschreiten.

(3) Bei der Erlassung von Bescheiden gemäß Abs. 1 hat die zuständige Behörde zu bestimmen, um welche Werte die betreffenden Parameterwerte überschritten werden dürfen. Diese Werte sind unter Beachtung der örtlichen Gegebenheiten so festzulegen, dass die Überschreitung möglichst gering ist und in dem vorgesehenen Zeitraum (Abs. 2) die Volksgesundheit aus hygienisch-toxikologischer Sicht nicht gefährdet.

(4) Bei der Erlassung von Bescheiden gemäß Abs. 1 ist ein geeignetes Überwachungsprogramm, erforderlichenfalls mit einer erhöhten Untersuchungshäufigkeit vorzuschreiben, mit dem Ziel vor Ablauf der Frist einen Trend ableiten zu können.

(5) Folgende Informationen müssen für jeden Bescheid gemäß Abs. 1 vorliegen:

1. Grund für die Abweichung;
2. betreffender Parameter;
3. frühere einschlägige Untersuchungsergebnisse;
4. für die Abweichung vorgesehener höchstzulässiger Wert;
5. geographisches Gebiet (Versorgungsgebiet der Wasserversorgungsanlage) und durchschnittlich gelieferte Wassermenge pro Tag;
6. betroffene Bevölkerung und die Angabe, ob Lebensmittelbetriebe mit überregionaler Bedeutung betroffen sind oder nicht;
7. Überwachungsprogramm;
8. Zusammenfassung der Maßnahmen, die zur Einhaltung der Parameterwerte ergriffen werden, mit einem Zeitplan für die Arbeiten, einer Vorausschätzung der Kosten und Bestimmungen zur Überprüfung der Maßnahmen;
9. erforderliche Dauer der Abweichung.

(6) Betrifft ein Bescheid gemäß Abs. 1
1. eine Wasserversorgungsanlage, die > 1 000 m³ Wasser pro Tag „ " liefert, sind die in Abs. 5 genannten Informationen von der zuständigen Behörde unverzüglich an das „Bundesministerium für Gesundheit, Familie und Jugend" weiterzuleiten; *(BGBl II 2007/121; BGBl II 2017/362)*
2. eine Wasserversorgungsanlage, die ≤ 1 000 m³ Wasser pro Tag „ " liefert, sind die in Abs. 5 genannten Informationen zumindest für die Dauer der im Bescheid vorgesehenen Frist von der zuständigen Behörde aufzubewahren und auf Anfrage an das „Bundesministerium für Gesundheit, Familie und Jugend" weiterzuleiten. *(BGBl II 2007/121; BGBl II 2017/362)*

(7) Vor Ablauf der Frist des Bescheides gemäß Abs. 1 überprüft die zuständige Behörde, ob entsprechende Fortschritte – insbesondere in Hinblick auf die von der Wasserrechtsbehörde getroffenen oder sonstigen Maßnahmen – erzielt worden sind.

(8) Gelangt die zuständige Behörde auf Grund der Überprüfung gemäß Abs. 7 zu der Auffassung, dass die Parameterwerte des Anhanges I Teil B bei diesem Wasser nicht eingehalten werden können, jedoch innerhalb einer Frist von drei Jahren zu erwarten ist, dass die Parameterwerte – insbesondere im Hinblick auf die von der Wasserrechtsbehörde getroffenen Maßnahmen oder sonstige Maßnahmen – eingehalten werden können, so kann sie über Antrag des durch diese Belastung betroffenen Betreibers einer Wasserversorgungsanlage die Anwendung dieser Parameterwerte ein zweites Mal gemäß den in den Abs. 2 bis 5 genannten Voraussetzungen aussetzen, sofern die ortsübliche Wasserversorgung nicht auf andere zumutbare Weise sichergestellt werden kann. Mit dem Antrag sind vom Betreiber einer Wasserversorgungsanlage alle zur Verfügung stehenden Informationen gemäß Abs. 5 vorzulegen.

(9) Die in Abs. 5 genannten Informationen sind betreffend Bescheide gemäß Abs. 8 von der zuständigen Behörde unverzüglich an das „Bundesministerium für Gesundheit, Familie und Jugend" weiterzuleiten. *(BGBl II 2007/121)*

§ 9. (1) Die Erteilung einer Ausnahme gemäß § 8 ist nicht erforderlich, wenn die Nichteinhaltung der Parameterwerte unerheblich ist und das Problem mittels Abhilfemaßnahmen innerhalb von 30 Tagen behoben werden kann. In diesem Fall legt die zuständige Behörde den für die Abweichung vorgesehenen höchstzulässigen Wert und die Frist zur Beseitigung des Problems fest.

(2) Abs. 1 darf nicht angewendet werden, wenn ein Parameterwert während der vorangegangenen zwölf Monate über insgesamt mehr als 30 Tage nicht eingehalten worden ist.

Schlussbestimmungen

§ 10. (1) Diese Verordnung tritt mit dem ihrer Kundmachung folgenden Monatsersten in Kraft.

(2) Mit In-Kraft-Treten dieser Verordnung treten die
1. Verordnung über die Qualität von Wasser für den menschlichen Gebrauch, BGBl. II Nr. 235/1998, in der Fassung der Verordnung BGBl. II Nr. 161/2000,
2. Trinkwasser-Nitratverordnung, BGBl. Nr. 557/1989, in der Fassung der Verordnungen BGBl. Nr. 287/1996 und BGBl. Nr. 714/1996,
3. Trinkwasser-Pestizidverordnung, BGBl. Nr. 448/1991,
4. Trinkwasser-Ausnahmeverordnung, BGBl. Nr. 384/1993, in der Fassung der Verordnung BGBl. Nr. 287/1996, und
5. Trinkwasser-Informationsverordnung, BGBl. II Nr. 352/1999,

außer Kraft.

(3) Befristete Bescheide gemäß der Trinkwasser-Ausnahmeverordnung, BGBl. Nr. 384/1993, in der Fassung der Verordnung BGBl. Nr. 287/1996 bleiben bis zum Ablauf ihrer Befristung, längstens jedoch bis zum 1. Dezember 2003, in Kraft.

(4) Die Verordnung BGBl. II Nr. 208/2015 tritt mit dem ihrer Kundmachung folgenden Monatsersten in Kraft, ausgenommen § 5 Z 4 erster Satz, welcher mit 1. Juli 2016 in Kraft tritt. Die Indikatorparameter für die Radioaktivität gemäß Anhang I Teil C sind für Wasserversorgungsanlagen, die aufgrund der bisher geltenden Bestimmungen untersucht wurden, innerhalb einer Frist von fünf Jahren ab Inkrafttreten der Verordnung BGBl. II Nr. 208/2015 zu ermitteln. *(BGBl II 2015/208)*

(5) § 5 Z 2, 3, 6 und 7, § 6 Abs. 2 Z 3 und 4, § 7, § 8 Abs. 6, § 11, Anhang I Teil B Anmerkung 1 und Teil C sowie Anhang II in der Fassung der Verordnung BGBl. II Nr. 362/2017 treten mit 1. Jänner 2018 in Kraft. Bestehende Ausnahmen gemäß § 7 Z 3 sowie gemäß Anhang II Teil B Anmerkung 2 der Verordnung in der bisher geltenden Fassung, bleiben bis zum Ablauf der Befristung, längstens jedoch fünf Jahre ab dem Inkrafttreten der Verordnung BGBl. II Nr. 362/2017, in Geltung. *(BGBl II 2017/362)*

§ 11. Durch diese Verordnung werden die Richtlinie 98/83/EG, ABl. Nr. L 330 vom 5. Dezember 1998, in der Fassung der Richtlinie (EU) 2015/1787, ABl. Nr. L 260 vom 7. Oktober 2015, und die Richtlinie 2013/51/Euratom, ABl. Nr. L 296 vom 7. November 2013, in österreichisches Recht umgesetzt.

(BGBl II 2017/362)

5/1. TWV
Anhang I

Anhang I

Anhang I

Teil A
Mikrobiologische Parameter

Für nicht desinfiziertes Wasser:

Parameter	Wert	Einheit
Escherichia coli	0	Anzahl/100 ml
Enterokokken	0	Anzahl/100 ml
„ " *(BGBl II 2017/362, aufgehoben)*		

Für desinfiziertes Wasser, unmittelbar nach Abschluss der Desinfektion (Die Probenahme erfolgt unmittelbar nach Abschluss der Desinfektionsmaßnahme. Diese Untersuchung dient zur Überprüfung der Wirksamkeit der Desinfektionsmaßnahme.):

Parameter	Wert	Einheit
Escherichia coli	0	Anzahl/250 ml
Enterokokken	0	Anzahl/250 ml
„ " *(BGBl II 2017/362, aufgehoben)*		

Für Wasser, das in Flaschen oder sonstigen Behältnissen in Verkehr gebracht wird, gilt am Punkt der Abfüllung Folgendes:

Parameter	Wert	Einheit
KBE 22 (koloniebildende Einheiten bei 22 °C Bebrütungstemperatur)	100	Anzahl/ml
KBE 37 (koloniebildende Einheiten bei 37 °C Bebrütungstemperatur)	20	Anzahl/ml
Escherichia coli	0	Anzahl/250 ml
Enterokokken	0	Anzahl/250 ml
Pseudomonas aeruginosa	0	Anzahl/250 ml

(BGBl II 2006/254)

Teil B
Chemische Parameter

Parameter	Parameterwert	Einheit	Anmerkungen
Acrylamid	0,10	µg/l	Anm. 1
Antimon	5,0	µg/l	Anm. 12
Arsen	10	µg/l	Anm. 12
Benzol	1,0	µg/l	
Benzo-(a)-pyren	0,010	µg/l	
Blei	10	µg/l	Anm. 3 und 4
Bor	1,0	mg/l	
Bromat	10	µg/l	Anm. 2
Cadmium	5,0	µg/l	
Chrom	50	µg/l	

5/1. TWV

Anhang I

Parameter	Parameterwert	Einheit	Anmerkungen
Cyanid	50	µg/l	
1,2-Dichlorethan	3,0	µg/l	
Epichlorhydrin	0,10	µg/l	Anm. 1
Fluorid	1,5	mg/l	
Kupfer	2,0	mg/l	Anm. 3
Nickel	20	µg/l	Anm. 3
Nitrat	50	mg/l	Anm. 5
Nitrit	0,1	mg/l	Anm. 11
Pestizide	0,10	µg/l	Anm. 6 und 7
Pestizide insgesamt	0,50	µg/l	Anm. 6 und 8
Polyzyklische aromatische Kohlenwasserstoffe	0,10	µg/l	Summe der Konzentrationen der spezifizierten Verbindungen; Anm. 9
Quecksilber	1,0	µg/l	
Selen	10	µg/l	
Tetrachlorethen und Trichlorethen	10	µg/l	Summe der Konzentrationen der spezifizierten Parameter
Trihalomethane insgesamt	30	µg/l	Summe der Konzentrationen der spezifizierten Verbindungen; Anm. 10
„Uran" *(BGBl II 2012/359)*	15	µg/l	
Vinylchlorid	0,50	µg/l	Anm. 1

Anmerkung 1: „Der Parameter bezieht sich auf die Restmonomerkonzentration im Wasser, berechnet aus den Spezifikationen der maximalen Freisetzung aus dem entsprechenden Polymer in Berührung mit dem Wasser. Der Nachweis der Einhaltung des Grenzwertes kann auch durch die Analyse des Trinkwassers erbracht werden." *(BGBl II 2017/362)*

Anmerkung 2: Im Fall von Wasser gemäß § 4 Z 1, 3 und 4 ist der Wert spätestens am 1. Dezember 2008 einzuhalten. Der Parameterwert für Bromat beträgt für den Zeitraum zwischen 1. Dezember 2003 und 1. Dezember 2008 25 µg/l.

Anmerkung 3: Der Wert gilt für eine Probe von Wasser für den menschlichen Gebrauch, die mit einem geeigneten Probenahmeverfahren an der Wasserentnahmestelle in der Weise entnommen wird, dass sich eine für die durchschnittliche wöchentliche Wasseraufnahme durch Verbraucher repräsentative Probe ergibt.

Anmerkung 4: Im Fall von Wasser gemäß § 4 Z 1 und 3 ist der Wert spätestens ab 1. Dezember 2013 einzuhalten. Der Parameterwert für Blei beträgt bis 1. Dezember 2003 50 µg/l und für den Zeitraum zwischen 1. Dezember 2003 und 1. Dezember 2013 25 µg/l.

Anmerkung 5: Es ist die Bedingung, [Nitrat]/50 + [Nitrit]/3 ≤ 1 einzuhalten (die eckigen Klammern stehen für Konzentrationen in mg/l, und zwar für Nitrate [NO_3] und für Nitrite [NO_2]).

Anmerkung 6: „„Pestizide" bedeuten:" *(BGBl II 2015/208)*
– organische Insektizide,
– organische Herbizide,
– organische Fungizide,
– organische Nematizide,
– organische Akarizide,
– organische Algizide,
– organische Rodentizide,
– organische Schleimbekämpfungsmittel,
– verwandte Produkte (ua. Wachstumsregulatoren)
(BGBl II 2015/208)

5/1. TWV
Anhang I

„und die relevanten Metaboliten, Abbau- und Reaktionsprodukte." *(BGBl II 2015/208)*

„Es brauchen nur solche Pestizide überwacht werden, deren Vorhandensein in einer bestimmten Wasserversorgung anzunehmen ist. Das Vorhandensein folgender Pestizide (einschließlich der relevanten Metaboliten, Abbau- und Reaktionsprodukte) ist anzunehmen:" *(BGBl II 2015/208)*

1. 2,4-D
2. Alachlor
3. Aldrin
4. Atrazin
5. Azoxystrobin
6. Bentazon
7. Bromacil
8. Chloridazon
9. Clopyralid
10. Clothianidin
11. Dicamba
12. Dichlorprop
13. Dieldrin
14. Dimethachlor
15. Dimethenamid-P
16. Diuron
17. Ethofumesat
18. Flufenacet
19. Glufosinat
20. Glyphosat
21. Heptachlor
22. Heptachlorepoxid
23. Hexazinon
24. Imidacloprid
25. Iodosulfuron-methyl
26. Isoproturon
27. MCPA
28. MCPB
29. Mecoprop
30. Mesosulfuron-methyl
31. Metalaxyl-M
32. Metamitron
33. Metazachlor
34. Metolachlor
35. Metribuzin
36. Metsulfuron-methyl
37. Nicosulfuron
38. Pethoxamid
39. Propazin
40. Propiconazol
41. Simazin
42. Terbuthylazin

5/1. TWV
Anhang I

43. Thiacloprid
44. Thiamethoxam
45. Thifensulfuron-methyl
46. Tolylfluanid
47. Tribenuron-methyl
48. Triclopyr
49. Triflusulfuron-methyl
50. Tritosulfuron

(BGBl II 2015/208)

Anmerkung 7: Der Parameterwert gilt jeweils für die einzelnen Pestizide. Für Aldrin, Dieldrin, Heptachlor und Heptachlorepoxid ist der Parameterwert 0,030 µg/l.

Anmerkung 8: "Pestizide insgesamt" bezeichnet die Summe aller einzelnen Pestizide, die bestimmt wurden.

Anmerkung 9: Bei den spezifizierten Verbindungen handelt es sich um:
– Benzo-(b)-fluoranthen,
– Benzo-(k)-fluoranthen,
– Benzo-(ghi)-perylen,
– Inden-(1,2,3-cd)-pyren.

Anmerkung 10: Die spezifizierten Verbindungen sind Chloroform, Bromoform, Dibromchlormethan, Bromdichlormethan.

Anmerkung 11: Dieser Wert gilt jedenfalls am Ausgang der Wasserwerke. Für einen begrenzten Zeitraum, der maximal sechs Monate nicht übersteigen darf, ist eine Überschreitung des Parameterwertes bis 0,5 mg/l zulässig,
– falls sie technisch bedingt ist (zB bei Verwendung von verzinkten Werkstoffen bis zur Bildung einer entsprechenden Schutzschicht) und
– wenn sichergestellt ist, dass dieses Wasser nicht für die Zubereitung von Nahrung für Säuglinge verwendet wird.

Anmerkung 12: Der Parameterwert ist spätestens ab 1. Dezember 2003 einzuhalten. Der Parameterwert beträgt bis zum 30. November 2003 für Antimon 10 µg/l und für Arsen 50 µg/l.

Teil C
Parameter mit Indikatorfunktion (Indikatorparameter)

Werte von Indikatorparametern stellen Konzentrationen an „Inhaltsstoffen, Mikroorganismen, Radioaktivität oder Strahlendosen" dar, bei deren Überschreitung die Ursache zu prüfen und festzustellen ist, ob bzw. welche Maßnahmen zur Aufrechterhaltung einer einwandfreien Wasserqualität erforderlich sind. Natürliche Gehalte sind, auch wenn sie weit unter dem jeweiligen Wert liegen, vor unerwünschten Veränderungen zu schützen. *(BGBl II 2015/208)*

5/1. TWV
Anhang I

Chemische und physikalische Indikatorparameter

Indikatorparameter	Wert	Einheit	Anmerkungen
Aluminium	„200" *(BGBl II 2012/359)*	µg/l	
Ammonium	0,50	mg/l	Geogen bedingte Überschreitungen bleiben bis zu 5 mg/l NH_4 außer Betracht. Ab einem Gehalt von mehr als 0,2 mg/l NH_4 dürfen Chlorungsverfahren nicht angewendet werden.
Chlorid	200	mg/l	Das Wasser sollte nicht korrosiv wirken.
Eisen	„200" *(BGBl II 2012/359)*	µg/l	
Färbung spektraler Absorptionskoeffizient bei 436 nm	Für den Verbraucher annehmbar und ohne anormale Veränderung 0,5	m^{-1}	Messung nur erforderlich, wenn grobsinnlich wahrnehmbar.
Geruch	Für den Verbraucher annehmbar und ohne anormale Veränderung		
Geschmack	Für den Verbraucher annehmbar und ohne anormale Veränderung		
Leitfähigkeit	2 500	$µS\,cm^{-1}$ bei 20°C	Das Wasser sollte nicht korrosiv wirken.
Mangan	„50" *(BGBl II 2012/359)*	µg/l	
Natrium	200	mg/l	
Organisch gebundener Kohlenstoff (TOC)	Ohne anormale Veränderung		Bei Versorgungssystemen mit einer Abgabe von weniger als 10 000 m^3 pro Tag, braucht dieser Parameter nicht bestimmt zu werden.
Oxidierbarkeit	5,0	mg/l O_2	Dieser Parameter braucht nicht bestimmt zu werden, wenn der Parameter TOC analysiert wird. 5 mg O_2 entsprechen 20 mg $KMnO_4$.
Sulfat	250	mg/l	Das Wasser sollte nicht korrosiv wirken. Überschreitungen bis zu 750 mg/l SO_4 bleiben außer Betracht, sofern der dem Calcium nicht äquivalente Gehalt des Sulfates 250 mg/l nicht übersteigt.
Temperatur	25 ohne anormale Veränderung	°C	
Trübung	Für den Verbraucher annehmbar und ohne anormale Veränderung		Bei der Aufbereitung von Oberflächenwasser gilt ein Parameterwert von 1,0 NTU (nephelo-

5/1. TWV
Anhang I

Indikatorparameter	Wert	Einheit	Anmerkungen
			metrische Trübungseinheiten) im Wasser am Ausgang der Wasseraufbereitungsanlage
Wasserstoffionen-Konzentration	≥ 6,5 und ≤ 9,5	pH-Einheiten	Das Wasser sollte nicht korrosiv wirken. Bei Wasser gemäß § 4 Z 2 darf der pH-Wert am Ort der Abfüllung bis zu 4,5 pH-Einheiten betragen. Ist dieses Wasser von Natur aus kohlensäurehaltig oder ist es mit Kohlensäure versetzt, kann der Mindestwert niedriger sein.

Mikrobiologische Indikatorparameter

Für nicht desinfiziertes Wasser:

Indikatorparameter	Wert	Einheit
KBE 22 (koloniebildende Einheiten bei 22°C Bebrütungstemperatur)	100	Anzahl/ml
KBE 37 (koloniebildende Einheiten bei 37°C Bebrütungstemperatur)	20	Anzahl/ml
coliforme Bakterien	0	Anzahl/100 ml
Clostridium perfringens (einschließlich Sporen) (Anmerkung 1)	0	Anzahl/100 ml
„Pseudomonas aeruginosa" (BGBl II 2017/362)	0	Anzahl/100 ml

Für desinfiziertes Wasser, unmittelbar nach Abschluss der Desinfektion (Die Probenahme erfolgt unmittelbar nach Abschluss der Desinfektionsmaßnahme. Diese Untersuchung dient zur Überprüfung der Wirksamkeit der Desinfektionsmaßnahme.):

Indikatorparameter	Wert	Einheit
KBE 22 (koloniebildende Einheiten bei 22°C Bebrütungstemperatur)	10	Anzahl/ml
KBE 37 (koloniebildende Einheiten bei 37°C Bebrütungstemperatur)	10	Anzahl/ml
coliforme Bakterien	0	Anzahl/250 ml
Clostridium perfringens (einschließlich Sporen)	0	Anzahl/250 ml
„Pseudomonas aeruginosa" (BGBl II 2017/362)	0	Anzahl/250 ml

Für Wasser, das in Flaschen oder sonstigen Behältnissen in Verkehr gebracht wird, gilt am Punkt der Abfüllung Folgendes:

Indikatorparameter	Wert	Einheit

coliforme Bakterien	0	Anzahl/250 ml
Clostridium perfringens (einschließlich Sporen)	0	Anzahl/250 ml

Anmerkung 1: Dieser Parameter braucht nur bestimmt zu werden, wenn das Wasser von Oberflächenwasser stammt oder von Oberflächenwasser beeinflusst wird. Ist dieser Parameterwert überschritten, so sind Nachforschungen in der Wasserversorgungsanlage vorzunehmen, um festzustellen, ob eine Gefährdung der menschlichen Gesundheit durch krankheitserregende Mikroorganismen oder Parasiten (wie zB Cryptosporidium) besteht. Die zuständige Behörde ist jedenfalls gemäß § 5 Z 5 dritter Gedankenstrich zu informieren.

Radioaktivität (Indikatorparameter)

Indikatorparameter	Wert	Einheit	Anmerkungen
Radon	100	Bq/l	
Tritium	100	Bq/l	
Richtdosis	0,10	mSv	Richtdosis: Die effektive Folgedosis für die Aufnahme während eines Jahres, die sich aus allen Radionukliden sowohl natürlichen als auch künstlichen Ursprungs ergibt, welche in einem Versorgungssystem für Wasser für den menschlichen Gebrauch nachgewiesen wurden, mit Ausnahme von Tritium, Kalium–40, Radon und kurzlebigen Radon-Zerfallsprodukten.[*]

[*] alle Radon-Zerfallsprodukte außer Blei-210 und Polonium-210.
(BGBl II 2015/208)

5/1. TWV
Anhang II

Anhang II

Anhang II

Überwachung

Teil A

Parameterumfang und Häufigkeiten

1. **Allgemeiner Rahmen**

   Bei der Wahl der geeigneten Parameter für die Überwachung müssen die lokalen Gegebenheiten für jedes Wasserverteilungssystem berücksichtigt werden.

2. **Liste der Parameter**

2.1. **Routinemäßige Kontrollen**

   KBE22

   KBE37

   Escherichia coli

   coliforme Bakterien

   Enterokokken

   Pseudomonas aeruginosa (Anmerkung 1)

   Clostridium perfringens (Anmerkung 2)

   Geruch

   Färbung

   Trübung

   Geschmack

   Temperatur

   Leitfähigkeit

   Ammonium (Anmerkung 3)

   Nitrit (Anmerkung 3)

   Wasserstoffionenkonzentration (ph-Wert)

   Aluminium (Anmerkung 4)

   Eisen (Anmerkung 5)

   Bei desinfiziertem Wasser (je nach Art des eingesetzten Desinfektionsverfahrens):

   Chlorung:

   – Konzentration an Chlorverbindungen

   Ozonung

   – Konzentration an Ozon

   UV-Bestrahlung:

   – UV-Durchlässigkeit des Wassers (253,7 nm; 100 mm Schichtdicke)

   – Durchfluss des Wassers, Ablesung am Durchflussmessgerät

   – Referenzbestrahlungsstärke (W/m2), Ablesung an der Anzeige des Anlagenradiometers (Sensor)

Es werden auch sonstige Parameter gemäß § 3 Abs. 1 Z 1 berücksichtigt, die für die Überwachung als relevant ausgewiesen sind und erforderlichenfalls durch eine Risikobewertung gemäß Teil B ermittelt werden.

2.2. **Umfassende Kontrollen (Volluntersuchung)**

   Alle Parameter des Anhangs I

   Bei desinfiziertem Wasser (je nach Art des eingesetzten Desinfektionsverfahrens):

   Chlorung:

   – Konzentration an Chlorverbindungen

Ozonung:
- Konzentration an Ozon

UV-Bestrahlung:
- UV-Durchlässigkeit des Wassers (253,7 nm; 100 mm Schichtdicke)
- Durchfluss des Wassers, Ablesung am Durchflussmessgerät
- Referenzbestrahlungsstärke (W/m^2), Ablesung an der Anzeige des Anlagenradiometers (Sensor)

Weiters werden solche Parameter bestimmt, welche die Berechnung der Ionenbilanz und die Charakterisierung des Wassers ermöglichen (Gesamthärte °dH, Carbonathärte °dH (Säurekapazität bis pH 4,3), Kalzium, Kalium, Magnesium).

2.3. Kontrollen für kleine Wasserversorgungsanlagen (Abgabe von ≤ 100 m3 Wasser pro Tag bzw. Versorgung von ≤ 500 Personen) (Mindestuntersuchung)

KBE22
KBE37
Escherichia coli
coliforme Bakterien
Enterokokken
Pseudomonas aeruginosa (Anmerkung 1)
Clostridium perfringens (Anmerkung 2)
Geruch
Färbung
Trübung
Geschmack
Temperatur
Leitfähigkeit
Wasserstoffionenkonzentration (pH-Wert)
Gesamthärte °dH
Carbonathärte °dH (Säurekapazität bis pH 4,3)
Oxidierbarkeit (siehe Anmerkung in Anhang I Teil C)
Ammonium
Nitrit
Nitrat
Chlorid
Sulfat
Eisen
Mangan
Aluminium (Anmerkung 4)

Bei desinfiziertem Wasser (je nach Art des eingesetzten Desinfektionsverfahrens):

Chlorung:
- Konzenration an Chlorverbindungen

Ozonung
- Konzentration an Ozon

UV-Bestrahlung:
- UV-Durchlässigkeit des Wassers (253,7 nm; 100 mm Schichtdicke)
- Durchfluss des Wassers, Ablesung am Durchflussmessgerät
- Referenzbestrahlungsstärke (W/m^2), Ablesung an der Anzeige des Anlagenradiometers (Sensor)

Anhang II

Zusätzlich werden jene Parameter aufgenommen, deren regelmäßige Untersuchung erforderlich ist, um eine mögliche Nichteinhaltung eines Parameterwertes rechtzeitig zu erkennen. Insbesondere werden solche Parameter einbezogen, die nachteiligen Einfluss auf die Beschaffenheit des dem Verbraucher gelieferten Wassers haben können.

Weiters werden solche Parameter bestimmt, welche die Berechnung der Ionenbilanz und die Charakterisierung des Wassers ermöglichen (Gesamthärte °dH, Carbonathärte °dH (Säurekapazität bis pH 4,3), Kalzium, Kalium, Magnesium, Natrium). Die Probenahme erfolgt an ausgewählten, in § 5 Z 3 festgelegten Probenahmestellen und in solchen Zeitabständen, die erforderlich sind, um die Erhaltung oder Wiederherstellung der einwandfreien Wasserqualität zu überwachen.

Anmerkung 1: Dieser Parameter muss nur bei Wässern, die in Flaschen oder anderen Behältnissen in Verkehr gebracht werden (am Punkt der Abfüllung) und bei Wässern, welche chemischtechnisch (zB Ionenaustausch, Aktivkohlefilter) aufbereitet wurden, untersucht werden. Weiters ist dieser Parameter im Rahmen der Wirksamkeitskontrolle von Desinfektionsverfahren bei Proben vor und unmittelbar nach Abschluss der Desinfektion zu untersuchen.

Anmerkung 2: Dieser Parameter braucht nur bestimmt zu werden, wenn das Wasser von Oberflächenwasser stammt oder von Oberflächenwasser beeinflusst wird. Weiters ist dieser Parameter im Rahmen der Wirksamkeitskontrolle von Desinfektionsverfahren bei Proben vor und unmittelbar nach Abschluss der Desinfektion zu untersuchen.

Anmerkung 3: Nur erforderlich, wenn Chloraminierung als Desinfektionsmethode verwendet wird.

Anmerkung 4: Bei Verwendung von Aluminiumverbindungen in der Wasseraufbereitung.

Anmerkung 5: Bei Verwendung von Eisenverbindungen in der Wasseraufbereitung.

3. Probenahmehäufigkeit

Tabelle 1

Mindesthäufigkeit der Probenahme und Analyse für die Überwachung der Einhaltung bei Wasser, das aus einem Verteilungsnetz oder einem Tankfahrzeug bereitgestellt oder in einem Lebensmittelbetrieb verwendet wird.

Bei der Probenahme und der Beurteilung der Probe sind die verschiedenen Stufen der Wasserversorgungsanlage (zB Aufbereitung) zu berücksichtigen. Die Anzahl der Proben ist im Hinblick auf Zeit und Ort gleichmäßig zu verteilen.

Menge der abgegebenen Wassers in m³ pro Tag (Anmerkung 1)	Routinemäßige Kontrollen Anzahl der Proben pro Jahr (Anmerkung 2)	Umfassende Kontrollen (Volluntersuchung) Anzahl der Proben pro Jahr
≤ 10	–	1 (Anmerkung 3, 4 und 7)
> 10 bis ≤ 100	1	1 (Anmerkung 5 und 6)
> 100 bis ≤ 1000	4	1 (Anmerkung 6)
> 1000 bis ≤ 10 000	4 + 3 pro 1000 m³ pro Tag und Teile davon bezogen auf die Gesamtmenge	1 + 1 pro 4 500 m³ pro Tag und Teile davon bezogen auf die Gesamtmenge (Anmerkung 6)
> 10 000 bis ≤ 100 000	4 + 3 pro 1000 m³ pro Tag und Teile davon bezogen auf die Gesamtmenge	3 + 1 pro 10 000 m³ pro Tag und Teile davon bezogen auf die Gesamtmenge (Anmerkung 6)
> 100 000	4 + 3 pro 1000 m³ pro Tag und Teile davon bezogen auf die Gesamtmenge	12 + 1 pro 25 000 m³ pro Tag und Teile davon bezogen auf die Gesamtmenge (Anmerkung 6)

5/1. TWV
Anhang II

Die erforderliche Probenanzahl ist bei Vorliegen mehrerer Wasserspender bzw. mehrerer Objekte der Wasserversorgungsanlage (zB Aufbereitungs- und Desinfektionsanlagen, Behälter, Versorgungsnetz) entsprechend zu erweitern.

Bei einer Überschreitung einer Nitratkonzentration von 25 mg/l und wenn ein Anstieg zu befürchten ist, hat eine zumindest vierteljährliche Untersuchung des Wassers auf Nitrat zu erfolgen, wenn nicht gemäß obiger Tabelle eine häufigere Untersuchung vorgeschrieben ist.

Anmerkung 1: Die Mengen werden als Mittelwerte über ein Kalenderjahr hinweg berechnet. An Stelle der Menge des abgegebenen Wassers kann zur Bestimmung der Mindesthäufigkeit auch die Einwohnerzahl eines Versorgungsgebietes herangezogen und ein täglicher Pro-Kopf-Wasserverbrauch von 200 l angesetzt werden.

Anmerkung 2: Die angegebene Häufigkeit wird wie folgt errechnet: zB 4 300 m3 pro Tag = 16 Proben (vier für die ersten 1 000 m³ pro Tag + 12 für die zusätzlichen 3 300 m³ pro Tag).

Anmerkung 3: Für nicht desinfiziertes Wasser, das nicht von Oberflächenwasser stammt oder von Oberflächenwasser beeinflusst wird und entsprechend den Bestimmungen des § 3 Abs. 2 dieser Verordnung ausschließlich zur Reinigung oder im Zuge von Desinfektionsverfahren (zB Nachspülung) verwendet wird, gilt ein auf die mikrobiologischen Parameter des Anhangs II Teil A reduzierter Untersuchungsumfang.

Anmerkung 4: Es gilt der Untersuchungsumfang gemäß Teil A Z 2.3. Bei Neuerschließung sind vom Betreiber zusätzlich jene Parameter einzubeziehen, die nachteiligen Einfluss auf die Beschaffenheit des Wassers haben können.

Anmerkung 5: Es gilt der Untersuchungsumfang gemäß Teil A Z 2.3. Alle zehn Jahre sowie bei Neuerschließungen von Wasserspendern und bei Änderungen an der Wasserversorgungsanlage – sofern ein nachteiliger Einfluss auf die Beschaffenheit des Wassers zu erwarten ist – gilt der Untersuchungsumfang gemäß Teil A Z 2.2.

Anmerkung 6: Die Indikatorparameter für die Radioaktivität sind nur einmalig zu ermitteln. Bei Änderungen an der Wasserversorgungsanlage, die eine relevante Erhöhung der Radioaktivität bewirken können (jedenfalls bei Neuerschließungen von Wasserspendern), ist eine neuerliche Untersuchung durchzuführen. Im Fall einer Überschreitung von Indikatorparameterwerten kann die zuständige Behörde im Einzelfall weitere Untersuchungen auf Radioaktivität vorschreiben.

Anmerkung 7: Wird ≤ 10 m³ Wasser pro Tag aus einer Wasserversorgungsanlage gemäß den Bestimmungen des § 3 Abs. 2 entnommen und wird aufgrund einer Untersuchung und Begutachtung gemäß § 5 Z 2 festgestellt, dass das Wasser den Anforderungen dieser Verordnung entspricht, gilt ein Untersuchungsintervall von drei Jahren.

Tabelle 2
Mindesthäufigkeit der Probenahmen und Analysen bei Wasser, das dazu bestimmt ist, in Flaschen oder anderen Behältnissen in Verkehr gebracht zu werden, am Punkt der Abfüllung.

Menge des pro Tag produzierten Wassers in m³ (Anmerkung 1)	Routinemäßige Kontrollen Anzahl der Proben pro Jahr	Umfassende Kontrollen (Volluntersuchung) Anzahl der Proben pro Jahr
≤ 10	1	1
> 10 bis ≤ 60	12	1
> 60	1 pro 5 m³ und Teile davon bezogen auf die Gesamtmenge	1 pro 100 m³ und Teile davon bezogen auf die Gesamtmenge

Anmerkung: Für die Berechnung der Mengen werden Durchschnittswerte – ermittelt über ein Kalenderjahr – zugrunde gelegt.

Anhang II

Teil B
Risikobewertung

1. Von den Parametern und Probenahmehäufigkeiten gemäß Teil A kann abgewichen werden, wenn eine Risikobewertung durchgeführt wird.
2. Die Risikobewertung gemäß Z 1 muss sich auf die allgemeinen Grundsätze der Risikobewertung stützen, die in Verbindung mit internationalen Normen wie der Norm EN 15975-2 „Sicherheit der Trinkwasserversorgung – Leitlinien für das Risiko- und Krisenmanagement" aufgestellt wurden.
3. Bei der Risikobewertung werden die Ergebnisse aus den Überwachungsprogrammen gemäß den §§ 55c bis 55f des Wasserrechtsgesetzes 1959 berücksichtigt.
4. Auf Basis der vom Betreiber einer Wasserversorgungsanlage vorgelegten Ergebnisse der Risikobewertung kann die Parameterliste verkürzt oder Probenahmehäufigkeit verringert werden, sofern folgende Bedingungen erfüllt sind:
   a) Ort und Häufigkeit der Probenahmen werden, unter Berücksichtigung von § 4, in Abhängigkeit vom Ursprung des Parameters und den Schwankungen und langfristigen Trends seiner Konzentration bestimmt.
   b) Bei der Reduzierung des Parameterumfangs müssen die Anforderungen an den Mindestuntersuchungsumfang gemäß Anhang II Teil A Z 2.3 jedenfalls eingehalten werden.
   c) Die Häufigkeit der Probenahmen zum Nachweis der mikrobiologischen Parameter darf in keinem Fall geringer sein als in Anhang II Teil A Z 3 Tabelle 1 vorgesehen.
   d) Die in Anhang II Teil A Z 3 Tabelle 1 genannte Mindesthäufigkeit der Probenahmen zum Nachweis eines Parameters darf dann verringert werden, wenn die Ergebnisse aus Proben, die regelmäßig über einen Zeitraum von mindestens drei Jahren an für das gesamte Versorgungsgebiet repräsentativen Probenahmestellen genommen werden, weniger als 60 % des Parameterwerts betragen.
   e) Ein Parameter darf dann von der Liste der zu überwachenden Parameter gemäß Anhang II Teil A Z 2 gestrichen werden, wenn die Ergebnisse aus Proben, die regelmäßig über einen Zeitraum von mindestens drei Jahren an für das gesamte Versorgungsgebiet repräsentativen Probenahmestellen genommen werden, weniger als 30 % des Parameterwerts betragen.
   f) Die Streichung eines bestimmten, in Anhang II Teil A Z 2 genannten Parameters aus der Liste der zu überwachenden Parameter beruht auf dem Ergebnis der Risikobewertung, in das die Ergebnisse der Überwachung der Ressourcen eingeflossen sind, aus denen das für den menschlichen Gebrauch bestimmte Wasser gewonnen wird, und das bestätigt, dass im Einklang mit § 3 die menschliche Gesundheit vor nachteiligen Einflüssen geschützt ist, die sich aus einer etwaigen Verunreinigung des für den menschlichen Gebrauch bestimmten Wassers ergeben;
   g) Die Verringerung der Probenahmehäufigkeit oder die Streichung eines Parameters aus der Liste der zu überwachenden Parameter gemäß lit. d und e ist nur zulässig, wenn die Risikobewertung bestätigt, dass kein Umstand abzusehen ist, der eine Verschlechterung der Qualität des für den menschlichen Gebrauch bestimmten Wassers verursachen würde.
   h) Die Verringerung der Probenahmehäufigkeit oder die Streichung eines Pestizids aus der Liste der anzunehmenden und zu überwachenden Pestizide (siehe Anhang I Teil B Anmerkung 6) ist nur zulässig, wenn
      – die Nutzungen der Flächen im Wassereinzugsgebiet,
      – mögliche Anwendungen von Pestiziden in der Vergangenheit, die noch Auswirkungen auf die gegenwärtige Wasserqualität haben könnten,
      – die örtliche Situation der Wasserspende sowie
      – alle weiteren Informationen, die einen Hinweis auf den Eintrag oder auf das Vorhandensein von Pestiziden geben,

      berücksichtigt wurden.

Teil C
Probenahmeverfahren

Das Probenahmeverfahren richtet sich nach der Fragestellung und hat den folgenden Anforderungen zu entsprechen:

1. Die Probenahme im Rahmen der Eigenkontrolle gemäß § 5 hat im Hinblick auf die physikalischen und chemischen Parameter der Norm ISO 5667-5 zu entsprechen. Im Hinblick auf die mikrobiologischen Parameter hat die Probenahme nach EN ISO 19458, Zweck A, zu erfolgen.
2. Proben zur Kontrolle der Einhaltung der chemischen Parameter Kupfer, Blei und Nickel in Wasser aus Gebäudeinstallationen werden ohne Vorlauf an der Entnahmestelle des Verbrauchers gezogen (Tageszufallsprobe). Zu einer zufälligen Tageszeit wird eine Probe von einem Liter Probenmenge entnommen. Bei Überschreitung eines Parameterwertes in der Tageszufallsprobe wird eine gestaffelte Probenahme durchgeführt.
3. Die Probe zur Kontrolle der Einhaltung von mikrobiologischen Parametern mit Parameterwerten (*E. coli* und Enterokokken) im Wasser aus Gebäudeinstallationen wird nach EN ISO 19458, Zweck B, entnommen.

(BGBl II 2017/362)

Anhang III

Anhang III

Spezifikationen für die Analyse der Parameter

Die für die Zwecke der Überwachung und zum Nachweis der Einhaltung dieser Verordnung verwendeten Analyseverfahren müssen im Einklang mit der Norm EN ISO/IEC 17025 oder anderen gleichwertigen international anerkannten Normen validiert und dokumentiert werden. Diese Analyseverfahren müssen in einer gemäß dem Akkreditierungsgesetz 2012 akkreditierten Konformitätsbewertungsstelle oder in einer Konformitätsbewertungsstelle in einem anderen Mitglied- oder Vertragsstaat der EU oder EWR-Staat mit einer dieser gleichzuhaltenden Akkreditierung im Rahmen der gewährten Akkreditierung durchgeführt werden.

Teil A
Mikrobiologische Parameter, für die Analyseverfahren spezifiziert sind

Die nachstehenden Verfahrensgrundsätze für mikrobiologische Parameter haben, sofern ein CEN/ISO-Verfahren angegeben ist, Referenzfunktion. Andere als die genannten Verfahren dürfen angewendet werden, wenn die erzielten Ergebnisse nachweislich mindestens genauso zuverlässig sind, wie die mit den vorgegebenen Verfahren ermittelten Ergebnisse.

Folgende Methoden für mikrobiologische Parameter haben Referenzfunktion:

a) *Escherichia coli (E. coli)* und coliforme Bakterien (EN ISO 9308-1 oder EN ISO 9308-2; die Methode EN ISO 9308-2 beruht auf der Untersuchung einer Probenmenge von 100 ml und ist somit für die Untersuchung einer Probenmenge von 250 ml nur bedingt geeignet.)
b) Enterokokken (EN ISO 7899-2)
c) *Pseudomonas aeruginosa* (EN ISO 16266)
d) Bestimmung kultivierbarer Mikroorganismen – Koloniezahl bei 22°C (EN ISO 6222)
e) Bestimmung kultivierbarer Mikroorganismen – Koloniezahl bei 37°C (EN ISO 6222)
f) *Clostridium perfringens* einschließlich Sporen (EN ISO 14189)

Teil B
Chemische Parameter und Indikatorparameter, für die Verfahrenskennwerte spezifiziert sind

1. Chemische Parameter und Indikatorparameter

Für die Parameter in Tabelle 1 sollen die spezifizierten Verfahrenskennwerte gewährleisten, dass das verwendete Analyseverfahren mindestens geeignet ist, dem Parameterwert entsprechende Konzentrationen mit der in Artikel 2 Absatz 2 der Richtlinie 2009/90/EG zur Festlegung technischer Spezifikationen für die chemische Analyse und die Überwachung des Gewässerzustands gemäß der Richtlinie 2000/60/EG des Europäischen Parlaments und des Rates, ABl. L Nr. 201 vom 1. August 2009, S. 36, definierten Bestimmungsgrenze von 30 % oder weniger des betreffenden Parameterwerts und der in Tabelle 1 spezifizierten Messunsicherheit zu messen. Das Ergebnis ist mit mindestens derselben Anzahl signifikanter Stellen anzugeben wie bei dem jeweiligen Parameterwert in Anhang I Teile B und C.

Tabelle 1
Mindestverfahrenskennwert „Messunsicherheit" (Anmerkung 1)

Parameter	Messunsicherheit (Anmerkung 2) % des Parameterwerts (ausgenommen pH-Wert)	Anmerkungen
Acrylamid	40	Anmerkung 6
Aluminium	25	
Ammonium	40	

5/1. TWV
Anhang III

Parameter	Messunsicherheit (Anmerkung 2) % des Parameterwerts (ausgenommen pH-Wert)	Anmerkungen
Antimon	40	
Arsen	30	
Benzo-(a)-pyren	50	Anmerkung 7
Benzol	40	
Bor	25	
Bromat	40	
Cadmium	25	
Chlorid	15	
Chrom	30	
Leitfähigkeit	20	
Kupfer	25	
Cyanid	30	Anmerkung 8
1,2-Dichlorethan	40	
Epichlorhydrin	40	Anmerkung 6
Fluorid	20	
Wasserstoffionen-Konzentration pH ausgedrückt in pH-Einheiten)	0,2	Anmerkung 9
Eisen	30	
Blei	25	
Mangan	30	
Quecksilber	30	
Nickel	25	
Nitrat	15	
Nitrit	20	
Oxidierbarkeit	50	Anmerkung 10
Pestizide	30	Anmerkung 11
Polyzyklische aromatische Kohlenwasserstoffe	50	Anmerkung 12
Selen	40	
Natrium	15	
Sulfat	15	
Tetrachlorethen	30	Anmerkung 13
Trichlorethen	40	Anmerkung 13
Trihalomethane – insgesamt	40	Anmerkung 12
Gesamter organischer Kohlenstoff (TOC)	30	Anmerkung 14
Trübung	30	Anmerkung 15
Uran	30	
Vinylchlorid	40	Anmerkung 6

Tabelle 2
Mindestverfahrenskennwerte „Richtigkeit", „Präzision" und „Nachweisgrenze" (Anmerkung 16)

Parameter	Richtigkeit (Anmerkung 3) % des Para-	Präzision (Anmerkung 4) % des Para-	Nachweisgrenze (Anmerkung 5) % des Parameterwerts	Anmerkungen

5/1. TWV
Anhang III

	meterwerts (ausgenommen pH-Wert)	meterwerts (ausgenommen pH-Wert)	(ausgenommen pH-Wert)	
Acrylamid	25	25	25	Anmerkung 6
Aluminium	10	10	10	
Ammonium	10	10	10	
Antimon	25	25	25	
Arsen	10	10	10	
Benzo(a)pyren	25	25	25	
Benzol	25	25	25	
Bor	10	10	10	
Bromat	25	25	25	
Cadmium	10	10	10	
Chlorid	10	10	10	
Chrom	10	10	10	
Leitfähigkeit	10	10	10	
Kupfer	10	10	10	
Cyanid	10	10	10	Anmerkung 8
1,2-Dichlorethan	25	25	10	
Epichlorhydrin	25	25	25	Anmerkung 6
Fluorid	10	10	10	
Wasserstoffionen-Konzentration pH (ausgedrückt in pH-Einheiten)	0,2	0,2		Anmerkung 9
Eisen	10	10	10	
Blei	10	10	10	
Mangan	10	10	10	
Quecksilber	20	10	20	
Nickel	10	10	10	
Nitrat	10	10	10	
Nitrat	10	10	10	
Oxidierbarkeit	25	25	10	Anmerkung 10
Pestizide	25	25	25	Anmerkung 11
Polyzyklische aromatische Kohlenwasserstoffe	25	25	25	Anmerkung 12
Selen	10	10	10	
Natrium	10	10	10	
Sulfat	10	10	10	
Tetrachlorethen	25	25	10	Anmerkung 13
Trichlorethen	25	25	10	Anmerkung 13
Trihalomethane – insgesamt	25	25	10	Anmerkung 12
Trübung	25	25	25	
Uran	10	10	10	
Vinylchlorid	25	25	25	Anmerkung 6

2. Anmerkungen zu den Tabellen 1 und 2:

Anmerkung 1: Die spezifizierte Messunsicherheit ist nicht als zusätzliche Toleranz für die Parameterwerte gemäß Anhang I zu verwenden

Anmerkung 2: „Messunsicherheit" ist ein nicht negativer Parameter, der die Streuung derjenigen Werte beschreibt, die der Messgröße auf der Basis der verwendeten Informationen zugeordnet werden. Der Verfahrenskennwert für die Messunsicherheit (k = 2) ist der Prozentsatz des Parameterwertes in der Tabelle oder besser. Die Messunsicherheit wird auf der Ebene des Parameterwertes geschätzt, soweit nicht anders angegeben.

Anmerkung 3: „Richtigkeit" ist die systematische Messabweichung, d. h. die Differenz zwischen dem Mittelwert aus einer großen Anzahl von wiederholten Messungen und dem wahren Wert. Weitere Spezifikationen sind der Norm ISO 5725 zu entnehmen.

Anmerkung 4: „Präzision" ist die zufällige Messabweichung, die in der Regel als die Standardabweichung (innerhalb einer Messwertreihe und zwischen Messwertreihen) der Streuung von Ergebnissen um den Mittelwert ausgedrückt wird. Eine annehmbare Präzision bezieht sich auf die zweifache relative Standardabweichung. Dieser Begriff ist in ISO 5725 näher definiert.

Anmerkung 5: „Nachweisgrenze" ist entweder
– die dreifache Standardabweichung (innerhalb einer Messwertreihe) einer natürlichen Probe mit einer niedrigen Konzentration des Parameters oder
– die fünffache Standardabweichung einer Blindprobe (innerhalb einer Messwertreihe).

Anmerkung 6: Die Verfahrenskennwerte sind nur anzuwenden, wenn der Nachweis durch die Analyse des Trinkwassers erbracht wird. Alternativ ist die Einhaltung anhand der Produktspezifikation zu kontrollieren.

Anmerkung 7: Kann der Wert der Messunsicherheit nicht erreicht werden, so ist die beste verfügbare Technik zu wählen (bis zu 60 %).

Anmerkung 8: Mit dem Verfahren kann der Gesamtcyanidgehalt in allen Formen bestimmt werden.

Anmerkung 9: Werte für Richtigkeit, Präzision und Messunsicherheit werden in pH-Einheiten ausgedrückt.

Anmerkung 10: Referenzverfahren: EN ISO 8467

Anmerkung 11: Die Verfahrenskennwerte für einzelne Pestizide dienen als Hinweis. Messunsicherheitswerte von lediglich 30 % können bei mehreren Pestiziden erzielt werden, höhere Werte bis zu 80 % können für einige Pestizide zugelassen werden.

Anmerkung 12: Die Verfahrenskennwerte gelten für einzelne spezifizierte Stoffe bei 25 % des Parameterwerts in Anhang I Teil B.

Anmerkung 13: Die Verfahrenskennwerte gelten für einzelne spezifizierte Stoffe bei 50 % des Parameterwerts in Anhang I Teil B.

Anmerkung 14: Die Messunsicherheit ist auf 3 mg/l des gesamten organischen Kohlenstoffs (TOC) zu schätzen. Zu verwenden ist die Norm CEN 1484 – Anleitungen zur Bestimmung des gesamten organischen Kohlenstoffs (TOC) und des gelösten organischen Kohlenstoffs (DOC).

Anmerkung 15: Die Messunsicherheit ist im Einklang mit der Norm EN ISO 7027 auf 1,0 NTU (nephelometrische Trübungseinheit) zu schätzen.

Anmerkung 16: Bis zum 31. Dezember 2019 ist die Verwendung der in Tabelle 2 spezifizierten Verfahrenskennwerte „Richtigkeit", „Präzision" und „Nachweisgrenze" als Alternative zu „Bestimmungsgrenze" und „Messunsicherheit", wie in Z 1, einschließlich Tabelle 1, dargestellt, zulässig.

3. Leistungsmerkmale der Analysemethoden für Radionuklide:

Radionuklide	Nachweisgrenze Bq/l (Anmerkung 1 und 2)	Anmerkungen
Tritium	10	Anmerkung 3
Radon	10	Anmerkung 3
U-238	0,02	
U-234	0,02	
Ra-226	0,04	

Anhang III

Ra-228	0,02	Anmerkung 4
Pb-210	0,02	
Po-210	0,01	
C-14	20	
Sr-90	0,4	
Pu-239/Pu-240	0,04	
Am-241	0,06	
Co-60	0,5	
Cs-134	0,5	
Cs-137	0,5	
I-131	0,5	

Anmerkung 1: Die Nachweisgrenze ist zu berechnen nach der Norm ISO 11929: „Determination of the characteristic limits (decision threshold, detection limit and limits of the confidence interval) for measurements of ionizing radiation – Fundamentals and application" mit Abweichungswahrscheinlichkeiten der 1. und 2. Art von jeweils 0,05.

Anmerkung 2: Messunsicherheiten sind zu berechnen und als vollständige Standardunsicherheiten anzugeben oder als erweiterte Standardunsicherheiten mit einem Erweiterungsfaktor von 1,96 gemäß dem ISO-Leitfaden „Guide for the Expression of Uncertainty in Measurement

Anmerkung 3: Die Nachweisgrenze für Tritium und Radon liegt bei 10 % des Parameterwerts von 100 Bq/l.

Anmerkung 4: Diese Nachweisgrenze gilt nur für die Erstprüfung im Hinblick auf die Richtdosis für eine neue Wasserquelle. Falls die Erstprüfung keinen plausiblen Grund dafür ergibt, dass Ra-228 20 % der abgeleiteten Konzentration überschreitet, kann die Nachweisgrenze auf 0,08 Bq/l für spezifische Routinemessungen für das Nuklid Ra-228 erhöht werden, bis eine anschließende erneute Kontrolle erforderlich ist.

(BGBl II 2017/362)

5/2. MineralwV
§§ 1 – 4

5/2. Mineralwasser- und Quellwasserverordnung

BGBl II 1999/309 idF

1 BGBl II 2004/500

Verordnung der Bundesministerin für Frauenangelegenheiten und Verbraucherschutz über natürliche Mineralwässer und Quellwässer (Mineralwasser- und Quellwasserverordnung)

Auf Grund der §§ 10 Abs. 1 und 19 Abs. 1 des Lebensmittelgesetzes 1975, BGBl. Nr. 86, zuletzt geändert durch das Bundesgesetz BGBl. I Nr. 63/1998, wird - hinsichtlich der §§ 8, 9, 10, 11, 14 und 15 im Einvernehmen mit dem Bundesminister für wirtschaftliche Angelegenheiten - verordnet:

Allgemeine Vorschriften

§ 1. Diese Verordnung regelt das Inverkehrbringen von natürlichem Mineralwasser und Quellwasser, soweit diese in zur Abgabe an den Letztverbraucher bestimmte Behältnisse abgefüllt sind.

§ 2. (1) Natürliches Mineralwasser ist Wasser, das folgende Voraussetzungen erfüllt:

1. Es hat seinen Ursprung in einem unterirdischen vor jeder Verunreinigung geschützten Wasservorkommen und wird aus einer oder mehreren natürlichen oder künstlich erschlossenen Quellen annähernd gleicher Charakteristik gewonnen.

2. Es ist von ursprünglicher Reinheit.

3. Es hat eine bestimmte Eigenart, die auf seinen Gehalt an Mineralstoffen, Spurenelementen oder sonstigen Bestandteilen zurückzuführen ist, und weist gegebenenfalls bestimmte ernährungsphysiologische Wirkungen auf.

4. Seine Zusammensetzung, Temperatur und übrigen wesentlichen Merkmale müssen im Rahmen natürlicher Schwankungen konstant bleiben, sie dürfen insbesondere durch eventuelle Schwankungen in der Schüttung nicht verändert werden.

(2) Quellwasser ist Wasser, das folgende Voraussetzungen erfüllt:

1. Es hat seinen Ursprung in einem unterirdischen Wasservorkommen und wird aus einer oder mehreren natürlichen oder künstlich erschlossenen Quellen gewonnen.

2. Es ist von ursprünglicher Reinheit.

Anforderungen an natürliches Mineralwasser

§ 2a. (1) In natürlichem Mineralwasser dürfen die in **Anhang III** genannten Bestandteile nur bis zu den darin festgelegten Grenzwerten enthalten sein. Diese Bestandteile müssen im Wasser natürlich vorkommen und dürfen nicht aus einer etwaigen Verunreinigung der Quelle stammen.

(2) Für die Analyse der in Anhang III genannten Bestandteile sind die in **Anhang IV** genannten Leistungsmerkmale einzuhalten.

(BGBl II 2004/500)

Anforderungen an natürliches Mineralwasser und Quellwasser

§ 3. (1) Natürliches Mineralwasser und Quellwasser muss frei von Mikroorganismen sein, die beim Genuss des Wassers eine Erkrankung verursachen können.

(2) Die Anforderung gemäß Abs. 1 gilt als nicht erfüllt, wenn in 250 ml E.coli, Coliforme Keime, Enterokokken, Pseudomonas aeruginosa sowie in 50 ml sulfitreduzierende anaerobe Sporenbildner enthalten sind.

(3) Am Quellaustritt sollen die koloniebildenden Einheiten (KBE) die Richtwerte von 20 je ml bei einer Bebrütungstemperatur von 22 Grad C in 72 Stunden und von 5 je ml bei einer Bebrütungstemperatur von 37 Grad C in 24 Stunden nicht überschreiten.

(4) Im abgefüllten Wasser dürfen die koloniebildenden Einheiten (KBE) in einer Probe, die innerhalb von zwölf Stunden nach der Abfüllung gezogen, gekühlt transportiert und untersucht wird, die Grenzwerte von 100 je ml bei einer Bebrütungstemperatur von 22 Grad C in 72 Stunden und von 20 je ml bei einer Bebrütungstemperatur von 37 Grad C in 24 Stunden nicht überschreiten.

(5) Es dürfen nur solche vermehrungsfähigen Arten an Mikroorganismen enthalten sein, die keinen Hinweis auf eine Verunreinigung beim Gewinnen oder Abfüllen geben. Dies ist durch regelmäßige Analysen zu kontrollieren.

§ 4. Für das Inverkehrbringen von natürlichem Mineralwasser und Quellwasser sind folgende Voraussetzungen zu erfüllen:

1. Die Quelle oder der Quellaustritt muss gegen die Gefahren einer Verunreinigung geschützt sein.

2. Technische Einrichtungen wie Fassungen, Rohrleitungen und Wasserbehälter müssen aus für das Wasser geeigneten Stoffen bestehen und derart beschaffen sein, dass jede chemische, physikalisch-chemische und bakteriologische Veränderung dieses Wassers verhindert wird.

3. Die Nutzungsbedingungen, insbesondere die Reinigungs- und Abfüllanlagen, müssen den hygienischen Anforderungen genügen. Die Behältnisse müssen so behandelt oder hergestellt sein, dass sie die mikrobiologischen und chemischen Merkmale natürlicher Mineralwässer und Quellwässer nicht verändern.

4. Erfüllt das aus der Quelle gewonnene natürliche Mineralwasser oder Quellwasser nicht mehr die mikrobiologischen Anforderungen gemäß § 3, enthält es chemische Verunreinigungen oder geben sonstige Umstände einen Hinweis auf eine Verunreinigung der Quelle, so unterlässt der Abfüller unverzüglich jede Gewinnung und Abfüllung zum Zweck des Inverkehrbringens solange, bis die Ursache der Verunreinigung beseitigt ist und das Wasser wieder den mikrobiologischen und chemischen Anforderungen entspricht.

§ 5. (1) Die Behandlung natürlichen Mineralwassers und Quellwassers erfolgt nur nach den Grundsätzen, dass keine Stoffe zugesetzt werden dürfen, ausgenommen das Versetzen oder Wiederversetzen mit Kohlendioxid; insbesondere dürfen keine Verfahren, welche den Keimgehalt verändern könnten, angewandt werden.

(2) Folgende Verfahren für die Behandlung von natürlichem Mineralwasser und Quellwasser sind zulässig:

1. das Abtrennen unbeständiger Inhaltsstoffe, wie Eisen- und Schwefelverbindungen durch Filtration oder Dekantation gegebenenfalls nach Belüftung;

2. das Abtrennen von Eisen-, Mangan- und Schwefelverbindungen sowie von Arsen bestimmter Wässer durch eine Behandlung unter Verwendung von mit Ozon angereicherter Luft;

3. der vollständige oder teilweise Entzug des freien Kohlendioxids durch ausschließlich physikalische Verfahren.

(3) Die Zusammensetzung des natürlichen Mineralwassers und Quellwassers darf durch eine Behandlung gemäß Abs. 2 Z 1 und 2 in den wesentlichen, seine Eigenschaften bestimmenden Bestandteilen nicht verändert werden. *(BGBl II 2004/500)*

(4) Die Behandlung von natürlichem Mineralwasser und Quellwasser mit ozonangereicherter Luft gemäß Abs. 2 Z 2 ist nur zulässig, wenn

1. das Wasser vor der Behandlung den mikrobiologischen Kriterien gemäß § 3 entspricht, und

2. die Behandlung nicht zur Bildung von Rückständen führt, deren Konzentrationen die Grenzwerte gemäß **Anhang V** überschreiten oder ein gesundheitliches Risiko darstellen können. *(BGBl II 2004/500)*

§ 6. (1) Natürliches Mineralwasser und Quellwasser darf nur in den zur Abgabe an den Letztverbraucher zugelassenen Behältnissen transportiert werden. Es muss in unmittelbarer Nähe zum Quellort abgefüllt werden.

(2) Die zur Abfüllung verwendeten Behältnisse sind mit einem Verschluss zu versehen, der geeignet ist, Veränderungen der Eigenschaften oder Verunreinigungen des Wassers zu verhindern.

Besondere Bestimmungen für Quellwasser

§ 7. Quellwasser muss den Anforderungen der Verordnung über die Qualität von Wasser für den menschlichen Gebrauch (Trinkwasserverordnung - TWV), BGBl. II Nr. 304/2001, in der jeweils geltenden Fassung, entsprechen. Hinsichtlich der mikrobiologischen Anforderungen gilt § 3 dieser Verordnung.

(BGBl II 2004/500)

§ 8. Unbeschadet der Lebensmittelkennzeichnungsverordnung 1993, BGBl. Nr. 72, in der jeweils geltenden Fassung sind Quellwässer wie folgt zu kennzeichnen:

(1) Die handelsübliche Sachbezeichnung für Quellwässer ist „Quellwasser":

1. Als „kohlensäurehaltiges Quellwasser" ist ein Wasser zu bezeichnen, das nach einer eventuellen Dekantation und nach der Abfüllung denselben Gehalt an Quellkohlensäure wie am Quellaustritt besitzt, auch wenn das im Verlauf dieser Behandlung und unter Berücksichtigung üblicher technischer Toleranzen frei gewordene Kohlendioxid durch eine entsprechende Menge Kohlendioxids desselben Quellvorkommens ersetzt wurde.

2. Als „Quellwasser mit eigener Quellkohlensäure versetzt" ist ein Wasser zu bezeichnen, dessen Gehalt an Kohlendioxid, das dem gleichen Quellvorkommen entstammt, nach eventueller Dekantation und nach der Abfüllung, höher ist als am Quellaustritt.

3. Als „Quellwasser mit Kohlensäure versetzt" ist ein Wasser zu bezeichnen, das mit Kohlendioxid versetzt wurde, das eine andere Herkunft hat als das Quellvorkommen, aus dem das Wasser stammt.

(2) Weitere zwingende Kennzeichnungselemente sind:

1. der Ort der Gewinnung und der Name der Quelle,

2. der Hinweis: „Dieses Wasser ist einem zugelassenen Oxidationsverfahren mit ozonangereicherter Luft unterzogen worden", wenn eine Be-

handlung gemäß § 5 Abs. 2 Z 2 stattgefunden hat. *(BGBl II 2004/500)*

§ 9. (1) Ein Quellwasser, das aus ein und derselben Quelle stammt, darf nicht unter mehreren Handelsbezeichnungen oder anderen Quellnamen in den Verkehr gebracht werden, die den Eindruck erwecken können, das Quellwasser stamme aus verschiedenen Quellen.

(2) Bei einer Handelsbezeichnung für ein Quellwasser kann der Name eines Weilers, einer Gemeinde, eines Bezirkes oder einer sonstigen Ortsbezeichnung unter der Voraussetzung verwendet werden, dass das Quellwasser, auf das er sich bezieht, aus einer Quelle an dem durch diese Handelsbezeichnung angegebenen Ort gewonnen wird und dass die Verwendung dieses Namens nicht zu Missverständnissen über den Ort der Nutzung der Quelle führt.

(3) Wird auf den Etiketten oder Aufschriften für ein Quellwasser eine andere Handelsbezeichnung als der Name der Quelle oder der Ort ihrer Nutzung verwendet, so muss die Angabe des Ortes oder der Name der Quelle in Buchstaben angebracht sein, die mindestens eineinhalbmal so hoch und breit sind wie der größte Buchstabe, der für diese Handelsbezeichnung benutzt wird; dies gilt sinngemäß auch für die Werbung.

Besondere Bestimmungen für natürliches Mineralwasser

§ 10. Unbeschadet der Lebensmittelkennzeichnungsverordnung 1993, BGBl. Nr. 72, in der jeweils geltenden Fassung sind natürliche Mineralwässer wie folgt zu kennzeichnen:

(1) Die handelsübliche Sachbezeichnung für natürliche Mineralwässer ist „natürliches Mineralwasser":

1. Als „natürliches kohlensäurehaltiges Mineralwasser" ist ein Wasser zu bezeichnen, das nach einer eventuellen Dekantation und nach der Abfüllung denselben Gehalt an Quellkohlensäure wie am Quellaustritt besitzt, auch wenn das im Verlauf dieser Behandlung und unter Berücksichtigung üblicher technischer Toleranzen frei gewordene Kohlendioxid durch eine entsprechende Menge Kohlendioxids desselben Quellvorkommens ersetzt wurde.

2. Als „natürliches Mineralwasser mit eigener Quellkohlensäure versetzt" ist ein Wasser zu bezeichnen, dessen Gehalt an Kohlendioxid, das dem gleichen Quellvorkommen entstammt, nach eventueller Dekantation und nach der Abfüllung, höher ist als am Quellaustritt.

3. Als „natürliches Mineralwasser mit Kohlensäure versetzt" ist ein Wasser zu bezeichnen, das mit Kohlendioxid versetzt wurde, das eine andere Herkunft hat als das Quellvorkommen, aus dem das Wasser stammt.

4. Natürliches Mineralwasser kann zusätzlich als „Säuerling" bezeichnet werden, wenn es aus einer natürlich oder künstlich erschlossenen Quelle stammt, einen natürlichen Gehalt an Kohlendioxid von mehr als 250 mg/l aufweist und, abgesehen von einem weiteren Zusatz an Kohlendioxid, keine anderen Veränderungen erfahren hat. Die Möglichkeit zur Behandlung gemäß § 5 bleibt davon unberührt.

5. Anstelle von „Säuerling" gemäß Z 4 kann die Bezeichnung „Sprudel" für Säuerlinge verwendet werden, die unter natürlichem Gas oder hydrostatischem Druck hervortreten. Der Zusatz von Kohlendioxid zu einem Sprudel ist statthaft.

(2) Weitere zwingende Kennzeichnungselemente sind:

1. der Ort der Gewinnung und der Name der Quelle,

2. die Angabe der analytischen Zusammensetzung unter Nennung der charakteristischen Bestandteile (Analysenauszug); bei einem Gehalt von mehr als 1,5 mg/l Fluorid der vorhandene Fluoridgehalt, *(BGBl II 2004/500)*

3. der Hinweis: „Dieses Wasser ist einem zugelassenen Oxidationsverfahren mit ozonangereicherter Luft unterzogen worden", wenn eine Behandlung gemäß § 5 Abs. 2 Z 2 stattgefunden hat; der Hinweis ist in unmittelbarer Nähe des Kennzeichnungselementes gemäß Z 2 anzubringen, *(BGBl II 2004/500)*

4. im Zusammenhang mit der Sachbezeichnung die Angaben „Kohlensäure ganz entzogen", oder „Kohlensäure teilweise entzogen", wenn eine Behandlung gemäß § 5 Abs. 2 Z 3 stattgefunden hat und

5. der Hinweis: „Enthält mehr als 1,5 mg/l Fluorid: Für Säuglinge und Kinder unter 7 Jahren nicht zum regelmäßigen Verzehr geeignet", wenn das Wasser mehr als 1,5 mg/l Fluorid enthält. Dieser Hinweis ist deutlich lesbar in unmittelbarer Nähe der Sachbezeichnung anzubringen. *(BGBl II 2004/500)*

§ 11. (1) Ein natürliches Mineralwasser, das aus ein und derselben Quelle stammt, darf nicht unter mehreren Handelsbezeichnungen oder anderen Quellnamen in den Verkehr gebracht werden, die den Eindruck erwecken können, das Mineralwasser stamme aus verschiedenen Quellen.

(2) Bei einer Handelsbezeichnung für ein natürliches Mineralwasser kann der Name eines Weilers, einer Gemeinde, eines Bezirkes oder einer sonstigen Ortsbezeichnung unter der Voraussetzung verwendet werden, dass das natürliche Mineralwasser, auf das sich bezieht, aus einer Quelle an dem durch diese Handelsbezeichnung angegebenen Ort gewonnen wird und dass die Verwendung dieses Namens nicht zu Missver-

ständnissen über den Ort der Nutzung der Quelle führt.

(3) Wird auf den Etiketten oder Aufschriften für ein natürliches Mineralwasser eine andere Handelsbezeichnung als der Name der Quelle oder der Ort ihrer Nutzung verwendet, so muss die Angabe des Ortes oder der Name der Quelle in Buchstaben angebracht sein, die mindestens eineinhalbmal so hoch und breit sind wie der größte Buchstabe, der für diese Handelsbezeichnung benutzt wird; dies gilt sinngemäß auch für die Werbung.

§ 12. (1) Auf Verpackungen und Etiketten sowie bei jeglicher Art von Werbung sind Angaben, Bezeichnungen, Hersteller- oder Handelsmarken, Abbildungen und andere bildliche und nicht bildliche Zeichen untersagt, die:

1. Merkmale vortäuschen, die das natürliche Mineralwasser vor allem hinsichtlich der Herkunft, der Analysenergebnisse oder ähnlicher auf die Garantie für Echtheit abgestellter Angaben nicht besitzt;

2. bei einem abgefüllten Wasser, das nicht gemäß § 13 anerkannt wurde, zu einer Verwechslung mit einem natürlichen Mineralwasser führen können, insbesondere die Angabe „Mineralwasser".

(2) Hinweise, wonach ein natürliches Mineralwasser Eigenschaften der Verhütung, Behandlung oder Heilung einer menschlichen Krankheit besitzt, sind unzulässig.

(3) Die in **Anhang I** aufgeführten Angaben sind jedoch zulässig, sofern die darin festgelegten entsprechenden Kriterien oder, in Ermangelung solcher Kriterien, die durch spezielle Vorschriften festgelegten Kriterien beachtet werden und sofern die Angaben auf physikalisch-chemischen Analysen oder erforderlichenfalls pharmakologischen, physiologischen und klinischen Untersuchungen nach wissenschaftlich anerkannten Verfahren gemäß § 13 Abs. 1 zweiter Absatz beruhen.

(4) Die Angaben „regt die Verdauung an", „kann den Gallenfluss fördern", „kann mild abführend wirken" oder ähnliche Angaben sind zulässig, sofern dies mit dem Schutz der Verbraucher vor Täuschung vereinbar ist. *(BGBl II 2004/500)*

Anerkennung für natürliche Mineralwässer

§ 13. (1) Natürliches Mineralwasser darf nur in Verkehr gebracht werden, wenn es von der Bundesministerin für Gesundheit und Frauen anerkannt ist. Diese Anerkennung ist auf Antrag zu erteilen, wenn die Voraussetzungen dieser Verordnung erfüllt sind. Mit dem Antrag auf Anerkennung sind Unterlagen - insbesondere Gutachten, die darlegen, dass die Anforderungen dieser Verordnung erfüllt sind - vorzulegen.

Hiezu sind folgende Überprüfungen nach wissenschaftlich anerkannten Verfahren gemäß den Kriterien für die Anwendung der Anforderungen in **Anhang II** durchzuführen:

– geologische, hydrologische und hydrogeologische,

– physikalische, physikalisch-chemische und chemische,

– mikrobiologische und hygienische,

– ernährungsphysiologische bei Wässern mit weniger als 1000 mg gelöster Mineralstoffe oder weniger als 250 mg freien Kohlendioxids in einem Liter oder bei einer Mineralisierung von mehr als 6,5 g/l; weiters in jenen Fällen, in denen eine Auslobung gemäß § 12 Abs. 4 erfolgt.

(BGBl II 2004/500)

(2) Der Anerkennung nach Abs. 1 steht die von der zuständigen Behörde eines anderen Staates, der Vertragspartner des EWR-Abkommens ist, für ein natürliches Mineralwasser aus dem Boden dieses Staates oder eines Drittlandes, erteilte amtliche Anerkennung gleich.

(3) a) Für natürliches Mineralwasser aus dem Boden eines Staates, der nicht Vertragspartner des EWR-Abkommens ist, und das nicht gemäß Abs. 2 von einem Vertragspartner des EWR-Abkommens anerkannt worden ist, gilt Abs. 1.

b) Mit dem Antrag auf Anerkennung sind Unterlagen gemäß Abs. 1 sowie eine Bescheinigung der zuständigen Behörde des Staates, in dem das natürliche Mineralwasser gewonnen worden ist, vorzulegen, die bestätigt, dass es den Anforderungen dieser Verordnung entspricht und die Einhaltung der Nutzungsvoraussetzungen seiner Quellen gemäß Anhang II der Richtlinie 80/777/EWG des Rates vom 15. Juli 1980 zur Angleichung der Rechtsvorschriften über die Gewinnung von und den Handel mit natürlichen Mineralwässern gewährleistet ist.

c) Die Bescheinigung darf nicht älter als fünf Jahre sein. Sie ist vor Ablauf von fünf Jahren jeweils zu erneuern. Die Anerkennung erlischt, wenn die erneuerte Bescheinigung nicht innerhalb der Frist beim Bundesministerium für Gesundheit und Frauen eingelangt ist; andernfalls ist das Wasser nicht mehr verkehrsfähig. *(BGBl II 2004/500)*

(4) Die Anerkennung ist zurückzunehmen, wenn die Voraussetzungen für ihre Erteilung nicht mehr oder nur mehr in eingeschränktem Umfang gegeben sind. *(BGBl II 2004/500)*

Meldung der Behandlung von natürlichen Mineralwässern und Quellwässern

§ 13a. (1) Natürliches Mineralwasser und Quellwasser, das mit ozonangereicherter Luft

5/2. MineralwV
§§ 13a – 16, Anhang I

gemäß § 5 behandelt wurde, darf nur in Verkehr gebracht werden, wenn die Behandlung beim Bundesministerium für Gesundheit und Frauen gemeldet wurde.

(2) Mit der Meldung gemäß Abs. 1 sind/ist
1. Unterlagen vorzulegen, aus denen hervorgeht, dass
   a) der Einsatz einer solchen Behandlung aufgrund der Zusammensetzung des Wassers aus Eisen-, Mangan- und Schwefelverbindungen sowie Arsen gerechtfertigt ist und
   b) alle nötigen Maßnahmen getroffen wurden, um die Wirksamkeit und die Unschädlichkeit der Behandlung zu gewährleisten.
2. ein Etikett des natürlichen Mineralwassers oder Quellwassers vorzulegen.

(3) Die Bundesministerin für Gesundheit und Frauen hat die Anwendung des Verfahrens zu untersagen, wenn die Vorschriften dieser Verordnung nicht eingehalten werden.

(BGBl II 2004/500)

Übergangsbestimmungen

§ 14. Mit Inkrafttreten dieser Verordnung tritt die Mineralwasserverordnung, BGBl. Nr. 552/1994, außer Kraft.

§ 15. (1) Natürliches Mineralwasser und Quellwasser, das nicht der Verordnung, BGBl. II Nr. 500/2004 entspricht, aber vor deren In-Kraft-Teten entsprechend den Bestimmungen der Mineralwasser- und Quellwasserverordnung, BGBl. II Nr. 309/1999, abgefüllt und etikettiert wurde, darf bis zum Abbau der Bestände in Verkehr gebracht werden.

(2) Die in Anhang III genannten Grenzwerte für natürliches Mineralwasser, ausgenommen jene für Fluor und Nickel, sind ab dem 1. Jänner 2006 einzuhalten. Die Grenzwerte für Fluor und Nickel sind ab dem 1. Jänner 2008 einzuhalten. Es gilt der Zeitpunkt der Abfüllung.

(BGBl II 2004/500)

Bezugnahme auf Richtlinien

§ 16. Durch diese Verordnung werden die Richtlinien
1. 80/777/EWG des Rates zur Angleichung der Rechtsvorschriften der Mitgliedstaaten über die Gewinnung von und den Handel mit natürlichen Mineralwässern (ABl. Nr. L 229 vom 30.8.1980),
2. 96/70/EG des Europäischen Parlaments und des Rates zur Änderung der Richtlinie 80/777/EG des Rates zur Angleichung der Rechtsvorschriften der Mitgliedstaaten über die Gewinnung von und den Handel mit natürlichen Mineralwässern (ABl. Nr. L 299 vom 23.11.1996),
3. 2003/40/EG der Kommission zur Festlegung des Verzeichnisses, der Grenzwerte und der Kennzeichnung der Bestandteile natürlicher Mineralwässer und der Bedingungen für die Behandlung natürlicher Mineralwässer und Quellwässer mit ozonangereicherter Luft (ABl. Nr. L 126 vom 22.5.2003)

in österreichisches Recht umgesetzt.

(BGBl II 2004/500)

Anhang I

Zulässige Angaben und Kriterien für natürliche Mineralwässer

Angaben	Kriterien
Mit geringem Gehalt an Mineralien	Der als fester Rückstand berechnete Mineralsalzgehalt beträgt nicht mehr als 500 mg/l
Mit sehr geringem Gehalt an Mineralien	Der als fester Rückstand berechnete Mineralsalzgehalt beträgt nicht mehr als 50 mg/l
Mit hohem Gehalt an Mineralien	Der als fester Rückstand berechnete Mineralsalzgehalt beträgt mehr als 1 500 mg/l
Bicarbonathaltig	Der Bicarbonatgehalt beträgt mehr als 600 mg/l
Sulfathaltig	Der Sulfatgehalt beträgt mehr als 200 mg/l
Chloridhaltig	Der Chloridgehalt beträgt mehr als 200 mg/l
Calciumhaltig	Der Calciumgehalt beträgt mehr als 150 mg/l
Magnesiumhaltig	Der Magnesiumgehalt beträgt mehr als 50 mg/l
Fluoridhaltig	Der Fluoridgehalt beträgt mehr als 1 mg/l
Eisenhaltig	Der Gehalt an zweiwertigem Eisen beträgt mehr als 1 mg/l
Säuerling	Der Gehalt an freiem Kohlendioxid beträgt mehr als 250 mg/l
Natriumhaltig	Der Natriumgehalt beträgt mehr als 200 mg/l
Geeignet für die Zubereitung von Säuglingsnahrung (nach Entfernen der Kohlensäure, zB durch Erwärmen)	Kalium 10 mg/l, Calcium 175 mg/l, Magnesium 50 mg/l[1], Fluorid 1,5 mg/l, Chlorid 50 mg/l, Jodid 0,1 mg/l, Nitrat 10 mg/l, Nitrit 0,02 mg/l, Sulfat 240

5/2. MineralwV

Anhang I - III

	mg/l[2]), Hydrogencarbonat 550 mg/l
Geeignet für natriumarme Ernährung	Der Natriumgehalt beträgt weniger als 20 mg/l

[1]) 50 bis 70 mg/l nur dann, wenn der ionenäquivalente Anteil des Calciums um mindestens 20% über jenem des Magnesiums liegt.
[2]) 240 bis 300 mg/l nur dann, wenn den Sulfat-Ionen ein zumindest gleich hoher ionenäquivalenter Anteil an Calcium-Ionen gegenübersteht. Außerdem: Beträgt der Gesamtionengehalt mehr als 200 mg/l, darf die chemische Charakteristik des Wassers nicht auf Magnesiumsulfat oder Magnesium-Natrium-Sulfat lauten.

Anhang II

Kriterien für die Anwendung der Anforderungen

1.1 Anweisungen für die geologischen und hydrologischen Untersuchungen. Gefordert werden müssen insbesondere:

1.1.1 die genaue Lage der Fassung nach ihrer Höhe und topographisch nach einer Karte im Maßstab von höchstens 1 : 1 000;

1.1.2 ein ausführlicher geologischer Bericht über die Entstehung und die Art des Geländes;

1.1.3 die Stratigraphie der hydrogeologischen Ablagerung;

1.1.4 die Beschreibung der Fassungsarbeiten;

1.1.5 die Abgrenzung des Gebietes oder andere Maßnahmen zum Schutz der Quelle gegen Verunreinigungen.

1.2 Anweisungen für die physikalischen, chemischen und physikalisch-chemischen Untersuchungen. Bei diesen Untersuchungen müssen insbesondere bestimmt werden:

1.2.1 die Schüttung der Quelle;

1.2.2 die Temperatur des Wassers beim Quellaustritt und die Temperatur der Umgebung;

1.2.3 die Beziehung zwischen der Art des Geländes und der Art und dem Typ des Mineralgehaltes;

1.2.4 die Trockenrückstände bei 180 Grad C und 260 Grad C;

1.2.5 die Leitfähigkeit oder der elektrische Widerstand, wobei die Messtemperatur anzugeben ist;

1.2.6 die Wasserstoffionen-Konzentration (pH);

1.2.7 die Anionen und Kationen;

1.2.8 die nicht-ionisierten Elemente;

1.2.9 die Spurenelemente;

1.2.10 die Radioaktivität beim Quellaustritt;

1.2.11 gegebenfalls die Verhältniszahlen der Bestandteile des Wassers nach Isotopen: Sauerstoff (160-180) und Wasserstoff (Proton, Deuterium, Tritium).

1.2.12 Die Toxizität der Bestandteile ist zu berücksichtigen.

1.3 Anweisungen für die klinischen und pharmakologischen Untersuchungen.

1.3.1 Die Art der Untersuchungen, die nach wissenschaftlich anerkannten Verfahren vorzunehmen sind, muss den besonderen Eigenschaften des natürlichen Mineralwassers und seinen Wirkungen auf den menschlichen Organismus, zB Diurese, Magen- und Darmfunktion, Ausgleich von Mineralstoffmangel, entsprechen.

1.3.2 Die Feststellung, dass eine große Anzahl klinischer Beobachtungen beständige und übereinstimmende Ergebnisse zeigt, kann gegebenenfalls anstelle der Untersuchungen nach 1.3.1 anerkannt werden. In geeigneten Fällen können die klinischen Untersuchungen anstelle der Untersuchungen nach 1.3.1 anerkannt werden, sofern sich mit einer großen Anzahl beständiger und übereinstimmender Beobachtungen die gleichen Ergebnisse erzielen lassen.

Anhang III

Grenzwerte für natürlich vorkommende Bestandteile in natürlichen Mineralwässern

Bestandteile	Grenzwerte (in mg/l)
Antimon	0,0050
Arsen	0,010 (insgesamt)
Barium	1,0
Blei	0,010
Bor	[1])
Cadmium	0,003
Chrom	0,050
Cyanid	0,070
Fluorid	5,0
Kupfer	1,0
Nickel	0,020
Nitrat	50[2])
Nitrit	0,1
Mangan	0,50
Quecksilber	0,0010
Selen	0,010

[1]) Die Festlegung eines gemeinschaftsweiten Grenzwertes erfolgt bis zum 1. Jänner 2006.
[2]) Für in Österreich gewonnene natürliche Mineralwässer gilt ein Grenzwert von 25 mg/l.

(BGBl II 2004/500)

Anhang IV

Leistungsmerkmale für die Analyse der Bestandteile gemäß Anhang III

Bestandteile	Richtigkeit in % des Grenzwertes (Anmerkung 1)	Präzision in % des Grenzwertes (Anmerkung 2)	Nachweisgrenzen in % des Grenzwertes (Anmerkung 3)	Anmerkungen
Antimon	25	25	25	
Arsen	10	10	10	
Barium	25	25	25	
Blei	10	10	10	
Bor				siehe Anhang III
Cadmium	10	10	10	
Chrom	10	10	10	
Cyanid	10	10	10	Anmerkung 4
Fluorid	10	10	10	
Kupfer	10	10	10	
Nickel	10	10	10	
Nitrat	10	10	10	
Nitrit	10	10	10	
Mangan	10	10	10	
Quecksilber	20	10	20	
Selen	10	10	10	

Die Analyseverfahren zur Messung der Konzentrationen der in Anhang III genannten Bestandteile müssen mindestens dem Grenzwert entsprechende Konzentrationen mit spezifischer Exaktheit, Präzision und Nachweisgrenze messen können. Ungeachtet der Sensitivität des verwendeten Analyseverfahrens wird das Ergebnis mit mindestens genauso vielen Dezimalstellen angegeben wie bei den in Anhang III vorgesehenen Grenzwerten.

Anmerkung 1: Richtigkeit ist die systematische Messabweichung, die sich als Differenz zwischen dem Mittelwert aus einer großen Anzahl von wiederholten Messungen und dem wahren Wert ergibt.

Anmerkung 2: Präzision ist die zufällige Messabweichung, die in der Regel als die Standardabweichung (innerhalb einer Messwertreihe und zwischen Messwertreihen) der Streuung von Ergebnissen um den Mittelwert ausgedrückt wird. Eine annehmbare Präzision entspricht der zweifachen relativen Standardabweichung.

Anmerkung 3: Nachweisgrenze ist
– entweder die dreifache relative Standardabweichung (innerhalb einer Messwertreihe) einer natürlichen Probe mit einer niedrigen Konzentration des Bestandteils oder
– die fünffache relative Standardabweichung (innerhalb einer Messwertreihe) einer Blindprobe.

Anmerkung 4: Mit dem Verfahren sollte der Gesamtcyanidgehalt in allen Formen bestimmt werden können.

(BGBl II 2004/500)

Anhang V

Grenzwerte für Rückstände in natürlichen Mineralwässern und Quellwässern, die mit ozonangereicherter Luft behandelt wurden

Rückstände der Behandlung	Grenzwerte in (µg/l)
Gelöstes Ozon	50
Bromate	3
Bromoforme	1

(BGBl II 2004/500)

5/3. Verordnung (EU) Nr. 115/2010 zur Festlegung der Bedingungen für die Verwendung von aktiviertem Aluminiumoxid zur Entfernung von Fluorid aus natürlichen Mineralwässern und Quellwässern

ABl L 37 vom 10. 2. 2010, S. 13 idF

Verordnung (EU) Nr. 115/2010 der Kommission vom 9. Februar 2010 zur Festlegung der Bedingungen für die Verwendung von aktiviertem Aluminiumoxid zur Entfernung von Fluorid aus natürlichen Mineralwässern und Quellwässern

DIE EUROPÄISCHE KOMMISSION —

gestützt auf den Vertrag über die Arbeitsweise der Europäischen Union,

gestützt auf die Richtlinie 2009/54/EG des Europäischen Parlaments und des Rates vom 18. Juni 2009 über die Gewinnung von und den Handel mit natürlichen Mineralwässern[1], insbesondere auf Artikel 4 Absatz 1 Buchstabe c und Artikel 12 Buchstabe d,

gestützt auf das Gutachten der Europäischen Behörde für Lebensmittelsicherheit,

in Erwägung nachstehender Gründe:

(1) Mit der Richtlinie 2003/40/EG der Kommission vom 16. Mai 2003 zur Festlegung des Verzeichnisses, der Grenzwerte und der Kennzeichnung der Bestandteile natürlicher Mineralwässer und der Bedingungen für die Behandlung natürlicher Mineralwässer und Quellwässer mit ozonangereicherter Luft[2] wird ein Höchstgehalt für Fluorid in natürlichen Mineralwässern festgelegt. Für Quellwässer wird ein solcher Höchstgehalt mit der Richtlinie 98/83/EG des Rates vom 3. November 1998 über die Qualität von Wasser für den menschlichen Gebrauch[3] festgelegt.

(2) Damit die Unternehmer diesen Richtlinien entsprechen können, sollte eine Behandlung zur Entfernung von Fluorid aus natürlichen Mineralwässern und Quellwässern unter Verwendung von aktiviertem Aluminiumoxid („Behandlung zur Fluoridentfernung") zugelassen werden.

(3) Bei der Behandlung zur Fluoridentfernung sollten dem behandelten Wasser keine Rückstände in Konzentrationen zugeführt werden, die ein Risiko für die öffentliche Gesundheit darstellen können.

(4) Die Behandlung zur Fluoridentfernung sollte den zuständigen Behörden gemeldet werden, damit diese die Kontrollen vornehmen können, die die ordnungsgemäße Durchführung der Behandlung gewährleisten.

(5) Die Durchführung einer Behandlung zur Fluoridentfernung sollte in der Kennzeichnung des behandelten Wassers angegeben werden.

(6) Die in dieser Verordnung vorgesehenen Maßnahmen entsprechen der Stellungnahme des Ständigen Ausschusses für die Lebensmittelkette und Tiergesundheit und weder das Europäische Parlament noch der Rat haben ihnen widersprochen —

HAT FOLGENDE VERORDNUNG ERLASSEN:

Artikel 1

(1) Die Behandlung natürlicher Mineralwässer und Quellwässer mit aktiviertem Aluminiumoxid zur Entfernung von Fluorid, nachstehend „Behandlung zur Fluoridentfernung", ist zulässig.
Natürliche Mineralwässer und Quellwässer werden nachstehend als „Wasser" bezeichnet.

(2) Die Behandlung zur Fluoridentfernung wird gemäß den im Anhang festgelegten technischen Anforderungen durchgeführt.

Artikel 2

Die Freisetzung von Rückständen in das Wasser durch die Behandlung zur Fluoridentfernung ist gemäß den optimalen Verfahren so gering wie technisch möglich zu halten und darf kein Risiko für die öffentliche Gesundheit darstellen. Um dies zu gewährleisten, führt der Unternehmer die im Anhang festgelegten kritischen Verfahrensschritte durch und überwacht sie.

Zur Präambel
[1] *ABl. L 164 vom 26.6.2009, S. 45.*
Zu Abs. 1:
[2] *ABl. L 126 vom 22.5.2003, S. 34.*
[3] *ABl. L 330 vom 5.12.1998, S. 32.*

5/3. EG/MineralwV
Artikel 3 – 5

Artikel 3

(1) Die Durchführung einer Behandlung zur Fluoridentfernung ist den zuständigen Behörden mindestens drei Monate im Voraus zu melden.

(2) Zusammen mit der Meldung übermittelt der Unternehmer den zuständigen Behörden einschlägige Informationen, Unterlagen und Untersuchungsergebnisse, aus denen hervorgeht, dass die Behandlung dem Anhang entspricht.

Artikel 4

Die Kennzeichnung von Wasser, das einer Behandlung zur Fluoridentfernung unterzogen wurde, umfasst in Nähe der Analyseangaben den Wortlaut: „Dieses Wasser wurde einem zugelassenen Adsorptionsverfahren unterzogen".

Artikel 5

Diese Verordnung tritt am zwanzigsten Tag nach ihrer Veröffentlichung im Amtsblatt der Europäischen Union in Kraft.

Erzeugnisse, die bis zum 10. August 2010 in Verkehr gebracht wurden und Artikel 4 nicht entsprechen, dürfen bis zum 10. August 2011 vermarktet werden.

Diese Verordnung ist in allen ihren Teilen verbindlich und gilt unmittelbar in jedem Mitgliedstaat.

Brüssel, den 9. Februar 2010

Für die Kommission
Der Präsident
José Manuel BARROSO

ANHANG

Technische Anforderungen an die Verwendung von aktiviertem Aluminiumoxid zur Entfernung von Fluorid aus natürlichen Mineralwässern und Quellwässern

Folgende kritische Verfahrensschritte sind durchzuführen und ordnungsgemäß zu überwachen:

1. Das aktivierte Aluminiumoxid wird vor der Verwendung zur Behandlung von Wasser einem Initialisierungsverfahren unterzogen, das den Einsatz von sauren oder alkalischen Chemikalien zur Entfernung von Rückständen sowie eine Rückspülung zur Entfernung feiner Partikel umfasst.
2. Ein Regenerationsverfahren wird (abhängig von Wasserqualität und Durchsatz) in Abständen zwischen einer und vier Wochen angewandt. Dabei werden geeignete Chemikalien zur Entfernung der adsorbierten Ionen verwendet, damit die Adsorptionsfähigkeit des aktivierten Aluminiumoxids wiederhergestellt wird und möglicherweise entstandene Biofilme entfernt werden. Das Verfahren wird in drei Stufen durchgeführt:
   – Behandlung mit Natriumhydroxid zur Entfernung von Fluoridionen und Ersetzung durch Hydroxidionen;
   – Behandlung mit einer Säure zur Entfernung des restlichen Natriumhydroxids und Aktivierung des Mediums;
   – Spülung mit Trinkwasser oder entmineralisiertem Wasser und Konditionierung mit dem Wasser als letzten Schritt, damit gewährleistet ist, dass das Filter keinen Einfluss auf den gesamten Mineralstoffgehalt des behandelten Wassers hat.
3. Die für die Initialisierung und Regenerierung verwendeten Chemikalien und Reagenzien entsprechen den einschlägigen europäischen Normen[1] der den geltenden nationalen Normen für die Reinheit von chemischen Reagenzien, die zur Behandlung von zum menschlichen Gebrauch bestimmtem Wasser verwendet werden.
4. Das aktivierte Aluminiumoxid entspricht der Europäischen Norm EN 12902[2] über Auslaugverfahren, wodurch gewährleistet ist, dass keine Rückstände in das Wasser freigesetzt werden, die zu Konzentrationen oberhalb der mit der Richtlinie 2003/40/EG festgelegten Werte oder — sofern in der genannten Richtlinie keine Werte angegeben sind — der in der Richtlinie 98/83/EG oder in geltenden nationalen Rechtsvorschriften festgelegten Werte liegen. Die Gesamtmenge an Aluminiumionen in dem behandelten Wasser darf nach der Freisetzung von Aluminium, das den Hauptbestandteil von aktiviertem Aluminiumoxid bildet, gemäß der Richtlinie 98/83/EG 200 µg/l nicht übersteigen. Dieser Wert ist in Übereinstimmung mit der Richtlinie regelmäßig zu kontrollieren.
5. Die Verfahrensschritte unterliegen der guten Herstellungspraxis und den HACCP-Grundsätzen gemäß den Bestimmungen der Verordnung (EG) Nr. 852/2004 des Europäischen Parlaments und des Rates[3] über Lebensmittelhygiene.
6. Der Unternehmer erstellt ein Überwachungsprogramm, um die ordnungsgemäße Umsetzung der Verfahrensschritte zu gewährleisten, insbesondere hinsichtlich der Aufrechterhaltung der wesentlichen Merkmale des Wassers und seines Fluoridgehalts.

---

[1] *Vom Europäischen Komitee für Normung (CEN) ausgearbeitete europäische Normen.*
[2] *Europäische Norm EN 12902 (2004): Produkte zur Aufbereitung von Wasser für den menschlichen Gebrauch — Anorganische Filterhilfs- und Filtermaterialien.*
[3] *ABl. L 139 vom 30.4.2004, S. 1.*

6. Zusatzstoffe

Übersicht

6/1. **Verordnung (EG) Nr. 1331/2008 über ein einheitliches Zulassungsverfahren für Lebensmittelzusatzstoffe, -enzyme und -aromen**, ABl L 354 S 1 idF ABl L 2019/231, 1

6/1a. **Verordnung (EU) Nr. 234/2011 der Kommission vom 10. März 2011 zur Durchführung der Verordnung (EG) Nr. 1331/2008 des Europäischen Parlaments und des Rates über ein einheitliches Zulassungsverfahren für Lebensmittelzusatzstoffe, -enzyme und -aromen**, ABl L 64 S 15 idF ABl L 2012/168, 21, ABl L 2020/406, 43

6/2. **Verordnung (EG) Nr. 1332/2008 über Lebensmittelenzyme und zur Änderung der Richtlinie 83/417/EWG, der Verordnung (EG) Nr. 1493/1999, der Richtlinie 2000/13/EG, der Richtlinie 2001/112/EG sowie der Verordnung (EG) Nr. 258/97**, ABl L 354 S 7 idF ABl L 2012/313, 9

6/3. **Verordnung (EG) Nr. 1333/2008 über Lebensmittelzusatzstoffe**, ABl L 354 S 16 idF ABl L 2010/75, 17, ABl L 2010/105, 114, ABl L 2011/295, 1, ABl L 2011/295, 178, ABl L 2011/295, 205, ABl L 2012/78, 1, ABl L 2012/119, 14, ABl L 2012/144, 16, ABl L 2012/144, 19, ABl L 2012/144, 22, ABl L 2012/169, 43, ABl L 2012/173, 8, ABl L 2012/196, 52, ABl L 2012/310, 41, ABl L 2012/313, 11, ABl L 2012/333, 34, ABl L 2012/333, 37, ABl L 2012/333, 40, ABl L 2012/336, 75, ABl L 2013/13, 1, ABl L 2013/77, 3, ABl L 2013/79, 24, ABl L 2013/129, 28, ABl L 2013/143, 20, ABl L 2013/150, 13, ABl L 2013/150, 17, ABl L 2013/202, 8, ABl L 2013/204, 32, ABl L 2013/204, 35, ABl L 2013/230, 1, ABl L 2013/230, 7, ABl L 2013/230,12, ABl L 2013/252, 11, ABl L 2013/289, 11, ABl L 2013/289, 61, ABl L 2013/328. 79, ABl L 2014/21, 9, ABl L 2014/89, 36, ABl L 2014/143, 6, ABl L 2014/145, 32, ABl L 2014/145, 35, ABl L 2014/166, 11, ABl L 2014/182, 23, ABl L 2014/252, 11, ABl L 2014/270, 1, ABl L 2014/272, 8, ABl L 2014/298, 8, ABl L 2014/299, 19, ABl L 2014/299, 22, ABl L 2015/88, 1, ABl L 2015/88, 4, ABl L 2015/106, 16, ABl L 2015/107, 1, ABl L 2015/107, 17, ABl L 2015/210, 22, ABl L 2015/213, 1, ABl L 2015/253, 3, ABl L 2015/266, 27, ABl L 2016/13, 46, ABl L 2016/50, 25, ABl L 2016/61, 1, ABl L 2016/78, 47, ABl L 2016/87, 1, ABl L 2016/117, 28, ABl L 2016/120, 4, ABl L 2016/272, 2, ABl L 2017/50, 15, ABl L 2017/125, 7, ABl L 2017/134, 3, ABl L 2017/134, 18, ABl L 2017/184, 1, ABl L 2017/184, 3, ABl L 2017/199, 8, ABl L 2018/13, 21, ABl L 2018/17, 11, ABl L 2018/17, 14, ABl L 2018/104, 57, ABl L 2018/114, 10, ABl L 2018/116, 5, ABl L 2018/245, 1, ABl L 2018/247, 1, ABl L 2018/251, 13, ABl L 2018/253, 36, ABl L 2019/132, 15, ABl L 2019/132, 18, ABl L 2019/142, 54, ABl L 2020/56, 4, ABl L 2020/59, 6, ABl L 2020/65, 1, ABl L 2020/67, 28, ABl L 2020/67, 31, ABl L 2020/182, 8, ABl L 2020/184, 25, ABl L 2020/326, 11, ABl L 2020/406, 26, ABl L 2021/249, 87, ABl L 2021/309, 31, ABl L 2021/256, 53, ABl L 2022/11, 1, ABl L 2022/23, 22

6/3a. **Verordnung (EU) Nr. 231/2012 mit Spezifikationen für die in den Anhängen II und III der Verordnung (EG) Nr. 1333/2008 des Europäischen Parlaments und des Rates aufgeführten Lebensmittelzusatzstoffe**, ABl L 83 S 1 idF ABl L 2012/310, 45, ABl L 2013/13, 1, ABl L 2013/143, 20, ABl L 2013/202, 11, ABl L 2013/204, 35, ABl L 2013/230, 1, ABl L 2013/230, 7, ABl L 2013/328, 79, ABl L 2014/76, 22, ABl L 2014/89, 36, ABl L 2014/143, 6, ABl L 2014/145, 35, ABl L 2014/182, 23, ABl L 2014/252, 11, ABl L 2014/270, 1, ABl L 2014/272, 1, ABl L 2015/76, 42, ABl L 2015/107, 17, ABl L 2015/252, 12, ABl L 2015/253, 3, ABl L 2016/278, 37, ABl L 2017/49, 4, ABl L 2017/199, 8, ABl L 2018/13, 24, ABl L 2018/17, 14, ABl L 2018/116, 1, ABl L 2018/245, 1, ABl L 2018/245, 6, ABl L 2018/247, 1, ABl L 2018/251, 13, ABl L 2020/182, 8, ABl L 2020/184, 25, ABl L 2021/249, 87

6/4. **Verordnung (EG) Nr. 1334/2008 über Aromen und bestimmte Lebensmittelzutaten mit Aromaeigenschaften zur Verwendung in und auf Lebensmitteln sowie zur Änderung**

6. Zusatzstoffe

der Verordnung (EWG) Nr. 1601/91 des Rates, der Verordnungen (EG) Nr. 2232/96 und (EG) Nr. 110/2008 und der Richtlinie 2000/13/EG, ABl L 354 S 34 idF ABl L 2012/267, 1, ABl L 2013/163, 15, ABl L 2013/273, 18, ABl L 2014/74, 58, ABl L 2014/300, 41, ABl L 2015/107, 15, ABl L 2015/181, 54, ABl L 2015/257, 27, ABl L 2016/13, 40, ABl L 2016/13, 43, ABl L 2016/35, 6, ABl L 2016/108, 24, ABl L 2016/120, 7, ABl L 2016/204, 7, ABl L 2017/58, 14, ABl L 2017/179, 3, ABl L 2018/114, 13, ABl L 2018/235, 3, ABl L 2018/251, 19, ABl L 2018/275, 7, ABl L 2019/9, 85, ABl L 2019/132, 12, ABl L 2020/379, 27, ABl L 2021/330, 69, ABl L 2021/389, 11, ABl L 2021/389, 15

6/4a. **Verordnung (EU) Nr. 873/2012 über Übergangsmaßnahmen bezüglich der Unionsliste der Aromen und Ausgangsstoffe gemäß Anhang I der Verordnung (EG) Nr. 1334/2008 des Europäischen Parlaments und des Rates**, ABl L 267 S 162 idF ABl L 2018/238, 28

6/5. **Verordnung (EG) Nr. 2065/2003 über Raucharomen zur tatsächlichen oder beabsichtigten Verwendung in oder auf Lebensmitteln**, ABl 309, S 1 idF ABl L 2019/198, 241, ABl L 2019/231, 1, ABl L 2020/379, 27, ABl L 2021/330, 69, ABl L 2021/389, 11, ABl L 2021/389, 15

6/5a. **Durchführungsverordnung (EU) Nr. 1321/2013 zur Festlegung der Unionsliste zugelassener Primärprodukte für die Herstellung von Raucharomen zur Verwendung als solche in oder auf Lebensmitteln und/oder für die Produktion daraus hergestellter Raucharomen**, ABl 333, S 54

6/6. **Zusatzstoff-Rahmenverordnung**, BGBl II 2014/236

6/7. **Extraktionslösungsmittelverordnung**, BGBl 1995/642 idF BGBl II 1998/465, BGBl II 2011/345 und BGBl II 2018/262

6/1. Verordnung (EG) Nr. 1331/2008 über ein einheitliches Zulassungsverfahren für Lebensmittelzusatzstoffe, -enzyme und -aromen

ABl L 354 vom 31. 12. 2008, S 1 idF

1 ABl L 231 vom 6. 9. 2019, S 1

Verordnung (EG) Nr. 1331/2008 des Europäischen Parlaments und es Rates vom 16. Dezember 2008 über ein einheitliches Zulassungsverfahren für Lebensmittelzusatzstoffe, -enzyme und -aromen

DAS EUROPÄISCHE PARLAMENT UND DER RAT DER EUROPÄISCHEN UNION –

gestützt auf den Vertrag zur Gründung der Europäischen Gemeinschaft, insbesondere auf Artikel 95,

auf Vorschlag der Kommission,

nach Stellungnahme des Europäischen Wirtschafts- und Sozialausschusses[1],

gemäß dem Verfahren des Artikels 251 des Vertrags[2],

in Erwägung nachstehender Gründe:

(1) Der freie Verkehr mit sicheren und bekömmlichen Lebensmitteln ist ein wichtiger Aspekt des Binnenmarkts und trägt wesentlich zum Schutz der Gesundheit und des Wohlergehens der Bürger und zur Wahrung ihrer sozialen und wirtschaftlichen Interessen bei.

(2) Bei der Durchführung der Politik der Gemeinschaft ist ein hohes Maß an Schutz für Leben und Gesundheit des Menschen zu gewährleisten.

(3) Zum Schutz der menschlichen Gesundheit müssen Zusatzstoffe, Enzyme und Aromen zur Verwendung in Lebensmitteln vor dem Inverkehrbringen in der Gemeinschaft einer Bewertung auf ihre Sicherheit unterzogen werden.

(4) Verordnung (EG) Nr. 1333/2008 des Europäischen Parlaments und des Rates vom 16. Dezember 2008 über Lebensmittelzusatzstoffe[3], Verordnung (EG) Nr. 1332/2008 des Europäischen Parlaments und des Rates vom 16. Dezember 2008 über Lebensmittelenzyme[4] und die Verordnung (EG) Nr. 1334/2008 des Europäischen Parlaments und des Rates vom 16. Dezember 2008 über Aromen und bestimmte Lebensmittelzutaten mit Aromaeigenschaften zur Verwendung in und auf Lebensmitteln[5] (im Folgenden als „sektorale Lebensmittelvorschriften" bezeichnet) legen einheitliche Kriterien und Anforderungen für die Bewertung und Zulassung der genannten Stoffe fest.

(5) Insbesondere ist vorgesehen, dass Lebensmittelzusatzstoffe, Lebensmittelenzyme sowie Lebensmittelaromen, sofern die Lebensmittelaromen einer Sicherheitsbewertung gemäß Verordnung (EG) Nr. 1334/2008 [über Aromen und bestimmte Lebensmittelzutaten mit Aromaeigenschaften zur Verwendung in und auf Lebensmitteln] unterzogen werden müssen, nur dann — in Übereinstimmung mit den jeweiligen sektoralen lebensmittelrechtlichen Vorschriften — in Verkehr gebracht und in Lebensmitteln verwendet werden dürfen, wenn sie in einer Gemeinschaftsliste der zugelassenen Stoffe aufgeführt sind.

(6) Die Sicherstellung von Transparenz bei der Herstellung und der Behandlung von Lebensmitteln ist von entscheidender Bedeutung, um das Vertrauen der Verbraucher aufrechtzuerhalten.

(7) In diesem Zusammenhang erscheint es angezeigt, ein einheitliches Bewertungs- und Zulassungsverfahren der Gemeinschaft für diese drei Kategorien von Stoffen einzuführen, das effizient, zeitlich begrenzt und transparent ist und so den freien Verkehr dieser Stoffe im Binnenmarkt erleichtert.

(8) Dieses einheitliche Verfahren muss auf den Grundsätzen der guten Verwaltungspraxis und

---

Zur Präambel:

[1] *ABl. C 168 vom 20.7.2007, S. 34.*
[2] *Stellungnahme des Europäischen Parlaments vom 10. Juli 2007 (ABl. C 175 E vom 10.7.2008, S. 134), Gemeinsamer Standpunkt des Rates vom 10. März 2008 (ABl. C 111 E vom 6.5.2008, S. 1) und Standpunkt des Europäischen Parlaments vom 8. Juli 2008 (noch nicht im Amtsblatt veröffentlicht). Beschluss des Rates vom 18. November 2008.*

Zu Abs. 4:

[3] *Siehe Seite 16 dieses Amtsblatts.*
[4] *Siehe Seite 7 dieses Amtsblatts.*
[5] *Siehe Seite 34 dieses Amtsblatts.*

der Rechtssicherheit beruhen und unter Beachtung dieser Grundsätze umgesetzt werden.

(9) Die vorliegende Verordnung vervollständigt den Rechtsrahmen für die Zulassung dieser Stoffe durch die Festlegung der verschiedenen Stufen des Verfahrens, der entsprechenden Fristen, der Rolle der Verfahrensbeteiligten und der zu beachtenden Grundsätze. Für bestimmte Aspekte des Verfahrens müssen allerdings die Besonderheiten der Rechtsvorschriften für die einzelnen Lebensmittelsektoren berücksichtigt werden.

(10) Die auf das Verfahren anwendbaren Fristen berücksichtigen die Zeit, die zur Prüfung der in den einzelnen sektoralen Lebensmittelvorschriften festgesetzten Kriterien erforderlich ist, und lassen eine angemessene Zeit für Konsultationen bei der Vorbereitung der Maßnahmenentwürfe. Insbesondere die Frist von neun Monaten, die der Kommission zur Vorlage eines Verordnungsentwurfs zur Aktualisierung der Gemeinschaftsliste eingeräumt wird, sollte nicht ausschließen, dass dies auch binnen einer kürzeren Frist geschehen kann.

(11) Bei Eingang eines Antrags sollte die Kommission das Verfahren einleiten und die Europäische Behörde für Lebensmittelsicherheit (nachstehend „Behörde" genannt), die durch die Verordnung (EG) Nr. 178/2002 des Europäischen Parlaments und des Rates vom 28. Januar 2002 zur Festlegung der allgemeinen Grundsätze und Anforderungen des Lebensmittelrechts, zur Errichtung der Europäischen Behörde für Lebensmittelsicherheit und zur Festlegung von Verfahren zur Lebensmittelsicherheit [6]) errichtet wurde, sofern erforderlich, so rasch wie möglich nach Prüfung der Zulässigkeit und Relevanz des Antrags um ein Gutachten ersuchen.

(12) Gemäß dem Rahmen für die Risikobewertung zur Lebensmittelsicherheit, wie er in der Verordnung (EG) Nr. 178/2002 festgelegt ist, darf das Inverkehrbringen von Stoffen nur nach einer höchste Standards erfüllenden unabhängigen wissenschaftlichen Bewertung der mit ihnen verbundenen Risiken für die menschliche Gesundheit genehmigt werden. Dieser Bewertung, die unter der Verantwortung der Behörde durchzuführen ist, muss eine Risikomanagemententscheidung der Kommission im Rahmen eines Regelungsverfahrens folgen, das eine enge Zusammenarbeit zwischen der Kommission und den Mitgliedstaaten gewährleistet.

(13) Die Genehmigung für das Inverkehrbringen von Stoffen sollte nur dann gemäß dieser Verordnung erteilt werden, wenn die unter den sektoralen Lebensmittelvorschriften festgelegten Kriterien erfüllt sind.

(14) Es wird allgemein anerkannt, dass die wissenschaftliche Risikobewertung allein in manchen Fällen nicht alle Informationen liefert, auf die sich eine Risikomanagemententscheidung gründen sollte, und dass auch noch andere für den jeweils zu prüfenden Sachverhalt relevante Faktoren wie beispielsweise gesellschaftliche, wirtschaftliche und ethische Gesichtspunkte, Traditionen und Umwelterwägungen wie auch die Frage der Kontrollierbarkeit berücksichtigt werden können.

(15) Um die Unternehmer der betreffenden Sektoren und die Öffentlichkeit über die geltenden Zulassungen auf dem Laufenden zu halten, sollten die zugelassenen Stoffe in einer Gemeinschaftsliste aufgeführt werden, die von der Kommission erstellt, gepflegt und veröffentlicht wird.

(16) Gegebenenfalls können unter bestimmten Umständen sektorale Lebensmittelvorschriften für eine gewisse Zeit den Schutz wissenschaftlicher Daten und anderer Informationen vorsehen, die von den Antragstellern übermittelt werden. In diesem Falle sollte in der betreffenden sektoralen Lebensmittelvorschrift festgelegt werden, welchen Einschränkungen die Verwendung dieser Daten zum Nutzen anderer Antragsteller unterworfen ist.

(17) Die Vernetzung zwischen der Behörde und Organisationen der Mitgliedstaaten, die in den Bereichen, auf die sich der Auftrag der Behörde erstreckt, tätig sind, ist ein zentraler Grundsatz der Arbeit dieser Behörde. Dementsprechend kann die Behörde bei der Ausarbeitung eines Gutachtens auf ein Netz zurückgreifen, das ihr durch Artikel 36 der Verordnung (EG) Nr. 178/2002 und durch die Verordnung (EG) Nr. 2230/2004 der Kommission zur Verfügung gestellt wird [7]).

(18) Das einheitliche Zahlungsverfahren für Stoffe muss den Anforderungen an Transparenz und Information der Öffentlichkeit genügen und gleichzeitig das Recht des Antragstellers auf die Wahrung der Vertraulichkeit bestimmter Informationen garantieren.

(19) Die Wahrung der Vertraulichkeit bestimmter Aspekte eines Antrags sollte weiterhin als

---

Zu Abs. 11:
[6]) ABl. L 31 vom 1.2.2002, S. 1.

Zu Abs. 17:
[7]) ABl. L 268 vom 18.10.2003, S. 24.

Möglichkeit berücksichtigt werden, um die Wettbewerbsposition eines Antragstellers nicht zu beeinträchtigen. Informationen über die Sicherheit eines Stoffes, wie unter anderem toxikologische Untersuchungen, andere Sicherheitsuntersuchungen und die Rohdaten als solche, sollten jedoch auf keinen Fall als vertraulich gelten.

(20) Nach der Verordnung (EG) Nr. 178/2002 gilt die Verordnung (EG) Nr. 1049/2001 des Europäischen Parlaments und des Rates vom 30. Mai 2001 über den Zugang der Öffentlichkeit zu Dokumenten des Europäischen Parlaments, des Rates und der Kommission[8] auch für die Unterlagen im Besitz der Behörde.

(21) Die Verordnung (EG) Nr. 178/2002 sieht Sofortmaßnahmen in Bezug auf Lebensmittel mit Ursprung in der Gemeinschaft oder auf aus Drittländern eingeführte Lebensmittel vor. Danach kann die Kommission solche Maßnahmen treffen, wenn ein Lebensmittel wahrscheinlich ein ernstes Risiko für die Gesundheit von Mensch oder Tier oder für die Umwelt darstellt und diesem Risiko durch Maßnahmen des betreffenden Mitgliedstaats oder der betreffenden Mitgliedstaaten nicht auf zufrieden stellende Weise begegnet werden kann.

(22) Im Sinne der Effizienz und Vereinfachung der Rechtsvorschriften ist es angebracht, mittelfristig die Möglichkeit einer Ausdehnung des Anwendungsbereichs des einheitlichen Verfahrens auf andere bestehende Regelungen im Lebensmittelsektor zu prüfen.

(23) Da die Ziele dieser Verordnung angesichts der Unterschiedlichkeit der nationalen Rechts- und Verwaltungsvorschriften auf Ebene der Mitgliedstaaten nicht ausreichend verwirklicht werden können und daher besser auf Gemeinschaftsebene zu verwirklichen sind, kann die Gemeinschaft im Einklang mit dem in Artikel 5 des Vertrags niedergelegten Subsidiaritätsprinzip in diesem Fall tätig werden. Entsprechend dem in demselben Artikel genannten Verhältnismäßigkeitsprinzip geht diese Verordnung nicht über das für die Erreichung dieser Ziele erforderliche Maß hinaus.

(24) Die zur Durchführung dieser Verordnung erforderlichen Maßnahmen sollten gemäß dem Beschluss 1999/468/EG des Rates vom 28. Juni 1999 zur Festlegung der Modalitäten für die Ausübung der der Kommission übertragenen Durchführungsbefugnisse[9] erlassen werden.

(25) Insbesondere sollte die Kommission die Befugnis erhalten, die Gemeinschaftslisten zu aktualisieren. Da es sich hierbei um Maßnahmen von allgemeiner Tragweite handelt, die eine Änderung nicht wesentlicher Bestimmungen der Rechtsvorschriften für die einzelnen Lebensmittelsektoren, auch durch Ergänzung um neue nicht wesentliche Bestimmungen, bewirken, sind diese Maßnahmen nach dem Regelungsverfahren mit Kontrolle des Artikels 5a des Beschlusses 1999/468/EG zu erlassen.

(26) Aus Gründen der Effizienz ist es erforderlich, die Fristen, die normalerweise im Rahmen des Regelungsverfahrens mit Kontrolle Anwendung finden, für die Aufnahme von Stoffen in die Gemeinschaftslisten und für die Hinzufügung, Streichung oder Änderung von Bedingungen, Spezifikationen oder Einschränkungen im Zusammenhang mit einem Stoff auf einer Gemeinschaftsliste abzukürzen.

(27) Wenn aus Gründen äußerster Dringlichkeit die Fristen, die normalerweise im Rahmen des Regelungsverfahrens mit Kontrolle Anwendung finden, nicht eingehalten werden können, muss die Kommission für die Streichung eines Stoffes aus einer Gemeinschaftsliste und für die Hinzufügung, Streichung oder Änderung von Bedingungen, Spezifikationen oder Einschränkungen im Zusammenhang mit einem Stoff auf einer Gemeinschaftsliste die Möglichkeit haben, das Dringlichkeitsverfahren des Artikels a Absatz 6 des Beschlusses 1999/468/EG anzuwenden —

HABEN FOLGENDE VERORDNUNG ERLASSEN:

KAPITEL I
ALLGEMEINE GRUNDSÄTZE

Artikel 1
Gegenstand und Anwendungsbereich

(1) Mit der vorliegenden Verordnung wird ein einheitliches Bewertungs- und Zulassungsverfahren (nachstehend „einheitliches Verfahren" genannt) für Lebensmittelzusatzstoffe, -enzyme und -aromen, Ausgangsstoffe von Lebensmittelaromen sowie Lebensmittelzutaten mit aromatisierenden Eigenschaften zur Verwendung in und auf Lebensmitteln (nachstehend „Stoffe" genannt) eingeführt, das zum freien Verkehr von Lebensmitteln in der Gemeinschaft und zu einem hohen

---

Zu Abs. 20:
[8] ABl. L 145 vom 31.5.2001, S. 43.

Zu Abs. 24:
[9] ABl. L 184 vom 17.7.1999, S. 23.

Schutzniveau für die Gesundheit der Menschen und einem hohen Niveau des Schutzes der Verbraucher einschließlich des Schutzes der Verbraucherinteressen beiträgt. Diese Verordnung gilt nicht für Raucharomen, die unter die Verordnung (EG) Nr. 2065/2003 des Europäischen Parlaments und des Rates vom 10. November 2003 über Raucharomen zur tatsächlichen oder beabsichtigten Verwendung in oder auf Lebensmitteln[1]) fallen.

(2) Das einheitliche Verfahren legt die Modalitäten für die Aktualisierung der Liste von Stoffen fest, deren Inverkehrbringen in der Gemeinschaft nach den Verordnungen (EG) Nr. 1333/2008 [über Lebensmittelzusatzstoffe], (EG) Nr. 1332/2008 [über Lebensmittelenzyme] und (EG) Nr. 1334/2008 [über Aromen und bestimmte Lebensmittelzutaten mit Aromaeigenschaften zur Verwendung in und auf Lebensmitteln] (nachstehend „sektorale lebensmittelrechtliche Vorschriften" genannt) zugelassen ist.

(3) Die Kriterien, nach denen die Stoffe in die Gemeinschaftsliste nach Artikel 2 aufgenommen werden können, der Inhalt der in Artikel 7 vorgesehenen Verordnung und gegebenenfalls die Übergangsbestimmungen für die derzeit geltenden Verfahren werden in den jeweiligen sektoralen lebensmittelrechtlichen Vorschriften festgelegt.

Artikel 2
Gemeinschaftsliste zugelassener Stoffe

(1) Im Rahmen der jeweiligen sektoralen lebensmittelrechtlichen Vorschriften werden die Stoffe, deren Inverkehrbringen in der Gemeinschaft zugelassen ist, in eine Liste aufgenommen, deren Inhalt durch die jeweiligen Rechtsvorschriften bestimmt wird („die Gemeinschaftsliste"). Die Gemeinschaftsliste wird von der Kommission aktualisiert. Sie wird im *Amtsblatt der Europäischen Union* veröffentlicht.

(2) Unter „Aktualisierung der Gemeinschaftsliste" ist zu verstehen:

a) die Aufnahme eines Stoffes in die Liste;

b) die Streichung eines Stoffes aus der Liste;

c) die Hinzufügung, Streichung oder Änderung von Bedingungen, Spezifikationen oder Einschränkungen im Zusammenhang mit einem Stoff auf der Gemeinschaftsliste.

KAPITEL II
EINHEITLICHES VERFAHREN

Artikel 3
Hauptphasen des einheitlichen Verfahrens

(1) Das einheitliche Verfahren zur Aktualisierung der Gemeinschaftsliste kann auf Initiative der Kommission oder auf Antrag eingeleitet werden. Der Antrag kann von einem Mitgliedstaat oder von einer betroffenen Person (nachstehend „der Antragsteller") eingereicht werden, wobei die Person auch mehrere betroffene Personen vertreten kann; dafür gelten die Durchführungsmodalitäten in Artikel 9 Absatz 1 Buchstabe a. Anträge sind an die Kommission zu richten.

(2) Die Kommission ersucht die Europäische Behörde für Lebensmittelsicherheit (nachstehend „Behörde" genannt) um ein gemäß Artikel 5 vorzulegendes Gutachten.

Für eine Aktualisierung nach Artikel 2 Absatz Buchstaben b und c kann die Kommission auf die Einholung eines Gutachtens der Behörde verzichten, wenn diese Aktualisierung keine Auswirkungen auf die menschliche Gesundheit haben kann.

(3) Das einheitliche Verfahren wird in Übereinstimmung mit Artikel 7 durch den Erlass einer Verordnung der Kommission über die Aktualisierung abgeschlossen.

(4) Abweichend von Absatz 3 kann die Kommission das einheitliche Verfahren zu jedem Zeitpunkt des Verfahrens beenden und auf die geplante Aktualisierung verzichten, wenn sie eine solche Aktualisierung für nicht gerechtfertigt erachtet. Sie trägt gegebenenfalls dem Gutachten der Behörde, den Standpunkten der Mitgliedstaaten, allen einschlägigen Bestimmungen des Gemeinschaftsrechts und anderen zu berücksichtigenden Faktoren Rechnung, die für den betreffenden Sachverhalt von Bedeutung sind.

In diesem Fall informiert die Kommission gegebenenfalls unmittelbar den Antragsteller und die Mitgliedstaaten, wobei sie in ihrem Schreiben die Gründe nennt, aus denen sie eine Aktualisierung für nicht gerechtfertigt erachtet.

Artikel 4
Einleitung des Verfahrens

(1) Wird die Kommission mit einem Antrag auf Aktualisierung der Gemeinschaftsliste befasst, so

a) bestätigt sie dem Antragsteller den Erhalt des Antrags schriftlich binnen 14 Arbeitstagen nach dessen Eingang;

b) unterrichtet sie gegebenenfalls die Behörde so rasch wie möglich von dem Antrag und ersucht diese um ein Gutachten gemäß Artikel 3 Absatz 2.

Die Kommission macht die Antragsunterlagen für die Mitgliedstaaten zugänglich.

Zu Artikel 1:
[1]) ABl. L 184 vom 17.7.1999, S. 23.

(2) Leitet die Kommission von sich aus ein Verfahren ein, so informiert sie die Mitgliedstaaten und ersucht gegebenenfalls die Behörde um ein Gutachten.

Artikel 5
Gutachten der Behörde

(1) Die Behörde legt ihr Gutachten innerhalb von neun Monaten nach Eingang eines zulässigen Antrags vor.

(2) Die Behörde übermittelt ihr Gutachten der Kommission und den Mitgliedstaaten sowie gegebenenfalls dem Antragsteller.

Artikel 6
Ergänzende Informationen zur Risikobewertung

(1) In hinreichend begründeten Fällen kann, wenn die Behörde vom Antragsteller ergänzende Informationen anfordert, die in Artikel 5 Absatz 1 vorgesehene Frist verlängert werden. Die Behörde legt nach Rücksprache mit dem Antragsteller eine Frist für die Vorlage dieser Informationen fest und unterrichtet die Kommission über die erforderliche zusätzliche Frist. Macht die Kommission innerhalb von acht Arbeitstagen nach Unterrichtung durch die Behörde keine Einwände geltend, so wird die in Artikel 5 Absatz 1 vorgesehene Frist automatisch um die zusätzliche Frist verlängert. Die Kommission unterrichtet die Mitgliedstaaten von dieser Verlängerung.

(2) Werden die ergänzenden Informationen der Behörde nicht innerhalb der in Absatz 1 genannten zusätzlichen Frist übermittelt, erstellt die Behörde ihr Gutachten auf der Grundlage der bereits vorgelegten Informationen.

(3) Legt der Antragsteller aus eigener Initiative ergänzende Informationen vor, übermittelt er diese der Behörde und der Kommission. In diesem Fall gibt die Behörde ihr Gutachten unbeschadet von Artikel 10 innerhalb der ursprünglichen Frist ab.

(4) Die Behörde macht die ergänzenden Informationen den Mitgliedstaaten und der Kommission zugänglich.

(5) Die Behörde macht die vom Antragsteller übermittelten zusätzlichen Informationen in Übereinstimmung mit den Artikeln 11 und 12 öffentlich zugänglich. *(ABl L 231 vom 6. 9. 2019, S 1)*

Artikel 7
Aktualisierung der Gemeinschaftsliste

(1) Innerhalb einer Frist von neun Monaten nach Vorlage des Gutachtens der Behörde legt die Kommission dem Ausschuss nach Artikel 14 Absatz 1 den Entwurf einer Verordnung zur Aktualisierung der Gemeinschaftsliste vor; dabei trägt sie dem Gutachten der Behörde, allen einschlägigen Rechtsvorschriften der Gemeinschaft und anderen zu berücksichtigenden Faktoren Rechnung, die für den betreffenden Sachverhalt von Bedeutung sind.

In den Fällen, in denen kein Gutachten bei der Behörde eingeholt wurde, beginnt die Frist von neun Monaten mit dem Tag des Eingangs eines zulässigen Antrags bei der Kommission.

(2) In der Verordnung zur Aktualisierung der Gemeinschaftsliste werden die Erwägungen erläutert, auf denen sie beruht.

(3) Stimmt der Verordnungsentwurf nicht mit der Stellungnahme der Behörde überein, erläutert die Kommission die Gründe für ihre Entscheidung.

(4) Die Maßnahmen zur Änderung nicht wesentlicher Bestimmungen der einzelnen sektoralen lebensmittelrechtlichen Vorschriften, die die Streichung eines Stoffes aus der Gemeinschaftsliste betreffen, werden nach dem in Artikel 14 Absatz 3 genannten Regelungsverfahren mit Kontrolle erlassen.

(5) Die Maßnahmen zur Änderung nicht wesentlicher Bestimmungen der einzelnen sektoralen lebensmittelrechtlichen Vorschriften, auch durch Ergänzung, die die Aufnahme eines Stoffes in die Gemeinschaftsliste oder die Hinzufügung, Streichung oder Änderung von Bedingungen, Spezifikationen oder Einschränkungen im Zusammenhang mit einem Stoff auf der Gemeinschaftsliste betreffen, werden aus Gründen der Effizienz nach dem in Artikel 14 Absatz 4 genannten Regelungsverfahren mit Kontrolle erlassen.

(6) Aus Gründen äußerster Dringlichkeit kann die Kommission zur Streichung eines Stoffes aus der Gemeinschaftsliste und zur Hinzufügung, Streichung oder Änderung von Bedingungen, Spezifikationen oder Einschränkungen im Zusammenhang mit einem Stoff auf der Gemeinschaftsliste auf das in Artikel 14 Absatz 5 genannte Dringlichkeitsverfahren zurückgreifen.

Artikel 8
Ergänzende Informationen zur Risikobewertung

(1) Fordert die Kommission vom Antragsteller ergänzende Informationen zu Aspekten im Zusammenhang mit dem Risikomanagement an, legt sie in Absprache mit dem Antragsteller eine Frist fest, binnen der diese Informationen vorgelegt werden können. In diesem Fall kann die Frist gemäß Artikel 7 entsprechend verlängert werden. Die Kommission unterrichtet die Mitgliedstaaten von dieser Verlängerung und macht die ergänzenden Informationen den Mitgliedstaaten zugänglich, sobald diese vorliegen.

(2) Werden die ergänzenden Informationen nicht innerhalb der in Absatz 1 genannten zusätzlichen Frist übermittelt, wird die Kommission auf der Grundlage der bereits vorgelegten Informationen tätig.

KAPITEL III
SONSTIGE BESTIMMUNGEN

Artikel 9
Durchführungsvorschriften

(1) Nach dem Regelungsverfahren gemäß Artikel 14 Absatz 2 werden die Durchführungsvorschriften zu dieser Verordnung spätestens 24 Monate nach Erlass der sektoralen lebensmittelrechtlichen Vorschriften von der Kommission erlassen; diese betreffen insbesondere:

a) Inhalt, Aufmachung und Vorlage des Antrags nach Artikel 4 Absatz 1;

b) die Modalitäten der Prüfung der Zulässigkeit des Antrags;

c) die Art der Informationen, die im Gutachten der Behörde nach Artikel 5 enthalten sein müssen.

(2) Im Hinblick auf den Erlass der Durchführungsvorschriften nach Absatz 1 Buchstabe a konsultiert die Kommission die Behörde, die ihr binnen sechs Monaten ab Inkrafttreten der einzelnen sektoralen lebensmittelrechtlichen Vorschriften einen Vorschlag bezüglich der für eine Risikobewertung der betreffenden Stoffe notwendigen Daten vorlegt.

Artikel 10
Fristverlängerung

In Ausnahmefällen kann die Kommission unbeschadet von Artikel 6 Absatz 1 und Artikel 8 Absatz 1 die in Artikel 5 Absatz 1 und Artikel 7 genannten Fristen von sich aus oder gegebenenfalls auf Antrag der Behörde verlängern, wenn die Art der betreffenden Angelegenheit dies rechtfertigt. In diesem Fall informiert die Kommission gegebenenfalls den Antragsteller und die Mitgliedstaaten über diese Verlängerung und die Gründe dafür.

Artikel 11
Transparenz

Wenn die Kommission die Behörde gemäß Artikel 3 Absatz 2 der vorliegenden Verordnung um ein Gutachten ersucht, macht diese in Übereinstimmung mit den Artikeln 38 bis 39e der Verordnung (EG) Nr. 178/2002 den Zulassungsantrag, relevante stützende Informationen und alle vom Antragsteller übermittelten ergänzenden Informationen sowie ihre wissenschaftlichen Gutachten unverzüglich öffentlich zugänglich. Außerdem veröffentlicht die Behörde die Ersuchen um Gutachten sowie die in Artikel 6 Absatz 1 der vorliegenden Verordnung genannten Fristverlängerungen.

(ABl L 231 vom 6. 9. 2019, S 1)

Artikel 12
Vertraulichkeit

(1) Bei der Antragstellung kann der Antragsteller unter Angabe nachprüfbarer Gründe darum ersuchen, dass bestimmte Teile der im Rahmen der vorliegenden Verordnung übermittelten Informationen vertraulich behandelt werden.

(2) Ist gemäß Artikel 3 Absatz 2 der vorliegenden Verordnung ein Gutachten der Behörde erforderlich, so bewertet sie gemäß den Artikeln 39 bis 39e der Verordnung (EG) Nr. 178/2002 das vom Antragsteller übermittelte Ersuchen um vertrauliche Behandlung.

(3) Zusätzlich zu den Informationen gemäß Artikel 39 Absatz 2 der Verordnung (EG) Nr. 178/2002 und gemäß Artikel 39 Absatz 3 der genannten Verordnung kann die Behörde, wenn der Antragsteller darlegt, dass die Offenlegung dieser Informationen seinen Interessen erheblich schaden könnte, auch eine vertrauliche Behandlung in Bezug auf die folgenden Informationen gewähren:

a) gegebenenfalls die Informationen, die in den ausführlichen Beschreibungen von Ausgangsstoffen und Ausgangszubereitungen enthalten sind und dazu, wie diese zur Herstellung des Stoffes verwendet werden, für den die Zulassung beantragt wird, sowie detaillierte Informationen zu Art und Zusammensetzung der Materialien oder Produkte, in denen der Antragsteller den Stoff, für den die Zulassung beantragt wird, verwenden will, mit Ausnahme der für die Sicherheitsbewertung wichtigen Informationen;

b) gegebenenfalls detaillierte Analysedaten zur Variabilität und Stabilität von einzelnen hergestellten Chargen des Stoffs, für den die Zulassung beantragt wird, mit Ausnahme der für die Sicherheitsbewertung wichtigen Informationen.

(4) Ist gemäß Artikel 3 Absatz 2 der vorliegenden Verordnung kein Gutachten der Behörde erforderlich, so bewertet die Kommission das vom Antragsteller übermittelte Ersuchen um vertrauliche Behandlung. Die Artikel 39, 39a und 39d der Verordnung (EG) Nr. 178/2002 und Absatz 3 des vorliegenden Artikels gelten entsprechend.

(5) Dieser Artikel gilt unbeschadet des Artikels 41 der Verordnung (EG) Nr. 178/2002 der Kommission.

(ABl L 231 vom 6. 9. 2019, S 1)

Artikel 13
Notfälle

In Notfällen im Zusammenhang mit einem in der Gemeinschaftsliste aufgeführten Stoffe, insbesondere in Bezug auf ein Gutachten der Behörde, werden Maßnahmen in Übereinstimmung mit den Verfahren der Artikel 53 und 54 der Verordnung (EG) Nr. 178/2002 erlassen.

Artikel 14
Ausschuss

(1) Die Kommission wird von dem durch Artikel 58 der Verordnung (EG) Nr. 178/2002 eingesetzten Ständigen Ausschuss für die Lebensmittelkette und Tiergesundheit unterstützt.

(2) Wird auf diesen Absatz Bezug genommen, so gelten die Artikel 5 und 7 des Beschlusses 1999/468/EG unter Beachtung von dessen Artikel 8.
Der Zeitraum nach Artikel 5 Absatz 6 des Beschlusses 1999/468/EG wird auf drei Monate festgesetzt.

(3) Wird auf diesen Absatz Bezug genommen, so gelten Artikel 5a Absätze 1 bis 4 und Artikel 7 des Beschlusses 1999/468/EG unter Beachtung von dessen Artikel 8.

(4) Wird auf diesen Absatz Bezug genommen, so gelten Artikel 5a Absätze 1 bis 4 und Absatz 5 Buchstabe b sowie Artikel 7 des Beschlusses 1999/468/EG unter Beachtung von dessen Artikel 8.
Die Fristen nach Artikel 5a Absatz 3 Buchstabe c sowie Absatz 4 Buchstaben b und e des Beschlusses 1999/468/EG werden auf zwei Monate sowie zwei bzw. vier Monate festgesetzt.

(5) Wird auf diesen Absatz Bezug genommen, so sind Artikel 5a Absätze 1, 2, 4 und 6 sowie Artikel 7 des Beschlusses 1999/468/EG unter Beachtung von dessen Artikel 8 anzuwenden.

Artikel 15
Zuständige Behörden der Mitgliedstaaten

Spätestens sechs Monate nach Inkrafttreten der einzelnen sektoralen lebensmittelrechtlichen Vorschriften übermitteln die Mitgliedstaaten der Kommission und der Behörde mit Bezug auf die einzelnen sektoralen lebensmittelrechtlichen Vorschriften den Namen und die Anschrift (einschließlich Ansprechpartner) der für das einheitliche Verfahren zuständigen nationalen Behörde.

KAPITEL IV
SCHLUSSBESTIMMUNG

Artikel 16
Inkrafttreten

Diese Verordnung tritt am zwanzigsten Tag nach ihrer Veröffentlichung im Amtsblatt der Europäischen Union in Kraft.
Sie gilt für die einzelnen sektoralen lebensmittelrechtlichen Vorschriften ab dem Tag der Anwendung der in Artikel 9 Absatz 1 vorgesehenen Maßnahmen.
Artikel 9 ist ab dem 20. Januar 2009 anzuwenden.

Diese Verordnung ist in allen ihren Teilen verbindlich und gilt unmittelbar in jedem Mitgliedstaat.
Geschehen zu Straßburg am 16. Dezember 2008.

Im Namen des Europäischen Parlaments	Im Namen des Rates
Der Präsident	Der Präsident
H.-G. PÖTTERING	B. LE MAIRE

6/1a. Verordnung (EU) Nr. 234/2011 zur Durchführung der Verordnung (EG) Nr. 1331/2008 des Europäischen Parlaments und des Rates über ein einheitliches Zulassungsverfahren für Lebensmittelzusatzstoffe, -enzyme und -aromen

ABl L 64 vom 10. 3. 2011, S 15 idF

1 ABl L 168 vom 28. 6. 2012, S 21   2 ABl L 406 vom 3. 12. 2020, S 43

Verordnung (EU) Nr. 234/2011 der Kommission vom 10. März 2011 zur Durchführung der Verordnung (EG) Nr. 1331/2008 des Europäischen Parlaments und des Rates über ein einheitliches Zulassungsverfahren für Lebensmittelzusatzstoffe, -enzyme und -aromen

DIE EUROPÄISCHE KOMMISSION —

gestützt auf den Vertrag über die Arbeitsweise der Europäischen Union,

gestützt auf die Verordnung (EG) Nr. 1331/2008 des Europäischen Parlaments und des Rates vom 16. Dezember 2008 über ein einheitliches Zulassungsverfahren für Lebensmittelzusatzstoffe, -enzyme und -aromen[1], insbesondere auf Artikel 9 Absatz 1,

nach Anhörung der Europäischen Behörde für Lebensmittelsicherheit gemäß Artikel 9 Absatz 2 der Verordnung (EG) Nr. 1331/2008,

in Erwägung nachstehender Gründe:

(1) Die Verordnung (EG) Nr. 1331/2008 enthält die Modalitäten für die Aktualisierung der Liste von Stoffen, die gemäß den Verordnungen (EG) Nr. 1333/2008 des Europäischen Parlaments und des Rates vom 16. Dezember 2008 über Lebensmittelzusatzstoffe[2], (EG) Nr. 1332/2008 des Europäischen Parlaments und des Rates vom 16. Dezember 2008 über Lebensmittelenzyme[3] und (EG) Nr. 1334/2008 des Europäischen Parlaments und des Rates vom 16. Dezember 2008 über Aromen und bestimmte Lebensmittelzutaten mit Aromaeigenschaften zur Verwendung in und auf Lebensmitteln[4] (im Folgenden „sektorale lebensmittelrechtliche Vorschriften") in der Union in Verkehr gebracht werden dürfen.

(2) Gemäß Artikel 9 der Verordnung (EG) Nr. 1331/2008 erlässt die Kommission die Durchführungsvorschriften in Bezug auf Inhalt, Aufmachung und Vorlage der Anträge auf Aktualisierung der EU-Listen im Rahmen der einzelnen sektoralen lebensmittelrechtlichen Vorschriften, die Modalitäten der Prüfung der Zulässigkeit der Anträge und die Art der Informationen, die im Gutachten der Europäischen Behörde für Lebensmittelsicherheit (im Folgenden „die Behörde") enthalten sein müssen.

(3) Damit die Listen aktualisiert werden können, ist zu prüfen, ob die Verwendung des Stoffes den allgemeinen und besonderen Verwendungsbedingungen gemäß den jeweiligen sektoralen lebensmittelrechtlichen Vorschriften entspricht.

(4) Die Behörde hat am 9. Juli 2009 ein wissenschaftliches Gutachten zu den Datenanforderungen bei der Bewertung von Verwendungen von Lebensmittelzusatzstoffen[5] angenommen. Diese Daten sind vorzulegen, wenn ein Antrag auf Verwendung eines neuen Lebensmittelzusatzstoffes eingereicht wird. Im Fall eines Antrags auf Änderung der Verwendungsbedingungen oder der Spezifikation eines bereits zugelassenen Lebensmittelzusatzstoffes kann unter Umständen auf die für die Risikobewertung vorgeschriebenen Daten verzichtet werden, sofern der Antragsteller dies begründet.

(5) Die Behörde hat am 23. Juli 2009 ein wissenschaftliches Gutachten zu den Datenanforderungen bei der Bewertung von Verwendungen von Lebensmittelenzymen[6] angenommen. Diese Daten sind vorzulegen, wenn ein Antrag auf Verwendung eines neuen Lebensmittelenzyms eingereicht wird. Im Fall eines Antrags auf Änderung der Verwendungsbedingungen oder der

---

Zur Präambel:
[1] *ABl. L 354 vom 31. 12. 2008, S. 1.*
Zu Abs. 1:
[2] *ABl. L 354 vom 31. 12. 2008, S. 16.*
[3] *ABl. L 354 vom 31. 12. 2008, S. 7.*
[4] *ABl. L 354 vom 31. 12. 2008, S. 34.*

Zu Abs. 4:
[5] *http://www.efsa.europa.eu/en/scdocs/doc/1188.pdf*
Zu Abs. 5:
[6] *http://www.efsa.europa.eu/en/scdocs/doc/1305.pdf*

Spezifikation eines bereits zugelassenen Lebensmittelenzyms kann unter Umständen auf die für die Risikobewertung vorgeschriebenen Daten verzichtet werden, sofern der Antragsteller dies begründet.

(6) Die Behörde hat am 19. Mai 2010 ein wissenschaftliches Gutachten zu den Datenanforderungen für die Risikobewertung von Aromen zur Verwendung in und auf Lebensmitteln[7] angenommen. Diese Daten sind vorzulegen, wenn ein Antrag auf Verwendung eines neuen Aromas eingereicht wird. Im Fall eines Antrags auf Änderung der Verwendungsbedingungen oder der Spezifikation eines bereits zugelassenen Aromas kann unter Umständen auf die für die Risikobewertung vorgeschriebenen Daten verzichtet werden, sofern der Antragsteller dies begründet.

(7) Es ist wichtig, dass bei toxikologischen Versuchen ein bestimmter Standard zugrunde gelegt wird. Daher sollten die Bestimmungen der Richtlinie 2004/10/EG des Europäischen Parlaments und des Rates vom 11. Februar 2004 zur Angleichung der Rechts- und Verwaltungsvorschriften für die Anwendung der Grundsätze der Guten Laborpraxis und zur Kontrolle ihrer Anwendung bei Versuchen mit chemischen Stoffen[8] angewandt werden. Finden solche Versuche außerhalb der Europäischen Union statt, sollten die 1998 veröffentlichten „OECD Principles of Good Laboratory Practice" (OECD-Grundsätze der Guten Laborpraxis, GLP)[9] befolgt werden.

(8) Die Verwendung von Lebensmittelzusatzstoffen und Lebensmittelenzymen sollte stets technologisch gerechtfertigt sein. Außerdem sollte der Antragsteller im Fall von Lebensmittelzusatzstoffen darlegen, weshalb die technologische Wirkung nicht durch ein anderes wirtschaftlich und technologisch praktikables Mittel erreicht werden kann.

(9) Die Verwendung eines Stoffes sollte zugelassen werden, wenn sie für den Verbraucher nicht irreführend ist. Der Antragsteller sollte darlegen, dass die beantragten Verwendungen den Verbraucher nicht irreführen. Im Fall von Lebensmittelzusatzstoffen sollten darüber hinaus die Vorteile und der Nutzen für den Verbraucher erläutert werden.

(10) Unbeschadet des Artikels 9 der Verordnung (EG) Nr. 1332/2008, des Artikels 19 der Verordnung (EG) Nr. 1333/2008 und des Artikels 13 der Verordnung (EG) Nr. 1334/2008 sollte die Kommission prüfen, ob der Antrag zulässig ist und ob er in den Anwendungsbereich der betreffenden sektoralen lebensmittelrechtlichen Vorschriften fällt. Gegebenenfalls sollte eine Empfehlung der Behörde hinsichtlich der Eignung der vorgelegten Daten für die Risikobewertung berücksichtigt werden. Eine solche Prüfung sollte die Bewertung eines Antrags nicht verzögern.

(11) Die Informationen im Gutachten der Behörde sollten ausreichen, um festzustellen, ob die Zulassung der vorgeschlagenen Verwendung des Stoffes für den Verbraucher sicher ist. Diese Informationen umfassen gegebenenfalls die Schlussfolgerungen zur Toxizität des Stoffes und die mögliche Festlegung der zulässigen täglichen Aufnahme („acceptable daily intake", ADI), numerisch ausgedrückt, mit Einzelheiten der Bewertung der ernährungsbedingten Exposition für alle Lebensmittelkategorien, einschließlich der Exposition besonders gefährdeter Verbrauchergruppen.

(12) Der Antragsteller sollte zudem die von der Behörde verfasste Anleitung bezüglich der für die Risikobewertung vorgeschriebenen Daten (EFSA Journal[10]) befolgen.

(13) Die vorliegende Verordnung berücksichtigt die neuesten wissenschaftlichen und technischen Erkenntnisse. Die Kommission kann die Verordnung ändern, wenn es neue Entwicklungen auf diesem Gebiet gibt oder die Behörde überarbeitete bzw. zusätzliche wissenschaftliche Leitlinien veröffentlicht.

(14) Praktische Angaben und Hinweise zu Anträgen auf Zulassung von Lebensmittelzusatzstoffen, -enzymen und -aromen, zum Beispiel was Anschriften, Kontaktpersonen oder die Übermittlung von Unterlagen anbelangt, sollten in einer separaten Mitteilung der Kommission und/oder der Behörde bereitgestellt werden.

(15) Es ist eine Frist festzulegen, damit die Antragsteller Zeit haben, den Bestimmungen dieser Verordnung nachzukommen.

(16) Die in dieser Verordnung vorgesehenen Maßnahmen entsprechen der Stellungnahme des Ständigen Ausschusses für die Lebensmittelkette und Tiergesundheit —

Zu Abs. 6:
[7] http://www.efsa.europa.eu/en/scdocs/doc/1623.pdf

Zu Abs. 7:
[8] ABl. L 50 vom 20. 2. 2004, S. 44.
[9] „OECD Series on Principles of Good Laboratory Practice and Compliance Monitoring", Nummer 1. „OECD Principles on Good Laboratory Practice" (überarbeitete Fassung von 1997) ENV/MC/ CHEM(98)17.

Zu Abs. 12:
[10] http://www.efsa.europa.eu/de/efsajournal.htm

HAT FOLGENDE VERORDNUNG ERLASSEN:

KAPITEL I
ALLGEMEINE BESTIMMUNGEN

Artikel 1
Anwendungsbereich

Diese Verordnung gilt für Verwendungen gemäß Artikel 3 Absatz 1 der Verordnung (EG) Nr. 1331/2008 über ein einheitliches Zulassungsverfahren für Lebensmittelzusatzstoffe, -enzyme und -aromen.

Artikel 1a
Begriffsbestimmungen

Für die Zwecke dieser Verordnung bezeichnet der Ausdruck

a) „Status der qualifizierten Sicherheitsannahme" den Sicherheitsstatus, den die Behörde aufgrund einer Bewertung ohne Sicherheitsbedenken ausgewählten Gruppen von Mikroorganismen verleiht;

b) „SCF-Leitlinien von 1992" die im Gutachten des Wissenschaftlichen Lebensmittelausschusses („SCF") vom 11. April 1991 beschriebenen Leitlinien für die Darbietung von Daten über Lebensmittelenzyme[1].

(ABl L 168 vom 28. 6. 2012, S 21)

KAPITEL II
INHALT, AUFMACHUNG UND VORLAGE DES ANTRAGS

Artikel 2
Inhalt des Antrags

(1) Der Antrag gemäß Artikel 1 muss Folgendes umfassen:

a) ein Anschreiben,

b) technische Unterlagen,

c) eine detaillierte Zusammenfassung und eine für die Öffentlichkeit bestimmte Zusammenfassung des Dossiers.

(ABl L 406 vom 3. 12. 2020, S 43)

(2) Das Anschreiben gemäß Absatz 1 Buchstabe a ist entsprechend dem Muster im Anhang zu erstellen.

(3) Die technischen Unterlagen gemäß Absatz 1 Buchstabe b müssen Folgendes umfassen:

a) die administrativen Daten gemäß Artikel 4,

b) die für die Risikobewertung vorgeschriebenen Daten gemäß den Artikeln 5, 6, 8 und 10 sowie die Informationen über die Meldung der Studien gemäß Artikel 32b der Verordnung (EG) Nr. 178/2002,

c) die für das Risikomanagement vorgeschriebenen Daten gemäß den Artikeln 7, 9 und 11 sowie die Informationen über die Meldung der Studien gemäß Artikel 32b der Verordnung (EG) Nr. 178/2002.

(ABl L 406 vom 3. 12. 2020, S 43)

(4) Im Fall eines Antrags auf Änderung der Verwendungsbedingungen eines bereits zugelassenen Lebensmittelzusatzstoffes, -enzyms oder -aromas kann unter Umständen auf sämtliche in den Artikeln 5 bis 11 genannten Daten verzichtet werden. Der Antragsteller hat eine nachprüfbare Begründung vorzulegen, weshalb die vorgeschlagenen Änderungen keine Auswirkungen auf die Ergebnisse der aktuellen Risikobewertung haben.

(5) Im Fall eines Antrags auf Änderung der Spezifikation eines bereits zugelassenen Lebensmittelzusatzstoffes, -enzyms oder -aromas

a) können sich die vorzulegenden Daten auf die Begründung des Antrags und die Änderungen in der Spezifikation beschränken;

b) hat der Antragsteller hat eine nachprüfbare Begründung vorzulegen, weshalb die vorgeschlagenen Änderungen keine Auswirkungen auf die Ergebnisse der aktuellen Risikobewertung haben.

(6) Die Zusammenfassung des Dossiers gemäß Absatz 1 Buchstabe c muss eine mit Gründen versehene Erklärung darüber enthalten, dass die Verwendung des Erzeugnisses folgende Bestimmungen erfüllt:

a) Artikel 6 der Verordnung (EG) Nr. 1332/2008 oder

b) Artikel 6, 7 und 8 der Verordnung (EG) Nr. 1333/2008 oder

c) Artikel 4 der Verordnung (EG) Nr. 1334/2008.

Die für die Öffentlichkeit bestimmte Zusammenfassung des Dossiers darf keine Informationen enthalten, für die ein Ersuchen um vertrauliche Behandlung gemäß Artikel 12 der Verordnung (EG) Nr. 1331/2008 und Artikel 39a der Verordnung (EG) Nr. 178/2002 gestellt wurde. *(ABl L 406 vom 3. 12. 2020, S 43)*

Artikel 3
Aufmachung und Vorlage

(1) Vor Annahme der Standarddatenformate gemäß Artikel 39f der Verordnung (EG) Nr. 178/2002 ist der Antrag über das von der Kommission bereitgestellte elektronische Übermittlungssystem in einem elektronischen Format zu übermitteln, welches das Herunterladen, Ausdrucken und Durchsuchen von Dokumenten ermög-

---

Zu Artikel 1a:
[1] http://ec.europa.eu/food/fs/sc/scf/reports/scf_reports_27.pdf

licht. Nach Annahme der Standarddatenformate gemäß Artikel 39f der Verordnung (EG) Nr. 178/2002 ist der Antrag über das von der Kommission bereitgestellte elektronische Übermittlungssystem in diesen Standarddatenformaten zu übermitteln. Der Antragsteller hat die von der Kommission (auf der Website der Generaldirektion Gesundheit und Lebensmittelsicherheit[2]) zur Verfügung gestellte praktische Anleitung zur Vorlage von Anträgen zu befolgen. *(ABl L 406 vom 3. 12. 2020, S 43)*

(2) Hinsichtlich der Erstellung der EU-Liste der Lebensmittelenzyme gemäß Artikel 17 der Verordnung (EG) Nr. 1332/2008 beträgt die Frist für die Vorlage von Anträgen 24 Monate ab dem mit der vorliegenden Verordnung festgelegten Zeitpunkt der Anwendbarkeit der Durchführungsbestimmungen.

Artikel 4
Administrative Daten

Die administrativen Daten gemäß Artikel 2 Absatz 3 Buchstabe a umfassen Folgendes:

a) Name des Antragstellers (Unternehmen, Organisation usw.), Anschrift und Kontaktdaten;

b) Name des Herstellers/der Hersteller des Stoffes, falls nicht identisch mit dem Antragsteller, Anschrift und Kontaktdaten;

c) Name der für das Dossier zuständigen Person, Anschrift und Kontaktdaten;

d) Datum der Vorlage des Dossiers;

e) Art des Antrags, d. h. Angabe, ob der Antrag einen Lebensmittelzusatzstoff, ein Lebensmittelenzym oder ein Lebensmittelaroma betrifft;

f) gegebenenfalls chemische Bezeichnung nach der IUPAC-Nomenklatur;

g) gegebenenfalls E-Nummer des Zusatzstoffes nach der Definition in den EU-Rechtsvorschriften über Lebensmittelzusatzstoffe;

h) gegebenenfalls Verweis auf ähnliche zugelassene Lebensmittelenzyme;

i) gegebenenfalls FL-Nummer des Aromastoffes nach der Definition in den EU-Rechtsvorschriften über Aromen;

j) gegebenenfalls Informationen zu Zulassungen, die in den Anwendungsbereich der Verordnung (EG) Nr. 1829/2003 des Europäischen Parlaments und des Rates vom 22. September 2003 über genetisch veränderte Lebensmittel und Futtermittel[3]) fallen;

k) Inhaltsverzeichnis zu dem Dossier;

l) Verzeichnis der Unterlagen und sonstige Angaben; der Antragsteller muss Anzahl und Titel der Dokumentationsbände angeben, die er zur Stützung des Antrags vorlegt, wobei ein detailliertes Register mit Band- und Seitenangaben beizufügen ist;

m) falls der Antragsteller gemäß Artikel 12 der Verordnung (EG) Nr. 1331/2008 um die vertrauliche Behandlung bestimmter Teile von Informationen, einschließlich ergänzender Informationen, in dem Dossier ersucht, ein Verzeichnis der Teile des Dossiers, die vertraulich behandelt werden sollen; diesem beizufügen ist eine nachprüfbare Begründung, aus der hervorgeht, wie die Offenlegung dieser Informationen den Interessen des Antragstellers erheblich schaden könnte; *(ABl L 406 vom 3. 12. 2020, S 43)*

n) Verzeichnis der zur Stützung des Antrags vorgelegten Studien, einschließlich Informationen, die die Einhaltung von Artikel 32b der Verordnung (EG) Nr. 178/2002 belegen. *(ABl L 406 vom 3. 12. 2020, S 43)*

Artikel 5
Allgemeine Bestimmungen zu den Daten für die Risikobewertung

(1) Das zur Stützung eines Antrags auf Bewertung der Sicherheit eines Stoffes vorgelegte Dossier muss eine umfassende Risikobewertung des Stoffes sowie eine Prüfung dahingehend ermöglichen, dass der Stoff im Sinne von Artikel 6 Buchsta- be a der Verordnung (EG) Nr. 1332/2008, Artikel 6 Absatz 1 Buchstabe a der Verordnung (EG) Nr. 1333/2008 und Artikel 4 Buchstabe a der Verordnung (EG) Nr. 1334/2008 keine Gefahr für die Gesundheit der Verbraucher darstellt.

(2) Das Antragsdossier muss alle verfügbaren Daten enthalten, die für die Risikobewertung relevant sind (d. h. vollständige veröffentlichte Unterlagen zu allen angegebenen Referenzen, vollständige Kopien der unveröffentlichten Originalstudien).

(3) Der Antragsteller hat die neuesten von der Behörde angenommenen bzw. bestätigten Anleitungsdokumente zu berücksichtigen, die zum Zeitpunkt der Vorlage des Antrags verfügbar sind (EFSA Journal).

(4) Die Dokumentation des Verfahrens zur Erhebung der Daten ist vorzulegen, einschließlich der Strategien für die Literaturrecherche (zugrunde gelegte Annahmen, verwendete Schlüsselwörter, genutzte Datenbanken, abgedeckter Zeitrahmen, einschränkende Kriterien usw.) und der vollständigen Ergebnisse dieser Recherchen.

(5) Die Strategie für die Sicherheitsbewertung und die zugehörige Versuchsstrategie sind zu beschreiben und mit Begründungen für die Berück-

---

Zu Artikel 3:
[2]) https://ec.europa.eu/food/safety_en
Zu Artikel 4:
[3]) ABl. L 268 vom 18. 10. 2003, S. 1.

sichtigung und den Ausschluss bestimmter Studien und/oder Daten zu rechtfertigen.

(6) Die einzelnen Rohdaten unveröffentlichter Studien und gegebenenfalls veröffentlichter Studien sowie die Einzelergebnisse von Untersuchungen werden auf Ersuchen der Behörde zur Verfügung gestellt.

(7) Bei jeder biologischen oder toxikologischen Studie ist klarzustellen, ob das Versuchsmaterial der vorgeschlagenen oder der geltenden Spezifikation entspricht. Weicht das Versuchsmaterial von dieser Spezifikation ab, muss der Antragsteller die Relevanz dieser Daten für den betreffenden Stoff nachweisen. Toxikologische Untersuchungen sind in Einrichtungen durchzuführen, die den Anforderungen der Richtlinie 2004/10/EG genügen, bzw. wenn solche Untersuchungen außerhalb der Europäischen Union stattfinden, müssen die „OECD Principles of Good Laboratory Practice" (OECD-Grundsätze der Guten Laborpraxis, GLP) befolgt werden. Der Antragsteller muss den Nachweis erbringen, dass diese Anforderungen erfüllt sind. Bei Untersuchungen, die nicht gemäß den Standardprotokollen durchgeführt werden, sind die Auswertung der Daten und deren Eignung für die Risikobewertung zu erläutern.

(8) Der Antragsteller hat eine Gesamtschlussfolgerung zur Sicherheit der vorgeschlagenen Verwendungen des Stoffes vorzulegen. Die Gesamtbewertung möglicher Risiken für die menschliche Gesundheit erfolgt unter Berücksichtigung der bekannten oder wahrscheinlichen Exposition des Menschen.

Artikel 6
Spezifische Daten für die Risikobewertung von Lebensmittelzusatzstoffen

(1) Neben den in Artikel 5 genannten Daten sind folgende Informationen vorzulegen:

a) Identität und Charakterisierung des Zusatzstoffes, einschließlich der vorgeschlagenen Spezifikation und der Analysedaten;

b) gegebenenfalls Partikelgröße, Verteilung der Partikelgröße und sonstige physikalisch-chemische Merkmale;

c) Herstellungsprozess;

d) Verunreinigungen;

e) Stabilität, Reaktion und Verbleib in Lebensmitteln, denen der Zusatzstoff zugesetzt wird;

f) gegebenenfalls geltende Zulassungen und vorhandene Risikobewertungen;

g) vorgeschlagene übliche und maximale Verwendungsmengen in den in der EU-Liste aufgeführten Lebensmittelkategorien oder in einer neu vorgeschlagenen Lebensmittelkategorie oder in einem spezifischeren Lebensmittel, das einer dieser Kategorien angehört;

h) Bewertung der ernährungsbedingten Exposition;

i) die biologischen und toxikologischen Daten.

(2) Bei den biologischen und toxikologischen Daten gemäß Absatz 1 Buchstabe i sind folgende Kernbereiche abzudecken:

a) Toxikokinetik,

b) subchronische Toxizität,

c) Genotoxizität,

d) chronische Toxizität/Karzinogenität,

e) Reproduktions- und Entwicklungstoxizität.

Artikel 7
Daten für das Risikomanagement von Lebensmittelzusatzstoffen

(1) Das zur Stützung eines Antrags vorgelegte Dossier muss die Informationen enthalten, die eine Überprüfung dahingehend ermöglichen, ob eine begründete technologische Notwendigkeit besteht, der durch kein anderes wirtschaftlich und technologisch praktikables Mittel nachzukommen ist, und ob die vorgeschlagene Verwendung gemäß Artikel 6 Absatz 1 Buchstaben b und c der Verordnung (EG) Nr. 1333/2008 für den Verbraucher nicht irreführend ist.

(2) Damit die Überprüfung gemäß Absatz 1 gewährleistet werden kann, sind folgende geeignete und ausreichende Informationen vorzulegen:

a) Identität des Lebensmittelzusatzstoffes, einschließlich eines Verweises auf die geltende Spezifikation;

b) Funktion und technologische Notwendigkeit der vorgeschlagenen Verwendungsmenge für jede Lebensmittelkategorie bzw. jedes Erzeugnis, für die bzw. das eine Zulassung beantragt wird, sowie eine Erklärung, dass dies durch kein anderes wirtschaftlich und technologisch praktikables Mittel erreicht werden kann;

c) die Untersuchungen zur Wirksamkeit des Lebensmittelzusatzstoffes im Hinblick auf die beabsichtigte Wirkung bei Zusatz der vorgeschlagenen Verwendungsmenge;

d) Vorteile und Nutzen für den Verbraucher; der Antragsteller muss die Anforderungen gemäß Artikel 6 Absatz 2 der Verordnung (EG) Nr. 1333/2008 zu berücksichtigen;

e) Erläuterung, weshalb die Verwendung den Verbraucher nicht irreführen würde;

f) vorgeschlagene übliche und maximale Verwendungsmengen in den in der EU-Liste aufgeführten Lebensmittelkategorien oder in einer neu vorgeschlagenen Lebensmittelkategorie oder in einem spezifischeren Lebensmittel, das einer dieser Kategorien angehört;

g) Expositionsbewertung, basierend auf der beabsichtigten üblichen und maximalen Verwendungsmenge für jede betroffene Kategorie bzw. jedes betroffene Erzeugnis;

h) vorhandene Menge des Lebensmittelzusatzstoffes im Lebensmittel-Enderzeugnis, wie es vom Verbraucher verzehrt wird;

i) Analysemethoden zur Identifizierung und Quantifizierung des Zusatzstoffes oder seiner Rückstände in Lebensmitteln;

j) gegebenenfalls Einhaltung der besonderen Bedingungen für Süßungsmittel und Farbstoffe gemäß den Artikeln 7 und 8 der Verordnung (EG) Nr. 1333/2008.

Artikel 8
Spezifische Daten für die Risikobewertung von Lebensmittelenzymen

(1) Neben den in Artikel 5 genannten Daten sind folgende Informationen vorzulegen:

a) Bezeichnung(en), Synonyme, Abkürzungen und Klassifikation(en);

b) Nummer der Enzymkommission;

c) vorgeschlagene Spezifikation, einschließlich Herkunft;

d) Eigenschaften;

e) Verweis auf etwaige ähnliche Lebensmittelenzyme;

f) Ausgangsstoff(e);

g) Herstellungsprozess;

h) Stabilität, Reaktion und Verbleib in Lebensmitteln, in denen das Lebensmittelenzym verwendet wird;

i) gegebenenfalls geltende Zulassungen und vorhandene Bewertungen;

j) vorgeschlagene Verwendungen in Lebensmitteln und gegebenenfalls vorgeschlagene übliche und maximale Verwendungsmengen;

k) Bewertung der ernährungsbedingten Exposition;

l) die biologischen und toxikologischen Daten.

(2) Bei den biologischen und toxikologischen Daten gemäß Absatz 1 Buchstabe l sind folgende Kernbereiche abzudecken:

a) subchronische Toxizität,

b) Genotoxizität.

(3) Abweichend von Absatz 1 Buchstabe l kann bei der Vorlage des Dossiers für einen Antrag auf Sicherheitsbewertung eines Lebensmittelenzyms auf die toxikologischen Daten verzichtet werden, wenn das fragliche Lebensmittelenzym gewonnen wurde aus

a) essbaren Teilen von Pflanzen oder Tieren, die dazu bestimmt sind oder von denen nach vernünftigem Ermessen erwartet werden kann, dass sie von Menschen aufgenommen werden; oder

b) Mikroorganismen mit dem Status der qualifizierten Sicherheitsannahme.
(ABl L 168 vom 28. 6. 2012, S 21)

(4) Absatz 3 gilt nicht, wenn die betroffenen Pflanzen oder Tiere genetisch veränderte Organismen nach der Definition in Artikel 2 Nummer 5 der Verordnung (EG) Nr. 1829/2003 sind oder der betroffene Mikroorganismus ein genetisch veränderter Mikroorganismus nach Artikel 2 Buchstabe b der Richtlinie 2009/41/EG[4] ist. Dagegen findet Absatz 3 Buchstabe b auf Mikroorganismen Anwendung, bei denen die genetische Veränderung mit den in Anhang II Teil A Nummer 4 der Richtlinie 2009/41/EG beschriebenen Techniken/Methoden erzielt wurde. *(ABl L 168 vom 28. 6. 2012, S 21)*

(5) Lebensmittelenzyme können in einem Antrag zusammengefasst werden, wenn sie dieselbe katalytische Wirkung haben, aus derselben Quelle stammen (z. B. Tier- oder Pflanzenart) und nach im Wesentlichen identischen Herstellungsverfahren produziert werden und gewonnen wurden aus

a) essbaren Teilen von Pflanzen oder Tieren, die dazu bestimmt sind oder von denen nach vernünftigem Ermessen erwartet werden kann, dass sie von Menschen aufgenommen werden; oder

b) Mikroorganismen mit dem Status der qualifizierten Sicherheitsannahme; oder

c) Mikroorganismen, die in der Produktion von Lebensmittelenzymen verwendet worden sind, die im Einklang mit den SCF-Leitlinien von 1992 von den zuständigen Behörden in Frankreich oder Dänemark bewertet und zugelassen wurden.
(ABl L 168 vom 28. 6. 2012, S 21)

(6) Absatz 5 gilt nicht, wenn die betroffenen Pflanzen oder Tiere genetisch veränderte Organismen nach der Definition in Artikel 2 Nummer 5 der Verordnung (EG) Nr. 1829/2003 sind oder der betroffene Mikroorganismus ein genetisch veränderter Mikroorganismus nach Artikel 2 Buchstabe b der Richtlinie 2009/41/EG ist. *(ABl L 168 vom 28. 6. 2012, S 21)*

Artikel 9
Daten für das Risikomanagement von Lebensmittelenzymen

(1) Das zur Stützung eines Antrags vorgelegte Dossier muss die Informationen enthalten, die eine Überprüfung dahingehend ermöglichen, ob eine begründete technologische Notwendigkeit besteht und ob die vorgeschlagene Verwendung gemäß Artikel 6 Buchstaben b und c der Verordnung (EG) Nr. 1332/2008 für den Verbraucher nicht irreführend ist.

Zu Artikel 8:
[4] ABl. L 125 vom 21.5.2009, S. 75.

(2) Damit die Überprüfung gemäß Absatz 1 gewährleistet ist, sind folgende geeignete und ausreichende Informationen vorzulegen:

a) Identität des Lebensmittelenzyms, einschließlich eines Verweises auf die Spezifikation;

b) Funktion und technologische Notwendigkeit, einschließlich einer Beschreibung des typischen Prozesses/der typischen Prozesse, bei dem/denen das Lebensmittelenzym verwendet werden kann;

c) Wirkung des Lebensmittelenzyms auf das Lebensmittel-Enderzeugnis;

d) Erläuterung, weshalb die Verwendung den Verbraucher nicht irreführen würde;

e) gegebenenfalls vorgeschlagene übliche und maximale Verwendungsmengen;

f) Bewertung der ernährungsbedingten Exposition, wie in der Anleitung der Behörde zu Lebensmittelenzymen[5] beschrieben.

Artikel 10
Spezifische Daten für die Risikobewertung von Aromen

(1) Neben den in Artikel 5 genannten Daten sind folgende Informationen vorzulegen:

a) Herstellungsprozess;

b) Spezifikation;

c) gegebenenfalls Partikelgröße, Verteilung der Partikelgröße und sonstige physikalisch-chemische Merkmale;

d) gegebenenfalls geltende Zulassungen und vorhandene Bewertungen;

e) vorgeschlagene Verwendungen in Lebensmitteln sowie vorgeschlagene übliche und maximale Verwendungsmengen in den in der EU-Liste aufgeführten Lebensmittelkategorien oder in einem spezifischeren Lebensmittel, das einer dieser Kategorien angehört;

f) Daten zu ernährungsbedingten Quellen;

g) Bewertung der ernährungsbedingten Exposition;

h) die biologischen und toxikologischen Daten.

(2) Bei den biologischen und toxikologischen Daten gemäß Absatz 1 Buchstabe h sind folgende Kernbereiche abzudecken:

a) Untersuchung auf strukturelle/metabolische Ähnlichkeit mit Aromastoffen, die bereits im Rahmen einer Bewertung von Aromagruppen untersucht wurden;

b) Genotoxizität;

c) gegebenenfalls subchronische Toxizität;

d) gegebenenfalls Entwicklungstoxizität;

e) gegebenenfalls chronische Toxizität und Daten zur Karzinogenität.

Artikel 11
Daten für das Risikomanagement von Lebensmittelaromen

Das zur Stützung eines Antrags vorgelegte Dossier muss folgende Informationen enthalten:

a) Identität des Aromas, einschließlich eines Verweises auf die geltende Spezifikation;

b) organoleptische Eigenschaften des Stoffes;

c) vorgeschlagene übliche und maximale Verwendungsmengen in den Lebensmittelkategorien oder in einem spezifischeren Lebensmittel, das einer dieser Kategorien angehört;

d) Expositionsbewertung, basierend auf der beabsichtigten üblichen und maximalen Verwendungsmenge für jede betroffene Kategorie bzw. jedes betroffene Erzeugnis.

KAPITEL III
MODALITÄTEN DER PRÜFUNG DER ZULÄSSIGKEIT EINES ANTRAGS

Artikel 12
Verfahren

(1) Bei Eingang eines Antrags prüft die Kommission unverzüglich, ob der betreffende Lebensmittelzusatzstoff, das betreffende Lebensmittelenzym oder das betreffende Lebensmittelaroma in den Anwendungsbereich der entsprechenden sektoralen lebensmittelrechtlichen Vorschriften fällt, ob der Antrag alle nach Kapitel II vorgeschriebenen Elemente enthält und ob er die Anforderungen des Artikels 32b der Verordnung (EG) Nr. 178/2002 erfüllt.

(2) Die Kommission kann die Behörde zur Eignung der Daten für die Risikobewertung entsprechend den wissenschaftlichen Gutachten zu Datenanforderungen bei der Bewertung von Anträgen in Bezug auf Stoffe sowie dazu konsultieren, ob der Antrag die Anforderungen des Artikels 32b der Verordnung (EG) Nr. 178/2002 erfüllt. Die Behörde legt der Kommission innerhalb von 30 Arbeitstagen ihre Auffassung dar.

(3) Wird der Antrag von der Kommission als zulässig erachtet, beginnt mit dem Eingangsdatum der Antwort der Behörde gemäß Absatz 2 die Bewertungsfrist gemäß Artikel 5 Absatz 1 der Verordnung (EG) Nr. 1331/2008.

Gemäß Artikel 17 Absatz 4 Unterabsatz 2 Buchstabe a der Verordnung (EG) Nr. 1332/2008 findet jedoch im Fall der Erstellung der EU-Liste der

---

Zu Artikel 9:
[5] *Anleitung der EFSA für die Vorlage eines Dossiers zu Lebensmittelenzymen, erstellt vom Wissenschaftlichen Gremium für Materialien, die mit Lebensmitteln in Berührung kommen, Enzyme, Aromen und Verarbeitungshilfsstoffe. EFSA Journal (2009) 1305, S. 1.*

Lebensmittelenzyme Artikel 5 Absatz 1 der Verordnung (EG) Nr. 1331/2008 keine Anwendung.

(4) Im Fall eines Antrags auf Aktualisierung der EU-Liste der Lebensmittelzusatzstoffe, Lebensmittelenzyme oder Lebensmittelaromen kann die Kommission beim Antragsteller zusätzliche Informationen hinsichtlich der Zulässigkeit des Antrags anfordern und dem Antragsteller die Frist mitteilen, die bei der Übermittlung dieser Informationen zu beachten ist. Bei Anträgen gemäß Artikel 17 Absatz 2 der Verordnung (EG) Nr. 1332/2008 legt die Kommission diese Frist zusammen mit dem Antragsteller fest.

(5) Der Antrag wird als unzulässig eingestuft, wenn

a) er nicht in den Anwendungsbereich der entsprechenden sektoralen lebensmittelrechtlichen Vorschriften fällt,

b) er nicht alle nach Kapitel II vorgeschriebenen Elemente enthält,

c) er nicht den Anforderungen des Artikels 32b der Verordnung (EG) Nr. 178/2002 entspricht oder

d) die Behörde die Daten als ungeeignet für die Risikobewertung erachtet.

In einem solchen Fall informiert die Kommission den Antragsteller, die Mitgliedstaaten und die Behörde unter Angabe der Gründe, weshalb der Antrag als unzulässig eingestuft wurde.

(6) Abweichend von Absatz 5 und unbeschadet des Artikels 32b Absätze 4 und 5 der Verordnung (EG) Nr. 178/2002 kann ein Antrag auch dann als zulässig erachtet werden, wenn er nicht alle nach Kapitel II vorgeschriebenen Elemente enthält, sofern der Antragsteller für jedes fehlende Element eine angemessene Begründung vorgelegt hat.

(ABl L 406 vom 3. 12. 2020, S 43)

KAPITEL IV
GUTACHTEN DER BEHÖRDE

Artikel 13
In das Gutachten der Behörde aufzunehmende Informationen

(1) Das Gutachten der Behörde muss folgende Informationen enthalten:

a) Identität und Charakterisierung des Lebensmittelzusatzstoffs, -enzyms oder -aromas;

b) Bewertung der biologischen und toxikologischen Daten;

c) Bewertung der ernährungsbedingten Exposition der europäischen Bevölkerung unter Berücksichtigung anderer potenzieller Quellen ernährungsbedingter Exposition;

d) Gesamtrisikobewertung, in der, falls möglich und relevant, ein gesundheitsbezogener Referenzwert festgelegt wird sowie, falls relevant, Unsicherheiten und Einschränkungen aufgezeigt werden;

e) überschreitet die ernährungsbedingte Exposition den in der Gesamtrisikobewertung bestimmten gesundheitsbezogenen Referenzwert, ist eine detaillierte Bewertung der ernährungsbedingten Exposition durch den Stoff vorzunehmen, wobei nach Möglichkeit für jede Lebensmittelkategorie bzw. jedes Lebensmittel, für die bzw. das die Verwendung zugelassen ist oder beantragt wurde, der Anteil an der Gesamtexposition anzugeben ist;

f) Schlussfolgerungen.

g) die Ergebnisse der gemäß Artikel 32c Absatz 2 der Verordnung (EG) Nr. 178/2002 während des Risikobewertungsprozesses durchgeführten Konsultationen.

(2) Die Kommission kann in ihrem Ersuchen um ein Gutachten der Behörde spezifischere Zusatzinformationen anfordern.

KAPITEL V
SCHLUSSBESTIMMUNGEN

Artikel 14
Inkrafttreten und Anwendung

Diese Verordnung tritt am zwanzigsten Tag nach ihrer Veröffentlichung im *Amtsblatt der Europäischen Union* in Kraft.

Sie gilt ab dem 11. September 2011.

Diese Verordnung ist in allen ihren Teilen verbindlich und gilt unmittelbar in jedem Mitgliedstaat.

Für die Kommission
Der Präsident
José Manuel BARROSO

6/1a. EU/Zusatzstoffe-ZuVf (Df)
Anhang

MUSTER EINES ANSCHREIBENS FÜR EINEN ANTRAG AUF ZULASSUNG VON LEBENSMITTELZUSATZSTOFFEN

EUROPÄISCHE KOMMISSION
Generaldirektion
Direktion
Referat
Datum: ....

Antrag auf Zulassung eines Lebensmittelzusatzstoffes gemäß der Verordnung (EG) Nr. 1331/2008

☐ Antrag auf Zulassung eines neuen Lebensmittelzusatzstoffes
☐ Antrag auf Änderung der Verwendungsbedingungen eines bereits zugelassenen Lebensmittelzusatzstoffes
☐ Antrag auf Änderung der Spezifikation eines bereits zugelassenen Lebensmittelzusatzstoffes

(Bitte gewünschte Antragsart ankreuzen)

Der/Die Antragsteller und/oder sein(e)/ihr(e) Vertreter in der Europäischen Union
(Name, Anschrift, …)

....
....
....

reicht/reichen den vorliegenden Antrag auf Zulassung eines Lebensmittelzusatzstoffes/von Lebensmittelzusatzstoffen ein.

Bezeichnung des Lebensmittelzusatzstoffes:

....

ELINCS- oder Einecs-Nummer (falls zugeteilt):

CAS-Nummer (falls zutreffend):

Funktionsklasse(n) von Lebensmittelzusatzstoffen (*):

(Liste)

....

Lebensmittelkategorien und beantragte Mengen:

Lebensmittelkategorie	Übliche Verwendungsmenge	Vorgeschlagene maximale Verwendungsmenge

Mit freundlichen Grüßen

    Unterschrift: ....

Anlagen:

☐ vollständiges Dossier
☐ für die Öffentlichkeit bestimmte Zusammenfassung des Dossiers (nicht vertraulich)
☐ detaillierte Zusammenfassung des Dossiers
☐ Verzeichnis der Teile des Dossiers, für die um eine vertrauliche Behandlung ersucht wird, zusammen mit einer nachprüfbaren Begründung, aus der hervorgeht, wie die Offenlegung dieser Informationen den Interessen des Antragstellers erheblich schaden könnte

Zusatzstoffe

6/1a. EU/Zusatzstoffe-ZuVf (Df) Anhang

☐ Verzeichnis der Studien und sämtlicher Informationen über die Meldung der Studien gemäß Artikel 32b der Verordnung (EG) Nr. 178/2002

☐ administrative Daten des Antragstellers/der Antragsteller

MUSTER EINES ANSCHREIBENS FÜR EINEN ANTRAG AUF ZULASSUNG VON LEBENSMITTELENZYMEN

EUROPÄISCHE KOMMISSION

Generaldirektion

Direktion

Referat

Datum: ....

Antrag auf Zulassung eines Lebensmittelenzyms gemäß der Verordnung (EG) Nr. 1331/2008

☐ Antrag auf Zulassung eines neuen Lebensmittelenzyms

☐ Antrag auf Änderung der Verwendungsbedingungen eines bereits zugelassenen Lebensmittelenzyms

☐ Antrag auf Änderung der Spezifikation eines bereits zugelassenen Lebensmittelenzyms

(Bitte gewünschte Antragsart ankreuzen)

Der/Die Antragsteller und/oder sein(e)/ihr(e) Vertreter in der Europäischen Union

(Name, Anschrift, ...)

....

....

reicht/reichen den vorliegenden Antrag auf Zulassung eines Lebensmittelenzyms/von Lebensmittelenzymen ein.

Bezeichnung des Lebensmittelenzyms:

....

Enzymklassifikationsnummer der Enzymkommission der IUBMB:

Ausgangsstoff:

....

....

Bezeichnung	Spezifikation	Lebensmittel	Verwendungsbedingungen	Beschränkungen des Verkaufs des Lebensmittelenzyms an den Endverbraucher	Spezifische Anforderung hinsichtlich der Lebensmittelkennzeichnung

Mit freundlichen Grüßen

Unterschrift: ....

Anlagen:

☐ vollständiges Dossier

☐ für die Öffentlichkeit bestimmte Zusammenfassung des Dossiers (nicht vertraulich)

☐ detaillierte Zusammenfassung des Dossiers

☐ Verzeichnis der Teile des Dossiers, für die um eine vertrauliche Behandlung ersucht wird, zusammen mit einer nachprüfbaren Begründung, aus der hervorgeht, wie die Offenlegung dieser Informationen den Interessen des Antragstellers erheblich schaden könnte

☐ Verzeichnis der Studien und sämtlicher Informationen über die Meldung der Studien gemäß Artikel 32b der Verordnung (EG) Nr. 178/2002

☐ administrative Daten des Antragstellers/der Antragsteller

6/1a. EU/Zusatzstoffe-ZuVf (Df)
Anhang

MUSTER EINES ANSCHREIBENS FÜR EINEN ANTRAG AUF ZULASSUNG VON LEBENSMITTELAROMEN

EUROPÄISCHE KOMMISSION

Generaldirektion

Direktion

Referat

Datum: ....

Antrag auf Zulassung eines Lebensmittelaromas gemäß der Verordnung (EG) Nr. 1331/2008

☐ Antrag auf Zulassung eines neuen Aromastoffes
☐ Antrag auf Zulassung eines neuen Aromaextrakts
☐ Antrag auf Zulassung eines neuen Aromagrundstoffes
☐ Antrag auf Zulassung eines neuen thermisch gewonnenen Reaktionsaromas
☐ Antrag auf Zulassung eines neuen anderen Aromastoffes
☐ Antrag auf Zulassung eines neuen Ausgangsstoffes
☐ Antrag auf Änderung der Verwendungsbedingungen eines bereits zugelassenen Lebensmittelaromas
☐ Antrag auf Änderung der Spezifikation eines bereits zugelassenen Lebensmittelaromas

(Bitte gewünschte Antragsart ankreuzen)

Der/Die Antragsteller und/oder sein(e)/ihr(e) Vertreter in der Europäischen Union

(Name, Anschrift, …)

....

....

reicht/reichen den vorliegenden Antrag auf Zulassung eines Lebensmittelaromas/von Lebensmittelaromen ein.

Bezeichnung des Aromas bzw. des Ausgangsstoffes:

....

FL-, CAS-, JECFA-, CoE-Nummer (falls zugeteilt):

Organoleptische Eigenschaften des Aromas:

....

Lebensmittelkategorien und beantragte Mengen:

Lebensmittelkategorie	Übliche Verwendungsmenge	Vorgeschlagene maximale Verwendungsmenge

Mit freundlichen Grüßen

    Unterschrift: ....

Anlagen:

☐ vollständiges Dossier
☐ für die Öffentlichkeit bestimmte Zusammenfassung des Dossiers (nicht vertraulich)
☐ detaillierte Zusammenfassung des Dossiers
☐ Verzeichnis der Teile des Dossiers, für die um eine vertrauliche Behandlung ersucht wird, zusammen mit einer nachprüfbaren Begründung, aus der hervorgeht, wie die Offenlegung dieser Informationen den Interessen des Antragstellers erheblich schaden könnte

Zusatzstoffe

Anhang

- ☐ Verzeichnis der Studien und sämtlicher Informationen über die Meldung der Studien gemäß Artikel 32b der Verordnung (EG) Nr. 178/2002
- ☐ administrative Daten des Antragstellers/der Antragsteller"

(*) Die Funktionsklassen von Lebensmittelzusatzstoffen in Lebensmitteln und von Lebensmittelzusatzstoffen in Lebensmittelzusatzstoffen und -enzymen sind in Anhang I der Verordnung (EG) Nr. 1333/2008 aufgeführt. Gehört der Zusatzstoff keiner der genannten Klassen an, so können Bezeichnung und Definition für eine neue Funktionsklasse vorgeschlagen werden.

(ABl L 406 vom 3. 12. 2020, S 43)

6/2. Verordnung (EG) Nr. 1332/2008 über Lebensmittelenzyme und zur Änderung der Richtlinie 83/417/EWG, der Verordnung (EG) Nr. 1493/1999, der Richtlinie 2000/13/EG, der Richtlinie 2001/112/EG sowie der Verordnung (EG) Nr. 258/97

ABl L 354 vom 31. 12. 2008, S 7 idF

1 ABl L 313 vom 13. 11. 2012, S 9

Verordnung (EG) Nr. 1332/2008 des Europäischen Parlaments und des Rates vom 16. Dezember 2008 über Lebensmittelenzyme und zur Änderung der Richtlinie 83/417/EWG des Rates, der Verordnung (EG) Nr. 1493/1999 des Rates, der Richtlinie 2000/13/EG, der Richtlinie 2001/112/EG des Rates sowie der Verordnung (EG) Nr. 258/97

DAS EUROPÄISCHE PARLAMENT UND DER RAT DER EUROPÄISCHEN UNION –

gestützt auf den Vertrag zur Gründung der Europäischen Gemeinschaft, insbesondere auf Artikel 95,

auf Vorschlag der Kommission,

nach Stellungnahme des Europäischen Wirtschafts- und Sozialausschusses[1],

gemäß dem Verfahren des Artikels 251 des Vertrags[2],

in Erwägung nachstehender Gründe:

(1) Der freie Verkehr mit sicheren und bekömmlichen Lebensmitteln ist ein wichtiger Aspekt des Binnenmarkts und trägt wesentlich zum Schutz der Gesundheit und des Wohlergehens der Bürger und zur Wahrung ihrer sozialen und wirtschaftlichen Interessen bei.

(2) Bei der Durchführung der Politik der Gemeinschaft ist ein hohes Maß an Schutz für Leben und Gesundheit des Menschen zu gewährleisten.

(3) Andere Lebensmittelenzyme als solche, die als Lebensmittelzusatzstoffe verwendet werden, sind derzeit entweder überhaupt nicht oder als Verarbeitungshilfsstoffe im einzelstaatlichen Recht geregelt. Unterschiede zwischen einzelstaatlichen Rechts- und Verwaltungsvorschriften über die Bewertung und Zulassung von Lebensmittelenzymen können den freien Verkehr behindern und dadurch ungleiche und unfaire Wettbewerbsbedingungen schaffen. Deshalb sind auf Gemeinschaftsebene Regeln zur Harmonisierung einzelstaatlicher Vorschriften über die Verwendung von Enzymen in Lebensmitteln festzulegen.

(4) Diese Verordnung sollte nur für Enzyme gelten, die einem Lebensmittel zur Erfüllung einer technologischen Funktion bei der Herstellung, Verarbeitung, Zubereitung, Behandlung, Verpackung, Beförderung oder Lagerung zugesetzt werden, auch als Verarbeitungshilfsstoffe (nachstehend „Lebensmittelenzyme" genannt). Der Anwendungsbereich dieser Verordnung sollte sich daher nicht auf Enzyme erstrecken, die nicht zur Erfüllung technologischer Funktionen einem Lebensmittel zugesetzt werden, sondern zum Verzehr bestimmt sind, wie z.B. Enzyme zu Ernährungszwecken oder zur Verdauungsförderung. Mikroorganismenkulturen, die in der herkömmlichen Erzeugung von Lebensmitteln, z.B. bei Käse und Wein, eingesetzt werden und die im Übrigen Enzyme produzieren können, wobei die Mikrobenkulturen aber nicht spezifisch zu ihrer Herstellung verwendet werden, sind nicht als Lebensmittelenzyme zu betrachten.

(5) Lebensmittelenzyme, die ausschließlich zur Herstellung von Lebensmittelzusatzstoffen verwendet werden, die unter die Verordnung Nr. (EG) 1333/2008 des Europäischen Parlaments und des Rates vom 16. Dezember 2008 über Lebensmittelzusatzstoffe[3] fallen, sollten vom Anwendungsbereich dieser Verordnung ausgeschlossen sein, weil die Sicherheit dieser Lebensmittel bereits bewertet und geregelt ist. Werden jedoch diese Lebensmittelenzyme als solche in Lebens-

Zusatzstoffe

Zur Präambel:
[1] *ABl. C 168 vom 20.7.2007, S. 34.*
[2] *Stellungnahme des Europäischen Parlaments vom 10. Juli 2007 (ABl. C 175 E vom 10.7.2008, S. 162), Gemeinsamer Standpunkt des Rates vom 10. März 2008 (ABl. C 111 E vom 6.5.2008, S. 32), Standpunkt des Europäischen Parlaments vom 8. Juli 2008 (noch nicht im Amtsblatt veröffentlicht). Entscheidung des Rates vom 18. November 2008.*

Zu Abs. 5:
[3] *Siehe Seite 16 dieses Amtsblatts.*

mitteln verwendet, so fallen sie unter diese Verordnung.

(6) Lebensmittelenzyme sollten nur zugelassen und verwendet werden, wenn sie den in dieser Verordnung festgelegten Kriterien genügen. Lebensmittelenzyme müssen in ihrer Verwendung sicher sein, es muss eine technologische Notwendigkeit für ihre Verwendung geben, und ihre Verwendung darf die Verbraucher nicht irreführen. Die Irreführung der Verbraucher kann sich unter anderem aus folgenden Aspekten ergeben: Art und Frischegrad eines Erzeugnisses, Qualität der verwendeten Zutaten, Naturbelassenheit eines Erzeugnisses bzw. Natürlichkeit des Herstellungsverfahrens oder Nährwert eines Erzeugnisses. Bei der Zulassung von Lebensmittelenzymen sollten auch noch andere für den zu prüfenden Sachverhalt relevante Faktoren wie gesellschaftliche, wirtschaftliche und ethische Faktoren, Traditionen und Umwelterwägungen, das Vorsorgeprinzip sowie die Durchführbarkeit von Kontrollen berücksichtigt werden.

(7) Einige Lebensmittelenzyme sind für spezifische Verwendungen zugelassen, z.B. für Fruchtsäfte und bestimmte gleichartige Erzeugnisse, für bestimmte Milcheiweißerzeugnisse für die menschliche Ernährung und für bestimmte zugelassene önologische Verfahren und Behandlungen. Diese Lebensmittelenzyme sollten in Übereinstimmung mit dieser Verordnung und den besonderen Bestimmungen der einschlägigen Gemeinschaftsvorschriften verwendet werden. Die Richtlinie 2001/112/EG des Rates vom 20. Dezember 2001 über Fruchtsäfte und bestimmte gleichartige Erzeugnisse für die menschliche Ernährung[4], die Richtlinie 83/417/EWG des Rates vom 25. Juli 1983 zur Angleichung der Rechtsvorschriften der Mitgliedstaaten über bestimmte Milcheiweißerzeugnisse (Kaseine und Kaseinate) für die menschliche Ernährung[5] und die Verordnung (EG) Nr. 1493/1999 des Rates vom 17. Mai 1999 über die gemeinsame Marktorganisation für Wein[6] sollten daher entsprechend geändert werden. Da die vorliegende Verordnung für alle Lebensmittelenzyme gelten sollte, sollte die Verordnung (EG) Nr. 258/97 des Europäischen Parlaments und des Rates vom 27. Januar 1997 über neuartige Lebensmittel und neuartige Lebensmittelzutaten[7] entsprechend geändert werden.

(8) Lebensmittelenzyme, die zur Verwendung in der Gemeinschaft zugelassen sind, sollten in einer Gemeinschaftsliste aufgeführt sein, in der die Enzyme eindeutig beschrieben und etwaige Bedingungen für ihre Verwendung festgelegt sind und die bei Bedarf Angaben über ihre Funktion im Endprodukt enthält. Diese Liste sollte durch Spezifikationen, insbesondere über ihre Herkunft, gegebenenfalls zusammen mit Angaben über allergene Eigenschaften, sowie Reinheitskriterien ergänzt werden.

(9) Im Interesse der Harmonisierung sollten die Risikobewertung von Lebensmittelenzymen und ihre Aufnahme in die Gemeinschaftsliste gemäß dem Verfahren erfolgen, das in der Verordnung (EG) Nr. 1331/2008 des Europäischen Parlaments und des Rates vom 16. Dezember 2008 zur Festlegung eines einheitlichen Zulassungsverfahrens für Lebensmittelzusatzstoffe, -enzyme und -aromen[8] vorgesehen ist.

(10) Nach der Verordnung (EG) Nr. 178/2002 des Europäischen Parlaments und des Rates vom 28. Januar 2002 zur Festlegung der allgemeinen Grundsätze und Anforderungen des Lebensmittelrechts, zur Errichtung der Europäischen Behörde für Lebensmittelsicherheit[9] und zur Festlegung von Verfahren zur Lebensmittelsicherheit ist die Europäische Behörde für Lebensmittelsicherheit (nachstehend „Behörde" genannt) in allen Fragen anzuhören, welche die öffentliche Gesundheit betreffen können.

(11) Ein Lebensmittelenzym, das in den Anwendungsbereich der Verordnung (EG) Nr. 1829/2003 des Europäischen Parlaments und des Rates vom 22. September 2003 über genetisch veränderte Lebensmittel und Futtermittel[10] fällt, sollte nach der genannten Verordnung sowie nach der vorliegenden Verordnung zugelassen werden.

(12) Ein bereits in der Gemeinschaftsliste gemäß dieser Verordnung aufgeführtes Lebensmittelenzym, das mit Produktionsmethoden oder Ausgangsstoffen hergestellt wird, die sich wesentlich von denjenigen unterscheiden, die in die Risikobewertung durch die Behörde einbezogen wurden, oder sich von denjenigen unterscheiden, auf die sich die gemäß dieser Verordnung erteilte Zulassung sowie die entsprechenden Spezifikationen beziehen, sollte der Behörde zur Bewertung vorgelegt werden. Unter „sich wesentlich unterscheiden" könnte unter anderem eine Änderung

---

Zu Abs. 7:
[4] ABl. L 10 vom 12.1.2002, S. 58.
[5] ABl. L 237 vom 26.8.1983, S. 25.
[6] ABl. L 179 vom 14.7.1999, S. 1.
[7] ABl. L 43 vom 14.2.1997, S. 1.

Zu Abs. 9:
[8] Siehe Seite 1 dieses Amtsblatts.
Zu Abs. 10:
[9] ABl. L 31 vom 1.2.2002, S. 1.
Zu Abs. 11:
[10] ABl. L 268 vom 18.10.2003, S. 1.

der Produktionsmethode zu verstehen sein, wenn ein Produkt nicht mehr durch Pflanzenextraktion, sondern durch Fermentation mit Hilfe eines Mikroorganismus oder durch eine gentechnisch veränderte Variante des ursprünglichen Mikroorganismus hergestellt wird, sowie eine Änderung bei den Ausgangsstoffen oder eine Änderung der Partikelgröße.

(13) Nachdem bereits viele Lebensmittelenzyme in der Gemeinschaft im Verkehr sind, sollte der Übergang zu einer Gemeinschaftsliste der Lebensmittelenzyme reibungslos verlaufen und nicht zu Beeinträchtigungen des bestehenden Marktes für Lebensmittelenzyme führen. Antragstellern sollte eine ausreichende Frist zur Vorlage der für die Sicherheitsbewertung der Erzeugnisse erforderlichen Informationen eingeräumt werden. Ab dem Zeitpunkt der Anwendbarkeit der Durchführungsmaßnahmen gemäß der Verordnung (EG) Nr. 1331/2008 sollte eine erste zweijährige Frist gelten, die Antragstellern genügend Zeit einräumt, um Informationen über bereits existierende Enzyme im Hinblick auf eine Aufnahme in die Gemeinschaftsliste gemäß dieser Verordnung vorzulegen. Während dieser ersten zweijährigen Frist sollte es auch möglich sein, Anträge auf Zulassung neuer Enzyme vorzulegen. Die Behörde sollte alle Anträge betreffend Lebensmittelenzyme, für die während dieser Frist ausreichende Informationen vorgelegt wurden, unverzüglich prüfen.

(14) Um faire und gleiche Bedingungen für alle Antragsteller zu schaffen, sollte diese erstmalige Erstellung der Liste in einem einzigen Schritt erfolgen. Diese Liste sollte nach Abschluss einer Risikobewertung für alle Lebensmittelenzyme, für die während der ersten zweijährigen Frist ausreichende Informationen vorgelegt wurden, erstellt werden. Die Risikobewertungen der Behörde für einzelne Enzyme sollten jedoch veröffentlicht werden, sobald sie fertig gestellt sind.

(15) Es wird erwartet, dass während der ersten zweijährigen Frist eine erhebliche Zahl von Anträgen vorgelegt wird. Es ist daher möglich, das eine längere Zeitspanne erforderlich ist, bevor die entsprechenden Risikobewertungen abgeschlossen sind und die Gemeinschaftsliste erstellt ist. Um neuen Lebensmittelenzymen nach der zweijährigen Frist einen gleichen Marktzugang zu sichern, sollte eine Übergangsfrist eingeräumt werden, in der Lebensmittelenzyme und Lebensmittel mit Lebensmittelenzymen gemäß den bestehenden einzelstaatlichen Vorschriften auf den Markt gebracht und verwendet werden können, bis die Gemeinschaftsliste erstellt ist.

(16) Die Lebensmittelenzyme E 1103 Invertase und E 1105 Lysozym, die gemäß der Richtlinie 95/2/EG des Europäischen Parlaments und des Rates vom 20. Februar 1995 über andere Lebensmittelzusatzstoffe als Farbstoffe und Süßungsmittel[11] bereits als Lebensmittelzusatzstoffe zugelassen sind, sowie die Bedingungen ihrer Verwendung sollten von der Richtlinie 95/2/EG in die Gemeinschaftsliste übernommen werden, wenn diese Liste im Rahmen der vorliegenden Verordnung erstellt wird. Zudem lässt die Verordnung (EG) Nr. 1493/1999 des Rates die Verwendung von Urease, beta-Glucanase and Lysozym in Wein unter den in der Verordnung (EG) Nr. 423/2008 der Kommission vom 8. Mai 2008 mit Durchführungsbestimmungen zur Verordnung (EG) Nr. 1493/1999 des Rates zur Einführung eines Gemeinschaftskodex der önologischen Verfahren und Behandlungen[12] genannten Bedingungen zu. Die genannten Stoffe sind Lebensmittelenzyme und sollten in den Anwendungsbereich dieser Verordnung fallen. Sie sollten daher ebenfalls zur Verwendung in Wein gemäß den Verordnungen (EG) Nr. 1493/1999 und Nr. 423/2008 in die Gemeinschaftsliste aufgenommen werden, wenn diese erstellt wird.

(17) Für Lebensmittelenzyme gelten weiterhin die allgemeinen Kennzeichnungspflichten gemäß der Richtlinie 2000/13/EG des Europäischen Parlaments und des Rates vom 20. März 2000 zur Angleichung der Rechtsvorschriften der Mitgliedstaaten über die Etikettierung und Aufmachung von Lebensmitteln sowie die Werbung hierfür[13] und gegebenenfalls der Verordnung (EG) Nr. 1829/2003 und der Verordnung (EG) Nr. 1830/2003 des Europäischen Parlaments und des Rates vom 22. September 2003 über die Rückverfolgbarkeit und Kennzeichnung von genetisch veränderten Organismen und über die Rückverfolgbarkeit von aus genetisch veränderten Organismen hergestellten Lebensmitteln und Futtermitteln[14]. Die Kennzeichnung der als solche an die Hersteller oder Endverbraucher verkauften Lebensmittelenzyme sollte zudem in dieser Verordnung geregelt werden.

(18) Lebensmittelenzyme fallen unter den Begriff des Lebensmittels gemäß der Verordnung (EG) Nr. 178/2002 und müssen deshalb gemäß der Richtlinie 2000/13/EG bei Verwendung in Lebensmitteln als Zutaten in der Kennzeichnung des Lebensmittels angeführt werden. Lebensmit-

---

Zu Abs. 16:
[11] ABl. L 61 vom 18.3.1995, S. 1.
[12] ABl. L 127 vom 15.5.2008, S. 13.
Zu Abs. 17:
[13] ABl. L 109 vom 6.5.2000, S. 29.
[14] ABl. L 268 vom 18.10.2003, S. 24.

telenzyme sollten mit ihrer technologischen Funktion in Lebensmitteln bezeichnet werden, gefolgt vom spezifischen Namen des Lebensmittelenzyms. Es ist jedoch eine Ausnahme von den Vorschriften über die Kennzeichnung vorzusehen für Enzyme, die keine technologische Funktion im Enderzeugnis erfüllen, und nur als Ergebnis einer Übertragung aus einer oder mehreren Zutaten oder wegen einer Verwendung als Verarbeitungshilfsstoff im Lebensmittel vorhanden sind. Die Richtlinie 2000/13/EG sollte entsprechend geändert werden.

(19) Lebensmittelenzyme müssen unter ständiger Überwachung stehen und erforderlichenfalls unter Berücksichtigung geänderter Verwendungsbedingungen und neuer wissenschaftlicher Informationen neu bewertet werden.

(20) Die zur Durchführung dieser Verordnung erforderlichen Maßnahmen sollten gemäß dem Beschluss 1999/468/EG des Rates vom 28. Juni 1999 zur Festlegung der Modalitäten für die Ausübung der der Kommission übertragenen Durchführungsbefugnisse[15] erlassen werden.

(21) Insbesondere sollte die Kommission die Befugnis erhalten, geeignete Übergangsmaßnahmen zu erlassen. Da es sich hierbei um Maßnahmen von allgemeiner Tragweite handelt, die eine Änderung nicht wesentlicher Bestimmungen dieser Verordnung, auch durch Ergänzung um neue nicht wesentliche Bestimmungen, bewirken, sind diese Maßnahmen nach dem Regelungsverfahren mit Kontrolle des Artikels 5a des Beschlusses 1999/468/EG zu erlassen.

(22) Für eine verhältnismäßige und effiziente Fortentwicklung und Aktualisierung des Gemeinschaftsrechts auf dem Gebiet der Lebensmittelenzyme ist es notwendig, Daten zu erheben, Informationen auszutauschen und die Arbeit der Mitgliedstaaten zu koordinieren. Für diese Zwecke könnte es sinnvoll sein, Studien zu erstellen, in denen konkrete Fragen untersucht werden, um so den Entscheidungsfindungsprozess zu erleichtern. Es ist zweckmäßig, dass die Gemeinschaft solche Studien aus ihrem Haushalt finanziert. Die Finanzierung solcher Maßnahmen wird von der Verordnung (EG) Nr. 882/2004 des Europäischen Parlaments und des Rates vom 29. April 2004 über amtliche Kontrollen zur Überprüfung der Einhaltung des Lebensmittel- und Futtermittelrechts sowie der Bestimmungen über Tiergesundheit und Tierschutz[16] abgedeckt.

(23) Die Mitgliedstaaten führen amtliche Kontrollen durch, um die Einhaltung der vorliegenden Verordnung gemäß der Verordnung (EG) Nr. 882/2004 durchzusetzen.

(24) Da das Ziel dieser Verordnung, nämlich die Festlegung von Gemeinschaftsvorschriften über Lebensmittelenzyme, auf Ebene der Mitgliedstaaten nicht ausreichend verwirklicht werden kann und daher im Interesse der Einheitlichkeit des Marktes und eines hohen Verbraucherschutzniveaus besser auf Gemeinschaftsebene zu verwirklichen ist, kann die Gemeinschaft im Einklang mit dem in Artikel 5 des Vertrags niedergelegten Subsidiaritätsprinzip tätig werden. Entsprechend dem in demselben Artikel genannten Grundsatz der Verhältnismäßigkeit geht diese Verordnung nicht über das für die Erreichung dieses Zieles erforderliche Maß hinaus –

HABEN FOLGENDE VERORDNUNG ERLASSEN:

KAPITEL I
GEGENSTAND, ANWENDUNGSBEREICH UND BEGRIFFSBESTIMMUNGEN

Artikel 1
Gegenstand

Diese Verordnung enthält Bestimmungen über Lebensmittelenzyme, die in Lebensmitteln verwendet werden, darunter auch als Verarbeitungshilfsstoffe verwendete Enzyme, mit Blick auf die Gewährleistung des reibungslosen Funktionierens des Binnenmarkts bei gleichzeitiger Gewährleistung eines hohen Schutzniveaus für die Gesundheit der Menschen und eines hohen Niveaus des Schutzes der Verbraucher einschließlich des Schutzes der Verbraucherinteressen und der lauteren Gepflogenheiten im Lebensmittelhandel unter angemessener Berücksichtigung des Umweltschutzes. Zu diesem Zweck legt die Verordnung Folgendes fest:

a) eine Gemeinschaftsliste zugelassener Lebensmittelenzyme;

b) Bedingungen für die Verwendung von Lebensmittelenzymen in Lebensmitteln;

c) Regeln für die Kennzeichnung der als solche verkauften Lebensmittelenzyme.

Zu Abs. 20:
[15] *ABl. L 184 vom 17.7.1999, S. 23.*

Zu Abs. 22:
[16] *ABl. L 165 vom 30.4.2004, S. 1. Berichtigte Fassung im ABl. L 191 vom 28.5.2004, S. 1.*

6/2. EG/LM-EnzymeV
Artikel 2 – 7

Artikel 2
Anwendungsbereich

(1) Diese Verordnung gilt für Lebensmittelenzyme gemäß der Begriffsbestimmung in Artikel 3.

(2) Diese Verordnung gilt nicht für Lebensmittelenzyme, wenn und soweit sie zur Herstellung folgender Erzeugnisse verwendet werden:

a) Lebensmittelzusatzstoffe, die unter die Verordnung (EG) Nr. 1333/2008 fallen;

b) Verarbeitungshilfsstoffe.

(3) Diese Verordnung gilt unbeschadet besonderer Gemeinschaftsbestimmungen über die Verwendung von Lebensmittelenzymen

a) in bestimmten Lebensmitteln;

b) für nicht von dieser Verordnung abgedeckte Zwecke.

(4) Diese Verordnung gilt nicht für Mikroorganismenkulturen, die in der herkömmlichen Erzeugung von Lebensmitteln eingesetzt werden und die im Übrigen Enzyme produzieren können, wobei die Mikroorganismenkulturen aber nicht spezifisch zu ihrer Herstellung verwendet werden.

Artikel 3
Begriffsbestimmungen

(1) Für die Zwecke dieser Verordnung gelten die Begriffsbestimmungen der Verordnungen (EG) Nr. 178/2002, (EG) Nr. 1829/2003 und (EG) Nr. 1333/2008.

(2) Ferner gelten die folgenden Begriffsbestimmungen:

a) Ein „Lebensmittelenzym" ist ein Erzeugnis, das aus Pflanzen, Tieren oder Mikroorganismen oder daraus hergestellten Erzeugnissen gewonnen wird; dazu gehört auch ein Erzeugnis, das durch ein Fermentationsverfahren mit Mikroorganismen gewonnen wird, und das

i) ein Enzym oder mehrere Enzyme enthält, die die Fähigkeit besitzen, eine spezifische biochemische Reaktion zu katalysieren, und

ii) einem Lebensmittel zugesetzt wird, um auf irgendeiner Stufe der Herstellung, Verarbeitung, Zubereitung, Behandlung, Verpackung, Beförderung oder Lagerung von Lebensmitteln einen technologischen Zweck zu erfüllen.

b) Eine „Lebensmittelenzym-Zubereitung" ist eine Formulierung von einem oder mehreren Lebensmittelenzymen, der Stoffe wie beispielsweise Lebensmittelzusatzstoffe und/oder andere Lebensmittelzutaten beigemischt sind, um die Lagerung, den Verkauf, die Standardisierung, die Verdünnung oder die Lösung der Lebensmittelenzyme zu erleichtern.

KAPITEL II
GEMEINSCHAFTSLISTE DER ZUGELASSENEN LEBENSMITTELENZYME

Artikel 4
Gemeinschaftsliste der Lebensmittelenzyme

Nur die in der Gemeinschaftsliste aufgeführten Lebensmittelenzyme dürfen als solche in Verkehr gebracht und in Lebensmitteln gemäß den in Artikel 7 Absatz 2 vorgesehenen Spezifikationen und Bedingungen verwendet werden.

Artikel 5
Verbot nichtkonformer Lebensmittelenzyme und/oder nichtkonformer Lebensmittel

Niemand darf ein Lebensmittelenzym oder ein Lebensmittel, in dem ein Lebensmittelenzym verwendet worden ist, in Verkehr bringen, wenn die Verwendung des betreffenden Lebensmittelenzyms nicht mit dieser Verordnung und den diesbezüglichen Durchführungsbestimmungen in Einklang steht.

Artikel 6
Allgemeine Bedingungen für die Aufnahme von Lebensmittelenzymen in die Gemeinschaftsliste

Ein Lebensmittelenzym darf nur in die Gemeinschaftsliste aufgenommen werden, wenn es den folgenden Bedingungen und gegebenenfalls anderen berücksichtigenswerten Faktoren gerecht wird:

a) Es ist bei der vorgeschlagenen Dosis für den Verbraucher gesundheitlich unbedenklich, soweit die verfügbaren wissenschaftlichen Daten ein Urteil hierüber erlauben,

b) es besteht eine hinreichende technologische Notwendigkeit und

c) durch seine Verwendung wird der Verbraucher nicht irregeführt. Die Irreführung des Verbrauchers kann Fragen im Zusammenhang mit der Beschaffenheit, Frische und Qualität der verwendeten Zutaten, der Natürlichkeit eines Erzeugnisses oder des Herstellungsverfahrens oder dem Nährwert des Erzeugnisses betreffen, ist aber nicht darauf beschränkt.

Artikel 7
Inhalt der Gemeinschaftsliste der Lebensmittelenzyme

(1) Ein Lebensmittelenzym, das die in Artikel 6 genannten Bedingungen erfüllt, kann nach dem in der Verordnung (EG) Nr. 1331/2008 vorgesehenen Verfahren in die Gemeinschaftsliste aufgenommen werden.

(2) Bei der Aufnahme eines Lebensmittelenzyms in die Gemeinschaftsliste sind im Einzelnen anzugeben:

a) die Bezeichnung des Lebensmittelenzyms;

b) die Spezifikationen des Lebensmittelenzyms, insbesondere bezüglich Herkunft, Reinheit und sonstige notwendige Angaben;

c) die Lebensmittel, denen das Lebensmittelenzym zugesetzt werden darf;

d) die Bedingungen, unter denen das Lebensmittelenzym verwendet werden darf; in bestimmten Fällen wird keine Höchstmenge für Lebensmittelenzyme festgelegt. Das Lebensmittelenzym wird dann entsprechend dem „Quantumsatis-Prinzip" verwendet;

e) gegebenenfalls Beschränkungen der direkten Abgabe des Lebensmittelenzyms an den Endverbraucher;

f) erforderlichenfalls spezifische Anforderungen in Bezug auf die Kennzeichnung von Lebensmitteln, in denen die Lebensmittelenzyme verwendet wurden, um sicherzustellen, dass der Endverbraucher über den physikalischen Zustand des Lebensmittels oder die spezifische Behandlung, der es unterzogen wurde, informiert ist.

(3) Änderungen der Gemeinschaftsliste erfolgen nach dem in der Verordnung (EG) Nr. 1331/2008 vorgesehenen Verfahren.

Artikel 8
Lebensmittelenzyme, die in den Anwendungsbereich der Verordnung (EG) Nr. 1829/2003 fallen

(1) Ein Lebensmittelenzym, das in den Anwendungsbereich der Verordnung (EG) Nr. 1829/2003 fällt, kann erst nach seiner Zulassung gemäß der Verordnung (EG) Nr. 1829/2003 in die Gemeinschaftsliste gemäß der vorliegenden Verordnung aufgenommen werden.

(2) Für ein bereits in der Gemeinschaftsliste aufgeführtes Lebensmittelenzym, das aus anderen unter die Verordnung (EG) Nr. 1829/2003 fallenden Ausgangsstoffen hergestellt wurde, ist keine neue Zulassung gemäß der vorliegenden Verordnung erforderlich, sofern für die neuen Ausgangsstoffe eine Zulassung gemäß der Verordnung (EG) Nr. 1829/2003 erteilt wurde und sofern das Lebensmittelenzym den gemäß der vorliegenden Verordnung erstellten Spezifikationen entspricht.

Artikel 9
Auslegungsentscheidungen

Erforderlichenfalls kann nach dem in Artikel 15 Absatz 2 genannten Regelungsverfahren entschieden werden,

a) ob ein bestimmter Stoff der in Artikel 3 enthaltenen Begriffsbestimmung für Lebensmittelenzyme entspricht oder nicht;

b) ob ein bestimmtes Lebensmittel einer der in der Gemeinschaftsliste der Lebensmittelenzyme aufgeführten Lebensmittelkategorien angehört oder nicht.

KAPITEL III
KENNZEICHNUNG

Artikel 10
Kennzeichnung von Lebensmittelenzymen und Lebensmittelenzym-Zubereitungen, die nicht für den Verkauf an Endverbraucher bestimmt sind

(1) Lebensmittelenzyme und Lebensmittelenzym- Zubereitungen, die nicht für den Verkauf an den Endverbraucher bestimmt sind, dürfen unabhängig davon, ob sie einzeln oder gemischt mit anderen Lebensmittelenzymen oder Lebensmittelenzym-Zubereitungen und/oder mit anderen Lebensmittelzutaten im Sinne von Artikel 6 Absatz 4 der Richtlinie 2000/13/EG zum Verkauf angeboten werden, nur mit der in Artikel 11 dieser Verordnung vorgesehenen Kennzeichnung in Verkehr gebracht werden, die gut sichtbar, deutlich lesbar und unverwischbar sein muss. Die in Artikel 11 vorgesehenen Angaben müssen für den Käufer leicht verständlich formuliert sein.

(2) Der Mitgliedstaat, in dem das Erzeugnis in Verkehr gebracht wird, kann im Einklang mit dem Vertrag vorschreiben, dass die in Artikel 11 vorgesehenen Angaben in seinem Hoheitsgebiet in einer oder mehreren, von ihm zu bestimmenden Amtssprachen der Gemeinschaft gemacht werden. Dies steht der Abfassung der Angaben auf dem Etikett in mehreren Sprachen nicht entgegen.

Artikel 11
Allgemeine Anforderungen an die Kennzeichnung von Lebensmittelenzymen und Lebensmittelenzym-Zubereitungen, die nicht für den Verkauf an den Endverbraucher bestimmt sind

(1) Werden nicht für die Abgabe an den Endverbraucher bestimmte Lebensmittelenzyme und Lebensmittelenzym- Zubereitungen einzeln oder gemischt mit anderen Lebensmittelenzymen oder Lebensmittelenzym-Zubereitungen und/oder mit anderen Lebensmittelzutaten zum Verkauf angeboten, müssen ihre Verpackungen oder Behältnisse folgende Angaben aufweisen:

a) die Bezeichnung jedes Lebensmittelenzyms gemäß dieser Verordnung, eine Handelsbezeichnung, die die Bezeichnung jedes Lebensmittelenzyms enthält, oder im Falle des Fehlens einer solchen Bezeichnung die in der Nomenklatur der

6/2. EG/LM-EnzymeV
Artikel 11 – 13

Internationalen Vereinigung für Biochemie und Molekularbiologie (International Union of Biochemistry and Molecular Biology – IUBMB) enthaltene allgemein akzeptierte Bezeichnung;

b) die Angabe „für Lebensmittel" oder die Angabe „für Lebensmittel, begrenzte Verwendung" oder einen genaueren Hinweis auf die vorgesehene Verwendung in Lebensmitteln;

c) gegebenenfalls besondere Anweisungen für die Lagerung und/oder Verwendung;

d) eine Angabe zur Kennzeichnung der Partie;

e) eine Gebrauchsanweisung, wenn das Lebensmittelenzym sonst nicht sachgemäß verwendet werden könnte;

f) Name oder Firma und Anschrift des Herstellers, Verpackers oder Verkäufers;

g) die Angabe der Höchstmenge jedes Bestandteils oder jeder Gruppe von Bestandteilen, die einer mengenmäßigen Begrenzung in Lebensmitteln unterliegen, und/oder geeignete Angaben in klarer und leicht verständlicher Formulierung, die es dem Käufer ermöglichen, diese Verordnung oder andere einschlägige Vorschriften des Gemeinschaftsrechts einzuhalten; gilt diese Mengenbegrenzung für eine Gruppe von Bestandteilen, die einzeln oder gemeinsam verwendet werden, so kann der gemeinsame Prozentsatz als ein einziger Wert angegeben werden; die mengenmäßige Begrenzung wird entweder zahlenmäßig oder nach dem „Quantum-satis-Prinzip" ausgedrückt;

h) die Nettofüllmenge;

i) die Aktivität/en des Lebensmittelenzyms/der Lebensmittelenzyme;

j) das Mindesthaltbarkeits- oder Verbrauchsdatum;

k) gegebenenfalls Angaben über ein Lebensmittelenzym oder sonstige Stoffe, auf die in diesem Artikel Bezug genommen wird und die in Anhang IIIa der Richtlinie 2000/13/EG aufgeführt sind.

(2) Werden Lebensmittelenzyme und/oder Lebensmittelenzym-Zubereitungen gemischt mit anderen Lebensmittelenzymen oder Lebensmittelenzym-Zubereitungen und/oder mit anderen Lebensmittelzutaten zum Verkauf angeboten, wird auf ihren Verpackungen oder Behältnissen eine Liste aller Zutaten in absteigender Reihenfolge ihres Anteils am Gesamtgewicht angegeben.

(3) Auf den Verpackungen oder Behältnissen von Lebensmittelenzym-Zubereitungen ist eine Liste aller Bestandteile in absteigender Reihenfolge ihres Anteils am Gesamtgewicht angegeben.

(4) Abweichend von den Absätzen 1, 2 und 3 brauchen die in Absatz 1 Buchstaben e bis g und in den Absätzen 2 und 3 vorgesehenen Angaben nur in den vor oder bei Lieferung vorzulegenden Warenbegleitpapieren gemacht zu werden, sofern die Angabe „nicht für den Verkauf im Einzelhandel" an gut sichtbarer Stelle auf der Verpackung oder dem Behältnis des betreffenden Erzeugnisses erscheint.

(5) Abweichend von den Absätzen 1, 2 und 3 brauchen im Falle der Lieferung von Enzymen und Lebensmittelenzym-Zubereitungen in Tankwagen alle Angaben nur in den bei der Lieferung vorzulegenden Warenbegleitpapieren gemacht zu werden.

Artikel 12
Kennzeichnung von Lebensmittelenzymen und Lebensmittelenzym-Zubereitungen, die für den Verkauf an Endverbraucher bestimmt sind

(1) Unbeschadet der Richtlinie 2000/13/EG, der Richtlinie 89/396/EWG des Rates vom 14. Juni 1989 über Angaben oder Marken, mit denen sich das Los, zu dem ein Lebensmittel gehört, feststellen lässt[1] und der Verordnung (EG) Nr. 1829/2003 dürfen für den Verkauf an den Endverbraucher bestimmte Lebensmittelenzyme und Lebensmittelenzym-Zubereitungen, die einzeln oder gemischt mit anderen Lebensmittelenzymen und/oder anderen Lebensmittelzutaten zum Verkauf angeboten werden, nur in Verkehr gebracht werden, wenn ihre Verpackungen folgende Angaben aufweisen:

a) die Bezeichnung jedes Lebensmittelenzyms gemäß dieser Verordnung oder im Falle des Fehlens einer solchen Bezeichnung die in der Nomenklatur der Internationalen Vereinigung für Biochemie und Molekularbiologie enthaltene allgemein akzeptierte Bezeichnung;

b) die Angabe „für Lebensmittel" oder die Angabe „für Lebensmittel, begrenzte Verwendung" oder einen genaueren Hinweis auf die vorgesehene Verwendung in Lebensmitteln;

(2) Für die in Absatz 1 vorgesehenen Angaben gilt Artikel 13 Absatz 2 der Richtlinie 2000/13/EG entsprechend.

Artikel 13
Sonstige Kennzeichnungserfordernisse

Die Artikel 10 bis 12 gelten unbeschadet genauerer oder weiter gehender Rechts- oder Verwaltungsvorschriften über Gewichte und Maße oder über die Aufmachung, Einstufung, Verpackung und Kennzeichnung gefährlicher Stoffe und Zubereitungen und über die Beförderung solcher Stoffe und Zubereitungen.

Zu Artikel 12:
[1] *ABl. L 186 vom 30.6.1989, S. 21.*

KAPITEL IV
VERFAHRENSVORSCHRIFTEN UND DURCHFÜHRUNG

Artikel 14
Informationspflichten

(1) Der Hersteller oder Verwender eines Lebensmittelenzyms teilt der Kommission unverzüglich jede neue wissenschaftliche oder technische Information mit, die die Bewertung der Sicherheit des Lebensmittelenzyms beeinflussen könnte.

(2) Für ein bereits gemäß dieser Verordnung zugelassenes Lebensmittelenzym, das mit Produktionsmethoden oder Ausgangsstoffen hergestellt wird, die sich erheblich von denjenigen unterscheiden, die in die Risikobewertung der Europäischen Behörde für Lebensmittelsicherheit (nachstehend „Behörde" genannt) einbezogen wurden, werden der Kommission von einem Hersteller oder Verwender vor dem Inverkehrbringen des Lebensmittelenzyms die notwendigen Angaben vorgelegt, damit die Behörde eine Bewertung des Lebensmittelenzyms in Bezug auf die geänderten Produktionsmethoden oder Eigenschaften durchführen kann.

(3) Der Hersteller oder Verwender eines Lebensmittelenzyms unterrichtet die Kommission auf deren Aufforderung über die tatsächliche Verwendung des Lebensmittelenzyms. Diese Informationen werden den Mitgliedstaaten von der Kommission zur Verfügung gestellt.

Artikel 15
Ausschuss

(1) Die Kommission wird vom Ständigen Ausschuss für die Lebensmittelkette und Tiergesundheit unterstützt.

(2) Wird auf diesen Absatz Bezug genommen, so gelten die Artikel 5 und 7 des Beschlusses 1999/468/EG unter Beachtung von dessen Artikel 8.
Die Frist nach Artikel 5 Absatz 6 des Beschlusses 1999/468/EG wird auf drei Monate festgesetzt.

(3) Wird auf diesen Absatz Bezug genommen, so gelten Artikel 5a Absätze 1 bis 4 und Artikel 7 des Beschlusses 1999/468/EG unter Beachtung von dessen Artikel 8.

Artikel 16
Gemeinschaftliche Finanzierung der Harmonisierung

Die Rechtsgrundlage für die Finanzierung der sich aus dieser Verordnung ergebenden Maßnahmen ist Artikel 66 Absatz 1 Buchstabe c der Verordnung (EG) Nr. 882/2004.

KAPITEL V
ÜBERGANGS- UND SCHLUSSBESTIMMUNGEN

Artikel 17
Erstellung der Gemeinschaftsliste der Lebensmittelenzyme

(1) Die Gemeinschaftsliste der Lebensmittelenzyme wird auf der Grundlage der Anträge gemäß Absatz 2 erstellt.

(2) Interessierte Parteien können Anträge auf Aufnahme eines Lebensmittelenzyms in die Gemeinschaftsliste stellen.
„Die Frist für die Vorlage solcher Anträge beträgt 42 Monate ab dem Zeitpunkt der Anwendbarkeit der Durchführungsbestimmungen, die gemäß Artikel 9 Absatz 1 der Verordnung (EG) Nr. 1331/2008 zur Festlegung eines einheitlichen Zulassungsverfahrens für Lebensmittelzusatzstoffe, -enzyme und -aromen zu erlassen sind."
(ABl L 313 vom 13. 11. 2012, S 9)

(3) Die Kommission erstellt ein Verzeichnis aller Lebensmittelenzyme, die für eine Aufnahme in die Gemeinschaftsliste in Frage kommen und zu denen gemäß Absatz 2 ein Antrag gestellt worden ist, der den gemäß Artikel 9 Absatz 1 der Verordnung (EG) Nr. 1331/2008 festzulegenden Kriterien für die Gültigkeit entspricht (nachstehend „Verzeichnis" genannt). Das Verzeichnis wird der Öffentlichkeit zugänglich gemacht.
Die Kommission legt der Behörde die Anträge zwecks Stellungnahme vor.

(4) Die Kommission beschließt die Gemeinschaftsliste nach dem in der Verordnung (EG) Nr. 1331/2008 vorgesehenen Verfahren, sobald die Behörde eine Stellungnahme zu jedem im Verzeichnis aufgeführten Lebensmittelenzym abgegeben hat.
Abweichend von diesem Verfahren

a) gilt Artikel 5 Absatz 1 der Verordnung (EG) Nr. 1331/2008 nicht für die Annahme der eigenen Stellungnahmen durch die Behörde;

b) nimmt die Kommission die Gemeinschaftsliste erstmals an, nachdem die Behörde eine Stellungnahme zu jedem im Verzeichnis aufgeführten Lebensmittelenzym abgegeben hat.

(5) Erforderlichenfalls werden für die Zwecke dieses Artikels geeignete Übergangsmaßnahmen, die eine Änderung nicht wesentlicher Bestimmungen dieser Verordnung, auch durch Ergänzung, bewirken, nach dem in Artikel 15 Absatz 3 genannten Regelungsverfahren mit Kontrolle erlassen.

Artikel 18
Übergangsmaßnahmen

(1) Unbeschadet der Artikel 7 und 17 sind in der endgültigen Gemeinschaftsliste die folgenden Lebensmittelenzyme aufzuführen:

a) E 1103 Invertase und E 1105 Lysozym, mit der Angabe, dass die Bedingungen für ihre Verwendung in den Anhängen I und III Teil C der Richtlinie 95/2/EG festgelegt sind;

b) Urease, beta-Glucanase und Lysozym zur Verwendung in Wein gemäß der Verordnung (EG) Nr. 1493/1999 und den Durchführungsbestimmungen zu jener Verordnung.

(2) Lebensmittelenzyme, Lebensmittelenzym-Zubereitungen und Lebensmittel, die Lebensmittelenzyme enthalten und vor dem 20. Januar 2010 in Verkehr gebracht oder gekennzeichnet wurden und nicht den Bestimmungen der Artikel 10 bis 12 entsprechen, dürfen weiter in Verkehr gebracht werden, bis ihr Mindesthaltbarkeits- oder Verbrauchsdatum erreicht ist.

Artikel 19
Änderung der Richtlinie 83/417/EWG

In Anhang I Abschnitt III Buchstabe d der Richtlinie 83/417/EWG erhalten die Gedankenstriche folgende Fassung:

„– Lab, das den Anforderungen der Verordnung (EG) Nr. 1332/2008 des Europäischen Parlaments und des Rates vom 16. Dezember 2008 über Lebensmittelenzyme[1]) entspricht;

– sonstige milchkoagulierende Enzyme, die den Anforderungen der Verordnung (EG) Nr. 1332/2008 über Lebensmittelenzyme entsprechen.

Artikel 20
Änderung der Verordnung (EG) Nr. 1493/1999

In der Verordnung (EG) Nr. 1493/1999 wird in Artikel 43 folgender Absatz angefügt:

„(3) Enzyme und Enzymzubereitungen, die bei den in Anhang IV aufgeführten zugelassenen önologischen Verfahren und Behandlungen verwendet werden, müssen den Anforderungen der Verordnung (EG) Nr. 1332/2008 des Europäischen Parlaments und des Rates vom 16. Dezember 2008 über Lebensmittelenzyme[1]) entsprechen.

Artikel 21
Änderung der Richtlinie 2000/13/EG

Die Richtlinie 2000/13/EG wird wie folgt geändert:

1. Artikel 6 Absatz 4 wird wie folgt geändert:

a) Buchstabe a erhält folgende Fassung:

„a) ‚Zutat' ist jeder Stoff, einschließlich Zusatzstoffe und Enzyme, der bei der Herstellung oder Zubereitung eines Lebensmittels verwendet wird und – wenn auch möglicherweise in veränderter Form – im Enderzeugnis vorhanden bleibt.";

b) unter Buchstabe c Ziffer ii wird das einleitende Wort „Zusatzstoffe" durch „Zusatzstoffe und Enzyme" ersetzt;

c) unter Buchstabe c Ziffer iii werden die Worte „für die Zusatzstoffe und die Aromen" durch „für die Zusatzstoffe, die Enzyme und die Aromen" ersetzt;

2. In Artikel 6 Absatz 6 wird folgender Gedankenstrich angefügt:

„– andere Enzyme als die in Absatz 4 Buchstabe c Ziffer ii genannten müssen durch die Bezeichnung einer der Kategorien der in Anhang II angeführten Zutaten, gefolgt von ihrer spezifischen Bezeichnung, genannt werden,".

Artikel 22
Änderung der Richtlinie 2001/112/EG

In Anhang I Abschnitt II Nummer 2 der Richtlinie 2001/112/EWG erhalten der vierte, der fünfte und der sechste Gedankenstrich folgende Fassung:

„– Pektolytische Enzyme, die den Erfordernissen der Verordnung (EG) Nr. 1332/2008 des Europäischen Parlaments und des Rates vom 16. Dezember 2008 über Lebensmittelenzyme[1]) entsprechen

– Proteolytische Enzyme, die den Erfordernissen der Verordnung (EG) Nr. 1332/2008 entsprechen.

– Amylolytische Enzyme, die den Erfordernissen der Verordnung (EG) Nr. 1332/2008 entsprechen.

Artikel 23
Änderung der Verordnung (EG) Nr. 258/97

In Artikel 2 Absatz 1 der Verordnung (EG) Nr. 258/97 wird folgender Buchstabe angefügt:

„d) Lebensmittelenzyme, die unter die Verordnung (EG) Nr. 1332/2008 des Europäischen Parlaments und des Rates vom

---

Zu Artikel 19:
[1]) *ABl. L 354 vom 31.12.2008, S. 7."*
Zu Artikel 20:
[1]) *ABl. L 354 vom 31.12.2008, S. 7."*

Zu Artikel 22:
[1]) *ABl. L 354 vom 31.12.2008, S. 7."*

16. Dezember 2008 über Lebensmittelenzyme[1] fallen.

Artikel 24
Inkrafttreten

Diese Verordnung tritt am zwanzigsten Tag nach ihrer Veröffentlichung im Amtsblatt der Europäischen Union in Kraft.
Artikel 4 und 5 gelten ab dem Zeitpunkt des Inkrafttretens der Gemeinschaftsliste. Bis zu diesem Zeitpunkt gelten in den Mitgliedstaaten weiterhin die einzelstaatlichen Vorschriften über das Inverkehrbringen und die Verwendung von Lebensmittelenzymen und unter Verwendung von Lebens33mittelenzymen hergestellten Lebensmitteln.
Die Artikel 10 bis 13 gelten ab dem 20. Januar 2010.

Diese Verordnung ist in allen ihren Teilen verbindlich und gilt unmittelbar in jedem Mitgliedstaat.

Geschehen zu Straßburg am 16. Dezember 2008.

Im Namen des Europäischen Parlaments	Im Namen des Rates
Der Präsident	Der Präsident
H.-G. PÖTTERING	B. LE MAIRE

Zu Artikel 23:
[1] *ABl. L 354 vom 31.12.2008, S. 7."*

6/3. Verordnung (EG) Nr. 1333/2008 über Lebensmittelzusatzstoffe

ABl L 354 vom 31. 12. 2008, S 16 idF

1 ABl L 75 vom 23. 3. 2010, S 17
2 ABl L 105 vom 27. 4. 2010, S 114 (Berichtigung)
3 ABl L 295 vom 12. 11. 2011, S 1
4 ABl L 295 vom 12. 11. 2011, S 178
5 ABl L 295 vom 12. 11. 2011, S 205
6 ABl L 78 vom 17. 3. 2012, S 1
7 ABl L 119 vom 4. 5. 2012, S 14
8 ABl L 144 vom 5. 6. 2012, S 16
9 ABl L 144 vom 5. 6. 2012, S 19
10 ABl L 144 vom 5. 6. 2012, S 22
11 ABl L 169 vom 29. 6. 2012, S 43
12 ABl L 173 vom 3. 7. 2012, S 8
13 ABl L 196 vom 24. 7. 2012, S 52
14 ABl L 310 vom 9. 11. 2012, S 41
15 ABl L 313 vom 13. 11. 2012, S 11
16 ABl L 322 vom 21. 11. 2012, S 8 (Berichtigung)
17 ABl L 333 vom 5. 12. 2012, S 34
18 ABl L 333 vom 5. 12. 2012, S 37
19 ABl L 333 vom 5. 12. 2012, S 40
20 ABl L 336 vom 8. 12. 2012, S 75
21 ABl L 13 vom 17. 1. 2013, S 1
22 ABl L 77 vom 20. 3. 2013, S 3
23 ABl L 79 vom 21. 3. 2013, S 24
24 ABl L 129 vom 14. 5. 2013, S 28
25 ABl L 138 vom 24. 5. 2013, S 20 (Berichtigung)
26 ABl L 143 vom 30. 5. 2013, S 20
27 ABl L 150 vom 4. 6. 2013, S 13
28 ABl L 150 vom 4. 6. 2013, S 17
29 ABl L 202 vom 27. 7. 2013, S 8
30 ABl L 204 vom 31. 7. 2013, S 32
31 ABl L 204 vom 31. 7. 2013, S 35
32 ABl L 230 vom 29. 8. 2013, S 1
33 ABl L 230 vom 29. 8. 2013, S 7
34 ABl L 230 vom 29. 8. 2013, S 12
35 ABl L 252 vom 24. 9. 2013, S 11
36 ABl L 289 vom 31. 10. 2013, S 11
37 ABl L 289 vom 31. 10. 2013, S 61
38 ABl L 328 vom 7. 12. 2013, S 79
39 ABl L 21 vom 24. 1. 2014, S 9
40 ABl L 76 vom 15. 3. 2014, S 22
41 ABl L 89 vom 25. 3. 2014, S 36
42 ABl L 143 vom 15. 5. 2014, S 6
43 ABl L 145 vom 16. 5. 2014, S 32
44 ABl L 145 vom 16. 5. 2014, S 35
45 ABl L 166 vom 5. 6. 2014, S 11
46 ABl L 182 vom 21. 6. 2014, S 23
47 ABl L 252 vom 26. 8. 2014, S 11
48 ABl L 270 vom 11. 9. 2014, S 1
49 ABl L 272 vom 13. 9. 2014, S 8
50 ABl L 298 vom 16. 10. 2014, S 8
51 ABl L 299 vom 17. 10. 2014, S 19
52 ABl L 299 vom 17. 10. 2014, S 22
53 ABl L 88 vom 1. 4. 2015, S 1
54 ABl L 88 vom 1. 4. 2015, S 4
55 ABl L 106 vom 24. 4. 2015, S 16
56 ABl L 107 vom 25. 4. 2015, S 1
57 ABl L 107 vom 25. 4. 2015, S 17
58 ABl L 123 vom 19. 5. 2015, S 122 (Berichtigung)
59 ABl L 210 vom 7. 8. 2015, S 22
60 ABl L 213 vom 12. 8. 2015, S 1
61 ABl L 214 vom 13. 8. 2015, S 30 (Berichtigung)
62 ABl L 253 vom 30. 9. 2015, S 3
63 ABl L 266 vom 13. 10. 2015, S 27
64 ABl L 13 vom 20. 1. 2016, S 46
65 ABl L 50 vom 26. 2. 2016, S 25
66 ABl L 61 vom 8. 3. 2016, S 1
67 ABl L 78 vom 24. 3. 2016, S 47
68 ABl L 87 vom 2. 4. 2016, S 1
69 ABl L 117 vom 3. 5. 2016, S 28
70 ABl L 120 vom 5. 5. 2016, S 4
71 ABl L 165 vom 23. 6. 2016, S 24 (Berichtigung)
72 ABl L 272 vom 7. 10. 2016, S 2
73 ABl L 282 vom 19. 10. 2016, S 84 (Berichtigung)
74 ABl L 50 vom 28. 2. 2017, S 15
75 ABl L 125 vom 18. 5. 2017, S 7
76 ABl L 134 vom 23. 5. 2017, S 3
77 ABl L 134 vom 23. 5. 2017, S 18
78 ABl L 184 vom 15. 7. 2017, S 1
79 ABl L 184 vom 15. 7. 2017, S 3
80 ABl L 199 vom 29. 7. 2017, S 8
81 ABl L 13 vom 18. 1. 2018, S 21
82 ABl L 17 vom 23. 1. 2018, S 11
83 ABl L 17 vom 23. 1. 2018, S 14
84 ABl L 82 vom 26. 3. 2018, S 18 (Berichtigung)
85 ABl L 104 vom 24. 4. 2018, S 57
86 ABl L 114 vom 4. 5. 2018, S 10
87 ABl L 116 vom 7. 5. 2018, S 5
88 ABl L 245 vom 1. 10. 2018, S 1
89 ABl L 247 vom 3. 10. 2018, S 1
90 ABl L 251 vom 5. 10. 2018, S 13
91 ABl L 253 vom 9. 10. 2018, S 36
92 ABl L 132 vom 20. 5. 2019, S 15
93 ABl L 132 vom 20. 5. 2019, S 18
94 ABl L 142 vom 29. 5. 2019, S 54
95 ABl L 56 vom 27. 2. 2020, S 4
96 ABl L 56 vom 28. 2. 2020, S 6
97 ABl L 65 vom 4. 3. 2020, S 1
98 ABl L 67 vom 5. 3. 2020, S 28
99 ABl L 67 vom 5. 3. 2020, S 31
100 ABl L 182 vom 10. 6. 2020, S 8
101 ABl L 184 vom 12. 6. 2020, S 25
102 ABl L 326 vom 8. 10. 2020, S 11

103 ABl L 406 vom 3. 12. 2020, S 26
104 ABl L 249 vom 14. 7. 2021, S 87
105 ABl L 309 vom 2. 9. 2021, S 26 (Berichtigung)
106 ABl L 256 vom 19. 7. 2021, S 53
107 ABl L 11 vom 18. 1. 2022, S 1
108 ABl L 23 vom 18. 1. 2022, S 22

Verordnung (EG) Nr. 1333/2008 des Europäischen Parlaments und des Rates vom 16. Dezember 2008 über Lebensmittelzusatzstoffe

DAS EUROPÄISCHE PARLAMENT UND DER RAT DER EUROPÄISCHEN UNION –

gestützt auf den Vertrag zur Gründung der Europäischen Gemeinschaft, insbesondere auf Artikel 95,

auf Vorschlag der Kommission,

nach Stellungnahme des Europäischen Wirtschafts- und Sozialausschusses[1],

gemäß dem Verfahren des Artikels 251 des Vertrags[2],

in Erwägung nachstehender Gründe:

(1) Der freie Verkehr mit sicheren und bekömmlichen Lebensmitteln ist ein wichtiger Aspekt des Binnenmarktes und trägt wesentlich zur Gesundheit und zum Wohlergehen der Bürger und zur Wahrung ihrer sozialen und wirtschaftlichen Interessen bei.

(2) Bei der Durchführung der Gemeinschaftspolitik ist ein hohes Schutzniveau für Leben und Gesundheit der Menschen zu gewährleisten.

(3) Diese Verordnung ersetzt bisherige Richtlinien und Entscheidungen über Zusatzstoffe, die zur Verwendung in Lebensmitteln zugelassen sind, um durch umfassende und straffe Verfahren das ordnungsgemäße Funktionieren des Binnenmarkts sowie ein Niveau des Schutzes der menschlichen Gesundheit und der Verbraucher einschließlich der Wahrung der Verbraucherinteressen zu gewährleisten.

(4) Mit dieser Verordnung wird die Verwendung von Lebensmittelzusatzstoffen in der Gemeinschaft harmonisiert. Hierzu gehört auch die Verwendung von Zusatzstoffen in Lebensmitteln, für welche die Richtlinie 89/398/EWG des Rates vom 3. Mai 1989 zur Angleichung der Rechtsvorschriften der Mitgliedstaaten über Lebensmittel, die für eine besondere Ernährung bestimmt sind[3], gilt, sowie die Verwendung einiger Farbstoffe zur Kennzeichnung der Genusstauglichkeit von Fleisch und zur Verzierung und Kennzeichnung von Eiern. Mit ihr wird zudem die Verwendung von Zusatzstoffen in Lebensmittelzusatzstoffen und -enzymen harmonisiert, wodurch sie deren Sicherheit und Qualität gewährleistet und deren Lagerung und Verwendung erleichtert. Hierfür gibt es auf Gemeinschaftsebene bisher keine Vorschriften.

(5) Lebensmittelzusatzstoffe sind Stoffe, die in der Regel nicht selbst als Lebensmittel verzehrt, sondern Lebensmitteln aus in dieser Verordnung dargelegten technologischen Gründen, wie etwa zu deren Konservierung, zugesetzt werden. Diese Verordnung sollte für alle Lebensmittelzusatzstoffe gelten; deshalb sollte die Liste der Funktionsgruppen entsprechend dem Stand des wissenschaftlichen Fortschritts und der technologischen Entwicklung aktualisiert werden. Stoffe, die zur Aromatisierung und/oder Geschmacksgebung oder zu ernährungsphysiologischen Zwecken zugesetzt werden, wie z. B. Salzersatzstoffe, Vitamine und Mineralstoffe, sollten allerdings nicht als Lebensmittelzusatzstoffe gelten. Die Verordnung sollte auch nicht auf Stoffe Anwendung finden, die als Lebensmittel gelten und für einen technologischen Zweck verwendet werden, wie etwa Natriumchlorid oder Safran zum Färben, sowie Lebensmittelenzyme. Zubereitungen aus Lebensmitteln und anderen natürlichen Ausgangsstoffen, die in dem Enderzeugnis eine technologische Funktion erfüllen und die durch selektive Extraktion von Bestandteilen (z. B. Pigmenten) im Vergleich zu ihren ernährungsphysiologischen oder aromatisierenden Bestandteilen gewonnen werden, gelten jedoch als Zusatzstoffe im Sinne dieser Verordnung. Lebensmittelenzyme werden von der Verordnung (EG) Nr. 1332/2008 des Europäischen Parlaments und des Rates vom 16. Dezember 2008 über Lebensmittelenzyme[4] abgedeckt, welche die Anwendung der vorliegenden Verordnung ausschließt.

(6) Stoffe, die selbst nicht als Lebensmittel verzehrt, aber bei der Verarbeitung von Lebens-

---

Zur Präambel:
[1] *ABl. C 168 vom 20.7.2007, S. 34.*
[2] *Stellungnahme des Europäischen Parlaments vom 10. Juli 2007 (ABl. C 175 E vom 10.7.2008, S. 142), Gemeinsamer Standpunkt des Rates vom 10. März 2008 (ABl. C 111 E vom 6.5.2008, S. 10), Standpunkt des Europäischen Parlaments vom 8. Juli 2008 (noch nicht im Amtsblatt veröffentlicht) und Entscheidung des Rates vom 18. November 2008.*

Zu Abs. 4:
[3] *ABl. L 186 vom 30.6.1989, S. 27.*

Zu Abs. 5:
[4] *Siehe Seite 7 dieses Amtsblatts.*

mitteln verwendet werden und als Rückstand im Enderzeugnis verbleiben, in dem sie keinen technologischen Zweck erfüllen (Verarbeitungshilfsstoffe), sollten von dieser Verordnung ausgenommen sein.

(7) Lebensmittelzusatzstoffe sollten nur zugelassen und verwendet werden, wenn sie den in dieser Verordnung festgelegten Kriterien genügen. Zusatzstoffe müssen in ihrer Verwendung sicher sein; es muss eine technologische Notwendigkeit für ihre Verwendung geben und ihre Verwendung darf die Verbraucher nicht irreführen und muss diesen einen Nutzen bringen. Die Irreführung der Verbraucher kann sich unter anderem auf die Beschaffenheit, Frische und Qualität der verwendeten Zutaten, die Naturbelassenheit eines Erzeugnisses und die Natürlichkeit des Herstellungsverfahrens oder die ernährungsphysiologische Qualität des Erzeugnisses, einschließlich seines Frucht- oder Gemüsegehalts, beziehen. Bei der Zulassung von Lebensmittelzusatzstoffen sollten auch noch andere für diesen Bereich relevante Faktoren wie gesellschaftliche, wirtschaftliche und ethische Faktoren, Traditionen und Umwelterwägungen, das Vorsorgeprinzip sowie die Durchführbarkeit von Kontrollen berücksichtigt werden. Hinsichtlich der Verwendung von Lebensmittelzusatzstoffen und der Festlegung der jeweiligen Höchstmengen sollte dem Konsum von Lebensmittelzusatzstoffen aus anderen Quellen und der Gefährdung bestimmter Verbrauchergruppen (z. B. Allergiker) durch solche Lebensmittelzusatzstoffe Rechnung getragen werden.

(8) Lebensmittelzusatzstoffe müssen den genehmigten Spezifikationen entsprechen, die eine verlässliche Identifizierung des Zusatzstoffs einschließlich seines Ursprungs erlauben und die zulässigen Reinheitskriterien beschreiben. Die bisherigen Spezifikationen für Zusatzstoffe in der Richtlinie 95/31/EG der Kommission vom 5. Juli 1995 zur Festlegung spezifischer Reinheitskriterien für Süßungsmittel, die in Lebensmitteln verwendet werden dürfen[5], der Richtlinie 95/45/EG der Kommission vom 26. Juli 1995 zur Festlegung spezifischer Reinheitskriterien für Lebensmittelfarbstoffe[6] und der Richtlinie 96/77/EG der Kommission vom 2. Dezember 1996 zur Festlegung spezifischer Reinheitskriterien für andere Lebensmittelzusatzstoffe als Farbstoffe und Süßungsmittel[7] sollten solange gelten, bis die entsprechenden Zusatzstoffe Bestandteil der Anhänge dieser Verordnung sind. Dann sollten die Spezifikationen für solche Zusatzstoffe in einer Verordnung geregelt werden. Sie sollten den in den Gemeinschaftslisten der Anhänge zu dieser Verordnung erfassten Zusatzstoffen direkt zugeordnet werden. Da solche Spezifikationen aus Gründen der Klarheit aber komplex und umfangreich sein müssen, sollten sie nicht in die Gemeinschaftslisten, sondern in eine oder mehrere Verordnungen aufgenommen werden.

(9) Einige Zusatzstoffe dürfen für bestimmte zugelassene önologische Verfahren und Behandlungen verwendet werden. Dabei sollten diese Verordnung und die besonderen Bestimmungen der einschlägigen Gemeinschaftsvorschriften beachtet werden.

(10) Im Interesse der Harmonisierung sollten die Risikobewertung und die Zulassung von Lebensmittelzusatzstoffen nach dem Verfahren erfolgen, das in der Verordnung (EG) Nr. 1331/2008 des Europäischen Parlaments und des Rates vom 16. Dezember 2008 zur Festlegung eines einheitlichen Genehmigungsverfahrens für Lebensmittelzusatzstoffe, -enzyme und -aromen[8] vorgesehen ist.

(11) Nach der Verordnung (EG) Nr. 178/2002 des Europäischen Parlaments und des Rates vom 28. Januar 2002 zur Festlegung der allgemeinen Grundsätze und Anforderungen des Lebensmittelrechts, zur Errichtung der Europäischen Behörde für Lebensmittelsicherheit und zur Festlegung von Verfahren zur Lebensmittelsicherheit[9] ist die Europäische Behörde für Lebensmittelsicherheit (nachstehend „Behörde" genannt) in allen Fragen anzuhören, die die öffentliche Gesundheit betreffen können.

(12) Ein Lebensmittelzusatzstoff, der in den Geltungsbereich der Verordnung (EG) Nr. 1829/2003 des Europäischen Parlaments und des Rates vom 22. September 2003 über genetisch veränderte Lebensmittel und Futtermittel[10] fällt, sollte nach der genannten Verordnung sowie nach der vorliegenden Verordnung zugelassen werden.

(13) Ein bereits gemäß dieser Verordnung zugelassener Lebensmittelzusatzstoff, der mit Produktionsmethoden oder Ausgangsstoffen hergestellt wird, die sich wesentlich von denjenigen unterscheiden, die in die Risikobewertung durch

---

Zu Abs. 8:
[5] *ABl. L 178 vom 28.7.1995, S. 1.*
[6] *ABl. L 226 vom 22.9.1995, S. 1.*
[7] *ABl. L 339 vom 30.12.1996, S. 1.*

Zu Abs. 10:
[8] *Siehe Seite 1 dieses Amtsblatts.*
Zu Abs. 11:
[9] *ABl. L 31 vom 1.2.2002, S. 1.*
Zu Abs. 12:
[10] *ABl. L 268 vom 18.10.2003, S. 1.*

die Behörden einbezogen wurden, oder sich von denjenigen unterscheiden, auf die sich die festgelegten Spezifikationen beziehen, sollte der Behörde zur Bewertung vorgelegt werden. Unter „sich wesentlich unterscheiden" könnte unter anderem eine Änderung der Produktionsmethode zu verstehen sein, wenn ein Produkt nicht mehr durch Pflanzenextraktion, sondern durch Fermentation mit Hilfe eines Mikroorganismus oder durch eine gentechnisch veränderte Variante des ursprünglichen Mikroorganismus hergestellt wird, sowie eine Änderung bei den Ausgangsstoffen oder eine Änderung der Partikelgröße, einschließlich der Anwendung der Nanotechnologie.

(14) Lebensmittelzusatzstoffe sollten ständig überwacht und müssen erforderlichenfalls unter Berücksichtigung veränderter Verwendungsbedingungen und neuer wissenschaftlicher Informationen neu bewertet werden. Wenn erforderlich, sollte die Kommission gemeinsam mit den Mitgliedstaaten geeignete Maßnahmen in Erwägung ziehen.

(15) Mitgliedstaaten, in denen das Verbot der Verwendung bestimmter Zusatzstoffe in Lebensmitteln, die als traditionell gelten und auf ihrem Hoheitsgebiet hergestellt werden, am 1. Januar 1992 noch galt, sollten dieses Verbot weiterhin anwenden dürfen. Bei Produkten wie „Feta" und „Salame cacciatore" sollte diese Verordnung unbeschadet strengerer Bestimmungen über die Verwendung bestimmter Bezeichnungen gemäß der Verordnung (EG) Nr. 510/2006 des Rates vom 20. März 2006 zum Schutz von geografischen Angaben und Ursprungsbezeichnungen für Agrarerzeugnisse und Lebensmittel[11] und der Verordnung (EG) Nr. 509/2006 des Rates vom 20. März 2006 über die garantiert traditionellen Spezialitäten bei Agrarerzeugnissen und Lebensmitteln[12] gelten.

(16) Sofern keine weiteren Beschränkungen gelten, darf ein Zusatzstoff in Lebensmitteln außer durch direkten Zusatz auch durch Übertragung aus Zutaten, in denen der Zusatzstoff zugelassen ist, enthalten sein; dies gilt unter der Voraussetzung, dass der Zusatzstoffgehalt im Enderzeugnis die Menge, die bei Einhaltung sachgerechter technologischer Bedingungen und einer guten Herstellungspraxis zugeführt würde, nicht übersteigt.

(17) Für Lebensmittelzusatzstoffe gelten weiterhin die allgemeinen Kennzeichnungsbestimmungen der Richtlinie 2000/13/EG des Europäischen Parlaments und des Rates vom 20. März 2000 zur Angleichung der Rechtsvorschriften der Mitgliedstaaten über die Etikettierung und Aufmachung von Lebensmitteln sowie die Werbung hierfür[13] und gegebenenfalls der Verordnung (EG) Nr. 1829/2003 und der Verordnung (EG) Nr. 1830/2003 des Europäischen Parlaments und des Rates vom 22. September 2003 über die Rückverfolgbarkeit und Kennzeichnung von genetisch veränderten Organismen und über die Rückverfolgbarkeit von aus genetisch veränderten Organismen hergestellten Lebensmitteln und Futtermitteln[14]. In der vorliegenden Verordnung sollte zudem die Kennzeichnung der als solche an die Hersteller oder Endverbraucher verkauften Zusatzstoffe geregelt werden.

(18) Die gemäß dieser Verordnung zugelassenen Süßungsmittel können in Tafelsüßen verwendet werden, die direkt an die Verbraucher verkauft werden. Die Hersteller dieser Erzeugnisse sollten für die Verbraucher auf angemessene Weise Informationen bereitstellen, die diesen eine sichere Verwendung des Erzeugnisses ermöglichen. Diese Informationen könnten auf unterschiedliche Art und Weise bereitgestellt werden, z. B. auf der Kennzeichnung der Erzeugnisse, auf Websites im Internet, im Rahmen von Hotlines und in den Verkaufsstellen. Möglicherweise ist es erforderlich, auf der Ebene der Gemeinschaft Leitlinien zu erstellen, damit diese Anforderung einheitlich umgesetzt wird.

(19) Die zur Durchführung dieser Verordnung erforderlichen Maßnahmen sollten gemäß dem Beschluss 1999/468/EG des Rates vom 28. Juni 1999 zur Festlegung der Modalitäten für die Ausübung der der Kommission übertragenen Durchführungsbefugnisse[15] erlassen werden.

(20) Insbesondere sollte die Kommission die Befugnis erhalten, die Anhänge dieser Verordnung zu ändern und geeignete Übergangsregelungen zu erlassen. Da es sich hierbei um Maßnahmen von allgemeiner Tragweite handelt, die eine Änderung nicht wesentlicher Bestimmungen dieser Verordnung auch durch Ergänzung um neue nicht wesentliche Bestimmungen bewirken, sind sie nach dem Regelungsverfahren mit Kontrolle des Artikels 5a des Beschlusses 1999/468/EG zu erlassen.

Zu Abs. 15:
[11] *ABl. L 93 vom 31.3.2006, S. 12.*
[12] *ABl. L 93 vom 31.3.2006, S. 1.*

Zu Abs. 17:
[13] *ABl. L 109 vom 6.5.2000, S. 29.*
[14] *ABl. L 268 vom 18.10.2003, S. 24.*
Zu Abs. 19:
[15] *ABl. L 184 vom 17.7.1999, S. 23.*

(21) Aus Gründen der Effizienz ist es erforderlich, die Fristen, die normalerweise im Rahmen des Regelungsverfahrens mit Kontrolle Anwendung finden, für den Erlass bestimmter Änderungen der Anhänge II und III, die im Rahmen anderweitigen Gemeinschaftsrechts bereits zugelassene Stoffe sowie geeignete Übergangsregelungen für diese Stoffe betreffen, abzukürzen.

(22) Für eine verhältnismäßige und effiziente Fortentwicklung und Aktualisierung des Gemeinschaftsrechts auf dem Gebiet der Zusatzstoffe ist es notwendig, Daten zu erheben, Informationen auszutauschen und die Arbeit der Mitgliedstaaten zu koordinieren. Zu diesem Zweck kann es sinnvoll sein, Studien zur Untersuchung konkreter Fragen erstellen, um so den Entscheidungsfindungsprozess zu erleichtern. Es ist zweckmäßig, dass die Gemeinschaft solche Studien aus ihrem Haushalt finanziert. Die Finanzierung solcher Maßnahmen wird von der Verordnung (EG) Nr. 882/2004 des Europäischen Parlaments und des Rates vom 29. April 2004 über amtliche Kontrollen zur Überprüfung der Einhaltung des Lebensmittel- und Futtermittelrechts sowie der Bestimmungen über Tiergesundheit und Tierschutz[16] abgedeckt.

(23) Die Mitgliedstaaten führen amtliche Kontrollen durch, um die Einhaltung der vorliegenden Verordnung gemäß der Verordnung (EG) Nr. 882/2004 durchzusetzen.

(24) Da das Ziel dieser Verordnung, nämlich die Festlegung von Gemeinschaftsvorschriften über Lebensmittelzusatzstoffe, auf Ebene der Mitgliedstaaten nicht ausreichend verwirklicht werden kann und daher wegen der Einheitlichkeit des Marktes und eines hohen Verbraucherschutzniveaus besser auf Gemeinschaftsebene zu verwirklichen ist, kann die Gemeinschaft im Einklang mit dem in Artikel 5 des Vertrages niedergelegten Subsidiaritätsprinzip tätig werden. Entsprechend dem in demselben Artikel genannten Grundsatz der Verhältnismäßigkeit geht diese Verordnung nicht über das für das Erreichen dieses Zieles erforderliche Maß hinaus.

(25) Nach Erlass dieser Verordnung sollte die Kommission mit Unterstützung des Ständigen Ausschusses für die Lebensmittelkette und Tiergesundheit die geltenden Zulassungen auf alle nicht sicherheitsbezogenen Kriterien, wie Aufnahmemengen, technologische Notwendigkeit und Gefahr einer Irreführung der Verbraucher, prüfen. Alle in der Gemeinschaft weiterhin zugelassenen Zusatzstoffe sollten in die Gemeinschaftslisten in den Anhängen II und III dieser Verordnung aufgenommen werden. Anhang III dieser Verordnung sollte gemäß der Verordnung (EG) Nr. 1331/2008 um die übrigen in Lebensmittelzusatzstoffen und -enzymen sowie als Trägerstoffe für Nährstoffe verwendeten Zusatzstoffe und die Bedingungen für ihre Verwendung ergänzt werden. Um eine angemessene Übergangsfrist einzuräumen, sollte Anhang III mit Ausnahme der Regelungen für Trägerstoffe für Zusatzstoffe und Lebensmittelzusatzstoffe in Aromen nicht vor dem 1. Januar 2011 gelten.

(26) Bis zur Erstellung der künftigen Gemeinschaftslisten der Lebensmittelzusatzstoffe sollte ein vereinfachtes Verfahren zur Aktualisierung der derzeit in den geltenden Richtlinien enthaltenen Listen der Lebensmittelzusatzstoffe eingeführt werden.

(27) Unbeschadet der Ergebnisse der in Erwägungsgrund 25 genannten Überprüfung sollte die Kommission spätestens in einem Jahr nach Erlass dieser Verordnung der Behörde ein Programm zur Neubewertung der Sicherheit der bereits in der Gemeinschaft zugelassenen Zusatzstoffe vorgeben. In dem Programm sollten die Notwendigkeit und die Reihenfolge der Schwerpunkte für die Prüfung der zugelassenen Zusatzstoffe festgelegt werden.

(28) Durch diese Verordnung werden die folgenden Rechtsakte aufgehoben und ersetzt: Richtlinie des Rates vom 23. Oktober 1962 zur Angleichung der Rechtsvorschriften der Mitgliedstaaten für färbende Stoffe, die in Lebensmitteln verwendet werden dürfen[17], Richtlinie 65/66/EWG des Rates vom 26. Januar 1965 zur Festlegung spezifischer Reinheitskriterien für konservierende Stoffe, die in Lebensmitteln verwendet werden dürfen[18], Richtlinie 78/663/EWG des Rates vom 25. Juli 1978 zur Festlegung spezifischer Reinheitskriterien für Emulgatoren, Stabilisatoren, Verdickungs- und Geliermittel, die in Lebensmitteln verwendet werden dürfen[19], Richtlinie 78/664/EWG des Rates vom 25. Juli 1978 zur Festlegung der spezifischen Reinheitskriterien für Stoffe mit antioxydierender Wirkung, die in Lebensmitteln verwendet werden dürfen[20], Erste Richtlinie 81/712/EWG der Kommission vom 28. Juli 1981 zur Festlegung gemeinschaftlicher Analysemethoden für die Überwachung der Reinheitskriterien bestimmter Lebensmittelzusatz-

---

Zu Abs. 22:
[16] *ABl. L 165 vom 30.4.2004, S. 1.*

Zu Abs. 28:
[17] *ABl. 115 vom 11.11.1962, S. 2645/62.*
[18] *ABl. 22 vom 9.2.1965, S. 373.*
[19] *ABl. L 223 vom 14.8.1978, S. 7.*
[20] *ABl. L 223 vom 14.8.1978, S. 30.*

6/3. EG/LM-ZusatzstoffeV
Artikel 1 – 2

stoffe[21], Richtlinie 89/107/EWG des Rates vom 21. Dezember 1988 zur Angleichung der Rechtsvorschriften der Mitgliedstaaten über Zusatzstoffe, die in Lebensmitteln verwendet werden dürfen[22], Richtlinie 94/35/EG des Europäischen Parlaments und des Rates vom 30. Juni 1994 über Süßungsmittel, die in Lebensmitteln verwendet werden dürfen[23], Richtlinie 94/36/EG des Europäischen Parlaments und des Rates vom 30. Juni 1994 über Farbstoffe, die in Lebensmitteln verwendet werden dürfen[24], Richtlinie 95/2/EG des Europäischen Parlaments und des Rates vom 20. Februar 1995 über andere Lebensmittelzusatzstoffe als Farbstoffe und Süßungsmittel[25], Entscheidung Nr. 292/97/EG des Europäischen Parlaments und des Rates vom 19. Dezember 1996 über die Aufrechterhaltung einzelstaatlicher Verbote der Verwendung bestimmter Zusatzstoffe bei der Herstellung einiger Lebensmittel[26] und Entscheidung 2002/247/EG der Kommission vom 27. März 2002 über die Aussetzung des Inverkehrbringens und der Einfuhr von Gelee-Süßwaren mit dem Lebensmittelzusatzstoff E 425 Konjak[27]. Einige Bestimmungen dieser Rechtsakte sollten jedoch übergangsweise Gültigkeit behalten, bis die Gemeinschaftslisten in den Anhängen dieser Verordnung ausgearbeitet sind –

HABEN FOLGENDE VERORDNUNG ERLASSEN:

KAPITEL I
GEGENSTAND, ANWENDUNGSBEREICH UND BEGRIFFSBESTIMMUNGEN

Artikel 1
Gegenstand

Diese Verordnung enthält Bestimmungen über die in Lebensmitteln verwendeten Zusatzstoffe mit Blick auf die Gewährleistung des reibungslosen Funktionierens des Binnenmarkts bei gleichzeitiger Gewährleistung eines hohen Schutzniveaus für die Gesundheit der Menschen und eines hohen Niveaus des Schutzes der Verbraucher einschließlich des Schutzes der Verbraucherinteressen und der lauteren Gepflogenheiten im Lebensmittelhandel unter angemessener Berücksichtigung des Umweltschutzes.
Zu diesem Zweck legt die Verordnung Folgendes fest:

a) Gemeinschaftslisten der in den Anhängen II und III aufgeführten Zusatzstoffe;

b) Bedingungen für die Verwendung von Zusatzstoffen in Lebensmitteln, einschließlich in Lebensmittelzusatzstoffen und Lebensmittelenzymen, für die die Verordnung (EG) Nr. 1332/2008 gilt, und in Lebensmittelaromen, für die die Verordnung (EG) Nr. 1334/2008 des Europäischen Parlaments und des Rates vom 16. Dezember 2008 über Aromen und bestimmte Lebensmittelzutaten mit Aromaeigenschaften zur Verwendung in und auf Lebensmitteln gilt[1];

c) Regeln für die Kennzeichnung der als solche verkauften Lebensmittelzusatzstoffe.

Artikel 2
Anwendungsbereich

(1) Diese Verordnung gilt für Lebensmittelzusatzstoffe.

(2) Diese Verordnung gilt für die folgenden Stoffe nur, wenn sie als Lebensmittelzusatzstoffe verwendet werden:

a) Verarbeitungshilfsstoffe;

b) Stoffe, die gemäß den Gemeinschaftsbestimmungen über Pflanzengesundheit für den Schutz von Pflanzen oder Pflanzenerzeugnissen verwendet werden;

c) Stoffe, die Lebensmitteln zu Ernährungszwecken zugefügt werden;

d) Stoffe, mit denen Wasser für den menschlichen Gebrauch aufbereitet wird und die unter die Richtlinie 98/83/EG des Rates vom 3. November 1998 über die Qualität von Wasser für den menschlichen Gebrauch[1] fallen;

e) Aromen gemäß der Verordnung (EG) Nr. 1334/2008.

(3) Diese Verordnung gilt vom Zeitpunkt der Verabschiedung der Gemeinschaftsliste der Lebensmittelenzyme gemäß Artikel 17 der Verordnung (EG) Nr. 1332/2008 nicht für Lebensmittelenzyme, die unter die genannte Verordnung fallen.

(4) Diese Verordnung gilt unbeschadet besonderer Gemeinschaftsbestimmungen über die Verwendung von Lebensmittelzusatzstoffen

a) in bestimmten Lebensmitteln;

b) für nicht von dieser Verordnung abgedeckte Zwecke.

---

[21] ABl. L 257 vom 10.9.1981, S. 1.
[22] ABl. L 40 vom 11.2.1989, S. 27.
[23] ABl. L 237 vom 10.9.1994, S. 3.
[24] ABl. L 237 vom 10.9.1994, S. 13.
[25] ABl. L 61 vom 18.3.1995, S. 1.
[26] ABl. L 48 vom 19.2.1997, S. 13.
[27] ABl. L 84 vom 28.3.2002, S. 69.

Zu Artikel 1:
[1] Siehe Seite 34 dieses Amtsblatts.
Zu Artikel 2:
[1] ABl. L 330 vom 5.12.1998, S. 32.

Artikel 3
Begriffsbestimmungen

(1) Für die Zwecke dieser Verordnung gelten die Begriffsbestimmungen der Verordnungen (EG) Nr. 178/2002 und 1829/2003.

(2) Für die Zwecke dieser Verordnung gelten ferner folgende Begriffsbestimmungen:

a) „Lebensmittelzusatzstoff": ein Stoff mit oder ohne Nährwert, der in der Regel weder selbst als Lebensmittel verzehrt noch als charakteristische Lebensmittelzutat verwendet wird und einem Lebensmittel aus technologischen Gründen bei der Herstellung, Verarbeitung, Zubereitung, Behandlung, Verpackung, Beförderung oder Lagerung zugesetzt wird, wodurch er selbst oder seine Nebenprodukte mittelbar oder unmittelbar zu einem Bestandteil des Lebensmittels werden oder werden können;

Folgende Stoffe gelten nicht als Lebensmittelzusatzstoffe:

i) Monosaccharide, Disaccharide und Oligosaccharide und wegen ihrer süßenden Eigenschaften verwendete Lebensmittel, die diese Stoffe enthalten;

ii) Lebensmittel, getrocknet oder in konzentrierter Form, einschließlich Aromen, die bei der Herstellung von zusammengesetzten Lebensmitteln wegen ihrer aromatisierenden, geschmacklichen oder ernährungsphysiologischen Eigenschaften beigegeben werden und eine färbende Nebenwirkung haben;

iii) Stoffe, die zum Umhüllen oder Überziehen verwendet werden, aber nicht Teil der Lebensmittel sind und nicht mit diesen Lebensmitteln verzehrt werden sollen;

iv) Erzeugnisse, die Pektin enthalten und aus getrockneten Rückständen ausgepresster Äpfel oder aus getrockneten Schalen von Zitrusfrüchten oder aus einer Mischung daraus durch Behandlung mit verdünnter Säure und anschließender teilweiser Neutralisierung mit Natrium- oder Kaliumsalzen gewonnen wurden („flüssiges Pektin");

v) Kaubasen zur Herstellung von Kaugummi;

vi) Weiß- oder Gelbdextrin, geröstete oder dextrinierte Stärke, durch Säure- oder Alkalibehandlung modifizierte Stärke, gebleichte Stärke, physikalisch modifizierte Stärke und mit amylolitischen Enzymen behandelte Stärke;

vii) Ammoniumchlorid;

viii) Blutplasma, Speisegelatine, Proteinhydrolysate und deren Salze, Milcheiweiß und Gluten;

ix) Aminosäuren sowie deren Salze (außer Glutaminsäure, Glycin, Cystein und Cystin sowie deren Salze), die nicht die Funktion eines Zusatzstoffes haben;

x) Kaseinate und Kasein;

xi) Inulin;

b) „Verarbeitungshilfsstoff": ein Stoff, der

i) nicht als Lebensmittel verzehrt wird

ii) bei der Verarbeitung von Rohstoffen, Lebensmitteln oder deren Zutaten aus technologischen Gründen während der Be- oder Verarbeitung verwendet wird und

iii) unbeabsichtigte, technisch unvermeidbare Rückstände des Stoffes oder seiner Derivate im Enderzeugnis hinterlassen kann, sofern diese Rückstände gesundheitlich unbedenklich sind und sich technologisch nicht auf das Enderzeugnis auswirken;

c) „Funktionsklasse": eine der in Anhang I aufgeführten, nach der technologischen Funktion in Lebensmitteln geordneten Gruppen von Zusatzstoffen;

d) „unbehandelte Lebensmittel": Lebensmittel, die keiner Behandlung unterzogen worden sind, die zu einer substanziellen Änderung des ursprünglichen Zustands der Lebensmittel führt; eine substanzielle Änderung liegt insbesondere nicht vor, wenn die Lebensmittel geteilt, ausgelöst, getrennt, ausgebeint, fein zerkleinert, enthäutet, geschält, gemahlen, geschnitten, gesäubert, garniert, tiefgefroren, gefroren, gekühlt, geschliffen oder enthülst, verpackt oder ausgepackt worden sind;

e) „Lebensmittel ohne Zuckerzusatz": Lebensmittel ohne

i) Zusatz von Monosacchariden oder Disacchariden;

ii) Zusatz von Lebensmitteln wegen ihrer süßenden Eigenschaften, die Monosaccharide oder Disaccharide enthalten;

f) „brennwertvermindert": Lebensmittel mit einem Brennwert, der gegenüber dem Brennwert des ursprünglichen Lebensmittels oder eines gleichartigen Erzeugnisses um mindestens 30 % reduziert ist.

g) „Tafelsüße": Zubereitungen zugelassener Süßungsmittel, die andere Lebensmittelzusatzstoffe und/oder Lebensmittelzutaten enthalten können und die als Ersatz für Zucker zur Abgabe an den Endverbraucher bestimmt sind.

h) „quantum satis": keine numerische Angabe einer Höchstmenge; die Stoffe sind jedoch gemäß der guten Herstellungspraxis nur in der Menge zu verwenden, die erforderlich ist, um die gewünschte Wirkung zu erzielen, und unter der Voraussetzung, dass die Verbraucher nicht irregeführt werden.

6/3. EG/LM-ZusatzstoffeV
Artikel 4 – 7

KAPITEL II
GEMEINSCHAFTSLISTEN DER ZUGELASSENEN ZUSATZSTOFFE

Artikel 4
Gemeinschaftslisten der Zusatzstoffe

(1) Nur die in der Gemeinschaftsliste in Anhang II aufgeführten Lebensmittelzusatzstoffe dürfen als solche in Verkehr gebracht und unter den darin festgelegten Bedingungen in Lebensmitteln verwendet werden.

(2) Nur die in der Gemeinschaftsliste in Anhang III aufgeführten Lebensmittelzusatzstoffe dürfen unter den darin festgelegten Bedingungen in Lebensmittelzusatzstoffen, -enzymen und -aromen verwendet werden.

(3) Die Liste der Lebensmittelzusatzstoffe in Anhang II wird nach Kategorien von Lebensmitteln, denen sie zugesetzt werden dürfen, erstellt.

(4) Die Liste der Lebensmittelzusatzstoffe in Anhang III wird nach Lebensmittelzusatzstoffen, -enzymen, -aromen und Nährstoffen bzw. nach deren jeweiligen Kategorien, denen sie zugesetzt werden dürfen, erstellt.

(5) Die Lebensmittelzusatzstoffe müssen den in Artikel 14 genannten Spezifikationen entsprechen.

Artikel 5
Verbot von nicht mit dieser Verordnung in Einklang stehenden Lebensmittelzusatzstoffen und/oder Lebensmitteln

Niemand darf einen Lebensmittelzusatzstoff oder ein Lebensmittel, in dem ein Lebensmittelzusatzstoff vorhanden ist, in Verkehr bringen, wenn die Verwendung des Lebensmittelzusatzstoffs nicht mit dieser Verordnung in Einklang steht.

Artikel 6
Allgemeine Bedingungen für die Aufnahme von Lebensmittelzusatzstoffen in die Gemeinschaftsliste und für die Verwendung der Lebensmittelzusatzstoffe

(1) Ein Lebensmittelzusatzstoff darf nur in die Gemeinschaftslisten in den Anhängen II und III aufgenommen werden, wenn die folgenden Voraussetzungen und gegebenenfalls andere berücksichtigenswerte legitime Faktoren – einschließlich umweltrelevanter Faktoren – erfüllt sind:

a) der Lebensmittelzusatzstoff ist bei der vorgeschlagenen Dosis für die Verbraucher gesundheitlich unbedenklich, soweit die verfügbaren wissenschaftlichen Daten ein Urteil hierüber erlauben,

b) es besteht eine hinreichende technische Notwendigkeit, und es stehen keine anderen wirtschaftlich und technisch praktikablen Methoden zur Verfügung, und

c) durch die Verwendung des Lebensmittelzusatzstoffs werden die Verbraucher nicht irregeführt.

(2) Lebensmittelzusatzstoffe werden nur in die Gemeinschaftslisten in den Anhängen II und III aufgenommen, wenn sie für die Verbraucher Vorteile bringen und daher einem oder mehreren der folgenden Zwecke dienen:

a) Erhaltung der ernährungsphysiologischen Qualität des Lebensmittels;

b) Bereitstellung von Zutaten oder Bestandteilen für Lebensmittel, die für Gruppen von Verbrauchern mit besonderen Ernährungswünschen erforderlich sind;

c) Förderung der gleich bleibenden Qualität oder Stabilität eines Lebensmittels oder Verbesserung seiner organoleptischen Eigenschaften, sofern sich dadurch die Art, Substanz oder Qualität des Lebensmittels nicht derart verändert, dass die Verbraucher irregeführt werden;

d) Verwendung als Hilfsstoff bei Herstellung, Verarbeitung, Zubereitung, Behandlung, Verpackung, Transport oder Lagerung von Lebensmitteln, einschließlich Lebensmittelzusatzstoffen, -enzymen und -aromen, sofern der Zusatzstoff nicht dazu verwendet wird, die Auswirkungen des Einsatzes mangelhafter Rohstoffe oder unerwünschter, auch unhygienischer Verfahren oder Techniken im Verlauf einer dieser Tätigkeiten zu verschleiern.

(3) Abweichend von Absatz 2 Buchstabe a kann ein Lebensmittelzusatzstoff, der die ernährungsphysiologische Qualität eines Lebensmittels mindert, in die Gemeinschaftsliste in Anhang II aufgenommen werden, wenn

a) dieses Lebensmittel kein wichtiger Bestandteil einer normalen Ernährung ist oder

b) der Lebensmittelzusatzstoff für die Herstellung von Lebensmitteln für Gruppen von Verbrauchern mit speziellen Ernährungsbedürfnissen benötigt wird.

Artikel 7
Besondere Bedingungen für Süßungsmittel

Ein Lebensmittelzusatzstoff darf in die Gemeinschaftsliste in Anhang II unter der Funktionsklasse der Süßungsmittel nur aufgenommen werden, wenn er einem oder mehreren der in Artikel 6 Absatz 2 aufgeführten Zwecke und außerdem einem der folgenden Zwecke dient:

a) Zuckerersatz bei der Herstellung von brennwertverminderten Lebensmitteln, von nicht kariogenen Lebensmitteln oder von Lebensmitteln ohne Zuckerzusatz,

b) Zuckerersatz, sofern dadurch die Haltbarkeit des Lebensmittels verbessert wird,

c) Herstellung von Lebensmitteln, die für eine besondere Ernährung bestimmt sind, gemäß Artikel 1 Absatz 2 Buchstabe a der Richtlinie 89/398/EWG.

Artikel 8
Besondere Bedingungen für Farbstoffe

Ein Lebensmittelzusatzstoff darf in die Gemeinschaftsliste in Anhang II unter der Funktionsklasse der Farbstoffe nur aufgenommen werden, wenn er einem oder mehreren der in Artikel 6 Absatz 2 aufgeführten Zwecke und außerdem einem der folgenden Zwecke dient:

a) das ursprüngliche Erscheinungsbild von Lebensmitteln wiederherstellt, deren Farbe durch Verarbeitung, Lagerung, Verpackung und Vertrieb mit nachteiligen Folgen für die optische Akzeptanz beeinträchtigt worden ist;

b) Lebensmittel äußerlich ansprechender macht;

c) normalerweise farblose Lebensmittel färbt.

Artikel 9
Einteilung der Lebensmittelzusatzstoffe nach Funktionsklassen

(1) Die Lebensmittelzusatzstoffe werden in den Anhängen II und III den einzelnen Funktionsklassen von Anhang I je nach ihrer technischen Hauptfunktion zugeordnet.
Diese Zuordnung schließt nicht aus, dass sie auch für andere Zwecke verwendet werden können.

(2) Sofern es aufgrund des wissenschaftlichen Fortschritts oder der technischen Entwicklung erforderlich ist, sind Maßnahmen zur Änderung nicht wesentlicher Bestimmungen dieser Verordnung, die die Aufnahme weiterer Funktionsklassen in Anhang I betreffen, gemäß dem Regelungsverfahren mit Kontrolle nach Artikel 28 Absatz 3 zu erlassen.

Artikel 10
Inhalt der Gemeinschaftslisten von Lebensmittelzusatzstoffen

(1) Ein Lebensmittelzusatzstoff, der die in den Artikeln 6, 7 und 8 genannten Bedingungen erfüllt, kann nach dem in der Verordnung (EG) Nr. 1331/2008 festgelegten Verfahren aufgenommen werden in

a) die Gemeinschaftsliste in Anhang II der vorliegenden Verordnung und/oder

b) die Gemeinschaftsliste in Anhang III der vorliegenden Verordnung.

(2) Der Eintrag eines Lebensmittelzusatzstoffes in die Gemeinschaftslisten in den Anhängen II und III enthält folgende Einzelheiten:

a) Bezeichnung des Lebensmittelzusatzstoffes und seine E-Nummer;

b) Lebensmittel, denen der Lebensmittelzusatzstoff zugesetzt werden darf;

c) Bedingungen, unter denen der Lebensmittelzusatzstoff verwendet werden darf;

d) gegebenenfalls Beschränkungen der direkten Abgabe des Lebensmittelzusatzstoffes an die Endverbraucher.

(3) Änderungen der Gemeinschaftslisten in den Anhängen II und III erfolgen nach dem in der Verordnung (EG) Nr. 1331/2008 vorgesehenen Verfahren.

Artikel 11
Festlegung der Verwendungsmengen

(1) Bei der Festlegung der in Artikel 10 Absatz 2 Buchstabe c genannten Bedingungen ist Folgendes zu berücksichtigen:

a) die geringste Dosis, die notwendig ist, um die gewünschte Wirkung zu erzielen, wird als Verwendungsmenge festgelegt;

b) dabei sind zu berücksichtigen:

i) die für den Lebensmittelzusatzstoff festgelegte akzeptierbare Tagesdosis oder gleichwertige Bewertungen und die wahrscheinliche tägliche Aufnahmemenge unter Berücksichtigung aller Quellen;

ii) sofern Lebensmittelzusatzstoffe in Lebensmitteln Verwendung finden, die von speziellen Verbrauchergruppen konsumiert werden, die mögliche tägliche Menge der Aufnahme des Lebensmittelzusatzstoffes durch die Verbraucher in jenen Gruppen.

(2) In bestimmten Fällen wird keine numerische Höchstmenge für Lebensmittelzusatzstoffe festgelegt (quantum satis). Zusatzstoffe werden dann nach dem Quantum-satis-Prinzip verwendet.

(3) Die in Anhang II genannten Höchstmengen der Lebensmittelzusatzstoffe gelten für die in Verkehr gebrachten Lebensmittel, sofern nicht anders angegeben. Abweichend von diesem Grundsatz finden bei getrockneten und/oder konzentrierten Lebensmitteln, die rekonstituiert werden müssen, die Höchstmengen auf die nach den Anweisungen auf dem Etikett rekonstituierten Lebensmittel Anwendung, wobei der Mindestverdünnungsfaktor zu berücksichtigen ist.

(4) Die in Anhang II genannten Höchstmengen der Farbstoffe gelten für die Mengen des färbenden Grundbestandteils in der färbenden Zubereitung, sofern nicht anders angegeben.

Artikel 12
Änderungen im Produktionsprozess oder in Ausgangsstoffen für einen Lebensmittelzusatzstoff, der bereits in der Gemeinschaftsliste aufgeführt ist

Wenn bei einem Lebensmittelzusatzstoff, der bereits in der Gemeinschaftsliste aufgeführt ist, sein Produktionsverfahren oder die verwendeten Ausgangsstoffe erheblich geändert werden oder die Partikelgröße – z. B. durch die Anwendung der Nanotechnologie – geändert wird, ist dieser nach den neuen Verfahren oder mit den neuen Ausgangsstoffen hergestellte Lebensmittelzusatzstoff als ein anderer Zusatzstoff anzusehen, und es ist ein neuer Eintrag in die Gemeinschaftsliste bzw. eine Änderung der Spezifikationen erforderlich, bevor der Zusatzstoff in Verkehr gebracht werden darf.

Artikel 13
Lebensmittelzusatzstoffe, die in den Anwendungsbereich der Verordnung (EG) Nr. 1829/2003 fallen

(1) Ein Lebensmittelzusatzstoff, der in den Anwendungsbereich der Verordnung (EG) Nr. 1829/2003 fällt, kann erst nach seiner Zulassung gemäß der Verordnung (EG) Nr. 1829/2003 nach der vorliegenden Verordnung in die Gemeinschaftslisten in den Anhängen II und III aufgenommen werden.

(2) Wenn ein Lebensmittelzusatzstoff, der bereits in der Gemeinschaftsliste aufgeführt ist, aus anderen Ausgangsstoffen produziert wird, die in den Geltungsbereich der Verordnung (EG) Nr. 1829/2003 fallen, muss er nicht noch einmal gemäß dieser Verordnung zugelassen werden, solange der neue Ausgangsstoff eine Zulassung gemäß der Verordnung (EG) Nr. 1829/2003 besitzt und der Lebensmittelzusatzstoff den in der vorliegenden Verordnung festgelegten Spezifikationen entspricht.

Artikel 14
Spezifikationen von Lebensmittelzusatzstoffen

Die Spezifikationen der Lebensmittelzusatzstoffe, insbesondere bezüglich Herkunft, Reinheit und sonstiger notwendiger Angaben, werden nach dem Verfahren der Verordnung (EG) Nr. 1331/2008 vorgesehenen Verfahren bei der ersten Eintragung eines Zusatzstoffes in die Gemeinschaftslisten in den Anhängen II und III festgelegt.

KAPITEL III
VERWENDUNG VON ZUSATZSTOFFEN IN LEBENSMITTELN

Artikel 15
Verwendung von Zusatzstoffen in unbehandelten Lebensmitteln

Lebensmittelzusatzstoffe dürfen in unbehandelten Lebensmitteln nur in den in Anhang II ausdrücklich vorgesehenen Fällen verwendet werden.

(ABl L 105 vom 27. 4. 2010, S 114)

Artikel 16
Verwendung von Lebensmittelzusatzstoffen in Säuglings- und Kleinkindernahrung

Lebensmittelzusatzstoffe dürfen in Säuglings- und Kleinkindernahrung im Sinne der Richtlinie 89/398/EWG – auch in diätetischen Lebensmitteln für Säuglinge und Kleinkinder für besondere medizinische Zwecke – nur in den in Anhang II dieser Verordnung ausdrücklich vorgesehenen Fällen verwendet werden.

Artikel 17
Verwendung von Farbstoffen zur Kennzeichnung

Nur in Anhang II dieser Verordnung aufgeführte Lebensmittelfarbstoffe sind für die Kennzeichnung der Genusstauglichkeit gemäß der Richtlinie 91/497/EWG des Rates vom 29. Juli 1991 zur Änderung und Kodifizierung der Richtlinie 64/433/EWG zur Regelung gesundheitlicher Fragen beim innergemeinschaftlichen Handelsverkehr mit frischem Fleisch zwecks Ausdehnung ihrer Bestimmungen auf die Gewinnung und das Inverkehrbringen von frischem Fleisch[1] und für andere vorgeschriebene Kennzeichnungen bei Fleischerzeugnissen sowie für Farbverzierungen der Schalen von Eiern und Stempelaufdrucke auf den Schalen von Eiern gemäß der Verordnung (EG) Nr. 853/2004 des Europäischen Parlaments und des Rates vom 29. April 2004 mit spezifischen Hygienevorschriften für Lebensmittel tierischen Ursprungs[2] zugelassen.

Artikel 18
Migrationsgrundsatz

(1) Ein Lebensmittelzusatzstoff darf enthalten sein

a) in einem zusammengesetzten Lebensmittel, das nicht in Anhang II aufgeführt ist, falls der

---

Zu Artikel 17:
[1] *ABl. L 268 vom 24.9.1991, S. 69.*
[2] *ABl. L 139 vom 30.4.2004, S. 55.*

Zusatzstoff in einer der Zutaten des zusammengesetzten Lebensmittels zugelassen ist;

b) in einem Lebensmittel mit zugesetzten Lebensmittelzusatzstoffen, -enzymen oder -aromen, falls der Zusatzstoff

i) nach dieser Verordnung im Lebensmittelzusatzstoff, -enzym oder -aroma zugelassen ist und

ii) durch den Lebensmittelzusatzstoff, das Lebensmittelenzym oder das Lebensmittelaroma in das Lebensmittel übertragen worden ist und

iii) in dem endgültigen Lebensmittel keine technische Funktion erfüllt;

c) in einem Lebensmittel, das ausschließlich für die Zubereitung eines zusammengesetzten Lebensmittels verwendet wird, sofern Letzteres dieser Verordnung genügt.

(2) Absatz 1 gilt nur in ausdrücklichen Ausnahmefällen für Säuglingsanfangsnahrung, Folgenahrung, Getreidebeikost und andere Beikost sowie diätetische Lebensmittel für besondere medizinische Zwecke für Säuglinge und Kleinkinder gemäß der Richtlinie 89/398/EWG.

(3) Wird ein Lebensmittelzusatzstoff in einem Lebensmittelaroma, -zusatzstoff oder -enzym einem Lebensmittel zugefügt und erfüllt in diesem Lebensmittel eine technische Funktion, so gilt er nicht als Lebensmittelzusatzstoff des zugefügten Lebensmittelaromas, -zusatzstoffes oder -enzyms, sondern als Zusatzstoff dieses Lebensmittels und muss somit den vorgegebenen Bedingungen für die Verwendung in diesem Lebensmittel genügen.

(4) Unbeschadet des Absatzes 1 sind als Süßungsmittel verwendete Lebensmittelzusatzstoffe in zusammengesetzten Lebensmitteln ohne Zuckerzusatz, in brennwertverminderten zusammengesetzten Lebensmitteln, in zusammengesetzten Lebensmitteln für kalorienarme Ernährung, in nicht kariogenen zusammengesetzten Lebensmitteln und in zusammengesetzten Lebensmitteln mit verlängerter Haltbarkeit zugelassen, sofern das Süßungsmittel für eine der Zutaten des zusammengesetzten Lebensmittels zugelassen ist.

Artikel 19
Auslegungsentscheidungen

Erforderlichenfalls kann nach dem in Artikel 28 Absatz 2 genannten Regelungsverfahren entschieden werden, ob

a) ein bestimmtes Lebensmittel einer der Gruppen in Anhang II angehört;

b) ein in den Anhängen II und III aufgeführter und mit der Mengenangabe „quantum satis" zugelassener Lebensmittelzusatzstoff gemäß den in Artikel 11 Absatz 2 aufgeführten Kriterien verwendet wird; oder

c) ein bestimmter Stoff der Definition des Begriffs „Lebensmittelzusatzstoff" gemäß Artikel 3 entspricht.

Artikel 20
Traditionelle Lebensmittel

Die in Anhang IV aufgeführten Mitgliedstaaten dürfen die Verwendung bestimmter Klassen von Lebensmittelzusatzstoffen bei der Herstellung der in diesem Anhang aufgeführten traditionellen Lebensmittel auf ihrem Hoheitsgebiet weiterhin verbieten.

KAPITEL IV
KENNZEICHNUNG

Artikel 21
Kennzeichnung von Lebensmittelzusatzstoffen, die nicht für den Verkauf an den Endverbraucher bestimmt sind

(1) Lebensmittelzusatzstoffe, die nicht für den Verkauf an den Endverbraucher bestimmt sind, dürfen unabhängig davon, ob sie einzeln oder gemischt mit anderen Zusatzstoffen und/oder anderen Zutaten nach Maßgabe von Artikel 6 Absatz 4 der Richtlinie 2000/13/EG zum Verkauf angeboten werden „ , nur mit der in Artikel 22 der vorliegenden Verordnung vorgesehenen Kennzeichnung in Verkehr gebracht werden," die gut sichtbar, deutlich lesbar und unverwischbar sein muss. Die Angaben müssen für den Käufer leicht verständlich formuliert sein. *(ABl L 322 vom 21. 11. 2012, S 8)*

(2) Der Mitgliedstaat, in dem das Erzeugnis in Verkehr gebracht wird, kann im Einklang mit dem Vertrag vorschreiben, dass die in Artikel 22 vorgesehenen Angaben in seinem Hoheitsgebiet in einer oder mehreren, von ihm zu bestimmenden Amtssprachen der Gemeinschaft gemacht werden. Dies steht der Abfassung der Angaben der Kennzeichnung in mehreren Sprachen nicht entgegen.

Artikel 22
Allgemeine Anforderungen an die Kennzeichnung von Lebensmittelzusatzstoffen, die nicht für den Verkauf an den Endverbraucher bestimmt sind

(1) Werden nicht für die Abgabe an den Endverbraucher bestimmte Lebensmittelzusatzstoffe einzeln oder gemischt mit anderen Zusatzstoffen und/oder mit Lebensmittelzutaten und/oder mit anderen zugefügten Stoffen zum Verkauf angeboten, weisen ihre Verpackungen oder Behältnisse folgende Angaben auf:

a) die Bezeichnung und/oder die E-Nummer, die in dieser Verordnung für jeden Lebensmittelzusatzstoff festgelegt ist, oder eine die Bezeichnung und/oder E-Nummer jedes Lebensmittelzusatzstoffs beinhaltende Verkehrsbezeichnung;

b) entweder die Angabe „für Lebensmittel" oder die Angabe „für Lebensmittel, begrenzte Verwendung" oder einen genaueren Hinweis auf die vorgesehene Verwendung in Lebensmitteln;

c) gegebenenfalls besondere Anweisungen für die Lagerung und/oder Verwendung;

d) eine Angabe zur Kennzeichnung der Partie oder des Loses;

e) eine Gebrauchsanweisung, wenn der Lebensmittelzusatzstoff sonst nicht sachgemäß verwendet werden könnte;

f) Name oder Firma und Anschrift des Herstellers, Verpackers oder Verkäufers;

g) die Angabe der Höchstmenge jedes Bestandteils oder jeder Gruppe von Bestandteilen, die einer mengenmäßigen Begrenzung in Lebensmitteln unterliegen, und/oder geeignete Angaben in klarer und leicht verständlicher Formulierung, die es dem Käufer ermöglichen, diese Verordnung oder andere einschlägige Vorschriften des Gemeinschaftsrechts einzuhalten; gilt diese Mengenbegrenzung für eine Gruppe von Bestandteilen, die einzeln oder gemeinsam verwendet werden, so kann der gemeinsame Prozentsatz als einziger Wert angegeben werden; die mengenmäßige Begrenzung wird entweder zahlenmäßig oder nach dem „quantum-satis"-Prinzip ausgedrückt;

h) Nettomenge;

i) das Mindesthaltbarkeits- oder Verbrauchsdatum;

j) gegebenenfalls Angaben über einen Lebensmittelzusatzstoff oder sonstige Stoffe, auf die in diesem Artikel Bezug genommen wird und die in Anhang IIIa – Verzeichnis der Lebensmittelzutaten – der Richtlinie 2000/13/EG aufgeführt sind.

(2) Werden Lebensmittelzusatzstoffe gemischt mit anderen Zusatzstoffen und/oder mit anderen Lebensmittelzutaten zum Verkauf angeboten, wird auf ihren Verpackungen oder Behältnissen eine Liste aller Zutaten in absteigender Reihenfolge ihres Anteils am Gesamtgewicht angegeben.

(3) Werden Stoffe (einschließlich Lebensmittelzusatzstoffen oder anderer Lebensmittelzutaten) Lebensmittelzusatzstoffen zugesetzt, um die Lagerung, den Verkauf, die Standardisierung, die Verdünnung oder die Lösung der Zusatzstoffe zu erleichtern, wird auf ihren Verpackungen oder Behältnissen eine Liste aller dieser Stoffe in absteigender Reihenfolge ihres Anteils am Gesamtgewicht angegeben.

(4) Abweichend von den Absätzen 1, 2 und 3 brauchen die in Absatz 1 Buchstaben e, f und g und in den Absätzen 2 und 3 vorgesehenen Angaben nur in den vor oder bei Lieferung vorzulegenden Warenbegleitpapieren gemacht zu werden, sofern die Angabe „nicht für den Verkauf im Einzelhandel" an gut sichtbarer Stelle auf der Verpackung oder dem Behältnis des betreffenden Erzeugnisses erscheint.

(5) Abweichend von den Absätzen 1, 2 und 3 brauchen im Falle der Lieferung von Lebensmittelzusatzstoffen in Tankwagen die Angaben nur in den bei Lieferung vorzulegenden Begleitpapieren gemacht zu werden.

Artikel 23
Kennzeichnung von Lebensmittelzusatzstoffen, die für den Verkauf an den Endverbraucher bestimmt sind

(1) Unbeschadet der Richtlinie 2000/13/EG, der Richtlinie 89/396/EWG des Rates vom 14. Juni 1989 über Angaben oder Marken, mit denen sich das Los, zu dem ein Lebensmittel gehört, feststellen lässt[1], und der Verordnung (EG) Nr. 1829/2003 dürfen zum Verkauf an den Endverbraucher bestimmte Lebensmittelzusatzstoffe, die einzeln oder gemischt mit anderen Zusatzstoffen und/oder anderen Zutaten angeboten werden, nur in den Verkehr gebracht werden, wenn ihre Verpackungen folgende Angaben aufweisen:

a) „die Bezeichnung und die E-Nummer jedes Lebensmittelzusatzstoffs gemäß dieser Verordnung oder eine die Bezeichnung und die E-Nummer jedes Lebensmittelzusatzstoffs beinhaltende Verkehrsbezeichnung;" *(ABl L 123 vom 19. 5. 2015, S 122)*

b) die Angabe „für Lebensmittel" oder die Angabe „für Lebensmittel, begrenzte Verwendung" oder einen genaueren Hinweis auf die vorgesehene Verwendung in Lebensmitteln.

(2) Abweichend von Absatz 1 Buchstabe a muss die Verkehrsbezeichnung von Tafelsüßen mit dem Hinweis versehen sein „Tafelsüße auf der Grundlage von …", ergänzt durch den bzw. die Namen der für die Rezeptur der Tafelsüße verwendeten Süßungsmittel … ergänzt durch den bzw. die Namen der für die Rezeptur der Tafelsüße verwendeten Süßungsmittel.

(3) Die Kennzeichnung von Tafelsüßen, die Polyole und/oder Aspartam enthalten, muss folgende Warnhinweise umfassen:

a) Polyole: „Kann bei übermäßigem Verzehr abführend wirken";

b) Aspartam/Aspartam-Acesulfamsalz: „Enthält eine Phenylalaninquelle".

(4) Die Hersteller von Tafelsüßen stellen auf angemessene Weise Informationen bereit, die deren sichere Verwendung durch die Verbraucher ermöglichen. Mit Blick auf die Umsetzung dieses Absatzes können nach dem in Artikel 28 Absatz 3 genannten Regelungsverfahren mit Kontrolle Leitlinien angenommen werden.

Zu Artikel 23:
[1] *ABl. L 186 vom 30.6.1989, S. 21.*

(5) Für die in den Absätzen 1 bis 3 des vorliegenden Artikels vorgesehenen Angaben gilt Artikel 13 Absatz 2 der Richtlinie 2000/13/EG entsprechend.

Artikel 24
Anforderungen an die Kennzeichnung von Lebensmitteln, die bestimmte Lebensmittelfarbstoffe enthalten

(1) Unbeschadet der Richtlinie 2000/13/EG enthält die Kennzeichnung von Lebensmitteln, die in Anhang V der vorliegenden Verordnung aufgeführten Lebensmittelfarbstoffe enthalten, die in dem genannten Anhang aufgeführten zusätzlichen Angaben.

(2) Bezüglich der in Absatz 1 des vorliegenden Artikels vorgesehenen Angaben gilt Artikel 13 Absatz 2 der Richtlinie 2000/13/EG entsprechend.

(3) Falls im Ergebnis wissenschaftlicher Fortschritte oder technischer Entwicklungen erforderlich, wird Anhang V durch Maßnahmen zur Änderung nicht wesentlicher Bestimmungen dieser Verordnung nach dem in Artikel 28 Absatz 4 genannten Regelungsverfahren mit Kontrolle geändert.

Artikel 25
Sonstige Kennzeichnungsanforderungen

Die Artikel 21, 22, 23 und 24 gelten unbeschadet genauer oder weiter gehender Rechts- oder Verwaltungsvorschriften über Gewichte und Maße oder über die Aufmachung, Einstufung, Verpackung und Kennzeichnung gefährlicher Stoffe und Zubereitungen oder über die Beförderung solcher Stoffe und Zubereitungen.

KAPITEL V
VERFAHRENSVORSCHRIFTEN UND DURCHFÜHRUNG

Artikel 26
Informationspflichten

(1) Der Hersteller oder Verwender eines Lebensmittelzusatzstoffes teilt der Kommission unverzüglich jede neue wissenschaftliche oder technische Information mit, die die Bewertung der Sicherheit des Zusatzstoffes berühren könnte.

(2) Der Hersteller oder Verwender eines Lebensmittelzusatzstoffes unterrichtet die Kommission auf deren Aufforderung über die tatsächliche Verwendung des Zusatzstoffes. Diese Angaben werden den Mitgliedstaaten von der Kommission zur Verfügung gestellt.

Artikel 27
Überwachung der Aufnahme von Lebensmittelzusatzstoffen

(1) Die Mitgliedstaaten überwachen systematisch den Verbrauch und die Verwendung von Lebensmittelzusatzstoffen ausgehend von einem risikobezogenen Ansatz und erstatten der Kommission und der Behörde in angemessenen zeitlichen Abständen Bericht über die Ergebnisse.

(2) Nach Anhörung der Behörde wird nach dem in Artikel 28 Absatz 2 genannten Regelungsverfahren eine einheitliche Methode für die Erhebung von Daten über die Aufnahme von Lebensmittelzusatzstoffen über die Nahrung durch die Mitgliedstaaten festgelegt.

Artikel 28
Ausschuss

(1) Die Kommission wird von dem Ständigen Ausschuss für die Lebensmittelkette und Tiergesundheit unterstützt.

(2) Wird auf diesen Absatz Bezug genommen, so gelten die Artikel 5 und 7 des Beschlusses 1999/468/EG unter Beachtung von dessen Artikel 8.
Die Frist nach Artikel 5 Absatz 6 des Beschlusses 1999/468/EG wird auf drei Monate festgesetzt.

(3) Wird auf diesen Absatz Bezug genommen, so gelten Artikel 5a Absätze 1 bis 4 und Artikel 7 des Beschlusses 1999/468/EG unter Beachtung von dessen Artikel 8.

(4) Wird auf diesen Absatz Bezug genommen, so sind Artikel 5a Absätze 1 bis 4, Absatz 5 Buchstabe b und Artikel 7 des Beschlusses 1999/468/EG unter Beachtung von dessen Artikel 8 anzuwenden.
Die Zeiträume nach Artikel 5a Absatz 3 Buchstabe c und Absatz 4 Buchstaben b und e des Beschlusses 1999/468/EG des Rates werden auf 2 Monate bzw. 2 Monate bzw. 4 Monate festgesetzt.

Artikel 29
Gemeinschaftliche Finanzierung der Harmonisierung

Die Rechtsgrundlage für die Finanzierung der aus dieser Verordnung resultierenden Maßnahmen ist Artikel 66 Absatz 1 Buchstabe c der Verordnung (EG) Nr. 882/2004.

KAPITEL VI
ÜBERGANGS- UND SCHLUSSBESTIMMUNGEN

Artikel 30
Erstellung der Gemeinschaftslisten der Zusatzstoffe

(1) Lebensmittelzusatzstoffe, die gemäß den Richtlinien 94/35/EG, 94/36/EG und 95/2/EG unter Berücksichtigung der Änderungen nach Maßgabe von Artikel 31 dieser Verordnung für die Verwendung in Lebensmitteln zugelassen sind, und ihre Verwendungsbedingungen werden in Anhang II dieser Verordnung aufgenommen, nachdem geprüft wurde, ob sie den Artikeln 6, 7 und 8 dieser Verordnung entsprechen. Die Maßnahmen zur Änderung nicht wesentlicher Bestimmungen dieser Verordnung für die Aufnahme dieser Zusatzstoffe in Anhang II werden nach dem in Artikel 28 Absatz 4 genannten Regelungsverfahren mit Kontrolle erlassen. Diese Prüfung erfolgt ohne eine neue Risikobewertung durch die Behörde. Die Prüfung ist bis zum 20. Januar 2011 abzuschließen.
Lebensmittelzusatzstoffe und Verwendungen, die nicht mehr benötigt werden, werden nicht in den Anhang II aufgenommen.

(2) Lebensmittelzusatzstoffe, die nach der Richtlinie 95/2/EG für die Verwendung in Lebensmittelzusatzstoffen zugelassen sind, und ihre Verwendungsbedingungen werden in Anhang III Teil 1 dieser Verordnung aufgenommen, nachdem geprüft wurde, ob sie Artikel 6 dieser Verordnung entsprechen. Die Maßnahmen zur Änderung nicht wesentlicher Bestimmungen für die Aufnahme dieser Zusatzstoffe in Anhang III werden nach dem in Artikel 28 Absatz 4 genannten Regelungsverfahren mit Kontrolle erlassen. Diese Prüfung erfolgt ohne eine neue Risikobewertung durch die Behörde. Die Prüfung ist bis zum 20. Januar 2011 abzuschließen.
Lebensmittelzusatzstoffe und Verwendungen, die nicht mehr benötigt werden, werden nicht in den Anhang III aufgenommen.

(3) Lebensmittelzusatzstoffe, die nach der Richtlinie 95/2/EG für die Verwendung in Lebensmittelaromen zugelassen wurden, und ihre Verwendungsbedingungen werden in Anhang III Teil 4 dieser Verordnung aufgenommen, nachdem geprüft wurde, ob sie Artikel 6 dieser Verordnung entsprechen. Die Maßnahmen zur Änderung nicht wesentlicher Bestimmungen für die Aufnahme dieser Zusatzstoffe in Anhang III werden nach dem in Artikel 28 Absatz 4 genannten Regelungsverfahren mit Kontrolle erlassen. Diese Prüfung erfolgt ohne eine neue Risikobewertung durch die Behörde. Die Prüfung ist bis zum 20. Januar 2011 abzuschließen.
Lebensmittelzusatzstoffe und Verwendungen, die nicht mehr benötigt werden, werden nicht in den Anhang III aufgenommen.

(4) Die Spezifikationen der in den Absätzen 1 bis 3 genannten Lebensmittelzusatzstoffe werden nach der Verordnung (EG) Nr. 1331/2008 vorgesehenen Verfahren bei der ersten Eintragung dieser Zusatzstoffe in die Anhänge gemäß dem in diesen Absätzen beschriebenen Verfahren festgelegt.

(5) Maßnahmen zur Änderung nicht wesentlicher Bestimmungen dieser Verordnung, die geeignete Übergangsmaßnahmen betreffen, werden nach dem in Artikel 28 Absatz 3 genannten Regelungsverfahren mit Kontrolle erlassen.

Artikel 31
Übergangsbestimmungen

Bis zur Fertigstellung der Gemeinschaftslisten von Lebensmittelzusatzstoffen gemäß Artikel 30 werden die Anhänge der Richtlinien 94/35/EG, 94/36/EG und 95/2/EG erforderlichenfalls durch Maßnahmen zur Änderung nicht wesentlicher Bestimmungen der genannten Richtlinien geändert, die von der Kommission nach dem in Artikel 28 Absatz 4 der vorliegenden Verordnung genannten Regelungsverfahren mit Kontrolle erlassen werden.
Lebensmittel, die bis 20. Januar 2010 in Verkehr gebracht oder gekennzeichnet werden und nicht im Einklang mit Artikel 22 Absatz 1 Buchstabe i und Artikel 22 Absatz 4 stehen, dürfen bis zu ihrem Mindesthaltbarkeits- oder Verbrauchsdatum verkauft werden.
Lebensmittel, die bis 20. Juli 2010 in Verkehr gebracht oder gekennzeichnet werden und nicht im Einklang mit Artikel 24 stehen, dürfen bis zu ihrem Mindesthaltbarkeits- oder Verbrauchsdatum verkauft werden.

Artikel 32
Neubewertung zugelassener Lebensmittelzusatzstoffe

(1) Lebensmittelzusatzstoffe, die vor dem 20. Januar 2009 zugelassen wurden, werden von der Behörde einer neuen Risikobewertung unterzogen.

(2) Nach Anhörung der Behörde wird für solche Zusatzstoffe bis 20. Januar 2010 ein Bewertungsprogramm nach dem in Artikel 28 Absatz 2 genannten Regelungsverfahren aufgestellt. Das Programm wird im Amtsblatt der Europäischen Union veröffentlicht.

Artikel 33
Aufhebung von Rechtsakten

(1) Folgende Rechtsakte werden aufgehoben:

a) Richtlinie des Rates vom 23. Oktober 1962 zur Angleichung der Rechtsvorschriften der Mitgliedstaaten für färbende Stoffe, die in Lebensmitteln verwendet werden dürfen,
b) Richtlinie 65/66/EWG,
c) Richtlinie 78/663/EWG,
d) Richtlinie 78/664/EWG,
e) Richtlinie 81/712/EWG,
f) Richtlinie 89/107/EWG,
g) Richtlinie 94/35/EG,
h) Richtlinie 94/36/EG,
i) Richtlinie 95/2/EG,
j) Entscheidung 292/97/EG,
k) Entscheidung 2002/247/EG.

(2) Bezugnahmen auf die aufgehobenen Rechtsakte gelten als Bezugnahmen auf die vorliegende Verordnung.

Artikel 34
Übergangsbestimmungen

Abweichend von Artikel 33 gelten die folgenden Bestimmungen weiterhin, bis die Übernahme von Lebensmittelzusatzstoffen, die nach den Richtlinien 94/35/EG, 94/36/EG und 95/2/EG bereits zugelassen sind, gemäß Artikel 30 Absätze 1, 2 und 3 dieser Verordnung abgeschlossen ist:

a) Artikel 2 Absätze 1, 2 und 4 der Richtlinie 94/35/EG sowie deren Anhang;

b) Artikel 2 Absätze 1 bis 6, 8, 9 und 10 der Richtlinie 94/36/EG sowie deren Anhänge I bis V; *(ABl L 105 vom 27. 4. 2010, S 114)*

c) Artikel 2 und 4 der Richtlinie 95/2/EG sowie deren Anhänge I bis VI.

Unbeschadet des Buchstabens c wird die mit der Richtlinie 95/2/EG erfolgte Zulassung von E 1103 Invertase und E 1105 Lysozym mit Wirkung vom Datum des Geltungsbeginns der Gemeinschaftsliste von Lebensmittelenzymen gemäß Artikel 17 der Verordnung (EG) Nr. 1332/2008 aufgehoben.

Artikel 35
Inkrafttreten

Diese Verordnung tritt am zwanzigsten Tag nach ihrer Veröffentlichung im Amtsblatt der Europäischen Union in Kraft.
Sie gilt ab 20. Januar 2010.
Artikel 4 Absatz 2 gilt für Anhang III Teile 2, 3 und 5 ab 1. Januar 2011, und Artikel 23 Absatz 4 gilt ab 20. Januar 2011. Artikel 24 gilt ab 20. Juli 2010. Artikel 31 gilt ab 20. Januar 2009.

Diese Verordnung ist in allen ihren Teilen verbindlich und gilt unmittelbar in jedem Mitgliedstaat.

Geschehen zu Straßburg am 16. Dezember 2008.

Im Namen des Europäischen Parlaments
Der Präsident
H.-G. PÖTTERING

Im Namen des Rates
Der Präsident
B. LE MAIRE

Anhang I

Funktionsklassen von Lebensmittelzusatzstoffen in Lebensmitteln und Lebensmittelzusatzstoffen in Lebensmittelzusatzstoffen und -enzymen

1. „Süßungsmittel" sind Stoffe, die zum Süßen von Lebensmitteln und in Tafelsüßen verwendet werden.
2. „Farbstoffe" sind Stoffe, die einem Lebensmittel Farbe geben oder die Farbe in einem Lebensmittel wiederherstellen; hierzu gehören natürliche Bestandteile von Lebensmitteln sowie natürliche Ausgangsstoffe, die normalerweise weder als Lebensmittel verzehrt noch als charakteristische Lebensmittelzutaten verwendet werden. Zubereitungen aus Lebensmitteln und anderen essbaren natürlichen Ausgangsstoffen, die durch physikalische und/oder chemische Extraktion gewonnen werden, durch die die Pigmente im Vergleich zu auf ihren ernährungsphysiologischen oder aromatisierenden Bestandteilen selektiv extrahiert werden, gelten als Farbstoffe im Sinne dieser Verordnung.
3. „Konservierungsstoffe" sind Stoffe, die die Haltbarkeit von Lebensmitteln verlängern, indem sie sie vor den schädlichen Auswirkungen von Mikroorganismen schützen, und/oder vor dem Wachstum pathogener Mikroorganismen schützen.
4. „Antioxidationsmittel" sind Stoffe, die die Haltbarkeit von Lebensmitteln verlängern, indem sie sie vor den schädlichen Auswirkungen der Oxidation wie Ranzigwerden von Fett und Farbveränderungen schützen.
5. „Trägerstoffe" sind Stoffe, die verwendet werden, um Lebensmittelzusatzstoffe, -aromen oder -enzyme, Nährstoffe und/oder sonstige Stoffe, die einem Lebensmittel zu Ernährungszwecken oder physiologischen Zwecken zugefügt werden, zu lösen, zu verdünnen, zu dispergieren oder auf andere Weise physikalisch zu modifizieren, ohne ihre Funktion zu verändern (und ohne selbst eine technologische Wirkung auszuüben), um deren Handhabung, Einsatz oder Verwendung zu erleichtern.
6. „Säuerungsmittel" sind Stoffe, die den Säuregrad eines Lebensmittels erhöhen und/oder diesem einen sauren Geschmack verleihen.
7. „Säureregulatoren" sind Stoffe, die den Säuregrad oder die Alkalität eines Lebensmittels verändern oder steuern.
8. „Trennmittel" sind Stoffe, die die Tendenz der einzelnen Partikel eines Lebensmittels, aneinander haften zu bleiben, herabsetzen.
9. „Schaumverhüter" sind Stoffe, die die Schaumbildung verhindern oder verringern.
10. „Füllstoffe" sind Stoffe, die einen Teil des Volumens eines Lebensmittels bilden, ohne nennenswert zu dessen Gehalt an verwertbarer Energie beizutragen.
11. „Emulgatoren" sind Stoffe, die es ermöglichen, die einheitliche Dispersion zweier oder mehrerer nicht mischbarer Phasen wie z. B. Öl und Wasser in einem Lebensmittel herzustellen oder aufrechtzuerhalten.
12. „Schmelzsalze" sind Stoffe, die in Käse enthaltene Proteine in eine dispergierte Form überführen und hierdurch eine homogene Verteilung von Fett und anderen Bestandteilen herbeiführen.
13. „Festigungsmittel" sind Stoffe, die dem Zellgewebe von Obst und Gemüse Festigkeit und Frische verleihen bzw. diese erhalten oder die zusammen mit einem Geliermittel ein Gel erzeugen oder festigen.
14. „Geschmacksverstärker" sind Stoffe, die den Geschmack und/oder Geruch eines Lebensmittels verstärken.
15. „Schaummittel" sind Stoffe, die die Bildung einer einheitlichen Dispersion einer gasförmigen Phase in einem flüssigen oder festen Lebensmittel ermöglichen.
16. „Geliermittel" sind Stoffe, die Lebensmitteln durch Gelbildung eine festere Konsistenz verleihen.
17. „Überzugmittel (einschließlich Gleitmittel)" sind Stoffe, die der Außenoberfläche eines Lebensmittels ein glänzendes Aussehen verleihen oder einen Schutzüberzug bilden.
18. „Feuchthaltemittel" sind Stoffe, die das Austrocknen von Lebensmitteln verhindern, indem sie die Auswirkungen einer Atmosphäre mit geringem Feuchtigkeitsgehalt ausgleichen, oder Stoffe, die die Auflösung eines Pulvers in einem wässrigen Medium fördern.
19. „Modifizierte Stärken" sind durch ein- oder mehrmalige chemische Behandlung aus essbaren Stärken gewonnene Stoffe. Diese essbaren Stärken können einer physikalischen oder enzymati-

schen Behandlung unterzogen und durch Säureoder Alkalibehandlung dünnkochend gemacht oder gebleicht worden sein.
20. „Packgase" sind Gase außer Luft, die vor oder nach dem Lebensmittel oder gleichzeitig mit diesem in das entsprechende Behältnis abgefüllt worden sind.
21. „Treibgase" sind andere Gase als Luft, die ein Lebensmittel aus seinem Behältnis herauspressen.
22. „Backtriebmittel" sind Stoffe oder Kombinationen von Stoffen, die Gas freisetzen und dadurch das Volumen eines Teigs vergrößern.
23. „Komplexbildner" sind Stoffe, die mit Metallionen chemische Komplexe bilden.
24. „"Stabilisatoren" sind Stoffe, die es ermöglichen, den physikalisch-chemischen Zustand eines Lebensmittels aufrechtzuerhalten. Zu den Stabilisatoren zählen Stoffe, die es ermöglichen, die einheitliche Dispersion zweier oder mehrerer nicht mischbarer Phasen in einem Lebensmittel aufrechtzuerhalten, Stoffe, durch welche die Farbe eines Lebensmittels stabilisiert, bewahrt oder intensiviert wird, und Stoffe, die die Bindefähigkeit eines Lebensmittels verbessern, einschließlich der Bildung von Proteinvernetzungen, die die Bindung von Lebensmittelstücken in rekonstituierten Lebensmitteln ermöglichen." *(ABl 142 vom 29. 5. 2019, S 54)*
25. „Verdickungsmittel" sind Stoffe, die die Viskosität eines Lebensmittels erhöhen.
26. „Mehlbehandlungsmittel" sind Stoffe außer Emulgatoren, die dem Mehl oder dem Teig zugefügt werden, um deren Backfähigkeit zu verbessern.
27. „ „Kontrastverstärker" sind Stoffe, die nach dem Aufbringen auf der äußeren Oberfläche von Obst und Gemüse an bestimmten, zuvor (z. B. durch Laserbehandlung) depigmentierten Stellen dazu beitragen, dass sich diese Stellen von der verbleibenden Fläche abheben, indem sie infolge der Reaktion mit bestimmten Komponenten der Epidermis Farbe geben." *(ABl L 150 vom 4. 6. 2013, S 17)*

6/3. EG/LM-ZusatzstoffeV
Anhang III

Anhang II

Gemeinschaftsliste der für die Verwendung in Lebensmitteln zugelassenen Lebensmittelzusatzstoffe und ihrer Verwendungsbedingungen[1]

Nicht abgedruckt. (Der Anhang II ist im Volltext auf www.lexisnexis.at unter dem Menüpunkt „Service", Unterpunkt „Update" abrufbar.)

zuletzt geändert durch ABl L 2021/256, 53

---

[1] *Siehe die jeweiligen Übergangsbestimmungen bzw. den jeweiligen Geltungsbeginn.*

Anhang III

EU-Liste der für die Verwendung in Lebensmittelzusatzstoffen, -enzymen und -aromen sowie in Nährstoffen zugelassenen Zusatzstoffe, auch Trägerstoffe, mit den Bedingungen für ihre Verwendung

Begriffsbestimmungen:

1. ‚Nährstoffe': Für die Zwecke dieses Anhangs sind Nährstoffe Vitamine, Mineralstoffe und andere für Ernährungszwecke zugesetzte Stoffe, sowie für physiologische Zwecke zugesetzte Stoffe im Sinne der Verordnung (EG) Nr. 1925/2006, der Richtlinie 2002/46/EG, der Richtlinie 2009/39/EG und der Verordnung (EG) Nr. 953/2009.
2. ‚Zubereitung': Für die Zwecke dieses Anhangs ist eine Zubereitung eine Formulierung von einem oder mehreren Lebensmittelzusatzstoffen, -enzymen und/oder Nährstoffen, der Stoffe wie beispielsweise Lebensmittelzusatzstoffe und/oder andere Lebensmittelzutaten beigemischt sind, um die Lagerung, den Verkauf, die Standardisierung, die Verdünnung oder die Lösung zu erleichtern.

Teil 1 bis Teil 6 nicht abgedruckt. (Der Anhang III ist im Volltext auf www.lexisnexis.at unter dem Menüpunkt „Service", Unterpunkt „Update" abrufbar.)

zuletzt geändert durch ABl L 2022/11, 1

(ABl L 295 vom 12. 11. 2011, S 178)

Anhang IV

Traditionelle Erzeugnisse, für die einzelne Mitgliedstaaten das Verbot der Verwendung bestimmter Klassen von Lebensmittelzusatzstoffen aufrechterhalten können

Mitgliedstaat	Lebensmittel	Klassen von Lebensmittelzusatzstoffen, für die ein Verbot aufrechterhalten werden kann
Deutschland	Nach deutschem Reinheitsgebot gebrautes Bier	Alle, ausgenommen Treibgase
Frankreich	Brot nach französischer Tradition	Alle
Frankreich	Trüffelkonserven nach französischer Tradition	Alle
Frankreich	Schneckenkonserven nach französischer Tradition	Alle
Frankreich	Eingelegtes Gänse- und Entenfleisch nach französischer Tradition („Confit")	Alle
Österreich	„Bergkäse" nach österreichischer Tradition	Alle, ausgenommen Konservierungsmittel
Finnland	„Mämmi" nach finnischer Tradition	Alle, ausgenommen Konservierungsmittel
Schweden Finnland	Obstsirupe nach schwedischer bzw. finnischer Tradition	Farbstoffe
Dänemark	„Kødboller" nach dänischer Tradition	Konservierungsmittel und Farbstoffe
Dänemark	„Leverpostej" nach dänischer Tradition	Konservierungsmittel (ausgenommen Sorbinsäure) und Farbstoffe
Spanien	„Lomo embuchado" nach spanischer Tradition	Alle, ausgenommen Konservierungs- und Antioxidationsmittel
Italien	„Mortadella" nach italienischer Tradition	Alle, ausgenommen Konservierungs- und Antioxidationsmittel, Säureregulatoren, Geschmacksverstärker, Stabilisatoren und Packgase
Italien	„Cotechino e zampone" nach italienischer Tradition	alle, ausgenommen Konservierungs- und Antioxidationsmittel, Säureregulatoren, Geschmacksverstärker, Stabilisatoren und Packgase

6/3. EG/LM-ZusatzstoffeV
Anhang V

Anhang V

Liste der Lebensmittelfarbstoffe nach Artikel 24, für die bei der Kennzeichnung von Lebensmitteln zusätzliche Angaben gemacht werden müssen

Lebensmittel, die einen oder mehrere der folgenden Lebensmittelfarbstoffe enthalten	Angaben
Gelborange S (E 110)[1]	„Bezeichnung oder E-Nummer des Farbstoffs/der Farbstoffe": Kann Aktivität und Aufmerksamkeit bei Kindern beeinträchtigen.
Chinolingelb (E 104)[1]	
Azorubin (E 122)[1]	
Allurarot AC (E 129)[1]	
Tartrazin (E 102)[1]	
Cochenillerot A (E 124)[1]	

[1] *Ausgenommen:*
a) Lebensmittel, bei denen der Lebensmittelfarbstoff/die Lebensmittelfarbstoffe bei Fleischerzeugnissen zur Kennzeichnung zu Gesundheits- oder anderen Zwecken verwendet wurde/wurden, sowie Stempelaufdrucke und Farbverzierungen auf den Schalen von Eiern und
b) Getränke, die mehr als 1,2 % Alkohol (Volumenkonzentration) enthalten. (ABl L 75 vom 23. 3. 2010 S 17)

6/3a. Verordnung (EU) Nr. 231/2012 mit Spezifikationen für die in den Anhängen II und III der Verordnung (EG) Nr. 1333/2008 des Europäischen Parlaments und des Rates aufgeführten Lebensmittelzusatzstoffe

ABl L 83 vom 22. 3. 2012, S 1 idF

1 ABl L 310 vom 9. 11. 2012, S 45
2 ABl L 13 vom 17. 1. 2013, S 1
3 ABl L 143 vom 30. 5. 2013, S 20
4 ABl L 202 vom 27. 7. 2013, S 11
5 ABl L 204 vom 31. 7. 2013, S 35
6 ABl L 230 vom 29. 8. 2013, S 1
7 ABl L 230 vom 29. 8. 2013, S 7
8 ABl L 328 vom 7. 12. 2013, S 79
9 ABl L 76 vom 15. 3. 2014, S 22
10 ABl L 89 vom 25. 3. 2014, S 36
11 ABl L 143 vom 15. 5. 2014, S 6
12 ABl L 145 vom 16. 5. 2014, S 35
13 ABl L 182 vom 21. 6. 2014, S 23
14 ABl L 252 vom 26. 8. 2014, S 11
15 ABl L 270 vom 11. 9. 2014, S 1
16 ABl L 272 vom 13. 9. 2014, S 1
17 ABl L 76 vom 20. 3. 2015, S 42
18 ABl L 107 vom 25. 4. 2015, S 17
19 ABl L 252 vom 29. 9. 2015, S 12
20 ABl L 253 vom 30. 9. 2015, S 3
21 ABl L 189 vom 14. 7. 2016, S 59 (Berichtigung)
22 ABl L 278 vom 14. 10. 2016, S 37
23 ABl L 292 vom 27. 10. 2016, S 50 (Berichtigung)
24 ABl L 49 vom 25. 2. 2017, S 4
25 ABl L 199 vom 29. 7. 2017, S 8
26 ABl L 13 vom 18. 1. 2018, S 24
27 ABl L 17 vom 23. 1. 2018, S 14
28 ABl L 116 vom 7. 5. 2018, S 1
29 ABl L 245 vom 1. 10. 2018, S 1
30 ABl L 245 vom 1. 10. 2018, S 6
31 ABl L 247 vom 3. 10. 2018, S 1
32 ABl L 251 vom 5. 10. 2018, S 13
33 ABl L 182 vom 10. 6. 2020, S 8
34 ABl L 184 vom 12. 6. 2020, S 25
35 ABl L 120 vom 8. 4. 2021, S 16 (Berichtigung)
36 ABl L 249 vom 14. 7. 2021, S 87
37 ABl L 309 vom 2. 9. 2021, S 38 (Berichtigung)

Verordnung (EU) Nr. 231/2012 der Kommission vom 9. März 2012 mit Spezifikationen für die in den Anhängen II und III der Verordnung (EG) Nr. 1333/2008 des Europäischen Parlaments und des Rates aufgeführten Lebensmittelzusatzstoffe

DIE EUROPÄISCHE KOMMISSION —

gestützt auf den Vertrag über die Arbeitsweise der Europäischen Union,

gestützt auf die Verordnung (EG) Nr. 1333/2008 des Europäischen Parlaments und des Rates vom 16. Dezember 2008 über Lebensmittelzusatzstoffe[1], insbesondere Artikel 14 und Artikel 30 Absatz 4, und die Verordnung (EG) Nr. 1331/2008 des Europäischen Parlaments und des Rates vom 16. Dezember 2008 über ein einheitliches Zulassungsverfahren für Lebensmittelzusatzstoffe, -enzyme und -aromen[2], insbesondere auf Artikel 7 Absatz 5,

in Erwägung nachstehender Gründe:

(1) Für die Lebensmittelzusatzstoffe in den EU-Listen in den Anhängen II und III der Verordnung (EG) Nr. 1333/2008 sollten Spezifikationen für die Herkunft, die Reinheitskriterien und alle sonstigen erforderlichen Informationen festgelegt werden.

(2) Die in der Richtlinie 2008/128/EG der Kommission vom 22. Dezember 2008 zur Festlegung spezifischer Reinheitskriterien für Lebensmittelfarbstoffe[3], der Richtlinie 2008/84/EG der Kommission vom 27. August 2008 zur Festlegung spezifischer Reinheitskriterien für andere Lebensmittelzusatzstoffe als Farbstoffe und Süßungsmittel[4] und der Richtlinie 2008/60/EG der Kommission vom 17. Juni 2008 zur Festlegung spezifischer Kriterien für Süßungsmittel, die in Lebensmitteln verwendet werden dürfen[5], bereits enthaltenen Spezifikationen für Lebensmittelzusatzstoffe sollten daher aktualisiert und in die vorliegende Verordnung übernommen werden. Die genannten Richtlinien sollten folglich aufgehoben werden.

Zur Präambel:
[1] *ABl. L 354 vom 31.12.2008, S. 16.*
[2] *ABl. L 354 vom 31.12.2008, S. 1.*

Zu Abs. 2:
[3] *ABl. L 6 vom 10.1.2009, S. 20.*
[4] *ABl. L 253 vom 20.9.2008, S. 1.*
[5] *ABl. L 158 vom 18.6.2008, S. 17.*

(3) Die durch den Gemeinsamen FAO/WHO-Sachverständigenausschuss für Lebensmittelzusatzstoffe (JECFA) ausgearbeiteten und im Codex Alimentarius festgelegten Spezifikationen und Untersuchungsmethoden sind zu berücksichtigen.

(4) Die Europäische Behörde für Lebensmittelsicherheit (im Folgenden „die Behörde") äußerte sich in einem Gutachten zur Sicherheit von basischem Methacrylat-Copolymer[6] als Überzugmittel. Dieser Lebensmittelzusatzstoff wurde danach für bestimmte Verwendungen zugelassen und erhielt die Nummer E 1205. Somit sollten für diesen Lebensmittelzusatzstoff Spezifikationen festgelegt werden.

(5) Nach Angabe von Lebensmittelherstellern werden die Lebensmittelfarbstoffe Beta-apo-8'-Carotinsäure-Ethylester (E 160f) und Braun FK (E 154) sowie der aluminiumhaltige Trägerstoff Bentonit (E 558) nicht mehr verwendet. Die geltenden Spezifikationen für diese Lebensmittelzusatzstoffe sollten daher nicht in die betroffene Verordnung übernommen werden.

(6) Am 10. Februar 2010 äußerte sich die Behörde in einem Gutachten zur Sicherheit von Zuckerestern von Speisefettsäuren (E 473), die aus Vinylestern der Fettsäuren hergestellt werden[7]. Die geltenden Spezifikationen sollten entsprechend angepasst werden, vor allem durch Senkung der Höchstwerte für sicherheitsbedenkliche Verunreinigungen.

(7) Die derzeit anwendbaren spezifischen Reinheitskriterien sollten durch Senkung der Höchstwerte für bestimmte Schwermetalle angepasst werden, sofern dies machbar ist und sofern die JECFA-Werte unter den derzeit geltenden Werten liegen. Entsprechend diesem Ansatz sollten die Höchstwerte für die Kontaminanten 4-Methylimidazol in Ammoniak-Zuckerkulör (E 150c), Sulfatasche in Beta- Carotin (E 160a(i)) sowie Magnesium- und Alkalisalze in Ansatz sollte nur bei den Zusatzstoffen Trinatriumcitrat (E 331(iii)) (Bleigehalt), Carrageen (E 407) und verarbeitete Euchema-Algen (E 407a) (Cadmiumgehalt) abgewichen werden, da nach Angabe der Hersteller die Einhaltung strengerer EU-Werte, die den JECFA-Werten entsprechen, technisch unmöglich sei. Der Anteil an der Gesamtaufnahme der beiden Kontaminanten (Blei und Cadmium) in diesen drei einzelnen Lebensmittelzusatzstoffen gilt als unerheblich. Für Phosphate hingegen (E 338 – E 341 und E 450 – E 452) sollten wegen neuer Entwicklungen in den Herstellungsprozessen neue, deutlich niedrigere als die von JEFCA genannten Werte festgelegt werden, unter Berücksichtigung der aktuellen Empfehlungen der Behörde, die Aufnahme von Arsen, vor allem in der anorganischen Form, zu reduzieren[8]. Aus Sicherheitsgründen sollte zudem für Glutaminsäure (E 620) eine neue Bestimmung über Arsen aufgenommen werden. Unter dem Strich kommen diese Anpassungen den Verbrauchern zugute, da die Grenzwerte für Schwermetalle insgesamt und bei den meisten Lebensmittelzusatzstoffen strenger werden. In die Spezifikationen sollten auch ausführliche Angaben über die Produktionsprozesse für Lebensmittelzusatzstoffe und über deren Ausgangsstoffe aufgenommen werden, um künftige Entscheidungen nach Artikel 12 der Verordnung (EG) Nr. 1333/2008 zu erleichtern.

(8) Organoleptische Untersuchungen zum Geschmack sollten in den Spezifikationen nicht erwähnt werden, da von den Kontrollbehörden nicht erwartet werden kann, dass sie das Risiko eingehen, einen chemischen Stoff geschmacklich zu prüfen.

(9) In den Spezifikationen sollte kein Bezug zu Klassen enthalten sein, da ein solcher Bezug keinen zusätzlichen Nutzen aufweist.

(10) In den Spezifikationen sollte kein Bezug zu dem allgemeinen Parameter „Schwermetalle" enthalten sein, da dieser Parameter nicht auf die Toxizität bezogen ist, sondern auf eine allgemeine Untersuchungsmethode. Die Parameter für einzelne Schwermetalle beziehen sich auf die Toxizität und sind in den Spezifikationen enthalten.

(11) Einige Lebensmittelzusatzstoffe stehen derzeit mit unterschiedlichen Bezeichnungen (Carboxymethylcellulose (E 466), vernetzte Natriumcarboxymethylcellulose (E 468) enzymatisch hydrolisierte Carboxymethylcellulose (E 469) und Bienenwachs, weiß und gelb (E 901)) in verschiedenen Bestimmungen der Richtlinie

---

Zu Abs. 4:

[6] *EFSA-Gremium für Lebensmittelzusatzstoffe und Lebensmitteln zugesetzte Nährstoffquellen (ANS-Gremium); Scientific Opinion on the use of Basic Methacrylate Copolymer as a food additive on request from the European Commission. EFSA Journal 2010; 8(2):1513.*

Zu Abs. 6:

[7] *EFSA-Gremium für Lebensmittelzusatzstoffe und Lebensmitteln zugesetzte Nährstoffquellen (ANS-Gremium); Scientific Opinion on the safety of sucrose esters of fatty acids prepared from vinyl esters of fatty acids and on the extension of use of sucrose esters of fatty acids in flavourings on request from the European Commission. EFSA Journal 2010; 8(3):1512.*

Zu Abs. 7:

[8] *EFSA-Gremium für Kontaminanten in der Lebensmittelkette (CONTAM-Gremium); Scientific Opinion on Arsenic in Food. EFSA Journal 2009; 7(10):1351.*

95/2/EG[9]. In den Spezifikationen der vorliegenden Verordnung sollte daher auf diese unterschiedlichen Bezeichnungen Bezug genommen werden.

(12) Die geltenden Bestimmungen für polyzyklische aromatische Kohlenwasserstoffe (PAK) sind zu allgemein und nicht relevant für die Sicherheit und sollten durch Höchstwerte für einzelne für die Lebensmittelzusatzstoffe Pflanzenkohle (E 153) und mikrokristallines Wachs (E 905) bedenkliche PAK ersetzt werden. Solche Höchstwerte sollten auch für Formaldehyd in Carageen (E 407) und verarbeiteten Euchema-Algen (E 407a), für bestimmte mikrobiologische Kriterien in Agar-Agar (E 406) und für Salmonella spp. in durch Fermentation gewonnenem Mannit (E 421(ii)) festgelegt werden.

(13) Die Verwendung von Propan-2-ol (Isopropanol, Isopropylalkohol) sollte bei der Herstellung der Zusatzstoffe Kurkumin (E 100) und Paprikaextrakt (E 160c) nach den Spezifikationen des JECFA erlaubt werden, da die Behörde diese besondere Verwendung für sicher hält[10]. Die Verwendung von Ethanol anstelle von Propan-2-ol bei der Herstellung von Gellan (E 418) sollte erlaubt werden, wenn das Endprodukt noch mit allen anderen Spezifikationen übereinstimmt und Ethanol als weniger bedenklich angesehen wird.

(14) Der Anteil der färbenden Grundbestandteile von echtem Karmin (E 120) sollte angegeben werden, da die Höchstmengen Mengen dieser Grundbestandteile gelten.

(15) Die Nummerierung der Unterkategorien von Carotin (E 160a) sollte durch Anpassung an die Nummerierung im Codex Alimentarius aktualisiert werden.

(16) Die feste Form von Milchsäure (E 270) sollte mit in die Spezifikationen aufgenommen werden, da eine Herstellung in dieser Form inzwischen möglich ist und keine Sicherheitsbedenken bestehen.

(17) Die Temperaturangabe beim Trocknungsverlust für Mononatriumcitrat in wasserfreier Form (E 331(i)) sollte angepasst werden, da der Stoff sich unter den derzeit genannten Bedingungen zersetzt. Die Trocknungsbedingungen für Trinatriumcitrat (E 331(iii)) sollten ebenfalls angepasst werden, um die Reproduzierbarkeit der Methode zu verbessern.

(18) Der geltende spezifische Absorptionswert für Alpha-Tocopherol (E 307) sollte berichtigt werden; der Sublimationspunkt für Sorbinsäure (E 200) sollte durch einen „Löslichkeitstest" ersetzt werden, da ersterer nicht relevant ist. Die Spezifikation bakterieller Quellen für die Herstellung von Nisin (E 234) und Natamycin (E 235) sollte im Hinblick auf die gängige Nomenklatur in der Klassifikation aktualisiert werden.

(19) Da heutzutage neue innovative Herstellungstechniken zur Verfügung stehen, durch die die Verunreinigung von Lebensmittelzusatzstoffen verringert wird, sollte der zulässige Aluminiumgehalt in Lebensmittelzusatzstoffen beschränkt werden. Zugunsten von mehr Rechtssicherheit und Gleichbehandlung ist es angezeigt, den Herstellern von Lebensmittelzusatzstoffen eine Übergangsfrist für die allmähliche Anpassung an diese Beschränkungen einzuräumen.

(20) Für die betroffenen Lebensmittelzusatzstoffe sollten Höchstwerte für Aluminium festgelegt werden, insbesondere in Calciumphosphaten (E 341(i) – (iii)) für die Säuglings- und Kleinkindnahrung[11], wie dies der Wissenschaftliche Lebensmittelausschuss in seinem Gutachten vom 7. Juni 1996 empfohlen hat[12]. In diesem Zusammenhang sollte auch ein Höchstwert für Aluminium in Calciumcitrat (E 333) festgesetzt werden.

(21) Die Höchstwerte für Aluminium in Calciumphosphaten (E 341(i)-(iii)), Dinatriumdiphosphat (E 450(i)) und Calciumdihydrogendiphosphat (E 450(vii)) sollten dem Gutachten der Behörde vom 22. Mai 2008[13] entsprechen. Die geltenden Grenzwerte sollten gesenkt werden, wo dies technisch machbar ist und wo der Anteil an der Gesamtaufnahme von Aluminium erheblich ist. In diesem Zusammenhang sollten Aluminiumla-

---

Zu Abs. 11:
[9] *ABl. L 61 vom 18.3.1995, S. 1.*
Zu Abs. 13:
[10] *EFSA-Gremium für Lebensmittelzusatzstoffe und Lebensmitteln zugesetzte Nährstoffquellen (ANS-Gremium); Scientific Opinion on the re-evaluation of curcumin (E 100) as a food additive. EFSA Journal 2010; 8(9):1679.*

Zu Abs. 20:
[11] *Nach der Definition in der Richtlinie 2006/125/EG der Kommission vom 5. Dezember 2006 über Getreidebeikost und andere Beikost für Säuglinge und Kleinkinder (ABl. L 339 vom 6.12.2006, S. 16).*
[12] *Opinion on Additives in nutrient preparations for use in infant formulae, follow-on formulae and weaning foods. Reports of the Scientific Committee on food (40 th Series), p. 13-30 (1997).*
Zu Abs. 21:
[13] *Scientific Opinion of the Panel on Food Additives, Flavourings, Processing Aids and Food Contact Materials on a request from European Commission on Safety of aluminium from dietary intake. The EFSA Journal (2008) 754, 1-34.*

cke einzelner Farbstoffe nur zugelassen werden, wenn sie technisch erforderlich sind.

(22) Die Bestimmungen über Höchstwerte für Aluminium in Dicalciumphosphat (E 341(ii)), Tricalciumphosphat (E 341(iii)) und Calciumdihydrogendiphosphat (E 450(vii)) sollten nicht durch etwaige Lieferausfälle Marktstörungen verursachen.

(23) Entsprechend der Verordnung (EU) Nr. 258/2010 der Kommission vom 25. März 2010 zum Erlass von Sondervorschriften für die Einfuhr von Guarkernmehl, dessen Ursprung oder Herkunft Indien ist, wegen alle einer Kontamination mit Pentachlorphenol und Dioxinen[14] sollten Höchstwerte für den Kontaminanten Pentachlorphenol in Guarkernmehl (E 412) festgesetzt werden.

(24) Nach dem Erwägungsgrund 48 der Verordnung (EG) Nr. 1881/2006 der Kommission vom 19. Dezember 2006 zur Festsetzung der Höchstgehalte für bestimmte Kontaminanten in Lebensmitteln[15] sind die Mitgliedstaaten aufgefordert, andere als die in der Verordnung genannten Lebensmittel auf das Vorkommen von 3-MCPD zu untersuchen, damit geklärt wird, ob für weitere Lebensmittel Höchstwerte festgesetzt werden müssen. Die französischen Behörden haben Daten über hohe Konzentrationen von 3-MCPD in dem Lebensmittelzusatzstoff Glycerin (E 422) und über die durchschnittliche Verwendungsmenge dieses Zusatzstoffs in verschiedenen Lebensmittelkategorien vorgelegt. Es sollten Höchstwerte für 3-MCPD in diesem Lebensmittelzusatzstoff festgelegt werden, damit das Endlebensmittel bei Berücksichtigung des Verdünnungsfaktors nicht mehr als zulässig kontaminiert wird.

(25) Wegen neuer Untersuchungsmethoden sollten bestimmte geltende Spezifikationen aktualisiert werden. Der geltende Grenzwert „nicht nachweisbar" hängt mit der Entwicklung von Untersuchungsmethoden zusammen und sollte bei den Zusatzstoffen Säureester von Mono- und Diglyceriden (E 472a - f), Polyglycerinester von Speisefettsäuren (E 475) und Propylenglycolester von Speisefettsäuren (E 477) durch eine konkrete Zahl ersetzt werden.

(26) Die Spezifikationen für das Herstellungsverfahren für Citronensäureester von Mono- und Diglyceriden von Speisefettsäuren (E 472c) soll-

ten aktualisiert werden, da inzwischen nicht mehr alkalische Basen, sondern ihre milder wirkenden Salze verwendet werden.

(27) Das derzeitige Kriterium „freie Fettsäuren" für die Zusatzstoffe Citronensäureester von Mono- und Diglyceriden von Speisefettsäuren (E 472c) und Mono- und Diacetylweinsäureester von Mono- und Diglyceriden von Speisefettsäuren (E 472e) ist nicht zutreffend. Es sollte durch das Kriterium „Säurezahl" ersetzt werden, da dieses die titrimetrische Abschätzung der freien Säuregruppen besser ausdrückt. Dies deckt sich mit dem 71. Bericht des JECFA über Lebensmittelzusatzstoffe[16], in dem diese Änderung für Mono- und Diacetylweinsäureester von Mono- und Diglyceriden von Speisefettsäuren (E 472e) eingeführt wurde.

(28) Die derzeitige fehlerhafte Beschreibung des Zusatzstoffs Magnesiumoxid (E 530) sollte nach den Angaben der Hersteller berichtigt werden, damit sie dem Europäischen Arzneibuch[17] entspricht. Der geltende Höchstwert für das Reduktionsmittel in dem Zusatzstoff Gluconsäure (E 574) sollte ebenfalls aktualisiert werden, da dieser Grenzwert technisch nicht einhaltbar ist. Für die Abschätzung des Wassergehalts von Xylit (E 967) sollte die derzeit auf dem „Trocknungsverlust" beruhende Methode durch eine geeignetere Methode ersetzt werden.

(29) Einige der geltenden Spezifikationen für den Zusatzstoff Candelillawachs (E 902) sollten nicht in die vorliegende Verordnung übernommen werden, da sie fehlerhaft sind. Bei Calciumdihydrogendiphosphat (E 450(vii)) sollte der derzeitige Eintrag für den P_2O_5-Gehalt berichtigt werden.

(30) Bei Thaumatin (E 957) sollte im derzeitigen Eintrag „Gehalt" ein Kalkulationsfaktor berichtigt werden. Dieser Faktor ist bei der Kjeldahl-Methode für die Abschätzung des Gesamtgehalts des Stoffes anhand der Stickstoffbestimmung zu verwenden. Der Kalkulationsfaktor sollte entsprechend der einschlägigen Literatur über Thaumatin (E 957) aktualisiert werden.

(31) Die Behörde bewertete die Sicherheit von Steviolglycosiden als Süßungsmittel und gab am

---

Zu Abs. 23:
[14] *ABl. L 80 vom 26.3.2010, S. 28.*
Zu Abs. 24:
[15] *ABl. L 364 vom 20.12.2006, S. 5.*

Zu Abs. 27:
[16] *WHO Technical Report Series, No 956, 2010.*
Zu Abs. 28:
[17] *Europäisches Arzneibuch, EP 7.0 volume 2, p. 2415-2416.*

10. März 2010 ihr Gutachten[18] dazu ab. Die Verwendung von Steviolglycosiden, denen die Nummer E 960 zugeteilt wurde, ist seitdem unter genau festgelegten Bedingungen zulässig. Somit sollten für diesen Lebensmittelzusatzstoff Spezifikationen festgelegt werden.

(32) Wegen einer Änderung in der Klassifikation sollten die derzeitigen Spezifikationen für Ausgangsmaterialien (Hefen) zur Herstellung von Erythrit (E 968) aktualisiert werden.

(33) Bei Quillajaextrakt (E 999) sollte die derzeitige Spezifikation für den pH-Bereich an die Daten des JECFA angepasst werden.

(34) Die Kombination von Citronensäure und Phosphorsäure, die derzeit einzeln zur Verwendung bei der Herstellung des Zusatzstoffs Polydextrose (E 1200) zugelassen sind, sollte erlaubt sein, sofern das Endprodukt die Reinheitskriterien noch erfüllt, da dies die Ausbeute verbessert und eine besser beherrschbare Reaktionskinetik zur Folge hat. Eine solche Änderung ist für die Sicherheit unbedenklich.

(35) Anders als bei kleinen Molekülen lässt sich die Molmasse eines Polymers nicht in einem einzigen Wert ausdrücken. Ein bestimmtes Polymer kann aus Molekülen mit unterschiedlicher Masse bestehen. Die Verteilung kann davon abhängen, wie das Polymer hergestellt wird. Die physikalischen Eigenschaften und das Verhalten eines Polymers stehen in Zusammenhang mit der Masse und der Verteilung von Molekülen mit einer bestimmten Masse in dem Gemisch. Es gibt verschiedene mathematische Modelle, um die Verteilung von Molekülen in dem Gemisch zu beschreiben. Die wissenschaftliche Literatur empfiehlt, unter den verfügbaren Modellen zur Beschreibung von Polymeren das Massenmittel der Molmasse (M w) zu wählen. Die Spezifikationen für Polyvinylpyrrolidon (E 1201) sollten entsprechend angepasst werden.

(36) Das derzeit in den Spezifikationen für Propylenglycol (1,2-Propandiol) (E 1520) verwendete Kriterium „Destillationsbereich" führt zu Schlussfolgerungen, die den Ergebnissen aus der Gehaltsbestimmung widersprechen. Dieses Kriterium sollte daher berichtigt und in „Destillationstest" umbenannt werden.

Zu Abs. 31:

[18] *EFSA-Gremium für Lebensmittelzusatzstoffe und Lebensmitteln zugesetzte Nährstoffquellen (ANS-Gremium); Scientific Opinion on the safety of steviol glycosides for the proposed uses as a food additive. The EFSA Journal (2010) 8(4):1537.*

(37) Die in der vorliegenden Verordnung vorgesehenen Maßnahmen entsprechen der Stellungnahme des Ständigen Ausschusses für die Lebensmittelkette und Tiergesundheit und weder das Europäische Parlament noch der Rat haben ihnen widersprochen —

Hat folgende Verordnung erlassen:

Artikel 1
Spezifikationen für Lebensmittelzusatzstoffe

Die Spezifikationen für die in den Anhängen II und III der Verordnung (EG) Nr. 1333/2008 aufgeführten Lebensmittelzusatzstoffe, einschließlich Farbstoffe und Süßungsmittel, werden im Anhang der vorliegenden Verordnung festgelegt.

Artikel 2
Aufhebung von Rechtsakten

Die Richtlinien 2008/60/EG, 2008/84/EG und 2008/128/EG werden mit Wirkung vom 1. Dezember 2012 aufgehoben.

Artikel 3
Übergangsbestimmungen

Lebensmittel, die Lebensmittelzusatzstoffe enthalten, die rechtmäßig vor dem 1. Dezember 2012 in Verkehr gebracht wurden, dieser Verordnung aber nicht genügen, dürfen bis zur Erschöpfung der Bestände in Verkehr gebracht werden.

Artikel 4
Inkrafttreten

Diese Verordnung tritt am zwanzigsten Tag nach ihrer Veröffentlichung im Amtsblatt der Europäischen Union in Kraft.
Sie gilt ab 1. Dezember 2012.
Die Spezifikationen für die Zusatzstoffe Steviolglycoside (E 960) und basisches Methacrylat-Copolymer (E 1205) im Anhang gelten jedoch ab dem Datum des Inkrafttretens dieser Verordnung.

Diese Verordnung ist in allen ihren Teilen verbindlich und gilt unmittelbar in jedem Mitgliedstaat.

Brüssel, den 9. März 2012

Für die Komission
Der Präsident
José Manuel BARROSO

Anhang *Nicht abgedruckt. (Der Anhang ist im Volltext auf www.lexisnexis.at unter dem Menüpunkt „Service", Unterpunkt „Update" abrufbar.)*

6/4. Verordnung (EG) Nr. 1334/2008 über Aromen und bestimmte Lebensmittelzutaten mit Aromaeigenschaften zur Verwendung in und auf Lebensmitteln sowie zur Änderung der Verordnung (EWG) Nr. 1601/91 des Rates, der Verordnungen (EG) Nr. 2232/96 und (EG) Nr. 110/2008 und der Richtlinie 2000/13/EG

ABl L 354 vom 31. 12. 2008, S 34 idF

1 ABl L 105 vom 27. 4. 2010, S 115 (Berichtigung)
2 ABl L 267 vom 2. 10. 2012, S 1
3 ABl L 163 vom 15. 6. 2013, S 15
4 ABl L 273 vom 15. 10. 2013, S 18
5 ABl L 74 vom 14. 3. 2014, S 58
6 ABl L 300 vom 18. 10. 2014, S 41
7 ABl L 107 vom 25. 4. 2015, S 15
8 ABl L 181 vom 9. 7. 2015, S 54
9 ABl L 257 vom 2. 10. 2015, S 27
10 ABl L 13 vom 20. 1. 2016, S 40
11 ABl L 13 vom 20. 1. 2016, S 43
12 ABl L 35 vom 11. 2. 2016, S 6
13 ABl L 108 vom 23. 4. 2016, S 24
14 ABl L 120 vom 5. 5. 2016, S 7
15 ABl L 204 vom 29. 7. 2016, S 7
16 ABl L 58 vom 4. 3. 2017, S 14
17 ABl L 179 vom 12. 7. 2017, S 3
18 ABl L 114 vom 4. 5. 2018, S 13
19 ABl L 235 vom 19. 9. 2018, S 3
20 ABl L 251 vom 5. 10. 2018, S 19
21 ABl L 275 vom 6. 11. 2018, S 7
22 ABl L 9 vom 11. 1. 2019, S 85
23 ABl L 132 vom 20. 5. 2019, S 12
24 ABl L 379 vom 13. 11. 2020, S 27
25 ABl L 330 vom 20. 9. 2021, S 69
26 ABl L 389 vom 4. 11. 2021, S 11
27 ABl L 389 vom 4. 11. 2021, S 15

Zusatzstoffe

Verordnung (EG) Nr. 1334/2008 des Europäischen Parlaments und des Rates vom 16. Dezember 2008 über Aromen und bestimmte Lebensmittelzutaten mit Aromaeigenschaften zur Verwendung in und auf Lebensmitteln sowie zur Änderung der Verordnung (EWG) Nr. 1601/91 des Rates, der Verordnungen (EG) Nr. 2232/96 und (EG) Nr. 110/2008 und der Richtlinie 2000/13/EG

DAS EUROPÄISCHE PARLAMENT UND DER RAT DER EUROPÄISCHEN UNION —

gestützt auf den Vertrag zur Gründung der Europäischen Gemeinschaft, insbesondere auf Artikel 95,

auf Vorschlag der Kommission,

nach Stellungnahme des Europäischen Wirtschafts- und Sozialausschusses[1],

gemäß dem Verfahren des Artikels 251 des Vertrags[2],

Zur Präambel:
[1] *ABl. C 168 vom 20.7.2007, S. 34.*
[2] *Standpunkt des Europäischen Parlaments vom 10. Juli 2007 (ABl. C 175 E vom 10.7.2008, S. 176), Gemeinsamer Standpunkt des Rates vom 10. März 2008 (ABl. C 111 E vom 6.5.2008, S. 46), Standpunkt des Europäischen Parlaments vom 8. Juli 2008 (noch nicht im Amtsblatt veröffentlicht). und Entscheidung des Rates vom 18. November 2008.*

in Erwägung nachstehender Gründe:

(1) Die Richtlinie 88/388/EWG des Rates vom 22. Juni 1988 zur Angleichung der Rechtsvorschriften der Mitgliedstaaten über Aromen zur Verwendung in Lebensmitteln und über Ausgangsstoffe für ihre Herstellung[3] bedarf einer Aktualisierung, die der technischen und wissenschaftlichen Entwicklung Rechnung trägt. Aus Gründen der Klarheit und Zweckmäßigkeit sollte die Richtlinie 88/388/EWG durch diese Verordnung ersetzt werden.

(2) Der Beschluss 88/389/EWG des Rates vom 22. Juni 1988 über die von der Kommission vorzunehmende Erstellung eines Verzeichnisses der Ausgangsstoffe und sonstigen Stoffe für die Herstellung von Aromen[4] sieht vor, dass dieses Verzeichnis binnen 24 Monaten nach Erlass des Beschlusses erstellt wird. Dieser Beschluss ist inzwischen überholt und sollte aufgehoben werden.

(3) Die Richtlinie 91/71/EWG der Kommission vom 16. Januar 1991 zur Ergänzung der Richtlinie 88/388/EWG des Rates zur Angleichung der Rechtsvorschriften der Mitgliedstaaten über Aromen zur Verwendung in Lebensmitteln und

---

Zu Abs. 1:
[3] *ABl. L 184 vom 15.7.1988, S. 61.*
Zu Abs. 2:
[4] *ABl. L 184 vom 15.7.1988, S. 67.*

über Ausgangsstoffe für ihre Herstellung[5] regelt die Kennzeichnung von Aromen. Da diese Regelung durch die vorliegende Verordnung ersetzt wird, sollte die Richtlinie nun aufgehoben werden.

(4) Der freie Verkehr mit sicheren und bekömmlichen Lebensmitteln ist ein wichtiger Aspekt des Binnenmarkts und trägt wesentlich zur Gesundheit und zum Wohlergehen der Bürger sowie zu ihren sozialen und wirtschaftlichen Interessen bei.

(5) Im Interesse des Schutzes der menschlichen Gesundheit sollte sich diese Verordnung auf Aromen, Ausgangsstoffe für Aromen und Lebensmittel, die Aromen enthalten, erstrecken. Sie sollte sich ferner auf bestimmte Lebensmittelzutaten mit Aromaeigenschaften erstrecken, die Lebensmitteln hauptsächlich zum Zweck der Aromatisierung zugesetzt werden und die erheblich dazu beitragen, dass bestimmte natürliche, jedoch unerwünschte Stoffe in Lebensmitteln vorhanden sind (nachstehend „Lebensmittelzutaten mit Aromaeigenschaften" genannt), sowie auf deren Ausgangsstoffe und Lebensmittel, die sie enthalten.

(6) Rohe Lebensmittel, die keiner Verarbeitung unterzogen wurden, und nicht zusammengesetzte Lebensmittel, wie zum Beispiel Gewürze, Kräuter, Tee und teeähnliche Erzeugnisse (z. B. Früchtetee oder Kräutertee) sowie Mischungen von Gewürzen und/oder Kräutern, Teemischungen und Mischungen von teeähnlichen Erzeugnissen, fallen nicht in den Anwendungsbereich dieser Verordnung, sofern sie als solche verzehrt und/oder dem Lebensmittel nicht hinzugefügt werden.

(7) Aromen werden verwendet, um den Geruch und/oder Geschmack von Lebensmitteln zum Nutzen für den Verbraucher zu verbessern beziehungsweise zu verändern. Aromen und Lebensmittelzutaten mit Aromaeigenschaften sollten nur verwendet werden, wenn sie den in dieser Verordnung festgelegten Kriterien genügen. Ihre Verwendung muss sicher sein, so dass bestimmte Aromen vor ihrer Zulassung in Lebensmitteln einer Risikoabschätzung unterzogen werden sollten. Nach Möglichkeit sollte der Frage nachgegangen werden, ob die Verwendung bestimmter Aromen negative Auswirkungen auf gefährdete Personengruppen haben könnte. Damit keine Irreführung der Verbraucher über die Verwendung von Aromen möglich ist, sollte deren Vorhandensein in Lebensmitteln stets angemessen gekennzeichnet werden. Aromen sollten insbesondere nicht in einer Weise verwendet werden, dass sie den Verbraucher über Fragen unter anderem betreffend die Beschaffenheit, Frische und Qualität der verwendeten Zutaten, die Naturbelassenheit eines Erzeugnisses, die Natürlichkeit des Herstellungsverfahrens oder die ernährungsphysiologische Qualität des Erzeugnisses irreführen können. Bei der Zulassung von Aromen sollten auch noch andere für den zu prüfenden Sachverhalt relevante Faktoren wie gesellschaftliche, wirtschaftliche und ethische Faktoren, Traditionen und Umwelterwägungen, das Vorsorgeprinzip sowie die Durchführbarkeit von Kontrollen berücksichtigt werden.

(8) Seit 1999 haben der Wissenschaftliche Lebensmittelausschuss und später auch die durch die Verordnung (EG) Nr. 178/2002 des Europäischen Parlaments und des Rates vom 28. Januar 2002 zur Festlegung der allgemeinen Grundsätze und Anforderungen des Lebensmittelrechts, zur Errichtung der Europäischen Behörde für Lebensmittelsicherheit und zur Festlegung von Verfahren zur Lebensmittelsicherheit eingerichtete Europäische Behörde für Lebensmittelsicherheit[6] (nachstehend „Behörde" genannt) Stellungnahmen zu zahlreichen Stoffen abgegeben, die von Natur aus in Ausgangsstoffen für Aromen und Lebensmittelzutaten mit Aromaeigenschaften vorkommen und die nach Ansicht des Sachverständigenausschusses für Aromastoffe des Europarats toxikologisch bedenklich sind. Stoffe, deren toxikologische Bedenklichkeit vom Wissenschaftlichen Lebensmittelausschuss bestätigt wurde, sollten als unerwünschte Stoffe gelten, die als solche keine Verwendung in Lebensmitteln finden sollten.

(9) Da unerwünschte Stoffe natürlich in Pflanzen vorkommen können, kann dies auch in Aromaextrakten und Lebensmittelzutaten mit Aromaeigenschaften der Fall sein. Pflanzen werden traditionell als Lebensmittel oder Lebensmittelzutaten verwendet. Für das Vorhandensein dieser unerwünschten Stoffe in jenen Lebensmitteln, die am stärksten zur Aufnahme solcher Stoffe durch den Menschen beitragen, sollten geeignete Höchstwerte festgelegt werden, wobei sowohl der Notwendigkeit des Schutzes der menschlichen Gesundheit als auch der Tatsache Rechnung zu tragen ist, dass ihr Vorhandensein in herkömmlichen Lebensmitteln unvermeidbar ist.

(10) Bei den Höchstmengen für bestimmte von Natur aus vorhandene, jedoch unerwünschte Stoffe sollte der Schwerpunkt auf dem Lebensmittel oder den Lebensmittelkategorien liegen, die

---

Zu Abs. 3:
[5] ABl. L 42 vom 15.2.1991, S. 25.

Zu Abs. 8:
[6] ABl. L 31 vom 1.2.2002, S. 1.

am stärksten zur Aufnahme dieser Stoffe über die Nahrung beitragen. Sollten zusätzliche natürlich vorkommende unerwünschte Stoffe ein Sicherheitsrisiko für die Gesundheit der Verbraucher darstellen, sollten nach Einholung der Stellungnahme der Behörde Höchstwerte für diese Stoffe festgelegt werden. Die Mitgliedstaaten sollten Kontrollen risikobezogen gemäß der Verordnung (EG) Nr. 882/2004 des Europäischen Parlaments und des Rates vom 29. April 2004 über amtliche Kontrollen zur Überprüfung der Einhaltung des Lebensmittel- und Futtermittelrechts sowie der Bestimmungen über Tiergesundheit und Tierschutz[7]) durchführen. Die Lebensmittelhersteller sind verpflichtet, dem Vorhandensein dieser Stoffe Rechnung zu tragen, wenn sie Lebensmittelzutaten mit Aromaeigenschaften und/oder Aromen für die Zubereitung aller Lebensmittel verwenden, um sicherzustellen, dass Lebensmittel, die nicht sicher sind, nicht in Verkehr gebracht werden.

(11) Rechtsvorschriften auf Gemeinschaftsebene sollten die Verwendung bestimmter Stoffe pflanzlichen, tierischen, mikrobiologischen oder mineralischen Ursprungs, deren Einsatz bei der Herstellung von Aromen und Lebensmittelzutaten mit Aromaeigenschaften sowie bei der Lebensmittelherstellung für die menschliche Gesundheit bedenklich ist, verbieten oder einschränken.

(12) Risikobewertungen sollten von der Behörde durchgeführt werden.

(13) Im Interesse der Harmonisierung sollten die Risikobewertung und die Zulassung evaluierungsbedürftiger Aromen und Ausgangsstoffe gemäß dem Verfahren erfolgen, das in der Verordnung (EG) Nr. 1331/2008 des Europäischen Parlaments und des Rates vom 16. Dezember 2008 zur Festlegung eines einheitlichen Zulassungsverfahrens für Lebensmittelzusatzstoffe,-enzyme und -aromen vorgesehen ist[8]).

(14) Aromastoffe sind definierte chemische Stoffe, zu denen durch chemische Synthese gewonnene oder durch chemische Verfahren isolierte Aromastoffe und natürliche Aromastoffe gehören. Gemäß der Verordnung (EG) Nr. 2232/96 des Europäischen Parlaments und des Rates vom 28. Oktober 1996 zur Festlegung eines Gemeinschaftsverfahrens für Aromastoffe, die in oder auf Lebensmitteln verwendet werden oder verwendet werden sollen[9]), läuft derzeit ein Programm zur Bewertung von Aromastoffen. Nach dieser Verordnung soll binnen fünf Jahren nach der Annahme dieses Programms eine Liste der Aromastoffe festgelegt werden. Für die Aufstellung dieser Liste sollte eine neue Frist festgesetzt werden. Es soll vorgeschlagen werden, diese Liste in das in Artikel 2 Absatz 1 der Verordnung (EG) Nr. 1331/2008 genannte Verzeichnis aufzunehmen.

(15) Aromaextrakte sind andere Aromen als definierte chemische Stoffe, die durch geeignete physikalische, enzymatische oder mikrobiologische Verfahren aus Stoffen pflanzlichen, tierischen oder mikrobiologischen Ursprungs gewonnen und als solche verwendet oder für den menschlichen Verzehr aufbereitet werden. Aus Lebensmitteln hergestellte Aromaextrakte müssen vor ihrer Verwendung in Lebensmitteln nicht bewertet oder zugelassen werden, es sei denn, es bestünden Zweifel an ihrer Sicherheit. Aromaextrakte, die nicht aus Lebensmitteln hergestellt werden, sollten jedoch einer Sicherheitsbewertung unterzogen und zugelassen werden.

(16) Nach der Begriffsbestimmung der Verordnung (EG) Nr. 178/2002 sind Lebensmittel alle Stoffe oder Erzeugnisse, die dazu bestimmt sind oder von denen nach vernünftigem Ermessen erwartet werden kann, dass sie in verarbeitetem, teilweise verarbeitetem oder unverarbeitetem Zustand von Menschen aufgenommen werden. Stoffe pflanzlichen, tierischen oder mikrobiologischen Ursprungs, für die hinreichend nachgewiesen werden kann, dass sie bisher für die Herstellung von Aromen verwendet worden sind, gelten für die Zwecke dieser Verordnung als Lebensmittel, selbst wenn einige dieser Ausgangsstoffe wie beispielsweise Rosenholz und Erdbeerblätter nicht als solche als Lebensmittel verwendet wurden. Sie müssen nicht bewertet werden.

(17) Ebenso müssen thermisch gewonnene Reaktionsaromen, die unter genau festgelegten Bedingungen aus Lebensmitteln hergestellt wurden, vor ihrer Verwendung in Lebensmitteln nicht bewertet oder zugelassen werden, es sei denn, es bestünden Zweifel an ihrer Sicherheit. Thermisch gewonnene Reaktionsaromen, die aus anderen Stoffen als Lebensmitteln hergestellt wurden oder bei denen bestimmte Herstellungsbedingungen nicht eingehalten wurden, sollten jedoch einer Sicherheitsbewertung unterzogen und zugelassen werden.

Zu Abs. 10:
[7]) ABl. L 165 vom 30.4.2004, S. 1. Berichtigte Fassung im ABl. L 191 vom 28.5.2004, S. 1.
Zu Abs. 13:
[8]) Siehe Seite 1 dieses Amtsblatts.

Zu Abs. 14:
[9]) ABl. L 299 vom 23.11.1996, S. 1.

(18) Mit der Verordnung (EG) Nr. 2065/2003 des Europäischen Parlaments und des Rates vom 10. November 2003 über Raucharomen zur tatsächlichen oder beabsichtigten Verwendung in oder auf Lebensmitteln[10] wird ein Verfahren zur Bewertung der Sicherheit und zur Zulassung von Raucharomen festgelegt; Ziel der Verordnung ist die Erstellung einer Liste der in der Gemeinschaft ausschließlich zugelassenen Primärrauchkondensate und Primärteerfraktionen.

(19) Aromavorstufen, wie z. B. Kohlenhydrate, Oligopeptide und Aminosäuren, aromatisieren Lebensmittel durch chemische Reaktionen, die während der Lebensmittelverarbeitung ablaufen. Aus Lebensmitteln hergestellte Aromavorstufen müssen vor ihrer Verwendung in Lebensmitteln nicht bewertet oder zugelassen werden, es sei denn, es bestünden Zweifel an ihrer Sicherheit. Aromavorstufen, die nicht aus Lebensmitteln hergestellt werden, sollten jedoch einer Sicherheitsbewertung unterzogen und zugelassen werden.

(20) Sonstige Aromen, die nicht unter die Begriffsbestimmungen der zuvor genannten Aromen fallen, können nach Durchführung eines Bewertungs- und Zulassungsverfahrens in und auf Lebensmitteln verwendet werden. Ein Beispiel hierfür könnten Aromen sein, die durch sehr kurzzeitige Erhitzung von Öl oder Fett auf eine extrem hohe Temperatur gewonnen werden und eine Art Grillaroma verleihen.

(21) Stoffe pflanzlichen, tierischen, mikrobiologischen oder mineralischen Ursprungs, die keine Lebensmittel sind, können nur nach einer wissenschaftlichen Bewertung ihrer Sicherheit für die Herstellung von Aromen zugelassen werden. Es könnte notwendig sein, nur die Verwendung bestimmter Teile dieser Stoffe zuzulassen oder Bedingungen für ihre Verwendung festzulegen.

(22) Aromen können die durch die Verordnung (EG) Nr. 1333/2008 des Europäischen Parlaments und des Rates vom 16. Dezember 2008 über Lebensmittelzusatzstoffe[11] zugelassenen Lebensmittelzusatzstoffe und/oder andere Lebensmittelzutaten für technologische Zwecke, wie beispielsweise für ihre Lagerung, Standardisierung, Verdünnung oder Lösung und Stabilisierung, enthalten.

(23) Ein Aroma- oder Ausgangsstoff, der in den Anwendungsbereich der Verordnung (EG) Nr. 1829/2003 des Europäischen Parlaments und des Rates vom 22. September 2003 über genetisch veränderte Lebensmittel und Futtermittel[12] fällt, sollte sowohl nach jener Verordnung als auch nach der vorliegenden Verordnung zugelassen werden.

(24) Für Aromen gelten weiterhin die allgemeinen Kennzeichnungsbestimmungen der Richtlinie 2000/13/EG des Europäischen Parlaments und des Rates vom 20. März 2000 zur Angleichung der Rechtsvorschriften der Mitgliedstaaten über die Etikettierung und Aufmachung von Lebensmitteln sowie die Werbung hierfür[13] und gegebenenfalls der Verordnung (EG) Nr. 1829/2003 und der Verordnung (EG) Nr. 1830/2003 des Europäischen Parlaments und des Rates vom 22. September 2003 über die Rückverfolgbarkeit und Kennzeichnung von genetisch veränderten Organismen und die Rückverfolgbarkeit von aus genetisch veränderten Organismen hergestellten Lebensmitteln und Futtermitteln[14]. In dieser Verordnung sollte zudem die Kennzeichnung der als solche an die Hersteller oder Endverbraucher verkauften Aromen geregelt werden.

(25) Aromastoffe oder Aromaextrakte sollten nur dann als „natürlich" gekennzeichnet werden, wenn sie bestimmten Kriterien entsprechen, die sicherstellen, dass die Verbraucher nicht irregeführt werden.

(26) Spezielle Informationspflichten sollten sicherstellen, dass die Verbraucher nicht über die bei der Herstellung natürlicher Aromen verwendeten Ausgangsstoffe getäuscht werden. Insbesondere wenn der Begriff „natürlich" zur Bezeichnung eines Aromas verwendet wird, sollten die aromatisierenden Bestandteile des Aromas vollständig natürlichen Ursprungs sein. Zudem sollten die Ausgangsstoffe der Aromen angegeben werden, es sei denn, die genannten Ausgangsstoffe sind im Aroma oder Geschmack des Lebensmittels nicht erkennbar. Wird ein Ausgangsstoff angegeben, so sollten mindestens 95 % des Aromabestandteils aus dem genannten Stoff gewonnen sein. Da die Verwendung von Aromen den Verbraucher nicht irreführen darf, dürfen die Stoffe des verbleibenden Anteils, der höchstens 5 % betragen darf, nur für die Standardisierung verwendet werden oder zur Verleihung zum Beispiel einer frischeren, schärferen, reiferen oder grüneren Aromanote. „Wurden weniger als 95 % des aus dem genannten Ausgangsstoff gewonnenen

---

Zu Abs. 18:
[10] *ABl. L 309 vom 26.11.2003, S. 1.*
Zu Abs. 22:
[11] *Siehe Seite 16 dieses Amtsblatts.*

Zu Abs. 23:
[12] *ABl. L 268 vom 18.10.2003, S. 1.*
Zu Abs. 24:
[13] *ABl. L 109 vom 6.5.2000, S. 29.*
[14] *ABl. L 268 vom 18.10.2003, S. 24.*

Aromabestandteils verwendet und ist das Aroma des Ausgangsstoffs immer noch erkennbar, so sollte der Ausgangsstoff mit dem Hinweis auf den Zusatz von anderen natürlichen Aromen kenntlich gemacht werden, zum Beispiel Kakaoextrakt, dem zur Verleihung einer Bananennote andere natürliche Aromen zugesetzt wurden."
(ABl L 105 vom 27. 4. 2010, S 115)

(27) Die Verbraucher sollten darüber informiert werden, wenn der Räuchergeschmack eines bestimmten Lebensmittels darauf zurückzuführen ist, dass Raucharomen zugesetzt wurden. Gemäß der Richtlinie 2000/13/EG sollte die Etikettierung beim Verbraucher keine falsche Vorstellung darüber hervorrufen, ob das Erzeugnis herkömmlich mit frischem Rauch geräuchert oder mit Raucharomen behandelt wurde. Die Richtlinie 2000/13/EG bedarf der Anpassung an die in dieser Verordnung festgelegten Begriffsbestimmungen für Aromen, Raucharomen und den Begriff „natürlich" als Beschreibung von Aromen.

(28) Bei der Bewertung der Sicherheit von Aromastoffen für die menschliche Gesundheit spielen Angaben zum Verbrauch und zur Verwendung von Aromastoffen eine entscheidende Rolle. Es sollte daher in regelmäßigen Abständen geprüft werden, in welchen Mengen Lebensmitteln Aromastoffe zugesetzt werden.

(29) Die zur Durchführung dieser Verordnung erforderlichen Maßnahmen sollten gemäß dem Beschluss 1999/468/EG des Rates vom 28. Juni 1999 zur Festlegung der Modalitäten für die Ausübung der der Kommission übertragenen Durchführungsbefugnisse[15)] erlassen werden.

(30) Insbesondere sollte die Kommission die Befugnis erhalten, die Anhänge zu dieser Verordnung zu ändern und geeignete Übergangsmaßnahmen hinsichtlich der Festlegung der Gemeinschaftsliste zu erlassen. Da es sich hierbei um Maßnahmen von allgemeiner Tragweite handelt, die eine Änderung nicht wesentlicher Bestimmungen dieser Verordnung, auch durch Ergänzung um neue nicht wesentliche Bestimmungen, bewirken, sind sie nach dem Regelungsverfahren mit Kontrolle des Artikels 5a des Beschlusses 1999/468/EG zu erlassen.

(31) Wenn aus Gründen äußerster Dringlichkeit die Fristen, die normalerweise im Rahmen des Regelungsverfahrens mit Kontrolle Anwendung finden, nicht eingehalten werden können, muss die Kommission beim Erlass der in Artikel 8 Absatz 2 beschriebenen Maßnahmen und für Änderungen der Anhänge II bis V dieser Verordnung die Möglichkeit haben, das Dringlichkeitsverfahren nach Artikel 5a Absatz 6 des Beschlusses 1999/468/EG anzuwenden.

(32) Die Anhänge II bis V dieser Verordnung sollten erforderlichenfalls an den wissenschaftlichen und technischen Fortschritt angepasst werden, wobei den von Herstellern und Verwendern der Aromen und/oder den sich aus der Überwachung und den Kontrollen durch die Mitgliedstaaten ergebenden Informationen Rechnung zu tragen ist.

(33) Für eine verhältnismäßige und effiziente Fortentwicklung und Aktualisierung des Gemeinschaftsrechts auf dem Gebiet der Aromen ist es notwendig, Daten zu erheben, Informationen auszutauschen und die Arbeiten der Mitgliedstaaten zu koordinieren. Für diese Zwecke könnte es sinnvoll sein, Studien zu erstellen, in denen konkrete Fragen untersucht werden, um so den Entscheidungsfindungsprozess zu erleichtern. Es ist zweckmäßig, dass die Gemeinschaft solche Studien aus ihrem Haushalt finanziert. Die Finanzierung solcher Maßnahmen wird durch die Verordnung (EG) Nr. 882/2004 abgedeckt.

(34) Bis zur Erstellung der Gemeinschaftsliste sollte dafür gesorgt werden, dass Aromastoffe, die nicht unter das in der Verordnung (EG) Nr. 2232/96 vorgesehene Bewertungsprogramm fallen, bewertet und zugelassen werden. Deshalb sollte eine Übergangsregelung festgelegt werden. Diese Regelung sollte die Bewertung und Zulassung von Aromastoffen nach dem in der Verordnung (EG) Nr. 1331/2008 festgelegten Verfahren vorsehen. Die Fristen, die diese Verordnung für die Abgabe der Stellungnahme der Behörde und für die Vorlage eines Verordnungsentwurfs der Kommission zur Aktualisierung der Gemeinschaftsliste beim Ständigen Ausschuss für die Lebensmittelkette und Tiergesundheit vorsieht, sollten jedoch keine Anwendung finden, da das laufende Bewertungsprogramm Vorrang haben sollte.

(35) Da das Ziel dieser Verordnung, nämlich die Festlegung einer Gemeinschaftsregelung für die Verwendung von Aromen und bestimmten Lebensmittelzutaten mit Aromaeigenschaften in Lebensmitteln, auf Ebene der Mitgliedstaaten nicht ausreichend verwirklicht werden kann und daher im Interesse der Einheitlichkeit des Marktes und eines hohen Verbraucherschutzniveaus besser auf Gemeinschaftsebene zu verwirklichen ist, kann die Gemeinschaft im Einklang mit dem in Artikel 5 des Vertrags niedergelegten Subsidiaritätsprinzip tätig werden. Nach dem Grundsatz der

---
Zu Abs. 29:
[15)] *ABl. L 184 vom 17.7.1999, S. 23.*

6/4. EG/AromenV
Artikel 1 – 3

Verhältnismäßigkeit geht diese Verordnung wie in dem genannten Artikel festgehalten nicht über das für die Erreichung dieses Ziels erforderliche Maß hinaus.

(36) Die Verordnung (EWG) Nr. 1601/91 des Rates vom 10. Juni 1991 zur Festlegung der allgemeinen Regeln für die Begriffsbestimmung, Bezeichnung und Aufmachung aromatisierter weinhaltiger Getränke und aromatisierter weinhaltiger Cocktails[16] und die Verordnung (EG) Nr. 110/2008 des Europäischen Parlaments und des Rates vom 15. Januar 2008 zur Begriffsbestimmung, Bezeichnung, Aufmachung und Etikettierung von Spirituosen sowie zum Schutz geografischer Angaben für Spirituosen[17] müssen an bestimmte neue Begriffsbestimmungen angepasst werden, die in dieser Verordnung festgelegt sind.

(37) Die Verordnungen (EWG) Nr. 1601/91, (EG) Nr. 2232/96 und (EG) Nr. 110/2008 sowie die Richtlinie 2000/13/EG sollten entsprechend geändert werden —

HABEN FOLGENDE VERORDNUNG ERLASSEN:

KAPITEL I
GEGENSTAND, ANWENDUNGSBEREICH UND BEGRIFFSBESTIMMUNGEN

Artikel 1
Gegenstand

Diese Verordnung enthält Bestimmungen über Aromen und Lebensmittelzutaten mit Aromaeigenschaften zur Verwendung in und auf Lebensmitteln mit Blick auf die Gewährleistung des reibungslosen Funktionierens des Binnenmarkts bei gleichzeitiger Gewährleistung eines hohen Schutzniveaus für die Gesundheit der Menschen und eines hohen Niveaus des Schutzes der Verbraucher einschließlich des Schutzes der Verbraucherinteressen und der lauteren Gepflogenheiten im Lebensmittelhandel unter angemessener Berücksichtigung des Umweltschutzes.

Zu diesem Zweck legt die Verordnung Folgendes fest:

a) eine Gemeinschaftsliste von Aromen und Ausgangsstoffen, die zur Verwendung in und auf Lebensmitteln zugelassen sind, gemäß Anhang I (nachstehend „Gemeinschaftsliste" genannt);

b) Bedingungen für die Verwendung von Aromen und Lebensmittelzutaten mit Aromaeigenschaften in und auf Lebensmitteln;

c) Regeln für die Kennzeichnung von Aromen.

Artikel 2
Anwendungsbereich

(1) Diese Verordnung gilt für:

a) Aromen, die in oder auf Lebensmitteln verwendet werden oder dafür bestimmt sind, unbeschadet spezifischerer Bestimmungen gemäß der Verordnung (EG) Nr. 2065/2003;

b) Lebensmittelzutaten mit Aromaeigenschaften;

c) Lebensmittel, die Aromen und/oder Lebensmittelzutaten mit Aromaeigenschaften enthalten;

d) Ausgangsstoffe für Aromen und/oder Ausgangsstoffe für Lebensmittelzutaten mit Aromaeigenschaften.

(2) Diese Verordnung gilt nicht für:

a) Stoffe mit ausschließlich süßem, saurem oder salzigem Geschmack;

b) rohe Lebensmittel;

c) nicht zusammengesetzte Lebensmittel und Mischungen von beispielsweise, aber nicht ausschließlich, frischen, getrockneten oder tiefgekühlten Gewürzen und/oder Kräutern, Teemischungen und Mischungen von teeähnlichen Erzeugnissen als solche, sofern sie nicht als Lebensmittelzutaten verwendet wurden.

Artikel 3
Begriffsbestimmungen

(1) Für die Zwecke dieser Verordnung gelten die Begriffsbestimmungen der Verordnungen (EG) Nr. 178/2002 und (EG) Nr. 1829/2003.

(2) Für die Zwecke dieser Verordnung gelten ferner folgende Begriffsbestimmungen:

a) „Aroma": Erzeugnis,

i) das als solches nicht zum Verzehr bestimmt ist und Lebensmitteln zugesetzt wird, um ihnen einen besonderen Geruch und/oder Geschmack zu verleihen oder diese zu verändern;

ii) das aus den folgenden Kategorien hergestellt wurde oder besteht: Aromastoffe, Aromaextrakte, thermisch gewonnene Reaktionsaromen, Raucharomen, Aromavorstufen, sonstige Aromen oder deren Mischungen;

b) „Aromastoff": chemisch definierter Stoff mit Aromaeigenschaften;

c) „natürlicher Aromastoff": Aromastoff, durch geeignete physikalische, enzymatische oder mikrobiologische Verfahren aus pflanzlichen, tierischen oder mikrobiologischen Ausgangsstoffen gewonnen, die als solche verwendet oder mittels eines oder mehrerer der in Anhang II aufgeführten herkömmlichen Lebensmittelzubereitungsverfahren für den menschlichen Verzehr aufbereitet werden. Natürliche Aromastoffe sind Stoffe, die

---

Zu Abs. 36:
[16] ABl. L 149 vom 14.6.1991, S. 1.
[17] ABl. L 39 vom 13.2.2008, S. 16.

natürlich vorkommen und in der Natur nachgewiesen wurden;

d) „Aromaextrakt": Erzeugnis, das kein Aromastoff ist und gewonnen wird aus

i) Lebensmitteln, und zwar durch geeignete physikalische, enzymatische oder mikrobiologische Verfahren, bei denen sie als solche verwendet oder mittels eines oder mehrerer der im Anhang II aufgeführten herkömmlichen Lebensmittelzubereitungsverfahren für den menschlichen Verzehr aufbereitet werden,

und/oder

ii) Stoffen pflanzlichen, tierischen oder mikrobiologischen Ursprungs, die keine Lebensmittel sind, und zwar durch geeignete physikalische, enzymatische oder mikrobiologische Verfahren, wobei die Stoffe als solche verwendet oder mittels eines oder mehrerer der in Anhang II aufgeführten herkömmlichen Lebensmittelzubereitungsverfahren aufbereitet werden;

e) „thermisch gewonnenes Reaktionsaroma": Erzeugnis, das durch Erhitzen einer Mischung aus verschiedenen Zutaten gewonnen wird, die nicht unbedingt selbst Aromaeigenschaften besitzen, von denen mindestens eine Zutat Stickstoff (Aminogruppe) enthält und eine andere ein reduzierender Zucker ist; als Zutaten für die Herstellung thermisch gewonnener Reaktionsaromen kommen in Frage:

i) Lebensmittel

und/oder

ii) andere Ausgangsstoffe als Lebensmittel;

f) „Raucharoma": Erzeugnis, das durch Fraktionierung und Reinigung von kondensiertem Rauch gewonnen wird, wodurch Primärrauchkondensate, Primärteerfraktionen und/oder daraus hergestellte Raucharomen im Sinne der Begriffsbestimmungen von Artikel 3 Nummern 1, 2 und 4 der Verordnung (EG) Nr. 2065/2003 entstehen;

g) „Aromavorstufe": Erzeugnis, das nicht unbedingt selbst Aromaeigenschaften besitzt und das Lebensmitteln nur in der Absicht zugesetzt wird, sie durch Abbau oder durch Reaktion mit anderen Bestandteilen während der Lebensmittelverarbeitung zu aromatisieren; sie kann gewonnen werden aus:

i) Lebensmitteln

und/oder

ii) anderen Ausgangsstoffe als Lebensmittel;

h) „sonstiges Aroma": Aroma, das Lebensmitteln zugesetzt wird oder werden soll, um ihnen einen besonderen Geruch und/oder Geschmack zu verleihen, und das nicht unter die Begriffsbestimmungen der Buchstaben b bis g fällt;

i) „Lebensmittelzutat mit Aromaeigenschaften": Lebensmittelzutat, die kein Aroma ist und die Lebensmitteln in erster Linie zum Zweck der Aromatisierung oder der Veränderung des Aromas zugesetzt werden kann und die wesentlich zum Vorhandensein bestimmter natürlich vorkommender, jedoch unerwünschter Stoffe in Lebensmitteln beiträgt;

j) „Ausgangsstoff": Stoff pflanzlichen, tierischen, mikrobiologischen oder mineralischen Ursprungs, aus dem Aromen oder Lebensmittelzutaten mit Aromaeigenschaften hergestellt werden; es kann sich dabei handeln um:

i) Lebensmittel

oder

ii) andere Ausgangsstoffe als Lebensmittel;

k) „geeignetes physikalisches Verfahren": physikalisches Verfahren, bei dem die chemischen Eigenschaften der Aromabestandteile nicht absichtlich verändert werden und das unter anderem — unbeschadet der Auflistung von herkömmlichen Lebensmittelzubereitungsverfahren in Anhang II — ohne Einsatz von Singulett-Sauerstoff, Ozon, anorganischen Katalysatoren, Metallkatalysatoren, metallorganischen Reagenzien und/oder UV-Strahlen durchgeführt wird.

(3) Für die Zwecke der Begriffsbestimmungen des Absatzes 2 Buchstaben d, e, g und j gelten Ausgangsstoffe, deren bisherige Verwendung bei der Herstellung von Aromen eindeutig belegt ist, im Sinne dieser Verordnung als Lebensmittel.

(4) Aromen können die durch die Verordnung (EG) Nr. 1333/2008 zugelassenen Lebensmittelzusatzstoffe und/oder andere Lebensmittelzutaten enthalten, die zu technologischen Zwecken zugefügt wurden.

KAPITEL II
BEDINGUNGEN FÜR DIE VERWENDUNG VON AROMEN, LEBENSMITTELZUTATEN MIT AROMAEIGENSCHAFTEN UND AUSGANGSSTOFFEN

Artikel 4
Allgemeine Bedingungen für die Verwendung von
Aromen oder Lebensmittelzutaten mit Aromaeigenschaften

In Lebensmitteln dürfen nur Aromen oder Lebensmittelzutaten mit Aromaeigenschaften verwendet werden, die folgende Bedingungen erfüllen:

a) Sie stellen nach den verfügbaren wissenschaftlichen Daten keine Gefahr für die Gesundheit der Verbraucher dar, und

b) die Verbraucher werden durch ihre Verwendung nicht irregeführt.

6/4. EG/AromenV
Artikel 5 – 9

Artikel 5
Verbot von nicht mit dieser Verordnung in Einklang stehenden Aromen und/oder Lebensmitteln

Niemand darf ein Aroma oder irgendein Lebensmittel, in dem ein solches Aroma und/oder eine solche Lebensmittelzutat mit Aromaeigenschaften vorhanden ist/sind, in Verkehr bringen, wenn die Verwendung dieses Aromas und/oder dieser Lebensmittelzutat nicht mit dieser Verordnung in Einklang steht.

Artikel 6
Vorhandensein bestimmter Stoffe

(1) Die in Anhang III Teil A aufgeführten Stoffe dürfen Lebensmitteln nicht als solche zugesetzt werden.

(2) Unbeschadet der Verordnung (EG) Nr. 110/2008 des Rates dürfen die Höchstmengen bestimmter Stoffe, die von Natur aus in Aromen und/oder Lebensmittelzutaten mit Aromaeigenschaften vorkommen, in den in Anhang III Teil B aufgeführten zusammengesetzten Lebensmitteln nicht infolge der Verwendung von Aromen und/oder Lebensmittelzutaten mit Aromaeigenschaften in diesen Lebensmitteln überschritten werden. Die Höchstmengen der in Anhang III aufgeführten Stoffe gelten für Lebensmittel zum Zeitpunkt des Inverkehrbringens, soweit nichts anderes bestimmt ist. Abweichend von diesem Grundsatz finden bei getrockneten oder konzentrierten Lebensmitteln, die rekonstituiert werden müssen, die Höchstmengen auf die nach den Anweisungen auf dem Etikett rekonstituierten Lebensmittel Anwendung, wobei der Mindestverdünnungsfaktor zu berücksichtigen ist.

(3) Durchführungsbestimmungen zu Absatz 2 können nach dem in Artikel 21 Absatz 2 genannten Regelungsverfahren und erforderlichenfalls gemäß dem Gutachten der Europäischen Behörde für Lebensmittelsicherheit (nachstehend „Behörde" genannt) erlassen werden.

Artikel 7
Verwendung bestimmter Ausgangsstoffe

(1) Die in Anhang IV Teil A aufgeführten Ausgangsstoffe dürfen nicht zur Herstellung von Aromen und/oder Lebensmittelzutaten mit Aromaeigenschaften verwendet werden.

(2) Aus den in Anhang IV Teil B aufgeführten Ausgangsstoffen hergestellte Aromen und/oder Lebensmittelzutaten mit Aromaeigenschaften dürfen nur unter den in diesem Anhang genannten Bedingungen verwendet werden.

Artikel 8
Aromen und Lebensmittelzutaten mit Aromaeigenschaften, die nicht bewertet und zugelassen werden müssen

(1) Die im Folgenden genannten Aromen und Lebensmittelzutaten mit Aromaeigenschaften können ohne Bewertung und Zulassung nach dieser Verordnung in oder auf Lebensmitteln verwendet werden, sofern sie mit Artikel 4 in Einklang stehen:

a) die in Artikel 3 Absatz 2 Buchstabe d Ziffer i genannten Aromaextrakte;

b) die in Artikel 3 Absatz 2 Buchstabe e Ziffer i genannten thermisch gewonnenen Reaktionsaromen, die den in Anhang V festgelegten Bedingungen für die Herstellung von thermisch gewonnenen Reaktionsaromen entsprechen und bei denen die Höchstmengen für bestimmte Stoffe in thermisch gewonnenen Reaktionsaromen gemäß Anhang V nicht überschritten werden;

c) die in Artikel 3 Absatz 2 Buchstabe g Ziffer i genannten Aromavorstufen;

d) Lebensmittelzutaten mit Aromaeigenschaften.

(2) Werden von der Kommission, einem Mitgliedstaat oder der Behörde Zweifel an der Sicherheit eines Aromas oder einer Lebensmittelzutat mit Aromaeigenschaften gemäß Absatz 1 geäußert, so nimmt die Behörde ungeachtet des Absatzes 1 eine Risikoabschätzung bei diesem Aroma oder dieser Lebensmittelzutat mit Aromaeigenschaften vor. Die Artikel 4, 5 und 6 der Verordnung (EG) Nr. 1331/2008 gelten dann entsprechend. Erforderlichenfalls erlässt die Kommission nach Stellungnahme der Behörde Maßnahmen zur Änderung nicht wesentlicher Bestimmungen dieser Verordnung, auch durch Ergänzung, nach dem in Artikel 21 Absatz 3 genannten Regelungsverfahren mit Kontrolle. Diese Maßnahmen werden gegebenenfalls in den Anhängen III, IV und/oder V festgelegt. In Fällen äußerster Dringlichkeit kann die Kommission das in Artikel 21 Absatz 4 vorgesehene Dringlichkeitsverfahren anwenden.

KAPITEL III
GEMEINSCHAFTSLISTE DER FÜR DIE VERWENDUNG IN ODER AUF LEBENSMITTELN ZUGELASSENEN AROMEN UND AUSGANGSSTOFFE

Artikel 9
Aromen und Ausgangsstoffe, die bewertet und zugelassen werden müssen

Dieses Kapitel gilt für:

a) Aromastoffe;

b) die in Artikel 3 Absatz 2 Buchstabe d Ziffer ii genannten Aromaextrakte;

c) thermisch gewonnene Reaktionsaromen, die durch Erhitzung von Zutaten entstehen, die ganz oder teilweise unter Artikel 3 Absatz 2 Buchstabe e Ziffer ii fallen, und/oder die nicht den in Anhang V festgelegten Bedingungen in Bezug auf die Herstellung thermisch gewonnener Reaktionsaromen und/oder in Bezug auf die Höchstmengen für bestimmte unerwünschte Stoffe gemäß Anhang V entsprechen;

d) die in Artikel 3 Absatz 2 Buchstabe g Ziffer ii genannten Aromavorstufen;

e) die in Artikel 3 Absatz 2 Buchstabe h genannten sonstigen Aromen;

f) die in Artikel 3 Absatz 2 Buchstabe j Ziffer ii genannten Ausgangsstoffe, die keine Lebensmittel sind.

Artikel 10
Gemeinschaftsliste der Aromen und Ausgangsstoffe

Von den in Artikel 9 genannten Aromen und Ausgangsstoffen dürfen nur die in der Gemeinschaftsliste aufgeführten Aromen und Ausgangsstoffe als solche in Verkehr gebracht und in und auf Lebensmitteln verwendet werden, gegebenenfalls unter den in der Gemeinschaftsliste festgelegten Bedingungen.

Artikel 11
Aufnahme von Aromen und Ausgangsstoffen in die Gemeinschaftsliste

(1) Aromen oder Ausgangsstoffe können nur dann nach dem Verfahren der Verordnung (EG) Nr. 1331/2008 in die Gemeinschaftsliste aufgenommen werden, wenn sie die in Artikel 4 der vorliegenden Verordnung genannten Bedingungen erfüllen.

(2) Bei der Aufnahme eines Aromas oder eines Ausgangsstoffs in die Gemeinschaftsliste ist im Einzelnen anzugeben:

a) die Bezeichnung des zugelassenen Aromas oder Ausgangsstoffs;

b) soweit erforderlich, unter welchen Bedingungen das Aroma verwendet werden darf.

(3) Änderungen der Gemeinschaftsliste erfolgen nach dem Verfahren der Verordnung (EG) Nr. 1331/2008.

Artikel 12
Aromen oder Ausgangsstoffe, die unter die Verordnung
(EG) Nr. 1829/2003 fallen

(1) Aromen oder Ausgangsstoffe, die in den Anwendungsbereich der Verordnung (EG) Nr. 1829/2003 fallen, können gemäß der vorliegenden Verordnung erst in die in Anhang I enthaltene Gemeinschaftsliste aufgenommen werden, wenn sie gemäß der Verordnung (EG) Nr. 1829/2003 zugelassen wurden.

(2) Aromen oder Ausgangsstoffe, die in den Anwendungsbereich der Verordnung (EG) Nr. 1829/2003 fallen, können gemäß der vorliegenden Verordnung erst in die in Anhang I enthaltene Gemeinschaftsliste aufgenommen werden, wenn sie gemäß der Verordnung (EG) Nr. 1829/2003 zugelassen wurden.

Artikel 13
Auslegungsentscheidungen

Erforderlichenfalls kann nach dem in Artikel 21 Absatz 2 genannten Regelungsverfahren entschieden werden,

a) ob ein bestimmter Aromastoff oder bestimmte Aromastoffgemische, Ausgangsstoffe oder Lebensmittelarten unter die Kategorien nach Artikel 2 Absatz 1 fallen oder nicht;

b) welcher der in Artikel 3 Absatz 2 Buchstaben b bis j definierten spezifischen Kategorien ein bestimmter Aromastoff angehört;

c) ob ein bestimmtes Erzeugnis einer Lebensmittelkategorie angehört oder nicht oder ob es eines der in Anhang I oder in Anhang III Teil B aufgeführten Lebensmittel ist.

KAPITEL IV
KENNZEICHNUNG

Artikel 14
Kennzeichnung von Aromen, die nicht für den Verkauf an
den Endverbraucher bestimmt sind

(1) Aromen, die nicht für den Verkauf an den Endverbraucher bestimmt sind, dürfen nur mit der in den Artikeln 15 und 16 vorgesehenen Kennzeichnung in Verkehr gebracht werden, die gut sichtbar, deutlich lesbar und unverwischbar sein muss. Die in Artikel 15 vorgesehenen Angaben müssen für den Käufer leicht verständlich formuliert sein.

(2) Der Mitgliedstaat, in dem das Erzeugnis in Verkehr gebracht wird, kann im Einklang mit dem Vertrag vorschreiben, dass die in Artikel 15 vorgesehenen Angaben in seinem Hoheitsgebiet in einer oder mehreren, von ihm zu bestimmenden Amtssprachen der Gemeinschaft gemacht werden.

Dies schließt nicht aus, dass diese Angaben in mehreren Sprachen erfolgen.

Artikel 15
Allgemeine Anforderungen an die Kennzeichnung von Aromen, die nicht für den Verkauf an den Endverbraucher bestimmt sind

(1) Werden nicht für die Abgabe an den Endverbraucher bestimmte Aromen einzeln oder gemischt mit anderen Aromen und/oder mit Lebensmittelzutaten und/oder unter Zusatz von anderen Stoffen gemäß Artikel 3 Absatz 4 zum Verkauf angeboten, müssen ihre Verpackungen oder Behältnisse folgende Angaben aufweisen:

a) Verkehrsbezeichnung: entweder das Wort „Aroma" oder eine genauere Angabe oder eine Beschreibung des Aromas;

b) entweder die Angabe „für Lebensmittel" oder die Angabe „für Lebensmittel, begrenzte Verwendung" oder einen genaueren Hinweis auf die vorgesehene Verwendung in Lebensmitteln;

c) gegebenenfalls besondere Anweisungen für die Lagerung und/oder Verwendung;

d) Angabe zur Kennzeichnung der Partie oder des Loses;

e) in absteigender Reihenfolge der Gewichtsanteile eine Liste:

i) der enthaltenen Aromakategorien und

ii) aller anderen im Erzeugnis enthaltenen Stoffe oder Materialien mit ihrer Bezeichnung oder gegebenenfalls ihrer E-Nummer;

f) Name oder Firma und Anschrift des Herstellers, Verpackers oder Verkäufers;

g) die Angabe der Höchstmenge jedes Bestandteils oder jeder Gruppe von Bestandteilen, die einer mengenmäßigen Begrenzung in Lebensmitteln unterliegen, und/oder geeignete Angaben in klarer und leicht verständlicher Formulierung, die es dem Käufer ermöglichen, diese Verordnung oder andere einschlägige Vorschriften des Gemeinschaftsrechts einzuhalten;

h) die Nettofüllmenge;

i) das Mindesthaltbarkeitsdatum oder das Verbrauchsdatum; *(ABl L 105 vom 27. 4. 2010, S 115)*

j) gegebenenfalls Angaben über Aromen oder sonstige Stoffe, auf die in diesem Artikel Bezug genommen wird und die in Anhang IIIa — Verzeichnis der Lebensmittelzutaten — der Richtlinie 2000/13/EG aufgeführt sind.

(2) Abweichend von Absatz 1 brauchen die in den Buchstaben e und g dieses Absatzes vorgesehenen Angaben nur in den bei der Lieferung vorzulegenden Warenbegleitpapieren gemacht zu werden, sofern die Angabe „nicht für den Verkauf im Einzelhandel" an gut sichtbarer Stelle auf der Verpackung oder dem Behältnis des betreffenden Erzeugnisses erscheint.

(3) Abweichend von Absatz 1 brauchen im Falle der Lieferung von Aromen in Tankwagen alle Angaben nur in den bei der Lieferung vorzulegenden Warenbegleitpapieren gemacht zu werden.

Artikel 16
Besondere Anforderungen an die Verwendung des Begriffs „natürlich"

(1) Wird der Begriff „natürlich" zur Bezeichnung eines Aromas in der Verkehrsbezeichnung gemäß Artikel 15 Absatz 1 Buchstabe a verwendet, so gelten die Absätze 2 bis 6 des vorliegenden Artikels.

(2) Der Begriff „natürlich" darf zur Bezeichnung eines Aromas nur verwendet werden, wenn der Aromabestandteil ausschließlich Aromaextrakte und/oder natürliche Aromastoffe enthält.

(3) Der Begriff „natürliche(r) Aromastoff(e)" darf nur zur Bezeichnung von Aromen verwendet werden, deren Aromabestandteil ausschließlich natürliche Aromastoffe enthält.

(4) Der Begriff „natürlich" darf in Verbindung mit einer Bezugnahme auf ein Lebensmittel, eine Lebensmittelkategorie oder einen pflanzlichen oder tierischen Aromaträger nur verwendet werden, wenn der Aromabestandteil ausschließlich oder mindestens zu 95 Gew.-% aus dem in Bezug genommenen Ausgangsstoff gewonnen wurde.

Die Bezeichnung lautet „natürliches ‚Lebensmittel bzw. Lebensmittelkategorie bzw. Ausgangsstoff(e)'-Aroma".

(5) Die Bezeichnung „natürliches ‚Lebensmittel bzw. Lebensmittelkategorie bzw. Ausgangsstoff(e)'-Aroma mit anderen natürlichen Aromen" darf nur verwendet werden, wenn der Aromabestandteil zum Teil aus dem in Bezug genommenen Ausgangsstoff stammt, dessen Aroma leicht erkennbar ist.

(6) Der Begriff „natürliches Aroma" darf nur verwendet werden, wenn der Aromabestandteil aus verschiedenen Ausgangsstoffen stammt und wenn eine Nennung der Ausgangsstoffe ihr Aroma oder ihren Geschmack nicht zutreffend beschreiben würde.

Artikel 17
Kennzeichnung von Aromen, die für den Verkauf an den Endverbraucher bestimmt sind

(1) Unbeschadet der Richtlinie 2000/13/EG, der Richtlinie 89/396/EWG des Rates vom 14. Juni 1989 über Angaben oder Marken, mit denen sich das Los, zu dem ein Lebensmittel ge-

hört¹⁾, feststellen lässt, und der Verordnung (EG) Nr. 1829/2003 dürfen für den Verkauf an den Endverbraucher bestimmte Aromen, die einzeln oder gemischt mit anderen Aromen und/oder anderen Zutaten zum Verkauf angeboten werden, nur in Verkehr gebracht werden, wenn ihre Verpackungen entweder die Angabe „für Lebensmittel" oder die Angabe „für Lebensmittel, begrenzte Verwendung" oder einen genaueren Hinweis auf die vorgesehene Verwendung in Lebensmitteln aufweisen, die gut sichtbar, deutlich lesbar und unverwischbar sein muss.

(2) Wird der Begriff „natürlich" zur Bezeichnung eines Aromas in der Verkehrsbezeichnung gemäß Artikel 15 Absatz 1 Buchstabe a verwendet, so gilt Artikel 16.

Artikel 18
Sonstige Kennzeichnungserfordernisse

Die Artikel 14 bis 17 lassen genauere oder weitergehende Rechtsoder Verwaltungsvorschriften über Gewichte und Maße oder über die Aufmachung, Einstufung, Verpackung und Etikettierung gefährlicher Stoffe und Zubereitungen oder über die Beförderung solcher Stoffe und Zubereitungen unberührt.

KAPITEL V
VERFAHRENSVORSCHRIFTEN UND DURCHFÜHRUNG

Artikel 19
Berichterstattung durch die Lebensmittelunternehmer

(1) Der Hersteller oder Verwender eines Aromastoffs oder deren Vertreter unterrichtet die Kommission auf deren Aufforderung über die Mengen des Aromastoffs, der Lebensmitteln in der Gemeinschaft in einem Zwölfmonatszeitraum zugesetzt wird. Die in diesem Zusammenhang bereitgestellten Informationen werden vertraulich behandelt, sofern diese Information nicht für die Sicherheitsbewertung erforderlich ist.

Angaben über die Verwendungsmengen für die einzelnen Lebensmittelkategorien in der Gemeinschaft werden die Mitgliedstaaten von der Kommission zur Verfügung gestellt.

(2) Für ein bereits gemäß dieser Verordnung zugelassenes Aroma, das mit Produktionsmethoden oder Ausgangsstoffen hergestellt wird, die sich erheblich von denjenigen unterscheiden, die in die Risikobewertung der Behörde einbezogen wurden, werden der Kommission gegebenenfalls von einem Hersteller oder Verwender vor dem Inverkehrbringen des Aromas die notwendigen Angaben vorgelegt, damit die Behörde eine Bewertung des Aromas in Bezug auf geänderte Produktionsmethoden oder Eigenschaften durchführen kann.

(3) Der Hersteller oder Verwender von Aromen und/oder Ausgangsstoffen teilt der Kommission unverzüglich jede neue wissenschaftliche oder technische Information mit, die ihm bekannt oder zugänglich ist und die die Bewertung der Sicherheit des Aromastoffs beeinflussen könnte.

(4) Durchführungsbestimmungen zu Absatz 1 werden nach dem in Artikel 21 Absatz 2 genannten Regelungsverfahren erlassen.

Artikel 20
Überwachung und Berichterstattung durch die
Mitgliedstaaten

(1) Die Mitgliedstaaten führen Systeme zur Überwachung des Verzehrs und der Verwendung der in der Gemeinschaftsliste verzeichneten Aromen und des Verzehrs der in Anhang III verzeichneten Stoffe auf der Grundlage eines risikobezogenen Ansatzes ein und teilen die Ergebnisse der Kommission und der Behörde in angemessenen zeitlichen Abständen mit.

(2) Nach Anhörung der Behörde wird spätestens am 20. Januar 2011 nach dem in Artikel 21 Absatz 2 genannten Regelungsverfahren eine einheitliche Methode für die Erhebung von Daten über den Verzehr und die Verwendung der in der Gemeinschaftsliste verzeichneten Aromen und der in Anhang III verzeichneten Stoffe durch die Mitgliedstaaten festgelegt.

Artikel 21
Ausschuss

(1) Die Kommission wird von dem Ständigen Ausschuss für die Lebensmittelkette und Tiergesundheit unterstützt.

(2) Wird auf diesen Absatz Bezug genommen, so gelten die Artikel 5 und 7 des Beschlusses 1999/468/EG unter Beachtung von dessen Artikel 8.
Die in Artikel 5 Absatz 6 des Beschlusses 1999/468/EG vorgesehene Frist wird auf drei Monate festgesetzt.

(3) Wird auf diesen Absatz Bezug genommen, so gelten die Artikel 5a Absätze 1 bis 4 und Artikel 7 des Beschlusses 1999/468/EG unter Beachtung von dessen Artikel 8.

(4) Wird auf diesen Absatz Bezug genommen, so gelten Artikel 5a Absätze 1, 2, 4 und 6 sowie Artikel 7 des Beschlusses 1999/468/EG unter Beachtung von dessen Artikel 8.

Zu Artikel 17:
¹⁾ ABl. L 186 vom 30.6.1989, S. 21.

Artikel 22
Änderung der Anhänge II bis V

Änderungen der Anhänge II bis V dieser Verordnung zur Änderung nicht wesentlicher Bestimmungen dieser Verordnung werden erforderlichenfalls nach Stellungnahme der Behörde nach dem in Artikel 21 Absatz 3 genannten Regelungsverfahren mit Kontrolle erlassen, um dem wissenschaftlichen und technischen Fortschritt Rechnung zu tragen.

Aus Gründen äußerster Dringlichkeit kann die Kommission auf das in Artikel 21 Absatz 4 genannte Dringlichkeitsverfahren zurückgreifen.

Artikel 23
Gemeinschaftliche Finanzierung der Harmonisierung

Die Rechtsgrundlage für die Finanzierung der aus dieser Verordnung resultierenden Maßnahmen ist Artikel 66 Absatz 1 Buchstabe c der Verordnung (EG) Nr. 882/2004.

KAPITEL VI
ÜBERGANGS- UND SCHLUSSBESTIMMUNGEN

Artikel 24
Aufhebungen

(1) Die Richtlinie 88/388/EWG, der Beschluss 88/389/EWG und die Richtlinie 91/71/EWG werden mit Wirkung vom 20. Januar 2011 aufgehoben.

(2) Die Verordnung (EG) Nr. 2232/96 wird mit Wirkung vom Tag der Anwendbarkeit der in Artikel 2 Absatz 2 jener Verordnung genannten Liste aufgehoben.

(3) Bezugnahmen auf die aufgehobenen Rechtsakte gelten als Bezugnahmen auf die vorliegende Verordnung.

Artikel 25
Aufnahme der Liste der Aromastoffe in die Gemeinschaftsliste der Aromen und Ausgangsstoffe sowie Übergangsregelung

(1) Die Gemeinschaftsliste wird am Tag der Annahme der in Artikel 2 Absatz 2 der Verordnung (EG) Nr. 2232/96 genannten Liste der Aromastoffe durch Aufnahme in Anhang I der vorliegenden Verordnung erstellt.

(2) Bis zur Erstellung der Gemeinschaftsliste gilt für die Bewertung und Zulassung von Aromastoffen, die nicht unter das in Artikel 4 der Verordnung (EG) Nr. 2232/96 vorgesehene Bewertungsprogramm fallen, die Verordnung (EG) Nr. 1331/2008.

Abweichend von diesem Verfahren gilt die in Artikel 5 Absatz 1 und Artikel 7 der Verordnung (EG) Nr. 1331/2008 genannte Frist von neun Monaten nicht für derartige Bewertungen und Zulassungen.

(3) Geeignete Übergangsmaßnahmen zur Änderung nicht wesentlicher Bestimmungen dieser Verordnung, auch durch Ergänzung, werden nach dem in Artikel 21 Absatz 3 genannten Regelungsverfahren mit Kontrolle erlassen.

Artikel 26
Änderung der Verordnung (EWG) Nr. 1601/91

Artikel 2 Absatz 1 wird wie folgt geändert:

1. Buchstabe a dritter Gedankenstrich erster Untergedankenstrich erhält folgende Fassung:
„– Aromastoffe und/oder Aromaextrakte nach Artikel 3 Absatz 2 Buchstaben b und d der Verordnung (EG) Nr. 1334/2008 des Europäischen Parlaments und des Rates vom 16. Dezember 2008 über Aromen und bestimmte Lebensmittelzutaten mit Aromaeigenschaften zur Verwendung in und auf Lebensmitteln*), und/oder

2. Buchstabe b zweiter Gedankenstrich erster Untergedankenstrich erhält folgende Fassung:
„– Aromastoffe und/oder Aromaextrakte nach Artikel 3 Absatz 2 Buchstaben b und d der Verordnung (EG) Nr. 1334/2008 und/oder".

3. Buchstabe c zweiter Gedankenstrich erster Untergedankenstrich erhält folgende Fassung:
„– Aromastoffe und/oder Aromaextrakte nach Artikel 3 Absatz 2 Buchstaben b und d der Verordnung (EG) Nr. 1334/2008 und/oder".

Artikel 27
Änderung der Verordnung (EG) Nr. 2232/96

Artikel 2 Absatz 1 wird wie folgt geändert:

1. Artikel 5 Absatz 1 der Verordnung (EG) Nr. 2232/96 erhält folgende Fassung:
„(1) Die Liste der Aromastoffe gemäß Artikel 2 Absatz 2 wird nach dem Verfahren des Artikels 7 spätestens bis zum 31. Dezember 2010 angenommen."

Artikel 28
Änderung der Verordnung (EG) Nr. 110/2008

1. Artikel 5 Absatz 2 Buchstabe c erhält folgende Fassung:
„c) enthält Aromastoffe gemäß Artikel 3 Absatz 2 Buchstabe b der Verordnung (EG) Nr. 1334/2008 des Europäischen Parlaments und des Rates vom 16. Dezember 2008 über Aromen und bestimmte Lebensmittelzutaten mit Aromaeigen-

---

Zu Artikel 26:
*) ABl. L 354 vom 31.12.2008, S. 34."

6/4. EG/AromenV
Artikel 28

schaften zur Verwendung in und auf Lebensmitteln*) und Aromaextrakte gemäß Artikel 3 Absatz 2 Buchstabe d derselben Verordnung;

2. Artikel 5 Absatz 3 Buchstabe c erhält folgende Fassung:

„c) enthält ein oder mehrere Aromen im Sinne von Artikel 3 Absatz 2 Buchstabe a der Verordnung (EG) Nr. 1334/2008;".

3. Anhang I Nummer 9 erhält folgende Fassung:

„9. *Aromatisierung*
Verfahren, bei dem zur Herstellung einer Spirituose ein oder mehrere Aromen gemäß Artikel 3 Absatz 2 Buchstabe a der Verordnung (EG) Nr. 1334/2008 verwendet werden."

4. Anhang II wird wie folgt geändert:

a) Nummer 19 Buchstabe c erhält folgende Fassung:

„c) Andere Aromastoffe gemäß Artikel 3 Absatz 2 Buchstabe b der Verordnung (EG) Nr. 1334/2008 und/oder Aromaextrakte gemäß Artikel 3 Absatz 2 Buchstabe d derselben Verordnung, und/oder Duftstoffpflanzen oder Teile davon können zusätzlich verwendet werden, wobei die organoleptischen Merkmale der Wacholderbeeren wahrnehmbar bleiben müssen, wenn auch zuweilen in abgeschwächter Form;"

b) Nummer 20 Buchstabe c erhält folgende Fassung:

„c) Bei der Herstellung von Gin dürfen nur Aromastoffe gemäß Artikel 3 Absatz 2 Buchstabe b der Verordnung (EG) Nr. 1334/2008 und/oder Aromaextrakte gemäß Artikel 3 Absatz 2 Buchstabe d derselben Verordnung verwendet werden, wobei der Wacholdergeschmack vorherrschend bleiben muss;"

c) Nummer 21 Buchstabe a Unterabsatz ii erhält folgende Fassung:

„ii) eine Mischung eines so gewonnenen Destillats mit Ethylalkohol landwirtschaftlichen Ursprungs der gleichen Zusammensetzung, Reinheit und gleichem Alkoholgehalt; zur Aromatisierung von destilliertem Gin können auch Aromastoffe und/oder Aromaextrakte gemäß Kategorie 20 Buchstabe c verwendet werden."

d) Nummer 23 Buchstabe c erhält folgende Fassung:

„c) Andere Aromastoffe gemäß Artikel 3 Absatz 2 Buchstabe b der Verordnung (EG) Nr. 1334/2008 und/oder Aromaextrakte gemäß Artikel 3 Absatz 2 Buchstabe d derselben Verordnung können zusätzlich verwendet werden, der Kümmelgeschmack muss aber vorherrschend bleiben."

e) Nummer 24 Buchstabe c erhält folgende Fassung:

„c) Andere natürliche Aromastoffe gemäß Artikel 3 Absatz 2 Buchstabe c der Verordnung (EG) Nr. 1334/2008 und/oder Aromaextrakte gemäß Artikel 3 Absatz 2 Buchstabe d derselben Verordnung können zusätzlich verwendet werden, jedoch muss ein wesentlicher Teil des Aromas aus der Destillation von Kümmelsamen (Carum carvi L.) und/oder Dillsamen (Anethum graveolens L.) stammen; der Zusatz ätherischer Öle ist nicht zulässig."

f) Nummer 30 Buchstabe a erhält folgende Fassung:

„a) Spirituosen mit bitterem Geschmack oder Bitter sind Spirituosen mit vorherrschend bitterem Geschmack, die durch Aromatisieren von Ethylalkohol landwirtschaftlichen Ursprungs mit Aromastoffen gemäß Artikel 3 Absatz 2 Buchstabe b der Verordnung (EG) Nr. 1334/2008 und/oder Aromaextrakten gemäß Artikel 3 Absatz 2 Buchstabe d derselben Verordnung erzeugt werden."

g) Nummer 32 Buchstabe c Unterabsatz 1 erhält folgende Fassung:

„c) Aromastoffe gemäß Artikel 3 Absatz 2 Buchstabe b der Verordnung (EG) Nr. 1334/2008 und die Aromaextrakte gemäß Artikel 3 Absatz 2 Buchstabe d derselben Verordnung können zur Herstellung von Likör verwendet werden. Jedoch dürfen ausschließlich natürliche Aromastoffe gemäß Artikel 3 Absatz 2 Buchstabe c der Verordnung (EG) Nr. 1334/2008 und Aromaextrakte gemäß Artikel 3 Absatz 2 Buchstabe d derselben Verordnung zur Herstellung folgender Liköre verwendet werden:"

Der einleitende Teil des zweiten Unterabsatzes wird gestrichen.

h) Nummer 41 Buchstabe c erhält folgende Fassung:

„c) Ausschließlich Aromastoffe gemäß Artikel 3 Absatz 2 Buchstabe b der Verordnung (EG) Nr. 1334/2008 und Aromaextrakte gemäß Artikel 3 Absatz 2 Buchstabe d derselben Verordnung können zur Herstellung von Eierlikör oder Advocaat oder Avocat oder Advokat verwendet werden."

i) Nummer 44 Buchstabe a erhält folgende Fassung:

„a) Väkevä glögi oder spritglögg sind Spirituosen, die durch Aromatisierung von Äthylalkohol landwirtschaftlichen Ursprungs mit Aroma von Gewürznelken und/oder Zimt unter Verwendung eines der nachstehenden Herstellungsverfahren gewonnen werden: Einweichen und/oder Destillieren, erneutes Destillieren des Alkohols unter Beigabe von Teilen der vorstehend genannten Pflanzen, Zusatz von natürlichen Aromastoffen von Gewürznelken oder Zimt gemäß Artikel 3 Absatz 2 Buchstabe c der Verordnung (EG) Nr. 1334/2008 oder eine Kombination dieser Methoden."

Zu Artikel 28:
*) ABl. L 354 vom 31.12.2008, S. 34."

6/4. EG/AromenV
Artikel 28 – 30

j) Nummer 44 Buchstabe c erhält folgende Fassung:
„c) Andere Aromen, Aromastoffe und/oder Aromaextrakte gemäß Artikel 3 Absatz 2 Buchstaben b, d und h der Verordnung (EG) Nr. 1334/2008 können zusätzlich verwendet werden, der Geschmack der entsprechenden Gewürze muss aber vorherrschend bleiben."

k) In Buchstabe c der Nummern 25, 26, 27, 28, 29, 33, 34, 35, 36, 37, 38, 39, 40, 42, 43, 45 und 46, ist der Begriff „Extrakte" durch „Aromaextrakte" zu ersetzen.

Artikel 29
Änderung der Richtlinie 2000/13/EG

Anhang III der Richtlinie 2000/13/EG erhält folgende Fassung:
„ANHANG III
BEZEICHNUNG VON AROMEN IN DER ZUTATENLISTE
1. Unbeschadet des Absatzes 2 werden Aromen bezeichnet mit den Begriffen
– ,Aroma' oder einer genaueren Bezeichnung bzw. einer Beschreibung des Aromas, wenn der Aromabestandteil Aromen im Sinne von Artikel 3 Absatz 2 Buchstaben b, c, d, e, f, g oder h der Verordnung (EG) Nr. 1334/2008 des Europäischen Parlaments und des Rates vom 16. Dezember 2008 über Aromen und bestimmte Lebensmittelzutaten mit Aromaeigenschaften zur Verwendung in Lebensmitteln[*)] enthält;

Artikel 30
Inkrafttreten

Diese Verordnung tritt am zwanzigsten Tag nach ihrer Veröffentlichung im Amtsblatt der Europäischen Union in Kraft.
Sie gilt ab dem 20. Januar 2011.
Artikel 10 gilt nach Ablauf von 18 Monaten ab dem Beginn der Anwendung der Gemeinschaftsliste.
Die Artikel 26 und 28 gelten ab dem Beginn der Anwendung der Gemeinschaftsliste.
Artikel 22 gilt ab dem 20. Januar 2009. Lebensmittel, die vor dem 20. Januar 2011 rechtmäßig in Verkehr gebracht oder gekennzeichnet werden und nicht mit dieser Verordnung in Einklang stehen, dürfen bis zu ihrem Mindesthaltbarkeits- oder Verbrauchsdatum vermarktet werden.

Diese Verordnung ist in allen ihren Teilen verbindlich und gilt unmittelbar in jedem Mitgliedstaat.

Geschehen zu Straßburg am 16. Dezember 2008.

Im Namen des Europäischen Parlaments	Im Namen des Rates
Der Präsident	Der Präsident
H.-G. PÖTTERING	B. LE MAIRE

Zu Artikel 29:
[*)] ABl. L 354 vom 31.12.2008, S. 34."

6/4. EG/AromenV
ANHANG I, II

ANHANG I

Gemeinschaftsliste der zur Verwendung in und auf Lebensmitteln zugelassenen Aromen und Ausgangsstoffe

Anhang I *Nicht abgedruckt. (Der Anhang ist im Volltext auf www.lexisnexis.at unter dem Menüpunkt „Service", Unterpunkt „Update" abrufbar.)*

ANHANG II

Liste herkömmlicher Lebensmittelzubereitungsverfahren

Zerhacken	Überziehen
Erhitzen, Kochen, Backen, Braten (bis 240 °C bei atmosphärischem Druck) und Druckkochen (bis 120 °C)	Kühlen
Schneiden	Destillation/Rektifikation
Trocknen	Emulgieren
Verdampfen	Extraktion, einschließlich Lösemittelextraktion gemäß der Richtlinie 88/344/EWG
Vergären	Filtern
Zermahlen	
Aufgießen	Mazeration
mikrobiologische Prozesse	Mischen
Schälen	Perkolation
Auspressen	„Tiefkühlen/Gefrieren" *(ABl L 105 vom 27. 4. 2010, S 115)*
Rösten/Grillen	Ausdrücken
Einweichen	

6/4. EG/AromenV
ANHANG III

ANHANG III

Vorhandensein bestimmter Stoffe

Teil A: *Stoffe, die Lebensmitteln nicht als solche zugesetzt werden dürfen*

Agaricinsäure

Aloin

Capsaicin

1,2-Benzopyron, Cumarin

Hyperizin

Beta-Asaron

1-Allyl-4-methoxybenzol, Estragol

Blausäure

Menthofuran

4-Allyl-1,2-dimethoxybenzol, Methyleugenol

Pulegon

Quassin

1-Allyl-3,4-methylendioxibenzol, Safrol

Teucrin A

Thujon (alpha- und beta-)

Teil B: „*Höchstmengen bestimmter Stoffe, die von Natur aus in Aromen und Lebensmittelzutaten mit Aromaeigenschaften vorkommen, in bestimmten verzehrfertigen zusammengesetzten Lebensmitteln, denen Aromen und/oder Lebensmittelzutaten mit Aromaeigenschaften zugesetzt worden sind*" (ABl L 105 vom 27. 4. 2010, S 115)

Bezeichnung des Stoffes	Zusammengesetzte Lebensmittel, in denen die Menge dieses Stoffes eingeschränkt ist	Höchstmenge mg/kg
Beta-Asaron	Alkoholische Getränke	1,0
1-Allyl-4-methoxy-benzol Estragol[1]	Milcherzeugnisse	50
	Verarbeitetes Obst und Gemüse (einschließlich Pilze, Wurzelgemüse, Knollen, Hülsenfrüchte, Leguminosen), verarbeitete Nüsse und Samen	50
	Fischerzeugnisse	50
	Alkoholfreie Getränke	10
Blausäure	Nougat, Marzipan oder ein entsprechendes Ersatzerzeugnis sowie ähnliche Erzeugnisse	50
	Steinfruchtobstkonserven	5
	Alkoholische Getränke	35

[1] Die Höchstwerte gelten nicht, wenn ein zusammengesetztes Lebensmittel keine hinzugefügten Aromen enthält und die einzigen Lebensmittelzutaten mit Aromaeigenschaften, die hinzugefügt wurden, frische, getrocknete oder tiefgekühlte Kräuter oder Gewürze sind. Die Kommission schlägt gegebenenfalls Änderungen zu dieser Ausnahme nach Konsultation der Mitgliedstaaten und der Behörde auf der Grundlage der durch die Mitgliedstaaten bereitgestellten Daten und der neuesten wissenschaftlichen Erkenntnisse und unter Berücksichtigung der Verwendung von Kräutern, Gewürzen und natürlichen Aromaextrakten vor.

6/4. EG/AromenV
ANHANG III

Bezeichnung des Stoffes	Zusammengesetzte Lebensmittel, in denen die Menge dieses Stoffes eingeschränkt ist	Höchstmenge mg/kg
Menthofuran	Süßwaren mit Minze/Pfefferminze, mit Ausnahme von sehr kleinen Süßwaren zur Erfrischung des Atems	500
	Sehr kleine Süßwaren zur Erfrischung des Atems	3 000
	Kaugummi	1 000
	Alkoholische Getränke mit Minze/Pfefferminze	200
4-Allyl-1,2-dimethoxybenzol Methyleugenol[1]	Milcherzeugnisse	20
	Fleischzubereitungen und Fleischerzeugnisse einschließlich Geflügel und Wild	15
	Fischzubereitungen und Fischerzeugnisse	10
	Suppen und Saucen	60
	Verzehrfertige pikante Knabbererzeugnisse	20
	Alkoholfreie Getränke	1
Pulegon	Süßwaren mit Minze/Pfefferminze, mit Ausnahme von sehr kleinen Süßwaren zur Erfrischung des Atems	250
	Sehr kleine Süßwaren zur Erfrischung des Atems	2 000
	Kaugummi	350
	Nichtalkoholische Getränke mit Minze/Pfefferminze	20
	Alkoholische Getränke mit Minze/Pfefferminze	100
Quassin	Alkoholfreie Getränke	0,5
	Backwaren	1
	Alkoholische Getränke	1,5
1-Allyl-3,4-methylendioxibenzol, Safrol[1]	Fleischzubereitungen und Fleischerzeugnisse einschließlich Geflügel und Wild	15
	Fischzubereitungen und Fischerzeugnisse	15
	Suppen und Saucen	25
	Alkoholfreie Getränke	1
Teucrin A	Spirituosen mit bitterem Geschmack oder bitter[2]	5
	Liköre[3] mit bitterem Geschmack	5
	Andere alkoholische Getränke	2
Thujon (alpha- und beta-)	Alkoholische Getränke, mit Ausnahme der aus Artemisia-Arten hergestellten	10
	aus Artemisia-Arten hergestellte alkoholische Getränke	35
	aus Artemisia-Arten hergestellte nichtalkoholische Getränke	0,5
Cumarin (alpha- und beta-)	Traditionelle und/oder saisonale Backwaren, bei denen Zimt in der Kennzeichnung angegeben ist	50
	Frühstücksgetreideerzeugnisse einschließlich Müsli	20
	Feine Backwaren außer traditionelle und/oder saisonale Backwaren, bei denen Zimt in der Kennzeichnung angegeben ist	15
	Dessertspeisen	5

Zusatzstoffe

[2] Im Sinne von Anhang II Nummer 30 der Verordnung (EG) Nr. 110/2008.
[3] Im Sinne von Anhang II Nummer 32 der Verordnung (EG) Nr. 110/2008.

6/4. EG/AromenV
ANHANG IV

ANHANG IV

Liste der Ausgangsstoffe, deren Verwendung bei der Herstellung von Aromen und Lebensmittelzutaten mit Aromaeigenschaften Einschränkungen unterliegt

Teil A: *Ausgangsstoffe, die nicht zur Herstellung von Aromen und Lebensmitteln mit Aromaeigenschaften verwendet werden dürfen*

Ausgangsstoff	
Lateinische Bezeichnung	**Gebräuchliche Bezeichnung**
Acorus calamus L. — tetraploide Form	Kalmus — tetraploide Form

Teil B: *Bedingungen für die Verwendung von Aromen und Lebensmittelzutaten mit Aromaeigenschaften, die aus bestimmten Ausgangsstoffen hergestellt wurden*

Ausgangsstoff		Verwendungsbedingungen
Lateinische Bezeichnung	**Gebräuchliche Bezeichnung**	
Quassia amara L. und Picrasma excelsa (Sw)	Quassia	Aus diesem Ausgangsstoff hergestellte Aromen und Lebensmittelzutaten mit Aromaeigenschaften dürfen nur zur Herstellung von Getränken und Backwaren verwendet werden.
Laricifomes officinales (Villars: Fries) Kotl. et Pouz oder Fomes officinalis	Lärchenschwamm	Aus diesen Ausgangsstoffen hergestellte Aromen und Lebensmittelzutaten mit Aromaeigenschaften dürfen nur zur Herstellung von alkoholischen Getränken verwendet werden
Hypericum perforatum L.	Johanniskraut	
Teucrium chamaedrys L.	Edelgamander	

6/4. EG/AromenV
ANHANG V

ANHANG V

Bedingungen für die Herstellung thermisch gewonnener Reaktionsaromen und Höchstmengen bestimmter Stoffe in thermisch gewonnenen Reaktionsaromen

Teil A: *Herstellungsbedingungen*

a) Die Temperatur der Erzeugnisse bei der Verarbeitung darf 180 °C nicht überschreiten.

b) Die Dauer der thermischen Verarbeitung darf 15 Minuten bei 180 °C nicht überschreiten, wobei sich die Verarbeitungszeit bei niedrigeren Temperaturen verlängern kann, d.h. durch Verdoppelung der Erhitzungsdauer bei jeder Senkung der Temperatur um 10 °C, bis zu einer Höchstdauer von 12 Stunden.
(ABl L 105 vom 27. 4. 2010, S 115)

c) Der pH-Wert darf bei der Verarbeitung 8,0 nicht überschreiten.

Teil B: *Höchstmengen bestimmter Stoffe*

Stoffe	Höchstmengen µg/kg
2-Amino-3,4,8-trimethylimidazo [4,5-f] chinoxalin (4,8-DiMeIQx)	50
2-Amino-1-methyl-6-phenylimidazol [4,5-b] pyridin (PhIP)	50

6/4a. Verordnung (EU) Nr. 873/2012 über Übergangsmaßnahmen bezüglich der Unionsliste der Aromen und Ausgangsstoffe gemäß Anhang I der Verordnung (EG) Nr. 1334/2008 des Europäischen Parlaments und des Rates

ABl L 267 vom 2. 10. 2012, S 162 idF

1 ABl L 238 vom 21. 9. 2018, S 28

Verordnung (EU) Nr. 873/2012 der Kommission vom 1. Oktober 2012 über Übergangsmaßnahmen bezüglich der Unionsliste der Aromen und Ausgangsstoffe gemäß Anhang I der Verordnung (EG) Nr. 1334/2008 des Europäischen Parlaments und des Rates

DIE EUROPÄISCHE KOMMISSION —

gestützt auf den Vertrag über die Arbeitsweise der Europäischen Union,

gestützt auf die Verordnung (EG) Nr. 1334/2008 des Europäischen Parlaments und des Rates vom 16. Dezember 2008 über Aromen und bestimmte Lebensmittelzutaten mit Aromaeigenschaften zur Verwendung in und auf Lebensmitteln sowie zur Änderung der Verordnung (EWG) Nr. 1601/91 des Rates, der Verordnungen (EG) Nr. 2232/96 und (EG) Nr. 110/2008 und der Richtlinie 2000/13/EG[1], insbesondere Artikel 25 Absatz 3,

in Erwägung nachstehender Gründe:

(1) In Artikel 9 der Verordnung (EG) Nr. 1334/2008 ist festgelegt, welche Aromen und Ausgangsstoffe einer Bewertung und Zulassung bedürfen.

(2) Gemäß Artikel 10 der Verordnung (EG) Nr. 1334/2008 dürfen von den in Artikel 9 genannten Aromen und Ausgangsstoffen nur die in die Liste der Union aufgeführten Aromen und Ausgangsstoffe als solche in Verkehr gebracht und in und auf Lebensmitteln verwendet werden, gegebenenfalls unter den in der Liste festgelegten Bedingungen.

(3) In Artikel 30 der Verordnung (EG) Nr. 1334/2008 ist festgelegt, dass Artikel 10 nach Ablauf von 18 Monaten ab Geltungsbeginn der Unionsliste gilt.

(4) Es ist daher angebracht, für die Zwecke des Artikels 30 Absatz 3 der Verordnung (EG) Nr. 1334/2008 den genannten Geltungsbeginn für die Unionsliste festzulegen.

(5) In einem ersten Schritt wurde mit der Verordnung (EU) Nr. 872/2012 der Kommission[2] eine Unionsliste der in Artikel 9 Buchstabe a der Verordnung (EG) Nr. 1334/2008 genannten Aromastoffe festgelegt, indem die Liste in der Verordnung (EG) Nr. 2232/96 des Europäischen Parlaments und des Rates[3] genannten Aromastoffe in Anhang I der Verordnung (EG) Nr. 1334/2008 aufgenommen und der Geltungsbeginn für diese Liste festgelegt wurde.

(6) Gemäß der Verordnung (EG) Nr. 1334/2008 dürfen Aromastoffe, die nicht in die Unionsliste aufgenommen wurden, bis 18 Monate nach Geltungsbeginn der Unionsliste als solche in Verkehr gebracht und in und auf Lebensmitteln verwendet werden. Da Aromastoffe in den Mitgliedstaaten bereits auf dem Markt sind, sollte dafür gesorgt werden, dass der Übergang zu einem Zulassungsverfahren der Union reibungslos abläuft. Um die Rechtssicherheit zu erhöhen, sollte auch ein Übergangszeitraum für Lebensmittel vorgesehen werden, die solche Aromastoffe enthalten.

(7) In einem zweiten Schritt müssen die in Artikel 9 Buchstaben b bis f genannten Aromen und Ausgangsstoffe bewertet werden. Die betroffenen Personen müssen einen Antrag stellen, um die Unionsliste durch Aufnahme eines Stoffs in die Liste gemäß der Verordnung (EG) Nr. 1331/2008 zu aktualisieren, und sich in Bezug auf die vorgeschriebenen Daten sowie Inhalt, Aufmachung und Vorlage der Anträge auf Zulassung der in Artikel 9 Buchstaben b bis f der Verordnung (EG) Nr. 1334/2008 genannten Aromen und Ausgangsstoffe an die Verordnung (EU) Nr. 234/2011 der Kommission vom 10. März 2011 zur Durchführung der Verordnung (EG) Nr. 1331/2008 des Europäischen Parlaments und des Rates über ein

---

Zur Präambel:
[1] ABl. L 354 vom 31.12.2008, S. 34.

Zu Abs. 5:
[2] Siehe Seite 1 dieses Amtsblatts.
[3] ABl. L 299 vom 23.11.1996, S. 1.

einheitliches Zulassungsverfahren für Lebensmittelzusatzstoffe, –enzyme und –aromen[4)] halten.

(8) Gemäß den Zielen der Verordnung (EG) Nr. 1334/2008 sollten zur Erhöhung der Rechtssicherheit und zur Wahrung des Grundsatzes der Nichtdiskriminierung Übergangsmaßnahmen erlassen werden, um Zeit für die Bewertung und Zulassung der genannten Aromen und Ausgangsstoffe einzuräumen.

(9) Der Geltungsbeginn des Anhangs I Teile B bis F der Verordnung (EG) Nr. 1334/2008 sollte im Hinblick auf die in Artikel 9 Buchstaben b bis f der genannten Verordnung aufgeführten Aromen und Ausgangsstoffe verschoben werden, um Zeit für die Bewertung und Zulassung der genannten Aromen und Ausgangsstoffe einzuräumen.

(10) In Bezug auf die in Artikel 9 Buchstaben b bis f der Verordnung (EG) Nr. 1334/2008 genannten Aromen und Ausgangsstoffe, die derzeit in Verkehr gebracht werden, sollten die betroffenen Personen ihren Zulassungsantrag innerhalb einer bestimmten Frist stellen.

(11) Gemäß der Verordnung (EG) Nr. 1334/2008 dürfen die in Artikel 9 Buchstaben b bis f genannten Aromen und Ausgangsstoffe, die nicht in der Unionsliste enthalten sind, bis 18 Monate nach Geltungsbeginn der Unionsliste als solche in Verkehr gebracht und in und auf Lebensmitteln verwendet werden. Da sich die in Artikel 9 Buchstaben b bis f der Verordnung (EG) Nr. 1334/2008 genannten Aromen und Ausgangsstoffe in den Mitgliedstaaten bereits auf dem Markt befinden, sollte dafür gesorgt werden, dass der Übergang zu einem Zulassungsverfahren der Union reibungslos abläuft. Um die Rechtssicherheit zu erhöhen, sollte auch ein Übergangszeitraum für Lebensmittel vorgesehen werden, die solche Aromen und Ausgangsstoffe enthalten.

(12) Gemäß Artikel 30 der Verordnung (EG) Nr. 1334/2008 gelten die Artikel 26 und 28 der Verordnung (EG) Nr. 1334/2008 bezüglich der Änderung der Verordnung (EWG) Nr. 1601/91 des Rates vom 10. Juni 1991 zur Festlegung der allgemeinen Regeln für die Begriffsbestimmung, Bezeichnung und Aufmachung aromatisierten Weines, aromatisierter weinhaltiger Getränke und aromatisierter weinhaltiger Cocktails[5)] sowie bezüglich der Änderung der Verordnung (EG) Nr. 110/2008 des Europäischen Parlaments und des Rates vom 15. Januar 2008 zur Begriffsbestimmung, Bezeichnung, Aufmachung und Etikettierung von Spirituosen sowie zum Schutz geografischer Angaben für Spirituosen[6)] ab Geltungsbeginn der Unionsliste. Es ist daher angebracht, diesen Geltungsbeginn für die Zwecke des Artikels 30 Absatz 4 der Verordnung (EG) Nr. 1334/2008 festzulegen.

(13) Die in dieser Verordnung vorgesehenen Maßnahmen entsprechen der Stellungnahme des Ständigen Ausschusses für die Lebensmittelkette und Tiergesundheit und weder das Europäische Parlament noch der Rat haben ihnen widersprochen —

HABEN FOLGENDE VERORDNUNG ERLASSEN:

KAPITEL I
AROMASTOFFE GEMÄSS ARTIKEL 9 BUCHSTABE A DER VERORDNUNG (EG) NR. 1334/2008

Artikel 1
Übergangsmaßnahmen für Aromastoffe enthaltende Lebensmittel

Aromastoffe enthaltende Lebensmittel, die vor dem 22. Oktober 2014 rechtmäßig in Verkehr gebracht oder gekennzeichnet werden, aber nicht Anhang I Teil A der Verordnung (EG) Nr. 1334/2008 entsprechen, dürfen bis zu ihrem Mindesthaltbarkeits- oder Verbrauchsdatum vermarktet werden.

KAPITEL II
AROMEN UND AUSGANGSSTOFFE GEMÄSS ARTIKEL 9 BUCHSTABEN B BIS F DER VERORDNUNG (EG) NR. 1334/2008

Artikel 2
Geltungsbeginn der Teile B bis F der Unionsliste der Aromen und Ausgangsstoffe

Für die Zwecke des Artikels 30 Absatz 3 in Verbindung mit Artikel 10 der Verordnung (EG) Nr. 1334/2008 gelten die Teile B bis F der Unionsliste der Aromen und Ausgangsstoffe gemäß Anhang I der genannten Verordnung ab dem 22. Oktober 2016.

Artikel 3
Frist für die Antragstellung

Die betroffenen Personen beantragen die Zulassung der in Artikel 9 Buchstaben b bis f der Ver-

---

Zu Abs. 7:
[4)] ABl. L 64 vom 11.3.2011, S. 15.
Zu Abs. 12:
[5)] ABl. L 149 vom 14.6.1991, S. 1.

[6)] ABl. L 39 vom 13.2.2008, S. 16.

ordnung (EG) Nr. 1334/2008 genannten Aromen und Ausgangsstoffe, die zum Zeitpunkt des Inkrafttretens dieser Verordnung in Verkehr gebracht werden, gemäß der Verordnung (EG) Nr. 1331/2008 spätestens am 22. Oktober 2015 bei der Kommission.

Artikel 4
Übergangsmaßnahmen für Lebensmittel, die die in Artikel 9 Buchstaben b bis f der Verordnung (EG) Nr. 1334/2008 genannten Aromen und Ausgangsstoffe enthalten

„(1)" Lebensmittel, die die in Artikel 9 Buchstaben b bis f der Verordnung (EG) Nr. 1334/2008 genannten Aromen und Ausgangsstoffe enthalten und vor dem 22. April 2018 rechtmäßig in Verkehr gebracht oder gekennzeichnet werden, aber nicht den Teilen B bis F des Anhangs I der Verordnung (EG) Nr. 1334/2008 entsprechen, dürfen bis zu ihrem Mindesthaltbarkeits- oder Verbrauchsdatum vermarktet werden. *(ABl L 238 vom 21. 9. 2018, S 28)*

(2) Lebensmittel, die das zur Kategorie „sonstige Aromen" gehörende Aroma „Grillaromakonzentrat (pflanzlich)" (FL-Nr. 21.002) enthalten und die vor dem 22. April 2020 rechtmäßig in Verkehr gebracht oder gekennzeichnet werden, dürfen bis zu ihrem Mindesthaltbarkeits- oder Verbrauchsdatum vermarktet werden. Werden die von der Europäischen Behörde für Lebensmittelsicherheit angeforderten Informationen nicht bis zum 5. August 2018 vorgelegt, so wird das Antragsverfahren gemäß Artikel 3 Absatz 4 der Verordnung (EG) Nr. 1331/2008 beendet. *(ABl L 238 vom 21. 9. 2018, S 28)*

KAPITEL III
SCHLUSSBESTIMMUNGEN

Artikel 5
Änderung der Verordnungen (EWG) Nr. 1601/91 und (EG) Nr. 110/2008

Für die Zwecke des Artikels 30 Absatz 4 der Verordnung (EG) Nr. 1334/2008 bezüglich Änderung der Verordnung (EWG) Nr. 1601/91 und der Verordnung (EG) Nr. 110/2008 gilt die Unionsliste der Aromen und Ausgangsstoffe ab dem 22. April 2013.

Artikel 6
Inkrafttreten

Diese Verordnung tritt am zwanzigsten Tag nach ihrer Veröffentlichung im Amtsblatt der Europäischen Union in Kraft.

Diese Verordnung ist in allen ihren Teilen verbindlich und gilt unmittelbar in jedem Mitgliedstaat.

Brüssel, den 1. Oktober 2012

Für die Kommission
Der Präsident
José Manuel BARROSO

6/5. Verordnung (EG) Nr. 2065/2003 über Raucharomen zur tatsächlichen oder beabsichtigten Verwendung in oder auf Lebensmitteln

ABl L 309 vom 26. 11. 2003, S 1 idF

1 ABl L 198 vom 25. 7. 2019, S 241

2 ABl L 231 vom 6. 9. 2019, S 1

Verordnung (EG) Nr. 2065/2003 des Europäischen Parlaments und des Rates vom 10. November 2003 über Raucharomen zur tatsächlichen oder beabsichtigten Verwendung in oder auf Lebensmitteln

DAS EUROPÄISCHE PARLAMENT UND DER RAT DER EUROPÄISCHEN UNION –

gestützt auf den Vertrag zur Gründung der Europäischen Gemeinschaft, insbesondere auf Artikel 95,

auf Vorschlag der Kommission[1],

nach Stellungnahme des Europäischen Wirtschafts- und Sozialausschusses[2],

gemäß dem Verfahren des Artikels 251 des Vertrags[3],

in Erwägung nachstehender Gründe:

(1) Die Richtlinie 88/388/EWG des Rates vom 22. Juni 1988 zur Angleichung der Rechtsvorschriften der Mitgliedstaaten über Aromen zur Verwendung in Lebensmitteln und über Ausgangsstoffe für ihre Herstellung[4], insbesondere Artikel 5 Absatz 1 siebter Gedankenstrich, sieht den Erlass entsprechender Bestimmungen für die für die Herstellung von Raucharomen verwendeten Ausgangsstoffe sowie die Reaktionsbedingungen für ihre Bereitung vor.

(2) Der freie Verkehr mit sicheren und gesunden Lebensmitteln ist ein wichtiger Aspekt des Binnenmarkts und trägt wesentlich zur Gesundheit und zum Wohlergehen der Bürger und zur Wahrung ihrer sozialen und wirtschaftlichen Interessen bei.

(3) Bei der Durchführung der Politiken der Gemeinschaft sollte ein hohes Maß an Schutz für das menschliche Leben und die menschliche Gesundheit gewährleistet werden.

(4) Um die menschliche Gesundheit zu schützen, sollten Raucharomen einer Sicherheitsbewertung mittels eines Gemeinschaftsverfahrens unterzogen werden, bevor sie innerhalb der Gemeinschaft in Verkehr gebracht oder innerhalb der Gemeinschaft in oder auf Lebensmitteln verwendet werden.

(5) Unterschiede zwischen nationalen Rechts- und Verwaltungsvorschriften über die Bewertung und Zulassung von Raucharomen können den freien Verkehr behindern und ungleiche und unfaire Wettbewerbsbedingungen schaffen. Daher sollte ein Zulassungsverfahren auf Gemeinschaftsebene eingeführt werden.

(6) Die chemische Zusammensetzung des Rauchs ist komplex und hängt unter anderem von der verwendeten Holzart, dem Verfahren der Raucherzeugung, dem Wassergehalt des Holzes und der Temperatur sowie der Sauerstoffkonzentration während der Raucherzeugung ab. Geräucherte Lebensmittel geben generell Anlass zu Bedenken in gesundheitlicher Hinsicht, insbesondere in Bezug auf das mögliche Vorhandensein polyzyklischer aromatischer Kohlenwasserstoffe. Da Raucharomen aus Rauch hergestellt werden, der einer Fraktionierung und Reinigung unterzogen wird, wird die Verwendung von Raucharomen generell als weniger gesundheitsbedenklich angesehen als der traditionelle Räucherprozess. Bei den Sicherheitsbewertungen muss jedoch die vielseitigere Verwendungsmöglichkeit von Raucharomen im Vergleich zum herkömmlichen Räuchern berücksichtigt werden.

(7) Diese Verordnung behandelt Raucharomen im Sinne der Richtlinie 88/388/EWG. Die Erzeugung dieser Raucharomen beginnt mit der Kondensierung des Rauchs. Der kondensierte Rauch wird üblicherweise durch physikalische Prozesse in ein wässriges Primärrauchkondensat, eine wasserunlösliche Teerphase hoher Dichte und eine wasserunlösliche ölige Phase getrennt. Die

Zusatzstoffe

Zur Präambel:
[1] *ABl. C 262 E vom 29.10.2002, S. 523.*
[2] *ABl. C 85 vom 8.4.2003, S. 32.*
[3] *Stellungnahme des Europäischen Parlaments vom 5. Juni 2003 (noch nicht im Amtsblatt veröffentlicht) und Beschluss des Rates vom 9. Oktober 2003.*
Zu Abs. 1:
[4] *ABl. L 184 vom 15.7.1988, S. 61. Geändert durch die Richtlinie 91/71/EWG der Kommission (ABl. L 42 vom 15.2.1991, S. 25).*

wasserunlösliche ölige Phase ist ein Nebenprodukt und für die Herstellung von Raucharomen ungeeignet. Die Primärrauchkondensate und Fraktionen der wasserunlöslichen Teerphase hoher Dichte, die so genannten „Primärteerfraktionen", werden gereinigt, um die gesundheitsschädlichsten Rauchkomponenten zu beseitigen. Danach können sie unbeschadet spezifischer Gemeinschaftsvorschriften für die Verwendung als solche in oder auf Lebensmitteln oder für die Produktion daraus hergestellter Raucharomen geeignet sein, die durch entsprechende physikalische Weiterverarbeitung gewonnen werden, wie etwa durch Extraktion, Destillation, Konzentration durch Verdampfen, Absorption oder Membranseparation, und durch die Zugabe von Lebensmittelzutaten, sonstigen Aromen, Lebensmittelzusatzstoffen oder Lösungsmitteln.

(8) Der Wissenschaftliche Lebensmittelausschuss kam zu dem Schluss, dass angesichts der großen physikalischen und chemischen Unterschiede von Raucharomen zur Aromatisierung von Lebensmitteln ein einheitliches Verfahren der Sicherheitsbewertung nicht möglich ist, so dass sich die toxikologische Bewertung auf die Sicherheit einzelner Rauchkondensate konzentrieren sollte. Entsprechend dieser Empfehlung sollte diese Verordnung eine wissenschaftliche Bewertung von Primärrauchkondensaten und Primärteerfraktionen, im Folgenden „Primärprodukte" genannt, hinsichtlich der Sicherheit ihrer Verwendung als solche und/oder für die Produktion daraus hergestellter Raucharomen, die zur Verwendung in oder auf Lebensmitteln bestimmt sind, vorsehen.

(9) Hinsichtlich der Bedingungen für die Herstellung stützt sich diese Verordnung auf die Ergebnisse des Wissenschaftlichen Lebensmittelausschusses in seinem Bericht über Raucharomen vom 25. Juni 1993[5], in dem verschiedene Bedingungen für die Herstellung und die Informationen genannt werden, die für eine Bewertung der Raucharomen erforderlich sind, die in oder auf Lebensmitteln verwendet werden oder verwendet werden sollen. Dieser Bericht basierte wiederum auf dem Bericht des Europarats über „Health aspects of using smoke flavours as food ingredients" (Gesundheitsaspekte der Verwendung von Raucharomen als Lebensmittelzutaten)[6]. Er enthält ferner eine nicht erschöpfende Liste von Holzarten, die als eine Beispielliste von für die Herstellung von Raucharomen geeigneten Holzarten angesehen werden kann.

(10) Auf der Grundlage einer Sicherheitsbewertung sollte die Erstellung einer Liste derjenigen Primärprodukte vorgesehen werden, die für die Verwendung als solche in oder auf Lebensmitteln und/oder für die Herstellung von Raucharomen zur Verwendung in oder auf Lebensmitteln innerhalb der Gemeinschaft zugelassen werden. In dieser Liste sollten die Primärprodukte klar beschrieben und die Bedingungen für ihre Verwendung sowie das Datum, ab dem die Zulassungen gelten, angegeben werden.

(11) Zum Zweck der Harmonisierung sollte die durch die Verordnung (EG) Nr. 178/2002 des Europäischen Parlaments und des Rates vom 28. Januar 2002 zur Festlegung der allgemeinen Grundsätze und Anforderungen des Lebensmittelrechts, zur Errichtung der Europäischen Behörde für Lebensmittelsicherheit und zur Festlegung von Verfahren zur Lebensmittelsicherheit[7] eingesetzte Europäische Behörde für Lebensmittelsicherheit (die „Behörde") die Sicherheitsbewertungen durchführen.

(12) An die Sicherheitsbewertung für ein spezifisches Primärprodukt sollte sich eine Risikomanagemententscheidung hinsichtlich der Aufnahme des Produkts in die Gemeinschaftsliste zugelassener Primärprodukte anschließen. Diese Entscheidung sollte nach dem Regelungsverfahren erlassen werden, damit eine enge Zusammenarbeit zwischen der Kommission und den Mitgliedstaaten gewährleistet ist.

(13) Es ist angezeigt, dass die Person (der „Antragsteller"), die Primärprodukte oder daraus hergestellte Raucharomen in Verkehr bringen möchte, alle notwendigen Informationen für die Sicherheitsbewertung vorlegen sollte. Der Antragsteller sollte ferner ein validiertes Probenahme- und Nachweisverfahren für die Primärprodukte zur Kontrolle der Einhaltung der Bestimmungen dieser Verordnung vorschlagen. Falls erforderlich, sollte die Kommission nach Einholung des wissenschaftlich-technischen Rates der Behörde Qualitätskriterien für diese Analyseverfahren erlassen.

(14) Da sich bereits zahlreiche Raucharomen in den Mitgliedstaaten auf dem Markt befinden, sollte der Übergang zu einem gemeinschaftlichen Zulassungsverfahren reibungslos gestaltet werden und nicht zu Beeinträchtigungen des bestehenden

---

Zu Abs. 9:

[5] *Berichte des Wissenschaftlichen Lebensmittelausschusses, 34. Reihe, S. 1-7.*
[6] *Council of Europe Publishing, 1992, Neudruck 1998, ISBN 92-871-2189-3.*

Zu Abs. 11:
[7] *ABl. L 31 vom 1.2.2002, S. 1.*

Marktes für Raucharomen führen. Dem Antragsteller sollte eine ausreichende Frist für die Vorlage der für die Sicherheitsbewertung der Produkte erforderlichen Informationen bei der Behörde eingeräumt werden. Daher sollte ein bestimmter Zeitraum (im Folgenden „erste Phase" genannt) festgelegt werden, in dem der Antragsteller der Behörde die Informationen für bereits bestehende Primärprodukte vorlegen sollte. Anträge auf Zulassung neuer Primärprodukte können ebenfalls während der ersten Phase eingereicht werden. Die Behörde sollte alle Anträge für bestehende wie neue Primärprodukte, für die während der ersten Phase ausreichende Informationen vorgelegt wurden, unverzüglich prüfen.

(15) Nach Abschluss der Sicherheitsbewertung aller Primärprodukte, für die während der ersten Phase ausreichende Informationen vorgelegt wurden, sollte die Kommission die gemeinschaftliche Positivliste erstellen. Um faire und gleiche Bedingungen für alle Antragsteller zu schaffen, sollte diese erstmalige Erstellung der Liste in einem einzigen Schritt erfolgen. Nach der erstmaligen Erstellung der Liste zugelassener Primärprodukte sollte die Möglichkeit bestehen, nach der Sicherheitsbewertung durch die Behörde weitere Primärprodukte durch Beschluss der Kommission aufzunehmen.

(16) Wann immer die Bewertung durch die Behörde ergibt, dass ein vorhandenes Raucharoma, das bereits in den Mitgliedsstaaten auf dem Markt ist, ein erhebliches Risiko für die menschliche Gesundheit darstellt, sollte dieses Produkt unverzüglich vom Markt genommen werden.

(17) Die Artikel 53 und 54 der Verordnung (EG) Nr. 178/2002 sehen Verfahren für Sofortmaßnahmen bei Lebensmitteln mit Ursprung in der Gemeinschaft oder bei aus Drittländern eingeführten Lebensmitteln vor. Sie erlauben es der Kommission, solche Maßnahmen in Situationen zu ergreifen, in denen Lebensmittel wahrscheinlich eine ernste Gefahr für die Gesundheit von Mensch oder Tier oder für die Umwelt darstellen und in denen diese Gefahr sich durch Maßnahmen der betreffenden Mitgliedstaaten allein nicht zufrieden stellend beherrschen lässt.

(18) Es ist notwendig, die Lebensmittelunternehmer, die Primärprodukte oder daraus hergestellte Raucharomen verwenden, zu verpflichten, Verfahren zu erarbeiten, mit denen in jeder Phase des Inverkehrbringens eines Primärprodukts oder eines daraus hergestellten Raucharomas überprüft werden kann, ob das Produkt nach dieser Verordnung zugelassen ist und ob die Bedingungen für seine Verwendung eingehalten werden.

(19) Um bestehenden und neuen Primärprodukten einen gleichwertigen Marktzugang zu sichern, sollte eine Übergangsfrist eingeräumt werden, in der nationale Maßnahmen in den Mitgliedstaaten anwendbar bleiben.

(20) Die Anpassung der Anhänge dieser Verordnung an den wissenschaftlichen und technischen Fortschritt sollte vorgesehen werden.

(21) Die zur Durchführung dieser Verordnung erforderlichen Maßnahmen sollten gemäß dem Beschluss 1999/468/EG des Rates vom 28. Juni 1999 zur Festlegung der Modalitäten für die Ausübung der der Kommission übertragenen Durchführungsbefugnisse[8] erlassen werden –

HABEN FOLGENDE VERORDNUNG ERLASSEN:

Artikel 1
Gegenstand

(1) Ziel dieser Verordnung ist es, das ordnungsgemäße Funktionieren des Binnenmarktes im Bereich von Raucharomen, die in oder auf Lebensmitteln verwendet werden oder verwendet werden sollen, sicherzustellen und gleichzeitig die Grundlage für ein hohes Schutzniveau für die menschliche Gesundheit und die Verbraucherinteressen zu schaffen.

(2) Hierzu legt diese Verordnung Folgendes fest:

a) ein Gemeinschaftsverfahren zur Bewertung und Zulassung von Primärrauchkondensaten und Primärteerfraktionen, die als solche in oder auf Lebensmitteln verwendet oder für die Produktion daraus hergestellter Raucharomen zur Verwendung in oder auf Lebensmitteln eingesetzt werden;

b) ein Gemeinschaftsverfahren zur Erstellung einer Liste der in der Gemeinschaft ausschließlich zugelassenen Primärrauchkondensate und Primärteerfraktionen und deren Verwendungsbedingungen in oder auf Lebensmitteln.

Artikel 2
Geltungsbereich

Diese Verordnung gilt für:

1. Raucharomen, die in oder auf Lebensmitteln verwendet werden oder verwendet werden sollen;
2. Ausgangsstoffe für die Herstellung von Raucharomen;
3. die Bedingungen, unter denen Raucharomen hergestellt werden;

Zu Abs. 21:
[8] *ABl. L 184 vom 17.7.1999, S. 23.*

4. Lebensmittel, in oder auf denen Raucharomen vorhanden sind.

Artikel 3
Definitionen

Für die Zwecke dieser Verordnung gelten die Definitionen der Richtlinie 88/388/EWG und der Verordnung (EG) Nr. 178/2002.
Ferner gelten folgende Definitionen:
1. „Primärrauchkondensat": der gereinigte wässrige Teil kondensierten Rauchs; dieser Begriff fällt unter die Definition von „Raucharomen";
2. „Primärteerfraktion": die gereinigte Fraktion der wasserunlöslichen Teerphase hoher Dichte kondensierten Rauchs; dieser Begriff fällt unter die Definition von „Raucharomen";
3. „Primärprodukte": Primärrauchkondensate und Primärteerfraktionen;
4. „daraus hergestellte Raucharomen": Aromen, die durch die Weiterverarbeitung von Primärprodukten gewonnen werden und in oder auf Lebensmitteln verwendet werden oder verwendet werden sollen, um diesen Lebensmitteln ein Raucharoma zu verleihen.

Artikel 4
Allgemeine Verwendungsbedingungen und Anforderungen an die Sicherheit

(1) Die Verwendung von Raucharomen in oder auf Lebensmitteln wird nur zugelassen, wenn ausreichend nachgewiesen wird, dass
– sie keine Risiken für die menschliche Gesundheit darstellt;
– sie den Verbraucher nicht irreführt.

Jede Zulassung kann mit spezifischen Verwendungsbedingungen verbunden werden.

(2) Niemand darf ein Raucharoma oder irgendein Lebensmittel, in oder auf dem ein solches Raucharoma vorhanden ist, in Verkehr bringen, wenn es sich bei dem Raucharoma nicht um ein gemäß Artikel 6 zugelassenes Primärprodukt oder ein daraus hergestelltes Raucharoma handelt und wenn die in der Zulassung gemäß dieser Verordnung festgelegten Verwendungsbedingungen nicht erfüllt sind.

Artikel 5
Bedingungen für die Herstellung

(1) Das Holz, das für die Herstellung von Primärprodukten verwendet wird, darf während der letzten sechs Monate vor dem Schlagen und danach weder absichtlich noch unabsichtlich mit chemischen Substanzen behandelt worden sein, sofern nicht nachgewiesen werden kann, dass die für die Behandlung verwendete Substanz während der Verbrennung nicht zur Bildung potenziell toxischer Stoffe führt.

Die Person, die Primärprodukte in Verkehr bringt, muss durch entsprechende Bescheinigungen oder Dokumente nachweisen können, dass die Anforderungen des Unterabsatzes 1 erfüllt sind.

(2) Die Bedingungen für die Herstellung von Primärprodukten sind in Anhang I festgelegt. Die wasserunlösliche ölige Phase ist ein Nebenprodukt des Prozesses und darf für die Herstellung von Raucharomen nicht verwendet werden.

(3) Unbeschadet anderer Gemeinschaftsvorschriften dürfen Primärprodukte mit geeigneten physikalischen Verfahren zur Produktion daraus hergestellter Raucharomen weiterverarbeitet werden. Bei Meinungsverschiedenheiten hinsichtlich der Eignung eines bestimmten physikalischen Prozesses kann eine Entscheidung nach dem in Artikel 19 Absatz 2 genannten Verfahren erzielt werden.

Artikel 6
Gemeinschaftsliste zugelassener Primärprodukte

(1) Eine Liste der Primärprodukte, die in der Gemeinschaft ausschließlich zur Verwendung als solche in oder auf Lebensmitteln und/oder für die Produktion daraus hergestellter Raucharomen zugelassen sind, wird nach dem in Artikel 19 Absatz 2 genannten Verfahren erstellt.

(2) Für jedes zugelassene Primärprodukt ist in der in Absatz 1 genannten Liste ein spezifischer Produktcode anzugeben sowie der Name des Produkts, Name und Anschrift des Zulassungsinhabers, eine klare Beschreibung und Charakterisierung des Produkts, die Bedingungen für seine Verwendung in oder auf spezifischen Lebensmitteln oder Lebensmittelkategorien und das Datum, ab dem das Produkt zugelassen ist.

(3) Nach der Erstellung der in Absatz 1 genannten Liste können Primärprodukte nach dem in Artikel 19 Absatz 2 genannten Verfahren dieser Liste hinzugefügt werden.

Artikel 7
Beantragung der Zulassung

(1) Um die Aufnahme eines Primärprodukts in die in Artikel 6 Absatz 1 genannte Liste zu erreichen, ist ein Antrag gemäß den folgenden Bestimmungen zu stellen.

(2) a) Der Antrag ist an die zuständige Behörde eines Mitgliedstaats zu richten.

b) Die zuständige Behörde
i) bestätigt dem Antragsteller den Erhalt des Antrags schriftlich innerhalb von 14 Tagen nach

dessen Eingang. In der Bestätigung ist das Datum des Antragseingangs anzugeben;

ii) unterrichtet unverzüglich die Europäische Behörde für Lebensmittelsicherheit (im Folgenden „Behörde" genannt) und

iii) stellt der Behörde den Antrag und alle zusätzlichen, vom Antragsteller vorgelegten Informationen zur Verfügung.

c) Die Behörde

i) unterrichtet unverzüglich die Kommission und die anderen Mitgliedstaaten über den Antrag und stellt ihnen den Antrag und alle zusätzlichen, vom Antragsteller vorgelegten Informationen zur Verfügung und

ii) macht in Übereinstimmung mit den Artikeln 14 und 15 den Antrag, relevante stützende Informationen und alle zusätzlichen, vom Antragsteller vorgelegten Informationen öffentlich zugänglich.
(ABl L 231 vom 6. 9. 2019, S 1)

(3) Dem Antrag ist Folgendes beizufügen:

a) Name und Anschrift des Antragstellers;

b) die in Anhang II aufgeführten Informationen;

c) eine begründete Erklärung, dass das Produkt Artikel 4 Absatz 1 erster Gedankenstrich entspricht;

d) eine Zusammenfassung des Dossiers.

(4) Die Behörde veröffentlicht entsprechend der Vereinbarung mit der Kommission ausführliche Leitlinien für die Erstellung und Einreichung der in Absatz 1 des vorliegenden Artikels genannten Anträgen, wobei sie Standarddatenformate – soweit vorhanden – gemäß Artikel 39f der Verordnung (EG) Nr. 178/2002 berücksichtigt.
(ABl L 231 vom 6. 9. 2019, S 1)

Artikel 8
Stellungnahme der Behörde

(1) Die Behörde gibt innerhalb von sechs Monaten nach Eingang eines gültigen Antrags eine Stellungnahme darüber ab, ob das Produkt und die Verwendung, für die es bestimmt ist, Artikel 4 Absatz 1 entsprechen. Die Behörde kann diese Frist verlängern. In einem solchen Fall begründet sie die Verlängerung gegenüber dem Antragsteller, der Kommission und den Mitgliedstaaten.

(2) Die Behörde kann den Antragsteller gegebenenfalls auffordern, die dem Antrag beigefügten Angaben innerhalb einer von der Behörde festgelegten Frist, die zwölf Monate keinesfalls überschreiten darf, zu ergänzen. Fordert die Behörde zusätzliche Informationen an, wird die in Absatz 1 vorgesehene Frist ausgesetzt, bis diese Informationen vorliegen. Diese Frist wird ebenso für den Zeitraum ausgesetzt, der dem Antragsteller zur Ausarbeitung mündlicher oder schriftlicher Erläuterungen eingeräumt wird.

(3) Zur Vorbereitung ihrer Stellungnahme

a) prüft die Behörde, ob die vom Antragsteller vorgelegten Angaben und Unterlagen Artikel 7 Absatz 3 entsprechen; in diesem Fall wird der Antrag als gültig angesehen;

b) unterrichtet die Behörde den Antragsteller, die Kommission und die Mitgliedstaaten, wenn ein Antrag ungültig ist.

(4) Im Fall einer die Zulassung des bewerteten Produkts befürwortenden Stellungnahme enthält die Stellungnahme:

a) Bedingungen oder Einschränkungen, die mit der Verwendung des bewerteten Primärprodukts als solches und/oder als daraus hergestellte Raucharomen in oder auf spezifischen Lebensmitteln oder Lebensmittelkategorien verbunden sein sollten;

b) eine Beurteilung, ob das gemäß Anhang II Nummer 4 vorgeschlagene Analyseverfahren für die vorgesehenen Kontrollzwecke geeignet ist.

(5) Die Behörde übermittelt ihre Stellungnahme an die Kommission, die Mitgliedstaaten und den Antragsteller.

(6) Die Behörde veröffentlicht ihre Stellungnahme, nachdem sie alle gemäß Artikel 15 als vertraulich geltenden Informationen gestrichen hat.

Artikel 9
Gemeinschaftszulassung

(1) Innerhalb von drei Monaten nach Erhalt der Stellungnahme der Behörde erstellt die Kommission einen Entwurf der bezüglich des Antrags auf Aufnahme eines Primärprodukts in die Liste nach Artikel 6 Absatz 1 zu treffenden Maßnahme, wobei sie die Anforderungen des Artikels 4 Absatz 1, das Gemeinschaftsrecht und andere sachdienliche legitime Faktoren berücksichtigt. Stimmt der Entwurf der Maßnahme nicht mit der Stellungnahme der Behörde überein, erläutert die Kommission die Gründe für die Abweichung.

Bei der in Unterabsatz 1 genannten Maßnahme handelt es sich um

a) den Entwurf einer Verordnung zur Änderung der in Artikel 6 Absatz 1 genannten Liste, mit der das Primärprodukt gemäß den Anforderungen des Artikels 6 Absatz 2 in die Liste zugelassener Produkte aufgenommen wird, oder

b) den Entwurf einer an den Antragsteller gerichteten Entscheidung, mit der die Zulassung verweigert wird.

(2) Die Maßnahme wird nach dem in Artikel 19 Absatz 2 genannten Verfahren erlassen. Die Kommission unterrichtet den Antragsteller unverzüglich über den Erlass der Maßnahme.

(3) Unbeschadet des Artikels 11 gilt die Zulassung, die gemäß dem in dieser Verordnung fest-

gelegten Verfahren erteilt wird, in der gesamten Gemeinschaft zehn Jahre lang und kann gemäß Artikel 12 verlängert werden.

(4) Nachdem eine Zulassung gemäß dieser Verordnung erteilt wurde, muss der Zulassungsinhaber oder jeder andere Lebensmittelunternehmer, der das zugelassene Primärprodukt oder daraus hergestellte Raucharomen verwendet, die mit dieser Zulassung verbundenen Bedingungen oder Einschränkungen erfüllen.

(5) Der Zulassungsinhaber unterrichtet die Kommission unverzüglich über jede neue wissenschaftliche oder technische Information, die die Bewertung der Sicherheit des zugelassenen Primärprodukts oder daraus hergestellter Raucharomen in Bezug auf die menschliche Gesundheit berühren könnte. Falls erforderlich, überprüft die Behörde die Bewertung.

(6) Die Erteilung einer Zulassung schränkt nicht die allgemeine zivil- und strafrechtliche Haftung eines Lebensmittelunternehmers in Bezug auf das zugelassene Primärprodukt, ein daraus hergestelltes Raucharoma oder ein das zugelassene Primärprodukt oder ein daraus hergestelltes Raucharoma enthaltendes Lebensmittel ein.

Artikel 10
Erstmalige Erstellung der Gemeinschaftsliste zugelassener Primärprodukte

(1) Innerhalb von 18 Monaten nach Inkrafttreten dieser Verordnung reichen die Unternehmer Anträge gemäß Artikel 7 zur erstmaligen Erstellung der Gemeinschaftsliste zugelassener Primärprodukte ein. Unbeschadet des Artikels 9 Absatz 1 wird diese Liste erstmalig erstellt, nachdem die Behörde eine Stellungnahme zu jedem Primärprodukt vorgelegt hat, für das innerhalb dieser Frist ein gültiger Antrag vorgelegt wurde.

Anträge, zu denen die Behörde keine Stellungnahme vorlegen konnte, weil der Antragsteller die gemäß Artikel 8 Absatz 2 festgelegten Fristen für die Vorlage zusätzlicher Informationen nicht eingehalten hat, werden nicht für die Aufnahme in die erstmalige Gemeinschaftsliste in Betracht gezogen.

(2) Innerhalb von drei Monaten nach Eingang aller Stellungnahmen gemäß Absatz 1 erstellt die Kommission den Entwurf einer Verordnung für die erstmalige Erstellung der in Artikel 6 Absatz 1 genannten Liste unter Berücksichtigung der Anforderungen des Artikels 6 Absatz 2.

Artikel 11
Änderung, Aussetzung und Widerruf von Zulassungen

(1) Der Zulassungsinhaber kann nach dem in Artikel 7 festgelegten Verfahren eine Änderung der bestehenden Zulassung beantragen.

(2) Die Behörde legt auf eigene Initiative oder auf Verlangen eines Mitgliedstaats oder der Kommission eine Stellungnahme, soweit anwendbar, nach dem in Artikel 8 festgelegten Verfahren darüber vor, ob eine Zulassung noch im Einklang mit dieser Verordnung steht.

(3) Die Kommission prüft die Stellungnahme der Behörde unverzüglich und erstellt einen Entwurf der zu treffenden Entscheidung.

(4) Der Entwurf einer Maßnahme zur Änderung einer Zulassung muss alle notwendigen Änderungen der Verwendungsbedingungen sowie gegebenenfalls der mit dieser Zulassung verbundenen Einschränkungen enthalten.

(5) Die endgültige Maßnahme, d. h. die Änderung, die Aussetzung oder der Widerruf der Zulassung wird nach dem in Artikel 19 Absatz 2 genannten Verfahren erlassen.

(6) Die Kommission unterrichtet den Zulassungsinhaber unverzüglich über die getroffene Maßnahme.

Artikel 12
Verlängerung von Zulassungen

(1) Unbeschadet des Artikels 11 können Zulassungen im Sinne dieser Verordnung um jeweils zehn Jahre verlängert werden; dazu muss der Zulassungsinhaber bei der Kommission mindestens 18 Monate vor Ablauf der Zulassung einen entsprechenden Antrag stellen.

(2) Dem Antrag sind folgende Angaben und Unterlagen beizufügen:

a) eine Bezugnahme auf die ursprüngliche Zulassung;

b) alle verfügbaren Informationen zu den in Anhang II aufgeführten Punkten, die die Informationen, die der Behörde bereits im Verlauf der früheren Bewertung(en) vorgelegt wurden, ergänzen und angesichts der neuesten wissenschaftlichen und technischen Entwicklung aktualisieren;

c) eine begründete Erklärung, dass das Produkt Artikel 4 Absatz 1 erster Gedankenstrich entspricht.

(3) Artikel 7 bis 9 finden entsprechend Anwendung.

(4) Wird aus Gründen, die dem Zulassungsinhaber nicht angelastet werden können, bis einen Monat vor Ablauf der Zulassung keine Entscheidung über deren Verlängerung getroffen, so verlängert sich der Zulassungszeitraum für das Produkt automatisch um sechs Monate. Die Kommission unterrichtet den Zulassungsinhaber und die Mitgliedstaaten unverzüglich über die Verzögerung.

Artikel 13
Rückverfolgbarkeit

(1) In der ersten Phase des Inverkehrbringens eines zugelassenen Primärprodukts oder eines aus den zugelassenen Produkten der in Artikel 6 Absatz 1 genannten Liste hergestellten Raucharomas stellen die Lebensmittelunternehmer sicher, dass folgende Informationen an die Lebensmittelunternehmer, die das Produkt erhalten, übermittelt werden:

a) der Code des zugelassenen Produkts gemäß der in Artikel 6 Absatz 1 genannten Liste;

b) die Bedingungen für die Verwendung des zugelassenen Produkts gemäß der in Artikel 6 Absatz 1 genannten Liste;

c) im Fall eines daraus hergestellten Raucharomas das quantitative Verhältnis zum Primärprodukt; dieses ist deutlich und leicht verständlich anzugeben, damit der Lebensmittelunternehmer, der das Raucharoma erhält, dieses gemäß den in der in Artikel 6 Absatz 1 genannten Liste festgelegten Bedingungen verwenden kann.

(2) In allen nachfolgenden Phasen des Inverkehrbringens der in Absatz 1 genannten Produkte stellen die Lebensmittelunternehmer sicher, dass die gemäß Absatz 1 erhaltenen Informationen an die Lebensmittelunternehmer, die die Produkte erhalten, weitergeleitet werden.

(3) Lebensmittelunternehmer müssen über Systeme und Verfahren verfügen, mit denen festgestellt werden kann, von wem die in Absatz 1 genannten Produkte erhalten oder an wen sie geliefert wurden.

(4) Die Absätze 1 bis 3 gelten unbeschadet anderer spezifischer Anforderungen des Gemeinschaftsrechts.

Artikel 14
Zugang der Öffentlichkeit

(1) Die Behörde macht gemäß den Artikeln 38 bis 39e der Verordnung (EG) Nr. 178/2002 den Zulassungsantrag, relevante stützende Informationen und alle zusätzlichen, vom Antragsteller vorgelegten Informationen sowie ihre wissenschaftlichen Stellungnahmen öffentlich zugänglich. *(ABl L 231 vom 6. 9. 2019, S 1)*

(2) Die Behörde wendet bei der Behandlung von Anträgen auf Zugang zu den in ihrem Besitz befindlichen Dokumenten die Grundsätze der Verordnung (EG) Nr. 1049/2001 des Europäischen Parlaments und des Rates vom 30. Mai 2001 über den Zugang der Öffentlichkeit zu Dokumenten des Europäischen Parlaments, des Rates und der Kommission[1]) an.

Zu Artikel 14:
[1]) ABl. L 145 vom 31.5.2001, S. 43.

(3) Die Mitgliedstaaten behandeln Anträge auf Zugang zu Dokumenten, die sie im Rahmen der vorliegenden Verordnung erhalten haben, gemäß Artikel 5 der Verordnung (EG) Nr. 1049/2001.

Artikel 15
Vertraulichkeit

(1) In Übereinstimmung mit den Bedingungen und Verfahren der Artikel 39 bis 39e der Verordnung (EG) Nr. 178/2002

a) kann der Antragsteller unter Angabe nachprüfbarer Gründe darum ersuchen, dass bestimmte Teile der im Rahmen dieser Verordnung übermittelten Informationen vertraulich behandelt werden, und

b) bewertet die Behörde das vom Antragsteller übermittelte Ersuchen um vertrauliche Behandlung.

(2) Dieser Artikel gilt unbeschadet des Artikels 41 der Verordnung (EG) Nr. 178/2002 der Kommission.

(ABl L 231 vom 6. 9. 2019, S 1)

Artikel 16
Datenschutz

Informationen in dem gemäß Artikel 7 eingereichten Antrag dürfen nicht zugunsten eines anderen Antragstellers verwendet werden, es sei denn, der andere Antragsteller hat mit dem Zulassungsinhaber vereinbart, dass diese Informationen verwendet werden dürfen.

Artikel 17
Inspektionen und Kontrollmaßnahmen

(1) Die Mitgliedstaaten stellen sicher, dass entsprechende Inspektionen und andere Kontrollmaßnahmen durchgeführt werden, um die Einhaltung dieser Verordnung zu gewährleisten.

(2) Soweit erforderlich, leistet die Behörde nach Aufforderung durch die Kommission Unterstützung bei der Erarbeitung technischer Leitlinien für Probenahmen und Tests, um für die Durchführung des Absatzes 1 eine koordinierte Vorgehensweise zu erleichtern.

(3) Der Kommission wird die Befugnis übertragen, gemäß Artikel 18a delegierte Rechtsakte zur Ergänzung dieser Verordnung durch Festlegung von Qualitätskriterien für die in Anhang II Nummer 4 genannten validierten Analyseverfahren, einschließlich der zu messenden Substanzen, zu erlassen. Diese delegierten Rechtsakte tragen den verfügbaren wissenschaftlichen Erkenntnissen Rechnung. *(ABl L 198 vom 25. 7. 2019, S 241)*

Artikel 18
Änderungen

„Der Kommission wird die Befugnis übertragen, gemäß Artikel 18a delegierte Rechtsakte zur Änderung der Anhänge nach Einholung des wissenschaftlich-technischen Rates der Behörde zu erlassen." *(ABl L 198 vom 25. 7. 2019, S 241)*

Artikel 18a
Ausübung der Befugnisübertragung

(1) Die Befugnis zum Erlass delegierter Rechtsakte wird der Kommission unter den in diesem Artikel festgelegten Bedingungen übertragen.

(2) Die Befugnis zum Erlass delegierter Rechtsakte gemäß Artikel 17 Absatz 3 und Artikel 18 Absatz 1 wird der Kommission für einen Zeitraum von fünf Jahren ab dem 26. Juli 2019 übertragen. Die Kommission erstellt spätestens neun Monate vor Ablauf des Zeitraums von fünf Jahren einen Bericht über die Befugnisübertragung. Die Befugnisübertragung verlängert sich stillschweigend um Zeiträume gleicher Länge, es sei denn, das Europäische Parlament oder der Rat widersprechen einer solchen Verlängerung spätestens drei Monate vor Ablauf des jeweiligen Zeitraums.

(3) Die Befugnisübertragung gemäß Artikel 17 Absatz 3 und Artikel 18 Absatz 1 kann vom Europäischen Parlament oder vom Rat jederzeit widerrufen werden. Der Beschluss über den Widerruf beendet die Übertragung der in diesem Beschluss angegebenen Befugnis. Er wird am Tag nach seiner Veröffentlichung im *Amtsblatt der Europäischen Union* oder zu einem in dem Beschluss über den Widerruf angegebenen späteren Zeitpunkt wirksam. Die Gültigkeit von delegierten Rechtsakten, die bereits in Kraft sind, wird von dem Beschluss über den Widerruf nicht berührt.

(4) Vor dem Erlass eines delegierten Rechtsakts konsultiert die Kommission die von den einzelnen Mitgliedstaaten benannten Sachverständigen im Einklang mit den in der Interinstitutionellen Vereinbarung vom 13. April 2016 über bessere Rechtsetzung[1]) enthaltenen Grundsätzen.

(5) Sobald die Kommission einen delegierten Rechtsakt erlässt, übermittelt sie ihn gleichzeitig dem Europäischen Parlament und dem Rat.

(6) Ein delegierter Rechtsakt, der gemäß Artikel 17 Absatz 3 und Artikel 18 Absatz 1 erlassen wurde, tritt nur in Kraft, wenn weder das Europäische Parlament noch der Rat innerhalb einer Frist von zwei Monaten nach Übermittlung dieses Rechtsakts an das Europäische Parlament und den Rat Einwände erhoben haben oder wenn vor Ablauf dieser Frist das Europäische Parlament und der Rat beide der Kommission mitgeteilt haben, dass sie keine Einwände erheben werden. Auf Initiative des Europäischen Parlaments oder des Rates wird diese Frist um zwei Monate verlängert.

(ABl L 198 vom 25. 7. 2019, S 241)

Artikel 19
Ausschussverfahren

(1) Die Kommission wird von dem Ausschuss nach Artikel 58 Absatz 1 der Verordnung (EG) Nr. 178/2002 unterstützt.

(2) Wird auf diesen Absatz Bezug genommen, so gelten die Artikel 5 und 7 des Beschlusses 1999/468/EG unter Beachtung von dessen Artikel 8.
Der Zeitraum nach Artikel 5 Absatz 6 des Beschlusses 1999/468/EG wird auf drei Monate festgesetzt.

(3) *(aufgehoben, ABl L 198 vom 25. 7. 2019, S 241)*

Artikel 20
Übergangsmaßnahmen

Unbeschadet des Artikels 4 Absatz 2 werden der Handel mit und die Verwendung von den folgenden, bei Inkrafttreten dieser Verordnung bereits auf dem Markt befindlichen Primärprodukten und daraus hergestellten Raucharomen sowie Lebensmitteln, die irgendeines dieser Produkte enthalten, für folgende Zeiträume erlaubt:

a) Primärprodukte, für die ein gültiger Antrag gemäß Artikel 7 und Artikel 8 Absatz 3 vor dem 16. Juni 2005 eingereicht wurde, sowie daraus hergestellte Raucharomen: bis zur Erstellung der in Artikel 10 Absatz 1 genannten Liste;

b) Lebensmittel, die Primärprodukte, für ein gültiger Antrag gemäß Artikel 7 und Artikel 8 Absatz 3 vor dem 16. Juni 2005 eingereicht wurde, und/oder daraus hergestellte Raucharomen enthalten: bis zwölf Monate nach der Erstellung der in Artikel 10 Absatz 1 genannten Liste;

c) Lebensmittel, die Primärprodukte, für die kein gültiger Antrag gemäß Artikel 7 und Artikel 8 Absatz 3 vor dem 16. Juni 2005 eingereicht wurde, und/oder daraus hergestellte Raucharomen enthalten: bis zum 16. Juni 2006;

Lebensmittel, die vor dem Ende der in den Buchstaben b) und c) genannten Zeiträume rechtmäßig in Verkehr gebracht wurden, dürfen weiter vermarktet werden, bis die Lagerbestände aufgebraucht sind.

Zu Artikel 18a:
[1]) ABl. L 123 vom 12.5.2016, S. 1.

Artikel 21
Inkrafttreten

Diese Verordnung tritt am zwanzigsten Tag nach ihrer Veröffentlichung im *Amtsblatt der Europäischen Union* in Kraft.

Artikel 4 Absatz 2 gilt ab dem 16. Juni 2005. Bis zu diesem Datum bleiben die für Raucharomen und ihre Verwendung in oder auf Lebensmitteln geltenden nationalen Bestimmungen in den Mitgliedstaaten anwendbar.

Diese Verordnung ist in allen ihren Teilen verbindlich und gilt unmittelbar in jedem Mitgliedstaat.

Geschehen zu Brüssel am 10. November 2003.

Im Namen des Europäischen Parlaments	*Im Namen des Rates*
Der Präsident	*Der Präsident*
P. COX	A. MARZANO

6/5. EU/RaucharomenV
ANHANG I

ANHANG I

Bedingungen für die Herstellung von Primärprodukten

1. Rauch wird aus Holz gemäß Artikel 5 Absatz 1 erzeugt. Es können auch Kräuter und Gewürze, Wacholderzweige sowie Zweige, Nadeln und Zapfen von picea zugesetzt werden, wenn sie frei von Rückständen beabsichtigter oder unbeabsichtigter chemischer Behandlung sind oder spezifischeren Gemeinschaftsvorschriften genügen. Das Ausgangsmaterial wird einer kontrollierten Verbrennung, Trockendestillation oder einer Behandlung mit überhitztem Dampf bei kontrollierter Sauerstoffzufuhr mit einer Höchsttemperatur von 600 °C ausgesetzt.

2. Der Rauch wird kondensiert. Wasser und/oder – unbeschadet anderer Gemeinschaftsvorschriften – Lösungsmittel dürfen zum Zwecke der Phasentrennung zugesetzt werden. Physikalische Verfahren dürfen eingesetzt werden zur Isolierung, Fraktionierung und/oder Reinigung mit dem Ziel, folgende Phasen zu erhalten:

    a) ein wässriges „Primärrauchkondensat", das hauptsächlich Carbonsäuren, Carbonyl- und Phenolverbindungen enthält und folgende Höchstanteile aufweist:

    Benzo-(a)-Pyren   10 µg/kg
    Benzo-(a)-Anthrazen 20 µg/kg

    b) eine wasserunlösliche Teerphase hoher Dichte, die bei der Phasentrennung ausgefällt wird und in dieser Form nicht zur Herstellung von Raucharomen verwendet werden kann; vor Verwendung ist eine geeignete physikalische Verarbeitung erforderlich, bei der aus der wasserunlöslichen Teerphase Fraktionen gewonnen werden, die einen niedrigen Gehalt an polyzyklischen aromatischen Kohlenwasserstoffen aufweisen; diese sind bereits als „Primärteerfraktionen" definiert und enthalten folgende Höchstanteile:

    Benzo-(a)-Pyren   10 µg/kg
    Benzo-(a)-Anthrazen 20 µg/kg

    c) eine „wasserunlösliche ölige Phase".

    Findet während oder nach der Kondensation keine Phasentrennung statt, so ist das resultierende Rauchkondensat als eine wasserunlösliche Teerphase hoher Dichte anzusehen und mit Hilfe geeigneter physikalischer Verfahren zu verarbeiten, um Primärteerfraktionen zu erhalten, die die angegebenen Spezifikationen erfüllen.

6/5. EU/RaucharomenV
ANHANG II

ANHANG II

Für die wissenschaftliche Bewertung von Primärprodukten erforderliche Informationen

Die Informationen sollten nach den Leitlinien gemäß Artikel 7 Absatz 4 zusammengestellt und vorgelegt werden. Unbeschadet des Artikels 8 Absatz 2 sollten folgende Informationen in den Antrag auf Zulassung nach Artikel 7 aufgenommen werden:

1. die für die Herstellung des Primärprodukts verwendete Holzart;
2. detaillierte Informationen über die Produktionsverfahren der Primärprodukte und die Weiterverarbeitung bei der Produktion daraus hergestellter Raucharomen;
3. die qualitative und quantitative chemische Zusammensetzung des Primärprodukts und die Charakterisierung des nicht identifizierten Anteils. Von besonderer Bedeutung sind die chemischen Spezifikationen des Primärprodukts und Angaben über die Stabilität und den Grad der Variabilität der chemischen Zusammensetzung. Die nicht identifizierten Anteile, also der Anteil der Stoffe, deren chemische Struktur nicht bekannt ist, sollten so gering wie möglich sein und durch angemessene Analyseverfahren charakterisiert werden, etwa durch chromatografische oder spektrometrische Verfahren;
4. ein validiertes Analyseverfahren zur Probenahme, Identifizierung und Charakterisierung des Primärprodukts;
5. Informationen über die beabsichtigten Verwendungsmengen in oder auf spezifischen Lebensmitteln oder Lebensmittelkategorien;
6. toxikologische Daten entsprechend der Stellungnahme des Wissenschaftlichen Lebensmittelausschusses in seinem Bericht über Raucharomen vom 25. Juni 1993 oder deren letzte Aktualisierung.

6/5a. Durchführungsverordnung (EU) Nr. 1321/2013 zur Festlegung der Unionsliste zugelassener Primärprodukte für die Herstellung von Raucharomen zur Verwendung als solche in oder auf Lebensmitteln und/oder für die Produktion daraus hergestellter Raucharomen

ABl L 333 vom 12. 12. 2013, S 54

Durchführungsverordnung (EU) Nr. 1321/2013 der Kommission vom 10. Dezember 2013 zur Festlegung der Unionsliste zugelassener Primärprodukte für die Herstellung von Raucharomen zur Verwendung als solche in oder auf Lebensmitteln und/oder für die Produktion daraus hergestellter Raucharomen

DIE EUROPÄISCHE KOMMISSION –

gestützt auf den Vertrag über die Arbeitsweise der Europäischen Union,

gestützt auf die Verordnung (EG) Nr. 2065/2003 des Europäischen Parlaments und des Rates vom 10. November 2003 über Raucharomen zur tatsächlichen oder beabsichtigten Verwendung in oder auf Lebensmitteln[1], insbesondere auf Artikel 6,

in Erwägung nachstehender Gründe:

(1) Artikel 10 Absatz 2 der Verordnung (EG) Nr. 2065/2003 sieht die Erstellung einer Unionsliste zugelassener Primärprodukte für die Herstellung von Raucharomen (nachstehend „Primärprodukte") vor. Diese Liste sollte auf der Grundlage der von Unternehmen eingereichten Anträge auf Zulassung und der Stellungnahme der Europäischen Behörde für Lebensmittelsicherheit („Behörde") zu dem jeweiligen Primärprodukt erstellt werden.

(2) Die Behörde erhielt vor dem 16. Juni 2005 14 gültige Anträge auf Zulassung von Primärprodukten gemäß Artikel 10 der Verordnung (EG) Nr. 2065/2003. Drei Anträge wurden zurückgezogen. Daher hat die Behörde insgesamt elf Primärprodukte bewertet. Ein Antrag wurde nach Abschluss der Bewertung zurückgezogen.

(3) Gemäß Artikel 4 Absatz 1 der Verordnung (EG) Nr. 2065/2003 kann die Zulassung von Raucharomen mit spezifischen Verwendungsbedingungen verbunden werden; gemäß Artikel 9 Absatz 3 der Verordnung sollten Zulassungen für

zehn Jahre erteilt werden und sind gemäß Artikel 12 verlängerbar.

(4) Primärprodukte und daraus hergestellte Raucharomen werden in oder auf Lebensmitteln verwendet, um diesen einen Rauchgeschmack zu verleihen oder ein anderes Aroma zu ergänzen, ohne ein Raucharoma zu verleihen. Sie werden auch zum Räuchern von Fleisch, Fisch und Molkereierzeugnissen verwendet. Die detaillierte Expositionsstudie des Rijksinstituut voor Volksgezondheid en Milieu (RIVM)[2] zeigt, dass unabhängig vom Verfahren zur Berechnung der Exposition Hauptverursacher der hohen Aufnahme überwiegend Lebensmittel sind, die traditionell geräuchert wurden, etwa gekochte Räucherwurst und Speck. Lebensmittelkategorien, die traditionell nicht geräuchert werden, etwa Chips, Suppen und Soßen, beeinflussen die Exposition nicht wesentlich. Da Primärprodukte aus Rauch hergestellt werden, der einer Fraktionierung und Reinigung unterzogen wird, wird die Verwendung von Raucharomen generell als weniger gesundheitsbedenklich angesehen als der Einsatz von Rauch, der durch Verbrennen von Holz oder das Erhitzen von Sägemehl oder kleinen Holzspänen erzeugt wird[3].

(5) In ihrer Sicherheitsbewertung vom 26. März 2009 zum Primärprodukt Scansmoke PB1110[4] kommt die Behörde zu dem Schluss, dass die vom Antragsteller vorgelegten Daten ausreichen, Bedenken hinsichtlich der Genotoxizität auszuräumen. Allerdings bieten die vom Antragsteller ursprünglich vorgeschlagenen Verwendungen und Verwendungsmengen eine unzureichende Sicher-

Zusatzstoffe

Zur Präambel:
[1] ABl. L 309 vom 26.11.2003, S. 1.

Zu Abs. 4:
[2] „Refined exposure assessment of smoke flavouring primary products with use levels provided by the industry. A pilot study into data collection of use levels" (Detailliertere Expositionsbewertung für Primärprodukte zur Herstellung von Raucharomen unter Berücksichtigung der von der Industrie angegebenen Verwendungsmengen). Eine Pilotstudie zur Datenerhebung zu Verwendungsmengen). RIVM Letter report 320026003.
[3] The EFSA Journal (2008) 724, 1-114.
Zu Abs. 5:
[4] The EFSA Journal (2009) ON-1056, 1-23.

heitsmarge. Die Verwendungen und Verwendungsmengen wurden unter Berücksichtigung dieser Stellungnahme revidiert. Das Primärprodukt Scansmoke PB1110 sollte daher unter spezifischen Verwendungsbedingungen zugelassen werden.

(6) In ihrer Sicherheitsbewertung vom 29. Januar 2009[5)] und vom 6. Juli 2011[6)] zum Primärprodukt Zesti Smoke Code 10 kommt die Behörde zu dem Schluss, dass die vom Antragsteller vorgelegten Daten ausreichen, Bedenken hinsichtlich der Genotoxizität auszuräumen. Allerdings bieten die vom Antragsteller ursprünglich vorgeschlagenen Verwendungen und Verwendungsmengen eine unzureichende Sicherheitsmarge. Die Verwendungen und Verwendungsmengen wurden unter Berücksichtigung dieser Stellungnahme revidiert. Das Primärprodukt Zesti Smoke Code 10 sollte daher unter spezifischen Verwendungsbedingungen zugelassen werden.

(7) In ihrer Sicherheitsbewertung vom 29. Januar 2009 zum Primärprodukt Smoke Concentrate 809045[7)] kommt die Behörde zu dem Schluss, dass die vom Antragsteller vorgelegten Daten ausreichen, Bedenken hinsichtlich der Genotoxizität auszuräumen. Die vom Antragsteller vorgeschlagenen Verwendungen und Verwendungsmengen geben keinen Anlass zu Sicherheitsbedenken. Das Primärprodukt Smoke Concentrate 809045 sollte daher unter spezifischen Verwendungsbedingungen zugelassen werden.

(8) In ihrer Sicherheitsbewertung vom 14. Mai 2009 zum Primärprodukt Scansmoke SEF 7525[8)] kommt die Behörde zu dem Schluss, dass die vom Antragsteller vorgelegten Daten ausreichen, Bedenken hinsichtlich der Genotoxizität auszuräumen. Die vom Antragsteller vorgeschlagenen Verwendungen und Verwendungsmengen geben keinen Anlass zu Sicherheitsbedenken. Das Primärprodukt Scansmoke SEF 7525 sollte daher unter spezifischen Verwendungsbedingungen zugelassen werden.

(9) In ihrer Sicherheitsbewertung vom 14. Mai 2009[9)] und vom 4. Juli 2012[10)] zum Primärprodukt SmokEz C-10 kommt die Behörde zu dem Schluss, dass die vom Antragsteller vorgelegten Daten ausreichen, Bedenken hinsichtlich der Genotoxizität auszuräumen. Allerdings bieten die vom Antragsteller ursprünglich vorgeschlagenen Verwendungen und Verwendungsmengen eine unzureichende Sicherheitsmarge. Die Verwendungen und Verwendungsmengen wurden unter Berücksichtigung dieser Stellungnahme revidiert. Das Primärprodukt SmokEz C-10 sollte daher unter spezifischen Verwendungsbedingungen zugelassen werden.

(10) In ihrer Sicherheitsbewertung vom 14. Mai 2009[11)] und vom 4. Juli 2012[12)] zum Primärprodukt SmokEz Enviro-23 kommt die Behörde zu dem Schluss, dass die vom Antragsteller vorgelegten Daten ausreichen, Bedenken hinsichtlich der Genotoxizität auszuräumen. Allerdings bieten die vom Antragsteller ursprünglich vorgeschlagenen Verwendungen und Verwendungsmengen eine unzureichende Sicherheitsmarge. Die Verwendungen und Verwendungsmengen wurden unter Berücksichtigung dieser Stellungnahme revidiert. Das Primärprodukt SmokEz Enviro-23 sollte daher unter spezifischen Verwendungsbedingungen zugelassen werden.

(11) In ihrer Sicherheitsbewertung vom 26. November 2009 zum Primärprodukt Tradismoke™ A MAX[13)] kommt die Behörde zu dem Schluss, dass die vom Antragsteller vorgelegten Daten ausreichen, Bedenken hinsichtlich der Genotoxizität auszuräumen. Allerdings bieten die vom Antragsteller ursprünglich vorgeschlagenen Verwendungen und Verwendungsmengen eine unzureichende Sicherheitsmarge. Die Verwendungen und Verwendungsmengen wurden unter Berücksichtigung dieser Stellungnahme revidiert. Das Primärprodukt Tradismoke™ A MAX sollte daher unter spezifischen Verwendungsbedingungen zugelassen werden.

(12) In ihrer Sicherheitsbewertung vom 26. November 2009 zum Primärprodukt Scansmoke R909[14)] kommt die Behörde zu dem Schluss, dass die vom Antragsteller vorgelegten Daten ausreichen, Bedenken hinsichtlich der Genotoxizität auszuräumen. Allerdings bieten die vom Antragsteller ursprünglich vorgeschlagenen Verwendungen und Verwendungsmengen eine unzureichende Sicherheitsmarge. Die Verwendungen

---

Zu Abs. 6:
[5)] *The EFSA Journal (2009) ON-982, 1-24.*
[6)] *The EFSA Journal 2011; 9(7):2307.*
Zu Abs. 7:
[7)] *The EFSA Journal (2009) ON-981, 1-19.*
Zu Abs. 8:
[8)] *The EFSA Journal (2009) 1224, 1-24.*
Zu Abs. 9:
[9)] *The EFSA Journal (2009) 1225, 1-28.*
[10)] *EFSA Journal 2012;10(7)2830.*

Zu Abs. 10:
[11)] *The EFSA Journal (2009) 1226, 1-26.*
[12)] *EFSA Journal 2012; 10(7):2829.*
Zu Abs. 11:
[13)] *The EFSA Journal 2010; 8(1):1394.*
Zu Abs. 12:
[14)] *The EFSA Journal 2010; 8(1):1395.*

und Verwendungsmengen wurden unter Berücksichtigung dieser Stellungnahme revidiert. Der Antragsteller teilte der Kommission am 26. November 2012 mit, der Name des Primärprodukts laute nunmehr proFagus-Smoke R709. Das Primärprodukt proFagus-Smoke R709 sollte daher unter spezifischen Verwendungsbedingungen zugelassen werden.

(13) In ihrer Sicherheitsbewertung vom 24. September 2009[15] und vom 6. Juli 2011[16] zum Primärprodukt Fumokomp kommt die Behörde zu dem Schluss, dass die vom Antragsteller vorgelegten Daten ausreichen, Bedenken hinsichtlich der Genotoxizität auszuräumen. Die vom Antragsteller vorgeschlagenen Verwendungen und Verwendungsmengen geben keinen Anlass zu Sicherheitsbedenken. Das Primärprodukt Fumokomp sollte daher unter spezifischen Verwendungsbedingungen zugelassen werden.

(14) In ihrer Sicherheitsbewertung vom 26. November 2009[17] und vom 2. Februar 2012[18] zum Primärprodukt AM 01 kommt die Behörde zu dem Schluss, dass die vom Antragsteller vorgelegten Daten ausreichen, Bedenken hinsichtlich der Genotoxizität auszuräumen. Allerdings bieten die vom Antragsteller ursprünglich vorgeschlagenen Verwendungen und Verwendungsmengen eine unzureichende Sicherheitsmarge. Die Verwendungen und Verwendungsmengen wurden unter Berücksichtigung dieser Stellungnahme revidiert. Das Primärprodukt AM 01 sollte daher unter spezifischen Verwendungsbedingungen zugelassen werden.

(15) Für jedes zugelassene Primärprodukt sollte in der Unionsliste ein spezifischer Produktcode angegeben werden sowie der Name des Produkts, Name und Anschrift des Zulassungsinhabers, eine Beschreibung und Charakterisierung des Produkts, die Bedingungen für seine Verwendung in oder auf spezifischen Lebensmitteln oder Lebensmittelkategorien und das Datum, ab dem das Produkt zugelassen ist, sowie das Datum, bis zu dem das Produkt zugelassen ist. Für die Zwecke der vorliegenden Verordnung sollten die Lebensmittelkategorien gemäß Anhang II der Verordnung (EG) Nr. 1333/2008 des Europäischen Parlaments und des Rates vom 16. Dezember 2008 über Lebensmittelzusatzstoffe[19] angegeben werden.

(16) Die Bedingungen für die Herstellung von Primärprodukten sind in Anhang I der Verordnung (EG) Nr. 2065/2003 festgelegt; dazu gehört auch der Höchstgehalt an polyzyklischen aromatischen Kohlenwasserstoffen.

(17) Werden Raucharomen in oder auf Lebensmitteln verwendet, so muss ihre Verwendung den im Anhang der vorliegenden Verordnung festgelegten Verwendungsbedingungen einschließlich der Höchstgehalte genügen. Werden zugelassene Raucharomen kombiniert verwendet, so ist der Gehalt der einzelnen Raucharomen anteilig zu verringern.

(18) Beim Räuchern mit regeneriertem Rauch werden Lebensmittel einem Rauch ausgesetzt, der durch Zerstäuben von Raucharomen in einer Räucherkammer unter Zeit- und Temperaturbedingungen erzeugt wird, die denen für Heiß- oder Krkalträuchern vergleichbar sind. In diesem Fall lässt sich aufgrund von Verlusten des Raucharomas während des Räucherns nur schwer abschätzen, wie viel Raucharoma in dem in Verkehr gebrachten Enderzeugnis vorhanden sein wird. Die Verwendung sollte daher in Übereinstimmung mit der guten Herstellungspraxis erfolgen.

(19) Sofern keine weiteren Beschränkungen gelten, darf ein zugelassenes Raucharoma in Lebensmitteln außer durch direkten Zusatz auch durch Übertragung aus Zutaten, in denen das Raucharoma zugelassen ist, enthalten sein; dies gilt unter der Voraussetzung, dass der Raucharomagehalt im Enderzeugnis die Menge, die bei Einhaltung sachgerechter technologischer Bedingungen und einer guten Herstellungspraxis zugeführt würde, nicht übersteigt.

(20) Die Unionsliste der Raucharomen sollte unbeschadet anderer, in sektorspezifischen Vorschriften festgelegter Bestimmungen gelten.

(21) Da Raucharomen in den Mitgliedstaaten bereits in Verkehr sind, wurde dafür gesorgt, dass der Übergang zu einem Zulassungsverfahren der Union reibungslos verläuft. Zu diesem Zweck wurden in Artikel 20 der Verordnung (EG) Nr. 2065/2003 Übergangsfristen festgelegt.

(22) Gemäß Artikel 12 der Verordnung (EG) Nr. 2065/2003 können Zulassungen auf Antrag des Zulassungsinhabers bei der Kommission um

---

Zu Abs. 13:
[15] *The EFSA Journal 2009; 7(9):1343.*
[16] *EFSA Journal 2011. 9(7):2308.*
Zu Abs. 14:
[17] *The EFSA Journal 2010; 8(1):1396.*
[18] *The EFSA Journal 2012; 10(2):2580.*

Zu Abs. 15:
[19] *ABl. L 354 vom 31.12.2008, S. 16.*

jeweils zehn Jahre verlängert werden. Der Antrag ist zusammen mit den Unterlagen gemäß Artikel 12 Absatz 2 der genannten Verordnung einzureichen. Diese Unterlagen müssen alle verfügbaren Informationen über toxikologische Daten entsprechend der Stellungnahme der Behörde in ihrem Leitfaden vom 7. Oktober 2004 oder deren letzter Aktualisierung enthalten.

(23) Die in dieser Verordnung vorgesehenen Maßnahmen entsprechen der Stellungnahme des Ständigen Ausschusses für die Lebensmittelkette und Tiergesundheit –

HAT FOLGENDE VERORDNUNG ERLASSEN:

Artikel 1

Die Liste der in der Union zur Verwendung als solche in oder auf Lebensmitteln und/oder für die Produktion daraus hergestellter Raucharomen ausschließlich zugelassenen Primärprodukte für die Herstellung von Raucharomen gemäß Artikel 6 der Verordnung (EG) Nr. 2065/2003 wird im Anhang der vorliegenden Verordnung festgelegt.

Artikel 2

Diese Verordnung tritt am zwanzigsten Tag nach ihrer Veröffentlichung im *Amtsblatt der Europäischen Union* in Kraft.

Die Liste zugelassener Raucharomen gilt mit Wirkung vom 1. Januar 2014.

Diese Verordnung ist in allen ihren Teilen verbindlich und gilt unmittelbar in jedem Mitgliedstaat.

Brüssel, den 10. Dezember 2013

Für die Kommission
Der Präsident
José Manuel BARROSO

ANHANG nicht abgedruckt.

6/6. Zusatzstoff-Rahmenverordnung

BGBl II 2014/236

Verordnung der Bundesministerin für Gesundheit über sonstige Herstellungs- und Verwendungsbedingungen von Zusatzstoffen (Zusatzstoff-Rahmenverordnung)

Auf Grund des § 6 des Lebensmittelsicherheits- und Verbraucherschutzgesetzes - LMSVG, BGBl. I Nr. 13/2006, zuletzt geändert durch das Bundesgesetz BGBl. I Nr. 67/2014, wird verordnet:

Definition

§ 1. Nitritpökelsalz ist ein ausschließlich aus Salz und Natrium- oder Kaliumnitrit bestehendes gleichmäßiges Gemisch, das höchstens 0,6 und mindestens 0,4 Hundertteile $NaNO_2$ und/oder $KaNO_2$ (berechnet als $NaNO_2$) enthält.

Herstellung von Salz-Nitrit-Mischungen

§ 2. (1) Nitrite dürfen in Betriebe, die Lebensmittel herstellen, weder verbracht noch in diesen Betrieben aufbewahrt oder gelagert werden. Dieses Verbot gilt nicht für das Verbringen von Natrium- und Kaliumnitrit in Betriebe, die Salz-Nitrit-Mischungen oder Salzersatz-Nitrit-Mischungen herstellen. Salz-Nitrit-Mischungen oder Salzersatz-Nitrit-Mischungen dürfen jedoch nicht in Betrieben hergestellt werden, die Lebensmittel erzeugen, denen Salz-Nitrit-Mischungen zugesetzt werden dürfen.

(2) Die zur Herstellung von Salz-Nitrit-Mischungen oder Salzersatz-Nitrit-Mischungen bestimmten Nitrite müssen in einem besonderen, durch feste Wände umschlossenen, trockenen und verschließbaren Raum, in dem sich keine anderen Lebensmittel befinden, aufbewahrt und abgewogen werden.

(3) Die zur Herstellung von Salz-Nitrit-Mischungen oder Salzersatz-Nitrit-Mischungen bestimmten Nitrite dürfen nur in dichten, festen und gut verschlossenen Behältnissen oder dauerhaften Umhüllungen in Verkehr gebracht werden.

(4) Salz-Nitrit-Mischungen oder Salzersatz-Nitrit-Mischungen dürfen nur in solchen Räumen hergestellt werden, die ausschließlich diesem Zweck dienen. Andere Lebensmittel dürfen in diesen Räumen nicht hergestellt oder aufbewahrt werden.

(5) Der/die Hersteller/in von Salz-Nitrit-Mischungen oder Salzersatz-Nitrit-Mischungen hat diese betriebsintern[1]) von der Agentur gemäß § 65 LMSVG, von einer Untersuchungsanstalt gemäß § 72 LMSVG oder von einer nach § 73 LMSVG autorisierten Person chargenweise auf seine Zusammensetzung zu untersuchen bzw. untersuchen zu lassen. Zumindest jeden dritten Monat ist eine Probe von einer der genannten Untersuchungsstellen oder Personen untersuchen zu lassen. Über diese Untersuchungen sind genaue Aufzeichnungen zu führen, die fünf Jahre im Betrieb aufzubewahren und auf Verlangen der zuständigen Behörde (Landeshauptmann gemäß § 24 LMSVG) vorzuweisen sind.

Meldepflicht

§ 3. Wer beabsichtigt, Salz-Nitrit-Mischungen oder Salzersatz-Nitrit-Mischungen herzustellen, hat dies der zuständigen Behörde (Landeshauptmann gemäß § 24 LMSVG) zu melden.

Inkrafttreten

§ 4. Diese Verordnung tritt mit 13. Dezember 2014 in Kraft.

Zu § 2:
[1]) *Gemeint wohl: ein Beistrich zwischen dem Wort "betriebsintern" und dem Wort "von".*

6/7. ExtraktionsV
§§ 1 – 5

6/7. Extraktionslösungsmittelverordnung

BGBl 1995/642 idF

1 BGBl II 1998/465
2 BGBl II 2011/345
3 BGBl II 2018/262

Verordnung des Bundesministers für Gesundheit und Konsumentenschutz über die Verwendung von Extraktionslösungsmitteln bei der Herstellung von Lebensmitteln und Verzehrprodukten (Extraktionslösungsmittelverordnung)

Auf Grund der §§ 12 Abs. 1 und 19 Abs. 1 des Lebensmittelgesetzes 1975, BGBl. Nr. 86, zuletzt geändert durch das Bundesgesetz BGBl. Nr. 1105/1994, wird – hinsichtlich der §§ 4 und 5 im Einvernehmen mit dem Bundesminister für wirtschaftliche Angelegenheiten – verordnet:

§ 1. Diese Verordnung gilt für Extraktionslösungsmittel, die bei der Herstellung von Lebensmitteln oder deren Zutaten verwendet werden; für Extraktionslösungsmittel zur Herstellung von Zusatzstoffen, Vitaminen oder sonstigen Nährzusatzstoffen jedoch nur dann, wenn diese ausdrücklich in den Anlagen angeführt sind.
(BGBl II 2011/345)

§ 2. Gemäß dieser Verordnung sind „Extraktionslösungsmittel" Lösungsmittel, die in einem Extraktionsverfahren bei der Bearbeitung von Rohstoffen, Lebensmitteln, „ " oder deren Bestandteilen oder Zutaten verwendet und aus dem Enderzeugnis vollständig oder bis auf technisch unvermeidbare Rückstände oder Rückstandsderivate wieder entfernt werden. *(BGBl II 2011/345)*

§ 3. (1) Als Extraktionslösungsmittel dürfen ausschließlich folgende verwendet werden:

1. a) Wasser, dem gegebenenfalls Stoffe zur Regulierung der Azidität oder Alkalität zugesetzt wurden,
   b) andere Lebensmittel mit Lösungsmitteleigenschaften und
   c) andere Lebensmittel mit Lösungsmitteleigenschaften und
zur allgemeinen Verwendung unter Einhaltung der nach redlichem Herstellerbrauch üblichen Verfahren; diese gelten als eingehalten, wenn die Verwendung des Extraktionslösungsmittels lediglich zur Folge hat, daß Rückstände oder Rückstandsderivate in technisch unvermeidbaren Resten vorhanden sind, die keine Gefahr für die menschliche Gesundheit darstellen;

2. die in Anlage 2 genannten Stoffe für die dort angeführten Verwendungszwecke und unter Einhaltung der dort genannten Rückstandshöchstwerte;

3. die in Anlage 3 genannten Stoffe für die Herstellung von Aromen aus natürlichen Aromaträgern. Die Restgehalte an Rückständen im verzehrfertigen, aromatisierten Lebensmittel oder Verzehrprodukt dürfen die in dieser Anlage genannten Werte nicht überschreiten.

(2) Jedes der in den Anlagen 1 bis 3 angeführten Extraktionslösungsmittel darf im Kilogramm nicht mehr als 1 mg Arsen, 1 mg Blei und keine toxikologisch bedenklichen Mengen anderer Stoffe enthalten. In einem Kilogramm Ethylmethylketon darf der Gehalt an n-Hexan 50 mg nicht überschreiten.

§ 4. (1) Zur Verwendung als Extraktionslösungsmittel bestimmte Stoffe der Anlagen 1 bis 3 sind auf der Verpackung, dem Behältnis oder auf einem damit verbundenen Etikett leicht verständlich, an gut sichtbarer Stelle, deutlich lesbar und dauerhaft mit folgenden Angaben zu kennzeichnen:

1. die handelsübliche Sachbezeichnung gemäß den Anlagen;
2. der Name (Firma oder Firmenschlagwort) und die Anschrift der erzeugenden oder verpackenden Unternehmung oder eines in einem Mitgliedstaat der Europäischen Union oder anderem Vertragsstaat des Abkommens über den Europäischen Wirtschaftsraum niedergelassenen Verkäufers;
3. der Hinweis, daß der Stoff für die Extraktion von Lebensmitteln geeignet ist;
4. die Nettofüllmenge in Volumseinheiten;
5. das Los (Charge);
6. erforderlichenfalls Anweisungen für die Aufbewahrung und Verwendung.

(2) Abweichend davon dürfen die in Abs. 1 Z 2, 4, 5 und 6 genannten Angaben auch nur in den die Ware begleitenden Geschäftspapieren aufscheinen.

§ 5. Durch diese Verordnung werden folgende Richtlinien der Europäischen Union umgesetzt:

– Richtlinie 2009/32/EG vom 23. April 2009 zur Angleichung der Rechtsvorschriften der Mitgliedstaaten über Extraktionslösungsmittel, die bei der Herstellung von Lebensmitteln und Lebensmittelzutaten verwendet werden, ABl. Nr. L 141 vom 6. 6. 2009, S. 3,

Zusatzstoffe

6/7. ExtraktionsV
§ 5, Anlage 1, 2

- Richtlinie 2010/59/EG vom 26. August 2010 zur Angleichung der Rechtsvorschriften der Mitgliedstaaten über Extraktionslösungsmittel, die bei der Herstellung von Lebensmitteln und Lebensmittelzutaten verwendet werden, ABl. Nr. L 225 vom 27. 8. 2010, S. 10 „ ," *(BGBl II 2018/262)*
- „Richtlinie (EU) 2016/1855 zur Änderung der Richtlinie 2009/32/EG zur Angleichung der Rechtsvorschriften der Mitgliedstaaten über Extraktionslösungsmittel, die bei der Herstellung von Lebensmitteln und Lebensmittelzutaten verwendet werden, ABl. Nr. L 284 vom 20.10.2016, S.19." *(BGBl II 2018/262)*

(BGBl II 2011/345)

Anlage 1

Extraktionslösungsmittel zur allgemeinen Verwendung

Propan

Butan

Ethylacetat

Ethanol

Kohlendioxid

Aceton[1]

Distickstoffmonoxid

(BGBl II 1998/465)

---

[1] Aceton darf nicht bei der Raffinierung von Oliventresteröl verwendet werden.

Anlage 2

Extraktionslösungsmittel mit festgelegten Verwendungsbedingungen und Rückstandshöchstwerten

Bezeichnung	Verwendungsbedingungen	Rückstandshöchstwerte
Hexan[1)2)]	Herstellung oder Fraktionierung von Fetten und Ölen und Herstellung von Kakaobutter	1 mg/kg im Fett, Öl oder in der Kakaobutter
	Herstellung von entfetteten Proteinerzeugnissen und entfettetem Mehl	10 mg/kg im Lebensmittel oder Verzehrprodukt, das die entfettete Proteinerzeugnisse und das entfettete Mehl enthält
		30 mg/kg in entfetteten Sojaerzeugnissen, wie sie an den Letztverbraucher abgegeben werden
	Herstellung von entfetteten Getreidekeimen	5 mg/kg in entfetteten Getreidekeimen
Methylacetat	Extraktion von Inhaltsstoffen wie Koffein und Bitterstoffen aus Kaffee und Tee	20 mg/kg im Kaffee oder Tee
	Herstellung von Zucker aus Melasse	1 mg/kg im Zucker

---

[1] Erzeugnis, das hauptsächlich aus aliphatischen gesättigten Kohlenwasserstoffen mit 6 Kohlenstoffatomen besteht, die zwischen 64 Grad C und 70 Grad C destillieren.

[2] Die gleichzeitige Verwendung von Hexan und Ethylmethylketon ist unzulässig.

6/7. ExtraktionsV

Anlage 2, 3

Bezeichnung	Verwendungsbedingungen	Rückstandshöchstwerte
Ethylmethylketon[2)]	Fraktionierung von Fetten und Ölen	5 mg/kg im Fett oder Öl
	Extraktion von Inhaltsstoffen wie Koffein und Bitterstoffe aus Kaffee und Tee	20 mg/kg im Kaffee oder Tee
Dichlormethan	Extraktion von Inhaltsstoffen wie Koffein und Bitterstoffe aus Kaffee und Tee	2 mg/kg in geröstetem Kaffee und 5 mg/kg im Tee
Methanol	Lebensmittel und Verzehrprodukte allgemein	10 mg/kg
Propan-2-ol	Lebensmittel und Verzehrprodukte allgemein	10 mg/kg
„Dimethylether" *(BGBl II 2018/262)*	Herstellung von entfetteten tierischen Proteinerzeugnissen, einschließlich Gelatine[3)]	0,009 mg/kg in entfetteten tierischen Proteinerzeugnissen, einschließlich Gelatine
	Herstellung von Kollagen[4)] und Kollagenderivaten, ausgenommen Gelatine	3 mg/kg in Kollagen und Kollagenderivaten, ausgenommen Gelatine

Zusatzstoffe

(BGBl II 1998/465)

[3)] „Gelatine" bedeutet ein natürliches, lösliches Protein, gelierend oder nichtgelierend, das durch die teilweise Hydrolyse von Kollagen aus Knochen, Häuten und Fellen, Sehnen und Bändern von Tieren gemäß den Vorschriften der Verordnung (EG) Nr. 853/2004 gewonnen wird.

[4)] „Kollagen" bedeutet ein Erzeugnis auf Eiweißbasis aus tierischen Knochen, Häuten, Fellen und Sehnen, das gemäß den Vorschriften der Verordnung (EG) Nr. 853/2004 hergestellt worden ist.

Anlage 3

Extraktionslösungsmittel mit festgelegten Verwendungsbedingungen

Bezeichnung	Restgehalte im verzehrfertigen aromatisierten Lebensmittel oder Verzehrprodukt
Diethylether	2 mg/kg
Hexan[5)]	1 mg/kg
Cyclohexan	1 mg/kg
Methylacetat	1 mg/kg
Butan-1-ol	1 mg/kg
Butan-2-ol	1 mg/kg
Ethylmethylketon[6)]	1 mg/kg
Dichlormethan	0,02 mg/kg
Propan-1-ol	1 mg/kg
1,1,1,2-Tetrafluorethan	0,02 mg/kg
„Methanol" *(BGBl II 2011/345)*	1,5 mg/kg
„Propan-2-ol" *(BGBl II 2011/345)*	1 mg/kg

(BGBl II 1998/465)

[5)] Die gleichzeitige Verwendung von Hexan und Ethylmethylketon ist unzulässig.
[6)] Die gleichzeitige Verwendung von Hexan und Ethylmethylketon ist unzulässig.

KODEX DES ÖSTERREICHISCHEN RECHTS
SAMMLUNG DER ÖSTERREICHISCHEN BUNDESGESETZE

VERFASSUNGSRECHT

#	
1	B-VG
1a	ÜG, B-VGNov
2a	StGG
2b	EMRK
2c	ReligionsR, ZDG; VerG; VersammlungsG; ORF-G, RGG; PrR-G, PrTV-G; FERG, KOG; PresseFG; MinderheitenR
3a	BVG
3b	VfBest in BG
4	UnabhErkl, V-ÜG; R-ÜG, StV Wien
5	BVG Neutralität; KMG; Int Sanktionen; KSE-BVG, TrAufG; Staatl Symbole
6	StbG
7	ParG; VerbotsG; KlubFG, PubFG
8	Wahlen; Direkte Demokratie
9	GOG-NR
10	BezR; UmvG
11	BGBlG; Rechtsbereinigung
12	BMG; BVG ÄmterLReg; BGemAufsG
13	F-VG, FAG 2005; KonsMech; StabPakt 2005
14	RHG
15	UBASG
16	VwGG
17	VfGG
18	VolksanwG
19	AHG, OrgHG
20	AuskPfl
21	EUV/EGV

KODEX DES ÖSTERREICHISCHEN RECHTS
SAMMLUNG DER ÖSTERREICHISCHEN BUNDESGESETZE

BÜRGERLICHES RECHT

#	
1	ABGB mit FamErbRÄG
2	IPRG mit EVÜ
3	TEG
4	EheG
5	PStG
6	NAG
7	ReIKEG
8	UVG mit AuslUG
9	JWG
10	NotwegeG
11	GSGG
12	WWSGG
13	EisbRG
14	WEG
15	MRG, RWG, HeizKG
16	BauRG
17	LPG
18	KlGG
19	GBG mit GUG
20	UHG mit LiegTG
21	AnerbG
22	KSchG; BTVG, TNG; FernFinG
23	WucherG
24	UrhG mit ZuKG
25	RHPflG
26	EKHG; VerkSG, LPG; EU-LPVO; ÜberbuchVO
27	AtomHG
28	AHG mit PolBEG
29	OrgHG
30	DHG
31	ASVG-Haftung
32	PHG mit GTG
33	UN-KaufR
34	AngG
35	NotaktsG
36	ECG
37	SigG
38	RAPG

KODEX DES ÖSTERREICHISCHEN RECHTS
HERAUSGEBER: UNIV.-PROF. DR. WERNER DORALT

UNTERNEHMENSRECHT

#	
1	UGB; HGB; A-QSG, SRLG
2	ABGB
3	FBG, VOen
4	HVertrG
5	MaklerG
6	KSchG
7	UN-KaufR
8	GmbHG
9	AktG; DRG, V-VO; VeröffentlichungsV; Corporate Governance
10	SE (EU-Ges); SEG
11	GenG; GenRevG; GenRevRAG; GenRevPO; GenVerschmG; GenkapkVO; Euro-GenbeG
12	SCE (EU-Gen); SCEG
13	VerG; VereinsDS-VO
14	EWIVG
15	PSG
16	ArbVG, VORL
17	StellenbesG, VO
18	GesAusG
19	KapBG
20	EKEG
21	URG
22	UmwG
23	SpaltG
24	EU-VerschG
25	UmgrStG
26	InvFG, VOen
27	ImmoInvFG
28	BeteilFG
29	KMG
30	ScheckG
31	WechselG
32	KEG, VO
33	AÖSp
34	CMR
35	UWG
36	KartG
37	WettbG
38	UrhG
39	MarkSchG
40	MuSchG
41	PatG
Anhang	EU Privatges

KODEX DES ÖSTERREICHISCHEN RECHTS
SAMMLUNG DER ÖSTERREICHISCHEN BUNDESGESETZE

ZIVILGERICHTLICHES VERFAHREN

#	
1	JN
2	ZPO
3	ZustellG; ZustellV
4	ASGG
5	OGHG
6	ProkG
7	RpflG
8	Winkelschreiber
9	Ehe- und Abstverf; EidesG; FeierRG; B-VG, EMRK
10	EO
11	EO-ÜbgB
12	LBG
13	VGebG
14	VVG
15	USchG
16	KO
17	AO
18	IEG; Insolvenz-ÜbgB
19	AnfO
20	GenKV
21/I	BWG
21/II	URG
22	IESG
23	EuInsVO
23/I	EuInsVO – Erlass
24	AußStrG
25	GKoirG
26	KEG
27	VerwEinzG
28	UVG
29	AuslUG
30	UbG
31	HeimAufG
Anhang:	BG-Wien/Graz; GOG; Elektr Rechtsverk; ADV-FormV; ZustellFormV; TABELLEN; LUGANO-Übk; Brüsseler-Übk; Brüssel I-VO; Buro; BewnisaufnahmeVO; ZivilrechtsMediationG; RL Prozesskostenn; AußStrG aF; FamErbRÄG 2004 samt Mat; Zivilverfahrensnov 2004 samt Mat

Kodex Lebensmittelrecht 1. 3. 2022

7. Hygiene

Übersicht

7/1. **Lebensmittelhygiene-Zulassungsverordnung**, BGBl II 2009/231 idF BGBl II 2019/386

7/2. **Lebensmittelhygiene-Anpassungsverordnung**, BGBl II 2006/91

7/3. **Lebensmittelhygiene-Einzelhandelsverordnung**, BGBl II 2006/92 idF BGBl II 2007/65, BGBl II 2008/213, BGBl II 2009/136, BGBl II 2010/254 und BGBl II 2012/349

7/4. **Lebensmittelhygiene-Direktvermarktungsverordnung**, BGBl II 2006/108 idF BGBl II 2007/3, BGBl II 2012/210 und BGBl II 2019/392

7/5. **Rohmilchverordnung**, BGBl II 2006/106

7/1. Lebensmittelhygiene-Zulassungsverordnung

BGBl II 2009/231 idF

1 BGBl II 2019/386

Verordnung des Bundesministers für Gesundheit über die lebensmittelhygienerechtliche Zulassung von Betrieben von Lebensmittelunternehmern (Lebensmittelhygiene-Zulassungsverordnung)

Auf Grund des § 10 Abs. 5 und 7 des Lebensmittelsicherheits- und Verbraucherschutzgesetzes – LMSVG, BGBl. I Nr. 13/2006, zuletzt geändert durch das Bundesgesetz BGBl. I Nr. 52/2009, wird verordnet:

Geltungsbereich

§ 1. Diese Verordnung regelt die Voraussetzungen und Bedingungen für die lebensmittelhygienerechtliche Zulassung von Betrieben von Lebensmittelunternehmern.

Antrag auf Zulassung

§ 2. (1) Lebensmittelunternehmer oder, sofern diese nicht ihren Sitz in Österreich haben, deren verantwortliche Beauftragte, haben für ihre Betriebe, die dem Anhang III der Verordnung (EG) Nr. 853/2004 mit spezifischen Hygienevorschriften für Lebensmittel tierischen Ursprungs, ABl. Nr. L 139 vom 30. April 2004, zuletzt berichtigt durch ABl. Nr. L 46 vom 21. Februar 2008, unterliegen oder deren Zulassungspflicht in einer Durchführungsvorschrift zu Rechtsakten der Europäischen Gemeinschaft vorgesehen ist, vor Aufnahme ihrer Tätigkeit beim Landeshauptmann gemäß § 10 Abs. 1 LMSVG schriftlich oder elektronisch eine Zulassung zu beantragen.

(2) Der Antrag muss zumindest folgende Angaben enthalten:

1. Allgemeine Informationen:

a) Name und Adresse des Unternehmens;

b) Angaben über den Unternehmer oder die Unternehmer oder die zur Vertretung nach außen befugte Person oder die zur Vertretung nach außen befugten Personen (Name, Geschlecht, Geburtsdatum, Funktion im Unternehmen);

c) Name und Adresse des Betriebes.

2. Betriebsverantwortlichkeit: Angaben zu der Person oder den Personen, die für Produktion, Be-, Verarbeitung und Lagerung verantwortlich ist oder sind (Name, Geschlecht, Geburtsdatum).

3. Betriebsart und Zeitpunkt der beabsichtigten Aufnahme der Tätigkeit.

4. Plan (Skizze) über die Lage der Produktions-, Bearbeitungs-, Verarbeitungs- und Lagerräume mit Position der Maschinen und Geräte, woraus der Produktfluss und die Personalbewegung ersichtlich sind.

5. Auflistung der Maschinen und Geräte entsprechend des Produktionsflusses.

6. Angaben über die Produktions-, Bearbeitungs-, Verarbeitungs- und Lagerungsbedingungen, Gefahrenanalyse und Darstellung der kritischen Kontrollpunkte (HACCP).

7. Angaben zur Wasserversorgung mit Hinweis, ob Anschluss an die öffentliche Wasserversorgung oder Eigenversorgung, unter Beilage des letzten Untersuchungsbefundes.

8. Reinigungs- und Desinfektionsplan.

9. Schädlingsbekämpfungsplan.

10. Darstellung der innerbetrieblichen Hygienemaßnahmen inklusive Personalhygienemaßnahmen.

11. Angaben über das Aus- und Fortbildungssystem für das mit Produktion, Be-, Verarbeitung und Lagerung befasste Personal.

12. Angaben über die Entsorgung von tierischen Nebenprodukten gemäß dem Tiermaterialiengesetz – TMG, BGBl. I Nr. 141/2003.

13. Angaben über den Verkehr mit in der Verordnung (EG) Nr. 853/2004 genannten Erzeugnissen zwischen Österreich und anderen Mitglied- oder Vertragsstaaten der EU oder EWR-Staaten.

(3) Lebensmittelunternehmer, deren Betriebe vor dem 1. Jänner 2006 tätig und nicht zulassungspflichtig waren, nach den ab 1. Jänner 2006 geltenden Rechtsvorschriften jedoch zulassungspflichtig sind, dürfen ihre Tätigkeit weiter ausüben, haben jedoch unverzüglich eine Zulassung gemäß Abs. 1 und 2 zu beantragen.

(4) Lebensmittelunternehmer, deren Betrieben vor dem 1. Jänner 2006 eine Zulassung gemäß den in § 10 Abs. 2 LMSVG genannten Rechtsvorschriften erteilt wurde und die nach den ab 1. Jänner 2006 geltenden Rechtsvorschriften weiterhin zulassungspflichtig sind, haben unbeschadet des § 10 Abs. 2 LMSVG die §§ 4 und 6 einzuhalten.

Zulassung

§ 3. (1) Sind die Anforderungen gemäß § 2 Abs. 1 und 2 erfüllt, hat der Landeshauptmann gemäß Artikel 148 Abs. 2 und 3 der Verordnung (EU) 2017/625 über amtliche Kontrollen, ABl. Nr. L 95 vom 7. April 2017, dem Betrieb mit Bescheid die Zulassung zu erteilen. Im Rahmen der Erteilung der Zulassung ist auf Art und Größe des Betriebes Bedacht zu nehmen. *(BGBl II 2019/386)*

(2) Die Zulassung kann gemäß Artikel 148 Abs. 4 der Verordnung (EU) 2017/625 als bedingte Zulassung mit schriftlichem Bescheid auf drei, höchstens jedoch sechs Monate, im Falle von Fabriks- und Gefrierschiffen höchstens auf 12 Monate befristet werden. *(BGBl II 2019/386)*

(3) Die Zulassung ist insbesondere zu befristen, wenn der Lebensmittelunternehmer produktionsbedingt bei Antragsstellung nicht alle Unterlagen gemäß § 2 Abs. 2 vorlegen kann.

Änderungsmeldungen

§ 4. Gemäß Artikel 6 Abs. 2 der Verordnung (EG) Nr. 852/2004 über Lebensmittelhygiene, ABl. Nr. L 139 vom 30. April 2004, zuletzt berichtigt durch ABl. Nr. L 58 vom 3. März 2009, haben Lebensmittelunternehmer jede wesentliche Änderung der für eine Zulassung maßgebenden Umstände unverzüglich dem Landeshauptmann unter Beibringung von Unterlagen schriftlich oder elektronisch zu melden, wie insbesondere:

1. Namens- und Adressänderung;
2. Änderung betreffend verantwortliche Personen gemäß § 2 Abs. 2 Z 1 lit. b und Z 2
3. Änderung der Betriebsart;
4. wesentliche Änderung der Produktionsbedingungen;
5. wesentliche Änderung der baulichen Bedingungen des Betriebes.

Entzug und Aussetzung der Zulassung

§ 5. (1) Der Landeshauptmann hat die Zulassung gemäß „Artikel 138 Abs. 2 lit. j der Verordnung (EU) 2017/625" mit Bescheid zu entziehen, wenn einer behördlich angeordneten Maßnahme gemäß § 39 LMSVG nicht Folge geleistet wurde und dies entweder zur Abwehr von gesundheitsschädlichen Folgen für die Verbraucher oder zu deren Schutz vor nicht sicheren Waren erforderlich ist. *(BGBl II 2019/386)*

(2) Der Landeshauptmann kann die Zulassung gemäß „Artikel 138 Abs. 2 lit. j der Verordnung (EU) 2017/625" unter Setzung einer angemessenen Frist mit Bescheid aussetzen, wenn einer behördlich angeordneten Maßnahme gemäß § 39 LMSVG nicht Folge geleistet wurde und dies entweder zur Abwehr von gesundheitsschädlichen Folgen für die Verbraucher oder zu deren Schutz vor nicht sicheren Waren erforderlich ist und der Lebensmittelunternehmer gewährleisten kann, dass er die Mängel innerhalb der gesetzten Frist behebt. *(BGBl II 2019/386)*

Einstellung des Betriebes und Endigung der Zulassung

§ 6. (1) Lebensmittelunternehmer haben dem Landeshauptmann unverzüglich die Einstellung, das ist die dauerhafte Beendigung, eines zugelassenen Betriebes zu melden.

(2) Ungeachtet der Meldepflicht gemäß Abs. 1, endigt die Zulassung, wenn der Landeshauptmann von der Einstellung des Betriebes Kenntnis erlangt, spätestens jedoch wenn der Betrieb fünf Jahre durchgehend eingestellt ist.

(3) Der Landeshauptmann hat bei Einstellung des Betriebes gemäß Abs. 1 oder Endigung der Zulassung gemäß Abs. 2 oder Entzug der Zulassung gemäß § 5 Abs. 1 die entsprechenden Betriebsdaten sieben Jahre aufzubewahren.

(BGBl II 2019/386)

Zulassungsnummer

§ 7. (1) Der Landeshauptmann hat bei Erteilung einer Zulassung gemäß § 3 dem Betrieb mit dem Zulassungsbescheid auch eine Zulassungsnummer „ " zuzuteilen. Wird die Zulassung für mehrere Bereiche eines Betriebes erteilt, ist nur eine Zulassungsnummer zuzuteilen. *(BGBl II 2019/386)*

(2) Beim Entzug einer Zulassung gemäß § 5 Abs. 1 bleibt die Zulassungsnummer aufrecht, wenn der Betrieb auch in einem anderen zugelassenen Bereich tätig ist als in dem, für den die Zulassung entzogen wurde. Wird nach Behebung der Mängel vom demselben Lebensmittelunternehmer ein neuerlicher Antrag auf Zulassung gestellt, kann - im Falle einer nicht mehr aufrechten Zulassungsnummer – die dem Betrieb ursprünglich zugeteilte Zulassungsnummer wieder zugeteilt werden, wenn die Voraussetzungen für eine Wiederzulassung erfüllt sind.

(3) Bei Aussetzung einer Zulassung gemäß § 5 Abs. 2 bleibt die Zulassungsnummer aufrecht, wenn der Betrieb auch in einem anderen zugelassenen Bereich tätig ist als in dem, für den die Zulassung ausgesetzt wurde, andernfalls gilt die Zulassungsnummer als ausgesetzt.

(4) Bei Einstellung eines zugelassenen Betriebes gemäß § 6 Abs. 1 oder Endigung der Zulassung gemäß § 6 Abs. 2 bleibt die Zulassungsnummer aufrecht, wenn der Betrieb auch in einem anderen zugelassenen Bereich tätig ist als in dem,

der eingestellt oder geendigt wurde, andernfalls wird die Zulassungsnummer gegenstandslos. *(BGBl II 2019/386)*

(5) Eine Neuvergabe von entzogenen oder gegenstandslos gewordenen Zulassungsnummern an einen Betrieb darf frühestens nach Ablauf von 7 Jahren erfolgen.

(6) Form und Systematik der Zulassungsnummer sind vom Bundesminister für Gesundheit mit Erlass festzulegen.

(7) Vor dem 1. Jänner 2009, dem Beginn der im Register gemäß § 10 Abs. 4 LMSVG, das einen Teil des Verbrauchergesundheitsinformationssystems darstellt, elektronischen Generierung der neuen Zulassungsnummern, zugeteilte Kontrollnummern, Veterinärkontrollnummern oder Zulassungsnummern (alte Nummern) gelten bis zur Bekanntgabe der neuen Zulassungsnummer an den Lebensmittelunternehmer durch den Landeshauptmann weiter. Bestände an Material für die Umhüllung, Verpackung und Kennzeichnung mit aufgedruckten alten Nummern, die vor Bekanntgabe der neuen Zulassungsnummer vorhanden waren, können bis 31. Dezember 2012 weiter verwendet werden. Erzeugnisse, für die eine Haltbarkeitsdauer festgelegt ist, die über diesen Übergangszeitraum hinaus reicht, können bis zum Ende dieser Haltbarkeitsdauer in Verkehr bleiben.

(8) Betreffend Betriebe, denen vor dem 1. Jänner 2006 gemäß den in § 10 Abs. 2 LMSVG genannten Rechtsvorschriften eine Kontrollnummer oder Veterinärkontrollnummer zugeteilt wurde und die nach den ab 1. Jänner 2006 geltenden Rechtsvorschriften nicht mehr zulassungspflichtig sind, sind die ursprünglich zugeteilten Kontrollnummern und Veterinärkontrollnummern ab 1. Jänner 2006 gegenstandslos.

Personenbezogene Bezeichnungen

§ 8. Bei den in dieser Verordnung verwendeten personenbezogenen Bezeichnungen gilt die gewählte Form für beide Geschlechter.

Inkrafttreten

§ 9. „(1)" Mit Inkrafttreten dieser Verordnung tritt die Eintragungs- und Zulassungsverordnung, BGBl. II Nr. 93/2006, außer Kraft. *(BGBl II 2019/386)*

(2) Die §§ 3 Abs. 1 und 2, 5 Abs. 1 und 2, 6 sowie 7 Abs. 1 und 4 in der Fassung der Verordnung BGBl. II Nr. 386/2019 treten mit 14. Dezember 2019 in Kraft. *(BGBl II 2019/386)*

7/2. Lebensmittelhygiene-Anpassungsverordnung

BGBl II 2006/91

Verordnung der Bundesministerin für Gesundheit und Frauen über die Anpassung bestimmter Lebensmittelhygienevorschriften (Lebensmittelhygiene-Anpassungsverordnung)

Auf Grund des § 13 Abs. 1 des Lebensmittelsicherheits- und Verbraucherschutzgesetzes – LMSVG, BGBl. I Nr. 13/2006, geändert durch das Bundesgesetz BGBl. I Nr. 151/2005, wird verordnet:

Geltungsbereich

§ 1. Diese Verordnung regelt die Anpassung bestimmter Lebensmittelhygienevorschriften der Verordnung (EG) Nr. 853/2004 mit spezifischen Hygienevorschriften für Lebensmittel tierischen Ursprungs, ABl. Nr. L 139 vom 30. April 2004, berichtigt durch ABl. Nr. L 226 vom 25. Juni 2004, im Hinblick auf die weitere Anwendung traditioneller Methoden und die strukturellen Anforderungen an die Betriebe.

Stallungen

§ 2. Abweichend von Anhang III, Abschnitt I, Kapitel II, Z 1 lit. a der Verordnung (EG) Nr. 853/2004 müssen Schlachthöfe mit weniger als 1000 Großvieheinheiten jährlicher Schlachtung nur dann über eine Stallung oder Wartebucht zur Unterbringung der Schlachttiere verfügen, wenn die Tiere über Nacht im Schlachthof verbleiben.

Anlage für das Reinigen, Waschen und Desinfizieren von Transportmitteln für Tiere

§ 3. Abweichend von Anhang III, Abschnitt I, Kapitel II, Z 6 der Verordnung (EG) Nr. 853/2004 ist ein separater Ort mit geeigneten Anlagen für das Reinigen, Waschen und Desinfizieren von Transportmitteln für die Tiere nicht erforderlich, wenn die Anlieferung der Schlachttiere durch den Tierhalter oder einen gewerblichen Transporteur, sofern dieser über Reinigungs- und Desinfektionsanlagen verfügt, direkt vom Tierhaltungsbetrieb zum Schlachthof mit weniger als 1000 Großvieheinheiten jährlicher Schlachtung erfolgt.

Zerlegungsraum

§ 4. Abweichend von Anhang III, Abschnitt I, Kapitel III, Z 3 der Verordnung (EG) Nr. 853/2004 kann bei Betrieben mit stationärer Schlachtung der Schlachtraum bei zeitlicher Trennung der Arbeitsgänge auch als Zerlegungsraum dienen, sofern weniger als 250 Tonnen Fleisch jährlich zerlegt werden.

Amtliche Aufsicht bei der Desinfektion

§ 5. Abweichend von Anhang III, Abschnitt I, Kapitel IV, Z 20 der Verordnung (EG) Nr. 853/2004 ist der amtlichen Aufsicht auch Genüge getan, wenn die Reinigung und Desinfektion nach einem genauen Plan erfolgt und der amtliche Tierarzt oder ein amtlicher Fachassistent vor Wiederaufnahme der Schlachtung den Erfolg der Reinigung überprüft.

Lagerung von vorläufig beanstandetem Fleisch

§ 6. (1) Abweichend von Anhang III, Abschnitt I, Kapitel II, Z 5 der Verordnung (EG) Nr. 853/2004 kann die Kühllagerung von vorläufig beanstandetem Fleisch auch in einem Bereich des Kühlraumes erfolgen, sofern organisatorische Maßnahmen, wie die Sperre und Kennzeichnung des betreffenden Schlachtkörpers einen Missbrauch verhindern, es sich nicht um einen Seuchenverdacht handelt und die Absonderung in der Weise geschieht, dass anderes Fleisch nicht nachteilig beeinflusst wird. Eine abschließbare Einrichtung für die Kühllagerung von vorläufig beanstandetem Fleisch ist weiters nicht erforderlich, wenn das vorläufig beanstandete Fleisch in einen anderen Betrieb zur Endbeurteilung und weiteren Verwertung gebracht wird.

(2) Bei der Vorgangsweise gemäß Abs. 1 letzter Satz ist Folgendes einzuhalten:

1. Der amtliche Tierarzt hat das Fleisch als „vorläufig beanstandet" zu kennzeichnen und eine Bescheinigung auszustellen, aus der alle von ihm erhobenen und für die endgültige Beurteilung des Fleisches wesentlichen Tatsachen hervorgehen. Diese Bescheinigung ist beim Transport des Fleisches mitzuführen und dem amtlichen Tierarzt des Bestimmungsortes zu übergeben.

2. Der amtliche Tierarzt hat den für den Bestimmungsort zuständigen amtlichen Tierarzt zu verständigen. Dieser muss erforderlichenfalls weitere Untersuchungen durchführen und die Beurteilung vornehmen. Über das Ergebnis der Untersuchung ist der amtliche Tierarzt des Herkunftsbetriebes zu informieren.

3. Der Transport hat getrennt von anderem Fleisch oder derart zu erfolgen, dass anderes Fleisch nicht nachteilig hygienisch beeinflusst wird.

Temperaturanforderungen für Faschiertes

§ 7. Abweichend von Anhang III, Abschnitt V, Kapitel III, Z 2 lit. c der Verordnung (EG) Nr. 853/2004 genügt bei Faschiertem, das ausschließlich in Österreich hergestellt und in Österreich an Einzelhandelsunternehmen oder Endverbraucher abgegeben wird, eine Abkühlung auf +4°C oder weniger.

Personenbezogene Bezeichnungen

§ 8. Bei den in dieser Verordnung verwendeten personenbezogenen Bezeichnungen gilt die gewählte Form für beide Geschlechter.

Schlussbestimmung

§ 9. Diese Verordnung wurde unter Einhaltung der Bestimmungen der Richtlinie 98/34/EG über ein Informationsverfahren auf dem Gebiet der Normen und technischen Vorschriften, ABl. Nr. L 204 vom 21. Juli 1998 und des Artikels 10 Abs. 5 der Verordnung (EG) Nr. 853/2004, notifiziert.

7/3. Lebensmittelhygiene-Einzelhandelsverordnung

BGBl II 2006/92 idF

1 BGBl II 2007/65
2 BGBl II 2008/213
3 BGBl II 2009/136
4 BGBl II 2010/254
5 BGBl II 2012/349

„Verordnung des Bundesministers für Gesundheit über Lebensmittelhygieneanforderungen an Einzelhandelsbetriebe (Lebensmittelhygiene-Einzelhandelsverordnung)"

(BGBl II 2010/254)

Auf Grund des § 10 Abs. 8 Z 1 und § 12 des Lebensmittelsicherheits- und Verbraucherschutzgesetzes – LMSVG, BGBl. I Nr. 13/2006, geändert durch das Bundesgesetz BGBl. I Nr. 151/2005, wird verordnet:

Geltungsbereich

§ 1. Diese Verordnung regelt spezifische Hygieneanforderungen an Lebensmittel tierischen Ursprungs für Einzelhandelsbetriebe, die gemäß Artikel 1 Abs. 5 lit. a oder b nicht in den Anwendungsbereich der Verordnung (EG) Nr. 853/2004 mit spezifischen Hygienevorschriften für Lebensmittel tierischen Ursprungs, ABl. Nr. L 139 vom 30. April 2004, zuletzt berichtigt durch ABl. Nr. L 46 vom 21. Februar 2008, fallen.

(BGBl II 2008/213)

Fleisch

§ 2. (1) Zur Deckung des Bedarfs eines anderen Betriebes ausgeübte Einzelhandelstätigkeiten von Betrieben, die Fleisch im Sinne der Verordnung (EG) Nr. 853/2004 be- oder verarbeiten oder die Verarbeitungsprodukte weiterverarbeiten, stellen nur dann eine nebensächliche Tätigkeit auf lokaler Ebene von beschränktem Umfang im Sinne des Artikels 1 Abs. 5 lit. b sublit. ii der genannten Verordnung dar,

1. wenn die bearbeitete Menge einen Umfang von 5 Tonnen an entbeintem Fleisch oder die entsprechende Menge Fleisch mit Knochen pro Woche nicht überschreitet und

2. der belieferte Betrieb ein Einzelhandelsbetrieb ist, in dem

a) das Erzeugnis als solches unmittelbar an den Endverbraucher abgegeben wird oder

b) eine eventuelle weitere Be- oder Verarbeitung im Sinne der genannten Verordnung nur auf direkten Wunsch des Endverbrauchers erfolgt oder

c) das Erzeugnis zu Zubereitungen weiterverarbeitet wird, die nicht dem Regelungsbereich der Verordnung (EG) Nr. 853/2004 unterliegen. *(BGBl II 2008/213)*

(2) „Einzelhandelsbetriebe" im Sinne des Abs. 1 haben die Anforderungen folgender Bestimmungen der Verordnung (EG) Nr. 853/2004 zu erfüllen:

1. Anhang III, Abschnitt I, Kapitel V, Z 2 lit. a, b bezüglich der Innentemperatur des Fleisches und der Nebenprodukte der Schlachtung und Z 3 sowie Kapitel VII, Z 1 lit. a bezüglich der Temperaturen und Z 3; *(BGBl II 2012/349)*

2. Anhang III, Abschnitt II, Kapitel V, Z 1 lit. a, b bezüglich der Innentemperatur des Fleisches und Z 2;

3. Anhang III, Abschnitt III mit der Maßgabe, dass nur Abschnitt I, Kapitel V, Z 2 lit. a, b bezüglich der Innentemperatur des Fleisches und der Nebenprodukte und c sowie Z 3 anzuwenden sind;

4. Anhang III, Abschnitt V, Kapitel II und III, ausgenommen Kapitel III, Z 2 lit. c in den Fällen des Abs. 1 Z 2 lit. a und b. In diesen Fällen ist eine Abkühlung auf +4°C oder weniger einzuhalten; *(BGBl II 2007/65)*

5. Anhang III, Abschnitt VI „;" *(BGBl II 2008/213)*

6. Die Vorschriften gemäß Z 1 bis 5 gelten sinngemäß auch für Fleisch von Kleinwild und Großwild gemäß Anhang I, Z 1.7. und 1.8. der Verordnung (EG) Nr. 853/2004. *(BGBl II 2008/213)*

(3) Die Bestimmungen des Abs. 2 gelten auch für „Einzelhandelsbetriebe", die ausschließlich direkt an den Endverbraucher abgeben, nicht jedoch für Einrichtungen der Gemeinschaftsversorgung. *(BGBl II 2008/213)*

(4) Einzelhandelsbetriebe, die Verarbeitungsprodukte von einem „Betrieb" im Sinne des Abs. 1 beziehen, dürfen diese nur unter den in Abs. 1 genannten Bedingungen in Verkehr bringen, be- oder verarbeiten. *(BGBl II 2008/213)*

Milch

§ 3. (1) Zur Deckung des Bedarfs eines anderen Betriebes ausgeübte Einzelhandelstätigkeiten von Betrieben, die Rohmilch im Sinne der Verordnung (EG) Nr. 853/2004 verarbeiten, stellen nur dann eine nebensächliche Tätigkeit auf lokaler Ebene von beschränktem Umfang im Sinne des Artikels 1 Abs. 5 lit. b sublit. ii der genannten Verordnung dar, wenn der belieferte Betrieb ein Einzelhandelsbetrieb ist, in dem

1. das Erzeugnis als solches unmittelbar an den Endverbraucher abgegeben wird oder

2. eine eventuelle weitere Be- oder Verarbeitung im Sinne der genannten Verordnung nur auf direkten Wunsch des Endverbrauchers erfolgt oder

3. das Erzeugnis zu Zubereitungen weiterverarbeitet wird, die nicht dem Regelungsbereich der Verordnung (EG) Nr. 853/2004 unterliegen. *(BGBl II 2008/213)*

(2) „Betriebe", die auch Rohmilch von Tieren nicht eigener Haltung im Sinne der Verordnung (EG) Nr. 853/2004 verarbeiten und als „Einzelhandelsbetriebe"

1. den Bedarf eines anderen Betriebes im Sinne des Abs. 1 decken oder

2. direkt an den Endverbraucher abgeben,

haben die Anforderungen der Verordnung (EG) Nr. 853/2004 zu erfüllen. Dies gilt nicht für Einrichtungen der Gemeinschaftsversorgung, wo die Rohmilch im selben Betrieb zur Herstellung von erhitzten Speisen und Getränken dient, die unmittelbar zur direkten Abgabe an den Endverbraucher bestimmt sind. *(BGBl II 2008/213)*

(3) „Betriebe", die Rohmilch zu wärmebehandelter Konsummilch oder nicht fermentierten Flüssigerzeugnissen auf Milchbasis – auch wenn diese gefroren oder tiefgekühlt sind – verarbeiten, und als „Einzelhandelsbetriebe"

1. den Bedarf eines anderen Betriebes im Sinne des Abs. 1 decken oder

2. direkt an den Endverbraucher abgeben,

haben die Anforderungen der Verordnung (EG) Nr. 853/2004 zu erfüllen. Dies gilt nicht für Einrichtungen der Gemeinschaftsversorgung, wo die Rohmilch im selben Betrieb zur Herstellung von erhitzten Speisen und Getränken dient, die unmittelbar zur direkten Abgabe an den Endverbraucher bestimmt sind. *(BGBl II 2008/213)*

(4) Einzelhandelsbetriebe, die Verarbeitungsprodukte von einem „Betrieb" im Sinne des Abs. 1 beziehen, dürfen diese nur unter den in Abs. 1 genannten Bedingungen in Verkehr bringen, be- oder verarbeiten. *(BGBl II 2008/213)*

(5) Die Vorschriften gemäß Abs. 1 bis 4 gelten sinngemäß auch für Kolostrum. *(BGBl II 2007/65)*

Eier

§ 4. (1) „Einzelhandelsbetriebe", die im Sinne der Verordnung (EG) Nr. 853/2004 Eier oder verschiedene Eibestandteile oder Mischungen verschiedener Eibestandteile verarbeiten oder die Verarbeitungserzeugnisse weiterverarbeiten oder Flüssigei herstellen, haben die Anforderungen der Verordnung (EG) Nr. 853/2004 zu erfüllen. *(BGBl II 2008/213)*

(2) Ausgenommen davon sind:

1. Einzelhandelsbetriebe, in denen die im eigenen Betrieb hergestellten Eiprodukte, Flüssigeier, Eibestandteile oder Mischungen verschiedener Eibestandteile im selben Betrieb zur Herstellung von Lebensmitteln dienen, die unmittelbar zur direkten Abgabe an den Endverbraucher bestimmt sind.

2. Einzelhandelsbetriebe, die Eier oder verschiedene Eibestandteile oder Mischungen verschiedener Eibestandteile oder Flüssigei im Sinne des Art. 1 Abs. 2 der Verordnung (EG) Nr. 853/2004 auch Erzeugnisse pflanzlichen Ursprunges enthalten und vor dem Inverkehrbringen einem Erhitzungsverfahren oder einer sonstigen Behandlung unterzogen werden, welche gewährleistet, dass pathogene Mikroorganismen abgetötet werden.

3. Einzelhandelsbetriebe, die Eier von Farmgeflügel eigener Haltung in der Schale einem Erhitzungsverfahren unterziehen, welches gewährleistet, dass pathogene Mikroorganismen abgetötet werden. *(BGBl II 2010/254)*

(3) Zur Deckung des Bedarfs eines anderen Betriebes ausgeübte Einzelhandelstätigkeiten von Betrieben, die Eier von Farmgeflügel eigener Haltung im Sinne der Verordnung (EG) Nr. 853/2004 nach Güte und Gewichtsklasse sortieren, stellen nur dann eine nebensächliche Tätigkeit auf lokaler Ebene von beschränktem Umfang im Sinne des Artikels 1 Abs. 5 lit. b sublit. ii der genannten Verordnung dar,

1. wenn die Anzahl der Legehennenplätze 2000 nicht überschreitet und

2. der belieferte Betrieb ein Einzelhandelsbetrieb ist, in dem

a) die Eier als solche unmittelbar an den Endverbraucher abgegeben werden oder

b) eine eventuelle weitere Verarbeitung im Sinne der genannten Verordnung nur auf direkten Wunsch des Endverbrauchers erfolgt oder

c) die Eier zu Erzeugnissen weiterverarbeitet werden, die nicht dem Regelungsbereich der Verordnung (EG) Nr. 853/2004 unterliegen. *(BGBl II 2009/136)*

(4) Einzelhandelsbetriebe im Sinne des Abs. 3 haben die Anforderungen folgender Bestimmungen der Verordnung (EG) Nr. 853/2004 zu erfüllen:

– Anhang III, Abschnitt X, Kapitel I.

(BGBl II 2009/136)

Fischereierzeugnisse

§ 5. (1) Zur Deckung des Bedarfs eines anderen Betriebes ausgeübte Einzelhandelstätigkeiten von Betrieben, die Fischereierzeugnisse im Sinne der Verordnung (EG) Nr. 853/2004 zubereiten oder verarbeiten, stellen nur dann eine nebensächliche Tätigkeit auf lokaler Ebene von beschränktem Umfang im Sinne des Artikels 1 Abs. 5 lit. b sublit. ii der genannten Verordnung dar, wenn der belieferte Betrieb ein Einzelhandelsbetrieb ist, in dem

1. das Erzeugnis als solches unmittelbar an den Endverbraucher abgegeben wird oder
2. eine eventuelle weitere Be- oder Verarbeitung im Sinne der genannten Verordnung nur auf direkten Wunsch des Endverbrauchers erfolgt oder
3. das Erzeugnis zu Zubereitungen weiterverarbeitet wird, die nicht dem Regelungsbereich der Verordnung (EG) Nr. 853/2004 unterliegen.

(2) Betriebe, die ausschließlich Fischereierzeugnisse aus eigenen Aquakulturanlagen oder selbst gefischte oder gesammelte, wild lebende Fischereierzeugnisse im Sinne der Verordnung (EG) Nr. 853/2004 zubereiten oder verarbeiten und als Einzelhandelsbetriebe

1. den Bedarf eines anderen Betriebes im Sinne des Abs. 1 decken oder
2. direkt an den Endverbraucher abgeben,

haben die Anforderungen folgender Bestimmungen der Verordnung (EG) Nr. 853/2004 zu erfüllen:

– Anhang III, Abschnitt VIII, Kapitel VII und VIII.

(3) Betriebe, die auch Fischereierzeugnisse, die nicht aus eigenen Aquakulturanlagen stammen oder nicht selbst gefischte oder gesammelte, wild lebende Fischereierzeugnisse im Sinne der Verordnung (EG) Nr. 853/2004 zubereiten oder verarbeiten und als Einzelhandelsbetriebe

1. den Bedarf eines anderen Betriebes im Sinne des Abs. 1 decken oder
2. direkt an den Endverbraucher abgeben,

haben die Anforderungen der Verordnung (EG) Nr. 853/2004 zu erfüllen. Dies gilt nicht für Einrichtungen der Gemeinschaftsversorgung, die ausschließlich direkt an den Endverbraucher abgeben.

(4) Einzelhandelsbetriebe, die Zubereitungs- oder Verarbeitungsprodukte von einem Betrieb im Sinne des Abs. 1 beziehen, dürfen diese nur unter den in Abs. 1 genannten Bedingungen in Verkehr bringen, be- oder verarbeiten.

(BGBl II 2008/213)

Personenbezogene Bezeichnungen

§ 6. Bei den in dieser Verordnung verwendeten personenbezogenen Bezeichnungen gilt die gewählte Form für beide Geschlechter.

In-Kraft-Treten

§ 7. § 3 Abs. 3 gilt rückwirkend mit 1. Jänner 2006.

7/4. Lebensmittelhygiene-Direktvermarktungsverordnung

BGBl II 2006/108 idF

1 BGBl II 2007/3
2 BGBl II 2012/210
3 BGBl II 2019/392

„Verordnung des Bundesministers für Gesundheit über Hygieneanforderungen bei der Direktvermarktung von Lebensmitteln (Lebensmittelhygiene - Direktvermarktungsverordnung)"

(BGBl II 2012/210)

Auf Grund des § 11 des Lebensmittelsicherheits- und Verbraucherschutzgesetzes – LMSVG, BGBl. I Nr. 13/2006, geändert durch das Bundesgesetz, BGBl. I Nr. 151/2005, wird im Einvernehmen mit dem Bundesminister für Land- und Forstwirtschaft, Umwelt und Wasserwirtschaft verordnet:

Geltungsbereich

§ 1. Diese Verordnung regelt die Hygieneanforderungen bei der direkten Abgabe kleiner Mengen bestimmter Lebensmittel an den Endverbraucher oder an örtliche Einzelhandelsunternehmen, die diese direkt an den Endverbraucher abgeben.

(BGBl II 2012/210)

Fische und pflanzliche Erzeugnisse

§ 2. „Lebensmittelunternehmer, die geschlachtete (einschließlich Entbluten, Köpfen, Ausnehmen, Entfernen der Flossen, Kühlung und Umhüllung für die Beförderung), wild lebende Fische oder Fische aus eigenen Aquakulturanlagen oder gesammelte, wild wachsende pflanzliche Erzeugnisse oder Erzeugnisse pflanzlichen Ursprungs aus eigenem Anbau gemäß § 1 abgeben, haben folgende Vorschriften einzuhalten:" *(BGBl II 2012/210)*

1. Es ist soweit das nach dem jeweiligen Stand der Wissenschaft möglich und nach der Verkehrsauffassung nicht unzumutbar ist, sicherzustellen, dass die Primärerzeugnisse vor Kontaminationen geschützt werden.

2. Die für die Abgabe und damit zusammenhängenden Vorgänge verwendeten Anlagen, Behälter, Transportkisten, Ausrüstungen und Fahrzeuge müssen bei ihrer Verwendung sauber sein. Mehrwegbehälter, Transportkisten, Ausrüstungen und Fahrzeuge sind nach jeder Verwendung zu reinigen und erforderlichenfalls in geeigneter Weise zu desinfizieren.

3. Lebensmittelunternehmer, die geschlachtete Fische abgeben, müssen die Erzeugnisse bei einer Temperatur lagern und befördern, die jener von Schmelzeis entspricht.

Rohmilch und Rohrahm

§ 3. Lebensmittelunternehmer, die Rohmilch oder Rohrahm, von Tieren aus eigener Haltung stammend, gemäß § 1 abgeben, haben folgende Vorschriften einzuhalten:

1. § 2 Z 1 und 2.

2. §§ 2 bis 6 der Rohmilchverordnung, BGBl. II Nr. 106/2006, in der jeweils geltenden Fassung.

3. Der abgegebene Rohrahm darf nur aus Rohmilch, welche die Kriterien gemäß § 6 der Rohmilchverordnung erfüllt, hergestellt sein.

(BGBl II 2012/210)

Eier

§ 4. Lebensmittelunternehmer, die Eier, die von Tieren aus eigener Haltung stammen, gemäß § 1 abgeben, haben zusätzlich zu den Bestimmungen des § 2 Z 1 und 2 folgende Vorschriften einzuhalten:

1. Die Eier müssen im Erzeugerbetrieb bis hin zum Verkauf an den Endverbraucher sauber, trocken und frei von Fremdgeruch gelagert, sowie wirksam vor Stößen und vor Sonneneinstrahlung geschützt werden.

2. Die Eier müssen bei einer vorzugsweise konstanten Temperatur aufbewahrt und befördert werden, die die hygienische Beschaffenheit der Erzeugnisse am besten gewährleistet.

3. Die Eier müssen binnen 21 Tagen nach dem Legen an den Endverbraucher abgegeben werden.

Frei lebendes Großwild

§ 5. Werden Tierkörper von Großwild direkt vom Jäger frisch, nicht tiefgekühlt, nicht gehäutet und im Ganzen gemäß § 1 abgegeben, sind zusätzlich zu den Bestimmungen des § 2 Z 1 und 2 folgende Vorschriften einzuhalten:

1. Nach dem Erlegen des frei lebenden Großwilds müssen Mägen und Gedärme so bald wie möglich entfernt werden; erforderlichenfalls müssen die Tiere entblutet werden. Es müssen insbesondere Vorkehrungen getroffen werden, um das Auslaufen von Magen und Darminhalt während des Ausnehmens zu verhindern. Dabei

hat der Jäger auf Merkmale zu achten, die darauf schließen lassen, dass das Fleisch gesundheitlich bedenklich sein könnte.

2. Eine kundige Person gemäß § 27 Abs. 3 LMSVG muss die Wildkörper und alle ausgenommenen Eingeweide (außer Magen und Darm) auf Merkmale hin untersuchen, die darauf schließen lassen, dass das Fleisch gesundheitlich bedenklich sein könnte. Alle für Trichinose anfälligen Arten sind einer Trichinenuntersuchung nach einer in der Verordnung (EG) Nr. 2075/2005 mit spezifischen Vorschriften für die amtlichen Fleischuntersuchungen auf Trichinen, ABl. Nr. L 338/2005 vom 22. Dezember 2005, angeführten Methode zu unterziehen, wobei die Befristung gemäß Art. 16 der genannten Verordnung nicht anzuwenden ist. Die Untersuchung muss so bald wie möglich nach dem Erlegen stattfinden. Die Vermarktung darf erst erfolgen, wenn diese Untersuchung den Nachweis erbracht hat, dass das Fleisch keine Merkmale aufweist, die darauf schließen lassen, dass es gesundheitlich bedenklich sein könnte. Steht keine kundige Person zur Verfügung, muss die Untersuchung von einem amtlichen Tierarzt durchgeführt werden. *(BGBl II 2007/3)*

3. Werden bei der Untersuchung gemäß Z 2 keine auffälligen Merkmale im Sinne des „Art. 28 der Durchführungsverordnung (EU) 2019/627 zur Festlegung einheitlicher praktischer Modalitäten für die Durchführung der amtlichen Kontrollen in Bezug auf für den menschlichen Verzehr bestimmte Erzeugnisse tierischen Ursprungs gemäß der Verordnung (EU) 2017/625 und zur Änderung der Verordnung (EG) Nr. 2074/2005 in Bezug auf amtliche Kontrollen, ABl. Nr. L 131 vom 17. Mai 2019"**, festgestellt, und vor dem Erlegen keine Verhaltensstörungen beobachtet und besteht kein Verdacht auf Umweltkontamination, so muss die kundige Person dem Wildkörper eine mit einer Nummer versehene Erklärung beigeben, in der dies bescheinigt wird. In dieser Bescheinigung müssen auch das Datum, der Zeitpunkt und der Ort des Erlegens vom Jäger aufgeführt werden. „Diese Bescheinigung ist in Form eines Anhängers am Tierkörper anzubringen. Die kundige Person hat über die gemäß Z 2 durchgeführten Untersuchungen Aufzeichnungen zu führen und dem Landeshauptmann nach dessen Anweisungen Bericht zu erstatten."* *(*BGBl II 2007/3; **BGBl II 2019/392)*

4. Werden bei der Untersuchung gemäß Z 2 abweichende Merkmale von der kundigen Person festgestellt, so muss die kundige Person, die die Untersuchung vorgenommen hat, dem zuständigen amtlichen Tierarzt mitteilen, welche auffälligen Merkmale, welche Verhaltensstörungen oder welcher Verdacht auf Umweltkontamination sie bewogen hatten, keine Bescheinigung gemäß Z 3 auszustellen, sofern der Tierkörper nicht unschädlich beseitigt wird.

5. Die Wildkörper insgesamt müssen nach dem Erlegen innerhalb einer angemessenen Zeitspanne auf nicht mehr als +7°C abgekühlt werden, zum menschlichen Verzehr vorgesehene Eingeweide auf nicht mehr als +3°C. Soweit es die klimatischen Verhältnisse erlauben, ist eine aktive Kühlung nicht erforderlich.

6. Tierkörper dürfen nicht übereinander liegend gelagert oder so transportiert werden, dass sie hygienisch beeinträchtigt werden.

7. Die Vermarktung hat längstens binnen 7 Tagen nach dem Erlegen zu erfolgen.

Frei lebendes Kleinwild

§ 6. Werden Tierkörper von Kleinwild direkt vom Jäger frisch, nicht tiefgekühlt, nicht gehäutet und im Ganzen gemäß § 1 abgegeben, sind zusätzlich zu den Bestimmungen des § 2 Z 1 und 2 folgende Vorschriften einzuhalten:

1. Eine kundige Person gemäß § 27 Abs. 3 LMSVG muss die Wildkörper auf Merkmale hin untersuchen, die darauf schließen lassen, dass das Fleisch gesundheitlich bedenklich sein könnte. Alle für Trichinose anfälligen Arten sind einer Trichinenuntersuchung nach einer in der Verordnung (EG) Nr. 2075/2005 angeführten Methode zu unterziehen, wobei die Befristung gemäß Art. 16 der genannten Verordnung nicht anzuwenden ist. Die Untersuchung muss so bald wie möglich nach dem Erlegen stattfinden. Die Vermarktung darf erst erfolgen, wenn diese Untersuchung den Nachweis erbracht hat, dass das Fleisch keine Merkmale aufweist, die darauf schließen lassen, dass es gesundheitlich bedenklich sein könnte. Steht keine kundige Person zur Verfügung, muss die Untersuchung von einem amtlichen Tierarzt durchgeführt werden. *(BGBl II 2007/3)*

2. Werden bei der Untersuchung gemäß Z 1 auffällige Merkmale im Sinne des „Art. 28 der Durchführungsverordnung (EU) 2019/627"** festgestellt oder vor dem Erlegen Verhaltensstörungen beobachtet oder besteht Verdacht auf Umweltkontamination, so muss die kundige Person den zuständigen amtlichen Tierarzt davon unterrichten, sofern der Tierkörper nicht unschädlich beseitigt wird. „Die kundige Person hat über die gemäß Z 1 durchgeführten Untersuchungen Aufzeichnungen zu führen und dem Landeshauptmann nach dessen Anweisungen Bericht zu erstatten."* *(*BGBl II 2007/3; **BGBl II 2019/392)*

3. Die Wildkörper müssen nach dem Erlegen innerhalb einer angemessenen Zeitspanne auf nicht mehr als +4°C abgekühlt werden. Soweit es die klimatischen Verhältnisse erlauben, ist eine aktive Kühlung nicht erforderlich. Magen und Gedärme müssen sobald wie möglich entfernt werden.

4. Tierkörper dürfen nicht übereinander liegend gelagert oder so transportiert werden, dass sie hygienisch beeinträchtigt werden.

5. Die Vermarktung hat binnen 7 Tagen nach dem Erlegen zu erfolgen.

Zerlegtes Wild und Wildfleisch

§ 7. Wird zerlegtes Wildfleisch direkt vom Jäger gemäß § 1 vermarktet, sind zusätzlich zu den Bestimmungen der §§ 5 und 6 folgende Vorschriften einzuhalten:

1. Das Entbluten, Enthäuten oder Rupfen, Ausnehmen und weitere Zurichten muss ohne ungebührliche Verzögerung so vorgenommen werden, dass jede Kontamination des Fleisches vermieden wird. Es müssen insbesondere Vorkehrungen getroffen werden, um das Auslaufen von Magen und Darminhalt während des Ausnehmens von Kleinwild zu verhindern.

2. Wildfleisch ist unter Berücksichtigung der Transportdauer, der Transportbedingungen und der eingesetzten Transportmittel so zu befördern, dass die vorgeschriebenen Temperaturen des Fleisches nicht überschritten werden.

3. Bei der Abgabe ist das Fleisch in geeigneter Weise mit dem Hinweis „Wildbret aus Direktvermarktung" unter Nennung des Jagdgebietes zu kennzeichnen.

Geflügel- und Kaninchenfleisch

§ 8. Landwirtschaftliche Lebensmittelunternehmer, die insgesamt weniger als 10 000 Stück Hühner, Enten, Gänse, Puten oder 5000 Stück Kaninchen aus eigener Produktion jährlich in ihrem Unternehmen schlachten und das Fleisch dieser Tiere gemäß § 1 vermarkten, haben folgende Vorschriften einzuhalten:

1. Die Tiere müssen im Herkunftsbetrieb regelmäßig einer Kontrolle durch einen amtlichen oder zugelassenen Tierarzt hinsichtlich Tierseuchen, Zoonosen und Rückstände unterzogen werden. Diese Kontrollen sind mindestens einmal jährlich durchzuführen.

2. Die Tiere beziehungsweise die Tierkörper sind vor und nach der Schlachtung von einer dafür ausgebildeten Person zu untersuchen, um festzustellen, ob

a) bei der letzten Kontrolle gemäß Z 1 Tierseuchen, Zoonosen, unzulässige Rückstände oder Anwendung von Arzneimitteln festgestellt wurden;

b) Anzeichen einer anzeigepflichtigen Tierseuche oder einer Krankheit oder Erscheinungen vorliegen, die das Fleisch zum menschlichen Verzehr ungeeignet machen;

c) unzulässige Rückstände zu erwarten sind.

(BGBl II 2012/210)

3. Wird bei der Untersuchung gemäß Z 2 eine Feststellung im Sinne von Z 2 lit. a, b oder c getroffen, darf das Fleisch nur vermarktet werden, wenn eine Untersuchung durch einen amtlichen Tierarzt, der die Genusstauglichkeit des Fleisches festgestellt hat, vorgenommen wurde.

4. Das Betäuben, Entbluten, Enthäuten oder Rupfen, Ausnehmen und weitere Zurichten müssen ohne ungebührliche Verzögerung so vorgenommen werden, dass jede Kontamination des Fleisches vermieden wird. Es müssen insbesondere Vorkehrungen getroffen werden, um das Auslaufen von Magen und Darminhalt während des Ausnehmens zu verhindern. Nach dem Ausnehmen müssen die Schlachtkörper gesäubert und so schnell wie möglich auf eine Temperatur von nicht mehr als +4°C abgekühlt werden, es sei denn, das Fleisch wird in warmem Zustand zerlegt. In diesem Fall ist es unmittelbar nach der Zerlegung auf +4°C abzukühlen oder zu verarbeiten.

5. Geflügel- und Kaninchenfleisch ist unter Berücksichtigung der Transportdauer, der Transportbedingungen und der eingesetzten Transportmittel so zu befördern, dass eine hygienisch bedenkliche Beeinträchtigung der Sendung ausgeschlossen ist. Insbesondere müssen die Transportmittel so ausgestattet sein, dass eine Temperatur des Fleisches von +4°C während des Transportes nicht überschritten wird.

6. Bei der Abgabe außerhalb des Produktionsbetriebes durch eine andere Person als den Produzenten ist das Fleisch in geeigneter Weise mit dem Hinweis „aus bäuerlicher Schlachtung", dem Namen und Adresse des Produzenten sowie dem Schlachtdatum zu versehen.

Personenbezogene Bezeichnungen

§ 9. Bei den in dieser Verordnung verwendeten personenbezogenen Bezeichnungen gilt die gewählte Form für beide Geschlechter.

§ 10. Die §§ 5 Z 3 und 6 Z 2 in der Fassung der Verordnung BGBl. II Nr. 392/2019 treten mit 14. Dezember 2019 in Kraft.

(BGBl II 2019/392)

7/5. Rohmilchverordnung

BGBl II 2006/106

Verordnung der Bundesministerin für Gesundheit und Frauen über Rohmilch und Rohrahm (Rohmilchverordnung)

Auf Grund des § 14 Z 1 des Lebensmittelsicherheits- und Verbraucherschutzgesetzes – LMSVG, BGBl. I Nr. 13/2006, geändert durch das Bundesgesetz BGBl. I Nr. 151/2005, wird im Einvernehmen mit dem Bundesminister für Land- und Forstwirtschaft, Umwelt und Wasserwirtschaft verordnet:

Geltungsbereich

§ 1. Diese Verordnung regelt das Inverkehrbringen von Rohmilch und Rohrahm, die für den unmittelbaren menschlichen Verzehr bestimmt sind sowie damit in Zusammenhang stehende Behandlungs- und Kennzeichnungvorschriften.

Allgemeine Bestimmungen

§ 2. (1) Rohmilch und Rohrahm dürfen nur direkt vom Tierhalter an den Endverbraucher oder an Einzelhandelsunternehmen und von diesen Einzelhandelsunternehmen direkt an den Endverbraucher abgegeben werden.

(2) Rohmilch und Rohrahm dürfen nicht an Schulen und Kindergärten abgegeben werden. Andere Einrichtungen der Gemeinschaftsversorgung, an die Rohmilch oder Rohrahm gemäß Abs. 1 abgegeben wird, dürfen diese nur zum Zwecke der Herstellung von Speisen und Getränken verwenden, die einem Erhitzungsverfahren unterzogen werden, mit dem eine ausreichend hohe Kerntemperatur erzielt wird, um die Abtötung von pathogenen Mikroorganismen sicherzustellen.

Milchautomaten

§ 3. Rohmilch kann durch einen nach anerkannten Kriterien geprüften Milchautomaten abgegeben werden, wenn gewährleistet ist, dass die Rohmilch durch den Milchautomaten oder dessen Standort keine hygienisch nachteilige Beeinträchtigung erfährt.

Zeitpunkt der Abgabe

§ 4. Rohmilch darf nur am Tag der Gewinnung und an den zwei darauf folgenden Tagen abgegeben werden. Rohrahm darf nur am Tag der Gewinnung der Rohmilch oder am darauf folgenden Tag aus dieser hergestellt und abgegeben werden.

Kennzeichnung

§ 5. (1) Unbeschadet der Bestimmungen der Lebensmittelkennzeichnungsverordnung 1993 – LMKV, BGBl. Nr. 72/1993 in der jeweils geltenden Fassung, ist Rohmilch zum unmittelbaren menschlichen Verzehr mit dem Hinweis „Rohmilch, vor dem Verzehr abkochen" und Rohrahm mit dem Hinweis „Rohrahm, nur zur Herstellung von durcherhitzten Speisen verwenden" zu deklarieren.

(2) Bei Rohmilch und Rohrahm, die nicht gemäß der Lebensmittelkennzeichnungsverordnung 1993 – LMKV zu kennzeichnen sind und nicht zum unmittelbaren Verzehr an Ort und Stelle bestimmt sind, hat der Hinweis gemäß Abs. 1 – bei Abgabe an den Endverbraucher – auf einem Aushang, den der Endverbraucher einsehen kann, deutlich lesbar zu erfolgen. Bei Abgabe an Einzelhandelsunternehmen ist auf dem Transportbehälter und auf den die Ware begleitenden Dokumenten, wie Lieferschein oder Rechnung „Rohmilch" oder „Rohrahm" anzugeben.

Kriterien

§ 6. Rohmilch muss folgende Kriterien erfüllen:

1. Rohe Kuhmilch:
a) Keimzahl bei 30°C (pro ml): $\leq 50\,000$;
b) Somatische Zellen (pro ml): $\leq 400\,000$.
2. Rohmilch von anderen Tierarten: Keimzahl bei 30°C (pro ml): $\leq 500\,000$.

Personenbezogene Bezeichnungen

§ 7. Bei den in dieser Verordnung verwendeten personenbezogenen Bezeichnungen gilt die gewählte Form für beide Geschlechter.

Schlussbestimmung

§ 8. Diese Verordnung wurde unter Einhaltung der Bestimmungen der Richtlinie 98/34/EG über ein Informationsverfahren auf dem Gebiet der Normen und technischen Vorschriften, ABl. Nr. L 204 vom 21. Juli 1998 und des Artikels 10 Abs. 5 der Verordnung (EG) Nr. 853/2004 mit spezifischen Hygienevorschriften für Lebensmittel tierischen Ursprungs, ABl. Nr. L 139 vom 30. April 2004, berichtigt durch ABl. Nr. L 226 vom 25. Juni 2004, notifiziert.

KODEX
DES ÖSTERREICHISCHEN RECHTS
SAMMLUNG DER ÖSTERREICHISCHEN BUNDESGESETZE

VETERINÄR-RECHT

1. TierÄG
   -Verordnungen
2. Staatliche VetVerwalt
3. TierSG
   -Verordnungen
4. BangSG
   -BangS-VO
5. RindLeukG
   -RindLeuk-UntsVO
6. IBR/IPV-G
   -Verordnungen
7. DeckSG
   -DeckS-VO
8. DasselBG
9. Veterinärrechtsanpassg
   Art V
10. BienenSG
11. TGG
    -Verordnungen
12. Desinfektionsvorschriften
13. Tierkörperverwertung
14. FleischUG
    -Verordnungen
15. TAKG
    -Verordnungen
16. Völkerrechtl Verträge Übersicht
17. Nebenvorschriften

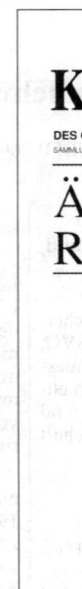

LexisNexis
ARD Orac

KODEX
DES ÖSTERREICHISCHEN RECHTS
SAMMLUNG DER ÖSTERREICHISCHEN BUNDESGESETZE

ÄRZTE-RECHT

1. ÄrzteG
   Ärzte-AusbildungsO
   Ärztekammer-WO
   ÄrztelistV
   ArbMedV
   EWR-ÄrzteV
   SchädO
   SchlichtungsO
   POÄK
   SchlV
   PhysikamPV
   Ärzte-Esl
2. FA ZMK
   Demriasso
   Dentistenkammer-WO
3. PsychologenG
   BWB-PsychologenG
   PsychotherapieG
   BWB-PsychotherapieG
4. GuKG
   HebG
   KTG
   MTD-G
   MTF-SBD-G
   MMHeoG
   SanG
5. AusbVorbG
6. AIDS-G
   AIDS-V-Infektion
   AIDS-V-Qualität
   EpidemieG
   AnzeigepflÜbertrK
   GeschlechtsKG
   TbcG
7. KrebsstatistikG
   KrebsstatistikV
8. KAG
   KA-AZG
9. ASchG
   AMZ-VO
   Arbeitsruhe-G
10. StrahlenschutzG
    StrahlenschutzV
11. AMG
    MedizbprechnV
    FachreitemV
    MPG
    RezeptpflichtG
12. ApothekenG
    ApothekenBO
13. FMedG
    FMedV
    IVF-Fonds-G
    GTG
14. MuKiPaßV
15. ASVG
    V § 152c ASVG
    BezirmungKV
16. SMG
    SV
    PV
17. PStG
    PStV
18. ScVO
    PSG
    PSG-GV
    KFG
19. StGB
20. ABGB
    JWG

LexisNexis
ARD Orac

KODEX
DES ÖSTERREICHISCHEN RECHTS
SAMMLUNG DER ÖSTERREICHISCHEN BUNDESGESETZE

KRANKEN-ANSTALTEN-GESETZE

1. KAKuG
2. Bundes- und Ländervereinb
3. Bgld
   Bgld KAG
4. Krnt
   K-KAO
5. NÖ
   NÖ KAG
6. OÖ
   OÖ KAG
7. Sbg
   S-KAG
8. Stmk
   KALG
9. Tirol
   Tir KAG
10. Vlbg
    SpG
11. Wien
    Wr KAG

LexisNexis
ARD Orac

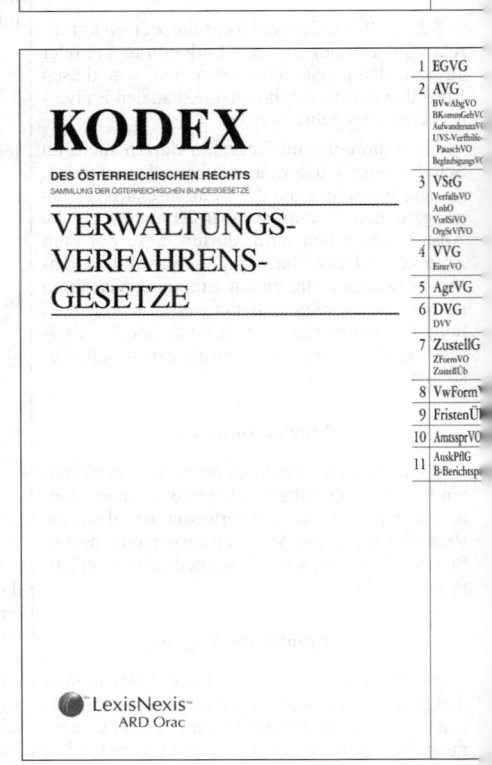

KODEX
DES ÖSTERREICHISCHEN RECHTS
SAMMLUNG DER ÖSTERREICHISCHEN BUNDESGESETZE

VERWALTUNGS-VERFAHRENS-GESETZE

1. EGVG
2. AVG
   BVwAbgVO
   BKommGebVC
   AufwandersatzV
   UVS-VerfhilfePauschVO
   BeglubigungsV
3. VStG
   VerfallsVO
   AmhO
   VstlSiVO
   OrgStrVfVO
4. VVG
   EinzV O
5. AgrVG
6. DVG
   DVV
7. ZustellG
   ZFormVO
   ZustellÜb
8. VwForm
9. FristenÜ
10. AmtssprVO
11. AuskPflG
    B-Berichtspl

LexisNexis
ARD Orac

Kodex Lebensmittelrecht 1. 3. 2022

8. Gebrauchsgegenstände

Übersicht

8/1. **Spielzeugverordnung 2011**, BGBl II 2011/203 idF BGBl II 2013/38, BGBl II 2015/195, BGBl II 2017/13, BGBl II 2018/272, BGBl II 2019/387 und BGBl II 2021/213

8/2. **Spielzeugkennzeichnungsverordnung**, BGBl 1994/1029 idF BGBl II 2012/139

8/3. **Verordnung über gasförmige Füllstoffe für Spielzeugluftballons**, BGBl 1978/22

8/4. **Verordnung über die Freisetzung von N-Nitrosaminen und N-nitrosierbaren Stoffen**, BGBl 1995/104

8/5. **Keramik-Verordnung**, BGBl 1993/893 idF BGBl 2006/259

8/6. **Zellglasfolien-Verordnung**, BGBl 1994/128 idF BGBl II 2005/298

8/7. **Verordnung über die Kennzeichnung von Materialien und Gegenständen, die für die Verwendung bei Lebensmitteln bestimmt sind**, BGBl II 2005/262

8/8. **Verordnung über das Verbot der Verwendung von Bisphenol A in Beruhigungssaugern und Beißringen**, BGBl II 2011/327

8/9. **Verordnung (EG) Nr. 1935/2004 über Materialien und Gegenstände, die dazu bestimmt sind, mit Lebensmitteln in Berührung zu kommen und zur Aufhebung der Richtlinien 80/590/EWG und 89/109/EWG**, ABl L 338 S 4 idF ABl L 2009/188, 14, ABl L 2019/231, 1

8/10. **Verordnung (EU) Nr. 10/2011 über Materialien und Gegenstände aus Kunststoff, die dazu bestimmt sind, mit Lebensmitteln in Berührung zu kommen**, ABl L 12 S 1 idF ABl L 2011/87, 1, ABl L 2012/328, 22, ABl L 2012/338, 11, ABl L 2014/62, 13, ABl L 2015/30, 2, ABl L 2016/230, 22, ABl L 2018/14, 31, ABl L 2018/41, 6, ABl L 2018/140, 35, ABl L 2019/37, 88, ABl L 2019/209, 5, ABl L 2020/288, 1

8/1. Spielzeugverordnung 2011

BGBl II 2011/203 idF

1 BGBl II 2013/38
2 BGBl II 2015/195
3 BGBl II 2017/13
4 BGBl II 2018/272
5 BGBl II 2019/387
6 BGBl II 2021/213

Verordnung des Bundesministers für Gesundheit über die Sicherheit von Spielzeug (Spielzeugverordnung 2011)

Auf Grund des § 19 des Lebensmittelsicherheits- und Verbraucherschutzgesetzes - LMSVG, BGBl. I Nr. 13/2006, zuletzt geändert durch das Bundesgesetz BGBl. I Nr. 95/2010, wird verordnet:

Geltungsbereich

§ 1. (1) Gegenstand dieser Verordnung sind Produkte, die – ausschließlich oder nicht ausschließlich – dazu bestimmt oder gestaltet sind, von Kindern unter 14 Jahren für den Gebrauch beim Spielen verwendet zu werden (Spielzeug gemäß § 3 Z 7 lit. e LMSVG). *(BGBl II 2015/195)*

(2) Die in Anlage 1 angeführten Produkte gelten nicht als Spielzeug gemäß dieser Verordnung.

(3) Diese Verordnung gilt nicht für folgendes Spielzeug:

1. Spielplatzgeräte zur öffentlichen Nutzung,
2. Spielautomaten, ob münzbetrieben oder nicht, zur öffentlichen Nutzung,
3. mit Verbrennungsmotoren ausgerüstete Spielzeugfahrzeuge,
4. Spielzeugdampfmaschinen und
5. Schleudern und Steinschleudern.

Begriffsbestimmungen

§ 2. Für diese Verordnung gelten folgende Begriffsbestimmungen:

1. „Hersteller": ist jede natürliche oder juristische Person, die ein Spielzeug herstellt bzw. entwickeln oder herstellen lässt und dieses Spielzeug unter ihrem eigenen Namen oder ihrer eigenen Marke vermarktet;

2. „Bevollmächtigter": ist jede in der Europäischen Union ansässige natürliche oder juristische Person, die von einem Hersteller schriftlich beauftragt wurde, in seinem Namen bestimmte Aufgaben wahrzunehmen;

3. „Importeur": ist jede natürliche oder juristische Person, die ein Spielzeug aus einem Drittstaat in der Europäischen Union erstmalig in Verkehr bringt;

4. „Händler": ist jede natürliche oder juristische Person in der Lieferkette, die ein Spielzeug in Verkehr bringt, mit Ausnahme des Herstellers oder des Importeurs;

5. „Zuständige Behörde": ist der Landeshauptmann gemäß § 24 LMSVG;

6. „harmonisierte Norm": ist eine Norm, die von einem anerkannten europäischen Normungsgremium erstellt wurde;

7. „Konformitätsbewertung": ist das Verfahren zur Bewertung, ob spezifische Anforderungen an ein Spielzeug erfüllt worden sind;

8. „Konformitätsbewertungsstelle": ist eine Stelle, die Konformitätsbewertungstätigkeiten einschließlich Kalibrierungen, Prüfungen, Zertifizierungen und Inspektionen durchführt;

9. „Rückruf": ist jede Maßnahme, die auf Erwirkung der Rückgabe eines bereits beim Endverbraucher befindlichen Spielzeugs abzielt;

10. „Rücknahme": ist jede Maßnahme, mit der verhindert werden soll, dass ein in der Lieferkette befindliches Spielzeug in Verkehr gebracht wird;

11. „CE-Kennzeichnung": ist jene Kennzeichnung, durch die der Hersteller erklärt, dass das Produkt den geltenden Anforderungen genügt;

12. „funktionelles Produkt": ist ein Produkt, das auf die gleiche Art und Weise funktioniert und benutzt wird wie ein Produkt, ein Gerät oder eine Anlage, die zum Gebrauch durch Erwachsene bestimmt sind, und bei dem es sich um ein maßstabsgetreues Kleinmodell eines derartigen Produkts oder Gerätes bzw. einer derartigen Anlage handeln kann;

13. „funktionelles Spielzeug": ist ein Spielzeug, das dieselben Funktionen erfüllt und so benutzt wird wie ein Produkt, ein Gerät oder eine Einrichtung, die zum Gebrauch für Erwachsene bestimmt sind, und bei dem es sich um ein maßstabsgetreues Kleinmodell eines derartigen Produkts oder Gerätes bzw. einer derartigen Einrichtung handeln kann;

14. „Wasserspielzeug": ist ein Spielzeug, das zur Benutzung im flachen Wasser bestimmt und dazu geeignet ist, ein Kind auf dem Wasser zu tragen oder über Wasser zu halten;

15. „bauartbedingte Höchstgeschwindigkeit": ist die repräsentative Betriebsgeschwindigkeit, die ein Spielzeug auf Grund seiner Bauart erreichen kann;

16. „Aktivitätsspielzeug": ist ein Spielzeug zur Verwendung im Haushalt, dessen tragende Struktur während der Aktivität ortsfest bleibt und

das für folgende Aktivitäten von Kindern bestimmt ist: Klettern, Springen, Schwingen, Rutschen, Schaukeln, Drehen, Kriechen oder Krabbeln oder eine Kombination dieser Tätigkeiten;

17. „chemisches Spielzeug": ist ein Spielzeug, das für den direkten Umgang mit chemischen Stoffen und Gemischen und eine altersgemäße Verwendung unter der Aufsicht von Erwachsenen bestimmt ist;

18. „Brettspiel für den Geruchssinn": ist ein Spielzeug, dessen Zweck darin besteht, einem Kind dabei zu helfen, die Erkennung verschiedener Gerüche oder Düfte zu erlernen;

19. „Kosmetikkoffer": ist ein Spielzeug, dessen Zweck darin besteht, Kindern dabei zu helfen, Produkte wie Parfüme, Seifen, Cremes, Shampoos, Badeschaum, Lippenglanzstifte, Lippenstifte, Make-up, Zahnpasta und Haarfestiger herzustellen;

20. „Spiel für den Geschmackssinn": ist ein Spielzeug, dessen Zweck darin besteht, dass Kinder unter Verwendung von Lebensmittelzutaten wie Süßstoffen, Flüssigkeiten, Pulver und Aromen Süßigkeiten oder andere Gerichte herstellen können;

21. „Schaden": ist eine körperliche Verletzung oder jede sonstige Gesundheitsbeeinträchtigung, auch langfristiger Natur;

22. „Gefahr": ist die mögliche Ursache eines Schadens;

23. „Risiko": ist die Eintrittswahrscheinlichkeit einer Gefahr, die einen Schaden verursacht, und die Schwere des Schadens;

24. „zur Verwendung durch... bestimmt": bringt zum Ausdruck, dass Eltern oder Aufsichtspersonen auf Grund der Funktionen, Abmessungen und Eigenschaften eines Spielzeugs vernünftigerweise davon ausgehen können, dass es zur Verwendung durch Kinder der angegebenen Altersgruppe bestimmt ist.

Allgemeine Grundsätze

§ 3. (1) Spielzeug darf nur in Verkehr gebracht werden, wenn es

1. die allgemeinen Sicherheitsanforderungen erfüllt, wonach es bei bestimmungsgemäßem oder vorauszusehendem Gebrauch entsprechend dem Verhalten von Kindern die Sicherheit oder Gesundheit der Benutzer oder Dritter nicht gefährden darf.

Die Fähigkeiten der Benutzer sowie gegebenenfalls der sie beaufsichtigenden Personen sind insbesondere bei solchen Spielzeugen zu berücksichtigen, die zum Gebrauch durch Kinder im Alter von weniger als 36 Monaten bzw. andere genau bestimmte Altersgruppen bestimmt sind.

2. die in Anlage 2 angeführten besonderen Sicherheitsanforderungen erfüllt,

3. mit den in Anlage 5 angeführten Warnhinweisen und Gebrauchsvorschriften versehen ist und

4. die CE-Kennzeichnung gemäß der Spielzeugkennzeichnungsverordnung, BGBl. Nr. 1029/1994, trägt.

(2) Spielzeug, das keine CE-Kennzeichnung trägt oder auch sonst dieser Verordnung nicht entspricht, darf auf Handelsmessen und Ausstellungen ausgestellt und verwendet werden, sofern ein ihm beigefügtes Schild eindeutig anzeigt, dass es dieser Verordnung nicht entspricht und dass es erst dann in der Europäischen Union in Verkehr gebracht wird, wenn es mit den Anforderungen dieser Verordnung in Einklang gebracht wurde.

EG-Konformitätserklärung

§ 4. (1) Der Hersteller hat vor dem erstmaligen Inverkehrbringen durch eine EG-Konformitätserklärung zu bestätigen, dass die Anforderungen gemäß § 3 Abs. 1 Z 1 und 2 erfüllt sind.

(2) Die EG-Konformitätserklärung enthält mindestens die in Anlage 3 dieser Verordnung und den Modulen A, B oder C des Anhangs II des Beschlusses Nr. 768/2008/EG über einen gemeinsamen Rechtsrahmen für die Vermarktung von Produkten und zur Aufhebung des Beschlusses 93/465/EWG, ABl. Nr. L 218 vom 13. August 2008, angegebenen Elemente und wird auf dem neuesten Stand gehalten. Die EG-Konformitätserklärung entspricht in ihrem Aufbau dem Muster in Anlage 3. Sie ist in deutscher Sprache abzufassen.

Pflichten des Herstellers

§ 5. (1) Der Hersteller hat zu gewährleisten, wenn er das Spielzeug erstmalig in Verkehr bringt, dass dieses gemäß den Anforderungen des § 3 Abs. 1 Z 1 und 2 entworfen und hergestellt wurde.

(2) Der Hersteller hat die erforderlichen technischen Unterlagen gemäß § 12 Abs. 1 und 2 zu erstellen und die gemäß § 10 anzuwendende Konformitätsbewertung durchzuführen oder durchführen zu lassen. Wurde mit diesem Verfahren nachgewiesen, dass das Spielzeug den geltenden Anforderungen entspricht, hat der Hersteller die in § 4 genannte EG-Konformitätserklärung auszustellen und die CE-Kennzeichnung gemäß der Spielzeugkennzeichnungsverordnung anzubringen.

(3) Der Hersteller hat die EG-Konformitätserklärung gemäß § 4 und die technischen Unterlagen gemäß § 12 zehn Jahre ab dem erstmaligen Inverkehrbringen des Spielzeugs aufzubewahren.

(4) Der Hersteller hat durch geeignete Verfahren zu gewährleisten, dass stets Konformität bei Serienfertigung sichergestellt ist. Änderungen am Entwurf des Spielzeugs oder an seinen Merkma-

len sowie Änderungen der harmonisierten Normen, auf die bei Erklärung der Konformität eines Spielzeugs verwiesen wird, werden angemessen berücksichtigt.

(5) Der Hersteller hat, falls dies angesichts der von einem Spielzeug ausgehenden „Risiko" als zweckmäßig betrachtet wird, zum Schutz der Gesundheit und Sicherheit der Verbraucher

1. Stichproben von in Verkehr befindlichen Spielzeugen zu nehmen,
2. Prüfungen vorzunehmen,
3. erforderlichenfalls ein Verzeichnis der Beschwerden, der nichtkonformen Produkte und der Produktrückrufe zu führen und
4. die Händler über jegliche Überwachung auf dem Laufenden zu halten.

(BGBl II 2015/195)

(6) Der Hersteller hat zu gewährleisten, dass sein Spielzeug eine Typen-, Chargen-, Modell- oder Seriennummer oder ein anderes Kennzeichen zu seiner Identifikation trägt, oder, falls dies auf Grund der Größe oder Art des Spielzeugs nicht möglich ist, dass die erforderlichen Informationen auf der Verpackung oder in den dem Spielzeug beigefügten Unterlagen angegeben werden.

(7) Der Hersteller hat zu gewährleisten, dass dem Spielzeug die Gebrauchsanleitung und die Sicherheitsinformationen beigefügt sind, die in deutscher Sprache abgefasst werden.

(8) Der Hersteller hat der zuständigen Behörde auf deren begründetes Verlangen alle Informationen und Unterlagen in einer Sprache auszuhändigen, die von dieser Behörde leicht verstanden wird und die für den Nachweis der Konformität des Spielzeugs erforderlich sind. Der Hersteller hat mit der zuständigen Behörde auf deren Verlangen bei allen Maßnahmen zur Abwendung von „Risiko", die mit Spielzeugen verbunden sind, die er in Verkehr gebracht hat, zu kooperieren. *(BGBl II 2015/195)*

Bevollmächtigte

§ 6. (1) Ein Hersteller kann schriftlich einen Bevollmächtigten benennen.

(2) Die Verpflichtungen gemäß § 3 Abs. 1 Z 1 und 2 und die Erstellung der technischen Unterlagen gemäß § 12 Abs. 1 und 2 sind nicht Teil des Auftrags eines Bevollmächtigten.

(3) Ein Bevollmächtigter hat die Aufgaben wahrzunehmen, die im Auftrag des Herstellers festgelegt sind. Der Auftrag gestattet dem Bevollmächtigten, mindestens folgende Aufgaben wahrzunehmen:

1. Bereithaltung der EG-Konformitätserklärung gemäß § 4 und der technischen Unterlagen gemäß § 12 für die zuständige Behörde über einen Zeitraum von zehn Jahren nach dem erstmaligen Inverkehrbringen des Produkts;

2. auf begründetes Verlangen der zuständigen Behörde Aushändigung aller erforderlichen Informationen und Unterlagen zum Nachweis der Konformität eines Spielzeugs an diese Behörde;

3. auf Verlangen der zuständigen Behörde Kooperation bei allen Maßnahmen zur Ausräumung der „Risiko", die mit Spielzeugen verbunden sind, die zu ihrem Aufgabenbereich gehören. *(BGBl II 2015/195)*

Pflichten des Importeurs

§ 7. (1) Der Importeur darf nur konformes Spielzeug in Verkehr bringen.

(2) Bevor der Importeur ein Spielzeug erstmalig in Verkehr bringt, hat er sicherzustellen, dass die betreffende Konformitätsbewertung vom Hersteller durchgeführt wurde. Er gewährleistet, dass der Hersteller die technischen Unterlagen gemäß § 12 Abs. 1 und 2 erstellt hat, dass das Spielzeug mit der erforderlichen CE-Kennzeichnung versehen ist, dass ihm die erforderlichen Unterlagen beigefügt sind und dass der Hersteller die Anforderungen gemäß § 5 Abs. 6 sowie die sonstigen Kennzeichnungselemente gemäß der Spielzeugkennzeichnungsverordnung erfüllt hat. Ist ein Importeur der Auffassung oder hat er Grund zu der Annahme, dass ein Spielzeug nicht mit den Anforderungen gemäß § 3 Abs. 1 Z 1 oder 2 übereinstimmt, darf er dieses Spielzeug nicht in Verkehr bringen, bevor die Konformität des Spielzeugs hergestellt ist. Wenn mit dem Produkt „ein Risiko" verbunden ist, unterrichtet der Importeur den Hersteller und die zuständige Behörde hiervon. *(BGBl II 2015/195)*

(3) Der Importeur hat zu gewährleisten, dass dem Spielzeug die Gebrauchsanleitung und die Sicherheitsinformationen beigefügt sind, die in deutscher Sprache abgefasst sind.

(4) Solange sich ein Spielzeug in seiner Verantwortung befindet, hat der Importeur zu gewährleisten, dass die Lagerungs- oder Transportbedingungen die Übereinstimmung des Spielzeugs mit den Anforderungen von § 3 Abs. 1 Z 1 und 2 nicht beeinträchtigen.

(5) Sofern er dies angesichts der von einem Spielzeug ausgehenden „Risiko" für angemessen hält, hat der Importeur zum Schutz der Gesundheit und der Sicherheit der Verbraucher

1. Stichproben bei den in Verkehr gebrachten Spielzeugen durchzuführen,
2. die Beschwerden zu prüfen und
3. gegebenenfalls ein Register der Beschwerden, der nicht konformen Spielzeuge und der Spielzeugrückrufe zu führen und
4. die Händler über diese Überwachung auf dem Laufenden zu halten.

(BGBl II 2015/195)

(6) Der Importeur hat nach dem erstmaligen Inverkehrbringen des Spielzeugs zehn Jahre lang

Gebrauchsgegenstände

8/1. SpielzeugV 2011
§§ 7 – 11

eine Abschrift der EG-Konformitätserklärung gemäß § 4 für die zuständige Behörde bereitzuhalten und dafür zu sorgen, dass er die technischen Unterlagen gemäß § 12 auf Verlangen vorlegen kann.

(7) Der Importeur hat der zuständigen Behörde auf deren begründetes Verlangen alle Informationen und Unterlagen in einer Sprache auszuhändigen, die von dieser Behörde leicht verstanden wird und die für den Nachweis der Konformität des Spielzeugs erforderlich sind. Er hat mit der zuständigen Behörde auf deren Verlangen bei allen Maßnahmen zur Abwendung von „Risiko", die mit dem Spielzeug verbunden sind, das er in Verkehr gebracht hat, zu kooperieren. *(BGBl II 2015/195)*

Pflichten des Händlers

§ 8. (1) Der Händler hat die geltenden Anforderungen mit der gebührenden Sorgfalt zu berücksichtigen, wenn er ein Spielzeug in Verkehr bringt.

(2) Bevor er ein Spielzeug in Verkehr bringt, hat der Händler zu überprüfen, ob das Spielzeug mit der erforderlichen CE-Kennzeichnung versehen ist, ob ihm die erforderlichen Unterlagen sowie die Gebrauchsanleitung und Sicherheitsinformationen in deutscher Sprache beigefügt sind, und ob der Hersteller oder Importeur die Anforderungen gemäß § 5 Abs. 6 und der sonstigen Kennzeichnungselemente gemäß der Spielzeugkennzeichnungsverordnung erfüllt hat. Ist ein Händler der Auffassung oder hat er Grund zu der Annahme, dass ein Spielzeug nicht mit den Anforderungen gemäß § 3 Abs. 1 Z 1 oder 2 übereinstimmt, bringt er dieses Spielzeug erst in Verkehr, nachdem er es mit diesen Anforderungen in Übereinstimmung gebracht hat. Wenn mit dem Spielzeug „ein Risiko" verbunden ist, hat der Händler außerdem den Hersteller oder den Importeur sowie die zuständige Behörde darüber zu unterrichten. *(BGBl II 2015/195)*

(3) Solange sich ein Spielzeug in seiner Verantwortung befindet, hat der Händler zu gewährleisten, dass die Lagerungs- oder Transportbedingungen die Übereinstimmung des Produkts mit den Anforderungen gemäß § 3 Abs. 1 Z 1 und 2 nicht beeinträchtigen.

(4) Der Händler hat der zuständigen Behörde auf deren begründetes Verlangen alle Informationen und Unterlagen auszuhändigen, die für den Nachweis der Konformität des Spielzeugs erforderlich sind. Er hat mit der zuständigen Behörde auf deren Verlangen bei allen Maßnahmen zur Abwendung von „Risiko", die mit einem Spielzeug verbunden sind, das er in Verkehr gebracht hat, zu kooperieren. *(BGBl II 2015/195)*

Umstände, unter denen die Pflichten des Herstellers auch für den Importeur und Händler gelten

§ 9. Bringt ein Importeur oder ein Händler Spielzeug unter eigenem Namen oder eigener Marke in Verkehr oder verändern Importeur oder Händler ein bereits auf dem Markt befindliches Spielzeug so, dass die Übereinstimmung mit den Anforderungen dieser Verordnung beeinträchtigt werden kann, gelten sie als Hersteller und unterliegen den Verpflichtungen für Hersteller gemäß § 5.

Konformitätsbewertung

§ 10. (1) Der Hersteller hat vor dem erstmaligen Inverkehrbringen eines Spielzeugs eine Analyse der chemischen, physikalischen, mechanischen, elektrischen, Entflammbarkeits-, Hygiene- und Radioaktivitätsgefahren, die von dem Spielzeug ausgehen können, sowie eine Bewertung der möglichen Exposition gegenüber diesen Gefahren durchzuführen.

(2) Der Hersteller hat, bevor er ein Spielzeug in Verkehr bringt, durch eine Konformitätsbewertung gemäß Abs. 3 oder § 11 nachzuweisen, dass das Spielzeug die Anforderungen gemäß § 3 Abs. 1 Z 1 und 2 erfüllt.

(3) Hat der Hersteller die harmonisierten Normen, deren Fundstellen im Amtsblatt der Europäischen Union veröffentlicht worden sind und die alle einschlägigen Sicherheitsanforderungen für das Spielzeug abdecken, angewendet, so wendet der Hersteller das Verfahren der internen Fertigungskontrolle gemäß Anhang II Modul A des Beschlusses Nr. 768/2008/EG an.

EG-Baumusterprüfung

§ 11. (1) Die EG-Baumusterprüfung ist das Verfahren, mit dem der Hersteller gewährleistet, dass ein von ihm in Verkehr gebrachtes Spielzeug die Anforderungen gemäß § 3 Abs. 1 Z 1 und 2 erfüllt, sofern nicht von der Anwendung des Verfahrens der internen Fertigungskontrolle gemäß § 10 Abs. 3 ausgegangen werden kann. Sie ist von einer Konformitätsbewertungsstelle gemäß § 14 Abs. 1 und 2 durchzuführen.

(2) Das Spielzeug wird in folgenden Fällen der EG-Baumusterprüfung in Verbindung mit dem Verfahren der Konformität mit der Bauart nach Anhang II Modul C des Beschlusses Nr. 768/2008/EG unterzogen:

1. wenn keine harmonisierten Normen, deren Fundstellen im Amtsblatt der Europäischen Union veröffentlicht worden sind und die alle einschlägigen Sicherheitsanforderungen für das Spielzeug abdecken, existieren;

2. wenn die unter Z 1 genannten harmonisierten Normen existieren, der Hersteller sie aber nicht oder nur teilweise angewendet hat;

3. wenn die unter Z 1 genannten harmonisierten Normen nur mit einem Vorbehalt veröffentlicht worden sind;

4. wenn der Hersteller der Ansicht ist, dass Art, Gestaltung, Konstruktion oder Zweckbestimmung des Spielzeugs eine Überprüfung durch Dritte erfordern.

(3) Bei der Beantragung der EG-Baumusterprüfung, der Durchführung dieser Prüfung und der Ausstellung der EG-Baumusterprüfbescheinigung ist nach den Verfahren des Anhangs II Modul B des Beschlusses Nr. 768/2008/EG vorzugehen. Die EG-Baumusterprüfung ist gemäß den Vorgaben von Modul B Z 2 zweiter Gedankenstrich durchzuführen.

(4) Der Antrag auf Durchführung der EG-Baumusterprüfung durch den Hersteller muss eine Beschreibung des Spielzeugs und die Angabe des Ortes der Herstellung einschließlich der Anschrift enthalten.

(5) Die Konformitätsbewertungsstelle bewertet nötigenfalls gemeinsam mit dem Hersteller die vom Hersteller gemäß § 10 Abs. 1 durchgeführte Analyse der von dem Spielzeug ausgehenden Gefahren.

(6) Die von der Konformitätsbewertungsstelle ausgestellte EG-Baumusterprüfbescheinigung hat einen Verweis auf diese Verordnung, ein farbiges Bild und eine klare Beschreibung des Spielzeugs einschließlich seiner Abmessungen sowie eine Liste der durchgeführten Prüfungen mit einem Verweis auf den jeweiligen Prüfbericht zu enthalten. Die EG-Baumusterprüfbescheinigung ist bei Bedarf jederzeit zu überprüfen, insbesondere bei Änderungen des Fertigungsverfahrens, der Rohstoffe oder der Bestandteile des Spielzeugs, mindestens aber alle fünf Jahre.

(7) Die Konformitätsbewertungsstelle hat die EG-Baumusterprüfbescheinigung zurückzuziehen, wenn das Spielzeug die Anforderungen gemäß § 3 Abs. 1 Z 1 oder 2 nicht erfüllt.

(8) Die technischen Unterlagen und der Schriftverkehr betreffend die EG-Baumusterprüfverfahren sind von der Konformitätsbewertungsstelle in einer leicht verständlichen Sprache zu verfassen.

Technische Unterlagen

§ 12. (1) Die technischen Unterlagen müssen alle sachdienlichen Angaben über die Mittel, mit denen der Hersteller sicherstellt, dass das Spielzeug die Anforderungen gemäß § 3 Abs. 1 Z 1 und 2 erfüllt, und insbesondere die in Anlage 4 angeführten Unterlagen enthalten.

(2) Der Hersteller hat zu gewährleisten, dass die technischen Unterlagen der zuständigen Behörde auf deren Verlangen innerhalb einer Frist von 30 Tagen vorgelegt werden. Liegen die technischen Unterlagen, weil sie nicht von einer Konformitätsbewertungsstelle gemäß dieser Verordnung verfasst wurden, in einer Amtssprache der Europäischen Union vor, die nicht als leicht verständlich einzustufen ist, so kann die zuständige Behörde auf begründetes Verlangen die Übersetzung der maßgeblichen Teile innerhalb eine Frist von 30 Tagen vorsehen, sofern nicht eine kürzere Frist gerechtfertigt ist, weil ein ernstes und unmittelbares Risiko vorliegt.

(3) Kommt der Hersteller seinen Verpflichtungen gemäß Abs. 1 oder 2 nicht nach, so kann die zuständige Behörde von ihm verlangen, dass er auf eigene Kosten innerhalb einer Frist von einer Konformitätsbewertungsstelle gemäß § 14 eine Prüfung durchführen lässt, um die Einhaltung der harmonisierten Normen und die Erfüllung der Anforderungen gemäß § 3 Abs. 1 Z 1 und 2 zu überprüfen.

Warnhinweise

§ 13. (1) In den Fällen, in denen es für den sicheren Gebrauch angemessen ist, sind in Warnhinweisen für die Zwecke des § 3 Abs. 1 Z 1 und 2 geeignete Benutzereinschränkungen gemäß Anlage 5 Teil A anzugeben.

(2) Für die in Anlage 5 Teil B angeführten Spielzeugkategorien sind die dort wiedergegebenen Warnhinweise zu verwenden. Die in Anlage 5 Teil B Z 2 bis 10 wiedergegebenen Warnhinweise werden mit dem dortigen Wortlaut verwendet. Das Spielzeug darf nicht mit einem oder mehreren der in Anlage 5 Teil B genannten spezifischen Warnhinweise versehen werden, wenn diese dem bestimmungsgemäßen Gebrauch des Spielzeugs auf Grund seiner Funktionen, Abmessungen und Eigenschaften widersprechen.

(3) Der Hersteller hat die Warnhinweise deutlich sichtbar, leicht lesbar, verständlich, in deutscher Sprache und in zutreffender Form auf dem Spielzeug, einem fest angebrachten Etikett oder auf der Verpackung anzubringen und, falls erforderlich, auf der beigefügten Gebrauchsanweisung. Bei ohne Verpackung verkauften kleinen Spielzeugen ist der geeignete Warnhinweis direkt am Spielzeug anzubringen. Die Warnhinweise beginnen mit dem Wort „Achtung". Für die Entscheidung zum Kauf eines Spielzeugs maßgebliche Warnhinweise, wie etwa zur Angabe des Mindest- und Höchstalters der Benutzer, sowie die sonstigen einschlägigen Warnhinweise gemäß Anlage 5, sind auf der Verpackung anzugeben oder müssen in anderer Form für den Verbraucher vor dem Kauf klar erkennbar sein, auch bei einem Online-Kauf.

Konformitätsbewertungsstellen

§ 14. (1) Als Stellen, die Konformitätsbewertungen durchführen dürfen, gelten die gemäß § 73 Abs. 2 LMSVG für die Untersuchung und Begutachtung von Spielzeug autorisierten Personen,

Gebrauchs-gegen-stände

sofern sie in einer im Umfang der erteilten Bewilligung gemäß § 8 des Akkreditierungsgesetz 2012 – AkkG 2012, BGBl. I Nr. 28/2012, in der jeweils geltenden Fassung, akkreditierten Konformitätsbewertungsstelle oder in einer Konformitätsbewertungsstelle in einem anderen Mitglied- oder Vertragsstaat der EU oder EWR-Staat mit einer dieser gleichzuhaltenden Akkreditierung angestellt sind oder vertraglich gebunden sind und in Übereinstimmung mit dem Managementsystem der Konformitätsbewertungsstelle arbeiten. *(BGBl II 2015/195)*

(2) Nur Konformitätsbewertungsstellen, die der Europäischen Kommission notifiziert wurden, dürfen EG-Baumusterprüfungen gemäß § 11 durchführen.

(3) Autorisierte Personen gemäß § 73 Abs. 2 LMSVG, die beabsichtigen, Konformitätsbewertungen durchzuführen, haben beim Bundesministerium für Gesundheit einen Antrag auf Notifizierung zu stellen. Dabei sind

1. die Bewilligung gemäß § 73 Abs. 2 LMSVG,
2. der Akkreditierungsbescheid, einschließlich Akkreditierungsumfang, und
3. der Abschluss einer Haftpflichtversicherung

vorzulegen. Weiters sind die Unabhängigkeit, Unparteilichkeit, der Ausschluss jeglicher Einflussnahme durch Dritte und die Einhaltung des Berufsgeheimnisses nachzuweisen.

(4) Das Bundesministerium für Gesundheit hat die Notifikation an die Europäische Kommission gemäß Abs. 2 vorzunehmen, wenn alle Voraussetzungen gemäß Abs. 3 erfüllt sind.

(5) Die Konformitätsbewertungsstelle ist verpflichtet, dem Bundesministerium für Gesundheit

1. jede wesentliche Änderung anzuzeigen, welches für den Fall, dass die Voraussetzungen gemäß Abs. 3 nicht mehr gegeben sind, berechtigt ist, die Notifikation bei der Europäischen Kommission zurückzunehmen.
2. jede Verweigerung, Einschränkung, Aussetzung oder Rücknahme von EG-Baumusterprüfbescheinigungen unter Angabe der Gründe mitzuteilen.

Personenbezogene Bezeichnungen

§ 15. Bei den in dieser Verordnung verwendeten personenbezogenen Bezeichnungen gilt die gewählte Form für beide Geschlechter.

Inkrafttreten und Übergangsbestimmung

§ 16. (1) Diese Verordnung tritt mit 20. Juli 2011 in Kraft. Mit dem Inkrafttreten dieser Verordnung tritt die Spielzeugverordnung, BGBl. Nr. 823/1994, geändert durch BGBl. II Nr. 245/2003, außer Kraft.

„(2)" Spielzeug, das mit Ausnahme der Anforderungen in Anlage 2 Teil III sämtliche Anforderungen dieser Verordnung erfüllt, sofern dieses Spielzeug die Anforderungen in Anlage 2 Teil II Z 3 der Spielzeugverordnung, BGBl. Nr. 823/1994 erfüllt, darf bis zum Abbau der Bestände in Verkehr belassen werden, sofern es vor dem 20. Juli 2013 erstmalig in Verkehr gebracht wurde. *(BGBl II 2019/387)*

(3) Spielzeug, das hinsichtlich Aluminium nicht der Anlage 2 Teil III Z 12, sondern den bisher geltenden Bestimmungen entspricht, darf noch bis 19. Mai 2021 in Verkehr gebracht und belassen werden. Spielzeug, das hinsichtlich Formaldehyd nicht der Anlage 2 Anhang C dieser Verordnung, sondern den bisher geltenden Bestimmungen entspricht, darf noch bis 20. Mai 2021 in Verkehr gebracht und belassen werden. *(BGBl II 2021/213)*

Umsetzungshinweis

§ 17. Durch diese Verordnung wird die Richtlinie 2009/48/EG über die Sicherheit von Spielzeug, ABl. Nr. L 170 vom 30.06.2009, S. 1, in der Fassung der Richtlinie (EU) 2019/1929, ABl. Nr. L 299 vom 20.11.2019, S. 51, in österreichisches Recht umgesetzt.

(BGBl II 2021/213)

Anlage 1

Liste von Produkten, die gemäß dieser Verordnung nicht als Spielzeug gelten

1. Dekorative Gegenstände für festliche Anlässe und Feierlichkeiten,
2. Produkte für Sammler, sofern auf dem Produkt oder seiner Verpackung ein sichtbarer und leserlicher Hinweis angebracht ist, wonach das Produkt für Sammler, die mindestens 14 Jahre alt sind, bestimmt ist. Zu dieser Kategorie gehören:
    a) original- und maßstabsgetreue Kleinmodelle,
    b) Bausätze von original- und maßstabsgetreuen Kleinmodellen,
    c) Folklore- und Dekorationspuppen und ähnliche Artikel,
    d) Nachbildungen von historischem Spielzeug und
    e) Nachahmungen echter Schusswaffen.

8/1. SpielzeugV 2011
Anlage 1, 2

3. Sportgeräte einschließlich Rollschuhe, Inlineskates und Skateboards für Kinder mit einem Körpergewicht über 20 kg,
4. Fahrräder mit einer maximalen Sattelhöhe von mehr als 435 mm, gemessen als vertikaler Abstand vom Boden bis hin zum oberen Teil der Sitzfläche, mit dem Sitz in horizontaler Position und mit dem Sitzkissen in seiner kleinsten Einraststellung,
5. Roller und andere Fortbewegungsmittel, die als Sportgeräte konzipiert sind oder die für die Fortbewegung auf öffentlichen Straßen oder öffentlichen Wegen bestimmt sind,
6. elektrisch betriebene Fahrzeuge, die zur Fortbewegung auf öffentlichen Straßen und Wegen oder auf den öffentlichen Gehsteigen bestimmt sind,
7. Wassersportgeräte zur Verwendung in tiefem Wasser und Schwimmlernmittel für Kinder, wie Schwimmsitze und Schwimmhilfen,
8. Puzzlespiele mit mehr als 500 Teilen,
9. mit Druckgas betriebene Gewehre und Pistolen mit Ausnahme von Wassergewehren und -pistolen sowie Bogen zum Bogenschießen, die über 120 cm lang sind,
10. Feuerwerkskörper einschließlich Amorces, die nicht speziell für Spielzeug bestimmt sind,
11. Produkte und Spiele mit spitz zulaufenden Wurfgeschossen, wie Pfeilspiele, bei denen Pfeile mit Metallspitzen verwendet werden,
12. funktionelle Lernprodukte, wie Kochherde, Bügeleisen und andere funktionelle Produkte, die mit einer Nennspannung von mehr als 24 Volt betrieben und ausschließlich für didaktische Zwecke zur Verwendung unter Aufsicht eines Erwachsenen verkauft werden,
13. Produkte, die für den Unterricht an Schulen und für sonstige Ausbildungssituationen unter der Aufsicht eines erwachsenen Ausbilders bestimmt sind, wie wissenschaftliche Geräte,
14. „elektronische Geräte wie Personalcomputer und Spielkonsolen zum Zugriff auf interaktive Software und angeschlossene Peripheriegeräte, sofern die elektronischen Geräte oder die angeschlossenen Peripheriegeräte nicht speziell für Kinder konzipiert und für diese bestimmt sind und für sich allein bereits einen Spielwert haben, wie speziell konzipierte Personalcomputer, Tastaturen, Joysticks oder Lenkräder," *(BGBl II 2015/195)*
15. interaktive Software für Freizeit und Unterhaltung wie Computerspiele und ihre Speichermedien (etwa CDs),
16. Schnuller,
17. Leuchten, die von Kindern für Spielzeug gehalten werden können,
18. elektrische Transformatoren für Spielzeug,
19. „Mode-Accessoires für Kinder, die nicht für den Gebrauch beim Spielen gedacht sind." *(BGBl II 2015/195)*

Anlage 2

Besondere Sicherheitsanforderungen

I. Physikalische und mechanische Eigenschaften

1. Spielzeug und Teile davon und bei befestigten Spielzeugen deren Befestigungen müssen die erforderliche mechanische Festigkeit und gegebenenfalls die erforderliche Standsicherheit besitzen, um Beanspruchungen bei ihrem Gebrauch standzuhalten, ohne dass durch Bruch oder Verformung das Risiko von Körperverletzungen entsteht.
2. Zugängliche Ecken, vorstehende Teile, Seile, Kabel und Befestigungen eines Spielzeugs sind so zu gestalten und herzustellen, dass das Risiko von Verletzungen bei ihrer Berührung so gering wie möglich ist.
3. „Spielzeug ist so zu gestalten und herzustellen, dass es kein Risiko bzw. nur das geringstmögliche Risiko in sich birgt, das durch die Bewegung seiner Teile verursacht wird." *(BGBl II 2015/195)*
4. a) Spielzeuge und Teile davon müssen das Risiko der Strangulation ausschließen.
   b) Spielzeuge und Teile davon müssen das Risiko des Erstickens ausschließen, das durch eine Unterbrechung des Atemluftstroms durch eine Blockierung der Atemwege außerhalb des Mund- und Nasenraums entsteht.
   c) Spielzeuge und Teile davon dürfen keine Abmessungen aufweisen, die das Risiko des Erstickens durch eine Unterbrechung des Atemluftstroms

durch Blockierung der inneren Atemwege durch Gegenstände beinhalten, die sich in Mund oder Rachen verklemmen oder am Eingang zu den unteren Atemwegen stecken bleiben.

d) Spielzeug, das offensichtlich zur Verwendung durch Kinder unter 36 Monaten bestimmt ist, seine Bestandteile sowie seine abnehmbaren Teile müssen so groß sein, dass sie nicht verschluckt oder eingeatmet werden können. Dies gilt auch für anderes Spielzeug, das dazu bestimmt ist, in den Mund genommen zu werden, sowie für dessen Bestandteile und ablösbaren Teile.

e) Bei der Verpackung, in der Spielzeug in den Einzelhandel gelangt, muss das Risiko der Strangulation oder des Erstickens durch eine Blockierung der Atemwege außerhalb des Mund- und Nasenraums ausgeschlossen sein.

f) In Lebensmitteln enthaltenes Spielzeug oder zusammen mit einem Lebensmittel angebotenes Spielzeug muss mit einer eigenen Verpackung versehen sein. Diese Verpackung muss in ihrem Lieferzustand so groß sein, dass sie nicht verschluckt und/oder eingeatmet werden kann.

g) Spielzeugverpackungen gemäß lit. e und f, die kugelförmig, eiförmig oder ellipsenförmig sind, sowie abnehmbare Teile solcher Verpackungen oder von zylinderförmigen Spielzeugverpackungen mit abgerundeten Enden müssen solche Abmessungen aufweisen, dass es nicht zu einer Blockierung der Atemwege kommen kann, indem sie sich in Mund oder Rachen verklemmen oder am Eingang zu den unteren Atemwegen stecken bleiben.

h) „Spielzeug, das mit einem Lebensmittel fest auf eine Weise verbunden ist, dass das Lebensmittel erst verzehrt werden muss, damit das Spielzeug zugänglich wird, ist verboten. Teile von Spielzeug, die auf andere Weise unmittelbar an einem Lebensmittel angebracht sind, müssen die in den lit. c und d genannten Anforderungen erfüllen." *(BGBl II 2015/195)*

5. Wasserspielzeug ist so zu gestalten und herzustellen, dass das Risiko eines Nachlassens der Schwimmfähigkeit des Spielzeugs und des dem Kind gebotenen Halts bei der für das Spielzeug empfohlenen Benutzungsart so gering wie möglich ist.

6. Spielzeug, zu dessen Innerem Zugang besteht und das somit einen geschlossenen Raum für den Benutzer bildet, muss einen Ausgang besitzen, den die vorgesehenen Benutzer leicht von innen öffnen können.

7. „Spielzeug, das seinen Benutzern Beweglichkeit verleiht, ist nach Möglichkeit mit dem Spielzeugtyp angepassten Bremsvorrichtungen zu versehen, die der Bewegungsenergie des Spielzeugs angemessen sind. Diese Vorrichtung muss von den Benutzern leicht und ohne das Risiko, dass sie durch Schleudern zu Fall kommen, oder ohne Verletzungsrisiken für Benutzer oder Dritte, gebraucht werden können. Die bauartbedingte Höchstgeschwindigkeit von elektrisch angetriebenen Aufsitzfahrzeugen muss so beschränkt werden, dass das Verletzungsrisiko so gering wie möglich ist." *(BGBl II 2015/195)*

8. Form und Aufbau von Projektilen und die Bewegungsenergie, die diese beim Abschuss durch ein hierfür vorgesehenes Spielzeug entfalten können, sind so zu wählen, dass für den Benutzer des Spielzeugs oder für Dritte unter Berücksichtigung der Art des Spielzeugs keine Verletzungsgefahr besteht.

9. Spielzeug ist so herzustellen, dass

   a) die höchste und niedrigste Temperatur, die von allen zugänglichen Außenseiten erreicht wird, bei Berührung keine Verletzung verursacht, und

   b) „Flüssigkeiten und Gase in dem Spielzeug keine so hohen Temperaturen oder Drücke erreichen, dass bei ihrem Entweichen – soweit dieses Entweichen für das ordnungsgemäße Funktionieren des Spielzeugs unerlässlich ist – Verbrennungen, Verbrühungen oder sonstige Körperschäden verursacht werden können." *(BGBl II 2015/195)*

10. Spielzeug, das dafür konzipiert ist, ein Geräusch abzugeben, ist in Bezug auf die Höchstwerte der durch dieses Spielzeug verursachten Impulsgeräusche und Dauergeräusche so zu gestalten und herzustellen, dass das Geräusch dem Gehör von Kindern nicht schadet.

11. Aktivitätsspielzeug ist so herzustellen, dass das Risiko des Quetschens oder

Einklemmens von Körperteilen oder des Einklemmens von Kleidungsstücken sowie das Risiko von Stürzen und Stößen und das Risiko des Ertrinkens so gering wie möglich gehalten wird. Insbesondere ist jede Oberfläche eines derartigen Spielzeugs, auf der ein Kind oder mehrere Kinder spielen können, so zu gestalten, dass sie das Gewicht dieser Kinder tragen kann.

II. Entzündbarkeit

1. Spielzeug darf in der Umgebung des Kindes keinen gefährlichen entzündbaren Gegenstand darstellen. Es muss daher aus Materialien bestehen, die eine oder mehrere der folgenden Bedingungen erfüllen:

   a) Sie fangen bei direkter Einwirkung einer Flamme, eines Funkens oder einer anderen möglichen Zündquelle kein Feuer.

   b) Sie sind schwer entzündbar (d. h. die Flamme erlischt, sobald die Entzündungsursache nicht mehr besteht).

   c) Nachdem sie Feuer gefangen haben, brennen sie langsam und ermöglichen nur eine langsame Ausbreitung des Feuers.

   d) Ungeachtet der chemischen Zusammensetzung des Spielzeugs sind sie so gestaltet, dass sie den Abbrand mechanisch verlangsamen. Solche brennbaren Materialien dürfen keine Entzündungsgefahr für andere im Spielzeug verwendeten Materialien darstellen.

2. Spielzeug, das auf Grund von für seinen Gebrauch notwendigen Eigenschaften Stoffe oder Gemische enthält, die die Kriterien für die Einstufung nach Anhang B Z 1 erfüllen, insbesondere Materialien und Ausrüstung für chemische Experimente, Modellbau, Modelliermassen für Plastik oder Keramik, Emaillieren sowie fotografische und ähnliche Arbeiten, darf keine Stoffe oder Gemische enthalten, die bei Verlust nicht entzündbarer Bestandteile entzündbar werden können.

3. Spielzeug außer Amorces darf bei Gebrauch gemäß § 3 Abs. 1 Z 1 weder explosiv sein noch explosive Teile oder Stoffe enthalten.

4. Spielzeug, insbesondere chemische Spiele und Spielzeuge, darf keine Stoffe oder Gemische enthalten:

   a) die in vermischtem Zustand entweder durch chemische Reaktionen oder Erhitzung explodieren können;

   b) die durch Vermischung mit oxidierenden (brandfördernden) Stoffen explodieren können oder

   c) die flüchtige und an der Luft entzündbare Verbindungen enthalten, die ein entzündbares oder explosives Gemisch mit Luft bilden können.

III. Chemische Eigenschaften

1. „Spielzeug ist so zu gestalten und herzustellen, dass bei Gebrauch gemäß § 3 Abs. 1 Z 1 kein Risiko einer Beeinträchtigung der menschlichen Gesundheit im Fall der Exposition gegenüber den chemischen Stoffen oder Gemischen, aus denen es zusammengesetzt ist oder die es enthält, besteht. Spielzeug muss den einschlägigen Rechtsvorschriften für bestimmte Gruppen von Erzeugnissen bzw. über Einschränkungen für bestimmte Stoffe und Gemische entsprechen." *(BGBl II 2015/195)*

2. Spielzeug, bei dem es sich selbst um Stoffe oder Gemische handelt, muss auch

   a) „der Chemikalienverordnung 1999 – ChemV, BGBl. II Nr. 81/2000, zuletzt geändert durch BGBl. II Nr. 393/2008," *(BGBl II 2013/38)*

   b) „dem Chemikaliengesetz 1996 – ChemG 1996, BGBl. I Nr. 53/1997, in der Fassung des Bundesgesetzes BGBl. I Nr. 97/2013, und" *(BGBl II 2015/195)*

   c) der Verordnung (EG) Nr. 1272/2008 über die Einstufung, Kennzeichnung und Verpackung von Stoffen und Gemischen, zur Änderung und Aufhebung der Richtlinien 67/548/EWG und 1999/45/EG und zur Änderung der Verordnung (EG) Nr. 1907/2006, ABl. Nr. L 353 vom 31. Dezember 2008 in der jeweils geltenden Fassung, – soweit anwendbar – in Bezug auf die Einstufung, Verpackung und Kennzeichnung bestimmter Stoffe und Gemische

   entsprechen.

3. Unbeschadet der geltenden Einschränkungen gemäß Z 1 zweiter Satz dürfen Stoffe, die gemäß der Verordnung (EG) Nr. 1272/2008 als karzinogen, mutagen oder reproduktionstoxisch (CMR) der Kategorie 1A, 1B oder 2 eingestuft wurden, in Spielzeug, in Spielzeugkomponenten oder in auf Grund ihrer Mi-

8/1. SpielzeugV 2011
Anlage 2

krostruktur unterscheidbaren Spielzeugkomponenten nicht verwendet werden.

4. Abweichend von Z 3 dürfen Stoffe oder Gemische, die als CMR der in Anhang B Z 3 genannten Kategorien eingestuft sind, in Spielzeug, in Spielzeugkomponenten oder in auf Grund ihrer Mikrostruktur unterscheidbaren Spielzeugkomponenten unter mindestens einer der folgenden Voraussetzungen verwendet werden:
   a) Diese Stoffe und Gemische sind in Einzelkonzentrationen enthalten, die den einschlägigen Konzentrationen entsprechen, die in den einschlägigen Rechtsvorschriften festgelegt wurden, auf die in Anhang B Z 2 für die Einstufung von Gemischen, die diese Stoffe enthalten, verwiesen wird, oder die kleiner sind als diese;
   b) diese Stoffe und Gemische sind in keiner Form für Kinder zugänglich, auch nicht durch Einatmen, wenn das Spielzeug wie in § 3 Abs. 1 Z 1 angegeben benutzt wird;
   c) es wurde eine Entscheidung gemäß Artikel 46 Absatz 3 der Richtlinie 2009/48/EG über die Sicherheit von Spielzeug, ABl. Nr. L 170 vom 30. Juni 2009, getroffen, den Stoff oder das Gemisch sowie dessen Verwendung zuzulassen, und der betreffende Stoff oder das Gemisch und die erlaubten Verwendungen wurden in Anhang A angeführt.

5. Abweichend von Z 3 dürfen Stoffe oder Gemische, die als CMR der in Anhang B Z 4 genannten Kategorien eingestuft sind, in Spielzeug, in Spielzeugkomponenten oder in auf Grund ihrer Mikrostruktur unterscheidbaren Spielzeugkomponenten unter folgenden Voraussetzungen verwendet werden:
   a) Diese Stoffe und Gemische sind in Einzelkonzentrationen enthalten, die den einschlägigen Konzentrationen entsprechen, die in den Rechtsvorschriften festgelegt wurden, auf die in Anhang B Z 2 für die Einstufung von Gemischen, die diese Stoffe enthalten, verwiesen wird, oder die kleiner sind als diese; oder
   b) diese Stoffe und Gemische sind in keiner Form für Kinder zugänglich, auch nicht durch Einatmen, wenn das Spielzeug wie in § 3 Abs. 1 Z 1 angegeben benutzt wird; oder
   c) es wurde eine Entscheidung gemäß Artikel 46 Absatz 3 der Richtlinie 2009/48/EG getroffen, den Stoff oder das Gemisch sowie dessen Verwendung zuzulassen, und der betreffende Stoff oder das Gemisch und die erlaubten Verwendungen wurden in Anhang A angeführt.

6. Die Z 3, 4 und 5 gelten nicht für Nickel in rostfreiem Stahl.

7. Die Z 3, 4 und 5 gelten nicht für Materialien, die die in Anhang C festgelegten spezifischen Grenzwerte einhalten, oder bis solche Bestimmungen festgelegt wurden, jedoch nicht länger als bis zum 20. Juli 2017 für Materialien, die durch die Bestimmungen für Materialien, die mit Lebensmitteln in Berührung kommen, gemäß der Verordnung (EG) Nr. 1935/2004 über Materialien und Gegenstände, die dazu bestimmt sind, mit Lebensmitteln in Berührung zu kommen und zur Aufhebung der Richtlinien 80/590/EWG und 89/109/EWG, ABl. Nr. L 338 vom 13. November 2004 in der jeweils geltenden Fassung, und den damit in Zusammenhang stehenden speziellen Maßnahmen für besondere Materialien abgedeckt werden und diesen entsprechen.

8. Unbeschadet der Anwendung der Z 3 und 4 dürfen Nitrosamine und nitrosierbare Stoffe nicht in Spielzeug verwendet werden, das zur Verwendung durch Kinder unter 36 Monaten bestimmt ist, oder in Spielzeug, das in den Mund gesteckt werden soll, wenn die Migration der Stoffe 0,05 mg/kg für Nitrosamine und 1 mg/kg für nitrosierbare Stoffe entspricht oder diesen Gehalt überschreitet.

9. „Kosmetikspielzeug wie Spiel-Kosmetik für Puppen muss hinsichtlich der Zusammensetzung und Etikettierung der Verordnung (EG) Nr. 1223/2009 über kosmetische Mittel (ABl. Nr. L 342 vom 22. Dezember 2009) entsprechen."
(BGBl II 2015/195)

10. Spielzeug darf keinen der folgenden allergenen Duftstoffe enthalten:

Nr.	Bezeichnung des allergenen Duftstoffs	CAS-Nummer
(1)	Alantwurzelöl (Inula helenium)	97676-35-2
(2)	Allylisothiocyanat	57-06-7
(3)	Benzylcyanid	140-29-4
(4)	4-tert-Butylphenol	98-54-4
(5)	Chenopodiumöl	8006-99-3
(6)	Cyclamenalkohol	4756-19-8

8/1. SpielzeugV 2011
Anlage 2

(7)	Diethylmaleat	141-05-9
(8)	Dihydrocumarin	119-84-6
(9)	2,4-Dihydroxy-3-methylbenzaldehyd	6248-20-0
(10)	3,7-Dimethyl-2-octen-1-ol (6,7-Dihydrogeraniol)	40607-48-5
(11)	4,6-Dimethyl-8-tert-butylcumarin	17874-34-9
(12)	Dimethylcitraconat	617-54-9
(13)	7,11-Dimethyl-4,6,10-dodecatrien-3-on	26651-96-7
(14)	6,10-Dimethyl-3,50,9-undecatrien-2-on	141-10-6
(15)	Diphenylamin	122-39-4
(16)	Ethylacrylat	140-88-5
(17)	Ficus carica (Feigenblätter), frisch und in Zubereitungen	68916-52-9
(18)	trans-2-Heptenal	18829-55-5
(19)	trans-2-Hexenaldiethylacetal	67746-30-9
(20)	trans-2-Hexenaldimethylacetal	18318-83-7
(21)	Hydroabietylalkohol	13393-93-6
(22)	4-Ethoxyphenol	622-62-8
(23)	6-Isopropyl-2-decahydronaphthalinol	34131-99-2
(24)	7-Methoxycoumarin	531-59-9
(25)	4-Methoxyphenol	150-76-5
(26)	4-(p-Methoxyphenyl)-3-buten-2-on	943-88-4
(27)	1-(p-Methoxyphenyl)-1-penten-3-on	104-27-8
(28)	Methyl-trans-2-butenoat	623-43-8
(29)	6-Methylcumarin	92-48-8
(30)	7-Methylcumarin	2445-83-2
(31)	5-Methyl-2,3-hexandion	13706-86-0
(32)	Costuswurzelöl (Saussurea lappa Clarke)	8023-88-9
(33)	7-Ethoxy-4-methylcumarin	87-05-8
(34)	Hexahydrocumarin	700-82-3
(35)	Perubalsam, roh (Exudation aus Myroxylon pereirae (Royle) Klotzsch)	8007-00-9
(36)	2-Pentylidencyclohexanon	25677-40-1
(37)	3, 6, 10-Trimethyl-3, 5, 9-undecatrien-2-on	1117-41-5
(38)	Verbenaöl (Lippia citriodora Kunth)	8024-12-2
(39)	Moschus Ambrette (4-tert-Butyl-3-methoxy-2,6-dinitrotoluol)	83-66-9
(40)	4-Phenyl-3-buten-2-on	122-57-6
(41)	Amyl-Zimtaldehyd	122-40-7
(42)	Amylcinnamylalkohol	101-85-5
(43)	Benzylalkohol	100-51-6
(44)	Benzylsalicylat	118-58-1
(45)	Cinnamylalkohol	104-54-1
(46)	Zimtaldehyd	104-55-2
(47)	Citral	5392-40-5
(48)	Cumarin	91-64-5
(49)	Eugenol	97-53-0
(50)	Geraniol	106-24-1
(51)	Hydroxycitronellal	107-75-5
(52)	Hydroxymethylpentylcyclohexencarboxaldehyd	31906-04-4
(53)	Isoeugenol	97-54-1
(54)	Eichenmoosextrakt	90028-68-5
(55)	Baummoosextrakt	90028-67-4

Allerdings dürfen Spuren dieser Duftstoffe vorhanden sein, sofern dies auch bei Einhaltung der guten Herstellungspraxis technisch unvermeidlich ist und sofern 100 mg/kg nicht überschritten werden.

Ferner müssen die Bezeichnungen der folgenden allergenen Duftstoffe auf dem Spielzeug, einem daran befestigten Etikett, der Verpackung oder einem Begleitzettel angegeben werden, wenn sie einem Spielzeug in Konzentration von mehr als 100 mg/kg im Spielzeug oder Teilen davon zugesetzt werden:

Nr.	Bezeichnung des allergenen Duftstoffs	CAS-Nummer
(1)	Anisylalkohol	105-13-5
(2)	Benzylbenzoat	120-51-4
(3)	Benzylcinnamat	103-41-3
(4)	Citronellol	106-22-9
(5)	Farnesol	4602-84-0
(6)	Hexylzimtaldehyd	101-86-0
(7)	Lilial	80-54-6
(8)	d-Limonen	5989-27-5
(9)	Linalool	78-70-6
(10)	Methylheptincarbonat	111-12-6
(11)	3-Methyl-4-(2,6,6-trimethyl-2-cyclohexen-1-yl)-3-buten-2-on	127-51-5

11. Die Verwendung der Duftstoffe, die in den Nummern 41 bis 55 der in Z 10 erster Absatz angeführten Liste enthalten sind, sowie der Duftstoffe, die in den Nummern 1 bis 11 der in Z 10 dritter Absatz dieser Nummer angeführten Liste enthalten sind, sind in Brettspielen für den Geruchssinn, Kosmetikkoffern und Spielen für den Geschmackssinn erlaubt, sofern

a) diese Duftstoffe klar auf der Verpackung gekennzeichnet sind und auf der Verpa-

Gebrauchsgegenstände

8/1. SpielzeugV 2011
Anlage 2

ckung der in Anlage 5 Teil B Z 10 genannte Warnhinweis enthalten ist,
b) gegebenenfalls die damit von dem Kind gemäß der Gebrauchsanweisung hergestellten Produkte den Anforderungen der Kosmetikverordnung entsprechen, und
c) diese Duftstoffe gegebenenfalls mit den einschlägigen Rechtsvorschriften über Nahrungsmittel in Einklang stehen. Derartige Brettspiele für den Geruchssinn, Kosmetikkoffer und Spiele für den Geschmackssinn dürfen von Kindern unter 36 Monaten nicht verwendet werden und müssen Anlage 5 Teil B Z 1 entsprechen.

12. Unbeschadet der Z 3, 4 und 5 dürfen die folgenden Migrationsgrenzwerte von Spielzeug oder Spielzeugbestandteilen nicht überschritten werden:

Element	mg/kg in trockenen, brüchigen, staubförmigen oder geschmeidigen Spielzeugmaterialien	mg/kg in flüssigen oder haftenden Spielzeugmaterialien	mg/kg in abgeschabten Spielzeugmaterialien
Aluminium	„2 250" (BGBl II 2021/213)	„560" (BGBl II 2021/213)	„28 130" (BGBl II 2021/213)
Antimon	45	11,3	560
Arsen	3,8	0,9	47
„Barium" (BGBl II 2015/195)	1 500	375	18 750
Bor	1 200	300	15 000
„Cadmium" (BGBl II 2013/38)	1,3	0,3	17
Chrom (III)	37,5	9,4	460
Chrom (VI)	0,02	0,005	„0,053" (BGBl II 2019/387)
Cobalt	10,5	2,6	130
Kupfer	622,5	156	7 700
„Blei" (BGBl II 2018/272)	2,0	0,5	23
Mangan	1 200	300	15 000
Quecksilber	7,5	1,9	94
Nickel	75	18,8	930
Selen	37,5	9,4	460
Strontium	4 500	1 125	56 000
Zinn	15 000	3 750	180 000
Organozinnverbindungen	0,9	0,2	12
Zink	3 750	938	46 000

Diese Grenzwerte gelten nicht für Spielzeug oder Spielzeugbestandteile, das/die beim Gebrauch gemäß § 3 Abs. 1 Z 1 durch seine/ihre Zugänglichkeit, seine/ihre Funktion, sein/ihr Volumen oder seine/ihre Masse jegliche Gefährdung durch Saugen, Lecken, Verschlucken oder längeren Hautkontakt eindeutig ausschließt/ ausschließen.

IV. Elektrische Eigenschaften

1. Bei elektrischem Spielzeug darf die Nennspannung höchstens 24 Volt Gleichspannung oder die entsprechende Wechselspannung betragen, und an keinem zugänglichen Teil dürfen 24 Volt Gleichspannung oder die entsprechende Wechselspannung überschritten werden. Die innere Spannung darf 24 Volt Gleichspannung oder die entsprechende Wechselspannung nur dann überschreiten, wenn sichergestellt ist, dass die Kombination von Spannung und Stromstärke auch bei defektem Spielzeug kein Risiko bildet oder keinen schädlichen Stromschlag verursacht.

2. Teile von Spielzeug, die mit einer Stromquelle verbunden sind, die einen Stromschlag verursachen kann, oder mit einer solchen in Berührung kommen können, sowie Kabel und andere Leiter, durch die diesen Teilen Strom zugeführt wird, müssen gut isoliert und mechanisch geschützt sein, um das Risiko eines Stromschlags auszuschließen.

3. Elektrisches Spielzeug ist so zu gestalten und herzustellen, dass alle unmittelbar zugänglichen Außenflächen keine Temperaturen erreichen, die bei Berührung Verbrennungen verursachen.

4. Bei voraussehbaren Fehlerzuständen muss Spielzeug Schutz vor elektrischen Gefahren bieten, die von einer Stromquelle ausgehen.

5. Elektrisches Spielzeug muss angemessenen Schutz vor Brandgefahren bieten.

6. Elektrisches Spielzeug ist so zu gestalten und herzustellen, dass elektrische, magnetische und elektromagnetische Felder und sonstige durch die Betriebsmittel erzeugte Strahlungen auf das für den Betrieb des Spielzeugs notwendige Maß beschränkt werden; ferner muss Spielzeug nach dem allgemein anerkannten Stand der Technik

und den einschlägigen „Maßnahmen" der Union sicher betrieben werden. *(BGBl II 2015/195)*

7. Spielzeug mit einem elektronischen Steuersystem ist so zu gestalten und herzustellen, dass es auch dann sicher betrieben werden kann, wenn es bei dem elektronischen System zu Störungen kommt oder wenn dieses wegen eines Defekts in ihm selbst oder auf Grund äußerer Einflüsse ausfällt.

8. Spielzeug ist so zu gestalten und herzustellen, dass von ihm keine Gesundheitsgefahren oder Verletzungsrisiken für Augen oder Haut durch Laser, Leuchtdioden (LED) oder andere Arten von Strahlung ausgehen.

9. Der Transformator für elektrisches Spielzeug darf keinen Bestandteil des Spielzeugs bilden.

V. Hygiene

1. Spielzeug ist so zu gestalten und herzustellen, dass es die Anforderungen an Hygiene und Sauberkeit erfüllt, damit jegliches Infektions-, Krankheits- oder Kontaminationsrisiko vermieden wird.

2. Spielzeug, das zur Verwendung durch Kinder unter 36 Monaten bestimmt ist, ist so zu gestalten und herzustellen, dass es gereinigt werden kann. Textilspielzeug muss zu diesem Zweck waschbar sein, es sei denn es enthält einen Mechanismus, der beschädigt werden könnte, wenn er eingeweicht wird. Das Spielzeug muss die Sicherheitsanforderungen auch nach der Reinigung gemäß dieser Ziffer und den Anweisungen des Herstellers erfüllen.

VI. Radioaktivität

Spielzeug muss allen einschlägigen im Rahmen von Kapitel III des Vertrags zur Gründung der Europäischen Atomgemeinschaft erlassenen Vorschriften entsprechen.

8/1. SpielzeugV 2011
Anlage 2, Anhang B

Anlage 2, Anhang A

Liste der CMR-Stoffe und ihrer erlaubten Verwendungen gemäß Anlage 2 Teil III Z 4, 5 und 6

Stoff	Einstufung	Erlaubte Verwendung
Nickel	CMR 2	In Spielzeug und Spielzeugteilen aus nichtrostendem Stahl
		In Spielzeugteilen, die elektrischen Strom leiten sollen

(BGBl II 2015/195)

Anlage 2, Anhang B

Einstufung von Stoffen und Gemischen

Wegen des Zeitplans für die Durchführung der Verordnung (EG) Nr. 1272/2008 bestehen gleichwertige Arten des Verweises auf eine bestimmte Einstufung, die zu verschiedenen Zeitpunkten zu benutzen sind.

1. **Kriterien für die Einstufung von Stoffen und Gemischen für die Zwecke von Anlage 2 Teil II Z 2**

A. Kriterien, die vom 20. Juli 2011 bis zum 31. Mai 2015 gelten:

Stoffe

Der Stoff erfüllt die Kriterien für eine der folgenden in Anhang I der Verordnung (EG) Nr. 1272/2008 angeführten Gefahrenklassen oder -kategorien:

a) Gefahrenklassen 2.1 bis 2.4, 2.6 und 2.7, 2.8 Typen A und B, 2.9, 2.10, 2.12, 2.13 Kategorien 1 und 2, 2.14 Kategorien 1 und 2, 2.15 Typen A bis F;

b) Gefahrenklassen 3.1 bis 3.6, 3.7 Beeinträchtigung der Sexualfunktion und Fruchtbarkeit sowie der Entwicklung, 3.8 ausgenommen betäubende Wirkungen, 3.9 und 3.10;

c) Gefahrenklasse 4.1;

d) Gefahrenklasse 5.1.

Gemische

Das Gemisch ist gefährlich im Sinne der Chemikalienverordnung 1999.

B. Ab dem 1. Juni 2015 anwendbares Kriterium:

Der Stoff oder das Gemisch erfüllt die Kriterien für eine der folgenden in Anhang I der Verordnung (EG) Nr. 1272/2008 angeführten Gefahrenklassen oder -kategorien:

a) Gefahrenklassen 2.1 bis 2.4, 2.6 und 2.7, 2.8 Typen A und B, 2.9, 2.10, 2.12, 2.13 Kategorien 1 und 2, 2.14 Kategorien 1 und 2, 2.15 Typen A bis F;

b) Gefahrenklassen 3.1 bis 3.6, 3.7 Beeinträchtigung der Sexualfunktion und Fruchtbarkeit sowie der Entwicklung, 3.8 ausgenommen betäubende Wirkungen, 3.9 und 3.10;

c) Gefahrenklasse 4.1;

d) Gefahrenklasse 5.1.

2. **Rechtsvorschriften, die die Verwendung bestimmter Stoffe für die Zwecke von Anlage 2 Teil III Z 4 lit. a und Z 5 lit. a betreffen**

Vom 20. Juli 2011 bis zum 31. Mai 2015 sind die für die Einstufung von Gemischen, die den jeweiligen Stoff enthalten, relevanten Konzentrationswerte die auf Grund des Chemikaliengesetzes 1996 festgelegten Werte.

Ab dem 1. Juni 2015 sind die für die Einstufung von Gemischen, die den jeweiligen Stoff enthalten, relevanten Konzentrationswerte die auf Grund der Verordnung (EG) Nr. 1272/2008 festgelegten Werte.

3. **Kategorien von Stoffen und Gemischen, die für die Zwecke von Anlage 2 Teil III Z 4 als karzinogen, mutagen oder reproduktionstoxisch (CMR) eingestuft sind**

Stoffe

Anlage 2 Teil III Z 4 gilt für Stoffe, die auf Grund der Verordnung (EG) Nr. 1272/2008 als CMR der Kategorie 1A oder 1B eingestuft sind.

Gemische

Vom 20. Juli 2011 bis zum 31. Mai 2015 gilt Anlage 2 Teil III Z 4 für Gemische, die auf Grund des Chemikaliengesetzes 1996 und der Chemikalienverordnung 1999 – soweit anwendbar – als CMR der Kategorie 1 bzw. 2 eingestuft sind.

Ab dem 1. Juni 2015 gilt Anlage 2 Teil II Z 4 für Gemische, die auf Grund der Verordnung (EG) Nr. 1272/2008 als CMR der Kategorie 1A oder 1B eingestuft sind.

4. **Kategorien von Stoffen und Gemischen, die für die Zwecke von Anlage 2 Teil III Z 5 als karzinogen, mutagen oder reproduktionstoxisch (CMR) eingestuft sind**

Stoffe

Anlage 2 Teil III Z 5 gilt für Stoffe, die auf Grund der Verordnung (EG) Nr. 1272/2008 als CMR der Kategorie 2 eingestuft sind.

Gemische

Vom 20. Juli 2011 bis zum 31. Mai 2015 gilt Anlage 2 Teil III Z 5 für Gemische, die auf

8/1. SpielzeugV 2011
Anlage 2, Anhang C

Grund des Chemikaliengesetzes 1996 und der Chemikalienverordnung – soweit anwendbar – als CMR der Kategorie 3 eingestuft sind.

Ab dem 1. Juni 2015 gilt Anlage 2 Teil III Z 5 für Gemische, die auf Grund der Verordnung (EG) Nr. 1272/2008 als CMR der Kategorie 2 eingestuft sind.

5. **Kategorien von Stoffen und Gemischen, die für die Zwecke von Artikel 46 Absatz 3 Richtlinie 2009/48/EG als karzinogen, mutagen oder reproduktionstoxisch (CMR) eingestuft sind**

Stoffe

Artikel 46 Absatz 3 Richtlinie 2009/48/EG gilt für Stoffe, die auf Grund der Verordnung (EG) Nr. 1272/2008 als CMR der Kategorie 1A oder 1B oder 2 eingestuft sind.

Gemische

Vom 20. Juli 2011 bis zum 31. Mai 2015 gilt Artikel 46 Absatz 3 der Richtlinie 2009/48/EG für Gemische, die auf Grund des Chemikaliengesetzes 1996 und der Chemikalienverordnung 1999 – soweit anwendbar – als CMR der Kategorie 1, 2 oder 3 eingestuft sind.

Ab dem 1. Juni 2015 gilt Artikel 46 Absatz 3 der Richtlinie 2009/48/EG für Gemische, die auf Grund der Verordnung (EG) Nr. 1272/2008 als CMR der Kategorie 1A oder 1B oder 2 eingestuft sind.

Anlage 2, Anhang C

Spezifische Grenzwerte für chemische Stoffe, die in Spielzeug verwendet werden, das zur Verwendung durch Kinder unter 36 Monaten bestimmt ist, bzw. in anderem Spielzeug, das dazu bestimmt ist, in den Mund genommen zu werden

Stoff	CAS-Nummer	Grenzwert
TCEP	115-96-8	5 mg/kg (Gehaltsgrenzwert)
„TCPP" *(BGBl II 2017/13)*	13674-84-5	5 mg/kg (Gehaltsgrenzwert)
TDCP	13674-87-8	5 mg/kg (Gehaltsgrenzwert)
„Bisphenol A" *(BGBl II 2018/272)*	80-05-7	0,04 mg/l (Migrationsgrenzwert) entsprechend den Verfahren nach EN 71-10:2005 und EN 71-11:2005
„Formamid"	75-12-7	20 µg/m³ (Emissionsgrenzwert) nach höchstens 28 Tagen ab Beginn der Emissionsprüfungen bei Spielzeugmaterialien aus Schaumstoff, die mehr als 200 mg/kg (Schwellenwert, der sich auf den Gehalt bezieht) enthalten.
„1,2-Benzisothiazol-3(2H)-on" *(BGBl II 2017/13)*	2634-33-5	5 mg/kg (Gehaltsgrenzwert) in wässrigem Spielzeugmaterial, entsprechend den Verfahren nach EN 71-10:2005 und EN 71-11:2005
„Reaktionsmasse aus: 5-Chlor-2-methyl-4-isothiazolin-3-on [EG-Nr. 247-500-7] und 2-Methyl-2H-isothiazol-3-on [EG-Nr. 220-239-6] (3:1)" *(BGBl II 2017/13)*	55965-84-9	1 mg/kg (Gehaltsgrenzwert) in wässrigem Spielzeugmaterial
„5-Chlor-2-methylisothiazolin-3(2H)-on" *(BGBl II 2017/13)*	26172-55-4	0,75 mg/kg (Gehaltsgrenzwert) in wässrigem Spielzeugmaterial
„2-Methylisothiazolin-3(2H)-on" *(BGBl II 2017/13)*	2682-20-4	0,25 mg/kg (Gehaltsgrenzwert) in wässrigem Spielzeugmaterial
„Phenol" *(BGBl II 2018/272)*	108-95-2	5 mg/l (Migrationsgrenzwert) in polymeren Materialien entsprechend den Verfahren nach EN 71-10:2005 und EN 71-11:2005 10 mg/kg (Gehaltsgrenzwert) als Konservie-

8/1. SpielzeugV 2011
Anlage 2 - 5

„Formaldehyd" (BGBl II 2021/213)	50-00-0	rungsmittel entsprechend den Verfahren nach EN 71-10:2005 und EN 71-11:2005 1,5 mg/l (Migrationsgrenzwert) in polymeren Materialien für Spielzeug 0,1 ml/m3 (Emissionsgrenzwert) in Materialien aus Kunstharzpressholz für Spielzeug 30 mg/kg (Gehaltsgrenzwert) in Textilmaterialien für Spielzeug 30 mg/kg (Gehaltsgrenzwert) in Ledermaterialien für Spielzeug 30 mg/kg (Gehaltsgrenzwert) in Papiermaterialien für Spielzeug 10 mg/kg (Gehaltsgrenzwert) in wasserbasierten Materialien für Spielzeug.

(BGBl II 2015/195)

Anlage 3
EG-Konformitätserklärung

1. Nr. ... (einmalige Kennnummer des Spielzeugs)
2. Name und Anschrift des Herstellers oder seines Bevollmächtigten:
3. Die alleinige Verantwortung für die Ausstellung dieser Konformitätserklärung trägt der Hersteller:
4. Gegenstand der Erklärung (Bezeichnung des Spielzeugs zwecks Rückverfolgbarkeit). Sie enthält eine hinreichend deutliche Farbabbildung, auf der das Spielzeug erkennbar ist.
5. Der unter Z 4 beschriebene Gegenstand der Erklärung erfüllt die einschlägigen Rechtsvorschriften:
6. Angabe der einschlägigen harmonisierten Normen, die zugrunde gelegt wurden, oder Angabe der Spezifikationen, für die die Konformität erklärt wird.
7. Gegebenenfalls: Die Konformitätsbewertungsstelle (Name, Kennnummer)... hat ... (Beschreibung ihrer Maßnahme)... und folgende Bescheinigung ausgestellt:
8. Zusätzliche Angaben: Unterzeichnet für und im Namen von: (Ort und Datum der Ausstellung) (Name, Funktion) (Unterschrift)

Anlage 4
Technische Unterlagen

Die technischen Unterlagen gemäß § 12 umfassen insbesondere Folgendes, sofern für die Bewertung relevant:

a) eine ausführliche Beschreibung von Gestaltung und Herstellung, einschließlich einer Liste der in dem Spielzeug verwendeten Bestandteile und Materialien sowie die Sicherheitsdatenblätter für verwendete chemische Stoffe (erhältlich beim Lieferanten);
b) die gemäß § 10 Abs. 1 durchgeführte(n) Sicherheitsbeurteilung(en);
c) eine Beschreibung des angewendeten Konformitätsbewertungsverfahrens;
d) eine Kopie der EG-Konformitätserklärung;
e) die Anschrift der Herstellungs- und Lagerorte;
f) eine Kopie der Unterlagen, die der Hersteller einer gegebenenfalls beteiligten notifizierten Stelle übermittelt hat;
g) Prüfberichte und eine Beschreibung der Mittel, mit denen der Hersteller die Übereinstimmung der Produktion mit den harmonisierten Normen sicherstellt, falls der Hersteller das Verfahren der internen Fertigungskontrolle nach § 10 Abs. 3 durchlaufen hat; und
h) eine Kopie der EG-Baumusterprüfbescheinigung, eine Beschreibung der Mittel, mit denen der Hersteller die Übereinstimmung der Produktion mit der in der EG-Baumusterprüfbescheinigung beschriebenen Bauart gewährleistet, sowie eine Kopie der Unterlagen, die der Hersteller der Konformitätsbewertungsstelle übermittelt hat, falls der Hersteller gemäß § 11 Abs. 2 das Spielzeug dem Verfahren der EG-Baumusterprüfung unterzogen und das Verfahren der Konformität mit der Bauart durchlaufen hat.

Anlage 5
Warnhinweise
TEIL A
Allgemeine Warnhinweise

Die Benutzereinschränkungen gemäß § 13 Abs. 1 beinhalten wenigstens das Mindest- oder Höchstalter der Benutzer sowie, wo angemessen, die erforderlichen Fähigkeiten der Benutzer, das

Höchst- oder Mindestgewicht des Benutzers sowie den Hinweis, dass das Spielzeug ausschließlich unter Aufsicht von Erwachsenen benutzt werden darf.

TEIL B

Besondere Warnhinweise und Gebrauchsvorschriften für die Benutzung bestimmter Spielzeugkategorien

1. **Spielzeug, das nicht zur Verwendung durch Kinder unter 36 Monaten bestimmt ist**

   Spielzeug, das für Kinder unter 36 Monaten gefährlich sein könnte, muss einen Warnhinweis tragen, beispielsweise: „Nicht für Kinder unter 36 Monaten geeignet." oder „Nicht für Kinder unter drei Jahren geeignet." oder einen Warnhinweis in Form der folgenden Abbildung:

   [Symbol: 0-3 durchgestrichen]

   Diese Warnhinweise müssen durch einen kurzen Hinweis - der auch aus der Gebrauchsanweisung hervorgehen kann - auf die besonderen Gefahren ergänzt werden, die diese Vorsichtsmaßregel erforderlich machen.

   Diese Nummer gilt nicht für Spielzeug, das auf Grund seiner Funktion, seiner Abmessungen, seiner Merkmale und Eigenschaften oder aus anderen zwingenden Gründen ganz offensichtlich nicht für Kinder unter 36 Monaten bestimmt sein kann.

2. **Aktivitätsspielzeug**

   Aktivitätsspielzeug muss den folgenden Warnhinweis tragen: „Nur für den Hausgebrauch."

   Aktivitätsspielzeug, das an einem Gerüst montiert ist, sowie anderem Aktivitätsspielzeug muss gegebenenfalls eine Gebrauchsanweisung beiliegen, in der auf die Notwendigkeit einer regelmäßigen Überprüfung und Wartung der wichtigsten Teile hingewiesen wird (Aufhängung, Befestigung, Verankerung am Boden usw.) und darauf, dass bei Unterlassung solcher Kontrollen Kipp- oder Sturzgefahr bestehen kann. Ebenso müssen Anweisungen für eine sachgerechte Montage gegeben werden sowie Hinweise auf die Teile, die bei falscher Montage zu einer Gefährdung führen können. Es ist anzugeben, wie eine Aufstellungsfläche für das Spielzeug beschaffen sein muss.

3. **Funktionelles Spielzeug**

   Funktionelles Spielzeug muss den folgenden Warnhinweis tragen: „Benutzung unter unmittelbarer Aufsicht von Erwachsenen."

   Ihm muss darüber hinaus eine Gebrauchsanweisung beiliegen, die die Anweisungen für die Verwendung sowie die vom Benutzer einzuhaltenden Vorsichtsmaßregeln enthält mit dem Warnhinweis, dass sich der Benutzer bei ihrer Nichtbeachtung den näher zu bezeichnenden Gefahren aussetzt, die normalerweise mit dem Gerät oder Produkt verbunden sind, deren verkleinertes Modell oder Nachbildung das Spielzeug darstellt. Ferner ist darauf hinzuweisen, dass dieses Spielzeug außer Reichweite von Kindern unter einem bestimmten – vom Hersteller festzulegenden – Alter gehalten werden muss.

4. **Chemisches Spielzeug**

   Unbeschadet der Anwendung der Bestimmungen, die in den geltenden Unionsvorschriften über die Einstufung, Verpackung und Kennzeichnung bestimmter Stoffe und Gemische vorgesehen sind, verweist die Gebrauchsanweisung für Spielzeug, das an sich gefährliche Stoffe oder Gemische enthält, auf den gefährlichen Charakter dieser Stoffe oder Gemische sowie auf die von dem Benutzer einzuhaltenden Vorsichtsmaßregeln, damit die mit dem Gebrauch des Spielzeugs verbundenen Gefahren, die je nach dessen Art kurz zu beschreiben sind, ausgeschaltet werden. Es werden auch die bei schweren Unfällen auf Grund der Verwendung dieser Spielzeugart erforderlichen Erste-Hilfe-Maßnahmen angeführt. Ferner ist darauf hinzuweisen, dass das Spielzeug außer Reichweite von Kindern unter einem bestimmten vom Hersteller festzulegenden Alter gehalten werden muss.

   Neben den in Absatz 1 vorgesehenen Angaben muss chemisches Spielzeug auf der Verpackung den folgenden Warnhinweis tragen: „Nicht geeignet für Kinder unter ... Jahren.[1]) Benutzung unter Aufsicht von Erwachsenen."

   [1]) *Das Alter ist vom Hersteller festzulegen.*

   Als chemisches Spielzeug gelten „insbesondere": Kästen für chemische Versuche, Kästen für Kunststoff-Vergussarbeiten, Miniaturwerkstätten für Keramik-, Email- und photographische Arbeiten und vergleichbares Spielzeug, das zu einer chemischen Reaktion oder vergleichbaren Stoffänderung während des Gebrauchs führt. *(BGBl II 2015/195)*

5. **Schlittschuhe, Rollschuhe, Inline-Skates, Skate-Boards, Roller und Spielzeugfahrräder für Kinder**

   Werden diese Produkte als Spielzeug verkauft, so müssen sie folgenden Warnhinweis tragen:

   „Mit Schutzausrüstung zu benutzen. Nicht im Straßenverkehr zu verwenden."

   Außerdem ist in der Gebrauchsanweisung darauf hinzuweisen, dass das Spielzeug mit Vorsicht zu verwenden ist, da es große Geschicklichkeit verlangt, damit Unfälle des Benutzers oder Dritter durch Sturz oder Zusammenstoß vermieden werden. Angaben zur geeigneten Schutzausrüstung (Schutzhelme, Handschuhe, Knieschützer, Ellbogenschützer usw.) sind ebenfalls zu machen.

6. **Wasserspielzeug**

   Wasserspielzeug muss folgenden Warnhinweis tragen:

   „Nur im flachen Wasser unter Aufsicht von Erwachsenen verwenden."

7. **Spielzeug in Lebensmitteln**

   In Lebensmitteln enthaltenes Spielzeug oder zusammen mit einem Lebensmittel angebotenes Spielzeug muss folgenden Warnhinweis tragen:

   „Enthält Spielzeug. Beaufsichtigung durch Erwachsene empfohlen."

8. **Imitationen von Schutzmasken oder -helmen**

   Imitationen von Schutzmasken oder -helmen müssen folgenden Warnhinweis tragen:

   „Dieses Spielzeug bietet keinen Schutz."

9. **Spielzeug, das dazu bestimmt ist, mittels Schnüren, Bändern, elastischen Bändern oder Gurten an Wiegen, Kinderbetten oder Kinderwagen befestigt zu werden**

   Spielzeug, das dazu bestimmt ist, mittels Schnüren, Bändern, elastischen Bändern oder Gurten an Wiegen, Kinderbetten oder Kinderwagen befestigt zu werden, trägt folgenden Warnhinweis auf der Verpackung, der auch dauerhaft an dem Spielzeug angebracht ist:

   „„„Um mögliche Verletzungen durch Verheddern zu verhindern, ist dieses Spielzeug zu entfernen, wenn das Kind beginnt zu versuchen, auf allen Vieren zu krabbeln."" *(BGBl II 2015/195)*

10. **Verpackung für Duftstoffe in Brettspielen für den Geruchssinn, Kosmetikkoffern und Spielen für den Geschmackssinn**

    Die Verpackung von Duftstoffen in Brettspielen für den Geruchssinn, Kosmetikkoffern und Spielen für den Geschmackssinn, die die in den Nummern 41 bis 55 der Liste in Anlage 2 Teil III Z 10 erster Absatz angeführten Duftstoffe enthalten, muss folgenden Warnhinweis tragen:

    „Enthält Duftstoffe, die Allergien auslösen können".

8/2. Spielzeugkennzeichnungsverordnung

BGBl 1994/1029 idF

1 BGBl II 2012/139

Verordnung des Bundesministers für wirtschaftliche Angelegenheiten über die Kennzeichnung von Spielzeug (Spielzeugkennzeichnungsverordnung)

Auf Grund des § 32 des Bundesgesetzes gegen den unlauteren Wettbewerb 1984, BGBl. Nr. 448, zuletzt geändert durch die UWG-Novelle 1993, BGBl. Nr. 227, und die Kundmachung BGBl. Nr. 422/1994 wird verordnet:

§ 1. „(1)" Spielzeug im Sinne der Spielzeugverordnung, „BGBl. II Nr. 203/2011", darf im Inland nur gewerbsmäßig feilgehalten oder sonst in Verkehr gesetzt werden, wenn es nach den Bestimmungen dieser Verordnung gekennzeichnet ist. *(BGBl II 2012/139)*

(2) Spielzeug, das §§ 2 bis 4 nicht entspricht, darf auf Handelsmessen und Ausstellungen nur ausgestellt und verwendet werden, sofern ein ihm beigefügtes Schild eindeutig anzeigt, dass es diesen Kennzeichnungsvorschriften nicht entspricht und dass es erst dann im Europäischen Wirtschaftsraum gewerbsmäßig feilgehalten oder sonst in Verkehr gesetzt wird, wenn es den Anforderungen dieser Verordnung entspricht. *(BGBl II 2012/139)*

§ 2. Die Kennzeichnungselemente sind
1. der Name, die Firma, das Zeichen oder die eingetragene Marke des Herstellers, seines Bevollmächtigten oder des Importeurs im Europäischen Wirtschaftsraum,
2. die Kontaktanschrift des Herstellers, seines Bevollmächtigten oder des Importeurs im Europäischen Wirtschaftsraum,
3. die CE-Kennzeichnung gemäß § 3,
4. die Nummer des Herstellungspostens (Chargennummer), Typen-, Modell- oder Seriennummer oder ein anderes Kennzeichnen zur Identifikation des Herstellungspostens und
5. die wegen der Beschaffenheit des Spielzeugs erforderlichen besonderen Warnhinweise gem. § 13 der Spielzeugverordnung, BGBl. II Nr. 203/2011, in der jeweils geltenden Fassung.

(BGBl II 2012/139)

§ 3. (1) Die CE-Konformitätskennzeichnung besteht aus den Buchstaben „CE" mit dem in der Anlage als Muster angegebenen Schriftbild. Bei Verkleinerung oder Vergrößerung der CE-Kennzeichnung müssen die sich aus dem in der Anlage abgebildeten Raster ergebenden Proportionen eingehalten werden. Die verschiedenen Bestandteile der CE-Kennzeichnung müssen etwa gleich hoch sein; die Mindesthöhe beträgt 5 mm.

(2) Kennzeichnungen, durch die Dritte hinsichtlich der Bedeutung und des Schriftbildes der CE-Kennzeichnung irregeführt werden könnten, dürfen auf Spielzeug nicht angebracht werden. „Nach der CE-Kennzeichnung dürfen Piktogramme oder andere Warnhinweise oder Verwendungshinweise auf dem Spielzeug, seiner Verpackung oder einem Etikett angebracht werden, wenn sie die Sichtbarkeit und Lesbarkeit der CE-Kennzeichnung nicht beeinträchtigen." *(BGBl II 2012/139)*

§ 4. (1) Die Kennzeichnung hat in deutscher Sprache zu erfolgen und ist deutlich sichtbar und lesbar sowie dauerhaft am Spielzeug, oder falls dies aufgrund der Größe oder Art des Spielzeugs nicht möglich ist, auf der Verpackung oder in den dem Spielzeug beigefügten Unterlagen anzubringen, soweit in den Abs. 2 und 3 nicht anderes bestimmt ist.

(2) Die Angabe gem. § 2 Z 3 (CE-Kennzeichnung) kann überdies auf einem am Spielzeug befestigten Etikett angebracht werden. Ist eine CE-Kennzeichnung eines verpackten Spielzeugs von außen nicht erkennbar, so ist sie auch auf der Verpackung anzubringen. Bei kleinem Spielzeug sowie bei aus kleinen Bauteilen bestehendem Spielzeug kann die CE-Kennzeichnung wahlweise auf einem Etikett oder einem Beipackzettel angebracht werden.

(3) Ist eine CE-Kennzeichnung beim gewerbsmäßigen Feilhalten oder Inverkehrsetzen von Spielzeugen mit warentragenden Theken-Präsentationsverpackungen technisch nicht möglich und wurde die Theken-Präsentationsverpackung ursprünglich als Verpackung des Spielzeugs verwendet, so ist die Information an der Theken-Präsentationsverpackung anzubringen.

(BGBl II 2012/139)

§ 5. Für die Richtigkeit und Vollständigkeit der Kennzeichnungsangaben aufgrund dieser Verordnung ist der Hersteller oder der Importeur im Europäischen Wirtschaftsraum verantwortlich.

§ 6. Spielzeug, das den bisher geltenden Bestimmungen der Spielzeugkennzeichnungsverordnung in der Fassung BGBl. Nr. 1029/1994 entspricht und bis zur Kundmachung dieser Verordnung erstmalig in Verkehr gebracht worden ist, darf

8/2. SpielkennzV
§§ 6 – 7, Anlage

bis zum Abbau der Bestände in Verkehr belassen werden.

(BGBl II 2012/139)

§ 7. Durch diese Verordnung werden die Kennzeichnungsbestimmungen der Richtlinie 2009/48/EG über die Sicherheit von Spielzeug, ABl. Nr. L 170 vom 30.06.2009 S. 1, in österreichisches Recht umgesetzt.

(BGBl II 2012/139)

Anlage

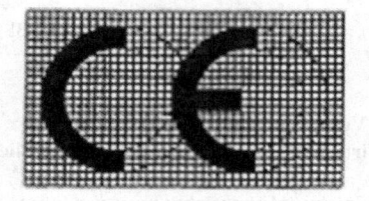

[CE-Kennzeichen]

8/3. Verordnung über gasförmige Füllstoffe für Spielzeugluftballons

BGBl 1978/22

Verordnung des Bundesministers für Gesundheit und Umweltschutz vom 16. Dezember 1977 über gasförmige Füllstoffe für Spielzeugluftballons

Auf Grund des § 29 des Lebensmittelgesetzes 1975, BGBl. Nr. 86, wird verordnet:

§ 1. Zur Füllung von Spielzeugluftballons dürfen ausschließlich nachstehend bezeichnete gasförmige Stoffe verwendet werden:

1. Luft;
2. Stickstoff;
3. Kohlendioxid;
4. Helium;
5. Gemische der unter Z. 1 bis 4 angeführten Gase.

§ 2. Gemäß § 28 Abs. 1 lit. d LMG 1975[1] ist es verboten, Spielzeugluftballons, deren Füllung nicht der Vorschrift des § 1 entspricht, in Verkehr zu bringen.

---
[1] *§ 28 Abs. 1 lit. d iVm § 29 LMG 1975 entspricht § 16 Abs. 1 Z 4 iVm § 19 LMSVG.*

§ 3. Diese Verordnung tritt mit Beginn des dritten, auf ihre Kundmachung folgenden Monats in Kraft.

8/4. N-Nitrosamin V
§§ 1 – 3, Anlage 1, 2

8/4. Verordnung über die Freisetzung von N-Nitrosaminen und N-nitrosierbaren Stoffen

BGBl 1994/468

Verordnung des Bundesministers für Gesundheit und Konsumentenschutz über die Freisetzung von N-Nitrosaminen und N-nitrosierbaren Stoffen aus Flaschen- und Beruhigungssaugern aus Elastomeren oder Gummi

Auf Grund des § 29 des Lebensmittelgesetzes 1975, BGBl. Nr. 86, zuletzt geändert durch das Bundesgesetz BGBl. Nr. 756/1992, wird verordnet:

§ 1. Gegenstand dieser Verordnung sind N-Nitrosamine und in N-Nitrosamine umsetzbare Stoffe (nachstehend „N-nitrosierbare Stoffe" genannt), die von Flaschen- und Beruhigungssaugern aus Elastomeren oder Gummi freigesetzt werden.

§ 2. (1) Es ist verboten, Flaschen- und Beruhigungssauger in Verkehr zu bringen, die an die Speicheltestlösung der Anlage 1 unter den dort festgelegten Bedingungen N-Nitrosamine und N-nitrosierbare Stoffe abgeben, die mit einer mit den in Anlage 2 angeführten Kriterien übereinstimmenden, validierten Methode nachweisbar sind und durch die die folgenden Mengen bestimmt werden können:

1. 0,01 mg der insgesamt freigesetzten N-Nitrosamine pro kg Elastomer- oder Gummiteile der Flaschen- oder Beruhigungssauger;

2. 0,1 mg aller N-nitrosierbaren Stoffe pro kg Elastomer- oder Gummiteile der Flaschen- oder Beruhigungssauger.

(2) Solange eine validierte Methode nicht zur Verfügung steht, kann eine Analysenmethode mit einer geeigneten Empfindlichkeit, die mit den in Anlage 2 angeführten Kriterien übereinstimmt und die Bestimmung der in Abs. 1 Z 1 und 2 genannten Grenzwerte ermöglicht, angewandt werden.

§ 3. Flaschen- und Beruhigungssauger, die dieser Verordnung nicht entsprechen, dürfen bis 1. April 1995 in Verkehr belassen werden.

Anlage 1

Grundregeln für die Bestimmung der Freisetzung von N-Nitrosaminen und N-nitrosierbaren Stoffen

1. Lösung für den Freisetzungstest (Speicheltestlösung)

Zur Herstellung der Testlösung werden 4,2 g Natrium-Hydrogenkarbonat ($NaHCO_3$), 0,5 g Natriumchlorid (NaCl), 0,2 g Kaliumkarbonat (K_2CO_3) und 30,0 mg Natriumnitrit ($NaNO_2$) in einem Liter destilliertem Wasser oder Wasser von vergleichbarer Qualität gelöst. Der pH-Wert der Lösung muß 9 betragen.

2. Versuchsbedingungen

Materialproben von einer geeigneten Zahl von Flaschen- oder Beruhigungssaugern werden 24 Stunden lang bei einer Temperatur von 40 +- 2 Grad C in die Testlösung getaucht.

Anlage 2

Kriterien für das Verfahren zur Bestimmung der Menge von N-Nitrosaminen und N-nitrosierbaren Stoffen, die von Flaschen- oder Beruhigungssaugern freigesetzt wurden

1. Die freigesetzte Menge der N-Nitrosamine wird in einem aliquoten Teil jeder entsprechend Anlage 1 hergestellten Lösung nachgewiesen. Die N-Nitrosamine werden aus den aliquoten Teilen mit Hilfe von nitrosaminfreiem Dichlormethan (DCM) isoliert und durch Gaschromatographie bestimmt.

2. Die freigesetzte Menge der N-nitrosierbaren Stoffe wird in einem weiteren aliquoten Teil jeder der entsprechend Anlage 1 hergestellten Lösung bestimmt. Die nitrosierbaren Stoffe werden durch Ansäuern unter Zugabe von Salzsäure in Nitrosamine umgewandelt, mit Hilfe von DCM aus den aliquoten Teilen isoliert und durch Gaschromatographie bestimmt.

8/5. Keramik-Verordnung

BGBl 1993/893 idF

1 BGBl 2006/259

Verordnung des Bundesministers für Gesundheit, Sport und Konsumentenschutz über Gebrauchsgegenstände aus Keramik und Gebrauchsgegenstände mit einem Überzug aus Email (Keramik-Verordnung)

Auf Grund des § 29 des Lebensmittelgesetzes 1975, BGBl. Nr. 86, zuletzt geändert durch das Bundesgesetz BGBl. Nr. 756/1992, wird verordnet:

§ 1. Gegenstand dieser Verordnung sind Gebrauchsgegenstände gemäß § 6 lit. a LMG 1975[1)] (eingeschränkt auf die Verwendung bei Lebensmitteln „ ")

1. aus Keramik, die auch mit Glasuren oder Dekors versehen sein können, und

2. solche, die an den mit Lebensmitteln oder Verzehrprodukten in Berührung kommenden Stellen mit einem Überzug aus Email versehen sind.

(BGBl 2006/259)

[1)] § 6 LMG 1975 entspricht § 3 Z 7 LMSVG.

§ 2. (1) Es ist verboten, Gebrauchsgegenstände in Verkehr zu bringen, wenn die in Anlage 1 festgelegten Höchstwerte für Schwermetalle, die auf Lebensmittel „ " übergehen dürfen, überschritten werden. Zur Bestimmung der Schwermetall-Lässigkeit sind die in Anlage 2 festgelegten Untersuchungsmethoden anzuwenden. *(BGBl 2006/259)*

(2) Besteht ein Gebrauchsgegenstand aus einem Behälter und einem Deckel, so gilt als Höchstwert für den Übergang der angegebenen Schwermetalle der Wert, der nach Anlage 1 für den Behälter allein gilt. Der Behälter allein und die innere Oberfläche des Deckels sind unter den Bedingungen der Anlage 2 getrennt zu prüfen. Die Summe der beiden so festgestellten Werte ist bei Gebrauchsgegenständen mit einer Fülltiefe bis 25 mm auf die Fläche, bei solchen mit einer Fülltiefe von mehr als 25 mm auf das Volumen des Behälters zu beziehen.

(3) Werden die in Anlage 1 genannten Höchstwerte um nicht mehr als 50% überschritten, so gilt ein Gebrauchsgegenstand dennoch als den Bestimmungen dieser Verordnung entsprechend, wenn

– mindestens drei andere in bezug auf Form, Abmessung, Dekor und Glasur identische Gegenstände unter den in Anlage 2 vorgesehenen Bedingungen geprüft werden, dabei

– die Höchstwerte der Schwermetall-Lässigkeit im arithmetischen Mittel nicht überschritten werden und

– bei keinem dieser Gebrauchsgegenstände diese Höchstwerte um mehr als 50% überschritten werden.

§ 3. (1) Gebrauchsgegenständen, die aus Keramik hergestellt sind und die noch nicht mit Lebensmitteln in Berührung gekommen sind, muss auf allen Vermarktungsstufen, bis einschließlich zum Einzelhandel, eine schriftliche Erklärung beigefügt sein, in welcher bescheinigt wird, dass sie den für sie geltenden Vorschriften entsprechen. Diese Erklärung ist vom Hersteller oder von einem in der Europäischen Gemeinschaft niedergelassenen Vertreiber auszustellen und hat folgende Angaben zu enthalten:

1. Identität und Anschrift der Firma, die das Fertigprodukt herstellt sowie des Importeurs, der dieses in die Europäische Gemeinschaft einführt;

2. Identität des Gebrauchsgegenstands;

3. Datum der Erklärung;

4. Bestätigung, dass der Gebrauchsgegenstand die entsprechenden Bestimmungen dieser Verordnung und der Verordnung (EG) Nr. 1935/2004 vom 27. Oktober 2004 über Materialien und Gegenstände, die dazu bestimmt sind, mit Lebensmitteln in Berührung zu kommen und zur Aufhebung der Richtlinien 80/590/EWG und 89/109/EWG (ABl. Nr. L 338 vom 13. November 2004) erfüllt.

Die schriftliche Erklärung hat eine leichte Identifizierung der Waren zu ermöglichen, für die sie ausgestellt ist, und wird erneuert, wenn wesentliche Veränderungen bei der Herstellung zu Veränderungen der Blei- und Cadmiumlässigkeit führen.

(2) Auf Anfrage hat der Hersteller oder derjenige, der die Gebrauchsgegenstände gemäß Abs. 1 in die Europäische Gemeinschaft einführt, der zuständigen Behörde (Landeshauptmann gemäß § 24 LMSVG) eine angemessene Dokumentation zur Verfügung zu stellen, die zeigt, dass diese Gebrauchsgegenstände die Grenzwerte für Blei- und Cadmiumlässigkeit einhalten. Diese Dokumentation muss die Ergebnisse der durchgeführten Analyse, die Testbedingungen sowie Name

8/5. Keramik V
§§ 3 – 5, Anlage 1

und Anschrift des Labors, das die Analyse durchgeführt hat, enthalten.
(BGBl 2006/259)

„**§ 4.**" „(1)" Mit Inkrafttreten dieser Verordnung tritt § 3 lit. a (nur hinsichtlich Email und Glasur) und c der Geschirrverordnung, BGBl. Nr. 258/1960, außer Kraft. *(BGBl 2006/259)*

(2) Gebrauchsgegenstände, die nicht der Verordnung BGBl. II Nr. 259/2006 entsprechen, sondern den bisher geltenden Bestimmungen, dürfen noch bis 19. Mai 2007 hergestellt oder eingeführt und bis zum vollständigen Abbau der Bestände in Verkehr gebracht werden. *(BGBl 2006/259)*

(BGBl 2006/259)

§ 5. Durch diese Verordnung werden folgende Richtlinien in österreichisches Recht umgesetzt:

– Richtlinie 84/500/EWG des Rates zur Angleichung der Rechtsvorschriften der Mitgliedstaaten über Keramikgegenstände, die dazu bestimmt sind, mit Lebensmitteln in Berührung zu kommen (ABl. Nr. L 277 vom 20. Oktober 1989),

– Richtlinie 2005/31/EG der Kommission zur Änderung der Richtlinie 84/500/EWG des Rates hinsichtlich einer Erklärung über die Einhaltung der Vorschriften und hinsichtlich der Leistungskriterien für die Methode zur Analyse von Keramikgegenständen, die dazu bestimmt sind, mit Lebensmitteln in Berührung zu kommen (ABl. Nr. L 110 vom 30. April 2005).

(BGBl 2006/259)

Anlage 1

Höchstwerte für Schwermetalle, die aus Gebrauchsgegenständen auf Lebensmittel übergehen dürfen

Gebrauchsgegenstände:	Blei	Cadmium	
nicht füllbar; füllbar mit einer Fülltiefe bis 25 mm	0,8 mg/dm^2	0,07 mg/dm^2	
füllbar mit einer Fülltiefe von mehr als 25 mm	4 mg/l	0,3 mg/l	
zum Kochen oder Backen, zum Verpacken oder Lagern mit einem Füllvolumen größer als 3 Liter	1,5 mg/l	0,1 mg/l	
Gebrauchsgegenstände mit einem Füllvolumen	Zink	Antimon	Barium
– bis 1 Liter	3 mg*)	1 mg*)	1 mg*)
– größer als 1 Liter	3 mg/l	1 mg/l	1 mg/l

*) Bezogen auf das Füllvolumen

(BGBl 2006/259)

8/5. Keramik V
Anlage 2

Anlage 2

BESTIMMUNG DER SCHWERMETALL-LÄSSIGKEIT

Allgemeines

1. Versuchsflüssigkeit:
 4 Vol.-% Essigsäure in frisch zubereiteter wässriger Lösung.
2. Versuchsbedingungen
2.1. Der Versuch ist bei einer Temperatur von 22 Grad C (± 2 Grad C) und über eine Dauer von 24 Stunden (± 0,5 Stunden) durchzuführen.
2.2. Soll nur die Bleilässigkeit bestimmt werden, so wird der Gegenstand mit einem geeigneten Material abgedeckt und den in einem Laboratorium üblichen Beleuchtungsbedingungen unterworfen.
 Soll die Cadmium- und Blei- oder die Cadmiumlässigkeit bestimmt werden, so wird die Probe so abgedeckt, daß die zu prüfende Oberfläche in völliger Dunkelheit bleibt.
3. Befüllen
3.1. Füllbare Gebrauchsgegenstände:
 Der Gegenstand wird bis auf ein höchstens 1 mm unterhalb des Überlaufpunkts liegendes Niveau, gemessen vom oberen Rand des Gegenstands, mit der Versuchsflüssigkeit (Z. 1) gefüllt. Bei Gegenständen mit flachem (Z. 1) oder leicht geneigtem Rand darf der Abstand zwischen der Flüssigkeitsoberfläche und dem Überlaufpunkt jedoch höchstens 6 mm, den geneigten Rand entlang gemessen, betragen.
3.2. Nicht füllbare Gebrauchsgegenstände:
 Die Oberfläche des Gegenstands, die nicht dazu bestimmt ist, mit Lebensmitteln oder Verzehrprodukten in Berührung zu kommen, ist mit einer geeigneten Schutzschicht zu überziehen, die so beschaffen ist, daß sie der Versuchsflüssigkeit standhält. Dann wird der Gegenstand so in einen Behälter mit einer bestimmten Menge Essigsäurelösung getaucht, daß der Teil seiner Oberfläche, der dazu bestimmt ist, mit Lebensmitteln oder Verzehrprodukten in Berührung zu kommen, vollständig von der Versuchsflüssigkeit bedeckt wird.
4. Bestimmung der Oberfläche
 Die Oberfläche der Gebrauchsgegenstände (nicht füllbare sowie füllbare mit einer Fülltiefe bis 25 mm) wird festgelegt durch die Meniskusfläche der eingefüllten Flüssigkeit, wobei die unter Z. 3.1. genannten Bedingungen erfüllt sein müssen.

Analysenmethode

1. **Zweck und Anwendungsbereich**
 Mit Methode ermöglicht die Bestimmung der spezifischen Blei- und/oder Cadmiumlässigkeit.
2. **Prinzip**
 Die Bestimmung der spezifischen Blei- und/oder Cadmiumlässigkeit wird mithilfe einer instrumentellen Analysenmethode durchgeführt, die die Leistungskriterien der Nummer 4 erfüllt.
3. **Reagenzien**
- Alle Reagenzien müssen Analysenqualität besitzen, sofern nichts anderes angegeben ist.
- Unter „Wasser" ist stets destilliertes Wasser oder Wasser entsprechender Qualität zu verstehen.
3.1. *4 Vol.-% Essigsäure in wässriger Lösung*
 40 ml reiner Essigsäure werden bis auf 1 000 ml mit Wasser verdünnt.
3.2. *Stammlösungen*
 Es werden Stammlösungen hergestellt, die in der in Nummer 3.1 genannten 4 %igen Essigsäure 1 000 mg/l Blei und mindestens 500 mg/l Kadmium enthalten.
4. **Leistungskriterien der insrumentellen Analysenmethode**
4.1. Die Nachweisgrenze für Blei und Cadmium muss unter oder bei folgenden Werten liegen:
- 0,1 mg/l für Blei,
- 0,01 mg/l für Cadmium.
 Die Nachweisgrenze wird definiert als die Konzentration des Elementes in der in Nummer 3.1 genannten 4 %igen Essigsäure, die ein Signal auslöst, das doppelt so hoch ist wie das Grundrauschen des Gerätes.
4.2 Die Bestimmungsgrenze für Blei und Cadmium muss unter oder bei folgenden Werten liegen:
- 0,2 ml für Blei,
- 0,02 ml für Cadmium.
4.3 Wiederfindungsrate. Die Wiederfindungsrate des der in Nummer 3.1 genannten 4 %igen Essigsäure zugesetzten Bleis und Cadmiums muss innerhalb 80-120 % der zugesetzten Menge liegen.
4.4 Spezifität. Die verwendete instrumentelle Analysenmethode muss frei von Matrix- oder spektralen Interferenzen sein.
5. **Methode**

Gebrauchs-gegen-stände

8/5. Keramik V
Anlage 2

5.1 *Vorbereitung der Probe*

Die Probe muss sauber und frei von Fett oder anderen Stoffen sein, die den Versuch beeinflussen können.

Die Probe ist bei einer Temperatur von ca. 40 °C in einer Lösung mit flüssigem Haushaltsreinigungsmittel zu waschen. Danach ist sie zuerst in Leitungswasser und dann in destilliertem Wasser oder Wasser gleichwertiger Qualität zu spülen. Dann ist sie abzutropfen und trocknen zu lassen, wobei jegliche Verschmutzung zu vermeiden ist. Nach dieser Reinigung darf die zu prüfende Oberfläche nicht mehr berührt werden.

5.2. *Bestimmung der Blei- und/oder Cadmiumkonzentration*

- Die so vorbereitete Probe wird unter den zuvor genannten Bedingungen geprüft.
- Vor der Entnahme der Versuchslösung zur Bestimmung der Blei- und/oder Cadmiumkonzentration wird der Inhalt der Probe mittels eines geeigneten Verfahrens homogenisiert, das einen Verlust an Lösung sowie jede Abreibung der Oberfläche des geprüften Gegenstands vermeidet.
- Bei jeder Messreihe ist das verwendete Reagenz einem vorherigen Leerversuch zu unterziehen.
- Die Bestimmung der Blei- und/oder Cadmiumkonzentration wird unter geeigneten Bedingungen durchgeführt.

(BGBl 2006/259)

8/6. Zellglasfolien-Verordnung
BGBl 1994/128 idF

¹ BGBl II 2005/298

Verordnung des Bundesministers für Gesundheit, Sport und Konsumentenschutz über das Beschränken von Stoffen für Gebrauchsgegenstände aus Zellglasfolie (Zellglasfolien – Verordnung)

Auf Grund des § 29 des Lebensmittelgesetzes 1975, BGBl. Nr. 86, zuletzt geändert durch das Bundesgesetz BGBl. Nr. 756/1992, wird verordnet:

§ 1. (1) Gegenstand dieser Verordnung ist Zellglasfolie, die zur Verwendung als Gebrauchsgegenstand gemäß § 6 lit. a LMG 1975[1]) (eingeschränkt auf die Verwendung bei Lebensmitteln oder Nahrungsergänzungsmitteln) bestimmt ist. Folgende Arten werden unterschieden:

1. unbeschichtete Zellglasfolien,
2. beschichtete Zellglasfolien mit einer aus Zellulose gewonnenen Beschichtung,
3. beschichtete Zellglasfolien mit einer aus Kunststoff bestehenden Beschichtung.
(BGBl II 2005/298)

(2) Zellglasfolie ist eine dünne Folie, die aus raffinierten Zellulose aus nicht wiederverarbeitetem Holz oder nicht wiederverarbeiteter Baumwolle hergestellt wird. Die Folie darf auf einer oder auf beiden Seiten beschichtet sein.

(3) Diese Verordnung gilt nicht für Kunstdärme aus regenerierter Zellulose. *(BGBl II 2005/298)*

---
[1]) § 6 LMG 1975 entspricht § 3 Z 7 LMSVG.

§ 2. (1) Bei der Herstellung von Zellglasfolien gemäß § 1 Abs. 1 Z 1 und 2 dürfen in der Masse oder auf der Oberfläche nur die in der Anlage genannten Stoffe unter Einhaltung der dort angeführten Einschränkungen eingesetzt werden. *(BGBl II 2005/298)*

(2) Abweichend von Abs. 1 dürfen andere als die in der Anlage genannten Stoffe als färbende Stoffe (Farben und Pigmente) oder als Klebstoffe eingesetzt werden, sofern ein Übergang der Stoffe auf die mit der Folie in Berührung kommenden Lebensmittel oder Nahrungsergänzungsmittel nach validierten Analysenmethoden nicht festzustellen ist. *(BGBl II 2005/298)*

(3) Bei der Herstellung von Zellglasfolien gemäß § 1 Abs. 1 Z 3 dürfen zur Beschichtung nur die in der Anlage genannten Stoffe unter Einhaltung der dort angeführten Einschränkungen eingesetzt werden. *(BGBl II 2005/298)*

(4) Bei der Herstellung der auf die in § 1 Abs. 1 Z 3 genannten Zellglasfolien anzubringenden Beschichtungen dürfen nur die in den Anlagen 1 bis 5 der Kunststoffverordnung 2003, BGBl. II Nr. 476/2003, in der jeweils geltenden Fassung, genannten Stoffe unter Einhaltung der dort angeführten Einschränkungen eingesetzt werden. *(BGBl II 2005/298)*

(5) Unbeschadet des Abs. 3 müssen Gebrauchsgegenstände, die aus Zellglasfolie gemäß § 1 Abs. 1 Z 3 hergestellt sind, den Bestimmungen des § 8 Abs. 1, § 9 Abs. 1, 2 und 3 sowie der Anlage 1 Allgemeiner Teil Z 9 der Kunststoffverordnung 2003 entsprechen. *(BGBl II 2005/298)*

§ 3. Die bedruckte Seite von Zellglasfolie darf nicht mit Lebensmitteln oder Nahrungsergänzungsmittel in Berührung kommen. *(BGBl II 2005/298)*

§ 4. (1) Gebrauchsgegenständen, die aus Zellglasfolie hergestellt sind, muss auf allen Vermarktungsstufen, außer im Einzelhandel, eine schriftliche Erklärung beigefügt sein, in welcher bescheinigt wird, dass sie den für sie geltenden Vorschriften entsprechen. Diese Erklärung ist vom Hersteller oder von einem in der Europäischen Gemeinschaft niedergelassenen Vertreiber auszustellen.

(2) Abs. 1 gilt nicht für Gebrauchsgegenstände aus Zellglasfolie, die aufgrund ihrer Beschaffenheit eindeutig dazu bestimmt sind, mit Lebensmitteln oder Nahrungsergänzungsmitteln in Berührung zu kommen. *(BGBl II 2005/298)*

§ 5. (1) Mit Inkrafttreten dieser Verordnung tritt die Verordnung über das Verbot oder die Beschränkung von Stoffen für bestimmte Gebrauchsgegenstände, BGBl. Nr. 541/1985, außer Kraft.

(2) Zellglasfolien, die nicht der Verordnung BGBl. II Nr. 298/2005 entsprechen, sondern den bisher geltenden Bestimmungen, soweit es nicht § 4 betrifft, dürfen noch bis 28. Jänner 2006 in Verkehr gebracht und bis zum vollständigen Abbau der Bestände in Verkehr belassen werden. *(BGBl II 2005/298)*

§ 6. Durch diese Verordnung werden folgende Richtlinien in österreichisches Recht umgesetzt:

8/6. ZellglasfolienV
§ 6, Anlage

- Richtlinie 93/10/EWG der Kommission über Materialien und Gegenstände aus Zellglasfolien, die dazu bestimmt sind, mit Lebensmitteln in Berührung zu kommen (ABl. Nr. L 93 vom 17. April 1993),
- Richtlinie 93/111/EG der Kommission über Materialien und Gegenstände aus Zellglasfolien, die dazu bestimmt sind, mit Lebensmitteln in Berührung zu kommen (ABl. Nr. L 310 vom 14. Dezember 1993),
- Richtlinie 2004/14/EG der Kommission zur Änderung der Richtlinie 93/10/EWG über Materialien und Gegenstände aus Zellglasfolien, die dazu bestimmt sind, mit Lebensmitteln in Berührung zu kommen (ABl. Nr. L 27 vom 30. Jänner 2004).

(BGBl II 2005/298)

Anlage

Anmerkungen

- Die im ersten und zweiten Teil dieser Anlage angegebenen Prozentsätze sind als Verhältnis Masse/Masse (m/m) dargestellt und werden im Verhältnis zu der Menge an wasserfreier unbeschichteter Zellglasfolie berechnet.
- Die üblichen technischen Bezeichnungen sind in eckigen Klammern angegeben.
- Die verwendeten Stoffe müssen von guter technischer Qualität sein und handelsüblichen Reinheitskriterien genügen.
- Sind in dieser Anlage Lebensmittel angegeben, so sind im Sinne von § 1 Lebensmittel oder Nahrungsergänzungsmittel zu verstehen.

8/6. Zellglasfolien V
Anlage

ERSTER TEIL
ZELLGLASFOLIE OHNE LACKBESCHICHTUNG

Bezeichnung	Einschränkungen
A. Regenerierte Zellulose	Nicht weniger als 72% (m/m)
B. Zusatzstoffe	
1. Feuchthaltemittel	Nicht mehr als insgesamt 27% (m/m)
– Bis-(2-Hydroxyethyl)ether (= Diethylenglykol)	
– Ethandiol (= Monoethylenglykol)	Nur für zu beschichtendes Zellglas und für die Verpackung von nicht feuchten Lebensmitteln, dh. die kein physikalisch freies Wasser an der Oberfläche haben. Die Gesamtmenge an Mono- und Diethylenglykol darf in Lebensmitteln, die mit Zellglasfolie in Berührung kommen, 30 mg/kg des Lebensmittels nicht übersteigen.
– 1,3-Butandiol	
– Glycerin	
– 1,2-Propandiol (= 1,2-Propylenglykol)	
– Polyethylenoxid (= Polyethylenglykol)	Mittleres Molekulargewicht zwischen 250 und 1 200
– 1,2-Polypropylenoxid (= 1,2-Polypropylenglykol)	Mittleres Molekulargewicht nicht mehr als 400 und mit einem Gehalt an freiem 1,3-Propandiol von nicht mehr als 1% (m/m) in der Substanz
– Sorbit	
– Tetraethylenglykol	
– Triethylenglykol	
– Harnstoff	
2. Andere Zusatzstoffe	Nicht mehr als insgesamt 1% (m/m)
Erste Gruppe	Es darf von jeder einzelnen Substanz oder Gruppe von Substanzen eine Menge von nicht mehr als 2 mg/dm hoch 2 der unbeschichteten Folie vorhanden sein
– Essigsäure und ihre Ammonium-, Calcium-, Magnesium-, Kalium- und Natriumsalze	
– Ascorbinsäure und ihre Ammonium-, Calcium-, Magnesium-, Kalium- und Natriumsalze	
– Benzoesäure und ihr Natriumsalz	
– Ameisensäure und ihre Ammonium-, Calcium-, Magnesium-, Kalium- und Natriumsalze	
– geradkettige, gesättigte oder ungesättigte Fettsäuren mit gerader Kohlenstoffzahl C tief 8-C tief 20, Behensäure, Rizinolsäure und deren Ammonium-, Calcium-, Magnesium-, Kalium, Natrium-, Aluminium- und Zinksalze	
– Zitronensäure, D- und L-Milchsäure, Maleinsäure, L-Weinsäure und ihre Natrium- und Kaliumsalze	

Gebrauchsgegenstände

8/6. Zellglasfolien V
Anlage

Bezeichnung	Einschränkungen
– Sorbinsäure und ihre Ammonium-, Calcium-, Magnesium-, Kalium- und Natriumsalze	
– Amide geradkettiger, gesättigter oder ungesättigter Fettsäuren mit gerader Kohlenstoffzahl C_8-C_{20} und Behensäureamid und Rizinolsäureamid	
– natürliche eßbare Stärke und Stärkemehl	
– eßbare Stärke und Stärkemehl, chemisch modifiziert	
– Amylose	
– Calciumcarbonat, Magnesiumcarbonat, Magnesiumchlorid, Calciumchlorid	
– Glycerinester mit geradkettigen, gesättigten oder ungesättigten Fettsäuren mit gerader Kohlenstoffzahl C_8-C_{20} und/oder Adipinsäure, Zitronensäure, 12-Hydroxystearinsäure (Oxystearin), Rizinolsäure	
– Ester des Polyoxyethylens (Anzahl der Oxyethylengruppen zwischen 8 und 14) mit geradkettigen, gesättigten oder ungesättigten Fettsäuren mit gerader Kohlenstoffzahl C_8-C_{20}	
– Sorbitester mit geradkettigen, gesättigten oder ungesättigten Fettsäuren mit gerader Kohlenstoffzahl C_8-C_{20}	
– Mono- und/oder Diester der Stearinsäure mit Ethandiol oder Bis-(2-Hydroxyethyl)ether oder Triethylenglykol	
– Oxide und Hydroxide des Aluminiums, Calciums, Magnesiums und Siliciums, Silicate und Silicathydrate des Aluminiums, Calciums, Magnesiums und Kaliums	
– Polyethylenoxid (= Polyethylenglykol)	Mittleres Molekulargewicht zwischen 1 200 und 4 000
– Natriumpropionat	
Zweite Gruppe	Die Gesamtmenge der Substanzen darf 1 mg/dm² der unbeschichteten Folie nicht überschreiten. Von jeder einzelnen Substanz oder Gruppe von Substanzen darf nicht mehr als 0,2 mg/dm² der unbeschichteten Folie (oder eine geringere Menge, sofern angegeben) vorhanden sein
– Alkyl-(C_8-C_{18})benzolsulfonat, Natriumsalz	
– Isopropylnaphthalinsulfonat, Natriumsalz	
– Alkyl-(C_8-C_{18})sulfat, Natriumsalz	
– Alkyl-(C_8-C_{18})sulfonat, Natriumsalz	
– Dioctylsulfosuccinat, Natriumsalz	
– Distearat des Di-hydroxyethyl-diethylentriaminmonoacetats	Nicht mehr als 0,05 mg/dm² der unbeschichteten Folie

8/6. Zellglasfolien V
Anlage

Bezeichnung	Einschränkungen
– Ammonium-, Magnesium-, und Kaliumsalze des Laurylsulfates	
– N,N'-Distearoyl-diaminoethan und N,N'-Dipalmitoyl-diaminoethan und N,N'-Dioleoyl-diaminoethan	
– 2-Heptadecyl-4,4-bis-(methylenstearat)oxazolin	
– Polyethylenaminostearami-dethyl-sulfat	Nicht mehr als 0,1 mg/dm² der unbeschichteten Folie
Dritte Gruppe – Verankerungsmittel	Nicht mehr als insgesamt 1 mg/dm² der unbeschichteten Folie
– Kondensationsprodukt aus Melaminformaldehyd, nicht modifiziert oder modifiziert mit einem oder mehreren der nachstehenden Produkte:	Gehalt an freiem Formaldehyd von nicht mehr als 0,5 mg/dm² der unbeschichteten Folie
Butanol, Diethylentriamin, Ethanol, Triethylentetramin, Tetraethylenpentamin, Tris-(2-hydroxyethyl)amin, 3,3'-Diaminodipropylamin, 4,4'-Diaminodibutylamin	Freies Melamin: nicht mehr als 0,3 mg/dm² der unbeschichteten Folie
– Kondensationsprodukt aus Melaminharnstoffformaldehyd, modifiziert mit Tris-(2-hydroxyethyl)-amin	Freies Formaldehyd: nicht mehr als 0,5 mg/dm² der unbeschichteten Folie
	Freies Melamin: nicht mehr als 0,3 mg/dm² der unbeschichteten Folie
– kationische vernetzte Polyalkylenamine	
a) Polyamid-Epichlorhydrinharze auf Basis von Diaminopropylmethylamin und Epichlorhydrin	
b) Polyamid-Epichlorhydrinharze auf Basis von Epichlorhydrin, Adipinsäure, Caprolactam, Diethylentriamin oder Ethylendiamin	
c) Polyamid-Epichlorhydrinharze auf Basis von Adipinsäure, Diethylentriamin und Epichlorhydrin oder in einer Mischung von Epichlorhydrin und Ammoniak	
d) Polyamid-Polyamin-Epichlorhydrinharze auf Basis von Epichlorhydrin, Dimethyladipat und Diethylentriamin	
e) Polyamid-Polyamin-Epichlorhydrinharze auf Basis von Epichlorhydrin, Adipinsäureamid und Diaminopropylmethylamin	
– Polyethylenamine und Polyethylenimine	Nicht mehr als insgesamt 0,75 mg/dm² der unbeschichteten Folie
– Kondensationsprodukt aus Harnstoff-Formaldehyd, nicht modifiziert oder modifiziert mit einem oder mehreren der nachfolgenden Produkte:	Freies Formaldehyd: nicht mehr als 0,5 mg/dm² der unbeschichteten Folie
Aminomethylsulfonsäure, Sulfanilsäure, Butanol, Diaminobutan, Diaminodiethylamin, Diaminodipropylamin, Diaminopropan, Diethylentriamin, Ethanol, Guanidin, Methanol,	

8/6. ZellglasfolienV
Anlage

Bezeichnung	Einschränkungen
Tetraethylenpentamin, Triethylentetramin, Natriumsulfit	
Vierte Gruppe	Die Gesamtmenge der Substanzen darf 0,01 mg/dm² der unbeschichteten Folie nicht überschreiten
– Reaktionsprodukte von aminierten Speiseölen und Polyethylenoxid	
– Laurylsulfat des Monoethanolamins	

ZWEITER TEIL
BESCHICHTETES ZELLGLAS

Bezeichnung	Einschränkungen
A. Regenerierte Zellulose	Siehe erster Teil
B. Zusatzstoffe	Siehe erster Teil
C. Lacke	
1. Polymere	Insgesamt nicht mehr als 50 mg/dm² des Lacks auf der Berührungsfläche mit den Lebensmitteln
– Zelluloseethylether, -hydroxyethylether, -hydroxypropylether und -methylether	
– Zellulosenitrat	Nicht mehr als 20 mg/dm² des Lacks auf der Berührungsfläche mit Lebensmitteln; Stickstoffgehalt zwischen 10,8% (m/m) und 12,2% (m/m) im Zellulosenitrat
2. Harze	Die Gesamtmenge der Substanzen darf 12,5 mg/dm² des Lacks auf der Berührungsfläche mit den Lebensmitteln nicht überschreiten; nur zur Herstellung von Zellglasfolien, die mit einem Lack aus Zellulosenitrat beschichtet sind
– Kasein	
– Kolophonium und/oder seine Polymerisations-, Hydrierungs- oder Disproportionierungsprodukte und deren Ester mit Methyl-, Ethyl- oder polyvalenten C_2-C_6-Alkoholen oder Gemische dieser Alkohole	
– Kolophonium und/oder seine Polymerisations-, Hydrierungs- oder Disproportionierungsprodukte, kondensiert mit Acrylsäure und/oder Maleinsäure oder Citronensäure, Fumarsäure und/oder Phthalsäure und/oder 2,2-Bis(4-hydroxyphenyl)-propanformaldehyd, verestert mit Methyl-, Ethyl- oder polyvalenten C_2-C_6-Alkoholen oder Gemischen aus solchen	
– Ester des Bis-(2-Hydroxyethyl)ethers mit Additionsprodukten des Beta-Pinen und/oder Dipenten und/oder Diterpen und Maleinsäureanhydrid	
– Gelatine (Lebensmittelqualität)	
– Ricinusöl und seine Dehydratations- oder Hydrierungsprodukte und die Kondensationsprodukte mit Polyglycerin, Adipinsäure, Malein-	

8/6. Zellglasfolien V
Anlage

Bezeichnung	Einschränkungen
säure, Citronensäure, Phthalsäure und Sebacinsäure	
– Naturharze (Dammarharze)	
– Poly-ß-pinen (Terpenharze)	
– Harnstoff-Formaldehydharze (siehe Verankerungsmittel)	
3. Weichmacher	Insgesamt nicht mehr als 6 mg/dm² des Lacks auf der Berührungsfläche mit den Lebensmitteln
– Acetyltributylcitrat	
– Acetyl-tri-(2-ethylhexyl)-citrat	
– Diisobutyladipat	
– Di-n-butyladipat	
– Di-n-hexylazelat	
– Dicyclohexylphthalat	Nicht mehr als 4 mg/dm² des Lacks auf der Berührungsfläche mit den Lebensmitteln
– Diphenyl-(2-ethylhexyl)-phosphat	Die Menge an Diphenyl-(2-ethylhexyl)phosphat beträgt höchstens: a) 2,4 mg/kg des Lebensmittels, das mit dieser Art Folie in Berührung kommt, oder b) 0,4 mg/dm² des Lacks auf der Berührungsfläche mit den Lebensmitteln
– Glycerinmonoacetat (= Monoacetin)	
– Glycerindiacetat (= Diacetin)	
– Glycerintriacetat (= Triacetin)	
– Dibutylsebacat	
– Di-n-butyltartrat	
– Diisobutyltartrat	
4. Andere Zusatzstoffe	Die Gesamtmenge der Substanzen in der unbeschichteten Zellglasfolie und der Beschichtung zusammen darf insgesamt nicht mehr als 6 mg/dm² Berührungsfläche mit den Lebensmitteln betragen
4.1. Zusatzstoffe, die im ersten Teil angeführt sind	Die gleichen Einschränkungen wie im ersten Teil (die Mengen beziehen sich jedoch auf die unbeschichtete Zellglasfolie und die Beschichtung zusammengenommen)
4.2. Spezielle Zusatzstoffe für Lacke	Es darf von jeder einzelnen Substanz oder Gruppe von Substanzen eine Menge von nicht mehr als 2 mg/dm² (oder eine geringere Menge, sofern angegeben) des Lacks auf der Berührungsfläche mit den Lebensmitteln vorhanden sein
– 1-Hexadecanol und 1-Octadecanol	
– Ester von geradkettigen, gesättigten oder ungesättigten Fettsäuren, mit gerader Kohlenstoffzahl C_8-C_{20}, und Ricinolsäure, mit geradkettigen Ethyl-, Butyl-, Amyl und Oleylalkohlen	

Gebrauchsgegenstände

8/6. ZellglasfolienV
Anlage

Bezeichnung	Einschränkungen
– Montanwachs, einschließlich Montansäuren (C_{26}-C_{32}) gereinigt, und/oder deren Ester mit Ethandiol und/oder 1,3-Butandiol oder deren Calcium- und Kaliumsalze	
– Carnaubawachs	
– Bienenwachs	
– Espartowachs	
– Candelillawachs	
– Dimethylpolysiloxan	Nicht mehr als 1 mg/dm² des Lacks auf der Berührungsfläche mit den Lebensmitteln
– epoxydiertes Sojaöl (mit einem Oxirangehalt zwischen 6 und 8%)	
– gereinigtes Paraffin und gereinigte mikrokristalline Wachse	
– Pentaerythrittetrastearat	
– Mono- und Bis-(octadecyldiethylenoxid)phosphat	Nicht mehr als 0,2 mg/dm² des Lacks auf der Berührungsfläche mit den Lebensmittel Berührungsfläche mit den Lebensmitteln
– aliphatische Säuren (C_8-C_{20}) verestert mit Mono- oder Bis-(2-hydroxyethyl)-amin	
– 2- und 3-tert-Butyl-4-hydroxyanisol (= Butylhydroxyanisol, BHA)	Nicht mehr als 0,06 mg/dm² des Lacks auf der Berührungsfläche mit den Lebensmitteln
– 2,6-Di-tert-butyl-4-methylphenol (= Butylhydroxytoluol, BHT)	Nicht mehr als 0,06 mg/dm² des Lacks auf der Berührungsfläche mit den Lebensmitteln
– Di-n-octylzinn-bis-(2-ethyl-hexyl)-maleat	Nicht mehr als 0,06 mg/dm² des Lacks auf der Berührungsfläche mit den Lebensmitteln
5. Lösungsmittel	Die Gesamtmenge der Substanzen darf 0,6 mg/dm² des Lacks auf der Berührungsfläche mit den Lebensmitteln nicht überschreiten
– Butylacetat	
– Ethylacetat	
– Isobutylacetat	
– Isopropylacetat	
– Propylacetat	
– Aceton	
– 1-Butanol	
– Ethanol	
– 2-Butanol	
– 2-Propanol	
– 1-Propanol	
– Cyclohexan	
– Ethylenglykolmonobutylether	
– Ethylenglykolmonobutyl-etheracetat	
– Methylethylketon	

8/6. Zellglasfolien V
Anlage

Bezeichnung	Einschränkungen
– Methylisobutylketon	
– Tetrahydrofuran	
– Toluol	Nicht mehr als 0,06 mg/dm² des Lacks auf der Berührungsfläche mit den Lebensmitteln

(BGBl II 2005/298)

8/7. Verordnung über die Kennzeichnung von Materialien und Gegenständen, die für die Verwendung bei Lebensmitteln bestimmt sind

BGBl II 2005/262

Verordnung des Bundesministers für Wirtschaft und Arbeit über die Kennzeichnung von Materialien und Gegenständen, die für die Verwendung bei Lebensmitteln bestimmt sind

Auf Grund des § 32 des Bundesgesetzes gegen den unlauteren Wettbewerb 1984 – UWG, BGBl. Nr. 448, zuletzt geändert durch Art. 47 des Bundesgesetzes BGBl. I Nr. 136/2001, wird verordnet:

Kennzeichnung

§ 1. Materialien und Gegenstände gemäß Art. 1 Abs. 2 der Verordnung (EG) Nr. 1935/2004 über Materialien und Gegenstände, die dazu bestimmt sind, mit Lebensmitteln in Berührung zu kommen und zur Aufhebung der Richtlinien 80/590/EWG und 89/109/EWG, ABl. Nr. L 338 vom 13.11.2004 S. 4, dürfen nur in Verkehr gesetzt werden, wenn deren Kennzeichnung Art. 15 und Anhang II der Verordnung (EG) Nr. 1935/2004 entspricht. Diese Verordnung gilt nicht für Materialien und Gegenstände gemäß Art. 1 Abs. 3 der Verordnung (EG) Nr. 1935/2004.

Außer-Kraft-Treten

§ 2. Die Verordnung des Bundesministers für wirtschaftliche Angelegenheiten über die Kennzeichnung von Gebrauchsgegenständen, die für die Verwendung bei Lebensmitteln bestimmt sind, BGBl. Nr. 217/1995, wird aufgehoben.

Bezugnahme auf Gemeinschaftsrecht

§ 3. Mit dieser Verordnung wird die sich aus Art. 25 der Verordnung (EG) Nr. 1935/2004 ergebende gemeinschaftsrechtliche Verpflichtung erfüllt.

8/8. Verordnung über das Verbot der Verwendung von Bisphenol A in Beruhigungssaugern und Beißringen

BGBl II 2011/327

Verordnung des Bundesministers für Gesundheit über das Verbot von Bisphenol A in Beruhigungssaugern und Beißringen

Auf Grund des § 19 Abs. 1 des Lebensmittelsicherheits- und Verbraucherschutzgesetzes - LMSVG, BGBl. I Nr. 13/2006, zuletzt geändert durch das Bundesgesetz BGBl. I Nr. 95/2010, wird verordnet:

§ 1. (1) Gegenstand dieser Verordnung sind Beruhigungssauger und Beißringe (Gebrauchsgegenstände gemäß § 3 Z 7 lit. c LMSVG).

(2) Es ist verboten, Beruhigungssauger und Beißringe mit Bisphenol A herzustellen oder in Verkehr zu bringen.

§ 2. (1) Diese Verordnung tritt drei Monate nach dem ihrer Kundmachung folgenden Monatsersten in Kraft.

(2) Beruhigungssauger und Beißringe, die nicht dieser Verordnung entsprechen, dürfen bis zum Abbau der Bestände in Verkehr gebracht werden.

§ 3. Diese Verordnung wurde unter Einhaltung der Bestimmungen der Richtlinie 98/34/EG über ein Informationsverfahren auf dem Gebiet der Normen und technischen Vorschriften, ABl. Nr. L 204 vom 21.07.1998, S. 37, in der Fassung der Richtlinie 98/48/EG, ABl. Nr. L 217 vom 05.08.1998, S. 18, der Europäischen Kommission notifiziert (Notifikationsnummer 2011/0050/A).

8/9. Verordnung (EG) Nr. 1935/2004 über Materialien und Gegenstände, die dazu bestimmt sind, mit Lebensmitteln in Berührung zu kommen und zur Aufhebung der Richtlinien 80/590/EWG und 89/109/EWG

ABl L 338 vom 13. 11. 2004, S. 4 idF

1 ABl L 188 vom 18. 7. 2009, S. 14   **2** ABl L 231 vom 6. 9. 2019, S. 1

VERORDNUNG (EG) Nr. 1935/2004 des europäischen Parlaments und des Rates vom 27. Oktober 2004 über Materialien und Gegenstände, die dazu bestimmt sind, mit Lebensmitteln in Berührung zu kommen und zur Aufhebung der Richtlinien 80/590/EWG und 89/109/EWG

DAS EUROPÄISCHE PARLAMENT UND DER RAT DER EUROPÄISCHEN UNION –

gestützt auf den Vertrag zur Gründung der Europäischen Gemeinschaft, insbesondere auf Artikel 95,

auf Vorschlag der Kommission,

nach Stellungnahme des Europäischen Wirtschafts- und Sozialausschusses[1],

gemäß dem Verfahren des Artikels 251 des Vertrags[2],

in Erwägung nachstehender Gründe:

(1) In der Richtlinie 89/109/EWG des Rates vom 21. Dezember 1988 zur Angleichung der Rechtsvorschriften der Mitgliedstaaten über Materialien und Gegenstände, die dazu bestimmt sind, mit Lebensmitteln in Berührung zu kommen[3], werden allgemeine Grundsätze zur Beseitigung der Unterschiede zwischen den Rechtsvorschriften der Mitgliedstaaten in Bezug auf die genannten Materialien und Gegenstände festgelegt; ferner ist darin der Erlass von Durchführungsrichtlinien für bestimmte Gruppen von Materialien und Gegenständen (Einzelrichtlinien) vorgesehen. Diese Vorgehensweise hat sich als erfolgreich erwiesen und sollte deshalb beibehalten werden.

(2) Die im Rahmen der Richtlinie 89/109/EWG erlassenen Einzelrichtlinien enthalten im Allgemeinen Bestimmungen, die den Mitgliedstaaten geringen Spielraum bei ihrer Umsetzung lassen und zudem zur raschen Anpassung an den technischen Fortschritt häufig geändert werden müssen. Deshalb sollte es möglich sein, solche Maßnahmen in Form von Verordnungen oder Entscheidungen zu treffen. Zugleich sollten weitere Fragen geregelt werden. Die Richtlinie 89/109/EWG sollte daher ersetzt werden.

(3) Diese Verordnung beruht auf dem Grundsatz, dass Materialien oder Gegenstände, die dazu bestimmt sind, mit Lebensmitteln unmittelbar oder mittelbar in Berührung zu kommen, ausreichend inert sein müssen, damit ausgeschlossen wird, dass Stoffe in Mengen, die genügen, um die menschliche Gesundheit zu gefährden oder eine unvertretbare Veränderung der Zusammensetzung von Lebensmitteln oder eine Beeinträchtigung ihrer organoleptischen Eigenschaften herbeizuführen, in Lebensmittel übergehen.

(4) Im Gegensatz zu herkömmlichen Materialien und Gegenständen, die dazu bestimmt sind, mit Lebensmitteln in Berührung zu kommen, bestimmte neue Arten von Materialien und Gegenständen, mit denen der Zustand von Lebensmitteln aktiv erhalten oder verbessert werden soll (aktive Lebensmittelkontakt-Materialien und -Gegenstände), von ihrer Zusammensetzung her nicht inert. Andere Arten von neuen Materialien und Gegenständen wiederum sind dazu bestimmt, den Zustand von Lebensmitteln zu überwachen (intelligente Lebensmittelkontakt-Materialien und -Gegenstände). Beide Arten von Materialien und Gegenständen können mit Lebensmitteln in Berührung kommen. Aus Gründen der Klarheit und der Rechtssicherheit ist es daher notwendig, aktive und intelligente Lebensmittelkontakt-Materialien und -Gegenstände in den Anwendungsbereich dieser Verordnung einzubeziehen und die wesentlichen Anforderungen für ihre Verwendung festzulegen. Weitere Anforderungen sollten in so bald wie möglich zu erlassenden Einzelmaßnahmen aufgestellt werden, die Positivlisten zugelas-

**Gebrauchs-
gegen-
stände**

Zur Präambel:
[1] *ABl. C 117 vom 30.4.2004, S. 1.*
[2] *Stellungnahme des Europäischen Parlaments vom 31. März 2004 (noch nicht im Amtsblatt veröffentlicht) und Beschluss des Rates vom 14. Oktober 2004.*
Zu Abs. 1:
[3] *ABl. L 40 vom 11.2.1989, S. 38. Geändert durch die Verordnung (EG) Nr. 1882/2003 des Europäischen Parlaments und des Rates (ABl. L 284 vom 31.10.2003, S. 1).*

sener Stoffe und/oder Materialien und Gegenstände enthalten sollten.

(5) Aktive Lebensmittelkontakt-Materialien und -Gegenstände sind derart beschaffen, dass sie gezielt „aktive" Bestandteile enthalten, die auf das Lebensmittel übergehen oder ihm bestimmte Stoffe entziehen sollen. Sie sollten von Materialien und Gegenständen unterschieden werden, die üblicherweise dazu verwendet werden, im Verlauf des Herstellungsprozesses ihre natürlichen Bestandteile an bestimmte Arten von Lebensmitteln abzugeben, z. B. Holzfässer.

(6) Aktive Lebensmittelkontakt-Materialien und -Gegenstände dürfen die Zusammensetzung oder die organoleptischen Eigenschaften der Lebensmittel nur dann verändern, wenn die Veränderungen mit den Gemeinschaftsvorschriften für Lebensmittel, wie zum Beispiel den Bestimmungen der Richtlinie 89/107/EWG[4]) über Zusatzstoffe im Einklang stehen. Insbesondere sollten Stoffe wie Zusatzstoffe, die bestimmten aktiven Lebensmittelkontakt-Materialien und -Gegenständen gezielt beigegeben werden, um an verpackte Lebensmittel oder die solche Lebensmittel umgebende Umwelt abgegeben werden sollen, gemäß den einschlägigen Gemeinschaftsvorschriften für Lebensmittel zugelassen werden und darüber hinaus weiteren Regelungen unterliegen, die in einer Einzelmaßnahme festgelegt werden.

Außerdem sollte der Verbraucher in Übereinstimmung mit den Lebensmittelvorschriften, einschließlich der Bestimmungen über die Lebensmittelkennzeichnung, durch eine angemessene Kennzeichnung oder Information bei der sicheren und bestimmungsgemäßen Verwendung von aktiven Materialien und Gegenstände unterstützt werden.

(7) Aktive und intelligente Lebensmittelkontakt-Materialien und -Gegenstände sollten keine Veränderungen der Zusammensetzung oder der organoleptischen Eigenschaften von Lebensmitteln herbeiführen oder Informationen über den Zustand von Lebensmitteln geben, die den Verbraucher irreführen könnten. Zum Beispiel sollten aktive Lebensmittelkontakt-Materialien und -Gegenstände keine Stoffe wie Aldehyde oder Amine abgeben oder absorbieren, um einen beginnenden Verderb der Lebensmittel zu kaschieren. Derartige Veränderungen, die geeignet sind, die Anzeichen des Verderbs zu beeinflussen, könnten

den Verbraucher irreführen und sollten deshalb nicht zulässig sein. Entsprechend könnten auch aktive Lebensmittelkontakt-Materialien und -Gegenstände, die Lebensmittel farblich so verändern, dass falsche Informationen über deren Zustand vermittelt werden, den Verbraucher irreführen; diese Materialien sollten daher ebenfalls nicht zulässig sein.

(8) Jedwede Materialien und Gegenstände, die dazu bestimmt sind, mit Lebensmitteln in Berührung zu kommen, und die in Verkehr gebracht werden, sollten den Anforderungen dieser Verordnung entsprechen. Allerdings sollten Materialien und Gegenstände, die als Antiquitäten abgegeben werden, ausgenommen werden, da sie nur in eingeschränkten Mengen zur Verfügung stehen und daher nur begrenzt mit Lebensmitteln in Berührung kommen.

(9) Überzüge oder Beschichtungen, die Bestandteil eines Lebensmittels sind und mit diesem verzehrt werden können, sollten nicht unter diese Verordnung fallen. Andererseits sollte diese Verordnung für Überzüge oder Beschichtungen gelten, mit denen Käserinden, Fleisch- und Wurstwaren oder Obst überzogen werden, die jedoch kein Ganzes mit dem Lebensmittel bilden und nicht dazu bestimmt sind, mitverzehrt zu werden.

(10) Es ist erforderlich, für die Verwendung von Materialien und Gegenständen, auf die diese Verordnung Anwendung findet, und für die Stoffe, die für ihre Herstellung verwendet werden, Einschränkungen und Bedingungen festzulegen. Es empfiehlt sich, solche Einschränkungen und Bedingungen in Einzelmaßnahmen festzulegen, die den technischen Besonderheiten der einzelnen Gruppen von Materialien und Gegenständen Rechnung tragen.

(11) Gemäß der Verordnung (EG) Nr. 178/2002 des Europäischen Parlaments und des Rates vom 28. Januar 2002 zur Festlegung der allgemeinen Grundsätze und Anforderungen des Lebensmittelrechts, zur Errichtung der Europäischen Behörde für Lebensmittelsicherheit und zur Festlegung von Verfahren zur Lebensmittelsicherheit[5]) sollte die Europäische Behörde für Lebensmittelsicherheit („die Behörde") konsultiert werden, bevor im Rahmen von Einzelmaßnahmen Bestimmungen erlassen werden, die die öffentliche Gesundheit berühren können.

Zu Abs. 6:

[4]) Richtlinie 89/107/EWG des Rates vom 21. Dezember 1988 zur Angleichung der Rechtsvorschriften der Mitgliedstaaten über Zusatzstoffe, die in Lebensmitteln verwendet werden dürfen (ABl. L 40 vom 11.2.1989, S. 27). Zuletzt geändert durch die Verordnung (EG) Nr. 1882/2003.

Zu Abs. 11:

[5]) ABl. L 31 vom 1.2.2002, S. 1. Geändert durch die Verordnung (EG) Nr. 1642/2003 (ABl. L 245 vom 29.9.2003, S. 4).

(12) Umfasst eine Einzelmaßnahme ein Verzeichnis von Stoffen, die in der Gemeinschaft zur Verwendung bei der Herstellung von Materialien und Gegenständen, die dazu bestimmt sind, mit Lebensmitteln in Berührung zu kommen, zugelassen sind, so sollten diese Stoffe vor ihrer Zulassung einer Sicherheitsbewertung unterzogen werden. Die Sicherheitsbewertung und die Zulassung dieser Stoffe sollte unbeschadet der einschlägigen Anforderungen der Gemeinschaftsvorschriften über die Registrierung, Bewertung, Zulassung und Beschränkung chemischer Stoffe erfolgen.

(13) Unterschiede zwischen den einzelstaatlichen Rechts- und Verwaltungsvorschriften über die Sicherheitsbewertung und die Zulassung von Stoffen, die bei der Herstellung von Materialien und Gegenständen, die dazu bestimmt sind, mit Lebensmitteln in Berührung zu kommen, verwendet werden, können den freien Verkehr solcher Materialien und Gegenstände behindern und ungleiche und unlautere Wettbewerbsbedingungen schaffen. Deshalb sollte ein Zulassungsverfahren auf Gemeinschaftsebene festgelegt werden. Damit die Sicherheitsbewertung in harmonisierter Weise erfolgt, sollte sie von der Behörde durchgeführt werden.

(14) An die Sicherheitsbewertung der Stoffe sollte sich eine Risikomanagemententscheidung über die Aufnahme der betreffenden Stoffe in eine Gemeinschaftsliste zugelassener Stoffe anschließen.

(15) Es empfiehlt sich, die Möglichkeit vorzusehen, dass spezifische Handlungen und Unterlassungen der Behörde aufgrund dieser Verordnung einer Überprüfung auf dem Verwaltungsweg unterzogen werden können. Diese Überprüfung sollte unbeschadet der Rolle der Behörde als unabhängige wissenschaftliche Referenzstelle bei der Risikobewertung erfolgen.

(16) Die Kennzeichnung stellt für die Benutzer eine Hilfe im Hinblick auf einen bestimmungsgemäßen Gebrauch der Materialien und Gegenstände dar. Die Kennzeichnungsmethoden können je nach Benutzer unterschiedlich sein.

(17) Mit der Richtlinie 80/590/EWG der Kommission[6] wurde ein Symbol für Materialien und Gegenstände eingeführt, die dazu bestimmt sind, mit Lebensmitteln in Berührung zu kommen. Der Einfachheit halber sollte dieses Symbol in diese Verordnung übernommen werden.

(18) Die Rückverfolgbarkeit von Materialien und Gegenständen, die dazu bestimmt sind, mit Lebensmitteln in Berührung zu kommen, sollte auf allen Stufen gewährleistet sein, um Kontrollen, den Rückruf fehlerhafter Produkte, die Unterrichtung der Verbraucher und die Feststellung der Haftung zu erleichtern. Die Unternehmer sollten zumindest jene Firmen ermitteln können, von denen sie die Materialien und Gegenstände bezogen oder an die sie solche abgegeben haben.

(19) Bei der Überwachung der Übereinstimmung der Materialien und Gegenstände mit dieser Verordnung sollten die speziellen Bedürfnisse der Entwicklungsländer und insbesondere der am wenigsten entwickelten Länder berücksichtigt werden. Die Kommission ist durch die Verordnung (EG) Nr. 882/2004 des Europäischen Parlaments und des Rates vom 29. April 2004 über amtliche Kontrollen zur Überprüfung der Einhaltung des Lebensmittel- und Futtermittelrechts sowie der Bestimmungen über Tiergesundheit und Tierschutz[7] verpflichtet worden, die Entwicklungsländer im Hinblick auf Lebensmittelsicherheit einschließlich der Sicherheit von Materialien und Gegenständen, die mit Lebensmitteln in Berührung kommen, zu unterstützen. Zu diesem Zweck sind in der genannten Verordnung spezielle Vorschriften festgelegt worden, die auch für Materialien und Gegenstände, die mit Lebensmitteln in Berührung kommen, gelten sollten.

(20) Es ist erforderlich, Verfahren für den Erlass von Schutzmaßnahmen in Fällen festzulegen, in denen Materialien oder Gegenstände eine ernsthafte Gefahr für die menschliche Gesundheit darstellen können.

(21) Für die Dokumente, die sich im Besitz der Behörde befinden, gilt die Verordnung (EG) Nr. 1049/2001 des Europäischen Parlaments und des Rates vom 30. Mai 2001 über den Zugang der Öffentlichkeit zu Dokumenten des Europäischen Parlaments, des Rates und der Kommission[8].

(22) Die von Innovatoren getätigten Investitionen bei der Beschaffung von Daten und Informationen zur Untermauerung eines Antrags nach dieser Verordnung sollten geschützt werden. Um

---

Zu Abs. 17:
[6] Richtlinie 80/590/EWG der Kommission vom 9. Juni 1980 zur Festlegung des Symbols für Materialien und Gegenstände, die dazu bestimmt sind, mit Lebensmitteln in Berührung zu kommen (ABl. L 151 vom 19.6.1980, S. 21). Zuletzt geändert durch die Beitrittsakte von 2003.

Zu Abs. 19:
[7] ABl. L 165 vom 30.4.2004, S. 1. Berichtigt in ABl. L 191 vom 28.5.2004, S. 1.

Zu Abs. 21:
[8] ABl. L 145 vom 31.5.2001, S. 43.

Artikel 1

die unnötige Wiederholung von Studien und insbesondere von Tierversuchen zu vermeiden, sollte jedoch eine gemeinsame Nutzung von Daten gestattet sein, wenn sich die betroffenen Parteien hierüber einigen.

(23) Im Hinblick auf eine hohe Qualität und die Einheitlichkeit der Untersuchungsergebnisse sollten gemeinschaftliche und nationale Referenzlabors benannt werden. Dieses Ziel wird im Rahmen der Verordnung (EG) Nr. 882/2004 verwirklicht.

(24) Die Verwendung recycleter Materialien und Gegenstände sollte in der Gemeinschaft aus Gründen des Umweltschutzes bevorzugt werden, sofern strenge Anforderungen zur Gewährleistung der Lebensmittelsicherheit und des Verbraucherschutzes festgelegt werden. Bei der Festlegung solcher Anforderungen sollten auch die technischen Merkmale der verschiedenen in Anhang I aufgeführten Gruppen von Materialien und Gegenständen berücksichtigt werden. Priorität sollte dabei die Harmonisierung der Regelungen für wieder verwertete Kunststoffmaterialien und -gegenstände haben, da deren Verwendung zunimmt und es entweder keine einzelstaatlichen Rechtsvorschriften und Bestimmungen gibt oder diese voneinander abweichen. Daher sollte der Öffentlichkeit so bald wie möglich der Entwurf einer Einzelmaßnahme für wieder verwertete Kunststoff-Materialien und -Gegenstände zugänglich gemacht werden, um die Rechtslage in der Gemeinschaft zu klären.

(25) Die zur Durchführung dieser Verordnung erforderlichen Maßnahmen sowie Änderungen der Anhänge I und II dieser Verordnung sollten gemäß dem Beschluss 1999/468/EG des Rates vom 28. Juni 1999 zur Festlegung der Modalitäten für die Ausübung der der Kommission übertragenen Durchführungsbefugnisse[9)] erlassen werden.

(26) Die Mitgliedstaaten sollten Regelungen für Sanktionen bei Verstößen gegen die Bestimmungen dieser Verordnung festlegen und die Durchsetzung dieser Sanktionen sicherstellen. Die Sanktionen müssen wirksam, verhältnismäßig und abschreckend sein.

(27) Die Unternehmer müssen genügend Zeit haben, um sich auf einige der in dieser Verordnung festgelegten Anforderungen einzustellen.

(28) Da die Ziele dieser Verordnung aufgrund der Unterschiede zwischen den einzelstaatlichen Rechtsvorschriften und Bestimmungen auf Ebene der Mitgliedstaaten nicht ausreichend erreicht werden können und daher besser auf Gemeinschaftsebene zu erreichen sind, kann die Gemeinschaft im Einklang mit dem in Artikel 5 des Vertrags niedergelegten Subsidiaritätsprinzip tätig werden. Entsprechend dem in demselben Artikel genannten Verhältnismäßigkeitsprinzip geht diese Verordnung nicht über das für die Erreichung dieser Ziele erforderliche Maß hinaus.

(29) Die Richtlinien 80/590/EWG und 89/109/EWG sollten daher aufgehoben werden —

HABEN FOLGENDE VERORDNUNG ERLASSEN:

Artikel 1

Zweck und Gegenstand

(1) Zweck dieser Verordnung ist es, das wirksame Funktionieren des Binnenmarkts in Bezug auf das Inverkehrbringen von Materialien und Gegenständen in der Gemeinschaft sicherzustellen, die dazu bestimmt sind, mit Lebensmitteln unmittelbar oder mittelbar in Berührung zu kommen, und gleichzeitig die Grundlage für ein hohes Schutzniveau für die menschliche Gesundheit und die Verbraucherinteressen zu schaffen.

(2) Die Verordnung gilt für Materialien und Gegenstände, einschließlich aktiver und intelligenter Lebensmittelkontakt-Materialien und -Gegenstände (nachstehend „Materialien und Gegenstände" genannt), die als Fertigerzeugnis

a) dazu bestimmt sind, mit Lebensmitteln in Berührung zu kommen

oder

b) bereits mit Lebensmitteln in Berührung sind und dazu bestimmt sind,

oder

c) vernünftigerweise vorhersehen lassen, dass sie bei normaler oder vorhersehbarer Verwendung mit Lebensmitteln in Berührung kommen oder ihre Bestandteile an Lebensmittel abgeben.

(3) Die Verordnung gilt nicht für

a) Materialien und Gegenstände, die als Antiquitäten abgegeben werden;

b) Überzugs- und Beschichtungsmaterialien, wie Materialien zum Überziehen von Käserinden, Fleisch- und Wurstwaren oder Obst, die mit dem Lebensmittel ein Ganzes bilden und mit diesem verzehrt werden können;

c) ortsfeste öffentliche oder private Wasserversorgungsanlagen.

Zu Abs. 25:
[9)] *ABl. L 184 vom 17.7.1999, S. 23.*

Artikel 2
Definitionen

(1) Zum Zweck dieser Verordnung gelten die entsprechenden Definitionen der Verordnung (EG) Nr. 178/2002, mit Ausnahme der Definitionen der Begriffe „Rückverfolgbarkeit" und „Inverkehrbringen"; diese Ausdrücke bezeichnen:

a) „Rückverfolgbarkeit" die Möglichkeit, ein Material oder einen Gegenstand durch alle Herstellungs-, Verarbeitungs- und Vertriebsstufen zu verfolgen;

b) „Inverkehrbringen" das Bereithalten von Materialien und Gegenständen für Verkaufszwecke einschließlich des Anbietens zum Verkauf oder jeder anderen Form der Weitergabe, gleichgültig, ob unentgeltlich oder nicht, sowie den Verkauf, den Vertrieb oder andere Formen der Weitergabe selbst.

(2) Ferner bezeichnet der Ausdruck

a) „Aktive Lebensmittelkontakt-Materialien und -Gegenstände" (nachstehend „aktive Materialien und Gegenstände" genannt) Materialien und Gegenstände, die dazu bestimmt sind, die Haltbarkeit eines verpackten Lebensmittels zu verlängern oder dessen Zustand zu erhalten bzw. zu verbessern. Sie sind derart beschaffen, dass sie gezielt Bestandteile enthalten, die Stoffe an das verpackte Lebensmittel oder die das Lebensmittel umgebende Umwelt abgeben oder diesen entziehen können;

b) „intelligente Lebensmittelkontakt-Materialien und -Gegenstände" (nachstehend „intelligente Materialien und Gegenstände" genannt) Materialien und Gegenstände, mit denen der Zustand eines verpackten Lebensmittels oder die das Lebensmittel umgebende Umwelt überwacht wird;

c) „Unternehmen" alle Unternehmen, gleichgültig, ob sie auf Gewinnerzielung ausgerichtet sind oder nicht und ob sie öffentlich oder privat sind, die Tätigkeiten im Zusammenhang mit jedweder Stufe der Herstellung, der Verarbeitung und des Vertriebs von Materialien und Gegenständen durchführen;

d) „Unternehmer" die natürlichen oder juristischen Personen, die dafür verantwortlich sind, dass die Anforderungen dieser Verordnung in dem ihrer Kontrolle unterstehenden Unternehmen erfüllt werden.

Artikel 3
Allgemeine Anforderungen

(1) Materialien und Gegenstände, einschließlich aktiver und intelligenter Materialien und Gegenstände, sind nach guter Herstellungspraxis so herzustellen, dass sie unter den normalen oder vorhersehbaren Verwendungsbedingungen keine Bestandteile auf Lebensmittel in Mengen abgeben, die geeignet sind,

a) die menschliche Gesundheit zu gefährden oder

b) eine unvertretbare Veränderung der Zusammensetzung der Lebensmittel herbeizuführen oder

c) eine Beeinträchtigung der organoleptischen Eigenschaften der Lebensmittel herbeizuführen.

(2) Kennzeichnung, Werbung und Aufmachung der Materialien und Gegenstände dürfen den Verbraucher nicht irreführen.

Artikel 4
Besondere Anforderungen an aktive und intelligente Materialien und Gegenstände

(1) In Anwendung von Artikel 3 Absatz 1 Buchstaben b) und c) dürfen aktive Materialien und Gegenstände nur Veränderungen der Zusammensetzung oder der organoleptischen Eigenschaften von Lebensmitteln herbeiführen, sofern diese Veränderungen mit den Gemeinschaftsvorschriften für Lebensmittel wie etwa den Vorschriften der Richtlinie 89/107/EWG über Zusatzstoffe in Lebensmitteln und den entsprechenden Durchführungsbestimmungen oder in Ermangelung von Gemeinschaftsvorschriften mit den einschlägigen nationalen Vorschriften in Einklang stehen.

(2) Solange noch keine zusätzlichen Regelungen im Rahmen einer Einzelmaßnahme über aktive und intelligente Materialien und Gegenstände erlassen worden sind, erfolgen die Zulassung und die Verwendung von Stoffen, die aktiven Materialien und Gegenständen gezielt beigefügt werden, damit sie in das Lebensmittel oder die das Lebensmittel umgebende Umwelt abgegeben werden, gemäß den einschlägigen Gemeinschaftsvorschriften für Lebensmittel; dabei sind diese Verordnung und ihre Durchführungsbestimmungen einzuhalten.
Diese Stoffe gelten als Zutaten im Sinne von Artikel 6 Absatz 4 Buchstabe a) der Richtlinie 2000/13/EG[1].

(3) Aktive Materialien und Gegenstände dürfen keine Veränderungen der Zusammensetzung oder der organoleptischen Eigenschaften von Lebensmitteln herbeiführen, die den Verbraucher irreführen könnten; dazu gehört zum Beispiel das Kaschieren des Verderbs von Lebensmitteln.

(4) Intelligente Materialien und Gegenstände dürfen keine Informationen über den Zustand von

---

Zu Artikel 4:
[1] Richtlinie 2000/13/EG des Europäischen Parlaments und des Rates vom 20. März 2000 zur Angleichung der Rechtsvorschriften der Mitgliedstaaten über die Etikettierung und Aufmachung von Lebensmitteln sowie die Werbung hierfür (ABl. L 109 vom 6.5.2000, S. 29). Zuletzt geändert durch die Richtlinie 2003/89/EG (ABl. L 308 vom 25.11.2003, S. 15).

Lebensmitteln geben, die Verbraucher irreführen könnten.

(5) Aktive und intelligente Materialien und Gegenstände, die bereits mit Lebensmitteln in Berührung gekommen sind, müssen mit einer angemessenen Kennzeichnung versehen werden, die es dem Verbraucher gestattet, nicht essbare Teile zu identifizieren.

(6) Aktive und intelligente Materialien und Gegenstände sind mit einer angemessenen Kennzeichnung zu versehen, aus der hervorgeht, dass es sich um aktive und/oder intelligente Materialien oder Gegenstände handelt.

Artikel 5
Einzelmaßnahmen für Gruppen von Materialien und Gegenständen

(1) „Für die Gruppen von Materialien und Gegenständen, die in Anhang I aufgeführt sind, sowie gegebenenfalls für Kombinationen aus solchen Materialien und Gegenständen oder recycelte Materialien und Gegenstände, die bei der Herstellung dieser Materialien und Gegenstände verwendet werden, können von der Kommission Einzelmaßnahmen erlassen oder geändert werden."

Solche Einzelmaßnahmen können Folgendes umfassen:

a) ein Verzeichnis der für die Verwendung bei der Herstellung von Materialien und Gegenständen zugelassenen Stoffe;

b) ein Verzeichnis oder mehrere Verzeichnisse der als Bestandteil aktiver oder intelligenter Materialien und Gegenstände, die mit Lebensmitteln in Berührung kommen, zugelassenen Stoffe oder ein Verzeichnis oder mehrere Verzeichnisse der aktiven oder intelligenten Materialien und Gegenstände und, sofern erforderlich, spezielle Voraussetzungen für die Verwendung dieser Stoffe und/oder der Materialien und Gegenstände, deren Bestandteil sie sind;

c) Reinheitskriterien für die in Buchstabe a) genannten Stoffe;

d) besondere Bedingungen für die Verwendung der unter Buchstabe a) genannten Stoffe und/oder der Materialien und Gegenstände, in denen sie verwendet werden;

e) spezifische Migrationsgrenzwerte für den Übergang bestimmter Bestandteile oder Gruppen von Bestandteilen in oder auf Lebensmittel, wobei etwaigen anderen Expositionsquellen im Zusammenhang mit solchen Bestandteilen angemessen Rechnung zu tragen ist;

f) ein Gesamtmigrationswert für Bestandteile, die in oder auf Lebensmittel übergehen;

g) Vorschriften zum Schutz der menschlichen Gesundheit vor Gefahren durch oralen Kontakt mit den Materialien und Gegenständen;

h) sonstige Vorschriften zur Sicherstellung der Einhaltung der Artikel 3 und 4;

i) Grundregeln zur Kontrolle der Einhaltung der Buchstaben a) bis h);

j) Vorschriften für die Entnahme von Proben sowie für die Analysemethoden zur Kontrolle der Einhaltung der Buchstaben a) bis h);

k) spezifische Vorschriften zur Sicherstellung der Rückverfolgbarkeit der Materialien und Gegenstände, einschließlich Vorschriften über die Dauer der Aufbewahrung von Aufzeichnungen, oder Vorschriften, die erforderlichenfalls Abweichungen von den Anforderungen des Artikels 17 ermöglichen;

l) zusätzliche Vorschriften für die Kennzeichnung aktiver und intelligenter Materialien und Gegenstände;

m) Vorschriften, mit denen die Kommission verpflichtet wird, ein öffentlich zugängliches Gemeinschaftsregister (nachstehend „Register" genannt) zugelassener Stoffe oder Verfahren oder Materialien oder Gegenstände zu erstellen und zu führen;

n) spezifische Verfahrensregeln, mit denen das in den Artikeln 8 bis 12 genannte Verfahren erforderlichenfalls angepasst oder so gestaltet werden kann, dass es für die Zulassung bestimmter Arten von Materialien und Gegenständen und/oder bei deren Herstellung verwendeter Verfahren geeignet ist; dies schließt erforderlichenfalls ein Verfahren für die Einzelzulassung eines Stoffes, eines Verfahrens oder eines Materials oder Gegenstands im Wege einer an den Antragsteller gerichteten Entscheidung ein.

„Die in Buchstabe m genannten Einzelmaßnahmen werden von der Kommission nach dem in Artikel 23 Absatz 2 genannten Regelungsverfahren erlassen."

„Die in den Buchstaben f, g, h, i, j, k, l und n genannten Einzelmaßnahmen zur Änderung nicht wesentlicher Bestimmungen dieser Verordnung werden nach dem in Artikel 23 Absatz 3 genannten Regelungsverfahren mit Kontrolle erlassen."

„Die in den Buchstaben a bis e genannten Einzelmaßnahmen zur Änderung nicht wesentlicher Bestimmungen dieser Verordnung werden nach dem in Artikel 23 Absatz 4 genannten Regelungsverfahren mit Kontrolle erlassen."

(ABl L 188 vom 18. 7. 2009, S. 14)

(2) Die Kommission kann bestehende Einzelrichtlinien über Materialien und Gegenstände ändern. Diese Maßnahmen zur Änderung nicht wesentlicher Bestimmungen dieser Verordnung durch Ergänzung werden nach dem in Artikel 23 Absatz 4 genannten Regelungsverfahren mit Kontrolle erlassen.

Artikel 6
Nationale Einzelmaßnahmen

Diese Verordnung hindert die Mitgliedstaaten nicht daran, wenn keine Einzelmaßnahmen im Sinne des Artikels 5 ergriffen wurden, nationale Vorschriften beizubehalten oder zu erlassen, sofern diese mit den Vertragsbestimmungen in Einklang stehen.

Artikel 7
Rolle der Europäischen Behörde für Lebensmittelsicherheit

Vorschriften, die die öffentliche Gesundheit berühren können, werden nach Anhörung der Europäischen Behörde für Lebensmittelsicherheit, nachstehend „die Behörde" genannt, erlassen.

Artikel 8
Allgemeine Anforderungen für die Zulassung von Stoffen

(1) Ist ein Verzeichnis der Stoffe nach Artikel 5 Absatz 1 Unterabsatz 2 Buchstaben a) und b) beschlossen, so ist zur Erlangung der Zulassung eines nicht in diesem Verzeichnis aufgeführten Stoffes ein Antrag gemäß Artikel 9 Absatz 1 einzureichen.

(2) Ein Stoff darf nur dann zugelassen werden, wenn angemessen und ausreichend nachgewiesen worden ist, dass bei seiner Verwendung unter den in den Einzelmaßnahmen festzulegenden Bedingungen das Material oder der Gegenstand im fertigen Zustand die Anforderungen des Artikels 3 und, wenn diese anwendbar sind, des Artikels 4 erfüllt.

Artikel 9
Beantragung der Zulassung eines neuen Stoffes

(1) Zum Erhalt der in Artikel 8 Absatz 1 genannten Zulassung findet folgendes Verfahren Anwendung:

a) Bei der zuständigen Behörde eines Mitgliedstaats ist ein Antrag einzureichen, der Folgendes enthält:

i) Namen und Anschrift des Antragstellers,

ii) die technischen Unterlagen mit allen Angaben gemäß den von der Behörde zu veröffentlichenden Leitlinien für die Sicherheitsbewertung eines Stoffes,

iii) eine Zusammenfassung der technischen Unterlagen.

b) Die in Buchstabe a) genannte zuständige Behörde

i) bestätigt dem Antragsteller den Erhalt des Antrags schriftlich innerhalb von 14 Tagen nach dessen Eingang. In der Bestätigung ist das Datum des Antragseingangs zu nennen;

ii) unterrichtet unverzüglich die Behörde und

iii) stellt der Behörde den Antrag und alle vom Antragsteller gelieferten sonstigen Informationen zur Verfügung.

c) Die Behörde wird unverzüglich tätig:

i) Sie unterrichtet die Kommission und die anderen Mitgliedstaaten über den Antrag und stellt ihnen den Antrag sowie alle vom Antragsteller vorgelegten zusätzlichen Informationen zur Verfügung und

ii) macht in Übereinstimmung mit den Artikeln 19 und 20 den Antrag, relevante stützende Informationen und alle vom Antragsteller vorgelegten zusätzlichen Informationen öffentlich zugänglich.
(ABl L 231 vom 6. 9. 2019, S. 1)

(2) Die Behörde veröffentlicht in Absprache mit der Kommission ausführliche Leitlinien für die Erstellung und Einreichung von Anträgen, wobei sie die Standarddatenformate – soweit vorhanden – gemäß Artikel 39f der Verordnung (EG) Nr. 178/2002, der entsprechend gilt, berücksichtigt. *(ABl L 231 vom 6. 9. 2019, S. 1)*

Artikel 10
Stellungnahme der Behörde

(1) Die Behörde gibt innerhalb von sechs Monaten nach Eingang eines gültigen Antrags eine Stellungnahme darüber ab, ob der Stoff unter bestimmungsgemäßer Verwendung des Materials oder Gegenstands, in dem er verwendet wird, den Sicherheitskriterien des Artikels 3 und, wenn diese anwendbar sind, des Artikels 4 entspricht.

Die Behörde kann diese Frist um höchstens sechs weitere Monate verlängern. In einem solchen Fall begründet sie die Verzögerung gegenüber dem Antragsteller, der Kommission und den Mitgliedstaaten.

(2) Die Behörde kann den Antragsteller gegebenenfalls auffordern, die dem Antrag beigefügten Unterlagen innerhalb einer von der Behörde festgelegten Frist zu ergänzen. Fordert die Behörde zusätzliche Informationen an, wird die in Absatz 1 vorgesehene Frist ausgesetzt, bis diese Informationen vorliegen. Diese Frist wird ebenso für den Zeitraum ausgesetzt, der dem Antragsteller zur Ausarbeitung mündlicher oder schriftlicher Erläuterungen eingeräumt wird.

(3) Zur Ausarbeitung ihrer Stellungnahme

a) prüft die Behörde, ob die vom Antragsteller vorgelegten Informationen und Unterlagen Artikel 9 Absatz 1 Buchstabe a) entsprechen; in diesem Fall wird der Antrag als gültig angesehen; sie prüft ferner, ob der Stoff den Sicherheitskriterien des Artikels 3 und, wenn diese anwendbar sind, des Artikels 4 entspricht;

b) unterrichtet die Behörde den Antragsteller, die Kommission und die Mitgliedstaaten, wenn ein Antrag ungültig ist.

(4) Befürwortet die Stellungnahme die Zulassung des bewerteten Stoffes, so enthält sie

a) die Bezeichnung des Stoffes, einschließlich der Spezifikationen,
und

b) gegebenenfalls Empfehlungen hinsichtlich der Bedingungen oder Einschränkungen für die Verwendung des bewerteten Stoffes und/oder des Materials oder Gegenstands, in dem er verwendet wird,
und

c) eine Beurteilung, ob das vorgeschlagene Analyseverfahren für die vorgesehenen Kontrollzwecke geeignet ist.

(5) Die Behörde übermittelt ihre Stellungnahme an die Kommission, die Mitgliedstaaten und den Antragsteller.

(6) Die Behörde veröffentlicht ihre Stellungnahme, nachdem sie alle gemäß Artikel 20 als vertraulich geltenden Informationen gestrichen hat.

Artikel 11
Gemeinschaftszulassung

(1) Die Gemeinschaftszulassung eines Stoffes oder mehrerer Stoffe erfolgt in Form des Erlasses einer Einzelmaßnahme. Die Kommission erstellt gegebenenfalls einen Entwurf einer Einzelmaßnahme gemäß Artikel 5 zur Zulassung des oder der von der Behörde bewerteten Stoffe(s) und gibt darin die Bedingungen für die Verwendung dieser Stoffe an oder ändert sie.

(2) In dem Entwurf der Einzelmaßnahme werden die Stellungnahme der Behörde, die einschlägigen Vorschriften des Gemeinschaftsrechts und andere sachdienliche berechtigterweise zu berücksichtigende Faktoren berücksichtigt. Falls der Entwurf der Einzelmaßnahme nicht mit der Stellungnahme der Behörde übereinstimmt, erläutert die Kommission unverzüglich die Gründe für die Abweichung. Hat die Kommission nicht die Absicht, nach befürwortender Stellungnahme der Behörde einen Entwurf einer Einzelmaßnahme zu erstellen, so teilt sie dies dem Antragsteller unverzüglich mit und erläutert ihm die Gründe.

(3) Die Gemeinschaftszulassung in Form einer Einzelmaßnahme nach Absatz 1 wird von der Kommission angenommen. Diese Maßnahme zur Änderung nicht wesentlicher Bestimmungen dieser Verordnung durch Ergänzung wird nach dem in Artikel 23 Absatz 4 genannten Regelungsverfahren mit Kontrolle erlassen. *(ABl L 188 vom 18. 7. 2009, S. 14)*

(4) Nachdem die Zulassung für einen Stoff gemäß dieser Verordnung erteilt wurde, muss jeder Unternehmer, der den zugelassenen Stoff oder Materialien oder Gegenstände, die den zugelassenen Stoff enthalten, verwendet, die mit dieser Zulassung verbundenen Bedingungen oder Einschränkungen erfüllen.

(5) Der Antragsteller oder der Unternehmer, der den zugelassenen Stoff oder Materialien oder Gegenstände, die den zugelassenen Stoff enthalten, verwendet, unterrichtet die Kommission unverzüglich über neue wissenschaftliche oder technische Informationen, die die Bewertung der Sicherheit des zugelassenen Stoffes in Bezug auf die menschliche Gesundheit berühren könnten. Falls erforderlich, überprüft die Behörde die Bewertung.

(6) Die Erteilung einer Zulassung schränkt nicht die allgemeine zivil- und strafrechtliche Haftung eines Unternehmers in Bezug auf den zugelassenen Stoff oder Materialien oder Gegenstände, die den zugelassenen Stoff enthalten, und das Lebensmittel, das mit diesem Material oder Gegenstand in Berührung kommt, ein.

Artikel 12
Änderung, Aussetzung und Widerruf von Zulassungen

(1) Der Antragsteller oder der Unternehmer, der den zugelassenen Stoff oder Materialien oder Gegenstände, die den zugelassenen Stoff enthalten, verwendet, kann nach dem Verfahren des Artikels 9 Absatz 1 eine Änderung der bestehenden Zulassung beantragen.

(2) Der Antrag muss Folgendes enthalten:

a) eine Bezugnahme auf den ursprünglichen Antrag;

b) technische Unterlagen mit den neuen Informationen gemäß den in Artikel 9 Absatz 2 genannten Leitlinien;

c) eine neue, vollständige Zusammenfassung der technischen Unterlagen in standardisierter Form.

(3) Die Behörde bewertet auf eigene Initiative oder auf Ersuchen eines Mitgliedstaats oder der Kommission nach dem in Artikel 10 festgelegten Verfahren, soweit dieses anwendbar ist, ob die Stellungnahme oder die Zulassung noch im Einklang mit dieser Verordnung steht. Erforderlichenfalls kann sie den Antragsteller anhören.

(4) Die Kommission prüft die Stellungnahme der Behörde unverzüglich und erstellt einen Entwurf der zu treffenden Einzelmaßnahme.

(5) Der Entwurf einer Einzelmaßnahme zur Änderung einer Zulassung muss alle notwendigen Änderungen der Verwendungsbedingungen sowie gegebenenfalls der mit dieser Zulassung verbundenen Einschränkungen enthalten.

(6) Die endgültige Einzelmaßnahme zur Änderung, zur Aussetzung oder zum Widerruf der Zulassung wird von der Kommission erlassen. Diese Maßnahme zur Änderung nicht wesentlicher Bestimmungen dieser Verordnung durch Ergänzung wird nach dem in Artikel 23 Absatz 4 genannten Regelungsverfahren mit Kontrolle erlassen. Aus Gründen äußerster Dringlichkeit kann die Kommission auf das in Artikel 23 Absatz 5 genannte Dringlichkeitsverfahren zurückgreifen. *(ABl L 188 vom 18. 7. 2009, S. 14)*

Artikel 13
Zuständige Behörden der Mitgliedstaaten

Jeder Mitgliedstaat teilt der Kommission und der Behörde Bezeichnung und Anschrift sowie eine Kontaktstelle der nationalen zuständigen Behörde(n) mit, die in seinem Hoheitsgebiet für die Entgegennahme des Zulassungsantrags im Sinne der Artikel 9 bis 12 zuständig ist/sind. Die Kommission veröffentlicht Bezeichnung und Anschrift der einzelstaatlichen zuständigen Behörden sowie die Kontaktstellen, die gemäß diesem Artikel mitgeteilt wurden.

Artikel 14
Überprüfung auf dem Verwaltungsweg

Handlungen oder Unterlassungen der Behörde im Rahmen der ihr mit dieser Verordnung übertragenen Befugnisse können von der Kommission aus eigener Initiative oder auf Ersuchen eines Mitgliedstaats oder einer unmittelbar und individuell betroffenen Person überprüft werden.

Zu diesem Zweck ist bei der Kommission binnen einer Frist von zwei Monaten ab dem Tag, an dem die betroffene Partei von der Handlung oder Unterlassung Kenntnis erlangt hat, ein Antrag zu stellen.

Die Kommission entscheidet innerhalb von zwei Monaten und verpflichtet die Behörde gegebenenfalls, ihre Handlung rückgängig zu machen oder der Unterlassung abzuhelfen.

Artikel 15
Kennzeichnung

(1) Unbeschadet der in Artikel 5 genannten Einzelmaßnahmen sind Materialien und Gegenstände, die noch nicht mit Lebensmitteln in Berührung gekommen sind, wenn sie in Verkehr gebracht werden, wie folgt zu kennzeichnen:

a) mit der Angabe „Für Lebensmittelkontakt" oder mit einem besonderen Hinweis auf ihren Verwendungszweck wie zum Beispiel dem als Kaffeemaschine, Weinflasche oder Suppenlöffel oder mit dem in Anhang II abgebildeten Symbol und

b) erforderlichenfalls mit besonderen Hinweisen für eine sichere und sachgemäße Verwendung und

c) mit dem Namen oder der Firma sowie in jedem Fall der Anschrift oder dem Sitz des Herstellers, des Verarbeiters oder eines in der Gemeinschaft niedergelassenen und für das Inverkehrbringen verantwortlichen Verkäufers und

d) gemäß Artikel 17 mit einer angemessenen Kennzeichnung oder Identifikation, die eine Rückverfolgbarkeit des Materials oder Gegenstands gestattet und

e) im Falle aktiver Materialien und Gegenstände mit Angaben zu dem/den zulässigen Verwendungszweck(en) sowie anderen einschlägigen Informationen wie dem Namen und der Menge der von dem aktiven Bestandteil abgegebenen Stoffe, so dass die Lebensmittelunternehmer, die diese Materialien und Gegenstände verwenden, die anderen einschlägigen Gemeinschaftsvorschriften oder, sofern solche nicht bestehen, die nationalen Vorschriften für Lebensmittel, einschließlich der Vorschriften über die Lebensmittelkennzeichnung, einhalten können.

(2) Die Angaben nach Absatz 1 Buchstabe a) sind jedoch nicht verpflichtend für Gegenstände, die aufgrund ihrer Beschaffenheit eindeutig dafür bestimmt sind, mit Lebensmitteln in Berührung zu kommen.

(3) Die in Absatz 1 vorgeschriebenen Angaben müssen gut sichtbar, deutlich lesbar und unverwischbar sein.

(4) Die Abgabe von Materialien und Gegenständen an den Endverbraucher ist untersagt, wenn die nach Absatz 1 Buchstaben a), b) und e) erforderlichen Angaben nicht in einer für den Käufer leicht verständlichen Sprache angebracht sind.

(5) Der Mitgliedstaat, in dem das Material oder der Gegenstand vermarktet wird, kann in seinem Hoheitsgebiet unter Beachtung der Bestimmungen des Vertrags vorschreiben, dass diese Angaben auf dem Etikett in einer oder mehreren von ihm bestimmten Amtssprachen der Gemeinschaft abgefasst sind.

(6) Die Absätze 4 und 5 stehen der Abfassung der Angaben auf dem Etikett in mehreren Sprachen nicht entgegen.

(7) Bei der Abgabe an den Endverbraucher stehen die in Absatz 1 vorgeschriebenen Angaben

a) auf den Materialien und Gegenständen oder auf deren Verpackung oder

b) auf Etiketten, die sich auf den Materialien oder Gegenständen oder auf deren Verpackung befinden, oder

c) auf einer Anzeige, die sich in unmittelbarer Nähe der Materialien und Gegenstände befindet und für den Käufer gut sichtbar ist; bei den in Absatz 1 Buchstabe c) genannten Angaben besteht diese Möglichkeit jedoch nur, wenn sich diese

Gebrauchs-gegen-stände

Angaben oder ein Etikett mit diesen Angaben aus technischen Gründen weder auf der Herstellungs- noch auf der Vermarktungsstufe auf den Materialien oder Gegenständen anbringen lassen.

(8) Auf anderen Handelsstufen als bei der Abgabe an den Endverbraucher stehen die in Absatz 1 vorgeschriebenen Angaben

a) in den Begleitpapieren
oder
b) auf den Etiketten oder Verpackungen
oder
c) auf den Materialien oder Gegenständen selbst.

(9) Die in Absatz 1 Buchstaben a), b) und e) vorgesehenen Angaben sind Materialien und Gegenständen vorbehalten, die Folgendem entsprechen:

a) den Kriterien des Artikels 3 und, soweit sie Anwendung finden, des Artikels 4
und
b) den in Artikel 5 genannten Einzelmaßnahmen oder, sofern solche nicht erlassen wurden, den für diese Materialien und Gegenstände geltenden nationalen Vorschriften.

Artikel 16
Konformitätserklärung

(1) In den in Artikel 5 genannten Einzelmaßnahmen ist vorzuschreiben, dass den Materialien und Gegenständen, die unter die betreffenden Einzelmaßnahmen fallen, eine schriftliche Erklärung beizufügen ist, nach der sie den für sie geltenden Vorschriften entsprechen.

Es müssen geeignete Unterlagen bereitgehalten werden, mit denen die Einhaltung der Vorschriften nachgewiesen wird. Diese Unterlagen sind den zuständigen Behörden auf Verlangen zur Verfügung zu stellen.

(2) Diese Verordnung hindert die Mitgliedstaaten nicht daran, in Ermangelung von Einzelmaßnahmen nationale Vorschriften für die Konformitätserklärungen für Materialien oder Gegenstände beizubehalten oder zu erlassen.

Artikel 17
Rückverfolgbarkeit

(1) Die Rückverfolgbarkeit der Materialien und Gegenstände muss auf sämtlichen Stufen gewährleistet sein, um Kontrollen, den Rückruf fehlerhafter Produkte, die Unterrichtung der Verbraucher und die Feststellung der Haftung zu erleichtern.

(2) Die Unternehmer müssen unter gebührender Berücksichtigung der technologischen Machbarkeit über Systeme und Verfahren verfügen, mit denen ermittelt werden kann, von welchem Unternehmen und an welches Unternehmen die unter diese Verordnung und die dazugehörigen Durchführungsbestimmungen fallenden Materialien oder Gegenstände sowie gegebenenfalls die für deren Herstellung verwendeten Stoffe oder Erzeugnisse bezogen beziehungsweise geliefert wurden. Diese Angaben sind der zuständigen Behörde auf Anfrage zur Verfügung zu stellen.

(3) Die Materialien oder Gegenstände, die in der Gemeinschaft in Verkehr gebracht werden, müssen im Rahmen eines geeigneten Systems zu identifizieren sein, das die Rückverfolgbarkeit anhand der Kennzeichnung oder einschlägiger Unterlagen und Informationen ermöglicht.

Artikel 18
Schutzmaßnahmen

(1) Gelangt ein Mitgliedstaat aufgrund von neuer Information oder einer Neubewertung bereits vorhandener Information mit ausführlicher Begründung zu dem Schluss, dass die Verwendung eines Materials oder Gegenstands die menschliche Gesundheit gefährdet, obwohl das Material oder der Gegenstand den einschlägigen Einzelmaßnahmen entspricht, so kann er die Anwendung der betreffenden Vorschriften in seinem Hoheitsgebiet vorläufig aussetzen oder einschränken.

Er teilt dies den anderen Mitgliedstaaten und der Kommission unverzüglich unter Angabe der Gründe für die Aussetzung oder Einschränkung mit.

(2) Die Kommission prüft so bald wie möglich, gegebenenfalls nach Einholung einer Stellungnahme der Behörde, in dem in Artikel 23 Absatz 1 genannten Ausschuss die von dem in Absatz 1 des vorliegenden Artikels genannten Mitgliedstaat angegebenen Gründe; anschließend gibt sie unverzüglich ihre Stellungnahme ab und ergreift die geeigneten Maßnahmen.

(3) Ist die Kommission der Ansicht, dass die einschlägigen Einzelmaßnahmen geändert werden müssen, um den in Absatz 1 genannten Schwierigkeiten zu begegnen und den Schutz der menschlichen Gesundheit zu gewährleisten, so werden diese Änderungen nach dem in Artikel 23 Absatz 2 genannten Verfahren erlassen.

(4) Der in Absatz 1 genannte Mitgliedstaat kann die Aussetzung oder Einschränkung aufrechterhalten, bis die in Absatz 3 genannten Änderungen erlassen sind oder die Kommission es abgelehnt hat, solche Änderungen zu erlassen.

Artikel 19
Zugang der Öffentlichkeit

(1) Die Behörde veröffentlicht in Übereinstimmung mit den Artikeln 38 bis 39e der Verordnung (EG) Nr. 178/2002, die entsprechend gelten, sowie mit Artikel 20 der vorliegenden Verordnung den Zulassungsantrag, relevante stützende Infor-

mationen und alle vom Antragsteller vorgelegten zusätzlichen Informationen sowie ihre wissenschaftlichen Stellungnahmen. *(ABl L 231 vom 6. 9. 2019, S. 1)*

(2) Die Mitgliedstaaten behandeln Anträge auf Zugang zu Dokumenten, die sie im Rahmen der vorliegenden Verordnung erhalten haben, gemäß Artikel 5 der Verordnung (EG) Nr. 1049/2001.

Artikel 20
Vertraulichkeit

(1) In Übereinstimmung mit den Bedingungen und Verfahren der Artikel 39 bis 39e der Verordnung (EG) Nr. 178/2002 sowie dieses Artikels

a) kann der Antragsteller unter Angabe nachprüfbarer Gründe darum ersuchen, dass bestimmte Teile der im Rahmen der vorliegenden Verordnung übermittelten Informationen vertraulich behandelt werden und

b) bewertet die Behörde das vom Antragsteller übermittelte Ersuchen um vertrauliche Behandlung.

(2) Zusätzlich zu den Informationen gemäß Artikel 39 Absatz 2 der Verordnung (EG) Nr. 178/2002 und gemäß Artikel 39 Absatz 3 der genannten Verordnung kann die Behörde, wenn der Antragsteller darlegt, dass die Offenlegung dieser Informationen seinen Interessen erheblich schaden könnte, auch eine vertrauliche Behandlung in Bezug auf die folgenden Informationen gewähren:

a) alle Informationen, die in den ausführlichen Beschreibungen von Ausgangsstoffen und -gemischen enthalten sind, die zur Herstellung des Stoffes verwendet werden, für den die Zulassung beantragt wird; ferner die Zusammensetzung von Gemischen, Materialien oder Gegenständen, in denen der Antragsteller diesen Stoff verwenden will, die Methoden für die Herstellung dieser Gemische, Materialien oder Gegenstände, Verunreinigungen und Ergebnisse von Migrationsprüfungen, mit Ausnahme der für die Sicherheitsbewertung wichtigen Informationen;

b) die Handelsmarke, unter der der Stoff in Verkehr gebracht wird, sowie den Handelsnamen der Gemische, Materialien bzw. Gegenstände, in denen er Verwendung finden wird, und

c) alle sonstigen Informationen, die im Rahmen der spezifischen Verfahrensregeln gemäß Artikel 5 Absatz 1 Buchstabe n der vorliegenden Verordnung als vertraulich betrachtet werden.

(3) Dieser Artikel gilt unbeschadet des Artikels 41 der Verordnung (EG) Nr. 178/2002 der Kommission.

(ABl L 231 vom 6. 9. 2019, S. 1)

Artikel 21
Austausch vorhandener Daten

Informationen in dem gemäß Artikel 9 Absatz 1, Artikel 10 Absatz 2 und Artikel 12 Absatz 2 eingereichten Antrag dürfen zugunsten eines anderen Antragstellers verwendet werden, sofern es sich nach Auffassung der Behörde bei dem betreffenden Stoff um denselben Stoff handelt, für den der ursprüngliche Antrag eingereicht wurde, und zwar einschließlich Reinheitsgrad und Art der Verunreinigungen, und der andere Antragsteller mit dem ursprünglichen Antragsteller vereinbart hat, dass diese Informationen verwendet werden dürfen

Artikel 22

Änderungen der Anhänge I und II werden von der Kommission erlassen. Diese Maßnahmen zur Änderung nicht wesentlicher Bestimmungen dieser Verordnung werden nach dem in Artikel 23 Absatz 3 genannten Regelungsverfahren mit Kontrolle erlassen.

(ABl L 188 vom 18. 7. 2009, S. 14)

Artikel 23
Ausschussverfahren

(1) Die Kommission wird von dem mit Artikel 58 Absatz 1 der Verordnung (EG) Nr. 178/2002 eingesetzten Ständigen Ausschuss für die Lebensmittelkette und Tiergesundheit unterstützt.

(2) Wird auf diesen Absatz Bezug genommen, so gelten die Artikel 5 und 7 des Beschlusses 1999/468/EG unter Beachtung von dessen Artikel 8.
Der Zeitraum nach Artikel 5 Absatz 6 des Beschlusses 1999/468/EG wird auf drei Monate festgesetzt.

(3) Wird auf diesen Absatz Bezug genommen, so gelten Artikel 5a Absätze 1 bis 4 und Artikel 7 des Beschlusses 1999/468/EG unter Beachtung von dessen Artikel 8. *(ABl L 188 vom 18. 7. 2009, S. 14)*

(4) Wird auf diesen Absatz Bezug genommen, so gelten Artikel 5a Absätze 1 bis 4 und 5 Buchstabe b sowie Artikel 7 des Beschlusses 1999/468/EG unter Beachtung von dessen Artikel 8.
Die Zeiträume nach Artikel 5a Absatz 3 Buchstabe c und Absatz 4 Buchstaben b und e des Beschlusses 1999/468/EG werden auf zwei Monate, einen Monat bzw. zwei Monate festgesetzt.
(ABl L 188 vom 18. 7. 2009, S. 14)

(5) Wird auf diesen Absatz Bezug genommen, so gelten Artikel 5a Absätze 1, 2, 4 und 6 sowie Artikel 7 des Beschlusses 1999/468/EG unter

Beachtung von dessen Artikel 8. *(ABl L 188 vom 18. 7. 2009, S. 14)*

Artikel 24
Inspektionen und Kontrollmaßnahmen

(1) Die Mitgliedstaaten führen amtliche Kontrollen durch, um die Einhaltung dieser Verordnung in Einklang mit den einschlägigen Vorschriften des Gemeinschaftsrechts über amtliche Lebensmittel- und Futtermittelkontrollen sicherzustellen.

(2) Soweit erforderlich, leistet die Behörde nach Aufforderung durch die Kommission Unterstützung bei der Erarbeitung technischer Leitlinien für Probenahmen und Tests, um die Koordination bei der Anwendung des Absatzes 1 zu erleichtern.

(3) Das gemeinschaftliche Referenzlabor für Materialien und Gegenstände, die dazu bestimmt sind, mit Lebensmitteln in Berührung zu kommen, und die entsprechend der Verordnung (EG) Nr. 882/2004 eingerichteten nationalen Referenzlabors unterstützen die Mitgliedstaaten bei der Anwendung des Absatzes 1, indem sie zu einer hohen Qualität und Einheitlichkeit der Untersuchungsergebnisse beitragen.

Artikel 25
Sanktionen

Die Mitgliedstaaten legen Regeln über Sanktionen fest, die bei Verstößen gegen die Bestimmungen dieser Verordnung verhängt werden, und ergreifen die erforderlichen Maßnahmen, um deren Durchsetzung zu gewährleisten. Die vorgesehenen Sanktionen müssen wirksam, verhältnismäßig und abschreckend sein. Die Mitgliedstaaten teilen der Kommission die entsprechenden Bestimmungen spätestens am 13. Mai 2005 mit und setzen sie von allen späteren Änderungen dieser Bestimmungen unverzüglich in Kenntnis.

Artikel 26
Aufhebungen

Die Richtlinien 80/590/EWG und 89/109/EWG werden aufgehoben.

Bezugnahmen auf die aufgehobenen Richtlinien gelten als Bezugnahmen auf die vorliegende Verordnung und sind nach der Entsprechungstabelle in Anhang III zu lesen.

Artikel 27
Übergangsregelungen

Materialien und Gegenstände, die vor dem 3. Dezember 2004 rechtmäßig in Verkehr gebracht wurden, können vermarktet werden, bis die Bestände aufgebraucht sind.

Artikel 28
Inkrafttreten

Diese Verordnung tritt am zwanzigsten Tag nach ihrer Veröffentlichung im *Amtsblatt der Europäischen Union* in Kraft.
Artikel 17 gilt ab 27. Oktober 2006.
Diese Verordnung ist in allen ihren Teilen verbindlich und gilt unmittelbar in jedem Mitgliedstaat.

8/9. EG-GebrauchsG-V
ANHANG II

ANHANG I

Verzeichnis der Gruppen von Materialien und Gegenständen, für die Einzelmaßnahmen erlassen werden können

1. Aktive und intelligente Materialien und Gegenstände
2. Klebstoffe
3. Keramik
4. Kork
5. Gummi
6. Glas
7. Ionenaustauscherharze
8. Metalle und Legierungen
9. Papier und Karton
10. Kunststoffe
11. Druckfarben
12. Regenerierte Cellulose
13. Silikone
14. Textilien
15. Lacke und Beschichtungen
16. Wachse
17. Holz

Gebrauchs-gegen-stände

ANHANG II

Symbol

8/10. Verordnung (EU) Nr. 10/2011 über Materialien und Gegenstände aus Kunststoff, die dazu bestimmt sind, mit Lebensmitteln in Berührung zu kommen

ABl L 12 vom 15. 1. 2011, S. 1 idF

1 ABl L 87 vom 2. 4. 2011, S. 1
2 ABl L 278 vom 25. 10. 2011, S. 13 (Berichtigung)
3 ABl L 328 vom 10. 12. 2011, S. 22
4 ABl L 338 vom 12. 12. 2012, S. 11
5 ABl L 62 vom 4. 3. 2014, S. 13
6 ABl L 30 vom 6. 2. 2015, S. 2
7 ABl L 230 vom 25. 8. 2016, S. 22
8 ABl L 113 vom 29. 4. 2017, S. 18
9 ABl L 65 vom 8. 3. 2018, S. 48 (Berichtigung)
10 ABl L 14 vom 19. 1. 2018, S. 31
11 ABl L 41 vom 14. 2. 2018, S. 6
12 ABl L 140 vom 6. 6. 2018, S. 35
13 ABl L 9 vom 11. 1. 2019, S. 88
14 ABl L 209 vom 9. 8. 2019, S. 5
15 ABl L 288 vom 3. 9. 2020, S. 1

Verordnung (EU) Nr. 10/2011 der Kommission vom 14. Januar 2011 über Materialien und Gegenstände aus Kunststoff, die dazu bestimmt sind, mit Lebensmitteln in Berührung zu kommen

DIE EUROPÄISCHE KOMMISSION –

gestützt auf den Vertrag über die Arbeitsweise der Europäischen Union,

gestützt auf die Verordnung (EG) Nr. 1935/2004 des Europäischen Parlaments und des Rates vom 27. Oktober 2004 über Materialien und Gegenstände, die dazu bestimmt sind, mit Lebensmitteln in Berührung zu kommen, und zur Aufhebung der Richtlinien 80/590/EWG und 89/109/EWG[1], insbesondere auf Artikel 5 Absatz 1 Buchstaben a, c, d, e, f, h, i und j,

nach Anhörung der Europäischen Behörde für Lebensmittelsicherheit,

in Erwägung nachstehender Gründe:

(1) Mit der Verordnung (EG) Nr. 1935/2004 werden die allgemeinen Grundsätze zur Beseitigung der Unterschiede zwischen den Rechtsvorschriften der Mitgliedstaaten in Bezug auf Lebensmittelkontaktmaterialien festgelegt. Artikel 5 Absatz 1 der genannten Verordnung sieht den Erlass von Einzelmaßnahmen für Gruppen von Materialien und Gegenständen vor und beschreibt detailliert das Verfahren für die Zulassung von Stoffen auf EU-Ebene für den Fall, dass eine Einzelmaßnahme eine Liste zugelassener Stoffe vorsieht.

(2) Die vorliegende Verordnung ist eine Einzelmaßnahme im Sinne von Artikel 5 Absatz 1 der Verordnung (EG) Nr. 1935/2004. Mit dieser Verordnung sollten die besonderen Regeln für Materialien und Gegenstände aus Kunststoff festgelegt werden, die zu deren sicherer Verwendung anzuwenden sind, und sollte die Richtlinie 2002/72/EG der Kommission vom 6. August 2002 über Materialien und Gegenstände aus Kunststoff, die dazu bestimmt sind, mit Lebensmitteln in Berührung zu kommen[2], aufgehoben werden.

(3) Die Richtlinie 2002/72/EG legt die Grundregeln für die Herstellung von Materialien und Gegenständen aus Kunststoff fest. Die Richtlinie wurde sechsmal in wesentlichen Punkten geändert. Aus Gründen der Klarheit sollte der Text konsolidiert werden und sollten redundante und veraltete Teile gestrichen werden.

(4) In der Vergangenheit wurden die Richtlinie 2002/72/EG und ihre Änderungen ohne größere Anpassung in nationales Recht umgesetzt. Für die Umsetzung in nationales Recht ist normalerweise ein Zeitraum von zwölf Monaten erforderlich. Wenn die Listen der Monomere und Zusatzstoffe zum Zweck der Zulassung neuer Stoffe geändert werden, führt diese Umsetzungsdauer zu einer Verzögerung bei der Zulassung und verlangsamt somit das Innovationstempo. Daher scheint es angezeigt, die Regeln über Materialien und Gegenstände aus Kunststoff in Form einer Verordnung zu erlassen, die in allen Mitgliedstaaten unmittelbar gilt.

(5) Die Richtlinie 2002/72/EG gilt für Materialien und Gegenstände, die ausschließlich aus Kunststoff bestehen, sowie für Deckeldichtungen aus Kunststoff. In der Vergangenheit wurden zu diesem Zweck vor allem Kunststoffe verwendet. In jüngerer Zeit werden neben Materialien und

Gebrauchsgegenstände

Zur Präambel:
[1] *ABl. L 338 vom 13.11.2004, S. 4.*

Zu Abs. 2:
[2] *ABl. L 220 vom 15.8.2002, S. 18.*

Gegenständen, die ausschließlich aus Kunststoff bestehen, auch Kunststoffe in Kombination mit anderen Materialien in sogenannten Mehrschicht-Verbunden verwendet. Die Regeln über die Verwendung von Vinylchlorid-Monomer der Richtlinie 78/142/EWG des Rates vom 30 Januar 1978 zur Angleichung der Rechtsvorschriften der Mitgliedstaaten über Vinylchlorid-Monomer enthaltende Materialien und Gegenstände, die dazu bestimmt sind, mit Lebensmitteln in Berührung zu kommen[3]) gelten bereits für alle Kunststoffe. Daher scheint es angezeigt, den Anwendungsbereich dieser Verordnung auf Kunststoffschichten in Mehrschicht-Verbunden auszudehnen.

(6) Materialien und Gegenstände aus Kunststoff können aus verschiedenen Schichten Kunststoff bestehen, die durch Klebstoffe zusammengehalten werden. Materialien und Gegenstände aus Kunststoff können auch mit einer organischen oder anorganischen Beschichtung bedruckt oder überzogen sein. Bedruckte oder beschichtete Materialien und Gegenstände aus Kunststoff sowie die durch Klebstoffe zusammengehaltenen sollten in den Anwendungsbereich der Verordnung fallen. Klebstoffe, Beschichtungen und Druckfarben sind nicht unbedingt aus den gleichen Stoffen zusammengesetzt wie Kunststoffe. Die Verordnung (EG) Nr. 1935/2004 sieht vor, dass für Klebstoffe, Beschichtungen und Druckfarben Einzelmaßnahmen erlassen werden können. Daher sollte es erlaubt sein, dass Materialien und Gegenstände aus Kunststoff, die bedruckt oder beschichtet sind bzw. durch Klebstoffe zusammengehalten werden, in der Druck-, Beschichtungs- oder Klebeschicht andere Stoffe enthalten als die in der EU für Kunststoffe zugelassenen. Diese Schichten können durch andere EU-Vorschriften oder nationale Vorschriften geregelt werden.

(7) Kunststoffe sowie Ionenaustauscherharze, Gummi und Silikone sind makromolekulare Stoffe, die durch Polymerisationsverfahren gewonnen werden. Die Verordnung (EG) Nr. 1935/2004 sieht vor, dass für Ionenaustauscherharze, Gummi und Silikone Einzelmaßnahmen erlassen werden können. Da diese Materialien aus anderen Stoffen als Kunststoffen zusammengesetzt sind und andere physikalisch-chemische Eigenschaften besitzen, müssen für sie besondere Vorschriften gelten, und es sollte klargestellt werden, dass sie nicht in den Anwendungsbereich der vorliegenden Verordnung fallen.

(8) Kunststoffe werden aus Monomeren und anderen Ausgangsstoffen hergestellt, die durch chemische Reaktion zu einer makromolekularen Struktur, dem Polymer, verbunden werden, das den Hauptstrukturbestandteil der Kunststoffe bildet. Zur Erzielung bestimmter technologischer Wirkungen werden dem Polymer Zusatzstoffe zugesetzt. Das Polymer selbst ist eine inerte Struktur mit hohem Molekulargewicht. Da Stoffe mit einem Molekulargewicht von mehr als 1 000 Da normalerweise im Körper nicht aufgenommen werden können, ist das vom Polymer selbst ausgehende Gesundheitsrisiko minimal. Ein Gesundheitsrisiko geht möglicherweise von Monomeren oder sonstigen Ausgangsstoffen aus, die nicht oder unvollständig reagiert haben, oder von Zusatzstoffen mit geringem Molekulargewicht, die durch Migration aus dem Lebensmittelkontaktmaterial aus Kunststoff in das Lebensmittel übergehen. Daher sollten Monomere, andere Ausgangsstoffe und Zusatzstoffe einer Risikobewertung unterzogen und zugelassen werden, bevor sie bei der Herstellung von Materialien und Gegenständen aus Kunststoff verwendet werden.

(9) Die Risikobewertung eines Stoffes, die von der Europäischen Behörde für Lebensmittelsicherheit („die Behörde") durchzuführen ist, sollte sich auf den Stoff selbst, entsprechende Verunreinigungen und bei der geplanten Verwendung vorsehbare Reaktions- und Abbauprodukte erstrecken. Die Risikobewertung sollte die mögliche Migration unter den ungünstigsten vorhersehbaren Verwendungsbedingungen sowie die Toxizität umfassen. Unter Zugrundelegung der Risikobewertung sollten in der Zulassung erforderlichenfalls Spezifikationen für den Stoff und Verwendungsbeschränkungen, mengenmäßige Beschränkungen oder Migrationsgrenzwerte festgelegt werden, damit die Sicherheit des fertigen Materials oder Gegenstands gewährleistet ist.

(10) Auf EU-Ebene wurden bislang keine Vorschriften für die Risikobewertung und die Verwendung von Farbstoffen in Kunststoffen festgelegt. Daher sollte ihre Verwendung weiterhin dem nationalen Recht unterliegen. Diese Regelung sollte zu einem späteren Zeitpunkt erneut geprüft werden.

(11) Man geht davon aus, dass Lösungsmittel, die bei der Herstellung von Kunststoffen zur Schaffung einer geeigneten Reaktionsumgebung verwendet werden, im Herstellungsprozess entfernt werden, da sie normalerweise flüchtig sind. Auf EU-Ebene wurden bislang keine Vorschriften über die Risikobewertung und Verwendung von Lösungsmitteln bei der Herstellung von Kunststoffen festgelegt. Daher sollte ihre Verwendung weiterhin dem nationalen Recht unterliegen. Diese Regelung sollte zu einem späteren Zeitpunkt erneut geprüft werden.

Zu Abs. 5:
[3]) *ABl. L 44 vom 15.2.1978, S. 15.*

(12) Kunststoffe können auch aus synthetischen oder natürlich vorkommenden makromolekularen Strukturen hergestellt werden, die durch chemische Reaktion mit anderen Ausgangsstoffen ein verändertes Makromolekül bilden. Die verwendeten synthetischen Makromoleküle sind häufig Zwischenstrukturen, die nicht vollständig polymerisiert sind. Ein Gesundheitsrisiko ergibt sich möglicherweise aus der Migration anderer Ausgangsstoffe, die nicht oder unvollständig reagiert haben und zur Modifizierung des Makromoleküls verwendet werden, oder aus einem unvollständig reagierten Makromolekül. Daher sollten die bei der Herstellung von modifizierten Makromolekülen verwendeten anderen Ausgangsstoffe und Makromoleküle einer Risikobewertung unterzogen und zugelassen werden, bevor sie bei der Herstellung von Materialien und Gegenständen aus Kunststoff verwendet werden.

(13) Kunststoffe können auch dadurch hergestellt werden, dass Mikroorganismen in Fermentationsprozessen aus den Ausgangsstoffen makromolekulare Strukturen herstellen. Das Makromolekül wird dann entweder in ein Medium abgegeben oder extrahiert. Ein Gesundheitsrisiko kann möglicherweise aus der Migration von Ausgangsstoffen, Zwischen- oder Nebenprodukten des Fermentationsprozesses ausgehen, die nicht oder unvollständig reagiert haben. In diesem Fall sollte das Endprodukt einer Risikobewertung unterzogen und zugelassen werden, bevor es bei der Herstellung von Materialien und Gegenständen aus Kunststoff verwendet wird.

(14) Die Richtlinie 2002/72/EG enthält verschiedene Listen mit Monomeren oder sonstigen Ausgangsstoffen und mit Zusatzstoffen, die zur Herstellung von Materialien und Gegenständen aus Kunststoff zugelassen sind. Die Unionsliste der Monomere, anderen Ausgangsstoffe und Zusatzstoffe ist mittlerweile vollständig; dies bedeutet, dass nur solche Stoffe verwendet werden dürfen, die auf EU-Ebene zugelassen sind. Daher müssen Monomere oder andere Ausgangsstoffe und Zusatzstoffe aufgrund ihres Zulassungsstatus nicht mehr in getrennten Listen geführt werden. Da bestimmte Stoffe sowohl als Monomer oder anderer Ausgangsstoff als auch als Zusatzstoff verwendet werden können, sollten sie aus Gründen der Klarheit unter Angabe der zugelassenen Funktion in einer Liste zugelassener Stoffe veröffentlicht werden.

(15) Polymere können nicht nur als Hauptstrukturbestandteil von Kunststoffen, sondern auch als Zusatzstoffe zur Erzielung bestimmter technologischer Wirkungen im Kunststoff verwendet werden. Ist ein solcher polymerer Zusatzstoff identisch mit einem Polymer, das den Hauptstrukturbestandteil eines Kunststoffmaterials bilden kann, kann das vom polymeren Zusatzstoff ausgehende Risiko als bewertet gelten, wenn die Monomere bereits bewertet und zugelassen wurden. In einem solchen Fall sollte es nicht erforderlich sein, den polymeren Zusatzstoff zuzulassen, sondern dieser könnte auf Grundlage der Zulassung seiner Monomere und anderer Ausgangsstoffe verwendet werden. Ist ein solcher polymerer Zusatzstoff nicht identisch mit einem Polymer, das den Hauptstrukturbestandteil eines Kunststoffmaterials bilden kann, kann das vom polymeren Zusatzstoff ausgehende Risiko nicht als durch die Bewertung der Monomere bewertet gelten. In einem solchen Fall sollte der polymere Zusatzstoff hinsichtlich der Fraktion mit Molekulargewicht unter 1 000 Da einer Risikobewertung unterzogen und zugelassen werden, bevor er bei der Herstellung von Materialien und Gegenständen aus Kunststoff verwendet wird.

(16) In der Vergangenheit wurde nicht klar unterschieden zwischen Zusatzstoffen, die eine Funktion im fertigen Polymer haben, und Hilfsstoffen bei der Herstellung von Kunststoffen (polymer production aids, PPA), die nur eine Funktion im Herstellungsprozess haben und nicht dazu bestimmt sind, im fertigen Gegenstand noch vorhanden zu sein. Einige Stoffe, die als PPA dienen, waren bereits in der Vergangenheit in die unvollständige Liste der Zusatzstoffe aufgenommen worden. Diese PPA sollten in der Unionsliste zugelassener Stoffe weiterhin geführt werden. Es sollte jedoch klargestellt werden, dass die Verwendung anderer PPA vorbehaltlich der nationalen Rechtsvorschriften weiterhin möglich ist. Diese Regelung sollte zu einem späteren Zeitpunkt erneut geprüft werden.

(17) Die Unionsliste enthält zugelassene Stoffe, die bei der Herstellung von Kunststoffen verwendet werden dürfen. Stoffe wie Säuren, Alkohole und Phenole können auch in Form von Salzen auftreten. Da die Salze im Magen normalerweise in Säure, Alkohol oder Phenol umgewandelt werden, sollte die Verwendung von Salzen mit Kationen, die einer Sicherheitsbewertung unterzogen wurden, grundsätzlich zusammen mit der Säure, dem Alkohol oder dem Phenol zugelassen werden. In bestimmten Fällen, in denen sich aus der Sicherheitsbewertung Bedenken hinsichtlich der Verwendung der freien Säuren ergeben, sollten nur die Salze zugelassen werden, indem in der Liste die Bezeichnung als „… säure(n), Salze" angegeben wird.

(18) Stoffe, die bei der Herstellung von Materialien und Gegenständen aus Kunststoff verwendet werden, können in ihrem Herstellungs- oder Extraktionsprozess entstandene Verunreinigungen enthalten. Diese Verunreinigungen werden bei der Herstellung des Kunststoffmaterials zusam-

men mit dem Stoff unbeabsichtigt eingebracht (unbeabsichtigt eingebrachter Stoff — non-intentionally added substance, NIAS). Sofern die Hauptverunreinigungen eines Stoffes von Bedeutung für die Risikobewertung sind, sollten sie berücksichtigt und erforderlichenfalls in die Spezifikationen eines Stoffes aufgenommen werden. Es ist jedoch nicht möglich, in der Zulassung alle Verunreinigungen aufzuführen und zu berücksichtigen. Daher kann es sein, dass sie in dem Material oder Gegenstand vorhanden, jedoch in der Unionsliste nicht aufgeführt sind.

(19) Bei der Herstellung von Polymeren werden Stoffe (wie etwa Katalysatoren) zur Einleitung der Polymerisationsreaktion und Stoffe (wie etwa Kettenübertragungs-, Kettenverlängerungs- oder Kettenabbruch-Reagenzien) zur Kontrolle der Polymerisationsreaktion eingesetzt. Diese Polymerisationshilfsmittel (aids to polymerisation) werden in sehr geringen Mengen verwendet und sind nicht dazu bestimmt, im fertigen Polymer zu verbleiben. Daher sollten sie zum gegenwärtigen Zeitpunkt nicht dem Zulassungsverfahren auf EU-Ebene unterliegen. Aus ihrer Verwendung entstehende mögliche Gesundheitsrisiken im fertigen Material oder Gegenstand sollten vom Hersteller gemäß international anerkannten wissenschaftlichen Grundsätzen der Risikobewertung beurteilt werden.

(20) Bei der Herstellung und Verwendung von Materialien und Gegenständen aus Kunststoff können Reaktions- und Abbauprodukte entstehen. Diese sind unbeabsichtigt im Kunststoffmaterial vorhanden (NIAS). Sofern die Hauptreaktions- und Abbauprodukte der geplanten Anwendung eines Stoffes für die Risikobewertung von Bedeutung sind, sollten sie berücksichtigt und unter „Beschränkungen" zu einem Stoff aufgenommen werden. Es ist jedoch nicht möglich, alle Reaktions- und Abbauprodukte in der Zulassung aufzuführen und zu berücksichtigen. Daher sollten sie in der Unionsliste nicht als einzelne Einträge geführt werden. Von Reaktions- und Abbauprodukten ausgehende mögliche Gesundheitsrisiken im fertigen Material oder Gegenstand sollten vom Hersteller gemäß international anerkannten wissenschaftlichen Grundsätzen der Risikobewertung beurteilt werden.

(21) Vor der Festlegung der Unionsliste der Zusatzstoffe durften auch andere als auf EU-Ebene zugelassene Zusatzstoffe bei der Herstellung von Kunststoffen verwendet werden. Für diejenigen Zusatzstoffe, die in den Mitgliedstaaten zugelassen waren, lief die Frist für die Vorlage von Daten zu ihrer Sicherheitsbewertung durch die Behörde mit Blick auf ihre Aufnahme in die Unionsliste am 31. Dezember 2006 ab. Zusatzstoffe, für die innerhalb dieser Frist ein gültiger Antrag eingereicht wurde, wurden in ein vorläufiges Verzeichnis aufgenommen. Für bestimmte im vorläufigen Verzeichnis geführte Zusatzstoffe ist noch kein Beschluss über ihre Zulassung auf EU-Ebene erlassen worden. Es sollte möglich sein, diese Zusatzstoffe weiterhin gemäß nationalem Recht zu verwenden, bis ihre Bewertung abgeschlossen ist und über ihre Aufnahme in die Unionsliste entschieden wird.

(22) Sobald ein Zusatzstoff aus dem vorläufigen Verzeichnis in die Unionsliste übernommen oder wenn entschieden wird, ihn nicht in die Unionsliste zu übernehmen, sollte dieser Zusatzstoff aus dem vorläufigen Verzeichnis der Zusatzstoffe gestrichen werden.

(23) Mithilfe neuer Technologien werden Stoffe in Partikelgröße — z. B. Nanopartikel — hergestellt, die wesentlich andere chemische und physikalische Eigenschaften haben als Stoffe mit größerer Struktur. Diese anderen Eigenschaften können zu anderen toxikologischen Eigenschaften führen und deshalb sollten diese Stoffe durch die Behörde einer Risikobewertung auf Einzelfallbasis unterzogen werden, bis mehr Informationen über die betreffende neue Technologie vorliegen. Daher sollte klargestellt werden, dass Zulassungen, die auf Grundlage der Risikobewertung der konventionellen Partikelgröße eines Stoffs erteilt wurden, nicht für künstlich hergestellte Nanopartikel gelten.

(24) In der Zulassung sollten unter Zugrundelegung der Risikobewertung erforderlichenfalls spezifische Migrationsgrenzwerte festgelegt werden, damit die Sicherheit des fertigen Materials oder Gegenstands gewährleistet ist. Ist ein Zusatzstoff sowohl für die Herstellung von Materialien und Gegenständen aus Kunststoff als auch als Lebensmittelzusatzstoff oder Aromastoff zugelassen, so sollte sichergestellt werden, dass die Freisetzung des Stoffes die Zusammensetzung des Lebensmittels nicht in unvertretbarer Weise verändert. Daher sollte die Freisetzung eines solchen Zusatzstoffs oder Aromas mit doppeltem Verwendungszweck keine technologische Funktion im Lebensmittel haben, es sei denn, diese Funktion ist beabsichtigt und das Lebensmittelkontaktmaterial entspricht den Anforderungen an aktive Lebensmittelkontaktmaterialien der Verordnung (EG) Nr. 1935/2004 und der Verordnung (EG) Nr. 450/2009 der Kommission vom 29. Mai 2009 über aktive und intelligente Materialien und Gegenstände, die dazu bestimmt sind, mit Lebensmitteln in Berührung zu kommen[4]). Die Anforderungen der Verordnungen (EG) Nr. 1333/2008

Zu Abs. 24:
[4]) *ABl. L 135 vom 30.5.2009, S. 3.*

des Europäischen Parlaments und des Rates vom 16. Dezember 2008 über Lebensmittelzusatzstoffe[5] oder (EG) Nr. 1334/2008 des Europäischen Parlaments und des Rates vom 16. Dezember 2008 über Aromen und bestimmte Lebensmittelzutaten mit Aromaeigenschaften zur Verwendung in und auf Lebensmitteln sowie zur Änderung der Verordnung (EWG) Nr. 1601/91 des Rates, der Verordnungen (EG) Nr. 2232/96 und (EG) Nr. 110/2008 und der Richtlinie 2000/13/EG[6] sollten gegebenenfalls erfüllt werden.

(25) Gemäß Artikel 3 Absatz 1 Buchstabe b der Verordnung (EG) Nr. 1935/2004 sollte die Freisetzung von Stoffen aus Lebensmittelkontaktmaterialien und -gegenständen keine unvertretbaren Veränderungen der Zusammensetzung des Lebensmittels herbeiführen. Nach der guten Herstellungspraxis ist es möglich, Kunststoffmaterialien in einer Weise herzustellen, dass sie nicht mehr als 10 mg an Stoffen je 1 dm^2 Oberfläche des Kunststoffmaterials freisetzen. Ergibt die Risikobewertung für einen einzelnen Stoff keinen niedrigeren Wert, so sollte dieser Wert als allgemeiner Grenzwert für die Inertheit eines Kunststoffmaterials, d. h. als Gesamtmigrationsgrenzwert, festgelegt werden. Zur Erzielung vergleichbarer Ergebnisse bei der Überprüfung der Einhaltung des Gesamtmigrationsgrenzwerts sollte die Prüfung unter standardisierten Testbedingungen, darunter Testdauer, -temperatur und -medium (Lebensmittelsimulanz), durchgeführt werden, die den ungünstigsten vorhersehbaren Verwendungsbedingungen des Materials oder Gegenstands aus Kunststoff entsprechen.

(26) Bei einer kubischen Verpackung, die 1 kg Lebensmittel enthält, führt der Gesamtmigrationsgrenzwert von 10 mg je 1 dm^2 zu einer Migration von 60 mg je kg Lebensmittel. Bei kleinen Verpackungen, bei denen das Verhältnis Oberfläche zu Volumen größer ist, wäre die Migration in das Lebensmittel höher. Für Säuglinge und Kleinkinder, die im Verhältnis zum eigenen Körpergewicht mehr Lebensmittel zu sich nehmen als Erwachsene und deren Ernährung noch nicht abwechslungsreich ist, sollten besondere Bestimmungen zur Begrenzung der Aufnahme von Stoffen festgelegt werden, die aus Lebensmittelkontaktmaterialien migrieren. Damit bei Verpackungen mit kleinem Volumen derselbe Schutz gewährt wird wie bei Verpackungen mit großem Volumen, sollte der Gesamtmigrationsgrenzwert für Lebensmittelkontaktmaterialien, die zur Verpackung von Lebensmitteln für Säuglinge und Kleinkinder bestimmt sind, an den Grenzwert im Lebensmittel gebunden werden und nicht an die Oberfläche der Verpackung.

(27) Seit einigen Jahren werden Lebensmittelkontaktmaterialien aus Kunststoff entwickelt, die nicht nur aus einem Kunststoff bestehen, sondern aus bis zu 15 verschiedenen Kunststoffschichten zusammengesetzt sind, damit eine optimale Funktionalität und ein optimaler Schutz des Lebensmittels bei gleichzeitiger Verringerung des Verpackungsmülls erreicht werden. In einem solchen Mehrschichtmaterial oder -gegenstand aus Kunststoff können die Schichten durch eine funktionelle Barriere vom Lebensmittel getrennt sein. Diese Barriere ist eine Schicht im Lebensmittelkontaktmaterial oder -gegenstand, die verhindert, dass hinter der Barriere befindliche Stoffe in das Lebensmittel migrieren. Hinter einer funktionellen Barriere dürfen nicht zugelassene Stoffe verwendet werden, sofern sie bestimmte Kriterien erfüllen und ihre Migration unterhalb einer bestimmten Nachweisgrenze liegt. In Anbetracht der Anforderungen, die an Lebensmittel für Säuglinge und sonstige besonders empfindliche Personen zu stellen sind, sowie der hohen Analysetoleranz der Migrationsanalyse sollte für die Migration eines nicht zugelassenen Stoffs durch eine funktionelle Barriere ein Höchstwert von 0,01 mg/kg in Lebensmitteln festgelegt werden. Mutagene, karzinogene oder reproduktionstoxische Stoffe sollten in Lebensmittelkontaktmaterialien und -gegenständen nicht ohne vorherige Zulassung verwendet und daher nicht im Konzept der funktionellen Barriere enthalten sein. Bei neuen Technologien zur Herstellung von Stoffen in Partikelgröße — z. B. Nanopartikeln —, die wesentlich andere chemische und physikalische Eigenschaften haben als Stoffe mit größerer Struktur, sollte das jeweilige Risiko auf Einzelfallbasis bewertet werden, bis mehr Informationen über die betreffende neue Technologie vorliegen. Sie sollten daher nicht im Konzept der funktionellen Barriere enthalten sein.

(28) Seit einigen Jahren werden Lebensmittelkontaktmaterialien und -gegenstände entwickelt, die aus einer Kombination mehrerer Materialien bestehen, wodurch eine optimale Funktionalität und ein optimaler Schutz des Lebensmittels erreicht und Verpackungsmüll reduziert wird. In diesen Mehrschicht-Verbundmaterialien und -gegenständen sollten die Kunststoffschichten denselben Anforderungen an die Zusammensetzung entsprechen wie Kunststoffschichten, die nicht mit anderen Materialien kombiniert sind. Für Kunststoffschichten in einem Mehrschicht-Verbund, die vom Lebensmittel durch eine funktionelle Barriere getrennt sind, sollte das Konzept der funktionellen Barriere gelten. Da mit den Kunststoffschichten andere Materialien kombiniert werden, für die auf EU-Ebene noch keine

---

[5] ABl. L 354 vom 31.12.2008, S. 16.
[6] ABl. L 354 vom 31.12.2008, S. 34.

Einzelmaßnahmen festgelegt sind, ist es noch nicht möglich, Anforderungen an Mehrschicht-Verbundmaterial oder Mehrschichtverbundgegenstand im fertigen Zustand festzulegen. Daher sollten weder spezifische Migrationsgrenzwerte noch der Gesamtmigrationsgrenzwert gelten, außer für Vinylchlorid-Monomer, für das bereits eine solche Beschränkung gilt. Solange auf EU-Ebene keine Einzelmaßnahmen für Mehrschicht-Verbundmaterial oder Mehrschicht-Verbundgegenstand als solche gelten, können die Mitgliedstaaten nationale Vorschriften für diese Materialien und Gegenstände erlassen beziehungsweise beibehalten, sofern sie den Vorschriften des Vertrags entsprechen.

(29) Artikel 16 Absatz 1 der Verordnung (EG) 1935/2004 sieht vor, dass den Materialien und Gegenständen, die unter Einzelmaßnahmen fallen, eine schriftliche Konformitätserklärung beizufügen ist, nach der sie den für sie geltenden Vorschriften entsprechen. Zur Verbesserung der Koordination und Stärkung der Verantwortlichkeit der Lieferanten auf allen Stufen der Herstellung, einschließlich der Stufe der Ausgangsstoffe, sollten die Verantwortlichen die Einhaltung der entsprechenden Vorschriften in einer Erklärung dokumentieren, die ihren Kunden zur Verfügung gestellt wird.

(30) Für Beschichtungen, Druckfarben und Klebstoffe gibt es noch keine EU-Einzelmaßnahmen; daher gilt das Erfordernis einer Konformitätserklärung für sie noch nicht. Allerdings sollten dem Hersteller des fertigen Materials oder Gegenstands aus Kunststoff auch entsprechende Informationen zu Beschichtungen, Druckfarben und Klebstoffen, die in Materialien und Gegenständen aus Kunststoff verwendet werden sollen, zur Verfügung gestellt werden, damit er sicherstellen kann, dass Stoffe, für die in der vorliegenden Verordnung Migrationsgrenzwerte festgelegt werden, den Vorschriften entsprechen.

(31) Gemäß Artikel 17 Absatz 1 der Verordnung (EG) Nr. 178/2002 des Europäischen Parlaments und des Rates vom 28. Januar 2002 zur Festlegung der allgemeinen Grundsätze und Anforderungen des Lebensmittelrechts, zur Errichtung der Europäischen Behörde für Lebensmittelsicherheit und zur Festlegung von Verfahren zur Lebensmittelsicherheit[7] haben Lebensmittelunternehmer die Einhaltung der geltenden Lebensmittelvorschriften zu überprüfen. Zu diesem Zweck sollten die Lebensmittelunternehmer unter Wahrung des Erfordernisses der Vertraulichkeit Zugang zu den einschlägigen Informationen erhalten, damit sie sicherstellen können, dass die im Lebensmittelrecht festgelegten Spezifikationen und Beschränkungen in Bezug auf die Migration aus Materialien bzw. Gegenständen in Lebensmittel eingehalten werden.

(32) Auf jeder Stufe der Herstellung sollten entsprechende Belege zur Konformitätserklärung für die Durchsetzungsbehörden bereitgehalten werden. Dieser Konformitätsnachweis kann auf Grundlage von Migrationsprüfungen erfolgen. Da Migrationsprüfungen komplex, kostspielig und zeitaufwändig sind, sollte der Nachweis auch durch Berechnungen, darunter Modellberechnungen, andere Analysen und wissenschaftliche Belege oder Begründungen geführt werden dürfen, wenn diese zu Ergebnissen führen, die mindestens so streng sind wie die Migrationsprüfungen. Die Ergebnisse sollten als gültig betrachtet werden, solange Formulierungen und Verarbeitungsbedingungen im Rahmen eines Qualitätssicherungssystems konstant bleiben.

(33) Bei der Prüfung von Gegenständen, die noch nicht mit Lebensmitteln in Berührung gekommen sind, ist es bei bestimmten Gegenständen, wie etwa Folien oder Deckeln, häufig nicht möglich, die Oberfläche zu ermitteln, die mit einem bestimmten Volumen des Lebensmittels in Berührung ist. Für diese Gegenstände sollten besondere Vorschriften zur Überprüfung der Einhaltung der Vorschriften festgelegt werden.

(34) Bei der Festlegung von Migrationsgrenzwerten wird üblicherweise davon ausgegangen, dass eine Person mit 60 kg Körpergewicht täglich 1 kg Lebensmittel verzehrt und dass das Lebensmittel in einem kubischen Behälter von 6 dm2 Oberfläche verpackt ist, das den Stoff abgibt. Bei sehr kleinen und sehr großen Behältern weicht das Verhältnis Oberfläche zu Volumen des verpackten Lebensmittels stark von der üblichen Annahme ab. Daher sollte ihre Oberfläche genormt werden, bevor die Testergebnisse mit den Migrationsgrenzwerten verglichen werden. Diese Regeln sollten überprüft werden, sobald neue Daten über die Verwendung von Lebensmittelverpackungen vorliegen.

(35) Der spezifische Migrationsgrenzwert gibt die zulässige Höchstmenge eines Stoffes in Lebensmitteln an. Dieser Grenzwert soll sicherstellen, dass das Lebensmittelkontaktmaterial kein Gesundheitsrisiko birgt. Der Hersteller hat sicherzustellen, dass Materialien und Gegenstände, die noch nicht mit Lebensmitteln in Berührung sind, diese Höchstwerte einhalten, wenn sie mit Lebensmitteln unter den ungünstigsten vorhersehbaren Bedingungen in Berührung gebracht werden. Daher sollte bewertet werden, ob Materialien und

---

Zu Abs. 31:
[7] ABl. L 31 vom 1.2.2002, S. 1.

Gegenstände, die noch nicht mit Lebensmitteln in Berührung sind, den Vorschriften entsprechen, und es sollten Regeln für diese Prüfung festgelegt werden.

(36) Lebensmittel sind eine komplexe Matrix; daher kann die Untersuchung auf in Lebensmittel migrierende Stoffe analytische Schwierigkeiten bereiten. Es sollten Prüfmedien bestimmt werden, die den Übergang von Stoffen aus dem Kunststoffmaterial in das Lebensmittel simulieren. Sie sollten die wichtigsten physikalisch-chemischen Eigenschaften des Lebensmittels darstellen. Bei Verwendung von Lebensmittelsimulanzien sollte die Migration aus dem Gegenstand in das Lebensmittel unter Standardprüfdauer und -temperatur soweit wie möglich wiedergegeben werden.

(37) Zur Bestimmung eines geeigneten Lebensmittelsimulanz für bestimmte Lebensmittel sollten die chemische Zusammensetzung und die physikalischen Eigenschaften des Lebensmittels berücksichtigt werden. Für bestimmte repräsentative Lebensmittel liegen Forschungsergebnisse zum Vergleich der Migration in das Lebensmittel mit derjenigen in das Lebensmittelsimulanz vor. Auf Grundlage der Ergebnisse sollten Lebensmittelsimulanzien zugeordnet werden. Insbesondere bei fetthaltigen Lebensmitteln kann durch Verwendung von Lebensmittelsimulanzien in bestimmten Fällen die Migration in das Lebensmittel deutlich überschätzt werden. In diesen Fällen ist die Korrektur des anhand von Lebensmittelsimulanzien erzielten Ergebnisses um einen Reduktionsfaktor vorzusehen.

(38) Die Exposition gegenüber Stoffen, die aus Lebensmittelkontaktmaterialien migrieren, stützte sich auf die übliche Annahme, dass eine Person täglich 1 kg Lebensmittel verzehrt. Eine Person verzehrt am Tag jedoch höchstens 200 g Fett. Dies sollte bei lipophilen Stoffen, die nur in Fett migrieren, berücksichtigt werden. Daher sollte gemäß dem Gutachten des Wissenschaftlichen Ausschusses für Lebensmittel (SCF)[8] und dem Gutachten der Behörde[9] die Korrektur der spezifischen Migration um einen Korrekturfaktor für lipophile Stoffe vorgesehen werden.

(39) Für die amtliche Kontrolle sollten Prüfstrategien festgelegt werden, die den Durchsetzungsbehörden wirksame Kontrollen unter bestmöglicher Nutzung vorhandener Ressourcen ermöglichen. Daher sollten unter bestimmten Bedingungen Screening-Methoden zur Kontrolle der Einhaltung der Vorschriften zulässig sein. Entspricht ein Material oder Gegenstand den Bestimmungen nicht, so sollte dies durch eine Überprüfungsmethode bestätigt werden.

(40) Mit der vorliegenden Verordnung sollten die Grundregeln für Migrationsprüfungen festgelegt werden. Da Migrationsprüfungen sehr komplexe Vorgänge sind, können diese Grundregeln jedoch nicht alle vorhersehbaren Fälle und Feinheiten umfassen, die zur Durchführung der Prüfungen erforderlich sind. Deshalb sollte ein EU-Leitfaden erstellt werden, in dem die einzelnen Aspekte der Anwendung der Grundregeln für Migrationsprüfungen erläutert werden.

(41) Die aktualisierten Bestimmungen über Lebensmittelsimulanzien und Migrationsprüfungen der vorliegenden Verordnung ersetzen diejenigen der Richtlinie 78/142/EWG und des Anhangs der Richtlinie 82/711/EWG des Rates vom 18. Oktober 1982 über die Grundregeln für die Ermittlung der Migration aus Materialien und Gegenständen aus Kunststoff, die dazu bestimmt sind, mit Lebensmitteln in Berührung zu kommen[10].

(42) Stoffe, die im Kunststoff vorhanden, jedoch nicht in Anhang I der vorliegenden Verordnung aufgeführt sind, sind nicht unbedingt einer Risikobewertung unterzogen worden, da sie noch nicht Gegenstand eines Zulassungsverfahrens waren. Der entsprechende Unternehmer sollte gemäß international anerkannten wissenschaftlichen Grundsätzen unter Berücksichtigung der von Lebensmittelkontaktmaterialien und anderen Quellen ausgehenden Exposition prüfen, ob diese Stoffe den Bestimmungen des Artikels 3 der Verordnung (EG) Nr. 1935/2004 entsprechen.

(43) Vor kurzem wurden weitere Monomere, andere Ausgangsstoffe und Zusatzstoffe einer wissenschaftlichen Bewertung durch die Behörde mit befürwortendem Ergebnis unterzogen, und diese sollen jetzt in die Unionsliste aufgenommen werden.

Gebrauchs-gegen-stände

Zu Abs. 38:
[8] *Gutachten des Wissenschaftlichen Ausschusses für Lebensmittel (SCF) vom 4. Dezember 2002 „The introduction of a Fat (Consumption)Reduction Factor (FRF) in the estimation of the exposure to a migrant from food contact materials".*
http://ec.europa.eu/food/fs/sc/scf/out149_en.pdf
[9] *Gutachten des Wissenschaftlichen Gremiums für Lebensmittelzusatzstoffe, Aromastoffe, Verarbeitungshilfsstoffe und Materialien (AFC) auf Ersuchen der Kommission über die Einführung eines Fett(aufnahme)-Reduktionsfaktors (FRS) für Säuglinge und Kinder, The EFSA Journal (2004) 103, 1–8.*

Zu Abs. 41:
[10] *ABl. L 297 vom 23.10.1982, S. 26.*

(44) Da neue Stoffe in die Unionsliste aufgenommen werden, sollte die Verordnung so bald wie möglich Geltung erlangen, damit die Hersteller sich an den technischen Fortschritt anpassen können und Innovationen ermöglicht werden.

(45) Bestimmte Regeln für Migrationsprüfungen sollten angesichts neuer wissenschaftlicher Erkenntnisse aktualisiert werden. Die Durchsetzungsbehörden und die Lebensmittelbranche müssen ihr geltendes Prüfsystem an diese aktualisierten Bestimmungen anpassen. Daher sollten die aktualisierten Regeln erst zwei Jahre nach Annahme der Verordnung Geltung erlangen.

(46) Unternehmer stützen derzeit ihre Konformitätserklärung auf Belege gemäß den Anforderungen der Richtlinie 2002/72/EG. Die Konformitätserklärung muss grundsätzlich nur dann aktualisiert werden, wenn wesentliche Änderungen bei der Herstellung zu Änderungen bei der Migration führen oder wenn neue wissenschaftliche Erkenntnisse vorliegen. Um die Belastung der Unternehmer möglichst gering zu halten, sollten Materialien, die gemäß den Anforderungen der Richtlinie 2002/72/EG rechtmäßig in Verkehr gebracht wurden, mit einer Konformitätserklärung mit Belegen gemäß der Richtlinie 2002/72/EG noch fünf Jahre nach Annahme der Verordnung in Verkehr gebracht werden dürfen.

(47) Die Analysemethoden für die Prüfung der Migration und des Restgehalts an Vinylchlorid-Monomer gemäß den Richtlinien 80/766/EWG der Kommission vom 8. Juli 1980 zur Festlegung gemeinschaftlicher Analysemethoden für die amtliche Prüfung des Gehalts an Vinylchlorid-Monomer in Materialien und Gegenständen, die dazu bestimmt sind, mit Lebensmitteln in Berührung zu kommen[11] und 81/432/EWG der Kommission vom 29. April 1981 zur Festlegung der gemeinschaftlichen Analysemethode für die amtliche Prüfung auf Vinylchlorid, das von Bedarfsgegenständen in Lebensmittel übergegangen ist[12] sind veraltet. Die Analysemethoden sollten die in Artikel 11 der Verordnung (EG) Nr. 882/2004 des Europäischen Parlaments und des Rates[13] über amtliche Kontrollen zur Überprüfung der Einhaltung des Lebensmittel-und Futtermittelrechts sowie der Bestimmungen über Tiergesundheit und Tierschutz genannten Kriterien erfüllen. Deshalb sollten die Richtlinien 80/766/EWG und 81/432/EWG aufgehoben werden.

(48) Die in dieser Verordnung vorgesehenen Maßnahmen entsprechen der Stellungnahme des Ständigen Ausschusses für die Lebensmittelkette und Tiergesundheit —

HAT FOLGENDE VERORDNUNG ERLASSEN:

KAPITEL I

ALLGEMEINE VORSCHRIFTEN

Artikel 1
Gegenstand

(1) Diese Verordnung ist eine Einzelmaßnahme im Sinne des Artikels 5 der Verordnung (EG) Nr. 1935/2004.

(2) Mit dieser Verordnung werden besondere Anforderungen an Herstellung und Inverkehrbringen von Materialien und Gegenständen aus Kunststoff festgelegt,

a) die dazu bestimmt sind, mit Lebensmitteln in Berührung zu kommen, oder

b) die bereits mit Lebensmitteln in Berührung sind, oder

c) bei denen vernünftigerweise davon auszugehen ist, dass sie mit Lebensmitteln in Berührung kommen.

Artikel 2
Anwendungsbereich

(1) Diese Verordnung gilt für Materialien und Gegenstände, die in der EU in Verkehr gebracht werden und unter folgende Kategorien fallen:

a) Materialien und Gegenstände sowie Teile davon, die ausschließlich aus Kunststoff bestehen;

b) mehrschichtige Materialien und Gegenstände aus Kunststoff, die durch Klebstoffe oder auf andere Weise zusammengehalten werden;

c) Materialien und Gegenstände gemäß Buchstabe a oder b, die bedruckt und/oder mit einer Beschichtung überzogen sind;

d) Kunststoffschichten oder -beschichtungen, die als Dichtungen in Kappen und Verschlüssen dienen und zusammen mit diesen Kappen und Verschlüssen zwei oder mehr Schichten verschiedener Arten von Materialien bilden;

e) Kunststoffschichten in Mehrschicht-Verbundmaterialien und -gegenständen.

(2) Diese Verordnung gilt nicht für folgende Materialien und Gegenstände, die in der EU in Verkehr gebracht werden und in anderen Einzelmaßnahmen geregelt werden sollen:

a) Ionenaustauscherharze,

b) Gummi,

c) Silikone.

Zu Abs. 47:
[11] *ABl. L 213 vom 16.8.1980, S. 42.*
[12] *ABl. L 167 vom 24.6.1981, S. 6.*
[13] *ABl. L 165 vom 30.4.2004, S. 1.*

(3) Diese Verordnung gilt unbeschadet der EU-Vorschriften oder nationalen Vorschriften über Druckfarben, Klebstoffe oder Beschichtungen.

Artikel 3
Begriffsbestimmungen

Im Sinne dieser Verordnung bezeichnet der Begriff

1. „Materialien und Gegenstände aus Kunststoff"

a) Materialien und Gegenstände gemäß Artikel 2 Absatz 1 Buchstaben a, b und c und

b) Kunststoffschichten gemäß Artikel 2 Absatz 1 Buchstaben d und e;

2. „Kunststoff" ein Polymer, dem möglicherweise Zusatzstoffe oder andere Stoffe zugesetzt wurden und das als Hauptstrukturbestandteil von fertigen Materialien und Gegenständen dienen kann;

3. „Polymer" einen makromolekularen Stoff, gewonnen durch

a) ein Polymerisationsverfahren, wie z. B. Polyaddition oder Polykondensation, oder durch ein ähnliches Verfahren aus Monomeren oder anderen Ausgangsstoffen, oder

b) chemische Modifizierung natürlicher oder synthetischer Makromoleküle, oder

c) mikrobielle Fermentation;

4. „Mehrschichtkunststoff" ein Material oder einen Gegenstand, das/ der aus zwei oder mehr Kunststoffschichten zusammengesetzt ist;

5. „Mehrschicht-Verbund" ein Material oder einen Gegenstand, das/ der aus zwei oder mehr Schichten verschiedener Arten von Materialien zusammengesetzt ist, von denen mindestens eine eine Kunststoffschicht ist;

6. „Monomer oder anderer Ausgangsstoff"

a) einen Stoff, der jeglicher Art von Polymerisationsverfahren zur Herstellung von Polymeren unterzogen wird, oder

b) einen natürlichen oder synthetischen makromolekularen Stoff, der bei der Herstellung von modifizierten Makromolekülen verwendet wird, oder

c) einen Stoff, der zur Modifizierung bestehender natürlicher oder synthetischer Makromoleküle verwendet wird;

7. „Zusatzstoff" einen Stoff, der Kunststoffen absichtlich zugesetzt wird, um während der Herstellung des Kunststoffs oder im fertigen Material oder Gegenstand eine physikalische oder chemische Wirkung zu erzielen; dieser Stoff ist dazu bestimmt, im fertigen Material oder Gegenstand vorhanden zu sein;

8. „Hilfsstoff bei der Herstellung von Kunststoffen" (polymer production aid, PPA) einen Stoff, der als geeignetes Medium für die Herstellung von Polymeren oder Kunststoffen verwendet wird; er kann in den fertigen Materialien oder Gegenständen vorhanden sein, ist jedoch dafür weder vorgesehen noch hat er im fertigen Material oder Gegenstand eine physikalische oder chemische Wirkung;

9. „unbeabsichtigt eingebrachter Stoff" eine Verunreinigung in den verwendeten Stoffen oder ein Reaktionszwischenprodukt, das sich im Herstellungsprozess gebildet hat, oder ein Abbau- oder Reaktionsprodukt;

10. „Polymerisationshilfsmittel" (aid to polymerisation) einen Stoff, der die Polymerisation iniziiert und/oder die Bildung der makromolekularen Struktur kontrolliert;

11. „Gesamtmigrationsgrenzwert" (OML) die höchstzulässige Menge nichtflüchtiger Stoffe, die aus einem Material oder Gegenstand in Lebensmittelsimulanzien abgegeben werden;

12. „Lebensmittelsimulanz" ein Testmedium, das Lebensmittel nachahmt; das Lebensmittelsimulanz ahmt durch sein Verhalten die Migration aus Lebensmittelkontaktmaterialien nach;

13. „spezifischer Migrationsgrenzwert" (SML) die höchstzulässige Menge eines bestimmten Stoffes, der aus einem Material oder Gegenstand in Lebensmittel oder Lebensmittelsimulanzien abgegeben wird;

14. „gesamter spezifischer Migrationsgrenzwert" (SML(T)) die höchstzulässige Summe bestimmter Stoffe, die in Lebensmittel oder Lebensmittelsimulanzien abgegeben werden, berechnet als Gesamtgehalt der angegebenen Stoffe;

15. „funktionelle Barriere" eine Barriere, die aus einer oder mehreren Schichten jeglicher Art Materials besteht und sicherstellt, dass das Material oder der Gegenstand im fertigen Zustand Artikel 3 der Verordnung (EG) Nr. 1935/2004 und den Bestimmungen der vorliegenden Verordnung entspricht;

16. „fettfreies Lebensmittel" ein Lebensmittel, für das in Anhang III Tabelle 2 der vorliegenden Verordnung für Migrationsprüfungen ausschließlich andere Lebensmittelsimulanzien als die Lebensmittelsimulanzien D1 oder D2 festgelegt sind;

17. „Beschränkung" die Einschränkung der Verwendung eines Stoffes oder den Migrationsgrenzwert oder den Grenzwert für den Gehalt an dem Stoff im Material oder Gegenstand;

18. „Spezifikation" die Zusammensetzung eines Stoffs, Reinheitskriterien für einen Stoff, physikalisch-chemische Merkmale eines Stoffes, Angaben zum Herstellungsverfahren eines Stoffes oder weitere Informationen zur Berechnung von Migrationsgrenzwerten;

19. „Heißabfüllung" die Befüllung eines Gegenstands mit einem Lebensmittel, das zum Zeitpunkt der Befüllung eine Temperatur von

höchstens 100 °C aufweist und danach innerhalb von 60 Minuten auf höchstens 50 °C oder innerhalb von 150 Minuten auf höchstens 30 °C abkühlt.

Artikel 4
Inverkehrbringen von Materialien und Gegenständen aus Kunststoff

Materialien und Gegenstände aus Kunststoff dürfen nur in Verkehr gebracht werden, wenn sie

a) bei den geplanten und vorhersehbaren Verwendungszwecken den entsprechenden Anforderungen gemäß Artikel 3 der Verordnung (EG) Nr. 1935/2004 entsprechen, und

b) den Kennzeichnungsanforderungen gemäß Artikel 15 der Verordnung (EG) Nr. 1935/2004 entsprechen, und

c) den Anforderungen an die Rückverfolgbarkeit gemäß Artikel 17 der Verordnung (EG) Nr. 1935/2004 entsprechen, und

d) nach der guten Herstellungspraxis gemäß der Verordnung (EG) Nr. 2023/2006[1]) hergestellt werden, und

e) den Anforderungen an die Zusammensetzung und die Konformitätserklärung gemäß den Kapiteln II, III und IV der vorliegenden Verordnung entsprechen.

KAPITEL II
ANFORDERUNGEN AN DIE ZUSAMMENSETZUNG

ABSCHNITT 1
Zugelassene Stoffe

Artikel 5
Unionsliste der zugelassenen Stoffe

(1) Bei der Herstellung von Kunststoffschichten in Materialien und Gegenständen aus Kunststoff dürfen nur die in der Unionsliste der zugelassenen Stoffe („die Unionsliste") in Anhang I aufgeführten Stoffe absichtlich verwendet werden.

(2) Die Unionsliste umfasst:

a) Monomere und andere Ausgangsstoffe,

b) Zusatzstoffe außer Farbmittel,

c) Hilfsstoffe bei der Herstellung von Kunststoffen außer Lösungsmittel,

d) durch mikrobielle Fermentation gewonnene Makromoleküle. (1) ABl. L 384 vom 29.12.2006, S. 75.

(3) Die Unionsliste kann gemäß dem Verfahren der Artikel 8 bis 12 der Verordnung (EG) Nr. 1935/2004 geändert werden.

Artikel 6
Ausnahmeregelungen für nicht in der Unionsliste aufgeführte Stoffe

(1) Abweichend von Artikel 5 dürfen andere als die in der Unionsliste aufgeführten Stoffe als Hilfsstoffe bei der Herstellung von Kunststoffschichten in Materialien und Gegenständen aus Kunststoff gemäß nationalem Recht verwendet werden.

(2) Abweichend von Artikel 5 dürfen Farbmittel und Lösungsmittel bei der Herstellung von Kunststoffschichten in Materialien und Gegenständen aus Kunststoff gemäß nationalem Recht verwendet werden.

(3) Folgende nicht in der Unionsliste aufgeführte Stoffe sind vorbehaltlich der Bestimmungen der Artikel 8, 9, 10, 11 und 12 zugelassen:

a) Alle Salze der Stoffe, für die in Anhang II Tabelle 1 Spalte 2 „ja" angegeben ist, der zulässigen Säuren, Phenole oder Alkohole vorbehaltlich der Beschränkungen in den Spalten 3 und 4 der Tabelle; *(ABl L 288 vom 3. 9. 2020, S. 1)*

b) Mischungen, die durch Mischung zugelassener Stoffe ohne chemische Reaktion der Bestandteile gewonnen wurden;

c) bei Verwendung als Zusatzstoffe: natürliche oder synthetische polymere Stoffe mit einem Molekulargewicht von mindestens 1 000 Da (ausgenommen durch mikrobielle Fermentation gewonnene Makromoleküle), die den Anforderungen der vorliegenden Verordnung entsprechen, sofern sie den Hauptstrukturbestandteil von fertigen Materialien oder Gegenständen bilden können;

d) bei Verwendung als Monomer oder anderer Ausgangsstoff: Vorpolymerisate und natürliche oder synthetische makromolekulare Stoffe sowie deren Mischungen (ausgenommen durch mikrobielle Fermentation gewonnene Makromoleküle), sofern die Monomere oder Ausgangsstoffe, die zu ihrer Synthese erforderlich sind, in der Unionsliste aufgeführt sind.

(4) Die folgenden nicht in der Unionsliste aufgeführten Stoffe können in den Kunststoffschichten von Materialien oder Gegenständen aus Kunststoff vorhanden sein:

a) unbeabsichtigt eingebrachte Stoffe;

b) Polymerisationshilfsmittel.

(5) Abweichend von Artikel 5 dürfen nicht in der Unionsliste aufgeführte Zusatzstoffe gemäß nationalem Recht nach dem 1. Januar 2010 weiterhin verwendet werden, bis ein Beschluss über ihre Aufnahme bzw. Nichtaufnahme in die Unionsliste getroffen wird, sofern sie in dem in Arti-

---

Zu Artikel 4:
[1]) ABl. L 384 vom 29.12.2006, S. 75.

...kel 7 genannten vorläufigen Verzeichnis aufgeführt sind.

Artikel 7
Erstellung und Pflege des vorläufigen Verzeichnisses

(1) Das von der Kommission im Jahr 2008 veröffentlichte vorläufige Verzeichnis der Zusatzstoffe, die von der Europäischen Behörde für Lebensmittelsicherheit („die Behörde") geprüft werden, wird regelmäßig aktualisiert.

(2) Ein Zusatzstoff wird aus dem vorläufigen Verzeichnis gestrichen,
a) wenn er in die Unionsliste gemäß Anhang I aufgenommen wird oder
b) wenn die Kommission beschließt, ihn nicht in die Unionsliste aufzunehmen, oder
c) wenn die Behörde während der Prüfung der Daten zusätzliche Informationen anfordert und diese Informationen nicht innerhalb der von der Behörde festgelegten Frist vorgelegt werden.

ABSCHNITT 2
Allgemeine Anforderungen, Beschränkungen und Spezifikationen

Artikel 8
Allgemeine Anforderungen an Stoffe

Die bei der Herstellung von Kunststoffschichten in Materialien und Gegenständen aus Kunststoff verwendeten Stoffe müssen über eine technische Qualität und eine Reinheit verfügen, die für die geplante und vorhersehbare Verwendung der Materialien oder Gegenstände geeignet ist. Der Hersteller des Stoffes muss die Zusammensetzung kennen und sie den zuständigen Behörden auf Nachfrage zur Verfügung stellen.

Artikel 9
Besondere Anforderungen an Stoffe

(1) Die bei der Herstellung von Kunststoffschichten in Materialien und Gegenständen aus Kunststoff verwendeten Stoffe unterliegen folgenden Beschränkungen und Spezifikationen:
a) dem spezifischen Migrationsgrenzwert gemäß Artikel 11;
b) dem Gesamtmigrationsgrenzwert gemäß Artikel 12;
c) den Beschränkungen und Spezifikationen gemäß Anhang I Nummer 1 Tabelle 1 Spalte 10;
d) den ausführlichen Spezifikationen gemäß Anhang I Nummer 4.

(2) Stoffe mit Nanostruktur dürfen nur verwendet werden, wenn sie ausdrücklich zugelassen und in Anhang I unter „Spezifikationen" aufgeführt sind.

Artikel 10
Allgemeine Beschränkungen für Materialien und Gegenstände aus Kunststoff

Die allgemeinen Beschränkungen für Materialien und Gegenstände aus Kunststoff sind in Anhang II festgelegt.

Artikel 11
Spezifische Migrationsgrenzwerte

(1) Bestandteile von Materialien und Gegenständen aus Kunststoff dürfen nicht in Mengen in Lebensmittel übergehen, die die spezifischen Migrationsgrenzwerte (SML) in Anhang I übersteigen. Diese spezifischen Migrationsgrenzwerte (SML) werden berechnet als Milligramm des Stoffes je Kilogramm des Lebensmittels (mg/kg).

(3) Abweichend von Absatz 1 dürfen Zusatzstoffe, die durch die Verordnung (EG) Nr. 1333/2008 auch als Lebensmittelzusatzstoffe oder durch die Verordnung (EG) Nr. 1334/2008 als Aromen zugelassen sind, nicht in solchen Mengen in Lebensmittel migrieren, die im Lebensmittel als Fertigerzeugnis eine technische Wirkung haben, und sie dürfen nicht
a) über die in der Verordnung (EG) Nr. 1333/2008 oder in der Verordnung (EG) Nr. 1334/2008 oder in Anhang I der vorliegenden Verordnung festgelegten Beschränkungen für Lebensmittel hinausgehen, für die ihre Verwendung als Lebensmittelzusatzstoff oder Aromastoff zugelassen ist; oder
b) über die in Anhang I der vorliegenden Verordnung festgelegten Beschränkungen für Lebensmittel hinausgehen, für die ihre Verwendung als Lebensmittelzusatzstoff oder Aromastoff nicht zugelassen ist.

(4) Sofern festgelegt ist, dass keine Migration eines bestimmten Stoffes zugelassen ist, wird die Konformität unter Verwendung geeigneter Migrationsprüfungsmethoden festgestellt, die gemäß Artikel 11 der Verordnung (EG) Nr. 882/2004 ausgewählt werden und das Fehlen von Migration oberhalb einer festgelegten Nachweisgrenze bestätigen können.
Für die Zwecke des Unterabsatzes 1 gilt eine Nachweisgrenze von 0,01 mg/kg, sofern nicht spezifische Nachweisgrenzen für bestimmte Stoffe oder Stoffgruppen festgelegt wurden.

Artikel 12
Gesamtmigrationsgrenzwert

(1) Materialien und Gegenstände aus Kunststoff dürfen ihre Bestandteile in Lebensmittelsimulanzien nicht in Mengen von mehr als 10 mg der gesamten abgegebenen Bestandteile je dm^2 der mit Lebensmitteln in Berührung kommenden Fläche (mg/dm^2) übertragen.

(2) Abweichend von Absatz 1 dürfen Materialien und Gegenstände aus Kunststoff, die dazu bestimmt sind, mit für Säuglinge und Kleinkinder vorgesehenen Lebensmitteln gemäß den Richtlinien 2006/141/EG[1)] und 2006/125/EG[2)] der Kommission in Berührung zu kommen, ihre Bestandteile in Lebensmittelsimulanzien nicht in Mengen von mehr als 60 mg der gesamten abgegebenen Bestandteile je kg Lebensmittelsimulanz übertragen.

KAPITEL III
BESONDERE BESTIMMUNGEN FÜR BESTIMMTE MATERIALIEN UND GEGENSTÄNDE

Artikel 13
Mehrschicht-Materialien und -Gegenstände aus Kunststoff

(1) In einem Mehrschicht-Material oder -Gegenstand aus Kunststoff muss die Zusammensetzung jeder einzelnen Kunststoffschicht der vorliegenden Verordnung entsprechen.

(2) Abweichend von Absatz 1 kann eine Kunststoffschicht, die nicht unmittelbar in Berührung mit Lebensmitteln ist und durch eine funktionelle Barriere vom Lebensmittel getrennt ist,

a) den Beschränkungen und Spezifikationen gemäß Anhang I der vorliegenden Verordnung nicht entsprechen, mit Ausnahme von Vinylchlorid-Monomer; und/oder

b) aus Stoffen hergestellt sein, die nicht in der Unionsliste oder dem vorläufigen Verzeichnis aufgeführt sind.

(3) Stoffe gemäß Absatz 2 Buchstabe b dürfen gemäß Artikel 11 Absatz 4 nicht in Lebensmittel oder Lebensmittelsimulanzien migrieren. Die Nachweisgrenze gemäß Artikel 11 Absatz 4 Unterabsatz 2 gilt für Stoffgruppen, wenn sie strukturell und toxikologisch verwandt sind, einschließlich Isomeren oder Stoffen derselben einschlägigen funktionellen Gruppe, oder für Stoffe, die nicht miteinander verwandt sind, und berücksichtigt eine etwaige Übertragung durch Abklatsch.

(4) Die in der Unionsliste oder dem vorläufigen Verzeichnis nicht aufgeführten Stoffe gemäß Absatz 2 Buchstabe b dürfen keiner der folgenden Kategorien angehören:

a) Stoffe, die gemäß den Kriterien in Anhang I Abschnitte 3.5, 3.6 und 3.7 der Verordnung (EG) Nr. 1272/2008 des Europäischen Parlaments und des Rates[1)] als „mutagen", „karzinogen" oder „reproduktionstoxisch" eingestuft sind;

b) Stoffe mit Nanostruktur.

(5) Das Mehrschicht-Material oder der Mehrschicht-Gegenstand aus Kunststoff im fertigen Zustand muss den spezifischen Migrationsgrenzwerten gemäß Artikel 11 und dem Gesamtmigrationsgrenzwert gemäß Artikel 12 der vorliegenden Verordnung entsprechen.

Artikel 14
Mehrschicht-Verbundmaterialien und -gegenstände

(1) In einem Mehrschicht-Verbundmaterial oder -gegenstand muss die Zusammensetzung jeder einzelnen Kunststoffschicht der vorliegenden Verordnung entsprechen.

(2) Abweichend von Absatz 1 kann in einem Mehrschicht-Verbundmaterial oder -gegenstand eine Kunststoffschicht, die nicht unmittelbar mit Lebensmitteln in Berührung ist und vom Lebensmittel durch eine funktionelle Barriere getrennt ist, unter Verwendung von Stoffen hergestellt sein, die nicht in der Unionsliste oder dem vorläufigen Verzeichnis aufgeführt sind.

(3) Die in der Unionsliste oder dem vorläufigen Verzeichnis nicht aufgeführten Stoffe gemäß Absatz 2 dürfen keiner der folgenden Kategorien angehören:

a) Stoffe, die gemäß den Kriterien in Anhang I Abschnitte 3.5, 3.6 und 3.7 der Verordnung (EG) Nr. 1272/2008 als „mutagen", „karzinogen" oder „reproduktionstoxisch" eingestuft sind;

b) Stoffe mit Nanostruktur.

(4) Abweichend von Absatz 1 gelten die Artikel 11 und 12 der vorliegenden Verordnung nicht für Kunststoffschichten in Mehrschicht Verbundmaterialien und -gegenständen.

(5) Die Kunststoffschichten in einem Mehrschicht-Verbundmaterial oder -gegenstand müssen stets die Beschränkungen für Vinylchlorid-Monomer gemäß Anhang I der vorliegenden Verordnung erfüllen.

(6) Für Mehrschicht-Verbundmaterialien oder -gegenstände können spezifische Migrationsgrenzwerte oder ein Gesamtmigrationsgrenzwert für Kunststoffschichten und für das Material oder den Gegenstand im fertigen Zustand durch nationales Recht festgelegt werden.

Zu Artikel 12:
[1)] *ABl. L 401 vom 30.12.2006, S. 1.*
[2)] *ABl. L 339 vom 6.12.2006, S. 16.*

Zu Artikel 13:
[1)] *ABl. L 353 vom 31.12.2008, S. 1.*

KAPITEL IV
KONFORMITÄTSERKLÄRUNG UND DOKUMENTATION

Artikel 15
Konformitätserklärung

(1) Auf allen anderen Vermarktungsstufen als der Einzelhandelsstufe ist eine schriftliche Erklärung gemäß Artikel 16 der Verordnung (EG) Nr. 1935/2004 für Materialien und Gegenstände aus Kunststoff, Produkte aus Zwischenstufen ihrer Herstellung sowie für die zur Herstellung dieser Materialien und Gegenstände bestimmten Stoffe zur Verfügung zu stellen.

(2) Die in Absatz 1 genannte Erklärung ist vom Unternehmer auszustellen und enthält die in Anhang IV festgelegten Angaben.

(3) Die schriftliche Erklärung muss die leichte Identifizierung des Materials, Gegenstands oder Produkts aus Zwischenstufen der Herstellung oder der Stoffe ermöglichen, für die sie ausgestellt ist. Sie muss erneuert werden, wenn wesentliche Änderungen in der Zusammensetzung oder der Produktion vorgenommen werden, die zu Veränderungen bei der Migration aus den Materialien oder Gegenständen führen, oder wenn neue wissenschaftliche Erkenntnisse vorliegen.

Artikel 16
Belege

(1) Der Unternehmer stellt den zuständigen nationalen Behörden auf Nachfrage geeignete Unterlagen zur Verfügung, mit deren Hilfe er nachweist, dass die Materialien und Gegenstände, Produkte aus Zwischenstufen ihrer Herstellung sowie die für die Herstellung dieser Materialien und Gegenstände bestimmten Stoffe den Anforderungen der vorliegenden Verordnung entsprechen.

(2) Diese Unterlagen umfassen eine Beschreibung der Bedingungen und Ergebnisse von Prüfungen, Berechnungen, einschließlich Modellberechnungen, sonstige Analysen sowie Unbedenklichkeitsnachweise oder eine die Konformität belegende Begründung. Die Bestimmungen über den experimentellen Nachweis der Konformität sind in Kapitel V festgelegt.

KAPITEL V
KONFORMITÄT

Artikel 17
Angabe der Ergebnisse von Migrationsprüfungen

(1) Zur Überprüfung der Konformität werden die spezifischen Migrationswerte ausgedrückt in mg/kg unter Anwendung des tatsächlichen Verhältnisses Oberfläche zu Volumen bei der tatsächlichen oder geplanten Verwendung.

(2) Abweichend von Absatz 1 wird für:

a) Behältnisse und sonstige Gegenstände, die weniger als 500 ml oder g oder aber mehr als 10 l fassen oder dazu bestimmt sind,

b) Materialien und Gegenstände, bei denen aufgrund ihrer Form das Verhältnis zwischen Oberfläche des Materials oder Gegenstands und der mit ihr in Berührung kommenden Lebensmittelmenge nicht ermittelt werden kann,

c) Platten und Folien, die noch nicht mit Lebensmitteln in Berührung sind,

d) Platten und Folien, die weniger als 500 ml oder g oder aber mehr als 10 l fassen,

der Migrationswert in mg/kg ausgedrückt unter Anwendung eines Verhältnisses Oberfläche zu Volumen von 6 dm^2 je kg Lebensmittel.

Dieser Absatz gilt nicht für Materialien und Gegenstände aus Kunststoff, die dazu bestimmt sind, mit Lebensmitteln für Säuglinge und Kleinkinder gemäß den Richtlinien 2006/141/EG und 2006/125/EG in Berührung gebracht zu werden, oder die bereits damit in Berührung sind.

(3) Abweichend von Absatz 1 wird der spezifische Migrationswert für Kappen, Dichtungen, Stopfen und ähnliche Verschlüsse ausgedrückt in:

a) mg/kg unter Verwendung des tatsächlichen Inhalts des Behältnisses, für das der Verschluss bestimmt ist, unter Anwendung der gesamten Kontaktfläche zwischen Verschluss und abgedichtetem Behältnis, sofern die vorgesehene Verwendung des Gegenstands bekannt ist, wobei die Bestimmungen von Absatz 2 zu berücksichtigen sind;

b) mg/Gegenstand, sofern die vorgesehene Verwendung des Gegenstands nicht bekannt ist.

(4) Für Kappen, Dichtungen, Stopfen und ähnliche Verschlüsse wird der Gesamtmigrationswert ausgedrückt in:

a) mg/dm^2 unter Anwendung der gesamten Kontaktfläche zwischen Dichtgegenstand und abgedichtetem Behältnis, sofern die vorgesehene Verwendung des Gegenstands bekannt ist;

b) mg/Gegenstand, sofern die vorgesehene Verwendung des Gegenstands nicht bekannt ist.

Artikel 18
Bestimmungen über die Bewertung der Einhaltung der Migrationsgrenzwerte

(1) Bei Materialien und Gegenständen, die bereits mit Lebensmitteln in Berührung sind, wird die Überprüfung der Einhaltung der spezifischen Migrationsgrenzwerte gemäß den Bestimmungen in Anhang V Kapitel 1 durchgeführt.

(2) Bei Materialien und Gegenständen, die noch nicht mit Lebensmitteln in Berührung sind, wird die Überprüfung der Einhaltung der spezifischen Migrationsgrenzwerte in Lebensmitteln oder Lebensmittelsimulanzien gemäß Anhang III und in Übereinstimmung mit den Bestimmungen von Anhang V Kapitel 2 Abschnitt 2.1 durchgeführt.

(3) Bei Materialien und Gegenständen, die noch nicht mit Lebensmitteln in Berührung sind, kann ein Screening auf Einhaltung der spezifischen Migrationsgrenzwerte durch Anwendung von Screeningverfahren gemäß den Bestimmungen von Anhang V Kapitel 2 Abschnitt 2.2 durchgeführt werden. Entspricht ein Material oder Gegenstand im Screeningverfahren nicht den Migrationsgrenzwerten, so ist die Schlussfolgerung der Nichteinhaltung durch Überprüfung der Einhaltung gemäß Absatz 2 zu bestätigen.

(4) Bei Materialien und Gegenständen, die noch nicht mit Lebensmitteln in Berührung sind, ist die Überprüfung der Einhaltung des Gesamtmigrationsgrenzwerts in den Lebensmittelsimulanzien gemäß Anhang III und in Übereinstimmung mit den Regeln in Anhang V Kapitel 3 durchzuführen.

(5) Bei Materialien und Gegenständen, die noch nicht mit Lebensmitteln in Berührung sind, kann das Screening auf Einhaltung des Gesamtmigrationsgrenzwerts unter Anwendung von Screeningverfahren gemäß den Regeln in Anhang V Kapitel 3 Abschnitt 3.4 durchgeführt werden. Hält ein Material oder Gegenstand den Mgrationsgrenzwert im Screeningverfahren nicht ein, so muss eine Schlussfolgerung der Nichteinhaltung durch Überprüfung der Einhaltung gemäß Absatz 4 bestätigt werden.

(6) Die Ergebnisse der Prüfung auf spezifische Mgration, die unter Verwendung von Lebensmitteln gewonnen werden, haben Vorrang vor den mit Lebensmittelsimulanzien gewonnenen Ergebnissen. Die Ergebnisse der Prüfung auf spezifische Mgration, die mit Hilfe von Lebensmittelsimulanzien gewonnen wurden, haben Vorrang vor den durch Screeningverfahren gewonnenen Ergebnissen.

(7) Bevor die Prüfungsergebnisse für die spezifische Migration und die Gesamtmigration mit den Mgrationsgrenzwerten verglichen werden, sind die Korrekturfaktoren in Anhang III Nummer 3 und in Anhang V Kapitel 4 gemäß den dort genannten Regeln anzuwenden.

Artikel 19
Bewertung von in der Unionsliste nicht aufgeführten Stoffen

Ob die Stoffe gemäß Artikel 6 Absätze 1, 2, 4 und 5 sowie Artikel 14 Absatz 2 der vorliegenden Verordnung, die nicht in Anhang I der vorliegenden Verordnung aufgeführt sind, Artikel 3 der Verordnung (EG) Nr. 1935/2004 entsprechen, ist gemäß international anerkannten wissenschaftlichen Grundsätzen über die Risikobewertung zu beurteilen.

KAPITEL VI
SCHLUSSBESTIMMUNGEN

Artikel 20
Änderung von EU-Rechtsakten

Der Anhang der Richtlinie 85/572/EWG des Rates[1] erhält folgende Fassung:
„Die Lebensmittelsimulanzien, deren Verwendung zur Prüfung der Migration von Bestandteilen von Materialien und Gegenständen aus Kunststoff, die dazu bestimmt sind, mit einem einzigen Lebensmittel oder mit spezifischen Gruppen von Lebensmitteln in Berührung zu kommen, vorgeschrieben ist, sind in Anhang III Nummer 3 der Verordnung (EU) Nr. 10/2011 der Kommission aufgeführt."

Artikel 21
Aufhebung von EU-Rechtsakten

Die Richtlinien 80/766/EWG der Kommission, 81/432/EWG der Kommission und 2002/72/EG der Kommission werden hiermit mit Wirkung ab dem 1. Mai 2011 aufgehoben.
Bezugnahmen auf die aufgehobenen Richtlinien sind als Bezugnahmen auf die vorliegende Verordnung aufzufassen und nach den Entsprechungstabellen in Anhang VI zu lesen.

Artikel 22
Übergangsbestimmungen

(1) Bis zum 31. Dezember 2012 stützen sich die in Artikel 16 genannten Belege für die Grundregeln für die Prüfung auf die Gesamtmigration und die spezifische Migration gemäß dem Anhang der Richtlinie 82/711/EWG.

(2) Ab dem 1. Januar 2013 können die in Artikel 16 genannten Belege für Materialien, Gegenstände und Stoffe, die bis zum 31. Dezember 2015 in Verkehr gebracht werden, gestützt werden auf:
a) die Regeln für die Migrationsprüfung gemäß Artikel 18 der vorliegenden Verordnung oder
b) die Grundregeln für die Prüfung auf die Gesamtmigration und die spezifische Migration gemäß dem Anhang der Richtlinie 82/711/EWG.

(3) Ab dem 1. Januar 2016 stützen sich die in Artikel 16 genannten Belege unbeschadet des

---

Zu Artikel 20:
[1] ABl. L 372 vom 31.12.1985, S. 14.

Absatzes 2 des vorliegenden Artikels auf die Regeln für die Migrationsprüfung gemäß Artikel 18.

(4) Bis zum 31. Dezember 2015 müssen Zusatzstoffe, die in Glasfaserschlichten für glasfaserverstärkte Kunststoffe verwendet werden und nicht in Anhang I aufgeführt sind, den Bestimmungen über die Risikobewertung gemäß Artikel 19 entsprechen.

(5) Materialien und Gegenstände, die vor dem 1. Mai 2011 rechtmäßig in Verkehr gebracht wurden, können bis zum 31. Dezember 2012 in Verkehr gebracht werden.

Artikel 23
Inkrafttreten und Geltung

Diese Verordnung tritt am zwanzigsten Tag nach ihrer Veröffentlichung im *Amtsblatt der Europäischen Union* in Kraft.

Sie gilt ab dem 1. Mai 2011.

Die in Artikel 5 genannte Bestimmung hinsichtlich der Verwendung von anderen Zusatzstoffen als Weichmachern gilt für Kunststoffschichten oder Kunststoffbeschichtungen in den in Artikel 2 Absatz 1 Buchstabe d genannten Kappen und Verschlüssen ab dem 31. Dezember 2015.

Die in Artikel 5 genannte Bestimmung hinsichtlich der Verwendung von in Glasfaserschlichten für glasfaserverstärkte Kunststoffe verwendeten Zusatzstoffe gilt ab dem 31. Dezember 2015.

Die Bestimmungen des Artikels 18 Absätze 2 und 4 sowie des Artikels 20 gelten ab dem 31. Dezember 2012.

Diese Verordnung ist in allen ihren Teilen verbindlich und gilt gemäß den Verträgen unmittelbar in den Mitgliedstaaten.

Anhänge nicht abgedruckt.

9. Kosmetika

Übersicht

9/1. **Verordnung (EG) Nr. 1223/2009 über kosmetische Mittel**, ABl 342 S 59 idF ABl L 2013/114, 1, ABl L 2013/139, 8, ABl L 2013/190, 38, ABl L 2014/107, 5, ABl L 2014/238, 3, ABl L 2014/282, 1, ABl L 2014/282, 5, ABl L 2015/193, 115, ABl L 2015/199, 22, ABl L 2016/60, 59, ABl L 2016/106, 4, ABl L 2016/106, 7, ABl L 2016/187, 1, ABl L 2016/187, 4, ABl L 2016/189, 40, ABl L 2016/198, 10, ABl L 2017/36, 12, ABl L 2017/36, 37, ABl L 2017/117, 1, ABl L 2017/174, 16, ABl L 2017/202, 1, ABl L 2017/203, 1, ABl L 2017/319, 2, ABl L 2018/158, 2, ABl L 2018/176, 3, ABl L 2018/300, 1, ABl L 2019/115, 3, ABl L 2019/115, 5, ABl L 2019/119, 66, ABl L 2019/137, 29, ABl L 2019/286, 3, ABl L 2019/286, 7, ABl L 2019/307, 15, ABl L 2020/379, 31, ABl L 2020/379, 34, ABl L 2020/379, 42, ABl L 2021/188, 44, ABl L 2021/238, 29, ABl L 2021/387, 120, ABl L 2022/22, 2

9/2. **Verordnung (EU) Nr. 655/2013 zur Festlegung gemeinsamer Kriterien zur Begründung von Werbeaussagen im Zusammenhang mit kosmetischen Mitteln**, ABl 190 S 31

9/3. **Kosmetik-Durchführungsverordnung**, BGBl II 2013/330

9/1. EG-KosmetikV

9/1. Verordnung (EG) Nr. 1223/2009 über kosmetische Mittel

ABl L 342 vom 22. 12. 2009, S. 59 idF

1 ABl L 318 vom 15. 11. 2012, S. 74 (Berichtigung)
2 ABl L 72 vom 15. 3. 2013, S. 16 (Berichtigung)
3 ABl L 114 vom 25. 4. 2013, S. 1
4 ABl L 139 vom 25. 5. 2013, S. 8
5 ABl L 142 vom 29. 5. 2013, S. 10 (Berichtigung)
6 ABl L 190 vom 11. 7. 2013, S. 38
7 ABl L 315 vom 26. 11. 2013, S. 34
8 ABl L 107 vom 10. 04. 2014, S. 5
9 ABl L 238 vom 9. 08. 2014, S. 3
10 ABl L 254 vom 28. 08. 2014, S. 39 (Berichtigung)
11 ABl L 282 vom 26. 09. 2014, S. 1
12 ABl L 282 vom 26. 09. 2014, S. 5
13 ABl L 193 vom 21. 07. 2015, S. 115
14 ABl L 199 vom 29. 07. 2015, S. 22
15 ABl L 60 vom 5. 03. 2016, S. 59
16 ABl L 106 vom 22. 04. 2016, S. 4
17 ABl L 106 vom 22. 04. 2016, S. 7
18 ABl L 187 vom 12. 07. 2016, S. 1
19 ABl L 187 vom 12. 07. 2016, S. 4
20 ABl L 189 vom 14. 07. 2016, S. 40
21 ABl L 198 vom 23. 07. 2016, S. 10
22 ABl L 17 vom 21. 01. 2017, S. 52 (Berichtigung)
23 ABl L 36 vom 11. 02. 2017, S. 12
24 ABl L 36 vom 11. 02. 2017, S. 37
25 ABl L 117 vom 5. 05. 2017, S. 1
26 ABl L 174 vom 7. 07. 2017, S. 16
27 ABl L 202 vom 3. 08. 2017, S. 1
28 ABl L 203 vom 4. 08. 2017, S. 1
29 ABl L 319 vom 5. 12. 2017, S. 2
30 ABl L 326 vom 9. 12. 2017, S. 55 (Berichtigung)
31 ABl L 158 vom 21. 6. 2018, S. 2
32 ABl L 176 vom 12. 7. 2018, S. 3
33 ABl L 183 vom 19. 07. 2018, S. 27 (Berichtigung)
34 ABl L 300 vom 27. 11. 2018, S. 1
35 ABl L 115 vom 2. 5. 2019, S. 3
36 ABl L 115 vom 2. 5. 2019, S. 5
37 ABl L 119 vom 7. 5. 2019, S. 66
38 ABl L 137 vom 23. 5. 2019, S. 29
39 ABl L 286 vom 7. 11. 2019, S. 3
40 ABl L 286 vom 7. 11. 2019, S. 7
41 ABl L 307 vom 28. 11. 2019, S. 15
42 ABl L 324 vom 13. 12. 2019, S. 80 (Berichtigung)
43 ABl L 76 vom 12. 3. 2020, S. 36 (Berichtigung)
44 ABl L 379 vom 13. 11. 2020, S. 31
45 ABl L 379 vom 13. 11. 2020, S. 34
46 ABl L 379 vom 13. 11. 2020, S. 42
47 ABl L 397 vom 26. 11. 2020, S. 30 (Berichtigung)
48 ABl L 188 vom 28. 5. 2021, S. 44
49 ABl L 214 vom 17. 6. 2021, S. 68 (Berichtigung)
50 ABl L 238 vom 6. 7. 2021, S. 29
51 ABl L 318 vom 9. 9. 2021, S. 8 (Berichtigung)
52 ABl L 365 vom 14. 10. 2021, S. 46 (Berichtigung)
53 ABl L 387 vom 3. 11. 2021, S. 120
54 ABl L 22 vom 1. 2. 2022, S. 2

Verordnung (EG) Nr. 1223/2009 des Europäischen Parlaments und des Rates vom 30. November 2009 über kosmetische Mittel

DAS EUROPÄISCHE PARLAMENT UND DER RAT DER EUROPÄISCHEN UNION –

gestützt auf den Vertrag zur Gründung der Europäischen Gemeinschaft, insbesondere auf Artikel 95,

auf Vorschlag der Kommission,

nach Stellungnahme des Europäischen Wirtschafts- und Sozialausschusses[1],

gemäß dem Verfahren des Artikels 251 des Vertrags[2],

in Erwägung nachstehender Gründe:

(1) Die Richtlinie 76/768/EWG des Rates vom 27. Juli 1976 zur Angleichung der Rechtsvorschriften der Mitgliedstaaten über kosmetische Mittel[3] ist mehrmals erheblich geändert worden. Da weitere Änderungen notwendig sind, sollte in diesem besonderen Fall die Richtlinie aus Gründen der Klarheit zu einem einzigen Text neu gefasst werden.

Zur Präambel
[1] ABl. C 27 vom 3.2.2009, S. 34.

Zu Abs. 1:
[2] *Stellungnahme des Europäischen Parlaments vom 24. März 2009 (noch nicht im Amtsblatt veröffentlicht) und Beschluss des Rates vom 20. November 2009.*
[3] *ABl. L 262 vom 27.9.1976, S. 169.*

(2) Eine Verordnung ist das geeignete Rechtsinstrument, da sie klare und ausführliche Regeln vorschreibt, die keinen Raum für eine uneinheitliche Umsetzung durch die Mitgliedstaaten lassen. Zudem wird mit einer Verordnung sichergestellt, dass die Rechtsvorschriften überall in der Gemeinschaft zum selben Zeitpunkt durchgeführt werden.

(3) Das Ziel dieser Verordnung ist es, die Verfahren zu vereinfachen und die Begrifflichkeit zu vereinheitlichen, um so den Verwaltungsaufwand und Unklarheiten zu verringern. Darüber hinaus sieht die Verordnung den Ausbau bestimmter Elemente des Regelwerks für kosmetische Mittel vor, etwa der Marktüberwachung, um ein hohes Maß an Schutz der menschlichen Gesundheit zu gewährleisten.

(4) Mit dieser Verordnung werden die Rechtsvorschriften über kosmetische Mittel in der Gemeinschaft umfassend harmonisiert, um zu einem Binnenmarkt für kosmetische Mittel zu gelangen und zugleich ein hohes Gesundheitsschutzniveau zu gewährleisten.

(5) Den ökologischen Bedenken, die in kosmetischen Mitteln verwendete Stoffe auslösen könnten, wird durch die Anwendung der Verordnung (EG) Nr. 1907/2006 des Europäischen Parlaments und des Rates vom 18. Dezember 2006 zur Registrierung, Bewertung, Zulassung und Beschränkung chemischer Stoffe (REACH) und zur Schaffung einer Europäischen Agentur für chemische Stoffe[4] Rechnung getragen, die eine Einschätzung der Umweltsicherheit in sektorenübergreifender Art ermöglicht.

(6) Die Bestimmungen dieser Verordnung beziehen sich nur auf kosmetische Mittel und nicht auf Arzneimittel, Medizinprodukte oder Biozide. Die Abgrenzung ergibt sich insbesondere aus der ausführlichen Definition der kosmetischen Mittel sowohl in Bezug auf die Stellen, an denen diese Mittel angewendet werden, als auch auf die damit verbundene Zweckbestimmung.

(7) Die Feststellung, ob ein Erzeugnis ein kosmetisches Mittel ist, muss auf Grundlage einer Einzelfallbewertung unter Berücksichtigung aller Merkmale des Erzeugnisses getroffen werden. Kosmetische Mittel können unter anderem Cremes, Emulsionen, Lotionen, Gele und Öle für die Hautpflege, Gesichtsmasken, Schminkgrundlagen (Flüssigkeiten, Pasten, Puder), Gesichtspuder, Körperpuder, Fußpuder, Toilettenseifen, desodorierende Seifen, Parfums, Toilettenwässer und Kölnisch Wasser, Bade- und Duschzusätze (Salz, Schaum, Öl, Gel), Haarentfernungsmittel, Desodorantien und schweißhemmende Mittel, Haarfärbungsmittel, Haarwell-, -glättungs- und -frisiermittel, Haarfestigungsmittel, Haarreinigungsmittel (Lotionen, Puder, Shampoos), Haarpflegemittel (Lotionen, Cremes, Öle), Frisierhilfsmittel (Lotionen, Lack, Brillantine), Rasiermittel (einschließlich Vor- und Nachbehandlungsmittel), Schmink- und Abschminkmittel, Lippenpflegemittel und -kosmetika, Zahn- und Mundpflegemittel, Nagelpflegemittel und -kosmetika, Mittel für die äußerliche Intimpflege, Sonnenschutzmittel, Selbstbräunungsmittel, Hautbleichmittel, Antifaltenmittel sein.

(8) Die Kommission sollte diejenigen Kategorien kosmetischer Mittel festlegen, die für die Anwendung dieser Verordnung relevant sind.

(9) Die kosmetischen Mittel sollten bei normalem oder vernünftigerweise voraussehbarem Gebrauch sicher sein. Insbesondere darf dabei eine Nutzen-Risiko-Abwägung kein Risiko für die menschliche Gesundheit rechtfertigen.

(10) Die Aufmachung kosmetischer Mittel und insbesondere ihre Form, ihr Geruch, ihre Farbe, ihr Aussehen, ihre Verpackung, ihre Kennzeichnung, ihr Volumen und ihre Größe sollte die Gesundheit und die Sicherheit der Verbraucher nicht dadurch gefährden, dass sie mit Lebensmitteln verwechselt werden, im Einklang mit der Richtlinie 87/357/EWG des Rates vom 25. Juni 1987 zur Angleichung der Rechtsvorschriften der Mitgliedstaaten für Erzeugnisse, die auf Grund ihrer Verwechselbarkeit die Gesundheit oder die Sicherheit der Verbraucher gefährden[1]

(11) Um die Verantwortlichkeiten eindeutig zu regeln, ist jedes kosmetische Mittel einer in der Gemeinschaft niedergelassenen verantwortlichen Person zuzuordnen.

(12) Durch die Rückverfolgbarkeit eines kosmetischen Mittels über die gesamte Lieferkette hinweg können die Aufgaben der Marktüberwachung einfacher und wirksamer erfüllt werden. Ein wirksames Rückverfolgbarkeitssystem erleichtert den Marktüberwachungsbehörden ihre Aufgabe, Wirtschaftsakteure aufzuspüren.

(13) Es ist notwendig festzulegen, unter welchen Bedingungen ein Händler als verantwortliche Person gilt.

Zu Abs. 5:
[4] ABl. L 396 vom 30.12.2006, S. 1.

Zu Abs. 10:
[1] ABl. L 192 vom 11.7.1987, S. 49.

(14) Alle juristischen oder natürlichen Personen im Großhandel sowie Einzelhändler, die direkt an Verbraucher verkaufen, sind durch Bezugnahme auf den Händler erfasst. Die Verpflichtungen des Händlers sollten deshalb an die jeweilige Rolle und den jeweiligen Anteil der Tätigkeit jedes dieser Akteure angepasst werden.

(15) Der europäische Kosmetiksektor ist einer der von Produktfälschungen betroffenen Wirtschaftszweige, was mit erhöhten Risiken für die menschliche Gesundheit einhergehen kann. Die Mitgliedstaaten sollten der Umsetzung horizontaler gemeinschaftlicher Rechtsvorschriften und Maßnahmen zur Produktfälschung im Bereich der kosmetischen Mittel, z.B. der Verordnung (EG) Nr. 1383/2003 des Rates vom 22. Juli 2003 über das Vorgehen der Zollbehörden gegen Waren, die im Verdacht stehen, bestimmte Rechte geistigen Eigentums zu verletzen, und die Maßnahmen gegenüber Waren, die erkanntermaßen derartige Rechte verletzen[2], und der Richtlinie 2004/48/EG des Europäischen Parlaments und des Rates vom 29. April 2004 zur Durchsetzung der Rechte des geistigen Eigentums[3], besondere Aufmerksamkeit schenken. Die Marktüberwachung stellt ein wirksames Instrument zur Ermittlung von Produkten dar, die die Anforderungen dieser Verordnung nicht erfüllen.

(16) Damit die Sicherheit von in Verkehr gebrachten kosmetischen Mittel gewährleistet ist, müssen sie nach guter Herstellungspraxis hergestellt werden.

(17) Im Interesse einer effektiven Marktüberwachung sollte eine Produktinformationsdatei für die zuständigen Behörden des Mitgliedstaates, in dem sich die Datei befindet, an einer einzigen Stelle innerhalb der Gemeinschaft bereitgehalten werden.

(18) Damit die Ergebnisse nicht klinischer Sicherheitsstudien, die zur Bewertung der Sicherheit eines kosmetischen Mittels durchgeführt werden, vergleichbar und von hoher Qualität sind, müssen diese Ergebnisse den einschlägigen Rechtsvorschriften der Gemeinschaft genügen.

(19) Es sollte genau festgelegt werden, welche Angaben für die zuständigen Behörden zur Verfügung zu halten sind. Diese Angaben sollten alle notwendigen Hinweise über Identität, Qualität, Sicherheit für die menschliche Gesundheit und die angepriesenen Wirkungen des kosmetischen Mittels umfassen. Insbesondere sollte diese Produktinformation einen Sicherheitsbericht für das kosmetische Mittel enthalten, in dem belegt wird, dass eine Sicherheitsbewertung durchgeführt worden ist.

(20) Um die einheitliche Anwendung und Kontrolle der Einschränkungen für Stoffe zu gewährleisten, sollten Probenahme und Analyse auf reproduzierbare und genormte Weise ausgeführt werden.

(21) Der in dieser Verordnung definierte Begriff „Gemisch" sollte die gleiche Bedeutung wie der früher in den Gemeinschaftsvorschriften verwendete Begriff „Zubereitung" haben.

(22) Der zuständigen Behörde sollten zum Zweck einer wirksamen Marktüberwachung bestimmte Angaben über das in Verkehr gebrachte kosmetische Mittel gemeldet werden.

(23) Um bei Schwierigkeiten eine schnelle und angemessene medizinische Behandlung zu ermöglichen, sollten die erforderlichen Angaben über die Produktrezeptur bei den Giftnotrufzentralen und vergleichbaren Einrichtungen eingereicht werden, wenn die Mitgliedstaaten solche Zentralen zu diesem Zweck eingerichtet haben.

(24) Um den Verwaltungsaufwand möglichst gering zu halten, sind die den zuständigen Behörden, Giftnotrufzentralen und vergleichbaren Einrichtungen zu meldenden Informationen für die gesamte Gemeinschaft über eine elektronische Schnittstelle abzugeben.

(25) Um einen reibungslosen Übergang zur neuen elektronischen Schnittstelle zu gewährleisten, sollte es den Wirtschaftsakteuren gestattet sein, die nach dieser Verordnung erforderlichen Auskünfte vor dem Beginn ihrer Anwendung zu erteilen.

(26) Der allgemeine Grundsatz der Verantwortlichkeit des Herstellers oder Importeurs für die Sicherheit des kosmetischen Mittels ist durch Einschränkungen für einige Stoffe in den Anhängen II und III zu unterstützen. Darüber hinaus sollten Stoffe, die für den Gebrauch als Farbstoffe, Konservierungsstoffe und UV-Filter bestimmt sind, für den jeweiligen Gebrauch nur zulässig sein, wenn sie in den Anhängen IV, V bzw. VI aufgeführt sind.

(27) Zur Vermeidung von Zweifelsfällen sollte klar dargelegt werden, dass die Liste zulässiger Farbstoffe in Anhang IV nur solche Stoffe umfasst, deren Färbungswirkung auf Absorption und

---

Zu Abs. 15:
[2] ABl. L 196 vom 2.8.2003, S. 7.
[3] ABl. L 157 vom 30.4.2004, S. 45.

Reflektion, nicht aber auf Fotolumineszenz, Interferenz oder einer chemischen Reaktion beruht.

(28) Zur Berücksichtigung vorgebrachter Sicherheitsbedenken sollte der gegenwärtig auf Hautfärbemittel beschränkte Anhang IV auch auf Haarfärbungsmittel ausgedehnt werden, sobald die Risikobewertung für diese Stoffe von dem durch den Beschluss 2008/721/EG der Kommission vom 5. September 2008 zur Einrichtung einer Beratungsstruktur der Wissenschaftlichen Ausschüsse und Sachverständigen im Bereich Verbrauchersicherheit, öffentliche Gesundheit und Umwelt[1] eingesetzten Wissenschaftlichen Ausschuss „Verbrauchersicherheit" („SCCS") abgeschlossen worden ist. Zu diesem Zweck sollte die Kommission über die Möglichkeit verfügen, Haarfärbungsmittel durch das Ausschussverfahren in den Anwendungsbereich dieses Anhangs einzubeziehen.

(29) Die Verwendung von Nanomaterialien in kosmetischen Mitteln kann mit der Weiterentwicklung der Technologie zunehmen. Um ein hohes Verbraucherschutzniveau, den freien Warenverkehr und die Rechtssicherheit für Hersteller gewährleisten zu können, muss eine einheitliche Definition für Nanomaterialien auf internationaler Ebene erstellt werden. Die Gemeinschaft sollte sich darum bemühen, eine Einigung über eine solche Definition in entsprechenden internationalen Foren herbeizuführen. Sollte eine solche Einigung erzielt werden, sollte die Definition von Nanomaterialien in dieser Verordnung entsprechend angepasst werden.

(30) Gegenwärtig existieren nur unzureichende Informationen über die mit der Verwendung von Nanomaterialien verbundenen Risiken. Um ihre Sicherheit besser bewerten zu können, sollte der SCCS in Zusammenarbeit mit den entsprechenden Einrichtungen Hinweise zu Testmethoden geben, bei denen die spezifischen Merkmale von Nanomaterialien berücksichtigt werden.

(31) Die Kommission sollte die Bestimmungen über Nanomaterialien im Hinblick auf den wissenschaftlichen Fortschritt regelmäßig überprüfen.

(32) Stoffe, die gemäß der Verordnung (EG) Nr. 1272/2008 des Europäischen Parlaments und des Rates vom 16. Dezember 2008 über die Einstufung, Kennzeichnung und Verpackung von Stoffen und Gemischen[2] als karzinogen, mutagen oder reproduktionstoxisch („CMR") der Kategorien 1A, 1B und 2 eingestuft sind, sollten aufgrund ihrer gefährlichen Eigenschaften in kosmetischen Mitteln verboten werden. Da aber eine gefährliche Eigenschaft eines Stoffes nicht unbedingt stets ein Risiko nach sich zieht, sollte die Möglichkeit bestehen, die Verwendung von als CMR-2-Stoffe eingestuften Stoffen zu gestatten, wenn angesichts der Exposition und Konzentration vom SCCS festgestellt worden ist, dass ihre Verwendung in kosmetischen Mitteln sicher ist und sie von der Kommission in den Anhängen dieser Verordnung geregelt werden. Für Stoffe der Kategorien CMR 1A oder 1B sollte die Möglichkeit bestehen, sie in Ausnahmefällen in kosmetischen Mitteln zu verwenden, wenn diese Stoffe die Anforderungen an die Lebensmittelsicherheit erfüllen, auch weil sie unter natürlichen Bedingungen in Nahrungsmitteln vorkommen, keine geeigneten Ersatzstoffe vorhanden sind und ihre Verwendung vom SCCS für sicher befunden worden ist. Sofern diese Bedingungen erfüllt sind, sollte die Kommission die entsprechenden Anhänge dieser Verordnung innerhalb von 15 Monaten nach der Einstufung von Stoffen als CMR 1A oder 1B gemäß der Verordnung (EG) Nr. 1272/2008 ändern. Derartige Stoffe sollten vom SCCS fortlaufend überprüft werden.

(33) Bei einer Sicherheitsbewertung der Stoffe, insbesondere der Stoffe der Kategorien CMR-1A oder 1B, sollte die Gesamtexposition gegenüber solchen Stoffen aus allen Quellen berücksichtigt werden. Gleichzeitig ist es für die mit der Erstellung von Sicherheitsbewertungen betrauten Personen von wesentlicher Bedeutung, dass eine harmonisierte Vorgehensweise bezüglich der Entwicklung und Nutzung solcher Gesamtexpositionsschätzungen existiert. Aus diesem Grund sollte die Kommission in enger Zusammenarbeit mit dem SCCS, der Europäischen Chemikalienagentur (ECHA), der Europäischen Agentur für Lebensmittelsicherheit (EFSA) und anderen Beteiligten unverzüglich eine Überprüfung durchführen und Leitlinien für die Erstellung und Verwendung von Gesamtexpositionsschätzungen für diese Stoffe erarbeiten.

(34) Bei seiner Bewertung der Verwendung von als Stoffe der Kategorien CMR- 1A und 1B in kosmetischen Mitteln sollte der SCCS die Exposition von schutzbedürftigen Bevölkerungsgruppen, wie Kinder unter drei Jahren, älteren Menschen, Schwangeren und stillenden Frauen sowie Personen mit eingeschränkter Immunreaktion gegenüber diesen Stoffen berücksichtigen.

(35) Der SCCS sollte gegebenenfalls Stellungnahmen zur Sicherheit der Verwendung von Nanomaterialien in kosmetischen Mitteln abgeben. Diese Stellungnahmen sollten sich auf um-

---

Zu Abs. 28:
[1] *ABl. L 241 vom 10.9.2008, S. 21.*
Zu Abs. 32:
[2] *ABl. L 353 vom 31.12.2008, S. 1.*

fassende Informationen, die von der verantwortlichen Person zur Verfügung gestellt werden, stützen.

(36) Maßnahmen der Kommission und der Mitgliedstaaten in Bezug auf die Gesundheit von Menschen sollten auf dem Vorsorgeprinzip beruhen.

(37) Zwecks Gewährleistung der Produktsicherheit sollten verbotene Stoffe nur dann in Spuren zulässig sein, wenn dies unter guten Herstellungspraktiken technisch unvermeidlich und das kosmetische Mittel sicher ist.

(38) Das dem Vertrag beigefügte Protokoll über den Tierschutz und das Wohlergehen der Tiere sieht vor, dass die Gemeinschaft und die Mitgliedstaaten bei der Durchführung der Politik der Gemeinschaft, insbesondere im Bereich des Binnenmarkts, dem Wohlergehen der Tiere in vollem Umfang Rechnung zu tragen haben.

(39) In der Richtlinie 86/609/EWG des Rates vom 24. November 1986 zur Annäherung der Rechts- und Verwaltungsvorschriften der Mitgliedstaaten zum Schutz der für Versuche und andere wissenschaftliche Zwecke verwendeten Tiere[1)] wurden gemeinsame Regeln für die Verwendung von Tieren zu Versuchszwecken in der Gemeinschaft aufgestellt und die Bedingungen festgelegt, unter denen diese Versuche im Staatsgebiet der Mitgliedstaaten durchgeführt werden müssen. Insbesondere dürfen gemäß Artikel 7 dieser Richtlinie keine Tierversuche durchgeführt werden, wenn wissenschaftlich zufrieden stellende Alternativen zur Verfügung stehen.

(40) Es besteht die Möglichkeit, die Sicherheit kosmetischer Mittel und ihrer Bestandteile mit alternativen Methoden zu gewährleisten, die nicht zwangsläufig auf alle Verwendungsmöglichkeiten chemischer Bestandteile anwendbar sind. Daher sollte der Einsatz dieser Methoden in der gesamten Kosmetikindustrie gefördert und die Übernahme dieser Methoden auf Gemeinschaftsebene sichergestellt werden, wenn sie den Verbrauchern ein gleichwertiges Schutzniveau bieten.

(41) Es ist inzwischen möglich, die Sicherheit kosmetischer Fertigerzeugnisse aufgrund des Wissens über die Sicherheit der darin enthaltenen Bestandteile zu garantieren. Folglich sollte ein Verbot von Tierversuchen für kosmetische Fertigerzeugnisse vorgesehen werden. Den Einsatz sowohl von Testmethoden als auch von Verfahren zur Bewertung einschlägiger verfügbarer Daten, einschließlich der Verwendung eines Übertragungs- und Beweiskraftkonzepts, mit denen sich Tierversuche zur Bewertung der Sicherheit kosmetischer Fertigerzeugnisse vermeiden lassen, insbesondere durch kleine und mittlere Unternehmen, könnten Leitlinien der Kommission vereinfachen.

(42) Es wird zunehmend möglich sein, die Sicherheit der in kosmetischen Mitteln verwendeten Bestandteile durch die Verwendung der vom Europäischen Zentrum zur Validierung alternativer Methoden (EZVAM) auf Gemeinschaftsebene validierten oder als wissenschaftlich validiert anerkannten tierversuchsfreien Alternativmethoden zu gewährleisten, unter gebührender Berücksichtigung der Entwicklung der Validierung innerhalb der Organisation für wirtschaftliche Zusammenarbeit und Entwicklung (OECD). Nach Anhörung des SCCS zur Anwendbarkeit der validierten alternativen Methoden auf den Bereich der kosmetischen Mittel sollte die Kommission unverzüglich die als auf solche Bestandteile anwendbar anerkannten validierten oder gebilligten Methoden veröffentlichen. Um ein Höchstmaß an Schutz für die Tiere zu erreichen, sollte eine Frist für die Einführung eines endgültigen Verbots festgesetzt werden.

(43) Die Kommission hat Zeitpläne mit Fristen zum Verbot des Inverkehrbringens von kosmetischen Mitteln, deren endgültige Zusammensetzung, Bestandteile oder Kombinationen von Bestandteilen mit Tierversuchen getestet wurden, und zum Verbot jedes derzeit durchgeführten Tests mit Tierversuchen bis zum 11. März 2009 festgelegt. Angesichts der Tests, die die Toxizität bei wiederholter Verabreichung, die Reproduktionstoxizität und die Toxikokinetik betreffen, ist es jedoch angemessen, dass die Frist für das Verbot des Inverkehrbringens von kosmetischen Mitteln, für die diese Tests genutzt werden, bis zum 11. März 2013 dauert. Auf der Grundlage jährlicher Berichte sollte der Kommission gestattet werden, die Zeitpläne innerhalb der genannten Höchstfrist anzupassen.

(44) Eine bessere Koordinierung der Ressourcen auf Gemeinschaftsebene wird zu einem Ausbau der wissenschaftlichen Kenntnisse beitragen, die für die Entwicklung alternativer Methoden unerlässlich sind. In diesem Zusammenhang ist es von größter Bedeutung, dass die Gemeinschaft ihre Bemühungen fortsetzt und verstärkt und dass sie insbesondere in ihren Forschungsrahmenprogrammen die erforderlichen Maßnahmen trifft, um die Forschung und Entwicklung neuer tierversuchsfreier alternativer Methoden zu fördern.

Zu Abs. 39:
[1)] ABl. L 358 vom 18.12.1986, S. 1.

(45) Die Anerkennung der in der Gemeinschaft entwickelten alternativen Versuchsmethoden durch Drittländer sollte gefördert werden. Zu diesem Zweck sollten die Kommission und die Mitgliedstaaten alle geeigneten Schritte unternehmen, um die Anerkennung dieser Methoden durch die OECD zu erleichtern. Ferner sollte sich die Kommission darum bemühen, im Rahmen der Kooperationsabkommen der Europäischen Gemeinschaft die Anerkennung der in der Gemeinschaft mit alternativen Methoden durchgeführten Sicherheitsprüfungen zu erwirken, damit die Ausfuhr der nach diesen Verfahren getesteten kosmetischen Erzeugnisse nicht behindert wird, und um zu vermeiden, dass Drittländer eine Wiederholung dieser Versuche unter Verwendung von Tieren verlangen.

(46) Es ist eine größere Transparenz nötig hinsichtlich der Bestandteile kosmetischer Mittel. Diese Transparenz sollte durch Deklaration der in dem kosmetischen Mittel enthaltenen Bestandteile auf der Verpackung erreicht werden. Sollte es aus praktischen Gründen nicht möglich sein, diese Bestandteile auf der Verpackung aufzuführen, so sollten diese Angaben dem Erzeugnis in der Weise beigefügt werden, dass die Unterrichtung des Verbrauchers gewährleistet ist.

(47) Die Kommission sollte ein Glossar der gemeinsamen Bezeichnungen der Bestandteile zusammenstellen, um eine einheitliche Kennzeichnung sicherzustellen und die Ermittlung der Bestandteile kosmetischer Mittel zu erleichtern. Dieses Glossar sollte keine abschließende Aufzählung der in kosmetischen Mitteln verwendeten Stoffe darstellen.

(48) Zur Information der Verbraucher sollten kosmetische Mittel mit genauen und leicht verständlichen Angaben zu ihrer Haltbarkeit versehen werden. Da den Verbrauchern das Datum, bis zu dem das kosmetische Mittel seine ursprüngliche Funktion erfüllt und sicher ist, bekannt gegeben werden sollte, ist es wichtig, das Mindesthaltbarkeitsdatum zu kennen, d.h. das Datum, bis zu dem das kosmetische Mittel aufgebraucht werden sollte. Beträgt die Mindesthaltbarkeit mehr als 30 Monate, sollte der Verbraucher darüber informiert werden, in welchem Zeitraum nach der Öffnung das kosmetische Mittel ohne Schaden für den Verbraucher benutzt werden kann. Diese Anforderung sollte allerdings nicht gelten, wenn das Konzept der Haltbarkeit nach Öffnung nicht relevant ist, d.h. bei kosmetischen Mitteln, die nur einmal benutzt werden, bei Mitteln, bei denen keine Gefahr des Verderbs besteht, oder bei Mitteln, die nicht geöffnet werden.

(49) Bei einer Reihe von Stoffen hat der SCCS festgestellt, dass sie allergische Reaktionen auslösen können, so dass es erforderlich ist, deren Verwendung einzuschränken und/oder bestimmte Bedingungen an die Verwendung dieser Stoffe zu knüpfen. Um sicherzustellen, dass Verbraucher angemessen informiert werden, ist das Vorhandensein dieser Stoffe auf der Liste der Bestandteile anzugeben, und die Verbraucher sollten auf das Vorhandensein dieser Bestandteile aufmerksam gemacht werden. Diese Information soll die Diagnose von Kontaktallergien bei diesen Verbrauchern verbessern und ihnen ermöglichen, die für sie unverträglichen kosmetischen Mittel zu meiden. Für Stoffe, die bei einem beträchtlichen Teil der Bevölkerung Allergien auslösen können, sollten andere restriktive Maßnahmen, wie etwa ein Verbot oder eine Beschränkung der Konzentration, in Betracht gezogen werden.

(50) Es sollte möglich sein, dass in die Sicherheitsbewertung eines kosmetischen Mittels Ergebnisse von Risikobewertungen einfließen, die bereits in anderen einschlägigen Bereichen vorgenommen wurden. Die Verwendung solcher Daten sollte ordnungsgemäß belegt und begründet werden.

(51) Die Verbraucher sollten vor irreführenden Werbeaussagen über die Wirksamkeit und andere Eigenschaften kosmetischer Mittel geschützt werden. Insbesondere gilt die Richtlinie 2005/29/EG des Europäischen Parlaments und des Rates vom 11. Mai 2005 über unlautere Geschäftspraktiken im binnenmarktinternen Geschäftsverkehr zwischen Unternehmen und Verbrauchern[1]. Darüber hinaus sollte die Kommission in Zusammenarbeit mit den Mitgliedstaaten gemeinsame Kriterien für bestimmte Werbeaussagen über kosmetische Mittel festlegen.

(52) Es sollte möglich sein, bei einem kosmetischen Mittel damit zu werben, dass bei seiner Entwicklung keine Tierversuche durchgeführt wurden. Die Kommission hat in Absprache mit den Mitgliedstaaten Leitlinien erarbeitet, um sicherzustellen, dass gemeinsame Kriterien für die Verwendung solcher Werbeaussagen gelten, dass diese Werbeaussagen einheitlich interpretiert werden und insbesondere dass solche Werbeaussagen den Verbraucher nicht in die Irre führen. Bei der Erarbeitung solcher Leitlinien hat die Kommission auch die Meinung der vielen kleinen und mittleren Unternehmen, die die Mehrheit der Hersteller mit tierversuchsfreien Methoden ausmachen, und von relevanten Nichtregierungsorganisationen sowie das Bedürfnis der Verbraucher

---

Zu Abs. 51:
[1] ABl. L 149 vom 11.6.2005, S. 22.

berücksichtigt, praktische Unterscheidungen zwischen den Produkten auf der Grundlage des Kriteriums der Tierversuche treffen zu können.

(53) Zusätzlich zu den auf dem Etikett angegebenen Informationen sollten die Verbraucher auch die Möglichkeit haben, bei der verantwortlichen Person bestimmte produktbezogene Auskünfte einzuholen, um ihre Produktauswahl wohlinformiert treffen zu können.

(54) Es ist eine wirksame Marktüberwachung erforderlich, um sicherzustellen, dass die Vorschriften dieser Verordnung beachtet werden. Zu diesem Zweck sollten ernste unerwünschte Wirkungen gemeldet werden, und die zuständigen Behörden sollten die Möglichkeit haben, von der verantwortlichen Person eine Liste derjenigen kosmetischen Mittel zu verlangen, die Stoffe enthalten, welche hinsichtlich ihrer Sicherheit zu ernsten Zweifeln Anlass gegeben haben.

(55) Diese Verordnung berührt nicht die Möglichkeit der Mitgliedstaaten, unter Einhaltung des Gemeinschaftsrechts die Meldung ernster unerwünschter Wirkungen durch Angehörige der Gesundheitsberufe oder Verbraucher an die zuständigen Behörden der Mitgliedstaaten zu regeln.

(56) Diese Verordnung berührt nicht die Möglichkeit der Mitgliedstaaten, unter Einhaltung des Gemeinschaftsrechts die Geschäftsaufnahme von Wirtschaftsakteuren im Bereich kosmetischer Mittel zu regeln.

(57) Für den Fall der Nichteinhaltung dieser Verordnung ist unter Umständen ein klares und effizientes Verfahren für die Rücknahme und den Rückruf kosmetischer Mittel erforderlich. Dieses Verfahren sollte nach Möglichkeit auf bestehenden Regeln der Gemeinschaft für unsichere Güter aufbauen.

(58) Für Fälle von kosmetischen Mitteln, die sich als für die menschliche Gesundheit schädlich erweisen, obgleich sie den Vorschriften dieser Verordnung entsprechen, sollte ein Schutzklauselverfahren eingeführt werden.

(59) Die Kommission sollte Angaben zur einheitlichen Auslegung und Anwendung des Begriffs der ernsten Risiken zur Verfügung stellen, um die kohärente Anwendung dieser Verordnung zu erleichtern.

(60) Im Einklang mit den Grundsätzen guten Verwaltungshandelns sollte jede Entscheidung einer zuständigen Behörde im Rahmen der Marktüberwachung ordnungsgemäß begründet werden.

(61) Um eine effiziente Marktüberwachung zu gewährleisten, ist eine enge Verwaltungszusammenarbeit zwischen den zuständigen Behörden erforderlich. Dies betrifft insbesondere die gegenseitige Unterstützung bei der Überprüfung von Produktinformationsdateien, die sich in einem anderen Mitgliedstaat befinden.

(62) Die Kommission sollte vom SCCS unterstützt werden, einem unabhängigen Gremium für die Risikobewertung.

(63) Die für die Durchführung dieser Verordnung erforderlichen Maßnahmen sollten gemäß dem Beschluss 1999/468/EG des Rates vom 28. Juni 1999 zur Festlegung der Modalitäten für die Ausübung der der Kommission übertragenen Durchführungsbefugnisse[2] erlassen werden.

(64) Insbesondere sollte die Kommission die Befugnis erhalten, die Anhänge dieser Verordnung an den technischen Fortschritt anzupassen. Da es sich hierbei um Maßnahmen von allgemeiner Tragweite handelt, die eine Änderung nicht wesentlicher Bestimmungen dieser Verordnung bewirken, sind diese Maßnahmen nach dem Regelungsverfahren mit Kontrolle gemäß Artikel 5a des Beschlusses 1999/468/EG zu erlassen.

(65) Können aus Gründen äußerster Dringlichkeit die Fristen, die normalerweise im Rahmen des Regelungsverfahrens mit Kontrolle Anwendung finden, nicht eingehalten werden, so sollte die Kommission die Möglichkeit haben, das Dringlichkeitsverfahren des Artikels 5a Absatz 6 des Beschlusses 1999/468/EG für die Annahme bestimmter Maßnahmen im Zusammenhang mit CMR-Stoffen, Nanomaterialien und potentiellen Gefahren für die menschliche Gesundheit anzuwenden.

(66) Die Mitgliedstaaten sollten Strafvorschriften für Verstöße gegen Bestimmungen dieser Verordnung erlassen und deren Vollzug sicherstellen. Diese Sanktionen sollten wirksam, angemessen und abschreckend sein.

(67) Sowohl die Wirtschaftsteilnehmer als auch die Mitgliedstaaten und die Kommission benötigen ausreichend Zeit, um sich an die mit dieser Verordnung eingeführten Veränderungen anpassen zu können. Deshalb ist es zweckmäßig, eine ausreichend lange Übergangsfrist für diese Anpas-

---

Zu Abs. 63:
[2] *ABl. L 184 vom 17.7.1999, S. 23.*

sung vorzusehen. Um einen reibungslosen Übergang sicherzustellen, sollte allerdings den Wirtschaftsakteuren gestattet werden, kosmetische Mittel, die dieser Verordnung entsprechen, vor Ablauf dieser Übergangsfrist in Verkehr zu bringen.

(68) Um die Sicherheit kosmetischer Mittel und die Marktüberwachung zu erhöhen, sollten kosmetische Mittel, die nach dem Beginn der Anwendung dieser Verordnung in Verkehr gebracht werden, ihren Verpflichtungen hinsichtlich Sicherheitsbewertung, Produktinformationsdatei und Meldung entsprechen, selbst wenn ähnliche Verpflichtungen bereits nach der Richtlinie 76/768/EWG erfüllt wurden.

(69) Die Richtlinie 76/768/EWG sollte aufgehoben werden. Um bei Schwierigkeiten eine angemessene medizinische Behandlung zu ermöglichen und die Marktüberwachung sicherzustellen, sollten allerdings die gemäß Artikel 7 Absatz 3 und Artikel 7a Absatz 4 der Richtlinie 76/768/EWG eingegangenen Informationen zu kosmetischen Mitteln von den zuständigen Behörden für einen gewissen Zeitraum aufbewahrt werden, und die von der verantwortlichen Person aufbewahrten Informationen sollten während desselben Zeitraums weiterhin verfügbar sein.

(70) Diese Verordnung berührt nicht die Pflichten der Mitgliedstaaten hinsichtlich der in Anhang IX Teil B genannten Fristen für die Umsetzung der Richtlinien in einzelstaatliches Recht.

(71) Da das Ziel dieser Verordnung, nämlich die Verwirklichung des Binnenmarkts und ein hohes Gesundheitsschutzniveau durch vorschriftsmäßige kosmetische Mittel, auf der Ebene der Mitgliedstaaten nicht ausreichend verwirklicht werden kann und wegen des Umfangs und der Wirkungen der vorgeschlagenen Maßnahmen besser auf Gemeinschaftsebene zu verwirklichen ist, kann die Gemeinschaft im Einklang mit dem in Artikel 5 des Vertrags niedergelegten Subsidiaritätsprinzip tätig werden. Entsprechend dem in demselben Artikel genannten Verhältnismäßigkeitsgrundsatz geht diese Verordnung nicht über das zur Erreichung dieses Ziels erforderliche Maß hinaus –

HABEN FOLGENDE VERORDNUNG ERLASSEN:

KAPITEL I
GELTUNGSBEREICH, BEGRIFFSBESTIMMUNGEN

Artikel 1
Gegenstand und Zielsetzung

Mit dieser Verordnung werden Regeln aufgestellt, die jedes auf dem Markt bereitgestellte kosmetische Mittel erfüllen muss, um das Funktionieren des Binnenmarktes und ein hohes Gesundheitsschutzniveau zu gewährleisten.

Artikel 2
Begriffsbestimmungen

(1) Im Sinne dieser Verordnung gelten folgende Begriffsbestimmungen:

a) „kosmetisches Mittel": Stoffe oder Gemische, die dazu bestimmt sind, äußerlich mit den Teilen des menschlichen Körpers (Haut, Behaarungssystem, Nägel, Lippen und äußere intime Regionen) oder mit den Zähnen und den Schleimhäuten der Mundhöhle in Berührung zu kommen, und zwar zu dem ausschließlichen oder überwiegenden Zweck, diese zu reinigen, zu parfümieren, ihr Aussehen zu verändern, sie zu schützen, sie in gutem Zustand zu halten oder den Körpergeruch zu beeinflussen;

b) „Stoff": ein chemisches Element und seine Verbindungen in natürlicher Form oder gewonnen durch ein Herstellungsverfahren, einschließlich der zur Wahrung seiner Stabilität notwendigen Zusatzstoffe und der durch das angewandte Verfahren bedingten Verunreinigungen, aber mit Ausnahme von Lösungsmitteln, die von dem Stoff ohne Beeinträchtigung seiner Stabilität und ohne Änderung seiner Zusammensetzung abgetrennt werden können;

c) „Gemisch": Gemische oder Lösungen, die aus zwei oder mehr Stoffen bestehen;

d) „Hersteller": jede natürliche oder juristische Person, die ein kosmetisches Mittel herstellt bzw. entwickeln oder herstellen lässt und es unter ihrem eigenen Namen oder ihrer eigenen Marke in Verkehr bringt;

e) „Händler": jede natürliche oder juristische Person in der Lieferkette, die ein kosmetisches Mittel auf dem Gemeinschaftsmarkt bereitstellt, mit Ausnahme des Herstellers oder des Importeurs;

f) „Endverbraucher": entweder ein Verbraucher, der das kosmetische Mittel verwendet, oder eine Person, die das kosmetische Mittel beruflich verwendet;

g) „Bereitstellung auf dem Markt": jede entgeltliche oder unentgeltliche Abgabe eines kosmetischen Mittels zum Vertrieb, Verbrauch oder zur Verwendung auf dem Gemeinschaftsmarkt im Rahmen einer gewerblichen Tätigkeit;

h) „Inverkehrbringen": die erstmalige Bereitstellung eines kosmetischen Mittels auf dem Gemeinschaftsmarkt;

i) „Importeur": jede in der Gemeinschaft ansässige natürliche oder juristische Person, die ein kosmetisches Mittel aus einem Drittstaat auf dem Gemeinschaftsmarkt in Verkehr bringt;

j) „harmonisierte Norm": eine Norm, die auf der Grundlage eines Ersuchens der Kommission gemäß Artikel 6 der Richtlinie 98/34/EG des Europäischen Parlaments und des Rates vom 22. Juni 1998 über ein Informationsverfahren auf dem Gebiet der Normen und technischen Vorschriften und der Vorschriften für die Dienste der Informationsgesellschaft[1)] von einem der Europäischen Normungsgremien angenommen worden ist, die in Anhang I jener Richtlinie aufgeführt sind;

k) „Nanomaterial": ein unlösliches oder biologisch beständiges und absichtlich hergestelltes Material mit einer oder mehreren äußeren Abmessungen oder einer inneren Struktur in einer Größenordnung von 1 bis 100 Nanometern;

l) „Konservierungsstoffe": Stoffe, die in kosmetischen Mitteln ausschließlich oder überwiegend die Entwicklung von Mikroorganismen hemmen sollen;

m) „Farbstoffe": Stoffe, die ausschließlich oder überwiegend dazu bestimmt sind, das kosmetische Mittel, den Körper als Ganzes oder bestimmte Körperteile durch Absorption oder Reflexion des sichtbaren Lichts zu färben; des Weiteren gelten auch die Vorstufen oxidativer Haarfärbestoffe als Farbstoffe;

n) „UV-Filter": Stoffe, die ausschließlich oder überwiegend dazu bestimmt sind, die Haut durch Absorption, Reflexion oder Streuung bestimmter UV-Strahlung gegen bestimmte UV-Strahlung zu schützen;

o) „unerwünschte Wirkung": eine negative Auswirkung auf die menschliche Gesundheit, die auf den normalen oder vernünftigerweise vorhersehbaren Gebrauch eines kosmetischen Mittels zurückführbar ist;

p) „ernste unerwünschte Wirkung": eine unerwünschte Wirkung, die zu vorübergehender oder dauerhafter Funktionseinschränkung, Behinderung, einem Krankenhausaufenthalt, angeborenen Anomalien, unmittelbarer Lebensgefahr oder zum Tod führt;

q) „Rücknahme": jede Maßnahme, mit der verhindert werden soll, dass ein kosmetisches Mittel in der Lieferkette auf dem Markt bereitgestellt wird;

r) „Rückruf": jede Maßnahme, die auf die Rückgabe eines dem Endverbraucher bereits bereitgestellten kosmetischen Mittels abzielt;

s) „Rahmenrezeptur": eine Rezeptur, in der die Kategorie oder Funktion der Bestandteile und ihre Höchstkonzentration im kosmetischen Mittel aufgeführt ist oder die relevante quantitative und qualitative Angaben enthält, falls ein kosmetisches Mittel von einer solchen Rezeptur nur teilweise oder gar nicht abgedeckt ist. Die Kommission stellt ein System zur Verfügung, das die Erstellung einer Rahmenrezeptur ermöglicht, und passt sie regelmäßig an den technischen und wissenschaftlichen Fortschritt an.

(2) Im Sinne von Absatz 1 Buchstabe a gelten Stoffe oder Gemische, die dazu bestimmt sind, eingenommen, eingeatmet, injiziert oder in den menschlichen Körper implantiert zu werden, nicht als kosmetische Mittel.

(3) Angesichts der unterschiedlichen Definitionen verschiedener Institutionen für den Begriff „Nanomaterialien" passt die Kommission unter Berücksichtigung der laufenden technischen und wissenschaftlichen Entwicklungen im Bereich der Nanotechnologie Absatz 1 Buchstabe k an den technischen und wissenschaftlichen Fortschritt und an die in weiterer Folge später auf internationaler Ebene vereinbarten Definitionen an. Diese Maßnahmen zur Änderung nicht wesentlicher Bestimmungen dieser Verordnung werden gemäß dem in Artikel 32 Absatz 3 genannten Regelungsverfahren mit Kontrolle erlassen.

(4) Auf Ersuchen eines Mitgliedstaats oder auf eigene Initiative kann die Kommission die erforderlichen Maßnahmen ergreifen, um zu bestimmen, ob ein spezielles Produkt oder eine spezielle Gruppe von Produkten unter die Definition „kosmetisches Mittel" fällt oder nicht. Diese Maßnahmen werden gemäß dem in Artikel 32 Absatz 2 genannten Regelungsverfahren erlassen. *(ABl L 117 vom 5. 05. 2017, S. 1)*

KAPITEL II

SICHERHEIT, VERANTWORTUNG, FREIER WARENVERKEHR

Artikel 3
Sicherheit

Die auf dem Markt bereitgestellten kosmetischen Mittel müssen bei normaler oder vernünftigerweise vorhersehbarer Verwendung für die menschliche Gesundheit sicher sein, insbesondere unter Berücksichtigung folgender Punkte:

a) Aufmachung, einschließlich Übereinstimmung mit der Richtlinie 87/357/EWG;

b) Kennzeichung;

c) Gebrauchs- und Entsorgungsanweisungen;

Zu Artikel 2:
[1)] *ABl. L 204 vom 21.7.1998, S. 37.*

d) alle sonstigen Angaben oder Informationen seitens der in Artikel 4 näher bezeichneten verantwortlichen Person.

Die Anbringung von Warnhinweisen entbindet die in den Artikeln 2 und 4 näher bezeichneten Personen nicht von der Verpflichtung, die übrigen Anforderungen dieser Verordnung zu beachten.

Artikel 4
Verantwortliche Person

(1) Nur kosmetische Mittel, für die eine juristische oder natürliche Person innerhalb des Gemeinschaftsgebiets als „verantwortliche Person" benannt wurde, dürfen in Verkehr gebracht werden.

(2) Für jedes in Verkehr gebrachte kosmetische Mittel gewährleistet die verantwortliche Person die Einhaltung der in dieser Verordnung aufgeführten einschlägigen Verpflichtungen.

(3) Die verantwortliche Person für ein innerhalb der Gemeinschaft hergestelltes kosmetisches Mittel, das anschließend nicht ausgeführt und wieder in die Gemeinschaft eingeführt wird, ist der in der Gemeinschaft ansässige Hersteller.
Der Hersteller kann durch ein schriftliches Mandat eine in der Gemeinschaft ansässige Person als verantwortliche Person benennen, die das Mandat schriftlich annimmt.

(4) Ist der Hersteller eines innerhalb der Gemeinschaft hergestellten kosmetischen Mittels, das anschließend nicht ausgeführt und wieder in die Gemeinschaft eingeführt wird, außerhalb der Gemeinschaft ansässig, so benennt er durch ein schriftliches Mandat eine in der Gemeinschaft ansässige Person als verantwortlichePerson, die das Mandat schriftlich annimmt.

(5) Für ein importiertes kosmetisches Mittel ist jedenfalls der Importeur die verantwortliche Person für das spezifische kosmetische Mittel, das er in Verkehr bringt.
Der Importeur kann durch ein schriftliches Mandat eine innerhalb der Gemeinschaft ansässige Person als verantwortliche Person benennen, die das Mandat schriftlich annimmt.

(6) Der Händler ist die verantwortliche Person, wenn er ein kosmetisches Mittel unter seinem eigenen Namen und seiner eigenen Marke in Verkehr bringt oder ein Produkt, das sich bereits in Verkehr befindet, so ändert, dass die Einhaltung der geltendenAnforderungen berührt sein kann.

Die Übersetzung von Informationen im Zusammenhang mit einem kosmetischen Mittel, das bereits in Verkehr gebracht wurde, gilt nicht als Änderung dieses Produkts dahingehend, dass die Einhaltung der geltenden Anforderungen dieser Verordnung berührt sein könnte.

Artikel 5
Verpflichtungen von verantwortlichen Personen

(1) Verantwortliche Personen sorgen dafür, dass die Artikel 3, 8, 10, 11, 12, 13, 14, 15, 16, 17, 18, Artikel 19 Absätze 1, 2 und 5 sowie die Artikel 20, 21, 23 und 24 eingehalten werden.

(2) Verantwortliche Personen, die der Auffassung sind oder Grund zu der Annahme haben, dass ein von ihnen in Verkehr gebrachtes kosmetisches Mittel nicht dieser Verordnung entspricht, ergreifen unverzüglich die erforderlichen Korrekturmaßnahmen, um die Konformität dieses Produkts herzustellen oder es gegebenenfalls vom Markt zu nehmen oder zurückzurufen.
Wenn das kosmetische Mittel ein Risiko für die menschliche Gesundheit darstellt, informieren die verantwortlichen Personenaußerdem unverzüglich die zuständigen nationalen Behörden der Mitgliedstaaten, in denen sie das Mittel auf dem Markt bereitgestellt haben, und des Mitgliedstaats, in denen die Produktinformationsdatei leicht zugänglich ist; dabei machen sie ausführliche Angaben, insbesondere über die Nichtkonformität und die ergriffenen Korrekturmaßnahmen.

(3) Die verantwortlichen Personen kooperieren mit diesen Behörden auf deren Verlangen bei allen Maßnahmen zur Beseitigung von Risiken, die von kosmetischen Mitteln ausgehen, die sie auf dem Markt bereitgestellt haben. Insbesondere händigen die verantwortlichen Personen der zuständigen nationalen Behörde auf deren begründetes Verlangen alle Informationen und Unterlagen, die für den Nachweis der Konformität spezifischer Aspekte des Produkts erforderlich sind, in einer Sprache aus, die für diese Behörde leicht verständlich ist.

Artikel 6
Verpflichtungen der Händler

(1) Im Rahmen ihrer Tätigkeiten berücksichtigen die Händler die geltenden Anforderungen mit der gebührenden Sorgfalt, wenn sie ein kosmetisches Mittel in Verkehr bringen.

(2) Bevor sie ein kosmetisches Mittel auf dem Markt bereitstellen, überprüfen die Händler, ob

– die Kennzeichnungsinformationen gemäß Artikel 19 Absatz 1 Buchstaben a, e und g sowie Artikel 19 Absätze 3 und 4 vorliegen,

– der Sprachanforderungen gemäß Artikel 19 Absatz 5 genügt wird,

– gegebenenfalls das Mindesthaltbarkeitsdatum nach Artikel 19 Absatz 1 nicht abgelaufen ist.

(3) Sind Händler der Auffassung oder haben sie Grund zu der Annahme, dass

– ein kosmetisches Mittel nicht den Anforderungen dieser Verordnung genügt, stellen sie das kosmetische Mittel so lange nicht auf dem Markt bereit, bis es mit den geltenden Anforderungen in Übereinstimmung gebracht wurde;

– ein von ihnen auf dem Markt bereitgestelltes kosmetisches Mittel nicht dieser Verordnung entspricht, stellen sie sicher, dass die erforderlichen Korrekturmaßnahmen ergriffen werden, um die Konformität dieses Mittels herzustellen oder es gegebenenfalls vom Markt zu nehmen und zurückzurufen.

Außerdem unterrichten die Händler, wenn von dem kosmetischen Mittel ein Risiko ausgeht, unverzüglich die verantwortlichePerson und die zuständigen nationalen Behörden der Mitgliedstaaten, in denen sie das Produkt auf dem Markt bereitgestellt haben, darüber und machen dabei ausführliche Angaben, insbesondere über die Nichtkonformität und die ergriffenen Korrekturmaßnahmen.

(4) Solange sich ein kosmetisches Mittel in ihrer Verantwortung befindet, gewährleiste die Händler, dass die Lagerungs- oder Transportbedingungen die Übereinstimmung des Produkts mit den Anforderungen dieser Verordnung nicht beeinträchtigen.

(5) Die Händler kooperieren mit den zuständigen Behörden auf deren Verlangen bei allen Maßnahmen zur Abwendung der Risiken, die mit Produkten verbunden sind, die sie auf dem Markt bereitgestellt haben. Insbesondere stellen sie Händler der zuständigen nationalen Behörde auf deren begründetes Verlangen alle Informationen und Unterlagen in einer Sprache, die von dieser zuständigen nationalen Behörde leicht verstanden werden kann, bereit, die für den Nachweis der Konformität des Produkts mit den in Absatz 2 aufgeführten Anforderungen erforderlich sind.

Artikel 7
Identifizierung innerhalb der Lieferkette

Auf Anforderung der zuständigen Behörden:

– identifizieren die verantwortlichen Personen diejenigen Händler, an die sie das kosmetische Mittel liefern;

– identifiziert der Händler diejenigen Händler bzw. verantwortlichen Personen, von denen – und die Händler, an die – das kosmetische Mittel bezogen bzw. geliefert wurde.

Diese Verpflichtung gilt innerhalb eines Zeitraums von drei Jahren nach dem Zeitpunkt, in dem die Charge des kosmetischen Mittels dem Händler zur Verfügung gestellt wurde.

Artikel 8
Gute Herstellungspraxis

(1) Die Herstellung kosmetischer Mittel erfolgt im Einklang mit der guten Herstellungspraxis, um die Erreichung der Zielsetzungen von Artikel 1 zu gewährleisten.

(2) Die Einhaltung der guten Herstellungspraxis wird vermutet, wenn die Herstellung gemäß den einschlägigen harmonisierten Normen erfolgt, deren Fundstellen im Amtsblatt der Europäischen Union veröffentlicht worden sind.

Artikel 9
Freier Warenverkehr

Die Mitgliedstaaten dürfen das Bereitstellen von kosmetischen Mitteln auf dem Markt nicht auf Grund der in dieser Verordnung enthaltenen Anforderungen ablehnen, verbieten oder beschränken, wenn die kosmetischen Mittel den Bestimmungen dieser Verordnung entsprechen.

KAPITEL III
SICHERHEITSBEWERTUNG, PRODUKTINFORMATIONSDATEI, NOTIFIZIERUNG

Artikel 10
Sicherheitsbewertung

(1) Zum Nachweis der Konformität des kosmetischen Mittels mit Artikel 3 stellt die verantwortliche Person vor dem Inverkehrbringen eines kosmetischen Mittels sicher, dass das kosmetische Mittel eine Sicherheitsbewertung auf der Grundlage der maßgeblichen Informationen durchlaufen hat und ein Sicherheitsbericht für das kosmetische Mittel gemäß Anhang I erstellt worden ist.

Die verantwortliche Person stellt sicher, dass

a) die beabsichtigte Verwendung des kosmetischen Mittels und die voraussichtliche systemische Belastung durch einzelne Inhaltsstoffe in einer endgültigen Zusammensetzung bei der Sicherheitsbewertung berücksichtigt werden,

b) bei der Sicherheitsbewertung ein angemessenes Beweiskraftkonzept für die Überprüfung der Daten aus allen vorhandenen Quellen angewendet wird,

c) der Sicherheitsbericht für das kosmetische Mittel hinsichtlich zusätzlicher sachdienlicher Informationen, die sich nach dem Inverkehrbringen des Mittels ergeben haben, aktualisiert wird.

Der erste Unterabsatz gilt auch für kosmetische Mittel, die gemäß der Richtlinie 76/768/EWG notifiziert wurden.

Die Kommission erlässt in enger Zusammenarbeit mit allen Interessenvertretern angemessene Leitlinien, um Unternehmen, insbesondere kleinen und mittleren Unternehmen, die Einhaltung der

9/1. EG-KosmetikV
Artikel 10 – 13

in Anhang I enthaltenen Anforderungen zu ermöglichen. Die Leitlinien werden gemäß dem in Artikel 32 Absatz 2 genannten Regelungsverfahren mit Kontrolle erlassen.

(2) Die Sicherheitsbewertung des kosmetischen Mittels wird, wie in Anhang I Teil B ausgeführt, durch eine Person durchgeführt, die im Besitz eines Diploms oder eines anderen Nachweises formaler Qualifikationen ist, der nach Abschluss eines theoretischen und praktischen Hochschulstudiengangs in Pharmazie, Toxikologie, Medizin oder einem ähnlichen Fach oder eines von einem Mitgliedstaat als gleichwertig anerkannten Studiengangs erteilt worden ist.

(3) Werden in der Sicherheitsbewertung gemäß Absatz 1 nicht klinische Sicherheitsstudien herangezogen, die nach dem 30. Juni 1988 mit dem Ziel durchgeführt worden sind, die Sicherheit eines kosmetischen Mittels zu bewerten, so müssen diese Studien den Rechtsvorschriften der Gemeinschaft über die Grundsätze der guten Laborpraxis, die zum Zeitpunkt der Durchführung der Studien galten, oder anderen internationalen Normen entsprechen, die von der Kommission oder von ECHA als gleichwertig anerkannt worden sind.

Artikel 11
Produktinformationsdatei

(1) Wenn ein kosmetisches Mittel in Verkehr gebracht wird, führt die verantwortliche Person darüber eine Produktinformationsdatei. Die Produktinformationsdatei wird während eines Zeitraums von zehn Jahren nach dem Zeitpunkt aufbewahrt, zu dem die letzte Charge des kosmetischen Mittels in Verkehr gebracht wurde.

(2) Die Produktinformationsdatei enthält folgende Angaben und Daten, die gegebenenfalls aktualisiert werden:

a) eine Beschreibung des kosmetischen Mittels, die es ermöglicht, die Produktionsinformationsdatei eindeutig dem kosmetischen Mittel zuzuordnen;

b) den in Artikel 10 Absatz 1 genannten Sicherheitsbericht für das kosmetische Mittel;

c) eine Beschreibung der Herstellungsmethode und eine Erklärung zur Einhaltung der in Artikel 8 genannten guten Herstellungspraxis;

d) wenn dies aufgrund der Beschaffenheit des kosmetischen Mittels oder seiner Wirkung gerechtfertigt ist, den Nachweisder für das kosmetische Mittel angepriesenen Wirkung;

e) Daten über jegliche vom Hersteller, Vertreiber oder Zulieferer im Zusammenhang mit der Entwicklung oder der Sicherheitsbewertung des kosmetischen Mittels oder seiner Bestandteile durchgeführten Tierversuche, einschließlich aller Tierversuche zur Erfüllung der Rechtsvorschriften von Drittländern.

(3) Die verantwortliche Person macht die Produktinformationsdatei an ihrer Anschrift, die auf dem Etikett angegeben wird, in elektronischem oder anderem Format für die zuständige Behörde des Mitgliedstaats, in dem die Datei geführt wird, leicht zugänglich.

Die Angaben in der Produktinformationsdatei müssen in einer für die zuständigen Behörden des Mitgliedstaats leicht verständlichen Sprache verfügbar sein.

(4) Die Anforderungen der Absätze 1 bis 3 dieses Artikels gelten auch für kosmetische Mittel, die gemäß der Richtlinie 76/768/EWG notifiziert wurden.

Artikel 12
Probenahme und Analyse

(1) Die Probenahme und Analyse kosmetischer Mittel muss zuverlässig und reproduzierbar erfolgen.

(2) In Ermangelung anwendbarer Rechtsvorschriften der Gemeinschaft wird die Zuverlässigkeit und Reproduzierbarkeit vermutet, wenn die verwendete Methode den einschlägigen harmonisierten Normen entspricht, deren Fundstellen im Amtsblatt der Europäischen Union veröffentlicht worden sind.

Artikel 13
Notifizierung

(1) Vor dem Inverkehrbringen des kosmetischen Mittels notifiziert die verantwortliche Person der Kommission auf elektronischem Wege folgende Angaben:

a) die Kategorie des kosmetischen Mittels und seinen Namen bzw. seine Namen, durch den/die die spezifische Identifizierung möglich ist;

b) den Namen und die Anschrift der verantwortlichen Person, bei der die Produktinformationsdatei leicht zugänglich gemacht wird;

c) das Herkunftsland im Falle des Imports;

d) den Mitgliedstaat, in dem das kosmetische Mittel in Verkehr gebracht wird;

e) die Angaben, die es ermöglichen, bei Bedarf Verbindung zu einer natürlichen Person aufzunehmen;

f) die Anwesenheit von Stoffen in Form von Nanomaterialien und:

i) ihre Identifizierung, einschließlich des chemischen Namens (IUPAC) und anderer Deskriptoren gemäß Nummer 2 der Präambel zu den Anhängen II bis VI dieser Verordnung;

ii) die vernünftigerweise vorhersehbaren Expositionsbedingungen;

g) den Namen und die „Chemicals Abstracts Service" (CAS) - oder EG-Nummer der als karzinogen, mutagen oder reproduktionstoxisch (CMR) in den Kategorien 1A oder 1B nach Teil 3 des Anhangs VI der Verordnung (EG) Nr. 1272/2008 eingestuften Stoffe;

h) die Rahmenrezeptur, um bei schwierigen Vorkommnissen eine rasche und geeignete medizinische Behandlung zu ermöglichen.

Unterabsatz 1 gilt auch für kosmetische Mittel, die gemäß der Richtlinie 76/768/EWG gemeldet wurden.

(2) Wird ein kosmetisches Mittel in Verkehr gebracht, notifiziert die verantwortliche Person der Kommission das Originaletikett und eine Fotografie der entsprechenden Verpackung, wenn sie ausreichend lesbar ist.

(3) Ab dem 11. Juli 2013, macht ein Händler, der in einem Mitgliedstaat ein kosmetisches Mittel, das bereits in einem anderen Mitgliedstaat in Verkehr gebracht wurde, bereitstellt und auf eigene Initiative ein Element der Kennzeichnung dieses Produkts gemäß nationalem Recht übersetzt, auf elektronischem Weg der Kommission folgende Informationen zugänglich:

a) die Kategorie des kosmetischen Mittels, seinen Namen im Ausgangsmitgliedstaat und seinen Namen in dem Mitgliedstaat, in dem es bereitgestellt wird, damit seine spezifische Identifizierung möglich wird;

b) den Mitgliedstaat, in dem das kosmetische Mittel bereitgestellt wird;

c) seinen Namen und seine Anschrift;

d) den Namen und die Anschrift der verantwortlichen Person, bei der die Produktinformationsdatei leicht zugänglich gemacht wird;

(4) Wird ein kosmetisches Mittel vor dem 11. Juli 2013 in Verkehr gebracht, befindet es sich nach diesem Zeitpunkt aber nicht mehr auf dem Markt, teilt der Händler, der das Produkt in einem Mitgliedstaat nach diesem Datum einführt, der verantwortlichen Person Folgendes mit:

a) die Kategorie des kosmetischen Mittels, seinen Namen im Ausgangsmitgliedstaat und seinen Namen in dem Mitgliedstaat, in dem es bereitgestellt wird, damit seine spezifische Identifizierung möglich wird;

b) den Mitgliedstaat, in dem das kosmetische Mittel bereitgestellt wird;

c) seinen Namen und seine Anschrift.

Auf der Grundlage dieser Mitteilung notifiziert die verantwortliche Person der Kommission auf elektronischem Weg die in Absatz 1 dieses Artikels genannten Informationen, wenn Mitteilungen gemäß Artikel 7 Absatz 3 und Artikel 7a Absatz 4 der Richtlinie 76/768/EWG in dem Mitgliedstaat, in dem das kosmetische Mittel in Verkehr gebracht wird, nicht erfolgt sind.

(5) Die Kommission stellt unverzüglich allen zuständigen Behörden auf elektronischem Weg die in Absatz 1 Buchstaben a bis g und in den Absätzen 2 und 3 aufgeführten Angaben zur Verfügung.

Diese Angaben dürfen von den zuständigen Behörden nur für die Zwecke der Marktüberwachung, Marktanalyse, Evaluierung und Verbraucherinformation im Zusammenhang mit den Artikeln 25, 26 und 27 verwendet werden.

(6) Die Kommission stellt unverzüglich auf elektronischem Wege die in den Absätzen 1, 2 und 3 aufgeführten Angaben den Giftnotrufzentralen oder ähnlichen Einrichtungen, die von Mitgliedstaaten eingerichtet worden sind, zur Verfügung.

Diese Angaben dürfen von diesen Stellen nur für die Zwecke der medizinischen Behandlung verwendet werden.

(7) Ändert sich eine der in den Absätzen 1, 3 und 4 aufgeführten Angaben, so sorgt die verantwortliche Person oder der Händler unverzüglich für eine Aktualisierung.

(8) Die Kommission kann unter Berücksichtigung des technischen und wissenschaftlichen Fortschritts sowie spezifischer Bedürfnisse im Zusammenhang mit der Marktüberwachung die Absätze 1 bis 7 durch die Hinzufügung von Anforderungen ändern.

Diese Maßnahmen zur Änderung nicht wesentlicher Bestimmungen dieser Verordnung werden nach dem Regelungsverfahren mit Kontrolle nach Artikel 32 Absatz 3 erlassen.

KAPITEL IV

EINSCHRÄNKUNGEN FÜR BESTIMMTE STOFFE

Artikel 14
Einschränkungen für die in den Anhängen aufgeführte Stoffe

(1) Unbeschadet der Bestimmungen von Artikel 3 dürfen kosmetische Mittel Folgendes nicht enthalten:

a) verbotene Stoffe

– in Anhang II aufgeführte verbotene Stoffe;

b) Stoffe, deren Verwendung eingeschränkt ist

– Stoffe, deren Verwendung eingeschränkt ist und die nicht gemäß den in Anhang III festgelegten Einschränkungen verwendet werden;

c) Farbstoffe

i) andere als in Anhang IV aufgeführte Farbstoffe sowie Farbstoffe, die zwar dort aufgeführt sind, aber nicht gemäß den Bedingungen dieses Anhangs verwendet werden, mit Ausnahme der Haarfärbemittel in Absatz 2;

ii) unbeschadet der Buchstaben b, d Ziffer i und e Ziffer i Stoffe, die in Anhang IV aufgeführt sind, aber nicht zur Verwendung als Farbstoffe bestimmt sind und nicht gemäß den Bedingungen dieses Anhangs verwendet werden.

d) Konservierungsstoffe

i) andere als die in Anhang V aufgeführten Konservierungsstoffe sowie Konservierungsstoffe, die zwar dort aufgeführt sind, aber nicht gemäß den Bedingungen dieses Anhangs verwendet werden;

ii) unbeschadet des Buchstabens b, des Buchstabens c Ziffer i und des Buchstabens e Ziffer i Stoffe, die in Anhang V aufgeführt sind, aber nicht zur Verwendung als Konservierungsstoffe bestimmt sind und nicht gemäß den Bedingungen dieses Anhangs verwendet werden.

e) UV-Filter

i) andere UV-Filter als die in Anhang VI aufgeführten sowie UV-Filter, die zwar dort aufgeführt sind, aber nicht gemäß den Bedingungen dieses Anhangs verwendet werden;

ii) unbeschadet des Buchstabens b, des Buchstabens c Ziffer i und des Buchstabens d Ziffer i Stoffe, die in Anhang VI aufgeführt sind, aber nicht zur Verwendung als UV-Filter bestimmt sind und nicht gemäß den Bedingungen dieses Anhangs verwendet werden.

(2) Vorbehaltlich einer Entscheidung der Kommission, den Anwendungsbereich von Anhang IV auf Haarfärbemittel auszudehnen, dürfen diese Mittel keine Farbstoffe zum Färben des Haares enthalten außer die in Anhang IV aufgeführten, sowie keine Farbstoffe zum Färben der Haare, die zwar dort aufgeführt sind, aber deren Gebrauch nicht den Bedingungen dieses Anhangs entspricht.

Die im ersten Unterabsatz genannte Entscheidung der Kommission zur Änderung von nicht wesentlichen Bestimmungen dieser Verordnung wird nach dem in Artikel 32 Absatz 3 genannten Regelungsverfahren mit Kontrolle erlassen.

Artikel 15
Als CMR-Stoffe eingestufte Stoffe

(1) Die Verwendung von Stoffen, die gemäß Teil 3 des Anhangs VI der Verordnung (EG) Nr. 1272/2008 als CMR-Stoffe der Kategorie 2 eingestuft sind, in kosmetischen Mitteln ist verboten. Jedoch kann ein Stoff, der in Kategorie 2 eingestuft ist, in kosmetischen Mitteln verwendet werden, wenn er vom SCCS bewertet und für die Verwendung in kosmetischen Mitteln für sicher befunden worden ist. Die Kommission trifft hierzu die erforderlichen Maßnahmen nach dem in Artikel 32 Absatz 3 dieser Verordnung genannten Regelungsverfahren mit Kontrolle.

(2) Die Verwendung von Stoffen, die gemäß Teil 3 des Anhangs VI der Verordnung (EG) Nr. 1272/2008 als CMR-Stoffe der Kategorien 1A oder 1B eingestuft sind, in kosmetischen Mitteln ist verboten.

Jedoch dürfen solche Stoffe in kosmetischen Mitteln in Ausnahmefällen verwendet werden, wenn nach ihrer Einstufung als CMR-Stoffe in den Kategorien 1A oder 1B gemäß Teil 3 des Anhangs VI der Verordnung (EG) Nr. 1272/2008 sämtliche folgenden Bedingungen erfüllt sind:

a) Sie erfüllen die Anforderungen an die Lebensmittelsicherheit der Verordnung (EG) Nr. 178/2002 des Europäischen Parlaments und des Rates vom 28. Januar 2002 zur Festlegung der allgemeinen Grundsätze und Anforderungen des Lebensmittelrechts, zur Errichtung der Europäischen Behörde für Lebensmittelsicherheit und zur Festlegung von Verfahren zur Lebensmittelsicherheit[1]

b) Es stehen ausweislich einer Analyse der Alternativen keine geeigneten Ersatzstoffe zur Verfügung.

c) Der Antrag richtet sich auf eine bestimmte Verwendung der Produktkategorie mit einer bekannten Exposition.

d) Sie sind vom SCCS bewertet und ihre Verwendung in kosmetischen Mitteln ist insbesondere hinsichtlich der Exposition gegenüber diesen Produkten und unter Berücksichtigung der Gesamtexposition aus anderen Quellen sowie unter besonderer Berücksichtigung schutzbedürftiger Bevölkerungsgruppen für sicher befunden worden.

Es ist gemäß Artikel 3 dieser Verordnung für eine besondere Kennzeichnung Sorge zu tragen, um den Missbrauch des kosmetischen Mittels zu verhindern, und zwar unter Berücksichtigung möglicher Risiken im Zusammenhang mit der Anwesenheit gefährlicher Stoffe und der Expositionswege.

Zur Durchführung dieses Absatzes ändert die Kommission die Anhänge dieser Verordnung gemäß dem in Artikel 32 Absatz 3 dieser Verordnung genannten Regelungsverfahren mit Kontrolle innerhalb von 15 Monaten nach der Aufnahme der betroffenen Stoffe in Teil 3 des Anhangs VI der Verordnung (EG) Nr. 1272/2008.

In Fällen äußerster Dringlichkeit kann die Kommission das in Artikel 32 Absatz 4 dieser Verordnung vorgesehene Dringlichkeitsverfahren anwenden.

Die Kommission beauftragt den SCCS diese Stoffe neu zu bewerten, sobald Sicherheitsbedenken vorgebracht werden, spätestens jedoch alle fünf Jahre nach ihrer Aufnahme in die Anhänge III bis VI dieser Verordnung.

(3) Bis zum 11. Januar 2012 stellt die Kommission sicher, dass angemessene Leitlinien ausgear-

---
Zu Artikel 15:
[1] *ABl. L 31 vom 1.2.2002, S. 1.*

9/1. EG-KosmetikV
Artikel 15 – 16

beitet werden, damit eine harmonisierte Vorgehensweise hinsichtlich der Entwicklung und Verwendung Gesamtexpositionsschätzungen bei der Bewertung der sicheren Verwendung von CMR-Stoffen ermöglicht wird. Die Leitlinien werden in Abstimmung mit dem SCCS, der ECHA, der EFSA und anderen relevanten Interessenvertretern, gegebenenfalls unter Heranziehung bewährter Verfahren, erarbeitet.

(4) Wenn in der Gemeinschaft oder international anerkannte Kriterien für die Bestimmung von Stoffen mit endokrin wirksamen Eigenschaften zur Verfügung stehen, oder spätestens am 11. Januar 2015 überprüft die Kommission die Verordnung hinsichtlich Stoffen mit endokrin wirksamen Eigenschaften.

Artikel 16
Nanomaterialien

(1) Für jedes kosmetische Mittel, das Nanomaterialien enthält, muss ein hohes Gesundheitsschutzniveau sichergestellt werden.

(2) Die Bestimmungen dieses Artikels gelten, sofern nicht ausdrücklich angegeben, nicht für Nanomaterialien, die als Farbstoffe, UV-Filter oder Konservierungsstoffe gemäß Artikel 14 verwendet werden.

(3) Zusätzlich zur Anmeldung gemäß Artikel 13, sind kosmetische Mittel, die Nanomaterialien enthalten, von der verantwortlichen Person der Kommission auf elektronischem Wege sechs Monate vor dem Inverkehrbringen zu notifizieren, es sei denn, sie wurden von derselben verantwortlichen Person bereits vor 11. Januar 2013 in Verkehr gebracht.

Im letztgenannten Fall sind in Verkehr gebrachte kosmetische Mittel, die Nanomaterialien enthalten, von der verantwortlichen Person der Kommission zwischen 11. Januar 2013 und 11. Juli 2013 auf elektronischem Wege zusätzlich zur Anmeldung gemäß Artikel 13 zu notifizieren.

Die Unterabsätze 1 und 2 finden auf kosmetische Mittel keine Anwendung, die Nanomaterialien in Übereinstimmung mit den Anforderungen gemäß Anhang III enthalten.

Die der Kommission notifizierten Informationen enthalten mindestens folgende Angaben:

a) die Identifizierung des Nanomaterials, einschließlich seiner chemischen Bezeichnung (IUPAC) und anderer Deskriptoren, wie sie in Nummer 2 der Präambel der Anhänge II bis VI vorgegeben sind;

b) die Spezifikation des Nanomaterials, einschließlich der Größe der Partikel, der physikalischen und chemischen Eigenschaften;

c) eine Schätzung der Menge an Nanomaterial in kosmetischen Mitteln, die pro Jahr in Verkehr gebracht werden soll;

d) das toxikologische Profil des Nanomaterials;

e) die Sicherheitsdaten des Nanomaterials bezogen auf die Kategorie des kosmetischen Mittels, in dem es verwendet wird;

f) die vernünftigerweise vorhersehbaren Expositionsbedingungen.

Die verantwortliche Person kann eine andere juristische oder natürliche Person durch schriftliche Vollmacht für die Notifizierung von Nanomaterialien benennen und setzt die Kommission davon in Kenntnis.

Die Kommission vergibt für die Erstellung des toxikologischen Profils eine Referenznummer, die die Information gemäß Buchstabe d ersetzen kann.

(4) Sollte die Kommission Bedenken hinsichtlich der Sicherheit von Nanomaterialien haben, fordert die Kommission den SCCS unverzüglich auf, eine Stellungnahme zur Sicherheit dieser Nanomaterialien für die Verwendung in den relevanten Produktkategorien und zu den vernünftigerweise vorhersehbaren Expositionsbedingungen abzugeben. Die Kommission macht diese Information öffentlich zugänglich. Der SCCS legt seine Stellungnahme innerhalb von sechs Monaten nach der Aufforderung der Kommission vor. Wenn der SCCS feststellt, dass erforderliche Daten fehlen, fordert die Kommission die verantwortliche Person auf, diese Daten innerhalb einer ausdrücklich erklärten angemessenen Frist, die nicht verlängert wird, einzureichen. Der SCCS legt seine endgültige Stellungnahme innerhalb von sechs Monaten nach der Bereitstellung ergänzender Daten vor. Die Stellungnahme des SCCS wird öffentlich zugänglich gemacht.

(5) Die Kommission kann zu jeder Zeit das in Absatz 4 genannte Verfahren einleiten, wenn sie Bedenken hinsichtlich der Sicherheit hat, beispielsweise aufgrund von neuen von einer dritten Partei vorgelegten Informationen.

(6) Unter Berücksichtigung der Stellungnahme des SCCS und bei Bestehen eines potentiellen Risikos für die menschliche Gesundheit, auch wenn unzureichende Daten vorliegen, kann die Kommission Anhänge II und III ändern.

(7) Die Kommission kann unter Berücksichtigung des wissenschaftlichen und technischen Fortschritts Absatz 3 durch Hinzufügung von Anforderungen ändern.

(8) Die in den Absätzen 6 und 7 genannten Maßnahmen zur Änderung nicht wesentlicher Bestimmungen dieser Verordnung werden nach dem in Artikel 32 Absatz 3 genannten Regelungsverfahren mit Kontrolle erlassen.

(9) In Fällen äußerster Dringlichkeit kann die Kommission das in Artikel 32 Absatz 4 vorgesehene Verfahren anwenden.

(10) Die Kommission stellt folgende Informationen bereit:

9/1. EG-KosmetikV
Artikel 16 – 18

a) Bis zum 11. Januar 2014 stellt die Kommission einen Katalog aller Nanomaterialien in kosmetischen Mitteln, die in Verkehr gebracht wurden, zur Verfügung, in einem gesonderten Bereich auch solcher, die als Farbstoffe, UV-Filter und Konservierungsstoffe verwendet werden, in dem die Kategorien der kosmetischen Mittel und die vernünftigerweise vorhersehbaren Expositionsbedingungen aufgelistet werden. Dieser Katalog wird regelmäßig aktualisiert und danach öffentlich zugänglich gemacht.

b) Die Kommission legt dem Europäischen Parlament und dem Rat einen jährlichen Sachstandsbericht vor, der Informationen über die Entwicklungen bei der Verwendung von Nanomaterialien in kosmetischen Mitteln in der Gemeinschaft enthält, in einem gesonderten Bereich auch solcher, die als Farbstoffe, UV-Filter und Konservierungsstoffe verwendet werden. Der erste Bericht wird vor 11. Juli 2014 übermittelt. Der aktualisierte Bericht umfasst insbesondere neu gemeldete Nanomaterialien in neuen Produktkategorien, die Anzahl der Notifizierungen, den Fortschritt bei der Entwicklung spezifischer Bewertungsverfahren für Nanomaterialien und Leitlinien für die Sicherheitsbewertung sowie Informationen über internationale Kooperationsprogramme.

(11) Die Kommission überprüft regelmäßig unter Berücksichtigung des wissenschaftlichen Fortschritts die Nanomaterialien betreffenden Bestimmungen dieser Verordnung und schlägt gegebenenfalls entsprechende Änderungen der Bestimmungen vor.

Der erste Überprüfungsbericht wird bis zum 11. Juli 2018 erstellt.

Artikel 17
Spuren verbotener Stoffe

Die unbeabsichtigte Anwesenheit kleiner Mengen einer verbotenen Substanz, die sich aus Verunreinigungen natürlicher oder synthetischer Bestandteile, dem Herstellungsprozess, der Lagerung, der Migration aus der Verpackung ergibt und die bei guter Herstellungspraxis technisch nicht zu vermeiden ist, wird erlaubt, wenn sie im Einklang mit Artikel 3 steht.

KAPITEL V
TIERVERSUCHE

Artikel 18
Tierversuche

(1) Unbeschadet der allgemeinen Verpflichtungen aus Artikel 3 ist Folgendes untersagt:

a) das Inverkehrbringen von kosmetischen Mitteln, deren endgültige Zusammensetzung zur Einhaltung der Bestimmungen dieser Verordnung durch Tierversuche bestimmt worden ist, wobei eine andere als eine alternative Methode angewandt wurde, nachdem eine solche alternative Methode unter gebührender Berücksichtigung der Entwicklung der Validierung innerhalb der OECD auf Gemeinschaftsebene validiert und angenommen wurde;

b) das Inverkehrbringen von kosmetischen Mitteln, deren Bestandteile oder Kombinationen von Bestandteilen zur Einhaltung der Bestimmungen dieser Verordnung durch Tierversuche bestimmt worden sind, wobei eine andere als eine alternative Methode angewandt wurde, nachdem eine solche alternative Methode unter gebührender Berücksichtigung der Entwicklung der Validierung innerhalb der OECD auf Gemeinschaftsebene validiert und angenommen wurde;

c) die Durchführung von Tierversuchen mit kosmetischen Fertigerzeugnissen innerhalb der Gemeinschaft zur Einhaltung der Bestimmungen dieser Verordnung;

d) die Durchführung von Tierversuchen mit Bestandteilen oder Kombinationen von Bestandteilen innerhalb der Gemeinschaft zur Einhaltung der Bestimmungen dieser Verordnung, nach dem Datum, an dem diese Versuche durch eine oder mehrere in der Verordnung (EG) Nr. 440/2008 der Kommission vom 30. Mai 2008 über Prüfmethoden gemäß der Verordnung (EG) Nr. 1907/2006 des Europäischen Parlaments und des Rates zur Registrierung, Bewertung, Zulassung und Beschränkung chemischer Stoffe (REACH)[1)] oder in Anhang VIII der vorliegenden Verordnung aufgeführte, validierte Alternativmethoden ersetzt werden müssen.

(2) Die Kommission hat nach Anhörung des SCCS und des Europäischen Zentrums zur Validierung alternativer Methoden (ECVAM) unter gebührender Berücksichtigung der Entwicklung der Validierung innerhalb der OECD Zeitpläne für die Umsetzung der Bestimmungen gemäß Absatz 1 Buchstaben a), b) und d) einschließlich der Fristen für die stufenweise Einstellung der verschiedenen Versuche erstellt. Die Zeitpläne wurden am 1. Oktober 2004 veröffentlicht und dem Europäischen Parlament und dem Rat übermittelt. Der Umsetzungszeitraum für Absatz 1 Buchstaben a, b und d endete am 11. März 2009.

Für Versuche im Zusammenhang mit der Toxizität bei wiederholter Verabreichung, der Reproduktionstoxizität und der Toxikokinetik, für die noch keine Alternativen geprüft werden, endet der Umsetzungszeitraum für Absatz 1 Buchstaben a und b am 11. März 2013.

Die Kommission untersucht mögliche technische Schwierigkeiten bei der Einhaltung des Verbots in Bezug auf Versuche, insbesondere

---

Zu Artikel 18:
[1)] *ABl. L 142 vom 31.5.2008, S. 1.*

diejenigen im Zusammenhang mit der Toxizität bei wiederholter Verabreichung, der Reproduktionstoxizität und der Toxikokinetik, für die noch keine Alternativen geprüft werden. Informationen über die vorläufigen und endgültigen Ergebnisse dieser Studien werden in die jährlichen Berichte gemäß Artikel 35 aufgenommen.

Auf der Grundlage dieser Jahresberichte konnten die erstellten Zeitpläne nach Anhörung der in Unterabsatz 1 genannten Gremien bis zum 11. März 2009 angepasst werden, soweit Unterabsatz 1 gilt, bzw. können bis zum 11. März 2013 angepasst werden, soweit Unterabsatz 2 gilt.

Die Kommission untersucht die Fortschritte und die Einhaltung der Fristen sowie mögliche technische Schwierigkeiten bei der Einhaltung des Verbots. Informationen über die vorläufigen und endgültigen Ergebnisse der Studien der Kommission werden in die jährlichen Berichte gemäß Artikel 35 aufgenommen. Ergeben diese Studien spätestens zwei Jahre vor Ablauf des Höchstzeitraums gemäß dem zweiten Unterabsatz, dass ein oder mehrere Versuche gemäß diesem Unterabsatz aus technischen Gründen nicht vor Ablauf des darin genannten Zeitraums entwickelt und validiert werden können, so erstattet sie dem Europäischen Parlament und dem Rat hierüber Bericht und legt im Einklang mit Artikel 251 des Vertrags einen Legislativvorschlag vor.

Unter außergewöhnlichen Umständen, bei denen bezüglich der Sicherheit eines bestehenden Kosmetikbestandteils ernsthafte Bedenken bestehen, kann ein Mitgliedstaat die Kommission ersuchen, eine Ausnahme von Absatz 1 zu gewähren. Das Ersuchen enthält eine Bewertung der Lage und umfasst die notwendigen Maßnahmen. Auf dieser Grundlage kann die Kommission nach Anhörung des SCCS in Form einer begründeten Entscheidung eine Ausnahme genehmigen. Diese Genehmigung enthält die Bedingungen, die für diese Ausnahme bezüglich der spezifischen Ziele, der Dauer und der Übermittlung der Ergebnisse gelten.

Eine Ausnahme wird nur gewährt, wenn

a) der Bestandteil weit verbreitet ist und nicht durch einen anderen Bestandteil mit ähnlicher Funktion substituiert werden kann;

b) das spezifische Gesundheitsproblem für den Menschen begründet und die Notwendigkeit der Durchführung von Tierversuchen anhand eines detaillierten Forschungsprotokolls, das als Grundlage für die Bewertung vorgeschlagen wurde, nachgewiesen wird.

Der Beschluss über die Genehmigung, die damit verbundenen Bedingungen und das erzielte Endergebnis müssen in den von der Kommission gemäß Artikel 35 vorzulegenden Jahresbericht eingehen.

Die in Unterabsatz 6 genannten Maßnahmen zur Änderung nicht wesentlicher Bestimmungen dieser Verordnung werden nach dem in Artikel 32 Absatz 3 genannten Regelungsverfahren mit Kontrolle erlassen.

(3) Im Sinne dieses Artikels und im Sinne des Artikels 20 bezeichnet:

a) „kosmetisches Fertigerzeugnis" das kosmetische Mittel in seiner endgültigen Zusammensetzung, in der es in Verkehr gebracht und dem Endverbraucher zugänglich gemacht wird, oder dessen Prototyp;

b) „Prototyp" das erste Muster oder den ersten Entwurf, das bzw. der nicht in Serie gefertigt wird und die Vorlage für Kopien oder Weiterentwicklungen des kosmetischen Fertigerzeugnisses darstellt.

KAPITEL VI
INFORMATIONEN FÜR DIE VERBRAUCHER

Artikel 19
Kennzeichnung

(1) Unbeschadet der anderen Bestimmungen dieses Artikels dürfen kosmetische Mittel nur auf dem Markt bereitgestellt werden, wenn die Behältnisse und Verpackungen kosmetischer Mittel unverwischbar, leicht lesbar und deutlich sichtbar folgende Angaben tragen:

a) den Namen oder die Firma und die Anschrift der verantwortlichen Person. Die Angaben dürfen abgekürzt werden, sofern diese Person und ihre Adresse aus der Abkürzung identifiziert werden kann. Werden mehrere Anschriften angegeben, so ist die Anschrift der verantwortlichen Person, bei der die Produktinformationsdatei leicht zugänglich gemacht wird, hervorzuheben. Für importierte kosmetische Mittel muss das Ursprungsland angegeben werden;

b) den Nenninhalt zur Zeit der Abfüllung, als Gewichts- oder Volumenangabe; hiervon ausgenommen sind Packungen, die weniger als 5 g oder weniger als 5 ml enthalten, Gratisproben und Einmalpackungen; bei Vorverpackungen, die in der Regel als Großpackungen mit mehreren Stücken verkauft werden und für die die Gewichts- und Volumenangabe nicht von Bedeutung ist, ist die Angabe des Inhalts nicht erforderlich, sofern die Stückzahl auf der Verpackung angegeben ist. Die Angabe der Stückzahl ist nicht erforderlich, wenn sie von außen leicht zu erkennen ist oder wenn das Erzeugnis in der Regel nur als Einheit verkauft wird;

c) das Datum, bis zu dem das kosmetische Mittel bei sachgemäßer Aufbewahrung seine ursprüngliche Funktion erfüllt und insbesondere mit Artikel 3 vereinbar ist („Mindesthaltbarkeitsdatum").

Vor dem Datum selbst oder dem Hinweis auf die Stelle, an der es auf der Verpackung angegeben ist, steht das in Anhang VII Nummer 3 ange-

9/1. EG-KosmetikV
Artikel 19

gebene Symbol oder die Wörter:„Mindestens haltbar bis".

Das Mindesthaltbarkeitsdatum wird eindeutig angegeben und setzt sich entweder aus dem Monat und dem Jahr oder dem Tag, dem Monat und dem Jahr in dieser Reihenfolge zusammen. Diese Angaben werden erforderlichenfalls durch die Angabe der Aufbewahrungsbedingungen ergänzt, die zur Gewährleistung der angegebenen Haltbarkeit erfüllt sein müssen.

Für kosmetische Mittel mit einer Mindesthaltbarkeit von mehr als 30 Monaten ist die Angabe des Mindesthaltbarkeitsdatums nicht vorgeschrieben. Für solche Erzeugnisse wird angegeben, wie lange das Mittel nach dem Öffnen sicher ist und ohne Schaden für den Verbraucher verwendet werden kann. Für solche Erzeugnisse wird, außer wenn das Konzept der Haltbarkeit nach dem Öffnen nicht relevant ist, angegeben, wie lange das Mittel nach dem Öffnen sicher ist. Diese Information wird durch das in Anhang VII Nummer 2 dargestellte Symbol, gefolgt von dem Zeitraum (ausgedrückt in Monaten und/oder Jahren) angegeben;

d) die besonderen Vorsichtsmaßnahmen für den Gebrauch, mindestens die in den Anhängen III bis VI aufgeführten Angaben und etwaige besondere Vorsichtshinweise bei kosmetischen Mitteln, die zum gewerblichen Gebrauch bestimmt sind;

e) die Chargennummer oder das Zeichen, das eine Identifizierung des kosmetischen Mittels ermöglicht. Ist dies aus praktischen Gründen wegen der geringen Abmessungen der kosmetischen Mittel nicht möglich, so brauchen diese Angaben nur auf der Verpackung zu stehen;

f) der Verwendungszweck des kosmetischen Mittels, sofern dieser sich nicht aus der Aufmachung dessen ergibt;

g) eine Liste der Bestandteile. Diese Angabe braucht nur auf der Verpackung zu erscheinen. Die Liste trägt die Überschrift „Ingredients".

Im Sinne dieses Artikels ist Bestandteil jeder Stoff oder ein Gemisch, der bzw. das absichtlich im Herstellungsprozess des kosmetischen Mittels verwendet wird. Als Bestandteile gelten jedoch nicht:

i) Verunreinigungen von verwendeten Rohstoffen,

ii) technische Hilfsstoffe, die im Gemisch verwendet werden, im Fertigerzeugnis jedoch nicht mehr vorhanden sind.

Die Riech- und Aromastoffe und ihre Ausgangsstoffe werden mit den Begriffen „Parfüm" oder „Aroma" angegeben. Das Vorhandensein von Stoffen, die gemäß der Spalte „Sonstige" in Anhang III aufgeführt werden müssen, ist außerdem in der Liste der Bestandteile zusätzlich zu den Begriffen Parfüm oder Aroma anzugeben.

Die Liste der Bestandteile weist diese in abnehmender Reihenfolge ihres Gewichts zum Zeitpunkt der Hinzufügung zum kosmetischen Mittel aus. Bestandteile in einer Konzentration von weniger als 1 v. H. können in ungeordneter Reihenfolge im Anschluss an die mit einer Konzentration von mehr als 1 v. H. aufgeführt werden.

Alle Bestandteile in der Form von Nanomaterialien müssen eindeutig in der Liste der Bestandteile aufgeführt werden. Den Namen dieser Bestandteile muss das Wort „Nano" in Klammern folgen.

Farbstoffe außer solchen, die zum Färben von Haar bestimmt sind, können in beliebiger Reihenfolge nach den anderen kosmetischen Bestandteilen aufgeführt werden. Bei dekorativen Kosmetika, die in einer Palette von Farbnuancen vermarktet werden, können alle in der Palette verwendeten Farbstoffe außer solchen, zum Färben von Haar bestimmt sind, aufgeführt werden, sofern die Worte „kann … enthalten" oder das Symbol „+/-" hinzugefügt werden. Dabei muss gegebenenfalls die CI (Colour Index)-Nomenklatur verwendet werden.

(2) Wenn es aus praktischen Gründen nicht möglich ist, die in Absatz 1 Buchstaben d und g genannten Angaben wie vorgesehen auf dem Etikett zu kennzeichnen, gilt Folgendes:

— Die Angaben müssen auf einem dem kosmetischen Mittel beigepackten oder an ihm befestigten Zettel, Etikett, Papierstreifen, Anhänger oder Kärtchen aufgeführt werden.

— Auf diese Angaben ist außer wenn dies aus praktischen Gründen nicht möglich ist, durch abgekürzte Informationen oder das in Anhang VII Nummer 1 dargestellte Symbol hinzuweisen, das auf dem Behältnis oder der Verpackung für die in Absatz 1 Buchstabe d genannten Angaben und auf der Verpackung für die in Absatz 1 Buchstabe g genannten Angaben erscheinen muss.

(3) Können im Fall von Seife, Badeperlen und anderen Kleinartikeln die in Absatz 1 Buchstabe g genannten Angaben aus praktischen Gründen weder auf einem Etikett, Anhänger, Papierstreifen oder Kärtchen noch auf einer Packungsbeilage angebracht werden, so müssen die betreffenden Angaben auf einem Schild in unmittelbarer Nähe des Behältnisses, in dem das kosmetische Mittel zum Verkauf angeboten wird, angebracht werden.

(4) Für nicht vorverpackte kosmetische Mittel bzw. für kosmetische Mittel, die an den Verkaufsstellen auf Wunsch des Käufers verpackt werden oder im Hinblick auf ihren sofortigen Verkauf vorverpackt sind, erlassen die Mitgliedstaaten die Vorschriften, nach denen die in Absatz 1 vorgesehenen Angaben angegeben werden.

(5) Die Sprache, in der die in Absatz 1 Buchstaben b, c, d und f sowie in den Absätzen 2, 3 und 4 genannten Angaben abgefasst werden,

richtet sich nach dem Recht der Mitgliedstaaten, in denen das kosmetische Mittel für die Endverbraucher bereitgestellt wird.

(6) Die in Absatz 1 Buchstabe g genannten Angaben sind unter Verwendung der gemeinsamen Bezeichnung der Bestandteile gemäß dem Glossar in Artikel 33 abzufassen. Ist keine gemeinsame Bestandteilsbezeichnung vorhanden, so ist eine Bezeichnung aus einer allgemein anerkannten Nomenklatur zu verwenden.

Artikel 20
Werbeaussagen

(1) Bei der Kennzeichnung, der Bereitstellung auf dem Markt und der Werbung für kosmetische Mittel dürfen keine Texte, Bezeichnungen, Warenzeichen, Abbildungen und andere bildhafte oder nicht bildhafte Zeichen verwendet werden, die Merkmale oder Funktionen vortäuschen, die die betreffenden Erzeugnisse nicht besitzen.

(2) Die Kommission erstellt in Zusammenarbeit mit den Mitgliedstaaten einen Aktionsplan zu verwendeten Werbeaussagen und bestimmt die Prioritäten für die Festlegung gemeinsamer Kriterien, die die Verwendung einer Werbeaussage rechtfertigen.

Nach Anhörung des SCCS oder anderer einschlägiger Gremien nimmt die Kommission gemäß dem in Artikel 32 Absatz 3 dieser Verordnung genannten Regelungsverfahren mit Kontrolle und unter Berücksichtigung der Bestimmungen der Richtlinie 2005/29/EG eine Liste gemeinsamer Kriterien für Werbeaussagenan, die im Zusammenhang mit kosmetischen Mitteln verwendet werden dürfen.

Bis zum 11. Juli 2016 legt die Kommission dem Europäischen Parlament und dem Rat einen Bericht über die Verwendung von Werbeaussagen auf der Grundlage der gemäß Unterabsatz 2 angenommenen gemeinsamen Kriterien vor. Gelangt die Kommission in ihrem Bericht zu dem Schluss, dass die Werbeaussagen im Zusammenhang mit kosmetischen Mitteln im Widerspruch zu den gemeinsamen Kriterien stehen, ergreift die Kommission in Zusammenarbeit mit den Mitgliedstaaten angemessene Maßnahmen, um die Erfüllung dieser Kriterien sicherzustellen.

(3) Die verantwortliche Person kann auf der Verpackung des Erzeugnisses und auf jedem dem kosmetischen Mittel beigefügten oder sich darauf beziehenden Schriftstück, Schild, Etikett, Ring oder Verschluss darauf hinweisen, dass keine Tierversuche durchgeführt wurden, sofern der Hersteller und seine Zulieferer keine Tierversuche für das kosmetische Fertigerzeugnis oder dessen Prototyp oder Bestandteile davon durchgeführt oder in Auftrag gegeben haben, noch Bestandteile verwendet haben, die in Tierversuchen zum Zweck der Entwicklung neuer kosmetischer Mittel durch Dritte geprüft wurden.

Artikel 21
Zugang der Öffentlichkeit zur Information

Ungeachtet des Schutzes vor allem der Geschäftsgeheimnisse und der Rechte am geistigen Eigentum gewährleistet die verantwortliche Person, dass die qualitative und quantitative Zusammensetzung des kosmetischen Mittels und bei Riech- und Aromastoffen die Bezeichnung und die Code-Nummer dieser Zusammensetzung und Angaben zur Identität des Lieferanten sowie vorhandene Daten über unerwünschte Wirkungen und schwere unerwünschte Wirkungen, die durch das kosmetische Mittel bei seiner Anwendung hervorgerufen werden, der Öffentlichkeit mit geeigneten Mitteln leicht zugänglich gemacht werden.

Die öffentlich zugänglich zu machenden quantitativen Angaben über die Zusammensetzung des kosmetischen Mittels beschränken sich auf gefährliche Stoffe im Sinne von Artikel 3 der Verordnung (EG) Nr. 1272/2008.

KAPITEL VII
MARKTÜBERWACHUNG

Artikel 22
Marktkontrolle

Die Mitgliedstaaten überwachen die Einhaltung dieser Verordnung auf dem Wege der Marktkontrolle der auf dem Markt bereitgestellten kosmetischen Mittel. Sie führen angemessene Kontrollen der kosmetischen Mittel und, der Wirtschaftsteilnehmer in angemessenem Umfang anhand der Produktinformationsdateien sowie gegebenenfalls physikalische Untersuchungen und Laboruntersuchungen auf der Grundlage angemessener Proben durch.

Die Mitgliedstaaten überwachen auch die Einhaltung der Grundsätze zur guten Herstellungspraxis.

Die Mitgliedstaaten statten die Marktüberwachungsbehörden mit den erforderlichen Befugnissen, Ressourcen und Kenntnissen zur ordnungsgemäßen Wahrnehmung der Aufgaben der Marktüberwachungsbehörden aus.

Die Mitgliedstaaten überprüfen und bewerten regelmäßig die Funktionsweise ihrer Überwachungstätigkeiten. Diese Überprüfungen und Bewertungen werden mindestens alle vier Jahre durchgeführt, und ihre Ergebnisse werden den anderen Mitgliedstaaten und der Kommission mitgeteilt und mittels elektronischer Kommunikationsmittel sowie gegebenenfalls anderer Mittel der Öffentlichkeit zugänglich gemacht.

Artikel 23
Meldung ernster unerwünschter Wirkungen

(1) Im Falle ernster unerwünschter Wirkungen melden die verantwortliche Person und die

9/1. EG-KosmetikV
Artikel 23 – 25

Händler der zuständigen Behörde des Mitgliedstaats, in dem die ernsten unerwünschten Wirkungen aufgetreten sind, unverzüglich folgende Angaben:

a) alle ernsten unerwünschten Wirkungen, die ihnen bekannt sind oder deren Kenntnis vernünftigerweise von ihnen erwartet werden kann;

b) den Namen des jeweiligen kosmetischen Mittels, der dessen genaue Identifizierung ermöglicht;

c) die von ihnen gegebenenfalls eingeleiteten Abhilfemaßnahmen.

(2) Wenn die verantwortliche Person der zuständigen Behörde des Mitgliedstaats, in dem die Wirkung aufgetreten ist, ernste unerwünschte Wirkungen mitteilt, übermittelt die zuständige Behörde unverzüglich die in Absatz 1 aufgeführten Angaben an die zuständigen Behörden der anderen Mitgliedstaaten.

(3) Wenn Händler der zuständigen Behörde des Mitgliedstaats, in dem die Wirkung aufgetreten ist, ernste unerwünschte Wirkungen mitteilen, übermittelt diese zuständige Behörde unverzüglich die in Absatz 1 aufgeführten Angaben an die zuständigen Behörden der anderen Mitgliedstaaten und an die verantwortliche Person.

(4) Wenn Endverbraucher oder Fachleute aus dem Gesundheitswesen der zuständigen Behörde des Mitgliedstaats, in dem die Wirkung aufgetreten ist, ernste unerwünschte Wirkungen mitteilen, übermittelt diese zuständige Behörde unverzüglich die Informationen zu dem betreffenden kosmetischen Mittel an die zuständigen Behörden der anderen Mitgliedstaaten und an die verantwortliche Person.

(5) Die zuständigen Behörden dürfen die in diesem Artikel genannten Angaben für die Zwecke der Marktüberwachung, der Markanalyse, der Evaluierung und der Verbraucherinformation im Kontext von Artikel 25, 26 und 27 verwenden.

Artikel 24
Angaben über Stoffe

Im Falle ernster Zweifel hinsichtlich der Sicherheit eines beliebigen in einem kosmetischen Mittel enthaltenen Stoffes, kann die zuständige Behörde eines Mitgliedstaats, in dem ein kosmetisches Mittel, das einen solchen Stoff enthält, auf dem Markt bereitgestellt wird, von der verantwortlichen Person mit einer begründeten Aufforderung verlangen, eine Liste aller kosmetischen Mittel vorzulegen, für die sie verantwortlich ist und die diesen Stoff enthalten. In der Liste ist die Konzentration dieses Stoffes in den kosmetischen Mitteln anzugeben.

Die zuständigen Behörden dürfen die in diesem Artikel genannten Angaben für die Zwecke der Marktüberwachung, der Markanalyse, der Marktentwicklung und der Verbraucherinformation im Kontext von Artikel 25, 26 und 27 verwenden.

KAPITEL VIII
NICHTEINHALTUNG, SCHUTZKLAUSEL

Artikel 25
Nichteinhaltung durch die verantwortliche Person

(1) Unbeschadet Absatz 4 fordern die zuständigen Behörden die verantwortliche Person auf, alle geeigneten Maßnahmen zu ergreifen; hierzu gehören unter anderem Abhilfemaßnahmen, um das kosmetische Mittel in Übereinstimmung mit den Vorschriften zu bringen, die Rücknahme des Mittels vom Markt oder der Rückruf des Mittels innerhalb einer ausdrücklich festgelegten Frist, die sich nach der Art des Risikos richtet, sofern eine der folgenden Anforderungen nicht erfüllt wird:

a) die in Artikel 8 genannte gute Herstellungspraxis;

b) die in Artikel 10 genannte Sicherheitsbewertung;

c) die in Artikel 11 genannten Anforderungen an die Produktinformationsdatei;

d) die in Artikel 12 genannten Vorschriften zu Probenahme und Analyse;

e) die in den Artikeln 13 und 16 genannten Meldepflichten;

f) die in den Artikeln 14, 15 und 17 genannten Einschränkungen für Stoffe;

g) die in Artikel 18 genannten Vorschriften über Tierversuche;

h) die in Artikel 19 Absätze 1, 2, 5 und 6 genannten Kennzeichnungsvorschriften;

i) die in Artikel 20 genannten Vorschriften über Werbeaussagen über das Mittel;

j) der in Artikel 21 genannte Zugang der Öffentlichkeit zu Informationen;

k) die in Artikel 23 genannte Meldung ernster unerwünschter Wirkungen;

l) die in Artikel 24 genannten erforderlichen Angaben über Stoffe.

(2) Gegebenenfalls unterrichtet eine zuständige Behörde die zuständige Behörde des Mitgliedstaats, in dem die verantwortliche Person ansässig ist, über die Maßnahmen, die sie der verantwortlichen Person auferlegt hat.

(3) Die verantwortliche Person stellt sicher, dass die in Absatz 1 aufgeführten Maßnahmen für alle betroffenen, in der Gemeinschaft auf dem Markt bereitgestellten kosmetischen Mittel ergriffen werden.

(4) Gelangt die zuständige Behörde bei ernsten Risiken für die menschliche Gesundheit zu der Ansicht, dass die Nichteinhaltung nicht auf das

Gebiet des Mitgliedstaates, in dem das kosmetische Mittel auf dem Markt bereitgestellt wird, beschränkt ist, unterrichtet sie die Kommission und die zuständigen Behörden der anderen Mitgliedstaaten von den Maßnahmen, die sie der verantwortlichen Person auferlegt hat.

(5) Die zuständige Behörde trifft alle geeigneten Maßnahmen, um in folgenden Fällen die Bereitstellung des kosmetischen Mittels auf dem Markt zu verbieten, einzuschränken oder es vom Markt zu nehmen oder zurückzurufen:

a) wenn bei einem ernsten Risiko für die menschliche Gesundheit ein sofortiges Tätigwerden erforderlich ist; oder

b) wenn die verantwortliche Person innerhalb der in Absatz 1 genannten Frist nicht alle geeigneten Maßnahmen unternommen hat.

Bestehen ernste Risiken für die Gesundheit, unterrichtet diese zuständige Behörde die Kommission und die zuständigen Behörden der anderen Mitgliedstaaten unverzüglich über die getroffenen Maßnahmen.

(6) Wenn kein ernstes Risiko für die menschliche Gesundheit besteht, informiert die zuständige Behörde für den Fall, dass die verantwortliche Person nicht alle geeigneten Maßnahmen ergriffen hat, unverzüglich die zuständige Behörde des Mitgliedstaats, in dem die verantwortliche Person ansässig ist, über die getroffenen Maßnahmen.

(7) Im Sinne der Absätze 4 und 5 dieses Artikels findet das System für Informationsaustausch gemäß Artikel 12 Absatz 1 der Richtlinie 2001/95/EG des Europäischen Parlaments und des Rates vom 3. Dezember 2001 über die allgemeine Produktsicherheit[1]) Anwendung.

Artikel 12 Absätze 2, 3 und 4 der Richtlinie 2001/95/EG und Artikel 23 der Verordnung (EG) Nr. 765/2008 des Europäischen Parlaments und des Rates vom 9. Juli 2008 über die Vorschriften für die Akkreditierung und Marktüberwachung im Zusammenhang mit der Vermarktung von Produkten[2]) finden ebenfalls Anwendung.

Artikel 26
Nichteinhaltung durch die Händler

Die zuständigen Behörden fordern die Händler auf, alle geeigneten Maßnahmen zu ergreifen; hierzu gehören unter anderem Abhilfemaßnahmen, um das kosmetische Mittel in Übereinstimmung mit den Vorschriften zu bringen, die Rücknahme des Mittels vom Markt oder der Rückruf des Mittels innerhalb einer angemessenen Frist, die sich nach der Art des Risikos richtet, sofern Bestimmungen nach Artikel 6 nicht erfüllt werden.

Artikel 27
Schutzklausel

(1) Stellt eine zuständige Behörde im Fall von Produkten, die den Anforderungen gemäß Artikel 25 Absatz 1 entsprechen, fest, oder hat sie begründete Besorgnis, dass eines oder mehrere auf dem Markt bereitgestellte kosmetische Mittel wahrscheinlich ein ernstes Risiko für die menschliche Gesundheit darstellen oder darstellen könnten, ergreift sie alle geeigneten vorläufigen Maßnahmen, um sicherzustellen, dass das oder die kosmetischen Mittel vom Markt genommen, zurückgerufen oder seine bzw. ihre Verfügbarkeit auf andere Weise eingeschränkt wird bzw. werden.

(2) Die zuständige Behörde unterrichtet unverzüglich die Kommission und die zuständigen Behörden der anderen Mitgliedstaaten über die ergriffenen Maßnahmen und teilt ihnen alle sachdienlichen Daten mit.

Im Sinne von Unterabsatz 1 wird das in Artikel 12 Absatz 1 der Richtlinie 2001/95/EG genannte Informationsaustauschsystem verwendet.

Artikel 12 Absätze 2, 3 und 4 der Richtlinie 2001/95/EG finden Anwendung.

(3) Die Kommission entscheidet, so bald wie möglich, ob die vorläufigen Maßnahmen nach Absatz 1 gerechtfertigt sind. Dazu konsultiert die Kommission, soweit dies möglich ist, die Betroffenen, die Mitgliedstaaten und den SCCS.

(4) Falls die vorläufigen Maßnahmen gerechtfertigt sind, findet Artikel 31 Absatz 1 Anwendung.

(5) Falls die vorläufigen Maßnahmen nicht gerechtfertigt sind, unterrichtet die Kommission die Mitgliedstaaten darüber, und die betroffene zuständige Behörde hebt die fraglichen vorläufigen Maßnahmen auf.

Artikel 28
Gute Verwaltungspraxis

(1) In jeder gemäß Artikel 25 und 27 getroffenen Entscheidung sind die ihr zugrunde liegenden genauen Gründe anzugeben. Sie wird von der zuständigen Behörde der verantwortlichen Person unverzüglich unter Angabe der Rechtsmittel, die nach dem im jeweiligen Mitgliedstaat geltenden Recht eingelegt werden können, und der Rechtsmittelfristen mitgeteilt.

(2) Sofern nicht wegen ernster Risiken für die menschliche Gesundheit ein sofortiges Tätigwerden erforderlich ist, wird der verantwortlichen Person die Gelegenheit gegeben, ihren Standpunkt darzulegen, bevor eine Entscheidung getroffen wird.

Zu Artikel 25:
[1]) ABl. L 11 vom 15.1.2002, S. 4.
[2]) ABl. L 218 vom 13.8.2008, S. 30.

(3) Sofern zutreffend, gelten die Bestimmungen in den Absätzen 1 und 2 im Hinblick auf die Händler für alle Entscheidungen, die gemäß den Artikeln 26 und 27 getroffen werden.

KAPITEL IX
ZUSAMMENARBEIT DER VERWALTUNGEN

Artikel 29
Zusammenarbeit der zuständigen Behörden

(1) Die zuständigen Behörden der Mitgliedstaaten arbeiten untereinander und mit der Kommission zusammen, um die richtige Anwendung und Durchsetzung dieser Verordnung zu gewährleisten, und übermitteln einander alle Informationen, die für eine einheitliche Durchführung dieser Verordnung erforderlich sind.

(2) Die Kommission sorgt für die Organisation eines Erfahrungsaustausches zwischen den zuständigen Behörden, um die einheitliche Durchführung dieser Verordnung zu koordinieren.

(3) Die Zusammenarbeit kann auch im Rahmen von Initiativen erfolgen, die auf internationaler Ebene verfolgt werden.

Artikel 30
Zusammenarbeit bei der Überprüfung der Produktinformationsdatei

Die zuständige Behörde jedes Mitgliedstaats, in dem ein kosmetisches Mittel bereitgestellt wird, kann die zuständige Behörde des Mitgliedstaats, in dem die Produktinformationsdatei leicht zugänglich gemacht wird, um die Überprüfung ersuchen, ob die Produktinformationsdatei die Anforderungen von Artikel 11 Absatz 2 erfüllt und ob die in der Datei enthaltenen Angaben einen Nachweis der Sicherheit des kosmetischen Mittels darstellen.

Die ersuchende zuständige Behörde muss ihr Ersuchen begründen.

Auf ein solches Ersuchen hin führt die ersuchte zuständige Behörde die Überprüfung unverzüglich und unter Berücksichtigung der Dringlichkeit durch und unterrichtet die ersuchende zuständige Behörde von ihren Erkenntnissen.

KAPITEL X
DURCHFÜHRUNGSMASSNAHMEN, SCHLUSSBESTIMMUNGEN

Artikel 31
Änderung der Anhänge

(1) Bedarf ein von der Verwendung von Stoffen in kosmetischen Mitteln ausgehendes mögliches Risiko für die menschliche Gesundheit einer gemeinschaftsweiten Regelung, kann die Kommission nach Anhörung des SCCS die Anhänge II bis VI entsprechend ändern.

Diese Maßnahmen zur Änderung nicht wesentlicher Bestimmungen dieser Verordnung werden gemäß dem Regelungsverfahren mit Kontrolle nach Artikel 32 Absatz 3 erlassen.

Aus Gründen äußerster Dringlichkeit kann die Kommission auf das in Artikel 32 Absatz 4 genannte Dringlichkeitsverfahren zurückgreifen.

(2) Die Kommission kann nach Anhörung des SCCS die Anhänge III bis VI und den Anhang VIII ändern, um sie an den technischen und wissenschaftlichen Fortschritt anzupassen.

Diese Maßnahmen zur Änderung nicht wesentlicher Bestimmungen dieser Verordnung werden nach dem in Artikel 32 Absatz 3 genannten Regelungsverfahren mit Kontrolle erlassen.

(3) Die Kommission kann nach Anhörung des SCCS Anhang I ändern, sofern dies nötig erscheint, um die Sicherheit in Verkehr gebrachter kosmetischer Mittel zu gewährleisten.

Diese Maßnahmen zur Änderung nicht wesentlicher Bestimmungen dieser Verordnung werden nach dem in Artikel 32 Absatz 3 genannten Regelungsverfahren mit Kontrolle erlassen.

Artikel 32
Ausschussverfahren

(1) Die Kommission wird vom Ständigen Ausschuss „Kosmetische Mittel" unterstützt.

(2) Wird auf diesen Absatz Bezug genommen, so gelten die Artikel 5 und 7 des Beschlusses 1999/468/EG unter Beachtung von dessen Artikel 8.

Der Zeitraum nach Artikel 5 Absatz 6 des Beschlusses 1999/468/EG wird auf drei Monate festgesetzt.

(3) Wird auf diesen Absatz Bezug genommen, so gelten Artikel 5a Absätze 1 bis 4 und Artikel 7 des Beschlusses 1999/468/EG unter Beachtung von dessen Artikel 8.

(4) Wird auf diesen Absatz Bezug genommen, so gelten Artikel 5a Absätze 1, 2, 4 und 6 und Artikel 7 des Beschlusses 1999/468/EG unter Beachtung von dessen Artikel 8.

Artikel 33
Glossar der gemeinsamen Bezeichnungen von Bestandteilen

Die Kommission erstellt und aktualisiert ein Glossar der gemeinsamen Bezeichnungen von Bestandteilen. Zu diesem Zweck wird die Kommission die international anerkannten Nomenklaturen einschließlich der Internationalen Nomenklatur für kosmetische Inhaltsstoffe (INCI) berücksichtigen. Dieses Glossar stellt keine Liste von Stoffen dar, deren Verwendung in kosmetischen Mitteln zulässig ist.

Die gemeinsamen Bezeichnungen von Bestandteilen werden für die Kennzeichnung in Verkehr gebrachter kosmetischer Mittel spätestens zwölf Monate nach der Veröffentlichung des Glossars im Amtsblatt der Europäischen Union angewendet.

Artikel 34
Zuständige Behörden, Giftnotrufzentralen oder gleichartige Stellen

(1) Die Mitgliedstaaten benennen ihre eigenen nationalen zuständigen Behörden.

(2) Die Mitgliedstaaten teilen der Kommission die Angaben zu den in Absatz 1 genannten Behörden und zu den in Artikel 13 Absatz 6 genannten Giftnotrufzentralen oder ähnlichen Einrichtungen mit. Sie übermitteln eine Aktualisierung dieser Angaben, wenn dies notwendig ist.

(3) Die Kommission erstellt eine Liste der in Absatz 2 genannten Behörden und Stellen, aktualisiert sie und macht sie öffentlich zugänglich.

Artikel 35
Jährlicher Bericht über Tierversuche

Die Kommission legt dem Europäischen Parlament und dem Rat jedes Jahr einen Bericht über Folgendes vor:

1. die Fortschritte bei der Entwicklung, Validierung und rechtlichen Anerkennung der alternativen Versuchsmethoden. Dieser Bericht enthält genaue Angaben zu Anzahl und Art der Tierversuche für kosmetische Mittel. Die Mitgliedstaaten sind verpflichtet, diese Angaben zusätzlich zu der Erhebung der statistischen Angaben gemäß der Richtlinie 86/609/EWG zu sammeln. Die Kommission sorgt insbesondere für die Entwicklung, Validierung und rechtliche Anerkennung alternativer Versuchsmethoden, die ohne lebende Tiere auskommen;

2. die Fortschritte der Kommission bei ihren Bemühungen, die Anerkennung der auf Gemeinschaftsebene validierten alternativen Methoden durch die OECD zu erwirken und die Anerkennung der Ergebnisse der in der Gemeinschaft mit Hilfe alternativer Methoden durchgeführten Sicherheitsprüfungen durch Drittstaaten zu erwirken, insbesondere im Rahmen der Kooperationsabkommen zwischen der Gemeinschaft und diesen Ländern;

3. die Art der Berücksichtigung der besonderen Bedürfnisse der kleinen und mittleren Unternehmen.

Artikel 36
Förmlicher Widerspruch gegen harmonisierte Normen

(1) Gelangt ein Mitgliedstaat oder die Kommission zu der Ansicht, dass eine harmonisierte Norm die in den einschlägigen Bestimmungen dieser Verordnung aufgeführten Anforderungen nicht vollständig erfüllt, befasst die Kommission oder der betreffende Mitgliedstaat den mit Artikel 5 der Richtlinie 98/34/EG eingesetzten Ausschuss mit dieser Angelegenheit unter Angabe von Gründen. Der Ausschuss nimmt hierzu umgehend Stellung.

(2) Aufgrund der Stellungnahme des Ausschusses entscheidet die Kommission, ob die Verweise auf die betreffenden harmonisierten Normen im Amtsblatt der Europäischen Union zu veröffentlichen, unter Vorbehalt zu veröffentlichen, zu belassen, unter Vorbehalt zu belassen, nicht zu veröffentlichen oder zu streichen sind.

(3) Die Kommission unterrichtet die Mitgliedstaaten und das betroffene europäische Normungsgremium. Sie beantragt bei Bedarf die Überprüfung der betreffenden harmonisierten Normen.

Artikel 37
Sanktionen

Die Mitgliedstaaten legen Vorschriften über Sanktionen für Verstöße gegen die Bestimmungen dieser Verordnung fest und treffen alle zu ihrer Anwendung erforderlichen Maßnahmen. Die Sanktionen müssen wirksam, verhältnismäßig und abschreckend sein. Die Mitgliedstaaten teilen der Kommission diese Vorschriften spätestens am 11. Juli 2013 mit und melden ihr spätere Änderungen unverzüglich.

Artikel 38
Aufhebung

Die Richtlinie 76/768/EWG wird abgesehen von Artikel 4b, der mit Wirkung vom 1. Dezember 2010 aufgehoben wird, mit Wirkung vom 11. Juli 2013 aufgehoben.

Bezugnahmen auf die aufgehobene Richtlinie gelten als Bezugnahmen auf diese Verordnung.

Diese Verordnung berührt nicht die Pflichten der Mitgliedstaaten hinsichtlich der in Anhang IX Teil B genannten Fristen für die Umsetzung der Richtlinien in einzelstaatliches Recht.

Die zuständigen Behörden halten jedoch die Informationen weiter zur Verfügung, die gemäß Artikel 7 Absatz 3 und Artikel 7a Absatz 4 der Richtlinie 76/768/EWG eingegangen sind und die verantwortlichen Personen sorgen weiterhin dafür, dass die gemäß Artikel 7a jener Richtlinie erhobenen Informationen bis zum 11. Juli 2020 leicht zugänglich bleiben.

Artikel 39 – 40

Artikel 39
Übergangsbestimmungen

„Abweichend von Richtlinie 76/768/EWG können kosmetische Mittel, die dieser Verordnung entsprechen, vor dem 11. Juli 2013 in Verkehr gebracht werden."

Ab 11. Januar 2012 werden abweichend von Richtlinie 76/768/EWG Anmeldungen in Übereinstimmung mit Artikel 13 dieser Verordnung als in Einklang mit Artikel 7 Absatz 3 und Artikel 7a Absatz 4 dieser Richtlinie angesehen.
(ABl L 72 vom 15. 3. 2013, S. 16)

Artikel 40
Inkrafttreten und Anwendungsbeginn

(1) „Diese Verordnung tritt am zwanzigsten Tag nach ihrer Veröffentlichung im Amtsblatt der Europäischen Union in Kraft." *(ABl L 72 vom 15. 3. 2013, S. 16)*

(2) Sie gilt ab 11. Juli 2013 mit Ausnahme von:

– Artikel 15 Absätze 1 und 2, die ab dem 1. Dezember 2010 gelten, sowie Artikel 14, 31 und 32, soweit dies für die Anwendung von Artikel 15 Absätze 1 und 2 erforderlich ist; und

– Artikel 16 Absatz 3 Unterabsatz 2, der ab 11. Januar 2013 gilt.

Diese Verordnung ist in allen ihren Teilen verbindlich und gilt unmittelbar in jedem Mitgliedstaat.

Geschehen zu Brüssel am 30. November 2009.

Im Namen des Europäischen Parlaments	Im Namen des Rates
Der Präsident	*Präsidentin*
J. BUZEK	B. ASK

Anhänge: *Nicht abgedruckt. (Die Anhänge sind im Volltext auf www.lexisnexis.at unter dem Menüpunkt „Service", Unterpunkt „Downloads & Updates" abrufbar.)*

9/2. Verordnung (EU) Nr. 655/2013 zur Festlegung gemeinsamer Kriterien zur Begründung von Werbeaussagen im Zusammenhang mit kosmetischen Mitteln

ABl L 190 vom 11. 07. 2013, S. 31

Verordnung (EU) Nr. 655/2013 der Kommission vom 10. Juli 2013 zur Festlegung gemeinsamer Kriterien zur Begründung von Werbeaussagen im Zusammenhang mit kosmetischen Mitteln

DIE EUROPÄISCHE KOMMISSION —

gestützt auf den Vertrag über die Arbeitsweise der Europäischen Union,

gestützt auf die Verordnung (EG) Nr. 1223/2009 des Europäischen Parlaments und des Rates vom 30. November 2009 über kosmetische Mittel[1], insbesondere auf Artikel 20 Absatz 2 Unterabsatz 2,

in Erwägung nachstehender Gründe:

(1) Endverbraucher im Sinne der Begriffsbestimmung in Artikel 2 Absatz 1 Buchstabe f der Verordnung (EG) Nr. 1223/2009 sind mit einer Vielzahl von Werbeaussagen hinsichtlich der Funktion, des Inhalts und der Wirkungen kosmetischer Mittel konfrontiert. Angesichts der erheblichen Bedeutung kosmetischer Mittel im Leben der Endverbraucher muss dafür gesorgt werden, dass die durch solche Werbeaussagen vermittelten Informationen nützlich, verständlich und zuverlässig sind und es den Endverbrauchern ermöglichen, fundierte Entscheidungen zu treffen und die Mittel auszuwählen, die am besten ihren Bedürfnissen und Erwartungen entsprechen.

(2) Werbeaussagen zu kosmetischen Mitteln dienen hauptsächlich zur Information der Endverbraucher über die Eigenschaften und qualitativen Merkmale der Produkte. Sie sind wesentliche Instrumente zur Unterscheidung zwischen den Produkten. Zudem regen sie Innovationen an und fördern den Wettbewerb.

(3) Auf Unionsebene sollten gemeinsame Kriterien festgelegt werden, um die Verwendung von Werbeaussagen in Bezug auf kosmetische Mittel zu begründen. Das wichtigste Ziel der Festlegung gemeinsamer Kriterien ist die Gewährleistung eines hohen Niveaus an Schutz für die Endverbraucher, insbesondere vor irreführenden Aussagen in Bezug auf kosmetische Mittel. Ein gemeinsamer Ansatz auf Unionsebene sollte auch die Konvergenz der von den zuständigen Behörden der Mitgliedstaaten ergriffenen Maßnahmen verbessern und Verzerrungen im Binnenmarkt verhindern. Ein solcher Ansatz sollte zudem die Zusammenarbeit der für die Durchsetzung des Verbraucherschutzes zuständigen Behörden verbessern, wie in der Verordnung (EG) Nr. 2006/2004 des Europäischen Parlaments und des Rates vom 27. Oktober 2004 über die Zusammenarbeit zwischen den für die Durchsetzung der Verbraucherschutzgesetze zuständigen nationalen Behörden („Verordnung über die Zusammenarbeit im Verbraucherschutz")[2] vorgesehen.

(4) Artikel 20 der Verordnung (EG) Nr. 1223/2009 gilt für Produkte, die unter die Definition des Begriffs „kosmetisches Mittel" in Artikel 2 jener Verordnung fallen. Die gemeinsamen Kriterien gelten somit nur dann, wenn festgestellt wurde, dass das betreffende Produkt tatsächlich ein kosmetisches Mittel ist. Die Entscheidung darüber, welcher Regelungsrahmen zur Anwendung kommt, treffen die zuständigen nationalen Behörden bzw. die nationalen Gerichte auf Einzelfallbasis.

(5) Die gemeinsamen Kriterien sollten unbeschadet der Richtlinie 2005/29/EG des Europäischen Parlaments und des Rates vom 11. Mai 2005 über unlautere Geschäftspraktiken im binnenmarktinternen Geschäftsverkehr zwischen Unternehmen und Verbrauchern und zur Änderung der Richtlinie 84/450/EWG des Rates, der Richtlinien 97/7/EG, 98/27/EG und 2002/65/EG des Europäischen Parlaments und des Rates sowie der Verordnung (EG) Nr. 2006/2004 des Europäischen Parlaments und des Rates („Richtlinie über unlautere Geschäftspraktiken")[3], der Richtlinie 2006/114/EG des Europäischen Parlaments und des Rates vom 12. Dezember 2006 über irreführende und vergleichende Werbung[4] und anderer

---

Zur Präambel
[1] ABl. L 342 vom 22.12.2009, S. 59.

Zu Abs. 3:
[2] ABl. L 364 vom 9.12.2004, S. 1.

Zu Abs. 5:
[3] ABl. L 149 vom 11.6.2005, S. 22.
[4] ABl. L 376 vom 27.12.2006, S. 21.

einschlägiger Rechtsvorschriften der Union gelten.

(6) Für an Endverbraucher gerichtete Werbeaussagen sollte ein flexibler Ansatz gewählt werden, um die gesellschaftliche, sprachliche und kulturelle Vielfalt der EU zu berücksichtigen und um die Innovationskraft und die Wettbewerbsfähigkeit der europäischen Industrie zu erhalten. Ein solcher Ansatz steht im Einklang mit den vom Gerichtshof vertretenen Grundsätzen; dieser hat mehrfach unterstrichen, dass zur Feststellung, ob eine Werbeaussage möglicherweise für Verbraucher irreführend ist, die mutmaßlichen Erwartungen der Verbraucher zu analysieren sind, und zwar unter Berücksichtigung des spezifischen Kontexts und der Umstände, unter denen die Aussage gemacht wird, einschließlich sozialer, kultureller und sprachlicher Faktoren[5]).

(7) Die gemeinsamen Kriterien sollten zwar gewährleisten, dass EU-weit die gleichen Grundsätze eingehalten werden, sie sollten jedoch nicht auf die Bestimmung und Festlegung des Wortlauts von Werbeaussagen für kosmetische Mittel abzielen.

(8) Um sicherzustellen, dass die gemeinsamen Kriterien zur Begründung von Werbeaussagen im Zusammenhang mit kosmetischen Mitteln ab demselben Zeitpunkt gelten wie die Verordnung (EG) Nr. 1223/2009, sollte die vorliegende Verordnung ab dem 11. Juli 2013 gelten.

(9) Die in dieser Verordnung vorgesehenen Maßnahmen entsprechen der Stellungnahme des Ständigen Ausschusses für kosmetische Mittel.

HAT FOLGENDE VERORDNUNG ERLASSEN:

Zu Abs. 6:
[5]) Siehe z. B. Rechtssache C-220/98, Estée Lauder Cosmetics/Lancaster, Slg. 2000, S. I-00117, Randnr. 29.

Artikel 1

Diese Verordnung gilt für Werbeaussagen in Form von Texten, Bezeichnungen, Marken, Abbildungen und anderen bildhaften oder nicht bildhaften Zeichen, die sich explizit oder implizit auf Merkmale oder Funktionen eines Produkts beziehen und die bei der Kennzeichnung, bei der Bereitstellung auf dem Markt und in der Werbung für kosmetische Mittel eingesetzt werden. Sie gilt für alle Werbeaussagen, unabhängig davon, welches Medium oder Marketinginstrument genutzt wird, welche Funktionen des Produkts Gegenstand der Aussagen sind und welche Zielgruppe angesprochen wird.

Artikel 2

Die verantwortliche Person im Sinne des Artikels 4 der Verordnung (EG) Nr. 1223/2009 sorgt dafür, dass Formulierungen von Werbeaussagen in Bezug auf kosmetische Mittel die gemeinsamen Kriterien in Anhang I erfüllen und mit der Dokumentation zum Nachweis der für das kosmetische Mittel angepriesenen Wirkung in Einklang stehen, die Teil der Produktinformationsdatei gemäß Artikel 11 der Verordnung (EG) Nr. 1223/2009 ist.ument genutzt wird, welche Funktionen des Produkts Gegenstand der Aussagen sind und welche Zielgruppe angesprochen wird.

Artikel 3

Diese Verordnung tritt am Tag nach ihrer Veröffentlichung im *Amtsblatt der Europäischen Union* in Kraft.
Sie gilt ab dem 11. Juli 2013.

Diese Verordnung ist in allen ihren Teilen verbindlich und gilt unmittelbar in jedem Mitgliedstaat.

Brüssel, den 10. Juli 2013

Für die Kommission
Der Präsident
José Manuel BARROSO

ANHANG

GEMEINSAME KRITERIEN

1. Einhaltung von Rechtsvorschriften

1. Werbeaussagen, denen zufolge ein Produkt von einer zuständigen Behörde innerhalb der EU zugelassen oder genehmigt wurde, sind unzulässig.
2. Die Zulässigkeit einer Werbeaussage richtet sich danach, wie der durchschnittliche Endverbraucher eines kosmetischen Mittels, der angemessen gut unterrichtet und angemessen aufmerksam und kritisch ist, diese Aussage unter Berücksichtigung der sozialen, kulturellen und sprachlichen Faktoren innerhalb des betreffenden Marktes wahrnimmt.
3. Werbeaussagen, die die Vorstellung vermitteln, dass ein Produkt einen bestimmten Nutzen hat, der jedoch nur in der Erfüllung der rechtlichen Mindestanforderungen besteht, sind unzulässig.

2. Wahrheitstreue

1. Wird in einer Werbeaussage für ein Produkt behauptet, dass es einen bestimmten Bestandteil enthält, muss dieser gezielt vorhanden sein.
2. Werbeaussagen, die sich auf die Eigenschaften eines bestimmten Bestandteils beziehen, dürfen nicht den Eindruck erwecken, dass das Endprodukt dieselben Eigenschaften hat, wenn dies nicht der Fall ist.
3. Marketing-Mitteilungen dürfen nicht den Eindruck erwecken, Meinungsäußerungen seien nachgeprüfte Aussagen, es sei denn, eine Meinungsäußerung spiegelt eine nachprüfbare Tatsache wider.

3. Belegbarkeit

1. Werbeaussagen über kosmetische Mittel — ob explizit oder implizit — müssen durch hinreichende und überprüfbare Nachweise belegt werden, unabhängig von der Art der für die Bestätigung der Aussagen herangezogenen Nachweise (gegebenenfalls einschließlich Sachverständigengutachten).
2. Die Nachweise zur Bestätigung von Werbeaussagen müssen den Stand der Technik berücksichtigen.
3. Werden Studien als Nachweis herangezogen, so müssen diese relevant für das Produkt und den behaupteten Nutzen sein, auf einwandfrei entwickelten und angewandten Methoden (gültig, zuverlässig und reproduzierbar) basieren und ethischen Erwägungen Rechnung tragen.
4. Die Beweiskraft der Nachweise bzw. Belege muss mit der Art der getätigten Werbeaussage in Einklang stehen; dies gilt insbesondere für Aussagen, bei denen eine fehlende Wirksamkeit ein Sicherheitsproblem verursachen könnte.
5. Eindeutig übertriebene Behauptungen, die vom durchschnittlichen Endverbraucher nicht wörtlich genommen werden (Hyperbel), und Behauptungen abstrakter Natur müssen nicht belegt werden.
6. Eine Aussage, die Eigenschaften eines Bestandteils (explizit oder implizit) auf das Endprodukt extrapoliert, muss durch hinreichende und überprüfbare Nachweise belegt werden, etwa durch den Nachweis einer wirksamen Konzentration des Bestandteils im Produkt.
7. Die Bewertung der Annehmbarkeit einer Werbeaussage stützt sich auf das Gewicht der Nachweise in Form sämtlicher verfügbarer Studien, Daten und Informationen und richtet sich nach der Art der Werbeaussage sowie nach dem allgemeinen Wissensstand der Endverbraucher.

4. Redlichkeit

1. Darstellungen zur Wirkung eines Produkts dürfen nicht über das hinausgehen, was die vorhandenen Nachweise belegen.
2. Werbeaussagen dürfen dem betreffenden Produkt keine besonderen (d. h. einzigartigen) Eigenschaften zusprechen, wenn ähnliche Produkte dieselben Eigenschaften aufweisen.
3. Ist die Wirkung eines Produkts an bestimmte Bedingungen gekoppelt (z. B. die Verwendung zusammen mit anderen Produkten), so muss dies klar angegeben werden.

9/2. EU-ClaimsV Kosmetik
ANHANG

5. Lauterkeit

1. Werbeaussagen über kosmetische Mittel müssen objektiv sein und dürfen weder Wettbewerber noch Bestandteile, die rechtmäßig in kosmetischen Mitteln verwendet werden, herabsetzen.

2. Aussagen über kosmetische Mittel dürfen nicht zu Verwechslungen mit Produkten von Wettbewerbern führen.

6. Fundierte Entscheidungsfindung

1. Werbeaussagen müssen für den durchschnittlichen Endverbraucher klar und verständlich sein.

2. Werbeaussagen sind ein unmittelbarer Bestandteil der Produkte und müssen Informationen enthalten, die es dem durchschnittlichen Endverbraucher ermöglichen, eine fundierte Kaufentscheidung zu treffen.

3. In Marketing-Mitteilungen ist zu berücksichtigen, inwieweit die Zielgruppe (Bevölkerung der betreffenden Mitgliedstaaten bzw. einzelne Bevölkerungssegmente, z. B. Endverbraucher verschiedenen Alters und Geschlechts) in der Lage ist, die Aussage zu erfassen. Marketing-Mitteilungen müssen klar, präzise, relevant und für die Zielgruppe verständlich sein.

9/3. Kosmetik-Durchführungsverordnung

BGBl II 2013/330

Verordnung des Bundesministers für Gesundheit über Durchführungsvorschriften für kosmetische Mittel (Kosmetik-Durchführungsverordnung)

Auf Grund des § 20 des Lebensmittelsicherheits- und Verbraucherschutzgesetzes – LMSVG, BGBl. I Nr. 13/2006, zuletzt geändert durch das Bundesgesetz BGBl. I Nr. 171/2013, wird verordnet:

Geltungsbereich

§ 1. Gegenstand dieser Verordnung sind kosmetische Mittel gemäß Art. 2 Abs. 1 lit. a der Verordnung (EG) Nr. 1223/2009 über kosmetische Mittel (ABl. Nr. L 342 vom 22. Dezember 2009).

Kennzeichnung verpackter kosmetischer Mittel

§ 2. Die in Art. 19 Abs. 1 lit. b, c, d und f der Verordnung (EG) Nr. 1223/2009 genannten Angaben sind in deutscher Sprache anzuführen.

Kennzeichnung unverpackter kosmetischer Mittel

§ 3. Die Kennzeichnung unverpackter kosmetischer Mittel hat im Sinne von Art. 19 der Verordnung (EG) Nr. 1223/2009 zu erfolgen und ist auf der Ware durch Anhängerzettel, Aufkleber oder in ähnlicher Form anzubringen. § 2 gilt sinngemäß.

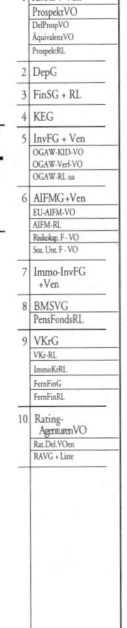

KODEX DES ÖSTERREICHISCHEN RECHTS
HERAUSGEBER: UNIV.-PROF. DR. WERNER DORALT

VERSICHERUNGSRECHT

#	
1	VersVG
2	ABGB §§ 1288 ff PHG, KSchG
3	EuGVVO Rom I + IPRG
4	KFG + ZustV EKHG
5	KHVG AKHB + AKKB
6	KHV Euro-Üb Abk Ö-Schweiz
7	VOEG Vertrag Ö-Schweiz
8	LFG BGesLV
9	GewO RSV+ERV-RVB RAO + EIRAG NO WTBG + BiBuG ÄrzteG
10	
11	Sonstige Haftpflichtverz
12	AVB Leben Unfall Sachversicherung Einbruchdiebstahl Feuer Glas Haftpfl, (SKV, ÖÄK) Haushalt Rechtsschutz Transport AC/BP (SVS/RVS)
13	VAG + VOen FMABG
14	BAG + VOen
15	GewO + VOen
16	MaklerG AGB-VersMakler
17	Hagelvers-FoG
18	Tiervers-FoG
19	Waldvers(hden-Fö FormL + VO
20	Kapitalvers-FoG FSG
21	VersStG + VO
22	FeuerschStG + VO
23	PKG + VOen
24	BPG
25	EU-VOen
Anhang	IMD 1.5

LexisNexis

KODEX DES ÖSTERREICHISCHEN RECHTS
HERAUSGEBER: UNIV.-PROF. DR. WERNER DORALT

FINANZMARKTRECHT I

#	
1	BWG CRR-BegleitV CRR-MappingV KI-RMV Mindeststcherien V LiquaditätsV ReservemeldungsV S. Liqu V Int. Datenaustausch AP-VO JKAB-V VERA-V VTDM-V STDM-V ZKRMV EKV GTV CRR DefCRR-Kreditrisiko DefCRR-Eigenmittel BankenRL EinlagensicherungsRL Banken-Liqu-RL BIRG + Ven SpG BSpG + V PSK-G + PSK-AG HypBG Pfandbrief G + EinfVen FBSchVG Pfandbriefstelle-G KuratorenG Kur-ErgänzungsG A-QSG + V; RL-KEG StabAbgG ADG NBG
2	FMABG + Ven EBA-VO ESRB-VO SSM-VO SSM-EP-EZB SSM-DurchführungsV
3	FinStaG + Ven ZaBiStaG ÖIAGG Banken-Mdlg Impaired-Assets-Mtlg UmstrukturierungsM RekapitalisierungsM
4	Finanzkonglomerate G + Ven FKRL

LexisNexis

KODEX DES ÖSTERREICHISCHEN RECHTS
HERAUSGEBER: UNIV.-PROF. DR. WERNER DORALT

FINANZMARKTRECHT II

#	
1	KMG + Ven ProspektVO DelProspVO ÄquivalenzVO ProspektRL
2	DepG
3	FinSG + RL
4	KEG
5	InvFG + Ven OGAW-KID-VO OGAW-Verf-VO OGAW-RL ua
6	AIFMG + Ven EU-AIFM-VO AIFM-RL Risikokap. F - VO Soz. Unt. F - VO
7	Immo-InvFG + Ven
8	BMSVG PensFondsRL
9	VKrG VKg-RL ImmoKrRL FernFinG FernFinRL
10	Rating-AgenturenVO Rat.Del.VOen RAVG + Liste

LexisNexis

KODEX DES ÖSTERREICHISCHEN RECHTS
HERAUSGEBER: UNIV.-PROF. DR. WERNER DORALT

FINANZMARKTRECHT III

#	
1	ZaDiG + Ven SEPA-VO ÜberweisungsVO AuftraggeberdatenVO ZahlungsdienstRL E-GeldG + V E-GeldRL DerivG + Ven Sanktionen G + Kdm 1. EuoJusIiwG 1. EurFinJlingG EuroG SchMG WechselG ScheckG KEG
2	WAG + Ven MiFID-V MiFID MiFID²
3	Geldwäsche-RLn
4	AnlegerentschädigungsRL
5	BörseG + V
6	Short-Selling-VO + DelVen
7	REMIT-VO
8	Strommärkte-VO
9	Treibhausgas-VO
10	EU-MarktmissbrauchsVO MarktmissbrauchsRLn
11	NotierungsRL
12	Transparenz-RLn
13	DerivateVO DelVen (EMIR) ZGVG + V
14	FinalitätsG RL
15	FMABG + Ven
16	ESMA-VO
17	ESRB + V

LexisNexis

Kodex Lebensmittelrecht 1. 3. 2022

10. Kontrolle

10. Amtliche Kontrolle

Übersicht

10/1. **LMSVG- Aus- und Weiterbildungsverordnung**, BGBl II 2008/275 idF BGBl II 2009/322, BGBl II 2013/205 und BGBl II 2019/402

10/2. **Lebensmittelgutachterverordnung**, BGBl II 1997/161 idF BGBl II 2013/153

10/3. **LMSVG-Kontrollgebührenverordnung**, BGBl II 2007/361 idF BGBl II 2010/46 und BGBl II 2017/119

10/4. **LMSVG-Abgabenverordnung – LMSVG-AbV**, BGBl II 2006/381 idF BGBl II 2007/323, BGBl II 2011/135 und BGBl II 2013/74

10/5. **Verordnung über den örtlichen Zuständigkeitsbereich der Österreichischen Agentur für Gesundheit und Ernährungssicherheit GmbH zur Übernahme von amtlichen Proben**, BGBl II 2006/209 idF BGBl II 2010/438

10/6. **Fleischuntersuchungsverordnung 2006**, BGBl II 2006/109 idF BGBl II 2007/82, BGBl II 2008/250, BGBl II 2010/29, BGBl II 2012/156, BGBl II 2014/204 und BGBl II 2019/410

10/7. **Rückstandskontrollverordnung 2006**, BGBl II 2006/110 idF BGBl II 2006/395, BGBl II 2009/24 und BGBl II 2020/134

10/8. **Temperaturkontrollverordnung**, BGBl 1996/581 idF BGBl 2006/305

10/9. **Kosmetik-Analysenverordnung**, BGBl 1995/95 idF BGBl 1996/546 und BGBl II 1997/383

10/10. **Verordnung (EU) 2015/705 zur Festlegung von Probenahmeverfahren und Leistungskriterien für die Analysemethoden, die für die amtliche Kontrolle des Erucasäuregehalts in Lebensmitteln verwendet werden, und zur Aufhebung der Richtlinie 80/891/EWG der Kommission**, ABl L 113, 29

10/1. LMSVG- Aus- und Weiterbildungsverordnung

BGBl II 2008/275 idF

1 BGBl II 2009/322
2 BGBl II 2013/205
3 BGBl II 2019/402

Verordnung der „Bundesminister für Gesundheit" über die Aus- und Weiterbildung von Aufsichtsorganen und Gutachtern in der Agentur und in den Untersuchungsanstalten der Länder gemäß dem LMSVG (LMSVG-Aus- und Weiterbildungsverordnung)

Auf Grund des § 29 Abs. 1 und § 70 Abs. 4 des Lebensmittelsicherheits- und Verbraucherschutzgesetzes - LMSVG, BGBl. I Nr. 13/2006, zuletzt geändert durch das Bundesgesetz BGBl. I Nr. 112/2007, wird verordnet:

Inhaltsverzeichnis

1. Abschnitt
Allgemeines

§ 1	Anwendungsbereich
§ 2	Zielbestimmung

2. Abschnitt
Ausbildung

§ 3	Voraussetzungen
§ 4	Struktur und Inhalt
§ 5	Ausbildung für Aufsichtsorgane gemäß § 24 Abs. 3 LMSVG
§ 6	Ausbildung für beauftragte amtliche Tierärzte
§ 7	Ausbildung für amtliche Fachassistenten
§ 8	Ausbildung für Personen, die für die Erstattung von Gutachten in der Agentur oder in den Untersuchungsanstalten der Länder herangezogen werden
§ 9	Ausbildungsstellen

3. Abschnitt
Praktische und theoretische Ausbildung, Leistungsnachweise

§ 10	Praktische Ausbildung, Inhalte
§ 11	Nachweis der praktischen Ausbildung
§ 12	Theoretische Ausbildung, Inhalte
§ 13	Leistungsnachweis im Rahmen der theoretischen Ausbildung

4. Abschnitt
Kommissionelle Abschlussprüfung

§ 14	Voraussetzung
§ 15	Prüfungskommission
§ 16	Antrag auf Zulassung zur Prüfung
§ 17	Entscheidung über die Zulassung zur Prüfung
§ 18	Gliederung der Prüfung
§ 19	Ausschluss der Öffentlichkeit
§ 20	Leitung und Aufsicht
§ 21	Rücktritt, Nichtteilnahme
§ 22	Prüfungsergebnis
§ 23	Feststellung und Bekanntgabe des Prüfungsergebnisses
§ 24	Prüfungszeugnis
§ 25	Nicht bestandene Prüfung, Wiederholungsprüfung

5. Abschnitt
Weiterbildung

§ 26	Verpflichtung zur regelmäßigen Teilnahme an Weiterbildungsveranstaltungen

6. Abschnitt
Sonstige Bestimmungen

§ 27	Kundmachung der theoretischen Ausbildungslehrgänge
§ 28	Ausbildungsunterlagen und -materialien, Prüfungsunterlagen
§ 29	Finanzielle Bestimmungen
§ 30	Bestimmungen für betriebseigene Hilfskräfte

7. Abschnitt
Schlussbestimmungen

§ 31	Übergangsbestimmungen
§ 32	Inkrafttreten
§ 33	Verweisung auf andere Rechtsvorschriften
§ 34	Personenbezogene Bezeichnungen

Anlagen

10/1. LMSVG-Aus- u. WeiterbildV
Inhaltsverzeichnis, §§ 1 – 3

Anlage 1

Ausbildungsrahmenplan für Aufsichtsorgane

„**Anlage 2a**" *(BGBl II 2019/402)*

„Ausbildungsrahmenplan „A" für amtliche Tierärzte" *(BGBl II 2019/402)*

„**Anlage 2b**" *(BGBl II 2019/402)*

„Ausbildungsrahmenplan „B" für amtliche Tierärzte" *(BGBl II 2019/402)*

„**Anlage 3a**" *(BGBl II 2019/402)*

Ausbildungsrahmenplan „A" für amtliche Fachassistenten

„**Anlage 3b**" *(BGBl II 2019/402)*

Ausbildungsrahmenplan „B" für amtliche Fachassistenten für Trichinenuntersuchungen

Anlage 4

Ausbildungsrahmenplan für Amtsärzte als Aufsichtsorgane für Wasser für den menschlichen Gebrauch

Anlage 5

Ausbildungsrahmenplan für Personen, die für die Erstattung von Gutachten in der Agentur oder in den Untersuchungsanstalten der Länder herangezogen werden

Anlage 6

Ausbildungsrahmenplan für betriebseigene Hilfskräfte für die Geflügel- und Kaninchenuntersuchung

1. Abschnitt
Allgemeines

Anwendungsbereich

§ 1. Diese Verordnung regelt die Voraussetzungen für die Zulassung zur Ausbildung, Art und Umfang der Ausbildung sowie den Umfang der Prüfungsfächer und die Prüfungskommission für

1. Aufsichtsorgane gemäß § 24 Abs. 3 bis 5 LMSVG (Aufsichtsorgane einschließlich bestellte amtliche Tierärzte, beauftragte amtliche Tierärzte und amtliche Fachassistenten) „" *(BGBl II 2009/322)*

2. Personen, die für die Erstattung von Gutachten in der Agentur gemäß § 65 LMSVG oder in den gemäß § 72 LMSVG autorisierten Untersuchungsanstalten der Länder herangezogen werden,

3. betriebseigene Hilfskräfte gemäß § 24 Abs. 6 LMSVG, *(BGBl II 2009/322)*

und legt die Grundsätze der Weiterbildung für diesen Personenkreis fest.

Zielbestimmung

§ 2. Ziel dieser Verordnung ist es, die Aus- und Weiterbildung der in § 1 genannten Personen so zu regeln, dass ihre fachliche Befähigung durch eine standardisierte und hochqualifizierte Aus- und Weiterbildung in Übereinstimmung mit den Aus- und Weiterbildungserfordernissen für diese Berufsgruppen nach der Verordnung (EU) 2017/625 vom 15. März 2017 über amtliche Kontrollen und andere amtliche Tätigkeiten zur Gewährleistung der Anwendung des Lebens- und Futtermittelrechts und der Vorschriften über Tiergesundheit und Tierschutz, Pflanzengesundheit und Pflanzenschutzmittel, zur Änderung der Verordnungen (EG) Nr. 999/2001, (EG) Nr. 396/2005, (EG) Nr. 1069/2009, (EG) Nr. 1107/2009, (EU) Nr. 1151/2012, (EU) Nr. 652/2014, (EU) 2016/429 und (EU) 2016/2031 des Europäischen Parlaments und des Rates, der Verordnungen (EG) Nr. 1/2005 und (EG) Nr. 1099/2009 des Rates sowie der Richtlinien 98/58/EG, 1999/74/EG, 2007/43/EG, 2008/119/EG und 2008/120/EG des Rates und zur Aufhebung der Verordnungen (EG) Nr. 854/2004 und (EG) Nr. 882/2004 des Europäischen Parlaments und des Rates, der Richtlinien 89/608/EWG, 89/662/EWG, 90/425/EWG, 91/496/EEG, 96/23/EG, 96/93/EG und 97/78/EG des Rates und des Beschlusses 92/438/EWG des Rates (Verordnung über amtliche Kontrollen) (ABl. Nr. L 95 vom 7. April 2017 S. 1) und der Delegierten Verordnung (EU) 2019/624 vom 8. Februar 2019 mit besonderen Bestimmungen für die Durchführung amtlicher Kontrollen der Fleischerzeugung sowie von Erzeugungs- und Umsetzgebieten für lebende Muscheln gemäß der Verordnung (EU) 2017/625 des Europäischen Parlaments und des Rates (ABl. Nr. L 131 vom 17. Mai 2019 S. 1) sichergestellt ist.

(BGBl II 2019/402)

2. Abschnitt
Ausbildung

Voraussetzungen

§ 3. (1) Die Zulassung zur Ausbildung als Aufsichtsorgan gemäß § 24 Abs. 3 bis 5 LMSVG ist unter folgenden Voraussetzungen gegeben:

1. für die Zulassung zur Ausbildung als Aufsichtsorgan gemäß § 24 Abs. 3 LMSVG (Aufsichtsorgan):

a) eine Berufsvorbildung durch eine Reife- oder Diplomprüfung an einer

– einschlägigen höheren technischen und gewerblichen Lehranstalt,
– einschlägigen höheren land- und forstwirtschaftlichen Lehranstalt,
– höheren Lehranstalt für Tourismus oder
– einschlägigen höheren Lehranstalt für wirtschaftliche Berufe, oder

(BGBl II 2019/402)

b) ein Kolleg-Abschluss an einer der unter lit. a genannten Lehranstalten oder ein Abschluss an einer Sonderform der unter lit.a genannten Lehranstalten, oder *(BGBl II 2013/205)*

c) eine Reifeprüfung an einer höheren Schule oder eine Berufsreifeprüfung jeweils in Verbindung mit einem einschlägigen Lehr- oder Facharbeiterabschluss (Abschlussprüfung); oder *(BGBl II 2013/205)*

d) der Abschluss eines Studiums an einer Universität, beispielsweise in den Studienrichtungen Chemie, Biologie, Pharmazie, Medizin, Veterinärmedizin, Lebensmittel- und Biotechnologie, Agrarwissenschaften oder Ernährungswissenschaften, oder ein abgeschlossenes, einschlägiges Studium an einer Fachhochschule, oder

e) ein abgeschlossenes Studium der Veterinärmedizin im Fall der Schlachttier- und Fleischuntersuchung sowie für die Hygienekontrollen von Schlacht-, Zerlegungs- und Wildbearbeitungsbetrieben.

Ein zumindest provisorisches Dienstverhältnis zu der entsendenden Behörde ist Voraussetzung für die Zulassung zur Ausbildung. *(BGBl II 2009/322)*

2. für die Zulassung zur Ausbildung als Aufsichtsorgan nach § 24 Abs. 4 LMSVG (beauftragter amtlicher Tierarzt): eine Berufsvorbildung durch ein Studium der Veterinärmedizin.

3. für die Zulassung zur Ausbildung als Aufsichtsorgan nach § 24 Abs. 5 LMSVG (amtlicher Fachassistent): eine einschlägige Berufsvorbildung mit entsprechendem Abschluss oder eine Reife- oder Diplomprüfung an einer einschlägigen Höheren technischen und gewerblichen Lehranstalt oder an einer einschlägigen höheren land- und forstwirtschaftlichen Lehranstalt. Ebenso ist zumindest ein provisorisches Dienstverhältnis zu der entsendenden Behörde Voraussetzung.

(2) Für die in Abs. 1 Z 1 und 3 genannten Aufsichtsorgane können Listen mit anerkannten Berufsvorbildungen für die Zulassung zur Ausbildung durch den Ausbildungsrat gemäß dem Ausbildungsgesetz Verbrauchergesundheit – AGVG, BGBl. I Nr. 129/2005, erstellt werden.

(3) Die Zulassung zur Ausbildung als Person, die für die Erstattung von Gutachten in der Agentur oder in einer Untersuchungsanstalt der Länder herangezogen wird, setzt eine wissenschaftliche Berufsvorbildung gemäß § 2 der Lebensmittelgutachterverordnung, BGBl. II Nr. 161/1997, voraus.

Struktur und Inhalt

§ 4. (1) Die Ausbildung der Personen gemäß § 1 ist modular aufzubauen. Die Ausbildungserfordernisse gemäß den Verordnungen (EU) 2017/625 und (EU) 2019/624 für diese Berufsgruppen sind Bestandteil der Ausbildungsrahmenpläne, in denen die Ausbildungsinhalte in den Grundzügen festgelegt sind. *(BGBl II 2019/402)*

(2) „Die Bundesministerin für Arbeit, Soziales, Gesundheit und Konsumentenschutz" *(BGBl II 2019/402)*

1. hat für die theoretische Ausbildung und
2. kann für die praktische Ausbildung

auf Vorschlag des Ausbildungsrates detaillierte Lehrpläne erlassen. *(BGBl II 2009/322)*

(3) Der Ausbildungsrat kann Listen mit Zusatzausbildungen, die im Rahmen des Studiums oder im Anschluss an das Studium absolviert werden und die Ausbildung ganz oder teilweise ersetzen, erstellen.

Ausbildung für Aufsichtsorgane gemäß § 24 Abs. 3 LMSVG

§ 5. (1) Die Ausbildung für Aufsichtsorgane gemäß § 24 Abs. 3 LMSVG dauert mindestens neun Monate, ausgenommen bei Einschränkungen für einen spezifischen Aufgabenbereich. Sie gliedert sich in eine

1. tätigkeitsbezogene theoretische Ausbildung und
2. geregelte praktische Ausbildung einschließlich Praktika in der Agentur oder in den Untersuchungsanstalten der Länder.

(2) Theoretische und praktische Ausbildung folgen den Ausbildungsrahmenplänen gemäß den Anlagen 1 oder 2 entsprechend dem jeweiligen Tätigkeitsbereich. Inhaltlich gleiche Module der Anlagen sind wechselseitig anzuerkennen. Für den spezifischen Aufgabenbereich der amtlichen Kontrolle von Wasser für den menschlichen Gebrauch gemäß § 3 Z 2 LMSVG durch Aufsichtsorgane gemäß § 24 Abs. 3 LMSVG gilt der Ausbildungsrahmenplan gemäß Anlage 4. Die Ausbildung kann durch die Absolvierung einer Zusatzausbildung im Rahmen des Studiums oder im Anschluss an das Studium ganz oder teilweise ersetzt werden.

Ausbildung für beauftragte amtliche Tierärzte

§ 6. (1) Die Ausbildungserfordernisse für beauftragte amtliche Tierärzte gemäß § 24 Abs. 4 LMSVG, die als Aufsichtsorgane tätig werden, folgen der theoretischen und praktischen Ausbildung gemäß dem Ausbildungsrahmenplan in Anlage 2a.

(2) Die Ausbildungserfordernisse für beauftragte amtliche Tierärzte gemäß § 24 Abs. 4 LMSVG, die ausschließlich Schlachttier- und Fleischuntersuchung in Betrieben mit jährlicher Schlachtung von weniger als 1000 Großvieheinheiten oder von weniger als 150.000 Stück Geflügel und Hasentieren durchführen, folgen der theoretischen und praktischen Ausbildung gemäß dem Ausbildungsrahmenplan in Anlage 2b.

(3) Die Ausbildung gemäß Abs. 1 oder Abs. 2 kann durch die Absolvierung einer einschlägigen Zusatzausbildung im Rahmen des Studiums oder im Anschluss an das Studium ganz oder teilweise ersetzt werden.

(BGBl II 2019/402)

Ausbildung für amtliche Fachassistenten

§ 7. (1) Die Ausbildungserfordernisse für amtliche Fachassistenten gemäß § 24 Abs. 5 LMSVG richten sich nach der Art des geplanten beruflichen Einsatzes, d.h. danach, ob der betreffende amtliche Fachassistent

1. zur Unterstützung des amtlichen Tierarztes bei der Schlachttier- und Fleischuntersuchung und den Hygienekontrollen von Schlacht-, Zerlegungs- und Wildbearbeitungsbetrieben herangezogen wird, wobei hinsichtlich des Arbeitsgebietes Schwerpunkte nach Tierarten gesetzt werden können, oder ob

2. sich seine Tätigkeit auf die Trichinenuntersuchung beschränkt.

(2) Die theoretische und praktische Ausbildung gestalten sich gemäß den Ausbildungsrahmenplänen der Anlagen „3a" und „3b" wie folgt: *(BGBl II 2019/402)*

1. Der Ausbildungsrahmenplan „A" für amtliche Fachassistenten gemäß Anlage „3a" regelt die Ausbildung für amtliche Fachassistenten im Allgemeinen mit Schwerpunkten nach Tierarten. *(BGBl II 2019/402)*

2. der Ausbildungsrahmenplan „B" für amtliche Fachassistenten für Trichinenuntersuchung gemäß Anlage „3b" regelt die Ausbildung für amtliche Fachassistenten für die Trichinenuntersuchung. *(BGBl II 2019/402)*

Ausbildung für Personen, die für die Erstattung von Gutachten in der Agentur oder in den Untersuchungsanstalten der Länder herangezogen werden

§ 8. (1) Die Dauer der Ausbildung für Personen, die für die Erstattung von Gutachten in der Agentur oder in den Untersuchungsanstalten der Länder herangezogen werden, richtet sich nach den Bestimmungen der Lebensmittelgutachterverordnung. Die Ausbildung gliedert sich in eine

1. tätigkeitsbezogene theoretische Ausbildung und

2. geregelte praktische Ausbildung

(2) Theoretische und praktische Ausbildung folgen dem Ausbildungsrahmenplan gemäß der Anlage 5. Die Ausbildung kann durch die Absolvierung einer Zusatzausbildung im Rahmen des Studiums oder im Anschluss an das Studium ganz oder teilweise ersetzt werden. Ausbildungszeiten gemäß den §§ 3 und 4 der Lebensmittelgutachterverordnung zur Erlangung einer Bewilligung gemäß § 73 Abs. 2 LMSVG können angerechnet werden. *(BGBl II 2019/402)*

Ausbildungsstellen

§ 9. Als Ausbildungsstellen gelten insbesondere:

1. die für die amtliche Kontrolle zuständige Behörde (Dienststelle),

2. die Agentur sowie die Untersuchungsanstalten der Länder,

3. die Akademie der Agentur (AGES-Akademie), einschlägige Universitäten sowie einschlägige Aus- und Weiterbildungseinrichtungen der Interessenvertretungen der Berufsgruppen und

4. das „Bundesministerium für Arbeit, Soziales, Gesundheit und Konsumentenschutz". *(BGBl II 2019/402)*

3. Abschnitt

Praktische und theoretische Ausbildung, Leistungsnachweise

Praktische Ausbildung, Inhalte

§ 10. (1) Die praktische Ausbildung richtet sich nach den Ausbildungsrahmenplänen gemäß den Anlagen 1 bis 5 und den dazu gemäß § 4 Abs. 2 erlassenen Lehrplänen.

(2) Die auszubildenden Personen sind in typische Arbeitsvorgänge einzuführen. Ihnen ist unter Berücksichtigung ihres Ausbildungsstandes Gelegenheit zu geben, Vorgänge selbständig zu bearbeiten. Sie sollen lernen, Vorgänge in tatsächlicher und rechtlicher Hinsicht zu beurteilen. Die Ausbildung ist durch Besichtigungen von öffentlichen, wirtschaftlichen und sozialen Einrichtungen und durch geeignete Veranstaltungen zu ergänzen.

Nachweis der praktischen Ausbildung

§ 11. Der Nachweis erfolgt durch eine Bestätigung der Ausbildungsstelle. Er umfasst die Art, Dauer und den Umfang der praktischen Ausbildung. Eine nachvollziehbare detaillierte Dokumentation liegt an der Ausbildungsstelle auf.

Theoretische Ausbildung, Inhalte

§ 12. (1) Die theoretische Ausbildung richtet sich nach den Ausbildungsrahmenplänen gemäß den Anlagen 1 bis 5 und den dazu gemäß § 4 Abs. 2 erlassenen Lehrplänen und ist in geeignete Module zu gliedern. Die Organisation erfolgt durch die bei der Agentur eingerichtete Geschäftsstelle des Ausbildungsrates oder durch eine vom Ausbildungsrat als gleichwertig anerkannte Ausbildungsstelle.

(2) Die Module der theoretischen Ausbildung sind zumindest jedes zweite Jahr anzubieten.

(3) Für Module oder Teile von Modulen können auch Lehr- und Lernformen wie Seminare, Praktika und E-Learning eingesetzt werden.

Leistungsnachweis im Rahmen der theoretischen Ausbildung

§ 13. (1) Leistungsnachweise im Rahmen der theoretischen Ausbildung werden durch schriftliche oder mündliche Prüfungen über die einzelnen Module erbracht, außer der Ausbildungsrahmenplan bestimmt anderes. Die Prüfungen erfolgen durch den für das jeweilige Modul Verantwortlichen. Die auszubildenden Personen dürfen nur die zugelassenen Hilfsmittel verwenden. Die Prüfungen dürfen jeweils zweimal wiederholt werden.

(2) Versäumen die auszubildenden Personen eine Prüfung mit triftiger Entschuldigung, so dürfen sie die Prüfung nachholen. Versäumen auszubildende Personen ohne triftige Entschuldigung eine Prüfung oder bedienen sie sich nicht zugelassener Hilfsmittel, so sind ihre Prüfungen mit „nicht bestanden" zu bewerten.

(3) Die möglichen Bewertungen sind:
1. „mit Auszeichnung bestanden"
2. „bestanden" und
3. „nicht bestanden".

(4) Die Leistungen sind nach dem Abschluss des Moduls unverzüglich zu bewerten und den auszubildenden Personen umgehend bekanntzugeben. Über die Leistungsnachweise ist eine Bescheinigung durch die zuständige Ausbildungsstelle auszustellen.

(5) Hat eine auszubildende Person mehr als ein Drittel des jeweils vorgesehenen Gesamtausmaßes eines zu besuchenden Moduls versäumt, so gilt dieses Modul als nicht absolviert.

(6) Abweichend von Abs. 1 haben „auszubildende Personen gemäß den §§ 6 und 7" durch einen schriftlichen Test nachzuweisen, dass sie über die fachlichen und allgemeinen Kenntnisse verfügen, die für ihre geplante Tätigkeit im Rahmen der amtlichen Kontrolle erforderlich sind. Der Test darf zweimal wiederholt werden. Die kommissionelle Abschlussprüfung gemäß dem 4. Abschnitt entfällt. *(BGBl II 2009/322; BGBl II 2019/402)*

4. Abschnitt
Kommissionelle Abschlussprüfung

Voraussetzung

§ 14. (1) „Die auszubildenden Personen gemäß § 5 haben durch eine kommissionelle Abschlussprüfung, die sowohl schriftlich als auch mündlich zu erfolgen hat, nachzuweisen, dass sie über die fachlichen und allgemeinen Kenntnisse verfügen, die für ihre geplante Tätigkeit im Rahmen der amtlichen Kontrolle erforderlich sind." Die kommissionelle Abschlussprüfung darf zweimal wiederholt werden. Der kommissionellen Abschlussprüfung für amtliche Tierärzte gemäß § 24 Abs. 3 LMSVG gleichgestellt ist die Physikatsprüfung gemäß der tierärztlichen Physikatsprüfungsordnung, BGBl. Nr. 215/1949. *(BGBl II 2009/322; BGBl II 2019/402)*

(2) Wird von einer auszubildenden Person gemäß § 1 Z 2 eine nur auf einzelne Teilgebiete der Lebensmittelgutachterverordnung beschränkte Heranziehung zur Ausarbeitung von Gutachten angestrebt, beinhaltet die kommissionelle Abschlussprüfung nur die allgemeinen Inhalte des Ausbildungsrahmenplans und die speziellen Inhalte des jeweiligen Teilgebietes.

Prüfungskommission

§ 15. (1) Die „Bundesministerin für Arbeit, Soziales, Gesundheit und Konsumentenschutz" hat eine Prüfungskommission einzurichten sowie einen Vorsitzenden, dessen Stellvertreter, die Mitglieder der Kommission und deren Stellvertreter für die Dauer von fünf Jahren zu bestellen. Als Vorsitzender ist ein fachkundiger Bediensteter des „Bundesministeriums für Arbeit, Soziales, Gesundheit und Konsumentenschutz" zu bestellen. *(BGBl II 2019/402)*

(2) Die Kommission besteht neben dem Vorsitzenden aus folgenden vier Mitgliedern, die darin jeweils ihre Berufsgruppe vertreten:
1. einem Aufsichtsorgan, ausgenommen die Berufsgruppe der Z 2
2. einem bestellten amtlichen Tierarzt, und
3. einer Lehrkraft, die ihm Rahmen der theoretischen Ausbildung lebensmittelrechtliche Vorschriften lehrt.
(BGBl II 2019/402)

(3) Zuständig für die Durchführung der Prüfung, Entscheidung in Prüfungsangelegenheiten

sowie für die Abnahme der Abschlussprüfung ist die Prüfungskommission.

(4) Die Prüfungskommission ist beschlussfähig, wenn mindestens drei Mitglieder mitwirken, sie entscheidet mit Stimmenmehrheit, bei Stimmengleichheit entscheidet die Stimme des Vorsitzenden.

(5) Die Prüfungskommission wird bei der Durchführung und Organisation ihrer Angelegenheiten von der bei der Agentur eingerichteten Geschäftsstelle des Ausbildungsrates unterstützt.

(6) Die Zugehörigkeit zur Prüfungskommission endet
1. mit Ablauf der Funktionsperiode,
2. mit dem Ausscheiden aus der Funktion, die gemäß Abs. 2 Voraussetzung für die Bestellung war,
3. mit dem Entzug des Mandats durch den Kommissionsvorsitzenden oder die vorgesetzte Dienststelle infolge einer strafrechtlichen Verurteilung für eine Strafe, die mit mehr als einem Jahr Freiheitsstrafe bedroht ist,
4. durch Tod,
5. durch den Verlust der Handlungs- oder Geschäftsfähigkeit oder
6. auf eigenen Wunsch des Kommissionsmitglieds.

Bei Bedarf kann die Prüfungskommission für den Rest ihrer Funktionsdauer um neue Mitglieder ergänzt werden.

Antrag auf Zulassung zur Prüfung

§ 16. (1) Die Prüfungswerber stellen den Antrag auf Zulassung zur Prüfung rechtzeitig vor Ende der Ausbildungszeit über die Dienststelle, beauftragende Stelle, Agentur oder die jeweilige Untersuchungsanstalt des Landes beim Vorsitzenden der Prüfungskommission. Die Dienststelle, beauftragende Stelle, Agentur oder die jeweilige Untersuchungsanstalt des Landes leitet den Antrag mit den zum Nachweis der Erfüllung der Zulassungsvoraussetzungen notwendigen Unterlagen an den Vorsitzenden der Prüfungskommission weiter.

(2) Dem Antrag sind folgende Unterlagen beizufügen:
1. Kopie eines gültigen Lichtbildausweises
2. Nachweise über alle durchlaufenen Ausbildungsmodule oder anerkannte spezifische Vorbildung
3. vorgesehener Geltungsbereich der Berechtigung zur amtlichen Kontrolle

Entscheidung über die Zulassung zur Prüfung

§ 17. (1) Prüfungswerber sind zur Prüfung zuzulassen, wenn alle ihre Leistungsnachweise zumindest mit „bestanden" bewertet wurden sowie die praktische Ausbildung beendet ist. Nachweise über Zusatzausbildungen, die die Ausbildung ganz oder teilweise ersetzen, sind vorzulegen. Über die Zulassung zur Prüfung entscheidet der Vorsitzende der Prüfungskommission.

(2) Die Entscheidung über die Zulassung ist den Prüfungswerbern schriftlich unter Nennung der Prüfungstermine für die schriftliche und mündliche Prüfung mitzuteilen.

Gliederung der Prüfung

§ 18. (1) Die Prüfung gliedert sich in einen schriftlichen und einen mündlichen Teil.

(2) In der schriftlichen Prüfung mit der Dauer von vier Stunden ist an drei Beispielen die Fähigkeit zur selbständigen Erarbeitung von Maßnahmen bzw. von Gutachten nachzuweisen. Als Hilfsmittel sind die üblicherweise auch sonst zur Verfügung stehenden Behelfe zulässig.

(3) Die Ergebnisse der schriftlichen Prüfung sind spätestens eine Woche vor der mündlichen Prüfung schriftlich bekanntzugeben. Zur mündlichen Prüfung darf erst nach positiv bestandener schriftlicher Prüfung angetreten werden.

(4) Die mündliche Prüfung hat spätestens zwei Wochen nach der schriftlichen Prüfung stattzufinden. In der mündlichen Prüfung dürfen höchstens drei Personen gleichzeitig geprüft werden. Die Prüfungszeit beträgt pro Person in der Regel 30 Minuten, maximal 45 Minuten.

(5) Die möglichen Bewertungen sind:
1. „mit Auszeichnung bestanden"
2. „bestanden" und
3. „nicht bestanden".

Ausschluss der Öffentlichkeit

§ 19. Die Prüfungen sind nicht öffentlich. Bei den Prüfungen dürfen Angehörige des für den Prüfungskandidaten zuständigen Dienststellenausschusses und im Fachbereich tätige Bedienstete der Gebietskörperschaften als Zuhörer anwesend sein.

Leitung und Aufsicht

§ 20. (1) Für die schriftliche Prüfung regelt der Vorsitzende der Prüfungskommission die Aufsichtführung, die sicherzustellen hat, dass die Arbeit selbständig und nur unter Verwendung der zugelassenen Arbeits- und Hilfsmittel ausgeführt wird.

(2) Die mündliche Prüfung wird unter der Leitung des Vorsitzenden der Prüfungskommission abgenommen.

Rücktritt, Nichtteilnahme

§ 21. (1) Der Prüfungskandidat darf bis zum ersten Prüfungstag durch schriftliche Erklärung von der Prüfung zurücktreten. In diesem Fall gilt die Prüfung als nicht abgelegt. Ist der Prüfungskandidat ohne vorherige schriftliche Erklärung nicht zur Prüfung erschienen, so gilt die Prüfung als nicht bestanden, falls er nicht aus triftigem Grund an der rechtzeitigen Abgabe der schriftlichen Erklärung gehindert war.

(2) Wird die Prüfung vom Prüfungskandidaten aus triftigem Grund abgebrochen, so gilt diese als nicht abgelegt; bereits abgelegte Prüfungsteile können anerkannt werden. Liegt kein triftiger Grund vor, gilt die Prüfung als nicht bestanden.

(3) Der Nachweis eines triftigen Grundes ist unverzüglich zu erbringen. In Krankheitsfällen ist eine ärztliche Bescheinigung vorzulegen. Über das Vorliegen eines triftigen Grundes entscheidet der Vorsitzende der Prüfungskommission.

Prüfungsergebnis

§ 22. (1) Das Ergebnis der Abschlussprüfung ermittelt die Prüfungskommission aufgrund der während der gesamten Ausbildung erbrachten Leistungsnachweise.

(2) Für die Gesamtbeurteilung der Prüfung werden die einzelnen Beurteilungen wie folgt gewichtet:

1. die durchschnittliche Beurteilung im Rahmen der theoretischen Ausbildung mit 30 vH,
2. das Ergebnis der kommissionellen Prüfung, und zwar
   a) der schriftlichen Prüfung mit 30 vH
   b) der mündlichen Prüfung mit 40 vH.

(3) Die Prüfungskommission kann von dem nach Abs. 2 ermittelten Ergebnis abweichen, wenn dadurch die Leistung der geprüften Personen zutreffender gekennzeichnet wird. Die Abweichung ist zu begründen.

Feststellung und Bekanntgabe des Prüfungsergebnisses

§ 23. (1) Die Prüfungskommission stellt die Ergebnisse der einzelnen Beurteilungen sowie das Gesamtergebnis fest. Die Prüfung ist bestanden, wenn das Gesamtergebnis mindestens mit „bestanden" bewertet worden ist. Dies gilt nicht, wenn eine Prüfungsleistung mit „nicht bestanden" abgeschlossen worden ist.

(2) Über den Verlauf der Prüfung einschließlich der Feststellung der einzelnen Prüfungsergebnisse ist eine Niederschrift zu fertigen. Sie ist von den Mitgliedern der Prüfungskommission zu unterzeichnen und zur Prüfungsakte zu nehmen.

(3) Die Prüfungskommission hat den geprüften Personen am letzten Prüfungstag mitzuteilen, ob und mit welchem Gesamtergebnis sie die Prüfung bestanden haben. Als Termin des Bestehens der Prüfung ist der Tag der letzten Prüfungsleistung anzusetzen.

Prüfungszeugnis

§ 24. (1) Nach bestandener Prüfung ist von der Prüfungskommission ein Zeugnis auszustellen.

(2) Das Zeugnis hat den Geltungsbereich der Berechtigung zur amtlichen Kontrolle zu enthalten.

Nicht bestandene Prüfung, Wiederholungsprüfung

§ 25. (1) Bei nicht bestandener Prüfung hat die Prüfungskommission einen schriftlichen Bescheid auszustellen. Darin sind die Ergebnisse der einzelnen Prüfungsleistungen und die Prüfungsinhalte anzugeben. Die Prüfung darf zweimal wiederholt werden.

(2) Den Zeitpunkt der Wiederholungsprüfung bestimmt der Vorsitzende der Prüfungskommission.

5. Abschnitt

Weiterbildung

Verpflichtung zur regelmäßigen Teilnahme an Weiterbildungsveranstaltungen

§ 26. (1) Aufsichtsorgane gemäß § 24 Abs. 3 bis 5 LMSVG und Personen, die für die Erstattung von Gutachten in der Agentur oder in den Untersuchungsanstalten der Länder herangezogen werden, haben mindestens im Zeitraum von zwei Jahren an Weiterbildungsveranstaltungen im Ausmaß von insgesamt mindestens drei Tagen je 8 Weiterbildungseinheiten zu 50 Minuten teilzunehmen, damit die erworbenen Kenntnisse erweitert und neue Erkenntnisse und Entwicklungen auf den für ihre spezifische Tätigkeit notwendigen Gebieten vermittelt werden. Die Aufteilung in eintägige oder halbtägige Weiterbildungsveranstaltungen ist zulässig, für Spezialausbildungen ist eine weitere Aufteilung in kleinere Abschnitte für das Gesamtausmaß eines Tages möglich.

(2) Abweichend von Abs. 1 gilt für Aufsichtsorgane gemäß § 24 Abs. 5 LMSVG, soweit es sich um Personen handelt, deren Tätigkeit sich auf die Trichinenuntersuchung oder die Schlachttier- und Fleischuntersuchung bei Geflügel und Kaninchen beschränkt, ein Ausmaß von insgesamt mindestens 4 Weiterbildungseinheiten zu 50 Minuten.

(3) Bei Nichterfüllung der Verpflichtung zur regelmäßigen Teilnahme gemäß Abs. 1 und 2 ist die Teilnahme an dem vorgeschriebenen Ausmaß der Weiterbildung jedenfalls für einen Gesamtzeitraum von vier Jahren sicherzustellen. Karenzzeiten sind zu berücksichtigen.

(4) Die Festlegung der Kriterien für die Anerkennung von Weiterbildungsveranstaltungen nach Personenkreis, Inhalt und Ausmaß erfolgt durch den Ausbildungsrat.

(5) Personen, die für die Erstattung von Gutachten in der Agentur oder in den Untersuchungsanstalten der Länder herangezogen werden, haben den Nachweis der erfolgten Weiterbildung gegenüber dem „Bundesministerium für Arbeit, Soziales, Gesundheit und Konsumentenschutz" zu erbringen. *(BGBl II 2019/402)*

6. Abschnitt
Sonstige Bestimmungen

Kundmachung der theoretischen Ausbildungslehrgänge

§ 27. Die Ausbildungslehrgänge sind mindestens drei Monate vorher im „Amtsblatt zur Wiener Zeitung" zu verlautbaren.

Ausbildungsunterlagen und -materialien, Prüfungsunterlagen

§ 28. Die Ausbildungsunterlagen und -materialien sowie geeignete Prüfungsunterlagen sind im Auftrag und unter Aufsicht des Ausbildungsrates mit Unterstützung der Geschäftsstelle des Ausbildungsrates bei der Agentur zentral zu erstellen und werden bei Bedarf aktualisiert.

Finanzielle Bestimmungen

§ 29. (1) Die Kosten der Ausbildung für Aufsichtsorgane gemäß § 24 Abs. 3 LMSVG, ausgenommen die amtlichen Tierärzte, sind, soweit es den Sachaufwand (Organisation, Verwaltung, Unterlagen, Vortragende) betrifft, vom Bund zu tragen. Sonstige Kosten im Rahmen der verpflichtenden Ausbildung von Aufsichtsorganen nach § 24 Abs. 3 LMSVG sowie Kosten der Weiterbildung sind vom Dienstgeber zu tragen, wobei sich im Fall der beauftragten amtlichen Tierärzte die Kostentragung gemäß § 64 Abs. 5 LMSVG auf vom Landeshauptmann vorgesehene Weiterbildungsveranstaltungen beschränkt.

(2) Bei einer vom „Bundesministerium für Arbeit, Soziales, Gesundheit und Konsumentenschutz" und dem Ausbildungsrat für alle betreffenden Aufsichtsorgane verpflichtend vorgeschriebenen spezifischen Weiterbildungsveranstaltung sind die Kosten für den Sachaufwand (Organisation, Verwaltung, Unterlagen, Vortragende) vom Bund zu tragen. *(BGBl II 2019/402)*

(3) Die Kosten der Ausbildung für Personen, die für die Erstattung von Gutachten in der Agentur herangezogen werden, sowie die Kosten der Weiterbildung sind von der Agentur zu tragen. Die Kostenregelung für die Untersuchungsanstalten der Länder richtet sich nach § 72 Abs. 4 LMSVG.

Ausbildung betriebseigener Hilfskräfte für die Geflügel- und Kaninchenuntersuchung

§ 30. (1) Die Ausbildungserfordernisse für betriebseigene Hilfskräfte gemäß § 24 Abs. 6 LMSVG zur Unterstützung der amtlichen Tierärzte bei der Geflügel- und Kaninchenuntersuchung sind im Ausbildungsrahmenplan der Anlage 6 festgelegt.

(2) Der Landeshauptmann hat nach Maßgabe eines Bedarfs Kurse für betriebseigene Hilfskräfte gemäß Abs. 1 anzubieten. Die Kurse sind unter Leitung eines bestellten amtlichen Tierarztes durchzuführen und die Kosten von jenen Betrieben, die Teilnehmer entsenden, zu tragen.

(3) Die Prüfung über die praktische und theoretische Ausbildung hat im Anschluss an den Kurs mündlich vom Kursleiter und zwei weiteren vortragenden Personen zu erfolgen. Über den erfolgreichen Abschluss ist eine Bestätigung auszustellen.

(BGBl II 2009/322)

7. Abschnitt
Schlussbestimmungen

Übergangsbestimmungen

„**§ 31.**" (1) Mit Inkrafttreten dieser Verordnung treten die Verordnung über die Ausbildung von Aufsichtsorganen, BGBl. Nr. 397/1983, und die Fleischuntersucher-Ausbildungsverordnung, BGBl. Nr. 398/1994, außer Kraft. Bereits begonnene Ausbildungen werden entsprechend der zu ihrem Beginn gültigen Rechtsvorschrift beendet.

(2) Auf Personen, die ihre Ausbildung für die Erstattung von Gutachten in der Agentur oder in einer Untersuchungsanstalt der Länder vor dem Inkrafttreten dieser Verordnung bereits begonnen haben, finden die bisherigen Bestimmungen Anwendung.

(BGBl II 2009/322)

Inkrafttreten

„**§ 32.**" „(1)" Diese Verordnung tritt mit 1. September 2008 in Kraft. *(BGBl II 2019/402)*

(2) § 2, § 4 Abs. 1, § 6, § 8 Abs. 2, § 9 Z 4, § 13 Abs. 6, § 14 Abs. 1, § 15 Abs. 1 und 2, § 26

Abs. 5, § 29 Abs. 2, Anlage 1, Anlage 2a und 2b, Anlage 3a und 3b und Anlage 5 in der Fassung der Verordnung BGBl. II Nr. 402/2019 treten mit 14. Dezember 2019 in Kraft. § 3 Abs. 1 Z 1 lit. a in der Fassung der Verordnung BGBl. II Nr. 402/2019 tritt mit 1. Juli 2020 in Kraft. *(BGBl II 2019/402)*

(BGBl II 2009/322)

Verweisung auf andere Rechtsvorschriften

„§ 33." Soweit in dieser Verordnung auf andere Rechtsvorschriften verwiesen wird, sind diese in ihrer jeweils geltenden Fassung anzuwenden. *(BGBl II 2009/322)*

Personenbezogene Bezeichnungen

„§ 34." Bei allen in dieser Verordnung verwendeten personenbezogenen Bezeichnungen gilt die gewählte Form für beide Geschlechter. *(BGBl II 2009/322)*

Anlage 1

Ausbildungsrahmenplan für Aufsichtsorgane

Ausbildungsdauer insgesamt: 9 Monate

Praktische Ausbildung

Ausbildungsdauer: 960 UE

Ausbildungsinhalte:

1. Amtliche Kontrolle gemäß dem LMSVG

2. Organisation und Aufgaben der Agentur oder einer Untersuchungsanstalt der Länder im Rahmen der amtlichen Lebensmittelkontrolle

3. Organisation und Aufgaben des „BMASGK". *(BGBl II 2019/402)*

Theoretische Ausbildung

Ausbildungsdauer: 480 UE

Ausbildungsinhalte:

„1. Lebensmittelrechtliche Vorschriften einschließlich der Bewertung von diesbezüglichen Verstößen; Grundzüge der Verwaltungsverfahrensgesetze sowie des Unionsrechts" *(BGBl II 2019/402)*

2. Überblick über weitere relevante Vorschriften entlang der Lebensmittelkette (z. B. Futtermittel, Weinrecht, Vermarktungsnormen, Tierschutz, GAP, WTO, FAO/WHO, Codex Alimentarius)

3. Grundzüge der Mikrobiologie, Hygiene im Lebensmittelverkehr, spezielle Lebensmittel- und Betriebshygiene

4. Betriebliche Eigenkontrollsysteme, HACCP- Verfahren, Managementsysteme wie z. B. Qualitätssicherungsprogramme der Lebensmittelunternehmen und ihre Bewertung

5. Durchführung der amtlichen Kontrolle (Überwachungsmethoden, Kontrollverfahren, Prüfung schriftlichen Dokumentenmaterials und sonstiger Aufzeichnungen), Qualitätsmanagement der amtlichen Lebensmittelkontrolle; Statistik und Informationstechnologien; amtliche Bescheinigungssysteme, Schnellwarnsysteme RASFF und RAPEX und ihre konkreten Auswirkungen auf die amtliche Lebensmittelkontrolle; Notfallpläne für Krisensituationen einschließlich der Kommunikation zwischen den Mitgliedsstaaten und der Kommission

6. Psychologische Grundlagen der Kontrolltätigkeit, insbesondere Kommunikations- und Konfliktlösungstechniken (Seminar mit Teilnahmebestätigung)

7. Grundzüge der Ernährungslehre und Toxikologie unter besonderer Berücksichtigung der dem LMSVG unterliegenden Waren

8. Warenkunde und Technologie von Lebensmitteln

9. Warenkunde und Technologie von kosmetischen Mitteln

10. Warenkunde und Technologie von Gebrauchsgegenständen

Anlage 2a

Ausbildungsrahmenplan „A" für amtliche Tierärzte

(Schlachttier- und Fleischuntersuchung sowie Hygienekontrollen)

„Die in der Delegierten Verordnung (EU) 2019/624" genannten spezifischen Ausbildungserfordernisse werden zu Ausbildungsinhalten zusammengefasst. *(BGBl II 2019/402)*

„Ausbildungsdauer insgesamt: 274 UE" *(BGBl II 2009/322)*

Praktische Ausbildung

Ausbildungsdauer: 200 UE (80 UE im Falle der vertieften Ausbildung im Bereich der Lebensmittelsicherheit im Rahmen des Veterinärmedizinischen Studiums)

Ausbildungsinhalte:

Praktische Anwendung in Schlachtbetrieben, Zerlegungsbetrieben, Wildbearbeitungsbetrieben, Kühlhäusern und Fleischverarbeitungsbetrieben der im theoretischen Teil vermittelten Wissensinhalte.

„Relevante Schulungen während der tierärztlichen Ausbildung können bei der praktischen Ausbildung berücksichtigt werden." *(BGBl II 2019/402)*

Theoretische Ausbildung

„Ausbildungsdauer 74 UE" *(BGBl II 2009/322)*

Ausbildungsinhalte:

1. Rechtsbestimmungen

2. Internationale Organisationen

3. Lebensmitteltechnologie und -verarbeitung

4. Lebensmittelsicherheit

5. Überwachung und Statistik

6. TSE und tierische Nebenprodukte

7. Tierschutz

8. Lebensmittelbedingte Krankheitsausbrüche

9. Amtliche Kontrollen

Die theoretische Ausbildung kann durch die Absolvierung der vertieften Ausbildung im Rahmen des veterinärmedizinischen Studiums ganz oder teilweise ersetzt werden.

Anlage 2b

Anlage 2b

Ausbildungsrahmenplan „B" für amtliche Tierärzte

(in Betrieben mit jährlicher Schlachtung von weniger als 1000 Großvieheinheiten oder von weniger als 150.000 Stück Geflügel und Hasentieren)

Die in der Delegierten Verordnung (EU) 2019/624 genannten spezifischen Ausbildungserfordernisse werden zu Ausbildungsinhalten zusammengefasst.

Ausbildungsdauer insgesamt: 110 UE

Praktische Ausbildung

Ausbildungsdauer: 80 UE

Ausbildungsinhalte:

Praktische Anwendung in Schlachtbetrieben der im theoretischen Teil vermittelten Wissensinhalte.

Relevante Schulungen während der tierärztlichen Ausbildung können bei der praktischen Ausbildung berücksichtigt werden.

Theoretische Ausbildung

Ausbildungsdauer: 30 UE

Ausbildungsinhalte:

1. Rechtsbestimmungen
2. Lebensmittelsicherheit
3. TSE und tierische Nebenprodukte
4. Tierschutz
5. Amtliche Kontrollen

Die theoretische Ausbildung kann durch die Absolvierung der vertieften Ausbildung im Rahmen des veterinärmedizinischen Studiums ganz oder teilweise ersetzt werden.

(BGBl II 2019/402)

Anlage 3a

Ausbildungsrahmenplan „A" für amtliche Fachassistenten

(Für amtliche Fachassistenten, ausgenommen jene, deren Einsatzbereich auf die Trichinenuntersuchung eingeschränkt ist)

„Ausbildungsdauer insgesamt: 500 UE" *(BGBl II 2019/402)*

„Die in der Delegierten Verordnung (EU) 2019/624" genannten spezifischen Ausbildungserfordernisse werden zu Ausbildungsinhalten zusammengefasst. *(BGBl II 2019/402)*

„Eine ausreichende Berufserfahrung kann die praktische Ausbildung entsprechend verkürzen." *(BGBl II 2019/402)*

Praktische Ausbildung

Ausbildungsdauer: 400 UE

- Ausbildungsinhalte für Haltungsbetriebe:

1. Tierhaltung, Tierproduktion und Transport
2. Amtliche Kontrolle

- Ausbildungsinhalte für Untersuchungen im Schlachthof und in Zerlegungsbetrieben:

1. Kontrolle der lebenden Tiere
2. Kontrolle der geschlachteten Tiere und von Fleisch
3. Hygienekontrollen
4. Dokumentation

Theoretische Ausbildung

„Ausbildungsdauer: 100 UE" *(BGBl II 2019/402)*

- Allgemein

Rechtsvorschriften

- Ausbildungsinhalte für die Kontrolle von Haltungsbetrieben:

1. Tierhaltung, Tierproduktion und Transport
2. Produktionsorganisation
3. Produktionshygiene
4. Amtliche Kontrolle

- Ausbildungsinhalte für Untersuchungen im Schlachthof und in Zerlegungsbetrieben:

1. Produktionsorganisation
2. Produktionshygiene
3. Tierschutz
4. Anatomie, Physiologie, Pathologie
5. Amtliche Kontrolle

Anlage 3b

Ausbildungsrahmenplan „B" für amtliche Fachassistenten für Trichinenuntersuchungen

(Für amtliche Fachassistenten, deren Einsatzbereich auf die Trichinenuntersuchung eingeschränkt ist)

Ausbildungsdauer insgesamt: 40 UE

Praktische Ausbildung

Ausbildungsdauer: 24 UE

Ausbildungsinhalte:

1. Übung der Probenentnahme
2. Übung der Untersuchung
3. Demonstration von mikroskopischen Präparaten mit Trichinen, Miescher'schen Schläuchen sowie mit den in den Präparaten sichtbaren Geweben und den hauptsächlich in Betracht kommenden Verunreinigungen
4. Handhabung und Pflege der Untersuchungsgeräte

Theoretische Ausbildung

Ausbildungsdauer: 16 UE

Ausbildungsinhalte:

1. Naturgeschichte der Trichinen und anderer in der Muskulatur auffindbarer Parasitenstadien; Übertragungswege und pathologische Erscheinungsbilder
2. Untersuchungsmethoden und Differenzialdiagnosen
3. Grundzüge der Anatomie der betroffenen Tierarten
4. Rechtsvorschriften für die Trichinenuntersuchung

Anlage 4

Ausbildungsrahmenplan für Amtsärzte als Aufsichtsorgane für Wasser für den menschlichen Gebrauch

Ausbildungsdauer insgesamt: 160 UE

Praktische Ausbildung

Ausbildungsdauer: 80 UE

Ausbildungsinhalte:

1. Amtliche Kontrolle gemäß dem LMSVG, insbesondere die Erstellung von Ortsbefunden
2. Analytik vor Ort, Probenziehung und Maßnahmen

Theoretische Ausbildung

Ausbildungsdauer: 80 UE

Ausbildungsinhalte:

„1. Lebensmittelrechtliche Vorschriften sowie Grundzüge des Gemeinschaftsrechts" *(BGBl II 2009/322)*

2. Grundlagen der Trinkwasserhygiene

3. Betriebliche Eigenkontrollsysteme, HACCP- Verfahren, Managementsysteme

4. Durchführung der amtlichen Kontrolle (Überwachungsmethoden, Kontrollverfahren, Prüfung schriftlichen Dokumentenmaterials und sonstiger Aufzeichnungen, Statistik und Informationstechnologien)

„5. Wasserversorgungsanlagen: Hygienisch-technische Grundlagen" *(BGBl II 2009/322)*

Anlage 5

Ausbildungsrahmenplan für Personen, die für die Erstattung von Gutachten in der Agentur oder in den Untersuchungsanstalten der Länder herangezogen werden

Ausbildungsdauer insgesamt: entsprechend den Bestimmungen der Lebensmittelgutachterverordnung

Praktische Ausbildung

Ausbildungsdauer: entsprechend den Bestimmungen der Lebensmittelgutachterverordnung

Ausbildungsinhalte:

- Allgemein:

1. Organisation und Aufgaben der Agentur oder der jeweiligen Untersuchungsanstalt des Landes
2. Abläufe bei der Untersuchung, Sachverständigentätigkeit, Probennahme(methoden), Probenbeschreibung, Sensorik, Analytik (Eignung von Analysenmethoden, Parameter)
3. Amtliche Kontrolle gemäß dem LMSVG bei den zuständigen Behörden
4. Organisation und Aufgaben des „BMASGK" *(BGBl II 2019/402)*

- Entsprechend den Bestimmungen der Lebensmittelgutachterverordnung:

1. Lebensmittel tierischer Herkunft, soweit es sich nicht um in Z 2 genannte Waren oder um Honig handelt
2. Milch und Milchprodukte einschließlich Käse
3. Lebensmittel pflanzlicher Herkunft, soweit es sich nicht um in Z 4, 5 und 6 angeführte Waren handelt, sowie alkoholfreie Getränke
4. Fette und Öle, Kakao und Kakaoerzeugnisse
5. Mahl- und Schälprodukte, Brot- und Backerzeugnisse
6. Zucker, Zuckerarten, Honig, Speiseeis, Süßwaren
7. Alkoholische Getränke
8. Gebrauchsgegenstände
9. Kosmetische Mittel
10. Zusatzstoffe (als solche)
11. Trinkwasser, Mineralwasser und sonstige Wässer für den menschlichen Gebrauch
12. Mikrobiologie/Hygiene der Waren, die dem LMSVG unterliegen
13. Toxikologische Bewertung von Waren, die dem LMSVG unterliegen

Theoretische Ausbildung

Ausbildungsdauer: 60 UE

Ausbildungsinhalte:

1. Lebensmittelrechtliche Vorschriften einschließlich der Bewertung von diesbezüglichen Verstößen; Grundzüge der Verwaltungsverfahrensgesetze sowie des Unionsrechts
2. Überblick über weitere relevante Vorschriften entlang der Lebensmittelkette (z. B. Futtermittel, Weinrecht, Vermarktungsnormen, Tierschutz, GAP, WTO, FAO/WHO, Codex Alimentarius)

(BGBl II 2019/402)

Anlage 6

Ausbildungsrahmenplan für betriebseigene Hilfskräfte für die Geflügel- und Kaninchenuntersuchung

Ausbildungsdauer insgesamt: 20 UE

Praktische Ausbildung

Ausbildungsdauer: 8 UE

Ausbildungsinhalte:

1. Beurteilung von Tierhaltungen
2. Übungen von Schlachttier- und Fleischkontrollen sowie von Probenentnahmen
3. Hygienisches Verhalten

Theoretische Ausbildung

Ausbildungsdauer: 12 UE

Ausbildungsinhalte:

1. Rechtsvorschriften
2. Wirtschaftliche Bedeutung der Geflügel- und Kaninchenfleischproduktion
3. Tierproduktion und Tiertransport
4. Technischer Schlachtablauf und Hygieneregeln
5. Schlachttier- und Fleischuntersuchung
6. Hygienekontrollen

(BGBl II 2009/322)

10/2. Lebensmittelgutachterverordnung

BGBl II 1997/161 idF

1 BGBl II 2013/153

Verordnung der Bundesministerin für Frauenangelegenheiten und Verbraucherschutz über die Vorbildung von Lebensmittelgutachtern (Lebensmittelgutachterverordnung)

Auf Grund des § 47 Abs. 2 des Lebensmittelgesetzes 1975, BGBl. Nr. 86, zuletzt geändert durch das Bundesgesetz BGBl. I Nr. 21/1997, wird verordnet:

§ 1. Personen, die für die eigenverantwortliche Ausarbeitung von Gutachten in der Agentur gemäß § 65 LMSVG herangezogen werden dürfen, müssen die in den §§ 2 bis 4 enthaltenen Voraussetzungen der wissenschaftlichen Berufsvorbildung und praktischen Ausbildung erfüllen.

(BGBl II 2013/153)

§ 2. Für die wissenschaftliche Berufsvorbildung ist die Erlangung des Diplomgrades, konsekutiven Mastergrades oder Doktorgrades einer inländischen Universität oder Fachhochschule oder eines gleichwertigen Abschlusses in einem Mitglied- oder Vertragsstaat der EU oder EWR-Staat oder der Schweiz in einer der angestrebten Tätigkeit entsprechenden Ausbildung, wie beispielsweise Chemie, Biologie, Pharmazie, Medizin, Veterinärmedizin, Lebensmittel- und Biotechnologie, Ernährungswissenschaften, oder eines in Österreich nostrifizierten gleichwertigen ausländischen Diplomgrades, konsekutiven Mastergrades oder Doktorgrades nachzuweisen.

(BGBl II 2013/153)

§ 3. Für die praktische Ausbildung ist eine nach erlangtem Diplomgrad, konsekutivem Mastergrad, Doktorgrad oder gleichwertigem Abschluss absolvierte praktische Tätigkeit auf dem Gebiet von dem LMSVG unterliegenden Waren nachzuweisen, aus der abgeleitet werden kann, dass Untersuchungen durchgeführt und Gutachten entsprechend den lebensmittelrechtlichen Vorschriften erstattet werden können; hinsichtlich der Gruppe F der **Anlage** ist eine entsprechende Erfahrung auf dem Gebiet toxikologischer Bewertungen nachzuweisen.

(BGBl II 2013/153)

§ 4. (1) Bei einer auf ein Teilgebiet der Anlage beschränkten Heranziehung zur Ausarbeitung von Gutachten genügt eine dreijährige praktische Tätigkeit gemäß „§ 3" auf diesem Teilgebiet. *(BGBl II 2013/153)*

(2) Für eine sich auf ein weiteres Teilgebiet derselben Gruppe der Anlage erstreckende Gutachtertätigkeit ist zusätzlich eine dreimonatige, für ein weiteres Teilgebiet einer anderen Gruppe zusätzlich eine sechsmonatige praktische Tätigkeit gemäß „§ 3" auf diesem Teilgebiet nachzuweisen. *(BGBl II 2013/153)*

§ 5. *(entfällt, BGBl II 2013/153)*

„§ 5." Bei Bedarf entscheidet der Bundesminister für Gesundheit auf Antrag eines Staatsangehörigen eines Mitglied- oder Vertragsstaates der EU oder EWR-Staates oder der Schweiz, ob ein Zeugnis über eine Befähigung im Hinblick auf die durch die betreffende Befähigung vermittelten oder bescheinigten Fähigkeiten und Kenntnisse den Anforderungen gemäß § 1 entspricht. *(BGBl II 2013/153)*

„§ 6." (1) Die Lebensmittelgutachterverordnung, BGBl. Nr. 324/1978, tritt außer Kraft.

(2) Bescheide auf Grund der Lebensmittelgutachterverordnung, BGBl. Nr. 324/1978, bleiben aufrecht.

(BGBl II 2013/153)

Anlage (zu den §§ 3 und 4)

Gruppe A
1. Lebensmittel tierischer Herkunft, soweit es sich nicht um in Z 2 genannte Waren oder um Honig handelt
2. Milch und Milchprodukte einschließlich Käse

Gruppe B

3. Lebensmittel pflanzlicher Herkunft, soweit es sich nicht um in Z 4, 5 und 6 angeführte Waren handelt, sowie alkoholfreie Getränke
4. Fette und Öle, Kakao und Kakaoerzeugnisse
5. Mahl- und Schälprodukte, Brot- und Backerzeugnisse
6. Zucker, Zuckerarten, Honig, Speiseeis, Süßwaren
7. Alkoholische Getränke

Gruppe C

10/2. LM-Gutachter V
Anlage (zu den §§ 3 und 4)

8. Gebrauchsgegenstände
9. Kosmetische Mittel
10. Zusatzstoffe (als solche)

Gruppe D

11. Trinkwasser, Mineralwasser und sonstige Wässer für den menschlichen Gebrauch

Gruppe E

12. Mikrobiologie/Hygiene der Waren, die dem „Lebensmittelsicherheits- und Verbraucherschutzgesetz – LMSVG" unterliegen *(BGBl II 2013/153)*

Gruppe F

13. Toxikologische Bewertung von Waren, die dem „Lebensmittelsicherheits- und Verbraucherschutzgesetz – LMSVG" unterliegen *(BGBl II 2013/153)*

„ " *(BGBl II 2013/153)*

10/3. LMSVG-Kontrollgebührenverordnung – LMSVG-KoGeV

BGBl II 2007/361 idF

1 BGBl II 2010/46

Verordnung der Bundesministerin für Gesundheit, Familie und Jugend über die Festsetzung der Höhe der Gebühren für die „Hygienekontrollen gemäß § 31 Abs. 1 und § 54 LMSVG in bestimmten Lebensmittelbetrieben", die Schlachttier- und Fleischuntersuchung und damit zusammenhängende Untersuchungen in Betrieben gemäß § 64 Abs. 4 LMSVG sowie die Kontrolle auf Rückstände bei lebenden Tieren und in bestimmten Lebensmitteln tierischer Herkunft (LMSVG-Kontrollgebührenverordnung – LMSVG-KoGeV)

(BGBl II 2010/46)

Auf Grund der §§ 61 Abs. 1 Z 1 und 3 und 64 Abs. 4 des Lebensmittelsicherheits- und Verbraucherschutzgesetzes – LMSVG, BGBl. I Nr. 13/2006, zuletzt geändert durch das Bundesgesetz BGBl. I Nr. 24/2007, wird im Einvernehmen mit dem Bundesminister für Finanzen verordnet:

Geltungsbereich

§ 1. (1) Diese Verordnung regelt die Höhe von Gebühren für nachfolgend aufgeführte Tätigkeiten im Rahmen des LMSVG:

1. in Betrieben gemäß § 64 Abs. 4
   a) die Schlachttier- und Fleischuntersuchung gemäß § 53 Abs. 1 der in der Verordnung (EG) Nr. 854/2004 mit besonderen Verfahrensvorschriften für die amtliche Untersuchung von zum menschlichen Verzehr bestimmten Erzeugnisse tierischen Ursprungs genannten Tierarten (ABl. Nr. L 139 vom 30. April 2004, berichtigt durch ABl. Nr. L 226 vom 25. Juni 2004),
   b) die Probenahme und Untersuchung gemäß § 55 Abs. 1 Z 1,
   c) die Probenahme und Untersuchung gemäß § 55 Abs. 1 Z 2 unter Berücksichtigung von § 61 Abs. 1 Z 1,
   d) die Rückstandskontrollen gemäß § 56 und
   e) die Hygienekontrollen gemäß § 54;
2. Hygienekontrollen gemäß § 31 Abs. 1 in nach § 10 Abs. 1 oder 8 zugelassenen Betrieben sowie in Betrieben, die wöchentlich mehr als fünf Tonnen an entbeintem Fleisch im Sinne der Ver-

2 BGBl II 2017/119

ordnung (EG) Nr. 853/2004 mit spezifischen Hygienevorschriften für Lebensmittel tierischen Ursprungs, ABl. Nr. L 139 vom 30. April 2004, zuletzt berichtigt durch ABl. Nr. L 46 vom 21. Februar 2008, be- oder verarbeiten und direkt an den Endverbraucher abgeben; *(BGBl II 2010/46)*

3. Rückstandskontrollen gemäß § 56 bei Milch, Eiern und Fischereierzeugnissen;

4. zusätzlich erforderliche amtliche Kontrollen auf Grund der Wahrnehmung eines Verstoßes nach den §§ 13, 15 oder 18 der Rückstandskontrollverordnung 2006, BGBl. II Nr. 110/2006. *(BGBl II 2010/46)*

(2) Gebührenpflichtige Unternehmer gemäß §§ 61 Abs. 1 und 64 Abs. 1 LMSVG sind solche, in deren Betrieben Tätigkeiten gemäß Abs. 1 durchgeführt werden oder deren Betriebe in § 4 genannt sind.

(3) Diese Verordnung ist nicht auf Notschlachtungen gemäß Anhang III Abschnitt 1 Kapitel VI der Verordnung (EG) Nr. 853/2004 außerhalb der nach § 7 Abs. 4 der Fleischuntersuchungsverordnung 2006 (FIUVO), BGBl. II Nr. 109/2006, festgelegten Schlachttage anzuwenden. *(BGBl II 2010/46)*

Höhe der Gebühren

§ 2. (1) Die Höhe von Gebühren für Tätigkeiten der Aufsichtsorgane gemäß § 24 Abs. 3, 4 und 5 LMSVG, unbeschadet der §§ 3 und 4, jeweils in der Zeit zwischen 05.30 Uhr und 22.00 Uhr beträgt

1. je amtlichem Tierarzt als Erstuntersucher im Sinne von Abs. 4 und angefangene 1/4 Stunde: 16.50 €[1)] an Werktagen ausgenommen Samstagen für
   a) die Schlachttieruntersuchung,
   b) die Untersuchung der Tierkörper im Rahmen der routinemäßigen Fleischuntersuchung und die Probenentnahme bei aus der Schlachtlinie ausgesonderten Tierkörpern sowie deren Beurteilung,
   c) Hygienekontrollen nach § 54 LMSVG und
   d) Kontrollen in den in § 1 Abs. 1 Z 4 genannten Fällen; *(BGBl II 2010/46)*

2. für die weiteren amtlichen Untersucher im Sinne von Abs. 4 je 10,50 €[2)] und angefangene 1/4 Stunde bei der Tätigkeit gemäß Z 1; sind diese jedoch amtliche Fachassistenten und bei

einer Gebietskörperschaft angestellt, so richtet sich die Vergütung nach den tatsächlichen Lohnkosten;

3. je Aufsichtsorgan und angefangene 1/4 Stunde für Hygienekontrollen gemäß § 31 Abs. 1 LMSVG: 13,50 €[3)] an Werktagen ausgenommen Samstagen.

(2) Die Gebühr gemäß Abs. 1 erhöht sich um einen Verwaltungsaufwand der zentralen Verrechnungsstellen in den Ländern je Betrieb der sich bemisst je

1. Untersuchungs- bzw. Schlachttag 23,45 €[4)] und je Untersuchungsplatz für ein amtliches Fleischuntersuchungsorgan bis zur maximalen Arbeitszeit gemäß § 7 Abs. 3 FlUVO 8,40 €[5)]; für darüberhinausgehende Arbeitszeiten ist je weiterem Untersuchungsplatz 8,40 €[6)] zu berechnen; *(BGBl II 2010/46)*

2. Hygienekontrolle nach § 31 Abs. 1 oder § 54 LMSVG: 11,95 €[7)].

(3) Die Gebühren gemäß Abs. 1 „und § 3 Abs. 1 Z 2 lit. b erster Halbsatz" erhöhen sich für Tätigkeiten an Samstagen zwischen 05.30 und 22.00 Uhr um 50%, an Werktagen zwischen 22.00 und 05.30 Uhr und Sonn- und Feiertagen um 100%. *(BGBl II 2010/46)*

(4) Amtliche Untersucher sind Aufsichtsorgane, die mit der Schlachttier- und Fleischuntersuchung und Hygienekontrollen gemäß § 54 LMSVG betraut sind. Sind gleichzeitig mehrere amtliche Untersucher in Betrieben tätig, so wird zwischen Erstuntersucher, der ein amtlicher Tierarzt sein muss, und weiteren Untersuchern, die auch amtliche Fachassistenten sein können, unterschieden.

[1)] *18,20 €, siehe Kundmachung 2022.*
[2)] *11,60 €, siehe Kundmachung 2022.*
[3)] *14,90 €, siehe Kundmachung 2022.*
[4)] *25,90 €, siehe Kundmachung 2022.*
[5)] *9,30 €, siehe Kundmachung 2022.*
[6)] *9,30 €, siehe Kundmachung 2022.*
[7)] *13,30 €, siehe Kundmachung 2022.*

Zuschläge für die Entnahme und Untersuchung der Proben

§ 3. (1) Die Höhe der Zuschläge zu der Gebühr nach § 2 für nachfolgend angeführte Tätigkeiten für die Entnahme von Proben und - vorbehaltlich Abs. 2 und 3 - deren Beurteilung beträgt

1. je geschlachtetem Tier bei Rückstandskontrollen gemäß § 56 LMSVG

a) Rinder und Einhufer: „0,69[8)]" €, *(BGBl II 2017/119)*

b) Schweine: „0,18[9)]" €, *(BGBl II 2017/119)*

c) Schafe, Ziegen, Farmwild und Klauenwild aus freier Wildbahn: 0,25[10)] €

d) Geflügel:

— „1,59[11)]" €/1000 Stück Hühner und Wildgeflügel, *(BGBl II 2017/119)*
[11)] *1,70 €, siehe Kundmachung 2022.*

— „1,59[12)]" €/100 Stück Puten, *(BGBl II 2017/119)*
[12)] *1,70 €, siehe Kundmachung 2022.*

(BGBl II 2017/119)

e) Kaninchen und Hasenartige: 0,79[12)] €/100 Stück;

2. für die Trichinenuntersuchung per Verdauungsmethode

a) für Sachaufwand je Ansatz „14,10[13)]" €, sofern dieser Sachaufwand nicht direkt vom Betrieb getragen wird und *(BGBl II 2017/119)*

b) für Personalaufwand für den ersten Ansatz eines Schlachttages 45 €[14)], für jeden weiteren Ansatz 15 €[15)], sofern nicht auf Basis der tatsächlich aufgewendeten Zeit verrechnet wird; wird jedoch die Untersuchung von amtlichen Fachassistenten, die bei einer Gebietskörperschaft angestellt sind, durchgeführt, so richtet sich die Stundenvergütung nach den tatsächlichen Lohnkosten;

c) alternativ den Wert der anfallenden Kosten für Sach- und Personalaufwand, wenn die Untersuchung in einem vom Landeshauptmann hierfür zugelassenen Untersuchungslabor durchgeführt wird.

3. für Sachaufwand gemäß § 55 Abs. 1 Z 2 LMSVG je beprobtem Tier 5,16 €[16)];

4. für Sachaufwand bei Kontrollen gemäß § 2 Abs. 1 Z 1 lit. d je beprobtem Tier 5,16 €[17)].

(2) Die Zuschläge gemäß Abs. 1 Z 3 und 4 erhöhen sich um die Kosten der Versendung und Untersuchung der Proben nach Tarifen der Agentur gemäß § 3 Z 17 LMSVG bzw. der Untersuchungsanstalten der Länder.

(3) Im Hinblick auf Abs. 1 Z 3 ist der Zuschlag

1. jedoch nur dann zu tragen, wenn das Ergebnis der Untersuchung den Verdacht auf Rückstände oder Fleischmängel oder Keimgehalt bestätigt und der Schlachtkörper als nicht genusstauglich beurteilt wird;

2. im Fall des § 11 Abs. 2 FlUVO unbeschadet des Ergebnisses der Untersuchung jedenfalls zu tragen;

3. im Falle von Notschlachtungen außerhalb des Schlachthofes gemäß § 10 Abs. 1 Z 1 FlUVO jedenfalls zu tragen.

(4) Die eingehobenen Zuschläge nach Abs. 1 Z 1 sind vom Landeshauptmann abzüglich eines Kostenanteils für die Entnahme der Proben von 13 €[18)] der Agentur gemäß § 7 des Gesundheits- und Ernährungssicherheitsgesetzes – GESG, BGBl. I Nr. 63/2002, zu überweisen. *(BGBl II 2010/46)*

[8)] *0,70 €, siehe Kundmachung 2020.*

[9)] *0,20 €, siehe Kundmachung 2020.*
[10)] *0,30 €, siehe Kundmachung 2018.*
[11)] *1,70 €, siehe Kundmachung 2022.*
[12)] *1,70 €, siehe Kundmachung 2022.*
[12)] *0,80 €, siehe Kundmachung 2022.*
[13)] *15,20 €, siehe Kundmachung 2022.*
[14)] *49,70 €, siehe Kundmachung 2022.*
[15)] *16,60 €, siehe Kundmachung 2022.*
[16)] *5,70 €, siehe Kundmachung 2022.*
[17)] *5,70 €, siehe Kundmachung 2022.*
[18)] *14,40 €, siehe Kundmachung 2022.*

Zuschläge für Rückstandskontrollen bei Milch, Eiern und Fischereierzeugnissen

§ 4. (1) Zuschläge für Rückstandskontrollen gemäß § 56 LMSVG sind bei nachfolgend aufgeführten Erzeugnissen zu entrichten, und zwar je Kalenderjahr

1. vom Erstverarbeitungsbetrieb „0,09" €[19)] je verarbeitete Tonne Rohmilch; *(BGBl II 2017/119)*

2. von Eipackstellen „0,11" € je 1000 Stück erstmalig sortierter Eier; *(BGBl II 2017/119)*

3. vom Betrieb für Fischereierzeugnisse 5 €[20)] je Tonne Primärerzeugnisse.

(2) Die Einhebung des Zuschlages gemäß Abs. 1 hat gemeinsam mit der Gebühr für Hygienekontrollen nach § 2 Abs. 1 Z 3 zu erfolgen. Dabei sind im Nachhinein auch die Zuschläge für jene Kalenderjahre einzuheben, in denen keine Kontrollen gemäß § 2 Abs. 1 Z 3 stattgefunden haben.

(3) § 3 Abs. 4 gilt sinngemäß.

(BGBl II 2010/46)

[19)] *0,10 €, siehe Kundmachung 2020.*
[20)] *5,50 €, siehe Kundmachung 2022.*

Zeiterfassung bei der Schlachttier- und Fleischuntersuchung und den Hygienekontrollen

§ 5. (1) Der Beginn der Schlachttieruntersuchung ist mit 15 Minuten vor Beginn der gemäß § 2 Abs. 1 FlUVO im Voraus angemeldeten Schlachtzeit anzusetzen. Die Schlachttieruntersuchung endet mit Untersuchung des letzten Schlachttieres. Im Rahmen der Schlachttieruntersuchung sind auch die Kontrollen zur Einhaltung der Tierschutzbestimmungen hinsichtlich Transport, Entladung, Behandlung und Schlachtung der Tiere gemäß Anhang I Abschnitt I Kapitel II Punkt C der Verordnung (EG) Nr. 854/2004 durchzuführen.

(2) Der Beginn der Fleischuntersuchung ist mit dem schriftlich angemeldeten Schlachtbeginn anzusetzen. Die Fleischuntersuchung endet mit der Beurteilung des letzten Tierkörpers. Sie darf die gemäß Anhang I der FlUVO vom Landeshauptmann je nach Tierart festgelegten Zeitaufwand für den jeweiligen Schlachthof nicht unterschreiten. Dabei ist die Zeit für die Probenentnahme bei aus der Schlachtlinie ausgesonderten Tierkörpern und deren Beurteilung gesondert zu berücksichtigen.

(3) Fallen zusätzlich zu den gemäß Abs. 1 und 2 abgedeckten Untersuchungszeiten vom Betrieb verursachte Wartezeiten an, so sind diese gemäß § 2 Abs. 1 Z 1 oder 2 zu verrechnen. Die vom Schlachtbetrieb im Vorhinein festgelegten Arbeitspausen zählen nicht zu den Wartezeiten.

(4) Bei der Zeiterfassung ist eine zehnminütige Rüstzeit pro Untersuchungsplatz bis zur maximalen Arbeitszeit oder pro Kontrollvorgang gemäß § 2 Abs. 1 Z 1 lit. c oder Z 3 hinzuzuzählen. Diese Zeit ist auch zu berechnen, wenn weniger als die maximale Arbeitszeit gearbeitet wird oder trotz Anmeldung keine Schlachtung oder Hygienekontrolle stattfindet. Ebenso ist der Zuschlag gemäß § 2 Abs. 2 zu verrechnen.

(5) Das Aufsichtsorgan hat die Dauer der durchgeführten Untersuchungen, Revisionen und Hygienekontrollen in die von ihm zu führende Dokumentation einzutragen. Ebenfalls einzutragen sind Vorkommnisse, die auf die Untersuchungs- oder Revisions- oder Kontrolldauer erheblichen Einfluss haben und bei einer Untersuchung oder Kontrolle zu einer erkennbaren Abweichung der üblichen Dauer und Modalitäten führen. Diese Vorkommnisse sind zu beschreiben und zu begründen.

(6) „ " Für die gemäß § 8 FlUVO zu führenden Aufzeichnungen und Meldungen ist die aufgewendete Zeit nach § 2 Abs. 1 Z 1 zu verrechnen, sofern nicht in einem Bescheid gemäß § 7 Abs. 4 FlUVO eine Durchschnittszeit festgelegt wurde. *(BGBl II 2010/46)*

(7) Die Dokumentation des Aufsichtsorgans ist dem Betriebsinhaber oder der von ihm beauftragten Person oder demjenigen, der über das zu untersuchende Tier, das Fleisch oder den Betrieb verfügungsberechtigt ist, nachweislich zur Kenntnis zu bringen. Allfällige Einsprüche der betreffenden Person sind den Aufzeichnungen anzuschließen.

(8) Der Beginn und das Ende der Zeiterfassung haben entweder in fünf Minuten-Schritten oder per Stechuhr zu erfolgen. Die ersten fünf Minuten der angefangenen 1/4 Stunde gemäß § 2 Abs. 1 sind nicht in Rechnung zu stellen. Die Summe der berechneten Zeit darf die Gesamtzeit der Anwesenheit der Aufsichtsorgane im Betrieb nicht überschreiten.

Personenbezogene Bezeichnungen und Verweisungen

§ 6. (1) Bei den in dieser Verordnung verwendeten personenbezogenen Bezeichnungen gilt die gewählte Form für beide Geschlechter.

(2) Soweit in dieser Verordnung auf Bundesgesetze oder andere Verordnungen der Bundesministerin für Gesundheit, Familie und Jugend oder auf unmittelbar anwendbare Rechtsvorschriften der Europäischen Gemeinschaft verwiesen wird, sind diese in ihrer jeweils geltenden Fassung anzuwenden.

Inkrafttreten

§ 7. „(1)" Diese Verordnung tritt am 1. Jänner 2008 in Kraft. *(BGBl II 2010/46)*

(2) § 1 Abs. 1 Z 2 und § 2 Abs. 2 Z 1 jeweils in der Fassung der Verordnung BGBl. II Nr. 46/2010 sowie § 1 Abs. 3 treten am 1. Juli 2010 in Kraft. *(BGBl II 2010/46)*

(3) § 3 Abs. 1 Z 1 lit. a, b und d, § 3 Abs. 1 Z 2 lit. a, § 4 Abs. 1 Z 1 und 2 und § 7 jeweils in der Fassung der Verordnung BGBl. II Nr. 119/2017 treten mit 1. Juli 2017 in Kraft. *(BGBl II 2017/119)*

10/4. LMSVG-Abgabenverordnung – LMSVG-AbV

BGBl II 2006/381 idF

1 BGBl II 2007/323
2 BGBl II 2011/135
3 BGBl II 2013/74

Verordnung der Bundesministerin für Gesundheit und Frauen über die Festsetzung der Höhe von Verwaltungsabgaben und Gebühren im Rahmen des LMSVG („LMSVG-Abgabenverordnung – LMSVG-AbV")

(BGBl II 2011/135)

Auf Grund der §§ 61 Abs. 1 Z 2, 62 Abs. 1 und 63 Abs. 1 des Lebensmittelsicherheits- und Verbraucherschutzgesetzes – LMSVG, BGBl. I Nr. 13/2006, zuletzt geändert durch das Bundesgesetz BGBl. I Nr. 136/2006, wird im Einvernehmen mit dem Bundesminister für Finanzen verordnet:

Anwendungsbereich

§ 1. Diese Verordnung regelt die Höhe von Verwaltungsabgaben und Gebühren für nachfolgend aufgeführte Tätigkeiten im Rahmen des LMSVG:

1. bei der Einfuhr gemäß § 48 LMSVG ausgenommen Kontrollen nach der Veterinärbehördlichen Einfuhr- und Binnenmarktverordnung 2001 idgF;
2. gemäß § 45 Abs. 4 LMSVG im Zusammenhang mit der Zulassung von Kontrollstellen;
3. gemäß § 51 Abs. 1 und 3 LMSVG im Zusammenhang mit der Erteilung einer Ausfuhrberechtigung und mit Kontrollen, die über die routinemäßige Kontrolltätigkeit hinausgehen;
4. zusätzlich erforderliche amtliche Kontrollen gemäß § 24 LMSVG auf Grund der Wahrnehmung eines Verstoßes gegen lebensmittelrechtliche Vorschriften. *(BGBl II 2007/323)*

Pauschbeträge

§ 2. (1) „Die Pauschbeträge für Tätigkeiten gemäß § 1 betragen für jedes Aufsichtsorgan gemäß § 24 LMSVG oder Organ gemäß § 47 Abs. 3 LMSVG" und jede angefangene halbe Stunde

1. an Werktagen mit Ausnahme von Samstagen zwischen 6.00 Uhr und 22.00 Uhr .... „31" €[1]
(BGBl II 2013/74)
2. an Samstagen zwischen 6.00 Uhr und 22.00 Uhr .... „47" €[2]
(BGBl II 2013/74)
3. an Werktagen zwischen 22.00 Uhr und 6.00 Uhr und Sonn- und Feiertagen .... „62" €[3].
(BGBl II 2013/74)
(BGBl II 2011/135)

(2) Der Berechnung der Höhe von Verwaltungsabgaben ist „vorbehaltlich des Abs. 3 und 4," nur die zur Vornahme der Amtshandlung selbst einschließlich allfälliger Begehungen und Besichtigungen aufgewendete Zeit, nicht aber der Zeitaufwand zugrunde zu legen, der mit der Zurücklegung des Hin- und Rückweges zwischen dem Amt und dem Ort des Unternehmens gemäß § 3 Z 10 LMSVG verbunden ist. *(BGBl II 2007/323)*

(3) „Bei Kontrolltätigkeiten im Sinne des § 1 Z 1 und 4" gilt Abs. 2 mit der Maßgabe, dass der Höhe von Verwaltungsabgaben ein Betrag für die Zurücklegung des Hin- und Rückweges in der Höhe von 50 € hinzuzurechnen ist. *(BGBl II 2007/323; BGBl II 2011/135)*

(4) Bei Benützung öffentlicher Verkehrsmittel werden anstelle des Betrages gemäß Abs. 3 nur die tatsächlichen Fahrtauslagen vergütet. *(BGBl II 2007/323)*

[1] *34,30 €, siehe Kundmachung 2022.*
[2] *52 €, siehe Kundmachung 2022.*
[3] *68,60 €, siehe Kundmachung 2022.*

Zulassung von Kontrollstellen

§ 3. Für die Zulassung von Kontrollstellen ist unbeschadet des § 2 eine Verwaltungsabgabe in der Höhe von 528 €[4] zu entrichten.

[4] *583,80 €, siehe Kundmachung 2022.*

Ausfuhrberechtigung

§ 4. Für die Erteilung einer Ausfuhrberechtigung ist unbeschadet des § 2 eine Gebühr in der Höhe von 180 €[5] zu entrichten.

[5] *199 €, siehe Kundmachung 2022.*

§ 5. „(1)" Die Verordnung in der Fassung BGBl. II Nr. 323/2007 tritt am 1. März 2008 in Kraft. *(BGBl II 2013/74)*

(2) Für zum Zeitpunkt des Inkrafttretens anhängige Verfahren gelten die Pauschbeträge in der Fassung BGBl. II Nr. 135/2011. *(BGBl II 2013/74)*

(BGBl II 2007/323)

10/5. Verordnung über den örtlichen Zuständigkeitsbereich der Österreichischen Agentur für Gesundheit und Ernährungssicherheit GmbH zur Übernahme von amtlichen Proben

BGBl II 2006/209 idF

1 BGBl II 2010/438

Verordnung der Bundesministerin für Gesundheit und Frauen über den örtlichen Zuständigkeitsbereich der Österreichischen Agentur für Gesundheit und Ernährungssicherheit GmbH zur Übernahme von amtlichen Proben

§ 1. Der örtliche Zuständigkeitsbereich der Institute für Lebensmitteluntersuchung der Österreichischen Agentur für Gesundheit und Ernährungssicherheit GmbH zur Übernahme von amtlichen Proben gemäß § 36 Abs. 9 LMSVG wird wie folgt festgelegt:

1. Institut für Lebensmitteluntersuchung Graz für die Länder Steiermark und Kärnten und für die politischen Bezirke Oberwart, Güssing und Jennersdorf des Burgenlandes;

2. Institut für Lebensmitteluntersuchung Innsbruck für die Länder Tirol und Vorarlberg;

3. Institut für Lebensmitteluntersuchung Linz – vorbehaltlich Z 6 – für das Land Oberösterreich; *(BGBl II 2010/438)*

4. Institut für Lebensmitteluntersuchung Salzburg für das Land Salzburg;

5. Institut für Lebensmitteluntersuchung Wien – vorbehaltlich Z 6 – für die Länder Wien und Niederösterreich sowie das Burgenland, ausgenommen die politischen Bezirke Oberwart, Güssing und Jennersdorf; *(BGBl II 2010/438)*

6. Institut für Lebensmitteluntersuchung Linz oder Institut für Lebensmitteluntersuchung Wien für die politischen Bezirke Amstetten, Scheibbs, Melk, Gmünd, Zwettl, Waidhofen/Thaya und Horn sowie für die Statutarstadt Waidhofen/Ybbs des Landes Niederösterreich. *(BGBl II 2010/438)*

§ 2. Der Wirkungsbereich, welcher den Untersuchungsanstalten gemäß § 72 LMSVG zukommt, bleibt durch diese Verordnung unberührt.

10/6. Fleischuntersuchungsverordnung 2006 – FlUVO

BGBl II 2006/109 idF

1 BGBl II 2007/82
2 BGBl II 2008/250
3 BGBl II 2010/29
4 BGBl II 2012/156
5 BGBl II 2014/204
6 BGBl II 2019/410

Verordnung der Bundesministerin für Gesundheit und Frauen über die Schlachttier- und Fleischuntersuchung sowie die Untersuchung von Fischereierzeugnissen (Fleischuntersuchungsverordnung 2006 – FlUVO)

Aufgrund von §§ 34, 53 Abs. 7 und 98 des Bundesgesetzes über Sicherheitsanforderungen und weitere Anforderungen an Lebensmittel, Gebrauchsgegenstände und kosmetische Mittel zum Schutz der Verbraucherinnen und Verbraucher (Lebensmittelsicherheits- und Verbraucherschutzgesetz – LMSVG), BGBl. I Nr. 13/2006, geändert durch das Bundesgesetz BGBl. I Nr. 151/2005, wird verordnet:

1. Abschnitt
Allgemeines

Anwendungsbereich

§ 1. (1) Diese Verordnung dient der Durchführung und Ergänzung der Bestimmungen der „Verordnung (EU) 2017/625 über amtliche Kontrollen, ABl. Nr. L 95 vom 7. April 2017, Delegierten Verordnung (EU) 2019/624 mit besonderen Bestimmungen für die Durchführung amtlicher Kontrollen der Fleischerzeugung sowie von Erzeugungs- und Umsetzgebieten für lebende Muscheln gemäß der Verordnung (EU) 2017/625, ABl. Nr. L 131 vom 17. Mai 2019, Durchführungsverordnung (EU) 2019/627 zur Festlegung einheitlicher praktischer Modalitäten für die Durchführung der amtlichen Kontrollen in Bezug auf für den menschlichen Verzehr bestimmte Erzeugnisse tierischen Ursprungs und zur Änderung der Verordnung (EG) Nr. 2074/2005 in Bezug auf amtliche Kontrollen, ABl. Nr. L 131 vom 17. Mai 2019" und Verordnung (EG) Nr. 853/2004 vom 29. April 2004 über spezifische Hygienevorschriften für Lebensmittel tierischen Ursprungs (ABl. Nr. L 139 vom 30. April 2004, berichtigt durch ABL. Nr. L 226 vom 25. Juni 2004) sowie der diesbezüglichen Durchführungsbestimmungen und Leitlinien der Kommission hinsichtlich der Schlachtung von Rindern, Schafen, Ziegen, Einhufern, Schweinen, Geflügel, Farmwild, Kaninchen, des Erlegens von freilebendem Wild und des Fangens von Fischen sowie hinsichtlich der Kontrollen von Schlacht-, Zerlegungs- und Wildbearbeitungsbetrieben. *(BGBl II 2019/410)*

(2) Diese Verordnung gilt nicht für die Untersuchung gemäß §§ 5 bis 8 der Lebensmittel-Direktvermarktungsverordnung, BGBl. II Nr. 108/2006. *(BGBl II 2007/82)*

2. Abschnitt
Untersuchung vor der Schlachtung (Schlachttieruntersuchung)

Allgemeine Bestimmungen zur Durchführung der Schlachttieruntersuchung

§ 2. (1) Der zum Zeitpunkt der Schlachtung über das Tier Verfügungsberechtigte hat beim zuständigen amtlichen Tierarzt drei Werktage vor einer beabsichtigten Schlachtung die Tiere zur Untersuchung anzumelden. Der Landeshauptmann hat für eine ortsübliche Bekanntmachung der für die Entgegennahme der Meldungen zuständigen amtlichen Tierärzte zu sorgen. Bei gleich bleibenden Schlachtzeiten und gleich bleibendem Schlachtumfang kann eine gesonderte Anmeldung entfallen.

(2) Die Untersuchung der Schlachttiere ist bei ausreichender Beleuchtung an einem dafür geeigneten Untersuchungsplatz gemäß „Durchführungsverordnung (EU) 2019/627" vorzunehmen. Dabei müssen die Schlachttiere so gekennzeichnet zur Untersuchung gebracht werden, dass der amtliche Tierarzt oder der amtliche Fachassistent ihre Herkunft ermitteln kann. Insbesondere ist die vorschriftsmäßige Kennzeichnung gemäß „Tierkennzeichnungs- und Registrierungsverordnung 2009, BGBl. II Nr. 291/2009", und „Rinderkennzeichnungs-Verordnung 2008, BGBl. II Nr. 201/2008", festzustellen. Allenfalls erforderliche Dokumente sind vorzulegen. *(BGBl II 2010/29; BGBl II 2019/410)*

(3) Der Verfügungsberechtigte hat bei der Durchführung der Untersuchungen und allfälliger Probenahmen unentgeltlich die nötige Hilfe zu leisten oder auf seine Kosten zu veranlassen.

Verbot der Erteilung einer Erlaubnis zur Schlachtung

§ 3. (1) Werden an lebenden Tieren Symptome, Krankheiten oder Zustände im Sinne des „Art. 43

Z 3 und 4 und Art. 45 der Durchführungsverordnung (EU) 2019/627", festgestellt, welche sicher zur Genussuntauglichkeit des Tieres führen, so darf keine Schlachterlaubnis erteilt werden. Kann der Verdacht nur nach der Schlachtung abgeklärt werden, so ist das Tier gesondert unter Aufsicht des amtlichen Tierarztes zu schlachten. Im Falle des Verdachtes einer anzeigepflichtigen Tierseuche ist gemäß den Bestimmungen des Tierseuchengesetzes vorzugehen. *(BGBl II 2019/410)*

(2) Bei Feststellung einer von der Bundesministerin für Gesundheit und Frauen für meldepflichtig erklärten Zoonose ist umgehend eine Meldung an die Bezirksverwaltungsbehörde zu erstatten.

Verfahren bei Verdacht auf Rückstände

§ 4. (1) Bei Verdacht auf Rückstände ist gemäß Art. 3 der Delegierten Verordnung (EU) 2019/2090 zur Ergänzung der Verordnung (EU) 2017/625 in Bezug auf mutmaßliche oder festgestellte Verstöße gegen Unionsvorschriften über die Verwendung oder über Rückstände pharmakologisch wirksamer Stoffe, die in Tierarzneimitteln oder als Futtermittelzusatzstoffe zugelassen sind, bzw. gegen Unionsvorschriften über die Verwendung oder über Rückstände verbotener oder nicht zugelassener pharmakologisch wirksamer Stoffe (ABl. Nr. L 317 vom 9. Dezember 2019) vorzugehen. *(BGBl II 2019/410)*

„(2)" Der Verdacht auf Rückstände ist auch bei allen anderen Schlachttieren aus dem Bestand, aus dem das betroffene (rückstandsverdächtige) Tier stammt, so lange gegeben, bis der Verdacht auf Grund von geeigneten Untersuchungen entkräftet ist. Sind Untersuchungen des Bestandes erforderlich, so ist gemäß „den Rückstandskontrollvorschriften" vorzugehen. *(BGBl II 2019/410)*

„(3)" Der Verdacht auf Rückstände und deren Nachweis bei Schlachttieren ist vom amtlichen Tierarzt dem für den Schlachtort örtlich zuständigen Landeshauptmann umgehend zu melden. Dieser hat die Meldung allenfalls an den für den Herkunftsbetrieb zuständigen Landeshauptmann weiterzuleiten. In der Meldung ist weiters anzuführen, ob der Verdacht auf Rückstände auch bei anderen Tieren besteht. *(BGBl II 2019/410)*

(4) *(entfällt, BGBl II 2019/410)*

Verfahren bei erhitzten, ermüdeten oder aufgeregten Tieren

§ 5. Bei Tieren, die erhitzt, ermüdet oder stark aufgeregt sind, hat der amtliche Tierarzt einen Aufschub der Schlachtung bis zu 24 Stunden anzuordnen, sofern die sofortige Schlachtung nicht aus veterinärfachlichen oder tierschutzrechtlichen Gründen erforderlich ist.

3. Abschnitt

Untersuchung nach der Schlachtung (Fleischuntersuchung)

Allgemeine Bestimmungen zur Durchführung der Fleischuntersuchung

§ 6. (1) Die Fleischuntersuchung ist entsprechend „Durchführungsverordnung (EU) 2019/627" vorzunehmen. *(BGBl II 2019/410)*

(2) Für die Untersuchung der Tiere nach der Schlachtung muss an der Schlachtstätte ein geeigneter und entsprechend ausgestatteter Untersuchungsplatz mit einer Beleuchtung von mindestens 540 Lux am Untersuchungsobjekt zur Verfügung stehen. Der Verfügungsberechtigte hat bei der Durchführung der Untersuchungen und allfälliger Probenahmen unentgeltlich die nötige Hilfe zu leisten oder auf seine Kosten zu veranlassen.

(3) Der Untersuchungsplatz muss so ausgerüstet und räumlich in Größe und Ausdehnung beschaffen sein, dass die Schlachtkörper gesondert für die Untersuchung bereitgehalten werden können und die Untersuchung ordnungsgemäß und ohne Behinderung durchgeführt werden kann. Die Nebenprodukte der Schlachtung und Eingeweide müssen dabei dem Schlachtkörper eindeutig zugeordnet werden können.

(4) Bei Untersuchung der Schlachtkörper oder unmittelbar danach sind alle genussuntauglichen Teile zu entfernen, sofern vom amtlichen Tierarzt nichts anderes verfügt wird.

(5) Abweichend von Abs. 4 dürfen genussuntaugliche Teile außer in Schlachtbetrieben auch in anderen Betrieben in dem Umfang und zu den Bedingungen entfernt werden, wie dies in der Verordnung (EG) Nr. 999/2001 vom 21. Mai 2001 mit Vorschriften zur Verhütung, Kontrolle und Tilgung bestimmter transmissibler spongiformer Enzephalopathien (ABl. Nr. L 147 vom 31. Mai 2001) vorgesehen ist.

Zeitaufwand zur Fleischuntersuchung

§ 7. (1) Der Zeitaufwand, welcher für die Untersuchung der einzelnen Tierkörper, Nebenprodukte der Schlachtung und Eingeweide zumindest aufzuwenden ist, ergibt sich aus den Tabellen des Anhanges I zu dieser Verordnung.

(2) Werden bei der Fleischuntersuchung amtliche Fachassistenten eingesetzt, so darf deren Verhältnis zu den amtlichen Tierärzten 3:1 nicht überschreiten. Werden auch Tierärzte im Rahmen ihrer Ausbildung zu amtlichen Tierärzten eingesetzt, so darf pro Untersuchungsteam nur ein amtlicher Fachassistent durch maximal zwei Auszubildende ersetzt werden. Davon unberührt ist der Einsatz von betriebseigenen Hilfskräften

gemäß „Art. 18 Abs. 3 der Verordnung (EU) 2017/625." *(BGBl II 2007/82; BGBl II 2019/410)*

(3) Die maximale Arbeitszeit einer Person darf für Untersuchungen acht Stunden pro Tag nicht überschreiten. *(BGBl II 2010/29)*

(4) Der Landeshauptmann hat unter Beachtung von Abs. 1 bis 3 unter Berücksichtigung der gegebenen Örtlichkeiten, Anlagen und Einrichtungen in Schlachthöfen, in denen mehr als 1000 Großvieheinheiten Säugetiere oder 150.000 Stück Geflügel jährlich geschlachtet werden, einen Untersuchungsplan festzulegen. Der Betriebsinhaber hat dem hauptverantwortlichen Tierarzt gemäß Abs. 6 alle beabsichtigten Änderungen in der Betriebsanlage oder im Ablauf, welche Einfluss auf die Schlachttier- und Fleischuntersuchung haben, so rechtzeitig bekannt zu geben, dass eine Änderung des Untersuchungsplanes zeitgerecht erfolgen kann.

(5) Für die Berechnung der Großvieheinheiten im Sinne des Abs. 4 sind die Werte von Anhang Ia heranzuziehen. *(BGBl II 2008/250)*

(6) In Betrieben, wo mehrere Untersuchungsorgane gleichzeitig tätig sind, sind im Rahmen der Diensteinteilung Untersuchungsteams unter Leitung eines dienstführenden amtlichen Tierarztes zu bilden. Weiters ist vom Landeshauptmann ein für den Betrieb hauptverantwortlicher amtlicher Tierarzt, der für die Organisation des ordnungsgemäßen Ablaufes der Schlachttier- und Fleischuntersuchung und der vorgeschriebenen Kontrollen im Betrieb verantwortlich ist, und ein Stellvertreter zu bestellen.

Aufzeichnungen der Schlachttier- und Fleischuntersuchung

§ 8. (1) Die Ergebnisse der Schlachttier- und Fleischuntersuchung gemäß Abs. 2 sind unter Verantwortung des amtlichen Tierarztes in das gemäß „Art. 39 Z 3 der Durchführungsverordnung (EU) 2019/627" eingerichtete Register der Schlachttier- und Fleischuntersuchung, das einen Teil des Verbrauchergesundheitsinformationssystems darstellt, einzutragen. Der Landeshauptmann hat für die Datenerhebung am Schlachthof und deren Überspielung in die genannte Datenbank auch von den Betrieben eingerichtete, mit der genannten Datenbank kompatible Datenerfassungssysteme heranzuziehen. Dabei ist in größtmöglichem Umfang auf die vom Betrieb zur Verfügung gestellten Daten und personellen Hilfestellungen zurückzugreifen. Werden derartige Datenerfassungssysteme von den Betrieben nicht zur Verfügung gestellt, so hat die Datenerfassung vom Landeshauptmann zu betreibende Eingabestellen zu erfolgen. *(BGBl II 2010/29; BGBl II 2019/410)*

(1a) Die in Abs. 1 genannten Datenerfassungssysteme müssen zumindest folgenden Anforderungen entsprechen:

1. der Zutritt muss mit einem Passwort oder einer Identifikationskarte nur für Berechtigte gesichert sein;

2. die Daten müssen gegen Verfälschung und unbefugte Weitergabe gesichert sein;

3. die Software darf nicht unbemerkt verändert werden können;

4. zusätzliche Schnittstellen dürfen nicht unbemerkt eingerichtet werden können;

5. das System muss zum Datenabgleich mit dem Register der Schlachttier- und Fleischuntersuchung kompatibel ausgestaltet sein;

6. die Übertragungswege zum Register der Schlachttier- und Fleischuntersuchung und den Untersuchungsstellen gemäß LMSVG müssen zum Zwecke des Datenschutzes gesichert sein. *(BGBl II 2010/29)*

(1b) Die gemäß Abs. 2 erhobenen Daten sind dem Schlachthofbetreiber, dem Herkunftsbetrieb der Tiere und seinem Betreuungstierarzt, dem Landeshauptmann, dem Bundesminister für Gesundheit und der Statistik Austria zugänglich zu machen. Die Ergebnisse der Rückstandsuntersuchungen dürfen dem Herkunftsbetrieb der Tiere und dessen Betreuungstierarzt nur dann zugänglich gemacht werden, wenn die Beweissicherung zur Aufklärung der Ursache des nachgewiesenen Rückstandes nicht beeinflusst wird. Dem Schlachthofbetreiber sind nur jene Ergebnisse der Rückstandsuntersuchungen bekannt zu geben, soweit diese für die Beurteilung der Tierkörper relevant sind. *(BGBl II 2010/29)*

(1c) Die Pflicht zur Aufzeichnung und Meldung besteht auch für alle nicht durch das Register der Schlachttier- und Fleischuntersuchung erfassten Untersuchungen und Kontrollen auf Basis der §§ 51 und „53ff LMSVG und der Rückstandskontrollvorschriften" entsprechend den Erlässen des Bundesministers für Gesundheit. *(BGBl II 2012/156; BGBl II 2019/410)*

(2) Jedes Untersuchungsorgan hat - allenfalls unter Mithilfe des Schlachthofbetreibers - bei der Schlachttier- und Fleischuntersuchung zumindest folgende Daten aufzuzeichnen und zu melden:

1. Zahl, Herkunft, Alter und Kennzeichnungen sämtlicher zur Untersuchung angemeldeter Tiere,

2. die Ergebnisse der Untersuchungen der lebenden Tiere vor der Schlachtung, der Tierkörper - einschließlich der Nebenprodukte der Schlachtung - nach der Schlachtung sowie allfälliger zusätzlicher Untersuchungen gemäß „§ 55 LMSVG und den Rückstandskontrollvorschriften", aufgegliedert nach Tierarten und Tierkategorien, wobei die Beanstandungsgründe in Form eines Code-Systems zu erfassen sind, *(BGBl II 2010/29; BGBl II 2019/410)*

3. Art der Verwendung oder Entsorgung von als genussuntauglich befundenen Schlachtkörpern, Nebenprodukten der Schlachtung oder Eingeweiden, Schlachtabfällen sowie zwar tauglichen aber nicht für den menschlichen Verzehr bestimmten Teilen gegliedert entsprechend der „Verordnung (EG) Nr. 1069/2009 mit Hygienevorschriften für nicht für den menschlichen Verzehr bestimmte tierische Nebenprodukte und zur Aufhebung der Verordnung (EG) Nr. 1774/2002 (Verordnung über tierische Nebenprodukte), ABl. Nr. L 300 vom 14. November 2009, zuletzt geändert durch die Verordnung (EU) Nr. 1385/2013, ABl. Nr. L 354 vom 28. Dezember 2013". *(BGBl II 2014/204)*

Diese Aufzeichnungs- und Meldepflichten gelten für Wild aus freier Wildbahn sinngemäß, wobei in diesem Fall an Stelle des Schlachthofbetreibers der Inhaber des Wildtierbearbeitungsbetriebes tritt.

(3) Im Falle von § 7 Abs. 6 obliegt dem hauptverantwortlichen amtlichen Tierarzt das Zusammenführen der Aufzeichnungen bzw. die Durchführung der Meldungen. Die übrigen Untersuchungsorgane haben ihn dabei zu unterstützen.

(4) Erfolgt die Eingabe der Untersuchungsergebnisse in das Register der Schlachttier- und Fleischuntersuchung oder die Meldung an die Eingabestelle des Landes nicht binnen 24 Stunden nach Vorliegen der jeweiligen Ergebnisse, so sind die Ergebnisse in Form von Hilfsaufzeichnungen nachvollziehbar schriftlich festzuhalten und ehestmöglich in das genannte Register einzutragen. *(BGBl II 2010/29)*

(5) Die Datenbankeintragungen und allfällige schriftliche Aufzeichnungen sind fünf Jahre aufzubewahren.

(6) Meldungen an ausländische Behörden sind entsprechend der *Durchführungsverordnung (EU) 2019/627* über das Bundesministerium für Arbeit, Soziales, Gesundheit und Konsumentenschutz vorzunehmen. *(BGBl II 2019/410)*

(BGBl II 2007/82)

Zusätzliche Untersuchungen

§ 9. (1) Ergibt die Untersuchung einen Verdacht auf krankhafte Veränderungen, so sind vom amtlichen Tierarzt weitere geeignete Untersuchungen, wie zum Beispiel mikrobiologische Untersuchungen, durchzuführen oder zu veranlassen.

(2) Liegt ein Verdacht auf Fleischmängel vor, so sind die erforderlichen Untersuchungen, zum Beispiel Koch- oder Bratprobe, pH-Messung sowie die Untersuchung auf Ausblutung, Tiefenfäulnis, Farbstoffe und dergleichen, vorzunehmen.

(3) Besteht der Verdacht, dass im Fleisch Stoffe im Sinne „der Rückstandskontrollvorschriften" vorhanden sind, die nach Art und Menge geeignet sind, die menschliche Gesundheit zu schädigen oder zu gefährden, so sind weitere Untersuchungen zu veranlassen und Proben an eine hierfür zugelassene Untersuchungsanstalt einzusenden. Die Bestimmungen des § 10 Abs. 2 und 3 sind anzuwenden. *(BGBl II 2019/410)*

(4) Für die Übermittlung der Begleitdokumente von den gemäß „§ 55 LMSVG und den Rückstandskontrollvorschriften" einzusendenden Proben an die Untersuchungsstellen gemäß LMSVG und die Rückübermittlung der Ergebnisse sind, soweit als möglich und gemäß den Erlässen des Bundesministers für Gesundheit, die in § 8 Abs. 1 genannten Datensysteme zu verwenden. *(BGBl II 2010/29; BGBl II 2019/410)*

(5) Sind von Schlachtkörpern Proben zur Untersuchung auf Trichinen gemäß § 55 Abs. 1 Z 1 LMSVG zu entnehmen und erfolgt die Untersuchung nicht direkt in einem im Schlacht- oder Wildbearbeitungsbetrieb befindlichen Labor, so sind die Proben nach der Entnahme gemäß „Art. 34 Abs. 5 der Verordnung (EU) 2017/625" über amtliche Kontrollen zur Überprüfung der Einhaltung des Lebensmittel- und Futtermittelrechts sowie der Bestimmungen über Tiergesundheit und Tierschutz, ABl. Nr. L 165 vom 30. April 2004, zuletzt geändert durch die Verordnung (EU) Nr. 880/2011, ABl. Nr. L 228 vom 3. September 2011, zu kennzeichnen und zur Untersuchung einzusenden. Die Einsendung oder der Transport der Proben kann auch durch den Schlacht- oder Wildbearbeitungsbetrieb durchgeführt werden. Die Einsendung hat an ein Labor gemäß „Art. 37 bis 42 der Verordnung (EU) 2017/625", das vom Landeshauptmann zu benennen ist, zu erfolgen, wobei der Betrieb entsprechende Labors vorschlagen kann. *(BGBl II 2012/156; BGBl II 2019/410)*

(6) Erfolgt die Einsendung der Proben durch den amtlichen Tierarzt, hat das Labor das Untersuchungsergebnis diesem zu übermitteln. Erfolgt die Einsendung durch den Schlacht- oder Wildbearbeitungsbetrieb, hat dieser vom Labor erhaltene Untersuchungsergebnis unverzüglich dem amtlichen Tierarzt zu übermitteln oder dessen unverzügliche Übermittlung durch das untersuchende Labor unter Nennung des Unternehmens zu veranlassen. Der amtliche Tierarzt hat das Untersuchungsergebnis bei der Beurteilung der Tiere zu berücksichtigen. *(BGBl II 2012/156)*

Veranlassung und Vorgehen bei einer mikrobiologischen Fleischuntersuchung

§ 10. (1) Eine mikrobiologische Fleischuntersuchung ist, sofern die Fleischuntersuchung nicht schon die Genussuntauglichkeit des Schlachtkörpers ergeben hat, zumindest in folgenden Fällen zu veranlassen:

1. bei Notschlachtungen außerhalb des Schlachthofes, sofern auf Grund der Art oder des

Zeitpunktes des Unfalles mit einer Keimbelastung des Tierkörpers gerechnet werden muss; *(BGBl II 2010/29)*

2. bei Tieren, bei denen bei der Schlachttieruntersuchung ein Verdacht auf eine mit Störung des Allgemeinbefindens einhergehende Krankheit besteht;

3. bei nach der Schlachtung festgestellten akuten Entzündungen (insbesondere der Mundhöhle, des Rachens, der Lungen, des Herzens, des Brustfells, der Leber, der Gallenblase, der Milz, der Nieren, des Magens, des Darmes, des Bauchfells, des Euters, der Gebärmutter, der Gelenke, der Sehnenscheiden, der Klauen, der Hufe, des Nabels), bei Gelbsucht, bei Verdacht auf Blutvergiftung, bei Knochenbrüchen, bei Vorfällen innerer Körperteile oder bei sonstigen schwerwiegenden Verletzungen.

(2) Der Schlachtkörper, die Nebenprodukte der Schlachtung und die Eingeweide sind in den Fällen der §§ 9 und 10 als „vorläufig beanstandet" zu kennzeichnen und bis zum Vorliegen des Ergebnisses der mikrobiologischen Untersuchung oder sonstiger Untersuchungsergebnisse getrennt von anderem Fleisch oder anderen Lebensmitteln unter Verschluss bei den vorgeschriebenen Temperaturen aufzubewahren.

(3) Ist eine abgesonderte Aufbewahrung im Sinne von Abs. 2, bei der das Verderben des Fleisches während der Dauer der mikrobiologischen oder sonstiger Untersuchungen verhütet wird, am Schlachtort nicht möglich, so kann mit Zustimmung des Landeshauptmannes im Sinne des § 6 der Lebensmittelhygiene-Anpassungsverordnung, BGBl. II Nr. 91/2006, vorgegangen werden.

Beurteilung des Fleisches

§ 11. (1) Das Fleisch ist entsprechend der „Durchführungsverordnung (EU) 2019/627" zu beurteilen. *(BGBl II 2019/410)*

(2) Werden Stoffe mit antibakterieller Wirkung durch biologischen Hemmstofftest im Muskelfleisch nachgewiesen, so ist der gesamte Tierkörper genussuntauglich. Der Verfügungsberechtigte kann jedoch weiterführende Untersuchungen zur Abklärung des Rückstandes auf seine eigenen Kosten verlangen. Ergeben diese weiterführenden Untersuchungen, dass keine Grenzwertüberschreitungen gemäß „Verordnung (EU) Nr. 37/2010 über pharmakologisch wirksame Stoffe und ihre Einstufung hinsichtlich der Rückstandshöchstmengen in Lebensmitteln tierischen Ursprungs, ABl. Nr. L 15 vom 20. Jänner 2010, in der Fassung der Berichtigung, ABl. Nr. L 293 vom 11. November 2010, zuletzt geändert durch die Durchführungsverordnung (EU) Nr. 677/2014, ABl. Nr. L 180 vom 20. Juni 2014" vorliegen, so ist das Fleisch als genusstauglich zu beurteilen, sofern kein sonstiger Beanstandungsgrund vorliegt. *(BGBl II 2014/204)*

(3) Wenn Arzneimittel durch biologischen Hemmstofftest nur in Organen nachgewiesen wurden, so sind alle Organe (außer Herz und Zunge) sowie gegebenenfalls die Injektionsstelle genussuntauglich. Der übrige Schlachtkörper ist genusstauglich, sofern kein sonstiger Beanstandungsgrund vorliegt.

(4) Auf Verlangen des Verfügungsberechtigten hat der Landeshauptmann eine Überprüfung des Befundes zu veranlassen. Dieses Verlangen ist binnen 24 Stunden nach Erhalt des Ergebnisses beim hauptverantwortlichen amtlichen Tierarzt kundzutun. Zur Überprüfung ist ein bestellter amtlicher Tierarzt heranzuziehen, der nicht in diesem Betrieb mit der Schlachttier- und Fleischuntersuchung befasst ist. Die durch die Überprüfung erwachsenden Kosten hat im Falle der Bestätigung des zu überprüfenden Befundes derjenige zu tragen, der die Überprüfung veranlasst hat.

(5) Im Falle einer Genussuntauglichkeitserklärung von Fleisch gemäß § 54 Abs. 2 LMSVG kann der Verfügungsberechtigte eine Überprüfung der Beurteilung im Sinne des Abs. 4 verlangen.

Beurteilung nach Brauchbarmachung

§ 12. Tauglich nach Brauchbarmachung ist

1. Fleisch – mit Ausnahme der veränderten Teile – bei Befall mit lebenden und abgestorbenen Finnen, und zwar bei Rindern mit Cysticercus inermis, bei Schweinen mit Cysticercus cellulosae und bei Schafen und Ziegen mit Cysticercus ovis, wenn die Voraussetzungen der Starkfinnigkeit nicht zutreffen und daher Schwachfinnigkeit vorliegt. Leber, Milz, Nieren, Magen, Darm, Gehirn, Rückenmark und Euter, sowie das Fett dieser Tiere sind – falls diese Teile frei von Finnen befunden wurden und keine anderen veterinärpolizeilichen Verbote oder Bestimmungen der Verordnung (EG) Nr. 999/2001 dem entgegenstehen – ohne Einschränkungen tauglich. Als starkfinnig gelten Tierkörper, sofern auf mehr als zwei der Schnittflächen an der Muskulatur jeweils zumindest eine Finne festgestellt wurde.

2. Fleisch von Tieren aus Gebieten, die gemäß Richtlinie 2002/99/EG vom 16. Dezember 2002 zur Festlegung von tierseuchenrechtlichen Vorschriften für das Herstellen, die Verarbeitung, den Vertrieb und die Einfuhr von Lebensmitteln tierischen Ursprungs (ABl. Nr. L 18 vom 23. Jänner 2003) tierseuchenrechtlichen Beschränkungen unterliegen, für die aber kein Schlachtverbot besteht, sofern keine sonstigen Beanstandungsgründe vorliegen und durch die Bundesministerin für Gesundheit und Frauen keine diesbezüglichen Ausnahmen oder abweichenden Bestimmungen erlassen wurden.

Amtl Kontrolle

§§ 13 – 16

Beurteilung nach mikrobiologischen Kriterien

§ 13. (1) Nach den Ergebnissen der mikrobiologischen Fleischuntersuchung ist das Fleisch in folgender Weise zu beurteilen:

1. Sind Erreger einer anzeigepflichtigen Tierseuche nachgewiesen worden und ist gemäß „Durchführungsverordnung (EU) 2019/627" nichts anderes festgelegt, so ist gemäß dem Tierseuchengesetz vorzugehen. *(BGBl II 2019/410)*

2. Werden humanpathogene Mikroorganismen oder humanpathogene Stoffwechselprodukte in einer der Muskelproben oder in einem der Muskellymphknoten nachgewiesen, so ist das Fleisch im Sinne des „Art. 45 lit. f der Durchführungsverordnung (EU) 2019/627" genussuntauglich. Erfolgt der Nachweis in den Organen, so sind nur diese genussuntauglich. *(BGBl II 2010/29; BGBl II 2019/410)*

3. Sind in Muskelproben andere als die unter Z 2 genannten Mikroorganismen hochgradig vorhanden, so liegen fortgeschrittene Fäulnis oder Zersetzungsvorgänge vor, und das Fleisch ist genussuntauglich.

(2) Wenn bei Geflügel einer Herde nach einer Untersuchung gemäß § 37 Abs. 1 oder 2 der Geflügelhygieneverordnung 2007, BGBl. II Nr. 100/2007, oder bei nicht aus Österreich stammendem Geflügel nach einer dieser gleichwertigen Untersuchung kein negativer Salmonellenbefund vorliegt, so sind diese Herden gesondert zu schlachten, die Schlachtkörper dieser Herden zu den Stichproben gemäß der Verordnung (EG) Nr. 2073/2005 über mikrobiologische Kriterien für Lebensmittel, ABl. Nr. L 338 vom 22. Dezember 2005, zuletzt geändert durch die Verordnung (EU) Nr. 1086/2011, ABl. Nr. L 281 vom 28. Oktober 2011, heranzuziehen und entsprechend den Ergebnissen die erforderlichen Maßnahmen zu setzen. Für anderes Geflügel als Hühner und Puten sind nur die Maßnahmen der Prozesshygienekriterien gemäß der Verordnung (EG) Nr. 2073/2005 anzuwenden. *(BGBl II 2012/156)*

(3) Bei Hühnern und Puten ist Anhang II lit. E der Verordnung (EG) Nr. 2160/2003 zur Bekämpfung von Salmonellen und bestimmten anderen durch Lebensmittel übertragbaren Zoonoseerregern, ABl. Nr. L 325 vom 12. Dezember 2003, anzuwenden. *(BGBl II 2008/250)*

Kennzeichnung

§ 14. (1) Die Kennzeichnung hat gemäß „Art. 48 und Anhang II der Durchführungsverordnung (EU) 2019/627" zu erfolgen. *(BGBl II 2019/410)*

(2) Das gemäß Abs. 1 angebrachte Genusstauglichkeitskennzeichen hat eine Zahl zur Identifizierung des begutachtenden amtlichen Tierarztes oder des Untersuchungsteams oder im Falle des § 19 Abs. 3 des amtlichen Fachassistenten zu enthalten. Über die zugeordneten, auf den Genusstauglichkeitskennzeichen aufscheinenden Zahlen hat der Landeshauptmann Aufzeichnungen zu führen.

(3) Fleisch von Tieren, welches im Falle von Tierseuchen nach § 12 als tauglich nach Brauchbarmachung beurteilt wurde, ist mit einem Genusstauglichkeitskennzeichen gemäß Abs. 1 zu kennzeichnen, wobei der Stempelaufdruck entsprechend der Richtlinie 2002/99/EG mit einem schräg liegenden Kreuz, bestehend aus zwei senkrecht zueinander laufenden Strichen, so durchgestrichen sein muss, dass der Schnittpunkt des Kreuzes im Mittelpunkt des Genusstauglichkeitskennzeichens liegt und dessen Angaben lesbar bleiben.

(4) Genussuntaugliche Schlachtkörper sind mit liegenden Kreuzen mit einer Balkenlänge von mindestens 6 cm und einer Balkenstärke von ca. 1 cm zu kennzeichnen. Die liegenden Kreuze sollen einen Abstand von ca. 1 cm aufweisen.

(5) Wird Faschiertes gemäß § 7 der Lebensmittelhygiene-Anpassungsverordnung, BGBl. II Nr. 91/2006, mit einem Identitätskennzeichen versehen, so ist ein kreisrundes Kennzeichen zu verwenden, das die Zulassungsnummer des Betriebes mit einem vorangestellten „AT" enthält, wobei der Ausdruck „EG" nicht anzuführen ist.

(BGBl II 2014/204)

Farben zur Kennzeichnung

§ 15. Für die Kennzeichnung sind ausschließlich die Farben E 155 Braun HT, E 133 Brillantblau FCF oder E 129 Allurarot AC oder eine entsprechende Mischung von E 133 Brillantblau FCF und E 129 Allurarot AC zu verwenden.

Brauchbarmachung des Fleisches

§ 16. (1) Die Brauchbarmachung gemäß § 12 Z 2 hat gemäß Anhang III der Richtlinie 2002/99/EG unter amtlicher Kontrolle zu erfolgen.

(2) Fleisch von schwachfinnigen „Rindern, Schweinen, Schafen, oder Ziegen" ist unter Kontrolle des amtlichen Tierarztes durch Tiefgefrieren brauchbar zu machen. Hierbei sind folgende Bestimmungen einzuhalten:

1. Das Verfahren der Brauchbarmachung darf nur in Gefrieranlagen durchgeführt werden, die über die hiefür notwendigen Einrichtungen verfügen und unter Kontrolle eines amtlichen Tierarztes stehen.

2. Das Aufbewahren des Fleisches hat gesondert und unter amtlichem Verschluss zu erfolgen. Schwachfinniges Fleisch darf nicht gemeinsam

mit anderem Fleisch eingefroren und gelagert werden.

3. Das Fleisch ist bei einer Raumtemperatur von nicht höher als -10 Grad C wenigstens 144 Stunden lang aufzubewahren. Die Temperatur ist automatisch zu regeln und durch einen Thermographen laufend zu registrieren. Die Diagramme sind mit Jahr, Monat, Tag sowie Stunde des Beginns und Endes des Tiefgefrierens zu versehen. Sie sind ein Jahr lang aufzubewahren und auf Verlangen der Behörde zur Einsicht vorzulegen. Die Temperatur darf nicht direkt im Kälteluftstrom gemessen werden.

4. Der Gefrierbehandlung können Tierkörperhälften, Tierkörperviertel oder kleinere Teilstücke des Tierkörpers unterzogen werden. Es müssen alle Teilstücke eines schwachfinnigen Rindes der Gefrierbehandlung unterzogen werden. Ausgenommen hievon sind die gemäß § 12 Z 1 für tauglich befundenen Teile oder Organe von schwachfinnigen Tieren.

5. Beim Einfrieren und bei der Gefrierlagerung ist das Fleisch so aufzuhängen, dass es der Kaltluft allseitig zugänglich ist. Teilstücke können auch auf Tabletts oder in Regalen gelagert werden. Die Teilstücke müssen einzeln gelagert und dürfen nicht aufeinander gestapelt werden. Das Fleisch und die Tabletts dürfen nicht mit dem Fußboden in Berührung kommen.

6. Auf den einzelnen Fleischteilen sind Jahr, Monat, Tag und Stunde des Einbringens in den Gefrierraum deutlich und haltbar zu vermerken. Sammelkennzeichnungen sind zulässig, wenn die Gefahr einer Verwechslung ausgeschlossen ist.

7. Wird das Fleisch vor der Gefrierbehandlung entbeint, so ist es in Schutzhüllen zu füllen, die aus einem Material bestehen, das Wärme nicht isoliert und das Füllgut dicht umgibt.

8. Die Dicke der Packstücke darf 50 cm nicht übersteigen. Die vom Fleisch befreiten Knochen sind entweder der gleichen Gefrierbehandlung wie das Fleisch zu unterziehen oder als genussuntauglich zu erklären und unschädlich zu beseitigen. Auf den einzufrierenden Packstücken sind Jahr, Monat, Tag und Stunde des Einbringens in den Gefrierraum deutlich und haltbar zu vermerken. Die Packstücke müssen so gelagert werden, dass sie der Kaltluft allseitig zugänglich sind. Packstücke dürfen nicht aufeinander gestapelt werden. Schwachfinniges Rindfleisch darf nur in einem Raum entbeint werden, in dem nicht gleichzeitig auch anderes Fleisch zerteilt wird.

9. Beim Tiefgefrieren bei Temperaturen von nicht wärmer als -18 Grad C verkürzt sich die Aufbewahrungsdauer auf 72 Stunden. Eine weitere Verkürzung dieser Aufbewahrungsdauer ist nicht zulässig. *(BGBl II 2007/82)*

Verwertung von genussuntauglichem Fleisch und Schlachtabfällen

§ 17. (1) Genussuntaugliches Fleisch und tierische Nebenprodukte, die nicht für den menschlichen Verzehr vorgesehen sind, sind vom Verfügungsberechtigten oder auf dessen Veranlassung unter Einhaltung der Bestimmungen des Tiermaterialiengesetzes, BGBl. I Nr. 141/2003, und der „Verordnung (EG) Nr. 1069/2009" „" zu beseitigen beziehungsweise zu verwenden. *(BGBl II 2007/82; BGBl II 2014/204)*

(2) Werden Schlachtkörper, Nebenprodukte der Schlachtung oder Eingeweide als genussuntauglich beurteilt, so hat das Fleischuntersuchungsorgan die jeweiligen Mengen in die Aufzeichnungen gemäß § 8 einzutragen. Hierbei hat eine Mengenaufstellung nach Kategorien im Sinne der „Verordnung (EG) Nr. 1069/2009" zu erfolgen. *(BGBl II 2014/204)*

(3) Der amtliche Tierarzt hat die ordnungsgemäße Beseitigung der Abfälle durch stichprobenweise Überprüfung der Übernahmsbestätigungen und der Begleitscheine zu kontrollieren.

(4) „Die als genussuntauglich befundenen Schlachtkörper, Nebenprodukte der Schlachtung oder Eingeweide, die Schlachtabfälle sowie die zwar tauglichen aber nicht für den menschlichen Verzehr bestimmten Teile sind bis zur Abholung in gekennzeichneten geeigneten Behältern unter Verschluss kühl zu verwahren." Ganze, als genussuntauglich gekennzeichnete Tierkörper, dürfen auch in anderer Weise – jedenfalls aber abgesondert von Lebensmitteln und unter Verschluss – verwahrt werden. Die Stoffe sind nach Kategorien im Sinne der „Verordnung (EG) Nr. 1069/2009" voneinander getrennt zu sammeln, zu lagern und unschädlich zu beseitigen. *(BGBl II 2007/82; BGBl II 2014/204)*

(5) Der befugte Abnehmer hat jede erfolgte Übernahme schriftlich zu bestätigen. Diese Übernahmsbestätigungen sind vom abgebenden Betrieb mindestens bis zum Ablauf des folgenden Kalenderjahres aufzubewahren und der Behörde auf Verlangen zur Einsicht vorzulegen. Enthält das abzuliefernde Material Tierseuchenerreger oder auf den Menschen übertragbare Erreger, so hat der amtliche Tierarzt nachweislich (zum Beispiel durch Kennzeichnung des betreffenden Behältnisses mit einem Warnhinweis) auf diesen Umstand aufmerksam zu machen.

4. Abschnitt
Amtliche Überwachung

§ 18. (1) Die amtliche Überwachung der Betriebe hat gemäß der „Delegierten Verordnung (EU) 2019/624 und Durchführungsverordnung (EU) 2019/627" zu erfolgen. Art und Umfang der Überprüfung der Betriebe hat nach den Ergebnis-

Amtl Kontrolle

sen der Risikobewertung zu erfolgen und ist vom Landeshauptmann nach den Vorgaben der Bundesministerin für Gesundheit und Frauen in einem Plan entsprechend festzulegen. *(BGBl II 2019/410)*

(2) Werden bei den in Abs. 1 genannten Überwachungen von Schlachthöfen, Zerlegungsbetrieben und Wildbearbeitungsbetrieben nach dieser Verordnung amtliche Fachassistenten eingesetzt, gilt ebenfalls das in § 7 Abs. 2 angeführte Verhältnis von 3:1.

5. Abschnitt

Anwesenheit des amtlichen Tierarztes oder amtlichen Fachassistenten in Kleinbetrieben

§ 19. (1) In Betrieben mit stationärer Schlachtung ist die dauernde Anwesenheit eines amtlichen Tierarztes oder eines amtlichen Fachassistenten während der Schlachtung nicht erforderlich, wenn bei der Schlachttieruntersuchung keine Auffälligkeiten festgestellt wurden und wenn sichergestellt ist, dass alle für die Untersuchung erforderlichen Teile bei der Fleischuntersuchung zur Verfügung gestellt und den entsprechenden Tierkörpern zugeordnet werden können.

(2) Die Fleischuntersuchung ist aber in jedem Fall innerhalb von sechs Stunden nach Schlachtung des ersten Tieres und innerhalb von drei Stunden nach Schlachtung des letzten Tieres durchzuführen.

(3) Amtliche Fachassistenten, welche vor dem 1.1.2006 in derartigen Betrieben zur Schlachttier- und Fleischuntersuchung herangezogen wurden, sind weiterhin berechtigt, die Endbeurteilung durchzuführen, soweit bei den Tieren und den Tierkörpern keine Abweichungen feststellbar waren, die zu einer Beeinträchtigung der Verwendbarkeit des Fleisches zu Genusszwecken führen könnten. Wurde eine Abweichung festgestellt, so ist die Endbeurteilung durch einen amtlichen Tierarzt durchzuführen.

Schlachttieruntersuchung bei Farmwild

§ 20. (1) Die Schlachttieruntersuchung bei Farmwild gemäß Art. 6 Abs. 5 der Delegierten Verordnung 2019/624 ist mit Bewilligung des Landeshauptmannes in Farmwildbetrieben zulässig, die auf Grund von vertraglichen Vereinbarungen einer tierärztlichen Betreuung unterliegen, sofern

1. der Tierhaltungsbetrieb keiner tierseuchenrechtlichen Sperre unterliegt und

2. der nachweislich geschulte Tierhalter vor der Schlachtung beim Tier im Rahmen einer Kontrolle kein Vorhandensein von Auffälligkeiten festgestellt hat, die auf die Nichtverwendbarkeit des Fleisches zu Genusszwecken hinweisen. *(BGBl II 2019/410)*

(2) Über die Kontrollen gemäß Abs. 1 Z 2 sind vom Tierhalter entsprechende Aufzeichnungen zu führen. *(BGBl II 2019/410)*

(3) Genehmigungen gemäß Abs. 1 sind durch den Landeshauptmann beim Zutreffen der Voraussetzungen durch Bescheid zu erteilen. Wird im Zuge von amtlichen Kontrollen festgestellt, dass die Voraussetzungen nicht mehr gegeben sind oder allfällige Auflagen nicht eingehalten wurden, kann die Genehmigung wieder entzogen werden.

6. Abschnitt

Fischuntersuchung

Generelle Bestimmungen

§ 21. (1) Dieser Abschnitt ist auf die Untersuchung von Fischereierzeugnissen vor deren Vermarktung anzuwenden.

(2) Der Tierhalter oder Betriebsinhaber hat bei der Durchführung der Untersuchung und allfälliger Probenahmen unentgeltlich die nötige Hilfe zu leisten oder auf seine Kosten zu veranlassen.

Untersuchung von Fischereierzeugnissen

§ 22. (1) Jede Partie von Fischereierzeugnissen muss bei der Anlandung oder bei der Entnahme aus dem Teich, spätestens jedoch vor dem ersten Verkauf, einem Aufsichtsorgan zur amtlichen Untersuchung bereitgestellt und von diesem auf Genusstauglichkeit geprüft werden. Hierbei sind die Kriterien des Anhanges II zu dieser Verordnung einzuhalten.

(2) Die Kontrolle nach Abs. 1 ist bei jeder Partie stichprobenweise durchzuführen.

(3) Lässt die stichprobenweise, organoleptische Kontrolle kein eindeutiges Urteil zu, so ist die Untersuchung auf alle Fischereierzeugnisse der Partie auszudehnen. Erforderlichenfalls sind chemische beziehungsweise mikrobiologische Untersuchungen in zugelassenen Laboratorien durchzuführen.

Beurteilung

§ 23. (1) Fischereierzeugnisse sind genussuntauglich, wenn

1. zumindest eines der Kriterien gemäß Anhang II gegeben ist;

2. sie Rückstände in unzulässiger Höhe enthalten;

3. den Tieren Stoffe verabreicht wurden, deren Anwendung gemäß LMSVG oder gemäß „Tabelle 2 des Anhangs der Verordnung (EU) Nr. 37/2010" verboten ist; *(BGBl II 2014/204)*

4. andere sinnfällige Veränderungen, die nicht im Anhang II genannt sind, vorliegen und das Fleisch als nicht sicher im Sinne des LMSVG einzustufen ist.

(2) Bei Verdacht auf oder Nachweis von Rückständen oder anderen Stoffen, die geeignet sind, die menschliche Gesundheit zu gefährden, ist gemäß „den Rückstandskontrollvorschriften" vorzugehen. *(BGBl II 2019/410)*

(3) Untaugliche Fischereierzeugnisse sind auszusondern und gemäß § 17 zu beseitigen.

Kennzeichnung

§ 24. (1) Ergeben sich keine Gründe zur Beanstandung, so ist die Partie als tauglich zu beurteilen. Über die erfolgte Untersuchung ist eine Bescheinigung im Sinne des § 8 auszustellen.

Untersuchung von Fischereierzeugnissen zur Direktvermarktung

§ 25. (1) Abweichend von § 22 sind Fischereierzeugnisse, die direkt vom Produzenten oder vom Fischer an den Einzelhandel zur Abgabe an den Endverbraucher oder direkt an Endverbraucher abgegeben werden, vom Produzenten oder vom Fischer oder von einer von diesen beauftragten hierzu fachlich befähigten Person, zu untersuchen. Dabei ist festzustellen, ob ein Verdacht auf Tierseuchen oder Zoonosen besteht oder ob Hinweise auf unzulässige Rückstände gegeben sind oder der Tierkörper sonstige Erscheinungen zeigt, die das Fischereierzeugnis zum menschlichen Verzehr ungeeignet machen. Dabei sind die Kriterien des § 23 zu berücksichtigen. In diesen Fällen darf das Fischereierzeugnis nur vermarktet werden, wenn durch ein Aufsichtsorgan gemäß § 24 Abs. 3 oder 4 LMSVG die Unbedenklichkeit des Fischereierzeugnisses festgestellt wurde.

(2) Über die Untersuchungen gemäß Abs. 1 sind vom Tierhalter entsprechende Aufzeichnungen zu führen.

7. Abschnitt
Allgemeine Hinweise und Schlussbestimmungen

Verweisungen und personenbezogene Bezeichnungen

§ 26. (1) Bei den in dieser Verordnung verwendeten personenbezogenen Bezeichnungen gilt die gewählte Form für beide Geschlechter.

(2) Soweit in dieser Verordnung auf andere Bundesgesetze oder Verordnungen der Bundesministerin für Gesundheit und Frauen oder unmittelbar anwendbare Rechtsvorschriften der Europäischen Gemeinschaft verwiesen wird, sind diese in ihrer jeweils geltenden Fassung anzuwenden.

Umsetzungshinweis

§ 27. Diese Verordnung dient der Umsetzung der Richtlinie 2002/99/EG vom 16. Dezember 2002 zur Festlegung von tierseuchenrechtlichen Vorschriften für das Herstellen, die Verarbeitung, den Vertrieb und die Einfuhr von Lebensmitteln tierischen Ursprungs (ABl. Nr. L 18 vom 23. Jänner 2003).

In-Kraft-Treten

§ 28. (1) Diese Verordnung tritt mit 1. Februar 2006, nicht jedoch vor Ablauf des Tages ihrer Kundmachung im Bundesgesetzblatt in Kraft.

(2) § 13 Abs. 3 in der Fassung der Verordnung BGBl. II Nr. 250/2008 tritt mit 1. Jänner 2011 in Kraft. *(BGBl II 2008/250)*

(3) Der 5. Abschnitt im Inhaltsverzeichnis und die §§ 1 Abs. 1, 2 Abs. 2, 3 Abs. 1, 4 Abs. 3, 6 Abs. 1, 7 Abs. 2, 8 Abs. 1, Abs. 1 c, Abs. 2 Z 2 und Abs. 6, 9 Abs. 3, 4 und 5, 11 Abs. 1, 13 Abs. 1 Z 1 und 2, 14 Abs. 1, 18 Abs. 1, der Entfall der Überschrift im Abschnitt 5, die Überschrift zu § 20, die §§ 20 Abs. 1 und 2, sowie 23 Abs. 1 in der Fassung der Verordnung BGBl. Nr. 410/2019 treten mit 14. Dezember 2019 in Kraft. *(BGBl II 2019/410)*

Außer-Kraft-Treten

§ 29. Folgende Verordnungen treten – vorbehaltlich der Bestimmung des § 30 – mit In-Kraft-Treten dieser Verordnung außer Kraft:

1. Fleischuntersuchungsverordnung, BGBl. Nr. 395/1994;

2. Geflügel-Fleischuntersuchungsverordnung, BGBl. Nr. 404/1994;

3. Fischuntersuchungsverordnung, BGBl. II Nr. 42/2000, 1. und 2. Hauptstück;

4. Wildfleisch-Verordnung, BGBl. Nr. 400/1994,

5. Frischfleisch-Hygieneverordnung, BGBl. Nr. 396/1994,

6. Fleischverarbeitungsbetriebe-Hygieneverordnung, BGBl. Nr. 397/1994;

7. Zuchtwild-Fleischuntersuchungsverordnung, BGBl. Nr. 399/1994;

8. Kaninchenfleisch-Verordnung, BGBl. Nr. 401/1994;

9. Geflügelfleisch-Hygieneverordnung, BGBl. Nr. 403/1994,

10. Fleischhygieneverordnung, BGBl. Nr. 280/1983,

11. Großmarkt-Fleischverordnung, BGBl. II Nr. 178/1997,
12. Faschiertes-Verordnung, BGBl. Nr. 520/1996,
13. Speisegelatine-Verordnung, BGBl. II Nr. 272/2000,
14. Kollagen-Verordnung, BGBl. II Nr. 535/2003.

Übergangsbestimmung

§ 30. „(1)" Der Landeshauptmann hat die Untersuchungspläne gemäß § 7 Abs. 4 bis 31. August 2006 zu erstellen. Die Bestimmungen des § 10 Abs. 1 und 2 Fleischuntersuchungsverordnung, BGBl. Nr. 395/1994, zuletzt geändert durch die Verordnung BGBl. II Nr. 236/2004, bleiben bis 31. August 2006 weiter in Kraft. *(BGBl II 2007/82)*

(2) § 1 Abs. 2, § 7 Abs. 2, § 16 Abs. 2 und § 17 Abs. 4 in der Fassung der Verordnung BGBl. II Nr. 82/2007, treten am 1. Mai 2007 in Kraft. § 8 und § 17 Abs. 1 in der Fassung von BGBl. II Nr. 82/2007, treten am 1. Jänner 2008 in Kraft. *(BGBl II 2007/82)*

(3) Der Landeshauptmann hat die Bestimmungen des § 8 Abs. 1 bis 1b, Abs. 2 Z 2 und Abs. 4 in der Fassung der Verordnung BGBl. II Nr. 29/2010 ab spätestens 1. Jänner 2011 anzuwenden. Die Bestimmungen des § 8 Abs. 1 der Fleischuntersuchungsverordnung 2006 in der Fassung BGBl. II Nr. 250/2008 bleiben bis 31. Dezember 2010 weiter in Kraft. *(BGBl II 2010/29)*

(4) § 9 Abs. 5 und 6 in der Fassung der Verordnung BGBl. II Nr. 156/2012 ist spätestens ab 1. Jänner 2014 anzuwenden. *(BGBl II 2012/156)*

Anhang I

Zeitaufwand bei der Fleischuntersuchung

Für die routinemäßige Untersuchung der Schlachtkörper, der Nebenprodukte der Schlachtung und der Eingeweide sind folgende Mindestzeiten vorzusehen, die unter den nachstehenden Bedingungen reduziert werden können:

I. Rinderuntersuchung (ab 8 Monate)

Tätigkeit	Zeit in Sekunden	Maximale Reduktion um (Sek)	Bedingung für die Reduktion
Kopf, Körper	120	10	Wenn die Datenbankeingabe direkt am Untersuchungsplatz erfolgt und beim Darmkonvolut zumindest ein direkter Kontakt zu einer Untersuchungsperson mit Eingabemöglichkeit gegeben ist und das Schlachtband jederzeit stoppbar ist.
Organe, Darm	150	40	
Reinigung und Desinfektion	10		
Tierkörperkennzeichnung	20	20	Wenn die Kennzeichnung durch Schlachthofpersonal vorgenommen wird
Insgesamt	300		

Ia. Rinderuntersuchung (von 6 Wochen bis 8 Monate)

Tätigkeit	Zeit in Sekunden	Maximale Reduktion um (Sek)	Bedingung für die Reduktion
Kopf, Körper	100	20	Wenn die Datenbankeingabe direkt am Untersuchungsplatz erfolgt und beim Darmkonvolut zumindest ein direkter Kontakt zu einer Untersu-
Organe, Darm	90	10	

Tätigkeit	Zeit in Sekunden	Maximale Reduktion um (Sek)	Bedingung für die Reduktion
			chungsperson mit Eingabemöglichkeit gegeben ist und das Schlachtband jederzeit stoppbar ist.
Reinigung und Desinfektion	10		
Tierkörperkennzeichnung	20	20	Wenn die Kennzeichnung durch Schlachthofpersonal vorgenommen wird
Insgesamt	220		

(BGBl II 2008/250)

II. Kälberuntersuchung (bis 6 Wochen)

Tätigkeit	Zeit in Sekunden	Maximale Reduktion um (Sek)	Bedingung für die Reduktion
Kopf, Körper	80	15	Wenn die Datenbankeingabe direkt am Untersuchungsplatz erfolgt und beim Darmkonvolut zumindest ein direkter Kontakt zu einer Untersuchungsperson mit Eingabemöglichkeit gegeben ist und das Schlachtband jederzeit stoppbar ist. Zusätzlich: Wenn die Organe nicht zum menschlichen Genuss verwendet werden.
		10	
Organe, Darm	80		
		15	
Reinigung und Desinfektion	10		
Tierkörperkennzeichnung	10	10	Wenn die Kennzeichnung durch Schlachthofpersonal vorgenommen wird.
Insgesamt	180		

III. Schaf-, Ziegen- und Lämmeruntersuchung

Tätigkeit	Zeit in Sekunden	Maximale Reduktion um (Sek)	Bedingung für die Reduktion
		5	Wenn die Datenbankeingabe direkt am Untersuchungsplatz erfolgt und beim Darmkonvolut zumindest ein direkter Kontakt zu einer Untersuchungsperson mit Eingabemöglichkeit gegeben ist und das Schlachtband jederzeit stoppbar ist. Zusätzlich: Wenn die Organe nicht zum menschlichen Genuss verwendet werden.
Kopf, Körper, Organe, Darm	30		
		5	
Reinigung und Desinfektion	10		
Tierkörperkennzeichnung	10	10	Wenn die Kennzeichnung durch Schlachthofpersonal vorgenommen wird.
Insgesamt	50		

Anhang I

IV. Schweineuntersuchung

Tätigkeit	Zeit in Sekunden	Maximale Reduktion um (Sek)	Bedingung für die Reduktion
Schlachtkörper	25	5	Wenn die Datenbankeingabe direkt am Untersuchungsplatz erfolgt und das Schlachtband jederzeit stoppbar ist. Zusätzlich: Wenn die Organe nicht zum menschlichen Genuss verwendet werden.
Innereien, Darm	25	5	
		5	
Probenahme Trichinen	2	2	Wenn die Probenahme durch Schlachthofpersonal vorgenommen wird.
Reinigung und Desinfektion	10		
Tierkörperkennzeichnung	10	10	Wenn die Kennzeichnung durch Schlachthofpersonal vorgenommen wird.
Insgesamt	72		

V. Geflügeluntersuchung

Tätigkeit Zeit	Zeit in Sekunden
Schlachtkörper	2,5
Reinigung und Desinfektion	0,5
Insgesamt	3

VI. Anmerkungen zu den Tabellen

Die in den Tabellen angegebenen Zeiten inkludieren auch geringfügig wechselnde Bandgeschwindigkeiten und geringfügige zusätzliche Zuputzarbeiten bei einzelnen Tieren (ausgenommen Geflügel) im Ausmaß von maximal 5 Sekunden an bis zu 10 % der Tiere einer Schlachtpartie. Als zusätzlicher Zeitaufwand sind die Schlachttieruntersuchung, ein mehr als geringfügiges Zurichten des Schlachtkörpers, eine Probenahme zur BSE-Testung, eine Probenahme für die mikrobiologische Untersuchung (MFU), eine Probenahme für die Untersuchung auf Rückstände oder für sonstige Untersuchungen, die Endbeurteilung von ausgeschleusten Tierkörpern, die Zusammenfassung und die Eingabe der Befunde in das Register der Schlachttier- und Fleischuntersuchung, soweit die Eingabe nicht direkt am Untersuchungsplatz erfolgte, sowie die Organisation der Schlachttier-und Fleischuntersuchung gemäß § 7 Abs. 6 entsprechend der tatsächlich durch den amtlichen Tierarzt oder amtlichen Fachassistenten aufgewendeten Zeit zu verrechnen, sofern nicht vom Landeshauptmann im Untersuchungsplan gemäß § 7 Abs. 4 hierfür Fixzeiten festgelegt sind.

(BGBl II 2010/29)

10/7. Rückstandskontrollverordnung 2006

BGBl II 2006/110 idF

1 BGBl II 2006/395
2 BGBl II 2009/24
3 BGBl II 2020/134

Verordnung der Bundesministerin für Gesundheit und Frauen über Kontrollmaßnahmen betreffend bestimmte Stoffe und deren Rückstände in lebenden Tieren und Lebensmitteln tierischer Herkunft (Rückstandskontrollverordnung 2006)

Auf Grund des § 57 Abs. 1 des Bundesgesetzes über Sicherheitsanforderungen und weitere Anforderungen an Lebensmittel, Gebrauchsgegenstände und kosmetische Mittel zum Schutz der Verbraucherinnen und Verbraucher (Lebensmittelsicherheits- und Verbraucherschutzgesetzes – LMSVG), BGBl. I Nr. 13/2006, zuletzt geändert durch BGBl. I Nr. 151/2005, wird verordnet:

Inhaltsverzeichnis

1. Abschnitt – Allgemeine Bestimmungen

§ 1

2. Abschnitt – Überwachungsplan und Probenahme

§§ 2 bis 9

3. Abschnitt – Betriebliche Bestimmungen und Eigenkontrollen

§§ 10 bis 12

4. Abschnitt – Amtliche Kontrollen und Maßnahmen

„§§ 13 bis 18" *(BGBl II 2020/134)*

5. Abschnitt – Allgemeine Hinweise

„§§ 19 bis 21" *(BGBl II 2020/134)*

6. Abschnitt – Schlussbestimmungen

„§ 22" *(BGBl II 2020/134)*

Anhang

1. Abschnitt
Allgemeine Bestimmungen

Geltungsbereich und Begriffsbestimmungen

§ 1. (1) Diese Verordnung dient der Durchführung der Bestimmungen der Delegierten Verordnung (EU) 2019/2090 zur Ergänzung der Verordnung (EU) 2017/625 in Bezug auf mutmaßliche oder festgestellte Verstöße gegen Unionsvorschriften über die Verwendung oder über Rückstände pharmakologisch wirksamer Stoffe, die in Tierarzneimitteln oder als Futtermittelzusatzstoffe zugelassen sind, bzw. gegen Unionsvorschriften über die Verwendung oder über Rückstände verbotener oder nicht zugelassener pharmakologisch wirksamer Stoffe, (ABl. Nr. L 317 vom 9. Dezember 2019) und regelt die Kontrollmaßnahmen hinsichtlich bestimmter Stoffe und Erzeugnisse sowie ihrer Rückstände in lebenden Tieren und Lebensmitteln tierischer Herkunft. *(BGBl II 2020/134)*

(2) Für diese Verordnung gelten folgende Begriffsbestimmungen:

1. **amtliche Probe:** Probe, die von einem Aufsichtsorgan gemäß § 24 Abs. 3 LMSVG oder von einem beauftragten amtlichen Tierarzt gemäß § 24 Abs. 4 LMSVG oder von einem zugelassenen Tierarzt gemäß § 27 Abs. 1 LMSVG entnommen wird und auf Rückstände und Stoffe gemäß dem Anhang dieser Verordnung untersucht werden soll;

2. **Bestand:** Gruppe von Tieren der gleichen Tierart, die im selben Betrieb unter einheitlichen Haltungsbedingungen gehalten werden;

2a. **Tierpartie:** Gruppe von Tieren der gleichen Tierart und Altersgruppe, die im selben Betrieb unter einheitlichen Haltungsbedingungen gleichzeitig aufgezogen wurden; *(BGBl II 2020/134)*

3. **Erstverarbeitungsbetrieb:** Betrieb, der Primärerzeugnisse tierischer Herkunft nach der Primärproduktion erstmals be- oder verarbeitet;

4. **Erzeugnisse der Aquakultur:** Fischereierzeugnisse gemäß Anhang I Z 3.1 der Verordnung (EG) Nr. 853/2004 vom 29. April 2004 über spezifische Hygienevorschriften für Lebensmittel tierischen Ursprungs (ABl. Nr. L 139 vom 30. April 2004, berichtigt durch ABl. Nr. L 226 vom 25. Juni 2004), sofern sie in Anlagen erzeugt und bis zum Zeitpunkt des Inverkehrbringens aufgezogen werden, sowie Fische, die in ihrer

natürlichen Umgebung gefangen und anschließend gehalten werden, bis sie die für den Verzehr geforderte Vermarktungsgröße erreicht haben; keine Erzeugnisse der Aquakultur sind dagegen in ihrer natürlichen Umgebung gefangene und bis zum späteren Inverkehrbringen gehaltene Fische und Krebstiere von entsprechender Vermarktungsgröße, wenn sie lediglich am Leben gehalten werden und nicht an Größe und Gewicht zunehmen sollen;

5. **Herkunftsbetrieb:** Betrieb, der Tiere hält, die zur Gewinnung von Lebensmitteln tierischer Herkunft bestimmt sind, und von denen die betreffende Charge, Los oder Partie stammt;

6. **nicht zugelassene Stoffe:** Pharmakologisch wirksame Stoffe, die nicht in Tabelle 1 des Anhangs der Verordnung (EU) Nr. 37/2010 über pharmakologisch wirksame Stoffe und ihre Einstufung hinsichtlich der Rückstandshöchstmengen in Lebensmitteln tierischen Ursprungs, (ABl. Nr. L 15 vom 20. Jänner 2010) aufgeführt sind, oder Stoffe, die nicht gemäß der Verordnung (EG) Nr. 1831/2003 als Futtermittelzusatzstoffe zugelassen sind, mit Ausnahme von für die Behandlung von Equiden wesentlichen Stoffen und von Stoffen, die im Vergleich zu anderen für Equiden verfügbaren Behandlungsmethoden zusätzlichen klinischen Nutzen bringen, wie in der Verordnung (EU) Nr. 1950/2006 festgelegt; *(BGBl II 2020/134)*

7. **Nutztiere:** Tiere der in Anhang I Z 1.2. bis Z 1.8. der Verordnung (EG) Nr. 853/2004 genannten Arten, soweit diese Tiere zur Lebensmittelgewinnung gehalten werden;

8. **Rückstand:** Rückstand von pharmakologisch wirkenden Stoffen und deren Umwandlungsprodukten sowie von anderen Stoffen, die auf Lebensmittel tierischer Herkunft übergehen und für den Menschen gesundheitsschädlich sein können;

9. **Teichwirtschaft:** Anlage mit einem oder mehreren Teichen oder Becken oder teichähnlichen, stehenden Gewässern und dazugehörigen Betriebsanlagen und Baulichkeiten zur Produktion von Erzeugnissen der Aquakultur;

10. **Tierhaltungsbetrieb:** Betrieb, in dem Nutztiere gemäß Z 7 einschließlich Bienenvölker gehalten werden;

11. **vom Landeshauptmann betraute Personen:** Aufsichtsorgane gemäß § 24 Abs. 3 LMSVG, beauftragte amtliche Tierärzte gemäß § 24 Abs. 4 LMSVG und zugelassene Tierärzte gemäß § 27 Abs. 1 LMSVG;

12. **vorschriftswidrige Behandlung:** Die Verwendung bei der Lebensmittelgewinnung dienenden Tieren von verbotenen oder nicht zugelassenen Stoffen oder Erzeugnissen oder von durch Rechtsvorschriften der Union zugelassenen Stoffen oder Tierarzneimitteln zu anderen als in den genannten oder gegebenenfalls einzelstaatlichen Rechtsvorschriften vorgesehenen Zwecken oder unter anderen als den darin vorgesehenen Bedingungen. Für die Zwecke der Delegierten Verordnung (EU) 2019/2090 gelten bei durch Rechtsvorschriften der Union zugelassenen Stoffen oder Tierarzneimitteln Verstöße bezüglich der Wartezeit bzw. die Rückstandshöchstmenge oder den Höchstgehalt überschreitende Rückstände pharmakologisch wirksamer Stoffe nicht als vorschriftswidrige Behandlung, sofern alle anderen in Unions- oder einzelstaatlichen Rechtsvorschriften festgelegten Bedingungen für die Verwendung des Stoffes oder Tierarzneimittels eingehalten werden; *(BGBl II 2020/134)*

13. **Wartezeit:** Zeitraum, der zwischen der letzten Verabreichung eines Arzneimittels an Tieren unter Einhaltung arzneimittelrechtlicher Bestimmungen und dem Zeitpunkt, bis zu dem diese Tiere nicht zur Gewinnung von Arzneimitteln oder Lebensmitteln herangezogen werden dürfen, einzuhalten ist und der gewährleistet, dass Rückstände der verabreichten Substanzen in diesen Lebensmitteln die gemäß der „Verordnung (EU) Nr. 37/2010" festgelegten zulässigen Höchstmengen für pharmakologisch wirksame Stoffe nicht überschreiten; *(BGBl II 2020/134)*

14. **zugelassenes Laboratorium:** Labors der Agentur gemäß § 65 LMSVG, der Untersuchungsanstalten der Länder gemäß § 72 LMSVG sowie Labors anderer zur Untersuchung und Begutachtung Berechtigter gemäß § 73 LMSVG.

Im Übrigen gelten die Begriffsbestimmungen des LMSVG und der dieses Gesetz und diese Verordnung betreffenden Rechtsakte der Europäischen Gemeinschaft.

2. Abschnitt
Überwachungsplan und Probenahme

Umfang und Häufigkeit der Kontrollen

§ 2. Der Umfang und die Häufigkeit der Kontrollen von Rückständen in lebenden Tieren, deren Ausscheidungen, Futter und Tränkwasser sowie von tierischen Primärerzeugnissen und von Fleisch richten sich nach:

– Anhang IV der Richtlinie 96/23/EG vom 29. April 1996 über die Kontrollmaßnahmen hinsichtlich bestimmter Stoffe und ihrer Rückstände in lebenden Tieren und tierischen Erzeugnissen und zur Aufhebung der Richtlinien 85/358/EWG und 86/469/EWG und der Entscheidungen 89/187/EWG und 91/664/EWG (ABl. Nr. L 125 vom 23. Mai 1996 S. 10) sowie

– Entscheidung 97/747/EG vom 27. Oktober 1997 über Umfang und Häufigkeit der in der Richtlinie 96/23/EG vorgesehenen Probenahmen zum Zweck der Untersuchung in Bezug auf bestimmte Stoffe und ihre Rückstände in bestimmten tierischen Erzeugnissen (ABl. Nr. L 303 vom 6. November 1997 S. 12).

Überwachungsplan

§ 3. (1) Zur Sicherung einer wirksamen Kontrolle von Lebensmitteln tierischer Herkunft auf Rückstände erfolgt die amtliche Kontrolle von lebenden Tieren, deren Ausscheidungen und deren Futter einschließlich Tränkwasser sowie von tierischen Primärerzeugnissen und Fleisch mittels Stichproben auf Grund eines von der Bundesministerin für Gesundheit und Frauen mindestens einmal jährlich für das gesamte Bundesgebiet erstellten Überwachungsplanes.

(2) Der Überwachungsplan nach Abs. 1 hat Folgendes zu beinhalten:

1. die Gruppen von Stoffen gemäß dem Anhang dieser Verordnung, gegliedert nach Tierart oder tierischen Primärerzeugnissen;

2. die Maßnahmen zur Untersuchung auf das Vorhandensein von

a) Stoffen gemäß dem Anhang dieser Verordnung in Tieren, in deren Futter und Tränkwasser sowie an allen Orten, an denen die Tiere aufgezogen oder gehalten werden,

b) Rückständen dieser Stoffe in lebenden Tieren, deren festen und flüssigen Ausscheidungen sowie in tierischen Geweben und in tierischen Primärerzeugnissen;

3. die Bestimmungen betreffend die Vorgangsweise bei den Probenahmen sowie den Umfang und die Häufigkeit der Probenahmen.

Kriterien des Überwachungsplanes

§ 4. Bei der Erstellung des Überwachungsplanes gelten folgende Kriterien:

1. bei Stoffen der Gruppe A des Anhanges dieser Verordnung sind Umfang und Art der zu prüfenden Stoffe im Hinblick auf den Nachweis der vorschriftswidrigen Verwendung zugelassener und nicht zugelassener Stoffe oder Erzeugnisse zu berücksichtigen;

2. bei Stoffen der Gruppe B des Anhanges dieser Verordnung sind Umfang und Art der zu prüfenden Stoffe

a) im Hinblick auf den Nachweis der vorschriftswidrigen Verwendung,

b) im Hinblick auf den Nachweis der Überschreitung der Höchstmengen oder Höchstwerte folgender Rechtsvorschriften:

aa) Tabelle 1 des Anhangs der Verordnung (EU) Nr. 37/2010, *(BGBl II 2020/134)*

bb) Verordnung (EG) Nr. 396/2005 über Höchstgehalte an Pestizidrückständen in oder auf Lebens- und Futtermitteln pflanzlichen und tierischen Ursprungs und zur Änderung der Richtlinie 91/414/EWG (ABl. Nr. L 70 vom 16. März 2005, S. 1), *(BGBl II 2009/24)*

cc) Verordnung (EG) Nr. 1881/2006 zur Festsetzung der Höchstgehalte für bestimmte Kontaminanten in Lebensmitteln (ABl. Nr. L 364 vom 20. Dezember 2006, S. 5) und *(BGBl II 2009/24)*

c) im Hinblick auf den Nachweis der Überschreitung von Höchstmengen oder Höchstwerten auch die Richt- und Höchstwerte für Schadstoffe des Österreichischen Lebensmittelbuches, III. Auflage,

zu berücksichtigen.

Probenahme

§ 5. (1) Die Durchführung der Probenahme obliegt dem Landeshauptmann. Die Auswahl der jährlich zu beprobenden und zu kontrollierenden Betriebe eines jeden Bundeslandes hat durch den Landeshauptmann auf Basis des Überwachungsplanes gemäß § 3 risikobasiert und bundesländerspezifisch sowie unter Befassung der Agentur zu erfolgen (Probenziehungsplan des Bundeslandes). Der Landeshauptmann hat die hierfür notwendigen Unterlagen und Informationen, insbesondere die Liste der Herkunftsbetriebe, die durch eine vorschriftswidrige Behandlung oder Überschreitung von Höchst- oder Richtwerten auffällig sind, der Agentur zur Verfügung zu stellen. Die vom Landeshauptmann betrauten Personen haben die Proben unabhängig vom Probeentnahmeort unvorhersehbar und unerwartet an unterschiedlichen Wochentagen und zu unterschiedlichen Tageszeiten, über das gesamte Probenjahr verteilt, zu nehmen. *(BGBl II 2009/24)*

(2) Für die Auswahl der Tiere, der Tierkörper, des Fleisches oder der tierischen Primärerzeugnisse, von denen eine Probe zu entnehmen ist, hat die vom Landeshauptmann betraute Person insbesondere folgende Kriterien zu berücksichtigen:

1. Geschlecht, Alter, Tierart, Haltungs- und Produktionssystem der Tiere;

2. Informationen über den Unternehmer;

3. Hinweise auf die Verwendung oder das Vorhandensein von im Anhang genannten Stoffen;

4. übliche Praxis in Bezug auf die Verwendung von pharmakologisch wirksamen Stoffen.

(3) Die amtliche Probe ist zumindest mit folgenden Angaben zu kennzeichnen:

1. bei lebenden Tieren, Erzeugnissen der Aquakultur und Fleisch: Tierart, Art und Menge, Entnahmeart, Entnahmeort und Entnahmedatum der Probe sowie Identität, Alter, Geschlecht und genaue Angaben zur Herkunft des Tieres sowie des Fleisches;

2. bei Milch, Eiern und Honig: Art, Menge, Entnahmeart, Entnahmeort, Entnahmedatum sowie Herkunft des Primärerzeugnisses.

(4) Für die Entnahme der amtlichen Proben von lebenden Tieren, Fleisch und von Erzeugnissen der Aquakultur gelten die Bestimmungen des § 36 Abs. 5 vorletzter und letzter Satz LMSVG. *(BGBl II 2006/395)*

(5) „Für die Entnahme amtlicher Proben gemäß dieser Verordnung oder § 9 Abs. 3 der Fleischuntersuchungsverordnung 2006, BGBl. II Nr. 109/2006, ausgenommen die Probenahme zur Untersuchung von Umweltkontaminanten, gelten folgende Bestimmungen:" *(BGBl II 2020/134)*

1. Die Probe ist, soweit eine Teilung der Probe technisch möglich ist, in eine amtliche Probe und in eine Probe der gleichen Art (Gegenprobe) zu teilen, sofern die gleiche Beschaffenheit gewährleistet und der Untersuchungszweck dadurch nicht gefährdet ist. Der Betriebsinhaber, aus dessen Tierbestand das Tier stammt, kann auf die ihm zustehende Gegenprobe verzichten.

2. Ist eine Teilung der entnommenen Probe nicht möglich, so ist die Probe ohne vorherige Teilung als amtliche Probe der Untersuchung zuzuführen.

3. Erfolgt die Probenahme im landwirtschaftlichen Betrieb, so ist die Gegenprobe beim Betriebsinhaber, aus dessen Tierbestand das Tier stammt, zurückzulassen. Dieser ist über die Bedingungen einer sachgerechten Lagerung und Aufbewahrung im Sinne des § 36 Abs. 8 LMSVG nachweislich zu informieren.

4. Erfolgt die Probenahme im Schlachtbetrieb, so ist gemäß § 36 Abs. 7 LMSVG vorzugehen.

5. Ein Probenbegleitschreiben gemäß § 6 ist der Gegenprobe anzuschließen.

6. Der Betriebsinhaber, aus dessen Tierbestand das Tier stammt, kann die Gegenprobe auf eigene Kosten und Gefahr zur Untersuchung weiterleiten. Im Falle einer Probenahme im Schlachtbetrieb ist § 36 Abs. 7 LMSVG anzuwenden.

7. Hinsichtlich Entschädigung von amtlichen Proben und von Gegenproben ist § 36 Abs. 10 LMSVG anzuwenden.
(BGBl II 2006/395)

(6) Bei der Entnahme der amtlichen Proben von Milch, Eiern und Honig gelten die Bestimmungen des § 36 LMSVG.

Laboruntersuchung

§ 6. Die entnommenen Proben sind an ein zugelassenes Laboratorium zu senden und dort nach den von der Europäischen Gemeinschaft festgelegten Kriterien untersuchen zu lassen. Proben von Milch, Eiern oder Honig sind an das zuständige Labor gemäß § 36 Abs. 9 LMSVG zu senden. Den entnommenen Proben ist ein von der Bundesministerin für Gesundheit und Frauen in Inhalt und Form festzulegendes, vollständig ausgefülltes Probenbegleitschreiben anzuschließen.

Aufzeichnungen über die Probenahme

§ 7. Die vom Landeshauptmann betrauten Personen haben Aufzeichnungen über die entnommenen Proben zu führen. Nach Vorliegen des Untersuchungsbefundes ist dieser Befund den Aufzeichnungen anzuschließen. Der amtliche Tierarzt hat Angaben über die im Rahmen der Schlachtung entnommenen Proben sowie die Ergebnisse der Untersuchungen den Aufzeichnungen gemäß § 8 Fleischuntersuchungsverordnung 2006 (FlUVO), BGBl. II Nr. 109/2006, anzufügen.

Befundübermittlung

§ 8. Das zugelassene Laboratorium hat den Untersuchungsbefund an die einsendende vom Landeshauptmann betraute Person und an den für den Entnahmeort zuständigen Landeshauptmann zu übermitteln.

Länderberichte

§ 9. Der Landeshauptmann hat

1. den Probenziehungsplan gemäß § 5 Abs. 1 für das jeweilige Bundesland,

2. einen Halbjahresbericht über die Durchführung des Probenziehungsplanes, die getroffenen Kontrollmaßnahmen und die Entwicklung der Lage im jeweiligen Bundesland hinsichtlich nicht ordnungsgemäßer Verwendung und Feststellung von im Anhang dieser Verordnung genannten Stoffen und

3. einen Endbericht über die gemäß dem 4. Abschnitt erhobenen Daten, Ergebnisse der Kontrollen sowie über die getroffenen Maßnahmen im jeweiligen Bundesland

dem Bundesministerium für Gesundheit und Frauen oder einer anderen von der Bundesministerin für Gesundheit und Frauen benannten Stelle zu übermitteln.

3. Abschnitt

Betriebliche Bestimmungen und Eigenkontrollen

Bestimmungen für Betriebe

§ 10. (1) Betriebe, die Nutztiere halten sowie Betriebe, die Erzeugnisse der Aquakultur im Sinne des § 1 Abs. 2 Z 4 erster Satz erzeugen, aufziehen, halten oder in Verkehr bringen, als auch Betriebe, die Milch, Eier oder Honig in Verkehr bringen, sind in die Kontrollen gemäß dem 4. Abschnitt einzubeziehen. *(BGBl II 2009/24)*

(2) „Für Betriebe gemäß Abs. 1 gelten hinsichtlich der von ihnen gehaltenen Nutztiere oder lebenden Erzeugnisse der Aquakultur (in Folge als „Tiere" bezeichnet) folgende Bestimmungen:" *(BGBl II 2009/24)*

1. Es dürfen nur Tiere eingebracht oder gehalten werden, die keiner vorschriftswidrigen Behandlung unterzogen worden sind; ausgenommen hievon sind vorschriftswidrig behandelte Tiere, die unter amtlicher Aufsicht stehen, bis zu deren Tötung.

2. Es dürfen nur Tiere zur Lebensmittelgewinnung herangezogen oder zur Schlachtung in Verkehr gebracht werden, die keiner vorschriftswidrigen Behandlung unterzogen worden sind.

3. Es dürfen nur Tiere zur Lebensmittelgewinnung herangezogen oder zur Schlachtung in Verkehr gebracht werden, bei denen nach Verabreichung von zugelassenen Stoffen oder Erzeugnissen die vorgeschriebene Wartezeit eingehalten worden ist.

4. Tiere können nach Verabreichung eines Arzneimittels mit einer festgelegten Wartezeit noch vor Ablauf der Wartezeit zur weiteren Nutzung, aber nicht direkt zur Schlachtung in Verkehr gebracht werden. Die Gewinnung und das Inverkehrbringen tierischer Primärerzeugnisse von diesen Tieren sind jedoch nur nach Ablauf der entsprechenden Wartezeit zulässig. Der über die Tiere Verfügungsberechtigte hat den Beginn und die Dauer der Wartezeiten nachweislich in den die Tiere begleitenden Bescheinigungen und Dokumenten anzugeben. *(BGBl II 2009/24)*

(3) Schlachtbetriebe dürfen Tiere nur übernehmen, wenn der über diese Tiere Verfügungsberechtigte schriftlich bestätigt, dass

1. die Wartezeiten eingehalten wurden,

2. die Tiere keine Rückstände in Mengen aufweisen, welche die zulässigen Höchstmengen überschreiten und

3. die Tiere nicht vorschriftswidrig behandelt worden sind.

(4) Fleisch oder Erzeugnisse der Aquakultur dürfen nur dann übernommen werden, wenn der Schlachtbetrieb oder der Produzent von Erzeugnissen der Aquakultur schriftlich bestätigt, dass

1. keine Rückstände in Mengen, welche die zulässigen Höchstmengen überschreiten, vorhanden sind und

2. keine Rückstände von nicht zugelassenen oder verbotenen Stoffen oder Erzeugnissen darin enthalten sind.

(5) Erstverarbeitungsbetriebe dürfen Milch, Eier oder Honig nur übernehmen – unabhängig davon, ob die Übernahme vom Tierhalter oder einer anderen natürlichen oder juristischen Person erfolgt – wenn eine schriftliche Bestätigung vorliegt, dass diese Erzeugnisse

1. von Tieren stammen, die keiner vorschriftswidrigen Behandlung unterzogen worden sind,

2. auf Basis der Ergebnisse der Eigenkontrolle keine Rückstände von nicht zugelassenen Stoffen oder Erzeugnissen enthalten,

3. von Tieren stammen, bei denen nach Verabreichung von zugelassenen Stoffen oder Erzeugnissen die vorgeschriebene Wartezeit eingehalten worden ist und

4. auf Basis der Ergebnisse der Eigenkontrolle keine Rückstände in Mengen aufweisen, welche die zulässigen Höchstmengen überschreiten.

Diese schriftliche Bestätigung kann auch Teil bestehender Verträge sein.

(6) Tierische Primärerzeugnisse und Fleisch dürfen nur in Verkehr gebracht werden, wenn diese von im Sinne des Abs. 2 unbedenklichen Tieren stammen.

(7) Werden ein oder mehrere Tiere von jemand anderem als dem Verfügungsberechtigten des Herkunftsbetriebes oder dem Produzenten von Erzeugnissen der Aquakultur an einen Schlachtbetrieb abgegeben, so sind die Bestimmungen des Abs. 2 von dem über diese Tiere Verfügungsberechtigten zu erfüllen.

(8) Werden Milch, Eier oder Honig von jemand anderem als dem Verfügungsberechtigten des Herkunftsbetriebes an einen Erstverarbeitungsbetrieb über diese Erzeugnisse abgegeben, so sind die Bestimmungen des Abs. 2 hinsichtlich der Unbedenklichkeit der Tiere, von denen die Lebensmittel stammen, von dieser Person zu erfüllen.

(9) Den Bestimmungen gemäß Abs. 2 bis 8 gilt im innergemeinschaftlichen Handel und bei Importen aus Drittstaaten als entsprochen, wenn die in den entsprechenden Rechtsakten der Europäischen Gemeinschaft vorgeschriebenen Begleitdokumente vorgelegt werden.

(10) Die Bestätigungen gemäß Abs. 3, 4 und 5 sind fünf Jahre lang aufzubewahren und den vom Landeshauptmann betrauten Personen auf Verlangen zur Einsicht vorzulegen.

Eigenkontrolle

§ 11. (1) Der Verfügungsberechtigte eines Betriebes gemäß § 10 Abs. 1 hat im Rahmen eines Eigenkontrollsystems durch entsprechende Aufzeichnungen im Bestandsregister sowie erforderlichenfalls durch geeignete Untersuchungen und Vorsichtsmaßnahmen für die Einhaltung der Bestimmungen gemäß § 10 zu sorgen.

(2) Der Verfügungsberechtigte eines Erstverarbeitungsbetriebes hat im Rahmen eines Eigenkontrollsystems durch geeignete Untersuchungen und Vorsichtsmaßnahmen sicherzustellen, dass die Bestimmungen gemäß § 10 Abs. 5 eingehalten

werden. Ein Nachweis über entsprechende Aufzeichnungen oder Vorzeugnisse von Lieferanten im Sinne des § 10 Abs. 5 kann als Bestandteil der Eigenkontrolle herangezogen werden.

(2a) Ergibt sich aus der Eingangskontrolle eines Erstverarbeitungsbetriebes von Rohmilch der begründete Verdacht auf Rückstände von Tierarzneimitteln, so hat der Erstverarbeitungsbetrieb von Rohmilch unbeschadet des Artikel 19 der Verordnung (EG) Nr. 178/2002 die zuständige Behörde über diese Tatsache umgehend zu informieren. *(BGBl II 2006/395)*

(3) Die Einhaltung der Bestimmungen des § 10 Abs. 2 ist beim Inverkehrbringen des Tieres zur Schlachtung durch den Tierhalter schriftlich zu bestätigen. Diese Bestätigung ist dem Empfänger des Tieres zu übergeben.

(4) Die Einhaltung der Bestimmung des § 10 Abs. 3 ist beim Inverkehrbringen von Fleisch durch den Schlachtbetrieb schriftlich auf den Begleitpapieren zu bestätigen.

Aufzeichnungen

§ 12. (1) Der behandelnde Tierarzt ist verpflichtet, im Rahmen seiner Tätigkeit in Tierhaltungsbetrieben die Bestimmungen dieser Verordnung einzuhalten. Dabei sind unbeschadet sonstiger gesetzlicher Vorschriften die Behandlungen, die Anwendung und Abgabe von Arzneimitteln sowie die Wartezeiten fortlaufend im Bestandsregister zu dokumentieren und noch am Tage der Behandlung und Abgabe einzutragen. Im Rahmen des Tiergesundheitsdienstes gilt Anhang 5 der TGD-Verordnung 2009 BGBl. II Nr. 434/2009. Für Nutztierhalter und Tierärzte, die nicht am Tiergesundheitsdienst teilnehmen, gilt Anhang 5 leg.cit. sinngemäß.

(2) Tierhalter, Betriebsinhaber, Produzenten von Erzeugnissen der Aquakultur und Imker sind verpflichet, die Wartezeiten einzuhalten sowie Zeitpunkt und Art der durchgeführten Behandlungen, die Anwendung und Abgabe von Arzneimitteln sowie die Wartezeiten und im Falle von Erzeugnissen der Aquakultur überdies die genaue Kennzeichnung der Teiche noch am Tage der Behandlung und Abgabe in das Bestandsregister fortlaufend einzutragen, sofern dies nicht bereits durch den Tierarzt erfolgt ist. Anhang 5 der TGD-Verordnung 2009 gilt sinngemäß.

(3) Der behandelnde Tierarzt hat den Tierhalter, Betriebsinhaber beziehungsweise Produzenten bei der Verschreibung, Anwendung und Abgabe von Arzneimitteln, die Rückstände verursachen, nachweislich über die einzuhaltende Wartezeit zu informieren.

(BGBl II 2020/134)

4. Abschnitt
Amtliche Kontrollen und Maßnahmen

Kontrollen im Tierhaltungsbetrieb und Erstverarbeitungsbetrieb

§ 13. (1) Der Landeshauptmann hat unabhängig von den amtlichen Kontrollen gemäß dem 2. Abschnitt bei Hinweisen auf Verstöße gegen lebensmittelrechtliche, veterinärrechtliche oder arzneimittelrechtliche Vorschriften, insbesondere auf Grund einer Meldung gemäß „§ 4" der Fleischuntersuchungsverordnung 2006, sowie auf Grund von Ergebnissen des „nationalen Kontrollplans" gemäß § 31 LMSVG oder wenn dies aus anderen Gründen zum Schutz der menschlichen Gesundheit erforderlich ist, ohne Vorankündigung in Räumlichkeiten einschließlich Lager und Nebenräume sowie auf Flächen, die der Tierhaltung dienen, zu kontrollieren, ob insbesondere folgende Verstöße vorliegen: *(BGBl II 2020/134)*

1. das Vorhandensein von Stoffen oder Erzeugnissen, die zu Mastzwecken verabreicht werden können, deren Anwendung an Tieren, die der Lebensmittelgewinnung dienen, aber verboten ist;

2. der unbefugte Besitz von Stoffen des Anhangs I der Verordnung betreffend das Verbot des Inverkehrbringens von Arzneimitteln, die bestimmte Stoffe mit hormonaler oder thyreostatischer Wirkung oder ß-Agonisten enthalten, BGBl. II Nr. 430/2004, sowie von Tierarzneimitteln der Gruppe B 1 oder B 2 des Anhanges dieser Verordnung;

3. die vorschriftswidrige Behandlung von Tieren;

4. die Nichteinhaltung der Wartezeiten;

5. die Nichtbeachtung von Beschränkungen der Anwendungserlaubnis bestimmter Stoffe oder Erzeugnisse gemäß den arzneimittelrechtlichen, lebensmittelrechtlichen oder veterinärrechtlichen Vorschriften.

(2) Die Einhaltung tierarzneimittelrechtlicher Vorschriften, insbesondere der Bestimmungen des Tierarzneimittelkontrollgesetzes (TAKG) BGBl. I Nr. 28/2002, sowie futtermittelrechtlicher Vorschriften sind zu prüfen. *(BGBl II 2020/134)*

(3) Bei Verdacht oder Feststellung von Verstößen gemäß Abs. 1 und 2 ist gemäß der Delegierten Verordnung (EU) 2019/2090 vorzugehen. *(BGBl II 2020/134)*

Besondere Pflichten

§ 14. (1) Unbeschadet des § 38 LMSVG sind Betriebsinhaber, Tierhalter, Produzenten von Erzeugnissen der Aquakultur und Imker verpflichtet, die Untersuchung der Tiere sowie die Probenahmen, die Kontrollen und Ermittlungen im Betrieb zu ermöglichen. Hierbei ist den Aufsichtsorganen unentgeltlich die nötige Hilfe zu leisten oder beizustellen.

(2) Den vom Landeshauptmann betrauten Personen muss zum Zwecke der Kontrollen bei Gefahr im Verzug jederzeit, sonst während der Betriebs- oder Arbeitszeiten, Zugang zu den betrieblichen Räumlichkeiten gewährt werden.

(3) Betriebsinhaber, Tierhalter, Produzenten von Erzeugnissen der Aquakultur, Imker und behandelnder Tierarzt haben bei Verdacht auf vorschriftswidrige Behandlung den Aufsichtsorganen auf Verlangen alle schriftlichen Aufzeichnungen, welche die Art der Behandlung rechtfertigen können, zur Einsicht vorzulegen.

Maßnahmen bei vorschriftswidriger Behandlung

§ 15. (1) „Besteht auf Grund von Kontrollen gemäß § 3 oder gemäß einer Meldung im Sinne des § 4 der Fleischuntersuchungsverordnung 2006 oder von Kontrollen von Lebensmitteln tierischer Herkunft nach dem LMSVG der Verdacht auf vorschriftswidrige Behandlung oder wird eine vorschriftswidrige Behandlung nachgewiesen, so hat der Landeshauptmann Maßnahmen gemäß Art. 4 und 6 der Delegierten Verordnung (EU) 2019/2090 zu setzen und über den betroffenen Bestand unverzüglich gemäß § 58 LMSVG mit Bescheid eine Sperre zu verhängen." Die Tiere des betroffenen Bestandes sind in geeigneter Weise eindeutig zu kennzeichnen oder zu definieren. Erforderlichenfalls kann die Sperre auf alle Tierbestände des Betriebes ausgedehnt werden. *(BGBl II 2020/134)*

(2) Bei Erstellung des Bescheides gemäß Abs. 1 sind folgende Kriterien zu beachten:
1. den Namen des Verfügungsberechtigten über die betroffenen Tiere (Tierhalter beziehungsweise Betriebsinhaber),
2. die Bezeichnung der Tiere auf Grund der Kennzeichnung gemäß Abs. 1, die Bezeichnung jener Tiere, von denen Proben entnommen wurden, sowie im Falle von Erzeugnissen der Aquakultur Angabe der Fischart, des Produktionsstadiums, der Bezeichnung der Teiche oder der Anlagenteile,
3. die Bezeichnung des Standortes der von der Sperre betroffenen Tiere (Betriebs- oder Standortadresse),
4. die Bezeichnung des Herkunftsbetriebes der Tiere,
5. das Verbot, die betroffenen Tiere ohne behördliche Zustimmung aus ihrem Bestand oder Betrieb zu entfernen oder ohne behördliche Zustimmung der Schlachtung zuzuführen oder anders zu töten oder töten zu lassen,

6. die Dauer der Sperre, die mindestens bis zum Abschluss der Untersuchungen und sodann unter Berücksichtigung von „§ 16" zu bemessen ist. *(BGBl II 2020/134)*

(3) Hinsichtlich Honig sind die Standorte gemäß § 39 Abs. 1 Z 2 LMSVG zu sperren und die Kennzeichnung der Bienenstöcke anzuordnen.

(4) Im Bescheid gemäß Abs. 1 oder 3 sind die erforderlichen Maßnahmen gemäß § 39 Abs. 1 Z 1 LMSVG für Milch, Eier oder Honig vorzusehen. *(BGBl II 2006/395)*

(5) Der Landeshauptmann hat die unverzügliche Meldung oder Eintragung der Bestands- oder Betriebssperre in das Verbrauchergesundheitsinformationssystem (VIS) zu veranlassen. *(BGBl II 2009/24)*

(6) Wenn es zur Abklärung eines Verdachtes auf vorschriftswidrige Behandlung unverzichtbar ist, kann der Landeshauptmann auch Schlachtungen gemäß § 4 der Fleischuntersuchungsverordnung 2006 anordnen. *(BGBl II 2020/134)*

(7) Bei Milch, Eiern oder Honig sind Kontrollen gemäß § 35 LMSVG durchzuführen. *(BGBl II 2020/134)*

(8) Aus einem gemäß § 15 Abs. 1 gesperrten Bestand oder gemäß Abs. 3 gesperrten Standort dürfen im Betrieb vorhandene Primärerzeugnisse der betroffenen Tierart und aus diesen hergestellte Verarbeitungsprodukte, die noch keiner Untersuchung unterzogen worden sind, nur dann in Verkehr gebracht werden, wenn sich nach amtlicher Probenziehung und Untersuchung keine Beanstandungsgründe ergeben, anderenfalls ist gemäß § 60 LMSVG vorzugehen. Dies gilt auch für die während der Sperre gewonnenen Primärerzeugnisse der betroffenen Tierart und aus diesen hergestellte Verarbeitungsprodukte. *(BGBl II 2020/134)*

(9) Von einem gemäß § 15 Abs. 3 gesperrten Standort ist ein zeitweises Verbringen einzelner Bienenstöcke nur dann gestattet, wenn eine ausreichende Versorgung der Bienen mit Nahrung andernfalls nicht gewährleistet werden kann. Dies muss dem Landeshauptmann unverzüglich gemeldet werden. *(BGBl II 2020/134)*

(10) Die Sperre eines Bestandes gemäß § 15 Abs. 1, welcher Tiere zur Gewinnung von Milch oder Eiern hält, ist aufzuheben, wenn Abs. 8 erfüllt ist oder die laufende Produktion der tierischen Primärerzeugnisse nach amtlicher Probenziehung und Untersuchung keine Beanstandungsgründe ergibt. *(BGBl II 2020/134)*

(11) Die Sperre gemäß § 15 Abs. 3 ist für jene Standorte aufzuheben, für die auf Grund amtlicher Probenziehung und Untersuchung nachgewiesen wird, dass keine vorschriftswidrige Behandlung erfolgt ist oder die laufende Produktion von Honig nach amtlicher Probenziehung und Untersuchung keine Beanstandungsgründe ergibt. *(BGBl II 2020/134)*

Tötung der Tiere

§ 16. Wird eine vorschriftswidrige Behandlung nachgewiesen, so sind die betroffenen Tiere, ausgenommen in Fällen des § 59 Abs. 2 LMSVG gemäß § 59 LMSVG zu töten und gemäß § 60 LMSVG zu entsorgen.

(BGBl II 2020/134)

Maßnahmen bei Höchstwertüberschreitungen

§ 17. (1) Werden bei Kontrollen nach dieser Verordnung oder gemäß einer Meldung im Sinne des § 4 der Fleischuntersuchungsverordnung 2006 oder bei sonstigen Kontrollen im Rahmen des jährlichen nationalen Kontrollplans bei tierischen Primärerzeugnissen gemäß § 31 LMSVG Rückstände von zugelassenen Stoffen oder von Kontaminanten in Mengen festgestellt, welche die in den lebensmittelrechtlichen Vorschriften festgesetzten Rückstandshöchstmengen überschreiten, hat der Landeshauptmann Maßnahmen gemäß Art. 4 und 5 der Delegierten Verordnung (EU) 2019/2090 zu setzen.

(2) Bei Milch, Eiern und Honig sind Ermittlungen und Kontrollen gemäß Abs. 1 entsprechend den Vorgaben des § 35 LMSVG durchzuführen.

(3) Bei Milch, Eiern und Honig ist ein Verbot des Inverkehrbringens der betroffenen Charge gemäß § 39 Abs. 1 Z 1 LMSVG anzuordnen. Es dürfen nachfolgend produzierte tierische Primärerzeugnisse nur dann in Verkehr gebracht werden, wenn sich nach amtlicher Probenahme und Untersuchung keine Beanstandungsgründe ergeben, andernfalls ist gemäß § 60 LMSVG vorzugehen.

(4) Ist die Klärung des Verdachtes auf Rückstände im Sinne des Abs. 1 nicht anders möglich oder kann der Verdacht auf eine vorschriftswidrige Behandlung nicht anders ausgeschlossen werden, ist gemäß § 4 der Fleischuntersuchungsverordnung 2006 in Verbindung mit Abs. 6 vorzugehen.

(5) Wenn es zum Schutz der menschlichen Gesundheit erforderlich ist, kann über den betroffenen Bestand eine Sperre gemäß § 15 verhängt werden. Die Dauer der Sperre ist allenfalls unter Berücksichtigung des § 58 Abs. 4 LMSVG zumindest bis zum Ablauf der Wartezeiten festzulegen.

(6) Der Landeshauptmann hat im Fall einer Probennahme am Schlachtbetrieb nach Anhörung des Tierbesitzers einen geeigneten Schlachtbetrieb festzulegen. Bis zum Vorliegen der Ergebnisse der Proben ist gemäß § 10 Abs. 2 und 3 der Fleischuntersuchungsverordnung 2006 vorzugehen. Um eine unerwartete Wertminderung auf Grund der Dauer der Untersuchungen zu vermeiden, können die vorläufig beanstandeten Tierkörper bis zum Vorliegen der Laborergebnisse der Untersuchungen eingefroren werden. Zu diesem Zwecke kann der Tierkörper in großhandelsübliche Teile zerlegt werden.

(BGBl II 2020/134)

Besondere Bestimmungen für tierische Primärerzeugnisse und Fleisch

§ 18. Kontrollen im Rahmen des jährlichen nationalen Kontrollplans gemäß § 31 LMSVG sind gemäß dieser Verordnung und der Delegierten Verordnung (EU) 2019/2090 durchzuführen.

(BGBl II 2020/134)

5. Abschnitt

Allgemeine Hinweise

Personenbezogene Bezeichnungen

„**§ 19.**" Bei den in dieser Verordnung verwendeten personenbezogenen Bezeichnungen gilt die gewählte Form für beide Geschlechter. *(BGBl II 2020/134)*

Verweisungen auf andere Rechtsvorschriften

„**§ 20.**" Soweit in dieser Verordnung auf andere Bundesgesetze oder Verordnungen der Bundesministerin für Gesundheit und Frauen oder unmittelbar anwendbare Rechtsvorschriften der Europäischen Gemeinschaft verwiesen wird, sind diese in ihrer jeweils geltenden Fassung anzuwenden. *(BGBl II 2020/134)*

Umsetzungshinweis

„**§ 21.**" Diese Verordnung dient der Umsetzung der Richtlinie Nr. 96/23/EG vom 29. April 1996 über Kontrollmaßnahmen hinsichtlich bestimmter Stoffe und ihrer Rückstände in lebenden Tieren und tierischen Erzeugnissen und zur Aufhebung der Richtlinien 85/358/EWG und 86/469/EWG und der Entscheidungen 89/187/EWG und 91/664/EWG (ABl. Nr. L 125 vom 23. Mai 1996 S. 10) geändert durch Verordnung (EG) Nr. 882/2004 vom 29. April 2004 über amtliche Kontrollen zur Überprüfung der Einhaltung des Lebensmittel- und Futtermittelrechts sowie der Bestimmungen über Tiergesundheit und Tierschutz (ABl. Nr. L 165 vom 30. April 2004 S. 1). *(BGBl II 2020/134)*

6. Abschnitt

Schlussbestimmungen

In-Kraft-Treten und Außer-Kraft-Treten

„**§ 22.**" (1) Diese Verordnung tritt mit 1. Februar 2006, nicht jedoch vor dem Ablauf des Tages ihrer Kundmachung im Bundesgesetzblatt, in Kraft.

(2) Mit In-Kraft-Treten dieser Verordnung treten folgende Verordnungen außer Kraft:

1. Verordnung über Kontrollmaßnahmen betreffend bestimmte Stoffe und deren Rückstände in lebenden Tieren und Fleisch (Rückstandskontrollverordnung), BGBl. II Nr. 426/1997, zuletzt geändert durch BGBl. II Nr. 254/2002,

2. Verordnung über die Fleischuntersuchung von Fischereierzeugnissen und Kontrollmaßnahmen betreffend bestimmte Stoffe und deren Rückstände in Erzeugnissen der Aquakultur – 3. Hauptstück (Fischuntersuchungsverordnung), BGBl. II Nr. 42/2000, und

3. Verordnung über Kontrollmaßnahmen betreffend bestimmte Stoffe und deren Rückstände in Lebensmitteln tierischer Herkunft (Lebensmittel-Rückstandskontrollverordnung), BGBl. II Nr. 191/2003.

(3) § 5 Abs. 4 und 5, § 11 Abs. 2a, § 12 Abs. 2 und 3, § 15 Abs. 4, § 16 Abs. 4 und 6 sowie § 24 Abs. 3 in der Fassung von BGBl. II Nr. 395/2006 treten mit 1. November 2006, nicht jedoch vor Ablauf des Tages ihrer Kundmachung im Bundesgesetzblatt, in Kraft. *(BGBl II 2006/395)*

(BGBl II 2020/134)

Anhang

GRUPPE A – Stoffe mit anaboler Wirkung und gemäß arzneimittelrechtlichen Vorschriften nicht zugelassene Stoffe

1. Stilbene, Stilbenderivate, ihre Salze und Ester;

2. Thyreostatika

3. Steroide;

4. Resorcylsäure-Lactone (einschließlich Zeranol);

5. ß-Agonisten;

6. Stoffe der Tabelle 2 des Anhangs der Verordnung (EU) Nr. 37/2010

(BGBl II 2020/134)

GRUPPE B – Tierarzneimittel (einschließlich nicht registrierter Stoffe, die zu tiermedizinischen Zwecken verwendet werden können) und Kontaminanten

1. Stoffe mit antibakterieller Wirkung, einschließlich Sulfonamide und Quinolone;

2. sonstige Tierarzneimittel:
a) Anthelmintika,
b) Kokzidiostatika, einschließlich Nitroimidazole,
c) Carbamate und Pyrethroide,
d) Beruhigungsmittel,
e) nicht steroidale entzündungshemmende Mittel,
f) sonstige Stoffe mit pharmakologischer Wirkung;

3. andere Stoffe und Umweltkontaminanten:
a) organische Chlorverbindungen, einschließlich polychlorierte Biphenyle (PCB),
b) organische Phosphorverbindungen,
c) chemische Elemente,
d) Mykotoxine,
e) Farbstoffe,
f) sonstige Stoffe und Kontaminanten

10/8. Temperaturkontrollverordnung

BGBl 1996/581 idF

1 BGBl II 2006/305

„**Verordnung der Bundesministerin für Gesundheit und Frauen über die amtliche Kontrolle der Temperaturen von tiefgefrorenen Lebensmitteln (Temperaturkontrollverordnung)**"

(BGBl II 2006/305)

Auf Grund der §§ 10 Abs. 1 und 39 Abs. 8 des Lebensmittelgesetzes 1975, BGBl. Nr. 86, zuletzt geändert durch das Bundesgesetz BGBl. Nr. 1105/1994, wird verordnet:

§ 1. (1) Amtliche Kontrollen der Temperatur von tiefgefrorenen Lebensmitteln sind in Bezug auf

1. die Probenahme (Anlage 1),
2. das Analyseverfahren (Anlage 2),

nach den in den Anlagen beschriebenen Methoden durchzuführen.

(2) Die in Abs. 1 beschriebenen Kontrollverfahren sind anzuwenden, wenn die Kontrolle berechtigte Zweifel an der Einhaltung der in der Verordnung über tiefgefrorene Lebensmittel, BGBl. Nr. 201/1994, in der jeweils geltenden Fassung, aufgestellten Temperaturgrenzwerten aufkommen lässt.

(BGBl II 2006/305, der ehemalige § 3 wurde in § 1 umbenannt)

§ 2. *(entfallen, BGBl II 2006/305)*

§ 4. *(entfällt, BGBl II 2006/305)*

Anlage 1

VERFAHREN FÜR DIE PROBENAHME BEI TIEFGEFRORENEN LEBENSMITTELN

1. Auswahl der zu kontrollierenden Pakete

Art und Menge der ausgewählten Packungen müssen so beschaffen sein, daß ihre Temperatur für die wärmsten Stellen der kontrollierten Sendung repräsentativ ist.

1.1. *Gefrierlagerräume*

Die Proben für die Kontrolle sind an mehreren kritischen Stellen des Gefrierraums zu entnehmen, z. B.: in der Nähe der Türen (oberer und unterer Bereich), in der Mitte des Gefrierraums (oberer und unterer Bereich), in der Nähe der Luftrückführung des Kühlaggregats. Bei allen Produkten ist die Lagerungsdauer (für die Stabilisierung der Temperatur) zu berücksichtigen.

1.2. *Transport*

a) Falls die Entnahme von Proben während des Transports erforderlich ist, sind diese an der Ober- und Unterseite der Sendung, an den Öffnungskanten der Türen oder jedes Türpaares zu entnehmen.

b) Probenahme beim Entladen:
Auswahl von vier Proben an folgenden kritischen Stellen:

– Ober- und Unterseite der Sendung an den Öffnungskanten der Türen oder jedes Türpaares;

– obere hintere Ecken der Sendung (an einem vom Kühlaggregat so weit wie möglich entfernten Punkt);

– Mitte der Sendung;

– Mitte der Vorderseite der Sendung (so nahe wie möglich am Kälteaggregat);

– obere und untere Ecken der Vorderseite der Sendung (so nahe wie möglich an der Luftrückführung des Kälteaggregats).

1.3. *Tiefkühltruhen des Einzelhandels*

Aus drei Stellen, die für die wärmsten Punkte der verwendeten Tiefkühltruhe repräsentativ sind, ist eine Probe für die Prüfung zu entnehmen.

Anlage 2

TEMPERATURMESSVERFAHREN FÜR TIEFGEFRORENE LEBENSMITTEL

1. Umfang und Anwendungsbereich
Gemäß § 1 Abs. 1 Z 1 der Verordnung über tiefgefrorene Lebensmittel, BGBl. Nr. 201/1994, muß das Erzeugnis nach der thermischen Stabilisierung in allen seinen Punkten ständig bei Temperaturen von -18 Grad C gehalten werden, gegebenenfalls mit kurzzeitigen Schwankungen nach oben wie in § 4 Abs. 2 leg. cit. angegeben.

2. Prinzip
Bei der Temperaturmessung an tiefgefrorenen Lebensmitteln wird die Temperatur einer gemäß Anhang I entnommenen Probe mit geeigneten Geräten sorgfältig angezeigt.

3. Begriffsbestimmung
„Temperatur" bedeutet die Temperatur, die von dem temperaturempfindlichen Teil des Meßgeräts oder der Meßvorrichtung an der festgelegten Stelle gemessen wird.

4. Geräte

4.1. Temperaturmeßgeräte

4.2. Instrumente zum Eindringen in das Erzeugnis
Es ist ein leicht zu säuberndes, spitzes Metallinstrument wie ein Eisstichel, Handbohrer oder Stangenbohrer zu verwenden.

5. Allgemeine Anforderungen an die Temperaturmeßgeräte
Die Meßgeräte müssen folgenden Anforderungen genügen:
a) Die Reaktionszeit muß innerhalb von drei Minuten 90% des Unterschieds zwischen dem ursprünglichen und dem endgültigen Temperaturstand erreichen.
b) Das Instrument muß im Meßbereich von -20 Grad C bis +30 Grad C eine Genauigkeit von +- 0,5 Grad C aufweisen.
c) Die Meßgenauigkeit darf während der Messung bei einer Umgebungstemperatur im Bereich von -20 Grad C bis +30 Grad C nicht um mehr als 0,3 Grad C abweichen.
d) Die Auflösung der Anzeige des Meßgeräts muß 0,1 Grad C betragen.
e) Die Genauigkeit des Meßgeräts ist in regelmäßigen Zeitabständen zu überprüfen.
f) Für das Meßgerät muß ein gültiges Eichungszertifikat vorliegen.
g) Der Temperaturmeßfühler muß leicht zu reinigen sein.
h) Das temperaturempfindliche Element des Meßgeräts ist so auszulegen, daß ein enger thermischer Kontakt mit dem Erzeugnis gewährleistet ist.
i) Die elektrische Ausrüstung des Meßgeräts muß gegen unerwünschte Einwirkungen durch Feuchtigkeitskondensation geschützt sein.

6. Meßverfahren

6.1. Vorkühlen der Instrumente
Der Temperaturmeßfühler und das Instrument zum Eindringen in das Erzeugnis müssen vor der Messung auf die Temperatur des Erzeugnisses vorgekühlt werden.
Durch das Vorkühlverfahren muß sichergestellt sein, daß die Temperatur beider Instrumente der Temperatur des Erzeugnisses so nahe wie möglich kommt.

6.2. Vorbereitung der Proben für die Temperaturmessung
Sind Temperaturmeßfühler nicht zum Eindringen in ein tiefgefrorenes Erzeugnis geeignet, ist es erforderlich, in das Erzeugnis unter Verwendung des vorgekühlten Instruments ein Loch zu bohren, in das der Meßfühler eingeführt werden kann. Der Durchmesser des Loches sollte so beschaffen

10/8. Kontr-TK-LM
Anlage 2

sein, daß der Meßfühler an der Probe eng anliegt, wobei die Eindringtiefe von der Art des Erzeugnisses abhängt (wie unter Punkt 6.3 beschrieben).

6.3. *Messung der Innentemperatur des Erzeugnisses*
Während der Vorbereitung der Probe und der Temperaturmessung muß die Probe in der gewählten gekühlten Umgebung verbleiben.

Die Messung wird wie folgt durchgeführt:

a) Sofern es die Produktabmessungen erlauben, muß der vorgekühlte Meßfühler bis zu einer Tiefe von 2,5 cm unter die Oberfläche des zu messenden Erzeugnisses eingeführt werden.

b) Sofern die Vorgehensweise nach Buchstabe a) nicht möglich ist, wird der Meßfühler mindestens so tief eingeführt, daß der Abstand von der Oberfläche seinen drei- bis vierfachen Durchmesser beträgt.

c) Einige Lebensmittel können aufgrund ihrer Größe oder Zusammensetzung (z.B. grüne Erbsen) zur Bestimmung ihrer Innentemperatur nicht angebohrt werden. In diesen Fällen ist die Innentemperatur des Erzeugnisses durch Einführen eines vorgekühlten stichelartigen Meßfühlers in die Mitte des Paketes in Kontakt mit dem Lebensmittel zu bestimmen.

d) Die angegebene Temperatur ist abzulesen, wenn sie einen konstanten Wert erreicht hat.

10/9. Kosmetik-Analysenverordnung

BGBl 1995/95 idF

1 BGBl 1996/546   **2** BGBl II 1997/383

Verordnung des Bundesministers für Gesundheit, Sport und Konsumentenschutz über Analysenmethoden zur Kontrolle der Zusammensetzung der kosmetischen Mittel (Kosmetik – Analysenverordnung)

Auf Grund der §§ 27 Abs. 1 und 42 Abs. 4 des Lebensmittelgesetzes 1975, BGBl. Nr. 86, zuletzt geändert durch das Bundesgesetz BGBl. Nr. 756/1992, wird verordnet:

§ 1. Amtliche Kontrollen von kosmetischen Mitteln sind in bezug auf

1. die Probenahme (Anlage 1),
2. die Vorbereitung der Proben im Laboratorium (Anlage 2),
3. den Nachweis und die quantitative Bestimmung des freien Natrium- und Kaliumhydroxids (Anlage 3),
4. den Nachweis und die quantitative Bestimmung von Oxalsäure und ihrer alkalischen Salze in Haarpflegemitteln (Anlage 4),
5. die Bestimmung des Chloroformgehalts in Zahnpasten (Anlage 5),
6. die Bestimmung des Zinkgehalts (Anlage 6),
7. den Nachweis und die quantitative Bestimmung der Phenolsulfonsäure (Anlage 7),
8. den Nachweis von Oxidationsmitteln und die quantitative Bestimmung von Wasserstoffperoxid in Haarpflegemitteln (Anlage 8),
9. den Nachweis und die halbquantitative Bestimmung von oxidierenden Farbstoffen in Haarfärbemitteln (Anlage 9),
10. den Nachweis und die quantitative Bestimmung von Nitrit (Anlage 10),
11. den Nachweis und die quantitative Bestimmung von freiem Formaldehyd (Anlage 11),
12. die quantitative Bestimmung des Resorcingehalts in Shampoos und Haarlotionen (Anlage 12),
13. die quantitative Bestimmung von Methanol im Verhältnis zu Ethanol oder Propanol-2 (Anlage 13),
14. die quantitative Bestimmung von Dichlormethan und 1.1.1-Trichlorethan (Anlage 14),
15. den Nachweis und die quantitative Bestimmung von 8-Chinolinol und dessen Sulfat (Anlage 15),
16. die quantitative Bestimmung von Ammoniak (Anlage 16),
17. den Nachweis und die quantitative Bestimmung von Nitromethan (Anlage 17),
18. den Nachweis und die quantitative Bestimmung von Thioglykolsäure in Dauerwellenpräparaten, Haarentkräuselungsmitteln und Enthaarungsmitteln (Anlage 18),
19. den Nachweis und die quantitative Bestimmung von Hexachlorophen (Anlage 19),
20. die quantitative Bestimmung von Tosylchloramidum natricum (Anlage 20),
21. die quantitative Bestimmung von Gesamtfluorid in Zahnpasten (Anlage 21),
22. den Nachweis und die quantitative Bestimmung von quecksilberorganischen Verbindungen (Anlage 22),
23. die quantitative Bestimmung von Alkali- und Erdalkalisulfiden (Anlage 23),
24. den Nachweis und die quantitative Bestimmung von Glycerin-1-(4aminobenzoat) (Anlage 24),
25. die quantitative Bestimmung von Chlorbutanol (Anlage 25),
26. den Nachweis und die quantitative Bestimmung von Chinin (Anlage 26),
27. den Nachweis und die quantitative Bestimmung von anorganischen Sulfiten und Bisulfiten (Anlage 27),
28. den Nachweis und die quantitative Bestimmung von Alkalichloraten (Anlage 28),
29. den Nachweis und die quantitative Bestimmung von Natriumjodat (Anlage 29),
30. den Nachweis und die quantitative Bestimmung von Silbernitrat (Anlage 30)
31. den Nachweis und die quantitative Bestimmung von Selensulfid in Antischuppen-Shampoos (Anlage 31)
32. die quantitative Bestimmung von löslichem Barium und Strontium in Farbpigmenten in Form von Salzen oder Lacken (Anlage 32)
33. den Nachweis und die Bestimmung von Benzylalkohol (Anlage 33)
34. den Nachweis von Zirkonium und die Bestimmung von Zirkonium, Aluminium und Chlor in nichtaerosolförmigen Antitranspirantien (Anlage 34)
35. den Nachweis und die Bestimmung von Hexamidin, Dibromhexamidin, Dibrompropamidin und Chlorhexidin (Anlage 35)
36. den Nachweis und die quantitative Bestimmung von Benzoesäure, 4-Hydroxybenzoesäure,

Sorbinsäure, Salicylsäure und Propionsäure (Anlage 36), *(BGBl 1996/546)*

37. den Nachweis und die quantitative Bestimmung von Hydrochinon, Hydrochinonmonomethylether, Hydrochinonmonoethylether und Hydrochinonmonobenzylether (Anlage 37) *(BGBl 1996/546)*

38. den Nachweis und die quantitative Bestimmung von 2-Phenoxyethanol, 1-Phenoxypropan-2-ol, Methyl-, Ethyl-, Propyl-, Butyl- und Benzyl-4-hydroxybenzoat (Anlage 38) *(BGBl II 1997/383)*

nach den in den Anlagen beschriebenen oder gleichwertigen[1] Methoden durchzuführen.

[1] *Als gleichwertig sind Analysenmethoden anzusehen, die im Rahmen der jeweiligen Fragestellung vergleichbare Ergebnisse liefern. Vergleichbare Ergebnisse sind jedenfalls dann zu erwarten, wenn die in der Verordnung genannten Verfahrenskenndaten von angewandten Verfahren erreicht oder übertroffen werden.*

§ 2. Diese Verordnung tritt mit dem ihrer Kundmachung folgenden Monatsersten in Kraft.

Anlagen 1 bis 38: *Nicht abgedruckt. (Die Anlagen sind im Volltext auf www.lexisnexis.at unter dem Menüpunkt „Service", Unterpunkt „Update" abrufbar.)*

10/10. Verordnung (EU) 2015/705 zur Festlegung von Probenahmeverfahren und Leistungskriterien für die Analysemethoden, die für die amtliche Kontrolle des Erucasäuregehalts in Lebensmitteln verwendet werden, und zur Aufhebung der Richtlinie 80/891/EWG der Kommission

ABl L 113 vom 1. 5. 2015, S. 29

Verordnung (EU) 2015/705 der Kommission vom 30. April 2015 zur Festlegung von Probenahmeverfahren und Leistungskriterien für die Analysemethoden, die für die amtliche Kontrolle des Erucasäuregehalts in Lebensmitteln verwendet werden, und zur Aufhebung der Richtlinie 80/891/EWG der Kommission

DIE EUROPÄISCHE KOMMISSION –

gestützt auf den Vertrag über die Arbeitsweise der Europäischen Union,

gestützt auf die Verordnung (EG) Nr. 882/2004 des Europäischen Parlaments und des Rates vom 29. April 2004 über amtliche Kontrollen zur Überprüfung der Einhaltung des Lebensmittel- und Futtermittelrechts sowie der Bestimmungen über Tiergesundheit und Tierschutz[1], insbesondere auf Artikel 11 Absatz 4,

in Erwägung nachstehender Gründe:

(1) Die Verordnung (EG) Nr. 1881/2006 der Kommission[2] setzt Höchstgehalte an Erucasäure in Speiseölen und -fetten, in Lebensmitteln mit Öl- und Fettzusätzen und in Säuglingsanfangs- und Folgenahrung fest.

(2) Die Richtlinie 80/891/EWG der Kommission[3] legt eine gemeinschaftliche Analysemethode zur Bestimmung des Erucasäuregehalts in Speiseölen und -fetten sowie in Lebensmitteln mit Öl- und Fettzusätzen fest. Diese Analysemethode ist inzwischen überholt und muss ersetzt werden.

(3) Anstelle einer bestimmten Analysemethode sollten Leistungskriterien festgelegt werden, denen die für amtliche Kontrollen verwendete Analysemethode entsprechen muss. Darüber hinaus sollten Regeln für die Methode der Probenahme festgelegt werden.

(4) Die in dieser Verordnung vorgesehenen Maßnahmen entsprechen der Stellungnahme des Ständigen Ausschusses für Pflanzen, Tiere, Lebensmittel und Futtermittel –

HAT FOLGENDE VERORDNUNG ERLASSEN:

Artikel 1

(1) Die Probenahme und Analyse für die amtliche Kontrolle des in Abschnitt 8 des Anhangs der Verordnung (EG) Nr. 1881/2006 verzeichneten Erucasäuregehalts sind gemäß dem Anhang dieser Verordnung auszuführen.

(2) Absatz 1 gilt unbeschadet der Bestimmungen der Verordnung (EG) Nr. 882/2004.

Artikel 2

Die Richtlinie 80/891/EWG wird aufgehoben. Verweise auf die aufgehobene Richtlinie gelten als Verweise auf diese Verordnung.

Artikel 3

Diese Verordnung tritt am zwanzigsten Tag nach ihrer Veröffentlichung im *Amtsblatt der Europäischen Union* in Kraft.

Diese Verordnung ist in allen ihren Teilen verbindlich und gilt unmittelbar in jedem Mitgliedstaat.

Brüssel, den 30. April 2015

Für die Kommission
Der Präsident
Jean-Claude JUNCKER

Zur Präambel:
[1] *ABl. L 165 vom 30.4.2004, S. 1.*
Zu Abs. 1:
[2] *Verordnung (EG) Nr. 1881/2006 der Kommission vom 19. Dezember 2006 zur Festsetzung der Höchstgehalte für bestimmte Kontaminanten in Lebensmitteln (ABl. L 364 vom 20.12.2006, S. 5).*
Zu Abs. 2:
[3] *Richtlinie 80/891/EWG der Kommission vom 25. Juli 1980 über die gemeinschaftliche Analysemethode zur Bestimmung des Erucasäuregehalts in Speiseölen und -fetten sowie in Lebensmitteln mit Öl- und Fettzusätzen (ABl. L 254 vom 27.9.1980, S. 35).*

ANHANG

ANHANG

TEIL A: DEFINITIONEN

Für die Zwecke dieses Anhangs gelten folgende Definitionen:

„Partie": eine unterscheidbare Menge eines in einer Sendung angelieferten Lebensmittels, das gemäß der amtlichen Prüfung gemeinsame Merkmale (wie Ursprung, Sorte, Art der Verpackung, Verpacker, Absender oder Kennzeichnung) aufweist.

„Teilpartie": bestimmter Teil einer großen Partie, der dem Probenahmeverfahren zu unterziehen ist. Jede Teilpartie muss physisch getrennt und unterscheidbar sein.

„Einzelprobe": an einer einzigen Stelle der Partie oder Teilpartie entnommene Menge.

„Sammelprobe": Summe der einer Partie oder Teilpartie entnommenen Einzelproben. Sammelproben sind als repräsentativ für die betreffende Partie bzw. Teilpartie anzusehen.

„Laborprobe": eine für das Labor bestimmte Probe.

TEIL B: PROBENAHMEVERFAHREN

B.1. ALLGEMEINE BESTIMMUNGEN

B.1.1. Personal

Die Probenahme wird von einer durch den Mitgliedstaat bevollmächtigten Person vorgenommen.

B.1.2. Zu beprobendes Material

Jede zu kontrollierende Partie oder Teilpartie ist einzeln zu beproben.

B.1.3. Vorsichtsmaßnahmen

Bei der Probenahme sind Vorsichtsmaßnahmen zu treffen, um Veränderungen zu verhindern, die sich auf den Gehalt an Erucasäure auswirken, die analytische Bestimmung beeinträchtigen oder die Repräsentativität der Sammelproben zunichte machen könnten.

B.1.4. Einzelproben

Einzelproben sind – soweit praktisch machbar – an verschiedenen, über die gesamte Partie oder Teilpartie verteilten Stellen zu ziehen. Abweichungen von dieser Vorgangsweise sind in dem unter Nummer B.1.8 dieses Anhangs genannten Protokoll zu vermerken.

B.1.5. Herstellung der Sammelprobe

Die Sammelprobe wird durch Vereinigung der Einzelproben hergestellt.

B.1.6. Proben für Vollzugs-, Rechtfertigungs- und Schiedszwecke

Die Proben für Vollzugs-, Rechtfertigungs- und Schiedszwecke sind aus der homogenisierten Sammelprobe zu ziehen, sofern dies nicht gegen die Vorschriften der Mitgliedstaaten über die Rechte der Lebensmittelunternehmer verstößt.

B.1.7. Verpackung und Versand der Proben

Jede Probe ist in einem sauberen, inerten Behältnis aufzubewahren, das angemessenen Schutz gegen Kontamination, Verlust von Analyten durch Adsorption an der inneren Wand des Behältnisses sowie gegen Beschädigung beim Transport bietet. Es sind alle notwendigen Vorkehrungen zu treffen, um zu verhindern, dass sich die Zusammensetzung der Probe während des Transports oder der Lagerung verändert.

B.1.8. Versiegelung und Kennzeichnung der Proben

Jede amtliche Probe wird am Ort der Entnahme gemäß den Vorschriften der Mitgliedstaaten versiegelt und gekennzeichnet.

Über jede Probenahme ist ein Protokoll zu führen, aus dem die Identität jeder Partie oder Teilpartie, aus der die Probe gezogen wurde, eindeutig hervorgeht. In diesem Protokoll sind alle der folgenden Punkte anzuführen:

i) Bezugsnummer der Partie, aus der die Probe gezogen wurde;

ii) Datum und Ort der Probenahme;

iii) alle Zusatzinformationen, die für die durchzuführende Analyse von Nutzen sein können.

ANHANG

B.2. STICHPROBENPLÄNE

B.2.1. Aufteilung von Partien in Teilpartien

Große Partien werden in Teilpartien unterteilt, sofern dies physisch möglich ist. Gewicht oder Anzahl von Teilpartien bei Massengütern muss den Angaben in Tabelle 1 entsprechen. Gewicht oder Anzahl von Teilpartien anderer Erzeugnisse muss den Angaben in Tabelle 2 entsprechen. Da das Gewicht der Partie nicht immer ein exaktes Vielfaches des Gewichts der Teilpartien ist, darf das Gewicht der Teilpartien das in den Tabellen 1 und 2 genannte Gewicht um bis zu 20 % überschreiten.

B.2.2. Anzahl, Gewicht und Volumen von Einzelproben

Die Sammelprobe muss mindestens 1 kg oder 1 Liter betragen, außer wenn dies nicht durchführbar ist, z. B. wenn eine Einzelpackung oder -einheit beprobt wird.

Die Mindestzahl der aus einer Partie oder Teilpartie zu ziehenden Einzelproben muss den Angaben in Tabelle 3 entsprechen.

Bei flüssigen Massengütern ist die Partie oder Teilpartie unmittelbar vor der Probenahme entweder manuell oder mechanisch möglichst gründlich zu vermischen, sofern dies die Qualität des Erzeugnisses nicht beeinträchtigt. In diesem Fall kann von einer homogenen Verteilung der Kontaminanten in der jeweiligen Partie oder Teilpartie ausgegangen werden. Daher reichen drei Einzelproben aus einer Partie oder Teilpartie für eine Sammelprobe aus.

Das Gewicht oder Volumen der Einzelproben muss annähernd gleich sein. Die Probenmenge sollte mindestens 100 g oder 100 ml betragen und zusammen eine Sammelprobe von mindestens ca. 1 kg oder 1 Liter ergeben. Abweichungen von diesem Verfahren sind in dem unter Nummer B.1.8 dieses Anhangs genannten Protokoll zu vermerken.

Tabelle 1
Aufteilung von Partien in Teilpartien bei Massengütern

Gewicht der Partie (t)	Gewicht oder Anzahl der Teilpartien
≥ 1 500	500 Tonnen
> 300 und < 1 500	3 Teilpartien
> 100 und < 300	100 Tonnen
< 100	–

Tabelle 2
Aufteilung von Partien in Teilpartien bei anderen Erzeugnissen

Gewicht der Partie (t)	Gewicht oder Anzahl der Teilpartien
≥ 15	15–30 Tonnen
< 15	–

Tabelle 3
Mindestzahl der Einzelproben, die aus der Partie oder Teilpartie zu ziehen sind

Gewicht oder Volumen der Partie/Teilpartie (kg oder l)	Mindestanzahl der zu ziehenden Einzelproben
< 50	3
> 50 und < 500	5
< 500	10

Besteht die Partie oder Teilpartie aus einzelnen Packungen oder Einheiten, ist die Anzahl der Packungen oder Einheiten, die die Sammelprobe bilden, gemäß Tabelle 4 zu wählen.

Tabelle 4
Anzahl der Packungen oder Einheiten (Einzelproben), die die Sammelprobe bilden, wenn die Partie oder Teilpartie aus einzelnen Packungen oder Einheiten besteht

10/10. EU-ErucasäureVamtl.Kontr. ANHANG

Anzahl der Packungen oder Einheiten in der Partie/Teilpartie	Anzahl der zu entnehmenden Packungen oder Einheiten
≤ 25	mindestens 1 Packung oder Einheit
26-100	etwa 5 %, mindestens 2 Packungen oder Einheiten
< 100	etwa 5 %, höchstens 10 Packungen oder Einheiten

In Fällen, in denen die unter Nummer B.2 verwendete Methode der Probenahme inakzeptable wirtschaftliche Konsequenzen hätte (z. B. aufgrund von Verpackungsformen, Beschädigung der Partie usw.) oder praktisch unmöglich wäre, kann eine alternative Methode der Probenahme angewendet werden, sofern diese ausreichend repräsentativ für die beprobte Partie oder Teilpartie ist und umfassend im unter Nummer B.1.8 angeführten Protokoll dokumentiert wird.

B.3. **PROBENAHME IM EINZELHANDEL**

Die Probenahme von Lebensmitteln auf der Ebene des Einzelhandels ist, soweit möglich, nach den Probenahmebestimmungen unter Nummer B.2.2 durchzuführen.

In Fällen, in denen die unter Nummer B.2.2 verwendete Methode der Probenahme inakzeptable wirtschaftliche Konsequenzen hätte (z. B. aufgrund von Verpackungsformen, Beschädigung der Partie usw.) oder praktisch unmöglich wäre, kann eine alternative Methode der Probenahme angewendet werden, sofern diese ausreichend repräsentativ für die beprobte Partie oder Teilpartie ist und umfassend im unter Nummer B.1.8 angeführten Protokoll dokumentiert wird.

TEIL C: PROBENVORBEREITUNG UND PROBENANALYSE

C.1. **LABORQUALITÄTSNORMEN**

Die Laboratorien müssen die Bestimmungen von Artikel 12 der Verordnung (EG) Nr. 882/2004 erfüllen.

Die Laboratorien müssen an Eignungsprüfungsprogrammen gemäß dem „International Harmonised Protocol for the Proficiency Testing of (Chemical) Analytical Laboratories"[1] teilnehmen, die unter Federführung der IUPAC/ISO/AOAC erarbeitet wurden.

Die Laboratorien müssen in der Lage sein, den Nachweis zu erbringen, dass sie über interne Qualitätskontrollverfahren verfügen. Beispiele hierfür sind die „ISO/AOAC/IUPAC Guidelines on International Quality Control in Analytical Chemistry Laboratories"[2].

Wann immer möglich werden zur Abschätzung der Richtigkeit der Analysen geeignete zertifizierte Referenzmaterialien in die Analyse einbezogen.

C.2. **VORBEREITUNG DER PROBEN**

C.2.1. **Vorsichtsmaßnahmen und allgemeine Festlegungen**

Die grundlegende Anforderung besteht darin, eine repräsentative und homogene Laborprobe ohne Sekundärkontamination zu erhalten.

Das gesamte dem Labor zugesandte Probenmaterial ist zur Vorbereitung der Laborprobe zu verwenden.

Die bei der Analyse der Laborproben festgestellten Befunde geben Aufschluss darüber, ob die in der Verordnung (EG) Nr. 1881/2006 festgesetzten Höchstgehalte eingehalten wurden.

C.2.2. **Behandlung der im Laboratorium eingegangenen Probe**

Die gesamte Sammelprobe wird fein gemahlen (wenn erforderlich) und sorgfältig gemischt. Für diesen Prozess muss nachgewiesen worden sein, dass eine vollständige Homogenisierung erreicht wird.

C.3. **LEISTUNGSKRITERIEN FÜR DIE ANALYSEMETHODEN**

C.3.1. **Definitionen**

Für die Zwecke dieser Verordnung gelten folgende Definitionen:

---

[1] „The International Harmonized Protocol for the Proficiency Testing of Analytical Chemistry Laboratories" von M. Thompson, S. L. R. Ellison und R. Wood, Pure Appl. Chem., 2006, 78, 145-196.

[2] Herausgegeben von M. Thompson und R. Wood, Pure Appl. Chem., 1995, 67, 649-666.

ANHANG

"r" = Wiederholbarkeit: Wert, unterhalb dessen man die absolute Differenz zwischen zwei einzelnen Prüfergebnissen, die unter Wiederholbarkeitsbedingungen (d. h. dieselbe Probe, derselbe Prüfer, dasselbe Gerät, dasselbe Labor, kurze Zeitspanne) erzielt werden, mit einer vorgegebenen Wahrscheinlichkeit (im Regelfall 95 %) erwarten darf, sodass $r = 2,8 \times s_r$.

"s_r" = Standardabweichung, berechnet aus unter Wiederholbarkeitsbedingungen ermittelten Ergebnissen.

"RSD_r" = Relative Standardabweichung, berechnet aus unter Wiederholbarkeitsbedingungen ermittelten Ergebnissen $\left[(s_r/\bar{x}) \times 100\right]$.

"R" = Reproduzierbarkeit: Wert, unterhalb dessen man die absolute Differenz zwischen einzelnen Prüfergebnissen, die unter Reproduzierbarkeitsbedingungen (d. h. an identischem Material von Prüfern in verschiedenen Labors nach dem standardisierten Testverfahren) erzielt werden, mit einer vorgegebenen Wahrscheinlichkeit (in der Regel 95 %) erwarten darf; $R = 2,8 \times s_R$.

"s_R" = Standardabweichung, berechnet aus unter Reproduzierbarkeitsbedingungen ermittelten Ergebnissen.

"RSD_R" = Relative Standardabweichung, berechnet aus unter Reproduzierbarkeitsbedingungen ermittelten Ergebnissen $\left[(s_R/\bar{x}) \times 100\right]$.

"LOD" = Nachweisgrenze: kleinster gemessener Gehalt, bei dem mit angemessener statistischer Zuverlässigkeit auf das Vorhandensein eines Analyten geschlossen werden kann. Die Nachweisgrenze ist zahlenmäßig identisch mit der dreifachen Standardabweichung vom Mittelwert der Blindbestimmungen (n > 20).

"LOQ" = Quantifizierungsgrenze: niedrigste Analytmenge, die sich mit angemessener statistischer Zuverlässigkeit quantifizieren lässt. Sind Messgenauigkeit und Präzision in einem Konzentrationsbereich nahe der Nachweisgrenze konstant, entspricht die Quantifizierungsgrenze numerisch dem Sechs- bis Zehnfachen der Standardabweichung vom Mittelwert der Blindbestimmungen (n > 20).

"u" = Kombinierte Standardmessunsicherheit, bestimmt unter Verwendung der einzelnen Standardmessunsicherheiten in Verbindung mit den Eingabegrößen in einem Messmodell[3].

"U" = Erweiterte Messunsicherheit bei einem Erweiterungsfaktor von 2, der zu einem Grad des Vertrauens von ca. 95 % führt (U = 2u).

"Uf" = Maximale Standardmessunsicherheit

C.3.2. **Allgemeine Anforderungen**

Die für Lebensmittelkontrollzwecke eingesetzten Analysemethoden müssen die Bestimmungen in Anhang III der Verordnung (EG) Nr. 882/2004 erfüllen.

C.3.3. **Spezifische Anforderungen**

C.3.3.1. Leistungskriterien

Sofern auf Ebene der Europäischen Union keine spezifischen Verfahren für die Bestimmung von Kontaminanten in Lebensmitteln vorgeschrieben sind, können die Laboratorien jede validierte Analysemethode für die betreffende Matrix auswählen, vorausgesetzt, die ausgewählte Methode entspricht den spezifischen Leistungskriterien in Tabelle 5.

Es wird empfohlen, gegebenenfalls vorhandene vollständig validierte Methoden (d. h. Methoden, die in einem Ringversuch für die betreffende Matrix validiert wurden) anzuwenden, wann immer sich dies als zweckdienlich erweist. Andere geeignete validierte Methoden (z. B. intern validierte Methoden für die betreffende Matrix) können ebenfalls angewandt werden, sofern sie den Leistungskriterien in Tabelle 5 entsprechen.

Weitere Einzelheiten finden sich in den „Anmerkungen zu den Leistungskriterien" (siehe unten).

Soweit möglich, ist bei intern validierten Methoden zertifiziertes Referenzmaterial für die Validierung zu verwenden.

---

[3] *International vocabulary of metrology – Basic and general concepts and associated terms (VIM), JCGM 200:2008.*

ANHANG

Tabelle 5
Leistungskriterien für Methoden zur Analyse auf Erucasäure

Merkmal	Kriterium
Anwendungsbereich	Lebensmittel gemäß Verordnung (EG) Nr. 1881/2006
Spezifität	Frei von Matrix- oder spektralen Interferenzen
Wiederholbarkeit (RSD_r)	0,66-facher RSD_R gemäß der (geänderten) Horwitz-Gleichung
Reproduzierbarkeit (RSD_R)	2 × der mit der (geänderten) Horwitz-Gleichung abgeleitete Wert
Wiederfindung	95-105 %
LOD	≤ 1 g/kg
LOQ	≤ 5 g/kg

Anmerkungen zu den Leistungskriterien

Die Horwitz-Gleichung[4] (für Konzentrationen $1,2 \times 10^{-7} \leq C \leq 0,138$) und die geänderte Horwitz-Gleichung[5] (für Konzentrationen $C < 1,2 \times 10^{-7}$) sind verallgemeinerte Präzisionsgleichungen, die für die meisten Routineanalysemethoden nicht von Analyt und Matrix, sondern lediglich von der Konzentration abhängen.

Geänderte Horwitz-Gleichung für Konzentrationen $C < 1,2 \times 10^{-7}$:

$$RSD_R = 22\ \%$$

Dabei gilt:
- RSD_R ist die relative Standardabweichung, berechnet aus unter Reproduzierbarkeitsbedingungen $[(s_R/\bar{x}) \times 100]$ ermittelten Ergebnissen.
- C ist das Konzentrationsverhältnis (d. h. 1 = 100 g/100 g, 0,001 = 1 000 mg/kg). Die geänderte Horwitz-Gleichung gilt für Konzentrationen $C < 1,2 \times 10^{-7}$.

Horwitz-Gleichung für Konzentrationen $1,2 \times 10^{-7} \leq C \leq 0,138$:

$$RSD_R = 2C^{(-0,15)}$$

Dabei gilt:
- RSD_R ist die relative Standardabweichung, berechnet aus unter Reproduzierbarkeitsbedingungen $[(s_R/\bar{x}) \times 100]$ ermittelten Ergebnissen.
- C ist das Konzentrationsverhältnis (d. h. 1 = 100 g/100 g, 0,001 = 1 000 mg/kg). Die Horwitz-Gleichung gilt für Konzentrationen $1,2 \times 10^{-7} \leq C \leq 0,138$.

C.3.3.2. Der „Tauglichkeits"-Ansatz

Im Falle intern validierter Methoden kann zur Beurteilung der Eignung dieser Methoden für die amtliche Kontrolle alternativ ein „Tauglichkeits"-Ansatz[6] herangezogen werden. Für die amtliche Kontrolle taugliche Methoden erbringen Ergebnisse, bei denen die kombinierte Standardmessunsicherheit (u) unter der mithilfe der nachstehenden Formel berechneten maximalen Standardmessunsicherheit liegt:

$$Uf = \sqrt{(LOD/2)^2 + (\alpha C)^2}$$

Dabei gilt:
- Uf ist die maximale Standardmessunsicherheit (µg/kg).
- LOD ist die Nachweisgrenze der Methode (µg/kg). Die LOD muss den Leistungskriterien gemäß Nummer C.3.3.1 für die jeweilige Konzentration entsprechen.

---

[4] W. Horwitz, L.R. Kamps. K.W. Boyer, *J.Assoc.Off.Analy.Chem.*, 1980, 63, 1344.
[5] M. Thompson, *Analyst*, 2000, 125, 385-386.
[6] Siehe M. Thompson and R. Wood, *Accred. Qual. Assur.*, 2006, 10, 471-478.

- C ist die jeweilige Konzentration (µg/kg).
- α ist ein konstanter numerischer Faktor, der in Abhängigkeit vom Wert für C zu verwenden ist; die zu verwendenden Werte sind in Tabelle 6 angegeben.

Tabelle 6
Numerische Werte, die für α als Konstante in der unter dieser Nummer aufgeführten Formel abhängig von der jeweiligen Konzentration zu verwenden sind

C (µg/kg)	α
< 50	0,2
51-500	0,18
501-1 000	0,15
1 001-10 000	0,12
< 10 000	0,1

TEIL D: DARSTELLUNG UND INTERPRETATION DER ERGEBNISSE

D.1. BERICHTERSTATTUNG

D.1.1. Angabe der Ergebnisse

Die Ergebnisse sind in denselben Einheiten und mit derselben Anzahl signifikanter Stellen anzugeben, wie die in der Verordnung (EG) Nr. 1881/2006 festgelegten Höchstgehalte.

D.1.2. Berechnung der Wiederfindungsrate

Beinhaltet die Analysemethode einen Extraktionsschritt, ist das Analyseergebnis um die Wiederfindungsrate zu berichtigen. In diesem Fall ist die Wiederfindungsrate mitzuteilen.

Wenn das Analyseverfahren keinen Extraktionsschritt beinhaltet, kann das Ergebnis ohne Berichtigung um die Wiederfindungsrate angegeben werden, sofern nachgewiesen wird – im Idealfall durch Verwendung von geeignetem zertifiziertem Referenzmaterial –, dass die zertifizierte Konzentration unter Berücksichtigung der Messunsicherheit erreicht wird (d. h. eine hohe Messgenauigkeit) und dass das Verfahren folglich frei von Verzerrungen ist. Wird das angegebene Ergebnis nicht um die Wiederfindungsrate berichtet, so ist dies anzumerken.

D.1.3. Messungenauigkeit

Das Analyseergebnis ist als x +/– U anzugeben, wobei x das Analyseergebnis und U die erweiterte Messunsicherheit bedeutet, bei einem Erweiterungsfaktor von 2, der zu einem Konfidenzniveau von ca. 95 % (U = 2u) führt.

Der Analytiker sollte den „Report on the relationship between analytical results, measurement uncertainty, recovery factors and the provisions in EU food and feed legislation"[7] zur Kenntnis nehmen.

D.2. AUSWERTUNG DER ERGEBNISSE

D.2.1. Akzeptanz einer Partie oder Teilpartie

Die Partie oder Teilpartie wird akzeptiert, wenn das für die Laborprobe ermittelte Analyseergebnis den jeweiligen Höchstgehalt gemäß Verordnung (EG) Nr. 1881/2006 nicht überschreitet, wobei die erweiterte Messunsicherheit und – soweit das angewandte Analyseverfahren einen Extraktionsschritt beinhaltet – die Berichtigung um die Wiederfindungsrate zu berücksichtigen sind.

D.2.2. Zurückweisung einer Partie oder Teilpartie

Eine Partie oder Teilpartie wird zurückgewiesen, wenn das für die Laborprobe ermittelte Analyseergebnis zweifelsfrei ergibt, dass der Höchstgehalt gemäß Verordnung (EG) Nr. 1881/2006 überschritten ist, wobei die erweiterte Messunsicherheit und – soweit die angewandte Analysemethode einen Extraktionsschritt beinhaltet – die Berichtigung um die Wiederfindungsrate zu berücksichtigen sind.

D.2.3. Anwendungsbereich

---

[7] http://ec.europa.eu/food/food/chemicalsafety/contaminants/report-sampling_analysis_2004_en.pdf

ANHANG

Die Auswertungsbestimmungen unter den Nummern D.2.1 und D.2.2 gelten für das Ergebnis der Analyse der zu Vollzugszwecken gezogenen Probe. Im Falle einer Analyse für Rechtfertigungs- oder Schiedszwecke gelten die nationalen Bestimmungen.

11. EG-Basisverordnung

ABl L 31 vom 1. 2. 2002, S. 1 idF

1 ABl L 245 vom 29. 9. 2003, S. 4
2 ABl L 100 vom 8. 4. 2006, S. 3
3 ABl L 60 vom 5. 3. 2008, S. 17
4 ABl L 188 vom 18. 7. 2009, S. 63
5 ABl L 189 vom 27. 6. 2014, S. 1
6 ABl L 35 vom 10. 2. 2017, S. 10
7 ABl L 117 vom 5. 5. 2017, S. 1
8 ABl L 198 vom 25. 7. 2019, S. 241
9 ABl L 231 vom 6. 9. 2019, S. 1

Verordnung (EG) Nr. 178/2002 des Europäischen Parlaments und des Rates vom 28. Januar 2002 zur Festlegung der allgemeinen Grundsätze und Anforderungen des Lebensmittelrechts, zur Errichtung der Europäischen Behörde für Lebensmittelsicherheit und zur Festlegung von Verfahren zur Lebensmittelsicherheit

DAS EUROPÄISCHE PARLAMENT UND DER RAT DER EUROPÄISCHEN UNION —

gestützt auf den Vertrag zur Gründung der Europäischen Gemeinschaft, insbesondere auf die Artikel 37, 95, 133 und 152 Absatz 4 Buchstabe b),

auf Vorschlag der Kommission[1],

nach Stellungnahme des Wirtschafts- und Sozialausschusses[2],

nach Stellungnahme des Ausschusses der Regionen[3],

gemäß dem Verfahren des Artikels 251 des Vertrags[4],

in Erwägung nachstehender Gründe:

(1) Der freie Verkehr mit sicheren und bekömmlichen Lebensmitteln ist ein wichtiger Aspekt des Binnenmarktes und trägt wesentlich zur Gesundheit und zum Wohlergehen der Bürger und zu ihren sozialen und wirtschaftlichen Interessen bei.

(2) Bei der Durchführung der Politiken der Gemeinschaft muss ein hohes Maß an Schutz für Leben und Gesundheit des Menschen gewährleistet werden.

(3) Der freie Verkehr mit Lebensmitteln und Futtermitteln in der Gemeinschaft ist nur dann möglich, wenn die Anforderungen an die Lebensmittel- und Futtermittelsicherheit in den einzelnen Mitgliedstaaten nicht wesentlich voneinander abweichen.

(4) Die Konzepte, Grundsätze und Verfahren des Lebensmittelrechts der Mitgliedstaaten weisen große Unterschiede auf. Wenn die Mitgliedstaaten Maßnahmen betreffend Lebensmittel erlassen, können diese Unterschiede den freien Verkehr mit Lebensmitteln behindern, ungleiche Wettbewerbsbedingungen schaffen und dadurch das Funktionieren des Binnenmarktes unmittelbar beeinträchtigen.

(5) Eine Angleichung dieser Konzepte, Grundsätze und Verfahren ist daher notwendig, um eine gemeinsame Grundlage für Maßnahmen des Lebensmittel- und Futtermittelsektors zu schaffen, die in den Mitgliedstaaten und auf Gemeinschaftsebene erlassen werden. Jedoch muss für die Anpassung miteinander kollidierender Bestimmungen im geltenden Recht sowohl auf nationaler als auch auf gemeinschaftlicher Ebene genügend Zeit eingeräumt und vorgesehen werden, dass bis zum Abschluss der Anpassung die geltenden Vorschriften unter Berücksichtigung der in dieser Verordnung dargelegten Grundsätze angewandt werden.

(6) Wasser wird, wie andere Lebensmittel auch, unmittelbar oder mittelbar aufgenommen und trägt daher zur Gesamtexposition des Verbrauchers gegenüber aufgenommenen Stoffen einschließlich chemischer und mikrobiologischer Kontaminanten bei. Da jedoch die Kontrolle der Qualität von Wasser für den menschlichen Gebrauch bereits im Rahmen der Richtlinien 80/778/EWG[5] und 98/83/EG[6] des Rates erfolgt, genügt es, Wasser ab der Stelle der Einhaltung

---

Zur Präambel

[1] *ABl. C 96 E vom 27.3.2001, S. 247.*
[2] *ABl. C 155 vom 29.5.2001, S. 32.*
[3] *Stellungnahme vom 14. Juni 2001 (noch nicht im Amtsblatt veröffentlicht).*
[4] *Stellungnahme des Europäischen Parlaments vom 12. Juni 2001 (noch nicht im Amtsblatt veröffentlicht); Gemeinsamer Standpunkt des Rates vom 17. September 2001 (noch nicht im Amtsblatt veröffentlicht) und Beschluss des Europäischen Parlaments vom 11. Dezember 2001 (noch nicht im Amtsblatt veröffentlicht). Beschluss des Rates vom 21. Januar 2002.*

Zu Abs. 6:

[5] *ABl. L 229 vom 30.8.1980, S. 11. Aufgehoben durch die Richtlinie 98/83/EG.*
[6] *ABl. L 330 vom 5.12.1998, S. 32.*

gemäß Artikel 6 der Richtlinie 98/83/EG zu berücksichtigen.

(7) Es sollten auch Anforderungen an Futtermittel, beispielsweise an die Herstellung und Verwendung von Futtermitteln, die für der Lebensmittelgewinnung dienende Tiere bestimmt sind, in das Lebensmittelrecht aufgenommen werden. Dies gilt unbeschadet entsprechender Anforderungen, die bislang und auch künftig in den Rechtsvorschriften über Futtermittel für alle Tiere einschließlich Heimtieren enthalten sind.

(8) Die Gemeinschaft hat sich für ein hohes Gesundheitsschutzniveau bei der Entwicklung des Lebensmittelrechts entschieden, das sie ohne Diskriminierung anwendet, unabhängig davon, ob die Lebensmittel oder Futtermittel auf dem Binnenmarkt oder international gehandelt werden.

(9) Es muss dafür gesorgt werden, dass Verbraucher, andere Akteure und Handelspartner dem Lebensmittelrecht zugrunde liegenden Entscheidungsfindungsprozess, seiner wissenschaftlichen Grundlage und den Strukturen und der Unabhängigkeit der Institutionen, die für den Schutz der Gesundheit und anderer Belange zuständig sind, Vertrauen entgegenbringen.

(10) Die Erfahrung hat gezeigt, dass es zum Schutz der menschlichen Gesundheit und für das reibungslose Funktionieren des Binnenmarktes notwendig ist, Maßnahmen zu treffen, die gewährleisten, dass nicht sichere Lebensmittel nicht in den Verkehr gelangen und dass Systeme vorhanden sind, mit deren Hilfe Probleme der Lebensmittelsicherheit erkannt werden können und hierauf reagiert werden kann. Auch im Zusammenhang mit der Sicherheit von Futtermitteln müssen diese Fragen angegangen werden.

(11) Für ein hinreichend umfassendes einheitliches Konzept der Lebensmittelsicherheit muss die Definition des Lebensmittelrechts so weit gefasst werden, dass sie ein großes Spektrum an Bestimmungen abdeckt, die sich mittelbar oder unmittelbar auf die Sicherheit von Lebensmitteln und Futtermitteln auswirken, darunter auch Vorschriften zu Materialien und Gegenständen, die mit Lebensmitteln in Berührung kommen, zu Futtermitteln und anderen landwirtschaftlichen Produktionsmitteln auf der Ebene der Primärproduktion.

(12) Um Lebensmittelsicherheit gewährleisten zu können, müssen alle Aspekte der Lebensmittelherstellungskette als Kontinuum betrachtet werden, und zwar von — einschließlich — der Primärproduktion und der Futtermittelproduktion bis hin — einschließlich — zum Verkauf bzw. zur Abgabe der Lebensmittel an den Verbraucher, da jedes Glied dieser Kette eine potenzielle Auswirkung auf die Lebensmittelsicherheit haben kann.

(13) Die Erfahrung hat gezeigt, dass es aus diesem Grund notwendig ist, auch die Erzeugung, die Herstellung, den Transport und den Vertrieb von Futtermitteln, die an der Lebensmittelgewinnung dienende Tiere verfüttert werden, zu berücksichtigen, einschließlich der Zucht von Tieren, die in Fischzuchtbetrieben als Futter verwendet werden können, da die absichtliche oder unabsichtliche Kontamination von Futtermitteln, die Verfälschung oder betrügerische oder andere unzulässige Praktiken im Zusammenhang damit eine mittelbare oder unmittelbare Auswirkung auf die Lebensmittelsicherheit haben können.

(14) Aus dem gleichen Grund ist es notwendig, auch andere Verfahren und landwirtschaftliche Produktionsmittel auf der Ebene der Primärproduktion und ihre potenziellen Auswirkungen auf die Lebensmittelsicherheit insgesamt zu berücksichtigen.

(15) Die Vernetzung von Spitzenlabors auf regionaler und/ oder überregionaler Ebene zur kontinuierlichen Überwachung der Lebensmittelsicherheit könnte erheblich zur Verhütung potenzieller gesundheitlicher Risiken für die Menschen beitragen.

(16) Die von den Mitgliedstaaten und der Gemeinschaft erlassenen Maßnahmen für Lebensmittel und Futtermittel sollten in der Regel auf einer Risikoanalyse beruhen, es sei denn, dies ist angesichts der Umstände oder der Art der Maßnahme nicht angebracht. Die Durchführung einer Risikoanalyse vor dem Erlass solcher Maßnahmen sollte dazu beitragen, dass ungerechtfertigte Hemmnisse für den freien Verkehr mit Lebensmitteln vermieden werden.

(17) Soweit das Lebensmittelrecht die Verringerung, Ausschaltung oder Vermeidung eines Gesundheitsrisikos anstrebt, ergibt sich aus den drei miteinander verbundenen Einzelschritten der Risikoanalyse, nämlich Risikobewertung, Risikomanagement und Risikokommunikation, eine systematische Methodik zur Ermittlung effektiver, angemessener und gezielter Maßnahmen oder sonstiger Aktionen des Gesundheitsschutzes.

(18) Im Interesse des Vertrauens in die wissenschaftliche Basis des Lebensmittelrechts sollten Risikobewertungen unabhängig, objektiv und transparent auf der Grundlage der verfügbaren wissenschaftlichen Informationen und Daten durchgeführt werden.

(19) Es wird allgemein anerkannt, dass die wissenschaftliche Risikobewertung allein in manchen Fällen nicht alle Informationen liefert, auf die sich eine Risikomanagemententscheidung gründen sollte, und dass auch noch andere für den jeweils zu prüfenden Sachverhalt relevante Faktoren wie beispielsweise gesellschaftliche, wirtschaftliche und ethische Gesichtspunkte, Traditionen und Umwelterwägungen wie auch die Frage der Kontrollierbarkeit zu berücksichtigen sind.

(20) Zur Gewährleistung des Gesundheitsschutzniveaus in der Gemeinschaft wurde das Vorsorgeprinzip herangezogen, wodurch Hemmnisse für den freien Verkehr mit Lebensmitteln und Futtermitteln geschaffen wurden. Deshalb muss gemeinschaftsweit eine einheitliche Grundlage für die Anwendung dieses Prinzips geschaffen werden.

(21) In besonderen Fällen, in denen ein Risiko für Leben oder Gesundheit gegeben ist, wissenschaftlich aber noch Unsicherheit besteht, ergibt sich aus dem Vorsorgeprinzip ein Mechanismus zur Ermittlung von Risikomanagementmaßnahmen oder anderen Aktionen, um das in der Gemeinschaft gewählte hohe Gesundheitsschutzniveau sicherzustellen.

(22) Die Lebensmittelsicherheit und der Schutz der Verbraucherinteressen sind in zunehmendem Maß ein Anliegen der Öffentlichkeit, der Nichtregierungsorganisationen, Fachverbände, internationalen Handelspartner und Handelsorganisationen. Es muss dafür gesorgt werden, dass das Vertrauen der Verbraucher und der Handelspartner durch eine offene und transparente Entwicklung des Lebensmittelrechts gewährleistet wird, sowie auch dadurch, dass die Behörden in geeigneter Weise dafür sorgen, dass die Öffentlichkeit informiert wird, wenn ein hinreichender Verdacht dafür vorliegt, dass ein Lebensmittel ein Gesundheitsrisiko darstellen kann.

(23) Sicherheit und Vertrauen der Verbraucher in der Gemeinschaft und in Drittländern sind von größter Bedeutung. Die Gemeinschaft ist ein wichtiger globaler Handelspartner im Lebensmittel- und Futtermittelsektor und ist als solcher internationalen Handelsabkommen beigetreten, an der Entwicklung internationaler Normen zum Lebensmittelrecht beteiligt und unterstützt die Grundsätze des freien Handels mit sicheren Futtermitteln und sicheren, bekömmlichen Lebensmitteln, ohne Diskriminierung, nach lauteren und ethisch einwandfreien Handelsgepflogenheiten.

(24) Es muss sichergestellt werden, dass aus der Gemeinschaft ausgeführte oder wieder ausgeführte Lebensmittel und Futtermittel dem Gemeinschaftsrecht oder den vom Einfuhrland gestellten Anforderungen entsprechen. Andernfalls können Lebensmittel und Futtermittel nur dann ausgeführt oder wieder ausgeführt werden, wenn das Einfuhrland ausdrücklich zugestimmt hat. Auch bei Zustimmung des Einfuhrlandes muss aber sichergestellt sein, dass keine gesundheitsschädlichen Lebensmittel oder nicht sicheren Futtermittel ausgeführt oder wieder ausgeführt werden.

(25) Es ist notwendig, die allgemeinen Grundsätze für den Handel mit Lebensmitteln und Futtermitteln und die Ziele und Grundsätze für den Beitrag der Gemeinschaft zur Ausarbeitung internationaler Normen und Handelsabkommen festzulegen.

(26) Einige Mitgliedstaaten haben horizontale Rechtsvorschriften zur Lebensmittelsicherheit erlassen und dabei insbesondere den Unternehmen die allgemeine Verpflichtung auferlegt, nur Lebensmittel in Verkehr zu bringen, die sicher sind. Allerdings wenden diese Mitgliedstaaten bei der Entscheidung, ob ein Lebensmittel sicher ist, unterschiedliche Basiskriterien an. Angesichts dieser unterschiedlichen Konzepte und des Fehlens horizontaler Rechtsvorschriften in anderen Mitgliedstaaten sind Hemmnisse für den Handel mit Lebensmitteln zu erwarten. Ähnliche Hemmnisse können auch im Handel mit Futtermitteln entstehen.

(27) Es ist daher notwendig, allgemeine Anforderungen dahin gehend einzuführen, dass nur sichere Lebensmittel und Futtermittel in Verkehr gebracht werden, damit der Binnenmarkt für solche Erzeugnisse reibungslos funktioniert.

(28) Die Erfahrung hat gezeigt, dass das Funktionieren des Binnenmarktes im Lebensmittel- oder Futtermittelsektor gefährdet sein kann, wenn Lebensmittel und Futtermittel nicht rückverfolgt werden können. Es ist daher notwendig, ein umfassendes System der Rückverfolgbarkeit bei Lebensmittel- und Futtermittelunternehmen festzulegen, damit gezielte und präzise Rücknahmen vorgenommen bzw. die Verbraucher oder die Kontrollbediensteten entsprechend informiert und damit womöglich unnötige weiter gehende Eingriffe bei Problemen der Lebensmittelsicherheit vermieden werden können.

(29) Es muss sichergestellt werden, dass ein Lebensmittel- oder Futtermittelunternehmen einschließlich des Importeurs zumindest das Unternehmen feststellen kann, das das Lebensmittel oder Futtermittel, das Tier oder die Substanz, die möglicherweise in einem Lebensmittel oder Futtermittel verarbeitet wurden, geliefert hat, damit

bei einer Untersuchung die Rückverfolgbarkeit in allen Stufen gewährleistet ist.

(30) Der Lebensmittelunternehmer ist am besten in der Lage, ein sicheres System der Lebensmittellieferung zu entwickeln und dafür zu sorgen, dass die von ihm gelieferten Lebensmittel sicher sind; er sollte daher auch die primäre rechtliche Verantwortung für die Gewährleistung der Lebensmittelsicherheit tragen. Dieser Grundsatz gilt zwar in einigen Mitgliedstaaten und Teilbereichen des Lebensmittelrechts, ist aber in anderen Bereichen nicht ausdrücklich festgelegt, oder die Verantwortung geht infolge der von der zuständigen Behörde des Mitgliedstaats durchgeführten Kontrollen auf diese Behörden über. Solche Diskrepanzen können Handelshemmnisse schaffen und den Wettbewerb zwischen Lebensmittelunternehmern in verschiedenen Mitgliedstaaten beeinträchtigen.

(31) Entsprechende Anforderungen sollten für Futtermittel und Futtermittelunternehmer gelten.

(32) Die wissenschaftliche und technische Basis der Rechtsetzung der Gemeinschaft im Bereich der Lebensmittel- und Futtermittelsicherheit sollte zur Erzielung eines hohen Gesundheitsschutzniveaus in der Gemeinschaft beitragen. Die Gemeinschaft sollte auf hochwertige, unabhängige und effiziente wissenschaftliche und technische Unterstützung zurückgreifen können.

(33) Die wissenschaftlichen und technischen Fragen im Zusammenhang mit der Lebensmittel- und Futtermittelsicherheit werden immer wichtiger und komplexer. Die Errichtung einer Europäischen Behörde für Lebensmittelsicherheit, nachstehend „die Behörde" genannt, soll das derzeitige System der wissenschaftlichen und technischen Unterstützung, das den immer höheren Anforderungen nicht mehr gewachsen ist, verstärken.

(34) Die Behörde sollte bei der Risikobewertung im Einklang mit den allgemeinen Grundsätzen des Lebensmittelrechts als unabhängige wissenschaftliche Referenzstelle fungieren und dadurch zu einem reibungslosen Funktionieren des Binnenmarktes beitragen. Sie kann für die Begutachtung in strittigen wissenschaftlichen Fragen in Anspruch genommen werden, damit die Gemeinschaftsorgane und die Mitgliedstaaten zur Gewährleistung der Lebensmittel- und Futtermittelsicherheit notwendige Risikomanagemententscheidungen in Kenntnis der Sachlage treffen können, was gleichzeitig dazu beiträgt, dass der Binnenmarkt nicht durch neue ungerechtfertigte oder unnötige Hindernisse für den freien Verkehr mit Lebensmitteln und Futtermitteln aufgesplittert wird.

(35) Die Behörde sollte eine unabhängige wissenschaftliche Quelle für Beratung, Information und Risikokommunikation zur Stärkung des Vertrauens der Verbraucher darstellen. Im Interesse der Kohärenz zwischen den Aufgabenbereichen Risikobewertung, Risikomanagement und Risikokommunikation sollte jedoch das Zusammenwirken von Verantwortlichen für die Risikobewertung und Verantwortlichen für das Risikomanagement verstärkt werden.

(36) Die Behörde sollte einen umfassenden, unabhängigen wissenschaftlichen Überblick über die Sicherheit und andere Aspekte der gesamten Lebensmittel- und Futtermittelkette vermitteln, was weit reichende Kompetenzen für die Behörde voraussetzt. Diese Kompetenzen sollten sich auf Fragen erstrecken, die einen mittelbaren oder unmittelbaren Einfluss auf die Sicherheit der Lebensmittel- und Futtermittelkette, auf Tiergesundheit, Tierschutz und Pflanzenschutz haben. Es muss jedoch sichergestellt sein, dass der Schwerpunkt der Arbeit der Behörde auf der Lebensmittelsicherheit liegt; ihr Auftrag in Bezug auf Fragen der Tiergesundheit, des Tierschutzes und des Pflanzenschutzes sollte, soweit kein Zusammenhang mit der Sicherheit der Lebensmittelkette besteht, auf die Erstellung wissenschaftlicher Gutachten beschränkt sein. Ferner sollte die Behörde die Aufgabe haben, in Fragen der menschlichen Ernährung im Zusammenhang mit dem Gemeinschaftsrecht wissenschaftliche Gutachten zu erstellen und wissenschaftliche und technische Unterstützung zu leisten und die Kommission — auf deren Antrag hin — im Bereich der Information im Zusammenhang mit Gesundheitsprogrammen der Gemeinschaft zu unterstützen.

(37) Da einige nach dem Lebensmittelrecht zugelassene Produkte wie Schädlingsbekämpfungsmittel oder Zusatzstoffe in Futtermitteln Risiken für die Umwelt oder die Sicherheit der Arbeitnehmer mit sich bringen können, sollten auch einige Aspekte des Umwelt- und des Arbeitsschutzes nach den einschlägigen Rechtsvorschriften von der Behörde bewertet werden.

(38) Um Doppelarbeit bei der wissenschaftlichen Bewertung und den Gutachten über genetisch veränderte Organismen (GVO) zu vermeiden, sollte die Behörde unbeschadet der in der Richtlinie 2001/18/EG[1)] festgelegten Verfahren auch wissenschaftliche Gutachten zu anderen

---

Zu Abs. 38:
[1)] *Richtlinie 2001/18/EG des Europäischen Parlaments und des Rates vom 12. März 2001 über die absichtliche Freisetzung genetisch veränderter Organismen in die Umwelt und zur Aufhebung der Richtlinie 90/220/EWG des Rates (ABl. L 106 vom 17.4.2001, S. 1).*

Erzeugnissen als Lebensmitteln und Futtermitteln abgeben, die sich auf genetisch veränderte Organismen im Sinne der genannten Richtlinie beziehen.

(39) Die Behörde sollte die Gemeinschaft und die Mitgliedstaaten auch bei der Ausarbeitung und Einführung internationaler Lebensmittelsicherheitsstandards und bei Handelsabkommen in wissenschaftlichen Fragen unterstützen.

(40) Das Vertrauen der Gemeinschaftsorgane, der Öffentlichkeit und der Beteiligten in die Behörde ist von entscheidender Bedeutung. Deshalb muss ihre Unabhängigkeit, ihre hohe wissenschaftliche Qualität, Transparenz und Effizienz unbedingt gewährleistet sein. Auch die Zusammenarbeit mit den Mitgliedstaaten ist unverzichtbar.

(41) Daher sollte die Ernennung der Mitglieder des Verwaltungsrats so erfolgen, dass die höchste fachliche Qualifikation, ein breites Spektrum an einschlägigem Fachwissen, beispielsweise in den Bereichen Management und öffentliche Verwaltung, und die größtmögliche geografische Streuung in der Union gewährleistet sind. Dies sollte durch ein System der Rotation zwischen den verschiedenen Herkunftsländern der Mitglieder des Verwaltungsrates erleichtert werden, wobei kein Posten Angehörigen eines bestimmten Mitgliedstaats vorbehalten sein darf.

(42) Damit die Behörde ihre Funktion erfüllen kann, sollte sie über die Mittel verfügen, die sie zur Wahrnehmung aller an sie gestellten Aufgaben benötigt.

(43) Der Verwaltungsrat sollte die notwendigen Befugnisse zur Feststellung des Haushaltsplans, zur Überprüfung seiner Ausführung, zur Aufstellung der internen Regeln, zum Erlass von Finanzvorschriften, zur Ernennung von Mitgliedern des Wissenschaftlichen Ausschusses und der wissenschaftlichen Gremien und zur Ernennung des Geschäftsführenden Direktors erhalten.

(44) Um ihre Tätigkeit effizient wahrzunehmen, sollte die Behörde eng mit den zuständigen Stellen in den Mitgliedstaaten zusammenarbeiten. Ein Beirat sollte eingesetzt werden, der den geschäftsführenden Direktor berät, einen Mechanismus für den Informationsaustausch schafft und eine enge Zusammenarbeit insbesondere im Hinblick auf das Vernetzungssystem sicherstellt. Diese Zusammenarbeit und ein angemessener Informationsaustausch sollten auch dazu führen, dass divergierende wissenschaftliche Gutachten möglichst selten vorkommen.

(45) Die Behörde sollte, was die wissenschaftliche Begutachtung anbelangt, in ihrem Zuständigkeitsbereich die Aufgabe der der Kommission angeschlossenen Wissenschaftlichen Ausschüsse übernehmen. Diese Ausschüsse müssen reorganisiert werden, um eine bessere wissenschaftliche Kohärenz in Bezug auf die Lebensmittelkette zu gewährleisten und ihre Tätigkeit effizienter zu gestalten. Deshalb sollten für die Erstellung dieser Gutachten innerhalb der Behörde ein Wissenschaftlicher Ausschuss und Ständige Wissenschaftliche Gremien eingesetzt werden.

(46) Um ihre Unabhängigkeit zu gewährleisten, sollten als Mitglieder des Wissenschaftlichen Ausschusses und der Wissenschaftlichen Gremien auf der Grundlage eines offenen Bewerbungsverfahrens unabhängige Wissenschaftler berufen werden.

(47) Die Rolle der Behörde als unabhängige wissenschaftliche Referenzstelle bedeutet, dass ein wissenschaftliches Gutachten nicht nur von der Kommission angefordert werden kann, sondern auch vom Europäischen Parlament und von den Mitgliedstaaten. Um sicherzustellen, dass der Prozess der Erstellung wissenschaftlicher Gutachten handhabbar und kohärent ist, sollte die Behörde die Möglichkeit haben, einen Antrag anhand von vorab festgelegten Kriterien mit entsprechender Begründung abzulehnen oder abzuändern. Auch sind Maßnahmen zu treffen, die dazu beitragen, dass divergierende wissenschaftliche Gutachten möglichst vermieden werden, und für den Fall, dass Gutachten wissenschaftlicher Gremien dennoch voneinander abweichen, sind Verfahren vorzusehen, nach denen die Divergenzen beseitigt oder den für das Risikomanagement Verantwortlichen eine transparente Basis wissenschaftlicher Informationen zur Verfügung gestellt wird.

(48) Die Behörde sollte ferner in der Lage sein, die für die Erfüllung ihrer Aufgaben notwendigen wissenschaftlichen Studien in Auftrag zu geben, wobei sie sicherstellen muss, dass bei den von ihr aufgebauten Verbindungen zur Kommission und zu den Mitgliedstaaten Doppelarbeit vermieden wird. Dies sollte in offener und transparenter Weise erfolgen und die Behörde sollte Fachkompetenz und Strukturen, die in der Gemeinschaft bereits bestehen, berücksichtigen.

(49) Das Fehlen eines wirksamen Systems zur Sammlung und Auswertung von Daten zur Lebensmittelkette auf Gemeinschaftsebene gilt als erhebliches Manko. Deshalb sollte in Form eines von der Behörde koordinierten Netzes ein Sammel- und Auswertungssystem für einschlägige Daten in den Aufgabenbereichen der Behörde eingerichtet werden. Dafür bedarf es einer Über-

prüfung der in diesen Bereichen bereits bestehenden Datensammelnetze der Gemeinschaft.

(50) Eine bessere Identifizierung neu auftretender Risiken kann sich langfristig für die Mitgliedstaaten und die Gemeinschaft bei der Umsetzung ihrer Politiken als wichtiges Präventionsinstrument erweisen. Deshalb muss der Behörde auch die Aufgabe der vorausschauenden Informationsbeschaffung und Beobachtung sowie der Bewertung neu auftretender Risiken und der Unterrichtung darüber zum Zwecke der Prävention zugewiesen werden.

(51) Die Errichtung der Behörde sollte es den Mitgliedstaaten ermöglichen, stärker an den wissenschaftlichen Verfahren beteiligt zu werden. Es sollte daher eine enge Zusammenarbeit zwischen der Behörde und den Mitgliedstaaten herbeigeführt werden. Insbesondere sollte die Behörde bestimmte Aufgaben an Organisationen in den Mitgliedstaaten übertragen können.

(52) Zwischen der Notwendigkeit, nationale Organisationen zur Ausführung von Aufgaben für die Behörde in Anspruch zu nehmen, und der Notwendigkeit der Einhaltung der hierzu festgelegten Kriterien im Interesse der Gesamtkohärenz muss ein Gleichgewicht gefunden werden. Die bestehenden Verfahren für die Zuweisung wissenschaftlicher Aufgaben an die Mitgliedstaaten, insbesondere in Bezug auf die Bewertung von der Industrie eingereichter Unterlagen für die Zulassung bestimmter Stoffe, Produkte oder Verfahren, sollten innerhalb eines Jahres im Hinblick auf die Errichtung der Behörde und die dadurch gebotenen neuen Möglichkeiten überprüft werden, wobei sichergestellt werden muss, dass die Bewertungsverfahren mindestens so streng sind wie zuvor.

(53) Die Kommission bleibt voll verantwortlich für die Information über Risikomanagementmaßnahmen; daher sollten zwischen der Behörde und der Kommission die entsprechenden Informationen ausgetauscht werden; eine enge Zusammenarbeit zwischen der Behörde, der Kommission und den Mitgliedstaaten ist auch erforderlich, um die Kohärenz des Kommunikationsprozesses insgesamt zu gewährleisten.

(54) Die Unabhängigkeit der Behörde und ihre Rolle bei der Aufklärung der Öffentlichkeit setzen voraus, dass sie in den in ihre Zuständigkeit fallenden Bereichen autonom informieren kann, wobei ihre Aufgabe darin besteht, objektive, verlässliche und leicht verständliche Informationen zu vermitteln.

(55) In dem besonderen Bereich der öffentlichen Informationskampagnen ist zur Berücksichtigung der regionalen Gegebenheiten und des Zusammenhangs mit der Gesundheitspolitik eine sachgemäße Zusammenarbeit mit den Mitgliedstaaten und anderen interessierten Parteien notwendig.

(56) Über ihre an Unabhängigkeit und Transparenz ausgerichteten Leitprinzipien hinaus sollte die Behörde für Kontakte mit Verbrauchern und anderen Beteiligten offen sein.

(57) Die Behörde sollte über den Gesamthaushaltsplan der Europäischen Union finanziert werden. Allerdings sollte innerhalb von drei Jahren nach Inkrafttreten dieser Verordnung anhand der insbesondere bei der Bearbeitung von der Industrie eingereichten Genehmigungsunterlagen gesammelten Erfahrungen die Möglichkeit einer Gebührenerhebung geprüft werden. Für etwaige Zuschüsse aus dem Gesamthaushaltsplan der Europäischen Union bleibt das Haushaltsverfahren der Gemeinschaft anwendbar. Die Rechnungsprüfung sollte durch den Rechnungshof erfolgen.

(58) Europäischen Ländern, die nicht Mitglied der Europäischen Union sind und Abkommen geschlossen haben, nach denen sie verpflichtet sind, die Vorschriften des Gemeinschaftsrechts in dem in dieser Verordnung erfassten Bereich umzusetzen und durchzuführen, muss die Möglichkeit einer Beteiligung eingeräumt werden.

(59) Ein Schnellwarnsystem besteht bereits im Rahmen der Richtlinie 92/59/EWG des Rates vom 29. Juni 1992 über die allgemeine Produktsicherheit[1]). Der Anwendungsbereich dieses Systems umfasst Lebensmittel und Industrieerzeugnisse, nicht jedoch Futtermittel. Die jüngsten Krisen im Lebensmittelsektor haben die Notwendigkeit eines verbesserten und erweiterten Schnellwarnsystems für Lebensmittel und Futtermittel aufgezeigt. Dieses überarbeitete System sollte von der Kommission verwaltet werden und als Mitglieder des Netzes die Mitgliedstaaten, die Kommission und die Behörde umfassen. Es sollte sich nicht auf die Gemeinschaftsvereinbarungen für den beschleunigten Informationsaustausch im Fall einer radiologischen Notstandssituation nach der Entscheidung 87/600/Euratom des Rates[2]) erstrecken.

(60) Vorkommnisse im Zusammenhang mit der Lebensmittelsicherheit in jüngerer Zeit haben

---

Zu Abs. 59:
[1]) ABl. L 228 vom 11.8.1992, S. 24.
[2]) ABl. L 371 vom 30.12.1987, S. 76.

gezeigt, dass es notwendig ist, geeignete Maßnahmen für Notfallsituationen festzulegen, wonach auf alle Lebensmittel unabhängig von ihrer Art und Herkunft und alle Futtermittel bei einer ernsthaften Gefährdung der Gesundheit von Mensch und Tier und der Umwelt einheitliche Verfahren angewandt werden können. Durch einen solchen umfassenden Ansatz für Sofortmaßnahmen zur Lebensmittelsicherheit dürfte es möglich sein, wirksam einzugreifen und künstliche Diskrepanzen beim Umgang mit einem ernsthaften Risiko im Zusammenhang mit Lebensmitteln und Futtermitteln zu vermeiden.

(61) Die jüngsten Krisen im Lebensmittelsektor haben auch gezeigt, welche Vorteile gut konzipierte, zügigere Verfahren des Krisenmanagements für die Kommission mit sich bringen würden. Solche organisatorischen Verfahren sollten es ermöglichen, die Koordinierung der Maßnahmen zu verbessern und die wirksamsten Lösungen nach dem neuesten Stand der wissenschaftlichen Erkenntnisse zu ermitteln. Bei den überarbeiteten Verfahren sollten daher die Zuständigkeiten der Behörde berücksichtigt und ihre wissenschaftliche und technische Unterstützung bei Lebensmittelkrisen in Form von Gutachten vorgesehen werden.

(62) Zur Gewährleistung einer effizienteren Gesamtkonzeption für die Lebensmittelkette sollte ein Ständiger Ausschuss für die Lebensmittelkette und Tiergesundheit eingerichtet werden, der den Ständigen Veterinärausschuss, den Ständigen Lebensmittelausschuss und den Ständigen Futtermittelausschuss ersetzt. Die Beschlüsse 68/361/EWG[1], 69/414/EWG[2] und 70/372/EWG[3] des Rates sind dementsprechend aufzuheben. Aus demselben Grund sollte der Ausschuss für die Lebensmittelkette und Tiergesundheit auch den Ständigen Ausschuss für Pflanzenschutz in Bezug auf dessen Zuständigkeit für Pflanzenschutzmittel und für die Festsetzung von Rückstandshöchstgehalten (gemäß den Richtlinien 76/895/EG[4], 86/362/EG[5], 86/363/EWG[6], 90/642/EWG[7] und 91/414/EWG[8]) ersetzen.

(63) Die zur Durchführung dieser Verordnung erforderlichen Maßnahmen sollten gemäß dem Beschluss 1999/468/EG des Rates vom 28. Juni 1999 zur Festlegung der Modalitäten für die Ausübung der Kommission übertragenen Durchführungsbefugnisse[9] erlassen werden.

(64) Die Unternehmer müssen genügend Zeit erhalten, um sich an einige der in dieser Verordnung festgelegten Anforderungen anzupassen, und die Europäische Behörde für Lebensmittelsicherheit sollte ihre Tätigkeit am 1. Januar 2002 aufnehmen.

(65) Es ist wichtig, dass eine Überschneidung der Aufgaben der Behörde mit den Aufgaben der mit Verordnung (EWG) Nr. 2309/93 des Rates[10] errichteten Europäischen Agentur für die Beurteilung von Arzneimitteln (EMEA) vermieden wird. Es muss daher festgehalten werden, dass die vorliegende Verordnung unbeschadet der durch Gemeinschaftsvorschriften der EMEA übertragenen Befugnisse gilt. Hierzu zählen auch die der Agentur aufgrund der Verordnung (EWG) Nr. 2377/90 des Rates vom 26. Juni 1990 zur Schaffung eines Gemeinschaftsverfahrens für die Festsetzung von Höchstmengen für Tierarzneimittelrückstände in Nahrungsmitteln tierischen Ursprungs[11] übertragenen Befugnisse.

(66) Zur Erreichung der grundlegenden Ziele dieser Verordnung ist es erforderlich und angemessen, eine Angleichung der Konzepte, Grundsätze und Verfahren, die eine gemeinsame Grundlage für das Lebensmittelrecht in der Gemeinschaft bilden, vorzusehen und eine Europäische Behörde für Lebensmittelsicherheit zu errichten. Entsprechend dem in Artikel 5 des Vertrags

---

Zu Abs. 62:
[1] ABl. L 255 vom 18.10.1968, S. 23.
[2] ABl. L 291 vom 19.11.1969, S. 9.
[3] ABl. L 170 vom 3.8.1970, S. 1.
[4] ABl. L 340 vom 9.12.1976, S. 26. Richtlinie zuletzt geändert durch die Richtlinie 2000/57/EG der Kommission (ABl. L 244 vom 29.9.2001, S. 76).
[5] ABl. L 221 vom 7.8.1986, S. 37. Richtlinie zuletzt geändert durch die Richtlinie 2001/57/EG der Kommission (ABl. L 208 vom 1.8.2001, S. 36).
[6] ABl. L 221 vom 7.8.1986, S. 43. Richtlinie zuletzt geändert durch die Richtlinie 2001/57/EG der Kommission.
[7] ABl. L 350 vom 14.12.1990, S. 71. Richtlinie zuletzt geändert durch die Richtlinie 2001/57/EG der Kommission.
[8] ABl. L 230 vom 19.8.1991, S. 1. Richtlinie zuletzt geändert durch die Richtlinie 2001/49/EG der Kommission (ABl. L 176 vom 29.6.2001, S. 61).

Zu Abs. 63:
[9] ABl. L 184 vom 17.7.1999, S. 23.

Zu Abs. 65:
[10] ABl. L 214 vom 24.8.1993, S. 1. Verordnung geändert durch die Verordnung Nr. 649/98/EG der Kommission (ABl. L 88 vom 24.3.1998, S. 7).
[11] ABl. L 224 vom 18.8.1990. S. 1. Verordnung zuletzt geändert durch die Verordnung Nr. 1533/2001/EG der Kommission (ABl. L 205 vom 31.7.2001, S.16).

11. EG-BasisV
Artikel 1 – 3

verankerten Grundsatz der Verhältnismäßigkeit geht diese Verordnung nicht über das zur Erreichung der Ziele erforderliche Maß hinaus — HABEN FOLGENDE VERORDNUNG ERLASSEN:

KAPITEL I
ANWENDUNGSBEREICH UND BEGRIFFSBESTIMMUNGEN

Artikel 1
Ziel und Anwendungsbereich

(1) Diese Verordnung schafft die Grundlage für ein hohes Schutzniveau für die Gesundheit des Menschen und die Verbraucherinteressen bei Lebensmitteln unter besonderer Berücksichtigung der Vielfalt des Nahrungsmittelangebots, einschließlich traditioneller Erzeugnisse, wobei ein reibungsloses Funktionieren des Binnenmarkts gewährleistet wird. In ihr werden einheitliche Grundsätze und Zuständigkeiten, die Voraussetzungen für die Schaffung eines tragfähigen wissenschaftlichen Fundaments und effiziente organisatorische Strukturen und Verfahren zur Untermauerung der Entscheidungsfindung in Fragen der Lebensmittel- und Futtermittelsicherheit festgelegt.

(2) Für die Zwecke von Absatz 1 werden in dieser Verordnung die allgemeinen Grundsätze für Lebensmittel und Futtermittel im Allgemeinen und für die Lebensmittel- und Futtermittelsicherheit im Besonderen auf gemeinschaftlicher und einzelstaatlicher Ebene festgelegt.
Mit dieser Verordnung wird die Europäische Behörde für Lebensmittelsicherheit errichtet.
Ferner werden Verfahren für Fragen festgelegt, die sich mittelbar oder unmittelbar auf die Lebensmittel- und Futtermittelsicherheit auswirken.

(3) Diese Verordnung gilt für alle Produktions-, Verarbeitungs- und Vertriebsstufen von Lebensmitteln und Futtermitteln. Sie gilt nicht für die Primärproduktion für den privaten häuslichen Gebrauch oder für die häusliche Verarbeitung, Handhabung oder Lagerung von Lebensmitteln zum häuslichen privaten Verbrauch.

Artikel 2
Definition von „Lebensmittel"

Im Sinne dieser Verordnung sind „Lebensmittel" alle Stoffe oder Erzeugnisse, die dazu bestimmt sind oder von denen nach vernünftigem Ermessen erwartet werden kann, dass sie in verarbeitetem, teilweise verarbeitetem oder unverarbeitetem Zustand von Menschen aufgenommen werden.
Zu „Lebensmitteln" zählen auch Getränke, Kaugummi sowie alle Stoffe — einschließlich Wasser —, die dem Lebensmittel bei seiner Herstellung oder Ver- oder Bearbeitung absichtlich zugesetzt werden. Wasser zählt hierzu unbeschadet der Anforderungen der Richtlinien 80/778/EWG und 98/83/EG ab der Stelle der Einhaltung im Sinne des Artikels 6 der Richtlinie 98/83/EG.
Nicht zu „Lebensmitteln" gehören:

a) Futtermittel,

b) lebende Tiere, soweit sie nicht für das Inverkehrbringen zum menschlichen Verzehr hergerichtet worden sind,

c) Pflanzen vor dem Ernten,

d) Arzneimittel im Sinne der Richtlinien 65/65/EWG[1)] und 92/73/EWG[2)] des Rates,

e) kosmetische Mittel im Sinne der Richtlinie 76/768/EWG[3)] des Rates,

f) Tabak und Tabakerzeugnisse im Sinne der Richtlinie 89/622/EWG[4)] des Rates,

g) Betäubungsmittel und psychotrope Stoffe im Sinne des Einheitsübereinkommens der Vereinten Nationen über Suchtstoffe, 1961, und des Übereinkommens der Vereinten Nationen über psychotrope Stoffe, 1971,

h) Rückstände und Kontaminanten.

i) Medizinprodukte im Sinne der Verordnung (EU) 2017/745 des Europäischen Parlaments und des Rates[5)] *(ABl L 117 vom 5. 5. 2017, S. 1)*

Artikel 3
Sonstige Definitionen

Im Sinne dieser Verordnung bezeichnet der Ausdruck

1. „Lebensmittelrecht" die Rechts- und Verwaltungsvorschriften für Lebensmittel im Allgemeinen und die Lebensmittelsicherheit im Besonderen, sei es auf gemeinschaftlicher oder auf einzelstaatlicher Ebene, wobei alle Produktions-, Verarbeitungs- und Vertriebsstufen von Lebensmitteln wie auch von Futtermitteln, die für der Lebensmittelgewinnung dienende Tiere hergestellt oder an sie verfüttert werden, einbezogen sind;

2. „Lebensmittelunternehmen" alle Unternehmen, gleichgültig, ob sie auf Gewinnerzielung

---

Zu Artikel 2:
[1)] *ABl. 22 vom 9.2.1965, S. 369. Richtlinie zuletzt geändert durch die Richtlinie 93/39/EWG (ABl. L 214 vom 24.8.1993, S. 22).*
[2)] *ABl. L 297 vom 13.10.1992, S. 8.*
[3)] *ABl. L 262 vom 27.9.1976, S. 169. Richtlinie zuletzt geändert durch die Richtlinie 2000/41/EG der Kommission (ABl. L 145 vom 20.6.2000, S. 25).*
[4)] *ABl. L 359 vom 8.12.1989, S. 1. Richtlinie zuletzt geändert durch die Richtlinie 92/41/EWG (ABl. L 158 vom 11.6.1992, S. 30).*
[5)] *Verordnung (EU) 2017/745 des Europäischen Parlaments und des Rates vom 5. April 2017 über Medizinprodukte, zur Änderung der Richtlinie 2001/83/EG, der Verordnung (EG) Nr. 178/2002 und der Verordnung (EG) Nr. 1223/2009 und zur Aufhebung der Richtlinien 90/385/EWG und 93/42/EWG (ABl. L 117 vom 5.5.2017, S. 1).*

ausgerichtet sind oder nicht und ob sie öffentlich oder privat sind, die eine mit der Produktion, der Verarbeitung und dem Vertrieb von Lebensmitteln zusammenhängende Tätigkeit ausführen;

3. „Lebensmittelunternehmer" die natürlichen oder juristischen Personen, die dafür verantwortlich sind, dass die Anforderungen des Lebensmittelrechts in dem ihrer Kontrolle unterstehenden Lebensmittelunternehmen erfüllt werden;

4. „Futtermittel" Stoffe oder Erzeugnisse, auch Zusatzstoffe, verarbeitet, teilweise verarbeitet oder unverarbeitet, die zur oralen Tierfütterung bestimmt sind;

5. „Futtermittelunternehmen" alle Unternehmen, gleichgültig, ob sie auf Gewinnerzielung ausgerichtet sind oder nicht und ob sie öffentlich oder privat sind, die an der Erzeugung, Herstellung, Verarbeitung, Lagerung, Beförderung oder dem Vertrieb von Futtermitteln beteiligt sind, einschließlich Erzeuger, die Futtermittel zur Verfütterung in ihrem eigenen Betrieb erzeugen, verarbeiten oder lagern;

6. „Futtermittelunternehmer" die natürlichen oder juristischen Personen, die dafür verantwortlich sind, dass die Anforderungen des Lebensmittelrechts in dem ihrer Kontrolle unterstehenden Futtermittelunternehmen erfüllt werden;

7. „Einzelhandel" die Handhabung und/oder Be- oder Verarbeitung von Lebensmitteln und ihre Lagerung am Ort des Verkaufs oder der Abgabe an den Endverbraucher; hierzu gehören Verladestellen, Verpflegungsvorgänge, Betriebskantinen, Großküchen, Restaurants und ähnliche Einrichtungen der Lebensmittelversorgung, Läden, Supermarkt- Vertriebszentren und Großhandelsverkaufsstellen;

8. „Inverkehrbringen" das Bereithalten von Lebensmitteln oder Futtermitteln für Verkaufszwecke einschließlich des Anbietens zum Verkauf oder jeder anderen Form der Weitergabe, gleichgültig, ob unentgeltlich oder nicht, sowie den Verkauf, den Vertrieb oder andere Formen der Weitergabe selbst;

9. „Risiko" eine Funktion der Wahrscheinlichkeit einer die Gesundheit beeinträchtigenden Wirkung und der Schwere dieser Wirkung als Folge der Realisierung einer Gefahr;

10. „Risikoanalyse" einen Prozess aus den drei miteinander verbundenen Einzelschritten Risikobewertung, Risikomanagement und Risikokommunikation;

11. „Risikobewertung" einen wissenschaftlich untermauerten Vorgang mit den vier Stufen Gefahrenidentifizierung, Gefahrenbeschreibung, Expositionsabschätzung und Risikobeschreibung;

12. „Risikomanagement" den von der Risikobewertung unterschiedenen Prozess der Abwägung strategischer Alternativen in Konsultation mit den Beteiligten unter Berücksichtigung der Risikobewertung und anderer berücksichtigenswerter Faktoren und gegebenenfalls der Wahl geeigneter Präventions- und Kontrollmöglichkeiten;

13. „Risikokommunikation" im Rahmen der Risikoanalyse den interaktiven Austausch von Informationen und Meinungen über Gefahren und Risiken, risikobezogene Faktoren und Risikowahrnehmung zwischen Risikobewertern, Risikomanagern, Verbrauchern, Lebensmittel- und Futtermittelunternehmen, Wissenschaftlern und anderen interessierten Kreisen einschließlich der Erläuterung von Ergebnissen der Risikobewertung und der Grundlage für Risikomanagemententscheidungen;

14. „Gefahr" ein biologisches, chemisches oder physikalisches Agens in einem Lebensmittel oder Futtermittel oder einen Zustand eines Lebensmittels oder Futtermittels, der eine Gesundheitsbeeinträchtigung verursachen kann;

15. „Rückverfolgbarkeit" die Möglichkeit, ein Lebensmittel oder Futtermittel, ein der Lebensmittelgewinnung dienendes Tier oder einen Stoff, der dazu bestimmt ist oder von dem erwartet werden kann, dass er in einem Lebensmittel oder Futtermittel verarbeitet wird, durch alle Produktions-, Verarbeitungs- und Vertriebsstufen zu verfolgen;

16. „Produktions-, Verarbeitungs- und Vertriebsstufen" alle Stufen, einschließlich der Einfuhr von — einschließlich — der Primärproduktion eines Lebensmittels bis — einschließlich — zu seiner Lagerung, seiner Beförderung, seinem Verkauf oder zu seiner Abgabe an den Endverbraucher und, soweit relevant, die Einfuhr, die Erzeugung, die Herstellung, die Lagerung, die Beförderung, den Vertrieb, den Verkauf und die Lieferung von Futtermitteln;

17. „Primärproduktion" die Erzeugung, die Aufzucht oder den Anbau von Primärprodukten einschließlich Ernten, Melken und landwirtschaftlicher Nutztierproduktion vor dem Schlachten. Sie umfasst auch das Jagen und Fischen und das Ernten wild wachsender Erzeugnisse.

18. „Endverbraucher" den letzten Verbraucher eines Lebensmittels, der das Lebensmittel nicht im Rahmen der Tätigkeit eines Lebensmittelunternehmens verwendet.

KAPITEL II
ALLGEMEINES LEBENSMITTELRECHT

Artikel 4
Anwendungsbereich

(1) Dieses Kapitel bezieht sich auf alle Produktions-, Verarbeitungs- und Vertriebsstufen von Lebensmitteln wie auch von Futtermitteln, die für der Lebensmittelgewinnung dienende Tiere hergestellt oder an sie verfüttert werden.

11. EG-Basis V
Artikel 4 – 8

(2) Die in den Artikeln 5 bis 10 festgelegten allgemeinen Grundsätze bilden einen horizontalen Gesamtrahmen, der einzuhalten ist, wenn Maßnahmen getroffen werden.

(3) Die bestehenden lebensmittelrechtlichen Grundsätze und Verfahren werden so bald wie möglich, spätestens jedoch bis zum 1. Januar 2007 so angepasst, dass sie mit den Artikeln 5 bis 10 in Einklang stehen.

(4) Bis dahin werden abweichend von Absatz 2 die bestehenden Rechtsvorschriften unter Berücksichtigung der in den Artikeln 5 bis 10 festgelegten Grundsätze durchgeführt.

ABSCHNITT 1
ALLGEMEINE GRUNDSÄTZE DES LEBENSMITTELRECHTS

Artikel 5
Allgemeine Ziele

(1) Das Lebensmittelrecht verfolgt eines oder mehrere der allgemeinen Ziele eines hohen Maßes an Schutz für das Leben und die Gesundheit der Menschen, des Schutzes der Verbraucherinteressen, einschließlich lauterer Handelsgepflogenheiten im Lebensmittelhandel, gegebenenfalls unter Berücksichtigung des Schutzes der Tiergesundheit, des Tierschutzes, des Pflanzenschutzes und der Umwelt.

(2) Das Lebensmittelrecht soll in der Gemeinschaft den freien Verkehr mit Lebensmitteln und Futtermitteln, die nach den allgemeinen Grundsätzen und Anforderungen dieses Kapitels hergestellt oder in Verkehr gebracht werden, herbeiführen.

(3) Soweit internationale Normen bestehen oder in Kürze zu erwarten sind, sind sie bei der Entwicklung oder Anpassung des Lebensmittelrechts zu berücksichtigen, außer wenn diese Normen oder wichtige Teile davon ein unwirksames oder ungeeignetes Mittel zur Erreichung der legitimen Ziele des Lebensmittelrechts darstellen würden, wenn wissenschaftliche Gründe dagegen sprechen oder wenn die Normen zu einem anderen Schutzniveau führen würden, als es in der Gemeinschaft als angemessen festgelegt ist.

Artikel 6
Risikoanalyse

(1) Um das allgemeine Ziel eines hohen Maßes an Schutz für Leben und Gesundheit der Menschen zu erreichen, stützt sich das Lebensmittelrecht auf Risikoanalysen, außer wenn dies nach den Umständen oder der Art der Maßnahme unangebracht wäre.

(2) Die Risikobewertung beruht auf den verfügbaren wissenschaftlichen Erkenntnissen und ist in einer unabhängigen, objektiven und transparenten Art und Weise vorzunehmen.

(3) Beim Risikomanagement ist den Ergebnissen der Risikobewertung, insbesondere den Gutachten der Behörde gemäß Artikel 22, anderen angesichts des betreffenden Sachverhalts berücksichtigenswerten Faktoren sowie — falls die in Artikel 7 Absatz 1 dargelegten Umstände vorliegen — dem Vorsorgeprinzip Rechnung zu tragen, um die allgemeinen Ziele des Lebensmittelrechts gemäß Artikel 5 zu erreichen.

(4) Die Risikokommunikation erfüllt die Ziele und entspricht den allgemeinen Grundsätzen, die in den Artikeln 8a und 8b festgelegt sind. *(ABl L 231 vom 6. 9. 2019, S. 1)*

Artikel 7
Vorsorgeprinzip

(1) In bestimmten Fällen, in denen nach einer Auswertung der verfügbaren Informationen die Möglichkeit gesundheitsschädlicher Auswirkungen festgestellt wird, wissenschaftlich aber noch Unsicherheit besteht, können vorläufige Risikomanagementmaßnahmen zur Sicherstellung des in der Gemeinschaft gewählten hohen Gesundheitsschutzniveaus getroffen werden, bis weitere wissenschaftliche Informationen für eine umfassendere Risikobewertung vorliegen.

(2) Maßnahmen, die nach Absatz 1 getroffen werden, müssen verhältnismäßig sein und dürfen den Handel nicht stärker beeinträchtigen, als dies zur Erreichung des in der Gemeinschaft gewählten hohen Gesundheitsschutzniveaus unter Berücksichtigung der technischen und wirtschaftlichen Durchführbarkeit und anderer angesichts des betreffenden Sachverhalts für berücksichtigenswert gehaltener Faktoren notwendig ist. Diese Maßnahmen müssen innerhalb einer angemessenen Frist überprüft werden, die von der Art des festgestellten Risikos für Leben oder Gesundheit und der Art der wissenschaftlichen Informationen abhängig ist, die zur Klärung der wissenschaftlichen Unsicherheit und für eine umfassendere Risikobewertung notwendig sind.

Artikel 8
Schutz der Verbraucherinteressen

(1) Das Lebensmittelrecht hat den Schutz der Verbraucherinteressen zum Ziel und muss den Verbrauchern die Möglichkeit bieten, in Bezug auf die Lebensmittel, die sie verzehren, eine sachkundige Wahl zu treffen. Dabei müssen verhindert werden:

a) Praktiken des Betrugs oder der Täuschung,

b) die Verfälschung von Lebensmitteln und

c) alle sonstigen Praktiken, die den Verbraucher irreführen können.

Abschnitt 1a
Risikokommunikation

Artikel 8a
Ziele der Risikokommunikation

Unter Berücksichtigung der Aufgaben der Risikobewerter und der Risikomanager verfolgt die Risikokommunikation folgende Ziele:

a) Sie schärft das Bewusstsein und fördert das Verständnis für die spezifischen Fragen, die während des gesamten Risikoanalyseprozesses geprüft werden, auch in Fällen, in denen es abweichende wissenschaftliche Bewertungen gibt,

b) sie sorgt für Kohärenz, Transparenz und Klarheit bei der Ausarbeitung von Empfehlungen und Entscheidungen betreffend das Risikomanagement,

c) sie bereitet eine solide Grundlage – gegebenenfalls auch eine wissenschaftliche Grundlage – für das Verständnis von Risikomanagemententscheidungen,

d) sie verbessert die allgemeine Wirksamkeit und Effizienz der Risikoanalyse,

e) sie sorgt dafür, dass die Öffentlichkeit die Risikoanalyse, einschließlich der jeweiligen Aufgaben und Zuständigkeiten der Risikobewerter und Risikomanager, besser versteht, damit das Vertrauen in deren Ergebnisse zunimmt,

f) sie stellt sicher, dass Verbraucher, Lebensmittel- und Futtermittelunternehmen, die Wissenschaft und alle anderen interessierten Kreise in geeigneter Weise einbezogen werden,

g) sie gewährleistet einen geeigneten und transparenten Informationsaustausch mit den interessierten Kreisen über die mit der Lebensmittelkette verbundenen Risiken,

h) sie stellt sicher, dass die Verbraucher über Strategien zur Risikovermeidung informiert werden und

i) sie leistet einen Beitrag zum Kampf gegen die Verbreitung von Fehlinformationen und ihre Quellen.

(ABl L 231 vom 6. 9. 2019, S. 1)

Artikel 8b
Allgemeine Grundsätze der Risikokommunikation

Unter Berücksichtigung der Aufgaben der Risikobewerter und der Risikomanager gewährleistet die Risikokommunikation Folgendes:

a) Sie sorgt dafür, dass — gestützt auf die Grundsätze der Transparenz, Offenheit und Nutzerfreundlichkeit — präzise Informationen interaktiv und rechtzeitig mit allen interessierten Kreisen ausgetauscht werden und diese Informationen korrekt sind,

b) sie bietet in jeder Phase des Risikoanalyseprozesses, von der Ausarbeitung von Ersuchen um wissenschaftliche Beratung über die Durchführung von Risikobewertungen bis zu den konkreten Risikomanagemententscheidungen, transparente Informationen auch darüber, wie die Risikomanagemententscheidungen zustande gekommen sind und welche Faktoren dabei berücksichtigt wurden,

c) sie berücksichtigt die Risikowahrnehmungen aller interessierten Kreise,

d) sie fördert das gegenseitige Verständnis und den Dialog aller interessierten Kreise und

e) sie ist klar und verständlich, auch für jene, die nicht direkt an dem Prozess beteiligt sind oder keinen wissenschaftlichen Hintergrund haben, wobei die geltenden rechtlichen Bestimmungen über die Vertraulichkeit und den Schutz personenbezogener Daten gebührend zu beachten sind.

(ABl L 231 vom 6. 9. 2019, S. 1)

Artikel 8c
Allgemeiner Plan für die Risikokommunikation

(1) Die Kommission erlässt im Wege von Durchführungsrechtsakten einen allgemeinen Plan für die Risikokommunikation, um die in Artikel 8a genannten Ziele im Einklang mit den in Artikel 8b enthaltenen allgemeinen Grundsätzen zu erreichen. Die Kommission aktualisiert diesen allgemeinen Plan unter Berücksichtigung technischer und wissenschaftlicher Fortschritte und gewonnener Erfahrungen regelmäßig. Diese Durchführungsrechtsakte werden nach dem Verfahren gemäß Artikel 58 Absatz 2 erlassen. Bei der Vorbereitung dieser Durchführungsrechtsakte konsultiert die Kommission die Behörde.

(2) Der allgemeine Plan für die Risikokommunikation fördert einen integrierten Risikokommunikationsrahmen, der von den Risikobewertern und den Risikomanagern auf Unionsebene und auf nationaler Ebene konsequent und systematisch befolgt wird. Der Plan

a) enthält die Schlüsselfaktoren, die berücksichtigt werden müssen, wenn geprüft wird, wie und auf welcher Ebene die Risikokommunikationsmaßnahmen erfolgen sollen;

b) bestimmt die verschiedenen Arten von Risikokommunikationsmaßnahmen und die verschiedenen Ebenen, auf denen sie erfolgen, sowie die geeigneten wichtigsten Tools und Kanäle, die dabei zu benutzen sind, wobei die Bedürfnisse der jeweiligen Zielgruppen berücksichtigt werden,

c) richtet geeignete Mechanismen der Koordinierung und Zusammenarbeit ein, um die Kohärenz der Risikokommunikation unter Risikobewertern und Risikomanagern zu stärken und

d) richtet geeignete Mechanismen ein, um einen offenen Dialog zwischen Verbrauchern, Lebensmittel- und Futtermittelunternehmen, der Wissenschaft und allen anderen interessierten Kreisen sowie eine geeignete Einbeziehung all dieser Kreise zu gewährleisten.

(ABl L 231 vom 6. 9. 2019, S. 1)

ABSCHNITT 2
GRUNDSÄTZE DER TRANSPARENZ

Artikel 9
Konsultation der Öffentlichkeit

Bei der Erarbeitung, Bewertung und Überprüfung des Lebensmittelrechts ist unmittelbar oder über Vertretungsgremien in offener und transparenter Weise eine Konsultation der Öffentlichkeit durchzuführen, es sei denn, dies ist aus Dringlichkeitsgründen nicht möglich.

Artikel 10
Information der Öffentlichkeit

Besteht ein hinreichender Verdacht, dass ein Lebensmittel oder Futtermittel ein Risiko für die Gesundheit von Mensch oder Tier mit sich bringen kann, so unternehmen die Behörden unbeschadet der geltenden nationalen oder Gemeinschaftsbestimmungen über den Zugang zu Dokumenten je nach Art, Schwere und Ausmaß des Risikos geeignete Schritte, um die Öffentlichkeit über die Art des Gesundheitsrisikos aufzuklären; dabei sind möglichst umfassend das Lebensmittel oder Futtermittel oder die Art des Lebensmittels oder Futtermittels, das möglicherweise damit verbundene Risiko und die Maßnahmen anzugeben, die getroffen wurden oder getroffen werden, um dem Risiko vorzubeugen, es zu begrenzen oder auszuschalten.

ABSCHNITT 3
ALLGEMEINE VERPFLICHTUNGEN FÜR DEN LEBENSMITTELHANDEL

Artikel 11
In die Gemeinschaft eingeführte Lebensmittel und Futtermittel

In die Gemeinschaft eingeführte Lebensmittel und Futtermittel, die in der Gemeinschaft in den Verkehr gebracht werden sollen, müssen die entsprechenden Anforderungen des Lebensmittelrechts oder von der Gemeinschaft als zumindest gleichwertig anerkannte Bedingungen erfüllen oder aber, soweit ein besonderes Abkommen zwischen der Gemeinschaft und dem Ausfuhrland besteht, die darin enthaltenen Anforderungen.

Artikel 12
Aus der Gemeinschaft ausgeführte Lebensmittel und Futtermittel

(1) Aus der Gemeinschaft ausgeführte oder wieder ausgeführte Lebensmittel und Futtermittel, die in einem Drittland in den Verkehr gebracht werden sollen, haben die entsprechenden Anforderungen des Lebensmittelrechts zu erfüllen, sofern die Behörden des Einfuhrlandes nichts anderes verlangen oder die Gesetze, Verordnungen, Normen, Verfahrensvorschriften und andere Rechts- und Verwaltungsverfahren, die im Einfuhrland in Kraft sind, nichts anderes festlegen.

Andernfalls, außer wenn Lebensmittel gesundheitsschädlich oder Futtermittel nicht sicher sind, dürfen Lebensmittel und Futtermittel nur dann aus der Gemeinschaft ausgeführt oder wieder ausgeführt werden, wenn die zuständigen Behörden des Bestimmungslandes dem ausdrücklich zugestimmt haben, nachdem sie über die Gründe, aus denen die betreffenden Lebensmittel oder Futtermittel in der Gemeinschaft nicht in Verkehr gebracht werden durften, und die näheren Umstände umfassend unterrichtet worden sind.

(2) Soweit Bestimmungen eines zwischen der Gemeinschaft oder einem ihrer Mitgliedstaaten und einem Drittland geschlossenen bilateralen Abkommens anwendbar sind, sind diese bei der Ausfuhr von Lebensmitteln und Futtermitteln aus der Gemeinschaft oder aus diesem Mitgliedstaat in dieses Drittland einzuhalten.

Artikel 13
Internationale Normen

Unbeschadet ihrer Rechte und Pflichten

a) tragen die Gemeinschaft und die Mitgliedstaaten zur Entwicklung von internationalen technischen Normen für Lebensmittel und Futtermittel und von Gesundheits- und Pflanzenschutznormen bei;

b) fördern sie die Koordinierung der Arbeit internationaler Regierungs- und Nichtregierungsorganisationen zu Lebensmittel- und Futtermittelnormen;

c) tragen sie soweit sachdienlich und angemessen zur Ausarbeitung von Abkommen über die Anerkennung der Gleichwertigkeit spezieller Maßnahmen in Bezug auf Lebensmittel und Futtermittel bei;

d) richten sie besonderes Augenmerk auf die besonderen Entwicklungs-, Finanz- und Handelserfordernisse der Entwicklungsländer, um zu gewährleisten, dass internationale Normen keine unnötigen Hindernisse für Ausfuhren aus Entwicklungsländern bilden;

e) fördern sie die Kohärenz zwischen den internationalen technischen Standards und dem Lebensmittelrecht und gewährleisten zugleich, dass das hohe in der Gemeinschaft geltende Schutzniveau nicht gesenkt wird.

ABSCHNITT 4
ALLGEMEINE ANFORDERUNGEN DES LEBENSMITTELRECHTS

Artikel 14
Anforderungen an die Lebensmittelsicherheit

(1) Lebensmittel, die nicht sicher sind, dürfen nicht in Verkehr gebracht werden.

(2) Lebensmittel gelten als nicht sicher, wenn davon auszugehen ist, dass sie
a) gesundheitsschädlich sind,
b) für den Verzehr durch den Menschen ungeeignet sind.

(3) Bei der Entscheidung der Frage, ob ein Lebensmittel sicher ist oder nicht, sind zu berücksichtigen:
a) die normalen Bedingungen seiner Verwendung durch den Verbraucher und auf allen Produktions-, Verarbeitungs- und Vertriebsstufen sowie
b) die dem Verbraucher vermittelten Informationen einschließlich der Angaben auf dem Etikett oder sonstige ihm normalerweise zugängliche Informationen über die Vermeidung bestimmter die Gesundheit beeinträchtigender Wirkungen eines bestimmten Lebensmittels oder einer bestimmten Lebensmittelkategorie.

(4) Bei der Entscheidung der Frage, ob ein Lebensmittel gesundheitsschädlich ist, sind zu berücksichtigen
a) die wahrscheinlichen sofortigen und/oder kurzfristigen und/oder langfristigen Auswirkungen des Lebensmittels nicht nur auf die Gesundheit des Verbrauchers, sondern auch auf nachfolgende Generationen,
b) die wahrscheinlichen kumulativen toxischen Auswirkungen,
c) die besondere gesundheitliche Empfindlichkeit einer bestimmten Verbrauchergruppe, falls das Lebensmittel für diese Gruppe von Verbrauchern bestimmt ist.

(5) Bei der Entscheidung der Frage, ob ein Lebensmittel für den Verzehr durch den Menschen ungeeignet ist, ist zu berücksichtigen, ob das Lebensmittel infolge einer durch Fremdstoffe oder auf andere Weise bewirkten Kontamination, durch Fäulnis, Verderb oder Zersetzung ausgehend von dem beabsichtigten Verwendungszweck nicht für den Verzehr durch den Menschen inakzeptabel geworden ist.

(6) Gehört ein nicht sicheres Lebensmittel zu einer Charge, einem Posten oder einer Lieferung von Lebensmitteln der gleichen Klasse oder Beschreibung, so ist davon auszugehen, dass sämtliche Lebensmittel in dieser Charge, diesem Posten oder dieser Lieferung ebenfalls nicht sicher sind, es sei denn, bei einer eingehenden Prüfung wird kein Nachweis dafür gefunden, dass der Rest der Charge, des Postens oder der Lieferung nicht sicher ist.

(7) Lebensmittel, die spezifischen Bestimmungen der Gemeinschaft zur Lebensmittelsicherheit entsprechen, gelten hinsichtlich der durch diese Bestimmungen abgedeckten Aspekte als sicher.

(8) Entspricht ein Lebensmittel den für es geltenden spezifischen Bestimmungen, so hindert dies die zuständigen Behörden nicht, geeignete Maßnahmen zu treffen, um Beschränkungen für das Inverkehrbringen dieses Lebensmittels zu verfügen oder seine Rücknahme vom Markt zu verlangen, wenn, obwohl es den genannten Bestimmungen entspricht, der begründete Verdacht besteht, dass es nicht sicher ist.

(9) Fehlen spezifische Bestimmungen der Gemeinschaft, so gelten Lebensmittel als sicher, wenn sie mit den entsprechenden Bestimmungen des nationalen Lebensmittelrechts des Mitgliedstaats, in dessen Hoheitsgebiet sie vermarktet werden, in Einklang stehen, sofern diese Bestimmungen unbeschadet des Vertrags, insbesondere der Artikel 28 und 30, erlassen und angewandt werden.

Artikel 15
Anforderungen an die Futtermittelsicherheit

(1) Futtermittel, die nicht sicher sind, dürfen nicht in Verkehr gebracht oder an der Lebensmittelgewinnung dienende Tiere verfüttert werden.

(2) Futtermittel gelten als nicht sicher in Bezug auf den beabsichtigten Verwendungszweck, wenn davon auszugehen ist, dass sie
– die Gesundheit von Mensch oder Tier beeinträchtigen können;
– bewirken, dass die Lebensmittel, die aus den der Lebensmittelgewinnung dienenden Tieren hergestellt werden, als nicht sicher für den Verzehr durch den Menschen anzusehen sind.

(3) Gehört ein Futtermittel, bei dem festgestellt worden ist, dass es die Anforderungen an die Futtermittelsicherheit nicht erfüllt, zu einer Charge, einem Posten oder einer Lieferung von Futtermitteln der gleichen Klasse oder Beschreibung, so ist davon auszugehen, dass sämtliche Futtermittel in dieser Charge, diesem Posten oder dieser Lieferung ebenfalls betroffen sind, es sei denn, bei einer eingehenden Prüfung wird kein Nachweis dafür gefunden, dass der Rest der Charge, des Postens oder der Lieferung die Anforderungen an die Futtermittelsicherheit nicht erfüllt.

11. EG-BasisV
Artikel 15 – 19

(4) Futtermittel, die spezifischen Bestimmungen der Gemeinschaft zur Futtermittelsicherheit entsprechen, gelten hinsichtlich der durch diese Bestimmungen abgedeckten Aspekte als sicher.

(5) Entspricht ein Futtermittel den für es geltenden spezifischen Bestimmungen, so hindert dies die zuständigen Behörden nicht, geeignete Maßnahmen zu treffen, um Beschränkungen für das Inverkehrbringen dieses Futtermittels zu verfügen oder seine Rücknahme vom Markt zu verlangen, wenn, obwohl es den genannten Bestimmungen entspricht, der begründete Verdacht besteht, dass es nicht sicher ist.

(6) Fehlen spezifische Bestimmungen der Gemeinschaft, so gelten Futtermittel als sicher, wenn sie mit den entsprechenden Bestimmungen des nationalen Rechts des Mitgliedstaats, in dessen Hoheitsgebiet sie in Verkehr sind, in Einklang stehen, sofern diese Bestimmungen unbeschadet des Vertrags, insbesondere der Artikel 28 und 30, erlassen und angewandt werden.

Artikel 16
Aufmachung

Unbeschadet spezifischer Bestimmungen des Lebensmittelrechts dürfen die Kennzeichnung, Werbung und Aufmachung von Lebensmitteln oder Futtermitteln auch in Bezug auf ihre Form, ihr Aussehen oder ihre Verpackung, die verwendeten Verpackungsmaterialien, die Art ihrer Anordnung und den Rahmen ihrer Darbietung sowie die über sie verbreiteten Informationen, gleichgültig über welches Medium, die Verbraucher nicht irreführen.

Artikel 17
Zuständigkeiten

(1) Die Lebensmittel- und Futtermittelunternehmer sorgen auf allen Produktions-, Verarbeitungs- und Vertriebsstufen in den ihrer Kontrolle unterstehenden Unternehmen dafür, dass die Lebensmittel oder Futtermittel die Anforderungen des Lebensmittelrechts erfüllen, die für ihre Tätigkeit gelten, und überprüfen die Einhaltung dieser Anforderungen.

(2) Die Mitgliedstaaten setzen das Lebensmittelrecht durch und überwachen und überprüfen, dass die entsprechenden Anforderungen des Lebensmittelrechts von den Lebensmittel- und Futtermittelunternehmern in allen Produktions-, Verarbeitungs- und Vertriebsstufen eingehalten werden.
Hierzu betreiben sie ein System amtlicher Kontrollen und führen andere den Umständen angemessene Maßnahmen durch, einschließlich der öffentlichen Bekanntgabe von Informationen über die Sicherheit und Risiken von Lebensmitteln und Futtermitteln, der Überwachung der Lebensmittel- und Futtermittelsicherheit und anderer Aufsichtsmaßnahmen auf allen Produktions-, Verarbeitungs- und Vertriebsstufen.
Außerdem legen sie Vorschriften für Maßnahmen und Sanktionen bei Verstößen gegen das Lebensmittel- und Futtermittelrecht fest. Diese Maßnahmen und Sanktionen müssen wirksam, verhältnismäßig und abschreckend sein.

Artikel 18
Rückverfolgbarkeit

(1) Die Rückverfolgbarkeit von Lebensmitteln und Futtermitteln, von der Lebensmittelgewinnung dienenden Tieren und allen sonstigen Stoffen, die dazu bestimmt sind oder von denen erwartet werden kann, dass sie in einem Lebensmittel oder Futtermittel verarbeitet werden, ist in allen Produktions-, Verarbeitungs- und Vertriebsstufen sicherzustellen.

(2) Die Lebensmittel- und Futtermittelunternehmer müssen in der Lage sein, jede Person festzustellen, von der sie ein Lebensmittel, Futtermittel, ein der Lebensmittelgewinnung dienendes Tier oder einen Stoff, der dazu bestimmt ist oder von dem erwartet werden kann, dass er in einem Lebensmittel oder Futtermittel verarbeitet wird, erhalten haben.
Sie richten hierzu Systeme und Verfahren ein, mit denen diese Informationen den zuständigen Behörden auf Aufforderung mitgeteilt werden können.

(3) Die Lebensmittel- und Futtermittelunternehmer richten Systeme und Verfahren zur Feststellung der anderen Unternehmen ein, an die ihre Erzeugnisse geliefert worden sind. Diese Informationen sind den zuständigen Behörden auf Aufforderung zur Verfügung zu stellen.

(4) Lebensmittel oder Futtermittel, die in der Gemeinschaft in Verkehr gebracht werden oder bei denen davon auszugehen ist, dass sie in der Gemeinschaft in Verkehr gebracht werden, sind durch sachdienliche Dokumentation oder Information gemäß den diesbezüglich in spezifischeren Bestimmungen enthaltenen Auflagen ausreichend zu kennzeichnen oder kenntlich zu machen, um ihre Rückverfolgbarkeit zu erleichtern.

(5) Bestimmungen zur Anwendung der Anforderungen dieses Artikels auf bestimmte Sektoren können nach dem in Artikel 58 Absatz 2 genannten Verfahren erlassen werden.

Artikel 19
Verantwortung für Lebensmittel: Lebensmittelunternehmen

(1) Erkennt ein Lebensmittelunternehmer oder hat er Grund zu der Annahme, dass ein von ihm eingeführtes, erzeugtes, verarbeitetes, hergestelltes oder vertriebenes Lebensmittel den Anforde-

rungen an die Lebensmittelsicherheit nicht entspricht, so leitet er unverzüglich Verfahren ein, um das betreffende Lebensmittel vom Markt zu nehmen, sofern das Lebensmittel nicht mehr unter der unmittelbaren Kontrolle des ursprünglichen Lebensmittelunternehmers steht, und die zuständigen Behörden darüber zu unterrichten. Wenn das Produkt den Verbraucher bereits erreicht haben könnte, unterrichtet der Unternehmer die Verbraucher effektiv und genau über den Grund für die Rücknahme und ruft erforderlichenfalls bereits an diese gelieferte Produkte zurück, wenn andere Maßnahmen zur Erzielung eines hohen Gesundheitsschutzniveaus nicht ausreichen.

(2) Lebensmittelunternehmer, die für Tätigkeiten im Bereich des Einzelhandels oder Vertriebs verantwortlich sind, die nicht das Verpacken, das Etikettieren, die Sicherheit oder die Unversehrtheit der Lebensmittel betreffen, leiten im Rahmen ihrer jeweiligen Tätigkeiten Verfahren zur Rücknahme von Produkten, die die Anforderungen an die Lebensmittelsicherheit nicht erfüllen, vom Markt ein und tragen zur Lebensmittelsicherheit dadurch bei, dass sie sachdienliche Informationen, die für die Rückverfolgung eines Lebensmittels erforderlich sind, weitergeben und an den Maßnahmen der Erzeuger, Verarbeiter, Hersteller und/oder der zuständigen Behörden mitarbeiten.

(3) Erkennt ein Lebensmittelunternehmer oder hat er Grund zu der Annahme, dass ein von ihm in Verkehr gebrachtes Lebensmittel möglicherweise die Gesundheit des Menschen schädigen kann, teilt er dies unverzüglich den zuständigen Behörden mit. Der Unternehmer unterrichtet die Behörden über die Maßnahmen, die getroffen worden sind, um Risiken für den Endverbraucher zu verhindern, und darf niemanden daran hindern oder davon abschrecken, gemäß einzelstaatlichem Recht und einzelstaatlicher Rechtspraxis mit den zuständigen Behörden zusammenzuarbeiten, um einem mit einem Lebensmittel verbundenen Risiko vorzubeugen, es zu begrenzen oder auszuschalten.

(4) Die Lebensmittelunternehmer arbeiten bei Maßnahmen, die getroffen werden, um die Risiken durch ein Lebensmittel, das sie liefern oder geliefert haben, zu vermeiden oder zu verringern, mit den zuständigen Behörden zusammen.

Artikel 20
Verantwortung für Futtermittel: Futtermittelunternehmen

(1) Erkennt ein Futtermittelunternehmer oder hat er Grund zu der Annahme, dass ein von ihm eingeführtes, erzeugtes, verarbeitetes, hergestelltes oder vertriebenes Futtermittel die Anforderungen an die Futtermittelsicherheit nicht erfüllt, so leitet er unverzüglich Verfahren ein, um das betreffende Futtermittel vom Markt zu nehmen und unterrichtet die zuständigen Behörden hiervon. In diesem Fall bzw. im Fall von Artikel 15 Absatz 3, d. h. wenn eine Charge, ein Posten oder eine Lieferung die Anforderungen an die Futtermittelsicherheit nicht erfüllt, wird das Futtermittel vernichtet, sofern die Bedenken der zuständigen Behörde nicht auf andere Weise ausgeräumt werden. Das Unternehmen unterrichtet die Verwender des Futtermittels effektiv und genau über den Grund für die Rücknahme und ruft erforderlichenfalls bereits an diese gelieferte Produkte zurück, wenn andere Maßnahmen zur Erzielung eines hohen Gesundheitsschutzniveaus nicht ausreichen.

(2) Futtermittelunternehmer, die für Tätigkeiten im Bereich des Einzelhandels oder Vertriebs verantwortlich sind, die nicht das Verpacken, das Etikettieren, die Sicherheit oder die Unversehrtheit der Futtermittel betreffen, leiten im Rahmen ihrer jeweiligen Tätigkeiten Verfahren zur Rücknahme von Produkten, die die Anforderungen an die Futtermittelsicherheit nicht erfüllen, vom Markt ein und tragen zur Lebensmittelsicherheit dadurch bei, dass sie sachdienliche Informationen, die für die Rückverfolgung eines Futtermittels erforderlich sind, weitergeben und an den Maßnahmen der Erzeuger, Verarbeiter, Hersteller und/oder der zuständigen Behörden mitarbeiten.

(3) Erkennt ein Futtermittelunternehmer oder hat er Grund zu der Annahme, dass ein von ihm in Verkehr gebrachtes Futtermittel möglicherweise die Anforderungen an die Futtermittelsicherheit nicht erfüllt, teilt er dies unverzüglich den zuständigen Behörden mit. Der Unternehmer unterrichtet die zuständigen Behörden über die Maßnahmen, die getroffen worden sind, um eine Gefährdung durch die Verwendung des Futtermittels zu verhindern, und darf niemanden daran hindern oder davon abschrecken, gemäß einzelstaatlichem Recht und einzelstaatlicher Rechtspraxis mit den zuständigen Behörden zusammenzuarbeiten, um einem mit einem Futtermittel verbundenen Risiko vorzubeugen, es zu begrenzen oder auszuschalten.

(4) Die Futtermittelunternehmer arbeiten bei den Maßnahmen, die getroffen werden, um Risiken durch ein Futtermittel, das sie liefern oder geliefert haben, zu vermeiden, mit den zuständigen Behörden zusammen.

Artikel 21
Haftung

Die Bestimmungen dieses Kapitels gelten unbeschadet der Richtlinie 85/374/EWG des Rates vom 25. Juli 1985 zur Angleichung der Rechts-

11. EG-BasisV
Artikel 21 – 23

und Verwaltungsvorschriften der Mitgliedstaaten über die Haftung für fehlerhafte Produkte[1].

KAPITEL III
EUROPÄISCHE BEHÖRDE FÜR LEBENSMITTELSICHERHEIT

ABSCHNITT 1
AUFTRAG UND AUFGABEN

Artikel 22
Auftrag der Behörde

(1) Es wird eine Europäische Behörde für Lebensmittelsicherheit, im Folgenden „die Behörde" genannt, errichtet.

(2) Aufgabe der Behörde ist die wissenschaftliche Beratung sowie die wissenschaftliche und technische Unterstützung für die Rechtsetzung und Politik der Gemeinschaft in allen Bereichen, die sich unmittelbar oder mittelbar auf die Lebensmittel- und Futtermittelsicherheit auswirken. Sie stellt unabhängige Informationen über alle Fragen in diesen Bereichen bereit und macht auf Risiken aufmerksam.

(3) Die Behörde trägt zu einem hohen Maß an Schutz für Leben und Gesundheit der Menschen bei und berücksichtigt dabei im Rahmen des Funktionierens des Binnenmarktes die Tiergesundheit und den Tierschutz, die Pflanzengesundheit und die Umwelt.

(4) Die Behörde sammelt und analysiert Daten, um die Beschreibung und Überwachung von Risiken zu ermöglichen, die sich unmittelbar oder mittelbar auf die Lebensmittel- und Futtermittelsicherheit auswirken.

(5) Der Auftrag der Behörde umfasst ferner

a) wissenschaftliche Beratung und wissenschaftliche und technische Unterstützung in Bezug auf die menschliche Ernährung im Zusammenhang mit der Rechtsetzung der Gemeinschaft sowie — auf Antrag der Kommission — Hilfe bei der Information über Ernährungsfragen im Rahmen des Gesundheitsprogramms der Gemeinschaft,

b) wissenschaftliche Gutachten zu anderen Fragen im Zusammenhang mit Tiergesundheit, Tierschutz und Pflanzengesundheit,

c) wissenschaftliche Gutachten zu anderen Erzeugnissen als Lebensmitteln und Futtermitteln, die sich auf genetisch veränderte Organismen im Sinne der Richtlinie 2001/18/EG beziehen, unbeschadet der dort festgelegten Verfahren.

(6) Die Behörde erstellt wissenschaftliche Gutachten, die als wissenschaftliche Grundlage für die Ausarbeitung und den Erlass von Gemeinschaftsmaßnahmen in den Bereichen ihres Auftrags dienen.

(7) Die Behörde nimmt ihre Aufgaben unter Bedingungen wahr, die es ihr ermöglichen, aufgrund ihrer Unabhängigkeit, der wissenschaftlichen und technischen Qualität ihrer Gutachten und der von ihr verbreiteten Informationen, der Transparenz ihrer Verfahren und ihrer Arbeitsweise sowie ihres Engagements bei der Wahrnehmung ihrer Aufgaben als eine maßgebliche Referenzstelle zu fungieren.

„Sie handelt in enger Zusammenarbeit mit den zuständigen Stellen in den Mitgliedstaaten, die ähnliche Aufgaben wahrnehmen wie die Behörde, und gegebenenfalls mit den einschlägigen Unionsagenturen."
(ABl L 231 vom 6. 9. 2019, S. 1)

(8) Die Behörde, die Kommission und die Mitgliedstaaten arbeiten zusammen, um eine effektive Kohärenz zwischen den Funktionen Risikobewertung, Risikomanagement und Risikokommunikation herbeizuführen.

(9) Die Mitgliedstaaten arbeiten mit der Behörde zusammen, um die Erfüllung ihres Auftrags zu gewährleisten.

Artikel 23
Aufgaben der Behörde

Die Behörde hat folgende Aufgaben:

a) Sie liefert den Organen der Gemeinschaft und den Mitgliedstaaten die bestmöglichen wissenschaftlichen Gutachten in allen im Gemeinschaftsrecht vorgesehenen Fällen und zu jeder Frage, die unter ihren Auftrag fällt;

b) sie fördert und koordiniert die Erarbeitung einheitlicher Risikobewertungsverfahren in den Bereichen ihres Auftrags;

c) sie gewährt der Kommission wissenschaftliche und technische Unterstützung in den Bereichen ihres Auftrags sowie — auf Wunsch — bei der Auslegung und Prüfung von Gutachten zur Risikobewertung;

d) sie gibt für die Erfüllung ihres Auftrags erforderliche wissenschaftliche Studien in Auftrag;

e) sie macht in den Bereichen ihres Auftrags wissenschaftliche und technische Daten ausfindig, sammelt sie, stellt sie zusammen, analysiert sie und fasst sie zusammen;

f) sie führt in den Bereichen ihres Auftrags Maßnahmen zur Identifizierung und Beschreibung neu auftretender Risiken durch;

g) sie sorgt für die Vernetzung von Organisationen, die in den Bereichen ihres Auftrags tätig sind, und trägt die Verantwortung für den Betrieb der Netze;

Zu Artikel 21:
[1] *ABl. L 210 vom 7.8.1985, S. 29. Richtlinie zuletzt geändert durch die Richtlinie 1999/34/EG des Europäischen Parlaments und des Rates (ABl. L 141 vom 4.6.1999, S. 20).*

11. EG-BasisV
Artikel 23 – 25

h) sie gewährt auf Anforderung der Kommission wissenschaftliche und technische Unterstützung bei den von der Kommission durchgeführten Verfahren für das Krisenmanagement im Bereich der Sicherheit von Lebensmitteln und Futtermitteln;

i) sie gewährt in den Bereichen ihres Auftrags auf Anforderung der Kommission wissenschaftliche und technische Unterstützung mit dem Ziel, die Zusammenarbeit zwischen der Gemeinschaft, beitrittswilligen Ländern, internationalen Organisationen und Drittländern zu verbessern;

j) sie stellt in den Bereichen ihres Auftrags sicher, dass die Öffentlichkeit und die Beteiligten rasch zuverlässige, objektive und verständliche Informationen erhalten;

k) sie erstellt in Fragen, auf die sich ihr Auftrag erstreckt, unabhängig ihre eigenen Schlussfolgerungen und Leitlinien;

l) sie führt in den Bereichen ihres Auftrags alle sonstigen Aufgaben aus, die ihr von der Kommission zugewiesen werden.

ABSCHNITT 2
ORGANISATION

Artikel 24
Organe der Behörde

Die Behörde umfasst

a) einen Verwaltungsrat,

b) einen Geschäftsführenden Direktor mit zugehörigem Personal,

c) einen Beirat,

d) einen Wissenschaftlichen Ausschuss und Wissenschaftliche Gremien.

Artikel 25
Verwaltungsrat

(1) Der Verwaltungsrat setzt sich aus 14 Mitgliedern, die vom Rat im Benehmen mit dem Europäischen Parlament anhand einer Liste ernannt werden, welche von der Kommission erstellt wird und die eine deutlich höhere Zahl von Bewerbern enthält, als Mitglieder zu ernennen sind, sowie einem Vertreter der Kommission zusammen. Vier der Mitglieder kommen aus dem Kreis der Organisationen, die die Verbraucherschaft und andere Interessen in der Lebensmittelkette vertreten. Die von der Kommission erstellte Liste wird dem Europäischen Parlament gemeinsam mit der entsprechenden Dokumentation übermittelt. So rasch wie möglich und innerhalb von drei Monaten nach der Mitteilung kann das Europäische Parlament seine Positionen zur Prüfung dem Rat vorlegen, der dann den Verwaltungsrat ernennt.

Die Ernennung der Mitglieder des Verwaltungsrats erfolgt so, dass die höchste fachliche Qualifikation, ein breites Spektrum an einschlägigem Fachwissen und im Einklang damit die größtmögliche geografische Streuung in der Union gewährleistet sind.

Fassung ab 1. 7. 2022 (ABl L 231 vom 6. 9. 2019, S. 1):
(1) Jeder Mitgliedstaat benennt als seine Vertreter ein Mitglied und ein stellvertretendes Mitglied für den Verwaltungsrat. Die so benannten Mitglieder und stellvertretenden Mitglieder werden vom Rat ernannt und sind stimmberechtigt. *(ABl L 231 vom 6. 9. 2019, S. 1)*

Fassung ab 1. 7. 2022 (ABl L 231 vom 6. 9. 2019, S. 1):
(1a) Neben den Mitgliedern und stellvertretenden Mitgliedern gemäß Absatz 1 gehören dem Verwaltungsrat folgende Personen an:

a) zwei Mitglieder und zwei stellvertretende Mitglieder, die von der Kommission als ihre Vertreter ernannt werden und die stimmberechtigt sind,

b) zwei stimmberechtigte Mitglieder, die vom Europäischen Parlament ernannt werden,

c) vier stimmberechtigte Mitglieder und vier stimmberechtigte stellvertretende Mitglieder als Vertreter der Interessen der Zivilgesellschaft und der Lebensmittelkette, und zwar ein Mitglied und ein stellvertretendes Mitglied der Verbraucherorganisationen, ein Mitglied und ein stellvertretendes Mitglied der Nichtregierungsorganisationen im Umweltbereich, ein Mitglied und ein stellvertretendes Mitglied der landwirtschaftlichen Organisationen und ein Mitglied und ein stellvertretendes Mitglied der Industrieorganisationen.

Die Mitglieder und die stellvertretenden Mitglieder gemäß Unterabsatz 1 Buchstabe c werden vom Rat im Benehmen mit dem Europäischen Parlament anhand einer Liste ernannt, die von der Kommission zu erstellen und dem Rat zu übermitteln ist, und die mehr Namen enthält, als Posten zu besetzen sind. Die von der Kommission erstellte Liste wird dem Europäischen Parlament durch den Rat gemeinsam mit der entsprechenden Dokumentation übermittelt. So rasch wie möglich und spätestens innerhalb von drei Monaten nach Eingang dieser Liste kann das Europäische Parlament seine Positionen zur Prüfung dem Rat vorlegen, der diese Mitglieder dann ernennt. *(ABl L 231 vom 6. 9. 2019, S. 1)*

Fassung ab 1. 7. 2022 (ABl L 231 vom 6. 9. 2019, S. 1):
(1b) Die Mitglieder und die stellvertretenden Mitglieder des Verwaltungsrats werden aufgrund ihrer einschlägigen Erfahrungen und ihres Fachwissens bezüglich des Rechts und der Politik im Bereich der Lebensmittelkette einschließlich der Risikobewertung benannt und ernannt, wobei

11. EG-BasisV
Artikel 25 – 26

sichergestellt wird, dass einschlägiges Fachwissen in den Bereichen Management, Verwaltung, Finanzen und Recht im Verwaltungsrat vorhanden ist. *(ABl L 231 vom 6. 9. 2019, S. 1)*

(2) Die Amtszeit der Mitglieder beträgt vier Jahre und kann einmal verlängert werden. Für die Hälfte der Mitglieder beträgt die erste Amtszeit jedoch sechs Jahre.

Fassung ab 1. 7. 2022 (ABl L 231 vom 6. 9. 2019, S. 1):
(2) Die Amtszeit der Mitglieder und stellvertretenden Mitglieder beträgt vier Jahre und kann verlängert werden. Die Amtszeit der Mitglieder und stellvertretenden Mitglieder gemäß Absatz 1a Unterabsatz 1 Buchstabe c kann jedoch nur einmal verlängert werden. (ABl L 231 vom 6. 9. 2019, S. 1)

(3) Der Verwaltungsrat legt auf Vorschlag des Geschäftsführenden Direktors die internen Regeln der Behörde fest. Diese Regeln werden veröffentlicht.

(4) Der Verwaltungsrat wählt eines seiner Mitglieder als seinen Vorsitzenden für einen Zeitraum von zwei Jahren; Wiederwahl ist möglich.

(5) Der Verwaltungsrat gibt sich eine Geschäftsordnung.
Sofern nicht anders vorgesehen, ist für die Beschlüsse des Verwaltungsrats die Mehrheit seiner Mitglieder erforderlich.

Fassung ab 1. 7. 2022 (ABl L 231 vom 6. 9. 2019, S. 1):
(5) Der Verwaltungsrat gibt sich eine Geschäftsordnung.
„Sofern nicht anders vorgesehen, ist für die Beschlüsse des Verwaltungsrats die Mehrheit seiner Mitglieder erforderlich. Stellvertretende Mitglieder vertreten die Mitglieder in deren Abwesenheit und stimmen für diese ab."
(ABl L 231 vom 6. 9. 2019, S. 1)

(6) Der Verwaltungsrat tritt auf Einladung durch den Vorsitzenden oder auf Verlangen von mindestens einem Drittel seiner Mitglieder zusammen.

(7) Der Verwaltungsrat sorgt dafür, dass die Behörde ihren Auftrag erfüllt und die ihr zugewiesenen Aufgaben nach Maßgabe dieser Verordnung wahrnimmt.

(8) Vor dem 31. Januar jeden Jahres nimmt der Verwaltungsrat das Arbeitsprogramm der Behörde für das kommende Jahr an. Ferner nimmt er ein mehrjähriges Programm an, das abgeändert werden kann. Der Verwaltungsrat sorgt dafür, dass diese Programme mit den Prioritäten der Gemeinschaft für Rechtsetzung und Politik im Bereich der Lebensmittelsicherheit im Einklang stehen.

Vor dem 30. März jeden Jahres nimmt der Verwaltungsrat den Gesamtbericht über die Tätigkeit der Behörde im abgelaufenen Jahr an.

(9) Der Verwaltungsrat erlässt nach Konsultation der Kommission die für die Behörde geltende Finanzregelung. Diese darf von der Verordnung (EG, Euratom) Nr. 2343/2002 der Kommission vom 19. November 2002 betreffend die Rahmenfinanzregelung für Einrichtungen gemäß Artikel 185 der Verordnung (EG, Euratom) Nr. 1605/2002 des Rates über die Haushaltsordnung für den Gesamthaushaltsplan der Europäischen Gemeinschaften*) nur abweichen, wenn besondere Merkmale der Funktionsweise der Behörde es erfordern und nachdem die Kommission dem zugestimmt hat. *(ABl L 245 vom 29. 9. 2003, S. 4)*

(10) Der Geschäftsführende Direktor nimmt ohne Stimmberechtigung an den Sitzungen des Verwaltungsrats teil und nimmt die Sekretariatsgeschäfte wahr. Der Verwaltungsrat lädt den Vorsitzenden des Wissenschaftlichen Ausschusses ein, ohne Stimmrecht an seinen Sitzungen teilzunehmen.

Artikel 26
Geschäftsführender Direktor

(1) Der Geschäftsführende Direktor wird vom Verwaltungsrat für einen Zeitraum von fünf Jahren auf der Grundlage einer Bewerberliste ernannt, die von der Kommission nach einem allgemeinen Auswahlverfahren im Anschluss an die Veröffentlichung eines Aufrufs zur Interessenbekundung im Amtsblatt der Europäischen Gemeinschaften und an anderer Stelle vorgeschlagen wird; Wiederernennung ist möglich. Vor der Ernennung wird der vom Verwaltungsrat benannte Kandidat unverzüglich aufgefordert, vor dem Europäischen Parlament eine Erklärung abzugeben und Fragen der Abgeordneten zu beantworten. Er kann von der Mehrheit des Verwaltungsrates seines Amtes enthoben werden.

(2) Der Geschäftsführende Direktor ist der gesetzliche Vertreter der Behörde. Er trägt die Verantwortung
a) für die laufende Verwaltung der Behörde,
b) für die Erstellung eines Vorschlags für die Arbeitsprogramme der Behörde im Benehmen mit der Kommission,
c) für die Umsetzung des Arbeitsprogramms und der vom Verwaltungsrat angenommenen Beschlüsse,
d) für die Bereitstellung angemessener wissenschaftlicher, technischer und administrativer Unterstützung für den Wissenschaftlichen Ausschuss und die Wissenschaftlichen Gremien,

---
*) *ABl. L 357 vom 31.12.2002, S. 72. Berichtigt in ABl. L 2 vom 7.1.2003, S. 39.*

e) dafür, dass die Behörde ihre Aufgaben gemäß den Erfordernissen ihrer Nutzer wahrnimmt, insbesondere, dass die erbrachten Dienstleistungen und die dafür aufgewendete Zeit angemessen sind,

f) für die Vorbereitung des Entwurfs eines Voranschlags der Einnahmen und Ausgaben sowie für die Ausführung des Haushaltsplans der Behörde, *(ABl L 245 vom 29. 9. 2003, S. 4)*

g) für sämtliche Personalangelegenheiten,

h) für die Entwicklung und Unterhaltung der Kontakte zum Europäischen Parlament und die Sicherstellung eines regelmäßigen Dialogs mit dessen zuständigen Ausschüssen.

(3) Der Geschäftsführende Direktor legt dem Verwaltungsrat jährlich

a) den Entwurf eines allgemeinen Berichts über sämtliche Tätigkeiten der Behörde im abgelaufenen Jahr,

b) den Entwurf der Arbeitsprogramme

zur Genehmigung vor.

Nach Annahme durch den Verwaltungsrat übermittelt der Geschäftsführende Direktor die Arbeitsprogramme dem Europäischen Parlament, dem Rat, der Kommission und den Mitgliedstaaten und sorgt für ihre Veröffentlichung.

Spätestens am 15. Juni und nach Annahme durch den Verwaltungsrat übermittelt der Geschäftsführende Direktor den allgemeinen Bericht über die Tätigkeiten der Behörde dem Europäischen Parlament, dem Rat, der Kommission, dem Rechnungshof, dem Europäischen Wirtschafts- und Sozialausschuss sowie dem Ausschuss der Regionen und sorgt für seine Veröffentlichung.

Der Geschäftsführende Direktor übermittelt der Haushaltsbehörde jährlich alle einschlägigen Informationen zu den Ergebnissen der Bewertungsverfahren.

(ABl L 245 vom 29. 9. 2003, S. 4)

(4) *(aufgehoben, ABl L 245 vom 29. 9. 2003, S. 4)*

Artikel 27
Beirat

(1) Der Beirat setzt sich aus Vertretern zuständiger, ähnliche Aufgaben wie die Behörde wahrnehmender Stellen der Mitgliedstaaten zusammen, wobei jeder Mitgliedstaat einen Vertreter benennt. Die Mitglieder können durch zur selben Zeit ernannte Stellvertreter vertreten werden.

(2) Die Mitglieder des Beirats dürfen nicht dem Verwaltungsrat angehören.

(3) Der Beirat berät den Geschäftsführenden Direktor bei der Ausübung seines Amtes gemäß dieser Verordnung, insbesondere bei der Erstellung eines Vorschlags für das Arbeitsprogramm der Behörde. Der Geschäftsführende Direktor kann den Beirat ferner ersuchen, ihn bei der Festlegung von Prioritäten bei den Ersuchen um wissenschaftliche Gutachten zu beraten.

(4) Der Beirat dient als Einrichtung für den Austausch von Informationen über potenzielle Risiken und die Zusammenführung von Erkenntnissen. Er sorgt für eine enge Zusammenarbeit zwischen der Behörde und den zuständigen Stellen in den Mitgliedstaaten insbesondere in Bezug auf Folgendes:

a) Vermeidung von Überschneidungen bei von der Behörde in Auftrag gegebenen wissenschaftlichen Studien mit entsprechenden Programmen der Mitgliedstaaten gemäß Artikel 32,

b) die in Artikel 30 Absatz 4 genannten Fälle, in denen die Behörde und eine Stelle eines Mitgliedstaats verpflichtet sind, zusammenzuarbeiten,

c) Förderung der Vernetzung von Organisationen, die in den Bereichen des Auftrags der Behörde tätig sind, gemäß Artikel 36 Absatz 1,

d) Fälle, in denen die Behörde oder ein Mitgliedstaat ein neu auftretendes Risiko identifiziert.

(5) Den Vorsitz im Beirat führt der Geschäftsführende Direktor. Der Beirat tritt nach Einberufung durch den Vorsitzenden oder auf Antrag von mindestens einem Drittel seiner Mitglieder mindestens vier Mal im Jahr zusammen. Die Arbeitsweise des Beirats wird in den internen Regeln der Behörde festgelegt und veröffentlicht.

(6) Die Behörde stellt die für den Beirat erforderliche technische und logistische Unterstützung bereit und nimmt die Sekretariatsgeschäfte im Zusammenhang mit den Beiratssitzungen wahr.

(7) Vertreter der zuständigen Dienststellen der Kommission können sich an der Arbeit des Beirats beteiligen. Der Geschäftsführende Direktor kann Vertreter des Europäischen Parlaments und andere einschlägige Einrichtungen zur Teilnahme einladen.

Berät der Beirat über Fragen gemäß Artikel 22 Absatz 5 Buchstabe b), so können sich Vertreter einschlägiger Einrichtungen der Mitgliedstaaten, die ähnliche Aufgaben wie die in Artikel 22 Absatz 5 Buchstabe b) genannten wahrnehmen, an der Arbeit des Beirats beteiligen; hierfür kann jeder Mitgliedstaat einen Vertreter entsenden.

Artikel 28
Wissenschaftlicher Ausschuss und Wissenschaftliche Gremien

(1) Der Wissenschaftliche Ausschuss und die ständigen Wissenschaftlichen Gremien sind in ihrem jeweiligen Zuständigkeitsbereich verantwortlich für die Erstellung der wissenschaftlichen Gutachten der Behörde und haben die Möglichkeit, bei Bedarf öffentliche Anhörungen zu veranstalten.

(2) Der Wissenschaftliche Ausschuss ist für die allgemeine Koordinierung verantwortlich, die

11. EG-BasisV
Artikel 28

zur Gewährleistung der Kohärenz der Verfahren zur Erstellung der wissenschaftlichen Gutachten erforderlich ist, insbesondere für die Festlegung der Arbeitsverfahren und die Harmonisierung der Arbeitsmethoden. Er gibt Gutachten zu interdisziplinären Fragen ab, die in die Zuständigkeit von mehr als einem Wissenschaftlichen Gremium fallen, sowie zu Fragen, für die kein Wissenschaftliches Gremium zuständig ist.

Im Bedarfsfall setzt er Arbeitsgruppen ein, insbesondere für Fragen, für die kein wissenschaftliches Gremium zuständig ist. In diesem Fall stützt er sich bei der Erstellung der wissenschaftlichen Gutachten auf das Fachwissen dieser Arbeitsgruppen.

(3) Der Wissenschaftliche Ausschuss setzt sich aus den Vorsitzenden der Wissenschaftlichen Gremien sowie sechs unabhängigen Wissenschaftlern, die keinem der Wissenschaftlichen Gremien angehören, zusammen.

(4) Die Wissenschaftlichen Gremien setzen sich aus unabhängigen Wissenschaftlern zusammen. Zum Zeitpunkt der Errichtung der Behörde werden folgende Wissenschaftliche Gremien eingesetzt:

a) das Gremium für Lebensmittelzusatzstoffe und Aromastoffe, *(ABl L 35 vom 10. 2. 2017, S. 10)*

b) das Gremium für Zusatzstoffe, Erzeugnisse und Stoffe in der Tierernährung,

c) das Gremium für Pflanzenschutzmittel und ihre Rückstände; *(ABl L 100 vom 8. 4. 2006, S. 3)*

d) das Gremium für genetisch veränderte Organismen,

e) das Gremium für Ernährung, neuartige Lebensmittel und Lebensmittelallergene, *(ABl L 35 vom 10. 2. 2017, S. 10)*

f) das Gremium für biologische Gefahren,

g) das Gremium für Kontaminanten in der Lebensmittelkette,

h) das Gremium für Tiergesundheit und Tierschutz,

i) das Gremium für Pflanzengesundheit. *(ABl L 100 vom 8. 4. 2006, S. 3)*

j) das Gremium für Lebensmittelkontaktmaterialien, Enzyme und Verarbeitungshilfsstoffe. *(ABl L 35 vom 10. 2. 2017, S. 10)*

„Der Kommission wird die Befugnis übertragen, gemäß Artikel 57a delegierte Rechtsakte zur Änderung von Unterabsatz 1 in Bezug auf die Anzahl und die Bezeichnungen der Wissenschaftlichen Gremien zu erlassen, um sie auf Antrag der Behörde an die technische und wissenschaftliche Entwicklung anzupassen." *(ABl L 188 vom 18. 7. 2009, S. 63; ABl L 198 vom 25. 7. 2019, S. 241)*

(5) Die Mitglieder des Wissenschaftlichen Ausschusses, die keinem Wissenschaftlichen Gremium angehören, und die Mitglieder der Wissenschaftlichen Gremien werden im Anschluss an die Veröffentlichung eines Aufrufs zur Interessenbekundung im Amtsblatt der Europäischen Gemeinschaften, in den einschlägigen führenden wissenschaftlichen Publikationen und auf der Website der Behörde vom Verwaltungsrat auf Vorschlag des Geschäftsführenden Direktors für eine Amtszeit von drei Jahren ernannt; Wiederernennung ist möglich.

Fassung ab 1. 7. 2022 (ABl L 231 vom 6. 9. 2019, S. 1):

(5) Die Mitglieder des Wissenschaftlichen Ausschusses, die keinem Wissenschaftlichen Gremium angehören, und die Mitglieder der Wissenschaftlichen Gremien werden im Anschluss an die Veröffentlichung eines Aufrufs zur Interessenbekundung im Amtsblatt der Europäischen Union, in den einschlägigen führenden wissenschaftlichen Publikationen und auf der Website der Behörde vom Verwaltungsrat auf Vorschlag des Geschäftsführenden Direktors für eine Amtszeit von fünf Jahren ernannt, die verlängert werden kann. Die Behörde veröffentlicht diesen Aufruf zur Interessenbekundung, nachdem sie die Mitgliedstaaten über die erforderlichen Kriterien und Fachwissensbereiche informiert hat.

Die Mitgliedstaaten

a) veröffentlichen den Aufruf zur Interessenbekundung auf den Websites ihrer zuständigen Behörden und ihrer mit vergleichbaren Aufgaben wie die Behörde betrauten zuständigen Behörden,

b) informieren die in ihrem Hoheitsgebiet ansässigen einschlägigen wissenschaftlichen Organisationen,

c) fordern potenzielle Bewerber zur Bewerbung auf und

d) treffen andere geeignete Maßnahmen zur Unterstützung des Aufrufs zur Interessenbekundung.

(ABl L 231 vom 6. 9. 2019, S. 1)

Fassung ab 1. 7. 2022 (ABl L 231 vom 6. 9. 2019, S. 1):

(5a) Die Auswahl und die Ernennung der Mitglieder des Wissenschaftlichen Ausschusses, die keinem Wissenschaftlichen Gremium angehören, und der Mitglieder der Wissenschaftlichen Gremien erfolgt nach dem folgenden Verfahren:

a) Der Geschäftsführende Direktor erstellt auf der Grundlage der Bewerbungen, die infolge eines Aufrufs zur Interessenbekundung eingegangen sind, den Entwurf einer Liste geeigneter Bewerber, die mindestens die doppelte Anzahl an Bewerbern umfasst, die zur Besetzung der Stellen im Wissenschaftlichen Ausschuss und in den Wissenschaftlichen Gremien benötigt wird, und übermittelt diesen Entwurf einer Liste dem Verwaltungsrat, wobei er angibt, welches fachübergreifende Fachwissen für die einzelnen Wissenschaftlichen Gremien erforderlich ist.

b) Gestützt auf diesen Entwurf einer Liste ernennt der Verwaltungsrat die Mitglieder des Wissenschaftlichen Ausschusses, die keinem Wissenschaftlichen Gremium angehören, und die Mitglieder der Wissenschaftlichen Gremien und stellt die Reserveliste der Bewerber für den Wissenschaftlichen Ausschuss und die Wissenschaftlichen Gremien auf.

c) Das Auswahlverfahren und die Ernennung der Mitglieder des Wissenschaftlichen Ausschusses, die keinem Wissenschaftlichen Gremium angehören, und der Mitglieder der Wissenschaftlichen Gremien erfolgt auf Grundlage der folgenden Kriterien:

i) herausragendes wissenschaftliches Fachwissen;

ii) Unabhängigkeit und Nichtbestehen von Interessenkonflikten gemäß Artikel 37 Absatz 2 sowie Unabhängigkeitspolitik der Behörde und Durchführung dieser Politik in Bezug auf die Mitglieder der Wissenschaftlichen Gremien;

iii) Deckung des Bedarfs des ins Auge gefassten Wissenschaftlichen Gremiums an fachübergreifendem Fachwissen sowie geltende Sprachregelung.

d) Wenn Bewerber über gleichwertiges wissenschaftliches Fachwissen verfügen, sorgt der Verwaltungsrat bei den Ernennungen für die größtmögliche geografische Streuung.
(ABl L 231 vom 6. 9. 2019, S. 1)

Fassung ab 1. 7. 2022 (ABl L 231 vom 6. 9. 2019, S. 1):
(5b) Wenn die Behörde feststellt, dass in einem Wissenschaftlichen Gremium oder in mehreren Wissenschaftlichen Gremien Fachwissen fehlt, schlägt der Geschäftsführende Direktor dem Verwaltungsrat die Ernennung zusätzlicher Mitglieder für das betreffende Wissenschaftliche Gremium/die betreffenden Wissenschaftlichen Gremien in Übereinstimmung mit dem Verfahren gemäß den Absätzen 5 und 5a vor. *(ABl L 231 vom 6. 9. 2019, S. 1)*

Fassung ab 1. 7. 2022 (ABl L 231 vom 6. 9. 2019, S. 1):
(5c) Der Verwaltungsrat beschließt auf der Grundlage eines Vorschlags des Geschäftsführenden Direktors Vorschriften für den genauen organisatorischen und zeitlichen Ablauf der in den Absätzen 5a und 5b festgelegten Verfahren. *(ABl L 231 vom 6. 9. 2019, S. 1)*

Fassung ab 1. 7. 2022 (ABl L 231 vom 6. 9. 2019, S. 1):
(5d) Die Mitgliedstaaten und die Arbeitgeber der Mitglieder des Wissenschaftlichen Ausschusses und der Wissenschaftlichen Gremien verzichten darauf, diesen Mitgliedern oder den an den Arbeitsgruppen des Wissenschaftlichen Ausschusses und den Wissenschaftlichen Gremien beteiligten externen Sachverständigen Anweisungen zu erteilen, die mit den Aufgaben dieser Mitglieder und Sachverständigen oder mit den Aufgaben, den Zuständigkeiten und der Unabhängigkeit der Behörde nichtvereinbar sind. *(ABl L 231 vom 6. 9. 2019, S. 1)*

Fassung ab 1. 7. 2022 (ABl L 231 vom 6. 9. 2019, S. 1):
(5e) Die Behörde unterstützt die Aufgaben des Wissenschaftlichen Ausschusses und der Wissenschaftlichen Gremien, indem sie deren Arbeit organisiert, insbesondere die vorbereitenden Arbeiten, die von Mitarbeitern der Behörde oder den benannten nationalen wissenschaftlichen Organisationen im Sinne des Artikels 36 durchgeführt werden; dazu zählt auch die Schaffung einer Grundlage für die Ausarbeitung wissenschaftlicher Stellungnahmen, die die Wissenschaftlichen Gremien einem Peer-Review unterziehen, bevor sie diese genehmigen. *(ABl L 231 vom 6. 9. 2019, S. 1)*

Fassung ab 1. 7. 2022 (ABl L 231 vom 6. 9. 2019, S. 1):
(5f) Ein Wissenschaftliches Gremium umfasst höchstens 21 Mitglieder. *(ABl L 231 vom 6. 9. 2019, S. 1)*

Fassung ab 1. 7. 2022 (ABl L 231 vom 6. 9. 2019, S. 1):
(5g) Den Mitgliedern Wissenschaftlicher Gremien werden ausführliche Schulungen zur Risikobewertung angeboten. *(ABl L 231 vom 6. 9. 2019, S. 1)*

(6) Der Wissenschaftliche Ausschuss und die Wissenschaftlichen Gremien wählen aus dem Kreis ihrer Mitglieder je einen Vorsitzenden und zwei Stellvertretende Vorsitzende.

(7) Für die Beschlüsse des Wissenschaftlichen Ausschusses und der Wissenschaftlichen Gremien ist die Mehrheit ihrer Mitglieder erforderlich. Positionen von Minderheiten werden aufgezeichnet.

(8) Die Vertreter der zuständigen Dienststellen der Kommission sind berechtigt, an den Sitzungen des Wissenschaftlichen Ausschusses, der Wissenschaftlichen Gremien und ihrer Arbeitsgruppen teilzunehmen. Wenn sie darum gebeten werden, können sie Klarstellungen und Informationen liefern, dürfen jedoch nicht versuchen, auf die Diskussionen Einfluss zu nehmen.

(9) Die Verfahren für die Tätigkeit und Zusammenarbeit des Wissenschaftlichen Ausschusses und der Wissenschaftlichen Gremien werden in den internen Regeln der Behörde festgelegt. Geregelt werden insbesondere

a) die Frage, wie oft die Mitgliedschaft im Wissenschaftlichen Ausschuss und in den Wissenschaftlichen Gremien verlängert werden kann,

b) die Anzahl der Mitglieder jedes Wissenschaftlichen Gremiums,

Fassung ab 1. 7. 2022 (ABl L 231 vom 6. 9. 2019, S. 1):

b) die Anzahl der Mitglieder jedes Wissenschaftlichen Gremiums, die jedoch nicht die in Absatz 5f genannte Höchstzahl überschreiten darf, *(ABl L 231 vom 6. 9. 2019, S. 1)*

c) die Erstattung von Auslagen der Mitglieder des Wissenschaftlichen Ausschusses und der Wissenschaftlichen Gremien,

d) das Verfahren für die Zuweisung der Aufgaben und der angeforderten wissenschaftlichen Gutachten an den Wissenschaftlichen Ausschuss und die Wissenschaftlichen Gremien,

e) die Einsetzung und Organisation der Arbeitsgruppen des Wissenschaftlichen Ausschusses und der Wissenschaftlichen Gremien sowie die Möglichkeit, externe Sachverständige an diesen Arbeitsgruppen zu beteiligen,

f) die Möglichkeit, Beobachter zu den Sitzungen des Wissenschaftlichen Ausschusses und der Wissenschaftlichen Gremien einzuladen,

g) die Möglichkeit, öffentliche Anhörungen zu veranstalten.

ABSCHNITT 3
ARBEITSWEISE

Artikel 29
Wissenschaftliche Gutachten

(1) Die Behörde gibt wissenschaftliche Gutachten ab

a) auf Ersuchen der Kommission zu jeder Frage in den Bereichen ihres Auftrags und in allen Fällen, in denen das Gemeinschaftsrecht die Anhörung der Behörde vorsieht;

b) auf eigene Initiative zu Fragen in den Bereichen ihres Auftrags.

Das Europäische Parlament oder ein Mitgliedstaat kann von der Behörde zu Fragen in den Bereichen ihres Auftrags ein wissenschaftliches Gutachten anfordern.

(2) Ersuchen um Gutachten gemäß Absatz 1 müssen Hintergrundinformationen zur Erläuterung der wissenschaftlichen Problemstellung sowie des Gemeinschaftsinteresses enthalten.

(3) Sieht das Gemeinschaftsrecht nicht bereits eine Frist für die Abgabe eines wissenschaftlichen Gutachtens vor, so gibt die Behörde in hinreichend begründeten Fällen ihre wissenschaftlichen Gutachten innerhalb der in den jeweiligen Ersuchen angegebenen Frist ab.

(4) Gehen verschiedene Ersuchen um ein Gutachten zu den gleichen Fragen ein oder entspricht ein Ersuchen nicht den Anforderungen von Absatz 2 oder ist es unklar abgefasst, so kann die Behörde das Ersuchen entweder ablehnen oder im Benehmen mit der ersuchenden Einrichtung bzw. dem/den ersuchenden Mitgliedstaat(en) Änderungen an dem betreffenden Ersuchen vorschlagen. Der ersuchenden Einrichtung bzw. dem/den ersuchenden Mitgliedstaat(en) werden die Gründe für die Ablehnung mitgeteilt.

(5) Hat die Behörde zu einem speziellen Punkt eines Ersuchens bereits ein wissenschaftliches Gutachten abgegeben, so kann sie das Ersuchen ablehnen, wenn sie zu dem Schluss kommt, dass keine neuen wissenschaftlichen Erkenntnisse vorliegen, die eine erneute Überprüfung rechtfertigen würden. Der ersuchenden Einrichtung bzw. dem/den ersuchenden Mitgliedstaat(en) werden die Gründe für die Ablehnung mitgeteilt.

(6) Zur Anwendung dieses Artikels erlässt die Kommission nach Anhörung der Behörde

a) delegierte Rechtsakte gemäß Artikel 57a, um diese Verordnung durch Festlegung des von der Behörde bei den

b) Durchführungsrechtsakte zur Festlegung der Leitlinien für die wissenschaftliche Beurteilung von Stoffen, Produkten oder Verfahren, die nach dem Unionsrecht einer vorherigen Zulassung oder der Aufnahme in eine Positivliste bedürfen, vor allem in den Fällen, in denen das Unionsrecht vorsieht oder zulässt, dass der Antragsteller zu diesem Zweck Unterlagen vorlegt. Diese Durchführungsrechtsakte werden gemäß dem in Artikel 58 Absatz 2 genannten Verfahren erlassen. *(ABl L 198 vom 25. 7. 2019, S. 241)*

(7) Die Geschäftsordnung der Behörde regelt die Anforderungen an Format, begleitende Erläuterungen und Veröffentlichung von wissenschaftlichen Gutachten.

Artikel 30
Divergierende wissenschaftliche Gutachten

(1) Die Behörde nimmt eine Beobachtungsfunktion wahr, um potenzielle Divergenzen zwischen ihren wissenschaftlichen Gutachten und den wissenschaftlichen Gutachten anderer Stellen mit ähnlichen Aufgaben zu einem frühen Zeitpunkt festzustellen.

(2) Stellt die Behörde eine potenzielle Divergenz fest, so nimmt sie Kontakt zu der betreffenden Stelle auf, um sicherzustellen, dass alle relevanten wissenschaftlichen Informationen weitergegeben werden, und um die möglicherweise strittigen wissenschaftlichen Fragen einzugrenzen.

(3) Wurde eine substanzielle Divergenz in wissenschaftlichen Fragen festgestellt und handelt es sich bei der betreffenden Stelle um eine Einrichtung der Gemeinschaft oder um einen der

wissenschaftlichen Ausschüsse der Kommission, so sind die Behörde und die betreffende Stelle verpflichtet zusammenzuarbeiten, um entweder die Divergenz zu beseitigen oder der Kommission ein gemeinsames Papier vorzulegen, in dem die strittigen wissenschaftlichen Fragen verdeutlicht und die entsprechenden Unsicherheiten in Bezug auf die Daten ermittelt werden. Dieses Dokument wird veröffentlicht.

(4) Wurde eine substanzielle Divergenz in wissenschaftlichen Fragen festgestellt und handelt es sich bei der betreffenden Stelle um eine Stelle eines Mitgliedstaats, so sind die Behörde und die nationale Stelle verpflichtet, zusammenzuarbeiten, um entweder die Divergenz zu beseitigen oder ein gemeinsames Papier zu erstellen, in dem die strittigen wissenschaftlichen Fragen verdeutlicht und die entsprechenden Unsicherheiten in Bezug auf die Daten ermittelt werden. Dieses Dokument wird veröffentlicht.

Artikel 31
Wissenschaftliche und technische Unterstützung

(1) Die Kommission kann bei der Behörde wissenschaftliche oder technische Unterstützung in den Bereichen ihres Auftrags anfordern. Die Aufgabe der wissenschaftlichen und technischen Unterstützung besteht in wissenschaftlicher oder technischer Arbeit unter Anwendung anerkannter wissenschaftlicher oder technischer Grundsätze, die keine wissenschaftliche Beurteilung durch den Wissenschaftlichen Ausschuss oder ein Wissenschaftliches Gremium erfordert. Zu diesen Aufgaben zählen insbesondere die Unterstützung der Kommission bei der Festlegung oder Bewertung technischer Kriterien wie auch bei der Konzipierung technischer Leitlinien.

(2) Fordert die Kommission wissenschaftliche oder technische Unterstützung bei der Behörde an, so setzt sie im Einvernehmen mit der Behörde die Frist fest, innerhalb deren die Aufgabe ausgeführt werden muss.

Artikel 32
Wissenschaftliche Studien

(1) Die Behörde gibt für die Erfüllung ihres Auftrags erforderliche wissenschaftliche Studien in Auftrag und bedient sich dabei der besten verfügbaren unabhängigen wissenschaftlichen Ressourcen. Die Studien werden auf offene und transparente Weise in Auftrag gegeben. Die Behörde achtet darauf, Überschneidungen mit Forschungsprogrammen der Mitgliedstaaten oder der Gemeinschaft zu vermeiden und fördert die Zusammenarbeit durch geeignete Koordination.

(2) Die Behörde informiert das Europäische Parlament, die Kommission und die Mitgliedstaaten über die Ergebnisse ihrer wissenschaftlichen Studien.

Artikel 32a
Beratung vor Antragstellung

(1) Sind im Unionsrecht Vorschriften enthalten, wonach die Behörde wissenschaftliche Ergebnisse, einschließlich wissenschaftlicher Gutachten vorlegen muss, bieten die Mitarbeiter der Behörde auf Ersuchen eines potenziellen Antragstellers oder Anmelders vor der Antragstellung Beratung zu den für den Antrag oder die Meldung geltenden Vorschriften und zu den darin erforderlichen Angaben an. Eine solche von den Mitarbeitern der Behörde erteilte Beratung ist unverbindlich und greift keiner späteren Bewertung von Anträgen oder Meldungen durch die Wissenschaftlichen Gremien vor. Die Mitarbeiter der Behörde, die den Rat erteilen, dürfen nicht an wissenschaftlichen oder technischen Arbeiten beteiligt sein, die direkt oder indirekt für den Antrag oder die Meldung, der oder die Gegenstand der Beratung ist, relevant sind.

(2) Die Behörde veröffentlicht auf ihrer Website allgemeine Leitlinien zu den für die Anträge und Meldungen geltenden Vorschriften und zu den darin erforderlichen Angaben, gegebenenfalls auch zum Design der erforderlichen Studien.

(ABl L 231 vom 6. 9. 2019, S. 1)

Artikel 32b
Meldung von Studien

(1) Die Behörde richtet eine Datenbank der Studien ein, die von Unternehmern in Auftrag gegeben oder durchgeführt wurden, um einen Antrag oder eine Meldung zu stützen, für die im Unionsrecht Vorschriften enthalten sind, wonach die Behörde ein wissenschaftliches Ergebnis, einschließlich eines wissenschaftlichen Gutachtens, vorlegen muss, und verwaltet diese Datenbank.

(2) Für die Zwecke des Absatzes 1 melden die Unternehmer der Behörde unverzüglich auch den Titel und den Anwendungsbereich jeder Studie, die sie zur Stützung eines Antrags oder einer Meldung in Auftrag gegeben oder selbst durchgeführt haben, sowie die Labore oder Untersuchungseinrichtungen, die diese Studie durchführen, und das Datum ihres Beginns und ihres geplanten Abschlusses.

(3) Für die Zwecke des Absatzes 1 melden die Labore und Untersuchungseinrichtungen in der Union der Behörde unverzüglich auch den Titel und den Anwendungsbereich jeder Studie, die von einem Unternehmer Auftrag gegeben wurde und die von ihnen zur Stützung eines Antrags oder einer Meldung durchgeführt wurde, sowie

den Namen des Unternehmers, der die Studie in Auftrag gegeben hat.

Dieser Absatz gilt entsprechend auch für Labore und andere Untersuchungseinrichtungen in Drittländern, sofern das in den einschlägigen Abkommen oder Vereinbarungen mit diesen Drittländern, auch im Sinne von Artikel 49, vorgesehen ist.

(4) Ein Antrag oder eine Meldung wird nicht für gültig oder zulässig befunden, wenn sie sich auf Studien stützt, die zuvor nicht gemäß den Absätzen 2 oder 3 gemeldet wurden, es sei denn der Antragsteller oder Anmelder legt eine stichhaltige Begründung dafür vor, dass diese Studien nicht gemeldet wurden.

Wurden Studien zuvor nicht gemäß den Absätzen 2 oder 3 gemeldet und wurde keine stichhaltige Begründung vorgelegt, kann ein Antrag oder eine Meldung erneut eingereicht werden, wenn der Antragsteller oder Anmelder der Behörde diese Studien – und insbesondere deren Titel und Anwendungsbereich, die Labore oder Untersuchungseinrichtungen, die die Studien durchführen, sowie das Datum ihres Beginns und ihres geplanten Abschlusses – meldet.

Die Bewertung der Gültigkeit oder der Zulässigkeit eines solchen erneut eingereichten Antrags oder einer erneut eingereichten Meldung beginnt sechs Monate nach dem Tag, an dem die Studien gemäß Unterabsatz 2 gemeldet wurden.

(5) Ein Antrag oder eine Meldung wird nicht für gültig oder zulässig befunden, wenn Studien, die zuvor gemäß den Absätzen 2 oder 3 gemeldet wurden, nicht im Antrag oder in der Meldung enthalten sind, es sei denn, der Antragsteller oder Anmelder legt eine stichhaltige Begründung dafür vor, dass diese Studien nicht enthalten sind.

Sind Studien, die zuvor gemäß den Absätzen 2 oder 3 gemeldet wurden, nicht im Antrag oder der Meldung enthalten und wurde keine stichhaltige Begründung vorgelegt, kann ein Antrag oder eine Meldung erneut eingereicht werden, wenn der Antragsteller oder Anmelder alle Studien einreicht, die gemäß den Absätzen 2 oder 3 gemeldet wurden.

Die Bewertung der Gültigkeit oder der Zulässigkeit des erneut eingereichten Antrags oder der erneut eingereichten Meldung beginnt sechs Monate nach dem Tag, an dem die Studien gemäß Unterabsatz 2 eingereicht wurden.

(6) Stellt die Behörde während der Risikobewertung fest, dass Studien, die gemäß den Absätzen 2 oder 3 gemeldet wurden, nicht vollständig in dem entsprechenden Antrag oder der Meldung enthalten sind und dass keine stichhaltige Begründung des Antragstellers oder Anmelders dafür vorliegt, wird die Frist, in der die Behörde ein wissenschaftliches Ergebnis vorlegen muss, ausgesetzt. Diese Aussetzung endet sechs Monate nach der Einreichung aller Daten dieser Studien.

(7) Die Behörde veröffentlicht die gemeldeten Angaben nur dann, wenn ein entsprechender Antrag oder eine entsprechende Meldung eingegangen ist, und nachdem sie gemäß den Artikeln 38 bis 39e über die Offenlegung der begleitenden Studien entschieden hat.

(8) Die Behörde legt die praktischen Vorkehrungen zur Umsetzung der Bestimmungen dieses Artikels fest; dazu zählen auch die Vorkehrungen für die Anforderung und Veröffentlichung der stichhaltigen Begründungen in den Fällen gemäß den Absätzen 4, 5 und 6. Diese Vorkehrungen müssen mit dieser Verordnung und anderen einschlägigen Bestimmungen des Unionsrechts in Einklang stehen.

(ABl L 231 vom 6. 9. 2019, S. 1)

Artikel 32c
Konsultation Dritter

(1) Bei Genehmigungen oder Zulassungen, auch durch Meldung, die nach den einschlägigen Vorschriften des Unionsrechts verlängert werden können, meldet der potenzielle Antragsteller oder Anmelder, der eine Verlängerung zu beantragen beabsichtigt, der Behörde die Studien, die er zu diesem Zweck durchführen will, wobei er angibt, wie bei der Durchführung der verschiedenen Studien die Einhaltung der rechtlichen Anforderungen sichergestellt wird. Nach dieser Meldung der Studien leitet die Behörde eine Konsultation der Interessenträger und der Öffentlichkeit zu den zum Zweck einer Verlängerung geplanten Studien sowie der vorgeschlagenen Studiendesigns ein. Die Behörde bietet unter Berücksichtigung der von den Interessenträgern und der Öffentlichkeit übermittelten Anmerkungen, die für die Risikobewertung der angestrebten Verlängerung von Bedeutung sind, eine Beratung zum Inhalt des geplanten Antrags auf Verlängerung sowie zum Studiendesign an. Der von der Behörde erteilte Rat ist unverbindlich und greift der späteren Bewertung des Antrags oder der Anmeldung auf Verlängerung einer Zulassung durch die Wissenschaftlichen Gremien nicht vor.

(2) Die Behörde konsultiert die Interessenträger und die Öffentlichkeit auf der Grundlage der nicht vertraulichen Fassung des Antrags oder der Anmeldung, die von der Behörde gemäß den Artikeln 38 bis 39e öffentlich gemacht wurde, unverzüglich nach dieser Offenlegung, um festzustellen, ob zu dem Gegenstand des Antrags oder der Anmeldung andere relevante wissenschaftliche Daten oder Studien verfügbar sind. Wenn in gebührend begründeten Fällen die Gefahr besteht, dass die Ergebnisse der nach diesem Absatz durchgeführten öffentlichen Konsultation wegen der Frist, in der die Behörde ein wissenschaftliches Ergebnis vorlegen muss, nicht angemessen berücksichtigt werden können, dürfen diese Fris-

ten um höchstens sieben Wochen verlängert werden. Dieser Absatz berührt nicht die Verpflichtungen der Behörde gemäß Artikel 33 und gilt nicht für ergänzende Informationen, die die Antragsteller oder Anmelder während des Risikobewertungsprozesses vorlegen.

(3) Die Behörde legt die praktischen Vorkehrungen zur Umsetzung der in diesem Artikel und in Artikel 32a genannten Verfahren fest.

(ABl L 231 vom 6. 9. 2019, S. 1)

Artikel 32d
Studien zu Überprüfungszwecken

Wenn außergewöhnliche Umstände in Form gravierender Kontroversen oder widersprüchlicher Ergebnisse vorliegen, kann die Kommission die Behörde ersuchen, wissenschaftliche Studien in Auftrag zu geben, um die Nachweise zu überprüfen, die sie bei ihrem Risikobewertungsprozess verwendet; dies geschieht unbeschadet der Pflicht der Antragsteller, die Sicherheit eines zur Zulassung vorgelegten Gegenstands nachzuweisen. Die in Auftrag gegebenen Studien können einen breiteren Anwendungsbereich haben als die zu überprüfenden Nachweise.

(ABl L 231 vom 6. 9. 2019, S. 1)

Artikel 33
Datenerhebung

(1) Die Behörde macht in den Bereichen ihres Auftrags relevante wissenschaftliche und technische Daten ausfindig, sammelt sie, stellt sie zusammen, analysiert sie und fasst sie zusammen. Dies betrifft insbesondere die Erhebung von Daten über

a) den Verzehr von Lebensmitteln und die Exposition von Menschen gegenüber den damit verbundenen Risiken,

b) die Inzidenz und Prävalenz biologischer Risiken,

c) Kontaminanten in Lebensmitteln und Futtermitteln,

d) Rückstände.

(2) Für die Zwecke von Absatz 1 arbeitet die Behörde eng mit allen im Bereich der Datenerhebung tätigen Organisationen zusammen, auch solchen in beitrittswilligen Ländern und Drittländern, sowie mit internationalen Stellen.

(3) Die Mitgliedstaaten treffen die erforderlichen Maßnahmen, damit die Daten, die in den unter die Absätze 1 und 2 fallenden Bereichen von ihnen erhoben werden, an die Behörde übermittelt werden können.

(4) Die Behörde legt den Mitgliedstaaten und der Kommission geeignete Empfehlungen für mögliche Verbesserungen in Bezug auf die technische Vergleichbarkeit der Daten vor, die sie erhält und analysiert, um eine Konsolidierung auf Gemeinschaftsebene zu erleichtern.

(5) Innerhalb eines Jahres nach dem Inkrafttreten dieser Verordnung veröffentlicht die Kommission ein Verzeichnis der auf Gemeinschaftsebene in den Bereichen des Auftrags der Behörde existierenden Datenerhebungssysteme.
Der Bericht, dem gegebenenfalls entsprechende Vorschläge beizufügen sind, gibt insbesondere an:

a) die Funktion, die der Behörde im Rahmen jedes einzelnen Systems zugewiesen werden soll, sowie etwa erforderliche Veränderungen oder Verbesserungen, damit die Behörde in Zusammenarbeit mit den Mitgliedstaaten ihren Auftrag erfüllen kann;

b) die Mängel, die behoben werden sollen, damit die Behörde auf Gemeinschaftsebene relevante wissenschaftliche und technische Daten in den Bereichen ihres Auftrags erheben und zusammenfassen kann.

(6) Die Behörde übermittelt dem Europäischen Parlament, der Kommission und den Mitgliedstaaten die Ergebnisse ihrer Tätigkeit im Bereich der Datenerhebung.

Artikel 34
Identifizierung neu auftretender Risiken

(1) Die Behörde erarbeitet Überwachungsverfahren für das systematische Ermitteln, Sammeln, Zusammenstellen und Analysieren von Informationen und Daten, um neu auftretende Risiken in den Bereichen ihres Auftrags zu identifizieren.

(2) Liegen der Behörde Informationen vor, die ein neu auftretendes ernstes Risiko vermuten lassen, so fordert sie zusätzliche Informationen bei den Mitgliedstaaten, bei anderen Einrichtungen der Gemeinschaft und bei der Kommission an. Die Mitgliedstaaten, die betroffenen Einrichtungen der Gemeinschaft und die Kommission reagieren hierauf unverzüglich und übermitteln sämtliche relevanten Informationen, über die sie verfügen.

(3) Die Behörde verwendet in Erfüllung ihres Auftrags sämtliche ihr zugehenden Informationen zur Identifizierung neu auftretender Risiken.

(4) Die Behörde leitet die Bewertung und die erhobenen Informationen über neu auftretende Risiken an das Europäische Parlament, die Kommission und die Mitgliedstaaten weiter.

Artikel 35
Schnellwarnsystem

Die im Rahmen des Schnellwarnsystems übermittelten Informationen werden an die Behörde gerichtet, damit diese ihrem Auftrag, die gesundheitlichen und ernährungsphysiologischen Risiken von Lebensmitteln zu überwachen, optimal

11. EG-BasisV
Artikel 35 – 38

nachkommen kann. Sie analysiert den Inhalt dieser Informationen, um der Kommission und den Mitgliedstaaten alle zur Risikoanalyse erforderlichen Angaben mitteilen zu können.

Artikel 36
Vernetzung von Organisationen, die in den Bereichen, auf die sich der Auftrag der Behörde erstreckt, tätig sind

(1) Die Behörde fördert die Vernetzung von Organisationen, die in den Bereichen ihres Auftrags tätig sind, auf europäischer Ebene. Ziel einer solchen Vernetzung ist es insbesondere, durch die Koordinierung von Tätigkeiten, den Informationsaustausch, die Konzipierung und Durchführung gemeinsamer Projekte sowie den Austausch von Erfahrungen und bewährten Praktiken in den Bereichen des Auftrags der Behörde einen Rahmen für die wissenschaftliche Zusammenarbeit zu schaffen.

(2) Auf Vorschlag des Geschäftsführenden Direktors erstellt der Verwaltungsrat ein zu veröffentlichendes Verzeichnis der von den Mitgliedstaaten benannten zuständigen Organisationen, die die Behörde einzeln oder im Rahmen von Netzen bei der Erfüllung ihres Auftrags unterstützen können. Die Behörde kann diese Organisationen mit bestimmten Aufgaben betrauen, insbesondere mit vorbereitenden Arbeiten für wissenschaftliche Gutachten, mit wissenschaftlicher und technischer Unterstützung, mit der Erhebung von Daten und der Identifizierung neu auftretender Risiken. Für einige der Aufgaben kann eine finanzielle Unterstützung in Betracht gezogen werden.

(3) Die Kommission legt nach Anhörung der Behörde Vorschriften zur Festlegung der Kriterien für die Aufnahme einer Einrichtung in das Verzeichnis der von den Mitgliedstaaten benannten zuständigen Organisationen, die Regelungen für die Aufstellung harmonisierter Qualitätsanforderungen sowie die finanziellen Bestimmungen für eine etwaige finanzielle Unterstützung fest. Diese Maßnahmen zur Änderung nicht wesentlicher Bestimmungen dieser Verordnung, auch durch Ergänzung, werden nach dem in Artikel 58 Absatz 3 genannten Regelungsverfahren mit Kontrolle erlassen.
Sonstige Durchführungsvorschriften zu den Absätzen 1 und 2 werden von der Kommission nach Anhörung der Behörde nach dem in Artikel 58 Absatz 2 genannten Regelungsverfahren aufgestellt.
(ABl L 188 vom 28. 7. 2009, S. 63)

(4) Innerhalb eines Jahres nach Inkrafttreten dieser Verordnung veröffentlicht die Kommission ein Verzeichnis der in den Bereichen des Auftrags der Behörde existierenden gemeinschaftlichen Systeme, welche vorsehen, dass die Mitgliedstaaten bestimmte Aufgaben im Bereich der wissenschaftlichen Beurteilung ausführen, insbesondere die Prüfung von Zulassungsunterlagen. Der Bericht, dem gegebenenfalls entsprechende Vorschläge beizufügen sind, gibt insbesondere für jedes System an, welche Veränderungen oder Verbesserungen möglicherweise erforderlich sind, damit die Behörde in Zusammenarbeit mit den Mitgliedstaaten ihren Auftrag erfüllen kann.

ABSCHNITT 4
UNABHÄNGIGKEIT, TRANSPARENZ, VERTRAULICHKEIT UND INFORMATION

Artikel 37
Unabhängigkeit

(1) Die Mitglieder des Verwaltungsrats, die Mitglieder des Beirats und der Geschäftsführende Direktor verpflichten sich, im öffentlichen Interesse unabhängig zu handeln.
Zu diesem Zweck geben sie eine Verpflichtungserklärung sowie eine Interessenerklärung ab, aus der entweder hervorgeht, dass keinerlei Interessen bestehen, die als ihre Unabhängigkeit beeinträchtigend angesehen werden könnten, oder dass unmittelbare oder mittelbare Interessen vorhanden sind, die als ihre Unabhängigkeit beeinträchtigend angesehen werden könnten. Diese Erklärungen werden jedes Jahr schriftlich abgegeben.

(2) Die Mitglieder des Wissenschaftlichen Ausschusses und der Wissenschaftlichen Gremien verpflichten sich, unabhängig von jedem äußeren Einfluss zu handeln.
Zu diesem Zweck geben sie eine Verpflichtungserklärung sowie eine Interessenerklärung ab, aus der entweder hervorgeht, dass keinerlei Interessen bestehen, die als ihre Unabhängigkeit beeinträchtigend angesehen werden könnten, oder dass unmittelbare oder mittelbare Interessen vorhanden sind, die als ihre Unabhängigkeit beeinträchtigend angesehen werden könnten. Diese Erklärungen werden jedes Jahr schriftlich abgegeben.

(3) Die Mitglieder des Verwaltungsrats, der Geschäftsführende Direktor, die Mitglieder des Beirats, die Mitglieder des Wissenschaftlichen Ausschusses und der Wissenschaftlichen Gremien sowie die externen Sachverständigen, die an deren Arbeitsgruppen beteiligt sind, geben auf jeder Sitzung etwaige Interessen an, die bezüglich der jeweiligen Tagesordnungspunkte als ihre Unabhängigkeit beeinträchtigend angesehen werden könnten.

Artikel 38
Transparenz

(1) Die Behörde übt ihre Tätigkeiten mit einem hohen Maß an Transparenz aus. Sie macht insbesondere Folgendes öffentlich zugänglich:

a) die Tagesordnungen, Teilnehmerlisten und Protokolle der Sitzungen des Verwaltungsrats, des Beirats, des Wissenschaftlichen Ausschusses und der Wissenschaftlichen Gremien und deren Arbeitsgruppen;

b) alle ihre wissenschaftlichen Ergebnisse, einschließlich der Gutachten des Wissenschaftlichen Ausschusses und der Wissenschaftlichen Gremien nach ihrer Annahme, immer unter Beifügung der Positionen von Minderheiten und der Ergebnisse der während des Risikobewertungsprozesses durchgeführten Konsultationen;

c) wissenschaftliche Daten, Studien und sonstige Informationen zur Stützung von Anträgen; dazu zählen von den Antragstellern vorgelegte ergänzende Informationen sowie sonstige wissenschaftliche Daten und Informationen zur Stützung von Ersuchen des Europäischen Parlaments, der Kommission oder eines Mitgliedstaats um ein wissenschaftliches Ergebnis, auch ein wissenschaftliches Gutachten, unter Berücksichtigung des Schutzes vertraulicher Informationen und der personenbezogenen Daten gemäß den Artikeln 39 bis 39e;

d) die Informationen, auf denen ihre wissenschaftlichen Ergebnisse, auch die wissenschaftlichen Gutachten, beruhen, unter Berücksichtigung des Schutzes vertraulicher Informationen und personenbezogener Daten gemäß den Artikeln 39 bis 39e;

e) die von den Mitgliedern des Verwaltungsrats, vom Geschäftsführenden Direktor und von den Mitgliedern des Beirats, des Wissenschaftlichen Ausschusses und der Wissenschaftlichen Gremien sowie von den Mitgliedern der Arbeitsgruppen jährlich abgegebenen Interessenerklärungen und die Interessenerklärungen in Bezug auf Tagesordnungspunkte von Sitzungen;

f) ihre wissenschaftlichen Studien gemäß den Artikeln 32 und 32d;

g) ihren jährlichen Tätigkeitsbericht;

h) abgelehnte oder geänderte Ersuchen des Europäischen Parlaments, der Kommission oder eines Mitgliedstaats um wissenschaftliche Gutachten sowie die Gründe für die Ablehnung bzw. Änderung;

i) eine Zusammenfassung der Beratung gemäß den Artikeln 32a und 32c, die die Behörde Unternehmern vor der Antragstellung erteilt hat.

Die in Unterabsatz 1 genannten Informationen werden unverzüglich veröffentlicht, mit Ausnahme der unter Buchstaben c (in Zusammenhang mit Anträgen) und i erwähnten Informationen, die veröffentlicht werden, sobald ein Antrag für gültig oder zulässig befunden wurde.

Die in Unterabsatz 2 genannten Informationen werden in einem gesonderten Bereich auf der Website der Behörde öffentlich gemacht. Dieser gesonderte Bereich steht der Öffentlichkeit zur Verfügung und ist leicht zugänglich. Diese Informationen können in einem elektronischen Format heruntergeladen, ausgedruckt und durchsucht werden.
(ABl L 231 vom 6. 9. 2019, S. 1)

(1a) Die Veröffentlichung der Informationen gemäß Absatz 1 Unterabsatz 1 Buchstaben c, d und i berührt weder

a) bestehende Vorschriften betreffend die Rechte des geistigen Eigentums, die die Verwendung der veröffentlichten Dokumente oder ihres Inhalts zu bestimmten Zwecken einschränken, noch

b) die Bestimmungen des Unionsrechts zum Schutz der Investitionen, die Innovatoren zur Beschaffung von Informationen und Daten im Zusammenhang mit Zulassungsanträgen getätigt haben („Unterlagenschutz").

Die Offenlegung der Informationen gemäß Absatz 1 Unterabsatz 1 Buchstabe c kann nicht als ausdrückliche oder stillschweigende Erlaubnis oder Genehmigung betrachtet werden, die relevanten Daten und Informationen und ihren Inhalt unter Missachtung von Rechten des geistigen Eigentums oder des Unterlagenschutzes zu verwenden, zu kopieren oder anderweitig auszuwerten, und die Union übernimmt bei Verwendung durch Dritte keine Verantwortung. Die Behörde stellt sicher, dass diejenigen, denen der Zugriff auf die einschlägigen Informationen gewährt wird, zuvor klare Zusicherungen oder unterzeichnete Erklärungen abgeben. *(ABl L 231 vom 6. 9. 2019, S. 1)*

(2) Der Verwaltungsrat hält seine Sitzungen öffentlich ab, sofern er nicht für bestimmte Verwaltungsfragen betreffende Tagesordnungspunkte auf Vorschlag des Geschäftsführenden Direktors anders entscheidet, und er kann Vertreter der Verbraucher oder sonstige Beteiligte ermächtigen, bestimmte Tätigkeiten der Behörde zu beobachten.

(3) Die Behörde legt die praktischen Vorkehrungen zur Umsetzung der Transparenzregeln gemäß den Absätzen 1, 1a und 2 dieses Artikels fest; dabei berücksichtigt sie die Artikel 39 bis 39g sowie Artikel 41. *(ABl L 231 vom 6. 9. 2019, S. 1)*

Artikel 39
Vertraulichkeit

(1) Abweichend von Artikel 38 gibt die Behörde keine Informationen öffentlich bekannt, für die gemäß den Bedingungen dieses Artikels um vertrauliche Behandlung ersucht wurde.

(2) Auf Ersuchen eines Antragstellers darf die Behörde eine vertrauliche Behandlung nur für die folgenden Informationen gewähren, wenn der Antragsteller darlegt, dass die Offenlegung dieser

11. EG-BasisV
Artikel 39 – 39b

Informationen seinen Interessen erheblich schaden könnte:

a) den Herstellungs- oder Erzeugungsprozess, einschließlich des Verfahrens und dessen innovativer Aspekte, sowie sonstiger technischer und betrieblicher Spezifikationen für diesen Prozess oder dieses Verfahren, mit Ausnahme der für die Sicherheitsbewertung wichtigen Informationen;

b) Geschäftsbeziehungen zwischen einem Hersteller oder Importeur und dem Antragsteller bzw. Zulassungsinhaber;

c) Geschäftsinformationen, aus denen Bezugsquellen, Marktanteile oder die Geschäftsstrategie des Antragstellers hervorgehen und

d) die quantitative Zusammensetzung des Gegenstands des Ersuchens mit Ausnahme der für die Sicherheitsbewertung relevanten Informationen.

(3) Die Liste der Informationen gemäß Absatz 2 lässt sektorspezifische Bestimmungen des Unionsrechts unberührt.

(4) Ungeachtet der Absätze 2 und 3 gilt:

a) Wenn dringend gehandelt werden muss, um die Gesundheit von Mensch oder Tier oder die Umwelt zu schützen, beispielsweise in einer Notfallsituation, kann die Behörde die Informationen gemäß den Absätzen 2 und 3 offenlegen.

b) Informationen, die Teil der Schlussfolgerungen wissenschaftlicher Ergebnisse, auch wissenschaftlicher Gutachten, der Behörde sind und sich auf vorhersehbare Auswirkungen auf die Gesundheit von Mensch oder Tier oder die Umwelt beziehen, werden dennoch offengelegt.

(ABl L 231 vom 6. 9. 2019, S. 1)

Artikel 39a
Ersuchen um vertrauliche Behandlung

(1) Wenn ein Antragsteller einen Antrag, stützende wissenschaftliche Daten und andere ergänzende Informationen gemäß dem Unionsrecht übermittelt, kann er darum ersuchen, dass Teile der vorgelegten Informationen gemäß Artikel 39 Absätze 2 und 3 vertraulich behandelt werden. Diesem Ersuchen sind nachprüfbare Belege beizulegen, aus denen hervorgeht, wie die Offenlegung der betreffenden Informationen den betroffenen Interessen gemäß Artikel 39 Absätze 2 und 3 erheblich schaden könnte.

(2) Bei einem Ersuchen um vertrauliche Behandlung legt der Antragsteller eine nicht vertrauliche und eine vertrauliche Fassung der in den Standarddatenformaten gemäß Artikel 39f – soweit vorhanden – übermittelten Informationen vor. In der nicht vertraulichen Fassung sind keine Informationen enthalten, die der Antragsteller auf der Grundlage von Artikel 39 Absätze 2 und 3 als vertraulich einstuft, und werden die Stellen, an denen Informationen entfernt wurden, als solche gekennzeichnet. Die vertrauliche Fassung enthält alle übermittelten Informationen, auch die Informationen, die der Antragsteller als vertraulich einstuft. Die Informationen, die in der vertraulichen Fassung vertraulich behandelt werden sollen, sind eindeutig zu kennzeichnen. Der Antragsteller muss eindeutig angeben, aus welchen Gründen er die vertrauliche Behandlung der verschiedenen Informationen beantragt.

(ABl L 231 vom 6. 9. 2019, S. 1)

Artikel 39b
Entscheidung über die vertrauliche Behandlung

(1) Die Behörde

a) macht die nicht vertrauliche Fassung des Antrags, wie sie vom Antragsteller vorgelegt wurde, unverzüglich öffentlich zugänglich, sobald der Antrag für gültig oder zulässig befunden wurde;

b) nimmt unverzüglich eine konsequente und gezielte Untersuchung des Ersuchens um vertrauliche Behandlung in Übereinstimmung mit diesem Artikel vor;

c) unterrichtet den Antragsteller schriftlich darüber, dass und warum sie Informationen offenlegen möchte, bevor sie förmlich über das Vertraulichkeitsersuchen befindet. Ist der Antragsteller nicht mit der Einschätzung der Behörde einverstanden, kann er dazu Stellung nehmen oder seinen Antrag innerhalb von zwei Wochen ab dem Datum, an dem ihm die Position der Behörde mitgeteilt wurde, zurückziehen;

d) trifft unter Berücksichtigung der Bemerkungen des Antragstellers eine begründete Entscheidung über das Vertraulichkeitsersuchen, und zwar innerhalb von zehn Wochen ab dem Datum des Eingangs des Vertraulichkeitsersuchens im Fall von Anträgen und unverzüglich im Fall ergänzender Daten und Informationen; sie gibt dem Antragsteller ihre Entscheidung bekannt, stellt ihm Informationen zu seinem Recht auf Zweitantragstellung gemäß Absatz 2 zur Verfügung und unterrichtet die Kommission und gegebenenfalls die Mitgliedstaaten über ihre Entscheidung und

e) macht alle zusätzlichen Daten und Informationen öffentlich zugänglich, für die eine vertrauliche Behandlung als unbegründet abgelehnt wurde, und zwar frühestens zwei Wochen, nachdem sie dem Antragsteller ihre Entscheidung gemäß Buchstabe d bekannt gegeben hat.

(2) Binnen zwei Wochen ab Unterrichtung des Antragstellers über die Entscheidung der Behörde über sein Vertraulichkeitsersuchen gemäß Absatz 1 kann der Antragsteller einen Zweitantrag stellen, um die Behörde um die Überprüfung ihrer Entscheidung zu ersuchen. Der Zweitantrag hat aufschiebende Wirkung. Die Behörde prüft die

11. EG-BasisV
Artikel 39b – 39e

Gründe für den Zweitantrag und trifft eine begründete Entscheidung über diesen Zweitantrag. Sie unterrichtet den Antragsteller binnen drei Wochen nach Zweitantragstellung über ihre Entscheidung und unterrichtet den Antragsteller gleichzeitig über mögliche Rechtsbehelfe, das heißt die Erhebung einer Klage beim Gerichtshof der Europäischen Union (Gerichtshof) gegen die Behörde gemäß Absatz 3. Die Behörde macht alle zusätzlichen Daten und Informationen öffentlich zugänglich, für die sie das Vertraulichkeitsersuchen als unbegründet abgelehnt hat, und zwar frühestens zwei Wochen, nachdem sie den Antragsteller gemäß diesem Absatz über ihre begründete Entscheidung über den Zweitantrag unterrichtet hat.

(3) Gegen Entscheidungen der Behörde gemäß diesem Artikel kann beim Gerichtshof unter den in den Artikeln 263 und 278 des Vertrags über die Arbeitsweise der Europäischen Union (AEUV) festgelegten Bedingungen Klage erhoben werden.

(ABl L 231 vom 6. 9. 2019, S. 1)

Artikel 39c
Überprüfung der Vertraulichkeit

Vor der Herausgabe ihrer wissenschaftlichen Ergebnisse, auch ihrer wissenschaftlichen Gutachten, überprüft die Behörde, ob bereits früher als vertraulich akzeptierte Informationen dennoch gemäß Artikel 39 Absatz 4 Buchstabe b öffentlich zugänglich gemacht werden können. Sollte dies der Fall sein, befolgt die Behörde entsprechend das Verfahren gemäß Artikel 39b.

(ABl L 231 vom 6. 9. 2019, S. 1)

Artikel 39d
Pflichten im Hinblick auf die Vertraulichkeit

(1) Die Behörde stellt der Kommission und den Mitgliedstaaten alle in ihrem Besitz befindlichen Informationen im Zusammenhang mit einem Antrag oder einem Ersuchen des Europäischen Parlaments, der Kommission oder der Mitgliedstaaten um ein wissenschaftliches Ergebnis, auch ein wissenschaftliches Gutachten, zur Verfügung, sofern dies nicht in Bestimmungen des Unionsrechts anders angegeben ist.

(2) Die Kommission und die Mitgliedstaaten sorgen mit den erforderlichen Maßnahmen dafür, dass nach dem Unionsrecht bei ihnen eingegangene Informationen, deren vertrauliche Behandlung beantragt wird, erst dann öffentlich zugänglich gemacht werden, wenn die Behörde eine Entscheidung über die vertrauliche Behandlung getroffen hat und diese endgültig ist. Die Kommission und die Mitgliedstaaten sorgen des Weiteren mit den erforderlichen Maßnahmen dafür, dass Informationen, deren vertrauliche Behandlung die Behörde gewährt hat, nicht öffentlich zugänglich gemacht werden.

(3) Zieht ein Antragsteller seinen Antrag zurück oder hat er ihn zurückgezogen, so wahren die Behörde, die Kommission und die Mitgliedstaaten die Vertraulichkeit von Informationen, die die Behörde in Übereinstimmung mit den Artikeln 39 bis 39e gewährt hat. Der Antrag gilt als zurückgezogen, sobald bei der zuständigen Einrichtung, bei der der Antrag zuerst eingereicht wurde, das entsprechende schriftliche Ersuchen eingegangen ist. Wird der Antrag zurückgezogen, bevor die Behörde gegebenenfalls gemäß Artikel 39b Absätze 1 oder 2 endgültig über das Vertraulichkeitsersuchen befunden hat, sehen die Kommission, die Mitgliedstaaten und die Behörde davon ab, die Informationen, deren vertrauliche Behandlung beantragt wurde, öffentlich zugänglich zu machen.

(4) Die Mitglieder des Verwaltungsrats, der Geschäftsführende Direktor, die Mitglieder des Wissenschaftlichen Ausschusses und der Wissenschaftlichen Gremien sowie die an deren Arbeitsgruppen beteiligten externen Sachverständigen, die Mitglieder des Beirats sowie die Beamten und sonstigen Bediensteten der Behörde unterliegen auch nach ihrem Ausscheiden aus der jeweiligen Funktion dem Berufsgeheimnis gemäß Artikel 339 AEUV.

(5) Die Behörde legt im Benehmen mit der Kommission die praktischen Vorkehrungen zur Umsetzung der Vertraulichkeitsregeln gemäß den Artikeln 39, 39a, 39b, 39e und diesem Artikel fest, auch Vorkehrungen betreffend die Übermittlung und Behandlung von Ersuchen um vertrauliche Behandlung von Informationen, die gemäß Artikel 38 öffentlich zugänglich zu machen sind; dabei berücksichtigt sie die Artikel 39f und 39g. Für die Beurteilung von Zweitanträgen gemäß Artikel 39b Absatz 2 stellt die Behörde eine angemessene Arbeitsteilung sicher.

(ABl L 231 vom 6. 9. 2019, S. 1)

Artikel 39e
Schutz personenbezogener Daten

(1) Bei Ersuchen um wissenschaftliche Ergebnisse, auch wissenschaftliche Gutachten nach dem Unionsrecht, gibt die Behörde in jedem Fall Folgendes bekannt:

a) den Namen und die Anschrift des Antragstellers,

b) die Namen der Verfasser der veröffentlichten oder öffentlich verfügbaren Studien, die solche Ersuchen unterstützen, und

c) die Namen aller Teilnehmer und Beobachter in Sitzungen des Wissenschaftlichen Ausschusses und der Wissenschaftlichen Gremien, deren Arbeitsgruppen oder jeder anderen Ad-hoc-Gruppe, die zu diesem Thema zusammentritt.

(2) Ungeachtet des Absatzes 1 wird davon ausgegangen, dass die Offenlegung der Namen und Anschriften natürlicher Personen, die an Versuchen mit Wirbeltieren oder an der Beschaffung toxikologischer Informationen beteiligt sind, die Privatsphäre und die Integrität dieser natürlichen Personen erheblich verletzt, weshalb diese Informationen nicht offengelegt werden, sofern in den Verordnungen (EU) 2016/679[1)] und (EU) 2018/1725[2)] des Europäischen Parlaments und des Rates nichts anderes festgelegt ist.

(3) Die Verordnung (EU) 2016/679 und die Verordnung (EU) 2018/1725 gelten für die Verarbeitung personenbezogener Daten gemäß der vorliegenden Verordnung. Alle gemäß Artikel 38 der vorliegenden Verordnung und gemäß dem vorliegenden Artikel veröffentlichten personenbezogenen Daten dürfen nur verwendet werden, um die Transparenz der Risikobewertung gemäß der vorliegenden Verordnung zu gewährleisten, und sie dürfen nicht in einer Weise weiter verarbeitet werden, die gemäß Artikel 5 Absatz 1 Buchstabe b der Verordnung (EU) 2016/679 bzw. Artikel 4 Absatz 1 Buchstabe b der Verordnung (EU) 2018/1725 nicht mit diesem Zweck vereinbar ist.

(ABl L 231 vom 6. 9. 2019, S. 1)

Artikel 39f
Standarddatenformate

(1) Für die Zwecke von Artikel 38 Absatz 1 Buchstabe c und im Interesse der effizienten Verarbeitung der an die Behörde gerichteten Ersuchen um wissenschaftliche Ergebnisse werden Standarddatenformate gemäß Absatz 2 des vorliegenden Artikels festgelegt, um Dokumente übermitteln, durchsuchen, kopieren und ausdrucken zu können; dabei wird auf die Übereinstimmung mit den rechtlichen Anforderungen der Union geachtet. Diese Standarddatenformate

a) stützen sich nicht auf herstellerspezifische Standards;

b) gewährleisten nach Möglichkeit die Interoperabilität mit bestehenden Datenübermittlungssystemen;

c) sind benutzerfreundlich und auf die Nutzung durch kleine und mittlere Unternehmen zugeschnitten.

(2) Bei der Festlegung der in Absatz 1 genannten Standarddatenformate ist folgendes Verfahren zu befolgen:

a) Die Behörde schlägt für die verschiedenen Zulassungsverfahren und relevanten Ersuchen des Europäischen Parlaments, der Kommission und der Mitgliedstaaten um ein wissenschaftliches Ergebnis Standarddatenformate vor.

b) Die Kommission genehmigt die Standarddatenformate im Wege von Durchführungsrechtsakten, wobei sie die geltenden Anforderungen der verschiedenen Zulassungsverfahren und anderen Rechtsrahmen berücksichtigt und alle erforderlichen Anpassungen vornimmt. Diese Durchführungsrechtsakte werden nach dem in Artikel 58 Absatz 2 genannten Verfahren erlassen.

c) Die Behörde stellt die Standarddatenformate nach ihrer Genehmigung auf ihrer Website zur Verfügung.

d) Sobald Standarddatenformate gemäß diesem Artikel genehmigt worden sind, können Anträge sowie Ersuchen des Europäischen Parlaments, der Kommission und der Mitgliedstaaten um ein wissenschaftliches Ergebnis, auch ein wissenschaftliches Gutachten, nur noch in Übereinstimmung mit diesen Standarddatenformaten übermittelt werden.

(ABl L 231 vom 6. 9. 2019, S. 1)

Artikel 39g
Informationssysteme

Die von der Behörde zum Speichern ihrer Daten, auch vertraulichen und personenbezogenen Daten, verwalteten Informationssysteme sind so konzipiert, dass gewährleistet ist, dass jeder Zugriff vollständig nachprüfbar ist und dass sie die den bestehenden Sicherheitsrisiken angemessenen höchsten Sicherheitsstandards erfüllen, wobei sie Artikel 39 bis 39f Rechnung tragen.

(ABl L 231 vom 6. 9. 2019, S. 1)

Artikel 40
Information seitens der Behörde

(1) Unbeschadet der Zuständigkeit der Kommission für die Bekanntgabe ihrer Risikomanagemententscheidungen sorgt die Behörde in den Bereichen ihres Auftrags von sich aus für Information.

(2) Die Behörde stellt sicher, dass die Öffentlichkeit und die Beteiligten rasch objektive, zuverlässige und leicht zugängliche Informationen erhalten, insbesondere über die Ergebnisse ihrer Arbeit. Um dieses Ziel zu erreichen, erstellt und

---

Zu Artikel 39e:

[1)] *Verordnung (EU) 2016/679 des Europäischen Parlaments und des Rates vom 27. April 2016 zum Schutz natürlicher Personen bei der Verarbeitung personenbezogener Daten, zum freien Datenverkehr und zur Aufhebung der Richtlinie 95/46/EG (Datenschutz-Grundverordnung) (ABl. L 119 vom 4.5.2016, S. 1).*

[2)] *Verordnung (EU) 2018/1725 des Europäischen Parlaments und des Rates vom 23. Oktober 2018 zum Schutz natürlicher Personen bei der Verarbeitung personenbezogener Daten durch die Organe, Einrichtungen und sonstigen Stellen der Union, zum freien Datenverkehr und zur Aufhebung der Verordnung (EG) Nr. 45/2001 und des Beschlusses Nr. 1247/2002/EG (ABl. L 295 vom 21.11.2018, S. 39).*

verbreitet die Behörde Informationsmaterial für die Allgemeinheit.

(3) Die Behörde arbeitet eng mit der Kommission und den Mitgliedstaaten zusammen, um die erforderliche Kohärenz bei der Risikokommunikation herbeizuführen.

„Die Behörde macht alle gemäß den Artikeln 38 bis 39e von ihr herausgegebenen wissenschaftlichen Ergebnisse, auch die wissenschaftlichen Gutachten, sowie die stützenden wissenschaftlichen Daten und sonstigen Informationen, öffentlich zugänglich."
(ABl L 231 vom 6. 9. 2019, S. 1)

(4) Die Behörde sorgt bei Informationskampagnen für eine angemessene Zusammenarbeit mit den zuständigen Stellen in den Mitgliedstaaten und sonstigen Beteiligten.

Artikel 41
Zugang zu den Dokumenten

(1) Ungeachtet der Vertraulichkeitsvorschriften gemäß den Artikeln 39 bis 39d der vorliegenden Verordnung gilt für Dokumente im Besitz der Behörde die Verordnung (EG) Nr. 1049/2001[1]) des Europäischen Parlaments und des Rates.

Bei Umweltinformationen findet auch die Verordnung (EG) Nr. 1367/2006 des Europäischen Parlaments und des Rates[2]) Anwendung. In Bezug auf Umweltinformationen im Besitz der Mitgliedstaaten findet – ungeachtet der Vertraulichkeitsvorschriften gemäß den Artikeln 39 bis 39d vorliegenden Verordnung – die Richtlinie 2003/4/EG des Europäischen Parlaments und des Rates[3]) Anwendung.
(ABl L 231 vom 6. 9. 2019, S. 1)

(2) Der Verwaltungsrat erlässt bis zum 27. März 2020 die praktischen Durchführungsbestimmungen für die Verordnung (EG) Nr. 1049/2001 und die Artikel 6 und 7 der Verordnung (EG) Nr. 1367/2006, wobei ein größtmöglicher Zugang zu den Dokumenten in seinem Besitz gewährleistet wird. *(ABl L 231 vom 6. 9. 2019, S. 1)*

(3) Gegen die Entscheidungen der Behörde gemäß Artikel 8 der Verordnung (EG) Nr. 1049/2001 kann Beschwerde beim Bürgerbeauftragten oder Klage beim Gerichtshof nach Maßgabe von Artikel 195 bzw. 230 des Vertrags erhoben werden.
(ABl L 245 vom 29. 9. 2003, S. 4)

Artikel 42
Verbraucher, Erzeuger und sonstige Beteiligte

Die Behörde unterhält effektive Kontakte mit Vertretern der Verbraucher, der Erzeuger, der verarbeitenden Industrie und sonstigen Beteiligten.

ABSCHNITT 5
FINANZBESTIMMUNGEN

Artikel 43
Feststellung des Haushalts der Behörde

(1) Die Einnahmen der Behörde bestehen aus einem Beitrag der Gemeinschaft und Beiträgen der Staaten, mit denen die Gemeinschaft Abkommen im Sinne von Artikel 49 geschlossen hat, sowie Gebühren für Veröffentlichungen, Konferenzen, Ausbildungsveranstaltungen und andere derartige von der Behörde angebotene Tätigkeiten.

(2) Die Ausgaben der Behörde umfassen Personal-, Verwaltungs-, Infrastruktur- und Betriebskosten sowie Verpflichtungen, die durch Verträge mit Dritten oder durch die finanzielle Unterstützung gemäß Artikel 36 entstehen.

(3) Rechtzeitig vor dem in Absatz 5 genannten Zeitpunkt erstellt der Geschäftsführende Direktor einen Entwurf eines Voranschlags der Einnahmen und Ausgaben der Behörde für das folgende Haushaltsjahr, den er zusammen mit einem vorläufigen Stellenplan dem Verwaltungsrat übermittelt. *(ABl L 245 vom 29. 9. 2003, S. 4)*

(4) Einnahmen und Ausgaben müssen ausgeglichen sein. *(ABl L 245 vom 29. 9. 2003, S. 4)*

(5) Auf der Grundlage des vom Geschäftsführenden Direktor vorgelegten Entwurfs eines Voranschlags der Einnahmen und Ausgaben stellt der Verwaltungsrat jedes Jahr den Voranschlag der Einnahmen und Ausgaben der Behörde für das folgende Haushaltsjahr auf. Dieser Voranschlag umfasst auch einen vorläufigen Stellenplan zusammen mit vorläufigen Arbeitsprogrammen und wird der Kommission und den Staaten, mit denen die Gemeinschaft Abkommen gemäß Artikel 49 geschlossen hat, spätestens am 31. März durch den Verwaltungsrat zugeleitet. *(ABl L 245 vom 29. 9. 2003, S. 4)*

Zu Artikel 41:
[1]) *Verordnung (EG) Nr. 1049/2001 des Europäischen Parlaments und des Rates vom 30. Mai 2001 über den Zugang der Öffentlichkeit zu Dokumenten des Europäischen Parlaments, des Rates und der Kommission (ABl. L 145 vom 31.5.2001, S. 43).*
[2]) *Verordnung (EG) Nr. 1367/2006 des Europäischen Parlaments und des Rates vom 6. September 2006 über die Anwendung der Bestimmungen des Übereinkommens von Århus über den Zugang zu Informationen, die Öffentlichkeitsbeteiligung an Entscheidungsverfahren und den Zugang zu Gerichten in Umweltangelegenheiten auf Organe und Einrichtungen der Gemeinschaft (ABl. L 264 vom 25.9.2006, S. 13).*
[3]) *Richtlinie 2003/4/EG des Europäischen Parlaments und des Rates vom 28. Januar 2003 über den Zugang der Öffentlichkeit zu Umweltinformationen und zur Aufhebung der Richtlinie 90/313/EWG des Rates (ABl. L 41 vom 14.2.2003, S. 26).*

11. EG-BasisV
Artikel 43 – 46

(6) Die Kommission übermittelt den Voranschlag zusammen mit dem Vorentwurf des Gesamthaushaltsplans der Europäischen Union dem Europäischen Parlament und dem Rat (nachstehend ‚Haushaltsbehörde' genannt). *(ABl L 245 vom 29. 9. 2003, S. 4)*

(7) Die Kommission setzt auf der Grundlage des Voranschlags die von ihr für erforderlich erachteten Mittelansätze für den Stellenplan und den Betrag des Zuschusses aus dem Gesamthaushaltsplan in den Vorentwurf des Gesamthaushaltsplans der Europäischen Union ein, den sie gemäß Artikel 272 des Vertrags der Haushaltsbehörde vorlegt. *(ABl L 245 vom 29. 9. 2003, S. 4)*

(8) Die Haushaltsbehörde bewilligt die Mittel für den Zuschuss für die Behörde.
Die Haushaltsbehörde stellt den Stellenplan der Behörde fest.
(ABl L 245 vom 29. 9. 2003, S. 4)

(9) Der Haushaltsplan wird vom Verwaltungsrat festgestellt. Er wird endgültig, wenn der Gesamthaushaltsplan der Europäischen Union endgültig festgestellt ist. Er wird gegebenenfalls entsprechend angepasst. *(ABl L 245 vom 29. 9. 2003, S. 4)*

(10) Der Verwaltungsrat unterrichtet die Haushaltsbehörde schnellstmöglich über alle von ihm geplanten Vorhaben, die erhebliche finanzielle Auswirkungen auf die Finanzierung des Haushaltsplans haben könnten, was insbesondere für Immobilienvorhaben wie die Anmietung oder den Erwerb von Gebäuden gilt. Er setzt die Kommission von diesen Vorhaben in Kenntnis. Hat ein Teil der Haushaltsbehörde mitgeteilt, dass er eine Stellungnahme abgeben will, übermittelt er diese Stellungnahme dem Verwaltungsrat innerhalb von sechs Wochen nach der Unterrichtung über das Vorhaben.
(ABl L 245 vom 29. 9. 2003, S. 4)

Artikel 44
Ausführung des Haushaltsplans der Behörde

(1) Der Geschäftsführende Direktor führt den Haushaltsplan der Behörde aus.

(2) Spätestens zum 1. März nach dem Ende des Haushaltsjahrs übermittelt der Rechnungsführer der Behörde dem Rechnungsführer der Kommission die vorläufigen Rechnungen zusammen mit dem Bericht über die Haushaltsführung und das Finanzmanagement für das abgeschlossene Haushaltsjahr. Der Rechnungsführer der Kommission konsolidiert die vorläufigen Rechnungen der Organe und dezentralisierten Einrichtungen gemäß Artikel 128 der Haushaltsordnung.

(3) Spätestens am 31. März nach dem Ende des Haushaltsjahrs übermittelt der Rechnungsführer der Kommission dem Rechnungshof die vorläufigen Rechnungen der Behörde zusammen mit dem Bericht über die Haushaltsführung und das Finanzmanagement für das abgeschlossene Haushaltsjahr. Dieser Bericht geht auch dem Europäischen Parlament und dem Rat zu.

(4) Nach Eingang der Bemerkungen des Rechnungshofes zu den vorläufigen Rechnungen der Behörde gemäß Artikel 129 der Haushaltsordnung stellt der Geschäftsführende Direktor in eigener Verantwortung die endgültigen Jahresabschlüsse der Behörde auf und legt sie dem Verwaltungsrat zur Stellungnahme vor.

(5) Der Verwaltungsrat gibt eine Stellungnahme zu den endgültigen Jahresabschlüssen der Behörde ab.

(6) Der Geschäftsführende Direktor leitet diese endgültigen Jahresabschlüsse zusammen mit der Stellungnahme des Verwaltungsrats spätestens am 1. Juli nach dem Ende des Haushaltsjahrs dem Europäischen Parlament, dem Rat, der Kommission und dem Rechnungshof zu.

(7) Die endgültigen Jahresabschlüsse werden veröffentlicht.

(8) Der Geschäftsführende Direktor übermittelt dem Rechnungshof spätestens am 30. September eine Antwort auf seine Bemerkungen. Diese Antwort geht auch dem Verwaltungsrat zu.

(9) Der Geschäftsführende Direktor unterbreitet dem Europäischen Parlament auf dessen Anfrage hin gemäß Artikel 146 Absatz 3 der Haushaltsordnung alle Informationen, die für die ordnungsgemäße Abwicklung des Entlastungsverfahrens für das betreffende Haushaltsjahr erforderlich sind.

(10) Auf Empfehlung des Rates, der mit qualifizierter Mehrheit beschließt, erteilt das Europäische Parlament dem Geschäftsführenden Direktor vor dem 30. April des Jahres n + 2 Entlastung zur Ausführung des Haushaltsplans für das Jahr n.
(ABl L 245 vom 29. 9. 2003, S. 4)

Artikel 45
Von der Behörde eingenommene Gebühren

Innerhalb von drei Jahren nach Inkrafttreten dieser Verordnung veröffentlicht die Kommission nach Konsultation der Behörde, der Mitgliedstaaten und der Beteiligten einen Bericht zu der Frage, ob es möglich und ratsam ist, gemäß dem Mitentscheidungsverfahren und im Einklang mit dem Vertrag einen Legislativvorschlag für sonstige Dienstleistungen der Behörde vorzulegen.

ABSCHNITT 6
ALLGEMEINE BESTIMMUNGEN

Artikel 46
Rechtspersönlichkeit und Vorrechte

(1) Die Behörde besitzt Rechtspersönlichkeit. Sie genießt in allen Mitgliedstaaten die weitreichendsten Befugnisse, die die jeweilige Rechts-

ordnung juristischen Personen zuerkennt. Insbesondere kann sie bewegliches und unbewegliches Eigentum erwerben und veräußern wie auch gerichtliche Verfahren einleiten.

(2) Das Protokoll über Vorrechte und Befreiungen der Europäischen Gemeinschaften findet auf die Behörde Anwendung.

Artikel 47
Haftung

(1) Die vertragliche Haftung der Behörde unterliegt dem für den betreffenden Vertrag geltenden Recht. Der Gerichtshof der Europäischen Gemeinschaften ist für Entscheidungen aufgrund von Schiedsklauseln in den von der Behörde geschlossenen Verträgen zuständig.

(2) Was die nicht vertragliche Haftung betrifft, so leistet die Behörde gemäß den allgemeinen Grundsätzen in den Rechtsordnungen der Mitgliedstaaten Ersatz für Schäden, die sie oder ihre Bediensteten in Ausübung ihres Amtes verursacht haben. Der Europäische Gerichtshof ist für Entscheidungen in Schadensersatzstreitigkeiten zuständig.

(3) Die persönliche Haftung der Bediensteten gegenüber der Behörde unterliegt den einschlägigen Bestimmungen, die für das Personal der Behörde gelten.

Artikel 48
Personal

(1) Das Personal der Behörde unterliegt den für die Beamten und sonstigen Bediensteten der Europäischen Gemeinschaften geltenden Regeln und Verordnungen.

(2) Bezüglich ihres Personals übt die Behörde die Befugnisse aus, die der Anstellungsbehörde übertragen wurden.

Artikel 49
Beteiligung von Drittländern

Die Behörde steht der Beteiligung von Ländern offen, die mit der Europäischen Gemeinschaft Abkommen geschlossen und zu deren Umsetzung gemeinschaftsrechtliche Vorschriften in dem unter diese Verordnung fallenden Bereich übernommen haben und anwenden.
Gemäß den einschlägigen Bestimmungen jener Abkommen werden Vereinbarungen getroffen, die insbesondere die Natur, das Ausmaß und die Art und Weise einer Beteiligung dieser Länder an der Arbeit der Behörde festlegen; hierzu zählen auch Bestimmungen über die Mitwirkung in von der Behörde betriebenen Netzen, die Aufnahme in die Liste der einschlägigen Organisationen, denen die Behörde bestimmte Aufgaben übertragen kann, finanzielle Beiträge und Personal.

KAPITEL IV
SCHNELLWARNSYSTEM, KRISENMANAGEMENT UND NOTFÄLLE

ABSCHNITT 1
SCHNELLWARNSYSTEM

Artikel 50
Schnellwarnsystem

(1) Es wird ein Schnellwarnsystem für die Meldung eines von Lebensmitteln oder Futtermitteln ausgehenden unmittelbaren oder mittelbaren Risikos für die menschliche Gesundheit als Netz eingerichtet. An ihm sind die Mitgliedstaaten, die Kommission und die Behörde beteiligt. Die Mitgliedstaaten, die Kommission und die Behörde ernennen jeweils eine Kontaktstelle, die Mitglied des Netzes ist. Die Kommission ist für die Verwaltung des Netzes zuständig.

(2) Liegen einem Mitglied des Netzes Informationen über das Vorhandensein eines ernsten unmittelbaren oder mittelbaren Risikos für die menschliche Gesundheit vor, das von Lebensmitteln oder Futtermitteln ausgeht, so werden diese Informationen der Kommission unverzüglich über das Schnellwarnsystem gemeldet. Die Kommission leitet diese Informationen unverzüglich an die Mitglieder des Netzes weiter.
Die Behörde kann die Meldung durch wissenschaftliche oder technische Informationen ergänzen, die den Mitgliedstaaten ein rasches und angemessenes Risikomanagement erleichtern.

(3) Unbeschadet sonstiger Rechtsvorschriften der Gemeinschaft melden die Mitgliedstaaten der Kommission unverzüglich über das Schnellwarnsystem

a) sämtliche von ihnen ergriffenen Maßnahmen zur Beschränkung des Inverkehrbringens von Lebensmitteln oder Futtermitteln oder zur Erzwingung ihrer Rücknahme vom Markt oder ihres Rückrufs aus Gründen des Gesundheitsschutzes in Fällen, in denen rasches Handeln erforderlich ist;

b) sämtliche Empfehlungen oder Vereinbarungen mit der gewerblichen Wirtschaft, die zum Ziel haben, bei einem ernsten Risiko für die menschliche Gesundheit, das rasches Handeln erforderlich macht, das Inverkehrbringen oder die Verwendung von Lebensmitteln oder Futtermitteln auf freiwilliger Basis oder durch eine entsprechende Auflage zu verhindern, einzuschränken oder besonderen Bedingungen zu unterwerfen;

c) jede mit einem unmittelbaren oder mittelbaren Risiko für die menschliche Gesundheit zusammenhängende Zurückweisung eines Postens, eines Behälters oder einer Fracht Lebensmittel oder Futtermittel durch eine zuständige Behörde an einer Grenzkontrollstelle innerhalb der Europäischen Union.

Der Meldung ist eine eingehende Erläuterung der Gründe für die Maßnahme der zuständigen Behörden des meldenden Mitgliedstaats beizufügen.
Die Meldung ist zu gegebener Zeit durch zusätzliche Informationen zu ergänzen, insbesondere wenn die Maßnahmen, die Anlass der Meldung waren, geändert oder aufgehoben werden.
Die Kommission übermittelt den Mitgliedern des Netzes unverzüglich die Meldung und die gemäß den Unterabsätzen 1 und 2 erhaltenen zusätzlichen Informationen.
Weist eine zuständige Behörde an einer Grenzkontrollstelle innerhalb der Europäischen Union einen Posten, einen Behälter oder eine Fracht zurück, so setzt die Kommission unverzüglich sämtliche Grenzkontrollstellen innerhalb der Europäischen Union sowie das Ursprungsdrittland hiervon in Kenntnis.

(4) Wurde ein Lebensmittel oder Futtermittel, das Gegenstand einer Meldung über das Schnellwarnsystem war, in ein Drittland versendet, so übermittelt die Kommission diesem Land die entsprechenden Informationen.

(5) Die Mitgliedstaaten setzen die Kommission unverzüglich davon in Kenntnis, welche Schritte oder Maßnahmen sie nach Erhalt der Meldungen und zusätzlichen Informationen, die über das Schnellwarnsystem übermittelt wurden, eingeleitet haben. Die Kommission leitet diese Informationen umgehend an die Mitglieder des Netzes weiter.

(6) Die Teilnahme am Schnellwarnsystem kann beitrittswilligen Ländern, Drittländern und internationalen Organisationen durch Abkommen zwischen der Gemeinschaft und den betreffenden Ländern oder internationalen Organisationen ermöglicht werden; die Verfahren sind in diesen Abkommen festzulegen. Diese Abkommen müssen auf Gegenseitigkeit beruhen und Vertraulichkeitsregeln enthalten, die den in der Gemeinschaft geltenden Regeln gleichwertig sind.

Artikel 51
Durchführungsmaßnahmen

Die Durchführungsmaßnahmen zu Artikel 50 werden von der Kommission nach Erörterung mit der Behörde gemäß dem in Artikel 58 Absatz 2 genannten Verfahren festgelegt. Sie regeln insbesondere die spezifischen Bedingungen und Verfahren für die Weiterleitung von Meldungen und zusätzlichen Informationen.

Artikel 52
Vertraulichkeitsregeln für das Schnellwarnsystem

(1) Den Mitgliedern des Netzes vorliegende Informationen über Risiken für die menschliche Gesundheit aufgrund von Lebensmitteln und Futtermitteln sind in der Regel in Übereinstimmung mit dem Informationsprinzip nach Artikel 10 der Öffentlichkeit zugänglich zu machen. Die Öffentlichkeit muss in der Regel Zugang zu Informationen über die Identifizierung des fraglichen Produkts, die Art des Risikos und die ergriffenen Maßnahmen haben.
Die Mitglieder des Netzes tragen jedoch dafür Sorge, dass ihre Mitarbeiter und sonstigen Bediensteten in hinreichend begründeten Fällen Informationen, die sie für die Zwecke dieses Abschnitts erhalten haben und die ihrer Natur gemäß der Geheimhaltung unterliegen, nicht weitergeben; hiervon ausgenommen sind Informationen, die aus Gründen des Gesundheitsschutzes öffentlich bekannt gegeben werden müssen, wenn die Umstände dies erfordern.

(2) Der Schutz der Geheimhaltung darf die Weitergabe von Informationen, die für die Wirksamkeit der Marktüberwachung und der Durchsetzungsmaßnahmen im Bereich der Lebensmittel und Futtermittel relevant sind, an die zuständigen Behörden nicht verhindern. Behörden, die Informationen erhalten, welche der Geheimhaltung unterliegen, gewährleisten deren Vertraulichkeit gemäß Absatz 1.

ABSCHNITT 2
NOTFÄLLE

Artikel 53
Sofortmaßnahmen in Bezug auf Lebensmittel und Futtermittel mit Ursprung in der Gemeinschaft oder auf aus Drittländern eingeführte Lebensmittel und Futtermittel

(1) Ist davon auszugehen, dass ein Lebensmittel oder Futtermittel mit Ursprung in der Gemeinschaft oder ein aus einem Drittland eingeführtes Lebensmittel oder Futtermittel wahrscheinlich ein ernstes Risiko für die Gesundheit von Mensch oder Tier oder für die Umwelt darstellt und dass diesem Risiko durch Maßnahmen des betreffenden Mitgliedstaats oder der betreffenden Mitgliedstaaten nicht auf zufrieden stellende Weise begegnet werden kann, so trifft die Kommission nach dem in Artikel 58 Absatz 2 genannten Verfahren von sich aus oder auf Verlangen eines Mitgliedstaats unverzüglich eine oder mehrere der folgenden Maßnahmen, je nachdem, wie ernst die Situation ist:

a) bei einem Lebensmittel oder Futtermittel mit Ursprung in der Gemeinschaft:

i) Aussetzung des Inverkehrbringens oder der Verwendung des fraglichen Lebensmittels,

ii) Aussetzung des Inverkehrbringens oder der Verwendung des fraglichen Futtermittels,

iii) Festlegung besonderer Bedingungen für das fragliche Lebensmittel oder Futtermittel,

iv) jede sonst geeignete vorläufige Maßnahme;

b) bei einem aus einem Drittland eingeführten Lebensmittel oder Futtermittel:

i) Aussetzung der Einfuhr des fraglichen Lebensmittels oder Futtermittels aus dem gesamten betroffenen Drittland oder aus einem Gebiet dieses Landes sowie gegebenenfalls aus dem Durchfuhrdrittland,

ii) Festlegung besonderer Bedingungen für das fragliche Lebensmittel oder Futtermittel aus dem gesamten betroffenen Drittland oder einem Gebiet dieses Landes,

iii) jede sonst geeignete vorläufige Maßnahme.

(2) In dringenden Fällen kann die Kommission die Maßnahmen nach Absatz 1 jedoch vorläufig erlassen, nachdem sie den oder die betroffenen Mitgliedstaaten angehört und die übrigen Mitgliedstaaten darüber unterrichtet hat.

Die Maßnahmen werden nach dem in Artikel 58 Absatz 2 genannten Verfahren so rasch wie möglich, auf jeden Fall aber innerhalb von 10 Arbeitstagen bestätigt, geändert, aufgehoben oder verlängert; die Gründe für die Entscheidung der Kommission werden unverzüglich veröffentlicht.

Artikel 54
Sonstige Sofortmaßnahmen

(1) Setzt ein Mitgliedstaat die Kommission offiziell von der Notwendigkeit in Kenntnis, Sofortmaßnahmen zu ergreifen, und hat die Kommission nicht gemäß Artikel 53 gehandelt, so kann der Mitgliedstaat vorläufige Schutzmaßnahmen ergreifen. In diesem Fall unterrichtet er die anderen Mitgliedstaaten und die Kommission unverzüglich.

(2) Innerhalb von 10 Arbeitstagen befasst die Kommission den mit Artikel 58 Absatz 1 eingesetzten Ausschuss nach dem in Artikel 58 Absatz 2 genannten Verfahren mit der Frage der Verlängerung, der Änderung oder der Aufhebung der vorläufigen nationalen Schutzmaßnahmen.

(3) Der Mitgliedstaat darf seine vorläufigen nationalen Schutzmaßnahmen so lange beibehalten, bis die Gemeinschaftsmaßnahmen erlassen sind.

ABSCHNITT 3
KRISENMANAGEMENT

Artikel 55
Allgemeiner Plan für das Krisenmanagement

(1) Die Kommission erstellt in enger Zusammenarbeit mit der Behörde und den Mitgliedstaaten einen allgemeinen Plan für das Krisenmanagement im Bereich der Lebensmittel- und Futtermittelsicherheit (im Folgenden „der allgemeine Plan" genannt).

(2) Der allgemeine Plan legt insbesondere fest, in welchen Fällen auf Lebensmittel oder Futtermittel zurückzuführende unmittelbare oder mittelbare Risiken für die menschliche Gesundheit voraussichtlich nicht durch bereits vorhandene Vorkehrungen verhütet, beseitigt oder auf ein akzeptables Maß gesenkt werden oder ausschließlich durch Anwendung der in den Artikeln 53 und 54 genannten Maßnahmen angemessen bewältigt werden können.

Der allgemeine Plan legt auch fest, welche praktischen Verfahren erforderlich sind, um eine Krise zu bewältigen, welche Transparenzgrundsätze hierbei Anwendung finden sollen und welche Kommunikationsstrategie gewählt werden soll.

Artikel 56
Krisenstab

(1) Stellt die Kommission fest, dass ein Fall vorliegt, in dem ein von einem Lebensmittel oder Futtermittel ausgehendes ernstes unmittelbares oder mittelbares Risiko für die menschliche Gesundheit nicht durch die bereits getroffenen Vorkehrungen verhütet, beseitigt oder verringert werden oder ausschließlich durch Anwendung der in den Artikeln 53 und 54 genannten Maßnahmen angemessen bewältigt werden kann, so unterrichtet sie unverzüglich die Mitgliedstaaten und die Behörde; die Zuständigkeit der Kommission für die Sicherstellung der Anwendung des Gemeinschaftsrechts bleibt hiervon unberührt.

(2) Die Kommission richtet unverzüglich einen Krisenstab ein, an welchem die Behörde beteiligt wird und dem diese erforderlichenfalls wissenschaftliche und technische Unterstützung gewährt.

Artikel 57
Aufgaben des Krisenstabs

(1) Der Krisenstab ist verantwortlich für die Sammlung und Beurteilung sämtlicher relevanter Informationen und die Ermittlung der gangbaren Wege zu einer möglichst effektiven und raschen Verhütung oder Beseitigung des Risikos für die menschliche Gesundheit oder seiner Senkung auf ein akzeptables Maß.

11. EG-BasisV
Artikel 57 – 59

(2) Der Krisenstab kann die Unterstützung jeder juristischen oder natürlichen Person anfordern, deren Fachwissen er zur wirksamen Bewältigung der Krise für nötig hält.

(3) Der Krisenstab informiert die Öffentlichkeit über die bestehenden Risiken und die getroffenen Maßnahmen.

KAPITEL V
VERFAHREN UND SCHLUSSBESTIMMUNGEN

ABSCHNITT 1
AUSÜBUNG DER BEFUGNISÜBERTRAGUNG, AUSSCHUSS- UND VERMITTLUNGSVERFAHREN

Artikel 57a
Ausübung der Befugnisübertragung

(1) Die Befugnis zum Erlass delegierter Rechtsakte wird der Kommission unter den in diesem Artikel festgelegten Bedingungen übertragen.

(2) Die Befugnis zum Erlass delegierter Rechtsakte gemäß Artikel 28 Absatz 4, Artikel 29 Absatz 6 und Artikel 36 Absatz 3 wird der Kommission für einen Zeitraum von fünf Jahren ab dem 26. Juli 2019 übertragen. Die Kommission erstellt spätestens neun Monate vor Ablauf des Zeitraums von fünf Jahren einen Bericht über die Befugnisübertragung. Die Befugnisübertragung verlängert sich stillschweigend um Zeiträume gleicher Länge, es sei denn, das Europäische Parlament oder der Rat widersprechen einer solchen Verlängerung spätestens drei Monate vor Ablauf des jeweiligen Zeitraums.

(3) Die Befugnisübertragung gemäß Artikel 28 Absatz 4, Artikel 29 Absatz 6 und Artikel 36 Absatz 3 kann vom Europäischen Parlament oder vom Rat jederzeit widerrufen werden. Der Beschluss über den Widerruf beendet die Übertragung der in diesem Beschluss angegebenen Befugnis. Er wird am Tag nach seiner Veröffentlichung im *Amtsblatt der Europäischen Union* oder zu einem im Beschluss über den Widerruf angegebenen späteren Zeitpunkt wirksam. Die Gültigkeit von delegierten Rechtsakten, die bereits in Kraft sind, wird von dem Beschluss über den Widerruf nicht berührt.

(4) Vor dem Erlass eines delegierten Rechtsakts konsultiert die Kommission die von den einzelnen Mitgliedstaaten benannten Sachverständigen im Einklang mit den in der Interinstitutionellen Vereinbarung vom 13. April 2016 über bessere Rechtsetzung[1] enthaltenen Grundsätzen.

(5) Sobald die Kommission einen delegierten Rechtsakt erlässt, übermittelt sie ihn gleichzeitig dem Europäischen Parlament und dem Rat.

(6) Ein delegierter Rechtsakt, der gemäß Artikel 28 Absatz 4, Artikel 29 Absatz 6 und Artikel 36 Absatz 3 erlassen wurde, tritt nur in Kraft, wenn weder das Europäische Parlament noch der Rat innerhalb einer Frist von zwei Monaten nach Übermittlung dieses Rechtsakts an das Europäische Parlament und den Rat Einwände erhoben haben oder wenn vor Ablauf dieser Frist das Europäische Parlament und der Rat beide der Kommission mitgeteilt haben, dass sie keine Einwände erheben werden. Auf Initiative des Europäischen Parlaments oder des Rates wird diese Frist um zwei Monate verlängert.

(ABl L 198 vom 25. 7. 2019, S. 241)

Artikel 58
Ausschuss

(1) Die Kommission wird von einem Ständigen Ausschuss für Pflanzen, Tiere, Lebensmittel und Futtermittel (im Folgenden „der Ausschuss" genannt) unterstützt. Dieser Ausschuss ist ein Ausschuss im Sinne der Verordnung (EU) Nr. 182/2011 des Europäischen Parlaments und des Rates[1]. Der Ausschuss wird nach Fachgruppen organisiert, die alle einschlägigen Themen behandeln. *(ABl L 189 vom 27. 6. 2014, S. 1)*

(2) Wird auf diesen Absatz Bezug genommen, so gelten die Artikel 5 und 7 des Beschlusses 1999/468/EG unter Beachtung von dessen Artikel 8.

Der Zeitraum nach Artikel 5 Absatz 6 des Beschlusses 1999/468/EG wird auf drei Monate festgesetzt.
(ABl L 188 vom 18. 7. 2009, S. 63)

(3) *(aufgehoben, ABl L 198 vom 25. 7. 2019, S. 241)*

Artikel 59
Funktionen des Ausschusses

Der Ausschuss nimmt die ihm durch diese Verordnung und sonstige einschlägige Gemeinschaftsbestimmungen zugewiesenen Funktionen in den Fällen und unter den Bedingungen wahr, die in

---

Zu Artikel 57a:
[1] *ABl. L 123 vom 12.5.2016, S. 1.*
Zu Artikel 58:
[1] *Verordnung (EU) Nr. 182/2011 des Europäischen Parlaments und des Rates vom 16. Februar 2011 zur Festlegung der allgemeinen Regeln und Grundsätze, nach denen die Mitgliedstaaten die Wahrnehmung der Durchführungsbefugnisse durch die Kommission kontrollieren (ABl. L 55 vom 28.2.2011, S. 13).*

11. EG-BasisV
Artikel 59 – 61a

den genannten Vorschriften festgelegt sind. Ferner kann er entweder auf Initiative des Vorsitzenden oder auf schriftlichen Antrag eines seiner Mitglieder jede Frage prüfen, die unter die genannten Vorschriften fällt.

Artikel 60
Vermittlungsverfahren

(1) Ist ein Mitgliedstaat der Ansicht, dass eine von einem anderen Mitgliedstaat im Bereich der Lebensmittelsicherheit getroffene Maßnahme entweder mit dieser Verordnung unvereinbar oder so beschaffen ist, dass sie das Funktionieren des Binnenmarktes beeinträchtigen kann, so legt er unbeschadet der Anwendung sonstiger Gemeinschaftsvorschriften die Angelegenheit der Kommission vor, die den betreffenden Mitgliedstaat unverzüglich unterrichtet.

(2) Die beiden betroffenen Mitgliedstaaten und die Kommission bemühen sich nach Kräften, das Problem zu lösen. Kann keine Einigung erzielt werden, so kann die Kommission bei der Behörde ein Gutachten zu etwaigen relevanten strittigen wissenschaftlichen Fragen anfordern. Die Bedingungen einer solchen Anforderung und die Frist, innerhalb deren die Behörde das Gutachten zu erstellen hat, werden zwischen der Kommission und der Behörde nach Konsultation der beiden betroffenen Mitgliedstaaten einvernehmlich festgelegt.

ABSCHNITT 2
SCHLUSSBESTIMMUNGEN

Artikel 61
Überprüfungsklausel

(1) Die Kommission gewährleistet die regelmäßige Überprüfung der Anwendung dieser Verordnung.

(2) Bis zum 28. März 2026 und danach alle fünf Jahre bewertet die Kommission entsprechend den Leitlinien der Kommission die Leistung der Behörde im Verhältnis zu ihren Zielen, ihrem Mandat, ihren Aufgaben, ihren Verfahren und ihrem Standort. Diese Bewertung erstreckt sich zudem auf die Auswirkungen von Artikel 32a auf die Arbeitsweise der Behörde, wobei der jeweiligen Arbeitsbelastung und Mobilisierung der Mitarbeiter und der Frage, ob dies zu Veränderungen bei der Verteilung der Ressourcen der Behörde auf Kosten der Tätigkeiten von öffentlichem Interesse geführt hat, besondere Aufmerksamkeit zu widmen ist. Diese Bewertung betrifft die eventuell erforderliche Änderung des Mandats der Behörde und die finanziellen Auswirkungen einer solchen Änderung.

(3) Im Rahmen der in Absatz 2 genannten Überprüfung bewertet die Kommission, ob der organisatorische Rahmen der Behörde im Hinblick auf Entscheidungen über Vertraulichkeitsersuchen und Zweitanträge weiter aktualisiert werden muss, und zwar durch die Einrichtung einer eigenen Beschwerdekammer oder durch andere geeignete Mittel.

(4) Ist die Kommission der Auffassung, dass Ziele, Mandat und Aufgaben der Behörde die Fortführung ihrer Tätigkeiten nicht länger rechtfertigen, kann sie eine entsprechende Änderung oder Aufhebung der betreffenden Bestimmungen dieser Verordnung vorschlagen.

(5) Die Kommission erstattet dem Europäischen Parlament, dem Rat und dem Verwaltungsrat über die Ergebnisse ihrer Prüfungen und Bewertungen gemäß diesem Artikel Bericht. Diese Ergebnisse werden öffentlich zugänglich gemacht.

(ABl L 231 vom 6. 9. 2019, S. 1)

Artikel 61a
Sondierungsbesuche

Experten der Kommission führen auf Sondierungsbesuche in den Mitgliedstaaten durch, um zu überprüfen, ob die Labore und anderen Untersuchungseinrichtungen die einschlägigen Normen für die Durchführung von Untersuchungen und Studien einhalten, die der Behörde als Teil eines Antrags vorgelegt werden, und ob die Meldepflicht gemäß Artikel 32b Absatz 3 bis zum 28. März 2025 eingehalten wird. Bis zu diesem Zeitpunkt und sofern das in den einschlägigen Abkommen oder Vereinbarungen mit Drittländern, auch im Sinne des Artikels 49, vorgesehen ist, führen Experten der Kommission auch Sondierungsbesuche in Drittländern durch, um zu überprüfen, ob dortige Labore und andere Untersuchungseinrichtungen diese Normen einhalten.

Die bei diesen Sondierungsbesuchen festgestellten Verstöße werden der Kommission, den Mitgliedstaaten, der Behörde sowie den überprüften Laboren und anderen Untersuchungseinrichtungen, mitgeteilt. Die Kommission, die Behörde und die Mitgliedstaaten stellen sicher, dass mit geeigneten Maßnahmen auf diese festgestellten Verstöße reagiert wird.

Das Ergebnis dieser Sondierungsbesuche wird in einem zusammenfassenden Bericht dargelegt. Die Kommission legt auf der Grundlage dieses Berichts gegebenenfalls einen Legislativvorschlag vor, der insbesondere Bestimmungen zu möglicherweise notwendigen Kontrollverfahren, einschließlich Audits, enthält.

(ABl L 231 vom 6. 9. 2019, S. 1)

11. EG-BasisV
Artikel 62 – 65

Artikel 62
Bezugnahmen auf die Europäische Behörde für Lebensmittelsicherheit und auf den Ständigen Ausschuss für die Lebensmittelkette und Tiergesundheit

(1) Bezugnahmen auf den Wissenschaftlichen Lebensmittelausschuss, den Wissenschaftlichen Futtermittelausschuss, den Wissenschaftlichen Veterinärausschuss, den Wissenschaftlichen Ausschuss für Schädlingsbekämpfungsmittel, den Wissenschaftlichen Ausschuss „Pflanzen" sowie den Wissenschaftlichen Lenkungsausschuss in den Rechtsvorschriften der Gemeinschaft werden durch eine Bezugnahme auf die Europäische Behörde für Lebensmittelsicherheit ersetzt.

(2) Bezugnahmen auf den Ständigen Lebensmittelausschuss, den Ständigen Futtermittelausschuss und den Ständigen Veterinärausschuss in den Rechtsvorschriften der Gemeinschaft werden durch eine Bezugnahme auf den Ständigen Ausschuss für die Lebensmittelkette und Tiergesundheit ersetzt.
Bezugnahmen auf den Ständigen Ausschuss für Pflanzenschutz im Zusammenhang mit Pflanzenschutzmitteln und Rückstandshöchstgehalten in den Rechtsvorschriften der Gemeinschaft, die sich auf die Richtlinien 76/895/EWG, 86/362/EWG, 86/ 363/EWG, 90/642/EWG und 91/414/EWG stützen, wie auch in diesen Richtlinien selbst, werden durch eine Bezugnahme auf den Ständigen Ausschuss für die Lebensmittelkette und Tiergesundheit ersetzt.

(3) Im Sinne der Absätze 1 und 2 bezeichnet der Ausdruck „Rechtsvorschriften der Gemeinschaft" sämtliche Verordnungen, Richtlinien, Beschlüsse und Entscheidungen der Gemeinschaft.

(4) Die Beschlüsse 68/361/EWG, 69/414/EWG und 70/ 372/EWG werden aufgehoben.

Artikel 63
Zuständigkeit der Europäischen Agentur für die Beurteilung von Arzneimitteln

Diese Verordnung berührt nicht die Zuständigkeit, die der Europäischen Agentur für die Beurteilung von Arzneimitteln gemäß der Verordnung (EWG) Nr. 2309/93, der Verordnung (EWG) Nr. 2377/90, der Richtlinie 75/319/EWG des Rates[1] und der Richtlinie 81/851/EWG des Rates[2] übertragen wurde.

Artikel 64
Beginn der Tätigkeit der Behörde

Die Behörde nimmt ihre Tätigkeit am 1. Januar 2002 auf.

Artikel 65
Inkrafttreten

Diese Verordnung tritt am zwanzigsten Tag nach ihrer Veröffentlichung im Amtsblatt der Europäischen Gemeinschaften in Kraft.
Die Artikel 11 und 12 sowie 14 bis 20 gelten ab dem 1. Januar 2005.
Die Artikel 29, 56, 57, 60 und Artikel 62 Absatz 1 gelten vom Tag der Ernennung der Mitglieder des Wissenschaftlichen Ausschusses und der Wissenschaftlichen Gremien an, die durch eine Mitteilung in der C-Reihe des Amtsblatts bekannt gegeben wird.

Diese Verordnung ist in allen ihren Teilen verbindlich und gilt unmittelbar in jedem Mitgliedstaat.

Geschehen zu Brüssel am 28. Januar 2002.

Im Namen des Europäischen Parlaments	Im Namen des Rates
Der Präsident	Der Präsident
P. COX	J. PIQUÉ I CAMPS

Zu Artikel 63:
[1] ABl. L 147 vom 9.6.1975, S. 13. Richtlinie geändert durch die Richtlinie 2001/83/EG des Europäischen Parlaments und des Rates (ABl. L 311 vom 28.11.2001, S. 67).
[2] ABl. L 317 vom 6.11.1981, S. 1. Richtlinie geändert durch die Richtlinie 2001/82/EG des Europäischen Parlaments und des Rates (ABl. L 311 vom 28.11.2001, S. 1).

12. EG-Hygiene-Verordnungen

Übersicht

12/1. **Verordnung (EG) Nr. 852/2004 über Lebensmittelhygiene**, ABl L 226 S 3 idF ABl L 2008/277, 7, ABl L 2009/87, 109 und ABl L 2021/74, 3

12/2. **Verordnung (EG) Nr. 853/2004 mit spezifischen Hygienevorschriften für Lebensmittel tierischen Ursprungs**, ABl L 226 S 22 idF ABl L 2005/338, 27, ABl L 2005/338, 83, ABl L 2006/320, 1, ABl L 2006/363, 1, ABl L 2007/281, 8, ABl L 2008/277, 8, ABl L 2009/87, 109, ABl L 2009/314, 8, ABl L 2010/159, 18, ABl L 2011/46, 14, ABl L 2011/327, 39, ABl L 2012/8, 29, ABl L 2013/158, 27, ABl L 2013/220, 14, ABl L 2014/69, 95, ABl L 2014/175, 6, ABl L 2014/307, 28, ABl L 2016/67, 22, ABl L 2017/285, 3, ABl L 2017/285, 10, ABl L 2019/198, 241, ABl L 2020/434, 10, ABl L 2021/297, 1, ABl L 2021/357, 27

12/3. **Verordnung (EG) Nr. 2073/2005 über mikrobiologische Kriterien für Lebensmittel**, ABl L 338 S 1 idF ABl L 2007/322, 2, ABl L 2010/107, 9 und ABl L 2011/281, 7, ABl L 2013/68, 19, ABl L 2013/282, 46, ABl L 2014/69, 93, ABl L 2015/323, 2, ABl L 2017/218, 1, ABl L 2019/37, 106, ABl L 2020/43, 63

12/4. **Verordnung (EG) Nr. 2074/2005 zur Festlegung von Durchführungsvorschriften für bestimmte unter die Verordnung (EG) Nr. 853/2004 des Europäischen Parlaments und des Rates fallende Erzeugnisse und für die in den Verordnungen (EG) Nr. 854/2004 des Europäischen Parlaments und des Rates und (EG) Nr. 882/ 2004 des Europäischen Parlaments und des Rates vorgesehenen amtlichen Kontrollen, zur Abweichung von der Verordnung (EG) Nr. 852/2004 des Europäischen Parlaments und des Rates und zur Änderung der Verordnungen (EG) Nr. 853/2004 und (EG) Nr. 854/2004**, ABl L 338 S 27 idF ABl L 2006/320, 13, ABl L 2007/281, 12, ABl L 2008/277, 18, ABl L 2008/337, 31, ABl L 2011/6, 3, ABl L 2011/207, 1, ABl L 2012/306, 1, ABl L 2014/69, 95, ABl L 2015/324, 5, ABl L 2016/126, 13, ABl L 2017/281, 21, ABl L 2017/285, 8, ABl L 2019/131, 51, ABl L 2019/131, 101, ABl L 2019/180, 12, ABl L 2020/167, 17

12/5. **Durchführungsverordnung (EU) 2015/1375 mit spezifischen Vorschriften für die amtlichen Fleischuntersuchungen auf Trichinen**, ABl L 212 S 7

12/6. **Verordnung (EU) Nr. 101/2013 über die Verwendung von Milchsäure zur Verringerung mikrobiologischer Oberflächenverunreinigungen von Rinderschlachtkörpern**, ABl L 34 S 1

12/7. **Verordnung (EU) Nr. 210/2013 über die Zulassung von Sprossen erzeugenden Betrieben gemäß der Verordnung (EG) Nr. 852/2004 des Europäischen Parlaments und des Rates**, ABl L 68 S 24

12/8. **Verordnung (EU) Nr. 579/2014 über eine Ausnahmeregelung zu einigen Bestimmungen des Anhangs II der Verordnung (EG) Nr. 852/2004 des Europäischen Parlaments und des Rates hinsichtlich der Beförderung flüssiger Öle und Fette auf dem Seeweg**, ABl L 160 S 14 idF ABl L 2016/45, 1, ABl L 2019/159, 26

12/9. **Verordnung (EU) 2015/1474 über die Verwendung wiederaufbereiteten Heißwassers zur Entfernung mikrobiologischer Oberflächenverunreinigungen von Schlachtkörpern**, ABl L 225 S 7

12. EG-Hygiene-V

12/10. **Verordnung (EU) 2017/185 zur Festlegung von Übergangsmaßnahmen für die Anwendung gewisser Bestimmungen der Verordnungen (EG) Nr. 853/2004 und (EG) Nr. 854/2004 des Europäischen Parlaments und des Rates,** ABl L 29 S 21

12/11. **Verordnung (EU) 2017/2158 der Kommission vom 20. November 2017 zur Festlegung von Minimierungsmaßnahmen und Richtwerten für die Senkung des Acrylamidgehalts in Lebensmitteln,** ABl L 304 S 24 *(nicht abgedruckt)*

12/1. Verordnung (EG) Nr. 852/2004 über Lebensmittelhygiene

ABl L 226 vom 25. 6. 2004, S. 3 idF

1 ABl L 204 vom 4. 8. 2007, S. 26 (Berichtigung)
2 ABl L 46 vom 21. 2. 2008, S. 51 (Berichtigung)
3 ABl L 277 vom 18. 10. 2008, S. 7
4 ABl L 58 vom 3. 3. 2009, S. 3 (Berichtigung)
5 ABl L 87 vom 31. 3. 2009, S. 109
6 ABl L 74 vom 4. 3. 2021, S. 3

Verordnung (EG) Nr. 852/2004 des Europäischen Parlaments und des Rates vom 29. April 2004 über Lebensmittelhygiene

DAS EUROPÄISCHE PARLAMENT UND DER RAT DER EUROPÄISCHEN UNION —

gestützt auf den Vertrag zur Gründung der Europäischen Gemeinschaft, insbesondere auf die Artikel 95 und 152 Absatz 4 Buchstabe b),

auf Vorschlag der Kommission[1],

nach Stellungnahme des Wirtschafts- und Sozialausschusses[2],

nach Anhörung des Ausschusses der Regionen,

gemäß dem Verfahren des Artikels 251 des Vertrags[3],

in Erwägung nachstehender Gründe:

(1) Ein hohes Maß an Schutz für Leben und Gesundheit des Menschen ist eines der grundlegenden Ziele des Lebensmittelrechts, wie es in der Verordnung (EG) Nr. 178/2002[4] festgelegt wurde. In der genannten Verordnung werden noch weitere gemeinsame Grundsätze und Definitionen für das einzelstaatliche und das gemeinschaftliche Lebensmittelrecht festgelegt, darunter das Ziel des freien Verkehrs mit Lebensmitteln in der Gemeinschaft.

(2) Mit der Richtlinie 93/43/EWG des Rates vom 14. Juni 1993 über Lebensmittelhygiene[5] wurden die allgemeinen Hygienevorschriften für Lebensmittel und die Verfahren für die Überprüfung der Einhaltung dieser Vorschriften festgelegt.

(3) Die Erfahrung hat gezeigt, dass diese Vorschriften und Verfahren eine solide Grundlage für die Gewährleistung der Sicherheit von Lebensmitteln bilden. Im Rahmen der Gemeinsamen Agrarpolitik sind viele Richtlinien angenommen worden, in denen spezifische Hygienevorschriften für die Produktion und das Inverkehrbringen der in Anhang I des Vertrags aufgeführten Erzeugnisse festgelegt worden sind. Diese Hygienevorschriften haben Hemmnisse im Handel mit den betreffenden Erzeugnissen reduziert und so zur Schaffung des Binnenmarktes beigetragen und gleichzeitig für den Verbraucher ein hohes Gesundheitsschutzniveau gewährleistet.

(4) Zum Schutz der öffentlichen Gesundheit enthalten diese Vorschriften und Verfahren gemeinsame Grundregeln, insbesondere betreffend die Pflichten der Hersteller und der zuständigen Behörden, die Anforderungen an Struktur, Betrieb und Hygiene der Unternehmen, die Verfahren für die Zulassung von Unternehmen, die Lager- und Transportbedingungen und die Genusstauglichkeitskennzeichnung.

(5) Diese Grundregeln stellen die allgemeine Grundlage für die hygienische Herstellung aller Lebensmittel einschließlich der in Anhang I des Vertrags aufgeführten Erzeugnisse tierischen Ursprungs dar.

Zur Präambel

[1] *ABl. C 365 E vom 19.12.2000, S. 43.*
[2] *ABl. C 155 vom 29.5.2001, S. 39.*
[3] *Stellungnahme des Europäischen Parlaments vom 15. Mai 2002 (ABl. C 180 E vom 31.7.2003, S. 267), Gemeinsamer Standpunkt des Rates vom 27. Oktober 2003 (ABl. C 48 E vom 24.2.2004, S. 1), Standpunkt des Europäischen Parlaments vom 30. März 2004 (noch nicht im Amtsblatt veröffentlicht) und Beschluss des Rates vom 16. April 2004.*

Zu Abs. 1:

[4] *Verordnung (EG) Nr. 178/2002 des Europäischen Parlaments und des Rates vom 28. Januar 2002 zur Festlegung der allgemeinen Grundsätze des Lebensmittelrechts, zur Errichtung der Europäischen Behörde für Lebensmittelsicherheit und zur Festlegung von Verfahren zur Lebensmittelsicherheit (ABl. L 31 vom 1.2.2002, S. 1). Verordnung geändert durch die Verordnung (EG) Nr. 1642/2003 (ABl. L 245 vom 29.9.2003, S. 4).*

Zu Abs. 2:

[5] *ABl. L 175 vom 19.7.1993, S. 1. Richtlinie geändert durch die Verordnung (EG) Nr. 1882/2003 des Europäischen Parlaments und des Rates (ABl. L 284 vom 31.10.2003, S. 1).*

(6) Neben dieser allgemeinen Grundlage sind für bestimmte Lebensmittel spezifische Hygienevorschriften erforderlich. Diese Vorschriften sind in der Verordnung (EG) Nr. 853/2004 des Europäischen Parlaments und des Rates vom 29. April 2004 mit spezifischen Hygienevorschriften für Lebensmittel tierischen Ursprungs[6)] niedergelegt.

(7) Hauptziel der neuen allgemeinen und spezifischen Hygienevorschriften ist es, hinsichtlich der Sicherheit von Lebensmitteln ein hohes Verbraucherschutzniveau zu gewährleisten.

(8) Zur Gewährleistung der Lebensmittelsicherheit von der Primärproduktion bis hin zum Inverkehrbringen oder zur Ausfuhr ist ein integriertes Konzept erforderlich. Jeder Lebensmittelunternehmer in der gesamten Lebensmittelkette sollte dafür sorgen, dass die Lebensmittelsicherheit nicht gefährdet wird.

(9) Die Gemeinschaftsvorschriften sollten weder für die Primärproduktion für den privaten häuslichen Gebrauch noch für die häusliche Verarbeitung, Handhabung oder Lagerung von Lebensmitteln zum häuslichen privaten Verbrauch gelten. Außerdem sollten sie nur für Unternehmen gelten, wodurch eine gewisse Kontinuität der Tätigkeiten und ein gewisser Organisationsgrad bedingt ist.

(10) Gesundheitsgefahren, die auf Ebene der Primärproduktion gegeben sind, sollten identifiziert und in angemessener Weise unter Kontrolle gebracht werden, um sicherzustellen, dass die Ziele dieser Verordnung erreicht werden. Bei der direkten Abgabe kleiner Mengen von Primärerzeugnissen durch den erzeugenden Lebensmittelunternehmer an den Endverbraucher oder an ein örtliches Einzelhandelsunternehmen ist es angezeigt, die öffentliche Gesundheit durch einzelstaatliche Rechtsvorschriften zu schützen, und zwar insbesondere aufgrund der engen Beziehungen zwischen Erzeuger und Verbraucher.

(11) Die Anwendung der Grundsätze der Gefahrenanalyse und der Überwachung kritischer Kontrollpunkte (HACCP-Grundsätze) auf den Primärsektor ist noch nicht allgemein durchführbar. Es sollte aber Leitlinien für eine gute Verfahrenspraxis geben, die zur Anwendung einer geeigneten Hygienepraxis in den landwirtschaftlichen Betrieben beitragen. Soweit erforderlich, sollten außerdem spezifische Hygienevorschriften für die Primärproduktion diese Leitlinien ergänzen.

Die Hygieneanforderungen an die Primärproduktion und damit zusammenhängende Vorgänge sollten sich von denen für andere Arbeitsvorgänge unterscheiden.

(12) Die Lebensmittelsicherheit beruht auf mehreren Faktoren. Die Mindesthygieneanforderungen sollten in Rechtsvorschriften festgelegt sein; zur Überwachung der Erfüllung der Anforderungen durch die Lebensmittelunternehmer sollte es amtliche Kontrollen geben; die Lebensmittelunternehmer sollten Programme für die Lebensmittelsicherheit und Verfahren auf der Grundlage der HACCP-Grundsätze einführen und anwenden.

(13) Eine erfolgreiche Umsetzung der Verfahren auf der Grundlage der HACCP-Grundsätze erfordert die volle Mitwirkung und das Engagement der Beschäftigten des jeweiligen Lebensmittelunternehmens. Diese sollten dafür entsprechend geschult werden. Das HACCP-System ist ein Instrument, das Lebensmittelunternehmern hilft, einen höheren Lebensmittelsicherheitsstandard zu erreichen. Das HACCP-System sollte nicht als ein Verfahren der Selbstregulierung angesehen werden und nicht die amtliche Überwachung ersetzen.

(14) Obwohl die Einführung von Verfahren auf der Grundlage der HACCP-Grundsätze für die Primärproduktion zunächst noch nicht vorgeschrieben werden sollte, sollte im Rahmen der Überprüfung dieser Verordnung, die die Kommission im Rahmen der Durchführung vornehmen wird, auch untersucht werden, ob diese Anforderung ausgedehnt werden kann. Die Mitgliedstaaten sollten jedoch die Unternehmen im Rahmen der Primärproduktion anregen, diese Grundsätze so weit wie möglich anzuwenden.

(15) Die HACCP-Anforderungen sollten den im Codex Alimentarius enthaltenen Grundsätzen Rechnung tragen. Sie sollten so flexibel sein, dass sie, auch in kleinen Betrieben, in allen Situationen anwendbar sind. Insbesondere muss davon ausgegangen werden, dass die Identifizierung der kritischen Kontrollpunkte in bestimmten Lebensmittelunternehmen nicht möglich ist und dass eine gute Hygienepraxis in manchen Fällen die Überwachung der kritischen Kontrollpunkte ersetzen kann. So bedeutet auch die verlangte Festsetzung von „kritischen Grenzwerten" nicht, dass in jedem Fall ein in Zahlen ausgedrückter Grenzwert festzusetzen ist. Im Übrigen muss die Verpflichtung zur Aufbewahrung von Unterlagen flexibel sein, um einen übermäßigen Aufwand für sehr kleine Unternehmen zu vermeiden.

Zu Abs. 6:
[6)] Siehe Seite 22 dieses Amtsblatts. (ABl 2004 L 226, S. 3)

(16) Flexibilität ist außerdem angezeigt, damit traditionelle Methoden auf allen Produktions-, Verarbeitungs- und Vertriebsstufen von Lebensmitteln weiterhin angewandt werden können, wie auch in Bezug auf strukturelle Anforderungen an die Betriebe. Die Flexibilität ist für Regionen in schwieriger geografischer Lage — einschließlich der in Artikel 299 Absatz 2 des Vertrags aufgeführten Gebiete in äußerster Randlage — von besonderer Bedeutung. Die Flexibilität sollte jedoch die Ziele der Lebensmittelhygiene nicht in Frage stellen. Außerdem sollte das Verfahren, das den Mitgliedstaaten die Möglichkeit der Flexibilität einräumt, vollkommen transparent sein, da alle nach den Hygienevorschriften hergestellten Lebensmittel sich in der Gemeinschaft im freien Verkehr befinden werden. Dabei sollte vorgesehen werden, dass etwaige Meinungsverschiedenheiten in dem mit der Verordnung (EG) Nr. 178/2002 eingesetzten Ständigen Ausschuss für die Lebensmittelkette und Tiergesundheit erörtert und gelöst werden.

(17) Die Umsetzung der Hygienevorschriften kann durch Zielvorgaben, z. B. Ziele für die Reduzierung pathogener Erreger oder Leistungsnormen, gelenkt werden. Daher müssen entsprechende Verfahrensvorschriften festgelegt werden. Solche Zielvorgaben würden das geltende Lebensmittelrecht ergänzen, beispielsweise die Verordnung (EWG) Nr. 315/93 des Rates vom 8. Februar 1993 zur Festlegung von gemeinschaftlichen Verfahren zur Kontrolle von Kontaminanten in Lebensmitteln[7], die für bestimmte Kontaminanten die Festlegung von Höchstwerten vorsieht, und die Verordnung (EG) Nr. 178/2002, die das Inverkehrbringen nicht sicherer Lebensmittel untersagt und eine einheitliche Grundlage für die Anwendung des Vorsorgeprinzips schafft.

(18) Um dem technischen und wissenschaftlichen Fortschritt Rechnung zu tragen, sollte eine enge und effiziente Zusammenarbeit zwischen der Kommission und den Mitgliedstaaten im Ständigen Ausschuss für die Lebensmittelkette und Tiergesundheit sichergestellt werden. Die vorliegende Verordnung trägt den internationalen Verpflichtungen im Rahmen des WTO-Übereinkommens über gesundheitspolizeiliche und pflanzenschutzrechtliche Maßnahmen und den im Codex Alimentarius enthaltenen internationalen Lebensmittelsicherheitsstandards Rechnung.

(19) Die Registrierung der Betriebe und die Kooperation der Lebensmittelunternehmer sind erforderlich, damit die zuständigen Behörden die amtlichen Kontrollen wirksam durchführen können.

(20) Ein wesentlicher Aspekt der Lebensmittelsicherheit ist die Rückverfolgbarkeit des Lebensmittels und seiner Zutaten auf allen Stufen der Lebensmittelkette. Die Verordnung (EG) Nr. 178/2002 enthält Regelungen zur Rückverfolgbarkeit von Lebensmitteln und Zutaten sowie ein Verfahren zum Erlass von Bestimmungen zur Anwendung dieser Grundsätze auf bestimmte Sektoren.

(21) In die Gemeinschaft eingeführte Lebensmittel müssen den allgemeinen Anforderungen der Verordnung (EG) Nr. 178/2002 genügen oder müssen Bestimmungen entsprechen, die den Gemeinschaftsbestimmungen gleichwertig sind. Die vorliegende Verordnung regelt bestimmte spezifische Hygieneanforderungen für in die Gemeinschaft eingeführte Lebensmittel.

(22) Aus der Gemeinschaft in Drittländer ausgeführte Lebensmittel müssen den allgemeinen Anforderungen der Verordnung (EG) Nr. 178/2002 entsprechen. Die vorliegende Verordnung regelt bestimmte spezifische Hygieneanforderungen für aus der Gemeinschaft ausgeführte Lebensmittel.

(23) Lebensmittelhygienevorschriften der Gemeinschaft müssen wissenschaftlich fundiert sein. Zu diesem Zweck ist erforderlichenfalls die Europäische Behörde für Lebensmittelsicherheit zu konsultieren.

(24) Die Richtlinie 93/43/EWG sollte aufgehoben werden, da sie durch die vorliegende Verordnung ersetzt wird.

(25) Die Anforderungen dieser Verordnung sollten nicht gelten, bevor nicht alle Teile der neuen Lebensmittelhygienevorschriften in Kraft getreten sind. Ferner ist es angezeigt, einen Zeitraum von mindestens 18 Monaten zwischen dem Inkrafttreten und der Anwendung der neuen Vorschriften vorzusehen, um den betroffenen Wirtschaftszweigen Zeit zur Anpassung zu lassen.

(26) Die zur Durchführung dieser Verordnung erforderlichen Maßnahmen sollten gemäß dem Beschluss 1999/468/EG des Rates vom 28. Juni 1999 zur Festlegung der Modalitäten für die

---

Zu Abs. 17:
[7] ABl. L 37 vom 13.2.1993, S. 1. Verordnung geändert durch die Verordnung (EG) Nr. 1882/2003.

12/1 EG/LM-HygieneV Allg.
Artikel 1 – 2

Ausübung der der Kommission übertragenen Durchführungsbefugnisse[8] erlassen werden —

HABEN FOLGENDE VERORDNUNG ERLASSEN:

KAPITEL I
ALLGEMEINE BESTIMMUNGEN

Artikel 1
Geltungsbereich

(1) Diese Verordnung enthält allgemeine Lebensmittelhygienevorschriften für Lebensmittelunternehmer unter besonderer Berücksichtigung folgender Grundsätze:

a) Die Hauptverantwortung für die Sicherheit eines Lebensmittels liegt beim Lebensmittelunternehmer.

b) Die Sicherheit der Lebensmittel muss auf allen Stufen der Lebensmittelkette, einschließlich der Primärproduktion, gewährleistet sein.

c) Bei Lebensmitteln, die nicht ohne Bedenken bei Raumtemperatur gelagert werden können, insbesondere bei gefrorenen Lebensmitteln, darf die Kühlkette nicht unterbrochen werden.

d) Die Verantwortlichkeit der Lebensmittelunternehmer sollte durch die allgemeine Anwendung von auf den HACCP-Grundsätzen beruhenden Verfahren in Verbindung mit einer guten Hygienepraxis gestärkt werden.

e) Leitlinien für eine gute Verfahrenspraxis sind ein wertvolles Instrument, das Lebensmittelunternehmern auf allen Stufen der Lebensmittelkette hilft, die Vorschriften der Lebensmittelhygiene einzuhalten und die HACCP-Grundsätze anzuwenden.

f) Auf der Grundlage wissenschaftlicher Risikobewertungen sind mikrobiologische Kriterien und Temperaturkontrollerfordernisse festzulegen.

g) Es muss sichergestellt werden, dass eingeführte Lebensmittel mindestens denselben oder gleichwertigen Hygienenormen entsprechen wie in der Gemeinschaft hergestellte Lebensmittel.

Diese Verordnung gilt für alle Produktions-, Verarbeitungs- und Vertriebsstufen von Lebensmitteln und für Ausfuhren sowie unbeschadet spezifischerer Vorschriften für die Hygiene von Lebensmitteln.

(2) Diese Verordnung gilt nicht für

a) die Primärproduktion für den privaten häuslichen Gebrauch;

b) die häusliche Verarbeitung, Handhabung oder Lagerung von Lebensmitteln zum häuslichen privaten Verbrauch;

c) die direkte Abgabe kleiner Mengen von Primärerzeugnissen durch den Erzeuger an den Endverbraucher oder an lokale Einzelhandelsgeschäfte, die die Erzeugnisse unmittelbar an den Endverbraucher abgeben;

d) Sammelstellen und Gerbereien, die ausschließlich deshalb unter die Definition „Lebensmittelunternehmen" fallen, weil sie mit Rohstoffen für die Herstellung von Gelatine oder Kollagen umgehen.

(3) Im Rahmen der einzelstaatlichen Rechtsvorschriften erlassen die Mitgliedstaaten Vorschriften für die Tätigkeiten im Sinne des Absatzes 2 Buchstabe c). Mit diesen einzelstaatlichen Vorschriften muss gewährleistet werden, dass die Ziele dieser Verordnung erreicht werden.

Artikel 2
Begriffsbestimmungen

(1) Für die Zwecke dieser Verordnung bezeichnet der Ausdruck

a) „Lebensmittelhygiene" (im Folgenden „Hygiene" genannt) die Maßnahmen und Vorkehrungen, die notwendig sind, um Gefahren unter Kontrolle zu bringen und zu gewährleisten, dass ein Lebensmittel unter Berücksichtigung seines Verwendungszwecks für den menschlichen Verzehr tauglich ist;

b) „Primärerzeugnisse" Erzeugnisse aus primärer Produktion einschließlich Anbauerzeugnissen, Erzeugnissen aus der Tierhaltung, Jagderzeugnissen und Fischereierzeugnissen;

c) „Betrieb" jede Einheit eines Lebensmittelunternehmens;

d) „zuständige Behörde" die Zentralbehörde eines Mitgliedstaats, die für die Einhaltung der Bestimmungen dieser Verordnung zuständig ist, oder jede andere Behörde, der die Zentralbehörde diese Zuständigkeit übertragen hat, gegebenenfalls auch die entsprechende Behörde eines Drittlandes;

e) „gleichwertig" in Bezug auf unterschiedliche Systeme ein zur Verwirklichung derselben Ziele geeignetes Verfahren;

f) „Kontamination" das Vorhandensein oder das Hereinbringen einer Gefahr;

g) „Trinkwasser" Wasser, das den Mindestanforderungen der Richtlinie 98/83/EG des Rates vom 3. November 1998 über die Qualität von Wasser für den menschlichen Gebrauch[1] entspricht;

h) „sauberes Meerwasser" natürliches, künstliches oder gereinigtes Meer- oder Brackwasser,

---

Zu Abs. 26:
[8] ABl. L 184 vom 17.7.1999, S. 23.

Zu Artikel 2:
[1] ABl. L 330 vom 5.12.1998, S. 32. Richtlinie geändert durch die Verordnung (EG) Nr. 1882/2003.

das keine Mikroorganismen, keine schädlichen Stoffe und kein toxisches Meeresplankton in Mengen aufweist, die die Gesundheitsqualität von Lebensmitteln direkt oder indirekt beeinträchtigen können;

i) „sauberes Wasser" sauberes Meerwasser und Süßwasser von vergleichbarer Qualität;

j) „Umhüllung" das Platzieren eines Lebensmittels in eine Hülle oder ein Behältnis, die das Lebensmittel unmittelbar umgeben, sowie diese Hülle oder dieses Behältnis selbst;

k) „Verpackung" das Platzieren eines oder mehrerer umhüllter Lebensmittel in ein zweites Behältnis sowie dieses Behältnis selbst;

l) „luftdicht verschlossener Behälter" einen Behälter, der seiner Konzeption nach dazu bestimmt ist, seinen Inhalt gegen das Eindringen von Gefahren zu schützen;

m) „Verarbeitung" eine wesentliche Veränderung des ursprünglichen Erzeugnisses, beispielsweise durch Erhitzen, Räuchern, Pökeln, Reifen, Trocknen, Marinieren, Extrahieren, Extrudieren oder durch eine Kombination dieser verschiedenen Verfahren;

n) „unverarbeitete Erzeugnisse" Lebensmittel, die keiner Verarbeitung unterzogen wurden, einschließlich Erzeugnisse, die geteilt, ausgelöst, getrennt, in Scheiben geschnitten, ausgebeint, fein zerkleinert, enthäutet, gemahlen, geschnitten, gesäubert, garniert, enthülst, geschliffen, gekühlt, gefroren, tiefgefroren oder aufgetaut wurden;

o) „Verarbeitungserzeugnisse" Lebensmittel, die aus der Verarbeitung unverarbeiteter Erzeugnisse hervorgegangen sind; diese Erzeugnisse können Zutaten enthalten, die zu ihrer Herstellung oder zur Verleihung besonderer Merkmale erforderlich sind.

(2) Ferner gelten die Begriffsbestimmungen der Verordnung (EG) Nr. 178/2002.

(3) Im Sinne der Anhänge dieser Verordnung bedeuten Ausdrücke wie „erforderlichenfalls", „geeignet", „angemessen" und „ausreichend" im Hinblick auf die Ziele dieser Verordnung erforderlich, geeignet, angemessen und ausreichend.

KAPITEL II
VERPFLICHTUNGEN DER LEBENSMITTELUNTERNEHMER

Artikel 3
Allgemeine Verpflichtung

Die Lebensmittelunternehmer stellen sicher, dass auf allen ihrer Kontrolle unterstehenden Produktions-, Verarbeitungs- und Vertriebsstufen von Lebensmitteln die einschlägigen Hygienevorschriften dieser Verordnung erfüllt sind.

Artikel 4
Allgemeine und spezifische Hygienevorschriften

(1) Lebensmittelunternehmer, die in der Primärproduktion tätig sind und die in Anhang I aufgeführten damit zusammenhängenden Vorgänge durchführen, haben die allgemeinen Hygienevorschriften gemäß Anhang I Teil A sowie etwaige spezielle Anforderungen der Verordnung (EG) Nr. 853/2004 zu erfüllen.

(2) Lebensmittelunternehmer, die auf Produktions-, Verarbeitungs- und Vertriebsstufen von Lebensmitteln tätig sind, die den Arbeitsgängen gemäß Absatz 1 nachgeordnet sind, haben die allgemeinen Hygienevorschriften gemäß Anhang II sowie etwaige spezielle Anforderungen der Verordnung (EG) Nr. 853/2004 zu erfüllen.

(3) Lebensmittelunternehmer treffen gegebenenfalls folgende spezifischen Hygienemaßnahmen:

a) Erfüllung mikrobiologischer Kriterien für Lebensmittel;

b) Verfahren, die notwendig sind, um den Zielen zu entsprechen, die zur Erreichung der Ziele dieser Verordnung gesetzt worden sind;

c) Erfüllung der Temperaturkontrollerfordernisse für Lebensmittel;

d) Aufrechterhaltung der Kühlkette;

e) Probennahme und Analyse.

(4) Die in Absatz 3 genannten Kriterien, Erfordernisse und Ziele sowie die entsprechenden Methoden für die Probenahme und die Analyse werden von der Kommission festgelegt. Diese Maßnahmen zur Änderung nicht wesentlicher Bestimmungen dieser Verordnung durch Ergänzung werden nach dem in Artikel 14 Absatz 3 genannten Regelungsverfahren mit Kontrolle erlassen. *(ABl L 87 vom 31. 3. 2009, S. 109)*

(5) Falls in dieser Verordnung, in der Verordnung (EG) Nr. 853/2004 und in deren Durchführungsmaßnahmen keine Probenahme- und Analysemethoden festgelegt sind, können die Lebensmittelunternehmer in anderen gemeinschaftlichen oder einzelstaatlichen Rechtsvorschriften festgelegte geeignete Methoden anwenden; bestehen solche Methoden nicht, so können die Lebensmittelunternehmer Methoden anwenden, die den Ergebnissen der Referenzmethode gleichwertige Ergebnisse erbringen, sofern diese Methoden nach international anerkannten Regeln oder Protokollen wissenschaftlich validiert sind.

(6) Die Lebensmittelunternehmer können für die Erfüllung ihrer Verpflichtungen aus dieser Verordnung unterstützend auf Leitlinien gemäß den Artikeln 7, 8 und 9 zurückgreifen.

Artikel 5
Gefahrenanalyse und kritische Kontrollpunkte

(1) Die Lebensmittelunternehmer haben ein oder mehrere ständige Verfahren, die auf den HACCP-Grundsätzen beruhen, einzurichten, durchzuführen und aufrechtzuerhalten.

(2) Die in Absatz 1 genannten HACCP-Grundsätze sind die Folgenden:

a) Ermittlung von Gefahren, die vermieden, ausgeschaltet oder auf ein akzeptables Maß reduziert werden müssen,

b) Bestimmung der kritischen Kontrollpunkte, auf der (den) Prozessstufe(n), auf der (denen) eine Kontrolle notwendig ist, um eine Gefahr zu vermeiden, auszuschalten oder auf ein akzeptables Maß zu reduzieren,

c) Festlegung von Grenzwerten für diese kritischen Kontrollpunkte, anhand deren im Hinblick auf die Vermeidung, Ausschaltung oder Reduzierung ermittelter Gefahren zwischen akzeptablen und nicht akzeptablen Werten unterschieden wird,

d) Festlegung und Durchführung effektiver Verfahren zur Überwachung der kritischen Kontrollpunkte, *(ABl L 46 vom 21. 2. 2008, S. 51)*

e) Festlegung von Korrekturmaßnahmen für den Fall, dass die Überwachung zeigt, dass ein kritischer Kontrollpunkt nicht unter Kontrolle ist,

f) Festlegung von regelmäßig durchgeführten Verifizierungsverfahren, um festzustellen, ob den Vorschriften gemäß den Buchstaben a) bis e) entsprochen wird,

g) Erstellung von Dokumenten und Aufzeichnungen, die der Art und Größe des Lebensmittelunternehmens angemessen sind, um nachweisen zu können, dass den Vorschriften gemäß den Buchstaben a) bis f) entsprochen wird.

Wenn Veränderungen am Erzeugnis, am Herstellungsprozess oder in den Produktionsstufen vorgenommen werden, so überprüft der Lebensmittelunternehmer das Verfahren und passt es in der erforderlichen Weise an.

(3) Absatz 1 gilt nur für Lebensmittelunternehmer, die auf einer Produktions-, Verarbeitungs- oder Vertriebsstufe von Lebensmitteln tätig sind, die der Primärproduktion und den in Anhang I aufgeführten damit zusammenhängenden Vorgängen nachgeordnet sind.

(4) Die Lebensmittelunternehmer haben

a) gegenüber der zuständigen Behörde den Nachweis zu erbringen, dass sie Absatz 1 entsprechen; dieser Nachweis erfolgt in der von der zuständigen Behörde unter Berücksichtigung der Art und Größe des Lebensmittelunternehmens verlangten Form;

b) sicherzustellen, dass die Dokumente, aus denen die gemäß diesem Artikel entwickelten Verfahren hervorgehen, jederzeit auf dem neuesten Stand sind;

c) die übrigen Dokumente und Aufzeichnungen während eines angemessenen Zeitraums aufzubewahren.

(5) Durchführungsvorschriften zu diesem Artikel können nach dem in Artikel 14 Absatz 2 genannten Verfahren erlassen werden. Solche Vorschriften können die Durchführung dieses Artikels für bestimmte Lebensmittelunternehmer erleichtern, insbesondere indem sie zur Erfüllung von Absatz 1 die Anwendung der Verfahren vorsehen, die in den Leitlinien für die Anwendung der HACCP-Grundsätze festgelegt sind. In diesen Vorschriften kann auch festgelegt werden, wie lange die Lebensmittelunternehmer die Dokumente und Aufzeichnungen gemäß Absatz 4 Buchstabe c) aufzubewahren haben.

Artikel 6
Amtliche Kontrollen, Registrierung und Zulassung

(1) Die Lebensmittelunternehmer arbeiten gemäß anderen anwendbaren Gemeinschaftsregelungen oder, wenn solche Regelungen nicht bestehen, gemäß den einzelstaatlichen Rechtsvorschriften mit den zuständigen Behörden zusammen.

(2) Insbesondere haben die Lebensmittelunternehmer der entsprechenden zuständigen Behörde in der von dieser verlangten Weise die einzelnen ihrer Kontrolle unterstehenden Betriebe, die auf einer der Stufen der Produktion, der Verarbeitung oder des Vertriebs von Lebensmitteln tätig sind, „zwecks Registrierung zu melden". Ferner stellen die Lebensmittelunternehmer sicher, dass die Kenntnisse der zuständigen Behörde über die Betriebe stets auf dem aktuellen Stand sind, indem sie unter anderem alle wichtigen Veränderungen bei den Tätigkeiten und Betriebsschließungen melden.
(ABl L 46 vom 21. 2. 2008, S. 51)

(3) Die Lebensmittelunternehmer stellen jedoch sicher, dass die Betriebe von der zuständigen Behörde nach mindestens einer Kontrolle an Ort und Stelle zugelassen werden, wenn eine solche Zulassung vorgeschrieben ist:

a) nach dem einzelstaatlichen Recht des Mitgliedstaats, in dem der Betrieb sich befindet,

b) nach der Verordnung (EG) Nr. 853/2004 oder

c) aufgrund eines von der Kommission gefassten Beschlusses. Diese Maßnahme zur Änderung nicht wesentlicher Bestimmungen dieser Verordnung wird nach dem in Artikel 14 Absatz 3 genannten Regelungsverfahren mit Kontrolle erlassen. *(ABl L 87 vom 31. 3. 2009, S. 109)*

Ein Mitgliedstaat, der gemäß Buchstabe a) die Zulassung bestimmter auf seinem Gebiet niedergelassener Unternehmen nach seinem einzelstaatlichen Recht vorschreibt, setzt die Kommission und die anderen Mitgliedstaaten von den einschlägigen einzelstaatlichen Vorschriften in Kenntnis.

KAPITEL III
LEITLINIEN FÜR EINE GUTE VERFAHRENSPRAXIS

Artikel 7
Ausarbeitung, Verbreitung und Anwendung der Leitlinien

Die Mitgliedstaaten fördern die Ausarbeitung von einzelstaatlichen Leitlinien für eine gute Hygienepraxis und für die Anwendung der HACCP-Grundsätze gemäß Artikel 8. Gemäß Artikel 9 werden gemeinschaftliche Leitlinien ausgearbeitet.

Die Verbreitung und die Anwendung sowohl von einzelstaatlichen als auch von gemeinschaftlichen Leitlinien werden gefördert. Die Lebensmittelunternehmer können diese Leitlinien jedoch auf freiwilliger Basis berücksichtigen.

Artikel 8
Einzelstaatliche Leitlinien

(1) Werden einzelstaatliche Leitlinien für eine gute Verfahrenspraxis erstellt, so werden sie von der Lebensmittelwirtschaft wie folgt ausgearbeitet und verbreitet:

a) im Benehmen mit Vertretern von Beteiligten, deren Interessen erheblich berührt werden könnten, wie zuständige Behörden und Verbrauchervereinigungen,

b) unter Berücksichtigung der einschlägigen Verfahrenskodizes des Codex Alimentarius und

c) sofern sie die Primärproduktion und damit zusammenhängende Vorgänge gemäß Anhang I betreffen, unter Berücksichtigung der Empfehlungen in Anhang I Teil B.

(2) Einzelstaatliche Leitlinien können unter der Federführung eines nationalen Normungsgremiums gemäß Anhang II der Richtlinie 98/34/EG[1)] erstellt werden.

Zu Artikel 8:
[1)] *Richtlinie 98/34/EG des Europäischen Parlaments und des Rates vom 22. Juni 1998 über ein Informationsverfahren auf dem Gebiet der Normen und technischen Vorschriften (ABl. L 204 vom 21.7.1998, S. 37). Richtlinie geändert durch die Beitrittsakte von 2003.*

(3) Die Mitgliedstaaten prüfen die einzelstaatlichen Leitlinien, um sicherzustellen, dass sie

a) gemäß Absatz 1 ausgearbeitet wurden,

b) in den betreffenden Sektoren durchführbar sind

und

c) als Leitlinien für die ordnungsgemäße Anwendung der Artikel 3, 4 und 5 in den betreffenden Sektoren und für die betreffenden Lebensmittel geeignet sind.

(4) Die Mitgliedstaaten übermitteln der Kommission einzelstaatliche Leitlinien, die die Anforderungen gemäß Absatz 3 erfüllen. Die Kommission erstellt und unterhält ein Registrierungssystem für diese Leitlinien, das sie den Mitgliedstaaten zur Verfügung stellt.

(5) Die gemäß Richtlinie 93/43/EWG ausgearbeiteten Leitlinien für eine gute Hygienepraxis gelten nach dem Inkrafttreten der vorliegenden Verordnung weiter, sofern sie den Zielen dieser Verordnung gerecht werden.

Artikel 9
Gemeinschaftliche Leitlinien

(1) Vor der Ausarbeitung gemeinschaftlicher Leitlinien für eine gute Hygienepraxis oder für die Anwendung der HACCP-Grundsätze hört die Kommission den in Artikel 14 genannten Ausschuss an. Im Rahmen dieser Anhörung sollen die Zweckmäßigkeit, der Anwendungsbereich und der Gegenstand solcher Leitlinien geprüft werden.

(2) Werden gemeinschaftliche Leitlinien erstellt, so trägt die Kommission dafür Sorge, dass sie wie folgt ausgearbeitet und verbreitet werden:

a) von oder im Benehmen mit geeigneten Vertretern der europäischen Lebensmittelwirtschaft, einschließlich kleiner und mittlerer Unternehmen, und anderen Interessengruppen, wie Verbrauchervereinigungen,

b) in Zusammenarbeit mit Beteiligten, deren Interessen erheblich berührt werden könnten, einschließlich der zuständigen Behörden,

c) unter Berücksichtigung der einschlägigen Verfahrenskodizes des Codex Alimentarius und

d) sofern sie die Primärproduktion und damit zusammenhängende Vorgänge gemäß Anhang I betreffen, unter Berücksichtigung der Empfehlungen in Anhang I Teil B.

(3) Der in Artikel 14 genannte Ausschuss prüft den Entwurf der gemeinschaftlichen Leitlinien, um sicherzustellen, dass sie

a) gemäß Absatz 2 ausgearbeitet wurden,

b) in den betreffenden Sektoren gemeinschaftsweit durchführbar sind

und

c) als Leitlinien für die ordnungsgemäße Anwendung der Artikel 3, 4 und 5 in den betreffenden Sektoren und für die betreffenden Lebensmittel geeignet sind.

(4) Die Kommission fordert den in Artikel 14 genannten Ausschuss auf, alle nach diesem Artikel erstellten gemeinschaftlichen Leitlinien in Zusammenarbeit mit den in Absatz 2 genannten Gremien in regelmäßigen Abständen zu überprüfen.

Mit dieser Überprüfung soll sichergestellt werden, dass die Leitlinien durchführbar bleiben und soll den technologischen und wissenschaftlichen Entwicklungen Rechnung getragen werden.

(5) Die Titel und Fundstellen gemeinschaftlicher Leitlinien, die nach diesem Artikel erstellt wurden, werden in der Reihe C des *Amtsblatts der Europäischen Union* veröffentlicht.

KAPITEL IV
EINFUHREN UND AUSFUHREN

Artikel 10
Einfuhren

In Bezug auf die Hygiene von eingeführten Lebensmitteln umfassen die in Artikel 11 der Verordnung (EG) Nr. 178/2002 genannten entsprechenden Anforderungen des Lebensmittelrechts auch die Vorschriften der Artikel 3 bis 6 der vorliegenden Verordnung.

Artikel 11
Ausfuhren

In Bezug auf die Hygiene von ausgeführten oder wieder ausgeführten Lebensmitteln umfassen die in Artikel 12 der Verordnung (EG) Nr. 178/2002 genannten entsprechenden Anforderungen des Lebensmittelrechts auch die Vorschriften der Artikel 3 bis 6 der vorliegenden Verordnung.

KAPITEL V
SCHLUSSBESTIMMUNGEN

Artikel 12

Übergangsmaßnahmen von allgemeiner Tragweite zur Änderung nicht wesentlicher Bestimmungen dieser Verordnung, auch durch Ergänzung um neue nicht wesentliche Bestimmungen, insbesondere weitere Angaben zu den in dieser Verordnung festgelegten Erfordernissen, werden nach dem in Artikel 14 Absatz 3 genannten Regelungsverfahren mit Kontrolle erlassen.

Sonstige Durchführungs- oder Übergangsmaßnahmen können nach dem in Artikel 14 Absatz 2 genannten Regelungsverfahren erlassen werden.

(ABl L 87 vom 31. 3. 2009, S. 109)

Artikel 13
Änderung und Anpassung der Anhänge I und II

(1) „Die Anhänge I und II können von der Kommission angepasst oder aktualisiert werden, wobei Folgendem Rechnung zu tragen ist:" *(ABl L 87 vom 31. 3. 2009, S. 109)*

a) der Notwendigkeit, die Empfehlungen aus Anhang I Teil B Nummer 2 zu überarbeiten;

b) den bei der Anwendung von HACCP-gestützten Systemen gemäß Artikel 5 gesammelten Erfahrungen;

c) technologischen Entwicklungen und ihren praktischen Konsequenzen sowie den Verbrauchererwartungen im Hinblick auf die Zusammensetzung von Lebensmitteln;

d) wissenschaftlichen Gutachten, insbesondere neuen Risikobewertungen;

e) mikrobiologischen und Temperaturkriterien für Lebensmittel.

„Diese Maßnahmen zur Änderung nicht wesentlicher Bestimmungen dieser Verordnung, auch durch Ergänzung, werden nach dem in Artikel 14 Absatz 3 genannten Regelungsverfahren mit Kontrolle erlassen." *(ABl L 87 vom 31. 3. 2009, S. 109)*

(2) Unter Berücksichtigung der relevanten Risikofaktoren kann die Kommission Ausnahmen von den Anhängen I und II gewähren, um insbesondere die Anwendung von Artikel 5 für Kleinbetriebe zu erleichtern, sofern die Erreichung der Ziele dieser Verordnung durch diese Ausnahmen nicht in Frage gestellt wird. Diese Maßnahmen zur Änderung nicht wesentlicher Bestimmungen dieser Verordnung durch Ergänzung werden nach dem in Artikel 14 Absatz 3 genannten Regelungsverfahren mit Kontrolle erlassen. *(ABl L 87 vom 31. 3. 2009, S. 109)*

(3) Die Mitgliedstaaten können, ohne die Erreichung der Ziele dieser Verordnung zu gefährden, nach den Absätzen 4 bis 7 des vorliegenden Artikels einzelstaatliche Vorschriften zur Anpassung der Anforderungen des Anhangs II erlassen.

(4) a) Die einzelstaatlichen Vorschriften gemäß Absatz 3 haben zum Ziel

i) die weitere Anwendung traditioneller Methoden auf allen Produktions-, Verarbeitungs- oder Vertriebsstufen von Lebensmitteln zu ermöglichen

oder

ii) den Bedürfnissen von Lebensmittelunternehmen in Regionen in schwieriger geografischer Lage durch entsprechende Anpassungen Rechnung zu tragen.

b) In den anderen Fällen betreffen sie lediglich den Bau, die Konzeption und die Ausrüstung der Betriebe.

(5) Mitgliedstaaten, die gemäß Absatz 3 einzelstaatliche Vorschriften erlassen wollen, teilen dies der Kommission und den anderen Mitgliedstaaten mit. Die Mitteilung enthält

a) eine ausführliche Beschreibung der Anforderungen, die nach Ansicht des betreffenden Mitgliedstaats angepasst werden müssen, und die Art der angestrebten Anpassung,

b) eine Beschreibung der betroffenen Lebensmittel und Betriebe,

c) eine Erläuterung der Gründe für die Anpassung, einschließlich gegebenenfalls einer Zusammenfassung der Ergebnisse der durchgeführten Gefahrenanalyse und der Maßnahmen, die getroffen werden sollen, um sicherzustellen, dass die Anpassung die Ziele dieser Verordnung nicht gefährdet, sowie

d) alle sonstigen relevanten Informationen.

(6) Die anderen Mitgliedstaaten haben ab Eingang einer Mitteilung gemäß Absatz 5 drei Monate Zeit, um der Kommission schriftliche Bemerkungen zu übermitteln. Im Fall der Anpassungen gemäß Absatz 4 Buchstabe b) wird diese Frist auf vier Monate verlängert, wenn ein Mitgliedstaat dies beantragt. Die Kommission kann die Mitgliedstaaten in dem in Artikel 14 Absatz 1 genannten Ausschuss anhören; wenn sie schriftliche Bemerkungen von einem oder mehreren Mitgliedstaaten erhält, muss sie diese Anhörung durchführen. Die Kommission kann nach dem Verfahren gemäß Artikel 14 Absatz 2 entscheiden, ob die geplanten Vorschriften — erforderlichenfalls mit geeigneten Änderungen — erlassen werden dürfen. Die Kommission kann gegebenenfalls gemäß Absatz 1 oder 2 des vorliegenden Artikels allgemeine Maßnahmen vorschlagen.

(7) Ein Mitgliedstaat darf einzelstaatliche Vorschriften zur Anpassung des Anhangs II nur erlassen,

a) wenn eine entsprechende Entscheidung gemäß Absatz 6 vorliegt oder

b) wenn die Kommission die Mitgliedstaaten einen Monat nach Ablauf der Frist gemäß Absatz 6 nicht davon in Kenntnis gesetzt hat, dass ihr schriftliche Bemerkungen vorliegen oder dass sie beabsichtigt, die Annahme einer Entscheidung gemäß Absatz 6 vorzuschlagen.

Artikel 14
Ausschussverfahren

(1) Die Kommission wird von dem Ständigen Ausschuss für die Lebensmittelkette und Tiergesundheit unterstützt.

(2) Wird auf diesen Absatz Bezug genommen, so gelten die Artikel 5 und 7 des Beschlusses 1999/468/EG unter Beachtung von dessen Artikel 8.
Der Zeitraum nach Artikel 5 Absatz 6 des Beschlusses 1999/468/EG wird auf drei Monate festgesetzt.

(3) Wird auf diesen Absatz Bezug genommen, so gelten Artikel 5a Absätze 1 bis 4 und Artikel 7 des Beschlusses 1999/468/EG unter Beachtung von dessen Artikel 8. *(ABl L 87 vom 31. 3. 2009, S. 109)*

Artikel 15
Anhörung der Europäischen Behörde für Lebensmittelsicherheit

Die Kommission hört die Europäische Behörde für Lebensmittelsicherheit in jeder in den Anwendungsbereich dieser Verordnung fallenden Angelegenheit an, die erhebliche Auswirkungen auf die öffentliche Gesundheit haben könnte, und insbesondere, bevor sie Kriterien, Erfordernisse oder Ziele gemäß Artikel 4 Absatz 4 vorschlägt.

Artikel 16
Bericht an das Europäische Parlament und den Rat

(1) Die Kommission unterbreitet dem Europäischen Parlament und dem Rat spätestens am 20. Mai 2009 einen Bericht.

(2) Dieser Bericht enthält insbesondere einen Überblick über die bei der Anwendung dieser Verordnung gemachten Erfahrungen sowie Überlegungen dazu, ob eine Ausdehnung der Anforderungen des Artikels 5 auf Lebensmittelunternehmer, die in der Primärproduktion tätig sind und die in Anhang I aufgeführten damit zusammenhängenden Vorgänge durchführen, wünschenswert und durchführbar wäre.

(3) Die Kommission fügt dem Bericht gegebenenfalls geeignete Vorschläge bei.

Artikel 17
Aufhebung

(1) Die Richtlinie 93/43/EWG wird mit Wirkung ab dem Datum, ab dem die vorliegende Verordnung gilt, aufgehoben.

(2) Verweisungen auf die aufgehobene Richtlinie gelten als Verweisungen auf die vorliegende Verordnung.

(3) Nach Artikel 3 Absatz 3 und Artikel 10 der Richtlinie 93/43/EWG erlassene Beschlüsse bleiben jedoch bis zu ihrer Ersetzung durch Beschlüsse gemäß der vorliegenden Verordnung oder gemäß der Verordnung (EG) Nr. 178/2002 in Kraft. Bis zur Festlegung der in Artikel 4 Absatz 3 Buchstaben a) bis e) der vorliegenden Verordnung genannten Kriterien oder Erfordernisse können die Mitgliedstaaten einzelstaatliche

Bestimmungen zur Festlegung solcher Kriterien oder Erfordernisse, die sie gemäß der Richtlinie 93/43/EWG angenommen hatten, beibehalten.

(4) Bis zur Anwendung neuer Gemeinschaftsregelungen mit Vorschriften für die amtliche Überwachung von Lebensmitteln ergreifen die Mitgliedstaaten die geeigneten Maßnahmen, um sicherzustellen, dass die in dieser Verordnung oder im Rahmen dieser Verordnung festgelegten Verpflichtungen erfüllt werden.

Artikel 18
Inkrafttreten

Diese Verordnung tritt 20 Tage nach ihrer Veröffentlichung im *Amtsblatt der Europäischen Union* in Kraft.

Ihre Anwendung beginnt 18 Monate nach dem Zeitpunkt, zu dem alle folgenden Rechtsakte in Kraft getreten sind:

a) Verordnung (EG) Nr. 853/2004,

b) Verordnung (EG) Nr. 854/2004 des Europäischen Parlaments und des Rates vom 29. April 2004 mit besonderen Verfahrensvorschriften für die amtliche Überwachung von zum menschlichen Verzehr bestimmten Erzeugnissen tierischen Ursprungs[1]

und

c) Richtlinie 2004/41/EG des Europäischen Parlaments und des Rates vom 21. April 2004 zur Aufhebung bestimmter Richtlinien über Lebensmittelhygiene und Hygienevorschriften für die Herstellung und das Inverkehrbringen von bestimmten, zum menschlichen Verzehr bestimmten Erzeugnissen tierischen Ursprungs[2].

Sie gilt jedoch frühestens ab dem 1. Januar 2006.

Diese Verordnung ist in allen ihren Teilen verbindlich und gilt unmittelbar in jedem Mitgliedstaat.

„Geschehen zu Brüssel am 29. April 2004." *(ABl L 204 vom 4. 8. 2007, S. 26)*

Im Namen des Europäischen Parlaments	Im Namen des Rates
Der Präsident	*Der Präsident*
P. COX	M. McDOWELL

Zu Artikel 18:
[1] *Siehe Seite 83 dieses Amtsblatts.*
[2] *ABl. L 157 vom 30.4.2004.*

ANHANG I

PRIMÄRPRODUKTION

TEIL A: ALLGEMEINE HYGIENEVORSCHRIFTEN FÜR DIE PRIMÄRPRODUKTION UND DAMIT ZUSAMMENHÄNGENDE VORGÄNGE

I. *Geltungsbereich*

1. Dieser Anhang gilt für die Primärproduktion und die folgenden damit zusammenhängenden Vorgänge:

   a) die Beförderung, die Lagerung und die Behandlung von Primärerzeugnissen am Erzeugungsort, sofern dabei ihre Beschaffenheit nicht wesentlich verändert wird,

   b) die Beförderung lebender Tiere, sofern dies zur Erreichung der Ziele dieser Verordnung erforderlich ist,

   und

   c) im Falle von Erzeugnissen pflanzlichen Ursprungs, Fischereierzeugnissen und Wild die Beförderung zur Lieferung von Primärerzeugnissen, deren Beschaffenheit nicht wesentlich verändert wurde, vom Erzeugungsort zu einem Betrieb.

II. *Hygienevorschriften*

2. Die Lebensmittelunternehmer müssen so weit wie möglich sicherstellen, dass Primärerzeugnisse im Hinblick auf eine spätere Verarbeitung vor Kontaminationen geschützt werden.

3. Unbeschadet der allgemeinen Verpflichtung nach Nummer 2 müssen die Lebensmittelunternehmer die einschlägigen gemeinschaftlichen und einzelstaatlichen Rechtsvorschriften über die Eindämmung von Gefahren bei der Primärproduktion und damit zusammenhängenden Vorgängen einhalten, einschließlich

   a) der Maßnahmen zur Verhinderung der Kontamination durch Bestandteile der Luft, des Bodens und des Wassers, durch Futtermittel, Düngemittel, Tierarzneimittel, Pflanzenschutzmittel und Biozide und durch die Lagerung, Behandlung und Beseitigung von Abfällen

   sowie

   b) der Maßnahmen betreffend die Tiergesundheit und den Tierschutz sowie die Pflanzengesundheit, die sich auf die menschliche Gesundheit auswirken, einschließlich der Programme zur Überwachung und Bekämpfung von Zoonosen und Zoonoseerregern.

4. Die Lebensmittelunternehmer, die Tiere halten, ernten oder jagen oder Primärerzeugnisse tierischen Ursprungs gewinnen, müssen die jeweils angemessenen Maßnahmen treffen, um

   a) die für die Primärproduktion und damit zusammenhängenden Vorgänge verwendeten Anlagen, einschließlich der zur Lagerung und Behandlung von Futtermitteln verwendeten Anlagen, zu reinigen und erforderlichenfalls nach der Reinigung in geeigneter Weise zu desinfizieren;

   b) Ausrüstungen, Behälter, Transportkisten, Fahrzeuge und Schiffe zu reinigen und erforderlichenfalls nach der Reinigung in geeigneter Weise zu desinfizieren;

   c) die Sauberkeit von Schlachttieren und erforderlichenfalls von Nutztieren so weit wie möglich sicherzustellen;

   d) erforderlichenfalls zur Vermeidung von Kontaminationen Trinkwasser oder sauberes Wasser zu verwenden;

   e) sicherzustellen, dass das an der Behandlung von Lebensmitteln beteiligte Personal gesund und in Bezug auf Gesundheitsrisiken geschult ist;

   f) Kontaminationen durch Tiere und Schädlinge so weit wie möglich vorzubeugen;

   g) Abfälle und gefährliche Stoffe so zu lagern und so damit umzugehen, dass eine Kontamination verhindert wird;

   h) zu verhindern, dass auf den Menschen übertragbare Infektionskrankheiten durch Lebensmittel eingeschleppt und verbreitet werden, unter anderem durch Sicherheitsvorkehrungen

12/1. EG/LM-HygieneV Allg.

ANHANG I

beim Einbringen neuer Tiere und durch Meldung an die zuständige Behörde bei Verdacht auf Ausbruch einer solchen Krankheit;

i) die Ergebnisse einschlägiger Analysen von Tiermaterialproben oder sonstiger Proben, die für die menschliche Gesundheit von Belang sind, zu berücksichtigen

und

j) Futtermittelzusatzstoffe und Tierarzneimittel nach den einschlägigen Rechtsvorschriften korrekt zu verwenden.

5. Lebensmittelunternehmer, die Pflanzenerzeugnisse erzeugen oder ernten, müssen die jeweils angemessenen Maßnahmen treffen, um

   a) die Anlagen, Ausrüstungen, Behälter, Transportkisten, Fahrzeuge und Schiffe zu reinigen und erforderlichenfalls nach der Reinigung in geeigneter Weise zu desinfizieren,

   b) erforderlichenfalls hygienische Produktions-, Transport- und Lagerbedingungen für die Pflanzenerzeugnisse sowie deren Sauberkeit sicherzustellen,

   c) erforderlichenfalls zur Vermeidung von Kontaminationen Trinkwasser oder sauberes Wasser zu verwenden,

   d) sicherzustellen, dass das an der Behandlung von Lebensmitteln beteiligte Personal gesund und in Bezug auf Gesundheitsrisiken geschult ist,

   e) Kontaminationen durch Tiere und Schädlinge so weit wie möglich zu verhindern,

   f) Abfälle und gefährliche Stoffe so zu lagern und so damit umzugehen, dass eine Kontamination verhindert wird,

   g) die Ergebnisse einschlägiger Analysen von Pflanzenmaterialproben oder sonstiger Proben, die für die menschliche Gesundheit von Belang sind, zu berücksichtigen

   und

   h) Pflanzenschutzmittel und Biozide nach den einschlägigen Vorschriften korrekt zu verwenden.

5a. Ausrüstungen, Transportbehälter und/oder Container, die für die Ernte, zur Beförderung oder zur Lagerung eines der in Anhang II der Verordnung (EU) Nr. 1169/2011 genannten Stoffe oder Erzeugnisse, die Allergien oder Unverträglichkeiten auslösen, verwendet werden, dürfen nicht für die Ernte, zur Beförderung oder zur Lagerung von Lebensmitteln verwendet werden, die diesen Stoff oder dieses Erzeugnis nicht enthalten, es sei denn, die Ausrüstungen, Transportbehälter und/oder Container wurden gereinigt und es wurde zumindest überprüft, dass sie keine sichtbaren Reste dieses Stoffes oder Erzeugnisses enthalten.

(ABl L 74 vom 4. 3. 2021, S. 3)

6. Die Lebensmittelunternehmer treffen geeignete Abhilfemaßnahmen, wenn sie über Probleme unterrichtet werden, die im Rahmen der amtlichen Überwachung festgestellt werden.

III. *Buchführung*

7. Die Lebensmittelunternehmer müssen in geeigneter Weise über die Maßnahmen, die zur Eindämmung von Gefahren getroffen wurden, Buch führen und die Bücher während eines der Art und Größe des Lebensmittelunternehmens angemessenen Zeitraums aufbewahren. Die Lebensmittelunternehmer müssen die in diesen Büchern enthaltenen relevanten Informationen der zuständigen Behörde und den belieferten Lebensmittelunternehmern auf Verlangen zur Verfügung stellen.

8. Lebensmittelunternehmer, die Tiere halten oder Primärerzeugnisse tierischen Ursprungs gewinnen, müssen insbesondere Buch führen über

   a) Art und Herkunft der an die Tiere verfütterten Futtermittel,

   b) die den Tieren verabreichten Tierarzneimittel und die sonstigen Behandlungen, denen die Tiere unterzogen wurden, die Daten der Verabreichung und die Wartefristen,

   c) aufgetretene Krankheiten, die die Sicherheit von Erzeugnissen tierischen Ursprungs beeinträchtigen können,

d) die Ergebnisse von Analysen von Tiermaterialproben oder sonstiger für Diagnosezwecke genommener Proben, die für die menschliche Gesundheit von Belang sind, und
e) einschlägige Berichte über Untersuchungen, die an den Tieren oder Erzeugnissen tierischen Ursprungs vorgenommen wurden.

9. Lebensmittelunternehmer, die Pflanzenerzeugnisse erzeugen oder ernten, müssen insbesondere Buch führen über
a) die Verwendung von Pflanzenschutzmitteln und Bioziden,
b) aufgetretene Schädlinge und Krankheiten, die die Sicherheit von Erzeugnissen pflanzlichen Ursprungs beeinträchtigen können, und
c) die Ergebnisse einschlägiger Analysen von Pflanzenproben oder sonstigen Proben, die für die menschliche Gesundheit von Belang sind.

10. Der Lebensmittelunternehmer kann von anderen Personen, wie beispielsweise Tierärzten, Agronomen und Agrartechnikern, beim Führen der Bücher unterstützt werden.

TEIL B: EMPFEHLUNGEN FÜR DIE LEITLINIEN FÜR DIE GUTE HYGIENEPRAXIS

1. Die in Artikel 7 bis 9 dieser Verordnung genannten einzelstaatlichen und gemeinschaftlichen Leitlinien sollten eine Richtschnur für die gute Hygienepraxis zur Eindämmung von Gefahren bei der Primärproduktion und damit zusammenhängenden Vorgängen darstellen.

2. Die Leitlinien für die gute Hygienepraxis sollten angemessene Informationen über mögliche Gefahren bei der Primärproduktion und damit zusammenhängenden Vorgängen und Maßnahmen zur Eindämmung von Gefahren enthalten, einschließlich der in gemeinschaftlichen und einzelstaatlichen Rechtsvorschriften oder Programmen dargelegten einschlägigen Maßnahmen. Dazu können beispielsweise gehören:

a) die Bekämpfung von Kontaminationen durch Mykotoxine, Schwermetalle und radioaktives Material;
b) die Verwendung von Wasser, organischen Abfällen und Düngemitteln;
c) die vorschrifts- und sachgemäße Verwendung von Pflanzenschutzmitteln und Bioziden sowie deren Rückverfolgbarkeit;
d) die vorschrifts- und sachgemäße Verwendung von Tierarzneimitteln und Futtermittelzusatzstoffen sowie deren Rückverfolgbarkeit;
e) die Zubereitung, Lagerung, Verwendung und Rückverfolgbarkeit von Futtermitteln;
f) die vorschriftsgemäße Entsorgung von verendeten Tieren, Abfall und Einstreu;
g) die Schutzmaßnahmen zur Verhütung der Einschleppung von auf den Menschen übertragbaren Infektionskrankheiten durch Lebensmittel und die Meldepflichten gegenüber der zuständigen Behörde;
h) die Verfahren, Praktiken und Methoden, um sicherzustellen, dass Lebensmittel unter angemessenen Hygienebedingungen hergestellt, behandelt, verpackt, gelagert und befördert werden, einschließlich einer gründlichen Reinigung und Schädlingsbekämpfung;
i) die Maßnahmen im Hinblick auf die Sauberkeit der Schlacht- und der Nutztiere;
j) die Maßnahmen im Hinblick auf die Buchführung.

ANHANG II

ALLGEMEINE HYGIENEVORSCHRIFTEN FÜR ALLE LEBENSMITTELUNTERNEHMER (AUSGENOMMEN UNTERNEHMER, FÜR DIE ANHANG I GILT)

EINLEITUNG

„Die Kapitel V, Va, VI, VII, VIII, IX, X, XI, XIa und XII gelten für alle Stufen der Produktion, der Verarbeitung und des Vertriebs von Lebensmitteln. Für die übrigen Kapitel gilt Folgendes:" *(ABl L 74 vom 4. 3. 2021, S. 3)*

- Kapitel I gilt für alle Betriebsstätten, in denen mit Lebensmitteln umgegangen wird, ausgenommen die Betriebsstätten gemäß Kapitel III;
- Kapitel II gilt für alle Räumlichkeiten, in denen Lebensmittel zubereitet, behandelt oder verarbeitet werden, ausgenommen Essbereiche und die Betriebsstätten gemäß Kapitel III;
- Kapitel III gilt für alle in der Überschrift dieses Kapitels genannten Betriebsstätten;
- Kapitel IV gilt für alle Beförderungen.

(ABl L 74 vom 4. 3. 2021, S. 3)

KAPITEL I
Allgemeine Vorschriften für Betriebsstätten, in denen mit Lebensmitteln umgegangen wird (ausgenommen die Betriebsstätten gemäß Kapitel III)

1. Betriebsstätten, in denen mit Lebensmitteln umgegangen wird, müssen sauber und stets instand gehalten sein.

2. Betriebsstätten, in denen mit Lebensmitteln umgegangen wird, müssen so angelegt, konzipiert, gebaut, gelegen und bemessen sein, dass

   a) eine angemessene Instandhaltung, Reinigung und/oder Desinfektion möglich ist, aerogene Kontaminationen vermieden oder auf ein Mindestmaß beschränkt werden und ausreichende Arbeitsflächen vorhanden sind, die hygienisch einwandfreie Arbeitsgänge ermöglichen,

   b) die Ansammlung von Schmutz, der Kontakt mit toxischen Stoffen, das Eindringen von Fremdteilchen in Lebensmittel, die Bildung von Kondensflüssigkeit oder unerwünschte Schimmelbildung auf Oberflächen vermieden wird,

   c) gute Lebensmittelhygiene, einschließlich Schutz gegen Kontaminationen und insbesondere Schädlingsbekämpfung, gewährleistet ist
   und

   d) soweit erforderlich, geeignete Bearbeitungs- und Lagerräume vorhanden sind, die insbesondere eine Temperaturkontrolle und eine ausreichende Kapazität bieten, damit die Lebensmittel auf einer geeigneten Temperatur gehalten werden können und eine Überwachung und, sofern erforderlich, eine Registrierung der Lagertemperatur möglich ist.

3. Es müssen genügend Toiletten mit Wasserspülung und Kanalisationsanschluss vorhanden sein. Toilettenräume dürfen auf keinen Fall unmittelbar in Räume öffnen, in denen mit Lebensmitteln umgegangen wird.

4. Es müssen an geeigneten Standorten genügend Handwaschbecken vorhanden sein. Diese müssen Warm- und Kaltwasserzufuhr haben; darüber hinaus müssen Mittel zum Händewaschen und zum hygienischen Händetrocknen vorhanden sein. Soweit erforderlich, müssen die Vorrichtungen zum Waschen der Lebensmittel von den Handwaschbecken getrennt angeordnet sein.

5. Es muss eine ausreichende und angemessene natürliche oder künstliche Belüftung gewährleistet sein. Künstlich erzeugte Luftströmungen aus einem kontaminierten in einen reinen Bereich sind zu vermeiden. Die Lüftungssysteme müssen so installiert sein, dass Filter und andere Teile, die gereinigt oder ausgetauscht werden müssen, leicht zugänglich sind.

6. Alle sanitären Anlagen müssen über eine angemessene natürliche oder künstliche Belüftung verfügen.

7. Betriebsstätten, in denen mit Lebensmitteln umgegangen wird, müssen über eine angemessene natürliche und/oder künstliche Beleuchtung verfügen.
8. Abwasserableitungssysteme müssen zweckdienlich sein. Sie müssen so konzipiert und gebaut sein, dass jedes Kontaminationsrisiko vermieden wird. Offene oder teilweise offene Abflussrinnen müssen so konzipiert sein, dass die Abwässer nicht aus einem kontaminierten zu einem oder in einen reinen Bereich, insbesondere einen Bereich fließen können, in dem mit Lebensmitteln umgegangen wird, die ein erhöhtes Risiko für die Gesundheit des Endverbrauchers darstellen könnten.
9. Soweit erforderlich, müssen angemessene Umkleideräume für das Personal vorhanden sein.
10. Reinigungs- und Desinfektionsmittel dürfen nicht in Bereichen gelagert werden, in denen mit Lebensmitteln umgegangen wird.

KAPITEL II
Besondere Vorschriften für Räume, in denen Lebensmittel zubereitet, behandelt oder verarbeitet werden
(ausgenommen Essbereiche und die Betriebsstätten gemäß Kapitel III)

1. Räume, in denen Lebensmittel zubereitet, behandelt oder verarbeitet werden (ausgenommen Essbereiche und die Betriebsstätten gemäß Kapitel III, jedoch einschließlich Räume in Transportmitteln), müssen so konzipiert und angelegt sein, dass eine gute Lebensmittelhygiene gewährleistet ist und Kontaminationen zwischen und während Arbeitsgängen vermieden werden. Sie müssen insbesondere folgende Anforderungen erfüllen:

   a) Die Bodenbeläge sind in einwandfreiem Zustand zu halten und müssen leicht zu reinigen und erforderlichenfalls zu desinfizieren sein. Sie müssen entsprechend wasserundurchlässig, Wasser abstoßend und abriebfest sein und aus nichttoxischem Material bestehen, es sei denn, die Lebensmittelunternehmer können gegenüber der zuständigen Behörde nachweisen, dass andere verwendete Materialien geeignet sind. Gegebenenfalls müssen die Böden ein angemessenes Abflusssystem aufweisen;

   b) die Wandflächen sind in einwandfreiem Zustand zu halten und müssen leicht zu reinigen und erforderlichenfalls zu desinfizieren sein. Sie müssen entsprechend wasserundurchlässig, Wasser abstoßend und abriebfest sein und aus nichttoxischem Material bestehen sowie bis zu einer den jeweiligen Arbeitsvorgängen angemessenen Höhe glatte Flächen aufweisen, es sei denn, die Lebensmittelunternehmer können gegenüber der zuständigen Behörde nachweisen, dass andere verwendete Materialien geeignet sind,

   c) Decken (oder soweit Decken nicht vorhanden sind, die Dachinnenseiten) und Deckenstrukturen müssen so gebaut und verarbeitet sein, dass Schmutzansammlungen vermieden und Kondensation, unerwünschter Schimmelbefall sowie das Ablösen von Materialteilchen auf ein Mindestmaß beschränkt werden,

   d) Fenster und andere Öffnungen müssen so gebaut sein, dass Schmutzansammlungen vermieden werden. Soweit sie nach außen öffnen können, müssen sie erforderlichenfalls mit Insektengittern versehen sein, die zu Reinigungszwecken leicht entfernt werden können. Soweit offene Fenster die Kontamination begünstigen, müssen sie während des Herstellungsprozesses geschlossen und verriegelt bleiben,

   e) Türen müssen leicht zu reinigen und erforderlichenfalls zu desinfizieren sein. Sie müssen entsprechend glatte und Wasser abstoßende Oberflächen haben, es sei denn, die Lebensmittelunternehmer können gegenüber der zuständigen Behörde nachweisen, dass andere verwendete Materialien geeignet sind
   und

   f) Flächen (einschließlich Flächen von Ausrüstungen) in Bereichen, in denen mit Lebensmitteln umgegangen wird, und insbesondere Flächen, die mit Lebensmitteln in Berührung kommen, sind in einwandfreiem Zustand zu halten und müssen leicht zu reinigen und erforderlichenfalls zu desinfizieren sein. Sie müssen entsprechend aus glattem, abriebfestem, korrosionsfestem und nichttoxischem Material bestehen, es sei denn, die Lebensmittelunternehmer können gegenüber der zuständigen Behörde nachweisen, dass andere verwendete Materialien geeignet sind.

ANHANG II

2. Geeignete Vorrichtungen zum Reinigen, Desinfizieren und Lagern von Arbeitsgeräten und Ausrüstungen müssen erforderlichenfalls vorhanden sein. Diese Vorrichtungen müssen aus korrosionsfesten Materialien hergestellt, leicht zu reinigen sein und über eine angemessene Warm- und Kaltwasserzufuhr verfügen.

3. Geeignete Vorrichtungen zum Waschen der Lebensmittel müssen erforderlichenfalls vorhanden sein. Jedes Waschbecken bzw. jede andere Vorrichtung zum Waschen von Lebensmitteln muss im Einklang mit den Vorschriften des Kapitels VII über eine angemessene Zufuhr von warmem und/oder kaltem Trinkwasser verfügen und sauber gehalten sowie erforderlichenfalls desinfiziert werden.

KAPITEL III
Vorschriften für ortsveränderliche und/oder nichtständige Betriebsstätten (wie Verkaukaufszelte, Marktstände und mobile Verkaufsfahrzeuge), vorrangig als private Wohngebäude genutzte Betriebsstätten, in denen jedoch Lebensmittel regelmäßig für das Inverkehrbringen zubereitet werden, sowie Verkaufsautomaten

1. Die Betriebsstätten und Verkaufsautomaten müssen, soweit praktisch durchführbar, so gelegen, konzipiert und gebaut sein und sauber und instand gehalten werden, dass das Risiko der Kontamination, insbesondere durch Tiere und Schädlinge, vermieden wird.

2. Insbesondere gilt erforderlichenfalls Folgendes:
    a) Es müssen geeignete Vorrichtungen (einschließlich Vorrichtungen zum hygienischen Waschen und Trocknen der Hände sowie hygienisch einwandfreie sanitäre Anlagen und Umkleideräume) zur Verfügung stehen, damit eine angemessene persönliche Hygiene gewährleistet ist;
    b) Flächen, die mit Lebensmitteln in Berührung kommen, sind in einwandfreiem Zustand zu halten und müssen leicht zu reinigen und erforderlichenfalls zu desinfizieren sein. Sie müssen entsprechend aus glattem, abriebfestem, korrosionsfestem und nichttoxischem Material bestehen, es sei denn, die Lebensmittelunternehmer können gegenüber der zuständigen Behörde nachweisen, dass andere verwendete Materialien geeignet sind;
    c) es müssen geeignete Vorrichtungen zum Reinigen und erforderlichenfalls Desinfizieren von Arbeitsgeräten und Ausrüstungen vorhanden sein;
    d) soweit Lebensmittel im Rahmen der Tätigkeit des Lebensmittelunternehmens gesäubert werden müssen, muss dafür Sorge getragen werden, dass die jeweiligen Arbeitsgänge unter hygienisch einwandfreien Bedingungen ablaufen;
    e) die Zufuhr einer ausreichenden Menge an warmem und/oder kaltem Trinkwasser muss gewährleistet sein;
    f) es müssen angemessene Vorrichtungen und/oder Einrichtungen zur hygienischen Lagerung und Entsorgung von gesundheitlich bedenklichen und/oder ungenießbaren (flüssigen und festen) Stoffen und Abfällen vorhanden sein;
    g) es müssen angemessene Vorrichtungen und/oder Einrichtungen zur Haltung und Überwachung geeigneter Temperaturbedingungen für die Lebensmittel vorhanden sein;
    h) die Lebensmittel müssen so aufbewahrt werden, dass das Risiko einer Kontamination, soweit praktisch durchführbar, vermieden wird.

KAPITEL IV
Beförderung

1. Transportbehälter und/oder Container zur Beförderung von Lebensmitteln müssen sauber und instand gehalten werden, damit die Lebensmittel vor Kontamination geschützt sind, und müssen erforderlichenfalls so konzipiert und gebaut sein, dass eine angemessene Reinigung und/oder Desinfektion möglich ist.

2. Transportbehälter und/oder Container müssen ausschließlich der Beförderung von Lebensmitteln vorbehalten bleiben, wenn die Gefahr von Kontamination besteht.

3. Werden in Transportbehältern und/oder Containern neben Lebensmitteln zusätzlich auch andere Waren befördert oder verschiedene Lebensmittel gleichzeitig befördert, so sind die Erzeugnisse erforderlichenfalls streng voneinander zu trennen.
4. Lebensmittel, die in flüssigem, granulat- oder pulverförmigem Zustand als Massengut befördert werden, werden in Transportbehältern und/oder Containern/Tanks befördert, die ausschließlich der Beförderung von Lebensmitteln vorbehalten sind. Die Container sind in einer oder mehreren Sprachen der Gemeinschaft deutlich sichtbar und dauerhaft als Beförderungsmittel für Lebensmittel auszuweisen, oder sie tragen den Aufdruck „Nur für Lebensmittel".
5. Wurden Transportbehälter und/oder Container für die Beförderung anderer Waren als Lebensmittel oder die Beförderung verschiedener Lebensmittel verwendet, so sind sie zwischen den einzelnen Ladungsvorgängen sorgfältig zu reinigen, damit kein Kontaminationsrisiko entsteht.
6. Lebensmittel sind in Transportbehältern und/oder Containern so zu platzieren und zu schützen, dass das Kontaminationsrisiko so gering wie möglich ist.
7. Transportbehälter und/oder Container, die zur Beförderung von Lebensmitteln verwendet werden, müssen erforderlichenfalls die Lebensmittel auf einer geeigneten Temperatur halten können und eine Überwachung der Beförderungstemperatur ermöglichen.

KAPITEL V
Vorschriften für Ausrüstungen

1. Gegenstände, Armaturen und Ausrüstungen, mit denen Lebensmittel in Berührung kommen, müssen
   a) gründlich gereinigt und erforderlichenfalls desinfiziert werden. Die Reinigung und die Desinfektion muss so häufig erfolgen, dass kein Kontaminationsrisiko besteht,
   b) so gebaut, beschaffen und instand gehalten sein, dass das Risiko einer Kontamination so gering wie möglich ist,
   c) mit Ausnahme von Einwegbehältern oder -verpackungen so gebaut, beschaffen und instand gehalten sein, dass sie gereinigt und erforderlichenfalls desinfiziert werden können, und
   d) so installiert sein, dass die Ausrüstungen und das unmittelbare Umfeld angemessen gereinigt werden können.
2. Die Ausrüstungen müssen erforderlichenfalls mit entsprechenden Kontrollvorrichtungen versehen sein, damit die Ziele dieser Verordnung auf jeden Fall erreicht werden.
3. Chemische Zusatzstoffe müssen, soweit sie erforderlich sind, um eine Korrosion der Ausrüstungen und Behälter zu verhindern, nach guter fachlicher Praxis verwendet werden.

KAPITEL Va
Umverteilung von Lebensmitteln

„Lebensmittelunternehmer dürfen Lebensmittel unter folgenden Bedingungen zum Zweck von Lebensmittelspenden umverteilen:" *(ABl L 74 vom 4. 3. 2021, S. 3)*

1. Die Lebensmittelunternehmer überprüfen routinemäßig, ob die unter ihre Verantwortung fallenden Lebensmittel nicht gesundheitsschädlich und ob sie gemäß Artikel 14 Absatz 2 der Verordnung (EG) Nr. 178/2002[1] für den Verzehr durch den Menschen geeignet sind. Fällt die Überprüfung zufriedenstellend aus, können die Lebensmittelunternehmer die Lebensmittel im Einklang mit Nummer 2 umverteilen:
   – im Fall von Lebensmitteln, für die gemäß Artikel 24 der Verordnung (EU) Nr. 1169/2011 ein Verbrauchsdatum gilt, vor Ablauf dieses Datums;

---

[1] *Verordnung (EG) Nr. 178/2002 des Europäischen Parlaments und des Rates vom 28. Januar 2002 zur Festlegung der allgemeinen Grundsätze und Anforderungen des Lebensmittelrechts, zur Errichtung der Europäischen Behörde für Lebensmittelsicherheit und zur Festlegung von Verfahren zur Lebensmittelsicherheit (ABl. L 31 vom 1.2.2002, S. 1).*

ANHANG II

- im Fall von Lebensmitteln, für die gemäß Artikel 2 Absatz 2 Buchstabe r der Verordnung (EU) Nr. 1169/2011 ein Mindesthaltbarkeitsdatum gilt, bis zu und nach diesem Datum oder
- im Fall von Lebensmitteln, für die gemäß Anhang X Nummer 1 Buchstabe d der Verordnung (EU) Nr. 1169/2011 kein Mindesthaltbarkeitsdatum vorgeschrieben ist, zu jedem beliebigen Zeitpunkt.

2. Lebensmittelunternehmer, die die unter Nummer 1 genannten Lebensmittel handhaben, bewerten, ob die Lebensmittel nicht gesundheitsschädlich sind und für den Verzehr durch den Menschen geeignet sind, wobei sie mindestens Folgendes berücksichtigen:
   - das Mindesthaltbarkeitsdatum oder das Verbrauchsdatum, wobei gewährleistet sein muss, dass die verbleibende Haltbarkeitsdauer ausreicht, um eine sichere Umverteilung und Verwendung durch den Endverbraucher zu ermöglichen;
   - gegebenenfalls die Unversehrtheit der Verpackung;
   - die ordnungsgemäßen Lager- und Beförderungsbedingungen, einschließlich der geltenden Temperaturanforderungen;
   - gegebenenfalls das Datum des Einfrierens gemäß Anhang II Abschnitt IV Nummer 2 Buchstabe b der Verordnung (EG) Nr. 853/2004 des Europäischen Parlaments und des Rates[2)];
   - die organoleptischen Bedingungen;
   - die Gewährleistung der Rückverfolgbarkeit gemäß der Durchführungsverordnung (EU) Nr. 931/2011 der Kommission[3)] bei Erzeugnissen tierischen Ursprungs.

(ABl L 74 vom 4. 3. 2021, S. 3)

KAPITEL VI
Lebensmittelabfälle

1. Lebensmittelabfälle, ungenießbare Nebenerzeugnisse und andere Abfälle müssen so rasch wie möglich aus Räumen, in denen mit Lebensmitteln umgegangen wird, entfernt werden, damit eine Anhäufung dieser Abfälle vermieden wird.

2. Lebensmittelabfälle, ungenießbare Nebenerzeugnisse und andere Abfälle sind in verschließbaren Behältern zu lagern, es sei denn, die Lebensmittelunternehmer können der zuständigen Behörde gegenüber nachweisen, dass andere Behälterarten oder andere Entsorgungssysteme geeignet sind. Diese Behälter müssen angemessen gebaut sein, einwandfrei instand gehalten sowie leicht zu reinigen und erforderlichenfalls leicht zu desinfizieren sein.

3. Es sind geeignete Vorkehrungen für die Lagerung und Entsorgung von Lebensmittelabfällen, ungenießbaren Nebenerzeugnissen und anderen Abfällen zu treffen. Abfallsammelräume müssen so konzipiert und geführt werden, dass sie sauber und erforderlichenfalls frei von Tieren und Schädlingen gehalten werden können.

4. Alle Abfälle sind nach geltendem Gemeinschaftsrecht hygienisch einwandfrei und umweltfreundlich zu entsorgen und dürfen Lebensmittel weder direkt noch indirekt kontaminieren.

KAPITEL VII
Wasserversorgung

1. a) Es muss in ausreichender Menge Trinkwasser zur Verfügung stehen, das erforderlichenfalls zu verwenden ist, um zu gewährleisten, dass die Lebensmittel nicht kontaminiert werden.

   b) Sauberes Wasser kann für unzerteilte Fischereierzeugnisse verwendet werden.

   Sauberes Meerwasser kann für lebende Muscheln, Stachelhäuter, Manteltiere und Meeresschnecken verwendet werden; sauberes Wasser kann auch zur äußeren Reinigung verwendet werden.

[2)] *Verordnung (EG) Nr. 853/2004 des Europäischen Parlaments und des Rates vom 29. April 2004 mit spezifischen Hygienevorschriften für Lebensmittel tierischen Ursprungs (ABl. L 139 vom 30.4.2004, S. 55).*

[3)] *Durchführungsverordnung (EU) Nr. 931/2011 der Kommission vom 19. September 2011 über die mit der Verordnung (EG) Nr. 178/2002 des Europäischen Parlaments und des Rates festgelegten Rückverfolgbarkeitsanforderungen an Lebensmittel tierischen Ursprungs (ABl. L 242 vom 20.9.2011, S. 2).*

Wird sauberes Wasser verwendet, so müssen für die Versorgung hiermit angemessene Einrichtungen und Verfahren zur Verfügung stehen, um zu gewährleisten, dass eine solche Verwendung kein Kontaminationsrisiko für die Lebensmittel darstellt.

(ABl L 277 vom 18. 10. 2008, S. 7)

2. Brauchwasser, das beispielsweise zur Brandbekämpfung, Dampferzeugung, Kühlung oder zu ähnlichen Zwecken verwendet wird, ist separat durch ordnungsgemäß gekennzeichnete Leitungen zu leiten. Es darf weder eine Verbindung zur Trinkwasserleitung noch die Möglichkeit des Rückflusses in diese Leitung bestehen.

3. Aufbereitetes Wasser, das zur Verarbeitung oder als Zutat verwendet wird, darf kein Kontaminationsrisiko darstellen. Es muss den Trinkwassernormen entsprechen, es sei denn, die zuständige Behörde hat festgestellt, dass die Wasserqualität die Genusstauglichkeit des Lebensmittels in seiner Fertigform in keiner Weise beeinträchtigen kann.

4. Eis, das mit Lebensmitteln in Berührung kommt oder Lebensmittel kontaminieren kann, muss aus Trinkwasser oder — bei der Kühlung von unzerteilten Fischereierzeugnissen — aus sauberem Wasser hergestellt werden. Es muss so hergestellt, behandelt und gelagert werden, dass eine Kontamination ausgeschlossen ist.

5. Dampf, der unmittelbar mit Lebensmitteln in Berührung kommt, darf keine potenziell gesundheitsgefährdenden oder kontaminationsfähigen Stoffe enthalten.

6. Werden Lebensmittel in hermetisch verschlossenen Behältnissen hitzebehandelt, so ist sicherzustellen, dass das nach dem Erhitzen zum Kühlen verwendete Wasser keine Kontaminationsquelle für die Lebensmittel darstellt.

KAPITEL VIII
Persönliche Hygiene

1. Personen, die in einem Bereich arbeiten, in dem mit Lebensmitteln umgegangen wird, müssen ein hohes Maß an persönlicher Sauberkeit halten; sie müssen geeignete und saubere Arbeitskleidung und erforderlichenfalls Schutzkleidung tragen.

2. Personen, die an einer Krankheit leiden, die durch Lebensmittel übertragen werden kann, oder Träger einer solchen Krankheit sind, sowie Personen mit beispielsweise infizierten Wunden, Hautinfektionen oder -verletzungen oder Diarrhöe ist der Umgang mit Lebensmitteln und das Betreten von Bereichen, in denen mit Lebensmitteln umgegangen wird, generell verboten, wenn die Möglichkeit einer direkten oder indirekten Kontamination besteht. Betroffene Personen, die in einem Lebensmittelunternehmen beschäftigt sind und mit Lebensmitteln in Berührung kommen können, haben dem Lebensmittelunternehmer Krankheiten und Symptome sowie, wenn möglich, deren Ursachen unverzüglich zu melden.

KAPITEL IX
Vorschriften für Lebensmittel

1. Ein Lebensmittelunternehmer darf andere Zutaten bzw. Rohstoffe als lebende Tiere oder andere Materialien, die bei der Verarbeitung von Erzeugnissen eingesetzt werden, nicht akzeptieren, wenn sie erwiesenermaßen oder aller Voraussicht nach mit Parasiten, pathogenen Mikroorganismen oder toxischen, verdorbenen oder fremden Stoffen derart kontaminiert sind, dass selbst nach ihrer hygienisch einwandfreien normalen Aussortierung und/oder Vorbehandlung oder Verarbeitung durch den Lebensmittelunternehmer das Endprodukt für den menschlichen Verzehr nicht geeignet wäre.

2. Rohstoffe und alle Zutaten, die in einem Lebensmittelunternehmen vorrätig gehalten werden, sind so zu lagern, dass gesundheitsgefährdender Verderb verhindert wird und Schutz vor Kontamination gewährleistet ist.

3. Lebensmittel sind auf allen Stufen der Erzeugung, der Verarbeitung und des Vertriebs vor Kontaminationen zu schützen, die sie für den menschlichen Verzehr ungeeignet oder gesundheitsschädlich machen bzw. derart kontaminieren, dass ein Verzehr in diesem Zustand nicht zu erwarten wäre.

12/1. EG/LM-HygieneV Allg.
ANHANG II

4. Es sind geeignete Verfahren zur Bekämpfung von Schädlingen vorzusehen. Auch sind geeignete Verfahren vorzusehen, um zu vermeiden, dass Haustiere Zugang zu den Räumen haben, in denen Lebensmittel zubereitet, behandelt oder gelagert werden (oder, sofern die zuständige Behörde dies in Sonderfällen gestattet, um zu vermeiden, dass ein solcher Zugang zu einer Kontamination führt).

5. Rohstoffe, Zutaten, Zwischenerzeugnisse und Enderzeugnisse, die die Vermehrung pathogener Mikroorganismen oder die Bildung von Toxinen fördern können, dürfen nicht bei Temperaturen aufbewahrt werden, die einer Gesundheitsgefährdung Vorschub leisten könnten. Die Kühlkette darf nicht unterbrochen werden. Es darf jedoch für begrenzte Zeit von den Temperaturvorgaben abgewichen werden, sofern dies aus praktischen Gründen bei der Zubereitung, Beförderung und Lagerung sowie beim Feilhalten und beim Servieren von Lebensmitteln erforderlich ist und die Gesundheit des Verbrauchers dadurch nicht gefährdet wird. Lebensmittelunternehmen, die Verarbeitungserzeugnisse herstellen, bearbeiten und umhüllen, müssen über geeignete, ausreichend große Räume zur getrennten Lagerung der Rohstoffe einerseits und der Verarbeitungserzeugnisse andererseits und über ausreichende, separate Kühlräume verfügen.

6. Soweit Lebensmittel kühl vorrätig gehalten oder serviert werden sollen, müssen sie nach ihrer Erhitzung oder, falls keine Erhitzung stattfindet, nach fertiger Zubereitung so schnell wie möglich auf eine Temperatur abgekühlt werden, die keinem Gesundheitsrisiko Vorschub leistet.

7. Gefrorene Lebensmittel sind so aufzutauen, dass das Risiko des Wachstums pathogener Mikroorganismen oder der Bildung von Toxinen in den Lebensmitteln auf ein Mindestmaß beschränkt wird. Sie müssen bei einer Temperatur auftauen, die keinem Gesundheitsrisiko Vorschub leistet. Sofern Tauflüssigkeit ein Gesundheitsrisiko darstellt, muss diese abfließen können. Aufgetaute Lebensmittel müssen so bearbeitet werden, dass das Risiko des Wachstums pathogener Mikroorganismen oder der Bildung von Toxinen auf ein Mindestmaß beschränkt wird.

8. Gesundheitsgefährdende und/oder ungenießbare Stoffe, einschließlich Futtermittel, sind entsprechend zu etikettieren und in separaten, verschlossenen Behältnissen zu lagern.

9. Ausrüstungen, Transportbehälter und/oder Container, die zur Verarbeitung, Handhabung, Beförderung oder Lagerung eines der in Anhang II der Verordnung (EU) Nr. 1169/2011 genannten Stoffe oder Erzeugnisse, die Allergien oder Unverträglichkeiten auslösen, verwendet werden, dürfen nicht für die Verarbeitung, Handhabung, Beförderung oder Lagerung von Lebensmitteln verwendet werden, die diesen Stoff oder dieses Erzeugnis nicht enthalten, es sei denn, die Ausrüstungen, Transportbehälter und/oder Container wurden gereinigt und es wurde zumindest überprüft, dass sie keine sichtbaren Reste dieses Stoffes oder Erzeugnisses enthalten.

(ABl L 74 vom 4. 3. 2021, S. 3)

KAPITEL X
Vorschriften für das Umhüllen und Verpacken von Lebensmitteln

1. Material, das der Umhüllung und Verpackung dient, darf keine Kontaminationsquelle für Lebensmittel darstellen.

2. Umhüllungen müssen so gelagert werden, dass sie nicht kontaminiert werden können.

3. Die Umhüllung und Verpackung der Erzeugnisse muss so erfolgen, dass diese nicht kontaminiert werden. Insbesondere wenn Metall- oder Glasbehältnisse verwendet werden, ist erforderlichenfalls sicherzustellen, dass das betreffende Behältnis sauber und nicht beschädigt ist.

4. Umhüllungen und Verpackungen, die für Lebensmittel wieder verwendet werden, müssen leicht zu reinigen und erforderlichenfalls leicht zu desinfizieren sein.

KAPITEL XI
Wärmebehandlung

Die folgenden Anforderungen gelten nur für Lebensmittel, die in hermetisch verschlossenen Behältern in Verkehr gebracht werden:

1. Bei jeder Wärmebehandlung zur Verarbeitung eines unverarbeiteten Erzeugnisses oder zur Weiterverarbeitung eines verarbeiteten Erzeugnisses muss

ANHANG II

a) jeder Teil des behandelten Erzeugnisses für eine bestimmte Zeit auf eine bestimmte Temperatur erhitzt werden

und

b) verhindert werden, dass das Erzeugnis während dieses Prozesses kontaminiert wird.

2. Um sicherzustellen, dass mit dem angewandten Verfahren die angestrebten Ziele erreicht werden, müssen die Lebensmittelunternehmer regelmäßig die wichtigsten in Betracht kommenden Parameter (insbesondere Temperatur, Druck, Versiegelung und Mikrobiologie) überprüfen, unter anderem auch durch die Verwendung automatischer Vorrichtungen.

3. Das angewandte Verfahren sollte international anerkannten Normen entsprechen (z. B. Pasteurisierung, Ultrahocherhitzung oder Sterilisierung).

KAPITEL XIa
Lebensmittelsicherheitskultur

1. Die Lebensmittelunternehmer müssen eine angemessene Lebensmittelsicherheitskultur einführen, aufrechterhalten und nachweisen, indem sie folgende Anforderungen erfüllen:

   a) Verpflichtung der Betriebsleitung im Einklang mit Nummer 2 sowie aller Beschäftigten zur sicheren Produktion und Verteilung von Lebensmitteln;

   b) Führungsrolle bei der Produktion sicherer Lebensmittel und der Einbeziehung aller Beschäftigten in die Verfahren zur Gewährleistung der Lebensmittelsicherheit;

   c) Sensibilisierung aller Beschäftigten des Unternehmens für Gefahren für die Lebensmittelsicherheit und für die Bedeutung der Lebensmittelsicherheit und -hygiene;

   d) offene und klare Kommunikation zwischen allen Beschäftigten des Unternehmens, sowohl innerhalb eines Tätigkeitsbereiches als auch zwischen hintereinandergeschalteten Tätigkeitsbereichen, einschließlich der Mitteilung von Abweichungen und Erwartungen;

   e) Verfügbarkeit ausreichender Ressourcen zur Gewährleistung eines sicheren und hygienischen Umgangs mit Lebensmitteln.

2. Die Betriebsleitung verpflichtet sich unter anderem zu Folgendem:

   a) sicherzustellen, dass die Aufgaben und Zuständigkeiten innerhalb jedes Tätigkeitsbereichs des Lebensmittelunternehmens klar kommuniziert werden;

   b) die Integrität des Lebensmittelhygienesystems bei der Planung und Umsetzung von Änderungen zu wahren;

   c) sich zu vergewissern, dass Kontrollen rechtzeitig und effizient durchgeführt werden und die Dokumentation auf dem neuesten Stand ist;

   d) sicherzustellen, dass das Personal angemessen geschult und beaufsichtigt wird;

   e) zu gewährleisten, dass die einschlägigen regulatorischen Anforderungen erfüllt werden;

   f) eine kontinuierliche Verbesserung des Managementsystems des Unternehmens für die Lebensmittelsicherheit zu fördern, gegebenenfalls unter Berücksichtigung der Entwicklungen in den Bereichen Wissenschaft, Technologie und bewährte Verfahren.

3. Bei der Umsetzung der Lebensmittelsicherheitskultur sind Art und Größe des Lebensmittelunternehmens zu berücksichtigen.

(ABl L 74 vom 4. 3. 2021, S. 3)

KAPITEL XII
Schulung

Lebensmittelunternehmer haben zu gewährleisten, dass

1. Betriebsangestellte, die mit Lebensmitteln umgehen, entsprechend ihrer Tätigkeit überwacht und in Fragen der Lebensmittelhygiene unterwiesen und/oder geschult werden,

2. die Personen, die für die Entwicklung und Anwendung des Verfahrens nach Artikel 5 Absatz 1 der vorliegenden Verordnung oder für die Umsetzung einschlägiger Leitfäden zuständig sind, in allen Fragen der Anwendung der HACCP-Grundsätze angemessen geschult werden

12/1. EG/LM-HygieneV Allg.
ANHANG II

und

3. alle Anforderungen der einzelstaatlichen Rechtsvorschriften über Schulungsprogramme für die Beschäftigten bestimmter Lebensmittelsektoren eingehalten werden.

12/2. Verordnung (EG) Nr. 853/2004 mit spezifischen Hygienevorschriften für Lebensmittel tierischen Ursprungs

ABl L 226 vom 25. 6. 2004, S. 22 idF

1 ABl L 338 vom 22. 12. 2005, S. 27
2 ABl L 338 vom 22. 12. 2005, S. 83
3 ABl L 320 vom 18. 11. 2006, S. 1
4 ABl L 363 vom 20. 12. 2006, S. 1
5 ABl L 281 vom 25. 10. 2007, S. 8
6 ABl L 204 vom 4. 8. 2007, S. 26 (Berichtigung)
7 ABl L 46 vom 21. 2. 2008, S. 50 (Berichtigung)
8 ABl L 277 vom 18. 10. 2008, S. 8
9 ABl L 87 vom 31. 3. 2009, S. 109
10 ABl L 314 vom 1. 12. 2009, S. 8
11 ABl L 77 vom 24. 03. 2010, S. 59 (Berichtigung)
12 ABl L 119 vom 13. 5. 2010, S. 26 (Berichtigung)
13 ABl L 159 vom 25. 6. 2010, S. 18
14 ABl L 46 vom 19. 2. 2011, S. 14
15 ABl L 327 vom 9. 12. 2011, S. 39
16 ABl L 8 vom 12. 1. 2012, S. 29
17 ABl L 158 vom 10. 6. 2013, S. 27
18 ABl L 160 vom 12. 6. 2013, S. 15 (Berichtigung)
19 ABl L 220 vom 17. 8. 2013, S. 14
20 ABl L 69 vom 8. 3. 2014, S. 95
21 ABl L 66 vom 11. 3. 2015, S. 22 (Berichtigung)
22 ABl L 175 vom 14. 6. 2014, S. 6
23 ABl L 307 vom 28. 10. 2014, S. 28
24 ABl L 29 vom 5. 2. 2015, S. 16 (Berichtigung)
25 ABl L 67 vom 12. 3. 2016, S. 22
26 ABl L 285 vom 1. 11. 2017, S. 3
27 ABl L 285 vom 1. 11. 2017, S. 10
28 ABl L 13 vom 16. 1. 2019, S. 12 (Berichtigung)
29 ABl L 198 vom 25. 7. 2019, S. 241
30 ABl L 434 vom 23. 12. 2020, S. 10
31 ABl L 297 vom 20. 8. 2021, S. 1
32 ABl L 302 vom 26. 8. 2021, S. 20
33 ABl L 357 vom 8. 10. 2021, S. 27

Verordnung (EG) Nr. 853/2004 des Europäischen Parlaments und des Rates vom 29. April 2004 mit spezifischen Hygienevorschriften für Lebensmittel tierischen Ursprungs

DAS EUROPÄISCHE PARLAMENT UND DER RAT DER EUROPÄISCHEN UNION —

gestützt auf den Vertrag zur Gründung der Europäischen Gemeinschaft, insbesondere auf Artikel 152 Absatz 4 Buchstabe b),

auf Vorschlag der Kommission[1],

nach Stellungnahme des Europäischen Wirtschafts- und Sozialausschusses[2],

nach Stellungnahme des Ausschusses der Regionen,

gemäß dem Verfahren des Artikels 251 des Vertrags[3],

in Erwägung nachstehender Gründe:

(1) Mit der Verordnung (EG) Nr. 852/2004[4] haben das Europäische Parlament und der Rat von Lebensmittelunternehmern einzuhaltende allgemeine Hygienevorschriften für Lebensmittel festgelegt.

(2) Bestimmte Lebensmittel können besondere Gefahren für die menschliche Gesundheit in sich bergen und machen daher spezifische Hygienevorschriften erforderlich. Dies gilt vor allem für Lebensmittel tierischen Ursprungs, bei denen häufig mikrobiologische oder chemische Gefahren gemeldet wurden.

(3) Im Rahmen der Gemeinsamen Agrarpolitik sind zahlreiche Richtlinien erlassen worden, in denen spezifische Hygienevorschriften für die Produktion und das Inverkehrbringen der in Anhang I des Vertrags aufgeführten Erzeugnisse festgelegt wurden. Diese Hygienevorschriften haben Hemmnisse im Handel mit den betreffenden Erzeugnissen reduziert und so zur Schaffung des Binnenmarktes beigetragen und gleichzeitig für den Verbraucher ein hohes Gesundheitsschutzniveau gewährleistet.

Zur Präambel
[1] *ABl. C 365 E vom 19.12.2000, S. 58.*
[2] *ABl. C 155 vom 29.5.2001, S. 39.*
[3] *Stellungnahme des Europäischen Parlaments vom 5. Mai 2002 (ABl. C 180 E vom 31.7.2003, S. 288), Gemeinsamer Standpunkt des Rates vom 27. Oktober 2003 (ABl. C 48 E vom 24.2.2004, S. 23), Standpunkt des Europäischen Parlaments vom 30. März 2004 (noch nicht im Amtsblatt veröffentlicht) und Beschluss des Rates vom 16. April 2004.*

Zu Abs. 1:
[4] *Siehe Seite 3 dieses Amtsblatts. (ABl 2004 L 226, S. 22)*

(4) Zum Schutz der öffentlichen Gesundheit enthalten diese Vorschriften gemeinsame Grundregeln, insbesondere betreffend die Pflichten der Hersteller und der zuständigen Behörden, die Anforderungen an Struktur, Betrieb und Hygiene der Unternehmen, die Verfahren für die Zulassung von Unternehmen, die Lager- und Transportbedingungen und die Genusstauglichkeitskennzeichnung.

(5) Diese Grundregeln bilden die allgemeine Grundlage für die hygienische Herstellung von Lebensmitteln tierischen Ursprungs und ermöglichen eine Vereinfachung der geltenden Richtlinien.

(6) Es ist wünschenswert, eine weitere Vereinfachung dadurch herbeizuführen, dass dieselben Regeln, wo immer dies angezeigt ist, auf alle Erzeugnisse tierischen Ursprungs angewandt werden.

(7) Die Anforderung der Verordnung (EG) Nr. 852/2004, wonach Lebensmittelunternehmer, die auf den der Gewinnung von Primärerzeugnissen und damit zusammenhängenden Vorgängen nachgeordneten Produktions-, Verarbeitungs- und Vertriebsstufen von Lebensmitteln tätig sind, Verfahren einrichten, durchführen und aufrechterhalten müssen, die auf den Grundsätzen der Gefahrenanalyse und der Überwachung kritischer Kontrollpunkte (HACCP-Grundsätze) beruhen, dient ebenfalls der Vereinfachung.

(8) Diese Elemente rechtfertigen es zusammen, die in den geltenden Richtlinien enthaltenen spezifischen Hygienevorschriften neu zu fassen.

(9) Die wesentlichen Ziele der Neufassung bestehen darin, in Bezug auf die Lebensmittelsicherheit ein hohes Verbraucherschutzniveau sicherzustellen, indem insbesondere alle Lebensmittelunternehmer in der Gemeinschaft denselben Regeln unterworfen werden, und das reibungslose Funktionieren des Binnenmarktes für Erzeugnisse tierischen Ursprungs zu gewährleisten und damit zur Verwirklichung der Ziele der Gemeinsamen Agrarpolitik beizutragen.

(10) Es müssen detaillierte Hygienevorschriften für Erzeugnisse tierischen Ursprungs beibehalten und, falls zur Sicherstellung des Verbraucherschutzes erforderlich, verschärft werden.

(11) Die Gemeinschaftsvorschriften sollten weder für die Primärproduktion für den privaten häuslichen Gebrauch noch für die häusliche Verarbeitung, Handhabung oder Lagerung von Lebensmitteln zum häuslichen privaten Verbrauch gelten. Außerdem ist es „bei der direkten Abgabe kleiner Mengen von Primärerzeugnissen oder bestimmten Arten von Fleisch durch den erzeugenden Lebensmittelunternehmer an den Endverbraucher oder an einen örtlichen Betrieb des Einzelhandels" angezeigt, die öffentliche Gesundheit durch einzelstaatliche Rechtsvorschriften zu schützen, und zwar insbesondere aufgrund der engen Beziehungen zwischen Erzeuger und Verbraucher. (ABl L 46 vom 21. 2. 2008, S. 50)

(12) Die Anforderungen der Verordnung (EG) Nr. 852/2004 sind in der Regel ausreichend, „um die Lebensmittelsicherheit in Betrieben des Einzelhandels sicherzustellen", die Lebensmittel tierischen Ursprungs direkt an den Endverbraucher verkaufen bzw. abgeben. Die vorliegende Verordnung sollte generell für den Großhandel gelten (d. h. für Fälle, in denen ein Einzelhandelsunternehmen Lebensmittel tierischen Ursprungs an ein anderes Unternehmen abgibt). Abgesehen von den spezifischen Temperaturvorschriften der vorliegenden Verordnung dürften die Anforderungen der Verordnung (EG) Nr. 852/2004 jedoch für Großhandelstätigkeiten, die sich auf die Lagerung und den Transport beschränken, ausreichen. (ABl L 46 vom 21. 2. 2008, S. 50)

(13) Die Mitgliedstaaten sollten über einen gewissen Ermessensspielraum verfügen, wenn es darum geht, die Anwendung der Bestimmungen der vorliegenden Verordnung auf einzelstaatlichem Recht auf den Einzelhandel auszudehnen oder einzuschränken. Sie dürfen die Anwendung jedoch nur einschränken, wenn sie der Auffassung sind, dass die Anforderungen der Verordnung (EG) Nr. 852/2004 zur Erfüllung der Ziele der Lebensmittelhygiene ausreichen, und wenn „die Abgabe von Lebensmitteln von einem Betrieb des Einzelhandels an einen anderen Betrieb" eine nebensächliche Tätigkeit auf lokaler Ebene von beschränktem Umfang ist. Diese Lieferungen sollten daher nur einen kleinen Teil der Geschäftstätigkeit des Unternehmens ausmachen, die belieferten Unternehmen sollten sich in seiner unmittelbaren Nachbarschaft befinden, und die Lieferungen sollten sich auf bestimmte Arten von Erzeugnissen oder Unternehmen beschränken. (ABl L 46 vom 21. 2. 2008, S. 50)

(14) Gemäß Artikel 10 des Vertrags müssen die Mitgliedstaaten alle geeigneten Maßnahmen treffen, um sicherzustellen, dass die Lebensmittelunternehmer die Verpflichtungen dieser Verordnung erfüllen.

(15) Ein wesentlicher Aspekt der Gewährleistung der Lebensmittelsicherheit ist die Rückverfolgbarkeit von Lebensmitteln. Zusätzlich zur Einhaltung der allgemeinen Vorschriften der

Verordnung (EG) Nr. 178/2002[1] sollten Lebensmittelunternehmer, die für gemäß dieser Verordnung zulassungspflichtige Betriebe verantwortlich sind, sicherstellen, dass alle Erzeugnisse tierischen Ursprungs, die sie in Verkehr bringen, mit einem Genusstauglichkeitskennzeichen oder einem Identitätskennzeichen versehen sind.

(16) In die Gemeinschaft eingeführte Lebensmittel müssen den allgemeinen Anforderungen der Verordnung (EG) Nr. 178/2002 genügen oder müssen Bestimmungen entsprechen, die den Gemeinschaftsbestimmungen gleichwertig sind. Die vorliegende Verordnung regelt spezifische Hygieneanforderungen für in die Gemeinschaft eingeführte Lebensmittel tierischen Ursprungs.

(17) Durch die Annahme dieser Verordnung sollte das Gesundheitsschutzniveau nicht reduziert werden, das durch die für Finnland und Schweden bei ihrem Beitritt zur Gemeinschaft vereinbarten und durch die Entscheidungen 94/968/EG[2], 95/50/EG[3], 95/160/EG[4], 95/161/EG[5], 95/168/EG[6], 95/409/EG[7], 95/410/EG[8] und 95/411/EG[9] bestätigten zusätzlichen Garantien festgelegt wurde. Sie sollte ein Verfahren vorsehen, nach dem für eine Übergangszeit jedem Mitgliedstaat, der für die betreffenden Lebensmittel tierischen Ursprungs über ein genehmigtes nationales Kontrollprogramm verfügt, das denen für Finnland und Schweden gleichwertig ist, Garantien gewährt werden. Die Verordnung (EG) Nr. 2160/2003 des Europäischen Parlaments und des Rates vom 17. November 2003 zur Bekämpfung von Salmonellen und bestimmten anderen durch Lebensmittel übertragbaren Zoonoseerregern[10] sieht für lebende Tiere und Bruteier ein ähnliches Verfahren vor.

(18) Die Struktur- und Hygienevorschriften dieser Verordnung sollten für alle Arten von Unternehmen, einschließlich kleiner Betriebe und mobiler Schlachteinheiten, gelten.

(19) Flexibilität ist angezeigt, damit traditionelle Methoden auf allen Produktions-, Verarbeitungs- und Vertriebsstufen von Lebensmitteln weiterhin angewandt werden können, wie auch in Bezug auf strukturelle Anforderungen an die Betriebe. Flexibilität ist für Regionen in schwieriger geografischer Lage, einschließlich der in Artikel 299 Absatz 2 des Vertrags aufgeführten Gebiete in äußerster Randlage, von besonderer Bedeutung. Die Flexibilität sollte jedoch die Ziele der Lebensmittelhygiene nicht in Frage stellen. Außerdem sollte das Verfahren, das den Mitgliedstaaten die Möglichkeit der Flexibilität einräumt, vollkommen transparent sein, da sich nach den Hygienevorschriften hergestellten Lebensmittel in der Regel in der gesamten Gemeinschaft im freien Verkehr befinden werden. Dabei sollte vorgesehen werden, dass etwaige Meinungsverschiedenheiten in dem durch die Verordnung (EG) Nr. 178/2002 eingesetzten Ständigen Ausschuss für die Lebensmittelkette und Tiergesundheit erörtert und gelöst werden und dass die Kommission das Verfahren koordiniert und geeignete Maßnahmen ergreift.

(20) Die Definition von Separatorenfleisch sollte so allgemein gefasst sein, dass sie alle Verfahren des mechanischen Ablösens abdeckt. Die rasche technologische Entwicklung in diesem Bereich lässt eine flexible Definition angebracht erscheinen. Ausgehend von einer Risikobewertung für die aus den unterschiedlichen Verfahren resultierenden Erzeugnisse sollten sich jedoch die technischen Anforderungen für Separatorenfleisch voneinander unterscheiden.

(21) Die Lebensmittelunternehmer, einschließlich der des Futtermittelsektors, stehen in einer Wechselbeziehung zueinander, und die Belange der Tiergesundheit, des Tierschutzes und der öffentlichen Gesundheit sind auf allen Stufen der Produktion, der Verarbeitung und des Vertriebs miteinander verflochten. Daher ist eine angemessene Kommunikation zwischen den verschiedenen Interessengruppen des Lebensmittelsektors von der Primärproduktion bis zum Einzelhandel erforderlich.

(22) Zur Gewährleistung einer ordnungsgemäßen Kontrolle des auf dem Gemeinschaftsmarkt in Verkehr gebrachten Wildbrets sollten die Tierkörper und ihre Eingeweide zur amtlichen Fleischuntersuchung in einem Wildverarbeitungsbetrieb vorgelegt werden. Um jedoch bestimmte Jagdtraditionen zu wahren, ohne die Lebensmittelsicherheit zu gefährden, sollte für eine entsprechende Ausbildung der Jäger gesorgt werden, die

---

Zu Abs. 15:
[1] Verordnung (EG) Nr. 178/2002 des Europäischen Parlaments und des Rates vom 28. Januar 2002 zur Festlegung der allgemeinen Grundsätze und Anforderungen des Lebensmittelrechts, zur Errichtung der Europäischen Behörde für Lebensmittelsicherheit und zur Festlegung von Verfahren zur Lebensmittelsicherheit (ABl. L 31 vom 1.2.2002, S. 1). Geändert durch die Verordnung (EG) Nr. 1642/2003 (ABl. L 245 vom 29.9.2003, S. 4).

Zu Abs. 17:
[2] ABl. L 371 vom 31.12.1994, S. 36.
[3] ABl. L 53 vom 9.3.1995, S. 31.
[4] ABl. L 105 vom 9.5.1995, S. 40.
[5] ABl. L 105 vom 9.5.1995, S. 44.
[6] ABl. L 109 vom 16.5.1995, S. 44.
[7] ABl. L 243 vom 11.10.1995, S. 21.
[8] ABl. L 243 vom 11.10.1995, S. 25.
[9] ABl. L 243 vom 11.10.1995, S. 29.
[10] ABl. L 325 vom 12.12.2003, S. 1.

Wild für den menschlichen Verzehr in Verkehr bringen. Dies sollte die Jäger in die Lage versetzen, eine erste Untersuchung des erlegten Wilds an Ort und Stelle durchzuführen. In diesen Fällen ist es nicht notwendig, dass ausgebildete Jäger dem Wildverarbeitungsbetrieb alle Eingeweide im Hinblick auf eine Fleischuntersuchung zukommen lassen, wenn sie diese erste Untersuchung durchführen und keine Anomalien oder Gesundheitsgefahren ermitteln. Die Mitgliedstaaten sollten jedoch die Möglichkeit haben, in ihrem Hoheitsgebiet strengere Vorschriften festzulegen, um spezifischen Risiken Rechnung zu tragen.

(23) In dieser Verordnung sollten Kriterien für Rohmilch festgelegt werden, bis neue Vorschriften für ihr Inverkehrbringen angenommen werden. Bei diesen Kriterien sollte es sich um Auslösewerte handeln, was bedeutet, dass die Lebensmittelunternehmer im Fall einer Überschreitung Abhilfe zu schaffen und die zuständige Behörde zu benachrichtigen haben. Bei den Kriterien sollte es sich nicht um Grenzwerte handeln, oberhalb deren Rohmilch nicht mehr in Verkehr gebracht werden kann. Dies bedeutet, dass unter bestimmten Umständen Rohmilch, die den Kriterien nicht vollständig entspricht, für den menschlichen Verzehr unbedenklich sein kann, falls entsprechende Maßnahmen getroffen werden. Bei Rohmilch und Rohrahm, die für den unmittelbaren menschlichen Verzehr bestimmt sind, ist es angebracht, jedem Mitgliedstaat zu erlauben, geeignete Gesundheitsmaßnahmen beizubehalten oder einzuführen, mit denen die Ziele dieser Verordnung in seinem Hoheitsgebiet erreicht werden sollen.

(24) Das Kriterium für Rohmilch, die zur Herstellung von Milcherzeugnissen verwendet wird, sollte dreimal so hoch sein wie das Kriterium für im landwirtschaftlichen Betrieb gesammelte Rohmilch. Das Kriterium für Milch, aus der verarbeitete Milcherzeugnisse hergestellt werden sollen, stellt einen absoluten Wert dar, während es sich bei dem Kriterium für im landwirtschaftlichen Betrieb gesammelte Rohmilch um einen Durchschnittswert handelt. Mit der Erfüllung der Temperaturvorschriften dieser Verordnung wird nicht dem gesamten Bakterienwachstum während des Transports und der Lagerung Einhalt geboten.

(25) Aufgrund dieser Neufassung können die geltenden Hygienevorschriften aufgehoben werden. Dies erfolgt mit der Richtlinie 2004/41/EG des Europäischen Parlaments und des Rates vom 21. April 2004 zur Aufhebung bestimmter Richtlinien über Lebensmittelhygiene und Hygienevorschriften für die Herstellung und das Inverkehrbringen von bestimmten, zum menschlichen Verzehr bestimmten Erzeugnissen tierischen Ursprungs[1].

(26) Ferner treten die in dieser Verordnung enthaltenen Vorschriften für Eier an die Stelle derjenigen der Entscheidung 94/371/EG des Rates vom 20. Juni 1994 zur Festlegung spezifischer Hygienevorschriften für die Vermarktung bestimmter Eierkategorien[2], die durch die Aufhebung des Anhangs II der Richtlinie 92/118/EWG des Rates[3] erlöschen.

(27) Die Lebensmittelhygienevorschriften der Gemeinschaft sollten wissenschaftlich fundiert sein. Zu diesem Zweck sollte erforderlichenfalls die Europäische Behörde für Lebensmittelsicherheit konsultiert werden.

(28) Um dem technischen und wissenschaftlichen Fortschritt Rechnung zu tragen, sollte im Ständigen Ausschuss für die Lebensmittelkette und Tiergesundheit eine enge und effiziente Zusammenarbeit zwischen der Kommission und den Mitgliedstaaten sichergestellt werden.

(29) Die Anforderungen dieser Verordnung sollten nicht gelten, bevor nicht alle Teile der neuen Lebensmittelhygienevorschriften in Kraft getreten sind. Ferner ist es angezeigt, einen Zeitraum von mindestens 18 Monaten zwischen dem Inkrafttreten und der Anwendung der neuen Vorschriften vorzusehen, um den betroffenen Wirtschaftszweigen Zeit zur Anpassung zu lassen.

(30) Die zur Durchführung dieser Verordnung erforderlichen Maßnahmen sollten gemäß dem Beschluss 1999/468/EG des Rates vom 28. Juni 1999 zur Festlegung der Modalitäten für die

---

Zu Abs. 25:
[1] ABl. L 157 vom 30.4.2004, S. 33.
Zu Abs. 26:
[2] ABl. L 168 vom 2.7.1994, S. 34.
[3] *Richtlinie 92/118/EWG des Rates vom 17. Dezember 1992 über die tierseuchenrechtlichen und gesundheitlichen Bedingungen für den Handel mit Erzeugnissen tierischen Ursprungs in der Gemeinschaft sowie für ihre Einfuhr in die Gemeinschaft, soweit sie diesbezüglich nicht den spezifischen Gemeinschaftsregelungen nach Anhang A Kapitel I der Richtlinie 89/662/EWG und — in Bezug auf Krankheitserreger — der Richtlinie 90/425/EWG unterliegen (ABl. L 62 vom 15.3.1993, S. 49). Zuletzt geändert durch die Verordnung (EG) Nr. 445/2004 der Kommission (ABl. L 72 vom 11.3.2004, S. 60).*

Ausübung der der Kommission übertragenen Durchführungsbefugnisse erlassen werden[1] —

HABEN FOLGENDE VERORDNUNG ERLASSEN:

KAPITEL I
ALLGEMEINE BESTIMMUNGEN

Artikel 1
Geltungsbereich

(1) Diese Verordnung enthält von Lebensmittelunternehmern einzuhaltende spezifische Hygienevorschriften für Lebensmittel tierischen Ursprungs. Diese Vorschriften ergänzen die Vorschriften der Verordnung (EG) Nr. 852/2004. Sie gelten für unverarbeitete Erzeugnisse und Verarbeitungserzeugnisse tierischen Ursprungs.

(2) Sofern nicht ausdrücklich anders angegeben, gilt diese Verordnung nicht für Lebensmittel, die sowohl Erzeugnisse pflanzlichen Ursprungs als auch Verarbeitungserzeugnisse tierischen Ursprungs enthalten. Verarbeitungserzeugnisse tierischen Ursprungs, die zur Herstellung dieser Lebensmittel verwendet werden, müssen jedoch im Einklang mit den Anforderungen dieser Verordnung gewonnen und bearbeitet werden.

(3) Diese Verordnung gilt nicht für

a) die Primärproduktion für den privaten häuslichen Gebrauch;

b) die häusliche Verarbeitung, Handhabung oder Lagerung von Lebensmitteln zum häuslichen privaten Verbrauch;

c) die direkte Abgabe kleiner Mengen von Primärerzeugnissen durch den Erzeuger an den Endverbraucher oder an örtliche Betriebe des Einzelhandels, die die Erzeugnisse direkt an den Endverbraucher abgeben; *(ABl L 13 vom 16. 1. 2019, S. 12)*

d) die direkte Abgabe kleiner Mengen von Fleisch von Geflügel und Hasentieren, das/die im landwirtschaftlichen Betrieb geschlachtet worden ist/sind, durch den Erzeuger an den Endverbraucher oder an örtliche Einzelhandelsunternehmen, die dieses Fleisch direkt an den Endverbraucher abgeben; *(ABl L 13 vom 16. 1. 2019, S. 12; ABl L 357 vom 8. 10. 2021, S. 27)*

e) Jäger, die kleine Mengen von Wild oder Wildfleisch direkt an den Endverbraucher oder an örtliche Betriebe des Einzelhandels, zur direkten Abgabe an den Endverbraucher abgeben. *(ABl L 13 vom 16. 1. 2019, S. 12)*

(4) Im Rahmen des einzelstaatlichen Rechts erlassen die Mitgliedstaaten Vorschriften für die in Absatz 3 Buchstaben c), d) und e) genannten Tätigkeiten und Personen. Mit diesen einzelstaatlichen Vorschriften muss gewährleistet werden, dass die Ziele dieser Verordnung erreicht werden.

(5) a) Sofern nicht ausdrücklich anders angegeben, gilt diese Verordnung nicht für den Einzelhandel.

b) Diese Verordnung gilt jedoch für Einzelhandelstätigkeiten, die zur Deckung des Bedarfs eines anderen Betriebs an Lebensmitteln tierischen Ursprungs ausgeübt werden, es sei denn

i) die Tätigkeiten beschränken sich auf die Lagerung oder den Transport, wobei die spezifischen Temperaturanforderungen des Anhangs III dennoch gelten,

oder

ii) „die Abgabe von Lebensmitteln tierischen Ursprungs erfolgt ausschließlich von einem Betrieb des Einzelhandels an andere Betriebe des Einzelhandels" und stellt nach innerstaatlichem Recht eine nebensächliche Tätigkeit auf lokaler Ebene von beschränktem Umfang dar. *(ABl L 46 vom 21. 2. 2008, S. 50)*

c) Die Mitgliedstaaten können einzelstaatliche Maßnahmen treffen, um die Anforderungen dieser Verordnung auf in ihrem Gebiet gelegene Einzelhandelsunternehmen anzuwenden, auf die sie nach Buchstaben a) oder b) keine Anwendung finden würde.

(6) Diese Verordnung gilt unbeschadet der

a) einschlägigen tierseuchen- und hygienerechtlichen Vorschriften, einschließlich strengerer Vorschriften, die zur Verhütung, Kontrolle und Tilgung bestimmter transmissibler spongiformer Enzephalopathien erlassen wurden,

b) Anforderungen an den Tierschutz und

c) Anforderungen an die Kennzeichnung von Tieren und die Rückverfolgbarkeit von Erzeugnissen tierischen Ursprungs.

Artikel 2
Begriffsbestimmungen

Für die Zwecke dieser Verordnung gelten folgende Begriffsbestimmungen:

(1) die Begriffsbestimmungen der Verordnung (EG) Nr. 178/2002,

(2) die Begriffsbestimmungen der Verordnung (EG) Nr. 852/2004,

(3) die Begriffsbestimmungen des Anhangs I und

(4) alle technischen Begriffsbestimmungen der Anhänge II und III.

Zu Abs. 30:
[1] *ABl. L 184 vom 17.7.1999, S. 23.*

KAPITEL II
VERPFLICHTUNGEN DES LEBENSMITTELUNTERNEHMERS

Artikel 3
Allgemeine Verpflichtung

(1) Lebensmittelunternehmer müssen die einschlägigen Vorschriften der Anhänge II und III erfüllen.

(2) Lebensmittelunternehmer dürfen zum Zweck der Entfernung von Oberflächenverunreinigungen von Erzeugnissen tierischen Ursprungs keinen anderen Stoff als Trinkwasser — oder sauberes Wasser, wenn dessen Verwendung nach der Verordnung (EG) Nr. 852/2004 oder der vorliegenden Verordnung erlaubt ist — verwenden, es sei denn, die Verwendung des Stoffes ist von der Kommission genehmigt worden. Hierzu wird der Kommission die Befugnis übertragen, gemäß Artikel 11a delegierte Rechtsakte zur Ergänzung dieser Verordnung zu erlassen. Lebensmittelunternehmer müssen ferner die Verwendungsvorschriften erfüllen, die nach demselben Verfahren gegebenenfalls erlassen werden. Die Verwendung eines zugelassenen Stoffes lässt die Verpflichtung des Lebensmittelunternehmers unberührt, den Anforderungen der vorliegenden Verordnung nachzukommen. *(ABl L 198 vom 25. 7. 2019, S. 241)*

Artikel 4
Eintragung und Zulassung von Betrieben

(1) Lebensmittelunternehmer dürfen in der Gemeinschaft hergestellte Erzeugnisse tierischen Ursprungs nur in Verkehr bringen, „wenn sie ausschließlich in Betrieben bearbeitet und behandelt worden sind, die" *(ABl L 46 vom 21. 2. 2008, S. 50)*

a) den einschlägigen Anforderungen der Verordnung (EG) Nr. 852/2004, denen der Anhänge II und III der vorliegenden Verordnung und anderen einschlägigen lebensmittelrechtlichen Vorschriften genügen

und

b) von der zuständigen Behörde registriert oder — sofern dies nach Absatz 2 erforderlich ist — zugelassen worden sind.

(2) Unbeschadet des Artikels 6 Absatz 3 der Verordnung (EG) Nr. 852/2004 dürfen „Betriebe, die Erzeugnisse tierischen Ursprungs behandeln", für die Anforderungen in Anhang III dieser Verordnung festgelegt sind, erst nach Zulassung durch die zuständige Behörde gemäß Absatz 3 dieses Artikels ihre Tätigkeit aufnehmen; ausgenommen sind Betriebe, die lediglich

a) Primärproduktion,

b) Transporttätigkeiten,

c) die Lagerung von Erzeugnissen, deren Lagerung keiner Temperaturregelung bedarf,

oder

d) andere Einzelhandelstätigkeiten als die, die gemäß Artikel 1 Absatz 5 Buchstabe b) unter die vorliegende Verordnung fallen, betreiben. *(ABl L 46 vom 21. 2. 2008, S. 50)*

(3) Ein gemäß Absatz 2 zulassungspflichtiger Betrieb darf seine Tätigkeit erst aufnehmen, wenn die zuständige Behörde gemäß der Verordnung (EG) Nr. 854/2004 des Europäischen Parlaments und des Rates vom 29. April 2004 mit spezifischen Vorschriften für die amtliche Überwachung von zum menschlichen Verzehr bestimmten Erzeugnissen tierischen Ursprungs[1]

a) dem Betrieb nach einer Kontrolle vor Ort die Zulassung erteilt hat

oder

b) dem Betrieb eine vorläufige Zulassung erteilt hat.

(4) Die Lebensmittelunternehmer arbeiten gemäß der Verordnung (EG) Nr. 854/2004 mit den zuständigen Behörden zusammen. Die Lebensmittelunternehmer sorgen insbesondere dafür, dass ein Betrieb seine Tätigkeit einstellt, wenn die zuständige Behörde seine Zulassung widerruft oder — im Falle einer vorläufigen Zulassung — diese nicht verlängert oder nicht durch eine unbefristete Zulassung ersetzt.

(5) Dieser Artikel hindert einen Betrieb nicht daran, zwischen dem Beginn der Anwendung dieser Verordnung und der ersten darauf folgenden Kontrolle durch die zuständige Behörde Lebensmittel in Verkehr zu bringen, wenn der Betrieb

a) gemäß Absatz 2 zulassungspflichtig ist und Erzeugnisse tierischen Ursprungs unmittelbar vor Beginn der Anwendung dieser Verordnung gemäß den gemeinschaftlichen Rechtsvorschriften in Verkehr gebracht hat

oder

b) zu einer Art von Betrieben gehört, für die vor Beginn der Anwendung dieser Verordnung eine Zulassung nicht erforderlich war.

Artikel 5
Genusstauglichkeits- und Identitätskennzeichnung

(1) Lebensmittelunternehmer dürfen in einem gemäß Artikel 4 Absatz 2 zulassungspflichtigen Betrieb behandelte Erzeugnisse tierischen Ursprungs nur in Verkehr bringen, wenn

---

Zu Artikel 4:

[1] *Siehe Seite 83 dieses Amtsblatts. (ABl 2004 L 226, S. 22)*

a) sie ein gemäß der Verordnung (EG) Nr. 854/2004 angebrachtes Genusstauglichkeitskennzeichen tragen
oder

b) sofern in der genannten Verordnung die Anbringung eines Genusstauglichkeitskennzeichens nicht vorgesehen ist, ein gemäß Anhang II Abschnitt I der vorliegenden Verordnung angebrachtes Identitätskennzeichen tragen.

(2) Lebensmittelunternehmer dürfen ein Identitätskennzeichen auf einem Erzeugnis tierischen Ursprungs nur anbringen, wenn dieses Erzeugnis gemäß der vorliegenden Verordnung in Betrieben hergestellt wurde, die den Anforderungen des Artikels 4 entsprechen.

(3) Lebensmittelunternehmer dürfen ein gemäß der Verordnung (EG) Nr. 854/2004 angebrachtes Genusstauglichkeitskennzeichen nur dann vom Fleisch entfernen, wenn sie das Fleisch zerlegen oder verarbeiten oder in anderer Weise bearbeiten.

Artikel 6
Erzeugnisse tierischen Ursprungs von außerhalb der Gemeinschaft

(1) Lebensmittelunternehmer, die Erzeugnisse tierischen Ursprungs aus Drittländern einführen, stellen sicher, dass die Einfuhr nur dann erfolgt, wenn

a) das Versanddrittland in einer gemäß Artikel 11 der Verordnung (EG) Nr. 854/2004 erstellten Liste von Drittländern aufgeführt ist, aus denen die Einfuhr des betreffenden Erzeugnisses zulässig ist;

b) i) der Betrieb, von dem aus das Erzeugnis versandt wurde und in dem es gewonnen oder zubereitet wurde, gegebenenfalls in einer gemäß Artikel 12 der Verordnung (EG) Nr. 854/2004 erstellten Liste von Betrieben aufgeführt ist, aus denen die Einfuhr des betreffenden Erzeugnisses erlaubt ist;

ii) das Erzeugnis, sofern es sich um frisches Fleisch, Hackfleisch/Faschiertes, Fleischzubereitungen, Fleischerzeugnisse und Separatorenfleisch handelt, aus Fleisch hergestellt wurde, das aus Schlachthäusern und Zerlegungsbetrieben, die in gemäß Artikel 12 der Verordnung (EG) Nr. 854/2004 erstellten und aktualisierten Listen aufgeführt sind, oder aus zugelassenen Gemeinschaftsbetrieben stammt;

iii) im Fall lebender Muscheln, Stachelhäuter, Manteltiere und Meeresschnecken diese aus einem Erzeugungsgebiet stammen, das gegebenenfalls in einer gemäß Artikel 13 jener Verordnung erstellten Liste aufgeführt ist;

c) das Erzeugnis

i) den Anforderungen der vorliegenden Verordnung, einschließlich der Anforderungen für die Genusstauglichkeits- und Identitätskennzeichnung gemäß Artikel 5,

ii) den Anforderungen der Verordnung (EG) Nr. 852/2004,

sowie

iii) den Einfuhrbedingungen, die gemäß dem Gemeinschaftsrecht zur Regelung der Einfuhrkontrollen für Erzeugnisse tierischen Ursprungs festgelegt werden,

entspricht und

d) gegebenenfalls die Anforderungen des Artikels 14 der Verordnung (EG) Nr. 854/2004 in Bezug auf Bescheinigungen und andere einschlägige Dokumente erfüllt sind.

(2) Abweichend von Absatz 1 kann die Einfuhr von Fischereierzeugnissen auch nach den in Artikel 15 der Verordnung (EG) Nr. 854/2004 festgelegten besonderen Bestimmungen erfolgen.

(3) Lebensmittelunternehmer, die Erzeugnisse tierischen Ursprungs einführen, stellen sicher, dass

a) die Erzeugnisse bei der Einfuhr für die Kontrolle gemäß der Richtlinie 97/78/EG[1]) zur Verfügung gestellt werden,

b) die Einfuhr im Einklang mit den Bestimmungen der Richtlinie 2002/99/EG[2]) erfolgt und

c) die ihrer Aufsicht unterliegenden Arbeitsgänge nach der Einfuhr gemäß den Anforderungen des Anhangs III durchgeführt werden.

(4) Lebensmittelunternehmer, die Lebensmittel einführen, die sowohl Erzeugnisse pflanzlichen Ursprungs als auch Verarbeitungserzeugnisse tierischen Ursprungs enthalten, müssen sicherstellen, dass die Verarbeitungserzeugnisse tierischen Ursprungs, die in diesen Lebensmitteln enthalten sind, den Anforderungen der Absätze 1 bis 3 genügen. Sie müssen nachweisen können, dass sie dies getan haben (z. B. durch entsprechende Unterlagen oder Bescheinigungen, die nicht in dem in Absatz 1 Buchstabe d) spezifizierten Format vorliegen müssen).

Zu Artikel 6:
[1]) *Richtlinie 97/78/EG vom 18. Dezember 1997 zur Festlegung von Grundregeln für die Veterinärkontrollen von aus Drittländern in die Gemeinschaft eingeführten Erzeugnissen (ABl. L 24 vom 30.1.1998, S. 9). Geändert durch die Beitrittsakte von 2003.*
[2]) *Richtlinie 2002/99/EG vom 16. Dezember 2002 zur Festlegung von tierseuchenrechtlichen Vorschriften für das Herstellen, die Verarbeitung, den Vertrieb und die Einfuhr von Lebensmitteln tierischen Ursprungs (ABl. L 18 vom 23.1.2003, S. 11).*

KAPITEL III
HANDEL

Artikel 7
Dokumente

(1) Soweit nach Anhang II oder III vorgeschrieben, stellen die Lebensmittelunternehmer sicher, dass Sendungen von Erzeugnissen tierischen Ursprungs Bescheinigungen oder andere Dokumente beigefügt werden.

(2) Gemäß dem in Artikel 12 Absatz 2 genannten Verfahren können

a) Musterdokumente festgelegt und

b) Vorschriften für die Verwendung elektronischer Dokumente erlassen werden.

Artikel 8
Besondere Garantien

(1) Lebensmittelunternehmer, die beabsichtigen, folgende Lebensmittel tierischen Ursprungs in Schweden oder Finnland in Verkehr zu bringen, müssen bezüglich Salmonellen die Vorschriften des Absatzes 2 einhalten:

a) Fleisch von Rindern und Schweinen einschließlich Hackfleisch/Faschiertes, aber ausgenommen Fleischzubereitungen und Separatorenfleisch,

b) Fleisch von Geflügel der folgenden Arten: Hausgeflügel, Truthühner, Perlhühner, Enten und Gänse, einschließlich Hackfleisch/Faschiertem, aber ausgenommen Fleischzubereitungen und Separatorenfleisch,

c) Eier.

(2) a) Im Falle von Rind- und Schweinefleischsendungen und Sendungen von Geflügelfleisch müssen im Versandbetrieb Proben genommen und gemäß den gemeinschaftlichen Rechtsvorschriften einer mikrobiologischen Untersuchung unterzogen worden sein, deren Ergebnis negativ ist.

b) Im Falle von Eiern müssen die Packstellen eine Garantie dafür vorlegen, dass die Sendungen aus Herden stammen, die gemäß den gemeinschaftlichen Rechtsvorschriften einer mikrobiologischen Untersuchung unterzogen wurden, deren Ergebnis negativ ist.

c) Im Falle von Rind- und Schweinefleisch, das für Betriebe bestimmt ist, in denen eine Pasteurisierung, Sterilisierung oder eine vergleichbare Behandlung durchgeführt wird, muss die Untersuchung gemäß Buchstabe a) nicht durchgeführt werden. Im Falle von Eiern, die für die Herstellung von Verarbeitungserzeugnissen nach einem Verfahren, das die Abtötung von Salmonella garantiert, bestimmt sind, muss die Untersuchung gemäß Buchstabe b) nicht durchgeführt werden.

d) Im Falle von Lebensmitteln aus einem Betrieb, der einem Kontrollprogramm unterliegt, das hinsichtlich der betreffenden Lebensmittel tierischen Ursprungs nach dem in Artikel 12 Absatz 2 genannten Verfahren als dem für Schweden und Finnland genehmigten Kontrollprogramm gleichwertig anerkannt worden ist, müssen die Untersuchungen gemäß den Buchstaben a) und b) nicht durchgeführt werden.

e) Im Falle von Rind- und Schweinefleisch und Fleisch von Geflügel sind Handelspapiere oder Bescheinigungen beizufügen, die einem in den gemeinschaftlichen Rechtsvorschriften festgelegten Muster entsprechen und in denen festgestellt wird, dass

i) die Ergebnisse der gemäß Buchstabe a) durchgeführten Untersuchungen negativ sind oder

ii) das Fleisch für einen der Zwecke gemäß Buchstabe c) bestimmt ist oder

iii) das Fleisch aus einem Betrieb gemäß Buchstabe d) stammt.

f) Im Falle von Eiern ist der Sendung eine Bescheinigung beizufügen, in der bestätigt wird, dass die Ergebnisse der gemäß Buchstabe b) durchgeführten Untersuchungen negativ sind oder dass die Eier zur Verwendung gemäß Buchstabe c) bestimmt sind.

(3) a) Der Kommission wird die Befugnis übertragen, gemäß Artikel 11a delegierte Rechtsakte zur Änderung der Absätze 1 und 2 dieses Artikels im Hinblick auf die Aktualisierung der in diesen Absätzen genannten Anforderungen zu erlassen, um Änderungen der Kontrollprogramme der Mitgliedstaaten oder um der Annahme mikrobiologischer Kriterien gemäß der Verordnung (EG) Nr. 852/2004 Rechnung zu tragen. *(ABl L 198 vom 25. 7. 2019, S. 241)*

b) Nach dem in Artikel 12 Absatz 2 genannten Regelungsverfahren können die Vorschriften des Absatzes 2 für alle in Absatz 1 genannten Lebensmittel ganz oder teilweise auf alle Mitgliedstaaten oder alle Regionen eines Mitgliedstaats ausgedehnt werden, die über ein Kontrollprogramm verfügen, das als dem für Schweden und Finnland hinsichtlich der betreffenden Lebensmittel tierischen Ursprungs genehmigten Programm gleichwertig anerkannt worden ist. *(ABl L 87 vom 31. 3. 2009, S. 109)*

(4) Im Sinne dieses Artikels bezeichnet der Ausdruck „Kontrollprogramm" ein gemäß der Verordnung (EG) Nr. 2160/2003 genehmigtes Kontrollprogramm.

KAPITEL IV
SCHLUSSBESTIMMUNGEN

Artikel 9

(aufgehoben, ABl L 198 vom 25. 7. 2019, S. 241)

Artikel 10
Änderung und Anpassung der Anhänge II und III

(1) Der Kommission wird die Befugnis übertragen, gemäß Artikel 11a delegierte Rechtsakte zur Änderung der Anhänge II und III zu erlassen. Die Änderungen stellen darauf ab, die Ziele dieser Verordnung unter Berücksichtigung der relevanten Risikofaktoren sicherzustellen und deren Erreichen zu erleichtern und sind durch Folgendes zu begründen:

a) die von Lebensmittelunternehmern und/oder zuständigen Behörden gesammelten Erfahrungen, insbesondere bei der Anwendung von HACCP-gestützten Systemen nach Artikel 5;

b) die von der Kommission gesammelten Erfahrungen, insbesondere in Bezug auf die Ergebnisse ihrer Audits;

c) technologische Entwicklungen und ihre praktischen Konsequenzen sowie die Verbrauchererwartungen im Hinblick auf die Zusammensetzung von Lebensmitteln;

d) wissenschaftliche Gutachten, insbesondere neue Risikobewertungen;

e) mikrobiologische und Temperaturkriterien für Lebensmittel;

f) Veränderungen der Konsumgewohnheiten.

Die in Unterabsatz 1 genannten Änderungen betreffen

a) die Vorschriften für die Identitätskennzeichnung bei Lebensmitteln tierischen Ursprungs;

b) den Zweck der HACCP-Verfahren;

c) die Vorschriften in Bezug auf Informationen zur Lebensmittelkette;

d) die spezifischen Hygienevorschriften für die Betriebsstätten, einschließlich Transportmittel, in denen Erzeugnisse tierischen Ursprungs produziert, behandelt, verarbeitet, gelagert oder verteilt werden;

e) die spezifischen Hygienevorschriften für Tätigkeiten in Zusammenhang mit Produktion, Handhabung, Verarbeitung, Lagerung, Beförderung oder Vertrieb von Erzeugnissen tierischen Ursprungs;

f) Vorschriften für die Beförderung von Fleisch, das noch warm ist;

g) Gesundheitsnormen oder -kontrollen, wenn wissenschaftlich erwiesen ist, dass sie zum Schutz der öffentlichen Gesundheit erforderlich sind;

h) die Ausdehnung des Anhangs III Abschnitt VII Kapitel IX auf andere lebende Muscheln als Kammmuscheln;

i) Kriterien, anhand deren festgestellt werden kann, dass epidemiologischen Daten zufolge von Fanggründen keine Gesundheitsgefährdung wegen Parasitenvorkommen ausgeht und die zuständige Behörde folglich genehmigen kann, dass Lebensmittelunternehmer die Fischereierzeugnisse nicht gemäß Anhang III Abschnitt VIII Kapitel III Teil D einer Gefrierbehandlung unterziehen müssen;

j) in Zusammenarbeit mit dem zuständigen Referenzlabor der Union festzulegende ergänzende Hygienevorschriften für lebende Muscheln; dazu gehören

i) Grenzwerte und Analysemethoden für andere marine Biotoxine,

ii) virologische Nachweisverfahren und virologische Normen und

iii) Stichprobenpläne und die Methoden und Analysetoleranzen zur Überprüfung der Einhaltung der Hygienevorschriften.
(ABl L 198 vom 25. 7. 2019, S. 241)

(2) Der Kommission wird die Befugnis übertragen, gemäß Artikel 11a delegierte Rechtsakte zu erlassen, um diese Verordnung zu ergänzen, indem unter Berücksichtigung der relevanten Risikofaktoren Abweichungen von den Anhängen II und III genehmigt werden, sofern die Erreichung der folgenden Ziele dieser Verordnung dadurch nicht infrage gestellt wird:

a) die Erleichterung der Einhaltung der in den Anhängen festgelegten Vorschriften durch Kleinbetriebe;

b) die Ermöglichung der weiteren Anwendung traditioneller Methoden auf allen Produktions-, Verarbeitungs- oder Vertriebsstufen von Lebensmitteln;

c) die Berücksichtigung der Bedürfnisse von Lebensmittelunternehmen in Regionen in schwieriger geografischer Lage;

d) die Erleichterung der Arbeit der Betriebe, die Rohstoffe erzeugen, die für die Produktion von hochverarbeiteten Lebensmittelerzeugnissen bestimmt sind und die einer Behandlung unterzogen wurden, sodass ihre Unbedenklichkeit gewährleistet ist.
(ABl L 87 vom 31. 3. 2009, S. 109; ABl L 198 vom 25. 7. 2019, S. 241)

(3) Die Mitgliedstaaten können, ohne die Erreichung der Ziele dieser Verordnung zu gefährden, nach den Absätzen 4 bis 8 einzelstaatliche Vorschriften zur Anpassung der Anforderungen des Anhang III erlassen.

(4) a) Die einzelstaatlichen Vorschriften gemäß Absatz 3 haben zum Ziel,

i) die weitere Anwendung traditioneller Methoden auf allen Produktions-, Verarbeitungs- oder Vertriebsstufen von Lebensmitteln zu ermöglichen

oder

ii) den Bedürfnissen von Lebensmittelunternehmen in Regionen in schwieriger geografischer Lage Rechnung zu tragen.

b) In den anderen Fällen betreffen sie lediglich den Bau, die Konzeption und die Ausrüstung der Betriebe.

(5) Mitgliedstaaten, die gemäß Absatz 3 einzelstaatliche Vorschriften erlassen wollen, teilen dies der Kommission und den anderen Mitgliedstaaten mit. Jede Mitteilung enthält

a) eine ausführliche Beschreibung der Anforderungen, die nach Ansicht des betreffenden Mitgliedstaats angepasst werden müssen, und die Art der angestrebten Anpassung,

b) eine Beschreibung der betroffenen Lebensmittel und Betriebe,

c) eine Erläuterung der Gründe für die Anpassung, einschließlich gegebenenfalls einer Zusammenfassung der Ergebnisse der durchgeführten Gefahrenanalyse und der Maßnahmen, die getroffen werden sollen, um sicherzustellen, dass die Anpassung die Ziele dieser Verordnung nicht gefährdet,

sowie

d) alle sonstigen relevanten Informationen.

(6) Die anderen Mitgliedstaaten haben ab Eingang einer Mitteilung gemäß Absatz 5 drei Monate Zeit, um der Kommission schriftliche Bemerkungen zu übermitteln. Im Fall der Anpassungen gemäß Absatz 4 Buchstabe b) wird diese Frist auf vier Monate verlängert, wenn ein Mitgliedstaat dies beantragt. Die Kommission kann die Mitgliedstaaten in dem in Artikel 12 Absatz 1 genannten Ausschuss anhören; wenn sie schriftliche Bemerkungen von einem oder mehreren Mitgliedstaaten erhält, muss sie diese Anhörung durchführen. Die Kommission kann nach dem in Artikel 12 Absatz 2 genannten Verfahren entscheiden, ob die geplanten Vorschriften — erforderlichenfalls mit geeigneten Änderungen — erlassen werden dürfen. Die Kommission kann gegebenenfalls gemäß Absatz 1 oder 2 des vorliegenden Artikels allgemeine Maßnahmen vorschlagen.

(7) Ein Mitgliedstaat darf einzelstaatliche Vorschriften zur Anpassung der Anforderungen des Anhangs III nur erlassen,

a) wenn eine entsprechende Entscheidung gemäß Absatz 6 vorliegt,

b) wenn die Kommission die Mitgliedstaaten einen Monat nach Ablauf der Frist gemäß Absatz 6 nicht davon in Kenntnis gesetzt hat, dass ihr schriftliche Bemerkungen vorliegen oder dass sie beabsichtigt, die Annahme einer Entscheidung gemäß Absatz 6 vorzuschlagen,

oder

c) gemäß Absatz 8.

(8) Ein Mitgliedstaat kann aus eigener Initiative und unter Einhaltung der allgemeinen Bestimmungen des Vertrags einzelstaatliche Vorschriften beibehalten oder einführen, mit denen

a) das Inverkehrbringen von Rohmilch oder Rohrahm, die für den unmittelbaren menschlichen Verzehr bestimmt sind, in seinem Hoheitsgebiet untersagt oder eingeschränkt wird,

oder

b) mit Genehmigung der zuständigen Behörde gestattet wird, Rohmilch, die hinsichtlich des Gehalts an Keimen und somatischen Zellen den Kriterien des Anhangs III Abschnitt IX entspricht, zur Herstellung von Käse mit einer Alterungs- oder Reifezeit von mindestens 60 Tagen und Milchprodukten, die in Verbindung mit der Herstellung solchen Käses gewonnen werden, zu verwenden, sofern dies nicht die Erreichung der Ziele dieser Verordnung beeinträchtigt.

Artikel 11
Besondere Beschlüsse

„Unbeschadet der allgemeinen Geltung des Artikels 9 und des Artikels 10 Absatz 1 kann die Kommission die folgenden Maßnahmen im Wege von Durchführungsrechtsakten erlassen. Diese Durchführungsrechtsakte werden gemäß dem in Artikel 12 Absatz 2 genannten Verfahren erlassen." *(ABl L 87 vom 31. 3. 2009, S. 109; ABl L 198 vom 25. 7. 2019, S. 241)*

1. *(aufgehoben, ABl L 198 vom 25. 7. 2019, S. 241)*

2. für Separatorenfleisch genau festzulegen, welcher Kalziumgehalt als nicht wesentlich höher als der Kalziumgehalt von Hackfleisch/Faschiertem gilt;

3. sonstige Behandlungsmethoden festzulegen, denen lebende Muscheln aus Erzeugungsgebieten der Klasse B oder C, die weder gereinigt noch umgesetzt worden sind, in einem Verarbeitungsbetrieb unterzogen werden dürfen;

4. anerkannte Analysemethoden für marine Biotoxine festzulegen;

5. bis 8. *(aufgehoben, ABl L 198 vom 25. 7. 2019, S. 241)*

9. Frischekriterien und Grenzwerte für Histamin und flüchtigen basischen Stickstoff für Fischereierzeugnisse festzulegen;

10. die Verwendung von Rohmilch, die hinsichtlich des Gehalts an Keimen und somatischen Zellen nicht den Kriterien des Anhangs III Abschnitt IX entspricht, zur Herstellung bestimmter Milcherzeugnisse zu gestatten;

11. unbeschadet der Richtlinie 96/23/EG[1] einen höchstzulässigen Wert für die Gesamtrückstandsmenge der antibiotischen Stoffe in Rohmilch festzulegen und

12. gleichwertige Verfahren für die Erzeugung von Gelatine oder Kollagen anzuerkennen.

Artikel 11a
Ausübung der Befugnisübertragung

(1) Die Befugnis zum Erlass delegierter Rechtsakte wird der Kommission unter den in diesem Artikel festgelegten Bedingungen übertragen.

(2) Die Befugnis zum Erlass delegierter Rechtsakte gemäß Artikel 3 Absatz 2, Artikel 8 Absatz 3 Buchstabe a und Artikel 10 Absätze 1 und 2 wird der Kommission für einen Zeitraum von fünf Jahren ab dem 26. Juli 2019 übertragen. Die Kommission erstellt spätestens neun Monate vor Ablauf des Zeitraums von fünf Jahren einen Bericht über die Befugnisübertragung. Die Befugnisübertragung verlängert sich stillschweigend um Zeiträume gleicher Länge, es sei denn, das Europäische Parlament oder der Rat widersprechen einer solchen Verlängerung spätestens drei Monate vor Ablauf des jeweiligen Zeitraums.

(3) Die Befugnisübertragung gemäß Artikel 3 Absatz 2, Artikel 8 Absatz 3 Buchstabe a und Artikel 10 Absätze 1 und 2 kann vom Europäischen Parlament oder vom Rat jederzeit widerrufen werden. Der Beschluss über den Widerruf beendet die Übertragung der in diesem Beschluss angegebenen Befugnis. Er wird am Tag nach seiner Veröffentlichung im *Amtsblatt der Europäischen Union* oder zu einem im Beschluss über den Widerruf angegebenen späteren Zeitpunkt wirksam. Die Gültigkeit von delegierten Rechtsakten, die bereits in Kraft sind, wird von dem Beschluss über den Widerruf nicht berührt.

(4) Vor dem Erlass eines delegierten Rechtsakts konsultiert die Kommission die von den einzelnen Mitgliedstaaten benannten Sachverständigen im Einklang mit den in der Interinstitutionellen Vereinbarung vom 13. April 2016 über bessere Rechtsetzung[1] enthaltenen Grundsätzen.

(5) Sobald die Kommission einen delegierten Rechtsakt erlässt, übermittelt sie ihn gleichzeitig dem Europäischen Parlament und dem Rat.

Zu Artikel 11:
[1] Richtlinie 96/23/EG des Rates vom 29. April 1996 über Kontrollmaßnahmen hinsichtlich bestimmter Stoffe und ihrer Rückstände in lebenden Tieren und tierischen Erzeugnissen (ABl. L 125 vom 23.5.1996, S. 10). Geändert durch die Verordnung (EG) Nr. 806/2003 (ABl. L 122 vom 16.5.2003, S. 1).

Zu Artikel 11a:
[1] ABl. L 123 vom 12.5.2016, S. 1.

---

(6) Ein delegierter Rechtsakt, der gemäß Artikel 3 Absatz 2, Artikel 8 Absatz 3 Buchstabe a und Artikel 10 Absätze 1 und 2 erlassen wurde, tritt nur in Kraft, wenn weder das Europäische Parlament noch der Rat innerhalb einer Frist von zwei Monaten nach Übermittlung dieses Rechtsakts an das Europäische Parlament und den Rat Einwände erhoben haben oder wenn vor Ablauf dieser Frist das Europäische Parlament und der Rat beide der Kommission mitgeteilt haben, dass sie keine Einwände erheben werden. Auf Initiative des Europäischen Parlaments oder des Rates wird diese Frist um zwei Monate verlängert.

(ABl L 198 vom 25. 7. 2019, S. 241)

Artikel 12
Ausschussverfahren

(1) Die Kommission wird von dem Ständigen Ausschuss für die Lebensmittelkette und Tiergesundheit unterstützt.

(2) Wird auf diesen Absatz Bezug genommen, so gelten die Artikel 5 und 7 des Beschlusses 1999/468/EG unter Beachtung von dessen Artikel 8.
Der Zeitraum nach Artikel 5 Absatz 6 des Beschlusses 1999/468/EG wird auf drei Monate festgesetzt.

(3) *(aufgehoben, ABl L 198 vom 25. 7. 2019, S. 241)*

Artikel 13
Konsultation der Europäischen Behörde für Lebensmittelsicherheit

Die Kommission hört die Europäische Behörde für Lebensmittelsicherheit in jeder in den Anwendungsbereich dieser Verordnung fallenden Angelegenheit an, die erhebliche Auswirkungen auf die öffentliche Gesundheit haben könnte, und insbesondere, bevor sie vorschlägt, Anhang III Abschnitt III auf andere Tierarten auszudehnen.

Artikel 14
Bericht an das Europäische Parlament und den Rat

(1) Die Kommission unterbreitet dem Europäischen Parlament und dem Rat spätestens zum 20. Mai 2009 einen Bericht über die bei der Anwendung dieser Verordnung gewonnenen Erfahrungen.

(2) Die Kommission fügt dem Bericht gegebenenfalls geeignete Vorschläge bei.

Artikel 15

Diese Verordnung tritt am zwanzigsten Tag nach ihrer Veröffentlichung im Amtsblatt der Europäischen Union in Kraft.

Artikel 15

Ihre Anwendung beginnt 18 Monate nach dem Zeitpunkt, zu dem alle folgenden Rechtsakte in Kraft getreten sind:

   a) Verordnung (EG) Nr. 852/2004 über Lebensmittelhygiene,

   b) Verordnung (EG) Nr. 854/2004 und

   c) Richtlinie 2004/41/EG.

Sie gilt jedoch frühestens ab dem 1. Januar 2006.

Diese Verordnung ist in allen ihren Teilen verbindlich und gilt unmittelbar in jedem Mitgliedstaat.

„Geschehen zu Brüssel am 29. April 2004." *(ABl L 204 vom 4. 8. 2007, S. 26)*

Im Namen des Europäischen Parlaments
Der Präsident
P. COX

Im Namen des Rates
Der Präsident
M. McDOWELL

ANHANG I

BEGRIFFSBESTIMMUNGEN

Im Sinne dieser Verordnung bezeichnet der Ausdruck

1. FLEISCH
    1.1. „Fleisch" alle genießbaren Teile der in den Nummern 1.2 bis 1.8 genannten Tiere, einschließlich Blut;
    1.2. „ „als Haustiere gehaltene Huftiere" Haustiere der Gattungen" Rind (einschließlich Bubalus und Bison), Schwein, Schaf und Ziege sowie als Haustiere gehaltene Einhufer; *(ABl L 46 vom 21. 2. 2008, S. 50)*
    1.3. „Geflügel" Farmgeflügel, einschließlich Tiere, die zwar nicht als Haustiere gelten, jedoch wie Haustiere aufgezogen werden, mit Ausnahme von Laufvögeln;
    1.4. „Hasentiere" Kaninchen, Hasen und Nagetiere;
    1.5. „frei lebendes Wild"
        – frei lebende Huf- und Hasentiere sowie andere Landsäugetiere, die für den menschlichen Verzehr gejagt werden und nach dem geltenden Recht des betreffenden Mitgliedstaats als Wild gelten, einschließlich Säugetiere, die in einem geschlossenen Gehege unter ähnlichen Bedingungen leben wie frei lebendes Wild,
        und
        – frei lebende Vogelarten, die für den menschlichen Verzehr gejagt werden.
    1.6. „Farmwild" Zuchtlaufvögel und andere als die in Nummer 1.2 genannten Landsäugetiere aus Zuchtbetrieben;
    1.7. „Kleinwild" frei lebendes Federwild und frei lebende Hasentiere;
    1.8. „Großwild" frei lebende Landsäugetiere, die nicht unter die Begriffsbestimmung für Kleinwild fallen;
    1.9. „Schlachtkörper" Körper eines Tieres nach dem Schlachten und Zurichten („dressing");
    1.10. „frisches Fleisch" Fleisch, das zur Haltbarmachung ausschließlich gekühlt, gefroren oder schnellgefroren wurde, einschließlich vakuumverpacktes oder in kontrollierter Atmosphäre umhülltes Fleisch;
    1.11. „Nebenprodukte der Schlachtung" anderes frisches Fleisch als frisches Schlachtkörperfleisch, einschließlich Eingeweide und Blut;
    1.12. „Eingeweide" Organe der Brust-, Bauch- und Beckenhöhle sowie die Luft- und Speiseröhre und — bei Geflügel — den Kropf;
    1.13. „Hackfleisch/Faschiertes" entbeintes Fleisch, das durch Hacken/Faschieren zerkleinert wurde und weniger als 1 % Salz enthält;
    1.14. „Separatorenfleisch" ein Erzeugnis, das durch Ablösung des an fleischtragenden Knochen nach dem Entbeinen bzw. an den Geflügelschlachtkörpern haftenden Fleisches auf maschinelle Weise so gewonnen wird, dass die Struktur der Muskelfasern sich auflöst oder verändert wird;
    1.15. „Fleischzubereitungen" frisches Fleisch, einschließlich Fleisch, das zerkleinert wurde, dem Lebensmittel, Würzstoffe oder Zusatzstoffe zugegeben wurden oder das einem Bearbeitungsverfahren unterzogen wurde, das nicht ausreicht, die innere Muskelfaserstruktur des Fleisches zu verändern und so die Merkmale frischen Fleisches zu beseitigen;
    1.16. „Schlachthof" einen Betrieb zum Schlachten und Zurichten („dressing") von Tieren, deren Fleisch zum menschlichen Verzehr bestimmt ist;
    1.17. „Zerlegungsbetrieb" einen Betrieb zum Entbeinen und/oder Zerlegen von Fleisch;
    1.18. „Wildbearbeitungsbetrieb" einen Betrieb, in dem erlegtes Wild und Wildbret für das Inverkehrbringen zugerichtet werden.

ANHANG I

2. **LEBENDE MUSCHELN**

   2.1. „Muscheln" Lammelibranchia, die sich durch Ausfiltern von Kleinlebewesen aus dem Wasser ernähren;

   2.2. „marine Biotoxine" giftige Stoffe, die von Muscheln gespeichert werden, insbesondere weil diese sich von toxinhaltigem Plankton ernähren;

   2.3. „Hälterung" die Lagerung lebender Muscheln aus Produktionsgebieten der Klasse A, Reinigungszentren oder Versandzentren, in Becken oder sonstigen mit sauberem Meerwasser gefüllten Anlagen oder an natürlichen Plätzen, um Sand, Schlick oder Schleim zu entfernen, die organoleptischen Eigenschaften zu bewahren oder zu verbessern und sicherzustellen, dass sie sich vor dem Umhüllen oder Verpacken in einem Zustand der einwandfreien Lebensfähigkeit befinden;

   2.4. „Erzeuger" jede natürliche oder juristische Person, die lebende Muscheln an einem Ernteplatz sammelt, um sie zu bearbeiten und in Verkehr zu bringen;

   2.5. „Erzeugungsgebiet" ein Meeres-, Mündungs- oder Lagunengebiet mit natürlichen Muschelbänken oder zur Muschelzucht verwendeten Plätzen, an denen lebende Muscheln geerntet werden;

   2.6. „Umsetzgebiet" ein Meeres-, Mündungs- oder Lagunengebiet, das durch Bojen, Pfähle oder sonstige feste Vorrichtungen deutlich abgegrenzt und markiert ist und ausschließlich für die natürliche Reinigung lebender Muscheln bestimmt ist;

   2.7. „Versandzentrum" einen Betrieb an Land oder im Wasser für die Annahme, die Hälterung, das Spülen, das Säubern, die Größensortierung, die Umhüllung und das Verpacken von genusstauglichen lebenden Muscheln;

   2.8. „Reinigungszentrum" einen Betrieb mit Becken, die mit sauberem Meerwasser gespeist werden und in denen lebende Muscheln so lange gehalten werden, bis Kontaminationen so weit reduziert sind, dass die Muscheln genusstauglich sind;

   2.9. „Umsetzen" die Verlagerung lebender Muscheln in Meeres-, Lagunen- oder Mündungsgebiete, bis die Muscheln genügend Kontaminationen ausgeschieden haben, um genusstauglich zu sein. Nicht unter diesen Begriff fällt der besondere Vorgang des Aussetzens von Muscheln in geeigneteren Gebieten zu Mastzwecken.

3. **FISCHEREIERZEUGNISSE**

   3.1. „Fischereierzeugnisse" alle frei lebenden oder von Menschen gehaltenen Meerestiere oder Süßwassertiere (außer lebenden Muscheln, lebenden Stachelhäutern, lebenden Manteltieren und lebenden Meeresschnecken sowie allen Säugetieren, Reptilien und Fröschen) einschließlich aller essbaren Formen und Teile dieser Tiere sowie aller aus ihnen gewonnenen essbaren Erzeugnisse;

   3.2. „Fabrikschiff" ein Schiff, auf dem Fischereierzeugnisse einem oder mehreren der folgenden Arbeitsgänge unterzogen und anschließend umhüllt oder verpackt und, falls erforderlich, gekühlt oder tiefgefroren werden: Filetieren, Zerteilen, Enthäuten, Schälen, Entfernen der Schalen, Zerkleinern oder Verarbeiten;

   3.3. „Gefrierschiff" ein Schiff, auf dem Fischereierzeugnisse gegebenenfalls nach vorbereitenden Arbeiten, wie Ausbluten, Köpfen, Ausnehmen und Entfernen der Flossen, eingefroren und erforderlichenfalls anschließend umhüllt oder verpackt werden;

   3.4. „durch maschinelles Ablösen von Fleisch gewonnene Fischereierzeugnisse" jedes Erzeugnis, das durch Ablösung des an Fischereierzeugnissen haftenden Fleischs mit maschinellen Mitteln so gewonnen wird, dass die Fleischstruktur sich auflöst oder verändert wird;

   3.5. „frische Fischereierzeugnisse" unverarbeitete Fischereierzeugnisse, ganz oder zubereitet, einschließlich vakuumverpackter oder unter modifizierten atmosphärischen Bedingungen verpackter Erzeugnisse, die zur Haltbarmachung lediglich gekühlt und keiner weiteren Behandlung unterzogen worden sind;

   3.6. „zubereitete Fischereierzeugnisse" unverarbeitete Fischereierzeugnisse, die durch Arbeitsgänge wie Ausnehmen, Köpfen, Zerteilen, Filetieren und Zerkleinern in ihrer anatomischen Beschaffenheit verändert wurden.

4. MILCH

4.1. „Rohmilch" das unveränderte Gemelk von Nutztieren, das nicht über 40 °C erhitzt und keiner Behandlung mit ähnlicher Wirkung unterzogen wurde;

4.2. „Milcherzeugungsbetrieb" einen Betrieb mit einem oder mehreren Nutztieren, die zur Erzeugung von Milch, die als Lebensmittel in Verkehr gebracht werden soll, gehalten werden.

5. EIER

5.1. „Eier" Farmgeflügeleier in der Schale — ausgenommen angeschlagene Eier, bebrütete Eier und gekochte Eier —, die zum unmittelbaren menschlichen Verzehr oder zur Herstellung von Eiprodukten geeignet sind;

5.2. „Flüssigei" unverarbeitete Eibestandteile nach Entfernen der Schale;

5.3. „Knickeier" Eier mit verletzter Kalkschale, jedoch intakter Schalenhaut;

5.4. „Packstelle" einen Betrieb, in dem Eier nach Güte- und Gewichtsklassen sortiert werden.

6. FROSCHSCHENKEL UND SCHNECKEN

6.1. „Froschschenkel" die hinteren Körperteile von Fröschen der Art Rana (Familie der Ranidae), im Querschnitt hinter den Vordergliedmaßen abgetrennt, ausgeweidet und enthäutet;

6.2. „Schnecken" Landlungenschnecken der Arten Helix pomatia Linné, Helix aspersa Muller, Helix lucorum sowie der Arten der Familie der Achatschnecken.

7. VERARBEITUNGSERZEUGNISSE

7.1. „Fleischerzeugnisse" verarbeitete Erzeugnisse, die aus der Verarbeitung von Fleisch oder der Weiterverarbeitung solcher verarbeiteter Erzeugnisse so gewonnen werden, dass bei einem Schnitt durch den Kern die Schnittfläche die Feststellung erlaubt, dass die Merkmale von frischem Fleisch nicht mehr vorhanden sind;

7.2. „Milcherzeugnisse" Verarbeitungserzeugnisse aus der Verarbeitung von Rohmilch oder der Weiterverarbeitung solcher Verarbeitungserzeugnisse;

7.3. „Eiprodukte" Verarbeitungserzeugnisse, die aus der Verarbeitung von Eiern oder von verschiedenen Eibestandteilen oder von Mischungen davon oder aus der weiteren Verarbeitung solcher Verarbeitungserzeugnisse hervorgehen;

7.4. „verarbeitete Fischereierzeugnisse" verarbeitete Erzeugnisse, die durch die Verarbeitung von Fischereierzeugnissen oder die Weiterverarbeitung solcher verarbeiteter Erzeugnisse gewonnen werden;

7.5. „ausgelassene tierische Fette" durch Ausschmelzen von Fleisch, einschließlich Knochen, gewonnene Fette zum Genuss für Menschen;

7.6. „Grieben" eiweißhaltige feste Bestandteile, die sich beim Ausschmelzen des Rohfetts nach teilweiser Trennung von Fett und Wasser absetzen;

7.7. „Gelatine" natürliches, lösliches Protein, gelierend oder nichtgelierend, das durch die teilweise Hydrolyse von Kollagen aus Knochen, Häuten und Fellen, Sehnen und Bändern von Tieren gewonnen wird;

7.8. „Kollagen" ein Erzeugnis auf Eiweißbasis aus tierischen Knochen, Fellen, Häuten und Sehnen, das gemäß den Vorschriften dieser Verordnung hergestellt worden ist;

7.9. „bearbeitete Mägen, Blasen und Därme" Mägen, Blasen und Därme, die nach ihrer Gewinnung und Reinigung gesalzen, erhitzt oder getrocknet wurden.

8. SONSTIGE DEFINITIONEN

8.1. „Erzeugnisse tierischen Ursprungs"
– Lebensmittel tierischen Ursprungs, einschließlich Honig und Blut,
– zum menschlichen Verzehr bestimmte lebende Muscheln, lebende Stachelhäuter, lebende Manteltiere und lebende Meeresschnecken

sowie

ANHANG I

– sonstige Tiere, die lebend an den Endverbraucher geliefert werden und zu diesem Zweck entsprechend vorbereitet werden sollen.

8.2. „Großmarkt" ein Lebensmittelunternehmen, das mehrere gesonderte Einheiten mit gemeinsamen Einrichtungen und Abteilungen umfasst, in denen Lebensmittel an Lebensmittelunternehmer verkauft werden.

ANHANG II

VORSCHRIFTEN FÜR MEHRERE ERZEUGNISSE TIERISCHEN URSPRUNGS

ABSCHNITT I: IDENTITÄTSKENNZEICHNUNG

Soweit in Artikel 5 oder Artikel 6 vorgeschrieben und vorbehaltlich der Bestimmungen des Anhangs III müssen Lebensmittelunternehmer sicherstellen, dass Erzeugnisse tierischen Ursprungs mit einem Identitätskennzeichen versehen sind, das im Einklang mit den nachstehenden Bestimmungen angebracht wurde.

A. ANBRINGUNG DES IDENTITÄTSKENNZEICHENS

1. Das Identitätskennzeichen muss angebracht werden, bevor das Erzeugnis den Erzeugerbetrieb verlässt.

(ABl L 277 vom 18. 10. 2008, S. 8)

2. Wird jedoch die Verpackung und/oder Umhüllung eines Erzeugnisses entfernt oder das Erzeugnis in einem anderen Betrieb verarbeitet, so ist ein neues Kennzeichen auf das Erzeugnis aufzubringen. In diesem Fall muss das neue Kennzeichen die Zulassungsnummer des Betriebs enthalten, in dem diese Arbeitsgänge stattgefunden haben.

(ABl L 320 vom 18. 11. 2006, S. 1)

3. Es bedarf keines Identitätskennzeichens auf Verpackungen von Eiern, wenn der Code einer Packstelle gemäß Anhang XIV Teil A der Verordnung (EG) Nr. 1234/2007[1] des Rates angebracht ist.

(ABl L 277 vom 18. 10. 2008, S. 8)

4. Lebensmittelunternehmer müssen gemäß Artikel 18 der Verordnung (EG) Nr. 178/2002 Systeme und Verfahren einrichten, mit denen sich die Lebensmittelunternehmer feststellen lassen, von denen sie Erzeugnisse tierischen Ursprungs erhalten und an die sie solche Erzeugnisse geliefert haben.

B. FORM DES IDENTITÄTSKENNZEICHENS

5. Das Kennzeichen muss gut lesbar, unverwischbar und leicht entzifferbar sein. Zur Kontrolle durch die zuständigen Behörden muss es deutlich sichtbar angebracht sein.

6. Das Kennzeichen muss den Namen des Landes, in dem sich der Betrieb befindet, entweder ausgeschrieben oder in Form eines Codes mit zwei Buchstaben gemäß der einschlägigen ISO-Norm enthalten.

„Im Falle der Mitgliedstaaten[2] sind dies jedoch die Codes: BE, BG, CZ, DK, DE, EE, GR, ES, FR, HR, IE, IT, CY, LV, LT, LU, HU, MT, NL, AT, PL, PT, SI, SK, FI, RO, SE und UK(NI)." *(ABl L 434 vom 23. 12. 2020, S. 10)*
„ " *(ABl L 338 vom 22. 12. 2005, S. 83)*

7. Das Kennzeichen muss die Zulassungsnummer des Betriebs enthalten. Erzeugt ein Betrieb sowohl Lebensmittel, die in den Anwendungsbereich dieser Verordnung fallen, als auch Lebensmittel, die nicht in den Anwendungsbereich dieser Verordnung fallen, so kann der Lebensmittelunternehmer auf beiden Arten von Lebensmitteln das gleiche Identitätskennzeichen anbringen.

8. „Wenn das Kennzeichen in einem Betrieb in der Gemeinschaft angebracht wird, muss es eine ovale Form haben und die Abkürzung CE, EC, EF, EG, EK, EO, EY, ES, EÜ, EK, EB, EZ oder WE enthalten." *(ABl L 158 vom 10. 6. 2013, S. 27)*

---

[1] *ABl. L 299 vom 16.11.2007, S. 1.*
[2] *Im Einklang mit dem Abkommen über den Austritt des Vereinigten Königreichs Großbritannien und Nordirland aus der Europäischen Union und der Europäischen Atomgemeinschaft und insbesondere nach Artikel 5 Absatz 4 des Protokolls zu Irland/Nordirland in Verbindung mit Anhang 2 dieses Protokolls gelten für die Zwecke dieses Anhangs Verweise auf Mitgliedstaaten auch für das Vereinigte Königreich in Bezug auf Nordirland.*

ANHANG II

Diese Abkürzungen dürfen nicht in Identitätskennzeichen von Erzeugnissen enthalten sein, die von Betrieben außerhalb der Gemeinschaft in die Gemeinschaft eingeführt werden.

(ABl L 338 vom 22. 12. 2005, S. 27; ABl L 363 vom 20. 12. 2006, S. 1; ABl L 277 vom 18. 10. 2008, S. 8)

C. KENNZEICHNUNGSMETHODE

9. Das Kennzeichen kann je nach Aufmachung der verschiedenen Erzeugnisse tierischen Ursprungs auf das Erzeugnis selbst, seine Umhüllung bzw. seine Verpackung aufgebracht oder auf das Etikett des Erzeugnisses, der Umhüllung bzw. Verpackung aufgedruckt werden. Es kann auch aus einer nicht entfernbaren Plombe aus widerstandsfähigem Material bestehen.

10. Bei Verpackungen, die zerlegtes Fleisch oder Nebenprodukte der Schlachtung enthalten, muss das Kennzeichen so auf der Verpackung befestigt oder aufgedruckt werden, dass es beim Öffnen der Verpackung zerstört wird. Dies ist jedoch nicht erforderlich, wenn der Vorgang des Öffnens selbst zur Zerstörung der Verpackung führt. Bietet eine Umhüllung denselben Schutz wie eine Verpackung, so darf das Etikett auf der Umhüllung befestigt werden.

11. Bei Erzeugnissen tierischen Ursprungs in Transportbehältern oder Großpackungen, die für eine weitere Behandlung, Verarbeitung, Umhüllung oder Verpackung in einem anderen Betrieb bestimmt sind, kann das Kennzeichen auf die Außenfläche des Behältnisses oder der Packung aufgebracht werden.

12. Für flüssige, granulat- oder pulverförmige Erzeugnisse tierischen Ursprungs, die als Massengut befördert werden, sowie Fischereierzeugnisse, die als Massengut befördert werden, ist keine Identitätskennzeichnung erforderlich, wenn die Begleitdokumente die Angaben gemäß den Nummern 6, 7 und gegebenenfalls 8 enthalten.

13. Bei Erzeugnissen tierischen Ursprungs in Verpackungen, die für die unmittelbare Abgabe an den Endverbraucher bestimmt sind, genügt es, das Kennzeichen nur außen auf diese Verpackung aufzubringen.

14. Wird das Kennzeichen direkt auf das Erzeugnis selbst aufgebracht, so müssen die verwendeten Farbstoffe gemäß den Gemeinschaftsvorschriften für die Verwendung von Farbstoffen in Lebensmitteln zugelassen sein.

ABSCHNITT II: ZWECK DER HACCP-VERFAHREN

1. Lebensmittelunternehmer, die Schlachthöfe betreiben, müssen sicherstellen, dass die Verfahren, die sie gemäß den allgemeinen Anforderungen des Artikels 5 der Verordnung (EG) Nr. 852/2004 eingeführt haben, den Anforderungen, die nach der Gefahrenanalyse notwendig sind, sowie den in Nummer 2 aufgeführten Anforderungen genügen.

2. Mit den Verfahren muss sichergestellt sein, dass alle Tiere bzw. gegebenenfalls alle Partien von Tieren, die in den Räumlichkeiten des Schlachthofs aufgenommen werden,

   a) ordnungsgemäß gekennzeichnet sind,

   b) mit den erforderlichen begleitenden Informationen aus dem in Abschnitt III genannten Herkunftsbetrieb ausgestattet sind,

   c) nicht aus Betrieben oder Gebieten stammen, über die aus Gründen der Tiergesundheit oder der öffentlichen Gesundheit ein Verbringungsverbot oder andere Einschränkungen verhängt worden sind, es sei denn, dass die zuständige Behörde dies gestattet,

   d) sauber sind,

   e) gesund sind, soweit der Lebensmittelunternehmer dies beurteilen kann,
   und

   f) sich bei der Ankunft im Schlachthof in einem Zustand befinden, der aus Sicht des Tierschutzes zufrieden stellend ist.

3. Werden die Anforderungen nach Nummer 2 nicht erfüllt, so muss der Lebensmittelunternehmer den amtlichen Tierarzt benachrichtigen und geeignete Maßnahmen treffen.

ABSCHNITT III: INFORMATIONEN ZUR LEBENSMITTELKETTE

Lebensmittelunternehmer, die Schlachthöfe betreiben, müssen gegebenenfalls in Bezug auf alle Tiere außer frei lebendem Wild, die in den Schlachthof verbracht worden sind oder verbracht werden sollen, die Informationen zur Lebensmittelkette gemäß diesem Abschnitt einholen, entgegennehmen und prüfen sowie diesen Informationen entsprechend handeln.

1. Schlachthofbetreiber dürfen keine Tiere in den Räumlichkeiten des Schlachthofs zulassen, wenn sie nicht die relevanten Informationen zur Lebensmittelkette angefordert und erhalten haben, die in den Aufzeichnungen enthalten sind, die der Herkunftsbetrieb gemäß der Verordnung (EG) Nr. 852/2004 führt.

(ABl L 277 vom 18. 10. 2008, S. 8)

2. Die Schlachthofbetreiber dürfen die Informationen — außer unter den in Nummer 7 genannten Umständen — nicht später als 24 Stunden vor Ankunft der Tiere im Schlachthof erhalten.

3. „Die in Nummer 1 genannten relevanten Informationen in Bezug auf die Lebensmittelkette müssen insbesondere Folgendes umfassen:" *(ABl L 277 vom 18. 10. 2008, S. 8)*

   a) „den Status des Herkunftsbetriebs oder den Status der Region in Bezug auf die Tiergesundheit sowie die Angabe, ob der Betrieb amtlich anerkanntermaßen in Bezug auf Trichinen kontrollierte Haltungsbedingungen gemäß Punkt A des Kapitels I des Anhang IV Kapitel I Buchstabe A der Verordnung (EG) Nr. 2075/2005[1] bietet;" *(ABl L 69 vom 8. 3. 2014, S. 95)*

   b) den Gesundheitszustand der Tiere,

   c) die den Tieren innerhalb eines sicherheitserheblichen Zeitraums verabreichten und mit Wartezeiten größer als Null verbundenen Tierarzneimittel sowie die sonstigen Behandlungen, denen die Tiere während dieser Zeit unterzogen wurden, unter Angabe der Daten der Verabreichung und der Wartezeiten,

   d) das Auftreten von Krankheiten, die die Sicherheit des Fleisches beeinträchtigen können,

   e) die Ergebnisse der Analysen von Proben, die Tieren entnommen wurden, sowie anderer zur Diagnose von Krankheiten, die die Sicherheit des Fleisches beeinträchtigen können, entnommener Proben, einschließlich Proben, die im Rahmen der Zoonosen- und Rückstandsüberwachung und -bekämpfung entnommen werden, soweit diese Ergebnisse für den Schutz der öffentlichen Gesundheit von Bedeutung sind,

   f) einschlägige Berichte über die Ergebnisse früherer Schlachttier- und Schlachtkörperuntersuchungen von Tieren aus demselben Herkunftsbetrieb, einschließlich insbesondere der Berichte des amtlichen Tierarztes,

   g) Produktionsdaten, wenn dies das Auftreten einer Krankheit anzeigen könnte, und

   h) Name und Anschrift des privaten Tierarztes, den der Betreiber des Herkunftsbetriebs normalerweise hinzuzieht.

4. a) Der Schlachthofbetreiber muss jedoch Folgendes nicht erhalten:

   i) die in Nummer 3 Buchstaben a), b), f und h) aufgeführten Informationen, wenn diese Informationen dem Betreiber (beispielsweise im Rahmen einer Dauervereinbarung oder eines Qualitätssicherungssystems) bereits bekannt sind,

   oder

   ii) die in Nummer 3 Buchstaben a), b), f) und g) aufgeführten Informationen, wenn der Erzeuger erklärt, dass keine relevanten Informationen mitzuteilen sind.

   b) Die Informationen müssen nicht in Form eines wortwörtlichen Auszugs aus den Aufzeichnungen des Herkunftsbetriebs mitgeteilt werden. Sie können im Wege des elektronischen Datenaustauschs oder in Form einer vom Erzeuger unterzeichneten Standarderklärung übermittelt werden.

---

[1] *ABl. L 338 vom 22.12.2005, S. 60*

ANHANG II

5. Lebensmittelunternehmer, die nach der Evaluierung der entsprechenden Informationen zur Lebensmittelkette Tiere auf dem Schlachthofgelände zulassen wollen, müssen die Informationen dem amtlichen Tierarzt unverzüglich, spätestens jedoch — außer unter den in Nummer 7 genannten Umständen — 24 Stunden vor Ankunft des Tieres oder der Partie zur Verfügung stellen. Der Lebensmittelunternehmer muss dem amtlichen Tierarzt vor der Schlachttieruntersuchung des betreffenden Tieres alle Informationen melden, die zu gesundheitlichen Bedenken Anlass geben.

6. Gelangt ein Tier ohne Informationen zur Lebensmittelkette in den Schlachthof, so muss der Betreiber unverzüglich den amtlichen Tierarzt davon in Kenntnis setzen. Das Tier darf nicht geschlachtet werden, solange der amtliche Tierarzt dies nicht erlaubt.

7. Wenn die zuständige Behörde es erlaubt und sofern dieses Verfahren die Ziele dieser Verordnung nicht gefährdet, so genügt es, wenn die Informationen zur Lebensmittelkette dem Schlachthof weniger als 24 Stunden vor Ankunft der Tiere jeglicher Art, die diese Informationen betreffen, übermittelt werden oder zusammen mit diesen Tieren im Schlachthof ankommen.

    Etwaige Informationen zu Fakten der Lebensmittelkette, die erhebliche Störungen im Schlachthofbetrieb verursachen könnten, sind dem Lebensmittelunternehmer, der den Schlachthof betreibt, jedoch rechtzeitig vor dem Eintreffen der Tiere im Schlachthof mitzuteilen, so dass er den Schlachthofbetrieb entsprechend planen kann.

    Der Lebensmittelunternehmer, der den Schlachthof betreibt, muss die entsprechenden Informationen zur Lebensmittelkette evaluieren und sie dem amtlichen Tierarzt übergeben. Die Tiere dürfen erst geschlachtet oder zugerichtet werden, wenn der amtliche Tierarzt dies erlaubt.

(ABl L 314 vom 1. 12. 2009, S. 8)

8. Die Lebensmittelunternehmer müssen die Tierpässe, die den als Haustiere gehaltenen Einhufern beigegeben werden, überprüfen, um sicherzustellen, dass das betreffende Tier zur Schlachtung für den menschlichen Verzehr bestimmt ist. Nehmen sie das Tier zur Schlachtung an, so müssen sie den Tierpass dem amtlichen Tierarzt geben.

ABSCHNITT IV: VORSCHRIFTEN FÜR GEFRORENE LEBENSMITTEL TIERISCHEN URSPRUNGS

1. Für die Zwecke dieses Abschnitts bedeutet ‚Erzeugungsdatum':
    a) das Datum der Schlachtung im Fall von Schlachtkörpern, -hälften und -vierteln;
    b) das Datum der Erlegung im Fall von Wildkörpern;
    c) das Datum der Ernte oder des Fangs im Fall von Fischereierzeugnissen;
    d) das Datum der Verarbeitung, Zerlegung, Zerkleinerung oder Zubereitung bei allen anderen Lebensmitteln tierischen Ursprungs.

2. Bis zu der Stufe, in der ein Lebensmittel gemäß der Richtlinie 2000/13/EG etikettiert oder zur Weiterverarbeitung eingesetzt wird, haben Lebensmittelunternehmer dafür zu sorgen, dass im Fall von für den menschlichen Verzehr bestimmten gefrorener Lebensmittel tierischen Ursprungs dem Lebensmittelunternehmer, dem das Lebensmittel geliefert wird, sowie auf Verlangen der zuständigen Behörde die folgenden Informationen zur Verfügung gestellt werden:
    a) das Erzeugungsdatum und
    b) das Datum des Einfrierens, falls dieses vom Erzeugungsdatum abweicht.

    Wird ein Lebensmittel aus einer Partie von Rohstoffen mit unterschiedlichen Erzeugungs- und Einfrierdaten hergestellt, so sind die ältesten Erzeugungs- und/oder Einfrierdaten zur Verfügung zu stellen.

3. Die geeignete Form der Bereitstellung dieser Informationen steht im Ermessen des Lieferanten der gefrorenen Lebensmittel, sofern gewährleistet ist, dass die in Absatz 2 vorgeschriebenen Informationen dem Lebensmittelunternehmer, dem das Lebensmittel geliefert wird, in klarer und unmissverständlicher Form zur Verfügung stehen und von ihm auffindbar sind.

(ABl L 8 vom 12. 1. 2012, S. 29)

12/2. EG/HygieneV tier.LM
ANHANG III

ANHANG III

BESONDERE ANFORDERUNGEN

ABSCHNITT I: FLEISCH VON ALS HAUSTIERE GEHALTENEN HUFTIEREN

KAPITEL I: BEFÖRDERUNG VON LEBENDEN TIEREN ZUM SCHLACHTHOF

Lebensmittelunternehmer, die lebende Tiere zum Schlachthof befördern, müssen sicherstellen, dass folgende Vorschriften erfüllt sind:

1. Bei der Abholung und Beförderung müssen die Tiere schonend behandelt werden, um ihnen unnötige Leiden zu ersparen.
2. Tiere, die Krankheitssymptome zeigen oder aus Herden stammen, die bekanntermaßen mit Krankheitserregern kontaminiert sind, die für die öffentliche Gesundheit von Belang sind, dürfen nur nach Genehmigung durch die zuständige Behörde zum Schlachthof befördert werden.

KAPITEL II: VORSCHRIFTEN FÜR SCHLACHTHÖFE

Lebensmittelunternehmer müssen sicherstellen, dass Schlachthöfe für als Haustiere gehaltene Huftiere gemäß den folgenden Vorschriften gebaut, angelegt und ausgerüstet sind:

1. a) Schlachthöfe müssen über ausreichend große und hygienische, leicht zu reinigende und zu desinfizierende Stallungen oder, falls die klimatischen Bedingungen es erlauben, entsprechende Wartebuchten zur Unterbringung der Schlachttiere verfügen. Diese Einrichtungen müssen mit Anlagen zum Tränken und erforderlichenfalls zum Füttern der Tiere ausgestattet sein. Die Abwasserableitung darf die Sicherheit von Lebensmitteln nicht gefährden.
   b) Sie müssen ferner über getrennte, abschließbare Stallungen oder, falls die klimatischen Bedingungen es erlauben, über Buchten mit separater Abwasserableitung zur Unterbringung kranker und krankheitsverdächtiger Tiere verfügen, die so gelegen sind, dass eine Ansteckung anderer Tiere vermieden wird, es sei denn, die zuständige Behörde erachtet solche Einrichtungen für nicht erforderlich.
   c) Die Stallungen müssen so groß sein, dass die Tiere artgerecht untergebracht sind. Sie müssen so angelegt sein, dass die Schlachttieruntersuchung und die Identifizierung von Tieren bzw. Tiergruppen nicht behindert werden.
2. Zur Vermeidung einer Kontamination des Fleisches müssen sie
   a) über genügend Räume für die durchzuführenden Arbeiten verfügen;
   b) über einen getrennten Raum für das Leeren und Reinigen der Mägen und Därme verfügen, „es sei denn die zuständige Behörde genehmigt im Einzelfall in einem bestimmten Schlachthof die zeitliche Trennung dieser Arbeitsgänge;" *(ABl L 119 vom 13. 5. 2010, S. 26)*
   c) eine räumliche oder zeitliche Trennung der folgenden Arbeitsgänge sicherstellen:
      i) Betäubung und Entblutung,
      ii) bei Schweinen: Brühen, Entborsten, Kratzen und Sengen,
      iii) Ausnehmen und weiteres Zurichten,
      iv) Bearbeiten von gereinigten Mägen und Därmen,
      v) Bearbeiten und Waschen anderer Nebenprodukte der Schlachtung, insbesondere die Enthäutung von Köpfen, soweit dies nicht bereits an der Schlachtlinie stattfindet,
      vi) Umhüllen von Nebenprodukten der Schlachtung
         und
      vii) Versand von Fleisch,
   d) über Installationen verfügen, bei denen das Fleisch nicht mit Böden, Wänden oder Einrichtungen in Berührung kommt,
      und

EG-Hygiene-Verordnungen

ANHANG III

e) über Schlachtlinien verfügen, die (wo sie betrieben werden) so konzipiert sind, dass der Schlachtprozess kontinuierlich abläuft und Kreuzkontaminationen zwischen den verschiedenen Arbeitsbereichen der Schlachtlinie vermieden werden. Wird in ein und derselben Schlachtanlage mehr als eine Schlachtlinie betrieben, so muss eine angemessene Trennung dieser Schlachtlinien gewährleistet werden, um Kreuzkontaminationen zu vermeiden.

3. Sie müssen über Sterilisationsvorrichtungen für Arbeitsgeräte mit einer Wassertemperatur von mindestens 82 °C oder ein alternatives System mit gleicher Wirkung verfügen.
4. Die Handwaschvorrichtungen für das mit unverpacktem Fleisch umgehende Personal müssen so ausgelegt sein, dass eine Kontamination nicht weitergegeben werden kann.
5. Sie müssen über abschließbare Einrichtungen für die Kühllagerung von vorläufig beschlagnahmtem Fleisch und über separate abschließbare Einrichtungen für die Lagerung von für genussuntauglich erklärtem Fleisch verfügen.
6. Sie müssen über einen separaten Ort mit geeigneten Anlagen für das Reinigen, Waschen und Desinfizieren von Transportmitteln für die Tiere verfügen. Schlachthöfe müssen jedoch nicht über solche Orte und Anlagen verfügen, wenn die zuständige Behörde dies genehmigt und es in der Nähe zugelassene amtliche Orte und Anlagen gibt.
7. Sie müssen über abschließbare Einrichtungen für das Schlachten kranker und krankheitsverdächtiger Tiere verfügen. Dies ist nicht unbedingt erforderlich, wenn die Schlachtung in anderen von der zuständigen Behörde entsprechend zugelassenen Betrieben oder im Anschluss an die normalen Schlachtungen stattfindet.
8. Werden Gülle sowie Magen- und Darminhalt im Schlachthof gelagert, so muss ein spezieller Lagerbereich oder Lagerplatz vorhanden sein.
9. Sie müssen über eine ausreichend ausgestattete abschließbare Einrichtung oder erforderlichenfalls über eine Räumlichkeit verfügen, die nur dem tierärztlichen Dienst zu Verfügung steht.

KAPITEL III: VORSCHRIFTEN FÜR ZERLEGUNGSBETRIEBE

Lebensmittelunternehmer müssen sicherstellen, dass Zerlegungsbetriebe für Fleisch von als Haustieren gehaltenen Huftieren

1. so ausgelegt sind, dass eine Kontamination des Fleisches insbesondere dadurch vermieden wird, dass
   a) die Zerlegung ununterbrochen vorangeht
   oder
   b) eine zeitliche Trennung zwischen den verschiedenen Produktionspartien gewährleistet ist,
2. über getrennte Räume für die Lagerung von verpacktem und unverpacktem Fleisch verfügen, es sei denn, die Erzeugnisse werden zu verschiedenen Zeitpunkten oder in einer Weise gelagert, dass das Fleisch durch das Verpackungsmaterial und die Art der Lagerung nicht kontaminiert werden kann,
3. über Zerlegungsräume verfügen, deren Ausrüstung gewährleistet, dass die Anforderungen nach Kapitel V eingehalten werden,
4. über Handwaschvorrichtungen für das mit unverpacktem Fleisch umgehende Personal verfügen, die so ausgelegt sind, dass eine Kontamination nicht weitergegeben werden kann,
und
5. über Sterilisationsvorrichtungen für Arbeitsgeräte mit einer Wassertemperatur von mindestens 82 °C oder ein alternatives System mit gleicher Wirkung verfügen.

KAPITEL IV: SCHLACHTHYGIENE

Lebensmittelunternehmer, die Schlachthöfe betreiben, in denen als Haustiere gehaltene Huftiere geschlachtet werden, müssen sicherstellen, dass folgende Vorschriften erfüllt sind:

ANHANG III

1. Nach ihrer Anlieferung im Schlachthof sind die Tiere ohne ungerechtfertigte Verzögerung zu schlachten. Soweit dies aus Tierschutzgründen erforderlich ist, muss den Tieren vor der Schlachtung eine Ruhezeit eingeräumt werden.

2. a) Fleisch von Tieren, die nicht in den Buchstaben b) und c) genannt sind und die anders verenden als durch Schlachten im Schlachthof, darf für den menschlichen Verzehr nicht verwendet werden.

   b) In die Schlachtanlage dürfen nur lebende Schlachttiere verbracht werden, ausgenommen

      i) außerhalb des Schlachthofs gemäß Kapitel VI notgeschlachtete Tiere

      ii) „im Herkunftsbetrieb gemäß Kapitel VIa oder gemäß Abschnitt III Nummer 3 geschlachtete Tiere," *(ABl L 297 vom 20. 8. 2021, S. 1)*
      und

      iii) frei lebendes Wild gemäß Abschnitt IV Kapitel II.

   c) Fleisch von Tieren, die infolge eines Unfalls in einem Schlachthof notgeschlachtet werden, kann für den menschlichen Verzehr verwendet werden, sofern bei der Untersuchung außer Verletzungen, die auf den Unfall zurückzuführen sind, keine anderen schweren Verletzungen festgestellt wurden.

3. Die Tiere bzw. Partien von Tieren, die zum Schlachthof gesendet werden, müssen so gekennzeichnet sein, dass ihr Herkunftsbetrieb identifiziert werden kann.

4. Die Tiere müssen sauber sein.

5. Schlachthofbetreiber müssen sich an die Weisungen des Tierarztes, der von der zuständigen Behörde gemäß der Verordnung (EG) Nr. 854/2004 ernannt wird, halten, um sicherzustellen, dass die Schlachttieruntersuchung bei allen Schlachttieren unter angemessenen Bedingungen erfolgt.

6. Tiere, die in die Schlachthalle verbracht werden, müssen ohne ungerechtfertigte Verzögerung geschlachtet werden.

7. Das Betäuben, Entbluten, Enthäuten, Ausschlachten und weitere Zurichten („dressing") muss ohne ungerechtfertigte Verzögerung so vorgenommen werden, dass jede Kontamination des Fleisches vermieden wird. Insbesondere gilt Folgendes:

   a) Die Luft- und die Speiseröhre dürfen beim Entbluten nicht verletzt werden, ausgenommen bei der Schlachtung nach religiösen Gebräuchen,

   b) während des Enthäutens

      i) darf die Außenhaut nicht mit dem Schlachtkörper in Berührung kommen,
      und

      ii) dürfen die mit der Außenseite der Häute und Felle in Berührung kommenden Arbeitskräfte und Geräte auf keinen Fall das Fleisch berühren;

   c) es müssen Vorkehrungen getroffen werden, um das Auslaufen von Magen- und Darminhalt während des Ausweidens zu verhüten, und um zu gewährleisten, dass das Ausweiden nach dem Betäuben möglichst schnell erfolgt,
   und

   d) der Schlachtkörper darf beim Entfernen des Euters nicht mit Milch oder Kolostrum verunreinigt werden.

8. Der Schlachtkörper und zum menschlichen Verzehr bestimmte andere Körperteile müssen, mit Ausnahme jener von Schweinen, der Köpfe von Schafen, Ziegen und Kälbern, der Nasenspiegel und Lippen von Rindern sowie der Füße von Rindern, Schafen und Ziegen vollständig enthäutet werden. Die Köpfe, einschließlich Nasenspiegel und Lippen, und die Füße müssen so behandelt werden, dass jede Kontamination vermieden wird.
   (ABl L 338 vom 22.12. 2005, S. 27; L 320 vom 18. 11. 2006, S. 1)

9. Werden Schweine nicht enthäutet, so sind sie unverzüglich zu entborsten. Das Risiko einer Kontamination des Fleisches mit Brühwasser muss so gering wie möglich gehalten werden.

12/2. EG/HygieneV tier.LM
ANHANG III

Hierfür dürfen nur zugelassene Brühhilfsmittel verwendet werden. Die Schweineschlachtkörper müssen anschließend gründlich mit Trinkwasser abgespült werden.

10. Die Schlachtkörper dürfen nicht sichtbar mit Kot kontaminiert sein. Eine sichtbare Kontamination muss unverzüglich durch Wegschneiden oder andere Methoden mit gleicher Wirkung entfernt werden.

11. Schlachtkörper und Nebenprodukte der Schlachtung dürfen nicht mit Böden, Wänden oder Arbeitsbühnen in Berührung kommen.

12. Schlachthofbetreiber müssen sich an die Weisungen der zuständigen Behörde halten, um sicherzustellen, dass die Fleischuntersuchung bei allen geschlachteten Tieren gemäß der Verordnung (EG) Nr. 854/2004 unter angemessenen Bedingungen erfolgt.

13. Bis zum Abschluss der Fleischuntersuchung gilt für die zu untersuchenden Teile eines Schlachtkörpers Folgendes:

    a) Sie müssen identifizierbar bleiben, d. h. dem betreffenden Schlachtkörper zugeordnet werden können,

    und

    b) sie dürfen nicht mit anderen Schlachtkörpern, Nebenprodukten der Schlachtung oder Eingeweiden in Berührung kommen, auch wenn diese bereits einer Fleischuntersuchung unterzogen wurden.

    Sofern der Penis keine pathologischen Verletzungen aufweist, darf er jedoch sofort beseitigt werden.

14. Beide Nieren müssen vom Nierenfett befreit werden. Bei Rindern, Schweinen und Einhufern muss auch die Nierenkapsel entfernt werden.

15. Werden Blut oder andere Nebenprodukte der Schlachtung verschiedener Tiere vor Abschluss der Fleischuntersuchung in einem einzigen Behältnis gesammelt, so muss der gesamte Inhalt für genussuntauglich erklärt werden, wenn auch nur ein einziger dieser Tierkörper für genussuntauglich erklärt wurde.

16. Im Anschluss an die Fleischuntersuchung

    a) müssen bei Rindern, Schweinen und Einhufern die Tonsillen hygienisch entfernt werden,

    (ABl L 320 vom 18. 11. 2006, S. 1)

    b) müssen für genussuntauglich erklärte Tierkörperteile so bald wie möglich aus dem reinen Bereich des Schlachthofs entfernt werden,

    c) dürfen vorläufig beschlagnahmtes oder für genussuntauglich erklärtes Fleisch sowie nicht für den menschlichen Verzehr geeignete Nebenprodukte nicht mit genussuntauglich beurteiltem Fleisch in Berührung kommen

    und

    d) müssen die verbleibenden Eingeweide oder Eingeweideteile, ausgenommen Nieren, so bald wie möglich vollständig entfernt werden, „es sei denn, die zuständige Behörde genehmigt etwas anderes" *(ABl L 119 vom 13. 5. 2010, S. 26)*

17. Nach abgeschlossener Schlachtung und Fleischuntersuchung muss das erschlachtete Fleisch gemäß Kapitel VII gelagert werden.

18. „Sofern sie nicht zur Nutzung als tierische Nebenprodukte gemäß der Verordnung (EG) Nr. 1069/2009 des Europäischen Parlaments und des Rates[1] bestimmt sind, müssen:" *(ABl L 297 vom 20. 8. 2021, S. 1)*

    a) Mägen gebrüht oder gereinigt werden; sind sie jedoch zur Labproduktion bestimmt, müssen die Mägen:

        i) im Falle von Jungrindern lediglich geleert werden;

---

[1] Verordnung (EG) Nr. 1069/2009 des Europäischen Parlaments und des Rates vom 21. Oktober 2009 mit Hygienevorschriften für nicht für den menschlichen Verzehr bestimmte tierische Nebenprodukte und zur Aufhebung der Verordnung (EG) Nr. 1774/2002 (Verordnung über tierische Nebenprodukte) (ABl. L 300 vom 14.11.2009, S. 1).

ii) im Falle von Jungschafen und Jungziegen nicht geleert, gebrüht oder gereinigt werden;
b) Därme geleert und gereinigt werden;
c) Köpfe und Füße enthäutet oder gebrüht und enthaart werden; sofern die zuständige Behörde dies zulässt, dürfen sichtlich saubere Köpfe, die kein spezifiziertes Risikomaterial gemäß Artikel 8 der Verordnung (EG) Nr. 999/2001 des Europäischen Parlaments und des Rates[2]) enthalten, sowie sichtlich saubere Füße, die für die Verarbeitung zu Lebensmitteln bestimmt sind, in einen zugelassenen Betrieb befördert werden, um dort enthäutet oder gebrüht und enthaart werden.

(ABl L 297 vom 20. 8. 2021, S. 1)

19. Soweit ein Schlachtbetrieb zur Schlachtung verschiedener Tierarten oder zur Behandlung von Schlachtkörpern von Farmwild und frei lebendem Wild zugelassen ist, muss durch geeignete Vorkehrungen sichergestellt werden, dass Kreuzkontaminationen vermieden werden, indem die Bearbeitung der verschiedenen Tierarten entweder zeitlich oder räumlich getrennt erfolgt. Es müssen separate Räumlichkeiten für die Annahme und Lagerung von nicht enthäuteten Schlachtkörpern von im Haltungsbetrieb geschlachtetem Farmwild und von Tierkörpern von frei lebendem Wild vorhanden sein.

20. Falls der Schlachthof nicht über abschließbare Einrichtungen für das Schlachten kranker und krankheitsverdächtiger Tiere verfügt, müssen die für das Schlachten dieser Tiere benutzten Einrichtungen vor erneuter Benutzung zur Schlachtung anderer Tiere unter amtlicher Aufsicht gereinigt, gewaschen und desinfiziert werden.

KAPITEL V: ZERLEGUNGS- UND ENTBEINUNGSHYGIENE

Lebensmittelunternehmer müssen sicherstellen, dass Fleisch von als Haustiere gehaltenen Huftieren nach folgenden Vorschriften zerlegt und entbeint wird:

1. Schlachtkörper von als Haustiere gehaltenen Huftieren dürfen in Schlachthöfen in Hälften oder Viertel und Schlachtkörperhälften in maximal drei großmarktübliche Teile zerlegt werden. Das weitere Zerlegen und Entbeinen muss in einem Zerlegungsbetrieb stattfinden.

2. Das Fleisch muss so bearbeitet werden, dass eine Kontamination verhindert oder so weit wie möglich unterbunden wird. Insbesondere müssen Lebensmittelunternehmer Folgendes sicherstellen:

   a) Zum Zerlegen bestimmtes Fleisch wird nur je nach Bedarf nach und nach in die Arbeitsräume verbracht,

   b) beim Zerlegen, Entbeinen, Zurichten, Zerschneiden in Scheiben oder Würfel, Umhüllen und Verpacken werden mittels einer Raumtemperatur von höchstens 12 °C oder eines alternativen Systems mit gleicher Wirkung Nebenprodukte der Schlachtung auf nicht mehr als 3 °C und anderes Fleisch auf nicht mehr als 7 °C gehalten,

   und

   c) soweit Betriebe für das Zerlegen von Fleisch verschiedener Tierarten zugelassen sind, muss durch geeignete Vorkehrungen sichergestellt werden, „dass Kreuzkontaminationen vermieden werden, indem die Bearbeitung der verschiedenen Tierarten erforderlichenfalls zeitlich oder räumlich getrennt erfolgt." *(ABl L 46 vom 21. 2. 2008, S. 50)*

3. Fleisch kann jedoch gemäß Kapitel VII Nummer 3 vor Erreichen der in Nummer 2 Buchstabe b) genannten Temperatur entbeint und zerlegt werden.

4. Fleisch kann zudem vor Erreichen der in Nummer 2 Buchstabe b) genannten Temperatur entbeint und zerlegt werden, wenn der Zerlegungsraum sich am gleichen Ort wie die Schlachtanlage befindet. In diesem Fall muss das Fleisch entweder auf direktem Wege von der Schlachtanlage in den Zerlegungsraum oder zunächst in einen Kühlraum oder in ein Kühlhaus verbracht werden. Nach abgeschlossener Zerlegung und gegebenenfalls Verpackung muss das Fleisch auf die in Nummer 2 Buchstabe b) festgelegte Temperatur abgekühlt werden.

---

[2]) *Verordnung (EG) Nr. 999/2001 des Europäischen Parlaments und des Rates vom 22. Mai 2001 mit Vorschriften zur Verhütung, Kontrolle und Tilgung bestimmter transmissibler spongiformer Enzephalopathien (ABl. L 147 vom 31.5.2001, S. 1).*

ANHANG III

5. Schlachtkörper, Schlachtkörperhälften oder -viertel oder in höchstens drei Teile zerlegte Schlachtkörperhälften können vor dem Erreichen der Temperatur gemäß Nummer 2 Buchstabe b zerlegt und entbeint werden, wenn sie gemäß der Ausnahmeregelung in Abschnitt I Kapitel VII Nummer 3 Buchstabe b befördert wurden. In diesem Fall muss das Fleisch bei einer Lufttemperatur zerlegt und entbeint werden, die eine kontinuierliche Senkung der Temperatur des Fleisches gewährleistet. Sobald das Fleisch zerlegt und ggf. verpackt worden ist, muss es auf die Temperatur gemäß Nummer 2 Buchstabe b abgekühlt werden, sofern es nicht bereits unterhalb dieser Temperatur liegt.

(ABl L 285 vom 1. 11. 2017, S. 10)

KAPITEL VI: NOTSCHLACHTUNG AUSSERHALB DES SCHLACHTHOFES

Lebensmittelunternehmer müssen sicherstellen, dass Fleisch von als Haustiere gehaltenen Huftieren, die außerhalb des Schlachthofes notgeschlachtet wurden, nur dann für den menschlichen Verzehr verwendet werden, wenn sämtliche nachstehenden Anforderungen erfüllt sind:

1. Ein ansonsten gesundes Tier muss einen Unfall erlitten haben, der seine Beförderung zum Schlachthaus aus Gründen des Tierschutzes verhindert hat.

2. „Der amtliche Tierarzt muss eine Schlachttieruntersuchung durchführen." *(ABl L 297 vom 20. 8. 2021, S. 1)*

3. „Das geschlachtete und entblutete Tier muss unter hygienisch einwandfreien Bedingungen und ohne ungerechtfertigte Verzögerung zum Schlachthof befördert werden. Das Entfernen von Magen und Därmen, jedoch keine weitere Zurichtung, darf unter Aufsicht des amtlichen Tierarztes an Ort und Stelle erfolgen. Alle entfernten Eingeweide müssen das geschlachtete Tier bis zum Schlachthof begleiten und als zu diesem Tier gehörend kenntlich gemacht sein." *(ABl L 297 vom 20. 8. 2021, S. 1)*

4. Vergehen zwischen der Schlachtung und der Ankunft im Schlachthof mehr als zwei Stunden, so muss das Tier gekühlt werden. Lassen die Witterungsverhältnisse es zu, so ist eine aktive Kühlung nicht erforderlich.

5. Eine Erklärung des Lebensmittelunternehmers, der das Tier aufgezogen hatte, muss dem geschlachteten Tier auf dem Weg zum Schlachthof beigefügt werden; in dieser Erklärung müssen die Identität des Tieres sowie alle ihm verabreichten Tierarzneimittel und sonstigen Behandlungen, denen es unterzogen wurde, sowie die Daten der Verabreichung und die Wartezeiten verzeichnet sein.

6. „Die amtliche Bescheinigung gemäß Anhang IV Kapitel 5 der Durchführungsverordnung (EU) 2020/2235 der Kommission[1] muss dem geschlachteten Tier auf dem Weg zum Schlachthof beigefügt oder in beliebigem Format im Voraus übermittelt werden." *(ABl L 297 vom 20. 8. 2021, S. 1)*

7. Das geschlachtete Tier muss gemäß der nach der Verordnung (EG) Nr. 854/2004 durchgeführten Schlachttieruntersuchung, einschließlich der bei einer Notschlachtung erforderlichen zusätzlichen Untersuchungen, genusstauglich sein.

8. Die Lebensmittelunternehmer müssen alle Anweisungen befolgen, die der amtliche Tierarzt nach der Fleischuntersuchung hinsichtlich der Verwendung des Fleisches erteilt.

9. „ " *(ABl L 69 vom 8. 3. 2014, S. 95, aufgehoben)*

---

[1] *Durchführungsverordnung (EU) 2020/2235 der Kommission vom 16. Dezember 2020 mit Durchführungsbestimmungen zu den Verordnungen (EU) 2016/429 und (EU) 2017/625 des Europäischen Parlaments und des Rates hinsichtlich der Muster für Veterinärbescheinigungen, der Muster für amtliche Bescheinigungen und der Muster für Veterinär-/amtliche Bescheinigungen für den Eingang in die Union von Sendungen bestimmter Kategorien von Tieren und Waren und für deren Verbringungen innerhalb der Union, hinsichtlich der amtlichen Bescheinigungstätigkeit im Zusammenhang mit derartigen Bescheinigungen sowie zur Aufhebung der Verordnung (EG) Nr. 599/2004, der Durchführungsverordnungen (EU) Nr. 636/2014 und (EU) 2019/628, der Richtlinie 98/68/EG und der Entscheidungen 2000/572/EG, 2003/779/EG und 2007/240/EG (ABl. L 442 vom 30.12.2020, S. 1).*

12/2. EG/HygieneV tier.LM
ANHANG III

KAPITEL VIa: SCHLACHTUNG VON HAUSRINDERN, AUSGENOMMEN BISONS, VON HAUSSCHWEINEN SOWIE VON ALS HAUSTIERE GEHALTENEN EINHUFERN IM HERKUNFTSBETRIEB, AUSGENOMMEN NOTSCHLACHTUNGEN

„Bis zu drei Hausrinder, ausgenommen Bisons, oder bis zu sechs Hausschweine oder bis zu drei als Haustiere gehaltene Einhufer dürfen im Herkunftsbetrieb beim selben Schlachtvorgang geschlachtet werden, sofern die zuständige Behörde dies gemäß den folgenden Anforderungen genehmigt hat:"
(ABl L 297 vom 20. 8. 2021, S. 1)

a) Die Tiere können zur Vermeidung eines Risikos für den Transporteur und zur Vorbeugung von Verletzungen des Tieres während des Transports nicht zum Schlachthof transportiert werden;

b) es besteht eine Vereinbarung zwischen dem Schlachthof und dem Eigentümer des zur Schlachtung bestimmten Tieres; der Eigentümer muss die zuständige Behörde schriftlich von einer solchen Vereinbarung in Kenntnis setzen;

c) der Schlachthof oder der Eigentümer der zur Schlachtung bestimmten Tiere muss den amtlichen Tierarzt mindestens drei Tage vor dem Datum und Zeitpunkt der beabsichtigten Schlachtung der Tiere unterrichten;

d) der amtliche Tierarzt, der die Schlachttieruntersuchung des zur Schlachtung bestimmten Tieres durchführt, muss bei der Schlachtung anwesend sein;

e) die mobile Einheit, die für das Entbluten und die Beförderung der geschlachteten Tiere zum Schlachthof eingesetzt wird, muss ihre hygienische Handhabung und Entblutung sowie die ordnungsgemäße Entsorgung ihres Blutes ermöglichen und Teil eines von der zuständigen Behörde gemäß Artikel 4 Absatz 2 zugelassenen Schlachthofs sein; die zuständige Behörde kann jedoch eine Entblutung außerhalb der mobilen Einheit zulassen, sofern das Blut nicht für den menschlichen Verzehr bestimmt ist und die Schlachtung nicht in Sperrzonen im Sinne der Begriffsbestimmung nach Artikel 4 Nummer 41 der Verordnung (EU) 2016/429 oder in Betrieben stattfindet, in denen tierseuchenrechtliche Beschränkungen gemäß der Verordnung (EU) 2016/429 des Europäischen Parlaments und des Rates[1] und den auf ihrer Grundlage erlassenen Rechtsakten gelten;

f) die geschlachteten und entbluteten Tiere müssen unter hygienisch einwandfreien Bedingungen und ohne ungerechtfertigte Verzögerung auf direktem Weg zum Schlachthof befördert werden. das Entfernen von Magen und Därmen, jedoch keine weitere Zurichtung, darf unter Aufsicht des amtlichen Tierarztes an Ort und Stelle erfolgen; alle entfernten Eingeweide müssen das geschlachtete Tier bis zum Schlachthof begleiten und als zu jedem einzelnen dieser Tiere gehörend kenntlich gemacht sein;

g) vergehen zwischen dem Zeitpunkt der Schlachtung des ersten Tieres und dem Zeitpunkt der Ankunft der geschlachteten Tiere im Schlachthof mehr als zwei Stunden, so müssen die geschlachteten Tiere gekühlt werden; soweit es die klimatischen Verhältnisse erlauben, ist eine aktive Kühlung nicht erforderlich;

h) der Eigentümer des Tieres muss den Schlachthof im Voraus darüber unterrichten, wann die geschlachteten Tiere, die nach der Ankunft im Schlachthof ohne ungerechtfertigte Verzögerung zu handhaben sind, eintreffen sollen;

i) zusätzlich zu den Informationen zur Lebensmittelkette, die gemäß Anhang II Abschnitt III vorzulegen sind, muss die amtliche Bescheinigung gemäß Anhang IV Kapitel 3 der Durchführungsverordnung (EU) 2020/2235 den geschlachteten Tieren auf dem Weg zum Schlachthof beiliegen oder in beliebigem Format im Voraus übermittelt werden.

(ABl L 77 vom 24. 03. 2010, S. 59)

KAPITEL VII: LAGERUNG UND BEFÖRDERUNG

Lebensmittelunternehmer müssen sicherstellen, dass die Lagerung und Beförderung von Fleisch von als Haustieren gehaltenen Huftieren nach folgenden Vorschriften erfolgen:

1. a) Sofern in anderen spezifischen Vorschriften nichts anderes bestimmt ist, muss das Fleisch unverzüglich nach der Fleischuntersuchung im Schlachthof in allen Teilen abgekühlt werden,

---

[1] *Verordnung (EU) 2016/429 des Europäischen Parlaments und des Rates vom 9. März 2016 zu Tierseuchen und zur Änderung und Aufhebung einiger Rechtsakte im Bereich der Tiergesundheit („Tiergesundheitsrecht") (ABl. L 84 vom 31.3.2016, S. 1).*

ANHANG III

um eine Temperatur sicherzustellen, die im Falle von Nebenprodukten der Schlachtung 3 °C und im Falle von sonstigem Fleisch 7 °C nicht übersteigt, und zwar nach einer Abkühlungskurve, die eine kontinuierliche Temperatursenkung gewährleistet. Fleisch darf jedoch während des Abkühlens gemäß Kapitel V Nummer 4 zerlegt und entbeint werden.

    b) Während der Kühlung muss eine angemessene Belüftung gewährleistet sein, um die Bildung von Kondenswasser auf der Fleischoberfläche zu verhindern.

2. Fleisch muss auf die in Nummer 1 angegebene Temperatur abgekühlt werden, die während der Lagerung beibehalten werden muss.

3. Fleisch muss vor der Beförderung auf die in Nummer 1 angegebene Temperatur abgekühlt werden, die während der Beförderung beibehalten werden muss.

Allerdings finden folgende Buchstaben a und b Anwendung:

    a) Die Beförderung von Fleisch für die Herstellung bestimmter Erzeugnisse kann mit Genehmigung der zuständigen Behörde erfolgen, bevor die in Nummer 1 angegebene Temperatur erreicht wurde, vorausgesetzt, dass

        i) diese Beförderung im Einklang mit den von den zuständigen Behörden am Ursprungs- und Bestimmungsort gestellten Anforderungen an die Beförderung von einem bestimmten Betrieb zu einem anderen erfolgt;

        ii) das Fleisch den Schlachthof oder den Zerlegungsraum, der sich am gleichen Ort wie die Schlachtanlage befindet, unmittelbar verlässt und die Beförderung nicht mehr als zwei Stunden dauert;

        und

        iii) diese Beförderung technologisch begründet werden kann.

    b) Die Beförderung von Schlachtkörpern, Schlachtkörperhälften oder -vierteln oder in drei Teile zerlegten Schlachtkörperhälften von Schafen, Ziegen, Rindern und Schweinen kann erfolgen, bevor die in Nummer 1 angegebene Temperatur erreicht wurde, sofern alle folgenden Bedingungen erfüllt sind:

        i) die Temperatur wird im Rahmen von auf den HACCP-Grundsätzen basierenden Verfahren überwacht und aufgezeichnet;

        ii) die Lebensmittelunternehmer, die die Schlachtkörper, Schlachtkörperhälften oder -viertel oder in drei Teile zerlegten Schlachtkörperhälften versenden und befördern, haben eine schriftliche Erlaubnis der zuständigen Behörde am Versandort erhalten, dass sie von dieser Ausnahmeregelung Gebrauch machen dürfen;

        iii) das Fahrzeug, in dem die Schlachtkörper, Schlachtkörperhälften oder -viertel oder in drei Teile zerlegten Schlachtkörperhälften befördert werden, ist mit einem Instrument zur Überwachung und Aufzeichnung der Lufttemperatur ausgestattet, der die Schlachtkörper, Schlachtkörperhälften oder -viertel oder in drei Teile zerteilten Schlachtkörperhälften ausgesetzt sind, sodass die zuständigen Behörden die Einhaltung der Zeit- und Temperaturbedingungen gemäß Ziffer viii überprüfen können;

        iv) das Fahrzeug, in dem die Schlachtkörper, Schlachtkörperhälften oder -viertel oder in drei Teile zerlegten Schlachtkörperhälften befördert werden, lädt pro Beförderung nur Fleisch von einem einzigen Schlachthof;

        v) Schlachtkörper, Schlachtkörperhälften oder -viertel oder in drei Teile zerlegte Schlachtkörperhälften, die unter diese Ausnahmeregelung fallen, müssen zu Beginn der Beförderung eine Kerntemperatur von 15 °C aufweisen, wenn sie in demselben Abteil befördert werden sollen wie Schlachtkörper, Schlachtkörperhälften oder -viertel oder in drei Teile zerlegte Schlachtkörperhälften, die die Temperaturanforderungen gemäß Nummer 1 (d. h. 7 °C) erfüllen.

        vi) der Sendung liegt eine Erklärung des Lebensmittelunternehmers bei, in der Folgendes festgehalten ist: Dauer der Abkühlung vor der Verladung; Zeitpunkt, an dem die Verladung der Schlachtkörper, Schlachtkörperhälften oder -viertel oder in drei Teile zerlegten Schlachtkörperhälften begonnen wurde; Oberflächentemperatur zu diesem Zeitpunkt; maximale Lufttemperatur während der Beförderung, der die Schlachtkörper, Schlachtkörperhälften oder -viertel oder in drei Teile zerlegten Schlachtkörperhälften ausgesetzt sein können; zulässige Beförderungshöchstdauer; Datum der Genehmigung und Name der zuständigen Behörde, die die Ausnahme genehmigt hat;

ANHANG III

vii) bevor ein Lebensmittelunternehmer am Bestimmungsort zum ersten Mal Schlachtkörper, Schlachtkörperhälften oder -viertel oder in drei Teile zerlegte Schlachtkörperhälften erhält, die vor der Beförderung nicht auf die in Nummer 1 angegebene Temperatur abgekühlt wurden, unterrichtet er die zuständigen Behörden über diesen Sachverhalt;

viii) dieses Fleisch wird entsprechend folgender Parameter befördert:

(ABl L 285 vom 1. 11. 2017, S. 10)

– Bei einer Beförderungshöchstdauer[1] von sechs Stunden:

(ABl L 285 vom 1. 11. 2017, S. 10)

Tierart	Oberflächentemperatur[2]	Maximale Dauer des Abkühlens auf die Oberflächentemperatur[3]	Maximale Lufttemperatur während der Beförderung[4]	Maximale mittlere tägliche aerobe mesophile Keimzahl des Schlachtkörpers[5]
Schafe und Ziegen	7 °C	8 Stunden	6 °C	$\log_{10}$ 3,5 KbE/cm^2
Rinder		20 Stunden		$\log_{10}$ 3,5 KbE/cm^2
Schweine		16 Stunden		$\log_{10}$ 4 KbE/cm^2

(ABl L 285 vom 1. 11. 2017, S. 10)

– Bei einer Beförderungshöchstdauer[1] von dreißig Stunden:

Tierart	Oberflächentemperatur[2]	Maximale Dauer des Abkühlens auf die Oberflächentemperatur[3]	Kerntemperatur[6]	Maximale Lufttemperatur während der Beförderung[4]	Maximale mittlere tägliche aerobe mesophile Keimzahl des Schlachtkörpers[5]
Schweine	7 °C	16 Stunden	15 °C	6 °C	$\log_{10}$ 4 KbE/cm^2

(ABl L 285 vom 1. 11. 2017, S. 10)

– Bei einer Beförderungshöchstdauer[1] von sechzig Stunden:

Tierart	Oberflächentemperatur[2]	Maximale Dauer des Abkühlens auf die Oberflächentemperatur[3]	Kerntemperatur[6]	Maximale Lufttemperatur während der Beförderung[4]	Maximale mittlere tägliche aerobe mesophile Keimzahl des Schlachtkörpers[5]

---

[1] *Maximal zulässige Zeitspanne zwischen dem Beginn der Verladung des Fleisches in das Fahrzeug bis zum Abschluss der Lieferung an den endgültigen Bestimmungsort. Die Verladung des Fleisches in das Fahrzeug kann auch nach der zulässigen Höchstdauer für das Abkühlen des Fleisches auf dessen festgelegte Oberflächentemperatur erfolgen. In diesem Fall muss die zulässige Beförderungshöchstdauer um die Zeit verkürzt werden, um die die Verladung verschoben wurde. Die zuständige Behörde des Bestimmungsmitgliedstaats kann die Anzahl der Lieferorte begrenzen.*

[2] *Die bei Verladung und danach zulässige maximale Oberflächentemperatur wird an der dicksten Stelle des Schlachtkörpers, der Schlachtkörperhälfte, des Schlachtkörperviertels oder der in drei Teile zerlegten Schlachtkörperhälfte gemessen.*

[3] *Maximal zulässige Zeitspanne ab dem Zeitpunkt der Tötung bis zum Erreichen der maximalen, bei der Verladung zulässigen Oberflächentemperatur.*

[4] *Maximale Lufttemperatur, der das Fleisch ab dem Zeitpunkt des Beginns der Verladung und während der gesamten Dauer der Beförderung ausgesetzt sein darf.*

[5] *Maximale mittlere tägliche aerobe mesophile Keimzahl des Schlachtkörpers im Schlachthof, anhand eines rollierenden 10-Wochen- Fensters berechnet; diese Keimzahl muss für Schlachtkörper der betreffenden Tierart zulässig sein, vom Betreiber zur Zufriedenheit der zuständigen Behörde bewertet worden sein und dem Probenahme- und Prüfverfahren gemäß Anhang I Kapitel 2 Nummern 2.1.1 und 2.1.2 und Kapitel 3 Nummer 3.2 der Verordnung (EG) Nr. 2073/2005 der Kommission vom 15. November 2005 über mikrobiologische Kriterien für Lebensmittel (ABl. L 338 vom 22.12.2005, S. 1) entsprechen.*

[6] *Die maximal zulässige Kerntemperatur des Fleisches bei der Verladung und danach.*

ANHANG III

Schafe und Ziegen	4 °C	12 Stunden	15 °C	3 °C	$\log_{10} 3$ KbE/cm²
Rinder		24 Stunden			

(ABl L 285 vom 1. 11. 2017, S. 10)

4. Fleisch, das zum Einfrieren bestimmt ist, muss ohne ungerechtfertigte Verzögerung eingefroren werden, wobei vor dem Gefrieren erforderlichenfalls eine gewisse Reifungszeit zu berücksichtigen ist.

Lebensmittelunternehmer, die im Einzelhandel tätig sind, können jedoch Fleisch im Hinblick auf seine Umverteilung zum Zweck von Lebensmittelspenden unter folgenden Bedingungen einfrieren:

   i) im Fall von Fleisch, für das gemäß Artikel 24 der Verordnung (EU) Nr. 1169/2011 des Europäischen Parlaments und des Rates[7] ein Verbrauchsdatum gilt, vor Ablauf dieses Datums;

   ii) ohne ungerechtfertigte Verzögerung bei einer Temperatur von −18 °C oder niedriger;

   iii) es ist sicherzustellen, dass das Datum des Einfrierens dokumentiert und entweder auf dem Etikett oder auf andere Weise angegeben wird;

   iv) Fleisch, das zuvor eingefroren worden war (aufgetautes Fleisch), ist auszuschließen; und

   v) im Einklang mit den von den zuständigen Behörden festgelegten Bedingungen für das Einfrieren und die weitere Verwendung als Lebensmittel.

(ABl L 297 vom 20. 8. 2021, S. 1)

5. Unverpacktes Fleisch muss getrennt von verpacktem Fleisch gelagert und befördert werden, es sei denn, es wird zu unterschiedlichen Zeiten oder in einer Weise gelagert oder befördert, dass es durch das Verpackungsmaterial und die Art der Lagerung oder der Beförderung nicht kontaminiert werden kann.

ABSCHNITT II: FLEISCH VON GEFLÜGEL UND HASENTIEREN

KAPITEL I: BEFÖRDERUNG VON LEBENDEN TIEREN ZUM SCHLACHTHOF

Lebensmittelunternehmer, die lebende Tiere zum Schlachthof befördern, müssen sicherstellen, dass folgende Vorschriften erfüllt sind:

1. Bei der Abholung und Beförderung müssen die Tiere schonend behandelt werden, um ihnen unnötige Leiden zu ersparen.

2. Tiere, die Krankheitssymptome zeigen oder aus Herden stammen, die bekanntermaßen mit Krankheitserregern kontaminiert sind, die für die öffentliche Gesundheit von Belang sind, dürfen nur nach Genehmigung durch die zuständige Behörde zum Schlachthof befördert werden.

3. Transportkäfige und Module für die Beförderung von Tieren zum Schlachthof, müssen, soweit sie verwendet werden, aus korrosionsbeständigem Material sowie leicht zu reinigen und zu desinfizieren sein. Alle Transportbehälter zur Abholung und Beförderung von lebenden Tieren müssen sofort nach Entleerung und erforderlichenfalls vor jeder Wiederverwendung gereinigt, gewaschen und desinfiziert werden.

KAPITEL II: VORSCHRIFTEN FÜR SCHLACHTHÖFE

Lebensmittelunternehmer müssen sicherstellen, dass Schlachthöfe, in denen Geflügel oder Hasentiere geschlachtet werden, gemäß den folgenden Vorschriften angelegt und ausgerüstet sind:

---

[7] *Verordnung (EU) Nr. 1169/2011 des Europäischen Parlaments und des Rates vom 25. Oktober 2011 betreffend die Information der Verbraucher über Lebensmittel und zur Änderung der Verordnungen (EG) Nr. 1924/2006 und (EG) Nr. 1925/2006 des Europäischen Parlaments und des Rates und zur Aufhebung der Richtlinie 87/250/EWG der Kommission, der Richtlinie 90/496/EWG des Rates, der Richtlinie 1999/10/EG der Kommission, der Richtlinie 2000/13/EG des Europäischen Parlaments und des Rates, der Richtlinien 2002/67/EG und 2008/5/EG der Kommission und der Verordnung (EG) Nr. 608/2004 der Kommission (ABl. L 304 vom 22.11.2011, S. 18).*

12/2. EG/HygieneV tier.LM
ANHANG III

1. Sie müssen über einen Raum oder einen überdachten Ort für die Anlieferung der Tiere und die Schlachttieruntersuchung verfügen.
2. Zur Vermeidung einer Kontamination des Fleisches müssen sie
   a) über genügend Räume für die durchzuführenden Arbeitsvorgänge verfügen,
   b) über einen getrennten Raum für das Ausnehmen und weitere Zurichten („dressing"), einschließlich der Zugabe von Würzstoffen an ganze Geflügelschlachtkörper, verfügen, „es sei denn, die zuständige Behörde genehmigt im Einzelfall die zeitliche Trennung dieser Vorgänge in einem bestimmten Schlachthof;" *(ABl L 119 vom 13. 5. 2010, S. 26)*
   c) eine räumliche oder zeitliche Trennung der folgenden Arbeitsgänge gewährleisten:
      i) Betäubung und Entblutung,
      ii) Rupfen oder Häuten und Brühen
         sowie
      iii) Versand von Fleisch,
   d) über Installationen verfügen, bei denen das Fleisch nicht mit Böden, Wänden oder Einrichtungen in Berührung kommt,
      und
   e) über Schlachtlinien verfügen, die (wo sie betrieben werden), so konzipiert sind, dass der Schlachtprozess kontinuierlich abläuft und Kreuzkontaminationen zwischen den verschiedenen Arbeitsbereichen der Schlachtlinie vermieden werden. Wird in ein und derselben Schlachtanlage mehr als eine Schlachtlinie betrieben, so muss eine angemessene Trennung dieser Schlachtlinien gewährleistet werden, um Kreuzkontaminationen zu vermeiden.
3. Sie müssen über Sterilisationsvorrichtungen für Arbeitsgeräte mit einer Wassertemperatur von mindestens 82 ° C oder ein alternatives System mit gleicher Wirkung verfügen.
4. Die Handwaschvorrichtungen für das mit unverpacktem Fleisch umgehende Personal müssen so ausgelegt sein, dass eine Kontamination nicht weitergegeben werden kann.
5. Sie müssen über abschließbare Einrichtungen für die Kühllagerung von vorläufig beschlagnahmtem Fleisch und über separate abschließbare Einrichtungen für die Lagerung von für genussuntauglich erklärtem Fleisch verfügen.
6. Sie müssen über einen separaten Ort mit geeigneten Anlagen für das Reinigen, Waschen und Desinfizieren von
   a) Transportbehältern, wie z. B. Transportkäfigen,
      und
   b) Transportmitteln verfügen.

   Diese Orte und Anlagen sind hinsichtlich Buchstabe b) nicht zwingend vorgeschrieben, wenn es in der Nähe amtlich zugelassene Orte und Anlagen gibt.
7. Sie müssen über eine ausreichend ausgestattete abschließbare Einrichtung oder erforderlichenfalls über eine Räumlichkeit verfügen, die nur dem tierärztlichen Dienst zur Verfügung steht.

KAPITEL III: VORSCHRIFTEN FÜR ZERLEGUNGSBETRIEBE

1. Lebensmittelunternehmer müssen sicherstellen, dass Zerlegungsbetriebe für Fleisch von Geflügel und Hasentieren
   a) so konzipiert sind, dass eine Kontamination des Fleischs insbesondere dadurch vermieden wird, dass
      i) die Zerlegung ununterbrochen vorangeht
         oder
      ii) eine zeitliche Trennung zwischen den verschiedenen Produktionspartien gewährleistet ist,

ANHANG III

b) über getrennte Räume für die Lagerung von verpacktem und unverpacktem Fleisch verfügen, es sei denn, die Erzeugnisse werden zu verschiedenen Zeitpunkten oder in einer Weise gelagert, dass das Fleisch durch das Verpackungsmaterial und die Art der Lagerung nicht kontaminiert werden kann,

c) über Zerlegungsräume verfügen, deren Ausrüstung gewährleistet, dass die Anforderungen nach Kapitel V eingehalten werden,

d) über Handwaschvorrichtungen für das mit unverpacktem Fleisch umgehende Personal verfügen, die so ausgelegt sind, dass eine Kontamination nicht weitergegeben werden kann, und

e) über Sterilisationsvorrichtungen für Arbeitsgeräte mit einer Wassertemperatur von mindestens 82 ° C oder ein alternatives System mit gleicher Wirkung verfügen.

2. Soweit in einem Zerlegungsbetrieb

a) Enten und Gänse ausgeweidet werden, die zur Herstellung von Stopflebern (foie gras) gehalten und im Mastbetrieb betäubt, ausgeblutet und gerupft wurden,

oder

b) zeitlich verzögert ausgeweidetes Geflügel ausgeweidet wird,

müssen die Lebensmittelunternehmer sicherstellen, dass für diesen Zweck separate Räume zur Verfügung stehen.

KAPITEL IV: SCHLACHTHYGIENE

Lebensmittelunternehmer, die Schlachthöfe betreiben, in denen Geflügel oder Hasentiere geschlachtet werden, müssen sicherstellen, dass folgende Vorschriften erfüllt sind:

1. a) Fleisch von anderen als den unter Buchstabe b) genannten Tieren darf nicht für den menschlichen Verzehr verwendet werden, wenn diese Tiere nicht durch Schlachten im Schlachthof getötet wurden.

   b) In die Schlachtanlage dürfen nur lebende Schlachttiere gebracht werden, ausgenommen

   i) zeitlich verzögert ausgeweidetes Geflügel und Enten und Gänse, die zur Herstellung von Stopflebern („foie gras") gehalten wurden, sowie Vögel, die zwar nicht als Haustiere gelten, jedoch wie Haustiere aufgezogen werden, wenn die Tiere im Haltungsbetrieb gemäß Kapitel VI geschlachtet wurden,

   ii) Farmwild, das im Haltungsbetrieb gemäß Abschnitt III geschlachtet wurde,

   und

   iii) Kleinwild gemäß Abschnitt IV Kapitel III.

2. Schlachthofbetreiber müssen sich an die Weisungen der zuständigen Behörde halten, damit die Schlachttieruntersuchung unter angemessenen Bedingungen stattfinden kann.

3. Soweit ein Schlachtbetrieb zur Schlachtung verschiedener Tierarten oder zur weiteren Zurichtung von Zuchtlaufvögeln und Kleinwild zugelassen ist, muss durch geeignete Vorkehrungen sichergestellt werden, dass Kreuzkontaminationen vermieden werden, indem die Bearbeitung der verschiedenen Tierarten entweder zeitlich oder räumlich getrennt erfolgt. Es müssen separate Räumlichkeiten für die Annahme und Lagerung von Schlachtkörpern von im Erzeugerbetrieb geschlachteten Zuchtlaufvögeln sowie Kleinwild vorhanden sein.

4. Tiere, die in die Schlachthalle verbracht werden, müssen ohne ungerechtfertigte Verzögerung geschlachtet werden.

5. Das Betäuben, Entbluten, Enthäuten oder Rupfen, Ausnehmen und weitere Zurichten („dressing") müssen ohne ungebührliche Verzögerung so vorgenommen werden, dass jede Kontamination des Fleisches vermieden wird. Es müssen insbesondere Vorkehrungen getroffen werden, um das Auslaufen von Magen- und Darminhalt während des Ausnehmens zu verhindern.

6. Die Schlachthofbetreiber müssen sich an die Weisungen der zuständigen Behörde halten, um sicherzustellen, dass die Fleischuntersuchung unter angemessenen Bedingungen erfolgt und insbesondere, dass die Schlachtkörper ordnungsgemäß untersucht werden können.

7. Im Anschluss an die Fleischuntersuchung
   a) müssen für genussuntauglich erklärte Tierkörperteile so bald wie möglich aus dem reinen Bereich des Schlachthofs entfernt werden,
   b) dürfen vorläufig beschlagnahmtes oder für genussuntauglich erklärtes Fleisch sowie nicht für den menschlichen Verzehr geeignete Nebenprodukte nicht mit genusstauglichem Fleisch in Berührung kommen
   und
   c) müssen die verbleibenden Eingeweide oder Eingeweideteile, ausgenommen Nieren, möglichst vollständig und so bald wie möglich entfernt werden, es sei denn, die zuständige Behörde lässt etwas anderes zu.

8. Nach der Untersuchung und dem Ausnehmen müssen die Schlachtkörper gesäubert und so schnell wie möglich auf eine Temperatur von nicht mehr als 4 °C abgekühlt werden, es sei denn, das Fleisch wird in warmem Zustand zerlegt.

9. Bei Tauchkühlung von Schlachtkörpern gilt Folgendes:
   a) Unter Berücksichtigung von Parametern wie Schlachtkörpergewicht, Wassertemperatur, Menge und Richtung des Wasserflusses und Kühlzeit müssen alle erforderlichen Vorkehrungen getroffen, um eine Kontamination der Schlachtkörper zu vermeiden;
   b) alle Teile der Anlage müssen, wann immer dies erforderlich ist, mindestens jedoch einmal am Tag, vollständig entleert, gereinigt und desinfiziert werden.

10. Kranke und krankheitsverdächtige Tiere oder Tiere, die im Rahmen von Seuchentilgungs- oder Seuchenbekämpfungsprogrammen getötet werden, dürfen nicht im Schlachtbetrieb geschlachtet werden, es sei denn, die zuständige Behörde gestattet dies. In diesem Falle muss die Schlachtung unter amtlicher Aufsicht erfolgen, und es müssen alle erforderlichen Maßnahmen getroffen werden, um Kontaminationen zu vermeiden; die Schlachträume müssen vor ihrer Wiederverwendung gereinigt und desinfiziert werden.

KAPITEL V: HYGIENE BEIM UND NACH DEM ZERLEGEN UND ENTBEINEN

Lebensmittelunternehmer müssen sicherstellen, dass Fleisch von Geflügel und Hasentieren nach folgenden Vorschriften zerlegt und entbeint wird:

1. Das Fleisch muss so bearbeitet werden, dass die Kontamination verhindert oder so weit wie möglich unterbunden wird. Zu diesem Zweck müssen die Lebensmittelunternehmer insbesondere Folgendes sicherstellen:
   a) Zum Zerlegen bestimmtes Fleisch wird nur je nach Bedarf nach und nach in die Arbeitsräume verbracht,
   b) beim Zerlegen, Entbeinen, Zurichten, Zerschneiden in Scheiben oder Würfel, Umhüllen und Verpacken wird die Temperatur des Fleisches mittels einer Raumtemperatur von 12 °C oder eines alternativen Systems gleicher Wirkung auf höchstens 4 °C gehalten,
   und
   c) soweit Betriebe zum Zerlegen von Fleisch verschiedener Tierarten zugelassen sind, muss durch geeignete Vorkehrungen sichergestellt werden, dass Kreuzkontaminationen vermieden werden, erforderlichenfalls indem die Bearbeitung der verschiedenen Tierarten entweder zeitlich oder räumlich getrennt erfolgt.

2. Fleisch kann jedoch vor Erreichen der in Nummer 1 Buchstabe b) genannten Temperatur entbeint und zerlegt werden, wenn sich der Zerlegungsraum am gleichen Ort wie die Schlachtanlage befindet, vorausgesetzt, das Fleisch wird in den Zerlegungsraum entweder
   a) auf direktem Wege von der Schlachtanlage
   oder
   b) zunächst in einen Kühlraum oder ein Kühlhaus verbracht.

3. Nach abgeschlossener Zerlegung und gegebenenfalls Verpackung muss das Fleisch auf nicht mehr als 4 °C abgekühlt werden.
(ABl L 159 vom 25. 06. 2010, S. 18)

ANHANG III

4. Das Fleisch muss vor der Beförderung eine Temperatur von nicht mehr als 4 °C erreichen und während der Beförderung auf dieser Temperatur gehalten werden. Sofern die zuständige Behörde jedoch eine Genehmigung erteilt, können Lebern für die Herstellung von Stopfleber („foie gras") bei einer Temperatur von über 4 °C befördert werden, wenn:

   a diese Beförderung im Einklang mit den von der zuständigen Behörde erlassenen Vorschriften betreffend die Beförderung von einem bestimmten Betrieb zu einem anderen erfolgt und

   b das Fleisch den Schlachthof oder einen Zerlegeraum unmittelbar verlässt und die Beförderung höchstens zwei Stunden dauert.

   (ABl L 159 vom 25. 06. 2010, S. 18)

5. Fleisch, das zum Einfrieren bestimmt ist, muss ohne ungerechtfertigte Verzögerung eingefroren werden.

   Lebensmittelunternehmer, die im Einzelhandel tätig sind, können jedoch Fleisch im Hinblick auf seine Umverteilung zum Zweck von Lebensmittelspenden unter folgenden Bedingungen einfrieren:

   i)   im Fall von Fleisch, für das gemäß Artikel 24 der Verordnung (EU) Nr. 1169/2011 ein Verbrauchsdatum gilt, vor Ablauf dieses Datums;

   ii) ohne ungerechtfertigte Verzögerung bei einer Temperatur von −18 °C oder niedriger;

   iii) es ist sicherzustellen, dass das Datum des Einfrierens dokumentiert und entweder auf dem Etikett oder auf andere Weise angegeben wird;

   iv) Fleisch, das zuvor eingefroren worden war (aufgetautes Fleisch), ist auszuschließen; und

   v)   im Einklang mit den von den zuständigen Behörden festgelegten Bedingungen für das Einfrieren und die weitere Verwendung als Lebensmittel.

   (ABl L 297 vom 20. 8. 2021, S. 1)

6. Unverpacktes Fleisch muss getrennt von verpacktem Fleisch gelagert und befördert werden, es sei denn, es wird zu unterschiedlichen Zeiten oder in einer Weise gelagert oder befördert, dass es durch das Verpackungsmaterial und die Art der Lagerung oder der Beförderung nicht kontaminiert werden kann.

   (ABl L 159 vom 25. 06. 2010, S. 18)

KAPITEL VI: SCHLACHTUNG IM HALTUNGSBETRIEB

Lebensmittelunternehmer dürfen Geflügel gemäß Kapitel IV Nummer 1 Buchstabe b) Ziffer i) nur mit Genehmigung der zuständigen Behörde und nach folgenden Vorschriften im Haltungsbetrieb schlachten:

1. Der Betrieb muss regelmäßig tierärztlich untersucht werden.

2. Der Lebensmittelunternehmer muss die zuständige Behörde im Voraus über das Datum und den Zeitpunkt der Schlachtung unterrichten.

3. Der Betrieb muss über Einrichtungen verfügen, die es ermöglichen, die betreffende Tiergruppe gesammelt der Schlachttieruntersuchung zu unterziehen.

4. Der Betrieb muss über geeignete Räumlichkeiten zur hygienischen Schlachtung der Tiere und zur weiteren Behandlung der Schlachtkörper verfügen.

5. Die Tierschutzvorschriften müssen eingehalten werden.

6. „ " *(ABl L 297 vom 20. 8. 2021, S. 1)*

7. „Zusätzlich zu den Informationen zur Lebensmittelkette, die gemäß Anhang II Abschnitt III vorzulegen sind, muss die amtliche Bescheinigung gemäß Anhang IV Kapitel 3 der Durchführungsverordnung (EU) 2020/2235 die geschlachteten Tiere zum Schlachthof begleiten oder in beliebigem Format im Voraus übermittelt werden." *(ABl L 297 vom 20. 8. 2021, S. 1)*

8. Im Falle von Geflügel, das zur Erzeugung von Stopflebern („foie gras") gehalten wird, müssen die unausgeweideten Tiere unverzüglich und erforderlichenfalls gekühlt in einen Schlachthof oder Zerlegungsbetrieb verbracht werden. Sie müssen innerhalb von 24 Stunden nach der Schlachtung unter Aufsicht der zuständigen Behörde ausgeweidet werden.

9. Zeitlich verzögert ausgeweidetes Geflügel, das im Haltungsbetrieb geschlachtet wurde, darf bis zu 15 Tage bei einer Temperatur von nicht mehr als 4 °C kühl gelagert werden. Die Tierkörper müssen dann in einem Schlachthof oder einem Zerlegungsbetrieb des Mitgliedstaats ausgeweidet werden, in dem auch der Haltungsbetrieb angesiedelt ist.

KAPITEL VII: WASSERBINDER

Lebensmittelunternehmer tragen dafür Sorge, dass speziell mit Wasserbindern behandeltes Geflügelfleisch nicht als frisches Fleisch, sondern als Fleischzubereitung in den Verkehr gebracht oder zur Herstellung von Verarbeitungserzeugnissen verwendet wird.

(ABl L 338 vom 22.12. 2005, S. 27)

ABSCHNITT III: FARMWILDFLEISCH

1. „Die Vorschriften des Abschnitts I gelten entsprechend für die Erzeugung und das Inverkehrbringen von Fleisch von in Wildfarmen gehaltenen paarhufigen Landsäugern, es sei denn, dass die zuständige Behörde diese Vorschriften für ungeeignet hält." *(ABl L 302 vom 26. 8. 2021, S. 20)*

2. Die Vorschriften des Abschnitts II gelten entsprechend für die Erzeugung und das Inverkehrbringen von Fleisch von Laufvögeln. Wenn die zuständige Behörde dies für angebracht hält, gelten jedoch die Vorschriften des Abschnitts I. Es müssen geeignete Einrichtungen vorgesehen werden, die der Größe der Tiere angepasst sind.

3. „Ungeachtet der Regelung gemäß den Nummern 1 und 2 dürfen die Lebensmittelunternehmer mit Genehmigung der zuständigen Behörde in Wildfarmen gehaltene Laufvögel und in Nummer 1 genannte, in Wildfarmen gehaltene Huftiere am Herkunftsort schlachten, sofern folgende Bedingungen erfüllt sind:" *(ABl L 160 vom 12. 6. 2013, S. 15)*

   a) Die Tiere können zur Vermeidung eines Risikos für den Transporteur oder aus Gründen des Tierschutzes nicht transportiert werden;

   b) die Herde wird regelmäßig tierärztlich untersucht;

   c) der Eigentümer der Tiere stellt einen entsprechenden Antrag;

   d) die zuständige Behörde wird im Voraus über das Datum und den Zeitpunkt der Schlachtung unterrichtet;

   e) der Betrieb verfügt über Verfahren, die es ermöglichen, die betreffende Tiergruppe gesammelt der Schlachttieruntersuchung zu unterziehen;

   f) der Betrieb verfügt über geeignete Einrichtungen für das Schlachten, Entbluten und, soweit Laufvögel gerupft werden müssen, das Rupfen der Tiere;

   g) die Anforderungen des Tierschutzes sind erfüllt;

   h) geschlachtete und entblutete Tiere werden unter hygienisch einwandfreien Bedingungen und ohne ungerechtfertigte Verzögerung zum Schlachthof befördert. Dauert die Beförderung mehr als zwei Stunden, so werden die Tiere erforderlichenfalls gekühlt. Das Ausweiden darf unter Aufsicht des Tierarztes an Ort und Stelle erfolgen;

   i) eine Erklärung des Lebensmittelunternehmers, der die Tiere aufgezogen hat, liegt den Tierkörpern bei der Beförderung zum Schlachthof bei; in dieser Erklärung sind die Identität der Tiere sowie alle ihnen verabreichte Tierarzneimittel und die sonstigen Behandlungen, denen sie unterzogen wurden, die Daten der Verabreichung und die Wartezeiten verzeichnet, und

   j) „den Tierkörpern liegt auf dem Weg zum Schlachthof die vom amtlichen Tierarzt ausgestellte und unterzeichnete amtliche Bescheinigung gemäß Anhang IV Kapitel 3 der Durchführungsverordnung (EU) 2020/2235 bei, in der das zufriedenstellende Ergebnis der Schlachttieruntersuchung, das vorschriftsgemäße Schlachten und Entbluten sowie das Datum und der Zeitpunkt der Schlachtung bescheinigt sind, oder sie wurde in beliebigem Format im Voraus übermittelt." *(ABl L 297 vom 20. 8. 2021, S. 1)*

3a. Abweichend von Nummer 3 Buchstabe j kann die zuständige Behörde gestatten, dass das vorschriftsgemäße Schlachten und Entbluten sowie das Datum und der Zeitpunkt der Schlachtung nur in der unter Nummer 3 Buchstabe i genannten Erklärung des Lebensmittelunternehmers bestätigt werden, sofern

a) der Haltungsbetrieb in einem Mitgliedstaat oder einer Region gemäß Artikel 2 Absatz 2 Buchstabe p der Richtlinie 64/432/EWG liegt, der keinen tierseuchenrechtlichen Sperrmaßnahmen nach Unionsrecht oder nationalem Recht unterworfen ist;

b) der Lebensmittelunternehmer angemessene Fachkenntnisse betreffend die Schlachtung von Tieren gemäß Artikel 7 Absatz 2 der Verordnung (EG) Nr. 1099/2009 unter Verschonung der Tiere von vermeidbarem Schmerz, Stress und Leiden nachgewiesen hat und unbeschadet des Artikels 12 der genannten Verordnung.

(ABl L 46 vom 19. 2. 2011, S. 14)

4. Die Lebensmittelunternehmer dürfen zudem unter außergewöhnlichen Umständen Bisons gemäß Nummer 3 im Zuchtbetrieb schlachten.

ABSCHNITT IV: FLEISCH VON FREI LEBENDEM WILD

„Für die Zwecke dieses Abschnitts bezeichnet der Begriff „Sammelstelle" einen Betrieb, der dazu dient, Körper und Eingeweide von frei lebendem Wild vor der Beförderung zu einem Wildbearbeitungsbetrieb zu lagern." *(ABl L 297 vom 20. 8. 2021, S. 1)*

KAPITEL I: AUSBILDUNG VON JÄGERN IN GESUNDHEITS- UND HYGIENEFRAGEN

1. Personen, die Wild bejagen, um Wildbret für den menschlichen Verzehr in Verkehr zu bringen, müssen auf dem Gebiet der Wildpathologie und der Produktion und Behandlung von Wildbret ausreichend geschult sein, um das Wild vor Ort einer ersten Untersuchung unterziehen zu können.

2. Es genügt jedoch, wenn mindestens eine Person einer Jagdgesellschaft über die in Nummer 1 bezeichneten Kenntnisse verfügt. Der Ausdruck „kundige Person" im vorliegenden Abschnitt bezeichnet eine solche Person.

3. Die kundige Person könnte auch der Wildheger oder Wildhüter sein, wenn sie Teil der Jagdgesellschaft oder in unmittelbarer Nähe des Gebiets niedergelassen ist, in dem die Jagd stattfindet. Im letztgenannten Fall muss der Jäger das Wild dem Wildheger oder dem Wildhüter vorlegen und ihn über etwaige vor dem Erlegen beobachtete Verhaltensstörungen unterrichten.

4. Die zuständige Behörde muss sich davon überzeugen, dass Jäger ausreichend geschult sind, um als kundige Personen gelten zu können. Die Ausbildungsgänge sollten mindestens folgende Gebiete umfassen:

    a) normale Anatomie, Physiologie und Verhaltensweisen von frei lebendem Wild,

    b) abnorme Verhaltensweisen und pathologische Veränderungen beim Wild infolge von Krankheiten, Umweltverschmutzung oder sonstigen Faktoren, die die menschliche Gesundheit bei Verzehr von Wildbret schädigen können,

    c) Hygiene- und Verfahrensvorschriften für den Umgang mit Wildkörpern nach dem Erlegen, ihr Befördern, Ausweiden usw.

    und

    d) Rechts- und Verwaltungsvorschriften auf dem Gebiet der Gesundheit von Mensch und Tier und auf hygienerechtlichem Gebiet, die für das Inverkehrbringen von Wildbret von Belang sind.

5. Die zuständige Behörde sollte die Jagdverbände auffordern, solche Lehrgänge anzubieten.

KAPITEL II: UMGANG MIT FREI LEBENDEM GROSSWILD

1. Nach dem Erlegen des frei lebenden Großwilds müssen Mägen und Gedärme so bald wie möglich entfernt werden; erforderlichenfalls müssen die Tiere entblutet werden.

2. Die kundige Person muss den Wildkörper und alle ausgenommenen Eingeweide auf Merkmale hin untersuchen, die darauf schließen lassen, dass das Fleisch gesundheitlich bedenklich sein könnte. Die Untersuchung muss so bald wie möglich nach dem Erlegen stattfinden.

12/2. EG/HygieneV tier.LM
ANHANG III

3. Fleisch von frei lebendem Großwild darf nur in Verkehr gebracht werden, wenn der Wildkörper so bald wie möglich nach der unter Nummer 2 genannten Untersuchung zu einem Wildbearbeitungsbetrieb befördert wird. Die Eingeweide müssen dem Wildkörper gemäß den Vorschriften der Nummer 4 beigefügt werden. Die Eingeweide müssen als zu einem bestimmten Tier gehörig erkennbar sein.

4. a) Werden bei der Untersuchung gemäß Nummer 2 keine auffälligen Merkmale festgestellt, vor dem Erlegen keine Verhaltensstörungen beobachtet und besteht kein Verdacht auf Umweltkontamination, so muss die kundige Person dem Wildkörper eine mit einer Nummer versehene Erklärung beigeben, in der dies bescheinigt wird. In dieser Bescheinigung müssen auch das Datum, der Zeitpunkt und der Ort des Erlegens aufgeführt werden.

    Sofern jeder Tierkörper angemessen gekennzeichnet ist und in der Erklärung die Identifikationsnummer jedes Tierkörpers, den diese betrifft, angegeben ist, einschließlich Datum, Zeitpunkt und Ort der Erlegung, muss die Erklärung nicht am Tierkörper angebracht sein und kann für mehrere Tierkörper gelten. Alle Tierkörper, für die eine einzige Erklärung ausgestellt wurde, müssen in denselben Wildverarbeitungsbetrieb verbracht werden.

    Kopf und Eingeweide müssen den Tierkörper nicht in den Wildverarbeitungsbetrieb begleiten, außer bei Tieren der für Trichinose anfälligen Arten (Schweine, Einhufer und andere), deren Kopf (ausgenommen Hauer) und Zwerchfell dem Wildkörper beigefügt werden müssen.

    Jedoch kann die zuständige Behörde die Verbringung von Köpfen von Tieren, die für Trichinella-Befall anfällig sind, in eine gemäß Artikel 18 der Verordnung (EG) Nr. 1774/2002 zugelassene technische Anlage zur Herstellung von Jagdtrophäen gestatten. Die technische Anlage muss in der Erklärung der kundigen Person genannt sein. Eine Kopie der Erklärung muss der technischen Anlage zugeschickt werden. Ergibt die Untersuchung des Tierkörpers auf Trichinella einen positiven Befund, muss die zuständige Behörde eine amtliche Kontrolle durchführen, um sicherzustellen, dass der Kopf in der technischen Anlage vorschriftsgemäß gehandhabt wurde.

    Die Jäger müssen im Übrigen alle zusätzlichen in den Mitgliedstaaten, in denen gejagt wird, geltenden Anforderungen erfüllen; insbesondere muss eine Kontrolle auf bestimmte Rückstände und Stoffe gemäß der Richtlinie 96/23/EG möglich sein.

    (ABl L 46 vom 19. 2. 2011, S. 14)

    b) Anderenfalls müssen der Kopf (ausgenommen Hauer, Geweih und Hörner) und alle Eingeweide mit Ausnahme des Magens und der Gedärme beigefügt werden. Die kundige Person, die die Untersuchung vorgenommen hat, muss der zuständigen Behörde mitteilen, welche auffälligen Merkmale, welche Verhaltensstörungen oder welcher Verdacht auf Umweltkontamination sie bewogen hatten, keine Bescheinigung im Sinne von Buchstabe a) auszustellen.

    c) „Steht in einem gegebenen Fall zur Durchführung der Untersuchung nach Nummer 2 keine kundige Person zur Verfügung, so müssen der Kopf (ausgenommen Hauer, Geweih und Hörner) sowie alle Eingeweide mit Ausnahme des Magens und der Gedärme beim Wildkörper belassen werden, der sobald wie möglich nach der Tötung zu einem Wildbearbeitungsbetrieb befördert wird." *(ABl L 297 vom 20. 8. 2021, S. 1)*

5. Die Wildkörper insgesamt müssen nach dem Erlegen innerhalb einer angemessenen Zeitspanne auf nicht mehr als 7 °C abgekühlt werden. Soweit es die klimatischen Verhältnisse erlauben, ist eine aktive Kühlung nicht erforderlich.

6. Während der Beförderung zum Wildbearbeitungsbetrieb muss das Übereinanderlegen von Wildkörpern vermieden werden.

7. Frei lebendes Großwild, das in einem Wildbearbeitungsbetrieb angeliefert wird, muss der zuständigen Behörde zur Untersuchung gestellt werden.

8. „Außerdem darf nicht enthäutetes frei lebendes Großwild" *(ABl L 175 vom 14. 6. 2014, S. 6)*
    a) nur enthäutet und in Verkehr gebracht werden, wenn es
    i) „vor der Häutung von anderen Lebensmitteln getrennt gelagert und behandelt und nicht gefroren wird;" *(ABl L 307 vom 28. 10. 2014, S. 28)*
    ii) nach der Häutung in einem Wildverarbeitungsbetrieb einer abschließenden Untersuchung gemäß Verordnung (EG) Nr. 854/2004 unterzogen wird;

b) „nur in einen Wildbearbeitungsbetrieb in einem anderen Mitgliedstaat verbracht werden, wenn ihm beim Transport zu dem Wildbearbeitungsbetrieb eine amtliche Bescheinigung gemäß dem Muster in Anhang II Kapitel 2 der Durchführungsverordnung (EU) 2020/2235 beiliegt, die von einem amtlichen Tierarzt ausgestellt und unterzeichnet wurde, in der bescheinigt wird, dass die in Nummer 4 aufgeführten Anforderungen bezüglich der Verfügbarkeit einer Erklärung, sofern relevant, und des Beiliegens der erforderlichen Körperteile erfüllt sind." *(ABl L 297 vom 20. 8. 2021, S. 1)*

Falls sich der Wildverarbeitungsbetrieb in der Nähe des Jagdgebiets in einem anderen Mitgliedstaat befindet, braucht keine solche Bescheinigung mitgeführt zu werden, damit Artikel 3 Absatz 1 der Richtlinie 89/662/EWG erfüllt ist, sondern es reicht aus, wenn unter Berücksichtigung des Tiergesundheitsstatus des Ursprungsmitgliedstaats beim Transport die Bescheinigung der kundigen Person gemäß Nummer 2 mitgeführt wird.

(ABl L 175 vom 14. 6. 2014, 8)

9. Für das Zerlegen und Entbeinen von frei lebendem Großwild gelten die Vorschriften von Abschnitt I Kapitel V.

10. Die Körper und Eingeweide von Großwild dürfen vor dem Transport zu einem Wildbearbeitungsbetrieb zu einer Sammelstelle befördert und dort gelagert werden, sofern

   a) die Sammelstelle entweder:
   1. bei der zuständigen Behörde als Lebensmittelunternehmen mit Primärproduktion gemäß Artikel 4 Absatz 2 Buchstabe a registriert ist, wenn sie Tierkörper nur als erste Sammelstelle aufnimmt, oder
   2. von der zuständigen Behörde als Lebensmittelunternehmen gemäß Artikel 4 Absatz 2 zugelassen ist, wenn sie Tierkörper aus anderen Sammelstellen aufnimmt;

   b) falls die Tiere ausgeweidet sind, das Übereinanderlegen während des Transports zur und bei der Lagerung in der Sammelstelle verboten ist;

   c) getötete Tiere unter hygienisch einwandfreien Bedingungen und ohne ungerechtfertigte Verzögerung zur Sammelstelle transportiert werden;

   d) die Temperaturbedingungen gemäß Nummer 5 eingehalten werden;

   e) die Lagerzeit so gering wie möglich gehalten wird;

   f) an den Körpern und Eingeweiden des Großwilds keine anderweitige Behandlung stattfindet; die Untersuchung durch eine kundige Person und die Entfernung der Eingeweide können jedoch unter den Bedingungen gemäß den Nummern 2, 3 und 4 erfolgen.

(ABl L 297 vom 20. 8. 2021, S. 1)

KAPITEL III: UMGANG MIT FREI LEBENDEM KLEINWILD

1. Die kundige Person muss den Wildkörper auf Merkmale hin untersuchen, die darauf schließen lassen, dass das Fleisch gesundheitlich bedenklich sein könnte. Die Untersuchung muss so bald wie möglich nach dem Erlegen stattfinden.

2. Werden bei der Untersuchung auffällige Merkmale festgestellt, vor dem Erlegen Verhaltensstörungen beobachtet oder besteht ein Verdacht auf Umweltkontamination, so muss die kundige Person die zuständige Behörde davon unterrichten.

3. „Fleisch von frei lebendem Kleinwild darf nur in Verkehr gebracht werden, wenn der Wildkörper so bald wie möglich nach der unter Nummer 1 genannten Untersuchung oder, falls in einem gegebenen Fall zur Durchführung dieser Untersuchung keine kundige Person zur Verfügung steht, sobald wie möglich nach der Tötung zu einem Wildbearbeitungsbetrieb befördert wird." *(ABl L 297 vom 20. 8. 2021, S. 1)*

4. Die Wildkörper insgesamt müssen nach dem Erlegen innerhalb einer angemessenen Zeitspanne auf nicht mehr als 4 °C abgekühlt werden. Soweit es die klimatischen Verhältnisse erlauben, ist eine aktive Kühlung nicht erforderlich.

5. Die Wildkörper müssen nach dem Eintreffen im Wildbearbeitungsbetrieb ohne ungerechtfertigte Verzögerung ausgeweidet oder vollständig ausgeweidet werden, sofern die zuständige Behörde keine anderweitige Genehmigung erteilt.

6. An einen Wildbearbeitungsbetrieb geliefertes frei lebendes Kleinwild muss der zuständigen Behörde zur Inspektion vorgeführt werden.
7. Für das Zerlegen und Entbeinen von frei lebendem Kleinwild gelten die Vorschriften von Abschnitt II Kapitel V.
8. Die Körper, einschließlich Eingeweide, von Kleinwild dürfen vor dem Transport zu einem Wildbearbeitungsbetrieb zu einer Sammelstelle befördert und dort gelagert werden, sofern
   a) die Sammelstelle entweder:
      1. bei der zuständigen Behörde als Lebensmittelunternehmen mit Primärproduktion gemäß Artikel 4 Absatz 2 Buchstabe a registriert ist, wenn sie Tierkörper nur als erste Sammelstelle aufnimmt, oder
      2. von der zuständigen Behörde als Lebensmittelunternehmen gemäß Artikel 4 Absatz 2 zugelassen ist, wenn sie Tierkörper aus anderen Sammelstellen aufnimmt;
   b) falls die Tiere ausgeweidet sind, das Übereinanderlegen während des Transports zur und bei der Lagerung in der Sammelstelle verboten ist;
   c) getötete Tiere unter hygienisch einwandfreien Bedingungen und ohne ungerechtfertigte Verzögerung zur Sammelstelle transportiert werden;
   d) die Temperaturbedingungen gemäß Nummer 4 eingehalten werden;
   e) die Lagerzeit so gering wie möglich gehalten wird;
   f) an den Körpern, einschließlich Eingeweide, des Kleinwilds keine anderweitige Behandlung stattfindet; die Untersuchung durch eine kundige Person und die Entfernung der Eingeweide können jedoch unter den Bedingungen gemäß den Nummern 1 und 2 erfolgen.

(ABl L 297 vom 20. 8. 2021, S. 1)

ABSCHNITT V: HACKFLEISCH/FASCHIERTES, FLEISCHZUBEREITUNGEN UND SEPARATORENFLEISCH

KAPITEL I: VORSCHRIFTEN FÜR HERSTELLUNGSBETRIEBE

Lebensmittelunternehmer, die Hackfleisch/Faschiertes, Fleischzubereitungen und Separatorenfleisch herstellen, müssen sicherstellen, dass die Betriebe folgende Bedingungen erfüllen:

1. Sie sind so konzipiert, dass eine Kontamination des Fleisches und der Erzeugnisse insbesondere dadurch vermieden wird, dass
   a) die Arbeitsvorgänge ununterbrochen vorangehen
   oder
   b) eine Trennung zwischen den verschiedenen Produktionspartien gewährleistet ist.
2. Sie verfügen über getrennte Räume für die Lagerung von verpacktem und unverpacktem Fleisch sowie von verpackten und unverpackten Erzeugnissen, es sei denn, die Erzeugnisse werden zu verschiedenen Zeitpunkten oder in einer solchen Weise gelagert, dass das Verpackungsmaterial und die Art der Lagerung keine Kontamination des Fleisches oder der Erzeugnisse verursachen können.
3. Sie verfügen über Räume, deren Ausrüstung sicherstellt, dass die Temperaturanforderungen nach Kapitel III eingehalten werden.
4. Die Handwaschvorrichtungen für das mit unverpacktem Fleisch und unverpackten Erzeugnissen umgehende Personal sind so ausgelegt, dass eine Kontamination nicht weitergegeben werden kann.
5. Sie verfügen über Sterilisationsvorrichtungen für Arbeitsgeräte mit einer Wassertemperatur von mindestens 82 °C oder ein alternatives System mit gleicher Wirkung.

KAPITEL II: VORSCHRIFTEN FÜR ROHSTOFFE

Lebensmittelunternehmer, die Hackfleisch/Faschiertes, Fleischzubereitungen und Separatorenfleisch herstellen, müssen sicherstellen, dass die verwendeten Rohstoffe folgende Bedingungen erfüllen:

ANHANG III

1. Rohstoffe für die Herstellung von Hackfleisch/Faschiertes müssen folgende Bedingungen erfüllen:
   a) Sie müssen die Anforderungen für frisches Fleisch erfüllen.
   b) Sie müssen aus Skelettmuskulatur, einschließlich dem anhaftenden Fettgewebe, stammen.
   c) Sie dürfen nicht stammen aus
      i) Fleischabschnitten, die beim Zerlegen und Zerschneiden anfallen (ausgenommen ganze Muskelstücke),
      ii) Separatorenfleisch,
      iii) Fleisch, das Knochensplitter oder Hautreste enthält,
      oder
      iv) Kopffleisch (mit Ausnahme der Kaumuskeln), nicht muskulären Teilen der Linea alba, Hand- und Fußwurzelbereich, Knochenputz sowie Muskeln des Zwerchfells (es sei denn, die serösen Häute sind entfernt worden).
2. Die folgenden Rohstoffe dürfen zur Herstellung von Fleischzubereitungen verwendet werden:
   a) frisches Fleisch,
   b) Fleisch, das den Anforderungen der Nummer 1 genügt,
   und
   c) wenn die Fleischzubereitungen eindeutig nicht dazu bestimmt sind, ohne vorherige Hitzebehandlung verzehrt zu werden:
      i) Fleisch, das durch das Hacken/Faschieren oder Zerstückeln von Fleisch gewonnen worden ist, welches den Anforderungen der Nummer 1, ausgenommen Nummer 1 Buchstabe c) Ziffer i), entspricht,
      und
      ii) Separatorenfleisch, das den Anforderungen von Kapitel III Nummer 3 Buchstabe d) entspricht.
3. Rohstoffe für die Gewinnung von Separatorenfleisch müssen folgenden Anforderungen entsprechen:
   a) Sie müssen die Anforderungen für frisches Fleisch erfüllen.
   b) Folgende Rohstoffe dürfen zur Gewinnung von Separatorenfleisch nicht verwendet werden:
      i) bei Geflügel: Ständer, Halshaut und Kopf
      sowie
      ii) bei anderen Tieren: Kopfknochen, Füße, Schwänze, Oberschenkel, Schienbein, Wadenbein, Oberarmbein, Speiche und Elle.

KAPITEL III: HYGIENE WÄHREND UND NACH DER HERSTELLUNG

Lebensmittelunternehmer, die Hackfleisch/Faschiertes, Fleischzubereitungen und Separatorenfleisch herstellen, müssen sicherstellen, dass folgende Vorschriften erfüllt sind:

1. Das Fleisch muss so bearbeitet werden, dass eine Kontamination so weit wie möglich verhindert oder verringert wird. Zu diesem Zweck müssen Lebensmittelunternehmer insbesondere sicherstellen, dass das verwendete Fleisch
   a) eine Temperatur von nicht mehr als 4 °C bei Geflügel, 3 °C bei Nebenprodukten der Schlachtung und 7 °C bei anderem Fleisch aufweist
   und
   b) nur nach Bedarf nach und nach in den Arbeitsraum gebracht wird.
2. Für die Herstellung von Hackfleisch/Faschiertem und Fleischzubereitungen gelten folgende Vorschriften:
   a) Wird zur Herstellung von Hackfleisch/Faschiertem und Fleischzubereitungen gefrorenes oder tiefgefrorenes Fleisch verwendet, so ist es vor dem Einfrieren zu entbeinen, „es sei denn,

die zuständige Behörde genehmigt ein Entbeinen unmittelbar vor dem Hacken/Faschieren." Das Fleisch darf nur für eine begrenzte Zeit gelagert werden. *(ABl L 119 vom 13. 5. 2010, S. 26)*

b) Wird Hackfleisch/Faschiertes aus gekühltem Fleisch hergestellt, so muss dies innerhalb folgender Fristen geschehen:
   i) bei Geflügel innerhalb von höchstens drei Tagen nach der Schlachtung;
   ii) bei anderen Tieren als Geflügel innerhalb von höchstens sechs Tagen nach der Schlachtung
   oder
   iii) bei entbeintem, vakuumverpacktem Rind- und Kalbfleisch: innerhalb von höchstens 15 Tagen nach der Schlachtung.

c) Unmittelbar nach der Herstellung müssen Hackfleisch/Faschiertes und Fleischzubereitungen umhüllt oder verpackt,
   und
   i) auf eine Kerntemperatur von nicht mehr als 2 °C im Falle von Hackfleisch/Faschiertem und nicht mehr als 4 °C im Falle von Fleischzubereitungen gekühlt,
   oder
   ii) auf eine Kerntemperatur von -18 °C oder darunter gefroren werden.

   Diese Temperaturen müssen auch bei der Lagerung und Beförderung eingehalten werden.

3. Folgende Anforderungen gelten für die Herstellung und die Verwendung von Separatorenfleisch, das nach Verfahren hergestellt wird, welche die Struktur der Knochen, die bei der Herstellung von Separatorenfleisch verwendet werden, nicht ändern und dessen Kalziumgehalt den von Hackfleisch/Faschiertem nicht signifikant übersteigt.

   a) Nicht entbeinte Rohstoffe aus einem angegliederten Schlachtbetrieb dürfen nicht älter als sieben Tage sein; anderenfalls dürfen sie nicht älter als fünf Tage sein. Geflügel-Schlachtkörper dürfen jedoch nicht älter als drei Tage sein.

   b) Die maschinelle Gewinnung von Separatorenfleisch muss unmittelbar nach dem Entbeinen stattfinden.

   c) Wird das Separatorenfleisch nicht unmittelbar nach der Gewinnung verwendet, so muss es umhüllt oder verpackt und dann auf eine Temperatur von nicht mehr als 2 °C abgekühlt oder auf eine Kerntemperatur von -18 °C oder darunter eingefroren werden. Bei der Beförderung und Lagerung müssen diese Temperaturanforderungen eingehalten werden.

   d) Wird durch vom Lebensmittelunternehmer durchgeführte Untersuchungen der Nachweis erbracht, dass Separatorenfleisch den mikrobiologischen Kriterien für Hackfleisch/Faschiertes gemäß der Verordnung (EG) Nr. 852/2004 entspricht, so kann es in Fleischzubereitungen, die eindeutig nicht dazu bestimmt sind, ohne vorherige Hitzebehandlung verzehrt zu werden, sowie in Fleischerzeugnissen verwendet werden.

   e) Separatorenfleisch, das die Kriterien des Buchstaben d) nachweislich nicht erfüllt, kann nur zur Herstellung hitzebehandelter Fleischerzeugnisse in Betrieben verwendet werden, die gemäß der vorliegenden Verordnung zugelassen sind.

4. Für die Herstellung und Verwendung von Separatorenfleisch, das mit anderen als den in Nummer 3 genannten Techniken hergestellt worden ist, gelten folgende Anforderungen:

   a) Nichtentbeinte Rohstoffe aus einem angegliederten Schlachtbetrieb dürfen nicht älter als sieben Tage sein; anderenfalls dürfen sie nicht älter als fünf Tage sein. Gefügel-Schlachtkörper dürfen jedoch nicht älter als drei Tage sein.

   b) Findet die maschinelle Gewinnung von Separatorenfleisch nicht unmittelbar nach dem Entbeinen statt, so müssen die fleischtragenden Knochen bei nicht mehr als 2 °C bzw. bei gefrorenen Erzeugnissen bei -18 °C oder darunter gelagert und befördert werden.

   c) Fleischtragende Knochen von gefrorenen Schlachtkörpern dürfen nicht wieder eingefroren werden.

d) Wird das Separatorenfleisch nicht binnen einer Stunde nach seiner Gewinnung verwendet, so ist es sofort auf eine Temperatur von nicht mehr als 2 °C abzukühlen.

e) „Wird das Separatorenfleisch nach dem Kühlen nicht binnen 24 Stunden verarbeitet, so muss es innerhalb von zwölf Stunden nach seiner Gewinnung eingefroren werden und innerhalb von sechs Stunden eine Kerntemperatur von – 18 °C oder darunter erreichen." *(ABl L 66 vom 11. 3. 2015, S. 22)*

f) Gefrorenes Separatorenfleisch muss vor der Lagerung oder Beförderung umhüllt oder verpackt werden, darf nicht länger als drei Monate gelagert werden und bei der Beförderung und Lagerung muss eine Temperatur von -18 °C oder darunter gewährleistet sein.

g) Separatorenfleisch darf nur zur Herstellung wärmebehandelter Fleischerzeugnisse in Betrieben verwendet werden, die gemäß dieser Verordnung zugelassen sind.

5. Hackfleisch/Faschiertes, Fleischzubereitungen und Separatorenfleisch dürfen nach dem Auftauen nicht wieder eingefroren werden.

KAPITEL IV: KENNZEICHNUNG

1. Zusätzlich zu den Anforderungen der Richtlinie 2000/13/EG[1] müssen Lebensmittelunternehmer sicherstellen, dass den Anforderungen der Nummer 2 entsprochen wird, soweit es nach den einzelstaatlichen Bestimmungen des Mitgliedstaates, in dessen Gebiet das Erzeugnis in Verkehr gebracht wird, erforderlich ist.

2. Auf Verpackungen, die für die Abgabe an den Endverbraucher bestimmt sind und Hackfleisch/Faschiertes von Geflügel oder Einhufern oder Fleischzubereitungen mit Separatorenfleisch enthalten, muss ein Hinweis angebracht sein, dass diese Erzeugnisse vor dem Verzehr gegart werden sollten.

ABSCHNITT VI: FLEISCHERZEUGNISSE

1. Lebensmittelunternehmer müssen sicherstellen, dass folgende Teile nicht für die Herstellung von Fleischerzeugnissen verwendet werden:

    a) Geschlechtsorgane sowohl weiblicher als auch männlicher Tiere, ausgenommen Hoden,

    b) Harnorgane, ausgenommen Nieren und Blase,

    c) Knorpel des Kehlkopfs, der Luftröhre und der extralobulären Bronchien,

    d) Augen und Augenlider,

    e) äußere Gehörgänge,

    f) „hornartiges Gewebe" und *(ABl L 13 vom 16. 1. 2019, S. 12)*

    g) bei Geflügel: Kopf (ausgenommen Kamm, Ohren, Kehllappen und Fleischwarzen), Speiseröhre, Kropf, Eingeweide und Geschlechtsorgane.

2. Alles Fleisch — einschließlich Hackfleisch/Faschiertes und Fleischzubereitungen —, das zur Herstellung von Fleischerzeugnissen verwendet wird, muss den Anforderungen, die an frisches Fleisch gestellt werden, entsprechen. Hackfleisch/Faschiertes und Fleischzubereitungen für die Herstellung von Fleischerzeugnissen müssen jedoch anderen besonderen Anforderungen des Abschnitts V nicht entsprechen.

ABSCHNITT VII: LEBENDE MUSCHELN

1. „Dieser Abschnitt gilt für lebende Muscheln. Mit Ausnahme der Vorschriften über die Reinigung gilt er auch für lebende Stachelhäuter, lebende Manteltiere und lebende Meeresschnecken. Die Bestimmungen über die Einstufung von Erzeugungsgebieten gemäß Kapitel II Teil A dieses

---

[1] Richtlinie 2000/13/EG des Europäischen Parlaments und des Rates vom 20. März 2000 zur Angleichung der Rechtsvorschriften der Mitgliedstaaten über die Etikettierung und Aufmachung von Lebensmitteln sowie die Werbung hierfür (ABl. L 109 vom 6.5.2000, S. 29). Zuletzt geändert durch die Richtlinie 2003/89/EG (ABl. L 308 vom 25.11.2003, S. 15).

Abschnitts gelten nicht für Meeresschnecken und Stachelhäuter, die keine Filtrierer sind." *(ABl L 285 vom 1. 11. 2017, S. 3)*

1a. Für die Zwecke dieses Abschnitts bezeichnet der Ausdruck „zwischengeschalteter Unternehmer" einen Lebensmittelunternehmer, einschließlich Händler, der nicht der erste Lieferant ist, mit oder ohne Betriebsstätten, der seine Tätigkeiten zwischen Erzeugungsgebieten, Umsetzgebieten oder Betrieben ausübt.

(ABl L 297 vom 20. 8. 2021, S. 1)

2. Die Kapitel I bis VIII gelten für Tiere, die in Erzeugungsgebieten geerntet werden, welche von der zuständigen Behörde gemäß der Verordnung (EG) Nr. 854/2004 eingestuft worden sind. Kapitel IX gilt für Kammmuscheln, die außerhalb dieser Gebiete geerntet werden.

3. Die Kapitel V, VI, VIII und IX sowie Kapitel VII Nummer 3 gelten für den Einzelhandel.

4. Die Vorschriften dieses Abschnitts ergänzen die Vorschriften der Verordnung (EG) Nr. 852/2004.

   a) Im Falle von Arbeitsgängen, die vor der Ankunft der lebenden Muscheln in einem Versand- oder Reinigungszentrum erfolgen, ergänzen sie die Anforderungen des Anhangs I der genannten Verordnung.

   b) Im Falle anderer Arbeitsgänge ergänzen sie die Anforderungen des Anhangs II der genannten Verordnung.

KAPITEL I: ALLGEMEINE VORSCHRIFTEN FÜR DAS INVERKEHRBRINGEN VON LEBENDEN MUSCHELN

1. Lebende Muscheln dürfen nur über ein Versandzentrum, in dem sie gemäß Kapitel VII mit einer Identitätskennzeichnung versehen werden müssen, für den Einzelhandel in Verkehr gebracht werden.

2. Lebensmittelunternehmer dürfen Partien lebender Muscheln nur entgegennehmen, wenn die Registrierungsvorschriften gemäß den Nummern 3 bis 7 erfüllt sind.

3. „Befördert ein Lebensmittelunternehmer eine Partie lebender Muscheln zwischen Erzeugungsgebieten, Umsetzgebieten oder Betrieben, so muss ein Registrierschein die Partie begleiten." *(ABl L 297 vom 20. 8. 2021, S. 1)*

4. Der Registrierschein muss in mindestens einer Amtssprache des Mitgliedstaates, in dem der Empfänger niedergelassen ist, abgefasst werden und mindestens die nachstehend aufgeführten Angaben enthalten.

   a) Im Falle einer Partie lebender Muscheln, die aus einem Produktionsgebiet versandt worden sind, muss der Registrierschein mindestens folgende Angaben enthalten:

      i) Angaben zur Person des Erzeugers und dessen Anschrift,

      ii) Zeitpunkt der Ernte,

      iii) Lage des Erzeugungsgebiets mit möglichst genauer Standortbeschreibung oder einer Codenummer,

      iv) Gesundheitsstatus des Erzeugungsgebiets,

      v) Art und Menge der Muscheln und

      vi) Bestimmungsort der Partie.

   b) Im Falle einer Partie lebender Muscheln, die aus einem Umsetzgebiet versandt worden sind, muss der Registrierschein mindestens die in Buchstabe a) enthaltenen Angaben sowie die folgenden Angaben enthalten:

      i) Lage des Umsetzgebiets und

      ii) Dauer der Umsetzung.

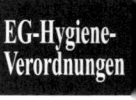

c) Im Falle einer Partie lebender Muscheln, die aus einem Reinigungszentrum versandt worden sind, muss der Registrierschein mindestens die in Buchstabe a) genannten Angaben sowie die folgenden Angaben enthalten:

   i) Anschrift des Reinigungszentrums,

   ii) die Dauer der Reinigung

   und

   iii) die Daten, zu denen die Partie im Reinigungszentrum eingetroffen ist und es verlassen hat.

d) Wird eine Partie lebender Muscheln von einem zwischengeschalteten Unternehmer versandt, so ist der Partie ein neuer, vom zwischengeschalteten Unternehmer ausgefüllter Registrierschein beizufügen. Der Registrierschein muss mindestens die unter den Buchstaben a, b und c genannten Angaben sowie folgende Angaben enthalten:

   i) Name und Anschrift des zwischengeschalteten Unternehmers;

   ii) bei Hälterung oder Wiedereintauchen zu Lagerzwecken das Anfangsdatum, das Enddatum und der Ort der Hälterung oder des Wiedereintauchens;

   iii) bei Hälterung in natürlichen Lebensräumen muss der zwischengeschaltete Unternehmer bestätigen, dass der natürliche Lebensraum, in dem die Hälterung stattgefunden hat, zum Zeitpunkt der Hälterung als zur Ernte offenes Erzeugungsgebiet der Klasse A eingestuft wurde;

   iv) bei Wiedereintauchen in natürlichen Lebensräumen muss der zwischengeschaltete Unternehmer bestätigen, dass der natürliche Lebensraum, in dem das Wiedereintauchen stattgefunden hat, zum Zeitpunkt des Wiedereintauchens dieselbe Einstufung hatte wie das Erzeugungsgebiet, in dem die Muscheln geerntet wurden;

   v) wurde in einem Betrieb ein Wiedereintauchen durchgeführt, muss der zwischengeschaltete Unternehmer bestätigen, dass der Betrieb zum Zeitpunkt des Wiedereintauchens zugelassen war. Das Wiedereintauchen darf keiner zusätzlichen Verunreinigung der lebenden Muscheln Vorschub leisten;

   vi) bei Gruppierungen die Art, das Datum des Beginns der Gruppierung, das Datum des Endes der Gruppierung, den Status des Gebiets, in dem die lebenden Muscheln geerntet wurden, und die Partie der Gruppierung, die stets aus derselben Art besteht, die am selben Tag im selben Erzeugungsgebiet gewonnen wurde.

(ABl L 297 vom 20. 8. 2021, S. 1)

5. Lebensmittelunternehmer, die Partien lebender Muscheln versenden, müssen die zutreffenden Felder des Registrierscheins so ausfüllen, dass sie leicht lesbar sind und nicht verfälscht werden können. Lebensmittelunternehmer, an die die Partien gehen, müssen den Erhalt der Partie auf dem Registrierschein mit einem Tagesstempel bestätigen oder das Empfangsdatum auf andere Weise aufzeichnen.

6. Für jede Partie, die sie versenden oder erhalten, müssen die Lebensmittelunternehmer mindestens zwölf Monate nach dem Versand bzw. Erhalt (oder für einen von der zuständigen Behörde festgesetzten längeren Zeitraum) eine Abschrift des Registrierscheins aufbewahren.

7. Wenn jedoch

   a) das Personal, das die Muscheln sammelt, auch für das Versandzentrum, das Reinigungszentrum, das Umsetzgebiet oder den Verarbeitungsbetrieb arbeitet, das bzw. der die Muscheln erhält,

   und

   b) eine einzige zuständige Behörde alle betroffenen Betriebe überwacht,

   ist kein Registrierschein erforderlich, sofern diese zuständige Behörde dies gestattet.

8. Zwischengeschaltete Unternehmer müssen:

   a) bei der zuständigen Behörde als Lebensmittelunternehmen mit Primärproduktion gemäß Artikel 4 Absatz 2 Buchstabe a registriert sein, wenn sie nicht über Betriebsstätten verfügen oder wenn sie über Betriebsstätten verfügen, in denen sie nur lebende Muscheln ohne Gruppierung oder Hälterung bei Umgebungstemperatur handhaben, waschen und lagern, oder

ANHANG III

b) von der zuständigen Behörde als Lebensmittelunternehmer gemäß Artikel 4 Absatz 2 zugelassen sein, wenn sie zusätzlich zu den Tätigkeiten gemäß Buchstabe a über ein Kühllager verfügen oder Partien lebender Muscheln gruppieren oder aufteilen oder wenn sie Hälterung oder Wiedereintauchen durchführen.

(ABl L 297 vom 20. 8. 2021, S. 1)

9. Zwischengeschaltete Unternehmer können lebende Muscheln aus Erzeugungsgebieten, die als A, B oder C eingestuft sind, aus Umsetzgebieten oder von anderen zwischengeschalteten Unternehmern erhalten. Zwischengeschaltete Unternehmer dürfen lebende Muscheln versenden:

   a) aus Erzeugungsgebieten der Klasse A zu Versandzentren oder einem anderen zwischengeschalteten Unternehmer;

   b) aus Erzeugungsgebieten der Klasse B nur zu Reinigungszentren, Verarbeitungsbetrieben oder einem anderen zwischengeschalteten Unternehmer;

   c) aus Erzeugungsgebieten der Klasse C zu Verarbeitungsbetrieben oder einem anderen zwischengeschalteten Unternehmer.

(ABl L 297 vom 20. 8. 2021, S. 1)

KAPITEL II: HYGIENEVORSCHRIFTEN FÜR DIE ERZEUGUNG UND ERNTE LEBENDER MUSCHELN

A. VORSCHRIFTEN FÜR ERZEUGUNGSGEBIETE

1. Die Erzeuger dürfen lebende Muscheln nur in Erzeugungsgebieten mit einer festgelegten Lage und Abgrenzung ernten, welche die zuständige Behörde — gegebenenfalls in Zusammenarbeit mit den Lebensmittelunternehmern — im Einklang mit der Verordnung (EG) Nr. 854/2004 als Gebiete der Klasse A, B oder C eingestuft hat.

2. Lebensmittelunternehmer dürfen in Erzeugungsgebieten der Klasse A geerntete lebende Muscheln nur für den unmittelbaren menschlichen Verzehr in Verkehr bringen, wenn diese Muscheln die Anforderungen des Kapitels V erfüllen.

3. Lebensmittelunternehmer dürfen in Erzeugungsgebieten der Klasse B geerntete lebende Muscheln erst nach Aufbereitung in einem Reinigungszentrum oder nach dem Umsetzen zum menschlichen Verzehr in Verkehr bringen.

4. Lebensmittelunternehmer dürfen in Erzeugungsgebieten der Klasse C geerntete lebende Muscheln erst zum menschlichen Verzehr in Verkehr bringen, wenn diese gemäß Buchstabe C dieses Kapitels für einen langen Zeitraum umgesetzt worden sind.

5. Nach der Reinigung oder dem Umsetzen müssen lebende Muscheln aus Erzeugungsgebieten der Klasse B oder C alle Anforderungen des Kapitels V erfüllen. Jedoch können lebende Muscheln aus diesen Gebieten, die weder gereinigt noch umgesetzt worden sind, in einen Verarbeitungsbetrieb gesandt werden, in dem sie (gegebenenfalls nach der Entfernung von Sand, Schlamm oder Schleim in demselben oder einem anderen Betrieb) einer Behandlung unterzogen werden müssen, die dazu dient, pathogene Mikroorganismen zu beseitigen. Folgende Behandlungsmethoden sind zulässig:

   a) Sterilisierung in hermetisch verschlossenen Behältnissen

   und

   b) Hitzebehandlungen, die beinhalten:

   i) Eintauchen in kochendes Wasser, bis die Kerntemperatur des Muschelfleischs mindestens 90 °C erreicht hat, und Beibehalten dieser Mindesttemperatur für wenigstens 90 ° Sekunden,

   ii) Abkochen während drei bis fünf Minuten in einem geschlossenen Behältnis bei einer Temperatur zwischen 120 °C und 160 °C und einem Druck zwischen 2 und 5 kg/cm2 mit anschließender Entfernung der Schale und Einfrierung des Fleischs auf eine Kerntemperatur von -20 °C

   und

iii) Abkochen unter Druckdampf in einem geschlossenen Behältnis, wobei Zeit- und Kerntemperaturvorgaben gemäß Ziffer i) eingehalten werden. Ein validiertes Verfahren ist anzuwenden. Auf HACCP-Grundsätzen beruhende Verfahren müssen für die Kontrolle der einheitlichen Hitzeverteilung bereitstehen.

6. Lebensmittelunternehmer dürfen lebende Muscheln nicht in Gebieten erzeugen oder ernten, die von der zuständigen Behörde nicht eingestuft worden sind oder die aus gesundheitlichen Gründen ungeeignet sind. Die Lebensmittelunternehmer müssen alle sachdienlichen Informationen zur Eignung der Gebiete für die Erzeugung und Ernte berücksichtigen, einschließlich der aufgrund von Eigenkontrollen gewonnenen und der von der zuständigen Behörde erhaltenen Informationen. Sie müssen diese Informationen, insbesondere die Informationen zu Umwelt- und Wetterbedingungen, zur Bestimmung der angemessenen Behandlung der geernteten Partien nutzen.

B. VORSCHRIFTEN FÜR DIE ERNTE UND DIE BEHANDLUNG NACH DER ERNTE

Lebensmittelunternehmer, die lebende Muscheln ernten oder unmittelbar nach der Ernte bearbeiten, müssen sicherstellen, dass folgende Vorschriften eingehalten werden:

1. Erntemethoden und Weiterbehandlung dürfen weder einer zusätzlichen Verunreinigung oder übermäßigen Beschädigung von Schalen und Gewebe lebender Muscheln Vorschub leisten noch dazu führen, dass die Muscheln so verändert werden, dass sie für die Reinigung, Verarbeitung oder Umsetzung nicht mehr geeignet sind. Die Lebensmittelunternehmer müssen insbesondere

    a) lebende Muscheln angemessen gegen Quetschungen, Reibungen oder Vibrationen schützen,

    b) lebende Muscheln keinen Temperaturextremen aussetzen,

    c) lebende Muscheln nicht wieder in Wasser eintauchen, das sie zusätzlich verunreinigen könnte,

    und

    d) bei einer Aufbereitung in natürlichen Lebensräumen nur Gebiete nutzen, die von der zuständigen Behörde als Erzeugungsgebiet der Klasse A eingestuft worden sind.

2. Transportmittel müssen über ein angemessenes Ableitungssystem verfügen, optimale Lebensbedingungen gewährleisten und die Muscheln wirksam vor Verunreinigungen schützen.

C. VORSCHRIFTEN FÜR DAS UMSETZEN LEBENDER MUSCHELN

Lebensmittelunternehmer, die lebende Muscheln umsetzen, müssen sicherstellen, dass folgende Vorschriften eingehalten werden:

1. Lebensmittelunternehmer dürfen nur die Gebiete nutzen, die von der zuständigen Behörde für das Umsetzen lebender Muscheln zugelassen worden sind. Bojen, Stangen oder andere feste Vorrichtungen müssen die Grenzen der Gebiete klar markieren. Zwischen den Umsetzgebieten sowie zwischen Umsetzgebieten und Erzeugungsgebieten muss ein Mindestabstand eingehalten werden, um so das Risiko der Ausbreitung von Verunreinigungen zu verringern.

2. Die Umsetzbedingungen müssen optimale Bedingungen für die Reinigung der Muscheln gewährleisten. Insbesondere müssen die Lebensmittelunternehmer

    a) Methoden zur Behandlung von für die Umsetzung bestimmten lebenden Muscheln anwenden, die es ermöglichen, dass die Muscheln wieder mit der Nahrungsaufnahme durch Ausfiltern beginnen, nachdem sie in natürlichen Gewässern ausgesetzt worden sind,

    b) lebende Muscheln nicht in einer Dichte aussetzen, die den Reinigungsvorgang unmöglich macht,

    c) lebende Muscheln im Umsetzgebiet über einen ausreichend langen Zeitraum, der nach Maßgabe der Wassertemperatur festgesetzt wird, in Meerwasser lagern; die Dauer dieses Zeitraums darf zwei Monate nicht unterschreiten, sofern die zuständige Behörde nicht anhand einer Risikoanalyse des Lebensmittelunternehmers mit einem kürzeren Zeitraum einverstanden ist,

    und

d) für eine hinreichende Trennung der einzelnen Plätze innerhalb eines Umsetzgebiets sorgen, um ein Vermischen der Partien zu verhindern; das System der einheitlichen Bewirtschaftung muss angewendet werden, so dass eine neue Partie erst dann eingesetzt werden kann, wenn die vorherige Partie insgesamt entfernt worden ist.

3. Lebensmittelunternehmer, die Umsetzgebiete betreiben, müssen über die Herkunft der lebenden Muscheln, die Umsetzdauer, die verwendeten Umsetzplätze und die anschließende Bestimmung der Partien Buch führen, damit die zuständige Behörde entsprechende Kontrollen durchführen kann.

KAPITEL III: STRUKTURELLE ANFORDERUNGEN AN VERSAND- UND REINIGUNGSZENTREN

1. Der Standort der Zentren an Land darf nicht durch normalen Tidenhub oder Wasserläufe aus der Umgebung überflutet werden.
2. Becken und Wasserbehälter müssen folgenden Anforderungen genügen:
   a) Die Innenböden und -wände müssen glatte, feste und undurchlässige Oberflächen haben und sich leicht reinigen lassen.
   b) Sie müssen so gebaut sein, dass das Wasser vollständig abfließen kann.
   c) Jegliche Vorrichtung für die Zufuhr von Wasser muss so angebracht sein, dass eine Verunreinigung des zufließenden Wassers vermieden wird.
3. Darüber hinaus müssen die Reinigungsbecken in den Reinigungszentren dem Volumen und der Art der zu reinigenden Muscheln angepasst sein.

KAPITEL IV: HYGIENEVORSCHRIFTEN FÜR REINIGUNGS- UND VERSANDZENTREN

A. VORSCHRIFTEN FÜR REINIGUNGSZENTREN

Lebensmittelunternehmer, die lebende Muscheln reinigen, müssen sicherstellen, dass folgende Vorschriften erfüllt werden:

1. „Lebende Muscheln müssen vor dem Reinigen frei von Schlamm und angesammelten Schmutzpartikeln sein und falls erforderlich mit sauberem Wasser gewaschen werden." *(ABl L 297 vom 20. 8. 2021, S. 1)*
2. Der Betrieb der Reinigungsanlage muss sicherstellen, dass die lebenden Muscheln ihre Filtertätigkeit rasch wieder aufnehmen und fortsetzen, noch verbleibende Verunreinigungen ausscheiden und nicht erneut verunreinigt werden und dass die Muscheln nach dem Reinigen unter einwandfreien Bedingungen lebensfähig sind, damit sie das Umhüllen, das Lagern und den Transport vor dem Inverkehrbringen überstehen.
3. Die Menge zu reinigender Muscheln darf die Kapazität des Reinigungszentrums nicht übersteigen. Die lebenden Muscheln müssen während eines Zeitraums, der für die Einhaltung der Hygienevorschriften des Kapitels V und der mikrobiologischen Normen gemäß der Verordnung (EG) Nr. 852/2004 genügt, ununterbrochen gereinigt werden.
4. Enthält ein Reinigungsbecken mehrere Partien lebender Muscheln, so müssen diese zu ein und derselben Art gehören; die Behandlungsdauer muss sich nach der Partie richten, für die die längste Reinigungsdauer erforderlich ist.
5. Die Behältnisse zur Aufnahme der lebenden Muscheln in der Reinigungsanlage müssen so beschaffen sein, dass sauberes Meerwasser ungehindert durchfließen kann. Die lebenden Muscheln dürfen nicht so hoch aufeinandergeschichtet werden, dass sie ihre Schalen während des Reinigungsprozesses nicht mehr ungehindert öffnen können.
6. In einem Reinigungsbecken, in dem sich lebende Muscheln zur Reinigung befinden, dürfen weder Krebstiere, Fische noch andere Meerestiere gehalten werden.
7. Jedes an ein Versandzentrum geschickte Packstück, das gereinigte lebende Muscheln enthält, muss mit einem Etikett versehen werden, auf dem bescheinigt ist, dass alle Muscheln gereinigt wurden.

ANHANG III

B. VORSCHRIFTEN FÜR VERSANDZENTREN

Lebensmittelunternehmer, die Versandzentren betreiben, müssen sicherstellen, dass folgende Vorschriften erfüllt werden:

1. Das Bearbeiten lebender Muscheln, insbesondere das Aufbereiten, Größensortieren, Umhüllen und Verpacken, darf nicht dazu führen, dass das Erzeugnis verunreinigt oder die Lebensfähigkeit der Muscheln in Frage gestellt wird.
2. Vor dem Versand müssen die Schalen lebender Muscheln gründlich mit sauberem Wasser gewaschen werden.
3. Lebende Muscheln müssen stammen aus
   a) einem Erzeugungsgebiet der Klasse A,
   b) einem Umsetzgebiet,
   c) einem Reinigungszentrum
      oder
   d) einem anderen Versandzentrum.
4. Die Vorschriften der Nummern 1 und 2 gelten auch für Versandzentren an Bord von Schiffen. Die in diesen Zentren bearbeiteten Muscheln müssen aus einem Erzeugungsgebiet der Klasse A oder einem Umsetzgebiet stammen.

KAPITEL V: HYGIENEVORSCHRIFTEN FÜR LEBENDE MUSCHELN

Lebensmittelunternehmer müssen nicht nur sicherstellen, dass die gemäß der Verordnung (EG) Nr. 852/2004 festgelegten mikrobiologischen Kriterien eingehalten werden, sondern auch dafür, dass lebende Muscheln, die zum menschlichen Verzehr in Verkehr gebracht werden, den in diesem Kapitel festgelegten Normen genügen.

1. Sie müssen Merkmale aufweisen, die auf Frischezustand und Lebensfähigkeit schließen lassen, d. h. schmutzfreie Schalen, eine Klopfreaktion und normale Mengen von Schalenflüssigkeit.
2. Sie dürfen keine marinen Biotoxine in (im ganzen Tierkörper oder in allen essbaren Teilen gesondert gemessenen) Gesamtmengen enthalten, die folgende Grenzwerte übersteigen:
   a) „Lähmungen hervorrufende Algentoxine (Paralytic Shellfish Poison – PSP): 800 Mikrogramm Saxitoxin-Äquivalent diHCl je Kilogramm," *(ABl L 297 vom 20. 8. 2021, S. 1)*
   b) Amnesie hervorrufende Algentoxine (Amnesic Shellfish Poison — ASP): 20 Milligramm Domoinsäuren je Kilogramm,
   c) „Okadasäure und Dinophysistoxine insgesamt: 160 Mikrogramm Okadasäure-Äquivalent je Kilogramm," *(ABl L 297 vom 20. 8. 2021, S. 1)*
   d) „Yessotoxine: 3,75 Milligramm Yessotoxin-Äquivalent je Kilogramm und" *(ABl L 220 vom 17. 8. 2013, S. 14)*
   e) Azaspiracide: 160 Mikrogramm Azaspiracid-Äquivalent je Kilogramm.

KAPITEL VI: UMHÜLLEN UND VERPACKEN LEBENDER MUSCHELN

1. Austern müssen mit der konkaven Seite nach unten umhüllt oder verpackt werden.
2. Alle Verpackungen lebender Muscheln, die Versandzentren verlassen oder für ein anderes Versandzentrum bestimmt sind, müssen verschlossen sein. Verpackungen lebender Muscheln, die zum unmittelbaren Verkauf im Einzelhandel bestimmt sind, müssen bis zur Abgabe an den Endverbraucher verschlossen bleiben.

(ABl L 159 vom 25. 06. 2010, S. 18)

KAPITEL VII: IDENTITÄTSKENNZEICHNUNG UND ETIKETTIERUNG

1. Das Etikett, einschließlich des Identitätskennzeichens, muss wasserfest sein.

2. Zusätzlich zu den allgemeinen Vorschriften für das Identitätskennzeichen gemäß Anhang II Abschnitt I muss das Etikett Angaben enthalten über
   a) die Muschelart (gemeine und wissenschaftliche Bezeichnung) und
   b) das Verpackungsdatum (zumindest Tag und Monat).

   Abweichend von den Bestimmungen der Richtlinie 2000/13/EG kann das Mindesthaltbarkeitsdatum durch folgende Angabe ersetzt werden: „Diese Tiere müssen zum Zeitpunkt des Verkaufs lebend sein".

3. Etiketten von Verpackungen lebender Muscheln, die keine verbrauchergerechten Einzelpackungen sind, müssen vom Einzelhändler nach Aufteilung des Inhalts der Sendung für mindestens 60 Tage aufbewahrt werden.

KAPITEL VIII: SONSTIGE VORSCHRIFTEN

1. Lebensmittelunternehmer, die lebende Muscheln lagern und befördern, müssen sicherstellen, dass sie bei einer Temperatur gehalten werden, die die Lebensmittelsicherheit und ihre Lebensfähigkeit nicht beeinträchtigt.

2. Lebende Muscheln dürfen nach ihrer Verpackung für den Einzelhandelsverkauf und nach ihrem Versand nicht mehr ins Wasser eingetaucht oder mit Wasser besprengt werden.

KAPITEL IX: SONDERVORSCHRIFTEN FÜR AUSSERHALB EINGESTUFTER ERZEUGUNGSGEBIETE GEERNTETE KAMMMUSCHELN (PECTINIDAE), MEERESSCHNECKEN UND SEEGURKEN, DIE KEINE FILTRIERER SIND

„Lebensmittelunternehmer, die außerhalb der eingestuften Erzeugungsgebiete gehaltene Kammmuscheln, Meeresschnecken und Seegurken, die keine Filtrierer sind, ernten oder solche Kammmuscheln und/oder Meeresschnecken und/oder Seegurken bearbeiten, müssen sicherstellen, dass folgende Anforderungen erfüllt werden:" (ABl L 297 vom 20. 8. 2021, S. 1)

1. Kammmuscheln, Meeresschnecken und Seegurken, die keine Filtrierer sind, dürfen nur in Verkehr gebracht werden, wenn sie im Einklang mit Kapitel II Teil B geerntet und bearbeitet werden und die Normen nach Kapitel V erfüllen, was anhand eines Systems von Eigenkontrollen der Lebensmittelunternehmer, die eine Fischauktion, ein Versandzentrum oder einen Verarbeitungsbetrieb betreiben, nachgewiesen wird.

2. Wenn zusätzlich zu Nummer 1 Daten aus amtlichen Überwachungsprogrammen es der zuständigen Behörde ermöglichen, die Erntegebiete – gegebenenfalls in Zusammenarbeit mit Lebensmittelunternehmern – einzustufen, gelten die Vorschriften des Kapitels II Teil A analog auch für Kammmuscheln.

3. Kammmuscheln, Meeresschnecken und Seegurken, die keine Filtrierer sind, dürfen nur über eine Fischauktion, ein Versandzentrum oder einen Verarbeitungsbetrieb zum menschlichen Verzehr in Verkehr gebracht werden. Lebensmittelunternehmer, in deren Betrieben Kammmuscheln und/oder solche Meeresschnecken und/oder Seegurken bearbeitet werden, müssen die zuständige Behörde hiervon unterrichten und, im Falle von Versandzentren, die einschlägigen Bestimmungen der Kapitel III und IV erfüllen.

4. Lebensmittelunternehmer, die Kammmuscheln, Meeresschnecken und Seegurken, die keine Filtrierer sind, bearbeiten, müssen
   a) soweit anwendbar, die Registrierungsvorschriften des Kapitels I Nummern 3 bis 7 einhalten. In diesem Fall muss auf dem Registrierschein deutlich – unter Angabe des zur Beschreibung der Koordinaten verwendeten Systems – die Lage des Gebiets, in dem die Kammmuscheln und/oder lebenden Meeresschnecken und/oder lebenden Seegurken geerntet wurden, angegeben werden, oder
   b) die Vorschriften von Kapitel VI Nummer 2 über das Verschließen aller Verpackungen lebender Kammmuscheln, lebender Meeresschnecken und lebender Seegurken, die zum Verkauf im Einzelhandel versandt werden, und von Kapitel VII über die Identitätskennzeichnung und Etikettierung einhalten.

12/2. EG/HygieneV tier.LM
ANHANG III

KAPITEL X: MUSTER DES REGISTRIERSCHEINS FÜR LEBENDE MUSCHELN, LEBENDE STACHELHÄUTER, LEBENDE MANTELTIERE UND LEBENDE MEERESSCHNECKEN

„KAPITEL X: MUSTER DES REGISTRIERSCHEINS FÜR LEBENDE MUSCHELN, LEBENDE STACHELHÄUTER, LEBENDE MANTELTIERE UND LEBENDE MEERESSCHNECKEN

REGISTRIERSCHEIN FÜR LEBENDE MUSCHELN, LEBENDE STACHELHÄUTER, LEBENDE MANTELTIERE UND LEBENDE MEERESSCHNECKEN

Teil I — Lieferant	I.1 IMSOC-Bezugsnummer	I.2 Interne Bezugsnummer
	I.3 Lieferant Name Anschrift Registrierungs-/Zulassungsnr. Land ISO-Ländercode Tätigkeit	I.4 Entgegennehmender Lebensmittelunternehmer Name Anschrift Registrierungs-/Zulassungsnr. Land ISO-Ländercode Tätigkeit
	I.5 **Beschreibung der Waren** **Aquakultur** ☐ Natürliche Bänke ☐ • KN-Code oder FAO-Alpha-3-Code | Art | Menge | Verpackung | Partie | Zeitpunkt der Ernte | Anfangsdatum der Hälterung | Enddatum der Hälterung | Ort der Hälterung | Anfangsdatum des Wiedereintauchens | Enddatum des Wiedereintauchens |Ort des Wiedereintauchens| Anfangsdatum der Gruppierung | Enddatum der Gruppierung | Erzeugungsgebiet | Gesundheitsstatus, ggf. einschließlich des Erntens gemäß Artikel 62 Absatz 2 der Durchführungsverordnung (EU) 2019/627	
	I.6 **Aus Umsetzgebiet** Ja Nein Umsetzgebiet Dauer des Umsetzens Anfangsdatum Enddatum	I.7 **Aus Reinigungs-/Versandzentrum** Auktionshalle Ja Nein Zulassungsnummer des Reinigungszentrums/ Versandzentrums/der Auktionshalle Datum des Eingangs Datum des Ausgangs Dauer der Reinigung
	I.8 **Von zwischengeschaltetem Unternehmer** Ja ☐ Nein ☐ Name Anschrift Registrierungs-/Zulassungsnr. Land ISO-Ländercode Tätigkeit Datum des Eingangs Datum des Ausgangs	
	I.9 **Erklärung des Lieferanten**	
	Soweit dem/der unterzeichneten Lebensmittelunternehmer/Lebensmittelunternehmerin, der/die für den Versand der Sendung verantwortlich ist, bekannt, sind die Angaben in Teil I dieses Scheins wahrheitsgetreu und vollständig.	
	Datum Name des/der Unterzeichneten Unterschrift	
Teil II — Entgegennehmender Unternehmer	II.1 **Interne Bezugsnummer (Entgegennahme)**	
	II.2 **Erklärung des/der entgegennehmenden Lebensmittelunternehmers/Lebensmittelunternehmerin**	
	Der/Die unterzeichnete Lebensmittelunternehmer/Lebensmittelunternehmerin, der/die für die Entgegennahme der Sendung verantwortlich ist, erklärt, dass die Sendung am [DATUM] in seinem/ihrem Betrieb angekommen ist.	
	Name des/der Unterzeichneten Unterschrift	

ABSCHNITT VIII: FISCHEREIERZEUGNISSE

1. Dieser Abschnitt gilt nicht für Muscheln, Stachelhäuter, Manteltiere und Meeresschnecken, die lebend in Verkehr gebracht werden. Mit Ausnahme der Kapitel I und II gilt er für diese Tiere, wenn sie nicht lebend in Verkehr gebracht werden; in diesem Fall müssen sie gemäß Abschnitt VII gewonnen worden sein.

   Er gilt für aufgetaute nichtverarbeitete Fischereierzeugnisse und frische Fischereierzeugnisse, denen gemäß den einschlägigen Unionsvorschriften Lebensmittelzusatzstoffe zugefügt wurden.
   (ABl L 159 vom 25. 06. 2010, S. 18)

2. Kapitel III Teile A, C und D, Kapitel IV, Teil A und Kapitel V finden auf den Einzelhandel Anwendung.
   (ABl L 277 vom 18. 10. 2008, S. 8)

3. Die Vorschriften dieses Abschnitts ergänzen die Vorschriften der Verordnung (EG) Nr. 852/2004.

   a) Im Falle von Betrieben einschließlich Fischereifahrzeugen, die in der Primärproduktion und bei damit zusammenhängenden Tätigkeiten eingesetzt werden, ergänzen sie die Vorschriften des Anhangs I der genannten Verordnung.

   b) Im Falle anderer Betriebe einschließlich Fischereifahrzeuge ergänzen sie die Vorschriften des Anhangs II der genannten Verordnung.

   „Abweichend von Buchstabe a gilt Anhang I Teil A Nummer 7 der Verordnung (EG) Nr. 852/2004 nicht für Unternehmer in der kleinen Küstenfischerei im Sinne des Artikels 26 Absatz 1 der Verordnung (EG) Nr. 1198/2006[1]), die ihre Tätigkeit nur für kurze Zeiträume von weniger als 24 Stunden ausüben." *(ABl L 281 vom 25. 10. 2007, S. 8)*

   c) Im Falle der Wasserversorgung ergänzen sie die Vorschriften gemäß Anhang II Kapitel VII der genannten Verordnung; sauberes Meerwasser darf zur Bearbeitung und Reinigung von Fischereierzeugnissen verwendet werden, zur Herstellung von Eis, das zur Kühlung von Fischereierzeugnissen verwendet wird, und zum raschen Abkühlen von Krebstieren und Weichtieren nach dem Abkochen.

   (ABl L 277 vom 18. 10. 2008, S. 8)

4. In Bezug auf Fischereierzeugnisse

   a) umfasst die Primärproduktion das Züchten, Fangen und Sammeln lebender Fischereierzeugnisse im Hinblick auf ihr Inverkehrbringen
   und

   b) umfassen damit zusammenhängende Arbeitsgänge alle nachstehenden Arbeitsgänge, die an Bord von Fischereifahrzeugen ausgeführt werden: Schlachten, Entbluten, Köpfen, Ausnehmen, Entfernen der Flossen, Kühlung und Umhüllung; sie umfassen auch

      1) die Beförderung und Lagerung von Fischereierzeugnissen, deren Beschaffenheit nicht wesentlich verändert wurde, einschließlich lebender Fischereierzeugnisse in Fischzuchtbetrieben an Land,
      und

      2) die Beförderung von Fischereierzeugnissen, deren Beschaffenheit nicht wesentlich verändert wurde, einschließlich lebender Fischereierzeugnisse, vom Produktionsort zum ersten Bestimmungsbetrieb.

KAPITEL I: ANFORDERUNGEN AN FISCHEREIFAHRZEUGE

Die Lebensmittelunternehmer müssen sicherstellen, dass

1. Fischereifahrzeuge, die eingesetzt werden, um Fischereierzeugnisse in ihrer natürlichen Umgebung zu ernten oder sie nach der Ernte zu be- oder zu verarbeiten, und Kühlschiffe die in Teil I niedergelegten Anforderungen an Konzeption und Ausrüstung erfüllen, und

---

[1]) *ABl. L 223 vom 15.8.2006, S. 1.*

ANHANG III

(ABl L 297 vom 20. 8. 2021, S. 1)

2. Tätigkeiten an Bord von Fischereifahrzeugen im Einklang mit den Vorschriften gemäß Teil II durchgeführt werden.

I. ANFORDERUNGEN AN KONZEPTION UND AUSRÜSTUNG

A. Anforderungen an alle Fischereifahrzeuge

1. Fischereifahrzeuge müssen so konzipiert und gebaut sein, dass die Erzeugnisse nicht mit Schmutzwasser aus dem Kielraum, Abwässern, Rauch, Kraftstoff, Öl, Schmiermitteln oder anderen Schadstoffen verunreinigt werden können.

2. Die Flächen, mit denen die Fischereierzeugnisse in Berührung kommen, müssen aus geeignetem korrosionsfestem Material sein, das glatt und einfach zu reinigen ist. Die Oberflächenbeschichtung muss haltbar und ungiftig sein.

3. Ausrüstungsgegenstände und Materialien, die zur Bearbeitung der Fischereierzeugnisse verwendet werden, müssen aus korrosionsfestem und leicht zu reinigendem und desinfizierendem Material sein.

4. Verfügen Fischereifahrzeuge über eine Vorrichtung für die Zufuhr von Wasser, das zusammen mit Fischereierzeugnissen verwendet wird, so muss diese Vorrichtung so angebracht sein, dass eine Verunreinigung des zufließenden Wassers vermieden wird.

5. Fischereifahrzeuge müssen so konzipiert und gebaut sein, dass die Fischereierzeugnisse nicht mit Schmutzwasser aus dem Kielraum, Abwässern, Rauch, Kraftstoff, Öl, Schmiermitteln oder anderen Schadstoffen verunreinigt werden können. Laderäume, Tanks oder Container, die der Lagerung, Kühlung oder dem Einfrieren ungeschützter Fischereierzeugnisse, einschließlich solcher, die zur Herstellung von Futtermitteln bestimmt sind, dienen, dürfen nicht für andere Zwecke als die Lagerung, Kühlung oder das Einfrieren dieser Erzeugnisse verwendet werden, was auch für Eis oder Salzlake gilt, die für diese Zwecke verwendet werden. Bei Kühlschiffen gelten die für nicht geschützte Fischereierzeugnisse geltenden Vorschriften für alle beförderten Erzeugnisse.

(ABl L 297 vom 20. 8. 2021, S. 1)

B. Anforderungen an Fischereifahrzeuge, die so konzipiert und ausgerüstet sind, dass Fischereierzeugnisse für mehr als 24 Stunden haltbar gemacht werden können

1. Fischereifahrzeuge, die so konzipiert und ausgerüstet sind, dass Fischereierzeugnisse für mehr als 24 Stunden haltbar gemacht werden können, müssen mit Laderäumen, Tanks oder Containern zur Lagerung gekühlter oder gefrorener Fischereierzeugnisse bei den in Kapitel VII festgelegten Temperaturen ausgestattet sein.

2. Die Laderäume müssen vom Maschinenraum und von den Mannschaftsräumen durch ausreichend dichte Schotten abgetrennt sein, um jegliche Verunreinigung der gelagerten Fischereierzeugnisse zu verhindern. Die zur Lagerung der Fischereierzeugnisse verwendeten Laderäume und Behältnisse müssen die Haltbarkeit der Erzeugnisse unter einwandfreien Hygienebedingungen gewährleisten und erforderlichenfalls so beschaffen sein, dass das Schmelzwasser nicht mit den Erzeugnissen in Berührung bleibt.

3. Bei Fischereifahrzeugen, die zum Kühlen von Fischereierzeugnissen in gekühltem sauberem Meereswasser ausgerüstet sind, müssen die hierfür vorgesehenen Tanks mit einer Vorrichtung ausgestattet sein, die im ganzen Tank gleiche Temperaturbedingungen gewährleistet. Mit diesen Vorrichtungen muss eine Kühlleistung erreicht werden, bei der die Mischung von Fischen und sauberem Meereswasser sechs Stunden nach dem Laden eine Temperatur von nicht mehr als 3 °C und nach 16 Stunden eine Temperatur von nicht mehr als 0 °C erreicht und die Temperaturen überwacht und erforderlichenfalls aufgezeichnet werden können.

C. Anforderungen an Gefrierschiffe

Gefrierschiffe müssen

ANHANG III

1. „über eine Gefrieranlage verfügen, deren Leistung ausreicht, um die Erzeugnisse in einem kontinuierlichen Verfahren so schnell wie möglich und mit einem möglichst kurzen thermischen Haltepunkt auf eine Kerntemperatur von −18 °C oder darunter herunterzukühlen;" *(ABl L 297 vom 20. 8. 2021, S. 1)*

2. „über eine Kühlanlage verfügen, deren Leistung ausreicht, um die Erzeugnisse in den Lagerräumen auf einer Temperatur von −18 °C oder darunter zu halten. Lagerräume dürfen nur dann zum Einfrieren genutzt werden, wenn sie die Bedingungen gemäß Nummer 1 erfüllen, und sie müssen mit Temperaturschreibern ausgestattet sein, die so angebracht sind, dass sie leicht abgelesen werden können. Der Temperaturfühler dieser Geräte muss in dem Teil des Raums angebracht sein, in dem die höchste Temperatur herrscht," *(ABl L 297 vom 20. 8. 2021, S. 1)* und

3. den in Teil B Nummer 2 festgelegten Anforderungen an Fischereifahrzeuge, die so konzipiert und ausgerüstet sind, dass Fischereierzeugnisse für mehr als 24 Stunden haltbar gemacht werden können, genügen.

D. Anforderungen an Fabrikschiffe

1. Fabrikschiffe müssen zumindest über folgende Einrichtungen verfügen:

    a) einen Bereich zur Aufnahme der Fänge an Bord, der so konzipiert ist, dass die einzelnen Fänge räumlich voneinander getrennt werden können. Der Bereich muss leicht zu reinigen und so konzipiert sein, dass die Erzeugnisse vor Sonneneinstrahlung oder den Elementen und jeglicher Verunreinigung geschützt sind;

    b) ein hygienisch einwandfreies System zur Beförderung der Fischereierzeugnisse vom Aufnahme- zum Arbeitsbereich;

    c) ausreichend große Arbeitsbereiche, die eine hygienisch einwandfreie Zubereitung und Verarbeitung der Fischereierzeugnisse ermöglichen und die leicht zu reinigen und zu desinfizieren und so konzipiert und angeordnet sind, dass jegliche Verunreinigung der Erzeugnisse ausgeschlossen ist;

    d) ausreichend große und leicht zu reinigende Räume für die Lagerung der fertigen Erzeugnisse. Wird an Bord eine Abfallverarbeitungsanlage betrieben, so ist für die Lagerung des Abfalls ein gesonderter Laderaum vorzusehen;

    e) einen räumlich von den Zubereitungs- und Verarbeitungsräumen getrennten Raum für die Lagerung des Verpackungsmaterials;

    f) spezielle Vorrichtungen für die Beseitigung von Abfällen oder genussuntauglichen Fischereierzeugnissen entweder durch direktes Abpumpen ins Meer oder, falls die Umstände dies erfordern, in einen nur hierfür bestimmten wasserdichten Tank. Werden Abfälle zwecks Aufbereitung an Bord gelagert und verarbeitet, so sind hierfür gesonderte Räume vorzusehen;

    g) eine Einlassöffnung der Pumpstation für das Ansaugen des Wassers, die sich an einer Stelle befindet, die keine Verunreinigung der Wasserzufuhr zulässt, und

    h) Handwaschvorrichtungen für das mit unverpackten Fischereierzeugnissen umgehende Personal, die so ausgelegt sind, dass eine Kontamination nicht weitergegeben werden kann.

2. Fabrikschiffe, auf denen Krebs- und Weichtiere an Bord abgekocht, gekühlt und umhüllt werden, brauchen nicht den Vorschriften der Nummer 1 zu genügen, wenn an Bord solcher Fischereifahrzeuge keine Behandlung oder Verarbeitung anderer Art stattfindet.

3. Fabrikschiffe, auf denen Fischereierzeugnisse eingefroren werden, müssen die Anforderungen für Gefrierfische gemäß Teil C Nummern 1 und 2 erfüllen.

E. Anforderungen an Kühlschiffe

„Kühlschiffe, die gefrorene Fischereierzeugnisse als Massengut befördern und/oder lagern, müssen über eine Ausrüstung verfügen, die den Anforderungen an Gefrierschiffe gemäß Teil C Nummer 2 hinsichtlich ihrer Leistung zur Temperaturerhaltung entspricht." *(ABl L 297 vom 20. 8. 2021, S. 1)*

12/2. EG/HygieneV tier.LM
ANHANG III

II. HYGIENEANFORDERUNGEN

1. Die zur Lagerung von Fischereierzeugnissen bestimmten Schiffsbereiche oder Behältnisse müssen zum Zeitpunkt ihres Gebrauchs sauber und instand gehalten werden und dürfen insbesondere nicht durch Kraftstoff oder durch Schmutzwasser aus dem Kielraum verunreinigt werden.

2. Sobald Fischereierzeugnisse an Bord genommen worden sind, müssen sie vor Verunreinigung und Sonneneinstrahlung oder anderen Wärmequellen geschützt werden. „ " *(ABl L 277 vom 18. 10. 2008, S. 8)*

3. Bei der Bearbeitung und Lagerung von Fischereierzeugnissen muss vermieden werden, dass sie gequetscht werden. Die den Fisch bearbeitenden Personen dürfen zum Bewegen von großen Fischen oder von Fischen, von denen sie verletzt werden könnten, spitze Arbeitsgeräte verwenden, sofern die Weichteile der Erzeugnisse dabei nicht beschädigt werden.

4. Alle Fischereierzeugnisse, die nicht am Leben gehalten werden, müssen so rasch wie möglich nach ihrer Verbringung an Bord gekühlt werden. Ist eine Kühlung an Bord eines Fischereifahrzeugs jedoch nicht möglich, so müssen die Fischereierzeugnisse so bald wie möglich angelandet werden.

5. *(aufgehoben, ABl L 277 vom 18. 10. 2008, S. 8)*

6. „Soweit Fische an Bord geköpft und/oder ausgenommen werden, muss dies so schnell wie möglich nach dem Fang unter hygienisch einwandfreien Bedingungen erfolgen. Unmittelbar danach müssen die Fischereierzeugnisse gewaschen werden. Eingeweide und solche Teile, die die öffentliche Gesundheit gefährden können, sind so rasch wie möglich von den zum menschlichen Verzehr bestimmten Fischereierzeugnissen zu trennen und fernzuhalten. Zum menschlichen Verzehr bestimmte Fischlebern, Fischrogen und Fischmilch müssen tiefgekühlt oder in Eis gekühlt, bei annähernder Schmelzeistemperatur aufbewahrt, oder gefroren werden." *(ABl L 297 vom 20. 8. 2021, S. 1)*

(ABl L 277 vom 18. 10. 2008, S. 8)

7. „Beim Einfrieren von zum Eindosen bestimmten ganzen Fischen in Salzlake muss das Fischereierzeugnis auf eine Temperatur von –9 °C oder darunter gebracht werden. Selbst wenn sie später bei einer Temperatur von –18 °C eingefroren werden, müssen ganze Fische, die zunächst bei einer Temperatur von –9 °C in Salzlake eingefroren wurden, für das Eindosen bestimmt sein. Die Salzlake darf keine Verunreinigungsquelle für die Fische darstellen." *(ABl L 297 vom 20. 8. 2021, S. 1)*

KAPITEL II: ANFORDERUNGEN WÄHREND UND NACH DER ANLANDUNG

1. Lebensmittelunternehmer, die für das Entladen und Anlanden von Fischereierzeugnissen verantwortlich sind, müssen

   a) sicherstellen, dass Entlade- und Anlandungsvorrichtungen, die mit Fischereierzeugnissen in Berührung kommen, aus leicht zu reinigendem und zu desinfizierendem Material sind und vorschriftsmäßig gewartet und sauber gehalten werden

   und

   b) beim Entladen und bei der Anlandung jegliche Verunreinigung der Fischereierzeugnisse insbesondere dadurch vermeiden, dass

      i) das Entladen und die Anlandung rasch durchgeführt werden,

      ii) die Fischereierzeugnisse unverzüglich und unter Einhaltung der in Kapitel VII festgelegten Temperatur in ein geschütztes Milieu verbracht werden

      und

      iii) keine Geräte und Techniken verwendet werden, die die genießbaren Teile der Fischereierzeugnisse unnötig beschädigen.

2. Lebensmittelunternehmer, die für Versteigerungshallen und Großmärkte oder Bereiche von Versteigerungshallen und Großmärkten verantwortlich sind, in denen Fischereierzeugnisse zum Verkauf feilgehalten werden, müssen sicherstellen, dass die folgenden Anforderungen eingehalten werden:

a) i) Es müssen abschließbare Einrichtungen für die Tiefkühllagerung vorläufig beschlagnahmter Fischereierzeugnisse und gesonderte abschließbare Einrichtungen für die Lagerung von Fischereierzeugnissen vorhanden sein, die als für den menschlichen Verzehr ungeeignet erklärt worden sind.

ii) Wenn die zuständige Behörde dies verlangt, muss eine ausreichend ausgestattete abschließbare Einrichtung oder erforderlichenfalls eine Räumlichkeit vorhanden sein, die nur der zuständigen Behörde zur Verfügung steht.

b) Während des Feilhaltens oder der Lagerung von Fischereierzeugnissen

  i) dürfen die Räumlichkeiten nicht für andere Zwecke genutzt werden;

  ii) dürfen Fahrzeuge mit Verbrennungsmotoren, deren Abgase die Qualität der Fischereierzeugnisse beeinträchtigen könnten, keinen Zugang zu den Räumlichkeiten haben;

  iii) dürfen Personen, die Zugang zu den Räumlichkeiten haben, keine anderen Tiere mitbringen und

  iv) müssen die Räumlichkeiten gut beleuchtet sein, um amtliche Kontrollen zu erleichtern.

3. War an Bord des Fischereifahrzeugs eine Kühlung nicht möglich, so müssen frische Fischereierzeugnisse, die nicht am Leben gehalten werden, so bald wie möglich nach der Anlandung gekühlt und bei Schmelzeistemperatur gelagert werden.

4. Die Lebensmittelunternehmer müssen mit den entsprechenden zuständigen Behörden zusammenarbeiten, damit sie amtliche Kontrollen gemäß der Verordnung (EG) Nr. 854/2004, insbesondere hinsichtlich der gegebenenfalls von der zuständigen Behörde des Mitgliedstaats, unter dessen Flagge das Schiff fährt, oder der zuständigen Behörde des Mitgliedstaats, in dem die Fischereierzeugnisse angelandet werden, als erforderlich erachteten Notifizierungsverfahren in Bezug auf die Anlandung von Fischereierzeugnissen, durchführen können.

KAPITEL III: VORSCHRIFTEN FÜR BETRIEBE, EINSCHLIESSLICH FISCHEREIFAHRZEUGE, DIE FISCHEREIERZEUGNISSE BEARBEITEN

Lebensmittelunternehmer müssen sicherstellen, dass gegebenenfalls folgende Vorschriften in Betrieben, die Fischereierzeugnisse bearbeiten, eingehalten werden.

A. VORSCHRIFTEN FÜR FRISCHE FISCHEREIERZEUGNISSE

1. Gekühlte unverpackte Erzeugnisse, die nicht unmittelbar nach ihrer Ankunft im Bestimmungsbetrieb an Land verteilt, versendet, zubereitet oder verarbeitet werden, müssen in geeigneten Anlagen in Eis gelagert werden. Neues Eis muss so oft wie nötig nachgefüllt werden. Verpackte frische Erzeugnisse müssen auf Schmelzeistemperatur abgekühlt werden.

2. Arbeitsgänge wie Köpfen und Ausnehmen müssen in hygienischer Weise ausgeführt werden. Ist das Ausnehmen unter technischen und handelsrelevanten Gesichtspunkten möglich, so muss es möglichst bald nach dem Fang oder der Anlandung erfolgen. Die Erzeugnisse müssen unmittelbar nach diesen Arbeitsgängen gründlich gewaschen werden.

(ABl L 277 vom 18. 10. 2008, S. 8)

3. Bei Arbeitsgängen wie Filetieren und Zerteilen muss darauf geachtet werden, dass die Filets und Stücke nicht verunreinigt werden. Die Filets und Stücke dürfen nur während der für ihre Herstellung erforderlichen Zeit auf den Arbeitstischen verbleiben. Fertige Filets und Stücke müssen umhüllt und erforderlichenfalls verpackt und unverzüglich nach ihrer Herstellung gekühlt werden.

4. „Behältnisse für den Versand oder die Lagerung von unverpackten zubereiteten frischen Fischereierzeugnissen, die in Eis gelagert werden, müssen so beschaffen sein, dass das Schmelzwasser entleert wird und die Fischereierzeugnisse nicht mit ihm in Berührung bleiben." *(ABl L 297 vom 20. 8. 2021, S. 1)*

5. Ganze und ausgenommene frische Fischereierzeugnisse dürfen in gekühltem Wasser an Bord von Schiffen befördert und gelagert werden. Sie dürfen auch nach der Anlandung weiterhin in gekühltem Wasser befördert und von den Aquakulturanlagen abtransportiert werden, bis sie im ersten Betrieb an Land anlangen, der andere Tätigkeiten als Beförderung und Sortieren durchführt.

12/2. EG/HygieneV tier.LM
ANHANG III

B. VORSCHRIFTEN FÜR GEFRORENE ERZEUGNISSE

„Betriebe an Land, die Fischereierzeugnisse einfrieren oder gefrorene Fischereierzeugnisse lagern, müssen über eine an die ausgeübte Tätigkeit angepasste Anlage verfügen, die den Anforderungen an Gefrierschiffe gemäß Abschnitt VIII Kapitel I Teil I.C Nummern 1 und 2 entspricht." *(ABl L 297 vom 20. 8. 2021, S. 1)*

C. VORSCHRIFTEN FÜR DURCH MASCHINELLES ABLÖSEN VON FLEISCH GEWONNENE FISCHEREIERZEUGNISSE

Lebensmittelunternehmer, die durch maschinelles Ablösen von Fleisch gewonnene Fischereierzeugnisse herstellen, müssen sicherstellen, dass die folgenden Anforderungen erfüllt werden.

1. Die Rohstoffe müssen folgenden Anforderungen genügen:
   a) Zur Herstellung von durch maschinelles Ablösen von Fleisch gewonnenen Fischereierzeugnisse dürfen nur ganze Fische und Gräten nach dem Filetieren verwendet werden.
   b) Das gesamte Rohmaterial darf keine Eingeweidereste enthalten.
2. Der Herstellungsvorgang muss folgenden Anforderungen genügen:
   a) Das maschinelle Ablösen des Fleisches muss ohne ungerechtfertigte Verzögerung nach dem Filetieren erfolgen.
   b) Wird der ganze Fisch verwendet, so muss dieser vorher ausgenommen und gewaschen werden.
   c) Nach der Herstellung müssen die durch maschinelles Ablösen von Fleisch gewonnenen Fischereierzeugnisse so rasch wie möglich eingefroren oder Erzeugnissen beigemischt werden, die zum Einfrieren bestimmt sind oder auf andere Weise haltbar gemacht werden sollen.

D. VORSCHRIFTEN ZUM SCHUTZ VOR PARASITEN

1. Lebensmittelunternehmer, die folgende, aus Flossenfischen oder Cephaloden gewonnene Fischereierzeugnisse in Verkehr bringen,
   a) Fischereierzeugnisse, die zum rohen Verzehr bestimmt sind, oder
   b) marinierte, gesalzene und anderweitig behandelte Fischereierzeugnisse, sofern die Behandlung nicht zur Abtötung der lebensfähigen Parasiten ausreicht,

   müssen sicherstellen, dass der Rohstoff oder das Enderzeugnis einer Gefrierbehandlung zur Abtötung lebensfähiger Parasiten unterzogen wird, die ein Risiko für die Verbrauchergesundheit darstellen können.
2. Zur Gefrierbehandlung bei anderen Parasiten als Trematoden muss die Temperatur in allen Teilen des Erzeugnisses gesenkt werden auf mindestens
   a) − 20 °C mindestens 24 Stunden lang; oder
   b) − 35 °C mindestens 15 Stunden lang.
3. Die Lebensmittelunternehmer brauchen die in Nummer 1 vorgeschriebene Gefrierbehandlung nicht auf Fischereierzeugnisse anzuwenden,
   a) die vor dem Verzehr einer Hitzebehandlung unterzogen wurden oder unterzogen werden sollen, die lebensfähige Parasiten abtötet. Bei anderen Parasiten als Trematoden wird das Erzeugnis mindestens 1 min lang auf eine Kerntemperatur von mindestens 60 °C erhitzt;
   b) die als gefrorene Fischereierzeugnisse so lange aufbewahrt wurden, dass die lebensfähigen Parasiten abgetötet sind;
   c) die aus Wildfang stammen, sofern
      i) epidemiologische Daten vorliegen, die belegen, dass die Herkunftsfanggründe keine Gesundheitsgefahr wegen des Vorhandenseins von Parasiten darstellen, und
      ii) die zuständige Behörde dies genehmigt;
   d) die aus Fischzucht stammen, aus Embryonen gezogen und ausschließlich Futtermittel erhalten, in denen keine lebensfähigen Parasiten vorkommen, die eine Gesundheitsgefahr darstellen, und sofern eine der folgenden Anforderungen erfüllt ist:

ANHANG III

i) sie wurden ausschließlich in einer Umgebung aufgezogen, die frei von lebensfähigen Parasiten ist; oder

ii) der Lebensmittelunternehmer überprüft anhand von durch die zuständige Behörde genehmigten Verfahren, dass die Fischereierzeugnisse keine Gesundheitsgefahr wegen des Vorhandenseins lebensfähiger Parasiten darstellen.

4. a) Beim Inverkehrbringen, außer bei der Abgabe an den Endverbraucher, muss den in Nummer 1 genannten Fischereierzeugnissen ein von dem Lebensmittelunternehmer, der die Gefrierbehandlung durchführt, ausgestelltes Dokument beigefügt sein, in dem die Art der Gefrierbehandlung angegeben ist, der die Erzeugnisse unterzogen wurden.

b) Vor dem Inverkehrbringen der in Nummer 3 Buchstaben c und d genannten Fischereierzeugnisse, die keiner Gefrierbehandlung unterzogen wurden oder die vor dem Verzehr keiner Behandlung zur Abtötung lebensfähiger Parasiten, die eine Gesundheitsgefahr darstellen, unterzogen werden sollen, muss ein Lebensmittelunternehmer sicherstellen, dass die Fischereierzeugnisse von einem Fanggrund oder einer Fischzucht stammen, der/die die besonderen, in einem dieser Buchstaben genannten Bedingungen erfüllt. Dieser Bestimmung kann durch Angaben im Handelspapier oder andere Angaben, die den Fischereierzeugnissen beigefügt werden, entsprochen werden.

(ABl L 327 vom 9. 12. 2011, S. 39)

E. ANFORDERUNGEN AN FISCHÖL FÜR DEN MENSCHLICHEN VERZEHR

(aufgehoben, ABl L 277 vom 18. 10. 2008, S. 8)

KAPITEL IV: ANFORDERUNGEN AN BESTIMMTE VERARBEITETE FISCHEREIERZEUGNISSE

Lebensmittelunternehmer müssen sicherstellen, dass in Betrieben, die bestimmte verarbeitete Fischereierzeugnisse bearbeiten, die nachstehenden Anforderungen eingehalten werden.

A. ANFORDERUNGEN AN DAS ABKOCHEN VON KREBSTIEREN UND WEICHTIEREN

1. Nach dem Abkochen müssen die Erzeugnisse rasch abgekühlt werden. Wird kein anderes Verfahren zur Haltbarmachung angewandt, so müssen die Erzeugnisse auf Schmelzeistemperatur abgekühlt werden.

(ABl L 277 vom 18. 10. 2008, S. 8)

2. Das Entfernen der Schalen muss unter hygienisch einwandfreien Bedingungen unter Vermeidung jeglicher Verunreinigung der Erzeugnisse erfolgen. Geschieht dies von Hand, so muss das Personal auf sorgfältiges Händewaschen achten.

3. Nach dem Entfernen der Schalen müssen die abgekochten Erzeugnisse unverzüglich eingefroren oder so bald wie möglich auf die Temperatur gemäß Kapitel VII abgekühlt werden.

B. ANFORDERUNGEN AN FISCHÖL FÜR DEN MENSCHLICHEN VERZEHR

1. Rohstoffe, die zur Zubereitung von Fischöl für den menschlichen Verzehr verwendet werden, müssen folgenden Anforderungen genügen:

a) sie müssen von Betrieben einschließlich Fischereifahrzeugen stammen, die nach der Verordnung (EG) Nr. 852/2004 oder nach der vorliegenden Verordnung registriert oder zugelassen sind;

b) sie müssen aus Fischereierzeugnissen stammen, die genusstauglich sind und den Bestimmungen gemäß diesem Abschnitt entsprechen;

c) sie müssen hygienisch einwandfrei befördert und gelagert werden;

d) sie müssen so schnell wie möglich gekühlt und bei Temperaturen gemäß Kapitel VII gelagert werden.

Abweichend von Nummer 1 Buchstabe d können Lebensmittelunternehmer vom Abkühlen der Fischereierzeugnisse absehen, wenn unzerteilte Fischereierzeugnisse unmittelbar zur Zubereitung von für den menschlichen Verzehr bestimmtem Fischöl verwendet werden und das Rohmaterial

12/2. EG/HygieneV tier.LM
ANHANG III

binnen 36 Stunden nach dem Aufladen verarbeitet wird, sofern die Frischekriterien eingehalten werden und der Grenzwert für flüchtige Basenstickstoffe (TVB-N) der unverarbeiteten Fischereierzeugnisse nicht die Grenzwerte gemäß Anhang II Abschnitt II Kapitel I Nummer 1 der Verordnung (EG) Nr. 2074/2005[1]) überschreitet.
(ABl L 277 vom 18. 10. 2008, S. 8)

2. Beim Verfahren zur Herstellung von rohem Fischöl muss gewährleistet sein, dass sämtliches zu verwendendes Rohmaterial einer Behandlung unterzogen wird, die – je nach Rohmaterial – die Schritte Erwärmen, Pressen, Trennen, Zentrifugieren, Verarbeiten, Raffinieren und Reinigen umfasst, ehe das Endprodukt in Verkehr gebracht wird.

3. Entsprechen die Rohstoffe und das Herstellungsverfahren den Anforderungen an Fischöl für den menschlichen Verzehr, kann der Lebensmittelunternehmer sowohl Fischöl für den menschlichen Verzehr als auch nicht für den menschlichen Verzehr bestimmtes Fischöl und Fischmehl im selben Betrieb herstellen und lagern.

4. Bis zur Festlegung spezifischer Gemeinschaftsvorschriften müssen Lebensmittelunternehmer sicherstellen, dass sie nationale Vorschriften für das Inverkehrbringen von Fischöl für den Endverbraucher einhalten.

KAPITEL V: HYGIENENORMEN FÜR FISCHEREIERZEUGNISSE

Die Lebensmittelunternehmer müssen nicht nur sicherstellen, dass die gemäß der Verordnung (EG) Nr. 852/2004 festgelegten mikrobiologischen Kriterien eingehalten werden, sondern — entsprechend der Art des betreffenden Erzeugnisses und der Art des betreffenden Tieres — auch dafür, dass Fischereierzeugnisse, die für den menschlichen Verzehr in Verkehr gebracht werden, den in diesem Kapitel festgelegten Normen genügen. „Die Anforderungen gemäß Teil B und Teil D gelten nicht für unzerteilte Fischereierzeugnisse, die unmittelbar für die Zubereitung von Fischöl für den menschlichen Verzehr verwendet werden." *(ABl L 277 vom 18. 10. 2008, S. 8)*

A. ORGANOLEPTISCHE MERKMALE VON FISCHEREIERZEUGNISSEN

Die Lebensmittelunternehmer müssen die Fischereierzeugnisse einer organoleptischen Untersuchung unterziehen. Bei dieser Untersuchung muss insbesondere sichergestellt werden, dass die Fischereierzeugnisse die Frischekriterien erfüllen.

B. HISTAMIN

Die Lebensmittelunternehmer müssen sicherstellen, dass die Grenzwerte für Histamin nicht überschritten werden.

C. FLÜCHTIGER BASISCHER STICKSTOFF

Unverarbeitete Fischereierzeugnisse dürfen nicht in Verkehr gebracht werden, wenn chemische Tests belegen, dass die TVB-N- oder TMA-N-Grenzwerte überschritten wurden.

D. PARASITEN

Die Lebensmittelunternehmer müssen sicherstellen, dass die Fischereierzeugnisse einer Sichtkontrolle unterzogen werden, damit, bevor sie in Verkehr gebracht werden, sichtbare Parasiten festgestellt werden können. Sie dürfen eindeutig von Parasiten befallene Fischereierzeugnisse nicht für den menschlichen Verzehr in Verkehr bringen.

Zu Z. 1:
[1]) *ABl. L 338 vom 22.12.2005, S. 27.*

ANHANG III

E. GESUNDHEITSSCHÄDLICHE TOXINE

1. Fischereierzeugnisse, die aus giftigen Fischen der Familien *Tetraodontidae, Molidae, Diodontidae und Canthigasteridae* hergestellt worden sind, dürfen nicht in den Verkehr gebracht werden.

   Frische, zubereitete, gefrorene oder verarbeitete Fischereierzeugnisse der Familie *Gempylidae*, insbesondere *Ruvettus pretiosus und Lepidocybium flavobrunneum*, dürfen nur in umhüllter/verpackter Form in den Verkehr gebracht werden und müssen auf dem Etikett in angemessener Weise Verbraucherinformationen über die Zubereitungs-/Garmethoden und das Risiko infolge etwa vorhandener Stoffe, die Magen-Darm-Störungen hervorrufen können, enthalten.

   Der wissenschaftliche Name der Fischereierzeugnisse ist auf dem Etikett neben der Handelsbezeichnung anzugeben.

   (ABl L 277 vom 18. 10. 2008, S. 8)

2. Fischereierzeugnisse, die Biotoxine wie Ciguatoxin oder Muskellähmungen bewirkende Toxine enthalten, dürfen nicht in Verkehr gebracht werden. Jedoch dürfen Fischereierzeugnisse aus Muscheln, Stachelhäutern, Manteltieren und Meeresschnecken in Verkehr gebracht werden, wenn sie gemäß Abschnitt VII hergestellt worden sind und den Normen von Kapitel V Nummer 2 des genannten Abschnitts genügen.

KAPITEL VI: UMHÜLLUNG UND VERPACKUNG VON FISCHEREIERZEUGNISSEN

1. Behältnisse, in denen frische Fischereierzeugnisse in Eis frisch gehalten werden, müssen wasserfest und so beschaffen sein, dass die Erzeugnisse nicht mit dem Schmelzwasser in Berührung bleiben.

2. An Bord von Fischereifahrzeugen zubereitete Gefrierblöcke müssen vor dem Anlanden angemessen umhüllt werden.

3. Werden Fischereierzeugnisse an Bord von Fischereifahrzeugen umhüllt, so müssen die Lebensmittelunternehmer sicherstellen, dass das Umhüllungsmaterial
   a) keine Kontaminationsquelle darstellt,
   b) so gelagert wird, dass es nicht kontaminiert werden kann,
   c) wenn es wieder verwendet werden soll, leicht zu reinigen und erforderlichenfalls zu desinfizieren ist.

KAPITEL VII: LAGERUNG VON FISCHEREIERZEUGNISSEN

Lebensmittelunternehmer, die Fischereierzeugnisse lagern, müssen sicherstellen, dass die folgenden Anforderungen eingehaltenm werden.

1. Frische Fischereierzeugnisse, aufgetaute unverarbeitete Fischereierzeugnisse sowie gegarte und gekühlte Krebs- und Weichtiererzeugnisse müssen bei annähernder Schmelzeistemperatur gelagert werden.

2. Gefrorene Fischereierzeugnisse müssen bei einer Temperatur von – 18 °C oder darunter im gesamten Erzeugnis gelagert werden; ganze Fische, die in Salzlake eingefroren und zum Eindosen bestimmt sind, dürfen jedoch bei einer Temperatur von – 9 °C oder darunter gelagert werden.

   (ABl L 159 vom 25. 06. 2010, S. 18)

3. Fischereierzeugnisse, die am Leben gehalten werden, müssen bei einer Temperatur und in einer Weise gelagert werden, die die Lebensmittelsicherheit oder ihre Lebensfähigkeit nicht in Frage stellen.

KAPITEL VIII: BEFÖRDERUNG VON FISCHEREIERZEUGNISSEN

Lebensmittelunternehmer, die Fischereierzeugnisse befördern, müssen sicherstellen, dass die folgenden Anforderungen eingehalten werden.

1. Während der Beförderung müssen Fischereierzeugnisse auf der vorgeschriebenen Temperatur gehalten werden. Insbesondere gilt Folgendes:

12/2. EG/HygieneV tier.LM
ANHANG III

   a) Frische Fischereierzeugnisse, aufgetaute unverarbeitete Fischereierzeugnisse sowie gegarte und gekühlte Krebs- und Weichtiererzeugnisse müssen auf annähernder Schmelzeistemperatur gehalten werden.

   b) Gefrorene Fischereierzeugnisse, ausgenommen ganze Fische, die in Salzlake eingefroren und zum Eindosen bestimmt sind, müssen während der Beförderung auf einer konstanten Temperatur von − 18 °C oder darunter im gesamten Erzeugnis gehalten werden; kurze Temperaturschwankungen von nicht mehr als 3 °C nach oben sind zulässig.
(ABl L 159 vom 25. 06. 2010, S. 18)

2. Lebensmittelunternehmer brauchen der Anforderung der Nummer 1 Buchstabe b) nicht zu genügen, wenn gefrorene Fischereierzeugnisse von einem Kühllager zu einem zugelassenen Betrieb befördert werden, um dort unmittelbar nach der Ankunft zwecks Zubereitung und/oder Verarbeitung aufgetaut zu werden, wenn es sich nur um eine kurze Strecke handelt und die zuständige Behörde dies erlaubt.

3. Werden Fischereierzeugnisse im Eis frisch gehalten, so dürfen die Erzeugnisse nicht mit dem Schmelzwasser in Berührung bleiben.

4. Fischereierzeugnisse, die lebend in Verkehr gebracht werden sollen, müssen so befördert werden, dass die Lebensmittelsicherheit oder ihre Lebensfähigkeit in keiner Weise beeinträchtigt werden.

ABSCHNITT IX: ROHMILCH, KOLOSTRUM, VERARBEITETE MILCHERZEUGNISSE UND ERZEUGNISSE AUF KOLOSTRUMBASIS

Zum Zwecke dieses Abschnitts gelten folgende Definitionen:

1. ‚Kolostrum' bezeichnet das bis zu 3 bis 5 Tagen nach einer Geburt aus den Milchdrüsen milchgebender Tiere abgesonderte Sekret, das reich an Antikörpern und Mineralstoffen ist und der Erzeugung von Rohmilch vorausgeht.

2. ‚Erzeugnisse auf Kolostrumbasis' bezeichnet Verarbeitungserzeugnisse, die aus der Verarbeitung von Kolostrum oder aus der Weiterbearbeitung solcher Verarbeitungserzeugnisse resultieren.
(ABl L 320 vom 18. 11. 2006, S. 1)

KAPITEL I: ROHMILCH UND KOLOSTRUM - PRIMÄRPRODUKTION

Lebensmittelunternehmer, die Rohmilch erzeugen oder gegebenenfalls sammeln, müssen sicherstellen, dass die Vorschriften dieses Kapitels eingehalten werden.

I. HYGIENEVORSCHRIFTEN FÜR DIE ROHMILCH- UND KOLOSTRUMERZEUGUNG

1. Rohmilch und Kolostrum müssen von Tieren stammen,

   a) die frei sind von Anzeichen einer Infektionskrankheit, die über die Milch oder das Kolostrum auf den Menschen übertragen werden kann,

   b) deren allgemeiner Gesundheitszustand gut ist, die keine Anzeichen von Krankheiten aufweisen, welche eine Kontamination der Milch und des Kolostrums zur Folge haben könnten, und die insbesondere nicht an eitrigen Genitalinfektionen, an Magen-Darm-Erkrankungen mit Durchfall und Fieber oder an einer sichtbaren Euterentzündung leiden,

   c) die keine Euterwunden haben, die die Milch und das Kolostrum nachteilig beeinflussen könnten,

   d) denen keine nicht zugelassenen Stoffe oder Erzeugnisse verabreicht worden sind bzw. die keiner vorschriftswidrigen Behandlung im Sinne der Richtlinie 96/23/EG unterzogen wurden e) bei denen nach Verabreichung zugelassener Erzeugnisse oder Stoffe die vorgeschriebene Wartezeit eingehalten worden ist.

2. a) Insbesondere müssen Rohmilch und Kolostrum, was Brucellose betrifft, von folgenden Tieren stammen:

i) Kühen oder Büffelkühen, die einem im Sinne der Richtlinie 64/432/EWG[1] brucellosefreien bzw. anerkannt brucellosefreien Bestand angehören,

ii) Schafen oder Ziegen, die einem im Sinne der Richtlinie 91/68/EWG[2] brucellosefreien bzw. amtlich anerkannt brucellosefreien Betrieb angehören, oder

iii) weiblichen Tieren anderer Arten, die im Falle brucelloseempfänglicher Arten Beständen angehören, welche im Rahmen eines von der zuständigen Behörde genehmigten Kontrollprogramms regelmäßig auf diese Krankheit untersucht werden.

b) Was Tuberkulose anbelangt, so müssen Rohmilch und Kolostrum von folgenden Tieren stammen:

i) Kühen oder Büffelkühen, die einem im Sinne der Richtlinie 64/432/EWG amtlich anerkannt tuberkulosefreien Bestand angehören, oder

ii) weiblichen Tieren anderer Arten, die im Falle tuberkuloseempfänglicher Arten Beständen angehören, welche im Rahmen eines von der zuständigen Behörde genehmigten Kontrollprogramms regelmäßig auf diese Krankheit untersucht werden.

c) Werden Ziegen zusammen mit Kühen gehalten, so müssen diese Ziegen auf Tuberkulose untersucht und getestet werden.

3. Rohmilch von Tieren, die die Anforderungen der Nummer 2 nicht erfüllen, darf jedoch in folgenden Fällen mit Genehmigung der zuständigen Behörde verwendet werden,

a) wenn es sich um Kühe oder Büffelkühe handelt, die mit einem negativen Ergebnis auf Tuberkulose oder Brucellose getestet wurden und keine Anzeichen dieser Krankheiten zeigen, sofern die Milch so wärmebehandelt wurde, dass der Phosphatasetest negativ ausfällt,

b) wenn es sich um Schafe oder Ziegen handelt, die mit einem negativen Ergebnis auf Brucellose getestet oder im Rahmen eines genehmigten Tilgungsprogramms gegen Brucellose geimpft wurden und keine Anzeichen dieser Krankheit zeigen, sofern die Milch entweder:

i) zur Herstellung von Käse mit einer Reifedauer von mindestens zwei Monaten bestimmt ist oder

ii) so wärmebehandelt wurde, dass der Phosphatasetest negativ ausfällt, und

c) wenn es sich um weibliche Tiere anderer Arten handelt, die mit einem negativen Ergebnis auf Tuberkulose oder Brucellose getestet wurden und keine Anzeichen dieser Krankheiten zeigen, jedoch einem Bestand angehören, bei dem im Rahmen der Untersuchungen gemäß Nummer 2 Buchstabe a Ziffer iii oder Nummer 2 Buchstabe b Ziffer ii Brucellose oder Tuberkulose festgestellt wurde, sofern die Milch so behandelt wird, dass ihre Unbedenklichkeit gewährleistet ist.

4. Rohmilch und Kolostrum von Tieren, die die Anforderungen der Nummern 1 bis 3 nicht erfüllen, insbesondere von Tieren, die bei einer prophylaktischen Untersuchung auf Tuberkulose und Brucellose gemäß den Richtlinien 64/432/EWG und 91/68/EWG positiv reagiert haben, dürfen nicht zum menschlichen Verzehr verwendet werden.

5. Tiere, die mit einer der in Nummer 1 oder 2 genannten Krankheiten infiziert oder infektionsverdächtig sind, müssen so isoliert werden, dass eine nachteilige Beeinflussung der Milch und des Kolostrums anderer Tiere vermieden wird.

II. HYGIENEVORSCHRIFTEN FÜR MILCH- UND KOLOSTRUMERZEUGERBETRIEBE

A. **Vorschriften für Betriebsstätten und Ausrüstungen**

1. Melkgeschirr und Räume, in denen Milch und Kolostrum gelagert, behandelt oder gekühlt werden, müssen so gelegen und beschaffen sein, dass das Risiko einer Milch- und Kolostrumkontamination begrenzt ist.

---

[1] Richtlinie 64/432/EWG des Rates vom 26. Juni 1964 chtlicher Fragen beim innergemeinschaftlichen Handelsverkehr mit Rindern und Schweinen (ABl. 121 vom 29.7.1964, S. 1977/64). Richtlinie zuletzt geändert durch die Verordnung (EG) Nr. 21/2004 (ABl. L 5 vom 9.1.2004, S. 8).

[2] Richtlinie 91/68/EWG des Rates vom 28. Januar 1991 zur Regelung tierseuchenrechtlicher Fragen beim innergemeinschaftlichen Handelsverkehr mit Schafen und Ziegen (ABl. L 46 vom 19.2.1991, S. 19). Richtlinie zuletzt geändert durch die Entscheidung 2005/932/EG (ABl. L 340 vom 23.12.2005, S. 68).

12/2. EG/HygieneV tier.LM
ANHANG III

2. Die Milch- und Kolostrumlagerräume müssen vor Ungeziefer geschützt, von Räumen, in denen Tiere untergebracht sind, räumlich getrennt sein und - soweit dies notwendig ist, um den Vorschriften des Abschnitts B zu genügen - über eine geeignete Kühlanlage verfügen.
3. Ausrüstungsoberflächen, die mit Milch und Kolostrum in Berührung kommen (Melkgeschirr, Behälter, Tanks usw.) zur Sammlung und Beförderung von Milch und Kolostrum), müssen leicht zu reinigen und erforderlichenfalls zu desinfizieren sein und einwandfrei instand gehalten werden. Dies erfordert die Verwendung glatter, waschbarer und nicht toxischer Materialien.
4. Nach Verwendung müssen diese Oberflächen gereinigt und erforderlichenfalls desinfiziert werden. Nach jeder Benutzung oder, bei sehr kurzen Zeitspannen zwischen dem Entleeren und dem Nachfüllen, nach mehreren Benutzungen, auf jeden Fall jedoch einmal pro Arbeitstag, müssen die Behälter und Tanks, die zur Beförderung der Milch und des Kolostrums verwendet wurden, entsprechend gereinigt und desinfiziert werden, bevor sie erneut verwendet werden.

B. **Hygienevorschriften für das Melken, die Abholung/Sammlung und Beförderung**
1. Das Melken muss unter hygienisch einwandfreien Bedingungen erfolgen; insbesondere muss gewährleistet sein,
    a) dass die Zitzen, Euter und angrenzenden Körperteile vor Melkbeginn sauber sind,
    b) dass die Milch und das Kolostrum jedes Tieres vom Melker oder nach einer Methode, die zu gleichen Ergebnissen führt, auf organoleptische sowie abnorme physikalisch-chemische Merkmale hin kontrolliert werden; Milch und Kolostrum mit solchen abnormen Merkmalen dürfen nicht für den menschlichen Verzehr verwendet werden,
    c) dass Milch und Kolostrum von Tieren mit klinischen Anzeichen einer Eutererkrankung nur nach Anweisung eines Tierarztes für den menschlichen Verzehr verwendet werden,
    d) dass Tiere, die infolge einer tierärztlichen Behandlung Rückstände in die Milch und das Kolostrum übertragen können, identifiziert werden und dass Milch und Kolostrum, die vor Ablauf der vorgeschriebenen Wartezeit gewonnen worden sind, nicht für den menschlichen Verzehr verwendet werden, und
    e) dass Zitzenbäder oder -sprays nur verwendet werden, wenn sie nach den Verfahren der Richtlinie 98/8/EG des Europäischen Parlaments und des Rates vom 16. Februar 1998 über das Inverkehrbringen von Biozid-Produkten[1]) zugelassen oder registriert wurden,
    f) dass Kolostrum getrennt gemolken und nicht mit Rohmilch vermischt wird.
2. Unmittelbar nach dem Melken müssen die Milch und das Kolostrum an einen sauberen Ort verbracht werden, der so konzipiert und ausgerüstet ist, dass eine Kontamination der Milch und des Kolostrums ausgeschlossen ist.
    a) Milch muss im Fall der täglichen Abholung unverzüglich auf eine Temperatur von nicht mehr als 8 °C und bei nicht täglicher Abholung auf nicht mehr als 6 °C abgekühlt werden.
    b) Kolostrum muss getrennt gelagert und im Fall der täglichen Abholung unverzüglich auf eine Temperatur von nicht mehr als 8 °C und bei nicht täglicher Abholung auf nicht mehr als 6 °C abgekühlt oder eingefroren werden.
3. Während der Beförderung muss die Kühlkette aufrechterhalten bleiben, und beim Eintreffen im Bestimmungsgebiet darf die Milch- bzw. Kolostrumtemperatur nicht mehr als 10 °C betragen.
4. Die Lebensmittelunternehmer brauchen den in den Nummern 2 und 3 enthaltenen Temperaturanforderungen nicht nachzukommen, wenn die Milch die Kriterien von Teil III erfüllt und:
    a) innerhalb von zwei Stunden nach dem Melken verarbeitet wird, oder

---

[1]) ABl. L 123 vom 24.4.1998, S. 1. Richtlinie zuletzt geändert durch die Richtlinie 2006/50/EG der Kommission (ABl. L 142 vom 30.5.2006, S. 6).

ANHANG III

b) aus technologischen Gründen im Zusammenhang mit der Herstellung bestimmter Milcherzeugnisse eine höhere Temperatur erforderlich ist und die zuständige Behörde eine entsprechende Genehmigung erteilt.

C. **Personalhygiene**

1. Personen, die für das Melken und/oder die weitere Behandlung der Rohmilch und des Kolostrums zuständig sind, müssen geeignete saubere Arbeitskleidung tragen.
2. Die Melker müssen ein hohes Maß an persönlicher Sauberkeit halten. Zu diesem Zweck müssen am Melkplatz geeignete Waschvorrichtungen vorhanden sein, damit die für das Melken oder die Behandlung der Rohmilch und des Kolostrums zuständigen Personen ihre Hände und Arme reinigen können.

III. **KRITERIEN FÜR ROHMILCH UND KOLOSTRUM**

1. a) Für Rohmilch gelten die nachstehenden Kriterien, bis im Rahmen spezifischerer Vorschriften Normen für Milch und Milcherzeugnisse festgelegt werden.

   b) Für Kolostrum gelten die einzelstaatlichen Kriterien hinsichtlich der Keimzahl, des Gehalts an somatischen Zellen und Rückständen von Antibiotika, bis spezifischere Gemeinschaftsvorschriften festgelegt werden.

2. Eine repräsentative Anzahl an Proben von Rohmilch und Kolostrum aus Milcherzeugungsbetrieben, die nach dem Zufallsprinzip gezogen werden, muss auf Übereinstimmung mit den Nummern 3 und 4 im Fall von Rohmilch und mit den geltenden einzelstaatlichen Kriterien gemäß Nummer 1 Buchstabe b im Fall von Kolostrum kontrolliert werden. Durchgeführt werden diese Kontrollen

   a) vom Lebensmittelunternehmer, der die Milch erzeugt, oder in seinem Auftrag,
   b) vom Lebensmittelunternehmer, der die Milch abholt/sammelt oder verarbeitet, oder in seinem Auftrag,
   c) von oder im Auftrag einer Gruppe von Lebensmittelunternehmern oder
   d) im Rahmen einer nationalen oder regionalen Kontrollregelung.

3. a) Lebensmittelunternehmer müssen mit geeigneten Verfahren sicherstellen, dass die Rohmilch folgende Kriterien erfüllt:

   i) rohe Kuhmilch:

Keimzahl bei 30 °C (pro ml)	≤ 100 000 (*)
Somatische Zellen (pro ml)	≤ 400 000 (**)

   (*) Über zwei Monate ermittelter geometrischer Mittelwert bei mindestens zwei Probenahme je Monat.
   (**) Über drei Monate ermittelter geometrischer Mittelwert bei mindestens einer Probenahme je Monat, es sei denn, die zuständige Behörde schreibt eine andere Methode vor, die saisonalen Schwankungen der Produktionsmenge Rechnung trägt.

   ii) Rohmilch von anderen Tierarten:

Keimzahl bei 30 °C (pro ml)	≤ 1 500 000 (*)

   (*) Über zwei Monate ermittelter geometrischer Mittelwert bei mindestens zwei Probenahmen je Monat.

   b) Ist Rohmilch von anderen Tierarten als Kühen jedoch für die Herstellung von Rohmilcherzeugnissen nach einem Verfahren ohne Hitzebehandlung bestimmt, so müssen die Lebensmittelunternehmer sicherstellen, dass die verwendete Rohmilch folgende Kriterien erfüllt:

Keimzahl bei 30 °C (pro ml)	≤ 500 000 (*)

   (*) Über zwei Monate ermittelter geometrischer Mittelwert bei mindestens zwei Probenahmen je Monat.

ANHANG III

4. Unbeschadet der Richtlinie 96/23/EG müssen die Lebensmittelunternehmer mit geeigneten Verfahren sicherstellen, dass Rohmilch nicht in Verkehr gebracht wird, wenn
   a) ihr Gehalt an Rückständen von Antibiotika über den zugelassenen Mengen für einen der Stoffe der Anhänge I und III der Verordnung (EWG) Nr. 2377/90[1)] liegt oder
   b) die Gesamtrückstandsmenge aller antibiotischen Stoffe den höchstzulässigen Wert überschreitet.
5. Genügt Rohmilch nicht den Anforderungen der Nummern 3 und 4, so muss der Lebensmittelunternehmer dies der zuständigen Behörde melden und durch geeignete Maßnahmen Abhilfe schaffen.

(ABl L 320 vom 18. 11. 2006, S. 1)

KAPITEL II: VORSCHRIFTEN FÜR MILCHERZEUGNISSE UND ERZEUGNISSE AUF KOLOSTRUMBASIS

I. TEMPERATURVORSCHRIFTEN

1. Die Lebensmittelunternehmer müssen sicherstellen, dass nach Annahme im Verarbeitungsbetrieb
   a) die Milch rasch auf eine Temperatur von nicht mehr als 6 °C gekühlt wird,
   b) das Kolostrum rasch auf eine Temperatur von nicht mehr als 6 °C gekühlt wird oder eingefroren bleibt

und bis zur Verarbeitung auf dieser Temperatur gehalten wird.
(ABl L 338 vom 22. 12. 2005, S. 27; ABl L 320 vom 18. 11. 2006, S. 1)

2. Die Lebensmittelunternehmer dürfen die Milch und das Kolostrum jedoch auf einer höheren Temperatur halten, wenn
   a) die Verarbeitung unmittelbar nach dem Melken oder innerhalb von vier Stunden nach Annahme im Verarbeitungsbetrieb beginnt oder
   b) „die zuständige Behörde aus technischen Gründen, die die Herstellung bestimmter Milcherzeugnisse betreffen, eine höhere Temperatur genehmigt." *(ABl L 119 vom 13. 5. 2010, S. 26)*

(ABl L 77 vom 24. 03. 2010, S. 59)

(ABl L 320 vom 18. 11. 2006, S. 1)

II. VORSCHRIFTEN FÜR DIE WÄRMEBEHANDLUNG

1. Die Lebensmittelunternehmer müssen sicherstellen, dass bei der Wärmebehandlung von Rohmilch, Kolostrum, Milcherzeugnissen und Erzeugnissen auf Kolostrumbasis die Anforderungen des Anhangs II Kapitel XI der Verordnung (EG) Nr. 852/2004 eingehalten werden. Sie müssen insbesondere dafür Sorge tragen, dass bei folgenden Verfahren die vorgegebenen Spezifikationen erfüllt sind:
   a) Pasteurisierung durch eine Behandlung in Form
      i) einer Kurzzeiterhitzung (mindestens 72 °C für 15 Sekunden),
      ii) einer Dauererhitzung (mindestens 63 °C für 30 Minuten) oder
      iii) jeder anderen Zeit-Temperatur-Kombination mit gleicher Wirkung,

   so dass die Erzeugnisse auf einen gegebenenfalls unmittelbar nach der Behandlung durchgeführten Alkalinphosphatasetest negativ reagieren.
   b) Ultrahocherhitzung (UHT) durch eine Behandlung
      i) in Form kontinuierlicher Wärmezufuhr bei hoher Temperatur für kurze Zeit (nicht weniger als 135 °C bei geeigneter Heißhaltezeit), so dass bei Aufbewahrung in einer sterilen verschlossenen Packung bei Umgebungstemperatur keine lebensfähigen Mikroorganismen oder Sporen, die sich im behandelten Erzeugnis vermehren können, vorhanden sind, und

---

[1)] *Verordnung (EWG) Nr. 2377/90 des Rates vom 26. Juni 1990 zur Schaffung eines Gemeinschaftsverfahrens für die Festsetzung von Höchstmengen für Tierarzneimittelrückstände in Nahrungsmitteln tierischen Ursprungs (ABl. L 224 vom 18.8.1990, S. 1). Verordnung zuletzt geändert durch die Verordnung (EG) Nr. 1231/2006 der Kommission (ABl. L 225 vom 17.8.2006, S. 3).*

ii) die ausreicht, um sicherzustellen, dass die Erzeugnisse nach einer Inkubation in verschlossenen Packungen bei 30 °C für 15 Tage oder bei 55 °C für 7 Tage oder nach Anwendung einer anderen Methode, bei der erwiesen ist, dass die geeignete Wärmebehandlung durchgeführt wurde, mikrobiologisch stabil sind.

2. Wenn Lebensmittelunternehmer erwägen, Rohmilch und Kolostrum einer Hitzebehandlung zu unterziehen, müssen sie Folgendem Rechnung tragen:
 a) den nach den HACCP-Grundsätzen gemäß der Verordnung (EG) Nr. 852/2004 entwickelten Verfahren und
 b) den Anforderungen, die die zuständige Behörde gegebenenfalls hierzu vorgibt, wenn sie Betriebe zulässt oder Kontrollen gemäß der Verordnung (EG) Nr. 854/2004 vornimmt.

(ABl L 320 vom 18. 11. 2006, S. 1)

III. KRITERIEN FÜR ROHE KUHMILCH

1. Lebensmittelunternehmer, die Milcherzeugnisse herstellen, müssen mit geeigneten Verfahren sicherstellen, dass unmittelbar vor der Hitzebehandlung und bei Überschreitung der in den HACCP-gestützten Verfahren festgelegten annehmbaren Frist
 a) rohe Kuhmilch, die für die Herstellung von Milcherzeugnissen verwendet wird, bei 30 °C eine Keimzahl von weniger als 300 000 pro ml hat, und
 b) hitzebehandelte Kuhmilch, die zur Herstellung von Milcherzeugnissen verwendet wird, bei 30 °C eine Keimzahl von weniger als 100 000 pro ml hat.

(ABl L 277 vom 18. 10. 2008, S. 8)

2. Entspricht die Milch nicht den in Nummer 1 festgelegten Kriterien, so muss der Lebensmittelunternehmer dies der zuständigen Behörde melden und durch geeignete Maßnahmen Abhilfe schaffen.

KAPITEL III: UMHÜLLUNG UND VERPACKUNG

Die Versiegelung von Verbraucherverpackungen muss unmittelbar nach der Abfüllung in dem Betrieb erfolgen, in dem die letzte Wärmebehandlung von flüssigen Milcherzeugnissen und Erzeugnissen auf Kolostrumbasis stattfindet, und zwar durch Versiegelungsvorrichtungen, die eine Kontamination verhindern. Das Versiegelungssystem muss so konzipiert sein, dass, wenn der betreffende Behälter geöffnet wurde, dies deutlich zu erkennen und leicht nachzuprüfen ist.

(ABl L 320 vom 18. 11. 2006, S. 1)

KAPITEL IV: ETIKETTIERUNG

1. Zusätzlich zu den Vorschriften der Richtlinie 2000/13/EG muss - außer in den in Artikel 13 Absätze 4 und 5 jener Richtlinie vorgesehenen Fällen - die Etikettierung Folgendes deutlich erkennen lassen:
 a) im Falle der für den unmittelbaren menschlichen Verzehr bestimmten Rohmilch: das Wort ‚Rohmilch';
 b) im Falle der mit Rohmilch hergestellten Erzeugnisse, bei denen der Herstellungsprozess keinerlei Wärmebehandlung oder physikalische oder chemische Behandlung umfasst: die Worte mit Rohmilch ‚hergestellt';
 c) im Falle von Kolostrum: das Wort ‚Kolostrum';
 d) im Falle der auf Kolostrumbasis hergestellten Erzeugnisse: die Worte ‚kolostrumhaltig'.
2. Die Vorschriften der Nummer 1 finden Anwendung auf Erzeugnisse, die für den Einzelhandel bestimmt sind. Der Ausdruck ‚Etikettierung' umfasst alle Verpackungen, Dokumente, Hinweise, Etiketts, Ringe oder Verschlüsse, mit denen solche Erzeugnisse versehen sind oder die auf sie Bezug nehmen.

(ABl L 320 vom 18. 11. 2006, S. 1)

KAPITEL V: IDENTITÄTSKENNZEICHNUNG

Abweichend von Anhang II Abschnitt I

1. kann das Identitätskennzeichen einen Hinweis darauf enthalten, wo auf der Umhüllung oder Verpackung die Zulassungsnummer des Betriebs angegeben ist, anstatt die Zulassungsnummer des Betriebs anzugeben;
2. kann das Identitätskennzeichen bei Mehrwegflaschen lediglich die Abkürzung des Versandlandes und die Zulassungsnummer des Betriebs angeben."

(ABl L 320 vom 18. 11. 2006, S. 1)

ABSCHNITT X: EIER UND EIPRODUKTE

KAPITEL I: EIER

1. Eier müssen im Erzeugerbetrieb bis hin zum Verkauf an den Endverbraucher sauber, trocken und frei von Fremdgeruch gehalten sowie wirksam vor Stößen und vor Sonneneinstrahlung geschützt werden.
2. Die Eier müssen bis hin zum Verkauf an den Endverbraucher bei einer – vorzugsweise konstanten – Temperatur aufbewahrt und befördert werden, die ihre hygienische Beschaffenheit am besten gewährleistet, es sei denn, die zuständige Behörde erlässt nationale Temperaturvorschriften für Lagereinrichtungen für Eier und die Fahrzeuge für den Transport der Eier von einer Einrichtung zu einer anderen.

(ABl L 277 vom 18. 10. 2008, S. 8)

3. Die Eier müssen binnen 21 Tagen nach dem Legen an den Verbraucher abgegeben werden.

KAPITEL II: EIPRODUKTE

I. VORSCHRIFTEN FÜR BETRIEBE

Lebensmittelunternehmer müssen sicherstellen, dass Eiverarbeitungsbetriebe so gebaut, ausgelegt und ausgerüstet sind, dass folgende Arbeitsgänge gesondert voneinander durchgeführt werden:

1. Waschen, Trocknen und Desinfizieren verschmutzter Eier, soweit diese Arbeitsgänge durchgeführt werden,
2. Aufschlagen der Eier zur Gewinnung des Eiinhalts und zur Beseitigung der Schalen und Schalenhäute

und

3. andere als die unter den Nummern 1 und 2 genannten Arbeitsgänge.

II. ROHSTOFFE FÜR DIE HERSTELLUNG VON EIPRODUKTEN

Lebensmittelunternehmer müssen sicherstellen, dass Rohstoffe für die Herstellung von Eiprodukten folgende Anforderungen erfüllen:

1. Die Schale von Eiern für die Herstellung von Eiprodukten muss voll entwickelt und unbeschädigt sein. Knickeier dürfen jedoch zur Herstellung von Flüssigei oder Eiprodukten verwendet werden, wenn sie vom Erzeugerbetrieb oder von der Packstelle auf direktem Wege an einen für die Herstellung von Flüssigei zugelassenen Betrieb oder einen Verarbeitungsbetrieb geliefert und dort so schnell wie möglich aufgeschlagen werden.

(ABl L 277 vom 18. 10. 2008, S. 8)

2. Flüssigei aus zugelassenen Betrieben kann als Rohstoff für Eiprodukte verwendet werden. Flüssigei muss nach Maßgabe von Teil III Nummern 1 bis 4 und 7 gewonnen worden sein.

III. BESONDERE HYGIENEVORSCHRIFTEN FÜR DIE HERSTELLUNG VON EIPRODUKTEN

Lebensmittelunternehmer müssen sicherstellen, dass alle Arbeitsgänge so ausgeführt werden, dass während der Herstellung, Bearbeitung und Lagerung der Eiprodukte Kontamination vermieden werden und insbesondere folgende Anforderungen erfüllt werden:

1. Nur saubere und trockene Eier dürfen aufgeschlagen werden.
2. Die Eier müssen so aufgeschlagen werden, dass Kontaminationen möglichst vermieden werden, insbesondere durch angemessene Absonderung von anderen Arbeitsgängen. Knickeier müssen so bald wie möglich verarbeitet werden.
3. Eier, die nicht von Hühnern, Puten oder Perlhühnern stammen, sind im Betrieb getrennt zu be- und verarbeiten. Vor Wiederaufnahme der Verarbeitung von Hühner-, Puten- oder Perlhühnereiern müssen die Ausrüstungen gereinigt und desinfiziert werden.
4. Einhalt darf nicht durch Zentrifugieren oder Zerdrücken der Eier gewonnen werden; auch das Zentrifugieren der leeren Schalen zur Gewinnung von Eiweißresten ist unzulässig, soweit sie zum menschlichen Verzehr bestimmt sind.
5. Nach dem Aufschlagen müssen alle Teile des Flüssigeies so schnell wie möglich verarbeitet werden, um mikrobiologische Gefahren auszuschließen oder auf ein annehmbares Maß zu reduzieren. Unzulänglich verarbeitete Partien können im selben Betrieb unverzüglich erneut verarbeitet werden, soweit diese neue Verarbeitung das Produkt genusstauglich macht. Wird eine Partie für genussuntauglich befunden, so muss sie denaturiert werden, um sicherzustellen, dass sie nicht für den menschlichen Verzehr verwendet wird.

(ABl L 338 vom 22. 12. 2005, S. 27)

6. Eiweiß zur Herstellung von getrocknetem oder kristallisiertem Albumin, das anschließend hitzebehandelt werden soll, braucht nicht bearbeitet zu werden.
7. Erfolgt die Bearbeitung nicht umgehend nach dem Aufschlagen, so muss Flüssigei entweder eingefroren oder bei einer Temperatur von nicht mehr als 4 °C gelagert werden. Die Lagerzeit bei 4 °C vor der Verarbeitung darf 48 Stunden nicht überschreiten. Diese Anforderungen gelten nicht für Erzeugnisse, die entzuckert werden sollen, sofern die Entzuckerung so bald wie möglich erfolgt.
8. Produkte, die nicht zwecks Haltbarkeit bei Raumtemperatur stabilisiert wurden, müssen auf eine Temperatur von nicht mehr als 4 °C abgekühlt werden. Gefrierprodukte müssen unmittelbar nach der Bearbeitung eingefroren werden.

IV. ANALYSESPEZIFIKATIONEN

1. Der Gehalt unveränderter Eiprodukte an 3-OH-Buttersäure darf 10 mg/kg in der Trockenmasse nicht überschreiten.
2. Der Milchsäuregehalt der zur Herstellung von Eiprodukten verwendeten Rohstoffe darf 1 g/kg Trockenmasse nicht überschreiten. Bei fermentierten Erzeugnissen muss dieser Wert jedoch dem vor der Fermentierung ermittelten Wert entsprechen.
3. Die Reste von Schalen, Schalenhaut und anderen Teilchen in den Eiprodukten dürfen 100 mg/kg Eiprodukt nicht überschreiten.

V. ETIKETTIERUNG UND IDENTITÄTSKENNZEICHNUNG

1. Zusätzlich zu den allgemeinen Anforderungen an die Identitätskennzeichnung nach Anhang II Abschnitt I müssen Eiproduktsendungen, die nicht für den Einzelhandel, sondern als Zutaten für die Herstellung eines anderen Erzeugnisses bestimmt sind, ein Etikett tragen, auf dem angegeben ist, bei welcher Temperatur die Eiprodukte aufbewahrt werden müssen und für wie lange die Haltbarkeit des Erzeugnisses bei Einhaltung dieser Temperatur gewährleistet werden kann.
2. Bei Flüssigei muss das Etikett gemäß Nummer 1 auch die Angabe ‚nicht pasteurisiertes Flüssigei — am Bestimmungsort zu behandeln' sowie Datum und Uhrzeit des Aufschlagens aufweisen.

ANHANG III

(ABl L 338 vom 22. 12. 2005, S. 27)

ABSCHNITT XI: FROSCHSCHENKEL UND SCHNECKEN

Lebensmittelunternehmer, die Froschschenkel oder Schnecken für den menschlichen Verzehr bearbeiten, müssen sicherstellen, dass folgende Vorschriften eingehalten werden:

1. Frösche und Schnecken müssen in einem zu diesem Zweck erbauten, ausgelegten und ausgerüsteten Betrieb getötet werden.
2. Betriebe, in denen Froschschenkel bearbeitet werden, müssen über einen gesonderten Raum für die Lagerung und das Waschen lebender Frösche sowie für ihre Schlachtung und das Ausbluten verfügen. Dieser Raum muss physisch vom Bearbeitungsraum getrennt sein.
3. Frösche und Schnecken, die nicht durch Tötung im Betrieb anfallen, dürfen nicht für den menschlichen Verzehr bearbeitet werden.
4. Frösche und Schnecken müssen einer organoleptischen Stichprobenkontrolle unterzogen werden. Lässt diese Kontrolle eine mögliche Gefahr erkennen, so dürfen sie nicht für den menschlichen Verzehr verwendet werden.
5. Unmittelbar nach ihrer Gewinnung müssen die Froschschenkel unter fließendem Trinkwasser gründlich abgewaschen und unverzüglich auf annähernde Schmelzeistemperatur abgekühlt oder eingefroren oder verarbeitet werden.
6. Der Leber-Bauchspeicheldrüsen-Komplex der Schnecken muss nach dem Töten im Fall einer möglichen Gefahr entfernt werden und darf nicht für den menschlichen Verzehr verwendet werden.
7. Die Anforderungen gemäß den Nummern 1, 3, 4 und 6 gelten auch für alle anderen Schnecken der Familie *Helicidae*, *Hygromiidae* oder *Sphincterochilidae*, sofern sie für den menschlichen Verzehr bestimmt sind.

(ABl L 297 vom 20. 8. 2021, S. 1)

8. Die Anforderungen gemäß den Nummern 1 bis 5 gelten auch für Froschschenkel der Gattung *Pelophylax* der Familie *Ranidae*, und der Gattung *Fejervarya*, *Limnonectes* und *Hoplobatrachus* der Familie *Dicroglossidae*, sofern sie für den menschlichen Verzehr bestimmt sind.

(ABl L 297 vom 20. 8. 2021, S. 1)

ABSCHNITT XII: AUSGESCHMOLZENE TIERISCHE FETTE UND GRIEBEN

KAPITEL I: VORSCHRIFTEN FÜR BETRIEBE, DIE ROHSTOFFE SAMMELN ODER VERARBEITEN

Lebensmittelunternehmer müssen sicherstellen, dass Betriebe, die rohe Schlachtfette für die Herstellung von ausgeschmolzenen tierischen Fetten und Grieben sammeln oder verarbeiten, den folgenden Anforderungen entsprechen:

1. Einrichtungen, die rohe Schlachtfette sammeln und zu den Verarbeitungsbetrieben weiterbefördern, müssen über Vorrichtungen verfügen, die es ermöglichen, die Rohstoffe bei einer Temperatur von nicht mehr als 7 °C zu lagern.
2. Jeder Verarbeitungsbetrieb muss über Folgendes verfügen:
   a) Kühleinrichtungen,
   b) einen Versandraum, es sei denn, der Betrieb versendet ausgeschmolzene tierische Fette nur in Tankwagen, und
   c) gegebenenfalls geeignete Gerätschaften für die Zubereitung von Erzeugnissen, die unter Zusatz anderer Lebensmittel und/oder von Gewürzen aus ausgeschmolzenen tierischen Fetten hergestellt werden.

3. Die Kühleinrichtungen nach den Nummern 1 und 2 Buchstabe a) sind jedoch nicht erforderlich, wenn die Vorkehrungen für die Belieferung mit Rohfetten sicherstellen, dass diese — abweichend von Kapitel II Nummer 1 Buchstabe d) — zu keinem Zeitpunkt ohne Kühlung gelagert oder befördert werden.

KAPITEL II: HYGIENEVORSCHRIFTEN FÜR DIE GEWINNUNG VON AUSGESCHMOLZENEN TIERISCHEN FETTEN UND GRIEBEN

Lebensmittelunternehmer, die ausgeschmolzene tierische Fette und Grieben gewinnen, müssen sicherstellen, dass folgende Vorschriften eingehalten werden:

1. Die Rohmaterialien müssen

   a) von Tieren stammen, die in einem Schlachthof geschlachtet und der Schlachttieruntersuchung unterzogen wurden und die nach der Fleischuntersuchung für genusstauglich befunden wurden,

   b) aus Fettgewebe oder Knochen bestehen, die möglichst frei von Blutspuren und Verunreinigungen sind,

   c) aus Betrieben stammen, die nach der Verordnung (EG) Nr. 852/2004 oder nach der vorliegenden Verordnung registriert oder zugelassen sind,

   und

   d) hygienisch einwandfrei bei einer Kerntemperatur von nicht mehr als 7 °C befördert und bis zum Ausschmelzen gelagert werden. Die Rohstoffe können jedoch ohne Kühlung gelagert und befördert werden, wenn sie innerhalb von zwölf Stunden nach dem Tag, an dem sie gewonnen wurden, ausgeschmolzen werden.

2. Beim Ausschmelzen ist der Gebrauch von Lösungsmitteln verboten.

3. Bei Fetten zum Verfeinern, die den Werten unter Nummer 4 entsprechen, können tierische Fette, die gemäß den Nummern 1 und 2 erschmolzen werden, zur Verbesserung ihrer physikalisch-chemischen Eigenschaften entweder im selben oder in einem anderen Betrieb verfeinert werden.

4. Ausgeschmolzene tierische Fette müssen je nach Erzeugnistyp folgenden Werten entsprechen:

	Wiederkäuerfett			Schweinefett			Andere tierische Fette	
	Speisetalg		Talg zum Verfeinern	Speisefett		Schmalz und anderes Schweinefett zum Verfeinern	Speisefette	Fette zum Verfeinern
	Feintalg (Premier jus) (¹)	Anderer		Schmalz (²)	Anderes			
SZ (m/m Ölsäure in %) max.	0,75	1,25	3,0	0,75	1,25	2,0	1,25	3,0
POZ max.	4 meq/kg	4 meq/kg	6 meq/kg	4 meq/kg	4 meq/kg	6 meq/kg	4 meq/kg	10 meq/kg
Unlösliche Unreinheiten insgesamt	Max. 0,15 %			Max. 0,5 %				
Geruch, Geschmack, Farbe	Normal							

(¹) Tierisches Speisefett, das durch Ausschmelzen von frischem Herz-, Netz-, Nieren- und Krösefett von Rindern und in Zerlegungsbetrieben anfallenden Fetten bei niedriger Temperatur gewonnen wird.

(²) Tierisches Fett, das durch Ausschmelzen von Schweinefettgewebe gewonnen wird.

5. „ " *(ABl L 297 vom 20. 8. 2021, S. 1)*

ABSCHNITT XIII: BEARBEITETE MÄGEN, BLASEN UND DÄRME

Lebensmittelunternehmer, die Mägen, Blasen und Därme bearbeiten, müssen sicherstellen, dass folgende Vorschriften eingehalten werden:

1. Tierdärme, -blasen und -mägen dürfen nur in Verkehr gebracht werden, wenn
   a) sie von Tieren stammen, die in einem Schlachthof geschlachtet und der Schlachttieruntersuchung unterzogen wurden und die nach der Fleischuntersuchung für genusstauglich befunden wurden,
   b) sie gesalzen, erhitzt oder getrocknet wurden

   und

   c) nach der Bearbeitung gemäß Buchstabe b) geeignete Vorkehrungen zur Verhinderung einer Rekontamination getroffen wurden.

2. Bearbeitete Mägen, Blasen und Därme, die nicht bei Raumtemperatur aufbewahrt werden können, müssen bis zu ihrer Versendung gekühlt in dafür vorgesehenen Räumlichkeiten gelagert werden. Insbesondere müssen nicht gesalzene oder nicht getrocknete Erzeugnisse bei nicht mehr als 3 °C aufbewahrt werden.

ABSCHNITT XIV: GELATINE

1. Lebensmittelunternehmer, die Gelatine herstellen, müssen sicherstellen, dass die Vorschriften dieses Abschnitts eingehalten werden.

2. Im Sinne dieses Abschnitts bezeichnet der Ausdruck „Gerben" das Härten von Häuten mit pflanzlichen Gerbstoffen, Chromsalzen oder anderen Substanzen wie Aluminiumsalzen, Eisen-(III)-Salzen, Silikaten, Aldehyden und Chinonen oder anderen synthetischen Härtemitteln.

KAPITEL I: VORSCHRIFTEN FÜR ROHSTOFFE

1. Gelatine, die in Lebensmitteln verwendet werden soll, darf nur aus folgenden Rohstoffen hergestellt werden:
   a) andere Knochen als spezifiziertes Risikomaterial gemäß Artikel 3 Absatz 1 Buchstabe g der Verordnung (EG) Nr. 999/2001 des Europäischen Parlaments und des Rates[1],

   (ABl L 159 vom 25. 06. 2010, S. 18)

   b) Häuten und Fellen von Wiederkäuern aus Haltungsbetrieben,
   c) Schweinehäuten,
   d) Geflügelhäuten,
   e) Bändern und Sehnen,
   f) Häuten und Fellen von frei lebendem Wild

   und

   g) Fischhäuten und Gräten.

2. Die Verwendung von Häuten und Fellen ist verboten, wenn sie einem — sei es auch unvollständigen — Gerbungsprozess unterzogen wurden.

3. Die in Absatz 1 Buchstaben a) bis e) genannten Rohstoffe müssen von Tieren stammen, die in einem Schlachthof geschlachtet und der Schlachttieruntersuchung unterzogen wurden und deren Schlachtkörper nach der Fleischuntersuchung für genusstauglich befunden wurden, oder sie müssen — im Falle von Häuten und Fellen von frei lebendem Wild — von Wildkörpern stammen, die für genusstauglich befunden wurden.

4. a) Rohstoffe, die zur Haltbarmachung ausschließlich gekühlt, gefroren oder schnellgefroren wurden, müssen aus Betrieben stammen, die nach der Verordnung (EG) Nr. 852/2004 oder nach der vorliegenden Verordnung registriert oder zugelassen sind,

   b) folgende behandelte Rohstoffe dürfen verwendet werden:
   i) andere Knochen als spezifiziertes Risikomaterial gemäß Artikel 3 Absatz 1 Buchstabe g der Verordnung (EG) Nr. 999/2001, die aus Betrieben stammen, die von der zuständigen

---

[1] *ABl. L 147 vom 31.5.2001, S. 1.*

Behörde kontrolliert und in einer Liste aufgeführt werden, und die einer der folgenden Behandlungen unterzogen wurden:
- Zerkleinern in Stücke von etwa 15 mm und Entfetten mit heißem Wasser bei einer Temperatur von mindestens 70 °C für mindestens 30 Minuten, mindestens 80 °C für mindestens 15 Minuten oder mindestens 90 °C für mindestens 10 Minuten, dann Trennen und anschließend Waschen und Trocknung mindestens 20 Minuten in einem heißen Luftstrom mit einer Anfangstemperatur von mindestens 350 °C oder 15 Minuten in einem heißen Luftstrom mit einer Anfangstemperatur von mehr als 700 °C;
- Sonnentrocknung 42 Tage lang bei einer Durchschnittstemperatur von mindestens 20 °C;
- Säurebehandlung, bis im Kern ein pH-Wert von unter 6 mindestens eine Stunde lang vor dem Trocknen gehalten wurde;

ii) Felle und Häute von Hauswiederkäuern, Schweinehäute, Geflügelhäute sowie Felle und Häute von frei lebendem Wild, die aus Betrieben stammen, die von der zuständigen Behörde kontrolliert und in einer Liste aufgeführt werden, und die einer der folgenden Behandlungen unterzogen wurden:
- Laugenbehandlung, um im Kern einen pH-Wert von > 12 zu erreichen, gefolgt von Salzen mindestens sieben Tage lang;
- Trocknen mindestens 42 Tage lang bei einer Temperatur von mindestens 20 °C;
- Säurebehandlung, bis im Kern ein pH-Wert von unter 5 mindestens eine Stunde lang gehalten wurde;
- Laugenbehandlung überall bei einem pH > 12 mindestens 8 Stunden lang;

iii) andere Knochen als spezifiziertes Risikomaterial gemäß Artikel 3 Absatz 1 Buchstabe g der Verordnung (EG) Nr. 999/2001, Felle und Häute von Hauswiederkäuern, Schweinehäute, Geflügelhäute, Fischhäute sowie Felle und Häute von frei lebendem Wild, die einer anderen Behandlung als den in Ziffer i oder ii aufgeführten unterzogen wurden und die aus Betrieben stammen, die nach der Verordnung (EG) Nr. 852/2004 oder nach der vorliegenden Verordnung registriert oder zugelassen sind.

Für die Zwecke der ersten zwei Spiegelstriche des Buchstaben b Ziffer ii darf die Dauer der Behandlungen die Dauer der Beförderung umfassen.

Die behandelten Rohstoffe gemäß Buchstabe b Ziffern i und ii müssen von folgenden Tieren stammen:
- Hauswiederkäuern, Schweinen und Geflügel, die in einem Schlachthof geschlachtet und der Schlachttieruntersuchung unterzogen wurden und deren Schlachtkörper nach der Fleischuntersuchung für genusstauglich befunden wurden, oder
- erlegtem frei lebendem Wild, dessen Schlachtkörper nach der Fleischuntersuchung für genusstauglich befunden wurde.

(ABl L 67 vom 12. 3. 2016, S. 22)

5. „Sammelstellen und Gerbereien können auch Rohstoffe für die Herstellung von Speisegelatine abgeben, wenn sie von der zuständigen Behörde hierfür ausdrücklich eine Genehmigung erhalten haben und folgende Anforderungen erfüllen:" *(ABl L 119 vom 13. 5. 2010, S. 26)*

a) Sie müssen über Lagerräume mit festen Böden und glatten Wänden verfügen, die leicht zu reinigen und desinfizieren und gegebenenfalls mit Kühlanlagen ausgestattet sind.

b) Die Lagerräume müssen einwandfrei sauber sein und so instand gehalten werden, dass eine Kontamination der Rohstoffe ausgeschlossen ist.

c) Werden in diesen Räumlichkeiten Rohstoffe gelagert und/oder verarbeitet, die die Kriterien dieses Kapitels nicht erfüllen, so müssen diese Rohstoffe während der Annahme, Lagerung, Verarbeitung und Versendung von Rohstoffen, die den Kriterien dieses Kapitels entsprechen, getrennt gehalten werden.

KAPITEL II: BEFÖRDERUNG UND LAGERUNG VON ROHSTOFFEN

1. Anstelle des Identitätskennzeichens gemäß Anhang II Abschnitt I muss den Rohstoffen bei der Beförderung oder der Lieferung an eine Sammelstelle oder Gerberei sowie der Lieferung an

12/2. EG/HygieneV tier.LM
ANHANG III

einen Gelatineverarbeitungsbetrieb ein Dokument beigefügt sein, aus dem der Herkunftsbetrieb hervorgeht und das die in der Anlage verlangten Angaben enthält.

2. Die Rohstoffe müssen gekühlt oder gefroren befördert und gelagert werden, soweit ihre Verarbeitung nicht innerhalb von 24 Stunden nach ihrer Absendung erfolgt. Entfettete und getrocknete Knochen oder Ossein, gesalzene, getrocknete und gekalkte Häute sowie Häute und Felle, die mit Lauge oder Säure behandelt wurden, können jedoch bei Raumtemperatur befördert und gelagert werden.

3. Nach der in der Richtlinie 97/78/EG vorgesehenen Veterinärkontrolle und unbeschadet der Bedingungen in Artikel 8 Absatz 4 der genannten Richtlinie müssen Rohstoffe zur Herstellung von Gelatine für den menschlichen Verzehr, für die eine Veterinärbescheinigung erforderlich ist, auf direktem Wege zur Bestimmungsanlage verbracht werden.

Es sind alle erforderlichen Vorkehrungen – einschließlich einer sicheren Entsorgung von Abfällen, nicht verwendetem oder überschüssigem Material – zu treffen, damit das Risiko der Ausbreitung von Krankheiten auf Tiere vermieden wird.

(ABl L 67 vom 12. 3. 2016, S. 22)

KAPITEL III: VORSCHRIFTEN FÜR DIE GELATINEHERSTELLUNG

1. Das Herstellungsverfahren für Gelatine muss Folgendes gewährleisten:

   a) Knochenmaterial von Wiederkäuern, die in Ländern oder Regionen geboren, aufgezogen oder geschlachtet wurden, die nach dem geltenden Gemeinschaftsrecht eine kontrollierte oder unbestimmte BSE-Inzidenz aufweisen, ist einem Verarbeitungsprozess zu unterziehen, bei dem das gesamte Knochenmaterial fein vermahlen, mit heißem Wasser entfettet und mindestens 2 Tage lang mit verdünnter Salzsäure (mindestens 4 % konzentriert und pH < 1,5) behandelt wird. An diese Behandlung schließt sich an:

   – entweder eine Laugenbehandlung mit gesättigter Kalklösung (pH > 12,5) von mindestens 20 Tagen und eine Wärmebehandlung von 4 Sekunden bei mindestens 138 °C oder

   – eine Säurebehandlung (pH < 3,5) von mindestens 10 Stunden, mit einer Wärmebehandlung von 4 Sekunden bei mindestens 138 °C oder

   – ein Wärme-Druck-Prozess von mindestens 20 Minuten mit gesättigtem Dampf bei 133 °C bei mehr als 3 bar oder

   – ein gleichwertiges zugelassenes Verfahren.

   b) Andere Rohstoffe sind einer Säuren- oder Laugenbehandlung zu unterziehen und anschließend ein- oder mehrmals abzuspülen. Der pH-Wert muss entsprechend angepasst werden. Die Gelatine muss durch einmaliges oder mehrmals aufeinander folgendes Erhitzen extrahiert, anschließend durch Filtrieren gereinigt und einer Wärmebehandlung unterzogen werden.

2. Lebensmittelunternehmer können im selben Betrieb Speisegelatine und nicht für den menschlichen Verzehr bestimmte Gelatine herstellen und lagern, sofern alle Rohstoffe und der Produktionsprozess die Anforderungen für Speisegelatine erfüllen.

(ABl L 281 vom 25. 10. 2007, S. 8)

KAPITEL IV: VORSCHRIFTEN FÜR ENDERZEUGNISSE

Lebensmittelunternehmer müssen sicherstellen, dass bei Gelatine die folgenden Rückstandshöchstgehalte eingehalten werden:

Rückstand	Höchstgehalt
As	1 ppm
Pb	5 ppm
Cd	0,5 ppm
Hg	0,15 ppm
Cr	10 ppm
Cu	30 ppm
Zn	50 ppm

ANHANG III

Rückstand	Höchstgehalt
SO$_2$ (Europäisches Arzneibuch, neueste Ausgabe)	50 ppm
H$_2$O$_2$ (Europäisches Arzneibuch, neueste Ausgabe)	10 ppm

(ABl L 67 vom 12. 3. 2016, S. 22)

KAPITEL V: ETIKETTIERUNG

Gelatinehaltige Umhüllungen und Verpackungen müssen die Angabe ‚Speisegelatine' sowie das Mindesthaltbarkeitsdatum aufweisen.

(ABl L 281 vom 25. 10. 2007, S. 8)

ABSCHNITT XV: KOLLAGEN

1. „Lebensmittelunternehmer, die Kollagen herstellen, müssen sicherstellen, dass die Vorschriften dieses Abschnitts eingehalten werden. Unbeschadet anderer Bestimmungen müssen aus Kollagen gewonnene Erzeugnisse aus Kollagen hergestellt werden, das den Bestimmungen dieses Abschnitts entspricht." *(ABl L 67 vom 12. 3. 2016, S. 22)*

2. Im Sinne dieses Abschnitts bezeichnet der Ausdruck „Gerben" das Härten von Häuten mit pflanzlichen Gerbstoffen, Chromsalzen oder anderen Substanzen wie Aluminiumsalzen, Eisen-(III)-Salzen, Silikaten, Aldehyden und Chinonen oder anderen synthetischen Härtemitteln.

KAPITEL I: VORSCHRIFTEN FÜR ROHSTOFFE

1. Kollagen, das in Lebensmitteln verwendet werden soll, darf nur aus folgenden Rohstoffen hergestellt werden:

    a) anderen Knochen als spezifiziertes Risikomaterial gemäß Artikel 3 Absatz 1 Buchstabe g der Verordnung (EG) Nr. 999/2001,

    b) Häuten und Fellen von als Nutztiere gehaltenen Wiederkäuern,

    c) Schweinehäuten,

    d) Geflügelhäuten,

    e) Bändern und Sehnen,

    f) Häuten und Fellen von frei lebendem Wild und.

    g) Fischhäuten und -gräten.

    (ABl L 159 vom 25. 06. 2010, S. 18)

2. Die Verwendung von Häuten und Fellen ist verboten, wenn sie einem — sei es auch unvollständigen — Gerbungsprozess unterzogen wurden.

3. Die in Absatz 1 Buchstaben a) bis d) genannten Rohstoffe müssen von Tieren stammen, die in einem Schlachthof geschlachtet und der Schlachttieruntersuchung unterzogen wurden und deren Schlachtkörper nach der Fleischuntersuchung für genusstauglich befunden wurden, oder sie müssen — im Falle von Häuten und Fellen von frei lebendem Wild — von Wildkörpern stammen, die für genusstauglich befunden wurden.

4. a) Rohstoffe, die zur Haltbarmachung ausschließlich gekühlt, gefroren oder schnellgefroren wurden, müssen aus Betrieben stammen, die nach der Verordnung (EG) Nr. 852/2004 oder nach der vorliegenden Verordnung registriert oder zugelassen sind.

    b) folgende behandelte Rohstoffe dürfen verwendet werden:

    i) andere Knochen als spezifiziertes Risikomaterial gemäß Artikel 3 Absatz 1 Buchstabe g der Verordnung (EG) Nr. 999/2001, die aus Betrieben stammen, die von der zuständigen Behörde kontrolliert und in einer Liste aufgeführt werden, und die einer der folgenden Behandlungen unterzogen wurden:

    – Zerkleinern in Stücke von etwa 15 mm und Entfetten mit heißem Wasser bei einer Temperatur von mindestens 70 °C für mindestens 30 Minuten, mindestens 80 °C für mindestens 15 Minuten, oder mindestens 90 °C für mindestens 10 Minuten, dann

Trennen und anschließend Waschen und Trocknung mindestens 20 Minuten in einem heißen Luftstrom mit einer Anfangstemperatur von mindestens 350 °C oder 15 Minuten in einem heißen Luftstrom mit einer Anfangstemperatur von mehr als 700 °C;
- Sonnentrocknung 42 Tage lang bei einer Durchschnittstemperatur von mindestens 20 °C;
- Säurebehandlung, bis im Kern ein pH-Wert von unter 6 mindestens eine Stunde lang vor dem Trocknen gehalten wurde;

ii) Felle und Häute von Hauswiederkäuern, Schweinehäute, Geflügelhäute sowie Felle und Häute von frei lebendem Wild, die aus Betrieben stammen, die von der zuständigen Behörde kontrolliert und in einer Liste aufgeführt werden, und die einer der folgenden Behandlungen unterzogen wurden:
- Laugenbehandlung, um im Kern einen pH-Wert von > 12 zu erreichen, gefolgt von Salzen mindestens sieben Tage lang;
- Trocknen mindestens 42 Tage lang bei einer Temperatur von mindestens 20 °C;
- Säurebehandlung, bis im Kern ein pH-Wert von unter 5 mindestens eine Stunde lang gehalten wurde;
- Laugenbehandlung überall bei einem pH > 12 mindestens 8 Stunden lang;

iii) andere Knochen als spezifiziertes Risikomaterial gemäß Artikel 3 Absatz 1 Buchstabe g der Verordnung (EG) Nr. 999/2001, Felle und Häute von Hauswiederkäuern, Schweinehäute, Geflügelhäute, Fischhäute sowie Felle und Häute von frei lebendem Wild, die einer anderen Behandlung als den in Ziffer i oder ii aufgeführten unterzogen wurden und die aus Betrieben stammen, die nach der Verordnung (EG) Nr. 852/2004 oder nach der vorliegenden Verordnung registriert oder zugelassen sind.

Für die Zwecke der ersten zwei Spiegelstriche des Buchstaben b Ziffer ii darf die Dauer der Behandlungen die Dauer der Beförderung umfassen.

Die behandelten Rohstoffe gemäß Buchstabe b müssen von folgenden Tieren stammen:
- Hauswiederkäuern, Schweinen und Geflügel, die in einem Schlachthof geschlachtet und der Schlachttieruntersuchung unterzogen wurden und deren Schlachtkörper nach der Fleischuntersuchung für genusstauglich befunden wurden, oder
- erlegtem frei lebendem Wild, dessen Schlachtkörper nach der Fleischuntersuchung für genusstauglich befunden wurde.

(ABl L 67 vom 12. 3. 2016, S. 22)

5. „Sammelstellen und Gerbereien können auch Rohstoffe für die Herstellung von für den menschlichen Verzehr bestimmtem Kollagen abgeben, wenn sie von der zuständigen Behörde hierfür ausdrücklich eine Genehmigung erhalten haben und folgende Anforderungen erfüllen:"
(ABl L 119 vom 13. 5. 2010, S. 26)

a) Sie müssen über Lagerräume mit festen Böden und glatten Wänden verfügen, die leicht zu reinigen und desinfizieren und gegebenenfalls mit Kühlanlagen ausgestattet sind.

b) Die Lagerräume müssen einwandfrei sauber sein und so instand gehalten werden, dass eine Kontamination der Rohstoffe ausgeschlossen ist.

c) Werden in diesen Räumlichkeiten Rohstoffe gelagert und/oder verarbeitet, die die Kriterien dieses Kapitels nicht erfüllen, so müssen diese Rohstoffe während der Annahme, Lagerung, Verarbeitung und Versendung von Rohstoffen, die den Kriterien dieses Kapitels entsprechen, getrennt gehalten werden.

KAPITEL II: BEFÖRDERUNG UND LAGERUNG VON ROHSTOFFEN

1. Anstelle des Identitätskennzeichens gemäß Anhang II Abschnitt I muss den Rohstoffen bei der Beförderung oder der Lieferung an eine Sammelstelle oder Gerberei sowie der Lieferung an einen Kollagenverarbeitungsbetrieb ein Dokument beigefügt sein, aus dem der Herkunftsbetrieb hervorgeht und das die in der Anlage verlangten Angaben enthält.

2. Die Rohstoffe müssen gekühlt oder gefroren befördert und gelagert werden, soweit ihre Verarbeitung nicht innerhalb von 24 Stunden nach ihrer Absendung erfolgt. Entfettete und getrocknete Knochen oder Ossein, gesalzene, getrocknete und gekalkte Häute sowie Häute und Felle, die mit

Lauge oder Säure behandelt wurden, können jedoch bei Raumtemperatur befördert und gelagert werden.

3. Nach der in der Richtlinie 97/78/EG vorgesehenen Veterinärkontrolle und unbeschadet der Bedingungen in Artikel 8 Absatz 4 der genannten Richtlinie müssen Rohstoffe zur Herstellung von Kollagen für den menschlichen Verzehr, für die eine Veterinärbescheinigung erforderlich ist, auf direktem Wege zur Bestimmungsanlage verbracht werden.

Es sind alle erforderlichen Vorkehrungen – einschließlich einer sicheren Entsorgung von Abfällen, nicht verwendetem oder überschüssigem Material – zu treffen, damit das Risiko der Ausbreitung von Krankheiten auf Tiere vermieden wird.

(ABl L 67 vom 12. 3. 2016, S. 22)

KAPITEL III: VORSCHRIFTEN FÜR DIE KOLLAGENHERSTELLUNG

1. Das Herstellungsverfahren für Kollagen muss Folgendes gewährleisten:

   a) Knochenmaterial von Wiederkäuern, die in Ländern oder Regionen geboren, aufgezogen oder geschlachtet wurden, die nach Artikel 5 der Verordnung (EG) Nr. 999/2001 ein kontrolliertes oder unbestimmtes BSE-Risiko aufweisen, ist einem Verarbeitungsprozess zu unterziehen, bei dem das gesamte Knochenmaterial fein vermahlen, mit heißem Wasser entfettet und mindestens zwei Tage lang mit verdünnter Salzsäure (mindestens 4 % konzentriert und pH < 1,5) behandelt wird. Nach dieser Behandlung muss der pH-Wert unter Verwendung von Säure oder Lauge angepasst werden, und zwar

   i) mit einem oder mehreren Spülgängen und mindestens einem der folgenden Verfahren:
   – Filtrieren,
   – Mahlen,
   – Extrudieren

   ii) oder einem zugelassenen gleichwertigen Verfahren;

   b) andere Rohstoffe als die unter Buchstabe a genannten müssen einer Behandlung unterzogen werden, die Waschen, pH-Anpassung unter Verwendung von Säure oder Lauge umfasst, gefolgt von

   i) mit einem oder mehreren Spülgängen und mindestens einem der folgenden Verfahren:
   – Filtrieren,
   – Mahlen,
   – Extrudieren

   ii) oder einem zugelassenen gleichwertigen Verfahren.

(ABl L 67 vom 12. 3. 2016, S. 22)

2. Das Kollagen kann nach Anwendung des Verfahrens gemäß Nummer 1 einem Trocknungsverfahren unterzogen werden.

3. Lebensmittelunternehmer können im selben Betrieb Kollagen für den menschlichen Verzehr und nicht für den menschlichen Verzehr bestimmtes Kollagen herstellen und lagern, sofern alle Rohstoffe und der Produktionsprozess die Anforderungen für Kollagen erfüllen, das für den menschlichen Verzehr bestimmt ist.

(ABl L 281 vom 25. 10. 2007, S. 8)

KAPITEL IV: VORSCHRIFTEN FÜR ENDERZEUGNISSE

Lebensmittelunternehmer müssen sicherstellen, dass bei Kollagen die folgenden Rückstandshöchstgehalte eingehalten werden:

Rückstand	Höchstgehalt
As	1 ppm
Pb	5 ppm
Cd	0,5 ppm

12/2. EG/HygieneV tier.LM
Anlage zu ANHANG III

Rückstand	Höchstgehalt
Hg	0,15 ppm
Cr	10 ppm
Cu	30 ppm
Zn	50 ppm
SO_2 (Europäisches Arzneibuch, neueste Ausgabe)	50 ppm
H_2O_2 (Europäisches Arzneibuch, neueste Ausgabe)	10 ppm

(ABl L 67 vom 12. 3. 2016, S. 22)

KAPITEL V: ETIKETTIERUNG

Umhüllungen und Verpackungen, die Kollagen enthalten, müssen mit der Aufschrift „Für den menschlichen Verzehr geeignetes Kollagen" sowie der Angabe des Datums der Herstellung versehen sein.

ABSCHNITT XVI: HOCHVERARBEITETE ERZEUGNISSE CHONDROITINSULFAT, HYALURONSÄURE, ANDERE HYDROLYSIERTE KNORPELPRODUKTE, CHITOSAN, GLUCOSAMIN, LAB, HAUSENBLASE UND AMINOSÄUREN

1. Lebensmittelunternehmer, die die folgenden hochverarbeiteten Erzeugnisse tierischen Ursprungs herstellen:
   a) Chondroitinsulfat,
   b) Hyaluronsäure,
   c) andere hydrolysierte Knorpelprodukte,
   d) Chitosan,
   e) Glucosamin,
   f) Lab,
   g) Hausenblase,
   h) Aminosäuren, die gemäß der Verordnung (EU) Nr. 1333/2008 des Europäischen Parlaments und des Rates[*] als Lebensmittelzusatzstoffe zugelassen sind,

   müssen sicherstellen, dass durch die Behandlung der verwendeten Rohstoffe jegliche Gefahr für die Gesundheit von Mensch oder Tier ausgeschlossen wird.

2. Die für die Herstellung hochverarbeiteter Erzeugnisse gemäß Nummer 1 verwendeten Rohstoffe müssen von
   a) Tieren, einschließlich deren Federn, stammen, die in einem Schlachthof geschlachtet und der Schlachttieruntersuchung unterzogen wurden und deren Schlachtkörper nach der Fleischuntersuchung für genusstauglich befunden wurden, oder
   b) Fischereierzeugnissen stammen, die Abschnitt VIII entsprechen.

   Menschliches Haar darf nicht als Quelle für die Herstellung von Aminosäuren verwendet werden.

(ABl L 67 vom 12. 3. 2016, S. 22)

---

[*] *Verordnung (EG) Nr. 1333/2008 des Europäischen Parlaments und des Rates vom 16. Dezember 2008 über Lebensmittelzusatzstoffe (ABl. L 354 vom 31.12.2008, S. 16).*

Anlage zu ANHANG III

Anlage zu ANHANG III

BEGLEITDOKUMENT FÜR ROHSTOFFE FÜR DIE HERSTELLUNG VON GELATINE ODER KOLLAGEN FÜR DEN MENSCHLICHEN VERZEHR (MUSTER)

Nummer des Handelsdokuments: ....

12/2. EG/HygieneV tier.LM
Anlage zu ANHANG III

I. Identifizierung der Rohstoffe
   Art der Rohstoffe: ....
   Tierart: ....
   Art der Verpackung: ....
   Zahl der Packstücke: ....
   Eigengewicht (kg): ....

II. Herkunft der Rohstoffe
   Art, Name, Anschrift und Zulassungs-/Register-/Sondergenehmigungsnummer des Herkunftsbetriebs:
   ....
   Name und Anschrift des Versenders[1]: ....

III. Bestimmung der Rohstoffe
   Art, Name, Anschrift und Zulassungs-/Register-/Sondergenehmigungsnummer des Produktionsbetriebs am Bestimmungsort:
   ....
   Name und Anschrift des Empfängers[2]: ....

IV. Transportart: ....

Ort ...., Datum ....
....
(Unterschrift des Betreibers des Herkunftsbetriebs oder seiner Vertreter)

   (ABl L 281 vom 25. 10. 2007, S. 8)

---

[1] *Nur wenn abweichend vom Herkunftsbetrieb.*
[2] *Nur wenn abweichend vom Bestimmungsbetrieb.*

EG-Hygiene-Verordnungen

12/3. Verordnung (EG) Nr. 2073/2005 über mikrobiologische Kriterien für Lebensmittel

ABl L 338 vom 22. 12. 2005, S. 1 idF

1 ABl L 278 vom 10. 10. 2006, S. 32 (Berichtigung)
2 ABl L 322 vom 7. 12. 2007, S. 12
3 ABl L 107 vom 29. 4. 2010, S. 9
4 ABl L 281 vom 28. 10. 2011, S. 7
5 ABl L 209 vom 4. 8. 2012, S. 19 (Berichtigung)
6 ABl L 68 vom 12. 3. 2013, S. 19
7 ABl L 282 vom 24. 10. 2013, S. 46
8 ABl L 69 vom 8. 3. 2014, S. 93
9 ABl L 323 vom 9. 12. 2015, S. 2
10 ABl L 195 vom 20. 7. 2016, S. 82 (Berichtigung)
11 ABl L 195 vom 20. 7. 2016, S. 83 (Berichtigung)
12 ABl L 218 vom 24. 8. 2017, S. 1
13 ABl L 37 vom 8. 2. 2019, S. 106
14 ABl L 43 vom 17. 2. 2020, S. 63

Verordnung (EG) Nr. 2073/2005 der Kommission vom 15. November 2005 über mikrobiologische Kriterien für Lebensmittel

(Text von Bedeutung für den EWR)

DIE KOMMISSION DER EUROPÄISCHEN GEMEINSCHAFTEN —

gestützt auf den Vertrag zur Gründung der Europäischen Gemeinschaft,

gestützt auf die Verordnung (EG) Nr. 852/2004 des Europäischen Parlaments und des Rates vom 29. April 2004 über Lebensmittelhygiene[1)], insbesondere auf Artikel 4 Absatz 4 und Artikel 12,

in Erwägung nachstehender Gründe:

(1) Zu den grundlegenden Zielen des Lebensmittelrechts zählt ein hohes Schutzniveau der Gesundheit der Bevölkerung, wie in der Verordnung (EG) Nr. 178/2002 des Europäischen Parlaments und des Rates vom 28. Januar 2002 zur Festlegung allgemeiner Grundsätze und Erfordernisse des Lebensmittelrechts, zur Errichtung der Europäischen Behörde für Lebensmittelsicherheit und zur Festlegung von Verfahren zur Lebensmittelsicherheit[2)] festgelegt. Mikrobiologische Gefahren in Lebensmitteln stellen eine Hauptquelle lebensmittelbedingter Krankheiten beim Menschen dar.

(2) Lebensmittel sollten keine Mikroorganismen oder deren Toxine oder Metaboliten in Mengen enthalten, die ein für die menschliche Gesundheit unannehmbares Risiko darstellen.

(3) Die Verordnung (EG) Nr. 178/2002 legt allgemeine Anforderungen an die Lebensmittelsicherheit fest, nach denen Lebensmittel, die nicht sicher sind, nicht in Verkehr gebracht werden dürfen. Lebensmittelunternehmer müssen Lebensmittel, die nicht sicher sind, vom Markt nehmen. Als Beitrag zum Schutz der öffentlichen Gesundheit und zur Verhinderung unterschiedlicher Auslegungen sollten harmonisierte Sicherheitskriterien für die Akzeptabilität von Lebensmitteln festgelegt werden, insbesondere, was das Vorhandensein bestimmter pathogener Mikroorganismen anbelangt.

(4) Mikrobiologische Kriterien dienen auch als Anhaltspunkt dafür, ob Lebensmittel und deren Herstellungs-, Handhabungs- und Vertriebsverfahren akzeptabel sind oder nicht. Die mikrobiologischen Kriterien sollten im Rahmen der Durchführung von Verfahren auf der Grundlage des HACCP-Systems und anderer Hygienekontrollmaßnahmen angewandt werden.

EG-Hygiene-Verordnungen

(5) Die Sicherheit von Lebensmitteln wird vor allem durch einen präventiven Ansatz gewährleistet, wie z. B. durch die Umsetzung einer guten Hygienepraxis sowie die Anwendung der Grundsätze des HACCP-Konzepts (Hazard Analysis and Critical Control Point). Mikrobiologische Kriterien können zur Validierung und Überprüfung von HACCP-Verfahren und anderen Hygienekontrollmaßnahmen eingesetzt werden. Daher sollten mikrobiologische Kriterien festgelegt werden, mit deren Hilfe die Akzeptabilität der Verfahren bzw. der Prozesshygiene bestimmt wird, und zudem mikrobiologische Kriterien für die Lebensmittelsicherheit, bei denen mit Überschreitung des Grenzwertes ein Lebensmittel in Bezug auf den jeweiligen Mikroorganismus als inakzeptabel kontaminiert gelten sollte.

Zur Präambel
[1)] *ABl. L 139 vom 30.4.2004, S. 1. Berichtigung im ABl. L 226 vom 25.6.2004, S. 3.*
Zu Abs. 1:
[2)] *ABl. L 31 vom 1.2.2002, S. 1. Verordnung geändert durch die Verordnung (EG) Nr. 1642/2003 (ABl. L 245 vom 29.9.2003, S. 4).*

(6) Gemäß Artikel 4 der Verordnung (EG) Nr. 852/2004 müssen Lebensmittelunternehmer mikrobiologische Kriterien einhalten. Dazu sollte im Einklang mit dem Lebensmittelrecht und den Anweisungen der zuständigen Behörde die Untersuchung anhand der für die Kriterien festgelegten Grenzwerte durch Probenahme, Untersuchung und Durchführung von Korrekturmaßnahmen zählen. Daher sollten Durchführungsbestimmungen hinsichtlich der Untersuchungsmethoden — einschließlich erforderlichenfalls der Messungenauigkeit —, des Probenahmeplans, der mikrobiologischen Grenzwerte und der Probenzahl festgelegt werden, die diese Grenzwerte einhalten sollten. Darüber hinaus sollten Durchführungsbestimmungen festgelegt werden, die das jeweils für das Lebensmittel geltende Kriterium, die relevante Stufe der Lebensmittelkette sowie die zu treffenden Maßnahmen im Falle der Nichteinhaltung des Kriteriums berücksichtigen. Die Maßnahmen, die zur Einhaltung der Prozesshygienekriterien von den Lebensmittelunternehmern zu ergreifen sind, können u. a. Kontrollen der Rohstoffe, Hygiene, Temperatur und Haltbarkeitsdauer des Erzeugnisses umfassen.

(7) Die Verordnung (EG) Nr. 882/2004 des Europäischen Parlaments und des Rates vom 29. April 2004 über amtliche Kontrollen zur Überprüfung der Einhaltung des Lebensmittel- und Futtermittelrechts sowie der Bestimmungen über Tiergesundheit und Tierschutz[1]) schreibt den Mitgliedstaaten vor, dafür Sorge zu tragen, dass amtliche Kontrollen regelmäßig, risikobasiert und ausreichend oft durchgeführt werden. Diese Kontrollen sollten auf geeigneten Stufen der Herstellung, Verarbeitung und des Vertriebs von Lebensmitteln vorgenommen werden, damit sichergestellt ist, dass die in der vorliegenden Verordnung festgelegten Kriterien von den Lebensmittelunternehmern eingehalten werden.

(8) In der Mitteilung der Kommission über die Gemeinschaftsstrategie zur Festlegung mikrobiologischer Kriterien für Lebensmittel[2]) wird erläutert, wie bei der Festlegung und Überprüfung der Kriterien im Gemeinschaftsrecht vorgegangen wird, und es werden die Grundsätze für die Ausarbeitung und Anwendung der Kriterien beschrieben. Diese Strategie sollte bei der Festlegung mikrobiologischer Kriterien angewandt werden.

(9) Der Wissenschaftliche Ausschuss „Veterinärmaßnahmen im Zusammenhang mit der öffentlichen Gesundheit" (SCVPH) gab am 23. September 1999 eine Stellungnahme zur Evaluierung mikrobiologischer Kriterien für zum menschlichen Verzehr bestimmte Lebensmittel tierischen Ursprungs ab. Darin weist der Ausschuss ausdrücklich darauf hin, dass mikrobiologische Kriterien auf eine formale Risikobewertung und international anerkannte Grundsätze zu stützen sind. In der Stellungnahme wird empfohlen, dass mikrobiologische Kriterien hinsichtlich des Gesundheitsschutzes der Verbraucher sachdienlich und wirkungsvoll sein sollten. Der Ausschuss schlägt bis zum Vorliegen formaler Risikobewertungen bestimmte überprüfte Kriterien als vorläufige Maßnahmen vor.

(10) Der Ausschuss gab zur gleichen Zeit eine Stellungnahme zu *Listeria monocytogenes* ab. Darin wird empfohlen, als Ziel die Konzentration von *Listeria monocytogenes* in Lebensmitteln unter 100 KBE/g zu halten. Der Wissenschaftliche Ausschuss „Lebensmittel" (SCF) stimmte diesen Empfehlungen in seiner Stellungnahme vom 22. Juni 2000 zu.

(11) Der SCVPH gab am 19. und 20. September 2001 eine Stellungnahme zu *Vibrio vulnificus* und *Vibrio parahaemolyticus* ab. Der Ausschuss kommt darin zu dem Schluss, dass die derzeit vorliegenden wissenschaftlichen Daten die Festlegung spezieller Kriterien für pathogene *V. vulnificus* und *parahaemolyticus* in Fischereierzeugnissen und Meeresfrüchten nicht unterstützen. Er empfiehlt jedoch, Leitlinien zu erarbeiten, damit gewährleistet ist, dass eine gute Hygienepraxis angewandt wurde.

(12) Der SCVPH gab am 30. und 31. Januar 2002 eine Stellungnahme zu Norwalk-ähnlichen Viren (Norwalklike-Viren, NLV, Noroviren) ab. Darin kommt der Ausschuss zu dem Schluss, dass die herkömmlichen Indikatoren für fäkale Verunreinigung unzuverlässig sind, wenn es darum geht nachzuweisen, ob NLV vorhanden sind oder nicht und dass zur Festlegung der Reinigungszeiten von Muscheln der Indikator für die Beseitigung der Fäkalbakterien unzuverlässig ist. Der Ausschuss empfiehlt außerdem, beim Nachweis der Fäkalkontamination in Muschelerzeugungsgebieten bei der Anwendung von Bakterienindikatoren auf *E. coli* und nicht auf Fäkalkoliforme zurückzugreifen.

(13) Der SCF gab am 27. Februar 2002 eine Stellungnahme zu Spezifikationen für Gelatine hinsichtlich der Verbrauchergesundheit ab. Darin kommt er zu dem Schluss, dass die mikrobiologischen Kriterien, die in Anhang II Kapitel 4 der

---

Zu Abs. 7:
[1]) ABl. L 165 vom 30.4.2004, S. 1; berichtigte Fassung in ABl. L 191 vom 28.5.2004, S. 1.

Zu Abs. 8:
[2]) SANCO/1252/2001 — *Diskussionspapier über die Strategie zur Festlegung mikrobiologischer Kriterien für Lebensmittel in den EU-Rechtsvorschriften, S. 34.*

Richtlinie 92/118/EWG des Rates vom 17. Dezember 1992 über die tierseuchenrechtlichen und gesundheitlichen Bedingungen für den Handel mit Erzeugnissen tierischen Ursprungs in der Gemeinschaft sowie für ihre Einfuhr in die Gemeinschaft, soweit sie diesbezüglich nicht den Gemeinschaftsregelungen nach Anhang A Kapitel I der Richtlinie 89/662/EWG und — in Bezug auf Krankheitserreger — der Richtlinie 90/425/EWG[3] unterliegen, festgelegt wurden, hinsichtlich der Verbrauchergesundheit unangemessen waren, und hält es für ausreichend, ein obligatorisches mikrobiologisches Kriterium nur für Salmonellen anzuwenden.

(14) Der SCVPH gab am 21. und 22. Januar 2003 eine Stellungnahme zu Verotoxin bildenden E. coli (VTEC) ab. Darin kommt der Ausschuss zu dem Schluss, dass die Anwendung eines mikrobiologischen Standards für VTEC O157 auf das Endprodukt wahrscheinlich nicht zu einer bedeutenden Verringerung des damit verbundenen Risikos für die Verbraucher führt. Jedoch könnten mikrobiologische Leitlinien zur Verringerung der Fäkalkontamination auf allen Stufen der Lebensmittelkette zu einer Verringerung des Risikos für die öffentliche Gesundheit, einschließlich der VTEC-Risiken, beitragen. Der Ausschuss führt folgende Lebensmittelkategorien an, in denen VTEC eine Gefahr für die öffentliche Gesundheit darstellt: rohes oder nicht durcherhitztes Rindfleisch und möglicherweise auch Fleisch anderer Wiederkäuer, Hackfleisch/ Faschiertes und gereiftes Rindfleisch sowie daraus hergestellte Erzeugnisse, Rohmilch und Rohmilcherzeugnisse, Frischerzeugnisse bzw. Rohkost, insbesondere Keimlinge und nicht pasteurisierte Obst- und Gemüsesäfte.

(15) Am 26. und 27. März 2003 nahm der SCVPH eine Stellungnahme zu Staphylokokken-Enterotoxinen in Milcherzeugnissen, insbesondere in Käse, an. Darin empfiehlt der Ausschuss, die Kriterien für koagulasepositive Staphylokokken in Käse, in zur Verarbeitung bestimmter Rohmilch und in Milchpulver zu überarbeiten. Außerdem sollten Kriterien für Staphylokokken- Enterotoxine in Käse und Milchpulver festgelegt werden.

(16) Am 14. und 15. April 2003 nahm der SCVPH eine Stellungnahme zu Salmonellen in Lebensmitteln an. Danach zählen zu den Lebensmittelkategorien, die möglicherweise ein großes Risiko für die öffentliche Gesundheit bergen, rohes Fleisch und einige Erzeugnisse, die roh verzehrt werden, rohe und nicht durcherhitzte Geflügelfleischerzeugnisse, Eier und roheihaltige Erzeugnisse, nicht pasteurisierte Milch und einige daraus hergestellte Erzeugnisse. Keimlinge und nicht pasteurisierte Fruchtsäfte seien ebenfalls bedenklich. Der Ausschuss empfiehlt, die Entscheidung über die Notwendigkeit mikrobiologischer Kriterien danach zu treffen, ob sie die Verbraucher schützen könnten und praktikabel seien.

(17) Das Wissenschaftliche Gremium für biologische Gefahren (BIOHAZ) der Europäischen Behörde für Lebensmittelsicherheit (EFSA) veröffentlichte am 9. September 2004 ein Gutachten über die mikrobiologischen Risiken in Säuglingsanfangsnahrung und Folgenahrung. Darin kommt das Gremium zu dem Schluss, dass Salmonella und Enterobacter sakazakii diejenigen Mikroorganismen in Säuglingsanfangsnahrung, Folgenahrung und Nahrung für besondere medizinische Zwecke sind, die am meisten Anlass zur Sorge geben. Das Vorhandensein dieser Krankheitserreger stellt ein erhebliches Risiko dar, wenn die Bedingungen nach der Aufbereitung der Nahrung eine Vermehrung ermöglichen. Enterobacteriaceae, die häufiger vorhanden sind, könnten als Risikoindikator herangezogen werden. Die EFSA empfiehlt sowohl für die Herstellungsumgebung als auch für das Endprodukt die Überwachung und Untersuchung auf Enterobacteriaceae. Neben krankheitserregenden Arten umfasst die Familie der Enterobacteriaceae jedoch auch Kommensalen, die häufig im Umfeld der Lebensmittelherstellung auftreten, ohne jedoch eine Gefahr für die Gesundheit darzustellen. Daher kann die Familie der Enterobacteriaceae zur Routineüberwachung herangezogen werden, und sofern Enterobacteriaceae nachgewiesen werden, kann mit der Untersuchung auf spezifische Krankheitserreger begonnen werden.

(18) Auf internationaler Ebene wurden für viele Lebensmittel noch keine Leitlinien für mikrobiologische Kriterien ausgearbeitet. Die Kommission hat jedoch die „Grundsätze für die Festlegung und Anwendung von mikrobiologischen Kriterien für Lebensmittel CAC/GL 21 — 1997" des Codex Alimentarius befolgt sowie zusätzlich die Hinweise des SCVPH und des SCF für die Festlegung mikrobiologischer Kriterien berücksichtigt. Außerdem wurden Codex-Spezifikationen für Trockenmilcherzeugnisse, Lebensmittel für Säuglinge und Kleinkinder sowie das Histaminkriterium für bestimmte Fische und Fischereierzeugnisse berücksichtigt. Die Annahme von Gemeinschaftskriterien sollte dem Handel dadurch nützen, dass harmonisierte mikrobiologische Anforderungen für Lebensmittel zur Verfügung gestellt werden, die nationale Kriterien ersetzen.

Zu Abs. 13:

[3] ABl. L 62 vom 15.3.1993, S. 49. Verordnung zuletzt geändert durch die Verordnung (EG) Nr. 445/2004 der Kommission (ABl. L 72 vom 11.3.2004, S. 60).

(19) Die mikrobiologischen Kriterien, die für bestimmte Kategorien von Lebensmitteln tierischen Ursprungs in Richtlinien festgelegt wurden, die durch die Richtlinie 2004/41/EG des Europäischen Parlaments und des Rates vom 21. April 2004 zur Aufhebung bestimmter Richtlinien über Lebensmittelhygiene und Hygienevorschriften für die Herstellung und das Inverkehrbringen von bestimmten, zum menschlichen Verzehr bestimmten Erzeugnissen tierischen Ursprungs sowie zur Änderung der Richtlinien 89/662/EWG und 92/118/EWG des Rates und der Entscheidung 95/408/EG des Rates[1)] aufgehoben wurden, sollten überarbeitet werden, und auf der Grundlage wissenschaftlicher Erkenntnisse sollten bestimmte neue Kriterien festgelegt werden.

(20) Die in der Entscheidung 93/51/EWG der Kommission vom 15. Dezember 1992 über mikrobiologische Normen für gekochte Krebs- und Weichtiere[2)] festgelegten mikrobiologischen Kriterien sind in dieser Verordnung enthalten. Daher ist es angezeigt, die genannte Entscheidung aufzuheben. Da die Entscheidung 2001/471/EG der Kommission vom 8. Juni 2001 über Vorschriften zur regelmäßigen Überwachung der allgemeinen Hygienebedingungen durch betriebseigene Kontrollen gemäß Richtlinie 64/433/EWG über die gesundheitlichen Bedingungen für die Gewinnung und das Inverkehrbringen von frischem Fleisch und Richtlinie 71/118/EWG zur Regelung gesundheitlicher Fragen beim Handelsverkehr mit frischem Geflügelfleisch[3)] mit Wirkung ab 1. Januar 2006 aufgehoben wird, sollten die für Schlachtkörper festgelegten Kriterien in die vorliegende Verordnung aufgenommen werden.

(21) Der Erzeuger oder Hersteller eines Lebensmittels muss entscheiden, ob das Erzeugnis als solches verzehrfertig ist, ohne gekocht oder anderweitig verarbeitet zu werden, damit sichergestellt ist, dass es unbedenklich ist und die mikrobiologischen Kriterien einhält. Gemäß Artikel 3 der Richtlinie 2000/13/EG des Europäischen Parlaments und des Rates vom 20. März 2000 zur Angleichung der Rechtsvorschriften der Mitgliedstaaten über die Etikettierung und Aufmachung von Lebensmitteln sowie die Werbung hierfür[4)] enthält die Etikettierung eines Lebensmittels zwingend eine Gebrauchsanleitung, falls es ohne sie nicht möglich wäre, das Lebensmittel bestimmungsgemäß zu verwenden. Derartige Gebrauchsanleitungen sollten von den Lebensmittelunternehmern berücksichtigt werden, wenn sie über angemessene Probenahmehäufigkeiten zur Untersuchung anhand der mikrobiologischen Kriterien entscheiden.

(22) Die Beprobung der Herstellungs- und Verarbeitungsumgebung kann ein nützliches Mittel zur Feststellung und Verhinderung des Vorhandenseins pathogener Mikroorganismen in Lebensmitteln sein.

(23) Die Lebensmittelunternehmer sollten im Rahmen ihrer auf den HACCP-Grundsätzen beruhenden Verfahren und anderer Hygienekontrollverfahren selbst über die erforderliche Probenahme- und Untersuchungshäufigkeit entscheiden. In bestimmten Fällen kann es jedoch notwendig sein, auf Gemeinschaftsebene harmonisierte Probenahmehäufigkeiten festzulegen, insbesondere, um zu gewährleisten, dass in der gesamten Gemeinschaft gleich häufig kontrolliert wird.

(24) Die Testergebnisse hängen von der gewählten Untersuchungsmethode ab, daher sollte mit jedem mikrobiologischen Kriterium eine bestimmte Referenzmethode verknüpft werden. Lebensmittelunternehmer sollten jedoch die Möglichkeit haben, andere Untersuchungsmethoden als die Referenzmethoden zu verwenden, insbesondere schnellere Verfahren, solange gewährleistet ist, dass diese alternativen Verfahren gleichwertige Ergebnisse liefern. Außerdem ist für jedes Kriterium ein Probenahmeplan festzulegen, damit eine harmonisierte Durchführung gewährleistet ist. Die Verwendung anderer Probenahme- und Untersuchungsverfahren, einschließlich der Verwendung alternativer Indikatororganismen, ist allerdings unter der Bedingung zulässig, dass diese gleichwertige Garantien für die Lebensmittelsicherheit liefern.

(25) Trends bei den Testergebnissen sollten analysiert werden, da sie unerwünschte Entwicklungen im Herstellungsprozess aufzeigen können und dem Lebensmittelunternehmer dadurch ermöglichen, Korrekturmaßnahmen zu ergreifen, bevor das Verfahren außer Kontrolle geraten ist.

(26) Die in der vorliegenden Verordnung festgelegten mikrobiologischen Kriterien sollten abänderbar sein und ggf. überprüft bzw. ergänzt werden, damit die Entwicklungen in den Bereichen der Lebensmittelsicherheit und -mikrobiologie berücksichtigt werden können. Dies umfasst auch den Fortschritt in Wissenschaft, Technologie

---

Zu Abs. 19:
[1)] ABl. L 157 vom 30.4.2004, S. 33. Berichtigung im ABl. L 195 vom 2.6.2004, S. 12.
Zu Abs. 20:
[2)] ABl. L 13 vom 21.1.1993, S. 11.
[3)] ABl. L 165 vom 21.6.2001, S. 48. Entscheidung geändert durch die Entscheidung 2004/379/EG (ABl. L 144 vom 30.4.2004, S. 1).
Zu Abs. 21:
[4)] ABl. L 109 vom 6.5.2000, S. 29. Richtlinie zuletzt geändert durch die Richtlinie 2003/89/EG (ABl. L 308 vom 25.11.2003, S. 15).

und Methodik, Veränderungen der Prävalenz und des Kontaminationsgrades, Veränderungen der Population empfänglicher Verbraucher- bzw. Risikogruppen sowie die möglichen Ergebnisse von Risikobewertungen.

(27) Insbesondere sollten Kriterien für krankheitserregende Viren in lebenden Muscheln festgelegt werden, sobald die Untersuchungsmethoden ausreichend entwickelt sind. Auch für andere mikrobiologische Gefahren, z. B. von *Vibrio parahaemolyticus* ausgehende, müssen zuverlässige Methoden entwickelt werden.

(28) Es hat sich erwiesen, dass die Durchführung von Kontrollprogrammen deutlich zur Verringerung der Prävalenz von Salmonellen bei der Erzeugung von Tieren und deren Erzeugnissen beitragen kann. Das Ziel der Verordnung (EG) Nr. 2160/2003 des Europäischen Parlaments und des Rates vom 17. November 2003 zur Bekämpfung von Salmonellen und bestimmten anderen durch Lebensmittel übertragbaren Zoonoseerregern[1] ist es, zu gewährleisten, dass ordnungsgemäße und wirksame Maßnahmen zur Bekämpfung von Salmonellen auf den geeigneten Stufen der Lebensmittelkette ergriffen werden. Bei den Kriterien für Fleisch und Fleischerzeugnisse sollte die voraussichtliche Verbesserung der Salmonellensituation auf der Ebene der Primärproduktion berücksichtigt werden.

(29) Bei bestimmten Lebensmittelsicherheitskriterien ist es angezeigt, den Mitgliedstaaten eine vorübergehende Ausnahmeregelung zu gewähren, damit sie weniger strenge Kriterien einhalten können, vorausgesetzt, dass die Lebensmittel nur auf dem eigenen Staatsgebiet vermarktet werden. Die Mitgliedstaaten sollten der Kommission und den übrigen Mitgliedstaaten mitteilen, wenn sie von dieser vorübergehenden Ausnahmeregelung Gebrauch machen.

(30) Die in dieser Verordnung vorgesehenen Maßnahmen stimmen mit der Stellungnahme des Ständigen Ausschusses für die Lebensmittelkette und Tiergesundheit überein —

HAT FOLGENDE VERORDNUNG ERLASSEN:

Artikel 1
Gegenstand und Anwendungsbereich

Mit der vorliegenden Verordnung werden die mikrobiologischen Kriterien für bestimmte Mikroorganismen sowie die Durchführungsbestimmungen festgelegt, die von den Lebensmittelunternehmern bei der Durchführung allgemeiner und spezifischer Hygienemaßnahmen gemäß Artikel 4 der Verordnung (EG) Nr. 852/2004 einzuhalten sind. Die zuständige Behörde überprüft die Einhaltung der in der vorliegenden Verordnung festgelegten Bestimmungen und Kriterien gemäß der Verordnung (EG) Nr. 882/2004, unbeschadet ihres Rechts, weitere Probenahmen und Untersuchungen im Rahmen von Prozesskontrollen in Fällen, in denen der Verdacht besteht, dass Lebensmittel nicht unbedenklich sind, oder im Zusammenhang mit einer Risikoanalyse durchzuführen, um andere Mikroorganismen, deren Toxine oder Metaboliten nachzuweisen und zu messen. Diese Verordnung gilt unbeschadet anderer spezifischer Bestimmungen des Gemeinschaftsrechts über die Kontrolle von Mikroorganismen, insbesondere der in der Verordnung (EG) Nr. 853/2004 des Europäischen Parlaments und des Rates festgelegten Gesundheitsstandards für Lebensmittel[2], der in der Verordnung (EG) Nr. 854/2004 des Europäischen Parlaments und des Rates festgelegten Bestimmungen über Parasiten[3] und der mikrobiologischen Kriterien gemäß der Richtlinie 80/777/EWG des Rates[4].

Artikel 2
Begriffsbestimmungen

Es gelten folgende Begriffsbestimmungen:

a) „Mikroorganismen": Bakterien, Viren, Hefen, Schimmelpilze, Algen und parasitäre Protozoen, mikroskopisch sichtbare parasitäre Helminthen sowie deren Toxine und Metaboliten;

b) „Mikrobiologisches Kriterium": ein Kriterium, das die Akzeptabilität eines Erzeugnisses, einer Partie Lebensmittel oder eines Prozesses anhand des Nichtvorhandenseins, des Vorhandenseins oder der Anzahl von Mikroorganismen und/oder anhand der Menge ihrer Toxine/Metaboliten je Einheit Masse, Volumen, Fläche oder Partie festlegt;

c) „Lebensmittelsicherheitskriterium": ein Kriterium, mit dem die Akzeptabilität eines Erzeugnisses oder einer Partie Lebensmittel festgelegt wird und das für im Handel befindliche Erzeugnisse gilt;

d) „Prozesshygienekriterium": ein Kriterium, das die akzeptable Funktionsweise des Herstellungsprozesses angibt. Ein solches Kriterium gilt nicht für im Handel befindliche Erzeugnisse. Mit

---

Zu Abs. 28:
[1] ABl. L 325 vom 12.12.2003, S. 1.

Zu Artikel 1:
[2] ABl. L 139 vom 30.4.2004, S. 55. Berichtigung im ABl. 226 vom 25.6.2004, S. 22.
[3] ABl. L 139 vom 30.4.2004, S. 206. Berichtigung im ABl. 226 vom 25.6.2004, S. 83.
[4] ABl. L 229 vom 30.8.1980, S. 1.

ihm wird ein Richtwert für die Kontamination festgelegt, bei dessen Überschreitung Korrekturmaßnahmen erforderlich sind, damit die Prozesshygiene in Übereinstimmung mit dem Lebensmittelrecht erhalten wird;

e) „Partie": eine Gruppe oder Serie bestimmbarer Erzeugnisse, die anhand eines bestimmten Prozesses unter praktisch identischen Bedingungen gewonnen und an einem bestimmten Ort in einem festgelegten Produktionszeitraum hergestellt werden;

f) „Haltbarkeitsdauer": entweder der der Datumsangabe „Verbrauchen bis" auf dem Erzeugnis oder der dem Mindesthaltbarkeitsdatum gemäß Artikel 9 bzw. 10 der Richtlinie 2000/13/EG entsprechende Zeitraum;

g) „Verzehrfertige Lebensmittel": Lebensmittel, die vom Erzeuger oder Hersteller zum unmittelbaren menschlichen Verzehr bestimmt sind, ohne dass eine weitere Erhitzung oder eine sonstige Verarbeitung zur Abtötung der entsprechenden Mikroorganismen oder zu deren Reduzierung auf ein akzeptables Niveau erforderlich ist;

h) „Für Säuglinge bestimmte Lebensmittel": Lebensmittel, die gemäß der Richtlinie 91/321/EWG der Kommission[1]) speziell für Säuglinge bestimmt sind;

i) „Lebensmittel für besondere medizinische Zwecke": diätetische Lebensmittel für besondere medizinische Zwecke gemäß der Richtlinie 1999/21/EG der Kommission[2]);

j) „Probe": eine aus einem oder mehreren Einzelteilen zusammengesetzte Einheit bzw. Menge oder eine Stoffportion, die auf unterschiedliche Weise aus einer Gesamtheit oder einer großen Stoffmenge ausgewählt wurde und Informationen über ein bestimmtes Merkmal der untersuchten Gesamtheit oder des untersuchten Stoffes liefert und als Grundlage für eine Entscheidung über die fragliche Gesamtheit oder den fraglichen Stoff oder den Prozess, durch den sie/er zustande kam, bilden soll;

k) „Repräsentative Probe": eine Probe, bei der die Merkmale der Partie, aus der sie entnommen wurde, erhalten bleiben. Dies trifft vor allem auf eine Stichprobe zu, bei der jeder Artikel oder Teil der Partie mit gleicher Wahrscheinlichkeit in die Probe gelangt;

l) „Einhaltung der mikrobiologischen Kriterien": die Erzielung befriedigender oder akzeptabler Ergebnisse gemäß Anhang I bei der Untersuchung anhand der für das Kriterium festgelegten Werte durch Probenahme, Untersuchung und Durchführung von Korrekturmaßnahmen gemäß dem Lebensmittelrecht und den von der zuständigen Behörde gegebenen Anweisungen.

m) „Sprossen": die Begriffsbestimmung in Artikel 2 Buchstabe a der Durchführungsverordnung (EU) Nr. 208/2013 der Kommission vom 11. März 2013 über die Anforderungen an die Rückverfolgbarkeit von Sprossen und von Samen zur Erzeugung von Sprossen[3]); *(ABl L 68 vom 12. 3. 2013, S. 19)*

n) „ein breites Spektrum an Lebensmitteln" gemäß EN ISO 16140-2: Lebensmittel im Sinne des Artikels 2 Unterabsatz 1 der Verordnung (EG) Nr. 178/2002 des Europäischen Parlaments und des Rates[4]); *(ABl L 37 vom 8. 2. 2019, S. 106)*

o) „unabhängige Zertifizierungsstelle": eine Stelle, die von derjenigen Organisation unabhängig ist, die das alternative Verfahren ausarbeitet oder verteilt, und die eine schriftliche Garantie in Form eines Zertifikats liefert, mit dem bescheinigt wird, dass das validierte alternative Verfahren den Anforderungen der EN ISO 16140-2 genügt; *(ABl L 37 vom 8. 2. 2019, S. 106)*

p) „Produktionssicherung durch den Hersteller": ein Herstellungsprozess, mit dessen Steuerungssystem garantiert wird, dass das validierte alternative Verfahren den in EN ISO 16140-2 vorgeschriebenen Merkmalen weiterhin genügt, und sichergestellt wird, dass Fehler und Mängel beim alternativen Verfahren verhütet werden. *(ABl L 37 vom 8. 2. 2019, S. 106)*

q) „Reptilienfleisch": Reptilienfleisch im Sinne des Artikels 2 Nummer 16 der Delegierten Verordnung (EU) 2019/625 der Kommission[5]). *(ABl L 43 vom 17. 2. 2020, S. 63)*

Artikel 3
Allgemeine Anforderungen

(1) Die Lebensmittelunternehmer stellen sicher, dass Lebensmittel die in Anhang I zu dieser Verordnung aufgeführten entsprechenden mikrobiologischen Kriterien einhalten. Dazu treffen die Lebensmittelunternehmer Maßnahmen auf allen Stufen der Herstellung, der Verarbeitung und des Vertriebs von Lebensmitteln, einschließlich des

---

Zu Artikel 2:
[1]) *ABl. L 175 vom 4.7.1991, S. 35.*
[2]) *ABl. L 91 vom 7.4.1999, S. 29.*

[3]) *Siehe Seite 16 dieses Amtsblatts.*
[4]) *Verordnung (EG) Nr. 178/2002 des Europäischen Parlaments und des Rates vom 28. Januar 2002 zur Festlegung der allgemeinen Grundsätze und Anforderungen des Lebensmittelrechts, zur Errichtung der Europäischen Behörde für Lebensmittelsicherheit und zur Festlegung von Verfahren zur Lebensmittelsicherheit (ABl. L 31 vom 1.2.2002, S. 1).*
[5]) *Delegierte Verordnung (EU) 2019/625 der Kommission vom 4. März 2019 zur Ergänzung der Verordnung (EU) 2017/625 des Europäischen Parlaments und des Rates hinsichtlich der Anforderungen an den Eingang von Sendungen bestimmter für den menschlichen Verzehr bestimmter Tiere und Waren in die Union (ABl. L 131 vom 17.5.2019, S. 18)*

12/3. EG/Mikrobio.KriterienV
Artikel 3 – 5

Einzelhandels im Rahmen ihrer auf den HACCP-Grundsätzen beruhenden Verfahren und der Anwendung der guten Hygienepraxis, um zu gewährleisten, dass:

a) die ihrer Kontrolle unterliegende Lieferung, Handhabung und Verarbeitung von Rohstoffen und Lebensmitteln so durchgeführt wird, dass die Prozesshygienekriterien eingehalten werden,

b) die während der gesamten Haltbarkeitsdauer der Erzeugnisse geltenden Lebensmittelsicherheitskriterien unter vernünftigerweise vorhersehbaren Bedingungen für Vertrieb, Lagerung und Verwendung eingehalten werden.

(2) Erforderlichenfalls haben die für die Herstellung des Erzeugnisses verantwortlichen Lebensmittelunternehmer Untersuchungen gemäß Anhang II durchzuführen, um die Einhaltung der Kriterien während der gesamten Haltbarkeitsdauer des Erzeugnisses zu überprüfen. Dies gilt insbesondere für verzehrfertige Lebensmittel, die das Wachstum von Listeria monocytogenes begünstigen und ein dadurch verursachtes Risiko für die öffentliche Gesundheit bergen können.
Die Lebensmittelunternehmer können bei der Durchführung dieser Untersuchungen zusammenarbeiten.
Leitlinien für die Durchführung der Untersuchungen können in die in Artikel 7 der Verordnung (EG) Nr. 852/2004 genannten Leitlinien für eine gute Verfahrenspraxis aufgenommen werden.

Artikel 4
Untersuchung anhand von Kriterien

(1) Die Lebensmittelunternehmer haben, wo angemessen, bei der Validierung oder Überprüfung des ordnungsgemäßen Funktionierens ihrer HACCP-gestützten Verfahren oder anderer Hygienekontrollmaßnahmen Untersuchungen anhand der mikrobiologischen Kriterien gemäß Anhang I durchzuführen.

(2) Die Lebensmittelunternehmer haben über die angemessenen Probenahmehäufigkeiten zu entscheiden, außer wenn in Anhang I spezielle Probenahmehäufigkeiten vorgesehen sind; in diesem Fall sind Proben in mindestens der in Anhang I genannten Häufigkeit zu entnehmen. Die Lebensmittelunternehmer entscheiden darüber im Rahmen ihrer HACCP-Verfahren und der guten Hygienepraxis, wobei die Gebrauchsanweisung des Lebensmittels zu berücksichtigen ist. Die Probenahmehäufigkeit kann an die Art und Größe der Lebensmittelunternehmen angepasst werden, sofern die Sicherheit der Lebensmittel nicht gefährdet wird.

Artikel 5
Spezifische Bestimmungen über Probenahme und Untersuchung

(1) Die in Anhang I genannten Untersuchungsmethoden sowie Probenahmepläne und -verfahren sind als Referenzverfahren heranzuziehen.

(2) Proben sind bei den bei der Lebensmittelherstellung genutzten Verarbeitungsbereichen und Ausrüstungsgegenständen zu entnehmen, wenn dies nötig ist, um sicherzustellen, dass die Kriterien eingehalten werden. Bei dieser Probenahme ist die ISO-Norm 18593 als Referenzverfahren heranzuziehen.
Lebensmittelunternehmer, die verzehrfertige Lebensmittel herstellen, welche ein durch *Listeria monocytogenes* verursachtes Risiko für die öffentliche Gesundheit bergen könnten, haben im Rahmen ihres Probenahmeplans Proben aus den Verarbeitungsbereichen und Ausrüstungsgegenständen auf *Listeria monocytogenes* zu untersuchen.
„Lebensmittelunternehmer, die getrocknete Säuglingsanfangsnahrung oder getrocknete Lebensmittel für besondere medizinische Zwecke herstellen, welche für Säuglinge unter sechs Monaten bestimmt sind und ein durch *Cronobacter spp.* verursachtes Risiko bergen können, haben im Rahmen ihres Probenahmeplans die Verarbeitungsbereiche und Ausrüstungsgegenstände auf Enterobacteriaceae zu untersuchen."
(ABl L 37 vom 8. 2. 2019, S. 106)

(3) Die Anzahl der gemäß den Probenahmeplänen in Anhang I zu ziehenden Probeeinheiten kann verringert werden, wenn der Lebensmittelunternehmer anhand zurückliegender Aufzeichnungen nachweisen kann, dass er über funktionierende HACCP-gestützte Verfahren verfügt.

(4) Wird jedoch die Untersuchung speziell zur Bewertung der Akzeptabilität einer bestimmten Lebensmittelpartie oder eines Prozesses durchgeführt, sind als Minimum die in Anhang I aufgeführten Probenahmepläne einzuhalten.

(5) Die Lebensmittelunternehmer können andere Probenahme- und Untersuchungsverfahren anwenden, wenn sie zur Zufriedenheit der zuständigen Behörde ausreichend nachweisen können, dass diese Verfahren zumindest gleichwertige Garantien bieten. Diese Verfahren können alternative Probenahmestellen und die Verwendung von Trendanalysen umfassen.
Die Untersuchung auf alternative Mikroorganismen und damit zusammenhängende mikrobiologische Grenzwerte sowie die Durchführung von anderen als mikrobiologischen Analysen ist nur für Prozesshygienekriterien zulässig.
„Die Anwendung alternativer Untersuchungsmethoden ist zulässig, sofern diese"

— anhand des in Anhang I aufgeführten spezifischen Referenzverfahrens gemäß der Ar-

beitsvorschrift in der Norm EN ISO 16140-2 validiert wurden und
- für die Lebensmittelkategorie in den entsprechenden mikrobiologischen Kriterien in Anhang I, deren Einhaltung vom Lebensmittelunternehmer überprüft wird, validiert wurden bzw. für ein breites Spektrum an Lebensmitteln im Sinne der EN ISO 16140-2 validiert wurden.

Urheberrechtlich geschützte Methoden können als alternative Untersuchungsmethoden herangezogen werden, sofern sie
- wie in Unterabsatz 3 festgelegt, gemäß der Arbeitsvorschrift in der Norm EN ISO 16140-2 anhand des spezifischen Referenzverfahrens zur Überprüfung der Einhaltung der mikrobiologischen Kriterien des Anhangs I validiert wurden und
- von einer unabhängigen Zertifizierungsstelle zertifiziert wurden.

Die Zertifizierung der urheberrechtlich geschützten Methode gemäß Unterabsatz 4 zweiter Gedankenstrich
- wird mindestens alle 5 Jahre einer Neubewertung im Wege von Erneuerungsverfahren unterzogen;
- belegt, dass die Produktionssicherung durch den Hersteller bewertet wurde, und
- enthält eine Zusammenfassung der Ergebnisse der Validierung der urheberrechtlich geschützten Methode bzw. einen Verweis darauf und eine Erklärung zum Qualitätsmanagement in Bezug auf den Herstellungsprozess bei der Methode.

Lebensmittelunternehmer können andere Untersuchungsmethoden als die gemäß den Unterabsätzen 3, 4 und 5 validierten oder zertifizierten Methoden anwenden, wenn diese Methoden nach international anerkannten Arbeitsvorschriften validiert wurden und ihre Anwendung von der zuständigen Behörde genehmigt wurde.
(ABl L 37 vom 8. 2. 2019, S. 106)

Artikel 6
Anforderungen an die Kennzeichnung

(1) Sofern die Regelungen zu *Salmonella* in den in Anhang I aufgeführten und zum Verzehr in durcherhitztem Zustand bestimmten Lebensmittelkategorien für Hackfleisch/Faschiertes, Fleischzubereitungen und Fleischerzeugnisse eingehalten werden, sind die in den Verkehr gebrachten Partien dieser Erzeugnisse vom Hersteller eindeutig zu kennzeichnen, um den Verbraucher darauf hinzuweisen, dass sie vor dem Verzehr durcherhitzt werden müssen.

(2) Ab 1. Januar 2010 ist eine Etikettierung gemäß Absatz 1 hinsichtlich aus Geflügelfleisch hergestelltem Hackfleisch/Faschiertem, aus Geflügelfleisch hergestellten Fleischzubereitungen und -erzeugnissen nicht mehr erforderlich.

Artikel 7
Unbefriedigende Ergebnisse

(1) Führt die Untersuchung anhand der in Anhang I festgelegten Kriterien zu unbefriedigenden Ergebnissen, haben die Lebensmittelunternehmer die in den Absätzen 2 bis 4 dieses Artikels angegebenen Maßnahmen und sonstige in ihren HACCP-gestützten Verfahren festgelegte Abhilfemaßnahmen sowie sonstige zum Schutz der Verbrauchergesundheit erforderliche Maßnahmen zu ergreifen.
Zusätzlich haben sie Maßnahmen zu ergreifen, um die Ursache der unbefriedigenden Ergebnisse zu finden und damit zu verhindern, dass die nicht akzeptable mikrobiologische Kontamination erneut auftritt. Zu diesen Maßnahmen können Änderungen der HACCP-gestützten Verfahren oder andere Maßnahmen zur Kontrolle der Lebensmittelhygiene zählen.

(2) Sofern die Untersuchung anhand der Lebensmittelsicherheitskriterien nach Anhang I Kapitel 1 unbefriedigende Ergebnisse liefert, ist das Erzeugnis oder die Partie Lebensmittel gemäß Artikel 19 der Verordnung (EG) Nr. 178/2002 vom Markt zu nehmen oder zurückzurufen. Bereits in Verkehr gebrachte Erzeugnisse, die noch nicht im Einzelhandel angelangt sind und die Lebensmittelsicherheitskriterien nicht einhalten, können einer weiteren Verarbeitung unterzogen werden, die die entsprechende Gefahr beseitigt. Diese Behandlung kann nur von anderen Lebensmittelunternehmern als denjenigen auf Einzelhandelsebene durchgeführt werden.
Der Lebensmittelunternehmer kann die Partie für andere Zwecke als die ursprünglich vorgesehenen verwenden, sofern diese Verwendung keine Gefahr für die Gesundheit für Mensch oder Tier darstellt und sofern sie im Rahmen der HACCP-gestützten Verfahren und der guten Hygienepraxis festgelegt und von der zuständigen Behörde genehmigt wurde.

(3) Eine Partie Separatorenfleisch, die nach den in Anhang III Abschnitt V Kapitel III Nummer 3 der Verordnung (EG) Nr. 853/2004 genannten Verfahren hergestellt wurde und hinsichtlich des *Salmonella*-Kriteriums unbefriedigende Ergebnisse aufweist, darf in der Lebensmittelkette nur noch zur Herstellung von wärmebehandelten Fleischerzeugnissen in Betrieben verwendet werden, die gemäß der Verordnung (EG) Nr. 853/2004 zugelassen sind.

(4) Bei unbefriedigenden Ergebnissen hinsichtlich der Prozesshygienekriterien sind die in Anhang I Kapitel 2 aufgeführten Maßnahmen zu ergreifen.

Artikel 8
Vorübergehende Ausnahmeregelungen

(1) Bis spätestens 31. Dezember 2009 wird gemäß Artikel 12 der Verordnung (EG) Nr. 852/2004 eine vorübergehende Ausnahmeregelung gewährt hinsichtlich der Einhaltung des in Anhang I der vorliegenden Verordnung genannten Wertes für *Salmonella* in Hackfleisch/Faschiertem, Fleischzubereitungen und Fleischerzeugnissen, die zum Verzehr im durcherhitzten Zustand bestimmt sind und auf dem Staatsgebiet eines Mitgliedstaates in Verkehr gebracht werden.

(2) Die Mitgliedstaaten, die von dieser Möglichkeit Gebrauch machen, teilen dies der Kommission und den anderen Mitgliedstaaten mit. Der Mitgliedstaat

a) sichert zu, dass geeignete Vorkehrungen getroffen sind, einschließlich Etikettierung und eines speziellen Kennzeichens, das nicht mit der Identitätskennzeichnung gemäß Anhang II Abschnitt I der Verordnung (EG) Nr. 853/ 2004 zu verwechseln ist, um sicherzustellen, dass die Ausnahmeregelung nur für die betroffenen Erzeugnisse gilt, wenn diese auf dem eigenen Staatsgebiet in Verkehr gebracht werden, und dass Erzeugnisse, die für den innergemeinschaftlichen Handel versandt werden, die in Anhang I aufgeführten Kriterien einhalten.

b) trägt dafür Sorge, dass die Erzeugnisse, für die solche vorübergehenden Ausnahmeregelungen gelten, eine eindeutige Kennzeichnung mit dem Hinweis, dass sie vor dem Verzehr durchzuerhitzen sind, enthalten.

c) garantiert, dass bei der Untersuchung anhand des *Salmonella*-Kriteriums gemäß Artikel 4 das Ergebnis hinsichtlich einer solchen vorübergehenden Ausnahmeregelung nur dann akzeptabel ist, wenn nicht mehr als eine von fünf Probeneinheiten einen positiven Salmonellen-Nachweis hat.

Artikel 9
Trendanalysen

Die Lebensmittelunternehmer haben Trends bei den Untersuchungsergebnissen zu analysieren. Bewegt sich ein Trend auf unbefriedigende Ergebnisse zu, so treffen die Lebensmittelunternehmer unverzüglich geeignete Maßnahmen, um zu verhindern, dass mikrobiologische Gefahren auftreten.

Artikel 10
Überprüfung

Die vorliegende Verordnung ist vor dem Hintergrund des wissenschaftlichen, technischen und methodischen Fortschritts, neu auftretender pathogener Mikroorganismen in Lebensmitteln sowie der Informationen aus Risikobewertungen zu überprüfen. Insbesondere sind die Kriterien und Bedingungen in Bezug auf den Nachweis von Salmonellen in Schlachtkörpern von Rindern, Schafen, Ziegen, Pferden, Schweinen und Geflügel angesichts der beobachteten Veränderungen der Salmonellenprävalenz zu überprüfen.

Artikel 11
Aufhebung

Die Entscheidung 93/51/EWG wird aufgehoben.

Artikel 12

Diese Verordnung tritt am zwanzigsten Tag nach ihrer Veröffentlichung im *Amtsblatt der Europäischen Union* in Kraft.

Sie gilt ab 1. Januar 2006.

Diese Verordnung ist in allen ihren Teilen verbindlich und gilt unmittelbar in jedem Mitgliedstaat.

Brüssel, den 15. November 2005

Für die Kommission

Markos KYPRIANOU

Mitglied der Kommission

ANHANG I

Mikrobiologische Kriterien für Lebensmittel

Kapitel	1.	Lebensmittelsicherheitskriterien	15
Kapitel	2.	Prozesshygienekriterien	20
	2.1.	Fleisch und Fleischerzeugnisse	20
	2.2.	Milch und Milcherzeugnisse	23
	2.3.	Eierzeugnisse	26
	2.4.	Fischereierzeugnisse	27
	2.5.	Gemüse, Obst und daraus hergestellte Erzeugnisse	28
Kapitel	3.	Bestimmungen über die Entnahme und Aufbereitung von Untersuchungsproben	29
	3.1.	Allgemeine Bestimmungen über die Entnahme und Aufbereitung der Untersuchungsproben	29
	3.2.	Probenahme zur bakteriologischen Untersuchung in Schlachthöfen und Betrieben, die Hackfleisch/Faschiertes und Fleischzubereitungen herstellen	29

(ABl L 322 vom 7. 12. 2007, S. 12)

12/3. EG/Mikrobio.KriterienV ANHANG I

ANHANG I

Kapitel 1. Lebensmittelsicherheitskriterien

Lebensmittelkategorie	Mikroorganismen/deren Toxine, Metaboliten	Probenahmeplan[1]		Grenzwerte[2]		Analytische Referenzmethode[3]	Stufe, für die das Kriterium gilt
		n	c	m	M		
1.1	Verzehrfertige Lebensmittel, die für Säuglinge oder für besondere medizinische Zwecke bestimmt sind[4]	*Listeria monocytogenes*	10	0	In 25 g nicht nachweisbar		EN/ISO 11290-1	In Verkehr gebrachte Erzeugnisse während der Haltbarkeitsdauer
1.2	Andere als für Säuglinge oder für besondere medizinische Zwecke bestimmte, verzehrfertige Lebensmittel, die die Vermehrung von *L. monocytogenes* begünstigen können	*Listeria monocytogenes*	5	0	100 KBE/g[5]		EN/ISO 11290-2[6]	In Verkehr gebrachte Erzeugnisse während der Haltbarkeitsdauer
			5	0	In 25 g nicht nachweisbar[7]		EN/ISO 11290-1	Bevor das Lebensmittel die unmittelbare Kontrolle des Lebensmittelunternehmers, der es hergestellt hat, verlassen hat

[1] *Anzahl der Probeneinheiten der Stichprobe; c = Anzahl der Probeneinheiten, deren Werte zwischen m und M liegen*
[2] *Bei Nummern 1.1-1.24, 1.27a, 1.28-1.30 m = M. (ABl L 43 vom 17. 2. 2020, S. 63)*
[3] *Es ist die neueste Fassung der Norm zu verwenden.*
[4] *Eine regelmäßige Untersuchung anhand des Kriteriums ist unter normalen Umständen bei folgenden verzehrfertigen Lebensmitteln nicht sinnvoll:—bei Lebensmitteln, die einer Wärmebehandlung oder einer anderen Verarbeitung unterzogen wurden, durch die Listeria monocytogenes abgetötet werden, wenn eine erneute Kontamination nach der Verarbeitung nicht möglich ist (z. B. bei in der Endverpackung wärmebehandelten Erzeugnissen):*
  – bei frischem, nicht zerkleinertem und nicht verarbeitetem Obst und Gemüse;
  – bei Brot, Keksen sowie ähnlichen Erzeugnissen;
  – bei in Flaschen abgefülltem oder abgepacktem Wasser, alkoholfreien Getränken, Bier, Apfelwein, Wein, Spirituosen und ähnlichen Erzeugnissen;
  – bei Zucker, Honig und Süßwaren einschließlich Kakao- und Schokoladeerzeugnissen;
  – bei lebenden Muscheln;
  – bei Speisesalz. (ABl L 107 vom 29. 4. 2010 S 9)
[5] *Dieses Kriterium gilt, sofern der Hersteller zur Zufriedenheit der zuständigen Behörde nachweisen kann, dass das Erzeugnis während der gesamten Haltbarkeitsdauer den Wert von 100 KBE/g nicht übersteigt. Der Unternehmer kann Zwischengrenzwerte während des Verfahrens festlegen, die niedrig genug sein sollten, um zu garantieren, dass der Grenzwert von 100 KBE/g am Ende der Haltbarkeitsdauer nicht überschritten wird.*
[6] *1 ml Inoculum wird auf eine Petrischale (140 mm Durchmesser) oder auf 3 Petrischalen (je 90 mm Durchmesser) aufgebracht.*
[7] *Dieses Kriterium gilt für Erzeugnisse, bevor sie aus der unmittelbaren Kontrolle des Lebensmittelunternehmers, der sie hergestellt hat, gelangt sind, wenn er nicht zur Zufriedenheit der zuständigen Behörde nachweisen kann, dass das Erzeugnis den Grenzwert von 100 KBE/g während der gesamten Haltbarkeitsdauer nicht überschreitet.*

EG-Hygiene-Verordnungen

ANHANG I

Lebensmittelkategorie	Mikroorganismen/deren Toxine, Metaboliten	Probenahmeplan[1]		Grenzwerte[2]		Analytische Referenzmethode[3]	Stufe, für die das Kriterium gilt
		n	c	m	M		
1.3 Andere als für Säuglinge oder für besondere medizinische Zwecke bestimmte, verzehrfertige Lebensmittel, die die Vermehrung von L. monocytogenes nicht begünstigen können[4][8]	Listeria monocytogenes	5	0	100 KBE/g		EN/ISO 11290-2[6]	In Verkehr gebrachte Erzeugnisse während der Haltbarkeitsdauer
1.4 Hackfleisch/Faschiertes und Fleischzubereitungen, die zum Rohverzehr bestimmt sind	Salmonella	5	0	In 25 g nicht nachweisbar		„EN ISO 6579-1" *(ABl L 37 vom 8. 2. 2019, S. 106)*	In Verkehr gebrachte Erzeugnisse während der Haltbarkeitsdauer
1.5 „Hackfleisch/Faschiertes und Fleischzubereitungen aus Geflügelfleisch, die zum Verzehr in durcherhitztem Zustand bestimmt sind" *(ABl L 107 vom 29. 4. 2010, S. 9)*	Salmonella	5	0	In 25 g nicht nachweisbar		„EN ISO 6579-1" *(ABl L 37 vom 8. 2. 2019, S. 106)*	In Verkehr gebrachte Erzeugnisse während der Haltbarkeitsdauer
1.6 Hackfleisch/Faschiertes und Fleischzubereitungen, die aus anderen Fleischarten als Geflügel hergestellt wurden und zum Verzehr in durcherhitztem Zustand bestimmt sind	Salmonella	5	0	In 10 g nicht nachweisbar		„EN ISO 6579-1" *(ABl L 37 vom 8. 2. 2019, S. 106)*	In Verkehr gebrachte Erzeugnisse während der Haltbarkeitsdauer

[1] Anzahl der Probeneinheiten der Stichprobe; c = Anzahl der Probeneinheiten, deren Werte zwischen m und M liegen
[2] Bei Nummern 1.1-1.24, 1.27a, 1.28-1.30 m = M. (ABl L 43 vom 17. 2. 2020, S. 63)
[3] Es ist die neueste Fassung der Norm zu verwenden.
[8] Erzeugnisse mit einem pH-Wert von ≤ 4,4 oder aw-Wert von ≤ 0,92, Erzeugnisse mit einem pH-Wert von ≤ 5,0 und aw-Wert von ≤ 0,94; Erzeugnisse mit einer Haltbarkeitsdauer von weniger als 5 Tagen werden automatisch dieser Kategorie zugeordnet. Andere Lebensmittelkategorien können vorbehaltlich einer wissenschaftlichen Begründung ebenfalls zu dieser Kategorie zählen.

ANHANG I

Lebensmittelkategorie	Mikroorganismen/deren Toxine, Metaboliten	Probenahmeplan[1]		Grenzwerte[2]		Analytische Referenzmethode[3]	Stufe, für die das Kriterium gilt
		n	c	m	M		
1.7 Separatorenfleisch[9]	Salmonella	5	0	In 10 g nicht nachweisbar		„EN ISO 6579-1" (ABl L 37 vom 8. 2. 2019, S. 106)	In Verkehr gebrachte Erzeugnisse während der Haltbarkeitsdauer
1.8 Fleischerzeugnisse, die zum Verzehr in rohem Zustand bestimmt sind, außer Erzeugnisse, bei denen das Herstellungsverfahren oder die Zusammensetzung des Erzeugnisses ausgeschlossen ist	Salmonella	5	0	In 25 g nicht nachweisbar		„EN ISO 6579-1" (ABl L 37 vom 8. 2. 2019, S. 106)	In Verkehr gebrachte Erzeugnisse während der Haltbarkeitsdauer
1.9 „Fleischerzeugnisse aus Geflügelfleisch, die zum Verzehr in durcherhitztem Zustand bestimmt sind" (ABl L 107 vom 29. 4. 2010, S. 9)	Salmonella	5	0	In 25 g nicht nachweisbar		„EN ISO 6579-1" (ABl L 37 vom 8. 2. 2019, S. 106)	In Verkehr gebrachte Erzeugnisse während der Haltbarkeitsdauer
1.10 Gelatine und Kollagen	Salmonella	5	0	In 25 g nicht nachweisbar		„EN ISO 6579-1" (ABl L 37 vom 8. 2. 2019, S. 106)	In Verkehr gebrachte Erzeugnisse während der Haltbarkeitsdauer

[1]) Anzahl der Probeneinheiten der Stichprobe; c = Anzahl der Probeneinheiten, deren Werte zwischen m und M liegen
[2]) Bei Nummern 1.1-1.24, 1.27a, 1.28-1.30 m = M. (ABl L 43 vom 17. 2. 2020, S. 63)
[3]) Es ist die neueste Fassung der Norm zu verwenden.
[9]) Dieses Kriterium gilt für Separatorenfleisch, das mit Hilfe der in Anhang III Abschnitt V Kapitel III Nummer 3 der Verordnung (EG) Nr. 853/2004 des Europäischen Parlaments und des Rates genannten Verfahren hergestellt wurde.

ANHANG I

	Lebensmittelkategorie	Mikroorganismen/deren Toxine, Metaboliten	Probenahmeplan[1]		Grenzwerte[2]		Analytische Referenzmethode[3]	Stufe, für die das Kriterium gilt
			n	c	m	M		
1.11	Käse, Butter und Sahne aus Rohmilch oder aus Milch, die einer Wärmebehandlung unterhalb der Pasteurisierungstemperatur unterzogen wurden[10]	Salmonella	5	0	In 25 g nicht nachweisbar		„EN ISO 6579-1" (ABl L 37 vom 8. 2. 2019, S. 106)	In Verkehr gebrachte Erzeugnisse während der Haltbarkeitsdauer
1.12	Milch- und Molkepulver	Salmonella	5	0	In 25 g nicht nachweisbar		„EN ISO 6579-1" (ABl L 37 vom 8. 2. 2019, S. 106)	In Verkehr gebrachte Erzeugnisse während der Haltbarkeitsdauer
1.13	Eiscreme[11], außer Erzeugnisse, bei denen das Salmonellenrisiko durch das Herstellungsverfahren oder die Zusammensetzung des Erzeugnisses ausgeschlossen ist	Salmonella	5	0	In 25 g nicht nachweisbar		„EN ISO 6579-1" (ABl L 37 vom 8. 2. 2019, S. 106)	In Verkehr gebrachte Erzeugnisse während der Haltbarkeitsdauer
1.14	Eiprodukte, außer Erzeugnisse, bei denen das Salmonellenrisiko durch das Herstellungsverfahren oder die Zusammensetzung des Erzeugnisses ausgeschlossen ist	Salmonella	5	0	In 25 g nicht nachweisbar		„EN ISO 6579-1" (ABl L 37 vom 8. 2. 2019, S. 106)	In Verkehr gebrachte Erzeugnisse während der Haltbarkeitsdauer

[1] Anzahl der Probeneinheiten der Stichprobe; c = Anzahl der Probeneinheiten, deren Werte zwischen m und M liegen
[2] Bei Nummern 1.1-1.24, 1.27a, 1.28-1.30 m = M. (ABl L 43 vom 17. 2. 2020, S. 63)
[3] Es ist die neueste Fassung der Norm zu verwenden.
[10] Ausgenommen Erzeugnisse, für die der Hersteller zur Zufriedenheit der zuständigen Behörde nachweisen kann, dass aufgrund der Reifungszeit und, wo angemessen, des aw-Wertes des Erzeugnisses kein Salmonellenrisiko besteht.
[11] Nur Speiseeis, das Milchbestandteile enthält.

ANHANG I

Lebensmittelkategorie		Mikroorganismen/deren Toxine, Metaboliten	Probenahmeplan[1]		Grenzwerte[2]		Analytische Referenzmethode[3]	Stufe, für die das Kriterium gilt
			n	c	m	M		
1.15	Verzehrfertige Lebensmittel, die rohes Ei enthalten, außer Erzeugnisse, bei denen das Salmonellenrisiko durch das Herstellungsverfahren oder die Zusammensetzung des Erzeugnisses ausgeschlossen ist	Salmonella	5	0	In 25 g nicht nachweisbar		„EN ISO 6579-1" (ABl. L 37 vom 8. 2. 2019, S. 106)	In Verkehr gebrachte Erzeugnisse während der Haltbarkeitsdauer
1.16	Gekochte Krebs- und Weichtiere	Salmonella	5	0	In 25 g nicht nachweisbar		„EN ISO 6579-1" (ABl. L 37 vom 8. 2. 2019, S. 106)	In Verkehr gebrachte Erzeugnisse während der Haltbarkeitsdauer
1.17	Lebende Muscheln, Stachelhäuter, Manteltiere und Schnecken	Salmonella	5	0	In 25 g nicht nachweisbar		„EN ISO 6579-1" (ABl. L 37 vom 8. 2. 2019, S. 106)	In Verkehr gebrachte Erzeugnisse während der Haltbarkeitsdauer

[1] Anzahl der Probeneinheiten der Stichprobe; c = Anzahl der Probeneinheiten, deren Werte zwischen m und M liegen
[2] Bei Nummern 1.1-1.24, 1.27a, 1.28-1.30 m = M. (ABl L 43 vom 17. 2. 2020, S. 63)
[3] Es ist die neueste Fassung der Norm zu verwenden.

12/3. EG/Mikrobio.KriterienV
ANHANG I

Lebensmittelkategorie	Mikroorganismen/deren Toxine, Metaboliten	Probenahmeplan[1]		Grenzwerte[2]		Analytische Referenzmethode[3]	Stufe, für die das Kriterium gilt
		n	c	m	M		
1.18	„Keimlinge (verzehrfertig)[23]" (ABl L 68 vom 12. 3. 2013, S. 19)	Salmonella	5	0	In 25 g nicht nachweisbar		„EN ISO 6579-1" (ABl L 37 vom 8. 2. 2019, S. 106)	In Verkehr gebrachte Erzeugnisse während der Haltbarkeitsdauer
1.19	Vorzerkleinertes Obst und Gemüse (verzehrfertig)	Salmonella	5	0	In 25 g nicht nachweisbar		„EN ISO 6579-1" (ABl L 37 vom 8. 2. 2019, S. 106)	In Verkehr gebrachte Erzeugnisse während der Haltbarkeitsdauer
1.20	Nicht pasteurisierte[1] Obst- und Gemüsesäfte (verzehrfertig)" (ABl L 37 vom 8. 2. 2019, S. 106)	Salmonella	5	0	In 25 g nicht nachweisbar		„EN ISO 6579-1" (ABl L 37 vom 8. 2. 2019, S. 106)	In Verkehr gebrachte Erzeugnisse während der Haltbarkeitsdauer
1.21	Käse, Milch- und Molkepulver gemäß den Kriterien für koagulasepositive Staphylokokken in Kapitel 2.2 dieses Anhangs	Staphylokokken-Enterotoxine	5	0	In 25 g nicht nachweisbar		„EN ISO 19020" (ABl L 37 vom 8. 2. 2019, S. 106)	In Verkehr gebrachte Erzeugnisse während der Haltbarkeitsdauer

[1]) Anzahl der Probeneinheiten der Stichprobe; c = Anzahl der Probeneinheiten, deren Werte zwischen m und M liegen
[2]) Bei Nummern 1.1-1.24, 1.27a, 1.28-1.30 m = M. (ABl L 43 vom 17. 2. 2020, S. 63)
[3]) Es ist die neueste Fassung der Norm zu verwenden.
[12]) Voruntersuchung der Partie Samen, bevor mit dem Keimverfahren begonnen wird, oder Probenahme auf der Stufe, auf der die Wahrscheinlichkeit, Salmonellen festzustellen, voraussichtlich am größten ist.
[23]) Ausgenommen Sprossen, die einem zur Abtötung von Salmonella spp. und STEC wirksamen Behandlungsverfahren unterzogen wurden.
[1]) „Nicht pasteurisiert" bedeutet, dass der Saft keiner Pasteurisierung durch Zeit-/Temperaturkombinationen bzw. keinen anderen validierten Verfahren unterzogen wurde, mit denen eine der Pasteurisierung im Hinblick auf ihre Wirkung auf Salmonellen gleichwertige bakterizide Wirkung erzielt wird.

12/3. EG/Mikrobio.KriterienV
ANHANG I

Lebensmittelkategorie		Mikroorganismen/deren Toxine, Metaboliten	Probenahmeplan[1]		Grenzwerte[2]		Analytische Referenzmethode[3]	Stufe, für die das Kriterium gilt
			n	c	m	M		
1.22	Getrocknete Säuglingsanfangsnahrung und getrocknete diätetische Lebensmittel für besondere medizinische Zwecke, die für Säuglinge unter 6 Monaten bestimmt sind	Salmonella	30	0	In 25 g nicht nachweisbar		„EN ISO 6579-1" (ABl L 37 vom 8. 2. 2019, S. 106)	In Verkehr gebrachte Erzeugnisse während der Haltbarkeitsdauer
1.23	Getrocknete Folgenahrung	Salmonella	30	0	In 25 g nicht nachweisbar		„EN ISO 6579-1" (ABl L 37 vom 8. 2. 2019, S. 106)	In Verkehr gebrachte Erzeugnisse während der Haltbarkeitsdauer
1.24	„Getrocknete Säuglingsanfangsnahrung und getrocknete diätetische Lebensmittel für besondere medizinische Zwecke, die für Säuglinge unter 6 Monaten bestimmt sind[14]" (ABl L 107 vom 29. 4. 2010, S. 9)	Cronobacter spp. ..." (ABl L 37 vom 8. 2. 2019, S. 106)	30	0	In 10 g nicht nachweisbar		„EN ISO 22964" (ABl L 37 vom 8. 2. 2019, S. 106)	In Verkehr gebrachte Erzeugnisse während der Haltbarkeitsdauer

[1]) Anzahl der Probeneinheiten der Stichprobe; c = Anzahl der Probeneinheiten, deren Werte zwischen m und M liegen
[2]) Bei Nummern 1.1-1.24, 1.27a, 1.28-1.30 m = M. (ABl L 43 vom 17. 2. 2020, S. 63)
[3]) Es ist die neueste Fassung der Norm zu verwenden.
[14]) Eine Paralleluntersuchung auf Enterobacteriaceae und ist durchzuführen, sofern nicht eine Korrelation zwischen diesen Mikroorganismen auf Ebene der einzelnen Betriebe festgestellt wurde. Werden in einem Betrieb in einer Probeneinheit Enterobacteriaceae nachgewiesen, ist die Partie auf Cronobacter spp. zu untersuchen. Der Hersteller muss zur Zufriedenheit der zuständigen Behörde nachweisen, ob zwischen Enterobacteriaceae und Cronobacter spp. eine derartige Korrelation besteht.

EG-Hygiene-Verordnungen

12/3. EG/Mikrobio.KriterienV
ANHANG I

Lebensmittelkategorie	Mikroorganismen, deren Toxine, Metaboliten	Probenahmeplan[1]		Grenzwerte[2]		Analytische Referenzmethode[3]	Stufe, für die das Kriterium gilt
		n	c	m	M		
„1.25" Lebende Muscheln, Stachelhäuter, Manteltiere und Schnecken (ABl L 323 vom 9. 12. 2015, S. 2)	*E. coli*[15]	5[16]	1	230 MPN/100 g Fleisch und Schalenflüssigkeit	700 MPN/100 g Fleisch und Schalenflüssigkeit	EN/ISO 16649-3	In Verkehr gebrachte Erzeugnisse während der Haltbarkeitsdauer
1.26 Fischereierzeugnisse von Fischarten, bei denen ein hoher Gehalt an Histidin auftritt[17]	*Histamin*	9[18]	2	100 mg/kg	200 mg/kg	„EN ISO 19343" *(ABl L 37 vom 8. 2. 2019, S. 106)*	In Verkehr gebrachte Erzeugnisse während der Haltbarkeitsdauer
„1.27" Fischereierzeugnisse — Erzeugnisse der Lebensmittelkategorie 1.27a ausgenommen —, die einem enzymatischen Reifungsprozess in Salzlösung unterzogen und aus Fischarten hergestellt werden, bei denen ein hoher Gehalt an Histidin auftritt[17] (ABl L 282 vom 24. 10. 2013, S. 46)	*Histamin*	9[18]	2	200 mg/kg	400 mg/kg	„EN ISO 19343" *(ABl L 37 vom 8. 2. 2019, S. 106)*	In Verkehr gebrachte Erzeugnisse während der Haltbarkeitsdauer

[1] Anzahl der Probeneinheiten der Stichprobe; c = Anzahl der Probeneinheiten, deren Werte zwischen m und M liegen
[2] Bei Nummern 1.1-1.24, 1.27a, 1.28-1.30 m = M. (ABl L 43 vom 17. 2. 2020, S. 63)
[3] Es ist die neueste Fassung der Norm zu verwenden.
[15] E. coli wird hier als Indikator für fäkale Kontamination verwendet.
[16] Jede Probenahmeeinheit umfasst eine Mindestanzahl an einzelnen Tieren gemäß EN/ISO 6887-3.
[17] Vor allem Fischarten der Familien: Scombridae, Clupeidae, Engraulidae, Coryfenidae, Pomatomidae und Scombraesosidae.
[18] Auf Einzelhandelsebene können einzelne Proben entnommen werden. In diesem Fall gilt die Annahme gemäß Artikel 14 Absatz 6 der Verordnung (EG) Nr. 178/2002 nicht, nach der die gesamte Partie als unsicher eingestuft werden sollte, es sei denn, das Ergebnis liegt über M.

ANHANG I

Lebensmittelkategorie	Mikroorganismen/deren Toxine, Metaboliten	Probenahmeplan[1] n	Probenahmeplan[1] c	Grenzwerte[2] m	Grenzwerte[2] M	Analytische Referenzmethode[3]	Stufe, für die das Kriterium gilt
„1.27a" Durch Fermentierung von Fischereierzeugnissen hergestellte Fischsoße (ABl L 195 vom 20. 7. 2016, S. 83)	Histamin	1	0		400 mg/kg	„EN ISO 19343" (ABl L 37 vom 8. 2. 2019, S. 106)	In Verkehr gebrachte Erzeugnisse während der Haltbarkeitsdauer
„1.28" Frisches Geflügelfleisch[20] (ABl L 281 vom 28.10.2011, S. 7)	„Salmonella Typhimurium[21]/Salmonella Enteritidis" (ABl L 37 vom 8. 2. 2019, S. 106)	5	0	In 25 g nicht nachweisbar		„EN ISO 6579-1 (für den Nachweis), White-Kaufmann-Le Minor-Schema (für die Serotypisierung)" (ABl L 37 vom 8. 2. 2019, S. 106)	In Verkehr gebrachte Erzeugnisse während der Haltbarkeitsdauer
„1.29" Sprossen[23] (ABl L 68 vom 12. 3. 2013, S. 19)	Shiga-Toxin bildende E. coli (STEC) O157, O26, O111, O103, O145 und O104:H4	5	0	In 25 g nicht nachweisbar		CEN/ISO TS 13136[22]	In Verkehr gebrachte Erzeugnisse während der Haltbarkeitsdauer

[1]) Anzahl der Probeneinheiten der Stichprobe; c = Anzahl der Probeneinheiten, deren Werte zwischen m und M liegen
[2]) Bei Nummern 1.1-1.24, 1.27a, 1.28-1.30 m = M. (ABl L 43 vom 17. 2. 2020, S. 63)
[3]) Es ist die neueste Fassung der Norm zu verwenden.
[20]) Das Kriterium gilt für frisches Geflügelfleisch aus Gallus-gallus-Zuchtherden, von Legehennen, Masthühnchen und aus Zucht- und Masthühnerherden.
[21]) Einschließlich des monophasischen Salmonella-typhimurium-Stammes 1,4,[5],12:i:-.
[21]) Einschließlich des monophasischen Salmonella-typhimurium-Stammes 1,4,[5],12:i:-.
[22]) Ausgenommen Sprossen, die einem zur Abtötung von Salmonella spp. und STEC wirksamen Behandlungsverfahren unterzogen wurden.
[23]) Unter Berücksichtigung der jüngsten vom EU-Referenzlaboratorium für Escherichia coli, einschließlich Verotoxin bildendem E. coli (VTEC), vorgenommenen Anpassung für den Nachweis von STEC O104:H4.

12/3. EG/Mikrobio.KriterienV
ANHANG I

Lebensmittelkategorie	Mikroorganismen/deren Toxine, Metaboliten	Probenahmeplan[1]		Grenzwerte[2]		Analytische Referenzmethode[3]	Stufe, für die das Kriterium gilt
		n	c	m	M		
„1.30" Reptilienfleisch (ABl L 43 vom 17. 2. 2020, S. 63)	Salmonella	5	0	In 25 g nicht nachweisbar		EN ISO 6579-1	In Verkehr gebrachte Erzeugnisse während der Haltbarkeitsdauer

[1] *Anzahl der Probeneinheiten der Stichprobe; c = Anzahl der Probeneinheiten, deren Werte zwischen m und M liegen*
[2] *Bei Nummern 1.1-1.24, 1.27a, 1.28-1.30 m = M. (ABl L 43 vom 17. 2. 2020, S. 63)*
[3] *Es ist die neueste Fassung der Norm zu verwenden.*

ANHANG I

Interpretation der Untersuchungsergebnisse

„Die angegebenen Grenzwerte beziehen sich auf jede einzelne untersuchte Probeneinheit." *(ABl L 323 vom 9. 12. 2015, S. 2)*

Die Testergebnisse belegen die mikrobiologische Qualität der untersuchten Partie[1].

[1] *Die Untersuchungsergebnisse können auch zum Nachweis der Wirksamkeit des HACCP-gestützten Verfahrens oder der guten Hygienepraxis dienen.*

L. monocytogenes in verzehrfertigen Lebensmitteln für Säuglinge und für besondere medizinische Zwecke:
– befriedigend, wenn alle gemessenen Werte auf Nichtvorhandensein des Bakteriums hinweisen,
– unbefriedigend, wenn das Bakterium in einer Probeneinheit nachgewiesen wird.

L. monocytogenes in verzehrfertigen Lebensmitteln, die das Wachstum von L. monocytogenes begünstigen können, bevor das Lebensmittel aus der unmittelbaren Kontrolle des Lebensmittelunternehmers, der es hergestellt hat, gelangt, wenn er nicht nachweisen kann, dass das Erzeugnis während der gesamten Haltbarkeitsdauer den Grenzwert von 100 KBE/g nicht überschreitet:
– befriedigend, wenn alle gemessenen Werte auf Nichtvorhandensein des Bakteriums hinweisen,
– unbefriedigend, wenn das Bakterium in einer Probeneinheit nachgewiesen wird.

„*L. monocytogenes* in sonstigen verzehrfertigen Lebensmitteln:" *(ABl L 323 vom 9. 12. 2015, S. 2)*
– befriedigend, wenn alle gemessenen Werte ≤ dem Grenzwert sind,
– unbefriedigend, wenn einer der Werte > als der Grenzwert ist.

E. coli in lebenden Muscheln, Stachelhäutern, Manteltieren und Schnecken:
– befriedigend, wenn alle fünf gemessenen Werte ≤ 230 MPN/100 g Fleisch und Schalenflüssigkeit sind oder wenn einer der fünf gemessenen Werte > 230 MPN/100 g Fleisch und Schalenflüssigkeit, jedoch ≤ 700 MPN/100 g Fleisch und Schalenflüssigkeit ist,
– unbefriedigend, wenn einer der fünf gemessenen Werte > 700 MPN/100 g Fleisch und Schalenflüssigkeit ist oder wenn mindestens zwei der fünf gemessenen Werte > 230 MPN/100 g Fleisch und Schalenflüssigkeit sind.

Salmonellen in verschiedenen Lebensmittelkategorien:
– befriedigend, wenn alle gemessenen Werte auf Nichtvorhandensein des Bakteriums hinweisen,
– unbefriedigend, wenn das Bakterium in einer Probeneinheit nachgewiesen wird.

Staphylokokken-Enterotoxine in Milcherzeugnissen:
– befriedigend, sofern die Enterotoxine in keiner Probeneinheit nachgewiesen werden,
– unbefriedigend, sofern die Enterotoxine in einer Probeneinheit nachgewiesen werden.

„*Cronobacter* spp." in getrockneter Säuglingsanfangsnahrung und getrockneten diätetischen Lebensmitteln für besondere medizinische Zwecke, die für Säuglinge unter 6 Monaten bestimmt sind: *(ABl L 37 vom 8. 2. 2019, S. 106)*
– befriedigend, wenn alle gemessenen Werte auf Nichtvorhandensein des Bakteriums hinweisen,
– unbefriedigend, wenn das Bakterium in einer Probeneinheit nachgewiesen wird.

„Histamin in Fischereierzeugnissen:" *(ABl L 282 vom 24. 10. 2013, S. 46)*
Histamin in Fischereierzeugnissen von Fischarten, bei denen ein hoher Gehalt an Histidin auftritt, durch Fermentierung von Fischereierzeugnissen hergestellte Fischsoße ausgenommen:
– befriedigend, sofern folgende Anforderungen erfüllt sind:
  1. Der gemessene Durchschnittswert ist ≤ m,
  2. die Höchstzahl der gemessenen c/n-Werte liegt zwischen m und M,
  3. kein gemessener Wert überschreitet den Grenzwert M;

ANHANG I

– unbefriedigend, sofern der gemessene Durchschnittswert > m ist oder mehr als c/n-Werte zwischen m und M liegen oder ein gemessener Wert oder mehrere gemessene Werte > M sind.

Durch Fermentierung von Fischereierzeugnissen hergestellte Fischsoße:
– befriedigend, wenn der gemessene Wert ≤ dem Grenzwert ist,
– unbefriedigend, wenn der gemessene Wert > dem Grenzwert ist.

ANHANG I

Kapitel 2 Prozesshygienekriterien

2.1 Fleisch und Fleischerzeugnisse

Lebensmittelkategorie	Mikroorganismen	Probenahmeplan[1]		Grenzwerte[2]		Analytische Referenzmethode[3]	Stufe, für die das Kriterium gilt	Maßnahmen im Fall unbefriedigender Ergebnisse
		n	c	m	M			
2.1.1 Schlachtkörper von Rindern, Schafen, Ziegen und Pferden[4]	Aerobe mesophile Keimzahl			3,5 log KBE/cm² tagesdurchschnittlicher Log-Wert	5,0 log KBE/cm² tagesdurchschnittlicher Log-Wert	„EN ISO 4833-1" (ABl L 37 vom 8. 2. 2019, S. 106)	Schlachtkörper nach dem Zurichten, aber vor dem Kühlen	Verbesserungen in der Schlachthygiene und Überprüfung der Prozesskontrolle
	Enterobacteriaceae			1,5 log KBE/cm² tagesdurchschnittlicher Log-Wert	2,5 log KBE/cm² tagesdurchschnittlicher Log-Wert	„EN ISO 21528-2" (ABl L 37 vom 8. 2. 2019, S. 106)	Schlachtkörper nach dem Zurichten, aber vor dem Kühlen	Verbesserungen in der Schlachthygiene und Überprüfung der Prozesskontrolle
2.1.2 Schlachtkörper von Schweinen[4]	Aerobe mesophile Keimzahl			4,0 log KBE/cm² tagesdurchschnittlicher Log-Wert	5,0 log KBE/cm² tagesdurchschnittlicher Log-Wert	„EN ISO 4833-1" (ABl L 37 vom 8. 2. 2019, S. 106)	Schlachtkörper nach dem Zurichten, aber vor dem Kühlen	Verbesserungen in der Schlachthygiene und Überprüfung der Prozesskontrolle

[1] n = Anzahl der Probeneinheiten der Stichprobe; c = Anzahl der Probeneinheiten, deren Werte zwischen m und M liegen.
[2] Bei Nummern 2.1.3–2.1.5 und 2.1.9: m = M. (ABl L 218 vom 24. 8. 2017, 1)
[3] Es ist die neueste Fassung der Norm zu verwenden.
[4] Die Grenzwerte (m und M) gelten nur für im destruktiven Verfahren entnommene Proben. Der tagesdurchschnittliche Log-Wert wird berechnet, indem zunächst ein Log-Wert eines jeden einzelnen Untersuchungsergebnisses ermittelt und dann der Durchschnitt dieser Log-Werte berechnet wird.

12/3. EG/Mikrobio.KriterienV

ANHANG I

Lebensmittelkategorie	Mikroorganismen	Probenahmeplan[1]		Grenzwerte[2]		Analytische Referenzmethode[3]	Stufe, für die das Kriterium gilt	Maßnahmen im Fall unbefriedigender Ergebnisse
		n	c	m	M			
	Enterobacteriaceae			2,0 log KBE/cm² tagesdurchschnittlicher Log-Wert	3,0 log KBE/cm² tagesdurchschnittlicher Log-Wert	„EN ISO 21528-2" (ABl L 37 vom 8. 2. 2019, S. 106)	Schlachtkörper nach dem Zurichten, aber vor dem Kühlen	Verbesserungen in der Schlachthygiene und Überprüfung der Prozesskontrolle
2.1.3 Schlachtkörper von Rindern, Schafen, Ziegen und Pferden	Salmonella	50[5]	2[6]	In dem je Schlachtkörper beprobten Bereich nicht nachweisbar		„EN ISO 6579-1" (ABl L 37 vom 8. 2. 2019, S. 106)	Schlachtkörper nach dem Zurichten, aber vor dem Kühlen	Verbesserungen in der Schlachthygiene und Überprüfung der Prozesskontrolle
„2.1.4" Schlachtkörper von Schweinen (ABl L 69 vom 8. 3. 2014, S. 93)	Salmonella	50[5]	5[6]	In dem je Schlachtkörper beprobten Bereich nicht nachweisbar		„EN ISO 6579-1" (ABl L 37 vom 8. 2. 2019, S. 106)	Schlachtkörper nach dem Zurichten, aber vor dem Kühlen	Verbesserungen in der Schlachthygiene, Überprüfung der Prozesskontrolle und der Herkunft der Tiere sowie der Maßnahmen im Bereich der Biosicherheit in den Herkunftsbetrieben

[1] n = Anzahl der Probeneinheiten der Stichprobe; c = Anzahl der Probeneinheiten, deren Werte zwischen m und M liegen.
[2] Bei Nummern 2.1.3–2.1.5 und 2.1.9: m = M. (ABl L 218 vom 24. 8. 2017, 1)
[3] Es ist die neueste Fassung der Norm zu verwenden.
[5] Die 50 Proben sind bei 10 aufeinander folgenden Probenerhebungen gemäß den in dieser Verordnung festgelegten Probenahmevorschriften und -häufigkeiten zu entnehmen.
[6] Die Anzahl der Proben, in denen Salmonellen nachgewiesen wurden. Der Wert c ist zu überprüfen, damit die Fortschritte bei der Verringerung der Salmonellenprävalenz berücksichtigt werden können. Mitgliedstaaten oder Regionen mit geringer Salmonellenprävalenz können auch schon vor der Überprüfung geringere c-Werte verwenden.

EG-Hygiene-Verordnungen

ANHANG I

Lebensmittelkategorie	Mikroorganismen	Probenahmeplan[1]		Grenzwerte[2]		Analytische Referenzmethode[3]	Stufe, für die das Kriterium gilt	Maßnahmen im Fall unbefriedigender Ergebnisse
		n	c	m	M			
„2.1.5" Geflügelschlachtkörper von Masthähnchen und Truthühnern (ABl L 281 vom 28. 10. 2011, S. 7)	Salmonella spp.[10]	50[5]	7[6] Ab dem 1.1.2012: c = 5 für Masthähnchen Ab dem 1.1.2013: c= 5 für Truthühner	In 25 g einer gepoolten Probe von der Halshaut nicht nachweisbar		„EN ISO 6579-1" (ABl L 37 vom 8. 2. 2019, S. 106)	Schlachtkörper nach dem Kühlen	Verbesserungen in der Schlachthygiene, Überprüfung der Prozesskontrolle und der Herkunft der Tiere sowie der Maßnahmen im Bereich der Biosicherheit in den Herkunftsbetrieben

[1] n = Anzahl der Probeneinheiten der Stichprobe; c = Anzahl der Probeneinheiten, deren Werte zwischen m und M liegen.
[2] Bei Nummern 2.1.3-2.1.5 und 2.1.9: m = M. (ABl L 218 vom 24. 8. 2017, 1)
[3] Es ist die neueste Fassung der Norm zu verwenden.
[10] Wird Salmonella spp. nachgewiesen, werden die Isolate für den Nachweis von Salmonella Typhimurium bzw. Salmonella Enteritidis weiter serotypisiert, damit die Einhaltung des mikrobiologischen Kriteriums gemäß Kapitel 1 Zeile 1.28 verifiziert werden kann.

12/3. EG/Mikrobio.KriterienV

ANHANG I

Lebensmittelkategorie	Mikroorganismen	Probenahmeplan[1]		Grenzwerte[2]		Analytische Referenzmethode[3]	Stufe, für die das Kriterium gilt	Maßnahmen im Fall unbefriedigender Ergebnisse
		n	c	m	M			
2.1.6 Hackfleisch/Faschiertes	Aerobe mesophile Keimzahl[7]	5	2	5×10^5 KBE/g	5×10^6 KBE/g	„EN ISO 4833-1" (ABl L 37 vom 8. 2. 2019, S. 106)	Ende des Herstellungsprozesses	Verbesserungen in der Herstellungshygiene und bei Auswahl und/oder Herkunft der Rohstoffe
	E. coli[8]	5	2	50 KBE/g	500 KBE/g	ISO 16649-1 oder 2	Ende des Herstellungsprozesses	Verbesserungen in der Herstellungshygiene und bei Auswahl und/oder Herkunft der Rohstoffe

[1] n = Anzahl der Probeneinheiten der Stichprobe; c = Anzahl der Probeneinheiten, deren Werte zwischen m und M liegen.
[2] Bei Nummern 2.1.3-2.1.5 und 2.1.9: m = M. (ABl L 218 vom 24. 8. 2017, 1)
[3] Es ist die neueste Fassung der Norm zu verwenden.
[7] Dieses Kriterium gilt nicht für auf Einzelhandelsebene erzeugtes Hackfleisch/Faschiertes, sofern die Halbbarkeitsdauer des Erzeugnisses weniger als 24 Stunden beträgt.
[8] E. coli wird hier als Indikator für fäkale Kontaminationen verwendet.

ANHANG I

Lebensmittelkategorie	Mikroorganismen	Probenahmeplan[1]		Grenzwerte[2]		Analytische Referenzmethode[3]	Stufe, für die das Kriterium gilt	Maßnahmen im Fall unbefriedigender Ergebnisse
		n	c	m	M			
2.1.7 Separatorenfleisch[9]	Aerobe mesophile Keimzahl	5	2	5×10^5 KBE/g	5×10^6 KBE/g	„EN ISO 4833-1" (ABl L 37 vom 8. 2. 2019, S. 106)	Ende des Herstellungsprozesses	Verbesserungen in der Herstellungshygiene und bei Auswahl und/oder Herkunft der Rohstoffe
	E. coli[8]	5	2	50 KBE/g	500 KBE/g	ISO 16649-1 oder 2	Ende des Herstellungsprozesses	Verbesserungen in der Herstellungshygiene und bei Auswahl und/oder Herkunft der Rohstoffe

[1] n = Anzahl der Probeneinheiten der Stichprobe; c = Anzahl der Probeneinheiten, deren Werte zwischen m und M liegen.
[2] Bei Nummern 2.1.3–2.1.5 und 2.1.9: m = M. (ABl L 218 vom 24. 8. 2017, 1)
[3] Es ist die neueste Fassung der Norm zu verwenden.
[9] Diese Kriterien gelten für Separatorenfleisch, das mit Hilfe der in Anhang III Abschnitt V Kapitel III Nummer 3 der Verordnung (EG) Nr. 853/2004 mit spezifischen Hygienevorschriften für Lebensmittel tierischen Ursprungs genannten Verfahren hergestellt wurde.

12/3. EG/Mikrobio.KriterienV
ANHANG I

Lebensmittelkategorie	Mikroorganismen	Probenahmeplan[1]		Grenzwerte[2]		Analytische Referenzmethode[3]	Stufe, für die das Kriterium gilt	Maßnahmen im Fall unbefriedigender Ergebnisse
		n	c	m	M			
2.1.8 Fleischzubereitungen	E. coli[8]	5	2	500 KBE/g oder cm²	5 000 KBE/g oder cm²	ISO 16649-1 oder 2	Ende des Herstellungsprozesses	Verbesserungen in der Herstellungshygiene und bei der Auswahl und/oder Herkunft der Rohstoffe
„2.1.9* Schlachtkörper von Masthähnchen (ABl L 218 vom 24. 8. 2017, S. 1)	Campylobacter spp.	50[5]	c = 20 Ab dem 1.1.2020: c = 15 Ab dem 1.1.2025: c = 10	1 000 KBE/g		EN ISO 10272-2	Schlachtkörper nach dem Kühlen	Verbesserungen in der Schlachthygiene, Überprüfung der Prozesskontrolle und der Herkunft der Tiere sowie der Maßnahmen im Bereich der Biosicherheit in den Herkunftsbetrieben

[1] n = Anzahl der Probeneinheiten der Stichprobe; c = Anzahl der Probeneinheiten, deren Werte zwischen m und M liegen.
[2] Bei Nummern 2.1.3-2.1.5 und 2.1.9: m = M. (ABl 218 vom 24. 8. 2017, 1)
[3] Es ist die neueste Fassung der Norm zu verwenden.
[5] Die 50 Proben sind bei 10 aufeinander folgenden Probenerhebungen gemäß den in dieser Verordnung festgelegten Probenahmevorschriften und -häufigkeiten zu entnehmen.

(ABl L 209 vom 4. 8. 2012, S. 19)

ANHANG I

Interpretation der Untersuchungsergebnisse

Die angegebenen Grenzwerte beziehen sich auf jede einzelne untersuchte Probeneinheit, außer auf die Untersuchung von Schlachtkörpern, bei denen sie sich auf die Sammelproben beziehen.

Die Testergebnisse weisen auf die mikrobiologischen Bedingungen des entsprechenden Herstellungsprozesses hin.

Enterobacteriaceae und aerobe mesophile Keimzahl bei Schlachtkörpern von Rindern, Schafen, Ziegen, Pferden und Schweinen:
- befriedigend, sofern der tagesdurchschnittliche Log-Wert $\leq$ m ist,
- akzeptabel, sofern der tagesdurchschnittliche Log-Wert zwischen m und M liegt,
- unbefriedigend, sofern der tagesdurchschnittliche Log-Wert > M ist.

Salmonella in Schlachtkörpern:
- befriedigend, sofern *Salmonella* in höchstens c/n Proben nachgewiesen wird,
- unbefriedigend, sofern *Salmonella* in mehr als c/n Proben nachgewiesen wird.

Nach jeder Probenerhebung werden die Ergebnisse der 10 letzten Probenerhebungen bewertet, um die n Anzahl an Proben zu ermitteln.

E.coli und aerobe mesophile Keimzahl bei Hackfleisch/Faschiertem, Fleischzubereitungen und Separatorenfleisch:
- befriedigend, sofern alle gemessenen Werte $\leq$ m sind,
- „akzeptabel, sofern die Höchstzahl der c/n-Werte zwischen m und M liegt und die übrigen gemessenen Werte $\leq$ m sind," *(ABl L 209 vom 4. 8. 2012, S. 19)*
- unbefriedigend, sofern ein gemessener Wert oder mehrere gemessene Werte > M sind oder mehr als c/n-Werte zwischen m und M liegen.

Campylobacter spp. in Geflügelschlachtkörpern von Masthähnchen:
- befriedigend, wenn höchstens c/n Werten > m sind,
- unbefriedigend, wenn mehr als c/n Werten > m sind.

(ABl L 218 vom 24. 8. 2017, S. 1)

ANHANG I

2. Milch und Milcherzeugnisse

Lebensmittelkategorie	Mikroorganismen	Probenahmeplan[1]		Grenzwerte[2]		Analytische Referenzmethode[3]	Stufe, für die das Kriterium gilt	Maßnahmen im Fall unbefriedigender Ergebnisse
		n	c	m	M			
2.2.1 „Pasteurisierte Milch und sonstige pasteurisierte flüssige Milcherzeugnisse[4]" *(ABl L 107 vom 29. 4. 2010, S. 9)*	Enterobacteriaceae	5	0	10 KBE/ml		„EN ISO 21528-2" *(ABl L 37 vom 8. 2. 2019, S. 106)*	Ende des Herstellungsprozesses	Kontrolle der Wirksamkeit der Wärmebehandlung und Vermeidung einer Rekontamination sowie Kontrolle der Rohstoffqualität
2.2.2 Käse aus Milch oder Molke, die einer Wärmebehandlung unterzogen wurden	E. coli[5]	5	2	100 KBE/g	1 000 KBE/g	ISO 16649-1 oder 2	Zu einem Zeitpunkt während der Herstellung, zu dem der höchste E.-coli-Gehalt erwartet wird[6]	Verbesserungen in der Herstellungshygiene und bei der Auswahl der Rohstoffe

[1] Anzahl der Probeneinheiten der Stichprobe; c = Anzahl der Probeneinheiten, deren Werte zwischen m und M liegen
[2] Bei den Nummern 2.2.1, 2.2.7, 2.2.9 und 2.2.10: m = M. *(ABl L 107 vom 29. 4. 2010 S 9)*
[3] Es ist die neueste Fassung der Norm zu verwenden.
[4] Dieses Kriterium gilt nicht für Erzeugnisse, die zur weiteren Verarbeitung in der Lebensmittelindustrie bestimmt sind.
[5] E. coli wird hier als Hygieneindikator verwendet.
[6] Bei Käsen, die das Wachstum von E. coli nicht begünstigen, liegt der E.-coli-Gehalt gewöhnlich zu Beginn des Reifungsprozesses am höchsten, und bei Käsen, die das Wachstum von E. coli begünstigen, trifft dies normalerweise am Ende des Reifungsprozesses zu.

ANHANG I

Lebensmittelkategorie	Mikroorganismen	Probenahmeplan[1]		Grenzwerte[2]		Analytische Referenzmethode[3]	Stufe, für die das Kriterium gilt	Maßnahmen im Fall unbefriedigender Ergebnisse
		n	c	m	M			
2.2.3 Käse aus Rohmilch	Koagulasepositive Staphylokokken	5	2	10^4 KBE/g	10^5 KBE/g	EN/ISO 6888-2	Zu einem Zeitpunkt während der Herstellung, zu dem der höchste Staphylokokkengehalt erwartet wird	Verbesserungen in der Herstellungshygiene und bei der Auswahl der Rohstoffe. Sofern Werte > 10^5 KBE/g nachgewiesen werden, ist die Partie auf Staphylokokken-Enterotoxine zu untersuchen.
2.2.4 Käse aus Milch, die einer Wärmebehandlung unterhalb der Pasteurisierungstemperatur unterzogen wurde[7], und gereifter Käse aus Milch oder Molke, die pasteurisiert oder einer Wärmebehandlung über der Pasteurisierungstemperatur unterzogen wurde[7]	Koagulasepositive Staphylokokken	5	2	100 KBE/g	1 000 KBE/g	EN/ISO 6888-1 oder 2		

[1] Anzahl der Probeneinheiten der Stichprobe; c = Anzahl der Probeneinheiten, deren Werte zwischen m und M liegen
[2] Bei den Nummern 2.2.1, 2.2.7, 2.2.9 und 2.2.10: m = M. (ABl L 107 vom 29. 4. 2010 S 9)
[3] Es ist die neueste Fassung der Norm zu verwenden.
[7] Ausgenommen Käse, bei denen der Hersteller zur Zufriedenheit der zuständigen Behörde nachweisen kann, dass kein Risiko einer Belastung mit Staphylokokken-Enterotoxinen besteht.

12/3. EG/Mikrobio.KriterienV
ANHANG I

Lebensmittelkategorie	Mikroorganismen	Probenahmeplan[1]		Grenzwerte[2]		Analytische Referenzmethode[3]	Stufe, für die das Kriterium gilt	Maßnahmen im Fall unbefriedigender Ergebnisse
		n	c	m	M			
2.2.5. Nicht gereifter Weichkäse (Frischkäse) aus Milch oder Molke, die pasteurisiert oder einer Wärmebehandlung über der Pasteurisierungstemperatur unterzogen wurden[7]	Koagulase-positive Staphylokokken	5	2	10 KBE/g	100 KBE/g	EN/ISO 6888-1 oder 2	Ende des Herstellungsprozesses	Verbesserungen der Herstellungshygiene. Sofern Werte > 10^5 KBE/g nachgewiesen werden, ist die Partie auf Staphylokokken-Enterotoxine zu untersuchen
2.2.6. Butter und Sahne aus Rohmilch oder Milch, die einer Wärmebehandlung unterhalb der Pasteurisierungstemperatur unterzogen wurde	E. coli[5]	5	2	10 KBE/g	100 KBE/g	ISO 16649-1 oder 2	Ende des Herstellungsprozesses	Verbesserungen in der Herstellungshygiene und bei der Auswahl der Rohstoffe.

[1] Anzahl der Probeneinheiten der Stichprobe; c = Anzahl der Probeneinheiten, deren Werte zwischen m und M liegen
[2] Bei den Nummern 2.2.1, 2.2.7, 2.2.9 und 2.2.10: m = M. (ABl L 107 vom 29. 4. 2010 S 9)
[3] Es ist die neueste Fassung der Norm zu verwenden.
[7] Ausgenommen Käse, bei denen der Hersteller zur Zufriedenheit der zuständigen Behörde nachweisen kann, dass kein Risiko einer Belastung mit Staphylokokken-Enterotoxinen besteht.
[5] E. coli wird hier als Hygieneindikator verwendet.

12/3. EG/Mikrobio.KriterienV
ANHANG I

ANHANG I

Lebensmittelkategorie	Mikroorganismus	Probenahmeplan (¹)		Grenzwerte (²)		Analytische Referenzmethode (³)	Stufe, für die das Kriterium gilt	Maßnahmen im Fall unbefriedigender Ergebnisse
		n	c	m	M			
2.2.7 Milch- und Molkepulver (⁴)	Enterobacteriaceae	5	0	10 KBE/g		ISO 21528-2	Ende des Herstellungsprozesses	Kontrolle der Wirksamkeit der Wärmebehandlung und Verhinderung einer erneuten Kontamination
	Koagulasepositive Staphylokokken	5	2	10 KBE/g	100 KBE/g	EN/ISO 6888-1 oder 2	Ende des Herstellungsprozesses	Verbesserungen der Herstellungshygiene. Sofern Werte > 10⁵ KBE/g nachgewiesen werden, ist die Partie auf Staphylokokken-Enterotoxine zu untersuchen.
2.2.8 Speiseeis (⁵) und vergleichbare gefrorene Erzeugnisse auf Milchbasis	Enterobacteriaceae	5	2	10 KBE/g	100 KBE/g	ISO 21528-2	Ende des Herstellungsprozesses	Verbesserungen in der Herstellungshygiene
2.2.9 Getrocknete Säuglingsanfangsnahrung und getrocknete diätetische Lebensmittel für besondere medizinische Zwecke, die für Säuglinge unter 6 Monaten bestimmt sind	Enterobacteriaceae	10	0	In 10 g nicht nachweisbar		ISO 21528-1	Ende des Herstellungsprozesses	Verbesserungen in der Herstellungshygiene zur Minimierung der Kontamination (⁶).
2.2.10 Getrocknete Folgenahrung	Enterobacteriaceae	5	0	In 10 g nicht nachweisbar		ISO 21528-1	Ende des Herstellungsprozesses	Verbesserungen in der Herstellungshygiene zur Minimierung der Kontamination
2.2.11 Getrocknete Säuglingsanfangsnahrung und getrocknete diätetische Lebensmittel für besondere medizinische Zwecke, die für Säuglinge unter 6 Monaten bestimmt sind	Präsumptiver Bacillus cereus	5	1	50 KBE/g	500 KBE/g	EN/ISO 7932 (¹⁰)	Ende des Herstellungsprozesses	Verbesserungen der Herstellungshygiene. Verhinderung der Rekontamination. Auswahl der Rohstoffe.

(¹) n = Anzahl der Probeneinheiten der Stichprobe; c = Anzahl der Probeneinheiten, deren Werte zwischen m und M liegen.
(²) Bei Nummern 2.2.7, 2.2.9 und 2.2.10: m = M.
(³) Es ist die neueste Fassung der Norm zu verwenden.
(⁴) Dieses Kriterium gilt nicht für Erzeugnisse, die zur weiteren Verarbeitung in der Lebensmittelindustrie bestimmt sind.
(⁵) E. coli wird hier als Hygieneindikator verwendet.
(⁶) Bei Käsen, die das Wachstum von E. coli nicht begünstigen, liegt der E.coli-Gehalt gewöhnlich zu Beginn des Reifungsprozesses am höchsten, und bei Käsen, die das Wachstum von E. coli begünstigen, trifft dies normalerweise am Ende des Reifungsprozesses zu.
(⁷) Ausgenommen Käse, bei denen der Hersteller zur Zufriedenheit der zuständigen Behörde nachweisen kann, dass kein Risiko einer Belastung mit Staphylokokken-Enterotoxinen besteht.
(⁸) Nur Speiseeis, das Milchbestandteile enthält.
(⁹) Eine Paralleluntersuchung auf Enterobacteriaceae und E. sakazakii ist durchzuführen, sofern nicht eine Korrelation zwischen diesen Mikroorganismen auf Ebene der einzelnen Betriebe festgestellt wurde. Werden in einem Betrieb in einer Probeneinheit Enterobacteriaceae nachgewiesen, ist die Partie auf E. sakazakii zu untersuchen. Der Hersteller muss zur Zufriedenheit der zuständigen Behörde nachweisen, ob zwischen Enterobacteriaceae und E. sakazakii eine derartige Korrelation besteht.
(¹⁰) 1 ml Inoculum wird auf eine Petrischale (140 mm Durchmesser) oder auf 3 Petrischalen (je 90 mm Durchmesser) aufgebracht.

Bei den Nummern 2.2.7 und 2.2.8: „ISO 21528-2" wird ersetzt durch „EN ISO 21528-2" (ABl L 37 vom 8. 2. 2019 S 110)
  Bei den Nummern 2.2.9 und 2.2.10: „ISO 21528-1" wird ersetzt durch „EN ISO 21528-1" (ABl L 37 vom 8. 2. 2019 S 110)
  In FN 9 wird „E. sakazakii" ersetzt durch „Cronobacter spp." (ABl L 37 vom 8. 2. 2019 S 110)

ANHANG I

Interpretation der Untersuchungsergebnisse

Die angegebenen Grenzwerte beziehen sich auf jede einzelne untersuchte Probeneinheit.

Die Testergebnisse weisen auf die mikrobiologischen Bedingungen des entsprechenden Herstellungsprozesses hin.

Enterobacteriaceae in getrockneter Säuglingsanfangsnahrung und getrockneten diätetischen Lebensmitteln für besondere medizinische Zwecke, die für Säuglinge unter 6 Monaten bestimmt sind:
– befriedigend, wenn alle gemessenen Werte auf Nichtvorhandensein des Bakteriums hinweisen,
– unbefriedigend, wenn das Bakterium in einer Probeneinheit nachgewiesen wird.

E.coli, Enterobacteriaceae (andere Lebensmittelkategorien) und koagulasepositive Staphylokokken:
– befriedigend, sofern alle gemessenen Werte ≤ m sind,
– „akzeptabel, sofern die Höchstzahl der c/n-Werte zwischen m und M liegt und die übrigen gemessenen Werte ≤ m sind," *(ABl L 209 vom 4. 8. 2012, S. 19)*
– unbefriedigend, sofern ein gemessener Wert oder mehrere gemessene Werte > M sind oder mehr als c/n-Werte zwischen m und M liegen.

Präsumptiver Bacillus cereus in getrockneter Säuglingsanfangsnahrung und getrockneten diätetischen Lebensmitteln für besondere medizinische Zwecke, die für Säuglinge unter 6 Monaten bestimmt sind:
– befriedigend, sofern alle gemessenen Werte ≤ m sind,
– „akzeptabel, sofern die Höchstzahl der c/n-Werte zwischen m und M liegt und die übrigen gemessenen Werte ≤ m sind," *(ABl L 209 vom 4. 8. 2012, S. 19)*
– unbefriedigend, sofern ein gemessener Wert oder mehrere gemessene Werte > M sind oder mehr als c/n-Werte zwischen m und M liegen.

12/3. EG/Mikrobio.KriterienV
ANHANG I

ANHANG I

2.3. Eiprodukte

Lebensmittelkategorie	Mikroorganismen	Probenahmeplan[1]		Grenzwerte		Analytische Referenzmethode[2]	Stufe, für die das Kriterium gilt	Maßnahmen im Fall unbefriedigender Ergebnisse
		n	c	m	M			
2.3.1. Eiprodukte	Enterobacteriaceae	5	2	10 KBE/g oder ml	100 KBE/g oder ml	EN ISO 21528-2" (ABl L 37 vom 8. 2. 2019, S. 106)	Ende des Herstellungsprozesses	Kontrolle der Wirksamkeit der Wärmebehandlung und Verhinderung einer erneuten Kontamination

[1] n = Anzahl der Probeneinheiten der Stichprobe; c = Anzahl der Probeneinheiten, deren Werte zwischen m und M liegen.
[2] Es ist die neueste Fassung der Norm zu verwenden.

ANHANG I

Interpretation der Untersuchungsergebnisse

Die angegebenen Grenzwerte beziehen sich auf jede einzelne untersuchte Probeneinheit.

Die Testergebnisse weisen auf die mikrobiologischen Bedingungen des entsprechenden Herstellungsprozesses hin.

Enterobacteriaceae in Eiprodukten:

– befriedigend, sofern alle gemessenen Werte ≤ m sind,
– „akzeptabel, sofern die Höchstzahl der c/n-Werte zwischen m und M liegt und die übrigen gemessenen Werte ≤ m sind," *(ABl L 209 vom 4. 8. 2012, S. 19)*
– unbefriedigend, sofern ein gemessener Wert oder mehrere gemessene Werte > M sind oder mehr als c/n-Werte zwischen m und M liegen.

12/3. EG/Mikrobio.KriterienV
ANHANG I

ANHANG I

2.4. Fischereierzeugnisse

Lebensmittelkategorie	Mikroorganismen	Probenahmeplan[1]		Grenzwerte		Analytische Referenzmethode[2]	Stufe, für die das Kriterium gilt	Maßnahmen im Fall unbefriedigender Ergebnisse
		n	c	m	M			
2.4.1. „Erzeugnisse von gekochten Krebs- und Weichtieren ohne Panzer bzw. Schale" (ABl L 195 vom 20. 7. 2016, S. 82)	E. coli	5	2	1 MPN/g	10 MPN/g	ISO TS 16649-3	Ende des Herstellungsprozesses	Verbesserungen in der Herstellungshygiene
	Koagulase-positive Staphylokokken	5	2	100 KBE/g	1 000 KBE/g	EN/ISO 6888-1 oder 2	Ende des Herstellungsprozesses	Verbesserungen in der Herstellungshygiene

[1] n = Anzahl der Probeneinheiten der Stichprobe; c = Anzahl der Probeneinheiten, deren Werte zwischen m und M liegen.
[2] Es ist die neueste Fassung der Norm zu verwenden.

ANHANG I

Interpretation der Untersuchungsergebnisse

Die angegebenen Grenzwerte beziehen sich auf jede einzelne untersuchte Probeneinheit.

Die Testergebnisse weisen auf die mikrobiologischen Bedingungen des entsprechenden Herstellungsprozesses hin.

E. coli in Erzeugnissen von gekochten Krebs- und Weichtieren ohne Panzer bzw. Schale:
– befriedigend, sofern alle gemessenen Werte ≤ m sind,
– „akzeptabel, sofern die Höchstzahl der c/n-Werte zwischen m und M liegt und die übrigen gemessenen Werte ≤ m sind," *(ABl L 209 vom 4. 8. 2012, S. 19)*
– unbefriedigend, sofern ein gemessener Wert oder mehrere gemessene Werte > M sind oder mehr als c/n-Werte zwischen m und M liegen.

Koagulasepositive Staphylokokken in gekochten Krebs- und Weichtieren ohne Panzer bzw. Schale:
– befriedigend, sofern alle gemessenen Werte ≤ m sind,
– „akzeptabel, sofern die Höchstzahl der c/n-Werte zwischen m und M liegt und die übrigen gemessenen Werte ≤ m sind," *(ABl L 209 vom 4. 8. 2012, S. 19)*
– unbefriedigend, sofern ein gemessener Wert oder mehrere gemessene Werte > M sind oder mehr als c/n-Werte zwischen m und M liegen.

EG-Hygiene-Verordnungen

ANHANG I

2.5 Gemüse, Obst und daraus hergestellte Erzeugnisse

Lebensmittelkategorie	Mikroorganismen	Probenahmeplan[1]		Grenzwerte		Analytische Referenzmethode[2]	Stufe, für die das Kriterium gilt	Maßnahmen im Fall unbefriedigender Ergebnisse
		n	c	m	M			
2.5.1 Vorzerkleinertes Obst und Gemüse (verzehrfertig)	E. coli	5	2	100 KBE/g	1 000 KBE/g	ISO 16649-1 oder 2	Während der Herstellung	Verbesserungen in der Herstellungshygiene und bei der Auswahl der Rohstoffe
2.5.2 „Nicht pasteurisierte[1] Obst- und Gemüsesäfte (verzehrfertig)" (ABl L 37 vom 8. 2. 2019, S. 106)	E. coli	5	2	100 KBE/g	1 000 KBE/g	ISO 16649-1 oder 2	Während der Herstellung	Verbesserungen in der Herstellungshygiene und bei der Auswahl der Rohstoffe

[1] n = Anzahl der Probeneinheiten der Stichprobe; c = Anzahl der Probeneinheiten, deren Werte zwischen m und M liegen.
[2] Es ist die neueste Fassung der Norm zu verwenden.
[1] „Nicht pasteurisiert" bedeutet, dass der Saft keiner Pasteurisierung durch Zeit-/Temperaturkombinationen bzw. keinen anderen validierten Verfahren unterzogen wurde, mit denen eine der Pasteurisierung im Hinblick auf ihre Wirkung auf E. coli gleichwertige bakterizide Wirkung erzielt wird.

12/3. EG/Mikrobio.KriterienV
ANHANG I

ANHANG I

Interpretation der Untersuchungsergebnisse

Die angegebenen Grenzwerte beziehen sich auf jede einzelne untersuchte Probeneinheit.

Die Testergebnisse weisen auf die mikrobiologischen Bedingungen des entsprechenden Herstellungsprozesses hin.

E.coli in vorzerkleinertem Obst und Gemüse (verzehrfertig) und in nicht pasteurisierten Obst- und Gemüsesäften (verzehrfertig)

– befriedigend, sofern alle gemessenen Werte ≤ m sind,
– „akzeptabel, sofern die Höchstzahl der c/n-Werte zwischen m und M liegt und die übrigen gemessenen Werte ≤ m sind," *(ABl L 209 vom 4. 8. 2012, S. 19)*
– unbefriedigend, sofern ein gemessener Wert oder mehrere gemessene Werte > M sind oder mehr als c/n-Werte zwischen m und M liegen.

ANHANG I

Kapitel 3 Bestimmungen über die Entnahme und Aufbereitung von Untersuchungsproben

3.1 Allgemeine Bestimmungen über die Entnahme und Aufbereitung der Untersuchungsproben

Solange keine spezifischeren Vorschriften für die Probenahme und die Probenaufbereitung vorliegen, sind die entsprechenden ISO-Normen (ISO = Internationale Organisation für Normung) und die Richtlinien des Codex Alimentarius als Referenzverfahren heranzuziehen.

3.2. Probenahme zur bakteriologischen Untersuchung in Schlachthöfen und Betrieben, die Hackfleisch/Faschiertes, Fleischzubereitungen, Separatorenfleisch und Frischfleisch herstellen

Bestimmungen über die Probenahme an Schlachtkörpern von Rindern, Schweinen, Schafen, Ziegen und Pferden

Die destruktiven und nichtdestruktiven Probenahmeverfahren, die Auswahl der Probenahmestellen sowie die Bestimmungen über Lagerung und Beförderung der zu verwendenden Proben werden in der Norm ISO 17604 beschrieben.

EG-Hygiene-Verordnungen

Bei jeder Probenahme sind fünf Schlachtkörper nach dem Zufallsprinzip zu beproben. Die Probenahmestellen sind unter Berücksichtigung der in den verschiedenen Anlagen verwendeten Schlachttechnik auszuwählen.

Bei der Beprobung zur Untersuchung auf Enterobacteriaceae und der aeroben mesophilen Keimzahl sind vier Stellen jedes Schlachtkörpers zu beproben. Mit Hilfe des destruktiven Verfahrens sind vier Gewebeproben mit einer Gesamtfläche von 20 cm^2 zu entnehmen. Bei Anwendung des nichtdestruktiven Verfahrens für diesen Zweck ist eine Probefläche je Probestelle von mindestens 100 cm^2 (50 cm^2 bei Schlachtkörpern kleiner Wiederkäuer) abzudecken.

Bei der Beprobung zur Untersuchung auf *Salmonella* ist die Probenahme mithilfe eines Kratzschwamms durchzuführen. Es sind Bereiche auszuwählen, bei denen die Wahrscheinlichkeit, dass sie kontaminiert sind, am größten ist. Die gesamte Probenahmefläche muss mindestens 400 cm^2 groß sein.

Vor der Untersuchung werden die von den verschiedenen Probenahmestellen entnommenen Proben des Schlachtkörpers entsprechend gepoolt.

Bestimmungen über die Probenahme von Geflügelschlachtkörpern und frischem Geflügelfleisch

Schlachthöfe beproben ganze Geflügelschlachtkörper mit Halshaut zur Untersuchung auf *Salmonella* und *Campylobacter*. Andere als in der Nachbarschaft eines Schlachthofs gelegene Zerlege- und Verarbeitungsbetriebe, die nur von diesem Schlachthof erhaltenes Fleisch zerlegen und verarbeiten,

ANHANG I

entnehmen ebenfalls Proben zur Untersuchung auf *Salmonella*. Dabei beproben sie vorzugsweise ganze Geflügelschlachtkörper mit Halshaut, sofern verfügbar, stellen jedoch sicher, dass auch Geflügelteile mit Haut, ohne Haut oder mit nur wenig Haut beprobt werden, und gewährleisten eine risikobasierte Probenwahl.

Die Schlachthöfe berücksichtigen in ihren Probenahmeplänen Geflügelschlachtkörper aus Herden mit unbekanntem *Salmonella*-Status oder aus solchen, in denen *Salmonella Enteritidis* oder *Salmonella Typhimurium* nachgewiesen wurde.

Werden Geflügelschlachtkörper auf *Salmonella* und *Campylobacter* anhand der in Kapitel 2 in den Zeilen 2.1.5 und 2.1.9 festgelegten Prozesshygienekriterien in Schlachthöfen untersucht und werden die Untersuchungen auf *Salmonella* und auf *Campylobacter* im selben Laboratorium durchgeführt, so sind bei jeder Probenahme nach dem Zufallsprinzip Halshäute von mindestens 15 Schlachtkörpern nach der Kühlung zu beproben. Vor der Untersuchung sind die Hautproben vom Hals von mindestens drei Geflügelschlachtkörpern aus derselben Ursprungsherde zu poolen, die dann eine Probe zu 26 g bilden. Die Hautproben vom Hals bilden also 5 × 26 g endgültige Proben (26 g sind nötig, um die Analysen für sowohl *Salmonella* als auch *Campylobacter* parallel anhand einer Probe vorzunehmen.). Die Proben werden nach der Probenahme aufbewahrt und bei einer Temperatur von mindestens 1 °C und höchstens 8 °C zum Laboratorium transportiert, wobei zwischen der Probenahme und der Untersuchung auf *Campylobacter* weniger als 48 Stunden liegen müssen, um die Unversehrtheit der Probe zu gewährleisten. Proben, die eine Temperatur von 0 °C erreicht haben, dürfen nicht für die Überprüfung der Einhaltung des *Campylobacter*-Kriteriums verwendet werden. Die 5 × 26 g Proben werden verwendet, um die Einhaltung der in Kapitel 2 Zeilen 2.1.5 und 2.1.9 festgelegten Prozesshygienekriterien und des in Kapitel 1 Zeile 1.28 festgelegten Lebensmittelsicherheitskriteriums zu verifizieren. Zur Herstellung der Erstverdünnung im Laboratorium werden der 26-g-Testmenge 9 Anteile (234 ml) gepufferten Peptonwassers zugesetzt. Dieses wird zuvor auf Raumtemperatur erwärmt. Die Mischung wird ca. 1 Minute lang in einem Mischer (Stomacher oder Pulsifier) behandelt. Schaumbildung sollte vermieden werden, indem die Luft weitestmöglich aus dem Stomacher-Beutel entfernt wird. 10 ml (~ 1 g) dieser Erstverdünnung werden in ein leeres steriles Röhrchen gegeben; 1 ml dieser 10 ml wird für die Auszählung von *Campylobacter* auf Selektivplatten verwendet. Der Rest der Erstverdünnung (250 ml ~ 25 g) wird zum Nachweis von *Salmonella* verwendet.

Werden Geflügelschlachtkörper auf *Salmonella* und *Campylobacter* anhand der in Kapitel 2 in den Zeilen 2.1.5 und 2.1.9 festgelegten Prozesshygienekriterien in Schlachthöfen untersucht und werden die Untersuchungen auf *Salmonella* und auf *Campylobacter* in zwei unterschiedlichen Laboratorien durchgeführt, so sind bei jeder Probenahme nach dem Zufallsprinzip Halshäute von mindestens 20 Schlachtkörpern nach der Kühlung zu beproben. Vor der Untersuchung sind die Hautproben vom Hals von mindestens vier Geflügelschlachtkörpern aus derselben Ursprungsherde zu poolen, die dann eine Probe von 35 g bilden. Die Hautproben vom Hals bilden also fünf Proben zu 35 g, die wiederum in fünf endgültige Proben zu 25 g (für die Untersuchung auf *Salmonella*) sowie fünf endgültige Proben zu 10 g (für die Untersuchung auf *Campylobacter*) aufgeteilt werden. Die Proben werden nach der Probenahme aufbewahrt und bei einer Temperatur von mindestens 1 °C und höchstens 8 °C zum Laboratorium transportiert, wobei zwischen der Probenahme und der Untersuchung auf *Campylobacter* weniger als 48 Stunden liegen müssen, um die Unversehrtheit der Probe zu gewährleisten. Proben, die eine Temperatur von 0 °C erreicht haben, dürfen nicht für die Überprüfung der Einhaltung des *Campylobacter*-Kriteriums verwendet werden. Die 5 × 25 g Proben werden verwendet, um die Einhaltung der in Kapitel 2 Zeile 2.1.5 festgelegten Prozesshygienekriterien und des in Kapitel 1 Zeile 1.28 festgelegten Lebensmittelsicherheitskriteriums zu verifizieren. Die fünf endgültigen Proben zu 10 g werden zur Überprüfung der Einhaltung des in Kapitel 2 Zeile 2.1.9 festgelegten Prozesshygienekriteriums verwendet.

Für die Untersuchung von anderem frischen Geflügelfleisch als Geflügelschlachtkörpern auf Salmonella sind pro Partie fünf Proben von mindestens 25 g zu entnehmen. Die Geflügelteilen mit Haut entnommenen Proben enthalten Haut und eine dünne Scheibe Oberflächenmuskel, falls nicht ausreichend Haut für eine Probeneinheit vorhanden ist. Die Geflügelteilen ohne Haut oder mit nur wenig Haut entnommenen Proben enthalten zusätzlich zu der vorhandenen Haut eine oder mehrere dünne Scheiben Oberflächenmuskel, sodass eine ausreichend große Probeneinheit entsteht. Die Fleischscheiben sind so zu entnehmen, dass sie möglichst viel von der Fleischoberfläche enthalten.

12/3. EG/Mikrobio.KriterienV
ANHANG I

Leitlinien für die Probenahme

Ausführlichere Leitlinien für die Probenahme bei Schlachtkörpern, insbesondere, was die Probenahmestellen anbelangt, können in die in Artikel 7 der Verordnung (EG) Nr. 852/2004 enthaltenen Leitlinien für gute Verfahrenspraxis aufgenommen werden.

Probenahmehäufigkeit bei Schlachtkörpern, Hackfleisch/Faschiertem, Fleischzubereitungen, Separatorenfleisch und frischem Geflügelfleisch

Die Lebensmittelunternehmer von Schlachthöfen oder Betrieben, die Hackfleisch/Faschiertes, Fleischzubereitungen, Separatorenfleisch oder frisches Geflügelfleisch herstellen, entnehmen mindestens einmal wöchentlich Proben zur mikrobiologischen Untersuchung. Der Probenahmetag ist wöchentlich zu ändern, damit sichergestellt ist, dass jeder Wochentag abgedeckt ist.

Was die Probenahme bei Hackfleisch/Faschiertem und Fleischzubereitungen zur Untersuchung auf E. coli und der aeroben mesophilen Keimzahl sowie die Probenahme an Schlachtkörpern zur Untersuchung auf Enterobacteriaceae und der aeroben mesophilen Keimzahl anbelangt, kann die Häufigkeit auf eine Untersuchung alle 14 Tage verringert werden, sofern in sechs aufeinanderfolgenden Wochen befriedigende Ergebnisse erzielt wurden.

Bei der Beprobung von Hackfleisch/Faschiertem, Fleischzubereitungen, Schlachtkörpern und frischem Geflügelfleisch zur Untersuchung auf Salmonella kann die Probenahmehäufigkeit auf eine 14-tägige Untersuchung verringert werden, wenn in 30 aufeinanderfolgenden Wochen befriedigende Ergebnisse erzielt wurden. Die Probenahmehäufigkeit bei Untersuchungen auf Salmonella kann auch verringert werden, wenn ein nationales oder regionales Salmonellen- Kontrollprogramm besteht, das Untersuchungen umfasst, die die in diesem Absatz genannte Probenahme ersetzen. Die Probenahmehäufigkeit kann noch weiter verringert werden, wenn in dem nationalen oder regionalen Salmonellen-Kontrollprogramm gezeigt wird, dass die Salmonellenprävalenz bei den von dem Schlachthof gekauften Tieren gering ist.

Bei der Beprobung von Geflügelschlachtkörpern zur Untersuchung auf *Campylobacter* kann die Probenahmehäufigkeit auf eine Untersuchung alle 14 Tage verringert werden, wenn in 52 aufeinanderfolgenden Wochen befriedigende Ergebnisse erzielt wurden. Die Probenahmehäufigkeit für *Campylobacter* kann mit Genehmigung der zuständigen Behörde verringert werden, wenn eine amtliches oder amtlich anerkanntes nationales oder regionales Campylobacter- Bekämpfungsprogramm existiert und dieses Probenahmen und Untersuchungen umfasst, die den Probenahmen und Untersuchungen gleichwertig sind, die zur Überprüfung der Einhaltung der in Kapitel 2 Zeile 2.1.9 festgelegten Prozesshygienekriterien verlangt werden. Wenn das Bekämpfungsprogramm eine geringe Kontamination der Herden mit *Campylobacter* zulässt, kann die Probenahmehäufigkeit weiter reduziert werden, sofern diese geringe Kontamination in den Herkunftsbetrieben der vom Schlachthof gekauften Masthähnchen in 52 aufeinanderfolgenden Wochen erzielt wird. Falls das Bekämpfungsprogramm während einer bestimmten Zeit des Jahres befriedigende Ergebnisse aufweist, kann die Untersuchungshäufigkeit für *Campylobacter* mit Genehmigung der zuständigen Behörde auch den saisonalen Schwankungen angepasst werden.

Kleine Schlachthöfe und Betriebe, die Hackfleisch/Faschiertes, Fleischzubereitungen und frisches Geflügelfleisch in kleinen Mengen herstellen, können jedoch von diesen Probenahmehäufigkeiten ausgenommen werden, sofern dies auf der Grundlage einer Risikoanalyse begründet und von der zuständigen Behörde genehmigt wird.

(ABl L 218 vom 24. 8. 2017, S 1)

3.3. Bestimmungen über die Probenahme von Sprossen

Für die Zwecke dieses Abschnitts gilt die Begriffsbestimmung für Partie in Artikel 2 Buchstabe b der Durchführungsverordnung (EU) Nr. 208/2013.

A. Allgemeine Bestimmungen für Probenahme und Untersuchung

1. Voruntersuchung von Chargen von Samen

Lebensmittelunternehmer, die Sprossen erzeugen, führen eine Voruntersuchung bei einer repräsentativen Probe von allen Partien von Samen durch. Eine repräsentative Probe besteht aus mindestens

EG-Hygiene-Verordnungen

0,5 % des Gewichts der Partie von Samen in Teilproben zu je 50 g oder wird mittels einer strukturierten und statistisch äquivalenten Probenahmestrategie, die von der zuständigen Behörde überprüft wurde, ausgewählt.

Für die Voruntersuchung muss der Lebensmittelunternehmer die Samen in der repräsentativen Probe unter denselben Bedingungen keimen lassen, wie dies für den Rest der Partie von Samen vorgesehen ist.

2. Probenahme und Untersuchung der Sprossen und des benutzten Bewässerungswassers

Lebensmittelunternehmer, die Sprossen erzeugen, entnehmen Proben für die mikrobiologische Untersuchung auf der Stufe, auf der die Wahrscheinlichkeit, Shiga-Toxin bildende *E. coli* (STEC) und *Salmonella spp.* festzustellen, am größten ist, in jedem Fall aber frühestens 48 Stunden nach Beginn des Keimvorgangs.

Die Sprossenproben werden nach den Vorgaben in den Zeilen 1.18 und 1.29 der Tabelle in Kapitel 1 analysiert.

Sprossen erzeugende Lebensmittelunternehmer, die einen Probenahmeplan mit entsprechenden Verfahren und mit Entnahmepunkten im benutzten Bewässerungswasser haben, können jedoch anstelle der Analyse nach den Bestimmungen für die Probenahme entsprechend den Vorgaben in den Zeilen 1.18 und 1.29 von Kapitel 1 fünf Proben zu je 200 ml von Wasser analysieren, das für die Bewässerung der Sprossen verwendet wurde.

In diesem Fall gelten die in den Zeilen 1.18 und 1.29 der Tabelle in Kapitel 1 genannten Anforderungen für die Analyse des für die Bewässerung der Sprossen benutzten Wassers mit der Nachweisgrenze in 200 ml.

Bei der erstmaligen Untersuchung einer Partie von Samen dürfen die Lebensmittelunternehmer nur Sprossen in Verkehr bringen, wenn die Ergebnisse der mikrobiologischen Analyse den Zeilen 1.18 und 1.29 der Tabelle in Kapitel 1 genügen, bzw. wenn das Ergebnis der Analyse von benutztem Bewässerungswasser in 200 ml negativ ist.

3. Probenahmehäufigkeit

Lebensmittelunternehmer, die Sprossen erzeugen, entnehmen Proben für die mikrobiologische Analyse mindestens einmal im Monat auf der Stufe, auf der die Wahrscheinlichkeit, Shiga-Toxin bildende *E. coli* (STEC) und *Salmonella spp.* festzustellen, am größten ist, in jedem Fall aber frühestens 48 Stunden nach Beginn des Keimvorgangs.

B. Ausnahme von der Voruntersuchung bei allen Partien von Samen nach Ziffern A. 1 diese Abschnitts

Lebensmittelunternehmer, die Sprossen erzeugen, können von den Bestimmungen über die Probenahme in Ziffer A.1 dieses Abschnitts ausgenommen werden, wenn folgende Bedingungen nachweislich erfüllt sind und die zuständige Behörde ihre Genehmigung erteilt hat:

a) Die zuständige Behörde hat sich vergewissert, dass der Lebensmittelunternehmer ein Lebensmittelsicherheits- Management betreibt, das auch Schritte im Produktionsprozess beinhaltet, mit dem das mikrobiologische Risiko gesenkt wird, und

b) historische Daten belegen, dass alle Partien der verschiedenen in dem Betrieb erzeugten Arten von Sprossen während mindestens 6 aufeinanderfolgenden Monaten vor Erteilung der Genehmigung die in den Zeilen 1.18 und 1.29 der Tabelle in Kapitel 1 genannten Lebensmittelsicherheitskriterien erfüllen.

(ABl L 68 vom 12. 3. 2013, S. 19)

Leitlinien für die Probenahme

Ausführlichere Leitlinien für die Probenahme bei Schlachtkörpern, insbesondere, was die Probenahmestellen anbelangt, können in die in Artikel 7 der Verordnung (EG) Nr. 852/2004 enthaltenen Leitlinien für gute Verfahrenspraxis aufgenommen werden.

12/3. EG/Mikrobio.KriterienV
ANHANG I

Probenahmehäufigkeit bei Schlachtkörpern, Hackfleisch/Faschiertem, Fleischzubereitungen, Separatorenfleisch und frischem Geflügelfleisch

Die Lebensmittelunternehmer von Schlachthöfen oder Betrieben, die Hackfleisch/Faschiertes, Fleischzubereitungen, Separatorenfleisch oder frisches Geflügelfleisch herstellen, entnehmen mindestens einmal wöchentlich Proben zur mikrobiologischen Untersuchung. Der Probenahmetag ist wöchentlich zu ändern, damit sichergestellt ist, dass jeder Wochentag abgedeckt ist.

Was die Probenahme bei Hackfleisch/Faschiertem und Fleischzubereitungen zur Untersuchung auf E. coli und der aeroben mesophilen Keimzahl sowie die Probenahme an Schlachtkörpern zur Untersuchung auf Enterobacteriaceae und der aeroben mesophilen Keimzahl anbelangt, kann die Häufigkeit auf eine 14-tägige Untersuchung verringert werden, sofern in sechs aufeinanderfolgenden Wochen befriedigende Ergebnisse erzielt wurden.

Bei der Beprobung von Hackfleisch/Faschiertem, Fleischzubereitungen, Schlachtkörpern und frischem Geflügelfleisch zur Untersuchung auf Salmonella kann die Probenahmehäufigkeit auf eine 14-tägige Untersuchung verringert werden, wenn in 30 aufeinanderfolgenden Wochen befriedigende Ergebnisse erzielt wurden. Die Probenahmehäufigkeit bei Untersuchungen auf Salmonella kann auch verringert werden, wenn ein nationales oder regionales Salmonellen-Kontrollprogramm besteht, das Untersuchungen umfasst, die die in diesem Absatz genannte Probenahme ersetzen. Die Probenahmehäufigkeit kann noch weiter verringert werden, wenn in dem nationalen oder regionalen Salmonellen- Kontrollprogramm gezeigt wird, dass die Salmonellenprävalenz bei den von dem Schlachthof gekauften Tieren gering ist.

Kleine Schlachthöfe und Betriebe, die Hackfleisch/Faschiertes, Fleischzubereitungen und frisches Geflügelfleisch in kleinen Mengen herstellen, können jedoch von diesen Probenahmehäufigkeiten ausgenommen werden, sofern dies auf der Grundlage einer Risikoanalyse begründet und von der zuständigen Behörde genehmigt wird.

(ABl L 322 vom 7. 12. 2007, S. 12)

EG-Hygiene-Verordnungen

ANHANG II

Die in Artikel 3 Absatz 2 genannten Untersuchungen umfassen:
- Spezifikationen der chemisch-physikalischen Merkmale des Erzeugnisses, wie zum Beispiel pH-Wert, aw-Wert, Salzgehalt, Konzentration der Konservierungsmittel und Art des Verpackungssystems, wobei die Lager- und Verarbeitungsbedingungen, die Kontaminationsmöglichkeiten sowie die geplante Haltbarkeitsdauer zu berücksichtigen sind, und
- Berücksichtigung der verfügbaren wissenschaftlichen Literatur und Forschungsdaten hinsichtlich der Wachstums- und Überlebensmerkmale der betreffenden Mikroorganismen.

Sofern die vorgenannten Untersuchungen dies erforderlich machen, führt der Lebensmittelunternehmer zusätzliche Untersuchungen durch, die Folgendes umfassen können:
- mathematische Vorhersagemodelle, die für das betreffende Lebensmittel unter Verwendung kritischer Wachstums- oder Überlebensfaktoren für die betreffenden Mikroorganismen in dem Erzeugnis erstellt werden;
- Tests, anhand deren die Fähigkeit von eingeimpften Mikroorganismen zu deren Vermehrung oder zum Überleben im Erzeugnis unter verschiedenen vernünftigerweise vorhersehbaren Lagerbedingungen untersucht wird;
- Untersuchungen zur Bewertung des Wachstums oder Überlebens der in dem Erzeugnis während der Haltbarkeitsdauer unter vernünftigerweise vorsehbaren Vertriebs-, Lager- und Verwendungsbedingungen möglicherweise vorhandenen entsprechenden Mikroorganismen.

Bei den genannten Untersuchungen ist die dem Erzeugnis, den entsprechenden Mikroorganismen sowie den Verarbeitungs- und Lagerbedingungen jeweils inhärente Variabilität zu berücksichtigen.

12/4. Verordnung (EG) Nr. 2074/2005 zur Festlegung von Durchführungsvorschriften für bestimmte unter die Verordnung (EG) Nr. 853/2004 des Europäischen Parlaments und des Rates fallende Erzeugnisse und für die in den Verordnungen (EG) Nr. 854/2004 des Europäischen Parlaments und des Rates und (EG) Nr. 882/2004 des Europäischen Parlaments und des Rates vorgesehenen amtlichen Kontrollen, zur Abweichung von der Verordnung (EG) Nr. 852/2004 des Europäischen Parlaments und des Rates und zur Änderung der Verordnungen (EG) Nr. 853/2004 und (EG) Nr. 854/2004

ABl L 338 vom 22. 12. 2005, S. 27 idF

1 ABl L 320 vom 18. 11. 2006, S. 13
2 ABl L 281 vom 25. 10. 2007, S. 12
3 ABl L 277 vom 18. 10. 2008, S. 18
4 ABl L 337 vom 16. 12. 2008, S. 31
5 ABl L 6 vom 11. 1. 2011, S. 3
6 ABl L 207 vom 12. 8. 2011, S. 1
7 ABl L 306 vom 6. 11. 2012, S. 1
8 ABl L 214 vom 9. 8. 2013, S. 11 (Berichtigung)
9 ABl L 69 vom 8. 3. 2014, S. 95
10 ABl L 324 vom 10. 12. 2015, S. 5
11 ABl L 126 vom 14. 5. 2016, S. 13
12 ABl L 281 vom 31. 10. 2017, S. 21
13 ABl L 285 vom 1. 11. 2017, S. 8
14 ABl L 131 vom 17. 5. 2019, S. 51
15 ABl L 131 vom 17. 5. 2019, S. 101
16 ABl L 325 vom 16. 12. 2019, S. 184 (Berichtigung)
17 ABl L 167 vom 29. 5. 2020, S. 17
18 ABl L 104 vom 25. 3. 2021, S. 56 (Berichtigung)

Verordnung (EG) Nr. 2074/2005 der Kommission vom 5. Dezember 2005 zur Festlegung von Durchführungsvorschriften für bestimmte unter die Verordnung (EG) Nr. 853/2004 des Europäischen Parlaments und des Rates fallende Erzeugnisse und für die in den Verordnungen (EG) Nr. 854/2004 des Europäischen Parlaments und des Rates und (EG) Nr. 882/2004 des Europäischen Parlaments und des Rates vorgesehenen amtlichen Kontrollen, zur Abweichung von der Verordnung (EG) Nr. 852/2004 des Europäischen Parlaments und des Rates und zur Änderung der Verordnungen (EG) Nr. 853/2004 und (EG) Nr. 854/2004

(Text von Bedeutung für den EWR)

DIE KOMMISSION DER EUROPÄISCHEN GEMEINSCHAFTEN —

gestützt auf den Vertrag zur Gründung der Europäischen Gemeinschaft,

gestützt auf die Verordnung (EG) Nr. 852/2004 des Europäischen Parlaments und des Rates vom 29. April 2004 über Lebensmittelhygiene[1], insbesondere auf Artikel 13 Absatz 2,

gestützt auf die Verordnung (EG) Nr. 853/2004 des Europäischen Parlaments und des Rates vom 29. April 2004 mit spezifischen Hygienevorschriften für Lebensmittel tierischen Ursprungs[2], insbesondere auf die Artikel 9, 10 und 11,

gestützt auf die Verordnung (EG) Nr. 854/2004 des Europäischen Parlaments und des Rates vom 29. April 2004 mit besonderen Verfahrensvorschriften für die amtliche Überwachung von zum menschlichen Verzehr bestimmten Erzeugnissen tierischen Ursprungs[3], insbesondere auf die Artikel 16, 17 und 18,

gestützt auf die Verordnung (EG) Nr. 882/2004 des Europäischen Parlaments und des Rates vom 29. April 2004 über amtliche Kontrollen zur Überprüfung der Einhaltung des Lebensmittel- und Futtermittelrechts sowie der Bestimmungen

---
[1] ABl. L 139 vom 30.4.2004, S. 1. Berichtigung im ABl. L 226 vom 25.6.2004, S. 3.
[2] ABl. L 139 vom 30.4.2004, S. 55. Berichtigung im ABl. L 226 vom 25.6.2004, S. 22.
[3] ABl. L 139 vom 30.4.2004, S. 206. Berichtigung im ABl. L 226 vom 25.6.2004, S. 83.

über Tiergesundheit und Tierschutz[4], insbesondere auf Artikel 63,

in Erwägung nachstehender Gründe:

(1) Die Verordnung (EG) Nr. 853/2004 enthält spezifische Hygienevorschriften für Lebensmittel tierischen Ursprungs. Es ist angezeigt, bestimmte Durchführungsvorschriften für Fleisch, lebende Muscheln, Fischereierzeugnisse, Milch, Eier, Froschschenkel und Schnecken sowie deren Verarbeitungserzeugnisse festzulegen.

(2) Die Verordnung (EG) Nr. 854/2004 enthält besondere Verfahrensvorschriften für die amtliche Überwachung von zum menschlichen Verzehr bestimmten Erzeugnissen tierischen Ursprungs. Es ist angezeigt, bestimmte Vorschriften weiter zu entwickeln und andere Anforderungen zu präzisieren.

(3) Mit der Verordnung (EG) Nr. 882/2004 wurden auf Gemeinschaftsebene harmonisierte allgemeine Rahmenvorschriften für amtliche Kontrollen festgelegt. Es ist angezeigt, bestimmte Vorschriften weiterzuentwickeln und andere Anforderungen zu präzisieren.

(4) Mit der Entscheidung 20XX/../EG der Kommission[5] werden bestimmte Entscheidungen zur Durchführung von Maßnahmen aufgehoben, die in den mit der Richtlinie 2004/41/EG des Europäischen Parlaments und des Rates vom 21. April 2004 zur Aufhebung bestimmter Richtlinien über Lebensmittelhygiene und Hygienevorschriften für die Herstellung und das Inverkehrbringen von bestimmten, zum menschlichen Verzehr bestimmten Erzeugnissen tierischen Ursprungs sowie zur Änderung der Richtlinien 89/662/EWG und 92/118/EWG des Rates und der Entscheidung 95/408/EG des Rates[6] aufgehobenen Richtlinien vorgesehen waren. Bestimmte Teile der betreffenden Entscheidungen sollten daher in dieser Verordnung beibehalten werden.

(5) Gemäß der Verordnung (EG) Nr. 852/2004 sind Lebensmittelunternehmer verpflichtet, Aufzeichnungen zu erstellen und aufzubewahren und relevante Informationen in diesen Aufzeichnungen der zuständigen Behörde und belieferten Lebensmittelunternehmern zur Verfügung zu stellen.

(6) Gemäß der Verordnung (EG) Nr. 853/2004 sind auch Schlachthofbetreiber verpflichtet, in Bezug auf alle Tiere außer frei lebendem Wild, die an den Schlachthof transportiert wurden oder bei denen der Transport zum Schlachthof beabsichtigt ist, Informationen zur Lebensmittelkette einzuholen, entgegenzunehmen und zu prüfen sowie diesen Informationen entsprechend zu handeln. Schlachthofbetreiber sollten darüber hinaus sicherstellen, dass die Informationen zur Lebensmittelkette alle in der Verordnung (EG) Nr. 853/2004 vorgesehenen Einzelheiten enthalten.

(7) Die Informationen zur Lebensmittelkette erleichtern Schlachthofbetreibern die Organisation des Schlachtablaufs und amtlichen Tierärzten die Entscheidung über die erforderlichen Kontrollen. Die Informationen sollten vom amtlichen Tierarzt evaluiert und als integrierender Bestandteil des Kontrollverfahrens genutzt werden.

(8) Existierende Kommunikationssysteme sollten so weit wie möglich genutzt und angepasst werden, um den Vorschriften der Verordnung (EG) Nr. 854/2004 in Bezug auf die Informationen zur Lebensmittelkette gerecht zu werden.

(9) Zur Verbesserung der Viehwirtschaft in Haltungsbetrieben und nach Maßgabe der Verordnung (EG) Nr. 854/2004 sollte der amtliche Tierarzt im Schlachthof festgestellte Erkrankungen und das Allgemeinbefinden einzelner Tiere oder der Herde/des Bestands, die die öffentliche Gesundheit oder die Tiergesundheit beeinträchtigen oder den Tierschutz gefährden könnten, aufzeichnen und seine Feststellungen erforderlichenfalls dem mit dem Herkunftsbetrieb assoziierten Lebensmittelunternehmer, den betreuenden Tierärzten und den zuständigen Behörden mitteilen.

(10) Die Verordnungen (EG) Nr. 853/2004 und (EG) Nr. 854/2004 enthalten Vorschriften für Parasitenkontrollen, die beim Umgang mit Fischereierzeugnissen an Land oder an Bord von Fischereifahrzeugen durchzuführen sind. Es ist Sache des Lebensmittelunternehmers, auf allen Stufen der Herstellung von Fischereierzeugnissen Eigenkontrollen im Sinne von Anhang III Abschnitt VIII Kapitel V Punkt D der Verordnung (EG) Nr. 853/2004 durchzuführen, damit Fische, die sichtbar von Parasiten befallen sind, nicht zum menschlichen Verzehr in den Verkehr gebracht werden. Die Festlegung von Durchführungsvorschriften für Sichtkontrollen setzt die Definition der Begriffe des sichtbaren Parasiten und der Sichtkontrolle sowie die Bestimmung von Art und Häufigkeit der Kontrollen voraus.

---
[4] ABl. L 165 vom 30.4.2004, S. 1. Berichtigung im ABl. L 191 vom 28.5.2004, S. 1.

Zu Abs. 4:
[5] Noch nicht im Amtsblatt veröffentlicht.
[6] ABl. L 157 vom 30.4.2004, S. 33. Berichtigung im ABl. L 195 vom 2.6.2004, S. 12.

(11) Die Kontrollen gemäß der Verordnung (EG) Nr. 853/2004, mit denen verhindert werden soll, dass nicht zum menschlichen Verzehr geeignete Fischereierzeugnisse in den Verkehr gebracht werden, können bestimmte chemische Kontrollen, einschließlich Kontrollen auf flüchtige Basenstickstoffe (TVB-N), umfassen. Es ist angezeigt, TVB-N-Werte festzulegen, die bei bestimmten Artenkategorien nicht überschritten werden dürfen, und die anzuwendenden Analysemethoden vorzugeben. Analysemethoden, die für die TVB-N-Kontrolle derzeit wissenschaftlich anerkannt sind, sollten zwar weiterhin routinemäßig angewandt werden, doch sollte für den Fall zweifelhafter Ergebnisse oder für Streitfälle eine Referenzmethode festgelegt werden.

(12) Die Grenzwerte für PSP-Toxine (Paralytic Shellfish Poison), ASP-Toxine (Amnesic Shellfish Poison) und lipophile Toxine sind in der Verordnung (EG) Nr. 853/2004 festgelegt. Bioassays sind die Referenzmethode zum Nachweis bestimmter Toxine und sollen verhindern, dass giftige Schalentiere geerntet werden. Höchstwerte und Analysemethoden sollten harmonisiert und zum Schutz der öffentlichen Gesundheit von den Mitgliedstaaten angewandt werden. Zusätzlich zu den biologischen Testmethoden sollten auch alternative Nachweisverfahren wie chemische Methoden und invitro- Versuche zulässig sein, sofern erwiesen ist, dass die gewählten Methoden nicht weniger leistungsfähig sind als die biologische Methode und ihre Anwendung einen gleichwertigen Gesundheitsschutz gewährleistet. Die vorgeschlagenen Grenzwerte für lipophile Toxine beruhen auf vorläufigen Daten und sollten erneut geprüft werden, sobald neue wissenschaftliche Erkenntnisse vorliegen. Das Fehlen von Referenzmaterial und die ausschließliche Anwendung nicht biologischer Verfahren bedeutet derzeit, dass das in Bezug auf die genannten Toxine gegebene Gesundheitsschutzniveau nicht dem Schutzniveau bei Einsatz biologischer Nachweisverfahren entspricht. Biologische Verfahren sollten daher so schnell wie möglich ersetzt werden.

(13) Separatorenfleisch, das nach Verfahren gewonnen wird, die die Struktur der verwendeten Knochen nicht verändern, sollte anders bewertet werden als Separatorenfleisch, bei dessen Gewinnung die Knochenstruktur verändert wird.

(14) Separatorenfleisch der ersteren Art, das unter vorgegebenen Bedingungen gewonnen wird und eine bestimmte Zusammensetzung aufweist, sollte in Fleischzubereitungen, die auf keinen Fall ohne vorherige Hitzebehandlung verzehrt werden dürfen, zulässig sein. Diese Bedingungen stehen insbesondere in Zusammenhang mit dem Kalziumgehalt von Separatorenfleisch, der gemäß Artikel 11 Nummer 2 der Verordnung (EG) Nr. 853/2004 festgelegt werden sollte. Der in der vorliegenden Verordnung festgesetzte Kalziumhöchstgehalt sollte angepasst werden, sobald ausführliche Informationen über Abweichungen infolge der Verwendung unterschiedlicher Arten von Rohmaterial vorliegen.

(15) Gemäß Artikel 31 Absatz 2 Buchstabe f der Verordnung (EG) Nr. 882/2004 halten die Mitgliedstaaten Listen zugelassener Betriebe ständig auf dem neuesten Stand. Es sollte eine gemeinsame Rahmenregelung für die Weitergabe relevanter Informationen an andere Mitgliedstaaten und die Öffentlichkeit festgelegt werden.

(16) Anhang III Abschnitt XI der Verordnung (EG) Nr. 853/2004 enthält Vorschriften für die Zubereitung von Froschschenkeln und Schnecken für den menschlichen Verzehr. Es sollten besondere Vorschriften, einschließlich Genusstauglichkeitsbescheinigungen, für die Einfuhr von zum Verzehr bestimmten Froschschenkeln und Schnecken aus Drittländern festgelegt werden.

(17) In Anhang III Abschnitte XIV und XV der Verordnung (EG) Nr. 853/2004 sind Vorschriften für die Herstellung und das Inverkehrbringen von Speisegelatine und Kollagen für den menschlichen Verzehr festgelegt. Es sollten auch besondere Vorschriften, einschließlich Genusstauglichkeitsbescheinigungen, für die Einfuhr von Gelatine und Kollagen sowie von Rohmaterial für die Herstellung von Speisegelatine und Kollagen für den menschlichen Verzehr aus Drittländern festgelegt werden.

(18) Flexibilität ist erforderlich, um auch weiterhin traditionelle Lebensmittel herstellen zu können. Die Mitgliedstaaten haben bereits im Rahmen der vor dem 1. Januar 2006 geltenden Gesetzgebung für eine breite Palette derartiger Lebensmittel Ausnahmen gewährt. Lebensmittelunternehmer sollten in der Lage sein, gängige Herstellungspraktiken ohne zeitliche Lücken auch nach dem genannten Termin anzuwenden. Ein Verfahren, das den Mitgliedstaaten Flexibilität einräumt, ist in den Verordnungen (EG) Nr. 852/2004, (EG) Nr. 853/2004 und (EG) Nr. 854/2004 bereits vorgesehen. In den meisten Fällen, in denen bereits Ausnahmen gewährt wurden, ging es jedoch hauptsächlich darum, mit bewährten Praktiken fortzufahren; daher würde ein umfassendes Mitteilungsverfahren mit vollständiger Gefahrenanalyse die Mitgliedstaaten nur unnötig und unverhältnismäßig belasten. Traditionelle Lebensmittel und allgemeine Vorschriften für diese Lebensmittel sollten daher unter gebührender Berücksichtigung der Ziele der Lebensmittelsicherheit abweichend von den

strukturellen Anforderungen der Verordnung (EG) Nr. 852/2004 definiert bzw. festgelegt werden.

(19) Da die Verordnungen (EG) Nr. 853/2004 und (EG) Nr. 854/2004 vor dem Beitrittsdatum des 1. Mai 2004 erlassen wurden, waren die neuen Mitgliedstaaten ausgeschlossen. Die ISO-Codes für diese Mitgliedstaaten und die Abkürzungen für die Europäische Gemeinschaft in den jeweiligen Landessprachen sollten daher in die betreffenden Vorschriften dieser Verordnungen aufgenommen werden.

(20) Anhang III Abschnitt I der Verordnung (EG) Nr. 853/2004 enthält Vorschriften für die Gewinnung und das Inverkehrbringen von Fleisch von als Haustieren gehaltenen Huftieren. Kapitel IV Nummer 8 dieses Abschnitts regelt Ausnahmen von der Vorschrift des vollständigen Enthäutens von Schlachtkörpern und anderer zum Verzehr bestimmter Schlachtkörperteile. Diese Ausnahmen sollten auf Rinderfüße ausgedehnt werden, sofern sie dieselben Anforderungen erfüllen wie Kalbsfüße.

(21) Bestimmte Praktiken können den Verbraucher, was die Zusammensetzung bestimmter Erzeugnisse anbelangt, irreführen. Insbesondere der Verkauf von mit Wasserbindern behandeltem Geflügelfleisch als frisches Fleisch sollte verboten werden, um Verbrauchererwartungen nicht zu enttäuschen.

(22) Aus der Stellungnahme der Europäischen Behörde für Lebensmittelsicherheit vom 30. August 2004 geht hervor, dass Fischereierzeugnisse der Familie *Gempylidae*, insbesondere *Ruvettus pretiosus* und *Lepidocybium flavobrunneum*, beim Verzehr unter bestimmten Bedingungen Magen-Darm-Störungen hervorrufen können. Die Vermarktung von Fischereierzeugnissen dieser Familie sollten daher an bestimmte Vermarktungsbedingungen gebunden werden.

(23) Anhang III Abschnitt IX der Verordnung (EG) Nr. 853/2004 enthält Hygienevorschriften für Rohmilch und Milcherzeugnisse. Gemäß Kapitel I Teil II Punkt B Nummer 1 Buchstabe e dürfen Zitzenbäder oder andere Reinigungsmittel für Euter nur verwendet werden, wenn sie von der zuständigen Behörde zugelassen wurden. Dieser Teil enthält jedoch keine ausführliche Zulassungsregelung. Daher ist es im Interesse eines harmonisierten Vorgehens der Mitgliedstaaten angezeigt, die Verfahren für die Erteilung von Zulassungen zu präzisieren.

(24) Gemäß der Verordnung (EG) Nr. 853/2004 müssen Lebensmittelunternehmer sicherstellen, dass zur Verarbeitung von Rohmilch und Milcherzeugnissen angewandte Wärmebehandlungen einem international anerkannten Standard genügen. Aufgrund der Spezifität einiger der in diesem Sektor üblichen Wärmebehandlungen und ihrer Auswirkungen auf die Lebensmittelsicherheit und Tiergesundheit sollten Lebensmittelunternehmern diesbezüglich genauere Leitlinien an die Hand gegeben werden.

(25) Mit der Verordnung (EG) Nr. 853/2004 wird eine neue Definition für Erzeugnisse aus Eiern eingeführt, die nach dem Entfernen der Schale noch nicht verarbeitet wurden. Daher müssen die Vorschriften für diese Erzeugnisse präzisiert und die Bestimmungen von Anhang III Abschnitt X Kapitel II der Verordnung (EG) Nr. 853/2004 entsprechend geändert werden.

(26) Anhang III Abschnitt XIV der Verordnung (EG) Nr. 853/2004 enthält spezifische Hygienevorschriften für Gelatine. Diese Vorschriften beinhalten Anforderungen an die Art des zur Gelatineherstellung zulässigen Rohmaterials sowie die Beförderung und Lagerung dieses Materials. Sie umfassen auch Spezifikationen für die Gelatineherstellung. Es sollten jedoch auch Vorschriften für die Etikettierung von Gelatine festgelegt werden.

(27) Aufgrund neuer wissenschaftlicher Erkenntnisse wurde als anerkannte Referenzmethode zum Nachweis von E. coli in Muscheln die ISO-Norm 16649-3 festgelegt. Gemäß der Verordnung (EG) Nr. 2073/2005 über mikrobiologische Kriterien für Lebensmittel[7] wurde diese Referenzmethode für lebende Muscheln aus Gebieten der Klasse A bereits vorgegeben. Daher sollte die ISO-Norm 16649-3 auch als MPN(Most Probable Number)-Referenzmethode zum Nachweis von E. coli in Muscheln aus Gebieten der Klassen B und C festgelegt werden. Die Anwendung alternativer Methoden sollte nur genehmigt werden, wenn sie der Referenzmethode gleichwertig sind.

(28) Die Verordnungen (EG) Nr. 853/2004 und (EG) Nr. 854/2004 sollten entsprechend geändert werden.

(29) Die in dieser Verordnung vorgesehenen Maßnahmen entsprechen der Stellungnahme des Ständigen Ausschusses für die Lebensmittelkette und Tiergesundheit —

HAT FOLGENDE VERORDNUNG ERLASSEN:

Zu Abs. 27:
[7] Siehe Seite 1 dieses Amtsblatts.

Artikel 1
Anforderungen an die Informationen zur Lebensmittelkette im Sinne der Verordnung (EG) Nr. 853/2004

Die Anforderungen an die Informationen zur Lebensmittelkette gemäß Anhang II Abschnitt III der Verordnung (EG) Nr. 853/2004 sind in Anhang I der vorliegenden Verordnung festgelegt.
(ABl L 325 vom 16. 12. 2019, S. 184)

Artikel 2
Anforderungen an Fischereierzeugnisse im Sinne der Verordnung (EG) Nr. 853/2004

Anforderungen an Fischereierzeugnisse im Sinne von Artikel 11 Absatz 9 der Verordnung (EG) Nr. 853/2004 sind in Anhang II dieser Verordnung festgelegt.
(ABl L 104 vom 25. 3. 2021, S. 56)

Artikel 3
Anerkannte Testmethoden zum Nachweis mariner Biotoxine im Sinne der Verordnung (EG) Nr. 853/2004

Anerkannte Testmethoden zum Nachweis mariner Biotoxine im Sinne von Artikel 11 Absatz 4 der Verordnung (EG) Nr. 853/2004 sind in Anhang V der Durchführungsverordnung (EU) 2019/627 festgelegt.
(ABl L 325 vom 16. 12. 2019, S. 184)

Artikel 4
Kalziumgehalt von Separatorenfleisch im Sinne der Verordnung (EG) Nr. 853/2004

Der Kalziumgehalt von Separatorenfleisch im Sinne von Artikel 11 Absatz 2 der Verordnung (EG) Nr. 853/2004 ist in Anhang IV dieser Verordnung festgelegt.

Artikel 5 *(aufgehoben, ABl L 131 vom 17. 5. 2019, S. 51)*

Artikel 6 *(aufgehoben, ABl L 131 vom 17. 5. 2019, S. 101)*

Artikel 6a
Testverfahren für Rohmilch und wärmebehandelte Kuhmilch

Die Analyseverfahren gemäß Anhang III der Durchführungsverordnung (EU) 2019/627 sind von den Lebensmittelunternehmern zur Überprüfung der Einhaltung der in Anhang III Abschnitt IX Kapitel I Teil III der Verordnung (EG) Nr. 853/2004 festgelegten Grenzwerte anzuwenden sowie zur Gewährleistung der angemessenen Anwendung eines Pasteurisierungsverfahrens für Milcherzeugnisse gemäß Anhang III Abschnitt IX Kapitel II Teil II der genannten Verordnung.
(ABl L 325 vom 16. 12. 2019, S. 184)

Artikel 6b *(aufgehoben, ABl L 131 vom 17. 5. 2019, S. 51)*

Artikel 6c *(aufgehoben, ABl L 131 vom 17. 5. 2019, S. 51)*

Artikel 7
Abweichung von der Verordnung (EG) Nr. 852/2004 für traditionelle Lebensmittel

(1) Zum Zwecke dieser Verordnung sind „traditionelle Lebensmittel" Lebensmittel, die in dem Mitgliedstaat, in dem sie traditionsgemäß hergestellt werden,

a) seit jeher als Erzeugnisse mit Tradition anerkannt sind oder

b) nach verschlüsselten oder eingetragenen technischen Spezifikationen oder in Bezug auf die traditionelle Herstellung nach traditionellen Produktionsmethoden hergestellt werden oder

c) nach gemeinschaftlichem, staatlichem, regionalem oder örtlichem Recht als traditionelle Lebensmittel geschützt sind.

(2) Die Mitgliedstaaten können Unternehmen, die traditionelle Lebensmittel herstellen, einzelne oder allgemeine Ausnahmen von folgenden Anforderungen gewähren:

a) Anhang II Kapitel II Nummer 1 der Verordnung (EG) Nr. 852/2004 in Bezug auf Räume, in denen diese Erzeugnisse Umweltbedingungen ausgesetzt werden, die für die teilweise Entwicklung ihrer charakteristischen Eigenschaften erforderlich sind. Derartige Räume können insbesondere Wände, Decken und Türen aufweisen, die nicht aus glattem, Flüssigkeit abstoßendem, nicht absorbierendem oder korrosionsfestem Material bestehen, sowie natürliche Mauern, Decken und Böden;

b) Anhang II Kapitel II Nummer 1 Buchstabe f und Kapitel V Nummer 1 der Verordnung (EG) Nr. 852/2004 in Bezug auf die Materialbeschaffenheit, aus der die Geräte und Ausrüstungen, die speziell für die Zubereitung, Verpackung und Umhüllung dieser Erzeugnisse verwendet werden, hergestellt sind.

Um der spezifischen Umgebungsflora dieser Räumlichkeiten Rechnung zu tragen, werden Häufigkeit und Art der Reinigung und Desinfektion der Räume gemäß Buchstabe a an die jeweiligen Umstände angepasst.

Die Arbeitsgeräte und Ausrüstungen gemäß Buchstabe b sind stets in hygienisch einwandfrei-

EG-Hygiene-Verordnungen

em Zustand zu halten sowie regelmäßig zu reinigen und zu desinfizieren.

(3) Mitgliedstaaten, die Ausnahmen im Sinne von Absatz 2 gewähren, teilen dies der Kommission und den anderen Mitgliedstaaten spätestens zwölf Monate nach der Gewährung einzelner oder allgemeiner Ausnahmen mit. Jede Mitteilung umfasst

a) eine Kurzbeschreibung der angepassten Anforderungen,

b) eine Beschreibung der betreffenden Lebensmittel und Unternehmen und

c) etwaige andere maßgebliche Informationen.

Artikel 8
Änderungen der Verordnung (EG) Nr. 853/2004

Die Anhänge II und III der Verordnung (EG) Nr. 853/2004 werden im Sinne von Anhang VII dieser Verordnung geändert.

Artikel 9
Änderung der Verordnung (EG) Nr. 854/2004

Die Anhänge I, II und III der Verordnung (EG) Nr. 854/2004 werden im Sinne von Anhang VIII dieser Verordnung geändert.

Artikel 10
Inkrafttreten und Anwendbarkeit

Diese Verordnung tritt am zwanzigsten Tag nach ihrer Veröffentlichung im *Amtsblatt der Europäischen Union* in Kraft.

Sie gilt ab dem 1. Januar 2006, ausgenommen die Kapitel II und III von Anhang V, die ab dem 1. Januar 2007 gelten.

Diese Verordnung ist in allen ihren Teilen verbindlich und gilt unmittelbar in jedem Mitgliedstaat.

Brüssel, den 5. Dezember 2005

Für die Kommission
Markos KYPRIANOU
Mitglied der Kommission

12/4. EG/Hygiene DfV
ANHANG I

ANHANG I

INFORMATIONEN ZUR LEBENSMITTELKETTE

ABSCHNITT I
VERPFLICHTUNGEN VON LEBENSMITTELUNTERNEHMERN

Lebensmittelunternehmer, die Tiere aufziehen, die zur Versendung zur Schlachtung bestimmt sind, tragen dafür Sorge, dass die Informationen zur Lebensmittelkette im Sinne der Verordnung (EG) Nr. 853/2004 angemessen in den Dokumenten der Tiere vermerkt sind und so übermittelt werden, dass sie dem betreffenden Schlachthofbetreiber zugänglich sind.

VERPFLICHTUNGEN DER ZUSTÄNDIGEN BEHÖRDEN

(aufgehoben, ABl L 2019/131 vom 17. 5. 2019, S. 51)

12/4. EG/Hygiene DfV
ANHANG I

(aufgehoben, ABl L 2019/131 vom 17. 5. 2019, S. 51)

Anlage zu Anhang I

12/4. EG/Hygiene DfV
ANHANG II

ANHANG II

FISCHEREIERZEUGNISSE

ABSCHNITT I
VERPFLICHTUNGEN VON LEBENSMITTELUNTERNEHMERN

Dieser Abschnitt enthält Durchführungsvorschriften für Sichtkontrollen zum Nachweis von Parasiten in Fischereierzeugnissen.

KAPITEL I
DEFINITIONEN

1. „Sichtbarer Parasit": ein Parasit oder eine Gruppe von Parasiten in einer Größe, von einer Farbe oder mit einer Textur, die sich vom Fischgewebe deutlich unterscheidet.
2. „Sichtkontrolle": die nicht destruktive Untersuchung von Fischen oder Fischereierzeugnissen mit oder ohne optische Vergrößerung bei für die Sehkraft des Menschen guten Lichtverhältnissen, erforderlichenfalls auch mittels Durchleuchtung.
3. „Durchleuchtung": das Untersuchen von Plattfischen oder Fischfilets auf Parasiten durch Betrachtung vor einer Lichtquelle in einem abgedunkelten Raum.

KAPITEL II
SICHTKONTROLLE

1. Sichtkontrollen werden an einer repräsentativen Anzahl Proben vorgenommen. Die für Landbetriebe verantwortlichen Personen sowie qualifizierte Personen an Bord von Fabrikschiffen entscheiden je nach Art der Fischereierzeugnisse, ihrem geografischen Ursprung und ihrer Verwendung über Umfang und Häufigkeit der Kontrollen. Während der Produktion werden ausgenommene Fische (d. h. Bauchhöhle, Leber und zum Verzehr bestimmte Rogen) von qualifizierten Personen der Sichtkontrolle unterzogen. Die Sichtkontrolle wird in Abhängigkeit der Art des Ausnehmens
   a) bei manuellem Ausnehmen vom Bearbeiter zum Zeitpunkt des Ausnehmens und beim Waschen kontinuierlich vorgenommen;
   b) bei maschinellem Ausnehmen anhand einer repräsentativen Anzahl Proben von mindestens 10 Fischen pro Charge vorgenommen.
2. Bei Fischfilets oder Fisch in Scheiben wird die Sichtkontrolle von qualifizierten Personen während des Zurichtens und nach dem Filetieren oder Zerlegen in Scheiben vorgenommen. Kann eine einzelne Sichtkontrolle aufgrund der Größe der Filets oder des Filetierungsvorgangs nicht durchgeführt werden, so ist ein Stichprobenplan aufzustellen und der zuständigen Behörde gemäß Anhang III Abschnitt VIII Kapitel II Nummer 4 der Verordnung (EG) Nr. 853/2004 zur Verfügung zu stellen. Ist die Durchleuchtung von Filets technisch gesehen unumgänglich, so ist dies im Stichprobenplan anzugeben.

ABSCHNITT II
VERPFLICHTUNGEN DER ZUSTÄNDIGEN BEHÖRDEN

(aufgehoben, ABl L 2019/131 vom 17. 5. 2019, S. 51)

ANHANG IV

ANHANG III

(aufgehoben, ABl L 2019/131 vom 17. 5. 2019, S. 51)

ANHANG IV

KALZIUMGEHALT VON SEPARATORENFLEISCH

Der Kalziumgehalt von Separatorenfleisch gemäß der Verordnung (EG) Nr. 853/2004
1. darf 0,1 % (=100 mg/100 g oder 1 000 ppm) des frischen Erzeugnisses nicht überschreiten;
2. ist nach einer standardisierten international anerkannten Methode festzusetzen.

ANHANG V

(aufgehoben, ABl L 2019/131 vom 17. 5. 2019, S. 51)

ANHANG VI

(aufgehoben, ABl L 2019/131 vom 17. 5. 2019, S. 101)

Anlage I zu Anhang VI

(aufgehoben, ABl L 2019/131 vom 17. 5. 2019, S. 101)

Anlage II zu Anhang VI

(aufgehoben, ABl L 2019/131 vom 17. 5. 2019, S. 101)

Anlage III zu Anhang VI

(aufgehoben, ABl L 2019/131 vom 17. 5. 2019, S. 101)

Anlage I zu Anhang VI

(aufgehoben, ABl L 2016/126 vom 14. 5. 2016, S. 13)

Anlage II zu Anhang VI

(aufgehoben, ABl L 2016/126 vom 14. 5. 2016, S. 13)

Anlage III zu Anhang VI

(aufgehoben, ABl L 2016/126 vom 14. 5. 2016, S. 13)

12/4. EG/Hygiene DfV
ANHANG IV

Anlage IV zu Anhang VI

(aufgehoben, ABl L 2019/131 vom 17. 5. 2019, S. 101)

Anlage IV zu Anhang VI

(aufgehoben, ABl L 2019/131 vom 17. 5. 2019, S. 101)

Anlage IV zu Anhang VI

(aufgehoben, ABl L 2019/131 vom 17. 5. 2019, S. 101)

Anlage IV zu Anhang VI

(aufgehoben, ABl L 2019/131 vom 17. 5. 2019, S. 101)

Anlage V zu Anhang VI

(aufgehoben, ABl L 2019/131 vom 17. 5. 2019, S. 101)

Anlage V zu Anhang VI

(aufgehoben, ABl L 2019/131 vom 17. 5. 2019, S. 101)

Anlage V zu Anhang VI

(aufgehoben, ABl L 2019/131 vom 17. 5. 2019, S. 101)

Anlage V zu Anhang VI

(aufgehoben, ABl L 2019/131 vom 17. 5. 2019, S. 101)

12/4. EG/Hygiene DfV
ANHANG IV, VII

Anlage VI zu Anhang VI

(aufgehoben, ABl L 2016/126 vom 14. 5. 2016, S. 13)

Anlage VII zu Anhang VI

(aufgehoben, ABl L 2019/131 vom 17. 5. 2019, S. 101)

Anlage VIII zu Anhang VI

(aufgehoben, ABl L 2019/131 vom 17. 5. 2019, S. 101)

ANHANG VI a

(aufgehoben, ABl L 2019/131 vom 17. 5. 2019, S. 51)

ANHANG VI b

(aufgehoben, ABl L 2019/131 vom 17. 5. 2019, S. 51)

(aufgehoben, ABl L 2019/131 vom 17. 5. 2019, S. 51)

ANHANG VII

ANHANG VII
ÄNDERUNGEN DER VERORDNUNG (EG) NR. 853/2004

eingearbeitet, siehe Punkt 12/2.

12/5. Durchführungsverordnung (EU) 2015/1375 mit spezifischen Vorschriften für die amtlichen Fleischuntersuchungen auf Trichinen

ABl L 212 vom 11. 8. 2015, S. 7

Durchführungsverordnung (EU) 2015/1375 der Kommission vom 10. August 2015 mit spezifischen Vorschriften für die amtlichen Fleischuntersuchungen auf Trichinen

DIE KOMMISSION DER EUROPÄISCHEN GEMEINSCHAFTEN —

gestützt auf den Vertrag über die Arbeitsweise der Europäischen Union,

gestützt auf die Verordnung (EG) Nr. 854/2004 des Europäischen Parlaments und des Rates vom 29. April 2004 mit besonderen Verfahrensvorschriften für die amtliche Überwachung von zum menschlichen Verzehr bestimmten Erzeugnissen tierischen Ursprungs[1], insbesondere auf Artikel 18 Nummern 9 und 10,

in Erwägung nachstehender Gründe:

(1) Die Verordnung (EG) Nr. 2075/2005 der Kommission[2] ist mehrfach und in wesentlichen Punkten geändert worden[3]. Aus Gründen der Übersichtlichkeit und Klarheit empfiehlt es sich daher, die genannte Verordnung zu kodifizieren.

(2) Die Verordnung (EG) Nr. 853/2004 des Europäischen Parlaments und des Rates[4], Verordnung (EG) Nr. 854/2004 und Verordnung (EG) Nr. 882/2004 des Europäischen Parlaments und des Rates[5] legen die Hygienevorschriften und Anforderungen für Lebensmittel tierischen Ur-

---

Zur Präambel
[1] ABl. L 139 vom 30.4.2004, S. 206.
Zu Abs. 1:
[2] Verordnung (EG) Nr. 2075/2005 der Kommission vom 5. Dezember 2005 mit spezifischen Vorschriften für die amtlichen Fleischuntersuchungen auf Trichinen (ABl. L 338 vom 22.12.2005, S. 60).
[3] Siehe Anhang V.
Zu Abs. 2:
[4] Verordnung (EG) Nr. 853/2004 des Europäischen Parlaments und des Rates vom 29. April 2004 mit spezifischen Hygienevorschriften für Lebensmittel tierischen Ursprungs (ABl. L 139 vom 30.4.2004, S. 55).
[5] Verordnung (EG) Nr. 882/2004 des Europäischen Parlaments und des Rates vom 29. April 2004 über amtliche Kontrollen zur Überprüfung der Einhaltung des Lebensmittel- und Futtermittelrechts sowie der Bestimmungen über Tiergesundheit und Tierschutz (ABl. L 165 vom 30.4.2004, S. 1).

sprungs sowie die notwendigen amtlichen Kontrollen fest.

(3) Zusätzlich zu diesen Vorschriften sollten spezifischere Anforderungen im Bezug auf Trichinen festgelegt werden. Fleisch von Hausschweinen, Wildschweinen, Pferden und bestimmten anderen Tierarten kann mit Nematoden der Gattung *Trichinella spiralis* infiziert sein. Der Verzehr von Fleisch, das mit Trichinen infiziert ist, kann zu schweren Erkrankungen beim Menschen führen. Daher sollten Maßnahmen getroffen werden, um Erkrankungen des Menschen durch den Verzehr von Fleisch vorzubeugen, das mit Trichinen infiziert ist.

(4) Diese Verordnung sollte Bestimmungen über die Beprobung von Schlachtkörpern von für Trichinen empfänglichen Tierarten enthalten, zur Bestimmung des Status von Betrieben und Kompartimenten sowie die Bedingungen für die Einfuhr von Fleisch in die Union. Außerdem sollten darin die Referenzmethoden und gleichwertige Methoden zum Nachweis von Trichinen in Proben von Schlachtkörpern aufgeführt werden.

(5) Zur Erleichterung des Betriebs von Zerlegeräumlichkeiten sollte die Vorschrift, welche unter bestimmten Bedingungen die Zerlegung von Hausschweinschlachtkörpern bis zum Vorliegen der Ergebnisse der Untersuchung auf Trichinen erlaubt, unter denselben Bedingungen auch für Pferde gelten.

(6) Der Wissenschaftliche Ausschuss für Veterinärmaßnahmen im Zusammenhang mit der öffentlichen Gesundheit hat am 22. November 2001 eine Stellungnahme zu Trichinellose, Epidemiologie, Nachweismethoden und trichinenfreier Schweineerzeugung abgegeben. Am 1. Dezember 2004 nahm das Wissenschaftliche Gremium für biologische Gefahren (BIOHAZ) der Europäischen Behörde für Lebensmittelsicherheit (EFSA) eine Stellungnahme „Opinion on the suitability and details of freezing methods to allow human consumption of meat infected with Trichinella or Cysticercus" an. Am 9./10. März 2005 nahm BIOHAZ eine Stellungnahme „Risk assessment of a revised inspection of slaughter animals in areas with low prevalence of *Trichinella*" an.

EG-Hygiene-Verordnungen

(7) Am 3. Oktober 2011 nahm die EFSA ein wissenschaftliches Gutachten zu den Gefahren für die öffentliche Gesundheit an, denen durch die Untersuchung von Fleisch (Schwein)[6] zu begegnen ist. Darin stufte die EFSA Trichinen als mittleres Risiko für die öffentliche Gesundheit im Zusammenhang mit dem Verzehr von Schweinefleisch ein und zog den Schluss, dass hinsichtlich der Methoden zur Untersuchung auf biologische Gefahren eine Gewährleistung der Sicherheit von Schweineschlachtkörpern mit einer Reihe von Präventivmaßnahmen und Kontrollen, die auf integrierte Weise sowohl im Haltungsbetrieb als auch im Schlachthof durchgeführt werden, die einzige Möglichkeit darstellt, den Hauptgefahren wirksam zu begegnen.

(8) In Bezug auf Trichinen ermittelte die EFSA bestimmte epidemiologische Indikatoren. Entsprechend dem Zweck und der epidemiologischen Situation des Landes können die Indikatoren auf nationaler bzw. regionaler Ebene, im Schlachthof oder im Haltungsbetrieb angewandt werden.

(9) Die EFSA stellt fest, dass Trichinen in der Union sporadisch auftreten, vor allem bei Schweinen in Freiland- und Hinterhofhaltungen. Außerdem sei die Art des Erzeugungssystems der einzige und wichtigste Risikofaktor für die Infektion mit Trichinen. Aus den vorliegenden Daten gehe ferner hervor, dass das Risiko einer Trichineninfektion bei Schweinen aus Betrieben mit amtlich anerkannt kontrollierten Haltungsbedingungen vernachlässigbar ist.

(10) Der Status „vernachlässigbares Risiko" für ein Land oder eine Region wird im internationalen Zusammenhang von der Weltorganisation für Tiergesundheit (OIE) nicht mehr anerkannt. Stattdessen ist eine derartige Anerkennung gebunden an Kompartimente aus einem oder mehreren Haltungsbetrieben, die bestimmte kontrollierte Haltungsbedingungen anwenden.

(11) Zur Verbesserung des Kontrollsystems entsprechend den derzeit bestehenden Risiken für die öffentliche Gesundheit sollten die Maßnahmen zur Verringerung des von Trichinen ausgehenden Risikos, einschließlich der Einfuhrbedingungen, in Schlachthöfen und die Bedingungen für die Bestimmung des Trichineninfektionsstatus von Ländern, Regionen oder Haltungsbetrieben unter Berücksichtigung unter anderem der internationalen Normen festgelegt werden.

(12) 2011 meldeten Belgien und Dänemark gemäß der Verordnung (EG) Nr. 2075/2005 ein vernachlässigbares Trichinenrisiko für ihr jeweiliges Hoheitsgebiet. Ein solcher Status „vernachlässigbares Risiko" wird allerdings für ein Land oder eine Region nicht mehr anerkannt. Dennoch sollten Haltungsbetriebe und Kompartimente in Belgien und Dänemark, die die Bedingungen der kontrollierten Haltung am 1. Juni 2014 erfüllen, ohne zusätzliche Voraussetzungen (wie etwa eine spätere zusätzliche amtliche Anerkennung durch die zuständige Behörde) in den Genuss der für solche Betriebe und Kompartimente geltenden Ausnahmeregelung kommen.

(13) Es sollte dafür gesorgt werden, dass die Unternehmer sicherstellen müssen, dass tote Tiere unverzüglich gesammelt, gekennzeichnet und transportiert werden gemäß den Artikeln 21 und 22 der Verordnung (EG) Nr. 1069/2009 des Europäischen Parlaments und des Rates[7] sowie gemäß Anhang VIII der Verordnung (EU) Nr. 142/2011 der Kommission[8].

(14) Die Zahl (eingeführter und einheimischer) Trichinosefälle beim Menschen sollten einschließlich der epidemiologischen Daten gemäß der Entscheidung 2000/96/EG der Kommission[9] gemeldet werden.

(15) Die Angabe darüber, dass der Ursprungsbetrieb als Betrieb mit kontrollierten Haltungsbedingungen amtlich anerkannt ist, sollte von einem amtlichen Tierarzt in die Gesundheitsbescheinigungen gemäß der Richtlinie 64/432/EWG des

---

Zu Abs. 7:
[6] *EFSA Journal 2011; 9(10):2351[198 S.], veröffentlicht am 3. Oktober 2011.*

Zu Abs. 13:
[7] *Verordnung (EG) Nr. 1069/2009 des Europäischen Parlaments und des Rates vom 21. Oktober 2009 mit Hygienevorschriften für nicht für den menschlichen Verzehr bestimmte tierische Nebenprodukte und zur Aufhebung der Verordnung (EG) Nr. 1774/2002 (Verordnung über tierische Nebenprodukte) (ABl. L 300 vom 14.11.2009, S. 1).*
[8] *Verordnung (EU) Nr. 142/2011 der Kommission vom 25. Februar 2011 zur Durchführung der Verordnung (EG) Nr. 1069/2009 des Europäischen Parlaments und des Rates mit Hygienevorschriften für nicht für den menschlichen Verzehr bestimmte tierische Nebenprodukte sowie zur Durchführung der Richtlinie 97/78/EG des Rates hinsichtlich bestimmter gemäß der genannten Richtlinie von Veterinärkontrollen an der Grenze befreiter Proben und Waren (ABl. L 54 vom 26.2.2011, S. 1).*

Zu Abs. 14:
[9] *Entscheidung 2000/96/EG der Kommission vom 22. Dezember 1999 betreffend die von dem Gemeinschaftsnetz nach und nach zu erfassenden übertragbaren Krankheiten gemäß der Entscheidung 2119/98/EG des Europäischen Parlaments und des Rates (ABl. L 28 vom 3.2.2000, S. 50).*

Rates[10]) in Bezug auf den Handel mit Schweinen innerhalb der Union und gemäß der Verordnung (EU) Nr. 206/2010 der Kommission[11]) in Bezug auf Einfuhren von Hausschweinen aus Drittländern in die Union eingetragen werden, damit die Mitgliedstaaten bei der Schlachtung das entsprechende Verfahren für die Trichinenuntersuchung anwenden können und damit der Status des Bestimmungsbetriebs für die Haltung von Zucht- oder Nutzschweinen nicht gefährdet wird.

(16) Damit die ordnungsgemäße Anwendung dieser Verordnung gewährleistet ist, sollten Drittländer, die Hausschweine oder daraus gewonnenes Fleisch ausführen, in den entsprechenden Rechtsakten über Einfuhrbedingungen aufgeführt sein, wenn sie die Ausnahmeregelungen in Bezug auf die Beprobung von Hausschweinen auf Trichinen anwenden und wenn amtlich anerkannt ist, dass die Haltungsbetriebe oder Kompartimente kontrollierte Haltungsbedingungen anwenden.

(17) Die Erklärung der Genusstauglichkeit in Bezug auf die Trichinenuntersuchung sollte in die Veterinärbescheinigungen aufgenommen werden, die mit frischem Fleisch gemäß der Verordnung (EU) Nr. 206/2010, mit Fleischzubereitungen gemäß der Entscheidung 2000/572/EG der Kommission[12]) und mit Fleischerzeugnissen gemäß der Entscheidung 2007/777/EG der Kommission[13]) mitgeführt werden.

(18) Für den Nachweis von Trichinen in Frischfleisch wurden verschiedene Laborverfahren zugelassen. Das Magnetrührverfahren für die künstliche Verdauung von Sammelproben wird als zuverlässiges Standardverfahren empfohlen. Der Stichprobenumfang für den Parasitennachweis sollte erhöht werden, wenn die Stichproben nicht der Prädilektionsstelle entnommen werden können und wenn Tierart oder -typ einem höheren Infektionsrisiko unterliegt. Die Verwendung der Trichinoskopie kann nicht mehr empfohlen werden, weil damit keine nichteingekapselten Trichinenarten nachweisbar sind, die Haustiere, Waldtiere und Menschen infizieren. Andere Verfahren wie serologische Tests können für Überwachungszwecke nützlich sein, sofern sie von einem von der Kommission benannten EU-Referenzlabor validiert wurden. Serologische Tests sind nicht geeignet für den Nachweis von Trichinen in einzelnen Tieren, die für den menschlichen Verzehr bestimmt sind.

(19) Private Unternehmen begannen mit der Entwicklung neuer Geräte für die Untersuchung auf Trichinen mittels des Verdauungsverfahrens, das der Referenzmethode gleichwertig ist. Angesichts dieser Entwicklungen wurden auf der Sitzung des Ständigen Ausschusses für die Lebensmittelkette und Tiergesundheit am 16. Dezember 2008 Leitlinien für die Validierung neuer Geräte zur Untersuchung auf Trichinen mittels des Verdauungsverfahrens einstimmig gutgeheißen.

(20) Gemäß diesen Leitlinien validierte im Jahr 2010 das EU-Referenzlaboratorium für Parasiten ein neues Geräteverfahren zur Untersuchung von Hausschweinen auf Trichinen unter dem Code EURLP_D_001/2011[14]).

(21) Eventuell vorhandene Parasiten können durch Gefrieren unter bestimmten Bedingungen abgetötet werden. Bestimmte, bei Wild und Pferden vorkommende *Trichinella*-Arten widerstehen jedoch der Gefrierbehandlung bei den empfohlenen Temperatur-/Zeit-Kombinationen.

(22) Die regelmäßige Überwachung von Hausschweinen, Wildschweinen, Pferden und Füchsen oder anderen Indikator-Tierarten ist ein wichtiges Instrument für die Beurteilung von Veränderungen in der Prävalenz der Krankheit. Die Ergebnisse einer solchen Überwachung sollten in Übereinstimmung mit der Richtlinie 2003/99/EG des Europäischen Parlaments und des Rates[15]) in einem Jahresbericht mitgeteilt werden.

Zu Abs. 15:
[10]) *Richtlinie 64/432/EWG des Rates vom 26. Juni 1964 zur Regelung viehseuchenrechtlicher Fragen beim innergemeinschaftlichen Handelsverkehr mit Rindern und Schweinen (ABl. 121 vom 29.7.1964, S. 1977).*
[11]) *Verordnung (EU) Nr. 206/2010 der Kommission vom 12. März 2010 zur Erstellung von Listen der Drittländer, Gebiete und Teile davon, aus denen das Verbringen bestimmter Tiere und bestimmten frischen Fleisches in die Europäische Union zulässig ist, und zur Festlegung der diesbezüglichen Veterinärbescheinigungen (ABl. L 73 vom 20.3.2010, S. 1).*

Zu Abs. 17:
[12]) *Entscheidung 2000/572/EG der Kommission vom 8. September 2000 zur Festlegung der Veterinärbedingungen und Veterinärbescheinigungen für die Einfuhr von Fleischzubereitungen aus Drittländern in die Gemeinschaft (ABl. L 240 vom 23.9.2000, S. 19).*
[13]) *Entscheidung 2007/777/EG der Kommission vom 29. November 2007 zur Festlegung der Tiergesundheits- und Hygienebedingungen und der Mustervetrinärbescheinigungen für die Einfuhr bestimmter Fleischerzeugnisse und behandelter Mägen, Blasen und Därme für den menschlichen Verzehr aus Drittländern sowie zur Aufhebung der Entscheidung 2005/432/EG (ABl. L 312 vom 30.11.2007, S. 49).*

Zu Abs. 20:
[14]) *http://www.iss.it/crlp/index.php.*
Zu Abs. 22:
[15]) *Richtlinie 2003/99/EG des Europäischen Parlaments und des Rates vom 17. November 2003 zur Überwachung von Zoonosen und Zoonoseerregern und zur Änderung der Entscheidung 90/424/EWG des Rates sowie zur Aufhebung*

(23) Die vorliegende Verordnung lässt grundsätzlich nicht zu, dass Fleisch von Hausschweinen den Schlachthof verlässt, bevor die Ergebnisse der Trichinenschau dem amtlichen Tierarzt gemeldet wurden. Unter bestimmten strengen Bedingungen ist es jedoch angemessen, zuzulassen, dass das Genusstauglichkeitskennzeichen aufgebracht und das Fleisch zum Transport freigegeben wird, bevor die Ergebnisse bekannt sind. Unter solchen Bedingungen ist es notwendig, dass die zuständige Behörde verifiziert, dass die vollständige Rückverfolgbarkeit des freigegebenen Fleisches zu jeder Zeit gegeben ist.

(24) Die Verordnung (EG) Nr. 853/2004 gilt nicht für frei lebendes Wild oder Fleisch von frei lebendem Wild, das unmittelbar an den Endverbraucher oder an den lokalen Einzelhandel, der wiederum unmittelbar den Endverbraucher versorgt, geliefert wird. Daher sollte es in der Verantwortung der Mitgliedstaaten liegen, nationale Maßnahmen zu erlassen, um das Risiko, dass das Fleisch von trichineninfizierten Wildschweinen den Endverbraucher erreicht, zu mindern.

(25) Die in dieser Verordnung vorgesehenen Maßnahmen stimmen mit der Stellungnahme des Ständigen Ausschusses für Pflanzen, Tiere, Lebensmittel und Futtermittel überein —

HAT FOLGENDE VERORDNUNG ERLASSEN:

KAPITEL I
ALLGEMEINE BESTIMMUNGEN

Artikel 1
Begriffsbestimmungen

Für die Zwecke dieser Verordnung bezeichnet der Ausdruck

1. „Trichinen" alle Nematoden, die zu den Arten der Gattung *Trichinella* gehören;

2. „kontrollierte Haltungsbedingungen" eine Art der Tierhaltung, bei der Schweine stets unter Bedingungen hinsichtlich Fütterung und Haltung gehalten werden, die vom Lebensmittelunternehmer kontrolliert werden;

3. „Kompartiment" eine Gruppe von Haltungsbetrieben, die kontrollierte Haltungsbedingungen anwenden. Alle Haltungsbetriebe in einem Mitgliedstaat, die kontrollierte Haltungsbedingungen anwenden, können als ein Kompartiment betrachtet werden.

---

der Richtlinie 92/117/EWG des Rates (ABl. L 325 vom 12.12.2003, S. 31).

KAPITEL II
PFLICHTEN DER ZUSTÄNDIGEN BEHÖRDEN UND DER BETREIBER VON LEBENSMITTELUNTERNEHMEN

Artikel 2
Beprobung von Schlachtkörpern

(1) Schlachtkörper von Hausschweinen sind im Rahmen der Fleischuntersuchung im Schlachthof folgendermaßen zu beproben:

a) Alle Schlachtkörper von Zuchtsauen und Ebern oder mindestens 10 % der Schlachtkörper der Tiere, die jedes Jahr von jedem Haltungsbetrieb, der amtlich als Betrieb anerkannt ist, der kontrollierte Haltungsbedingungen anwendet, zur Schlachtung angeliefert werden, sind auf Trichinen zu untersuchen.

b) Alle Schlachtkörper aus Haltungsbetrieben, die nicht amtlich als Betriebe anerkannt sind, die kontrollierte Haltungsbedingungen anwenden, sind systematisch auf Trichinen zu untersuchen.

Von jedem Schlachtkörper wird eine Probe entnommen, die in einem von der zuständigen Behörde benannten Labor anhand einer der nachstehenden Nachweismethoden auf Trichinen zu untersuchen ist:

a) Referenz-Nachweismethode gemäß Anhang I Kapitel I oder

b) gleichwertige Nachweismethode gemäß Anhang I Kapitel II.

(2) Schlachtkörper von Pferden, Wildschweinen und anderen Zucht- oder Wildtierarten, die Träger von Trichinen sein können, sind in Schlachthöfen oder Wildverarbeitungsbetrieben systematisch im Rahmen der Fleischuntersuchung zu beproben.

Von jedem Schlachtkörper wird eine Probe entnommen, die nach Maßgabe der Anhänge I und III in einem von der zuständigen Behörde benannten Labor zu untersuchen ist.

3. Bis zum Vorliegen der Ergebnisse der Untersuchung auf Trichinen und vorausgesetzt, dass der Lebensmittelunternehmer die vollständige Rückverfolgbarkeit garantiert, dürfen Schlachtkörper von Hausschweinen und Pferden in einem Schlachthof oder einem Zerlegebetrieb, der sich auf demselben Gelände befindet, in höchstens sechs Stücke zerlegt werden.

Abweichend von Unterabsatz 1 und nach Genehmigung durch die zuständige Behörde dürfen solche Schlachtkörper in einem dem Schlachthof angegliederten oder davon getrennten Zerlegebetrieb zerlegt werden, sofern

a) das Verfahren von der zuständigen Behörde überwacht wird;

b) ein Schlachtkörper oder seine Teile höchstens an einen Zerlegebetrieb versandt werden;

c) der Zerlegebetrieb im Hoheitsgebiet des Mitgliedstaats angesiedelt ist und

d) bei positivem Befund alle Teile als nicht für den menschlichen Verzehr geeignet deklariert werden.

Artikel 3
Ausnahmen

(1) Abweichend von Artikel 2 Absatz 1 wird Fleisch von Hausschweinen, das einer Gefrierbehandlung gemäß Anhang II unter Aufsicht der zuständigen Behörde unterzogen wurde, von der Untersuchung auf Trichinen ausgenommen.

(2) Abweichend von Artikel 2 Absatz 1 werden Schlachtkörper und Fleisch von nicht abgesetzten Hausschweinen, die weniger als fünf Wochen alt sind, von der Untersuchung auf Trichinen ausgenommen.

(3) Abweichend von Artikel 2 Absatz 1 können Schlachtkörper und Fleisch von Hausschweinen von der Untersuchung auf Trichinen ausgenommen werden, sofern die Tiere aus einem Haltungsbetrieb oder einem Kompartiment stammen, der/das amtlich anerkannt kontrollierte Haltungsbedingungen nach Anhang IV anwendet, sofern

a) in dem Mitgliedstaat in den vergangenen drei Jahren, in denen regelmäßig Untersuchungen gemäß Artikel 2 durchgeführt wurden, kein einheimischer Trichinenbefall bei Hausschweinen festgestellt wurde, die in Haltungsbetrieben mit amtlich anerkannt kontrollierten Haltungsbedingungen gehalten wurden, oder

b) anhand historischer Daten über regelmäßige Untersuchungen in der Schlachtschweinepopulation mit 95-prozentiger Zuverlässigkeit belegt wird, dass die Prävalenz des Trichinenbefalls in dieser Population 1/Million nicht übersteigt, oder

c) die Haltungsbetriebe mit kontrollierten Haltungsbedingungen in Belgien oder Dänemark angesiedelt sind.

(4) Wendet ein Mitgliedstaat die Ausnahmeregelung gemäß Absatz 3 an, so informiert er die Kommission und die anderen Mitgliedstaaten im Ständigen Ausschuss für Pflanzen, Tiere, Lebensmittel und Futtermittel darüber und legt der Kommission einen jährlichen Bericht mit den Angaben gemäß Anhang IV Kapitel II vor. Die Kommission veröffentlicht die Liste der Mitgliedstaaten, die die Ausnahmeregelung anwenden, auf ihrer Website.

Legt ein Mitgliedstaat diesen jährlichen Bericht nicht vor oder ist der Bericht für die Zwecke dieses Artikels nicht zufriedenstellend, so wird die Ausnahmeregelung für diesen Mitgliedstaat aufgehoben.

Artikel 4
Untersuchung auf Trichinen und Anbringen der Genusstauglichkeitskennzeichnung

(1) Schlachtkörper gemäß Artikel 2 oder Teile davon, ausgenommen die in Artikel 2 Absatz 3 Unterabsatz 2 genannten, dürfen das Gelände erst verlassen, wenn ein negativer Befund der Trichinenschau vorliegt.

Ebenso dürfen andere für den menschlichen oder tierischen Verzehr bestimmte Teile eines Schlachtkörpers, die quer gestreiftes Muskelgewebe enthalten, das Gelände erst verlassen, wenn ein negativer Befund der Trichinenschau vorliegt.

(2) Tierische Abfälle und tierische Nebenprodukte, die nicht für den menschlichen Verzehr bestimmt sind und kein gestreiftes Muskelgewebe enthalten, können das Gelände verlassen, bevor die Ergebnisse der Trichinenschau vorliegen.

Allerdings kann die zuständige Behörde eine Trichinenschau oder eine Behandlung der tierischen Nebenprodukte verlangen, bevor sie eine Verbringung vom Gelände genehmigt.

(3) Verfügt der Schlachthof über ein Verfahren, mit dem sichergestellt wird, dass kein Teil eines Schlachtkörpers das Gelände verlässt, bevor ein negativer Trichinenbefund vorliegt, und ist dieses Verfahren von der zuständigen Behörde formell anerkannt oder gilt die Ausnahmeregelung gemäß Artikel 2 Absatz 3 Unterabsatz 2, kann die in Artikel 5 Absatz 2 der Verordnung (EG) Nr. 854/2004 vorgesehene Genusstauglichkeitskennzeichnung angebracht werden, bevor das Ergebnis der Trichinenuntersuchung vorliegt.

Artikel 5
Ausbildung

Die zuständige Behörde stellt sicher, dass das gesamte an der Untersuchung von Proben zum Nachweis von Trichinen beteiligte Personal eine entsprechende Ausbildung absolviert und teilnimmt an:

a) einem Qualitätskontrollprogramm für die Trichinennachweisverfahren und

b) einer regelmäßigen Bewertung der im Labor eingesetzten Test-, Aufzeichnungs- und Analyseverfahren.

Artikel 6
Nachweismethoden

(1) Die in Anhang I Kapitel I und II dargelegten Nachweismethoden sind für die Untersuchung von Proben gemäß Artikel 2 anzuwenden, wenn Gründe für den Verdacht auf Trichinenbefall vorliegen.

(2) Alle positiven Proben sind zur Bestimmung der Trichinenart an das nationale Referenzlabor oder das EU- Referenzlabor weiterzuleiten.

Artikel 7 – 12

Artikel 7
Notfallpläne

Die zuständigen Behörden der Mitgliedstaaten erstellen einen Notfallplan mit den Maßnahmen für den Fall, dass bei Proben gemäß Artikel 2 ein positiver Trichinenbefund vorliegt. Dieser Plan enthält Einzelheiten zu:

a) Rückverfolgbarkeit infizierter Schlachtkörper und Teilen davon, die Muskelgewebe enthalten;

b) Maßnahmen zum Umgang mit infizierten Schlachtkörpern und Schlachtkörperteilen;

c) Ermittlung der Infektionsursache und eventueller Verbreitung bei frei lebenden Tieren;

d) eventuelle Maßnahmen im Einzelhandel oder beim Verbraucher;

e) Maßnahmen für den Fall, dass der Befall von Schlachtkörpern nicht im Schlachthof festgestellt werden kann;

f) Bestimmung der Trichinenart.

Artikel 8
Amtliche Anerkennung von Haltungsbetrieben, die kontrollierte Haltungsbedingungen anwenden

(1) Für die Zwecke dieser Verordnung kann die zuständige Behörde einen Haltungsbetrieb oder ein Kompartiment, der/das kontrollierte Haltungsbedingungen anwendet, amtlich anerkennen, sofern die Anforderungen gemäß Anhang IV erfüllt sind.

(2) Haltungsbetriebe oder ein Kompartiment, die/das in Belgien oder Dänemark am 1. Juni 2014 kontrollierte Haltungsbedingungen gemäß Artikel 3 Absatz 3 Buchstabe c anwenden/anwendet, werden/wird als Haltungsbetriebe/ Kompartiment mit amtlich anerkannt kontrollierten Haltungsbedingungen gemäß der Liste in Anhang IV betrachtet.

Artikel 9
Mitteilungspflicht der Lebensmittelunternehmer

Lebensmittelunternehmer von Haltungsbetrieben mit amtlich anerkannt kontrollierten Haltungsbedingungen setzen die zuständige Behörde davon in Kenntnis, wenn der Betrieb eine der in Anhang IV festgelegten Anforderungen nicht mehr erfüllt oder andere Veränderungen eingetreten sind, die den Status des Betriebs in Bezug auf Trichinen beeinflussen könnten.

Artikel 10
Audits in Haltungsbetrieben mit amtlich anerkannt kontrollierten Haltungsbedingungen

Die zuständige Behörde stellt sicher, dass in den Haltungsbetrieben mit amtlich anerkannt kontrollierten Haltungsbedingungen regelmäßig Audits durchgeführt werden.

Die Häufigkeit der Audits richtet sich nach dem Risiko unter Berücksichtigung von Krankheitsgeschichte und Prävalenz, früheren Befunden, geografischer Lage, lokalen Beständen an empfänglichem frei lebenden Wild, Tierhaltungspraxis, tierärztlicher Aufsicht und der Einhaltung von Vorschriften durch die Landwirte.

Die zuständige Behörde überprüft, dass die Hausschweine aus diesen Haltungsbetrieben gemäß Artikel 2 Absatz 1 untersucht werden.

Artikel 11
Überwachungsprogramme

Die zuständige Behörde kann ein Überwachungsprogramm in der Hausschweinepopulation eines Haltungsbetriebs oder eines Kompartiments mit amtlich anerkannt kontrollierten Haltungsbedingungen durchführen, um zu überprüfen, dass in dieser Population tatsächlich kein Trichinenbefall vorliegt.

Die Häufigkeit der Tests, die Anzahl der zu untersuchenden Tiere und der Probenahmeplan sind im Überwachungsprogramm festzulegen. Für die Untersuchung werden Fleischproben entnommen und gemäß Anhang I Kapitel I oder Kapitel II auf das Vorhandensein von Trichinen untersucht.

Das Überwachungsprogramm kann als zusätzliches Instrument auch serologische Methoden umfassen, sobald ein geeignetes Testverfahren vom EU-Referenzlabor validiert wurde.

Artikel 12
Entzug der amtlichen Anerkennung von Haltungsbetrieben mit kontrollierten Haltungsbedingungen

(1) Stellt sich anhand der Ergebnisse der gemäß Artikel 10 durchgeführten Audits heraus, dass die Anforderungen des Anhangs IV nicht mehr erfüllt sind, so entzieht die zuständige Behörde den Haltungsbetrieben unverzüglich die amtliche Anerkennung.

(2) Wenn Hausschweine eines Haltungsbetriebs mit amtlich anerkannt kontrollierten Haltungsbedingungen mit positivem Ergebnis auf Trichinen untersucht werden, so ergreift die zuständige Behörde unverzüglich folgende Maßnahmen:

a) Sie entzieht dem Haltungsbetrieb die amtliche Anerkennung.

b) Sie untersucht alle Hausschweine dieses Haltungsbetriebs bei der Schlachtung.

c) Sie ermittelt und testet alle Zuchttiere, die in den letzten sechs Monaten (oder früher) vor dem positiven Befund im Betrieb eingetroffen sind, und nach Möglichkeit auch die Tiere, die in diesem Zeitraum den Betrieb verlassen haben. Für die Untersuchung werden Fleischproben entnommen und mit den Nachweismethoden gemäß Anhang I Kapitel I und Kapitel II auf Trichinen untersucht.

d) Soweit realisierbar, ermittelt sie gegebenenfalls die Ausbreitung des Befalls durch den Vertrieb von Fleisch von Hausschweinen, die in dem Zeitraum vor dem positiven Befund geschlachtet wurden.

e) Sie informiert die Kommission und die anderen Mitgliedstaaten.

f) Sie leitet gegebenenfalls eine epidemiologische Untersuchung zu den Ursachen des Befalls ein.

g) Sie trifft geeignete Maßnahmen, wenn ein infizierter Schlachtkörper im Schlachthof nicht identifiziert werden kann; dazu zählen:

i) die Vergrößerung der einzelnen Fleischproben für die Untersuchung der verdächtigen Schlachtkörper oder

ii) die Erklärung der Schlachtkörper für nicht für den menschlichen Verzehr geeignet;

iii) das Ergreifen geeigneter Maßnahmen für die Beseitigung verdächtiger Schlachtkörper oder Schlachtkörperteile sowie derjenigen mit positivem Befund.

(3) Nach einem Entzug der Anerkennung können Betriebe wieder amtlich anerkannt werden, sobald die festgestellten Probleme gelöst wurden und die Anforderungen gemäß Anhang IV zur Zufriedenheit der zuständigen Behörde erfüllt sind.

(4) Wenn bei der Kontrolle ein Verstoß gegen Artikel 9 oder ein positiver Befund in einem Haltungsbetrieb eines Kompartiments festgestellt wird, so wird der betroffene Haltungsbetrieb aus dem Kompartiment ausgeschlossen, bis er wieder den Vorschriften entspricht.

KAPITEL III
EINFUHREN

Artikel 13
Veterinärbedingungen für die Einfuhr

(1) Von trichinoseanfälligen Tierarten stammendes Fleisch, das quer gestreifte Muskeln enthält, darf nur in die Union eingeführt werden, wenn es vor der Ausfuhr in dem Drittland, in dem die Tiere geschlachtet wurden, gemäß Artikel 2 oder 3 auf Trichinen untersucht wurde.

(2) Ein Drittland kann die Ausnahmeregelungen gemäß Artikel 3 Absätze 2 und 3 nur anwenden, wenn es die Kommission über die Anwendung dieser Ausnahmeregelungen unterrichtet hat und wenn es zu diesem Zweck aufgeführt ist

i) in Anhang I Teil 1 der Verordnung (EU) Nr. 206/2010 in Bezug auf die Einfuhr lebender Hausschweine;

ii) in Anhang II Teil 1 der Verordnung (EU) Nr. 206/2010 in Bezug auf die Einfuhr frischen Fleisches von Hausschweinen oder

iii) in Anhang II Teil 2 der Entscheidung 2007/777/EG in Bezug auf Fleischerzeugnisse, die ausschließlich aus Fleisch oder Fleischerzeugnissen von Hausschweinen hergestellt wurden.

Artikel 14
Dokumente

(1) In der Muster-Gesundheitsbescheinigung für den Handel mit lebenden Hausschweinen innerhalb der Union in Anhang F Muster 2 der Richtlinie 64/432/EWG trägt der amtliche Tierarzt ein, dass der Ursprungsbetrieb gemäß Artikel 8 der vorliegenden Verordnung amtlich als Betrieb anerkannt ist, der kontrollierte Haltungsbedingungen anwendet.

(2) In der Muster-Gesundheitsbescheinigung für Einfuhren von Hausschweinen in Anhang I Teil 2 Muster „POR-X" und „POR-Y" der Verordnung (EU) Nr. 206/2010 trägt der amtliche Tierarzt ein, dass der Ursprungsbetrieb von der zuständigen Behörde eines Drittlands amtlich als Betrieb anerkannt ist, der kontrollierte Haltungsbedingungen anwendet, die denjenigen in Anhang IV der vorliegenden Verordnung gleichwertig sind.

(3) In der Veterinärbescheinigung gemäß den Mustern „POR" in Anhang II Teil 2 der Verordnung (EU) Nr. 206/2010, die Sendungen mit Fleisch begleitet, das aus Drittländern in die Union eingeführt werden soll, bescheinigt der amtliche Tierarzt die Genusstauglichkeit in Bezug auf die Trichinenuntersuchung, die gemäß Artikel 13 der vorliegenden Verordnung im Ursprungsdrittland des Fleisches durchgeführt wurde.

(4) In der Tiergesundheits- und Genusstauglichkeitsbescheinigung gemäß dem Muster in Anhang II der Entscheidung 2000/572/EG, die Sendungen mit Fleisch begleitet, das aus Drittländern in die Union eingeführt werden soll, bescheinigt der amtliche Tierarzt die Genusstauglichkeit in Bezug auf die Trichinenuntersuchung, die gemäß Artikel 13 der vorliegenden Verordnung im Ursprungsdrittland des Fleisches durchgeführt wurde.

(5) In der Tiergesundheits- und Genusstauglichkeitsbescheinigung gemäß dem Muster in Anhang III der Entscheidung 2007/777/EG, die Sendungen mit bestimmten Fleischerzeugnissen und behandelten Mägen, Blasen und Därmen begleitet, die

Artikel 14 – 16

zur Einfuhr aus einem Drittland in die Union bestimmt sind, bescheinigt der amtliche Tierarzt die Genusstauglichkeit in Bezug auf die Trichinenuntersuchung, die gemäß Artikel 13 der vorliegenden Verordnung im Ursprungsdrittland des Fleisches durchgeführt wurde.

KAPITEL IV
AUFHEBUNGS- UND SCHLUSSBESTIMMUNGEN

Artikel 15
Aufhebung

Die Verordnung (EG) Nr. 2075/2005 wird aufgehoben.

Bezugnahmen auf die aufgehobene Verordnung gelten als Bezugnahmen auf die vorliegende Verordnung und sind nach Maßgabe der Entsprechungstabelle in Anhang VI zu lesen.

Artikel 16
Inkrafttreten

Diese Verordnung tritt am zwanzigsten Tag nach ihrer Veröffentlichung im *Amtsblatt der Europäischen Union* in Kraft.

Diese Verordnung ist in allen ihren Teilen verbindlich und gilt unmittelbar in jedem Mitgliedstaat.

Brüssel, den 10. August 2015

Für die Kommission

Der Präsident

Jean-Claude JUNCKER

12/5. EU/DfV Trichinen
ANHANG I

ANHANG I

Nachweismethoden

KAPITEL I

REFERENZNACHWEISMETHODE

Das Magnetrührverfahren für die künstliche Verdauung von Sammelproben

1. *Geräte und Reagenzien*
   a) Messer oder Schere und Pinzette zur Probenentnahme;
   b) mit 50 Quadraten markierte Tabletts zur Aufbewahrung von Proben von je ca. 2 g Fleisch oder andere Instrumente, welche die Rückverfolgbarkeit der Proben auf gleichwertige Weise sicherstellen;
   c) Mixer, mit scharfer Klinge. Falls die Proben schwerer als 3 g sind, sollte ein Fleischwolf mit Öffnungen von 2 bis 4 mm Größe verwendet werden. Im Falle von Gefrierfleisch oder Zunge (nach Entfernung der Oberflächenschicht, die unverdaulich ist) ist ein Fleischwolf erforderlich, und die Größe der Proben muss erheblich gesteigert werden;
   d) Magnetrührer mit temperaturgeregelter Heizplatte und Teflonbeschichteten Rührstäben von ungefähr 5 cm Länge;
   e) mindestens 2 Liter fassende Scheidetrichter aus Glas, möglichst mit Teflonstopfen (Sicherheitsverschluss);
   f) Stative, Ringe und Klammern;
   g) Siebe, Maschenweite 180 Mikron, Außendurchmesser 11 cm, mit Maschen aus rostfreiem Stahl;
   h) Plastiktrichter mit mindestens 12 cm Innendurchmesser zum Einhängen der Siebe;
   i) 3 Liter fassende Glasbecher;
   j) Messzylinder aus Glas, 50 bis 100 ml Inhalt, oder Zentrifugierröhrchen;
   k) Trichinoskop mit Horizontaltisch oder Stereomikroskop mit in der Intensität einstellbarer Durchlichtquelle;
   l) einige Petrischalen mit 9 cm Durchmesser (für die Verwendung mit dem Stereomikroskop), deren Boden mit einem spitzen Gegenstand in Quadrate von 10 × 10 mm eingeteilt sind;
   m) ein Larvenzählbecken (für die Verwendung mit dem Trichinoskop), aus 3 mm starken Acrylplatten, mit nachstehenden Abmessungen:
      i) der Boden des Gefäßes misst 180 × 40 mm und ist in quadratische Felder eingeteilt,
      ii) die Seitenabmessungen betragen 230 × 20 mm,
      iii) die Endstücke messen 40 × 20 mm. Boden und Enden sind so zwischen die Seiten zu kleben, dass zwei schmale Griffe an beiden Seiten entstehen. Die Oberseite des Bodens soll 7 bis 9 mm über den unteren Rand des aus den beiden Seiten und Enden gebildeten Rahmens herausragen. Die Teile sind mit materialgerechtem Klebstoff miteinander zu verbinden;
   n) Aluminiumfolie;
   o) 25 %ige Salzsäure;
   p) Pepsin, Stärke 1:10 000 NF (US National Formulary) entsprechend 1:12 500 BP (British Pharmacopoea) und entsprechend 2 000 FIP (Fédération Internationale de Pharmacie) oder stabilisiertes flüssiges Pepsin mit mindestens 660 Einheiten/ml (Europäisches Arzneibuch);
   q) Leitungswasser, auf 46 bis 48 °C erhitzt;
   r) eine auf mindestens 0,1 g genaue Waage;
   s) Metallflachbehälter mit 10 bis 15 Liter Fassungsvermögen, für die verbleibenden Verdauungssäfte;
   t) Pipetten in verschiedenen Größen (1, 10, 25 ml) und Pipettenhalter;
   u) ein Thermometer, das im Bereich 1 bis 100 °C auf ± 0,5 °C genau ist;

12/5 EU/DfV Trichinen

ANHANG I

    v) Siphon für Leitungswasser.

2. *Probenahme und zu verarbeitende Mengen*
   a) Im Falle ganzer Schlachtkörper von Hausschweinen ist eine mindestens 1 g schwere Probe aus einem Zwerchfellpfeiler am Übergang vom muskulösen in den sehnigen Teil auszuschneiden. Kann eine Genauigkeit zwischen 1,00 und 1,15 g garantiert werden, kann eine spezielle Trichinenzange verwendet werden.

   Im Falle ganzer Schlachtkörper von Zuchtsauen und Zuchtebern ist eine mindestens 2 g schwere Probe aus einem Zwerchfellpfeiler am Übergang vom muskulösen in den sehnigen Teil auszuschneiden.

   Fehlen Zwerchfellpfeiler, so ist eine Probe mit dem doppelten Gewicht, 2 g (oder 4 g im Falle von Zuchtsauen und Zuchtebern), aus dem Rippenstück oder dem Brustbeinstück des Zwerchfells, aus dem Kaumuskel oder dem Bauchmuskel zu entnehmen.

   b) Bei Fleischteilen ist eine mindestens 5 g schwere, fettarme Probe aus quer gestreiftem Muskelfleisch, möglichst in der Nähe von Knochen oder Sehnen, zu entnehmen. Der gleiche Probenumfang sollte aus Fleisch entnommen werden, das nicht durchgegart oder einer anderen Verarbeitung nach der Schlachtung unterzogen werden soll.

   c) Für tiefgefrorene Proben ist eine Probe von mindestens 5 g gestreiften Muskelgewebes zur Analyse zu entnehmen.

   Das angegebene Gewicht von Fleischproben bezieht sich auf eine Probe von Fleisch, das frei ist von Fett und Bindegewebe. Besondere Aufmerksamkeit ist erforderlich bei der Probenahme von Muskelgewebe aus der Zunge, um Kontamination mit der Oberflächenschicht der Zunge zu vermeiden, die unverdaulich ist und die Analyse des Sediments verhindern kann.

3. *Verfahren*
   I. Vollständige Ansätze (gleichzeitige Untersuchung von Proben mit einem Gesamtgewicht von 100 g)
      a) 16 ± 0,5 ml Salzsäure wird in einen 3-Liter-Behälter mit 2,0 Liter Leitungswasser gegeben, auf 46 bis 48 °C vorerhitzt; ein Rührstab wird im Behälter platziert, der Behälter wird auf die vorgeheizte Platte gestellt und der Rührvorgang gestartet.
      b) 10 ± 0,2 g Pepsin oder 30 ± 0,5 ml flüssiges Pepsin werden hinzugefügt.
      c) 100 g Proben, die gemäß Nummer 2 zusammengestellt wurden, werden im Mixer zerkleinert.
      d) Das zerkleinerte Fleisch wird in einen 3-Liter-Behälter gegeben, der Wasser, Pepsin und Salzsäure enthält.
      e) Das Schneidewerk des Mixers wird mehrfach in die Verdauungsflüssigkeit des Behälters eingetaucht, und die Mixerschüssel wird mit einer kleinen Menge der Verdauungsflüssigkeit ausgespült, um noch anhängendes Fleisch zu entfernen.
      f) Der Behälter wird mit Aluminiumfolie abgedeckt.
      g) Vor Beginn des Rührvorgangs ist der Magnetrührer so einzustellen, dass er während des gesamten Rührvorgangs eine konstante Temperatur von 44 bis 46 °C hält. Während des Rührvorgangs sollte die Verdauungsflüssigkeit so schnell drehen, dass ein tiefer zentraler Wirbel entsteht, ohne dass Flüssigkeit herausspritzt.
      h) Die Verdauungsflüssigkeit wird gerührt, bis die Fleischpartikel verschwinden (etwa 30 Minuten); danach wird das Rührgerät abgeschaltet und die Verdauungsflüssigkeit durch das Sieb in den Scheidetrichter zur Sedimentation gegossen. Bei der Verarbeitung bestimmter Fleischarten (Zunge, Wildfleisch usw.) können längere Verdauungszeiten erforderlich sein (nicht mehr als 60 Minuten).
      i) Der Verdauungsvorgang gilt als zufriedenstellend, wenn nicht mehr als 5 % des ursprünglichen Gewichts der Probe auf dem Sieb bleiben.
      j) Die Verdauungsflüssigkeit soll im Trichter 30 Minuten lang stehen bleiben.
      k) Nach 30 Minuten werden 40 ml der Verdauungsflüssigkeit schnell in einen Messzylinder oder in ein Zentrifugierröhrchen abgelassen.
      l) Verdauungsflüssigkeiten und andere Flüssigabfälle bleiben in einem Flachbehälter, bis die Ergebnisse abgelesen sind.

12/5. EU/DfV Trichinen
ANHANG I

m) Die 40-ml-Probe wird 10 Minuten stehen gelassen, danach werden 30 ml des Überstands vorsichtig durch Absaugen der oberen Schichten entfernt, sodass ein Volumen von höchstens 10 ml verbleibt.

n) Diese restlichen 10 ml der abgesetzten Probe werden in ein Larvenzählbecken oder in eine Petrischale gegossen.

o) Dann wird der Messzylinder oder das Zentrifugierröhrchen mit höchstens 10 ml Leitungswasser gespült und diese Flüssigkeit der im Larvenzählbecken oder in der Petrischale befindlichen Probe hinzugefügt. Danach wird die Probe mittels Trichinoskop oder Stereomikroskop mit 15- bis 20-facher Vergrößerung untersucht. Die Visualisierung mittels anderer Techniken ist zulässig, sofern bei der Untersuchung positiver Kontrollproben ein mindestens gleich gutes Ergebnis wie mit traditionellen Visualisierungsverfahren nachgewiesen wurde. Bei verdächtigen Bereichen oder parasitenähnlichen Formen ist die Vergrößerung auf 60- bis 100-fach zu erhöhen.

p) Die Sedimente müssen untersucht werden, sobald sie vorbereitet sind. Die Untersuchung sollte unter keinen Umständen auf den nächsten Tag verschoben werden.

Werden die Sedimente nicht innerhalb von 30 Minuten nach Vorbereitung untersucht, so sind sie wie folgt zu klären: Die endgültige Probe von etwa 40 ml wird in einen Messzylinder gegossen und 10 Minuten stehen gelassen. Danach werden 30 ml des Überstands entfernt, sodass 10 ml übrig bleiben. Diese werden mit Leitungswasser auf 40 ml aufgefüllt. Nach einer weiteren Absetzzeit von 10 Minuten werden 30 ml des Überstands abgesaugt und die höchstens verbleibenden 10 ml zur Untersuchung in eine Petrischale oder ein Larvenzählbecken gegossen. Der Messzylinder wird mit 10 ml Leitungswasser gespült; dieses Spülwasser wird ebenfalls der in der Petrischale bzw. im Larvenzählbecken befindlichen Probe hinzugefügt und untersucht.

Wird erst bei der Untersuchung des Sediments eine Trübung festgestellt, so wird die Probe erneut in einen Messzylinder gegossen, auf 40 ml mit Leitungswasser aufgefüllt und anschließend wie in diesem Abschnitt beschriebenen weiterbehandelt. Das Verfahren kann zwei- bis viermal wiederholt werden, bis die Flüssigkeit klar genug für eine zuverlässige Ablesung ist.

II. Ansätze mit einem Gesamtgewicht von weniger als 100 g

Falls erforderlich, können bis zu 15 g einem vollständigen Ansatz von 100 g hinzugefügt und mit diesem zusammen gemäß Abschnitt I untersucht werden. Mehr als 15 g sind als vollständiger Ansatz zu untersuchen. Bei Ansätzen bis zu 50 g können Verdauungsflüssigkeit und Bestandteile reduziert werden: 1 Liter Wasser, 8 ml Salzsäure und 5 g Pepsin.

III. Positive oder nicht eindeutige Ergebnisse

Stellt sich bei der Untersuchung einer Sammelprobe ein positives oder nicht eindeutiges Ergebnis ein, werden jedem Schwein weitere 20 g gemäß Nummer 2 Buchstabe a entnommen. Die jeweils 20 g schweren Proben von fünf Schweinen werden zusammengefasst und nach dem in diesem Kapitel angegebenem Verfahren untersucht. Auf diese Weise werden Proben von 20 Gruppen zu je fünf Schweinen untersucht.

Werden in einer Gruppenprobe von fünf Schweinen Trichinen nachgewiesen, so ist von jedem Schwein dieser Gruppe eine weitere Probe von 20 g zu entnehmen und nach dem in diesem Kapitel angegebenem Verfahren einzeln zu untersuchen.

Parasitenproben sind für die Identifizierung der Erregerart im EU-Referenzlabor oder im nationalen Referenzlabor in 90 %igem Ethylalkohol aufzubewahren.

Nach Entnahme der Parasiten sind Flüssigkeiten mit positivem Befund (Verdauungsflüssigkeit, Überstand, Waschrückstände usw.) durch Erhitzen auf 60 °C zu dekontaminieren.

IV. Reinigung und Dekontamination nach positivem oder nicht eindeutigem Befund

Ergibt die Untersuchung einer Sammelprobe oder einer Einzelprobe ein positives oder nicht eindeutiges Ergebnis, so wird alles Material, das mit Fleisch in Berührung kommt (Mixerschüssel und Messer, Behälter, Rührstab, Temperatursensor, konischer Filtrationstrichter, Sieb und Pinzette) sorgfältig dekontaminiert, indem es in heißem Wasser (65-90 °C) gewaschen wird. Es wird empfohlen, danach alle Gegenstände gründlich zu spülen, damit alle etwaig verwendeten Reinigungsmittel entfernt werden.

ANHANG I

KAPITEL II
GLEICHWERTIGE METHODEN

A. Die mechanisch unterstützte Methode der künstlichen Verdauung von Sammelproben/Sedimentationstechnik

1. *Geräte und Reagenzien*
   a) Messer oder Schere zur Probeentnahme;
   b) mit 50 Quadraten markierte Tabletts zur Aufbewahrung von Proben von je ca. 2 g Fleisch oder andere Instrumente, welche die Rückverfolgbarkeit der Proben auf gleichwertige Weise sicherstellen;
   c) Fleischwolf oder elektrischer Mixer;
   d) Stomacher Lab-blender 3 500 Thermo-Modell;
   e) Plastiktüten für Stomacher Lab-blender;
   f) 2 Liter fassende Scheidetrichter, möglichst mit Teflonstopfen (Sicherheitsverschluss);
   g) Stative, Ringe und Klammern;
   h) Siebe, Maschenweite 180 Mikron, Außendurchmesser 11 cm mit Maschen aus rostfreiem Stahl oder Messing;
   i) Plastiktrichter mit mindestens 12 cm Innendurchmesser zum Einhängen der Siebe;
   j) 100-ml-Glasmessbecher;
   k) ein Thermometer, das im Bereich 1 bis 100 °C auf ± 0,5 °C genau ist;
   l) ein Vibrator, z. B. ein Elektrorasierer ohne Kopf;
   m) ein Elektrorelais, das jede Minute an- bzw. ausschaltet;
   n) Trichinoskop mit Horizontaltisch oder Stereomikroskop mit einstellbarem Durchlicht;
   o) ein Larvenzählbecken und eine Reihe von Petrischalen mit 9 cm Durchmesser wie in Kapitel I Nummer 1 Buchstaben l und m;
   p) 17,5 %ige Salzsäure;
   q) Pepsin, Stärke 1:10 000 NF (US National Formulary) entsprechend 1:12 500 BP (British Pharmacopoea) und entsprechend 2 000 FIP (Fédération Internationale de Pharmacie) oder stabilisiertes flüssiges Pepsin mit mindestens 660 Einheiten/ml (Europäisches Arzneibuch);
   r) eine Reihe von 10-Liter-Gefäßen zur Dekontamination der Geräte, beispielsweise mit Formol, und für die Verdauungsflüssigkeit, wenn ein positiver Befund festgestellt wird;
   s) eine auf 0,1 g genaue Waage.

2. *Probenahme und zu verarbeitende Mengen*
   Wie in Kapitel I Nummer 2 vorgeschrieben.

3. *Verfahren*
   I. Mahlen
   Durch vorheriges Mahlen der Fleischproben in einem Fleischwolf wird der Verdauungsprozess verbessert. Wird ein elektrischer Mixer verwendet, muss dieser drei- bis viermal für jeweils etwa eine Sekunde betätigt werden.

   II. Verdauungsverfahren
   Bei diesem Verfahren können vollständige Ansätze (gleichzeitige Untersuchung von 100 g Proben) oder Ansätze von weniger als 100 g untersucht werden.
   a) Vollständige Ansätze (gleichzeitige Untersuchung von 100 Proben):
      i) In den Stomacher Lab-blender 3 500 werden zwei ineinandergesteckte Plastiktüten eingesetzt und der Temperaturregler auf 40 bis 41 °C eingestellt.
      ii) 1,5 Liter Wasser, auf 40 bis 41 °C vorgewärmt, werden in die innere Plastiktüte gefüllt.
      iii) 25 ml einer 17,5 %igen Salzsäurelösung werden dem Wasser im Stomacher zugesetzt.

ANHANG I

- iv) Von jeder Einzelprobe gemäß Nummer 2 werden 100 Proben von ca. 1 g (bei 25 bis 30 °C) hinzugefügt.
- v) Schließlich werden 6 g Pepsin oder 18 ml flüssiges Pepsin hinzugefügt. Diese Reihenfolge ist streng einzuhalten, um die Zersetzung des Pepsins zu vermeiden.
- vi) Der Stomacher bearbeitet dann 25 Minuten lang den Inhalt des Beutels.
- vii) Dann wird der Plastikbeutel dem Stomacher entnommen und die Verdauungsflüssigkeit durch das Sieb in einen 3-Liter-Kolben abgefiltert.
- viii) Der Plastikbeutel wird mit rund 100 ml Wasser ausgewaschen, mit denen anschließend das Sieb gespült wird und die dabei dem Filtrat im Kolben hinzugefügt werden.
- ix) Bis zu 15 Einzelproben können einer Sammelprobe von 100 Proben hinzugefügt und zusammen mit diesen untersucht werden.

b) Kleinere Ansätze (weniger als 100 Proben):
- i) In den Stomacher Lab-blender 3 500 werden zwei ineinandergesteckte Plastiktüten eingesetzt und der Temperaturregler auf 40 bis 41 °C eingestellt.
- ii) Die Verdauungsflüssigkeit wird durch Mischen von 1,5 Liter Wasser und 25 ml 17,5 %iger Salzsäure hergestellt. 6 g Pepsin werden hinzugefügt; das Ganze wird bei 40 bis 41 °C gemischt. Diese Reihenfolge ist streng einzuhalten, um die Zersetzung des Pepsins zu vermeiden.
- iii) Von der Verdauungsflüssigkeit wird eine Menge, die jeweils 15 ml pro Gramm Probenmaterial entspricht (z. B. werden für 30 Proben 30 × 15 ml oder 450 ml benötigt) abgemessen und in den inneren der beiden Plastikbeutel gegeben, zusammen mit den Fleischproben von je ca. 1 g (bei 25 bis 30 °C), die jeder der einzelnen Proben gemäß Nummer 2 entnommen wurden.
- iv) Wasser von ca. 41 °C wird in den äußeren Beutel gegossen, bis in den beiden Beuteln ein Volumen von zusammen 1,5 Litern erreicht ist. Der Stomacher bearbeitet dann 25 Minuten lang den Inhalt des Beutels.
- v) Dann wird der Plastikbeutel dem Stomacher entnommen und die Verdauungsflüssigkeit durch das Sieb in einen 3-Liter-Kolben abgefiltert.
- vi) Der Plastikbeutel wird mit rund 100 ml Wasser (bei 25 bis 30 °C) ausgewaschen, mit denen anschließend das Sieb gespült wird und die dann dem Filtrat im Kolben hinzugefügt werden.

III. Isolierung der Larven durch Sedimentation

- Eis (300 bis 400 g Eisflocken, Eispulver oder gemahlenes Eis) wird der Verdauungsflüssigkeit zugesetzt, bis ein Volumen von rund 2 Liter erreicht ist. Die Verdauungsflüssigkeit wird so lange gerührt, bis das Eis geschmolzen ist. Bei kleineren Ansätzen (vgl. Abschnitt II b ist die Eismenge entsprechend herabzusetzen.
- Die gekühlte Verdauungsflüssigkeit wird in einen 2-Liter-Scheidetrichter, der mit einem an separater Klemme befestigten Vibrator versehen ist, abgefüllt.
- Der Scheidetrichter wird 30 Minuten lang zur Sedimentation stehen gelassen, wobei 1 Minute Vibration und 1 Minute Pause abwechseln.
- Nach 30 Minuten wird eine Probe von 60 ml des Sediments schnell in einen 100-ml-Messzylinder auslaufen gelassen. (Der Trichter wird nach Verwendung mit Seifenlösung gespült.)
- Die 60-ml-Probe wird mindestens 10 Minuten lang stehen gelassen, danach wird der Überstand durch Absaugen entfernt, bis ein Volumen von 15 ml verbleibt, das auf Vorhandensein von Larven untersucht wird.
- Für das Absaugen wird eine Plastikspritze, die mit einem Plastikröhrchen versehen ist, verwendet. Das Röhrchen muss so lang sein, dass 15 ml im Messzylinder verbleiben, wenn beim Absaugen die Flanke der Spritze auf den Zylinderrand gesetzt wird.
- Die verbleibenden 15 ml werden in ein Larvenzählbecken oder zwei Petrischalen gegossen und mit dem Trichinoskop bzw. dem Stereomikroskop untersucht.
- Der Messzylinder wird mit 5 bis 10 ml Leitungswasser ausgespült, und dieses Spülwasser der Probe hinzugefügt.

12/5. EU/DfV Trichinen
ANHANG I

- Die Sedimente müssen untersucht werden, sobald sie vorbereitet sind. Die Untersuchung darf unter keinen Umständen auf den nächsten Tag verschoben werden.

Sind die Sedimente nicht klar oder werden sie nicht innerhalb von 30 Minuten nach Vorbereitung untersucht, so sind sie wie folgt zu klären:
- Die endgültige Probe von 60 ml wird in einen Messzylinder gegossen und 10 Minuten stehen gelassen. 45 ml des Überstands werden durch Absaugen entfernt, das verbleibende Volumen von 15 ml wird mit Leitungswasser auf 45 ml aufgefüllt.
- Nach einer weiteren Absetzzeit von 10 Minuten werden 30 ml des Überstands abgesaugt und die restlichen 15 ml zur Untersuchung in eine Petrischale oder ein Larvenzählbecken gegossen.
- Der Messzylinder wird mit 10 ml Leitungswasser gespült; dieses Spülwasser wird ebenfalls der in der Petrischale bzw. im Larvenzählbecken befindlichen Probe hinzugefügt und untersucht.

IV. Positive oder nicht eindeutige Ergebnisse

Ist das Ergebnis positiv oder nicht eindeutig, gelten die Bestimmungen von Kapitel I Nummer 3 Abschnitt III.

B. Die mechanisch unterstützte Methode der künstlichen Verdauung von Sammelproben/„On-Filter-Isolation"-Technik

1. *Gerätschaften und Reagenzien*

   Wie in Kapitel II A 1 vorgeschrieben.

   Sonstige Geräte:
   a) 1-Liter-Gelman-Trichter mit Filterhalter (Durchmesser 45 mm);
   b) Filterscheiben, bestehend aus: rundem Sieb aus rostfreiem Stahl mit Maschengröße von 35 Mikron (Scheibendurchmesser: 45 mm), zwei Gummiringen aus 1 mm dickem Gummi (Außendurchmesser: 45 mm, Innendurchmesser: 38 mm); das runde Sieb wird zwischen den beiden Gummiringen angebracht und mit einem für beide Materialien geeigneten Zweikomponentenkleber angeklebt;
   c) 3-Liter-Erlenmeyerkolben mit seitlichem Rohr zum Absaugen;
   d) Filterpumpe;
   e) Plastikbeutel von mindestens 80 ml Inhalt;
   f) Schweißgerät für Plastikbeutel;
   g) Rennilase, 1: 150 000 Soxhlet/Einheiten je g.

2. *Probenentnahme*

   Wie in Kapitel I 2 vorgeschrieben.

3. *Verfahren*

   I. Mahlen

   Durch vorheriges Mahlen der Fleischproben in einem Fleischwolf wird der Verdauungsprozess verbessert. Wird ein elektrischer Mixer verwendet, muss dieser drei- bis viermal für jeweils etwa eine Sekunde betätigt werden.

   II. Verdauungsverfahren

   Bei diesem Verfahren können vollständige Ansätze (gleichzeitige Untersuchung von 100 g Proben) oder Ansätze von weniger als 100 g untersucht werden.

   a) Vollständige Ansätze (gleichzeitige Untersuchung von 100 Proben)

   Siehe Abschnitt A 3 II a.

   b) Kleinere Ansätze (weniger als 100 Proben)

   Siehe Abschnitt A 3 II b.

   III. Isolierung der Larven durch Filtern

a) Eis (300 bis 400 g Eisflocken, Eispulver oder gemahlenes Eis) wird der Verdauungsflüssigkeit zugesetzt, bis ein Volumen von rund 2 Liter erreicht ist. Bei kleineren Sammelproben ist die Eismenge entsprechend herabzusetzen.
b) Die Verdauungsflüssigkeit wird so lange gerührt, bis das Eis geschmolzen ist. Die gekühlte Verdauungsflüssigkeit wird mindestens 3 Minuten stehen gelassen, damit die Larven sich einrollen können.
c) Der Gelman-Trichter mit Filterhalter wird mit einer Filterscheibe auf einen Erlenmeyerkolben montiert, der an eine Filterpumpe angeschlossen ist.
d) Die Verdauungsflüssigkeit wird in den Gelman-Trichter gegossen und gefiltert. Gegen Ende des Filterungsvorgangs kann der Durchgang der Verdauungslösung durch den Filter mithilfe der Filterpumpe unterstützt werden. Das Absaugen muss unmittelbar bevor der Filter trocken wird, d. h., wenn noch 2 bis 5 ml im Trichter verbleiben, eingestellt werden.
e) Sobald die gesamte Verdauungsflüssigkeit gefiltert ist, wird die Filterscheibe entfernt, in einen 80 ml Plastikbeutel gegeben, in den 15 bis 20 ml Rennilase-Lösung gegossen werden. Die Rennilase-Lösung besteht aus 2 g Rennilase in 100 ml Leitungswasser.
f) Der Plastikbeutel wird zweifach verschweißt und in einen Stomacher zwischen den inneren und den äußeren Beutel gegeben.
g) Der Stomacher bearbeitet dann 3 Minuten lang den Inhalt des Beutels, z. B. eine vollständige oder unvollständige Sammelprobe.
h) Nach 3 Minuten wird der Plastikbeutel zusammen mit Filterscheibe und Rennilase-Lösung aus dem Stomacher entfernt und mit einer Schere geöffnet. Die Flüssigkeit wird in ein Larvenzählbecken oder eine Petrischale gegossen. Der Beutel wird mit 5 bis 10 ml Wasser ausgewaschen, das ebenfalls in das Larvenzählbecken zur trichinoskopischen Prüfung oder in eine Petrischale zur stereomikroskopischen Untersuchung gegossen wird.
i) Die Sedimente müssen untersucht werden, sobald sie vorbereitet sind. Die Untersuchung darf unter keinen Umständen auf den nächsten Tag verschoben werden.

Anmerkung: Die Filterscheiben dürfen nur verwendet werden, wenn sie vollständig sauber sind. Die Filterscheiben dürfen nie in unsauberem Zustand trocknen. Zum Säubern können sie über Nacht in Rennilase-Lösung gelegt werden. Vor der Verwendung sind sie im Stomacher in Rennilase-Lösung zu reinigen.

IV. Positive oder nicht eindeutige Ergebnisse

Ist das Ergebnis positiv oder nicht eindeutig, gelten die Bestimmungen von Kapitel I Nummer 3 Abschnitt III.

C. Das automatische Verdauungsverfahren für Sammelproben bis zu 35 g

1. *Geräte und Reagenzien*
   a) Messer oder Schere zur Probeentnahme;
   b) mit 50 Quadraten markierte Tabletts zur Aufbewahrung von Proben von je ca. 2 g Fleisch oder andere Instrumente, welche die Rückverfolgbarkeit der Proben auf gleichwertige Weise sicherstellen;
   c) Trichomatic-35®-Mixer mit Filtereinsatz;
   d) 8,5 %ige Salzsäurelösung (± 0,5 Gewichtsprozent);
   e) transparente Polykarbonatmembranfilter mit 50 mm Durchmesser und 14 Mikron Porengröße;
   f) Pepsin, Stärke 1:10 000 NF (US National Formulary) entsprechend 1:12 500 BP (British Pharmacopoeia) und entsprechend 2 000 FIP (Fédération Internationale de Pharmacie) oder stabilisiertes flüssiges Pepsin mit mindestens 660 Einheiten/ml (Europäisches Arzneibuch);
   g) eine auf 0,1 g genaue Waage;
   h) Pinzette mit flacher Spitze;
   i) eine Reihe von Objektträgern für die Mikroskopie mit einer Seitenlänge von mindestens 5 cm oder eine Reihe von Petrischalen mit einem Durchmesser von mindestens 6 cm, deren Boden mit einem spitzen Gegenstand in Quadrate von 10 × 10 mm eingeteilt ist;

12/5. EU/DfV Trichinen
ANHANG I

j) ein (Stereo-)Durchlichtmikroskop (15- bis 60-fache Vergrößerung) oder ein Trichinoskop mit Horizontaltisch;

k) ein Eimer zum Auffangen der flüssigen Abfälle;

l) eine Reihe von 10-Liter-Gefäßen zur Dekontamination der Geräte, beispielsweise mit Formol, und für die Verdauungsflüssigkeit, wenn ein positiver Befund festgestellt wird;

m) ein Thermometer, das im Bereich 1 bis 100 °C auf ± 0,5 °C genau ist.

2. *Probenentnahme*

    Wie in Kapitel I 2 vorgeschrieben.

3. *Vefahren*

    I. Verdauungsverfahren

    a) Der Mischer mit dem Filtereinsatz wird positioniert, der Abfallschlauch angeschlossen und zum Eimer geführt.

    b) Beim Einschalten des Mixers beginnt das Aufheizen.

    c) Zuvor ist das Bodenventil unter der Reaktionskammer zu öffnen und wieder zu schließen.

    d) Dann werden bis zu 35 Proben von jeweils etwa 1 g (bei 25 bis 30 °C) hinzugefügt, die gemäß Nummer 2 aus jeder einzelnen Probe entnommen werden. Es ist darauf zu achten, dass größere Sehnenstücke entfernt werden, da diese den Membranfilter verstopfen könnten.

    e) Eine mit dem Mixer verbundene Flüssigkeitskammer wird bis zum Rand gefüllt (etwa 400 ml).

    f) Die kleinere verbundene Flüssigkeitskammer wird bis zum Rand mit Salzsäure (8,5 %) gefüllt (etwa 30 ml).

    g) Ein Membranfilter wird unter den Grobfilter im Filterhalter in den Filtereinsatz gesetzt.

    h) Schließlich werden 7 g Pepsin oder 21 ml flüssiges Pepsin hinzugefügt. Diese Reihenfolge ist streng einzuhalten, um die Zersetzung des Pepsins zu vermeiden.

    i) Der Deckel der Reaktions- und der Flüssigkeitszellen wird geschlossen.

    j) Jetzt wird die Digestionszeit eingestellt. Eine kurze Digestionsdauer (5 Minuten) ist für Schweine im normalen Schlachtalter, für andere Proben eine längere Dauer (8 Minuten) einzustellen.

    k) Wird der Startknopf des Mixers betätigt, beginnt die automatische Aufbereitung und Verdauung, gefolgt von der Filtration. Das Verfahren ist nach 10 bis 13 Minuten abgeschlossen und kommt automatisch zum Stillstand.

    l) Der Deckel der Reaktionskammer wird geöffnet, wenn sichergestellt ist, dass die Kammer leer ist. Befinden sich noch Schaum oder Verdauungsflüssigkeit in der Kammer, ist das Verfahren gemäß Abschnitt V zu wiederholen.

    II. Isolierung der Larven

    a) Der Filterhalter wird abgenommen, und der Membranfilter wird auf einen Objektträger oder eine Petrischale übertragen.

    b) Der Membranfilter wird mit einem (Stereo-)Mikroskop oder einem Trichinoskop untersucht.

    III. Reinigungsgerät

    a) Ist das Ergebnis positiv, wird die Reaktionskammer des Mixers zu zwei Dritteln mit kochendem Wasser gefüllt. Die verbundene Flüssigkeitskammer wird mit gewöhnlichem Leitungswasser gefüllt, bis die untere Markierung bedeckt ist. Die Reinigung erfolgt dann automatisch. Der Filterhalter wird zusammen mit den übrigen Gerätschaften dekontaminiert, z. B. durch Formolbehandlung.

    b) Am Ende des Tages wird die Flüssigkeitskammer im Mixer mit Wasser gefüllt und ein Standardprogramm durchgeführt.

    IV. Verwendung von Membranfiltern

12/5. EU/DfV Trichinen
ANHANG I

Jeder Polycarbonat-Membranfilter darf höchstens fünfmal verwendet werden. Der Filter ist vor der nächsten Benutzung zu wenden. Außerdem ist der Filter nach jeder Benutzung auf etwaige Schäden zu untersuchen, die eine Weiterverwendung ausschließen würden.

V. Bei unvollständiger Verdauung anzuwendendes Verfahren, wenn keine Filtration erfolgen kann

Nachdem der Mixer einen automatischen Zyklus gemäß Abschnitt I durchlaufen hat, wird der Deckel der Reaktionskammer geöffnet und geprüft, ob Schaum oder Flüssigkeitsreste in der Kammer verblieben sind. Ist dies der Fall, wird wie folgt weiterverfahren:

a) Das Bodenventil unter der Reaktionskammer wird geschlossen.
b) Der Filterhalter wird abgenommen, und der Membranfilter wird auf einen Objektträger oder eine Petrischale übertragen.
c) In den Filterhalter wird ein neuer Membranfilter gesteckt; der Filterhalter wird wieder befestigt.
d) Die Flüssigkeitskammer des Mixers wird mit Wasser gefüllt, bis die untere Markierung bedeckt ist.
e) Der automatische Reinigungszyklus wird durchgeführt.
f) Nach Abschluss des Reinigungszyklus wird der Deckel der Reaktionskammer geöffnet; es wird überprüft, ob sich noch Flüssigkeitsreste darin befinden.
g) Ist die Kammer leer, wird der Filterhalter abgenommen; der Membranfilter wird mit einer Pinzette auf einen Objektträger oder eine Petrischale übertragen.
h) Die beiden Membranfilter werden gemäß Ziffer ii geprüft. Können die Filter nicht untersucht werden, ist der gesamte Verdauungsprozess mit einer längeren Verdauungszeit gemäß C 3 II zu wiederholen.

VI. Positive oder nicht eindeutige Ergebnisse

Ist das Ergebnis positiv oder nicht eindeutig, gelten die Bestimmungen von Kapitel I Nummer 3 Abschnitt III.

D. Magnetrührverfahren für die künstliche Verdauung von Sammelproben/„On-Filter-Isolation"-Technik und Larvennachweis mittels eines Latexagglutinationstests

Dieses Verfahren wird nur für die Untersuchung des Fleisches von Hausschweinen als gleichwertig erachtet.

1. *Geräte und Reagenzien*
   a) Messer oder Schere und Pinzette zur Probenahme;
   b) mit 50 Quadraten markierte Tabletts zur Aufbewahrung von Proben von je ca. 2 g Fleisch oder andere Instrumente, welche die Rückverfolgbarkeit der Proben auf gleichwertige Weise sicherstellen;
   c) Mixer, mit scharfer Klinge. Falls die Proben schwerer als 3 g sind, ist ein Fleischwolf mit Öffnungen von 2 bis 4 mm Größe oder eine Schere zu verwenden. Im Fall von Gefrierfleisch oder Zunge (nach Entfernung der unverdaulichen Oberflächenschicht) ist ein Fleischwolf erforderlich, und die Größe der Proben muss erheblich gesteigert werden;
   d) Magnetrührer mit temperaturgeregelter Heizplatte und Teflonbeschichteten Rührstäben von ungefähr 5 cm Länge;
   e) 3 Liter fassende Glasbecher;
   f) Siebe, Maschenweite 180 Mikron, Außendurchmesser 11 cm, mit Maschen aus rostfreiem Stahl;
   g) Filtrationsgerät aus Stahl für Maschenfilter einer Größe von 20 µm mit einem Stahltrichter;
   h) Vakuumpumpe;
   i) Metall- oder Kunststoffbehälter, Fassungsvermögen 10 bis 15 Liter, zum Auffangen der Verdauungsflüssigkeit;
   j) ein 3D-Schüttler;

ANHANG I

- k) Aluminiumfolie;
- l) 25 %ige Salzsäure;
- m) Pepsin, Stärke 1:10 000 NF (US National Formulary) entsprechend 1:12 500 BP (British Pharmacopoeia) und entsprechend 2 000 FIP (Fédération Internationale de Pharmacie) oder stabilisiertes flüssiges Pepsin mit mindestens 660 Einheiten/ml (Europäisches Arzneibuch);
- n) Leitungswasser, auf 46 bis 48 °C erhitzt;
- o) eine auf 0,1 g genaue Waage;
- p) Pipetten in verschiedenen Größen (1, 10 und 25 ml), Mikropipetten entsprechend den Anweisungen des Herstellers der Latexagglutinationstests sowie Pipettenhalter;
- q) Nylon-Maschenfilter (20 µm) mit einem zum Filtrationsgerät passenden Durchmesser;
- r) Zange aus Kunststoff oder Stahl (10 bis 15 cm);
- s) konische Phiolen (15 ml);
- t) ein in die konischen Phiolen passendes Pistill mit einem konischen Stopfen aus Teflon oder Stahl;
- u) ein Thermometer, das im Bereich 1 bis 100 °C auf ± 0,5 °C genau ist;
- v) Latexagglutinationskarten aus dem Trichin-L-Antigen-Test-Kit, das unter dem Code EURLP_D_001/2011 validiert wurde;
- w) Pufferlösung mit Konservierungsstoff (Probenverdünnungsmittel) aus dem Trichin-L-Antigen-Test-Kit, das unter dem Code EURLP_D_001/2011 validiert wurde;
- x) Puffer, ergänzt durch einen Konservierungsstoff (Negativkontrolle) aus dem Trichin-L-Antigen-Test-Kit, das unter dem Code EURLP_D_001/2011 validiert wurde;
- y) Puffer, ergänzt durch Trichinella-spiralis-Antigene und einen Konservierungsstoff (Positivkontrolle) aus dem Trichin-L-Antigen-Test-Kit, das unter dem Code EURLP_D_001/2011 validiert wurde;
- z) Puffer mit Polystyrolpartikeln, beschichtet mit Antikörpern und ergänzt durch einen Konservierungsstoff (Latexperlen) aus dem Trichin-L-Antigen-Test-Kit, das unter dem Code EURLP_D_001/2011 validiert wurde;
- aa) Wegwerfstäbchen.

2. *Probenentnahme*

   Wie in Kapitel I Nummer 2 vorgeschrieben.

3. *Vefahren*

   I. Vollständige Ansätze (gleichzeitige Untersuchung von Proben mit einem Gesamtgewicht von 100 g)

   - a) 16 ± 0,5 ml 25 %ige Salzsäure (0,2 % Endkonzentration) wird in einen 3-l-Behälter mit 2,0 l ± 200 ml Leitungswasser gegeben, auf 46 bis 48 °C vorerhitzt; ein Rührstab wird im Behälter platziert, der Behälter wird auf die vorgeheizte Platte gestellt und der Rührvorgang gestartet.
   - b) 10 ± 1 g Pepsinpulver (oder 30 ± 3 ml flüssiges Pepsin) werden hinzugefügt.
   - c) 100-115 g Proben, die gemäß Nummer 2 zusammengestellt wurden, werden im Mixer mit 150 ml ± 15 ml vorerhitztem Verdauungspuffer zerkleinert.
   - d) Das zerkleinerte Fleisch wird in einen 3-l-Behälter gegeben, der Wasser, Pepsin und Salzsäure enthält.
   - e) Das Schneidewerk des Mixers wird mehrfach in die Verdauungsflüssigkeit des Behälters eingetaucht, und die Mixerschüssel wird mit einer kleinen Menge der Verdauungsflüssigkeit ausgespült, um noch anhängendes Fleisch zu entfernen.
   - f) Der Behälter wird mit Aluminiumfolie abgedeckt.
   - g) Der Magnetrührer ist so einzustellen, dass er während des gesamten Rührvorgangs eine konstante Temperatur von 44 bis 46 °C hält. Während des Rührvorgangs muss die Verdauungsflüssigkeit so schnell drehen, dass ein tiefer zentraler Wirbel entsteht, ohne dass Flüssigkeit herausspritzt.
   - h) Die Verdauungsflüssigkeit wird gerührt, bis die Fleischpartikel verschwinden (etwa 30 Minuten). Danach wird das Rührgerät abgeschaltet und die Verdauungsflüssigkeit durch

12/5. EU/DfV Trichinen
ANHANG I

das Sieb in den Sedimentierungsfilter zur Sedimentation gegossen. Bei der Verarbeitung bestimmter Fleischarten (Zunge, Wildfleisch usw.) können längere Verdauungszeiten erforderlich sein (nicht mehr als 60 Minuten).

i) Der Verdauungsvorgang gilt als zufriedenstellend, wenn nicht mehr als 5 % des ursprünglichen Gewichts der Probe auf dem Sieb bleiben.

j) Der Nylon-Maschenfilter (20 µm) wird auf dem Filterhalter angebracht. Der konische Filtrationstrichter aus Stahl wird mithilfe des Blockiersystems am Filterhalter befestigt und das Stahlsieb (Maschenweite 180 µm) im Trichter angebracht. Die Vakuumpumpe wird an den Filterhalter und den Metall- bzw. Kunststoffbehälter angeschlossen, damit die Verdauungsflüssigkeit aufgefangen werden kann.

k) Das Rühren wird gestoppt und die Verdauungsflüssigkeit durch das Sieb in den Filtrationstrichter gegossen. Der Behälter wird mit ca. 250 ml warmem Wasser gespült. Nach der Filtration der Verdauungsflüssigkeit wird die Spülflüssigkeit in die Filtrationsrampe gegossen.

l) Die Filtrationsmembran wird mit der Pinzette an einer Seite gehalten. Die Membran wird mindestens 4- fach gefaltet und in die 15 ml fassende konische Phiole eingeführt. Die konische Phiole ist entsprechend dem Pistill zu wählen.

m) Die Filtrationsmembran wird in der 15 ml fassenden konischen Phiole mithilfe des Pistills nach unten geschoben, anschließend wird durch Vorwärts- und Rückwärtsbewegen des Pistills (ca. 20-mal) starker Druck auf die Membran ausgeübt; dabei sollte sich das Pistill entsprechend den Anweisungen des Herstellers innerhalb der gefalteten Filtrationsmembran befinden.

n) 0,5 ml ± 0,01 ml des Probenverdünnungsmittels werden mit einer Pipette in die 15 ml fassende konische Phiole gegeben und die Filtrationsmembran durch leichtes, wiederholtes Vorwärts- und Rückwärtsbewegen des Pistills ca. 30 Sekunden lang homogenisiert; hierbei sind entsprechend den Anweisungen des Herstellers abrupte Bewegungen zu vermeiden, um das Verspritzen der Flüssigkeit zu begrenzen.

o) Alle Proben, die negative und die positive Kontrolle werden entsprechend den Anweisungen des Herstellers mit Pipetten auf verschiedene Felder der Agglutinationskarte verteilt.

p) Die Latexperlen werden entsprechend den Anweisungen des Herstellers mit einer Pipette in jedes Feld der Agglutinationskarte zugegeben, wobei sie nicht mit den Proben und Kontrollen in Kontakt kommen dürfen. Dann werden die Latexperlen in jedem Feld vorsichtig mithilfe eines Wegwerfstäbchens vermischt, bis die homogene Flüssigkeit das ganze Feld bedeckt.

q) Die Agglutinationskarte wird auf dem 3D-Schüttler positioniert und entsprechend den Anweisungen des Herstellers 10 ± 1 min geschüttelt.

r) Nach dem in den Anweisungen angegebenen Zeitraum wird der Schüttelvorgang beendet, die Agglutinationskarte wird auf eine ebene Oberfläche gelegt und die Reaktionsergebnisse werden sofort entsprechend den Anweisungen des Herstellers abgelesen. Im Fall einer positiven Probe müssen sich Perlenaggregate zeigen. Im Fall einer negativen Probe bleibt die Suspension homogen ohne Perlenaggregate.

II. Ansätze mit einem Gesamtgewicht von weniger als 100 g gemäß Kapitel I Nummer 3 Abschnitt II

Bei Ansätzen mit einem Gesamtgewicht von weniger als 100 g ist das Verfahren gemäß Kapitel I Nummer 3 Abschnitt II anzuwenden.

III. Positive oder nicht eindeutige Ergebnisse

Ergibt die Untersuchung einer Sammelprobe ein positives oder nicht eindeutiges Ergebnis des Latexagglutinationstests, so wird jedem Schwein eine weitere Probe von 20 g gemäß Kapitel I Nummer 2 Buchstabe a entnommen. Die jeweils 20 g schweren Proben von fünf Schweinen werden zusammengefasst und nach dem Verfahren gemäß Abschnitt I untersucht. Auf diese Weise werden Proben von 20 Gruppen zu je fünf Schweinen untersucht.

Im Fall eines positiven Latexagglutinationstests bei einer Gruppenprobe von fünf Schweinen wird von jedem Schwein dieser Gruppe eine weitere Probe von 20 g entnommen und nach einem der in Abschnitt I beschriebenen Verfahren einzeln untersucht.

12/5. EU/DfV Trichinen

ANHANG I

Im Fall eines positiven oder nicht eindeutigen Latexagglutinationstests werden mindestens 20 g Schweinemuskeln zur Bestätigung anhand einer der in Kapitel I beschriebenen Methoden in das nationale Referenzlabor gesendet.

Parasitenproben werden zur Konservierung und zur Identifizierung der Erregerart im EU-Referenzlabor oder im nationalen Referenzlabor in 90 %igem Ethylalkohol aufbewahrt.

Nach Entnahme der Parasiten werden Flüssigkeiten mit positivem Befund durch Erhitzen auf mindestens 60 °C dekontaminiert.

IV. Reinigung und Dekontamination nach positivem oder nicht eindeutigem Befund

Ergibt die Untersuchung einer Sammelprobe oder einer Einzelprobe ein positives oder nicht eindeutiges Ergebnis des Latexagglutinationstests, so wird alles Material, das mit Fleisch in Berührung kommt (Mixerschüssel und Messer, Pistill, Behälter, Rührstab, Temperatursensor, konischer Filtrationstrichter, Sieb und Pinzette) sorgfältig dekontaminiert, indem es einige Sekunden lang in heißes Wasser (65-90 °C) getaucht wird. Fleischreste oder inaktivierte Larven, die sich noch auf den Oberflächen befinden könnten, können mit einem sauberen Schwamm und Leitungswasser entfernt werden. Erforderlichenfalls können einige Tropfen eines Reinigungsmittels zugefügt werden, um die Geräte und Ausrüstungsteile zu entfetten. Es wird empfohlen, danach alle Gegenstände gründlich zu spülen, damit alle Reste des Reinigungsmittels entfernt werden.

E. Prüfung durch künstliche Digestion für den In-vitro-Nachweis von Larven der Trichinella spp. in Fleischproben, PrioCHECK® *Trichinella* **AAD Kit**

Dieses Verfahren wird nur für die Untersuchung des Fleisches von Hausschweinen als gleichwertig erachtet.

Das PrioCHECK® Trichinella AAD Kit ist entsprechend dem Anleitungshandbuch des Kits unter Verwendung von Scheidetrichtern (Lenz NS 29/32) und eines 80-ml-Reagenzglases anzuwenden.

12/5. EU/DfV Trichinen
ANHANG II

ANHANG II

Gefrierbehandlung

A. *Gefrierverfahren 1*
   a) Gefroren eingeführtes Fleisch ist in gefrorenem Zustand zu halten.
   b) Die technische Ausrüstung und die Energieversorgung des Gefrierraums müssen gewährleisten, dass die erforderlichen Temperaturen in kürzester Zeit erreicht und in allen Teilen des Raums sowie im Fleisch aufrechterhalten werden.
   c) Vor dem Gefrieren ist Isolierverpackung zu entfernen, ausgenommen bei Fleisch, das bereits beim Einbringen in den Gefrierraum die erforderliche Temperatur vollständig erreicht hat, sowie Fleisch, das so verpackt ist, dass es trotz der Verpackung innerhalb der vorgegebenen Zeit die erforderliche Temperatur erreicht.
   d) Die Sendungen sind im Gefrierraum getrennt und unter Verschluss zu halten.
   e) Datum und Uhrzeit des Einbringens einer Fleischsendung in den Gefrierraum sind aufzuzeichnen.
   f) Die Temperatur im Gefrierraum darf nicht höher sein als $-25\,°C$. Sie ist thermoelektrisch mit geeichten Geräten zu messen und fortlaufend aufzuzeichnen. Sie darf nicht direkt im Kaltluftstrom gemessen werden. Die Geräte sind unter Verschluss zu halten. Die Diagramme sind mit den einschlägigen Registernummern der Fleischuntersuchung bei der Einfuhr sowie Tag und Stunde des Beginns und der Beendigung des Gefrierprozesses zu versehen und nach der Zusammenstellung ein Jahr lang aufzubewahren.
   g) Fleisch mit bis zu 25 cm Durchmesser oder Schichtdicke muss mindestens 240 Stunden ohne Unterbrechung gefroren sein; Fleisch mit 25 bis 50 cm Durchmesser oder Schichtdicke muss mindestens 480 Stunden ohne Unterbrechung gefroren sein. Fleisch mit einem größeren Durchmesser oder einer größeren Schichtdicke darf diesem Gefrierverfahren nicht unterzogen werden. Die Gefrierzeit ist ab dem Zeitpunkt zu berechnen, an dem die Temperatur im Gefrierraum den Wert gemäß Buchstaben f erreicht.

B. *Gefrierverfahren 2*

   Es gelten die allgemeinen Bestimmungen der Buchstaben a bis e des Abschnitts A (Verfahren 1) unter Anwendung folgender Zeit-/Temperaturkombinationen:
   a) Fleisch mit einem Durchmesser oder einer Schichtdicke bis zu 15 cm ist nach einer der folgenden Zeit-/ Temperaturkombinationen einzufrieren:
      – 20 Tage bei minus 15 °C,
      – 10 Tage bei minus 23 °C,
      – 6 Tage bei minus 29 °C.
   b) Fleisch mit einem Durchmesser oder einer Schichtdicke von 15 bis 50 cm ist nach einer der folgenden Zeit-/Temperaturkombinationen einzufrieren:
      – 30 Tage bei minus 15 °C,
      – 20 Tage bei minus 25 °C,
      – 12 Tage bei minus 29 °C.

   Die Temperatur im Gefrierraum darf die für die Abtötung gewählte Temperatur nicht überschreiten. Sie ist thermoelektrisch mit geeichten Geräten zu messen und fortlaufend aufzuzeichnen. Sie darf nicht direkt im Kaltluftstrom gemessen werden. Die Geräte sind unter Verschluss zu halten. Die Diagramme sind mit den einschlägigen Registernummern der Fleischuntersuchung bei der Einfuhr sowie Tag und Stunde des Beginns und der Beendigung des Gefrierprozesses zu versehen und nach der Zusammenstellung ein Jahr lang aufzubewahren.

   Werden Gefriertunnel verwendet und die in Abschnitt A und B beschriebenen Verfahren nicht strikt eingehalten, muss der Betreiber des Lebensmittelunternehmens in der Lage sein, der zuständigen Behörde gegenüber nachzuweisen, dass das alternative Verfahren die Abtötung von Trichinenparasiten in Schweinefleisch gewährleistet.

C. *Gefrierverfahren 3*

12/5. EU/DfV Trichinen
ANHANG II

Die Behandlung erfolgt durch handelsübliches Gefriertrocknen oder kontrolliertes Gefrieren nach vorgegebenen Zeit- Temperatur-Kombinationen, wobei die Temperatur jeweils in der Mitte des Fleischstücks überwacht wird.

a) Es gelten die allgemeinen Bestimmungen der Buchstaben a bis e des Abschnitts A (Verfahren 1) unter Anwendung folgender Zeit-/Temperaturkombinationen:
   - 106 Stunden bei minus 18 °C,
   - 82 Stunden bei minus 21 °C,
   - 63 Stunden bei minus 23,5 °C,
   - 48 Stunden bei minus 26 °C,
   - 35 Stunden bei minus 29 °C,
   - 22 Stunden bei minus 32 °C,
   - 8 Stunden bei minus 35 °C,
   - 0,5 Stunden bei minus 37 °C.

b) Die Temperatur ist thermoelektrisch mit geeichten Geräten zu messen und fortlaufend aufzuzeichnen. Die Messsonde ist in den Kern eines Fleischstücks einzuführen, das nicht kleiner sein darf als das dickste einzufrierende Fleischstück. Das Fleischstück ist an der ungünstigsten Stelle des Gefrierraums zu platzieren, d. h. vom Kühlaggregat entfernt und nicht unmittelbar im Kaltluftstrom. Die Geräte sind unter Verschluss zu halten. Die Diagramme sind mit den einschlägigen Registernummern der Fleischuntersuchung bei der Einfuhr sowie Tag und Stunde des Beginns und der Beendigung des Gefrierprozesses zu versehen und nach der Zusammenstellung ein Jahr lang aufzubewahren.

12/5. EU/DfV Trichinen
ANHANG III

ANHANG III

Untersuchung von anderen Tieren als Schweinen

Fleisch von Pferden, frei lebendem Wild und anderen Tieren, das Trichinenparasiten enthalten könnte, ist vorbehaltlich folgender Änderungen nach einem der Verdauungsverfahren gemäß Anhang I Kapitel I oder II zu untersuchen:

a) Dem Zungen- oder Kiefermuskel von Pferden und dem Antebrachium, der Zunge oder dem Zwerchfell von Wildschweinen sind Proben von mindestens 10 g zu entnehmen.

b) Fehlt diese Muskulatur beim Pferd, so ist eine größere Probe aus einem Zwerchfellpfeiler am Übergang vom muskulösen in den sehnigen Teil auszuschneiden. Der Muskel muss frei sein von Bindegewebe und Fett.

c) Eine mindestens 5 g schwere Probe wird nach dem Referenznachweisverfahren in Kapitel I oder einem gleichwertigen Verfahren gemäß Kapitel II verdaut. Bei jedem Verdauungsvorgang darf das Gesamtgewicht des untersuchten Muskels 100 g bei dem Verfahren in Kapitel I sowie bei den Verfahren A und B in Kapitel II und 35 g bei Verfahren C in Kapitel II nicht überschreiten.

d) Bei positivem Untersuchungsergebnis ist zwecks anschließender unabhängiger Untersuchung eine weitere 50 g schwere Probe zu entnehmen.

e) Jegliches Fleisch von anderem Wild als Wildschweinen, wie Bären, Fleisch fressenden Säugetieren, Reptilien und Meeressäugern, ist unbeschadet artenschutzrechtlicher Bestimmungen zu untersuchen, indem Proben von 10 g der Muskulatur an der Prädilektionsstelle oder, falls diese nicht zur Verfügung stehen, größere Mengen an anderen Stellen entnommen werden. Prädilektionsstellen sind:

  i) beim Bären: Zwerchfell, Kaumuskel und Zunge;
  ii) beim Walross: Zunge;
  iii) beim Krokodil: Kaumuskel, Musculi pterygoidei und Zwischenrippenmuskulatur;
  iv) bei Vögeln: Kopfmuskeln (z. B. Kaumuskeln und Halsmuskulatur).

f) Die Verdauungszeit muss lang genug sein, dass die Gewebe dieser Tiere vollständig verdaut werden können, darf aber 60 Minuten nicht überschreiten.

EG-Hygiene-Verordnungen

ANHANG IV

ANHANG IV

KAPITEL I

AMTLICHE ANERKENNUNG EINES HALTUNGSBETRIEBS ODER EINES KOMPARTIMENTS MIT KONTROLLIERTEN HALTUNGSBEDINGUNGEN

A. Der Betreiber eines Lebensmittelunternehmens muss folgende Bedingungen erfüllen, um die amtliche Anerkennung eines Betriebs als trichinenfrei zu erlangen:

   a) Er muss alle praktischen Vorkehrungen in Bezug auf Bauverfahren und Wartung getroffen haben, um zu verhindern, dass Nagetiere, sonstige Säugetiere und fleischfressende Vögel Zugang zu Gebäuden haben, in denen Tiere gehalten werden.

   b) Er muss ein Schädlingsbekämpfungsprogramm, insbesondere gegen Nagetiere, durchführen, um Infestationen von Schweinen wirksam vorzubeugen. Er muss den Vorgaben der zuständigen Behörde entsprechende Aufzeichnungen über das Programm führen.

   c) Er muss sicherstellen, dass alle Futtermittel aus einer Einrichtung bezogen werden, die Futtermittel gemäß den in der Verordnung (EG) Nr. 183/2005 des Europäischen Parlaments und des Rates[1] beschriebenen Grundsätzen herstellt.

   d) Er muss Futtermittel für trichinenempfängliche Tierarten in geschlossenen Silos oder anderen Behältern lagern, in die keine Nagetiere eindringen können. Alle anderen Futtermittel sind einer Wärmebehandlung zu unterziehen oder nach Vorgabe der zuständigen Behörde herzustellen und zu lagern.

   e) Er muss sicherstellen, dass tote Tiere unverzüglich gesammelt, gekennzeichnet und transportiert werden gemäß den Artikeln 21 und 22 der Verordnung (EG) Nr. 1069/2009 sowie gemäß Anhang VIII der Verordnung (EU) Nr. 142/2011.

   f) Befindet sich in der Nähe des Betriebs eine Mülldeponie, so muss der Unternehmer die zuständige Behörde informieren. Die zuständige Behörde bewertet die Risiken und entscheidet, ob der Betrieb als Haltungsbetrieb mit kontrollierten Haltungsbedingungen anerkannt werden kann.

   g) Er muss dafür sorgen, dass Hausschweine gekennzeichnet sind, sodass jedes Tier zum Betrieb zurückverfolgt werden kann.

   h) Er muss dafür sorgen, dass Hausschweine nur dann in den Betrieb aufgenommen werden, wenn sie ihren Ursprung in Betrieben haben, die als Haltungsbetriebe mit kontrollierten Haltungsbedingungen amtlich anerkannt sind, und von dort kommen.

   i) Keines der Hausschweine hat Zugang zu Einrichtungen im Freien, es sei denn, der Lebensmittelunternehmer kann der zuständigen Behörde durch eine Risikoanalyse nachweisen, dass die Dauer, die Einrichtungen und die Umstände des Zugangs ins Freie hinsichtlich der Einschleppung von Trichinen in den Betrieb keine Gefahr darstellen.

   j) Keines der Zucht- und Nutzschweine gemäß Artikel 2 Absatz 2 Buchstabe c der Richtlinie 64/432/EWG wurde nach Verlassen des Ursprungsbetriebs in einer Sammelstelle gemäß Artikel 2 Absatz 2 Buchstabe o der Richtlinie 64/432/EWG entladen, es sei denn, die Sammelstelle genügt den Buchstaben a bis i und alle Hausschweine, die in der Sammelstelle für Sendungen gruppiert werden, haben ihren Ursprung in Betrieben, die als Haltungsbetriebe mit kontrollierten Haltungsbedingungen amtlich anerkannt sind, und kommen von dort oder von amtlich anerkannten Kompartimenten.

B. Lebensmittelunternehmer von Haltungsbetrieben mit amtlich anerkannten kontrollierten Haltungsbedingungen informieren die zuständige Behörde, sobald eine der Anforderungen gemäß Buchstabe A nicht mehr erfüllt ist oder sonstige Änderungen aufgetreten sind, die den Status des Betriebs beeinträchtigen könnten.

C. Die zuständigen Behörden in den Mitgliedstaaten dürfen einen Haltungsbetrieb oder eine Kategorie von Haltungsbetrieben nur anerkennen, wenn sie überprüft haben, dass die Anforderungen gemäß Buchstabe A erfüllt sind.

---

[1] *Verordnung (EG) Nr. 183/2005 des Europäischen Parlaments und des Rates vom 12. Januar 2005 mit Vorschriften für die Futtermittelhygiene (ABl. L 35 vom 8.2.2005, S. 1).*

12/5. EU/DfV Trichinen
ANHANG IV

KAPITEL II
BERICHTERSTATTUNG ÜBER DIE LAGE HINSICHTLICH TRICHINEN

a) Die Zahl (eingeschleppter und einheimischer) Trichinosefälle beim Menschen, einschließlich der epidemiologischen Daten, ist gemäß der Entscheidung 2000/96/EG zu melden.

b) Die Anzahl der Tests und die Ergebnisse der Untersuchung auf Trichinen bei Hausschweinen, Wildschweinen, Pferden, Wild und anderen empfänglichen Tieren ist gemäß Anhang IV der Richtlinie 2003/99/EG zu melden. Die Daten zu Hausschweinen müssen mindestens zu folgenden Punkten Angaben enthalten:

i) Tests bei Tieren aus kontrollierten Haltungsbedingungen;

ii) Tests bei Zuchtsauen, Ebern und Mastschweinen.

ANHANG V, VI

ANHANG V

ANHANG V

Aufgehobene Verordnung mit Liste ihrer nachfolgenden Änderungen

Verordnung (EG) Nr. 2075/2005 der Kommission	(ABl. L 338 vom 22.12.2005, S. 60).
Verordnung (EG) Nr. 1665/2006 der Kommission	(ABl. L 320 vom 18.11.2006, S. 46).
Verordnung (EG) Nr. 1245/2007 der Kommission	(ABl. L 281 vom 25.10.2007, S. 19).
Durchführungsverordnung (EU) Nr. 1109/2011 der Kommission	(ABl. L 287 vom 4.11.2011, S. 23).
Verordnung (EU) Nr. 216/2014 der Kommission	(ABl. L 69 vom 8.3.2014, S. 85).
Durchführungsverordnung (EU) Nr. 1114/2014 der Kommission	(ABl. L 302 vom 22.10.2014, S. 46).

ANHANG VI

ANHANG VI

Entsprechungstabelle

Verordnung (EG) Nr. 2075/2005	Vorliegende Verordnung
Artikel 1 bis 5	Artikel 1 bis 5
Artikel 6 Absatz 1 einleitende Worte	Artikel 6 Absatz 1
Artikel 6 Absatz 1 Buchstabe a	Artikel 6 Absatz 1
Artikel 6 Absatz 1 Buchstabe b	—
Artikel 6 Absatz 2	Artikel 6 Absatz 2
Artikel 7 bis 13	Artikel 7 bis 13
Artikel 15	Artikel 14
Artikel 16	—
—	Artikel 15
Artikel 17 Absatz 1	Artikel 16
Artikel 17 Absatz 2	—
Anhang I Kapitel I	Anhang I Kapitel I
Anhang I Kapitel II	Anhang I Kapitel II
Anhang I Kapitel III	—
Anhang II, III und IV	Anhang II, III und IV
—	Anhang V
—	Anhang VI

12/6. Verordnung (EU) Nr. 101/2013 über die Verwendung von Milchsäure zur Verringerung mikrobiologischer Oberflächenverunreinigungen von Rinderschlachtkörpern

ABl L 34 vom 5.2.2013, S 1

Verordnung (EU) Nr. 101/2013 der Kommission vom 4. Februar 2013 über die Verwendung von Milchsäure zur Verringerung mikrobiologischer Oberflächenverunreinigungen von Rinderschlachtkörpern

DIE EUROPÄISCHE KOMMISSION –

gestützt auf den Vertrag über die Arbeitsweise der Europäischen Union,

gestützt auf die Verordnung (EG) Nr. 853/2004 des Europäischen Parlaments und des Rates vom 29. April 2004 mit spezifischen Hygienevorschriften für Lebensmittel tierischen Ursprungs[1], insbesondere auf Artikel 3 Absatz 2,

in Erwägung nachstehender Gründe:

(1) In der Verordnung (EG) Nr. 852/2004 des Europäischen Parlaments und des Rates vom 29. April 2004 über Lebensmittelhygiene[2] sind die von Lebensmittelunternehmern einzuhaltenden spezifischen Hygienevorschriften für Lebensmittel festgelegt; besonders berücksichtigt wird dabei der Grundsatz der allgemeinen Anwendung von Verfahren zur Gefahrenanalyse und zur Überwachung kritischer Kontrollpunkte (HACCP).

(2) In der Verordnung (EG) Nr. 853/2004 sind die von Lebensmittelunternehmern einzuhaltenden spezifischen Hygienevorschriften für Lebensmittel tierischen Ursprungs festgelegt. Danach dürfen Lebensmittelunternehmer zum Zweck der Entfernung von Oberflächenverunreinigungen von Erzeugnissen tierischen Ursprungs keinen anderen Stoff als Wasser verwenden, es sei denn, die Verwendung dieses Stoffes ist nach der genannten Verordnung genehmigt worden.

(3) In der Verordnung (EG) Nr. 2073/2005 vom 15. November 2005 über mikrobiologische Kriterien für Lebensmittel[3] sind zudem die mikrobiologischen Kriterien für bestimmte Mikroorganismen sowie die Durchführungsbestimmungen festgelegt, die von den Lebensmittelunternehmern bei der Durchführung allgemeiner und spezifischer Hygienemaßnahmen gemäß der Verordnung (EG) Nr. 852/2004 einzuhalten sind. Danach müssen Lebensmittelunternehmen sicherstellen, dass die Lebensmittel diese mikrobiologischen Kriterien erfüllen.

(4) Am 14. Dezember 2010 ging bei der Kommission ein Antrag auf Verwendung von Milchsäure zur Verringerung der Oberflächenverunreinigung von Rinderschlachtkörpern und Rindfleisch ein.

(5) Am 26. Juli 2011 gab die Europäische Behörde für Lebensmittelsicherheit (EFSA) ein wissenschaftliches Gutachten zur Bewertung der Sicherheit und Wirksamkeit von Milchsäure zur Entfernung der mikrobiologischen Oberflächenverunreinigung von Rinderschlachtkörpern und deren Schnittabfällen[4] ab.

(6) In ihrem Gutachten kommt die EFSA zu dem Schluss, dass die Behandlung mit Milchsäure zur Entfernung von Verunreinigungen keine Sicherheitsbedenken aufwirft, sofern der verwendete Stoff den EU-Spezifikationen für Lebensmittelzusatzstoffe entspricht. Darüber hinaus kommt die EFSA zu dem Ergebnis, dass die mikrobiologische Verunreinigung sich durch Behandlungen mit Milchsäure signifikant verringern lässt gegenüber der Verunreinigung, wenn keine Behandlung oder eine Behandlung mit Trinkwasser erfolgt, und dass ein Beitrag solcher Behandlungen zur Entwicklung mikrobieller Resistenz unwahrscheinlich ist.

(7) Die EFSA empfiehlt, dass Lebensmittelunternehmer die antimikrobielle Wirksamkeit einer solchen Behandlung unter ihren speziellen Verarbeitungsbedingungen validieren und die Milchsäurekonzentration, die Anwendungstemperatur und andere Faktoren ihrer Dekontaminationswirkung validieren. In ihrem Gutachten kam die EFSA auch zu dem Schluss, dass diese Verwen-

---

zur Päambel:
[1] *ABl. L 139 vom 30.4.2004, S. 55.*
Zu Abs. 1:
[2] *ABl. L 139 vom 30.4.2004, S. 1.*
Zu Abs. 3:
[3] *ABl. L 338 vom 22.12.2005, S. 1.*

Zu Abs. 5:
[4] *EFSA Journal 2011; 9(7):2317.*

dung von Milchsäure keine negativen Auswirkungen auf die Umwelt hat.

(8) Laut dem Gutachten der EFSA beträgt die vom Rindfleisch absorbierte Restmenge aus der Milchsäurebehandlung nicht mehr als 190 mg/kg. Diese Menge gilt als Rest im Vergleich zur Wirkstoffmenge, die nötig ist, um die Oberflächenverunreinigung zu verringern. Des Weiteren hat sie keine technologische Wirkung im Endprodukt. Ferner ist die Restmenge der Milchsäure, die zur Verringerung der mikrobiologischen Oberflächenverunreinigung verwendet wird, vernachlässigbar im Vergleich zum natürlichen Milchsäuregehalt von Rindfleisch und stellt kein Sicherheitsproblem dar. In bestimmten Fleischzubereitungen sind Salze der Milchsäure als Lebensmittelzusatzstoffe zwecks Konservierung zugelassen. Zu diesem Zweck werden gewöhnlich Mengen von 20 000 mg/kg verwendet. Somit besteht ein deutlicher Unterschied zwischen der Verwendung von Milchsäure zur Verringerung der mikrobiologischen Oberflächenverunreinigung und ihrer Verwendung als Lebensmittelzusatzstoff.

(9) Angesichts des Gutachtens der EFSA und der Tatsache, dass Milchsäure eine potenzielle mikrobiologische Verunreinigung signifikant verringern kann, wird es als sinnvoll erachtet, ihre Verwendung zur Verringerung der Oberflächenverunreinigung von Rinderschlachtkörpern zu genehmigen. Eine solche Verwendung sollte jedoch bestimmten Bedingungen unterliegen. Die Verwendung von Milchsäure zur Entfernung von Oberflächenverunreinigungen sollte auf Schlachtkörper, Schlachtkörperhälften oder -viertel im Schlachthof begrenzt und in die gute Hygienepraxis und HACCP-gestützte Systeme integriert werden.

(10) In der Verordnung (EU) Nr. 231/2012 der Kommission vom 9. März 2012 mit Spezifikationen für die in den Anhängen II und III der Verordnung (EG) Nr. 1333/2008 des Europäischen Parlaments und des Rates aufgeführten Lebensmittelzusatzstoffe[4)] sind Spezifikationen für Lebensmittelzusatzstoffe festgelegt, insbesondere für Ursprung, Reinheit und sonstige notwendige Angaben.

(11) Gemäß dem Gutachten der EFSA sollte Milchsäure, die zur Verringerung der Oberflächenverunreinigung von Rinderschlachtkörpern verwendet wird, den in den EU-Rechtsvorschriften festgelegten Spezifikationen für Milchsäure entsprechen. Milchsäure, die zur Verringerung der mikrobiologischen Oberflächenverunreinigung gemäß dieser Verordnung verwendet wird, sollte daher den Spezifikationen der Verordnung (EU) Nr. 231/2012 entsprechen.

(12) Die Verwendung von Milchsäure zur Verringerung mikrobiologischer Oberflächenverunreinigungen bei Rinderschlachtkörpern, Rinderschlachtkörperhälften oder -vierteln muss die Verpflichtung der Lebensmittelunternehmer zur Einhaltung der EU-Rechtsvorschriften über Lebensmittelhygiene, wie in den Verordnungen (EG) Nr. 852/2004, (EG) Nr. 853/2004 und (EG) Nr. 2073/2005 festgelegt, unberührt lassen und ist keinesfalls als Ersatz für gute Hygienepraxis und -verfahren bei der Schlachtung oder als Alternative zur Einhaltung der Vorschriften der genannten Verordnungen zu betrachten.

(13) Der Ständige Ausschuss für die Lebensmittelkette und Tiergesundheit hat innerhalb der von seinem Vorsitzenden festgelegten Frist keine Stellungnahme abgegeben. Die Kommission legte dem Rat deshalb einen Vorschlag für diese Maßnahme vor und leitete diesen gleichzeitig dem Europäischen Parlament zu.

(14) Da der Rat innerhalb der geltenden Frist keinen Beschluss gefasst und das Europäische Parlament keine Einwände erhoben hat, sollte die Kommission die Maßnahme erlassen —

HAT FOLGENDE VERORDNUNG ERLASSEN:

Artikel 1

Lebensmittelunternehmer dürfen Milchsäure zur Verringerung mikrobiologischer Verunreinigungen von Rinderschlachtkörpern, Rinderschlachtkörperhälften oder -vierteln gemäß den im Anhang dieser Verordnung festgelegten Bedingungen im Schlachthof verwenden.

Artikel 2

Diese Verordnung tritt am zwanzigsten Tag nach ihrer Verordnung im *Amtsblatt der Europäischen Union* in Kraft.
Diese Verordnung ist in allen ihren Teilen verbindlich und gilt unmittelbar in jedem Mitgliedstaat.
Brüssel, den 4. Februar 2013.

Für die Kommission
Der Präsident
José Manuel BARROSO

Zu Abs. 10:
[4)] *ABl.* L 83 vom 22.3.2012, S. 1.

ANHANG

TEIL I
Bedingungen für die Verwendung von Milchsäure zur Verringerung mikrobiologischer Oberflächenverunreinigungen auf Rinderschlachtkörpern, Rinderschlachtkörperhälften oder -vierteln im Schlachthof

1. Milchsäurelösungen dürfen nur aus Milchsäure zubereitet werden, die den Spezifikationen der Verordnung (EU) Nr. 231/2012 entspricht.

2. Milchsäurelösungen dürfen

a) nur auf ganzen Schlachtkörpern, Schlachtkörperhälften oder -vierteln von einheimischen Rindern (einschließlich der Arten *Bubalus* und *Bison*) im Schlachthof verwendet werden;

b) nur durch Besprühen oder Einnebeln mit einer Milchsäurelösung von 2-5 % in Trinkwasser bei einer Temperatur von höchstens 55 °C verwendet werden;

c) nur unter kontrollierten und überprüfbaren Bedingungen im Rahmen eines HACCP-gestützten Systems verwendet werden, das mindestens die in Teil II aufgeführten Kriterien umfasst.

3. Milchsäurelösungen dürfen nicht auf Schlachtkörpern mit einer sichtbaren fäkalen Verschmutzung verwendet werden.

4. Die Anwendung von Milchsäurelösungen darf nicht zu einer irreversiblen physikalischen Veränderung des Fleischs führen.

TEIL II
HACCP-Mindestkriterien und Kontrollparameter

1. Vor der Anwendung von Milchsäurelösungen auf Schlachtkörpern, deren Hälften oder Vierteln sind Stichproben zwecks Bewertung der mikrobiologischen Kriterien im Sinne der Verordnung (EG) Nr. 2073/2005 zu nehmen.

2. Die Milchsäurekonzentration ist während der Behandlung, im Rahmen des HACCP-Plans, durch regelmäßige Überwachung zu überprüfen, zu dokumentieren und aufzuzeichnen.

3. Die Temperatur der Milchsäurelösung ist während der Behandlung, im Rahmen des HACCP-Plans, fortlaufend durch instrumentelle Messungen zu überwachen, zu dokumentieren und aufzuzeichnen.

TEIL III
Information über die Behandlung

Lebensmittelunternehmer, die Schlachthöfe betreiben, in denen Milchsäurelösungen zur Verringerung mikrobieller Oberflächenverunreinigungen von ganzen Schlachtkörpern, Schlachtkörperhälften oder -vierteln verwendet werden, müssen den Lebensmittelunternehmer, der die behandelten Schlachtkörper, deren Hälften oder Viertel erhält, über diese Behandlung informieren. Diese Information sollte dokumentiert werden.

12/7. Verordnung (EU) Nr. 210/2013 über die Zulassung von Sprossen erzeugenden Betrieben gemäß der Verordnung (EG) Nr. 852/2004 des Europäischen Parlaments und des Rates

ABl L 68 vom 12.3.2013, S 24

Verordnung (EU) Nr. 210/2013 der Kommission vom 11. März 2013 über die Zulassung von Sprossen erzeugenden Betrieben gemäß der Verordnung (EG) Nr. 852/2004 des Europäischen Parlaments und des Rates

DIE EUROPÄISCHE KOMMISSION –

gestützt auf den Vertrag über die Arbeitsweise der Europäischen Union,

gestützt auf die Verordnung (EG) Nr. 852/2004 des Europäischen Parlaments und des Rates vom 29. April 2004 über Lebensmittelhygiene[1], insbesondere auf Artikel 6 Absatz 3 Buchstabe c,

in Erwägung nachstehender Gründe:

(1) In der Verordnung (EG) Nr. 852/2004 sind allgemeine Hygienevorschriften für Lebensmittel enthalten, die von den Lebensmittelunternehmern u. a. bei der Primärproduktion und damit zusammenhängenden Vorgängen einzuhalten sind. Gemäß der genannten Verordnung müssen die Lebensmittelunternehmer sicherstellen, dass die Betriebe von der zuständigen Behörde nach mindestens einer Kontrolle an Ort und Stelle zugelassen werden, wenn eine solche Zulassung nach dem einzelstaatlichen Recht, nach der Verordnung (EG) Nr. 853/2004 des Europäischen Parlaments und des Rates[2] oder aufgrund eines gemäß der Verordnung (EG) Nr. 852/2004 angenommenen Beschlusses vorgeschrieben ist.

(2) In der Verordnung (EG) Nr. 853/2004 sind die von Lebensmittelunternehmern einzuhaltenden spezifischen Hygienevorschriften für Lebensmittel tierischen Ursprungs festgelegt. Danach dürfen Lebensmittelunternehmer zum Zweck der Entfernung von Oberflächenverunreinigungen von Erzeugnissen tierischen Ursprungs keinen anderen Stoff als Wasser verwenden, es sei denn,

die Verwendung dieses Stoffes ist nach der genannten Verordnung genehmigt worden.

(3) Am 20. Oktober 2011 nahm die Europäische Behörde für Lebensmittelsicherheit (EFSA) das „Scientific Opinion on the risk posed by Shiga toxin-producing Escherichia coli (STEC) and other pathogenic bacteria in seeds and sprouted seeds"[3] (Wissenschaftliches Gutachten über die Risiken durch Shiga-Toxin bildende Escherichia coli (STEC) und andere pathogene Bakterien in Samen und Keimlingen) an. In diesem Gutachten kommt die EFSA zu dem Schluss, dass die mit Sprossen in Verbindung gebrachten Infektionen höchstwahrscheinlich durch eine Kontamination trockener Samen mit bakteriellen Erregern ausgelöst wurden. Weiterhin heißt es in dem Gutachten, dass sich die bakteriellen Erreger auf trockenen Samen infolge der hohen Feuchtigkeit und der günstigen Temperatur beim Keimen vermehren und dass sie zu einer Gefahr für die öffentliche Gesundheit werden können.

(4) Zum Schutz der öffentlichen Gesundheit in der Europäischen Union und gestützt auf das genannte Gutachten der EFSA wurden die Verordnung (EU) Nr. 209/2013 der Kommission[4] zur Änderung der Verordnung (EG) Nr. 2073/2005 der Kommission vom 15. November 2005 über mikrobiologische Kriterien für Lebensmittel[5], die Verordnung (EU) Nr. 211/2013 der Kommission[6] und die Durchführungsverordnung (EU) Nr. 208/2013 der Kommission[7] angenommen.

(5) Zusätzlich zu den in den genannten Rechtsakten dargelegten Vorschriften sollte vorgeschrieben werden, dass Sprossen erzeugende Betriebe gemäß der Verordnung (EG) Nr. 852/2004 zugelassen werden müssen. Durch eine solche Zulassung, die nach mindestens einer

---

zur Päambel:
[1] ABl. L 139 vom 30.4.2004, S. 1.
Zu Abs. 1:
[2] ABl. L 139 vom 30.4.2004, S. 55.

Zu Abs. 3:
[3] EFSA Journal 2011;9(11):2424.
Zu Abs. 4:
[4] Siehe Seite 19 dieses Amtsblatts.
[5] ABl. L 338 vom 22.12.2005, S. 1.
[6] Siehe Seite 26 dieses Amtsblatts.
[7] Siehe Seite 16 dieses Amtsblatts.

Kontrolle an Ort und Stelle erteilt wird, würde gewährleistet, dass die Betriebe den einschlägigen Hygieneanforderungen genügen, wodurch ein hoher Schutz der öffentlichen Gesundheit gewährleistet wäre. Die Zulassung der Betriebe sollte von der Erfüllung bestimmter Anforderungen abhängig gemacht werden, damit das Risiko einer Kontamination innerhalb der Einrichtung, in der die Sprossen erzeugt werden, verringert wird.

(6) Die in dieser Verordnung vorgesehenen Maßnahmen entsprechen der Stellungnahme des Ständigen Ausschusses für die Lebensmittelkette und Tiergesundheit —

HAT FOLGENDE VERORDNUNG ERLASSEN:

Verordnung (EU) Nr. 210/2013 der Kommission vom 11. März 2013 über die Zulassung von Sprossen erzeugenden Betrieben gemäß der Verordnung (EG) Nr. 852/2004 des Europäischen Parlaments und des Rates

Artikel 1

Für die Zwecke dieser Verordnung gilt für „Sprossen" die Begriffsbestimmung gemäß Artikel 2 der Durchführungsverordnung (EU) Nr. 208/2013.

Artikel 2

Die Lebensmittelunternehmer stellen sicher, dass Sprossen erzeugende Betriebe gemäß Artikel 6 der Verordnung (EG) Nr. 852/2004 von der zuständigen Behörde zugelassen werden. Die Behörde lässt diese Betriebe nur dann zu, wenn sie den Anforderungen gemäß Anhang I der Verordnung (EG) Nr. 852/2004 sowie gemäß dem Anhang der vorliegenden Verordnung genügen.

Artikel 3

Diese Verordnung tritt am zwanzigsten Tag nach ihrer Veröffentlichung im *Amtsblatt der Europäischen Union* in Kraft.
Sie gilt ab dem 1. Juli 2013.
Diese Verordnung ist in allen ihren Teilen verbindlich und gilt unmittelbar in jedem Mitgliedstaat.
Brüssel, den 11. März 2013

Für die Kommission
Der Präsident
José Manuel BARROSO

ANHANG

Anforderungen an die Zulassung von Sprossen erzeugenden Betrieben

1. Die Betriebe müssen so angelegt und gestaltet sein, dass bewährte Hygieneverfahren für Lebensmittel angewandt werden können, darunter Maßnahmen zum Schutz vor Kontamination bei sowie zwischen den Arbeitsgängen. Insbesondere Flächen (einschließlich Flächen von Ausrüstungen) in Bereichen, in denen mit Lebensmitteln umgegangen wird, sowie Flächen, die mit Lebensmitteln in Berührung kommen, sind in einwandfreiem Zustand zu halten und müssen leicht zu reinigen und erforderlichenfalls leicht zu desinfizieren sein.

2. Es müssen geeignete Vorrichtungen zum Reinigen, Desinfizieren und Lagern von Arbeitsgeräten und Ausrüstungen vorhanden sein. Diese Vorrichtungen müssen leicht zu reinigen sein und über eine angemessene Warm- und Kaltwasserzufuhr verfügen.

3. Erforderlichenfalls müssen geeignete Vorrichtungen zum Waschen der Lebensmittel vorhanden sein. Jedes Waschbecken bzw. jede andere Vorrichtung zum Waschen von Lebensmitteln muss über eine angemessene Zufuhr von Trinkwasser verfügen und sauber gehalten sowie erforderlichenfalls desinfiziert werden.

4. Ausrüstungen, mit denen Samen und Sprossen in Berührung kommen, müssen so gebaut und beschaffen sein sowie so instand gehalten werden, dass das Risiko einer Kontamination so gering wie möglich ist und dass sie sauber gehalten sowie erforderlichenfalls desinfiziert werden können.

5. Es ist mit geeigneten Verfahren dafür zu sorgen, dass
a) Sprossen erzeugende Betriebe sauber gehalten und erforderlichenfalls desinfiziert werden;
b) alle Ausrüstungen, mit denen Samen und Sprossen in Berührung kommen, gründlich gereinigt und erforderlichenfalls desinfiziert werden. Reinigung und Desinfektion der Ausrüstungen sind so häufig durchzuführen, dass dem Risiko einer Kontamination vorgebeugt wird.

12/8. Verordnung (EU) Nr. 579/2014 über eine Ausnahmeregelung zu einigen Bestimmungen des Anhangs II der Verordnung (EG) Nr. 852/2004 des Europäischen Parlaments und des Rates hinsichtlich der Beförderung flüssiger Öle und Fette auf dem Seeweg

ABl L 160 vom 29. 5. 2014, S. 14 idF

1 ABl L 45 vom 20. 2. 2016, S. 1   2 ABl L 159 vom 17. 6. 2019, S. 26

Verordnung (EU) Nr. 579/2014 über eine Ausnahmeregelung zu einigen Bestimmungen des Anhangs II der Verordnung (EG) Nr. 852/2004 des Europäischen Parlaments und des Rates hinsichtlich der Beförderung flüssiger Öle und Fette auf dem Seeweg

DIE EUROPÄISCHE KOMMISSION –

gestützt auf den Vertrag über die Arbeitsweise der Europäischen Union,

gestützt auf die Verordnung (EG) Nr. 852/2004 des Europäischen Parlaments und des Rates vom 29. April 2004 über Lebensmittelhygiene[1], insbesondere auf Artikel 13 Absatz 2,

in Erwägung nachstehender Gründe:

(1) Die Verordnung (EG) Nr. 852/2004 sieht vor, dass Lebensmittelunternehmer die in Anhang II Kapitel IV der genannten Verordnung festgelegten allgemeinen Hygienevorschriften für die Beförderung von Lebensmitteln beachten. Gemäß Nummer 4 des genannten Kapitels sind Lebensmittel, die in flüssigem, granulat- oder pulverförmigem Zustand als Massengut befördert werden, in Transportbehältern und/oder Containern/Tanks zu befördern, die ausschließlich der Beförderung von Lebensmitteln vorbehalten sind. Diese Anforderung ist jedoch unpraktisch und bedeutet im Hinblick auf die Beförderung flüssiger Öle und Fette, die für den menschlichen Verzehr bestimmt sind oder voraussichtlich hierfür verwendet werden, durch Seeschiffe eine unverhältnismäßige Belastung für die Lebensmittelunternehmer. Außerdem stehen nicht genügend Seeschiffe, die ausschließlich der Beförderung von Lebensmitteln vorbehalten sind, zur Verfügung, um den kontinuierlichen Handel mit solchen Ölen und Fetten sicherzustellen.

(2) Die Richtlinie 96/3/EG der Kommission[2] gestattet die Beförderung flüssiger Öle und Fette als Massengut auf dem Seeweg in Tanks, die zuvor zur Beförderung der in ihrem Anhang aufgeführten Stoffe eingesetzt wurden, sofern bestimmte Bedingungen erfüllt sind, die den Schutz der öffentlichen Gesundheit sowie die Sicherheit und Unbedenklichkeit der betreffenden Lebensmittel gewährleisten.

(3) Aufgrund der Diskussion im Rahmen des Codex Alimentarius, an deren Ende die Annahme von Kriterien stand, die ausschlaggebend sein sollten für die Zulässigkeit vorheriger Ladungen bei flüssigen Speiseölen und -fetten, die als Massengut auf dem Seeweg befördert werden[3], sowie auf Ersuchen der Kommission bewertete die Europäische Behörde für Lebensmittelsicherheit (EFSA) die Kriterien für zulässige vorherige Ladungen bei Speisefetten und -ölen und erstellte ein wissenschaftliches Gutachten über die Prüfung der Kriterien für zulässige vorherige Ladungen bei Speisefetten und -ölen[4].

(4) Des Weiteren bewertete die EFSA auf Ersuchen der Kommission eine Liste von Stoffen, wobei sie diese Kriterien berücksichtigte. Die EFSA hat mehrere wissenschaftliche Gutachten zur Bewertung der Stoffe im Hinblick auf ihre

---

Zu Abs. 2:
[2] *Richtlinie 96/3/EG der Kommission vom 26. Januar 1996 über eine Ausnahmeregelung von einigen Bestimmungen der Richtlinie 93/43/EWG des Rates über Lebensmittelhygiene für die Beförderung von Ölen und Fetten als Massengut auf dem Seeweg (ABl. L 21 vom 27.1.1996, S. 42).*

Zu Abs. 3:
[3] *Gemeinsames FAO/WHO-Lebensmittelstandardprogramm, Codex-Alimentarius-Kommission, 34. Sitzung, International Conference Centre, Genf, Schweiz, 4.-9. Juli 2011, REP11/CAC, Absätze 45-46.*
[4] *Wissenschaftliches Gutachten des Gremiums für Kontaminanten in der Lebensmittelkette, „Review of the criteria for acceptable previous cargoes for edible fats and oils", abgegeben auf Ersuchen der Kommission. EFSA Journal (2009) 1110, 1-21.*

Zur Präambel
[1] *ABl. L 139 vom 30.4.2004, S. 1.*

Zulässigkeit als vorherige Ladung bei Speisefetten und -ölen angenommen[5)6)7)8)].

(5) Im Interesse der Klarheit des Unionsrechts und um den Ergebnissen der wissenschaftlichen Gutachten der EFSA Rechnung zu tragen, sollte die Richtlinie 96/3/EG aufgehoben und durch die vorliegende Verordnung ersetzt werden.

(6) Die in dieser Verordnung vorgesehenen Maßnahmen entsprechen der Stellungnahme des Ständigen Ausschusses für die Lebensmittelkette und Tiergesundheit —

HAT FOLGENDE VERORDNUNG ERLASSEN:

Artikel 1
Ausnahmeregelung

Abweichend von Anhang II Kapitel IV Nummer 4 der Verordnung (EG) Nr. 852/2004 dürfen flüssige Öle oder Fette, die für den menschlichen Verzehr bestimmt sind oder voraussichtlich hierfür verwendet werden, (im Folgenden „Öle oder Fette") durch Seeschiffe, die nicht ausschließlich der Beförderung von Lebensmitteln vorbehalten sind, befördert werden, sofern die Bedingungen in den Artikeln 2 und 3 der vorliegenden Verordnung erfüllt sind.

Artikel 2
Bedingungen für die Ausnahmeregelung

(1) Die vor den Ölen und Fetten in derselben Ausrüstung eines Seeschiffes beförderte Fracht (im Folgenden „vorherige Ladung") besteht aus einem Stoff oder einem Gemisch von Stoffen, der bzw. das im Anhang der vorliegenden Verordnung aufgeführt ist.

(2) Flüssige, zur Verarbeitung bestimmte Öle oder Fette dürfen als Massengut durch Seeschiffe in Tanks befördert werden, die nicht ausschließlich der Beförderung von Lebensmitteln vorbehalten sind, sofern folgende Bedingungen erfüllt werden:

a) Erfolgt die Beförderung der Öle oder Fette in einem Tank aus rostfreiem Stahl oder in einem Tank mit einer Epoxidharz- oder technisch gleichwertigen Beschichtung, so muss es sich bei der unmittelbar zuvor beförderten Ladung um Folgendes gehandelt haben:

i) ein Lebensmittel oder

ii) eine Ladung gemäß der Liste der zulässigen vorherigen Ladungen, die im Anhang festgelegt ist;

oder

b) erfolgt die Beförderung der Öle oder Fette in einem Tank aus anderen als den unter Buchstabe a genannten Materialien, so muss es sich bei den drei zuvor im Tank beförderten Ladungen um Folgendes gehandelt haben:

i) Lebensmittel oder

ii) eine Ladung gemäß der Liste der zulässigen vorherigen Ladungen, die im Anhang festgelegt ist.

(3) Nicht zur Weiterverarbeitung bestimmte Öle oder Fette dürfen als Massengut durch Seeschiffe in Tanks befördert werden, die nicht ausschließlich der Beförderung von Lebensmitteln vorbehalten sind, sofern folgende Bedingungen erfüllt werden:

a) Der Tank muss

i) aus rostfreiem Stahl bestehen oder

ii) mit einer Epoxidharz- oder technisch gleichwertigen Beschichtung versehen sein;

und

b) die drei zuvor im Tank beförderten Ladungen müssen Lebensmittel gewesen sein.

Artikel 3
Aufzeichnungen

(1) Der Kapitän des Seeschiffes, das Öle und Fette als Massengut in Tanks befördert, muss genaue Belege über die drei zuvor in diesen Tanks beförderten Ladungen sowie über die Wirksamkeit des zwischen den Ladungen angewandten Reinigungsverfahrens mit sich führen.

(2) Im Falle einer Umladung muss der Kapitän des Empfängerschiffes zusätzlich zu den in Absatz 1 verlangten Dokumenten genaue Belege darüber, dass die Beförderung der Öle oder Fette als Massengut während der vorherigen Beförderung den Bestimmungen des Artikels 2 entsprach,

---

Zu Abs. 4:

[5)] *Gremium der EFSA für Kontaminanten in der Lebensmittelkette (CONTAM); „Scientific Opinion on the evaluation of substances as acceptable previous cargoes for edible fats and oils". EFSA Journal 2009; 7(11):1391.*

[6)] *Gremium der EFSA für Kontaminanten in der Lebensmittelkette (CONTAM); „Scientific Opinion on the evaluation of the substances currently on the list in the annex to Commission Directive 96/3/EC as acceptable previous cargoes for edible fats and oils — Part I of III". EFSA Journal 2011; 9(12):2482.*

[7)] *Gremium der EFSA für Kontaminanten in der Lebensmittelkette (CONTAM); „Scientific Opinion on the evaluation of the substances currently on the list in the annex to Commission Directive 96/3/EC as acceptable previous cargoes for edible fats and oils — Part II of III". EFSA Journal 2012; 10(5):2703.*

[8)] *Gremium der EFSA für Kontaminanten in der Lebensmittelkette (CONTAM); „Scientific Opinion on the evaluation of the substances currently on the list in the annex to Commission Directive 96/3/EC as acceptable previous cargoes for edible fats and oils — Part III of III". EFSA Journal 2012; 10(12):2984.*

sowie über die Wirksamkeit des zwischen den Ladungen auf dem anderen Schiff angewandten Reinigungsverfahrens mit sich führen.

(3) Auf Anfrage legt der Kapitän des Seeschiffes der zuständigen Behörde die in den Absätzen 1 und 2 genannten Belege vor.

Artikel 4
Aufhebung

Die Richtlinie 96/3/EG wird aufgehoben.

Artikel 5

Diese Verordnung tritt am zwanzigsten Tag nach ihrer Veröffentlichung im *Amtsblatt der Europäischen Union* in Kraft.

Diese Verordnung ist in allen ihren Teilen verbindlich und gilt unmittelbar in jedem Mitgliedstaat.

Brüssel, den 28. Mai 2014

Für die Kommission
Der Präsident
José Manuel BARROSO

12/8. EU/LM-HygieneV Ausn.
Anhang

Anhang

LISTE DER ZULÄSSIGEN VORHERIGEN LADUNGEN

Stoff (Synonyme) CAS	CAS-Nr.
Essigsäure (Ethansäure; Methancarboxylsäure) 64-19	64-19-7
Essigsäureanhydrid (Ethananhydrid)	108-24-7
Aceton (Dimethylketon; 2-Propanon)	67-64-1
Saure Öle und Destillationsfettsäuren — aus Pflanzenölen und -fetten und/oder Gemischen daraus sowie Fetten und Ölen tierischer und mariner Herkunft	—
Ammoniumhydroxid (Ammoniumhydrat; (Ammoniaklösung; Salmiakgeist)	1336-21-6
Ammoniumpolyphosphat	68333-79-9 und 10124-31-9
Öle und Fette tierischer, mariner und pflanzlicher Herkunft sowie gehärtete Öle und Fette gemäß IMO MEPC.2/Rundschr.	—
Benzylalkohol (nur Pharmaqualität und Reagenzien)	100-51-6
n-Butylacetat	123-86-4
sec-Butylacetat	105-46-4
tert-Butylacetat	540-88-5
„Ammoniumnitratlösung" *(ABl L 45 vom 20. 2. 2016, S. 1)*	„6484-52-2" *(ABl L 45 vom 20. 2. 2016, S. 1)*
„Kalkammonsalpeter" *(ABl L 45 vom 20. 2. 2016, S. 1)*	„15245-12-2" *(ABl L 45 vom 20. 2. 2016, S. 1)*
Calciumchloridlösung	10043-52-4
„Calciumnitrat" *(ABl L 45 vom 20. 2. 2016, S. 1)*	10124-37-5
„Calciumnitrat-Hydrat" *(ABl L 45 vom 20. 2. 2016, S. 1)*	35054-52-5
„Calciumnitrattetrahydrat" *(ABl L 45 vom 20. 2. 2016, S. 1)*	13477-34-4
Cyclohexan (Hexamethylen; Hexanaphthen; Hexahydrobenzol)	110-82-7
Sojabohnenöl, epoxidiert (mit mindestens 7 % bis höchstens 8 % Oxiransauerstoffgehalt)	8013-07-8
Ethanol (Ethylalkohol)	64-17-5
Ethylacetat (Äthylacetat; Essigester; Essig-Naphtha)	141-78-6
2-Ethylhexanol (2-Ethylhexylalkohol)	104-76-7
„tert-Butylethylether" *(ABl L 159 vom 17. 6. 2019, S. 26)*	637-92-3

12/8. EU/LM-HygieneV Ausn.
Anhang

Stoff (Synonyme) CAS	CAS-Nr.
Fettsäuren	
Arachinsäure (Eicosansäure)	506-30-9
Behensäure (Docosansäure)	112-85-6
Buttersäure (n-Buttersäure; Butansäure; Ethylessigsäure; Propylameisensäure)	107-92-6
Caprinsäure (n-Decansäure)	334-48-5
Capronsäure (n-Hexansäure)	142-62-1
Caprylsäure (n-Octansäure)	124-07-2
Erucasäure (Z-13-Docosensäure)	112-86-7
Enanthsäure (n-Heptansäure)	111-14-8
Laurinsäure (n-Dodecansäure)	143-07-7
Lauroleinsäure (Dodecensäure)	4998-71-4
Linolsäure (9,12-Octadecadiensäure)	60-33-3
Linolensäure (9,12,15-Octadecatriensäure)	463-40-1
Myristinsäure (n-Tetradecansäure)	544-63-8
Myristoleinsäure (n-Tetradecensäure)	544-64-9
Ölsäure (n-Octadecensäure)	112-80-1
Palmitinsäure (n-Hexadecansäure)	57-10-3
Palmitoleinsäure (cis-9-Hexadecensäure)	373-49-9
Pelargonsäure (n-Nonansäure)	112-05-0
Ricinolsäure (cis-12-Hydroxyoctadec-9-ensäure; Ricinusölsäure)	141-22-0
Stearinsäure (n-Octadecansäure)	57-11-4
Valeriansäure (n-Pentansäure; Baldriansäure)	109-52-4
Fettsäureester — alle Ester, die durch die Kombination einer der oben aufgeführten Fettsäuren mit einem der oben aufgeführten Fettalkohole entstanden sind, sowie Methanol und Ethanol. Beispiele hierfür sind:	
Butylmyristat	110-36-1
Cetylstearat	110-63-2
Oleylpalmitat	2906-55-0
Methyllaurat (Methyldodecanoat)	111-82-0
Methyloleat (Methyloctadecenoat)	112-62-9
Methylpalmitat (Methylhexadecanoat)	112-39-0
Methylstearat (Methyloctadecanoat)	112-61-8
Fettalkohole:	
Butylalkohol (1-Butanol)	71-36-3
Caproylalkohol (1-Hexanol; Hexylalkohol)	111-27-3
Caprylalkohol (1-n-Octanol; Heptylcarbinol)	111-87-5
Cetylalkohol (C16-Alkohol; 1-Hexadecanol; Palmitylalkohol; n-Primär-Hexadecylalkohol)	36653-82-4
Decylalkohol (1-Decanol)	112-30-1
Önanthylalkohol (1-Heptanol; Heptylalkohol)	111-70-6
Laurylalkohol (n-Dodecanol; Dodecylalkohol)	112-53-8
Myristylalkohol (1-Tetradecanol; Tetradecanol)	112-72-1
Nonylalkohol (1-Nonanol; Pelargonalkohol; Octylcarbinol)	143-08-8
Oleylalkohol (Octadecenol)	143-28-2
Stearylalkohol (1-Octadecanol)	112-92-5
Tridecylalkohol (1-Tridecanol)	112-70-9
Fettalkoholmischungen:	
Lauryl-Myristylalkohol (C12-C14)	
Cetyl-Stearylalkohol (C16-C18)	
Ameisensäure (Methansäure; Wasserstoffcarbonsäure)	64-18-6
Fruktose	57-48-7 und 30237-26-4
Glycerol (Glycerin; (Glyzerin; Propan-1,2,3-triol)	56-81-5
Glykole:	107-88-0
1,3-Butandiol (1,3-Butylenglykol)	110-63-4

EG-Hygiene-Verordnungen

Anhang

Stoff (Synonyme) CAS	CAS-Nr.
1,4-Butandiol (1,4-Butylenglykol)	
Heptan (Handelsqualität)	142-82-5
Hexan (technische Qualität)	110-54-3 und 64742-49-0
Wasserstoffperoxid	7722-84-1
Isobutanol (2-Methyl-1-propanol)	78-83-1
Isobutylacetat (2-Methylpropylacetat)	110-19-0
Isodecanol (Isodecylalkohol)	25339-17-7
Isononanol (Isononylalkohol)	27458-94-2
Isooctanol (Isooctylalkohol)	26952-21-6
Isopropanol (Propan-2-ol; Isopropylalkohol; IPA)	67-63-0
Kaolinschlamm	1332-58-7
Limonen (Dipenten)	138-86-3
Magnesiumchloridlösung	7786-30-3
Methanol (Methylalkohol)	67-56-1
„Methylacetat" *(ABl L 159 vom 17. 6. 2019, S. 26)*	79-20-9
Methylethylketon (2-Butanon)	78-93-3
Methylisobutylketon (4-Methyl-2-pentanon)	108-10-1
Methyl-tert-butylether — (MTBE)	1634-04-4
Melasse, die in der konventionellen zuckerverarbeitenden Industrie aus Zuckerrohr, Zuckerrüben, Zitrus oder Sorghum hergestellt wird	—
Paraffinwachs (Lebensmittelqualität)	8002-74-2 und 63231-60-7
Pentan	109-66-0
Phosphorsäure (Orthophosphorsäure)	7664-38-2
Polypropylenglykol (Molekulargewicht größer als 400)	25322-69-4
Trinkwasser	7732-18-5
Kaliumhydroxidlösung (Kalilauge)	1310-58-3
n-Propylacetat	109-60-4
Propylalkohol (Propan-1-ol; 1-Propanol)	71-23-8
Propylenglykol (1,2-Propylenglykol; Propan-1,2-diol; 1,2-Dihydroxypropan; Monopropylenglykol (MPG); Methylglykol)	57-55-6
1,3-Propandiol (1,3-Propylenglykol; Trimethylenglykol)	504-63-2
Propylentetramer	6842-15-5
Natriumhydroxidlösung (Ätznatron, Natronlauge)	1310-73-2
Natriumsilicatlösung (Wasserglas)	1344-09-8
Sorbitollösung (D-Sorbitol; 6-wertiger Alkohol; D-Sorbit)	50-70-4
Schwefelsäure	7664-93-9
Nicht fraktionierte Fettsäuren aus Ölen und Fetten pflanzlicher, mariner und tierischer Herkunft und/oder Gemischen daraus, soweit sie von Speisefetten oder -ölen stammen	—
Nicht fraktionierte Fettalkohole aus Ölen und Fetten pflanzlicher, mariner und tierischer Herkunft und/oder Gemischen daraus, soweit sie von Speisefetten oder -ölen stammen	—
Nicht fraktionierte Fettester aus Ölen und Fetten pflanzlicher, mariner und tierischer Herkunft und/oder Gemischen daraus, soweit sie von Speisefetten oder -ölen stammen	—
Harnstoff-Ammoniumnitrat-Lösung	—
Weiße Mineralöle	8042-47-5

12/9. Verordnung (EU) 2015/1474 über die Verwendung wiederaufbereiteten Heißwassers zur Entfernung mikrobiologischer Oberflächenverunreinigungen von Schlachtkörpern

ABl L 225 vom 28. 8. 2015, S. 7

Verordnung (EU) 2015/1474 der Kommission vom 27. August 2015 über die Verwendung wiederaufbereiteten Heißwassers zur Entfernung mikrobiologischer Oberflächenverunreinigungen von Schlachtkörpern

DIE EUROPÄISCHE KOMMISSION —

gestützt auf den Vertrag über die Arbeitsweise der Europäischen Union,

gestützt auf die Verordnung (EG) Nr. 853/2004 des Europäischen Parlaments und des Rates vom 29. April 2004 mit spezifischen Hygienevorschriften für Lebensmittel tierischen Ursprungs[1], insbesondere auf Artikel 3 Absatz 2,

in Erwägung nachstehender Gründe:

(1) Ziel der Richtlinie 98/83/EG des Rates[2] ist es, die menschliche Gesundheit vor den nachteiligen Einflüssen, die sich aus der Verunreinigung von für den menschlichen Gebrauch bestimmtem Wasser ergeben, durch Gewährleistung seiner Genusstauglichkeit und Reinheit zu schützen. In Anhang I Teile A und B dieser Richtlinie sind die mikrobiologischen und chemischen Parameter festgelegt, denen für den menschlichen Gebrauch bestimmtes Wasser entsprechen muss.

(2) In der Verordnung (EG) Nr. 852/2004 des Europäischen Parlaments und des Rates[3] sind die von Lebensmittelunternehmern einzuhaltenden allgemeinen Lebensmittelhygienevorschriften festgelegt; besonders berücksichtigt wird dabei der Grundsatz der allgemeinen Anwendung von Verfahren, die auf Gefahrenanalyse und Überwachung kritischer Kontrollpunkte (Hazard Analysis and Critical Control Points — HACCP) basieren.

(3) In der Verordnung (EG) Nr. 852/2004 wird „Trinkwasser" definiert als Wasser, das den Mindestanforderungen der Richtlinie 98/83/EG entspricht.

(4) In der Verordnung (EG) Nr. 853/2004 sind die von Lebensmittelunternehmern einzuhaltenden spezifischen Hygienevorschriften für Lebensmittel tierischen Ursprungs festgelegt. Danach dürfen Lebensmittelunternehmer zum Zweck der Entfernung von Oberflächenverunreinigungen von Erzeugnissen tierischen Ursprungs keinen anderen Stoff als Trinkwasser verwenden, es sei denn, die Verwendung dieses Stoffes ist nach der genannten Verordnung genehmigt worden.

(5) Die Verordnung (EG) Nr. 854/2004 des Europäischen Parlaments und des Rates[4] enthält besondere Vorschriften für die amtliche Überwachung von zum menschlichen Verzehr bestimmten Erzeugnissen tierischen Ursprungs und insbesondere die Festlegung, dass diese Überwachung Audits der guten Hygienepraxis und der HACCP-basierten Verfahren umfassen muss.

(6) Mit der Verordnung (EG) Nr. 2073/2005 der Kommission[5] sind mikrobiologische Kriterien für bestimmte Mikroorganismen sowie die Durchführungsbestimmungen festgelegt worden, die von Lebensmittelunternehmern bei der Durchführung allgemeiner und spezifischer Hygienemaßnahmen gemäß der Verordnung (EG) Nr. 852/2004 einzuhalten sind.

Zur Präambel
[1] ABl. L 139 vom 30.4.2004, S. 55.
Zu Abs. 1:
[2] Richtlinie 98/83/EG des Rates vom 3. November 1998 über die Qualität von Wasser für den menschlichen Gebrauch (ABl. L 330 vom 5.12.1998, S. 32).
Zu Abs. 2:
[3] Verordnung (EG) Nr. 852/2004 des Europäischen Parlaments und des Rates vom 29. April 2004 über Lebensmittelhygiene (ABl. L 139 vom 30.4.2004, S. 1).

Zu Abs. 5:
[4] Verordnung (EG) Nr. 854/2004 des Europäischen Parlaments und des Rates vom 29. April 2004 mit besonderen Verfahrensvorschriften für die amtliche Überwachung von zum menschlichen Verzehr bestimmten Erzeugnissen tierischen Ursprungs (ABl. L 139 vom 30.4.2004, S. 206).
Zu Abs. 6:
[5] Verordnung (EG) Nr. 2073/2005 der Kommission vom 15. November 2005 über mikrobiologische Kriterien für Lebensmittel (ABl. L 338 vom 22.12.2005, S. 1).

(7) Am 30. September 2010 nahm das Gremium für biologische Gefahren der Europäischen Behörde für Lebensmittelsicherheit (im Folgenden „EFSA") ein wissenschaftliches Gutachten über die Sicherheit und Effizienz der Verwendung wiederaufbereiteten Heißwassers zur Entfernung von Verunreinigungen auf Schlachtkörpern[6] an.

(8) In ihrem Gutachten gelangt die EFSA zu dem Ergebnis, dass wiederaufbereitetes Heißwasser mikrobiologische Oberflächenverunreinigungen ebenso wirksam verringert wie heißes Trinkwasser und dass bei seiner Verwendung die mikrobiologischen Risiken durch bestimmte hitzebeständige Bakteriensporen als Hauptrisiken zu betrachten sind.

(9) Diese Risiken können unter Kontrolle gehalten werden, indem sichergestellt wird, dass wiederaufbereitetes Heißwasser auf eine Mindesttemperatur/für eine Mindestdauer erhitzt und in bestimmten Abständen erneuert wird, sodass gewährleistet ist, dass die mikrobiologischen und chemischen Parameterwerte die Anforderungen an Trinkwasser gemäß der Verordnung (EG) Nr. 852/2004 erfüllen und dass das von wiederaufbereitetem Heißwasser ausgehende Risiko somit nicht höher ist als das von heißem Trinkwasser.

(10) Im Übrigen hat die EFSA HACCP-Kriterien ermittelt und definiert, um die erwartete Wirksamkeit wiederaufbereiteten Heißwassers zu erreichen und die möglichen Risiken unter Kontrolle zu halten. Diese Kriterien umfassen insbesondere die Verpflichtung für Lebensmittelunternehmer, Daten über die Präsenz und die potenzielle Akkumulation bestimmter Bakteriensporen im wiederaufbereiteten Heißwasser, das für die Entfernung mikrobiologischer Oberflächenverunreinigungen von Schlachtkörpern verwendet wird, zu erfassen.

(11) Angesichts des EFSA-Gutachtens und in Anbetracht dessen, dass wiederaufbereitetes Heißwasser ein zusätzliches Mittel zur Erreichung der Ziele der Verordnungen (EG) Nr. 852/2004, (EG) Nr. 853/2004, (EG) Nr. 854/2004 und (EG) Nr. 2073/2005 sein und seine Verwendung aus Gründen des Umweltschutzes und der Energieersparnis einen Mehrwert haben kann, sollte die Verwendung wiederaufbereiteten Heißwassers durch Lebensmittelunternehmer zur Entfernung mikrobiologischer Oberflächenverunreinigungen von Schlachtkörpern zugelassen werden.

(12) Die Verwendung wiederaufbereiteten Heißwassers muss indessen die Verpflichtung der Lebensmittelunternehmer zur Erfüllung der Anforderungen des Unionsrechts an die Lebensmittelhygiene, die in den Verordnungen (EG) Nr. 852/2004, (EG) Nr. 853/2004, (EG) Nr. 854/2004 und (EG) Nr. 2073/2005 festgelegt sind, unberührt lassen. Eine solche Verwendung sollte in HACCP-basierte Verfahren integriert sein und ist keinesfalls als Ersatz für gute Hygienepraxis beim Schlachten und gute Betriebsverfahren oder als Alternative zur Erfüllung der Anforderungen der genannten Verordnungen zu betrachten.

(13) Die in dieser Verordnung vorgesehenen Maßnahmen entsprechen der Stellungnahme des Ständigen Ausschusses für Pflanzen, Tiere, Lebensmittel und Futtermittel —

HAT FOLGENDE VERORDNUNG ERLASSEN:

Artikel 1

Lebensmittelunternehmer dürfen wiederaufbereitetes Heißwasser zur Entfernung mikrobiologischer Oberflächenverunreinigungen von Schlachtkörpern gemäß den im Anhang festgelegten Bedingungen verwenden.

Artikel 2

Diese Verordnung tritt am zwanzigsten Tag nach ihrer Veröffentlichung im *Amtsblatt der Europäischen Union* in Kraft.
Diese Verordnung ist in allen ihren Teilen verbindlich und gilt unmittelbar in jedem Mitgliedstaat.
Brüssel, den 27. August 2015

Für die Kommission
Der Präsident
Jean-Claude JUNCKER

Zu Abs. 7:
[6] *EFSA Journal* 2010; 8(9):1827.

ANHANG

Teil I — Bedingungen für die Verwendung wiederaufbereiteten Heißwassers zur Entfernung mikrobiologischer Oberflächenverunreinigungen von Schlachtkörpern

1. Das wiederaufbereitete Heißwasser muss durch Erhitzen und Wiederaufbereiten von Trinkwasser in einem geschlossenen, getrennten System gewonnen werden.
2. Das wiederaufbereitete Wasser muss folgender Behandlung unterzogen werden:
   a) einer Mindesterhitzungstemperatur/Mindesterhitzungsdauer, die die Einhaltung der mikrobiologischen Parameter von Trinkwasser gewährleisten, vor der Anwendung auf Schlachtkörpern;
   b) einer ausreichend häufigen Erneuerung einschließlich Entfernung grober Partikel, Filtration und Zusetzung von Trinkwasser falls erforderlich, die die Einhaltung der chemischen Parameter von Trinkwasser gewährleistet.
3. Das wiederaufbereitete Heißwasser darf nur auf ganzen Schlachtkörpern und Schlachtkörperhälften von als Haustiere gehaltenen Huftieren und von Zuchtwild und nur unter kontrollierten und überprüften Bedingungen angewandt werden.
4. Das wiederaufbereitete Heißwasser darf nicht auf Schlachtkörpern mit einer sichtbaren fäkalen Verschmutzung angewandt werden.
5. Die Anwendung wiederaufbereiteten
6. Die Anwendung wiederaufbereiteten Heißwassers auf Schlachtkörpern muss erfolgen, bevor die Schlachtkörper in den Kühl- oder Gefrierraum gebracht werden.
7. Die Bedingungen unter Nummer 2 und 3 müssen in die auf Gefahrenanalyse und Überwachung kritischer Kontrollpunkte (HACCP) basierenden Verfahren integriert werden, die mindestens die in Teil II aufgeführten Kriterien umfassen.

Teil II — HACCP-Mindestkriterien und -Kontrollparameter

1. Vor der Anwendung wiederaufbereiteten Heißwassers auf Schlachtkörpern sind Stichproben zwecks Bewertung der Einhaltung der Anforderungen im Sinne der Verordnung (EG) Nr. 2073/2005 zu nehmen.
2. Die Mindesterhitzungstemperatur/Mindesterhitzungsdauer wiederaufbereiteten Wassers vor seiner Anwendung auf Schlachtkörpern ist fortlaufend durch instrumentelle Messungen zu überwachen, zu dokumentieren und aufzuzeichnen.
3. Die Einhaltung der für Trinkwasser festgelegten mikrobiologischen und chemischen Parameter bei dem auf Schlachtkörpern angewandten wiederaufbereiteten Heißwasser ist durch regelmäßige Wasseruntersuchungen zu überprüfen, zu dokumentieren und aufzuzeichnen.
4. Die Einhaltung des für Trinkwasser festgelegten Indikatorparameters für *Clostridium perfringens* bei dem auf Schlachtkörpern angewandten wiederaufbereiteten Heißwasser ist durch regelmäßige Überwachung zu überprüfen, zu dokumentieren und aufzuzeichnen.

12/10. Verordnung (EU) 2017/185 zur Festlegung von Übergangsmaßnahmen für die Anwendung gewisser Bestimmungen der Verordnungen (EG) Nr. 853/2004 und (EG) Nr. 854/2004 des Europäischen Parlaments und des Rates

ABl L 29 vom 3. 2. 2017, S. 21

Verordnung (EU) 2017/185 der Kommission vom 2. Februar 2017 zur Festlegung von Übergangsmaßnahmen für die Anwendung gewisser Bestimmungen der Verordnungen (EG) Nr. 853/2004 und (EG) Nr. 854/2004 des Europäischen Parlaments und des Rates

DIE EUROPÄISCHE KOMMISSION –

gestützt auf den Vertrag über die Arbeitsweise der Europäischen Union,

gestützt auf die Verordnung (EG) Nr. 853/2004 des Europäischen Parlaments und des Rates vom 29. April 2004 mit spezifischen Hygienevorschriften für Lebensmittel tierischen Ursprungs[1], insbesondere auf Artikel 9 Absatz 1,

gestützt auf die Verordnung (EG) Nr. 854/2004 des Europäischen Parlaments und des Rates vom 29. April 2004 mit besonderen Verfahrensvorschriften für die amtliche Überwachung von zum menschlichen Verzehr bestimmten Erzeugnissen tierischen Ursprungs[2], insbesondere auf Artikel 16 Absatz 1,

in Erwägung nachstehender Gründe:

(1) Mit den Verordnungen (EG) Nr. 853/2004 und (EG) Nr. 854/2004 wurden die Regeln und Verfahrensvorschriften, die die Lebensmittelunternehmer und die zuständigen Behörden der Mitgliedstaaten einhalten müssen, in erheblichem Maße geändert. Da die Anwendung einer Reihe dieser Regeln und Verfahrensvorschriften mit sofortiger Wirkung in bestimmten Fällen mit praktischen Schwierigkeiten verbunden gewesen wäre, war es erforderlich, Übergangsmaßnahmen zu erlassen.

(2) Die Mitteilung der Kommission an den Rat und das Europäische Parlament vom 28. Juli 2009 über die Erfahrungen mit der Anwendung der Hygieneverordnungen (EG) Nr. 852/2004, (EG) Nr. 853/2004 und (EG) Nr. 854/2004 des Europäischen Parlaments und des Rates[3] (im Folgenden der „Bericht") stellt die bisherigen Erfahrungen aller Beteiligten mit der Durchführung dieser Verordnungen in den Jahren 2006, 2007 und 2008 und die aufgetretenen Schwierigkeiten faktengestützt dar.

(3) Der Bericht enthält auch die Rückmeldungen zu den Erfahrungen mit den Übergangsmaßnahmen der Verordnung (EG) Nr. 2076/2005 der Kommission[4]. Aus dem Bericht geht außerdem hervor, dass Schwierigkeiten bei der lokalen Abgabe kleiner Mengen bestimmter Lebensmittel bestehen, dass eine weitergehende Klärung der Einfuhrbedingungen notwendig ist, wenn mangels harmonisierter EU-Vorschriften nationale Einfuhrbestimmungen gelten, und dass Krisen im Zusammenhang mit der Einfuhr von Lebensmitteln, die sowohl Erzeugnisse pflanzlichen Ursprungs als auch Verarbeitungserzeugnisse tierischen Ursprungs enthalten (zusammengesetzte Erzeugnisse) die Notwendigkeit verstärkter Kontrollen solcher Erzeugnisse bestätigt haben.

(4) Mit der Verordnung (EU) Nr. 1079/2013 der Kommission[5] wurden Übergangsmaßnahmen für einen Übergangszeitraum, der am 31. Dezember 2016 endet, festgelegt, damit ein reibungsloser Übergang zur umfassenden Anwendung der neuen Regeln und Verfahrensvorschriften gewährleistet wird. Die Dauer des Übergangszeitraums wurde

EG-Hygiene-Verordnungen

Zur Präambel:
[1] ABl. L 139 vom 30.4.2004, S. 55.
[2] ABl. L 139 vom 30.4.2004, S. 206.

Zu Abs. 2:
[3] KOM(2009) 403 endg.

Zu Abs. 3:
[4] Verordnung (EG) Nr. 2076/2005 der Kommission vom 5. Dezember 2005 zur Festlegung von Übergangsregelungen für die Durchführung der Verordnungen (EG) Nr. 853/2004, (EG) Nr. 854/2004 und (EG) Nr. 882/2004 des Europäischen Parlaments und des Rates sowie zur Änderung der Verordnungen (EG) Nr. 853/2004 und (EG) Nr. 854/2004 (ABl. L 338 vom 22.12.2005, S. 83).

Zu Abs. 4:
[5] Verordnung (EU) Nr. 1079/2013 der Kommission vom 31. Oktober 2013 zur Festlegung von Übergangsregelungen für die Anwendung der Verordnungen (EG) Nr. 853/2004 und (EG) Nr. 854/2004 des Europäischen Parlaments und des Rates (ABl. L 292 vom 1.11.2013, S. 10).

unter Berücksichtigung der Überarbeitung der in den Verordnungen (EG) Nr. 853/2004 und (EG) Nr. 854/2004 festgelegten Hygienevorschriften bestimmt.

(5) Darüber hinaus ist es aufgrund der Informationen, die die Inspektoren der Generaldirektion Gesundheit und Lebensmittelsicherheit der Kommission bei den letzten Audits eingeholt haben, sowie der Informationen der zuständigen Behörden der Mitgliedstaaten und der einschlägigen Sektoren der Lebensmittelwirtschaft in der EU notwendig, bestimmte Übergangsmaßnahmen in der Verordnung (EU) Nr. 1079/2013 beizubehalten, bis die in der Präambel dieser Verordnung vorgesehenen dauerhaften Vorschriften eingeführt werden.

(6) Die Verordnung (EG) Nr. 853/2004 gilt nicht für die direkte Abgabe kleiner Mengen an Fleisch von Geflügel und Hasentieren, das/die im landwirtschaftlichen Betrieb geschlachtet worden ist/sind, durch den Erzeuger an den Endverbraucher oder an örtliche Einzelhandelsunternehmen, die dieses Fleisch als Frischfleisch direkt an den Endverbraucher abgeben. Die Begrenzung dieser Bestimmung auf frisches Fleisch würde eine zusätzliche Belastung für Kleinerzeuger bedeuten. Daher sieht die Verordnung (EU) Nr. 1079/2013 eine Ausnahme von der Anwendung der Verordnung (EG) Nr. 853/2004 für die direkte Abgabe solcher Waren unter bestimmten Bedingungen und ohne Begrenzung auf frisches Fleisch vor. Dieser Ausschluss sollte während einer weiteren, in dieser Verordnung vorgesehenen Übergangszeit beibehalten werden, und gleichzeitig sollte die Möglichkeit einer dauerhaften Ausnahmeregelung geprüft werden.

(7) Die Verordnungen (EG) Nr. 853/2004 und (EG) Nr. 854/2004 enthalten Bestimmungen über die Einfuhr von Erzeugnissen tierischen Ursprungs und zusammengesetzten Erzeugnissen in die Union. In der Verordnung (EU) Nr. 1079/2013 sind Übergangsmaßnahmen vorgesehen, die bei bestimmten zusammengesetzten Erzeugnissen, für die die Hygienebedingungen für die Einfuhr in die Union noch nicht auf Unionsebene festgelegt sind (z. B. für zusammengesetzte Erzeugnisse, ausgenommen die in Artikel 3 Absätze 1 und 3 der Verordnung (EU) Nr. 28/2012 der Kommission[6] genannten) von einer Reihe dieser Bestimmungen abweichen.

Zu Abs. 7:

[6] *Verordnung (EU) Nr. 28/2012 der Kommission vom 11. Januar 2012 mit Bescheinigungsanforderungen für die Einfuhr in und die Durchfuhr durch die Europäische Union bestimmter zusammengesetzter Erzeugnisse und zur Änderung der Entscheidung 2007/275/EG und der Verordnung (EG) Nr. 1162/2009 (ABl. L 12 vom 14.1.2012, S. 1).*

(8) Ein Vorschlag der Kommission für eine Verordnung über amtliche Kontrollen im Bereich der Lebensmittelkette steht derzeit kurz vor der Annahme im ordentlichen Gesetzgebungsverfahren. Sobald diese Verordnung angenommen und anwendbar ist, wird sie eine Rechtsgrundlage für einen risikoadaptierten Ansatz für die Kontrolle zusammengesetzter Erzeugnisse bei der Einfuhr bieten. Es ist notwendig, Ausnahmeregelungen für einen weiteren Übergangszeitraum von vier Jahren vorzusehen, bis die neue Verordnung voraussichtlich anwendbar wird.

(9) Die Verordnungen (EG) Nr. 853/2004 und (EG) Nr. 854/2004 lassen die Einfuhr von Lebensmitteln tierischen Ursprungs von Betrieben zu, die Erzeugnisse tierischen Ursprungs handhaben, für die in Anhang III der Verordnung (EG) Nr. 853/2004 keine spezifischen Vorschriften festgelegt sind, solange keine harmonisierte Liste zugelassener Drittländer erstellt und kein gemeinsames Muster für eine Einfuhrbescheinigung festgelegt ist. Aufgrund der möglichen Auswirkungen der Erstellung einer solchen Liste und der Festlegung des Musters für die Einfuhrbescheinigung auf die Einfuhr dieser Lebensmittel ist mehr Zeit erforderlich für die Konsultation von Beteiligten und zuständigen Behörden der Mitgliedstaaten und von Drittstaaten.

(10) Die in dieser Verordnung vorgesehenen Maßnahmen entsprechen der Stellungnahme des Ständigen Ausschusses für Pflanzen, Tiere, Lebensmittel und Futtermittel –

HAT FOLGENDE VERORDNUNG ERLASSEN:

Artikel 1
Gegenstand

Mit dieser Verordnung werden Übergangsmaßnahmen für die Anwendung gewisser Bestimmungen der Verordnungen (EG) Nr. 853/2004 und (EG) Nr. 854/2004 für einen Übergangszeitraum vom 1. Januar 2017 bis zum 31. Dezember 2020 festgelegt.

Artikel 2
Ausnahme betreffend die direkte Abgabe kleiner Mengen an Fleisch von Geflügel und Hasentieren

Abweichend von Artikel 1 Absatz 3 Buchstabe d der Verordnung (EG) Nr. 853/2004 gelten die Bestimmungen der genannten Verordnung nicht für die direkte Abgabe kleiner Mengen an Fleisch von Geflügel und Hasentieren, das/die im landwirtschaftlichen Betrieb geschlachtet worden ist/sind, durch den Erzeuger an den Endverbraucher oder an örtliche Einzelhandelsunternehmen, die direkt an den Endverbraucher abgeben.

Artikel 3
Ausnahme betreffend Hygienevorschriften für die Einfuhr von Erzeugnissen tierischen Ursprungs und von Lebensmitteln, die sowohl Erzeugnisse pflanzlichen Ursprungs als auch Verarbeitungserzeugnisse tierischen Ursprungs enthalten

(1) Artikel 6 Absatz 1 der Verordnung (EG) Nr. 853/2004 gilt nicht für die Einfuhr von Erzeugnissen tierischen Ursprungs, für die keine harmonisierten Hygienevorschriften bei der Einfuhr festgelegt sind.

Einfuhren solcher Erzeugnisse müssen die Hygienevorschriften des einführenden Mitgliedstaats für die Einfuhr erfüllen.

(2) Abweichend von Artikel 6 Absatz 4 der Verordnung (EG) Nr. 853/2004 sind Lebensmittelunternehmer, die Lebensmittel einführen, welche sowohl Erzeugnisse pflanzlichen Ursprungs als auch Verarbeitungserzeugnisse tierischen Ursprungs enthalten, ausgenommen die in Artikel 3 Absätze 1 und 3 der Verordnung (EU) Nr. 28/2012 genannten, von der Verpflichtung gemäß Artikel 6 Absatz 4 der Verordnung (EG) Nr. 853/2004 befreit.

Einfuhren solcher Erzeugnisse müssen die Hygienevorschriften des einführenden Mitgliedstaats für die Einfuhr erfüllen.

Artikel 4
Ausnahme betreffend Hygieneverfahren in Bezug auf Einfuhren von Erzeugnissen tierischen Ursprungs

Kapitel III der Verordnung (EG) Nr. 854/2004 gilt nicht für die Einfuhr von Erzeugnissen tierischen Ursprungs, für die keine harmonisierten Hygienevorschriften bei der Einfuhr festgelegt sind.

Einfuhren solcher Erzeugnisse müssen die Hygienevorschriften des einführenden Mitgliedstaats für die Einfuhr erfüllen.

Artikel 5
Inkrafttreten und Geltung

Diese Verordnung tritt am dritten Tag nach ihrer Veröffentlichung im *Amtsblatt der Europäischen Union* in Kraft.

Diese Verordnung gilt vom 1. Januar 2017 bis zum 31. Dezember 2020.

Sie ist in allen ihren Teilen verbindlich und gilt unmittelbar in jedem Mitgliedstaat.

Brüssel, den 2. Februar 2017

Für die Kommission
Der Präsident
Jean-Claude JUNCKER

13. EU-Kontrollverordnungen

Übersicht

13/1. Verordnung (EU) 2017/625 über amtliche Kontrollen, ABl L 95 S 1 idF ABl L 2019/82, 4, ABl L 2019/321, 111 und ABl L 2021/357, 27

13/2. Delegierte Verordnung (EU) 2019/624 mit besonderen Bestimmungen für die Durchführung amtlicher Kontrollen der Fleischerzeugung sowie von Erzeugungs- und Umsetzgebieten für lebende Muscheln gemäß der Verordnung (EU) 2017/625 des Europäischen Parlaments und des Rates, ABl L 131 S 1 idF ABl L 2021/307, 1

13/3. Durchführungsverordnung (EU) 2019/627 zur Festlegung einheitlicher praktischer Modalitäten für die Durchführung der amtlichen Kontrollen in Bezug auf für den menschlichen Verzehr bestimmte Erzeugnisse tierischen Ursprungs gemäß der Verordnung (EU) 2017/625 des Europäischen Parlaments und des Rates und zur Änderung der Verordnung (EG) Nr. 2074/2005 der Kommission in Bezug auf amtliche Kontrollen, ABl L 131 S 51 idF ABl L 2020/427, 1, ABl L 2021/339, 84

13/4. Delegierte Verordnung (EU) 2019/2090 der Kommission vom 19. Juni 2019 zur Ergänzung der Verordnung (EU) 2017/625 des Europäischen Parlaments und des Rates in Bezug auf mutmaßliche oder festgestellte Verstöße gegen Unionsvorschriften über die Verwendung oder über Rückstände pharmakologisch wirksamer Stoffe, die in Tierarzneimitteln oder als Futtermittelzusatzstoffe zugelassen sind, bzw. gegen Unionsvorschriften über die Verwendung oder über Rückstände verbotener oder nicht zugelassener pharmakologisch wirksamer Stoffe, ABl L 317 S 28

13. EU-Kontrollverordnungen

Übersicht

13/1. Verordnung (EU) 2017/625 über amtliche Kontrollen, ABl L 95 S 1 idF ABl L 2019/82, 4, ABl L 2019/321, 111 und ABl L 2021/357, 27

13/2. Delegierte Verordnung (EU) 2019/624 mit besonderen Bestimmungen für die Durchführung amtlicher Kontrollen der Fleischerzeugung sowie von Erzeugungs- und Umsetzgebieten für lebende Muscheln gemäß der Verordnung (EU) 2017/625 des Europäischen Parlaments und des Rates, ABl L 131 S 1 idF ABl L 2021/307, 1

13/3. Durchführungsverordnung (EU) 2019/627 zur Festlegung einheitlicher praktischer Modalitäten für die Durchführung der amtlichen Kontrollen in Bezug auf für den menschlichen Verzehr bestimmte Erzeugnisse tierischen Ursprungs gemäß der Verordnung (EU) 2017/625 des Europäischen Parlaments und des Rates und zur Änderung der Verordnung (EG) Nr. 2074/2005 der Kommission in Bezug auf amtliche Kontrollen, ABl L 131 S 51 idF ABl L 2020/427, 1, ABl L 2021/339, 84

13/4. Delegierte Verordnung (EU) 2019/2090 der Kommission vom 19. Juni 2019 zur Ergänzung der Verordnung (EU) 2017/625 des Europäischen Parlaments und des Rates in Bezug auf mutmaßliche oder festgestellte Verstöße gegen Unionsvorschriften über die Verwendung oder über Rückstände pharmakologisch wirksamer Stoffe, die in Tierarzneimitteln oder als Futtermittelzusatzstoffe zugelassen sind, bzw. gegen Unionsvorschriften über die Verwendung oder über Rückstände verbotener oder nicht zugelassener pharmakologisch wirksamer Stoffe, ABl L 317 S 28

13/1. Verordnung (EU) 2017/625 über amtliche Kontrollen

ABl L 95 vom 7. 4. 2017, S. 1 idF

1 ABl L 137 vom 24. 05. 2017, S. 40 (Berichtigung)
2 ABl L 48 vom 21. 02. 2018, S. 44 (Berichtigung)
3 ABl L 322 vom 18. 12. 2018, S. 85 (Berichtigung)
4 ABl L 82 vom 25. 3. 2019, S. 4
5 ABl L 126 vom 15. 5. 2019, S. 73 (Berichtigung)
6 ABl L 321 vom 12. 12. 2019, S. 111
7 ABl L 357 vom 8. 10. 2021, S. 27

Verordnung (EU) 2017/625 des Europäischen Parlaments und des Rates vom 15. März 2017 über amtliche Kontrollen und andere amtliche Tätigkeiten zur Gewährleistung der Anwendung des Lebens- und Futtermittelrechts und der Vorschriften über Tiergesundheit und Tierschutz, Pflanzengesundheit und Pflanzenschutzmittel, zur Änderung der Verordnungen (EG) Nr. 999/2001, (EG) Nr. 396/2005, (EG) Nr. 1069/2009, (EG) Nr. 1107/2009, (EU) Nr. 1151/2012, (EU) Nr. 652/2014, (EU) 2016/429 und (EU) 2016/2031 des Europäischen Parlaments und des Rates, der Verordnungen (EG) Nr. 1/2005 und (EG) Nr. 1099/2009 des Rates sowie der Richtlinien 98/58/EG, 1999/74/EG, 2007/43/EG, 2008/119/EG und 2008/120/EG des Rates und zur Aufhebung der Verordnungen (EG) Nr. 854/2004 und (EG) Nr. 882/2004 des Europäischen Parlaments und des Rates, der Richtlinien 89/608/EWG, 89/662/EWG, 90/425/EWG, 91/496/EEG, 96/23/EG, 96/93/EG und 97/78/EG des Rates und des Beschlusses 92/438/EWG des Rates (Verordnung über amtliche Kontrollen)[1)]

TITEL I
GEGENSTAND, ANWENDUNGSBEREICH UND BEGRIFFSBESTIMMUNGEN

Artikel 1
Gegenstand und Anwendungsbereich

(1) Mit dieser Verordnung wird Folgendes geregelt:

a) die Durchführung amtlicher Kontrollen und anderer amtlicher Tätigkeiten der zuständigen Behörden der Mitgliedstaaten;

b) die Finanzierung der amtlichen Kontrollen;

c) die Amtshilfe zwischen den Mitgliedstaaten und deren Zusammenarbeit mit dem Ziel der vorschriftsmäßigen Anwendung der in Absatz 2 genannten Vorschriften;

d) die Durchführung von Kontrollen durch die Kommission in den Mitgliedstaaten und in Drittländern;

e) die Festlegung von Bedingungen für Tiere und Waren, die aus Drittländern in die Union verbracht werden;

f) die Einrichtung eines computergestützten Informationssystems zur Verwaltung von Informationen und Daten über die amtlichen Kontrollen.

(2) Diese Verordnung gilt für die amtlichen Kontrollen, mit denen die Einhaltung der Vorschriften überprüft werden soll, die entweder auf Unionsebene oder von den Mitgliedstaaten zur Anwendung von Unionsrecht in diesen Bereichen erlassen wurden:

a) Lebensmittel und Lebensmittelsicherheit, Lauterkeit und gesundheitliche Unbedenklichkeit auf allen Stufen der Produktion, der Verarbeitung und des Vertriebs von Lebensmitteln, darunter Vorschriften zur Gewährleistung fairer Handelspraktiken und über den Schutz der Interessen und der Information der Verbraucher, sowie Vorschriften über die Herstellung und Verwendung von Materialien und Gegenständen, die dazu bestimmt sind, mit Lebensmitteln in Berührung zu kommen;

b) die absichtliche Freisetzung genetisch veränderter Organismen (GVO) zum Zweck der Herstellung von Lebens- und Futtermitteln in die Umwelt;

c) Futtermittel und Futtermittelsicherheit auf allen Stufen der Produktion, der Verarbeitung und des Vertriebs von Futtermitteln sowie über die Verwendung von Futtermitteln, einschließlich Vorschriften zur Gewährleistung fairer Handelspraktiken und über den Schutz der Gesundheit, der Interessen und der Information der Verbraucher;

d) Anforderungen im Bereich Tiergesundheit;

e) Verhütung und Minimierung von Risiken für die Gesundheit von Menschen und Tieren, die sich aus tierischen Nebenprodukten und Folgeprodukten ergeben;

f) Anforderungen im Bereich Tierschutz;

[1)] *Erwägungsgründe nicht abgedruckt.*

g) Maßnahmen zum Schutz vor Pflanzenschädlingen;

h) das Inverkehrbringen und die Verwendung von Pflanzenschutzmitteln, sowie über die nachhaltige Verwendung von Pestiziden, mit Ausnahme von Anwendungsgeräten für Pestizide;

i) die ökologische/biologische Produktion und die Kennzeichnung von ökologischen/biologischen Erzeugnissen;

j) die Verwendung der Angaben „geschützte Ursprungsbezeichnung", „geschützte geografische Angabe" und „garantiert traditionelle Spezialität" und die entsprechende Kennzeichnung der Erzeugnisse.

(3) Diese Verordnung gilt auch für die amtlichen Kontrollen, mit denen die Einhaltung der Anforderungen in den Vorschriften gemäß Absatz 2 überprüft werden soll, die für Tiere und Waren gelten, welche in die Union verbracht oder aus der Union ausgeführt werden.

(4) Diese Verordnung gilt nicht für amtliche Kontrollen zur Überprüfung der Einhaltung

a) der Verordnung (EU) Nr. 1308/2013; diese Verordnung gilt jedoch für Kontrollen gemäß Artikel 89 der Verordnung (EU) Nr. 1306/2013, wenn diese Kontrollen mögliche betrügerische oder irreführende Praktiken in Bezug auf die Vermarktungsnormen gemäß den Artikeln 73 bis 91 der Verordnung (EU) Nr. 1308/2013 aufdecken;

b) der Richtlinie 2010/63/EU des Europäischen Parlaments und des Rates[1];

c) Verordnung (EU) 2019/6 des Europäischen Parlaments und des Rates[2]; diese Verordnung gilt jedoch für amtliche Kontrollen zur Überprüfung der Einhaltung von Artikel 118 Absatz 1 der genannten Verordnung. *(ABl L 357 vom 8. 10. 2021, S. 27)*

(5) Die Artikel 4, 5, 6 und 8, Artikel 12 Absätze 2 und 3, Artikel 15, die Artikel 18 bis 27, die Artikel 31 bis 34, die Artikel 37 bis 42 und Artikel 78, die Artikel 86 bis 108, Artikel 112 Buchstabe b, Artikel 130 und die Artikel 131 bis 141 gelten auch für andere amtliche Tätigkeiten, die von den zuständigen Behörden nach dieser Verordnung oder den Vorschriften gemäß Absatz 2 dieses Artikels durchgeführt werden.

Zu Artikel 1:
[1] *Richtlinie 2010/63/EU des Europäischen Parlaments und des Rates vom 22. September 2010 zum Schutz für wissenschaftliche Zwecke verwendeten Tiere (ABl. L 276 vom 20.10.2010, S. 33).*
[2] *Verordnung (EU) 2019/6 des Europäischen Parlaments und des Rates vom 11. Dezember 2018 über Tierarzneimittel und zur Aufhebung der Richtlinie 2001/82/EG (ABl. L 4 vom 7.1.2019, S. 43).*

Artikel 2
Amtliche Kontrollen und andere amtliche Tätigkeiten

(1) Für die Zwecke dieser Verordnung sind „amtliche Kontrollen" Tätigkeiten, die von den zuständigen Behörden oder von beauftragten Stellen oder natürlichen Personen, denen nach dieser Verordnung bestimmte Aufgaben im Zusammenhang mit amtlichen Kontrollen übertragen wurden, durchgeführt werden, um zu überprüfen, ob

a) die Unternehmer diese Verordnung und die Vorschriften gemäß Artikel 1 Absatz 2 einhalten und

b) die Tiere oder Waren die Anforderungen in den Vorschriften gemäß Artikel 1 Absatz 2 erfüllen, auch im Hinblick auf die Ausstellung einer amtlichen Bescheinigung oder einer amtlichen Attestierung.

(2) Für die Zwecke dieser Verordnung sind „andere amtliche Tätigkeiten" andere Tätigkeiten als amtliche Kontrollen, die von den zuständigen Behörden oder von den beauftragten Stellen oder den natürlichen Personen, denen bestimmte andere Tätigkeiten nach dieser Verordnung und den Vorschriften gemäß Artikel 1 Absatz 2 übertragen wurden, durchgeführt werden, einschließlich Tätigkeiten, die auf die Überprüfung des Vorhandenseins von Tierseuchen oder Pflanzenschädlingen, die Verhinderung oder Eindämmung des Ausbreitung von Tierseuchen oder Pflanzenschädlingen, die Tilgung dieser Tierseuchen oder Pflanzenschädlinge, die Gewährung von Zulassungen oder Genehmigungen und die Ausstellung amtlicher Bescheinigungen oder amtlicher Attestierungen abzielen.

Artikel 3
Begriffsbestimmungen

Für die Zwecke dieser Verordnung bezeichnet der Ausdruck

1. „Lebensmittelrecht" das Lebensmittelrecht gemäß der Definition in Artikel 3 Nummer 1 der Verordnung (EG) Nr. 178/2002;

2. „Futtermittelrecht" die Rechts- und Verwaltungsvorschriften für Futtermittel im Allgemeinen und die Futtermittelsicherheit im Besonderen, unabhängig davon, ob auf Unionsebene oder auf nationaler Ebene, auf allen Stufen der Produktion, der Verarbeitung und des Vertriebs oder der Verwendung von Futtermitteln;

3. „zuständige Behörden"

a) die zentralen Behörden eines Mitgliedstaats, die für die Durchführung amtlicher Kontrollen und anderer amtlicher Tätigkeiten nach dieser Verordnung und den Vorschriften gemäß Artikel 1 Absatz 2 verantwortlich sind;

b) alle anderen Behörden, denen diese Verantwortung übertragen wurde;
c) gegebenenfalls die entsprechenden Behörden eines Drittlandes;

4. „Kontrollbehörde für ökologische/biologische Produktion" eine öffentliche Verwaltungsorganisation eines Mitgliedstaats für ökologische/biologische Produktion und die Kennzeichnung ökologischer/ biologischer Produkte, der die zuständigen Behörden ihre Aufgaben in Verbindung mit der Durchführung der Verordnung (EG) Nr. 834/2007 des Rates[1] *ganz* oder teilweise übertragen haben, gegebenenfalls auch die entsprechende Behörde eines Drittlandes oder die entsprechende in einem Drittland tätige Behörde;

5. „beauftragte Stelle" eine separate juristische Person, der die zuständigen Behörden bestimmte Aufgaben im Rahmen der amtlichen Kontrolle oder bestimmte Aufgaben im Zusammenhang mit anderen amtlichen Tätigkeiten übertragen haben;

6. „Verfahren zur Überprüfung der Kontrollen" die von den zuständigen Behörden getroffenen Regelungen und Maßnahmen um sicherzustellen, dass die amtlichen Kontrollen und die anderen amtlichen Tätigkeiten kohärent und wirksam sind;

7. „Kontrollsystem" ein System, das die zuständigen Behörden und die Ressourcen, Strukturen, Regelungen und Verfahren umfasst, die in einem Mtgliedstaat geschaffen wurden, damit die amtlichen Kontrollen im Einklang mit dieser Verordnung und den in den Artikeln 18 bis 27 genannten Bestimmungen durchgeführt werden;

8. „Kontrollplan" eine von den zuständigen Behörden erstellte Beschreibung mit Informationen über Struktur und Organisation des Systems der amtlichen Kontrollen sowie über seine Funktionsweise und die detaillierte Planung der amtlichen Kontrollen, die für einen bestimmten Zeitraum in den Bereichen geplant sind, die unter die Vorschriften gemäß Artikel 1 Absatz 2 fallen;

9. „Tiere" Tiere gemäß der Definition in Artikel 4 Nummer 1 der Verordnung (EU) Nr. 2016/429;

10. „Tierseuche" eine Seuche gemäß der Definition in Artikel 4 Nummer 16 der Verordnung (EU) 2016/429;

11. „Waren" alles, was unter eine oder mehrere der Vorschriften gemäß Artikel 1 Absatz 2 fällt, mit Ausnahme von Tieren;

12. „Lebensmittel" Lebensmittel gemäß der Definition in Artikel 2 der Verordnung (EG) Nr. 178/2002;

13. „Futtermittel" Futtermittel gemäß der Definition in Artikel 3 Nummer 4 der Verordnung (EG) Nr. 178/2002;

14. „tierische Nebenprodukte" tierische Nebenprodukte gemäß der Definition in Artikel 3 Nummer 1 der Verordnung (EG) Nr. 1069/ 2009;

15. „Folgeprodukte" Folgeprodukte gemäß der Definition in Artikel 3 Nummer 2 der Verordnung (EG) Nr. 1069/2009;

16. „Pflanzen" Pflanzen gemäß der Definition in Artikel 2 Nummer 1 der Verordnung (EU) 2016/2031;

17. „Pflanzenschädlinge" Schädlinge gemäß der Definition in Artikel 1 Absatz 1 der Verordnung (EU) 2016/2031;

18. „Pflanzenschutzmittel" Pflanzenschutzmittel gemäß Artikel 2 Absatz 1 der Verordnung (EG) Nr. 1107/2009;

19. „Erzeugnisse tierischen Ursprungs" Erzeugnisse tierischen Ursprungs gemäß der Definition in Anhang I Nummer 8.1 der Verordnung (EG) Nr. 853/2004 des Europäischen Parlaments und des Rates[1];

20. „Zuchtmaterial" Zuchtmaterial gemäß der Definition in Artikel 4 Nummer 28 der Verordnung (EU) 2016/429;

21. „Pflanzenerzeugnisse" Pflanzenerzeugnisse gemäß der Definition in Artikel 2 Nummer 2 der Verordnung (EU) 2016/2031;

22. „andere Gegenstände" andere Gegenstände gemäß der Definition in Artikel 2 Nummer 5 der Verordnung (EU) 2016/2031;

23. „Gefahr" ein Agens oder einen Zustand, das bzw. der sich ungünstig auf die Gesundheit von Menschen, Tieren oder Pflanzen, auf den Tierschutz oder auf die Umwelt auswirken kann;

24. „Risiko" ein Produkt aus der Wahrscheinlichkeit des Eintretens einer die Gesundheit von Menschen, Tieren oder Pflanzen, den Tierschutz oder die Umwelt beeinträchtigenden Wirkung und der Schwere dieser Wirkung als Folge einer Gefahr;

25. „amtliches Bescheinigungsverfahren" das Verfahren, durch das die zuständigen Behörden die Einhaltung einer oder mehrerer der Anforderungen in den Vorschriften gemäß Artikel 1 Absatz 2 bestätigen;

26. „Bescheinigungsbefugte"
a) alle Bediensteten der zuständigen Behörden, die von diesen Behörden zur Unterzeichnung amtlicher Bescheinigungen ermächtigt wurden oder

---

Zu Artikel 3:
[1] *Verordnung (EG) Nr. 834/2007 des Rates vom 28. Juni 2007 über die ökologische/biologische Produktion und die Kennzeichnung von ökologischen/ biologischen Erzeugnissen und zur Aufhebung der Verordnung (EWG) Nr. 2092/91 (ABl. L 189 vom 20.7.2007, S. 1).*

[1] *Verordnung (EG) Nr. 853/2004 des Europäischen Parlaments und des Rates vom 29. April 2004 mit spezifischen Hygienevorschriften für Lebensmittel tierischen Ursprungs (ABl. L 139 vom 30.4.2004, S. 55).*

13/1. EU-KontrollV
Artikel 3

b) alle anderen natürlichen Personen, die nach den Vorschriften gemäß Artikel 1 Absatz 2 von den zuständigen Behörden zur Unterzeichnung amtlicher Bescheinigungen ermächtigt wurden;

27. „amtliche Bescheinigung" ein Dokument in Papierform oder elektronischer Form, das vom Bescheinigungsbefugten unterzeichnet ist und das die Einhaltung einer oder mehrerer der Anforderungen in den Vorschriften gemäß Artikel 1 Absatz 2 gewährleistet;

28. „amtliche Attestierung" jedes Etikett, jede Markierung und jede andere Form der Bestätigung, das bzw. die der Unternehmer unter der Aufsicht – mittels gezielter amtlicher Kontrollen – der zuständigen Behörde oder die zuständige Behörde selbst vergibt und das bzw. die die Einhaltung einer oder mehrerer der Anforderungen der vorliegenden Verordnung oder der Vorschriften gemäß Artikel 1 Absatz 2 gewährleistet;

29. „Unternehmer" alle natürlichen oder juristischen Personen, für die eine oder mehrere Pflichten nach den Vorschriften gemäß Artikel 1 Absatz 2 gelten;

30. „Audit" eine systematische und unabhängige Prüfung, anhand deren festgestellt werden soll, ob Tätigkeiten und deren Ergebnisse den dazu getroffenen Regelungen entsprechen und ob diese Regelungen wirksam angewendet werden und zur Erreichung der Ziele geeignet sind;

31. „Einstufung" eine Klassifizierung der Unternehmer aufgrund einer Bewertung ihrer Übereinstimmung mit Einstufungskriterien;

32. „amtlicher Tierarzt" einen Tierarzt, der von einer zuständigen Behörde eingestellt oder anderweitig bestimmt wird und der zur Durchführung amtlicher Kontrollen und anderer amtlicher Tätigkeiten im Einklang mit dieser Verordnung und den einschlägigen Vorschriften gemäß Artikel 1 Absatz 2 angemessen geschult ist;

33. „amtlicher Pflanzengesundheitsinspektor" eine natürliche Person, die von einer zuständigen Behörde eingestellt oder anderweitig bestimmt wird und die zur Durchführung amtlicher Kontrollen und anderer amtlicher Tätigkeiten im Einklang mit dieser Verordnung und den einschlägigen Vorschriften gemäß Artikel 1 Absatz 2 Buchstabe g angemessen geschult ist.

34. „spezifiziertes Risikomaterial" spezifiziertes Risikomaterial gemäß der Definition in Artikel 3 Absatz 1 Buchstabe g der Verordnung (EG) Nr. 999/2001;

35. „lange Beförderung" eine lange Beförderung gemäß der Definition in Artikel 2 Buchstabe m der Verordnung (EG) Nr. 1/2005;

36. „Anwendungsgerät für Pestizide" ein Anwendungsgerät für Pestizide gemäß der Definition in Artikel 3 Nummer 4 der Richtlinie 2009/128/EG;

37. „Sendung" eine Anzahl von Tieren oder eine Menge von Waren, für die dieselbe amtliche Bescheinigung, dieselbe amtliche Attestierung oder dasselbe andere Dokument gilt, die mit demselben Transportmittel befördert werden und die aus demselben Gebiet oder Drittstaat stammen und die – mit Ausnahme von Waren, die den Vorschriften gemäß Artikel 1 Absatz 2 Buchstabe g unterliegen – derselben Art und Klasse angehören oder für die dieselbe Beschreibung gilt;

38. „Grenzkontrollstelle" einen Ort mit den dazu gehörenden Einrichtungen, der von einem Mitgliedstaat benannt wird und an dem die amtlichen Kontrollen gemäß Artikel 47 Absatz 1 stattfinden; *(ABl L 322 vom 18. 12. 2018, S. 85)*

39. „Ausgangsort" eine Grenzkontrollstelle oder jeden anderen von einem Mitgliedstaat benannten Ort, an der bzw. an dem Tiere, für die die Verordnung (EG) Nr. 1/2005 gilt, das Zollgebiet der Union verlassen;

40. „Verbringung in die Union" oder „Eingang in die Union" die Verbringung von Tieren und Waren aus einem nicht in Anhang I dieser Verordnung aufgeführten Gebiet in eines dieser Gebiete, ausgenommen in Bezug auf die Vorschriften gemäß Artikel 1 Absatz 2 Buchstabe g, für die diese Ausdrücke die Verbringung von Waren in das „Gebiet der Union" im Sinne des Artikels 1 Absatz 3 Unterabsatz der Verordnung (EU) 2016/2031 bezeichnen;

41. „Dokumentenprüfung" die Prüfung der amtlichen Bescheinigungen, der amtlichen Attestierungen und anderer Dokumente, einschließlich der Handelspapiere, die Sendungen im Einklang mit den Vorschriften gemäß Artikel 1 Absatz 2, den Bestimmungen gemäß Artikel 56 Absatz 1 oder den gemäß Artikel 77 Absatz 3, Artikel 126 Absatz 3, Artikel 128 Absatz 1 und Artikel 129 Absatz 1 erlassenen Durchführungsrechtsakten begleiten müssen;

42. „Nämlichkeitskontrolle" eine visuelle Überprüfung einer Sendung auf Übereinstimmung des Inhalts und der Kennzeichnung – einschließlich Markierungen auf Tieren, Siegeln und Transportmitteln – mit den Angaben in der Sendung begleitenden amtlichen Bescheinigungen, amtlichen Attestierungen und anderen Dokumenten;

43. „Warenuntersuchung" die Kontrolle von Tieren oder Waren und gegebenenfalls die Kontrolle von Verpackung, Transportmittel, Kennzeichnung und Temperatur, die Probenahme zu Analyse-, Test- oder Diagnosezwecken sowie jede weitere Kontrolle, die erforderlich ist, um die Einhaltung der Vorschriften gemäß Artikel 1 Absatz 2 zu überprüfen;

44. „Durchfuhr" die Verbringung unter zollamtlicher Überwachung aus einem Drittland in ein anderes Drittland durch eines der in Anhang I aufgeführten Gebiete oder aus einem der in An-

hang I aufgeführten Gebiete in ein anderes in Anhang I aufgeführtes Gebiet durch das Gebiet eines Drittlandes ausgenommen in Bezug auf die Vorschriften gemäß Artikel 1 Absatz 2 Buchstabe g, für die dieser Ausdruck eine der folgenden Bedeutungen hat:

a) die Verbringung aus einem Drittland in ein anderes Drittland im Sinne des Artikels 1 Absatz 3 Unterabsatz 1 der Verordnung (EU) 2016/2031 durch das „Gebiet der Union" im Sinne des Artikels 1 Absatz 3 Unterabsatz 2 jener Verordnung unter zollamtlicher Überwachung oder

b) die Verbringung aus dem „Gebiet der Union" in einen anderen Teil des „Gebiets der Union" im Sinne des Artikels 1 Absatz 3 Unterabsatz 2 der Verordnung (EU) 2016/2031 durch das Gebiet eines Drittlandes im Sinne des Artikels 1 Absatz 3 Unterabsatz 1 jener Verordnung;

45. „zollamtliche Überwachung" zollamtliche Überwachung gemäß der Definition in Artikel 5 Nummer 27 der Verordnung (EU) Nr. 952/2013 des Europäischen Parlaments und des Rates[1];

46. „Kontrollen der Zollbehörden" Zollkontrollen gemäß der Definition in Artikel 5 Nummer 3 der Verordnung (EU) Nr. 952/2013;

47. „amtliche Verwahrung" das Verfahren, mit dem die zuständigen Behörden sicherstellen, dass amtlichen Kontrollen unterliegende Tiere und Waren nicht verbracht oder verändert werden, solange über ihre Bestimmung nicht entschieden ist; dies umfasst auch die Lagerung durch Unternehmer nach den Anweisungen und unter der Aufsicht der zuständigen Behörden;

48. „Fahrtenbuch" das in Anhang II Nummern 1 bis 5 der Verordnung (EG) Nr. 1/2005 beschriebene Dokument;

49. „amtlicher Fachassistent" einen Vertreter der zuständigen Behörden, der entsprechend den gemäß Artikel 18 festgelegten Anforderungen geschult ist und eingestellt wird, um bestimmte Aufgaben der amtlichen Kontrolle oder bestimmte Aufgaben im Rahmen anderer amtlicher Tätigkeiten wahrzunehmen;

50. „Fleisch und genießbare Schlachtnebenerzeugnisse" für die Zwecke des Artikels 49 Absatz 2 Buchstabe a dieser Verordnung die in Anhang I Teil II Abschnitt I Kapitel 2 Positionen 0201 bis 0208 der Verordnung (EWG) Nr. 2658/87 des Rates[1] aufgeführten Erzeugnisse;

51. „Genusstauglichkeitskennzeichen" ein Kennzeichen, das nach Durchführung der amtlichen Kontrollen gemäß Artikel 18 Absatz 2 Buchstaben a und c angebracht wird und bescheinigt, dass das Fleisch für den menschlichen Verzehr geeignet ist.

TITEL II
AMTLICHE KONTROLLEN UND ANDERE AMTLICHE TÄTIGKEITEN IN DEN MITGLIEDSTAATEN

KAPITEL I
Zuständige Behörden

Artikel 4
Benennung zuständiger Behörden

(1) Für jeden der durch die Vorschriften gemäß Artikel 1 Absatz 2 geregelten Bereiche benennen die Mitgliedstaaten eine oder mehrere zuständige Behörden, denen sie die Verantwortung für die Organisation oder die Durchführung amtlicher Kontrollen und anderer amtlicher Tätigkeiten übertragen.

(2) Wenn ein Mitgliedstaat für ein und denselben Bereich mehr als eine zuständige Behörde auf nationaler, regionaler oder lokaler Ebene mit der Organisation oder der Durchführung amtlicher Kontrollen oder anderer amtlicher Tätigkeiten betraut oder wenn die gemäß Absatz 1 benannten zuständigen Behörden aufgrund dieser Benennung befugt sind, anderen Behörden bestimmte Aufgaben im Zusammenhang mit amtlichen Kontrollen oder anderen amtlichen Tätigkeiten zu übertragen, muss dieser Mtgliedstaat

a) eine effiziente und wirksame Koordinierung zwischen allen beteiligten Behörden und die Kohärenz und Wirksamkeit der amtlichen Kontrollen und der anderen amtlichen Tätigkeiten in seinem gesamten Hoheitsgebiet gewährleisten und

b) im Einklang mit den verfassungsrechtlichen Anforderungen des Mitgliedstaats eine zentrale Behörde benennen, die für die Koordinierung der Zusammenarbeit und der Kontakte mit der Kommission und mit anderen Mtgliedstaaten im Zusammenhang mit amtlichen Kontrollen und anderen amtlichen Tätigkeiten in jedem der unter die in Artikel 1 Absatz 2 genannten Vorschriften fallenden Bereiche verantwortlich ist.

(3) Die zuständigen Behörden, die für die Überprüfung der Einhaltung gemäß Artikel 1 Absatz 2 Buchstabe i verantwortlich sind, können bestimmte Zuständigkeiten im Zusammenhang mit amtlichen Kontrollen oder anderen amtlichen Tätigkeiten einer oder mehreren Kontrollbehörden für ökologische/biologische Produktion übertragen. „In diesen Fällen teilen sie jeder dieser Behörden eine individuelle

---

[1] Verordnung (EU) Nr. 952/2013 des Europäischen Parlaments und des Rates vom 9. Oktober 2013 zur Festlegung des Zollkodex der Union (ABl. L 269 vom 10.10.2013, S. 1).

[1] Verordnung (EWG) Nr. 2658/87 des Rates über die zolltarifliche und statistische Nomenklatur sowie den Gemeinsamen Zolltarif aufgeführten Erzeugnisse (ABl. L 256 vom 7.9.1987, S. 1).

13/1. EU-KontrollV
Artikel 4 – 5

Kennnummer zu." *(ABl L 322 vom 18. 12. 2018, S. 85)*

(4) Die Mitgliedstaaten stellen sicher, dass die Kommission informiert wird über die jeweils aktuellen Kontaktdaten und etwaige Änderungen hinsichtlich

a) der gemäß Absatz 1 benannten zuständigen Behörden;

b) der gemäß Absatz 2 Buchstabe b benannten zentralen Behörden;

c) der in Absatz 3 genannten Kontrollbehörden für ökologische/biologische Produktion;

d) der in Artikel 28 Absatz 1 genannten beauftragten Stellen.

Die Informationen gemäß Unterabsatz 1 werden der Öffentlichkeit durch die Mitgliedstaaten zugänglich gemacht, einschließlich über das Internet.

Artikel 5
Allgemeine Pflichten hinsichtlich der zuständigen Behörden und der Kontrollbehörden für ökologische/biologische Produktion

(1) „Die zuständigen Behörden und die Kontrollbehörden für ökologische/biologische Produktion verfügen über"

a) Verfahren und/oder Regelungen, die die Wirksamkeit und Angemessenheit der amtlichen Kontrollen und der anderen amtlichen Tätigkeiten gewährleisten;

b) Verfahren und/oder Regelungen, die die Unparteilichkeit, die Qualität und die Einheitlichkeit der amtlichen Kontrollen und der anderen amtlichen Tätigkeiten auf allen Ebenen gewährleisten;

c) Verfahren und/oder Regelungen, die gewährleisten, dass die amtlichen Kontrollen und die anderen amtlichen Tätigkeiten von Personal durchgeführt wird, das keinem Interessenkonflikt ausgesetzt ist;

d) ausreichende Laborkapazitäten für Analysen, Tests und Diagnosen oder haben Zugriff darauf;

e) genügend angemessen qualifiziertes und erfahrenes Personal oder haben Zugriff darauf, damit die amtlichen Kontrollen und die anderen amtlichen Tätigkeiten effizient und wirksam durchgeführt werden können;

f) geeignete und ordnungsgemäß gewartete Einrichtungen und Ausrüstungen, damit das Personal die amtlichen Kontrollen und die anderen amtlichen Tätigkeiten effizient und wirksam durchführen kann;

g) die rechtlichen Befugnisse, um die amtlichen Kontrollen und die anderen amtlichen Tätigkeiten durchführen und die Maßnahmen ergreifen zu können, die in dieser Verordnung und den Vorschriften gemäß Artikel 1 Absatz 2 vorgesehen sind;

h) rechtliche Verfahren, die gewährleisten, dass das Personal, um seine Aufgaben ordnungsgemäß wahrnehmen zu können, Zugang zum Betriebsgelände der Unternehmer und zu den von diesen geführten Unterlagen hat;

i) Notfallpläne und sind darauf vorbereitet, diese im Falle einer Notsituation gegebenenfalls auszuführen, in Übereinstimmung mit den Vorschriften gemäß Artikel 1 Absatz 2.
(ABl L 322 vom 18. 12. 2018, S. 85)

(2) Die Ernennung eines amtlichen Tierarztes erfolgt in schriftlicher Form unter Angabe der amtlichen Kontrollen und anderen amtlichen Tätigkeiten sowie der damit zusammenhängenden Aufgaben, auf die sich die Ernennung bezieht. Die in dieser Verordnung dem Personal der zuständigen Behörden auferlegten Anforderungen, darunter auch das Erfordernis, dass kein Interessenkonflikt besteht, gelten für alle amtlichen Tierärzte.

(3) Die Ernennung eines amtlichen Pflanzengesundheitsinspektors erfolgt in schriftlicher Form unter Angabe der amtlichen Kontrollen und anderen amtlichen Tätigkeiten sowie der damit zusammenhängenden Aufgaben, auf die sich die Ernennung bezieht. Die in dieser Verordnung dem Personal der zuständigen Behörden auferlegten Anforderungen, darunter auch das Erfordernis, dass kein Interessenkonflikt besteht, gelten für alle amtlichen Pflanzengesundheitsinspektoren.

(4) Das Personal, das die amtlichen Kontrollen und die anderen amtlichen Tätigkeiten durchführt,

a) wird in seinem Zuständigkeitsbereich angemessen ausgebildet und geschult, um seine Aufgaben fachkundig wahrnehmen und amtliche Kontrollen und andere amtliche Tätigkeiten konsistent durchführen zu können;

b) bildet sich in seinem Zuständigkeitsbereich regelmäßig weiter und unterzieht sich bei Bedarf regelmäßig einer Nachschulung;

c) wird gegebenenfalls in den in Anhang II Kapitel I genannten Themenbereichen und im Hinblick auf die sich aus dieser Verordnung für die zuständigen Behörden ergebenden Pflichten geschult.

Die zuständigen Behörden, die Kontrollbehörden für ökologische/biologische Produktion und die beauftragten Stellen entwickeln Schulungsprogramme und setzen diese um, damit das Personal, das amtliche Kontrollen und andere amtliche Tätigkeiten durchführt, die Schulungen gemäß den Buchstaben a, b und c erhält.

(5) Ist innerhalb der Dienststellen einer zuständigen Behörde mehr als eine Einheit für die Durchführung amtlicher Kontrollen oder anderer amtlicher Tätigkeiten zuständig, so ist eine effiziente und wirksame Koordinierung und Zusammen-

arbeit zwischen den verschiedenen Einheiten sicherzustellen.

Artikel 6
Audits der zuständigen Behörden

(1) Um die Einhaltung ihrer Pflichten nach dieser Verordnung zu gewährleisten, führen die zuständigen Behörden interne Audits durch oder veranlassen, dass sie einem Audit unterzogen werden, und ergreifen unter Berücksichtigung der Auditergebnisse die entsprechenden Maßnahmen.

(2) Die Audits gemäß Absatz 1 werden einer unabhängigen Prüfung unterzogen und erfolgen unter transparenten Bedingungen.

Artikel 7
Recht auf Rechtsbehelf

Gegen die Entscheidungen der zuständigen Behörden gemäß Artikel 55, Artikel 66 Absätze 3 und 6, Artikel 67, Artikel 137 Absatz 3 Buchstabe b und Artikel 138 Absätze 1 und 2, die natürliche oder juristische Personen betreffen, können diese Personen nach nationalem Recht Rechtsbehelf einlegen.

Das Recht auf Rechtsbehelf wirkt sich nicht auf die Verpflichtung der zuständigen Behörden aus, gemäß dieser Verordnung und den Vorschriften gemäß Artikel 1 Absatz 2 Sofortmaßnahmen zu treffen, um die Risiken für die Gesundheit von Menschen, Tieren oder Pflanzen oder für den Tierschutz bzw. – sofern es sich um GVO und Pflanzenschutzmittel handelt – auch für die Umwelt auszuschalten oder zu begrenzen.

Artikel 8
Verschwiegenheitspflicht der zuständigen Behörden

(1) Die zuständigen Behörden sorgen dafür, dass vorbehaltlich des Absatzes 3 keine Informationen an Dritte weitergegeben werden, die bei der Wahrnehmung von Aufgaben im Zusammenhang mit amtlichen Kontrollen und anderen amtlichen Tätigkeiten erworben werden und die nach nationalen oder Unionsvorschriften ihrer Art nach der beruflichen Geheimhaltungspflicht unterliegen.

Zu diesem Zweck stellen die Mitgliedstaaten sicher, dass geeignete Verschwiegenheitspflichten für das Personal und andere Personen gelten, die im Rahmen von amtlichen Kontrollen und anderen amtlichen Tätigkeiten beschäftigt werden.

(2) Absatz 1 gilt auch für Kontrollbehörden für ökologische/biologische Produktion, beauftragte Stellen, natürliche Personen, denen bestimmte Aufgaben der amtlichen Kontrolle übertragen wurden, sowie für amtliche Laboratorien.

(3) Sofern kein übergeordnetes öffentliches Interesse an der Verbreitung von Informationen, die der beruflichen Geheimhaltungspflicht gemäß Absatz 1 unterliegen, besteht und unbeschadet der Fälle, in denen die Verbreitung nach Unions- oder nationalem Recht erforderlich ist, umfassen solche Informationen auch Informationen, deren Verbreitung Folgendes unterlaufen würde:

a) den Zweck von Inspektionen, Untersuchungen oder Audits;

b) den Schutz der geschäftlichen Interessen eines Unternehmers oder einer anderen natürlichen oder juristischen Person oder

c) den Schutz von Gerichtsverfahren und der Rechtsberatung.

(4) Bei der Entscheidung, ob ein übergeordnetes öffentliches Interesse an der Verbreitung der Informationen besteht, die der beruflichen Geheimhaltungspflicht nach Absatz 1 unterliegen, berücksichtigen die zuständigen Behörden unter anderem mögliche Risiken für die Gesundheit von Menschen, Tieren oder Pflanzen oder für die Umwelt und die Art, die Schwere und das Ausmaß dieser Risiken.

(5) Die Verschwiegenheitspflichten gemäß diesem Artikel hindern die zuständigen Behörden nicht daran, Informationen über das Ergebnis amtlicher Kontrollen, die einzelne Unternehmer betreffen, unbeschadet der Fälle, in denen die Verbreitung nach Unions- oder nationalem Recht erforderlich ist, unter folgenden Bedingungen zu veröffentlichen oder der Öffentlichkeit auf anderem Weg zugänglich zu machen:

a) Der betreffende Unternehmer erhält Gelegenheit, sich vor der Veröffentlichung oder Freigabe zu den Informationen zu äußern, die die zuständige Behörde veröffentlichen oder der Öffentlichkeit auf anderem Weg zugänglich machen möchte, wobei der Dringlichkeit der Lage Rechnung zu tragen ist und

b) die veröffentlichten oder der Öffentlichkeit auf anderem Weg zugänglich gemachten Informationen berücksichtigen die Bemerkungen des betroffenen Unternehmers oder werden mit diesen zusammen veröffentlicht oder freigegeben.

KAPITEL II
Amtliche Kontrollen

Abschnitt I
Allgemeine Vorschriften

Artikel 9
Allgemeine Bestimmungen über amtliche Kontrollen

(1) Die zuständigen Behörden unterziehen alle Unternehmer regelmäßig risikobasiert und mit

angemessener Häufigkeit amtlichen Kontrollen; dabei berücksichtigen sie

a) die festgestellten Risiken in Verbindung mit

i) Tieren und Waren,

ii) den Tätigkeiten unter der Kontrolle der Unternehmer,

iii) dem Ort, an dem die von den Unternehmern zu verantwortenden Tätigkeiten oder Vorgänge stattfinden,

iv) der Verwendung von Produkten, Prozessen, Materialien oder Stoffen, die Auswirkungen auf die Sicherheit, Lauterkeit und gesundheitliche Unbedenklichkeit von Lebensmitteln oder die Futtermittelsicherheit, die Tiergesundheit oder den Tierschutz und die Pflanzengesundheit haben oder die – im Falle von GVO und Pflanzenschutzmitteln – auch umweltschädlich sein können;

b) alle Informationen, die darauf hindeuten, dass die Verbraucher insbesondere in Bezug auf Art, Identität, Eigenschaften, Zusammensetzung, Menge, Haltbarkeit, Ursprungsland oder Herkunftsort und Methode der Herstellung oder Erzeugung des Lebensmittels irregeführt werden könnten;

c) die Ergebnisse früherer amtlicher Kontrollen bei den Unternehmern und die Einhaltung der Vorschriften gemäß Artikel 1 Absatz 2 durch die Unternehmer;

d) die Verlässlichkeit und die Ergebnisse der Eigenkontrollen, die von den Unternehmern oder in deren Auftrag von Dritten durchgeführt wurden, gegebenenfalls einschließlich privater Qualitätssicherungsmechanismen, um die Einhaltung der Vorschriften gemäß Artikel 1 Absatz 2 zu gewährleisten und

e) alle Informationen, die auf einen Verstoß gegen die Vorschriften gemäß Artikel 1 Absatz 2 hindeuten könnten.

(2) Die zuständigen Behörden führen regelmäßig in angemessenen zeitlichen Abständen, die risikobasiert festgelegt werden, amtliche Kontrollen durch, um etwaige, durch betrügerische oder irreführende Praktiken vorsätzlich begangene Verstöße gegen die Vorschriften gemäß Artikel 1 Absatz 2 aufzudecken, und sie berücksichtigen dabei die über die Amtshilfemechanismen gemäß den Artikeln 102 bis 108 ausgetauschten Informationen über derartige Verstöße und alle anderen Informationen, die auf solche Verstöße hindeuten.

(3) Die amtlichen Kontrollen, die vor dem Inverkehrbringen bestimmter Waren bzw. Tiere im Hinblick auf die Ausstellung der amtlichen Bescheinigungen und amtlichen Attestierungen durchgeführt werden, die nach den Vorschriften gemäß Artikel 1 Absatz 2 Voraussetzung für das Inverkehrbringen oder die Verbringung der Tiere oder Waren sind, erfolgen im Einklang mit

a) den Vorschriften gemäß Artikel 1 Absatz 2;

b) den anwendbaren, von der Kommission gemäß den Artikeln 18 bis 27 erlassenen delegierten und Durchführungsrechtsakten.

(4) Amtliche Kontrollen erfolgen ohne Vorankündigung, es sei denn, eine Vorankündigung ist hinreichend begründet und notwendig, damit die amtliche Kontrolle durchgeführt werden kann. Bei amtlichen Kontrollen auf Antrag des Unternehmers kann die zuständige Behörde entscheiden, ob die amtlichen Kontrollen mit oder ohne Vorankündigung durchgeführt werden. Amtliche Kontrollen mit Vorankündigung schließen amtliche Kontrollen ohne Vorankündigung nicht aus.

(5) Amtliche Kontrollen werden nach Möglichkeit so durchgeführt, dass der administrative Aufwand und die Beeinträchtigung der Betriebsabläufe für die Unternehmer auf das notwendige Mindestmaß reduziert werden, ohne damit allerdings die Wirksamkeit der Kontrollen zu beeinträchtigen.

(6) Die zuständigen Behörden führen die amtlichen Kontrollen unter Berücksichtigung der Notwendigkeit einer Anpassung der Kontrollen an die spezifischen Gegebenheiten auf dieselbe Weise durch, unabhängig davon, ob die betroffenen Tiere und Waren

a) auf dem Unionsmarkt verfügbar sind und ihren Ursprung in dem Mitgliedstaat haben, in dem die amtlichen Kontrollen durchgeführt werden, oder in einem anderen Mitgliedstaat,

b) aus der Union ausgeführt werden sollen oder

c) in die Union verbracht werden.

(7) Soweit dies zur Organisation der amtlichen Kontrollen unbedingt erforderlich ist, können die Bestimmungsmitgliedstaaten die Unternehmer, die Tiere oder Waren aus einem anderen Mitgliedstaat erhalten, auffordern, die Ankunft der betreffenden Tiere oder Waren zu melden.

Artikel 10
Der amtlichen Kontrolle unterliegende Unternehmer, Prozesse und Tätigkeiten

(1) Soweit dies erforderlich ist, um die Einhaltung der Vorschriften gemäß Artikel 1 Absatz 2 zu gewährleisten, führen die zuständigen Behörden die folgenden amtlichen Kontrollen durch:

a) Kontrollen von Tieren und Waren auf allen Produktions-, Verarbeitungs-, Vertriebs- und Verwendungsstufen;

b) Kontrollen von Stoffen, Materialien oder anderen Gegenständen, die Auswirkungen auf die Merkmale oder die Gesundheit von Tieren und auf die Merkmale von Waren haben können, und Überprüfung der Einhaltung der Anforderungen auf allen Produktions-, Verarbeitungs-, Vertriebs- und Verwendungsstufen;

c) Kontrollen von Unternehmern in Bezug auf Tätigkeiten, einschließlich der Tierhaltung, Ausrüstung, Transportmittel, Betriebsgelände und andere Orte unter ihrer Verantwortung sowie ihre Umgebung und die diesbezüglichen Unterlagen.

(2) Unbeschadet der Vorschriften für bestehende Listen oder Register, die auf der Grundlage der Vorschriften gemäß Artikel 1 Absatz 2 erstellt wurden, erstellen die zuständigen Behörden eine Liste von Unternehmern und halten sie auf dem neuesten Stand. Derartige Listen und Register, die bereits für andere Zwecke erstellt wurden, können auch für die Zwecke dieser Verordnung verwendet werden.

(3) Die Kommission erlässt gemäß Artikel 144 delegierte Rechtsakte zur Änderung dieser Verordnung, in denen die Kategorien von Unternehmern bestimmt werden, die von der Aufnahme in die Liste gemäß Absatz 2 des vorliegenden Artikels auszunehmen sind, wenn die Aufnahme in eine solche Liste einen Verwaltungsaufwand mit sich brächte, der in keinem vernünftigen Verhältnis zu dem mit ihren Tätigkeiten verbundenen Risiko stünde.

Artikel 11
Transparenz der amtlichen Kontrollen

(1) Die zuständigen Behörden führen die amtlichen Kontrollen mit einem hohen Maß an Transparenz durch und machen der Öffentlichkeit mindestens einmal jährlich relevante Informationen über die Organisation und Durchführung der Kontrollen zugänglich, auch über das Internet.

Sie sorgen auch für die regelmäßige und zeitnahe Veröffentlichung der Informationen über

a) Art, Anzahl und Ergebnis der amtlichen Kontrollen;

b) Art und Anzahl der festgestellten Verstöße;

c) Art und Anzahl der Fälle, in denen die zuständigen Behörden gemäß Artikel 138 Maßnahmen ergriffen haben und

d) Art und Anzahl der Fälle, in denen die Sanktionen gemäß Artikel 139 verhängt wurden.

Die in Unterabsatz 2 Buchstaben a bis d dieses Absatzes genannten Informationen können gegebenenfalls über die Veröffentlichung des in Artikel 113 Absatz 1 genannten Jahresberichts bereitgestellt werden.

(2) Die zuständigen Behörden legen Verfahren fest, mit denen sichergestellt wird, dass alle Ungenauigkeiten in den der Öffentlichkeit zugänglich gemachten Informationen entsprechend korrigiert werden.

(3) Die zuständigen Behörden können Angaben über die Einstufung einzelner Unternehmer aufgrund der Ergebnisse einer oder mehrerer amtlicher Kontrollen veröffentlichen oder der Öffentlichkeit auf anderem Weg zugänglich machen, sofern die folgenden Bedingungen erfüllt sind:

a) Die Einstufungskriterien sind objektiv, transparent und öffentlich verfügbar und

b) es gibt geeignete Regelungen, die gewährleisten, dass der Einstufungsprozess fair, schlüssig und transparent ist.

Artikel 12
Dokumentierte Kontrollverfahren

(1) Die zuständigen Behörden führen die amtlichen Kontrollen nach dokumentierten Verfahren durch.

Diese Verfahren decken die Prüffelder für Kontrollverfahren ab, die in Anhang II Kapitel II aufgeführt sind, und umfassen Anweisungen für das Personal, das die amtlichen Kontrollen durchführt.

(2) Die zuständigen Behörden verfügen über Verfahren zur Überprüfung der Kontrollen.

(3) Die zuständigen Behörden

a) ergreifen Korrekturmaßnahmen in allen Fällen, in denen mit den in Absatz 2 genannten Verfahren Mängel festgestellt werden und

b) aktualisieren gegebenenfalls die in Absatz 1 genannten dokumentierten Verfahren.

(4) Die Absätze 1, 2 und 3 gelten auch für beauftragte Stellen und für Kontrollbehörden für ökologische/biologische Produktion.

Artikel 13
Schriftliche Aufzeichnungen über die amtlichen Kontrollen

(1) Die zuständigen Behörden erstellen schriftliche Aufzeichnungen über jede von ihnen durchgeführte amtliche Kontrolle. Diese Aufzeichnungen können in Papierform oder elektronischer Form erfolgen.

Diese schriftlichen Aufzeichnungen enthalten:

a) eine Beschreibung des Zwecks der amtlichen Kontrollen,

b) die angewandten Kontrollmethoden,

c) die Ergebnisse der amtlichen Kontrolle und

d) gegebenenfalls die Maßnahmen, die die zuständigen Behörden als Folge ihrer amtlichen Kontrolle von dem betroffenen Unternehmer verlangen.

(2) Sofern die Zwecke gerichtlicher Ermittlungen oder des Schutzes von Gerichtsverfahren nichts anderes verlangen, wird den amtlich kontrollierten Unternehmern auf Antrag eine Kopie der schriftlichen Aufzeichnungen gemäß Absatz 1 zur Verfügung gestellt, es sei denn, es wurde eine amtliche Bescheinigung oder eine amtliche Attestierung ausgestellt. Der Unternehmer wird von den zuständigen Behörden umgehend in schriftlicher Form über etwaige bei den amtlichen Kontrollen festgestellte Verstöße informiert.

(3) Bei amtlichen Kontrollen, die eine kontinuierliche oder regelmäßige Anwesenheit von Personal oder Vertretern der zuständigen Behörden auf dem Betriebsgelände des Unternehmers erfordern, sind die schriftlichen Aufzeichnungen gemäß Absatz 1 so häufig zu erstellen, dass die zuständigen Behörden und der Unternehmer

a) regelmäßig über den Stand der Einhaltung informiert werden und

b) unverzüglich über alle bei den amtlichen Kontrollen festgestellten Verstöße informiert werden.

(4) Die Absätze 1, 2 und 3 gelten auch für beauftragte Stellen, für Kontrollbehörden für ökologische/biologische Produktion und für natürliche Personen, denen bestimmte Aufgaben im Zusammenhang mit amtlichen Kontrollen übertragen wurden.

Artikel 14
Methoden und Techniken für amtliche Kontrollen

Die Methoden und Techniken für amtliche Kontrollen umfassen gegebenenfalls

a) eine Untersuchung der von den Unternehmern eingeführten Kontrollen und der erzielten Ergebnisse;

b) die Inspektion

i) der Ausrüstung, der Transportmittel, des Betriebsgeländes und der anderen Orte unter ihrer Verantwortung sowie ihrer Umgebung;

ii) der Tiere und Waren, einschließlich Halbfertigwaren, Ausgangsstoffe, Zutaten, Verarbeitungshilfsstoffe und anderer Produkte, die für die Zubereitung und Herstellung von Waren oder zur Fütterung oder Behandlung von Tieren verwendet werden;

iii) der Reinigungs- und Pflegemittel und -verfahren;

iv) der Rückverfolgbarkeit, der Kennzeichnung, der Aufmachung, der Werbung sowie des einschlägigen Verpackungsmaterials, einschließlich Materialien, die dazu bestimmt sind, mit Lebensmitteln in Berührung zu kommen (Lebensmittelkontaktmaterialien);

c) Hygienekontrollen auf dem Betriebsgelände der Unternehmer;

d) die Bewertung der Verfahren im Rahmen der guten Herstellungspraxis, der guten Hygienepraxis, der guten landwirtschaftlichen Praxis sowie der auf den Grundsätzen der Gefahrenanalyse und Bestimmung kritischer Kontrollpunkte (hazard analysis critical control points – HACCP) beruhenden Verfahren;

e) die Prüfung von Dokumenten, Aufzeichnungen zur Rückverfolgbarkeit und anderen Aufzeichnungen, die möglicherweise wichtig sind, um die Einhaltung der Vorschriften gemäß Artikel 1 Absatz 2 zu bewerten, gegebenenfalls einschließlich der Begleitdokumente von Lebens- und Futtermitteln sowie aller ein- und ausgehenden Stoffe oder Materialien;

f) Gespräche mit den Unternehmern und ihrem Personal;

g) die Überprüfung der vom Unternehmer vorgenommenen Messungen sowie anderer Testergebnisse;

h) Probenahme, Analyse, Diagnose und Tests;

i) Audits der Unternehmer;

j) alle anderen Tätigkeiten, die zur Feststellung von Verstößen erforderlich sind.

Artikel 15
Pflichten der Unternehmer

(1) Soweit dies für die Durchführung amtlicher Kontrollen oder anderer amtlicher Tätigkeiten erforderlich ist, ermöglichen die Unternehmer dem Personal der zuständigen Behörden auf deren Verlangen den Zugang zu

a) der Ausrüstung, den Transportmitteln, dem Betriebsgelände und den anderen Orten unter ihrer Verantwortung sowie ihrer Umgebung;

b) ihren computergestützten Informationsmanagementsystemen;

c) den Tieren und Waren unter ihrer Verantwortung;

d) ihren Dokumenten und anderen sachdienlichen Informationen.

(2) Während der amtlichen Kontrollen und der anderen amtlichen Tätigkeiten unterstützen die Unternehmer das Personal der zuständigen Behörden und der Kontrollbehörden für ökologische/biologische Produktion bei der Erfüllung ihrer Aufgaben und arbeiten mit ihm zusammen.

(3) Zusätzlich zur Erfüllung der Pflichten gemäß den Absätzen 1 und 2 stellt der Unternehmer, der für eine Sendung verantwortlich ist, die in die Union verbracht wird, auf Papier oder in elektronischer Form unverzüglich alle Informationen über die Tiere und Waren zur Verfügung.

(4) Die Kommission kann mittels Durchführungsrechtsakten Bestimmungen festlegen über die Zusammenarbeit und den Informationsaustausch zwischen Unternehmern und zuständigen Behörden in Bezug auf das Eintreffen und Entladen von Tieren und Waren gemäß Artikel 47 Absatz 1, soweit dies erforderlich ist, um die vollständige Identifizierung und die effiziente amtliche Kontrolle dieser Tiere und Waren sicherzustellen. Diese Durchführungsrechtsakte werden gemäß dem in Artikel 145 Absatz 2 genannten Prüfverfahren erlassen.

(5) Für die Zwecke des Artikels 10 Absatz 2 und vorbehaltlich des Artikels 10 Absatz 3 stellen

die Unternehmer den zuständigen Behörden zumindest die folgenden aktualisierten Angaben zur Verfügung:

a) ihren Namen und ihre Rechtsform und

b) ihre spezifischen Tätigkeiten, einschließlich der im Wege der Fernkommunikation durchgeführten Tätigkeiten, und die Orte unter ihrer Verantwortung.

(6) Die Pflichten der Unternehmer nach diesem Artikel gelten auch in Fällen, in denen amtliche Kontrollen oder andere amtliche Tätigkeiten von amtlichen Tierärzten, amtlichen Pflanzengesundheitsinspektoren, beauftragten Stellen, Kontrollbehörden und natürlichen Personen durchgeführt werden, denen bestimmte Aufgaben der amtlichen Kontrolle oder bestimmte Aufgaben im Zusammenhang mit anderen amtlichen Tätigkeiten übertragen wurden.

Abschnitt II
Zusätzliche Anforderungen an amtliche Kontrollen und andere amtliche Tätigkeiten in bestimmten Bereichen

Artikel 16
Zusätzliche Anforderungen

(1) In den unter die Bestimmungen dieses Abschnitts fallenden Bereichen gelten diese Bestimmungen zusätzlich zu den übrigen Bestimmungen dieser Verordnung.

(2) Beim Erlass von delegierten Rechtsakten und Durchführungsrechtsakten gemäß diesem Abschnitt berücksichtigt die Kommission Folgendes:

a) die Erfahrungen der zuständigen Behörden sowie Lebens- und Futtermittelunternehmer mit der Anwendung der Verfahren gemäß Artikel 5 der Verordnung (EG) Nr. 852/2004 des Europäischen Parlaments und des Rates[1] und Artikel 6 der Verordnung (EG) Nr. 183/2005 des Europäischen Parlaments und des Rates[2];

b) wissenschaftliche und technologische Entwicklungen;

c) Verbrauchererwartungen im Hinblick auf die Zusammensetzung von Lebensmitteln und Veränderungen der Gewohnheiten beim Lebensmittelverzehr;

d) mit Tieren und Waren verbundene Risiken für die Gesundheit von Menschen, Tieren und Pflanzen und

e) Informationen über etwaige, durch betrügerische oder irreführende Praktiken vorsätzlich begangene Verstöße.

(3) Beim Erlass von delegierten Rechtsakten und Durchführungsrechtsakten gemäß diesem Abschnitt berücksichtigt die Kommission, sofern dies dem Erreichen der von den Vorschriften gemäß Artikel 1 Absatz 2 verfolgten Ziele nicht entgegensteht, auch Folgendes:

a) die Notwendigkeit, die Anwendung der delegierten Rechtsakte und Durchführungsrechtsakte unter Berücksichtigung der Art und der Größe von Kleinunternehmen zu erleichtern;

b) die Notwendigkeit, die weitere Anwendung traditioneller Methoden auf allen Produktions-, Verarbeitungs- oder Vertriebsstufen traditioneller Lebensmittel sowie bei der Herstellung traditioneller Lebensmittel zu ermöglichen und

c) die Bedürfnisse von Unternehmern in Regionen in schwieriger geografischer Lage.

Artikel 17
Besondere Begriffsbestimmungen

Für die Zwecke des Artikels 18 bedeutet

a) „unter der Verantwortung des amtlichen Tierarztes", dass der amtliche Tierarzt einen amtlichen Fachassistenten mit der Durchführung einer Maßnahme beauftragt hat;

b) „unter der Aufsicht des amtlichen Tierarztes", dass eine Maßnahme von einem amtlichen Fachassistenten unter der Verantwortung des amtlichen Tierarztes durchgeführt wird und der amtliche Tierarzt während der für die Durchführung der Maßnahme erforderlichen Zeit vor Ort anwesend ist;

c) „Schlachttieruntersuchung" die Überprüfung der Anforderungen an die Gesundheit von Menschen und Tieren und das Wohlbefinden der Tiere vor der Schlachtung, darunter gegebenenfalls die klinische Untersuchung jedes einzelnen Tiers und die Überprüfung der Informationen zur Lebensmittelkette gemäß Anhang II Abschnitt III der Verordnung (EG) Nr. 853/2004;

d) „Fleischuntersuchung" die Überprüfung im Schlachtbetrieb oder Wildbearbeitungsbetrieb der Erfüllung der geltenden Anforderungen an

i) Schlachtkörper nach der Definition in Anhang I Nummer 1.9 der Verordnung (EG) Nr. 853/2004 und Nebenprodukte der Schlachtung nach der Definition in Nummer 1.11 jenes Anhangs, um festzustellen, ob das Fleisch für den menschlichen Verzehr geeignet ist,

ii) die sichere Entfernung spezifizierter Risikomaterialien und

---

Zu Artikel 16:
[1] *Verordnung (EG) Nr. 852/2004 des Europäischen Parlaments und des Rates vom 29. April 2004 über Lebensmittelhygiene (ABl. L 139 vom 30.4.2004, S. 1).*
[2] *Verordnung (EG) Nr. 183/2005 des Europäischen Parlaments und des Rates vom 12. Januar 2005 mit Vorschriften für die Futtermittelhygiene (ABl. L 35 vom 8.2.2005, S. 1).*

iii) die Gesundheit und das Wohlbefinden der Tiere.

Artikel 18
Besondere Bestimmungen über amtliche Kontrollen und Maßnahmen der zuständigen Behörden in Bezug auf die Produktion von Erzeugnissen tierischen Ursprungs, die für den menschlichen Verzehr bestimmt sind

(1) Im Rahmen der amtlichen Kontrollen, die durchgeführt werden, um die Einhaltung der Vorschriften gemäß Artikel 1 Absatz 2 dieser Verordnung in Bezug auf für den menschlichen Verzehr bestimmte Erzeugnisse tierischen Ursprungs zu überprüfen, wird auch die Einhaltung der jeweils anwendbaren Anforderungen der Verordnungen (EG) Nr. 852/2004, (EG) Nr. 853/2004, (EG) Nr. 1069/2009 bzw. (EG) Nr. 1099/2009 überprüft.

(2) Die amtlichen Kontrollen gemäß Absatz 1 umfassen in der Fleischproduktion

a) die Schlachttieruntersuchung, die im Schlachtbetrieb von einem amtlichen Tierarzt durchgeführt wird, der hinsichtlich der Vorselektion der Tiere von entsprechend geschulten amtlichen Fachassistenten unterstützt werden kann;

b) abweichend von Buchstabe a bei Geflügel und Hasentieren die Schlachttieruntersuchung, die von einem amtlichen Tierarzt, unter der Aufsicht des amtlichen Tierarztes bzw. – wenn ausreichende Garantien gegeben sind – unter der Verantwortung des amtlichen Tierarztes durchgeführt wird;

c) die Fleischuntersuchung, die von einem amtlichen Tierarzt, unter der Aufsicht des amtlichen Tierarztes bzw. – wenn ausreichende Garantien gegeben sind – unter der Verantwortung des amtlichen Tierarztes durchgeführt wird;

d) die anderen amtlichen Kontrollen in Schlachtbetrieben, Zerlegebetrieben und Wildbearbeitungsbetrieben durch einen amtlichen Tierarzt, unter der Aufsicht des amtlichen Tierarztes bzw. – wenn ausreichende Garantien gegeben sind – unter der Verantwortung des amtlichen Tierarztes zur Überprüfung der Einhaltung der Bestimmungen über

i) die Hygiene der Fleischproduktion;

ii) Tierarzneimittelrückstände und Kontaminanten in Erzeugnissen tierischen Ursprungs, die für den menschlichen Verzehr bestimmt sind;

iii) Überprüfungen (Audits) der guten Hygienepraxis und der auf einer Gefahrenanalyse und der Verfahren, die auf den HACCP-Grundsätzen beruhen;

iv) Laboruntersuchungen zum Nachweis von Zoonoseerregern und Tierseuchen und zur Überprüfung der Einhaltung des mikrobiologischen Kriteriums gemäß der Definition in Artikel 2 Buchstabe b der Verordnung (EG) Nr. 2073/2005 der Kommission[1].

v) die Handhabung und die Entsorgung von tierischen Nebenprodukten und spezifiziertem Risikomaterial;

vi) die Gesundheit der Tiere und den Tierschutz.

(3) Die zuständige Behörde kann auf der Grundlage einer Risikoanalyse dem Personal von Schlachtbetrieben gestatten, bei Aufgaben im Zusammenhang mit amtlichen Kontrollen gemäß Absatz 2 in Betrieben zu assistieren, in denen Geflügel und Hasentiere geschlachtet werden, bzw. in Betrieben, in denen andere Tierarten geschlachtet werden, im Zusammenhang mit diesen Kontrollen bestimmte Proben zu entnehmen und Aufgaben im Zusammenhang mit Tests durchzuführen, sofern dieses Personal

a) unabhängig vom in der Produktion tätigen Personal des Schlachtbetriebs arbeitet,

b) für diese Aufgaben entsprechend geschult wurde und

c) diese Aufgaben im Beisein und nach den Anweisungen des amtlichen Tierarztes oder des amtlichen Fachassistenten ausführt.

(4) Wurden bei den amtlichen Kontrollen gemäß Absatz 2 Buchstaben a und c keine Mängel festgestellt, die das Fleisch genussuntauglich machen würden, so wird von dem amtlichen Tierarzt, unter der Aufsicht des amtlichen Tierarztes bzw. – unter Einhaltung der Voraussetzungen gemäß Absatz 3 – von dem Personal des Schlachtbetriebes das Genusstauglichkeitskennzeichen auf dem Fleisch von als Haustieren gehaltenen Huftieren, von Schalenwild aus Zuchtbetrieben außer Hasentieren und von großen Wildtieren angebracht.

(5) Der amtliche Tierarzt bleibt für Entscheidungen verantwortlich, die in Folge amtlicher Kontrollen gemäß den Absätzen 2 und 4 gefasst wurden, auch wenn er den amtlichen Fachassistenten mit der Durchführung einer Maßnahme beauftragt hat.

(6) Für die Zwecke der in Absatz 1 genannten amtlichen Kontrollen bei lebenden Muscheln, Stachelhäutern, Manteltieren und Meeresschnecken stufen die zuständigen Behörden die Erzeugungs- und Umsetzgebiete ein. *(ABl L 357 vom 8. 10. 2021, S. 27)*

(7) Die Kommission erlässt gemäß Artikel 144 delegierte Rechtsakte zur Ergänzung dieser Verordnung mit besonderen Bestimmungen über die

---

Zu Artikel 18:
[1] *Verordnung (EG) Nr. 2073/2005 der Kommission vom 15. November 2005 über mikrobiologische Kriterien für Lebensmittel (ABl. L 338 vom 22.12.2005, S. 1).*

Durchführung der amtlichen Kontrollen gemäß den Absätzen 2 bis 6 dieses Artikels in Bezug auf

a) die Kriterien und Voraussetzungen dafür, wann abweichend von Absatz 2 Buchstabe a die Schlachttieruntersuchung in bestimmten Schlachtbetrieben unter der Aufsicht oder unter der Verantwortung eines amtlichen Tierarztes vorgenommen werden darf, sofern die Erreichung der Ziele dieser Verordnung durch diese Ausnahmen nicht in Frage gestellt wird;

b) die Kriterien und Voraussetzungen dafür, wann im Falle von Geflügel und Hasentieren ausreichende Garantien gegeben sind, dass die amtlichen Kontrollen in Bezug auf die Schlachttieruntersuchung gemäß Absatz 2 Buchstabe b unter der Verantwortung eines amtlichen Tierarztes durchgeführt werden dürfen;

c) die Kriterien und Voraussetzungen dafür, wann abweichend von Absatz 2 Buchstabe a die Schlachttieruntersuchung im Fall einer Notschlachtung außerhalb des Schlachtbetriebs vorgenommen werden darf;

d) die Kriterien und Voraussetzungen dafür, wann abweichend von Absatz 2 Buchstaben a und b die Schlachttieruntersuchung im Herkunftsbetrieb vorgenommen werden darf;

e) die Kriterien und Voraussetzungen dafür, wann ausreichende Garantien gegeben sind, dass die amtlichen Kontrollen in Bezug auf die Fleischuntersuchung und Audittätigkeiten gemäß Absatz 2 Buchstaben c und d unter der Verantwortung eines amtlichen Tierarztes durchgeführt werden dürfen;

f) die Kriterien und Voraussetzungen dafür, wann abweichend von Absatz 2 Buchstabe c im Fall einer Notschlachtung die Fleischuntersuchung von dem amtlichen Tierarzt vorzunehmen ist;

g) die Kriterien und Voraussetzungen dafür, wann abweichend von Absatz 6, die Erzeugungs- und Umsetzgebiete nicht eingestuft werden in Bezug auf:

i) Kammmuscheln und

ii) soweit sie nicht Filtrierer sind, Stachelhäuter und Meeresschnecken;
(ABl L 357 vom 8. 10. 2021, S. 27)

h) spezifische Ausnahmen für *Rangifer tarandus tarandus*, *Lagopus lagopus* und *Lagopus mutus*, damit alt hergebrachte lokale und traditionelle Gepflogenheiten und Praktiken weitergeführt werden können, sofern die Erreichung der Ziele dieser Verordnung durch diese Ausnahmen nicht in Frage gestellt wird;

i) die Kriterien und Voraussetzungen dafür, wann abweichend von Absatz 2 Buchstabe d die amtlichen Kontrollen in Zerlegungsbetrieben von Personal durchgeführt werden dürfen, das von den zuständigen Behörden für diesen Zweck benannt wurde und entsprechend geschult ist;

j) spezifische Mindestanforderungen an das Personal der zuständigen Behörden und den amtlichen Tierarzt sowie den amtlichen Fachassistenten, einschließlich spezifischer Mindestanforderungen an die Schulung, um zu gewährleisten, dass diese Personen ihre in diesem Artikel vorgesehenen Aufgaben ordnungsgemäß wahrnehmen;

k) angemessene Mindestanforderungen an die Schulung der Mitarbeiter von Schlachtbetrieben, die bei Aufgaben im Zusammenhang mit amtlichen Kontrollen und anderen amtlichen Tätigkeiten gemäß Absatz 3 assistieren.

(8) Die Kommission erlässt im Wege von Durchführungsrechtsakten Bestimmungen über einheitliche praktische Modalitäten für die Durchführung der amtlichen Kontrollen im Sinne dieses Artikels in Bezug auf

a) die spezifischen Anforderungen an die Durchführung amtlicher Kontrollen und eine einheitliche Mindesthäufigkeit dieser Kontrollen – wobei die besonderen Gefahren und Risiken zu berücksichtigen sind, die beim jeweiligen Erzeugnis tierischen Ursprungs und bei den verschiedenen Verarbeitungsschritten bestehen – in den Fällen, in denen ein Mindestmaß an amtlicher Kontrolle erforderlich ist, um den anerkannten einheitlichen Gefahren und Risiken zu begegnen, die von Erzeugnissen tierischen Ursprungs ausgehen können;

b) die Bedingungen für die Einstufung und Überwachung von eingestuften Erzeugungs- und Umsetzgebieten für lebende Muscheln, Stachelhäuter, Manteltiere und Meeresschnecken; *(ABl L 357 vom 8. 10. 2021, S. 27)*

c) die Fälle, in denen die zuständigen Behörden bei bestimmten Verstößen eine oder mehrere Maßnahmen gemäß Artikel 137 Absatz 2 und Artikel 138 Absatz 2 ergreifen müssen;

d) die praktischen Modalitäten für die Schlachttier- und die Fleischuntersuchung gemäß Absatz 2 Buchstaben a, b und c, einschließlich der einheitlichen Anforderungen, die ausreichende Garantien in den Fällen bieten, in denen amtliche Kontrollen unter der Verantwortung des amtlichen Tierarztes durchgeführt werden;

e) die technischen Anforderungen an das Genusstauglichkeitskennzeichen und die praktischen Modalitäten für dessen Anbringung;

f) die spezifischen Anforderungen an die Durchführung amtlicher Kontrollen und eine einheitliche Mindesthäufigkeit dieser Kontrollen bei Rohmilch, Milcherzeugnissen und Fischereierzeugnissen in Fällen, in denen ein Mindestmaß an amtlicher Kontrolle erforderlich ist, um den anerkannten einheitlichen Gefahren und Risiken zu begegnen, die von diesen Erzeugnissen ausgehen

Diese Durchführungsrechtsakte werden gemäß dem in Artikel 145 Absatz 2 genannten Prüfverfahren erlassen.

(9) Unter Einhaltung der Ziele dieser Verordnung, insbesondere hinsichtlich der Anforderungen an die Lebensmittelsicherheit, können die Mitgliedstaaten nationale Maßnahmen zur Durchführung zeitlich befristeter und in ihrem Geltungsbereich begrenzter Pilotprojekte erlassen, um alternative praktische Modalitäten für die Durchführung amtlicher Kontrollen der Fleischerzeugung zu bewerten. Diese nationalen Maßnahmen werden nach dem Verfahren gemäß den Artikeln 5 und 6 der Richtlinie (EU) 2015/1535 mitgeteilt. Die Ergebnisse der im Rahmen der Pilotprojekte vorgenommenen Bewertung werden der Kommission übermittelt, sobald sie vorliegen.

(10) Für die Zwecke des Artikels 30 können bestimmte der in dem vorliegenden Artikel genannten Aufgaben der amtlichen Kontrolle an eine oder mehrere natürliche Personen delegiert werden.

Artikel 19
Besondere Bestimmungen über amtliche Kontrollen und Maßnahmen der zuständigen Behörden in Bezug auf Rückstände relevanter Stoffe in Lebens- und Futtermitteln

(1) Zu den amtlichen Kontrollen zur Überprüfung der Einhaltung der Vorschriften gemäß Artikel 1 Absatz 2 Buchstaben a und c gehören amtliche Kontrollen, die auf allen Stufen der Produktion, der Verarbeitung und des Vertriebs in Bezug auf relevante Stoffe, darunter Stoffe zur Verwendung in Lebensmittelkontaktmaterialien, Kontaminanten sowie nicht zugelassene, verbotene und unerwünschte Stoffe, die bei Anwendung oder Vorhandensein auf Kulturpflanzen oder in Tieren oder bei Verwendung in der Herstellung oder Verarbeitung von Lebens- oder Futtermitteln Rückstände in Lebens- oder Futtermitteln hinterlassen können, durchzuführen sind.

(2) Der Kommission wird die Befugnis übertragen, gemäß Artikel 144 delegierte Rechtsakte zu erlassen, um diese Verordnung durch Festlegung von Bestimmungen über die Durchführung der amtlichen Kontrollen gemäß Absatz 1 dieses Artikels und über die von den zuständigen Behörden im Anschluss an diese amtlichen Kontrollen zu ergreifenden Maßnahmen zu ergänzen. Diese delegierten Rechtsakte regeln

a) spezifische Anforderungen an die Durchführung amtlicher Kontrollen, gegebenenfalls einschließlich der Bandbreite der zu entnehmenden Proben und der Stufe der Produktion, der Verarbeitung und des Vertriebs, auf der die Proben nach den Methoden für die Probenahme und für Laboruntersuchungen gemäß Artikel 34 Absatz 6 Buchstaben a und b zu entnehmen sind, wobei die besonderen Gefahren und Risiken, die von den in Absatz 1 dieses Artikels genannten Stoffen ausgehen, zu berücksichtigen sind;

b) die Fälle, in denen die zuständigen Behörden bei einem Verstoß oder bei dem Verdacht auf einen Verstoß eine oder mehrere Maßnahmen gemäß Artikel 137 Absatz 2 und Artikel 138 Absatz 2 ergreifen müssen;

c) die Fälle, in denen die zuständigen Behörden bei einem Verstoß oder bei dem Verdacht auf einen Verstoß im Zusammenhang mit Tieren und Waren aus Drittstaaten eine oder mehrere Maßnahmen gemäß den Artikeln 65 bis 72 ergreifen müssen;

(3) Die Kommission kann im Wege von Durchführungsrechtsakten Bestimmungen zur Festlegung einheitlicher praktischer Modalitäten für die Durchführung der amtlichen Kontrollen gemäß Absatz 1 sowie Bestimmungen über die von den zuständigen Behörden im Anschluss an diese amtlichen Kontrollen zu ergreifenden Maßnahmen in Bezug auf Folgendes erlassen:

a) eine einheitliche Mindesthäufigkeit dieser Kontrollen, wobei die Gefahren und Risiken, die von den in Absatz 1 genannten Stoffen ausgehen, zu berücksichtigen sind;

b) zusätzliche besondere Modalitäten und Inhalte – zusätzlich zu den in Artikel 110 genannten – für die Aufstellung der einschlägigen Teile des mehrjährigen nationalen Kontrollplan (MNKP) gemäß Artikel 109 Absatz 1;

c) besondere praktische Modalitäten für die Auslösung des Amtshilfemechanismus gemäß den Artikeln 102 bis 108.

Diese Durchführungsrechtsakte werden gemäß dem in Artikel 145 Absatz 2 genannten Prüfverfahren erlassen.

(4) Für die Zwecke des Artikels 30 können bestimmte der in dem vorliegenden Artikel genannten Aufgaben der amtlichen Kontrolle an eine oder mehrere natürliche Personen delegiert werden.

Artikel 20
Besondere Bestimmungen über amtliche Kontrollen und Maßnahmen der zuständigen Behörden in Bezug auf Tiere, Erzeugnisse tierischen Ursprungs, Zuchtmaterial, tierische Nebenprodukte und Folgeprodukte

(1) Zu den amtlichen Kontrollen zur Überprüfung der Einhaltung der Vorschriften gemäß Artikel 1 Absatz 2 Buchstaben a, c, d und e gehören amtliche Kontrollen, die auf allen Stufen der Produktion, der Verarbeitung und des Vertriebs in Bezug auf Tiere, Erzeugnisse tierischen Ursprungs, Zuchtmaterial, tierische Nebenprodukte und Folgeprodukte durchzuführen sind.

(2) Der Kommission wird die Befugnis übertragen, gemäß Artikel 144 delegierte Rechtsakte zu erlassen, um diese Verordnung durch Festlegung von Bestimmungen über die Durchführung der amtlichen Kontrollen zu ergänzen, mit denen bei Tieren, Erzeugnissen tierischen Ursprungs, Zuchtmaterial, tierischen Nebenprodukten und Folgeprodukten die Einhaltung der Unionsvorschriften gemäß Artikel 1 Absatz 2 Buchstaben d und e überprüft wird, sowie von Bestimmungen über die von den zuständigen Behörden im Anschluss an diese amtlichen Kontrollen zu ergreifenden Maßnahmen. Diese delegierten Rechtsakte regeln

a) spezifische Anforderungen an die Durchführung amtlicher Kontrollen von Tieren, Erzeugnissen tierischen Ursprungs und Zuchtmaterial um den anerkannten Gefahren und Risiken für die Gesundheit von Menschen und Tieren durch amtliche Kontrollen zu begegnen, mit denen die Einhaltung der in den Vorschriften gemäß Artikel 1 Absatz 2 Buchstabe d festgelegten Maßnahmen zur Prävention und Bekämpfung von Krankheiten überprüft wird;

b) spezifische Anforderungen an die Durchführung amtlicher Kontrollen von tierischen Nebenprodukten und Folgeprodukten, um den besonderen Gefahren und Risiken für die Gesundheit von Menschen und Tieren durch amtliche Kontrollen zu begegnen, mit denen die Einhaltung der Vorschriften gemäß Artikel 1 Absatz 2 Buchstabe e überprüft wird;

c) die Fälle, in denen die zuständigen Behörden bei einem Verstoß oder bei dem Verdacht auf einen Verstoß eine oder mehrere Maßnahmen gemäß Artikel 137 Absatz 2 und Artikel 138 Absatz 2 ergreifen müssen;

(3) Die Kommission kann im Wege von Durchführungsrechtsakten Bestimmungen zur Festlegung einheitlicher praktischer Modalitäten für die Durchführung der amtlichen Kontrollen gemäß Absatz 1 in Bezug auf Folgendes erlassen:

a) eine einheitliche Mindesthäufigkeit der amtlichen Kontrollen von Tieren, Erzeugnissen tierischen Ursprungs und Zuchtmaterial in den Fällen, in denen ein Mindestmaß an amtlicher Kontrolle erforderlich ist, um den anerkannten einheitlichen Gefahren und Risiken für die Gesundheit von Menschen und Tieren durch amtliche Kontrollen zu begegnen, mit denen die Einhaltung der in den Vorschriften gemäß Artikel 1 Absatz 2 Buchstabe d festgelegten Maßnahmen zur Prävention und Bekämpfung von Krankheiten überprüft wird und

b) eine einheitliche Mindesthäufigkeit der amtlichen Kontrollen von tierischen Nebenprodukten und Folgeprodukten in den Fällen, in denen ein Mindestmaß an amtlicher Kontrolle erforderlich ist, um den besonderen Gefahren und Risiken für die Gesundheit von Menschen und Tieren durch amtliche Kontrollen zu begegnen, mit denen die Einhaltung der Vorschriften gemäß Artikel 1 Absatz 2 Buchstabe e überprüft wird;

Diese Durchführungsrechtsakte werden gemäß dem in Artikel 145 Absatz 2 genannten Prüfverfahren erlassen.

(4) Für die Zwecke des Artikels 30 können bestimmte der in dem vorliegenden Artikel genannten Aufgaben der amtlichen Kontrolle an eine oder mehrere natürliche Personen delegiert werden.

Artikel 21
Besondere Bestimmungen über amtliche Kontrollen und Maßnahmen der zuständigen Behörden in Bezug auf die Tierschutzauflagen

(1) Amtliche Kontrollen zur Überprüfung der Einhaltung der Vorschriften gemäß Artikel 1 Absatz 2 Buchstabe f werden auf allen relevanten Stufen der Produktion, der Verarbeitung und des Vertriebs entlang der Lebensmittelkette durchgeführt.

(2) Amtliche Kontrollen zur Überprüfung der Einhaltung der Tierschutzauflagen beim Transport, insbesondere der Verordnung (EG) Nr. 1/2005, umfassen unter anderem

a) bei langen Beförderungen zwischen Mitgliedstaaten sowie von und nach Drittländern vor dem Verladen: amtliche Kontrollen zur Überprüfung der Transportfähigkeit der Tiere;

b) bei langen Beförderungen zwischen Mitgliedstaaten sowie von und nach Drittländern von Hausequiden mit Ausnahme registrierter Equiden und von Hausrindern, Hausschafen, Hausziegen oder Hausschweinen vor diesen Fahrten:

i) amtliche Kontrollen von Fahrtenbüchern, um zu überprüfen, ob das Fahrtenbuch plausibel ist und erkennen lässt, dass die Verordnung (EG) Nr. 1/2005 eingehalten wird und

ii) amtliche Kontrollen, um zu überprüfen, ob der im Fahrtenbuch angegebene Transportunternehmer über eine gültige Zulassung als Transportunternehmer, einen Nachweis der Zulassung des Transportmittels für lange Strecken sowie über Befähigungsnachweise für Fahrer und Betreuer verfügt;

c) an den Grenzkontrollstellen gemäß Artikel 59 Absatz 1 und an den Ausgangsorten:

i) amtliche Kontrollen der Transportfähigkeit der betroffenen Tiere und der Transportmittel, um die Einhaltung von Anhang I Kapitel II und gegebenenfalls Anhang I Kapitel VI der Verordnung (EG) Nr. 1/2005 zu überprüfen;

ii) amtliche Kontrollen, um zu überprüfen, ob die Transportunternehmer die einschlägigen internationalen Übereinkommen einhalten und über eine gültige Zulassung als Transportunternehmer

13/1. EU-KontrollV
Artikel 21

sowie über Befähigungsnachweise für Fahrer und Betreuer verfügen und

iii) amtliche Kontrollen, um zu überprüfen, ob Hausequiden, Hausrinder, Hausschafe, Hausziegen und Hausschweine über eine lange Strecke befördert worden sind oder befördert werden sollen.

(3) Bei der Durchführung von amtlichen Kontrollen und anderen amtlichen Tätigkeiten ergreifen die zuständigen Behörden die erforderlichen Maßnahmen, um etwaige Verzögerungen zwischen dem Verladen der Tiere und der Abfahrt oder während des Transports zu verhindern oder auf ein Minimum zu reduzieren.

Die zuständigen Behörden halten Tiertransporte nicht auf, es sei denn, dies ist im Interesse des Wohlbefindens der Tiere oder aus Gründen der Gesundheit von Tieren und Menschen unbedingt erforderlich. Müssen Tiertransporte für länger als zwei Stunden aufgehalten werden, trägt die zuständige Behörde dafür Sorge, dass alle erforderlichen Vorkehrungen für die Pflege der Tiere getroffen und die Tiere erforderlichenfalls gefüttert, getränkt, entladen und untergebracht werden.

(4) Wird bei den amtlichen Kontrollen gemäß Absatz 2 Buchstabe b ein Verstoß festgestellt, der nicht vor der Fahrt durch eine entsprechend geänderte Planung der langen Beförderung durch den Organisator des Transports behoben wird, so untersagen die zuständigen Behörden die lange Beförderung.

(5) Stellen die zuständigen Behörden bei den amtlichen Kontrollen gemäß Absatz 2 Buchstabe c fest, dass die Tiere nicht transportfähig sind, so ordnen sie an, dass die Tiere entladen, getränkt, gefüttert und untergebracht werden, bis sie wieder transportfähig sind.

(6) Eine Meldung von Verstößen gegen die Vorschriften gemäß Absatz 1 dieses Artikels für die Zwecke der Artikel 105 und 106 erfolgt auch

a) an die Mitgliedstaaten, in denen der Transportunternehmer die Genehmigung erhalten hat;

b) an den Mitgliedstaat, der den Zulassungsnachweis für das Transportmittel ausgestellt hat, wenn ein Verstoß gegen die für das Transportmittel geltenden Bestimmungen festgestellt wird;

c) an den Mitgliedstaat, der den Befähigungsnachweis für den Fahrer ausgestellt hat, wenn ein Verstoß gegen die für Fahrer geltenden Bestimmungen festgestellt wird.

(7) Für die Zwecke des Artikels 30 können bestimmte der in dem vorliegenden Artikel genannten Aufgaben der amtlichen Kontrolle an eine oder mehrere natürliche Personen delegiert werden.

(8) Der Kommission wird die Befugnis übertragen, gemäß Artikel 144 delegierte Rechtsakte zu erlassen, um diese Verordnung durch Festlegung von Bestimmungen über die Durchführung der amtlichen Kontrollen zu ergänzen, mit denen die Einhaltung der Unionsvorschriften gemäß Artikel 1 Absatz 2 Buchstabe f überprüft wird. Diese delegierten Rechtsakte berücksichtigen die Risiken für den Tierschutz in Verbindung mit landwirtschaftlichen Tätigkeiten und der Beförderung, dem Schlachten und dem Töten von Tieren und enthalten Bestimmungen über

a) spezifische Anforderungen an die Durchführung solcher Kontrollen, um den Risiken in Verbindung mit den verschiedenen Tierarten und Transportmitteln zu begegnen und die Notwendigkeit zu berücksichtigen, vorschriftswidrige Praktiken zu verhindern und das Leiden der Tiere zu mindern;

b) die Fälle, in denen die zuständigen Behörden bei bestimmten Verstößen eine oder mehrere Maßnahmen gemäß Artikel 137 Absatz 2 und Artikel 138 Absatz 2 ergreifen müssen;

c) die Überprüfung der Tierschutzauflagen an den Grenzkontrollstellen und Ausgangsorten und die Mindestanforderungen an diese Ausgangsorte;

d) spezifische Kriterien und Voraussetzungen für die Auslösung der Amtshilfemechanismen gemäß den Artikeln 102 bis 108;

e) die Fälle, in denen, und die Bedingungen, unter denen für die amtlichen Kontrollen zur Überprüfung der Einhaltung der Tierschutzauflagen spezifische Tierschutzindikatoren herangezogen werden können, die auf messbaren Leistungskriterien beruhen und die für diese Zwecke nach wissenschaftlich und technisch fundierten Erkenntnissen aufgestellt werden können.

(9) Die Kommission erlässt im Wege von Durchführungsrechtsakten Bestimmungen zur Festlegung einheitlicher praktischer Modalitäten für amtliche Kontrollen, mit denen die Einhaltung der Unionsvorschriften gemäß Artikel 1 Absatz 2 Buchstabe f betreffend die Tierschutzauflagen überprüft wird, sowie Bestimmungen für die von den zuständigen Behörden im Anschluss an diese amtlichen Kontrollen zu ergreifenden Maßnahmen in Bezug auf Folgendes:

a) eine einheitliche Mindesthäufigkeit der amtlichen Kontrollen in den Fällen, in denen ein Mindestmaß an amtlicher Kontrolle erforderlich ist, um den Risiken in Verbindung mit den verschiedenen Tierarten und Transportmitteln zu begegnen und die Notwendigkeit zu berücksichtigen, vorschriftswidrige Praktiken zu verhindern und das Leiden der Tiere zu mindern und

b) die praktischen Modalitäten für die schriftlichen Aufzeichnungen über die durchgeführten amtlichen Kontrollen und der Speicherfrist.

Diese Durchführungsrechtsakte werden gemäß dem in Artikel 145 Absatz 2 genannten Prüfverfahren erlassen.

Artikel 22
Besondere Bestimmungen über amtliche Kontrollen und Maßnahmen der zuständigen Behörden in Bezug auf die Pflanzengesundheit

(1) Zu den amtlichen Kontrollen zur Überprüfung der Einhaltung der Vorschriften gemäß Artikel 1 Absatz 2 Buchstabe g gehören amtliche Kontrollen von Schädlingen, Pflanzen, Pflanzenerzeugnissen oder anderen Gegenständen und von Unternehmern und anderen Personen, die diesen Vorschriften unterliegen.

(2) Der Kommission wird die Befugnis übertragen, gemäß Artikel 144 delegierte Rechtsakte zu erlassen, um diese Verordnung durch Festlegung von Bestimmungen über die Durchführung der amtlichen Kontrollen zu ergänzen, mit denen bei Pflanzen, Pflanzenerzeugnissen und anderen Gegenständen die Einhaltung der für diese Waren geltenden Unionsvorschriften gemäß Artikel 1 Absatz 2 Buchstabe g überprüft wird, sowie von Bestimmungen über die von den zuständigen Behörden im Anschluss an die Durchführung dieser amtlichen Kontrollen zu ergreifenden Maßnahmen. Diese delegierten Rechtsakte regeln

a) spezifische Anforderungen an die Durchführung der amtlichen Kontrollen bei der Einfuhr von bestimmten Pflanzen, Pflanzenerzeugnissen und anderen Gegenständen, für die die Vorschriften gemäß Artikel 1 Absatz 2 Buchstabe g gelten, in die Union und bei der Verbringung derselben innerhalb der Union, um den anerkannten Gefahren und Risiken für die Pflanzengesundheit zu begegnen, die je nach Ursprung oder Herkunft in Verbindung mit bestimmten Pflanzen, Pflanzenerzeugnissen und anderen Gegenständen bestehen und

b) die Fälle, in denen die zuständigen Behörden bei bestimmten Verstößen eine oder mehrere Maßnahmen gemäß Artikel 137 Absatz 2 und Artikel 138 Absatz 2 ergreifen müssen.

(3) Die Kommission erlässt im Wege von Durchführungsrechtsakten Bestimmungen zur Festlegung einheitlicher praktischer Modalitäten für die Durchführung der amtlichen Kontrollen, mit denen bei Pflanzen, Pflanzenerzeugnissen und anderen Gegenständen die Einhaltung der für diese Waren geltenden Unionsvorschriften gemäß Artikel 1 Absatz 2 Buchstabe g überprüft wird, sowie Bestimmungen über die von den zuständigen Behörden im Anschluss an diese Kontrollen zu ergreifenden Maßnahmen in Bezug auf

a) eine einheitliche Mindesthäufigkeit dieser Kontrollen in den Fällen, in denen ein Mindestmaß an amtlicher Kontrolle erforderlich ist, um den anerkannten einheitlichen Gefahren und Risiken für die Pflanzengesundheit zu begegnen, die je nach Ursprung oder Herkunft in Verbindung mit bestimmten Pflanzen, Pflanzenerzeugnissen und anderen Gegenständen bestehen;

b) die einheitliche Häufigkeit der amtlichen Kontrollen der zuständigen Behörden bei Unternehmern, die gemäß Artikel 84 Absatz 1 der Verordnung (EU) 2016/2031 Pflanzenpässe ausstellen dürfen, wobei zu berücksichtigen ist, ob diese Unternehmer für die von ihnen erzeugten Pflanzen, Pflanzenerzeugnisse und anderen Gegenstände einen Risikomanagementplan für Pflanzengesundheit gemäß Artikel 91 jener Verordnung durchgeführt haben;

c) die einheitliche Häufigkeit der amtlichen Kontrollen der zuständigen Behörden bei Unternehmern, die befugt sind, die Markierung gemäß Artikel 96 Absatz 1 der Verordnung (EU) 2016/2031 anzubringen oder die amtliche Attestierung gemäß Artikel 99 Absatz 2 Buchstabe der genannten Verordnung auszustellen.

Diese Durchführungsrechtsakte werden gemäß dem in Artikel 145 Absatz 2 genannten Prüfverfahren erlassen.

(2) Für die Zwecke des Artikels 30 können bestimmte der in dem vorliegenden Artikel genannten Aufgaben der amtlichen Kontrolle an eine oder mehrere natürliche Personen delegiert werden.

Artikel 23
Besondere Bestimmungen über amtliche Kontrollen und Maßnahmen der zuständigen Behörden in Bezug auf GVO zum Zweck der Herstellung von Lebens- und Futtermitteln und genetisch veränderte Lebens- und Futtermittel

(1) Zu den amtlichen Kontrollen zur Überprüfung der Einhaltung der Vorschriften gemäß Artikel 1 Absatz 2 Buchstaben a, b und c gehören amtliche Kontrollen von GVO zum Zweck der Herstellung von Lebensund Futtermitteln und von genetisch veränderten Lebens- und Futtermitteln auf allen relevanten Stufen der Produktion, der Verarbeitung und des Vertriebs entlang der Lebensmittelkette.

(2) Der Kommission wird die Befugnis übertragen, gemäß Artikel 144 delegierte Rechtsakte zu erlassen, um diese Verordnung durch Bestimmungen über die Durchführung der amtlichen Kontrollen gemäß Absatz 1 des vorliegenden Artikels zu ergänzen, sowie durch Bestimmungen über die von den zuständigen Behörden im Anschluss an diese amtlichen Kontrollen zu ergreifenden Maßnahmen. Diese delegierten Rechtsakte berücksichtigen, dass eine Mindestzahl an amtlichen Kontrollen gewährleistet werden muss, um Praktiken zu verhindern, die gegen die Vorschriften gemäß Artikel 1 Absatz 2 Buchstabe b verstoßen, und regeln

a) spezifische Anforderungen an die Durchführung amtlicher Kontrollen, um den anerkannten einheitlichen Gefahren und Risiken zu begegnen, die Folgendes betreffen:

i) das Vorhandensein von GVO für die Herstellung von Lebens- und Futtermitteln und von genetisch veränderten Lebens- und Futtermitteln in der Lebensmittelkette, die nicht gemäß der Richtlinie 2001/18/EG oder gemäß der Verordnung (EG) Nr. 1829/2003 zugelassen worden sind;

ii) den Anbau von GVO für die Herstellung von Lebens- und Futtermitteln und die vorschriftsmäßige Anwendung des Überwachungsplans gemäß Artikel 13 Absatz 2 Buchstabe e der Richtlinie 2001/18/EG bzw. des Beobachtungsplans gemäß Artikel 5 Absatz 5 Buchstabe b und Artikel 17 Absatz 5 Buchstabe b der Verordnung (EG) Nr. 1829/2003;

b) die Fälle, in denen die zuständigen Behörden bei bestimmten Verstößen eine oder mehrere Maßnahmen gemäß Artikel 137 Absatz 2 und Artikel 138 Absatz 2 ergreifen müssen.

(3) Die Kommission kann im Wege von Durchführungsrechtsakten Bestimmungen zur Festlegung einheitlicher praktischer Modalitäten für die Durchführung der amtlichen Kontrollen gemäß Absatz 1 erlassen, wobei diese Bestimmungen berücksichtigen, dass eine Mindestzahl an amtlichen Kontrollen gewährleistet werden muss, um Praktiken zu verhindern, die gegen die Bestimmungen betreffend eine einheitliche Mindesthäufigkeit der amtlichen Kontrollen in den Fällen verstoßen, in denen ein Mindestmaß an amtlicher Kontrolle erforderlich ist, um den anerkannten einheitlichen Gefahren und Risiken zu begegnen, die Folgendes betreffen:

a) das Vorhandensein von GVO für die Herstellung von Lebens- und Futtermitteln und von genetisch veränderten Lebens- und Futtermitteln in der Lebensmittelkette, die nicht gemäß der Richtlinie 2001/18/EG oder gemäß der Verordnung (EG) Nr. 1829/2003 zugelassen worden sind;

b) den Anbau von GVO für die Herstellung von Lebens- und Futtermitteln und die vorschriftsmäßige Anwendung des Überwachungsplans gemäß Artikel 13 Absatz 2 Buchstabe e der Richtlinie 2001/18/EG bzw. des Beobachtungsplans gemäß Artikel 5 Absatz 5 Buchstabe b und Artikel 17 Absatz 5 Buchstabe b der Verordnung (EG) Nr. 1829/2003.

Diese Durchführungsrechtsakte werden gemäß dem in Artikel 145 Absatz 2 genannten Prüfverfahren erlassen.

(4) Für die Zwecke des Artikels 30 können bestimmte der in dem vorliegenden Artikel genannten Aufgaben der amtlichen Kontrolle an eine oder mehrere natürliche Personen delegiert werden.

Artikel 24
Besondere Bestimmungen über amtliche Kontrollen und Maßnahmen der zuständigen Behörden in Bezug auf Pflanzenschutzmittel

(1) Zu amtlichen Kontrollen zur Überprüfung der Einhaltung der Vorschriften gemäß Artikel 1 Absatz 2 Buchstabe h dieser Verordnung gehören amtliche Kontrollen von Wirkstoffen und Safenern, Synergisten, Beistoffen und Zusatzstoffen im Sinne von Artikel 2 Absätze 2 und 3 der Verordnung (EG) Nr. 1107/2009.

(2) Bei der Festlegung der Häufigkeit risikobasierter amtlicher Kontrollen gemäß Absatz 1 berücksichtigen die zuständigen Behörden auch Folgendes:

a) die Ergebnisse einschlägiger Kontrollen, einschließlich auf Pestizidrückstände, die für die Zwecke des Artikels 32 Absatz 2 der Verordnung (EG) Nr. 396/2005 und des Artikels 8 der Richtlinie 2000/60/EG des Europäischen Parlaments und des Rates[1] durchgeführt werden;

b) Informationen über nicht zugelassene Pflanzenschutzmittel, einschließlich des illegalen Handels mit Pflanzenschutzmitteln, und die Ergebnisse der von den Behörden gemäß Artikel 8 der Verordnung (EU) Nr. 649/2012 des Europäischen Parlaments und des Rates[2] durchgeführten einschlägigen Kontrollen und

c) Informationen über Vergiftungsfälle durch Pflanzenschutzmittel, einschließlich verfügbarer Informationen gemäß Artikel 56 der Verordnung (EG) Nr. 1107/2009 sowie der Informationen über die gesundheitliche Notversorgung, die von den Stellen gemäß Artikel 45 Absatz 1 der Verordnung (EG) Nr. 1272/2008 des Europäischen Parlaments und des Rates[3] bereitgestellt werden.

(3) Der Kommission wird die Befugnis übertragen, gemäß Artikel 144 delegierte Rechtsakte zu erlassen, um diese Verordnung durch Festlegung von Bestimmungen über die Durchführung der amtlichen Kontrollen gemäß Absatz 1 dieses Ar-

---

Zu Artikel 24:
[1] *Richtlinie 2000/60/EG des Europäischen Parlaments und des Rates vom 23. Oktober 2000 zur Schaffung eines Ordnungsrahmens für Maßnahmen der Gemeinschaft im Bereich der Wasserpolitik (ABl. L 327 vom 22.12.2000, S. 1).*
[2] *Verordnung (EU) Nr. 649/2012 des Europäischen Parlaments und des Rates vom 4. Juli 2012 über die Aus- und Einfuhr gefährlicher Chemikalien (ABl. L 201 vom 27.7.2012, S. 60).*
[3] *Verordnung (EG) Nr. 1272/2008 des Europäischen Parlaments und des Rates vom 16. Dezember 2008 über die Einstufung, Kennzeichnung und Verpackung von Stoffen und Gemischen, zur Änderung und Aufhebung der Richtlinien 67/548/EWG und 1999/45/EG und zur Änderung der Verordnung (EG) Nr. 1907/2006 (ABl. L 353 vom 31.12.2008, S. 1).*

tikels zu ergänzen. Diese delegierten Rechtsakte regeln

a) spezifische Anforderungen an die Durchführung dieser amtlichen Kontrollen betreffend die Herstellung, das Inverkehrbringen, den Eingang in die Union sowie die Kennzeichnung, Verpackung, Beförderung, Lagerung und Verwendung von Pflanzenschutzmitteln, um den anerkannten einheitlichen Gefahren und Risiken zu begegnen, die von Pflanzenschutzmitteln ausgehen können, eine sichere und nachhaltige Verwendung von Pflanzenschutzmitteln zu gewährleisten und den illegalen Handel mit diesen Mitteln zu bekämpfen und

b) die Fälle, in denen die zuständigen Behörden bei bestimmten Verstößen eine oder mehrere Maßnahmen gemäß Artikel 137 Absatz 2 und Artikel 138 Absatz 2 ergreifen müssen.

(4) Die Kommission kann im Wege von Durchführungsrechtsakten detaillierte Bestimmungen über einheitliche praktische Modalitäten für die Durchführung amtlicher Kontrollen der in Absatz 1 genannten Stoffe in Bezug auf Folgendes erlassen:

a) eine einheitliche Mindesthäufigkeit dieser Kontrollen betreffend die Herstellung, das Inverkehrbringen, den Eingang in die Union sowie die Kennzeichnung, Verpackung, Beförderung, Lagerung und Verwendung von Pflanzenschutzmitteln in den Fällen, in denen ein Mindestmaß an amtlicher Kontrolle erforderlich ist, um den anerkannten einheitlichen Gefahren und Risiken zu begegnen, die von Pflanzenschutzmitteln ausgehen können, eine sichere und nachhaltige Verwendung von Pflanzenschutzmitteln zu gewährleisten und den illegalen Handel mit diesen Mitteln zu bekämpfen;

b) die Erhebung von Daten zu sowie das Monitoring und die Meldung von möglichen Vergiftungsfällen durch Pflanzenschutzmittel;

c) die Erhebung von Daten zu sowie das Monitoring und die Meldung von nicht zugelassenen Pflanzenschutzmitteln, einschließlich des illegalen Handels mit Pflanzenschutzmitteln.

Diese Durchführungsrechtsakte werden gemäß dem in Artikel 145 Absatz 2 genannten Prüfverfahren erlassen.

(5) Für die Zwecke des Artikels 30 können bestimmte der in dem vorliegenden Artikel genannten Aufgaben der amtlichen Kontrolle an eine oder mehrere natürliche Personen delegiert werden.

Artikel 25
Besondere Bestimmungen über amtliche Kontrollen und andere amtliche Tätigkeiten in Bezug auf die ökologische/biologische Produktion und die Kennzeichnung ökologischer/biologischer Produkte

Die Kommission kann im Wege von Durchführungsrechtsakten Bestimmungen über einheitliche praktische Modalitäten für die Durchführung der amtlichen Kontrollen zur Überprüfung der Einhaltung der Vorschriften gemäß Artikel 1 Absatz 2 Buchstabe i in Bezug auf Folgendes erlassen:

a) spezifische Anforderungen und zusätzliche Inhalte – zusätzlich zu den in Artikel 110 genannten – für die Ausarbeitung der einschlägigen Teile des MNKP gemäß Artikel 109 Absatz 1 und weitere spezifische Inhalte für den in Artikel 113 vorgesehenen Bericht;

b) besondere Zuständigkeiten und Aufgaben – zusätzlich zu den in Artikel 98 genannten – für die Referenzzentren der Europäischen Union;

c) die praktischen Modalitäten für die Auslösung der Amtshilfemechanismen gemäß den Artikeln 102 bis 108, einschließlich des Informationsaustauschs zwischen den zuständigen Behörden und den beauftragten Stellen über Fälle von Verstößen oder die Wahrscheinlichkeit von Verstößen;

d) die für die Probenahme und für Laboranalysen und -tests zu verwendenden Methoden, ausgenommen alle Bestimmungen, die die Festlegung von Schwellenwerten beinhalten.

Diese Durchführungsrechtsakte werden gemäß dem in Artikel 145 Absatz 2 genannten Prüfverfahren erlassen.

Artikel 26
Besondere Bestimmungen über amtliche Kontrollen und andere amtliche Tätigkeiten der zuständigen Behörden in Bezug auf die Verwendung der Angaben „geschützte Ursprungsbezeichnung", „geschützte geografische Angabe" und „garantiert traditionelle Spezialität"

(1) Abweichend von Artikel 31 Absatz 3 können die zuständigen Behörden in Bezug auf die Vorschriften gemäß Artikel 1 Absatz 2 Buchstabe j in den Fällen, in denen sie die Beschlüsse über die Zulassung des eingetragenen Namens eines Erzeugnisses delegiert haben, auch die folgenden Maßnahmen delegieren:

a) die Anordnung, dass bestimmte Tätigkeiten des Unternehmers systematisch oder verstärkt amtlichen Kontrollen unterzogen werden;

b) die Anordnung, dass der Unternehmer die Häufigkeit der Eigenkontrollen erhöht;

c) die Anordnung, die Kennzeichnung zu ändern, um die Einhaltung der Produktspezifikationen und der Vorschriften gemäß Artikel 1 Absatz 2 Buchstabe j zu gewährleisten.

(2) Der Kommission wird die Befugnis übertragen, gemäß Artikel 144 delegierte Rechtsakte zu erlassen, um diese Verordnung durch Festlegung von Bestimmungen über die Durchführung der amtlichen Kontrollen zu ergänzen, mit denen die Einhaltung der Vorschriften gemäß Artikel 1 Absatz 2 Buchstabe j überprüft wird. Diese delegierten Rechtsakte regeln

a) Anforderungen, Methoden und Techniken gemäß den Artikeln 12 und 14 für amtliche Kontrollen zur Überprüfung der Einhaltung der Produktspezifikationen und der Kennzeichnungsanforderungen;

b) besondere Methoden und Techniken gemäß Artikel 14 für amtliche Kontrollen, mit denen die Rückverfolgbarkeit der Waren und Tiere, die unter die Vorschriften gemäß Artikel 1 Absatz 2 Buchstabe j fallen, auf allen Produktions-, Zubereitungs- und Vertriebsstufen sowie die Einhaltung dieser Vorschriften gewährleistet werden sollen;

c) die Fälle, in denen die zuständigen Behörden bei bestimmten Verstößen eine oder mehrere Maßnahmen gemäß Artikel 138 Absätze 1 und 2 ergreifen müssen.

(3) Die Kommission kann im Wege von Durchführungsrechtsakten Bestimmungen über einheitliche praktische Modalitäten für die Durchführung der amtlichen Kontrollen zur Überprüfung der Einhaltung der Vorschriften gemäß Artikel 1 Absatz 2 Buchstabe j in Bezug auf Folgendes erlassen:

a) besondere praktische Modalitäten für die Auslösung der Amtshilfemechanismen gemäß den Artikeln 102 bis 108, einschließlich des Informationsaustauschs zwischen den zuständigen Behörden und den beauftragten Stellen über Fälle von Verstößen oder die Wahrscheinlichkeit von Verstößen und

b) besondere Berichterstattungspflichten der beauftragten Stellen.

Diese Durchführungsrechtsakte werden gemäß dem in Artikel 145 Absatz 2 genannten Prüfverfahren erlassen.

(4) Für die Zwecke des Artikels 30 können bestimmte, in dem vorliegenden Artikel genannte Aufgaben der amtlichen Kontrolle an eine oder mehrere natürliche Personen delegiert werden.

Artikel 27
Besondere Bestimmungen über amtliche Kontrollen und Maßnahmen der zuständigen Behörden bei neu festgestellten Risiken im Zusammenhang mit Lebens- und Futtermitteln

(1) Der Kommission wird die Befugnis übertragen, gemäß Artikel 144 delegierte Rechtsakte zu erlassen, um diese Verordnung durch Festlegung von Bestimmungen über die Durchführung der amtlichen Kontrollen zu ergänzen, mit denen bei bestimmten Kategorien von Lebens- oder Futtermitteln die Einhaltung der Vorschriften gemäß Artikel 1 Absatz 2 Buchstaben a bis e überprüft wird, sowie von Bestimmungen für die von den zuständigen Behörden im Anschluss an diese amtlichen Kontrollen zu ergreifenden Maßnahmen. Diese delegierten Rechtsakte betreffen neu festgestellte Risiken, die Lebens- oder Futtermittel für die Gesundheit von Menschen und Tieren oder – sofern es sich um GVO und Pflanzenschutzmittel handelt – auch für die Umwelt darstellen können, oder Risiken, die durch neue Formen und Muster der Herstellung bzw. des Konsums von Lebens- oder Futtermitteln entstehen und denen nicht wirksam begegnet werden kann, weil derartige einheitliche Bestimmungen fehlen. Diese delegierten Rechtsakte regeln

a) einheitliche spezifische Anforderungen an die Durchführung amtlicher Kontrollen, um den besonderen Gefahren und Risiken zu begegnen, die bei der jeweiligen Lebens- und Futtermittelkategorie und bei den verschiedenen Verarbeitungsschritten bestehen und

b) die Fälle, in denen die zuständigen Behörden bei bestimmten Verstößen eine oder mehrere Maßnahmen gemäß Artikel 137 Absatz 2 und Artikel 138 Absatz 2 ergreifen müssen.

(2) Die Kommission kann im Wege von Durchführungsrechtsakten Bestimmungen über einheitliche praktische Modalitäten für die Durchführung der amtlichen Kontrollen erlassen, mit denen bei bestimmten Kategorien von Lebens- und Futtermitteln die Einhaltung der Vorschriften gemäß Artikel 1 Absatz 2 Buchstaben a bis e überprüft wird; diese Bestimmungen betreffen neu festgestellte Risiken, die Lebens- oder Futtermittel für die Gesundheit von Menschen und Tieren oder – sofern es sich um GVO und Pflanzenschutzmittel handelt – für die Umwelt darstellen können, oder Risiken, die durch neue Formen und Muster der Herstellung bzw. des Konsums von Lebens- oder Futtermitteln entstehen und denen nicht wirksam begegnet werden kann, weil derartige einheitliche Bestimmungen in Bezug auf eine einheitliche Mindesthäufigkeit dieser Kontrollen in Fällen fehlen, in denen ein Mindestmaß an amtlicher Kontrolle erforderlich ist, um den besonderen Gefahren und Risiken zu begegnen, die bei der jeweiligen Lebens- und Futtermittelkategorie und bei den verschiedenen Verarbei-

tungsschritten bestehen. Diese Durchführungsrechtsakte werden gemäß dem in Artikel 145 Absatz 2 genannten Prüfverfahren erlassen.

(3) In hinreichend begründeten Fällen äußerster Dringlichkeit im Zusammenhang mit erheblichen Risiken für die Gesundheit von Menschen und Tieren oder für die Umwelt erlässt die Kommission gemäß dem in Artikel 145 Absatz 3 genannten Verfahren sofort geltende Durchführungsrechtsakte.

KAPITEL III

Übertragung bestimmter Aufgaben der zuständigen Behörden

Artikel 28
Übertragung bestimmter Aufgaben der amtlichen Kontrolle durch die zuständigen Behörden

(1) Die zuständigen Behörden können unter den Bedingungen gemäß den Artikeln 29 und 30 einer oder mehreren beauftragten Stellen oder natürlichen Personen bestimmte Aufgaben der amtlichen Kontrolle übertragen. Die zuständige Behörde stellt sicher, dass die beauftragte Stelle oder natürliche Person, der diese Aufgaben übertragen wurden, über die für eine wirksame Wahrnehmung dieser Aufgaben erforderlichen Befugnisse verfügt.

(2) Beschließt eine zuständige Behörde oder gegebenenfalls ein Mitgliedstaat eine oder mehreren beauftragten Stellen bestimmte Aufgaben der amtlichen Kontrolle zur Überprüfung der Einhaltung der Vorschriften gemäß Artikel 1 Absatz 2 Buchstabe i zu übertragen, „so teilt sie jeder beauftragten Stelle eine Kennnummer zu," und benennt die jeweiligen Behörden, die für die Zulassung und Beaufsichtigung der beauftragten Stellen verantwortlich sind. *(ABl L 322 vom 18. 12. 2018, S. 85)*

Artikel 29
Bedingungen für die Übertragung bestimmter Aufgaben der amtlichen Kontrolle auf beauftragte Stellen

Die Übertragung bestimmter Aufgaben der amtlichen Kontrolle auf eine beauftragte Stelle gemäß Artikel 28 Absatz 1 muss schriftlich erfolgen und unterliegt den folgenden Bedingungen:

a) Die Übertragung beinhaltet eine genaue Beschreibung der Aufgaben der amtlichen Kontrolle, die von der beauftragten Stelle wahrgenommen werden dürfen und der Bedingungen, unter denen die Aufgaben wahrgenommen werden;

b) die beauftragte Stelle

i) verfügt über die Fachkompetenz, Ausrüstung und Infrastruktur, die zur Wahrnehmung der ihr übertragenen Aufgaben der amtlichen Kontrolle notwendig sind;

ii) verfügt über eine ausreichende Zahl angemessen qualifizierter und erfahrener Mitarbeiter;

iii) ist im Hinblick auf die Wahrnehmung der ihr übertragenen Aufgaben der amtlichen Kontrolle unparteiisch und frei von jeglichem Interessenkonflikt und insbesondere nicht in einer Situation, die direkt oder indirekt die Unparteilichkeit ihres beruflichen Handelns beeinträchtigen könnte;

iv) arbeitet und ist akkreditiert nach den für die betreffenden übertragenen Aufgaben relevanten Normen, darunter der Norm EN ISO/IEC 17020 „Anforderungen an den Betrieb verschiedener Typen von Stellen, die Inspektionen durchführen";

v) verfügt über ausreichende Befugnisse, um die ihr übertragenen Aufgaben der amtlichen Kontrolle ausführen zu können und

c) es existieren Regelungen, die eine effiziente und wirksame Koordinierung zwischen der übertragenden zuständigen Behörde und der beauftragten Stelle gewährleisten.

Artikel 30
Bedingungen für die Übertragung bestimmter Aufgaben der amtlichen Kontrolle auf natürliche Personen

Die zuständigen Behörden können einer oder mehreren natürlichen Personen bestimmte Aufgaben der amtlichen Kontrolle übertragen, wenn die Bestimmungen der Artikel 18 bis 27 dies erlauben. Diese Übertragung erfolgt schriftlich und unterliegt den folgenden Bedingungen:

a) Die Übertragung beinhaltet eine genaue Beschreibung der Aufgaben der amtlichen Kontrolle, die von den natürlichen Personen wahrgenommen werden dürfen und der Bedingungen, unter denen die natürlichen Personen die Aufgaben wahrnehmen können;

b) die natürlichen Personen

i) verfügen über die Fachkompetenz, Ausrüstung und Infrastruktur, die zur Wahrnehmung der ihnen übertragenen Aufgaben der amtlichen Kontrolle notwendig sind;

ii) verfügen über die angemessene Qualifikation und Erfahrung;

iii) handeln im Hinblick auf die Wahrnehmung der ihnen übertragenen Aufgaben der amtlichen Kontrolle unparteiisch und frei von jeglichem Interessenkonflikt und

c) es existieren Regelungen, die eine effiziente und wirksame Koordinierung zwischen den übertragenden zuständigen Behörden und den natürlichen Personen gewährleisten.

Artikel 31
Bedingungen für die Übertragung bestimmter Aufgaben in Bezug auf andere amtliche Tätigkeiten

(1) Die zuständigen Behörden können einer oder mehreren beauftragten Stellen bestimmte Aufgaben in Bezug auf andere amtliche Tätigkeiten übertragen, sofern

a) die Vorschriften gemäß Artikel 1 Absatz 2 eine solche Übertragung nicht verbieten und

b) die Bedingungen gemäß Artikel 29 Absatz 1 – mit Ausnahme der Bedingung in Buchstabe b Ziffer iv – erfüllt sind.

(2) Die zuständigen Behörden können einer oder mehreren natürlichen Personen bestimmte Aufgaben in Bezug auf andere amtliche Tätigkeiten übertragen, sofern

a) die Vorschriften gemäß Artikel 1 Absatz 2 eine solche Übertragung erlauben und

b) die Bedingungen gemäß Artikel 30 durch entsprechende Anwendung erfüllt sind.

(3) Die zuständigen Behörden übertragen einer beauftragten Stelle oder einer natürlichen Person nicht die Entscheidung über ihre Aufgaben gemäß Artikel 138 Absatz 1 Buchstabe b und Artikel 138 Absätze 2 und 3.

Artikel 32
Pflichten von beauftragten Stellen und natürlichen Personen

Beauftragte Stellen oder natürliche Personen, denen bestimmte Aufgaben der amtlichen Kontrolle gemäß Artikel 28 Absatz 1 oder bestimmte Aufgaben in Bezug auf andere amtliche Tätigkeiten gemäß Artikel 31 übertragen wurden,

a) unterrichten die übertragenden zuständigen Behörden regelmäßig bzw. wann immer diese dies verlangen über die Ergebnisse der von ihnen durchgeführten amtlichen Kontrollen und anderen amtlichen Tätigkeiten;

b) unterrichten unverzüglich die übertragenden zuständigen Behörden wenn aufgrund der Ergebnisse der amtlichen Kontrollen ein Verstoß festgestellt oder vermutet wird, es sei denn, in spezifischen Regelungen zwischen der zuständigen Behörde und der betreffenden beauftragten Stelle oder natürlichen Person wird etwas anderes festgelegt und

c) gewähren den zuständigen Behörden Zugang zu ihren Geschäftsräumen und Einrichtungen, kooperieren und leisten Unterstützung.

Artikel 33
Pflichten der übertragenden zuständigen Behörden

Die zuständigen Behörden, die beauftragten Stellen oder natürlichen Personen bestimmte Aufgaben der amtlichen Kontrolle gemäß Artikel 28 Absatz 1 oder bestimmte Aufgaben in Bezug auf andere amtliche Tätigkeiten gemäß Artikel 31 übertragen haben,

a) veranlassen, dass diese Stellen oder Personen unter Vermeidung von Überschneidungen und unter Berücksichtigung etwaiger Akkreditierungen gemäß Artikel 29 Absatz 1 Buchstabe b Ziffer iv bei Bedarf Audits oder Inspektionen unterzogen werden;

b) machen die Übertragung unverzüglich ganz oder teilweise rückgängig, wenn

i) es Erkenntnisse darüber gibt, dass die betreffende beauftragte Stelle oder natürliche Person die ihr übertragenen Aufgaben nicht ordnungsgemäß wahrnimmt,

ii) die beauftragte Stelle oder natürliche Person nicht innerhalb eines angemessenen Zeitraums geeignete Maßnahmen trifft, um die festgestellten Mängel zu beheben oder

iii) nachgewiesen wurde, dass die Unabhängigkeit oder Unparteilichkeit der beauftragten Stelle oder der natürlichen Person beeinträchtigt sind.

Dieser Buchstabe berührt nicht die Befugnis der zuständigen Behörden, die Übertragung aus anderen als den in dieser Verordnung genannten Gründen rückgängig zu machen.

KAPITEL IV
Probenahmen, Analysen, Tests und Diagnosen

Artikel 34
Methoden für Probenahmen, Analysen, Tests und Diagnosen

(1) Die bei den amtlichen Kontrollen und anderen amtlichen Tätigkeiten für Probenahmen und für Laboranalysen, -tests und -diagnosen verwendeten Methoden genügen den Vorschriften der Union über solche Methoden oder über die Leistungskriterien für solche Methoden.

(2) Wenn keine Unionsvorschriften gemäß Absatz 1 bestehen, verwenden die amtlichen Laboratorien im Rahmen amtlicher Kontrollen und anderer amtlicher Tätigkeiten eine der folgenden Methoden je nach Eignung für die jeweiligen Analyse-, Test- und Diagnoseerfordernisse:

a) die verfügbaren Methoden, die international anerkannten Regeln oder Protokollen, beispielsweise den vom Europäischen Normenausschuss (CEN) anerkannten, genügen, oder von den Referenzlaboratorien der Europäischen Union entwickelte oder empfohlene einschlägige

Methoden, die nach international anerkannten wissenschaftlichen Protokollen validiert wurden;

b) für den Fall, dass keine geeigneten Regeln oder Protokolle gemäß Buchstabe a bestehen, Methoden, die einschlägigen Vorschriften auf nationaler Ebene genügen, oder, falls solche Vorschriften nicht bestehen, von den nationalen Referenzlaboratorien entwickelte oder empfohlene einschlägige Methoden, die nach international anerkannten wissenschaftlichen Protokollen validiert wurden;

oder einschlägige Methoden, die im Rahmen von laborintern oder zwischen Laboratorien durchgeführten Studien zur Validierung der Methoden im Einklang mit international anerkannten wissenschaftlichen Protokollen entwickelt und validiert wurden.

(3) Wenn dringend Laboranalysen, -tests oder -diagnosen benötigt werden und es keine der in den Absätzen 1 und 2 dieses Artikels genannten Methoden gibt, kann das betreffende nationale Referenzlaboratorium oder, falls kein nationales Referenzlaboratorium besteht, jedes gemäß Artikel 37 Absatz 1 benannte Laboratorium andere als die in den Absätzen 1 und 2 dieses Artikels genannten Methoden verwenden, bis eine geeignete, nach international anerkannten wissenschaftlichen Protokollen validierte Methode verfügbar ist.

(4) Die für Laboranalysen verwendeten Methoden müssen nach Möglichkeit durch die entsprechenden Merkmale in Anhang III gekennzeichnet sein.

(5) Proben sind so zu entnehmen, zu handhaben und zu kennzeichnen, dass ihre rechtliche, wissenschaftliche und analytische Validität gewährleistet ist.

(6) Die Kommission kann mittels Durchführungsrechtsakten Bestimmungen festlegen über

a) die für die Probenahme und für Laboranalysen, -tests und -diagnosen zu verwendenden Methoden;

b) Leistungskriterien, Analyse-, Test- oder Diagnoseparameter, Messunsicherheit und Verfahren für die Validierung dieser Methoden;

c) die Auslegung der Analyse-, Test- und Diagnoseergebnisse.

Diese Durchführungsrechtsakte werden gemäß dem in Artikel 145 Absatz 2 genannten Prüfverfahren erlassen.

Artikel 35
Zweites Sachverständigengutachten

(1) Die zuständigen Behörden gewährleisten, dass die Unternehmer, deren Tiere oder Waren Gegenstand von Probenahmen, Analysen, Tests oder Diagnosen sind, das Recht haben, auf eigene Kosten ein zweites Sachverständigengutachten einzuholen.

Das Recht auf ein zweites Sachverständigengutachten berechtigt den Unternehmer, eine Überprüfung der Unterlagen über Probenahmen, Analysen, Tests oder Diagnosen durch einen anderen anerkannten und angemessen qualifizierten Sachverständigen zu beantragen.

(2) Sofern relevant, angemessen und technisch möglich und insbesondere unter Berücksichtigung von Prävalenz und Gefahrenverteilung unter den Tieren oder Waren, der Verderblichkeit der Proben oder Waren und der Menge des verfügbaren Substrats,

a) tragen die zuständigen Behörden bei der Probenahme auf Ersuchen des Unternehmers dafür Sorge, dass eine ausreichende Menge für ein zweites Sachverständigengutachten und für die Überprüfung gemäß Absatz 3 entnommen wird, falls sich dies als erforderliche erweisen sollte, oder

b) setzen die zuständigen Behörden den Unternehmer in dem Fall, dass sich keine ausreichende Menge gemäß Buchstabe a entnehmen lässt, hiervon in Kenntnis.

Dieser Absatz findet keine Anwendung bei Untersuchungen zur Feststellung von Quarantäneschädlingen in Pflanzen, Pflanzenerzeugnissen und anderen Gegenständen zu dem Zweck, die Einhaltung der Bestimmungen gemäß Artikel 1 Absatz 2 Buchstabe g zu überprüfen.

(3) Die Mitgliedstaaten können beschließen, dass der Unternehmer bei Streitigkeiten mit den zuständigen Behörden aufgrund des zweiten Sachverständigengutachtens gemäß Absatz 1 auf eigene Kosten eine Überprüfung der Unterlagen über die ursprünglichen Analysen, Tests oder Diagnosen und gegebenenfalls weitere Analysen, Tests oder Diagnosen durch ein anderes amtliches Laboratorium beantragen kann.

(4) Der Antrag des Unternehmers auf eine zweites Sachverständigengutachten gemäß Absatz 1 dieses Artikels wirkt sich nicht auf die Verpflichtung der zuständigen Behörden aus, in Übereinstimmung mit den Vorschriften gemäß Artikel 1 Absatz 2 und mit dieser Verordnung Sofortmaßnahmen zu treffen, um die Risiken für die Gesundheit von Menschen, Tieren und Pflanzen oder für den Tierschutz bzw. – sofern es sich um GVO und Pflanzenschutzmittel handelt – auch für die Umwelt auszuschalten oder zu begrenzen.

Artikel 36
Probenahme bei Tieren und Waren, die durch Einsatz von Fernkommunikationstechniken zum Verkauf angeboten werden

(1) Im Fall von Tieren und Waren, die durch Einsatz von Fernkommunikationstechniken zum

Verkauf angeboten werden, dürfen Proben, die die zuständigen Behörden beim Unternehmer angefordert haben, ohne sich zu erkennen zu geben, für die Zwecke einer amtlichen Kontrolle verwendet werden.

(2) Die zuständigen Behörden ergreifen nach Erhalt der Proben alle Maßnahmen, damit die Unternehmer, von denen diese Proben gemäß Absatz 1 angefordert wurden,

a) darüber unterrichtet werden, dass diese Proben im Rahmen einer amtlichen Kontrolle entnommen und gegebenenfalls zum Zweck einer amtlichen Kontrolle analysiert oder getestet werden, und

b) von dem Recht auf ein zweites Sachverständigengutachten gemäß Artikel 35 Absatz 1 Gebrauch machen können, wenn *(ABl L 322 vom 18. 12. 2018, S. 85)*

(3) Die Absätze 1 und 2 gelten für beauftragte Stellen und natürliche Personen, denen bestimmte Aufgaben der amtlichen Kontrolle übertragen worden sind.

Artikel 37
Benennung amtlicher Laboratorien

(1) Die zuständigen Behörden benennen amtliche Laboratorien, welche die Proben, die im Zuge amtlicher Kontrollen und anderer amtlicher Tätigkeiten entnommen wurden, in dem Mitgliedstaat, in dem diese zuständigen Behörden tätig sind, oder in einem anderen Mitgliedstaat oder einem Drittstaat, der Vertragspartei des Abkommens über den Europäischen Wirtschaftsraum ist, den Laboranalysen, -tests und -diagnosen unterziehen.

(2) Die zuständigen Behörden können ein Laboratorium als amtliches Laboratorium benennen, das seinen Sitz in einem anderen Mitgliedstaat oder in einem Drittstaat, der Vertragspartei des Abkommens über den Europäischen Wirtschaftsraum ist, sofern folgende Bedingungen erfüllt sind:

a) Es gibt geeignete Regelungen, die die zuständigen Behörden in die Lage versetzen, die Audits und Inspektionen gemäß Artikel 39 Absatz 1 selbst durchzuführen oder den zuständigen Behörden des Mitgliedstaats, in dem das Laboratorium seinen Sitz hat, oder des Drittstaats, der Vertragspartei des Abkommens über den Europäischen Wirtschaftsraum ist, die Durchführung dieser Audits und Inspektionen zu übertragen und

b) das Laboratorium ist von den zuständigen Behörden des Mitgliedstaats, in dem es seinen Sitz hat, bereits als amtliches Laboratorium benannt worden.

(3) Die Benennung eines amtlichen Laboratoriums erfolgt schriftlich und enthält eine genaue Beschreibung

a) der Aufgaben, die das Laboratorium als amtliches Laboratorium wahrnimmt;

b) der Bedingungen für die Wahrnehmung der Aufgaben gemäß Buchstabe a und

c) der Regelungen, die für eine effiziente und wirksame Koordinierung und Zusammenarbeit zwischen dem Laboratorium und den zuständigen Behörden erforderlich sind.

(4) Die zuständigen Behörden dürfen nur solche Laboratorien als amtliche Laboratorien benennen, die

a) über die Fachkompetenz, Ausrüstung und Infrastruktur verfügen, die notwendig sind, um Proben zu analysieren oder zu testen oder um Diagnosen zu stellen;

b) über eine ausreichende Zahl angemessen qualifizierter, geschulter und erfahrener Mitarbeiter verfügen;

c) gewährleisten, dass die ihnen als amtliche Laboratorien übertragenen Aufgaben gemäß Absatz 1 unparteiisch wahrgenommen werden, und die frei von jeglichem Interessenkonflikt in Bezug auf die Ausübung ihrer Aufgaben als amtliche Laboratorien sind;

d) die Ergebnisse der Analysen, Tests oder Diagnosen von den Proben, die im Zuge amtlicher Kontrollen und anderer amtlicher Tätigkeiten entnommen wurden, innerhalb einer angemessenen Frist liefern können und

e) nach der Norm EN ISO/IEC 17025 arbeiten und von einer nationalen Akkreditierungsstelle, die im Einklang mit der Verordnung (EG) Nr. 765/2008 tätig ist, nach dieser Norm akkreditiert werden.

(5) Der Umfang der Akkreditierung eines amtlichen Laboratoriums gemäß Absatz 4 Buchstabe e

a) erstreckt sich auf diejenigen Methoden für Laboranalysen, –tests oder –diagnosen, die von dem Laboratorium für Analysen, Tests oder Diagnosen verwendet werden, wenn es als amtliches Laboratorium tätig ist;

b) kann eine oder mehrere einzelne Methoden für Laboranalysen, –tests oder –diagnosen oder Methodengruppen umfassen;

c) kann flexibel gehalten werden, damit der Umfang der Akkreditierung auch Methoden abdeckt, die gegenüber den vom Laboratorium zum Zeitpunkt der Akkreditierung verwendeten Methoden geändert werden, oder zusätzliche neue Methoden, wobei eine Validierung durch das Laboratorium selbst genügt, ohne dass diese geänderten oder neuen Methoden vor ihrer Verwendung von der nationalen Akkreditierungsstelle bewertet werden müssen.

(6) Wenn kein gemäß Absatz 1 in der Union oder in einem Drittstaat, der Vertragspartei des Abkommens über den Europäischen Wirtschafts-

raum ist, benanntes Laboratorium über die Fachkompetenz, die Ausrüstung, die Infrastruktur und das Personal verfügt, die für neue oder besonders ungewöhnliche Laboranalysen, –tests oder –diagnosen notwendig sind, können die zuständigen Behörden ein nicht alle Anforderungen gemäß den Absätzen 3 und 4 erfüllendes Laboratorium oder Diagnosezentrum bitten, diese Analysen, Tests oder Diagnosen durchzuführen.

Artikel 38
Pflichten der amtlichen Laboratorien

(1) Wenn die Ergebnisse von Analysen, Tests oder Diagnosen, die bei Proben im Rahmen amtlicher Kontrollen oder anderer amtlicher Tätigkeiten durchgeführt werden, auf ein Risiko für die Gesundheit von Menschen, Tieren oder Pflanzen oder – sofern es sich um GVO und Pflanzenschutzmittel handelt – auch für die Umwelt hindeuten oder die Wahrscheinlichkeit eines Verstoßes nahelegen, so unterrichten die amtlichen Laboratorien unverzüglich die zuständigen Behörden, von denen sie für die betreffenden Analysen, Tests oder Diagnosen benannt wurden, und gegebenenfalls die beauftragten Stellen oder natürlichen Personen, denen Aufgaben übertragen wurden. In spezifischen Regelungen zwischen den zuständigen Behörden, den beauftragten Stellen oder den natürlichen Personen, denen Aufgaben übertragen wurden, und den amtlichen Laboratorien kann jedoch vorgesehen werden, dass diese Unterrichtung nicht unverzüglich erfolgt.

(2) Auf Verlangen des Referenzlaboratoriums der Europäischen Union oder des nationalen Referenzlaboratoriums beteiligen sich die amtlichen Laboratorien an Laborvergleichstests oder Eignungstests, die für die Analysen, Tests oder Diagnosen, die sie in ihrer Funktion als amtliche Laboratorien durchführen, organisiert werden.

(3) Die amtlichen Laboratorien machen auf Ersuchen der zuständigen Behörden der Öffentlichkeit die Bezeichnungen der Methoden zugänglich, die sie für die im Rahmen amtlicher Kontrollen oder anderer amtlicher Tätigkeiten durchgeführten Analysen, Tests oder Diagnosen verwenden.

(4) Die amtlichen Laboratorien geben auf Ersuchen der zuständigen Behörden zusammen mit den Ergebnissen die Methoden an, die sie für die im Rahmen amtlicher Kontrollen oder anderer amtlicher Tätigkeiten durchgeführten Analysen, Tests oder Diagnosen jeweils verwendet haben.

Artikel 39
Audits der amtlichen Laboratorien

(1) Die zuständigen Behörden, die gemäß Artikel 37 Absatz 1 amtliche Laboratorien benannt haben, organisieren regelmäßig und jederzeit, wenn sie dies für erforderlich halten, Audits dieser Laboratorien, es sei denn, sie halten diese Audits in Anbetracht der Akkreditierung gemäß Artikel 37 Absatz 4 Buchstabe e für entbehrlich.

(2) Die zuständigen Behörden machen die Benennung eines amtlichen Laboratoriums unverzüglich vollständig oder für bestimmte Aufgaben rückgängig, falls das Laboratorium nicht fristgerecht geeignete Korrekturmaßnahmen ergreift, wenn bei einem Audit gemäß Absatz 1 festgestellt wurde, dass

a) es die Bedingungen gemäß Artikel 37 Absätze 4 und 5 nicht mehr erfüllt;

b) es die Bedingungen gemäß Artikel 38 nicht erfüllt;

c) es bei den Laborvergleichstests gemäß Artikel 38 Absatz 2 nicht die erforderlichen Leistungen erbringt.

Artikel 40
Befreiung bestimmter amtlicher Laboratorien von der Bedingung für die vorgeschriebene Akkreditierung

(1) Abweichend von Artikel 37 Absatz 4 Buchstabe e können die zuständigen Behörden die folgenden Einrichtungen als amtliche Laboratorien benennen, auch wenn sie die in diesem Buchstaben genannte Bedingung nicht erfüllen:

a) Laboratorien, die

i) ausschließlich mit dem Nachweis von Trichinen in Fleisch befasst sind,

ii) zum Nachweis von Trichinen ausschließlich die Methoden gemäß Artikel 6 der Durchführungsverordnung (EU) 2015/1375 der Kommission[1]) verwenden,

iii) Trichinenuntersuchungen unter der Aufsicht der zuständigen Behörden oder eines amtlichen Laboratoriums durchführen, das gemäß Artikel 37 Absatz 1 benannt und nach der Norm EN ISO/IEC 17025 für die in Ziffer ii dieses Buchstaben genannten Methoden akkreditiert worden ist und

iv) sich regelmäßig und mit zufriedenstellendem Ergebnis an den Laborvergleichstests oder Eignungstests beteiligen, die von den nationalen Referenzlaboratorien für die von ihnen verwendeten Methoden zum Trichinennachweis organisiert werden.

b) Laboratorien, die nur im Rahmen anderer amtlicher Tätigkeiten Analysen, Tests oder Diagnosen durchführen, sofern sie

---

Zu Artikel 40:
[1]) *Durchführungsverordnung (EU) 2015/1375 der Kommission vom 10. August 2015 mit spezifischen Vorschriften für die amtlichen Fleischuntersuchungen auf Trichinen (ABl. L 212 vom 11.8.2015, S. 7).*

i) ausschließlich die Methoden für Laboranalysen, -tests und -diagnosen gemäß Artikel 34 Absatz 1 und Absatz 2 Buchstabe a oder b verwenden,

ii) die Analysen, Tests oder Diagnosen unter der Aufsicht der zuständigen Behörden oder der nationalen Referenzlaboratorien für die von ihnen verwendeten Methoden durchführen,

iii) sich regelmäßig und mit zufriedenstellendem Ergebnis an den Laborvergleichstests oder Eignungstests beteiligen, die von den nationalen Referenzlaboratorien für die von ihnen verwendeten Methoden organisiert werden und

iv) über ein Qualitätssicherungssystem verfügen, das sicherstellt, dass die mit den verwendeten Methoden für Laboranalysen, -tests oder -diagnosen erzielten Ergebnisse fundiert und verlässlich sind.

(2) Wenn die Methoden, die von den in Absatz 1 Buchstabe b dieses Artikels genannten Laboratorien verwendet werden, eine Bestätigung der Laboranalysen, -tests oder -diagnosen erfordern, so werden die bestätigenden Laboranalysen, -tests oder -diagnosen von einem amtlichen Laboratorium durchgeführt, das den Bestimmungen gemäß Artikel 37 Absatz 4 Buchstabe e genügt.

(3) Die gemäß Absatz 1 benannten amtlichen Laboratorien haben ihren Sitz in dem Mitgliedstaat, in dessen Hoheitsgebiet sich die zuständigen Behörden befinden, die sie benannt haben.

Artikel 41
Befugnisse für die Gewährung einer Befreiung aller von amtlichen Laboratorien verwendeten Methoden für Laboranalysen, -tests und -diagnosen von der Bedingung für die vorgeschriebene Akkreditierung

Die Kommission erlässt gemäß Artikel 144 delegierte Rechtsakte, um diese Verordnung durch Regelungen zu ergänzen, in denen geregelt ist, in welchen Fällen und unter welchen Bedingungen die zuständigen Behörden Laboratorien als amtliche Laboratorien gemäß Artikel 37 Absatz 1 benennen können, die nicht für alle von ihnen im Rahmen amtlicher Kontrollen oder anderer amtlicher Tätigkeiten verwendeten Methoden die Bedingungen gemäß Artikel 37 Absatz 4 Buchstabe e erfüllen, sofern diese Laboratorien die folgenden Bedingungen erfüllen:

a) sie sind für ein oder mehrere verwendete Methoden, die mit anderen verwendeten Methoden vergleichbar und für diese repräsentativ sind, nach der Norm EN ISO/IEC 17025 betrieben und akkreditiert und

b) sie verwenden die Methoden, für die sie gemäß Buchstabe a dieses Artikels akkreditiert sind, regelmäßig und in nennenswertem Umfang; hiervon ausgenommen sind in Bezug auf den unter die Vorschriften gemäß Artikel 1 Absatz 2 Buchstabe g fallenden Bereich Fälle, in denen keine validierte Methode zum Nachweis bestimmter Pflanzenschädlinge gemäß Artikel 34 Absätze 1 und 2 existiert.

Artikel 42
Befristete Befreiung von den Bedingungen für die vorgeschriebene Akkreditierung amtlicher Laboratorien

(1) Abweichend von Artikel 37 Absatz 5 Buchstabe a können die zuständigen Behörden ein bereits benanntes amtliches Laboratorium befristet als amtliches Laboratorium gemäß Artikel 37 Absatz 1 für die Verwendung einer Methode für Laboranalysen, -tests oder -diagnosen benennen, für die es nicht gemäß Artikel 37 Absatz 4 Buchstabe e akkreditiert ist, wenn

a) neue Rechtsvorschriften der Union die Verwendung dieser Methode verlangen,

b) Änderungen an einer verwendeten Methode eine neue Akkreditierung oder eine Erweiterung des Umfangs der Akkreditierung erfordern, die das amtliche Laboratorium besitzt, oder

c) die Methode aufgrund einer Notsituation oder eines neu auftretenden Risikos für die Gesundheit von Menschen, Tieren oder Pflanzen, für den Tierschutz oder – sofern es sich um GVO und Pflanzenschutzmittel handelt – auch für die Umwelt verwendet werden muss.

(2) Für die befristete Benennung gemäß Absatz 1 gelten folgende Bedingungen:

a) Das amtliche Laboratorium ist bereits nach der Norm EN ISO/IEC 17025 für die Verwendung einer Methode akkreditiert, die vergleichbar ist mit der Methode, die nicht im Akkreditierungsumfang enthalten ist;

b) das amtliche Laboratorium verfügt über ein Qualitätssicherungssystem, das sicherstellt, dass die mit der verwendeten Methode, die nicht im aktuellen Akkreditierungsumfang enthalten ist, erzielten Ergebnisse fundiert und verlässlich sind;

c) die Analysen, Tests oder Diagnosen werden unter der Aufsicht der zuständigen Behörden oder des nationalen Referenzlaboratoriums für die fragliche Methode durchgeführt.

(3) Die befristete Benennung gemäß Absatz 1 kann maximal für ein Jahr erfolgen. Sie kann einmal um ein weiteres Jahr verlängert werden.

(4) Die gemäß Absatz 1 benannten amtlichen Laboratorien haben ihren Sitz in dem Mitgliedstaat, in dessen Hoheitsgebiet sich die zuständigen Behörden befinden, die sie benannt haben.

KAPITEL V
Amtliche Kontrollen bei Tieren und Waren, die in die Union verbracht werden

Artikel 43
Die amtlichen Kontrollen bei in die Union verbrachten Tieren und Waren

Die amtlichen Kontrollen bei in die Union verbrachten Tieren und Waren erfolgen risikobasiert. Bei Tieren und Waren gemäß den Artikeln 47 und 48 werden diese Kontrollen im Einklang mit den Artikeln 47 bis 64 durchgeführt.

Abschnitt I
Andere Tiere und Waren als die jenigen, die amtlichen Kontrollen an Grenzkontrollstellen gemäß Abschnitt II unterliegen

Artikel 44
Amtliche Kontrollen bei anderen Tieren und Waren als denjenigen, die amtlichen Kontrollen an Grenzkontrollstellen gemäß Abschnitt II unterliegen

(1) Um die Einhaltung der Vorschriften gemäß Artikel 1 Absatz 2 zu gewährleisten, führen die zuständigen Behörden bei den Tieren und Waren, die in die Union verbracht werden und die nicht unter die Artikel 47 und 48 fallen, regelmäßig und mit angemessener Häufigkeit risikobasierte amtliche Kontrollen durch.

(2) Bei Tieren und Waren gemäß Absatz 1 wird die angemessene Häufigkeit der amtlichen Kontrollen unter Berücksichtigung der folgenden Faktoren festgelegt:

a) der Risiken für die Gesundheit von Menschen, Tieren oder Pflanzen, für den Tierschutz oder – sofern es sich um GVO und Pflanzenschutzmittel handelt – auch für die Umwelt, die in Verbindung mit verschiedenen Tier- und Warenarten bestehen;

b) aller Informationen, die darauf hindeuten, dass die Verbraucher insbesondere in Bezug auf Art, Identität, Eigenschaften, Zusammensetzung, Menge, Haltbarkeit, Ursprungsland oder Herkunftsort und Methode der Herstellung oder Erzeugung der Waren irregeführt werden könnten;

c) der bisherigen Einhaltung der für die betreffenden Tiere oder Waren geltenden Vorschriften gemäß Artikel 1 Absatz 2

i) durch das Ursprungsdrittland und den Ursprungsbetrieb oder gegebenenfalls am Ort der Erzeugung;

ii) durch den Ausführer;

iii) durch den für die Sendung verantwortlichen Unternehmer;

d) der bei den betreffenden Tieren und Waren bereits durchgeführten Kontrollen und

e) der Garantien der zuständigen Behörden des Ursprungsdrittlandes im Hinblick darauf, dass die für die Ausfuhr in die Union bestimmten Tiere und Waren den Vorschriften gemäß Artikel 1 Absatz 2 oder anderen Vorschriften genügen, die als mindestens gleichwertig anerkannt sind.

(3) Die amtlichen Kontrollen gemäß Absatz 1 finden an einem geeigneten Ort im Zollgebiet der Union statt, einschließlich

a) am Ort des Eingangs in die Union (Unionseingangsort);

b) an einer Grenzkontrollstelle;

c) am Ort der Überlassung zum zollrechtlich freien Verkehr;

d) in den Lagerhäusern und auf dem Betriebsgelände des für die Sendung verantwortlichen Unternehmers;

e) am Bestimmungsort.

(4) Unbeschadet der Absätze 1 und 3 führen die zuständigen Behörden an Grenzkontrollstellen und anderen Eingangsorten folgende amtliche Kontrollen durch, wenn sie Grund zu der Annahme haben, dass durch den Eingang in die Union ein Risiko für die Gesundheit von Menschen, Tieren oder Pflanzen, für den Tierschutz oder – sofern es sich um GVO und Pflanzenschutzmittel handelt – auch für die Umwelt entstehen kann:

a) Kontrollen von Transportmitteln, auch unbeladen, und

b) Kontrollen der Verpackung, einschließlich der Paletten.

(5) Die zuständigen Behörden können amtliche Kontrollen auch bei Waren durchführen, die in eines der in Artikel 5 Nummer 16 Buchstaben a, b und c der Verordnung (EU) Nr. 952/2013 definierten Zollverfahren und in eine in Artikel 5 Nummer 17 jener Verordnung definierte vorübergehende Verwahrung überführt werden.

Artikel 45
Arten von amtlichen Kontrollen bei anderen Tieren und Waren als denjenigen, die amtlichen Kontrollen an Grenzkontrollstellen gemäß Abschnitt II unterliegen

(1) „Werden die amtlichen Kontrollen gemäß Artikel 44 Absatz 1 durchgeführt, so schließen sie Folgendes ein:"

a) in jedem Fall eine Dokumentenprüfung und

b) je nach Risiko für die Gesundheit von Menschen, Tieren oder Pflanzen, für den Tierschutz oder – sofern es sich um GVO und Pflanzenschutzmittel handelt – auch für die Umwelt eine Nämlichkeitskontrolle und eine Warenuntersuchung.

(ABl L 48 vom 21. 02. 2018, S. 44)

13/1. EU-KontrollV
Artikel 45 – 47

(2) Die zuständigen Behörden führen die Warenuntersuchungen gemäß Absatz 1 Buchstabe b unter geeigneten Bedingungen durch, die einen ordnungsgemäßen Ablauf der Untersuchungen ermöglichen.

(3) Stellt sich bei den Dokumentenprüfungen, Nämlichkeitskontrollen oder Warenuntersuchungen gemäß Absatz 1 dieses Artikels heraus, dass Tiere und Waren nicht den Vorschriften gemäß Artikel 1 Absatz 2 genügen, so gelten Artikel 66 Absätze 1, 3 und 5, die Artikel 67, 68 und 69, Artikel 71 Absätze 1 und 2, Artikel 72 Absätze 1 und 2, Artikel 137 und Artikel 138.

(4) Der Kommission wird die Befugnis übertragen, gemäß Artikel 145 delegierte Rechtsakte zur Ergänzung dieser Verordnung zu erlassen, in denen geregelt ist, in welchen Fällen und unter welchen Bedingungen die zuständigen Behörden den Unternehmern vorschreiben können, das Eintreffen bestimmter Waren in die Union zu melden.

Artikel 46
Probenahme bei anderen Tieren und Waren als denjenigen, die amtlichen Kontrollen an Grenzkontrollstellen gemäß Abschnitt II unterliegen

(1) Im Fall von Probenahmen bei Tieren und Waren und unbeschadet der Artikel 34 bis 42

a) unterrichten die zuständigen Behörden die betreffenden Unternehmer sowie gegebenenfalls die Zollbehörden und

b) entscheiden die zuständigen Behörden, ob die Tiere und Waren verwahrt werden müssen, bis die Ergebnisse der Analysen, Tests oder Diagnosen der Proben vorliegen, oder ob sie überführt werden können, sofern die Weiterverfolgbarkeit der Tiere und Waren gewährleistet ist.

(2) Die Kommission legt im Wege von Durchführungsakten Folgendes fest:

a) die Verfahren, die für die Gewährleistung der Weiterverfolgbarkeit der in Absatz 1 Buchstabe b genannten Tiere oder Waren erforderlich sind und

b) die Dokumente, die die in Absatz 1 genannten Tiere oder Waren begleiten müssen, wenn von den zuständigen Behörden Proben entnommen wurden.

Diese Durchführungsrechtsakte werden gemäß dem in Artikel 145 Absatz 2 genannten Prüfverfahren erlassen.

Abschnitt II
Amtliche Kontrollen bei Tieren und Waren an Grenzkontrollstellen

Artikel 47
Tiere und Waren, die an Grenzkontrollstellen amtlich zu kontrollieren sind

(1) Um die Einhaltung der Vorschriften gemäß Artikel 1 Absatz 2 zu gewährleisten, führen die zuständigen Behörden an der Grenzkontrollstelle der ersten Ankunft in der Union amtliche Kontrollen bei allen Sendungen von Tieren und Waren durch, die in die Union verbracht werden und die einer der folgenden Kategorien angehören:

a) Tiere;

b) Erzeugnisse tierischen Ursprungs, Zuchtmaterial, tierische Nebenprodukte, Heu und Stroh sowie Lebensmittel, die sowohl Erzeugnisse pflanzlichen Ursprungs als auch „Verarbeitungserzeugnisse tierischen Ursprungs" enthalten (zusammengesetzte Erzeugnisse); *(ABl L 82 vom 25. 3. 2019, S. 4; ABl L 126 vom 15. 5. 2019, S. 73)*

c) Pflanzen, Pflanzenerzeugnisse und andere Gegenstände, die in den Listen gemäß Artikel 72 Absatz 1 und Artikel 74 Absatz 1 der Verordnung (EU) 2016/2031 aufgeführt sind;

d) Waren aus bestimmten Drittstaaten, bei denen die Kommission mittels Durchführungsrechtsakten gemäß Absatz 2 Buchstabe b dieses Artikels beschlossen hat, dass eine Maßnahme erforderlich ist, die eine vorübergehende Verstärkung der amtlichen Kontrollen beim Eingang in die Union verlangt, weil ein bekanntes oder neu auftretendes Risiko besteht oder weil es Hinweise darauf gibt, dass ein umfassender und schwerer Verstoß gegen die Vorschriften gemäß Artikel 1 Absatz 2 vorliegen könnte;

e) Tiere und Waren, bei denen die Kommission in Rechtsakten gemäß Artikel 53 der Verordnung (EG) Nr. 178/2002, Artikel 261 der Verordnung (EU) 2016/429 oder Artikel 28 Absatz 1, Artikel 30 Absatz 1, Artikel 40 Absatz 3, Artikel 41 Absatz 3, Artikel 49 Absatz 1, Artikel 53 Absatz 3 und Artikel Absatz 3 der Verordnung (EU) 2016/2031 eine Sofortmaßnahme beschlossen hat, wonach Sendungen dieser Tiere und Waren – identifiziert anhand ihrer Codes aus der Kombinierten Nomenklatur – bei ihrem Eingang in die Union amtlich zu kontrollieren sind; *(ABl L 357 vom 8. 10. 2021, S. 27)*

f) Tiere und Waren, für deren Eingang in die Union mittels Rechtsakten im Einklang mit Artikel 126 oder 128 oder mit den Vorschriften gemäß Artikel 1 Absatz 2 Bedingungen oder Maßnahmen aufgestellt bzw. ergriffen wurden, wonach die Einhaltung dieser Bedingungen und Maßnahmen beim Eingang der Tiere und Waren in die Union zu überprüfen ist.

(2) Die Kommission legt im Wege von Durchführungsakten Folgendes fest:

a) Listen aller in Absatz 1 Buchstaben a und b genannten Tiere und Waren mit Angabe der entsprechenden Codes aus der Kombinierten Nomenklatur und

b) die Liste der Waren der in Absatz 1 Buchstabe d genannten Kategorie mit Angabe der entsprechenden Codes aus der Kombinierten Nomenklatur; bei Bedarf passt sie diese Liste an die unter diesem Buchstaben genannten Risiken an.

Diese Durchführungsrechtsakte werden gemäß dem in Artikel 145 Absatz 2 genannten Prüfverfahren erlassen.

(3) Der Kommission wird die Befugnis übertragen, gemäß Artikel 144 delegierte Rechtsakte zur Änderung dieser Verordnung zu erlassen, die Änderungen der Sendungskategorien gemäß Absatz 1 dieses Artikels betreffen, um zusammengesetzte Erzeugnisse, Heu und Stroh sowie andere Erzeugnisse aufzunehmen, wobei es sich ausschließlich um Erzeugnisse handelt, die ein neu festgestelltes oder beträchtlich gesteigertes Risiko für die Gesundheit von Menschen, Tieren oder Pflanzen oder – sofern es sich um GVO und Pflanzenschutzmittel handelt – auch für die Umwelt darstellen.

(4) Sofern in den Rechtsakten zur Festlegung der in Absatz 1 Buchstaben d, e und f genannten Maßnahmen oder Bedingungen nicht anders bestimmt, gilt dieser Artikel auch für nichtkommerzielle Sendungen von den in Absatz 1 Buchstaben a, b und c genannten Tier- und Warenkategorien.

(5) Die für die Sendung verantwortlichen Unternehmer tragen dafür Sorge, dass Tiere und Waren der in Absatz 1 genannten Kategorien an der dort genannten Grenzkontrollstelle zur amtlichen Kontrolle vorgeführt werden.

Artikel 48
Tiere und Waren, die an Grenzkontrollstellen nicht amtlich zu kontrollieren sind

Die Kommission erlässt gemäß Artikel 144 delegierte Rechtsakte, um diese Verordnung durch Bestimmungen zu ergänzen, in denen geregelt ist, in welchen Fällen und unter welchen Bedingungen die folgenden Tier- und Warenkategorien von Artikel 47 ausgenommen sind, und wann dies gerechtfertigt ist:

a) Waren, die als Warenmuster versandt werden oder als Ausstellungsstück bestimmt sind und nicht in Verkehr gebracht werden sollen;

b) für wissenschaftliche Zwecke bestimmte Tiere und Waren;

c) Waren, die sich an Bord von international eingesetzten Verkehrsmitteln befinden, nicht entladen werden und zum Verbrauch durch das Personal und die Fahrgäste bzw. Passagiere bestimmt sind;

d) Waren, die im persönlichen Gepäck von Fahrgästen bzw. Passagieren für den eigenen Bedarf oder die eigene Verwendung mitgeführt werden;

e) für natürliche Personen bestimmte Kleinsendungen von Waren, die nicht in Verkehr gebracht werden sollen;

f) Heimtiere gemäß der Definition in Artikel 4 Nummer 11 der Verordnung (EU) 2016/429;

g) Waren, die einer besonderen Behandlung unterzogen wurden, und nicht die Mengen überschreiten, die in den genannten delegierten Rechtsakten festgelegt werden;

h) Kategorien von Tieren und Waren, von denen ein geringes oder kein spezifisches Risiko ausgeht und die daher an Grenzkontrollstellen nicht kontrolliert werden müssen.

Artikel 49
Amtliche Kontrollen an Grenzkontrollstellen

(1) Um die Einhaltung der geltenden Anforderungen in den Vorschriften gemäß Artikel 1 Absatz 2 zu überprüfen, führen die zuständigen Behörden die amtlichen Kontrollen bei den Sendungen von Tieren und Waren der Kategorien gemäß Artikel 47 Absatz 1 durch, sobald diese Sendungen an der Grenzkontrollstelle eintreffen. Diese amtlichen Kontrollen umfassen Dokumentenprüfungen, Nämlichkeitskontrollen und Warenuntersuchungen.

(2) Die Warenuntersuchungen werden:

a) bei Tieren mit Ausnahme von Wassertieren oder Fleisch und bei genießbaren Schlachtnebenerzeugnissen von einem amtlichen Tierarzt durchgeführt, der von Personal unterstützt werden kann, das entsprechend den Anforderungen gemäß Absatz 5 im tiergesundheitlichen Bereich geschult und von den zuständigen Behörden zu diesem Zweck benannt worden ist;

b) bei Wassertieren, anderen Erzeugnissen tierischen Ursprungs als den in Buchstabe a genannten, Zuchtmaterial und tierischen Nebenprodukten von einem amtlichen Tierarzt oder von Personal durchgeführt, das entsprechend den Anforderungen gemäß Absatz 5 geschult und von den zuständigen Behörden zu diesem Zweck benannt worden ist;

c) bei Pflanzen, Pflanzenerzeugnissen und anderen Gegenständen von einem amtlichen Pflanzengesundheitsinspektor durchgeführt.

(3) Die zuständigen Behörden an den Grenzkontrollstellen führen systematisch amtliche Kontrollen von Sendungen von transportierten Tieren und Transportmitteln durch, um die Einhaltung der Tierschutzauflagen in den Vorschriften gemäß Artikel 1 Absatz 2 zu überprüfen.

Die zuständigen Behörden treffen Regelungen, damit transportierte Tiere Vorrang bei den amtlichen Kontrollen genießen und die Wartezeiten bei diesen Kontrollen verringert werden.

(4) Die Kommission kann im Wege von Durchführungsrechtsakten Regelungen festlegen über die praktischen Modalitäten, wie die Sendungen von Tier- und Warenkategorien gemäß Artikel 47 Absatz 1 übergeben werden, die Beförderungseinheiten und Untereinheiten, aus denen eine Sendung bestehen darf, wie viele solche Beförderungseinheiten und Untereinheiten sich in jeder Sendung höchstens befinden dürfen, wobei sie die Notwendigkeit berücksichtigt, eine rasche und effiziente Abfertigung der Sendungen zu gewährleisten und welche amtlichen Kontrollen die zuständigen Behörden durchführen müssen; gegebenenfalls sind internationale Normen zu berücksichtigen. Diese Durchführungsrechtsakte werden gemäß dem in Artikel 145 Absatz 2 genannten Prüfverfahren erlassen.

(5) Die Kommission erlässt gemäß Artikel 145 delegierte Rechtsakte, um diese Verordnung mit Bestimmungen über die spezifischen Anforderungen an die Schulung des Personals, das gemäß Absatz 2 dieses Artikels die Warenuntersuchungen an den Grenzkontrollstellen durchführt, zu ergänzen.

Artikel 50
Bescheinigungen und Dokumente, die Sendungen und Teilsendungen begleiten müssen

(1) Die Originale der amtlichen Bescheinigungen oder Dokumente bzw. die entsprechenden elektronischen Unterlagen, die nach den Vorschriften gemäß Artikel 1 Absatz 2 die Sendungen von Tieren und Waren der Kategorien gemäß Artikel 47 Absatz 1 begleiten müssen, sind den zuständigen Behörden der Grenzkontrollstellen vorzulegen und von diesen aufzubewahren, sofern in den Vorschriften gemäß Artikel 1 Absatz 2 nichts anderes vorgesehen ist.

(2) Die zuständigen Behörden der Grenzkontrollstelle händigen dem für die Sendung verantwortlichen Unternehmer ein beglaubigtes Papier oder eine elektronische Kopie der im Absatz 1 genannten amtlichen Bescheinigungen oder Dokumente aus; bei Teilsendungen ist für jeden Teil ein beglaubigtes Papier oder eine elektronische Kopie der Bescheinigungen oder Dokumente auszuhändigen.

(3) Die Sendungen dürfen erst aufgeteilt werden, nachdem die amtlichen Kontrollen stattgefunden haben und nachdem das in Artikel 56 genannte Gemeinsame Gesundheitseingangsdokument (GGED) für den Eingang in die Union gemäß Artikel 56 Absatz 5 und Artikel 57 ausgefüllt worden ist.

(4) Der Kommission wird die Befugnis übertragen, gemäß Artikel 144 delegierte Rechtsakte zu erlassen, um diese Verordnung durch Bestimmungen zu ergänzen, in denen geregelt ist, in welchen Fällen und unter welchen Bedingungen das GGED Sendungen von Tieren und Waren der Kategorien gemäß Artikel 47 Absatz 1 bis zum Bestimmungsort begleiten muss.

Artikel 51
Besondere Bestimmungen für amtliche Kontrollen an Grenzkontrollstellen

(1) Die Kommission erlässt gemäß Artikel 144 delegierte Rechtsakte zur Ergänzung der vorliegenden Verordnung, in denen geregelt ist,

a) in welchen Fällen und unter welchen Bedingungen die zuständigen Behörden an einer Grenzkontrollstelle die Weiterbeförderung von Sendungen von Tieren und Waren der Kategorien gemäß Artikel 47 Absatz 1 zum endgültigen Bestimmungsort vor Verfügbarkeit der Ergebnisse der Warenuntersuchungen genehmigen können, wenn solche Kontrollen vorgeschrieben sind;

b) welche Fristen und Modalitäten für Dokumentenprüfungen und, soweit erforderlich, Nämlichkeitskontrollen und Warenuntersuchungen bei Tieren und Waren Kategorien gemäß Artikel 47 Absatz 1 gelten, die amtlichen Kontrollen unterliegen und auf dem See- bzw. Luftweg aus einem Drittstaat in der Union eintreffen und unter zollamtlicher Überwachung zur Vorbereitung ihrer Weiterbeförderung von einem Schiff zu einem anderen Schiff in demselben Hafen bzw. von einem Flugzeug zu einem anderen Flugzeug auf demselben Flughafen verbracht werden (im Folgenden „umgeladene Sendungen");

c) in welchen Fällen und unter welchen Bedingungen bei umgeladenen Sendungen und bei auf dem Luft- oder Seeweg eintreffenden Tieren, die zur Weiterbeförderung nicht das Transportmittel wechseln, Nämlichkeitskontrollen und Warenuntersuchungen an einer anderen als der Grenzkontrollstelle der ersten Ankunft in die Union vorgenommen werden können;

d) in welchen Fällen und unter welchen Bedingungen die Durchfuhr von Sendungen von Tieren und Waren der Kategorien gemäß Artikel 47 Absatz 1 genehmigt werden kann und welche bestimmten amtlichen Kontrollen bei solchen Sendungen an den Grenzkontrollstellen durchzuführen sind; ebenfalls geregelt wird, in welchen Fällen und unter welchen Bedingungen Waren in eigens dafür zugelassenen Zolllagern oder Freizonen gelagert werden;

e) in welchen Fällen und unter welchen Bedingungen Ausnahmen von den Bestimmungen über Nämlichkeitskontrollen und Warenuntersuchungen für umgeladene Sendungen und die Durchfuhr von Sendungen von Waren gemäß Artikel 47 Absatz 1 Buchstabe c möglich sind.

(2) Der Kommission wird die Befugnis übertragen, gemäß Artikel 144 delegierte Rechtsakte zu erlassen, um die vorliegende Verordnung durch Bestimmungen zu ergänzen, in denen geregelt ist, in welchen Fällen und unter welchen Bedingungen Ausnahmen von den Bestimmungen über Dokumentenprüfungen für umgeladene Sendungen und die Durchfuhr von Sendungen von Waren gemäß Artikel 47 Absatz 1 Buchstabe c möglich sind.

Artikel 52
Dokumentenprüfungen, Nämlichkeitskontrollen und Warenuntersuchungen

Um die einheitliche Durchführung der Artikel 49, 50 und 51 zu gewährleisten, legt die Kommission mittels Durchführungsrechtsakten ausführliche Regelungen darüber fest, welche Handlungen während und nach den in diesen Artikeln genannten Dokumentenprüfungen, Nämlichkeitskontrollen und Warenuntersuchungen vorzunehmen sind, damit diese amtlichen Kontrollen effizient durchgeführt werden. Diese Durchführungsrechtsakte werden gemäß dem in Artikel 145 Absatz 2 genannten Prüfverfahren erlassen.

Artikel 53
Nicht an Grenzkontrollstellen durchgeführte amtliche Kontrollen

(1) Die Kommission erlässt gemäß Artikel 144 delegierte Rechtsakte, um diese Verordnung durch Bestimmungen zu ergänzen, in denen geregelt ist, in welchen Fällen und unter welchen Bedingungen

a) Nämlichkeitskontrollen und Warenuntersuchungen bei Sendungen von Tieren und Waren der Kategorien gemäß Artikel 47 Absatz 1 von den zuständigen Behörden an anderen Kontrollstellen als den Grenzkontrollstellen durchgeführt werden können, sofern diese Kontrollstellen den Bestimmungen in Artikel 64 Absatz 3 und in gemäß Artikel 64 Absatz 4 erlassenen Durchführungsrechtsakten genügen;

b) an einer anderen Grenzkontrollstelle in einem Mitgliedstaat Warenuntersuchungen bei Sendungen durchgeführt werden können, die an einer Grenzkontrollstelle der ersten Ankunft in der Union einer Dokumentenprüfung und einer Nämlichkeitskontrolle unterzogen wurden;

c) an einer anderen Grenzkontrollstelle in einem anderen Mitgliedstaat Nämlichkeitskontrollen und Warenuntersuchungen bei Sendungen durchgeführt werden können, die an einer Grenzkontrollstelle der ersten Ankunft in der Union einer Dokumentenprüfung unterzogen wurden;

d) bestimmte Kontrollaufgaben von Zollbehörden oder anderen Behörden wahrgenommen werden können, sofern diese Aufgaben nicht bereits in die Zuständigkeit dieser Behörden fallen, und zwar in Bezug auf:

i) Sendungen gemäß Artikel 65 Absatz 2;

ii) persönliches Gepäck von Fahrgästen bzw. Passagieren;

iii) im FernAbsatz – einschließlich per Telefon oder Internet – bestellte Waren;

iv) Heimtiere, die den in Artikel 5 der Verordnung (EU) Nr. 576/2013 des Europäischen Parlaments und des Rates[1]) festgelegten Bedingungen entsprechen;

e) Dokumentenprüfungen bei Sendungen von Pflanzen, Pflanzenerzeugnissen und anderen Gegenständen gemäß Artikel 47 Absatz 1 Buchstabe c in Entfernung von einer Grenzkontrollstelle durchgeführt werden können.

(2) Artikel 56 Absatz 3 Buchstabe b, Artikel 57 Absatz 2 Buchstabe a, Artikel 59 Absatz 1, Artikel 60 Absatz 1 Buchstaben a und d und die Artikel 62 und 63 gelten auch für die in Absatz 1 Buchstabe a dieses Artikels genannten Kontrollstellen.

Artikel 54
Häufigkeit der Dokumentenprüfungen, der Nämlichkeitskontrollen und der Warenuntersuchungen

(1) Bei allen Sendungen von Tieren und Waren der Kategorien gemäß Artikel 47 Absatz 1 werden Dokumentenprüfungen durchgeführt.

(2) Die Häufigkeit der Nämlichkeitskontrollen und Warenuntersuchungen bei Sendungen von Tieren und Waren der Kategorien gemäß Artikel 47 Absatz 1 richtet sich nach dem Risiko, das das jeweilige Tier, die jeweilige Ware oder die jeweilige Tier- bzw. Warenkategorie für die Gesundheit von Menschen, Tieren oder Pflanzen, für den Tierschutz oder – sofern es sich um GVO und Pflanzenschutzmittel handelt – auch für die Umwelt darstellt.

(3) Die Kommission erlässt im Wege von Durchführungsrechtsakten Vorschriften für die einheitliche Anwendung der angemessenen Häufigkeitsrate gemäß Absatz 2. Diese Vorschriften stellen sicher, dass die Häufigkeitsrate über dem Wert Null liegt, und legen Folgendes fest:

Zu Artikel 53:
[1]) *Verordnung (EU) Nr. 576/2013 des Europäischen Parlaments und des Rates vom 12. Juni 2013 über die Verbringung von Heimtieren zu anderen als Handelszwecken und zur Aufhebung der Verordnung (EG) Nr. 998/2003 (ABl. L 178 vom 28.6.2013, S. 1).*

a) die Kriterien und Verfahren zur Bestimmung und Änderung der Häufigkeitsrate der Nämlichkeitskontrollen und Warenuntersuchungen bei Sendungen von Tieren und Waren der Kategorien gemäß Artikel 47 Absatz 1 Buchstaben a, b und c und zu deren Anpassung an das mit diesen Kategorien verbundene Risiko unter Berücksichtigung

i) der von der Kommission gemäß Artikel 125 Absatz 1 erfassten Informationen,

ii) der Ergebnisse der gemäß Artikel 120 Absatz 1 von Experten der Kommission durchgeführten Kontrollen,

iii) der bisherigen Einhaltung der Vorschriften gemäß Artikel 1 Absatz 2 durch die Unternehmer,

iv) der über das Informationsmanagementsystem für amtliche Kontrollen (im Folgenden „IMSOC" – Information Management System for Official Controls) gemäß Artikel 131 erhobenen Daten und Informationen,

v) der verfügbaren wissenschaftlichen Bewertungen und

vi) aller anderen Informationen über das mit den Tier- und Warenkategorien verbundene Risiko;

b) die Bedingungen, unter denen die Mitgliedstaaten die gemäß Buchstabe a festgelegte Häufigkeitsrate der Nämlichkeitskontrollen und Warenuntersuchungen erhöhen können, um lokale Risikofaktoren zu berücksichtigen;

c) die Verfahren, mit denen sichergestellt wird, dass die gemäß Buchstabe a festgelegte Häufigkeitsrate der Nämlichkeitskontrollen und Warenuntersuchungen unverzüglich und einheitlich angewendet wird.

Diese Durchführungsrechtsakte werden gemäß dem in Artikel 145 Absatz 2 genannten Prüfverfahren erlassen.

(4) Die Kommission legt mittels Durchführungsrechtsakten Regelungen fest über

a) die Häufigkeit der Nämlichkeitskontrollen und Warenuntersuchungen bei den in Artikel 47 Absatz 1 Buchstabe d genannten Warenkategorien und

b) die Häufigkeit der Nämlichkeitskontrollen und Warenuntersuchungen bei den in Artikel 47 Absatz 1 Buchstaben e und f genannten Tier- und Warenkategorien, sofern diese nicht bereits in den unter jenen Buchstaben genannten Rechtsakten festgelegt ist.

Diese Durchführungsrechtsakte werden gemäß dem in Artikel 145 Absatz 2 genannten Prüfverfahren erlassen.

Artikel 55
Entscheidungen über Sendungen

(1) Im Anschluss an die amtlichen Kontrollen, einschließlich der Dokumentenprüfungen und bei Bedarf der Nämlichkeitskontrollen und Warenuntersuchungen, entscheiden die zuständigen Behörden für jede Sendung der in Artikel 47 Absatz 1 genannten Tier- und Warenkategorien, ob die Sendung den Vorschriften gemäß Artikel 1 Absatz 2 genügt und welches Zollverfahren gegebenenfalls anzuwenden ist.

(2) Entscheidungen über Sendungen werden getroffen von

a) einem amtlichen Tierarzt, wenn sie Tiere, Erzeugnisse tierischen Ursprungs, Zuchtmaterial oder tierischen Nebenerzeugnisse betreffen oder

b) einem amtlichen Pflanzengesundheitsinspektor, wenn sie Pflanzen, Pflanzenerzeugnisse und andere Gegenstände betreffen.

(3) Abweichend von Absatz 2 Buchstabe a können die zuständigen Behörden beschließen, dass Entscheidungen über Sendungen von für den menschlichen Verzehr bestimmten Fischereierzeugnissen, lebenden Muscheln, lebenden Stachelhäutern, lebenden Manteltieren und lebenden Meeresschnecken von entsprechend geschultem und von den zuständigen Behörden eigens zu diesem Zweck benanntem Personal getroffen werden.

Artikel 56
Verwendung des Gemeinsamen Gesundheitseingangsdokuments (GGED) durch die Unternehmer und die zuständigen Behörden

(1) Für jede Sendung von Tieren und Waren der Kategorien gemäß Artikel 47 Absatz 1 füllt der für die Sendung verantwortliche Unternehmer den entsprechenden Teil des GGED aus und macht alle Angaben, die für die sofortige und eindeutige Identifizierung der Sendung und ihres Bestimmungsorts erforderlich sind.

(2) Die in dieser Verordnung enthaltenen Bezugnahmen auf das GGED umfassen auch Bezugnahmen auf seine elektronische Entsprechung.

(3) Verwendet wird das GGED von:

a) den für die Sendungen von Tieren und Waren der Kategorien gemäß Artikel 47 Absatz 1 verantwortlichen Unternehmern, um die zuständigen Behörden der Grenzkontrollstellen vorab über das Eintreffen solcher Sendungen zu unterrichten und

b) den zuständigen Behörden der Grenzkontrollstellen, um

i) die Ergebnisse der durchgeführten amtlichen Kontrollen und die auf dieser Grundlage getroffenen Entscheidungen, auch über die Abweisung einer Sendung, aufzuzeichnen;

ii) die Informationen gemäß Ziffer i über das IMSOC mitzuteilen.

(4) Für die Vorabinformation gemäß Absatz 3 Buchstabe a füllen die für die Sendung verantwortlichen Unternehmer den entsprechenden Teil des GGED aus und geben ihn in das IMSOC ein, damit das GGED an die zuständigen Behörden der Grenzkontrollstelle weitergeleitet wird, bevor die Sendung tatsächlich an der Unionsgrenze ankommt.

(5) Die zuständigen Behörden der Grenzkontrollstelle vervollständigen die Angaben im GGED, sobald

a) alle in Artikel 49 Absatz 1 vorgeschriebenen amtlichen Kontrollen durchgeführt worden sind;

b) die Ergebnisse der gegebenenfalls vorgeschriebenen Warenuntersuchungen vorliegen und

c) eine Entscheidung über die Sendung gemäß Artikel 55 getroffen und im GGED eingetragen worden ist.

Artikel 57
Verwendung des GGED durch die Zollbehörden

(1) Die Überführung von Sendungen von Tieren und Waren der Kategorien gemäß Artikel 47 Absatz 1 in ein Zollverfahren und die Abfertigung im Rahmen dieses Verfahrens, einschließlich der Verbringung in Zolllager oder Freizonen und die dortige Abfertigung, erfolgt nur, wenn der für die Sendung verantwortliche Unternehmer – unbeschadet der Ausnahmen gemäß Artikel 48 und der Vorschriften gemäß den Artikeln 53 und 54 – den Zollbehörden das GGED vorlegen kann. Zu diesem Zeitpunkt muss das GGED von den zuständigen Behörden der Grenzkontrollstelle ordnungsgemäß in das IMSOC eingegeben worden sein.

(2) Die Zollbehörden

a) erlauben nicht, dass die Sendung in ein anderes als das Zollverfahren überführt wird, das die zuständigen Behörden der Grenzkontrollstellen angegeben haben und

b) erlauben die Überlassung einer Sendung zum zollrechtlich freien Verkehr – unbeschadet der Ausnahmen gemäß Artikel 48 und der Vorschriften gemäß den Artikeln 53 und 54 – nur bei Vorlage eines ordnungsgemäß ausgefüllten GGED, das für die Sendung die Einhaltung der geltenden Vorschriften gemäß Artikel 1 Absatz 2 bestätigt.

(3) Erfolgt eine Zollanmeldung für eine Sendung von Tieren und Waren der Kategorien gemäß Artikel 47 Absatz 1 ohne Vorlage eines GGED, so halten die Zollbehörden die Sendung zurück und verständigen unverzüglich die zuständigen Behörden der Grenzkontrollstelle. Die zuständigen Behörden ergreifen die erforderlichen Maßnahmen gemäß Artikel 66 Absatz 6.

Artikel 58
Format, Fristen und besondere Bestimmungen für die Verwendung des GGED

Die Kommission regelt mittels Durchführungsrechtsakten

a) das Format des GGED sowie die Anweisungen für seine Vorlage und Verwendung, wobei sie die einschlägigen internationalen Normen berücksichtigt und

b) die Mindestfristen, die der für die Sendung verantwortliche Unternehmer für die Ankündigung einer Sendung gemäß Artikel 56 Absatz 3 Buchstabe a einzuhalten hat, damit die zuständigen Behörden der Grenzkontrollstelle die amtlichen Kontrollen zeitnah und effizient durchführen können.

Diese Durchführungsrechtsakte werden gemäß dem in Artikel 145 Absatz 2 genannten Prüfverfahren erlassen.

Artikel 59
Benennung von Grenzkontrollstellen

(1) Die Mitgliedstaaten benennen Grenzkontrollstellen für die Durchführung amtlicher Kontrollen bei einer oder mehreren der Tier- oder Warenkategorien gemäß Artikel 47 Absatz 1.

(2) Die Mitgliedstaaten unterrichten die Kommission vor der Benennung einer Grenzkontrollstelle. Diese Mitteilung enthält alle Angaben, die erforderlich sind, damit die Kommission überprüfen kann, ob die vorgeschlagene Grenzkontrollstelle den Mindestanforderungen gemäß Artikel 64 genügt.

(3) Innerhalb von drei Monaten nach Erhalt der Mitteilung gemäß Absatz 2 unterrichtet die Kommission den betreffenden Mitgliedstaat,

a) ob die Benennung der geplanten Grenzkontrollstelle vom positiven Ausgang einer Kontrolle abhängt, die von Experten der Kommission gemäß Artikel 116 durchgeführt wird, um die Einhaltung der Mindestanforderungen gemäß Artikel 64 zu überprüfen und

b) wann eine solche Kontrolle stattfinden wird, die spätestens sechs Monate nach der Mitteilung zu erfolgen hat.

(4) In den Fällen, in denen die Kommission einem Mitgliedstaat gemäß Absatz 3 mitgeteilt hat, dass eine Kontrolle nicht erforderlich ist, kann der Mitgliedstaat die Benennung vornehmen.

(5) Der Mitgliedstaat wartet mit der Benennung der Grenzkontrollstelle, bis die Kommission Mitteilung vom positiven Ausgang der Kontrolle gemacht hat. Die Kommission gibt die Ergebnisse

ihrer Kontrolle gemäß Absatz 3 Buchstabe a spätestens drei Monate nach Abschluss dieser Kontrolle bekannt.

Artikel 60
Verzeichnisse der Grenzkontrollstellen

(1) Jeder Mitgliedstaat veröffentlicht im Internet aktuelle Verzeichnisse der Grenzkontrollstellen in seinem Hoheitsgebiet mit den folgenden Angaben für die einzelnen Stellen:

a) den Kontaktdaten;

b) den Öffnungszeiten;

c) der genauen Lage und ob der Eingangsort ein Hafen, ein Flughafen, ein Eisenbahn- oder Straßenübergang ist und

d) den Tier- und Warenkategorien gemäß Artikel 47 Absatz 1, für deren Kontrolle die Grenzkontrollstelle benannt wird.

(2) Die Kommission legt mittels Durchführungsrechtsakten das Format, die Kategorien, die Kürzel der Bestimmungsorte und die anderen Angaben fest, die von den Mitgliedstaaten in den Verzeichnissen der Grenzkontrollstellen zu verwenden sind. Diese Durchführungsrechtsakte werden gemäß dem in Artikel 145 Absatz 2 genannten Prüfverfahren erlassen.

Artikel 61
Aufhebung der Zulassung und Wiederbenennung bestehender Grenzkontrolleinheiten

(1) Die Zulassungen von Grenzkontrollstellen nach Artikel 6 der Richtlinie 97/78/EG und Artikel 6 der Richtlinie 91/496/EWG, die Benennung von Eingangsorten nach Artikel 5 der Verordnung (EG) Nr. 669/2009 bzw. Artikel 13c Absatz 4 der Richtlinie 2000/29/EG sowie die Benennung von Orten der ersten Einführung gemäß Artikel 5 der Verordnung (EU) Nr. 284/2011 der Kommission[1] werden aufgehoben.

(2) Die Mtgliedstaaten können die Grenzkontrollstellen, die ausgewiesenen Eingangsorte sowie die in Absatz 1 dieses Artikels genannten Eingangsorte und Orte der ersten Einführung im Einklang mit Artikel 59 Absatz 1 wieder als Grenzkontrollstellen benennen, sofern die Mindestanforderungen gemäß Artikel 64 erfüllt sind.

(3) Artikel 59 Absätze 2, 3 und 5 gilt nicht für die Wiederbenennung gemäß Absatz 2 dieses Artikels.

Artikel 62
Aufhebung der Benennung von Grenzkontrollstellen

(1) Wenn eine Grenzkontrollstelle den Anforderungen gemäß Artikel 64 nicht mehr genügt, gehen die Mitgliedstaaten folgendermaßen vor:

a) Sie heben die nach Artikel 59 Absatz 1 erfolgte Benennung für alle oder für bestimmte dieser Benennung erfasste Tier- und Warenkategorien auf und

b) sie streichen jene Grenzkontrollstellen für die von der Aufhebung betroffenen Tier- und Warenkategorien aus den Verzeichnissen gemäß Artikel 60 Absatz 1.

(2) Die Mitgliedstaaten unterrichten die Kommission und die anderen Mitgliedstaaten über die Aufhebung der Benennung einer Grenzkontrollstelle gemäß Absatz 1 und über die Gründe dafür.

(3) Der Kommission wird die Befugnis übertragen, gemäß Artikel 144 delegierte Rechtsakte zu erlassen, um diese Verordnung durch Bestimmungen zu ergänzen, in denen geregelt ist, in welchen Fällen und nach welchen Verfahren Grenzkontrollstellen, deren Benennung gemäß Absatz 1 Buchstabe a dieses Artikels nur teilweise aufgehoben worden ist, abweichend von Artikel 59 wiederbenannt werden können.

(4) Dieser Artikel berührt nicht die Zuständigkeit der Mitgliedstaaten, über die Aufhebung der Benennung von Grenzkontrollstellen aus anderen als den in dieser Verordnung genannten Gründen zu entscheiden.

Artikel 63
Aussetzung der Benennung von Grenzkontrollstellen

(1) Ein Mitgliedstaat setzt die Benennung einer Grenzkontrollstelle für alle oder bestimmte Tier- und Warenkategorien aus, auf die sich die Benennung erstreckt, und ordnet die Einstellung der entsprechenden Tätigkeiten an, falls diese Tätigkeiten ein Risiko für die Gesundheit von Menschen, Tieren oder Pflanzen, für den Tierschutz oder – sofern es sich um GVO und Pflanzenschutzmittel handelt – auch für die Umwelt zur Folge haben können. Bei einem ernsten Risiko erfolgt die Aussetzung mit sofortiger Wirkung.

(2) Die Mitgliedstaaten unterrichten unverzüglich die Kommission und die anderen Mitgliedstaaten über die Aussetzung der Benennung einer Grenzkontrollstelle und über die Gründe dafür.

Zu Artikel 61:
[1] *Verordnung (EU) Nr. 284/2011 der Kommission vom 22. März 2011 mit besonderen Bedingungen und detaillierten Verfahren für die Einfuhr von Polyamid- und Melamin-Kunststoffküchenartikeln, deren Ursprung oder Herkunft die Volksrepublik China bzw. die Sonderverwaltungsregion Hongkong, China, ist (ABl. L 77 vom 23.3.2011, S. 25).*

(3) Die Mitgliedstaaten vermerken die Aussetzung der Benennung einer Grenzkontrollstelle in den Verzeichnissen gemäß Artikel 60 Absatz 1.

(4) Die Mitgliedstaaten machen eine Aussetzung gemäß Absatz 1 rückgängig, sobald

a) die zuständigen Behörden sich vergewissert haben, dass das in Absatz 1 genannte Risiko nicht mehr besteht und

b) sie der Kommission und den anderen Mitgliedstaaten mitgeteilt haben, auf welcher Basis die Aussetzung aufgehoben wurde.

(5) Dieser Artikel berührt nicht die Zuständigkeit der Mitgliedstaaten, über die Aufhebung der Benennung von Grenzkontrollstellen aus anderen als den in dieser Verordnung genannten Gründen zu entscheiden.

Artikel 64
Mindestanforderungen an die Grenzkontrollstellen

(1) Die Grenzkontrollstellen befinden sich in unmittelbarer Nachbarschaft zum Unionseingangsort und an einem von den Zollbehörden gemäß Artikel 135 Absätze 1 und 2 der Verordnung (EU) Nr. 952/2013 bezeichneten Ort oder in einer Freizone.

(2) Der Kommission wird die Befugnis übertragen, gemäß Artikel 144 delegierte Rechtsakte zu erlassen, um diese Verordnung durch Bestimmungen zu ergänzen, in denen geregelt ist, in welchen Fällen und unter welchen Bedingungen eine Grenzkontrollstelle bei schwierigen geografischen Verhältnissen in einer anderen Entfernung als der unmittelbaren Nähe zum Unionseingangsort liegen kann.

(3) Die Grenzkontrollstellen verfügen über

a) eine ausreichende Zahl angemessen qualifizierter Mitarbeiter;

b) Räumlichkeiten oder andere Einrichtungen, die für Art und Menge der abzufertigenden Tier- und Warensendungen geeignet sind;

c) Ausrüstungen und Räumlichkeiten oder andere Einrichtungen, die es erlauben, amtliche Kontrollen bei jeder Tier- und Warenkategorie durchzuführen, für die die Grenzkontrollstelle benannt ist;

d) Regelungen, die gewährleisten, dass bei Bedarf weitere Ausrüstungen, Räumlichkeiten und Dienstleistungen zur Verfügung stehen, um in Verdachtsfällen von Verstößen, von nicht vorschriftsmäßigen Sendungen oder von Sendungen, die ein Risiko darstellen, Maßnahmen gemäß den Artikeln 65, 66 und 67 ergreifen zu können;

e) Notfallregelungen für das Eintreten unvorhersehbarer und unerwarteter Umstände oder Vorkommnisse, die den reibungslosen Ablauf der amtlichen Kontrollen und die wirksame Durchführung der Maßnahmen gewährleisten, welche gemäß den Artikeln 65, 66 und 67 ergriffen werden;

f) die erforderliche Technologie und Ausstattung, um das IMSOC und gegebenenfalls andere elektronische, für die Bearbeitung und den Austausch von Daten und Informationen notwendige computergestützte Informationsmanagementsysteme effizient einsetzen zu können;

g) Zugang zu den Diensten amtlicher Laboratorien, die in der Lage sind, innerhalb angemessener Fristen Analyse-, Test- und Diagnoseergebnisse zu liefern, und mit den nötigen IT-Tools ausgestattet sind, um die Ergebnisse der durchgeführten Analysen, Tests oder Diagnosen in das IMSOC eingeben zu können;

h) geeignete Regelungen, um unterschiedliche Tier- und Warenkategorien vorschriftsmäßig abfertigen und etwaige Risiken durch Kreuzkontamination vermeiden zu können und

i) Regelungen, um die einschlägigen Normen für den Schutz vor biologischen Gefahren (biosecurity standards) zu erfüllen und so die Einschleppung von Krankheiten in die Union zu verhindern.

(4) Die Kommission kann mittels Durchführungsrechtsakten Einzelheiten zu den in Absatz 3 dieses Artikels genannten Anforderungen festlegen, um den besonderen Merkmalen und logistischen Erfordernissen im Zusammenhang mit der Durchführung der amtlichen Kontrollen und mit der Anwendung der Maßnahmen Rechnung zu tragen, die gemäß Artikel 66 Absätze 3 und 6 und Artikel 67 bei den verschiedenen Tier- und Warenkategorien gemäß Artikel 47 Absatz 1 ergriffen werden. Diese Durchführungsrechtsakte werden gemäß dem in Artikel 145 Absatz 2 genannten Prüfverfahren erlassen.

(5) Die Kommission erlässt gemäß Artikel 144 delegierte Rechtsakte, um diese Verordnung durch Bestimmungen zu ergänzen, in denen geregelt ist, in welchen Fällen und unter welchen Bedingungen für die Einfuhr von unverarbeiteten Holzstämmen sowie Schnittholz und Holzhackgut benannte Grenzkontrollstellen von einer oder mehreren Verpflichtungen gemäß Absatz 3 dieses Artikels ausgenommen werden dürfen, um den Bedürfnissen der zuständigen Behörden, die mit amtlichen Kontrollen betraut und unter schwierigen geografischen Verhältnissen tätig sind, Rechnung zu tragen und gleichzeitig die ordnungsgemäße Durchführung der Kontrollen zu gewährleisten.

Abschnitt III
Maßnahmen bei dem Verdacht auf einen Verstoß oder beitatsächlichen Verstößen im Zusammenhang mit Tieren und Waren, die in die Unionverbrachtwerden

Artikel 65
Verdacht auf einen Verstoß und verstärkte amtliche Kontrollen

(1) Besteht der Verdacht, dass eine Sendung von Tieren und Waren der in Artikel 44 Absatz 1 und Artikel 47 Absatz 1 genannten Kategorien gegen die Vorschriften gemäß Artikel 1 Absatz 2 verstößt, so führen die zuständigen Behörden amtliche Kontrollen durch, um diesen Verdacht zu erhärten oder auszuräumen.

(2) Tier- und Warensendungen, bei denen der Unternehmer nicht angibt, ob sie aus Tieren und Waren der Kategorien gemäß Artikel 47 Absatz 1 bestehen, werden von den zuständigen Behörden einer amtlichen Kontrolle unterzogen, wenn Anlass zu der Annahme besteht, dass die Sendung solche Tiere und Waren umfasst.

(3) Die zuständigen Behörden nehmen die in den Absätzen 1 und 2 genannten Sendungen in amtliche Verwahrung, bis die Ergebnisse der in diesen Absätzen vorgesehenen amtlichen Kontrollen vorliegen.

Gegebenenfalls werden diese Sendungen abgesondert bzw. unter Quarantäne gestellt; Tiere werden bis zum Vorliegen der Ergebnisse der amtlichen Kontrollen untergestellt, gefüttert, getränkt und erforderlichenfalls behandelt.

(4) Haben die zuständigen Behörden Anlass, einen für die Sendung verantwortlichen Unternehmer des betrügerischen oder irreführenden Verhaltens zu verdächtigen oder geben die amtlichen Kontrollen Anlass zu der Annahme, dass es schwere oder wiederholte Verstöße gegen die Vorschriften gemäß Artikel 1 Absatz 2 gegeben hat, so führen sie soweit erforderlich und zusätzlich zu den in Artikel 66 Absatz 3 vorgesehenen Maßnahmen gegebenenfalls verstärkte amtliche Kontrollen bei Sendungen mit demselben Ursprung bzw. demselben Verwendungszweck durch.

(5) Die zuständigen Behörden teilen der Kommission und den Mitgliedstaaten über das IMSOC ihre Entscheidung mit, verstärkte amtliche Kontrollen gemäß Absatz 4 dieses Artikels durchzuführen, und sie geben die Gründe für ihre Entscheidung an.

(6) Die Kommission legt mittels Durchführungsrechtsakten Regelungen über die Verfahren für die koordinierte Durchführung der in den Absätzen 4 und 5 dieses Artikels genannten verstärkten amtlichen Kontrollen durch die zuständigen Behörden fest. Diese Durchführungsrechtsakte werden gemäß dem in Artikel 145 Absatz 2 genannten Prüfverfahren erlassen.

Artikel 66
Maßnahmen bei nicht vorschriftsmäßigen Sendungen, die in die Union verbracht werden

(1) Die zuständigen Behörden nehmen alle gegen die Vorschriften gemäß Artikel 1 Absatz 2 verstoßenden Tier- und Warensendungen, die in die Union verbracht werden, in amtliche Verwahrung und verwehren ihnen den Eingang in die Union.

Die zuständigen Behörden behandeln diese Sendungen gegebenenfalls abgesondert bzw. stellen diese unter Quarantäne und die Tiere werden bis zum Vorliegen einer Entscheidung über das weitere Vorgehen unter geeigneten Bedingungen untergestellt, betreut oder behandelt. Wenn möglich berücksichtigen die zuständigen Behörden auch, dass bestimmte Arten von Waren einer besonderen Behandlung bedürfen.

(2) Die Kommission kann mittels Durchführungsrechtsakten die Regeln für praktische Modalitäten für die in Absatz 1 Unterabsatz 2 dieses Artikels vorgesehene Absonderung und Quarantäne festlegen. Diese Durchführungsrechtsakte werden gemäß dem in Artikel 145 Absatz 2 genannten Prüfverfahren erlassen.

(3) In Bezug auf die in Absatz 1 genannten Sendungen ordnet die zuständige Behörde unverzüglich an, dass der für die Sendung verantwortliche Unternehmer

a) die Sendung vernichtet oder

b) die Sendung gemäß Artikel 72 Absätze 1 und 2 an einen Ort außerhalb der Union zurücksendet oder

c) die Sendung einer Sonderbehandlung gemäß Artikel 71 Absätze 1 und 2 oder einer anderen Maßnahme unterzieht, die erforderlich ist, um die Einhaltung der Vorschriften gemäß Artikel 1 Absatz 2 zu gewährleisten, und die Sendung gegebenenfalls einer anderen als der ursprünglich geplanten Bestimmung zuführt.

Alle Maßnahmen gemäß Unterabsatz 1 Buchstaben a, b und c werden im Einklang mit den Vorschriften gemäß Artikel 1 Absatz 2 durchgeführt, bei Sendungen lebender Tiere insbesondere auch den Vorschriften im Hinblick auf die Verschonung der Tiere von vermeidbarem Schmerz, Stress oder Leiden.

Besteht die Sendung aus Pflanzen, Pflanzenerzeugnissen oder anderen Gegenständen, gilt Unterabsatz 1 Buchstaben a, b und c entweder für die gesamte Sendung oder für Partien dieser Sendung.

Bevor der Unternehmer angewiesen wird, Maßnahmen gemäß Unterabsatz 1 Buchstaben a, b und c zu ergreifen, gibt die zuständige Behörde dem betreffenden Unternehmer Gelegenheit zur

Stellungnahme, es sei denn, sofortige Maßnahmen sind erforderlich, um einem Risiko für die Gesundheit von Menschen, Tieren oder Pflanzen, für den Tierschutz oder – sofern es sich um GVO und Pflanzenschutzmittel handelt – auch für die Umwelt zu begegnen.

(4) Ordnet die zuständige Behörde an, dass der Unternehmer eine oder mehrere der Maßnahmen gemäß Absatz 3 Unterabsatz 1 Buchstabe a, b oder c ergreift, kann die zuständige Behörde ausnahmsweise zulassen, dass die Maßnahmen nur in Bezug auf einen Teil der Sendung ergriffen wird, sofern die nur einen Teil betreffende Vernichtung, Zurücksendung, Sonderbehandlung oder andere Maßnahme

a) geeignet ist, die Einhaltung der Vorschriften zu gewährleisten;

b) kein Risiko für die Gesundheit von Menschen, Tieren oder Pflanzen, für den Tierschutz oder – sofern es sich um GVO und Pflanzenschutzmittel handelt – für die Umwelt darstellt; und

c) die amtliche Kontrolle nicht beeinträchtigt.

(5) Die zuständigen Behörden unterrichten die folgenden Stellen unverzüglich von jeder Entscheidung, einer Sendung gemäß Absatz 1 dieses Artikels den Eingang in die Union zu verwehren, und von jeder Maßnahme, die gemäß den Absätzen 3 und 6 dieses Artikels sowie Artikel 67 angeordnet wurde:

a) die Kommission;

b) die zuständigen Behörden der anderen Mitgliedstaaten;

c) die Zollbehörden;

d) die zuständigen Behörden des Ursprungsdrittlandes und

e) den für die Sendung verantwortlichen Unternehmer.

Diese Meldung erfolgt über das IMSOC.

(6) Wird eine Sendung von Tieren oder Waren der Kategorien gemäß Artikel 47 Absatz 1 nicht zu den dort vorgeschriebenen amtlichen Kontrollen gestellt oder wird sie nicht gemäß den Bestimmungen in Artikel 50 Absätze 1 und 3 sowie Artikel 56 Absätze 1, 3 und 4 oder im Einklang mit den gemäß Artikel 48, Artikel 49 Absatz 4, Artikel 51, Artikel 53 Absatz 1 und Artikel 58 erlassenen Vorschriften vorgeführt, so ordnen die zuständigen Behörden an, dass eine solche Sendung zurückgehalten oder zurückgerufen und unverzüglich in amtliche Verwahrung genommen wird.

Für solche Sendungen gelten die Absätze 1, 3 und 5 dieses Artikels.

(7) Die in diesem Artikel genannten Maßnahmen werden auf Kosten des für die Sendung verantwortlichen Unternehmers durchgeführt.

Artikel 67
Maßnahmen, die im Zusammenhang mit Tieren und Waren zu ergreifen sind, die aus Drittländern in die Union verbracht werden und ein Risiko darstellen

Lassen die amtlichen Kontrollen erkennen, dass eine Sendung ein Risiko für die Gesundheit von Menschen, Tieren oder Pflanzen, für den Tierschutz oder – sofern es sich um GVO und Pflanzenschutzmittel handelt – auch für die Umwelt darstellt, so werden diese Sendungen abgesondert bzw. die Tiere werden bis zum Vorliegen einer Entscheidung über das weitere Vorgehen unter geeigneten Bedingungen untergestellt, betreut oder behandelt.

Die zuständigen Behörden halten die betreffende Sendung in amtlicher Verwahrung und ordnen unverzüglich an, dass der für diese Sendung verantwortliche Unternehmer

a) die Sendung im Einklang mit den Vorschriften gemäß Artikel 1 Absatz 2 vernichtet, wobei er alle zum Schutz der Gesundheit von Menschen, Tieren und Pflanzen sowie für den Tier- und den Umweltschutz erforderlichen Maßnahmen ergreift, und bei lebenden Tieren insbesondere auch die Vorschriften im Hinblick auf die Verschonung der Tiere von vermeidbarem Schmerz, Stress oder Leiden einhält oder

b) die Sendung einer Sonderbehandlung gemäß Artikel 71 Absätze 1 und 2 unterzieht.

Die in diesem Artikel genannten Maßnahmen werden auf Kosten des für die Sendung verantwortlichen Unternehmers durchgeführt.

Artikel 68
Folgemaßnahmen nach Entscheidungen über nicht vorschriftsmäßige Sendungen, die aus Drittländern in die Union verbracht werden

(1) Die zuständigen Behörden

a) machen die amtlichen Bescheinigungen und gegebenenfalls andere einschlägige Begleitpapiere von Sendungen ungültig, bei denen Maßnahmen gemäß Artikel 66 Absätze 3 und 6 sowie Artikel 67 ergriffen wurden und

b) arbeiten gemäß den Artikeln 102 bis 108 zusammen, wenn weitere Maßnahmen zu ergreifen sind, um sicherzustellen, dass ein erneutes Verbringen der gemäß Artikel 66 Absatz 1 zurückgewiesenen Sendungen in die Union nicht möglich ist.

(2) Die zuständigen Behörden des Mitgliedstaats, in dem die amtlichen Kontrollen durchgeführt wurden, beaufsichtigen die Anwendung der gemäß Artikel 66 Absätze 3 und 6 sowie Artikel 67 angeordneten Maßnahmen, damit die Sendung während der Anwendung oder bis zur Anwendung der Maßnahme keine ungünstigen Auswirkungen auf die Gesundheit von Menschen,

Tieren oder Pflanzen, auf den Tierschutz oder auf die Umwelt hat.

Gegebenenfalls wird die Anwendung dieser Maßnahmen unter der Aufsicht der zuständigen Behörden eines anderen Mitgliedstaats abgeschlossen.

Artikel 69
Nichtanwendung der von den zuständigen Behörden angeordneten Maßnahmen durch den Unternehmer

(1) Der für die Sendung verantwortliche Unternehmer ergreift alle von den zuständigen Behörden gemäß Artikel 66 Absätze 3 und 6 sowie Artikel 67 angeordneten Maßnahmen unverzüglich, spätestens jedoch binnen 60 Tagen nach dem Datum, an dem die zuständigen Behörden ihm ihre Entscheidung gemäß Artikel 66 Absatz 5 mitgeteilt haben. Die zuständigen Behörden können eine kürzere Frist als die Frist von 60 Tagen festlegen.

(2) Ist der betreffende Unternehmer nach Ablauf der in Absatz 1 genannten Frist nicht tätig geworden, so ordnen die zuständigen Behörden an, dass

a) die Sendung vernichtet oder einer anderen geeigneten Maßnahme unterzogen wird;

b) die Sendung in den in Artikel 67 genannten Fällen in geeigneten Einrichtungen möglichst nahe der Grenzkontrollstelle vernichtet wird, wobei alle zum Schutz der Gesundheit von Menschen, Tieren und Pflanzen sowie für den Tier- und den Umweltschutz erforderlichen Maßnahmen zu ergreifen sind.

(3) Die zuständigen Behörden können die in den Absätzen 1 und 2 dieses Artikels genannte Frist bis zum Vorliegen des zweiten Sachverständigengutachtens gemäß Artikel 35 verlängern, sofern dies keine ungünstigen Auswirkungen auf die Gesundheit von Menschen, Tieren oder Pflanzen, auf den Tierschutz oder – sofern es sich um GVO und Pflanzenschutzmittel handelt – auch auf die Umwelt hat.

(4) Die in diesem Artikel genannten Maßnahmen werden auf Kosten des für die Sendung verantwortlichen Unternehmers durchgeführt.

Artikel 70
Einheitliche Anwendung der Artikel 66, 67 und 68

Die Kommission legt mittels Durchführungsrechtsakten Bestimmungen fest, mit denen gewährleistet ist, dass die Entscheidungen und Maßnahmen sowie Anweisungen der zuständigen Behörden gemäß den Artikeln 66, 67 und 68 in allen Grenzkontrollstellen gemäß Artikel 59 Absatz 1 und allen Kontrollstellen gemäß Artikel 53 Absatz 1 Buchstabe a einheitlich und von den zuständigen Behörden bei verbreiteten oder wiederholt auftretenden Verstößen und Risiken zu befolgen sind. Diese Durchführungsrechtsakte werden gemäß dem in Artikel 145 Absatz 2 genannten Prüfverfahren erlassen.

Artikel 71
Sonderbehandlung von Sendungen

(1) Die Sonderbehandlung von Sendungen gemäß Artikel 66 Absatz 3 Buchstabe c und Artikel 67 Buchstabe b kann gegebenenfalls Folgendes umfassen:

a) eine Behandlung oder Verarbeitung – dies kann gegebenenfalls eine Dekontaminierung, nicht jedoch eine Verdünnung sein –, damit die Sendung den Vorschriften gemäß Artikel 1 Absatz 2 oder den Anforderungen des Drittlandes, in das sie zurückgesandt wird, genügt, oder

b) eine andere Behandlung, um die Sendung für den sicheren Verzehr durch Tiere oder Menschen oder für andere Zwecke geeignet zu machen.

(2) Die Sonderbehandlung gemäß Absatz 1

a) ist wirksam und so durchzuführen, dass jedes Risiko für die Gesundheit von Menschen, Tieren oder Pflanzen, für den Tierschutz oder – sofern es sich um GVO und Pflanzenschutzmittel handelt – auch für die Umwelt ausgeschlossen ist;

b) ist zu dokumentieren und unter der Kontrolle der zuständigen Behörden oder gegebenenfalls unter der Kontrolle der zuständigen Behörden eines anderen Mitgliedstaats im gegenseitigen Einvernehmen durchzuführen und

c) genügt den Anforderungen in den Vorschriften gemäß Artikel 1 Absatz 2.

(3) Der Kommission wird die Befugnis übertragen, gemäß Artikel 144 delegierte Rechtsakte zu erlassen, um diese Verordnung in Bezug auf die Anforderungen an und die Bedingungen für die Sonderbehandlung gemäß Absatz 1 dieses Artikels zu ergänzen.

Werden keine Bestimmungen in delegierten Rechtsakten festgelegt, so erfolgt die Sonderbehandlung gemäß dem nationalen Recht.

Artikel 72
Rücksendung von Sendungen

(1) Die zuständigen Behörden erteilen die Erlaubnis für die Rücksendung von Sendungen, wenn folgende Bedingungen erfüllt sind:

a) Der Bestimmungsort wurde mit dem für die Sendung verantwortlichen Unternehmer vereinbart,

b) der für die Sendung verantwortliche Unternehmer hat die zuständigen Behörden des Mitgliedstaats schriftlich darüber informiert, dass die zuständigen Behörden des Ursprungsdrittlandes

13/1. EU-KontrollV
Artikel 72 – 74

oder – falls das Bestimmungsdrittland nicht das Ursprungsdrittland ist – des Bestimmungsdrittlandes über die Gründe und Umstände unterrichtet wurden, die dazu führten, dass der betreffenden Tier- oder Warensendung der Eingang in die Union verwehrt wurde,

c) falls das Bestimmungsdrittland nicht das Ursprungsdrittland ist, hat der Unternehmer die Zustimmung der zuständigen Behörden dieses Bestimmungsdrittlandes erhalten, und jene zuständigen Behörden haben den zuständigen Behörden des Mitgliedstaats ihre Bereitschaft mitgeteilt, die Sendung anzunehmen und

d) bei Tiersendungen erfolgt die Rücksendung im Einklang mit den Tierschutzauflagen.

(2) Die in Absatz 1 Buchstaben b und c dieses Artikels genannten Bedingungen gelten nicht für Sendungen von Waren der Kategorien gemäß Artikel 47 Absatz 1 Buchstabe c.

Abschnitt IV
Genehmigung der Kontrollen vor der Ausfuhr

Artikel 73
Genehmigung der Kontrollen, die Drittländer vor der Ausfuhr durchführen

(1) Die Kommission kann auf Antrag eines Drittlandes mittels Durchführungsrechtsakten spezifische Kontrollen von Tier- und Warensendungen genehmigen, mit denen dieses Drittland vor der Ausfuhr in die Union überprüft, ob die auszuführenden Sendungen den Vorschriften gemäß Artikel 1 Absatz 2 genügen. Eine solche Genehmigung gilt nur für Sendungen mit Ursprung in dem betroffenen Drittland und kann für eine oder mehrere Tier- oder Warenkategorien gewährt werden. Diese Durchführungsrechtsakte werden gemäß dem in Artikel 145 Absatz 2 genannten Prüfverfahren erlassen.

(2) Die Genehmigung gemäß Absatz 1 enthält Angaben

a) zur maximalen Häufigkeit der amtlichen Kontrollen, die die zuständigen Behörden beim Eingang von Sendungen in die Union durchführen müssen, wenn es keine Hinweise auf einen Verstoß gegen die Vorschriften gemäß Artikel 1 Absatz 2 oder auf betrügerisches oder irreführendes Verhalten gibt;

b) zu den amtlichen Bescheinigungen, die Sendungen bei der Verbringung in die Union begleiten müssen;

c) zu einem Muster der Bescheinigungen gemäß Buchstabe b;

d) zu den zuständigen Behörden des Drittlandes, unter deren Verantwortung die Kontrollen vor der Ausfuhr durchgeführt werden müssen und

e) gegebenenfalls zur beauftragten Stelle, der diese zuständigen Behörden bestimmte Aufgaben

übertragen können. Eine solche Übertragung darf nur genehmigt werden, wenn sie den in den Artikeln 28 bis 33 genannten Kriterien oder gleichwertigen Bedingungen genügt.

(3) Die Genehmigung gemäß Absatz 1 dieses Artikels kann einem Drittland nur dann erteilt werden, wenn die verfügbaren Unterlagen und eine erforderlichenfalls gemäß Artikel 120 durchgeführte Kommissionskontrolle belegen, dass mit dem System amtlicher Kontrollen in dem Drittland gewährleistet werden kann, dass

a) die für die Ausfuhr in die Union bestimmten Tier- und Warensendungen den Vorschriften gemäß Artikel 1 Absatz 2 oder gleichwertigen Vorschriften genügen und

b) die in dem Drittland vor der Versendung durchgeführten Kontrollen ausreichend wirksam sind, um die in den Vorschriften gemäß Artikel 1 Absatz 2 vorgesehenen Dokumentenprüfungen, Nämlichkeits-kontrollen und Warenuntersuchungen zu ersetzen oder deren Häufigkeit zu verringern.

(4) Die zuständigen Behörden oder die in der Genehmigung genannten beauftragten Stellen

a) sind für Kontakte mit der Union zuständig und

b) sorgen dafür, dass die in Absatz 2 Buchstabe b genannten amtlichen Bescheinigungen jede kontrollierte Sendung begleiten.

(5) Die Kommission legt mittels Durchführungsrechtsakten genaue Vorschriften und Kriterien für die Genehmigung der Kontrollen fest, die Drittländer gemäß Absatz 1 dieses Artikels vor der Ausfuhr durchführen, und für die amtlichen Kontrollen von Tieren und Waren, die die zuständigen Behörden der Mitgliedstaaten vorbehaltlich der in jenem Absatz genannten Genehmigung durchführen. Diese Durchführungsrechtsakte werden gemäß dem in Artikel 145 Absatz 2 genannten Prüfverfahren erlassen.

Artikel 74
Verstöße gegen die Genehmigung von Kontrollen, die Drittländer vor der Ausfuhr durchführen, und Entzug der Genehmigung

(1) Ergeben die amtlichen Kontrollen von Tier- und Warensendungen, für die spezifische Kontrollen vor der Ausfuhr gemäß Artikel 73 Absatz 1 genehmigt worden sind, schwere und wiederholte Verstöße gegen die Vorschriften gemäß Artikel 1 Absatz 2, so unternehmen die Mitgliedstaaten unverzüglich die folgenden Schritte:

a) Sie unterrichten die Kommission und die anderen Mitgliedstaaten sowie die betreffenden Unternehmer über das IMSOC und sie ersuchen um Amtshilfe nach den Verfahren gemäß den Artikeln 102 bis 108 und

b) sie erhöhen die Zahl der amtlichen Kontrollen bei Sendungen aus dem betreffenden Drittland und bewahren bei Bedarf eine angemessene Zahl von Proben unter geeigneten Lagerungsbedingungen für eine umfassende analytische Untersuchung der Situation auf.

(2) Die Kommission kann mittels Durchführungsrechtsakten die Genehmigung gemäß Artikel 73 Absatz 1 entziehen, wenn im Anschluss an die in Absatz 1 des vorliegenden Artikels genannten amtlichen Kontrollen etwas darauf hindeutet, dass die Anforderungen gemäß Artikel 73 Absätze 3 und 4 nicht mehr erfüllt werden. Diese Durchführungsrechtsakte werden gemäß dem in Artikel 145 Absatz 2 genannten Prüfverfahren erlassen.

Abschnitt V
Behördliche Zusammenarbeit bei Sendungen aus Drittländern

Artikel 75
Behördliche Zusammenarbeit bei aus Drittländern in die Union verbrachten Sendungen

(1) Die zuständigen Behörden, Zollbehörden und anderen Behörden der Mitgliedstaaten, die sich mit in die Union verbrachten Tieren und Waren befassen, arbeiten eng zusammen, um zu gewährleisten, dass die amtlichen Kontrollen der in die Union verbrachten Tier- und Warensendungen gemäß dieser Verordnung durchgeführt werden.

Zu diesem Zweck sorgen die zuständigen Behörden, Zollbehörden und anderen Behörden dafür, dass

a) alle Beteiligten sich gegenseitig Zugang zu den Informationen gewähren, die für die Organisation und Durchführung ihrer jeweiligen Tätigkeiten im Zusammenhang mit in die Union verbrachten Tieren und Waren erforderlich sind und

b) diese Informationen innerhalb eines angemessenen Zeitraums ausgetauscht werden, auch auf elektronischem Weg.

(2) Die Kommission legt mittels Durchführungsrechtsakten Bestimmungen über einheitliche Regelungen für die Zusammenarbeit fest, die von den zuständigen Behörden, den Zollbehörden und den anderen Behörden gemäß Absatz 1 zu treffen sind, um Folgendes zu gewährleisten:

a) den Zugang der zuständigen Behörden zu den Informationen, die erforderlich sind, die in die Union verbrachten Tier- und Warensendungen, die gemäß Artikel 47 Absatz 1 an einer Grenzkontrollstelle amtlich zu kontrollieren sind, unverzüglich und eindeutig identifizieren zu können;

b) die gegenseitige Aktualisierung der von den zuständigen Behörden, Zollbehörden und anderen Behörden gesammelten Informationen über in die Union verbrachte Tiere und Waren durch den Austausch dieser Informationen oder den Abgleich der betreffenden Datensätze und

c) die rasche Mitteilung von Entscheidungen, die diese Behörden aufgrund der in den Buchstaben a und b genannten Informationen getroffen haben.

Diese Durchführungsrechtsakte werden gemäß dem in Artikel 145 Absatz 2 genannten Prüfverfahren erlassen.

Artikel 76
Behördliche Zusammenarbeit bei Sendungen, die keinen besonderen Grenzkontrollen unterliegen

(1) Die Absätze 2, 3 und 4 dieses Artikels gelten für Tier- und Warensendungen, die beim Eingang in die Union nicht gemäß Artikel 47 Absatz 1 dieser Verordnung kontrolliert werden müssen und die beim Zoll gemäß Artikel 5 Nummer 12 der Verordnung (EU) Nr. 952/2013 und den Artikeln 158 bis 202 jener Verordnung für die Überlassung zum zollrechtlich freien Verkehr angemeldet wurden.

(2) Die Zollbehörden setzen die Überlassung zum zollrechtlich freien Verkehr aus, wenn sie Grund zu der Annahme haben, dass die Sendung ein Risiko für die Gesundheit von Menschen, Tieren oder Pflanzen, für den Tierschutz oder – sofern es sich um GVO und Pflanzenschutzmittel handelt – auch für die Umwelt darstellen kann, und teilen dies unverzüglich den zuständigen Behörden mit.

(3) Eine Sendung, deren Überlassung zum zollrechtlich freien Verkehr gemäß Absatz 2 ausgesetzt wurde, wird freigegeben, wenn die zuständigen Behörden innerhalb von drei Arbeitstagen nach der Aussetzung die Zollbehörden nicht gebeten haben, die Aussetzung aufrechtzuerhalten, oder diese informiert haben, dass kein Risiko besteht.

(4) Wenn die zuständigen Behörden der Ansicht sind, dass ein Risiko für die Gesundheit von Menschen, Tieren oder Pflanzen, für den Tierschutz oder – sofern es sich um GVO und Pflanzenschutzmittel handelt – auch für die Umwelt besteht,

a) ersuchen sie die Zollbehörden, die Sendung nicht zum zollrechtlich freien Verkehr zu überlassen und auf der Warenrechnung für die Sendung sowie allen anderen relevanten Begleitpapieren bzw. in den relevanten elektronischen Entsprechungen den folgenden Vermerk anzubringen:

„Risikoware – Überlassung zum zollrechtlich freien Verkehr nicht genehmigt – Verordnung (EU) 2017/625";

b) ist ohne Zustimmung der zuständigen Behörden kein anderes Zollverfahren zulässig und

c) gelten Artikel 66 Absätze 1, 3, 5 und 6, die Artikel 67, 68 und 69, Artikel 71 Absätze 1 und 2 sowie Artikel 72 Absätze 1 und 2.

(5) Bei Tier- und Warensendungen, die beim Eingang in die Union nicht gemäß Artikel 47 Absatz 1 kontrolliert werden müssen und die beim Zoll nicht für die Überlassung zum zollrechtlich freien Verkehr angemeldet worden sind, übermitteln die Zollbehörden den Zollbehörden im Mitgliedstaat der endgültigen Bestimmung alle einschlägigen Informationen, wenn sie Grund zu der Annahme haben, dass die Sendung ein Risiko für die Gesundheit von Menschen, Tieren oder Pflanzen, für den Tierschutz oder – sofern es sich um GVO und Pflanzenschutzmittel handelt – auch für die Umwelt darstellen kann.

Abschnitt VI
Besondere Maßnahmen

Artikel 77
Bestimmungen über besondere amtliche Kontrollen und über Maßnahmen nach der Durchführung dieser Kontrollen

(1) Der Kommission erlässt gemäß Artikel 144 delegierte Rechtsakte zur Ergänzung dieser Verordnung mit Bestimmungen über die Durchführung besonderer amtlicher Kontrollen und über Maßnahmen bei Verstößen, um den Besonderheiten der folgenden Tier- und Warenkategorien oder ihrer Transportmodalitäten und -mittel Rechnung zu tragen:

a) Sendungen von frischen Fischereierzeugnissen, die direkt von Fischereifahrzeugen, welche die Flagge eines Drittlandes führen, in Häfen angelandet werden, die von den Mitgliedstaaten gemäß Artikel 5 Absatz 1 der Verordnung (EG) Nr. 1005/2008 des Rates[1]) bezeichnet wurden;

b) Sendungen von Haarwild in der Decke;

c) Sendungen von Waren der Kategorien gemäß Artikel 47 Absatz 1 Buchstabe b, die nach oder ohne Lagerung in eigens dafür zugelassenen Zolllagern oder in Freizonen an Schiffe geliefert werden, die das Gebiet der Union verlassen, und die als Schiffsvorrat gedacht oder für den Verzehr durch Besatzung und Passagiere bestimmt sind;

d) Verpackungsmaterial aus Holz;

Zu Artikel 77:
[1]) *Verordnung (EG) Nr. 1005/2008 des Rates vom 29. September 2008 über ein Gemeinschaftssystem zur Verhinderung, Bekämpfung und Unterbindung der illegalen, nicht gemeldeten und unregulierten Fischerei, zur Änderung der Verordnungen (EWG) Nr. 2847/93, (EG) Nr. 1936/2001 und (EG) Nr. 601/2004 und zur Aufhebung der Verordnungen (EG) Nr. 1093/94 und (EG) Nr. 1447/1999 (ABl. L 286 vom 29.10.2008, S. 1).*

e) Futtermittel, die Tiersendungen begleiten und zur Fütterung dieser Tiere bestimmt sind;

f) Tiere und Waren, die im FernAbsatz bestellt wurden und aus einem Drittland an eine Anschrift in der Union geliefert werden, mit den Meldebestimmungen, die für eine ordnungsgemäße Durchführung amtlicher Kontrollen erforderlich sind;

g) Pflanzenerzeugnisse, die aufgrund ihrer anschließenden Bestimmung infektiöse oder ansteckende Tierkrankheiten verbreiten können;

h) Sendungen von Tieren und Waren der Kategorien gemäß Artikel 47 Absatz 1 Buchstaben a, b und c, die ihren Ursprung in der Union haben und in die Union zurückkehren, nachdem ihnen der Eingang in ein Drittland verwehrt wurde;

i) Waren, die in loser Schüttung aus einem Drittland in die Union verbracht werden, unabhängig davon, ob alle Waren ihren Ursprung in diesem Drittland haben;

j) Sendungen von Waren gemäß Artikel 47 Absatz 1, die aus dem Hoheitsgebiet von Kroatien kommen und vor dem erneuten Eingang in kroatisches Hoheitsgebiet an den Eingangsgrenzkontrollstellen Klek oder Zaton Doli über Neum („Korridor von Neum") durch das Hoheitsgebiet von Bosnien und Herzegowina durchgeführt werden;

k) Tiere und Waren, die gemäß Artikel 48 von Artikel 47 ausgenommen sind.

(2) Der Kommission wird die Befugnis übertragen, gemäß Artikel 144 delegierte Rechtsakte zur Ergänzung dieser Verordnung zu erlassen, in denen geregelt ist, wie Transport und Eintreffen von Sendungen bestimmter Tiere und Waren von der Eingangsgrenzkontrollstelle bis zum Betrieb am Bestimmungsort in der Union, zur Bestimmungsgrenzkontrollstelle oder zur Ausgangsgrenzkontrollstelle überwacht werden.

(3) Die Kommission kann mittels Durchführungsrechtsakten Folgendes regeln:

a) die Muster der amtlichen Bescheinigungen und die Regeln für deren Ausstellung und

b) das Format der Dokumente, die die Tier- und Warensendungen gemäß Absatz 1 begleiten müssen.

Diese Durchführungsrechtsakte werden gemäß dem in Artikel 145 Absatz 2 genannten Prüfverfahren erlassen.

KAPITEL VI
Finanzierung amtlicher Kontrollen und anderer amtlicher Tätigkeiten

Artikel 78
Allgemeine Bestimmungen

(1) Die Mitgliedstaaten sorgen für eine angemessene Mittelausstattung, damit den zuständigen

13/1. EU-KontrollV
Artikel 78 – 81

Behörden das notwendige Personal und die sonstigen notwendigen Ressourcen für amtliche Kontrollen und andere amtliche Tätigkeiten zur Verfügung stehen.

(2) Dieses Kapitel gilt auch in den Fällen, in denen bestimmte Aufgaben der amtlichen Kontrolle und andere amtliche Tätigkeiten gemäß Artikel 28 bzw. Artikel 31 übertragen werden.

Artikel 79
Pflichtgebühren oder -abgaben

(1) Die zuständigen Behörden erheben Gebühren oder Abgaben für amtliche Kontrollen, die im Zusammenhang mit den in Anhang IV Kapitel II aufgeführten Tätigkeiten und bei Tieren und Waren gemäß Artikel 47 Absatz 1 Buchstaben a, b und c, an Grenzkontrollstellen oder an den in Artikel 53 Absatz 1 Buchstabe a genannten Kontrollstellen durchgeführt werden, entweder

a) in Höhe der gemäß Artikel 82 Absatz 1 berechneten Kosten oder

b) entsprechend den in Anhang IV vorgesehenen Beträgen.

(2) Die zuständigen Behörden erheben Gebühren oder Abgaben, um die Kosten zu decken, die ihnen im Zusammenhang mit folgenden Kontrollen entstehen:

a) amtliche Kontrollen von Tieren und Waren gemäß Artikel 47 Absatz 1 Buchstaben d, e und f;

b) amtliche Kontrollen, die auf Ersuchen eines Unternehmers durchgeführt werden, damit er die Zulassung gemäß Artikel 10 der Verordnung (EG) Nr. 183/2005 erhält;

c) amtliche Kontrollen, die ursprünglich nicht eingeplant waren, und die

i) erforderlich werden, wenn während einer gemäß dieser Verordnung durchgeführten amtlichen Kontrolle ein Verstoß desselben Unternehmers festgestellt wird, und

ii) durchgeführt werden, um das Ausmaß und die Folgen eines Verstoßes zu bewerten oder um zu überprüfen, ob der Verstoß beendet worden ist.

(3) Ungeachtet der Absätze 1 und 2 können Mitgliedstaaten im Zusammenhang mit den in Anhang IV Kapitel II aufgeführten Tätigkeiten auf objektiver und nichtdiskriminierender Grundlage die Höhe der Gebühren oder Abgaben verringern, wobei Folgendes zu berücksichtigen ist:

a) die Interessen von Unternehmern mit geringem Durchsatz;

b) die traditionellen Methoden der Produktion, der Verarbeitung und des Vertriebs;

c) die Erfordernisse von Unternehmern in Regionen in schwieriger geografischer Lage und

d) das Maß, in dem sich der Unternehmer in der Vergangenheit an die Vorschriften gemäß Artikel 1 Absatz 2 gehalten hat, bestätigt durch amtliche Kontrollen.

(4) Die Mitgliedstaaten können beschließen, dass die gemäß Artikel 82 Absatz 1 Buchstabe b berechneten Gebühren und Abgaben nicht erhoben werden, wenn sie einen Betrag unterschreiten, dessen die Erhebung unter Berücksichtigung der dabei anfallenden Kosten und der erwarteten Gesamteinnahmen durch die Gebühren und Abgaben unwirtschaftlich wäre.

(5) Dieser Artikel gilt nicht für amtliche Kontrollen zur Überprüfung der Einhaltung der Vorschriften gemäß Artikel 1 Absatz 2 Buchstaben i und j.

Artikel 80
Andere Gebühren oder Abgaben

Die Mitgliedstaaten können andere als die in Artikel 79 genannten Gebühren oder Abgaben erheben, um die Kosten für amtliche Kontrollen und andere amtliche Tätigkeiten zu decken, sofern dies nicht durch Rechtsvorschriften, die für Bereiche gelten, die durch die Vorschriften gemäß Artikel 1 Absatz 2 geregelt sind, untersagt ist.

Artikel 81
Kosten

Die gemäß Artikel 79 Absatz 1 Buchstabe a und Artikel 79 Absatz 2 zu erhebenden Gebühren oder Abgaben werden auf der Grundlage der folgenden Kosten festgelegt, soweit diese bei den betreffenden amtlichen Kontrollen anfallen:

a) Kosten für die Löhne und Gehälter des Personals – einschließlich des Hilfs- und Verwaltungspersonals – das an der Durchführung amtlicher Kontrollen beteiligt ist, sowie Kosten für die soziale Sicherheit, das Altersruhegeld und die Versicherung dieses Personals;

b) Kosten für Einrichtungen und Ausrüstung, einschließlich Instandhaltungs- und Versicherungskosten und sonstiger Nebenkosten;

c) Kosten für Verbrauchsgüter und Hilfsmittel;

d) Kosten für Leistungen, die beauftrage Stellen den zuständigen Behörden für amtliche Kotrollen, die diesen beauftragten Stellen übertragen wurden, auferlegen;

e) Kosten für Schulungen des Personals gemäß Buchstabe a, mit Ausnahme der beruflichen Bildung, die für das Erreichen der Qualifikation erforderlich sind, welche Voraussetzung für eine Einstellung durch die zuständigen Behörden ist;

f) Kosten für die Reisen und die damit verbundenen Tagegelder des Personals gemäß Buchstabe a;

g) Kosten für Probenahmen sowie für Laboranalysen, -tests und -diagnosen, die von amtlichen Laboratorien für diese Aufgaben in Rechnung gestellt werden.

Artikel 82
Festsetzung der Gebühren oder Abgaben

(1) Die gemäß Artikel 79 Absatz 1 Buchstabe a und Artikel 79 Absatz 2 erhobenen Gebühren oder Abgaben werden gemäß einer der folgenden Berechnungsmethoden oder einer Kombination dieser Methoden festgesetzt:

a) auf der Grundlage der von den zuständigen Behörden während eines bestimmten Zeitraums getragenen Kosten für amtliche Kontrollen als Pauschale festgesetzt und auf jeden Unternehmer angewendet, unabhängig davon, ob bei ihm während des Bezugszeitraums tatsächlich eine amtliche Kontrolle durchgeführt wird; bei der Festsetzung der Höhe der je Sektor, Tätigkeit und Unternehmerkategorie zu erhebenden Gebühren berücksichtigen die zuständigen Behörden, inwieweit sich Art und Umfang der betreffenden Tätigkeit und die relevanten Risikofaktoren auf die Verteilung der Gesamtkosten dieser amtlichen Kontrollen auswirken; oder

b) sie werden auf der Grundlage der Berechnung der tatsächlichen Kosten jeder einzelnen amtlichen Kontrolle festgesetzt und den Unternehmern auferlegt, die diesen amtlichen Kontrollen unterzogen werden.

(2) Die Reisekosten gemäß Artikel 81 Buchstabe f werden bei der Festsetzung der Gebühren oder Abgaben gemäß Artikel 79 Absatz 1 Buchstabe a und Artikel 79 Absatz 2 so angesetzt, dass ein Unternehmer nicht aufgrund der Entfernung seiner Betriebsstätte vom Sitz der zuständigen Behörden benachteiligt wird.

(3) Werden die Gebühren oder Abgaben gemäß Absatz 1 Buchstabe a festgesetzt, so dürfen die von den zuständigen Behörden erhobenen Gebühren oder Abgaben nicht höher sein als die Gesamtkosten, die für die amtlichen Kontrollen entstehen, welche während des dort angegebenen Zeitraums durchgeführt werden.

(4) Werden die Gebühren oder Abgaben gemäß Absatz 1 Buchstabe b berechnet, so dürfen sie nicht höher sein als die tatsächlichen Kosten der durchgeführten amtlichen Kontrolle.

Artikel 83
Erhebung und Anwendung der Gebühren oder Abgaben

(1) Einem Unternehmer wird für eine amtliche Kontrolle oder eine andere amtliche Tätigkeit, die auf der Grundlage einer Beschwerde durchgeführt wurde, nur dann eine Gebühr oder Abgabe auferlegt, wenn diese Kontrolle zu der Feststellung eines Verstoßes führt.

(2) Gebühren oder Abgaben, die gemäß Artikel 79 und Artikel 80 erhoben wurden, werden weder direkt noch indirekt erstattet, sofern sie nicht zu Unrecht erhoben wurden.

(3) Die Mitgliedstaaten können beschließen, dass die Abgaben oder Gebühren von anderen Behörden als den zuständigen Behörden oder von beauftragten Stellen erhoben werden.

Artikel 84
Zahlung von Gebühren oder Abgaben

(1) Die zuständigen Behörden stellen sicher, dass die Unternehmer auf Anfrage einen Beleg über die Zahlung der Gebühren oder Abgaben erhalten, wenn sie nicht in sonstiger Weise Zugang zu einem solchen Beleg haben.

(2) Die gemäß Artikel 79 Absatz 1 erhobenen Gebühren oder Abgaben werden von dem für die Sendung verantwortlichen Unternehmer oder von dessen Vertreter gezahlt.

Artikel 85
Transparenz

(1) Die Mitgliedstaaten gewährleisten ein hohes Maß an Transparenz hinsichtlich

a) der Gebühren oder Abgaben gemäß Artikel 79 Absatz 1 Buchstabe a und Artikel 79 Absatz 2 sowie Artikel 80, insbesondere in Bezug auf

i) der Methode zur Festsetzung dieser Gebühren oder Abgaben und der dafür verwendeten Daten;

ii) der Höhe der Gebühren oder Abgaben, die für jede Unternehmerkategorie und für jede Kategorie von amtlichen Kontrollen oder anderen amtlichen Tätigkeiten erhoben werden;

iii) der Aufschlüsselung der Kosten gemäß Artikel 81;

b) der Identität der für die Erhebung der Gebühren oder Abgaben verantwortlichen Behörden oder Stellen.

(2) Jede zuständige Behörde macht die in Absatz 1 dieses Artikels genannten Informationen für jeden Bezugszeitraum und die der zuständigen Behörde entstehenden Kosten, für die gemäß Artikel 79 Absatz 1 Buchstabe a und Artikel 79 Absatz 2 sowie Artikel 80 eine Gebühr oder Abgabe fällig ist, öffentlich zugänglich.

(3) Die Mitgliedstaaten konsultieren die maßgeblichen Interessenvertreter zu den allgemeinen Methoden zur Berechnung der Gebühren oder Abgaben gemäß Artikel 79 Absatz 1 Buchstabe a, Artikel 79 Absatz 2 sowie Artikel 80.

KAPITEL VII
Amtliches Bescheinigungsverfahren

Artikel 86
Allgemeine Bestimmungen für das amtliche Bescheinigungsverfahren

(1) Das amtliche Bescheinigungsverfahren führt zur Ausstellung von

a) amtlichen Bescheinigungen oder

b) amtlichen Attestierungen in den Fällen, die in den Vorschriften gemäß Artikel 1 Absatz 2 vorgesehen sind.

(2) Wenn die zuständigen Behörden bestimmte Aufgaben in Verbindung mit der Ausstellung von amtlichen Bescheinigungen oder amtlichen Attestierungen oder mit der amtlichen Aufsicht gemäß Artikel 91 Absatz 1 übertragen, so geschieht dies im Einklang mit den Artikeln 28 bis 33.

Artikel 87
Amtliche Bescheinigungen

Die Artikel 88, 89 und 90 gelten:

a) wenn in den Vorschriften gemäß Artikel 1 Absatz 2 die Ausstellung einer amtlichen Bescheinigung vorgeschrieben ist und

b) für amtliche Bescheinigungen, die für die Ausfuhr von Tier- und Warensendungen in Drittländer erforderlich sind oder für amtliche Bescheinigungen um die die zuständige Behörde eines Bestimmungsmitgliedstaats die zuständige Behörde eines versendenden Mitgliedstaates im Hinblick auf Tier- und Warensendungen, die in ein Drittland ausgeführt werden sollen, ersucht.

Artikel 88
Unterzeichnung und Ausstellung amtlicher Bescheinigungen

(1) Amtliche Bescheinigungen werden von den zuständigen Behörden ausgestellt.

(2) Die zuständigen Behörden benennen die Bescheinigungsbefugten, die amtliche Bescheinigungen unterzeichnen dürfen, und stellen sicher, dass diese Bescheinigungsbefugten

a) bezüglich des Bescheinigungsgegenstandes unparteiisch, frei von jeglichem Interessenkonflikt und insbesondere nicht in einer Situation sind, die direkt oder indirekt die Unparteilichkeit ihres beruflichen Handelns beeinträchtigen könnte und

b) hinsichtlich der Vorschriften, deren Einhaltung mit einer amtlichen Bescheinigung bestätigt wird, und hinsichtlich der technischen Bewertung der Einhaltung dieser Vorschriften sowie hinsichtlich der einschlägigen Bestimmungen dieser Verordnung angemessen geschult wurden.

(3) Die amtlichen Bescheinigungen werden vom Bescheinigungs-befugten unterzeichnet und auf einer der folgenden Grundlagen ausgestellt:

a) direkte Kenntnis seitens des Bescheinigungsbefugten von aktuellen Fakten und Daten, die für die Bescheinigung relevant sind, erlangt durch

i) eine amtliche Kontrolle oder

ii) eine andere amtliche Bescheinigung, die von den zuständigen Behörden ausgestellt worden ist;

b) Fakten und Daten, die für die Bescheinigung relevant sind und von einer anderen Person festgestellt wurden, welche hierzu von den zuständigen Behörden ermächtigt ist und unter deren Verantwortung handelt, sofern der Bescheinigungsbefugte die Richtigkeit dieser Fakten und Daten überprüfen kann;

c) Fakten und Daten, die für die Bescheinigung relevant sind, erlangt mit Hilfe der Eigenkontrollsysteme der Unternehmer und ergänzt um und bestätigt durch Ergebnisse regelmäßiger amtlicher Kontrollen, wenn der Bescheinigungsbefugte die Gewissheit hat, dass die Voraussetzungen für die Ausstellung der amtlichen Bescheinigung erfüllt sind.

(4) Die amtlichen Bescheinigungen werden nur auf der Grundlage von Absatz 3 Buchstabe a dieses Artikels vom Bescheinigungsbefugten unterzeichnet und ausgestellt, wenn die Vorschriften gemäß Artikel 1 Absatz 2 dies verlangen.

Artikel 89
Garantien für die Zuverlässigkeit amtlicher Bescheinigungen

(1) Die amtliche Bescheinigung

a) trägt einen eigenen Code;

b) darf vom Bescheinigungsbefugten nicht unterzeichnet werden, solange sie unausgefüllt oder nur zum Teil ausgefüllt ist;

c) muss in einer oder mehreren der Amtssprachen der Unionsinstitutionen abgefasst sein, die der Bescheinigungsbefugte versteht, und gegebenenfalls in einer der Amtssprachen des Bestimmungsmitgliedstaats;

d) muss zutreffend und präzise sein;

e) muss die Identifizierung des Unterzeichners und des Ausstellungsdatums erlauben und

f) muss die einfache Überprüfung der Verbindungen zwischen der Bescheinigung, der ausstellenden Behörde und der Sendung, der Partie bzw. dem Los oder dem einzelnen Tier bzw. der einzelnen Ware ermöglichen, die bzw. das Gegenstand der Bescheinigung ist.

(2) Die zuständigen Behörden treffen alle angemessenen Maßnahmen, um die Ausstellung falscher oder irreführender amtlicher Bescheini-

gungen oder die missbräuchliche Verwendung amtlicher Bescheinigungen zu verhindern.

Artikel 90
Durchführungsbefugnisse betreffend amtliche Bescheinigungen

Die Kommission kann mittels Durchführungsrechtsakten Bestimmungen für die einheitliche Anwendung der Artikel 88 und 89 festlegen betreffend

a) die Muster der amtlichen Bescheinigungen und die Regeln für deren Ausstellung, wenn in den Vorschriften gemäß Artikel 1 Absatz 2 keine Anforderungen festgelegt sind;

b) die Verfahren und die technischen Regelungen, um die Ausstellung präziser und verlässlicher amtlicher Bescheinigungen zu gewährleisten und Betrug zu vermeiden;

c) die Verfahren für den Entzug amtlicher Bescheinigungen und für die Ausstellung von Ersatzbescheinigungen;

d) die Regeln für die Herstellung beglaubigter Kopien amtlicher Bescheinigungen;

e) das Format der Dokumente, die die Tiere und Waren nach der Durchführung amtlicher Kontrollen begleiten müssen;

f) die Regeln für die Ausstellung elektronischer Bescheinigungen und für die Verwendung elektronischer Signaturen.

Diese Durchführungsrechtsakte werden gemäß dem in Artikel 145 Absatz 2 genannten Prüfverfahren erlassen.

Artikel 91
Amtliche Attestierungen

(1) Ist in dieser Verordnung oder in den Vorschriften gemäß Artikel 1 Absatz 2 vorgeschrieben, dass amtliche Attestierungen von den Unternehmern unter der amtlichen Aufsicht der zuständigen Behörden oder von den zuständigen Behörden selbst ausgestellt werden, so gelten die Absätze 2, 3 und 4 dieses Artikels.

(2) Die amtliche Attestierung

a) muss zutreffend und präzise sein;

b) muss in einer oder mehreren der Amtssprachen der Unionsinstitutionen und gegebenenfalls in einer der Amtssprachen des Bestimmungsmitgliedstaats abgefasst sein und

c) muss, wenn sie eine Sendung oder ein Los bzw. eine Partie betrifft, die Überprüfung der Verbindung zwischen der Attestierung und der Sendung bzw. der Partie ermöglichen.

(3) Die zuständigen Behörden gewährleisten, dass das Personal, das amtliche Kontrollen zur Beaufsichtigung der Ausstellung amtlicher Attestierungen durchführt oder das, wenn die amtlichen Attestierungen von den zuständigen Behörden ausgestellt werden, an der Ausstellung dieser Attestierungen beteiligt ist,

a) bezüglich des Attestierungsgegenstandes unparteiisch, frei von jeglichem Interessenkonflikt und insbesondere nicht in einer Situation ist, die direkt oder indirekt die Unparteilichkeit seines beruflichen Handelns beeinträchtigen könnte und

b) angemessen geschult wurde hinsichtlich

i) der Vorschriften, deren Einhaltung mit der amtlichen Attestierung bestätigt wird, und der technischen Bewertung der Einhaltung dieser Vorschriften;

ii) der einschlägigen Bestimmungen dieser Verordnung.

(4) Die zuständigen Behörden führen regelmäßige amtliche Kontrollen durch, um zu überprüfen, ob

a) die Unternehmer, die die Attestierungen ausstellen, die in den Vorschriften gemäß Artikel 1 Absatz 2 festgelegten Bedingungen erfüllen und

b) die Attestierung auf der Grundlage relevanter, korrekter und überprüfbarer Fakten und Daten ausgestellt wird.

TITEL III
REFERENZLABORATORIEN UND REFERENZZENTREN

Artikel 92
Beschluss zur Einrichtung eines Referenzlaboratoriums der Europäischen Union

(1) In den Bereichen, die durch die Vorschriften gemäß Artikel 1 Absatz 2 geregelt sind, wird ein Referenzlaboratorium der Europäischen Union eingerichtet, wenn die Wirksamkeit der amtlichen Kontrollen und anderer amtlicher Tätigkeiten auch abhängt von der Qualität, Einheitlichkeit und Zuverlässigkeit

a) der Analyse-, Test- oder Diagnosemethoden, die von den gemäß Artikel 37 Absatz 1 benannten amtlichen Laboratorien angewandt werden und

b) der Ergebnisse der Analysen, Tests und Diagnosen, die von diesen amtlichen Laboratorien durchgeführt werden.

(2) Ein Referenzlaboratorium der Europäischen Union wird eingerichtet, wenn es anerkanntermaßen als notwendig erachtet wird, einheitliche Verfahren in Bezug auf die Weiterentwicklung oder die Anwendung der in Absatz 1 Buchstabe a genannten Methoden zu fördern.

(3) Die Kommission überprüft regelmäßig das Mandat und die Funktionsweise des Referenzlaboratoriums der Europäischen Union.

(4) Die Kommission ergänzt diese Verordnung, indem sie den Beschluss zur Einrichtung eines Referenzlaboratoriums der Europäischen Union im Wege eines delegierten Rechtsaktes gemäß Artikel 144 erlässt.

Artikel 93
Benennung von Referenzlaboratorien der Europäischen Union

(1) Die Kommission benennt mittels Durchführungsrechtsakten Referenzlaboratorien der Europäischen Union in Fällen, in denen gemäß Artikel 92 ein Beschluss zur Einrichtung eines solchen Laboratoriums gefasst wurde.

(2) Die Benennungen gemäß Absatz 1

a) erfolgen nach einem öffentlichen Auswahlverfahren und

b) sind zeitlich befristet, wobei sie für einen Zeitraum von mindestens fünf Jahren gelten, oder werden regelmäßig überprüft.

(3) Die Referenzlaboratorien der Europäischen Union

a) arbeiten nach der Norm EN ISO/IEC 17025 und werden von einer nationalen Akkreditierungsstelle, die im Einklang mit der Verordnung (EG) Nr. 765/2008 tätig ist, nach dieser Norm bewertet und akkreditiert. Der Umfang dieser Akkreditierung

i) erstreckt sich auf alle Methoden für Laboranalysen, -tests oder -diagnosen, die von dem Laboratorium zu verwenden sind, wenn es als Referenzlaboratorium der Europäischen Union tätig ist;

ii) kann eine oder mehrere einzelne Methoden für Laboranalysen, –tests oder –diagnosen oder Methodengruppen umfassen;

iii) kann flexibel gehalten werden, damit der Umfang der Akkreditierung auch Methoden die Methoden des Referenzlabors der Europäischen Union abdeckt, die gegenüber den zum Zeitpunkt der Akkreditierung verwendeten Methoden geändert wurden, oder zusätzliche neue Methoden, wobei eine Validierung durch das Laboratorium selbst genügt, ohne dass diese geänderten oder neuen Methoden vor ihrer Verwendung von der nationalen Akkreditierungsstelle des Mitgliedstaats, in dem das Referenzlaboratorium der Europäischen Union seinen Sitz hat, bewertet werden müssen;

b) sind im Hinblick auf die Wahrnehmung ihrer Aufgaben als Referenzlaboratorien der Europäischen Union unparteiisch, frei von jeglichem Interessenkonflikt und insbesondere nicht in einer Situation, die direkt oder indirekt die Unparteilichkeit ihres beruflichen Handelns beeinträchtigen könnte;

c) verfügen über oder haben auf Vertragsbasis Zugriff auf angemessen qualifiziertes Personal, das ausreichend in den in ihrem Zuständigkeitsbereich angewandten Analyse-, Test- und Diagnosetechniken geschult ist, und gegebenenfalls Hilfspersonal;

d) besitzen oder haben Zugriff auf die Infrastruktur, die Ausrüstung und die Produkte, die zur Ausführung der ihnen übertragenen Aufgaben erforderlich sind;

e) gewährleisten, dass ihr Personal und das auf Vertragsbasis angestellte Personal gut über internationale Normen und Verfahren Bescheid weiß und dass bei ihrer Arbeit die aktuellsten Forschungsentwicklungen auf nationaler, Unions- und internationaler Ebene berücksichtigt werden;

f) sind so ausgestattet oder haben Zugang zu der notwendigen Ausstattung, dass sie ihre Aufgaben in Notfällen wahrnehmen können und

g) sind gegebenenfalls so ausgestattet, dass sie die einschlägigen Normen für den Schutz vor biologischen Gefahren (biosecurity standards) erfüllen.

(4) Abweichend von Absatz 3 Buchstabe a dieses Artikels kann die Kommission für den Bereich, der durch Artikel 1 Absatz 2 Buchstabe g geregelt ist, amtliche Laboratorien, die als solche von den zuständigen Behörden auf der Grundlage einer gemäß Artikel 41 gewährten Befreiung benannt wurden, als Referenzlaboratorien der Europäischen Union benennen, auch wenn sie die in Absatz 3 Buchstabe a dieses Artikels genannte Bedingung nicht erfüllen.

(5) Abweichend von den Absätzen 1 und 2 dieses Artikels sind die Laboratorien, die in Artikel 32 Absatz 1 der Verordnung (EG) Nr. 1829/2003 und in Artikel 21 Absatz 1 der Verordnung (EG) Nr. 1831/2003 genannt werden, die Referenzlaboratorien der Europäischen Union, die in den folgenden Bereichen die Zuständigkeiten und die Aufgaben gemäß Artikel 94 dieser Verordnung innehaben bzw. wahrnehmen:

a) GVO und genetisch veränderte Lebens- und Futtermittel und

b) Futtermittelzusatzstoffe.

(6) Die Verschwiegenheitspflicht des Personals gemäß Artikel 8 gilt entsprechend für das Personal der Referenzlaboratorien der Europäischen Union.

Artikel 94
Zuständigkeiten und Aufgaben der Referenzlaboratorien der Europäischen Union

(1) Die Referenzlaboratorien der Europäischen Union tragen zur Verbesserung und Harmonisierung der Analyse-, Test- oder Diagnosemethoden, die von gemäß Artikel 37 Absatz 1 benannten amtlichen Laboratorien anzuwenden sind, sowie der von ihnen generierten Analyse-, Test- und Diagnosedaten bei.

(2) Die gemäß Artikel 93 Absatz 1 benannten Referenzlaboratorien der Europäischen Union sind für die folgenden Aufgaben zuständig, wenn diese in die ein- oder mehrjährigen Arbeitsprogramme dieser Referenzlaboratorien, die im Einklang mit den Zielen und Prioritäten der von der Kommission gemäß Artikel 36 der Verordnung (EU) Nr. 652/2014 festgelegten einschlägigen Arbeitsprogramme aufgestellt werden, einbezogen sind:

a) Unterrichtung nationaler Referenzlaboratorien über die Einzelheiten der Methoden für Laboranalysen, -tests oder -diagnosen, einschließlich Referenzmethoden, und Bereitstellung von Leitlinien zu diesen Methoden;

b) Bereitstellung von Referenzmaterialien für die nationalen Referenzlaboratorien;

c) Koordinierung der Anwendung der unter Buchstabe a genannten Methoden seitens der nationalen Referenzlaboratorien und bei Bedarf auch seitens anderer amtlicher Laboratorien, insbesondere mittels Durchführung regelmäßiger Laborvergleichstests oder Eignungsprüfungen und Gewährleistung entsprechender Folgemaßnahmen zu diesen Laborvergleichstest oder Eignungsprüfungen gemäß – sofern vorhanden – international anerkannten Protokollen, sowie Unterrichtung der Kommission und der Mitgliedstaaten über die Ergebnisse der Laborvergleichstests oder Eignungsprüfungen und über die entsprechenden Folgemaßnahmen;

d) Koordinierung der für die Anwendung neuer Methoden für Laboranalysen, -tests oder -diagnosen erforderlichen praktischen Modalitäten und die Unterrichtung der nationalen Referenzlaboratorien über Fortschritte in diesem Bereich;

e) Durchführung von Schulungen für das Personal der nationalen Referenzlaboratorien und bei Bedarf auch anderer amtlicher Laboratorien sowie für Experten aus Drittländern;

f) innerhalb ihres Aufgabenbereichs wissenschaftliche und technische Unterstützung der Kommission;

g) Unterrichtung der nationalen Referenzlaboratorien über einschlägige nationale Forschungstätigkeiten, Forschungstätigkeiten der Union sowie über internationale Forschungstätigkeiten;

h) Zusammenarbeit innerhalb ihres Aufgabenbereichs mit Laboratorien in Drittländern und mit der Europäischen Behörde für Lebensmittelsicherheit (EFSA), der Europäischen Arzneimittel-Agentur (EMA) und dem Europäischen Zentrum für die Prävention und die Kontrolle von Krankheiten (ECDC);

i) aktive Mitwirkung an der Diagnostizierung der Ausbrüche von durch Lebensmittel übertragenen Krankheiten, Zoonosen oder Tierseuchen oder des Auftretens von Pflanzenschädlingen in Mitgliedstaaten, indem sie Erregerisolate oder Schädlingsproben zur Diagnosebestätigung, zur Charakterisierung und zur taxonomischen oder epizootischen Einordnung untersuchen;

j) Koordinierung oder Durchführung von Tests zur Überprüfung der Qualität der Reagenzien und der Reagenzienchargen, die für die Diagnose von durch Lebensmittel übertragenen Krankheiten, Zoonosen oder Tierseuchen und von Pflanzenschädlingen verwendet werden;

k) sofern relevant für ihren Zuständigkeitsbereich Aufbau und Pflege von

i) Referenzbeständen von Pflanzenschädlingen und/oder Referenzerregerstämmen;

ii) Referenzbeständen von Lebensmittelkontaktmaterialien, die dazu verwendet werden, Analysegeräte zu kalibrieren, und Bereitstellung von Proben an nationale Referenzlaboratorien;

iii) aktuellen Listen der verfügbaren Referenzsubstanzen und Reagenzien sowie der Hersteller und Lieferanten solcher Substanzen und Reagenzien und

l) sofern relevant für ihren Zuständigkeitsbereich Zusammenarbeit sowohl untereinander als auch gegebenenfalls mit der Kommission, um Analyse-, Test- oder Diagnosemethoden von hohem Standard zu entwickeln.

Im Zusammenhang mit Buchstabe k Ziffer i kann das Referenzlaboratorium der Europäischen Union den Aufbau und die Pflege der Referenzbestände und Referenzerregerstämme im Rahmen einer vertraglich geregelten Auslagerung an andere amtliche Laboratorien und an wissenschaftliche Organisationen durchführen.

(3) Die Referenzlaboratorien der Europäischen Union veröffentlichen das Verzeichnis der von den Mitgliedstaaten gemäß Artikel 100 Absatz 1 benannten nationalen Referenzlaboratorien.

Artikel 95
Benennung von Referenzzentren der Europäischen Union für Tierschutz

(1) Die Kommission benennt mittels Durchführungsrechtsakten Referenzzentren der Europäischen Union für Tierschutz, die die Tätigkeiten der Kommission und der Mitgliedstaaten im Zusammenhang mit der Anwendung der Vorschriften gemäß Artikel 1 Absatz 2 Buchstabe f unterstützen.

(2) Die Benennungen gemäß Absatz 1

a) erfolgen nach einem öffentlichen Auswahlverfahren und

b) sind zeitlich befristet oder werden regelmäßig überprüft.

(3) Die Referenzzentren der Europäischen Union für Tierschutz

a) handeln bei der Wahrnehmung ihrer Aufgaben als Referenzzentren der Europäischen Union unparteiisch;

b) verfügen über ein hohes Maß an wissenschaftlicher und technischer Kompetenz auf folgenden Gebieten: Beziehung zwischen Mensch und Tier, Tierverhalten, Tierphysiologie, Tiergenetik, Tiergesundheit und Ernährung im Zusammenhang mit dem Tierschutz sowie Tierschutzfragen im Zusammenhang mit der kommerziellen und wissenschaftlichen Nutzung von Tieren;

c) haben angemessen qualifiziertes Personal, das ausreichend auf den Gebieten gemäß Buchstabe b und in ethischen Fragen im Zusammenhang mit Tieren geschult ist, und gegebenenfalls Hilfspersonal;

d) besitzen oder haben Zugriff auf die Infrastruktur, die Ausrüstung und die Produkte, die zur Wahrnehmung der ihnen übertragenen Aufgaben erforderlich sind und

e) gewährleisten, dass ihr Personal gut über internationale Normen und Verfahren in den Bereichen gemäß Buchstabe b Bescheid weiß und dass bei ihrer Arbeit die aktuellsten Forschungsentwicklungen in diesen Bereichen auf nationaler, Unions- und internationaler Ebene berücksichtigt werden, unter anderem auch von anderen Referenzzentren der Europäischen Union für Tierschutz durchgeführte Studien und ergriffene Maßnahmen.

Artikel 96
Zuständigkeiten und Aufgaben der Referenzzentren der Europäischen Union für Tierschutz

Die Referenzzentren der Europäischen Union für Tierschutz sind für die folgenden unterstützenden Aufgaben zuständig, wenn diese in die ein- oder mehrjährigen Arbeitsprogramme der Referenzzentren, die im Einklang mit den Zielen und Prioritäten der von der Kommission gemäß Artikel 36 der Verordnung (EU) Nr. 652/2014 festgelegten einschlägigen Arbeitsprogramme aufgestellt wurden, einbezogen sind:

a) Bereitstellung wissenschaftlicher und technischer Kompetenz innerhalb ihres Aufgabenbereichs, gegebenenfalls einschließlich in Form koordinierter Unterstützung, für die einschlägigen nationalen Unterstützungsnetze oder Stellen in dem durch die Vorschriften gemäß Artikel 1 Absatz 2 Buchstabe f geregelten Bereich;

b) Bereitstellung wissenschaftlicher und technischer Kompetenz für die Entwicklung und Anwendung der Tierschutzindikatoren gemäß Artikel 21 Absatz 8 Buchstabe e;

c) Entwicklung oder Koordinierung der Entwicklung von Verfahren für die Bewertung des Tierschutzniveaus und von Verfahren zur Steigerung des Tierschutzes;

d) Durchführung wissenschaftlicher und technischer Studien zum Schutz von Tieren, die für kommerzielle oder wissenschaftliche Zwecke genutzt werden;

e) Durchführung von Schulungen für das Personal der nationalen wissenschaftlichen Unterstützungsnetze oder Stellen gemäß Buchstabe a, für das Personal der zuständigen Behörden und für Experten aus Drittländern und

f) Verbreitung von Forschungsergebnissen und technischen Innovationen sowie Zusammenarbeit mit Forschungseinrichtungen der Union auf den Gebieten innerhalb ihres Aufgabenbereichs.

Artikel 97
Benennung von Referenzzentren der Europäischen Union für die Echtheit und Integrität der Lebensmittelkette

(1) Die Kommission kann mittels Durchführungsrechtsakten Referenzzentren der Europäischen Union benennen, die die Tätigkeiten der Kommission und der Mitgliedstaaten zur Verhütung, Aufdeckung und Verfolgung von auf betrügerischen oder irreführenden Praktiken beruhenden Verstößen gegen die Vorschriften gemäß Artikel 1 Absatz 2 unterstützen.

(2) Die Benennungen gemäß Absatz 1

a) erfolgen nach einem öffentlichen Auswahlverfahren und

b) sind zeitlich befristet oder werden regelmäßig überprüft.

(3) Die Referenzzentren der Europäischen Union für die Echtheit und Integrität der Lebensmittelkette

a) handeln bei der Wahrnehmung ihrer Aufgaben als Referenzzentren der Europäischen Union unparteiisch;

b) verfügen über ein hohes Maß an wissenschaftlicher und technischer Kompetenz auf den durch die Vorschriften gemäß Artikel 1 Absatz 2 geregelten Gebieten und in der auf diesen Gebieten angewandten Forensik, damit sie fähig sind, Forschungsarbeiten auf höchstem Niveau zur Echtheit und Integrität von Waren durchzuführen und zu koordinieren und die Methodik für den Nachweis von auf betrügerischen oder irreführenden Praktiken beruhenden Verstößen gegen die Vorschriften gemäß Artikel 1 Absatz 2 auszuarbeiten, anzuwenden und zu bestätigen;

c) verfügen über angemessen qualifiziertes Personal, das ausreichend auf den Gebieten gemäß Buchstabe b geschult ist, und das erforderliche Hilfspersonal;

d) besitzen oder haben Zugriff auf die Infrastruktur, die Ausrüstung und die Produkte, die zur Wahrnehmung der ihnen übertragenen Aufgaben erforderlich sind und

e) gewährleisten, dass ihr Personal gut über internationale Normen und Verfahren in den Gebieten gemäß Buchstabe b Bescheid weiß und dass bei ihrer Arbeit die aktuellsten Forschungsentwicklungen auf diesen Gebieten auf nationaler, Unions- und internationaler Ebene berücksichtigt werden.

Artikel 98
Zuständigkeiten und Aufgaben der Referenzzentren der Europäischen Union für die Echtheit und Integrität der Lebensmittelkette

Die Referenzzentren der Europäischen Union für die Echtheit und Integrität der Lebensmittelkette sind für die folgenden Aufgaben zuständig, wenn diese in die ein- oder mehrjährigen Arbeitsprogramme der Referenzzentren, die im Einklang mit den Zielen und Prioritäten der von der Kommission gemäß Artikel 36 der Verordnung (EU) Nr. 652/2014 festgelegten einschlägigen Arbeitsprogramme aufgestellt wurden, einbezogen sind:

a) Bereitstellung von Fachwissen in Bezug auf die Echtheit und Integrität der Lebensmittelkette und auf Methoden für den Nachweis von auf betrügerischen oder irreführenden Praktiken beruhenden Verstößen gegen die Vorschriften gemäß Artikel 1 Absatz 2 dieser Verordnung in Bezug auf die Forensik, die auf den durch diese Vorschriften geregelten Gebieten angewandt wird;

b) Bereitstellung spezifischer Analysen zur Ermittlung von Abschnitten der Lebensmittelkette in denen es möglicherweise zu auf betrügerischen oder irreführenden Praktiken beruhenden Verstößen gegen die Vorschriften gemäß Artikel 1 Absatz 2 dieser Verordnung kommt, und zur Unterstützung bei der Ausarbeitung von spezifischen Verfahren für amtliche Kontrollen und von Protokollen;

c) erforderlichenfalls Wahrnehmung der Aufgaben gemäß Artikel 94 Absatz 2 Buchstaben a bis h dieser Verordnung, wobei Überschneidungen mit den Aufgaben gemäß Artikel 93 dieser Verordnung benannten Referenzlaboratorien der Europäischen Union zu vermeiden sind;

d) erforderlichenfalls Aufbau und Pflege von Beständen geprüfter Referenzmaterialien oder diesbezüglichen Datenbanken, die zur Aufdeckung von auf betrügerischen oder irreführenden Praktiken beruhenden Verstößen gegen die Vorschriften gemäß Artikel 1 Absatz 2 dieser Verordnung einzusetzen sind und

e) Verbreitung von Forschungsergebnissen und technischen Innovationen auf den Gebieten innerhalb ihres Aufgabenbereichs.

Artikel 99
Pflichten der Kommission

(1) Die Kommission veröffentlicht und aktualisiert bei Bedarf die Liste der

a) Referenzlaboratorien der Europäischen Union gemäß Artikel 93;

b) Referenzzentren der Europäischen Union für Tierschutz gemäß Artikel 95;

c) Referenzzentren der Europäischen Union für die Echtheit und Integrität der Lebensmittelkette gemäß Artikel 97.

(2) Der Kommission wird die Befugnis übertragen, gemäß Artikel 144 delegierte Rechtsakte zur Ergänzung dieser Verordnung zu erlassen, in denen – ergänzend zu den Bestimmungen in Artikel 93 Absatz 3, Artikel 94, Artikel 95 Absatz 3, Artikel 96, Artikel 97 Absatz 3 und Artikel 98 – die Anforderungen an die Referenzlaboratorien der Europäischen Union, die Referenzzentren der Europäischen Union für Tierschutz und die Referenzzentren der Europäischen Union für die Echtheit und Integrität der Lebensmittelkette sowie deren Zuständigkeiten und Aufgaben geregelt werden. Diese delegierten Rechtsakte sind auf Fälle beschränkt, in denen neue und aufkommende Risiken, neue oder aufkommende Tierseuchen oder Pflanzenschädlinge oder neue rechtliche Anforderungen dies erfordern.

(3) Die Kommission überprüft mittels Kontrollen, ob die Referenzlaboratorien der Europäischen Union und die Referenzzentren der Europäischen Union die Bestimmungen in Artikel 93 Absatz 3, Artikel 94, Artikel 95 Absatz 3 und Artikel 97 Absatz 3 einhalten.

(4) Wenn bei den Kommissionskontrollen gemäß Absatz 3 dieses Artikels ein Verstoß gegen die Bestimmungen in Artikel 93 Absatz 3, Artikel 94, Artikel 95 Absatz 3 und Artikel 97 Absatz 3 festgestellt wird, muss die Kommission nach Eingang der Stellungnahme des Referenzlaboratoriums bzw. des Referenzzentrums der Europäischen Union

a) mittels eines Durchführungsrechtsakts die Benennung des betreffenden Laboratoriums oder Zentrums aufheben oder

b) eine andere geeignete Maßnahme ergreifen.

Artikel 100
Benennung nationaler Referenzlaboratorien

(1) Für jedes gemäß Artikel 93 Absatz 1 benannte Referenzlaboratorium der Europäischen Union benennen die Mitgliedstaaten ein oder mehrere nationale Referenzlaboratorien.

Die Mitgliedstaaten können ein nationales Referenzlaboratorium auch in den Fällen benennen, in denen es kein entsprechendes Referenzlaboratorium der Europäischen Union gibt.

Ein Mitgliedstaat kann ein Laboratorium benennen, das in einem anderen Mitgliedstaat oder in einem zum Abkommen über den Europäischen Wirtschaftsraum gehörenden Drittland liegt. Ein und dasselbe Laboratorium kann für mehr als einen Mitgliedstaat als nationales Referenzlaboratorium benannt werden.

(2) Für die nationalen Referenzlaboratorien gelten die Bestimmungen in Artikel 37 Absatz 4 Buchstabe e und Artikel 37 Absatz 5, Artikel 39, Artikel 42 Absatz 1, Artikel 42 Absatz 2 Buchstaben a und b und Artikel 42 Absatz 3.

Abweichend von Artikel 37 Absatz 4 Buchstabe e können die zuständigen Behörden für den Bereich, der unter die Vorschriften gemäß Artikel 1 Absatz 2 Buchstabe g fällt, amtliche Laboratorien, die als solche von den zuständigen Behörden auf der Grundlage einer gemäß Artikel 41 gewährten Befreiung benannt wurden, als nationale Referenzlaboratorien benennen, auch wenn sie die in Artikel 37 Absatz 4 Buchstabe e genannte Bedingung nicht erfüllen.

(3) Die nationalen Referenzlaboratorien

a) sind im Hinblick auf die Wahrnehmung ihrer Aufgaben als nationale Referenzlaboratorien unparteiisch, frei von jeglichem Interessenkonflikt und insbesondere nicht in einer Situation, die direkt oder indirekt die Unparteilichkeit ihres beruflichen Handelns beeinträchtigen könnte;

b) verfügen über oder haben auf Vertragsbasis Zugriff auf angemessen qualifiziertes Personal, das ausreichend in den in ihrem Zuständigkeitsbereich angewandten Analyse-, Test- und Diagnosetechniken geschult ist, und gegebenenfalls Hilfspersonal;

c) besitzen oder haben Zugriff auf die Infrastruktur, die Ausrüstung und die Produkte, die zur Wahrnehmung der ihnen übertragenen Aufgaben erforderlich sind;

d) gewährleisten, dass ihr Personal und das auf Vertragsbasis angestellte Personal gut über internationale Normen und Verfahren Bescheid weiß und dass bei ihrer Arbeit die aktuellsten Forschungsentwicklungen auf nationaler, Unions- und internationaler Ebene berücksichtigt werden;

e) sind so ausgestattet oder haben Zugang zu der notwendigen Ausstattung, dass sie ihre Aufgaben in Notfällen wahrnehmen können und

f) sind gegebenenfalls so ausgestattet, dass sie die einschlägigen Normen zum Schutz vor biologischen Gefahren (biosecurity standards) erfüllen.

(4) Die Mitgliedstaaten

a) teilen der Kommission, dem betreffenden Referenzlaboratorium der Europäischen Union und den übrigen Mitgliedstaaten Name und Anschrift der einzelnen nationalen Referenzlaboratorien mit,

b) machen die Informationen gemäß Buchstabe a öffentlich zugänglich und

c) aktualisieren die Informationen gemäß Buchstabe a bei Bedarf.

(5) Die Mitgliedstaaten, die für ein Referenzlaboratorium der Europäischen Union mehr als ein nationales Referenzlaboratorium haben, sorgen dafür, dass diese Laboratorien eng zusammenarbeiten, damit eine wirksame Koordinierung unter ihnen, mit anderen nationalen Laboratorien und mit dem Referenzlaboratorium der Europäischen Union gewährleistet ist.

(6) Der Kommission wird die Befugnis übertragen, gemäß Artikel 144 delegierte Rechtsakte zur Ergänzung dieser Verordnung zu erlassen, um – ergänzend zu den Bestimmungen in den Absätzen 2 und 3 dieses Artikels – die Anforderungen an nationale Referenzlaboratorien festzulegen. Diese delegierten Rechtsakte dienen lediglich dazu, die Kohärenz mit sämtlichen zusätzlichen Anforderungen, die gemäß Artikel 99 Absatz 2 festgelegt werden, zu gewährleisten.

Artikel 101
Zuständigkeiten und Aufgaben der nationalen Referenzlaboratorien

(1) Innerhalb ihres Zuständigkeitsbereichs müssen die nationalen Referenzlaboratorien

a) mit den Referenzlaboratorien der Europäischen Union zusammenarbeiten und sich an Schulungen und Laborvergleichstests, die von diesen Laboratorien organisiert werden, beteiligen;

b) die Tätigkeiten der gemäß Artikel 37 Absatz 1 benannten amtlichen Laboratorien mit dem Ziel koordinieren, die Methoden für Laboranalysen, -tests oder -diagnosen und ihre Verwendung zu harmonisieren und zu verbessern;

c) gegebenenfalls Laborvergleichstests oder Eignungsprüfungen zwischen amtlichen Laboratorien organisieren, für angemessene Folgemaßnahmen zu solchen Tests sorgen und die zuständigen Behörden über die Ergebnisse solcher Tests und Folgemaßnahmen informieren;

d) die Verteilung der vom Referenzlaboratorium der Europäischen Union bereitgestellten Informationen an die zuständigen Behörden und die amtlichen Laboratorien gewährleisten;

e) den zuständigen Behörden innerhalb ihres Aufgabenbereichs wissenschaftliche und technische Unterstützung bei der Umsetzung der MNKP gemäß Artikel 109 und der gemäß Artikel 112 angenommenen koordinierten Kontrollprogramme leisten;

f) gegebenenfalls die Reagenzien und die Reagenzienchargen validieren und Listen der verfügbaren Referenzsubstanzen und Reagenzien sowie der Hersteller und Lieferanten solcher Substanzen und Reagenzien führen und auf dem neuesten Stand halten;

g) erforderlichenfalls Schulungen für das Personal der amtlichen Laboratorien, die gemäß Artikel 37 Absatz 1 benannt wurden, durchführen und

h) den Mitgliedstaat, der sie benannt hat, bei der Diagnostizierung der Ausbrüche von durch Lebensmittel übertragenen Krankheiten, Zoonosen oder Tierseuchen oder des Auftretens von Pflanzenschädlingen und im Falle von nicht vorschriftsmäßigen Sendungen aktiv unterstützen, indem sie Erregerisolate oder Schädlingsproben zur Diagnosebestätigung, zur Charakterisierung und zur epizootischen oder taxonomischen Einordnung untersuchen.

(2) Der Kommission wird die Befugnis übertragen, delegierte Rechtsakte gemäß Artikel 144 zur Ergänzung dieser Verordnung zu erlassen, in denen – ergänzend zu den Bestimmungen in Absatz 1 dieses Artikels – die Zuständigkeiten und Aufgaben der nationalen Referenzlaboratorien geregelt sind. Diese delegierten Rechtsakte dienen lediglich dazu, die Kohärenz mit sämtlichen zusätzlichen Zuständigkeiten und Aufgaben, die gemäß Artikel 99 Absatz 2 festgelegt werden, zu gewährleisten.

TITEL IV
AMTSHILFE UND ZUSAMMENARBEIT

Artikel 102
Allgemeine Bestimmungen

(1) Die zuständigen Behörden in den Mitgliedstaaten leisten einander gemäß den Artikeln 104 bis 107 Amtshilfe, um die ordnungsgemäße Anwendung der Vorschriften gemäß Artikel 1 Absatz 2 in Fällen zu gewährleisten, die für mehr als einen Mitgliedstaat relevant sind.

(2) Die Amtshilfe umfasst gegebenenfalls und nach Absprache zwischen den betreffenden zuständigen Behörden die Beteiligung der zuständigen Behörden eines Mitgliedstaats an vor Ort durchgeführten amtlichen Kontrollen der zuständigen Behörden eines anderen Mitgliedstaats.

(3) Dieser Titel gilt unbeschadet des nationalen Rechts

a) zur Freigabe von Dokumenten und Informationen, die Gegenstand von gerichtlichen Ermittlungen und Gerichtsverfahren, einschließlich strafrechtlicher Ermittlungen, sind oder damit in Zusammenhang stehen und

b) zum Schutz von wirtschaftlichen Interessen natürlicher oder juristischer Personen.

(4) Die Mitgliedstaaten ergreifen Maßnahmen, um die Übermittlung von Informationen von anderen Strafverfolgungsbehörden, Staatsanwaltschaften und Justizbehörden über mögliche Verstöße gegen die Vorschriften gemäß Artikel 1 Absatz 2 an die zuständigen Behörden zu erleichtern, die für die Anwendung dieses Titels relevant sind und Folgendes darstellen können:

a) ein Risiko für die Gesundheit von Menschen, Tieren oder Pflanzen, für den Tierschutz oder – sofern es sich um GVO und Pflanzenschutzmittel handelt – auch für die Umwelt; oder

b) einen möglichen Verstoß gegen die Vorschriften gemäß Artikel 1 Absatz 2 aufgrund betrügerischer oder irreführender Praktiken.

(5) Alle Mitteilungen zwischen den zuständigen Behörden gemäß den Artikeln 104 bis 107 erfolgen schriftlich in Papierform oder in elektronischer Form.

(6) Zur Straffung und Vereinfachung des Austauschs von Mitteilungen legt die Kommission mittels Durchführungsrechtsakten ein Standardformat fest für

a) Amtshilfeersuchen gemäß Artikel 104 Absatz 1;

b) die Übermittlung gewöhnlicher und wiederkehrender Meldungen und Antworten.

Diese Durchführungsrechtsakte werden gemäß dem in Artikel 145 Absatz 2 genannten Prüfverfahren erlassen.

Artikel 103
Verbindungsstellen

(1) Jeder Mitgliedstaat benennt eine oder mehrere Verbindungsstellen als Ansprechpartner, die für die Erleichterung des Austauschs von Mitteilungen zwischen den zuständigen Behörden gemäß den Artikeln 104 bis 107 zuständig sind.

(2) Die Benennung von Verbindungsstellen schließt direkte Kontakte, Informationsaustausch oder Zusammenarbeit zwischen dem Personal der zuständigen Behörden in verschiedenen Mitgliedstaaten nicht aus.

(3) Die Mitgliedstaaten teilen der Kommission und den übrigen Mitgliedstaaten die Kontaktinformationen ihrer gemäß Absatz 1 benannten Verbindungsstellen und etwaige spätere Änderungen dieser Informationen mit.

(4) Die Kommission veröffentlicht und aktualisiert auf ihrer Website die Liste der Verbindungsstellen, die ihr von den Mitgliedstaaten gemäß Absatz 3 mitgeteilt werden.

(5) Alle Amtshilfeersuchen gemäß Artikel 104 Absatz 1 sowie die Meldungen und Mitteilungen gemäß den Artikeln 105, 106 und 107 werden von der Verbindungsstelle an die Verbindungsstelle in dem Mitgliedstaat übermittelt, an den das Amtshilfeersuchen oder die Meldung gerichtet ist.

(6) Die Kommission legt mittels Durchführungsrechtsakten die spezifischen Anforderungen an die technischen Hilfsmittel und die Verfahren für die Kommunikation zwischen den gemäß Absatz 1 dieses Artikels benannten Verbindungs-

stellen fest. Diese Durchführungsrechtsakte werden gemäß dem in Artikel 145 Absatz 2 genannten Prüfverfahren erlassen.

Artikel 104
Amtshilfe auf Ersuchen

(1) Wenn die zuständigen Behörden in einem Mitgliedstaat der Ansicht sind, dass sie für die Durchführung amtlicher Kontrollen oder wirksamer Folgemaßnahmen im Anschluss an solche Kontrollen in ihrem Hoheitsgebiet Daten oder Informationen von den zuständigen Behörden eines anderen Mitgliedstaats benötigen, richten sie ein mit Gründen versehenes Amtshilfeersuchen an die zuständigen Behörden dieses Mitgliedstaats. Die ersuchte zuständige Behörde

a) bestätigt den Eingang des Ersuchens unverzüglich;

b) teilt auf Verlangen der ersuchenden zuständigen Behörde innerhalb von zehn Arbeitstagen nach Eingang des Ersuchens mit, wie viel Zeit sie voraussichtlich benötigt, um fundiert auf das Ersuchen zu reagieren und

c) führt die erforderlichen amtlichen Kontrollen durch und unternimmt die erforderlichen Untersuchungen, um den ersuchenden zuständigen Behörden unverzüglich alle notwendigen Informationen und Unterlagen bereitzustellen, die diese in die Lage versetzen, fundierte Entscheidungen zu treffen und die Einhaltung der Unionsbestimmungen in ihrem Zuständigkeitsbereich zu überprüfen.

(2) Die Unterlagen können als Originale oder als Kopien übermittelt werden.

(3) Nach Absprache zwischen der ersuchenden zuständigen Behörde und der ersuchten zuständigen Behörde kann Personal, das von der ersuchenden Behörde benannt wird, bei den amtlichen Kontrollen und Untersuchungen gemäß Absatz 1 Buchstabe c, die die ersuchte Behörde durchführt, zugegen sein.

Das Personal der ersuchenden zuständigen Behörde, das bei diesen Kontrollen zugegen ist,

a) muss jederzeit schriftlich seine Identität und seine amtliche Funktion belegen können;

b) erhält vom Unternehmer Zugang zu den gleichen Räumlichkeiten, zum gleichen Gelände und zu den gleichen Unterlagen wie das Personal der ersuchten zuständigen Behörde, und zwar durch deren Vermittlung und ausschließlich zum Zweck der laufenden amtlichen Untersuchungen und

c) darf nicht auf eigene Initiative die Untersuchungsbefugnisse wahrnehmen, die den Bediensteten der ersuchten zuständigen Behörde übertragen wurden.

Artikel 105
Amtshilfe ohne Ersuchen bei Verstößen

(1) Bemerken die zuständigen Behörden in einem Mitgliedstaat einen Verstoß, der Auswirkungen auf einen anderen Mitgliedstaat haben kann, so unterrichten sie hiervon unaufgefordert und ohne ungebührliche Verzögerung die zuständigen Behörden dieses anderen Mitgliedstaats.

(2) Die gemäß Absatz 1 unterrichtete zuständige Behörde

a) bestätigt den Eingang der Meldung ohne ungebührliche Verzögerung;

b) teilt auf Verlangen der meldenden zuständigen Behörde innerhalb von zehn Arbeitstagen nach Eingang der Meldung mit,

i) welche Untersuchungen sie plant oder

ii) warum sie keine Untersuchungen für nötig hält und

c) untersucht die Angelegenheit, wenn Untersuchungen gemäß Buchstabe b für nötig gehalten werden, und unterrichtet die meldende zuständige Behörde unverzüglich über die Ergebnisse und gegebenenfalls über die ergriffenen Maßnahmen.

Artikel 106
Amtshilfe bei Verstößen, die ein Risiko implizieren oder die einen wiederholten bzw. möglichen schwere Verstoß darstellen

(1) Stellen die zuständigen Behörden bei amtlichen Kontrollen von Tieren oder Waren mit Ursprung in einem anderen Mitgliedstaat fest, dass diese Tiere oder Waren den Vorschriften gemäß Artikel 1 Absatz 2 so wenig genügen, dass ein Risiko für die Gesundheit von Menschen, Tieren oder Pflanzen, für den Tierschutz oder – sofern es sich um GVO und Pflanzenschutzmittel handelt – auch für die Umwelt besteht oder dass ein möglicher schwerer Verstoß gegen diese Vorschriften vorliegt, so unterrichten sie hiervon unverzüglich die zuständigen Behörden des versendenden Mitgliedstaats und aller anderen betroffenen Mitgliedstaaten, damit diese zuständigen Behörden geeignete Untersuchungen vornehmen können.

(2) Die unterrichteten zuständigen Behörden ergreifen unverzüglich folgende Maßnahmen:

a) Sie bestätigen den Eingang der Meldung;

b) sie teilen auf Verlangen der meldenden zuständigen Behörde mit, welche Untersuchungen sie planen und

c) sie untersuchen die Angelegenheit, ergreifen alle erforderlichen Maßnahmen und unterrichten die meldenden zuständigen Behörden von der Art der durchgeführten Untersuchungen und amtlichen Kontrollen, von den getroffenen Entscheidungen und von den Gründen für diese Entscheidungen.

(3) Haben die meldenden zuständigen Behörden Grund zu der Annahme, dass die Untersuchungen und Maßnahmen der unterrichteten zuständigen Behörden dem festgestellten Verstoß nicht angemessen sind, so ersuchen sie die unterrichteten zuständigen Behörden, ihre amtlichen Kontrollen oder Maßnahmen auszudehnen. In solchen Fällen handeln die zuständigen Behörden der beiden Mitgliedstaaten wie folgt:

a) sie streben eine Einigung auf ein angemessenes Vorgehen im Hinblick auf den Verstoß an, wozu auch gemeinsame amtliche Kontrollen und Untersuchungen gemäß Artikel 104 Absatz 3 gehören können und

b) sie unterrichten die Kommission unverzüglich, wenn sie sich nicht auf geeignete Maßnahmen einigen können.

(4) Werden bei amtlichen Kontrollen von Tieren oder Waren mit Ursprung in einem anderen Mitgliedstaat wiederholt Verstöße gemäß Absatz 1 festgestellt, so unterrichten die zuständigen Behörden des Bestimmungsmitgliedstaats hiervon unverzüglich die Kommission und die zuständigen Behörden der anderen Mitgliedstaaten.

Artikel 107
Amtshilfe auf der Grundlage von Informationen von Drittländern

(1) Erhalten zuständige Behörden von einem Drittland Informationen über einen Verstoß gegen die Vorschriften gemäß Artikel 1 Absatz 2 oder über ein Risiko für die Gesundheit von Menschen, Tieren oder Pflanzen, für den Tierschutz oder – sofern es sich um GVO und Pflanzenschutzmittel handelt – auch für die Umwelt, so leiten diese Informationen unverzüglich weiter

a) an die zuständigen Behörden in anderen betroffenen Mitgliedstaaten und

b) an die Kommission, soweit diese Informationen auf Unionsebene relevant sind oder sein könnten.

(2) Informationen, die im Rahmen von amtlichen Kontrollen und Untersuchungen anfallen, welche im Einklang mit dieser Verordnung durchgeführt werden, dürfen an das in Absatz 1 genannte Drittland weitergegeben werden, sofern

a) die zuständigen Behörden, die die Informationen bereitgestellt haben, dem zustimmen;

b) das Drittland zugesagt hat, die nötige Amtshilfe zu leisten, um Hinweise auf Praktiken zu sammeln, die gegen Unionsbestimmungen verstoßen oder zu verstoßen scheinen oder die ein Risiko für Menschen, Tiere, Pflanzen oder die Umwelt darstellen und

c) die einschlägigen nationalen und Unionsbestimmungen für die Weitergabe personenbezogener Daten an Drittländer eingehalten werden.

Artikel 108
Koordinierungs- und Folgemaßnahmen der Kommission

(1) Wenn sich die zuständigen Behörden in den betreffenden Mitgliedstaaten nicht auf ein angemessenes Vorgehen im Hinblick auf den Verstoß gegen die Vorschriften gemäß Artikel 1 Absatz 2 einigen können, koordiniert die Kommission unverzüglich die von den zuständigen Behörden gemäß diesem Titel ergriffenen Maßnahmen und Aktionen, wenn aus den ihr vorliegenden Informationen entweder hervorgeht, dass:

a) Handlungen vorliegen, die tatsächlich oder anscheinend gegen die Vorschriften gemäß Artikel 1 Absatz 2 verstoßen, und wenn diese Handlungen Auswirkungen auf mehr als einen Mitgliedstaat haben oder haben könnten, oder

b) diese oder ähnliche Handlungen, die tatsächlich oder anscheinend gegen die Vorschriften gemäß Artikel 1 Absatz 2 verstoßen, in mehr als einem Mitgliedstaat stattfinden könnten.

(2) In den Fällen gemäß Absatz 1 kann die Kommission

a) in Zusammenarbeit mit dem betreffenden Mitgliedstaat ein Inspektionsteam zur Durchführung einer amtlichen Kontrolle vor Ort entsenden;

b) die zuständigen Behörden im versendenden Mitgliedstaat und gegebenenfalls in anderen betroffenen Mitgliedstaaten mittels Durchführungsrechtsakten auffordern, die amtlichen Kontrollen in geeigneter Weise zu verstärken und ihr über die ergriffenen Maßnahmen Bericht zu erstatten;

c) alle anderen geeigneten Maßnahmen im Einklang mit den Vorschriften gemäß Artikel 1 Absatz 2 ergreifen.

(3) Der Kommission wird die Befugnis übertragen, gemäß Artikel 144 delegierte Rechtsakte zur Ergänzung dieser Verordnung zu erlassen, in denen der rasche Informationsaustausch in den Fällen gemäß Absatz 1 geregelt ist.

TITEL V
PLÄNE UND BERICHTE

Artikel 109
Mehrjährige nationale Kontrollpläne (MNKP) und eine zentrale MNKP-Stelle

(1) Die Mitgliedstaaten gewährleisten, dass die amtlichen Kontrollen gemäß dieser Verordnung von den zuständigen Behörden auf der Grundlage eines MNKP durchgeführt werden, dessen Aufstellung und Umsetzung für das gesamte Hoheitsgebiet koordiniert werden.

(2) Die Mitgliedstaaten benennen eine zentrale Stelle, die die Aufgabe hat,

a) die Aufstellung des MNKP gemäß Absatz 1 unter Einbeziehung aller für die amtlichen Kontrollen zuständigen Behörden zu koordinieren;

b) zu gewährleisten, dass die MNKP schlüssig ist;

c) Informationen über die Umsetzung des Plans im Hinblick auf die Übermittlung der Jahresberichte gemäß Artikel 113 und auf seine Überprüfung und erforderlichenfalls Aktualisierung gemäß Artikel 111 Absatz 2 zu erheben.

Artikel 110
Inhalt der MNKP

(1) Die MNKP gewährleisten, dass amtliche Kontrollen in allen Bereichen, die durch die Vorschriften gemäß Artikel 1 Absatz 2 geregelt sind, im Einklang mit den Kriterien gemäß Artikel 9 und mit den Bestimmungen gemäß den Artikeln 18 bis 27 geplant werden.

(2) Die MNKP enthalten für jeden betroffenen Bereich allgemeine Informationen über den Aufbau und die Organisation der amtlichen Kontrollsysteme in den betreffenden Mitgliedstaaten und außerdem Informationen über zumindest

a) die strategischen Ziele des MNKP und darüber, wie sich diese Ziele in den Kontrollprioritäten und der Ressourcenzuteilung widerspiegeln;

b) die Risikokategorisierung der amtlichen Kontrollen;

c) die Benennung der zuständigen Behörden und ihre Aufgaben auf zentraler, regionaler und lokaler Ebene sowie über die diesen Behörden zur Verfügung stehenden Ressourcen;

d) gegebenenfalls die Übertragung von Aufgaben an beauftragte Stellen;

e) die allgemeine Organisation und Durchführung der amtlichen Kontrollen auf nationaler, regionaler und lokaler Ebene, einschließlich der amtlichen Kontrollen in einzelnen Betrieben;

f) die in den verschiedenen Sektoren angewendeten Kontrollsysteme und die Koordinierung zwischen den verschiedenen Stellen der für die amtlichen Kontrollen in diesen Bereichen zuständigen Behörden;

g) die vorhandenen Verfahren und Maßnahmen, die gewährleisten sollen, dass die zuständigen Behörden ihren Pflichten gemäß Artikel 5 Absatz 1 nachkommen;

h) die Schulung des Personals der zuständigen Behörden;

i) die dokumentierten Verfahren gemäß Artikel 12 Absatz 1;

j) die allgemeine Organisation und die Durchführung von Notfallplänen im Einklang mit den Vorschriften gemäß Artikel 1 Absatz 2 und

k) die allgemeine Organisation der Zusammenarbeit und Amtshilfe zwischen den zuständigen Behörden in den Mitgliedstaaten.

Artikel 111
Aufstellung, Aktualisierung und Überprüfung der MNKP

(1) Die Mitgliedstaaten gewährleisten, dass die MNKP gemäß Artikel 109 Absatz 1 öffentlich zugänglich gemacht werden, mit Ausnahme der Teile, deren Offenlegung die Wirksamkeit amtlicher Kontrollen beeinträchtigen könnte.

(2) Der MNKP wird regelmäßig aktualisiert, um ihn an Änderungen der Vorschriften gemäß Artikel 1 Absatz 2 anzupassen, und überprüft, um zumindest folgende Faktoren zu berücksichtigen:

a) das Auftreten neuer Krankheiten, Pflanzenschädlinge oder anderer Risiken für die Gesundheit von Menschen, Tieren oder Pflanzen, für den Tierschutz oder – sofern es sich um GVO und Pflanzenschutzmittel handelt – auch für die Umwelt;

b) wesentliche Änderungen im Aufbau, in der Leitung oder in der Arbeitsweise der zuständigen Behörden in den Mitgliedstaaten;

c) die Ergebnisse der amtlichen Kontrollen der Mitgliedstaaten;

d) die Ergebnisse der gemäß Artikel 116 Absatz 1 in dem Mitgliedstaat durchgeführten Kommissionskontrollen;

e) wissenschaftliche Erkenntnisse und

f) die Ergebnisse der von den zuständigen Behörden eines Drittlandes in einem Mitgliedstaat durchgeführten amtlichen Kontrollen.

(3) Die Mitgliedstaaten stellen der Kommission auf Verlangen die aktuellste Fassung ihres jeweiligen MNKP bereit.

Artikel 112
Koordinierte Kontrollprogramme, Erfassung von Informationen und Daten

Um den Stand der Anwendung der Vorschriften gemäß Artikel 1 Absatz 2 unionsweit gezielt bewerten oder die Prävalenz bestimmter Gefahren in der Union feststellen zu können, kann die Kommission Durchführungsrechtsakte erlassen betreffend

a) die Durchführung befristeter koordinierter Kontrollprogramme in einem der Bereiche, die durch die Vorschriften gemäß Artikel 1 Absatz 2 geregelt sind;

b) die Ad-hoc-Organisation der Erfassung von Daten und Informationen im Zusammenhang mit der Anwendung eines bestimmten Teils der Vorschriften gemäß Artikel 1 Absatz 2 oder bezüglich der Prävalenz bestimmter Gefahren.

Diese Durchführungsrechtsakte werden gemäß dem in Artikel 145 Absatz 2 genannten Prüfverfahren erlassen.

Artikel 113
Jahresberichte der Mitgliedstaaten

(1) Jeweils bis zum 31. August jedes Jahres legt jeder Mitgliedstaat der Kommission einen Bericht vor, der Auskunft gibt über

a) die etwaigen Anpassungen des MNKP zur Berücksichtigung der Faktoren gemäß Artikel 111 Absatz 2;

b) die Ergebnisse der im vorangegangenen Jahr im Rahmen des MNKP durchgeführten amtlichen Kontrollen;

c) die Art und Anzahl der von den zuständigen Behörden im vorangegangenen Jahr je Bereich festgestellten Verstöße gegen die Vorschriften gemäß Artikel 1 Absatz 2;

d) die Maßnahmen zur Sicherstellung der wirksamen Durchführung der MNKP, einschließlich Durchsetzungsmaßnahmen, und deren Ergebnisse und

e) einen Link zu der Website der zuständigen Behörde mit den Informationen über Gebühren oder Abgaben für die Öffentlichkeit gemäß Artikel 85 Absatz 2.

(2) Zur Gewährleistung einer einheitlichen Aufmachung der Jahresberichte gemäß Absatz 1 legt die Kommission für die Übermittlung der Informationen und Daten gemäß jenes Absatzes mittels Durchführungsrechtsakten einheitliche Musterformulare fest, die sie bei Bedarf aktualisiert.
Diese Durchführungsrechtsakte erlauben, wann immer dies möglich ist, die Verwendung der von der Kommission angenommenen einheitlichen Musterformulare auch für die Übermittlung anderer Berichte über amtliche Kontrollen, die die zuständigen Behörden der Kommission im Einklang mit den Vorschriften gemäß Artikel 1 Absatz 2 vorlegen müssen. Diese Durchführungsrechtsakte werden gemäß dem in Artikel 145 Absatz 2 genannten Prüfverfahren erlassen.

Artikel 114
Jahresberichte der Kommission

(1) Bis zum 31. Januar jedes Jahres veröffentlicht die Kommission einen Jahresbericht über die amtlichen Kontrollen der Mitgliedstaaten; hierbei berücksichtigt sie Folgendes:

a) die von den Mitgliedstaaten gemäß Artikel 113 vorgelegten Jahresberichte und

b) die Ergebnisse der gemäß Artikel 116 Absatz 1 durchgeführten Kommissionskontrollen.

(2) Der Jahresbericht gemäß Absatz 1 kann gegebenenfalls Empfehlungen für mögliche Verbesserungen der amtlichen Kontrollsysteme in den Mitgliedstaaten und für bestimmte amtliche Kontrollen in bestimmten Bereichen enthalten.

Artikel 115
Notfallpläne für Lebens- und Futtermittel

(1) Zur Durchführung des allgemeinen Plans für das Krisenmanagement gemäß Artikel 55 Absatz 1 der Verordnung (EG) Nr. 178/2002 erstellen die Mitgliedstaaten Notfallpläne für Lebens- und Futtermittel mit Maßnahmen, die unverzüglich durchzuführen sind, wenn festgestellt wird, dass Lebens- oder Futtermittel ein ernstes Risiko für die Gesundheit von Menschen und Tieren – entweder direkt oder über die Umwelt – darstellen.

(2) In den Notfallplänen für Lebens- und Futtermittel gemäß Absatz 1 sind anzugeben:

a) die zu beteiligenden zuständigen Behörden;

b) die Befugnisse und Zuständigkeiten der Behörden gemäß Buchstabe a und

c) die Kanäle und Verfahren für den Informationsaustausch zwischen den zuständigen Behörden und gegebenenfalls anderen Beteiligten.

(3) Die Mitgliedstaaten überarbeiten regelmäßig ihre Notfallpläne für Lebens- und Futtermittel, um organisatorischen Veränderungen bei den zuständigen Behörden sowie Erkenntnissen aus der Umsetzung der Pläne und aus Simulationsübungen Rechnung zu tragen.

(4) Die Kommission kann Durchführungsrechtsakte erlassen betreffend

a) Bestimmungen über die Aufstellung von Notfallplänen gemäß Absatz 1 dieses Artikels, soweit dies für die einheitliche und wirksame Durchführung des allgemeinen Plans für das Krisenmanagement gemäß Artikel 55 Absatz 1 der Verordnung (EG) Nr. 178/2002 erforderlich ist und

b) die Rolle von Interessenträgern bei der Aufstellung und Durchführung dieser Notfallpläne.

Diese Durchführungsrechtsakte werden gemäß dem in Artikel 145 Absatz 2 genannten Prüfverfahren erlassen.

TITEL VI
TÄTIGKEITEN DER UNION

KAPITEL I
Kommissionskontrollen

Artikel 116
Kommissionskontrollen in den Mitgliedstaaten

(1) Experten der Kommission führen in jedem Mitgliedstaat Kontrollen – einschließlich Audits – durch, um

a) die Anwendung der Vorschriften gemäß Artikel 1 Absatz 2 und der Bestimmungen dieser Verordnung zu überprüfen;

b) das Funktionieren der nationalen Kontrollsysteme in den Bereichen, die durch die Vorschriften gemäß Artikel 1 Absatz 2 und die Bestimmungen dieser Verordnung geregelt sind, und die Arbeit der sie verwaltenden zuständigen Behörden zu überprüfen;

c) Untersuchungen anzustellen und Informationen zu sammeln über

i) amtliche Kontrollen und Durchsetzungspraktiken in den Bereichen, die durch die Vorschriften gemäß Artikel 1 Absatz 2 und die Bestimmungen dieser Verordnung geregelt sind;

ii) größere oder wiederkehrende Probleme mit der Anwendung oder Durchsetzung der Vorschriften gemäß Artikel 1 Absatz 2;

iii) Notfälle, neu auftretende Probleme oder neue Entwicklungen in den Mitgliedstaaten in den Bereichen, die durch die Vorschriften gemäß Artikel 1 Absatz 2 und die Bestimmungen dieser Verordnung geregelt sind.

(2) Die Kontrollen gemäß Absatz 1 werden in Zusammenarbeit mit den zuständigen Behörden der Mitgliedstaaten organisiert und regelmäßig durchgeführt.

(3) Die Kontrollen gemäß Absatz 1 können Überprüfungen vor Ort umfassen. Die Experten der Kommission können das Personal der zuständigen Behörden bei amtlichen Kontrollen begleiten.

(4) Experten der Mitgliedstaaten können die Experten der Kommission unterstützen. Die nationalen Experten, die Experten der Kommission begleiten, erhalten die gleichen Zugangsrechte wie die Experten der Kommission.

Artikel 117
Berichte der Kommission über Kontrollen in Mitgliedstaaten

Die Kommission

a) erstellt einen Entwurf des Berichts über die Ergebnisse und die Empfehlungen in Bezug auf die Behebung der Mängel, die von ihren Experten während der Kontrollen gemäß Artikel 116 Absatz 1 festgestellt wurden;

b) übermittelt dem Mitgliedstaat, in dem diese Kontrollen durchgeführt wurden, eine Kopie des Berichtsentwurfs gemäß Buchstabe a zur Stellungnahme;

c) berücksichtigt die in Buchstabe b genannte Stellungnahme des Mitgliedstaats bei der Erstellung des endgültigen Berichts über die Ergebnisse der Kontrollen, die ihre Experten gemäß Artikel 116 Absatz 1 in dem Mitgliedstaat durchgeführt haben und

d) macht den endgültigen Bericht gemäß Buchstabe c und die Stellungnahme des Mitgliedstaats gemäß Buchstabe b öffentlich zugänglich.

Artikel 118
Programm für die Kommissionskontrollen in den Mitgliedstaaten

(1) Im Wege von Durchführungsakten

a) erstellt die Kommission ein ein- oder mehrjähriges Programm für die von ihren Experten in den Mitgliedstaaten gemäß Artikel 116 Absatz 1 durchzuführenden Kontrollen;

b) übermittelt die Kommission den Mitgliedstaaten jeweils zum Jahresende für das darauffolgende Jahr das einjährige Kontrollprogramm oder gegebenenfalls die aktualisierte Fassung des mehrjährigen Kontrollprogramms.

(2) Die Kommission kann ihr Kontrollprogramm mittels Durchführungsrechtsakten ändern, um es in Bereichen, die durch die Vorschriften gemäß Artikel 1 Absatz 2 geregelt sind, an neue Entwicklungen anzupassen. Diese Änderungen werden den Mitgliedstaaten unverzüglich mitgeteilt.

Artikel 119
Pflichten der Mitgliedstaaten im Zusammenhang mit Kommissionskontrollen

Die Mitgliedstaaten

a) ergreifen angemessene Folgemaßnahmen, um spezifische oder systemische Mängel zu beheben, die von den Experten der Kommission bei den Kontrollen gemäß Artikel 116 Absatz 1 festgestellt worden sind;

b) leisten die notwendige technische Unterstützung und stellen die verfügbaren Unterlagen, auf begründetes Verlangen auch die Ergebnisse der Audits gemäß Artikel 6, und sonstige technische Hilfe bereit, die die Experten der Kommission anfordern, um ihre Kontrollen effizient und wirksam durchführen zu können und

c) leisten die notwendige Unterstützung, damit gewährleistet ist, dass die Experten der Kommission zu allen Räumlichkeiten, zum gesamten Gelände, zu allen Tieren und Waren sowie zu allen

Informationen – einschließlich Datenverarbeitungssystemen – Zugang erhalten, die für die Wahrnehmung ihrer Aufgaben relevant sind.

Artikel 120
Kommissionskontrollen in Drittländern

(1) Experten der Kommission können in Drittländern Kontrollen durchführen, um

a) die Einhaltung oder Gleichwertigkeit der Rechtsvorschriften und Systeme der Drittländer, unter anderem des amtlichen Bescheinigungsverfahrens und der Verfahren für die Ausstellung von amtlichen Bescheinigungen, amtlichen Etiketten, amtlichen Markierungen und anderen amtlichen Attestierungen, mit den Anforderungen in den Vorschriften gemäß Artikel 1 Absatz 2 zu überprüfen;

b) zu überprüfen, inwieweit das Kontrollsystem des Drittlandes in der Lage ist zu gewährleisten, dass die in die Union ausgeführten Tier- und Warensendungen den Anforderungen der Vorschriften gemäß Artikel 1 Absatz 2 oder anderen Anforderungen genügen, die als mindestens gleichwertig anerkannt sind;

c) Informationen und Daten über die möglichen Ursachen wiederkehrender oder neu auftretender Probleme im Zusammenhang mit Tier- und Warenausfuhren aus einem Drittland zu erfassen.

(2) Die Kontrollen gemäß Absatz 1 betreffen insbesondere

a) die Rechtsvorschriften des Drittlandes;

b) die Organisation der zuständigen Behörden des Drittlandes, ihre Befugnisse, ihre Unabhängigkeit, ihre Beaufsichtigung und ihre Autorität, geltende Rechtsvorschriften wirksam durchzusetzen;

c) die Schulung des Personals der zuständigen Behörde des Drittlandes im Hinblick auf die Durchführung amtlicher Kontrollen;

d) die Ressourcen, darunter die Analyse-, Test- und Diagnoseeinrichtungen, die den zuständigen Behörden zur Verfügung stehen;

e) das Vorhandensein und die Anwendung dokumentierter, auf Prioritäten gestützter Kontrollverfahren und Kontrollsysteme;

f) gegebenenfalls die Lage hinsichtlich Tiergesundheit, Tierschutz, Zoonosen und Pflanzengesundheit sowie die Verfahren zur Meldung des Ausbruchs einer Tierseuche oder des Auftretens von Pflanzenschädlingen bei der Kommission und einschlägigen internationalen Stellen;

g) Umfang und Durchführung der Kontrollen durch die zuständige Behörde des Drittlandes bei Tieren, Pflanzen und deren Erzeugnissen aus anderen Drittländern und

h) die Zusicherungen des Drittlandes in Bezug auf die Einhaltung der Anforderungen in den Vorschriften gemäß Artikel 1 Absatz 2 oder auf die Gleichwertigkeit der eigenen Anforderungen mit damit.

(3) Im Interesse einer effizienten und wirksamen Durchführung der Kontrollen gemäß Absatz 1 kann die Kommission das betreffende Drittland vor der Durchführung derartiger Kontrollen ersuchen,

a) die hierfür erforderlichen Informationen gemäß Artikel 125 Absatz 1 bereitzustellen und

b) gegebenenfalls und bei Bedarf die schriftlichen Aufzeichnungen über die von seinen zuständigen Behörden durchgeführten Kontrollen vorzulegen.

(4) Die Kommission kann Experten aus Mitgliedstaaten benennen, die die Experten der Kommission während der Kontrollen gemäß Absatz 1 unterstützen.

Artikel 121
Häufigkeit der Kommissionskontrollen in Drittländern

Faktoren für die Festlegung der Häufigkeit von Kommissionskontrollen in einem Drittland gemäß Artikel 120 sind

a) eine Risikobewertung der aus dem betreffenden Drittland in die Union ausgeführten Tiere und Waren;

b) die Vorschriften gemäß Artikel 1 Absatz 2;

c) die Menge und die Art der Tiere und Waren, die aus dem betreffenden Drittland in die Union eingeführt werden;

d) die Ergebnisse der von Experten der Kommission oder anderen Inspektionsstellen bereits durchgeführten Kontrollen;

e) die Ergebnisse der amtlichen Kontrollen von Tieren und Waren, die aus dem betreffenden Drittland in die Union verbracht werden, und anderer amtlicher Kontrollen, die zuständige Behörden der Mitgliedstaaten durchgeführt haben;

f) die von der EFSA oder ähnlichen Stellen erhaltenen Informationen;

g) die Informationen von international anerkannten Stellen wie:

i) Weltgesundheitsorganisation;

ii) Codex-Alimentarius-Kommission;

iii) Weltorganisation für Tiergesundheit (OIE);

iv) Pflanzenschutz-Organisation für Europa und den Mittelmeerraum und jede andere im Rahmen des Internationalen Pflanzenschutzübereinkommens (IPPC) eingerichtete regionale Pflanzenschutz-Organisation;

v) Sekretariat des IPPC;

vi) Organisation für wirtschaftliche Zusammenarbeit und Entwicklung;

vii) Wirtschaftskommission der Vereinten Nationen für Europa;

viii) Sekretariat des Cartagena-Protokolls über die biologische Sicherheit zum Übereinkommen über die biologische Vielfalt;

h) neu auftretende Krankheitssituationen oder andere Umstände, die dazu führen könnten, dass Tiere und Waren, die aus einem Drittland in die Union verbracht werden, ein Gesundheits- oder Umweltrisiko oder ein Risiko betrügerischer oder irreführender Praktiken darstellen;

i) die Notwendigkeit, Notsituationen in einzelnen Drittländern zu untersuchen oder darauf zu reagieren.

Artikel 122
Berichte der Kommission über Kontrollen ihrer Experten in Drittländern

Die Kommission erstellt einen Bericht über die Ergebnisse jeder gemäß den Artikeln 120 und 121 durchgeführten Kontrolle. Ihr Bericht enthält gegebenenfalls Empfehlungen.

Die Kommission macht ihre Berichte öffentlich zugänglich.

Artikel 123
Programm für die Kommissionskontrollen in Drittländern

Die Kommission übermittelt den Mitgliedstaaten ihr Programm für Kontrollen in Drittländern im Voraus und erstattet über die Ergebnisse Bericht. Die Kommission kann ihr Kontrollprogramm ändern, um es in Bereichen, die durch die Vorschriften gemäß Artikel 1 Absatz 2 geregelt sind, an neue Entwicklungen anzupassen. Diese Änderungen werden den Mitgliedstaaten im Voraus mitgeteilt.

Artikel 124
Kontrollen durch Drittländer in Mitgliedstaaten

(1) Die Mitgliedstaaten unterrichten die Kommission über geplante Kontrollen in den durch Vorschriften gemäß Artikel 1 Absatz 2 genannten Bereichen in ihrem Hoheitsgebiet durch zuständige Behörden eines Drittlandes.

(2) Die Experten der Kommission können an den Kontrollen gemäß Absatz 1 teilnehmen, wenn dies von den zuständigen Behörden der Mitgliedstaaten, in denen diese Kontrollen stattfinden, gewünscht wird.

(3) Die Teilnahme von Experten der Kommission an den Kontrollen gemäß Absatz 1 dient insbesondere dazu,

a) Beratung hinsichtlich der Vorschriften gemäß Artikel 1 Absatz 2 anzubieten;

b) auf Unionsebene verfügbare Informationen und Daten bereitzustellen, die für die von den zuständigen Behörden des Drittlandes durchgeführte Kontrolle nützlich sein können;

c) die Kohärenz und Einheitlichkeit der von den zuständigen Behörden der Drittländer in verschiedenen Mitgliedstaaten durchgeführten Kontrollen zu erleichtern.

KAPITEL II
Bedingungen für den Eingang von Tieren und Waren in die Union

Artikel 125
Informationen über die Kontrollsysteme von Drittländern

(1) Die Kommission ersucht Drittländer, die Tiere und Waren in die Union auszuführen beabsichtigen, um genaue und aktuelle Angaben zu folgenden Aspekten der allgemeinen Organisation und Verwaltung der gesundheitlichen und pflanzengesundheitlichen Kontrollsysteme in ihrem Hoheitsgebiet:

a) innerhalb ihres Hoheitsgebiets erlassene oder vorgeschlagene gesundheitliche und pflanzengesundheitliche Vorschriften;

b) Risikobewertungsverfahren sowie Faktoren, die bei der Risikobewertung und bei der Festlegung des angemessenen gesundheitlichen und pflanzengesundheitlichen Schutzniveaus berücksichtigt werden;

c) etwaige Kontroll- und Inspektionsverfahren, gegebenenfalls auch betreffend Tiere oder Waren aus anderen Drittländern;

d) amtliche Bescheinigungsverfahren;

e) gegebenenfalls Maßnahmen, die aufgrund von Empfehlungen gemäß Artikel 122 Absatz 1 ergriffen worden sind;

f) soweit relevant Ergebnisse der Kontrollen, die bei für die Ausfuhr in die Union vorgesehenen Tieren und Waren durchgeführt worden sind und

g) soweit relevant Informationen über Änderungen, die an Struktur und Funktionsweise der Kontrollsysteme vorgenommen worden sind, um gesundheitlichen und pflanzengesundheitlichen Bestimmungen der Union oder Empfehlungen gemäß Artikel 122 Absatz 1 nachzukommen.

(2) Das Auskunftsersuchen gemäß Absatz 1 muss verhältnismäßig sein und der Art der zur Ausfuhr in die Union vorgesehenen Tiere und Waren sowie der besonderen Situation in dem Drittland und der Struktur des Drittlandes Rechnung tragen.

Artikel 126
Festlegung zusätzlicher Bedingungen für den Eingang von Tieren und Waren in die Union

(1) Der Kommission wird die Befugnis übertragen, gemäß Artikel 144 delegierte Rechtsakte zu

erlassen, um diese Verordnung in Bezug auf die Bedingungen zu ergänzen, die Tiere und Waren, die aus Drittländern in die Union verbracht werden, erfüllen müssen, sofern solche Bedingungen erforderlich sind, um zu gewährleisten, dass die Tiere und Waren den relevanten Anforderungen in den Vorschriften gemäß Artikel 1 Absatz 2 – mit Ausnahme der Artikel 1 Absatz 2 Buchstaben d, e, g und h – oder anderen Anforderungen genügen, die als hiermit mindestens gleichwertig anerkannt sind.

(2) Die in den delegierten Rechtsakten gemäß Absatz 1 festgelegten Bedingungen identifizieren die Tiere und Waren anhand ihrer Codes aus der Kombinierten Nomenklatur; die Bedingungen können Folgendes umfassen:

a) die Auflage, dass bestimmte Tiere und Waren nur aus den Drittländern oder Drittlandsgebieten in die Union verbracht werden dürfen, die auf einer zu diesem Zweck von der Kommission erstellten Liste erscheinen;

b) die Auflage, dass Sendungen von bestimmten Tieren und Waren aus Drittländern nur aus Betrieben versandt und in Betrieben gewonnen oder zubereitet werden dürfen, die den relevanten Anforderungen in Absatz 1 oder anderen Anforderungen genügen, die als hiermit mindestens gleichwertig anerkannt sind;

c) die Auflage, dass Sendungen von bestimmten Tieren und Waren aus Drittländern von einer amtlichen Bescheinigung, einer amtlichen Attestierung oder einem sonstigen Nachweis begleitet sein müssen, dem zufolge die Sendungen den relevanten Anforderungen gemäß Absatz 1 oder anderen Anforderungen genügen, die als hiermit mindestens gleichwertig anerkannt sind, einschließlich der Ergebnisse der von einem akkreditierten Laboratorium durchgeführten Analysen;

d) die Verpflichtung, die Nachweise gemäß Buchstabe c in einem bestimmten Format vorzulegen;

e) jede sonstige Auflage, die erforderlich ist, um sicherzustellen, dass bestimmte Tiere und Waren ein Gesundheitsschutzniveau und – sofern es sich um GVO handelt – auch ein Umweltschutzniveau bieten, das dem gleichwertig ist, das die Anforderungen gemäß Absatz 1 gewährleisten.

(3) Die Kommission kann im Wege von Durchführungsrechtsakten das Format und die Art der amtlichen Bescheinigungen, der amtlichen Attestierungen oder der Nachweise regeln, die gemäß Absatz 2 Buchstabe c dieses Artikels vorgeschrieben sind. Diese Durchführungsrechtsakte werden gemäß dem in Artikel 145 Absatz 2 genannten Prüfverfahren erlassen.

Artikel 127
Aufnahme in die Liste der Drittländer gemäß Artikel 126 Absatz 2 Buchstabe a

(1) Die Aufnahme eines Drittlandes oder Drittlandsgebiets in die in Artikel 126 Absatz 2 Buchstabe a genannte Liste erfolgt gemäß den Absätzen 2 und 3 des vorliegenden Artikels.

(2) Die Kommission billigt im Wege von Durchführungsrechtsakten den für die Zwecke des Absatzes 1 dieses Artikels übermittelten Antrag, den ihr das betreffende Drittland – zusammen mit geeigneten Nachweisen und Zusicherungen, wonach die betreffenden Tiere und Waren aus diesem Drittland den relevanten Anforderungen gemäß Artikel 126 Absatz 1 oder gleichwertigen Anforderungen genügen – übermittelt. Diese Durchführungsrechtsakte werden gemäß dem in Artikel 145 Absatz 2 genannten Prüfverfahren erlassen und auf dem aktuellen Stand gehalten.

(3) Bei ihrer Entscheidung über den Antrag gemäß Absatz 2 berücksichtigt die Kommission gegebenenfalls folgende Faktoren:

a) die Rechtsvorschriften des Drittlandes für den betreffenden Bereich;

b) den Aufbau, die Organisation und die Befugnisse der zuständigen Behörden des Drittlandes und seiner Kontrolldienste; die Zusicherungen, die hinsichtlich der Anwendung und Durchsetzung der für den betreffenden Bereich geltenden Rechtsvorschriften des Drittlandes gegeben werden können; die Zuverlässigkeit des amtlichen Bescheinigungsverfahrens;

c) die Durchführung angemessener amtlicher Kontrollen und anderer Tätigkeiten durch die zuständigen Behörden des Drittlandes, um das Vorhandensein von Gefahren für die Gesundheit von Menschen, Tieren oder Pflanzen, für den Tierschutz oder – sofern es sich um GVO und Pflanzenschutzmittel handelt – auch für die Umwelt zu bewerten;

d) die Regelmäßigkeit und Schnelligkeit, mit der das Drittland über das Vorhandensein von Gefahren für die Gesundheit von Menschen, Tieren oder Pflanzen, für den Tierschutz oder – sofern es sich um GVO und Pflanzenschutzmittel handelt – auch für die Umwelt informiert;

e) die Zusicherungen des Drittlandes, dass

i) die Anforderungen an die Betriebe, aus denen Tiere oder Waren in die Union ausgeführt werden, Anforderungen genügen, die denen gemäß Artikel 126 Artikel 1 gleichwertig sind;

ii) eine Liste der Betriebe gemäß Ziffer i erstellt und auf dem neuesten Stand gehalten wird;

iii) die Liste der Betriebe gemäß Ziffer i und deren aktualisierte Fassungen der Kommission unverzüglich übermittelt werden;

iv) die Betriebe gemäß Ziffer i durch die zuständigen Behörden des Drittlandes regelmäßigen und wirksamen Kontrollen unterzogen werden;

f) die Ergebnisse der von der Kommission gemäß Artikel 120 Absatz 1 in dem Drittland durchgeführten Kontrollen;

g) alle sonstigen Informationen oder Daten über die Fähigkeit des Drittlandes zu gewährleisten, dass nur Tiere oder Waren, die dasselbe Schutzniveau wie die einschlägigen Anforderungen gemäß Artikel 126 Artikel 1 oder ein diesen Anforderungen gleichwertiges Schutzniveau bieten, in die Union verbracht werden.

(4) Die Kommission streicht ein Drittland oder ein Drittlandsgebiet von der in Artikel 126 Absatz 2 Buchstabe a genannten Liste, wenn die Bedingungen für die Aufnahme in die Liste nicht mehr erfüllt sind. Es gilt das Verfahren nach Absatz 2 dieses Artikels.

Artikel 128
Besondere Maßnahmen für den Eingang bestimmter Tiere und Waren in die Union

(1) Wenn es in anderen Fällen als denen, die in Artikel 53 der Verordnung (EG) Nr. 178/2002 und in Artikel 249 der Verordnung (EU) 2016/429 genannt werden, Hinweise darauf gibt, dass die Verbringung bestimmter Tiere oder Waren aus einem Drittland, einem Drittlandsgebiet oder einer Gruppe von Drittländern in die Union ein Risiko für die Gesundheit von Menschen, Tieren oder Pflanzen oder – sofern es sich um GVO handelt – auch für die Umwelt darstellt, oder wenn es Hinweise darauf gibt, dass ein weitreichender und schwerer Verstoß gegen die Vorschriften gemäß Artikel 1 Absatz 2 dieser Verordnung vorliegt, beschließt die Kommission mittels Durchführungsrechtsakten die erforderlichen Maßnahmen, um diese Risiken einzudämmen bzw. um den festgestellten Verstoß zu beenden Diese Durchführungsrechtsakte werden gemäß dem in Artikel 145 Absatz 2 genannten Prüfverfahren erlassen.

(2) Bei den Maßnahmen gemäß Absatz 1 werden die Tiere und Waren anhand ihrer Codes aus der Kombinierten Nomenklatur identifiziert; die Maßnahmen können Folgendes umfassen:

a) ein Unionseingangsverbot für die Tiere und Waren gemäß Absatz 1, die ihren Ursprung in den betreffenden Drittländern oder Drittlandsgebieten haben oder von dort versandt werden;

b) die Auflage, dass die Tiere und Waren gemäß Absatz 1, die ihren Ursprung in bestimmten Drittländern oder Drittlandsgebieten haben oder von dort versandt werden, vor dem Versand einer bestimmten Behandlung oder bestimmten Kontrollen unterzogen werden;

c) die Auflage, dass die Tiere und Waren gemäß Absatz 1, die ihren Ursprung in bestimmten Drittländern oder Drittlandsgebieten haben oder von dort versandt werden, beim Eingang in die Union einer bestimmten Behandlung oder bestimmten Kontrollen unterzogen werden;

d) die Auflage, dass Sendungen von bestimmten Tieren und Waren gemäß Absatz 1 dieses Artikels, die ihren Ursprung in bestimmten Drittländern oder Drittlandsgebieten haben oder von dort versandt werden, von einer amtlichen Bescheinigung, einer amtlichen Attestierung oder einem sonstigen Nachweis begleitet sein müssen, dem zufolge die Sendung den Anforderungen genügt, die aufgrund der Vorschriften gemäß Artikel 1 Absatz 2 aufgestellt worden sind, oder anderen Anforderungen, die als hiermit mindestens gleichwertig anerkannt sind;

e) die Verpflichtung, die Nachweise gemäß Buchstabe d in einem bestimmten Format vorzulegen;

f) alle sonstigen Maßnahmen, die notwendig sind, um das Risiko einzudämmen.

(3) Bei der Entscheidung über die Maßnahmen gemäß Absatz 2 werden folgende Faktoren berücksichtigt:

a) die gemäß Artikel 125 erfassten Informationen;

b) alle sonstigen Informationen, die die betreffenden Drittländer bereitgestellt haben, und

c) bei Bedarf die Ergebnisse von Kommissionskontrollen gemäß Artikel 120 Absatz 1.

(4) In hinreichend begründeten Fällen äußerster Dringlichkeit im Zusammenhang mit der Gesundheit von Menschen oder Tieren oder – sofern es sich um GVO und Pflanzenschutzmittel handelt – auch den Schutz der Umwelt erlässt die Kommission gemäß dem in Artikel 145 Absatz 3 genannten Verfahren sofort geltende Durchführungsrechtsakte.

Artikel 129
Gleichwertigkeit

(1) In den Bereichen, die durch die Vorschriften gemäß Artikel 1 Absatz 2 – mit Ausnahme von Artikel 1 Absatz 2 Buchstaben d, e, g und h – geregelt sind, kann die Kommission mittels Durchführungsrechtsakten auf folgender Grundlage anerkennen, dass die Maßnahmen, die in einem Drittland oder Drittlandsgebiet angewandt werden, den Bestimmungen in den vorgenannten Vorschriften gleichwertig sind:

a) einer gründlichen Prüfung der von dem betreffenden Drittland gemäß Artikel 125 Absatz 1 bereitgestellten Informationen und Daten;

b) gegebenenfalls dem zufriedenstellenden Ergebnis einer gemäß Artikel 120 Absatz 1 durchgeführten Kontrolle.

Diese Durchführungsrechtsakte werden gemäß dem in Artikel 145 Absatz 2 genannten Prüfverfahren erlassen.

(2) Die Durchführungsrechtsakte gemäß Absatz 1 enthalten die Bestimmungen für den Eingang von Tieren und Waren aus dem betreffenden Drittland oder Drittlandsgebiet in die Union und können unter anderem Folgendes regeln:

a) die Art und den Inhalt der amtlichen Bescheinigungen oder Attestierungen, die die Tiere oder Waren begleiten müssen;

b) besondere Anforderungen an den Eingang der Tiere und Waren in die Union und die beim Eingang in die Union durchzuführenden amtlichen Kontrollen;

c) bei Bedarf Verfahren zur Erstellung und Änderung der Listen von Gebieten oder Betrieben in dem betreffenden Drittland, aus denen der Eingang von Tieren und Waren zugelassen ist.

(3) Die Kommission hebt im Wege von Durchführungsrechtsakten die Durchführungsrechtsakte gemäß Absatz 1 dieses Artikels unverzüglich auf, wenn eine der Bedingungen für die Anerkennung der Gleichwertigkeit nicht mehr gegeben ist. Diese Durchführungsrechtsakte werden gemäß dem in Artikel 145 Absatz 2 genannten Prüfverfahren erlassen.

KAPITEL III
Schulung des Personals der zuständigen Behörden und anderer Behörden

Artikel 130
Schulung und Austausch des Personals

(1) Für das Personal der zuständigen Behörden und gegebenenfalls auch für das Personal anderer Behörden der Mitgliedstaaten, die an Untersuchungen möglicher Verstöße gegen diese Verordnung und gegen die Vorschriften gemäß Artikel 1 Absatz 2 beteiligt sind, kann die Kommission Schulungen organisieren.

Die Kommission organisiert diese Schulungen gemeinsam mit den betreffenden Mitgliedstaaten.

(2) Die Schulungen gemäß Absatz 1 dienen der Entwicklung einer harmonisierten Vorgehensweise bei den amtlichen Kontrollen und den anderen amtlichen Tätigkeiten in den Mitgliedstaaten. Sie betreffen je nach Bedarf folgende Themen:

a) diese Verordnung und die Vorschriften gemäß Artikel 1 Absatz 2;

b) Kontrollmethoden und -techniken, die für die amtlichen Kontrollen und für die anderen amtlichen Tätigkeiten der zuständigen Behörden relevant sind;

c) Produktions-, Verarbeitungs- und Vertriebsmethoden und -techniken.

(3) Die Schulungen gemäß Absatz 1 können dem Personal der zuständigen Behörden von Drittländern offen stehen und können außerhalb der Union durchgeführt werden.

(4) Die zuständigen Behörden gewährleisten, dass das in den Schulungen gemäß Absatz 1 dieses Artikels erworbene Wissen in geeigneter Weise weitergegeben und in den Personalschulungen gemäß Artikel 5 Absatz 4 angemessen genutzt wird.

Schulungen zur Weitergabe dieses Wissens müssen Teil der Schulungsprogramme gemäß Artikel 5 Absatz 4 sein.

(5) Die Kommission kann in Zusammenarbeit mit den Mitgliedstaaten für das Personal der zuständigen Behörden, die amtliche Kontrollen oder andere amtliche Tätigkeiten durchführen, Austauschprogramme zwischen zwei oder mehr Mitgliedstaaten organisieren.

Ein solcher Austausch kann durch die vorübergehende Entsendung von Personal zuständiger Behörden von einem Mitgliedstaat in einen anderen erfolgen oder durch den Austausch von Personal zwischen den relevanten zuständigen Behörden.

(6) Die Kommission kann mittels Durchführungsrechtsakten Bestimmungen zur Organisation der Schulungen gemäß Absatz 1 dieses Artikels und der Programme gemäß Absatz 5 dieses Artikels festlegen. Diese Durchführungsrechtsakte werden gemäß dem in Artikel 145 Absatz 2 genannten Prüfverfahren erlassen.

KAPITEL IV
Informationsmanagementsysteme

Artikel 131
Informationsmanagementsystem für amtliche Kontrollen (IMSOC)

(1) Die Kommission errichtet und verwaltet in Zusammenarbeit mit den Mitgliedstaaten ein computergestütztes Informationsmanagementsystem (IMSOC – Information Management System for Official Controls) für die integrierte Handhabung der Verfahren und Werkzeuge, mit denen die Daten, Informationen und Unterlagen betreffend die amtlichen Kontrollen und andere amtliche Tätigkeiten verwaltet, bearbeitet und automatisch ausgetauscht werden.

(2) Die Verarbeitung personenbezogener Daten durch die Mitgliedstaaten und die Kommission mittels des IMSOC oder einer seiner Komponenten erfolgt nur zum Zweck der Durchführung amtlicher Kontrollen und anderer amtlicher Tätigkeiten gemäß dieser Verordnung und den Vorschriften gemäß Artikel 1 Absatz 2.

Artikel 132
Allgemeine Funktionen des IMSOC

Das IMSOC

a) ermöglicht die computergestützte Verwaltung und den computergestützten Austausch von

Informationen, Daten und Unterlagen, die für die Durchführung amtlicher Kontrollen erforderlich sind, die sich aus der Durchführung amtlicher Kontrollen oder aus der Aufzeichnung der Durchführung oder des Ergebnisses amtlicher Kontrollen ergeben, und zwar in allen Fällen, in denen diese Verordnung, die Vorschriften gemäß Artikel 1 Absatz 2 oder die delegierten Rechtsakte bzw. die Durchführungsrechtsakte gemäß den Artikeln 16 bis 27 einen Austausch dieser Informationen, Daten und Unterlagen zwischen den zuständigen Behörden, zwischen den zuständigen Behörden und der Kommission sowie gegebenenfalls mit anderen Behörden und den Unternehmern vorsehen;

b) bietet ein Verfahren für den Austausch von Daten, Informationen und Dokumenten im Einklang mit den Artikeln 102 bis 108;

c) bietet ein Werkzeug für die Erfassung und Verwaltung der Berichte über amtliche Kontrollen, die Mitgliedstaaten der Kommission vorlegen;

d) ermöglicht die Herstellung, Verwaltung und Übermittlung – auch in elektronischer Form – der Fahrtenbücher gemäß Artikel 5 Absatz 4 der Verordnung (EG) Nr. 1/2005, der Aufzeichnungen des Navigationssystems gemäß Artikel 6 Absatz 9 jener Verordnung, der amtlichen Bescheinigungen und des GGED gemäß Artikel 56 des vorliegenden Verordnung und

e) integriert die bestehenden, von der Kommission verwalteten computergestützten Systeme, die dem raschen Austausch von Daten, Informationen und Unterlagen betreffend Risiken für die Gesundheit von Menschen, Tieren und Pflanzen sowie für den Tierschutz dienen und die mit Artikel 50 der Verordnung (EG) Nr. 178/2002, Artikel 20 der Verordnung (EU) 2016/249 und Artikel 103 der Verordnung (EU) 2016/2031 errichtet worden sind, und bietet geeignete Verknüpfungen zwischen diesen Systemen und seinen anderen Komponenten.

Artikel 133
Nutzung des IMSOC im Fall von Tieren und Waren, die bestimmten amtlichen Kontrollen unterliegen

(1) Bei Tieren oder Waren, für deren Verbringungen innerhalb der Union oder für deren Inverkehrbringen bestimmte Auflagen oder Verfahren gelten, die mit den Vorschriften gemäß Artikel 1 Absatz 2 aufgestellt worden sind, ermöglicht das IMSOC den zuständigen Behörden am Versandort und anderen zuständigen Behörden, die für die Durchführung amtlicher Kontrollen bei diesen Tieren oder Waren verantwortlich sind, in Echtzeit Daten, Informationen und Unterlagen über die Tiere und Waren, die von einem Mitgliedstaat in einen anderen verbracht werden, und über die durchgeführten Kontrollen auszutauschen.

Unterabsatz 1 dieses Absatzes gilt nicht für Waren, auf die die Vorschriften gemäß Artikel 1 Absatz 2 Buchstaben g und h anwendbar sind.

(2) Bei ausgeführten Tieren und Waren, für die die Unionsbestimmungen betreffend die Ausstellung von Ausfuhrbescheinigungen gelten, ermöglicht das IMSOC den zuständigen Behörden am Versandort und anderen zuständigen Behörden, die für die Durchführung amtlicher Kontrollen verantwortlich sind, in Echtzeit Daten, Informationen und Unterlagen über diese Tiere und Waren und über die Ergebnisse der bei diesen Tieren und Waren durchgeführten Kontrollen auszutauschen.

(3) Bei Tieren oder Waren, die den amtlichen Kontrollen gemäß den Artikeln 44 bis 64 unterliegen,

a) ermöglicht das IMSOC den zuständigen Behörden an den Grenzkontrollstellen und anderen zuständigen Behörden, die für die Durchführung amtlicher Kontrollen bei diesen Tieren und Waren verantwortlich sind, in Echtzeit Daten, Informationen und Unterlagen über diese Tiere und Waren und über die bei diesen Tieren und Waren durchgeführten Kontrollen auszutauschen;

b) ermöglicht das IMSOC den zuständigen Behörden an den Grenzkontrollstellen, sachdienliche Daten, Informationen und Unterlagen mit Zollbehörden und anderen Behörden, die für die Durchführung von Kontrollen bei Tieren oder Waren verantwortlich sind, welche aus Drittländern in die Union verbracht werden, sowie mit Unternehmern, die an Eingangsverfahren beteiligt sind, im Einklang mit den Bestimmungen, die gemäß Artikel 15 Absatz 4 und Artikel 75 Absatz 2 erlassen werden, und anderen einschlägige Unionsbestimmungen auszutauschen und

c) unterstützt und verwaltet das IMSOC die Verfahren gemäß Artikel 54 Absatz 3 Buchstabe a und Artikel 65 Absatz 6.

(4) Für die Zwecke dieses Artikels wird das bestehende TRACES-System in das IMSOC integriert.

Artikel 134
Funktionsweise des IMSOC

Die Kommission erlässt Durchführungsrechtsakte für die Funktionsweise des IMSOC, in denen Folgendes festgelegt ist:

a) die technischen Anforderungen an das IMSOC und seine Systemkomponenten, einschließlich des elektronischen Datenaustauschmechanismus für den Austausch mit den bestehenden nationalen Systemen, der Ermittlung geltender Normen, der Festlegung von Nachrichtenstrukturen, der Datenwörterbücher und des Austauschs von Protokollen und Verfahren;

b) die besonderen Bestimmungen über die Funktionsweise des IMSOC und seiner Systemkomponenten, um den Schutz personenbezogener Daten und die Sicherheit des Informationsaustauschs zu gewährleisten;

c) die besonderen Bestimmungen über die Funktionsweise und Nutzung des IMSOC und seiner Komponenten, einschließlich der Bestimmungen über die Aktualisierung und Einrichtung der notwendigen Verknüpfungen zwischen den Systemen gemäß Artikel 132 Buchstabe e und Artikel 133 Absatz 4;

d) Notfallregelungen bei Ausfall einer Funktion des IMSOC;

e) die Fälle, in denen, und die Bedingungen, unter denen den betreffenden Drittländern und internationalen Organisationen ein beschränkter Zugang zu den Funktionen des IMSOC gewährt werden darf, und die praktischen Modalitäten eines solchen Zugangs;

f) die Fälle, in denen, und die Bedingungen, unter denen die Daten, Informationen und Dokumente mit Hilfe des IMSOC zu übermitteln sind;

g) die Bedingungen, unter denen – bei einem elektronischen System – von den zuständigen Behörden eines Drittlandes ausgestellte elektronische Bescheinigungen von den zuständigen Behörden zu akzeptieren sind und

h) die Fälle, in denen, und die Bedingungen, unter denen gelegentliche Nutzer von der Verwendung des IMSOC befreit werden können.

Diese Durchführungsrechtsakte werden gemäß dem in Artikel 145 Absatz 2 genannten Prüfverfahren erlassen.

Artikel 135
Datenschutz

(1) Die Richtlinie 95/46/EG und die Verordnung (EG) Nr. 45/2001 des Europäischen Parlaments und des Rates[1]) finden Anwendung, soweit die im Rahmen des IMSOC verarbeiteten Informationen personenbezogene Daten gemäß Artikel 2 Buchstabe a der Richtlinie 95/46/EG und Artikel 2 Buchstabe a der Verordnung (EG) Nr. 45/2001 enthalten. *(ABl L 137 vom 24. 05. 2017, S. 40)*

(2) Im Zusammenhang mit ihren Zuständigkeiten für die Übermittlung der relevanten Informationen an das IMSOC und der Verarbeitung aller personenbezogenen Daten, die sich aus dieser Tätigkeit ergeben könnten, gelten die zuständigen Behörden der Mitgliedstaaten als für die Verarbeitung Verantwortliche im Sinne des Artikels 2 Buchstabe d der Richtlinie 95/46/EG.

(3) Im Zusammenhang mit ihrer Zuständigkeit für die Verwaltung des IMSOC und der Verarbeitung aller personenbezogenen Daten, die sich aus dieser Tätigkeit ergeben könnten, gilt die Kommission als für die Verarbeitung Verantwortlicher im Sinne von Artikel 2 Buchstabe d der Verordnung (EG) Nr. 45/2001.

(4) Die Mitgliedstaaten können die Rechte und Pflichten gemäß Artikel 6 Absatz 1, Artikel 10, Artikel 11 Absatz 1 und Artikel 12 der Richtlinie 95/46/EG beschränken, sofern dies zum Schutz der Interessen gemäß Artikel 13 Absatz 1 Buchstaben d und f jener Richtlinie notwendig ist.

(5) Die Kommission kann die Rechte und Pflichten gemäß Artikel 4 Absatz 1, Artikel 11, Artikel 12 Absatz 1 und gemäß den Artikeln 13 bis 17 der Verordnung (EG) Nr. 45/2001 für den Zeitraum beschränken, in dem Maßnahmen zur Überprüfung der Einhaltung des Lebensmittelbzw. Futtermittelrechts geplant sind oder durchgeführt werden um die Durchsetzung des Lebensmittel- bzw. Futtermittelrechts in dem besonderen Fall zu gewährleisten, auf den sich die Informationen beziehen, sofern eine solche Beschränkung zum Schutz der Interessen gemäß Artikel 20 Absatz 1 Buchstaben a und e jener Verordnung notwendig ist.

Artikel 136
Datensicherheit

Die Mitgliedstaaten und die Kommission gewährleisten, dass das IMSOC den von der Kommission nach Artikel 17 der Richtlinie 95/46/EG und Artikel 22 der Verordnung (EG) Nr. 45/2001 angenommenen Bestimmungen über die Datensicherheit genügt.

TITEL VII
DURCHSETZUNG

KAPITEL I
Maßnahmen der zuständigen Behörden und Sanktionen

Artikel 137
Allgemeine Pflichten der zuständigen Behörden im Zusammenhang mit der Durchsetzung

(1) Wenn die zuständigen Behörden im Einklang mit diesem Kapitel tätig werden, geben sie den Maßnahmen Vorrang, die ergriffen werden müssen, um die Risiken für die Gesundheit von Menschen, Tieren und Pflanzen, für den Tierschutz oder – sofern es sich um GVO und Pflan-

---

[1]) *Verordnung (EG) Nr. 45/2001 des Europäischen Parlaments und des Rates vom 18. Dezember 2000 zum Schutz natürlicher Personen bei der Verarbeitung personenbezogener Daten durch die Organe und Einrichtungen der Gemeinschaft und zum freien Datenverkehr (ABl. L 8 vom 12.1.2001, S. 1).*

zenschutzmittel handelt – auch für die Umwelt auszuschalten oder einzudämmen.

(2) Besteht der Verdacht, dass ein Verstoß vorliegt, so führen die zuständigen Behörden Untersuchungen durch, um diesen Verdacht zu erhärten oder auszuräumen.

(3) Bei Bedarf umfassen die gemäß Absatz 2 ergriffenen Maßnahmen

a) die Durchführung verstärkter amtlicher Kontrollen bei Tieren, Waren und Unternehmern während eines angemessenen Zeitraums;

b) gegebenenfalls die amtliche Verwahrung von Tieren und Waren sowie von unzulässigen Stoffen oder Produkten.

Artikel 138
Maßnahmen im Fall eines festgestellten Verstoßes

(1) Wenn ein Verstoß festgestellt wird, ergreifen die zuständigen Behörden

a) die erforderlichen Maßnahmen, um Ursprung und Umfang des Verstoßes sowie die Verantwortung des Unternehmers zu ermitteln und

b) geeignete Maßnahmen, um zu gewährleisten, dass der betreffende Unternehmer den Verstoß beendet und dass er erneute Verstöße dieser Art verhindert.

Bei der Entscheidung über die zu ergreifenden Maßnahmen berücksichtigen die zuständigen Behörden die Art des Verstoßes und das bisherige Verhalten des betreffenden Unternehmers in Bezug auf die Einhaltung der Vorschriften.

(2) Wenn die zuständigen Behörden im Einklang mit Absatz 1 dieses Artikels tätig werden, ergreifen sie alle ihnen geeignet erscheinenden Maßnahmen, um die Einhaltung der Vorschriften gemäß Artikel 1 Absatz 2 zu gewährleisten; dazu gehören, jedoch nicht ausschließlich, die folgenden Maßnahmen:

a) Sie ordnen die Behandlung von Tieren an, oder sie führen sie selbst durch;

b) sie ordnen an, Tiere auszuladen oder auf ein anderes Transportmittel umzuladen, sie unterzustellen und zu betreuen; sie legen Quarantänezeiträume fest; sie ordnen an, die Schlachtung zu verschieben; sie ordnen soweit erforderlich an, dass für eine tierärztliche Behandlung gesorgt wird;

c) sie ordnen an, Waren zu behandeln, die Kennzeichnung zu ändern oder den Verbrauchern berichtigte Informationen bereitzustellen;

d) sie beschränken oder verbieten das Inverkehrbringen, die Verbringung, den Eingang in die Union oder die Ausfuhr von Tieren und Waren und sie verbieten ihre Rückkehr in den versendenden Mitgliedstaat, oder sie ordnen ihre Rückkehr in den versendenden Mitgliedstaat an;

e) sie ordnen an, dass der Unternehmer die Häufigkeit der Eigenkontrollen erhöht;

f) sie ordnen an, dass bestimmte Tätigkeiten des betreffenden Unternehmers verstärkten oder systematischen amtlichen Kontrollen unterliegen;

g) sie ordnen den Rückruf, die Rücknahme, die Beseitigung und die Vernichtung von Waren an, sie gestatten gegebenenfalls die Verwendung von Waren für andere als die ursprünglich vorgesehenen Zwecke;

h) sie ordnen an, dass das ganze Unternehmen oder ein Teil des Unternehmens des betreffenden Unternehmers oder seine Betriebe, seine Haltungsbetriebe oder sein sonstiges Betriebsgelände für einen angemessenen Zeitraum isoliert oder geschlossen werden;

i) sie ordnen an, dass für einen angemessenen Zeitraum alle oder ein Teil der Tätigkeiten des betreffenden Unternehmers ausgesetzt sowie gegebenenfalls die von dem Unternehmer betriebenen oder genutzten Internetseiten abgeschaltet werden;

j) sie ordnen die Aussetzung oder den Entzug der Registrierung oder Zulassung des betreffenden Betriebs, Werks, Haltungsbetriebs, Transportmittels oder Transportunternehmers oder des Befähigungsnachweises des Fahrers an;

k) sie ordnen die Schlachtung oder Tötung von Tieren an, sofern diese Maßnahme am ehesten geeignet ist, die Gesundheit von Menschen und Tieren zu schützen sowie den Tierschutz zu wahren.

(3) Die zuständigen Behörden unterrichten den betreffenden Unternehmer oder seinen Vertreter

a) schriftlich über ihre Entscheidung betreffend die gemäß den Absätzen 1 und 2 zu ergreifenden Maßnahmen und über die Gründe für diese Entscheidung und

b) über ein etwaiges Recht auf einen Rechtsbehelf gegen derartige Entscheidungen sowie über geltende Verfahren und Fristen im Hinblick auf jenes Recht auf einen Rechtsbehelf.

(4) Alle auf der Grundlage dieses Artikels anfallenden Kosten gehen zu Lasten des verantwortlichen Unternehmers.

(5) Die zuständigen Behörden treffen im Falle der Ausstellung falscher oder irreführender amtlicher Bescheinigungen oder der missbräuchlichen Verwendung amtlicher Bescheinigungen geeignete Maßnahmen, zu denen unter anderem Folgendes gehört:

a) die zeitweilige Entbindung des Bescheinigungsbefugten von seinen Pflichten,

b) der Entzug der Genehmigung zur Unterzeichnung amtlicher Bescheinigungen,

c) jede andere erforderliche Maßnahme, damit sich die in Artikel 89 Absatz 2 genannten Verstöße nicht wiederholen.

Artikel 139
Sanktionen

(1) Die Mitgliedstaaten regeln die Sanktionen bei Verstößen gegen diese Verordnung und ergreifen alle erforderlichen Maßnahmen, um deren Umsetzung sicherzustellen. Die Sanktionen müssen wirksam, verhältnismäßig und abschreckend sein. Die Mitgliedstaaten teilen der Kommission diese Regeln bis zum 14. Dezember 2019 mit, und sie teilen ihr auch jede spätere Änderung, die sich auf diese Regeln auswirkt, unverzüglich mit.

(2) Die Mitgliedstaaten gewährleisten, dass die finanziellen Sanktionen bei Verstößen gegen diese Verordnung oder gegen die Vorschriften gemäß Artikel 1 Absatz 2, die betrügerischen oder irreführenden Praktiken entspringen, im Einklang mit nationalem Recht entweder mindestens dem wirtschaftlichen Vorteil für den Unternehmer entsprechen oder gegebenenfalls als Prozentsatz des Umsatzes des Unternehmers festgelegt werden.

Artikel 140
Meldung von Verstößen

(1) Die Mitgliedstaaten sorgen dafür, dass die zuständigen Behörden über wirksame Mechanismen verfügen, die die Meldung tatsächlicher oder potenzieller Verstöße gegen diese Verordnung ermöglichen.

(2) Die in Absatz 1 genannten Mechanismen umfassen zumindest Folgendes:

a) Verfahren für den Eingang von Meldungen über Verstöße und für Folgemaßnahmen;

b) einen angemessenen Schutz für die Personen, die Verstöße melden, vor Sanktionsmaßnahmen, Diskriminierung oder anderen Arten ungerechter Behandlung und

c) den Schutz personenbezogener Daten der Personen, die den Verstoß melden, gemäß dem Unionsrecht oder dem nationalen Recht.

KAPITEL II
Durchsetzungsmaßnahmen der Union

Artikel 141
Schwere Störung im Kontrollsystem eines Mitgliedstaats

(1) Wenn der Kommission Hinweise auf eine schwere Störung im Kontrollsystem eines Mitgliedstaats vorliegen und wenn diese Störung ein weitreichendes Risiko für die Gesundheit von Menschen, Tieren und Pflanzen, für den Tierschutz oder – sofern es sich um GVO und Pflanzenschutzmittel handelt – auch für die Umwelt darstellen oder zu einem weitreichenden Verstoß gegen die Vorschriften gemäß Artikel 1 Absatz 2 führen kann, beschließt die Kommission mittels Durchführungsrechtsakten eine oder mehrere der folgenden Maßnahmen, die bis zur Behebung dieser Störung anzuwenden sind:

a) Verbot der Bereitstellung auf dem Markt oder Verbot des Transports, der Verbringung oder anderweitigen Handhabung bestimmter von der Störung im Kontrollsystem betroffener Tiere oder Waren;

b) besondere Bedingungen für die Tätigkeiten, Tiere oder Waren gemäß Buchstabe a;

c) Aussetzung der amtlichen Kontrollen an Grenzkontrollstellen oder anderen Kontrollstellen, die von der Störung im Kontrollsystem betroffen sind, oder Aufhebung der Zulassung dieser Grenzkontrollstellen oder anderer Kontrollstellen;

d) andere geeignete, befristete Maßnahmen, die erforderlich sind, um dieses Risiko einzudämmen, bis die Störung im Kontrollsystem behoben ist.

Diese Durchführungsrechtsakte werden gemäß dem in Artikel 145 Absatz 2 genannten Prüfverfahren erlassen.

(2) Die Maßnahmen gemäß Absatz 1 werden erst beschlossen, wenn der betreffende Mitgliedstaat die Störung trotz Aufforderung nicht innerhalb der von der Kommission gesetzten angemessenen Frist behoben hat.

(3) In hinreichend begründeten Fällen äußerster Dringlichkeit im Zusammenhang mit der Gesundheit von Menschen oder Tieren oder – sofern es sich um GVO und Pflanzenschutzmittel handelt – auch dem Schutz der Umwelt erlässt die Kommission gemäß dem in Artikel 145 Absatz 3 genannten Verfahren sofort geltende Durchführungsrechtsakte.

TITEL VIII
GEMEINSAME BESTIMMUNGEN

KAPITEL I
Verfahrensbestimmungen

Artikel 142
Änderung der Anhänge und der Verweise auf europäische Normen

(1) Der Kommission wird die Befugnis übertragen, gemäß Artikel 144 delegierte Rechtsakte zur Änderung dieser Verordnung in Bezug auf die Änderung der Anhänge II und III zu erlassen, um Änderungen der Vorschriften gemäß Artikel 1 Absatz 2 sowie dem technischen Fortschritt und wissenschaftlichen Entwicklungen Rechnung zu tragen.

(2) Der Kommission wird die Befugnis übertragen, gemäß Artikel 144 delegierte Rechtsakte zur Änderung dieser Verordnung in Bezug auf die Änderung der Verweise auf die in Artikel 29 Buchstabe b Ziffer iv, Artikel 37 Absatz 4 Buchstabe e und Artikel 93 Absatz 3 Buchstabe a genannten europäischen Normen zu erlassen, falls das CEN diese Normen ändert.

Artikel 143
Datenschutz

(1) Bei der Verarbeitung personenbezogener Daten im Rahmen der Durchführung dieser Verordnung wenden die Mitgliedstaaten die Richtlinie 95/46/EG an.

(2) Bei der Verarbeitung personenbezogener Daten durch die Kommission gemäß dieser Verordnung gilt die Verordnung (EG) Nr. 45/2001.

Artikel 144
Ausübung der Befugnisübertragung

(1) Die Befugnis zum Erlass delegierter Rechtsakte wird der Kommission unter den in diesem Artikel festgelegten Bedingungen übertragen.

(2) Die Befugnis zum Erlass delegierter Rechtsakte gemäß Artikel 18 Absatz 7, Artikel 21 Absatz 8, Artikel 41, Artikel 45 Absatz 4, Artikel 47 Absatz 3, Artikel 48, Artikel 50 Absatz 4, Artikel 51, Artikel 53 Absatz 1, Artikel 62 Absatz 3, Artikel 64 Absätze 2 und 5, Artikel 77 Absätze 1 und 2, Artikel 92 Absatz 4, Artikel 99 Absatz 2, Artikel 100 Absatz 6, Artikel 101 Absatz 2, Artikel 126 Absatz 1, Artikel 142 Absätze 1 und 2, Artikel 149 Absatz 2, Artikel 150 Absatz 3, Artikel 154 Absatz 3, Artikel 155 Absatz 3 und Artikel 165 Absatz 3 wird der Kommission für einen Zeitraum von fünf Jahren ab dem 28. April 2017 übertragen. Die Kommission erstellt spätestens neun Monate vor Ablauf des Zeitraums von fünf Jahren einen Bericht über die Befugnisübertragung. Die Befugnisübertragung verlängert sich stillschweigend um Zeiträume gleicher Länge, es sei denn, das Europäische Parlament oder der Rat widersprechen einer solchen Verlängerung spätestens drei Monate vor Ablauf des jeweiligen Zeitraums.

(3) Die Befugnisübertragung gemäß Artikel 18 Absatz 7, Artikel 21 Absatz 8, Artikel 41, Artikel 45 Absatz 4, Artikel 47 Absatz 3, Artikel 48, Artikel 50 Absatz 4, Artikel 51, Artikel 53 Absatz 1, Artikel 62 Absatz 3, Artikel 64 Absätze 2 und 5, Artikel 77 Absätze 1 und 2, Artikel 92 Absatz 4, Artikel 99 Absatz 2, Artikel 100 Absatz 6, Artikel 101 Absatz 2, Artikel 126 Absatz 1, Artikel 142 Absatz 1 und 2, Artikel 149 Absatz 2, Artikel 150 Absatz 3, Artikel 154 Absatz 3, Artikel 155 Absatz 3 und Artikel 165 Absatz 3 kann vom Europäischen Parlament oder vom Rat jederzeit widerrufen werden. Der Beschluss über den Widerruf beendet die Übertragung der in diesem Beschluss angegebenen Befugnis. Er wird am Tag nach seiner Veröffentlichung im Amtsblatt der Europäischen Union oder zu einem im Beschluss über den Widerruf angegebenen späteren Zeitpunkt wirksam. Die Gültigkeit von delegierten Rechtsakten, die bereits in Kraft sind, wird von dem Beschluss über den Widerruf nicht berührt.

(4) Vor dem Erlass eines delegierten Rechtsakts konsultiert die Kommission die von den einzelnen Mitgliedstaaten benannten Sachverständigen, im Einklang mit den in der Interinstitutionellen Vereinbarung vom 13. April 2016 über bessere Rechtsetzung enthaltenen Grundsätzen.

(5) Sobald die Kommission einen delegierten Rechtsakt erlassen hat, übermittelt sie ihn gleichzeitig dem Europäischen Parlament und dem Rat.

(6) Ein delegierter Rechtsakt, der Artikel 18 Absatz 7, Artikel 21 Absatz 8, Artikel 41, Artikel 45 Absatz 4, Artikel 47 Absatz 3, Artikel 48, Artikel 50 Absatz 4, Artikel 51, Artikel 53 Absatz 1, Artikel 62 Absatz 3, Artikel 64 Absätze 2 und 5, Artikel 77 Absätze 1 und 2, Artikel 92 Absatz 4, Artikel 99 Absatz 2, Artikel 100 Absatz 6, Artikel 101 Absatz 2, Artikel 126 Absatz 1, Artikel 142 Absätze 1 und 2, Artikel 149 Absatz 2, Artikel 150 Absatz 3, Artikel 154 Absatz 3, Artikel 155 Absatz 3 und Artikel 165 Absatz 3 erlassen wurde, tritt nur in Kraft, wenn weder das Europäische Parlament noch der Rat innerhalb einer Frist von zwei Monaten nach Übermittlung dieses Rechtsakts an das Europäische Parlament und den Rat Einwände erhoben haben oder wenn vor Ablauf dieser Frist das Europäische Parlament und der Rat beide der Kommission mitgeteilt haben, dass sie keine Einwände erheben werden. Auf Initiative des Europäischen Parlaments oder des Rates wird diese Frist um zwei Monate verlängert.

Artikel 145
Ausschussverfahren

(1) Die Kommission wird von dem Ständigen Ausschuss für Pflanzen, Tiere, Lebens- und Futtermittel, der durch Artikel 58 Absatz 1 der Verordnung (EG) Nr. 178/2002 eingesetzt wurde, unterstützt, außer im Zusammenhang mit Artikel 25 bzw. Artikel 26 der vorliegenden Verordnung, bei denen die Kommission durch die Ausschüsse, die durch die Verordnung (EG) Nr. 834/2007 bzw. durch die Verordnung (EU) Nr. 1151/2012 eingesetzt wurden, unterstützt wird. Diese Ausschüsse sind Ausschüsse im Sinne der Verordnung (EU) Nr. 182/2011.

(2) Wird auf diesen Absatz Bezug genommen, so gilt Artikel 5 der Verordnung (EU) Nr. 182/2011.

Gibt der Ausschuss keine Stellungnahme ab, erlässt die Kommission den Durchführungsrechtsakt nicht, und Artikel 5 Absatz 4 Unterabsatz 3 der Verordnung (EU) Nr. 182/2011 findet Anwendung.

(3) Wird auf diesen Absatz Bezug genommen, so gilt Artikel 8 der Verordnung (EU) Nr. 182/2011 in Verbindung mit deren Artikel 5.

KAPITEL II
Übergangs- und Schlussbestimmungen

Artikel 146
Aufhebungen

(1) Die Verordnungen (EG) Nr. 854/2004 und (EG) Nr. 882/2004, die Richtlinien 89/608/EWG, 89/662/EWG, 90/425/EWG, 91/496/EWG, 96/23/EG, 96/93/EG und 97/78/EG sowie die Entscheidung 92/438/EWG werden mit Wirkung vom 14. Dezember 2019 aufgehoben.

(2) Bezugnahmen auf die aufgehobenen Rechtsakte gelten als Bezugnahmen auf die vorliegende Verordnung und sind nach Maßgabe der Entsprechungstabellen in Anhang V zu lesen.

Artikel 147
Verhältnis zur Verordnung (EG) Nr. 882/2004

Die Benennung der einzelnen Referenzlaboratorien der Europäischen Union gemäß Anhang VII der Verordnung (EG) Nr. 882/2004 bleibt so lange gültig, bis im jeweils selben Bereich ein Referenzlaboratorium der Europäischen Union gemäß Artikel 93 der vorliegenden Verordnung benannt worden ist.

Artikel 148
Verhältnis zu den Verordnungen (EG) Nr. 852/2004 und (EG) Nr. 853/2004 in Bezug auf die Zulassung von Lebensmittelbetrieben

(1) Die zuständigen Behörden legen Verfahren fest, nach denen Lebensmittelunternehmer die Zulassung ihrer Betriebe gemäß den Verordnungen (EG) Nr. 852/2004 und (EG) Nr. 853/2004 beantragen müssen.

(2) Nach Eingang eines Zulassungsantrags eines Lebensmittelunternehmers führt die zuständige Behörde einen Besuch vor Ort durch.

(3) Die zuständige Behörde erteilt einem Betrieb die Zulassung für die betreffenden Tätigkeiten nur, wenn der Lebensmittelunternehmer nachweisen kann, dass sein Betrieb die einschlägigen Anforderungen des Lebensmittelrechts erfüllt.

(4) Die zuständige Behörde kann eine bedingte Zulassung erteilen, wenn sich herausstellt, dass der Betrieb alle Anforderungen hinsichtlich der Infrastruktur und der Ausrüstung erfüllt. Die volle Zulassung erteilt sie nur dann, wenn eine erneute amtliche Kontrolle des Betriebs, die innerhalb von drei Monaten nach Erteilung der bedingten Zulassung vorgenommen wird, ergibt, dass der Betrieb die übrigen einschlägigen Anforderungen des Lebensmittelrechts erfüllt. Wenn eindeutige Fortschritte zu verzeichnen sind, der Betrieb jedoch noch nicht alle einschlägigen Anforderungen erfüllt, kann die zuständige Behörde die bedingte Zulassung verlängern. Die Geltungsdauer der bedingten Zulassung darf jedoch insgesamt sechs Monate nicht überschreiten, ausgenommen für Fabrik- und Gefrierschiffe unter der Flagge von Mitgliedstaaten, bei denen die Geltungsdauer der bedingten Zulassung insgesamt zwölf Monate nicht überschreiten darf.

(5) Die zuständige Behörde überprüft im Rahmen der amtlichen Kontrollen die Zulassung von Betrieben.

Artikel 149
Übergangsmaßnahmen im Zusammenhang mit der Aufhebung der Richtlinien 91/496/EWG und 97/78/EG

(1) Die einschlägigen Bestimmungen der Richtlinien 91/496/EWG und 97/78/EG, die Sachverhalte regeln, auf die in Artikel 47 Absatz 2 Buchstabe b, Artikel 48, Artikel 51 Absatz 1 Buchstaben b, c und d, Artikel 53 Absatz 1 Buchstabe a, Artikel 54 Absätze 1 und 3 sowie Artikel 58 Buchstabe a dieser Verordnung Bezug genommen wird, gelten anstelle der entsprechenden Bestimmungen dieser Verordnung weiter bis zum 13. Dezember 2019.

Die einschlägigen Bestimmungen der Richtlinie 97/78/EG, die Sachverhalte regeln, auf die in Artikel 47 Absatz 2 Buchstabe a dieser Verordnung hinsichtlich zusammengesetzter Erzeugnisse Bezug genommen wird, gelten anstelle der entsprechenden Bestimmung bis zum 20. April 2021.
(ABl L 321 vom 12. 12. 2019, S. 111)

(2) Der Kommission wird die Befugnis übertragen, gemäß Artikel 144 in Bezug auf das in Absatz 1 dieses Artikels genannte Datum delegierte Rechtsakte zur Änderung dieser Verordnung zu erlassen. Dieser Zeitpunkt ist das Datum, ab dem die entsprechenden Bestimmungen gelten, die mit den delegierten Rechtsakten oder Durchführungsrechtsakten festgelegt werden, welche in Artikel 47 Absatz 2, Artikel 48, Artikel 51 Absatz 1 Buchstaben b, c und d, Artikel 53 Absatz 1 Buchstabe a, Artikel 54 Absätze 1 und 3 sowie Artikel 58 Buchstabe a vorgesehen sind.

Artikel 150
Übergangsmaßnahmen im Zusammenhang mit der Aufhebung der Richtlinie 96/23/EG

(1) Die zuständigen Behörden führen die amtlichen Kontrollen, die erforderlich sind, um das Vorhandensein der in Anhang I der Richtlinie 96/23/EG aufgeführten Stoffe und Rückstandsgruppen festzustellen, weiterhin im Einklang mit den Anhängen II, III und IV der vorgenannten Richtlinie anstelle der entsprechenden Bestimmungen dieser Verordnung bis zum 14. Dezember 2022 oder einem früheren Datum durch, das in dem gemäß Absatz 3 dieses Artikels zu erlassenden delegierten Rechtsakt festgesetzt wird.

(2) Artikel 29 Absätze 1 und 2 der Richtlinie 96/23/EG gelten anstelle der entsprechenden Bestimmungen dieser Verordnung weiter bis zu 14. Dezember 2022 [oder einem früheren Datum, das in dem gemäß Absatz 3 dieses Artikels zu erlassenden delegierten Rechtsakt festgesetzt wird.

(3) Der Kommission wird die Befugnis übertragen, gemäß Artikel 144 in Bezug auf das frühere in den Absätzen 1 und 2 genannte Datum delegierte Rechtsakte zur Änderung dieser Verordnung zu erlassen. Dieser Zeitpunkt ist das Datum, ab dem die entsprechenden Bestimmungen gelten, die mit den delegierten Rechtsakten oder Durchführungsrechtsakten festgelegt werden, welche in Artikel 19 bzw. 112 vorgesehen sind.

Artikel 151
Änderungen der Richtlinie 98/58/EG

Die Richtlinie 98/58/EG wird wie folgt geändert:

1. Artikel 2 Nummer 3 erhält folgende Fassung:

„(3) ‚zuständige Behörden': zuständige Behörden gemäß Artikel 3 Nummer 3 der Verordnung (EU) 2017/625 des Europäischen Parlaments und des Rates[1]

2. Artikel 6 wird wie folgt geändert:
a) Absatz 1 wird gestrichen;
b) Absatz 2 erhält folgende Fassung:
„(2) Die Mitgliedstaaten unterbreiten der Kommission bis zum 31. August jedes Jahres einen Jahresbericht für das vorangegangene Jahr über die Kontrollen, die die zuständige Behörde zur Überprüfung der Einhaltung dieser Richtlinie durchgeführt hat. Dem Bericht sind eine Analyse der schwersten Verstöße sowie ein nationaler Aktionsplan zur Vermeidung oder Eindämmung solcher Verstöße in den kommenden Jahren beizufügen. Die Kommission legt den Mitgliedstaaten Zusammenfassungen dieser Berichte vor"
c) Absatz 3 Buchstabe a wird gestrichen;
3. Artikel 7 wird gestrichen.

Artikel 152
Änderungen der Richtlinie 1999/74/EG

Die Richtlinie 1999/74/EG wird wie folgt geändert:

1. Artikel 8 wird wie folgt geändert:
a) Absatz 1 wird gestrichen;
b) Absatz 2 erhält folgende Fassung:
„(2) Die Mitgliedstaaten unterbreiten der Kommission bis zum 31. August jedes Jahres einen Jahresbericht für das vorangegangene Jahr über die Kontrollen, die die zuständige Behörde zur Überprüfung der Einhaltung dieser Richtlinie durchgeführt hat. Dem Bericht sind eine Analyse der schwersten Verstöße beizufügen sowie ein nationaler Aktionsplan zur Vermeidung oder Eindämmung solcher Verstöße in den kommen-

---

Zu Artikel 151:
[1] *Verordnung (EU) 2017/625 des Europäischen Parlaments und des Rates vom 15. März 2017 über amtliche Kontrollen und andere amtliche Tätigkeiten zur Gewährleistung der Anwendung des Lebens- und Futtermittelrechts und der Vorschriften über Tiergesundheit und Tierschutz, Pflanzengesundheit und Pflanzenschutzmittel, zur Änderung der Verordnungen (EG) Nr. 999/2001, (EG) Nr. 396/2005, (EG) Nr. 1069/2009, (EG) Nr. 1107/2009, (EU) Nr. 1151/2012 und (EU) Nr. 652/2014, (EU) 2016/429 und (EU) 2016/2031 des Europäischen Parlaments und des Rates, der Verordnungen (EG) Nr. 1/2005 und (EG) Nr. 1099/2009 des Rates sowie der Richtlinien 98/58/EG, 1999/74/EG, 2007/43/EG, 2008/119/EG und 2008/120/EG des Rates und zur Aufhebung der Verordnungen (EG) Nr. 854/2004 und (EG) Nr. 882/2004 des Europäischen Parlaments und des Rates, der Richtlinien 89/608/EWG, 89/662/EWG, 90/425/EWG, 91/496/EEG, 96/23/EG, 96/93/EG und 97/78/EG des Rates und des Beschlusses 92/438/EWG des Rates (Verordnung über amtliche Kontrollen) (ABl. L 95 vom 7.4.2017, S. 1)."*

den Jahren. Die Kommission legt den Mitgliedstaaten Zusammenfassungen dieser Berichte vor."
c) Absatz 3 Buchstabe a wird gestrichen;
2. Artikel 9 wird gestrichen.

Artikel 153
Änderungen der Verordnung (EG) Nr. 999/2001

Die Verordnung (EG) Nr. 999/2001 wird wie folgt geändert:
1. Die Artikel 19 und 21 werden gestrichen;
2. in Anhang X werden die Kapitel A und B aufgehoben.

Artikel 154
Änderungen der Verordnung (EG) Nr. 1/2005 und damit zusammenhängende Übergangsmaßnahmen

(1) Die Verordnung (EG) Nr. 1/2005 wird wie folgt geändert:
1. Artikel 2 wird wie folgt geändert:
a) Buchstabe d erhält folgende Fassung:

„d) ‚Grenzkontrollstelle': eine Grenzkontrollstelle gemäß Artikel 3 Nummer 38 der Verordnung (EU) 2017/625 des Europäischen Parlaments und des Rates[1];

b) Buchstabe f erhält folgende Fassung:

„f) ‚zuständige Behörde': zuständige Behörden gemäß Artikel 3 Nummer 3 der Verordnung (EU) 2017/625;"

c) Buchstabe i erhält folgende Fassung:

Zu Artikel 154:
[1] *Verordnung (EU) 2017/625 des Europäischen Parlaments und des Rates vom 15. März 2017 über amtliche Kontrollen und andere amtliche Tätigkeiten zur Gewährleistung der Anwendung des Lebens- und Futtermittelrechts und der Vorschriften über Tiergesundheit und Tierschutz, Pflanzengesundheit und Pflanzenschutzmittel, zur Änderung der Verordnungen (EG) Nr. 999/2001, (EG) Nr. 396/2005, (EG) Nr. 1069/2009, (EG) Nr. 1107/2009, (EU) Nr. 1151/2012 und (EU) Nr. 652/2014, (EU) 2016/429 und (EU) 2016/2031 des Europäischen Parlaments und des Rates, der Verordnungen (EG) Nr. 1/2005 und (EG) Nr. 1099/2009 des Rates sowie der Richtlinien 98/58/EG, 1999/74/EG, 2007/43/EG, 2008/119/EG und 2008/120/EG des Rates und zur Aufhebung der Verordnungen (EG) Nr. 854/2004 und (EG) Nr. 882/2004 des Europäischen Parlaments und des Rates, der Richtlinien 89/608/EWG, 89/662/EWG, 90/425/EWG, 91/496/EEG, 96/23/EG, 96/93/EG und 97/78/EG des Rates und des Beschlusses 92/438/EWG des Rates (Verordnung über amtliche Kontrollen) (ABl. L 95 vom 7.4.2017, S. 1).*

„i) ‚Ausgangsort': einen Ausgangsort gemäß Artikel 3 Nummer 39 der Verordnung (EU) 2017/625;"

d) Buchstabe p erhält folgende Fassung:

„p) ‚amtlicher Tierarzt': einen amtlichen Tierarzt gemäß Artikel 3 Nummer 32 der Verordnung (EU) 2017/625;"

2. die Artikel 14, 15, 16 und 21, Artikel 22 Absatz 2 und die Artikel 23, 24 und 26 der Verordnung (EG) Nr. 1/2005 werden gestrichen;
3. Artikel 27 wird wie folgt geändert:
a) Absatz 1 wird gestrichen;
b) Absatz 2 erhält folgende Fassung:
„(2) Die Mitgliedstaaten unterbreiten der Kommission bis zum 31. August jedes Jahres einen Jahresbericht für das vorangegangene Jahr über die Kontrollen, die die zuständige Behörde zur Überprüfung der Einhaltung dieser Verordnung durchgeführt hat. Dem Bericht sind eine Analyse der schwersten festgestellten Mängel sowie ein Aktionsplan zu deren Behebung beizufügen."
4. Artikel 28 wird gestrichen.

(2) Die Artikel 14, 15, 16 und 21, Artikel 22 Absatz 2 und die Artikel 23, 24 und 26 der Verordnung (EG) Nr. 1/2005 gelten anstelle der entsprechenden Bestimmungen der vorliegenden Verordnung weiter bis zum 14. Dezember 2022 oder einem früheren Datum, das in dem gemäß Absatz 3 dieses Artikels zu erlassenden delegierten Rechtsakt festgesetzt wird.

(3) Der Kommission wird die Befugnis übertragen, gemäß Artikel 144 in Bezug auf das in Absatz 2 dieses Artikels genannte Datum delegierte Rechtsakte zur Änderung dieser Verordnung zu erlassen. Dieser Zeitpunkt ist das Datum, ab dem die entsprechenden Bestimmungen gelten, die mit den delegierten Rechtsakten oder Durchführungsrechtsakten festgelegt werden, welche in Artikel 21 vorgesehen sind.

Artikel 155
Änderungen der Verordnung (EG) Nr. 396/2005 und damit zusammenhängende Übergangsmaßnahmen

(1) Die Artikel 26 und 27, Artikel 28 Absätze 1 und 2 sowie Artikel 30 der Verordnung (EG) Nr. 396/2005 werden gestrichen.

(2) Die Artikel 26, Artikel 27 Absatz 1 und 30 der Verordnung (EG) Nr. 396/2005 gelten anstelle der entsprechenden Bestimmungen dieser Verordnung weiter bis zum 14. Dezember 2022 oder einem früheren Datum, das in dem gemäß Absatz 3 dieses Artikels zu erlassenden delegierten Rechtsakt festgesetzt wird.

(3) Der Kommission wird die Befugnis übertragen, gemäß Artikel 144 in Bezug auf das in Absatz 2 dieses Artikels genannte Datum delegierte Rechtsakte zur Änderung dieser Verordnung zu erlassen. Dieser Zeitpunkt ist das Datum, ab dem die entsprechenden Bestimmungen gelten, die mit den delegierten Rechtsakten oder Durchführungsrechtsakten festgelegt werden, welche in Artikel 19 vorgesehen sind.

Artikel 156
Änderungen der Richtlinie 2007/43/EG

Die Richtlinie 2007/43/EG wird wie folgt geändert:

1. Artikel 2 Absatz 1 Buchstaben c und d erhalten folgende Fassung:

„c) ‚zuständige Behörden' die zuständigen Behörden gemäß Artikel 3 Nummer 3 der Verordnung (EU) 2017/625 des Europäischen Parlaments und des Rates[1];

d) ‚amtlicher Tierarzt' einen amtlichen Tierarzt gemäß Artikel 3 Nummer 32 der Verordnung (EU) 2017/625;

2. Artikel 7 wird wie folgt geändert:

a) Absatz 1 wird gestrichen;

b) Absatz 2 erhält folgende Fassung:

„(2) Die Mitgliedstaaten unterbreiten der Kommission bis zum 31. August jedes Jahres einen Jahresbericht für das vorangegangene Jahr über die Kontrollen, die die zuständige Behörde zur Überprüfung der Einhaltung dieser Richtlinie durchgeführt hat. Dem Bericht sind eine Analyse der schwersten Verstöße sowie ein nationaler Aktionsplan zur Vermeidung oder Eindämmung solcher Verstöße in den kommenden Jahren beizufügen. Die Kommission legt den Mitgliedstaaten Zusammenfassungen dieser Berichte vor."

Artikel 157
Änderungen der Richtlinie 2008/119/EG

Die Richtlinie 2008/119/EG wird wie folgt geändert:

1. Artikel 2 Nummer 2 erhält folgende Fassung:

„2. ‚zuständige Behörden': zuständige Behörden gemäß Artikel 3 Nummer 3 der Verordnung (EU) 2017/625 des Europäischen Parlaments und des Rates[1];

2. Artikel 7 wird wie folgt geändert:

a) die Absätze 1 und 2 werden gestrichen;

b) Absatz 3 erhält folgende Fassung:
„(3) Die Mitgliedstaaten unterbreiten der Kommission bis zum 31. August jedes Jahres einen Jahresbericht für das vorangegangene Jahr über die Kontrollen, die die zuständige Behörde zur Überprüfung der Einhaltung dieser Richtlinie durchgeführt hat. Dem Bericht sind eine Analyse der schwersten Verstöße sowie ein nationaler Aktionsplan zur Vermeidung oder Eindämmung solcher Verstöße in den kommenden Jahren beizufügen. Die Kommission legt den Mitgliedstaaten Zusammenfassungen dieser Berichte vor."

3. Artikel 9 wird gestrichen.

Artikel 158
Änderungen der Richtlinie 2008/120/EG

Die Richtlinie 2008/120/EG wird wie folgt geändert:

1. Artikel 2 Nummer 10 erhält folgende Fassung:

Zu Artikel 156:
[1] *Verordnung (EU) 2017/625 des Europäischen Parlaments und des Rates vom 15. März 2017 über amtliche Kontrollen und andere amtliche Tätigkeiten zur Gewährleistung der Anwendung des Lebens- und Futtermittelrechts und der Vorschriften über Tiergesundheit und Tierschutz, Pflanzengesundheit und Pflanzenschutzmittel, zur Änderung der Verordnungen (EG) Nr. 999/2001, (EG) Nr. 396/2005, (EG) Nr. 1069/2009, (EG) Nr. 1107/2009, (EU) Nr. 1151/2012 und (EU) Nr. 652/2014, (EU) 2016/429 und (EU) 2016/2031 des Europäischen Parlaments und des Rates, der Verordnungen (EG) Nr. 1/2005 und (EG) Nr. 1099/2009 des Rates sowie der Richtlinien 98/58/EG, 1999/74/EG, 2007/43/EG, 2008/119/EG und 2008/120/EG des Rates und zur Aufhebung der Verordnungen (EG) Nr. 854/2004 und (EG) Nr. 882/2004 des Europäischen Parlaments und des Rates, der Richtlinien 89/608/EWG, 89/662/EWG, 90/425/EWG, 91/496/EEG, 96/23/EG, 96/93/EG und 97/78/EG des Rates und des Beschlusses 92/438/EWG des Rates (Verordnung über amtliche Kontrollen) (ABl. L 95 vom 7.4.2017, S. 1)."*

Zu Artikel 157:
[1] *Verordnung (EU) 2017/625 des Europäischen Parlaments und des Rates vom 15. März 2017 über amtliche Kontrollen und andere amtliche Tätigkeiten zur Gewährleistung der Anwendung des Lebens- und Futtermittelrechts und der Vorschriften über Tiergesundheit und Tierschutz, Pflanzengesundheit und Pflanzenschutzmittel, zur Änderung der Verordnungen (EG) Nr. 999/2001, (EG) Nr. 396/2005, (EG) Nr. 1069/2009, (EG) Nr. 1107/2009, (EU) Nr. 1151/2012 und (EU) Nr. 652/2014, (EU) 2016/429 und (EU) 2016/2031 des Europäischen Parlaments und des Rates, der Verordnungen (EG) Nr. 1/2005 und (EG) Nr. 1099/2009 des Rates sowie der Richtlinien 98/58/EG, 1999/74/EG, 2007/43/EG, 2008/119/EG und 2008/120/EG des Rates und zur Aufhebung der Verordnungen (EG) Nr. 854/2004 und (EG) Nr. 882/2004 des Europäischen Parlaments und des Rates, der Richtlinien 89/608/EWG, 89/662/EWG, 90/425/EWG, 91/496/EEG, 96/23/EG, 96/93/EG und 97/78/EG des Rates und des Beschlusses 92/438/EWG des Rates (Verordnung über amtliche Kontrollen) (ABl. L 95 vom 7.4.2017, S. 1)."*

„(10) ‚zuständige Behörden': zuständige Behörden gemäß Artikel 3 Nummer 3 der Verordnung (EU) 2017/625 des Europäischen Parlaments und des Rates[1];

2. Artikel 8 wird wie folgt geändert:
a) die Absätze 1 und 2 werden gestrichen;
b) Absatz 3 erhält folgende Fassung:
„(3) Die Mitgliedstaaten unterbreiten der Kommission bis zum 31. August jedes Jahres einen Jahresbericht für das vorangegangene Jahr über die Kontrollen, die die zuständige Behörde zur Überprüfung der Einhaltung dieser Richtlinie durchgeführt hat. Dem Bericht sind eine Analyse der schwersten Verstöße sowie ein nationaler Aktionsplan zur Vermeidung oder Eindämmung solcher Verstöße in den kommenden Jahren beizufügen. Die Kommission legt den Mitgliedstaaten Zusammenfassungen dieser Berichte vor."
3. Artikel 10 wird gestrichen.

Artikel 159
Änderungen der Verordnung (EG) Nr. 1099/2009

Die Verordnung (EG) Nr. 1099/2009 wird wie folgt geändert: 1. Artikel 2 Buchstabe q erhält folgende Fassung:

„q) ‚zuständige Behörden' die zuständigen Behörden gemäß Artikel 3 Nummer 3 der Verordnung (EU) 2017/625 des Europäischen Parlaments und des Rates[1];

2. Artikel 22 wird gestrichen.

Artikel 160
Änderungen der Verordnung (EG) Nr. 1069/2009

Die Verordnung (EG) Nr. 1069/2009 wird wie folgt geändert:

1. Artikel 3 wird wie folgt geändert:
a) Nummer 10 erhält folgende Fassung:

„(10) ‚zuständige Behörden': die zuständigen Behörden gemäß Artikel 3 Nummer 3 der Verordnung (EU) 2017/625 des Europäischen Parlaments und des Rates[1];

b) Nummer 15 erhält folgende Fassung:

Zu Artikel 158:
[1] *Verordnung (EU) 2017/625 des Europäischen Parlaments und des Rates vom 15. März 2017 über amtliche Kontrollen und andere amtliche Tätigkeiten zur Gewährleistung der Anwendung des Lebens- und Futtermittelrechts und der Vorschriften über Tiergesundheit und Tierschutz, Pflanzengesundheit und Pflanzenschutzmittel, zur Änderung der Verordnungen (EG) Nr. 999/2001, (EG) Nr. 396/2005, (EG) Nr. 1069/2009, (EG) Nr. 1107/2009, (EU) Nr. 1151/2012 und (EU) Nr. 652/2014, (EU) 2016/429 und (EU) 2016/2031 des Europäischen Parlaments und des Rates, der Verordnungen (EG) Nr. 1/2005 und (EG) Nr. 1099/2009 des Rates sowie der Richtlinien 98/58/EG, 1999/74/EG, 2007/43/EG, 2008/119/EG und 2008/120/EG des Rates und zur Aufhebung der Verordnungen (EG) Nr. 854/2004 und (EG) Nr. 882/2004 des Europäischen Parlaments und des Rates, der Richtlinien 89/608/EWG, 89/662/EWG, 90/425/EWG, 91/496/EEG, 96/23/EG, 96/93/EG und 97/78/EG des Rates und des Beschlusses 92/438/EWG des Rates (Verordnung über amtliche Kontrollen) (ABl. L 95 vom 7.4.2017, S. 1)."*

Zu Artikel 159:
[1] *Verordnung (EU) 2017/625 des Europäischen Parlaments und des Rates vom 15. März 2017 über amtliche Kontrollen und andere amtliche Tätigkeiten zur Gewährleistung der Anwendung des Lebens- und Futtermittelrechts und der Vorschriften über Tiergesundheit und Tierschutz, Pflanzengesundheit und Pflanzenschutzmittel, zur Änderung der Verordnungen (EG) Nr. 999/2001, (EG) Nr. 396/2005, (EG) Nr. 1069/2009, (EG) Nr. 1107/2009, (EU) Nr. 1151/2012 und (EU) Nr. 652/2014, (EU) 2016/429 und (EU) 2016/2031 des Europäischen Parlaments und des Rates, der Verordnungen (EG) Nr. 1/2005 und (EG) Nr. 1099/2009 des Rates sowie der Richtlinien 98/58/EG, 1999/74/EG, 2007/43/EG, 2008/119/EG und 2008/120/EG des Rates und zur Aufhebung der Verordnungen (EG) Nr. 854/2004 und (EG) Nr. 882/2004 des Europäischen Parlaments und des Rates, der Richtlinien 89/608/EWG, 89/662/EWG, 90/425/EWG, 91/496/EEG, 96/23/EG, 96/93/EG und 97/78/EG des Rates und des Beschlusses 92/438/EWG des Rates (Verordnung über amtliche Kontrollen) (ABl. L 95 vom 7.4.2017, S. 1)."*

Zu Artikel 160:
[1] *Verordnung (EU) 2017/625 des Europäischen Parlaments und des Rates vom 15. März 2017 über amtliche Kontrollen und andere amtliche Tätigkeiten zur Gewährleistung der Anwendung des Lebens- und Futtermittelrechts und der Vorschriften über Tiergesundheit und Tierschutz, Pflanzengesundheit und Pflanzenschutzmittel, zur Änderung der Verordnungen (EG) Nr. 999/2001, (EG) Nr. 396/2005, (EG) Nr. 1069/2009, (EG) Nr. 1107/2009, (EU) Nr. 1151/2012 und (EU) Nr. 652/2014, (EU) 2016/429 und (EU) 2016/2031 des Europäischen Parlaments und des Rates, der Verordnungen (EG) Nr. 1/2005 und (EG) Nr. 1099/2009 des Rates sowie der Richtlinien 98/58/EG, 1999/74/EG, 2007/43/EG, 2008/119/EG und 2008/120/EG des Rates und zur Aufhebung der Verordnungen (EG) Nr. 854/2004 und (EG) Nr. 882/2004 des Europäischen Parlaments und des Rates, der Richtlinien 89/608/EWG, 89/662/EWG, 90/425/EWG, 91/496/EEG, 96/23/EG, 96/93/EG und 97/78/EG des Rates und des Beschlusses 92/438/EWG des Rates (Verordnung über amtliche Kontrollen) (ABl. L 95 vom 7.4.2017, S. 1)."*

„15. ‚Durchfuhr': die Durchfuhr gemäß Artikel 3 Nummer 44 der Verordnung (EU) 2017/625;"

2. die Artikel 45, 49 und 50 werden gestrichen.

Artikel 161
Änderungen der Verordnung (EG) Nr. 1107/2009

Die Verordnung (EG) Nr. 1107/2009 wird wie folgt geändert:

1. Artikel 68 wird wie folgt geändert:
a) Absatz 1 erhält folgende Fassung:
„Die Mitgliedstaaten unterbreiten der Kommission bis zum 31. August jedes Jahres für das vorangegangene Jahr einen Bericht über den Umfang und die Ergebnisse der amtlichen Kontrollen zur Überprüfung der Einhaltung dieser Verordnung."
b) die Absätze 2 und 3 werden gestrichen;

2. Artikel 78 Absatz 1 Buchstabe n wird gestrichen.

Artikel 162
Änderungen der Verordnung (EU) Nr. 1151/2012

Die Verordnung (EG) Nr. 1151/2012 wird wie folgt geändert:

1. Artikel 36 wird wie folgt geändert:
a) Die Überschrift erhält folgende Fassung: „Inhalt der amtlichen Kontrollen";
b) die Absätze 1 und 2 werden gestrichen;
c) in Absatz 3 erhält der einleitende Satz folgende Fassung:

„(3) Die amtlichen Kontrollen, die gemäß der Verordnung (EU) 2017/625 des Europäischen Parlaments und des Rates[1] durchgeführt werden, umfassen Folgendes:

2. Artikel 37 wird wie folgt geändert:
a) Absatz 1 Unterabsatz 1 erhält folgende Fassung:
„(1) Hinsichtlich der geschützten Ursprungsbezeichnungen, der geschützten geografischen Angaben und der garantiert traditionellen Spezialitäten, die Erzeugnisse mit Ursprung in der Union bezeichnen, erfolgt die Kontrolle der Einhaltung der Produktspezifikation vor der Vermarktung durch
a) die gemäß Artikel 4 der Verordnung (EU) 2017/625 benannten zuständigen Behörden oder
b) die beauftragten Stellen gemäß Artikel 3 Nummer 5 der Verordnung (EU) 2017/625";
b) Absatz 3 Unterabsatz 1 wird gestrichen;
c) in Absatz 4 werden die Worte „in den Absätzen 1 und 2" durch die Worte „in Absatz 2" ersetzt;
3. Artikel 38 wird gestrichen;
4. Artikel 39 erhält folgende Fassung:
„*Artikel 39*
Beauftragte Stellen, die Kontrollen in Drittländern durchführen
Die beauftragten Stellen, die Kontrollen in den Drittländern gemäß Artikel 37 Absatz 2 Buchstabe b durchführen, müssen gemäß der einschlägigen harmonisierten Norm ‚Konformitätsbewertung – Anforderungen an Stellen, die Produkte, Prozesse und Dienstleistungen zertifizieren' akkreditiert sein. Diese beauftragten Stellen können von einer nationalen Akkreditierungsstelle außerhalb der Union im Einklang mit den Vorschriften der Verordnung (EG) Nr. 765/2008 oder einer

---

Zu Artikel 162:
[1] *Verordnung (EU) 2017/625 des Europäischen Parlaments und des Rates vom 15. März 2017 über amtliche Kontrollen und andere amtliche Tätigkeiten zur Gewährleistung der Anwendung des Lebens- und Futtermittelrechts und der Vorschriften über Tiergesundheit und Tierschutz, Pflanzengesundheit und Pflanzenschutzmittel, zur Änderung der Verordnungen (EG) Nr. 999/2001, (EG) Nr. 396/2005, (EG) Nr. 1069/2009, (EG) Nr. 1107/2009, (EU) Nr. 1151/2012 und (EU) Nr. 652/2014, (EU) 2016/429 und (EU) 2016/2031 des Europäischen Parlaments und des Rates, der Verordnungen (EG) Nr. 1/2005 und (EG) Nr. 1099/2009 des Rates sowie der Richtlinien 98/58/EG, 1999/74/EG, 2007/43/EG, 2008/119/EG und 2008/120/EG des Rates und zur Aufhebung der Verordnungen (EG) Nr. 854/2004 und (EG) Nr. 882/2004 des Europäischen Parlaments und des Rates, der Richtlinien 89/608/EWG, 89/662/EWG, 90/425/EWG, 91/496/EEG, 96/23/EG, 96/93/EG und 97/78/EG des Rates und des Beschlusses 92/438/EWG des Rates (Verordnung über amtliche Kontrollen) (ABl. L 95 vom 7.4.2017, S. 1)."*

Akkreditierungsstelle außerhalb der Union, die Unterzeichner einer multilateralen Vereinbarung über die Anerkennung von Produktzertifizierungen des Internationalen Akkreditierungsforums ist, akkreditiert sein."

Artikel 163
Änderungen der Verordnung (EU) Nr. 652/2014

Die Verordnung (EU) Nr. 652/2014 wird wie folgt geändert:

1. Artikel 30 Absatz 1 erhält folgende Fassung: „(1) Zur Deckung der Kosten, die ihnen im Zusammenhang mit der Durchführung der von der Kommission genehmigten Arbeitsprogramme entstehen, können Finanzhilfen gewährt werden an:

a) Referenzlaboratorien der Europäischen Union gemäß Artikel 93 der Verordnung (EU) 2017/625 des Europäischen Parlaments und des Rates[1] und Referenzzentren der Europäischen Union gemäß Artikel 29 der Verordnung (EU) 2016/1012 des Europäischen Parlaments und des Rates[2];

b) Referenzzentren der Europäischen Union für Tierschutz gemäß Artikel 95 der Verordnung (EU) 2017/625;

c) Referenzzentren der Europäischen Union für die Echtheit und Integrität der Lebensmittelkette der Union gemäß Artikel 97 der Verordnung (EU) 2017/625

2. es wird folgender Artikel wird eingefügt:
„*Artikel 30a*
Akkreditierung nationaler Referenzlaboratorien für Pflanzengesundheit
(1) Finanzhilfen können nationalen Referenzlaboratorien gemäß Artikel 100 der Verordnung (EU) 2017/625 für Kosten gewährt werden, die den Laboratorien bei der Erlangung der Akkreditierung gemäß der Norm EN ISO/IEC 17025 ‚Allgemeine Anforderungen an die Kompetenz von Prüf- und Kalibrierlaboratorien' für die Anwendung von Methoden für Laboranalysen, -tests oder -diagnosen entstehen, mit denen die Einhaltung der Bestimmungen betreffend Maßnahmen zum Schutz vor Pflanzenschädlingen überprüft werden soll.

(2) Die Finanzhilfe kann einem einzigen nationalen Referenzlaboratorium in jedem Mitgliedstaat für jedes Referenzlaboratorium der Europäischen Union für Pflanzengesundheit während höchstens drei Jahren nach der Benennung dieses Referenzlaboratoriums der Europäischen Union gewährt werden."

Artikel 164
Änderungen der Verordnung (EU) 2016/429 und damit zusammenhängende Übergangsbestimmungen

(1) Die Verordnung (EG) 2016/429 wird wie folgt geändert: 1. Artikel 4 wird wie folgt geändert:

a) Nummer 33 erhält folgende Fassung:

„33. ‚amtliche Kontrolle' jede Form der Kontrolle, die gemäß der Verordnung (EU) 2017/625 des Europäischen Parlaments und des Rates[1] durchgeführt wird;

Zu Artikel 163:
[1] *Verordnung (EU) 2017/625 A des Europäischen Parlaments und des Rates vom 15. März 2017 über amtliche Kontrollen und andere amtliche Tätigkeiten zur Gewährleistung der Anwendung des Lebens- und Futtermittelrechts und der Vorschriften über Tiergesundheit und Tierschutz, Pflanzengesundheit und Pflanzenschutzmittel, zur Änderung der Verordnungen (EG) Nr. 999/2001, (EG) Nr. 396/2005, (EG) Nr. 1069/2009, (EG) Nr. 1107/2009, (EU) Nr. 1151/2012 und (EU) Nr. 652/2014, (EU) 2016/429 und (EU) 2016/2031 des Europäischen Parlaments und des Rates, der Verordnungen (EG) Nr. 1/2005 und (EG) Nr. 1099/2009 des Rates sowie der Richtlinien 98/58/EG, 1999/74/EG, 2007/43/EG, 2008/119/EG und 2008/120/EG des Rates und zur Aufhebung der Verordnungen (EG) Nr. 854/2004 und (EG) Nr. 882/2004 des Europäischen Parlaments und des Rates, der Richtlinien 89/608/EWG, 89/662/EWG, 90/425/EWG, 91/496/EEG, 96/23/EG, 96/93/EG und 97/78/EG des Rates und des Beschlusses 92/438/EWG des Rates (Verordnung über amtliche Kontrollen) (ABl. L 95 vom 7.4.2017, S. 1).*
[2] *Verordnung (EU) 2016/1012 des Europäischen Parlaments und des Rates vom 8. Juni 2016 über die Tierzucht- und Abstammungsbestimmungen für die Zucht, den Handel und die Verbringung in die Union von reinrassigen Zuchttieren und Hybridzuchtschweinen sowie deren Zuchtmaterial und zur Änderung der Verordnung (EU) Nr. 652/2014, der Richtlinien des Rates 89/608/EWG und 90/425/EWG sowie zur Aufhebung einiger Rechtsakte im Bereich der Tierzucht (‚Tierzuchtverordnung') (ABl. L 171 vom 29.6.2016, S. 66)."*

Zu Artikel 164:
[1] *Verordnung (EU) 2017/625 des Europäischen Parlaments und des Rates vom 15. März 2017 über amtliche Kontrollen und andere amtliche Tätigkeiten zur Gewährleistung der Anwendung des Lebens- und Futtermittelrechts und der Vorschriften über Tiergesundheit und Tierschutz, Pflanzengesundheit und Pflanzenschutzmittel, zur Änderung der Verordnungen (EG) Nr. 999/2001, (EG) Nr. 396/2005, (EG) Nr. 1069/2009, (EG) Nr. 1107/2009, (EU) Nr. 1151/2012 und (EU) Nr. 652/2014, (EU) 2016/429 und (EU) 2016/2031 des Europäischen Parlaments und des Rates, der Verordnungen (EG) Nr. 1/2005 und (EG) Nr. 1099/2009 des Rates sowie der Richtlinien 98/58/EG, 1999/74/EG, 2007/43/EG, 2008/119/EG und 2008/120/EG des Rates und zur Aufhebung der Verordnungen (EG) Nr. 854/2004 und (EG) Nr. 882/2004 des Europäischen Parlaments und des Rates, der Richtlinien 89/608/EWG, 89/662/EWG, 90/425/EWG, 91/496/EEG, 96/23/EG, 96/93/EG und 97/78/EG des Rates und des Beschlusses 92/438/EWG des Rates (Verordnung über amtliche Kontrollen) (ABl. L 95 vom 7.4.2017, S. 1)."*

b) Nummer 51 erhält folgende Fassung:

„51. ‚TRACES' eine in das IMSOC integrierte Systemkomponente gemäß den Artikeln 131 bis 136 der Verordnung (EU) 2017/625;"

c) Nummer 53 erhält folgende Fassung:

„53. ‚amtlicher Tierarzt' einen amtlichen Tierarzt im Sinne des Artikels 3 Nummer 32 der Verordnung (EU) 2017/625;"

d) Nummer 55 erhält folgende Fassung:

„55. ‚zuständige Behörde' die zentrale Veterinärbehörde eines Mitgliedstaats, die für die Organisation amtlicher Kontrollen und aller anderen amtlichen Tätigkeiten gemäß dieser Verordnung und der Verordnung (EU) 2017/625 zuständig ist, oder jede andere Behörde, der diese Zuständigkeit delegiert wurde;"

2. Artikel 229 Absatz 2 erhält folgende Fassung:
„(2) Die betreffenden für die Sendung verantwortlichen Unternehmer haben ihre infrage stehenden Sendungen mit Tieren, Zuchtmaterial und Erzeugnissen tierischen Ursprungs aus Drittländern oder Drittlandsgebieten zu Zwecken der amtlichen Kontrolle gemäß Artikel 47 der Verordnung (EU) 2017/625 vorzulegen."

3. Artikel 281 wird gestrichen.

(2) Die folgenden Bestimmungen gelten bis zum Datum des Geltungsbeginns der Verordnung (EU) 2016/429 weiterhin für die Sachverhalte, die durch jene Verordnung geregelt werden:

a) Artikel 9 der Richtlinie 89/662/EWG;
b) Artikel 10 der Richtlinie 90/425/EWG;
c) Artikel 18 Absätze 1, 3, 4, 5, 6, 7 und 8 der Richtlinie 91/496/EWG;
d) Artikel 22 Absätze 1, 3, 4, 5, 6 und 7 der Richtlinie 97/78/EG.

(3) Unter Hinweis auf Artikel 14 der Verordnung (EU) 2016/429 und ungeachtet des in der genannten Verordnung vorgesehenen Datums des Geltungsbeginns gilt für die Zwecke des Artikels 31 Absatz 2 der vorliegenden Verordnung die Bedingung für seine Anwendung bereits ab dem 14. Dezember 2019 als erfüllt.

Artikel 165
Änderungen der Verordnung (EU) 2016/2031 und damit zusammenhängende Übergangsbestimmungen

(1) Die Verordnung (EG) 2016/2031 wird wie folgt geändert:

1. Artikel 2 Nummer 6 erhält folgende Fassung:

„6. ‚zuständige Behörde' zuständige Behörden gemäß Artikel 3 Nummer 3 der Verordnung (EU) 2017/625 des Europäischen Parlaments und des Rates[1];

2. Artikel 10 erhält folgende Fassung:
„Artikel 10
Amtliche Bestätigung des Auftretens eines Unionsquarantäneschädlings durch die zuständige Behörde
Hat eine zuständige Behörde den Verdacht oder liegen ihr Nachweise dafür vor, dass ein Unionsquarantäneschädling oder ein Schädling, für den gemäß Artikel 30 Absatz 1 erlassene Maßnahmen gelten, in einem Teil des Hoheitsgebiets des betreffenden Mitgliedstaates, in dem dies – soweit bekannt – bisher nicht der Fall war, oder in einer Sendung von Pflanzen, Pflanzenerzeugnissen oder anderen Gegenständen, die in das Gebiet der Union eingeführt wurde bzw. werden soll oder innerhalb dieses Gebiets verbracht wurde bzw. werden soll, auftritt, so ergreift sie unverzüglich alle erforderlichen Maßnahmen, um auf der Grundlage einer Diagnose eines amtlichen Laboratoriums gemäß Artikel 37 der Verordnung (EU) 2017/625 zu bestätigen (im Folgenden ‚amtlich bestätigen'), ob der Schädling tatsächlich auftritt oder nicht.

Solange das Auftreten des betreffenden Schädlings nicht amtlich bestätigt ist, ergreift die betroffenen Mitgliedstaaten gegebenenfalls Pflanzenschutzmaßnahmen, um das Risiko einer Ausbreitung des Schädlings zu beseitigen.

Der Verdacht oder die Nachweise nach Absatz 1 dieses Artikels können sich auf gemäß den Artikeln 14 und 15 oder aus jeder anderen Quelle erhaltene Informationen stützen."

Zu Artikel 165:
[1] *Verordnung (EU) 2017/625 des Europäischen Parlaments und des Rates vom 15. März 2017 über amtliche Kontrollen und andere amtliche Tätigkeiten zur Gewährleistung der Anwendung des Lebens- und Futtermittelrechts und der Vorschriften über Tiergesundheit und Tierschutz, Pflanzengesundheit und Pflanzenschutzmittel, zur Änderung der Verordnungen (EG) Nr. 999/2001, (EG) Nr. 396/2005, (EG) Nr. 1069/2009, (EG) Nr. 1107/2009, (EU) Nr. 1151/2012 und (EU) Nr. 652/2014, (EU) 2016/429 und (EU) 2016/2031 des Europäischen Parlaments und des Rates, der Verordnungen (EG) Nr. 1/2005 und (EG) Nr. 1099/2009 des Rates sowie der Richtlinien 98/58/EG, 1999/74/EG, 2007/43/EG, 2008/119/EG und 2008/120/EG des Rates und zur Aufhebung der Verordnungen (EG) Nr. 854/2004 und (EG) Nr. 882/2004 des Europäischen Parlaments und des Rates, der Richtlinien 89/608/EWG, 89/662/EWG, 90/425/EWG, 91/496/EEG, 96/23/EG, 96/93/EG und 97/78/EG des Rates und des Beschlusses 92/438/EWG des Rates (Verordnung über amtliche Kontrollen) (ABl. L 95 vom 7.4.2017, S. 1)."*

3. Artikel 11 Absatz zwei erhält folgende Fassung:
„Die Meldungen nach Absatz 1 erfolgen durch die in Artikel 4 Absatz 2 der Verordnung (EU) 2017/625 genannte zentrale Behörde des betreffenden Mitgliedstaats und über das in Artikel 103 genannte elektronische Meldesystem."

4. Artikel 25 Absatz 2 Buchstabe a erhält folgende Fassung:

„a) den Aufgaben und Zuständigkeiten der Stellen, die im Falle der Bestätigung des Auftretens des betreffenden prioritären Schädlings bzw. eines entsprechenden Verdachts an der Umsetzung des Plans beteiligt sind sowie den Anordnungsketten und Verfahren zur Abstimmung der Maßnahmen, die von zuständigen Behörden, anderen Behörden gemäß Artikel 4 Absatz 2 der Verordnung (EU) 2017/625, beauftragten Stellen und beteiligten natürlichen Personen gemäß Artikel 28 Absatz 1 jener Verordnung, Laboratorien und Unternehmern durchgeführt werden, gegebenenfalls einschließlich der Abstimmung mit benachbarten Mitgliedstaaten sowie benachbarten Drittländern;"

5. Artikel 41 Absatz 4 erhält folgende Fassung:
„(4) Wurden Pflanzen, Pflanzenerzeugnisse oder andere Gegenstände entgegen den Bestimmungen des Absatzes 1 dieses Artikels in das Gebiet der Union eingeführt oder innerhalb dieses Gebiets verbracht, so ergreifen die Mitgliedstaaten die erforderlichen Maßnahmen gemäß Artikel 66 Absatz 3 der Verordnung (EU) 2017/625 und melden dies der Kommission und den anderen Mitgliedstaaten über das in Artikel 103 genannte elektronische Meldesystem.
Diese Meldung erfolgt gegebenenfalls auch an das Drittland, aus dem die Pflanzen, Pflanzenerzeugnisse oder anderen Gegenstände in das Gebiet der Union eingeführt wurden."

6. Artikel 44 Absatz 2 erhält folgende Fassung:
„(2) Gegebenenfalls führt die Kommission in dem betreffenden Drittland gemäß Artikel 120 der Verordnung (EU) 2017/625 Untersuchungen durch, um zu überprüfen, ob die unter Absatz 1 Unterabsatz 1 Buchstaben a und b des vorliegenden Artikels genannten Bedingungen erfüllt sind."

7. Artikel 49 Absatz 6 Unterabsatz 3 erhält folgende Fassung:
„Die Mitgliedstaaten melden der Kommission und den anderen Mitgliedstaaten über das in Artikel 103 dieser Verordnung genannte elektronische Meldesystem jeden Fall, in dem das Einführen von Pflanzen, Pflanzenerzeugnissen oder anderen Gegenständen in das Gebiet der Union bzw. die Verbringung innerhalb dieses Gebiets verboten wurde, da nach Auffassung des betreffenden Mitgliedstaates gegen das Verbot nach Absatz 2 Unterabsatz 2 Buchstabe c dieses Artikels verstoßen wurde. Gegebenenfalls ist in dieser Meldung auch anzugeben, welche Maßnahmen der Mitgliedstaat gemäß Artikel 66 Absatz 3 der Verordnung (EU) 2017/625 in Bezug auf die betreffenden Pflanzen, Pflanzenerzeugnisse oder anderen Gegenstände ergriffen hat."

8. Artikel 76 Absätze 4 und 5 erhalten folgende Fassung:
„(4) Im Falle eines Drittlands, das nicht Vertragspartei des IPPC ist, erkennt die zuständige Behörde nur Pflanzengesundheitszeugnisse an, die von Behörden ausgestellt wurden, die nach den nationalen Vorschriften des betreffenden Drittlands zuständig sind und der Kommission gemeldet wurden. Die Kommission unterrichtet gemäß Artikel 132 Buchstabe a der Verordnung (EU) 2017/625 die Mitgliedstaaten und Unternehmer über das in Artikel 103 genannte elektronische Meldesystem über die eingegangenen Meldungen.
Der Kommission wird die Befugnis übertragen, gemäß Artikel 105 delegierte Rechtsakte zu erlassen, um diese Verordnung hinsichtlich der in Unterabsatz 1 dieses Absatzes genannten Bedingungen für die Anerkennung zu ergänzen und so die Zuverlässigkeit der genannten Zeugnisse zu gewährleisten.
(5) Elektronische Pflanzengesundheitszeugnisse werden nur anerkannt, wenn sie über das IMSOC nach Artikel 131 Absatz 1 der Verordnung (EU) 2017/625 bzw. im elektronischen Austausch mit diesem System bereitgestellt werden."

9. Artikel 77 Absatz 1 Unterabsatz 1 erhält folgende Fassung:
„(1) Gelangt die zuständige Behörde zu dem Schluss, dass ein gemäß Artikel 71 Absätze 1, 2 und 3 ausgestelltes Pflanzengesundheitszeugnis die Bedingungen gemäß Artikel 76 nicht erfüllt, so macht sie dieses Pflanzengesundheitszeugnis ungültig und stellt sicher, dass es den betreffenden Pflanzen, Pflanzenerzeugnissen oder anderen Gegenständen nicht mehr beiliegt. In diesem Falle ergreift die zuständige Behörde in Bezug auf die betreffenden Pflanzen, Pflanzenerzeugnisse oder anderen Gegenstände eine der in Artikel 66 Absatz 3 der Verordnung (EU) 2017/625 festgelegten Maßnahmen."

10. Artikel 91 Absatz 1 Unterabsatz 2 erhält folgende Fassung:
„Bei ermächtigten Unternehmern, die einen genehmigten Risikomanagementplan für Schädlinge durchführen, kann die Häufigkeit von Inspektionen gemäß Artikel 22 Absatz 3 Buchstabe b der Verordnung (EU) 2017/625 verringert werden."

11. Artikel 94 Absatz 1 Unterabsatz 1 erhält folgende Fassung:
„(1) Wird für die Verbringung von Pflanzen, Pflanzenerzeugnissen oder anderen Gegenständen,

die aus einem Drittland in das Gebiet der Union eingeführt wurden, innerhalb des Gebiets der Union ein Pflanzenpass gemäß Artikel 79 Absatz 1 und Artikel 80 Absatz 1 dieser Verordnung benötigt, so wird abweichend von Artikel 87 dieser Verordnung der Pass ausgestellt, wenn die gemäß Artikel 49 Absatz 1 der Verordnung (EU) 2017/625 durchgeführten Kontrollen in Bezug auf ihr Einführen zufriedenstellend abgeschlossen wurden und ergeben haben, dass die betreffenden Pflanzen, Pflanzenerzeugnisse oder anderen Gegenstände die grundlegenden Anforderungen für die Ausstellung eines Pflanzenpasses gemäß Artikel 85 dieser Verordnung und, gegebenenfalls, Artikel 86 dieser Verordnung erfüllen."

12. Artikel 100 Absatz 5 erhält folgende Fassung:
„(5) Elektronische Pflanzengesundheitszeugnisse für die Ausfuhr werden über das IMSOC bzw. im elektronischen Austausch mit diesem System bereitgestellt."

13. Artikel 101 Absatz 6 erhält folgende Fassung:
„(6) Elektronische Pflanzengesundheitszeugnisse für die Wiederausfuhr werden über das IMSOC bzw. im elektronischen Austausch mit diesem System bereitgestellt."

14. Artikel 102 Absatz 4 erhält folgende Fassung:
„(4) Das Vorausfuhrzeugnis ist den betreffenden Pflanzen, Pflanzenerzeugnissen und anderen Gegenständen während ihrer Verbringung innerhalb des Gebiets der Union beigefügt, es sei denn, die betroffenen Mitgliedstaaten tauschen die darin enthaltenen Informationen über das IMSOC bzw. im elektronischen Austausch mit diesem System aus."

15. Artikel 103 erhält folgende Fassung:
„Artikel 103
Einrichtung eines elektronischen Meldesystems
Die Kommission richtet ein elektronisches System ein, mit dem die Mitgliedstaaten Meldungen übermitteln können.
Das genannte System wird mit dem IMSOC verbunden und ist mit diesem kompatibel."

16. Artikel 109 Absatz 1 erhält folgende Fassung:
„Die Richtlinie 2000/29/EG wird unbeschadet des Artikels 165 Absätze 2, 3 und 4 der Verordnung (EU) 2017/625 aufgehoben."

(2) In Bezug auf durch die Richtlinie 2000/29/EG geregelte Sachverhalte gelten Artikel 47 Absatz 2, Artikel 48, Artikel 51 Absatz 1 Buchstaben b, c und d sowie Artikel 58 Buchstabe a dieser Verordnung mit Wirkung vom 15. Dezember 2019 anstelle der Bestimmungen der genannten Richtlinie, die ab demselben Datum nicht mehr gilt.

Die einschlägigen Bestimmungen der Richtlinie 2000/29/EG gelten in Bezug auf Sachverhalte, auf die in Artikel 53 Absatz 1 Buchstabe a dieser Verordnung Bezug genommen wird, anstelle der letztgenannten Bestimmung bis zum 13. Dezember 2020.

Die einschlägigen Bestimmungen der Richtlinie 2000/29/EG gelten in Bezug auf Sachverhalte, auf die in Artikel 54 Absätze 1 und 3 dieser Verordnung Bezug genommen wird, anstelle der letztgenannten Bestimmung bis zum 13. Dezember 2022.
(ABl L 321 vom 12. 12. 2019, S. 111)

(3) Der Kommission wird die Befugnis übertragen, gemäß Artikel 144 in Bezug auf das in Absatz 2 dieses Artikels genannte Datum delegierte Rechtsakte zur Änderung dieser Verordnung zu erlassen.

(4) Unbeschadet der Absätze 2 und 3 dieses Artikels und des Geltungsbeginns gemäß Artikel 167 Absatz 1, erlässt die Kommission die delegierten Rechtsakte gemäß Artikel 53 Absatz 1 Buchstaben a und e in Bezug auf die Waren gemäß Artikel 47 Absatz 1 Buchstabe c spätestens 12 Monate vor dem Geltungsbeginn.

Artikel 166
Übergangsmaßnahmen für die Annahme von delegierten Rechtsakten und Durchführungsrechtsakten

Unbeschadet der Daten für die Anwendung gemäß Artikel 167 sowie etwaiger Übergangsbestimmungen, die im vorliegenden Kapitel vorgesehen sind, wird der Kommission die Befugnis übertragen, die in der vorliegenden Verordnung vorgesehenen delegierten Rechtsakte und Durchführungsrechtsakte ab dem 28. April 2017 zu erlassen. Die Anwendung dieser Rechtsakte beginnt ab dem Geltungsbeginn gemäß Artikel 167 unbeschadet etwaiger Übergangsbestimmungen gemäß diesem Kapitel.

Artikel 167
Inkrafttreten und Geltungsbeginn

(1) Diese Verordnung tritt am 20. Tag nach ihrer Veröffentlichung im *Amtsblatt der Europäischen Union* in Kraft.
Sofern in den Absätzen 2 bis 4 nicht anders bestimmt, gilt sie ab dem 14. Dezember 2019.

(2) In dem Bereich, der durch die Vorschriften gemäß Artikel 1 Absatz 2 Buchstabe g geregelt ist, gelten Artikel 34 Absätze 1, 2 und 3, Artikel 37 Absatz 4 Buchstabe e und Artikel 37 Absatz 5 ab dem 29. April 2022.

(3) Die Artikel 92 bis 101 dieser Verordnung gelten ab dem 29. April 2018 anstelle der Artikel 32 und 33 der Verordnung (EG) Nr. 882/2004,

die durch die vorliegende Verordnung aufgehoben wird.

(4) Artikel 163 gilt ab dem 28. April 2017.

Diese Verordnung ist in allen ihren Teilen verbindlich und gilt unmittelbar in jedem Mitgliedstaat.

Geschehen zu Straßburg am 15. März 2017.

Im Namen des Rates
Der Präsident
I. BORG

Im Namen des Europäischen Parlaments
Der Präsident
A. TAJANI

ANHANG I

ANHANG I
GEBIETE, AUF DIE IN ARTIKEL 3 NUMMER 40 VERWIESEN WIRD, AUSSER FÜR DIE ANWENDUNG VON ARTIKEL 1 ABSATZ 2 BUCHSTABE G

(1) Das Gebiet des Königreichs Belgien

(2) Das Gebiet der Republik Bulgarien

(3) Das Gebiet der Tschechischen Republik

(4) Das Gebiet des Königreichs Dänemark, mit Ausnahme der Färöer und Grönlands

(5) Das Gebiet der Bundesrepublik Deutschland

(6) Das Gebiet der Republik Estland

(7) Das Gebiet Irlands

(8) Das Gebiet der Hellenischen Republik

(9) Das Gebiet des Königreichs Spanien, mit Ausnahme von Ceuta und Melilla

(10) Das Gebiet der Französischen Republik

(11) Das Gebiet der Kroatischen Republik

(12) Das Gebiet der Italienischen Republik

(13) Das Gebiet der Republik Zypern

(14) Das Gebiet der Republik Lettland

(15) Das Gebiet der Republik Litauen

(16) Das Gebiet des Großherzogtums Luxemburg

(17) Das Gebiet Ungarns

(18) Das Gebiet der Republik Malta

(19) Das Gebiet des Königreichs der Niederlande in Europa

(20) Das Gebiet der Republik Österreich

(21) Das Gebiet der Republik Polen

(22) Das Gebiet der Portugiesischen Republik

(23) Das Gebiet Rumäniens

(24) Das Gebiet der Republik Slowenien

(25) Das Gebiet der Slowakischen Republik

(26) Das Gebiet der Republik Finnland

(27) Das Gebiet des Königreichs Schweden

(28) Das Gebiet des Vereinigten Königreichs Großbritannien und Nordirland

Anhang II

ANHANG II
SCHULUNG DES PERSONALS DER ZUSTÄNDIGEN BEHÖRDEN

KAPITEL I
Themenbereiche der Schulungen für Personal, das amtliche Kontrollen und andere amtliche Tätigkeiten durchführt

(1) Verschiedene Kontrollverfahren und -techniken, zum Beispiel Inspektionen, Überprüfungen, Screenings, gezielte Screenings, Probenahmen sowie Laboranalysen, -tests und -diagnosen

(2) Kontrollmethoden

(3) Vorschriften gemäß Artikel 1 Absatz 2

(4) Bewertung eines Verstoßes gegen die Vorschriften gemäß Artikel 1 Absatz 2

(5) Gefahren bei der Produktion, der Verarbeitung und dem Vertrieb von Tieren und Waren

(6) Die verschiedenen Produktions-, Verarbeitungs- und Vertriebsstufen, mögliche Risiken für die menschliche Gesundheit und gegebenenfalls für die Gesundheit von Tieren und Pflanzen, für das Tierwohl sowie für die Umwelt

(7) Bewertung der Anwendung von HACCP-Verfahren und Regeln der guten fachlichen Praxis in der Landwirtschaft

(8) Management-Systeme, z. B. Qualitätssicherungsprogramme der Unternehmer und ihre Bewertung, sofern diese für die Erfüllung der Auflagen in den Vorschriften gemäß Artikel 1 Absatz 2 relevant sind

(9) Amtliche Bescheinigungssysteme

(10) Vorkehrungen für Notsituationen, einschließlich der Kommunikation zwischen den Mitgliedstaaten und der Kommission

(11) Gerichtliche Schritte und rechtliche Aspekte amtlicher Kontrollen

(12) Prüfung schriftlichen Dokumentationsmaterials und sonstiger Aufzeichnungen – einschließlich derjenigen zu Laborvergleichstests, Akkreditierung und Risikobewertung –, die möglicherweise wichtig sind, um die Einhaltung der Vorschriften gemäß Artikel 1 Absatz 2 zu bewerten; dazu können auch finanzielle und kommerzielle Aspekte zählen

(13) Kontrollverfahren und Bestimmungen für den Eingang in die Union von Tieren und Waren, die aus Drittländern kommen

(14) Alle sonstigen Bereiche, die notwendig sind, um die Durchführung der amtlichen Kontrollen im Einklang mit dieser Verordnung zu gewährleisten

KAPITEL II
Prüffelder für Kontrollverfahren

(1) Aufbau der zuständigen Behörden und Beziehung zwischen den zentralen zuständigen Behörden und den Behörden, die von diesen mit der Durchführung amtlicher Kontrollen oder anderer amtlicher Tätigkeiten betraut wurden

(2) Beziehung zwischen den zuständigen Behörden und den beauftragten Stellen oder den natürlichen Personen, die die zuständigen Behörden mit Aufgaben im Zusammenhang mit amtlichen Kontrollen oder anderen amtlichen Tätigkeiten beauftragt haben

(3) Beschreibung der zu erreichenden Ziele

(4) Aufgaben, Zuständigkeiten und Pflichten des Personals

(5) Probenahmeverfahren, Kontrollmethoden und -techniken einschließlich Laboranalysen, -tests und -diagnosen, Auswertung der Ergebnisse und sich daraus ergebende Entscheidungen

(6) Programme für Screenings und gezielte Screenings

(7) Amtshilfe für den Fall, dass die amtlichen Kontrollen ein Tätigwerden mehrerer Mitgliedstaaten erfordern

(8) Folgemaßnahmen nach amtlichen Kontrollen

(9) Zusammenarbeit mit anderen möglicherweise ebenfalls zuständigen Dienststellen oder Abteilungen oder mit Unternehmern

(10) Überprüfung der Eignung von Methoden für Probenahmen sowie für Laboranalysen, -tests und -diagnosen

(11) Jede sonstige Tätigkeit oder Information, die zur effizienten Durchführung der amtlichen Kontrollen erforderlich ist

Anhang III

ANHANG III
MERKMALE DER ANALYSEMETHODEN

(1) Die Analysemethoden und Messergebnisse sollten durch folgende Merkmale gekennzeichnet sein:

a) Genauigkeit (Richtigkeit und Präzision),
b) Zweckmäßigkeit (Matrix und Konzentrationsbereich),
c) Nachweisgrenze,
d) Bestimmungsgrenze,
e) Präzision,
f) Wiederholbarkeit,
g) Reproduzierbarkeit,
h) Wiederfindung,
i) Selektivität,
j) Empfindlichkeit,

k) Linearität,
l) Messunsicherheit,
m) sonstige nach Bedarf ausgewählte Kriterien.

(2) Die Präzisionswerte gemäß Nummer 1 Buchstabe e werden entweder aus einem Ringversuch bestimmt, der nach einem international anerkannten Protokoll für Ringversuche durchgeführt wurde (z. B. ISO 5725 „Genauigkeit (Richtigkeit und Präzision) von Messmethoden und Messergebnissen"), oder – soweit Leistungskriterien für Analyseverfahren festgelegt wurden – durch Tests zur Feststellung der Einhaltung dieser Kriterien. Die Wiederholbarkeits- und Reproduzierbarkeitswerte sind in international anerkannter Form anzugeben (z. B. 95 % Konfidenzbereiche nach ISO 5725 „Genauigkeit (Richtigkeit und Präzision) von Messmethoden und Messergebnissen"). Die Ergebnisse aus dem Ringversuch werden veröffentlicht oder frei zur Verfügung gestellt.

(3) Analysemethoden, die sich einheitlich auf verschiedene Produktgruppen anwenden lassen, sollten gegenüber Methoden bevorzugt werden, die nur bei einzelnen Produkten anwendbar sind.

(4) Sind Analysemethoden nur innerhalb eines einzelnen Laboratoriums validierbar, so sollten sie nach international akzeptierten wissenschaftlichen Protokollen oder Leitlinien validiert werden; wurden Leistungskriterien für Analysemethoden festgelegt, so sollten die Methoden durch Tests zur Feststellung der Einhaltung dieser Kriterien validiert werden.

(5) Im Rahmen dieser Verordnung eingeführte Analysemethoden sollten nach dem von der ISO empfohlenen Standardschema editiert werden.

Anhang IV

ANHANG IV

KAPITEL I

Gebühren oder abgaben für amtliche kontrollen der sendungen von tieren und waren, die in die union verbracht werden

I. SENDUNGEN LEBENDER TIERE

a) Rinder, Einhufer, Schweine, Schafe, Ziegen, Geflügel, Kaninchen und Kleinwild (Feder- und Haarwild) und Landsäugetiere der Gattung Wildschweine und Wiederkäuer:
   – 55 EUR je Sendung, bis 6 Tonnen, und
   – 9 EUR je Tonne, über 6 und bis 46 Tonnen, oder
   – 420 EUR je Sendung, über 46 Tonnen.

b) Andere Tierarten:
   – 55 EUR je Sendung, über 6 und bis 46 Tonnen, oder
   – 420 EUR je Sendung, über 46 Tonnen.

II. SENDUNGEN VON FLEISCH
– 55 EUR je Sendung, bis 6 Tonnen, und
– 9 EUR je Tonne, über 6 und bis 46 Tonnen, oder
– 420 EUR je Sendung, über 46 Tonnen.

III. SENDUNGEN VON FISCHEREIERZEUGNISSEN
a) Fischereierzeugnisse, nicht lose:
   i) 55 EUR je Sendung, bis 6 Tonnen, und
   ii) 9 EUR je Tonne, über 6 und bis 46 Tonnen, oder
   iii) 420 EUR je Sendung, über 46 Tonnen.
b) Fischereierzeugnisse, die als Stückgut verschifft werden:

13/1. EU-KontrollV
Anhang IV

i) 600 EUR je Schiff mit einer Ladung von Fischereierzeugnissen bis 500 Tonnen,
ii) 1 200 EUR je Schiff mit einer Ladung von Fischereierzeugnissen über 500 und bis 1 000 Tonnen,
iii) 2 400 EUR je Schiff mit einer Ladung von Fischereierzeugnissen über 1 000 und bis 2 000 Tonnen,
iv) 3 600 EUR je Schiff mit einer Ladung von Fischereierzeugnissen von mehr als 2 000 Tonnen.

IV. SENDUNGEN VON FLEISCHERZEUGNISSEN, GEFLÜGELFLEISCH, WILDFLEISCH, KANINCHENFLEISCH ODER ZUCHTWILDFLEISCH

a) 55 EUR je Sendung, bis 6 Tonnen, und
b) 9 EUR je Tonne, über 6 und bis 46 Tonnen, oder
c) 420 EUR je Sendung, über 46 Tonnen.

V. SENDUNGEN VON ANDEREN ERZEUGNISSEN TIERISCHEN URSPRUNGS ALS FLEISCHERZEUGNISSEN FÜR DEN MENSCHLICHEN VERZEHR

a) Andere Erzeugnisse tierischen Ursprungs für den menschlichen Verzehr, nicht lose:
  i) 55 EUR je Sendung, bis 6 Tonnen, und
  ii) 9 EUR je Tonne, über 6 und bis 46 Tonnen, oder
  iii) 420 EUR je Sendung, über 46 Tonnen.
b) Andere Erzeugnisse tierischen Ursprungs für den menschlichen Verzehr, die als Stückgut verschifft werden:
  i) 600 EUR je Schiff mit einer Ladung von Erzeugnissen bis 500 Tonnen,
  ii) 1 200 EUR je Schiff mit einer Ladung von Erzeugnissen über 500 und bis 1 000 Tonnen,
  iii) 2 400 EUR je Schiff mit einer Ladung von Erzeugnissen über 1 000 und bis 2 000 Tonnen,
  iv) 3 600 EUR je Schiff mit einer Ladung von Erzeugnissen von mehr als 2 000 Tonnen.

VI. SENDUNGEN VON TIERISCHEN NEBENPRODUKTEN UND FUTTERMITTELN TIERISCHEN URSPRUNGS

a) Sendungen von tierischen Nebenprodukten und Futtermitteln tierischen Ursprungs, nicht lose verbracht:
  i) 55 EUR je Sendung, bis 6 Tonnen, und
  ii) 9 EUR je Tonne, über 6 und bis 46 Tonnen, oder
  iii) 420 EUR je Sendung, über 46 Tonnen.
b) Sendungen von tierischen Nebenprodukten und Futtermitteln tierischen Ursprungs, die als Stückgut verschifft werden:
  i) 600 EUR je Schiff mit einer Ladung von Erzeugnissen bis 500 Tonnen,
  ii) 1200 EUR je Schiff mit einer Ladung von Erzeugnissen über 500 und bis 1000 Tonnen,
  iii) 2400 EUR je Schiff mit einer Ladung von Erzeugnissen über 1000 und bis 2000 Tonnen,
  iv) 3600 EUR je Schiff mit einer Ladung von Erzeugnissen von mehr als 2000 Tonnen.

VII. SENDUNGEN VON TIEREN UND WAREN AUS DRITTLÄNDERN, IM TRANSIT ODER UMGELADEN

30 EUR für die Sendung und 20 EUR je Viertelstunde für jede für die Kontrolle eingesetzte Person

VIII. SENDUNGEN VON PFLANZEN, PFLANZENERZEUGNISSEN UND ANDEREN GEGENSTÄNDEN UND MATERIALIEN, DIE PFLANZENSCHÄDLINGE ENTHALTEN ODER VERBREITEN KÖNNEN

a) Für Dokumentenkontrollen: 7 EUR je Sendung,
b) Für Nämlichkeitskontrollen:
  i) 7 EUR je Sendung bis zur Größe einer LKW-Ladung, einer Güterwagenladung oder einer vergleichbaren Containerladung,
  ii) 14 EUR je Sendung, die die vorgenannte Größe übersteigt.

13/1. EU-KontrollV
Anhang IV

c) Für Pflanzengesundheitsuntersuchungen gemäß den folgenden Spezifikationen:
   i) Stecklinge, Sämlinge (ausgenommen forstliches Vermehrungsgut), Jungpflanzen von Erdbeeren oder Gemüse:
      - 17,5 EUR je Sendung, bis 10 000 Stück,
      - 0,70 EUR je Sendung, pro weiteren 1 000 Stück,
      - 140 EUR je Sendung, Höchstbetrag,
   ii) Sträucher, Bäume (ausgenommen gefällte Weihnachtsbäume), andere holzige Baumschulerzeugnisse einschließlich forstliches Vermehrungsgut (ausgenommen Saatgut):
      - 17,5 EUR je Sendung, bis 10 000 Stück,
      - 0,44 EUR je Sendung, pro weiteren 1 000 Stück,
      - 140 EUR je Sendung, Höchstbetrag,
   iii) Zwiebeln, Wurzelknollen, Wurzelstöcke, Knollen zum Anpflanzen (ausgenommen Kartoffelknollen):
      - 17,5 EUR je Sendung, bis 200 kg Gewicht,
      - 0,16 EUR je Sendung, pro weiteren 10 kg,
      - 140 EUR je Sendung, Höchstbetrag,
   iv) Samen, Gewebekulturen:
      - 7,5 EUR je Sendung, bis 100 kg Gewicht,
      - 0,175 EUR je Sendung, pro weiteren 10 kg,
      - 140 EUR je Sendung, Höchstbetrag,
   v) andere Pflanzen zum Anpflanzen, die nicht anderweitig in diesem Buchstaben aufgeführt sind:
      - 17,5 EUR je Sendung, bis 5 000 Stück,
      - 0,18 EUR je Sendung, pro weiteren 100 Stück,
      - 140 EUR je Sendung, Höchstbetrag,
   vi) Schnittblumen:
      - 17,5 EUR je Sendung, bis 20 000 Stück,
      - 0,14 EUR je Sendung, pro weiteren 1 000 Stück,
      - 140 EUR je Sendung, Höchstbetrag,
   vii) Äste mit Blattwerk, Teile von Nadelbäumen (ausgenommen gefällte Weihnachtsbäume):
      - 17,5 EUR je Sendung, bis 100 kg Gewicht,
      - 1,75 EUR je Sendung, pro weiteren 100 kg,
      - 140 EUR je Sendung, Höchstbetrag,
   viii) gefällte Weihnachtsbäume:
      - 17,5 EUR je Sendung, bis 1 000 Stück,
      - 1,75 EUR je Sendung, pro weiteren 100 Stück,
      - 140 EUR je Sendung, Höchstbetrag
   ix) Blätter von Pflanzen (z. B. Kräuter, Gewürze und Blattgemüse):
      - 17,5 EUR je Sendung, bis 100 kg Gewicht,
      - 1,75 EUR je Sendung, pro weiteren 10 kg,
      - 140 EUR je Sendung, Höchstbetrag,
   x) Obst, Gemüse (ausgenommen Blattgemüse):
      - 17,5 EUR je Sendung, bis 25 000 kg Gewicht,
      - 0,7 EUR je Sendung, pro weiteren 1 000 kg,
   xi) Kartoffelknollen:
      - 52,5 EUR je Partie, bis 25 000 kg Gewicht,
      - 52,5 EUR je Partie, pro weiteren 25 000 kg,

xii) Holz (ausgenommen Rinde):
  – 17,5 EUR je Sendung, bis 1 000 m³ Volumen,
  – 0,175 EUR je Sendung, pro weiteren 10 m³,
xiii) de und Nährsubstrate, Rinde:
  – 17,5 EUR je Sendung, bis 25 000 kg Gewicht,
  – 0,7 EUR je Sendung, pro weiteren 1 000 kg,
  – 140 EUR je Sendung, Höchstbetrag,
xiv) Getreidekörner:
  – 17,5 EUR je Sendung, bis 25 000 kg Gewicht,
  – 0,7 EUR je Sendung, pro weiteren 1 000 kg,
  – 700 EUR je Sendung, Höchstbetrag,
xv) andere Pflanzen und Pflanzenerzeugnisse, die nicht anderweitig in diesem Buchstaben aufgeführt sind:
  – 17,5 EUR je Sendung,

Soweit eine Sendung nicht ausschließlich aus Erzeugnissen besteht, die der Beschreibung des jeweiligen Gedankenstrichs entsprechen, werden die Teile der Sendung, die der Beschreibung entsprechen (wobei es sich um eine oder mehrere Partien handeln kann) als separate Sendung behandelt.

KAPITEL II
Gebühren oder abgaben für amtliche kontrollen in schlachtbetrieben, in zerlegungsbetrieben, in wildbearbeitungsbetrieben, der milcherzeugung, der erzeugung und vermarktung von fischereierzeugnissen und erzeugnissen der aquakultur

I. GEBÜHREN ODER ABGABEN FÜR AMTLICHE KONTROLLEN IN SCHLACHTBETRIEBEN

a) Rindfleisch:
  i) ausgewachsene Rinder: 5 EUR/Tier,
  ii) Jungrinder: 2 EUR/Tier,
b) Einhufer-/Equidenfleisch: 3 EUR/Tier,
c) Schweinefleisch: Tiere mit einem Schlachtgewicht von:
  i) weniger als 25 kg: 0,5 EUR/Tier,
  ii) mindestens 25 kg: 1 EUR/Tier,
d) Schaf- und Ziegenfleisch: Tiere mit einem Schlachtgewicht von:
  i) weniger als 12 kg: 0,15 EUR/Tier,
  ii) mindestens 12 kg: 0,25 EUR/Tier,
e) Geflügelfleisch:
  i) Haushuhn und Perlhuhn: 0,005 EUR/Tier,
  ii) Enten und Gänse: 0,01 EUR/Tier,
  iii) Truthühner: 0,025 EUR/Tier,
  iv) Zuchtkaninchen: 0,005 EUR/Tier,
  v) Wachteln und Rebhühner: 0,002 EUR/Tier.

II. GEBÜHREN ODER ABGABEN FÜR AMTLICHE KONTROLLEN IN ZERLEGUNGSBETRIEBEN

Je Tonne Fleisch:
a) Rindfleisch, Kalbfleisch, Schweinefleisch, Einhufer-/Equidenfleisch, Schaf- und Ziegenfleisch: 2 EUR,
b) Geflügelfleisch und Zuchtkaninchenfleisch: 1,5 EUR,

c) Zuchtwildfleisch und Wildfleisch:
   – kleines Federwild und Haarwild: 1,5 EUR,
   – Laufvögel (Strauß, Emu, Nandu): 3 EUR,
   – Eber und Wiederkäuer: 2 EUR.

III. GEBÜHREN ODER ABGABEN FÜR AMTLICHE KONTROLLEN IN WILDBEARBEITUNGSBETRIEBEN

a) kleines Federwild: 0,005 EUR/Tier,
b) kleines Haarwild: 0,01 EUR/Tier,
c) Laufvögel: 0,5 EUR/Tier,
d) Landsäugetiere:
   i) Eber: 1,5 EUR/Tier,
   ii) Wiederkäuer: 0,5 EUR/Tier.

IV. GEBÜHREN ODER ABGABEN FÜR AMTLICHE KONTROLLEN DER MILCHERZEUGUNG

a) 1 EUR je 30 Tonnen
   und
b) danach 0,5 EUR/Tonne.

V. GEBÜHREN ODER ABGABEN FÜR AMTLICHE KONTROLLEN DER ERZEUGUNG UND VERMARKTUNG VON FISCHEREIERZEUGNISSEN UND ERZEUGNISSEN DER AQUAKULTUR

a) Erste Vermarktung von Fischereierzeugnissen und Erzeugnissen der Aquakultur:
   i) 1 EUR/Tonne für die ersten 50 Tonnen im Monat,
   ii) danach 0,5 EUR/Tonne.
b) Erster Verkauf auf dem Fischmarkt:
   i) 0,5 EUR/Tonne für die ersten 50 Tonnen im Monat,
   ii) danach 0,25 EUR/Tonne.
c) Erster Verkauf im Fall fehlender oder unzureichender Sortierung nach Frischegrad und/oder Größe:
   i) 1 EUR/Tonne für die ersten 50 Tonnen im Monat,
   ii) danach 0,5 EUR/Tonne.

Anhang V

Entsprechungstabelle nicht abgedruckt

13/2. Delegierte Verordnung (EU) 2019/624 vom 8. Februar 2019 mit besonderen Bestimmungen für die Durchführung amtlicher Kontrollen der Fleischerzeugung sowie von Erzeugungs- und Umsetzgebieten für lebende Muscheln gemäß der Verordnung (EU) 2017/625 des Europäischen Parlaments und des Rates

ABl L 131 vom 17. 5. 2019, S 1 idF

1 ABl L 307 vom 1. 9. 2021, S 1

Delegierte Verordnung (EU) 2019/624 der Kommission vom 8. Februar 2019 mit besonderen Bestimmungen für die Durchführung amtlicher Kontrollen der Fleischerzeugung sowie von Erzeugungs- und Umsetzgebieten für lebende Muscheln gemäß der Verordnung (EU) 2017/625 des Europäischen Parlaments und des Rates

die Europäische Kommission –

gestützt auf den Vertrag über die Arbeitsweise der Europäischen Union,

gestützt auf die Verordnung (EU) 2017/625 des Europäischen Parlaments und des Rates vom 15. März 2017 über amtliche Kontrollen und andere amtliche Tätigkeiten zur Gewährleistung der Anwendung des Lebens- und Futtermittelrechts und der Vorschriften über Tiergesundheit und Tierschutz, Pflanzengesundheit und Pflanzenschutzmittel, zur Änderung der Verordnungen (EG) Nr. 999/2001, (EG) Nr. 396/2005, (EG) Nr. 1069/2009, (EG) Nr. 1107/2009, (EU) Nr. 1151/2012 und (EU) Nr. 652/2014, (EU) 2016/429 und (EU) 2016/2031 des Europäischen Parlaments und des Rates, der Verordnungen (EG) Nr. 1/2005 und (EG) Nr. 1099/2009 des Rates sowie der Richtlinien 98/58/EG, 1999/74/EG, 2007/43/EG, 2008/119/EG und 2008/120/EG des Rates und zur Aufhebung der Verordnungen (EG) Nr. 854/2004 und (EG) Nr. 882/2004 des Europäischen Parlaments des Rates, der Richtlinien 89/608/EWG, 89/662/EWG, 90/425/EWG, 91/496/EWG, 96/23/EG, 96/93/EG und 97/78/EG des Rates und des Beschlusses 92/438/EWG des Rates (Verordnung über amtliche Kontrollen)[1] insbesondere auf Artikel 18 Absatz 2,

in Erwägung nachstehender Gründe:

(1) Die Verordnung (EU) 2017/625 enthält Vorschriften für die amtlichen Kontrollen und anderen amtlichen Tätigkeiten der zuständigen Behörden der Mitgliedstaaten, um zu überprüfen, ob Fragen wie Lebensmittelsicherheit auf allen Stufen der Herstellung, Verarbeitung und des Vertriebs mit dem Unionsrecht in Einklang stehen. Insbesondere sieht sie amtliche Kontrollen von zum menschlichen Verzehr bestimmten Erzeugnissen tierischen Ursprungs vor, um die Einhaltung der Anforderungen der Verordnung (EG) Nr. 852/2004 des Europäischen Parlaments und des Rates[2], der Verordnung (EG) Nr. 853/2004 des Europäischen Parlaments und des Rates[3], der Verordnung (EG) Nr. 1069/2009 des Europäischen Parlaments und des Rates[4] und der Verordnung (EG) Nr. 1099/2009 des Rates[5] zu überprüfen.

(2) Mit der Verordnung (EU) 2017/625 wird die Verordnung (EG) Nr. 854/2004 des Europäischen Parlaments und des Rates[6] mit Wirkung vom 14. Dezember 2019 aufgehoben. Die Verordnung (EG) Nr. 854/2004 enthält derzeit besondere Verfahrensvorschriften für die amtliche Überwa-

---
Zu Abs. 1:
[2] *Verordnung (EG) Nr. 852/2004 des Europäischen Parlaments und des Rates vom 29. April 2004 über Lebensmittelhygiene (ABl. L 139 vom 30.4.2004, S. 1).*
[3] *Verordnung (EG) Nr. 853/2004 des Europäischen Parlaments und des Rates vom 29. April 2004 mit spezifischen Hygienevorschriften für Lebensmittel tierischen Ursprungs (ABl. L 139 vom 30.4.2004, S. 55).*
[4] *Verordnung (EG) Nr. 1069/2009 des Europäischen Parlaments und des Rates vom 21. Oktober 2009 mit Hygienevorschriften für nicht für den menschlichen Verzehr bestimmte tierische Nebenprodukte und zur Aufhebung der Verordnung (EG) Nr. 1774/2002 (Verordnung über tierische Nebenprodukte) (ABl. L 300 vom 14.11.2009, S. 1).*
[5] *Verordnung (EG) Nr. 1099/2009 des Rates vom 24. September 2009 über den Schutz von Tieren zum Zeitpunkt der Tötung (ABl. L 303 vom 18.11.2009, S. 1).*

Zu Abs. 2:
[6] *Verordnung (EG) Nr. 854/2004 des Europäischen Parlaments und des Rates vom 29. April 2004 mit besonderen Verfahrensvorschriften für die amtliche Überwachung von zum menschlichen Verzehr bestimmten Erzeugnissen tierischen Ursprungs (ABl. L 139 vom 30.4.2004, S. 206).*

Zur Präambel
[1] *ABl. L 95 vom 7.4.2017, S. 1.*

chung von zum menschlichen Verzehr bestimmten Erzeugnissen tierischen Ursprungs, um die Einhaltung der Anforderungen der Verordnungen (EG) Nr. 852/2004, (EG) Nr. 853/2004 und (EG) Nr. 1069/2009 zu überprüfen. Sie sieht auch die Möglichkeit vor, bestimmte Ausnahmen von diesen Anforderungen zu gewähren.

(3) Die in der vorliegenden Verordnung festgelegten Vorschriften sollten eine Fortsetzung der derzeit in der Verordnung (EG) Nr. 854/2004 festgelegten Anforderungen gewährleisten, wobei die seit der Annahme dieses Rechtsakts gewonnenen Erfahrungen sowie neue wissenschaftliche Erkenntnisse und gemeldete nationale Vorschriften zu berücksichtigen sind, um sicherzustellen, dass die traditionellen Methoden auf allen Stufen der Herstellung, Verarbeitung und des Vertriebs von Lebensmitteln weiterhin angewandt werden können.

(4) In der Verordnung (EU) 2017/625 ist die Annahme delegierter Rechtsakte vorgesehen, in denen die Kriterien und Voraussetzungen für Abweichungen von bestimmten Anforderungen der genannten Verordnung festgelegt werden sollen, damit die Schlachttier- und Fleischuntersuchungen unter der Verantwortung des amtlichen Tierarztes durchgeführt werden können, anstatt vom amtlichen Tierarzt (selbst) durchgeführt oder beaufsichtigt zu werden. In diesen delegierten Rechtsakten sollten auch die Kriterien und Voraussetzungen festgelegt werden, unter denen die amtlichen Kontrollen von sonstigem, von den zuständigen Behörden benanntem Personal in Zerlegungsbetrieben durchgeführt werden können.

(5) Die Schlachttieruntersuchung ist für den Schutz der Gesundheit von Mensch und Tier sowie für den Tierschutz von wesentlicher Bedeutung und liegt daher weiterhin in der Verantwortung des amtlichen Tierarztes. Allerdings können bei der Schlachttieruntersuchung in Schlachtbetrieben bestimmte Routineaufgaben vom amtlichen Fachassistenten durchgeführt werden, ohne die Erreichung der Ziele der Verordnung (EU) 2017/625 zu gefährden, sofern bestimmte Kriterien und Voraussetzungen eingehalten werden.

(6) Insbesondere wenn die Schlachttieruntersuchung im Herkunftsbetrieb vom amtlichen Tierarzt vorgenommen wurde, sollte die Schlachttieruntersuchung bei Ankunft im Schlachtbetrieb flexibler gestaltet werden und sie sollte unter der Verantwortung des amtlichen Tierarztes durchgeführt werden können. Wenn jedoch im Herkunftsbetrieb keine Schlachttieruntersuchung stattgefunden hat, sollte die Übertragung von Aufgaben nur gestattet werden, wenn die Untersuchungen vom amtlichen Tierarzt unter Einhaltung bestimmter Kriterien und Voraussetzungen für andere Tierarten als Geflügel und Hasentiere beaufsichtigt werden.

(7) Im Falle einer Notschlachtung kann die Schlachttieruntersuchung nicht im Schlachtbetrieb durchgeführt werden. Um dem Tier unnötiges Leiden, das ihm durch die Beförderung zu einem Schlachtbetrieb verursacht würde, zu ersparen, und um wirtschaftliche Verluste für die Unternehmer sowie die Lebensmittelverschwendung zu begrenzen, sollten Kriterien und Voraussetzungen festgelegt werden, die im Fall einer Notschlachtung die Schlachttieruntersuchung außerhalb des Schlachtbetriebs ermöglichen. Notgeschlachtete Tiere können nach einer Fleischuntersuchung mit günstigem Befund weiterhin für den menschlichen Verzehr geeignet sein. Diese Untersuchungen sollten maximale Garantien für die Eignung zum Verzehr bieten, wenn Notschlachtungen außerhalb des Schlachtbetriebs ermöglicht werden.

(8) Die Einhaltung der Anforderungen zum Schutz der Gesundheit von Mensch und Tier und zum Tierschutz könnte auf effizientere Weise beurteilt werden, wenn die Schlachttieruntersuchungen im Herkunftsbetrieb anstatt im Schlachtbetrieb durchgeführt werden würden. Ausnahmen von Schlachttieruntersuchungen im Schlachtbetrieb sollten daher bei allen Arten möglich sein, sofern bestimmte Kriterien erfüllt sind.

(9) Auch wenn die Fleischuntersuchungen und die Audittätigkeiten für den Schutz der Gesundheit von Mensch und Tier sowie für den Tierschutz von wesentlicher Bedeutung sind und daher in der Zuständigkeit des amtlichen Tierarztes bleiben sollten, können bestimmte Aufgaben vom amtlichen Fachassistenten ausgeführt werden, sofern für diese Ziele ausreichende Garantien gegeben sind und bestimmte Kriterien und Bedingungen erfüllt sind. Diese Kriterien und Voraussetzungen sollten insbesondere eine Fortsetzung der derzeitigen Verfahrensweisen im Falle einer nicht durchgehenden Schlachtung in Schlachtbetrieben und Wildbearbeitungsbetrieben mit geringer Kapazität ermöglichen.

(10) Für Abweichungen von den grundlegenden Anforderungen an die Schlachttier- und Fleischuntersuchung in Schlachtbetrieben und Wildbearbeitungsbetrieben müssen bestimmte Kriterien und Voraussetzungen festgelegt werden. Ein Erzeugungsschwellenwert ist ein nicht diskriminierendes Kriterium, wobei der Schwerpunkt auf die kleinsten Betriebe im Sinne von Artikel 16 Absatz 3 Buchstabe a der Verordnung (EU) 2017/625 gelegt wird. Da die Struktur dieser Betriebe in den Mitgliedstaaten unterschiedlich ist,

sollte sich dieser Schwellenwert auf die Zahl der geschlachteten oder bearbeiteten Tiere oder auf den Nachweis stützen, dass der Schwellenwert einen begrenzten und festen Prozentsatz des in Verkehr gebrachten Fleisches darstellt. In der Verordnung (EG) Nr. 1099/2009 werden Großvieheinheiten definiert und Umrechnungssätze festgelegt, um die Zahl der Tiere einer bestimmten Art in solchen Großvieheinheiten auszudrücken. Diese Bestimmungen sollten angewandt werden, um Schwellenwerte festzulegen und Abweichungen von bestimmten Anforderungen auf der Grundlage der Größe eines Schlachtbetriebs zu harmonisieren.

(11) Bestimmte Aufgaben in Zerlegungsbetrieben können von dem von den zuständigen Behörden benannten Personal ausgeführt werden, wenn bestimmte Kriterien und Voraussetzungen erfüllt sind, ohne dass dadurch die Ziele des Schutzes der Gesundheit von Mensch und Tier sowie des Tierschutzes gefährdet werden.

(12) Die amtlichen Kontrollen der Erzeugung von Muscheln sind erforderlich, um die Einhaltung der in den Rechtsvorschriften der Union festgelegten Kriterien und Ziele zu gewährleisten. Gemäß Anhang III Abschnitt VII Kapitel II Teil A der Verordnung (EG) Nr. 853/2004 dürfen lebende Muscheln nur in Erzeugungsgebieten geerntet werden, die von den zuständigen Behörden eingestuft und als solche genehmigt wurden. In der Verordnung (EU) 2017/625 ist die Annahme delegierter Rechtsakte vorgesehen, in denen Kriterien und Voraussetzungen festgelegt werden, wann in Bezug auf Kammmuscheln, Meeresschnecken und Seegurken Erzeugungs- und Umsetzgebiete nicht eingestuft werden müssen.

(13) Der Ort, an dem die amtlichen Kontrollen der Erzeugung dieser Kammmuscheln, Meeresschnecken und Seegurken, die keine Filtrierer sind, durchzuführen sind, sollte ebenfalls festgelegt werden.

(14) Die Verordnung (EU) 2017/625 sieht auch die Möglichkeit vor, spezifische Ausnahmen für amtliche Kontrollen in Bezug auf *Rangifer tarandus tarandus* (Rentiere), *Lagopus lagopus* und *Lagopus mutus* (Schneehühner) festzulegen, damit alt hergebrachte lokale und traditionelle Gepflogenheiten und Praktiken weitergeführt werden können.

(15) Gemäß Artikel 17 Absatz 3 der Verordnung (EG) Nr. 854/2004 wurde es den Mitgliedstaaten gestattet, einzelstaatliche Vorschriften zu erlassen, um die weitere Anwendung traditioneller Methoden zu ermöglichen oder um den Bedürfnissen von Lebensmittelbetrieben mit geringem Durchsatz oder in Regionen in schwieriger geografischer Lage Rechnung zu tragen. Auf dieser Grundlage haben Schweden und Finnland der Kommission und den anderen Mitgliedstaaten einzelstaatliche Vorschriften mit spezifischen Ausnahmen von bestimmten Anforderungen an amtliche Kontrollen des Fleisches von Rentieren und des Fleisches von Schneehühnern gemeldet. Da die Verordnung (EU) 2017/625 diese Anpassung durch einzelstaatliche Vorschriften nicht mehr gestattet, sollten in der vorliegenden Verordnung Ausnahmen für amtliche Kontrollen in Bezug auf Fleisch von Rentieren und Fleisch von Schneehühnern vorgesehen werden, um die Weiterführung alt hergebrachter lokaler und traditioneller Gepflogenheiten und Praktiken zu ermöglichen, die die Erreichung der Ziele der Verordnung (EU) 2017/625 nicht beeinträchtigen.

(16) Die Verordnung (EU) 2017/625 enthält spezifische Mindestanforderungen an das von den zuständigen Behörden benannte Personal sowie an die amtlichen Tierärzte und die amtlichen Fachassistenten, die an amtlichen Kontrollen und bestimmten anderen amtlichen Tätigkeiten beteiligt sind. Sie enthält auch Mindestanforderungen an die Schulung der Mitarbeiter von Schlachtbetrieben, die an amtlichen Kontrollen und bestimmten anderen Kontrolltätigkeiten beteiligt sind.

(17) Für die amtlichen Tierärzte, amtlichen Fachassistenten und sonstiges, von den zuständigen Behörden benanntes Personal sollten spezifische Mindestanforderungen festgelegt werden, damit diese Personen ihre Aufgaben weiterhin bestmöglich und ordnungsgemäß wahrnehmen können und somit ein hohes Schutzniveau für die Verbraucher, die Tiergesundheit und den Tierschutz gewährleistet wird. Darunter sollten auch spezifische Mindestanforderungen an deren Schulung sein. Es sollte ausreichend Flexibilität eingeräumt werden, um die Anforderungen an die zu erfüllenden Aufgaben unter Berücksichtigung der Berufserfahrung anzupassen.

(18) Um eine hohe und ordnungsgemäße Arbeitsleistung zu gewährleisten, sollten angemessene Mindestanforderungen an die Schulung der Mitarbeiter von Schlachtbetrieben, die bei der Wahrnehmung von Aufgaben im Zusammenhang mit den in der Verordnung festgelegten amtlichen Kontrollen und anderen amtlichen Kontrolltätigkeiten assistieren, vorgesehen werden.

(19) Da mit der Verordnung (EU) 2017/625 die Verordnung (EG) Nr. 854/2004 mit Wirkung vom 14. Dezember 2019 aufgehoben wird, sollte die vorliegende Verordnung ebenfalls ab diesem Datum gelten –

HAT FOLGENDE VERORDNUNG ERLASSEN:

Delegierte Verordnung (EU) 2019/624 DER KOMMISSION vom 8. Februar 2019 mit besonderen Bestimmungen für die Durchführung amtlicher Kontrollen der Fleischerzeugung sowie von Erzeugungs- und Umsetzgebieten für lebende Muscheln gemäß der Verordnung (EU) 2017/625 des Europäischen Parlaments und des Rates

Artikel 1
Gegenstand und Anwendungsbereich

Diese Verordnung enthält besondere Bestimmungen für die Durchführung der amtlichen Kontrollen gemäß Artikel 18 Absatz 1 der Verordnung (EU) 2017/625, die bei Erzeugnissen tierischen Ursprungs durchgeführt werden.

Diese besonderen Bestimmungen umfassen:

a) Kriterien und Voraussetzungen dafür

i) wann die Schlachttieruntersuchung in bestimmten Schlachtbetrieben unter der Aufsicht oder unter der Verantwortung eines amtlichen Tierarztes vorgenommen werden darf;

ii) wann die Schlachttieruntersuchung im Fall einer Notschlachtung außerhalb des Schlachtbetriebs vorgenommen werden darf;

iii) wann die Schlachttieruntersuchung im Herkunftsbetrieb vorgenommen werden darf;

iv) wann entsprechende Garantien gegeben sind, dass die Fleischuntersuchungen und die Audittätigkeiten gemäß Artikel 18 Absatz 2 Buchstaben c und d der Verordnung (EU) 2017/625 unter der Verantwortung eines amtlichen Tierarztes durchgeführt werden dürfen;

v) welche Abweichungen von Artikel 18 Absatz 6 der Verordnung (EU) 2017/625 in Bezug auf die Einstufung von Erzeugungs- und Umsetzgebieten für Kammmuscheln, Meeresschnecken und Seegurken zulässig sind;

vi) wo die amtlichen Kontrollen in Zerlegungsbetrieben von Personal durchgeführt werden dürfen, das von den zuständigen Behörden für diesen Zweck benannt wurde und entsprechend geschult ist;

b) die Festlegung spezifischer Ausnahmen in Bezug auf *Rangifer tarandus tarandus*, *Lagopus lagopus* und *Lagopus mutus*, damit alt hergebrachte lokale und traditionelle Gepflogenheiten und Praktiken weitergeführt werden können;

c) die Festlegung spezifischer Mindestanforderungen, einschließlich der Schulungsanforderungen an amtliche Tierärzte, amtliche Fachassistenten und von den zuständigen Behörden benanntes Personal, um zu gewährleisten, dass diese Personen ihre in Artikel 18 der Verordnung (EU) 2017/625 beschriebenen Aufgaben ordnungsgemäß wahrnehmen;

d) die Festlegung angemessener Mindestanforderungen an die Schulung der Mitarbeiter von Schlachtbetrieben, die bei der Wahrnehmung der in Artikel 18 Absatz 3 der Verordnung (EU) 2017/625 beschriebenen Aufgaben assistieren.

Artikel 2
Begriffsbestimmungen

Für die Zwecke dieser Verordnung gelten die folgenden Begriffsbestimmungen:

1. „Schlachtbetrieb" bezeichnet einen Schlachthof im Sinne von Anhang I Nummer 1.16 der Verordnung (EG) Nr. 853/2004;

2. „Herkunftsbetrieb" bezeichnet den Betrieb, in dem die Tiere zuletzt gehalten wurden. Im Fall von „halbdomestizierten Hirscharten" gemäß der Definition in Anhang I Nummer 2 Buchstabe q der Verordnung (EG) Nr. 999/2001 des Europäischen Parlaments und des Rates[7], umfasst dies auch Orte, an denen die Tiere zusammengetrieben werden, um sie für die Schlachtung auszuwählen;

3. „Erzeugungsgebiet" bezeichnet ein Erzeugungsgebiet im Sinne von Anhang I Nummer 2.5 der Verordnung (EG) Nr. 853/2004;

4. „Umsetzgebiet" bezeichnet ein Umsetzgebiet im Sinne von Anhang I Nummer 2.6 der Verordnung (EG) Nr. 853/2004;

5. „von den zuständigen Behörden benanntes Personal" bezeichnet eine andere Person als den amtlichen Fachassistenten und den amtlichen Tierarzt, die gemäß dieser Verordnung qualifiziert ist, in einer solchen Eigenschaft in Zerlegungsbetrieben tätig zu sein und der die zuständigen Behörden die Durchführung spezifischer Tätigkeiten übertragen;

6. „Risikoanalyse" bezeichnet eine Risikoanalyse im Sinne von Artikel 3 Nummer 10 der Verordnung (EG) Nr. 178/2002 des Europäischen Parlaments und des Rates[8];

7. „Zerlegungsbetrieb" bezeichnet einen Zerlegungsbetrieb im Sinne von Anhang I Nummer 1.17 der Verordnung (EG) Nr. 853/2004;

Zu Artikel 2:
[7] *Verordnung (EG) Nr. 999/2001 des Europäischen Parlaments und des Rates vom 22. Mai 2001 mit Vorschriften zur Verhütung, Kontrolle und Tilgung bestimmter transmissibler spongiformer Enzephalopathien (ABl. L 147 vom 31.5.2001, S. 1).*

[8] *Verordnung (EG) Nr. 178/2002 des Europäischen Parlaments und des Rates vom 28. Januar 2002 zur Festlegung der allgemeinen Grundsätze und Anforderungen des Lebensmittelrechts, zur Errichtung der Europäischen Behörde für Lebensmittelsicherheit und zur Festlegung von Verfahren zur Lebensmittelsicherheit (ABl. L 31 vom 1.2.2002, S. 1).*

8. „Geflügel" bezeichnet Geflügel im Sinne von Anhang I Nummer 1.3 der Verordnung (EG) Nr. 853/2004;

9. „Hasentiere" bezeichnet Hasentiere im Sinne von Anhang I Nummer 1.4 der Verordnung (EG) Nr. 853/2004;

10. „Lebensmittelunternehmen" bezeichnet ein Lebensmittelunternehmen im Sinne von Artikel 3 Absatz 3 der Verordnung (EG) Nr. 178/2002;

11. „als Haustiere gehaltene Huftiere" bezeichnet als Haustiere gehaltene Huftiere im Sinne von Anhang I Nummer 1.2 der Verordnung (EG) Nr. 853/2004;

12. „Fleisch" bezeichnet Fleisch im Sinne von Anhang I Nummer 1.1 der Verordnung (EG) Nr. 853/2004;

13. „Farmwild" bezeichnet Farmwild im Sinne von Anhang I Nummer 1.6 der Verordnung (EG) Nr. 853/2004;

14. „Endverbraucher" bezeichnet einen Endverbraucher in Sinne von Artikel 3 Nummer 18 der Verordnung (EG) Nr. 178/2002;

15. „Einzelhandel" bezeichnet den Einzelhandel im Sinne von Artikel 3 Nummer 7 der Verordnung (EG) Nr. 178/2002;

16. „Betrieb" bezeichnet einen Betrieb im Sinne von Artikel 2 Nummer 1 Buchstabe c der Verordnung (EG) Nr. 852/2004;

17. „Schlachtbetrieb mit geringer Kapazität" bezeichnet einen Schlachtbetrieb, der von den zuständigen Behörden auf der Grundlage einer Risikoanalyse benannt wurde und in dem Schlachtungen nur während eines Teils des Arbeitstages oder während des gesamten Arbeitstages, jedoch nicht an jedem Arbeitstag der Woche durchgeführt werden;

18. „Wildbearbeitungsbetrieb mit geringer Kapazität" bezeichnet einen Wildbearbeitungsbetrieb, der von den zuständigen Behörden auf der Grundlage einer Risikoanalyse benannt wurde und in dem die Wildbearbeitung nur während eines Teils des Arbeitstages oder während des gesamten Arbeitstages, jedoch nicht an jedem Arbeitstag der Woche durchgeführt wird;

19. „Großvieheinheit" bezeichnet eine Großvieheinheit im Sinne von Artikel 17 Absatz 6 der Verordnung (EG) Nr. 1099/2009;

20. „Kleinwild" bezeichnet Kleinwild im Sinne von Anhang I Nummer 1.7 der Verordnung (EG) Nr. 853/2004;

21. „Wildbearbeitungsbetrieb" bezeichnet einen Wildbearbeitungsbetrieb im Sinne von Anhang I Nummer 1.18 der Verordnung (EG) Nr. 853/2004;

22. „Versandzentrum" bezeichnet ein Versandzentrum im Sinne von Anhang I Nummer 2.7 der Verordnung (EG) Nr. 853/2004;

23. „Muscheln" bezeichnet Muscheln im Sinne von Anhang I Nummer 2.1 der Verordnung (EG) Nr. 853/2004;

24. „Verarbeitung" bezeichnet die Verarbeitung im Sinne von Artikel 2 Nummer 1 Buchstabe m der Verordnung (EG) Nr. 852/2004;

25. „Eingeweide" bezeichnet Eingeweide im Sinne von Anhang I Nummer 1.12 der Verordnung (EG) Nr. 853/2004 beschrieben;

26. „Primärproduktion" bezeichnet die Primärproduktion im Sinne von Artikel 3 Nummer 17 der Verordnung (EG) Nr. 178/2002;

27. „Milcherzeugungsbetrieb" bezeichnet einen Milcherzeugungsbetrieb im Sinne von Anhang I Nummer 4.2 der Verordnung (EG) Nr. 853/2004.

Artikel 3
Kriterien und Voraussetzungen dafür, wann die Schlachttieruntersuchungen in bestimmten Schlachtbetrieben von einem amtlichen Fachassistenten durchgeführt werden dürfen

(1) Schlachttieruntersuchungen dürfen abweichend von Artikel 18 Absatz 2 Buchstabe a der Verordnung (EU) 2017/625 von einem amtlichen Fachassistenten unter der Aufsicht des amtlichen Tierarztes an anderen Tierarten als Geflügel und Hasentieren durchgeführt werden, sofern die im Schlachtbetrieb angewandten Verfahren folgende Kriterien und Voraussetzungen erfüllen:

a) die Aufgaben im Rahmen der Schlachttieruntersuchung sind rein praktischer Art und betreffen nur eine oder mehrere der folgenden Tätigkeiten:

i) die Überprüfung, ob das Lebensmittelunternehmen die Anforderungen in Bezug auf die Informationen zur Lebensmittelkette und die Nämlichkeitskontrolle des Tieres erfüllt;

ii) die Vorauswahl von Tieren mit möglichen Anomalien im Hinblick auf die Anforderungen zum Schutz der Gesundheit von Mensch und Tier und zum Tierschutz;

b) der amtliche Tierarzt wird unverzüglich von dem amtlichen Fachassistenten, der die Untersuchung durchführt, unterrichtet, wenn mögliche Anomalien festgestellt oder vermutet werden, und der amtliche Tierarzt führt daraufhin die Schlachttieruntersuchung persönlich durch; und

c) der amtliche Tierarzt überprüft regelmäßig, ob der amtliche Fachassistent seine Aufgaben ordnungsgemäß erfüllt.

(2) Schlachttieruntersuchungen dürfen abweichend von Artikel 18 Absatz 2 Buchstabe a der Verordnung (EU) 2017/625 in einem Schlachtbetrieb von einem amtlichen Fachassistenten unter der Verantwortung des amtlichen Tierarztes an allen Tierarten durchgeführt werden, sofern folgende Kriterien und Voraussetzungen erfüllt sind:

a) der amtliche Tierarzt hat gemäß Artikel 5 die Schlachttieruntersuchung bereits im Herkunftsbetrieb durchgeführt;

b) der amtliche Tierarzt wird unverzüglich von dem amtlichen Fachassistenten, der die Untersuchung durchführt, unterrichtet, wenn mögliche Anomalien festgestellt oder vermutet werden, und der amtliche Tierarzt führt daraufhin die Schlachttieruntersuchung persönlich durch; und

c) der amtliche Tierarzt überprüft regelmäßig, ob der amtliche Fachassistent seine Aufgaben ordnungsgemäß erfüllt.

(3) Die Ausnahmen gemäß den Absätzen 1 und 2 gelten nicht

a) für Tiere, die gemäß Anhang III Abschnitt I Kapitel VI der Verordnung (EG) Nr. 853/2004 notgeschlachtet werden;

b) für Tiere, bei denen der Verdacht auf eine Krankheit oder einen Zustand besteht, die eine Gefahr für die Gesundheit des Menschen darstellen können;

c) für Rinder aus Herden, die nicht amtlich als tuberkulosefrei erklärt wurden oder deren amtlich seuchenfreier Status ausgesetzt wurde;

d) für Rinder aus Herden und für Schafe und Ziegen aus Betrieben, die nicht amtlich als brucellosefrei erklärt wurden oder deren amtlich seuchenfreier Status ausgesetzt wurde;

e) im Falle eines Ausbruchs von Tierseuchen bei Tieren aus einer Region im Sinne von Artikel 2 der Richtlinie 64/432/EWG des Rates[9], in der nach den Rechtsvorschriften der Union tierseuchenrechtliche Beschränkungen angewandt werden;

f) für Tiere, die aufgrund der Ausbreitung von aufkommenden Krankheiten oder bestimmten Krankheiten, die von der Weltorganisation für Tiergesundheit aufgeführt sind, strengeren Kontrollen unterliegen.

Artikel 4
Kriterien und Voraussetzungen dafür, wann Schlachttieruntersuchungen im Fall einer Notschlachtung außerhalb des Schlachtbetriebs durchgeführt werden dürfen

Abweichend von Artikel 18 Absatz 2 Buchstabe a der Verordnung (EU) 2017/625 darf der amtliche Tierarzt im Fall einer Notschlachtung nur im Fall von als Haustiere gehaltenen Huftieren und vorbehaltlich der Einhaltung der in Anhang III Abschnitt I Kapitel VI Nummern 1, 2 und 6 der Verordnung (EG) Nr. 853/2004 festgelegten Anforderungen für die Notschlachtung die Schlachttieruntersuchung außerhalb des Schlachtbetriebs durchführen.

Für schlachttaugliche Tiere wird eine Gesundheitsbescheinigung gemäß dem Muster in Anhang V der Durchführungsverordnung (EU) 2019/628 der Kommission[10] ausgestellt. Die Gesundheitsbescheinigung muss bis zum Schlachtbetrieb mit den Tieren mitgeführt oder in einem beliebigen Format im Voraus übermittelt werden. Bemerkungen, die für die anschließende Fleischuntersuchung relevant sind, werden in die Gesundheitsbescheinigung eingetragen.

Artikel 5
Allgemeine Kriterien und Voraussetzungen dafür, wann die Schlachttieruntersuchungen im Herkunftsbetrieb durchgeführt werden dürfen

(1) Abweichend von Artikel 18 Absatz 2 Buchstaben a und b der Verordnung (EU) 2017/625 kann die zuständige Behörde gestatten, dass die Schlachttieruntersuchungen an Schlachttieren im Einklang mit den Kriterien und Voraussetzungen gemäß Absatz 2 und Artikel 6 im Herkunftsbetrieb durchgeführt werden.

(2) Die folgenden Kriterien und Voraussetzungen gelten für alle Tierarten:

a) Kontrollen von Aufzeichnungen oder Unterlagen im Herkunftsbetrieb, einschließlich der Überprüfung der Informationen zur Lebensmittelkette, sind durchzuführen;

b) bei Bedarf wird die individuelle Untersuchung der Tiere durch das Lebensmittelunternehmen erleichtert;

c) die Schlachttieruntersuchungen im Herkunftsbetrieb umfassen eine physische Untersuchung der Tiere, um festzustellen, ob

i) sie an einer durch Handhabung oder Verzehr des Fleischs auf Mensch oder Tier übertragbaren Krankheit leiden bzw. einen entsprechenden Zustand aufweisen oder ob einzelne Tiere bzw. die gesamte Partie Verhaltensstörungen zeigen, die den Ausbruch einer solchen Krankheit befürchten lassen;

ii) sie allgemeine Verhaltensstörungen, Anzeichen von Krankheiten oder Anomalien zeigen, die bewirken können, dass das Fleisch dieser Tiere genussuntauglich ist;

Zu Artikel 3:
[9] Richtlinie 64/432/EWG des Rates vom 26. Juni 1964 zur Regelung viehseuchenrechtlicher Fragen beim innergemeinschaftlichen Handelsverkehr mit Rindern und Schweinen (ABl. 121 vom 29.7.1964, S. 1977/64).

Zu Artikel 4:
[10] Durchführungsverordnung (EU) 2019/628 der Kommission vom 8. April 2019 betreffend die Muster amtlicher Bescheinigungen für bestimmte Tiere und Waren und zur Änderung der Verordnung (EG) Nr. 2074/2005 und der Durchführungsverordnung (EU) 2016/759 im Hinblick auf Musterbescheinigungen (siehe Seite 101 dieses Amtsblatts).

iii) nachzuweisen ist oder der begründete Verdacht besteht, dass die Tiere chemische Rückstände über den in Rechtsvorschriften der Union festgelegten Höchstwerten oder Rückstände verbotener Stoffe enthalten;

iv) sie Anzeichen auf Probleme im Zusammenhang mit dem Tierschutz, einschließlich übermäßiger Verschmutzung, zeigen;

v) sie transportfähig sind;

d) die Kontrollen und die Schlachttieruntersuchung im Herkunftsbetrieb gemäß den Buchstaben a, b und c werden von einem amtlichen Tierarzt durchgeführt;

e) die schlachttauglichen Tiere werden ordnungsgemäß gekennzeichnet, von den anderen Tieren getrennt und vom Herkunftsbetrieb direkt zum Schlachtbetrieb befördert;

f) für schlachttaugliche Tiere wird eine Gesundheitsbescheinigung gemäß Anhang IV Teil I der Durchführungsverordnung (EU) 2019/628 der Kommission ausgestellt. Die Gesundheitsbescheinigung muss bis zum Schlachtbetrieb mit den Tieren mitgeführt oder in einem beliebigen Format im Voraus übermittelt werden. Bemerkungen, die für die anschließende Fleischuntersuchung relevant sind, werden in die Gesundheitsbescheinigung eingetragen.

(3) Im Schlachtbetrieb werden die folgenden zusätzlichen Kontrollen gemäß Artikel 18 Absatz 2 Buchstaben a und b der Verordnung (EU) 2017/625 und Artikel 3 der vorliegenden Verordnung durchgeführt:

a) die regelmäßige Überprüfung der Einhaltung der Pflicht der Lebensmittelunternehmen, dafür zu sorgen, dass die Tiere ordnungsgemäß gekennzeichnet werden;

b) die regelmäßige Überprüfung der Einhaltung der Tierschutzvorschriften beim Transport und bei der Ankunft im Schlachtbetrieb sowie die Überprüfung, ob Anzeichen eines Zustands vorliegen, der sich nachteilig auf die Gesundheit von Mensch und Tier auswirken könnte.

(4) Falls die Tiere nicht innerhalb von drei Tagen oder in Fällen gemäß Artikel 6 Absatz 5 von 28 Tagen ab dem Ausstellungsdatum der Gesundheitsbescheinigung gemäß Absatz 2 Buchstabe f geschlachtet werden:

a) wenn die Tiere nicht vom Herkunftsbetrieb zum Schlachtbetrieb befördert wurden, wird eine zusätzliche Schlachttieruntersuchung durchgeführt, und es wird eine neue Gesundheitsbescheinigung ausgestellt;

b) wenn die Tiere bereits auf dem Weg in den Schlachtbetrieb sind oder sich im Schlachtbetrieb befinden, kann die Schlachtung genehmigt werden, sobald der Grund für die Verzögerung geprüft wurde, sofern die Tiere einer zusätzlichen Schlachttieruntersuchung gemäß Artikel 11 der Durchführungsverordnung (EU) 2019/627 der Kommission[11] unterzogen werden.

Artikel 6
Artspezifische Kriterien und Voraussetzungen dafür, wann die Schlachttieruntersuchungen im Herkunftsbetrieb durchgeführt werden dürfen

(1) Die zuständigen Behörden wenden die in diesem Artikel festgelegten spezifischen Kriterien und Voraussetzungen bei dem entsprechenden Geflügel, Farmwild, den entsprechenden Hausrindern und Hausschweinen sowie als Haustiere gehaltenen Einhufern an. *(ABl L 307 vom 1. 9. 2021, S 1)*

(2) Bei zur Stopflebererzeugung (Foie gras) gehaltenem Geflügel und verzögert ausgeweidetem Geflügel, das im Herkunftsbetrieb geschlachtet wurde, muss die gemäß der Mustergesundheitsbescheinigung in Anhang IV Teil II der Durchführungsverordnung (EU) 2019/628 ausgefüllte Bescheinigung bis zum Schlachtbetrieb oder zum Zerlegungsbetrieb mit den nicht ausgeweideten Schlachtkörpern mitgeführt oder in einem beliebigen Format im Voraus statt der in Artikel 5 Nummer 2 Buchstabe f vorgesehenen Bescheinigung übermittelt werden.

(3) Bei gemäß Anhang III Abschnitt I Kapitel VIa oder Abschnitt III Nummer 3 der Verordnung (EG) Nr. 853/2004 im Herkunftsbetrieb geschlachteten Hausrindern und Hausschweinen, als Haustiere gehaltenen Einhufern und Farmwild muss die gemäß dem Muster der amtlichen Bescheinigung in Anhang IV Kapitel 3 der Durchführungsverordnung (EU) 2020/2235 der Kommission[12] ausgefüllte amtliche Bescheinigung bis

---

Zu Artikel 5:

[11] *Durchführungsverordnung (EU) 2019/627 der Kommission vom 15. März 2019 zur Festlegung einheitlicher praktischer Modalitäten für die Durchführung der amtlichen Kontrollen von zum menschlichen Verzehr bestimmten Erzeugnissen tierischen Ursprungs gemäß Verordnung (EU) 2017/625 des Europäischen Parlaments und des Rates und zur Änderung der Verordnung (EG) Nr. 2074/2005 der Kommission in Bezug auf amtliche Kontrollen (siehe Seite 51 dieses Amtsblatts).*

Zu Artikel 6:

[12] *Durchführungsverordnung (EU) 2020/2235 der Kommission vom 16. Dezember 2020 mit Durchführungsbestimmungen zu den Verordnungen (EU) 2016/429 und (EU) 2017/625 des Europäischen Parlaments und des Rates hinsichtlich der Muster für Veterinärbescheinigungen, der Muster für amtliche Bescheinigungen und der Muster für Veterinär-/amtliche Bescheinigungen für den Eingang in die Union von Sendungen bestimmter Kategorien von Tieren und Waren und für Verbringungen innerhalb der Union, hinsichtlich der amtlichen Bescheinigungstätigkeit im Zusammenhang mit derartigen Bescheinigungen sowie zur Aufhebung der Verordnung (EG) Nr. 599/2004, der Durchführungsverordnungen (EU) Nr. 636/2014 und (EU) 2019/628, der Richtlinie 98/68/EG*

zum Schlachtbetrieb mit den Tieren mitgeführt oder in einem beliebigen Format im Voraus statt der in Artikel 5 Nummer 2 Buchstabe f vorgesehenen Bescheinigung übermittelt werden. *(ABl L 307 vom 1. 9. 2021, S 1)*

(4) Bei gemäß Anhang III Abschnitt III Nummer 3 Buchstabe a der Verordnung (EG) Nr. 853/2004 geschlachtetem Farmwild

a) muss die gemäß der Mustergesundheitsbescheinigung in Anhang IV Teil IV der Durchführungsverordnung (EU) 2019/628 ausgefüllte Bescheinigung bis zum Schlachtbetrieb mit den Tieren mitgeführt oder in einem beliebigen Format im Voraus statt der in Artikel 5 Nummer 2 Buchstabe f vorgesehenen Bescheinigung übermittelt werden;

b) überprüft der amtliche Tierarzt regelmäßig, dass die Personen, die die Schlachtung und das Ausbluten durchführen, die ihnen übertragenen Aufgaben ordnungsgemäß wahrnehmen.

(5) Abweichend von Artikel 5 Absatz 4 können die Mitgliedstaaten die Schlachtung von Farmwild bis 28 Tage nach Ausstellung der Gesundheitsbescheinigung gemäß Artikel 5 Absatz 2 Buchstabe f gestatten, wenn

a) nur kleine Mengen an Farmwildfleisch vom Erzeuger direkt an den Endverbraucher oder an örtliche Einzelhandelsunternehmen abgegeben werden, die direkt an den Endverbraucher abgeben; und

b) nicht mehr als 50 Tiere pro Jahr und pro Herkunftsbetrieb geschlachtet werden.

Artikel 7
Kriterien und Voraussetzungen für die Durchführung der Fleischuntersuchungen unter der Verantwortung des amtlichen Tierarztes gemäß Artikel 18 Absatz 2 Buchstabe c der Verordnung (EU) 2017/625

(1) Die Fleischuntersuchungen gemäß Artikel 18 Absatz 2 Buchstabe c der Verordnung (EU) 2017/625 können vorbehaltlich der Einhaltung von Anhang II Kapitel II der vorliegenden Verordnung unter der Verantwortung des amtlichen Tierarztes von einem amtlichen Fachassistenten durchgeführt werden, sofern folgende Kriterien und Voraussetzungen erfüllt sind:

a) die Schlacht- oder Wildbearbeitungstätigkeiten werden in einem Schlachtbetrieb mit geringer Kapazität oder in einem Wildbearbeitungsbetrieb durchgeführt, der folgende Mengen schlachtet oder bearbeitet:

i) weniger als 1 000 Großvieheinheiten pro Jahr; oder

ii) weniger als 150 000 Stück Geflügel, Hasentiere und Kleinwild pro Jahr;

b) die zuständige Behörde kann die in Buchstabe a festgelegten Schwellenwerte anheben, und dabei sicherstellen, dass die Ausnahme in den kleinsten Schlachtbetrieben und Wildbearbeitungsbetrieben angewandt wird, die der Definition von Schlachtbetrieben oder Wildverarbeitungsbetrieben mit geringer Kapazität entsprechen, und sofern die jährliche Gesamterzeugung dieser Betriebe 5 % der Gesamtmenge des in einem Mitgliedstaat erzeugten Frischfleisches nicht übersteigt:

i) der betroffenen Arten;

ii) aller Huftiere zusammen;

iii) aller Geflügelarten zusammen; oder

iv) aller Vögel und Hasentiere zusammen;

in diesem Fall teilen die zuständigen Behörden diese Ausnahme und die entsprechenden Nachweise gemäß dem in der Richtlinie (EU) 2015/1535 des Europäischen Parlaments und des Rates[13] festgelegten Verfahren mit;

c) der betreffende Betrieb verfügt über ausreichende Einrichtungen, um Fleisch mit Anomalien getrennt von anderem Fleisch zu lagern, bis der amtliche Tierarzt das Fleisch mit Anomalien persönlich untersuchen kann;

d) der amtliche Tierarzt ist mindestens einmal täglich und während der Schlachtung regelmäßig im Betrieb anwesend;

e) die zuständige Behörde hat ein Verfahren festgelegt, nach dem die Aufgabenwahrnehmung amtlicher Fachassistenten in diesen Betrieben regelmäßig bewertet wird; dazu zählt:

i) Überwachung der Aufgabenwahrnehmung der einzelnen Fachassistenten;

ii) Überprüfung der Unterlagen der Untersuchungsergebnisse und Vergleich mit den entsprechenden Schlachtkörpern;

iii) Kontrolle von Schlachtkörpern im Lagerraum;

f) die zuständige Behörde hat eine Risikoanalyse durchgeführt, die mindestens Folgendes berücksichtigt:

i) die Anzahl der Tiere, die je Stunde oder je Tag geschlachtet oder bearbeitet werden;

ii) die Art und Klasse der geschlachteten oder bearbeiteten Tiere;

iii) der Durchsatz des Betriebes;

iv) die vorausgegangene Schlacht- und Bearbeitungsleistung;

Zu Artikel 7:

[13] *Richtlinie (EU) 2015/1535 des Europäischen Parlaments und des Rates vom 9. September 2015 über ein Informationsverfahren auf dem Gebiet der technischen Vorschriften und der Vorschriften für die Dienste der Informationsgesellschaft (ABl. L 241 vom 17.9.2015, S. 1).*

---

und der Entscheidungen 2000/572/EG, 2003/779/EG und 2007/240/EG (ABl. L 442 vom 30.12.2020, S. 1).

v) die Wirksamkeit etwaiger zusätzlicher Maßnahmen in der Lebensmittelkette, die zur Gewährleistung der Lebensmittelsicherheit von Schlachttieren ergriffen wurden;

vi) die Wirksamkeit der auf dem HACCP-Prinzip (Hazard Analysis and Critical Control Points) beruhenden Verfahren;

vii) Aufzeichnungen über Audits;

viii) die vorausgegangenen Aufzeichnungen der zuständigen Behörde über Schlachttier- und Fleischuntersuchungen.

(2) Für die Zwecke von Absatz 1 Buchstabe a Ziffer i sind die in Artikel 17 Absatz 6 der Verordnung (EG) Nr. 1099/2009 festgelegten Umrechnungssätze zu verwenden. Bei Schafen und Ziegen sowie kleinen (< 100 kg Lebendgewicht) Cervidae wird jedoch ein Umrechnungssatz von 0,05 Großvieheinheiten und im Falle anderer großer Wildarten ein Umrechnungssatz von 0,2 Großvieheinheiten angewendet.

Artikel 8
Durchführung der Fleischuntersuchungen durch den amtlichen Tierarzt

Die Fleischuntersuchung wird vom amtlichen Tierarzt in folgenden Fällen durchgeführt:

a) bei Tieren, die gemäß Anhang III Abschnitt I Kapitel VI der Verordnung (EG) Nr. 853/2004 notgeschlachtet wurden;

b) bei Tieren, bei denen der Verdacht auf eine Krankheit oder einen Zustand besteht, die eine Gefahr für die Gesundheit des Menschen darstellen könnten;

c) bei Rindern aus Herden, die nicht amtlich als tuberkulosefrei erklärt wurden;

d) bei Rindern, Schafen und Ziegen aus Herden, die nicht amtlich als brucellosefrei erklärt wurden;

e) beim Auftreten von Tierseuchen, für die in den Rechtsvorschriften der Union Tiergesundheitsvorschriften festgelegt sind. Dies betrifft Tiere, die für die betreffende Seuche empfänglich sind und aus dem jeweiligen Gebiet gemäß Artikel 2 Absatz 2 Buchstabe p der Richtlinie 64/432/EWG des Rates stammen;

f) wenn strengere Kontrollen notwendig sind, um aufkommende Seuchen oder bestimmte Seuchen, die von der Weltorganisation für Tiergesundheit aufgeführt sind, zu berücksichtigen;

g) bei Abweichungen vom Zeitplan für die Fleischuntersuchung gemäß Artikel 13 der Durchführungsverordnung (EU) 2019/627.

Artikel 9
Kriterien und Voraussetzungen für die Durchführung von Audittätigkeiten in Schlachtbetrieben und Wildbearbeitungsbetrieben

Die in Artikel 18 Absatz 2 Buchstabe d Ziffer iii der Verordnung (EU) 2017/625 genannten Audittätigkeiten können in Schlachtbetrieben und Wildbearbeitungsbetrieben durch amtliche Fachassistenten unter der Verantwortung des amtlichen Tierarztes nur in Bezug auf die Erhebung von Daten über gute Hygienepraxis und über auf dem HACCP-Prinzip beruhende Verfahren und vorbehaltlich der Einhaltung von Anhang II Kapitel II der vorliegenden Verordnung durchgeführt werden.

Artikel 10
Kriterien und Voraussetzungen für die Durchführung amtlicher Kontrollen, einschließlich Audittätigkeiten in Zerlegungsbetrieben

Die amtlichen Kontrollen gemäß Artikel 18 Absatz 2 Buchstabe d der Verordnung (EU) 2017/625 in Zerlegungsbetrieben, einschließlich Audittätigkeiten, können abweichend von den Anforderungen gemäß Artikel 18 Absatz 2 Buchstabe d auch von sonstigem, von den zuständigen Behörden benanntem Personal durchgeführt werden, sofern die zuständigen Behörden die Arbeit dieses Personals regelmäßig überprüfen. Die Durchführung dieser Tätigkeiten erfolgt vorbehaltlich der Einhaltung von Anhang II Kapitel III der vorliegenden Verordnung.

Artikel 11
Amtliche Kontrollen von Kammmuscheln, Meeresschnecken und Seegurken, die keine Filtrierer sind und die aus Erzeugungsgebieten geerntet werden, die nicht gemäß Artikel 18 Absatz 6 der Verordnung (EU) 2017/625 eingestuft sind

Abweichend von Artikel 18 Absatz 6 der Verordnung (EU) 2017/625 ist die Einstufung von Erzeugungs- und Umsetzgebieten in Bezug auf die Gewinnung von Kammmuscheln, Meeresschnecken und Seegurken, die keine Filtrierer sind, nicht erforderlich, wenn die zuständigen Behörden amtliche Kontrollen solcher Tiere bei Fischauktionen, in Versandzentren und in Verarbeitungsbetrieben durchführen.

Bei diesen amtlichen Kontrollen wird die Einhaltung der folgenden Vorschriften überprüft:

a) die Gesundheitsnormen für lebende Muscheln gemäß Anhang III Abschnitt VII Kapitel V der Verordnung (EG) Nr. 853/2004;

b) die Sondervorschriften für außerhalb der eingestuften Erzeugungsgebiete geerntete Kammmuscheln, Meeresschnecken und Seegurken, die keine Filtrierer sind, gemäß Kapitel IX des genannten Abschnitts.

Artikel 12
Spezifische Ausnahmen für *Rangifer tarandus tarandus*, *Lagopus lagopus* und *Lagopus mutus* gemäß Artikel 18 Absatz 7 Buchstabe h der Verordnung (EU) 2017/625

(1) Gemäß Artikel 18 Absatz 7 Buchstabe h der Verordnung (EU) 2017/625 können Schweden und Finnland für die in Anhang I dieser Verordnung aufgeführten Gebiete dieser Mitgliedstaaten folgende spezifische Ausnahmen von den in Artikel 18 der genannten Verordnung festgelegten Vorschriften zu amtlichen Kontrollen für *Rangifer tarandus tarandus* (Rentiere) gewähren, ohne dass die Erreichung der Ziele der genannten Verordnung beeinträchtigt wird:

a) abweichend von Artikel 18 Absatz 1 der Verordnung (EU) 2017/625 sind amtliche Kontrollen bei Fleisch von *Rangifer tarandus tarandus* nicht erforderlich, wenn kleine Mengen davon vom Erzeuger direkt an den Endverbraucher oder an örtliche Einzelhandelsunternehmen, die direkt an den Endverbraucher abgeben, geliefert werden.

b) abweichend von Artikel 18 Absatz 2 der Verordnung (EU) 2017/625 ist die Schlachttieruntersuchung für streunende Rentiere, von denen einige wenige zwischen dem 1. Mai und dem 30. September geschlachtet wurden, nicht obligatorisch;

c) abweichend von Artikel 18 Absatz 2 Buchstabe c und Absatz 3 der Verordnung (EU) 2017/625 können Mitarbeiter von Schlachtbetrieben, die eine entsprechende Schulung für diese Aufgabe gemäß Artikel 14 erhalten haben, Folgendes untersuchen;

i) Baucheingeweide mit Ausnahme von Leber und Nieren;

ii) Genitalien;

iii) Euter.

(2) Abweichend von Artikel 18 Absatz 1 der Verordnung (EU) 2017/625 sind amtliche Kontrollen an Fleisch von *Lagopus lagopus* und *Lagopus mutus* (Schneehühner) nicht erforderlich, wenn diese Tiere während der Winterjagdsaison in den schwedischen Provinzen Norrbotten, Västerbotten und Jämtland und der schwedischen Gemeinde Älvdalen (in der Provinz Dalarna) in Fallen getötet werden.

Artikel 13
Spezifische Mindestanforderungen an amtliche Tierärzte, amtliche Fachassistenten und sonstiges von den zuständigen Behörden benanntes Personal

(1) Amtlichen Tierärzte, die die in Artikel 18 der Verordnung (EU) 2017/625 genannten Aufgaben wahrnehmen, müssen die in Anhang II Kapitel I der vorliegenden Verordnung aufgeführten spezifischen Mindestanforderungen erfüllen.

Abweichend von Anhang II Kapitel I Nummern 1 bis 6 können die Mitgliedstaaten besondere Vorschriften festlegen für:

a) amtliche Tierärzte, die auf Teilzeitbasis arbeiten und für die Inspektion von Kleinunternehmen zuständig sind oder nur amtliche Kontrollen bei der Primärproduktion, insbesondere Kontrollen in Milcherzeugungsbetrieben, sowie die Schlachttieruntersuchung außerhalb von Schlachtbetrieben durchführen; und

b) Studierende der Veterinärmedizin, die erfolgreich eine Prüfung in den in Anhang II Kapitel I Nummer 3 genannten Themen bestanden haben und vorübergehend und in Anwesenheit eines amtlichen Tierarztes in einem Schlachtbetrieb arbeiten.

(2) Personen, die vor dem Geltungsbeginn dieser Verordnung bereits zu amtlichen Tierärzten ernannt wurden, müssen über angemessene Kenntnisse der in Anhang II Kapitel I Nummer 3 dieser Verordnung genannten Themen verfügen. Erforderlichenfalls stellt die zuständige Behörde sicher, dass diese Kenntnisse durch Fortbildungsmaßnahmen erworben werden.

(3) Amtliche Fachassistenten, die die in Artikel 18 der Verordnung (EU) 2017/625 genannten Aufgaben wahrnehmen, müssen die in Anhang II Kapitel II der vorliegenden Verordnung aufgeführten spezifischen Mindestanforderungen erfüllen.

(4) Von den zuständigen Behörden benanntes Personal, das die in Artikel 18 der Verordnung (EU) 2017/625 genannten Aufgaben wahrnimmt, muss die in Anhang II Kapitel III der vorliegenden Verordnung aufgeführten spezifischen Mindestanforderungen erfüllen.

Artikel 14
Mindestanforderungen an die Schulung der Mitarbeiter von Schlachtbetrieben

Mitarbeiter von Schlachtbetrieben, die bei der Wahrnehmung von Aufgaben bei den amtlichen Kontrollen und anderen Kontrolltätigkeiten gemäß Artikel 18 Absatz 3 der Verordnung (EU) 2017/625 assistieren, müssen zur Zufriedenheit der zuständigen Behörden geschult werden. Außerdem müssen sie die Mindestanforderungen an die Schulung gemäß Anhang II Kapitel II dieser

Verordnung erfüllen, soweit dies für ihre Assistenzaufgaben relevant ist.

Artikel 15
Inkrafttreten und Geltungsbeginn

Diese Verordnung tritt am zwanzigsten Tag nach ihrer Veröffentlichung im *Amtsblatt der Europäischen Union* in Kraft. Sie gilt ab dem 14. Dezember 2019.

Diese Verordnung ist in allen ihren Teilen verbindlich und gilt unmittelbar in jedem Mitgliedstaat.

Brüssel, den 8. Februar 2019

Für die Kommission

Der Präsident

Jean-Claude JUNCKER

13/2. EU/KontrollV/Fleisch
ANHANG I

ANHANG I

ANHANG I
SPEZIFISCHE AUSNAHMEN BEI DER UNTERSUCHUNG VON FLEISCH VON RENTIEREN (*RANGIFER TARANDUS TARANDUS*)

Die in Artikel 12 Absatz 1 genannten spezifischen Ausnahmen gelten nur in den folgenden Gebieten:

a) In Schweden:
   i) in der Provinz Norrbotten;
   ii) in der Provinz Västerbotten;
   iii) in der Provinz Jämtland;
   iv) in der Provinz Västernorrland;
   v) in der Gemeinde Älvdalen in der Provinz Dalarna;
   vi) in den Gemeinden Nordanstig, Hudiksvall und Söderhamn in der Provinz Gävleborg.

b) In Finnland, wie sie am 31. Dezember 2014 gestattet waren:
   i) in der Provinz Lappland mit Ausnahme der Gemeinden Kemi, Keminmaa und Tornio;
   ii) in den Provinzen Nordösterbotten und Kainuu:

   – in den Gemeinden Kuusamo, Taivalkoski, Pudasjärvi, Suomussalmi und Hyrynsalmi;
   – in der Gemeinde Oulu: im Gebiet der ehemaligen Gemeinde Yli-Ii und dem Gebiet nördlich des Flusses Kiiminkijoki in der ehemaligen Gemeinde Ylikiiminki;
   – in der Gemeinde Ii: im Gebiet der ehemaligen Gemeinde Kuivaniemi;
   – in den Gemeinden Puolanka und Utajärvi: in den Gebieten nördlich des Flusses Kiiminkijoki und der Regionalstraße 891 (Hyrynsalmi-Puolanka).

ANHANG II

ANHANG II
SPEZIFISCHE MINDESTANFORDERUNGEN AN AMTLICHE TIERÄRZTE, AMTLICHE FACHASSISTENTEN UND VON DEN ZUSTÄNDIGEN BEHÖRDEN BENANNTES PERSONAL

KAPITEL I
AMTLICHE TIERÄRZTE

1. Die zuständigen Behörden dürfen nur Tierärzte, die eine den Anforderungen der Nummer 3 genügende Prüfung abgelegt haben, zu amtlichen Tierärzten ernennen.
2. Die zuständigen Behörden haben für die Prüfung der Bewerber, die einen Antrag auf Ernennung zum amtlichen Tierarzt stellen, Sorge zu tragen.
3. Bei dieser Prüfung sind Kenntnisse in folgenden Bereichen, die speziell auf die Aufgaben eines amtlichen Tierarztes ausgerichtet sind, in dem erforderlichen Maße nachzuweisen, wobei dem Werdegang und den Qualifikationen des Tierarztes Rechnung zu tragen ist und Doppelprüfungen der Kenntnisse und Fähigkeiten, die ein Tierarzt gemäß Artikel 38 Absatz 3 der Richtlinie 2005/36/EG des Europäischen Parlaments und des Rates[1] aufweisen muss, zu vermeiden sind:

   a) nationale Rechtsvorschriften und Rechtsvorschriften der Union auf den Gebieten menschliche Gesundheit, Lebensmittelsicherheit, Tiergesundheit, Tierschutz und Arzneimittel;
   b) Grundsätze der Gemeinsamen Agrarpolitik, Marktmaßnahmen, Ausfuhrerstattungen und Betrugsermittlung, auch auf weltweiter Ebene: Übereinkommen der Welthandelsorganisation über die Anwendung gesundheitspolizeilicher und pflanzenschutzrechtlicher Maßnahmen, Codex Alimentarius, Weltorganisation für Tiergesundheit;
   c) Grundlagen der Lebensmittelverarbeitung und Lebensmitteltechnologie;
   d) Grundsätze, Konzepte und Methoden der guten Herstellungspraxis und des Qualitätsmanagements;
   e) Qualitätsmanagement vor der Ernte (gute landwirtschaftliche Praxis);
   f) Förderung und Anwendung von Lebensmittelhygiene, Lebensmittelsicherheit (gute Hygienepraxis);
   g) Grundsätze, Konzepte und Methoden der Risikoanalyse;
   h) Grundsätze, Konzepte und Methoden des HACCP, Anwendung der HACCP-Grundsätze in der gesamten Lebensmittelkette;
   i) Audit und Verifizierung der Einhaltung der unter den Buchstaben a bis h genannten Anforderungen;
   j) Verhütung und Eindämmung von lebensmittelbedingten Gefährdungen der menschlichen Gesundheit;
   k) Populationsdynamik von Infektionen und Intoxikationen;
   l) diagnostische Epidemiologie;
   m) Monitoring und Überwachungssysteme;
   n) Grundsätze und diagnostische Anwendung moderner Testverfahren;
   o) Informations- und Kommunikationstechnologie, soweit relevant als Arbeitsinstrumente;
   p) Datenbearbeitung und Biostatistik;
   q) Untersuchung von Ausbrüchen lebensmittelbedingter Erkrankungen beim Menschen;
   r) relevante Aspekte in Bezug auf transmissible spongiforme Enzephalopathien (TSE);
   s) Tierschutz in den Phasen Erzeugung, Transport und Schlachtung;
   t) umweltbezogene Aspekte der Lebensmittelerzeugung (einschließlich Abfallbeseitigung);
   u) Vorsorgeprinzip und Verbraucherinteresse;

---

[1] *Richtlinie 2005/36/EG des Europäischen Parlaments und des Rates vom 7. September 2005 über die Anerkennung von Berufsqualifikationen (ABl. L 255 vom 30.9.2005, S. 22).*

v) Grundsätze für die Schulung von Personal, das in der Lebensmittelkette arbeitet;
w) Hygienevorschriften für tierische Nebenprodukte und Folgeprodukte;
x) Betrugsfragen.

Die Bewerber können sich die erforderlichen Kenntnisse im Rahmen ihrer tierärztlichen Grundausbildung oder einer Schulung im Anschluss an ihre Qualifikation als Tierarzt aneignen; auch ihre Berufserfahrung als Tierarzt kann diese Kenntnisse vermitteln.

Gelangen die zuständigen Behörden zu der Auffassung, dass ein Bewerber die erforderlichen Kenntnisse im Rahmen eines Hochschulabschlusses oder im Rahmen einer Fortbildung mit Postgraduierten-Abschluss, durch Berufserfahrung oder anderweitige Qualifikationen erworben hat, können sie auf solche Prüfungen verzichten. Hat der Bewerber die erforderlichen Kenntnisse teilweise erworben, müssen die zuständigen Behörden andere als die unter Nummer 2 genannten Prüfungen durchführen lassen, um dem Werdegang der Bewerber Rechnung zu tragen.

4. Der amtliche Tierarzt muss zur multidisziplinären Zusammenarbeit fähig sein.

5. Jeder amtliche Tierarzt hat eine praktische Schulung während einer Probezeit von mindestens 200 Stunden zu absolvieren, bevor er selbstständig arbeitet. Relevante Schulungen während der tierärztlichen Ausbildung können bei der Probezeit berücksichtigt werden. Während dieser Zeit muss er unter der Aufsicht amtlicher Tierärzte, die bereits in Schlachtbetrieben, Zerlegungsbetrieben und Haltungsbetrieben tätig sind, arbeiten. Die Schulungen müssen sich insbesondere auf die Überprüfung guter Hygienepraxis und auf den HACCP-Grundsätzen beruhende Verfahren beziehen.

6. Der amtliche Tierarzt muss durch regelmäßige Fortbildungsmaßnahmen und Fachliteratur zu den unter Nummer 3 genannten Bereichen seine Kenntnisse ständig auffrischen und sich über neue Entwicklungen auf dem Laufenden halten. Der amtliche Tierarzt hat sich soweit irgend möglich jährlichen Fortbildungsmaßnahmen zu unterziehen.

7. Die gegenseitige Anerkennung zwischen den Mitgliedstaaten der Prüfungen für amtliche Tierärzte muss angewandt werden, wenn Berufsangehörige grenzüberschreitend tätig werden oder sich in einem anderen Mitgliedstaat niederlassen wollen. In diesem Fall müssen die Prüfungen auf Bereiche beschränkt sein, die für den Schutz der Gesundheit von Mensch und Tier im Beschäftigungsmitgliedstaat wesentlich sind, die jedoch nicht von den Prüfungen im Herkunftsmitgliedstaat abgedeckt werden.

KAPITEL II
AMTLICHE FACHASSISTENTEN

1. Nur Personen, die sich einer Schulung unterzogen und eine Prüfung gemäß den Bestimmungen unter Nummer 5 bestanden haben, dürfen die Aufgaben eines amtlichen Fachassistenten wahrnehmen.

2. Die zuständigen Behörden tragen für die Prüfungen gemäß Nummer 1 Sorge. Um zu diesen Prüfungen zugelassen zu werden, müssen die Bewerber nachweisen können, dass sie sich folgenden Schulungen unterzogen haben:

   a) mindestens 500 Stunden Schulung, davon mindestens 400 Stunden praktische Schulung in Bezug auf die unter Nummer 5 aufgeführten Themenbereiche; und

   b) etwaige zusätzliche Schulungen, die erforderlich sind, um amtliche Fachassistenten in die Lage zu versetzen, ihre Aufgaben fachkundig zu erfüllen.

3. Die praktische Schulung gemäß Nummer 2 Buchstabe a muss in Schlachtbetrieben, Wildbearbeitungsbetrieben und/oder Zerlegungsbetrieben unter Aufsicht eines amtlichen Tierarztes stattfinden.

4. Die Schulungen und die Prüfungen müssen sich hauptsächlich auf rotes Fleisch oder auf Geflügelfleisch beziehen. Personen, die die Schulung für einen dieser beiden Bereiche absolvieren und die entsprechende Prüfung bestanden haben, müssen sich jedoch nur einer verkürzten Schulung unterziehen, um die Prüfung für den anderen Bereich abzulegen. Die Schulung und die Prüfung müssen sich auch auf frei lebendes Wild, Farmwild und gegebenenfalls Hasentiere erstrecken.

5. Die Schulung für amtliche Fachassistenten muss folgende Themenbereiche abdecken und die Prüfungen müssen das Vorhandensein der entsprechenden Kenntnisse bestätigen:

13/2. EU/KontrollV/Fleisch
ANHANG II

a) in Bezug auf Haltungsbetriebe:
   i) theoretischer Teil:
      – Kenntnis der Agrarindustrieorganisation, der Produktionsmethoden und der internationalen Handelsnormen für Tiere;
      – gute Praxis der Viehhaltung;
      – Grundkenntnisse über Tierseuchen, insbesondere über durch Viren, Bakterien und Parasiten verursachte Zoonosen;
      – Monitoring zur Seuchenerkennung, Anwendung von Arzneimitteln und Impfstoffen, Rückstandsuntersuchungen;
      – Hygiene- und Gesundheitskontrollen;
      – Tierschutz im Haltungsbetrieb und beim Transport;
      – Umweltnormen: für Gebäude, Haltungsbetriebe und allgemein;
      – einschlägige Rechts- und Verwaltungsvorschriften;
      – Verbraucherbelange und Qualitätskontrolle;
   ii) praktischer Teil:
      – Besichtigung von Haltungsbetrieben mit verschiedenen Haltungsformen und Aufzuchtmethoden;
      – Besichtigung von Produktionsbetrieben;
      – Beobachtung des Be- und Entladens von Tieren;
      – Laborvorführungen;
      – Veterinärkontrollen;
      – Dokumentation;

b) in Bezug auf Schlachtbetriebe, Wildbearbeitungsbetriebe und Zerlegungsbetriebe:
   i) theoretischer Teil:
      – Kenntnis der Organisation, der Produktionsmethoden, der internationalen Handelsnormen für Lebensmittel sowie der Schlacht- und Zerlegetechnologie in der Fleischwirtschaft;
      – Grundkenntnisse der Hygiene und der guten Hygienepraxis sowie insbesondere der Betriebshygiene, der Schlacht-, Zerlegungs- und Lagerhygiene und der Arbeitshygiene;
      – Grundkenntnisse in den Bereichen HACCP-Grundsätze und Auditierung der HACCP-gestützten Verfahren;
      – Tierschutz beim Entladen nach dem Transport und im Schlachtbetrieb;
      – Grundkenntnisse der Schlachttieranatomie und -physiologie;
      – Grundkenntnisse der Pathologie geschlachteter Tiere;
      – Grundkenntnisse der pathologischen Anatomie geschlachteter Tiere;
      – entsprechende Kenntnis in Bezug auf TSE und andere wichtige Zoonosen und Zoonoseerreger sowie wichtige Tierseuchen;
      – Kenntnis der Methoden und Verfahren der Schlachtung, Untersuchung, Zubereitung, Umhüllung, Verpackung und Beförderung von frischem Fleisch;
      – Grundkenntnisse der Mikrobiologie;
      – Schlachttieruntersuchung;
      – Probenahmen und Analysen im Zusammenhang mit Trichinen;
      – Fleischuntersuchung;
      – administrative Aufgaben;
      – Kenntnis einschlägiger Rechts- und Verwaltungsvorschriften;
      – Probenahmeverfahren;
      – Betrugsfragen;

ii) praktischer Teil:
- Identifizierung von Tieren;
- Überprüfung des Alters;
- Untersuchung und Beurteilung von geschlachteten Tieren;
- Schlachttieruntersuchung im Schlachtbetrieb;
- Fleischuntersuchung in einem Schlachtbetrieb oder einem Wildbearbeitungsbetrieb;
- Probenahmen und Analysen im Zusammenhang mit Trichinen;
- Identifizierung von Tierarten durch Untersuchung artentypischer Tierkörperteile;
- Identifizierung bestimmter Schlachtkörperteile, an denen sich Veränderungen zeigen, und Erläuterungen dazu;
- Hygienekontrolle, einschließlich Auditierung der guten Hygienepraxis und der Anwendung der HACCP- gestützten Verfahren;
- Registrierung der Ergebnisse der Schlachttieruntersuchung;
- Probenahme;
- Rückverfolgbarkeit von Fleisch;
- Dokumentation wie die Bewertung der Informationen zur Lebensmittelkette und das Lesen von Aufzeichnungen.

6. Die zuständigen Behörden können beschließen, die Schulung und die Prüfungen in Bezug auf folgende Punkte zu verkürzen:

   a) den theoretischen Teil, wenn der amtliche Fachassistent in bestimmten, unter Nummer 5 Buchstabe a Ziffer i oder Buchstabe b Ziffer i dieses Kapitels aufgezählten Punkten eine ausreichende Ausbildung nachweist;

   b) den praktischen Teil, wenn der amtliche Fachassistent in bestimmten, unter Nummer 5 Buchstabe a Ziffer ii oder Buchstabe b Ziffer ii dieses Kapitels aufgezählten Punkten ausreichende Berufserfahrung nachweist;

7. Der amtliche Tierarzt muss zur multidisziplinären Zusammenarbeit fähig sein.

8. Die amtlichen Fachassistenten müssen durch regelmäßige Fortbildungsmaßnahmen und Fachliteratur ihre Kenntnisse ständig auffrischen und sich über neue Entwicklungen auf dem Laufenden halten. Der amtliche Fachassistent hat sich soweit irgend möglich jährlichen Fortbildungsmaßnahmen zu unterziehen.

9. Führen die amtlichen Fachassistenten nur Probenahmen und Analysen im Zusammenhang mit der Trichinenuntersuchung und mikrobiologischen Kriterien durch, müssen die zuständigen Behörden lediglich sicherstellen, dass sie für diese Aufgaben angemessen geschult werden.

10. Die gegenseitige Anerkennung zwischen den Mitgliedstaaten der Prüfungen für amtliche Fachassistenten muss angewandt werden, wenn Berufsangehörige grenzüberschreitend tätig werden oder sich in einem anderen Mitgliedstaat niederlassen wollen. In diesem Fall müssen die Prüfungen auf Bereiche beschränkt sein, die für den Schutz der Gesundheit von Mensch und Tier im Beschäftigungsmitgliedstaat wesentlich sind, die jedoch nicht von den Prüfungen im Herkunftsmitgliedstaat abgedeckt werden.

KAPITEL III
VON DEN ZUSTÄNDIGEN BEHÖRDEN BENANNTES PERSONAL

1. Die zuständigen Behörden können nur Personal benennen, das sich einer Schulung unterzogen und eine Prüfung gemäß den Bestimmungen unter Nummer 5 dieses Kapitels bestanden hat.

2. Die zuständigen Behörden tragen für die Prüfungen gemäß Nummer 1 Sorge. Um zu dieser Prüfung zugelassen zu werden, müssen die Bewerber nachweisen können, dass sie sich folgenden Schulungen unterzogen haben:

   a) mindestens 500 Stunden Schulung, davon mindestens 400 Stunden praktische Schulung in Bezug auf die unter Nummer 5 aufgeführten Themenbereiche; und

   b) etwaige zusätzliche Schulungen, die erforderlich sind, um das von den zuständigen Behörden benannte Personal in die Lage zu versetzen, seine Aufgaben fachkundig zu erfüllen.

13/2. EU/KontrollV/Fleisch
ANHANG II

3. Die praktische Schulung gemäß Nummer 2 Buchstabe a muss in Zerlegungsbetrieben unter Aufsicht eines amtlichen Tierarztes stattfinden.
4. Die Schulungen und die Prüfungen müssen sich hauptsächlich auf rotes Fleisch oder auf Geflügelfleisch beziehen. Personen, die die Schulung für einen dieser beiden Bereiche absolvieren und die entsprechende Prüfung bestanden haben, müssen sich jedoch nur einer verkürzten Schulung unterziehen, um die Prüfung für den anderen Bereich abzulegen. Die Schulung und die Prüfung müssen sich auch auf frei lebendes Wild, Farmwild und gegebenenfalls Hasentiere erstrecken.
5. Die Schulung für das von den zuständigen Behörden benannte Personal muss folgende Themenbereiche betreffen und bei den Prüfungen müssen die entsprechenden Kenntnisse im Zusammenhang mit Zerlegungsbetrieben nachgewiesen werden:

    i) theoretischer Teil:
    - Kenntnis der Organisation, der Produktionsmethoden, der internationalen Handelsnormen für Lebensmittel sowie der Zerlegetechnologie in der Fleischwirtschaft;
    - gründliche Kenntnisse der Hygiene und der guten Hygienepraxis sowie insbesondere der Betriebshygiene, der Zerlegungs- und Lagerhygiene und der Arbeitshygiene;
    - gründliche Kenntnisse in den Bereichen HACCP-Grundsätze und Auditierung der HACCP-gestützten Verfahren;
    - entsprechende Kenntnis in Bezug auf TSE und andere wichtige Zoonosen und Zoonoseerreger;
    - Kenntnis der Methoden und Verfahren der Zubereitung, Umhüllung, Verpackung und Beförderung von frischem Fleisch;
    - Grundkenntnisse der Mikrobiologie;
    - administrative Aufgaben;
    - Kenntnis einschlägiger Rechts- und Verwaltungsvorschriften;
    - Probenahmeverfahren;
    - Betrugsfragen;

    ii) praktischer Teil:
    - Untersuchung und Beurteilung von geschlachteten Tieren;
    - Hygienekontrolle, einschließlich Auditierung der guten Hygienepraxis und der Anwendung der HACCP- gestützten Verfahren;
    - Probenahme;
    - Rückverfolgbarkeit von Fleisch;
    - Dokumentation.

6. Die zuständigen Behörden können beschließen, die Schulung und die Prüfungen in Bezug auf folgende Punkte zu verkürzen:
    a) den theoretischen Teil, wenn das von den zuständigen Behörden benannte Personal in bestimmten, unter Nummer 5 Ziffer i dieses Kapitels aufgezählten Punkten eine ausreichende Ausbildung nachweist;
    b) den praktischen Teil, wenn das von den zuständigen Behörden benannte Personal in bestimmten, unter Nummer 5 Ziffer ii dieses Kapitels aufgezählten Punkten eine ausreichende Berufserfahrung nachweist.
7. Das von den zuständigen Behörden benannte Personal muss zur multidisziplinären Zusammenarbeit fähig sein.
8. Das von den zuständigen Behörden benannte Personal muss durch regelmäßige Fortbildungsmaßnahmen und Fachliteratur seine Kenntnisse ständig auffrischen und sich über neue Entwicklungen auf dem Laufenden halten. Das von den zuständigen Behörden benannte Personal hat sich soweit irgend möglich jährlichen Fortbildungsmaßnahmen zu unterziehen.
9. Die gegenseitige Anerkennung zwischen den Mitgliedstaaten der Prüfungen für anderes, von zuständigen Behörden benanntes Personal muss angewandt werden, wenn Berufsangehörige grenzüberschreitend tätig werden oder sich in einem anderen Mitgliedstaat niederlassen wollen. In diesem Fall müssen die Prüfungen auf Bereiche beschränkt sein, die für den Schutz der Ge-

ANHANG II

sundheit von Mensch und Tier im Beschäftigungsmitgliedstaat wesentlich sind, die jedoch nicht von den Prüfungen im Herkunftsmitgliedstaat abgedeckt werden.

13/3. Durchführungsverordnung (EU) 2019/627 zur Festlegung einheitlicher praktischer Modalitäten für die Durchführung der amtlichen Kontrollen in Bezug auf für den menschlichen Verzehr bestimmte Erzeugnisse tierischen Ursprungs gemäß der Verordnung (EU) 2017/625 des Europäischen Parlaments und des Rates und zur Änderung der Verordnung (EG) Nr. 2074/2005 der Kommission in Bezug auf amtliche Kontrollen

ABl L 131 vom 17. 5. 2019, S 51 idF

1 ABl L 427 vom 17. 12. 2020, S 1   2 ABl L 339 vom 24. 9. 2021, S 84

Durchführungsverordnung (EU) 2019/627 der Kommission vom 15. März 2019 zur Festlegung einheitlicher praktischer Modalitäten für die Durchführung der amtlichen Kontrollen in Bezug auf für den menschlichen Verzehr bestimmte Erzeugnisse tierischen Ursprungs gemäß der Verordnung (EU) 2017/625 des Europäischen Parlaments und des Rates und zur Änderung der Verordnung (EG) Nr. 2074/2005 der Kommission in Bezug auf amtliche Kontrollen

DIE EUROPÄISCHE KOMMISSION –

gestützt auf den Vertrag über die Arbeitsweise der Europäischen Union,

gestützt auf die Verordnung (EU) 2017/625 des Europäischen Parlaments und des Rates vom 15. März 2017 über amtliche Kontrollen und andere amtliche Tätigkeiten zur Gewährleistung der Anwendung des Lebens- und Futtermittelrechts und der Vorschriften über Tiergesundheit und Tierschutz, Pflanzengesundheit und Pflanzenschutzmittel, zur Änderung der Verordnungen (EG) Nr. 999/2001, (EG) Nr. 396/2005, (EG) Nr. 1069/2009, (EG) Nr. 1107/2009, (EU) Nr. 1151/2012, (EU) Nr. 652/2014, (EU) 2016/429 und (EU) 2016/2031 des Europäischen Parlaments und des Rates, der Verordnungen (EG) Nr. 1/2005 und (EG) Nr. 1099/2009 des Rates sowie der Richtlinien 98/58/EG, 1999/74/EG, 2007/43/EG, 2008/119/EG und 008/120/EG des Rates und zur Aufhebung der Verordnungen (EG) Nr. 854/2004 und (EG) Nr. 882/2004 des Europäischen Parlaments und des Rates, der Richtlinien 89/608/EWG, 9/662/EWG, 90/425/EWG, 91/496/EWG, 6/23/EG, 96/93/EG und 97/78/EG des Rates und es Beschlusses 92/438/EWG des Rates (Verordnung über amtliche Kontrollen)[1], insbesondere auf Artikel 18 Absatz 8,

in Erwägung nachstehender Gründe:

(1) Die Verordnung (EU) 2017/625 regelt die amtlichen Kontrollen und die anderen amtlichen Tätigkeiten, die von den zuständigen Behörden der Mitgliedstaaten durchgeführt werden, um zu überprüfen, ob das Unionsrecht unter anderem im Bereich der Lebensmittelsicherheit auf allen Produktions-, Verarbeitungs- und Vertriebsstufen eingehalten wird. Insbesondere sieht sie amtliche Kontrollen im Zusammenhang mit für den menschlichen Verzehr bestimmten Erzeugnissen tierischen Ursprungs vor. Zudem wird mit ihr mit Wirkung vom 14. Dezember 2019 die Verordnung (EG) Nr. 854/2004[2] aufgehoben. Die genannte Verordnung enthält derzeit besondere Verfahrensvorschriften für die amtliche Überwachung von für den menschlichen Verzehr bestimmten Erzeugnissen tierischen Ursprungs, einschließlich Anforderungen bezüglich einheitlicher praktischer Modalitäten für die Durchführung der Kontrollen.

(2) Mit den Bestimmungen der vorliegenden Verordnung sollte der Fortbestand der Anforderungen sichergestellt werden, mit denen die Überprüfung der Einhaltung der Vorschriften für den sicheren Umgang mit Erzeugnissen tierischen Ursprungs durch die Lebensmittelunternehmer gewährleistet wird, insbesondere gemäß den Bestimmungen der:

Zur Präambel
[1] *ABl. L 95 vom 7.4.2017, S. 1.*
Zu Abs. 1:
[2] *Verordnung (EG) Nr. 854/2004 des Europäischen Parlaments und des Rates vom 29. April 2004 mit besonderen Verfahrensvorschriften für die amtliche Überwachung von zum menschlichen Verzehr bestimmten Erzeugnissen tierischen Ursprungs (ABl. L 139 vom 30.4.2004, S. 206).*

- Richtlinie 96/23/EG des Rates[3] in Bezug auf Kontrollmaßnahmen hinsichtlich bestimmter Stoffe und ihrer Rückstände;
- Verordnung (EG) Nr. 999/2001 des Europäischen Parlaments und des Rates[4] in Bezug auf Kontrollen auf transmissible spongiforme Enzephalopathien;
- Richtlinie 2002/99/EG des Rates[5] in Bezug auf tierseuchenrechtliche Vorschriften für Erzeugnisse tierischen Ursprungs;
- Verordnung (EG) Nr. 178/2002 des Europäischen Parlaments und des Rates[6] in Bezug auf die allgemeinen Grundsätze und Anforderungen des Lebensmittelrechts;
- Richtlinie 2003/99/EG des Europäischen Parlaments und des Rates[7] in Bezug auf die Überwachung von Zoonosen und Zoonoseerregern;
- Entscheidung 2003/467/EG der Kommission[8] in Bezug auf die Kontrolle auf Tuberkulose, Brucellose und Rinderleukose;
- Verordnung (EG) Nr. 2160/2003 des Europäischen Parlaments und des Rates[9] in Bezug auf die Salmonellenbekämpfung;
- Verordnung (EG) Nr. 852/2004 des Europäischen Parlaments und des Rates[10] in Bezug auf die Lebensmittelhygiene;
- Verordnung (EG) Nr. 853/2004 des Europäischen Parlaments und des Rates[11] in Bezug auf spezifische Hygienevorschriften für Lebensmittel tierischen Ursprungs;
- Verordnung (EG) Nr. 1/2005 des Rates[12] in Bezug auf den Schutz von Tieren beim Transport und damit zusammenhängenden Vorgängen;
- Verordnung (EG) Nr. 2073/2005 der Kommission[13] in Bezug auf mikrobiologische Kriterien für Lebensmittel;
- Verordnungen (EG) Nr. 1881/2006[14] und (EG) Nr. 124/2009[15] der Kommission in Bezug auf Höchstgehalte für bestimmte Kontaminanten in Lebensmitteln;
- Richtlinie 2007/43/EG des Rates[16] in Bezug auf den Schutz von Hühnern;
- Verordnung (EG) Nr. 1069/2009 des Europäischen Parlaments und des Rates[17] in Be-

---

Zu Abs. 2:
[3] *Richtlinie 96/23/EG des Rates vom 29. April 1996 über Kontrollmaßnahmen hinsichtlich bestimmter Stoffe und ihrer Rückstände in lebenden Tieren und tierischen Erzeugnissen und zur Aufhebung der Richtlinien 85/358/EWG und 86/469/EWG und der Entscheidungen 89/187/EWG und 91/664/EWG (ABl. L 125 vom 23.5.1996, S. 10).*
[4] *Verordnung (EG) Nr. 999/2001 des Europäischen Parlaments und des Rates vom 22. Mai 2001 mit Vorschriften zur Verhütung, Kontrolle und Tilgung bestimmter transmissibler spongiformer Enzephalopathien (ABl. L 147 vom 31.5.2001, S. 1).*
[5] *Richtlinie 2002/99/EG des Rates vom 16. Dezember 2002 zur Festlegung von tierseuchenrechtlichen Vorschriften für das Herstellen, die Verarbeitung, den Vertrieb und die Einfuhr von Lebensmitteln tierischen Ursprungs (ABl. L 18 vom 23.1.2003, S. 11).*
[6] *Verordnung (EG) Nr. 178/2002 des Europäischen Parlaments und des Rates vom 28. Januar 2002 zur Festlegung der allgemeinen Grundsätze und Anforderungen des Lebensmittelrechts, zur Errichtung der Europäischen Behörde für Lebensmittelsicherheit und zur Festlegung von Verfahren zur Lebensmittelsicherheit (ABl. L 31 vom 1.2.2002, S. 1).*
[7] *Richtlinie 2003/99/EG des Europäischen Parlaments und des Rates vom 17. November 2003 zur Überwachung von Zoonosen und Zoonoseerregern und zur Änderung der Entscheidung 90/424/EWG des Rates sowie zur Aufhebung der Richtlinie 92/117/EWG des Rates (ABl. L 325 vom 12.12.2003, S. 31).*
[8] *Entscheidung 2003/467/EG der Kommission vom 23. Juni 2003 zur Feststellung des amtlich anerkannten tuberkulose-, brucellose- und rinderleukosefreien Status bestimmter Mitgliedstaaten und Regionen von Mitgliedstaaten in Bezug auf die Rinderbestände (ABl. L 156 vom 25.6.2003, S. 74).*

[9] *Verordnung (EG) Nr. 2160/2003 des Europäischen Parlaments und des Rates vom 17. November 2003 zur Bekämpfung von Salmonellen und bestimmten anderen durch Lebensmittel übertragbaren Zoonoseerregern (ABl. L 325 vom 12.12.2003, S. 1).*
[10] *Verordnung (EG) Nr. 852/2004 des Europäischen Parlaments und des Rates vom 29. April 2004 über Lebensmittelhygiene (ABl. L 139 vom 30.4.2004, S. 1).*
[11] *Verordnung (EG) Nr. 853/2004 des Europäischen Parlaments und des Rates vom 29. April 2004 über spezifische Hygienevorschriften für Lebensmittel tierischen Ursprungs (ABl. L 139 vom 30.4.2004, S. 55).*
[12] *Verordnung (EG) Nr. 1/2005 des Rates vom 22. Dezember 2004 über den Schutz von Tieren beim Transport und damit zusammenhängenden Vorgängen sowie zur Änderung der Richtlinien 64/432/EWG und 93/119/EG und der Verordnung (EG) Nr. 1255/97 (ABl. L 3 vom 5.1.2005, S. 1).*
[13] *Verordnung (EG) Nr. 2073/2005 der Kommission vom 15. November 2005 über mikrobiologische Kriterien für Lebensmittel (ABl. L 338 vom 22.12.2005, S. 1).*
[14] *Verordnung (EG) Nr. 1881/2006 der Kommission vom 19. Dezember 2006 zur Festsetzung der Höchstgehalte für bestimmte Kontaminanten in Lebensmitteln (ABl. L 364 vom 20.12.2006, S. 5).*
[15] *Verordnung (EG) Nr. 124/2009 der Kommission vom 10. Februar 2009 zur Festlegung von Höchstgehalten an Kokzidiostatika und Histomonostatika, die aufgrund unvermeidbarer Verschleppung in Futtermittel für Nichtzieltierarten vorhanden sind (ABl. L 40 vom 11.2.2009, S. 7).*
[16] *Richtlinie 2007/43/EG des Rates vom 28. Juni 2007 mit Mindestvorschriften zum Schutz von Masthühnern (ABl. L 182 vom 12.7.2007, S. 19).*
[17] *Verordnung (EG) Nr. 1069/2009 des Europäischen Parlaments und des Rates vom 21. Oktober 2009 mit Hygienevorschriften für nicht für den menschlichen Verzehr*

zug auf Hygienevorschriften für tierische Nebenprodukte;
- Verordnung (EG) Nr. 1099/2009 des Rates[18] in Bezug auf den Schutz von Tieren zum Zeitpunkt der Tötung;
- Richtlinie 2010/63/EU des Europäischen Parlaments und des Rates[19] in Bezug auf den Schutz der für wissenschaftliche Zwecke verwendeten Tiere;
- Durchführungsverordnung (EU) Nr. 636/2014 der Kommission[20] in Bezug auf den Handel mit nicht enthäutetem frei lebendem Großwild;
- Durchführungsverordnung (EU) 2015/1375 der Kommission[21] in Bezug auf amtliche Untersuchungen auf Trichinen; und der
- Verordnung (EU) Nr. 2016/429 des Europäischen Parlaments und des Rates[22] in Bezug auf Tiergesundheitsbestimmungen.

(3) Die praktischen Modalitäten für die Durchführung amtlicher Kontrollen in Bezug auf Erzeugnisse tierischen Ursprungs sollten in Fällen berücksichtigt werden, in denen ein Mindestmaß an amtlichen Kontrollen erforderlich ist, um den anerkannten einheitlichen Gefahren und Risiken zu begegnen, die mit Erzeugnissen tierischen Ursprungs einhergehen können; sie sollten alle Aspekte abdecken, die für den Schutz der menschlichen Gesundheit sowie gegebenenfalls für den Schutz der Tiergesundheit und für das Wohlbefinden der Tiere von Bedeutung sind. Sie sollten sich auf die aktuellsten verfügbaren einschlägigen Informationen sowie auf die wissenschaftlichen Erkenntnissen der Gutachten der Europäischen Behörde für Lebensmittelsicherheit (EFSA) stützen.

(4) Am 31. August 2011 nahm die EFSA ein wissenschaftliches Gutachten zu den Gefahren für die menschliche Gesundheit an, denen durch die Untersuchung von (Schweine-)Fleisch zu begegnen ist.[23] Die Empfehlungen aus diesem Gutachten sind in die Anforderungen an die Untersuchungen von Schweinefleisch in der Verordnung (EG) Nr. 854/2004 eingeflossen und sollten in den in der vorliegenden Verordnung festgelegten Anforderungen beibehalten werden.

(5) Am 23. Mai 2012 nahm die EFSA ein wissenschaftliches Gutachten zu den Gefahren für die menschliche Gesundheit an, denen durch die Untersuchung von (Geflügel-)Fleisch zu begegnen ist.[24] In diesem Gutachten wurden *Campylobacter* spp. und *Salmonella* spp. als die größten Gefahren identifiziert, denen durch die Untersuchung von Geflügelfleisch im Wege eines ganzheitlichen Systems zur Gewährleistung der Lebensmittelsicherheit zu begegnen ist, welches sich durch verbesserte Informationen zur Lebensmittelkette und risikobasierte Maßnahmen erreichen lässt.

(6) Am 6. Juni 2013 nahm die EFSA ein wissenschaftliches Gutachten zu den Gefahren für die menschliche Gesundheit an, denen durch die Untersuchung von (Rind-)Fleisch zu begegnen ist.[25] In diesem Gutachten wurden *Salmonella* spp. und pathogene Verotoxin bildende *Escherichia coli* (*E. coli*) als die bei Untersuchungen von Rindfleisch relevantesten Gefahren identifiziert. Darin wurde empfohlen, bei der Fleischuntersuchung bei routinemäßig geschlachteten Tieren das Durchtasten und Anschneiden zu unterlassen, da so die Ausbreitung der und die Kreuzkontamination mit den vorrangigen biologischen Gefahren reduziert werden kann. Jedoch sollte das bei der Fleischuntersuchung zum Treffen von Aussagen über das Vorkommen von Tuberkulose und von Cysticercose des Bandwurms (*Taenia saginata*) notwendige Durchtasten und Anschneiden beibehalten werden.

(7) Ebenfalls am 6. Juni 2013 nahm die EFSA ein wissenschaftliches Gutachten zu den Gefahren für die menschliche Gesundheit an, denen durch die Untersuchung von Schaf- und Ziegenfleisch zu begegnen ist.[26] In diesem Gutachten wurden pathogene Verotoxin bildende *E. coli* als die bei Untersuchungen von Schaf- und Ziegenfleisch

---

bestimmte tierische Nebenprodukte und zur Aufhebung der Verordnung (EG) Nr. 1774/2002 (Verordnung über tierische Nebenprodukte) (ABl. L 300 vom 14.11.2009, S. 1).

[18] *Verordnung (EG) Nr. 1099/2009 des Rates vom 24. September 2009 über den Schutz von Tieren zum Zeitpunkt der Tötung (ABl. L 303 vom 18.11.2009, S. 1).*

[19] *Richtlinie 2010/63/EU des Europäischen Parlaments und des Rates vom 22. September 2010 zum Schutz der für wissenschaftliche Zwecke verwendeten Tiere (ABl. L 276 vom 20.10.2010, S. 33).*

[20] *Durchführungsverordnung (EU) Nr. 636/2014 der Kommission vom 13. Juni 2014 für eine Musterbescheinigung für den Handel mit nicht enthäutetem frei lebendem Großwild (ABl. L 175 vom 14.6.2014, S. 16).*

[21] *Durchführungsverordnung (EU) 2015/1375 der Kommission vom 10. August 2015 mit spezifischen Vorschriften für die amtlichen Fleischuntersuchungen auf Trichinen (ABl. L 212 vom 11.8.2015, S. 7).*

[22] *Verordnung (EU) 2016/429 des Europäischen Parlaments und des Rates vom 9. März 2016 zu Tierseuchen und zur Änderung und Aufhebung einiger Rechtsakte im Bereich der Tiergesundheit („Tiergesundheitsrecht") (ABl. L 84 vom 31.3.2016, S. 1).*

Zu Abs. 4:
[23] *EFSA Journal 2011;9(10):2351.*
Zu Abs. 5:
[24] *EFSA Journal 2012;10(6):2741.*
Zu Abs. 6:
[25] *EFSA Journal 2013;11(6):3266.*
Zu Abs. 7:
[26] *EFSA Journal 2013;11(6):3265.*

relevantesten Gefahren identifiziert. Außerdem wurde darin empfohlen, das Durchtasten und Anschneiden bei der Fleischuntersuchung bei routinemäßig geschlachteten Schafen und Ziegen soweit wie möglich zu unterlassen. Bei älteren Tieren sollte das Durchtasten und Anschneiden zur Kontrolle auf Tuberkulose und Fasziolose jedoch mit Blick auf die Überwachung der Gesundheit von Mensch und Tier beibehalten werden.

(8) Ebenfalls am 6. Juni 2013 nahm die EFSA ein wissenschaftliches Gutachten zu den Gefahren für die menschliche Gesundheit an, denen durch die Untersuchung von (Einhufer-)Fleisch zu begegnen ist.[27] In diesem Gutachten wurde empfohlen, bei Einhufern ausschließlich eine Besichtigung durchzuführen, was sich deutlich positiv auf den mikrobiologischen Status von Fleisch von Einhuferschlachtkörpern auswirken kann. Es wird davon ausgegangen, dass eine solche Besichtigung die Überwachung auf Tierseuchen insgesamt wahrscheinlich nicht beeinträchtigt.

(9) Ebenfalls am 6. Juni 2013 nahm die EFSA ein wissenschaftliches Gutachten zur Untersuchung von Fleisch von Farmwild an. In diesem Gutachten wurde empfohlen, das Durchtasten und Anschneiden zu unterlassen, sofern keine Anomalien festgestellt werden; gleichzeitig wurde betont, dass sich eine solche Unterlassung auf die Überwachung auf Tuberkulose insgesamt auswirken könnte.

(10) Die in diesen EFSA-Gutachten ausgesprochenen Empfehlungen sollten bei der Festlegung der einheitlichen praktischen Modalitäten für die Durchführung amtlicher Kontrollen in Bezug auf zum menschlichen Verzehr bestimmte Erzeugnisse tierischen Ursprungs berücksichtigt werden. Ebenso sollten mögliche Auswirkungen auf den Handel mit Drittstaaten berücksichtigt werden. Gleichzeitig sollte ein reibungsloser Übergang von den in der Verordnung (EG) Nr. 854/2004 festgelegten geltenden Anforderungen sichergestellt werden.

(11) Die praktischen Modalitäten sollten für die amtlichen Kontrollen in Bezug auf Erzeugnisse tierischen Ursprungs gelten, die in Artikel 18 der Verordnung (EU) 2017/625 und in der Delegierten Verordnung (EU) 2019/624 der Kommission[28] geregelt sind. Die praktischen Modalitäten für die Durchführung amtlicher Kontrollen sollten einheitlich sein und die Anwendung der Anforderungen an ein Mindestmaß an amtlichen Kontrollen ermöglichen; die Größe von Kleinunternehmen sollte dabei gemäß Artikel 16 der Verordnung (EU) 2017/625 durch Verwendung eines Schwellenwerts in nicht diskriminierender Weise berücksichtigt werden.

(12) Da sich die Struktur von Schlacht- und Wildbearbeitungsbetrieben von Mitgliedstaat zu Mitgliedstaat unterscheidet, sollte sich der Schwellenwert auf die Zahl der geschlachteten oder gehandhabten Tiere oder auf den Nachweis stützen, dass der Schwellenwert einen begrenzten und festen Prozentsatz des in Verkehr gebrachten Fleisches darstellt. In Artikel 17 Absatz 6 der Verordnung (EG) Nr. 1099/2009 sind Großvieheinheiten definiert und die Umrechnungssätze festgelegt, mit denen sich die Zahl der Tiere einer bestimmten Art als Großvieheinheiten ausdrücken lässt. Diese Bestimmungen sollten angewendet werden, um Schwellenwerte festzulegen und Abweichungen von bestimmten Anforderungen auf Grundlage der Größe eines Schlachtbetriebs soweit wie möglich zu harmonisieren.

(13) Es sollten außerdem spezifische Anforderungen an Audits durch die zuständigen Behörden beibehalten werden, um zu gewährleisten, dass die praktische Überprüfung der Einhaltung der Unionsanforderungen an Erzeugnisse tierischen Ursprungs einheitlich erfolgt. Audits sind mit Blick auf die Überprüfung der allgemeinen und spezifischen Hygienevorschriften sowie die Anwendung der Gefahrenanalyse und Bestimmung kritischer Kontrollpunkte (HACCP) beruhenden Verfahren von besonderem Interesse.

(14) Die Einhaltung der in Anhang II Abschnitt I der Verordnung (EG) Nr. 853/2004 aufgeführten Anforderungen bezüglich der Identitätskennzeichnung, wie derzeit in der Verordnung (EG) Nr. 854/2004 festgelegt, sollte weiterhin überprüft werden, damit die Tiere zurückverfolgt werden können.

(15) Schlachttier- und Fleischuntersuchungen sind zur Überprüfung der Einhaltung der Anforderungen an den Schutz der Gesundheit von Mensch und Tier und das Wohlbefinden der Tiere unverzichtbar. Um mindestens das gleiche Maß an Schutz der Gesundheit von Mensch und Tier und des Tierwohls zu gewährleisten wie die Verordnung (EG) Nr. 854/2004 sowie einen fairen Handel auf einem freien Markt, müssen einheitli-

---

Zu Abs. 8:
[27] EFSA Journal 2013;11(6):3263.
Zu Abs. 11:
[28] Delegierte Verordnung (EU) 2019/624 der Kommission vom 8. Februar 2019 mit besonderen Bestimmungen für die Durchführung amtlicher Kontrollen der Fleischerzeugung sowie von Erzeugungs- und Umsetzgebieten für

---

lebende Muscheln gemäß der Verordnung (EU) 2017/625 des Europäischen Parlaments und des Rates (siehe Seite 1 dieses Amtsblatts).

che praktische Anforderungen an solche Untersuchungen festgelegt werden, einschließlich für Fälle, in denen amtliche Kontrollen unter der Verantwortung des amtlichen Tierarztes durchgeführt werden. Mit Blick auf amtliche Kontrollen in Bezug auf frisches Fleisch sollten diese Untersuchungen durch angemessene Dokumentenprüfungen, Kontrollen der unschädlichen Beseitigung von spezifizierten Risikomaterialien gemäß der Begriffsbestimmung in Artikel 3 Absatz 1 Buchstabe g der Verordnung (EG) Nr. 999/2001 und anderen tierischen Nebenprodukten sowie gegebenenfalls durch Labortests ergänzt werden.

(16) Es ist wichtig, mutmaßliche und erwiesene Verstöße zu identifizieren, auf die die zuständigen Behörden in Bezug auf bestimmte Erzeugnisse tierischen Ursprungs mit Maßnahmen reagieren müssen. Die Nichteinhaltung der guten Hygienepraxis sollte auch Abhilfemaßnahmen der zuständigen Behörden nach sich ziehen.

(17) Das in Artikel 3 Nummer 51 der Verordnung (EU) 2017/625 definierte Genusstauglichkeitskennzeichen umfasst das Fleisch bestimmter Arten und bescheinigt, dass das Fleisch für den menschlichen Verzehr geeignet ist Die technischen Anforderungen an das Genusstauglichkeitskennzeichen sowie die praktischen Modalitäten für dessen Anbringung sollten genau und einheitlich festgelegt werden, um auf die Eignung des Fleisches für den menschlichen Verzehr hinzuweisen und Handelsunterbrechungen zu verhüten.

(18) In der Verordnung (EG) Nr. 2074/2005 der Kommission[29)] sind unter anderem Durchführungsvorschriften für die in der Verordnung (EG) Nr. 854/2004 vorgesehenen amtlichen Kontrollen festgelegt, insbesondere in Bezug auf anerkannte Testverfahren zum Nachweis mariner Biotoxine in lebenden Muscheln, Testverfahren für Rohmilch und wärmebehandelte Milch, amtliche Kontrollen in Bezug auf Fischereierzeugnisse und die Untersuchung von Fleisch. Es ist angezeigt, alle Durchführungsvorschriften für amtliche Kontrollen in der vorliegenden Verordnung zusammenzuführen und auch die Vorschriften der Verordnung (EG) Nr. 2074/2005 aufzunehmen. Aus der Verordnung (EG) Nr. 2074/2005 sollen sie gestrichen werden.

(19) Die geltenden Bedingungen für die Einstufung und Überwachung von Erzeugungs- und Umsetzgebieten für lebende Muscheln haben sich als wirksam erwiesen und gewährleisten ein hohes Maß an Verbraucherschutz. Sie sollten daher beibehalten werden.

(20) Ein Referenzverfahren zur Analyse auf E. coli in lebenden Muscheln, wie derzeit in Verordnung (EG) Nr. 854/2004 festgelegt, sollte beibehalten werden.

(21) Die Grenzwerte für marine Biotoxine sind in der Verordnung (EG) Nr. 853/2004 festgelegt. Insbesondere ist in Anhang III Abschnitt VII Kapitel V Nummer 2 der genannten Verordnung vorgeschrieben, dass lebende Muscheln keine marinen Biotoxine in (im ganzen Tierkörper oder in essbaren Teilen gesondert gemessenen) Mengen enthalten dürfen, die die in diesem Kapitel festgelegten Grenzwerte insgesamt überschreiten.

(22) Um ein hohes Maß an Verbraucherschutz sowie einen fairen Wettbewerb unter den Lebensmittelunternehmern zu gewährleisten, sollten spezifische Anforderungen an die Durchführung amtlicher Kontrollen sowie eine einheitliche Mindesthäufigkeit solcher Kontrollen in Bezug auf Rohmilch und Milcherzeugnisse festgelegt werden.

(23) Um ein hohes Maß an Verbraucherschutz sowie einen fairen Wettbewerb unter den Lebensmittelunternehmern zu gewährleisten, sollten spezifische Anforderungen an die Durchführung amtlicher Kontrollen sowie eine einheitliche Mindesthäufigkeit solcher Kontrollen in Bezug auf Fischereierzeugnisse festgelegt werden. Diese Kontrollen sollten mindestens eine regelmäßige Überprüfung der Hygienebedingungen bei der Anlandung und dem ersten Verkauf, regelmäßige Inspektionen von Schiffen und Betrieben, einschließlich Versteigerungs- und Großmärkten, sowie eine Überprüfung von Lagerung und Beförderung umfassen. Es sollten auch spezifische Anforderungen an die Kontrolle von Schiffen festgelegt werden.

(24) Diese Kontrollen sollten auch die praktischen Modalitäten in Bezug auf organoleptische Prüfungen, Frischeindikatoren, Kontrollen auf Histamin, Rückstände und Kontaminanten sowie mikrobiologische Kontrollen umfassen. Besonderes Augenmerk sollte auf die Kontrollen auf Parasiten sowie die Kontrollen in Bezug auf giftige Fischereierzeugnisse gelegt werden. Fischerei-

---

Zu Abs. 18:

[29)] *Verordnung (EG) Nr. 2074/2005 der Kommission vom 5. Dezember 2005 zur Festlegung von Durchführungsvorschriften für bestimmte unter die Verordnung (EG) fallende Erzeugnisse und für die in den Verordnungen (EG) Nr. 854/2004 des Europäischen Parlaments und des Rates und (EG) Nr. 882/2004 des Europäischen Parlaments und des Rates vorgesehenen amtlichen Kontrollen, zur Abweichung von der Verordnung (EG) Nr. 852/2004 des Europäischen Parlaments und des Rates und zur Änderung der Verordnungen (EG) Nr. 853/2004 und (EG) Nr. 854/2004 (ABl. L 338 vom 22.12.2005, S. 27).*

zeugnisse, die die Hygienevorschriften nicht erfüllen, sollten für genussuntauglich erklärt werden.

(25) Es sollten ebenfalls spezifische Anforderungen an amtliche Kontrollen in Bezug auf Fischereierzeugnisse, die von Schiffen unter der Flagge eines Mitgliedstaats gefangen wurden und in die Union eingeführt werden, nachdem sie – mit oder ohne Lagerung – in Drittländern umgeladen worden sind, festgelegt werden.

(26) Es besteht zunehmendes Interesse an der Erzeugung und dem Inverkehrbringen von Reptilienfleisch. Um die Sicherheit von Reptilienfleisch zu gewährleisten, müssen zusätzlich zu den bestehenden allgemeinen Hygienevorschriften der Verordnung (EG) Nr. 852/2004 und den Untersuchungen auf Trichinen gemäß der Durchführungsverordnung (EU) 2015/1375 spezifische amtliche Kontrollen bei der Schlachtung eingeführt werden.

(27) Die Verordnung (EG) Nr. 2074/2005 sollte entsprechend geändert werden.

(28) Da mit der Verordnung (EU) 2017/625 die Verordnung (EG) Nr. 854/2004 mit Wirkung vom 14. Dezember 2019 aufgehoben wird, sollte die vorliegende Verordnung ebenfalls ab diesem Datum gelten.

(29) Die in dieser Verordnung vorgesehenen Maßnahmen entsprechen der Stellungnahme des Ständigen Ausschusses für Pflanzen, Tiere, Lebensmittel und Futtermittel –

HAT FOLGENDE VERORDNUNG ERLASSEN:

TITEL I
GEGENSTAND, ANWENDUNGSBEREICH UND BEGRIFFSBESTIMMUNGEN

Artikel 1
Gegenstand und Anwendungsbereich

Diese Verordnung enthält einheitliche praktische Modalitäten für die Durchführung von amtlichen Kontrollen und Maßnahmen in Bezug auf die Produktion von Erzeugnissen tierischen Ursprungs, die für den menschlichen Verzehr bestimmt sind. Die amtlichen Kontrollen und Maßnahmen sind von den zuständigen Behörden unter Berücksichtigung der Anforderungen des Artikels 18 Absätze 2, 3 und 5 der Verordnung (EU) 2017/625 und der Delegierten Verordnung (EU) 2019/624 durchzuführen.

Die besonderen Bestimmungen umfassen:

a) spezifische Anforderungen an und eine einheitliche Mindesthäufigkeit amtlicher Kontrollen in Bezug auf Erzeugnisse tierischen Ursprungs mit Blick auf Audits und die Identitätskennzeichnung;

b) spezifische Anforderungen an und eine einheitliche Mindesthäufigkeit amtlicher Kontrollen in Bezug auf frisches Fleisch, einschließlich spezifischer Anforderungen an Audits und besonderer Aufgaben hinsichtlich der Kontrollen in Bezug auf frisches Fleisch;

c) Maßnahmen, die bei Nichterfüllung der Anforderungen der Union in Bezug auf frisches Fleisch zum Schutz der Gesundheit von Mensch und Tier sowie des Tierwohls zu treffen sind;

d) technische Anforderungen und praktische Modalitäten in Bezug auf das Genusstauglichkeitskennzeichen gemäß Artikel 5 der Verordnung (EG) Nr. 853/2004;

e) spezifische Anforderungen an und eine einheitliche Mindesthäufigkeit amtlicher Kontrollen in Bezug auf Milch, Kolostrum, Milcherzeugnisse und Erzeugnisse auf Kolostrumbasis;

f) Bedingungen für die Einstufung und Überwachung von Erzeugungs- und Umsetzgebieten für lebende Muscheln, einschließlich Entscheidungen, die im Anschluss an die Überwachung von eingestuften Erzeugungs- und Umsetzgebieten zu treffen sind;

g) spezifische Anforderungen an und eine einheitliche Mindesthäufigkeit amtlicher Kontrollen in Bezug auf Fischereierzeugnisse.

Artikel 2
Begriffsbestimmungen

Für die Zwecke dieser Verordnung bezeichnet der Ausdruck

1. „frisches Fleisch" frisches Fleisch im Sinne von Anhang I Nummer 1.10 der Verordnung (EG) Nr. 853/2004;

2. „Kolostrum" Kolostrum im Sinne von Anhang III Abschnitt IX Nummer 1 der Verordnung (EG) Nr. 853/2004;

3. „Milcherzeugnisse" Milcherzeugnisse im Sinne von Anhang I Nummer 7.2 der Verordnung (EG) Nr. 853/2004;

4. „Erzeugnisse auf Kolostrumbasis" Erzeugnisse auf Kolostrumbasis im Sinne von Anhang III Abschnitt IX Nummer 2 der Verordnung (EG) Nr. 853/2004;

5. „Erzeugungsgebiet" ein Erzeugungsgebiet im Sinne von Anhang I Nummer 2.5 der Verordnung (EG) Nr. 853/2004;

6. „Umsetzgebiet" ein Umsetzgebiet im Sinne von Anhang I Nummer 2.6 der Verordnung (EG) Nr. 853/2004;

7. „Muscheln" Muscheln im Sinne von Anhang I Nummer 2.1 der Verordnung (EG) Nr. 853/2004;

8. „Fischereierzeugnisse" Fischereierzeugnisse im Sinne von Anhang I Nummer 3.1 der Verordnung (EG) Nr. 853/2004;

9. „Betrieb" einen Betrieb im Sinne von Artikel 2 Absatz 1 Buchstabe c der Verordnung (EG) Nr. 852/2004;

10. „Lebensmittelunternehmer" Lebensmittelunternehmer im Sinne von Artikel 3 Nummer 3 der Verordnung (EG) Nr. 178/2002 des Europäischen Parlaments und des Rates[1)];

11. „mikrobiologisches Kriterium" ein mikrobiologisches Kriterium im Sinne von Artikel 2 Buchstabe b der Verordnung (EG) Nr. 2073/2005;

12. „Schlachtbetrieb" einen Schlachthof im Sinne von Anhang I Nummer 1.16 der Verordnung (EG) Nr. 853/2004;

13. „Rückverfolgbarkeit" die Rückverfolgbarkeit im Sinne von Artikel 3 Nummer 15 der Verordnung (EG) Nr. 178/2002;

14. „spezifizierte Risikomaterialien" spezifizierte Risikomaterialien im Sinne von Artikel 3 Absatz 1 Buchstabe g der Verordnung (EG) Nr. 999/2001;

15. „Kontamination" Kontamination im Sinne von Artikel 2 Absatz 1 Buchstabe f der Verordnung (EG) Nr. 852/2004;

16. „Herkunftsbetrieb" einen Herkunftsbetrieb im Sinne von Artikel 2 Nummer 2 der Delegierten Verordnung (EU) 2019/624;

17. „Primärproduktion" die Primärproduktion im Sinne von Artikel 3 Nummer 17 der Verordnung (EG) Nr. 178/2002;

18. „als Haustiere gehaltene Huftiere" als Haustiere gehaltene Huftiere im Sinne von Anhang I Nummer 1.2 der Verordnung (EG) Nr. 853/2004;

19. „Wildbearbeitungsbetrieb" einen Wildbearbeitungsbetrieb im Sinne von Anhang I Nummer 1.18 der Verordnung (EG) Nr. 853/2004;

20. „frei lebendes Großwild" Großwild im Sinne von Anhang I Nummer 1.8 der Verordnung (EG) Nr. 853/2004;

21. „Herde" eine Herde im Sinne von Artikel 2 Absatz 3 Buchstabe b der Verordnung (EG) Nr. 2160/2003;

22. „Hasentiere" Hasentiere im Sinne von Anhang I Nummer 1.4 der Verordnung (EG) Nr. 853/2004;

23. „Schlachtkörper" einen Schlachtkörper im Sinne von Anhang I Nummer 1.9 der Verordnung (EG) Nr. 853/2004;

24. „Nebenprodukte der Schlachtung" Nebenprodukte der Schlachtung im Sinne von Anhang I Nummer 1.11 der Verordnung (EG) Nr. 853/2004;

25. „Schlachtbetrieb mit geringer Kapazität" einen Schlachtbetrieb mit geringer Kapazität im Sinne von Artikel 2 Nummer 17 der Delegierten Verordnung (EU) 2019/624;

26. „Wildbearbeitungsbetrieb mit geringer Kapazität" einen Wildbearbeitungsbetrieb mit geringer Kapazität im Sinne von Artikel 2 Nummer 18 der Delegierten Verordnung (EU) 2019/624;

27. „Großvieheinheit" eine Großvieheinheit im Sinne von Artikel 17 Absatz 6 der Verordnung (EG) Nr. 1099/2009;

28. „frei lebendes Kleinwild" Kleinwild im Sinne von Anhang I Nummer 1.7 der Verordnung (EG) Nr. 853/2004;

29. „Geflügel" Geflügel im Sinne von Anhang I Nummer 1.3 der Verordnung (EG) Nr. 853/2004;

30. „Zerlegungsbetrieb" einen Zerlegungsbetrieb im Sinne von Anhang I Nummer 1.17 der Verordnung (EG) Nr. 853/2004;

31. „Eingeweide" Eingeweide im Sinne von Anhang I Nummer 1.12 der Verordnung (EG) Nr. 853/2004;

32. „Fleisch" Fleisch im Sinne von Anhang I Nummer 1.1 der Verordnung (EG) Nr. 853/2004;

33. „Farmwild" Farmwild im Sinne von Anhang I Nummer 1.6 der Verordnung (EG) Nr. 853/2004;

34. „frei lebendes Wild" frei lebendes Wild im Sinne von Anhang I Nummer 1.5 der Verordnung (EG) Nr. 853/2004;

35. „Milcherzeugungsbetrieb" einen Milcherzeugungsbetrieb im Sinne von Anhang I Nummer 4.2 der Verordnung (EG) Nr. 853/2004;

36. „Rohmilch" Rohmilch im Sinne von Anhang I Nummer 4.1 der Verordnung (EG) Nr. 853/2004;

37. „Reinigungszentrum" ein Reinigungszentrum im Sinne von Anhang I Nummer 2.8 der Verordnung (EG) Nr. 853/2004;

38. „marine Biotoxine" marine Biotoxine im Sinne von Anhang I Nummer 2.2 der Verordnung (EG) Nr. 853/2004;

39. „Produktions-, Verarbeitungs- und Vertriebsstufen" Produktions-, Verarbeitungs- und Vertriebsstufen im Sinne von Artikel 3 Nummer 16 der Verordnung (EG) Nr. 178/2002;

Zu Artikel 2:
[1)] *Verordnung (EG) Nr. 178/2002 des Europäischen Parlaments und des Rates vom 28. Januar 2002 zur Festlegung der allgemeinen Grundsätze und Anforderungen des Lebensmittelrechts, zur Errichtung der Europäischen Behörde für Lebensmittelsicherheit und zur Festlegung von Verfahren zur Lebensmittelsicherheit (ABl. L 31 vom 1.2.2002, S. 1).*

40. „Versandzentrum" ein Versandzentrum im Sinne von Anhang I Nummer 2.7 der Verordnung (EG) Nr. 853/2004;

41. „Inverkehrbringen" bezeichnet das Inverkehrbringen im Sinne von Artikel 3 Nummer 8 der Verordnung (EG) Nr. 178/2002;

42. „Fabrikschiff" ein Fabrikschiff im Sinne von Anhang I Nummer 3.2 der Verordnung (EG) Nr. 853/2004;

43. „Gefrierschiff" ein Gefrierschiff im Sinne von Anhang I Nummer 3.3 der Verordnung (EG) Nr. 853/2004;

44. „Reptilien" Reptilien im Sinne von Artikel 2 Nummer 15 der Delegierten Verordnung 2019/625 der Kommission[2)];

45. „Reptilienfleisch" Reptilienfleisch im Sinne von Artikel 2 Nummer 16 der Delegierten Verordnung (EU) 2019/625;

46. „frische Fischereierzeugnisse" frische Fischereierzeugnisse im Sinne von Anhang I Nummer 3.5 der Verordnung (EG) Nr. 853/2004;

47. „zubereitete Fischereierzeugnisse" zubereitete Fischereierzeugnisse im Sinne von Anhang I Nummer 3.6 der Verordnung (EG) Nr. 853/2004;

48. „verarbeitete Fischereierzeugnisse" verarbeitete Fischereierzeugnisse im Sinne von Anhang I Nummer 7.4 der Verordnung (EG) Nr. 853/2004.

TITEL II
SPEZIFISCHE ANFORDERUNGEN AN DIE DURCHFÜHRUNG AMTLICHER KONTROLLEN UND EINHEITLICHE MINDESTHÄUFIGKEIT AMTLICHER KONTROLLEN IN BEZUG AUF ERZEUGNISSE TIERISCHEN URSPRUNGS

KAPITEL I
Spezifische Anforderungen an Audits durch die zuständigen Behörden in Betrieben, die mit Erzeugnissen tierischen Ursprungs umgehen

Artikel 3
Anforderungen, die Gegenstand von Audits sind

1. Bei Audits bezüglich der guten Hygienepraxis in Betrieben überprüfen die zuständigen Behörden, ob die mit Erzeugnissen tierischen Ursprungs umgehenden Lebensmittelunternehmer kontinuierlich und ordnungsgemäß Verfahren anwenden, die mindestens Folgendes abdecken:

a) Gestaltung und Instandhaltung der Betriebsstätten und Ausrüstungen;

b) Hygiene vor, während und nach Durchführung der Tätigkeiten;

c) persönliche Hygiene;

d) Unterweisung in Hygiene und Arbeitsverfahren;

e) Schädlingsbekämpfung;

f) Wasserqualität;

g) Temperaturkontrolle;

h) Kontrolle ein- und ausgehender Tier- oder Lebensmittellieferungen sowie der Begleitdokumente.

2. Bei Audits von auf Gefahrenanalyse und Bestimmung kritischer Kontrollpunkte (hazard analysis critical control points – HACCP) beruhenden Verfahren gemäß Artikel 5 der Verordnung (EG) Nr. 852/2004 überprüfen die zuständigen Behörden, ob die mit Erzeugnissen tierischen Ursprungs umgehenden Lebensmittelunternehmer solche Verfahren kontinuierlich und ordnungsgemäß anwenden.

3. Sie ermitteln insbesondere, ob durch die Verfahren soweit wie möglich sichergestellt ist, dass Erzeugnisse tierischen Ursprungs:

a) den Bestimmungen des Artikels 3 der Verordnung (EG) Nr. 2073/2005 in Bezug auf mikrobiologische Kriterien genügen;

b) mit den Rechtsvorschriften der Union betreffend Folgendes in Einklang stehen:

– die Überwachung chemischer Rückstände gemäß der Richtlinie 96/23/EG des Rates und der Entscheidung 97/747/EG der Kommission[1)];

– Rückstandshöchstmengen für pharmakologisch wirksame Stoffe gemäß der Verordnung (EU) Nr. 37/2010 der Kommission[2)] und der Durchführungsverordnung (EU) 2018/470 der Kommission[3)];

Zu Artikel 3:
[1)] Entscheidung 97/747/EG der Kommission vom 27. Oktober 1997 über Umfang und Häufigkeit der in der Richtlinie 96/23/EG des Rates vorgesehenen Probenahmen zum Zweck der Untersuchung in Bezug auf bestimmte Stoffe und ihre Rückstände in bestimmten tierischen Erzeugnissen (ABl. L 303 vom 6.11.1997, S. 12).
[2)] Verordnung (EU) Nr. 37/2010 der Kommission vom 22. Dezember 2009 über pharmakologisch wirksame Stoffe und ihre Einstufung hinsichtlich der Rückstandshöchstmengen in Lebensmitteln tierischen Ursprungs (ABl. L 15 vom 20.1.2010, S. 1).
[3)] Durchführungsverordnung (EU) 2018/470 der Kommission vom 21. März 2018 mit ausführlichen Vorschriften zu den Rückstandshöchstmengen, die bei Kontrollen von Lebensmitteln zu berücksichtigen sind, die von der EU

[2)] *Delegierte Verordnung (EU) 2019/625 vom 4. März 2019 der Kommission zur Ergänzung der Verordnung (EU) 2017/625 des Europäischen Parlaments und des Rates hinsichtlich der Anforderungen an den Eingang von Sendungen bestimmter für den menschlichen Verzehr bestimmter Tiere und Waren in die Union (siehe Seite 18 dieses Amtsblatts).*

– verbotene und nicht zugelassene Stoffe gemäß der Verordnung (EU) Nr. 37/2010 der Kommission, der Richtlinie 96/22/EG des Rates[4] und der Entscheidung 2005/34/EG der Kommission[5];
– Kontaminanten gemäß den Verordnungen (EG) Nr. 1881/2006 und (EG) Nr. 124/2009 zur Festsetzung der Höchstgehalte für bestimmte Kontaminanten in Lebensmitteln;
– Pestizidrückstände gemäß der Verordnung (EG) Nr. 396/2005 des Europäischen Parlaments und des Rates[6];

c) keine physikalischen Gefahrenquellen wie Fremdkörper enthalten.

4. Wendet ein Lebensmittelunternehmer Verfahren an, die in Leitlinien für die Anwendung der HACCP-gestützten Grundsätze gemäß Artikel 5 Absatz 5 der Verordnung (EG) Nr. 852/2004 festgelegt sind, so deckt das Audit die ordnungsgemäße Anwendung dieser Leitlinien ab.

5. Bei der Durchführung von Audits legen die zuständigen Behörden besonderes Augenmerk auf Folgendes:

a) die Feststellung, ob das Personal und die vom Personal im Betrieb verrichteten Tätigkeiten auf allen Produktionsstufen die Anforderungen in Bezug auf Hygienepraxis und HACCP gemäß Artikel 3 der Verordnung (EG) Nr. 2073/2005, Artikel 4 und 5 der Verordnung (EG) Nr. 852/2004 und Artikel 3 Absatz 1 der Verordnung (EG) Nr. 853/2004 erfüllen; ergänzend zum Audit können die zuständigen Behörden sich mithilfe von Leistungstests vergewissern, dass das Personal ausreichend qualifiziert ist;

b) die Überprüfung der einschlägigen Aufzeichnungen des Lebensmittelunternehmers;

c) Probenahmen für Laboranalysen, sofern erforderlich;

d) die Dokumentation der berücksichtigten Elemente und der Ergebnisse des Audits.

---

gemäß Artikel 11 der Richtlinie 2001/82/EG behandelten Tieren stammen (ABl. L 79 vom 22.3.2018, S. 16).

[4] *Richtlinie 96/22/EG des Rates vom 29. April 1996 über das Verbot der Verwendung bestimmter Stoffe mit hormonaler bzw. thyreostatischer Wirkung und von β-Agonisten in der tierischen Erzeugung und zur Aufhebung der Richtlinien 81/602/EWG, 88/146/EWG und 88/299/EWG (ABl. L 125 vom 23.5.1996, S. 3).*

[5] *Entscheidung 2005/34/EG der Kommission vom 11. Januar 2005 zur Festlegung einheitlicher Normen für die Untersuchung von aus Drittländern eingeführten Erzeugnissen tierischen Ursprungs auf bestimmte Rückstände (ABl. L 16 vom 20.1.2005, S. 61).*

[6] *Verordnung (EG) Nr. 396/2005 des Europäischen Parlaments und des Rates vom 23. Februar 2005 über Höchstgehalte an Pestizidrückständen in oder auf Lebens- und Futtermitteln pflanzlichen und tierischen Ursprungs und zur Änderung der Richtlinie 91/414/EWG des Rates (ABl. L 70 vom 16.3.2005, S. 1).*

Artikel 4
Art und Häufigkeit der Audits

1. Art und Häufigkeit der Audits in den einzelnen Betrieben hängen von den Ergebnissen der Risikobewertung ab. Hierzu bewerten die zuständigen Behörden regelmäßig Folgendes:

a) Risiken für die menschliche Gesundheit und gegebenenfalls für die Tiergesundheit;

b) im Falle von Schlachtbetrieben Tierwohlaspekte;

c) Art und Durchsatz der durchgeführten Prozesse;

d) das bisherige Verhalten des Lebensmittelunternehmers in Bezug auf die Einhaltung des Lebensmittelrechts.

2. Wenn die Lebensmittelunternehmer in der Lebensmittelkette zusätzliche Maßnahmen zur Gewährleistung der Lebensmittelsicherheit treffen, indem sie integrierte Systeme, eigene Kontrollsysteme oder eine unabhängige Zertifizierung durch Dritte oder andere Mittel einsetzen, und wenn diese Maßnahmen dokumentiert werden und die von diesen Maßnahmen abgedeckten Tiere eindeutig identifizierbar sind, so können die zuständigen Behörden diese Maßnahmen bei den Audits zur Überprüfung der guten Hygienepraxis und der HACCP-gestützten Verfahren berücksichtigen.

KAPITEL II
Spezifische Anforderungen an die Identitätskennzeichnung

Artikel 5

Neben der Überprüfung der Einhaltung sonstiger Anforderungen an die Rückverfolgbarkeit gemäß Artikel 18 der Verordnung (EG) Nr. 178/2002 wird in allen gemäß der Verordnung (EG) Nr. 853/2004 zugelassenen Betrieben überprüft, ob die Anforderungen der genannten Verordnung hinsichtlich der Anbringung von Identitätskennzeichen eingehalten werden.

KAPITEL III
Wissenschaftliche und technologische Entwicklungen

Artikel 6

Die Mitgliedstaaten unterrichten die Kommission und die anderen Mitgliedstaaten über wissenschaftliche und technologische Entwicklungen gemäß Artikel 16 Absatz 2 Buchstabe b der Verordnung (EU) 2017/625, damit diese sie prüfen und gegebenenfalls weitere Maßnahmen ergreifen können.

TITEL III
SPEZIFISCHE ANFORDERUNGEN AN DIE DURCHFÜHRUNG AMTLICHER KONTROLLEN UND EINHEITLICHE MINDESTHÄUFIGKEIT AMTLICHER KONTROLLEN IN BEZUG AUF FRISCHES FLEISCH

KAPITEL I
Audits

Artikel 7
Zusätzliche Anforderungen an Audits in Betrieben, die mit frischem Fleisch umgehen

1. Zusätzlich zu den Anforderungen an Audits gemäß den Artikeln 3 und 4 überprüfen die zuständigen Behörden bei der Durchführung von Audits in Betrieben, die mit frischem Fleisch umgehen, die kontinuierliche Einhaltung der betriebseigenen Verfahren der Lebensmittelunternehmer bezüglich der Sammlung, Beförderung, Lagerung und Handhabung von frischem Fleisch sowie der Verwendung bzw. Beseitigung von tierischen Nebenprodukten, einschließlich spezifizierter Risikomaterialien, für die sie verantwortlich sind.

2. Bei der Durchführung von Audits in Schlachtbetrieben überprüfen die zuständigen Behörden die Bewertung der Informationen zur Lebensmittelkette gemäß den Bestimmungen in Anhang II Abschnitt III der Verordnung (EG) Nr. 853/2004.

3. Bei der Durchführung von Audits von HACCP-gestützten Verfahren prüfen die zuständigen Behörden, ob die Verfahren gemäß Anhang II Abschnitt II der Verordnung (EG) Nr. 853/2004 gebührend berücksichtigt werden und ob mit den Verfahren der Lebensmittelunternehmer soweit wie möglich sichergestellt wird, dass frisches Fleisch:

a) keine pathologischen Anomalien oder Veränderungen aufweist;

b) Folgendes nicht aufweist:

i) eine fäkale Verunreinigung; oder

ii) sonstige Verunreinigungen, die als unannehmbares Risiko für die menschliche Gesundheit angesehen werden;

c) die mikrobiologischen Kriterien gemäß Artikel 3 der Verordnung (EG) Nr. 2073/2005 erfüllt;

d) keine spezifizierten Risikomaterialien enthält, und zwar gemäß den Anforderungen der Verordnung (EG) Nr. 999/2001.

KAPITEL II
Amtliche Kontrollen in Bezug auf frisches Fleisch

Artikel 8
Relevanz der Auditergebnisse

Bei der Durchführung der amtlichen Kontrollen gemäß diesem Kapitel berücksichtigt der amtliche Tierarzt die Ergebnisse der gemäß Kapitel I durchgeführten Audits. Gegebenenfalls richtet der amtliche Tierarzt die amtlichen Kontrollen auf die bei vorherigen Audits festgestellten Mängel aus.

Abschnitt 1
Überprüfungen von Dokumenten

Artikel 9
Pflichten der zuständigen Behörden in Bezug auf Überprüfungen von Dokumenten

1. Die zuständigen Behörden teilen dem Lebensmittelunternehmer des Herkunftsbetriebs mit, welche Mindestangaben die Informationen zur Lebensmittelkette, die dem Betreiber des Schlachtbetriebs gemäß Anhang II Abschnitt III der Verordnung (EG) Nr. 853/2004 zu übermitteln sind, enthalten müssen.

2. Die zuständigen Behörden führen die nötigen Überprüfungen von Dokumenten durch, um zu überprüfen, ob:

a) die Informationen zur Lebensmittelkette zwischen dem Lebensmittelunternehmer, der die Tiere vor dem Versand zum Schlachtbetrieb aufgezogen oder gehalten hat, und dem Betreiber des Schlachtbetriebs regelmäßig und effizient ausgetauscht werden;

b) die Informationen zur Lebensmittelkette stichhaltig und verlässlich sind;

c) gegebenenfalls der Rückfluss relevanter Informationen zum Herkunftsbetrieb gemäß Artikel 39 Absatz 5 gewährleistet ist.

3. Wenn Tiere zur Schlachtung in einen anderen Mitgliedstaat versendet werden, arbeiten die zuständigen Behörden am Ort des Herkunftsbetriebs und am Schlachtort zusammen, um zu gewährleisten, dass die vom Lebensmittelunternehmer des Herkunftsbetriebs übermittelten Informationen zur Lebensmittelkette dem diese Informationen entgegennehmenden Betreiber des Schlachtbetriebs leicht zugänglich sind.

Artikel 10
Pflichten des amtlichen Tierarztes in Bezug auf Überprüfungen von Dokumenten

1. Der amtliche Tierarzt überprüft die Ergebnisse der Prüfungen und Bewertungen der Informationen zur Lebensmittelkette, die vom Betreiber

des Schlachtbetriebs gemäß Anhang II Abschnitt III der Verordnung (EG) Nr. 853/2004 zur Verfügung gestellt werden. Der amtliche Tierarzt berücksichtigt solche Prüfungen und Bewertungen neben anderen einschlägigen Informationen aus den Aufzeichnungen des Herkunftsbetriebs der Tiere bei der Durchführung der Schlachttier- und der Fleischuntersuchung.

2. Bei der Durchführung der Schlachttier- und der Fleischuntersuchung berücksichtigt der amtliche Tierarzt die gemäß Artikel 29 der Durchführungsverordnung (EU) 2019/628 der Kommission[1)] vorgesehenen amtlichen Bescheinigungen sowie etwaige Erklärungen der Tierärzte, die die amtlichen Kontrollen oder andere Prüfungen auf der Ebene der Primärproduktion durchführen.

3. Im Falle der Notschlachtung von als Haustiere gehaltenen Huftieren außerhalb des Schlachtbetriebs prüft der amtliche Tierarzt im Schlachtbetrieb die gemäß Artikel 29 der Durchführungsverordnung (EU) 2019/628 vorgesehene und vom amtlichen Tierarzt, der die Schlachttieruntersuchung gemäß Anhang III Abschnitt I Kapitel VI Nummer 6 der Verordnung (EG) Nr. 853/2004 durchgeführt hat, ausgestellte Bescheinigung sowie sonstige einschlägige, vom Lebensmittelunternehmer zur Verfügung gestellte Informationen.

4. Im Falle von frei lebendem Großwild prüft und berücksichtigt der amtliche Tierarzt im Wildbearbeitungsbetrieb die von einer kundigen Person gemäß Anhang III Abschnitt IV Kapitel II Nummer 4 Buchstabe a der Verordnung (EG) Nr. 853/2004 ausgestellte und dem Tierkörper beigegebene Erklärung.

Abschnitt 2
Schlachttieruntersuchung

Artikel 11
Anforderungen in Bezug auf die Schlachttieruntersuchung im Schlachtbetrieb

1. Alle Tiere werden vor der Schlachtung einer Schlachttieruntersuchung unterzogen. Die Untersuchung kann jedoch auf eine repräsentative Stichprobe von Tieren aus den einzelnen Herden und eine repräsentative Stichprobe von Hasentieren aus den einzelnen Herkunftsbetrieben von Hasentieren beschränkt werden.

Zu Artikel 10:
[1)] *Durchführungsverordnung (EU) 2019/628 der Kommission vom 8. April 2019 betreffend die Muster amtlicher Bescheinigungen für bestimmte Tiere und Waren und zur Änderung der Verordnung (EG) Nr. 2074/2005 und der Durchführungsverordnung (EU) 2016/759 im Hinblick auf diese Musterbescheinigungen (siehe Seite 101 dieses Amtsblatts).*

2. Die Schlachttieruntersuchung erfolgt innerhalb von 24 Stunden nach Ankunft der Tiere im Schlachtbetrieb und innerhalb von 24 Stunden vor der Schlachtung. Der amtliche Tierarzt kann zu jeder anderen Zeit eine zusätzliche Schlachttieruntersuchung verlangen.

3. Mit der Schlachttieruntersuchung wird festgestellt, ob bei dem untersuchten Tier Anzeichen dafür vorliegen, dass:

a) Tierschutz und Tierwohl beeinträchtigt wurden;

b) Zustände, Anomalien oder Krankheiten bestehen, die das frische Fleisch genussuntauglich machen oder die Tiergesundheit beeinträchtigen könnten, wobei besonderes Augenmerk auf Zoonosen oder Tierseuchen zu richten ist, für die in der Verordnung (EU) 2016/429 Tiergesundheitsbestimmungen festgelegt sind;

c) verbotene oder nicht zugelassene Stoffe verwendet wurden, Tierarzneimittel unsachgemäß eingesetzt wurden oder chemische Rückstände oder Kontaminanten vorhanden sind.

4. Bei der Schlachttieruntersuchung wird ebenfalls überprüft, ob der Lebensmittelunternehmer seiner Verpflichtung nachkommt, sicherzustellen, dass die Haut bzw. das Fell der Tiere sauber ist, um ein unannehmbares Risiko einer Kontamination des frischen Fleischs während der Schlachtung zu verhüten.

5. Der amtliche Tierarzt führt bei allen Tieren, die der Lebensmittelunternehmer oder ein amtlicher Fachassistent für eine gründlichere Schlachttieruntersuchung vorgesehen hat, eine klinische Untersuchung durch.

6. Wenn die Schlachttieruntersuchung gemäß Artikel 5 der Delegierten Verordnung (EU) 2019/624 im Herkunftsbetrieb durchgeführt wird, führt der amtliche Tierarzt im Schlachtbetrieb eine Schlachttieruntersuchung nur in dem Maße durch, wie dies gegebenenfalls vorgesehen ist.

Abschnitt 3
Fleischuntersuchung

Artikel 12
Anforderungen an die Fleischuntersuchung

1. Vorbehaltlich der in Anhang III Abschnitt IV Kapitel II Nummer 4 der Verordnung (EG) Nr. 853/2004 festgelegten Ausnahmeregelung werden die Schlachtkörper und die zugehörigen Nebenprodukte der Schlachtung einer Fleischuntersuchung unterzogen, und zwar:

a) unverzüglich nach der Schlachtung oder

b) so bald wie möglich nach dem Eintreffen im Wildbearbeitungsbetrieb.

2. Die zuständigen Behörden können vom Lebensmittelunternehmer zur Untersuchung der Nebenprodukte der Schlachtung die Bereitstellung

von besonderen technischen Vorrichtungen und ausreichend Platz verlangen.

3. Die zuständigen Behörden

a) überprüfen alle äußeren Oberflächen, einschließlich die der Leibeshöhlen der Schlachtkörper, und die Nebenprodukte der Schlachtung;

b) richten besonderes Augenmerk auf den Nachweis von Zoonosen und Tierseuchen, für die in der Verordnung (EU) 2016/429 Tiergesundheitsbestimmungen festgelegt sind.

4. Die Geschwindigkeit der Schlachtlinie und die Zahl des anwesenden Inspektionspersonals müssen eine ordnungsgemäße Untersuchung erlauben.

Artikel 13
Abweichung vom Zeitplan für die Fleischuntersuchung

1. Wenn weder der amtliche Tierarzt noch der amtliche Fachassistent während der Schlachtung und dem Zurichten („dressing") in Wildbearbeitungs- oder Schlachtbetrieb anwesend sind, können die zuständigen Behörden abweichend von Artikel 12 Absatz 1 den Aufschub der Fleischuntersuchung um höchstens 24 Stunden ab der Schlachtung oder dem Eintreffen im Wildbearbeitungsbetrieb genehmigen, vorausgesetzt:

a) die betreffenden Tiere werden in einem Schlachtbetrieb mit geringer Kapazität geschlachtet oder in einem Wildbearbeitungsbetrieb mit geringer Kapazität bearbeitet, der folgende Mengen schlachtet oder bearbeitet:

i) weniger als 1 000 Großvieheinheiten pro Jahr oder

ii) weniger als 150 000 Stück Geflügel, Hasentiere und frei lebendes Kleinwild pro Jahr;

b) in einem Betrieb stehen ausreichende Einrichtungen zur Verfügung, um das frische Fleisch und die Nebenprodukte der Schlachtung mit Blick auf ihre Untersuchung zu lagern;

c) die Fleischuntersuchung wird vom amtlichen Tierarzt durchgeführt.

2. Die zuständigen Behörden können die unter Absatz 1 Buchstabe a Ziffern i und ii festgelegten Schwellenwerte anheben und dabei sicherstellen, dass die Ausnahme in den kleinsten Schlachtbetrieben und Wildbearbeitungsbetrieben angewandt wird, die der Definition von Schlachtbetrieben oder Wildverarbeitungsbetrieben mit geringer Kapazität entsprechen, und sofern die jährliche Gesamterzeugung dieser Betriebe 5 % der Gesamtmenge des in einem Mitgliedstaat erzeugten Frischfleisches nicht übersteigt:

a) der betroffenen Arten;

b) aller Huftiere zusammen;

c) aller Geflügelarten zusammen oder

d) aller Vögel und Hasentiere zusammen.

In diesem Fall melden die zuständigen Behörden diese Ausnahme und die entsprechenden Nachweise gemäß dem in der Richtlinie (EU) 2015/1535 des Europäischen Parlaments und des Rates[1] festgelegten Verfahren.

3. Für die Zwecke von Absatz 1 Buchstabe a Ziffer i werden die in Artikel 17 Absatz 6 der Verordnung (EG) Nr. 1099/2009 festgelegten Umrechnungssätze verwendet. Bei Schafen und Ziegen sowie kleinen (< 100 kg Lebendgewicht) *Cervidae* wird jedoch ein Umrechnungssatz von 0,05 Großvieheinheiten und im Falle anderer großer Wildarten ein Umrechnungssatz von 0,2 Großvieheinheiten angewendet.

Artikel 14
Anforderungen an zusätzliche Untersuchungen bei der Fleischuntersuchung

1. Sofern erforderlich werden zusätzliche Untersuchungen wie Durchtasten und Anschneiden von Schlachtkörperteilen und Nebenprodukten der Schlachtung sowie Labortests durchgeführt, um:

a) einen endgültigen Befund in Bezug auf eine vermutete Gefahr zu erhalten; oder

b) Folgendes nachzuweisen:

i) Tierseuchen, für die in der Verordnung (EU) 2016/429 Tiergesundheitsbestimmungen festgelegt sind;

ii) chemische Rückstände oder Kontaminanten gemäß der Richtlinie 96/23/EG und der Entscheidung 97/747/EG, insbesondere:

– chemische Rückstände, die die in den Verordnungen (EU) Nr. 37/2010 und (EG) Nr. 396/2005 festgelegten Werte überschreiten;

– Kontaminanten, die die in den Verordnungen (EG) Nr. 1881/2006 und (EG) Nr. 124/2009 festgelegten Höchstwerte überschreiten, oder

– Rückstände von Stoffen, die gemäß der Verordnung (EU) Nr. 37/2010 oder der Richtlinie 96/22/EG verboten oder nicht zugelassen sind;

iii) Verstöße gegen die in Artikel 3 Absatz 2 Buchstabe b der Verordnung (EG) Nr. 2073/2005 genannten mikrobiologischen Kriterien oder möglicherweise vorhandene andere mikrobiologische Gefahren, die das frische Fleisch genussuntauglich machen würden;

Zu Artikel 13:
[1] *Richtlinie (EU) Nr. 2015/1535 des Europäischen Parlaments und des Rates vom 9. September 2015 über ein Informationsverfahren auf dem Gebiet der technischen Vorschriften und der Vorschriften für die Dienste der Informationsgesellschaft (ABl. L 241 vom 17.9.2015, S. 1).*

iv) andere Faktoren, die es erforderlich machen könnten, dass das frische Fleisch für genussuntauglich erklärt wird, oder Beschränkungen, die für seine Verwendung gelten müssen.

2. Während der Fleischuntersuchung werden Vorkehrungen dahin gehend getroffen, dass eine Kontamination frischen Fleisches beim Durchtasten, Schneiden oder Anschneiden so gering wie möglich ausfällt.

Artikel 15
Anforderungen an die Fleischuntersuchung bei als Haustiere gehaltenen Einhufern, über acht Monate alten Rindern, über fünf Monate alten Hausschweinen und frei lebendem Großwild

1. Die Anforderungen des vorliegenden Artikels gelten zusätzlich zu den Anforderungen der Artikel 12 und 14.

2. Der amtliche Tierarzt verlangt, dass Schlachtkörper von als Haustiere gehaltenen Einhufern, mehr als acht Monate alten Rindern und mehr als fünf Wochen alten Hausschweinen für die Fleischuntersuchung entlang der Wirbelsäule der Länge nach in Schlachtkörperhälften gespalten werden.

3. Soweit für die Fleischuntersuchung erforderlich, kann der amtliche Tierarzt verlangen, dass Kopf oder Schlachtkörper der Länge nach gespalten werden. Unter Berücksichtigung bestimmter Essgewohnheiten, technologischer Entwicklungen oder besonderer sanitärer Verhältnisse kann der amtliche Tierarzt jedoch genehmigen, dass Schlachtkörper von als Haustiere gehaltenen Einhufern, mehr als acht Monate alten Rindern und mehr als fünf Wochen alten Hausschweinen ohne eine Spaltung in zwei Hälften zur Fleischuntersuchung vorgestellt werden.

4. In Schlachtbetrieben mit geringer Kapazität oder Wildbearbeitungsbetrieben mit geringer Kapazität, die weniger als 1 000 Großvieheinheiten pro Jahr bearbeiten, kann der amtliche Tierarzt aus sanitären Gründen vor der Fleischuntersuchung die Vierteilung der Schlachtkörper von ausgewachsenen als Haustiere gehaltenen Einhufern, ausgewachsenen Rindern und ausgewachsenem frei lebendem Großwild genehmigen.

Artikel 16
Zusätzliche Anforderungen an die Fleischuntersuchung im Falle von Notschlachtungen

Im Falle einer Notschlachtung wird der Schlachtkörper so bald wie möglich einer Fleischuntersuchung gemäß den Artikeln 12, 13, 14 und 15 unterzogen, bevor er für den menschlichen Verzehr freigegeben wird.

Artikel 17
Praktische Modalitäten für die Fleischuntersuchung bei Hausrindern, Hausschafen und Hausziegen, als Haustiere gehaltenen Einhufern und Hausschweinen

Wird die Fleischuntersuchung gemäß Artikel 18 Absatz 2 Buchstabe c der Verordnung (EU) 2017/625 und Artikel 7 der Delegierten Verordnung 2019/624 von einem amtlichen Tierarzt unter der Aufsicht des amtlichen Tierarztes oder – wenn ausreichend Garantien gegeben sind – unter der Verantwortung des amtlichen Tierarztes durchgeführt, stellen die zuständigen Behörden sicher, dass bei Hausrindern, Hausschafen und Hausziegen, als Haustiere gehaltenen Einhufern und Hausschweinen zusätzlich zu den Anforderungen der Artikel 12, 14 und 15 die praktischen Modalitäten gemäß den nachfolgenden Artikeln 18 bis 24 eingehalten werden.

Artikel 18
Junge Rinder

1. Die Schlachtkörper und die Nebenprodukte der Schlachtung folgender Rinder werden den in Absatz 2 festgelegten Verfahren der Fleischuntersuchung unterzogen:

a) Tiere unter acht Monaten und

b) Tiere unter 20 Monaten, wenn sie gemäß Artikel 1 der Entscheidung 2003/467/EG in einem amtlich anerkannt tuberkulosefreien Mitgliedstaat oder einer amtlich anerkannt tuberkulosefreien Region eines Mitgliedstaats aufgezogen wurden und in ihrem ganzen Leben keinen Zugang zu Weideland hatten.

2. Die Verfahren der Fleischuntersuchung sollten mindestens die Besichtigung von Folgendem umfassen:

a) Kopf und Rachen; einschließlich Durchtasten und Untersuchen der Schlundkopflymphknoten (*Lnn. retropharyngiales*); um jedoch die Überwachung der amtlich anerkannten Tuberkulosefreiheit sicherzustellen, können die Mitgliedstaaten die Durchführung weiterer Untersuchungen beschließen; Untersuchung von Maul und Schlund;

b) Lunge, Luft- und Speiseröhre; Durchtasten der Lunge; Durchtasten und Untersuchen der Lymphknoten an der Lungenwurzel (*Lnn. bifurcationes* und *eparteriales*) und im Mittelfell (*Lnn. mediastinales*);

c) Herzbeutel und Herz;

d) Zwerchfell;

e) Leber und Lymphknoten an der Leberpforte und der Bauchspeicheldrüse (*Lnn. portales*);

f) Magen-Darm-Trakt, Mesenterium, Lymphknoten der Magengegend und Mesenteriallymphknoten (*Lnn. gastrici, mesenterici, craniales* und *caudales*);

g) Milz;

h) Nieren;

i) Brust- und Bauchfell;

j) Nabelgegend und Gelenke bei jungen Tieren.

3. „Liegen Anzeichen für ein mögliches Risiko für die Gesundheit von Mensch oder Tier oder das Tierwohl gemäß Artikel 24 vor, werden Verfahren der Fleischuntersuchung gemäß Artikel 18 Absatz 2 Buchstabe c der Verordnung (EU) 2017/625 und den Artikeln 7 und 8 der Delegierten Verordnung (EU) 2019/624 durch Anschneiden und Durchtasten des Schlachtkörpers und der Nebenprodukte der Schlachtung durchgeführt:" *(ABl L 339 vom 24. 9. 2021, S 84)*

a) Anschneiden der Schlundkopflymphknoten (*Lnn. retropharyngiales*); Durchtasten der Zunge;

b) Anschneiden der Lymphknoten an der Lungenwurzel (*Lnn. bifurcationes* und *eparteriales*) und im Mittelfell (*Lnn. mediastinales*); Öffnen der Luftröhre und der Hauptluftröhrenäste durch Längsschnitt; Quereinschnitt im hinteren Drittel der Lunge durch die Hauptluftröhrenäste; diese Anschnitte sind nicht erforderlich, wenn die Lunge vom menschlichen Verzehr ausgeschlossen wird;

c) Anschneiden des Herzens durch Längsschnitt zur Öffnung der Kammern und Durchtrennung der Scheidewand;

d) Anschneiden der Lymphknoten der Magengegend und der Mesenteriallymphknoten;

e) Durchtasten der Milz;

f) Anschneiden der Nieren und ihrer Lymphknoten (*Lnn. renales*);

g) Durchtasten der Nabelgegend und der Gelenke. Die Nabelgegend wird angeschnitten und die Gelenke werden geöffnet; die Gelenkflüssigkeit muss untersucht werden.

Artikel 19
Sonstige Rinder

1. Die Schlachtkörper und die Nebenprodukte der Schlachtung von Rindern, die nicht unter Artikel 18 Absatz 1 fallen, werden den folgenden Verfahren der Fleischuntersuchung unterzogen:

a) Besichtigung von Kopf und Rachen; Anschneiden und Untersuchung der Schlundkopflymphknoten (*Lnn. retropharyngiales*); Untersuchung der äußeren Kaumuskeln durch zwei Einschnitte parallel zum Unterkiefer sowie der inneren Kaumuskeln (innere *Musculi pterygoidei*) durch Einschnitt auf einer Ebene. Die Zunge wird gelöst, damit eine eingehende Besichtigung von Maul und Schlund durchgeführt werden kann;

b) Untersuchung von Luft- und Speiseröhre; Besichtigung und Durchtasten der Lunge; Anschneiden und Untersuchen der Lymphknoten an der Lungenwurzel (*Lnn. bifurcationes* und *eparteriales*) und im Mittelfell (*Lnn. mediastinales*);

c) Besichtigung von Herzbeutel und Herz; Anschneiden des Herzens durch Längsschnitt zur Öffnung der Kammern und Durchtrennung der Scheidewand;

d) Besichtigung des Zwerchfells;

e) Besichtigung der Leber und der Lymphknoten an der Leberpforte und der Bauchspeicheldrüse (*Lnn. portales*);

f) Besichtigung des Magen-Darm-Trakts, des Mesenteriums, der Lymphknoten der Magengegend und der Mesenteriallymphknoten (*Lnn. gastrici, mesenterici, craniales* und *caudales*); Durchtasten der Lymphknoten der Magengegend und der Mesenteriallymphknoten;

g) Besichtigung der Milz;

h) Besichtigung der Nieren;

i) Besichtigung von Brust- und Bauchfell;

j) Besichtigung der Genitalien (mit Ausnahme des Penis, falls er bereits entfernt worden ist);

k) Besichtigung des Euters und seiner Lymphknoten (*Lnn. supramammarii*).

2. „Liegen Anzeichen für ein mögliches Risiko für die Gesundheit von Mensch oder Tier oder das Tierwohl gemäß Artikel 24 vor, werden Verfahren der Fleischuntersuchung gemäß Artikel 18 Absatz 2 Buchstabe c der Verordnung (EU) 2017/625 und den Artikeln 7 und 8 der Delegierten Verordnung (EU) 2019/624 durch Anschneiden und Durchtasten des Schlachtkörpers und der Nebenprodukte der Schlachtung durchgeführt:" *(ABl L 339 vom 24. 9. 2021, S 84)*

a) Anschneiden und Untersuchung der Kehlgangs- und Ohrspeicheldrüsenlymphknoten (*Lnn. mandibulares* und *parotidei*); Durchtasten der Zunge und des Schlunds;

b) „" Öffnen der Luftröhre und der Hauptluftröhrenäste durch Längsschnitt; Quereinschnitt im hinteren Drittel der Lunge durch die Hauptluftröhrenäste; diese Anschnitte sind nicht erforderlich, wenn die Lunge vom menschlichen Verzehr ausgeschlossen wird; *(ABl L 339 vom 24. 9. 2021, S 84)*

c) Durchtasten der Leber und der Lymphknoten an der Leberpforte und der Bauchspeicheldrüse (*Lnn. portales*); Anschneiden der Magenfläche der Leber und an der Basis des „Spigelschen Lappens" zur Untersuchung der Gallengänge;

d) Anschneiden der Lymphknoten der Magengegend und der Mesenteriallymphknoten;

e) Durchtasten der Milz;

f) Anschneiden der Nieren und ihrer Lymphknoten (*Lnn. renales*);

g) Durchtasten und Anschneiden des Euters und seiner Lymphknoten (*Lnn. supramammarii*) bei Kühen. Jede Euterhälfte wird durch einen langen, tiefen Einschnitt bis zu den Zisternen (*Sinus lactiferes*) geöffnet, und der Euterlymphknoten wird angeschnitten, es sei denn, das Euter ist vom menschlichen Verzehr ausgeschlossen.

Artikel 20
Junge Hausschafe und Hausziegen und Schafe, bei denen noch keine bleibenden Schneidezähne durchgebrochen sind

1. Schlachtkörper und Nebenprodukte der Schlachtung von Schafen, bei denen noch keine bleibenden Schneidezähne durchgebrochen sind oder die weniger als 12 Monate alt sind, und von Ziegen, die weniger als sechs Monate alt sind, werden den folgenden Verfahren der Fleischuntersuchung unterzogen:

a) Besichtigung des Kopfes, einschließlich Rachen, Maul, Zunge und Ohrspeicheldrüsen- und Schlundkopflymphknoten. Diese Untersuchungen sind nicht erforderlich, wenn die zuständigen Behörden gewährleisten können, dass der Kopf – einschließlich Zunge und Gehirn – vom menschlichen Verzehr ausgeschlossen wird;

b) Besichtigung von Lunge, Luft- und Speiseröhre und der Lymphknoten an der Lungenwurzel (*Lnn. bifurcationes* und *eparteriales*) und im Mittelfell (*Lnn. mediastinales*);

c) Besichtigung von Herzbeutel und Herz;

d) Besichtigung des Zwerchfells;

e) Besichtigung der Leber und der Lymphknoten an der Leberpforte und der Bauchspeicheldrüse (*Lnn. portales*);

f) Besichtigung des Magen-Darm-Trakts, des Mesenteriums, der Lymphknoten der Magengegend und der Mesenteriallymphknoten (*Lnn. gastrici, mesenterici, craniales und caudales*);

g) Besichtigung der Milz;

h) Besichtigung der Nieren;

i) Besichtigung von Brust- und Bauchfell;

j) Besichtigung der Nabelgegend und der Gelenke.

2. „Liegen Anzeichen für ein mögliches Risiko für die Gesundheit von Mensch oder Tier oder das Tierwohl gemäß Artikel 24 vor, werden Verfahren der Fleischuntersuchung gemäß Artikel 18 Absatz 2 Buchstabe c der Verordnung (EU) 2017/625 und den Artikeln 7 und 8 der Delegierten Verordnung (EU) 2019/624 durch Anschneiden und Durchtasten des Schlachtkörpers und der Nebenprodukte der Schlachtung durchgeführt:" (ABl L 339 vom 24. 9. 2021, S 84)

a) Durchtasten des Rachens, des Mauls, der Zunge und der Ohrspeicheldrüsenlymphknoten. Sofern in tierseuchen-rechtlichen Vorschriften nicht anders festgelegt, sind diese Untersuchungen nicht erforderlich, wenn die zuständigen Behörden gewährleisten können, dass der Kopf – einschließlich Zunge und Gehirn – vom menschlichen Verzehr ausgeschlossen wird;

b) Durchtasten der Lunge; Anschneiden der Lunge, der Luft- und Speiseröhre und der Lymphknoten an der Lungenwurzel und im Mittelfell;

c) Anschneiden des Herzens;

d) Durchtasten der Leber und ihrer Lymphknoten; Anschnitt der Magenfläche der Leber zur Untersuchung der Gallengänge;

e) Durchtasten der Milz;

f) Anschneiden der Nieren und ihrer Lymphknoten (*Lnn. renales*);

g) Durchtasten der Nabelgegend und der Gelenke. Die Nabelgegend wird angeschnitten und die Gelenke werden geöffnet; die Gelenkflüssigkeit wird untersucht.

Artikel 21
Sonstige Hausschafe und Hausziegen

1. Schlachtkörper und Nebenprodukte der Schlachtung von Schafen, bei denen ein bleibender Schneidezahn durchgebrochen ist oder die mindestens 12 Monate alt sind, und von Ziegen, die mindestens sechs Monate alt sind, werden den folgenden Verfahren der Fleischuntersuchung unterzogen:

a) Besichtigung des Kopfes, einschließlich Rachen, Maul, Zunge und Ohrspeicheldrüsenlymphknoten und Durchtasten der Schlundkopflymphknoten. Diese Untersuchungen sind nicht erforderlich, wenn die zuständigen Behörden gewährleisten können, dass der Kopf – einschließlich Zunge und Gehirn – vom menschlichen Verzehr ausgeschlossen wird;

b) Besichtigung von Lunge, Luft- und Speiseröhre; Durchtasten der Lunge und der Lymphknoten an der Lungenwurzel (*Lnn. bifurcationes* und *eparteriales*) und im Mittelfell (*Lnn. mediastinales*);

c) Besichtigung von Herzbeutel und Herz;

d) Besichtigung des Zwerchfells;

e) Besichtigung der Leber und der Lymphknoten an der Leberpforte und der Bauchspeicheldrüse (*Lnn. portales*); Durchtasten der Leber und ihrer Lymphknoten; Anschneiden der Magenfläche der Leber zur Untersuchung der Gallengänge;

f) Besichtigung des Magen-Darm-Trakts, des Mesenteriums, der Lymphknoten der Magengegend und der Mesenteriallymphknoten (*Lnn. gastrici, mesenterici, craniales und caudales*);

g) Besichtigung der Milz;

h) Besichtigung der Nieren;

i) Besichtigung von Brust- und Bauchfell;

j) Besichtigung der Genitalien (mit Ausnahme des Penis, falls er bereits entfernt worden ist);

k) Besichtigung des Euters und seiner Lymphknoten.

2. „Liegen Anzeichen für ein mögliches Risiko für die Gesundheit von Mensch oder Tier oder das Tierwohl gemäß Artikel 24 vor, werden Verfahren der Fleischuntersuchung gemäß Artikel 18 Absatz 2 Buchstabe c der Verordnung (EU) 2017/625 und den Artikeln 7 und 8 der Delegierten Verordnung (EU) 2019/624 durch Anschneiden und Durchtasten des Schlachtkörpers und der Nebenprodukte der Schlachtung durchgeführt:" *(ABl L 339 vom 24. 9. 2021, S 84)*

a) Durchtasten des Rachens, des Mauls, der Zunge und der Ohrspeicheldrüsenlymphknoten. Sofern in tierseuchenrechtlichen Vorschriften nicht anders festgelegt, sind diese Untersuchungen nicht erforderlich, wenn die zuständigen Behörden gewährleisten können, dass der Kopf – einschließlich Zunge und Gehirn – vom menschlichen Verzehr ausgeschlossen wird;

b) Anschneiden der Lunge, der Luft- und Speiseröhre und der Lymphknoten an der Lungenwurzel und im Mittelfell;

c) Anschneiden des Herzens;

d) Durchtasten der Milz;

e) Anschneiden der Nieren und ihrer Lymphknoten (*Lnn. renales*).

Artikel 22
Als Haustiere gehaltene Einhufer

1. Die Schlachtkörper und die Nebenprodukte der Schlachtung von als Haustiere gehaltenen Einhufern werden den folgenden Verfahren der Fleischuntersuchung unterzogen:

a) Besichtigung des Kopfes und – nach Lösen der Zunge – des Rachens; die Zunge wird gelöst, damit eine eingehende Besichtigung von Maul und Schlund durchgeführt werden kann, und muss ebenfalls besichtigt werden;

b) Besichtigung von Lunge, Luft- und Speiseröhre und der Lymphknoten an der Lungenwurzel (*Lnn. bifurcationes* und *eparteriales*) und im Mittelfell (*Lnn. mediastinales*);

c) Besichtigung von Herzbeutel und Herz;

d) Besichtigung des Zwerchfells;

e) Besichtigung der Leber und der Lymphknoten an der Leberpforte und der Bauchspeicheldrüse (*Lnn. portales*);

f) Besichtigung des Magen-Darm-Trakts, des Mesenteriums, der Lymphknoten der Magengegend und der Mesenteriallymphknoten (*Lnn. gastrici, mesenterici, craniales* und *caudales*);

g) Besichtigung der Milz;

h) Besichtigung der Nieren;

i) Besichtigung von Brust- und Bauchfell;

j) Besichtigung der Genitalien bei Hengsten (mit Ausnahme des Penis, falls er bereits entfernt worden ist) und Stuten;

k) Besichtigung des Euters und seiner Lymphknoten (*Lnn. supramammarii*);

l) Besichtigung der Nabelgegend und der Gelenke bei jungen Tieren;

m) Untersuchung von Muskeln und Lymphknoten der Schulter (*Lnn. subrhomboidei*) unter dem Schulterblattknorpel nach Abheben der Muskelbänder einer Schulter bei Grauschimmeln zur Untersuchung auf Melanose und Melanomata. Es werden die Nieren freigelegt.

2. „Liegen Anzeichen für ein mögliches Risiko für die Gesundheit von Mensch oder Tier oder das Tierwohl gemäß Artikel 24 vor, werden Verfahren der Fleischuntersuchung gemäß Artikel 18 Absatz 2 Buchstabe c der Verordnung (EU) 2017/625 und den Artikeln 7 und 8 der Delegierten Verordnung (EU) 2019/624 durch Anschneiden und Durchtasten des Schlachtkörpers und der Nebenprodukte der Schlachtung durchgeführt:" *(ABl L 339 vom 24. 9. 2021, S 84)*

a) Durchtasten und Anschneiden der Schlundkopf-, Kehlgangs- und Ohrspeicheldrüsenlymphknoten (*Lnn. retropharyngiales, mandibulares* und *parotidei*); Durchtasten der Zunge;

b) Durchtasten der Lunge; Durchtasten und Anschneiden der Lymphknoten an der Lungenwurzel und im Mittelfell. Die Luftröhre und die Hauptluftröhrenäste werden durch Längsschnitt geöffnet und es erfolgt ein Querreinschnitt im hinteren Drittel der Lunge durch die Hauptluftröhrenäste; diese Anschnitte sind jedoch nicht erforderlich, wenn die Lunge vom menschlichen Verzehr ausgeschlossen wird;

c) Anschneiden des Herzens durch Längsschnitt zur Öffnung der Kammern und Durchtrennung der Scheidewand;

d) Durchtasten und Anschneiden der Leber und der Lymphknoten an der Leberpforte und der Bauchspeicheldrüse (*Lnn. portales*);

e) Anschneiden der Lymphknoten der Magengegend und der Mesenteriallymphknoten;

f) Durchtasten der Milz;

g) Durchtasten der Nieren sowie Anschneiden der Nieren und ihrer Lymphknoten (*Lnn. renales*);

h) Anschneiden der Lymphknoten des Gesäuges;

i) Durchtasten der Nabelgegend und der Gelenke bei jungen Tieren. Im Zweifelsfall wird in der Nabelgegend einen Einschnitt vorgenommen, und die Gelenke werden geöffnet; die Gelenkflüssigkeit muss untersucht werden;

j) Schnitt durch die gesamte Niere bei Grauschimmeln.

Artikel 23
Hausschweine

1. Die Schlachtkörper und die Nebenprodukte der Schlachtung von Hausschweinen werden den folgenden Verfahren der Fleischuntersuchung unterzogen:

a) Besichtigung von Kopf und Rachen;
b) Besichtigung von Maul, Schlund und Zunge;
c) Besichtigung von Lunge, Luft- und Speiseröhre;
d) Besichtigung von Herzbeutel und Herz;
e) Besichtigung des Zwerchfells;
f) Besichtigung der Leber und der Lymphknoten an der Leberpforte und der Bauchspeicheldrüse (*Lnn. portales*); Besichtigung des Magen-Darm-Trakts, des Mesenteriums, der Lymphknoten der Magengegend und der Mesenteriallymphknoten (*Lnn. gastrici, mesenterici, craniales* und *caudales*);
g) Besichtigung der Milz; Besichtigung der Nieren; Besichtigung von Brust- und Bauchfell;
h) Besichtigung der Genitalien (mit Ausnahme des Penis, falls er bereits entfernt worden ist);
i) Besichtigung des Euters und seiner Lymphknoten (*Lnn. supramammarii*);
j) Besichtigung der Nabelgegend und der Gelenke bei jungen Tieren.

2. „Liegen Anzeichen für ein mögliches Risiko für die Gesundheit von Mensch oder Tier oder das Tierwohl gemäß Artikel 24 vor, werden Verfahren der Fleischuntersuchung gemäß Artikel 18 Absatz 2 Buchstabe c der Verordnung (EU) 2017/625 und den Artikeln 7 und 8 der Delegierten Verordnung (EU) 2019/624 durch Anschneiden und Durchtasten des Schlachtkörpers und der Nebenprodukte der Schlachtung durchgeführt:" (ABl L 339 vom 24. 9. 2021, S 84)

a) Anschneiden und Untersuchen der Kehlgangslymphknoten (*Lnn. mandibulares*);
b) Durchtasten der Lunge und der Lymphknoten an der Lungenwurzel (*Lnn. bifurcationes* und *eparteriales*) und im Mittelfell (*Lnn. mediastinales*). Die Luftröhre und die Hauptluftröhrenäste werden durch Längsschnitt geöffnet und es erfolgt ein Quereinschnitt im hinteren Drittel der Lunge durch die Hauptluftröhrenäste; diese Anschnitte sind nicht erforderlich, wenn die Lunge vom menschlichen Verzehr ausgeschlossen wird;
c) Anschneiden des Herzens durch Längsschnitt zur Öffnung der Kammern und Durchtrennung der Scheidewand;
d) Durchtasten der Leber und ihrer Lymphknoten;
e) Durchtasten und erforderlichenfalls Anschneiden der Lymphknoten der Magengegend und der Mesenteriallymphknoten;
f) Durchtasten der Milz;
g) Anschneiden der Nieren und ihrer Lymphknoten (*Lnn. renales*);
h) Anschneiden der Lymphknoten des Gesäuges;
i) Durchtasten der Nabelgegend und der Gelenke bei jungen Tieren und erforderlichenfalls Anschneiden der Nabelgegend und Öffnung der Gelenke.

Artikel 24
Anzeichen für ein mögliches Risiko für die Gesundheit von Mensch oder Tier oder das Tierwohl bei Hausrindern, Hausschafen und Hausziegen, als Haustiere gehaltenen Einhufern und Hausschweinen

„Es sind die zusätzlichen Verfahren der Fleischuntersuchung gemäß Artikel 18 Absatz 3, Artikel 19 Absatz 2, Artikel 20 Absatz 2, Artikel 21 Absatz 2, Artikel 22 Absatz 2 und Artikel 23 Absatz 2 durch Anschneiden und Durchtasten des Schlachtkörpers und der Nebenprodukte der Schlachtung anzuwenden, wenn nach Ansicht des amtlichen Tierarztes eines der folgenden Elemente auf ein mögliches Risiko für die Gesundheit von Mensch oder Tier oder das Tierwohl hinweist:" (ABl L 339 vom 24. 9. 2021, S 84)

a) die Kontrollen und Analysen der gemäß den Artikeln 9 und 10 durchgeführten Überprüfungen von Dokumenten;
b) die Ergebnisse der gemäß Artikel 11 durchgeführten Schlachttieruntersuchung;
c) die Ergebnisse der gemäß Artikel 38 durchgeführten Überprüfung der Einhaltung der Tierschutzvorschriften;
d) die Ergebnisse der gemäß den Artikeln 12 bis 24 durchgeführten Fleischuntersuchung;
e) zusätzliche epidemiologische Daten oder sonstige Daten aus dem Herkunftsbetrieb der Tiere.

Artikel 25
Praktische Modalitäten der Fleischuntersuchung bei Geflügel

1. Alle Geflügelarten werden einer Fleischuntersuchung unterzogen, bei der gemäß Artikel 18 Absatz 3 der Verordnung (EU) 2017/625 das Personal des Schlachtbetriebs assistieren kann. Der amtliche Tierarzt oder der amtliche Fachassistent führt gemäß Artikel 18 Absatz 2 Buchstabe c der genannten Verordnung folgende Kontrollen persönlich durch:

a) tägliche Untersuchung der Eingeweide und Leibeshöhlen einer repräsentativen Stichprobe von jeder Herde;
b) eingehende Stichprobenuntersuchung von Teilen von Tieren oder von ganzen Tieren von

jeder Herde, deren Fleisch bei der Fleischuntersuchung für genussuntauglich erklärt wurde;

c) sonstige erforderliche Untersuchungen bei begründetem Verdacht, dass das Fleisch der betreffenden Tiere genussuntauglich sein könnte.

2. Abweichend von Absatz 1 können die zuständigen Behörden beschließen, dass nur eine repräsentative Stichprobe von Geflügel von jeder Herde der Fleischuntersuchung unterzogen wird, sofern:

a) die Lebensmittelunternehmer über ein System verfügen, das die Erkennung und Aussortierung von Tieren mit Anomalien, Kontaminationen oder Schäden zur Zufriedenheit des amtlichen Tierarztes ermöglicht;

b) der Schlachtbetrieb die Anforderungen in Bezug auf Folgendes in der Vergangenheit stets eingehalten hat:

i) allgemeine und spezifische Anforderungen gemäß Artikel 4 der Verordnung (EG) Nr. 852/2004, einschließlich der geltenden mikrobiologischen Kriterien gemäß Anhang I Nummern 1.28 und 2.1.5 der Verordnung (EG) Nr. 2073/2005;

ii) auf den HACCP-Grundsätzen beruhende Verfahren gemäß Artikel 5 der Verordnung (EG) Nr. 852/2004 und

iii) spezifische Hygienevorschriften gemäß Artikel 5 und Anhang III Abschnitt II der Verordnung (EG) Nr. 853/2004;

c) bei der Schlachttieruntersuchung oder der Überprüfung der Informationen zur Lebensmittelkette keine Anomalien gefunden wurden, die auf ein ernsthaftes Problem für die Gesundheit von Mensch oder Tier hindeuten könnten, das die Maßnahmen der Artikel 40 bis 44 erforderlich machen kann.

3. Bei zur Erzeugung von Stopfleber („Foie gras") gehaltenem Geflügel und bei zeitlich verzögert ausgeweidetem Geflügel, das gemäß Anhang III Abschnitt II Kapitel VI Nummern 8 und 9 der Verordnung (EG) Nr. 853/2004 im Herkunftsbetrieb gewonnen wurde, erfolgt die Fleischuntersuchung im Zerlegungsbetrieb, in den die Schlachtkörper direkt aus dem Herkunftsbetrieb verbracht werden.

Artikel 26
Praktische Modalitäten der Fleischuntersuchung bei in Zuchtbetrieben gehaltenen Hasentieren

Die praktischen Modalitäten der Fleischuntersuchung bei Geflügel gemäß Artikel 25 finden auf in Zuchtbetrieben gehaltene Hasentiere Anwendung. Die für eine einzelne Geflügelherde geltenden Bestimmungen des Artikels 25 finden Anwendung auf in Zuchtbetrieben gehaltene Hasentiere, die aus demselben Herkunftsbetrieb stammen und am gleichen Tag geschlachtet wurden.

Artikel 27
Praktische Modalitäten der Fleischuntersuchung bei Farmwild

1. Bei Farmwild werden die folgenden Verfahren der Fleischuntersuchung angewendet:

a) bei kleinen *Cervidae* (< 100 kg) die Verfahren der Fleischuntersuchung bei Schafen gemäß Artikel 21; bei Rentieren sind jedoch die Verfahren der Fleischuntersuchung bei Schafen gemäß Artikel 20 anzuwenden, und die Zunge kann ohne Untersuchung des Kopfes für den menschlichen Verzehr verwendet werden;

b) bei Wild der Familie *Suidae* die Verfahren der Fleischuntersuchung bei Hausschweinen gemäß Artikel 23;

c) bei anderem Schalenwild, das nicht unter die Buchstaben a und b fällt, die Verfahren der Fleischuntersuchung bei Rindern gemäß Artikel 19; *(ABl L 339 vom 24. 9. 2021, S 84)*

d) bei Laufvögeln die Verfahren der Fleischuntersuchung bei Geflügel gemäß Artikel 25 Absatz 1.

2. Wurden die Tiere außerhalb des Schlachtbetriebs geschlachtet, so überprüft der amtliche Tierarzt im Schlachtbetrieb die Bescheinigung.

Artikel 28
Praktische Modalitäten der Fleischuntersuchung bei frei lebendem Wild

1. Der amtliche Tierarzt überprüft, ob mit dem nicht enthäuteten frei lebenden Großwild, das aus dem Gebiet eines anderen Mitgliedstaats zum Wildbearbeitungsbetrieb verbracht wird, eine Gesundheitsbescheinigung nach dem Muster in Anhang der Verordnung (EU) Nr. 636/2014 oder die Erklärung(en) gemäß Anhang III Abschnitt IV Kapitel II Nummer 8 Buchstabe b der Verordnung (EG) Nr. 853/2004 mitgeführt wird beziehungsweise werden. Der amtliche Tierarzt berücksichtigt den Inhalt dieser Bescheinigung oder Erklärung(en).

2. Bei der Fleischuntersuchung führt der amtliche Tierarzt folgende Maßnahmen durch:

a) Besichtigung des Tierkörpers, seiner Leibeshöhlen und gegebenenfalls seiner Organe zur

i) Feststellung etwaiger, nicht von der Jagd herrührender Anomalien; dabei kann sich die Diagnose auf Angaben der kundigen Person zum Verhalten des Tieres vor dem Erlegen stützen;

ii) Kontrolle, dass der Tod des Tieres nicht durch andere Gründe als durch Erlegen verursacht wurde;

b) Untersuchung auf organoleptische Anomalien;

c) sofern erforderlich Durchtasten und Anschneiden der Organe;

d) besteht ein begründeter Verdacht auf Rückstände oder Kontaminanten, Untersuchung auf nicht von der Jagd herrührende Rückstände, auch auf Umweltschadstoffe, durch Probenahme; wird wegen eines solchen begründeten Verdachts eine umfassendere Untersuchung durchgeführt, so stellt der amtliche Tierarzt die Beurteilung aller anderen frei lebenden Wildtiere einer gemeinsamen Strecke oder von Teilen dieser Tiere, bei denen angenommen wird, dass sie dieselben Anomalien aufweisen, so lange zurück, bis die umfassendere Untersuchung abgeschlossen ist;

e) Untersuchung auf Merkmale, die darauf hinweisen, dass das Fleisch gesundheitlich bedenklich ist, insbesondere

i) vom Jäger mitgeteilte abnorme Verhaltensweisen und Störungen des Allgemeinzustandes des lebenden Tieres;

ii) generalisierte Tumore oder Abszesse, wenn sie in verschiedenen inneren Organen oder in der Muskulatur vorkommen;

iii) Arthritis, Orchitis, pathologische Veränderungen der Leber oder der Milz, Darm- oder Nabelentzündungen;

iv) nicht von der Jagd herrührende Fremdkörper in Leibeshöhlen, im Magen, Darm oder Harn, sofern Brust- oder Bauchfell verfärbt sind (falls derartige Eingeweide vorhanden sind);

v) Parasitenbefall;

vi) übermäßige Gasbildung im Magen-Darm-Trakt mit Verfärbung der inneren Organe (falls derartige Eingeweide vorhanden sind);

vii) erhebliche Anomalien der Muskulatur oder der Organe hinsichtlich Farbe, Konsistenz oder Geruch;

viii) alte, offene Knochenbrüche;

ix) Auszehrung (Kachexie) und/oder generalisierte oder lokalisierte Ödeme;

x) frische Verklebungen oder Verwachsungen mit Brust- oder Bauchfell;

xi) sonstige augenfällige und großflächige Veränderungen wie beispielsweise Verwesung.

3. Auf Verlangen des amtlichen Tierarztes werden Wirbelsäule und Kopf längs gespalten.

4. Bei frei lebendem Kleinwild, das nicht unmittelbar nach dem Erlegen ausgeweidet wurde, führt der amtliche Tierarzt die Fleischuntersuchung an einer repräsentativen Stichprobe von Tieren derselben Strecke durch. Ergibt die Untersuchung eine auf den Menschen übertragbare Krankheit oder eines der in Absatz 2 Buchstabe e aufgeführten Merkmale, so führt der amtliche Tierarzt weitere Untersuchungen anhand der gesamten Partie durch, um festzustellen, ob die Schlachtkörper für genussuntauglich erklärt oder einzeln untersucht werden müssen.

5. Der amtliche Tierarzt kann an den betreffenden Tierkörperteilen die für eine endgültige Diagnose notwendigen weiteren Schnitte und Untersuchungen vornehmen. Reichen die in Absatz 2 aufgeführten praktischen Modalitäten für eine Beurteilung nicht aus, so werden zusätzliche Laboruntersuchungen durchgeführt.

6. Zusätzlich zu dem in Artikel 45 genannten Fleisch wird Fleisch für genussuntauglich erklärt, das bei der Fleischuntersuchung eines der in Absatz 2 Buchstabe e aufgeführten Merkmale aufweist.

Abschnitt 4
Amtliche Kontrollen in Bezug auf spezifische Gefahren und Laboruntersuchungen

Artikel 29
Praktische Modalitäten der amtlichen Kontrollen auf transmissible spongiforme Enzephalopathien (TSE)

1. Zusätzlich zu den Anforderungen der Verordnung (EG) Nr. 999/2001 betreffend die amtlichen Kontrollen, die in Bezug auf TSE durchzuführen sind, überprüft der amtliche Tierarzt auch die Entfernung, Absonderung und gegebenenfalls Kennzeichnung spezifizierter Risikomaterialien gemäß den Vorschriften des Artikels 8 Absatz 1 der genannten Verordnung sowie des Artikels 12 der Verordnung (EG) Nr. 1069/2009 über tierische Nebenprodukte.

2. Der amtliche Tierarzt stellt sicher, dass der Lebensmittelunternehmer alle erforderlichen Maßnahmen trifft, um bei der Schlachtung, einschließlich der Betäubung, eine Kontamination des Fleischs mit spezifizierten Risikomaterialien zu verhüten. Dies schließt die Entfernung spezifizierter Risikomaterialien ein.

Artikel 30
Praktische Modalitäten der amtlichen Cysticercosekontrollen bei der Fleischuntersuchung bei Hausrindern und Suidae

1. Die Verfahren der Fleischuntersuchung gemäß den Artikeln 18, 19 und 23 stellen die Mindestanforderungen an die Untersuchung auf Cysticercose bei Rindern und *Suidae* (Hausschweine, Farmwild und frei lebendes Wild) dar. Bei Rindern gemäß Artikel 19 können die zuständigen Behörden beschließen, dass das Anschneiden der Kaumuskeln bei der Fleischuntersuchung nicht zwingend erforderlich ist, wenn:

a) ein spezifischer serologischer Test durchgeführt wird;

b) die Tiere in einem amtlich als Cysticercose-frei bescheinigten Herkunftsbetrieb aufgezogen wurden oder

c) gestützt auf Daten aus gemäß Artikel 9 Absatz 1 der Richtlinie 2003/99/EG erstellten Berichten mit 95 %iger Sicherheit bewiesen wurde, dass die Prävalenz in der Quellpopulation oder einer klar abgegrenzten Teilgesamtheit unter eins pro einer Million liegt oder in den letzten fünf Jahren (bzw. zwei Jahren, sofern die Risikoanalyse der zuständigen Behörden dies stützt und rechtfertigt) unter allen geschlachteten Tieren kein einziger Fall festgestellt wurde.

2. Mit Cysticerci befallenes Fleisch wird für genussuntauglich erklärt. Ist das Tier jedoch nicht allgemein mit Cysticerci befallen, so können die nicht infizierten Teile nach einer Kältebehandlung als für den menschlichen Verzehr geeignet erklärt werden.

Artikel 31
Praktische Modalitäten der amtlichen Kontrollen auf Trichinen bei der Fleischuntersuchung

1. Schlachtkörper von *Suidae*, Einhufern und anderen für Trichinen empfänglichen Arten werden gemäß der Verordnung (EU) 2015/1375 auf Trichinen untersucht, sofern keine der in Artikel 3 der genannten Verordnung aufgeführten Ausnahmeregelungen greift.

2. Fleisch von mit Trichinen infizierten Tieren wird für genussuntauglich erklärt.

Artikel 32
Praktische Modalitäten der amtlichen Rotzkontrollen bei der Fleischuntersuchung bei Einhufern

1. Frisches Fleisch von Einhufern wird nur dann in Verkehr gebracht, wenn es von Einhufern stammt, die vor dem Zeitpunkt der Schlachtung mindestens 90 Tage lang in einem Mitgliedstaat oder in einem Drittland oder einer Region eines Drittlands gehalten wurden, aus dem bzw. der Einhufer in die Union verbracht werden dürfen.

2. Bei Einhufern mit Ursprung in einem Mitgliedstaat oder einem Drittland oder einer Region eines Drittlands, der bzw. das bzw. die die Kriterien der Weltorganisation für Tiergesundheit für ein rotzfreies Land nicht erfüllt, wird durch eine sorgfältige Untersuchung der Schleimhäute von Luftröhre, Kehlkopf, Nasenhöhlen ihrer Nebenhöhlen nach Spaltung des Kopfes längs der Medianebene und Auslösen der Nasenscheidewand auf Rotz untersucht.

3. Fleisch von Einhufern, bei denen Rotz diagnostiziert wurde, wird für genussuntauglich erklärt.

Artikel 33
Praktische Modalitäten amtlicher Tuberkulosekontrollen bei der Fleischuntersuchung

1. Haben Tiere positiv oder nicht eindeutig auf Tuberkulin reagiert oder liegen andere Gründe für einen Infektionsverdacht vor, werden diese Tiere getrennt von anderen Tieren geschlachtet, wobei Vorkehrungen getroffen werden, um das Risiko einer Kontamination anderer Schlachtkörper, der Schlachtlinie und des Schlachtbetriebspersonals zu verhüten.

2. Sämtliches Fleisch von Tieren, bei denen bei der Fleischuntersuchung an mehreren Organen oder Schlachtkörperteilen lokalisierte Läsionen, ähnlich tuberkuloiden Läsionen, festgestellt wurden, wird für genussuntauglich erklärt. Wird jedoch in den Lymphknoten nur eines Organs oder Schlachtkörperteils eine tuberkuloide Läsion festgestellt, werden nur das befallene Organ oder der befallene Schlachtkörperteil und die zugehörigen Lymphknoten für genussuntauglich erklärt.

Artikel 34
Praktische Modalitäten der amtlichen Brucellosekontrollen bei der Fleischuntersuchung

1. Haben Tiere positiv oder nicht eindeutig auf einen Brucellose-Test reagiert oder liegen andere Gründe für einen Infektionsverdacht vor, werden diese Tiere getrennt von anderen Tieren geschlachtet, wobei Vorkehrungen getroffen werden, um das Risiko einer Kontamination anderer Schlachtkörper, der Schlachtlinie und des Schlachtbetriebspersonals zu verhüten.

2. Fleisch von Tieren, bei denen bei der Fleischuntersuchung Läsionen festgestellt wurden, die auf eine akute Brucellose hinweisen, wird für genussuntauglich erklärt. Bei Tieren, die positiv oder nicht eindeutig auf einen Brucellose-Test reagiert haben, werden Euter, Genitaltrakt und Blut für genussuntauglich erklärt, auch wenn keine Läsion festgestellt wurde.

Artikel 35
Praktische Modalitäten der amtlichen Kontrollen auf Salmonellen

1. Die zuständigen Behörden überprüfen die ordnungsgemäße Umsetzung von Anhang I Kapitel 2 Nummern 2.1.3., 2.1.4 und 2.1.5 der Verordnung (EG) Nr. 2073/2005 durch die Lebensmittelunternehmer, und zwar durch Anwendung einer oder mehrerer der folgenden Maßnahmen:

a) amtliche Probenahme mit Verfahren und Probenzielgebiet des Lebensmittelunternehmers; in jedem Schlachtbetrieb werden jährlich mindestens 49 Stichproben[1] genommen; in kleinen Schlachtbetrieben kann diese Probenanzahl gestützt auf eine Risikobewertung gesenkt werden;

b) Erhebung aller Informationen zur Gesamtzahl und der Anzahl der Proben mit positivem Salmonellenbefund, die die Lebensmittelunternehmer gemäß Artikel 5 der Verordnung (EG) Nr. 2073/2005 im Rahmen von deren Anhang I Kapitel 2 Nummern 2.1.3, 2.1.4 und 2.1.5 genommen haben;

c) Erhebung aller Informationen zur Gesamtzahl und der Anzahl der Proben mit positivem Salmonellenbefund, die im Rahmen der nationalen Bekämpfungsprogramme der Mitgliedstaaten oder Regionen von Mitgliedstaaten genommen wurden, für die besondere Garantien gemäß Artikel 8 der Verordnung (EG) Nr. 853/2004 für die Herstellung von Fleisch von Wiederkäuern, Einhufern, Schweinen und Geflügel genehmigt wurden.

2. Hält der Lebensmittelunternehmer das Prozesshygienekriterium wiederholt nicht ein, fordern ihn die zuständigen Behörden zur Vorlage eines Aktionsplans auf, dessen Ergebnisse sie streng überwachen.

3. Die Gesamtzahl und die Anzahl der Proben mit positivem Salmonellenbefund werden, gegebenenfalls aufgeschlüsselt nach den nach Absatz 1 Buchstaben a, b und c genommenen Proben, gemäß Artikel 9 Absatz 1 der Richtlinie 2003/99/EG gemeldet.

Artikel 36
Praktische Modalitäten der amtlichen Campylobacterkontrollen

1. Die zuständigen Behörden überprüfen die ordnungsgemäße Umsetzung von Anhang I Kapitel 2 Nummer 2.1.9 (Prozesshygienekriterium für Campylobacter in Schlachtkörpern von Masthähnchen) der Verordnung (EG) Nr. 2073/2005 durch die Lebensmittelunternehmer, und zwar durch Anwendung der folgenden Maßnahmen:

a) amtliche Probenahme mit Verfahren und Probenzielgebiet des Lebensmittelunternehmers; in jedem Schlachtbetrieb werden jährlich mindestens 49 Stichproben genommen; in kleinen Schlachtbetrieben kann diese Probenanzahl gestützt auf eine Risikobewertung gesenkt werden; oder

b) Erhebung aller Informationen zur Gesamtzahl und der Anzahl der Campylobacter-Proben mit über 1 000 KBE/g, die Lebensmittelunternehmer gemäß Artikel 5 der Verordnung (EG) Nr. 2073/2005 im Rahmen von deren Anhang I Kapitel 2 Nummer 2.1.9 genommen haben.

2. Hält der Lebensmittelunternehmer das Prozesshygienekriterium wiederholt nicht ein, fordern ihn die zuständigen Behörden zur Vorlage eines Aktionsplans auf, dessen Ergebnisse sie streng überwachen.

3. Die Gesamtzahl und die Anzahl der Campylobacter-Proben mit über 1 000 KBE/g werden, gegebenenfalls aufgeschlüsselt nach den nach Absatz 1 Buchstaben a und b entnommenen Proben, gemäß Artikel 9 Absatz 1 der Richtlinie 2003/99/EG gemeldet.

Artikel 37
Spezifische Anforderungen in Bezug auf Laboruntersuchungen

1. Bei der Durchführung von Laboruntersuchungen gemäß Artikel 18 Absatz 2 Buchstabe d Ziffern ii und iv der Verordnung (EU) 2017/625 stellt der amtliche Tierarzt sicher, dass die Proben im Falle von Probenahmen ordnungsgemäß identifiziert, behandelt und an das entsprechende Labor geschickt werden, und zwar im Rahmen

a) des Monitorings und der Bekämpfung von Zoonosen und Zoonosenerregern,

b) des jährlichen TSE-Überwachungsprogramms gemäß Artikel 6 der Verordnung (EG) Nr. 999/2001;

c) des Nachweises von pharmakologisch wirksamen Stoffen oder verbotenen oder nicht zugelassenen Erzeugnissen sowie der Kontrollen auf geregelte pharmakologisch wirksame Stoffe, Pestizide, Futtermittelzusatzstoffe und Kontaminanten, die die geltenden Höchstwerte der Union überschreiten, insbesondere im Rahmen nationaler Pläne zum Nachweis von Rückständen oder Stoffen gemäß Artikel 110 Absatz 2 der Verordnung (EU) 2017/625 und gemäß Artikel 5 der Richtlinie 96/23/EC;

d) des Nachweises von Tierseuchen, für die in der Verordnung (EU) 2016/429 Tiergesundheitsbestimmungen festgelegt sind.

2. Der amtliche Tierarzt stellt sicher, dass zur Erfüllung der Verpflichtungen aus Artikel 18 Absatz 2 der Verordnung (EU) 2017/625 für notwendig erachtete zusätzliche Laboruntersuchungen erforderlichenfalls durchgeführt werden.

Abschnitt 5
Amtliche Tierschutzkontrollen

Artikel 38
Amtliche Tierschutzkontrollen bei Transport und Schlachtung

Der amtliche Tierarzt überprüft die Einhaltung der Vorschriften zum Schutz von Tieren beim

---

Zu Artikel 35:
[1] Wenn alle Ergebnisse negativ sind, liegt die statistische Sicherheit, dass die Prävalenz unter 6 % ist, bei 95

Transport gemäß der Verordnung (EG) Nr. 1/2005 und zum Zeitpunkt der Schlachtung gemäß der Verordnung (EG) Nr. 1099/2009 sowie den nationalen Tierschutzvorschriften.

KAPITEL III
Mitteilung der Untersuchungsergebnisse und von den zuständigen Behörden zu ergreifende Maßnahmen bei konkreten Verstößen gegen die Anforderungen an frisches Fleisch und das Tierwohl

Artikel 39
Maßnahmen betreffend die Mitteilung der Ergebnisse der amtlichen Kontrollen

1. Der amtliche Tierarzt zeichnet die Ergebnisse der gemäß den Artikeln 7 bis 38 durchgeführten amtlichen Kontrollen auf und bewertet sie.

2. Wenn bei den Untersuchungen Krankheiten und Zustände festgestellt werden, die die Gesundheit von Mensch oder Tier oder das Tierwohl beeinträchtigen könnten, ergreift der amtliche Tierarzt folgende Maßnahmen:

a) er unterrichtet den Betreiber des Schlachtbetriebs;

b) wenn das in diesem Absatz genannte Problem während der Primärproduktion aufgetreten ist und die Gesundheit von Mensch oder Tiere, das Tierwohl oder Rückstände von Tierarzneimitteln, nicht zugelassene oder verbotene Stoffe, Pestizidrückstände, Futtermittelzusatzstoffe oder Kontaminanten betrifft, unterrichtet er

i) den Tierarzt, der den Herkunftsbetrieb betreut;

ii) den amtlichen Tierarzt, der im Herkunftsbetrieb eine Schlachttieruntersuchung durchgeführt hat, sofern abweichend von Ziffer i;

iii) den für den Herkunftsbetrieb verantwortlichen Lebensmittelunternehmer (sofern sich dies nicht nachteilig auf spätere Gerichtsverfahren auswirken würde) und

iv) die für die Überwachung des Herkunftsbetriebs oder des Jagdreviers zuständigen Behörden;

c) wurden die betreffenden Tiere in einem anderen Land aufgezogen, so stellt er sicher, dass die zuständigen Behörden dieses Landes unterrichtet werden.

3. Die zuständigen Behörden geben die Ergebnisse der amtlichen Kontrollen in die einschlägigen Datenbanken ein, zumindest wenn die Erfassung solcher Informationen gemäß Artikel 4 der Richtlinie 2003/99/EG, Artikel 8 der Richtlinie 64/432/EWG des Rates[1] und Anhang III der Richtlinie 2007/43/EG vorgeschrieben ist.

4. Gelangt der amtliche Tierarzt bei der Durchführung der Schlachttier- oder der Fleischuntersuchung oder einer anderen amtlichen Kontrolle zu dem Verdacht, dass eine Tierseuche vorliegt, für die in der Verordnung (EU) 2016/429 Tiergesundheitsbestimmungen festgelegt sind, so unterrichtet er die zuständigen Behörden. Der amtliche Tierarzt und die zuständigen Behörden ergreifen – innerhalb ihres jeweiligen Zuständigkeitsbereichs – alle erforderlichen Maßnahmen und Vorkehrungen, um eine mögliche Ausbreitung des Krankheitserregers zu verhindern.

5. Der amtliche Tierarzt kann zur Mitteilung der einschlägigen Ergebnisse der Schlachttier- und der Fleischuntersuchung an den Herkunftsbetrieb, in dem die Tiere vor der Schlachtung gehalten wurden, das Musterdokument in Anhang I verwenden.

6. Wurden die Tiere in einem Herkunftsbetrieb in einem anderen Mitgliedstaat gehalten, so teilen die zuständigen Behörden des Mitgliedstaats, in dem die Tiere geschlachtet wurden, die einschlägigen Ergebnisse der Schlachttier- und der Fleischuntersuchung den zuständigen Behörden des Herkunftsmitgliedstaats mit. Sie verwenden dazu das Musterdokument in Anhang I in den Amtssprachen der beiden beteiligten Mitgliedstaaten oder in einer zwischen beiden Mitgliedstaaten vereinbarten Sprache.

Artikel 40
Maßnahmen in Fällen des Verstoßes gegen die Anforderungen in Bezug auf die Informationen zur Lebensmittelkette

1. Der amtliche Tierarzt stellt sicher, dass Tiere nur geschlachtet werden, wenn dem Betreiber des Schlachtbetriebs gemäß Artikel 9 Absatz 2 Buchstaben a und b die einschlägigen Informationen zur Lebensmittelkette vorliegen und er diese geprüft und bewertet hat.

2. Abweichend von Absatz 1 kann der amtliche Tierarzt gestatten, dass Tiere im Schlachtbetrieb geschlachtet werden, auch wenn die einschlägigen Informationen zur Lebensmittelkette nicht verfügbar sind. In solchen Fällen müssen die Informationen bereitgestellt werden, bevor das Fleisch als für den menschlichen Verzehr geeignet erklärt wird, und die Schlachtkörper sowie die entsprechenden Nebenprodukte der Schlachtung müssen bis zur Eignungserklärung getrennt von anderem Fleisch gelagert werden.

Zu Artikel 39:
[1] *Richtlinie 64/432/EWG des Rates vom 26. Juni 1964 zur Regelung viehseuchenrechtlicher Fragen beim innergemeinschaftlichen Handelsverkehr mit Rindern und Schweinen (ABl. L 121 vom 29.7.1964, S. 1977).*

3. Liegen die einschlägigen Informationen zur Lebensmittelkette nicht innerhalb von 24 Stunden nach Ankunft eines Tieres im Schlachtbetrieb vor, so erklärt der amtliche Tierarzt das gesamte Fleisch des Tieres für genussuntauglich. Wenn das Tier noch nicht geschlachtet wurde, wird es gesondert von anderen Tieren getötet, wobei alle erforderlichen Vorkehrungen zum Schutz der Gesundheit von Mensch und Tier getroffen werden.

Artikel 41
Maßnahmen in Fällen von in den Informationen zur Lebensmittelkette aufgezeichneten Verstößen

1. Der amtliche Tierarzt vergewissert sich, dass der Betreiber des Schlachtbetriebs keine Tiere zur Schlachtung annimmt, wenn aus den Informationen zur Lebensmittelkette oder aus anderen begleitenden Aufzeichnungen, Unterlagen oder Informationen hervorgeht, dass

a) die Tiere aus einem Herkunftsbetrieb oder einem Gebiet kommen, der beziehungsweise das zum Schutz der Gesundheit von Mensch oder Tier einer Verbringungssperre oder einer anderen Einschränkung unterliegt;

b) die Vorschriften über die Verwendung von Tierarzneimitteln nicht eingehalten wurden, die Tiere mit verbotenen oder nicht zugelassenen Stoffen behandelt wurden oder die gesetzlichen Grenzwerte für chemische Rückstände oder Kontaminanten nicht eingehalten wurden oder

c) andere Zustände vorliegen, die die Gesundheit von Mensch oder Tier beeinträchtigen können.

2. Befinden sich die Tiere bereits im Schlachtbetrieb, so werden sie gesondert getötet und für genussuntauglich erklärt, wobei Vorkehrungen zum Schutz der Gesundheit von Mensch und Tier getroffen werden. Hält der amtliche Tierarzt es für nötig, so werden amtliche Kontrollen im Herkunftsbetrieb durchgeführt.

Artikel 42
Maßnahmen in Fällen von irreführenden Informationen zur Lebensmittelkette

1. Die zuständigen Behörden ergreifen entsprechende Maßnahmen, wenn sie feststellen, dass die begleitenden Aufzeichnungen, Unterlagen der Informationen nicht der tatsächlichen Situation im Herkunftsbetrieb oder dem tatsächlichen Zustand der Tiere entsprechen oder bewusst darauf abzielen, den amtlichen Tierarzt irrezuführen.

2. Die zuständigen Behörden gehen gegen den ir den Herkunftsbetrieb verantwortlichen Lebensmittelunternehmer oder etwaige andere beteiligte Personen einschließlich des Betreibers des Schlachtbetriebs vor. Dies kann insbesondere in Form zusätzlicher Kontrollen erfolgen. Die Kosten dieser zusätzlichen Kontrollen tragen der für den Herkunftsbetrieb verantwortliche Lebensmittelunternehmer oder jede andere beteiligte Person.

Artikel 43
Maßnahmen in Fällen des Verstoßes gegen die Anforderungen in Bezug auf lebende Tiere

1. Der amtliche Tierarzt überprüft, ob der Lebensmittelunternehmer seiner Verpflichtung gemäß Anhang III Abschnitt I Kapitel IV Nummer 3 der Verordnung (EG) Nr. 853/2004, nachkommt, sicherzustellen, dass zur Schlachtung für den menschlichen Verzehr angenommene Tiere ordnungsgemäß gekennzeichnet sind. Der amtliche Tierarzt stellt sicher, dass Tiere, deren Identität nicht nachweisbar ist, gesondert getötet und für genussuntauglich erklärt werden. Wenn der amtliche Tierarzt es für nötig hält, werden amtliche Kontrollen im Herkunftsbetrieb durchgeführt.

2. Der amtliche Tierarzt stellt sicher, dass Tiere, bei denen ein unannehmbares Risiko einer Kontamination des Fleisches während der Schlachtung besteht, wie in Artikel 11 Absatz 4 dargelegt, nur nach vorheriger Reinigung für den menschlichen Verzehr geschlachtet werden.

3. Der amtliche Tierarzt stellt sicher, dass Tiere, die eine Krankheit oder einen Zustand aufweisen, die bzw. der durch Handhabung oder Verzehr von Fleisch auf den Menschen oder andere Tiere übertragen werden kann, und allgemein Tiere, die klinische Anzeichen einer systemischen Erkrankung oder von Auszehrung (Kachexie) oder einer anderen Krankheit, durch die das Fleisch genussuntauglich wird, aufweisen, nicht für den menschlichen Verzehr geschlachtet werden. Diese Tiere werden getrennt getötet – und zwar so, dass andere Tiere oder Schlachtkörper nicht kontaminiert werden können, – und für genussuntauglich erklärt.

4. Der amtliche Tierarzt stellt die Schlachtung von Tieren zurück, bei denen Verdacht auf Krankheiten oder Zustände besteht, die die Gesundheit von Mensch oder Tier beeinträchtigen können. Zur Diagnosestellung werden diese Tiere einer gründlichen Schlachttieruntersuchung durch den amtlichen Tierarzt unterzogen. Darüber hinaus kann der amtliche Tierarzt zusätzlich zur Fleischuntersuchung Probenahmen und Laboruntersuchungen anordnen. Um eine Kontamination von anderem Fleisch zu verhüten, werden die Tiere getrennt oder im Anschluss an die Normalschlachtung geschlachtet, wobei alle anderen erforderlichen Vorkehrungen getroffen werden.

5. Der amtliche Tierarzt stellt sicher, dass Tiere, die Rückstände von verbotenen oder nicht zugelassenen pharmakologisch wirksamen Stoffen oder Rückstände von zugelassenen pharmakolo-

gisch wirksamen Stoffen, Pestiziden oder Kontaminanten in Mengen über den in den Rechtsvorschriften der Union festgelegten Grenzwerten enthalten könnten, gemäß den Artikeln 16 bis 19 der Richtlinie 96/23/EG behandelt werden.

6. Der amtliche Tierarzt legt fest, nach welchen Modalitäten unter seiner unmittelbaren Aufsicht im Rahmen eines spezifischen Programms zur Tilgung oder Bekämpfung einer spezifischen Tierseuche wie Brucellose oder Tuberkulose oder von Zoonosenerregern wie Salmonellen mit den Tieren umzugehen ist. Die zuständigen Behörden legen fest, unter welchen Bedingungen diese Tiere geschlachtet werden können. Diese Bedingungen werden so ausgestaltet, dass eine mögliche Kontamination anderer Tiere sowie des Fleischs anderer Tiere auf ein Mindestmaß beschränkt wird.

Tiere, die in einem Schlachtbetrieb zur Schlachtung angeliefert werden, werden im Regelfall dort geschlachtet. In Ausnahmefällen, wie etwa bei einer schwerwiegenden Störung der Schlachtanlagen, kann der amtliche Tierarzt die direkte Verbringung in einem anderen Schlachtbetrieb gestatten.

Werden bei der Schlachttieruntersuchung im Herkunftsbetrieb Verstöße festgestellt, durch die ein Risiko für die Gesundheit von Mensch oder Tier oder das Tierwohl entsteht, so verbietet der amtliche Tierarzt die Beförderung der Tiere zum Schlachtbetrieb, und es gelten die entsprechenden Maßnahmen für die Mitteilung der Untersuchungsergebnisse gemäß Artikel 39 Absatz 2 Buchstabe b Ziffern i und iii.

Artikel 44
Maßnahmen bei Verstößen gegen die Tierschutzanforderungen

1. In Fällen des Verstoßes gegen die in den Artikeln 3 bis 9 sowie 14 bis 17 und 19 der Verordnung (EG) Nr. 1099/2009 festgelegten Vorschriften über den Schutz von Tieren zum Zeitpunkt der Schlachtung oder Tötung überprüft der amtliche Tierarzt, ob der Lebensmittelunternehmer unverzüglich die erforderlichen Abhilfemaßnahmen ergreift und eine Wiederholung verhindert. *(ABl L 339 vom 24. 9. 2021, S 84)*

2. Der amtliche Tierarzt geht bei der Durchsetzung schrittweise und unter Wahrung der Verhältnismäßigkeit vor und kann je nach Art und Schwere des Problems Anweisungen erteilen oder die Produktion drosseln oder vollständig einstellen.

3. Der amtliche Tierarzt unterrichtet gegebenenfalls die anderen zuständigen Behörden über tierschutzrelevante Probleme.

4. Stellt der amtliche Tierarzt Verstöße gegen die in der Verordnung (EG) Nr. 1/2005 dargelegten Vorschriften über den Schutz von Tieren beim Transport fest, so ergreift er die notwendigen Maßnahmen gemäß den einschlägigen Rechtsvorschriften der Union.

5. Werden von einem amtlichen Fachassistenten Kontrollen betreffend das Tierwohl durchgeführt und ergeben diese, dass gegen die Tierschutzvorschriften verstoßen wurde, so unterrichtet er unverzüglich den amtlichen Tierarzt. In dringenden Fällen ergreift er, falls erforderlich, bis zum Eintreffen des amtlichen Tierarztes die in den Absätzen 1 bis 4 beschriebenen erforderlichen Maßnahmen.

Artikel 45
Maßnahmen in Fällen des Verstoßes gegen die Anforderungen in Bezug auf frisches Fleisch

Der amtliche Tierarzt erklärt frisches Fleisch für genussuntauglich, wenn es

a) von Tieren stammt, die keiner Schlachttieruntersuchung gemäß Artikel 18 Absatz 2 Buchstabe a oder b der Verordnung (EU) 2017/625 unterzogen wurden; hiervon ausgenommen sind frei lebendes Wild und streunende Rentiere im Sinne des Artikels 12 Absatz 1 Buchstabe b der Delegierten Verordnung (EU) 2019/624;

b) von Tieren stammt, bei denen die Nebenprodukte der Schlachtung keiner Fleischuntersuchung gemäß Artikel 18 Absatz 2 Buchstabe c der Verordnung (EU) 2017/625 unterzogen wurden; hiervon ausgenommen sind die Eingeweide von frei lebendem Großwild, die gemäß Anhang III Abschnitt IV Kapitel II Nummer 4 der Verordnung (EG) Nr. 853/2004 nicht zusammen mit dem Tierkörper in einen Wildbearbeitungsbetrieb gebracht werden müssen;

c) von verendeten, tot geborenen, ungeborenen oder vor dem Erreichen eines Alters von sieben Tagen geschlachteten Tieren stammt;

d) sich um Fleischabschnitte von der Stichstelle handelt;

e) von Tieren stammt, die von Tierseuchen betroffen sind, für die in den in Anhang I der Richtlinie 2002/99/EG angegebenen Rechtsvorschriften der Union tierseuchenrechtliche Vorschriften festgelegt sind, es sei denn, das Fleisch wurde entsprechend den in der genannten Richtlinie vorgesehenen spezifischen Anforderungen gewonnen; diese Ausnahme gilt nicht, wenn in den Anforderungen an amtliche Tuberkulose- und Brucellosekontrollen gemäß den Artikeln 33 und 34 der vorliegenden Verordnung anders festgelegt;

f) von Tieren stammt, die an einer Allgemeinerkrankung wie generalisierte Septikämie, Pyämie Toxämie oder Virämie leiden;

g) nicht den in Anhang I Kapitel I der Verordnung (EG) Nr. 2073/2005 festgelegten Lebensmittelsicherheitskriterien zur Feststellung, ob Lebensmittel in Verkehr gebracht werden dürfen, entspricht;

h) Parasitenbefall aufweist, sofern in den Anforderungen an amtliche Cysticercosekontrollen gemäß Artikel 30 nicht anderweitig geregelt;

i) chemische Rückstände oder Kontaminanten oberhalb der in den Verordnungen (EU) Nr. 37/2010, (EG) Nr. 396/2005, (EG) Nr. 1881/2006 und (EG) Nr. 124/2009 festgelegten Werte oder Rückstände von Stoffen enthält, die gemäß der Verordnung (EU) Nr. 37/2010 oder der Richtlinie 96/22/EG verboten oder nicht zugelassen sind;

j) sich um Leber und Nieren von über zwei Jahre alten Tieren aus Regionen handelt, in denen bei der Durchführung der gemäß Artikel 5 der Richtlinie 96/23/EG genehmigten Pläne festgestellt wurde, dass die Umwelt allgemein mit Schwermetallen belastet ist;

k) unzulässigerweise mit Dekontaminierungsmitteln behandelt wurde;

l) unzulässigerweise mit ionisierender Strahlung, einschließlich UV-Strahlung, behandelt wurde;

m) Fremdkörper enthält, mit Ausnahme von für die Zwecke der Jagd verwendetem Material bei frei lebendem Wild;

n) die in den Rechtsvorschriften der Union bzw. in den nationalen Vorschriften, wenn keine Rechtsvorschriften der Union gegeben sind, festgelegten Radioaktivitätshöchstwerte überschreitet;

o) pathologische oder organoleptische Veränderungen aufweist, insbesondere einen ausgeprägten Geschlechtsgeruch oder unzureichende Ausblutung (außer bei frei lebendem Wild);

p) von abgemagerten Tieren stammt;

q) spezifizierte Risikomaterialien enthält, außer es ist gestattet, dieses gemäß Anhang V Nummer 4.3 der Verordnung (EC) Nr. 999/2001 in einem anderen Betrieb zu entfernen und das Fleisch bleibt unter der Kontrolle der zuständigen Behörden;

r) Verunreinigungen, Verschmutzung durch Fäkalien oder eine sonstige Kontamination aufweist;

s) sich um Blut handelt, das aufgrund des Gesundheitsstatus des Tieres, von dem es gewonnen wurde, oder aufgrund einer Kontamination während des Schlachtvorgangs ein Risiko für die Gesundheit von Mensch oder Tier darstellen kann;

t) laut Urteil des amtlichen Tierarztes nach Prüfung aller einschlägigen Informationen ein Risiko für die Gesundheit von Mensch oder Tier darstellen kann oder aus anderen Gründen genussuntauglich ist;

u) spezifische Gefahren gemäß den Artikeln 29 bis 36 auslöst.

Artikel 46
Maßnahmen in Fällen des Verstoßes gegen die Anforderungen an die gute Hygienepraxis

1. Die zuständigen Behörden können den Lebensmittelunternehmer in den nachfolgenden Fällen anweisen, sofortige Abhilfemaßnahmen, einschließlich der Drosselung der Schlachtgeschwindigkeit, einzuleiten, sofern dies von dem anwesenden Beamten für notwendig erachtet wird:

a) wenn auf den äußeren Oberflächen eines Schlachtkörpers oder seiner Leibeshöhlen eine Kontamination festgestellt wird und der Lebensmittelunternehmer keine entsprechenden Abhilfemaßnahmen ergreift oder

b) wenn nach Auffassung der zuständigen Behörden die gute Hygienepraxis gefährdet ist.

2. In solchen Fällen erhöhen die zuständigen Behörden die Intensität der Untersuchung, bis der Lebensmittelunternehmer die Kontrolle über den Prozess zu ihrer Zufriedenheit wiedererlangt hat.

KAPITEL IV
Beschränkungen

Artikel 47
Beschränkungen für bestimmtes frisches Fleisch

Der amtliche Tierarzt kann Anforderungen an die Verwendung von frischem Fleisch stellen, das von Tieren stammt, die

a) außerhalb des Schlachtbetriebs notgeschlachtet wurden oder

b) Herden angehören, deren Fleisch vor dem Inverkehrbringen einer Behandlung gemäß Anhang II Teil E der Verordnung (EG) Nr. 2160/2003 unterzogen wird.

KAPITEL V
Genusstauglichkeitskennzeichnung von für den menschlichen Verzehr geeignetem Fleisch im Anschluss an die Schlachttier- und die Fleischuntersuchung

Artikel 48
Technische Anforderungen an das Genusstauglichkeitskennzeichen und praktische Modalitäten für dessen Anbringung

1. Der amtliche Tierarzt beaufsichtigt die Genusstauglichkeitskennzeichnung und die verwendeten Kennzeichen.

2. Der amtliche Tierarzt stellt insbesondere sicher, dass

a) das Genusstauglichkeitskennzeichen nur bei als Haustiere gehaltenen Huftieren und Säugetier-Farmwild, ausgenommen Hasentieren, die einer

Schlachttier- und einer Fleischuntersuchung unterzogen wurden, und bei frei lebendem Großwild, das einer Fleischuntersuchung unterzogen wurde, angebracht wird und nur, wenn keine Gründe dafür vorliegen, das Fleisch als genussuntauglich zu erklären; die Untersuchungen erfolgen dabei gemäß Artikel 18 Absatz 2 Buchstaben a, b und c der Verordnung (EU) 2017/625. Das Kennzeichen darf jedoch gemäß Artikel 4 Absatz 3 der Durchführungsverordnung (EU) 2015/1375 bzw. Anhang III Kapitel A Teil I Nummern 6.2 und 6.3 und Teil II Nummern 7.2 und 7.3 der Verordnung (EG) Nr. 999/2001 angebracht werden, bevor die Ergebnisse einer Trichinen- und/oder TSE-Untersuchung vorliegen. *(ABl L 339 vom 24. 9. 2021, S 84)*

b) das Genusstauglichkeitskennzeichen mit einem Farb- oder Brandstempel auf der Außenseite des Schlachtkörpers angebracht wird, und zwar so, dass bei der Zerlegung der Schlachtkörper im Schlachtbetrieb in Hälften oder Viertel oder einer Zerlegung der Schlachtkörperhälften in drei Teile jedes Teil ein Genusstauglichkeitskennzeichen trägt.

3. Die zuständigen Behörden stellen sicher, dass die praktischen Modalitäten für das Genusstauglichkeitskennzeichen gemäß Anhang II angewendet werden.

4. Die zuständigen Behörden stellen sicher, dass Fleisch von nicht enthäutetem frei lebendem Wild kein Genusstauglichkeitskennzeichen trägt, bis es nach dem Enthäuten in einem Wildbearbeitungsbetrieb einer Fleischuntersuchung unterzogen und als für den menschlichen Verzehr geeignet erklärt wurde.

TITEL IV
SPEZIFISCHE ANFORDERUNGEN AN UND EINHEITLICHE MINDESTHÄUFIGKEIT AMTLICHER KONTROLLEN IN BEZUG AUF ROHMILCH, KOLOSTRUM, MILCHERZEUGNISSE UND ERZEUGNISSE AUF KOLOSTRUMBASIS, SOWEIT DIESE NOTWENDIG SIND, UM DEN ANERKANNTEN EINHEITLICHEN GEFAHREN UND RISIKEN ZU BEGEGNEN

Artikel 49
Kontrollen von Milch- und Kolostrumerzeugungsbetrieben

1. Der amtliche Tierarzt überprüft die Einhaltung der Hygienevorschriften für die Rohmilch- und Kolostrumerzeugung gemäß Anhang III Abschnitt IX Kapitel I Teil I der Verordnung (EG) Nr. 853/2004. Der amtliche Tierarzt verifiziert insbesondere

a) den Gesundheitsstatus der Tiere;

b) dass keine verbotenen oder nicht zugelassenen pharmakologisch wirksamen Stoffe eingesetzt werden und

c) dass möglicherweise vorhandene Rückstände von zugelassenen pharmakologisch wirksamen Stoffen, von Pestiziden oder Kontaminanten die gemäß den Verordnungen (EU) Nr. 37/2010, (EG) Nr. 396/2005 und (EG) Nr. 1881/2006 festgelegten Werte nicht überschreiten.

2. Die in Absatz 1 genannten amtlichen Kontrollen können im Zuge von Veterinäruntersuchungen gemäß den Unionsvorschriften über die Gesundheit von Mensch und Tier oder das Tierwohl erfolgen.

3. Liegt ein begründeter Verdacht vor, dass die in Absatz 1 genannten Hygienevorschriften nicht erfüllt werden, überprüft der amtliche Tierarzt den allgemeinen Gesundheitszustand der Tiere.

4. Milch- und Kolostrumerzeugungsbetriebe werden amtlichen Kontrollen durch die zuständigen Behörden unterzogen werden, bei denen die Einhaltung der Hygienevorschriften gemäß Anhang III Abschnitt IX Kapitel I Teil II der Verordnung (EG) Nr. 853/2004 überprüft wird. Diese Kontrollen können Inspektionen und die Überwachung der von Berufsverbänden durchgeführten Kontrollen umfassen. Wenn nachgewiesen wird, dass der Hygienezustand unzureichend ist, vergewissern sich die zuständigen Behörden, dass durch geeignete Maßnahmen Abhilfe geschaffen wird.

Artikel 50
Kontrollen von Milch und Kolostrum

1. Im Falle von Rohmilch und Kolostrum überwachen die zuständigen Behörden die gemäß Anhang III Abschnitt IX Kapitel I Teil I der Verordnung (EG) Nr. 853/2004 durchgeführten Kontrollen. Wenn Untersuchungen durchgeführt werden, wenden die zuständigen Behörden die in Anhang III der vorliegenden Verordnung beschriebenen Analyseverfahren an, um die Einhaltung der Grenzwerte für Rohmilch und Kolostrum gemäß Anhang III Abschnitt IX Kapitel I Teil III der Verordnung (EG) Nr. 853/2004 zu überprüfen.

2. Hat der für den Erzeugungsbetrieb zuständige Lebensmittelunternehmer nicht innerhalb von drei Monaten nach der ersten Meldung der Nichteinhaltung der Kriterien in Bezug auf den Gehalt an Keimen und/oder somatischen Zellen in Rohmilch und Kolostrum an die zuständigen Behörden Abhilfe geschaffen hat, verifizieren die zuständigen Behörden, dass

a) die Lieferung von Rohmilch und Kolostrum aus diesem Erzeugungsbetrieb ausgesetzt ist oder

b) die Rohmilch und das Kolostrum entsprechend einer spezifischen Zulassung oder allgemeinen Anweisungen vonseiten der zuständigen Behörden bestimmten Anforderungen hinsichtlich ihrer Behandlung und Verwendung unterliegen, die für den Schutz der menschlichen Gesundheit erforderlich sind.

Diese Aussetzung oder diese Anforderungen werden von den zuständigen Behörden so lange aufrechterhalten, bis der Lebensmittelunternehmer nachgewiesen hat, dass die Rohmilch und das Kolostrum den Kriterien wieder genügen.

3. Die zuständigen Behörden wenden die in Anhang III der vorliegenden Verordnung beschriebenen Analyseverfahren an, um die angemessene Anwendung der Pasteurisierung auf Milcherzeugnisse gemäß Anhang III Abschnitt IX Kapitel II Teil II der Verordnung (EG) Nr. 853/2004 zu überprüfen.

TITEL V
SPEZIFISCHE ANFORDERUNGEN AN AMTLICHE KONTROLLEN IN BEZUG AUF LEBENDE MUSCHELN AUS EINGESTUFTEN ERZEUGUNGS- UND UMSETZGEBIETEN

Artikel 51
Ausschluss

Dieser Titel gilt für lebende Muscheln. Er gilt außerdem für lebende Stachelhäuter, lebende Manteltiere und lebende Meeresschnecken. Er gilt hingegen nicht für lebende Meeresschnecken und lebende Seegurken, die keine Filtrierer sind.

Artikel 52
Einstufung von Erzeugungs- und Umsetzgebieten für lebende Muscheln

1. Die zuständigen Behörden legen die Lage und Abgrenzung der von ihnen gemäß Artikel 18 Absatz 6 der Verordnung (EU) 2017/625 eingestuften Erzeugungs- und Umsetzgebiete fest. Sie können dabei gegebenenfalls mit dem Lebensmittelunternehmer zusammenarbeiten.

2. Die zuständigen Behörden stufen die Erzeugungs- und Umsetzgebiete, in denen sie die Ernte lebender Muscheln zulassen, je nach Ausmaß der fäkalen Verunreinigung als Gebiete der Klasse A, B oder C ein. Sie können dabei gegebenenfalls mit dem Lebensmittelunternehmer zusammenarbeiten.

3. Zur Einstufung von Erzeugungs- und Umsetzgebieten legen die zuständigen Behörden einen Überprüfungszeitraum für die Probenahmedaten jedes Erzeugungs- oder Umsetzgebiets fest, um die Einhaltung der in den Artikeln 53, 54 und 55 festgelegten Standards zu prüfen.

KAPITEL I
Spezifische Anforderungen an die Einstufung von Erzeugungs- und Umsetzgebieten für lebende Muscheln

Artikel 53
Anforderungen an Gebiete der Klasse A

1. Die zuständigen Behörden können diejenigen Gebiete in Klasse A einstufen, aus denen lebende Muscheln für den unmittelbaren menschlichen Verzehr geerntet werden können.

2. Lebende Muscheln aus solchen Gebieten, die in Verkehr gebracht werden, müssen den Hygienevorschriften für lebende Muscheln gemäß Anhang III Abschnitt VII Kapitel V der Verordnung (EG) Nr. 853/2004 genügen.

3. Von den lebenden Muscheln aus Gebieten der Klasse A dürfen 80 % der im Überprüfungszeitraum entnommenen Proben nicht mehr als 230 *E. coli* je 100 g Fleisch und Schalenflüssigkeit aufweisen.

4. Die verbleibenden 20 % der Proben dürfen nicht mehr als 700 *E. coli* je 100 g Fleisch und Schalenflüssigkeit aufweisen.

5. Bei der Auswertung der Ergebnisse für den festen Überprüfungszeitraum zum Erhalt eines Gebiets der Klasse A können die zuständigen Behörden anhand einer Risikobewertung auf Grundlage einer Untersuchung beschließen, ein anormales Ergebnis, bei dem der Wert von 700 *E. coli* je 100 g Fleisch und Schalenflüssigkeit überschritten wird, nicht zu beachten.

Artikel 54
Anforderungen an Gebiete der Klasse B

1. Die zuständigen Behörden können diejenigen Gebiete in Klasse B einstufen, aus denen lebende Muscheln geerntet, aber erst nach Aufbereitung in einem Reinigungszentrum oder nach dem Umsetzen für den menschlichen Verzehr in Verkehr gebracht werden dürfen, damit sie den in Artikel 53 genannten Hygienevorschriften genügen.

2. Von den lebenden Muscheln aus Gebieten der Klasse B dürfen 90 % der Proben nicht mehr als 4 600 *E. coli* je 100 g Fleisch und Schalenflüssigkeit aufweisen.

3. Die verbleibenden 10 % der Proben dürfen nicht mehr als 46 000 *E. coli* je 100 g Fleisch und Schalenflüssigkeit aufweisen.

Artikel 55
Anforderungen an Gebiete der Klasse C

1. Die zuständigen Behörden können diejenigen Gebiete in Klasse C einstufen, aus denen lebende Muscheln geerntet, aber erst nach längerem Umsetzen in Verkehr gebracht werden dürfen,

damit sie den in Artikel 53 genannten Hygienevorschriften genügen.

2. Lebende Muscheln aus Gebieten der Klasse C dürfen nicht mehr als 46 000 $E.\ coli$ je 100 g Fleisch und Schalenflüssigkeit aufweisen.

Artikel 56
Anforderungen an die Hygieneuntersuchung

1. Vor Einstufung eines Erzeugungs- oder Umsetzgebiets führen die zuständigen Behörden eine Hygieneuntersuchung durch, die Folgendes umfasst:

a) ein Verzeichnis der Verschmutzungsquellen menschlichen oder tierischen Ursprungs, die auch für die Kontamination des Erzeugungsgebiets verantwortlich sein könnten;

b) eine Überprüfung der Mengen organischer Schadstoffe, die in den verschiedenen Jahresabschnitten freigesetzt werden, entsprechend den saisonbedingten Variationen der menschlichen und tierischen Populationen im Einzugsgebiet, den erfassten Niederschlägen, der Abwasserbehandlung usw.;

c) die Bestimmung der Merkmale des Schadstoffkreislaufs unter Berücksichtigung von Strömungsmustern, Tiefseemessung und Gezeitenzyklus im Erzeugungsgebiet.

2. Die zuständigen Behörden führen in allen eingestuften Erzeugungs- und Umsetzgebieten eine Hygieneuntersuchung durch, die die in Absatz 1 dargelegten Anforderungen erfüllt, sofern eine solche Untersuchung nicht bereits durchgeführt wurde.

3. Die zuständigen Behörden können von anderen amtlichen Stellen oder Lebensmittelunternehmern unterstützt werden; es gelten dabei die von den zuständigen Behörden festgelegten Bedingungen für die Durchführung dieser Untersuchung.

Artikel 57
Überwachungsprogramm

Die zuständigen Behörden legen ein Überwachungsprogramm für die Gebiete zur Erzeugung lebender Muscheln fest, das auf einer Auswertung der Hygieneuntersuchung gemäß Artikel 56 beruht. Durch die Anzahl der Proben, die geografische Verteilung der Probenahmestellen und die Probenahmehäufigkeit im Rahmen des Programms wird gewährleistet, dass die Ergebnisse der Analyse repräsentativ für das betreffende Gebiet sind.

Artikel 58

Die zuständigen Behörden legen ein Verfahren fest, um sicherzustellen, dass die Hygieneuntersuchung gemäß Artikel 56 und das Überwachungsprogramm gemäß Artikel 57 repräsentativ für das betrachtete Gebiet sind.

KAPITEL II
Bedingungen für die Überwachung von eingestuften Erzeugungs- und Umsetzgebieten für lebende Muscheln

Artikel 59
Überwachung von eingestuften Erzeugungs- und Umsetzgebieten

Die zuständigen Behörden überwachen regelmäßig die von ihnen gemäß Artikel 18 Absatz 6 der Verordnung (EU) 2017/625 eingestuften Erzeugungs- und Umsetzgebiete; dabei wird Folgendes kontrolliert:

a) dass keine rechtswidrigen Praktiken in Bezug auf Ursprung, Herkunft und Bestimmung der lebenden Muscheln zum Einsatz kommen;

b) die mikrobiologische Beschaffenheit der lebenden Muscheln in Verbindung mit den eingestuften Erzeugungs- und Umsetzgebieten;

c) das Vorhandensein von toxinproduzierendem Plankton in den Erzeugungs- und Umsetzgewässern und von Biotoxinen in lebenden Muscheln;

d) das Vorhandensein chemischer Schadstoffe in lebenden Muscheln.

Artikel 60
Anerkannte Verfahren zum Nachweis mariner Biotoxine in lebenden Muscheln

1. Die zuständigen Behörden wenden zur Kontrolle der Einhaltung der Grenzwerte gemäß Anhang III Abschnitt VII Kapitel V Nummer 2 der Verordnung (EG) Nr. 853/2004 sowie gegebenenfalls zur Überprüfung der Einhaltung der Vorschriften durch die Lebensmittelunternehmer die in Anhang V dargelegten Analyseverfahren an. Gegebenenfalls wenden auch die Lebensmittelunternehmer diese Verfahren an.

2. Gemäß Artikel 4 der Richtlinie 2010/63/EU wird, wo immer dies möglich ist, anstelle eines Verfahrens im Sinne von Artikel 3 Absatz 1 der genannten Richtlinie eine wissenschaftlich zufriedenstellende Methode oder Versuchsstrategie angewandt, bei der keine lebenden Tiere verwendet werden.

3. Gemäß Artikel 4 der Richtlinie 2010/63/EU werden bei der Anwendung biologischer Methoden die Elemente der Vermeidung, Verbesserung und Verminderung berücksichtigt.

Artikel 61
Probenahmepläne

1. Für die Zwecke der Kontrollen gemäß Artikel 59 Buchstaben b, c und d stellen die zuständigen Behörden Probenahmepläne auf, die solche Kontrollen in regelmäßigen Abständen oder – wenn in unregelmäßigen Intervallen geerntet wird – fallweise vorsehen. Durch die geografische Verteilung der Probenahmestellen und die Probenahmehäufigkeit wird gewährleistet, dass die Ergebnisse der Analyse repräsentativ für das betreffende eingestufte Erzeugungs- oder Umsetzgebiet sind.

2. In den Probenahmeplänen zur Kontrolle der mikrobiologischen Beschaffenheit lebender Muscheln werden insbesondere folgende Aspekte berücksichtigt:

a) die voraussichtliche Schwankung bei der fäkalen Verunreinigung;

b) die in Artikel 56 Absatz 1 genannten Parameter.

3. Die Probenahmepläne zur Kontrolle auf toxinproduzierendes Plankton in den eingestuften Erzeugungs- und Umsetzgewässern sowie auf marine Biotoxine in lebenden Muscheln berücksichtigen insbesondere die möglichen Schwankungen des Vorhandenseins von Plankton, das marine Biotoxine enthält. Die Probenahme umfasst Folgendes:

a) regelmäßige Probenahmen zur Ermittlung von Änderungen in der Zusammensetzung von toxinhaltigem Plankton und dessen geografischer Verteilung. Ergebnisse, die auf eine Anhäufung von Toxinen im Fleisch lebender Muscheln schließen lassen, erfordern intensive Probenahmen;

b) regelmäßige Toxizitätstests bei den Muscheln aus dem am stärksten kontaminationsgefährdeten Gebiet.

4. Die Probenahmen für die Analyse lebender Muscheln auf Toxine erfolgt während den Erntezeiten einmal pro Woche; dabei gelten folgende Ausnahmen:

a) die Probenahmehäufigkeit kann in bestimmten eingestuften Umsetz- oder Erzeugungsgebieten oder für lebende Muscheln spezifischer Arten verringert werden, wenn eine Risikobewertung in Bezug auf das Vorhandensein von Toxinen oder Phytoplankton ein sehr geringes Risiko toxischer Episoden erwarten lässt;

b) die Probenahmehäufigkeit wird erhöht, wenn aus einer solchen Risikobewertung hervorgeht, dass wöchentliche Probenahmen nicht ausreichend wären.

5. Die in Absatz 4 genannte Risikobewertung wird regelmäßig überprüft, um das Risiko von Toxinen in lebenden Muscheln aus diesen Gebieten abschätzen zu können.

6. Liegen Erkenntnisse über die Toxinakkumulationsraten für eine Gruppe von Arten im selben eingestuften Erzeugungs- oder Umsetzgebiet vor, so kann die Art mit der höchsten Rate als Indikator genommen werden. Dadurch wird die Gewinnung aller Arten dieser Gruppe möglich, wenn der Toxingehalt in der als Indikator verwendeten Art unter den vorgeschriebenen Grenzwerten liegt. Liegt der Toxingehalt der als Indikator verwendeten Art über den vorgeschriebenen Grenzwerten, so darf die Ernte der anderen Arten nur dann zugelassen werden, wenn weitere Untersuchungen an anderen Arten Toxingehalte unterhalb der Grenzwerte ergeben.

7. Hinsichtlich der Planktonüberwachung müssen die Proben repräsentativ für die Wassersäule in dem eingestuften Erzeugungs- oder Umsetzgebiet sein und Informationen über das Vorhandensein toxischer Arten sowie über die Populationstendenzen liefern. Werden Veränderungen in toxischen Populationen festgestellt, die zu einer Toxinakkumulation führen können, so wird die Probenahmehäufigkeit bei lebenden Muscheln erhöht, oder es werden vorsichtshalber die abgesteckten Gebiete geschlossen, bis die Ergebnisse der Toxinanalyse vorliegen.

8. Probenahmepläne zum Nachweis chemischer Kontaminanten müssen es ermöglichen, jegliche Überschreitung der in der Verordnung (EG) Nr. 1881/2006 genannten Werte zu erkennen.

KAPITEL III
Bewirtschaftung von eingestuften Erzeugungs- und Umsetzgebieten nach der Überwachung

Artikel 62
Entscheidungen auf Grundlage der Überwachung

1. Zeigen die Ergebnisse der Überwachung gemäß Artikel 59, dass gegen die Hygienevorschriften für lebende Muscheln verstoßen wird oder dass anderweitig ein Risiko für die menschliche Gesundheit besteht, so schließen die zuständigen Behörden das betreffende eingestufte Erzeugungs- oder Umsetzgebiet und unterbinden die Ernte lebender Muscheln. Die zuständigen Behörden können jedoch ein Erzeugungs- oder Umsetzgebiet als Gebiet der Klasse B oder C umstufen, wenn es die in den Artikeln 54 und 55 aufgeführten einschlägigen Kriterien erfüllt und kein anderweitiges Risiko für die menschliche Gesundheit darstellt.

2. Wenn die mikrobiologische Überwachung ergibt, dass gegen die in Artikel 53 genannten Hygienevorschriften für lebende Muscheln verstoßen wird, können die zuständigen Behörden auf Grundlage einer Risikobewertung – und nur einmalig und vorübergehend – die Fortsetzung der Ernte ohne Schließung oder Umstufung des Ge-

biets erlauben, wenn folgende Bedingungen erfüllt sind:

a) das betreffende eingestufte Erzeugungsgebiet und alle zugelassenen Betriebe, die aus diesem Gebiet lebende Muscheln erhalten, unterliegen der amtlichen Kontrolle durch dieselben zuständigen Behörden;

b) die betreffenden lebenden Muscheln werden geeigneten restriktiven Maßnahmen wie etwa Reinigung, Umsetzen oder Verarbeitung unterzogen.

3. Der begleitende Registrierschein gemäß Anhang III Abschnitt VII Kapitel I der Verordnung (EG) Nr. 853/2004 enthält sämtliche Informationen in Bezug auf die Anwendung von Absatz 2.

4. Die zuständigen Behörden legen die Bedingungen fest, unter denen von Artikel 2 Gebrauch gemacht werden kann, um sicherzustellen, dass die in Artikel 53 festgelegten Kriterien in dem betreffenden Erzeugungsgebiet weiterhin eingehalten werden.

Artikel 63
Wiedereröffnung von Erzeugungsgebieten

1. Die zuständigen Behörden können ein geschlossenes Erzeugungs- oder Umsetzgebiet nur dann wieder öffnen, wenn die Hygienevorschriften für lebende Muscheln gemäß Anhang III Abschnitt VII Kapitel V der Verordnung (EG) Nr. 853/2004 wieder eingehalten werden und kein anderweitiges Risiko für die menschliche Gesundheit besteht.

2. Haben die zuständigen Behörden ein Erzeugungs- oder Umsetzgebiet wegen des Vorhandenseins von Plankton oder eines Toxingehalt in lebenden Muscheln oberhalb des in Anhang III Abschnitt VII Kapitel V Nummer 2 der Verordnung (EG) Nr. 853/2004 vorgeschriebenen Grenzwerts geschlossen, darf es erst wieder geöffnet werden, wenn mindestens zwei aufeinander folgende Probenahmen im Abstand von mindestens 48 Stunden Werte unterhalb des vorgeschriebenen Grenzwerts ergeben.

3. Bei der Entscheidung, ob ein Erzeugungs- oder Umsetzgebiet wieder geöffnet werden soll, können die zuständigen Behörden auch Informationen über die Tendenzen bei Phytoplankton berücksichtigen.

4. Liegen zuverlässige Daten über die Dynamik der Toxizität in einem bestimmten Gebiet vor und sind aktuelle Daten über eine rückläufige Tendenz der Toxizität verfügbar, können die zuständigen Behörden beschließen, ein Gebiet wieder zu öffnen, wenn nur die Ergebnisse einer einzigen Probenahme einen Wert unter dem in Anhang III Abschnitt VII Kapitel V Nummer 2 der Verordnung (EG) Nr. 853/2004 vorgeschriebenen Grenzwert ausweisen.

Artikel 64
Kontrollsystem

1. Die zuständigen Behörden richten ein Kontrollsystem ein, um zu gewährleisten, dass keine gesundheitsgefährdenden Erzeugnisse tierischen Ursprungs in Verkehr gebracht werden. Das Kontrollsystem umfasst Laboruntersuchungen, mit denen überprüft wird, ob die Lebensmittelunternehmer auf allen Produktions-, Verarbeitungs- und Vertriebsstufen den Anforderungen an das Enderzeugnis, einschließlich lebender Muscheln und aller daraus gewonnenen Erzeugnisse, gerecht werden.

2. Mit dem Kontrollsystem wird gegebenenfalls verifiziert, dass die Grenzwerte für marine Biotoxine und Kontaminanten nicht überschritten werden und dass die mikrobiologische Beschaffenheit der Muscheln kein Risiko für die menschliche Gesundheit darstellt.

Artikel 65
Entscheidung der zuständigen Behörden

1. Die zuständigen Behörden handeln umgehend, wenn ein Erzeugungsgebiet geschlossen oder umgestuft werden muss, wenn es wieder geöffnet werden kann oder wenn die in Artikel 62 Absatz 2 beschriebenen Maßnahmen auf die lebenden Muscheln anzuwenden sind.

2. Bei der Entscheidung über die Einstufung, Umstufung, Öffnung oder Schließung von Erzeugungsgebieten gemäß den Artikeln 52, 62 und 63 können die zuständigen Behörden die Ergebnisse von Kontrollen, die von Lebensmittelunternehmern oder Lebensmittelunternehmer vertretenden Organisationen durchgeführt wurden, nur dann berücksichtigen, wenn das Labor, das die Untersuchung durchführt, von den zuständigen Behörden benannt wurde und wenn Probenahme und Untersuchung gemäß einem zwischen den betreffenden zuständigen Behörden und Lebensmittelunternehmern oder Organisationen vereinbarten Protokoll durchgeführt werden.

KAPITEL IV
Sonstige Anforderungen

Artikel 66
Aufzeichnung und Austausch von Informationen

Die zuständigen Behörden

a) erstellen und führen eine aktuelle Liste der eingestuften Erzeugungs- und Umsetzgebiete – mit Angabe von Lage, Abgrenzung und Klasse –, aus denen lebende Muscheln gemäß den Anforderungen des Artikels 52 geerntet werden dürfen; diese Liste wird den von der vorliegenden Verordnung betroffenen Personen, wie Erzeugern und

Betreibern von Reinigungs- und Versandzentren, übermittelt;

b) unterrichten die betroffenen Personen, wie Erzeuger und Betreiber von Reinigungszentren und Versandzentren, unverzüglich über jegliche Änderung der Lage, der Abgrenzung oder der Klasse eines Erzeugungsgebiets, über dessen vorübergehende oder endgültige Schließung oder über die Anwendung der in Artikel 60 Absatz 2 beschriebenen Maßnahmen.

TITEL VI
SPEZIFISCHE ANFORDERUNGEN AN UND EINHEITLICHE MINDESTHÄUFIGKEIT AMTLICHER KONTROLLEN IN BEZUG AUF FISCHEREIERZEUGNISSE

Artikel 67
Amtliche Kontrollen in Bezug auf die Erzeugung und das Inverkehrbringen

Im Rahmen der amtlichen Kontrollen in Bezug auf die Erzeugung und das Inverkehrbringen von Fischereierzeugnissen wird auch eine Überprüfung der Einhaltung der in Anhang III Abschnitt VIII der Verordnung (EG) Nr. 853/2004 dargelegten Anforderungen durchgeführt, insbesondere:

a) eine regelmäßige Überprüfung der Hygienebedingungen bei der Anlandung und dem ersten Verkauf;

b) regelmäßige Inspektionen der Schiffe sowie der Betriebe an Land, einschließlich der Versteigerungs- und Großmärkte, wobei insbesondere überprüft wird,

i) ob die Zulassungsvoraussetzungen nach wie vor gegeben sind;

ii) ob mit den Fischereierzeugnissen ordnungsgemäß umgegangen wird;

iii) ob die Hygiene- und Temperaturvorschriften eingehalten werden;

iv) ob die Betriebe, einschließlich Schiffe, sowie ihre Anlagen und Geräte sauber sind und die Hygiene beim Personal einwandfrei ist;

c) Überprüfungen hinsichtlich der Lagerungs- und Beförderungsbedingungen.

Artikel 68
Ort der amtlichen Kontrollen

1. Die zuständigen Behörden führen amtliche Kontrollen in Bezug auf Schiffe durch, wenn diese den Hafen eines Mitgliedstaats anlaufen. Die Kontrollen betreffen alle Schiffe, die Fischereierzeugnisse in EU-Häfen anlanden, ungeachtet ihrer Flagge.

2. Die zuständigen Behörden des Flaggenstaats können amtliche Kontrollen von unter ihrer Flagge fahrenden Schiffen auf See oder in einem Hafen eines anderen Mitgliedstaats oder eines Drittlands durchführen.

Artikel 69
Zulassung von Fabrik-, Gefrier- oder Kühlschiffen

1. Wird ein Fabrik-, Gefrier- oder Kühlschiff unter der Flagge eines Mitgliedstaats zum Zweck der Zulassung inspiziert, so führen die zuständigen Behörden des Flaggenmitgliedstaats amtliche Kontrollen gemäß Artikel 148 der Verordnung (EU) 2017/625 und insbesondere unter Beachtung der in Artikel 148 Absatz 4 festgelegten Fristen durch. Erforderlichenfalls können sie das Schiff auf See oder in einem Hafen eines anderen Mitgliedstaats oder eines Drittlands inspizieren.

2. Wenn die zuständigen Behörden des Flaggenmitgliedstaats dem Schiff eine bedingte Zulassung gemäß Artikel 148 der Verordnung (EU) 2017/625 erteilt haben, können sie die zuständigen Behörden eines anderen Mitgliedstaats oder eines Drittlands dazu ermächtigen, eine Folgeinspektion im Hinblick auf die Erteilung einer vollen Zulassung, die Verlängerung der bedingten Zulassung oder die Überprüfung der Zulassung durchzuführen; im Falle eines Drittlands muss dieses jedoch in der in Artikel 127 der Verordnung (EU) 2017/625 genannten Liste der Drittländer, aus denen Fischereierzeugnisse eingeführt werden dürfen, geführt werden. Erforderlichenfalls können die zuständigen Behörden das Schiff auf See oder in einem Hafen eines anderen Mitgliedstaats oder eines Drittlands inspizieren.

3. Wenn die zuständigen Behörden eines Mitgliedstaats die zuständigen Behörden eines anderen Mitgliedstaats oder eines Drittlands ermächtigen, gemäß diesem Artikel in ihrem Namen Kontrollen durchzuführen, müssen die beiden zuständigen Behörden einvernehmlich die für solche Kontrollen geltenden Bedingungen festlegen. Mit diesen Bedingungen muss insbesondere gewährleistet werden, dass die zuständigen Behörden des Flaggenmitgliedstaats unverzüglich Berichte über die Ergebnisse der Kontrollen sowie über mutmaßliche Verstöße erhalten, damit sie die erforderlichen Maßnahmen ergreifen können.

Artikel 70
Amtliche Kontrollen in Bezug auf Fischereierzeugnisse

Amtliche Kontrollen in Bezug auf Fischereierzeugnisse umfassen mindestens die in Anhang VI festgelegten praktischen Modalitäten in Bezug auf Folgendes:

a) organoleptische Prüfungen;

b) Frischeindikatoren;

c) Histamin;

d) Rückstände und Kontaminanten;

e) mikrobiologische Kontrollen;
f) Parasiten;
g) giftige Fischereierzeugnisse.

Artikel 71
Entscheidungen im Anschluss an die Kontrollen

Die zuständigen Behörden erklären Fischereierzeugnisse für genussuntauglich, wenn

a) gemäß Artikel 70 durchgeführte amtliche Kontrollen ergeben, dass die Fischereierzeugnisse nicht den organoleptischen, chemischen, physikalischen oder mikrobiologischen Anforderungen bzw. den Anforderungen in Bezug auf Parasiten gemäß Anhang III Abschnitt VII der Verordnung (EG) Nr. 853/2004 und/oder der Verordnung (EG) Nr. 2073/2005 entsprechend;

b) ihre genießbaren Teile chemische Rückstände oder Kontaminanten oberhalb der in den Verordnungen (EU) Nr. 37/2010, (EG) Nr. 396/2005 und (EG) Nr. 1881/2006 festgelegten Werte oder Rückstände von Stoffen enthalten, die gemäß der Verordnung (EU) Nr. 37/2010 oder der Richtlinie 96/22/EG verboten oder nicht zugelassen sind, oder die anderen einschlägigen Rechtsvorschriften der Union über pharmakologisch wirksame Stoffe nicht entsprechen;

c) sie stammen von

i) giftigen Fischen;

ii) Fischereierzeugnissen, die nicht den Anforderungen in Bezug auf marine Biotoxine entsprechen;

iii) Muscheln, Stachelhäutern, Manteltieren und Meeresschnecken, die marine Biotoxine in Mengen enthalten, welche die in der Verordnung (EG) Nr. 853/2004 enthaltenen Grenzwerte insgesamt überschreiten, oder

d) sie von den zuständigen Behörden als potenzielles Risiko für die Gesundheit von Mensch oder Tier oder aus einem anderen Grund als genussuntauglich erachtet werden.

Artikel 72
Anforderungen an die amtlichen Kontrollen in Bezug auf Fischereierzeugnisse, die von Schiffen unter der Flagge eines Mitgliedstaats gefangen wurden und in die Union eingeführt werden, nachdem sie – mit oder ohne Lagerung – in Drittländern umgeladen worden sind

1. Mit für den menschlichen Verzehr bestimmten Fischereierzeugnissen, die von Schiffen unter der Flagge eines Mitgliedstaats gefangen und in einem Drittland, das gemäß Artikel 126 Absatz 2 Buchstabe a der Verordnung (EU) 2017/625 auf einer Liste geführt wird, – mit oder ohne Lagerung – entladen wurden, bevor sie mit einem anderen Transportmittel in die Union eingeführt werden, wird eine Genusstauglichkeitsbescheinigung mitgeführt, die von den zuständigen Behörden des betreffenden Drittlands ausgestellt und gemäß der Mustergenusstauglichkeitsbescheinigung in Anhang III Teil II Kapitel B der Durchführungsverordnung (EU) 2019/628 ausgefüllt wurde.

2. Falls die Fischereierzeugnisse gemäß Absatz 1 entladen und in eine Lagereinrichtung befördert werden, die sich in dem Drittland gemäß Absatz 1 befindet, muss diese Lagereinrichtung auf einer Liste gemäß Artikel 5 der Delegierten Verordnung (EU) 2019/625 geführt werden.

3. Falls die Fischereierzeugnisse gemäß Absatz 1 auf ein Schiff unter der Flagge eines Drittlands geladen werden, muss dieses Drittland auf einer Liste gemäß Artikel 3 der Delegierten Verordnung (EU) 2019/625 geführt werden, und das Schiff muss auf einer Liste gemäß Artikel 5 der Delegierten Verordnung (EU) 2019/625 geführt werden.

4. Containerschiffe, die für die Beförderung von containerisierten Fischereierzeugnissen eingesetzt werden, sind von dieser Bestimmung ausgenommen.

TITEL VII
SPEZIFISCHE ANFORDERUNGEN AN DIE DURCHFÜHRUNG AMTLICHER KONTROLLEN UND EINHEITLICHE MINDESTHÄUFIGKEIT AMTLICHER KONTROLLEN IN BEZUG AUF REPTILIENFLEISCH

Artikel 73
Schlachttier- und Fleischuntersuchung bei Reptilien

Artikel 11 gilt für die Schlachttieruntersuchung bei Reptilien.

Die Artikel 12, 13 und 14 gelten für die Fleischuntersuchung bei Reptilien. Für die Zwecke von Artikel 13 Absatz 1 Buchstabe a Ziffer i wird ein Reptil als 0,5 Großvieheinheiten betrachtet.

TITEL VIII
SCHLUSSBESTIMMUNGEN

Artikel 74
Änderungen an der Verordnung (EG) Nr. 2074/2005

Die Verordnung (EG) Nr. 2074/2005 wird wie folgt geändert:

1. Die Artikel 5, 6b und 6c werden gestrichen.

2. Anhang I Abschnitt II und die Anlage zu Anhang I werden gestrichen.

3. Anhang II Abschnitt II wird gestrichen.

4. Die Anhänge III und V werden gestrichen.
5. Anhang VIa wird gestrichen.
6. Anhang VIb und die zugehörige Anlage werden gestrichen.

Artikel 75
Inkrafttreten und Geltungsbeginn

Diese Verordnung tritt am 20. Tag nach ihrer Veröffentlichung im *Amtsblatt der Europäischen Union* in Kraft.

Sie gilt ab dem 14. Dezember 2019.

Diese Verordnung ist in allen ihren Teilen verbindlich und gilt unmittelbar in jedem Mitgliedstaat.

Brüssel, den 15. März 2019

Für die Kommission

Der Präsident

Jean-Claude JUNCKER

ANHANG I

ANHANG I
MUSTERDOKUMENT FÜR DIE MITTEILUNG AN DEN HERKUNFTSBETRIEB GEMÄSS ARTIKEL 39 ABSATZ 5

1. **Angaben zur Identifizierung**
    1.1. Herkunftsbetrieb (Eigentümer oder Betriebsleiter)
        Name/Nummer
        Vollständige Anschrift
        Telefonnummer
        Elektronische Anschrift (sofern vorhanden)
    1.2. Kennnummern von ....[bitte angeben] oder Liste beifügen
        Gesamtzahl der Tiere (aufgeschlüsselt nach Arten)
        Kennzeichnungsprobleme (sofern gegeben)
    1.3. Herden-/Bestands-/Käfignummer (sofern vorhanden)
    1.4. Tierart
    1.5. Bezugsnummer der Gesundheitsbescheinigung (sofern vorhanden)
2. **Ergebnisse der Schlachttieruntersuchung**
    2.1. Allgemeinbefinden
        Zahl der betroffenen Tiere
        Art/Klasse/Alter
        Feststellungen
    2.2. Anlieferung der Tiere in verschmutztem Zustand
    2.3. Klinische Krankheitsbefunde
        Zahl der betroffenen Tiere
        Art/Klasse/Alter
        Feststellungen
        Untersuchungsdatum
    2.4. Laborbefunde[1]
3. **Ergebnisse der Fleischuntersuchung**
    3.1. Makroskopische Befunde
        Zahl der betroffenen Tiere
        Art/Klasse/Alter
        Organ bzw. Körperstelle des/der betroffenen Tiere(s)
        Schlachtdatum

---

[1] *Mikrobiologische, chemische, serologische usw. (die Ergebnisse sind beizufügen).*

13/3. EU/KontrollV/tier.LM
ANHANG I

3.2. Krankheit (evtl. mit Angabe von Codes[2])	
	Zahl der betroffenen Tiere
	Art/Klasse/Alter
	Organ bzw. Körperstelle des/der betroffenen Tiere(s)
	Vorläufig oder endgültig beschlagnahmter Schlachtkörper (mit Angabe von Gründen)
	Schlachtdatum
3.3. Laborbefunde[3]	
3.4. Sonstige Befunde	
3.5. Allgemeinbefinden	
4. Zusätzliche Informationen	
5. Kontaktdaten des Schlachtbetriebs (Zulassungsnummer)	
	Name
	Vollständige Anschrift
	Telefonnummer
	Elektronische Anschrift (sofern vorhanden)
6. Amtlicher Tierarzt (Name in Druckbuchstaben)	
	Unterschrift und Stempel
7. Datum	
8. Zahl der diesem Formular beigefügten Seiten:	

---

[2] *Die zuständigen Behörden können folgende Codes einführen: Code A für Seuchen der OIE-Listen; Codes B100 und B200 für Tierschutzprobleme und Codes C100 bis C290 für Entscheidungen betreffend Fleisch. Die Codes können erforderlichenfalls weiter unterteilt werden (z. B. C141 für eine mild verlaufende Allgemeinerkrankung, C142 für eine schwerere Krankheit usw.). Soweit sie verwendet werden, müssen die Codes, einschließlich einer angemessenen Erläuterung ihrer Bedeutung, für den Lebensmittelunternehmer leicht zugänglich sein.*

[3] *Mikrobiologische, chemische, serologische usw. (die Ergebnisse sind beizufügen).*

EU-KontrollV

ANHANG II

ANHANG II
PRAKTISCHE MODALITÄTEN FÜR DAS GENUSSTAUGLICHKEITSKENNZEICHEN GEMÄSS ARTIKEL 48

1. Das Genusstauglichkeitskennzeichen muss ein ovales Kennzeichen von mindestens 6,5 cm Breite und 4,5 cm Höhe sein und folgende Angaben in gut lesbaren Schriftzeichen enthalten:
   a) „die Bezeichnung des Landes, in dem sich der Betrieb befindet, entweder ausgeschrieben in Großbuchstaben oder in Form eines aus zwei Buchstaben bestehenden Codes gemäß dem einschlägigen ISO-Code. Für die Mitgliedstaaten[1] sind jedoch folgende Codes zu verwenden: BE, BG, CZ, DK, DE, EE, IE, GR, ES, FR, HR, IT, CY, LV, LT, LU, HU, MT, NL, AT, PL, PT, RO, SI, SK, FI, SE und UK(NI);" *(ABl L 427 vom 17. 12. 2020, S 1)*
   b) die Zulassungsnummer des Schlachtbetriebs und
   c) (wenn das Kennzeichen in einem Betrieb in der Union angebracht wird) die Abkürzung CE, EC, EF, EG, EK, EO, EY, ES, EÜ, EB, EZ, KE oder WE. Auf den Kennzeichen von Fleisch, das aus Schlachtbetrieben außerhalb der Union in die Union eingeführt wird, dürfen diese Abkürzungen nicht aufgeführt sein.
2. Die Buchstaben müssen mindestens 0,8 cm, die Ziffern mindestens 1 cm hoch sein. Bei der Genusstauglichkeitskennzeichnung von Schaflämmern, Ziegenlämmern und Ferkeln kann die Größe der Buchstaben und des Kennzeichens verringert werden.
3. Die für die Genusstauglichkeitskennzeichnung verwendete Farbe muss gemäß den Unionsvorschriften über die Verwendung von Farbstoffen in Lebensmitteln zugelassen sein.
4. Das Genusstauglichkeitskennzeichen kann auch einen Hinweis auf den amtlichen Tierarzt enthalten, der die Untersuchung des Fleisches auf Genusstauglichkeit vorgenommen hat.

---

[1] *Im Einklang mit dem Abkommen über den Austritt des Vereinigten Königreichs Großbritannien und Nordirland aus der Europäischen Union und der Europäischen Atomgemeinschaft und insbesondere nach Artikel 5 Absatz 4 des Protokolls zu Irland/Nordirland in Verbindung mit Anhang 2 dieses Protokolls gelten für die Zwecke dieses Anhangs Verweise auf Mitgliedstaaten auch für das Vereinigte Königreich in Bezug auf Nordirland.*

ANHANG III

ANHANG III
TESTVERFAHREN FÜR ROHMILCH UND WÄRMEBEHANDELTE KUHMILCH GEMÄSS ARTIKEL 50

KAPITEL I
BESTIMMUNG DES GEHALTS AN KEIMEN UND SOMATISCHEN ZELLEN

A. Bei der Überprüfung der Einhaltung der Kriterien nach Anhang III Abschnitt IX Kapitel I Teil III der Verordnung (EG) Nr. 853/2004 gelten folgende Normen als Referenzverfahren:
1. EN ISO 4833-1 für die Bestimmung des Gehalts an Keimen bei 30 °C;
2. EN ISO 13366-1 für die Bestimmung des Gehalts an somatischen Zellen.

B. Die Anwendung alternativer Analyseverfahren ist annehmbar:
1. zur Bestimmung des Gehalts an Keimen bei 30 °C, sofern die Verfahren gemäß dem Protokoll in der Norm EN ISO 16140-2 – ergänzt durch die Norm EN ISO 16297 für den besonderen Fall der Bestimmung des Gehalts an Keimen in Rohmilch – anhand des Referenzverfahrens gemäß Teil A Nummer 1 validiert wurden.

   Das Umrechnungsverhältnis zwischen einem alternativen Verfahren und dem Referenzverfahren gemäß Teil A Nummer 1 wird nach der Norm EN ISO 21187 festgelegt;
2. zur Bestimmung des Gehalts an somatischen Zellen, sofern die Verfahren gemäß dem Protokoll in der Norm ISO 8196-3 anhand das Referenzverfahrens gemäß Teil A Nummer 2 validiert wurden und sofern sie gemäß der Norm EN ISO 13366-2 oder ähnlichen international anerkannten Protokollen durchgeführt werden.

KAPITEL II
BESTIMMUNG DER AKTIVITÄT DER ALKALISCHEN PHOSPHATASE IN KUHMILCH

A. Bei der Bestimmung der Aktivität der alkalischen Phosphatase in pasteurisierter Kuhmilch muss die Norm EN ISO 11816-1 als Referenzverfahren angewendet werden.
B. Die Aktivität der alkalischen Phosphatase in pasteurisierter Kuhmilch wird in Milliunits Enzymaktivität pro Liter (mU/l) angegeben. Ein Unit Aktivität der alkalischen Phosphatase ist die Menge an alkalischer Phosphatase, die die Umsetzung von 1 Mikromol Substrat je Minute katalysiert.
C. Das Ergebnis eines Tests zur Bestimmung der alkalischen Phosphatase gilt als negativ, wenn die gemessene Aktivität in der Kuhmilch höchstens 350 mU/l beträgt.
D. Die Anwendung alternativer Analyseverfahren ist annehmbar, sofern diese gemäß international anerkannten Protokollen und Regeln der guten Laborpraxis anhand der in Teil A genannten Referenzverfahren validiert wurden.

ANHANG IV

ANHANG IV
REFERENZVERFAHREN ZUR ANALYSE AUF E. COLI IN LEBENDEN MUSCHELN ZUR EINSTUFUNG VON ERZEUGUNGS- UND UMSETZGEBIETEN GEMÄSS ARTIKEL 52 ABSATZ 2

Als zur Analyse von *E. coli* in lebenden Muscheln angewandtes Referenzverfahren gilt das in der ISO 16649-3 spezifizierte „Nachweis- und MPN-Verfahren". Alternative Verfahren können angewendet werden, sofern sie nach den Kriterien der ISO 16140 anhand dieses Referenzverfahrens validiert wurden.

13/3. EU/KontrollV/tier.LM
ANHANG V

ANHANG V

ANHANG V
ANERKANNTE VERFAHREN ZUM NACHWEIS MARINER BIOTOXINE GEMÄSS ARTIKEL 60

KAPITEL I
VERFAHREN ZUM PSP-NACHWEIS (PARALYTIC SHELLFISH POISON)

A. Der Gehalt der PSP-Toxine im ganzen Körper oder in den genießbaren Körperteilen von Muscheln wird unter Anwendung des in der Norm EN 14526[1)] beschriebenen oder eines anderen international anerkannten und validierten Verfahrens ohne Verwendung eines lebenden Tiers bestimmt.

B. Mit dem oben genannten Verfahren müssen mindestens folgende Verbindungen bestimmt werden können:
   a) Die Toxine Carbamoyl-Saxitoxin, Neosaxitoxin (NEO), Gonyautoxin 1 und 4 (GTX1 und GTX4; Summe der Isomere) und Gonyautoxin 2 und 3 (GTX2 und GTX3; Summe der Isomere);
   b) die Toxine N-Sulfocarbamoyl (B1), Gonyautoxin-6 (B2), N-Sulfocarbamoyl-Gonyautoxin 1 und 2 (C1 und C2; Summe der Isomere), N-Sulfocarbamoyl-Gonyautoxin 3 und 4 (C3 und C4; Summe der Isomere);
   c) die Toxine Decarbamoyl-Saxitoxin (dcSTX), Decarbamoyl-Neosaxitoxin (dcNEO), Decarbamoyl-Gonyautoxin 2 und 3 (Summe der Isomere).

B.1. Entstehen neue Analoga der genannten Toxine, für die ein Toxizitätsäquivalenzfaktor (TEF) festgelegt wurde, so werden diese in die Analyse einbezogen.

B.2. Die Gesamttoxizität wird in μg STX-2HCl-Äquivalenten/kg ausgedrückt und anhand von TEF berechnet, wie in der jüngsten EFSA-Stellungnahme oder dem FAO-WHO-Bericht empfohlen; dies erfolgt auf Vorschlag des Europäischen Referenzlaboratoriums für marine Biotoxine und von dessen Netz nationaler Referenzlaboratorien und nach Zustimmung der Europäischen Kommission. Die verwendeten TEF werden auf der Website des Europäischen Referenzlaboratoriums für marine Biotoxine[2)] veröffentlicht.

C. Bei Anfechtung der Ergebnisse gilt das in der Norm EN 14526 beschriebene Verfahren gemäß Buchstabe A als Referenzverfahren.

(ABl L 339 vom 24. 9. 2021, S 84)

KAPITEL II
VERFAHREN ZUM ASP-NACHWEIS (AMNESIC SHELLFISH POISON)

A. Der Gehalt der ASP-Toxine im ganzen Körper oder in den genießbaren Körperteilen von Muscheln wird durch Hochleistungs-Flüssigkeitschromatografie mit UV-Detektion (HPLC/UV-Verfahren) oder nach einem anderen international anerkannten und validierten Verfahren nachgewiesen.

B. Zu Screening-Zwecken kann jedoch auch das im AOAC *International Journal* 90, 1011-1027 veröffentlichte offizielle Verfahren 2006.02 des AOAC (ASP-Enzym-Immunassay (enzyme-linked immunosorbent assay – ELISA)) oder ein anderes international anerkanntes und validiertes Verfahren angewendet werden.

C. Bei Anfechtung der Ergebnisse gilt das HPLC/UV-Verfahren als Referenzverfahren.

[1)] *Bestimmung von Toxinen der Saxitoxingruppe in Schalentieren – HPLC-Verfahren mit Vorsäulenderivatisierung mit Peroxid- oder Periodatoxidation.*
[2)] http://www.aecosan.msssi.gob.es/en/CRLMB/web/home.html.

KAPITEL III

VERFAHREN ZUM NACHWEIS LIPOPHILER TOXINE

A. Als Referenzverfahren zum Nachweis der in Anhang III Abschnitt VII Kapitel V Nummer 2 Buchstaben c, d und e der Verordnung (EG) Nr. 853/2004 genannten marinen Toxine gilt die Flüssigchromatografie-Tandemmassenspektrometrie des Referenzlabors der EU (EURL LC-MS/MS). Mit diesem Verfahren müssen mindestens folgende Verbindungen bestimmt werden können:

   a) Toxine aus der Gruppe der Okadainsäure: OA, DTX1 und DTX2 sowie deren Ester (DTX3);

   b) „ " *(ABl L 339 vom 24. 9. 2021, S 84)*

   c) Toxine aus der Gruppe der Yessotoxine: YTX, 45 OH YTX, Homo YTX und 45 OH Homo YTX;

   d) Toxine aus der Gruppe der Azaspirosäuren: AZA1, AZA2 und AZA3.

   Entstehen neue Analoga der genannten Toxine, für die ein Toxizitätsäquivalenzfaktor (TEF) festgelegt wurde, so werden diese in die Analyse einbezogen.

   Die Gesamttoxizität wird unter Verwendung der von der Europäischen Behörde für Lebensmittelsicherheit (EFSA) im Journal (2008) 589, 1-62, oder anderen aktualisierten EFSA-Empfehlungen vorgeschlagenen TEF berechnet.

B. Andere als die unter Buchstabe A beschriebenen Verfahren, wie das LC-MS-Verfahren, das HPLC-Verfahren mit geeigneter Detektion, Immunoassays und funktionale Assays wie der Phosphatase-Inhibitionsassay, können als Alternativen oder ergänzend zum EURL LC-MS/MS-Verfahren verwendet werden, sofern

   a) mit ihnen, allein oder in Kombination, mindestens die unter Buchstabe A genannten Analoga nachweisbar sind; gegebenenfalls sind geeignetere Kriterien festzulegen;

   b) sie die vom EURL LC-MS/MS-Verfahren vorgegebenen Leistungskriterien erfüllen. Solche Verfahren müssen laborintern validiert und gemäß einer anerkannten Regelung für Eignungstests erfolgreich getestet worden sein; das Europäische Referenzlaboratorium für marine Biotoxine unterstützt Bemühungen um eine laborübergreifende Validierung des Verfahrens, um eine formale Standardisierung zu erreichen;

   c) ihre Anwendung einen gleichwertigen Gesundheitsschutz gewährleistet.

KAPITEL IV

NACHWEIS NEUER ODER NEU AUFTRETENDER MARINER TOXINE

Zum Nachweis neuer oder neu auftretender mariner Toxine können bei der regelmäßigen Überwachung von Erzeugungs- und Umsetzgebieten im Rahmen der von den Mitgliedstaaten ausgearbeiteten nationalen Kontrollprogramme chemische Verfahren, alternative Verfahren mit geeigneter Detektion oder Maus-Bioassays angewendet werden.

13/3. EU/KontrollV/tier.LM
ANHANG VI

ANHANG VI

ANHANG VI
PRAKTISCHE MODALITÄTEN FÜR AMTLICHE KONTROLLEN IN BEZUG AUF FISCHEREIERZEUGNISSE GEMÄSS ARTIKEL 70

KAPITEL I
ALLGEMEINE BESTIMMUNGEN

A. Organoleptische Prüfungen

Auf allen Produktions-, Verarbeitungs- und Vertriebsstufen werden organoleptische Stichprobenkontrollen durchgeführt. Ein Ziel dieser Kontrollen ist es, die Einhaltung der im Einklang mit der vorliegenden Verordnung festgelegten Frischekriterien zu überprüfen. Dazu gehört insbesondere, dass überprüft wird, dass die Fischereierzeugnisse auf allen Produktions-, Verarbeitungs- und Vertriebsstufen mindestens die gemäß der Verordnung (EG) Nr. 2406/96 des Rates[1] festgelegten grundlegenden Frischekriterien erfüllen.

B. Frischeindikatoren

Lässt die organoleptische Prüfung Zweifel an der Frische der Fischereierzeugnisse aufkommen, so können Proben entnommen und gemäß den technischen Vorkehrungen in Kapitel II im Labor auf ihren Gehalt an flüchtigem Basenstickstoff (TVB-N) und Trimethylamin-Stickstoff (TMA-N) untersucht werden.

Die zuständigen Behörden wenden die in der vorliegenden Verordnung festgelegten Kriterien an.

Lässt die organoleptische Prüfung auf andere für den Menschen potenziell gesundheitsgefährdende Zustände schließen, so werden zur Überprüfung geeignete Proben entnommen.

C. Histamin

Es werden Histamin-Stichprobentests zur Überprüfung der Einhaltung der in der Verordnung (EG) Nr. 2073/2005 festgesetzten Grenzwerte durchgeführt.

D. Rückstände und Kontaminanten

Es werden Vorkehrungen gemäß der Richtlinie 96/23/EG und der Entscheidung 97/747/EG getroffen, um die Einhaltung der EU-Rechtsvorschriften in Bezug auf Folgendes zu überwachen:
– Rückstandshöchstmengen für pharmakologisch wirksame Stoffe gemäß den Verordnungen (EU) Nr. 37/2010 und (EU) 2018/470;
– verbotene und nicht zugelassene Stoffe gemäß der Verordnung (EU) Nr. 37/2010, der Richtlinie 96/22/EG und der Entscheidung 2005/34/EG;
– Kontaminanten gemäß der Verordnung (EG) Nr. 1881/2006 zur Festsetzung der Höchstgehalte für bestimmte Kontaminanten in Lebensmitteln; und
– Pestizidrückstände gemäß der Verordnung (EG) Nr. 396/2005.

„Für Fischereierzeugnisse aus Wildfang werden Vorkehrungen eingeführt, um die Einhaltung der EU-Rechtsvorschriften über Kontaminanten gemäß der Verordnung (EG) Nr. 1881/2006 zur Festsetzung der Höchstgehalte für bestimmte Kontaminanten in Lebensmitteln zu überwachen." *(ABl L 339 vom 24. 9. 2021, S 84)*

E. Mikrobiologische Kontrollen

Erforderlichenfalls werden im Einklang mit den einschlägigen Vorschriften und Kriterien der Verordnung (EG) Nr. 2073/2005 mikrobiologische Kontrollen durchzuführen.

F. Parasiten

---

[1] *Verordnung (EG) Nr. 2406/96 des Rates vom 26. November 1996 über gemeinsame Vermarktungsnormen für bestimmte Fischereierzeugnisse. ABl. L 334 vom 23.12.1996, S. 1.*

Zur Überprüfung der Einhaltung der Bestimmungen von Anhang III Abschnitt VIII Kapitel III Teil D der Verordnung (EG) Nr. 853/2004 und Anhang II Abschnitt I der Verordnung (EG) Nr. 2074/2005 werden risikobasierte Tests durchgeführt.

G. Giftige Fischereierzeugnisse

Es werden Kontrollen durchgeführt, um Folgendes sicherzustellen:

1. Fischereierzeugnisse, die aus giftigen Fischen der folgenden Familien hergestellt wurden, werden nicht in Verkehr gebracht: *Tetraodontidae*, *Molidae*, *Diodontidae* und *Canthigasteridae*;

2. frische, zubereitete, gefrorene oder verarbeitete Fischereierzeugnisse der Familie *Gempylidae*, insbesondere Ruvettus pretiosus und *Lepidocybium flavobrunneum*, werden nur in umhüllter/verpackter Form in Verkehr gebracht werden und enthalten auf dem Etikett in angemessener Weise Verbraucherinformationen über die Zubereitungs-/Garmethoden und das Risiko infolge etwa vorhandener Stoffe, die Magen-Darm-Störungen hervorrufen können. Auf dem Etikett werden der wissenschaftliche Name der Fischereierzeugnisse und die Handelsbezeichnung ausgewiesen;

3. Fischereierzeugnisse, die Biotoxine wie Ciguatoxin oder andere die menschliche Gesundheit gefährdende Toxine enthalten, werden nicht in Verkehr gebracht. Aus lebenden Muscheln, Stachelhäutern, Manteltieren und Meeresschnecken gewonnene Fischereierzeugnisse dürfen jedoch in Verkehr gebracht werden, wenn sie gemäß Anhang III Abschnitt VII der Verordnung (EG) Nr. 853/2004 erzeugt wurden und den in Kapitel V Nummer 2 des genannten Abschnitts festgelegten Standards entsprechen.

KAPITEL II
KONTROLLEN AUF FLÜCHTIGE BASENSTICKSTOFFE (TVB-N)

A. TVB-N-Grenzwerte für bestimmte Kategorien von Fischereierzeugnissen und anzuwendende Analyseverfahren

1. Unverarbeitete Fischereierzeugnisse gelten als genussuntauglich, wenn die organoleptische Prüfung Zweifel an ihrer Frische aufkommen ließ und chemische Kontrollen ergeben, dass die folgenden TVB-N-Grenzwerte überschritten wurden:

    a) 25 mg Stickstoff/100 g Fleisch bei den Arten gemäß Buchstabe B Nummer 1 des vorliegenden Kapitels;

    b) 30 mg Stickstoff/100 g Fleisch bei den Arten gemäß Buchstabe B Nummer 2 des vorliegenden Kapitels;

    c) 35 mg Stickstoff/100 g Fleisch bei den Arten gemäß Buchstabe B Nummer 3 des vorliegenden Kapitels;

    d) 60 mg Stickstoff/100 g unzerteilte Fischereierzeugnisse, die gemäß Anhang III Abschnitt VIII Kapitel IV Teil B Nummer 1 Absatz 2 der Verordnung (EG) Nr. 853/2004 unmittelbar für die Zubereitung von für den menschlichen Verzehr bestimmtem Fischöl verwendet werden; wenn das Rohmaterial jedoch den Bestimmungen des Absatzes 1 Buchstaben a, b und c der genannten Nummer entspricht, können die Mitgliedstaaten bis zum Erlass spezifischer Unionsvorschriften höhere Grenzwerte für bestimmte Arten festlegen.

    Das zur Kontrolle der TVB-N-Grenzwerte anzuwendende Referenzverfahren umfasst die Destillation eines mit Perchlorsäure denaturierten Extraktes im Sinne des nachstehenden Buchstaben C.

2. Die Destillation gemäß Nummer 1 wird mit einem Gerät durchgeführt, das dem Schaubild in Buchstabe D entspricht.

3. Folgende Routineverfahren können zur Kontrolle der TVB-N-Grenzwerte angewendet werden:

    a) Mikrodiffusion nach Conway und Byrne (1933);

    b) einfache Destillation nach Antonacopoulos (1968);

    c) Destillation eines mit Trichloressigsäure denaturierten Extraktes (Ausschuss des Codex Alimentarius für Fische und Fischereierzeugnisse, 1968).

4. Die Probe besteht aus rund 100 g Fleisch, das an mindestens drei unterschiedlichen Stellen entnommen und durch Zerkleinern vermischt wird.

Die Mitgliedstaaten empfehlen, dass die amtlichen Laboratorien die genannten Verfahren als Routineverfahren anwenden. In Zweifels- oder Streitfällen bezüglich der Ergebnisse eines Routineverfahrens darf zur Bestätigung der Ergebnisse nur das Referenzverfahren angewendet werden.

B. Artenkategorien, Für Die TVB-N-Grenzwerte Festgesetzt Werden

Für folgende Artenkategorien werden TVB-N-Grenzwerte festgesetzt:
1. *Sebastes spp., Helicolenus dactylopterus, Sebastichthys capensis*;
2. Arten der Familie der *Pleuronectidae* (mit Ausnahme des Heilbutts: *Hippoglossus* spp.);
3. *Salmo salar*, Arten der Familie der *Merlucciidae* und der Familie der *Gadidae*.

C. Referenzverfahren zur Bestimmung der TVB-N-Konzentration in Fisch und Fischereierzeugnissen

1. Zweck und Anwendungsgebiet

    Dieses Verfahren beschreibt ein Referenzverfahren zur Bestimmung der Stickstoffkonzentration von TVB-N in Fisch und Fischereierzeugnissen. Das Verfahren ist bei TVB-N–Konzentrationen von 5 mg/100 g bis mindestens 100 mg/100 g anwendbar.

2. Begriffsbestimmungen

    „TVB-N-Konzentration" bezeichnet den nach dem beschriebenen Referenzverfahren bestimmten Stickstoffgehalt flüchtiger stickstoffhaltiger Basen.

    „Lösung" bezeichnet eine wässrige Lösung wie folgt:
    a) Perchlorsäurelösung = 6 g/100 ml;
    b) Natriumhydroxidlösung = 20 g/100 ml;
    c) Salzsäure-Standardlösung 0,05 mol/l (0,05 N). Bei Verwendung eines automatischen Destilliergeräts muss die Titrierung mit einer Salzsäure-Standardlösung von 0,01 mol/l (0,01 N) durchgeführt werden;
    d) Borsäurelösung = 3 g/100 ml;
    e) Silikon-Schaumverhüter;
    f) Phenolphtaleinlösung = 1 g/100 ml 95-prozentigem Ethanol;
    g) Indikatorlösung (Tashiro-Mischindikator) = 2 g Methylrot und 1 g Methylenblau gelöst in 1 000 ml 95-prozentigem Ethanol.

3. Kurzbeschreibung

    Der flüchtige Basenstickstoff wird mit einer Lösung von 0,6 mol/l Perchlorsäure aus einer Probe extrahiert. Nach Alkalisierung wird der Extrakt wasserdampfdestilliert und die flüchtigen Basenanteile werden in einer Säurevorlage absorbiert. Die TVB-N-Konzentration wird durch Titrierung der absorbierten Basen bestimmt. Die Konzentration wird in mg/100 g ausgedrückt.

4. Reagenzien

    Sofern nicht anders angegeben, werden analysenreine Reagenzien verwendet. Das Wasser ist entweder destilliert oder demineralisiert und weist mindestens die gleiche Reinheit auf.

5. Es werden folgende Geräte und folgendes Zubehör verwendet:
    a) Fleischhackmaschine zur Herstellung eines ausreichend homogenen Fischprobengemenges;
    b) Hochgeschwindigkeitsmischer mit Drehzahlen von 8 000 min-1 bis 45 000 min-1;
    c) Faltenfilter, 150 mm Durchmesser, Schnellfiltrierung;
    d) 5-ml-Bürette, 0,01-ml-Graduierung;
    e) Gerät für die Wasserdampfdestillation: Das Gerät muss für die Regelung unterschiedlicher Dampfmengen ausgelegt sein und über eine bestimmte Zeit konstante Dampfmengen erzeugen können. Es muss gewährleistet sein, dass die bei Zugabe der alkalisierenden Substanzen freiwerdenden Basen nicht entweichen können.

6. Durchführung des Referenzverfahrens

    Beim Arbeiten mit hochgradig korrosiver Perchlorsäure werden erforderliche Vorsichtsmaßnahmen getroffen. Die Proben werden so schnell wie möglich nach ihrem Eintreffen nach folgenden Anweisungen zubereitet:
    a) Zubereitung der Probe

13/3. EU/KontrollV/tier.LM
ANHANG VI

Die zu untersuchende Probe wird in einer wie in Nummer 5 Buchstabe a beschriebenen Fleischhackmaschine sorgfältig zerkleinert. 10 g ± 0,1 g der zerkleinerten Probe werden in einen geeigneten Behälter eingewogen. Sie werden mit 90,0 ml Perchlorsäurelösung versetzt, zwei Minuten mit einem wie in Nummer 5 Buchstabe b beschriebenen Mischer homogenisiert und anschließend gefiltert.

Der so gewonnene Extrakt kann mindestens sieben Tage lang bei Temperaturen zwischen annähernd + 2 °C und + 6 °C aufbewahrt werden;

b) Dampfdestillation

Es werden 50,0 ml des nach Buchstabe a gewonnenen Extrakts in ein wie in Nummer 5 Buchstabe e beschriebenes Gerät für die Wasserdampfdestillation gegeben. Damit später überprüft werden kann, ob der Extrakt ausreichend alkalisiert ist, werden einige Tropfen Phenolphtaleinlösung hinzugegeben. Nach Zugabe einiger Tropfen Silikon-Schaumverhüter wird der Extrakt mit 6,5 ml Natriumhydroxidlösung versetzt und es wird umgehend mit der Dampfdestillation begonnen.

Die Dampfdestillation wird so eingestellt, dass innerhalb von 10 Minuten rund 100 ml Destillat entstehen. Das Ablassrohr wird in eine Vorlage mit 100 ml Borsäurelösung eingetaucht, der drei bis fünf Tropfen der Indikatorlösung zugesetzt wurden. Nach genau 10 Minuten ist die Destillation beendet. Das Ablassrohr wird aus der Vorlage entfernt und mit Wasser gespült. Die flüchtigen Basen in der Vorlagelösung werden durch Titrierung mit Salzsäure-Standardlösung bestimmt.

Der pH-Wert des Endpunkts muss bei 5,0 ± 0,1 liegen;

c) Titrierung

Die Analysen sind zweimal durchzuführen. Das angewendete Verfahren wurde korrekt durchgeführt, wenn die Differenz zwischen beiden Analysen nicht mehr als 2 mg/100 g beträgt.

d) Blindtest

Es wird ein Blindtest gemäß Buchstabe b durchgeführt. Anstelle des Extrakts werden 50,0 ml Perchlorsäurelösung verwendet.

7. Berechnung der TVB-N-Konzentration

Durch Titrierung der Vorlagelösung mit Salzsäure-Standardlösung wird die TVB-N-Konzentration anhand folgender Gleichung berechnet:

dabei gilt:

V1 = Volumen von 0,01 mol Salzsäure-Standardlösung (in ml) für die Probe;
V0 = Volumen von 0,01 mol Salzsäure-Standardlösung (in ml) für die Blindprobe;
M = Masse der Probe in Gramm.

Außerdem ist folgendes zu beachten:

a) zweifache Analyse. Das angewendete Verfahren wurde korrekt durchgeführt, wenn die Differenz zwischen beiden Analysen nicht mehr als 2 mg/100 g beträgt;
b) Überprüfung der Geräte. Die Geräte werden durch Destillieren einer NH4Cl-Lösungsmenge überprüft, die 50 mg TVB-N/100 g entsprechen;
c) Standardabweichungen. Die Wiederhol-Standardabweichung Sr = 1,20 mg/100 g und die Vergleich-Standardabweichung SR = 2,50 mg/100 g werden berechnet.

D. **TVB-N-Dampfdestilliergerät**

13/4. Delegierte Verordnung (EU) 2019/2090 zur Ergänzung der Verordnung (EU) 2017/625 des Europäischen Parlaments und des Rates in Bezug auf mutmaßliche oder festgestellte Verstöße gegen Unionsvorschriften über die Verwendung oder über Rückstände pharmakologisch wirksamer Stoffe, die in Tierarzneimitteln oder als Futtermittelzusatzstoffe zugelassen sind, bzw. gegen Unionsvorschriften über die Verwendung oder über Rückstände verbotener oder nicht zugelassener pharmakologisch wirksamer Stoffe

ABl L 317 vom 9. 12. 2019, S 28

Delegierte Verordnung (EU) 2019/2090 der Kommission vom 19. Juni 2019 zur Ergänzung der Verordnung (EU) 2017/625 des Europäischen Parlaments und des Rates in Bezug auf mutmaßliche oder festgestellte Verstöße gegen Unionsvorschriften über die Verwendung oder über Rückstände pharmakologisch wirksamer Stoffe, die in Tierarzneimitteln oder als Futtermittelzusatzstoffe zugelassen sind, bzw. gegen Unionsvorschriften über die Verwendung oder über Rückstände verbotener oder nicht zugelassener pharmakologisch wirksamer Stoffe

DIE EUROPÄISCHE KOMMISSION –

gestützt auf den Vertrag über die Arbeitsweise der Europäischen Union,

gestützt auf die Verordnung (EU) 2017/625 des Europäischen Parlaments und des Rates vom 15. März 2017 über amtliche Kontrollen und andere amtliche Tätigkeiten zur Gewährleistung der Anwendung des Lebens- und Futtermittelrechts und der Vorschriften über Tiergesundheit und Tierschutz, Pflanzengesundheit und Pflanzenschutzmittel, zur Änderung der Verordnungen (EG) Nr. 999/2001, (EG) Nr. 396/2005, (EG) Nr. 1069/2009, (EG) Nr. 1107/2009, (EU) Nr. 1151/2012, (EU) Nr. 652/2014, (EU) 2016/429 und (EU) 2016/2031 des Europäischen Parlaments und des Rates, der Verordnungen (EG) Nr. 1/2005 und (EG) Nr. 1099/2009 des Rates sowie der Richtlinien 98/58/EG, 1999/74/EG, 2007/43/EG, 2008/119/EG und 2008/120/EG des Rates und zur Aufhebung der Verordnungen (EG) Nr. 854/2004 und (EG) Nr. 882/2004 des Europäischen Parlaments und des Rates, der Richtlinien 89/608/EWG, 89/662/EWG, 90/425/EWG, 91/496/EWG, 96/23/EG, 96/93/EG und 97/78/EG des Rates und des Beschlusses 92/438/EWG des Rates (Verordnung über amtliche Kontrollen)[1], insbesondere auf Artikel 19 Absatz 2 Buchstaben a und b,

in Erwägung nachstehender Gründe:

(1) Die Verordnung (EU) 2017/625 regelt die Durchführung von amtlichen Kontrollen und anderen amtlichen Tätigkeiten der zuständigen Behörden der Mitgliedstaaten zur Überprüfung, ob das Unionsrecht unter anderem im Bereich der Lebensmittelsicherheit auf allen Produktions-, Verarbeitungs- und Vertriebsstufen eingehalten wird. Sie enthält besondere Vorschriften über amtliche Kontrollen in Bezug auf Stoffe, deren Verwendung zu Rückständen in Lebens- und Futtermitteln führen kann.

(2) In den Artikeln 137 und 138 der Verordnung (EU) 2017/625 sind die Pflichten der zuständigen Behörden im Zusammenhang mit Maßnahmen festgelegt, die bei Verdacht auf einen Verstoß zu treffen sind, sowie Maßnahmen aufgeführt, die im Fall eines festgestellten Verstoßes zu ergreifen sind.

(3) Mit der Verordnung (EU) 2017/625 wird die Richtlinie 96/23/EG des Rates[2] mit Wirkung vom 14. Dezember 2019 aufgehoben. In der genannten Richtlinie sind derzeit Kontrollmaßnahmen hinsichtlich bestimmter Stoffe und ihrer Rückstände in lebenden Tieren und tierischen

---

Zur Präambel
[1] ABl. L 95 vom 7.4.2017, S. 1.

Zu Abs. 3:
[2] Richtlinie 96/23/EG des Rates vom 29. April 1996 über Kontrollmaßnahmen hinsichtlich bestimmter Stoffe und ihrer Rückstände in lebenden Tieren und tierischen Erzeugnissen und zur Aufhebung der Richtlinien 85/358/EWG und 86/469/EWG und der Entscheidungen 89/187/EWG und 91/664/EWG (ABl. L 125 vom 23.5.1996, S. 10).

Erzeugnissen und insbesondere die Durchsetzungsmaßnahmen festgelegt, die von den zuständigen Behörden bei mutmaßlichen oder festgestellten Verstößen im Zusammenhang mit Stoffen und Rückständen im Geltungsbereich dieser Richtlinie zu treffen sind.

(4) Die in der Richtlinie 96/23/EG festgelegten Vorschriften gewährleisten die einheitliche Durchsetzung der EU- Rechtsvorschriften über die Lebensmittelsicherheit im Zusammenhang mit der Verwendung und mit Rückständen pharmakologisch wirksamer Stoffe. Um den gesamten Rechtsrahmen zu straffen und zu vereinfachen, werden die für amtliche Kontrollen in einzelnen Bereichen des Unionsrechts für die Lebensmittelkette geltenden Vorschriften in den durch die Verordnung (EU) 2017/625 festgelegten Rahmen für amtliche Kontrollen aufgenommen. Um eine kontinuierliche und einheitliche Durchsetzung zu gewährleisten, sollten die Vorschriften der Richtlinie 96/23/EG in Bezug auf Maßnahmen im Anschluss an Verstöße in den neuen Rechtsrahmen der Verordnung (EU) 2017/625 aufgenommen werden.

(5) Mit den Vorschriften der vorliegenden Verordnung sollte im Rahmen der Verordnung (EU) 2017/625 sichergestellt werden, dass die Anforderungen an Maßnahmen im Anschluss an mutmaßliche oder festgestellte Verstöße gegen die Vorschriften über die Verwendung oder über Rückstände pharmakologisch wirksamer Stoffe, die in Tierarzneimitteln oder als Futtermittelzusatzstoffe zugelassen sind, bzw. gegen Unionsvorschriften über die Verwendung oder über Rückstände verbotener oder nicht zugelassener pharmakologisch wirksamer Stoffe, Bestand haben, insbesondere diejenigen der nachstehenden Rechtsakte:

- Verordnung (EG) Nr. 470/2009 des Europäischen Parlaments und des Rates[3] mit Vorschriften für die Festsetzung von Höchstmengen für Rückstände pharmakologisch wirksamer Stoffe in Lebensmitteln tierischen Ursprungs und für das Inverkehrbringen von Lebensmitteln tierischen Ursprungs, die Rückstände pharmakologisch wirksamer Stoffe enthalten;

- Verordnung (EU) Nr. 37/2010 der Kommission[4], in der pharmakologisch wirksame Stoffe hinsichtlich ihres Verbotes oder der für sie geltenden Rückstandshöchstmengen eingestuft werden;

- Verordnung (EG) Nr. 1831/2003 des Europäischen Parlaments und des Rates[5] mit Vorschriften für die Zulassung bestimmter Tierarzneimittel als Futtermittelzusatzstoffe und der auf ihrer Grundlage erlassenen Rechtsakte, in denen die Zulassung bestimmter Tierarzneimittel und deren Rückstandshöchstmengen in Lebensmitteln tierischen Ursprungs festgelegt sind;

- Verordnung (EG) Nr. 1950/2006 der Kommission[6], mit der ein Verzeichnis von für die Behandlung von Equiden wesentlichen Stoffen erstellt wird;

- Verordnung (EG) Nr. 124/2009 der Kommission[7], in der Höchstgehalte an Kokzidiostatika und Histomonostatika festgelegt werden, die in Lebensmitteln aufgrund unvermeidbarer Verschleppung in Futtermittel für Nichtzieltierarten vorhanden sind[8], auf der Grundlage der Verordnung (EWG) Nr. 315/93 des Rates zur Festlegung von gemeinschaftlichen Verfahren zur Kontrolle von Kontaminanten in Lebensmitteln[9];

- Richtlinie 96/22/EG[10], mit der die Verwendung bestimmter Stoffe mit hormonaler bzw.

Zu Abs. 5:
[3] *Verordnung (EG) Nr. 470/2009 des Europäischen Parlaments und des Rates vom 6. Mai 2009 über die Schaffung eines Gemeinschafts-verfahrens für die Festsetzung von Höchstmengen für Rückstände pharmakologisch wirksamer Stoffe in Lebensmitteln tierischen Ursprungs, zur Aufhebung der Verordnung (EWG) Nr. 2377/90 des Rates und zur Änderung der Richtlinie 2001/82/EG des Europäischen Parlaments und des Rates und der Verordnung (EG) Nr. 726/2004 des Europäischen Parlaments und des Rates (ABl. L 152 vom 16.6.2009, S. 11).*

[4] *Verordnung (EU) Nr. 37/2010 der Kommission vom 22. Dezember 2009 über pharmakologisch wirksame Stoffe und ihre Einstufung hinsichtlich der Rückstandshöchstmengen in Lebensmitteln tierischen Ursprungs (ABl. L 15 vom 20.1.2010, S. 1).*

[5] *Verordnung (EG) Nr. 1831/2003 des Europäischen Parlaments und des Rates vom 22. September 2003 über Zusatzstoffe zur Verwendung in der Tierernährung (ABl. L 268 vom 18.10.2003, S. 29).*

[6] *Verordnung (EG) Nr. 1950/2006 der Kommission vom 13. Dezember 2006 zur Erstellung eines Verzeichnisses von für die Behandlung von Equiden wesentlichen Stoffen und von Stoffen mit zusätzlichem klinischen Nutzen gemäß der Richtlinie 2001/82/EG des Europäischen Parlaments und des Rates zur Schaffung eines Gemeinschaftskodexes für Tierarzneimittel (ABl. L 367 vom 22.12.2006, S. 33).*

[7] *Verordnung (EG) Nr. 124/2009 der Kommission vom 10. Februar 2009 zur Festlegung von Höchstgehalten an Kokzidiostatika und Histomonostatika, die in Lebensmitteln aufgrund unvermeidbarer Verschleppung in Futtermittel für Nichtzieltierarten vorhanden sind (ABl. L 40 vom 11.2.2009, S. 7).*

[8] *Die Nichteinhaltung dieser Höchstgehalte wird als Verstoß gegen die für die Verwendung und für Rückstände von Tierarzneimitteln geltenden Vorschriften angesehen.*

[9] *Verordnung (EWG) Nr. 315/93 des Rates vom 8. Februar 1993 zur Festlegung gemeinschaftlicher Verfahren zur Kontrolle von Kontaminanten in Lebensmitteln (ABl. L 37 vom 13.2.1993, S. 1).*

[10] *Richtlinie 96/22/EG des Rates vom 29. April 1996 über das Verbot der Verwendung bestimmter Stoffe mit*

thyreostatischer Wirkung und von ß-Agonisten in der tierischen Erzeugung verboten wird.

(6) Werden auf der Grundlage der in Erwägungsgrund 5 genannten Unionsvorschriften verbotene oder nicht zugelassene Stoffe bei nichtbefugten Personen festgestellt, sodass ein Verdacht auf vorschriftswidrige Behandlung und mögliche Auswirkungen auf die Lebensmittelsicherheit entsteht, sollten die in der Verordnung (EU) 2017/625 und in der vorliegenden Verordnung vorgesehenen Maßnahmen für die amtliche Verwahrung und für Untersuchungen gelten.

(7) Mit der Richtlinie 2001/82/EG des Europäischen Parlaments und des Rates[11] wurde ein Rechtsrahmen für Inverkehrbringen, Herstellung, Einfuhr, Ausfuhr, Abgabe, Vertrieb, Pharmakovigilanz, Kontrolle und Verwendung von Tierarzneimitteln geschaffen. Pharmakologisch wirksame Stoffe, die nicht für Tierarzneimittel zugelassen sind, dürfen nicht bei der Lebensmittelgewinnung dienenden Tieren verwendet werden, mit Ausnahme der Verwendung von für die Behandlung von Equiden wesentlichen Stoffen, wie in der Verordnung (EG) Nr. 1950/2006 festgelegt. Maßnahmen im Anschluss an mutmaßliche oder festgestellte Verstöße im Zusammenhang mit der Verwendung von Tierarzneimitteln, die mutmaßliche oder nachweisliche Auswirkungen auf die Lebensmittelsicherheit haben, fallen in den Geltungsbereich der Verordnung (EU) 2017/625 und der vorliegenden Verordnung. Die Richtlinie 2001/82/EG wurde aufgehoben und durch die Verordnung (EU) 2019/6 des Europäischen Parlaments und des Rates über Tierarzneimittel (die neue Tierarzneimittel-Verordnung)[12] ersetzt, die ab dem 28. Januar 2022 gilt und unter anderem Beschränkungen für die Anwendung antimikrobieller Tierarzneimittel bei Tieren vorsieht.

(8) Angesichts der Tatsache, dass unterschiedliche Durchsetzungspraktiken dazu führen könnten, dass die Gesundheit von Mensch und Tier nicht überall gleichermaßen geschützt ist, dass der Binnenmarkt gestört wird und dass es zu Wettbewerbsverzerrungen kommt, sollte die Verordnung (EU) 2017/625 durch besondere Vorschriften für die Durchführung amtlicher Kontrollen von Tieren und Waren auf allen Produktions-, Verarbeitungs-, Vertriebs- und Verwendungsstufen in Bezug auf mutmaßliche oder festgestellte Verstöße im Zusammenhang mit den betreffenden Stoffen sowie für im Anschluss an diese amtlichen Kontrollen zu treffende Maßnahmen ergänzt werden.

(9) Angesichts der Besonderheiten der Maßnahmen und Kontrollen, die bei mutmaßlichen oder festgestellten Verstößen gegen Unionsvorschriften über die Verwendung pharmakologisch wirksamer Stoffe bei der Lebensmittelgewinnung dienenden Tieren und über ihre Rückstände durchzuführen sind, und um eine unionsweit einheitliche Anwendung der Durchsetzungsmaßnahmen zu gewährleisten, sollte festgelegt werden, in welchen Fällen die in den Artikeln 137 und 138 der Verordnung (EU) 2017/625 aufgeführten Maßnahmen zu treffen sind, um sie an diesen Sektor anzupassen.

(10) Gemäß Artikel 79 Absatz 2 Buchstabe c der Verordnung (EU) 2017/625 sollten die Kosten, die durch Pflichtgebühren oder -abgaben für amtliche Kontrollen im Rahmen dieser Verordnung entstehen, von dem für die Tiere und die Waren verantwortlichen Unternehmer getragen werden.

(11) Gemäß Artikel 50 der Verordnung (EG) Nr. 178/2002 des Europäischen Parlaments und des Rates[13] müssen die Mitgliedstaaten über das zu diesem Zweck eingerichtete Netz ein unmittelbares oder mittelbares Risiko für die menschliche Gesundheit, das von Lebensmitteln oder Futtermitteln ausgeht, melden. Verstöße im Zusammenhang mit Rückständen pharmakologisch wirksamer Stoffe, die solche Risiken darstellen, sollten daher entsprechend gemeldet werden. Außerdem sollten bei Verstößen im Zusammenhang mit Tieren oder Erzeugnissen tierischen Ursprungs, die aus einem anderen Mitgliedstaat stammen, die Behörden des Mitgliedstaats, der den Verstoß festgestellt hat, und der Herkunftsmitgliedstaat die Bestimmungen über die Amtshilfe gemäß der Verordnung (EU) 2017/625 anwenden und geeignete Anschlussmaßnahmen im Sinne der vorliegenden Verordnung ergreifen.

---

hormonaler bzw. thyreostatischer Wirkung und von ß-Agonisten in der tierischen Erzeugung und zur Aufhebung der Richtlinien 81/602/EWG, 88/146/EWG und 88/299/EWG (ABl. L 125 vom 23.5.1996, S. 3).

Zu Abs. 7:

[11] *Richtlinie 2001/82/EG des Europäischen Parlaments und des Rates vom 6. November 2001 zur Schaffung eines Gemeinschaftskodexes für Tierarzneimittel (ABl. L 311 vom 28.11.2001, S. 1).*

[12] *Verordnung (EU) 2019/6 des Europäischen Parlaments und des Rates vom 11. Dezember 2018 über Tierarzneimittel und zur Aufhebung der Richtlinie 2001/82/EG (ABl. L 4 vom 7.1.2019, S. 43).*

Zu Abs. 11:

[13] *Verordnung (EG) Nr. 178/2002 des Europäischen Parlaments und des Rates vom 28. Januar 2002 zur Festlegung der allgemeinen Grundsätze und Anforderungen des Lebensmittelrechts, zur Errichtung der Europäischen Behörde für Lebensmittelsicherheit und zur Festlegung von Verfahren zur Lebensmittelsicherheit (ABl. L 31 vom 1.2.2002, S. 1).*

(12) Da die in der Richtlinie 96/23/EG festgelegten Vorschriften für die Maßnahmen im Anschluss an bestimmte Fälle festgestellter Verstöße oder mutmaßlicher Verstöße im Zusammenhang mit den in ihren Geltungsbereich fallenden Stoffen und Rückständen mit Wirkung vom 14. Dezember 2019 aufgehoben werden, sollte die vorliegende Verordnung ab diesem Datum gelten.

HAT FOLGENDE VERORDNUNG ERLASSEN:

Artikel 1
Gegenstand

In dieser Verordnung werden Vorschriften über spezifische Anforderungen an amtliche Kontrollen und bei Verstößen oder mutmaßlichen Verstößen anwendbare Maßnahmen gegen Unionsvorschriften festgelegt, die für die Verwendung zugelassener, nicht zugelassener oder verbotener pharmakologisch wirksamer Stoffe bei der Lebensmittelgewinnung dienenden Tieren und für ihre Rückstände gelten.

Artikel 2
Begriffsbestimmungen

Für die Zwecke dieser Verordnung gelten die Begriffsbestimmungen der Verordnung (EU) 2017/625, der Richtlinie 2001/82/EG und der Verordnung (EG) Nr. 470/2009. Darüber hinaus bezeichnet für die Zwecke dieser Verordnung der Ausdruck

a) „pharmakologisch wirksamer Stoff": jeden Stoff oder jedes Gemisch von Stoffen, der bzw. das dazu bestimmt ist, bei der Herstellung eines Tierarzneimittels verwendet zu werden und der bzw. das im Falle der Verwendung bei der Herstellung dieses Arzneimittels zu einem seiner wirksamen Bestandteile wird;

b) „nicht zugelassene Stoffe": pharmakologisch wirksame Stoffe, die nicht in Tabelle 1 des Anhangs der Verordnung (EU) Nr. 37/2010 aufgeführt sind, oder Stoffe, die nicht gemäß der Verordnung (EG) Nr. 1831/2003 als Futtermittelzusatzstoffe zugelassen sind, mit Ausnahme von für die Behandlung von Equiden wesentlichen Stoffen und von Stoffen, die im Vergleich zu anderen für Equiden verfügbaren Behandlungsmethoden zusätzlichen klinischen Nutzen bringen, wie in der Verordnung (EG) Nr. 1950/2006 festgelegt;

c) „vorschriftswidrige Behandlung": die Verwendung bei der Lebensmittelgewinnung dienenden Tieren

– von verbotenen oder nicht zugelassenen Stoffen oder Erzeugnissen oder

– von durch Rechtsvorschriften der Union zugelassenen Stoffen oder Tierarzneimitteln zu anderen als in den genannten oder gegebenenfalls einzelstaatlichen Rechtsvorschriften vorgesehenen Zwecken oder unter anderen als den darin vorgesehenen Bedingungen.

Für die Zwecke dieser Verordnung gelten bei durch Rechtsvorschriften der Union zugelassenen Stoffen oder Tierarzneimitteln Verstöße bezüglich der Wartezeit bzw. die Rückstandshöchstmenge oder den Höchstgehalt überschreitende Rückstände pharmakologisch wirksamer Stoffe nicht als vorschriftswidrige Behandlung, sofern alle anderen in Unions- oder einzelstaatlichen Rechtsvorschriften festgelegten Bedingungen für die Verwendung des Stoffes oder Tierarzneimittels eingehalten werden;

d) „die Rückstandshöchstmenge überschreitende Rückstände pharmakologisch wirksamer Stoffe": das Vorhandensein von Rückständen zugelassener pharmakologisch wirksamer Stoffe in Erzeugnissen tierischen Ursprungs in einer Konzentration, die die in den Rechtsvorschriften der Union festgesetzten Rückstandshöchstmengen überschreitet;

e) „den Höchstgehalt überschreitende Rückstände pharmakologisch wirksamer Stoffe": das Vorhandensein von Rückständen pharmakologisch wirksamer Stoffe in Erzeugnissen tierischen Ursprungs aufgrund von unvermeidbarer Verschleppung dieser Stoffe in Futtermittel für Nichtzieltierarten in einer Konzentration, die die in den Rechtsvorschriften der Union festgesetzten Höchstgehalte überschreitet;

f) „Tierpartie": Gruppe von Tieren der gleichen Tierart und Altersgruppe, die im selben Betrieb unter einheitlichen Haltungsbedingungen gleichzeitig aufgezogen wurden.

Artikel 3
Maßnahmen, die im Schlachtbetrieb bei Verstößen oder mutmaßlichen Verstößen zu ergreifen sind

(1) Wenn der amtliche Tierarzt, der in einem Schlachtbetrieb amtliche Kontrollen durchführt, oder der amtliche Fachassistent, der im Rahmen dieser Kontrollen bestimmte Aufgaben übernimmt, den Verdacht auf vorschriftswidrige Behandlung hat oder Erkenntnisse für eine solche vorliegen, so stellt der amtliche Tierarzt sicher, dass folgende Maßnahmen getroffen werden:

a) den Unternehmer anweisen, die betreffenden Tiere von anderen im Schlachtbetrieb anwesenden oder in diesen verbrachten Tierpartien unter den von der zuständigen Behörde festzulegenden Bedingungen getrennt zu halten;

b) dafür sorgen, dass die Tiere getrennt von den übrigen im Schlachtbetrieb anwesenden Tierpartien geschlachtet werden;

c) den Unternehmer anweisen, die Schlachtkörper, das Fleisch, die Schlachtnebenerzeugnisse und die Nebenprodukte der betreffenden Tiere unverzüglich zu identifizieren und von anderen Erzeugnissen tierischen Ursprungs getrennt zu halten, sowie anordnen, dass diese Erzeugnisse nicht ohne vorherige Genehmigung der zuständigen Behörde verbracht, verarbeitet oder beseitigt werden;

d) anordnen, dass Proben zum Nachweis von verbotenen oder nicht zugelassenen Stoffen oder von zugelassenen Stoffen im Falle einer mutmaßlichen oder festgestellten Verwendung unter anderen als den in den Rechtsvorschriften vorgesehenen Bedingungen genommen werden.

(2) Wurde eine vorschriftswidrige Behandlung festgestellt, so weist die zuständige Behörde den Unternehmer an, die Schlachtkörper, das Fleisch, die Schlachtnebenerzeugnisse und die Nebenprodukte der betreffenden Tiere gemäß der Verordnung (EG) Nr. 1069/2009 des Europäischen Parlaments und des Rates[1]) ohne Entschädigung oder Ausgleich zu beseitigen.

(3) Wenn der amtliche Tierarzt, der amtliche Kontrollen in einem Schlachtbetrieb durchführt, oder der amtliche Fachassistent, der im Rahmen dieser Kontrollen bestimmte Aufgaben übernimmt, den Verdacht hat, dass die im Schlachtbetrieb anwesenden Tiere zwar mit einem zugelassenen Tierarzneimittel behandelt wurden, dass die Wartezeit gemäß der Richtlinie 2001/82/EG jedoch nicht eingehalten wurde, ordnet der amtliche Tierarzt an, dass die betreffenden Tiere unter den von der zuständigen Behörde festzulegenden Bedingungen von anderen im Schlachtbetrieb anwesenden oder in diesen verbrachten Tierpartien getrennt zu halten sind. Der amtliche Tierarzt

– schiebt außerdem die Schlachtung auf Kosten des Unternehmers auf, bis das Ende der Wartezeit erreicht ist, oder

– erteilt die Anweisung, die Tiere getrennt zu schlachten und bis zum Vorliegen der Ergebnisse einer Untersuchung die Schlachtkörper, das Fleisch, die Schlachtnebenerzeugnisse und die Nebenprodukte der betreffenden Tiere unverzüglich zu identifizieren und von anderen Erzeugnissen tierischen Ursprungs getrennt zu halten.

Die Schlachtung darf nur dann vorübergehend aufgeschoben werden, wenn der amtliche Tierarzt festgestellt hat, dass die Tierschutzvorschriften der Union eingehalten werden und die betreffenden Tiere von den anderen Tieren getrennt gehalten werden können.

(4) Wenn die Schlachtung gemäß Absatz 3 aufgeschoben wird, darf die Wartezeit in keinem Fall kürzer sein als

– die Wartezeit, die in der Fachinformation der Tierarzneimittelzulassung vorgesehen ist;

– die Wartezeit, die in der Verordnung zur Genehmigung der Verwendung eines bestimmten pharmakologisch wirksamen Stoffes als Futtermittelzusatzstoff gemäß der Verordnung (EG) Nr. 1831/2003 festgelegt ist;

– die Wartezeit, die vom Tierarzt für Verwendungen gemäß Artikel 11 der Richtlinie 2001/82/EG festgelegt wurde, oder, wenn für diese Verwendungen keine Wartezeit vorgeschrieben ist, die Mindestwartezeit gemäß Artikel 11 der Richtlinie 2001/82/EG.

Nach dem Aufschub der Schlachtung kann die zuständige Behörde Proben auf Kosten des Unternehmers entnehmen, um die Einhaltung der Rückstandshöchstmengen zu überprüfen, sobald die Tiere nach Ablauf der Wartezeit geschlachtet wurden.

(5) Wenn dem amtlichen Tierarzt, der amtliche Kontrollen in einem Schlachtbetrieb durchführt, oder dem amtlichen Fachassistenten, der im Rahmen dieser Kontrollen bestimmte Aufgaben übernimmt, Erkenntnisse dafür vorliegen, dass die im Schlachtbetrieb anwesenden Tiere zwar mit einem zugelassenen Tierarzneimittel behandelt wurden, dass die Wartezeit gemäß der Richtlinie 2001/82/EG jedoch nicht eingehalten wurde, ordnet der amtliche Tierarzt an, dass die betreffenden Tiere unter den von der zuständigen Behörde festzulegenden Bedingungen von anderen im Schlachtbetrieb anwesenden oder in diesen verbrachten Tierpartien getrennt zu halten sind. Der amtliche Tierarzt

– schiebt außerdem die Schlachtung auf Kosten des Unternehmers nach Maßgabe von Artikel 3 Absatz 3 Unterabsatz 2 und Artikel 3 Absatz 4 auf, bis das Ende der Wartezeit erreicht ist, oder

– weist den Unternehmer an, die Tiere getrennt zu töten. In diesem Fall erklärt der amtliche Tierarzt diese für genussuntauglich und trifft dabei alle erforderlichen Vorkehrungen zum Schutz der Gesundheit von Mensch und Tier.

(6) Versäumt es der Unternehmer, alle erforderlichen Maßnahmen zu treffen, um den Anordnungen des amtlichen Tierarztes oder der zuständigen Behörde gemäß Artikel 3 Absätze 1, 2, 3, 4, 5 und 6 dieser Verordnung nachzukommen, ergreifen der amtliche Tierarzt oder die zuständige Behörde Maßnahmen mit gleicher Wirkung auf Kosten des Unternehmers.

Zu Artikel 3:
[1]) *Verordnung (EG) Nr. 1069/2009 des Europäischen Parlaments und des Rates vom 21. Oktober 2009 mit Hygienevorschriften für nicht für den menschlichen Verzehr bestimmte tierische Nebenprodukte und zur Aufhebung der Verordnung (EG) Nr. 1774/2002 (Verordnung über tierische Nebenprodukte) (ABl L 300 vom 14.11.2009, S. 1).*

Artikel 4
Untersuchungen

(1) Kommt es zu einer Überschreitung der auf der Grundlage der Verordnung (EG) Nr. 470/2009 und der Verordnung (EG) Nr. 1831/2003 festgelegten Rückstandshöchstmengen für in Tierarzneimitteln oder als Futtermittelzusatzstoffe zugelassene pharmakologisch wirksame Stoffe oder der auf der Grundlage der Verordnung (EG) Nr. 315/93 festgesetzten Höchstmengen für Rückstände pharmakologisch wirksamer Stoffe aufgrund von unvermeidbarer Verschleppung dieser Stoffe in Futtermittel für Nichtzieltierarten und daher zu einem Verstoß gegen die Vorschriften,

a) führt die zuständige Behörde alle erforderlichen Maßnahmen oder Untersuchungen durch, die sie in Bezug auf die betreffende Feststellung als zweckmäßig erachtet. Dies kann Untersuchungen jeglicher Art im Ursprungs- oder Herkunftsbetrieb der Tiere umfassen, einschließlich Kontrollen von Tieren oder Tierpartien in ihren Ursprungsbetrieben oder am Versandort, um Umfang und Ursprung des Verstoßes zu bestimmen und festzustellen, inwieweit der Unternehmer verantwortlich ist;

b) fordert die zuständige Behörde den Tierhalter oder den verantwortlichen Tierarzt auf, die Aufzeichnungen über Verschreibungen und Behandlungen sowie alle Unterlagen vorzulegen, die die Art der Behandlung rechtfertigen.

(2) Werden Rückstände in Konzentrationen festgestellt, die unter den Rückstandshöchstmengen für pharmakologisch wirksame Stoffe, die in Tierarzneimitteln oder als Futtermittelzusatzstoffe zugelassen sind, liegen, stimmt jedoch das Vorhandensein dieser Rückstände nicht mit den Informationen zur Lebensmittelkette überein, sodass der Verdacht auf einen Verstoß oder eine vorschriftswidrige Behandlung entsteht, führt die zuständige Behörde jegliche Art von Untersuchung durch, die sie für zweckmäßig erachtet, um die Herkunft dieser Rückstände oder die Ursache für die Mängel in den Informationen zur Lebensmittelkette zu ermitteln.

(3) Im Falle von Rückständen, bei denen der Verdacht besteht, dass sie die gemäß dem Unionsrecht festgelegten Rückstandshöchstmengen oder Höchstgehalte für Tierarzneimittel oder als Futtermittelzusatzstoffe zugelassene pharmakologisch wirksame Stoffe überschreiten, führt die zuständige Behörde jegliche Art von Untersuchung durch, die sie als zweckmäßig erachtet.

(4) Besteht der Verdacht auf vorschriftswidrige Behandlung bzw. wird diese festgestellt oder werden unter die Richtlinie 96/22/EG fallende Stoffe bei nichtbefugten Personen oder Unternehmen bzw. verbotene oder nicht zugelassene Stoffe oder Erzeugnisse bei nichtbefugten Personen oder Unternehmern festgestellt, trifft die zuständige Behörde folgende Maßnahmen:

a) Sie nimmt unverzüglich die von der Untersuchung betroffenen Tiere und Erzeugnisse in amtliche Verwahrung.

b) Während der amtlichen Verwahrung
- ordnet sie an, dass die von der Untersuchung betroffenen Tiere während der Dauer der Untersuchung nicht ohne vorherige Genehmigung der zuständigen Behörde verbracht werden;
- ordnet sie an, dass Schlachtkörper, Fleisch, Schlachtnebenerzeugnisse, tierische Nebenprodukte, Milch, Eier und Honig von diesen Tieren den Ursprungsbetrieb nicht verlassen und keiner anderen Person ohne vorherige Genehmigung der zuständigen Behörde übergeben werden;
- ordnet sie an, dass gegebenenfalls Futtermittel, Wasser oder andere betroffene Erzeugnisse getrennt gehalten und nicht vom Ursprungsbetrieb verbracht werden;
- stellt sie sicher, dass die von der Untersuchung betroffenen Tiere mit einem amtlichen Zeichen oder einem anderen Identifizierungsmerkmal versehen sind, oder im Fall von Geflügel, Fischen und Bienen, dass sie in einem gekennzeichneten Raum oder in einem Bienenstock gehalten werden;
- trifft sie je nach Art des identifizierten Stoffes oder der identifizierten Stoffe geeignete Vorsichtsmaßnahmen.

c) Sie fordert den Tierhalter und den verantwortlichen Tierarzt auf, alle Unterlagen vorzulegen, die die Art der Behandlung rechtfertigen.

d) Sie führt alle anderen amtlichen Kontrollen von Tieren oder Tierpartien im Ursprungs- oder Herkunftsbetrieb durch, die zur Feststellung einer solchen Verwendung erforderlich sind.

e) Sie führt sonstige amtliche Kontrollen durch, die zur Feststellung des Erwerbs und des Vorhandenseins nicht zugelassener oder verbotener Stoffe erforderlich sind.

f) Sie führt sonstige amtliche Kontrollen durch, die zur Klärung des Ursprungs der verbotenen oder nicht zugelassenen Stoffe oder Erzeugnisse bzw. der behandelten Tiere für notwendig erachtet werden.

(5) Die in diesem Artikel genannten amtlichen Kontrollen können auch Kontrollen von Herstellern, Händlern, Transportunternehmern und Produktionsstätten von pharmakologisch wirksamen Stoffen und Tierarzneimitteln, von Apotheken, allen relevanten Akteuren in der Lieferkette und allen anderen von der Untersuchung betroffenen Standorten umfassen.

(6) Die amtlichen Kontrollen gemäß diesem Artikel können auch amtliche Probenahmen, ein-

schließlich Wasser, Futtermittel, Fleisch, Schlachtnebenerzeugnisse, Blut, tierische Nebenprodukte, Haare, Urin, Fäkalien und andere tierische Matrices, umfassen. Die zuständige Behörde entnimmt Proben in einer Zahl, die sie für die Untersuchung des mutmaßlichen oder festgestellten Verstoßes oder der vorschriftswidrigen Behandlung für erforderlich hält. Bei Tieren in Aquakultur können Proben aus den Gewässern, in denen sie gezüchtet oder gefangen wurden, sowie bei Honigbienen Proben von den Bienenstöcken verlangt werden.

Artikel 5
Maßnahmen im Falle von Rückständen pharmakologisch wirksamer Stoffe, die in Tierarzneimitteln oder als Futtermittelzusatzstoffe zugelassen sind und die die geltenden Rückstandshöchstmengen oder Höchstgehalte überschreiten

(1) Kommt es zu einer Überschreitung der auf der Grundlage der Verordnung (EG) Nr. 470/2009 und der Verordnung (EG) Nr. 1831/2003 festgelegten Rückstandshöchstmengen für in Tierarzneimitteln oder als Futtermittelzusatzstoffe zugelassene pharmakologisch wirksame Stoffe oder der auf der Grundlage der Verordnung (EG) Nr. 315/93 des Rates festgesetzten Höchstmengen für Rückstände pharmakologisch wirksamer Stoffe aufgrund von unvermeidbarer Verschleppung dieser Stoffe in Futtermittel für Nichtzieltierarten,

– erklärt die zuständige Behörde die Schlachtkörper und die Erzeugnisse, die von dem Verstoß betroffen sind, für genussuntauglich und weist den Unternehmer an, gemäß der Verordnung (EG) Nr. 1069/2009 alle Erzeugnisse als Material der Kategorie 2 zu beseitigen;

– ergreift sie alle anderen Maßnahmen, die zum Schutz der öffentlichen Gesundheit erforderlich sind, wozu auch ein Verbot gehören kann, dass Tiere oder Erzeugnisse den betreffenden Betrieb für einen bestimmten Zeitraum verlassen;

– ordnet sie an, dass der Unternehmer geeignete Maßnahmen zur Behebung der Ursachen des Verstoßes ergreift;

– führt sie zusätzliche amtliche Kontrollen durch, um zu überprüfen, ob die vom Unternehmer ergriffenen Maßnahmen zur Behebung der Ursache des Verstoßes wirksam sind. Dies kann die Entnahme von so vielen Verfolgsproben umfassen, wie in Bezug auf Tiere oder Erzeugnisse aus demselben Betrieb für notwendig erachtet.

(2) Bei wiederholten Verstößen desselben Unternehmers führt die zuständige Behörde während eines Zeitraums von mindestens sechs Monaten ab dem Zeitpunkt der Feststellung des zweiten Verstoßes regelmäßige zusätzliche amtliche Kontrollen der Tiere und Erzeugnisse des betreffenden Unternehmers, einschließlich Probenahmen und Analysen, durch. Sie weist den Unternehmer auch an, sicherzustellen, dass die betroffenen Tiere sowie Schlachtkörper, Fleisch, Schlachtnebenerzeugnisse, tierische Nebenprodukte, Milch, Eier und Honig von anderen Tieren getrennt gehalten werden und den Ursprungsbetrieb nicht verlassen und keiner anderen Person ohne vorherige Genehmigung der zuständigen Behörde übergeben werden.

(3) Versäumt es der Unternehmer, alle erforderlichen Maßnahmen zu treffen, um den Anordnungen der zuständigen Behörde gemäß diesem Artikel nachzukommen, ergreift die zuständige Behörde Maßnahmen mit gleicher Wirkung auf Kosten des Unternehmers.

Artikel 6
Maßnahmen bei vorschriftswidrigen Behandlungen und Besitz verbotener oder nicht zugelassener Stoffe oder Erzeugnisse

(1) Werden unter die Richtlinie 96/22/EG fallende verbotene oder nicht zugelassene Stoffe oder Erzeugnisse bei nichtbefugten Personen festgestellt, sodass ein Verdacht auf vorschriftswidrige Behandlung entsteht, werden diese Stoffe oder Erzeugnisse in amtliche Verwahrung genommen, bis die Maßnahmen gemäß den Absätzen 2, 3 und 4 von der zuständigen Behörde ergriffen werden; dies gilt unbeschadet der anschließenden Beseitigung der Erzeugnisse und der möglichen Verhängung von Sanktionen gegen die Person bzw. die Personen, die den Verstoß begangen hat bzw. haben.

(2) Wird eine vorschriftswidrige Behandlung festgestellt oder werden unter die Richtlinie 96/22/EG fallende Stoffe, verbotene oder nicht zugelassene Stoffe oder Erzeugnisse bei nichtbefugten Unternehmern oder Personen festgestellt, trifft die zuständige Behörde folgende Maßnahmen:

– Sie nimmt die Tiere sowie die Schlachtkörper, das Fleisch, die Schlachtnebenerzeugnisse und die Nebenprodukte der von der vorschriftswidrigen Behandlung betroffenen Tiere zusammen mit der Milch, den Eiern und dem Honig dieser Tiere in amtliche Verwahrung gemäß Artikel 4 Absatz 4 Buchstabe b;

– sie nimmt Proben aus allen relevanten Tierpartien des Betriebs;

– sie weist den Unternehmer an, das Tier oder die Tiere, bei dem bzw. denen eine vorschriftswidrige Behandlung festgestellt wurde, zu töten und es bzw. sie gemäß der

Verordnung (EG) Nr. 1069/2009 zu beseitigen;
— sie erklärt alle Schlachtkörper oder Erzeugnisse, bei denen eine vorschriftswidrige Behandlung festgestellt wurde, für genussuntauglich und weist den Unternehmer an, sie gemäß der Verordnung (EG) Nr. 1069/2009 zu beseitigen.

(3) Für die Zwecke des Absatzes 2 gilt Folgendes:
— Alle Tiere der Partie oder der Partien, aus denen eines oder mehrere Tiere nachweislich einer vorschriftswidrigen Behandlung mit verbotenen oder nicht zugelassenen Stoffen unterzogen wurden, gelten als vorschriftswidrig behandelt, es sei denn, die zuständige Behörde erklärt sich auf Antrag des Unternehmers bereit, auf dessen Kosten zusätzliche amtliche Kontrollen bei allen Tieren der betreffenden Partie oder Partien durchzuführen, um sicherzustellen, dass diese Tiere keiner vorschriftswidrigen Behandlung unterzogen wurden.
— Alle Tiere der Partie oder der Partien, aus denen eines oder mehrere Tiere nachweislich einer vorschriftswidrigen Behandlung unterzogen wurden, weil gemäß Rechtsvorschriften der Union zugelassene Stoffe oder Tierarzneimittel zu anderen als in den genannten oder gegebenenfalls einzelstaatlichen Rechtsvorschriften vorgesehenen Zwecken oder unter anderen als den darin vorgesehenen Bedingungen bei der Lebensmittelgewinnung dienenden Tieren verwendet wurden, gelten als vorschriftswidrig behandelt, es sei denn, die zuständige Behörde erklärt sich auf Antrag des Unternehmers bereit, auf dessen Kosten zusätzliche amtliche Kontrollen bei allen Tieren der betreffenden Partie oder Partien durchzuführen, um sicherzustellen, dass diese Tiere keiner vorschriftswidrigen Behandlung unterzogen wurden.

(4) Im Falle einer festgestellten vorschriftswidrigen Behandlung in der Aquakultur werden Proben aus allen relevanten Teichen, Netzgehege- und Käfiganlagen genommen. Wird anhand der Probe aus einem bestimmten Teich oder einer bestimmten Netzgehege- oder Käfiganlage eine vorschriftswidrige Behandlung in der Aquakultur festgestellt, so gelten alle Tiere dieses Teiches bzw. dieser Netzgehege- oder Käfiganlage als vorschriftswidrig behandelt.

(5) Die zuständige Behörde führt während eines Zeitraums von mindestens 12 Monaten ab dem Zeitpunkt der Feststellung des Verstoßes in dem Betrieb oder den Betrieben, für den bzw. die ein und derselbe Unternehmer verantwortlich ist, sowie bei den Tieren und Waren des betreffenden Betriebs bzw. der betreffenden Betriebe regelmäßig zusätzliche amtliche Kontrollen durch.

(6) Die Betriebe, die den Betrieb beliefern, in dem der Verstoß festgestellt wurde, sowie die Betriebe in derselben Lieferkette für Tiere und Futtermittel wie der Ursprungs- oder Herkunftsbetrieb können amtlichen Kontrollen zur Bestimmung des Ursprungs des betreffenden Stoffes unterzogen werden:
— während des Transports, des Vertriebs und des Verkaufs oder des Erwerbs pharmakologisch wirksamer Stoffe;
— auf jeder Stufe der Herstellungs- und Verteilungskette für Futtermittel;
— in der gesamten Produktionskette von Tieren und Erzeugnissen tierischen Ursprungs.

(7) Versäumt es der Unternehmer, alle erforderlichen Maßnahmen zu treffen, um den Anordnungen der zuständigen Behörde gemäß diesem Artikel nachzukommen, ergreift die zuständige Behörde Maßnahmen mit gleicher Wirkung auf Kosten des Unternehmers.

Artikel 7
Anforderungen an Analysemethoden und Probenahmen

Alle in dieser Verordnung genannten Proben werden gemäß der Verordnung (EU) 2017/625, der Entscheidung 1998/179/ EG der Kommission[1]) und der Entscheidung 2002/657/EG der Kommission[2]) genommen und analysiert.

Artikel 8
Maßnahmen in Bezug auf Registrierung, Genehmigung und amtliche Zulassung

Wird der Verdacht auf Besitz, Verwendung oder Herstellung nicht zugelassener Stoffe oder Erzeugnisse bestätigt, so wird jede Registrierung, Genehmigung oder amtliche Zulassung für den betreffenden Betrieb oder Unternehmer für einen von der zuständigen Behörde festgelegten Zeitraum ausgesetzt.

Bei wiederholten Verstößen werden diese Regelungen von der zuständigen Behörde aufgehoben. Im Falle einer Aufhebung muss der Unternehmer die Registrierung, Genehmigung oder

---

Zu Artikel 7:
[1]) *Entscheidung 1998/179/EG der Kommission vom 23. Februar 1998 mit Durchführungsvorschriften für die amtlichen Probenahmen zur Kontrolle von lebenden Tieren und tierischen Erzeugnissen auf bestimmte Stoffe und ihre Rückstände (ABl. L 65 vom 5.3.1998, S. 31).*
[2]) *Entscheidung 2002/657/EG der Kommission vom 14. August 2002 zur Umsetzung der Richtlinie 96/23/EG des Rates betreffend die Durchführung von Analysemethoden und die Auswertung von Ergebnissen (ABl. L 221 vom 17.8.2002, S. 8).*

amtliche Zulassung erneut beantragen und nachweisen, dass er die einschlägigen Anforderungen erfüllt.

Artikel 9
Amtshilfe

Wird ein Verstoß im Sinne der Artikel 5 und 6 im Zusammenhang mit Tieren oder Erzeugnissen tierischen Ursprungs festgestellt, die aus einem anderen Mitgliedstaat stammen, übermittelt die die Untersuchung durchführende zuständige Behörde eine Mitteilung über den festgestellten Verstoß im Einklang mit den Artikeln 105 und 106 der Verordnung (EU) 2017/625 und richtet erforderlichenfalls ein Amtshilfeersuchen an die zuständige Behörde des Ursprungsmitgliedstaats im Einklang mit Artikel 104 der genannten Verordnung. Die zuständige Behörde des Ursprungsmitgliedstaats wendet die Artikel 5 und 6 dieser Verordnung auf den Ursprungs- oder Herkunftsbetrieb an.

Artikel 10
Bezugnahmen

Bezugnahmen auf Artikel 13, Artikel 15 Absatz 3, Artikel 16 Absatz 2, Artikel 16 Absatz 3, Artikel 17, Artikel 18 und die Artikel 22 bis 25 der Richtlinie 96/23/EG gelten als Bezugnahmen auf die vorliegende Verordnung und sind nach Maßgabe der Entsprechungstabelle im Anhang zu lesen.

Artikel 11
Inkrafttreten und Geltungsbeginn

Diese Verordnung tritt am zwanzigsten Tag nach ihrer Veröffentlichung im *Amtsblatt der Europäischen Union* in Kraft.

Sie gilt mit Wirkung vom 14. Dezember 2019.

Diese Verordnung ist in allen ihren Teilen verbindlich und gilt unmittelbar in jedem Mitgliedstaat.

Brüssel, den 19. Juni 2019

Für die Kommission
Der Präsident
Jean-Claude JUNCKER

ANHANG

ANHANG

ENTSPRECHUNGSTABELLE GEMÄß ARTIKEL 10

Richtlinie 96/23/EG	Vorliegende Verordnung
Artikel 13	Artikel 4
Artikel 15 Absatz 3	Artikel 4, 5, 6 und 9
Artikel 16 Absatz 2	Artikel 4, 5 und 6
Artikel 17	Artikel 6
Artikel 18	Artikel 5
Artikel 22	Artikel 6 Absatz 1
Artikel 23 Absatz 1	Artikel 4 Absatz 4
Artikel 23 Absatz 2, Artikel 23 Absatz 3, Artikel 23 Absatz 4 und Artikel 23 Absatz 5	Artikel 6
Artikel 24	Artikel 3
Artikel 25	Artikel 8

14. EG-Health Claims-Verordnungen

Übersicht

14/1. **Verordnung (EG) Nr. 1924/2006 über nährwert- und gesundheitsbezogene Angaben über Lebensmitte**, ABl L 2007/12 S 3 idF ABl L 2008/39, 8, ABl L 2008/39, 14, ABl L 2010/37, 16, ABl L 2011/304, 18, ABl L 2012/310, 36

14/2. **Verordnung (EU) Nr. 432/2012 zur Festlegung einer Liste zulässiger anderer gesundheitsbezogener Angaben über Lebensmittel als Angaben über die Reduzierung eines Krankheitsrisikos sowie die Entwicklung und die Gesundheit von Kindern**, ABl L 136 S 1 idF ABl L 2013/160, 4, ABl L 2013/235, 3, ABl L 2013/282, 43, ABl 2014/14, 8, ABl L 2015/3, 3, ABl L 2015/88, 7, ABl L 2015/328, 46, ABl L 2016/142, 5, ABl L 2016/230, 8, ABl L 2017/97, 24, ABl L 2017/98, 1, ABl L 2021/143, 8

14/3. **Verordnung (EU) Nr. 907/2013 zur Festlegung von Regeln für Anträge auf Verwendung allgemeiner Bezeichnungen**, ABl L 251 S 7

14/4. **Verordnung (EU) 2019/343 mit Ausnahmen von Artikel 1 Absatz 3 der Verordnung (EG) Nr. 1924/2006 des Europäischen Parlaments und des Rates über nährwert- und gesundheitsbezogene Angaben über Lebensmittel zwecks Verwendung bestimmter allgemeiner Bezeichnungen**, ABl L 62 S 1

14/1. Verordnung (EG) Nr. 1924/2006 über nährwert- und gesundheitsbezogene Angaben über Lebensmittel

ABl L 12 vom 18. 1. 2007, S 3 idF

1 ABl L 39 vom 13. 2. 2008, S 8
2 ABl L 39 vom 13. 2. 2008, S 14
3 ABl L 86 vom 28. 3. 2008, S 34 (Berichtigung)
4 ABl L 198 vom 30. 7. 2009, S 87 (Berichtigung)
5 ABl L 37 vom 10. 2. 2010, S 16
6 ABl L 304 vom 22. 11. 2011, S 18
7 ABl L 310 vom 9. 11. 2012, S 36
8 ABl L 160 vom 12. 6. 2013, S 15 (Berichtigung)
9 ABl L 24 vom 30. 1. 2015, S 60 (Berichtigung)

Verordnung (EG) Nr. 1924/2006 des Europäischen Parlaments und des Rates vom 20. Dezember 2006 über nährwert- und gesundheitsbezogene Angaben über Lebensmittel

DAS EUROPÄISCHE PARLAMENT UND DER RAT DER EUROPÄISCHEN UNION –

gestützt auf den Vertrag zur Gründung der Europäischen Gemeinschaft, insbesondere auf Artikel 95,

auf Vorschlag der Kommission,

nach Stellungnahme des Europäischen Wirtschafts- und Sozialausschusses[1],

gemäß dem Verfahren des Artikels 251 des Vertrags[2],

in Erwägung nachstehender Gründe:

(1) Zunehmend werden Lebensmittel in der Gemeinschaft mit nährwert- und gesundheitsbezogenen Angaben gekennzeichnet, und es wird mit diesen Angaben für sie Werbung gemacht. Um dem Verbraucher ein hohes Schutzniveau zu gewährleisten und ihm die Wahl zu erleichtern, sollten die im Handel befindlichen Produkte, einschließlich der eingeführten Produkte, sicher sein und eine angemessene Kennzeichnung aufweisen. Eine abwechslungsreiche und ausgewogene Ernährung ist eine Grundvoraussetzung für eine gute Gesundheit, und einzelne Produkte sind im Kontext der gesamten Ernährung von relativer Bedeutung.

(2) Unterschiede zwischen den nationalen Bestimmungen über solche Angaben können den freien Warenverkehr behindern und ungleiche Wettbewerbsbedingungen schaffen. Sie haben damit eine unmittelbare Auswirkung auf das Funktionieren des Binnenmarktes. Es ist daher notwendig, Gemeinschaftsregeln für die Verwendung von nährwert- und gesundheitsbezogenen Angaben über Lebensmittel zu erlassen.

(3) Die Richtlinie 2000/13/EG des Europäischen Parlaments und des Rates vom 20. März 2000 zur Angleichung der Rechtsvorschriften der Mitgliedstaaten über die Etikettierung und Aufmachung von Lebensmitteln sowie die Werbung hierfür[3] enthält allgemeine Kennzeichnungsbestimmungen. Mit der Richtlinie 2000/13/EG wird allgemein die Verwendung von Informationen untersagt, die den Käufer irreführen können oder den Lebensmitteln medizinische Eigenschaften zuschreiben. Mit der vorliegenden Verordnung sollten die allgemeinen Grundsätze der Richtlinie 2000/13/EG ergänzt und spezielle Vorschriften für die Verwendung von nährwert- und gesundheitsbezogenen Angaben bei Lebensmitteln, die als solche an den Endverbraucher abgegeben werden sollen, festgelegt werden.

(4) Diese Verordnung sollte für alle nährwert- und gesundheitsbezogenen Angaben gelten, die in kommerziellen Mitteilungen, u.a. auch in allgemeinen Werbeaussagen über Lebensmittel und in Werbekampagnen wie solchen, die ganz oder teilweise von Behörden gefördert werden, gemacht werden. Auf Angaben in nichtkommerziellen Mitteilungen, wie sie z.B. in Ernährungsrichtlinien oder -empfehlungen von staatlichen Gesundheitsbehörden und -stellen oder in nichtkommerziellen Mitteilungen und Informationen in der Presse und in wissenschaftlichen Veröffentlichun-

---

Zur Präambel
[1] ABl. C 110 vom 30.4.2004, S. 18.
[2] Stellungnahme des Europäischen Parlaments vom 26. Mai 2005 (ABl. C 117 E vom 18.5.2006, S. 187), Gemeinsamer Standpunkt des Rates vom 8. Dezember 2005 (ABl. C 80 E vom 4.4.2006, S. 43) und Standpunkt des Europäischen Parlaments vom 16. Mai 2006 (noch nicht im Amtsblatt veröffentlicht). Beschluss des Rates vom 12. Oktober 2006.

Zu Abs. 3:
[3] ABl. L 109 vom 6.5.2000, S. 29. Zuletzt geändert durch die Richtlinie 2003/89/EG (ABl. L 308 vom 25.11.2003, S. 15).

gen zu finden sind, sollte sie jedoch keine Anwendung finden. Diese Verordnung sollte ferner auf Handelsmarken und sonstige Markennamen Anwendung finden, die als nährwert- oder gesundheitsbezogene Angabe ausgelegt werden können.

(5) Allgemeine Bezeichnungen, die traditionell zur Angabe einer Eigenschaft einer Kategorie von Lebensmitteln oder Getränken verwendet werden, die Auswirkungen auf die menschliche Gesundheit haben könnte, wie z.B. „Digestif" oder „Hustenbonbon", sollten von der Anwendung dieser Verordnung ausgenommen werden.

(6) Nährwertbezogene Angaben mit negativen Aussagen fallen nicht unter den Anwendungsbereich dieser Verordnung; Mitgliedstaaten, die nationale Regelungen für negative nährwertbezogene Angaben einzuführen gedenken, sollten dies der Kommission und den anderen Mitgliedstaaten gemäß der Richtlinie 98/34/EG des Europäischen Parlaments und des Rates vom 22. Juni 1998 über ein Informationsverfahren auf dem Gebiet der Normen und technischen Vorschriften und der Vorschriften für die Dienste der Informationsgesellschaft[4] mitteilen.

(7) Auf internationaler Ebene hat der Codex Alimentarius 1991 allgemeine Leitsätze für Angaben und 1997 Leitsätze für die Verwendung nährwertbezogener Angaben verabschiedet. Die Codex-Alimentarius-Kommission hat 2004 eine Änderung des letztgenannten Dokuments verabschiedet. Dabei geht es um die Aufnahme gesundheitsbezogener Angaben in die Leitsätze von 1997. Die in den Codex-Leitsätzen vorgegebenen Definitionen und Bedingungen werden entsprechend berücksichtigt.

(8) Die in der Verordnung (EG) Nr. 2991/94 des Rates vom 5. Dezember 1994 mit Normen für Streichfette[5] vorgesehene Möglichkeit, für Streichfette die Angabe „fettarm" zu verwenden, sollte so bald wie möglich an die Bestimmungen dieser Verordnung angepasst werden. Zwischenzeitlich gilt die Verordnung (EG) Nr. 2991/94 für die darin erfassten Erzeugnisse.

(9) Es gibt eine Vielzahl von Nährstoffen und anderen Substanzen – unter anderem Vitamine, Mineralstoffe einschließlich Spurenelementen, Aminosäuren, essenzielle Fettsäuren, Ballaststoffe, verschiedene Pflanzen- und Kräuterextrakte und andere – mit ernährungsbezogener oder physiologischer Wirkung, die in Lebensmitteln vorhanden und Gegenstand entsprechender Angaben sein können. Daher sollten allgemeine Grundsätze für alle Angaben über Lebensmittel festgesetzt werden, um ein hohes Verbraucherschutzniveau zu gewährleisten, dem Verbraucher die notwendigen Informationen für eine sachkundige Entscheidung zu liefern und gleiche Wettbewerbsbedingungen für die Lebensmittelindustrie zu schaffen.

(10) Lebensmittel, die mit entsprechenden Angaben beworben werden, können vom Verbraucher als Produkte wahrgenommen werden, die gegenüber ähnlichen oder anderen Produkten, denen solche Nährstoffe oder andere Stoffe nicht zugesetzt sind, einen nährwertbezogenen, physiologischen oder anderweitigen gesundheitlichen Vorteil bieten. Dies kann den Verbraucher zu Entscheidungen veranlassen, die die Gesamtaufnahme einzelner Nährstoffe oder anderer Substanzen unmittelbar in einer Weise beeinflussen, die den einschlägigen wissenschaftlichen Empfehlungen widersprechen könnte. Um diesem potenziellen unerwünschten Effekt entgegenzuwirken, wird es für angemessen erachtet, gewisse Einschränkungen für Produkte, die solche Angaben tragen, festzulegen. In diesem Zusammenhang sind Faktoren wie das Vorhandensein von bestimmten Substanzen in einem Produkt oder das Nährwertprofil eines Produkts ein geeignetes Kriterium für die Entscheidung, ob das Produkt Angaben tragen darf. Die Verwendung solcher Kriterien auf nationaler Ebene ist zwar für den Zweck gerechtfertigt, dem Verbraucher sachkundige Entscheidungen über seine Ernährung zu ermöglichen, könnte jedoch zu Behinderungen des innergemeinschaftlichen Handels führen und sollte daher auf Gemeinschaftsebene harmonisiert werden. Gesundheitsbezogene Information und Kommunikation zur Unterstützung von Botschaften der nationalen Behörden oder der Gemeinschaft über die Gefahren des Alkoholmissbrauchs sollten nicht von dieser Verordnung erfasst werden.

(11) Durch die Anwendung des Nährwertprofils als Kriterium soll vermieden werden, dass die nährwert- und gesundheitsbezogenen Angaben den Ernährungsstatus eines Lebensmittels verschleiern und so den Verbraucher irreführen können, wenn dieser bemüht ist, durch ausgewogene Ernährung eine gesunde Lebensweise anzustreben. Die in dieser Verordnung vorgesehenen Nährwertprofile sollten einzig dem Zweck dienen, festzulegen, unter welchen Voraussetzungen solche Angaben gemacht werden dürfen. Sie sollten sich auf allgemein anerkannte wissenschaftliche Nachweise über das Verhältnis zwischen Ernährung und Gesundheit stützen. Die Nährwertprofile sollten jedoch auch Produktinnovationen ermög-

---

Zu Abs. 6:
[4] ABl. L 204 vom 21.7.1998, S. 37. Zuletzt geändert durch die Beitrittsakte von 2003.
Zu Abs. 8:
[5] ABl. L 316 vom 9.12.1994, S. 2.

lichen und die Verschiedenartigkeit der Ernährungsgewohnheiten und -traditionen sowie den Umstand, dass einzelne Produkte eine bedeutende Rolle im Rahmen der Gesamternährung spielen können, berücksichtigen.

(12) Bei der Festlegung von Nährwertprofilen sollten die Anteile verschiedener Nährstoffe und Substanzen mit ernährungsbezogener Wirkung oder physiologischer Wirkung, insbesondere solcher wie Fett, gesättigte Fettsäuren, trans-Fettsäuren, Salz/Natrium und Zucker, deren übermäßige Aufnahme im Rahmen der Gesamternährung nicht empfohlen wird, sowie mehrfach und einfach ungesättigte Fettsäuren, verfügbare Kohlenhydrate außer Zucker, Vitamine, Mineralstoffe, Proteine und Ballaststoffe, berücksichtigt werden. Bei der Festlegung der Nährwertprofile sollten die verschiedenen Lebensmittelkategorien sowie der Stellenwert und die Rolle dieser Lebensmittel in der Gesamternährung berücksichtigt werden, und den verschiedenen Ernährungsgewohnheiten und Konsummustern in den Mitgliedstaaten sollte gebührende Beachtung geschenkt werden. Ausnahmen von der Anforderung, etablierte Nährwertprofile zu berücksichtigen, können für bestimmte Lebensmittel oder Lebensmittelkategorien je nach ihrer Rolle und ihrer Bedeutung für die Ernährung der Bevölkerung erforderlich sein. Dies würde eine komplexe technische Aufgabe bedeuten und die Verabschiedung entsprechender Maßnahmen sollte daher der Kommission übertragen werden, wobei den Empfehlungen der Europäischen Behörde für Lebensmittelsicherheit Rechnung zu tragen ist.

(13) Die in der Richtlinie 2002/46/EG des Europäischen Parlaments und des Rates vom 10. Juni 2002 über die Angleichung der Rechtsvorschriften der Mitgliedstaaten über Nahrungsergänzungsmittel[6] definierten Nahrungsergänzungsmittel, die in flüssiger Form dargereicht werden und mehr als 1,2 % vol. Alkohol enthalten, gelten nicht als Getränke im Sinne dieser Verordnung.

(14) Es gibt eine Vielzahl von Angaben, die derzeit bei der Kennzeichnung von Lebensmitteln und der Werbung hierfür in manchen Mitgliedstaaten gemacht werden und sich auf Stoffe beziehen, deren positive Wirkung nicht nachgewiesen wurde bzw. zu denen derzeit noch keine ausreichende Einigkeit in der Wissenschaft besteht. Es muss sichergestellt werden, dass für Stoffe, auf die sich eine Angabe bezieht, der Nachweis einer positiven ernährungsbezogenen Wirkung oder physiologischen Wirkung erbracht wird.

(15) Um zu gewährleisten, dass die Angaben der Wahrheit entsprechen, muss die Substanz, die Gegenstand der Angabe ist, im Endprodukt in einer ausreichenden Menge vorhanden bzw. im umgekehrten Fall nicht vorhanden oder ausreichend reduziert sein, um die behauptete ernährungsbezogene Wirkung oder physiologische Wirkung zu erzeugen. Die Substanz sollte zudem in einer für den Körper verwertbaren Form verfügbar sein. Außerdem sollte – falls sachgerecht – eine wesentliche Menge der Substanz, die für die behauptete ernährungsbezogene Wirkung oder physiologische Wirkung verantwortlich ist, durch den Verzehr einer vernünftigerweise anzunehmenden Menge des Lebensmittels bereitgestellt werden.

(16) Es ist wichtig, dass Angaben über Lebensmittel vom Verbraucher verstanden werden können und es ist angezeigt, alle Verbraucher vor irreführenden Angaben zu schützen. Der Gerichtshof der Europäischen Gemeinschaften hat es allerdings in seiner Rechtsprechung in Fällen im Zusammenhang mit Werbung seit dem Erlass der Richtlinie 84/450/EWG des Rates vom 10. September 1984 über irreführende und vergleichende Werbung[7] für erforderlich gehalten, die Auswirkungen auf einen fiktiven typischen Verbraucher zu prüfen. Entsprechend dem Grundsatz der Verhältnismäßigkeit und im Interesse der wirksamen Anwendung der darin vorgesehenen Schutzmaßnahmen nimmt diese Verordnung den normal informierten, aufmerksamen und verständigen Durchschnittsverbraucher unter Berücksichtigung sozialer, kultureller und sprachlicher Faktoren nach der Auslegung des Gerichtshofs als Maßstab, zielt mit ihren Bestimmungen jedoch darauf ab, die Ausnutzung von Verbrauchern zu vermeiden, die aufgrund bestimmter Charakteristika besonders anfällig für irreführende Angaben sind. Richtet sich eine Angabe speziell an eine besondere Verbrauchergruppe wie z.B. Kinder, so sollte die Auswirkung der Angabe aus der Sicht eines Durchschnittsmitglieds dieser Gruppe beurteilt werden. Der Begriff des Durchschnittsverbrauchers beruht dabei nicht auf einer statistischen Grundlage. Die nationalen Gerichte und Verwaltungsbehörden müssen sich bei der Beurteilung der Frage, wie der Durchschnittsverbraucher in einem gegebenen Fall typischerweise reagieren würde, auf ihre eigene Urteilsfähigkeit unter Be-

---

Zu Abs. 13:
[6] ABl. L 183 vom 12.7.2002, S. 51. Geändert durch die Richtlinie 2006/37/EG der Kommission (ABl. L 94 vom 4.2006, S. 32).

Zu Abs. 16:
[7] ABl. L 250 vom 19.9.1984, S. 17. Zuletzt geändert durch die Richtlinie 2005/29/EG des Europäischen Parlaments und des Rates (ABl. L 149 vom 11.6.2005, S. 22).

rücksichtigung der Rechtsprechung des Gerichtshofs verlassen.

(17) Eine wissenschaftliche Absicherung sollte der Hauptaspekt sein, der bei der Verwendung nährwert- und gesundheitsbezogener Angaben berücksichtigt wird, und die Lebensmittelunternehmer, die derartige Angaben verwenden, sollten diese auch begründen. Eine Angabe sollte wissenschaftlich abgesichert sein, wobei alle verfügbaren wissenschaftlichen Daten berücksichtigt und die Nachweise abgewogen werden sollten.

(18) Eine nährwert- oder gesundheitsbezogene Angabe sollte nicht gemacht werden, wenn sie den allgemein akzeptierten Ernährungs- und Gesundheitsgrundsätzen zuwiderläuft oder wenn sie zum übermäßigen Verzehr eines Lebensmittels verleitet oder diesen gutheißt oder von vernünftigen Ernährungsgewohnheiten abbringt.

(19) Angesichts des positiven Bildes, das Lebensmitteln durch nährwert- und gesundheitsbezogene Angaben verliehen wird, und der potenziellen Auswirkung solcher Lebensmittel auf Ernährungsgewohnheiten und die Gesamtaufnahme an Nährstoffen sollte der Verbraucher in die Lage versetzt werden, den Nährwert insgesamt zu beurteilen. Daher sollte die Nährwertkennzeichnung obligatorisch und bei allen Lebensmitteln, die gesundheitsbezogene Angaben tragen, umfassend sein.

(20) Die Richtlinie 90/496/EWG des Rates vom 24. September 1990 über die Nährwertkennzeichnung von Lebensmitteln[8] enthält allgemeine Vorschriften für die Nährwertkennzeichnung von Lebensmitteln. Nach der genannten Richtlinie sollte die Nährwertkennzeichnung zwingend vorgeschrieben sein, wenn auf dem Etikett, in der Aufmachung oder in der Werbung, mit Ausnahme allgemeiner Werbeaussagen, eine nährwertbezogene Angabe gemacht wurde. Bezieht sich eine nährwertbezogene Angabe auf Zucker, gesättigte Fettsäuren, Ballaststoffe oder Natrium, sind die Angaben der in Artikel 4 Absatz 1 der Richtlinie 90/496/EWG definierten Gruppe 2 zu machen. Im Interesse eines hohen Verbraucherschutzniveaus sollte diese Pflicht, die Angaben der Gruppe 2 zu liefern, entsprechend für gesundheitsbezogene Angaben, mit Ausnahme allgemeiner Werbeaussagen, gelten.

(21) Es sollte eine Liste zulässiger nährwertbezogener Angaben und der spezifischen Bedingungen für ihre Verwendung erstellt werden, beruhend auf den Verwendungsbedingungen für derartige Angaben, die auf nationaler und internationaler Ebene vereinbart sowie in Gemeinschaftsvorschriften festgelegt wurden. Für jede Angabe, die als für den Verbraucher gleich bedeutend mit einer in der oben genannten Aufstellung aufgeführten nährwertbezogenen Angabe angesehen wird, sollten die in dieser Aufstellung angegebenen Verwendungsbedingungen gelten. So sollten beispielsweise für Angaben über den Zusatz von Vitaminen und Mineralstoffen wie „mit ...", „mit wieder hergestelltem Gehalt an ...", „mit Zusatz von ...", „mit ... angereichert" die Bedingungen gelten, die für die Angabe „Quelle von ..." festgelegt wurden. Die Liste sollte zur Berücksichtigung des wissenschaftlichen und technischen Fortschritts regelmäßig aktualisiert werden. Außerdem müssen bei vergleichenden Angaben dem Endverbraucher gegenüber die miteinander verglichenen Produkte eindeutig identifiziert werden.

(22) Die Bedingungen für die Verwendung von Angaben wie „laktose-" oder „glutenfrei", die an eine Verbrauchergruppe mit bestimmten Gesundheitsstörungen gerichtet sind, sollten in der Richtlinie 89/398/EWG des Rates vom 3. Mai 1989 zur Angleichung der Rechtsvorschriften der Mitgliedstaaten über Lebensmittel, die für eine besondere Ernährung bestimmt sind[9], geregelt werden. Überdies bietet die genannte Richtlinie die Möglichkeit, bei für den allgemeinen Verzehr bestimmten Lebensmitteln auf deren Eignung für diese Verbrauchergruppen hinzuweisen, sofern die Bedingungen für einen solchen Hinweis erfüllt sind. Bis die Bedingungen für solche Hinweise auf Gemeinschaftsebene festgelegt worden sind, können die Mitgliedstaaten einschlägige nationale Maßnahmen beibehalten oder erlassen.

(23) Gesundheitsbezogene Angaben sollten für die Verwendung in der Gemeinschaft nur nach einer wissenschaftlichen Bewertung auf höchstmöglichem Niveau zugelassen werden. Damit eine einheitliche wissenschaftliche Bewertung dieser Angaben gewährleistet ist, sollte die Europäische Behörde für Lebensmittelsicherheit solche Bewertungen vornehmen. Der Antragsteller sollte auf Antrag Zugang zu seinem Dossier erhalten, um sich über den jeweiligen Stand des Verfahrens zu informieren.

Zu Abs. 20:
[8] ABl. L 276 vom 6.10.1990, S. 40. Zuletzt geändert durch die Richtlinie 2003/120/EG der Kommission (ABl. L 333 vom 20.12.2003, S. 51).

Zu Abs. 22:
[9] ABl. L 186 vom 30.6.1989, S. 27. Zuletzt geändert durch die Verordnung (EG) Nr. 1882/2003 des Europäischen Parlaments und des Rates (ABl. L 284 vom 31.10.2003, S. 1).

(24) Neben die Ernährung betreffenden gibt es zahlreiche andere Faktoren, die den psychischen Zustand und die Verhaltensfunktion beeinflussen können. Die Kommunikation über diese Funktionen ist somit sehr komplex, und es ist schwer, in einer kurzen Angabe bei der Kennzeichnung von Lebensmitteln und in der Werbung hierfür eine umfassende, wahrheitsgemäße und bedeutungsvolle Aussage zu vermitteln. Daher ist es angebracht, bei der Verwendung von Angaben, die sich auf psychische oder verhaltenspsychologische Wirkungen beziehen, einen wissenschaftlichen Nachweis zu verlangen.

(25) Im Lichte der Richtlinie 96/8/EG der Kommission vom 26. Februar 1996 über Lebensmittel für kalorienarme Ernährung zur Gewichtsverringerung[10], in der festgelegt ist, dass die Kennzeichnung und die Verpackung der Erzeugnisse sowie die Werbung hierfür keine Angaben über Dauer und Ausmaß der aufgrund ihrer Verwendung möglichen Gewichtsabnahme enthalten dürfen, wird es als angemessen betrachtet, diese Einschränkung auf alle Lebensmittel auszudehnen.

(26) Andere gesundheitsbezogene Angaben als Angaben über die Reduzierung eines Krankheitsrisikos sowie die Entwicklung und die Gesundheit von Kindern, die sich auf allgemein anerkannte wissenschaftliche Nachweise stützen, sollten einer anderen Art von Bewertung und Zulassung unterzogen werden. Es ist daher erforderlich, nach Konsultation der Europäischen Behörde für Lebensmittelsicherheit eine Gemeinschaftsliste solcher zulässiger Angaben zu erstellen. Ferner sollten zur Förderung der Innovation diejenigen gesundheitsbezogenen Angaben, die auf neuen wissenschaftlichen Nachweisen beruhen, einem beschleunigten Zulassungsverfahren unterzogen werden.

(27) Zur Anpassung an den wissenschaftlichen und technischen Fortschritt sollte die vorstehend erwähnte Liste umgehend geändert werden, wann immer dies nötig ist. Eine solche Überarbeitung ist eine Durchführungsmaßnahme technischer Art, deren Erlass der Kommission übertragen werden sollte, um das Verfahren zu vereinfachen und zu beschleunigen.

(28) Die Ernährung ist einer von vielen Faktoren, die das Auftreten bestimmter Krankheiten beim Menschen beeinflussen. Andere Faktoren wie Alter, genetische Veranlagung, körperliche Aktivität, Konsum von Tabak und anderen Drogen, Umweltbelastungen und Stress können ebenfalls das Auftreten von Krankheiten beeinflussen. Daher sollten für Angaben, die sich auf die Verringerung eines Krankheitsrisikos beziehen, spezifische Kennzeichnungsvorschriften gelten.

(29) Damit sichergestellt ist, dass gesundheitsbezogene Angaben wahrheitsgemäß, klar, verlässlich und für den Verbraucher bei der Entscheidung für eine gesunde Ernährungsweise hilfreich sind, sollte die Formulierung und Aufmachung gesundheitsbezogener Angaben bei der Stellungnahme der Europäischen Behörde für Lebensmittelsicherheit und in anschließenden Verfahren berücksichtigt werden.

(30) In manchen Fällen kann die wissenschaftliche Risikobewertung allein nicht alle Informationen bereitstellen, die für eine Risikomanagemententscheidung erforderlich sind. Andere legitime Faktoren, die für die zu prüfende Frage relevant sind, sollten daher ebenfalls berücksichtigt werden.

(31) Im Sinne der Transparenz und zur Vermeidung wiederholter Anträge auf Zulassung bereits bewerteter Angaben sollte die Kommission ein öffentliches Register mit den Listen solcher Angaben erstellen und laufend aktualisieren.

(32) Zur Förderung von Forschung und Entwicklung in der Agrar- und Lebensmittelindustrie sind die Investitionen, die von Innovatoren bei der Beschaffung von Informationen und Daten zur Unterstützung eines Antrags auf Zulassung nach dieser Verordnung getätigt werden, zu schützen. Dieser Schutz sollte jedoch befristet werden, um die unnötige Wiederholung von Studien und Erprobungen zu vermeiden und den kleinen und mittleren Unternehmen (KMU), die selten die finanzielle Kapazität zur Durchführung von Forschungstätigkeiten besitzen, den Zugang zur Verwendung von Angaben zu erleichtern.

(33) KMU bedeuten für die europäische Lebensmittelindustrie einen erheblichen Mehrwert, was die Qualität und die Bewahrung unterschiedlicher Ernährungsgewohnheiten betrifft. Zur Erleichterung der Umsetzung dieser Verordnung sollte die Europäische Behörde für Lebensmittelsicherheit rechtzeitig insbesondere den KMU geeignete technische Anweisungen und Hilfsmittel anbieten.

(34) Angesichts der besonderen Eigenschaften von Lebensmitteln, die solche Angaben tragen, sollten den Überwachungsstellen neben den üblichen Möglichkeiten zusätzliche Instrumente zur Verfügung gestellt werden, um eine effiziente Überwachung dieser Produkte zu ermöglichen.

Zu Abs. 25:
[10] ABl. L 55 vom 6.3.1996, S. 22.

14/1. EG-ClaimsV

Artikel 1

(35) Es sind angemessene Übergangsmaßnahmen erforderlich, damit sich die Lebensmittelunternehmer an die Bestimmungen dieser Verordnung anpassen können.

(36) Da das Ziel dieser Verordnung, nämlich das ordnungsgemäße Funktionieren des Binnenmarkts für nährwert- und gesundheitsbezogene Angaben sicherzustellen und gleichzeitig ein hohes Verbraucherschutzniveau zu bieten, auf Ebene der Mitgliedstaaten nicht ausreichend verwirklicht werden kann und daher besser auf Gemeinschaftsebene zu verwirklichen ist, kann die Gemeinschaft im Einklang mit dem in Artikel 5 des Vertrags niedergelegten Subsidiaritätsgrundsatz tätig werden. Entsprechend dem in demselben Artikel genannten Verhältnismäßigkeitsprinzip geht diese Verordnung nicht über das zur Erreichung dieses Ziels erforderliche Maß hinaus.

(37) Die zur Durchführung dieser Verordnung erforderlichen Maßnahmen sollten gemäß dem Beschluss 1999/468/EG des Rates vom 28. Juni 1999 zur Festlegung der Modalitäten für die Ausübung der der Kommission übertragenen Durchführungsbefugnisse[11)] erlassen werden —

HABEN FOLGENDE VERORDNUNG ERLASSEN:

KAPITEL I
GEGENSTAND, ANWENDUNGSBEREICH UND BEGRIFFSBESTIMMUNGEN

Artikel 1
Gegenstand und Anwendungsbereich

(1) Mit dieser Verordnung werden die Rechts- und Verwaltungsvorschriften der Mitgliedstaaten über nährwert- und gesundheitsbezogene Angaben harmonisiert, um das ordnungsgemäße Funktionieren des Binnenmarkts zu gewährleisten und gleichzeitig ein hohes Verbraucherschutzniveau zu bieten.

(2) Diese Verordnung gilt für nährwert- und gesundheitsbezogene Angaben, die in kommerziellen Mitteilungen bei der Kennzeichnung und Aufmachung von oder bei der Werbung für Lebensmittel gemacht werden, die als solche an den Endverbraucher abgegeben werden sollen.

„Auf nicht vorverpackte Lebensmittel (einschließlich Frischprodukte wie Obst, Gemüse oder Brot), die dem Endverbraucher oder Einrichtungen zur Gemeinschaftsverpflegung zum Kauf angeboten werden, und auf Lebensmittel, die entweder an der Verkaufsstelle auf Wunsch des Käufers verpackt oder zum sofortigen Verkauf fertig verpackt werden, finden Artikel 7 und Artikel 10 Absatz 2 Buchstaben a und b keine Anwendung. Einzelstaatliche Bestimmungen können angewandt werden, bis gegebenenfalls Gemeinschaftsmaßnahmen zur Änderung nicht wesentlicher Bestimmungen dieser Verordnung, auch durch Ergänzung, nach dem in Artikel 25 Absatz 3 genannten Regelungsverfahren mit Kontrolle erlassen werden."

Diese Verordnung gilt auch für Lebensmittel, die für Restaurants, Krankenhäuser, Schulen, Kantinen und ähnliche Einrichtungen zur Gemeinschaftsverpflegung bestimmt sind.
(ABl L 39 vom 13. 2. 2008, S 8)

(3) Handelsmarken, Markennamen oder Phantasiebezeichnungen, die in der Kennzeichnung, Aufmachung oder Werbung für ein Lebensmittel verwendet werden und als nährwert- oder gesundheitsbezogene Angabe aufgefasst werden können, dürfen ohne die in dieser Verordnung vorgesehenen Zulassungsverfahren verwendet werden, sofern der betreffenden Kennzeichnung, Aufmachung oder Werbung eine nährwert- oder gesundheitsbezogene Angabe beigefügt ist, die dieser Verordnung entspricht.

(4) Im Fall allgemeiner Bezeichnungen, die traditionell zur Angabe einer Eigenschaft einer Kategorie von Lebensmitteln oder Getränken verwendet werden und die auf Auswirkungen auf die menschliche Gesundheit hindeuten könnten, kann auf Antrag der betroffenen Lebensmittelunternehmer eine Ausnahme von Absatz 3, die eine Änderung nicht wesentlicher Bestimmungen dieser Verordnung durch Ergänzung bewirkt, nach dem in Artikel 25 Absatz 3 genannten Regelungsverfahren mit Kontrolle erlassen werden. Der Antrag ist an die zuständige nationale Behörde eines Mitgliedstaats zu richten, die ihn unverzüglich an die Kommission weiterleitet. Die Kommission erlässt und veröffentlicht Regeln, nach denen Lebensmittelunternehmer derartige Anträge stellen können, um sicherzustellen, dass der Antrag in transparenter Weise und innerhalb einer vertretbaren Frist bearbeitet wird. *(ABl L 39 vom 13. 2. 2008, S 8)*

(5) Diese Verordnung gilt unbeschadet der folgenden Bestimmungen des Gemeinschaftsrechts:

a) Richtlinie 89/398/EWG und Richtlinien, die über Lebensmittel erlassen werden, die für besondere Ernährungszwecke bestimmt sind;

b) Richtlinie 80/777/EWG des Rates vom 15. Juli 1980 zur Angleichung der Rechtsvorschriften der Mitgliedstaaten über die Gewinnung von und den Handel mit natürlichen Mineralwässern[1)]

Zu Abs. 37:
[11)] ABl. L 184 vom 17.7.1999, S. 23.

Zu Artikel 1:
[1)] ABl. L 229 vom 30.8.1980, S. 1. Zuletzt geändert durch die Verordnung (EG) Nr. 1882/2003.

14/1. EG-ClaimsV
Artikel 1 – 3

c) Richtlinie 98/83/EG des Rates vom 3. November 1998 über die Qualität von Wasser für den menschlichen Gebrauch[2)];

d) Richtlinie 2002/46/EG.

Artikel 2
Begriffsbestimmungen

(1) Für die Zwecke dieser Verordnung

a) gelten für „Lebensmittel", „Lebensmittelunternehmer", „Inverkehrbringen" und „Endverbraucher" die Begriffsbestimmungen in Artikel 2 und Artikel 3 Nummern 3, 8 und 18 der Verordnung (EG) Nr. 178/2002 des Europäischen Parlaments und des Rates vom 28. Januar 2002 zur Festlegung der allgemeinen Grundsätze und Anforderungen des Lebensmittelrechts, zur Errichtung der Europäischen Behörde für Lebensmittelsicherheit und zur Festlegung von Verfahren zur Lebensmittelsicherheit[1)];

b) gilt für „Nahrungsergänzungsmittel" die Begriffsbestimmung der Richtlinie 2002/46/EG;

c) gelten für „Nährwertkennzeichnung", „Eiweiß", „Kohlenhydrat", „Zucker", „Fett", „gesättigte Fettsäuren", „einfach ungesättigte Fettsäuren", „mehrfach ungesättigte Fettsäuren" und „Ballaststoffe" die Begriffsbestimmungen der Richtlinie 90/496/ EWG;

d) gilt für „Kennzeichnung" die Begriffsbestimmung in Artikel 1 Absatz 3 Buchstabe a der Richtlinie 2000/13/EG.

(2) Ferner bezeichnet der Ausdruck

1. „Angabe" jede Aussage oder Darstellung, die nach dem Gemeinschaftsrecht oder den nationalen Vorschriften nicht obligatorisch ist, einschließlich Darstellungen durch Bilder, grafische Elemente oder Symbole in jeder Form, und mit der erklärt, suggeriert oder auch nur mittelbar zum Ausdruck gebracht wird, dass ein Lebensmittel besondere Eigenschaften besitzt;

2. „Nährstoff" ein Protein, ein Kohlenhydrat, ein Fett, einen Ballaststoff, Natrium, eines der im Anhang der Richtlinie 90/496/EWG aufgeführten Vitamine und Mineralstoffe, sowie jeden Stoff, der zu einer dieser Kategorien gehört oder Bestandteil eines Stoffes aus einer dieser Kategorien ist;

3. „andere Substanz" einen anderen Stoff als einen Nährstoff, der eine ernährungsbezogene Wirkung oder eine physiologische Wirkung hat;

4. „nährwertbezogene Angabe" jede Angabe, mit der erklärt, suggeriert oder auch nur mittelbar zum Ausdruck gebracht wird, dass ein Lebensmittel besondere positive Nährwerteigenschaften besitzt, und zwar aufgrund

a) der Energie (des Brennwerts), die es

i) liefert,

ii) in vermindertem oder erhöhtem Maße liefert oder

iii) nicht liefert, und/oder

b) der Nährstoffe oder anderen Substanzen, die es

i) enthält,

ii) in verminderter oder erhöhter Menge enthält oder

iii) nicht enthält;

5. „gesundheitsbezogene Angabe" jede Angabe, mit der erklärt, suggeriert oder auch nur mittelbar zum Ausdruck gebracht wird, dass ein Zusammenhang zwischen einer Lebensmittelkategorie, einem Lebensmittel oder einem seiner Bestandteile einerseits und der Gesundheit andererseits besteht;

6. „Angabe über die Reduzierung eines Krankheitsrisikos" jede Angabe, mit der erklärt, suggeriert oder auch nur mittelbar zum Ausdruck gebracht wird, dass der Verzehr einer Lebensmittelkategorie, eines Lebensmittels oder eines Lebensmittelbestandteils einen Risikofaktor für die Entwicklung einer Krankheit beim Menschen deutlich senkt;

7. „Behörde" die Europäische Behörde für Lebensmittelsicherheit, die durch die Verordnung (EG) Nr. 178/2002 eingesetzt wurde.

KAPITEL II
ALLGEMEINE GRUNDSÄTZE

Artikel 3
Allgemeine Grundsätze für alle Angaben

Nährwert- und gesundheitsbezogene Angaben dürfen bei der Kennzeichnung und Aufmachung von Lebensmitteln, die in der Gemeinschaft in Verkehr gebracht werden, bzw. bei der Werbung hierfür nur verwendet werden, wenn sie der vorliegenden Verordnung entsprechen.

Unbeschadet der Richtlinien 2000/13/EG und 84/450/EWG dürfen die verwendeten nährwert- und gesundheitsbezogenen Angaben

a) nicht falsch, mehrdeutig oder irreführend sein;

b) keine Zweifel über die Sicherheit und/oder die ernährungsphysiologische Eignung anderer Lebensmittel wecken;

c) nicht zum übermäßigen Verzehr eines Lebensmittels ermutigen oder diesen wohlwollend darstellen;

d) nicht erklären, suggerieren oder auch nur mittelbar zum Ausdruck bringen, dass eine ausge-

---

[2)] ABl. L 330 vom 5.12.1998, S. 32. Geändert durch die Verordnung (EG) Nr. 1882/2003.

Zu Artikel 2:

[1)] ABl. L 31 vom 1.2.2002, S. 1. Zuletzt geändert durch die Verordnung (EG) Nr. 575/2006 der Kommission (ABl. L 100 vom 8.4.2006, S. 3).

wogene und abwechslungsreiche Ernährung generell nicht die erforderlichen Mengen an Nährstoffen liefern kann; bei Nährstoffen, von denen eine ausgewogene und abwechslungsreiche Ernährung keine ausreichenden Mengen liefern kann, können unter Beachtung der in Mitgliedstaaten vorliegenden besonderen Umstände abweichende Regelungen, einschließlich der Bedingungen für ihre Anwendung zur Änderung nicht wesentlicher Bestimmungen dieser Verordnung durch Ergänzung nach dem in Artikel 25 Absatz 3 genannten Regelungsverfahren mit Kontrolle erlassen werden; *(ABl L 39 vom 13. 2. 2008, S 8)*

e) nicht — durch eine Textaussage oder durch Darstellungen in Form von Bildern, grafischen Elementen oder symbolische Darstellungen — auf Veränderungen bei Körperfunktionen Bezug nehmen, die beim Verbraucher Ängste auslösen oder daraus Nutzen ziehen könnten.

Artikel 4
Bedingungen für die Verwendung nährwert- und gesundheitsbezogener Angaben

(1) „Bis zum 19. Januar 2009 legt die Kommission spezifische Nährwertprofile, einschließlich der Ausnahmen, fest, denen Lebensmittel oder bestimmte Lebensmittelkategorien entsprechen müssen, um nährwert- oder gesundheitsbezogene Angaben tragen zu dürfen, sowie die Bedingungen für die Verwendung von nährwert- oder gesundheitsbezogenen Angaben bei Lebensmitteln oder Lebensmittelkategorien in Bezug auf die Nährwertprofile. Diese Maßnahmen zur Änderung nicht wesentlicher Bestimmungen dieser Verordnung durch Ergänzung werden nach dem in dem in Artikel 25 Absatz 3 genannten Regelungsverfahren mit Kontrolle erlassen."
Die Nährwertprofile für Lebensmittel und/oder bestimmte Lebensmittelkategorien werden insbesondere unter Berücksichtigung folgender Faktoren festgelegt:

a) der Mengen bestimmter Nährstoffe und anderer Substanzen, die in dem betreffenden Lebensmittel enthalten sind, wie z.B. Fett, gesättigte Fettsäuren, trans-Fettsäuren, Zucker und Salz/Natrium;

b) der Rolle und der Bedeutung des Lebensmittels (der Lebensmittelkategorie) und seines (oder ihres) Beitrags zur Ernährung der Bevölkerung allgemein oder gegebenenfalls bestimmter Risikogruppen, einschließlich Kindern;

c) der gesamten Nährwertzusammensetzung des Lebensmittels und des Vorhandenseins von Nährstoffen, deren Wirkung auf die Gesundheit wissenschaftlich anerkannt ist.

Die Nährwertprofile stützen sich auf wissenschaftliche Erkenntnisse über die Ernährung und ihre Bedeutung für die Gesundheit.

Bei der Festlegung der Nährwertprofile fordert die Kommission die Behörde auf, binnen zwölf Monaten sachdienliche wissenschaftliche Ratschläge zu erarbeiten, die sich auf folgende Kernfragen konzentrieren:

i) ob Nährwertprofile für Lebensmittel generell und/oder für Lebensmittelkategorien erarbeitet werden sollten

ii) die Auswahl und Ausgewogenheit der zu berücksichtigenden Nährstoffe

iii) die Wahl der Referenzqualität/Referenzbasis für Nährwertprofile

iv) den Berechnungsansatz für die Nährwertprofile

v) die Durchführbarkeit und die Erprobung eines vorgeschlagenen Systems.

Bei der Festlegung der Nährwertprofile führt die Kommission Anhörungen der Interessengruppen, insbesondere von Lebensmittelunternehmern und Verbraucherverbänden, durch.

„Nährwertprofile und die Bedingungen für ihre Verwendung, die eine Änderung nicht wesentlicher Bestimmungen dieser Verordnung durch Ergänzung bewirken, werden zur Berücksichtigung maßgeblicher wissenschaftlicher Entwicklungen nach Anhörung der Interessengruppen, insbesondere von Lebensmittelunternehmern und Verbraucherverbänden, nach dem in Artikel 25 Absatz 3 genannten Regelungsverfahren mit Kontrolle aktualisiert."
(ABl L 39 vom 13. 2. 2008, S 8)

(2) Abweichend von Absatz 1 sind nährwertbezogene Angaben zulässig,

a) die sich auf die Verringerung von Fett, gesättigten Fettsäuren, trans-Fettsäuren, Zucker und Salz/Natrium beziehen, ohne Bezugnahme auf ein Profil für den/die konkreten Nährstoff (e), zu dem/denen die Angabe gemacht wird, sofern sie den Bedingungen dieser Verordnung entsprechen;

b) wenn ein einziger Nährstoff das Nährstoffprofil übersteigt, sofern in unmittelbarer Nähe der nährwertbezogenen Angabe auf derselben Seite und genau so deutlich sichtbar wie diese ein Hinweis auf diesen Nährstoff angebracht wird. Dieser Hinweis lautet: „Hoher Gehalt an [… *)]".

(3) Getränke mit einem Alkoholgehalt von mehr als 1,2 Volumenprozent dürfen keine gesundheitsbezogenen Angaben tragen.
Bei Getränken mit einem Alkoholgehalt von mehr als 1,2 Volumenprozent sind nur nährwertbezogene Angaben zulässig, die sich auf einen geringen Alkoholgehalt oder eine Reduzierung des Alkoholgehalts oder eine Reduzierung des Brennwerts beziehen.

Zu Artikel 4:
*) *Name des Nährstoffs, der das Nährstoffprofil übersteigt.*

(4) In Ermangelung spezifischer Gemeinschaftsbestimmungen über nährwertbezogene Angaben zu geringem Alkoholgehalt oder dem reduzierten bzw. nicht vorhandenen Alkoholgehalt oder Brennwert von Getränken, die normalerweise Alkohol enthalten, können nach Maßgabe der Bestimmungen des Vertrags die einschlägigen einzelstaatlichen Regelungen angewandt werden.

(5) Maßnahmen zur Bestimmung anderer als der in Absatz 3 genannten Lebensmittel oder Kategorien von Lebensmitteln, bei denen die Verwendung nährwertoder gesundheitsbezogener Angaben eingeschränkt oder verboten werden soll, und zur Änderung nicht wesentlicher Bestimmungen dieser Verordnung können im Licht wissenschaftlicher Nachweise nach dem in Artikel 25 Absatz 3 genannten Regelungsverfahren mit Kontrolle erlassen werden. *(ABl L 39 vom 13. 2. 2008, S 8)*

Artikel 5
Allgemeine Bedingungen

(1) Die Verwendung nährwert- und gesundheitsbezogener Angaben ist nur zulässig, wenn die nachstehenden Bedingungen erfüllt sind:

a) Es ist anhand allgemein anerkannter wissenschaftlicher Nachweise nachgewiesen, dass das Vorhandensein, das Fehlen oder der verringerte Gehalt des Nährstoffs oder der anderen Substanz, auf die sich die Angabe bezieht, in einem Lebensmittel oder einer Kategorie von Lebensmitteln eine positive ernährungsbezogene Wirkung oder physiologische Wirkung hat.

b) Der Nährstoff oder die andere Substanz, für die die Angabe gemacht wird,

i) ist im Endprodukt in einer gemäß dem Gemeinschaftsrecht signifikanten Menge oder, wo einschlägige Bestimmungen nicht bestehen, in einer Menge vorhanden, die nach allgemein anerkannten wissenschaftlichen Nachweisen geeignet ist, die behauptete ernährungsbezogene Wirkung oder physiologische Wirkung zu erzielen, oder

ii) ist nicht oder in einer verringerten Menge vorhanden, was nach allgemein anerkannten wissenschaftlichen Nachweisen geeignet ist, die behauptete ernährungsbezogene Wirkung oder physiologische Wirkung zu erzielen.

c) Soweit anwendbar, liegt der Nährstoff oder die andere Substanz, auf die sich die Angabe bezieht, in einer Form vor, die für den Körper verfügbar ist.

d) Die Menge des Produkts, deren Verzehr vernünftigerweise erwartet werden kann, liefert eine gemäß dem Gemeinschaftsrecht signifikante Menge des Nährstoffs oder der anderen Substanz, auf die sich die Angabe bezieht, oder, wo einschlägige Bestimmungen nicht bestehen, eine signifikante Menge, die nach allgemein anerkannten wissenschaftlichen Erkenntnissen geeignet ist, die behauptete ernährungsbezogene Wirkung oder physiologische Wirkung zu erzielen.

e) Die besonderen Bedingungen in Kapitel III bzw. Kapitel IV, soweit anwendbar, sind erfüllt.

(2) Die Verwendung nährwert- oder gesundheitsbezogener Angaben ist nur zulässig, wenn vom durchschnittlichen Verbraucher erwartet werden kann, dass er die positive Wirkung, wie sie in der Angabe dargestellt wird, versteht.

(3) Nährwert- und gesundheitsbezogene Angaben müssen sich gemäß der Anweisung des Herstellers auf das verzehrfertige Lebensmittel beziehen.

Artikel 6
Wissenschaftliche Absicherung von Angaben

(1) Nährwert- und gesundheitsbezogene Angaben müssen sich auf allgemein anerkannte wissenschaftliche Nachweise stützen und durch diese abgesichert sein.

(2) Ein Lebensmittelunternehmer, der eine nährwert- oder gesundheitsbezogene Angabe macht, muss die Verwendung dieser Angabe begründen.

(3) Die zuständigen Behörden der Mitgliedstaaten können einen Lebensmittelunternehmer oder eine Person, die ein Produkt in Verkehr bringt, verpflichten, alle einschlägigen Angaben zu machen und Daten vorzulegen, die die Übereinstimmung mit dieser Verordnung belegen.

Artikel 7
Nährwertkennzeichnung

„Die Nährwertkennzeichnung von Erzeugnissen, bei denen nährwert- und/oder gesundheitsbezogene Angaben gemacht werden, ist obligatorisch, es sei denn, es handelt sich um produktübergreifende Werbeaussagen. Es sind die in Artikel 30 Absatz 1 der Verordnung (EU) Nr. 1169/2011 des Europäischen Parlaments und des Rates vom 25. Oktober 2011 betreffend die Information der Verbraucher über Lebensmittel*) aufgeführten Angaben zu machen. Bei nährwert- und/oder gesundheitsbezogenen Angaben für einen in Artikel 30 Absatz 2 der Verordnung (EU) Nr. 1169/2011 genannten Nährstoff wird die Menge dieses Nährstoffs nach Maßgabe der Artikel 31 bis 34 der genannten Verordnung angegeben."

„Für Stoffe, die Gegenstand einer nährwert- oder gesundheitsbezogenen Angabe sind und nicht in der Nährwertkennzeichnung erscheinen, sind die jeweiligen Mengen nach Maßgabe der Artikel 31, 32 und 33 der Verordnung (EU) Nr. 1169/2011 in demselben Blickfeld anzugeben wie die Nähr-

---

Zu Artikel 7:
*) ABl. L 304 vom 22.11.2011, S. 18

14/1. EG-ClaimsV
Artikel 7 – 12

wertkennzeichnung. Zur Angabe der Mengen werden den jeweiligen einzelnen Stoffen angemessene Maßeinheiten verwendet."
Im Falle von Nahrungsergänzungsmitteln ist die Nährwertkennzeichnung gemäß Artikel 8 der Richtlinie 2002/46/EG anzugeben.
(ABl L 304 vom 22. 11. 2011, S 18)

KAPITEL III
NÄHRWERTBEZOGENE ANGABEN

Artikel 8
Besondere Bedingungen

(1) Nährwertbezogene Angaben dürfen nur gemacht werden, wenn sie im Anhang aufgeführt sind und den in dieser Verordnung festgelegten Bedingungen entsprechen.

(2) Änderungen des Anhangs werden nach dem in Artikel 25 Absatz 3 genannten Regelungsverfahren mit Kontrolle, gegebenenfalls nach Anhörung der Behörde, erlassen. Gegebenenfalls bezieht die Kommission Interessengruppen, insbesondere Lebensmittelunternehmer und Verbraucherverbände, ein, um die Wahrnehmung und das Verständnis der betreffenden Angaben zu bewerten. *(ABl L 39 vom 13. 2. 2008, S 8)*

Artikel 9
Vergleichende Angaben

(1) Unbeschadet der Richtlinie 84/450/EWG ist ein Vergleich nur zwischen Lebensmitteln derselben Kategorie und unter Berücksichtigung einer Reihe von Lebensmitteln dieser Kategorie zulässig. Der Unterschied in der Menge eines Nährstoffs und/ oder im Brennwert ist anzugeben, und der Vergleich muss sich auf dieselbe Menge des Lebensmittels beziehen.

(2) Vergleichende nährwertbezogene Angaben müssen die Zusammensetzung des betreffenden Lebensmittels mit derjenigen einer Reihe von Lebensmitteln derselben Kategorie vergleichen, deren Zusammensetzung die Verwendung einer Angabe nicht erlaubt, darunter auch Lebensmittel anderer Marken.

KAPITEL IV
GESUNDHEITSBEZOGENE ANGABEN

Artikel 10
Spezielle Bedingungen

(1) Gesundheitsbezogene Angaben sind verboten, sofern sie nicht den allgemeinen Anforderungen in Kapitel II und den speziellen Anforderungen im vorliegenden Kapitel entsprechen, gemäß dieser Verordnung zugelassen und in die Liste der zugelassenen Angaben gemäß den Artikeln 13 und 14 aufgenommen sind.

(2) Gesundheitsbezogene Angaben dürfen nur gemacht werden, wenn die Kennzeichnung oder, falls diese Kennzeichnung fehlt, die Aufmachung der Lebensmittel und die Lebensmittelwerbung folgende Informationen tragen:

a) einen Hinweis auf die Bedeutung einer abwechslungsreichen und ausgewogenen Ernährung und einer gesunden Lebensweise,

b) Informationen zur Menge des Lebensmittels und zum Verzehrmuster, die erforderlich sind, um die behauptete positive Wirkung zu erzielen,

c) gegebenenfalls einen Hinweis an Personen, die es vermeiden sollten, dieses Lebensmittel zu verzehren, und

d) einen geeigneten Warnhinweis bei Produkten, die bei übermäßigem Verzehr eine Gesundheitsgefahr darstellen könnten.

(3) Verweise auf allgemeine, nichtspezifische Vorteile des Nährstoffs oder Lebensmittels für die Gesundheit im Allgemeinen oder das gesundheitsbezogene Wohlbefinden sind nur zulässig, wenn ihnen eine in einer der Listen nach Artikel 13 oder 14 enthaltene spezielle gesundheitsbezogene Angabe beigefügt ist.

(4) Gegebenenfalls werden nach dem in Artikel 25 Absatz 2 genannten Verfahren und, falls erforderlich, nach der Anhörung der Interessengruppen, insbesondere von Lebensmittelunternehmern und Verbraucherverbänden, Leitlinien für die Durchführung dieses Artikels angenommen.

Artikel 11
Nationale Vereinigungen von Fachleuten der Bereiche Medizin, Ernährung oder Diätetik und karitative medizinische Einrichtungen

Fehlen spezifische Gemeinschaftsvorschriften über Empfehlungen oder Bestätigungen von nationalen Vereinigungen von Fachleuten der Bereiche Medizin, Ernährung oder Diätetik oder karitativen gesundheitsbezogenen Einrichtungen, so können nach Maßgabe der Bestimmungen des Vertrags einschlägige nationale Regelungen angewandt werden.

Artikel 12
Beschränkungen der Verwendung bestimmter gesundheitsbezogener Angaben

Die folgenden gesundheitsbezogenen Angaben sind nicht zulässig:

a) Angaben, die den Eindruck erwecken, durch Verzicht auf das Lebensmittel könnte die Gesundheit beeinträchtigt werden;

b) Angaben über Dauer und Ausmaß der Gewichtsabnahme;

c) Angaben, die auf Empfehlungen von einzelnen Ärzten oder Angehörigen von Gesundheitsberufen und von Vereinigungen, die nicht in Ar tikel 11 genannt werden, verweisen. *(ABl L 160 vom 12. 6. 2013, S 15)*

Artikel 13
Andere gesundheitsbezogene Angaben als Angaben über die Reduzierung eines Krankheitsrisikos sowie die Entwicklung und die Gesundheit von Kindern

(1) In der in Absatz 3 vorgesehenen Liste genannte gesundheitsbezogene Angaben, die

a) die Bedeutung eines Nährstoffs oder einer anderen Substanz für Wachstum, Entwicklung und Körperfunktionen,

b) die psychischen Funktionen oder Verhaltensfunktionen oder

c) unbeschadet der Richtlinie 96/8/EG die schlank machenden oder gewichtskontrollierenden Eigenschaften des Lebensmittels oder die Verringerung des Hungergefühls oder ein verstärktes Sättigungsgefühl oder eine verringerte Energieaufnahme durch den Verzehr des Lebensmittels

beschreiben oder darauf verweisen, dürfen gemacht werden, ohne den Verfahren der Artikel 15 bis 19 zu unterliegen, wenn sie

i) sich auf allgemein anerkannte wissenschaftliche Nachweise stützen und

ii) vom durchschnittlichen Verbraucher richtig verstanden werden.

(2) Die Mitgliedstaaten übermitteln der Kommission spätestens am 31. Januar 2008 Listen von Angaben gemäß Absatz 1 zusammen mit den für sie geltenden Bedingungen und mit Hinweisen auf die entsprechende wissenschaftliche Absicherung.

(3) Nach Anhörung der Behörde verabschiedet die Kommission nach dem in Artikel 25 Absatz 3 genannten Regelungsverfahren mit Kontrolle spätestens am 31. Januar 2010 als Änderung nicht wesentlicher Bestimmungen dieser Verordnung durch Ergänzung eine Gemeinschaftsliste zulässiger Angaben gemäß Absatz 1 sowie alle für die Verwendung dieser Angaben notwendigen Bedingungen. *(ABl L 39 vom 13. 2. 2008, S 8)*

(4) Änderungen an der in Absatz 3 genannten Liste, die auf allgemein anerkannten wissenschaftlichen Nachweisen beruhen, und zur Änderung nicht wesentlicher Elemente dieser Verordnung durch Ergänzung werden nach Anhörung der Behörde auf eigene Initiative der Kommission oder auf Antrag eines Mitgliedstaats nach dem in Artikel 25 Absatz 3 genannten Regelungsverfahren mit Kontrolle erlassen. *(ABl L 39 vom 13. 2. 2008, S 8)*

(5) Weitere Angaben, die auf neuen wissenschaftlichen Nachweisen beruhen und/oder einen Antrag auf den Schutz geschützter Daten enthalten, werden nach dem Verfahren des Artikels 18 in die in Absatz 3 genannte Liste aufgenommen, mit Ausnahme der Angaben über die Entwicklung und die Gesundheit von Kindern, die nach dem Verfahren der Artikel 15, 16, 17 und 19 zugelassen werden.

Artikel 14
Angaben über die Verringerung eines Krankheitsrisikos sowie Angaben über die Entwicklung und die Gesundheit von Kindern

(1) Ungeachtet des Artikels 2 Absatz 1 Buchstabe b der Richtlinie 2000/13/EG können die folgenden Angaben gemacht werden, wenn sie nach dem Verfahren der Artikel 15, 16, 17 und 19 der vorliegenden Verordnung zur Aufnahme in eine Gemeinschaftsliste zulässiger Angaben und aller erforderlichen Bedingungen für die Verwendung dieser Angaben zugelassen worden sind:

a) Angaben über die Verringerung eines Krankheitsrisikos,

b) Angaben über die Entwicklung und die Gesundheit von Kindern.
(ABl L 39 vom 13. 2. 2008, S 14)

(2) Zusätzlich zu den allgemeinen Anforderungen dieser Verordnung und den spezifischen Anforderungen in Absatz 1 muss bei Angaben über die Verringerung eines Krankheitsrisikos die Kennzeichnung oder, falls diese Kennzeichnung fehlt, die Aufmachung der Lebensmittel und Lebensmittelwerbung außerdem eine Erklärung dahin gehend enthalten, dass die Krankheit, auf die sich die Angabe bezieht, durch mehrere Risikofaktoren bedingt ist und dass die Veränderung eines dieser Risikofaktoren eine positive Wirkung haben kann oder auch nicht.

Artikel 15
Beantragung der Zulassung

(1) Bei Bezugnahme auf diesen Artikel ist ein Antrag auf Zulassung nach Maßgabe der nachstehenden Absätze zu stellen.

(2) Der Antrag wird der zuständigen nationalen Behörde eines Mitgliedstaats zugeleitet.

a) Die zuständige nationale Behörde

i) bestätigt den Erhalt eines Antrags schriftlich innerhalb von 14 Tagen nach Eingang. In der Bestätigung ist das Datum des Antragseingangs zu vermerken;

ii) informiert die Behörde unverzüglich und

iii) stellt der Behörde den Antrag und alle vom Antragsteller ergänzend vorgelegten Informationen zur Verfügung.

b) Die Behörde

i) unterrichtet die Mitgliedstaaten und die Kommission unverzüglich über den Antrag und stellt ihnen den Antrag sowie alle vom Antragsteller ergänzend vorgelegten Informationen zur Verfügung;

ii) stellt die in Absatz 3 Buchstabe g genannte Zusammenfassung des Antrags der Öffentlichkeit zur Verfügung.

(3) Der Antrag muss Folgendes enthalten:

a) Name und Anschrift des Antragstellers;

b) Bezeichnung des Nährstoffs oder der anderen Substanz oder des Lebensmittels oder der Lebensmittelkategorie, wofür die gesundheitsbezogene Angabe gemacht werden soll, sowie die jeweiligen besonderen Eigenschaften;

c) eine Kopie der Studien einschließlich – soweit verfügbar – unabhängiger und nach dem Peer-Review-Verfahren erstellter Studien zu der gesundheitsbezogenen Angabe sowie alle sonstigen verfügbaren Unterlagen, aus denen hervorgeht, dass die gesundheitsbezogene Angabe die Kriterien dieser Verordnung erfüllt;

d) gegebenenfalls einen Hinweis, welche Informationen als eigentumsrechtlich geschützt einzustufen sind, zusammen mit einer entsprechenden nachprüfbaren Begründung;

e) eine Kopie anderer wissenschaftlicher Studien, die für die gesundheitsbezogene Angabe relevant sind;

f) einen Vorschlag für die Formulierung der gesundheitsbezogenen Angabe, deren Zulassung beantragt wird, gegebenenfalls einschließlich spezieller Bedingungen für die Verwendung;

g) eine Zusammenfassung des Antrags.

(4) Nach vorheriger Anhörung der Behörde legt die Kommission nach dem in Artikel 25 Absatz 2 genannten Verfahren Durchführungsvorschriften zum vorliegenden Artikel, einschließlich Vorschriften zur Erstellung und Vorlage des Antrags, fest.

(5) Um den Lebensmittelunternehmern, insbesondere den KMU, bei der Vorbereitung und Stellung eines Antrags auf wissenschaftliche Bewertung behilflich zu sein, stellt die Kommission in enger Zusammenarbeit mit der Behörde geeignete technische Anleitungen und Hilfsmittel bereit.

Artikel 16
Stellungnahme der Behörde

(1) Bei der Abfassung ihrer Stellungnahme hält die Behörde eine Frist von fünf Monaten ab dem Datum des Eingangs eines gültigen Antrags ein. Wenn die Behörde beim Antragsteller zusätzliche Informationen gemäß Absatz 2 anfordert, wird diese Frist um bis zu zwei Monate nach dem Datum des Eingangs der vom Antragsteller übermittelten Informationen verlängert.

(2) Die Behörde — oder über sie eine nationale zuständige Behörde — kann gegebenenfalls den Antragsteller auffordern, die Unterlagen zum Antrag innerhalb einer bestimmten Frist zu ergänzen.

(3) Zur Vorbereitung ihrer Stellungnahme überprüft die Behörde, ob

a) die gesundheitsbezogene Angabe durch wissenschaftliche Nachweise abgesichert ist;

b) die Formulierung der gesundheitsbezogenen Angabe den Kriterien dieser Verordnung entspricht.

(4) Wird in der Stellungnahme die Zulassung der Verwendung der gesundheitsbezogenen Angabe befürwortet, so muss sie außerdem folgende Informationen enthalten:

a) Name und Anschrift des Antragstellers;

b) Bezeichnung des Nährstoffs oder der anderen Substanz oder des Lebensmittels oder der Lebensmittelkategorie, wofür die gesundheitsbezogene Angabe gemacht werden soll, sowie die jeweiligen besonderen Eigenschaften;

c) einen Vorschlag für die Formulierung der gesundheitsbezogenen Angabe, gegebenenfalls einschließlich der speziellen Bedingungen für ihre Verwendung;

d) gegebenenfalls Bedingungen für die oder Beschränkungen der Verwendung des Lebensmittels und/oder zusätzliche Erklärungen oder Warnungen, die die gesundheitsbezogene Angabe auf dem Etikett oder bei der Werbung begleiten sollten.

(5) Die Behörde übermittelt der Kommission, den Mitgliedstaaten und dem Antragsteller ihre Stellungnahme einschließlich eines Berichts mit der Beurteilung der gesundheitsbezogenen Angabe, einer Begründung ihrer Stellungnahme und über die Informationen, auf denen ihre Stellungnahme beruht.

(6) Die Behörde veröffentlicht ihre Stellungnahme gemäß Artikel 38 Absatz 1 der Verordnung (EG) Nr. 178/2002. Der Antragsteller bzw. Vertreter der Öffentlichkeit können innerhalb von 30 Tagen nach dieser Veröffentlichung gegenüber der Kommission Bemerkungen dazu abgeben.

Artikel 17
Gemeinschaftszulassung

(1) Innerhalb von zwei Monaten nach Erhalt der Stellungnahme der Behörde legt die Kommission dem in Artikel 23 Absatz 2 genannten Ausschuss einen Entwurf für eine Entscheidung über die Listen der zugelassenen gesundheitsbezogenen Angaben vor, wobei die Stellungnahme der Behörde, alle einschlägigen Bestimmungen des Gemeinschaftsrechts und andere für den jeweils zu prüfenden Sachverhalt relevante legitime Faktoren berücksichtigt werden. Stimmt der Entwurf der Entscheidung nicht mit der Stellungnahme der

Behörde überein, so erläutert die Kommission die Gründe für die Abweichung.

(2) Jeder Entwurf für eine Entscheidung zur Änderung der Listen der zugelassenen gesundheitsbezogenen Angaben enthält die in Artikel 16 Absatz 4 genannten Informationen.

(3) Die endgültige Entscheidung über den Antrag zur Änderung nicht wesentlicher Bestimmungen dieser Verordnung durch Ergänzung wird nach dem in Artikel 25 Absatz 3 genannten Regelungsverfahren mit Kontrolle getroffen.
In den Fällen, in denen die Kommission auf das Ersuchen eines Antragstellers um den Schutz geschützter Daten hin beabsichtigt, die Verwendung der Angabe zugunsten des Antragstellers einzuschränken, gilt jedoch folgendes:

a) Eine Entscheidung über die Zulassung der Angabe wird nach dem in Artikel 25 Absatz 2 genannten Regelungsverfahren getroffen. In solchen Fällen wird die erteilte Zulassung nach fünf Jahren ungültig.

b) Vor Ablauf der fünf Jahre legt die Kommission, falls die Angabe immer noch den Anforderungen dieser Verordnung entspricht, einen Entwurf von Maßnahmen zur Änderung nicht wesentlicher Bestimmungen dieser Verordnung durch Ergänzung zur Zulassung der Angabe ohne Einschränkung ihrer Verwendung vor; über diesen Entwurf wird nach dem in Artikel 25 Absatz 3 genannten Regelungsverfahren mit Kontrolle entschieden.
(ABl L 39 vom 13. 2. 2008, S 8)

(4) Die Kommission unterrichtet den Antragsteller unverzüglich über die Entscheidung und veröffentlicht die Einzelheiten dieser Entscheidung im *Amtsblatt der Europäischen Union*.

(5) Gesundheitsbezogene Angaben, die in den Listen nach den Artikeln 13 und 14 enthalten sind, können von jedem Lebensmittelunternehmer unter den für sie geltenden Bedingungen verwendet werden, wenn ihre Verwendung nicht nach Artikel 21 eingeschränkt ist.

(6) Die Erteilung der Zulassung schränkt die allgemeine zivil- und strafrechtliche Haftung eines Lebensmittelunternehmens für das betreffende Lebensmittel nicht ein.

Artikel 18
Angaben gemäß Artikel 13 Absatz 5

(1) Ein Lebensmittelunternehmer, der eine gesundheitsbezogene Angabe zu verwenden beabsichtigt, die nicht in der in Artikel 13 Absatz 3 vorgesehenen Liste aufgeführt ist, kann die Aufnahme der Angabe in diese Liste beantragen.

(2) Der Aufnahmeantrag ist bei der zuständigen nationalen Behörde eines Mitgliedstaats einzureichen, die den Eingang des Antrags innerhalb von 14 Tagen nach Eingang schriftlich bestätigt. In der Bestätigung ist das Datum des Eingangs des Antrags anzugeben. Der Antrag muss die in Artikel 15 Absatz 3 aufgeführten Daten und eine Begründung enthalten.

(3) Der gültige Antrag, der gemäß den in Artikel 15 Absatz 5 genannten Anweisungen erstellt wurde, sowie alle vom Antragsteller übermittelten Informationen werden unverzüglich der Behörde für eine wissenschaftliche Bewertung sowie der Kommission und den Mitgliedstaaten zur Kenntnisnahme übermittelt. Die Behörde gibt ihre Stellungnahme innerhalb einer Frist von fünf Monaten ab dem Datum des Eingangs des Antrags ab. Diese Frist kann um bis zu einen Monat verlängert werden, falls es die Behörde für erforderlich erachtet, zusätzliche Informationen vom Antragsteller anzufordern. In diesem Fall übermittelt der Antragsteller die angeforderten Informationen binnen 15 Tagen ab dem Datum des Erhalts der Anfrage der Behörde.
Das Verfahren des Artikels 16 Absatz 3 Buchstaben a und b, Absatz 5 und Absatz 6 findet sinngemäß Anwendung.

(4) Gibt die Behörde nach der wissenschaftlichen Bewertung eine Stellungnahme zu Gunsten der Aufnahme der betreffenden Angabe in die in Artikel 13 Absatz 3 vorgesehene Liste ab, so entscheidet die Kommission binnen zwei Monaten nach Eingang der Stellungnahme der Behörde, und nachdem sie die Mitgliedstaaten konsultiert hat, über den Antrag, wobei sie die Stellungnahme der Behörde, alle einschlägigen Vorschriften des Gemeinschaftsrechts und sonstige für die betreffende Angelegenheit relevante legitime Faktoren berücksichtigt.
„ "
(ABl L 39 vom 13. 2. 2008, S 8)

(5) Gibt die Behörde eine Stellungnahme ab, in der die Aufnahme der betreffenden Angabe in die in Absatz 4 genannte Liste nicht befürwortet wird, „wird nach dem in Artikel 25 Absatz 3 genannten Regelungsverfahren mit Kontrolle eine Entscheidung über den Antrag zur Änderung nicht wesentlicher Bestimmungen dieser Verordnung durch Ergänzung getroffen.".
In den Fällen, in denen die Kommission auf das Ersuchen eines Antragstellers um den Schutz geschützter Daten hin vorschlägt, die Verwendung der Angabe zugunsten des Antragstellers einzuschränken, gilt jedoch folgendes:

a) Eine Entscheidung über die Zulassung der Angabe wird nach dem in Artikel 25 Absatz 2 genannten Regelungsverfahren getroffen. In solchen Fällen wird die erteilte Zulassung nach fünf Jahren ungültig.

b) Vor Ablauf der fünf Jahre legt die Kommission, falls die Angabe immer noch den Bedingungen dieser Verordnung entspricht, einen Entwurf von Maßnahmen zur Änderung nicht wesentlicher Bestimmungen dieser Verordnung durch Ergänzung zur Zulassung der Angabe ohne Einschränkung ihrer Verwendung vor; über diesen Entwurf wird nach dem in Artikel 25 Absatz 3 genannten Regelungsverfahren mit Kontrolle entschieden. *(ABl L 39 vom 13. 2. 2008, S 8; ABl L 24 vom 30. 1. 2015, S 60)*

Artikel 19
Änderung, Aussetzung und Widerruf von Zulassungen

(1) Der Antragsteller/Nutzer einer Angabe, die in einer der Listen nach den Artikeln 13 und 14 aufgeführt ist, kann eine Änderung der jeweils einschlägigen Liste beantragen. Das in den Artikeln 15 bis 18 festgelegte Verfahren findet sinngemäß Anwendung.

(2) Die Behörde legt auf eigene Initiative oder auf Antrag eines Mitgliedstaats oder der Kommission ein Gutachten darüber vor, ob eine in einer der Listen nach den Artikeln 13 und 14 aufgeführte gesundheitsbezogene Angabe immer noch den Bedingungen dieser Verordnung entspricht. Sie übermittelt ihr Gutachten unverzüglich der Kommission, den Mitgliedstaaten und gegebenenfalls dem ursprünglichen Antragsteller, der die Verwendung der betreffenden Angabe beantragt hat. Die Behörde veröffentlicht ihr Gutachten gemäß Artikel 38 Absatz 1 der Verordnung (EG) Nr. 178/2002. Der Antragsteller/Nutzer bzw. ein Vertreter der Öffentlichkeit kann innerhalb von 30 Tagen nach dieser Veröffentlichung gegenüber der Kommission eine Stellungnahme dazu abgeben. Die Kommission prüft die Stellungnahme der Behörde sowie alle eingegangenen Bemerkungen so bald wie möglich. Gegebenenfalls wird die Zulassung nach dem Verfahren der Artikel 17 und 18 abgeändert, ausgesetzt oder widerrufen.

KAPITEL V
ALLGEMEINE UND SCHLUSSBESTIMMUNGEN

Artikel 20
Gemeinschaftsregister

(1) Die Kommission erstellt und unterhält ein Gemeinschaftsregister der nährwert- und gesundheitsbezogenen Angaben über Lebensmittel, nachstehend „Register" genannt.

(2) Das Register enthält Folgendes:

a) die nährwertbezogenen Angaben und die Bedingungen für ihre Verwendung gemäß dem Anhang;

b) gemäß Artikel 4 Absatz 5 festgelegte Einschränkungen;

c) die zugelassenen gesundheitsbezogenen Angaben und die Bedingungen für ihre Verwendung nach Artikel 13 Absätze 3 und 5, Artikel 14 Absatz 1, Artikel 19 Absatz 2, Artikel 21, Artikel 24 Absatz 2 und Artikel 28 Absatz 6 sowie die innerstaatlichen Maßnahmen nach Artikel 23 Absatz 3;

d) eine Liste abgelehnter gesundheitsbezogener Angaben und die Gründe für ihre Ablehnung.

Gesundheitsbezogene Angaben, die aufgrund geschützter Daten zugelassen wurden, werden in einen gesonderten Anhang des Registers aufgenommen, zusammen mit folgenden Informationen:

1. Datum der Zulassung der gesundheitsbezogenen Angabe durch die Kommission und Name des ursprünglichen Antragstellers, dem die Zulassung erteilt wurde;

2. die Tatsache, dass die Kommission die gesundheitsbezogene Angabe auf der Grundlage geschützter Daten und mit Einschränkung der Verwendung zugelassen hat; *(ABl L 39 vom 13. 2. 2008, S 8)*

3. in den in Artikel 17 Absatz 3 Unterabsatz 2 und Artikel 18 Absatz 5 Unterabsatz 2 genannten Fällen die Tatsache, dass die gesundheitsbezogene Angabe auf begrenzte Zeit zugelassen ist. *(ABl L 39 vom 13. 2. 2008, S 8)*

(3) Das Register wird veröffentlicht.

Artikel 21
Datenschutz

(1) Die wissenschaftlichen Daten und anderen Informationen in dem in Artikel 15 Absatz 3 vorgeschriebenen Antrag dürfen während eines Zeitraums von fünf Jahren ab dem Datum der Zulassung nicht zugunsten eines späteren Antragstellers verwendet werden, es sei denn, dieser nachfolgende Antragsteller hat mit dem früheren Antragsteller vereinbart, dass solche Daten und Informationen verwendet werden können, vorausgesetzt,

a) die wissenschaftlichen Daten und anderen Informationen wurden vom ursprünglichen Antragsteller zum Zeitpunkt des ursprünglichen Antrags als geschützt bezeichnet und

b) der ursprüngliche Antragsteller hatte zum Zeitpunkt des ursprünglichen Antrags ausschließlichen Anspruch auf die Nutzung der geschützten Daten und

c) die gesundheitsbezogene Angabe hätte ohne die Vorlage der geschützten Daten durch den ursprünglichen Antragsteller nicht zugelassen werden können.

(2) Bis zum Ablauf des in Absatz 1 genannten Zeitraums von fünf Jahren hat kein nachfolgender Antragsteller das Recht, sich auf von einem vorangegangenen Antragsteller als geschützt bezeichnete Daten zu beziehen, sofern und solange die Kommission nicht darüber entscheidet, ob eine Angabe ohne die von dem vorangegangenen An-

tragsteller als geschützt bezeichneten Daten in die in Artikel 14 oder gegebenenfalls in Artikel 13 vorgesehene Liste aufgenommen werden könnte oder hätte aufgenommen werden können.

Artikel 22
Nationale Vorschriften

Die Mitgliedstaaten dürfen unbeschadet des Vertrags, insbesondere seiner Artikel 28 und 30, den Handel mit Lebensmitteln oder die Werbung für Lebensmittel, die dieser Verordnung entsprechen, nicht durch die Anwendung nicht harmonisierter nationaler Vorschriften über Angaben über bestimmte Lebensmittel oder über Lebensmittel allgemein einschränken oder verbieten.

Artikel 23
Notifizierungsverfahren

(1) Hält ein Mitgliedstaat es für erforderlich, neue Rechtsvorschriften zu erlassen, so teilt er der Kommission und den übrigen Mitgliedstaaten die in Aussicht genommenen Maßnahmen mit einer schlüssigen Begründung mit, die diese rechtfertigen.

(2) Die Kommission hört den mit Artikel 58 Absatz 1 der Verordnung (EG) Nr. 178/2002 eingesetzten Ständigen Ausschuss für die Lebensmittelkette und Tiergesundheit (nachstehend „Ausschuss" genannt) an, sofern sie dies für nützlich hält oder ein Mitgliedstaat es beantragt, und nimmt zu den in Aussicht genommenen Maßnahmen Stellung.

(3) Der betroffene Mitgliedstaat kann die in Aussicht genommenen Maßnahmen sechs Monate nach der Mitteilung nach Absatz 1 und unter der Bedingung treffen, dass er keine gegenteilige Stellungnahme der Kommission erhalten hat. Ist die Stellungnahme der Kommission ablehnend, so entscheidet die Kommission nach dem in Artikel 25 Absatz 2 genannten Verfahren vor Ablauf der in Unterabsatz 1 des vorliegenden Absatzes genannten Frist, ob die in Aussicht genommenen Maßnahmen durchgeführt werden dürfen. Die Kommission kann bestimmte Änderungen an den vorgesehenen Maßnahmen verlangen.

Artikel 24
Schutzmaßnahmen

(1) Hat ein Mitgliedstaat stichhaltige Gründe für die Annahme, dass eine Angabe nicht dieser Verordnung entspricht oder dass die wissenschaftliche Absicherung nach Artikel 6 unzureichend ist, so kann er die Verwendung der betreffenden Angabe in seinem Hoheitsgebiet vorübergehend aussetzen.
Er unterrichtet die übrigen Mitgliedstaaten und die Kommission und begründet die Aussetzung.

(2) Eine Entscheidung hierüber wird gegebenenfalls nach Einholung eines Gutachtens der Behörde nach dem in Artikel 25 Absatz 2 genannten Verfahren getroffen.
Die Kommission kann dieses Verfahren auf eigene Initiative einleiten.

(3) Der in Absatz 1 genannte Mitgliedstaat kann die Aussetzung beibehalten, bis ihm die in Absatz 2 genannte Entscheidung notifiziert wurde.

Artikel 25
Ausschussverfahren

(1) Die Kommission wird vom Ausschuss unterstützt.

(2) Wird auf diesen Absatz Bezug genommen, so gelten die Artikel 5 und 7 des Beschlusses 1999/468/EG unter Beachtung von dessen Artikel 8.
Der Zeitraum nach Artikel 5 Absatz 6 des Beschlusses 1999/468/EG wird auf drei Monate festgesetzt.

(3) Wird auf diesen Absatz Bezug genommen, so gelten Artikel 5a Absätze 1 bis 4 und Artikel 7 des Beschlusses 1999/468/EG unter Beachtung von dessen Artikel 8.

(ABl L 39 vom 13. 2. 2008, S 8)

Artikel 26
Überwachung

Um die wirksame Überwachung von Lebensmitteln mit nährwert- oder gesundheitsbezogenen Angaben zu erleichtern, können die Mitgliedstaaten die Hersteller oder die Personen, die derartige Lebensmittel in ihrem Hoheitsgebiet in Verkehr bringen, verpflichten, die zuständige Behörde über das Inverkehrbringen zu unterrichten und ihr ein Muster des für das Produkt verwendeten Etiketts zu übermitteln.

Artikel 27
Bewertung

Spätestens am 19. Januar 2013 legt die Kommission dem Europäischen Parlament und dem Rat einen Bericht über die Anwendung dieser Verordnung vor, insbesondere über die Entwicklung des Markts für Lebensmittel, für die nährwert- oder gesundheitsbezogene Angaben gemacht werden, und darüber, wie die Angaben von den Verbrauchern verstanden werden; gegebenenfalls fügt sie diesem Bericht einen Vorschlag für Änderungen bei. Der Bericht umfasst auch eine Beurteilung der Auswirkungen dieser Verordnung auf die Wahl der Ernährungsweise und der möglichen Auswirkungen auf Übergewicht und nicht übertragbare Krankheiten.

Artikel 28
Übergangsmaßnahmen

(1) Lebensmittel, die vor dem Beginn der Anwendung dieser Verordnung in Verkehr gebracht oder gekennzeichnet wurden und dieser Verordnung nicht entsprechen, dürfen bis zu ihrem Mindesthaltbarkeitsdatum, jedoch nicht länger als bis zum 31. Juli 2009 weiter in Verkehr gebracht werden. Unter Berücksichtigung von Artikel 4 Absatz 1 dürfen Lebensmittel bis 24 Monate nach Annahme der entsprechenden Nährwertprofile und der Bedingungen für ihre Verwendung in Verkehr gebracht werden.

(2) Produkte mit bereits vor dem 1. Januar 2005 bestehenden Handelsmarken oder Markennamen, die dieser Verordnung nicht entsprechen, dürfen bis zum 19. Januar 2022 weiterhin in den Verkehr gebracht werden; danach gelten die Bestimmungen dieser Verordnung.

(3) Nährwertbezogene Angaben, die in einem Mitgliedstaat vor dem 1. Januar 2006 gemäß den einschlägigen innerstaatlichen Vorschriften verwendet wurden und nicht im Anhang aufgeführt sind, dürfen bis zum 19. Januar 2010 unter der Verantwortung von Lebensmittelunternehmern verwendet werden; dies gilt unbeschadet der Annahme von Schutzmaßnahmen gemäß Artikel 24.

(4) Nährwertbezogene Angaben in Form von Bildern, Grafiken oder Symbolen, die den allgemeinen Grundsätzen dieser Verordnung entsprechen, jedoch nicht im Anhang aufgeführt sind, und die entsprechend den durch einzelstaatliche Bestimmungen oder Vorschriften aufgestellten besonderen Bedingungen und Kriterien verwendet werden, unterliegen folgenden Bestimmungen:

a) Die Mitgliedstaaten übermitteln der Kommission spätestens bis zum 31. Januar 2008 diese nährwertbezogenen Angaben und die anzuwendenden einzelstaatlichen Bestimmungen oder Vorschriften zusammen mit den wissenschaftlichen Daten zu deren Absicherung;

b) Die Kommission fasst nach dem in Artikel 25 Absatz 3 genannten Regelungsverfahren mit Kontrolle einen Beschluss über die Verwendung solcher Angaben zur Änderung nicht wesentlicher Bestimmungen dieser Verordnung. *(ABl L 39 vom 13. 2. 2008, S 8)*

Nährwertbezogene Angaben, die nicht nach diesem Verfahren zugelassen wurden, können bis zu zwölf Monate nach Erlass des Beschlusses weiter verwendet werden.

(5) Gesundheitsbezogene Angaben im Sinne des Artikels 13 Absatz 1 Buchstabe a dürfen ab Inkrafttreten dieser Verordnung bis zur Annahme der in Artikel 13 Absatz 3 genannten Liste unter der Verantwortung von Lebensmittelunternehmern verwendet werden, sofern die Angaben dieser Verordnung und den einschlägigen einzelstaatlichen Vorschriften entsprechen; dies gilt unbeschadet der Annahme von Schutzmaßnahmen gemäß Artikel 24.

(6) „Für gesundheitsbezogene Angaben, die nicht unter Artikel 13 Absatz 1 Buchstabe a und Artikel 14 Absatz 1 Buchstabe a fallen und unter Beachtung der nationalen Rechtsvorschriften vor dem Inkrafttreten dieser Verordnung verwendet wurden, gilt Folgendes:" *(ABl L 39 vom 13. 2. 2008, S 14)*

a) Gesundheitsbezogene Angaben, die in einem Mitgliedstaat einer Bewertung unterzogen und zugelassen wurden, werden nach folgendem Verfahren zugelassen:

i) Die Mitgliedstaaten übermitteln der Kommission spätestens bis zum 31. Januar 2008 die betreffenden Angaben sowie den Bericht mit der Bewertung der zur Absicherung der Angaben vorgelegten wissenschaftlichen Daten;

ii) nach Anhörung der Behörde fasst die Kommission nach dem in Artikel 25 Absatz 3 genannten Regelungsverfahren mit Kontrolle einen Beschluss über die gesundheitsbezogenen Angaben, die auf diese Weise zugelassen wurden, zur Änderung nicht wesentlicher Bestimmungen dieser Verordnung durch Ergänzung. *(ABl L 39 vom 13. 2. 2008, S 8)*

Gesundheitsbezogene Angaben, die nicht nach diesem Verfahren zugelassen wurden, dürfen bis zu sechs Monate nach Erlass des Beschlusses weiter verwendet werden.

b) Gesundheitsbezogene Angaben, die keiner Bewertung in einem Mitgliedstaat unterzogen und nicht zugelassen wurden, dürfen weiterhin verwendet werden, sofern vor dem 19. Januar 2008 ein Antrag nach dieser Verordnung gestellt wird; gesundheitsbezogene Angaben, die nicht nach diesem Verfahren zugelassen wurden, dürfen bis zu sechs Monate nach einer Entscheidung im Sinne des Artikels 17 Absatz 3 weiter verwendet werden.

Artikel 29
Inkrafttreten

Diese Verordnung tritt am zwanzigsten Tag nach ihrer Veröffentlichung im *Amtsblatt der Europäischen Union* in Kraft.

Sie gilt ab dem 1. Juli 2007.

Diese Verordnung ist in allen ihren Teilen verbindlich und gilt unmittelbar in jedem Mitgliedstaat.

Geschehen zu Brüssel am 20. Dezember 2006

Im Namen des Europäischen Parlaments	Im Namen des Rates
Der Präsident	Der Präsident
J. BORRELL FONTELLES	J. KORKEAOJA

14/1. EG-ClaimsV
ANHANG

ANHANG

Nährwertbezogene Angaben und Bedingungen für ihre Verwendung

ENERGIEARM

Die Angabe, ein Lebensmittel sei energiearm, sowie jede Angabe, die für den Verbraucher voraussichtlich dieselbe Bedeutung hat, ist nur zulässig, wenn das Produkt im Falle von festen Lebensmitteln nicht mehr als 40 kcal (170 kJ)/100 g oder im Falle von flüssigen Lebensmitteln nicht mehr als 20 kcal (80 kJ)/100 ml enthält. Für Tafelsüßen gilt ein Grenzwert von 4 kcal (17 kJ) pro Portion, die der süßenden Wirkung von 6 g Saccharose (ca. 1 Teelöffel Zucker) entspricht.

ENERGIEREDUZIERT

Die Angabe, ein Lebensmittel sei energiereduziert, sowie jegliche Angabe, die für den Verbraucher voraussichtlich dieselbe Bedeutung hat, ist nur zulässig, wenn der Brennwert um mindestens 30 % verringert ist; dabei sind die Eigenschaften anzugeben, die zur Reduzierung des Gesamtbrennwerts des Lebensmittels führen.

ENERGIEFREI

Die Angabe, ein Lebensmittel sei energiefrei, sowie jegliche Angabe, die für den Verbraucher voraussichtlich dieselbe Bedeutung hat, ist nur zulässig, wenn das Produkt nicht mehr als 4 kcal (17 kJ)/100 ml enthält. Für Tafelsüßen gilt ein Grenzwert von 0,4 kcal (1,7 kJ) pro Portion, die der süßenden Wirkung von 6 g Saccharose (ca. 1 Teelöffel Zucker) entspricht.

FETTARM

Die Angabe, ein Lebensmittel sei fettarm, sowie jegliche Angabe, die für den Verbraucher voraussichtlich dieselbe Bedeutung hat, „ist nur zulässig, wenn das Produkt im Fall von festen Lebensmitteln nicht mehr als 3 g Fett/100 g oder nicht mehr als 1,5 g Fett/100 ml im Fall von flüssigen Lebensmitteln enthält" (1,8 g Fett pro 100 ml bei teilentrahmter Milch). *(ABl L 198 vom 30. 7. 2009, S 87)*

FETTFREI/OHNE FETT

Die Angabe, ein Lebensmittel sei fettfrei/ohne Fett, sowie jegliche Angabe, die für den Verbraucher voraussichtlich dieselbe Bedeutung hat, ist nur zulässig, wenn das Produkt nicht mehr als 0,5 g Fett pro 100 g oder 100 ml enthält. Angaben wie „X % fettfrei" sind verboten.

ARM AN GESÄTTIGTEN FETTSÄUREN

Die Angabe, ein Lebensmittel sei arm an gesättigten Fettsäuren, sowie jegliche Angabe, die für den Verbraucher voraussichtlich dieselbe Bedeutung hat, ist nur zulässig, wenn die Summe der gesättigten Fettsäuren und der trans-Fettsäuren bei einem Produkt im Fall von festen Lebensmitteln 1,5 g/100 g oder 0,75 g/100 ml im Fall von flüssigen Lebensmitteln nicht übersteigt; in beiden Fällen dürfen die gesättigten Fettsäuren und die trans-Fettsäuren insgesamt nicht mehr als 10 % des Brennwerts liefern.

FREI VON GESÄTTIGTEN FETTSÄUREN

Die Angabe, ein Lebensmittel sei frei von gesättigten Fettsäuren, sowie jegliche Angabe, die für den Verbraucher voraussichtlich dieselbe Bedeutung hat, ist nur zulässig, wenn die Summe der gesättigten Fettsäuren und der trans-Fettsäuren 0,1 g je 100 g bzw. 100 ml nicht übersteigt.

ZUCKERARM

Die Angabe, ein Lebensmittel sei zuckerarm, sowie jegliche Angabe, die für den Verbraucher voraussichtlich dieselbe Bedeutung hat, ist nur zulässig, wenn das Produkt im Fall von festen Lebensmitteln nicht mehr als 5 g Zucker pro 100 g oder im Fall von flüssigen Lebensmitteln 2,5 g Zucker pro 100 ml enthält.

ZUCKERFREI

Die Angabe, ein Lebensmittel sei zuckerfrei, sowie jegliche Angabe, die für den Verbraucher voraussichtlich dieselbe Bedeutung hat, ist nur zulässig, wenn das Produkt nicht mehr als 0,5 g Zucker pro 100 g bzw. 100 ml enthält.

OHNE ZUCKERZUSATZ

14/1. EG-ClaimsV

ANHANG

Die Angabe, einem Lebensmittel sei kein Zucker zugesetzt worden, sowie jegliche Angabe, die für den Verbraucher voraussichtlich dieselbe Bedeutung hat, ist nur zulässig, wenn das Produkt keine zugesetzten Mono- oder Disaccharide oder irgend ein anderes wegen seiner süßenden Wirkung verwendetes Lebensmittel enthält. Wenn das Lebensmittel von Natur aus Zucker enthält, sollte das Etikett auch den folgenden Hinweis enthalten: „ENTHÄLT VON NATUR AUS ZUCKER".

NATRIUMARM/KOCHSALZARM

Die Angabe, ein Lebensmittel sei natrium-/kochsalzarm, sowie jegliche Angabe, die für den Verbraucher voraussichtlich dieselbe Bedeutung hat, ist nur zulässig, wenn das Produkt nicht mehr als 0,12 g Natrium oder den gleichwertigen Gehalt an Salz pro 100 g bzw. 100 ml enthält. Bei anderen Wässern als natürlichen Mineralwässern, die in den Geltungsbereich der Richtlinie 80/777/EWG fallen, darf dieser Wert 2 mg Natrium pro 100 ml nicht übersteigen.

SEHR NATRIUMARM/KOCHSALZARM

Die Angabe, ein Lebensmittel sei sehr natrium-/salzarm, sowie jegliche Angabe, die für den Verbraucher voraussichtlich dieselbe Bedeutung hat, ist nur zulässig, wenn das Produkt nicht mehr als 0,04 g Natrium oder den entsprechenden Gehalt an Salz pro 100 g bzw. 100 ml enthält. Für natürliche Mineralwässer und andere Wässer darf diese Angabe nicht verwendet werden.

NATRIUMFREI ODER KOCHSALZFREI

Die Angabe, ein Lebensmittel sei natriumfrei oder kochsalzfrei, sowie jegliche Angabe, die für den Verbraucher voraussichtlich dieselbe Bedeutung hat, ist nur zulässig, wenn das Produkt nicht mehr als 0,005 g Natrium oder den gleichwertigen Gehalt an Salz pro 100 g enthält.

OHNE ZUSATZ VON NATRIUM/KOCHSALZ

„Die Angabe, einem Lebensmittel sei kein Natrium/Kochsalz zugesetzt worden, sowie jegliche Angabe, die für den Verbraucher voraussichtlich dieselbe Bedeutung hat, ist nur zulässig, wenn das Produkt kein zugesetztes Natrium/ Kochsalz oder irgendeine andere Zutat enthält, der Natrium/Kochsalz zugesetzt wurde, und das Produkt nicht mehr als 0,12 g Natrium oder den entsprechenden Gehalt an Kochsalz pro 100 g bzw. 100 ml enthält." *(ABl L 310 vom 9. 11. 2012, S 36)*

BALLASTSTOFFQUELLE

Die Angabe, ein Lebensmittel sei eine Ballaststoffquelle, sowie jegliche Angabe, die für den Verbraucher voraussichtlich dieselbe Bedeutung hat, ist nur zulässig, wenn das Produkt mindestens 3 g Ballaststoffe pro 100 g oder mindestens 1,5 g Ballaststoffe pro 100 kcal enthält.

HOHER BALLASTSTOFFGEHALT

„Die Angabe, ein Lebensmittel habe einen hohen Ballaststoffgehalt, sowie jegliche Angabe, die für den Verbraucher voraussichtlich dieselbe Bedeutung hat, ist nur zulässig, wenn das Produkt mindestens 6 g Ballaststoffe pro 100 g oder mindestens 3 g Ballaststoffe pro 100 kcal enthält." *(ABl L 86 vom 28. 3. 2008, S 34)*

PROTEINQUELLE

Die Angabe, ein Lebensmittel sei eine Proteinquelle, sowie jegliche Angabe, die für den Verbraucher voraussichtlich dieselbe Bedeutung hat, ist nur zulässig, wenn auf den Proteinanteil mindestens 12 % des gesamten Brennwerts des Lebensmittels entfallen.

HOHER PROTEINGEHALT

Die Angabe, ein Lebensmittel habe einen hohen Proteingehalt, sowie jegliche Angabe, die für den Verbraucher voraussichtlich dieselbe Bedeutung hat, ist nur zulässig, wenn auf den Proteinanteil mindestens 20 % des gesamten Brennwerts des Lebensmittels entfallen.

[NAME DES VITAMINS/DER VITAMINE] UND/ODER [NAME DES MINERALSTOFFS/DER MINERALSTOFFE]-QUELLE

Die Angabe, ein Lebensmittel sei eine Vitaminquelle oder Mineralstoffquelle, sowie jegliche Angabe, die für den Verbraucher voraussichtlich dieselbe Bedeutung hat, ist nur zulässig, wenn das Produkt mindestens eine gemäß dem Anhang der Richtlinie 90/496/EWG signifikante Menge oder eine Menge enthält, die den gemäß Artikel 6 der Verordnung (EG) Nr. 1925/2006 des Europäischen

ANHANG

Parlaments und des Rates vom 20. Dezember 2006 über den Zusatz von Vitaminen und Mineralstoffen sowie bestimmten anderen Stoffen zu Lebensmitteln[1)] zugelassenen Abweichungen entspricht.

HOHER [NAME DES VITAMINS/DER VITAMINE] UND/ODER [NAME DES MINERALSTOFFS/DER MINERALSTOFFE]-GEHALT

Die Angabe, ein Lebensmittel habe einen hohen Vitamingehalt und/oder Mineralstoffgehalt, sowie jegliche Angabe, die für den Verbraucher voraussichtlich dieselbe Bedeutung hat, ist nur zulässig, wenn das Produkt mindestens das Doppelte des unter „[NAME DES VITAMINS/ DER VITAMINE] und/oder [NAME DES MINERALSTOFFS/DER MINERALSTOFFE]-Quelle" genannten Werts enthält.

ENTHÄLT [NAME DES NÄHRSTOFFS ODER DER ANDEREN SUBSTANZ]

Die Angabe, ein Lebensmittel enthalte einen Nährstoff oder eine andere Substanz, für die in dieser Verordnung keine besonderen Bedingungen vorgesehen sind, sowie jegliche Angabe, die für den Verbraucher voraussichtlich dieselbe Bedeutung hat, ist nur zulässig, wenn das Produkt allen entsprechenden Bestimmungen dieser Verordnung und insbesondere Artikel 5 entspricht. Für Vitamine und Mineralstoffe gelten die Bedingungen für die Angabe „Quelle von".

ERHÖHTER [NAME DES NÄHRSTOFFS]-ANTEIL

Die Angabe, der Gehalt an einem oder mehreren Nährstoffen, die keine Vitamine oder Mineralstoffe sind, sei erhöht worden, sowie jegliche Angabe, die für den Verbraucher voraussichtlich dieselbe Bedeutung hat, ist nur zulässig, wenn das Produkt die Bedingungen für die Angabe „Quelle von" erfüllt und die Erhöhung des Anteils mindestens 30 % gegenüber einem vergleichbaren Produkt ausmacht.

REDUZIERTER [NAME DES NÄHRSTOFFS]-ANTEIL

Die Angabe, der Gehalt an einem oder mehreren Nährstoffen sei reduziert worden, sowie jegliche Angabe, die für den Verbraucher voraussichtlich dieselbe Bedeutung hat, ist nur zulässig, wenn die Reduzierung des Anteils mindestens 30 % gegenüber einem vergleichbaren Produkt ausmacht; ausgenommen sind Mikronährstoffe, für die ein 10 %iger Unterschied im Nährstoffbezugswert gemäß der Richtlinie 90/496/EWG des Rates akzeptabel ist, sowie Natrium oder der entsprechende Gehalt an Salz, für das ein 25 %iger Unterschied akzeptabel ist.

„Die Angabe ,reduzierter Anteil an gesättigten Fettsäuren' sowie jegliche Angabe, die für den Verbraucher voraussichtlich dieselbe Bedeutung hat, ist nur in folgenden Fällen zulässig:" *(ABl L 310 vom 9. 11. 2012, S 36)*

a) „wenn bei einem Produkt mit dieser Angabe die Summe der gesättigten Fettsäuren und der trans-Fettsäuren mindestens 30 % unter der Summe der gesättigten Fettsäuren und der trans-Fettsäuren eines vergleichbaren Produkts liegt und" *(ABl L 310 vom 9. 11. 2012, S 36)*

b) „wenn bei einem Produkt mit dieser Angabe der Gehalt an trans-Fettsäuren gleich oder geringer ist als in einem vergleichbaren Produkt." *(ABl L 310 vom 9. 11. 2012, S 36)*

„Die Angabe ,reduzierter Zuckeranteil' sowie jegliche Angabe, die für den Verbraucher voraussichtlich dieselbe Bedeutung hat, ist nur zulässig, wenn der Brennwert des Produkts mit dieser Angabe gleich oder geringer ist als der Brennwert eines vergleichbaren Produkts." *(ABl L 310 vom 9. 11. 2012, S 36)*

LEICHT

Die Angabe, ein Produkt sei „leicht", sowie jegliche Angabe, die für den Verbraucher voraussichtlich dieselbe Bedeutung hat, muss dieselben Bedingungen erfüllen wie die Angabe „reduziert"; die Angabe muss außerdem mit einem Hinweis auf die Eigenschaften einhergehen, die das Lebensmittel ‚leicht" machen.

VON NATUR AUS/NATÜRLICH

Erfüllt ein Lebensmittel von Natur aus die in diesem Anhang aufgeführte(n) Bedingung(en) für die Verwendung einer nährwertbezogenen Angabe, so darf dieser Angabe der Ausdruck „von Natur aus/natürlich" vorangestellt werden.

[1)] *ABl. L 404 vom 30.12.2006, S. 26.*

14/1. EG-ClaimsV

ANHANG

QUELLE VON OMEGA-3-FETTSÄUREN

„Die Angabe, ein Lebensmittel sei eine Quelle von Omega-3-Fettsäuren, sowie jegliche Angabe, die für den Verbraucher voraussichtlich dieselbe Bedeutung hat, ist nur zulässig, wenn das Produkt mindestens 0,3 g Alpha-Linolensäure pro 100 g und pro 100 kcal oder zusammengenommen mindestens 40 mg Eicosapentaensäure und Docosahexaenoidsäure pro 100 g und pro 100 kcal enthält." *(ABl L 37 vom 10. 2. 2010, S 16)*

MIT EINEM HOHEN GEHALT AN OMEGA-3-FETTSÄUREN

„Die Angabe, ein Lebensmittel habe einen hohen Gehalt an Omega-3-Fettsäuren, sowie jegliche Angabe, die für den Verbraucher voraussichtlich dieselbe Bedeutung hat, ist nur zulässig, wenn das Produkt mindestens 0,6 g Alpha- Linolensäure pro 100 g und pro 100 kcal oder zusammengenommen mindestens 80 mg Eicosapentaensäure und Docosahexaenoidsäure pro 100 g und pro 100 kcal enthält." *(ABl L 37 vom 10. 2. 2010, S 16)*

MIT EINEM HOHEN GEHALT AN EINFACH UNGESÄTTIGTEN FETTSÄUREN

„Die Angabe, ein Lebensmittel habe einen hohen Gehalt an einfach ungesättigten Fettsäuren, sowie jegliche Angabe, die für den Verbraucher voraussichtlich dieselbe Bedeutung hat, ist nur zulässig, wenn mindestens 45 % der im Produkt enthaltenen Fettsäuren aus einfach ungesättigten Fettsäuren stammen und sofern die einfach ungesättigten Fettsäuren über 20 % der Energie des Produktes liefern." *(ABl L 37 vom 10. 2. 2010, S 16)*

MIT EINEM HOHEN GEHALT AN MEHRFACH UNGESÄTTIGTEN FETTSÄUREN

„Die Angabe, ein Lebensmittel habe einen hohen Gehalt an mehrfach ungesättigten Fettsäuren, sowie jegliche Angabe, die für den Verbraucher voraussichtlich dieselbe Bedeutung hat, ist nur zulässig, wenn mindestens 45 % der im Produkt enthaltenen Fettsäuren aus mehrfach ungesättigten Fettsäuren stammen und sofern die mehrfach ungesättigten Fettsäuren über 20 % der Energie des Produktes liefern." *(ABl L 37 vom 10. 2. 2010, S 16)*

MIT EINEM HOHEN GEHALT AN UNGESÄTTIGTEN FETTSÄUREN

„Die Angabe, ein Lebensmittel habe einen hohen Gehalt an ungesättigten Fettsäuren, sowie jegliche Angabe, die für den Verbraucher voraussichtlich dieselbe Bedeutung hat, ist nur zulässig, wenn mindestens 70 % der Fettsäuren im Produkt aus ungesättigten Fettsäuren stammen und sofern die ungesättigten Fettsäuren über 20 % der Energie des Produktes liefern." *(ABl L 37 vom 10. 2. 2010, S 16)*

14/2. EU-Claims Liste

14/2. Verordnung (EU) Nr. 432/2012 zur Festlegung einer Liste zulässiger anderer gesundheitsbezogener Angaben über Lebensmittel als Angaben über die Reduzierung eines Krankheitsrisikos sowie die Entwicklung und die Gesundheit von Kindern

ABl L 136 vom 25.5.2012, S 1 idF

1 ABl L 160 vom 12.6.2013, S 4
2 ABl L 235 vom 4. 9. 2013, S 3
3 ABl L 265 vom 8. 10. 2013, S 16 (Berichtigung)
4 ABl L 282 vom 24. 10. 2013, S 43
5 ABl L 14 vom 18. 1. 2014, S 8
6 ABl L 3 vom 7. 1. 2015, S 3
7 ABl L 88 vom 1. 4. 2015, S 7
8 ABl L 328 vom 12. 12. 2015, S 46
9 ABl L 142 vom 31. 5. 2016, S 5
10 ABl L 230 vom 25. 8. 2016, S 8
11 ABl L 97 vom 8. 4. 2017, S 24
12 ABl L 98 vom 11. 4. 2017, S 1
13 ABl L 201 vom 2. 8. 2017, S 1 (Berichtigung)
14 ABl L 143 vom 27. 4. 2021, S 8

Verordnung (EU) Nr. 432/2012 der Kommission vom 16. Mai 2012 zur Festlegung einer Liste zulässiger anderer gesundheitsbezogener Angaben über Lebensmittel als Angaben über die Reduzierung eines Krankheitsrisikos sowie die Entwicklung und die Gesundheit von Kindern

DIE EUROPÄISCHE KOMMISSION –

stützt auf den Vertrag über die Arbeitsweise der Europäischen Union,

gestützt auf die Verordnung (EG) Nr. 1924/2006 des Europäischen Parlaments und des Rates vom 20. Dezember 2006 über nährwert- und gesundheitsbezogene Angaben über Lebensmittel[1], insbesondere auf Artikel 13 Absatz 3,

in Erwägung nachstehender Gründe:

(1) Gemäß Artikel 10 Absatz 1 der Verordnung (EG) Nr. 1924/2006 sind gesundheitsbezogene Angaben über Lebensmittel verboten, sofern sie nicht von der Kommission im Einklang mit der genannten Verordnung zugelassen und in eine Liste zulässiger Angaben aufgenommen wurden.

(2) Artikel 13 Absatz 2 der Verordnung (EG) Nr. 1924/2006 sieht vor, dass die Mitgliedstaaten der Kommission spätestens am 31. Januar 2008 nationale Listen gesundheitsbezogener Angaben über Lebensmittel gemäß Artikel 13 Absatz 1 der genannten Verordnung übermitteln. Zusammen mit diesen Listen sind auch die für diese Angaben geltenden Bedingungen und Hinweise auf die entsprechende wissenschaftliche Absicherung vorzulegen.

(3) In Artikel 13 Absatz 3 der Verordnung (EG) Nr. 1924/2006 ist festgelegt, dass die Kommission nach Anhörung der Europäischen Behörde für Lebensmittelsicherheit (EFSA, die „Behörde") spätestens am 31. Januar 2010 eine Liste zulässiger gesundheitsbezogener Angaben über Lebensmittel gemäß Artikel 13 Absatz 1 der genannten Verordnung sowie alle für die Verwendung dieser Angaben erforderlichen Bedingungen verabschiedet.

(4) Am 31. Januar 2008 waren bei der Kommission Listen mit über 44 000 gesundheitsbezogenen Angaben aus den Mitgliedstaaten eingegangen. Aufgrund der bei der Prüfung festgestellten zahlreichen Doppeleinträge und nach Beratungen mit den Mitgliedstaaten mussten die nationalen Listen zu einer konsolidierten Liste der Angaben zusammengeführt werden, zu der die Behörde eine wissenschaftliche Begutachtung vorlegen sollte („konsolidierte Liste")[2].

(5) Am 24. Juli 2008 übermittelte die Kommission der Behörde formell ein Ersuchen um ein wissenschaftliches Gutachten gemäß Artikel 13 Absatz 3 der Verordnung (EG) Nr. 1924/2006 zusammen mit einem Mandat und einem ersten Teil der konsolidierten Liste. Weitere Teile der konsolidierten Liste wurden im November und Dezember 2008 übermittelt. Zum Abschluss übermittelte die Kommission der Behörde am 12. März 2010 ein Addendum. Einige Angaben

---

Zur Präambel
[1] ABl. L 404 vom 30.12.2006, S. 9.

Zu Abs. 4:
[2] http://www.efsa.europa.eu/en/ndaclaims13/docs/ndaclaims13.zip

der konsolidierten Liste wurden von den Mitgliedstaaten zurückgezogen, bevor sie von der Behörde bewertet worden waren. Die Behörde schloss die wissenschaftliche Bewertung mit ihren Gutachten ab, die sie im Zeitraum von Oktober 2009 bis Juli 2011 veröffentlichte[3].

(6) Bei der Bewertung stellte die Behörde fest, dass in einigen Einträgen verschiedene Wirkungen angegeben waren oder dieselbe angegebene Wirkung Gegenstand mehrerer Einträge war. Daher kann eine unter die vorliegende Verordnung fallende gesundheitsbezogene Angabe auf einen oder mehrere Einträge in der konsolidierten Liste zurückgeführt werden.

(7) Bei einigen der gesundheitsbezogenen Angaben kam die Behörde auf der Grundlage der vorgelegten Daten zu dem Schluss, dass zwischen der Lebensmittelkategorie, dem Lebensmittel oder einem Lebensmittelbestandteil und der angegebenen Wirkung ein kausaler Zusammenhang nachgewiesen worden war. Gesundheitsbezogene Angaben, die dieser Schlussfolgerung entsprechen und den Anforderungen der Verordnung (EG) Nr. 1924/2006 genügen, sollten gemäß Artikel 13 Absatz 3 der Verordnung (EG) Nr. 1924/2006 zugelassen und in eine Liste zulässiger Angaben aufgenommen werden.

(8) Artikel 13 Absatz 3 der Verordnung (EG) Nr. 1924/2006 sieht vor, dass zusammen mit den zulässigen gesundheitsbezogenen Angaben alle erforderlichen Bedingungen (einschließlich Beschränkungen) für deren Verwendung festzulegen sind. Daher sollte die Liste zulässiger Angaben gemäß den Bestimmungen der Verordnung (EG) Nr. 1924/2006 und den Gutachten der Behörde den Wortlaut der Angaben und spezielle Bedingungen für ihre Verwendung sowie gegebenenfalls Bedingungen bzw. Beschränkungen hinsichtlich ihrer Verwendung und/oder zusätzliche Erklärungen oder Warnungen enthalten.

(9) Mit der Verordnung (EG) Nr. 1924/2006 soll u. a. sichergestellt werden, dass gesundheitsbezogene Angaben wahrheitsgemäß, klar, verlässlich und für den Verbraucher hilfreich sind. Formulierung und Aufmachung der Angaben sind vor diesem Hintergrund zu bewerten. In den Fällen, in denen der Wortlaut einer Angabe aus Verbrauchersicht gleichbedeutend ist mit demjenigen einer zugelassenen gesundheitsbezogenen Angabe, weil damit auf den gleichen Zusammenhang zwischen einer Lebensmittelkategorie, einem Lebensmittel oder einem Lebensmittelbestandteil und einer bestimmten Wirkung auf die Gesundheit hingewiesen wird, sollte diese Angabe auch den Verwendungsbedingungen für die zugelassene gesundheitsbezogene Angabe unterliegen.

(10) Aus den zur Bewertung vorgelegten Angaben hat die Kommission eine Reihe von Angaben ermittelt, die sich auf die Wirkung pflanzlicher Stoffe beziehen und die gemeinhin als „Botanicals" bezeichnet werden; diese müssen von der Behörde erst noch wissenschaftlich bewertet werden. Bestimmte andere gesundheitsbezogene Angaben müssen ferner erneut bewertet werden, bevor die Kommission über ihre Aufnahme in die Liste zulässiger Angaben befinden kann, bzw. über andere bereits bewertete Angaben kann die Kommission aus anderen gerechtfertigten Gründen zum gegenwärtigen Zeitpunkt nicht abschließend befinden.

(11) Angaben, deren Bewertung durch die Behörde oder deren Prüfung durch die Kommission noch nicht abgeschlossen ist, werden auf der Kommissions-Website[4] veröffentlicht und dürfen gemäß Artikel 28 Absätze 5 und 6 der Verordnung (EG) Nr. 1924/2006 weiter verwendet werden.

(12) Gemäß Artikel 6 Absatz 1 und Artikel 13 Absatz 1 der Verordnung (EG) Nr. 1924/2006 müssen sich gesundheitsbezogene Angaben auf allgemein anerkannte wissenschaftliche Nachweise stützen. Folglich sollten gesundheitsbezogene Angaben, deren wissenschaftliche Absicherung von der Behörde nicht positiv bewertet wurde, weil ein kausaler Zusammenhang zwischen der Lebensmittelkategorie, dem Lebensmittel oder einem seiner Bestandteile und der angegebenen Wirkung nicht als nachgewiesen galt, nicht zugelassen werden. Die Zulassung kann auch dann rechtmäßig verweigert werden, wenn eine gesundheitsbezogene Angabe gegen andere allgemeine oder spezifische Anforderungen der Verordnung (EG) Nr. 1924/2006 verstößt, und zwar auch dann, wenn ihre wissenschaftliche Bewertung durch die Behörde positiv ausgefallen ist. Es sollten keine gesundheitsbezogenen Angaben gemacht werden, die den allgemein anerkannten Ernährungs- und Gesundheitsgrundsätzen zuwiderlaufen. Bei einer Angabe[5] zur Wirkung von Fett auf die normale Aufnahme fettlöslicher Vitamine und einer weiteren Angabe[6] zur Wirkung

---

Zu Abs. 5:
[3] http://www.efsa.europa.eu/en/topics/topic/article13.htm

Zu Abs. 11:
[4] http://ec.europa.eu/food/food/labellingnutrition/claims/index_en.htm

Zu Abs. 12:
[5] Entspricht den Einträgen ID 670 und ID 2902 in der konsolidierten Liste.
[6] Entspricht Eintrag ID 359 der konsolidierten Liste.

von Natrium auf die Beibehaltung der normalen Muskelfunktion schloss die Behörde, dass ein kausaler Zusammenhang nachgewiesen worden war. Die Verwendung dieser gesundheitsbezogenen Angaben würde jedoch ein widersprüchliches und verwirrendes Signal an die Verbraucher senden, da diese zum Verzehr der genannten Nährstoffe aufgerufen würden, für die europäische, nationale und internationale Behörden aufgrund allgemein anerkannter wissenschaftlicher Nachweise den Verbrauchern eine Verringerung des Verzehrs empfehlen. Daher verstoßen die genannten beiden Angaben gegen Artikel 3 Absatz 2 Buchstabe a der Verordnung (EG) Nr. 1924/2006, demzufolge keine mehrdeutigen oder irreführenden Angaben verwendet werden dürfen. Selbst wenn die betreffenden gesundheitsbezogenen Angaben nur mit speziellen Bedingungen für ihre Verwendung und/oder mit zusätzlichen Erklärungen oder Warnungen zugelassen würden, würde die Irreführung der Verbraucher nicht genügend eingedämmt, so dass von einer Zulassung dieser Angaben abgesehen werden sollte.

(13) Geltungsbeginn der vorliegenden Verordnung sollte sechs Monate nach ihrem Inkrafttreten sein, damit sich die Lebensmittelunternehmer an die dort festgelegten Anforderungen anpassen können, worunter auch das Verbot gemäß Artikel 10 Absatz 1 der Verordnung (EG) Nr. 1924/2006 in Bezug auf diejenigen gesundheitsbezogenen Angaben fällt, deren Bewertung durch die Behörde und deren Prüfung durch die Kommission abgeschlossen ist.

(14) Artikel 20 Absatz 1 der Verordnung (EG) Nr. 1924/2006 sieht vor, dass die Kommission ein EU-Register der nährwert- und gesundheitsbezogenen Angaben über Lebensmittel, nachstehend „Register" genannt, erstellt und unterhält. Das Register enthält alle zugelassenen Angaben und u. a. auch die Bedingungen für ihre Verwendung. Das Register enthält ferner eine Liste abgelehnter gesundheitsbezogener Angaben und die Gründe für ihre Ablehnung.

(15) Gesundheitsbezogene Angaben, die von den Mitgliedstaaten zurückgezogen wurden, werden nicht in der Liste der abgelehnten Angaben im EU-Register geführt. Das Register wird in regelmäßigen Abständen und je nach dem Fortschritt bei den gesundheitsbezogenen Angaben, deren Bewertung durch die Behörde und/oder deren Prüfung durch die Kommission bisher noch nicht abgeschlossen ist, aktualisiert.

(16) Bei der Festlegung der in der vorliegenden Verordnung vorgesehenen Maßnahmen wurden Bemerkungen und Stellungnahmen der Öffentlichkeit sowie der betroffenen Kreise gebührend berücksichtigt.

(17) Für den Zusatz von Stoffen zu Lebensmitteln bzw. ihre Verwendung in Lebensmitteln wie auch für die Einstufung von Produkten als Lebensmittel oder Arzneimittel gelten spezifische EU- und einzelstaatliche Rechtsvorschriften. Eine gemäß der Verordnung (EG) Nr. 1924/2006 getroffene Entscheidung über eine gesundheitsbezogene Angabe, wie die Aufnahme in die Liste zulässiger Angaben gemäß Artikel 13 Absatz 3 der genannten Verordnung, ist nicht gleichbedeutend mit einer Zulassung für das Inverkehrbringen des Stoffes, auf den sich die Angabe bezieht, einer Entscheidung darüber, ob der Stoff in Lebensmitteln verwendet werden darf, bzw. einer Einstufung eines bestimmten Produkts als Lebensmittel.

(18) Die in dieser Verordnung vorgesehenen Maßnahmen entsprechen der Stellungnahme des Ständigen Ausschusses für die Lebensmittelkette und Tiergesundheit und weder das Europäische Parlament noch der Rat haben ihnen widersprochen —

HAT FOLGENDE VERORDNUNG ERLASSEN:

Artikel 1
Zugelassene gesundheitsbezogene Angaben

(1) Die Liste der zulässigen gesundheitsbezogenen Angaben gemäß Artikel 13 Absatz 3 der Verordnung (EG) Nr. 1924/2006, die über Lebensmittel gemacht werden dürfen, ist im Anhang dieser Verordnung festgelegt.

(2) Die in Absatz 1 genannten gesundheitsbezogenen Angaben dürfen gemäß den im Anhang aufgeführten Bedingungen über Lebensmittel gemacht werden.

Artikel 2
Inkrafttreten und Gültigkeit

Diese Verordnung tritt am zwanzigsten Tag nach ihrer Veröffentlichung im *Amtsblatt der Europäischen Union* in Kraft.
Diese Verordnung gilt ab dem 14. Dezember 2012.

Diese Verordnung ist in allen ihren Teilen verbindlich und gilt unmittelbar in jedem Mitgliedstaat.

Brüssel, den 16. Mai 2012

Für die Kommission
Der Präsident
José Manuel BARROSO

14/2. EU-Claims Liste
ANHANG I

ANHANG I
LISTE DER ZULÄSSIGEN GESUNDHEITSBEZOGENEN ANGABEN

14/2. EU-Claims Liste

ANHANG I

Nährstoff, Substanz, Lebensmittel oder Lebensmittelkategorie	Angabe	Bedingungen für die Verwendung der Angabe	Bedingungen und/oder Beschränkungen hinsichtlich der Verwendung des Lebensmittels und/oder zusätzliche Erklärungen oder Warnungen	Nummer im EFSA Journal	Nummer des Eintrags in der konsolidierten Liste, die der EFSA zur Bewertung vorgelegt wurde
Aktivkohle	Aktivkohle trägt zur Verringerung übermäßiger Blähungen nach dem Essen bei	Die Angabe darf nur für Lebensmittel verwendet werden, die 1 g Aktivkohle je angegebene Portion enthalten. Damit die Angabe zulässig ist, sind die Verbraucher darüber zu unterrichten, dass sich die positive Wirkung einstellt, wenn je 1 g mindestens 30 Minuten vor bzw. kurz nach der Mahlzeit aufgenommen werden.		2011; 9(4):2049	1938
„Alpha-Cyclodextrin" (ABl L 160 vom 12.6.2013, S 4)	Der Verzehr von Alpha-Cyclodextrin als Bestandteil einer stärkehaltigen Mahlzeit trägt dazu bei, dass der Blutzuckerspiegel nach der Mahlzeit weniger stark ansteigt	Die Angabe darf verwendet werden für Lebensmittel, die mindestens 5 g Alpha-Cyclodextrin pro 50 g Stärke in einer angegebenen Portion als Teil einer Mahlzeit enthalten. Damit die Angabe zulässig ist, sind die Verbraucher darüber zu unterrichten, dass sich die positive Wirkung einstellt, wenn Alpha-Cyclodextrin als Bestandteil der Mahlzeit aufgenommen wird.		2012;10(6):2713	2926
Alpha-Linolensäure (ALA)	ALA trägt zur Aufrechterhaltung eines normalen Cholesterinspiegels im Blut bei	Die Angabe darf nur für Lebensmittel verwendet werden, die die Mindestanforderungen an eine ALA-Quelle gemäß der im Anhang der Verordnung (EG) Nr. 1924/2006 aufgeführten Angabe QUELLE VON OMEGA-3-FETTSÄUREN erfüllen. Unterrichtung der Verbraucher, dass sich die positive Wirkung bei einer täglichen Aufnahme von 2 g ALA einstellt.		2009; 7(9):1252 2011; 9(6):2203	493, 568

14/2. EU-Claims Liste

ANHANG I

Nährstoff, Substanz, Lebensmittel oder Lebensmittelkategorie	Angabe	Bedingungen für die Verwendung der Angabe	Bedingungen und/oder Beschränkungen hinsichtlich der Verwendung des Lebensmittels und/oder zusätzliche Erklärungen oder Warnungen	Nummer im EFSA Journal	Nummer des Eintrags in der konsolidierten Liste, die der EFSA zur Bewertung vorgelegt wurde
Arabinoxylan, hergestellt aus Weizenendosperm	Die Aufnahme von Arabinoxylan als Bestandteil einer Mahlzeit trägt dazu bei, dass der Blutzuckerspiegel nach der Mahlzeit weniger stark ansteigt	Die Angabe darf nur für Lebensmittel verwendet werden, die mindestens 8 g Arabinoxylan (AX)-reiche Fasern aus Weizenendosperm (mit einem Gewichtsanteil von mindestens 60 % AX) je 100 g verfügbare Kohlenhydrate in einer angegebenen Portion als Bestandteil der Mahlzeit enthalten. Damit die Angabe zulässig ist, sind die Verbraucher darüber zu unterrichten, dass sich die positive Wirkung einstellt, wenn Arabinoxylan (AX)-reiche Fasern aus Weizenendosperm als Bestandteil der Mahlzeit aufgenommen werden.		2011; 9(6):2205	830
Beta-Glucane	Beta-Glucane tragen zur Aufrechterhaltung eines normalen Cholesterinspiegels im Blut bei	Die Angabe darf nur für Lebensmittel verwendet werden, die mindestens 1 g Beta-Glucane aus Hafer, Haferkleie, Gerste oder Gerstenkleie bzw. aus Gemischen dieser Getreide je angegebene Portion enthalten. Damit die Angabe zulässig ist, sind die Verbraucher darüber zu unterrichten, dass sich die positive Wirkung bei einer täglichen Aufnahme von 3 g Beta-Glucanen aus Hafer, Haferkleie, Gerste oder Gerstenkleie bzw. aus Gemischen dieser Getreide einstellt.		2009; 7(9):1254 2011;9(6):2207	754, 755, 757, 801, 1465, 2934 1236, 1299
Beta-Glucane aus Hafer und Gerste	Die Aufnahme von Beta-Glucanen aus Hafer oder Gerste als Bestandteil einer Mahlzeit trägt dazu bei, dass der Blutzuckerspiegel nach der Mahlzeit weniger stark ansteigt	Die Angabe darf nur für Lebensmittel verwendet werden, die mindestens 4 g Beta-Glucane aus Hafer oder Gerste je 30 g verfügbare Kohlenhydrate in einer angegebenen Portion als Bestandteil der Mahlzeit enthalten. Damit die Angabe zulässig ist, sind die Verbraucher darüber zu unterrichten, dass sich die positive Wirkung einstellt, wenn Beta-Glucane aus Hafer oder Gerste als Bestandteil der Mahlzeit aufgenommen werden.		2011;9(6):2207	821, 824

14/2. EU-Claims Liste

ANHANG I

Nährstoff, Substanz, Lebensmittel oder Lebensmittelkategorie	Angabe	Bedingungen für die Verwendung der Angabe	Bedingungen und/oder Beschränkungen hinsichtlich der Verwendung des Lebensmittels und/oder zusätzliche Erklärungen oder Warnungen	Nummer im EFSA Journal	Nummer des Eintrags in der konsolidierten Liste, die der EFSA zur Bewertung vorgelegt wurde
Betain	Betain trägt zu einem normalen Homocystein-Stoffwechsel bei	Die Angabe darf nur für Lebensmittel verwendet werden, die mindestens 500 mg Betain je angegebene Portion enthalten. Damit die Angabe zulässig ist, sind die Verbraucher darüber zu unterrichten, dass sich die positive Wirkung bei einer täglichen Aufnahme von 1,5 g Betain einstellt.	Damit die Angabe zulässig ist, sind die Verbraucher darüber zu unterrichten, dass eine tägliche Aufnahme von mehr als 4 g den Blut-Cholesterinspiegel erheblich erhöhen kann.	2011; 9(4):2052	4325
Biotin	Biotin trägt zu einem normalen Energiestoffwechsel bei	Die Angabe darf nur für Lebensmittel verwendet werden, die die Mindestanforderungen an eine Bioquelle gemäß der im Anhang der Verordnung (EG) Nr. 1924/2006 aufgeführten Angabe [NAME DES VITAMINS/DER VITAMINE] UND/ODER [NAME DES MINERALSTOFFS/DER MINERALSTOFFE]-QUELLE erfüllen.		2009; 7(9):1209	114, 117
Biotin	Biotin trägt zu einer normalen Funktion des Nervensystems bei	Die Angabe darf nur für Lebensmittel verwendet werden, die die Mindestanforderungen an eine Bioquelle gemäß der im Anhang der Verordnung (EG) Nr. 1924/2006 aufgeführten Angabe [NAME DES VITAMINS/DER VITAMINE] UND/ODER [NAME DES MINERALSTOFFS/DER MINERALSTOFFE]-QUELLE erfüllen.		2009; 7(9):1209	116
Biotin	Biotin trägt zu einem normalen Stoffwechsel von Makronährstoffen bei	Die Angabe darf nur für Lebensmittel verwendet werden, die die Mindestanforderungen an eine Bioquelle gemäß der im Anhang der Verordnung (EG) Nr. 1924/2006 aufgeführten Angabe [NAME DES VITAMINS/DER VITAMINE] UND/ODER [NAME DES MINERALSTOFFS/DER MINERALSTOFFE]-QUELLE erfüllen.		2009; 7(9):1209 2010; 8(10):1728	113, 114, 117, 4661

EG-ClaimsV

14/2. EU-Claims Liste

ANHANG I

Nährstoff, Substanz, Lebensmittel oder Lebensmittelkategorie	Angabe	Bedingungen für die Verwendung der Angabe	Bedingungen und/oder Beschränkungen hinsichtlich der Verwendung des Lebensmittels und/oder zusätzliche Erklärungen oder Warnungen	Nummer im EFSA Journal	Nummer des Eintrags in der konsolidierten Liste, die der EFSA zur Bewertung vorgelegt wurde
Biotin	Biotin trägt zur normalen psychischen Funktion bei	Die Angabe darf nur für Lebensmittel verwendet werden, die die Mindestanforderungen an eine Biotinquelle gemäß der im Anhang der Verordnung (EG) Nr. 1924/2006 aufgeführten Angabe [NAME DES VITAMINS/DER VITAMINE] UND/ODER [NAME DES MINERALSTOFFS/DER MINERALSTOFFE]-QUELLE erfüllen.		2010; 8(10):1728	120
Biotin	Biotin trägt zur Erhaltung normaler Haare bei	Die Angabe darf nur für Lebensmittel verwendet werden, die die Mindestanforderungen an eine Biotinquelle gemäß der im Anhang der Verordnung (EG) Nr. 1924/2006 aufgeführten Angabe [NAME DES VITAMINS/DER VITAMINE] UND/ODER [NAME DES MINERALSTOFFS/DER MINERALSTOFFE]-QUELLE erfüllen.		2009; 7(9):1209 2010; 8(10):1728	118, 121, 2876
Biotin	Biotin trägt zur Erhaltung normaler Schleimhäute bei	Die Angabe darf nur für Lebensmittel verwendet werden, die die Mindestanforderungen an eine Biotinquelle gemäß der im Anhang der Verordnung (EG) Nr. 1924/2006 aufgeführten Angabe [NAME DES VITAMINS/DER VITAMINE] UND/ODER [NAME DES MINERALSTOFFS/DER MINERALSTOFFE]-QUELLE erfüllen.		2009; 7(9):1209	115
Biotin	Biotin trägt zur Erhaltung normaler Haut bei	Die Angabe darf nur für Lebensmittel verwendet werden, die die Mindestanforderungen an eine Biotinquelle gemäß der im Anhang der Verordnung (EG) Nr. 1924/2006 aufgeführten Angabe [NAME DES VITAMINS/DER VITAMINE] UND/ODER [NAME DES MINERALSTOFFS/DER MINERALSTOFFE]-QUELLE erfüllen.		2009; 7(9):1209 2010; 8(10):1728	115, 121

14/2. EU-Claims Liste
ANHANG I

Nährstoff, Substanz, Lebensmittel oder Lebensmittelkategorie	Angabe	Bedingungen für die Verwendung der Angabe	Bedingungen und/oder Beschränkungen hinsichtlich der Verwendung des Lebensmittels und/oder zusätzliche Erklärungen oder Warnungen	Nummer im EFSA Journal	Nummer des Eintrags in der konsolidierten Liste, die der EFSA zur Bewertung vorgelegt wurde
Calcium	Calcium trägt zu einer normalen Blutgerinnung bei	Die Angabe darf nur für Lebensmittel verwendet werden, die die Mindestanforderungen an eine Calciumquelle gemäß der im Anhang der Verordnung (EG) Nr. 1924/2006 aufgeführten Angabe [NAME DES VITAMINS/DER VITAMINE] UND/ODER [NAME DES MINERALSTOFFS/DER MINERALSTOFFE]-QUELLE erfüllen.		2009; 7(9):1210	230, 236
Calcium	Calcium trägt zu einem normalen Energiestoffwechsel bei	Die Angabe darf nur für Lebensmittel verwendet werden, die die Mindestanforderungen an eine Calciumquelle gemäß der im Anhang der Verordnung (EG) Nr. 1924/2006 aufgeführten Angabe [NAME DES VITAMINS/DER VITAMINE] UND/ODER [NAME DES MINERALSTOFFS/DER MINERALSTOFFE]-QUELLE erfüllen.		2009; 7(9):1210	234
Calcium	Calcium trägt zu einer normalen Muskelfunktion bei	Die Angabe darf nur für Lebensmittel verwendet werden, die die Mindestanforderungen an eine Calciumquelle gemäß der im Anhang der Verordnung (EG) Nr. 1924/2006 aufgeführten Angabe [NAME DES VITAMINS/DER VITAMINE] UND/ODER [NAME DES MINERALSTOFFS/DER MINERALSTOFFE]-QUELLE erfüllen.		2009; 7(9):1210	226, 230, 235

14/2. EU-Claims Liste
ANHANG I

Nährstoff, Substanz, Lebensmittel oder Lebensmittelkategorie	Angabe	Bedingungen für die Verwendung der Angabe	Bedingungen und/oder Beschränkungen hinsichtlich der Verwendung des Lebensmittels und/oder zusätzliche Erklärungen oder Warnungen	Nummer im EFSA Journal	Nummer des Eintrags in der konsolidierten Liste, die der EFSA zur Bewertung vorgelegt wurde
Calcium	Calcium trägt zu einer normalen Signalübertragung zwischen den Nervenzellen bei	Die Angabe darf nur für Lebensmittel verwendet werden, die die Mindestanforderungen an eine Calciumquelle gemäß der im Anhang der Verordnung (EG) Nr. 1924/2006 aufgeführten Angabe [NAME DES VITAMINS/DER VITAMINE] UND/ODER [NAME DES MINERALSTOFFS/DER MINERALSTOFFE]-QUELLE erfüllen.		2009; 7(9):1210	227, 230, 235
Calcium	Calcium trägt zur normalen Funktion von Verdauungsenzymen bei	Die Angabe darf nur für Lebensmittel verwendet werden, die die Mindestanforderungen an eine Calciumquelle gemäß der im Anhang der Verordnung (EG) Nr. 1924/2006 aufgeführten Angabe [NAME DES VITAMINS/DER VITAMINE] UND/ODER [NAME DES MINERALSTOFFS/DER MINERALSTOFFE]-QUELLE erfüllen.		2009; 7(9):1210	355
Calcium	Calcium hat eine Funktion bei der Zellteilung und -spezialisierung	Die Angabe darf nur für Lebensmittel verwendet werden, die die Mindestanforderungen an eine Calciumquelle gemäß der im Anhang der Verordnung (EG) Nr. 1924/2006 aufgeführten Angabe [NAME DES VITAMINS/DER VITAMINE] UND/ODER [NAME DES MINERALSTOFFS/DER MINERALSTOFFE]-QUELLE erfüllen.		2010; 8(10):1725	237

14/2. EU-Claims Liste

ANHANG I

Nährstoff, Substanz, Lebensmittel oder Lebensmittelkategorie	Angabe	Bedingungen für die Verwendung der Angabe	Bedingungen und/oder Beschränkungen hinsichtlich der Verwendung des Lebensmittels und/oder zusätzliche Erklärungen oder Warnungen	Nummer im EFSA Journal	Nummer des Eintrags in der konsolidierten Liste, die der EFSA zur Bewertung vorgelegt wurde
Calcium	Calcium wird für die Erhaltung normaler Knochen benötigt	Die Angabe darf nur für Lebensmittel verwendet werden, die die Mindestanforderungen an eine Calciumquelle gemäß der im Anhang der Verordnung (EG) Nr. 1924/2006 aufgeführten Angabe [NAME DES VITAMINS/DER VITAMINE] UND/ODER [NAME DES MINERALSTOFFS/DER MINERALSTOFFE]-QUELLE erfüllen.		2009; 7(9):1210 2009; 7(9):1272 2010; 8(10):1725 2011; 9(6):2203	224, 230, 350, 354, 2731, 3155, 4311, 4312, 4703
Calcium	Calcium wird für die Erhaltung normaler Zähne benötigt	Die Angabe darf nur für Lebensmittel verwendet werden, die die Mindestanforderungen an eine Calciumquelle gemäß der im Anhang der Verordnung (EG) Nr. 1924/2006 aufgeführten Angabe [NAME DES VITAMINS/DER VITAMINE] UND/ODER [NAME DES MINERALSTOFFS/DER MINERALSTOFFE]-QUELLE erfüllen.		2009; 7(9):1210 2010; 8(10):1725 2011; 9(6):2203	224, 230, 231, 2731, 3099,3155, 4311, 4312, 4703 4704
Chitosan	Chitosan trägt zur Aufrechterhaltung eines normalen Cholesterinspiegels im Blut bei	Die Angabe darf nur für Lebensmittel verwendet werden, deren Verzehr eine tägliche Aufnahme von 3 g Chitosan gewährleistet. Damit die Angabe zulässig ist, sind die Verbraucher darüber zu unterrichten, dass sich die positive Wirkung bei einer täglichen Aufnahme von 3 g Chitosan einstellt.		2011;9(6):2214	4663

EG-ClaimsV

14/2. EU-Claims Liste

ANHANG I

Nährstoff, Substanz, Lebensmittel oder Lebensmittelkategorie	Angabe	Bedingungen für die Verwendung der Angabe	Bedingungen und/oder Beschränkungen hinsichtlich der Verwendung des Lebensmittels und/oder zusätzliche Erklärungen oder Warnungen	Nummer im EFSA Journal	Nummer des Eintrags in der konsolidierten Liste, die der EFSA zur Bewertung vorgelegt wurde
Chlorid	Chlorid trägt durch die Bildung von Magensäure zu einer normalen Verdauung bei	Die Angabe darf nur für Lebensmittel verwendet werden, die die Mindestanforderungen an eine Chloridquelle gemäß der im Anhang der Verordnung (EG) Nr. 1924/2006 aufgeführten Angabe [NAME DES VITAMINS/DER VITAMINE] UND/ODER [NAME DES MINERALSTOFFS/DER MINERALSTOFFE]-QUELLE erfüllen.	Die Angabe darf nicht für Chlorid verwendet werden, das aus Natriumchlorid gewonnen wird.	2010; 8(10):1764	326
Cholin	Cholin trägt zu einem normalen Homocystein-Stoffwechsel bei	Die Angabe darf nur für Lebensmittel verwendet werden, die mindestens 82,5 mg Cholin je 100 g oder 100 ml bzw. je Portion Lebensmittel enthalten.		2011; 9(4):2056	3090
Cholin	Cholin trägt zu einem normalen Fettstoffwechsel bei	Die Angabe darf nur für Lebensmittel verwendet werden, die mindestens 82,5 mg Cholin je 100 g oder 100 ml bzw. je Portion Lebensmittel enthalten.		2011; 9(4):2056	3186

14/2. EU-Claims Liste

ANHANG I

Nährstoff, Substanz, Lebensmittel oder Lebensmittelkategorie	Angabe	Bedingungen für die Verwendung der Angabe	Bedingungen und/oder Beschränkungen hinsichtlich der Verwendung des Lebensmittels und/oder zusätzliche Erklärungen oder Warnungen	Nummer im EFSA Journal	Nummer des Eintrags in der konsolidierten Liste, die der EFSA zur Bewertung vorgelegt wurde
Cholin	Cholin trägt zur Erhaltung einer normalen Leberfunktion bei	Die Angabe darf nur für Lebensmittel verwendet werden, die mindestens 82,5 mg Cholin je 100 g oder 100 ml bzw. je Portion Lebensmittel enthalten.		2011; 9(4):2056 2011; 9(6):2203	1501 712, 1633
Chrom	Chrom trägt zu einem normalen Stoffwechsel von Makronährstoffen bei	Die Angabe darf nur für Lebensmittel verwendet werden, die die Mindestanforderungen an eine Quelle von dreiwertigem Chrom gemäß der im Anhang der Verordnung (EG) Nr. 1924/2006 aufgeführten Angabe [NAME DES VITAMINS/DER VITAMINE] UND/ODER [NAME DES MINERALSTOFFS/DER MINERALSTOFFE]-QUELLE erfüllen.		2010; 8(10):1732	260, 401, 4665, 4666, 4667
Chrom	Chrom trägt zur Aufrechterhaltung eines normalen Blutzuckerspiegels bei	Die Angabe darf nur für Lebensmittel verwendet werden, die die Mindestanforderungen an eine Quelle von dreiwertigem Chrom gemäß der im Anhang der Verordnung (EG) Nr. 1924/2006 aufgeführten Angabe [NAME DES VITAMINS/DER VITAMINE] UND/ODER [NAME DES MINERALSTOFFS/DER MINERALSTOFFE]-QUELLE erfüllen.		2010; 8(10):1732 2011;9(6):2203	262, 4667 4698
Docosahexaensäure (DHA)	DHA trägt zur Erhaltung einer normalen Gehirnfunktion bei	Die Angabe darf nur für Lebensmittel verwendet werden, die mindestens 40 mg DHA je 100 g und je 100 kcal enthalten. Damit die Angabe zulässig ist, sind die Verbraucher darüber zu unterrichten, dass sich die positive Wirkung bei einer täglichen Aufnahme von 250 mg DHA einstellt.		2010; 8(10):1734 2011; 9(4):2078	565, 626, 631, 689, 704, 742, 3148, 690, 3151, 497, 501, 510, 513, 519, 521, 534, 540, 688, 1323, 1360, 4294

EG-ClaimsV

14/2. EU-Claims Liste

ANHANG I

Nährstoff, Substanz, Lebensmittel oder Lebensmittelkategorie	Angabe	Bedingungen für die Verwendung der Angabe	Bedingungen und/oder Beschränkungen hinsichtlich der Verwendung des Lebensmittels und/oder zusätzliche Erklärungen oder Warnungen	Nummer im EFSA Journal	Nummer des Eintrags in der konsolidierten Liste, die der EFSA zur Bewertung vorgelegt wurde
Docosahexaensäure (DHA)	DHA trägt zur Erhaltung normaler Sehkraft bei	Die Angabe darf nur für Lebensmittel verwendet werden, die mindestens 40 mg DHA je 100 g und je 100 kcal enthalten. Damit die Angabe zulässig ist, sind die Verbraucher darüber zu unterrichten, dass sich die positive Wirkung bei einer täglichen Aufnahme von 250 mg DHA einstellt.		2010; 8(10):1734 2011; 9(4):2078	627, 632, 743, 3149, 2905, 508, 510, 513, 519, 529, 540, 688, 4294
„Docosahexaensäure (DHA)" (ABl L 160 vom 12.6.2013, S 4)	DHA trägt zur Aufrechterhaltung eines normalen Triglyceridspiegels im Blut bei	Die Angabe darf nur für Lebensmittel verwendet werden, deren Verzehr eine tägliche Aufnahme von 2 g DHA gewährleistet und die DHA in Kombination mit Eicosapentaensäure (EPA) enthalten. Damit die Angabe zulässig ist, sind die Verbraucher darüber zu unterrichten, dass sich die positive Wirkung bei einer täglichen Aufnahme von 2 g DHA einstellt. „Wird die Angabe bei Nahrungsergänzungsmitteln und/oder angereicherten Lebensmitteln verwendet, sind die Verbraucher darüber zu unterrichten, dass eine tägliche Gesamtaufnahme aus diesen Lebensmitteln von 5 g EPA und DHA kombiniert nicht überschritten werden darf." (ABl L 265 vom 8. 10. 2013, S 16)	Die Angabe darf nicht für Lebensmittel verwendet werden, die für Kinder bestimmt sind.	2010;8(10):1734	533, 691, 3150
„Docosahexaensäure und Eicosapentaensäure (DHA/EPA)" (ABl L 160 vom 12.6.2013, S 4)	DHA und EPA tragen zur Aufrechterhaltung eines normalen Blutdrucks bei	Die Angabe darf nur für Lebensmittel verwendet werden, deren Verzehr eine tägliche Aufnahme von 3 g EPA und DHA gewährleistet. Damit die Angabe zulässig ist, sind die Verbraucher darüber zu unterrichten, dass sich die positive Wirkung bei einer täglichen Aufnahme von 3 g EPA und DHA einstellt. Wird die Angabe bei Nahrungsergänzungsmitteln und/oder angereicherten Lebensmitteln verwendet, sind die Verbraucher darüber zu unterrichten, dass eine tägliche Gesamtaufnahme aus diesen Lebensmitteln von 5 g EPA und DHA kombiniert nicht überschritten werden darf.	Die Angabe darf nicht für Lebensmittel verwendet werden, die für Kinder bestimmt sind.	2009; 7(9):1263 2010;8(10):1796	502, 506, 516, 703, 1317, 1324

— 1025 — **14/2. EU-Claims Liste**

ANHANG I

Nährstoff, Substanz, Lebensmittel oder Lebensmittelkategorie	Angabe	Bedingungen für die Verwendung der Angabe	Bedingungen und/oder Beschränkungen hinsichtlich der Verwendung des Lebensmittels und/oder zusätzliche Erklärungen oder Warnungen	Nummer im EFSA Journal	Nummer des Eintrags in der konsolidierten Liste, die der EFSA zur Bewertung vorgelegt wurde
„Docosahexaensäure und Eicosapentaensäure (DHA/EPA)" *(ABl L 160 vom 12.6.2013, S 4)*	DHA und EPA tragen zur Aufrechterhaltung eines normalen Triglyceridspiegels im Blut bei	Die Angabe darf nur für Lebensmittel verwendet werden, deren Verzehr eine tägliche Aufnahme von 2 g EPA und DHA gewährleistet. Damit die Angabe zulässig ist, sind die Verbraucher darüber zu unterrichten, dass sich die positive Wirkung bei einer täglichen Aufnahme von 2 g EPA und DHA einstellt. Wird die Angabe bei Nahrungsergänzungsmitteln und/oder angereicherten Lebensmitteln verwendet, sind die Verbraucher darüber zu unterrichten, dass eine tägliche Gesamtaufnahme aus diesen Lebensmitteln von 5 g EPA und DHA kombiniert nicht überschritten werden darf.	Die Angabe darf nicht für Lebensmittel verwendet werden, die für Kinder bestimmt sind	2009; 7(9):1263 2010;8(10):1796	506, 517, 527, 538, 1317, 1324, 1325
Eicosapentaensäure und Docosahexaensäure (EPA/DHA)	EPA und DHA tragen zu einer normalen Herzfunktion bei	Die Angabe darf nur für Lebensmittel verwendet werden, die die Mindestanforderungen an eine EPA- bzw. DPA-Quelle gemäß der im Anhang der Verordnung (EG) Nr. 1924/2006 aufgeführten Angabe QUELLE VON OMEGA3-FETTSÄUREN erfüllen. Damit die Angabe zulässig ist, sind die Verbraucher darüber zu unterrichten, dass sich die positive Wirkung bei einer täglichen Aufnahme von 250 mg EPA und DHA einstellt.		2010; 8(10):1796 2011; 9(4):2078	504, 506, 516, 527, 538, 703, 1128, 1317, 1324, 1325, 510, 688, 1360
Einfach ungesättigte und/oder mehrfach ungesättigte Fettsäuren	Der Ersatz gesättigter Fettsäuren durch einfach und/oder mehrfach ungesättigte Fettsäuren in der Ernährung trägt zur	Die Angabe darf nur für Lebensmittel verwendet werden, die einen hohen Gehalt an ungesättigten Fettsäuren der im Anhang der Verordnung (EG) Nr. 1924/2006 aufgeführten Angabe MIT EINEM HOHEN GEHALT AN UNGESÄTTIGTEN FETTSÄUREN aufweisen.		2011; 9(4):2069 2011; 9(6):2203	621, 1190, 1203, 2906, 2910, 3065 674, 4335

EG-ClaimsV

14/2. EU-Claims Liste
ANHANG I

Nährstoff, Substanz, Lebensmittel oder Lebensmittelkategorie	Angabe	Bedingungen für die Verwendung der Angabe	Bedingungen und/oder Beschränkungen hinsichtlich der Verwendung des Lebensmittels und/oder zusätzliche Erklärungen oder Warnungen	Nummer im EFSA Journal	Nummer des Eintrags in der konsolidierten Liste, die der EFSA zur Bewertung vorgelegt wurde
	Aufrechterhaltung eines normalen Cholesterinspiegels im Blut bei				
Eisen	Eisen trägt zu einer normalen kognitiven Funktion bei	Die Angabe darf nur für Lebensmittel verwendet werden, die die Mindestanforderungen an eine Eisenquelle gemäß der im Anhang der Verordnung (EG) Nr. 1924/2006 aufgeführten Angabe [NAME DES VITAMINS/DER VITAMINE UND/ODER [NAME DES MINERALSTOFFS/DER MINERALSTOFFE]-QUELLE erfüllen.		2009; 7(9):1215	253
Eisen	Eisen trägt zu einem normalen Energiestoffwechsel bei	Die Angabe darf nur für Lebensmittel verwendet werden, die die Mindestanforderungen an eine Eisenquelle gemäß der im Anhang der Verordnung (EG) Nr. 1924/2006 aufgeführten Angabe [NAME DES VITAMINS/DER VITAMINE UND/ODER [NAME DES MINERALSTOFFS/DER MINERALSTOFFE]-QUELLE erfüllen.		2009; 7(9):1215 2010; 8(10):1740	251, 1589, 255
Eisen	Eisen trägt zur normalen Bildung von roten Blutkörperchen und Hämoglobin bei	Die Angabe darf nur für Lebensmittel verwendet werden, die die Mindestanforderungen an eine Eisenquelle gemäß der im Anhang der Verordnung (EG) Nr. 1924/2006 aufgeführten Angabe [NAME DES VITAMINS/DER VITAMINE UND/ODER [NAME DES MINERALSTOFFS/DER MINERALSTOFFE]-QUELLE erfüllen.		2009; 7(9):1215 2010; 8(10):1740	249, 1589, 374, 2889

14/2. EU-Claims Liste

ANHANG I

Nährstoff, Substanz, Lebensmittel oder Lebensmittelkategorie	Angabe	Bedingungen für die Verwendung der Angabe	Bedingungen und/oder Beschränkungen hinsichtlich der Verwendung des Lebensmittels und/oder zusätzliche Erklärungen oder Warnungen	Nummer im EFSA Journal	Nummer des Eintrags in der konsolidierten Liste, die der EFSA zur Bewertung vorgelegt wurde
Eisen	Eisen trägt zu einem normalen Sauerstofftransport im Körper bei	Die Angabe darf nur für Lebensmittel verwendet werden, die die Mindestanforderungen an eine Eisenquelle gemäß der im Anhang der Verordnung (EG) Nr. 1924/2006 aufgeführten Angabe [NAME DES VITAMINS/DER VITAMINE] UND/ODER [NAME DES MINERALSTOFFS/DER MINERALSTOFFE]-QUELLE erfüllen.		2009; 7(9):1215 2010; 8(10):1740	250, 254, 256, 255
Eisen	Eisen trägt zu einer normalen Funktion des Immunsystems bei	Die Angabe darf nur für Lebensmittel verwendet werden, die die Mindestanforderungen an eine Eisenquelle gemäß der im Anhang der Verordnung (EG) Nr. 1924/2006 aufgeführten Angabe [NAME DES VITAMINS/DER VITAMINE] UND/ODER [NAME DES MINERALSTOFFS/DER MINERALSTOFFE]-QUELLE erfüllen.		2009; 7(9):1215	252, 259
Eisen	Eisen trägt zur Verringerung von Müdigkeit und Ermüdung bei	Die Angabe darf nur für Lebensmittel verwendet werden, die die Mindestanforderungen an eine Eisenquelle gemäß der im Anhang der Verordnung (EG) Nr. 1924/2006 aufgeführten Angabe [NAME DES VITAMINS/DER VITAMINE] UND/ODER [NAME DES MINERALSTOFFS/DER MINERALSTOFFE]-QUELLE erfüllen.		2010; 8(10):1740	255, 374, 2889

14/2. EU-Claims Liste — 1028 —
ANHANG I

Nährstoff, Substanz, Lebensmittel oder Lebensmittelkategorie	Angabe	Bedingungen für die Verwendung der Angabe	Bedingungen und/oder Beschränkungen hinsichtlich der Verwendung des Lebensmittels und/oder zusätzliche Erklärungen oder Warnungen	Nummer im EFSA Journal	Nummer des Eintrags in der konsolidierten Liste, die der EFSA zur Bewertung vorgelegt wurde
Eisen	Eisen hat eine Funktion bei der Zellteilung	Die Angabe darf nur für Lebensmittel verwendet werden, die die Mindestanforderungen an eine Eisenquelle gemäß der im Anhang der Verordnung (EG) Nr. 1924/2006 aufgeführten Angabe [NAME DES VITAMINS/DER VITAMINE] UND/ODER [NAME DES MINERALSTOFFS/DER MINERALSTOFFE]-QUELLE erfüllen.		2009; 7(9):1215	368
Fleisch und Fisch	Fleisch bzw. Fisch trägt bei Verzehr mit anderen eisenhaltigen Lebensmitteln zu einer verbesserten Eisenaufnahme bei	Die Angabe darf nur für Lebensmittel verwendet werden, die mindestens 50 g Fleisch oder Fisch je angegebene Einzelportion enthalten. Damit die Angabe zulässig ist, sind die Verbraucher darüber zu unterrichten, dass sich die positive Wirkung einstellt, wenn 50 g Fleisch oder Fisch zusammen mit einem oder mehreren Lebensmitteln verzehrt werden, die Nicht-Häm-Eisen enthalten.		2011; 9(4):2040	1223
Fluorid	Fluorid trägt zur Erhaltung der Zahnmineralisierung bei	Die Angabe darf nur für Lebensmittel verwendet werden, die die Mindestanforderungen an eine Fluoridquelle gemäß der im Anhang der Verordnung (EG) Nr. 1924/2006 aufgeführten Angabe [NAME DES VITAMINS/DER VITAMINE] UND/ODER [NAME DES MINERALSTOFFS/DER MINERALSTOFFE]-QUELLE erfüllen.		2009; 7(9):1212 2010;8(10):1797	275, 276, 338, 4238,
Folat	Folat trägt zum Wachstum des mütterlichen Gewebes während der Schwangerschaft bei	Die Angabe darf nur für Lebensmittel verwendet werden, die die Mindestanforderungen an eine Folatquelle gemäß der im Anhang der Verordnung (EG) Nr. 1924/2006 aufgeführten Angabe [NAME DES VITAMINS/DER VITAMINE] UND/ODER [NAME DES MINERALSTOFFS/DER MINERALSTOFFE]-QUELLE erfüllen.		2009; 7(9):1213	2882

14/2. EU-Claims Liste
ANHANG I

Nährstoff, Substanz, Lebensmittel oder Lebensmittelkategorie	Angabe	Bedingungen für die Verwendung der Angabe	Bedingungen und/oder Beschränkungen hinsichtlich der Verwendung des Lebensmittels und/oder zusätzliche Erklärungen oder Warnungen	Nummer im EFSA Journal	Nummer des Eintrags in der konsolidierten Liste, die der EFSA zur Bewertung vorgelegt wurde
Folat	Folat trägt zu einer normalen Aminosäuresynthese bei	Die Angabe darf nur für Lebensmittel verwendet werden, die die Mindestanforderungen an eine Folatquelle gemäß der im Anhang der Verordnung (EG) Nr. 1924/2006 aufgeführten Angabe [NAME DES VITAMINS/DER VITAMINE] UND/ODER [NAME DES MINERALSTOFFS/DER MINERALSTOFFE]-QUELLE erfüllen.		2010; 8(10):1760	195, 2881
Folat	Folat trägt zu einer normalen Blutbildung bei	Die Angabe darf nur für Lebensmittel verwendet werden, die die Mindestanforderungen an eine Folatquelle gemäß der im Anhang der Verordnung (EG) Nr. 1924/2006 aufgeführten Angabe [NAME DES VITAMINS/DER VITAMINE] UND/ODER [NAME DES MINERALSTOFFS/DER MINERALSTOFFE]-QUELLE erfüllen.		2009; 7(9):1213	79
Folat	Folat trägt zu einem normalen Homocystein-Stoffwechsel bei	Die Angabe darf nur für Lebensmittel verwendet werden, die die Mindestanforderungen an eine Folatquelle gemäß der im Anhang der Verordnung (EG) Nr. 1924/2006 aufgeführten Angabe [NAME DES VITAMINS/DER VITAMINE] UND/ODER [NAME DES MINERALSTOFFS/DER MINERALSTOFFE]-QUELLE erfüllen.		2009; 7(9):1213	80
Folat	Folat trägt zur normalen psychischen Funktion bei	Die Angabe darf nur für Lebensmittel verwendet werden, die die Mindestanforderungen an eine Folatquelle gemäß der im Anhang der Verordnung (EG) Nr. 1924/2006 aufgeführten Angabe [NAME DES VITAMINS/DER VITAMINE] UND/ODER [NAME DES MINERALSTOFFS/DER MINERALSTOFFE]-QUELLE erfüllen.		2010;8(10):1760	81, 85, 86, 88

EG-ClaimsV

14/2. EU-Claims Liste
ANHANG I

Nährstoff, Substanz, Lebensmittel oder Lebensmittelkategorie	Angabe	Bedingungen für die Verwendung der Angabe	Bedingungen und/oder Beschränkungen hinsichtlich der Verwendung des Lebensmittels und/oder zusätzliche Erklärungen oder Warnungen	Nummer im EFSA Journal	Nummer des Eintrags in der konsolidierten Liste, die der EFSA zur Bewertung vorgelegt wurde
Folat	Folat trägt zu einer normalen Funktion des Immunsystems bei	Die Angabe darf nur für Lebensmittel verwendet werden, die die Mindestanforderungen an eine Folatquelle gemäß der im Anhang der Verordnung (EG) Nr. 1924/2006 aufgeführten Angabe [NAME DES VITAMINS/DER VITAMINE] UND/ODER [NAME DES MINERALSTOFFS/DER MINERALSTOFFE]-QUELLE erfüllen.		2009; 7(9):1213	91
Folat	Folat trägt zur Verringerung von Müdigkeit und Ermüdung bei	Die Angabe darf nur für Lebensmittel verwendet werden, die die Mindestanforderungen an eine Folatquelle gemäß der im Anhang der Verordnung (EG) Nr. 1924/2006 aufgeführten Angabe [NAME DES VITAMINS/DER VITAMINE] UND/ODER [NAME DES MINERALSTOFFS/DER MINERALSTOFFE]-QUELLE erfüllen.		2010; 8(10):1760	84
Folat	Folat hat eine Funktion bei der Zellteilung	Die Angabe darf nur für Lebensmittel verwendet werden, die die Mindestanforderungen an eine Folatquelle gemäß der im Anhang der Verordnung (EG) Nr. 1924/2006 aufgeführten Angabe [NAME DES VITAMINS/DER VITAMINE] UND/ODER [NAME DES MINERALSTOFFS/DER MINERALSTOFFE]-QUELLE erfüllen.		2009; 7(9):1213 2010;8(10):1760	193, 195, 2881

14/2. EU-Claims Liste
ANHANG I

Nährstoff, Substanz, Lebensmittel oder Lebensmittelkategorie	Angabe	Bedingungen für die Verwendung der Angabe	Bedingungen und/oder Beschränkungen hinsichtlich der Verwendung des Lebensmittels und/oder zusätzliche Erklärungen oder Warnungen	Nummer im EFSA Journal	Nummer des Eintrags in der konsolidierten Liste, die der EFSA zur Bewertung vorgelegt wurde
"Fructose" (ABl L 160 vom 12.6.2013, S 4)	"Der Verzehr von Lebensmitteln, die Fructose enthalten, führt zu einem geringeren Glucoseanstieg im Blut im Vergleich zu Lebensmitteln, die Saccharose oder Glucose enthalten." (ABl L 265 vom 8. 10. 2013, S 16)	"Damit die Angabe zulässig ist, sollte in zuckergesüßten Lebensmitteln oder Getränken Glucose und/oder Saccharose durch Fructose ersetzt werden, so dass die Verringerung des Glucose- und/oder Saccharosegehalts in diesen Lebensmitteln oder Getränken mindestens 30 % beträgt." (ABl L 265 vom 8. 10. 2013, S 16)		2011;9(6):2223	558
Gerstenkorn-Ballaststoffe	Gerstenkorn-Ballaststoffe tragen zur Erhöhung des Stuhlvolumens bei	Die Angabe darf nur für Lebensmittel verwendet werden, die einen hohen Gehalt an diesem Ballaststoff gemäß der im Anhang der Verordnung (EG) Nr. 1924/2006 aufgeführten Angabe HOHER BALLASTSTOFFGEHALT haben.		2011; 9(6):2249	819

EG-ClaimsV

14/2. EU-Claims Liste
ANHANG I

Nährstoff, Substanz, Lebensmittel oder Lebensmittelkategorie	Angabe	Bedingungen für die Verwendung der Angabe	Bedingungen und/oder Beschränkungen der Verwendung des Lebensmittels und/oder zusätzliche Erklärungen oder Warnungen	Nummer im EFSA Journal	Nummer des Eintrags in der konsolidierten Liste, die der EFSA zur Bewertung vorgelegt wurde
„Getrocknete Pflaumen von „prunus"-Kultivaren (*Prunus domestica L.*)" (ABl L 160 vom 12.6.2013, S 4)	Getrocknete Pflaumen tragen zu einer normalen Darmfunktion bei	Die Angabe darf nur für Lebensmittel verwendet werden, deren Verzehr eine tägliche Aufnahme von 100 g getrockneter Pflaumen gewährleistet. Damit die Angabe zulässig ist, sind die Verbraucher darüber zu unterrichten, dass sich die positive Wirkung bei einer täglichen Aufnahme von 100 g getrockneter Pflaumen einstellt.		2012;10(6)2712	1164
Glucomannan (Konjak Mannan)	Glucomannan trägt zur Aufrechterhaltung eines normalen Cholesterinspiegels im Blut bei	Die Angabe darf nur für Lebensmittel verwendet werden, deren Verzehr eine tägliche Aufnahme von 4 g Glucomannan gewährleistet. Damit die Angabe zulässig ist, sind die Verbraucher darüber zu unterrichten, dass sich die positive Wirkung bei einer täglichen Aufnahme von 4 g Glucomannan einstellt.	Warnung, dass bei Verbrauchern mit Schluckbeschwerden oder bei unzureichender Flüssigkeitszufuhr Erstickungsgefahr besteht – Empfehlung der Einnahme mit reichlich Wasser, damit Glucomannan in den Magen gelangt.	2009; 7(9):1258 2008;10(1798	836, 1560, 3100, 3217

14/2. EU-Claims Liste

ANHANG I

Nährstoff, Substanz, Lebensmittel oder Lebensmittelkategorie	Angabe	Bedingungen für die Verwendung der Angabe	Bedingungen und/oder Beschränkungen hinsichtlich der Verwendung des Lebensmittels und/oder zusätzliche Erklärungen oder Warnungen	Nummer im EFSA Journal	Nummer des Eintrags in der konsolidierten Liste, die der EFSA zur Bewertung vorgelegt wurde
Glucomannan (Konjak Mannan)	Glucomannan trägt im Rahmen einer kalorienarmen Ernährung zu Gewichtsverlust bei	Die Angabe darf nur für Lebensmittel verwendet werden, die 1 g Glucomannan je angegebene Portion enthalten. Damit die Angabe zulässig ist, sind die Verbraucher darüber zu unterrichten, dass sich die positive Wirkung bei einer täglichen Aufnahme von 3 g Glucomannan in drei Portionen à 1 g in Verbindung mit 1-2 Gläsern Wasser vor den Mahlzeiten und im Rahmen einer kalorienarmen Ernährung einstellt.	Warnung, dass bei Verbrauchern mit Schluckbeschwerden oder bei unzureichender Flüssigkeitszufuhr Erstickungsgefahr besteht – Empfehlung der Einnahme mit reichlich Wasser, damit Glucomannan in den Magen gelangt.	2010; 8(10):1798	854, 1556, 3725,
Guarkernmehl	Guarkernmehl trägt zur Aufrechterhaltung eines normalen Cholesterinspiegels im Blut bei	Die Angabe darf nur für Lebensmittel verwendet werden, deren Verzehr eine tägliche Aufnahme von 10 g Guarkernmehl gewährleistet. Damit die Angabe zulässig ist, sind die Verbraucher darüber zu unterrichten, dass sich die positive Wirkung bei einer täglichen Aufnahme von 10 g Guarkernmehl einstellt.	Warnung, dass bei Verbrauchern mit Schluckbeschwerden oder bei unzureichender Flüssigkeitszufuhr Erstickungsgefahr besteht – Empfehlung der Einnahme mit reichlich Wasser, damit Guarkernmehl in den Magen gelangt.	2010; 8(2):1464	808
Haferkorn-Ballaststoffe	Haferkorn-Ballaststoffe tragen zur Erhöhung des Stuhlvolumens bei	Die Angabe darf nur für Lebensmittel verwendet werden, die einen hohen Gehalt an diesem Ballaststoff gemäß der im Anhang der Verordnung (EG) Nr. 1924/2006 aufgeführten Angabe HOHER BALLASTSTOFFGEHALT aufweisen.		2011; 9(6):2249	822

14/2. EU-Claims Liste

ANHANG I

Nährstoff, Substanz, Lebensmittel oder Lebensmittelkategorie	Angabe	Bedingungen für die Verwendung der Angabe	Bedingungen und/oder Beschränkungen hinsichtlich der Verwendung des Lebensmittels und/oder zusätzliche Erklärungen oder Warnungen	Nummer im EFSA Journal	Nummer des Eintrags in der konsolidierten Liste, die der EFSA zur Bewertung vorgelegt wurde
Hydroxypropylmethylcellulose (HPMC)	Die Aufnahme von Hydroxypropylmethylcellulose im Rahmen einer Mahlzeit trägt dazu bei, dass der Blutzuckerspiegel nach der Mahlzeit weniger stark ansteigt	Die Angabe darf nur für Lebensmittel verwendet werden, die 4 g HPMC je angegebene Portion im Rahmen einer Mahlzeit enthalten. Damit die Angabe zulässig ist, sind die Verbraucher darüber zu unterrichten, dass sich die positive Wirkung einstellt, wenn 4 g HPMC im Rahmen der Mahlzeit aufgenommen werden.	Warnung, dass bei Verbrauchern mit Schluckbeschwerden oder bei unzureichender Flüssigkeitszufuhr Erstickungsgefahr besteht — Empfehlung der Einnahme mit reichlich Wasser, damit Hydroxypropylmethylcellulose in den Magen gelangt.	2010;8(10):1739	814

14/2. EU-Claims Liste
ANHANG I

Nährstoff, Substanz, Lebensmittel oder Lebensmittelkategorie	Angabe	Bedingungen für die Verwendung der Angabe	Bedingungen und/oder Beschränkungen hinsichtlich der Verwendung des Lebensmittels und/oder zusätzliche Erklärungen oder Warnungen	Nummer im EFSA Journal	Nummer des Eintrags in der konsolidierten Liste, die der EFSA zur Bewertung vorgelegt wurde
Hydroxypropylmethylcellulose (HPMC)	Hydroxypropylmethylcellulose trägt zur Aufrechterhaltung eines normalen Cholesterinspiegels im Blut bei	Die Angabe darf nur für Lebensmittel verwendet werden, deren Verzehr eine tägliche Aufnahme von 5 g HPMC gewährleistet. Damit die Angabe zulässig ist, sind die Verbraucher darüber zu unterrichten, dass sich die positive Wirkung bei einer täglichen Aufnahme von 5 g HPMC einstellt.	Warnung, dass bei Verbraucher mit Schluckbeschwerden oder bei unzureichender Flüssigkeitszufuhr Erstickungsgefahr besteht — Empfehlung der Einnahme mit reichlich Wasser, damit Hydroxypropylmethylcellulose in den Magen gelangt.	2010;8(10):1739	815
Jod	Jod trägt zu einer normalen kognitiven Funktion bei	Die Angabe darf nur für Lebensmittel verwendet werden, die die Mindestanforderungen an eine Jodquelle gemäß der im Anhang der Verordnung (EG) Nr. 1924/2006 aufgeführten Angabe [NAME DES VITAMINS/DER VITAMINE] UND/ODER [NAME DES MINERALSTOFFS/DER MINERALSTOFFE]-QUELLE erfüllen.		2010;8(10):1800	273

EG-ClaimsV

14/2. EU-Claims Liste
ANHANG I

Nährstoff, Substanz, Lebensmittel oder Lebensmittelkategorie	Angabe	Bedingungen für die Verwendung der Angabe	Bedingungen und/oder Beschränkungen hinsichtlich der Verwendung des Lebensmittels und/oder zusätzliche Erklärungen oder Warnungen	Nummer im EFSA Journal	Nummer des Eintrags in der konsolidierten Liste, die der EFSA zur Bewertung vorgelegt wurde
Jod	Jod trägt zu einem normalen Energiestoffwechsel bei	Die Angabe darf nur für Lebensmittel verwendet werden, die die Mindestanforderungen an eine Jodquelle gemäß der im Anhang der Verordnung (EG) Nr. 1924/2006 aufgeführten Angabe [NAME DES VITAMINS/DER VITAMINE] UND/ODER [NAME DES MINERALSTOFFS/DER MINERALSTOFFE]-QUELLE erfüllen.		2009; 7(9):1214 2010;8(10):1800	274, 402
Jod	Jod trägt zu einer normalen Funktion des Nervensystems bei	Die Angabe darf nur für Lebensmittel verwendet werden, die die Mindestanforderungen an eine Jodquelle gemäß der im Anhang der Verordnung (EG) Nr. 1924/2006 aufgeführten Angabe [NAME DES VITAMINS/DER VITAMINE] UND/ODER [NAME DES MINERALSTOFFS/DER MINERALSTOFFE]-QUELLE erfüllen.		2010;8(10):1800	273
Jod	Jod trägt zur Erhaltung normaler Haut bei	Die Angabe darf nur für Lebensmittel verwendet werden, die die Mindestanforderungen an eine Jodquelle gemäß der im Anhang der Verordnung (EG) Nr. 1924/2006 aufgeführten Angabe [NAME DES VITAMINS/DER VITAMINE] UND/ODER [NAME DES MINERALSTOFFS/DER MINERALSTOFFE]-QUELLE erfüllen.		2009; 7(9):1214	370

14/2. EU-Claims Liste

ANHANG I

Nährstoff, Substanz, Lebensmittel oder Lebensmittelkategorie	Angabe	Bedingungen für die Verwendung der Angabe	Bedingungen und/oder Beschränkungen hinsichtlich der Verwendung des Lebensmittels und/oder zusätzliche Erklärungen oder Warnungen	Nummer im EFSA Journal	Nummer des Eintrags in der konsolidierten Liste, die der EFSA zur Bewertung vorgelegt wurde
Jod	Jod trägt zu einer normalen Produktion von Schilddrüsenhormonen und zu einer normalen Schilddrüsenfunktion bei	Die Angabe darf nur für Lebensmittel verwendet werden, die die Mindestanforderungen an eine Jodquelle gemäß der im Anhang der Verordnung (EG) Nr. 1924/2006 aufgeführten Angabe [NAME DES VITAMINS/DER VITAMINE] UND/ODER [NAME DES MINERALSTOFFS/DER MINERALSTOFFE]-QUELLE erfüllen.		2009; 7(9):1214 2010;8(10):1800	274, 1237
„Kakaoflavanole" *(ABl L 88 vom 1. 4. 2015, S 7)*	Kakaoflavanole fördern die Elastizität der Blutgefäße, was zum normalen Blutfluss beiträgt(*)(**).	Die Verbraucher sind darüber zu informieren, dass die positive Wirkung bei einer täglichen Aufnahme von 200 mg Kakaoflavanolen erzielt wird. Die Angabe darf nur bei Kakaogetränken (mit Kakaopulver) oder bei dunkler Schokolade verwendet werden, die mindestens eine tägliche Aufnahme von 200 mg Kakaoflavanolen mit einem Polymerisationsgrad von 1-10 liefern(*). Die Angabe darf nur für Kapseln oder Tabletten mit Kakaoextrakt mit einem hohen Anteil an Flavanolen verwendet werden, die mindestens eine tägliche Aufnahme von 200 mg Kakaoflavanolen mit einem Polymerisationsgrad von 1-10 liefern(**).	—	2012;10(7): 2809(*) 2014;12(5): 3654(**)	—

(*) Zugelassen am 24. September 2013, für einen Zeitraum von fünf Jahren beschränkt auf die Verwendung durch Barry Callebaut Belgium NV, Aalstersestraat 122, B-9280 Lebbeke-Wieze, Belgien.
(**) Zugelassen am 21. April 2015, für einen Zeitraum von fünf Jahren beschränkt auf die Verwendung durch Barry Callebaut Belgium NV, Aalstersestraat 122, B-9280 Lebbeke-Wieze, Belgien.

EG-Claims V

14/2. EU-Claims Liste
ANHANG I

Nährstoff, Substanz, Lebensmittel oder Lebensmittelkategorie	Angabe	Bedingungen für die Verwendung der Angabe	Bedingungen und/oder Beschränkungen hinsichtlich der Verwendung des Lebensmittels und/oder zusätzliche Erklärungen oder Warnungen	Nummer im EFSA Journal	Nummer des Eintrags in der konsolidierten Liste, die der EFSA zur Bewertung vorgelegt wurde
Kalium	Kalium trägt zu einer normalen Funktion des Nervensystems bei	Die Angabe darf nur für Lebensmittel verwendet werden, die die Mindestanforderungen an eine Kaliumquelle gemäß der im Anhang der Verordnung (EG) Nr. 1924/2006 aufgeführten Angabe [NAME DES VITAMINS/DER VITAMINE] UND/ODER [NAME DES MINERALSTOFFS/DER MINERALSTOFFE]-QUELLE erfüllen.		2010; 8(2):1469	386
Kalium	Kalium trägt zu einer normalen Muskelfunktion bei	Die Angabe darf nur für Lebensmittel verwendet werden, die die Mindestanforderungen an eine Kaliumquelle gemäß der im Anhang der Verordnung (EG) Nr. 1924/2006 aufgeführten Angabe [NAME DES VITAMINS/DER VITAMINE] UND/ODER [NAME DES MINERALSTOFFS/DER MINERALSTOFFE]-QUELLE erfüllen.		2010; 8(2):1469	320
Kalium	Kalium trägt zur Aufrechterhaltung eines normalen Blutdrucks bei	Die Angabe darf nur für Lebensmittel verwendet werden, die die Mindestanforderungen an eine Kaliumquelle gemäß der im Anhang der Verordnung (EG) Nr. 1924/2006 aufgeführten Angabe [NAME DES VITAMINS/DER VITAMINE] UND/ODER [NAME DES MINERALSTOFFS/DER MINERALSTOFFE]-QUELLE erfüllen.		2010; 8(2):1469	321

14/2. EU-Claims Liste

ANHANG I

Nährstoff, Substanz, Lebensmittel oder Lebensmittelkategorie	Angabe	Bedingungen für die Verwendung der Angabe	Bedingungen und/oder Beschränkungen hinsichtlich der Verwendung des Lebensmittels und/oder zusätzliche Erklärungen oder Warnungen	Nummer im EFSA Journal	Nummer des Eintrags in der konsolidierten Liste, die der EFSA zur Bewertung vorgelegt wurde
„Kohlenhydrate" (ABl L 282 vom 24. 10. 2013, S 43)	Kohlenhydrate tragen zur Aufrechterhaltung einer normalen Gehirnfunktion bei	Damit die Angabe zulässig ist, sind die Verbraucher darüber zu unterrichten, dass sich die positive Wirkung bei einer täglichen Aufnahme von 130 g Kohlenhydraten aus allen Quellen einstellt. Die Angabe darf verwendet werden für Lebensmittel, die mindestens 20 g vom Menschen verstoffwechselbare Kohlenhydrate außer Polyolen pro quantifizierter Portion enthalten und der nährwertbezogenen Angabe ZUCKERARM oder OHNE ZUCKERZUSATZ gemäß dem Anhang der Verordnung (EG) Nr. 1924/2006 entsprechen.	Die Angabe darf nicht für Lebensmittel verwendet werden, die zu 100 % aus Zucker bestehen.	2011;9(6):2226	603,653
„Kohlenhydrate" (ABl L 3 vom 7. 1. 2015, S 3)	Kohlenhydrate tragen nach sehr intensiver und/oder sehr langer körperlicher Betätigung, die zur Erschöpfung der Muskulatur und der Glykogenvorräte in der Skelettmuskulatur führt, zur Wiederherstellung der normalen Muskelfunktion (Kontraktion) bei.	Die Angabe darf nur für Lebensmittel verwendet werden, die vom Menschen verstoffwechselbare Kohlenhydrate (außer Polyole) bereitstellen. Die Verbraucher sind darüber zu unterrichten, dass die positive Wirkung durch den Verzehr von insgesamt 4 g Kohlenhydraten pro kg Körpergewicht aus allen Quellen in einzelnen Dosen in den ersten 4 Stunden und spätestens 6 Stunden nach Beendigung der sehr intensiven und/oder sehr langen körperlichen Betätigung, die zur Erschöpfung der Muskulatur und der Glykogenvorräte in der Skelettmuskulatur führt, erreicht wird.	Die Angabe darf nur für Lebensmittel verwendet werden, die für erwachsene Menschen bestimmt sind, die sich sehr intensiv		

EG-ClaimsV

14/2. EU-Claims Liste
ANHANG I

Nährstoff, Substanz, Lebensmittel oder Lebensmittelkategorie	Angabe	Bedingungen für die Verwendung der Angabe	Bedingungen und/oder Beschränkungen hinsichtlich der Verwendung des Lebensmittels und/oder zusätzliche Erklärungen oder Warnungen	Nummer im EFSA Journal	Nummer des Eintrags in der konsolidierten Liste, die der EFSA zur Bewertung vorgelegt wurde
			und/oder sehr lange körperlich betätigt und damit ihre Muskulatur und Glykogenvorräte in der Skelettmuskulatur erschöpft haben.	2013;11(10):3409	
Kohlenhydrat-Elektrolyt-Lösungen	Kohlenhydrat-Elektrolyt-Lösungen tragen zur Aufrechterhaltung der Ausdauerleistung bei längerem Ausdauertraining bei	Damit die Angabe zulässig ist, sollten Kohlenhydrat-Elektrolyt-Lösungen 80-350 kcal/l aus Kohlenhydraten enthalten und mindestens 75 % der Energie sollten aus Kohlenhydraten gewonnen werden, die eine deutliche blutzuckersteigernde Wirkung haben, wie Glucose, Glucosepolymere und Saccharose. Die Getränke sollten ferner zwischen 20 mmol/l (460 mg/l) und 50 mmol/l (1 150 mg/l) Natrium enthalten und eine Osmolalität von 200-330 mOsm/kg Wasser aufweisen.		2011;9(6):2211	466, 469
Kohlenhydrat-Elektrolyt-Lösungen	Kohlenhydrat-Elektrolyt-Lösungen verbessern die Aufnahme von Wasser während der körperlichen Betätigung	Damit die Angabe zulässig ist, sollten Kohlenhydrat-Elektrolyt-Lösungen 80-350 kcal/l aus Kohlenhydraten enthalten und mindestens 75 % der Energie sollten aus Kohlenhydraten gewonnen werden, die eine deutliche blutzuckersteigernde Wirkung haben, wie Glucose, Glucosepolymere und Saccharose. Die Getränke sollten ferner zwischen 20 mmol/l (460 mg/l) und 50 mmol/l (1 150 mg/l) Natrium enthalten und eine Osmolalität von 200-330 mOsm/kg Wasser aufweisen.		2011;9(6):2211	314, 315, 316, 317, 319, 322, 325, 332, 408, 465, 473, 1168, 1574, 1593, 1618, 4302, 4309

14/2. EU-Claims Liste

ANHANG I

Nährstoff, Substanz, Lebensmittel oder Lebensmittelkategorie	Angabe	Bedingungen für die Verwendung der Angabe	Bedingungen und/oder Beschränkungen hinsichtlich der Verwendung des Lebensmittels und/oder zusätzliche Erklärungen oder Warnungen	Nummer im EFSA Journal	Nummer des Eintrags in der konsolidierten Liste, die der EFSA zur Bewertung vorgelegt wurde
„Kohlenhydratlösungen" (ABl L 143 vom 27. 4. 2021, S 8)	Kohlenhydratlösungen tragen zur Verbesserung der körperlichen Leistungsfähigkeit während einer intensiven und lang anhaltenden körperlichen Betätigung bei trainierten Erwachsenen bei.	Die Angabe darf nur für Kohlenhydratlösungen verwendet werden, die nach der Gebrauchsanweisung zwischen 30 g und 90 g Kohlenhydrate pro Stunde liefern, sofern es sich bei den betreffenden Kohlenhydraten um Glucose, Saccharose, Fructose und/oder Maltodextrine handelt, unter folgenden Bedingungen: a) Fructose (aus Fructose und/oder Saccharose) sollte nicht mehr als 1/3 der Gesamtkohlenhydrate ausmachen und b) Glucose (aus Glucose, Saccharose und/oder Maltodextrinen) sollte 60 g/h nicht überschreiten. Verbraucher müssen darüber in Kenntnis gesetzt werden, dass die vorteilhafte Wirkung nur bei trainierten Erwachsenen eintritt, die eine intensive (mindestens 65 % der VO2max) und lang anhaltende (mindestens 60 Minuten) körperliche Betätigung absolvieren.	Die Angabe darf nur für Lebensmittel verwendet werden, die für trainierte Erwachsene bestimmt sind, die sich intensiv und lang anhaltend körperlich betätigen.	2018;16(3):5191	

14/2. EU-Claims Liste
ANHANG I

Nährstoff, Substanz, Lebensmittel oder Lebensmittelkategorie	Angabe	Bedingungen für die Verwendung der Angabe	Bedingungen und/oder Beschränkungen hinsichtlich der Verwendung des Lebensmittels und/oder zusätzliche Erklärungen oder Warnungen	Nummer im EFSA Journal	Nummer des Eintrags in der konsolidierten Liste, die der EFSA zur Bewertung vorgelegt wurde
Kreatin	Kreatin erhöht die körperliche Leistung bei Schnellkrafttraining im Rahmen kurzzeitiger intensiver körperlicher Betätigung	Die Angabe darf nur für Lebensmittel verwendet werden, deren Verzehr eine tägliche Aufnahme von 3 g Kreatin gewährleistet. Damit die Angabe zulässig ist, sind die Verbraucher darüber zu unterrichten, dass sich die positive Wirkung bei einer täglichen Aufnahme von 3 g Kreatin einstellt.	Die Angabe darf nur für Lebensmittel verwendet werden, die für Erwachsene bestimmt sind, die einer intensiven körperlichen Betätigung nachgehen.	2011;9(7):2303	739, 1520, 1521, 1522, 1523, 1525, 1526, 1531, 1532, 1533, 1534, 1922, 1923, 1924
„Kreatin" (ABl L 97 vom 8. 4. 2017, S 24)	Die tägliche Einnahme von Kreatin kann die Wirkung von Krafttraining auf die Muskelkraft von Erwachsenen über 55 Jahre steigern.	Die Verbraucher sind darüber zu unterrichten, dass – die Angabe für Erwachsene über 55 Jahre gilt, die regelmäßig Krafttraining betreiben; – sich die positive Wirkung bei einer täglichen Aufnahme von 3 g Kreatin in Verbindung mit Krafttraining einstellt, bei dem die Belastung im Laufe der Zeit gesteigert werden kann und das mindestens dreimal wöchentlich über mehrere Wochen mit einer Intensität von mindestens 65 % bis 75 % des 1-Repetition-Maximums(*) betrieben werden sollte.	Die Angabe darf nur für Lebensmittel verwendet werden, die für Erwachsene über 55 Jahre bestimmt sind, die regelmäßig Krafttraining betreiben.	2016;14(2):4400	

(*) 1-Repetition-Maximum bezeichnet das Maximalgewicht, das eine Person bei einer Übungsausführung heben kann, bzw. die Maximalkraftleistung.

14/2. EU-Claims Liste
ANHANG I

Nährstoff, Substanz, Lebensmittel oder Lebensmittelkategorie	Angabe	Bedingungen für die Verwendung der Angabe	Bedingungen und/oder Beschränkungen hinsichtlich der Verwendung des Lebensmittels und/oder zusätzliche Erklärungen oder Warnungen	Nummer im EFSA Journal	Nummer des Eintrags in der konsolidierten Liste, die der EFSA zur Bewertung vorgelegt wurde
Kupfer	Kupfer trägt zur Erhaltung von normalem Bindegewebe bei	Die Angabe darf nur für Lebensmittel verwendet werden, die die Mindestanforderungen an eine Kupferquelle gemäß der im Anhang der Verordnung (EG) Nr. 1924/2006 aufgeführten Angabe [NAME DES VITAMINS/DER VITAMINE] UND/ODER [NAME DES MINERALSTOFFS/DER MINERALSTOFFE]-QUELLE erfüllen.		2009; 7(9):1211	265, 271, 1722
Kupfer	Kupfer trägt zu einem normalen Energiestoffwechsel bei	Die Angabe darf nur für Lebensmittel verwendet werden, die die Mindestanforderungen an eine Kupferquelle gemäß der im Anhang der Verordnung (EG) Nr. 1924/2006 aufgeführten Angabe [NAME DES VITAMINS/DER VITAMINE] UND/ODER [NAME DES MINERALSTOFFS/DER MINERALSTOFFE]-QUELLE erfüllen.		2009; 7(9):1211 2011;9(4):2079	266, 1729

EG-Claims V

14/2. EU-Claims Liste

ANHANG I

Nährstoff, Substanz, Lebensmittel oder Lebensmittelkategorie	Angabe	Bedingungen für die Verwendung der Angabe	Bedingungen und/oder Beschränkungen hinsichtlich der Verwendung des Lebensmittels und/oder zusätzliche Erklärungen oder Warnungen	Nummer im EFSA Journal	Nummer des Eintrags in der konsolidierten Liste, die der EFSA zur Bewertung vorgelegt wurde
Kupfer	Kupfer trägt zu einer normalen Funktion des Nervensystems bei	Die Angabe darf nur für Lebensmittel verwendet werden, die die Mindestanforderungen an eine Kupferquelle gemäß der im Anhang der Verordnung (EG) Nr. 1924/2006 aufgeführten Angabe [NAME DES VITAMINE] UND/ODER [NAME DES MINERALSTOFFS/DER MINERALSTOFFE]-QUELLE erfüllen.		2009; 7(9):1211 2011;9(4):2079	267, 1723
Kupfer	Kupfer trägt zu einer normalen Haarpigmentierung bei	Die Angabe darf nur für Lebensmittel verwendet werden, die die Mindestanforderungen an eine Kupferquelle gemäß der im Anhang der Verordnung (EG) Nr. 1924/2006 aufgeführten Angabe [NAME DES VITAMINE] UND/ODER [NAME DES MINERALSTOFFS/DER MINERALSTOFFE]-QUELLE erfüllen.		2009; 7(9):1211	268, 1724
Kupfer	Kupfer trägt zu einem normalen Eisentransport im Körper bei	Die Angabe darf nur für Lebensmittel verwendet werden, die die Mindestanforderungen an eine Kupferquelle gemäß der im Anhang der Verordnung (EG) Nr. 1924/2006 aufgeführten Angabe [NAME DES VITAMINE] UND/ODER [NAME DES MINERALSTOFFS/DER MINERALSTOFFE]-QUELLE erfüllen.		2009; 7(9):1211	269, 270, 1727

14/2. EU-Claims Liste
ANHANG I

Nährstoff, Substanz, Lebensmittel oder Lebensmittelkategorie	Angabe	Bedingungen für die Verwendung der Angabe	Bedingungen und/oder Beschränkungen hinsichtlich der Verwendung des Lebensmittels und/oder zusätzliche Erklärungen oder Warnungen	Nummer im EFSA Journal	Nummer des Eintrags in der konsolidierten Liste, die der EFSA zur Bewertung vorgelegt wurde
Kupfer	Kupfer trägt zu einer normalen Hautpigmentierung bei	Die Angabe darf nur für Lebensmittel verwendet werden, die die Mindestanforderungen an eine Kupferquelle gemäß der im Anhang der Verordnung (EG) Nr. 1924/2006 aufgeführten Angabe [NAME DES VITAMINS/DER VITAMINE] UND/ODER [NAME DES MINERALSTOFFS/DER MINERALSTOFFE]-QUELLE erfüllen.		2009; 7(9):1211	268, 1724
Kupfer	Kupfer trägt zu einer normalen Funktion des Immunsystems bei	Die Angabe darf nur für Lebensmittel verwendet werden, die die Mindestanforderungen an eine Kupferquelle gemäß der im Anhang der Verordnung (EG) Nr. 1924/2006 aufgeführten Angabe [NAME DES VITAMINS/DER VITAMINE] UND/ODER [NAME DES MINERALSTOFFS/DER MINERALSTOFFE]-QUELLE erfüllen.		2009; 7(9):1211 2011;9(4):2079	264, 1725
Kupfer	Kupfer trägt dazu bei, die Zellen vor oxidativem Stress zu schützen	Die Angabe darf nur für Lebensmittel verwendet werden, die die Mindestanforderungen an eine Kupferquelle gemäß der im Anhang der Verordnung (EG) Nr. 1924/2006 aufgeführten Angabe [NAME DES VITAMINS/DER VITAMINE] UND/ODER [NAME DES MINERALSTOFFS/DER MINERALSTOFFE]-QUELLE erfüllen.		2009; 7(9):1211	263, 1726

EG-ClaimsV

14/2. EU-Claims Liste

ANHANG I

Nährstoff, Substanz, Lebensmittel oder Lebensmittelkategorie	Angabe	Bedingungen für die Verwendung der Angabe	Bedingungen und/oder Beschränkungen hinsichtlich der Verwendung des Lebensmittels und/oder zusätzliche Erklärungen oder Warnungen	Nummer im EFSA Journal	Nummer des Eintrags in der konsolidierten Liste, die der EFSA zur Bewertung vorgelegt wurde
„Lactitol" *(ABl L 98 vom 11. 4. 2017, S 1)*	Lactitol trägt durch Erhöhung der Stuhlfrequenz zu einer normalen Darmfunktion bei.	Die Angabe darf nur für Nahrungsergänzungsmittel verwendet werden, die 10 g Lactitol je angegebene Tagesportion enthalten. Damit die Angabe zulässig ist, sind die Verbraucher darüber zu unterrichten, dass sich die positive Wirkung bei einer täglichen Einnahme von 10 g Lactitol einstellt.	Die Angabe darf nicht für Lebensmittel verwendet werden, die für Kinder bestimmt sind.	2015;13(10):4252	

14/2. EU-Claims Liste

ANHANG I

Nährstoff, Substanz, Lebensmittel oder Lebensmittelkategorie	Angabe	Bedingungen für die Verwendung der Angabe	Bedingungen und/oder Beschränkungen hinsichtlich der Verwendung des Lebensmittels und/oder zusätzliche Erklärungen oder Warnungen	Nummer im EFSA Journal	Nummer des Eintrags in der konsolidierten Liste, die der EFSA zur Bewertung vorgelegt wurde
Lactase	Bei Personen, die Probleme mit der Verdauung von Lactose haben, verbessert Lactase die Lactoseverdauung	Die Angabe darf nur verwendet werden für Nahrungsergänzungsmittel mit einem Mindestgehalt von 4 500 FCC-Einheiten (Food Chemicals Codex) in Verbindung mit der an die Zielgruppe gerichteten Empfehlung der Einnahme bei jeder lactosehaltigen Mahlzeit.	Die Zielgruppe ist ferner darüber zu unterrichten, dass es Unterschiede bei der Lactosetoleranz gibt und dass die Betroffenen sich Rat bezüglich der Funktion des Stoffes bei ihrer Ernährung holen sollten.	2009; 7(9):1236 2011;9(6):2203	1697, 1818 1974
Lactulose	Lactulose trägt zur Beschleunigung der Darmpassage bei	Die Angabe darf nur für Lebensmittel verwendet werden, die 10 g Lactulose je angegebene Portion enthalten. Damit die Angabe zulässig ist, sind die Verbraucher darüber zu unterrichten, dass sich die positive Wirkung bei einmaliger Aufnahme von 10 g Lactulose pro Tag einstellt.		2010;8(10):1806	807

EG-ClaimsV

14/2. EU-Claims Liste
ANHANG I

Nährstoff, Substanz, Lebensmittel oder Lebensmittelkategorie	Angabe	Bedingungen für die Verwendung der Angabe	Bedingungen und/oder Beschränkungen hinsichtlich der Verwendung des Lebensmittels und/oder zusätzliche Erklärungen oder Warnungen	Nummer im EFSA Journal	Nummer des Eintrags in der konsolidierten Liste, die der EFSA zur Bewertung vorgelegt wurde
„Langsam verdauliche Stärke" *(ABl L 235 vom 4. 9. 2013, S 3)*	Beim Verzehr von Erzeugnissen mit einem hohen Gehalt an langsam verdaulicher Stärke (SDS) steigt die Blutzuckerkonzentration nach einer Mahlzeit weniger stark an als beim Verzehr von Erzeugnissen mit geringem SDS-Gehalt(*).	Die Angabe darf nur bei Lebensmitteln verwendet werden, bei denen die verdaulichen Kohlenhydrate mindestens 60 % der gesamten Energieaufnahme liefern und bei denen mindestens 55 % dieser Kohlenhydrate aus verdaulicher Stärke bestehen, wobei diese zu mindestens 40 % aus SDS besteht.		2011;9(7):2292	

(*) Zugelassen am 24.9.2013, für einen Zeitraum von fünf Jahren beschränkt auf die Verwendung durch Mondelēz International group, Three Parkway North Deerfield, IL 60015, USA.

14/2. EU-Claims Liste

ANHANG I

Nährstoff, Substanz, Lebensmittel oder Lebensmittelkategorie	Angabe	Bedingungen für die Verwendung der Angabe	Bedingungen und/oder Beschränkungen hinsichtlich der Verwendung des Lebensmittels und/oder zusätzliche Erklärungen oder Warnungen	Nummer im EFSA Journal	Nummer des Eintrags in der konsolidierten Liste, die der EFSA zur Bewertung vorgelegt wurde
Lebende Joghurtkulturen	Die Verdauung der im Produkt enthaltenen Lactose wird durch Lebendkulturen in Joghurt oder fermentierter Milch bei Personen, die Probleme mit der Lactoseverdauung haben, verbessert	Damit die Angabe zulässig ist, sollte der Joghurt bzw. die fermentierte Milch mindestens 10^8 koloniebildende Einheiten lebender Startermikroorganismen (*Lactobacillus delbrueckii* sp. *bulgaricus* und *Streptococcus thermophilus*) je Gramm enthalten.		2010;8(10):1763	1143, 2976
Lebensmittel mit geringem oder reduziertem Gehalt an gesättigten Fettsäuren	Eine Reduzierung der Aufnahme an gesättigten Fettsäuren trägt zur Aufrechterhaltung eines normalen Cholesterinspiegels im Blut bei	Die Angabe darf nur für Lebensmittel verwendet werden, die die Mindestanforderungen an einen geringen Gehalt an gesättigten Fettsäuren gemäß der im Anhang der Verordnung (EG) Nr. 1924/2006 aufgeführten Angabe ARM AN GESÄTTIGTEN FETTSÄUREN oder an einen reduzierten Gehalt an gesättigten Fettsäuren gemäß der in der genannten Verordnung aufgeführten Angabe REDUZIERTER [NAME DES NÄHRSTOFFS]-ANTEIL erfüllen.		2011;9(4):2062	620, 671, 4332

14/2. EU-Claims Liste

ANHANG I

Nährstoff, Substanz, Lebensmittel oder Lebensmittelkategorie	Angabe	Bedingungen für die Verwendung der Angabe	Bedingungen und/oder Beschränkungen hinsichtlich der Verwendung des Lebensmittels und/oder zusätzliche Erklärungen oder Warnungen	Nummer im EFSA Journal	Nummer des Eintrags in der konsolidierten Liste, die der EFSA zur Bewertung vorgelegt wurde
Lebensmittel mit geringem oder reduziertem Natriumgehalt	Eine Reduzierung der Natrium-Aufnahme trägt zur Aufrechterhaltung eines normalen Blutdrucks bei	Die Angabe darf nur für Lebensmittel verwendet werden, die die Mindestanforderungen an einen geringen Gehalt an Natrium/Kochsalz gemäß der im Anhang der Verordnung (EG) Nr. 1924/2006 aufgeführten Angabe NATRIUMARM/KOCHSALZARM oder an einen reduzierten Natrium-/Kochsalzgehalt gemäß der in der genannten Verordnung aufgeführten Angabe REDUZIERTER [NAME DES NÄHRSTOFFS]-ANTEIL erfüllen.		2011;9(6):2237	336, 705, 1148, 1178, 1185, 1420
Linolsäure	Linolsäure trägt zur Aufrechterhaltung eines normalen Cholesterinspiegels im Blut bei	Die Angabe darf nur für Lebensmittel verwendet werden, die mindestens 1,5 g Linolsäure je 100 g und je 100 kcal bereitstellen. Unterrichtung der Verbraucher, dass sich die positive Wirkung bei einer täglichen Aufnahme von 10 g Linolsäure einstellt.		2009; 7(9):1276 2011;9(6):2235	489, 2899
Magnesium	Magnesium trägt zur Verringerung von Müdigkeit und Ermüdung bei	Die Angabe darf nur für Lebensmittel verwendet werden, die die Mindestanforderungen an eine Magnesiumquelle gemäß der im Anhang der Verordnung (EG) Nr. 1924/2006 aufgeführten Angabe [NAME DES VITAMINS/DER VITAMINE] UND/ODER [NAME DES MINERALSTOFFS/DER MINERALSTOFFE]-QUELLE erfüllen.		2010;8(10):1807	244

14/2. EU-Claims Liste
ANHANG I

Nährstoff, Substanz, Lebensmittel oder Lebensmittelkategorie	Angabe	Bedingungen für die Verwendung der Angabe	Bedingungen und/oder Beschränkungen hinsichtlich der Verwendung des Lebensmittels und/oder zusätzliche Erklärungen oder Warnungen	Nummer im EFSA Journal	Nummer des Eintrags in der konsolidierten Liste, die der EFSA zur Bewertung vorgelegt wurde
Magnesium	Magnesium trägt zum Elektrolytgleichgewicht bei	Die Angabe darf nur für Lebensmittel verwendet werden, die die Mindestanforderungen an eine Magnesiumquelle gemäß der im Anhang der Verordnung (EG) Nr. 1924/2006 aufgeführten Angabe [NAME DES VITAMINS/DER VITAMINE] UND/ODER [NAME DES MINERALSTOFFS/DER MINERALSTOFFE]-QUELLE erfüllen.		2009; 7(9):1216	238
Magnesium	Magnesium trägt zu einem normalen Energiestoffwechsel bei	Die Angabe darf nur für Lebensmittel verwendet werden, die die Mindestanforderungen an eine Magnesiumquelle gemäß der im Anhang der Verordnung (EG) Nr. 1924/2006 aufgeführten Angabe [NAME DES VITAMINS/DER VITAMINE] UND/ODER [NAME DES MINERALSTOFFS/DER MINERALSTOFFE]-QUELLE erfüllen.		2009; 7(9):1216	240, 247, 248
Magnesium	Magnesium trägt zu einer normalen Funktion des Nervensystems bei	Die Angabe darf nur für Lebensmittel verwendet werden, die die Mindestanforderungen an eine Magnesiumquelle gemäß der im Anhang der Verordnung (EG) Nr. 1924/2006 aufgeführten Angabe [NAME DES VITAMINS/DER VITAMINE] UND/ODER [NAME DES MINERALSTOFFS/DER MINERALSTOFFE]-QUELLE erfüllen.		2009; 7(9):1216	242

14/2. EU-Claims Liste

ANHANG I

Nährstoff, Substanz, Lebensmittel oder Lebensmittelkategorie	Angabe	Bedingungen für die Verwendung der Angabe	Bedingungen und/oder Beschränkungen hinsichtlich der Verwendung des Lebensmittels und/oder zusätzliche Erklärungen oder Warnungen	Nummer im EFSA Journal	Nummer des Eintrags in der konsolidierten Liste, die der EFSA zur Bewertung vorgelegt wurde
Magnesium	Magnesium trägt zu einer normalen Muskelfunktion bei	Die Angabe darf nur für Lebensmittel verwendet werden, die die Mindestanforderungen an eine Magnesiumquelle gemäß der im Anhang der Verordnung (EG) Nr. 1924/2006 aufgeführten Angabe [NAME DES VITAMINS/DER VITAMINE] UND/ODER [NAME DES MINERALSTOFFS/DER MINERALSTOFFE]-QUELLE erfüllen.		2009; 7(9):1216 2010;8(10):1807	241, 380, 3083
Magnesium	Magnesium trägt zu einer normalen Eiweißsynthese bei	Die Angabe darf nur für Lebensmittel verwendet werden, die die Mindestanforderungen an eine Magnesiumquelle gemäß der im Anhang der Verordnung (EG) Nr. 1924/2006 aufgeführten Angabe [NAME DES VITAMINS/DER VITAMINE] UND/ODER [NAME DES MINERALSTOFFS/DER MINERALSTOFFE]-QUELLE erfüllen.		2009; 7(9):1216	364
Magnesium	Magnesium trägt zur normalen psychischen Funktion bei	Die Angabe darf nur für Lebensmittel verwendet werden, die die Mindestanforderungen an eine Magnesiumquelle gemäß der im Anhang der Verordnung (EG) Nr. 1924/2006 aufgeführten Angabe [NAME DES VITAMINS/DER VITAMINE] UND/ODER [NAME DES MINERALSTOFFS/DER MINERALSTOFFE]-QUELLE erfüllen.		2010;8(10):1807	245, 246
Magnesium	Magnesium trägt zur Erhaltung normaler Knochen bei	Die Angabe darf nur für Lebensmittel verwendet werden, die die Mindestanforderungen an eine Magnesiumquelle gemäß der im Anhang der Verordnung (EG) Nr. 1924/2006 aufgeführten Angabe [NAME DES VITAMINS/DER VITAMINE] UND/ODER [NAME DES MINERALSTOFFS/DER MINERALSTOFFE]-QUELLE erfüllen.		2009; 7(9):1216	239

14/2. EU-Claims Liste

ANHANG I

Nährstoff, Substanz, Lebensmittel oder Lebensmittelkategorie	Angabe	Bedingungen für die Verwendung der Angabe	Bedingungen und/oder Beschränkungen hinsichtlich der Verwendung des Lebensmittels und/oder zusätzliche Erklärungen oder Warnungen	Nummer im EFSA Journal	Nummer des Eintrags in der konsolidierten Liste, die der EFSA zur Bewertung vorgelegt wurde
Magnesium	Magnesium trägt zur Erhaltung normaler Zähne bei	Die Angabe darf nur für Lebensmittel verwendet werden, die die Mindestanforderungen an eine Magnesiumquelle gemäß der im Anhang der Verordnung (EG) Nr. 1924/2006 aufgeführten Angabe [NAME DES VITAMINS/DER VITAMINE] UND/ODER [NAME DES MINERALSTOFFS/DER MINERALSTOFFE]-QUELLE erfüllen.		2009; 7(9):1216	239
Magnesium	Magnesium hat eine Funktion bei der Zellteilung	Die Angabe darf nur für Lebensmittel verwendet werden, die die Mindestanforderungen an eine Magnesiumquelle gemäß der im Anhang der Verordnung (EG) Nr. 1924/2006 aufgeführten Angabe [NAME DES VITAMINS/DER VITAMINE] UND/ODER [NAME DES MINERALSTOFFS/DER MINERALSTOFFE]-QUELLE erfüllen.		2009; 7(9):1216	365

14/2. EU-Claims Liste

ANHANG I

Nährstoff, Substanz, Lebensmittel oder Lebensmittelkategorie	Angabe	Bedingungen für die Verwendung der Angabe	Bedingungen und/oder Beschränkungen hinsichtlich der Verwendung des Lebensmittels und/oder zusätzliche Erklärungen oder Warnungen	Nummer im EFSA Journal	Nummer des Eintrags in der konsolidierten Liste, die der EFSA zur Bewertung vorgelegt wurde
Mahlzeitersatz für eine gewichtskontrollierende Ernährung	„Das Ersetzen von einer der täglichen Hauptmahlzeiten im Rahmen einer kalorienarmen Ernährung durch einen solchen Mahlzeitersatz trägt dazu bei, das Gewicht nach Gewichtsabnahme zu halten" *(ABl L 201 vom 2. 8. 2017, S 1)*	„Damit die Angabe zulässig ist, sollte das Lebensmittel folgenden Anforderungen entsprechen:" *(ABl L 230 vom 25. 8. 2016, S 8)* **1. Energiegehalt** Der Energiegehalt darf nicht weniger als 200 kcal (840 kJ) und nicht mehr als 250 kcal (1 046 kJ) je Mahlzeit betragen. **2. Fettgehalt und -zusammensetzung** Der Brennwert der Fette darf 30 % des gesamten Brennwertes des Erzeugnisses nicht überschreiten. Die Erzeugnisse müssen mindestens 1 g Linolsäure (in Form von Glyceriden) enthalten. **3. Proteingehalt und -zusammensetzung** Der Brennwert des Lebensmittels muss zu mindestens 25 und höchstens 50 % auf Proteine entfallen.	Damit die Angabe zulässig ist, müssen die Verbraucher über die Bedeutung einer ausreichenden täglichen Flüssigkeitsaufnahme aufgeklärt und auf die Tatsache hingewiesen werden, dass die Erzeugnisse ihren Zweck nur erfüllen, wenn sie im Rahmen einer kalorienarmen Ernährung verwendet wer-	2010; 8(2):1466 2015; 13(11):4287	1418

14/2. EU-Claims Liste

ANHANG I

Nährstoff, Substanz, Lebensmittel oder Lebensmittelkategorie	Angabe	Bedingungen für die Verwendung der Angabe	Bedingungen und/oder Beschränkungen hinsichtlich der Verwendung des Lebensmittels und/oder zusätzliche Erklärungen oder Warnungen	Nummer im EFSA Journal	Nummer des Eintrags in der konsolidierten Liste, die der EFSA zur Bewertung vorgelegt wurde
		Der chemische Proteinindex muss dem Index entsprechen, den die Weltgesundheitsorganisation in ihren „Energy and protein requirements" (Brennwert- und Proteinanforderungen) festgelegt hat. Bericht einer gemeinsamen FAO/WHO/UNU-Tagung. Genf: Weltgesundheitsorganisation, 1985 (WHO Technical Report Series: 724). *Anforderungsschema für Aminosäuren (g/100 g Protein)* Cystin + Methionin 1,7; Histidin 1,6; Isoleucin 1,3; Leucin 1,9; Lysin 1,6; Phenylalanin + Tyrosin 1,9; Threonin 0,9; Tryptophan 0,5; Valin 1,3. Der chemische Index ist das kleinste Verhältnis zwischen der Menge der einzelnen essentiellen Aminosäuren des Testproteins und der Menge der entsprechenden Aminosäure des Referenzproteins.	Um die angegebene Wirkung zu erzielen, sollte täglich eine Hauptmahlzeit durch einen Mahlzeitersatz ersetzt werden.		

14/2. EU-Claims Liste
ANHANG I

Nährstoff, Substanz, Lebensmittel oder Lebensmittelkategorie	Angabe	Bedingungen für die Verwendung der Angabe	Bedingungen und/oder Beschränkungen hinsichtlich der Verwendung des Lebensmittels und/oder zusätzliche Erklärungen oder Warnungen	Nummer im EFSA Journal	Nummer des Eintrags in der konsolidierten Liste, die der EFSA zur Bewertung vorgelegt wurde
		Liegt der chemische Index unter 100 % des Indexes des Referenzproteins, ist der Mindestproteingehalt entsprechend zu erhöhen. Der chemische Index des Proteins muss in jedem Fall zumindest bei 80 % des Indexes des Referenzproteins liegen. In allen Fällen ist der Zusatz von Aminosäuren nur zur Verbesserung des Nährwerts der Proteine und in den hierfür notwendigen Mengen gestattet. **4. Vitamine und Mineralstoffe** Die Lebensmittel müssen je Mahlzeit mindestens 30 % der Nährstoffbezugswerte für Vitamine und Mineralstoffe gemäß Anhang XIII der Verordnung (EU) Nr. 1169/2011 enthalten. Diese Vorschrift gilt nicht für Fluorid, Chrom, Chlorid und Molybdän. Die Natriummenge in einem Lebensmittel muss je Mahlzeit mindestens 172,5 mg betragen. Die Kaliummenge in einem Lebensmittel je Mahlzeit muss mindestens 500 mg betragen.			

14/2. EU-Claims Liste

ANHANG I

Nährstoff, Substanz, Lebensmittel oder Lebensmittelkategorie	Angabe	Bedingungen für die Verwendung der Angabe	Bedingungen und/oder Beschränkungen hinsichtlich der Verwendung des Lebensmittels und/oder zusätzliche Erklärungen oder Warnungen	Nummer im EFSA Journal	Nummer des Eintrags in der konsolidierten Liste, die der EFSA zur Bewertung vorgelegt wurde
Mahlzeitersatz für eine gewichtskontrollierende Ernährung	„Das Ersetzen von zwei der täglichen Hauptmahlzeiten im Rahmen einer kalorienarmen Ernährung durch einen solchen Mahlzeitersatz trägt zu Gewichtsabnahme bei" *(ABl L 230 vom 25. 8. 2016, S 8)*	„Damit die Angabe zulässig ist, sollte das Lebensmittel folgenden Anforderungen entsprechen:" *(ABl L 230 vom 25. 8. 2016, S 8)* **1. Energiegehalt** Der Energiegehalt darf nicht weniger als 200 kcal (840 kJ) und nicht mehr als 250 kcal (1 046 kJ) je Mahlzeit betragen. **2. Fettgehalt und -zusammensetzung** Der Brennwert der Fette darf 30 % des gesamten Brennwertes des Erzeugnisses nicht überschreiten. Die Erzeugnisse müssen mindestens 1 g Linolsäure (in Form von Glyceriden) enthalten. **3. Proteingehalt und -zusammensetzung** Der Brennwert des Lebensmittels muss zu mindestens 25 und höchstens 50 % auf Proteine entfallen.	Damit die Angabe zulässig ist, müssen die Verbraucher über die Bedeutung einer ausreichenden täglichen Flüssigkeitsaufnahme aufgeklärt und auf die Tatsache hingewiesen werden, dass die Erzeugnisse ihren Zweck nur erfüllen, wenn sie im Rahmen einer kalorienarmen Ernährung verwendet werden.	2010; 8(2):1466 2015; 13(11):4287	1417

EG-ClaimsV

14/2. EU-Claims Liste

ANHANG I

Nährstoff, Substanz, Lebensmittel oder Lebensmittelkategorie	Angabe	Bedingungen für die Verwendung der Angabe	Bedingungen und/oder Beschränkungen hinsichtlich der Verwendung des Lebensmittels und/oder zusätzliche Erklärungen oder Warnungen	Nummer im EFSA Journal	Nummer des Eintrags in der konsolidierten Liste, die der EFSA zur Bewertung vorgelegt wurde
		Der chemische Proteinindex muss dem Index entsprechen, den die Weltgesundheitsorganisation in ihren „Energy and protein requirements" (Brennwert- und Proteinanforderungen) festgelegt hat. Bericht einer gemeinsamen FAO/WHO/UNU-Tagung. Genf: Weltgesundheitsorganisation, 1985 (WHO Technical Report Series: 724). *Anforderungsschema für Aminosäuren (g/100 g Protein)* Cystin + Methionin 1,7 Histidin 1,6 Isoleucin 1,3 Leucin 1,9 Lysin 1,6 Phenylalanin + Tyrosin 1,9 Threonin 0,9 Tryptophan 0,5 Valin 1,3 Der chemische Index ist das kleinste Verhältnis zwischen der Menge der einzelnen essentiellen Aminosäuren des Testproteins und der Menge der entsprechenden Aminosäure des Referenzproteins.	den, zu der notwendigerweise auch andere Lebensmittel gehören. Um die angegebene Wirkung zu erzielen, sollten täglich zwei Hauptmahlzeiten durch je einen Mahlzeitersatz ersetzt werden.		

14/2. EU-Claims Liste

ANHANG I

Nährstoff, Substanz, Lebensmittel oder Lebensmittelkategorie	Angabe	Bedingungen für die Verwendung der Angabe	Bedingungen und/oder Beschränkungen hinsichtlich der Verwendung des Lebensmittels und/oder zusätzliche Erklärungen oder Warnungen	Nummer im EFSA Journal	Nummer des Eintrags in der konsolidierten Liste, die der EFSA zur Bewertung vorgelegt wurde
		Liegt der chemische Index unter 100 % des Indexes des Referenzproteins, ist der Mindestproteingehalt entsprechend zu erhöhen. Der chemische Index des Proteins muss in jedem Fall zumindest bei 80 % des Indexes des Referenzproteins liegen. In allen Fällen ist der Zusatz von Aminosäuren nur zur Verbesserung des Nährwerts der Proteine und in den hierfür notwendigen Mengen gestattet.			
		4. Vitamine und Mineralstoffe			
		Die Lebensmittel müssen je Mahlzeit mindestens 30 % der Nährstoffbezugswerte für Vitamine und Mineralstoffe gemäß Anhang XIII der Verordnung (EU) Nr. 1169/2011 enthalten. Diese Vorschrift gilt nicht für Fluorid, Chrom, Chlorid und Molybdän. Die Natriummenge in einem Lebensmittel muss je Mahlzeit mindestens 172,5 mg betragen. Die Kaliummenge in einem Lebensmittel je Mahlzeit muss mindestens 500 mg betragen.			

EG-ClaimsV

14/2. EU-Claims Liste — 1060 —
ANHANG I

Nährstoff, Substanz, Lebensmittel oder Lebensmittelkategorie	Angabe	Bedingungen für die Verwendung der Angabe	Bedingungen und/oder Beschränkungen hinsichtlich der Verwendung des Lebensmittels und/oder zusätzliche Erklärungen oder Warnungen	Nummer im EFSA Journal	Nummer des Eintrags in der konsolidierten Liste, die der EFSA zur Bewertung vorgelegt wurde
Mangan	Mangan trägt zu einem normalen Energiestoffwechsel bei	Die Angabe darf nur für Lebensmittel verwendet werden, die die Mindestanforderungen an eine Manganquelle gemäß der im Anhang der Verordnung (EG) Nr. 1924/2006 aufgeführten Angabe [NAME DES VITAMINS/DER VITAMINE] UND/ODER [NAME DES MINERALSTOFFS/DER MINERALSTOFFE]-QUELLE erfüllen.		2009; 7(9):1217 2010;8(10):1808	311, 405
Mangan	Mangan trägt zur Erhaltung normaler Knochen bei	Die Angabe darf nur für Lebensmittel verwendet werden, die die Mindestanforderungen an eine Manganquelle gemäß der im Anhang der Verordnung (EG) Nr. 1924/2006 aufgeführten Angabe [NAME DES VITAMINS/DER VITAMINE] UND/ODER [NAME DES MINERALSTOFFS/DER MINERALSTOFFE]-QUELLE erfüllen.		2009; 7(9):1217	310
Mangan	Mangan trägt zu einer normalen Bindegewebsbildung bei	Die Angabe darf nur für Lebensmittel verwendet werden, die die Mindestanforderungen an eine Manganquelle gemäß der im Anhang der Verordnung (EG) Nr. 1924/2006 aufgeführten Angabe [NAME DES VITAMINS/DER VITAMINE] UND/ODER [NAME DES MINERALSTOFFS/DER MINERALSTOFFE]-QUELLE erfüllen.		2010;8(10):1808	404

14/2. EU-Claims Liste

ANHANG I

Nährstoff, Substanz, Lebensmittel oder Lebensmittelkategorie	Angabe	Bedingungen für die Verwendung der Angabe	Bedingungen und/oder Beschränkungen hinsichtlich der Verwendung des Lebensmittels und/oder zusätzliche Erklärungen oder Warnungen	Nummer im EFSA Journal	Nummer des Eintrags in der konsolidierten Liste, die der EFSA zur Bewertung vorgelegt wurde
Mangan	Mangan trägt dazu bei, die Zellen vor oxidativem Stress zu schützen	Die Angabe darf nur für Lebensmittel verwendet werden, die die Mindestanforderungen an eine Manganquelle gemäß der im Anhang der Verordnung (EG) Nr. 1924/2006 aufgeführten Angabe [NAME DES VITAMINS/DER VITAMINE] UND/ODER [NAME DES MINERALSTOFFS/DER MINERALSTOFFE]-QUELLE erfüllen.		2009; 7(9):1217	309
Melatonin	Melatonin trägt zur Linderung der subjektiven Jetlag-Empfindung bei	Die Angabe darf nur für Lebensmittel verwendet werden, die mindestens 0,5 mg Melatonin je angegebene Portion enthalten. Damit die Angabe zulässig ist, sind die Verbraucher darüber zu unterrichten, dass sich die positive Wirkung einstellt, wenn am ersten Reisetag kurz vor dem Schlafengehen sowie an den ersten Tagen nach Ankunft am Zielort mindestens 0,5 mg aufgenommen werden.		2010; 8(2):1467	1953
Melatonin	Melatonin trägt dazu bei, die Einschlafzeit zu verkürzen	Die Angabe darf nur für Lebensmittel verwendet werden, die 1 mg Melatonin je angegebene Portion enthalten. Damit die Angabe zulässig ist, sind die Verbraucher darüber zu unterrichten, dass sich die positive Wirkung einstellt, wenn kurz vor dem Schlafengehen 1 mg Melatonin aufgenommen wird.		2011;9(6):2241	1698, 1780, 4080

EG-ClaimsV

14/2. EU-Claims Liste

ANHANG I

Nährstoff, Substanz, Lebensmittel oder Lebensmittelkategorie	Angabe	Bedingungen für die Verwendung der Angabe	Bedingungen und/oder Beschränkungen hinsichtlich der Verwendung des Lebensmittels und/oder zusätzliche Erklärungen oder Warnungen	Nummer im EFSA Journal	Nummer des Eintrags in der konsolidierten Liste, die der EFSA zur Bewertung vorgelegt wurde
Molybdän	Molybdän trägt zu einer normalen Verstoffwechslung schwefelhaltiger Aminosäuren bei	Die Angabe darf nur für Lebensmittel verwendet werden, die die Mindestanforderungen an eine Molybdänquelle gemäß der im Anhang der Verordnung (EG) Nr. 1924/2006 aufgeführten Angabe [NAME DES VITAMINS/DER VITAMINE] UND/ODER [NAME DES MINERALSTOFFS/DER MINERALSTOFFE]-QUELLE erfüllen.		2010;8(10):1745	313
Monascus purpureus (Rotschimmelreis)	Monacolin K aus Rotschimmelreis trägt zur Aufrechterhaltung eines normalen Cholesterinspiegels im Blut bei	Die Angabe darf nur für Lebensmittel verwendet werden, deren Verzehr eine tägliche Aufnahme von 10 mg Monacolin K aus Rotschimmelreis gewährleistet. Damit die Angabe zulässig ist, sind die Verbraucher darüber zu unterrichten, dass die positive Wirkung bei einer täglichen Aufnahme von 10 mg Monacolin K aus Rotschimmelreiszubereitungen einstellt.		2011;9(7):2304	1648, 1700
„natives Zichorieninulin" (ABl. L 328 vom 12.12.2015, S 46)	Zichorieninulin trägt durch Erhöhung der Stuhlfrequenz zu einer normalen Darmfunktion bei (*)	Die Verbraucher sind darüber zu unterrichten, dass sich die positive Wirkung bei einer täglichen Aufnahme von 12 g Zichorieninulin einstellt. Die Angabe darf nur für Lebensmittel verwendet werden, deren Verzehr eine tägliche Aufnahme von mindestens 12 g nativem Zichorieninulin liefert, einer nicht fraktionierten Mischung von Monosacchariden (< 10 %), Disacchariden, inulinartigen Fructanen und aus Zichorienwurzeln gewonnenem Inulin mit einem mittleren Polymerisationsgrad von ≥ 9.		2015;13(1):3951	

(*) Zugelassen am 1. Januar 2016, für einen Zeitraum von fünf Jahren beschränkt auf die Verwendung durch BENEO-Orafti S.A., Rue L. Maréchal 1, B-4360 Oreye, Belgien.

14/2. EU-Claims Liste

ANHANG I

Nährstoff, Substanz, Lebensmittel oder Lebensmittelkategorie	Angabe	Bedingungen für die Verwendung der Angabe	Bedingungen und/oder Beschränkungen hinsichtlich der Verwendung des Lebensmittels und/oder zusätzliche Erklärungen oder Warnungen	Nummer im EFSA Journal	Nummer des Eintrags in der konsolidierten Liste, die der EFSA zur Bewertung vorgelegt wurde
„Neuformuliertes alkoholfreies säuerliches Getränk mit" (ABl. L 235 vom 4. 9. 2013, S 3)	Wer zuckerhaltige säuerliche Getränke wie Soft Drinks (die typischerweise 8-12 g Zucker/100 ml enthalten) durch neuformulierte Getränke ersetzt, trägt zur Erhaltung der Mineralisierung der Zähne bei (*).	Neuformulierte säuerliche Getränke dürfen nur dann mit der Angabe versehen werden, wenn sie der Beschreibung des Lebensmittels entsprechen, zu dem die Angabe gemacht wird.		2010;8(12):1884	
	– weniger als 1 g gärfähigem Kohlenhydrat pro 100 ml (Zucker und sonstige Kohlenhydrate mit Ausnahme von mehrwertigen Alkoholen);				
	– einem Calciumgehalt zwischen 0,3 und 0,8 mol pro mol Säuerungsmittel;				
	– Anzeige eines pH-Werts zwischen 3,7 und 4,0.				

(*) Zugelassen am 24.9.2013, für einen Zeitraum von fünf Jahren beschränkt auf die Verwendung durch GlaxoSmithKline Services Unlimited und die dazugehörigen Tochterunternehmen. GSK House, 980 Great West Road, Brentford, TW89GS, Vereinigtes Königreich.

14/2. EU-Claims Liste

ANHANG I

Nährstoff, Substanz, Lebensmittel oder Lebensmittelkategorie	Angabe	Bedingungen für die Verwendung der Angabe	Bedingungen und/oder Beschränkungen hinsichtlich der Verwendung des Lebensmittels und/oder zusätzliche Erklärungen oder Warnungen	Nummer im EFSA Journal	Nummer des Eintrags in der konsolidierten Liste, die der EFSA zur Bewertung vorgelegt wurde
Niacin	Niacin trägt zu einem normalen Energiestoffwechsel bei	Die Angabe darf nur für Lebensmittel verwendet werden, die die Mindestanforderungen an eine Niacinquelle gemäß der im Anhang der Verordnung (EG) Nr. 1924/2006 aufgeführten Angabe [NAME DES VITAMINS/DER VITAMINE UND/ODER [NAME DES MINERALSTOFFS/DER MINERALSTOFFE]-QUELLE erfüllen.		2009; 7(9):1224 2010;8(10):1757	43, 49, 54, 51
Niacin	Niacin trägt zu einer normalen Funktion des Nervensystems bei	Die Angabe darf nur für Lebensmittel verwendet werden, die die Mindestanforderungen an eine Niacinquelle gemäß der im Anhang der Verordnung (EG) Nr. 1924/2006 aufgeführten Angabe [NAME DES VITAMINS/DER VITAMINE UND/ODER [NAME DES MINERALSTOFFS/DER MINERALSTOFFE]-QUELLE erfüllen.		2009; 7(9):1224	44, 53
Niacin	Niacin trägt zur normalen psychischen Funktion bei	Die Angabe darf nur für Lebensmittel verwendet werden, die die Mindestanforderungen an eine Niacinquelle gemäß der im Anhang der Verordnung (EG) Nr. 1924/2006 aufgeführten Angabe [NAME DES VITAMINS/DER VITAMINE UND/ODER [NAME DES MINERALSTOFFS/DER MINERALSTOFFE]-QUELLE erfüllen.		2010;8(10):1757	55

14/2. EU-Claims Liste

ANHANG I

Nährstoff, Substanz, Lebensmittel oder Lebensmittelkategorie	Angabe	Bedingungen für die Verwendung der Angabe	Bedingungen und/oder Beschränkungen hinsichtlich der Verwendung des Lebensmittels und/oder zusätzliche Erklärungen oder Warnungen	Nummer im EFSA Journal	Nummer des Eintrags in der konsolidierten Liste, die der EFSA zur Bewertung vorgelegt wurde
Niacin	Niacin trägt zur Erhaltung normaler Schleimhäute bei	Die Angabe darf nur für Lebensmittel verwendet werden, die die Mindestanforderungen an eine Niacinquelle gemäß der im Anhang der Verordnung (EG) Nr. 1924/2006 aufgeführten Angabe [NAME DES VITAMINS/DER VITAMINE] UND/ODER [NAME DES MINERALSTOFFS/DER MINERALSTOFFE]-QUELLE erfüllen.		2009; 7(9):1224	45, 52, 4700
Niacin	Niacin trägt zur Erhaltung normaler Haut bei	Die Angabe darf nur für Lebensmittel verwendet werden, die die Mindestanforderungen an eine Niacinquelle gemäß der im Anhang der Verordnung (EG) Nr. 1924/2006 aufgeführten Angabe [NAME DES VITAMINS/DER VITAMINE] UND/ODER [NAME DES MINERALSTOFFS/DER MINERALSTOFFE]-QUELLE erfüllen.		2009; 7(9):1224 2010;8(10):1757	45, 48, 50, 52, 4700
Niacin	Niacin trägt zur Verringerung von Müdigkeit und Ermüdung bei	Die Angabe darf nur für Lebensmittel verwendet werden, die die Mindestanforderungen an eine Niacinquelle gemäß der im Anhang der Verordnung (EG) Nr. 1924/2006 aufgeführten Angabe [NAME DES VITAMINS/DER VITAMINE] UND/ODER [NAME DES MINERALSTOFFS/DER MINERALSTOFFE]-QUELLE erfüllen.		2010;8(10):1757	47

EG-ClaimsV

14/2. EU-Claims Liste

ANHANG I

Nährstoff, Substanz, Lebensmittel oder Lebensmittelkategorie	Angabe	Bedingungen für die Verwendung der Angabe	Bedingungen und/oder Beschränkungen hinsichtlich der Verwendung des Lebensmittels und/oder zusätzliche Erklärungen oder Warnungen	Nummer im EFSA Journal	Nummer des Eintrags in der konsolidierten Liste, die der EFSA zur Bewertung vorgelegt wurde
„Nicht fermentierbare Kohlenhydrate" *(ABl L 142 vom 31. 5. 2016, S 5)*	Der Verzehr von Lebensmitteln/Getränken, die anstelle von fermentierbaren Kohlenhydraten <Bezeichnung aller verwendeten nicht fermentierbaren Kohlenhydrate> enthalten, trägt zur Erhaltung der Zahnmineralisierung bei.	Damit die Angabe zulässig ist, sollten fermentierbare Kohlenhydrate (¹(**)) in Lebensmitteln oder Getränken durch nicht fermentierbare Kohlenhydrate (²(***)) ersetzt werden, und zwar in solchen Anteilen, dass der Verzehr dieser Lebensmittel oder Getränke den pH-Wert des Zahnbelags während des Verzehrs und bis 30 Minuten nach dem Verzehr nicht unter 5,7 absenkt. (¹(**)) Fermentierbare Kohlenhydrate werden definiert als in Lebensmitteln oder Getränken verzehrte Kohlenhydrate oder Kohlenhydratmischungen, die den in vivo oder in situ durch pH-Telemetrietests bestimmten pH-Wert des Zahnbelags während des Verzehrs und bis 30 Minuten nach dem Verzehr durch bakterielle Fermentation unter 5,7 absenken. (²(***)) Nicht fermentierbare Kohlenhydrate werden definiert als in Lebensmitteln oder Getränken verzehrte Kohlenhydrate oder Kohlenhydratmischungen, die den in vivo oder in situ durch pH-Telemetrietests bestimmten pH-Wert des Zahnbelags während des Verzehrs und bis 30 Minuten nach dem Verzehr durch bakterielle Fermentation nicht unter einen konservativen Wert von 5,7 absenken.		2013;11(7):3329	

14/2. EU-Claims Liste
ANHANG I

Nährstoff, Substanz, Lebensmittel oder Lebensmittelkategorie	Angabe	Bedingungen für die Verwendung der Angabe	Bedingungen und/oder Beschränkungen der Verwendung des Lebensmittels und/oder zusätzliche Erklärungen oder Warnungen	Nummer im EFSA Journal	Nummer des Eintrags in der konsolidierten Liste, die der EFSA zur Bewertung vorgelegt wurde
Olivenöl-Polyphenole	Olivenöl-Polyphenole tragen dazu bei, die Blutfette vor oxidativem Stress zu schützen	Die Angabe darf nur für Olivenöl verwendet werden, das mindestens 5 mg Hydroxytyrosol und dessen Derivate (z. B. OleuropeinKomplex und Tyrosol) je 20 g Olivenöl enthält. Damit die Angabe zulässig ist, sind die Verbraucher darüber zu unterrichten, dass sich die positive Wirkung bei einer täglichen Aufnahme von 20 g Olivenöl einstellt.		2011;9(4):2033	1333, 1638, 1639, 1696, 2865
Ölsäure	Der Ersatz von gesättigten Fettsäuren durch ungesättigte Fettsäuren in der Ernährung trägt zur Aufrechterhaltung eines normalen Cholesterinspiegels im Blut bei. Ölsäure ist eine ungesättigte Fettsäure	Die Angabe darf nur für Lebensmittel verwendet werden, die einen hohen Gehalt an ungesättigten Fettsäuren gemäß der im Anhang der Verordnung (EG) Nr. 1924/2006 aufgeführten Angabe MIT EINEM HOHEN GEHALT AN UNGESÄTTIGTEN FETTSÄUREN aufweisen.		2011;9(4):2043	673, 728, 729, 1302, 4334
Pantothensäure	Pantothensäure trägt zu einem normalen Energiestoffwechsel bei	Die Angabe darf nur für Lebensmittel verwendet werden, die die Mindestanforderungen an eine Pantothensäurequelle gemäß der im Anhang der Verordnung (EG) Nr. 1924/2006 aufgeführten Angabe [NAME DES VITAMINS/DER VITAMINE] UND/ODER [NAME DES MINERALSTOFFS/DER MINERALSTOFFE]-QUELLE erfüllen.		2009; 7(9):1218	56, 59, 60, 64, 171, 172, 208

14/2. EU-Claims Liste
ANHANG I

Nährstoff, Substanz, Lebensmittel oder Lebensmittelkategorie	Angabe	Bedingungen für die Verwendung der Angabe	Bedingungen und/oder Beschränkungen hinsichtlich der Verwendung des Lebensmittels und/oder zusätzliche Erklärungen oder Warnungen	Nummer im EFSA Journal	Nummer des Eintrags in der konsolidierten Liste, die der EFSA zur Bewertung vorgelegt wurde
Pantothensäure	Pantothensäure trägt zu einer normalen Synthese und zu einem normalen Stoffwechsel von Steroidhormonen, Vitamin D und einigen Neurotransmittern bei	Die Angabe darf nur für Lebensmittel verwendet werden, die die Mindestanforderungen an eine Pantothensäurequelle gemäß der im Anhang der Verordnung (EG) Nr. 1924/2006 aufgeführten Angabe [NAME DES VITAMINS/DER VITAMINE] UND/ODER [NAME DES MINERALSTOFFS/DER MINERALSTOFFE]-QUELLE erfüllen.		2009; 7(9):1218	181
Pantothensäure	Pantothensäure trägt zur Verringerung von Müdigkeit und Ermüdung bei	Die Angabe darf nur für Lebensmittel verwendet werden, die die Mindestanforderungen an eine Pantothensäurequelle gemäß der im Anhang der Verordnung (EG) Nr. 1924/2006 aufgeführten Angabe [NAME DES VITAMINS/DER VITAMINE] UND/ODER [NAME DES MINERALSTOFFS/DER MINERALSTOFFE]-QUELLE erfüllen.		2010; 8(10):1758	63
Pantothensäure	Pantothensäure trägt zu einer normalen geistigen Leistung bei	Die Angabe darf nur für Lebensmittel verwendet werden, die die Mindestanforderungen an eine Pantothensäurequelle gemäß der im Anhang der Verordnung (EG) Nr. 1924/2006 aufgeführten Angabe [NAME DES VITAMINS/DER VITAMINE] UND/ODER [NAME DES MINERALSTOFFS/DER MINERALSTOFFE]-QUELLE erfüllen.		2009; 7(9):1218 2010; 8(10):1758	57, 58

14/2. EU-Claims Liste

ANHANG I

Nährstoff, Substanz, Lebensmittel oder Lebensmittelkategorie	Angabe	Bedingungen für die Verwendung der Angabe	Bedingungen und/oder Beschränkungen hinsichtlich der Verwendung des Lebensmittels und/oder zusätzliche Erklärungen oder Warnungen	Nummer im EFSA Journal	Nummer des Eintrags in der konsolidierten Liste, die der EFSA zur Bewertung vorgelegt wurde
Pektine	Pektine tragen zur Aufrechterhaltung eines normalen Cholesterinspiegels im Blut bei	Die Angabe darf nur für Lebensmittel verwendet werden, deren Verzehr eine tägliche Aufnahme von 6 g Pektinen gewährleistet. Damit die Angabe zulässig ist, sind die Verbraucher darüber zu unterrichten, dass sich die positive Wirkung bei einer täglichen Aufnahme von 6 g Pektinen einstellt.	Warnung, dass bei Verbrauchern mit Schluckbeschwerden oder bei unzureichender Flüssigkeitszufuhr Erstickungsgefahr besteht — Empfehlung der Einnahme mit reichlich Wasser, damit die Pektine in den Magen gelangen.	2010;8(10):1747	818, 4236

EG-ClaimsV

14/2. EU-Claims Liste
ANHANG I

Nährstoff, Substanz, Lebensmittel oder Lebensmittelkategorie	Angabe	Bedingungen für die Verwendung der Angabe	Bedingungen und/oder Beschränkungen hinsichtlich der Verwendung des Lebensmittels und/oder zusätzliche Erklärungen oder Warnungen	Nummer im EFSA Journal	Nummer des Eintrags in der konsolidierten Liste, die der EFSA zur Bewertung vorgelegt wurde
Pektine	Die Aufnahme von Pektinen im Rahmen einer Mahlzeit trägt dazu bei, dass der Blutzuckerspiegel nach der Mahlzeit weniger stark ansteigt	Die Angabe darf nur für Lebensmittel verwendet werden, die 10 g Pektine je angegebene Portion enthalten. Damit die Angabe zulässig ist, sind die Verbraucher darüber zu unterrichten, dass sich die positive Wirkung einstellt, wenn 10 g Pektine als Bestandteil der Mahlzeit aufgenommen werden.	Warnung, dass bei Verbrauchern mit Schluckbeschwerden oder bei unzureichender Flüssigkeitszufuhr Erstickungsgefahr besteht — Empfehlung der Einnahme mit reichlich Wasser, damit die Pektine in den Magen gelangen.	2010;8(10):1747	786
Phosphor	Phosphor trägt zu einem normalen Energiestoffwechsel bei	Die Angabe darf nur für Lebensmittel verwendet werden, die die Mindestanforderungen an eine Phosphorquelle gemäß der im Anhang der Verordnung (EG) Nr. 1924/2006 aufgeführten Angabe [NAME DES VITAMINS/DER VITAMINE] UND/ODER [NAME DES MINERALSTOFFS/DER MINERALSTOFFE]-QUELLE erfüllen.		2009; 7(9):1219	329, 373

14/2. EU-Claims Liste

ANHANG I

Nährstoff, Substanz, Lebensmittel oder Lebensmittelkategorie	Angabe	Bedingungen für die Verwendung der Angabe	Bedingungen und/oder Beschränkungen hinsichtlich der Verwendung des Lebensmittels und/oder zusätzliche Erklärungen oder Warnungen	Nummer im EFSA Journal	Nummer des Eintrags in der konsolidierten Liste, die der EFSA zur Bewertung vorgelegt wurde
Phosphor	Phosphor trägt zu einer normalen Funktion der Zellmembran bei	Die Angabe darf nur für Lebensmittel verwendet werden, die die Mindestanforderungen an eine Phosphorquelle gemäß der im Anhang der Verordnung (EG) Nr. 1924/2006 aufgeführten Angabe [NAME DES VITAMINS/DER VITAMINE] UND/ODER [NAME DES MINERALSTOFFS/DER MINERALSTOFFE]-QUELLE erfüllen.		2009; 7(9):1219	328
Phosphor	Phosphor trägt zur Erhaltung normaler Knochen bei	Die Angabe darf nur für Lebensmittel verwendet werden, die die Mindestanforderungen an eine Phosphorquelle gemäß der im Anhang der Verordnung (EG) Nr. 1924/2006 aufgeführten Angabe [NAME DES VITAMINS/DER VITAMINE] UND/ODER [NAME DES MINERALSTOFFS/DER MINERALSTOFFE]-QUELLE erfüllen.		2009; 7(9):1219	324, 327
Phosphor	Phosphor trägt zur Erhaltung normaler Zähne bei	Die Angabe darf nur für Lebensmittel verwendet werden, die die Mindestanforderungen an eine Phosphorquelle gemäß der im Anhang der Verordnung (EG) Nr. 1924/2006 aufgeführten Angabe [NAME DES VITAMINS/DER VITAMINE] UND/ODER [NAME DES MINERALSTOFFS/DER MINERALSTOFFE]-QUELLE erfüllen.		2009; 7(9):1219	324, 327

14/2. EU-Claims Liste
ANHANG I

Nährstoff, Substanz, Lebensmittel oder Lebensmittelkategorie	Angabe	Bedingungen für die Verwendung der Angabe	Bedingungen und/oder Beschränkungen hinsichtlich der Verwendung des Lebensmittels und/oder zusätzliche Erklärungen oder Warnungen	Nummer im EFSA Journal	Nummer des Eintrags in der konsolidierten Liste, die der EFSA zur Bewertung vorgelegt wurde
Phytosterine und Phytostanole	Phytosterine/Phytostanole tragen zur Aufrechterhaltung eines normalen Cholesterinspiegels im Blut bei	Damit die Angabe zulässig ist, sind die Verbraucher darüber zu unterrichten, dass sich die positive Wirkung bei einer täglichen Aufnahme von mindestens 0,8 g Phytosterinen/Phytostanolen einstellt.		2010;8(10):1813 2011;9(6):2203	549, 550, 567, 713, 1234, 1235, 1466, 1634, 1984, 2909, 3140 568
Proteine	Proteine tragen zu einer Zunahme an Muskelmasse bei	Die Angabe darf nur für Lebensmittel verwendet werden, die die Mindestanforderungen an eine Proteinquelle gemäß der im Anhang der Verordnung (EG) Nr. 1924/2006 aufgeführten Angabe PROTEINQUELLE erfüllen.		2010;8(10):1811 2011;9(6):2203	415, 417, 593, 594, 595, 715 1398
Proteine	Proteine tragen zur Erhaltung von Muskelmasse bei	Die Angabe darf nur für Lebensmittel verwendet werden, die die Mindestanforderungen an eine Proteinquelle gemäß der im Anhang der Verordnung (EG) Nr. 1924/2006 aufgeführten Angabe PROTEINQUELLE erfüllen.		2010;8(10):1811 2011;9(6):2203	415, 417, 593, 594, 595, 715 1398
Proteine	Proteine tragen zur Erhaltung normaler Knochen bei	Die Angabe darf nur für Lebensmittel verwendet werden, die die Mindestanforderungen an eine Proteinquelle gemäß der im Anhang der Verordnung (EG) Nr. 1924/2006 aufgeführten Angabe PROTEINQUELLE erfüllen.		2010;8(10):1811 2011;9(6):2203	416 4704

14/2. EU-Claims Liste

ANHANG I

Nährstoff, Substanz, Lebensmittel oder Lebensmittelkategorie	Angabe	Bedingungen für die Verwendung der Angabe	Bedingungen und/oder Beschränkungen hinsichtlich der Verwendung des Lebensmittels und/oder zusätzliche Erklärungen oder Warnungen	Nummer im EFSA Journal	Nummer des Eintrags in der konsolidierten Liste, die der EFSA zur Bewertung vorgelegt wurde
Resistente Stärke	Der Ersatz von verdaulicher Stärke durch resistente Stärke in einer Mahlzeit trägt dazu bei, dass der Blutzuckerspiegel nach der Mahlzeit weniger stark ansteigt	Die Angabe darf nur für Lebensmittel verwendet werden, in denen die verdauliche Stärke durch resistente Stärke ersetzt wurde, wobei der Anteil der resistenten Stärke am Stärkegehalt insgesamt mindestens 14 % beträgt.		2011;9(4):2024	681
Riboflavin (Vitamin B2)	Riboflavin trägt zu einem normalen Energiestoffwechsel bei	Die Angabe darf nur für Lebensmittel verwendet werden, die die Mindestanforderungen an eine Riboflavinquelle gemäß der im Anhang der Verordnung (EG) Nr. 1924/2006 aufgeführten Angabe [NAME DES VITAMINS/DER VITAMINE] UND/ODER [NAME DES MINERALSTOFFS/DER MINERALSTOFFE]-QUELLE erfüllen.		2010;8(10):1814	29, 35, 36, 42
Riboflavin (Vitamin B2)	Riboflavin trägt zu einer normalen Funktion des Nervensystems bei	Die Angabe darf nur für Lebensmittel verwendet werden, die die Mindestanforderungen an eine Riboflavinquelle gemäß der im Anhang der Verordnung (EG) Nr. 1924/2006 aufgeführten Angabe [NAME DES VITAMINS/DER VITAMINE] UND/ODER [NAME DES MINERALSTOFFS/DER MINERALSTOFFE]-QUELLE erfüllen.		2010;8(10):1814	213

EG-ClaimsV

14/2. EU-Claims Liste
ANHANG I

Nährstoff, Substanz, Lebensmittel oder Lebensmittelkategorie	Angabe	Bedingungen für die Verwendung der Angabe	Bedingungen und/oder Beschränkungen hinsichtlich der Verwendung des Lebensmittels und/oder zusätzliche Erklärungen oder Warnungen	Nummer im EFSA Journal	Nummer des Eintrags in der konsolidierten Liste, die der EFSA zur Bewertung vorgelegt wurde
Riboflavin (Vitamin B2)	Riboflavin trägt zur Erhaltung normaler Schleimhäute bei	Die Angabe darf nur für Lebensmittel verwendet werden, die die Mindestanforderungen an eine Riboflavinquelle gemäß der im Anhang der Verordnung (EG) Nr. 1924/2006 aufgeführten Angabe [NAME DES VITAMINS/DER VITAMINE] UND/ODER [NAME DES MINERALSTOFFS/DER MINERALSTOFFE]-QUELLE erfüllen.		2010;8(10):1814	31
Riboflavin (Vitamin B2)	Riboflavin trägt zur Erhaltung normaler roter Blutkörperchen bei	Die Angabe darf nur für Lebensmittel verwendet werden, die die Mindestanforderungen an eine Riboflavinquelle gemäß der im Anhang der Verordnung (EG) Nr. 1924/2006 aufgeführten Angabe [NAME DES VITAMINS/DER VITAMINE] UND/ODER [NAME DES MINERALSTOFFS/DER MINERALSTOFFE]-QUELLE erfüllen.		2010;8(10):1814	40
Riboflavin (Vitamin B2)	Riboflavin trägt zur Erhaltung normaler Haut bei	Die Angabe darf nur für Lebensmittel verwendet werden, die die Mindestanforderungen an eine Riboflavinquelle gemäß der im Anhang der Verordnung (EG) Nr. 1924/2006 aufgeführten Angabe [NAME DES VITAMINS/DER VITAMINE] UND/ODER [NAME DES MINERALSTOFFS/DER MINERALSTOFFE]-QUELLE erfüllen.		2010;8(10):1814	31, 33

14/2. EU-Claims Liste

ANHANG I

Nährstoff, Substanz, Lebensmittel oder Lebensmittelkategorie	Angabe	Bedingungen für die Verwendung der Angabe	Bedingungen und/oder Beschränkungen hinsichtlich der Verwendung des Lebensmittels und/oder zusätzliche Erklärungen oder Warnungen	Nummer im EFSA Journal	Nummer des Eintrags in der konsolidierten Liste, die der EFSA zur Bewertung vorgelegt wurde
Riboflavin (Vitamin B2)	Riboflavin trägt zur Erhaltung normaler Sehkraft bei	Die Angabe darf nur für Lebensmittel verwendet werden, die die Mindestanforderungen an eine Riboflavinquelle gemäß der im Anhang der Verordnung (EG) Nr. 1924/2006 aufgeführten Angabe [NAME DES VITAMINS/DER VITAMINE] UND/ODER [NAME DES MINERALSTOFFS/DER MINERALSTOFFE]-QUELLE erfüllen.		2010;8(10):1814	39
Riboflavin (Vitamin B2)	Riboflavin trägt zu einem normalen Eisenstoffwechsel bei	Die Angabe darf nur für Lebensmittel verwendet werden, die die Mindestanforderungen an eine Riboflavinquelle gemäß der im Anhang der Verordnung (EG) Nr. 1924/2006 aufgeführten Angabe [NAME DES VITAMINS/DER VITAMINE] UND/ODER [NAME DES MINERALSTOFFS/DER MINERALSTOFFE]-QUELLE erfüllen.		2010;8(10):1814	30, 37
Riboflavin (Vitamin B2)	Riboflavin trägt dazu bei, die Zellen vor oxidativem Stress zu schützen	Die Angabe darf nur für Lebensmittel verwendet werden, die die Mindestanforderungen an eine Riboflavinquelle gemäß der im Anhang der Verordnung (EG) Nr. 1924/2006 aufgeführten Angabe [NAME DES VITAMINS/DER VITAMINE] UND/ODER [NAME DES MINERALSTOFFS/DER MINERALSTOFFE]-QUELLE erfüllen.		2010;8(10):1814	207

EG-Claims V

14/2. EU-Claims Liste

ANHANG I

Nährstoff, Substanz, Lebensmittel oder Lebensmittelkategorie	Angabe	Bedingungen für die Verwendung der Angabe	Bedingungen und/oder Beschränkungen hinsichtlich der Verwendung des Lebensmittels und/oder zusätzliche Erklärungen oder Warnungen	Nummer im EFSA Journal	Nummer des Eintrags in der konsolidierten Liste, die der EFSA zur Bewertung vorgelegt wurde
Riboflavin (Vitamin B2)	Riboflavin trägt zur Verringerung von Müdigkeit und Ermüdung bei	Die Angabe darf nur für Lebensmittel verwendet werden, die die Mindestanforderungen an eine Riboflavinquelle gemäß der im Anhang der Verordnung (EG) Nr. 1924/2006 aufgeführten Angabe [NAME DES VITAMINS/DER VITAMINE] UND/ODER [NAME DES MINERALSTOFFS/DER MINERALSTOFFE]-QUELLE erfüllen.		2010;8(10):1814	41
Roggen-Ballaststoffe	Roggen-Ballaststoffe tragen zu einer normalen Darmfunktion bei	Die Angabe darf nur für Lebensmittel verwendet werden, die einen hohen Gehalt an diesem Ballaststoff gemäß der im Anhang der Verordnung (EG) Nr. 1924/2006 aufgeführten Angabe HOHER BALLASTSTOFFGEHALT haben.		2011;9(6):2258	825
Selen	Selen trägt zu einer normalen Spermabildung bei	Diese Angabe darf nur für Lebensmittel verwendet werden, die die Mindestanforderungen an eine Selenquelle gemäß der im Anhang der Verordnung (EG) Nr. 1924/2006 aufgeführten Angabe [NAME DES VITAMINS/DER VITAMINE] UND/ODER [NAME DES MINERALSTOFFS/DER MINERALSTOFFE]-QUELLE erfüllen.		2009; 7(9):1220	396

14/2. EU-Claims Liste

ANHANG I

Nährstoff, Substanz, Lebensmittel oder Lebensmittelkategorie	Angabe	Bedingungen für die Verwendung der Angabe	Bedingungen und/oder Beschränkungen hinsichtlich der Verwendung des Lebensmittels und/oder zusätzliche Erklärungen oder Warnungen	Nummer im EFSA Journal	Nummer des Eintrags in der konsolidierten Liste, die der EFSA zur Bewertung vorgelegt wurde
Selen	Selen trägt zur Erhaltung normaler Haare bei	Die Angabe darf nur für Lebensmittel verwendet werden, die die Mindestanforderungen an eine Selenquelle gemäß der im Anhang der Verordnung (EG) Nr. 1924/2006 aufgeführten Angabe [NAME DES VITAMINS/DER VITAMINE] UND/ODER [NAME DES MINERALSTOFFS/DER MINERALSTOFFE]-QUELLE erfüllen.		2010;8(10):1727	281
Selen	Selen trägt zur Erhaltung normaler Nägel bei	Die Angabe darf nur für Lebensmittel verwendet werden, die die Mindestanforderungen an eine Selenquelle gemäß der im Anhang der Verordnung (EG) Nr. 1924/2006 aufgeführten Angabe [NAME DES VITAMINS/DER VITAMINE] UND/ODER [NAME DES MINERALSTOFFS/DER MINERALSTOFFE]-QUELLE erfüllen.		2010;8(10):1727	281
Selen	Selen trägt zu einer normalen Funktion des Immunsystems bei	Die Angabe darf nur für Lebensmittel verwendet werden, die die Mindestanforderungen an eine Selenquelle gemäß der im Anhang der Verordnung (EG) Nr. 1924/2006 aufgeführten Angabe [NAME DES VITAMINS/DER VITAMINE] UND/ODER [NAME DES MINERALSTOFFS/DER MINERALSTOFFE]-QUELLE erfüllen.		2009; 7(9):1220 2010;8(10):1727	278, 1750

EG-ClaimsV

14/2. EU-Claims Liste
ANHANG I

Nährstoff, Substanz, Lebensmittel oder Lebensmittelkategorie	Angabe	Bedingungen für die Verwendung der Angabe	Bedingungen und/oder Beschränkungen hinsichtlich der Verwendung des Lebensmittels und/oder zusätzliche Erklärungen oder Warnungen	Nummer im EFSA Journal	Nummer des Eintrags in der konsolidierten Liste, die der EFSA zur Bewertung vorgelegt wurde
Selen	Selen trägt zu einer normalen Schilddrüsenfunktion bei	Die Angabe darf nur für Lebensmittel verwendet werden, die die Mindestanforderungen an eine Selenquelle gemäß der im Anhang der Verordnung (EG) Nr. 1924/2006 aufgeführten Angabe [NAME DES VITAMINS/DER VITAMINE] UND/ODER [NAME DES MINERALSTOFFS/DER MINERALSTOFFE]-QUELLE erfüllen.		2010;8(10):1727 2009; 7(9):1220	279, 282, 286, 410, 1289, 1290, 1291, 1292, 1293
Selen	Selen trägt dazu bei, die Zellen vor oxidativem Stress zu schützen	Die Angabe darf nur für Lebensmittel verwendet werden, die die Mindestanforderungen an eine Selenquelle gemäß der im Anhang der Verordnung (EG) Nr. 1924/2006 aufgeführten Angabe [NAME DES VITAMINS/DER VITAMINE] UND/ODER [NAME DES MINERALSTOFFS/DER MINERALSTOFFE]-QUELLE erfüllen.		2009; 7(9):1220 2010;8(10):1727	277, 283, 286, 1289, 1290, 1291, 1293, 1751, 410, 1292
Thiamin	Thiamin trägt zu einem normalen Energiestoffwechsel bei	Die Angabe darf nur für Lebensmittel verwendet werden, die die Mindestanforderungen an eine Thiaminquelle gemäß der im Anhang der Verordnung (EG) Nr. 1924/2006 aufgeführten Angabe [NAME DES VITAMINS/DER VITAMINE] UND/ODER [NAME DES MINERALSTOFFS/DER MINERALSTOFFE]-QUELLE erfüllen.		2009; 7(9):1222	21, 24, 28

14/2. EU-Claims Liste

ANHANG I

Nährstoff, Substanz, Lebensmittel oder Lebensmittelkategorie	Angabe	Bedingungen für die Verwendung der Angabe	Bedingungen und/oder Beschränkungen hinsichtlich der Verwendung des Lebensmittels und/oder zusätzliche Erklärungen oder Warnungen	Nummer im EFSA Journal	Nummer des Eintrags in der konsolidierten Liste, die der EFSA zur Bewertung vorgelegt wurde
Thiamin	Thiamin trägt zu einer normalen Funktion des Nervensystems bei	Die Angabe darf nur für Lebensmittel verwendet werden, die die Mindestanforderungen an eine Thiaminquelle gemäß der im Anhang der Verordnung (EG) Nr. 1924/2006 aufgeführten Angabe [NAME DES VITAMINS/DER VITAMINE] UND/ODER [NAME DES MINERALSTOFFS/DER MINERALSTOFFE]-QUELLE erfüllen.		2009; 7(9):1222	22, 27
Thiamin	Thiamin trägt zur normalen psychischen Funktion bei	Die Angabe darf nur für Lebensmittel verwendet werden, die die Mindestanforderungen an eine Thiaminquelle gemäß der im Anhang der Verordnung (EG) Nr. 1924/2006 aufgeführten Angabe [NAME DES VITAMINS/DER VITAMINE] UND/ODER [NAME DES MINERALSTOFFS/DER MINERALSTOFFE]-QUELLE erfüllen.		2010;8(10):1755	205
Thiamin	Thiamin trägt zu einer normalen Herzfunktion bei	Die Angabe darf nur für Lebensmittel verwendet werden, die die Mindestanforderungen an eine Thiaminquelle gemäß der im Anhang der Verordnung (EG) Nr. 1924/2006 aufgeführten Angabe [NAME DES VITAMINS/DER VITAMINE] UND/ODER [NAME DES MINERALSTOFFS/DER MINERALSTOFFE]-QUELLE erfüllen.		2009; 7(9):1222	20

EG-ClaimsV

14/2. EU-Claims Liste

ANHANG I

Nährstoff, Substanz, Lebensmittel oder Lebensmittelkategorie	Angabe	Bedingungen für die Verwendung der Angabe	Bedingungen und/oder Beschränkungen hinsichtlich der Verwendung des Lebensmittels und/oder zusätzliche Erklärungen oder Warnungen	Nummer im EFSA Journal	Nummer des Eintrags in der konsolidierten Liste, die der EFSA zur Bewertung vorgelegt wurde
„Unverdauliche Kohlenhydrate" *(ABl L 142 vom 31. 5. 2016, S 5)*	Der Verzehr von Lebensmitteln/Getränken, die anstelle von Zucker <Bezeichnung aller verwendeten unverdaulichen Kohlenhydrate> enthalten, bewirkt, dass der Blutzuckerspiegel nach ihrem Verzehr weniger stark ansteigt als beim Verzehr von zuckerhaltigen Lebensmitteln/Getränken.	Damit die Angabe zulässig ist, sollten Zucker in Lebensmitteln oder Getränken durch unverdauliche Kohlenhydrate ersetzt werden, die im Dünndarm weder verdaut noch absorbiert werden, sodass der Zuckergehalt der Lebensmittel oder Getränke mindestens um den in der Angabe REDUZIERTER [NAME DES NÄHRSTOFFS]-Anteil gemäß dem Anhang der Verordnung (EG) Nr. 1924/2006 genannten Anteil reduziert ist.		2014;12(1):3513 2014;12(10):3838 2014;12(10):3839	

14/2. EU-Claims Liste

ANHANG I

Nährstoff, Substanz, Lebensmittel oder Lebensmittelkategorie	Angabe	Bedingungen für die Verwendung der Angabe	Bedingungen und/oder Beschränkungen hinsichtlich der Verwendung des Lebensmittels und/oder zusätzliche Erklärungen oder Warnungen	Nummer im EFSA Journal	Nummer des Eintrags in der konsolidierten Liste, die der EFSA zur Bewertung vorgelegt wurde
Vitamin A	Vitamin A trägt zu einem normalen Eisenstoffwechsel bei	Die Angabe darf nur für Lebensmittel verwendet werden, die die Mindestanforderungen an eine Vitamin-A-Quelle gemäß der im Anhang der Verordnung (EG) Nr. 1924/2006 aufgeführten Angabe [NAME DES VITAMINS/DER VITAMINE] UND/ODER [NAME DES MINERALSTOFFS/DER MINERALSTOFFE]-QUELLE erfüllen.		2009; 7(9):1221	206
Vitamin A	Vitamin A trägt zur Erhaltung normaler Schleimhäute bei	Die Angabe darf nur für Lebensmittel verwendet werden, die die Mindestanforderungen an eine Vitamin-A-Quelle gemäß der im Anhang der Verordnung (EG) Nr. 1924/2006 aufgeführten Angabe [NAME DES VITAMINS/DER VITAMINE] UND/ODER [NAME DES MINERALSTOFFS/DER MINERALSTOFFE]-QUELLE erfüllen.		2009; 7(9):1221 2010;8(10):1754	15, 4702
Vitamin A	Vitamin A trägt zur Erhaltung normaler Haut bei	Die Angabe darf nur für Lebensmittel verwendet werden, die die Mindestanforderungen an eine Vitamin-A-Quelle gemäß der im Anhang der Verordnung (EG) Nr. 1924/2006 aufgeführten Angabe [NAME DES VITAMINS/DER VITAMINE] UND/ODER [NAME DES MINERALSTOFFS/DER MINERALSTOFFE]-QUELLE erfüllen.		2009; 7(9):1221 2010;8(10):1754	15, 17, 4660, 4702

EG-ClaimsV

14/2. EU-Claims Liste

ANHANG I

Nährstoff, Substanz, Lebensmittel oder Lebensmittelkategorie	Angabe	Bedingungen für die Verwendung der Angabe	Bedingungen und/oder Beschränkungen hinsichtlich der Verwendung des Lebensmittels und/oder zusätzliche Erklärungen oder Warnungen	Nummer im EFSA Journal	Nummer des Eintrags in der konsolidierten Liste, die der EFSA zur Bewertung vorgelegt wurde
Vitamin A	Vitamin A trägt zur Erhaltung normaler Sehkraft bei	Die Angabe darf nur für Lebensmittel verwendet werden, die die Mindestanforderungen an eine Vitamin-A-Quelle gemäß der im Anhang der Verordnung (EG) Nr. 1924/2006 aufgeführten Angabe [NAME DES VITAMINS/DER VITAMINE] UND/ODER [NAME DES MINERALSTOFFS/DER MINERALSTOFFE]-QUELLE erfüllen.		2009; 7(9):1221 2010;8(10):1754	16, 4239, 4701
Vitamin A	Vitamin A trägt zu einer normalen Funktion des Immunsystems bei	Die Angabe darf nur für Lebensmittel verwendet werden, die die Mindestanforderungen an eine Vitamin-A-Quelle gemäß der im Anhang der Verordnung (EG) Nr. 1924/2006 aufgeführten Angabe [NAME DES VITAMINS/DER VITAMINE] UND/ODER [NAME DES MINERALSTOFFS/DER MINERALSTOFFE]-QUELLE erfüllen.		2009; 7(9):1222 2011;9(4):2021	14, 200, 1462
Vitamin A	Vitamin A hat eine Funktion bei der Zellspezialisierung	Die Angabe darf nur für Lebensmittel verwendet werden, die die Mindestanforderungen an eine Vitamin-A-Quelle gemäß der im Anhang der Verordnung (EG) Nr. 1924/2006 aufgeführten Angabe [NAME DES VITAMINS/DER VITAMINE] UND/ODER [NAME DES MINERALSTOFFS/DER MINERALSTOFFE]-QUELLE erfüllen.		2009; 7(9):1221	14

14/2. EU-Claims Liste
ANHANG I

Nährstoff, Substanz, Lebensmittel oder Lebensmittelkategorie	Angabe	Bedingungen für die Verwendung der Angabe	Bedingungen und/oder Beschränkungen hinsichtlich der Verwendung des Lebensmittels und/oder zusätzliche Erklärungen oder Warnungen	Nummer im EFSA Journal	Nummer des Eintrags in der konsolidierten Liste, die der EFSA zur Bewertung vorgelegt wurde
Vitamin B12	Vitamin B12 trägt zu einem normalen Energiestoffwechsel bei	Die Angabe darf nur für Lebensmittel verwendet werden, die die Mindestanforderungen an eine Vitamin-B12-Quelle gemäß der in der Anhang der Verordnung (EG) Nr. 1924/2006 aufgeführten Angabe [NAME DES VITAMINS/DER VITAMINE] UND/ODER [NAME DES MINERALSTOFFS/DER MINERALSTOFFE]-QUELLE erfüllen.		2009; 7(9):1223	99, 190
Vitamin B12	Vitamin B12 trägt zu einer normalen Funktion des Nervensystems bei	Die Angabe darf nur für Lebensmittel verwendet werden, die die Mindestanforderungen an eine Vitamin-B12-Quelle gemäß der in der Anhang der Verordnung (EG) Nr. 1924/2006 aufgeführten Angabe [NAME DES VITAMINS/DER VITAMINE] UND/ODER [NAME DES MINERALSTOFFS/DER MINERALSTOFFE]-QUELLE erfüllen.		2010;8(10):4114	95, 97, 98, 100, 102, 109
Vitamin B12	Vitamin B12 trägt zu einem normalen Homocystein-Stoffwechsel bei	Die Angabe darf nur für Lebensmittel verwendet werden, die die Mindestanforderungen an eine Vitamin-B12-Quelle gemäß der in der Anhang der Verordnung (EG) Nr. 1924/2006 aufgeführten Angabe [NAME DES VITAMINS/DER VITAMINE] UND/ODER [NAME DES MINERALSTOFFS/DER MINERALSTOFFE]-QUELLE erfüllen.		2010;8(10):4114	96, 103, 106

EG-ClaimsV

14/2. EU-Claims Liste

ANHANG I

Nährstoff, Substanz, Lebensmittel oder Lebensmittelkategorie	Angabe	Bedingungen für die Verwendung der Angabe	Bedingungen und/oder Beschränkungen hinsichtlich der Verwendung des Lebensmittels und/oder zusätzliche Erklärungen oder Warnungen	Nummer im EFSA Journal	Nummer des Eintrags in der konsolidierten Liste, die der EFSA zur Bewertung vorgelegt wurde
Vitamin B12	Vitamin B12 trägt zur normalen psychischen Funktion bei	Die Angabe darf nur für Lebensmittel verwendet werden, die die Mindestanforderungen an eine Vitamin-B12-Quelle gemäß der im Anhang der Verordnung (EG) Nr. 1924/2006 aufgeführten Angabe [NAME DES VITAMINS/DER VITAMINE] UND/ODER [NAME DES MINERALSTOFFS/DER MINERALSTOFFE]-QUELLE erfüllen.		2010;8(10):4114	95, 97, 98, 100, 102, 109
Vitamin B12	Vitamin B12 trägt zu einer normalen Bildung roter Blutkörperchen bei	Die Angabe darf nur für Lebensmittel verwendet werden, die die Mindestanforderungen an eine Vitamin-B12-Quelle gemäß der im Anhang der Verordnung (EG) Nr. 1924/2006 aufgeführten Angabe [NAME DES VITAMINS/DER VITAMINE] UND/ODER [NAME DES MINERALSTOFFS/DER MINERALSTOFFE]-QUELLE erfüllen.		2009; 7(9):1223	92, 101
Vitamin B12	Vitamin B12 trägt zu einer normalen Funktion des Immunsystems bei	Die Angabe darf nur für Lebensmittel verwendet werden, die die Mindestanforderungen an eine Vitamin-B12-Quelle gemäß der im Anhang der Verordnung (EG) Nr. 1924/2006 aufgeführten Angabe [NAME DES VITAMINS/DER VITAMINE] UND/ODER [NAME DES MINERALSTOFFS/DER MINERALSTOFFE]-QUELLE erfüllen.		2009; 7(9):1223	107

14/2. EU-Claims Liste
ANHANG I

Nährstoff, Substanz, Lebensmittel oder Lebensmittelkategorie	Angabe	Bedingungen für die Verwendung der Angabe	Bedingungen und/oder Beschränkungen hinsichtlich der Verwendung des Lebensmittels und/oder zusätzliche Erklärungen oder Warnungen	Nummer im EFSA Journal	Nummer des Eintrags in der konsolidierten Liste, die der EFSA zur Bewertung vorgelegt wurde
Vitamin B12	Vitamin B12 trägt zur Verringerung von Müdigkeit und Ermüdung bei	Die Angabe darf nur für Lebensmittel verwendet werden, die die Mindestanforderungen an eine Vitamin-B12-Quelle gemäß der im Anhang der Verordnung (EG) Nr. 1924/2006 aufgeführten Angabe [NAME DES VITAMINS/DER VITAMINE] UND/ODER [NAME DES MINERALSTOFFS/DER MINERALSTOFFE]-QUELLE erfüllen.		2010;8(10):4114	108
Vitamin B12	Vitamin B12 hat eine Funktion bei der Zellteilung	Die Angabe darf nur für Lebensmittel verwendet werden, die die Mindestanforderungen an eine Vitamin-B12-Quelle gemäß der im Anhang der Verordnung (EG) Nr. 1924/2006 aufgeführten Angabe [NAME DES VITAMINS/DER VITAMINE] UND/ODER [NAME DES MINERALSTOFFS/DER MINERALSTOFFE]-QUELLE erfüllen.		2009; 7(9):1223 2010;8(10):1756	93, 212
Vitamin B6	Vitamin B6 trägt zu einer normalen Cystein-Synthese bei	Die Angabe darf nur für Lebensmittel verwendet werden, die die Mindestanforderungen an eine Vitamin-B6-Quelle gemäß der im Anhang der Verordnung (EG) Nr. 1924/2006 aufgeführten Angabe [NAME DES VITAMINS/DER VITAMINE] UND/ODER [NAME DES MINERALSTOFFS/DER MINERALSTOFFE]-QUELLE erfüllen.		2010;8(10):1759	4283

EG-ClaimsV

14/2. EU-Claims Liste

ANHANG I

Nährstoff, Substanz, Lebensmittel oder Lebensmittelkategorie	Angabe	Bedingungen für die Verwendung der Angabe	Bedingungen und/oder Beschränkungen hinsichtlich der Verwendung des Lebensmittels und/oder zusätzliche Erklärungen oder Warnungen	Nummer im EFSA Journal	Nummer des Eintrags in der konsolidierten Liste, die der EFSA zur Bewertung vorgelegt wurde
Vitamin B6	Vitamin B6 trägt zu einem normalen Energiestoffwechsel bei	Die Angabe darf nur für Lebensmittel verwendet werden, die die Mindestanforderungen an eine Vitamin-B6-Quelle gemäß der im Anhang der Verordnung (EG) Nr. 1924/2006 aufgeführten Angabe [NAME DES VITAMINS/DER VITAMINE] UND/ODER [NAME DES MINERALSTOFFS/DER MINERALSTOFFE]-QUELLE erfüllen.		2010;8(10):1759	75, 214
Vitamin B6	Vitamin B6 trägt zu einer normalen Funktion des Nervensystems bei	Die Angabe darf nur für Lebensmittel verwendet werden, die die Mindestanforderungen an eine Vitamin-B6-Quelle gemäß der im Anhang der Verordnung (EG) Nr. 1924/2006 aufgeführten Angabe [NAME DES VITAMINS/DER VITAMINE] UND/ODER [NAME DES MINERALSTOFFS/DER MINERALSTOFFE]-QUELLE erfüllen.		2009; 7(9):1225	66
Vitamin B6	Vitamin B6 trägt zu einem normalen Homocystein-Stoffwechsel bei	Die Angabe darf nur für Lebensmittel verwendet werden, die die Mindestanforderungen an eine Vitamin-B6-Quelle gemäß der im Anhang der Verordnung (EG) Nr. 1924/2006 aufgeführten Angabe [NAME DES VITAMINS/DER VITAMINE] UND/ODER [NAME DES MINERALSTOFFS/DER MINERALSTOFFE]-QUELLE erfüllen.		2010;8(10):1759	73, 76, 199

14/2. EU-Claims Liste

ANHANG I

Nährstoff, Substanz, Lebensmittel oder Lebensmittelkategorie	Angabe	Bedingungen für die Verwendung der Angabe	Bedingungen und/oder Beschränkungen hinsichtlich der Verwendung des Lebensmittels und/oder zusätzliche Erklärungen oder Warnungen	Nummer im EFSA Journal	Nummer des Eintrags in der konsolidierten Liste, die der EFSA zur Bewertung vorgelegt wurde
Vitamin B6	Vitamin B6 trägt zu einem normalen Eiweiß- und Glycogenstoffwechsel bei	Die Angabe darf nur für Lebensmittel verwendet werden, die die Mindestanforderungen an eine Vitamin-B6-Quelle gemäß der im Anhang der Verordnung (EG) Nr. 1924/2006 aufgeführten Angabe [NAME DES VITAMINS/DER VITAMINE] UND/ODER [NAME DES MINERALSTOFFS/DER MINERALSTOFFE]-QUELLE erfüllen.		2009; 7(9):1225	65, 70, 71
Vitamin B6	Vitamin B6 trägt zur normalen psychischen Funktion bei	Die Angabe darf nur für Lebensmittel verwendet werden, die die Mindestanforderungen an eine Vitamin-B6-Quelle gemäß der im Anhang der Verordnung (EG) Nr. 1924/2006 aufgeführten Angabe [NAME DES VITAMINS/DER VITAMINE] UND/ODER [NAME DES MINERALSTOFFS/DER MINERALSTOFFE]-QUELLE erfüllen.		2010; 8(10):1759	77
Vitamin B6	Vitamin B6 trägt zur normalen Bildung roter Blutkörperchen bei	Die Angabe darf nur für Lebensmittel verwendet werden, die die Mindestanforderungen an eine Vitamin-B6-Quelle gemäß der im Anhang der Verordnung (EG) Nr. 1924/2006 aufgeführten Angabe [NAME DES VITAMINS/DER VITAMINE] UND/ODER [NAME DES MINERALSTOFFS/DER MINERALSTOFFE]-QUELLE erfüllen.		2009; 7(9):1225	67, 72, 186
Vitamin B6	Vitamin B6 trägt zu einer normalen Funktion des Immunsystems bei	Die Angabe darf nur für Lebensmittel verwendet werden, die die Mindestanforderungen an eine Vitamin-B6-Quelle gemäß der im Anhang der Verordnung (EG) Nr. 1924/2006 aufgeführten Angabe [NAME DES VITAMINS/DER VITAMINE] UND/ODER [NAME DES MINERALSTOFFS/DER MINERALSTOFFE]-QUELLE erfüllen.		2009; 7(9):1225	68

EG-ClaimsV

14/2. EU-Claims Liste
ANHANG I

Nährstoff, Substanz, Lebensmittel oder Lebensmittelkategorie	Angabe	Bedingungen für die Verwendung der Angabe	Bedingungen und/oder Beschränkungen hinsichtlich der Verwendung des Lebensmittels und/oder zusätzliche Erklärungen oder Warnungen	Nummer im EFSA Journal	Nummer des Eintrags in der konsolidierten Liste, die der EFSA zur Bewertung vorgelegt wurde
Vitamin B6	Vitamin B6 trägt zur Verringerung von Müdigkeit und Ermüdung bei	Die Angabe darf nur für Lebensmittel verwendet werden, die die Mindestanforderungen an eine Vitamin-B6-Quelle gemäß der im Anhang der Verordnung (EG) Nr. 1924/2006 aufgeführten Angabe [NAME DES VITAMINS/DER VITAMINE] UND/ODER [NAME DES MINERALSTOFFS/DER MINERALSTOFFE]-QUELLE erfüllen.		2010;8(10):1759	78
Vitamin B6	Vitamin B6 trägt zur Regulierung der Hormontätigkeit bei	Die Angabe darf nur für Lebensmittel verwendet werden, die die Mindestanforderungen an eine Vitamin-B6-Quelle gemäß der im Anhang der Verordnung (EG) Nr. 1924/2006 aufgeführten Angabe [NAME DES VITAMINS/DER VITAMINE] UND/ODER [NAME DES MINERALSTOFFS/DER MINERALSTOFFE]-QUELLE erfüllen.		2009; 7(9):1225	69
Vitamin C	Vitamin C trägt zu einer normalen Funktion des Immunsystems während und nach intensiver körperlicher Betätigung bei	Die Angabe darf nur für Lebensmittel verwendet werden, deren Verzehr eine tägliche Aufnahme von 200 mg Vitamin C gewährleistet. Damit die Angabe zulässig ist, sind die Verbraucher darüber zu unterrichten, dass sich die positive Wirkung einstellt, wenn zusätzlich zu der empfohlenen Tagesdosis an Vitamin C täglich 200 mg eingenommen werden.		2009; 7(9):1226	144

14/2. EU-Claims Liste
ANHANG I

Nährstoff, Substanz, Lebensmittel oder Lebensmittelkategorie	Angabe	Bedingungen für die Verwendung der Angabe	Bedingungen und/oder Beschränkungen hinsichtlich der Verwendung des Lebensmittels und/oder zusätzliche Erklärungen oder Warnungen	Nummer im EFSA Journal	Nummer des Eintrags in der konsolidierten Liste, die der EFSA zur Bewertung vorgelegt wurde
Vitamin C	Vitamin C trägt zu einer normalen Kollagenbildung für eine normale Funktion der Blutgefäße bei	Die Angabe darf nur für Lebensmittel verwendet werden, die die Mindestanforderungen an eine Vitamin-C-Quelle gemäß der im Anhang der Verordnung (EG) Nr. 1924/2006 aufgeführten Angabe [NAME DES VITAMINS/DER VITAMINE] UND/ODER [NAME DES MINERALSTOFFS/DER MINERALSTOFFE]-QUELLE erfüllen.		2009; 7(9):1226	130, 131, 149
Vitamin C	Vitamin C trägt zu einer normalen Kollagenbildung für eine normale Funktion der Knochen	Die Angabe darf nur für Lebensmittel verwendet werden, die die Mindestanforderungen an eine Vitamin-C-Quelle gemäß der im Anhang der Verordnung (EG) Nr. 1924/2006 aufgeführten Angabe [NAME DES VITAMINS/DER VITAMINE] UND/ODER [NAME DES MINERALSTOFFS/DER MINERALSTOFFE]-QUELLE erfüllen.		2009; 7(9):1226	131, 149
Vitamin C	Vitamin C trägt zu einer normalen Kollagenbildung für eine normale Knorpelfunktion bei	Die Angabe darf nur für Lebensmittel verwendet werden, die die Mindestanforderungen an eine Vitamin-C-Quelle gemäß der im Anhang der Verordnung (EG) Nr. 1924/2006 aufgeführten Angabe [NAME DES VITAMINS/DER VITAMINE] UND/ODER [NAME DES MINERALSTOFFS/DER MINERALSTOFFE]-QUELLE erfüllen.		2009; 7(9):1226	131, 149

EG-ClaimsV

14/2. EU-Claims Liste

ANHANG I

Nährstoff, Substanz, Lebensmittel oder Lebensmittelkategorie	Angabe	Bedingungen für die Verwendung der Angabe	Bedingungen und/oder Beschränkungen hinsichtlich der Verwendung des Lebensmittels und/oder zusätzliche Erklärungen oder Warnungen	Nummer im EFSA Journal	Nummer des Eintrags in der konsolidierten Liste, die der EFSA zur Bewertung vorgelegt wurde
Vitamin C	Vitamin C trägt zu einer normalen Kollagenbildung für eine normale Funktion des Zahnfleisches bei	Die Angabe darf nur für Lebensmittel verwendet werden, die die Mindestanforderungen an eine Vitamin-C-Quelle gemäß der Verordnung (EG) Nr. 1924/2006 aufgeführten Angabe [NAME DES VITAMINS/DER VITAMINE] UND/ODER [NAME DES MINERALSTOFFS/DER MINERALSTOFFE]-QUELLE erfüllen.		2009; 7(9):1226	131, 136, 149
Vitamin C	Vitamin C trägt zu einer normalen Kollagenbildung für eine normale Funktion der Haut bei	Die Angabe darf nur für Lebensmittel verwendet werden, die die Mindestanforderungen an eine Vitamin-C-Quelle gemäß der Verordnung (EG) Nr. 1924/2006 aufgeführten Angabe [NAME DES VITAMINS/DER VITAMINE] UND/ODER [NAME DES MINERALSTOFFS/DER MINERALSTOFFE]-QUELLE erfüllen.		2009; 7(9):1226	131, 137, 149
Vitamin C	Vitamin C trägt zu einer normalen Kollagenbildung für eine normale Funktion der Zähne bei	Die Angabe darf nur für Lebensmittel verwendet werden, die die Mindestanforderungen an eine Vitamin-C-Quelle gemäß der Verordnung (EG) Nr. 1924/2006 aufgeführten Angabe [NAME DES VITAMINS/DER VITAMINE] UND/ODER [NAME DES MINERALSTOFFS/DER MINERALSTOFFE]-QUELLE erfüllen.		2009; 7(9):1226	131, 149

14/2. EU-Claims Liste

ANHANG I

Nährstoff, Substanz, Lebensmittel oder Lebensmittelkategorie	Angabe	Bedingungen für die Verwendung der Angabe	Bedingungen und/oder Beschränkungen hinsichtlich der Verwendung des Lebensmittels und/oder zusätzliche Erklärungen oder Warnungen	Nummer im EFSA Journal	Nummer des Eintrags in der konsolidierten Liste, die der EFSA zur Bewertung vorgelegt wurde
Vitamin C	Vitamin C trägt zu einem normalen Energiestoffwechsel bei	Die Angabe darf nur für Lebensmittel verwendet werden, die die Mindestanforderungen an eine Vitamin-C-Quelle gemäß der im Anhang der Verordnung (EG) Nr. 1924/2006 aufgeführten Angabe [NAME DES VITAMINS/DER VITAMINE] UND/ODER [NAME DES MINERALSTOFFS/DER MINERALSTOFFE]-QUELLE erfüllen.		2009; 7(9):1226 2010;8(10):1815	135, 2334, 3196
Vitamin C	Vitamin C trägt zu einer normalen Funktion des Nervensystems bei	Die Angabe darf nur für Lebensmittel verwendet werden, die die Mindestanforderungen an eine Vitamin-C-Quelle gemäß der im Anhang der Verordnung (EG) Nr. 1924/2006 aufgeführten Angabe [NAME DES VITAMINS/DER VITAMINE] UND/ODER [NAME DES MINERALSTOFFS/DER MINERALSTOFFE]-QUELLE erfüllen.		2009; 7(9):1226	133
Vitamin C	Vitamin C trägt zur normalen psychischen Funktion bei	Die Angabe darf nur für Lebensmittel verwendet werden, die die Mindestanforderungen an eine Vitamin-C-Quelle gemäß der im Anhang der Verordnung (EG) Nr. 1924/2006 aufgeführten Angabe [NAME DES VITAMINS/DER VITAMINE] UND/ODER [NAME DES MINERALSTOFFS/DER MINERALSTOFFE]-QUELLE erfüllen.		2010;8(10):1815	140

EG-ClaimsV

14/2. EU-Claims Liste

ANHANG I

Nährstoff, Substanz, Lebensmittel oder Lebensmittelkategorie	Angabe	Bedingungen für die Verwendung der Angabe	Bedingungen und/oder Beschränkungen hinsichtlich der Verwendung des Lebensmittels und/oder zusätzliche Erklärungen oder Warnungen	Nummer im EFSA Journal	Nummer des Eintrags in der konsolidierten Liste, die der EFSA zur Bewertung vorgelegt wurde
Vitamin C	Vitamin C trägt zu einer normalen Funktion des Immunsystems bei	Die Angabe darf nur für Lebensmittel verwendet werden, die die Mindestanforderungen an eine Vitamin-C-Quelle gemäß der im Anhang der Verordnung (EG) Nr. 1924/2006 aufgeführten Angabe [NAME DES VITAMINS/DER VITAMINE] UND/ODER [NAME DES MINERALSTOFFS/DER MINERALSTOFFE]-QUELLE erfüllen.		2009; 7(9):1226 2010;8(10):1815	134, 4321
Vitamin C	Vitamin C trägt dazu bei, die Zellen vor oxidativem Stress zu schützen	Die Angabe darf nur für Lebensmittel verwendet werden, die die Mindestanforderungen an eine Vitamin-C-Quelle gemäß der im Anhang der Verordnung (EG) Nr. 1924/2006 aufgeführten Angabe [NAME DES VITAMINS/DER VITAMINE] UND/ODER [NAME DES MINERALSTOFFS/DER MINERALSTOFFE]-QUELLE erfüllen.		2009; 7(9):1226 2010;8(10):1815	129, 138, 143, 148, 3331
Vitamin C	Vitamin C trägt zur Verringerung von Müdigkeit und Ermüdung bei	Die Angabe darf nur für Lebensmittel verwendet werden, die die Mindestanforderungen an eine Vitamin-C-Quelle gemäß der im Anhang der Verordnung (EG) Nr. 1924/2006 aufgeführten Angabe [NAME DES VITAMINS/DER VITAMINE] UND/ODER [NAME DES MINERALSTOFFS/DER MINERALSTOFFE]-QUELLE erfüllen.		2010;8(10):1815	139, 2622
Vitamin C	Vitamin C trägt zur Regeneration der reduzierten Form von Vitamin E bei	Die Angabe darf nur für Lebensmittel verwendet werden, die die Mindestanforderungen an eine Vitamin-C-Quelle gemäß der im Anhang der Verordnung (EG) Nr. 1924/2006 aufgeführten Angabe [NAME DES VITAMINS/DER VITAMINE] UND/ODER [NAME DES MINERALSTOFFS/DER MINERALSTOFFE]-QUELLE erfüllen.		2010;8(10):1815	202

14/2. EU-Claims Liste

ANHANG I

Nährstoff, Substanz, Lebensmittel oder Lebensmittelkategorie	Angabe	Bedingungen für die Verwendung der Angabe	Bedingungen und/oder Beschränkungen hinsichtlich der Verwendung des Lebensmittels und/oder zusätzliche Erklärungen oder Warnungen	Nummer im EFSA Journal	Nummer des Eintrags in der konsolidierten Liste, die der EFSA zur Bewertung vorgelegt wurde
Vitamin C	Vitamin C erhöht die Eisenaufnahme	Die Angabe darf nur für Lebensmittel verwendet werden, die die Mindestanforderungen an eine Vitamin-C-Quelle gemäß der im Anhang der Verordnung (EG) Nr. 1924/2006 aufgeführten Angabe [NAME DES VITAMINS/DER VITAMINE] UND/ODER [NAME DES MINERALSTOFFS/DER MINERALSTOFFE]-QUELLE erfüllen.		2009; 7(9):1226	132, 147
Vitamin D	Vitamin D trägt zu einer normalen Aufnahme/Verwertung von Calcium und Phosphor bei	Die Angabe darf nur für Lebensmittel verwendet werden, die die Mindestanforderungen an eine Vitamin-D-Quelle gemäß der im Anhang der Verordnung (EG) Nr. 1924/2006 aufgeführten Angabe [NAME DES VITAMINS/DER VITAMINE] UND/ODER [NAME DES MINERALSTOFFS/DER MINERALSTOFFE]-QUELLE erfüllen.		2009; 7(9):1227	152, 157, 215
Vitamin D	Vitamin D trägt zu einem normalen Calciumspiegel im Blut bei	Die Angabe darf nur für Lebensmittel verwendet werden, die die Mindestanforderungen an eine Vitamin-D-Quelle gemäß der im Anhang der Verordnung (EG) Nr. 1924/2006 aufgeführten Angabe [NAME DES VITAMINS/DER VITAMINE] UND/ODER [NAME DES MINERALSTOFFS/DER MINERALSTOFFE]-QUELLE erfüllen.		2009; 7(9):1227 2011;9(6):2203	152, 157 215

EG-ClaimsV

14/2. EU-Claims Liste
ANHANG I

Nährstoff, Substanz, Lebensmittel oder Lebensmittelkategorie	Angabe	Bedingungen für die Verwendung der Angabe	Bedingungen und/oder Beschränkungen hinsichtlich der Verwendung des Lebensmittels und/oder zusätzliche Erklärungen oder Warnungen	Nummer im EFSA Journal	Nummer des Eintrags in der konsolidierten Liste, die der EFSA zur Bewertung vorgelegt wurde
Vitamin D	Vitamin D trägt zur Erhaltung normaler Knochen bei	Die Angabe darf nur für Lebensmittel verwendet werden, die die Mindestanforderungen an eine Vitamin-D-Quelle gemäß der im Anhang der Verordnung (EG) Nr. 1924/2006 aufgeführten Angabe [NAME DES VITAMINS/DER VITAMINE] UND/ODER [NAME DES MINERALSTOFFS/DER MINERALSTOFFE]-QUELLE erfüllen.		2009; 7(9):1227	150, 151, 158, 350
Vitamin D	Vitamin D trägt zur Erhaltung einer normalen Muskelfunktion bei	Die Angabe darf nur für Lebensmittel verwendet werden, die die Mindestanforderungen an eine Vitamin-D-Quelle gemäß der im Anhang der Verordnung (EG) Nr. 1924/2006 aufgeführten Angabe [NAME DES VITAMINS/DER VITAMINE] UND/ODER [NAME DES MINERALSTOFFS/DER MINERALSTOFFE]-QUELLE erfüllen.		2010; 8(2):1468	155
Vitamin D	Vitamin D trägt zur Erhaltung normaler Zähne bei	Die Angabe darf nur für Lebensmittel verwendet werden, die die Mindestanforderungen an eine Vitamin-D-Quelle gemäß der im Anhang der Verordnung (EG) Nr. 1924/2006 aufgeführten Angabe [NAME DES VITAMINS/DER VITAMINE] UND/ODER [NAME DES MINERALSTOFFS/DER MINERALSTOFFE]-QUELLE erfüllen.		2009; 7(9):1227	151, 158

14/2. EU-Claims Liste
ANHANG I

Nährstoff, Substanz, Lebensmittel oder Lebensmittelkategorie	Angabe	Bedingungen für die Verwendung der Angabe	Bedingungen und/oder Beschränkungen hinsichtlich der Verwendung des Lebensmittels und/oder zusätzliche Erklärungen oder Warnungen	Nummer im EFSA Journal	Nummer des Eintrags in der konsolidierten Liste, die der EFSA zur Bewertung vorgelegt wurde
Vitamin D	Vitamin D trägt zu einer normalen Funktion des Immunsystems bei	Die Angabe darf nur für Lebensmittel verwendet werden, die die Mindestanforderungen an eine Vitamin-D-Quelle gemäß der im Anhang der Verordnung (EG) Nr. 1924/2006 aufgeführten Angabe [NAME DES VITAMINS/DER VITAMINE] UND/ODER [NAME DES MINERALSTOFFS/DER MINERALSTOFFE]-QUELLE erfüllen.		2010; 8(2):1468	154, 159
Vitamin D	Vitamin D hat eine Funktion bei der Zellteilung	Die Angabe darf nur für Lebensmittel verwendet werden, die die Mindestanforderungen an eine Vitamin-D-Quelle gemäß der im Anhang der Verordnung (EG) Nr. 1924/2006 aufgeführten Angabe [NAME DES VITAMINS/DER VITAMINE] UND/ODER [NAME DES MINERALSTOFFS/DER MINERALSTOFFE]-QUELLE erfüllen.		2009; 7(9):1227	153
Vitamin E	Vitamin E trägt dazu bei, die Zellen vor oxidativem Stress zu schützen	Die Angabe darf nur für Lebensmittel verwendet werden, die die Mindestanforderungen an eine Vitamin-E-Quelle gemäß der im Anhang der Verordnung (EG) Nr. 1924/2006 aufgeführten Angabe [NAME DES VITAMINS/DER VITAMINE] UND/ODER [NAME DES MINERALSTOFFS/DER MINERALSTOFFE]-QUELLE erfüllen.		2010;8(10):1816	160, 162, 1947

EG-ClaimsV

14/2. EU-Claims Liste — 1096 —
ANHANG I

Nährstoff, Substanz, Lebensmittel oder Lebensmittelkategorie	Angabe	Bedingungen für die Verwendung der Angabe	Bedingungen und/oder Beschränkungen hinsichtlich der Verwendung des Lebensmittels und/oder zusätzliche Erklärungen oder Warnungen	Nummer im EFSA Journal	Nummer des Eintrags in der konsolidierten Liste, die der EFSA zur Bewertung vorgelegt wurde
Vitamin K	Vitamin K trägt zu einer normalen Blutgerinnung bei	Die Angabe darf nur für Lebensmittel verwendet werden, die die Mindestanforderungen an eine Vitamin-K-Quelle gemäß der im Anhang der Verordnung (EG) Nr. 1924/2006 aufgeführten Angabe [NAME DES VITAMINS/DER VITAMINE] UND/ODER [NAME DES MINERALSTOFFS/DER MINERALSTOFFE]-QUELLE erfüllen.		2009; 7 (9):1228	124, 126
Vitamin K	Vitamin K trägt zur Erhaltung normaler Knochen bei	Die Angabe darf nur für Lebensmittel verwendet werden, die die Mindestanforderungen an eine Vitamin-K-Quelle gemäß der im Anhang der Verordnung (EG) Nr. 1924/2006 aufgeführten Angabe [NAME DES VITAMINS/DER VITAMINE] UND/ODER [NAME DES MINERALSTOFFS/DER MINERALSTOFFE]-QUELLE erfüllen.		2009; 7 (9):1228	123, 127, 128, 2879
Walnüsse	Walnüsse tragen dazu bei, die Elastizität der Blutgefäße zu verbessern	Die Angabe darf nur für Lebensmittel verwendet werden, die eine tägliche Verzehrsmenge von 30 g Walnüssen gewährleisten. Damit die Angabe zulässig ist, sind die Verbraucher darüber zu unterrichten, dass sich die positive Wirkung bei einem täglichen Verzehr von 30 g Walnüssen einstellt.		2011;9(4):2074	1155, 1157

14/2. EU-Claims Liste
ANHANG I

Nährstoff, Substanz, Lebensmittel oder Lebensmittelkategorie	Angabe	Bedingungen für die Verwendung der Angabe	Bedingungen und/oder Beschränkungen hinsichtlich der Verwendung des Lebensmittels und/oder zusätzliche Erklärungen oder Warnungen	Nummer im EFSA Journal	Nummer des Eintrags in der konsolidierten Liste, die der EFSA zur Bewertung vorgelegt wurde
Wasser	Wasser trägt zur Erhaltung normaler körperlicher und kognitiver Funktionen bei	Damit die Angabe zulässig ist, sind die Verbraucher darüber zu unterrichten, dass täglich mindestens 2,0 l Wasser (aus allen Quellen) verzehrt werden sollten, um die angegebene Wirkung zu erzielen.	Die Angabe darf nur für Wasser verwendet werden, das den Anforderungen der Richtlinien 2009/54/EG und/oder 98/83/EG genügt.	2011;9(4):2075	1102, 1209, 1294, 1331
Wasser	Wasser trägt zur Erhaltung einer normalen Regulierung der Körpertemperatur bei	Damit die Angabe zulässig ist, sind die Verbraucher darüber zu unterrichten, dass täglich mindestens 2,0 l Wasser (aus allen Quellen) verzehrt werden sollten, um die angegebene Wirkung zu erzielen.	Die Angabe darf nur für Wasser verwendet werden, das den Anforderungen der Richtlinien 2009/54/EG und/oder 98/83/EG genügt.	2011;9(4):2075	1208
Weizenkleie	Weizenkleie trägt zur Beschleunigung der Darmpassage bei	Die Angabe darf nur für Lebensmittel verwendet werden, die einen hohen Gehalt an diesem Ballaststoff gemäß der im Anhang der Verordnung (EG) Nr. 1924/2006 aufgeführten Angabe HOHER BALLASTSTOFFGEHALT haben.		2010;8(10):1817	828, 839, 3067, 4699

EG-ClaimsV

14/2. EU-Claims Liste
ANHANG I

Nährstoff, Substanz, Lebensmittel oder Lebensmittelkategorie	Angabe	Bedingungen für die Verwendung der Angabe	Bedingungen und/oder Beschränkungen hinsichtlich der Verwendung des Lebensmittels und/oder zusätzliche Erklärungen oder Warnungen	Nummer im EFSA Journal	Nummer des Eintrags in der konsolidierten Liste, die der EFSA zur Bewertung vorgelegt wurde
Weizenkleie	Weizenkleie trägt zur Erhöhung des Stuhlvolumens bei	Damit die Angabe zulässig ist, sind die Verbraucher darüber zu unterrichten, dass sich die positive Wirkung bei einer täglichen Aufnahme von mindestens 10 g Weizenkleie einstellt. Die Angabe darf nur für Lebensmittel verwendet werden, die einen hohen Gehalt an diesem Ballaststoff gemäß der im Anhang der Verordnung (EG) Nr. 1924/2006 aufgeführten Angabe HOHER BALLASTSTOFFGEHALT haben.		2010;8(10):1817	3066
Zink	Zink trägt zu einem normalen Säure-Basen-Stoffwechsel bei	Die Angabe darf nur für Lebensmittel verwendet werden, die die Mindestanforderungen an eine Zinkquelle gemäß der im Anhang der Verordnung (EG) Nr. 1924/2006 aufgeführten Angabe [NAME DES VITAMINS/DER VITAMINE] UND/ODER [NAME DES MINERALSTOFFS/DER MINERALSTOFFE]-QUELLE erfüllen.		2009; 7(9):1229	360
Zink	Zink trägt zu einem normalen Kohlenhydrat-Stoffwechsel bei	Die Angabe darf nur für Lebensmittel verwendet werden, die die Mindestanforderungen an eine Zinkquelle gemäß der im Anhang der Verordnung (EG) Nr. 1924/2006 aufgeführten Angabe [NAME DES VITAMINS/DER VITAMINE] UND/ODER [NAME DES MINERALSTOFFS/DER MINERALSTOFFE]-QUELLE erfüllen.		2010;8(10):1819	382

14/2. EU-Claims Liste

ANHANG I

Nährstoff, Substanz, Lebensmittel oder Lebensmittelkategorie	Angabe	Bedingungen für die Verwendung der Angabe	Bedingungen und/oder Beschränkungen hinsichtlich der Verwendung des Lebensmittels und/oder zusätzliche Erklärungen oder Warnungen	Nummer im EFSA Journal	Nummer des Eintrags in der konsolidierten Liste, die der EFSA zur Bewertung vorgelegt wurde
Zink	Zink trägt zu einer normalen kognitiven Funktion bei	Die Angabe darf nur für Lebensmittel verwendet werden, die die Mindestanforderungen an eine Zinkquelle gemäß der im Anhang der Verordnung (EG) Nr. 1924/2006 aufgeführten Angabe [NAME DES VITAMINS/DER VITAMINE] UND/ODER [NAME DES MINERALSTOFFS/DER MINERALSTOFFE]-QUELLE erfüllen.		2009; 7(9):1229	296
Zink	Zink trägt zu einer normalen DNA-Synthese bei	Die Angabe darf nur für Lebensmittel verwendet werden, die die Mindestanforderungen an eine Zinkquelle gemäß der im Anhang der Verordnung (EG) Nr. 1924/2006 aufgeführten Angabe [NAME DES VITAMINS/DER VITAMINE] UND/ODER [NAME DES MINERALSTOFFS/DER MINERALSTOFFE]-QUELLE erfüllen.		2010;8(10):1819	292, 293, 1759
Zink	Zink trägt zu einer normalen Fruchtbarkeit und einer normalen Reproduktion bei	Die Angabe darf nur für Lebensmittel verwendet werden, die die Mindestanforderungen an eine Zinkquelle gemäß der im Anhang der Verordnung (EG) Nr. 1924/2006 aufgeführten Angabe [NAME DES VITAMINS/DER VITAMINE] UND/ODER [NAME DES MINERALSTOFFS/DER MINERALSTOFFE]-QUELLE erfüllen.		2009; 7(9):1229	297, 300

EG-ClaimsV

14/2. EU-Claims Liste
ANHANG I

Nährstoff, Substanz, Lebensmittel oder Lebensmittelkategorie	Angabe	Bedingungen für die Verwendung der Angabe	Bedingungen und/oder Beschränkungen hinsichtlich der Verwendung des Lebensmittels und/oder zusätzliche Erklärungen oder Warnungen	Nummer im EFSA Journal	Nummer des Eintrags in der konsolidierten Liste, die der EFSA zur Bewertung vorgelegt wurde
Zink	Zink trägt zu einem normalen Stoffwechsel von Makronährstoffen bei	Die Angabe darf nur für Lebensmittel verwendet werden, die die Mindestanforderungen an eine Zinkquelle gemäß der im Anhang der Verordnung (EG) Nr. 1924/2006 aufgeführten Angabe [NAME DES VITAMINE UND/ODER [NAME DES MINERALSTOFFS/DER MINERALSTOFFE]-QUELLE erfüllen.		2010;8(10):1819	2890
Zink	Zink trägt zu einem normalen Fettsäurestoffwechsel bei	Die Angabe darf nur für Lebensmittel verwendet werden, die die Mindestanforderungen an eine Zinkquelle gemäß der im Anhang der Verordnung (EG) Nr. 1924/2006 aufgeführten Angabe [NAME DES VITAMINE UND/ODER [NAME DES MINERALSTOFFS/DER MINERALSTOFFE]-QUELLE erfüllen.		2009; 7(9):1229	302
Zink	Zink trägt zu einem normalen Vitamin-A-Stoffwechsel bei	Die Angabe darf nur für Lebensmittel verwendet werden, die die Mindestanforderungen an eine Zinkquelle gemäß der im Anhang der Verordnung (EG) Nr. 1924/2006 aufgeführten Angabe [NAME DES VITAMINE UND/ODER [NAME DES MINERALSTOFFS/DER MINERALSTOFFE]-QUELLE erfüllen.		2009; 7(9):1229	361
Zink	Zink trägt zu einer normalen Eiweißsynthese bei	Die Angabe darf nur für Lebensmittel verwendet werden, die die Mindestanforderungen an eine Zinkquelle gemäß der im Anhang der Verordnung (EG) Nr. 1924/2006 aufgeführten Angabe [NAME DES VITAMINE UND/ODER [NAME DES MINERALSTOFFS/DER MINERALSTOFFE]-QUELLE erfüllen.		2010;8(10):1819	293, 4293

14/2. EU-Claims Liste
ANHANG I

Nährstoff, Substanz, Lebensmittel oder Lebensmittelkategorie	Angabe	Bedingungen für die Verwendung der Angabe	Bedingungen und/oder Beschränkungen hinsichtlich der Verwendung des Lebensmittels und/oder zusätzliche Erklärungen oder Warnungen	Nummer im EFSA Journal	Nummer des Eintrags in der konsolidierten Liste, die der EFSA zur Bewertung vorgelegt wurde
Zink	Zink trägt zur Erhaltung normaler Knochen bei	Die Angabe darf nur für Lebensmittel verwendet werden, die die Mindestanforderungen an eine Zinkquelle gemäß der im Anhang der Verordnung (EG) Nr. 1924/2006 aufgeführten Angabe [NAME DES VITAMINE] UND/ODER [NAME DES MINERALSTOFFS/DER MINERALSTOFFE]-QUELLE erfüllen.		2009; 7(9):1229	295, 1756
Zink	Zink trägt zur Erhaltung normaler Haare bei	Die Angabe darf nur für Lebensmittel verwendet werden, die die Mindestanforderungen an eine Zinkquelle gemäß der im Anhang der Verordnung (EG) Nr. 1924/2006 aufgeführten Angabe [NAME DES VITAMINE] UND/ODER [NAME DES MINERALSTOFFS/DER MINERALSTOFFE]-QUELLE erfüllen.		2010;8(10):1819	412
Zink	Zink trägt zur Erhaltung normaler Nägel bei	Die Angabe darf nur für Lebensmittel verwendet werden, die die Mindestanforderungen an eine Zinkquelle gemäß der im Anhang der Verordnung (EG) Nr. 1924/2006 aufgeführten Angabe [NAME DES VITAMINE] UND/ODER [NAME DES MINERALSTOFFS/DER MINERALSTOFFE]-QUELLE erfüllen.		2010;8(10):1819	412
Zink	Zink trägt zur Erhaltung normaler Haut bei	Die Angabe darf nur für Lebensmittel verwendet werden, die die Mindestanforderungen an eine Zinkquelle gemäß der im Anhang der Verordnung (EG) Nr. 1924/2006 aufgeführten Angabe [NAME DES VITAMINE] UND/ODER [NAME DES MINERALSTOFFS/DER MINERALSTOFFE]-QUELLE erfüllen.		2010;8(10):1819	293

EG-ClaimsV

14/2. EU-Claims Liste
ANHANG I

Nährstoff, Substanz, Lebensmittel oder Lebensmittelkategorie	Angabe	Bedingungen für die Verwendung der Angabe	Bedingungen und/oder Beschränkungen hinsichtlich der Verwendung des Lebensmittels und/oder zusätzliche Erklärungen oder Warnungen	Nummer im EFSA Journal	Nummer des Eintrags in der konsolidierten Liste, die der EFSA zur Bewertung vorgelegt wurde
Zink	Zink trägt zur Erhaltung eines normalen Testosteronspiegels im Blut bei	Die Angabe darf nur für Lebensmittel verwendet werden, die die Mindestanforderungen an eine Zinkquelle gemäß der im Anhang der Verordnung (EG) Nr. 1924/2006 aufgeführten Angabe [NAME DES VITAMINS/DER VITAMINE] UND/ODER [NAME DES MINERALSTOFFS/DER MINERALSTOFFE]-QUELLE erfüllen.		2010;8(10):1819	301
Zink	Zink trägt zur Erhaltung tung normaler Sehkraft bei	Die Angabe darf nur für Lebensmittel verwendet werden, die die Mindestanforderungen an eine Zinkquelle gemäß der im Anhang der Verordnung (EG) Nr. 1924/2006 aufgeführten Angabe [NAME DES VITAMINS/DER VITAMINE] UND/ODER [NAME DES MINERALSTOFFS/DER MINERALSTOFFE]-QUELLE erfüllen.		2009; 7(9):1229	361
Zink	Zink trägt zu einer normalen Funktion des Immunsystems bei	Die Angabe darf nur für Lebensmittel verwendet werden, die die Mindestanforderungen an eine Zinkquelle gemäß der im Anhang der Verordnung (EG) Nr. 1924/2006 aufgeführten Angabe [NAME DES VITAMINS/DER VITAMINE] UND/ODER [NAME DES MINERALSTOFFS/DER MINERALSTOFFE]-QUELLE erfüllen.		2009; 7(9):1229	291, 1757
Zink	Zink trägt dazu bei, die Zellen vor oxidativem Stress zu schützen	Die Angabe darf nur für Lebensmittel verwendet werden, die die Mindestanforderungen an eine Zinkquelle gemäß der im Anhang der Verordnung (EG) Nr. 1924/2006 aufgeführten Angabe [NAME DES VITAMINS/DER VITAMINE] UND/ODER [NAME DES MINERALSTOFFS/DER MINERALSTOFFE]-QUELLE erfüllen.		2009; 7(9):1229	294, 1758

14/2. EU-Claims Liste

ANHANG I

Nährstoff, Substanz, Lebensmittel oder Lebensmittelkategorie	Angabe	Bedingungen für die Verwendung der Angabe	Bedingungen und/oder Beschränkungen hinsichtlich der Verwendung des Lebensmittels und/oder zusätzliche Erklärungen oder Warnungen	Nummer im EFSA Journal	Nummer des Eintrags in der konsolidierten Liste, die der EFSA zur Bewertung vorgelegt wurde
Zink	Zink hat eine Funktion bei der Zellteilung	Die Angabe darf nur für Lebensmittel verwendet werden, die die Mindestanforderungen an eine Zinkquelle gemäß der im Anhang der Verordnung (EG) Nr. 1924/2006 aufgeführten Angabe [NAME DES VITAMINS/DER VITAMINE] UND/ODER [NAME DES MINERALSTOFFS/DER MINERALSTOFFE]-QUELLE erfüllen.		2009; 7(9):1229	292, 293, 1759
Zuckerersatzstoffe, d. h. stark süßende Verbindungen; Xylit, Sorbit, Mannit, Maltit, Lactit, Isomalt, Erythrit, Sucralose und Polydextrose; D-Tagatose und Isomaltulose	Der Verzehr von Lebensmitteln/Getränken, die anstelle von Zucker <name of sugar replacer>(*) enthalten, bewirkt, dass der Blutzuckerspiegel nach ihrem Verzehr weniger stark ansteigt als beim Verzehr von zuckerhaltigen Lebensmitteln/Getränken	Damit die Angabe zulässig ist, sollten Zuckerarten im Lebensmittel bzw. Getränk durch Zuckerersatzstoffe, d. h. stark süßende Verbindungen, Xylit, Sorbit, Mannit, Maltit, Lactit, Isomalt, Erythrit, Sucralose oder Polydextrose bzw. durch eine Kombination dieser Stoffe ersetzt werden, so dass der Zuckergehalt des Lebensmittels bzw. Getränks mindestens um den in der Angabe REDUZIERTER [NAME DES NÄHRSTOFFS]-Anteil gemäß dem Anhang der Verordnung (EG) Nr. 1924/2006 genannten Anteil reduziert ist. Mit D-Tagatose und Isomaltulose sollten vergleichbare Anteile anderer Zuckerarten im gleichen Verhältnis wie in der im Anhang der Verordnung (EG) Nr. 1924/2006 aufgeführten Angabe REDUZIERTER [NAME DES NÄHRSTOFFS]-Anteil ersetzt werden.		2011;9(4):2076 2011;9(6):2229	617, 619, 669, 1590, 1762, 2903, 2908, 2920 4298

(*) Im Fall von D-Tagatose und Isomaltulose muss es hier „andere Zuckerarten" heißen

14/2. EU-Claims Liste
ANHANG I

Nährstoff, Substanz, Lebensmittel oder Lebensmittelkategorie	Angabe	Bedingungen für die Verwendung der Angabe	Bedingungen und/oder Beschränkungen hinsichtlich der Verwendung des Lebensmittels und/oder zusätzliche Erklärungen oder Warnungen	Nummer im EFSA Journal	Nummer des Eintrags in der konsolidierten Liste, die der EFSA zur Bewertung vorgelegt wurde
Zuckerersatzstoffe, d. h. stark süßende Verbindungen; Xylit, Sorbit, Mannit, Maltit, Lactit, Isomalt, Erythrit, Sucralose und Polydextrose; D-Tagatose und Isomaltulose	Der Verzehr von Lebensmitteln/Getränken, die anstelle von Zucker <name of sugar replacer>(*) enthalten, trägt zur Erhaltung der Zahnmineralisierung bei	Damit die Angabe zulässig ist, sollten Zuckerarten in Lebensmitteln bzw. Getränken (die den pH-Wert des Zahnbelags unter 5,7 absenken) durch Zuckerersatzstoffe, d. h. stark süßende Verbindungen, Xylit, Sorbit, Mannit, Maltit, Lactit, Isomalt, Erythrit, D-tagatose, Isomaltulose, Sucralose oder Polydextrose bzw. durch eine Kombination aus diesen Stoffen ersetzt werden, und zwar in solchen Anteilen, dass der Verzehr dieser Lebensmittel bzw. Getränke den pH-Wert des Zahnbelags während des Verzehrs und bis 30 Minuten nach dem Verzehr nicht unter 5,7 absenkt.		2011;9(4):2076 2011;9(6):2229	463, 464, 563, 618, 647, 1182, 1591, 2907, 2921, 4300 1134, 1167, 1283
Zuckerfreier Kaugummi	Zuckerfreier Kaugummi trägt zur Erhaltung der Zahnmineralisierung bei	Die Angabe darf nur für Kaugummi verwendet werden, der den Verwendungsbedingungen für die im Anhang der Verordnung (EG) Nr. 1924/2006 aufgeführte nährwertbezogene Angabe ZUCKERFREI entspricht. Unterrichtung der Verbraucher, dass sich die positive Wirkung bei mindestens 20-minütigem Kauen nach dem Essen oder Trinken einstellt.		2009; 7(9):1271 2011;9(4):2072 2011;9(6):2266	1151, 1154 486, 562, 1181

(*) Im Fall von D-Tagatose und Isomaltulose muss es hier „andere Zuckerarten" heißen

14/2. EU-Claims Liste
ANHANG I

Nährstoff, Substanz, Lebensmittel oder Lebensmittelkategorie	Angabe	Bedingungen für die Verwendung der Angabe	Bedingungen und/oder Beschränkungen hinsichtlich der Verwendung des Lebensmittels und/oder zusätzliche Erklärungen oder Warnungen	Nummer im EFSA Journal	Nummer des Eintrags in der konsolidierten Liste, die der EFSA zur Bewertung vorgelegt wurde
Zuckerfreier Kaugummi	Zuckerfreier Kaugummi trägt zur Neutralisierung der Säuren des Zahnbelags bei	Die Angabe darf nur für Kaugummi verwendet werden, der den Verwendungsbedingungen für die im Anhang der Verordnung (EG) Nr. 1924/2006 aufgeführte nährwertbezogene Angabe ZUCKERFREI entspricht. Unterrichtung der Verbraucher, dass sich die positive Wirkung bei mindestens 20-minütigem Kauen nach dem Essen oder Trinken einstellt.		2009; 7(9):1271 2011;6(6):2266	1150 485
Zuckerfreier Kaugummi	Zuckerfreier Kaugummi trägt zur Verringerung von Mundtrockenheit bei	Die Angabe darf nur für Kaugummi verwendet werden, der den Verwendungsbedingungen für die im Anhang der Verordnung (EG) Nr. 1924/2006 aufgeführte nährwertbezogene Angabe ZUCKERFREI entspricht. Unterrichtung der Verbraucher, dass sich die positive Wirkung einstellt, wenn der Kaugummi jedes Mal bei Trockenheitsgefühl im Mund verwendet wird.		2009; 7(9):1271	1240
Zuckerfreier Kaugummi mit Carbamid	Zuckerfreier Kaugummi mit Carbamid neutralisiert die Säuren des Zahnbelags wirksamer als zuckerfreier Kaugummi ohne Carbamid	Die Angabe darf nur für Kaugummi verwendet werden, der den Verwendungsbedingungen für die im Anhang der Verordnung (EG) Nr. 1924/2006 aufgeführte nährwertbezogene Angabe ZUCKERFREI entspricht. Damit die Angabe zulässig ist, sollte jedes Stück zuckerfreier Kaugummi mindestens 20 mg Carbamid enthalten. Unterrichtung der Verbraucher, dass der Kaugummi nach dem Essen oder Trinken mindestens 20 Minuten lang gekaut werden sollte.		2011;9(4):2071	1153

14/2. EU-Claims Liste
ANHANG I

Nährstoff, Substanz, Lebensmittel oder Lebensmittelkategorie	Angabe	Bedingungen für die Verwendung der Angabe	Bedingungen und/oder Beschränkungen hinsichtlich der Verwendung des Lebensmittels und/oder zusätzliche Erklärungen oder Warnungen	Nummer im EFSA Journal	Nummer des Eintrags in der konsolidierten Liste, die der EFSA zur Bewertung vorgelegt wurde
„Zuckerrübenfasern" (ABl L 14 vom 18. 1. 2014, S 8)	Zuckerrübenfasern tragen zur Erhöhung des Stuhlvolumens bei	Die Angabe darf nur für Lebensmittel verwendet werden, die einen hohen Gehalt an diesem Ballaststoff gemäß der im Anhang der Verordnung (EG) Nr. 1924/2006 aufgeführten Angabe HOHER BALLASTSTOFFGEHALT haben.		2011;9(12):2468	

14/3. Verordnung (EU) Nr. 907/2013 zur Festlegung von Regeln für Anträge auf Verwendung allgemeiner Bezeichnungen

ABl L 251 vom 21. 9. 2013, S. 7

Verordnung (EU) Nr. 907/2013 der Kommission vom 20. September 2013 zur Festlegung von Regeln für Anträge auf Verwendung allgemeiner Bezeichnungen

DIE EUROPÄISCHE KOMMISSION —

gestützt auf den Vertrag über die Arbeitsweise der Europäischen Union,

gestützt auf die Verordnung (EG) Nr. 1924/2006 des Europäischen Parlaments und des Rates vom 20. Dezember 2006 über nährwert- und gesundheitsbezogene Angaben über Lebensmittel[1]), insbesondere auf Artikel 1 Absatz 4,

in Erwägung nachstehender Gründe:

(1) Gemäß Artikel 1 Absatz 4 der Verordnung (EG) Nr. 1924/2006 können allgemeine Bezeichnungen, die traditionell zur Angabe einer Eigenschaft einer Kategorie von Lebensmitteln oder Getränken verwendet werden und die auf Auswirkungen auf die menschliche Gesundheit hindeuten könnten, auf Antrag der betroffenen Lebensmittelunternehmer von der Anwendung der Verordnung ausgenommen werden.

(2) Um sicherzustellen, dass Anträge für allgemeine Bezeichnungen in transparenter Weise und innerhalb einer vertretbaren Frist bearbeitet werden, erlässt und veröffentlicht die Kommission gemäß Artikel 1 Absatz 4 der Verordnung (EG) Nr. 1924/2006 Regeln, nach denen derartige Anträge zu stellen sind.

(3) Die Regeln sollen gewährleisten, dass der Antrag so zusammengestellt wird, dass alle für eine Bewertung erforderlichen Informationen gesammelt und vorgelegt werden. Überdies sollen sie die Kommission nicht davon abhalten, sofern angebracht und je nach Art der allgemeinen Bezeichnung und nach Ausmaß der beantragten Ausnahmeregelung, zusätzliche Informationen anzufordern.

(4) Damit Mehrfachanträge für ein und dieselbe Bezeichnung vermieden werden, sollten Handelsverbände, die bestimmte Zweige der Lebensmittelbranche vertreten, im Namen ihrer Mitglieder Anträge einreichen können.

(5) Um u. a. den Verbrauchern ein hohes Schutzniveau zu gewährleisten, dürfen die verwendeten Angaben nicht falsch, mehrdeutig oder irreführend sein. Dasselbe Prinzip sollte für die Verwendung allgemeiner Bezeichnungen gelten, die auf Auswirkungen auf die menschliche Gesundheit hindeuten könnten. Um dieses Ziel zu erreichen und im Einklang mit dem Grundsatz der Verhältnismäßigkeit müssen die nationalen Behörden sich bei der Beurteilung der Frage, wie der Durchschnittsverbraucher in einem gegebenen Fall typischerweise reagieren würde, unter Berücksichtigung der Rechtsprechung des Gerichtshofs auf ihre eigene Urteilsfähigkeit verlassen.

(6) Allgemeine Bezeichnungen sollten in dem (den) Mitgliedstaat(en) nachweislich mindestens 20 Jahre vor Inkrafttreten der vorliegenden Verordnung verwendet worden sein.

(7) Die Mitgliedstaaten wurden gehört —

HAT FOLGENDE VERORDNUNG ERLASSEN:

Artikel 1

Anträge für die Verwendung allgemeiner Bezeichnungen im Sinne des Artikels 1 Absatz 4 der Verordnung (EG) Nr. 1924/2006 sind entsprechend den im Anhang festgelegten Regeln zu stellen und einzureichen.

Artikel 2

Diese Verordnung tritt am zwanzigsten Tag nach ihrer Veröffentlichung im *Amtsblatt der Europäischen Union* in Kraft.

Diese Verordnung ist in allen ihren Teilen verbindlich und gilt unmittelbar in jedem Mitgliedstaat.

Brüssel, den 20. September 2013

Zur Präambel
[1]) *ABl. L 404 vom 30.12.2006, S. 9.*

ANHANG

Anhang

TEIL A
Einreichung des Antrags

1. Der Antrag kann für die Verwendung einer allgemeinen Bezeichnung in einem oder mehreren Mitgliedstaaten gestellt werden. Der Antrag ist der zuständigen nationalen Behörde eines einzigen Mitgliedstaats (nachstehend „Empfängermitgliedstaat") vorzulegen. Die Lebensmittelunternehmer können den Mitgliedstaat, dem der Antrag vorgelegt werden soll, aus den Mitgliedstaaten auswählen, in denen die allgemeine Bezeichnung verwendet wird.

2. Der Antrag ist elektronisch zu übermitteln und muss alle in Teil B dieses Anhangs genannten Elemente umfassen. Die Mitgliedstaaten können bei Bedarf eine Papierfassung beantragen. Für die in Teil B Nummern 1.5 und 2 dieses Anhangs vorgesehenen Daten reicht eine Referenzliste nicht aus.

3. Nach Eingang eines Antrags obliegt es der nationalen zuständigen Behörde des Empfängermitgliedstaats,
   – den Erhalt des Antrags schriftlich binnen 14 Tagen nach dessen Eingang zu bestätigen. In der Bestätigung ist das Datum des Antragseingangs anzugeben;
   – die Kommission unverzüglich in Kenntnis zu setzen und die Zusammenfassung des Antrags an sie weiterzuleiten;
   – gegebenenfalls den vollständigen Antrag an den (die) Mitgliedstaat(en) weiterzuleiten, für den (die) der Antrag auf Verwendung der allgemeinen Bezeichnung gestellt wird (nachstehend „betroffene(r) Mitgliedstaat(en)").
   – Falls der (die) betroffene(n) Mitgliedstaat(en) der Auffassung ist (sind), dass der Antrag nicht die in Teil B des Anhangs vorgesehenen Daten und Informationen enthält, informiert (informieren) er (sie) den Empfängermitgliedstaat binnen vier Wochen.

4. Der Empfängermitgliedstaat prüft umgehend unter Berücksichtigung der von dem (den) betreffenden Mitgliedstaat(en) gelieferten Informationen, ob der Antrag alle gemäß Teil B dieses Anhangs erforderlichen Informationen enthält. Enthält der Antrag nicht alle gemäß Teil B dieses Anhangs erforderlichen Elemente, fordert der Empfängermitgliedstaat beim Antragsteller die zusätzlichen notwendigen Informationen an und teilt dem Antragsteller die Frist mit, die bei der Übermittlung dieser Informationen zu beachten ist.

5. Übermittelt der Antragsteller nicht die vom Empfängermitgliedstaat angeforderten zusätzlichen Informationen, wird der Antrag als ungültig eingestuft. In diesem Fall informiert der Empfängermitgliedstaat den Antragsteller, die Kommission und sonstige betroffene Mitgliedstaaten hiervon und gibt die Gründe an, aus denen der Antrag als ungültig eingestuft worden ist. Dem Antragsteller wird die Möglichkeit eingeräumt, unter Ausschluss des (der) Mitgliedstaats (Mitgliedstaaten), für den (die) die erforderlichen Daten nicht vorgelegt wurden, denselben Antrag nochmals zu stellen.

6. Der Empfängermitgliedstaat leitet den gültigen Antrag umgehend an die Kommission und alle Mitgliedstaaten weiter und setzt den Antragsteller hiervon in Kenntnis. Die Kommission bestätigt dem Empfängermitgliedstaat den Erhalt des gültigen Antrags schriftlich binnen 14 Tagen nach dessen Eingang.

7. Der Empfängermitgliedstaat und der (die) betroffene(n) Mitgliedstaat(en) geben bei der Kommission binnen sechs Wochen nach Übermittlung des gültigen Antrags ihre Stellungnahme ab. In der Stellungnahme ist anzugeben, ob die allgemeine Bezeichnung die Bedingungen für eine Ausnahmeregelung gemäß Artikel 1 Absatz 4 der Verordnung (EG) Nr. 1924/2006 erfüllt und ob der Antrag durch die in Teil B Nummern 1.3, 1.4, 1.5 und gegebenenfalls Nummer 2 vorgesehenen Elemente untermauert ist. Die Stellungnahme ist schriftlich abzugeben. Andere Mitgliedstaaten können unter Einhaltung derselben Frist und nach denselben Modalitäten ebenfalls ihre Stellungnahme zu dem Antrag bei der Kommission abgeben.

8. Nach Eingang des gültigen Antrags eines Mitgliedstaats und der in Nummer 7 dieses Teils des Anhangs genannten Stellungnahme(n) kann die Kommission innerhalb einer angemessenen Frist

das Verfahren zur Genehmigung der allgemeinen Bezeichnung gemäß Artikel 1 Absatz 4 der Verordnung (EG) Nr. 1924/2006 in die Wege leiten.

TEIL B
Inhalt des Antrags

1. *Obligatorische Informationen*

   Der Antrag muss Folgendes umfassen:

1.1. Eine Zusammenfassung des Antrags mit folgenden Angaben:
   - Name und Anschrift des Antragstellers,
   - allgemeine Bezeichnung, die Gegenstand des Antrags ist,
   - kurze Beschreibung der Eigenschaft der Kategorie von Lebensmitteln oder Getränken, für die die allgemeine Bezeichnung gilt, sowie
   - Name der (die) Mitgliedstaat(en), für den (die) der Antrag auf Verwendung der allgemeinen Bezeichnung vom Antragsteller gestellt wird.

1.2. Angaben zum Antragsteller

   Name, Anschrift und Kontaktdaten des Lebensmittelunternehmers, der den Antrag stellt, und/oder der Person, die ermächtigt ist, im Namen des Antragstellers mit der Kommission in Kontakt zu treten.

   Anträge auf Genehmigung einer allgemeinen Bezeichnung können auch von Handelsverbänden im Namen ihrer Mitglieder gestellt werden. Sie müssen folgende Angaben enthalten: Name, Anschrift und Kontaktdaten des Handelsverbands, der den Antrag stellt, und/oder der Person, die ermächtigt ist, im Namen des Handelsverbands mit der Kommission in Kontakt zu treten. Informationen über die Unterstützung des Antrags durch die Mitglieder des Handelsverbands wären wünschenswert.

1.3. Angaben zur allgemeinen Bezeichnung, die Gegenstand des Antrags ist
   1. Die allgemeine Bezeichnung in der (den) Sprache(n), in der (denen) sie traditionell verwendet wird. Beschreibung der allgemeinen Bezeichnung in englischer Sprache, sofern angebracht.
   2. Der (die) Mitgliedstaat(en), in dem (denen) die allgemeine Bezeichnung verwendet wird.

1.4. Angaben zur Kategorie von Lebensmitteln oder Getränken, für die die allgemeine Bezeichnung gilt
   1. Angabe der Kategorie von Lebensmitteln oder Getränken, die unter der allgemeinen Bezeichnung, für die der Antrag gestellt wird, vertrieben werden.
   2. Ausführliche Beschreibung unter Hervorhebung der Eigenschaft und der Elemente, durch die sich die Kategorie von Lebensmitteln oder Getränken, die unter der allgemeinen Bezeichnung, für die der Antrag gestellt wird, vertrieben werden, von anderen Produkten derselben Kategorie von Lebensmitteln oder Getränken unterscheidet.

1.5. Sachdienliche Daten in Zusammenhang mit der Verwendung der allgemeinen Bezeichnung

   Einschlägige bibliographische oder auf anderem Weg überprüfbare Nachweise, die belegen, dass die Kategorie von Lebensmitteln oder Getränken mit der allgemeinen Bezeichnung in dem (den) Mitgliedstaat(en) bereits seit mindestens 20 Jahren vor Inkrafttreten dieser Verordnung auf dem Markt präsent gewesen ist.

2. *Zusätzliche Informationen, die auf Anfrage der Mitgliedstaaten vorzulegen sind: sachdienliche Daten in Zusammenhang mit dem Verständnis/der Wahrnehmung der Verbraucher*

   Vor der Einreichung des Antrags bei der Kommission können der Empfängermitgliedstaat und der (die) betroffene(n) Mitgliedstaat(en) vom Antragsteller zusätzliche Daten zu nachstehenden Informationsarten verlangen, falls sie dies für die Bewertung des Antrags für erforderlich erachten:
   - Schlüssige Nachweise oder Informationen darüber, wie die Verbraucher die von der allgemeinen Bezeichnung implizierten Auswirkungen verstehen oder wahrnehmen. Diese Daten müssen den (die) Mitgliedstaat(en) abdecken, in dem (denen) die allgemeine Bezeichnung verwendet wird.

14/3. EU-Claims Allg. Bez.
ANHANG

– Schlüssige Nachweise oder Informationen, die belegen, dass die Verbraucher die allgemeine Bezeichnung mit der spezifischen in Nummer 1.4 dieses Teils des Anhangs genannten Kategorie von Lebensmitteln oder Getränken in Verbindung bringen.

3. *Sonstige zusätzliche Informationen (fakultativ)*

14/4. Verordnung (EU) 2019/343 mit Ausnahmen von Artikel 1 Absatz 3 der Verordnung (EG) Nr. 1924/2006 des Europäischen Parlaments und des Rates über nährwert- und gesundheitsbezogene Angaben über Lebensmittel zwecks Verwendung bestimmter allgemeiner Bezeichnungen

ABl L 62 vom 1. 3. 2019, S. 1

Verordnung (EU) 2019/343 der Kommission vom 28. Februar 2019 mit Ausnahmen von Artikel 1 Absatz 3 der Verordnung (EG) Nr. 1924/2006 des Europäischen Parlaments und des Rates über nährwert- und gesundheitsbezogene Angaben über Lebensmittel zwecks Verwendung bestimmter allgemeiner Bezeichnungen

DIE EUROPÄISCHE KOMMISSION —

gestützt auf den Vertrag über die Arbeitsweise der Europäischen Union,

gestützt auf die Verordnung (EG) Nr. 1924/2006 des Europäischen Parlaments und des Rates vom 20. Dezember 2006 über nährwert- und gesundheitsbezogene Angaben über Lebensmittel[1], insbesondere auf Artikel 1 Absatz 4,

in Erwägung nachstehender Gründe:

(1) Gemäß der Verordnung (EG) Nr. 1924/2006 gilt jede Angabe zu Lebensmitteln, mit der erklärt, suggeriert oder auch nur mittelbar zum Ausdruck gebracht wird, dass ein Zusammenhang zwischen einer Lebensmittelkategorie, einem Lebensmittel oder einem seiner Bestandteile einerseits und der Gesundheit andererseits besteht, als gesundheitsbezogene Angabe und fällt daher unter die genannte Verordnung.

(2) Laut Artikel 1 Absatz 4 der Verordnung (EG) Nr. 1924/2006 ist im Fall allgemeiner Bezeichnungen, die traditionell zur Angabe einer Eigenschaft einer Kategorie von Lebensmitteln oder Getränken verwendet werden und die auf Auswirkungen auf die menschliche Gesundheit hindeuten könnten, eine Ausnahme von den Bestimmungen nach Artikel 1 Absatz 3 der genannten Verordnung möglich.

(3) Die Lebensmittelunternehmer können Anträge auf Verwendung eines Begriffs als allgemeine Bezeichnung bei der zuständigen nationalen Behörde eines Empfängermitgliedstaats einreichen.

(4) Gemäß Verordnung (EU) Nr. 907/2013 der Kommission zur Festlegung von Regeln für Anträge auf Verwendung allgemeiner Bezeichnungen[2] sollte ein gültiger Antrag an die Kommission und alle Mitgliedstaaten weitergeleitet werden; die vom Antrag betroffenen Mitgliedstaaten übermitteln der Kommission ihre Stellungnahmen.

(5) Nach Eingang eines gültigen Antrags und der Stellungnahmen der betroffenen Mitgliedstaaten kann die Kommission das Verfahren zur Genehmigung der allgemeinen Bezeichnung gemäß Artikel 1 Absatz 4 der Verordnung (EG) Nr. 1924/2006 in die Wege leiten.

(6) Am 13. April 2015 leitete die zuständige österreichische Behörde der Kommission einen Antrag des österreichischen Fachverbands der Nahrungs- und Genussmittelindustrie — vorgelegt gemäß Artikel 1 Absatz 4 der Verordnung (EG) Nr. 1924/2006 — dahingehend zu, dass die Begriffe „Hustenbonbon" und „Hustenstopper" in Österreich als allgemeine Bezeichnungen verwendet werden sollen.

(7) Am 13. April 2015 leitete die zuständige österreichische Behörde der Kommission einen Antrag der Drapal GmbH — vorgelegt gemäß Artikel 1 Absatz 4 der Verordnung (EG) Nr. 1924/2006 — dahingehend zu, dass der Begriff „Hustenzuckerl" in Österreich als allgemeine Bezeichnung verwendet werden soll.

(8) Am 19. Mai 2015 leitete die zuständige deutsche Behörde der Kommission einen Antrag des Bundesverbands der Deutschen Süßwarenin-

---

Zur Präambel
[1] *ABl. L 404 vom 30.12.2006, S. 9.*

Zu Abs. 4:
[2] *Verordnung (EU) Nr. 907/2013 der Kommission vom 20. September 2013 zur Festlegung von Regeln für Anträge auf Verwendung allgemeiner Bezeichnungen (ABl. L 251 vom 21.9.2013, S. 7).*

dustrie — vorgelegt gemäß Artikel 1 Absatz 4 der Verordnung (EG) Nr. 1924/2006 — dahingehend zu, dass der Begriff „Brust-Caramellen" in Deutschland und in Österreich als allgemeine Bezeichnung verwendet werden soll.

(9) Am 29. Mai 2015 leitete die zuständige deutsche Behörde der Kommission einen Antrag der SOLDAN Holding + Bonbonspezialitäten GmbH und des Bundesverbands der Deutschen Süßwarenindustrie — vorgelegt gemäß Artikel 1 Absatz 4 der Verordnung (EG) Nr. 1924/2006 — dahingehend zu, dass der Begriff „Hustenmischung" in Deutschland als allgemeine Bezeichnung verwendet werden soll.

(10) Am 8. Juni 2015 leitete die zuständige deutsche Behörde der Kommission einen Antrag der SOLDAN Holding + Bonbonspezialitäten GmbH — vorgelegt gemäß Artikel 1 Absatz 4 der Verordnung (EG) Nr. 1924/2006 — dahingehend zu, dass der Begriff „Hustenperle" in Deutschland als allgemeine Bezeichnung verwendet werden soll.

(11) Am 18. Juni 2015 leitete die zuständige deutsche Behörde der Kommission zwei Anträge der SOLDAN Holding + Bonbonspezialitäten GmbH und des Bundesverbands der Deutschen Süßwarenindustrie — vorgelegt gemäß Artikel 1 Absatz 4 der Verordnung (EG) Nr. 1924/2006 — dahingehend zu, dass die Begriffe „Halsbonbon" und „keelpastille" in Deutschland („Halsbonbon") bzw. in den Niederlanden („keelpastille") als allgemeine Bezeichnung verwendet werden sollen.

(12) Am 18. November 2015 leitete die zuständige deutsche Behörde der Kommission drei Anträge der SOLDAN Holding + Bonbonspezialitäten GmbH, der Josef Mack GmbH & Co. KG und des Bundesverbands der Deutschen Süßwarenindustrie — vorgelegt gemäß Artikel 1 Absatz 4 der Verordnung (EG) Nr. 1924/2006 — dahingehend zu, dass die Begriffe „Hustenbonbon", „hoestbonbon", „rebuçados para a tosse" und „cough drops" in Deutschland und Österreich („Hustenbonbon"), den Niederlanden („hoestbonbon"), in Portugal („rebuçados para a tosse") bzw. im Vereinigten Königreich („cough drops") als allgemeine Bezeichnung verwendet werden sollen.

(13) Die zuständigen Behörden Österreichs und Deutschlands leiteten die Anträge allen anderen Mitgliedstaaten zu. Die zuständigen Behörden der betroffenen Mitgliedstaaten gaben bei der Kommission ihre Stellungnahmen zu den Anträgen ab.

(14) Die Begriffe „Hustenbonbon", „Hustenstopper", „Hustenzuckerl", „Brust-Caramellen", „Hustenmischung", „Hustenperle", „Halsbonbon", „keelpastille", „hoestbonbon", „rebuçados para a tosse", und „cough drops" fallen in den Anwendungsbereich der Verordnung (EG) Nr. 1924/2006, da sie darauf hindeuten können, dass ein Zusammenhang zwischen den so bezeichneten Lebensmitteln einerseits und der Gesundheit andererseits besteht.

(15) Allerdings wurde nachgewiesen, dass die Begriffe traditionell in Deutschland und Österreich („Hustenbonbon", „Brust-Caramellen"), in Deutschland („Halsbonbon", „Hustenmischung", „Hustenperle"), in Österreich („Hustenstopper", „Hustenzuckerl"), in den Niederlanden („keelpastille", „hoestbonbon"), in Portugal („rebuçados para a tosse") und im Vereinigten Königreich („cough drops") im Sinne des Artikels 1 Absatz 4 der genannten Verordnung als allgemeine Bezeichnungen für eine Kategorie von Süßigkeiten auf der Basis von Zuckerarten oder in zuckerfreien oder kalorienreduzierten Varianten auf der Basis von Süßungsmitteln (Polyole und/oder andere Süßungsmittel) verwendet werden, die Extrakte von Kräutern, Früchten oder anderen Pflanzensubstanzen (z. B. Menthol), Honig oder Malz enthalten.

(16) Insbesondere werden die Begriffe „Hustenbonbon", „Brust-Caramellen", „Halsbonbon", „Hustenmischung", „Hustenperle", „Hustenstopper", „Hustenzuckerl", „keelpastille", „hoestbonbon", „rebuçados para a tosse" und „cough drops" in Deutschland, Österreich, den Niederlanden, Portugal bzw. im Vereinigten Königreich nicht verwendet, um eine Auswirkung dieser Kategorie von Lebensmitteln auf die Gesundheit anzugeben, und sie veranlassen den Durchschnittsverbraucher auch nicht zu der Annahme, dass sich diese Kategorie von Lebensmitteln auf die Gesundheit auswirkt.

(17) Eine Ausnahme von der Verordnung (EG) Nr. 1924/2006 sollte daher für die Verwendung der allgemeinen Bezeichnungen „Hustenbonbon" und „Brust-Caramellen" in Deutschland und Österreich, „Halsbonbon", „Hustenmischung" und „Hustenperle" in Deutschland, „Hustenstopper" und „Hustenzuckerl" in Österreich, „keelpastille" und „hoestbonbon" in den Niederlanden, „rebuçados para a tosse" in Portugal und „cough drops" im Vereinigten Königreich gewährt werden, wenn sie im entsprechenden Mitgliedstaat für Süßigkeiten auf der Basis von Zuckerarten oder zuckerfreien und kalorienreduzierten Varianten auf Basis von Süßungsmitteln (Polyole und/oder andere Süßungsmittel) verwendet werden, die Extrakte von Kräutern, Früchten oder

anderen Pflanzensubstanzen, Honig oder Malz enthalten.

(18) Am 12. Januar 2017 leitete die zuständige finnische Behörde der Kommission einen Antrag des finnischen Fachverbands der Nahrungsmittelindustrie — vorgelegt gemäß Artikel 1 Absatz 4 der Verordnung (EG) Nr. 1924/2006 — dahingehend zu, dass der Begriff „kurkkupastilli/halspastill" in Finnland als allgemeine Bezeichnung verwendet werden soll.

(19) Die zuständige finnische Behörde leitete den Antrag allen anderen Mitgliedstaaten zu; sie gab bei der Kommission auch ihre Stellungnahme zu dem Antrag ab.

(20) Der Begriff „kurkkupastilli/halspastill" fällt in den Anwendungsbereich der Verordnung (EG) Nr. 1924/2006, da er darauf hindeuten kann, dass ein Zusammenhang zwischen den so bezeichneten Lebensmitteln einerseits und der Gesundheit andererseits besteht. Allerdings wurde nachgewiesen, dass dieser Begriff traditionell in Finnland im Sinne des Artikels 1 Absatz 4 der genannten Verordnung als allgemeine Bezeichnung für eine Kategorie von Süßigkeiten auf der Basis von Zuckerarten oder in zuckerfreien oder kalorienreduzierten Varianten auf der Basis von Süßungsmitteln (Polyole und/oder andere Süßungsmittel) verwendet wird.

(21) Insbesondere wird der Begriff „kurkkupastilli/halspastill" in Finnland nicht verwendet, um eine Auswirkung dieser Kategorie von Lebensmitteln auf die Gesundheit anzugeben, und er veranlasst den Durchschnittsverbraucher auch nicht zu der Annahme, dass sich diese Kategorie von Lebensmitteln auf die Gesundheit auswirkt.

(22) Eine Ausnahme von der Verordnung (EG) Nr. 1924/2006 sollte daher für die Verwendung der allgemeinen Bezeichnung „kurkkupastilli/halspastill" gewährt werden, wenn sie in Finnland für harte Süßigkeiten auf der Basis von Zuckerarten oder die zuckerfreien oder kalorienreduzierten Varianten auf der Basis von Süßungsmitteln (Polyole und/oder andere Süßungsmittel) verwendet wird.

(23) Am 13. April 2015 leitete die zuständige österreichische Behörde der Kommission einen Antrag der Drapal GmbH — vorgelegt gemäß Artikel 1 Absatz 4 der Verordnung (EG) Nr. 1924/2006 — dahingehend zu, dass der Begriff „Hustensirup" in Österreich als allgemeine Bezeichnung verwendet werden soll.

(24) Die zuständige österreichische Behörde leitete den Antrag allen anderen Mitgliedstaaten zu; sie gab bei der Kommission auch ihre Stellungnahme zu dem Antrag ab.

(25) Der Begriff „Hustensirup" fällt in den Anwendungsbereich der Verordnung (EG) Nr. 1924/2006, da er darauf hindeuten kann, dass ein Zusammenhang zwischen den so bezeichneten Lebensmitteln einerseits und der Gesundheit andererseits besteht. Allerdings wurde nachgewiesen, dass dieser Begriff traditionell in Österreich im Sinne des Artikels 1 Absatz 4 der genannten Verordnung als allgemeine Bezeichnung für eine Kategorie von Süßwaren aus Lösungen von Zucker, Stärkesirup, Invertzucker und/oder Honig unter Zusatz von pflanzlichen Bestandteilen verwendet wird und „Hustensirup" eine Kategorie von Erzeugnissen in Sirupform bezeichnet.

(26) Insbesondere wird der Begriff „Hustensirup" nicht verwendet, um eine Auswirkung auf die Gesundheit dieser Kategorie von Lebensmitteln anzugeben, und er veranlasst den Durchschnittsverbraucher in Österreich auch nicht zu der Annahme, dass sich diese Kategorie von Lebensmitteln auf die Gesundheit auswirkt.

(27) Eine Ausnahme von der Verordnung (EG) Nr. 1924/2006 sollte daher für die Verwendung der allgemeinen Bezeichnung „Hustensirup" gewährt werden, wenn sie in Österreich für Süßwaren aus Lösungen von Zucker, Stärkesirup, Invertzucker und/oder Honig unter Zusatz von pflanzlichen Bestandteilen in Sirupform verwendet wird.

(28) Die Definitionen von Zuckerarten für die menschliche Ernährung wurden in Teil A des Anhangs der Richtlinie 2001/111/EG des Rates[3] festgelegt. Zur Gewährleistung der Rechtssicherheit sollten diese Definitionen auch für die Zwecke der vorliegenden Verordnung gelten.

(29) Am 2. April 2015 leitete die zuständige britische Behörde der Kommission einen Antrag der British Soft Drinks Association — vorgelegt gemäß Artikel 1 Absatz 4 der Verordnung (EG) Nr. 1924/2006 — dahingehend zu, dass der (englische) Begriff „tonic", der als Teil der beschreibenden Bezeichnung eines Getränks in Form von Tonic, „Indian tonic water" oder chininhaltigem Tonic verwendet und in den beschreibenden Bezeichnungen hierfür durch „tonique" (im Französischen), „tónico" bzw. „tonica" (im

---

Zu Abs. 28:
[3] *Richtlinie 2001/111/EG des Rates vom 20. Dezember 2001 über bestimmte Zuckerarten für die menschliche Ernährung (ABl. L 10 vom 12.1.2002, S. 53).*

Italienischen, Spanischen und Portugiesischen), „τονωτικό" bzw. „tonotiko" (im Griechischen), „tonik" (im Kroatischen, Tschechischen, Ungarischen, Polnischen, Slowakischen und Slowenischen) bzw. „тоник" (im Bulgarischen) ersetzt wird, als allgemeine Bezeichnung in allen Mitgliedstaaten mit Ausnahme Rumäniens verwendet werden soll.

(30) Am 30. September 2015 leitete die zuständige rumänische Behörde der Kommission einen Antrag des rumänischen Softdrinkverbands — vorgelegt gemäß Artikel 1 Absatz 4 der Verordnung (EG) Nr. 1924/2006 — dahingehend zu, dass der (englische) Begriff „tonic", der als Teil der beschreibenden Bezeichnung eines Getränks in Form von Tonic, „Indian tonic water" oder chininhaltigem Tonic verwendet wird und in den beschreibenden Bezeichnungen hierfür durch „tónico", „tonică" bzw. „tonica" (im Rumänischen) ersetzt wird, als allgemeine Bezeichnung in Rumänien verwendet werden soll.

(31) Die zuständigen Behörden Großbritanniens und Rumäniens leiteten die Anträge allen anderen Mitgliedstaaten zu; die Mitgliedstaaten gaben bei der Kommission ihre Stellungnahmen zu den Anträgen ab.

(32) Die zuständige griechische Behörde ist der Ansicht, bei dem Begriff „τονωτικό" bzw. tonotiko (in lateinischer Umschrift) handle es sich um eine gesundheitsbezogene Angabe im Sinne der Verordnung (EG) Nr. 1924/2006. Die zuständige griechische Behörde ist außerdem der Ansicht, dass für nichtalkoholische chininhaltige Getränke der Begriff „tonic" als Bestandteil der verkehrsüblichen Bezeichnung des Lebensmittels in Griechenland traditionell weit verbreitet ist.

(33) Die zuständigen Behörden Deutschlands und Österreichs sind der Meinung, der Begriff „tonic" als Teil von „tonic water", „Indian tonic water" oder „chininhaltiges Tonic" sei Teil einer verkehrsüblichen Bezeichnung des Getränks und falle damit nicht in den Anwendungsbereich der Verordnung (EG) Nr. 1924/2006.

(34) Die zuständige Behörde Frankreichs vertritt die Auffassung, der Begriff „tonique" werde nicht für nichtalkoholische kohlensäurehaltige Getränke mit dem Bitterstoff Chinin verwendet.

(35) Einige zuständige Behörden sind der Ansicht, bei Ersetzung des (englischen) Begriffs „tonic" durch „tonik" auf Kroatisch, Ungarisch, Polnisch und Slowenisch handle es sich in diesen Mitgliedstaaten nicht um eine gesundheitsbezogene Angabe im Sinne der Verordnung (EG) Nr. 1924/2006; ihrer Meinung nach fielen diese Begriffe daher nicht in den Anwendungsbereich der Verordnung.

(36) Der Begriff „tonic" und die gleichwertigen linguistischen Formen — „tonik", „tónico", „tónica" und „tonică" — fallen bei Verwendung als Teil der beschreibenden Bezeichnung eines Getränks in den Anwendungsbereich der Verordnung (EG) Nr. 1924/2006, da sie darauf hindeuten können, dass ein Zusammenhang zwischen den so bezeichneten Lebensmitteln einerseits und der Gesundheit andererseits besteht. Allerdings wurde nachgewiesen, dass diese Begriffe traditionell im Sinne des Artikels 1 Absatz 4 der genannten Verordnung als allgemeine Bezeichnungen für eine Kategorie von Getränken — nichtalkoholische kohlensäurehaltige Getränke mit dem Bitterstoff Chinin in Form der Aromen FL 14.011, FL 14.152 oder 14.155 gemäß der Unionsliste der Aromen aus der Verordnung (EG) Nr. 1334/2008 des Europäischen Parlaments und des Rates[4] über Aromen und bestimmte Lebensmittelzutaten mit Aromaeigenschaften zur Verwendung in und auf Lebensmitteln — verwendet wird.

(37) Insbesondere werden der Begriff „tonic" und die gleichwertigen linguistischen Formen — „tonik", „tónico", „tónica" und „tonică" — bei Verwendung als Teil der beschreibenden Bezeichnung eines Getränks nicht verwendet, um eine Auswirkung auf die Gesundheit dieser Kategorie von Getränken anzugeben, und sie veranlassen den Durchschnittsverbraucher auch nicht zu der Annahme, dass sich diese Kategorie von Getränken auf die Gesundheit auswirkt.

(38) Eine Ausnahme von der Verordnung (EG) Nr. 1924/2006 sollte daher für die Verwendung der allgemeinen (englischen) Bezeichnung „tonic" gelten, wenn sie als Teil der beschreibenden Bezeichnung eines nichtalkoholischen kohlensäurehaltigen Getränks mit dem Bitterstoff Chinin in Form der Aromen FL 14.011, FL 14.152 oder 14.155 gemäß der Unionsliste der Aromen aus der Verordnung (EG) Nr. 1334/2008 verwendet wird. Der (englische) Begriff „tonic" kann in der beschreibenden Bezeichnung durch „тоник" (im Bulgarischen), „tonik" (im Tschechischen und Slowakischen), „tónica" (im Spanischen und Portugiesischen), „tonica" (im Italienischen) oder „tonică" (im Rumänischen) ersetzt werden.

Zu Abs. 36:
[4] *Verordnung (EG) Nr. 1334/2008 des Europäischen Parlaments und des Rates vom 16. Dezember 2008 über Aromen und bestimmte Lebensmittelzutaten mit Aromaeigenschaften zur Verwendung in und auf Lebensmitteln sowie zur Änderung der Verordnung (EWG) Nr. 1601/91 des Rates, der Verordnungen (EG) Nr. 2232/96 und (EG) Nr. 110/2008 und der Richtlinie 2000/13/EG (ABl. L 354 vom 31.12.2008, S. 34).*

(39) Am 23. April 2015 leitete die zuständige italienische Behörde der Kommission einen Antrag der Monviso S.P. A. — vorgelegt gemäß Artikel 1 Absatz 4 der Verordnung (EG) Nr. 1924/2006 — dahingehend zu, dass der Begriff „biscotto salute" in Italien und Malta als allgemeine Bezeichnung verwendet werden soll.

(40) Die zuständige italienische Behörde leitete die Anträge allen anderen Mitgliedstaaten zu; die betroffenen Mitgliedstaaten gaben bei der Kommission ihre Stellungnahmen zu den Anträgen ab.

(41) Der Begriff „biscotto salute" fällt in den Anwendungsbereich der Verordnung (EG) Nr. 1924/2006, da er darauf hindeuten kann, dass ein Zusammenhang zwischen den so bezeichneten Lebensmitteln einerseits und der Gesundheit andererseits besteht. Allerdings wurde nachgewiesen, dass dieser Begriff traditionell in Italien im Sinne des Artikels 1 Absatz 4 der genannten Verordnung als allgemeine Bezeichnung für eine Kategorie zwiebackartiger Backwaren verwendet wird.

(42) Insbesondere wird der Begriff „biscotto salute" nicht verwendet, um eine Auswirkung auf die Gesundheit dieser Kategorie von Lebensmitteln anzugeben, und er veranlasst den Durchschnittsverbraucher in Italien auch nicht zu der Annahme, dass sich diese Kategorie von Lebensmitteln auf die Gesundheit auswirkt.

(43) Malta gab an, der Begriff „biscotto salute" würde im maltesischen Markt nicht für zwiebackartige Backwaren verwendet.

(44) Eine Ausnahme von der Verordnung (EG) Nr. 1924/2006 sollte daher für die Verwendung der allgemeinen Bezeichnung „biscotto salute" gewährt werden, wenn sie in Italien für zwiebackartige Backwaren verwendet wird.

(45) Die in dieser Verordnung vorgesehenen Maßnahmen entsprechen der Stellungnahme des Ständigen Ausschusses für Pflanzen, Tiere, Lebensmittel und Futtermittel —

HAT FOLGENDE VERORDNUNG ERLASSEN:

Artikel 1

Die im Anhang der vorliegenden Verordnung aufgeführten allgemeinen Bezeichnungen sind von der Anwendung des Artikels 1 Absatz 3 der Verordnung (EG) Nr. 1924/2006 zu den in diesem Anhang festgelegten Bedingungen ausgenommen.

Artikel 2

Für die Zwecke der vorliegenden Verordnung gelten die in Teil A des Anhangs der Richtlinie 2001/111/EG des Rates festgelegten Definitionen für Zuckerarten für die menschliche Ernährung.

Artikel 3

Diese Verordnung tritt am zwanzigsten Tag nach ihrer Veröffentlichung im *Amtsblatt der Europäischen Union* in Kraft.

Diese Verordnung ist in allen ihren Teilen verbindlich und gilt unmittelbar in jedem Mitgliedstaat.

Brüssel, den 28. Februar 2019

Für die Kommission
Der Präsident
Jean-Claude JUNCKER

14/4. EU-Claims Ausnahmen
ANHANG

ANHANG

ANHANG

Lebensmittelkategorie	Allgemeine Bezeichnung	Mitgliedstaaten, in denen die Ausnahme gilt
Harte oder weiche Süßigkeiten auf der Basis von Zuckerarten oder die zuckerfreien und kalorienreduzierten Varianten auf Basis von Süßungsmitteln (Polyole und/oder andere Süßungsmittel), die Extrakte von Kräutern, Früchten oder anderen Pflanzensubstanzen, Honig oder Malz enthalten	Brust-Caramellen, Hustenbonbon	Deutschland, Österreich
	Halsbonbon, Hustenmischung, Hustenperle	Deutschland
	Hustenstopper, Hustenzuckerl	Österreich
	Cough drops	Vereinigtes Königreich
	Hoestbonbon, Keelpastille	Niederlande
	Rebuçados para a tosse	Portugal
Harte Süßigkeiten auf der Basis von Zuckerarten oder die zuckerfreien und kalorienreduzierten Varianten auf Basis von Süßungsmitteln (Polyole und/oder andere Süßungsmittel)	Kurkkupastilli/Halspastill	Finnland
Süßwaren aus Lösungen von Zucker, Stärkesirup, Invertzucker und/oder Honig unter Zusatz von pflanzlichen Bestandteilen in Sirupform	Hustensirup	Österreich
Nichtalkoholisches kohlensäurehaltiges Getränk mit dem Bitterstoff Chinin in Form der Aromen FL 14.011, FL 14.152 oder 14.155 gemäß der Unionsliste der Aromen in Anhang I der Verordnung (EG) Nr. 1334/2008	Folgende Begriffe bei Verwendung als Teil der beschreibenden Bezeichnung des Getränks: „tonic" (im Englischen), ersetzt durch „Тоник" (im Bulgarischen), „tonik" (im Tschechischen und Slowakischen), „tónica" (im Spanischen und Portugiesischen), „tonica" (im Italienischen), „tonică" (im Rumänischen)	Alle Mitgliedstaaten
Zwiebackartige Backwaren	Biscotto salute	Italien

15. Verordnung (EG) Nr. 1925/2006 über den Zusatz von Vitaminen und Mineralstoffen sowie bestimmten anderen Stoffen zu Lebensmitteln

ABl L 404 vom 30. 12. 2006, S. 26 idF

1 ABl L 39 vom 13. 2. 2008, S. 11
2 ABl L 50 vom 23. 2. 2008, S. 71 (Berichtigung)
3 ABl L 314 vom 1. 12. 2009, S. 36
4 ABl L 203 vom 5. 8. 2010, S. 21 (Berichtigung)
5 ABl L 296 vom 15. 11. 2011, S. 29
6 ABl L 304 vom 22. 11. 2011, S. 18
7 ABl L 39 vom 8. 2. 2014, S. 44
8 ABl L 67 vom 12. 3. 2015, S. 4
9 ABl L 173 vom 6. 7. 2017, S. 9
10 ABl L 110 vom 25. 4. 2019, S. 17
11 ABl L 110 vom 25. 4. 2019, S. 21
12 ABl L 96 vom 19. 3. 2019, S. 6

Verordnung (EG) Nr. 1925/2006 des Europäischen Parlaments und des Rates vom 20. Dezember 2006 über den Zusatz von Vitaminen und Mineralstoffen sowie bestimmten anderen Stoffen zu Lebensmitteln

DAS EUROPÄISCHE PARLAMENT UND DER RAT DER EUROPÄISCHEN UNION —

gestützt auf den Vertrag zur Gründung der Europäischen Gemeinschaft, insbesondere auf Artikel 95,

auf Vorschlag der Kommission,

nach Stellungnahme des Europäischen Wirtschafts- und Sozialausschusses[1],

gemäß dem Verfahren des Artikels 251 des Vertrags[2],

in Erwägung nachstehender Gründe:

(1) Es gibt eine breite Palette von Nährstoffen und anderen Zutaten, die Lebensmitteln bei der Herstellung zugesetzt werden können, unter anderem Vitamine, Mineralstoffe einschließlich Spurenelementen, Aminosäuren, essenzielle Fettsäuren, Ballaststoffe, verschiedene Pflanzen und Kräuterextrakte. Ihr Zusatz zu Lebensmitteln ist in den Mitgliedstaaten durch unterschiedliche nationale Vorschriften geregelt, die den freien Verkehr dieser Erzeugnisse behindern, ungleiche Wettbewerbsbedingungen schaffen und somit direkte Auswirkungen auf das Funktionieren des Binnenmarktes haben. Daher ist es notwendig, Gemeinschaftsvorschriften zur Harmonisierung der nationalen Bestimmungen über den Zusatz von Vitaminen und Mineralstoffen sowie bestimmten anderen Stoffen zu Lebensmitteln zu erlassen.

(2) Mit dieser Verordnung soll der Zusatz von Vitaminen und Mineralstoffen zu Lebensmitteln sowie die Verwendung bestimmter anderer Stoffe oder Zutaten geregelt werden, die andere Stoffe als Vitamine oder Mineralstoffe enthalten und Lebensmitteln zugesetzt werden oder bei der Herstellung von Lebensmitteln unter Bedingungen verwendet werden, die zur Aufnahme von Mengen führen, welche weit über den unter normalen Bedingungen bei einer ausgewogenen und abwechslungsreichen Ernährung vernünftigerweise anzunehmenden Mengen liegen und/oder die sonst ein potenzielles Risiko für die Verbraucher bergen. Bestehen keine spezifischen Gemeinschaftsvorschriften über ein Verbot oder eine Beschränkung der Verwendung von unter diese Verordnung oder andere spezifische Gemeinschaftsvorschriften fallenden Stoffen oder Zutaten, die andere Stoffe als Vitamine oder Mineralstoffe enthalten, so können unbeschadet der Bestimmungen des Vertrags einschlägige einzelstaatliche Vorschriften angewendet werden.

(3) In einigen Mitgliedstaaten ist der obligatorische Zusatz einiger Vitamine und Mineralstoffe in bestimmten herkömmlichen Lebensmitteln aus Gründen der öffentlichen Gesundheit vorgeschrieben. Derartige Gründe mögen aus Sicht der öffentlichen Gesundheit auf nationaler und sogar auf regionaler Ebene berechtigt sein, können jedoch zum jetzigen Zeitpunkt nicht als Grundlage für gemeinschaftsweit geltende Harmonisierungsvorschriften über den obligatorischen Zusatz von Nährstoffen dienen. Sofern dies jedoch erforderlich werden sollte, könnten derartige Bestimmungen auf Gemeinschaftsebene erlassen werden. In der Zwischenzeit wäre es sinnvoll, Informationen über solche nationalen Maßnahmen zusammenzustellen.

Zur Präambel
[1] ABl. C 112 vom 30.4.2004, S. 44.
[2] Stellungnahme des Europäischen Parlaments vom 26. Mai 2005 (ABl. C 117 E vom 18.5.2006, S. 206), Gemeinsamer Standpunkt des Rates vom 8. Dezember 2005 (ABl. C 80 E vom 4.4.2006, S. 27) und Standpunkt des Europäischen Parlaments vom 16. Mai 2006 (noch nicht im Amtsblatt veröffentlicht). Beschluss des Rates vom 12. Oktober 2006.

(4) Die Lebensmittelhersteller dürfen Lebensmitteln Vitamine und Mineralstoffe freiwillig zusetzen oder sind gemäß einschlägiger Gemeinschaftsvorschriften dazu verpflichtet, sie als Nährstoffe zuzusetzen. Sie dürfen auch zu technologischen Zwecken als Zusatzstoffe, Farbstoffe, Aromastoffe oder zu anderen derartigen Zwecken zugesetzt werden, einschließlich zugelassener önologischer Verfahren und Verarbeitung, die in den entsprechenden Gemeinschaftsvorschriften vorgesehen sind. Diese Verordnung sollte unbeschadet bereits geltender spezifischer Gemeinschaftsvorschriften über den Zusatz oder die Verwendung von Vitaminen und Mineralstoffen zu bzw. in speziellen Erzeugnissen oder Erzeugnisgruppen oder ihren Zusatz aus anderen als den unter diese Verordnung fallenden Zwecken gelten.

(5) Da mit der Richtlinie 2002/46/EG des Europäischen Parlaments und des Rates vom 10. Juni 2002 zur Angleichung der Rechtsvorschriften der Mitgliedstaaten über Nahrungsergänzungsmittel[3] detaillierte Vorschriften über Nahrungsergänzungsmittel, die Vitamine und Mineralstoffe enthalten, erlassen wurden, sollten die Bestimmungen der vorliegenden Verordnung hinsichtlich Vitaminen und Mineralstoffen nicht für Nahrungsergänzungsmittel gelten.

(6) Die Hersteller setzen Lebensmitteln Vitamine und Mineralstoffe zu verschiedenen Zwecken zu, unter anderem, um bei Lebensmitteln den Gehalt wiederherzustellen, wenn dieser bei der Herstellung, Lagerung oder dem Behandeln reduziert wurde, oder um einen vergleichbaren Nährwert wie bei Lebensmitteln herbeizuführen, zu denen sie als Alternative gedacht sind.

(7) Eine angemessene, abwechslungsreiche Ernährung kann in der Regel alle für eine normale Entwicklung und die Gesunderhaltung erforderlichen Nährstoffe in den Mengen liefern, wie sie aufgrund allgemein anerkannter wissenschaftlicher Daten festgelegt wurden und empfohlen werden. Aus Untersuchungen geht jedoch hervor, dass dieser Idealfall weder auf alle Vitamine und Mineralstoffe noch auf alle Bevölkerungsgruppen in der Gemeinschaft zutrifft. Lebensmittel mit zugesetzten Vitaminen und Mineralstoffen scheinen in signifikanter Weise zur Aufnahme dieser Nährstoffe beizutragen, so dass man davon ausgehen kann, dass sie einen positiven Beitrag zur Gesamtzufuhr liefern.

(8) In der Gemeinschaft können derzeit einige, wenn auch nicht sehr häufig auftretende Nährstoffdefizite nachgewiesen werden. Veränderungen der sozioökonomischen Lage in der Gemeinschaft und die Lebensweisen verschiedener Bevölkerungsgruppen haben zu unterschiedlichen Ernährungsanforderungen und zu sich ändernden Ernährungsgewohnheiten geführt. Dies wiederum hat zu Änderungen des Energie- und Nährstoffbedarfs geführt, sowie zu Zufuhrmengen an bestimmten Vitaminen und Mineralstoffen bei verschiedenen Bevölkerungsgruppen, die unterhalb der in den verschiedenen Mitgliedstaaten empfohlenen Menge liegen. Außerdem weisen neuere wissenschaftliche Daten darauf hin, dass die Zufuhrmengen an bestimmten Nährstoffen zur Erhaltung einer optimalen Gesundheit und eines optimalen Wohlbefindens höher als die derzeit empfohlenen sein könnten.

(9) Für den Zusatz zu Lebensmitteln sollten nur Vitamine und Mineralstoffe zugelassen werden, die in der Ernährung normalerweise vorkommen, als Bestandteil der Ernährung verzehrt und als essenzielle Nährstoffe betrachtet werden, was jedoch nicht bedeutet, dass ihr Zusatz notwendig ist. Eine mögliche Kontroverse darüber, um welche essenziellen Nährstoffe es sich dabei handelt, sollte vermieden werden. Daher ist es zweckmäßig, eine Positivliste dieser Vitamine und Mineralstoffe zu erstellen.

(10) Die chemischen Stoffe, die als Quelle der Vitamine und Mineralstoffe verwendet werden und die Lebensmitteln zugesetzt werden dürfen, müssen sicher und auch bioverfügbar, d.h. für den Körper verwertbar sein. Daher sollte auch für diese Stoffe eine Positivliste erstellt werden. Diese Liste sollte diejenigen Stoffe enthalten, die der Wissenschaftliche Ausschuss „Lebensmittel" in einer Stellungnahme vom 12. Mai 1999 anhand der genannten Kriterien Sicherheit und Bioverfügbarkeit gebilligt hat und die bei der Herstellung von Lebensmitteln für Säuglinge und Kleinkinder, von anderen Lebensmitteln für besondere Ernährungszwecke oder von Nahrungsergänzungsmitteln verwendet werden können. Natriumchlorid (Kochsalz) wird zwar nicht in dieser Liste aufgeführt, darf jedoch weiter als Zutat bei der Zubereitung von Lebensmitteln verwendet werden.

(11) Um mit den wissenschaftlichen und technologischen Entwicklungen Schritt zu halten, ist gegebenenfalls eine rasche Überarbeitung der Listen erforderlich. Solche Überarbeitungen stellen technische Durchführungsmaßnahmen dar deren Erlass zur Verfahrensvereinfachung und beschleunigung der Kommission übertragen werden sollte.

Zu Abs. 5:

[3] ABl. L 183 vom 12.7.2002, S. 51. Geändert durch die Richtlinie 2006/37/EG der Kommission (ABl. L 94 vom 1.4.2006, S. 32).

(12) Lebensmittel, denen Vitamine und Mineralstoffe zugesetzt wurden, werden meistens von den Herstellern beworben und können bei den Verbrauchern den Eindruck erwecken, als handele es sich dabei um Erzeugnisse mit einem nährstoffbezogenen, physiologischen oder sonstigen gesundheitlichen Vorteil gegenüber ähnlichen oder anderen Erzeugnissen, denen diese Nährstoffe nicht zugesetzt wurden. Dies kann zu Verbraucherentscheidungen führen, die ansonsten möglicherweise unerwünscht sind. Um dieser möglichen unerwünschten Wirkung zu begegnen, wird es als sinnvoll erachtet, für Erzeugnisse, denen Vitamine und Mineralstoffe zugesetzt werden können, einige Beschränkungen vorzusehen, zusätzlich zu denjenigen, die sich aus technologischen Überlegungen ergeben oder die aus Sicherheitsgründen erforderlich werden, wenn Höchstgrenzen für Vitamine und Mineralstoffe in derartigen Erzeugnissen festgelegt werden. Der im Erzeugnis vorhandene Gehalt an bestimmten Stoffen, wie z.B. Alkohol, wäre in diesem Zusammenhang ein geeignetes Kriterium dafür, einen Zusatz an Vitaminen und Mineralstoffen nicht zu erlauben. Ausnahmen von dem Verbot des Zusatzes von Vitaminen und Mineralstoffen zu alkoholischen Getränken sollten ausschließlich zu dem Zweck gewährt werden, traditionelle Weinrezepte zu schützen, wobei die Kommission über die betreffenden Erzeugnisse zu unterrichten ist. Es dürfen keinerlei Angaben über die nährwert- oder gesundheitsbezogenen Vorteile der Zusätze gemacht werden. Überdies sollten, damit bei den Verbrauchern keine Verwirrung über den natürlichen Nährwert frischer Lebensmittel entsteht, diesen keine Vitamine und Mineralstoffe zugesetzt werden dürfen.

(13) Werden Vitamine und Mineralstoffe in Spurenmengen als Authentizitätsindikatoren verwendet, um Betrug vorzubeugen, so fällt diese Verwendung nicht unter die vorliegende Verordnung.

(14) Eine übermäßige Zufuhr an Vitaminen und Mineralstoffen kann schädliche Auswirkungen auf die Gesundheit haben, weshalb es gegebenenfalls erforderlich ist, sichere Höchstgehalte für den Zusatz dieser Stoffe zu Lebensmitteln festzulegen. Diese Gehalte müssen die Gewähr dafür bieten, dass die normale Verwendung der Erzeugnisse gemäß den Anweisungen des Herstellers und im Rahmen einer abwechslungsreichen Ernährung für die Verbraucher sicher ist. Daher sollte es sich um sichere Gesamthöchstgehalte an den Vitaminen und Mineralstoffen handeln, die dem Lebensmittel natürlicherweise vorhanden sind und/oder diesem — zu welchem Zweck auch immer, einschließlich zu technologischen Zwecken — zugesetzt werden.

(15) Daher sollten bei der Festsetzung solcher Höchstgehalte und etwa erforderlicher sonstiger Bedingungen, die den Zusatz dieser Nährstoffe zu Lebensmitteln einschränken, die sicheren Höchstgehalte, die im Rahmen einer wissenschaftlichen Risikobewertung auf der Grundlage allgemein akzeptierter wissenschaftlicher Daten festgelegt wurden, sowie ihre mögliche Zufuhr über andere Lebensmittel berücksichtigt werden. Außerdem sollte die Bevölkerungsreferenzzufuhr an Vitaminen und Mineralstoffen gebührend berücksichtigt werden. Sofern es erforderlich ist, Beschränkungen für bestimmte Vitamine und Mineralstoffe hinsichtlich der Lebensmittel festzulegen, denen sie zugesetzt werden dürfen (z.B. der Zusatz von Jod zu Salz), sollte dabei dem Zweck des Zusatzes, der Wiederherstellung des Nährstoffgehalts, wenn dieser bei der Herstellung, Lagerung oder Behandlung reduziert wurde, oder der Herbeiführung eines vergleichbaren Nährwerts bei Lebensmitteln, die als Alternative gedacht sind, Priorität eingeräumt werden.

(16) Vitamine und Mineralstoffe, die Lebensmitteln zugesetzt werden, sollten zu einem Mindestgehalt im Lebensmittel führen. Andernfalls würde das Vorhandensein zu geringer und unbedeutender Mengen in diesen angereicherten Lebensmitteln keinen Nutzen für die Verbraucher bringen und wäre irreführend. Dem gleichen Grundsatz entspringt die Anforderung, dass diese Nährstoffe im Lebensmittel in einer signifikanten Menge vorhanden sein sollten, damit sie bei der Nährwertkennzeichnung aufgeführt werden dürfen. Daher wäre es sinnvoll, dass der Mindestgehalt an Vitaminen und Mineralstoffen in Lebensmitteln, denen die Vitamine und Mineralstoffe zugesetzt wurden, den signifikanten Mengen entspricht, die vorhanden sein sollten, damit diese Nährstoffe bei der Nährwertkennzeichnung angegeben werden dürfen, wenn keine entsprechenden Ausnahmeregelungen vorgesehen sind.

(17) Die Festlegung von Höchstgehalten und etwaiger sonstiger Verwendungsbedingungen unter Anwendung der in dieser Verordnung niedergelegten Grundsätze und Kriterien sowie die Festlegung von Mindestgehalten stellen eine technische Durchführungsmaßnahme dar, deren Erlass zur Verfahrensvereinfachung und -beschleunigung der Kommission übertragen werden sollte.

(18) Die Richtlinie 2000/13/EG des Europäischen Parlaments und des Rates vom 20. März 2000 zur Angleichung der Rechtsvorschriften der Mitgliedstaaten über die Etikettierung und Aufmachung von Lebensmitteln sowie die Werbung

15. EG-AnreicherungsV
Artikel 1

hierfür[4] enthält allgemeine Kennzeichnungsvorschriften und Definitionen. Die vorliegende Verordnung sollte somit auf die erforderlichen zusätzlichen Vorschriften beschränkt werden. Diese sollten auch unbeschadet der Verordnung (EG) Nr. 1924/2006 des Europäischen Parlaments und des Rates vom 20. Dezember 2006 über nährwert- und gesundheitsbezogene Angaben über Lebensmittel[5] gelten.

(19) Aufgrund der Bedeutung von Erzeugnissen, denen Vitamine und Mineralstoffe zugesetzt wurden, für die Ernährung sowie aufgrund ihrer möglichen Wirkung auf die Ernährungsgewohnheiten und die gesamte Nährstoffzufuhr sollten die Verbraucher in der Lage sein, die gesamte Ernährungsqualität der Erzeugnisse zu beurteilen. Daher sollte die Nährwertkennzeichnung abweichend von Artikel 2 der Richtlinie 90/496/EWG des Rates vom 24. September 1990 über die Nährwertkennzeichnung von Lebensmitteln[6] obligatorisch sein.

(20) Eine normale und abwechslungsreiche Ernährung umfasst viele Zutaten, die ihrerseits aus vielen Stoffen zusammengesetzt sind. Die Aufnahme dieser Stoffe oder Zutaten bei normaler und herkömmlicher Verwendung und in der üblichen Ernährung wäre nicht bedenklich und braucht nicht geregelt zu werden. Einige andere Stoffe als Vitamine und Mineralstoffe oder Zutaten, die diese enthalten, werden Lebensmitteln als Auszüge oder Konzentrate zugesetzt und können dazu führen, dass sie in deutlich höherer Menge aufgenommen werden als bei einer angemessenen und abwechslungsreichen Ernährung. Die Sicherheit einer solchen Vorgehensweise ist in einigen Fällen starker Kritik ausgesetzt und ihr Nutzen ist unklar; daher sollte sie geregelt werden. In solchen Fällen ist es angezeigt, dass die Beweislast für die Sicherheit der Lebensmittel bei den Lebensmittelunternehmern liegt, da sie für die Sicherheit der Lebensmittel, die sie in Verkehr bringen, verantwortlich sind.

(21) Wegen des besonderen Charakters von Lebensmitteln mit zugesetzten Vitaminen und Mineralstoffen sollten die für die Überwachung zuständigen Stellen zusätzlich zu den üblichen über weitere Mittel verfügen, die die effiziente Überwachung dieser Erzeugnisse erleichtern.

(22) Da das Ziel dieser Richtlinie, nämlich das wirksame Funktionieren des Binnenmarktes für den Zusatz von Vitaminen und Mineralstoffen sowie bestimmten anderen Stoffen zu gewährleisten und gleichzeitig ein hohes Verbraucherschutzniveau sicherzustellen, auf Ebene der Mitgliedstaaten nicht ausreichend verwirklicht werden kann und daher besser auf Gemeinschaftsebene zu verwirklichen ist, kann die Gemeinschaft im Einklang mit dem in Artikel 5 des Vertrags niedergelegten Subsidiaritätsprinzip tätig werden. Entsprechend dem in demselben Artikel niedergelegten Grundsatz der Verhältnismäßigkeit geht diese Verordnung nicht über das zur Erreichung dieses Ziels erforderliche Maß hinaus, wobei von einem hohen Verbraucherschutzniveau ausgegangen wird.

(23) Die zur Durchführung dieser Verordnung erforderlichen Maßnahmen sollten gemäß dem Beschluss 1999/468/EG des Rates vom 28. Juni 1999 zur Festlegung der Modalitäten für die Ausübung der Kommission übertragenen Durchführungsbefugnisse[7] erlassen werden —

HABEN FOLGENDE VERORDNUNG ERLASSEN:

KAPITEL I
GEGENSTAND, ANWENDUNGSBEREICH UND DEFINITIONEN

Artikel 1
Gegenstand und Anwendungsbereich

(1) Mit dieser Verordnung werden die Rechts- und Verwaltungsvorschriften der Mitgliedstaaten über den Zusatz von Vitaminen und Mineralstoffen sowie bestimmten anderen Stoffen zu Lebensmitteln mit dem Ziel angeglichen, das wirksame Funktionieren des Binnenmarkts zu gewährleisten und gleichzeitig ein hohes Verbraucherschutzniveau sicherzustellen.

(2) Die Bestimmungen dieser Verordnung über Vitamine und Mineralstoffe gelten nicht für Nahrungsergänzungsmittel nach der Richtlinie 2002/46/EG.

(3) Diese Verordnung gilt unbeschadet spezifischer Bestimmungen in Gemeinschaftsvorschriften über

a) Lebensmittel, die für eine besondere Ernährung bestimmt sind, und, sofern keine spezifischen Bestimmungen vorliegen, unbeschadet der

---

Zu Abs. 18:
[4] ABl. L 109 vom 6.5.2000, S. 29. Zuletzt geändert durch die Richtlinie 2003/89/EG (ABl. L 308 vom 25.11.2003, S. 15).
[5] Siehe Seite 9 dieses Amtsblattes.
Zu Abs. 19:
[6] ABl. L 276 vom 6.10.1990, S. 40. Zuletzt geändert durch die Richtlinie 2003/120/EG der Kommission (ABl. L 333 vom 20.12.2003, S. 51).

Zu Abs. 23:
[7] ABl. L 184 vom 17.7.1999, S. 23.

Anforderungen an die Zusammensetzung solcher Erzeugnisse, die aufgrund der besonderen Ernährungsbedürfnisse der Menschen, für die sie bestimmt sind, erforderlich sind;

b) neuartige Lebensmittel und neuartige Lebensmittelzutaten;

c) genetisch veränderte Lebensmittel;

d) Lebensmittelzusatzstoffe und Aromastoffe;

e) zugelassene önologische Verfahren und Behandlungen.

Artikel 2
Definition

Im Sinne der Verordnung bezeichnet der Ausdruck

1. „Behörde" die Europäische Behörde für Lebensmittelsicherheit, die mit der Verordnung (EG) Nr. 178/2002 des Europäischen Parlaments und des Rates vom 28. Januar 2002 zur Festlegung der allgemeinen Grundsätze und Anforderungen des Lebensmittelrechts, zur Errichtung der Europäischen Behörde für Lebensmittelsicherheit und zur Festlegung von Verfahren zur Lebensmittelsicherheit[1]) eingesetzt wurde;

2. „anderer Stoff" einen anderen Stoff als ein Vitamin oder einen Mineralstoff, der eine ernährungsbezogene oder eine physiologische Wirkung hat.

KAPITEL II
ZUSATZ VON VITAMINEN UND MINERALSTOFFEN

Artikel 3
Voraussetzungen für den Zusatz von Vitaminen und Mineralstoffen

(1) Lebensmitteln dürfen nur die in Anhang I aufgeführten Vitamine und/oder Mineralstoffe in den in Anhang II aufgeführten Formen nach Maßgabe dieser Verordnung zugesetzt werden.

(2) Vitamine und Mineralstoffe in für den menschlichen Körper bioverfügbarer Form dürfen einem Lebensmittel unabhängig davon zugesetzt werden, ob sie normalerweise in dem Lebensmittel enthalten sind oder nicht, um insbesondere dem Umstand Rechnung zu tragen, dass

a) in der Bevölkerung oder in bestimmten Bevölkerungsgruppen ein Mangel an einem oder mehreren Vitaminen und/oder Mineralstoffen besteht, der anhand klinischer oder subklinischer Nachweise belegt werden kann oder der sich durch geschätzte niedrige Nährstoffaufnahmemengen ergibt, oder

b) die Möglichkeit besteht, den Ernährungszustand der Bevölkerung oder bestimmter Bevölkerungsgruppen zu verbessern und/oder aufgrund von Veränderungen der Ernährungsgewohnheiten entstandene mögliche Defizite bei der Zufuhr von Vitaminen oder Mineralstoffen über die Nahrung zu beheben, oder

c) sich die allgemein anerkannten wissenschaftlichen Kenntnisse über die Bedeutung von Vitaminen und Mineralstoffen in der Ernährung und deren gesundheitliche Auswirkungen weiterentwickelt haben.

(3) Änderungen der Listen, auf die in Absatz 1 des vorliegenden Artikels Bezug genommen wird, werden nach dem in Artikel 14 Absatz 3 genannten Regelungsverfahren mit Kontrolle erlassen, wobei die Stellungnahme der Behörde berücksichtigt wird.

Aus Gründen äußerster Dringlichkeit kann die Kommission auf das in Artikel 14 Absatz 4 genannte Dringlichkeitsverfahren zurückgreifen, um ein Vitamin oder einen Mineralstoff aus den in Absatz 1 dieses Artikels genannten Listen zu streichen.

Bevor die Kommission diese Änderungen vornimmt, führt sie mit betroffenen Gruppen, insbesondere mit der Lebensmittelindustrie und Verbraucherverbänden, Konsultationen durch.

(ABl L 39 vom 13. 2. 2008, S. 11)

Artikel 4
Beschränkungen des Zusatzes von Vitaminen und Mineralstoffen

Vitamine und Mineralstoffe dürfen nicht zugesetzt werden zu

a) nicht verarbeiteten Lebensmitteln, unter anderem jedoch nicht ausschließlich Obst, Gemüse, Fleisch, Geflügel und Fisch;

b) Getränken mit einem Alkoholgehalt von mehr als 1,2 % vol., außer, in Abweichung von Artikel 3 Absatz 2, Erzeugnissen,

i) die in Artikel 44 Absätze 6 und 13 der Verordnung (EG) Nr. 1493/1999 des Rates vom 17. Mai 1999 über die gemeinsame Marktorganisation für Wein[1]) genannt sind und

ii) die vor dem Erlass der vorliegenden Verordnung in Verkehr gebracht wurden und

iii) über die die Kommission von einem Mitgliedstaat gemäß Artikel 11 unterrichtet wurde,

vorausgesetzt, dass keine nährwert- und gesundheitsbezogenen Angaben gemacht werden.

Zu Artikel 2:
[1]) *ABl. L 31 vom 1.2.2002, S. 1. Zuletzt geändert durch e Verordnung (EG) Nr. 575/2006 der Kommission (ABl. 100 vom 8.4.2006, S. 3).*

Zu Artikel 4:
[1]) *ABl. L 179 vom 14.7.1999, S. 1. Zuletzt geändert durch die Verordnung (EG) Nr. 2165/2005 (ABl. L 345 vom 28.12.2005, S. 1).*

15. EG-AnreicherungsV
Artikel 4 – 6

„Maßnahmen zur Änderung nicht wesentlicher Bestimmungen dieser Verordnung, mit denen weitere Lebensmittel oder Lebensmittelkategorien festgelegt werden, denen bestimmte Vitamine und Mineralstoffe nicht zugesetzt werden dürfen, können im Lichte wissenschaftlicher Erkenntnisse unter Berücksichtigung ihres Nährwerts nach dem in Artikel 14 Absatz 3 genannten Regelungsverfahren mit Kontrolle erlassen werden." *(ABl L 39 vom 13. 2. 2008, S. 11)*

Artikel 5
Reinheitskriterien

(1) Die Reinheitskriterien für die in Anhang II aufgeführten Vitamin- und Mineralstoffverbindungen zur Änderung nicht wesentlicher Bestimmungen dieser Verordnung durch Ergänzung werden nach dem in Artikel 14 Absatz 3 genannten Regelungsverfahren mit Kontrolle erlassen, sofern sie nicht aufgrund von Absatz 2 des vorliegenden Artikels gelten. *(ABl L 39 vom 13. 2. 2008, S. 11)*

(2) Für die in Anhang II aufgeführten Vitamin- und Mineralstoffverbindungen gelten die Reinheitskriterien, die durch Gemeinschaftsvorschriften im Hinblick auf ihre Verwendung bei der Herstellung von Lebensmitteln „zu anderen als den von dieser Verordnung erfassten Zwecken festgelegt" wurden. *(ABl L 50 vom 23. 2. 2008, S. 71)*

(3) Für die in Anhang II aufgeführten Vitamin- und Mineralstoffverbindungen, für die im Gemeinschaftsrecht keine Reinheitskriterien festgelegt wurden, gelten bis zu einer solchen Festlegung die allgemein anerkannten Reinheitskriterien, die von internationalen Gremien empfohlen werden; nationale Bestimmungen mit strengeren Reinheitskriterien dürfen so lange beibehalten werden.

Artikel 6
Bedingungen für den Zusatz von Vitaminen und Mineralstoffen

(1) Wird ein Vitamin oder Mineralstoff Lebensmitteln zugesetzt, so darf der Gesamtgehalt des Vitamins oder Mineralstoffs, das/der – zu welchem Zweck auch immer – in dem Lebensmittel zum Zeitpunkt des Verkaufs vorhanden ist, nicht über den Höchstgehalten liegen. Maßnahmen, die diesen Gehalt festsetzen und die eine Änderung nicht wesentlicher Bestimmungen dieser Verordnung durch ihre Ergänzung bewirken, werden nach dem in Artikel 14 Absatz 3 genannten Regelungsverfahren mit Kontrolle erlassen. Die Kommission kann zu diesem Zweck bis zum 19. Januar 2009 einen Entwurf der Maßnahmen für die Höchstgehalte vorlegen. Für konzentrierte und dehydrierte Erzeugnisse werden die Höchstgehalte für den Zustand festgelegt, in dem die Lebensmittel entsprechend den Anweisungen des Herstellers zum Verzehr zubereitet sind. *(ABl L 39 vom 13. 2. 2008, S. 11)*

(2) Bedingungen, die den Zusatz eines spezifischen Vitamins oder Mineralstoffes zu einem Lebensmittel oder einer Lebensmittelkategorie verbieten oder beschränken und die eine Änderung nicht wesentlicher Bestimmungen auch durch Ergänzung dieser Verordnung bewirken, werden nach dem in Artikel 14 Absatz 3 genannten Regelungsverfahren mit Kontrolle festgelegt. *(ABl L 39 vom 13. 2. 2008, S. 11)*

(3) Bei der Festlegung der in Absatz 1 genannten Höchstgehalte und der in Absatz 2 genannten Bedingungen wird Folgendes berücksichtigt:

a) die sicheren Höchstgehalte an Vitaminen und Mineralstoffen, die durch eine wissenschaftliche Risikobewertung auf der Grundlage allgemein anerkannter wissenschaftlicher Daten festgelegt werden, wobei gegebenenfalls die unterschiedliche Empfindlichkeit der einzelnen Verbrauchergruppen zu berücksichtigen ist, und

b) die Aufnahmemengen an Vitaminen und Mineralstoffen, die aus anderen Ernährungsquellen zugeführt werden.

(4) Bei der Festsetzung der in Absatz 1 genannten Höchstgehalte und der in Absatz 2 genannten Bedingungen ist zudem die Bevölkerungsreferenzzufuhr an Vitaminen und Mineralstoffen ausreichend zu berücksichtigen.

(5) Bei der Festsetzung der in Absatz 1 genannten Höchstgehalte und der in Absatz 2 genannten Bedingungen für Vitamine und Mineralstoffe, deren Bevölkerungsreferenzzufuhr nahe an den sicheren Höchstgehalten liegt, ist erforderlichenfalls auch Folgendes zu berücksichtigen:

a) der Anteil der einzelnen Erzeugnisse an der Gesamternährung der Bevölkerung im Allgemeinen oder bestimmter Bevölkerungsgruppen;

b) das gemäß der Verordnung (EG) Nr. 1924/2006 festgelegte Nährstoffprofil des Erzeugnisses.

(6) Der Zusatz eines Vitamins oder eines Mineralstoffs zu Lebensmitteln muss bewirken, dass das Vitamin oder der Mineralstoff in dem Lebensmittel mindestens in einer signifikanten Menge vorhanden ist, sofern dies im Anhang zur Richtlinie 90/496/EWG definiert ist. Maßnahmen, die Mindestgehalte einschließlich geringerer Gehalte, die von den oben genannten signifikanten Mengen in spezifischen Lebensmitteln oder Lebensmittelkategorien abweichen, festsetzen und die eine Änderung nicht wesentlicher Bestimmungen dieser Verordnung durch ihre Ergänzung bewirken, werden nach dem in Artikel 14 Absatz 3 der vorliegenden Verordnung genannten Regelungsverfahren mit Kontrolle erlassen. *(ABl L 39 vom 13. 2. 2008, S. 11)*

Artikel 7
Kennzeichnung, Aufmachung und Werbung

(1) Die Kennzeichnung und Aufmachung von Lebensmitteln, denen Vitamine und Mineralstoffe zugesetzt werden, sowie die Werbung für diese Lebensmittel dürfen keinen Hinweis enthalten, mit dem behauptet oder suggeriert wird, dass die Zufuhr angemessener Nährstoffmengen bei einer ausgewogenen, abwechslungsreichen Ernährung nicht möglich sei. Gegebenenfalls kann nach dem in Artikel 14 Absatz 3 genannten Regelungsverfahren mit Kontrolle eine Ausnahmeregelung hinsichtlich eines speziellen Nährstoffs, die eine Änderung nicht wesentlicher Bestimmungen dieser Verordnung durch Ergänzung bewirkt, festgelegt werden. *(ABl L 39 vom 13. 2. 2008, S. 11)*

(2) Die Kennzeichnung und Aufmachung von Lebensmitteln, denen Vitamine und Mineralstoffe zugesetzt wurden, sowie die Werbung für diese Lebensmittel dürfen den Verbraucher in Bezug auf den Ernährungswert des Lebensmittels infolge des Zusatzes der Nährstoffe nicht irreführen oder täuschen.

(3) Die Nährwertkennzeichnung von Erzeugnissen, denen Vitamine und Mineralstoffe zugesetzt wurden und die in den Anwendungsbereich dieser Verordnung fallen, ist obligatorisch. Es sind die in Artikel 30 Absatz 1 der Verordnung (EU) Nr. 1169/2011 des Europäischen Parlaments und des Rates vom 25. Oktober 2011 betreffend die Information der Verbraucher über Lebensmittel*) aufgeführten Angaben zu machen und es ist der Gesamtgehalt an Vitaminen und Mineralstoffen anzugeben, den das Lebensmittel nach dem Zusatz aufweist. *(ABl L 304 vom 22. 11. 2011, S. 18)*

(4) Auf der Kennzeichnung von Erzeugnissen, denen Vitamine und Mineralstoffe zugesetzt wurden, darf nach Maßgabe der Verordnung (EG) Nr. 1924/2006 ein Hinweis auf diesen Zusatz angebracht werden.

(5) Dieser Artikel gilt unbeschadet sonstiger lebensmittelrechtlicher Vorschriften über bestimmte Lebensmittelkategorien.

(6) Die Durchführungsbestimmungen zu diesem Artikel werden erforderlichenfalls nach dem in Artikel 14 Absatz 2 genannten Verfahren genauer festgelegt.

Zu Artikel 7:
*) ABl. L 304 vom 22.11.2011, S. 18

KAPITEL III
ZUSATZ BESTIMMTER ANDERER STOFFE

Artikel 8
Stoffe, deren Verwendung Beschränkungen unterliegt, die verboten sind oder die von der Gemeinschaft geprüft werden

(1) Das in dem vorliegenden Artikel vorgesehene Verfahren findet Anwendung, wenn ein anderer Stoff als Vitamine oder Mineralstoffe oder eine Zutat, die einen anderen Stoff als Vitamine oder Mineralstoffe enthält, Lebensmitteln zugesetzt oder bei der Herstellung von Lebensmitteln unter Bedingungen verwendet wird, die zu einer Aufnahme von Mengen dieses Stoffes führen würden, welche weit über den unter normalen Bedingungen bei einer ausgewogenen und abwechslungsreichen Ernährung vernünftigerweise anzunehmenden Mengen liegen, und/oder die ein potenzielles Risiko für die Verbraucher bergen würden.

(2) Die Kommission kann aus eigener Initiative oder anhand der von den Mitgliedstaaten übermittelten Angaben, nachdem die Behörde jeweils eine Bewertung der vorliegenden Informationen vorgenommen hat, nach dem in Artikel 14 Absatz 3 genannten Regelungsverfahren mit Kontrolle die Aufnahme des Stoffs oder der Zutat in Anhang III beschließen; dies bewirkt eine Änderung nicht wesentlicher Bestimmungen dieser Verordnung. Im Einzelnen verfährt sie wie folgt:

a) Stellt sich heraus, dass eine derartige Verwendung gesundheitsschädlich ist, so wird der Stoff und/oder die Zutat, die diesen enthält,

  i) in Anhang III Teil A aufgenommen, und der Zusatz dieses Stoffs und/oder dieser Zutat zu Lebensmitteln oder deren Verwendung bei der Herstellung von Lebensmitteln verboten, oder

  ii) in Anhang III Teil B aufgenommen, und der Zusatz dieses Stoffs und/oder dieser Zutat zu Lebensmitteln oder deren Verwendung bei der Herstellung von Lebensmitteln nur unter den dort genannten Bedingungen erlaubt.

b) Stellt sich heraus, dass eine derartige Verwendung möglicherweise gesundheitsschädlich ist, jedoch weiterhin eine wissenschaftliche Unsicherheit besteht, so wird der Stoff in Anhang III Teil C aufgenommen.

Aus Gründen äußerster Dringlichkeit kann die Kommission auf das in Artikel 14 Absatz 4 genannte Dringlichkeitsverfahren zurückgreifen, um den Stoff oder die Zutat in Anhang III Teil A oder B aufzunehmen. *(ABl L 39 vom 13. 2. 2008, S. 11)*

(3) Gemeinschaftsvorschriften über bestimmte Lebensmittel können Beschränkungen oder das Verbot der Verwendung bestimmter Stoffe enthal-

ten, die über die in dieser Verordnung festgelegten Beschränkungen oder Verbote hinausgehen.

(4) Lebensmittelunternehmer oder andere Interessengruppen dürfen der Behörde jederzeit wissenschaftliche Daten vorlegen, anhand deren die Sicherheit eines in Anhang III Teil C aufgeführten Stoffes bei der Verwendung in einem Lebensmittel oder in einer Lebensmittelkategorie nachgewiesen und der Zweck dieser Verwendung erklärt wird. Die Behörde unterrichtet unverzüglich die Mitgliedstaaten und die Kommission über die Vorlage und stellt ihnen die betreffenden Unterlagen zur Verfügung.

(5) Binnen vier Jahren ab dem Datum, zu dem ein Stoff in Anhang III Teil C aufgenommen wurde, wird nach dem in Artikel 14 Absatz 3 genannten Regelungsverfahren mit Kontrolle unter Berücksichtigung der Stellungnahme der Behörde zu den nach Absatz 4 des vorliegenden Artikels zur Bewertung vorgelegten Unterlagen eine Entscheidung darüber getroffen, ob die Verwendung eines in Anhang III Teil C aufgeführten Stoffes allgemein erlaubt wird oder ob er in Anhang III Teil A oder B aufgenommen wird.
Aus Gründen äußerster Dringlichkeit kann die Kommission auf das in Artikel 14 Absatz 4 genannte Dringlichkeitsverfahren zurückgreifen, um den Stoff oder die Zutat in Anhang III Teil A oder B aufzunehmen.
(ABl L 50 vom 23. 2. 2008, S. 71)

(6) Die Kommission legt nach dem in Artikel 14 Absatz 2 genannten Verfahren Durchführungsbestimmungen zur Anwendung dieses Artikels einschließlich Bestimmungen für die Vorlage nach Absatz 4 des vorliegenden Artikels fest.

KAPITEL IV
ALLGEMEINE UND SCHLUSSBESTIMMUNGEN

Artikel 9
Gemeinschaftsregister

(1) Die Kommission erstellt und führt ein Gemeinschaftsregister über den Zusatz von Vitaminen und Mineralstoffen und bestimmten anderen Stoffen zu Lebensmitteln, nachstehend „das Register" genannt.

(2) Das Register umfasst

a) die in Anhang I aufgeführten Vitamine und Mineralstoffe, die Lebensmitteln zugesetzt werden dürfen;

b) die in Anhang II aufgeführten Vitamin- und Mineralstoffverbindungen, die Lebensmitteln zugesetzt werden dürfen;

c) die gemäß Artikel 6 festgelegten Höchst- und Mindestgehalte an Vitaminen und Mineralstoffen, die Lebensmitteln zugesetzt werden dürfen, und die damit verbundenen Bedingungen;

d) die in Artikel 11 genannten Informationen über einzelstaatliche Vorschriften zu dem obligatorischen Zusatz von Vitaminen und Mineralstoffen;

e) die in Artikel 4 vorgesehenen Beschränkungen des Zusatzes von Vitaminen und Mineralstoffen;

f) die Stoffe, für die Unterlagen nach Artikel 17 Absatz 1 Buchstabe b vorgelegt wurden;

g) Informationen über die in Anhang III aufgeführten Stoffe und die Gründe, weshalb sie dort aufgenommen wurden.

h) Informationen über die in Anhang III Teil C aufgeführten Stoffe, deren Verwendung gemäß Artikel 8 Absatz 5 allgemein erlaubt ist.

(3) Das Register wird veröffentlicht.

Artikel 10
Freier Warenverkehr

Unbeschadet des Vertrags, insbesondere seiner Artikel 28 und 30, können die Mitgliedstaaten den Handel mit Lebensmitteln, die die Bestimmungen dieser Verordnung und der zu ihrer Durchführung verabschiedeten Gemeinschaftsvorschriften erfüllen, nicht durch die Anwendung nicht harmonisierter einzelstaatlicher Vorschriften über den Zusatz von Vitaminen und Mineralstoffen zu Lebensmitteln beschränken oder verbieten.

Artikel 11
Einzelstaatliche Vorschriften

(1) Die Mitgliedstaaten unterrichten die Kommission bis zum 19. Juli 2007 über das Vorliegen einzelstaatlicher Vorschriften über den obligatorischen Zusatz von Vitaminen und Mineralstoffen sowie von Erzeugnissen, die unter die Ausnahme des Artikels 4 Buchstabe b fallen.

(2) Wenn Gemeinschaftsvorschriften fehlen und ein Mitgliedstaat es für erforderlich hält, neue Rechtsvorschriften zum

a) obligatorischen Zusatz von Vitaminen und Mineralstoffen zu bestimmten Lebensmitteln oder Lebensmittelkategorien oder

b) Verbot oder der Beschränkung der Verwendung bestimmter anderer Stoffe bei der Herstellung von bestimmten Lebensmitteln

zu erlassen, so unterrichtet er die Kommission nach dem Artikel 12 festgelegten Verfahren.

Artikel 12
Meldeverfahren

(1) Hält ein Mitgliedstaat es für erforderlich, neue Rechtsvorschriften zu erlassen, so teilt er der Kommission und den übrigen Mitgliedstaaten die geplanten Maßnahmen mit und begründet diese.

(2) Die Kommission konsultiert den in Artikel 14 Absatz 1 genannten Ausschuss, falls sie es für sinnvoll hält oder wenn ein Mitgliedstaat es verlangt, und nimmt zu den geplanten Maßnahmen Stellung.

(3) Der betroffene Mitgliedstaat darf die geplanten Maßnahmen erst sechs Monate nach der Mitteilung gemäß Absatz 1 und unter der Bedingung treffen, dass die Stellungnahme der Kommission nicht ablehnend ausfällt.

Fällt die Stellungnahme ablehnend aus, so entscheidet die Kommission vor Ablauf der in Unterabsatz 1 genannten Frist nach dem in Artikel 14 Absatz 2 genannten Verfahren, ob die geplanten Maßnahmen durchgeführt werden dürfen. Die Kommission kann bestimmte Änderungen an den geplanten Maßnahmen vorschreiben.

Artikel 13
Schutzmaßnahmen

(1) Hat ein Mitgliedstaat triftige Gründe zu der Annahme, dass ein Erzeugnis die menschliche Gesundheit gefährdet, obwohl es den Bestimmungen dieser Verordnung entspricht, so kann er die Anwendung der fraglichen Bestimmungen auf seinem Hoheitsgebiet vorübergehend aussetzen oder einschränken.

Er teilt dies den übrigen Mitgliedstaaten und der Kommission unverzüglich unter Angabe der Gründe für seine Entscheidung mit.

(2) Nach dem in Artikel 14 Absatz 2 genannten Verfahren wird — gegebenenfalls nach Anhörung der Behörde — eine Entscheidung getroffen. Die Kommission kann dieses Verfahren auf eigene Initiative einleiten.

(3) Der in Absatz 1 genannte Mitgliedstaat kann die Aussetzung oder Einschränkung aufrechterhalten, bis er von der Entscheidung nach Absatz 2 unterrichtet wird.

Artikel 14
Ausschussverfahren

(1) Die Kommission wird durch den Ständigen Ausschuss für die Lebensmittelkette und Tiergesundheit unterstützt, der durch Artikel 58 Absatz 1 der Verordnung (EG) Nr. 178/2002 eingesetzt wurde.

(2) Wird auf diesen Absatz Bezug genommen, so gelten die Artikel 5 und 7 des Beschlusses 1999/468/EG unter Beachtung von dessen Artikel 8.

Der Zeitraum nach Artikel 5 Absatz 6 des Beschlusses 1999/468/EG wird auf drei Monate festgesetzt.

(3) Wird auf diesen Absatz Bezug genommen, so gelten Artikel 5a Absätze 1 bis 4 und Artikel 7 des Beschlusses 1999/468/EG unter Beachtung von dessen Artikel 8.

(4) Wird auf diesen Absatz Bezug genommen, so gelten Artikel 5a Absätze 1, 2 und 6 sowie Artikel 7 des Beschlusses 1999/468/EG unter Beachtung von dessen Artikel 8.

(ABl L 39 vom 13. 2. 2008, S. 11)

Artikel 15
Überwachung

Um eine wirksame Überwachung der Lebensmittel zu erleichtern, denen Vitamine und Mineralstoffe zugesetzt wurden, sowie derjenigen Lebensmittel, die in Anhang III Teil B und Teil C aufgeführte Stoffe enthalten, können die Mitgliedstaaten vorschreiben, dass der Hersteller des Erzeugnisses oder derjenige, der in ihrem Hoheitsgebiet das Erzeugnis in Verkehr bringt, der zuständigen Behörde das Inverkehrbringen anzeigt, indem er ein Muster des für das Erzeugnis verwendeten Etiketts zur Verfügung stellt. In diesen Fällen können auch Informationen über die Rücknahme des Erzeugnisses vom Markt verlangt werden.

Artikel 16
Bewertung

Bis zum 1. Juli 2013 legt die Kommission dem Europäischen Parlament und dem Rat einen Bericht über die Auswirkungen der Durchführung dieser Verordnung vor, insbesondere, was die Entwicklung des Marktes für Lebensmittel, denen Vitamine und Mineralstoffe zugesetzt wurden, ihren Verzehr, die Nährstoffzufuhr für die Bevölkerung, Veränderungen der Ernährungsgewohnheiten und den Zusatz bestimmter anderer Stoffe anbelangt; dem Bericht liegen Vorschläge für eine Änderung dieser Verordnung bei, die die Kommission für erforderlich hält. In diesem Zusammenhang liefern die Mitgliedstaaten der Kommission bis zum 1. Juli 2012 die relevanten Informationen. Die Durchführungsbestimmungen zu diesem Artikel werden nach dem in Artikel 14 Absatz 2 genannten Verfahren festgelegt.

Artikel 17
Übergangsmaßnahmen

(1) Abweichend von Artikel 3 Absatz 1 können die Mitgliedstaaten in ihrem Hoheitsgebiet bis zum 19. Januar 2014 die Verwendung von Vitaminen und Mineralstoffen erlauben, die nicht in Anhang I aufgeführt sind oder nicht in den in Anhang II aufgeführten Formen verwendet werden, sofern

a) der fragliche Stoff Lebensmitteln zugesetzt wird, die am 19. Januar 2007 in der Gemeinschaft in Verkehr sind, und

b) die Behörde auf der Grundlage von Unterlagen über die Verwendung des fraglichen Stoffes, die der Kommission vom Mitgliedstaat spätestens

15. EG-AnreicherungsV
Artikel 17 – 18

am 19. Januar 2010 vorzulegen sind, zur Verwendung dieses Stoffes oder seiner Verwendung in dieser Form bei der Herstellung des Lebensmittels keine ablehnende Stellungnahme abgegeben hat.

(2) Bis zum 19. Januar 2014 können die Mitgliedstaaten gemäß dem Vertrag weiterhin bestehende nationale Beschränkungen oder Verbote des Handels mit Lebensmitteln anwenden, denen Vitamine oder Mineralstoffe zugesetzt werden, die nicht in der Liste in Anhang I aufgeführt sind oder in Formen verwendet werden, die nicht in Anhang II aufgeführt sind.

(3) Die Mitgliedstaaten können unter Beachtung des Vertrags bestehende nationale Bestimmungen über Höchst- und Mindestgehalte von Vitaminen und Mineralstoffen, die in Anhang I aufgeführt sind und Lebensmitteln zugesetzt werden, und über die Bedingungen für diesen Zusatz weiterhin anwenden, bis die entsprechenden Gemeinschaftsmaßnahmen nach Artikel 6 oder nach anderen spezifischen Gemeinschaftsbestimmungen erlassen wurden.

Artikel 18
Inkrafttreten

Diese Verordnung tritt am zwanzigsten Tag nach ihrer Veröffentlichung im *Amtsblatt der Europäischen Union* in Kraft.
Sie gilt ab dem 1. Juli 2007.
Lebensmittel, die vor dem 1. Juli 2007 in Verkehr gebracht oder gekennzeichnet wurden und dieser Verordnung nicht entsprechen, dürfen bis zu ihrem Mindesthaltbarkeitsdatum, jedoch nicht länger als bis zum 31. Dezember 2009 weiter in Verkehr gebracht werden.

Diese Verordnung ist in allen ihren Teilen verbindlich und gilt unmittelbar in jedem Mitgliedstaat.

Geschehen zu Brüssel am 20. Dezember 2006.

Im Namen des Europäischen Parlaments	*Im Namen des Rates*
Der Präsident	*Der Präsident*
J. BORRELL FONTELLES	J. KORKEAOJA

ANHANG I

VITAMINE UND MINERALSTOFFE, DIE LEBENSMITTELN ZUGESETZT WERDEN DÜRFEN

1. Vitamine
Vitamin A
Vitamin D
Vitamin E
Vitamin K
Vitamin B1
Vitamin B2
Niacin
Pantothensäure
Vitamin B6
Folsäure
Vitamin B12
Biotin
Vitamin C

2. Mineralstoffe
Calcium
Magnesium
Eisen
Kupfer
Jod
Zink
Mangan
Natrium
Kalium
Selen
Chrom
Molybdän
Fluorid
Chlorid
Phosphor
„Bor" *(ABl L 203 vom 5. 8. 2010, S. 21)*

15. EG-AnreicherungsV
Anhang II

ANHANG II

ANHANG II

Vitamin- und Mineralstoffverbindungen, die Lebensmitteln zugesetzt werden dürfen

(ABl L 203 vom 5. 8. 2010, S. 21)

Anhang II

1. **Vitaminverbindungen**
    VITAMIN A
    Retinol
    Retinylacetat
    Retinylpalmitat
    β-Carotin
    VITAMIN D
    Cholecalciferol
    Ergocalciferol
    VITAMIN E
    D-α-Tocopherol
    DL-α-Tocopherol
    D-α-Tocopherylacetat
    DL-α-Tocopherylacetat
    D-α-Tocopherylsäuresuccinat
    VITAMIN K
    Phyllochinon (Phytomenadion)
    Menachinon[1]
    VITAMIN B_1
    Thiaminhydrochlorid
    Thiaminmononitrat
    VITAMIN B_2
    Riboflavin
    Natrium-Riboflavin-5'-phosphat
    NIACIN
    Nicotinsäure
    Nicotinamid
    PANTOTHENSÄURE
    Calcium-D-pantothenat
    Natrium-D-pantothenat
    D-Panthenol
    VITAMIN B_6
    Pyridoxinhydrochlorid
    Pyridoxin-5'-phosphat
    Pyridoxindipalmitat

    FOLSÄURE
    Pteroylmonoglutaminsäure
    Calcium-L-methylfolat
    VITAMIN B_{12}
    Cyanocobalamin
    Hydroxocobalamin
    BIOTIN
    D-Biotin
    VITAMIN C
    L-Ascorbinsäure
    Natrium-L-ascorbat
    Calcium-L-ascorbat
    Kalium-L-ascorbat
    L-Ascorbyl-6-palmitat

2. **Mineralstoffverbindungen**
    Calciumcarbonat
    Calciumchlorid
    Calciumcitratmalat
    Calciumsalze der Zitronensäure
    Calciumgluconat
    Calciumglycerophosphat
    Calciumlactat
    Calciumsalze der Orthophosphorsäure
    Calciumhydroxid
    Calciummalat
    Calciumoxid
    Calciumsulfat
    „Calcium-Phosphoryl-Oligosaccharide" (ABl L 173 vom 6. 7. 2017, S. 9)
    Magnesiumacetat
    Magnesiumcarbonat
    Magnesiumchlorid
    Magnesiumsalze der Zitronensäure
    Magnesiumgluconat
    Magnesiumglycerophosphat
    Magnesiumsalze der Orthophosphorsäure
    Magnesiumlactat
    Magnesiumhydroxid
    Magnesiumoxid
    Magnesiumkaliumcitrat

---

[1] Menachinon kommt in erster Linie als Menachinon-7 und in geringerem

15. EG-AnreicherungsV
Anhang II

Magnesiumsulfat
Eisenbisglycinat
Eisencarbonat
Eisencitrat
Eisenammoniumcitrat
Eisengluconat
Eisenfumarat
Eisennatriumdiphosphat
Eisenlactat
Eisensulfat
„Eisen(II)-Ammoniumphosphat" *(ABl L 296 vom 15. 11. 2011, S. 29)*
„Eisen(III)-Natrium-EDTA" *(ABl L 296 vom 15. 11. 2011, S. 29)*
Eisendiphosphat (Eisenpyrophosphat)
Eisensaccharat
Elementares Eisen (Carbonyl + elektrolytisch + wasserstoffreduziert)
Kupfercarbonat
Kupfercitrat
Kupfergluconat
Kupfersulfat
Kupfer-Lysinkomplex
Natriumiodid
Natriumiodat
Kaliumiodid
Kaliumiodat
Zinkacetat
Zinkbisglycinat
Zinkchlorid
Zinkcitrat
Zinkgluconat
Zinklactat
Zinkoxid
Zinkcarbonat
Zinksulfat
Mangancarbonat
Manganchlorid
Mangancitrat
Mangangluconat
Manganglycerophosphat
Mangansulfat

Natriumbicarbonat
Natriumcarbonat
Natriumcitrat
Natriumgluconat
Natriumlactat
Natriumhydroxid
Natriumsalze der Orthophosphorsäure
Selen-angereicherte Hefe[2)]
Natriumselenat
Natriumhydrogenselenit
Natriumselenit
Natriumfluorid
Kaliumfluorid
Kaliumbicarbonat
Kaliumcarbonat
Kaliumchlorid
Kaliumcitrat
Kaliumgluconat
Kaliumglycerophosphat
Kaliumlactat
Kaliumhydroxid
Kaliumsalze der Orthophosphorsäure
Chrom(III)-chlorid und sein Hexahydrat
Chrom(III)-sulfat und sein Hexahydrat
„Chrompicolinat" *(ABl L 296 vom 15. 11. 2011, S. 29)*
„Chrom(III)-lactattrihydrat " *(ABl L 39 vom 8. 2. 2014, S. 44)*
Ammoniummolybdat (Molybdän(VI))
Natriummolybdat (Molybdän(VI))
Borsäure
Natriumborat

(ABl L 203 vom 5. 8. 2010, S. 21)

[2)] *In Gegenwart von Natriumselenit als Selenquelle in Kultur gewonnene Arten von Selen-angereicherter Hefe, die in handelsüblicher getrockneter Form nicht mehr als 2,5 mg Se/g enthalten. Die in der Hefe vorherrschende organische Selenart ist Selenomethionin (zwischen 60 und 85 % des insgesamt extrahierten Selens des Produkts). Der Gehalt an anderen organischen Selenverbindungen einschließlich Selenocystein darf 10 % des insgesamt extrahierten Selens nicht überschreiten. Der Gehalt an anorganischem Selen darf üblicherweise 1 % des insgesamt extrahierten Selens nicht überschreiten."*

Anhang III

ANHANG III

STOFFE, DEREN VERWENDUNG IN LEBENSMITTELN VERBOTEN ODER EINGESCHRÄNKT IST ODER VON DER GEMEINSCHAFT GEPRÜFT WIRD

Teil A – Verbotene Stoffe

„Aloe-Emodin und alle Zubereitungen, in denen dieser Stoff enthalten ist" *(ABl L 96 vom 19. 3. 2019, S. 6)*

„Danthron und alle Zubereitungen, in denen dieser Stoff enthalten ist" *(ABl L 96 vom 19. 3. 2019, S. 6)*

„Emodin und alle Zubereitungen, in denen dieser Stoff enthalten ist" *(ABl L 96 vom 19. 3. 2019, S. 6)*

„Ephedrakraut und Zubereitungen daraus, die aus Ephedra-Arten gewonnen werden" *(ABl L 67 vom 12. 3. 2015, S. 4)*

„Yohimberinde und Zubereitungen daraus, die aus Yohimbe (*Pausinystalia yohimbe* (K. Schum) Pierre ex Beille) gewonnen werden" *(ABl L 110 vom 25. 4. 2019, S. 21)*

„Zubereitungen aus Blättern von *Aloe*-Arten, die Hydroxyanthracen-Derivate enthalten" *(ABl L 96 vom 19. 3. 2019, S. 6)*

Teil B – Stoffe, deren Verwendung eingeschränkt ist

Stoff, deren Verwendung eingeschränkt ist	Verwendungsbedingungen	Zusätzliche Anforderungen
Andere **Trans-Fettsäuren** als solche, die auf natürliche Weise in Fett tierischen Ursprungs vorkommen	*Höchstens 2 g pro 100 g Fett* in Lebensmitteln, die für den Endverbraucher bestimmt sind, und in Lebensmitteln, die für die Abgabe an den Einzelhandel bestimmt sind	Lebensmittelunternehmer, die nicht für den Endverbraucher oder nicht für die Abgabe an den Einzelhandel bestimmte Lebensmittel an andere Lebensmittelunternehmer liefern, stellen sicher, dass die belieferten Lebensmittelunternehmer Angaben über die Menge an anderen Trans-Fettsäuren als solchen erhalten, die auf natürliche Weise in Fett tierischen Ursprungs vorkommen, wenn diese Menge mehr als 2 g pro 100 g Fett beträgt.

(ABl L 110 vom 25. 4. 2019, S. 17)

Teil C – Stoffe, die von der Gemeinschaft geprüft werden

„Zubereitungen aus Blättern oder Früchten von *Cassia senna* L., die Hydroxyanthracen-Derivate enthalten" *(ABl L 96 vom 19. 3. 2019, S. 6)*

„Zubereitungen aus der Rinde von *Rhamnus frangula* L. oder *Rhamnus purshiana* DC., die Hydroxyanthracen-Derivate enthalten" *(ABl L 96 vom 19. 3. 2019, S. 6)*

„Zubereitungen aus der Wurzel oder dem Rhizom von *Rheum palmatum* L., *Rheum officinale* Baillon und ihren Hybriden, die Hydroxyanthracen-Derivate enthalten" *(ABl L 96 vom 19. 3. 2019, S. 6)*

15/1. Durchführungsverordnung (EU) Nr. 307/2012 zur Festlegung von Durchführungsvorschriften für die Anwendung von Artikel 8 der Verordnung (EG) Nr. 1925/2006 über den Zusatz von Vitaminen, Mineralstoffen sowie bestimmten anderen Stoffen zu Lebensmitteln

ABl L 102 vom 12. 4. 2012, S 2 idF

1 ABl L 186 vom 27. 5. 2021, S 16

Durchführungsverordnung (EU) Nr. 307/2012 der Kommission vom 11. April 2012 zur Festlegung von Durchführungsvorschriften für die Anwendung von Artikel 8 der Verordnung (EG) Nr. 1925/2006 des Europäischen Parlaments und des Rates über den Zusatz von Vitaminen, Mineralstoffen sowie bestimmten anderen Stoffen zu Lebensmitteln

DIE EUROPÄISCHE KOMMISSION –

gestützt auf den Vertrag über die Arbeitsweise der Europäischen Union,

gestützt auf die Verordnung (EG) Nr. 1925/2006 des Europäischen Parlaments und des Rates vom 20. Dezember 2006 über den Zusatz von Vitaminen und Mineralstoffen sowie bestimmten anderen Stoffen zu Lebensmitteln[1], insbesondere auf Artikel 8 Absatz 6,

in Erwägung nachstehender Gründe:

(1) Soll auf Antrag der Mitgliedstaaten oder, auf eigene Initiative, der Kommission das Verfahren nach Artikel 8 Absatz 2 der Verordnung (EG) Nr. 1925/2006 eingeleitet werden, um einen Lebensmitteln zugesetzten oder bei der Herstellung von Lebensmitteln verwendeten anderen Stoff als Vitamine oder Mineralstoffe oder eine Zutat, die einen anderen Stoff als Vitamine oder Mineralstoffe enthält, zu verbieten, in der Verwendung einzuschränken oder von der Union überprüfen zu lassen, so sollten diese Anliegen bestimmte Bedingungen erfüllen, und es sollten einheitliche Regeln festgelegt werden, damit die Erfüllung dieser Bedingungen überprüft werden kann. Eine dieser Bedingungen ist in Artikel 8 Absatz 1 der Verordnung (EG) Nr. 1925/2006 festgelegt und besagt, dass der Stoff in Mengen aufgenommen würde, die weit über den bei einer ausgewogenen und abwechslungsreichen Ernährung unter normalen Bedingungen aufgenommenen Mengen liegen, und dass der Stoff wissenschaftlich erwiesen ein Risiko für die Verbraucher darstellen würde. Nach Artikel 8 Absatz 1 der Verordnung (EG) Nr. 1925/2006 ist das Verfahren auch anzuwenden, wenn der Stoff ein Gesundheitsrisiko bergen könnte, auch wenn er nicht im extremen Übermaß aufgenommen wird. Zudem sollte es sich nach Artikel 8 Absatz 1 der Verordnung (EG) Nr. 1925/2006 um einen Stoff handeln, der Lebensmitteln zugesetzt oder bei der Herstellung von Lebensmitteln verwendet wird.

(2) Für die Anwendung der oben genannten Bedingungen sollte gelten, dass der betroffene Stoff tatsächlich und nicht nur theoretisch in weit über den unter normalen Bedingungen bei einer ausgewogenen und abwechslungsreichen Ernährung liegenden Mengen verzehrt wird, und dass die Aufnahme von Fall zu Fall anhand der durchschnittlichen Aufnahme des Stoffes durch die allgemeine erwachsene Bevölkerung oder andere Bevölkerungsgruppen, für die ein Risiko bestehen könnte, bewertet wird.

(3) Die Mitgliedstaaten, die einen solchen Antrag stellen, sollten nachweisen, dass die Bedingungen nach der Verordnung (EG) Nr. 1925/2006 erfüllt sind. Vorzulegen wären Informationen über das Inverkehrbringen von Lebensmitteln, die den Stoff enthalten, sowie verfügbare und sachdienliche, allgemein anerkannte wissenschaftliche Erkenntnisse, die den Stoff mit einem möglichen Risiko für die Verbraucher in Verbindung bringen. Nur auf ihre Vollständigkeit geprüfte Anträge sollten der Europäischen Behörde für Lebensmittelsicherheit (die „Behörde") für eine Sicherheitsbewertung aufgrund der verfügbaren Informationen übermittelt werden. Die Behörde sollte innerhalb der in Artikel 29 Absatz 3 der Verordnung (EG) Nr. 178/2002 des Europäischen Parlaments und des Rates[2] festgelegten Frist Stellung zur Sicherheit des Stoffes nehmen. Andere Interessengruppen sollten die Möglichkeit haben, der Kommission nach der Veröffentli-

Zur Präambel:
[1] *ABl. L 404 vom 30.12.2006, S. 26.*

Zu Abs. 3:
[2] *ABl. L 31 vom 1.2.2002, S. 1.*

chung der Stellungnahme durch die Behörde Bemerkungen zu übermitteln.

(4) Nach Artikel 8 Absatz 4 der Verordnung (EG) Nr. 1925/2006 können Lebensmittelunternehmer oder andere Interessengruppen der Behörde jederzeit wissenschaftliche Daten vorlegen, anhand deren die Sicherheit eines in Anhang III Teil C der genannten Verordnung aufgeführten Stoffes bei der Verwendung in einem Lebensmittel oder in einer Lebensmittelkategorie nachgewiesen und der Zweck dieser Verwendung erklärt wird. Die vom Lebensmittelunternehmer oder einer Interessengruppe vorgelegten Daten sollten sich auf von der Behörde genehmigte oder befürwortete Leitlinien stützen, beispielsweise die Leitlinien für den Antrag auf Sicherheitsbewertung von Quellen von Nährstoffen oder anderen Zutaten für die Herstellung von Lebensmitteln, oder auf überarbeitete Fassungen solcher Leitlinien.

(5) Damit die Kommission innerhalb der vorgeschriebenen Frist einen Beschluss über einen in Anhang III Teil C der Verordnung (EG) Nr. 1925/2006 aufgeführten Stoff treffen kann, werden nur die Daten berücksichtigt, die spätestens 18 Monate nach Aufnahme eines Stoffs in diesen Anhang vorgelegt wurden. Voraussetzung für einen fristgerechten Beschluss ist zudem, dass die Behörde innerhalb von neun Monaten nach Erhalt einer Akte, die in Übereinstimmung mit den von der Behörde genehmigten oder befürworteten Leitlinien verlässlich und vollständig ist, ihre Stellungnahme zur Sicherheit des Stoffes abgibt.

(6) Die in dieser Verordnung vorgesehenen Maßnahmen entsprechen der Stellungnahme des Ständigen Ausschusses für die Lebensmittelkette und Tiergesundheit –

HAT FOLGENDE VERORDNUNG ERLASSEN:

Artikel 1
Gegenstand

Mit dieser Verordnung werden Bestimmungen zur Durchführung von Artikel 8 der Verordnung (EG) Nr. 1925/2006 festgelegt in Bezug auf

a) die Bedingungen für die Anwendung des in Artikel 8 Absätze 1 und 2 der Verordnung (EG) Nr. 1925/2006 genannten Verfahrens und

b) das in Artikel 8 Absätze 4 und 5 der Verordnung (EG) Nr. 1925/2006 genannte Verfahren für Stoffe, die in deren Anhang III Teil C aufgeführt sind.

Artikel 2
Definitionen

Für die Zwecke dieser Verordnung gelten folgende Definitionen:

a) „Antrag": Informationen, auch wissenschaftliche Daten, die der Kommission von einem Mitgliedstaat übermittelt werden, um das Verfahren nach Artikel 8 Absatz 2 der Verordnung (EG) Nr. 1925/2006 einzuleiten;

b) „Akte": Unterlagen nach Artikel 8 Absatz 4 und 5 der Verordnung (EG) Nr. 1925/2006, die der Behörde von einem Lebensmittelunternehmer oder einer Interessengruppe vorgelegt werden;

c) „Inverkehrbringen": Vorgang gemäß Artikel 3 Absatz 8 der Verordnung (EG) Nr. 178/2002.

Artikel 3
Voraussetzungen für die Zulässigkeit des Antrags

(1) Bei der Bewertung der Bedingungen, unter denen der betroffene Stoff gemäß Artikel 8 Absatz 1 der Verordnung (EG) Nr. 1925/2006 Lebensmitteln zugesetzt oder bei der Herstellung von Lebensmitteln verwendet wird, wird das Inverkehrbringen des Lebensmittels, dem der Stoff zugesetzt worden ist, in einem oder mehreren Mitgliedstaaten berücksichtigt.

(2) Die Mitgliedstaaten können bei der Kommission einen Antrag einreichen, wenn die Bewertung nach Absatz 1 mindestens Folgendes ergab:

a) Ein potenzielles Risiko für die Verbraucher besteht in Verbindung mit der Aufnahme von Mengen des Stoffes, welche weit über den unter normalen Bedingungen bei einer ausgewogenen und abwechslungsreichen Ernährung vernünftigerweise anzunehmenden Mengen liegen, wegen der Bedingungen, unter denen der Stoff Lebensmitteln zugesetzt oder bei der Herstellung von Lebensmitteln verwendet wird.

b) Ein potenzielles Risiko für die Verbraucher besteht in Verbindung mit dem Verzehr des Stoffes durch die allgemeine erwachsene Bevölkerung oder andere Bevölkerungsgruppen, für die ein mögliches Risiko erkannt worden ist.

(3) Für die Zwecke dieser Verordnung sind die Bedingungen, die zur Aufnahme von Mengen des Stoffes führen, welche weit über den unter normalen Bedingungen bei einer ausgewogenen und abwechslungsreichen Ernährung vernünftigerweise anzunehmenden Mengen liegen, tatsächlich gegeben und werden von Fall zu Fall anhand der durchschnittlichen Aufnahme des Stoffes durch die allgemeine erwachsene Bevölkerung oder andere Bevölkerungsgruppen, für die ein Risiko bestehen könnte, bewertet.

(4) Die Bedingungen und Anforderungen in den Absätzen 1, 2 und 3 dieses Artikels und die Anforderungen in Artikel 4 der vorliegenden

Verordnung gelten mit entsprechenden Änderungen, wenn das Verfahren nach Artikel 8 der Verordnung (EG) Nr. 1925/2006 von der Kommission eingeleitet wird.

Artikel 4
Inhalt des Antrags

(1) Der Antrag enthält die verfügbaren und sachdienlichen, allgemein anerkannten wissenschaftlichen Erkenntnisse, aus denen hervorgeht, dass die Bedingungen nach Artikel 8 Absatz 1 der Verordnung (EG) Nr. 1925/2006 erfüllt sind, im Einzelnen:

a) Der Stoff wird Lebensmitteln zugesetzt oder bei der Herstellung von Lebensmitteln verwendet.

Hier sind auch Informationen gemäß Artikel 3 Absatz 1 der vorliegenden Verordnung vorzulegen, wonach den Stoff enthaltende Lebensmittel sich derzeit in Verkehr befinden.

b) In Fällen nach Artikel 3 Absatz 2 Buchstabe a ist nachzuweisen, dass der Stoff in Mengen aufgenommen wird, welche nach der Bewertung gemäß Artikel 3 Absatz 3 weit über den normalen Bedingungen bei einer ausgewogenen und abwechslungsreichen Ernährung liegen.

Hier sind auch wissenschaftliche Daten vorzulegen, aus denen die tatsächlichen Aufnahmemengen des Stoffes über die Nahrung aus den aktuellsten Erhebungen über Ernährungsgewohnheiten und Lebensmittelverzehr hervorgehen. Die Nennung von Lebensmitteln, denen der Stoff zugesetzt wurde und/oder den Stoff enthaltenden Nahrungsergänzungsmitteln kann berücksichtigt werden. Bei der Einreichung des Antrags erläutern die Mitgliedstaaten auch, auf welcher Grundlage sie ihre Bewertung der „normalen Bedingungen bei einer ausgewogenen und abwechslungsreichen Ernährung" vorgenommen haben.

c) Bei Aufnahme des Stoffes besteht für die Verbraucher nachweislich ein potenzielles Risiko.

Der Nachweis wird erbracht durch einschlägige wissenschaftliche Daten, u. a. nicht veröffentlicht validierte Berichte, wissenschaftliche Gutachten einer öffentlichen Risikobewertungsstelle oder unabhängige und in Fachkreisen geprüfte Artikel. Beizufügen ist eine Zusammenfassung der wissenschaftlichen Daten und das Quellenverzeichnis der wissenschaftlichen Daten.

(2) Die Kommission kann den Mitgliedstaat auffordern, bei unvollständigen Anträgen Klarstellungen oder weitere Angaben nachzureichen.

(3) Die Kommission veröffentlicht alle vollständigen Anträge der Mitgliedstaaten auf ihrer amtlichen Website.

(4) Nach Konsultation der Mitgliedstaaten leitet die Kommission den Antrag mit allen verfügbaren Informationen an die Behörde weiter. Die Behörde gibt innerhalb der in Artikel 29 Absatz 3 der Verordnung (EG) Nr. 178/2002 festgelegten Frist eine wissenschaftliche Stellungnahme ab.

(5) Die anderen Interessengruppen können der Kommission innerhalb von 30 Tagen nach der Veröffentlichung der Stellungnahme durch die Behörde Bemerkungen übermitteln.

Artikel 5
In Anhang III Teil C der Verordnung (EG) Nr. 1925/2006 aufgeführter Stoff

(1) Bis zur Annahme der Standarddatenformate gemäß Artikel 39f der Verordnung (EG) Nr. 178/2002 betrachtet die Behörde eine Akte nur dann als verlässlich, wenn sie in einem elektronischen Format übermittelt wird, welches das Herunterladen, Ausdrucken und Durchsuchen von Dokumenten ermöglicht.

Nach Annahme der Standarddatenformate gilt die Akte nur als verlässlich, wenn sie in diesen Standarddatenformaten eingereicht wird.

Hält die Behörde eine Akte für nicht verlässlich, so teilt sie dem Lebensmittelunternehmer oder der anderen Interessengruppe, der bzw. die die Akte vorgelegt hat, sowie der Kommission die Gründe hierfür mit.

(2) Die Behörde berücksichtigt für die Zwecke der Entscheidung gemäß Artikel 8 Absatz 5 der Verordnung (EG) Nr. 1925/2006 nur Akten, die binnen 24 Monaten nach Inkrafttreten eines Beschlusses zur Aufnahme eines Stoffes in Anhang III Teil C dieser Verordnung gemäß Artikel 8 Absatz 2 der Verordnung eingereicht wurden.

(ABl L 186 vom 27. 5. 2021, S 16)

Artikel 5a
Beratung vor Antragstellung

Auf Ersuchen eines Lebensmittelunternehmers oder einer anderen Interessengruppe bieten die Bediensteten der Behörde Beratung zu den geltenden Vorschriften für die Einreichung einer Akte mit wissenschaftlichen Daten und zu dem vorgeschriebenen Inhalt für die Nachweis der Sicherheit eines in Anhang III Teil C der Verordnung (EG) Nr. 1925/2006 aufgeführten Stoffes an.

Lebensmittelunternehmer und andere Interessengruppen können ab dem Tag der Stellungnahme durch die Behörde gemäß Artikel 8 Absatz 2 der Verordnung (EG) Nr. 1925/2006, der zufolge die Einnahme eines Stoffes möglicherweise gesundheitsschädlich ist, jedoch weiterhin eine wissenschaftliche Unsicherheit besteht, um eine Beratung vor einer potenziellen Antragstellung ersuchen.

Diese Beratung vor der Antragstellung erfolgt gemäß Artikel 32a der Verordnung (EG) Nr. 178/2002, der entsprechend gilt.

(ABl L 186 vom 27. 5. 2021, S 16)

Artikel 5b
Meldung von Studien

(1) Lebensmittelunternehmer und andere Interessengruppen melden der Behörde unverzüglich den Titel, den Umfang, das Datum des Beginns und des geplanten Abschlusses jeder von ihnen ausgeführten oder in Auftrag gegebenen Studie zum Nachweis der Sicherheit eines Stoffs, der in Anhang III Teil C der Verordnung (EG) Nr. 1925/2006 aufgeführt ist, sowie das Laboratorium oder die Untersuchungseinrichtung in der Union, das bzw. die diese Studie durchführt.

(2) Laboratorien und andere Untersuchungseinrichtungen in der Union melden der Behörde unverzüglich auch den Titel und den Umfang jeder von Lebensmittelunternehmern und anderen Interessengruppen in Auftrag gegebenen und von diesen Laboratorien oder anderen Untersuchungseinrichtungen zum Nachweis der Sicherheit eines in Anhang III Teil C der Verordnung (EG) Nr. 1925/2006 aufgeführten Stoffes durchgeführten Studie, das Datum ihres Beginns und ihres geplanten Abschlusses sowie den Namen des Lebensmittelunternehmers oder der Interessengruppe, der bzw. die die Studie in Auftrag gegeben hat.

(3) Studien, die gemäß diesem Artikel gemeldet wurden, werden von der Behörde in die Datenbank gemäß Artikel 32b Absatz 1 der Verordnung (EG) Nr. 178/2002 aufgenommen.

(ABl L 186 vom 27. 5. 2021, S 16)

Artikel 5c
Transparenz

Muss die Behörde eine Stellungnahme zu einem in Anhang III Teil C der Verordnung (EG) Nr. 1925/2006 aufgeführten zu prüfenden Stoff auf der Grundlage einer verlässlichen Akte abgeben, so

a) veröffentlicht sie die in jener Akte enthaltenen Daten gemäß Artikel 38 Absatz 1 Buchstabe c der Verordnung (EG) Nr. 178/2002, der entsprechend gilt;

b) konsultiert sie die Interessenträger und die Öffentlichkeit gemäß Artikel 32c Absatz 2 der Verordnung (EG) Nr. 178/2002, der entsprechend gilt, auf der Grundlage der nicht vertraulichen Fassung der im Einklang mit der vorliegenden Verordnung eingereichten Daten.

(ABl L 186 vom 27. 5. 2021, S 16)

Artikel 5d
Vertraulichkeit

Nach Übermittlung der Daten kann der Lebensmittelunternehmer oder die andere Interessengruppe darum ersuchen, dass bestimmte Teile der vorgelegten Informationen oder Daten vertraulich behandelt werden.

Diesem Ersuchen um vertrauliche Behandlung sind nachprüfbare Belege beizufügen, aus denen hervorgeht, dass die Offenlegung der fraglichen Informationen oder Daten den Interessen des Antragstellers im Sinne von Artikel 39 Absätze 2 und 3 der Verordnung (EG) Nr. 178/2002, der entsprechend gilt, erheblich schaden könnte.

(ABl L 186 vom 27. 5. 2021, S 16)

Artikel 6
Stellungnahme der Behörde

(1) Die Behörde nimmt innerhalb von neun Monaten nach dem Datum des Erhalts einer als verlässlich anerkannten Akte gemäß Artikel 5 Absatz 1 der vorliegenden Verordnung Stellung. Die Behörde bewertet die Verlässlichkeit der Akte innerhalb von 30 Tagen nach deren Erhalt.

(2) Die Behörde kann den Lebensmittelunternehmer oder die andere Interessengruppe auffordern, die in einer Akte vorgelegten Daten oder Informationen innerhalb einer bestimmten Frist zu ergänzen. In diesem Fall wird die im Absatz 1 genannte Frist einmalig um bis zu drei Monate verlängert, wobei die Zeit berücksichtigt wird, die die Lebensmittelunternehmer oder anderen Interessengruppen benötigen, um die ergänzenden Informationen vorzulegen. Die Lebensmittelunternehmer oder anderen Interessengruppen übermitteln die angeforderten Informationen binnen 15 Tagen ab dem Datum des Erhalts der Anfrage der Behörde.

Artikel 7

Diese Verordnung tritt am zwanzigsten Tag nach ihrer Veröffentlichung im *Amtsblatt der Europäischen Union* in Kraft.

Diese Verordnung ist in allen ihren Teilen verbindlich und gilt unmittelbar in jedem Mitgliedstaat.

Brüssel, den 11. April 2012

16. EU-Novel Food-Verordnung

Übersicht

16. Verordnung (EU) 2015/2283 über neuartige Lebensmittel, zur Änderung der Verordnung (EU) Nr. 1169/2011 des Europäischen Parlaments und des Rates und zur Aufhebung der Verordnung (EG) Nr. 258/97 des Europäischen Parlaments und des Rates und der Verordnung (EG) Nr. 1852/2001 der Kommission, ABl L 327 S 1 idF ABl L 2019/231, 1

Durchführungsverordnung (EU) 2017/2468 zur Festlegung administrativer und wissenschaftlicher Anforderungen an traditionelle Lebensmittel aus Drittländern gemäß der Verordnung (EU) 2015/2283 über neuartige Lebensmittel, ABl L 351 S 55 idF ABl L 2020/406, 51 *(nicht abgedruckt)*

Durchführungsverordnung (EU) 2017/2469 zur Festlegung administrativer und wissenschaftlicher Anforderungen an die Anträge gemäß Artikel 10 der Verordnung (EU) 2015/2283 über neuartige Lebensmittel, ABl L 351 S 64 idF ABl L 2020/398, 13 *(nicht abgedruckt)*

Durchführungsverordnung (EU) 2017/2470 zur Erstellung der Unionsliste der neuartigen Lebensmittel gemäß der Verordnung (EU) 2015/2283 über neuartige Lebensmittel, ABl L 35 S 72, berichtigt durch ABl L 2018/187, 1 *(nicht abgedruckt)*

Durchführungsverordnung (EU) 2018/456 über die Verfahrensschritte bei der Konsultation zur Bestimmung des Status als neuartiges Lebensmittel gemäß der Verordnung (EU) 2015/2283 über neuartige Lebensmittel, ABl L 77 S 6 *(nicht abgedruckt)*

16/1. Verordnung (EU) 2015/2283 über neuartige Lebensmittel, zur Änderung der Verordnung (EU) Nr. 1169/2011 des Europäischen Parlaments und des Rates und zur Aufhebung der Verordnung (EG) Nr. 258/97 des Europäischen Parlaments und des Rates und der Verordnung (EG) Nr. 1852/2001 der Kommission

ABl L 327 vom 11. 12. 2015, S. 1 idF

1 ABl L 231 vom 6. 9. 2019, S. 1

Verordnung (EU) 2015/2283 des Europäischen Parlaments und des Rates vom 25. November 2015 über neuartige Lebensmittel, zur Änderung der Verordnung (EU) Nr. 1169/2011 des Europäischen Parlaments und des Rates und zur Aufhebung der Verordnung (EG) Nr. 258/97 des Europäischen Parlaments und des Rates und der Verordnung (EG) Nr. 1852/2001 der Kommission

DAS EUROPÄISCHE PARLAMENT UND DER RAT DER EUROPÄISCHEN UNION –

gestützt auf den Vertrag über die Arbeitsweise der Europäischen Union, insbesondere auf Artikel 114,

auf Vorschlag der Europäischen Kommission,

nach Zuleitung des Entwurfs des Gesetzgebungsakts an die nationalen Parlamente,

nach Stellungnahme des Europäischen Wirtschafts- und Sozialausschusses[1],

gemäß dem ordentlichen Gesetzgebungsverfahren[2],

in Erwägung nachstehender Gründe:

(1) Der freie Verkehr mit unbedenklichen und gesunden Lebensmitteln ist ein wichtiger Aspekt des Binnenmarktes und trägt wesentlich zur Gesundheit und zum Wohlergehen der Bürger und zur Wahrung ihrer sozialen und wirtschaftlichen Interessen bei. Unterschiede zwischen nationalen Gesetzesvorschriften bei der Bewertung der Sicherheit und der Zulassung neuartiger Lebensmittel können den freien Verkehr mit diesen Lebensmitteln behindern und dadurch Rechtsunsicherheit und unfaire Wettbewerbsbedingungen schaffen.

(2) Bei der Durchführung der Unionspolitik im Lebensmittelbereich muss sowohl für Transparenz als auch für ein hohes Niveau beim Schutz der Gesundheit des Menschen und der Interessen der Verbraucher sowie für das reibungslose Funktionieren des Binnenmarktes gesorgt werden. Gemäß dem Vertrag über die Europäische Union (EUV) zählen ein hohes Niveau beim Umweltschutz und die Verbesserung der Umweltqualität zu den Zielen der Union. Es ist von großer Bedeutung, dass diese Ziele in allen einschlägigen Rechtsvorschriften der Union berücksichtigt werden, auch in dieser Verordnung.

(3) Das für Lebensmittel geltende Unionsrecht findet auch auf in der Union in Verkehr gebrachte neuartige Lebensmittel, einschließlich der aus Drittländern eingeführten neuartigen Lebensmittel, Anwendung.

(4) Neuartige Lebensmittel sind in der Union durch die Verordnung (EG) Nr. 258/97 des Europäischen Parlaments und des Rates[3] und die Verordnung (EG) Nr. 1852/2001 der Kommission[4] geregelt. Die entsprechenden Bestimmungen müssen aktualisiert werden, um das derzeitige Genehmigungsverfahren zu vereinfachen und den neuesten Entwicklungen im Unionsrecht sowie dem technologischen Fortschritt Rechnung zu tragen. Die Verordnungen (EG) Nr. 258/97 und (EG) Nr. 1852/2001 sollten aufgehoben und durch die vorliegende Verordnung ersetzt werden.

Zur Präambel:
[1] ABl. C 311 vom 12.9.2014, S. 73.
[2] Standpunkt des Europäischen Parlaments vom 28. Oktober 2015 (noch nicht im Amtsblatt veröffentlicht) und Beschluss des Rates vom 16. November 2015.

Zu Abs. 4:
[3] Verordnung (EG) Nr. 258/97 des Europäischen Parlaments und des Rates vom 27. Januar 1997 über neuartige Lebensmittel und neuartige Lebensmittelzutaten (ABl. L 43 vom 14.2.1997, S. 1).
[4] Verordnung (EG) Nr. 1852/2001 der Kommission vom 20. September 2001 mit Durchführungsbestimmungen gemäß der Verordnung (EG) Nr. 258/97 des Europäischen Parlaments und des Rates für die Information der Öffentlichkeit und zum Schutz der übermittelten Informationen (ABl. L 253 vom 21.9.2001, S. 17).

(5) Für technologische Zwecke bestimmte Lebensmittel und genetisch veränderte Lebensmittel, die bereits durch andere Unionsvorschriften geregelt sind, sollten nicht unter die vorliegende Verordnung fallen. Folgende Lebensmittel sollten daher vom Anwendungsbereich der Verordnung ausgenommen sein: genetisch veränderte Lebensmittel gemäß der Verordnung (EG) Nr. 1829/2003 des Europäischen Parlaments und des Rates[5], Lebensmittelenzyme gemäß der Verordnung (EG) Nr. 1332/2008 des Europäischen Parlaments und des Rates[6], ausschließlich als Zusatzstoffe verwendete Lebensmittel gemäß der Verordnung (EG) Nr. 1333/2008 des Europäischen Parlaments und des Rates[7], Lebensmittelaromen gemäß der Verordnung (EG) Nr. 1334/2008 des Europäischen Parlaments und des Rates[8] und Extraktionslösungsmittel gemäß der Richtlinie 2009/32/EG des Europäischen Parlaments und des Rates[9].

(6) Die bestehende Begriffsbestimmung für neuartige Lebensmittel gemäß der Verordnung (EG) Nr. 258/97 sollte klarer formuliert und durch einen Verweis auf die allgemeine Begriffsbestimmung für Lebensmittel gemäß der Verordnung (EG) Nr. 178/2002 des Europäischen Parlaments und des Rates[10] aktualisiert werden.

Zu Abs. 5:
[5] *Verordnung (EG) Nr. 1829/2003 des Europäischen Parlaments und des Rates vom 22. September 2003 über genetisch veränderte Lebensmittel und Futtermittel (ABl. L 268 vom 18.10.2003, S. 1).*
[6] *Verordnung (EG) Nr. 1332/2008 des Europäischen Parlaments und des Rates vom 16. Dezember 2008 über Lebensmittelenzyme und zur Änderung der Richtlinie 83/417/EWG des Rates, der Verordnung (EG) Nr. 1493/1999 des Rates, der Richtlinie 2000/13/EG, der Richtlinie 2001/112/EG des Rates sowie der Verordnung (EG) Nr. 258/97 (ABl. L 354 vom 31.12.2008, S. 7).*
[7] *Verordnung (EG) Nr. 1333/2008 des Europäischen Parlaments und des Rates vom 16. Dezember 2008 über Lebensmittelzusatzstoffe (ABl. L 354 vom 31.12.2008, S. 16).*
[8] *Verordnung (EG) Nr. 1334/2008 des Europäischen Parlaments und des Rates vom 16. Dezember 2008 über Aromen und bestimmte Lebensmittelzutaten mit Aromaeigenschaften zur Verwendung in und auf Lebensmitteln sowie zur Änderung der Verordnung (EWG) Nr. 1601/91 des Rates, der Verordnungen (EG) Nr. 2232/96 und (EG) Nr. 110/2008 und der Richtlinie 2000/13/EG (ABl. L 354 vom 31.12.2008, S. 34).*
[9] *Richtlinie 2009/32/EG des Europäischen Parlaments und des Rates vom 23. April 2009 zur Angleichung der Rechtsvorschriften der Mitgliedstaaten über Extraktionslösungsmittel, die bei der Herstellung von Lebensmitteln und Lebensmittelzutaten verwendet werden (ABl. L 141 vom 6.6.2009, S. 3).*

Zu Abs. 6:
[10] *Verordnung (EG) Nr. 178/2002 des Europäischen Parlaments und des Rates vom 28. Januar 2002 zur Festlegung der allgemeinen Grundsätze und Anforderungen des Lebensmittelrechts, zur Errichtung der Europäischen Behörde für Lebensmittelsicherheit und zur Festlegung*

(7) Damit die Kontinuität mit den Bestimmungen der Verordnung (EG) Nr. 258/97 gewährleistet ist, sollte eines der Kriterien für die Einstufung von Lebensmitteln als neuartige Lebensmittel weiterhin sein, dass sie vor dem Datum des Inkrafttretens der genannten Verordnung, das heißt dem 15. Mai 1997, in der Union nicht in nennenswertem Umfang für den menschlichen Verzehr verwendet wurden. Verwendung in der Union sollte sich auch auf eine Verwendung in den Mitgliedstaaten beziehen, ungeachtet ihres jeweiligen Beitrittszeitpunkts.

(8) Der Anwendungsbereich dieser Verordnung sollte sich grundsätzlich nicht vom Anwendungsbereich der Verordnung (EG) Nr. 258/97 unterscheiden. Aufgrund der wissenschaftlichen und technologischen Entwicklungen seit 1997 ist es jedoch angebracht, die Kategorien der Lebensmittel, die als neuartige Lebensmittel eingestuft werden, zu überprüfen, klarer zu beschreiben und zu aktualisieren. Diese Kategorien sollten ganze Insekten und Teile davon umfassen. Es sollte unter anderem Kategorien für Lebensmittel mit neuer oder gezielt modifizierter Molekularstruktur sowie für Lebensmittel, die aus von Tieren, Pflanzen, Mikroorganismen, Pilzen oder Algen gewonnenen Zell- oder Gewebekulturen erzeugt wurden, für Lebensmittel, die aus Mikroorganismen, Pilzen oder Algen erzeugt wurden, und für Lebensmittel, die aus Materialien mineralischen Ursprungs erzeugt wurden, geben. Ferner sollte eine Kategorie für Lebensmittel eingeführt werden, die aus mithilfe nicht herkömmlicher Vermehrungsverfahren gewonnenen Pflanzen erzeugt werden, wenn diese Verfahren bedeutende Veränderungen der Zusammensetzung oder Struktur des Lebensmittels bewirken, die seinen Nährwert, seine Verstoffwechselung oder seinen Gehalt an unerwünschten Stoffen beeinflussen. Die Begriffsbestimmung für neuartige Lebensmittel kann auch Lebensmittel umfassen, die aus bestimmten Mizellen oder Liposomen bestehen.

(9) Neue Technologien für Lebensmittelherstellungsverfahren können sich auf die Lebensmittel und somit auf deren Sicherheit auswirken. Daher sollte in dieser Verordnung außerdem festgelegt werden, dass ein Lebensmittel als neuartiges Lebensmittel eingestuft werden sollte, wenn es mit einem vor dem 15. Mai 1997 nicht für die Lebensmittelherstellung in der Union verwendeten Herstellungsverfahren hergestellt wurde, das bedeutende Veränderungen seiner Zusammensetzung oder Struktur bewirkt, die seinen Nährwert, seine Verstoffwechselung oder seinen Gehalt an unerwünschten Stoffen beeinflussen.

von Verfahren zur Lebensmittelsicherheit (ABl. L 31 vom 1.2.2002, S. 1).

(10) Damit für ein hohes Niveau beim Schutz der Gesundheit des Menschen und der Interessen der Verbraucher gesorgt wird, sollten auch Lebensmittel, die aus technisch hergestellten Nanomaterialen bestehen, als neuartige Lebensmittel gemäß dieser Verordnung anzusehen sein. Der Begriff „technisch hergestellte Nanomaterialien" wird derzeit in der Verordnung (EU) Nr. 1169/2011 des Europäischen Parlaments und des Rates[11] definiert. Aus Gründen der Einheitlichkeit und Kohärenz muss dafür gesorgt werden, dass es im Bereich des Lebensmittelrechts nur eine einzige Begriffsbestimmung für technisch hergestellte Nano-materialien gibt. Diese Verordnung ist der angemessene Rechtsrahmen für eine derartige Begriffsbestimmung. Daher sollte die Begriffsbestimmung für technisch hergestellte Nanomaterialien sowie die damit verbundene Übertragung von Befugnissen auf die Kommission in der Verordnung (EU) Nr. 1169/2011 gestrichen und durch einen Verweis auf die Begriffsbestimmung in dieser Verordnung ersetzt werden. Darüber hinaus sollte in der vorliegenden Verordnung festgelegt werden, dass die Kommission die in der vorliegen-den Verordnung enthaltene Begriffsbestimmung für technisch hergestellte Nanomaterialien mittels delegierter Rechtsakte an den technischen und wissenschaftlichen Fortschritt oder die auf internationaler Ebene vereinbarten Begriffsbestimmungen anpassen sollte.

(11) Vitamine, Mineralstoffe und andere Stoffe für die Verwendung in Nahrungsergänzungsmitteln gemäß der Richtlinie 2002/46/EG des Europäischen Parlaments und des Rates[12] und der Verordnung (EG) Nr. 1925/2006 des Europäischen Parlaments und des Rates[13] oder in Säuglingsanfangsnahrung und Folgenahrung, Getreidebeikost und andere Beikost, Lebensmittel für besondere medizinische Zwecke und Tagesrationen für gewichtskontrollierende Ernährung gemäß der Verordnung (EU) Nr. 609/2013 des Europäischen Parlaments und des Rates[14] sollten ebenfalls der vorliegenden Verordnung bewertet werden, wenn die darin enthaltene Begriffsbestimmung für neuartige Lebensmittel auf sie zutrifft.

(12) Wenn bei der Herstellung von Vitaminen, Mineralstoffen und anderen Stoffen, die gemäß der Richtlinie 2002/46/EG, der Verordnung (EG) Nr. 1925/2006 oder der Verordnung (EU) Nr. 609/2013 verwendet werden, ein vor dem 15. Mai 1997 für die Lebensmittelherstellung in der Union nicht übliches Verfahren angewandt worden ist, das bedeutende Veränderungen der Zusammensetzung oder Struktur des Lebensmittels bewirkt, die seinen Nährwert, seine Verstoffwechselung oder seinen Gehalt an unerwünschten Stoffen beeinflussen, oder wenn diese Vitamine, Mineralstoffe und anderen Stoffe aus technisch hergestellten Nanomaterialien bestehen oder diese enthalten, sollten sie ebenfalls als neuartige Lebensmittel gemäß der vorliegenden Verordnung angesehen werden und zuerst gemäß dieser Verordnung und danach gemäß den einschlägigen besonderen Rechtsvorschriften neu bewertet werden.

(13) Ein Lebensmittel, das vor dem 15. Mai 1997 ausschließlich als Nahrungsergänzungsmittel oder in Nahrungsergänzungsmitteln gemäß der Definition in der Richtlinie 2002/46/EG verwendet wurde, sollte auch nach diesem Datum mit demselben Verwendungszweck in der Union in Verkehr gebracht werden dürfen, da es nicht als neuartiges Lebensmittel gemäß der vorliegenden Verordnung betrachtet werden sollte. Eine solche Verwendung als Nahrungsergänzungsmittel oder in Nahrungsergänzungsmitteln sollte jedoch bei der Beurteilung der Frage, ob das Lebensmittel vor dem 15. Mai 1997 in der Union in nennenswertem Umfang für den menschlichen Verzehr verwendet wurde, keine Berücksichtigung finden. Andere Verwendungen des Lebensmittels – nicht in Nahrungsergänzungsmitteln oder nicht als Nahrungsergänzungsmittel – sollten deshalb unter die vorliegende Verordnung fallen.

Zu Abs. 10:
[11] Verordnung (EU) Nr. 1169/2011 des Europäischen Parlaments und des Rates vom 25. Oktober 2011 betreffend die Information der Verbraucher über Lebensmittel und zur Änderung der Verordnungen (EG) Nr. 1924/2006 und (EG) Nr. 1925/2006 des Europäischen Parlaments und des Rates und zur Aufhebung der Richtlinie 87/250/EWG der Kommission, der Richtlinie 90/496/EWG des Rates, der Richtlinie 1999/10/EG der Kommission, der Richtlinie 2000/13/EG des Europäischen Parlaments und des Rates, der Richtlinien 2002/67/EG und 2008/5/EG der Kommission und der Verordnung (EG) Nr. 608/2004 der Kommission (ABl. L 304 vom 22.11.2011, S. 18).

Zu Abs. 11:
[12] Richtlinie 2002/46/EG des Europäischen Parlaments und des Rates vom 10. Juni 2002 zur Angleichung der Rechtsvorschriften der Mitgliedstaaten über Nahrungsergänzungsmittel (ABl. L 183 vom 12.7.2002, S. 51).
[13] Verordnung (EG) Nr. 1925/2006 des Europäischen Parlaments und des Rates vom 20. Dezember 2006 über den Zusatz von Vitaminen und Mineralstoffen sowie bestimmten anderen Stoffen zu Lebensmitteln (ABl. L 404 vom 30.12.2006, S. 26).

[14] Verordnung (EU) Nr. 609/2013 des Europäischen Parlaments und des Rates vom 12. Juni 2013 über Lebensmittel für Säuglinge und Kleinkinder, Lebensmittel für besondere medizinische Zwecke und Tagesrationen für gewichtskontrollierende Ernährung und zur Aufhebung der Richtlinie 92/52/EWG des Rates, der Richtlinien 96/8/EG, 1999/21/EG, 2006/125/EG und 2006/141/EG der Kommission, der Richtlinie 2009/39/EG des Europäischen Parlaments und des Rates sowie der Verordnungen (EG) Nr. 41/2009 und (EG) Nr. 953/2009 der Kommission (ABl. L 181 vom 29.6.2013, S. 35).

(14) Lebensmittel aus geklonten Tieren sind in der Verordnung (EG) Nr. 258/97 geregelt. Es ist von wesentlicher Bedeutung, dass es im Übergangszeitraum nach dem Ende des Geltungszeitraums der Verordnung (EG) Nr. 258/97 nicht zu Rechtsunsicherheit in Bezug auf das Inverkehrbringen von Lebensmitteln aus geklonten Tieren kommt. Solange keine besonderen Rechtsvorschriften für Lebensmittel aus geklonten Tieren in Kraft getreten sind, sollten diese Lebensmittel daher als Lebensmittel aus Tieren, die mithilfe nicht herkömmlicher Zuchtverfahren gewonnen wurden, in den Anwendungsbereich dieser Verordnung fallen und gemäß dem geltenden Unionsrecht für den Endverbraucher angemessen gekennzeichnet werden.

(15) Das Inverkehrbringen von traditionellen Lebensmitteln aus Drittländern in der Union sollte erleichtert werden, wenn die bisherige Verwendungsgeschichte als sicheres Lebensmittel in einem Drittland nachgewiesen ist. Solche Lebensmittel sollten in mindestens einem Drittland mindestens 25 Jahre lang als Bestandteil der üblichen Ernährung einer bedeutenden Anzahl von Personen verwendet worden sein. Die Verwendung für andere Zwecke, das heißt nicht als Lebensmittel oder nicht im Rahmen einer normalen Ernährung, sollte nicht in die Verwendungsgeschichte als sicheres Lebensmittel einfließen.

(16) Lebensmittel aus Drittländern, die in der Union als neuartige Lebensmittel gelten, sollten nur als traditionelle Lebensmittel aus Drittländern betrachtet werden, wenn sie aus der Primärproduktion gemäß der Verordnung (EG) Nr. 178/2002 stammen, unabhängig davon, ob es sich um verarbeitete oder unverarbeitete Lebensmittel handelt.

(17) Lebensmittel, die ausschließlich aus Lebensmittelzutaten hergestellt werden, die nicht in den Anwendungsbereich dieser Verordnung fallen, insbesondere im Zuge einer Änderung der verwendeten Lebensmittelzutaten oder ihrer Anteile, sollten nicht als neuartige Lebensmittel betrachtet werden. Lebensmittelzutaten, die verändert wurden und die in der Union bisher nicht in nennenswertem Umfang für den menschlichen Verzehr verwendet wurden, sollten hingegen in den Anwendungsbereich dieser Verordnung fallen.

(18) Die Richtlinie 2001/83/EG des Europäischen Parlaments und des Rates[15] gilt in Fällen, in denen ein Produkt bei Berücksichtigung all seiner Merkmale sowohl als „Arzneimittel" im Sinne jener Richtlinie als auch als Produkt gemäß den Begriffsbestimmungen der vorliegenden Verordnung eingestuft werden kann. In diesem Fall kann ein Mitgliedstaat, wenn er gemäß der Richtlinie 2001/83/EG feststellt, dass ein Produkt ein Arzneimittel ist, das Inverkehrbringen eines solchen Produkts im Einklang mit dem Unionsrecht einschränken. Darüber hinaus gelten Arzneimittel nicht als Lebensmittel im Sinne der Verordnung (EG) Nr. 178/2002 und sollten daher nicht in den Anwendungsbereich der vorliegenden Verordnung fallen.

(19) Die Feststellung, ob ein Lebensmittel vor dem 15. Mai 1997 in der Union in nennenswertem Umfang für den menschlichen Verzehr verwendet wurde, sollte sich auf Informationen stützen, die von den Lebensmittelunternehmern vorgelegt und, falls notwendig, durch andere in den Mitgliedstaaten verfügbare Informationen ergänzt werden. Die Lebensmittelunternehmer sollten die Mitgliedstaaten konsultieren, wenn sie nicht sicher sind, welchen Status Lebensmittel haben, die sie in Verkehr bringen wollen. Für die Fälle, in denen keine Informationen über die Verwendung für den menschlichen Verzehr vor dem 15. Mai 1997 vorliegen oder die vorliegenden Informationen unzureichend sind, sollte ein einfaches, transparentes Verfahren zur Erfassung solcher Informationen eingeführt werden, in das die Kommission, die Mitgliedstaaten und die Lebensmittelunternehmer eingebunden sind.

(20) Neuartige Lebensmittel sollten nur zugelassen und verwendet werden, wenn sie den in dieser Verordnung festgelegten Kriterien genügen. Neuartige Lebensmittel sollten sicher sein; falls ihre Sicherheit nicht bewertet werden kann und wissenschaftliche Unsicherheiten fortbestehen, kann das Vorsorgeprinzip angewandt werden. Die Verbraucher sollten durch die Verwendung neuartiger Lebensmittel nicht irregeführt werden. Daher sollte sich das neuartige Lebensmittel, sofern es ein anderes Lebensmittel ersetzen soll, nicht derart von diesem Lebensmittel unterscheiden, dass es für den Verbraucher in Bezug auf die Ernährung weniger vorteilhaft wäre.

(21) Neuartige Lebensmittel sollten nur in Verkehr gebracht oder für die menschliche Ernährung verwendet werden, wenn sie in eine Liste der neuartigen Lebensmittel aufgenommen wurden, die in der Union in Verkehr gebracht werden dürfen (im Folgenden „Unionsliste"). Daher sollte mittels eines Durchführungsrechtsakts die

---

Zu Abs. 18:

[15] *Richtlinie 2001/83/EG des Europäischen Parlaments und des Rates vom 6. November 2001 zur Schaffung eines Gemeinschaftskodexes für Humanarzneimittel (ABl. L 311 vom 28.11.2001, S. 67).*

Unionsliste erstellt werden, in die alle neuartigen Lebensmittel aufgenommen werden, die bereits gemäß der Verordnung (EG) Nr. 258/97 genehmigt oder gemeldet wurden, gegebenenfalls mit den bestehenden Genehmigungsbedingungen. Diese Liste sollte transparent und leicht zugänglich sein.

(22) Ein neuartiges Lebensmittel sollte gemäß den in dieser Verordnung festgelegten Kriterien und Verfahren durch Aktualisierung der Unionsliste zugelassen werden. Dazu sollte ein effizientes, zeitlich begrenztes und transparentes Verfahren eingeführt werden. Bei traditionellen Lebensmitteln aus Drittländern mit einer Verwendungsgeschichte als sicheres Lebensmittel sollten die Antragsteller ein schnelleres und vereinfachtes Verfahren für die Aktualisierung der Unionsliste wählen können, wenn keine hinreichend begründeten Einwände bezüglich der Sicherheit vorgebracht werden.

(23) Zudem sollten Kriterien für die Bewertung der möglichen Sicherheitsrisiken im Zusammenhang mit neuartigen Lebensmitteln klar definiert und festgelegt werden. Damit neuartige Lebensmittel einheitlich wissenschaftlich bewertet werden, sollte die Europäische Behörde für Lebensmittelsicherheit (im Folgenden „Behörde") solche Bewertungen vornehmen. Die Behörde sollte im Rahmen des Verfahrens für die Zulassung eines neuartigen Lebensmittels und die Aktualisierung der Unionsliste aufgefordert werden, ein Gutachten abzugeben, wenn die Aktualisierung voraussichtlich Auswirkungen auf die Gesundheit des Menschen hat. In ihrem Gutachten sollte die Behörde unter anderem alle Eigenschaften des neuartigen Lebensmittels, die ein Sicherheitsrisiko für die Gesundheit des Menschen darstellen können, sowie mögliche Folgen für besonders empfindliche Bevölkerungsgruppen prüfen. Die Behörde sollte vor allem prüfen, ob für die Bewertung der Sicherheit die modernsten Testmethoden angewandt werden, wenn ein neuartiges Lebensmittel aus technisch hergestellten Nanomaterialien besteht.

(24) Für die Kommission und die Behörde sollten spezifische Fristen gelten, damit die Anträge reibungslos bearbeitet werden. In bestimmten Fällen sollten die Kommission und die Behörde jedoch das Recht haben, diese Fristen zu verlängern.

(25) Die Behörde oder die Kommission kann den Antragsteller auffordern, für die Risikobewertung bzw. das Risikomanagement ergänzende Informationen zur Verfügung zu stellen. Stellt er Antragsteller innerhalb der von der Behörde der der Kommission nach Anhörung des Antragstellers festgelegten Frist die angeforderten ergänzenden Informationen nicht zur Verfügung, kann sich dies auf das Gutachten der Behörde oder auf eine mögliche Zulassung und Aktualisierung der Unionsliste auswirken.

(26) In ihrem Gutachten zu einem Leitfaden für die Risikobewertung bei der Anwendung der Nanowissenschaft und Nanotechnologien in der Lebens- und Futtermittelkette („Guidance on the risk assessment of the application of nanoscience and nanotechnologies in the food and feed chain") vom 6. April 2011 vertrat die Behörde im Zusammenhang mit der möglichen Verwendung von Nanomaterialien in Lebensmitteln die Ansicht, dass nur wenige Informationen zur Toxikokinetik und Toxikologie technisch hergestellter Nanomaterialien verfügbar sind und dass die derzeitigen Methoden für Toxizitätstests möglicherweise methodisch geändert werden müssen. Die Empfehlung des Rates der Organisation für wirtschaftliche Zusammenarbeit und Entwicklung (OECD) vom 19. September 2013 zur Sicherheitsprüfung und Bewertung von hergestellten Nanomaterialien kam zu dem Schluss, dass die Verfahren für die Prüfung und Bewertung herkömmlicher Chemikalien im Allgemeinen für die Bewertung der Sicherheit von Nanomaterialien geeignet sind, möglicherweise jedoch an die besonderen Eigenschaften von Nanomaterialien angepasst werden müssen. Damit die Sicherheit von in Lebensmitteln verwendeten Nanomaterialien besser bewertet werden kann und den bisherigen Wissenslücken in Bezug auf Toxikologie und Analytik begegnet werden kann, werden möglicherweise Testmethoden, einschließlich Methoden ohne Tierversuche, benötigt, die den besonderen Merkmalen von technisch hergestellten Nanomaterialien Rechnung tragen.

(27) Werden Versuchsmethoden für Nanomaterialien angewendet, sollte ihre wissenschaftliche Eignung für Nanomaterialien durch den Antragsteller begründet werden; gegebenenfalls sind die technischen Anpassungen zu erläutern, die vorgenommen wurden, um den spezifischen Eigenschaften dieser Materialien gerecht zu werden.

(28) Wenn ein neuartiges Lebensmittel zugelassen und in die Unionsliste aufgenommen wird, sollte die Kommission die Befugnis haben, Vorschriften für die Überwachung nach dem Inverkehrbringen einzuführen, um sicherzustellen, dass bei der Verwendung des zugelassenen neuartigen Lebensmittels die in der Risikobewertung der Behörde festgelegten Grenzen eingehalten werden. Vorschriften für die Überwachung nach dem Inverkehrbringen werden daher möglicherweise durch die Notwendigkeit gerechtfertigt, Informationen über das tatsächliche Inverkehrbringen des Lebensmittels zu erfassen. In jedem Fall sollten

die Lebensmittelunternehmer die Kommission von allen einschlägigen Informationen über die Sicherheit der Lebensmittel in Kenntnis setzen, die sie in Verkehr gebracht haben.

(29) Neue Technologien und Innovationen in der Lebensmittelherstellung sollten begünstigt werden, weil dadurch die Umweltfolgen der Lebensmittelherstellung gemindert werden könnten, sich die Ernährungssicherung verbessern ließe und den Verbrauchern Vorteile entstehen könnten, solange für das hohe Niveau beim Verbraucherschutz gesorgt wird.

(30) Um die Forschung und Entwicklung und damit Innovationen in der Agrar- und Ernährungsindustrie zu fördern, ist es unter bestimmten Umständen angebracht, die Investitionen, die von den Antragstellern bei der Beschaffung von zur Unterstützung eines Antrags in Bezug auf neuartige Lebensmittel gemäß dieser Verordnung vorgelegten Informationen und Daten getätigt werden, zu schützen. Die neu gewonnenen wissenschaftlichen Erkenntnisse und die proprietären Daten, die zur Unterstützung eines Antrags auf Aufnahme eines neuartigen Lebensmittels in die Unionsliste vorgelegt werden, sollten geschützt werden. Solche Daten und Informationen sollten während eines begrenzten Zeitraums nicht ohne die Zustimmung des ursprünglichen Antragstellers von einem späteren Antragsteller verwendet werden dürfen. Der Schutz der von einem Antragsteller vorgelegten wissenschaftlichen Daten sollte andere Antragsteller nicht daran hindern, auf der Grundlage ihrer eigenen wissenschaftlichen Daten oder mit Verweis auf geschützte Daten, für den der ursprüngliche Antragsteller seine Zustimmung erteilt hat, die Aufnahme eines neuartigen Lebensmittels in die Unionsliste zu beantragen. Die dem ursprünglichen Antragsteller gewährte Datenschutzfrist von insgesamt fünf Jahren sollte jedoch nicht verlängert werden, weil späteren Antragstellern Datenschutz gewährt wird.

(31) Wenn ein Antragsteller für dasselbe Lebensmittel den Schutz der wissenschaftlichen Daten gemäß dieser Verordnung und der Verordnung (EG) Nr. 1924/2006 des Europäischen Parlaments und des Rates[16)] beantragt, sollten die jeweiligen Datenschutzzeiträume gleichzeitig laufen können. Daher sollten Vorkehrungen für eine vom Antragsteller beantragte Aussetzung des Zulassungsverfahrens für ein neuartiges Lebensmittel getroffen werden.

(32) Tierversuche sollten in Übereinstimmung mit der Richtlinie 2010/63/EU des Europäischen Parlaments und des Rates[17)] ersetzt, verringert oder weiterentwickelt werden. Daher sollte im Anwendungsbereich dieser Verordnung eine doppelte Durchführung von Tierversuchen wenn möglich verhindert werden. Durch dieses Ziel können mögliche Bedenken im Bereich Tierschutz und ethische Vorbehalte in Bezug auf Anträge von neuartigen Lebensmitteln verringert werden.

(33) Neuartige Lebensmittel unterliegen den allgemeinen Kennzeichnungsbestimmungen der Verordnung (EU) Nr. 1169/2011 sowie anderen einschlägigen Kennzeichnungs-vorschriften des Lebensmittelrechts der Union. In bestimmten Fällen kann es erforderlich sein, zusätzliche Kennzeichnungsangaben vorzusehen, vor allem hinsichtlich der Beschreibung, der Herkunft, der Zusammensetzung oder der Bedingungen für die beabsichtigte Verwendung des Lebensmittels, damit sichergestellt ist, dass die Verbraucher umfassend über die Art und die Sicherheit des neuartigen Lebensmittels informiert sind, insbesondere mit Blick auf besonders empfindliche Bevölkerungsgruppen.

(34) Für Materialien und Gegenstände, die dazu bestimmt sind, mit neuartigen Lebensmitteln in Berührung zu kommen, gilt die Verordnung (EG) Nr. 1935/2004 des Europäischen Parlaments und des Rates[18)] und die auf deren Grundlage erlassenen spezifischen Maßnahmen.

(35) In Übereinstimmung mit ihrer Strategie für eine bessere Rechtsetzung sollte die Kommission eine Ex-post- Bewertung der Durchführung dieser Verordnung vornehmen und dabei besonders auf die neuen Verfahren für traditionelle Lebensmittel aus Drittländern eingehen.

(36) Bei Anträgen, die aufgrund der Verordnung (EG) Nr. 258/97 gestellt wurden und über

---

Zu Abs. 31:

[16)] *Verordnung (EG) Nr. 1924/2006 des Europäischen Parlaments und des Rates vom 20. Dezember 2006 über nährwert- und gesundheitsbezogene Angaben über Lebensmittel (ABl. L 404 vom 30.12.2006, S. 9).*

Zu Abs. 32:

[17)] *Richtlinie 2010/63/EU des Europäischen Parlaments und des Rates vom 22. September 2010 zum Schutz der für wissenschaftliche Zwecke verwendeten Tiere (ABl. L 276 vom 20.10.2010, S. 33).*

Zu Abs. 34:

[18)] *Verordnung (EG) Nr. 1935/2004 des Europäischen Parlaments und des Rates vom 27. Oktober 2004 über Materialien und Gegenstände, die dazu bestimmt sind, mit Lebensmitteln in Berührung zu kommen, und zur Aufhebung der Richtlinien 80/590/EWG und 89/109/EWG (ABl. L 338 vom 13.11.2004, S. 4).*

die vor dem Geltungsbeginn der vorliegenden Verordnung noch nicht endgültig entschieden wurde, sollten die Verfahren für die Risikobewertung und Zulassung nach Maßgabe der vorliegenden Verordnung abgeschlossen werden. Zudem sollte ein Lebensmittel, das nicht in den Geltungsbereich der Verordnung (EG) Nr. 258/97 fällt, vor dem Geltungsbeginn dieser Verordnung rechtmäßig in Verkehr gebracht wurde und in den Geltungsbereich dieser Verordnung fällt, im Prinzip weiterhin in Verkehr bleiben dürfen, bis die Verfahren für die Risikobewertung und Zulassung aufgrund dieser Verordnung abgeschlossen sind. Um für einen reibungslosen Übergang auf die vorliegende Verordnung zu sorgen, sollten daher Übergangsbestimmungen festgelegt werden.

(37) Diese Verordnung steht im Einklang mit den Grundrechten und Grundsätzen, die insbesondere mit der Charta der Grundrechte der Europäischen Union anerkannt wurden.

(38) Die Mitgliedstaaten sollten Vorschriften über die bei einem Verstoß gegen diese Verordnung zu verhängenden Sanktionen erlassen und alle erforderlichen Maßnahmen treffen, um sicherzustellen, dass die Sanktionen angewandt werden. Diese Sanktionen sollten wirksam, verhältnismäßig und abschreckend sein.

(39) Um die Ziele dieser Verordnung zu erreichen, sollte der Kommission die Befugnis übertragen werden, gemäß Artikel 290 des Vertrags über die Arbeitsweise der Europäischen Union delegierte Rechtsakte hinsichtlich der Anpassung der Begriffsbestimmung für technisch hergestellte Nanomaterialien an den technischen und wissenschaftlichen Fortschritt oder die auf internationaler Ebene vereinbarten Begriffsbestimmungen zu erlassen. Es ist von besonderer Bedeutung, dass die Kommission im Zuge ihrer Vorbereitungsarbeit angemessene Konsultationen, auch auf Ebene von Sachverständigen, durchführt. Bei der Vorbereitung und Ausarbeitung delegierter Rechtsakte sollte die Kommission dafür sorgen, dass die einschlägigen Dokumente dem Europäischen Parlament und dem Rat gleichzeitig, rechtzeitig und auf angemessene Weise übermittelt werden.

(40) Die Kommission sollte Durchführungsbefugnisse erhalten, damit die einheitliche Durchführung dieser Verordnung sichergestellt ist, wenn die Unionsliste durch Hinzufügen eines traditionellen Lebensmittels aus einem Drittland, bei dem keine begründeten Sicherheitseinwände erhoben wurden, aktualisiert wird.

(41) Der Durchführungsrechtsakt, mit dem die Unionsliste erstmalig erstellt wird, sollte im Rahmen des Beratungsverfahrens erlassen werden, da die Liste nur für neuartige Lebensmittel gilt, die bereits einer Bewertung der Sicherheit unterzogen, rechtmäßig hergestellt wurden und in der Union in Verkehr gebracht wurden und bisher gesundheitlich unbedenklich waren. In allen anderen Fällen sollte für den Erlass von Durchführungsrechtsakten das Prüfverfahren angewendet werden.

(42) Da die Ziele dieser Verordnung, vor allem die Festlegung von Vorschriften für das Inverkehrbringen von neuartigen Lebensmitteln in der Union, von den Mitgliedstaaten nicht ausreichend verwirklicht werden können, sondern auf Unionsebene besser zu verwirklichen sind, kann die Union im Einklang mit dem in Artikel 5 EUV verankerten Subsidiaritätsprinzip tätig werden. Entsprechend dem in demselben Artikel genannten Grundsatz der Verhältnismäßigkeit geht diese Verordnung nicht über das für die Verwirklichung dieser Ziele erforderliche Maß hinaus –

HABEN FOLGENDE VERORDNUNG ERLASSEN:

KAPITEL I
GEGENSTAND, ANWENDUNGSBEREICH UND BEGRIFFSBESTIMMUNGEN

Artikel 1
Gegenstand und Zweck

(1) In dieser Verordnung ist das Inverkehrbringen neuartiger Lebensmittel in der Union geregelt.

(2) Der Zweck dieser Verordnung besteht darin, das reibungslose Funktionieren des Binnenmarktes sicherzustellen und gleichzeitig ein hohes Niveau beim Schutz der menschlichen Gesundheit und der Verbraucherinteressen herbeizuführen.

Artikel 2
Anwendungsbereich

(1) Diese Verordnung gilt für das Inverkehrbringen neuartiger Lebensmittel in der Union.

(2) Diese Verordnung gilt nicht für

a) genetisch veränderte Lebensmittel gemäß der Verordnung (EG) Nr. 1829/2003;

b) Lebensmittel, die verwendet werden als

i) Lebensmittelenzyme gemäß der Verordnung (EG) Nr. 1332/2008,

ii) Lebensmittelzusatzstoffe gemäß der Verordnung (EG) Nr. 1333/2008,

iii) Lebensmittelaromen gemäß der Verordnung (EG) Nr. 1334/2008,

iv) Extraktionslösungsmittel, die für die Herstellung von Lebensmitteln oder Lebensmittelzutaten gemäß der Richtlinie 2009/32/EG verwendet werden oder verwendet werden sollen.

Artikel 3
Begriffsbestimmungen

(1) Für die Zwecke dieser Verordnung gelten die Begriffsbestimmungen der Artikel 2 und 3 der Verordnung (EG) Nr. 178/2002.

(2) Außerdem bezeichnet der Ausdruck:

a) „neuartige Lebensmittel" alle Lebensmittel, die vor dem 15. Mai 1997 unabhängig von den Zeitpunkten der Beitritte von Mitgliedstaaten zur Union nicht in nennenswertem Umfang in der Union für den menschlichen Verzehr verwendet wurden und in mindestens eine der folgenden Kategorien fallen:

i) Lebensmittel mit neuer oder gezielt veränderter Molekularstruktur, soweit diese Struktur in der Union vor dem 15. Mai 1997 nicht in Lebensmitteln oder als Lebensmittel verwendet wurde,

ii) Lebensmittel, die aus Mikroorganismen, Pilzen oder Algen bestehen oder daraus isoliert oder erzeugt wurden,

iii) Lebensmittel, die aus Materialien mineralischen Ursprungs bestehen oder daraus isoliert oder erzeugt wurden,

iv) Lebensmittel, die aus Pflanzen oder Pflanzenteilen bestehen oder daraus isoliert oder erzeugt wurden, ausgenommen Fälle, in denen das Lebensmittel eine Verwendungsgeschichte als sicheres Lebensmittel in der Union hat und das Lebensmittel aus einer Pflanze oder einer Sorte derselben Pflanzenart besteht oder daraus isoliert oder erzeugt wurde, die ihrerseits gewonnen wurde mithilfe

– herkömmlicher Vermehrungsverfahren, die vor dem 15. Mai 1997 in der Union zur Lebensmittelerzeugung eingesetzt wurden, oder

– nicht herkömmlicher Vermehrungsverfahren, die vor dem 15. Mai 1997 in der Union nicht zur Lebensmittelerzeugung eingesetzt wurden, sofern diese Verfahren nicht bedeutende Veränderungen der Zusammensetzung oder Struktur des Lebensmittels bewirken, die seinen Nährwert, seine Verstoffwechselung oder seinen Gehalt an unerwünschten Stoffen beeinflussen,

v) Lebensmittel, die aus Tieren oder deren Teilen bestehen oder daraus isoliert oder erzeugt wurden, ausgenommen Tiere, die mithilfe von vor dem 15. Mai 1997 in der Union zur Lebensmittelerzeugung verwendeten herkömmlichen Zuchtverfahren gewonnen wurden, sofern die aus diesen Tieren gewonnenen Lebensmittel eine Verwendungsgeschichte als sicheres Lebensmittel in der Union haben,

vi) Lebensmittel, die aus von Tieren, Pflanzen, Mikroorganismen, Pilzen oder Algen gewonnenen Zell- oder Gewebekulturen bestehen oder daraus isoliert oder erzeugt wurden,

vii) Lebensmittel, bei deren Herstellung ein vor dem 15. Mai 1997 in der Union für die Herstellung von Lebensmitteln nicht übliches Verfahren angewandt worden ist, das bedeutende Veränderungen der Zusammensetzung oder Struktur eines Lebensmittels bewirkt, die seinen Nährwert, seine Verstoffwechselung oder seinen Gehalt an unerwünschten Stoffen beeinflussen,

viii) Lebensmittel, die aus technisch hergestellten Nanomaterialien im Sinne der Definition unter Buchstabe f dieses Absatzes bestehen,

ix) Vitamine, Mineralstoffe und andere Stoffe, die im Einklang mit der Richtlinie 2002/46/EG, der Verordnung (EG) Nr. 1925/2006 oder der Verordnung (EU) Nr. 609/2013 verwendet werden, sofern

– ein Herstellungsverfahren, das vor dem 15. Mai 1997 in der Union nicht zur Lebensmittelerzeugung eingesetzt wurde, gemäß Buchstabe a Ziffer vii dieses Absatzes angewandt wurde oder

– sie technisch hergestellte Nanomaterialien im Sinne der Definition unter Buchstabe f dieses Absatzes enthalten oder daraus bestehen,

x) Lebensmittel, die vor dem 15. Mai 1997 in der Union ausschließlich in Nahrungsergänzungsmitteln verwendet wurden, sofern sie in anderen Lebensmitteln als Nahrungsergänzungsmittel gemäß Artikel 2 Buchstabe a der Richtlinie 2002/46/EG verwendet werden sollen;

b) „Verwendungsgeschichte als sicheres Lebensmittel in einem Drittland" den Sachverhalt, dass die Sicherheit des fraglichen Lebensmittels vor einer Meldung gemäß Artikel 14 durch Daten über die Zusammensetzung und durch Erfahrungen mit der fortgesetzten Verwendung über mindestens 25 Jahre hinweg als Bestandteil der üblichen Ernährung einer signifikanten Anzahl an Personen in mindestens einem Drittland belegt worden ist;

c) „traditionelle Lebensmittel aus einem Drittland" neuartige Lebensmittel im Sinne der Definition in Buchstabe a dieses Absatzes, mit Ausnahme der neuartigen Lebensmittel gemäß Buchstabe a Ziffern i, iii, vii, viii, ix und x dieses Absatzes, die aus der Primärproduktion im Sinne der Definition in Artikel 3 Nummer 17 der Verordnung (EG) Nr. 178/2002 stammen und eine Verwendungsgeschichte als sicheres Lebensmittel in einem Drittland haben;

d) „Antragsteller" den Mitgliedstaat, der Drittstaat oder den interessierten Kreis, der auch mehrere interessierte Kreise vertreten kann, welcher bei der Kommission einen Antrag gemäß Artikel 10 bzw. 16 eingereicht oder eine Meldung gemäß Artikel 14 gemacht hat;

e) „gültig" in Bezug auf einen Antrag bzw. eine Meldung solche Anträge und Meldungen, die in den Anwendungsbereich dieser Verordnung fallen und alle für die Risikobewertung und das Zulassungsverfahren erforderlichen Informationen enthalten;

f) „technisch hergestelltes Nanomaterial" ein absichtlich hergestelltes Material, das in einer oder mehreren Dimensionen eine Abmessung in der Größenordnung von 100 nm oder weniger aufweist oder dessen innere Struktur oder Oberfläche aus einzelnen funktionellen Teilen besteht, von denen viele in einer oder mehreren Dimensionen eine Abmessung in der Größenordnung von 100 nm oder weniger haben, einschließlich Strukturen, Agglomerate und Aggregate, die zwar größer als 100 nm sein können, deren durch die Nanoskaligkeit bedingte Eigenschaften jedoch erhalten bleiben.

Zu den durch die Nanoskaligkeit bedingten Eigenschaften gehören

i) diejenigen Eigenschaften, die im Zusammenhang mit der großen spezifischen Oberfläche des jeweiligen Materials stehen, und/oder

ii) besondere physikalisch-chemische Eigenschaften, die sich von denen desselben Materials in nicht-nanoskaliger Form unterscheiden.

Artikel 4
Verfahren zur Bestimmung des Status als neuartiges Lebensmittel

(1) Die Lebensmittelunternehmer überprüfen, ob Lebensmittel, die sie in der Union in Verkehr bringen wollen, in den Anwendungsbereich dieser Verordnung fallen oder nicht.

(2) Wenn sie nicht sicher sind, ob Lebensmittel, die sie in der Union in Verkehr bringen wollen, in den Anwendungsbereich dieser Verordnung fallen, konsultieren die Lebensmittelunternehmer den Mitgliedstaat, in dem sie das neuartige Lebensmittel zuerst in Verkehr bringen wollen. Die Lebensmittelunternehmer liefern dem Mitgliedstaat die erforderlichen Informationen, damit er feststellen kann, ob ein Lebensmittel in den Anwendungsbereich dieser Verordnung fällt oder nicht.

(3) Um festzustellen, ob ein Lebensmittel in den Anwendungsbereich dieser Verordnung fällt, können die Mitgliedstaaten andere Mitgliedstaaten und die Kommission konsultieren.

(4) Die Kommission legt mittels Durchführungsrechtsakten die einzelnen Schritte des in den Absätzen 2 und 3 dieses Artikels genannten Konsultationsprozesses sowie die Fristen und die Mittel fest, in bzw. mit denen der Status öffentlich bekanntzugeben ist. Diese Durchführungsrechtsakte werden nach dem Prüfverfahren gemäß Artikel 30 Absatz 3 erlassen.

Artikel 5
Durchführungsbefugnis in Bezug auf die Begriffsbestimmung für neuartige Lebensmittel

Die Kommission kann nach eigenem Ermessen oder auf Antrag eines Mitgliedstaats und mittels Durchführungsrechtsakten entscheiden, ob ein bestimmtes Lebensmittel unter die Begriffsbestimmung für neuartige Lebensmittel gemäß Artikel 3 Absatz 2 Buchstabe a fällt oder nicht. Diese Durchführungsrechtsakte werden nach dem Prüfverfahren gemäß Artikel 30 Absatz 3 erlassen.

KAPITEL II
ANFORDERUNGEN AN DAS INVERKEHRBRINGEN NEUARTIGER LEBENSMITTEL IN DER UNION

Artikel 6
Unionsliste zugelassener neuartiger Lebensmittel

(1) Die Kommission erstellt eine Liste der gemäß den Artikeln 7, 8 und 9 für das Inverkehrbringen in der Union zugelassenen neuartigen Lebensmittel (im Folgenden „Unionsliste") und hält sie auf dem neuesten Stand.

(2) Nur zugelassene und in der Unionsliste aufgeführte neuartige Lebensmittel dürfen nach Maßgabe der in der Liste festgelegten Bedingungen und Kennzeichnungsvorschriften als solche in Verkehr gebracht oder in und auf Lebensmitteln verwendet werden.

Artikel 7
Allgemeine Bedingungen für die Aufnahme neuartiger Lebensmittel in die Unionsliste

Die Zulassung eines neuartigen Lebensmittels und seine Aufnahme in die Unionsliste durch die Kommission hängt von folgenden Bedingungen ab:

a) Das Lebensmittel bringt auf der Grundlage der verfügbaren wissenschaftlichen Daten kein Sicherheitsrisiko für die menschliche Gesundheit mit sich;

b) durch die beabsichtigte Verwendung des Lebensmittels werden Verbraucher nicht irregeführt, insbesondere dann, wenn das Lebensmittel ein anderes ersetzen soll und eine bedeutende Veränderung des Nährwerts vorliegt;

c) sofern das Lebensmittel ein anderes Lebensmittel ersetzen soll, unterscheidet es sich nicht derart von jenem Lebensmittel, dass sein normaler Verzehr für den Verbraucher in Bezug auf die Ernährung nachteilig wäre.

Artikel 8
Erstmalige Erstellung der Unionsliste

Bis 1. Januar 2018 erstellt die Kommission mittels eines Durchführungsrechtsakts die Unionsliste, in die alle neuartigen Lebensmittel, die gemäß Artikel 4, 5 oder 7 der Verordnung (EG) Nr. 258/97 genehmigt oder gemeldet wurden, mit etwaigen bestehenden Genehmigungsbedingungen aufgenommen werden.

Dieser Durchführungsrechtsakt wird nach dem Beratungsverfahren gemäß Artikel 30 Absatz 2 erlassen.

Artikel 9
Inhalt und Aktualisierung der Unionsliste

(1) Die Zulassung eines neuartigen Lebensmittels und die Aktualisierung der Unionsliste werden durch die Kommission vorgenommen gemäß

a) den Artikeln 10, 11 und 12 sowie gegebenenfalls Artikel 27 oder

b) den Artikeln 14 bis 19.

(2) Unter Zulassung eines neuartigen Lebensmittels und Aktualisierung der Unionsliste gemäß Absatz 1 ist einer der folgenden Schritte zu verstehen:

a) das Hinzufügen eines neuartigen Lebensmittels in der Unionsliste;

b) die Streichung eines neuartigen Lebensmittels von der Unionsliste;

c) das Hinzufügen, die Streichung oder die Änderung von Spezifikationen, Verwendungsbedingungen, zusätzlichen spezifischen Kennzeichnungsvorschriften oder Vorschriften für die Überwachung nach dem Inverkehrbringen im Zusammenhang mit der Aufnahme eines neuartigen Lebensmittels in die Unionsliste.

(3) Der Eintrag für ein neuartiges Lebensmittel in der Unionsliste gemäß Absatz 2 umfasst die Spezifikation des neuartigen Lebensmittels und, soweit angebracht,

a) die Bedingungen, unter denen das neuartige Lebensmittel verwendet werden darf, einschließlich insbesondere der Anforderungen, die notwendig sind, um mögliche nachteilige Auswirkungen auf bestimmte Bevölkerungsgruppen, die Überschreitung von Höchstaufnahmemengen und Risiken bei übermäßigem Verzehr zu vermeiden;

b) zusätzliche besondere Kennzeichnungsanforderungen zur Information der Endverbraucher über besondere Merkmale oder Eigenschaften des Lebensmittels – wie etwa Zusammensetzung, Nährwert oder ernährungsspezifische Wirkung und Verwendungszweck –, durch die ein neuartiges Lebensmittel einem bisher bestehenden Lebensmittel nicht mehr gleichwertig ist, oder über die gesundheitlichen Auswirkungen für bestimmte Bevölkerungsgruppen;

c) Anforderungen an die Überwachung nach dem Inverkehrbringen gemäß Artikel 24.

KAPITEL III
ZULASSUNGSVERFAHREN FÜR NEUARTIGE LEBENSMITTEL

ABSCHNITT I
Allgemeine Bestimmungen

Artikel 10
Verfahren für die Genehmigung des Inverkehrbringens eines neuartigen Lebensmittels in der Union und die Aktualisierung der Unionsliste

(1) Das Verfahren für die Genehmigung des Inverkehrbringens eines neuartigen Lebensmittels in der Union und die Aktualisierung der Unionsliste gemäß Artikel 9 der vorliegenden Verordnung wird entweder von der Kommission selbst oder auf Antrag eines Antragsstellers an die Kommission eingeleitet; dieser Antrag ist in Übereinstimmung mit den Standarddatenformaten – soweit vorhanden – gemäß Artikel 39f der Verordnung (EG) Nr. 178/2002 vorzulegen. Die Kommission stellt den Mitgliedstaaten den Antrag unverzüglich zur Verfügung. Die Kommission macht eine Zusammenfassung des Antrags, die auf den Informationen nach Absatz 2 Buchstaben a, b und e dieses Artikels beruht, öffentlich zugänglich. *(ABl L 231 vom 6. 9. 2019, S. 1)*

(2) Ein Antrag auf Zulassung muss Folgendes enthalten:

a) den Namen und die Anschrift des Antragstellers,

b) die Bezeichnung und die Beschreibung des neuartigen Lebensmittels,

c) die Beschreibung des Herstellungsverfahrens bzw. der Herstellungsverfahren,

d) die genaue Zusammensetzung des neuartigen Lebensmittels,

e) wissenschaftliche Daten, die belegen, dass das neuartige Lebensmittel kein Sicherheitsrisiko für die menschliche Gesundheit mit sich bringt,

f) soweit angebracht, die Analysemethode(n),

g) einen Vorschlag für die Bedingungen der beabsichtigten Verwendung und für spezifische Anforderungen an eine Kennzeichnung, die für die Verbraucher nicht irreführend ist, oder eine nachprüfbare Begründung dafür, weshalb diese Elemente nicht erforderlich sind.

(3) Fordert die Kommission ein Gutachten von der Europäischen Behörde für Lebensmittelsicherheit (im Folgenden ‚Behörde‘), so macht die Behörde in Übereinstimmung mit Artikel 23 den Antrag öffentlich und gibt ein Gutachten dazu ab, ob die Aktualisierung voraussichtlich Auswirkun-

gen auf die menschliche Gesundheit hat. *(ABl L 231 vom 6. 9. 2019, S. 1)*

(4) Werden Testmethoden für technisch hergestellte Nanomaterialien gemäß Artikel 3 Absatz 2 Buchstabe a Ziffern viii und ix angewendet, ist ihre wissenschaftliche Eignung für Nanomaterialien von den Antragstellern zu begründen; gegebenenfalls sind die technischen Anpassungen zu erläutern, die vorgenommen wurden, um den spezifischen Eigenschaften der Materialien gerecht zu werden.

(5) Das Verfahren für die Genehmigung des Inverkehrbringens eines neuartigen Lebensmittels in der Union und die Aktualisierung der Unionsliste gemäß Artikel 9 endet mit den Erlass eines Durchführungsrechtsakts gemäß Artikel 12.

(6) Abweichend von Absatz 5 kann die Kommission das Verfahren zu jedem Zeitpunkt beenden und beschließen, eine Aktualisierung nicht vorzunehmen, wenn sie eine solche Aktualisierung für nicht gerechtfertigt erachtet.

In diesem Fall trägt die Kommission gegebenenfalls den Standpunkten von Mitgliedstaaten, dem Gutachten der Behörde und allen anderen zu berücksichtigenden Faktoren Rechnung, die für die jeweilige Aktualisierung von Bedeutung sind.

Die Kommission unterrichtet den Antragsteller und alle Mitgliedstaaten direkt von den Gründen dafür, dass sie die Aktualisierung für nicht gerechtfertigt erachtet. Die Kommission macht das Verzeichnis der entsprechenden Anträge öffentlich zugänglich.

(7) Der Antragsteller kann seinen Antrag jederzeit zurückziehen und damit das Verfahren beenden.

Artikel 11
Gutachten der Behörde

(1) Ersucht die Kommission die Behörde um ein Gutachten, leitet sie den gültigen Antrag unverzüglich, spätestens jedoch einen Monat nach der Prüfung seiner Gültigkeit, an die Behörde weiter. Die Behörde erstellt ihr Gutachten spätestens neun Monate nach Eingang eines gültigen Antrags.

(2) Bei der Bewertung der Unbedenklichkeit neuartiger Lebensmittel berücksichtigt die Behörde gegebenenfalls, ob

a) das jeweilige neuartige Lebensmittel so sicher ist wie Lebensmittel einer vergleichbaren Lebensmittelkategorie, die in der Union bereits in Verkehr gebracht wurde;

b) die Zusammensetzung des neuartigen Lebensmittels und seine Verwendungsbedingungen für die menschliche Gesundheit in der Union kein Sicherheitsrisiko darstellen;

c) ein neuartiges Lebensmittel, das ein anderes Lebensmittel ersetzen soll, sich nicht derart von jenem Lebensmittel unterscheidet, dass sein normaler Verzehr für den Verbraucher in Bezug auf die Ernährung nachteilig wäre.

(3) Die Behörde übermittelt ihr Gutachten der Kommission, den Mitgliedstaaten und gegebenenfalls dem Antragsteller.

(4) In ausreichend begründeten Fällen kann die in Absatz 1 vorgesehene Frist von neun Monaten verlängert werden, wenn die Behörde vom Antragsteller ergänzende Informationen anfordert.

Die Behörde legt nach Rücksprache mit dem Antragsteller eine Frist für die Vorlage dieser ergänzenden Informationen fest und unterrichtet die Kommission darüber.

Macht die Kommission innerhalb von acht Arbeitstagen nach Unterrichtung durch die Behörde keine Einwände gegen die Verlängerung geltend, wird die in Absatz 1 vorgesehene Frist von neun Monaten automatisch um die zusätzliche Frist verlängert. Die Kommission unterrichtet die Mitgliedstaaten von dieser Verlängerung.

(5) Werden die ergänzenden Informationen gemäß Absatz 4 nicht innerhalb der dort genannten zusätzlichen Frist der Behörde zur Verfügung gestellt, erstellt die Behörde ihr Gutachten auf der Grundlage der verfügbaren Informationen.

(6) Legt ein Antragsteller von sich aus ergänzende Informationen vor, übermittelt er diese Informationen der Behörde.

In diesem Fall gibt die Behörde ihr Gutachten innerhalb der in Absatz 1 vorgesehenen Frist von neun Monaten ab.

(7) Die Behörde macht die gemäß den Absätzen 4 und 6 vorgelegten ergänzenden Informationen der Kommission und den Mitgliedstaaten zugänglich.

Artikel 12
Zulassung eines neuartigen Lebensmittels und Aktualisierung der Unionsliste

(1) Binnen sieben Monaten ab dem Datum der Veröffentlichung des Gutachtens der Behörde übermittelt die Kommission dem Ausschuss gemäß Artikel 30 Absatz 1 den Entwurf eines Durchführungsrechtsakts zur Genehmigung des Inverkehrbringens eines neuartigen Lebensmittels in der Union und zur Aktualisierung der Unionsliste, wobei sie Folgendes berücksichtigt:

a) die Bedingungen gemäß Artikel 7 Buchstaben a und b und gegebenenfalls die Bedingungen gemäß Artikel 7 Buchstabe c,

b) sämtliche einschlägige Vorschriften des Unionsrechts einschließlich des Vorsorgeprinzips gemäß Artikel 7 der Verordnung (EG) Nr. 178/2002,

c) das Gutachten der Behörde,

d) alle anderen zu berücksichtigenden Faktoren, die für den jeweiligen Antrag ausschlaggebend sind.

Dieser Durchführungsrechtsakt wird nach dem Prüfverfahren gemäß Artikel 30 Absatz 3 erlassen.

(2) Wurde die Behörde von der Kommission gemäß Artikel 10 Absatz 3 nicht um ein Gutachten ersucht, beginnt die Frist von sieben Monaten gemäß Absatz 1 dieses Artikels an dem Datum, an dem die Kommission einen gültigen Antrag gemäß Artikel 10 Absatz 1 erhalten hat.

Artikel 13
Durchführungsrechtsakte zur Festlegung administrativer und wissenschaftlicher Anforderungen an die Anträge

Bis zum 1. Januar 2018 erlässt die Kommission Durchführungsrechtsakte über

a) den Inhalt, die Aufmachung und die Vorlage des Antrags gemäß Artikel 10 Absatz 1,

b) die Regelungen über die unverzügliche Prüfung der Gültigkeit der Anträge,

c) die Art der Informationen, die im Gutachten der Behörde gemäß Artikel 11 enthalten sein müssen.

Diese Durchführungsrechtsakte werden nach dem Prüfverfahren gemäß Artikel 30 Absatz 3 erlassen.

ABSCHNITT II
Besondere Bestimmungen für traditionelle Lebensmittel aus Drittländern

Artikel 14
Meldung eines traditionellen Lebensmittels aus einem Drittland

Antragsteller, die ein traditionelles Lebensmittel aus einem Drittland in der Union in Verkehr zu bringen beabsichtigen, können der Kommission diesbezüglich eine Meldung übermitteln, statt das in Artikel 10 genannte Verfahren zu befolgen.

Die Meldung muss folgende Angaben enthalten:

a) Namen und Anschrift des Antragstellers,

b) die Bezeichnung und Beschreibung des traditionellen Lebensmittels,

c) die genaue Zusammensetzung des traditionellen Lebensmittels,

d) das Ursprungsland oder die Ursprungsländer des traditionellen Lebensmittels,

e) den Nachweis über die Verwendungsgeschichte als sicheres Lebensmittel in einem Drittland,

f) einen Vorschlag über die Bedingungen der beabsichtigten Verwendung und spezifische Anforderungen an eine Kennzeichnung, die für die Verbraucher nicht irreführend ist, oder eine nachprüfbare Begründung dafür, dass diese Elemente nicht erforderlich sind.

Artikel 15
Verfahren für die Meldung des Inverkehrbringens eines traditionellen Lebensmittels aus einem Drittland in der Union

(1) Die Kommission leitet die gültige Meldung gemäß Artikel 14 unverzüglich, spätestens jedoch einen Monat nach der Prüfung seiner Gültigkeit, an die Mitgliedstaaten und die Behörde weiter.

(2) Innerhalb von vier Monaten nach Weiterleitung einer gültigen Meldung durch die Kommission gemäß Absatz 1 des vorliegenden Artikels kann ein Mitgliedstaat oder die Behörde der Kommission mit einer hinreichenden Begründung versehene Einwände in Bezug auf die Sicherheit des Inverkehrbringens des jeweiligen traditionellen Lebensmittels in der Union übermitteln. Wenn die Behörde mit einer hinreichenden Begründung versehene Einwände in Bezug auf die Sicherheit einreicht, macht sie die Meldung gemäß Artikel 23, der entsprechend gilt, unverzüglich öffentlich. *(ABl L 231 vom 6. 9. 2019, S. 1)*

(3) Die Kommission unterrichtet den Antragsteller über etwaige hinreichend begründete, die Sicherheit betreffende Einwände, sobald sie eingereicht werden. Die Mitgliedstaaten, die Behörde und der Antragsteller werden über das Ergebnis des Verfahrens nach Absatz 2 unterrichtet.

(4) Wurden keine hinreichend begründeten, die Sicherheit betreffenden Einwände gemäß Absatz 2 innerhalb der dort genannten Frist eingereicht, genehmigt die Kommission das Inverkehrbringen des jeweiligen traditionellen Lebensmittels in der Union und aktualisiert unverzüglich die Unionsliste.

Der Eintrag in die Unionsliste enthält den Hinweis, dass er sich auf ein traditionelles Lebensmittel aus einem Drittland bezieht.

Falls erforderlich, werden bestimmte Verwendungsbedingungen, spezifische Kennzeichnungsvorschriften oder Vorschriften für die Überwachung nach dem Inverkehrbringen festgelegt.

(5) Wurden der Kommission hinreichend begründete, die Sicherheit betreffende Einwände gemäß Absatz 2 übermittelt, genehmigt die Kommission weder das Inverkehrbringen des jeweiligen traditionellen Lebensmittels in der Union noch aktualisiert sie die Unionsliste.

In diesem Fall kann der Antragsteller der Kommission einen Antrag gemäß Artikel 16 vorlegen.

Artikel 16
Antrag auf Zulassung eines traditionellen Lebensmittels aus einem Drittland

Wenn die Kommission gemäß Artikel 15 Absatz 5 weder das Inverkehrbringen eines traditionellen Lebensmittels aus einem Drittland in der Union genehmigt noch die Unionsliste aktualisiert, kann der Antragsteller einen Antrag stellen, der ergänzend zu den bereits gemäß Artikel 14 vorgelegten Informationen dokumentierte Daten zu den gemäß Artikel 15 Absatz 2 übermittelten hinreichend begründeten, die Sicherheit betreffenden Einwänden enthalten muss. Der Antrag ist in Übereinstimmung mit den Standarddatenformaten – soweit vorhanden – gemäß Artikel 39f der Verordnung (EG) Nr. 178/2002 vorzulegen.

Die Kommission leitet den gültigen Antrag nach Möglichkeit unverzüglich an die Behörde weiter und macht ihn den Mitgliedstaaten zugänglich. Die Behörde macht den Antrag, relevante stützende Informationen und alle vom Antragsteller übermittelten ergänzenden Informationen in Übereinstimmung mit Artikel 23 öffentlich zugänglich.
(ABl L 231 vom 6. 9. 2019, S. 1)

Artikel 17
Gutachten der Behörde über ein traditionelles Lebensmittel aus einem Drittland

(1) Die Behörde erstellt ihr Gutachten spätestens sechs Monate nach Eingang eines gültigen Antrags.

(2) Bei der Bewertung der Sicherheit eines traditionellen Lebensmittels aus einem Drittland prüft die Behörde, ob

a) die Verwendungsgeschichte als sicheres Lebensmittel in einem Drittland durch die vom Antragsteller gemäß den Artikeln 14 und 16 übermittelten Daten verlässlich belegt wird;

b) die Zusammensetzung des Lebensmittels und die Bedingungen für seine Verwendung für die menschliche Gesundheit in der Union kein Sicherheitsrisiko darstellen;

c) in dem Fall, dass das traditionelle Lebensmittel aus dem Drittland ein anderes Lebensmittel ersetzen soll, ob es sich nicht derart von jenem Lebensmittel unterscheidet, dass sein normaler Verzehr für den Verbraucher in Bezug auf die Ernährung nachteilig wäre.

(3) Die Behörde übermittelt ihr Gutachten der Kommission, den Mitgliedstaaten und dem Antragsteller.

(4) In ausreichend begründeten Fällen kann die in Absatz 1 vorgesehene Frist von sechs Monaten verlängert werden, wenn die Behörde vom Antragsteller ergänzende Informationen anfordert.

Die Behörde legt nach Rücksprache mit dem Antragsteller eine Frist für die Vorlage dieser ergänzenden Informationen fest und unterrichtet die Kommission darüber.

Macht die Kommission innerhalb von acht Arbeitstagen nach Unterrichtung durch die Behörde keine Einwände gegen die Verlängerung geltend, wird die in Absatz 1 vorgesehene Frist von sechs Monaten automatisch um die zusätzliche Frist verlängert. Die Kommission unterrichtet die Mitgliedstaaten von dieser Verlängerung.

(5) Werden die ergänzenden Informationen gemäß Absatz 4 nicht innerhalb der dort genannten zusätzlichen Frist der Behörde zur Verfügung gestellt, erstellt die Behörde ihr Gutachten auf der Grundlage der verfügbaren Informationen.

(6) Legt ein Antragsteller von sich aus ergänzende Informationen vor, übermittelt er diese Informationen der Behörde.

In solchen Fällen gibt die Behörde ihr Gutachten innerhalb der in Absatz 1 vorgesehenen Frist von sechs Monaten ab.

(7) Die Behörde macht die gemäß den Absätzen 4 und 6 vorgelegten ergänzenden Informationen der Kommission und den Mitgliedstaaten zugänglich.

Artikel 18
Zulassung eines traditionellen Lebensmittels aus einem Drittland und Aktualisierung der Unionsliste

(1) Binnen drei Monaten ab dem Datum der Veröffentlichung des Gutachtens der Behörde übermittelt die Kommission dem Ausschuss gemäß Artikel 30 Absatz 1 den Entwurf eines Durchführungsrechtsakts zur Genehmigung des Inverkehrbringens des traditionellen Lebensmittels aus einem Drittland in der Union und zur Aktualisierung der Unionsliste, wobei sie Folgendes berücksichtigt:

a) die Bedingungen gemäß Artikel 7 Buchstaben a und b und gegebenenfalls die Bedingungen gemäß Artikel 7 Buchstabe c,

b) sämtliche einschlägige Vorschriften des Unionsrechts einschließlich des Vorsorgeprinzips gemäß Artikel 7 der Verordnung (EG) Nr. 178/2002,

c) das Gutachten der Behörde,

d) alle anderen zu berücksichtigenden Faktoren, die für den fraglichen Antrag ausschlaggebend sind.

Dieser Durchführungsrechtsakt wird nach dem Prüfverfahren gemäß Artikel 30 Absatz 3 erlassen.

(2) Abweichend von Absatz 1 kann die Kommission das Verfahren zu jedem Zeitpunkt beenden und beschließen, eine Aktualisierung nicht vorzunehmen, wenn sie eine solche Aktualisierung für nicht gerechtfertigt erachtet.

In diesem Fall trägt die Kommission gegebenenfalls den Standpunkten von Mitgliedstaaten, dem Gutachten der Behörde und allen anderen zu berücksichtigenden Faktoren Rechnung, die für die jeweilige Aktualisierung von Bedeutung sind.

Die Kommission unterrichtet den Antragsteller und alle Mitgliedstaaten direkt von den Gründen dafür, dass sie die Aktualisierung für nicht gerechtfertigt erachtet.

(3) Der Antragsteller kann seinen Antrag gemäß Artikel 16 jederzeit zurückziehen und damit das Verfahren beenden.

Artikel 19
Aktualisierung der Unionsliste bei zugelassenen traditionellen Lebensmitteln aus Drittländern

Für die Streichung eines traditionellen Lebensmittels aus einem Drittland von der Unionsliste oder das Hinzufügen, die Streichung oder die Änderung von Spezifikationen, Verwendungsbedingungen, zusätzlichen spezifischen Kennzeichnungsvorschriften oder Vorschriften für die Überwachung nach dem Inverkehrbringen im Zusammenhang mit der Aufnahme eines traditionellen Lebensmittels aus einem Drittland in die Unionsliste gelten die Artikel 10 bis 13.

Artikel 20
Durchführungsrechtsakte zur Festlegung administrativer und wissenschaftlicher Anforderungen an traditionelle Lebensmittel aus Drittländern

Bis zum 1. Januar 2018 erlässt die Kommission Durchführungsrechtsakte über

a) den Inhalt, die Aufmachung und die Vorlage der Meldungen gemäß Artikel 14 und der Anträge gemäß Artikel 16,

b) die Regelungen für die unverzügliche Prüfung der Gültigkeit dieser Meldungen und Anträge,

c) die Regelungen für den Informationsaustausch mit den Mitgliedstaaten und der Behörde zum Vorbringen hinreichend begründeter, die Sicherheit betreffender Einwände gemäß Artikel 15 Absatz 2,

d) die Art der Informationen, die in dem Gutachten der Behörde gemäß Artikel 17 enthalten sein müssen.

Diese Durchführungsrechtsakte werden nach dem Prüfverfahren gemäß Artikel 30 Absatz 3 erlassen.

KAPITEL IV
ZUSÄTZLICHE VERFAHRENSBESTIMMUNGEN UND SONSTIGE BESTIMMUNGEN

Artikel 21
Zusätzliche Informationen zum Risikomanagement

(1) Fordert die Kommission von einem Antragsteller zusätzliche Informationen zu Aspekten im Zusammenhang mit dem Risikomanagement an, legt sie in Absprache mit dem Antragsteller die Frist fest, binnen derer diese Informationen vorzulegen sind.

In solchen Fällen kann die Frist gemäß Artikel 12 Absatz 1 bzw. Absatz 2 oder gemäß Artikel 18 Absatz 1 entsprechend verlängert werden. Die Kommission unterrichtet die Mitgliedstaaten von dieser Verlängerung und macht die zusätzlichen Informationen den Mitgliedstaaten zugänglich, sobald sie diese erhalten hat.

(2) Treffen die zusätzlichen Informationen gemäß Absatz 1 nicht innerhalb der dort genannten zusätzlichen Frist ein, wird die Kommission auf der Grundlage der zur Verfügung stehenden Informationen tätig.

Artikel 22
Ad-hoc-Verlängerung von Fristen

Unter besonderen Umständen kann die Kommission die Fristen gemäß Artikel 11 Absatz 1, Artikel 12 Absatz 1 bzw. 2, Artikel 17 Absatz 1 und Artikel 18 Absatz 1 auf eigene Initiative oder gegebenenfalls auf Ersuchen der Behörde angemessen verlängern, wenn die Art der fraglichen Angelegenheit dies rechtfertigt.

Die Kommission informiert den Antragsteller und die Mitgliedstaaten über diese Verlängerung sowie die Gründe dafür.

Artikel 23
Transparenz und Vertraulichkeit

(1) Wenn die Kommission die Behörde gemäß Artikel 10 Absatz 3 und Artikel 16 der vorliegenden Verordnung um ein Gutachten ersucht, so veröffentlicht diese in Übereinstimmung mit den Artikeln 38 bis 39e der Verordnung (EG) Nr. 178/2002 sowie mit diesem Artikel den Zulassungsantrag, relevante stützende Informationen und alle vom Antragsteller übermittelten ergänzenden Informationen sowie ihre wissenschaftlichen Gutachten.

(2) Bei der Antragstellung kann der Antragsteller unter Angabe nachprüfbarer Gründe darum ersuchen, dass bestimmte Teile der im Rahmen der vorliegenden Verordnung übermittelten Informationen vertraulich behandelt werden.

(3) Wenn die Kommission die Behörde gemäß Artikel 10 Absatz 3 und Artikel 16 der vorliegenden Verordnung um ein Gutachten ersucht, so bewertet diese gemäß den Artikeln 39 bis 39e der Verordnung (EG) Nr. 178/2002 das vom Antragsteller gestellte Ersuchen um vertrauliche Behandlung.

(4) Zusätzlich zu den Informationen gemäß Artikel 39 Absatz 2 der Verordnung (EG) Nr. 178/2002 und gemäß Artikel 39 Absatz 3 der genannten Verordnung kann die Behörde, wenn der Antragsteller darlegt, dass die Offenlegung dieser Informationen seinen Interessen erheblich schaden könnte, auch eine vertrauliche Behandlung in Bezug auf die folgenden Informationen gewähren: Vertraulichkeit gilt nicht für folgende Informationen:

a) gegebenenfalls die Informationen, die in den ausführlichen Beschreibungen von Ausgangsstoffen und Ausgangszubereitungen enthalten sind und dazu, wie diese zur Herstellung des neuartigen Lebensmittels verwendet werden, für das die Zulassung beantragt wird, sowie detaillierte Informationen zu Art und Zusammensetzung der spezifischen Lebensmittel oder Lebensmittelkategorien, in denen der Antragsteller dieses neuartige Lebensmittel verwenden will, mit Ausnahme der für die Sicherheitsbewertung wichtigen Informationen;

b) gegebenenfalls detaillierte analytische Daten zur Variabilität und Stabilität von einzelnen hergestellten Chargen, mit Ausnahme der für die Sicherheitsbewertung wichtigen Informationen.

(5) Wenn die Kommission die Behörde nicht gemäß den Artikeln 10 und 16 der vorliegenden Verordnung um ein Gutachten ersucht, so bewertet sie selbst das vom Antragsteller gestellte Ersuchen um vertrauliche Behandlung. Die Artikel 39, 39a und 39d der Verordnung (EG) Nr. 178/2002 und Absatz 4 des vorliegenden Artikels gelten entsprechend.

(6) Dieser Artikel gilt unbeschadet des Artikels 41 der Verordnung (EG) Nr. 178/2002 der Kommission.

(ABl L 231 vom 6. 9. 2019, S. 1)

Artikel 24
Vorschriften für die Überwachung nach dem Inverkehrbringen

Die Kommission kann aus Gründen der Lebensmittelsicherheit und unter Berücksichtigung des Gutachtens der Behörde Vorschriften für die Überwachung nach dem Inverkehrbringen auferlegen. Solche Vorschriften können im Einzelfall die Festlegung der betroffenen Lebensmittelunternehmer umfassen.

Artikel 25
Zusätzliche Auskunftspflichten

Jeder Lebensmittelunternehmer, der ein neuartiges Lebensmittel in Verkehr gebracht hat, unterrichtet die Kommission unverzüglich über alle ihm vorliegenden Informationen in Bezug auf

a) neue wissenschaftliche oder technische Informationen, die die Bewertung der Sicherheit der Verwendung des neuartigen Lebensmittels beeinflussen könnten;

b) Verbote oder Einschränkungen, die von einem Drittland ausgesprochen wurden, in dem das neuartige Lebensmittel in Verkehr gebracht wird.

Die Kommission macht diese Informationen den Mitgliedstaaten zugänglich.

KAPITEL V
DATENSCHUTZ

Artikel 26
Zulassungsverfahren bei Vorliegen geschützter Daten

(1) Auf Ersuchen des Antragstellers und sofern dies im Antrag gemäß Artikel 10 Absatz 1 auf geeignete und überprüfbare Informationen gestützt wird, dürfen neu gewonnene wissenschaftliche Erkenntnisse oder wissenschaftliche Daten zur Stützung des Antrags für eine Dauer von fünf Jahren ab dem Datum der Zulassung des neuartigen Lebensmittels ohne die Zustimmung des ursprünglichen Antragstellers für einen späteren Antrag nicht verwendet werden.

(2) Der Datenschutz wird von der Kommission gemäß Artikel 27 Absatz 1 gewährt, wenn folgende Bedingungen erfüllt sind:

a) Die neu gewonnenen wissenschaftlichen Erkenntnisse oder wissenschaftlichen Daten wurden vom ursprünglichen Antragsteller zum Zeitpunkt des ersten Antrags als geschützt bezeichnet,

b) der ursprüngliche Antragsteller hatte zum Zeitpunkt des ersten Antrags ausschließlichen Anspruch auf die Nutzung der geschützten wissenschaftlichen Erkenntnisse oder wissenschaftlichen Daten, und

c) das neuartige Lebensmittel hätte ohne die Vorlage der geschützten wissenschaftlichen Erkenntnisse oder wissenschaftlichen Daten durch den ursprünglichen Antragsteller nicht von der Behörde bewertet und zugelassen werden können.

Der ursprüngliche Antragsteller kann jedoch mit einem nachfolgenden Antragsteller vereinbaren, dass solche wissenschaftlichen Erkenntnisse und wissenschaftlichen Daten verwendet werden dürfen.

(3) Die Absätze 1 und 2 gelten nicht für Meldungen und Anträge in Bezug auf das Inverkehr-

bringen von traditionellen Lebensmitteln aus Drittländern in der Union.

Artikel 27
Zulassung eines neuartigen Lebensmittels und Aufnahme in die Unionsliste gestützt auf geschützte wissenschaftliche Erkenntnisse oder wissenschaftliche Daten

(1) Wird ein neuartiges Lebensmittel gemäß den Artikeln 10 bis 12 auf der Grundlage geschützter wissenschaftlicher Erkenntnisse oder wissenschaftlicher Daten, für die ein Datenschutz gemäß Artikel 26 Absatz 1 gilt, zugelassen und in die Unionsliste aufgenommen, ist in dem Eintrag für dieses neuartige Lebensmittel in der Unionsliste zusätzlich zu den Informationen gemäß Artikel 9 Absatz 3 Folgendes anzugeben:

a) das Datum der Aufnahme des neuartigen Lebensmittels in die Unionsliste;

b) der Hinweis, dass diese Aufnahme auf Grundlage geschützter wissenschaftlicher Erkenntnisse und wissenschaftlicher Daten erfolgt, die dem Datenschutz gemäß Artikel 26 unterliegen;

c) der Name und die Anschrift des Antragstellers;

d) der Hinweis, dass, solange der Datenschutz gilt, das neuartige Lebensmittel nur vom Antragsteller gemäß Buchstabe c dieses Absatzes in der Union in Verkehr gebracht werden darf, es sei denn, ein späterer Antragsteller erhält die Zulassung für das betreffende neuartige Lebensmittel ohne Bezugnahme auf die wissenschaftlichen Erkenntnisse oder wissenschaftlichen Daten, die dem Datenschutz gemäß Artikel 26 unterliegen, oder er hat die Zustimmung des ursprünglichen Antragstellers;

e) der Zeitpunkt, zu dem der Datenschutz gemäß Artikel 26 erlischt.

(2) Wissenschaftlichen Erkenntnissen oder wissenschaftlichen Daten, die dem Datenschutz gemäß Artikel 26 unterliegen oder für die die darin vorgesehene Schutzfrist abgelaufen ist, wird nicht nochmals Schutz gewährt.

Artikel 28
Zulassungsverfahren im Fall eines parallelen Antrags auf Zulassung einer gesundheitsbezogenen Angabe

(1) Auf Antrag des Antragstellers setzt die Kommission ein Zulassungsverfahren für ein neuartiges Lebensmittel aus, das nach einem Antrag eingeleitet wurde, wenn der Antragsteller Folgendes eingereicht hat:

a) ein Ersuchen um Datenschutz gemäß Artikel 26, und

b) einen Antrag auf Zulassung einer gesundheitsbezogenen Angabe zu demselben neuartigen Lebensmittel nach Artikel 15 oder 18 der Verordnung (EG) Nr. 1924/2006 in Verbindung mit einem Antrag auf Datenschutz nach Artikel 21 der genannten Verordnung.

Die Aussetzung des Zulassungsverfahrens erfolgt unbeschadet der Bewertung des Lebensmittels durch die Behörde gemäß Artikel 11.

(2) Die Kommission unterrichtet den Antragsteller über den Zeitpunkt, in dem die Aussetzung wirksam wird.

(3) Während der Aussetzung des Zulassungsverfahrens ist der Ablauf der in Artikel 12 Absatz 1 genannten Frist gehemmt.

(4) Das Zulassungsverfahren wird wieder aufgenommen, sobald die Kommission die gemäß der Verordnung (EG) Nr. 1924/2006 abgegebene Stellungnahme der Behörde zu der gesundheitsbezogenen Angabe erhalten hat.

Die Kommission unterrichtet den Antragsteller über den Zeitpunkt der Wiederaufnahme des Zulassungsverfahrens. Ab dem Zeitpunkt der Wiederaufnahme beginnt die in Artikel 12 Absatz 1 dieser Verordnung genannte Frist erneut zu laufen.

(5) Wurde in einem in Absatz 1 dieses Artikels genannten Fall Datenschutz gemäß Artikel 21 der Verordnung (EG) Nr. 1924/2006 gewährt, darf der Zeitraum, für den gemäß Artikel 26 der vorliegenden Verordnung Datenschutz gewährt wird, nicht über den Zeitraum hinausgehen, für den gemäß Artikel 21 der Verordnung (EG) Nr. 1924/2006 Datenschutz gewährt wurde.

(6) Der Antragsteller kann seinen nach Absatz 1 eingereichten Antrag auf Aussetzung des Zulassungsverfahrens jederzeit zurückziehen. In diesem Fall wird das Zulassungsverfahren wieder aufgenommen, und Absatz 5 kommt nicht zur Anwendung.

KAPITEL VI
SANKTIONEN UND ALLGEMEINE BESTIMMUNGEN

Artikel 29
Sanktionen

Die Mitgliedstaaten erlassen Vorschriften über die bei einem Verstoß gegen diese Verordnung zu verhängenden Sanktionen und treffen alle erforderlichen Maßnahmen, um sicherzustellen, dass diese Sanktionen angewandt werden. Die vorgesehenen Sanktionen müssen wirksam, verhältnismäßig und abschreckend sein. Die Mitgliedstaaten teilen der Kommission diese Vorschriften bis zum 1. Januar 2018 mit und unterrichten sie unverzüglich über alle die Vorschriften betreffenden späteren Änderungen.

Artikel 30
Ausschussverfahren

(1) Die Kommission wird vom Ständigen Ausschuss für Pflanzen, Tiere, Lebensmittel und Futtermittel unterstützt, der mit Artikel 58 Absatz 1 der Verordnung (EG) Nr. 178/2002 eingesetzt wurde. Dieser Ausschuss ist ein Ausschuss im Sinne der Verordnung (EU) Nr. 182/2011 des Europäischen Parlaments und des Rates[19].

(2) Wird auf diesen Absatz Bezug genommen, gilt Artikel 4 der Verordnung (EU) Nr. 182/2011. Wird die Stellungnahme des Ausschusses im schriftlichen Verfahren eingeholt, wird das Verfahren ohne Ergebnis abgeschlossen, wenn der Vorsitz dies innerhalb der Frist für die Abgabe der Stellungnahme beschließt oder eine einfache Mehrheit der Ausschussmitglieder dies verlangt.

(3) Wird auf diesen Absatz Bezug genommen, gilt Artikel 5 der Verordnung (EU) Nr. 182/2011. Wird die Stellungnahme des Ausschusses im schriftlichen Verfahren eingeholt, wird das Verfahren ohne Ergebnis abgeschlossen, wenn der Vorsitz dies innerhalb der Frist für die Abgabe der Stellungnahme beschließt oder eine einfache Mehrheit der Ausschussmitglieder dies verlangt.

Gibt der Ausschuss keine Stellungnahme ab, erlässt die Kommission den Durchführungsrechtsakt nicht, und Artikel 5 Absatz 4 Unterabsatz 3 der Verordnung (EU) Nr. 182/2011 findet Anwendung.

Artikel 31
Delegierte Rechtsakte

Damit die Ziele dieser Verordnung erreicht werden, wird der Kommission die Befugnis übertragen, delegierte Rechtsakte nach Maßgabe von Artikel 32 zu erlassen, um die in Artikel 3 Absatz 2 Buchstabe f aufgeführte Begriffsbestimmung für technisch hergestellte Nanomaterialien an den technischen und wissenschaftlichen Fortschritt oder an auf internationaler Ebene vereinbarte Begriffsbestimmungen anzugleichen und anzupassen.

Artikel 32
Ausübung der Befugnisübertragung

(1) Die Befugnis zum Erlass delegierter Rechtsakte wird der Kommission unter den in diesem Artikel festgelegten Bedingungen übertragen.

(2) Es ist von besonderer Bedeutung, dass die Kommission ihrer üblichen Praxis folgt und vor dem Erlass dieser delegierten Rechtsakte Konsultationen mit Sachverständigen, einschließlich mit Sachverständigen der Mitgliedstaaten, durchführt.

(3) Die Befugnis zum Erlass delegierter Rechtsakte gemäß Artikel 31 wird der Kommission für einen Zeitraum von fünf Jahren ab dem 31. Dezember 2015 übertragen. Die Kommission erstellt spätestens neun Monate vor Ablauf des Zeitraums von fünf Jahren einen Bericht über die Befugnisübertragung. Die Befugnisübertragung verlängert sich stillschweigend um Zeiträume gleicher Länge, es sei denn, das Europäische Parlament oder der Rat widersprechen einer solchen Verlängerung spätestens drei Monate vor Ablauf des jeweiligen Zeitraums.

(4) Die Befugnisübertragung nach Artikel 31 kann vom Europäischen Parlament oder vom Rat jederzeit widerrufen werden. Der Beschluss über den Widerruf beendet die Übertragung der in diesem Beschluss angegebenen Befugnis. Er wird am Tag nach seiner Veröffentlichung im *Amtsblatt der Europäischen Union* oder zu einem im Beschluss angegebenen späteren Zeitpunkt wirksam. Die Gültigkeit von delegierten Rechtsakten, die bereits in Kraft sind, wird von dem Beschluss über den Widerruf nicht berührt.

(5) Sobald die Kommission einen delegierten Rechtsakt erlässt, übermittelt sie ihn gleichzeitig dem Europäischen Parlament und dem Rat.

(6) Ein delegierter Rechtsakt, der gemäß Artikel 31 erlassen wurde, tritt nur in Kraft, wenn weder das Europäische Parlament noch der Rat innerhalb einer Frist von zwei Monaten nach Übermittlung dieses Rechtsakts an das Europäische Parlament und den Rat Einwände erhoben haben oder wenn vor Ablauf dieser Frist das Europäische Parlament und der Rat beide der Kommission mitgeteilt haben, dass sie keine Einwände erheben werden. Auf Initiative des Europäischen Parlaments oder des Rates wird diese Frist um zwei Monate verlängert.

KAPITEL VII
ÜBERGANGSMASSNAHMEN UND SCHLUSSBESTIMMUNGEN

Artikel 33
Änderung der Verordnung (EU) Nr. 1169/2011

Die Verordnung (EU) Nr. 1169/2011 wird wie folgt geändert:

(1) In Artikel 2 Absatz 1 wird folgender Buchstabe angefügt:

Zu Artikel 30:

[19] *Verordnung (EU) Nr. 182/2011 des Europäischen Parlaments und des Rates vom 16. Februar 2011 zur Festlegung der allgemeinen Regeln und Grundsätze, nach denen die Mitgliedstaaten die Wahrnehmung der Durchführungsbefugnisse durch die Kommission kontrollieren (ABl. L 55 vom 28.2.2011, S. 13).*

„h) die Begriffsbestimmung für ‚technisch hergestellte Nanomaterialien' in Artikel 3 Absatz 2 Buchstabe f der Verordnung (EU) 2015/2283 des Europäischen Parlaments und des Rates[1].

(2) Artikel 2 Absatz 2 Buchstabe t wird gestrichen.

Verweise auf die gestrichene Bestimmung Artikel 2 Absatz 2 Buchstabe t der Verordnung (EU) Nr. 1169/2011 sind als Verweise auf Artikel 3 Absatz 2 Buchstabe f dieser Verordnung zu verstehen.

(3) Artikel 18 Absatz 5 wird gestrichen.

Artikel 34
Aufhebung

Die Verordnungen (EG) Nr. 258/97 und (EG) Nr. 1852/2001 werden mit dem 1. Januar 2018 aufgehoben. Verweise auf die Verordnung (EG) Nr. 258/97 gelten als Verweise auf die vorliegende Verordnung.

Artikel 35
Übergangsmaßnahmen

(1) Anträge auf das Inverkehrbringen eines neuartigen Lebensmittels in der Union, die gemäß Artikel 4 der Verordnung (EG) Nr. 258/97 bei einem Mitgliedstaat gestellt wurden und über die bis zum 1. Januar 2018 noch keine endgültige Entscheidung getroffen worden ist, werden als Anträge gemäß der vorliegenden Verordnung behandelt.

Die Kommission wendet Artikel 11 der vorliegenden Verordnung nicht an, wenn bereits gemäß der Verordnung (EG) Nr. 258/97 eine Risikobewertung von einem Mitgliedstaat bereitgestellt wurde und von keinem anderen Mitgliedstaat ein begründeter Einwand gegen diese Bewertung erhoben wurde.

(2) Nicht in den Anwendungsbereich der Verordnung (EG) Nr. 258/97 fallende Lebensmittel, die bis zum 1. Januar 2018 rechtmäßig in Verkehr gebracht werden und in den Anwendungsbereich der vorliegenden Verordnung fallen, dürfen im Anschluss an einen Antrag auf Zulassung eines neuartigen Lebensmittels oder eine Meldung über ein traditionelles Lebensmittel aus einem Drittstaat, der bzw. die bis zu dem in den gemäß Artikel 13 bzw. 20 der vorliegenden Verordnung erlassenen Durchführungsbestimmungen genannten Zeitpunkt, jedoch spätestens bis zum 2. Januar 2020 übermittelt wurde, so lange weiterhin in Verkehr gebracht werden, bis eine Entscheidung gemäß den Artikeln 10 bis 12 bzw. den Artikeln 14 bis 19 der vorliegenden Verordnung getroffen worden ist.

(3) Die Kommission kann im Wege von Durchführungsrechtsakten Maßnahmen in Bezug auf die in den Artikeln 13 und 20 genannten Anforderungen, die für die Anwendung der Absätze 1 und 2 des vorliegenden Artikels erforderlich sind, erlassen. Diese Durchführungsrechtsakte werden nach dem Prüfverfahren gemäß Artikel 30 Absatz 3 erlassen.

Artikel 36
Inkrafttreten

Diese Verordnung tritt am zwanzigsten Tag nach ihrer Veröffentlichung im *Amtsblatt der Europäischen Union* in Kraft.

Sie gilt ab dem 1. Januar 2018, mit Ausnahme der folgenden Bestimmungen:

a) Artikel 4 Absatz 4, Artikel 8, 13 und 20, Artikel 23 Absatz 8, Artikel 30 und Artikel 35 Absatz 3 gelten ab dem 31. Dezember 2015.

b) Artikel 4 Absätze 2 und 3 gelten ab dem Beginn der Geltung der in Artikel 4 Absatz 4 genannten Durchführungsrechtsakte.

c) Artikel 5 gilt ab dem 31. Dezember 2015. Die nach Artikel 5 erlassenen Durchführungsrechtsakte gelten jedoch nicht vor dem 1. Januar 2018.

d) Artikel 31 und 32 gelten ab dem 31. Dezember 2015. Die nach Artikel 31 und 32 erlassenen Durchführungsrechtsakte gelten jedoch nicht vor dem 1. Januar 2018.

Diese Verordnung ist in allen ihren Teilen verbindlich und gilt unmittelbar in jedem Mitgliedstaat.

Geschehen zu Straßburg am 25. November 2015

Im Namen des Europäischen Parlaments	Im Namen des Rates
Der Präsident	*Der Präsident*
M. SCHULZ	N. SCHMIT

Zu Artikel 33:

[1] *Verordnung (EU) 2015/2283 des Europäischen Parlaments und des Rates vom 25. November 2015 über neuartige Lebensmittel, zur Änderung der Verordnung (EU) Nr. 1169/2011 des Europäischen Parlaments und des Rates und zur Aufhebung der Verordnung (EG) Nr. 258/97 des Europäischen Parlaments und des Rates und der Verordnung (EG) Nr. 1852/2001 der Kommission (ABl. L 327 vom 11.12.2015, S. 1).“*

17. EU-Qualitätsregelungen-Durchführungsgesetz – EU-QuaDG

BGBl I 2015/130 idF

1 BGBl I 2017/78
2 BGBl I 2020/8
3 BGBl I 2021/257

Bundesgesetz zur Durchführung des Unionsrechts auf dem Gebiet der biologischen Produktion, geschützten Herkunftsangaben und traditionellen Spezialitäten (EU-Qualitätsregelungen-Durchführungsgesetz – EU-QuaDG)

Anwendungsbereich

§ 1. (1) Dieses Bundesgesetz dient der Durchführung folgender Rechtsakte der Europäischen Union samt deren Änderungsrechtsakten, delegierten Rechtsakten und Durchführungsrechtsakten:

1. Titel III der Verordnung (EU) Nr. 1151/2012 über Qualitätsregelungen für Agrarerzeugnisse und Lebensmittel, ABl. Nr. L 343 vom 14.12.2012 S. 1, und Titel II dieser Verordnung, soweit es die amtliche Kontrolle betrifft,

2. Verordnung (EU) 2018/848 über die ökologische/biologische Produktion und die Kennzeichnung von ökologischen/biologischen Erzeugnissen sowie zur Aufhebung der Verordnung (EG) Nr. 834/2007 des Rates, ABl. Nr. L 150 vom 14. Juni 2018 S. 1,

3. Verordnung (EU) 2019/787 über die Begriffsbestimmung, Bezeichnung, Aufmachung und Kennzeichnung von Spirituosen, die Verwendung der Bezeichnungen von Spirituosen bei der Aufmachung und Kennzeichnung von anderen Lebensmitteln, den Schutz geografischer Angaben für Spirituosen und die Verwendung von Ethylalkohol und Destillaten landwirtschaftlichen Ursprungs in alkoholischen Getränken sowie zur Aufhebung der Verordnung (EG) Nr. 110/2008, ABl. Nr. L 130 vom 17.5.2019 S. 1, soweit die geografische Angaben und deren amtliche Kontrolle betrifft.

(2) Dieses Bundesgesetz ist auch auf Arbeitsgänge in gemeinschaftlichen Verpflegungseinrichtungen gemäß Art. 2 Abs. 3 der Verordnung (EU) 2018/848 und daraus gewonnene Erzeugnisse sowie kosmetische Mittel, sofern diese Erzeugnisse mit Bezug auf die biologische Produktion in Verkehr gebracht werden, anzuwenden. Nähere Vorschriften sind mit Verordnung zu erlassen (§ 9 Abs. 2 und 3).

(BGBl I 2021/257)

Begriffsbestimmungen

§ 2. (1) Im Sinne dieses Bundesgesetzes bedeuten

1. „Lebensmittel": Lebensmittel gemäß Art. 2 der Verordnung (EG) Nr. 178/2002 zur Festlegung der allgemeinen Grundsätze und Anforderungen des Lebensmittelrechts, zur Errichtung der Europäischen Behörde für Lebensmittelsicherheit und zur Festlegung von Verfahren zur Lebensmittelsicherheit, ABl. Nr. L 31 vom 1.2.2002, S. 1;

2. „kosmetische Mittel": kosmetische Mittel gemäß Art. 2 Abs. 1 lit. a der Verordnung (EG) Nr. 1223/2009 über kosmetische Mittel, ABl. Nr. L 342 vom 22.12.2009 S. 59;

3. „Agentur": die Österreichische Agentur für Gesundheit und Ernährungssicherheit GmbH gemäß § 7 des Gesundheits- und Ernährungssicherheitsgesetzes – GESG, BGBl. I Nr. 63/2002;

4. „Kontrollstelle": eine beauftragte Stelle gemäß Art. 3 Z 5 der Verordnung (EU) 2017/625 über amtliche Kontrollen, ABl. Nr. L 95 vom 7.4.2017 S. 1, die die Bedingungen gemäß Art. 29 lit. b dieser Verordnung erfüllt; *(BGBl I 2021/257)*

5. „Unternehmer": Unternehmer gemäß § 3 Z 11 des Lebensmittelsicherheits- und Verbraucherschutzgesetzes (LMSVG), BGBl. I Nr. 13/2006, oder Art. 3 Z 13 der Verordnung (EU) 2018/848; *(BGBl I 2021/257)*

6. „Vereinigung": Vereinigung gemäß Art. 3 Z 2 der Verordnung (EU) Nr. 1151/2012 oder Art. 3 Z 6 der Verordnung (EU) 2019/787. *(BGBl I 2021/257)*

(2) Im Übrigen gelten die in den unmittelbar anwendbaren, den Geltungsbereich dieses Gesetzes betreffenden, Rechtsakten der Europäischen Union angeführten Definitionen.

Kontrollsystem

§ 3. (1) Der Landeshauptmann ist, sofern in den folgenden Absätzen nicht anderes geregelt ist, die für die amtlichen Kontrollen zuständige Behörde gemäß Art. 4 Abs. 1 der Verordnung (EU) 2017/625. Genehmigungs-, Zulassungs-, Untersagungs- oder Anmeldeverfahren sind, soweit im Folgenden nicht anderes bestimmt ist,

17. EU-QuaDG
§§ 3 – 4

vom Landeshauptmann durchzuführen. *(BGBl I 2021/257)*

(2) Die Kontrolle der Einhaltung der

1. Produktspezifikation gemäß Art. 36 Abs. 3 lit. a der Verordnung (EU) Nr. 1151/2012,

2. Produktspezifikation gemäß Art. 22 der Verordnung (EU) 2019/787,

3. Anforderungen der Verordnung (EU) 2018/848

und der damit in Zusammenhang stehenden Bestimmungen dieses Bundesgesetzes sowie der auf seiner Grundlage erlassenen Verordnungen (§ 9) ist von Kontrollstellen durchzuführen, die gemäß § 4 zugelassen wurden, soweit in Bezug auf Z 3 in den folgenden Absätzen nicht anderes bestimmt ist. *(BGBl I 2021/257)*

(3) „Die Kontrollstellen unterliegen der Aufsicht durch den Landeshauptmann und sind im Hinblick auf die ihnen übertragenen Aufgaben an dessen Weisungen und Anordnungen gebunden." Die Kontrollstellen hat dem Landeshauptmann unaufgefordert den von der Akkreditierungsstelle aktuell ausgestellten Bescheid und die jeweils aktuellen Begutachtungsberichte über die regelmäßige Evaluierung vor Ort, die Überwachung und die mehrjährige Wiederbewertung ihrer Tätigkeiten durch die Akkreditierungsstelle gemäß Bundesgesetz über die Akkreditierung von Konformitätsbewertungsstellen (Akkreditierungsgesetz 2012 – AkkG 2012), BGBl. I Nr. 28/2012, vorzulegen. Der Landeshauptmann hat die erforderlichen Weisungen und Anordnungen zu erteilen, um eine vorschriftsgemäße Ausübung der Kontrollaufgaben sicherzustellen. *(BGBl I 2021/257)*

(4) Der Landeshauptmann hat die Tätigkeit der Kontrollstellen gemäß Art. 33 lit. a der Verordnung (EU) 2017/625 zu überprüfen, insbesondere ob die übertragenen Aufgaben ordnungsgemäß, wirksam und unparteiisch durchgeführt werden. Über jeden Prüfvorgang ist ein Bericht zu erstellen. Sachverständige anderer Behörden können die Aufsichtsorgane des Landeshauptmannes bei Überprüfungen begleiten. *(BGBl I 2021/257)*

(5) Futtermittel, Düngemittel, Pflanzenschutzmittel, Saat- und Pflanzgut „und andere Vermehrungsmaterial" sowie Wein, die als „biologisch/ökologisch" bezeichnet werden oder einen Hinweis auf ihre Eignung für die biologische Produktion gemäß Verordnung (EG) Nr. 834/2007 enthalten oder im geschäftlichen Verkehr auf diese Weise beworben oder Dritten überlassen werden, haben den allgemeinen gesetzlichen Anforderungen zu entsprechen. Die Beurteilung der Verkehrsfähigkeit obliegt den zuständigen Bundesbehörden nach den einschlägigen Bundesgesetzen. *(BGBl I 2021/257)*

(6) Die amtliche Kontrolle von biologischen Sendungen beim Eingang in die Europäische Union über österreichisches Staatsgebiet ist vom gemäß § 6c GESG errichteten Bundesamt für Verbrauchergesundheit gemäß den §§ 17a bis 17d GESG und entsprechend Kapitel VII, insbesondere Art. 45, der Verordnung (EU) 2018/848 durchzuführen. *(BGBl I 2021/257)*

(7) Der Landeshauptmann hat die Einhaltung folgender Bedingungen der Verordnung (EU) 2018/848 bei Unternehmern zu überprüfen, sofern diese biologische Erzeugnisse nicht selbst erzeugen, aufbereiten, an einem anderen Ort als in Verbindung mit der Verkaufsstelle lagern oder aus einem Drittland einführen und die Ausübung solcher Tätigkeiten nicht als Unterauftrag an andere Unternehmer vergeben, und

1. gemäß Art. 34 Abs. 2 vorverpackte biologische Lebensmittel direkt an Endverbraucher oder -nutzer verkaufen, oder

2. gemäß Art. 35 Abs. 8 unverpackte biologische Lebensmittel direkt an Endverbraucher verkaufen, wenn deren Verkäufe

a) eine Menge von bis zu 5 000 kg pro Jahr oder

b) einen Jahresumsatz mit unverpackten biologischen Erzeugnissen von 20 000 €

nicht überschreiten.

Bei Überschreitung der in lit. a und b genannten Grenzen besteht keine Ausnahme von der Pflicht im Besitz eines Zertifikats gemäß Art. 35 Abs. 1 dieser Verordnung zu sein. *(BGBl I 2021/257)*

Zulassung von Kontrollstellen

§ 4. (1) Die Zulassung als Kontrollstelle hat nach deren schriftlichen Antrag an den Landeshauptmann durch diesen mit Bescheid zu erfolgen, sofern die folgenden Voraussetzungen erfüllt sind und die Aufgabenwahrnehmung nicht mit der Durchführung von Verwaltungsverfahren verbunden ist:

1. für Kontrollaufgaben der Verordnungen (EU) Nr. 1151/2012, 2018/848 und 2019/787:

a) die Einhaltung der Bedingungen gemäß Kapitel III, insbesondere Art. 29 der Verordnung (EU) 2017/625 und der Mindestanforderungen und Verfahren für die Kontrolle und

b) die Akkreditierung als Zertifizierungsstelle für Produkte gemäß AkkG 2012, oder bei einer Kontrollstelle mit Sitz in einem anderen Mitgliedstaat der EU oder Vertragsstaat des Abkommens über den Europäischen Wirtschaftsraum (EWR-Vertragsstaat) oder in der Schweizerischen Eidgenossenschaft eine dieser gleichzuhaltende Akkreditierung, und

2. zusätzlich für Kontrollaufgaben der Verordnung (EU) 2018/848 die Erfüllung der Bedingungen gemäß Art. 40 dieser Verordnung.

Die Zulassung wird für das gesamte Bundesgebiet erteilt. *(BGBl I 2021/257)*

(2) Bei geschützten Ursprungsbezeichnungen und geschützten geografischen Angaben gemäß Verordnung (EU) Nr. 1151/2012 oder der Verordnung (EU) 2019/787 ist dem Antrag eine von einer Vereinigung ausgestellte Absichtserklärung über die Zusammenarbeit mit der Vereinigung vorzulegen. Sofern die in der Spezifikation genannte antragstellende Vereinigung oder ihre Rechtsnachfolgerin die in § 15 genannten Anforderungen erfüllt, gilt nur diese als Vereinigung im Sinne dieses Absatzes. Die Zulassung von mehr als einer Kontrollstelle darf nur erfolgen, wenn die Kontrollstellen nach einem einheitlichen Kontrollprogramm vorgehen. *(BGBl I 2021/257)*

(3) Im Falle einer Kontrollstelle mit Sitz in einem anderen Mitgliedstaat der EU oder Vertragsstaat des Abkommens über den Europäischen Wirtschaftsraum (EWR-Vertragsstaat) oder in der Schweizerischen Eidgenossenschaft hat die Kontrollstelle einen Zustellungsbevollmächtigten gemäß § 9 des Zustellgesetzes, BGBl. I Nr. 200/1982, zu benennen. Im Falle des Abs. 1 Z 1 ist die Zulassung als Kontrollstelle für die biologische Produktion im Sitzstaat nachzuweisen.

(4) Eine Kontrollstelle, die nicht als Zertifizierungsstelle für Produkte gemäß AkkG 2012 akkreditiert ist, kann abweichend von Abs. 1 vorläufig befristet oder unter Ausspruch von Bedingungen oder Auflagen zugelassen werden, sofern die Akkreditierung bereits beantragt wurde. „Eine Kontrollstelle, die einen Zulassungsantrag in Verbindung mit einem Erzeugnis stellt, das noch nicht im Register gemäß Art. 11 oder 22 der Verordnung (EU) Nr. 1151/2012 oder „gemäß Art. 33 der Verordnung (EU) 2019/787" eingetragen ist, kann abweichend von Abs. 1 aufschiebend bedingt und unter Ausspruch von Auflagen zugelassen werden, sofern der Antrag auf Eintragung des Namens „gemäß Art. 49 der Verordnung (EU) Nr. 1151/2012 oder Art. 24 der Verordnung (EU) 2019/787" der Europäischen Kommission bereits vorgelegt wurde." *(BGBl I 2017/78; BGBl I 2021/257)*

(5) Auf dem Gebiet der biologischen Produktion kann die Zulassung auf Teilgebiete des Anwendungsbereichs gemäß „Art. 2 Abs. 1 der Verordnung (EU) 2018/848" eingeschränkt werden. *(BGBl I 2021/257)*

(6) In Bezug auf die Verordnung (EU) Nr. 1151/2012 ist der Landeshauptmann des Bundeslandes zuständige Behörde, in dem die Vereinigung, die einen Eintragungsantrag gestellt hat, ihren Sitz hat.

(7) „Die Zulassung gemäß Abs. 1 ist in folgenden Fällen vom Landeshauptmann zurückzunehmen oder einzuschränken:" *(BGBl I 2021/257)*

1. Vorliegen der Voraussetzungen gemäß Art. 33 lit. b der Verordnung (EU) 2017/625 und in Bezug auf die biologische Produktion unter Berücksichtigung von Art. 40 Abs. 7 und 8 der Verordnung (EU) 2018/848, *(BGBl I 2021/257)*

2. bei Nichtbefolgung einer Weisung oder Anordnung,

3. wenn die Voraussetzungen für die Zulassung nicht mehr oder nur in eingeschränktem Umfang gegeben sind oder ursprünglich nicht bestanden haben oder

4. bei Nichtvorlage der Begutachtungsberichte gemäß § 3 Abs. 3 trotz Aufforderung durch den Landeshauptmann.

(8) Die Kontrollstelle hat dem Landeshauptmann jede wesentliche Änderung der für die Zulassung maßgeblichen Umstände, insbesondere Änderungen der Akkreditierung, unverzüglich schriftlich mitzuteilen. Diese Mitteilungen sind von den Gebühren im Sinne des Gebührengesetzes 1957, BGBl. Nr. 267/1957, befreit.

(9) Der Landeshauptmann hat das Bundesministerium für Gesundheit über Bescheide gemäß Abs. 1 und 7 zu informieren. Das Bundesministerium für Gesundheit veröffentlicht die Kontrollstellen auf seiner Homepage.

Koordinierung der amtlichen Kontrolle

§ 5. (1) Die amtliche Kontrolle hat in Übereinstimmung mit der Verordnung (EU) 2017/625 über amtliche Kontrollen samt deren Änderungsrechtsakten, delegierten Rechtsakten und Durchführungsrechtsakten unter Berücksichtigung der fachspezifischen Kontrollvorschriften sowie entsprechend dem Stand der Wissenschaft und Technologie zu erfolgen. In Bezug auf die biologische Produktion gelten zusätzlich zu den Vorschriften dieser Verordnung die spezifischen Kontrollvorschriften gemäß Kapitel VI der Verordnung (EU) 2018/848. *(BGBl I 2021/257)*

(2) Beim Bundesministerium für Gesundheit ist zum Zweck der Koordinierung der Behörden und Kontrollstellen ein Kontrollausschuss einzurichten, dessen Aufgaben insbesondere sind:

1. die Ausarbeitung und Genehmigung von Richtlinien und Handbüchern,

2. die Ausarbeitung und Genehmigung von Kontrollplänen als Teil des mehrjährigen integrierten Kontrollplanes gemäß § 30 LMSVG für die Durchführung der amtlichen Kontrolle,

3. die Abstimmung der Behörden bei der Zulassung von Kontrollstellen,

4. die Klärung von Auslegungsfragen im Zusammenhang mit der Kontrolle, *(BGBl I 2017/78)*

5. der Informationsaustausch über den Vollzug der laufenden Kontrollen, *(BGBl I 2017/78)*

6. die Ausarbeitung und Genehmigung von Maßnahmenkatalogen in Bezug auf Vorschriften

gemäß § 1 sowie bei Verdacht einer offensichtlichen, groben Übertretung von lebensmittel-, tierschutz-, futtermittel-, wein-, pflanzenschutzmittel-, düngemittel- oder saatgutrechtlichen Vorschriften. *(BGBl I 2017/78)*

Richtlinien, Handbücher, Kontrollpläne und Maßnahmenkataloge sind vom Bundesministerium für Gesundheit auf seiner Homepage zu veröffentlichen, soweit es dem Kontrollzweck nicht entgegensteht.

(3) Dem Kontrollausschuss haben als Mitglieder

1. je eine Vertreterin oder ein Vertreter

a) des Bundesministeriums für Gesundheit,

b) der Akkreditierung Austria, nationale Akkreditierungsstelle gemäß AkkG 2012,

c) der Agentur als Geschäftsstelle des Kontrollausschusses,

d) der Kontrollstellen und

2. je ein vom Landeshauptmann zu nominierender Vertreter der Länder

anzugehören.

(4) Dem Kontrollausschuss gehören für den Bereich der biologischen Produktion zusätzlich je eine Vertreterin oder ein Vertreter an:

1. des Bundesministeriums für Land- und Forstwirtschaft, Umwelt und Wasserwirtschaft,

2. des Bundesamtes für Ernährungssicherheit,

3. der Bundeskellereiinspektion,

4. des Bundesamtes für Verbrauchergesundheit, *(BGBl I 2021/257)*

5. der Interessensgemeinschaft der Biokontrollstellen Österreichs.

(4a) Dem Kontrollausschuss gehören für den Bereich der biologischen Produktion, soweit es dem amtlichen Kontrollzweck, insbesondere dem Zweck von Inspektionen, Untersuchungen oder Audits nicht entgegensteht, je eine Vertreterin oder ein Vertreter der folgenden Stellen an:

1. Landwirtschaftskammer Österreich,

2. Bio Austria – Verein zur Förderung des Biologischen Landbaus.

(BGBl I 2017/78)

(5) Für jedes unter Abs. 3, 4 und 4a genannte Mitglied ist ein Ersatzmitglied zu bestellen. Die Unterlassung einer Namhaftmachung hindert nicht die Konstituierung des Kontrollausschusses. *(BGBl I 2017/78)*

(6) Die Bundesministerin für Gesundheit bestellt die Vorsitzende oder den Vorsitzenden aus dem Bundesministerium für Gesundheit.

(7) Über den Verlauf der Verhandlungen der Sitzungen des Kontrollausschusses ist von allen Sitzungsteilnehmern Verschwiegenheit zu wahren. Alle Mitglieder gemäß Abs. 3 und 4 einschließlich die oder der Vorsitzende und gegebenenfalls deren oder dessen Stellvertreterin oder Stellvertreter haben beschließende Stimme. Eine Stellvertreterin oder ein Stellvertreter hat ein solches Stimmrecht nur bei Verhinderung jenes Mitglieds, welches es zu vertreten befugt ist. *(BGBl I 2017/78)*

(8) Der Kontrollausschuss kann zur Bearbeitung einzelner Schwerpunkte des Bereichs fallweise Sachverständige beiziehen.

(9) Der Kontrollausschuss hat sich eine Geschäftsordnung zu geben, die der Genehmigung der Bundesministerin für Gesundheit bedarf.

(10) Die in der Agentur eingerichtete Geschäftsstelle des Kontrollausschusses dient der Unterstützung des Vorsitzenden und hat folgende Aufgaben:

1. Vorbereitung, Organisation und Dokumentation der Sitzungen des Kontrollausschusses,

2. Unterstützung bei der Koordinierung der Behörden und Kontrollstellen,

3. Erarbeitung der Kontrollpläne, Richtlinien und Handbücher,

4. Berichts- und Antragswesen laut EU-Vorschriften,

5. Teilnahme an Expertengruppensitzungen.

Durchführung der amtlichen Kontrolle

§ 6. (1) Der Bundesminister für Soziales, Gesundheit, Pflege und Konsumentenschutz hat im Rahmen des mehrjährigen nationalen Kontrollplans gemäß § 30 LMSVG unter dem Gesichtspunkt einer zweckmäßigen und wirksamen Kontrolle jährlich einen nationalen Kontrollplan für die amtliche Kontrolle von Unternehmen und Waren auf Basis von Risikobewertungen und statistischen Daten zu erlassen. Er ist in seinen Grundzügen der Öffentlichkeit zugänglich zu machen. *(BGBl I 2021/257)*

(2) Der Landeshauptmann und die Kontrollstellen haben für die Einhaltung des Kontrollplans gemäß Abs. 1 Sorge zu tragen. Ein Tätigkeitsbericht über das abgelaufene Jahr ist von den Kontrollstellen bis zum 1. März des Folgejahres dem Landeshauptmann und bis zum 31. März des Folgejahres vom Landeshauptmann der Geschäftsstelle in der Agentur zu übermitteln.

(3) Der Landeshauptmann hat sich zur Erfüllung seiner Aufgaben besonders geschulter Organe als Aufsichtsorgane (in der Folge: Aufsichtsorgane) zu bedienen.

(4) Aufsichtsorgane und das Personal der Kontrollstellen sind befugt, alle für die amtliche Kontrolle maßgeblichen Nachforschungen anzustellen und dabei insbesondere

1. die entsprechenden Grundstücke, Gebäude und Transportmittel zu betreten,

2. die erforderlichen Auskünfte zu verlangen und Personen zu befragen,

3. Geschäftsunterlagen auf Schrift- und Datenträgern einzusehen und gegebenenfalls davon Kopien oder Ausdrucke anzufertigen oder anfertigen oder sich elektronisch geben zu lassen,

4. Proben nach den für die jeweilige Warengruppe einschlägigen geltenden Bestimmungen gegen Empfangsbestätigung ohne Entschädigung zu entnehmen und *(BGBl I 2017/78)*

5. Hilfestellung bei der Durchführung der Untersuchungen und der Kontrolle zu verlangen.

(5) Die Durchführung einer Kontrolle kann erzwungen werden, wenn deren Duldung verweigert wird. In diesem Fall haben die Organe des öffentlichen Sicherheitsdienstes den Aufsichtsorganen und dem Personal der Kontrollstellen über deren Ersuchen zur Sicherung der Ausübung der Kontrollbefugnisse im Rahmen ihres gesetzmäßigen Wirkungsbereiches Hilfe zu leisten.

(6) Die Kontrolle hat während der Geschäfts- oder Betriebszeit stattzufinden, ausgenommen bei Gefahr im Verzug.

(7) Bei der amtlichen Kontrolle sind die Störung des Geschäftsbetriebes und jedes Aufsehen tunlichst zu vermeiden sowie die jeweiligen Hygienebestimmungen einzuhalten.

(8) Der Landeshauptmann hat im Falle eines festgestellten Verstoßes die nach Art des Verstoßes erforderlichen und geeigneten Maßnahmen gemäß Art. 138 der Verordnung (EU) 2017/625 zu ergreifen. *(BGBl I 2021/257)*

(9) Sachverständige der Europäischen Kommission und des Bundesministeriums für Soziales, Gesundheit, Pflege und Konsumentenschutz, Aufsichtsorgane anderer Bundesländer und Amtsorgane einer zuständigen Behörde eines anderen Mitgliedstaates auf Grund von Art. 104 der Verordnung (EU) 2017/625 dürfen die Aufsichtsorgane und das Personal der Kontrollstellen bei der Durchführung von Tätigkeiten im Rahmen dieses Bundesgesetzes begleiten. Sachverständige der Europäischen Kommission sind befugt, alle für die amtliche Kontrolle maßgeblichen Nachforschungen anzustellen und dabei insbesondere

1. die entsprechenden Grundstücke, Gebäude und Transportmittel zu betreten,

2. die erforderlichen Auskünfte zu verlangen und Personen zu befragen.

Organe der Geschäftsstelle des Kontrollausschusses in der Agentur können gleichfalls die Aufsichtsorgane und das Personal der Kontrollstellen begleiten. *(BGBl I 2021/257)*

(10) Untersuchungs- und Sachverständigentätigkeiten nach diesem Bundesgesetz obliegen der Agentur, den Untersuchungsanstalten der Länder gemäß § 72 LMSVG und den gemäß § 73 LMSVG autorisierten Personen in sinngemäßer Anwendung des 3. Hauptstückes des LMSVG. *(BGBl I 2017/78)*

(11) Die Aufsichtsorgane können bei der Wahrnehmung von Verstößen gegen Vorschriften dieses Bundesgesetzes und der auf Grund dieses Gesetzes erlassenen Verordnungen sowie der im Rahmen dieses Bundesgesetzes zu vollziehenden unmittelbar anwendbaren Rechtsakte der Europäischen Union eine Organstrafverfügung gemäß § 50 Abs. 1 Verwaltungsstrafgesetz 1991 – VStG, BGBl. Nr. 52, in der Fassung des Bundesgesetzes BGBl. I Nr. 33/2013, erlassen oder gemäß § 50 Abs. 5a VStG vorgehen. Sie können auch von der Erstattung einer Anzeige absehen, wenn das Verschulden des Beschuldigten geringfügig ist und die Folgen der Übertretung unbedeutend sind. Sie können den Beschuldigten in solchen Fällen in geeigneter Weise auf die Rechtswidrigkeit seines Verhaltens aufmerksam machen. *(BGBl I 2017/78)*

(12) Der Landeshauptmann hat die zuständige Kontrollstelle schriftlich über gemäß § 29 Abs. 4 des Verwaltungsgerichtsverfahrensgesetzes (VwGVG), BGBl. I Nr. 33/2013, zugestellte Ausfertigungen von Beschlüssen und Erkenntnissen zu unterrichten. *(BGBl I 2021/257)*

„(13)" Gegen Erkenntnisse und Beschlüsse der Verwaltungsgerichte der Länder, die auf der Grundlage von Bescheiden gemäß Abs. 8 erlassen worden sind, steht dem Landeshauptmann zu, Revision beim Verwaltungsgerichtshof zu erheben. *(BGBl I 2017/78; BGBl I 2021/257)*

(14) Dem Bundesminister für Soziales, Gesundheit, Pflege und Konsumentenschutz steht gemäß Art. 133 Abs. 8 B-VG das Recht zu, gegen Erkenntnisse oder Beschlüsse der Verwaltungsgerichte der Länder Revision wegen Rechtswidrigkeit aufgrund einer Verletzung unionsrechtlicher Vorschriften beim Verwaltungsgerichtshof zu erheben. *(BGBl I 2021/257)*

Befugnisse und Pflichten der Kontrollstellen

§ 7. (1) Zur Erfüllung ihrer Kontrollaufgaben haben Kontrollstellen auf Verlangen einer anderen Kontrollstelle oder soweit es zur Durchführung der Kontrolle, insbesondere zur Gewährleistung der Rückverfolgbarkeit erforderlich ist, untereinander einschlägige Informationen über die Ergebnisse ihrer Kontrollen auszutauschen.

(2) Von der Kontrollstelle wahrgenommene Unregelmäßigkeiten und Verstöße gemäß § 5 Abs. 2 Z 6 sind dem Landeshauptmann unverzüglich zu melden. Dieser hat gegebenenfalls ohne Verzug die für die Einhaltung der allgemeinen gesetzlichen Anforderungen zuständige Behörde sowie die Geschäftsstelle des Kontrollausschusses in der Agentur zu informieren.

(3) Kontrollstellen haben „Audits und Inspektionen" durch den Landeshauptmann zu dulden. *(BGBl I 2021/257)*

(4) Kontrollstellen sind bei Kontrollstellenwechsel eines Unternehmers an die verhängten Maßnahmen oder Auflagen der bisher beauftragten Kontrollstellen gebunden, soweit im Einvernehmen mit dem Landeshauptmann nicht anderes festgelegt wird.

Unternehmerpflichten

§ 8. (1) Unternehmer, die geschützte eingetragene Erzeugnisse gemäß den Verordnungen (EU) Nr. 1151/2012 oder (EU) 2019/787 herstellen, und Unternehmer gemäß Art. 3 Z 13 i.V.m. Art. 34 Abs. 1 der Verordnung (EU) 2018/848, ausgenommen jene gemäß Art. 34 Abs. 2 und Art. 35 Abs. 8, sind verpflichtet, ihre Tätigkeit vor dem Inverkehrbringen der Erzeugnisse der Kontrolle gemäß § 3 Abs. 2 zu unterstellen. Der Landeshauptmann ist darüber unverzüglich zu informieren. Diese Meldung kann von der Kontrollstelle vorgenommen werden. Unternehmer gemäß Art. 35 Abs. 8 der Verordnung (EU) 2018/848 haben ihre Tätigkeit vor dem Inverkehrbringen der Erzeugnisse beim Landeshauptmann zu melden. *(BGBl I 2021/257)*

(2) Unternehmer und Vereinigungen, die im Rahmen eines Eigenkontrollsystems an der Kontrolle der Einhaltung der „Produktspezifikation" mitwirken, sind verpflichtet *(BGBl I 2021/257)*

1. Kontrollen nach diesem Bundesgesetz zu dulden,

2. das Kontrollstellenpersonal und die Aufsichtsorgane in Ausübung der Kontrolltätigkeit bei der Erfüllung ihrer Aufgaben bestmöglich zu unterstützen und ihnen erforderlichenfalls Personen, die mit dem Unternehmen vertraut sind, beizustellen,

3. die „erforderlichen Aufzeichnungen zu führen und die" Einsichtnahme der für die Kontrolle und Zwecke der Rückverfolgbarkeit maßgeblichen Unterlagen, insbesondere Geschäftsaufzeichnungen, Lieferscheine und Rechnungen, auf Schrift- und Datenträgern zu ermöglichen oder, falls dies nicht möglich ist, diese Unterlagen binnen angemessener Frist nachzureichen und auf Verlangen des Kontrollstellenpersonals oder der Aufsichtsorgane unentgeltlich Kopien oder Ausdrucke anzufertigen oder elektronisch zur Verfügung zu stellen und *(BGBl I 2021/257)*

4. auf Verlangen dem Kontrollstellenpersonal oder den Aufsichtsorganen die erforderlichen Auskünfte, insbesondere über Erzeugung, Aufbereitung, Vertrieb, Lagerung, Einfuhr, Herkunft und Abnehmer von Erzeugnissen sowie über alle Einheiten des Unternehmens einschließlich Transportmittel, die der Erzeugung, der Aufbereitung und dem Inverkehrbringen von Erzeugnissen dienen, zu erteilen oder, falls dies nicht sogleich möglich ist, binnen einer von der Kontrollstelle oder den Aufsichtsorganen zu setzenden Frist nachzureichen.

(3) Den Anordnungen des Kontrollstellenpersonals oder der Aufsichtsorgane ist – erforderlichenfalls binnen einer zu setzenden Frist – Folge zu leisten.

(4) Unternehmer und Vereinigungen sind bei Kontrollstellenwechsel an die verhängten Maßnahmen oder Auflagen der bisher beauftragten Kontrollstelle gebunden, soweit im Einvernehmen mit dem Landeshauptmann nicht anderes festgelegt wird.

(5) „Jede Vereinigung, die einen Eintragungsantrag gemäß der Verordnung (EU) Nr. 1151/2012 oder der Verordnung (EU) 2019/787 gestellt hat, hat dem Landeshauptmann eine Kontrollstelle zu nennen." Ein Kontrollstellenwechsel ist unverzüglich mitzuteilen. Diese Mitteilung ist von den Gebühren im Sinne des Gebührengesetzes 1957 befreit. Ein Unternehmer oder eine Vereinigung, die im Rahmen eines Eigenkontrollsystems an der Kontrolle der Einhaltung der Spezifikation mitwirkt, darf nur von einer Kontrollstelle kontrolliert werden. *(BGBl I 2021/257)*

(6) Erkennt ein Unternehmer oder hat er Grund zu der Annahme, dass ein von ihm in Verkehr gebrachtes Erzeugnis möglicherweise diesem Bundesgesetz oder einer in § 1 genannten EU-Verordnungen nicht entspricht, hat er dies unverzüglich der Kontrollstelle mitzuteilen.

(7) Die Unternehmer haben bei Maßnahmen, die getroffen werden, um die Risiken für ein Erzeugnis, das sie liefern oder geliefert haben, zu vermeiden oder zu verringern, mit den Kontrollstellen oder dem Landeshauptmann zusammenzuarbeiten.

(8) Unternehmer oder Vereinigungen haben auf jeweiliges Ersuchen die für die Einhaltung der in § 1 genannten Verordnungen erforderlichen Informationen auszutauschen. *(BGBl I 2017/78)*

Verordnungsermächtigungen

§ 9. (1) „Zur Gewährleistung der in den Verordnungen (EG) Nr. 178/2002 und (EU) 2017/625 genannten Ziele und Grundsätze und zur Durchführung der in § 1 genannten Vorschriften kann der Bundesminister für Soziales, Gesundheit, Pflege und Konsumentenschutz – soweit es Titel III der Verordnung (EU) Nr. 1151/2012 und die Verordnung (EU) 2018/848 betrifft im Einvernehmen mit der Bundesministerin für Landwirtschaft, Regionen und Tourismus – mit Verordnung unter Bedachtnahme auf den anerkannten Stand der Wissenschaft und Technologie und nach Anhörung des Kontrollausschusses nähere Vorschriften zur Durchführung der amtlichen Kontrolle, insbesondere über" *(BGBl I 2021/257*

1. die Vorgangsweise der Aufsichtsorgane und des Personals der Kontrollstellen,
2. Informationsaustausch und Berichtspflichten,
3. die Qualifikation der Aufsichtsorgane und des Personals der Kontrollstellen,
4. Vorkehrungen und Anforderungen im Rahmen des Kontrollsystems,
5. elektronischen Datenaustausch im Rahmen des mehrjährigen nationalen Kontrollplans gemäß § 30 LMSVG sowie Art. 51 der Verordnung (EU) 2018/848, *(BGBl I 2021/257)*
6. weitere Befugnisse und Pflichten der Kontrollstellen,
7. weitere Pflichten der Unternehmer und
8. weitere Pflichten der Vereinigungen

erlassen.

(2) Die Bundesministerin für Gesundheit kann zum Schutz der Verbraucher vor Täuschung mit Verordnung nähere Bestimmungen im Einvernehmen mit dem Bundesminister für Wissenschaft, Forschung und Wirtschaft in Bezug auf Arbeitsgänge in gemeinschaftlichen Verpflegungseinrichtungen, daraus gewonnene Erzeugnisse und spezifische Aufbereitungsschritte unter Bedachtnahme auf den jeweiligen Stand der Wissenschaft und Technologie und nach Anhörung des Beirates für die biologische Produktion (§ 13) erlassen.

(3) Der Bundesminister für Soziales, Gesundheit, Pflege und Konsumentenschutz kann zum Schutz der Verbraucher vor Täuschung mit Verordnung nähere Bestimmungen in Bezug auf kosmetische Mittel sowie nationale Produktionsvorschriften gemäß Art. 21 Abs. 2 lit. b der Verordnung (EU) 2018/848 unter Bedachtnahme auf den jeweiligen Stand der Wissenschaft und Technologie und nach Anhörung des Kontrollausschusses und des Beirates für die biologische Produktion erlassen. *(BGBl I 2021/257)*

(4) Die Bundesministerin für Gesundheit und Frauen kann Richtlinien des Kontrollausschusses oder Richtlinien gemäß § 13 Abs. 10 durch Verordnung für verbindlich erklären. *(BGBl I 2017/78)*

(5) Die Bundesministerin für Gesundheit kann mit Verordnung nähere Vorschriften zur Durchführung hinsichtlich Eintragungsverfahren und die Erzeugung, Bezeichnung, Aufmachung und Etikettierung von garantiert traditionellen Spezialitäten und Spirituosen (geografische Angabe) erlassen.

Informationsaustausch, Außenverkehr

§ 10. (1) Der Landeshauptmann, die Kontrollstellen, das Bundesamt für Verbrauchergesundheit und die Akkreditierung Austria erteilen einander die für die Vollziehung dieses Bundesgesetzes notwendigen Auskünfte. Ist ein Unternehmen mit Sitz im Ausland betroffen, so ist jedenfalls das Bundesministerium für Soziales, Gesundheit, Pflege und Konsumentenschutz zu informieren. *(BGBl I 2021/257)*

(2) Der Bundesminister für Soziales, Gesundheit, Pflege und Konsumentenschutz hat der Europäischen Kommission

1. Anträge und Einsprüche bei garantiert traditionellen Spezialitäten nach der Verordnung (EU) Nr. 1151/2012,
2. Anträge, Berichte und Notifizierungen gemäß der Verordnung (EU) 2018/848 im Wege des von der Europäischen Kommission bereitgestellten Informationssystems (Organic Farming Information System – OFIS) und
3. Anträge und Einsprüche bei geografischen Angaben gemäß der Verordnung (EU) 2019/787

weiterzuleiten, *(BGBl I 2021/257)*

(3) Die Bundesanstalt Statistik Österreich hat der Europäischen Kommission (Eurostat) im Wege des elektronischen Datenaustauschsystems für Dokumente eDAMIS (electronic Dataflow Administration and Management Information System) die statistischen Informationen gemäß Art. 51 der Verordnung (EU) 2018/848 bis 1. Juli jeden Jahres zu übermitteln. Die Agentur hat diese Informationen der Bundesanstalt Statistik Österreich spätestens bis 31. Mai jeden Jahres elektronisch und in der für die Übermittlung benötigten Form zu übermitteln. *(BGBl I 2021/257)*

(4) Alle Bundes- und Landesorgane sind, ungeachtet einer gesetzlichen Verschwiegenheitspflicht, verpflichtet, den Landeshauptmann über die im Zuge ihrer Kontrollen wahrgenommenen Unregelmäßigkeiten und Verstöße, insbesondere entsprechend dem Maßnahmenkatalog gemäß § 5 Abs. 2 Z 6, zu informieren. *(BGBl I 2017/78)*

Gebühren

§ 11. (1) Für Antragsverfahren nach diesem Bundesgesetz hat die Bundesministerin für Gesundheit im Einvernehmen mit dem Bundesminister für Finanzen durch Verordnung kostendeckende Gebühren und Auslagen festzusetzen.

(2) Für Tätigkeiten „des Landeshauptmannes" anlässlich der Vollziehung ist eine Gebühr nach Maßgabe eines Tarifes (§ 57 AVG) zu entrichten, den die Bundesministerin für Gesundheit im Einvernehmen mit dem Bundesminister für Finanzen kostendeckend festzusetzen hat. In diesem Tarif können Vorschriften über die Einhebung der Gebühr, insbesondere über den Zeitpunkt der Entrichtung, vorgesehen werden. *(BGBl I 2021/257)*

(3) Die Gebühren und Auslagen gemäß Abs. 2 sind vom Landeshauptmann einzuheben. Sie sind zur Finanzierung der Tätigkeiten der Organe zweckgebunden zu verwenden.

(4) Gebühren und Verwaltungsabgaben gemäß Abs. 1 und 2 werden jährlich mit Beginn eines jeden Kalenderjahres in dem Maß angepasst, das sich aus der Veränderung des Verbraucherpreisindex 2015 oder des an seine Stelle tretenden Index im Zeitraum von Juni des vorvergangenen Jahres bis Juni des der Valorisierung vorangegangenen Kalenderjahres ergibt, wenn die Indexerhöhung mehr als 2 % beträgt. Die Valorisierung erfolgt im Ausmaß von 80 % des zugrundezulegenden Verbraucherpreisindex. Es erfolgt keine Kumulierung der Indexerhöhung, sofern diese in einem oder mehreren Jahren unter 2 % liegt. Die sich ändernden Beträge sind vom Bundesministerium für Gesundheit auf volle 10 Cent kaufmännisch zu runden und auf der Homepage des Bundesministeriums für Gesundheit kundzumachen. Die kundgemachten Beträge bilden die Ausgangsbasis für die nächste Valorisierung.

Informationsaustausch mit der AMA

§ 12. (1) Die „Agrarmarkt Austria" (AMA) ist im Hinblick auf die Abwicklung der Förderungsverwaltung gemäß § 3 Abs. 2 Z 3 AMA-Gesetzes 1992, BGBl. Nr. 376/1992, vom Landeshauptmann über bestimmte Arten von Verstößen gegen die Verordnung „(EU) 2018/848", die als zu sanktionierende Verstöße gegen Förderkriterien dem Bundesministerium für Gesundheit mitgeteilt wurden, zu unterrichten. *(BGBl I 2021/257)*

(2) Die AMA hat den Landeshauptmann über Verstöße gegen die Verordnung „(EU) 2018/848", die im Rahmen der Abwicklung der Förderverwaltung gemäß § 3 Abs. 2 Z 3 des AMA-Gesetzes 1992 festgestellt wurden, zu unterrichten. Der Landeshauptmann hat die Informationen an die betreffende Kontrollstelle weiterzuleiten. *(BGBl I 2021/257)*

Beirat für die biologische Produktion

§ 13. (1) Beim Bundesministerium für Gesundheit wird ein Beirat für die biologische Produktion (im Folgenden: Beirat) eingerichtet.

(2) Je eine Vertreterin oder ein Vertreter, welche oder welcher dem Beirat als Mitglieder angehören, werden von folgenden Stellen entsandt:

1. Bundesministerium für Gesundheit,
2. Bundesministerium für Land- und Forstwirtschaft, Umwelt und Wasserwirtschaft,
3. Bundesministerium für für Wissenschaft, Forschung und Wirtschaft,
4. Bundesministerium für Arbeit, Soziales und Konsumentenschutz,
5. Agentur,
6. Bundesamt für Ernährungssicherheit,
7. Bundeskellereiinspektion,
8. Akkreditierung Austria, nationale Akkreditierungsstelle gemäß AkkG 2012,
9. Länder,
10. Interessensgemeinschaft der Biokontrollstellen Österreich,
11. Landwirtschaftskammer Österreich,
12. Wirtschaftskammer Österreich,
13. Bundesarbeitskammer,
14. Verein für Konsumenteninformation,
15. Bio Austria – Verein zur Förderung des Biologischen Landbaus.

(3) Die Vertreterinnen oder Vertreter werden dem Bundesministerium für Gesundheit von den in Abs. 2 genannten Stellen vorgeschlagen und von diesem für die Dauer von fünf Jahren ernannt. Die Vertreterin (der Vertreter) der Länder wird von der Verbindungsstelle der Bundesländer im Auftrag der Länder namhaft gemacht. Für jedes Mitglied des Beirates ist eine Stellvertreterin oder ein Stellvertreter namhaft zu machen für den Fall der Verhinderung eines Mitglieds. Die Unterlassung eines Vorschlages hindert nicht die Konstituierung des Beirates. Außer den in Abs. 2 aufgezählten Mitgliedern hat die Bundesministerin für Gesundheit die erforderliche Zahl von Vertretern der einschlägigen Wissenschaften als Mitglieder zu ernennen.

(4) Die Bundesministerin für Gesundheit ernennt eine Vorsitzende oder einen Vorsitzenden sowie eine Stellvertreterin oder einen Stellvertreter aus dem Kreis der unter Abs. 2 und 3 aufgeführten Vertreter. Die in der Agentur eingerichtete Geschäftsstelle des Kontrollausschusses dient der Unterstützung der oder des Vorsitzenden. Der Beirat hat sich eine Geschäftsordnung zu geben, die der Genehmigung der Bundesministerin für Gesundheit bedarf. Erforderlichenfalls können Expertinnen oder Experten, die dem Beirat nicht angehören, zu Beratungen beigezogen werden.

(5) Zur Behandlung bestimmter Sachgebiete sind Fachausschüsse, zumindest jedoch für pflanzliche Erzeugung, tierische Erzeugung, Aufbereitung und Kontrolle einzurichten. Die Fachausschüsse bestehen jeweils aus höchstens sieben Mitgliedern. Diese werden vom Beirat aus dem Kreis anerkannter Expertinnen und Experten des jeweils in Betracht kommenden Sachgebietes namhaft gemacht.

(6) Beschlüsse werden mit Zweidrittelmehrheit getroffen. Alle Mitglieder sowie die oder der Vorsitzende samt Stellvertreterin oder Stellvertreter haben beschließende Stimme. Stellvertreterinnen und Stellvertreter haben nur dann ein Stimmrecht, wenn das Mitglied, welches sie vertreten, verhindert ist.

(7) Die Tätigkeit im Beirat und in den Fachausschüssen ist ehrenamtlich. Reisekosten sind nicht zu ersetzen.

(8) Die Anhörung des Beirates kann auch im Umlaufweg erfolgen.

(9) Zu den Aufgaben des Beirates zählen:

1. Beratung der Bundesministerin für Gesundheit,
2. Stellungnahmen zu Verordnungsentwürfen gemäß § 9,
3. Erarbeitung von Richtlinienvorschlägen,
4. Stellungnahmen zu Anträgen nach der Verordnung „(EU) 2018/848", *(BGBl I 2021/257)*
5. Beantwortung von Anfragen des Bundesministeriums für Gesundheit und Formulierung von Empfehlungen, die sich aus dem Vollzug dieses Bundesgesetzes ergeben.

(10) Den auf Vorschlag des Beirats von der Bundesministerin für Gesundheit und Frauen herausgegebenen Richtlinien kommt die Wirkung eines objektivierten Sachverständigengutachtens zu. Diese werden auf der Homepage des Bundesministeriums für Gesundheit und Frauen veröffentlicht. *(BGBl I 2017/78)*

Durchführung von Verwaltungsverfahren

§ 14. (1) Beim Bundesministerium für Gesundheit sind folgende Anträge betreffend garantiert traditionelle Spezialitäten gemäß der Verordnung (EU) Nr. 1151/2012 einzubringen und von diesem zu prüfen:

1. Eintragung einer Bezeichnung gemäß Art. 49,
2. Änderung einer Produktspezifikation gemäß Art. 53,
3. Löschung einer eingetragenen Bezeichnung gemäß Art. 54 Abs. 1.

(2) Beim Bundesminister für Soziales, Gesundheit, Pflege und Konsumentenschutz sind folgende Anträge gemäß der Verordnung (EU) 2019/787 einzubringen und von diesem zu prüfen:

1. Eintragung einer geografischen Angabe gemäß Art. 24,
2. Änderung der Produktspezifikation gemäß Art. 31,
3. Löschung der Eintragung gemäß Art. 32. *(BGBl I 2021/257)*

(3) Das Bundesministerium für Gesundheit kann Stellungnahmen insbesondere von anderen Bundesministerien, Gebietskörperschaften, Körperschaften öffentlichen Rechts, gesetzlichen Interessenvertretungen, Verbänden, Organisationen und Institutionen einholen.

Trägervereinigung für geschützte Herkunftsbezeichnungen

§ 15. Für jede geschützte Ursprungsbezeichnung oder geschützte geografische Angabe gemäß der Verordnung (EU) Nr. 1151/2012 soll eine Trägervereinigung gebildet werden, die folgende Anforderungen erfüllt:

1. die Mitgliedschaft in der Trägervereinigung steht allen Erzeugern oder Verarbeitern des geschützten Produkts offen,
2. die Erzeuger oder Verarbeiter des geschützten Produktes verfügen zusammen über mindestens die Hälfte der Stimmen,
3. die Beschlussfassung erfolgt nach dem Mehrheitsprinzip und alle Mitglieder, die Erzeuger oder Verarbeiter des geschützten Produkts sind, haben die Möglichkeit, an der Beschlussfassung mitzuwirken.

Beirat für geschützte Herkunftsbezeichnungen

§ 16. (1) Beim Bundesministerium für Land- und Forstwirtschaft, Umwelt und Wasserwirtschaft wird ein Beirat betreffend geschützte Ursprungsbezeichnungen und geschützte geografische Angaben eingerichtet. Dem Beirat gehören Vertreter folgender Stellen an, wobei erforderlichenfalls Experten anderer Stellen, insbesondere der gesetzlichen Interessenvertretungen, beigezogen werden können:

1. des Bundesministeriums für Land- und Forstwirtschaft, Umwelt und Wasserwirtschaft,
2. des Bundesministeriums für Gesundheit,
3. des Bundesministeriums für Wissenschaft, Forschung und Wirtschaft und
4. des Österreichischen Patentamts.

(2) Der Beirat hat insbesondere folgende Aufgaben:

1. Austausch von Informationen,
2. Beratung über Auslegungsfragen,
3. Erarbeitung von Stellungnahmen zu EU-Gesetzgebungsakten.

Verfahrensbestimmung

§ 17. Bescheide, die den Bestimmungen dieses Bundesgesetzes, der Verordnung (EG) Nr. 834/2007 „, oder der Verordnung (EU) 2018/848" widersprechen, leiden an einem mit Nichtigkeit bedrohten Fehler gemäß § 68 Abs. 4 Z 4 AVG. *(BGBl I 2021/257)*

Verwaltungsstrafbestimmungen

§ 18. (1) Es begeht eine Verwaltungsübertretung und ist von der Bezirksverwaltungsbehörde zu bestrafen

1. „mit Geldstrafe bis zu 35 000 €, im Wiederholungsfall bis zu 70 000 €, im Fall der Uneinbringlichkeit der Geldstrafe mit Ersatzfreiheitsstrafe bis zu sechs Wochen, wer vorsätzlich den Anforderungen" *(BGBl I 2021/257)*

a) der Art. 12 Abs. 1 und 3, Art. 13 Abs. 1, Art. 23 Abs. 1, Art. 24 Abs. 1 und Art. 44 Abs. 1 lit. a) und b) der Verordnung (EU) Nr. 1151/2012 oder *(BGBl I 2021/257)*

b) des Art. 21 der Verordnung (EU) 2019/787 oder *(BGBl I 2021/257)*

c) der Verordnung (EU) 2018/848 samt deren delegierten Rechtsakten oder Durchführungsrechtsakten in Bezug auf die Verwendung von Bezeichnungen oder verbindlichen Angaben in der Etikettierung, der Werbung oder den Geschäftspapieren *(BGBl I 2021/257)* zuwiderhandelt;

2. mit Geldstrafe bis zu 10 000 €, im Wiederholungsfall bis zu 20 000 €, im Fall der Uneinbringlichkeit der Geldstrafe mit Ersatzfreiheitsstrafe bis zu zwei Wochen, wer

a) fahrlässig eine in Z 1 genannte Handlung begeht oder

b) den Bestimmungen einer Verordnung gemäß § 9 oder

c) den sonstigen Bestimmungen der „Verordnung (EU) Nr. 2018/848 samt deren delegierten Rechtsakten oder Durchführungsrechtsakten" *(BGBl I 2021/257)* zuwiderhandelt;

3. mit Geldstrafe bis zu 8 000 €, im Wiederholungsfall bis zu 16 000 €, im Fall der Uneinbringlichkeit der Geldstrafe mit Ersatzfreiheitsstrafe bis zu vier Wochen, wer

a) als Kontrollstelle einer Verpflichtung gemäß den § 3 Abs. 2 oder 3, § 6 Abs. 2, § 7, § 10 Abs. 1 oder § 12 Abs. 1

b) als Unternehmer oder Vereinigung einer Verpflichtung gemäß § 8 oder

c) den sonstigen Bestimmungen dieses Bundesgesetzes zuwiderhandelt.

„(2)" Der Versuch ist strafbar. *(BGBl I 2021/257)*

„(3)" Die Frist für die Verfolgungsverjährung beträgt zwei Jahre. *(BGBl I 2021/257)*

(4) Der Landeshauptmann hat die zuständige Kontrollstelle, die den Verstoß gemeldet hat, schriftlich über gemäß § 29 Abs. 3 VwGVG zugestellte Ausfertigungen von Beschlüssen und Erkenntnissen zu unterrichten. *(BGBl I 2021/257)*

(5) Der Landeshauptmann ist über den Ausgang der auf Grund dieses Bundesgesetzes durchgeführten Strafverfahren zu unterrichten. Dieser hat die zuständige Kontrollstelle, die den Verstoß gemeldet hat, zu unterrichten.

„(5)"*) Gegen Erkenntnisse und Beschlüsse der Verwaltungsgerichte der Länder, die in Verwaltungsstrafverfahren auf Grund dieses Bundesgesetzes erlassen worden sind, steht dem Landeshauptmann zu, Revision beim Verwaltungsgerichtshof zu erheben. *(BGBl I 2017/78; BGBl I 2021/257)*

(6) Dem Bundesminister für Soziales, Gesundheit, Pflege und Konsumentenschutz steht gemäß Art. 133 Abs. 8 B-VG das Recht zu, gegen Erkenntnisse oder Beschlüsse der Verwaltungsgerichte der Länder Revision wegen Rechtswidrigkeit aufgrund einer Verletzung unionsrechtlicher Vorschriften beim Verwaltungsgerichtshof zu erheben. *(BGBl I 2021/257)*

Inkrafttreten und Außerkrafttreten

§ 19. (1) Dieses Bundesgesetz tritt mit Ausnahme § 11 Abs. 4 mit 1. Jänner 2016 in Kraft.

(2) § 11 Abs. 4 tritt zwei Jahre nach Inkrafttreten einer Verordnung gemäß § 11 Abs. 1 oder 2 in Kraft.

(3) Das „Lebensmittelgesetz 1975 – LMG 1975, BGBl. Nr. 86," sowie § 24 Abs. 1 Z 1, § 45, § 90 Abs. 4 Z 4 und § 103 LMSVG treten mit Ablauf des 31. Dezember 2015 außer Kraft. *(BGBl I 2017/78)*

(4) Das Bundesgesetz in der Fassung des Bundesgesetzes BGBl. I Nr. 78/2017 tritt am 1. Jänner 2018 in Kraft. *(BGBl I 2017/78)*

(5) Das Bundesgesetz in der Fassung des Bundesgesetzes BGBl. I Nr. 257/2021 tritt am 1. Jänner 2022 in Kraft. *(BGBl I 2021/257)*

Übergangs- und Vollzugsbestimmungen

§ 20. (1) Gemäß § 10 Abs. 4 LMG 1975 zugelassene Kontrollstellen gelten als gemäß § 4 Abs. 1 zugelassen. Kontrollstellen, die vor Kundmachung dieses Bundesgesetzes gemäß § 45 Abs. 4 LMSVG einen Antrag gestellt haben oder befristet oder unbefristet zugelassen sind und die Einhaltung einer Produktspezifikation gemäß Verordnung (EU) Nr. 1151/2012 kontrollieren, haben innerhalb von sechs Monaten ab Inkrafttreten dieses Bundesgesetzes einen Antrag gemäß § 4 Abs. 1 zu stellen. Bis zur Entscheidung über diesen Antrag gelten sie als vorläufig nach diesem Bundesgesetz zugelassen.

(2) Die Verordnung, die auf Grund von „§ 61a und" § 62 LMSVG erlassen wurde, gilt im Anwendungsbereich dieses Bundesgesetzes auch als auf Grund von § 11 Abs. 1 und 2 erlassen. *(BGBl I 2017/78)*

(3) Zum Zeitpunkt des Inkrafttretens (§ 18) anhängige Verfahren sind vom Landeshauptmann nach den bisher geltenden Bestimmungen zu Ende zu führen.

(4) Kapitel A 8 des Österreichischen Lebensmittelbuches, IV. Auflage, „Landwirtschaftliche

---

Zu § 18:
*) Redaktionsfehler: Abs. 5 ist doppelt vergeben.

Produkte aus biologischer Produktion und daraus hergestellte Folgeprodukte", kommt bis zur Erlassung von den jeweiligen Gegenstand regelnden Richtlinien auf Grund dieses Bundesgesetzes oder bis zu dessen teilweisen oder vollständigen Aufhebung weiterhin die Wirkung eines objektivierten Sachverständigengutachtens zu.

(5) Mitglieder und deren Stellvertreterinnen (Stellvertreter), die (der) amtierende Vorsitzende und bestellte Experten der Codex-Unterkommission „Bio" der Codexkommission gemäß § 77 LMSVG bleiben bis zur Ernennung der Mitglieder und deren Stellvertreterinnen (Stellvertreter) gemäß § 13 Abs. 3, des Vorsitzenden und dessen Stellvertreter gemäß § 13 Abs. 4 und der Experten gemäß § 13 Abs. 5 im Amt.

(6) Im Falle einer auf Grundlage des „LMG 1975" erfolgten Zulassung von Kontrollstellen treten bei Widerruf oder Einschränkung der Zulassung zeitlich nach der ersten Zulassung erlassene und inhaltlich gleichlautende Bescheide ab Rechtskraft eines Bescheides gemäß § 4 Abs. 7 außer Kraft. *(BGBl I 2017/78)*

(7) Für die Überwachung der Kontrollstellen und damit in Zusammenhang stehende Maßnahmen auf dem Gebiet der geschützten Ursprungsbezeichnungen und geschützten geografischen Angaben ist jener Landeshauptmann zuständig, in dessen Bundesland die Vereinigung, die einen Eintragungsantrag gestellt hat, ihren Sitz hat.

(8) Verordnungen auf Grund dieses Bundesgesetzes dürfen bereits ab dem der Kundmachung dieses Bundesgesetzes folgenden Tag erlassen werden, sie dürfen jedoch nicht vor dem 1.1.2016 in Kraft treten.

Verweise auf Rechtsvorschriften

§ 21. Soweit in diesem Bundesgesetz auf andere Rechtsvorschriften verwiesen wird, sind diese in ihrer jeweils geltenden Fassung anzuwenden.

Vollziehung

§ 22. Mit der Vollziehung dieses Bundesgesetzes sind

1. hinsichtlich des § 6 Abs. 5 die Bundesministerin für Gesundheit im Einvernehmen mit dem Bundesminister für Inneres,

2. hinsichtlich des § 9 Abs. 2 die Bundesministerin für Gesundheit im Einvernehmen mit dem Bundesminister für Wissenschaft, Forschung und Wirtschaft,

3. hinsichtlich § 11 Abs. 1 und 2 die Bundesministerin für Gesundheit im Einvernehmen mit dem Bundesminister für Finanzen,

4. hinsichtlich § 3 Abs. 5, § 12 Abs. 2, § 15 und § 16 der Bundesminister für Land- und Forstwirtschaft, Umwelt und Wasserwirtschaft, *(BGBl I 2017/78)*

5. hinsichtlich des § 9 Abs. 1 die Bundesministerin für Gesundheit im Einvernehmen mit dem Bundesminister für Land- und Forstwirtschaft, Umwelt und Wasserwirtschaft,

6. hinsichtlich § 12 Abs. 1, soweit die Übermittlung von Daten vom Bundesministerium für Gesundheit und Frauen an die AMA betroffen ist, die Bundesministerin für Gesundheit und Frauen, im Übrigen der Bundesminister für Land- und Forstwirtschaft, Umwelt und Wasserwirtschaft, *(BGBl I 2017/78)*

im Übrigen die Bundesministerin für Gesundheit betraut.

KODEX
DES ÖSTERREICHISCHEN RECHTS
HERAUSGEBER: UNIV.-PROF. DR. WERNER DORALT

VERFASSUNGSRECHT

1	B-VG
1a	ÜG, B-VGNov
2a	StGG
2b	EMRK
2c	ReligionsR, ZDG, VerG, VslgG, ORF-G, RGG, PrR-G, AMD-G, FERG, KOG, PresseFG, MinderheitenR
3a	BVG
3b	VfBest in BG
4	UnabhErkl, R-ÜG, StV Wien, BVG Neutralität, KMG, SanktG, KSE-BVG, TrAufG, Staatl Symbole
5	
6	StbG
7	ParG, VerbonsG, PartFörG, KlubFG, PubFG
8	Wahlen, Direkte Demokratie
9	GOG-NR, EU-InfoG, InfOG
10	BezR, Um-Ts-G
11	BGBlG, Rechtsbereinigung
12	BMG, BVG ÄmterLReg, BGemAufsG
13a	F-VG, FAG 2008
13b	KonsMech, ÖStP 2012
14	RHG
15	BVwGG, VwGVG, VwGbk-ÜG
16	VwGG
17	VfGG
18	VolksanwG
19	AHG, OrgHG
20	AuskPfl
21	EUV, AEUV, EU-GRC
Anh	IA 1295/A, BlgNR 25. GP

KODEX
DES ÖSTERREICHISCHEN RECHTS
HERAUSGEBER: UNIV.-PROF. DR. WERNER DORALT

VÖLKERRECHT

1	UN, UN-Charta, IGH-Statut, Völkerbund, Amtssitzabk.
2	WVK, WVK I, II
3	Österreich, B-VG Auszug, Staatsvertrag 1955, NeutralitätsG
4	Immunität, UN-ÜbK, Basler ÜbK, Immunität UN, Immunität Spezialorg, IO ImmunitätenG
5	Dipl. Verkehr, WDK, WKK, Spezialmissionen, Strafgesetz
6	Streitbeileg., 1. Haager ÜbK, Manila-Erkl.
7	Gewaltverbot, Uniting for Peace, Definit. Aggression, Friendl. Relations Decl. Weltgipfel 2005 Auszug, UNSR-Resolutionen
8	Humanitäres VR, Haager LKO, GK + Protokoll I, II, Kulturgut
9	Seerecht, UNCLOS
10	Polarrecht, Antarktis
11	LuftfahrtR, Zivilluftfahrt
12	WeltraumR, Weltraum, Rettung, Haftung, Registrierung, Mond, WeltraumG
13	WirtschaftsR, WTO-Abk, GATT, GATS, TRIPS, DSU, NY ÜbK, ICSID
14	UmweltR, Rio-Dekl.
15	Menschenrechte, UDHR, ICCPR + Fak.prot., ICESCR, CAT, EMRK, EU-Charta, GFK
16	Strafrecht, Röm. Statut, IStGH-G, StGB Auszug
17	Verantwortlk., ASR, ARIO

KODEX
DES ÖSTERREICHISCHEN RECHTS
HERAUSGEBER: UNIV.-PROF. DR. WERNER DORALT

UNTERNEHMENSRECHT

1	UGB, HGB, A-QSG, SRLG, USPG
2	ABGB
3	E-Commerce-G
4	FBG
5	
6	KSchG, FAGG
7	UN-KaufR
8	GmbHG
9	AktG, ÜbG-VO, VeröffentlichungsV, Corporate Governance
10	SE (EU-Ges), SE-Gesetz
11	GenG, GenRevRLG, GenVerschmG, GmbIG
12	SCE (EU-Ges), SCEG
13	VerG, VereinsDS-VO
14	EWIVG
15	PSG
16	ArbVG -VO/RL
17	StellenbesG -B-VwV
18	GenAusG
19	KapBG
20	EKEG
21	URG
22	UmwG
23	SpaltG
24	EU-VerschG
25	UmgrStG
26	KMG
27	ScheckG
28	WechselG
29	KEG -VO
30	AÖSp
31	CMR
32	UWG
33	KartG
34	WettbG
35	UrhG
36	MarkSchG
37	MuSchG
38	PatG
Anhang:	Entwurf Europäische Einmann-GmbH

KODEX
DES ÖSTERREICHISCHEN RECHTS
HERAUSGEBER: UNIV.-PROF. DR. WERNER DORALT

ASYL- UND FREMDENRECHT

1	FPG, Erläuterungen, FPG-DV, ReisedokVO, LichtbildVO, VISA-VO, Visakodex, VIS-VO
2	NAG, Erläuterungen, NLV 2015, NAG-DV, IV-V
3	AsylG, Erläuterungen, StDokBeirV, AsylG-DV, HerkftsV, Entsch.RB, Dublin III, EurodacV, FlüchtKonv
4	GVG-B, Erläuterungen, BEBV, GV-Vereinb
5	BFA-VG, Erläuterungen, BFA-VG-DV, BFA-G, Erläuterungen, BFA-G-DV
6	GrekoG, Erläuterungen, Kundm., Grenzkodex
7	SDÜ, Kundm., Protokoll

LexisNexis

KODEX
DES ÖSTERREICHISCHEN RECHTS
SAMMLUNG DER ÖSTERREICHISCHEN BUNDESGESETZE

VERFASSUNGSRECHT

LexisNexis

1	B-VG
1a	ÜG, B-VGNov
2a	StGG
2b	EMRK
2c	ReligionsR, ZDG VerG VersammlungsG ORF-G, RGG PrR-G, PrTV-G FERG, KOG PresseFG MinderheitenR
3a	BVG
3b	VfBest in BG
4	UnabhErkl, V-ÜG R-ÜG, StV Wien BVG Neutralität KMG Int Sanktionen KSE-BVG, TrAufG Staatl Symbole
6	StbG
7	ParrG VerbotsG KlubFG, PubFG
8	Wahlen Direkte Demokratie
9	GOG-NR
10	BezR UmvG
11	BGBlG Rechtsbereinigung
12	BMG BVG ÄmterLReg BGemAufsG
13	F-VG, FAG 2005 KonsMech StabPakt 2005
14	RHG
15	UBASG
16	VwGG
17	VfGG
18	VolksanwG
19	AHG, OrgHG
20	AuskPfl
21	EUV/EGV

KODEX
DES ÖSTERREICHISCHEN RECHTS
SAMMLUNG DER ÖSTERREICHISCHEN BUNDESGESETZE

BÜRGERLICHES RECHT

LexisNexis

1	ABGB mit FamErbRÄG
2	IPRG mit EVÜ
3	TEG
4	EheG
5	PStG
6	NÄG
7	RelKEG
8	UVG mit SaulG
9	JWG
10	NotwegeG
11	GSGG
12	WWSGG
13	EisbEG
14	WEG
15	MRG RWG, HeizKG
16	BauRG
17	LPG
18	KlGG
19	GBG mit GUG
20	UHG mit LiegTG
21	AnerbG
22	KSchG BTVG, TNG FernFinG
23	WucherG
24	UrhG mit ZuKG
25	RHPflG
26	EKHG VerkLG, LPG EU-LFVO ÜberbauVO
27	AtomHG
28	AHG mit PolBHG
29	OrgHG
30	DHG
31	ASVG Haftung
32	PHG mit GTG
33	UN-KaufR
34	AngG
35	NotaktsG
36	ECG
37	SigG
38	RAPG

KODEX
DES ÖSTERREICHISCHEN RECHTS
HERAUSGEBER: UNIV.-PROF. DR. WERNER DORALT

UNTERNEHMENSRECHT

LexisNexis

1	UGB HGB A-QSG, SRLG
2	ABGB
3	FBG, VOen
4	HVertrG
5	MaklerG
6	KSchG
7	UN-KaufR
8	GmbHG
9	AktG ÜbG, v VO VeröffentlichungsV Corporate Governance
10	SE (EU-Ges) SEG
11	GenG GenRevG, GenReuRÄG GenRevPO GenVersuchsG GenKontrVO Euro-GenbG
12	SCE (EU-Ges) SCEG
13	VerG VereinsDS-VO
14	EWIVG
15	PSG
16	ArbVG, VOrBl
17	StellenbestG, v VO
18	GesAusG
19	KapBG
20	EKEG
21	URG
22	UmwG
23	SpaltG
24	EU-VerschG
25	UmgrStG
26	InvFG, VOen
27	ImmoInvFG
28	BeteilFG
29	KMG
30	ScheckG
31	WechselG
32	KEG, VO
33	AÖSp
34	CMR
35	UWG
36	KartG
37	WettbG
38	UrhG
39	MarkSchG
40	MuSchG
41	PatG
Anhang	EU Privatges

KODEX
DES ÖSTERREICHISCHEN RECHTS
SAMMLUNG DER ÖSTERREICHISCHEN BUNDESGESETZE

ZIVILGERICHTLICHES VERFAHREN

LexisNexis

1	JN
2	ZPO
3	ZustellG ZustellV
4	ASGG
5	OGHG
6	ProkG
7	RpflG
8	Winkelschreiber
9	Ehe- und Absrverf EidesG FeierRG B-VG, EMRK
10	EO
11	EO-ÜbgB
12	LBG
13	VGebG
14	VVG
15	USchG
16	KO
17	AO
18	IEG Insolvenz-ÜbgB
19	AnfO
20	GenKV
21/1	BWG
21/2	URG
22	IESG
23	EuInsVO
23/1	EuInsVO - Erlass
24	AußStrG
25	GKoärG
26	KEG
27	VerwEinzG
28	UVG
29	AuslJUG
30	UbG
31	HeimAufG
Anhang	BG-Wien/Graz GOG Elektr Rechtsverk ADV-FormV ZustellFormV TABELLEN LUGANO-Übk Brüsseler Übk Brüssel I-VO Euro BeweisaufnahmeVO Zivilrechts-MediationsG RL Prozesskosten AußStelle aF FamErbRÄG 2004 samt Mat Zivilverfahrensnov 2004 samt Mat

KODEX

DES ÖSTERREICHISCHEN RECHTS
SAMMLUNG DER ÖSTERREICHISCHEN BUNDESGESETZE

SOZIAL-VERSICHERUNG

1	ASVG
2	AlVG
3	KGG/KBGG
4	SUG
5	NSchG
6	BPGG
7	NeuFÖG
8	IVF-Fonds-G
9	AMPFG
10	GSVG
11	BSVG
12	FSVG
13	K-SVFG
14	NVG
15	B-KUVG
16	EU-BSVG
17	ARÜG
18	SV-EG
19	Int. Abk.

LINDE VERLAG

KODEX

DES ÖSTERREICHISCHEN RECHTS
SAMMLUNG DER ÖSTERREICHISCHEN BUNDESGESETZE

VERGABE-GESETZE

1	BVergG, Begl. Best., ABVV, ÖNORM, ErstreckVO, FormVO, BeschVO, Schw. Werte
2	Bgld VergG
3	Krnt VergG, DurchfVO
4	NÖ VergG, VergO
5	OÖ VergG
6	Sbg VergG, VergO
7	Stmk VergG
8	Tirol VergG
9	Vlbg VergG, Vergform
10	Wien VergG

LINDE

KODEX

DES ÖSTERREICHISCHEN RECHTS
SAMMLUNG DER ÖSTERREICHISCHEN BUNDESGESETZE

WIRTSCHAFTS-GESETZE

TEIL I

1	GewO, ÖffnungsZG, Sonn-, FBZG, NahVG, ReisebR, MaklerR, VerbrKV, ProduktSG, GelVG, KraftFLG, GüterbefG
2	BVergG, BB-GmbHG, EU-Recht, DienstL-RL, LieferK-RL, BauA-RL, RechtsM-RL, Sek-RL, SekRM-RL, StandF-RL
3	ElWOG, F-RegBG, EigentEG, ÖkostromG, GWG, PreisTG, RohrLG, EU-Recht, ElektrBM-RL, ErdgasBM-RL, EnergieT-RL
4	DSG, EU-Recht, DatenS-RL, DatenB-RL
5	PreisG, PreisAG, Preis-BÜG, EU-Recht, PreisA-RL
6	VersG, EnLG, Erdöl-BMG, LMBG

LINDE VERLAG

KODEX

DES ÖSTERREICHISCHEN RECHTS
SAMMLUNG DER ÖSTERREICHISCHEN BUNDESGESETZE

WIRTSCHAFTS-GESETZE

TEIL II

1	WettbG, KartellG, EU-Recht, EGV, VO Nr. 17, AnhörVO, Bagat-Bek, WettbR-VO, GruFr-VO, FusKon-V
2	PatentG, SchuZG, GebrM, HalbLSG, MarkenS, MusterS, ProdPir, UrhebR, VerwertG, EU-Recht, MarkenR-, Gem-Mark, GemGM-, HalbL-RL, CompPr-, Verm-Ver, SchutzD-, UrhebR-, Sat-RL, Biotech-E, FolgeR-R, ProdPir-V
3	UWG, EU-Recht, IrrWerb-F

LINDE VERLAG

KODEX
DES ÖSTERREICHISCHEN RECHTS
SAMMLUNG DER ÖSTERREICHISCHEN BUNDESGESETZE

ARBEITS-RECHT

1	AngG
2	GewO
3	ABGB
4	ArbVG
5	ArbAbfG
6	APSG
7	AVRAG
8	AuslBG
9	BEinstG
10	BPG
11	DNHG
12	EFZG
13	GleichbG
14	IESG
15	KautSchG
16	KJBG
17	KoalitG/AntiterrG
18	MSchG/EKUG
19	PatG
20	UrlG
21	BAG
22	BauArb
23	GAngG
24	HausbG
25	HausgG
26	HeimAG
27	JournG
28	SchauspG
29	ASchG
30	AZG/ARG
31	BäckAG
32	FrNachtAG
33	NSchG
34	ArbIG
35	AMFG
36	AÜG
37	VBG/StBG
38	ASGG
39	EO, AO, KO
40	EU-Recht

LINDE VERLAG

KODEX
DES ÖSTERREICHISCHEN RECHTS
SAMMLUNG DER ÖSTERREICHISCHEN BUNDESGESETZE

AUSHANGPFLICHTIGE GESETZE

1	ASchG DOK-VO Kenn-V AMZ-VO STZ-VO SFK-VO SVP-VO VGÜ BS-V VbA AS:V AM-VO ESV GKV Bverbote
2	üVO
3	AAV
4	BauV
5	AZG FahrtbVO EU-VOen
6	ARG ARG-VO
7	MSchG
8	FrNArbG
9	KJBG KJBG-VO
10	KA-AZG
11	BäckAG
12	BEinstG
13	GleichbG

LINDE VERLAG

KODEX
DES ÖSTERREICHISCHEN RECHTS
SAMMLUNG DER ÖSTERREICHISCHEN BUNDESGESETZE

PFLEGEGELD-GESETZE

1	BPGG EinstVO EinbeziehungsVO RL-VO
2	Bundes- und Ländervereinb
3	Bgld PGG EinstVO
4	Krnt PGG EinstVO
5	NÖ PGG EinstVO
6	OÖ PGG EinstVO
7	Sbg PGG EinstVO Sch-NachtsVO
8	Stmk PGG EinstVO PG-AnpassG PG-Öff.BedVO
9	Tirol PGG PflegebedVO
10	Vlbg PGG PflegebedVO
11	Wien PGG EinstVO ÜbertragungVO

LINDE VERLAG

KODEX
DES ÖSTERREICHISCHEN RECHTS
SAMMLUNG DER ÖSTERREICHISCHEN BUNDESGESETZE

STEUER-GESETZE

1	EStG
2	KStG
3	UmgrStG UmwG SpaltG
4	USt
5	BewG
6	GrStG AbgLuF BWA
7	GebG
8	ErbStG
9	GrEStG
10	KVG
11	VersSt FSchSt
12	KfzStG StraBAG
13	Energie-abgaben
14	AbgZuw InvFG WKG NoVAG KGG Sicherheitsb KommSt NeuFöG WerbeAbg
15	FLAG KarenzgeldG KBGG
16	DBA Übersicht
17	BAO AVOG ZustellG AuskG
18	AbgEO
19	FinStrG
20	HGB
21	BWG
22	Amtshilfe
23	ASVG
24	WTBG

LINDE VERLAG

KODEX
DES ÖSTERREICHISCHEN RECHTS
SAMMLUNG DER ÖSTERREICHISCHEN BUNDESGESETZE

DOPPEL-BESTEUERUNGS-ABKOMMEN

LINDE VERLAG

1	Deutschland
2	Liechtenstein
3	Schweiz
4	Italien
5	Slowenien
6	Ungarn
7	Slowakei
8	Tschechien
9	CSSR
10	Belgien
11	Bulgarien
12	Dänemark
13	Finnland
14	Frankreich
15	Griechenland
16	Großbritannien
17	Irland
18	Kroatien
19	Luxemburg
20	Malta
21	Moldova
22	Niederlande
23	Norwegen
24	Polen
25	Portugal
26	Rumänien
27	Russland
28	Schweden
29	Spanien
30	Türkei
31	UdSSR
32	Ukraine
33	Weißrussland
34	Zypern
35	USA
36	Kanada
37	Argentinien
38	Brasilien
39	Australien
40	China
41	Japan
42	Armenien
43	Aserbaidschan
44	Georgien
45	Indien
46	Indonesien
47	Israel
48	Korea, Rep.
49	Malaysia
50	Pakistan
51	Philippinen
52	Tadschikistan
53	Thailand
54	Turkmenistan
55	Usbekistan
56	Ägypten
57	Südafrika
58	Tunesien
Anhang	EU-Recht

KODEX
DES ÖSTERREICHISCHEN RECHTS
SAMMLUNG DER ÖSTERREICHISCHEN BUNDESGESETZE

VERKEHRS-RECHT

LexisNexis

1	StVO / VO
2	Bgld / Kärnten / NÖ / OÖ / Salzburg / Steiermark / Tirol / Vorarlberg / Wien
3	BStG
4	KFG / KDV / PBStV / Kraftstoff-V / FSG + V
5	GGBG / VO
6	Güterbef / VO
7	Gelegenheits VO
8	Kraftfahrlinien
9	KHVG 1994 / Kfz StG 1992 / Nov AG 1991 / BStFG 1996 / Mautstrecken-StraBAG 199
10	TGSt / VO / TGEisb
11	EKHG
12	EisenbahnG / E-Kr VO / SchLV / SchlV
13	EBG
14	Transit
15	Ökopunkte Verordnung
16	VO 382 / VO 382 / Einheit formula / Verfah richtlin

KODEX
DES ÖSTERREICHISCHEN RECHTS
SAMMLUNG DER ÖSTERREICHISCHEN BUNDESGESETZE

WEHR-RECHT

LexisNexis

1	WG
2	B-VG / NeutralVG / SichVertDok / NSR / EMRK / ZDG
3	AuslEins / KSE-BVG / AuslEG / AZHG
4	HGG
5	APSG
6	HVG
7	MilStG
8	HDG
9	MBG
10	SperrGG
11	MunLG
12	MAG / VerwMG
13	EZG
14	MilBFG
15	VFüDgrd
16	TrAufG / InfoSiG / NATO-SOFA / NATO-PFP-SOFA

KODEX
DES ÖSTERREICHISCHEN RECHTS
SAMMLUNG DER ÖSTERREICHISCHEN BUNDESGESETZE

ZOLLRECHT UND VERBRAUCHSTEUERN

LexisNexis

1	ZK
2	ZBefr
3	ZK-D
4	ZollR-
5	ZollR-
6	KN-V
7	EGV
8	EUB
9	Frist
10	Auß
11	AußH
12	AHV
13	Beitr
14	Nachg
15	Ausf
16	Grek
17	StraB
18	KfzS
19	System
20	BgldA-V / Vereinßg / frischBez
21	VStbefr / VStbeg
22	AlkS
23	Bier
24	Schw
25	TabS
26	MinS
27	€
28	EG-A
29	EG-V
30	Tab
31	ALS
32	USt
33	AVO
34	FinS
35	Bet

KODEX

DES ÖSTERREICHISCHEN RECHTS
SAMMLUNG DER ÖSTERREICHISCHEN BUNDESGESETZE

VETERINÄR-RECHT

1	TierÄG -Verordnungen
2	Staatliche VetVerwalt
3	TierSG -Verordnungen
4	BangSG -BangS-VO
5	RindLeukG RindLeuk-UrsitVO
6	IBR/IPV-G -Verordnungen
7	DeckSG -DeckS-VO
8	DasselBG
9	Veterinär-rechts-anpassG Art V
10	BienenSG
11	TGG -Verordnungen
12	Desinfektions-vorschriften
13	Tierkörper-verwertung
14	FleischUG -Verordnungen
15	TAKG -Verordnungen
16	Völkerrechtl Verträge Übersicht
17	Neben-vorschriften

LexisNexis

KODEX

DES ÖSTERREICHISCHEN RECHTS
SAMMLUNG DER ÖSTERREICHISCHEN BUNDESGESETZE

ÄRZTE-RECHT

1	ÄrzteG Ärzte-AusbildungsO ÄrzteInnenter-WG ArbmedV ArbMedV EWR-ÄrzteV SchülKO SchlichtungsO POOAK SeMV PhysikumPV Ärzte-Eid
2	FA ZMK DentistenG Dentistenkammer-WO
3	PsychologenG EWR-PsychologenG PsychotherapieG EWR-PsychotherapieG
4	GuKG HebG KTG MTD-G MTF-SHD-G MMHmG SanG
5	AusbVorbG
6	AIDS-G AIDS-V-Infektion AIDS-V-Qualität EpidemieG AnzeigepflÜbertrK-V GeschlechtskG TbcG
7	KrebsstatistikG Krebsstatistik-V
8	KAG KA-AZG
9	ASchG AMZ-VO Arbeitsruhetag-V
10	StrahlenschutzG Strahlenschutz-V
11	AMG MeldepflichtV Fachumsätze-V MPG ReceptpflichtG
12	ApothekenG ApothekenBO
13	FMedG FMedV IVF-Fonds-G GTG
14	MuKiPaßV
15	ASVG V § 132c ASVG RechtsgrdKV
16	SMG SV PV
17	PStG PStV
18	StrVO PSG PSG-GV KPG
19	StGB StVG
20	ABGB JWG

LexisNexis

KODEX

DES ÖSTERREICHISCHEN RECHTS
SAMMLUNG DER ÖSTERREICHISCHEN BUNDESGESETZE

KRANKEN-ANSTALTEN-GESETZE

1	KAKuG
2	Bundes- und Länder-vereinb
3	Bgld Bgld KAG
4	Krnt K-KAO
5	NÖ NÖ KAG
6	OÖ OÖ KAG
7	Sbg S-KAG
8	Stmk KALG
9	Tirol Tir KAG
10	Vlbg SpG
11	Wien Wr KAG

LexisNexis

KODEX

DES ÖSTERREICHISCHEN RECHTS
SAMMLUNG DER ÖSTERREICHISCHEN BUNDESGESETZE

VERWALTUNGS-VERFAHRENS-GESETZE

1	EGVG
2	AVG BVwAbgVO BKommGebVO AufwandersatzVO UVS-Verthilfe-PauschVO BegünbegungsVO
3	VStG VerfallsVO AmbO VorfSVO OrgStVfVO
4	VVG EintrVO
5	AgrVG
6	DVG DVV
7	ZustellG ZFormVO ZustellÜb
8	VwFormV
9	FristenÜb
10	AmtssprVOen
11	AuskPflG B-BerichtspflG

LexisNexis

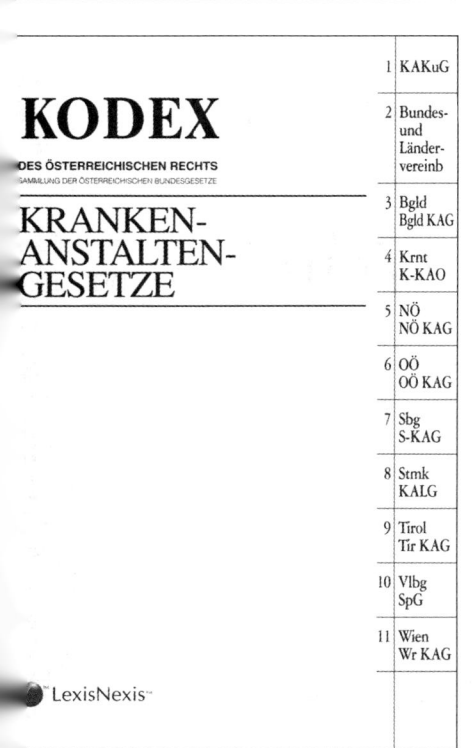

KODEX

DES ÖSTERREICHISCHEN RECHTS
SAMMLUNG DER ÖSTERREICHISCHEN BUNDESGESETZE

UMWELT-RECHT

1	GewO 1994 / DVO / RohrleitungsG / GWG
2	LRG-K / LRV-K 1989
3	ForstG / DVO
4	MinroG / DVO
5	ImmSch
6	AWG 2002
7	AISAG
8	WRG
9	UVP
10	DMG / DVO
11	Biozid
12	GTG / DVO
13	Pflanzenschutz
14	UFG / FörderungsRL / UmweltkontrollG
15	UIG / DVO
16	StGB – Auszug / B-VG / B-VG-Nov 1988 / B-VG-Nov 1993 / BVG atomfrees Ö
17	ABGB – Auszug

LexisNexis

KODEX

DES ÖSTERREICHISCHEN RECHTS
SAMMLUNG DER ÖSTERREICHISCHEN BUNDESGESETZE

CHEMIKALIEN-RECHT

1	ChemG
2	VO
2/1	ChemV
2/2	AnmV
2/3	FCKW-VO
2/4	Selbstbedienungs-V
2/5	Gift-MeldeV
2/6	mindgift Zub
2/7	GifrV 2000
2/8	Formaldehyd
2/9	vollhalFCKW
2/10	AsbestV
2/11	HalonenV
2/12	Antifoulings
2/13	Pentachlorphenol
2/14	LösungsmittelV
2/15	HFCKW-V
2/16	TrichloretheneV
2/17	HalogenV
2/18	GiftlisteV
2/19	GiftinfoV
2/20	PICV
2/21	PflanzenschutzV
2/22	CadmiumV
2/23	EU-V
2/24	Phosphatbestimmungs-V
2/25	KresosaV
2/26	HalonbankV
2/27	GLP-V
3	EU
3/1	Stoff-RL
3/1/1	ZusatzRL
3/2	Einstufungs
3/3	Verbots-RL
3/4	Altstoff-V und DVO
3/5	PIC-V
3/6	Ozon-V

LexisNexis

KODEX

DES ÖSTERREICHISCHEN RECHTS
SAMMLUNG DER ÖSTERREICHISCHEN BUNDESGESETZE

WASSER-RECHT

1	WRG
2	VO
2/1	Wassergüte Mer
2/2	Wassergüte Donau
2/3	Allg AbwasserV
2/4	AEV Ionentausche-A
2/5	AEV Fleischverarbeitung
2/6	AEV Milchverarbeitung
2/7	AEV Gerbereien
2/8	GiweV
2/9	AEV Oberflächen
2/10	AEV Druck-Reis
2/11	Abwasser-V TextilF
2/12	Abwasser-V Deponie
2/13	1 EmissionsV
2/14	Abwasser-V med B
2/15	Abwasser-V TextilIver
2/16	Abwasser-V Kfz
2/17	V Kühlsysteme
2/18	V Zuckererzeugung
2/19	V Brauereien
2/20	V Fruchtsaft
2/21	V Alkoholproduktion
2/22	V Getränke
2/23	V Obstverarbeitung
2/24	V Stoppelreinigung
2/25	V Heilpflanzenverarbeitung
2/26	V Sauergartenappurt
2/27	AEV Nahrungsmittel
2/28	AEV Laboratorien
2/29	AEV Glaserzeugung
2/30	AEV Nichteisen
2/31	AEV Kartoffel
2/32	AEV Tierkörper
2/33	AEV WasseraufbereitV
2/34	AEV Hausheim
2/35	AEV Futtermittel
2/36	AEV Soda
2/37	AEV Kunstharz
2/38	AEV Pflanzenschutzmittel
2/39	AEV Düngemittel
2/40	AEV sechs Gase
2/41	AEV Weißtonerplatten
2/42	AEV-O-Elektrolyse
2/43	VO – wassergefährd Stoffe
2/44	AEV Bodenverarbeitung
2/45	AEV Eisen-Metallindustrie
2/46	AEV Kokereiserzeugung
2/47	AEV Industrieminerale
2/48	AEV Elektroanlk. u OpenSchließer
2/49	AEV Wasserrückhaltung
2/50	BV
2/51	AEV Kies- und Aussteinabstufl
2/52	AEV anorganische Pigmente
2/53	AEV Petrochemie
2/54	AEV Kunststoffe
2/55	AEV Abfallbehandlung
2/56	AEV Pharmaerzeugnisse
2/57	AEV Halbleiterverstör
2/58	AEV Wascheristtr
2/59	AEV TextL Leder, Papier
2/60	AEV Schneemittel
2/61	AEV Chemiefasern
2/62	AEV Ablederungsstr
2/63	AEV Gerberbsr ZellAns
2/64	AEV Papier u Pappe
2/65	GSN
2/66	AEV Salz
3/1	Best im AWG für Deponien
3/2	DeponieV
4	EU-RL

LexisNexis

KODEX

DES ÖSTERREICHISCHEN RECHTS
SAMMLUNG DER ÖSTERREICHISCHEN BUNDESGESETZE

ABFALL-RECHT UND ÖKO-AUDIT

1/1.	AWG 2002
1/2/1.	AltölVO
1/2/2.	LampenV
1/2/3.	Kunststoff Getränke
1/2/4.	BatterieV
1/2/5/1.	FestsetzungV
1/2/5/2.	K AusstattV
1/2/6.	SchmiermittelV
1/2/9.	AbfallnachweisV
1/2/10.	BauschuttV
1/2/11.	BiogeneV
1/2/12.	KunststoffVO
1/2/13.	Kühlgeräteverordnung
1/2/14/1.	VO Aufzeichnungs- und Identifizierungspflicht Verpackung
1/2/14/2.	Verpackung
1/2/15/1.	ZielVO Verpackung
1/2/16.	Deponie-V
1/2/17.	V Verbrenngef Abfall
1/2/18.	AbfallWF
1/2/19.	KompostV
1/3.	BaslerÜbereinkommen
1/4/1.	GewO 1994 (Auszug)
1/4/2.	V Verbrenngef A in gewerbl
1/5.	MinroG (Auszug)
2.	Landesvorschriften (Auszug)
2/1.	Burgenland
2/2.	Kärnten
2/3.	Niederösterreich
2/4.	Oberösterreich
2/5.	Salzburg
2/6.	Steiermark
2/7.	Tirol
2/8.	Vorarlberg
2/9.	Wien
3.	AISAG
4.	Eu-Richtl Verzeichnis
5.	Öko-A

LexisNexis

KODEX
DES ÖSTERREICHISCHEN RECHTS
SAMMLUNG DER ÖSTERREICHISCHEN BUNDESGESETZE

SCHUL-GESETZE

LexisNexis

1	SchUG
	SchUG-B
	Berufsreifeprüf-G
	SchVerantVO
	LB VO
	Zeugn.form VO
	Aufn.prüf VO
	abschl.Prüf VO
	AHS, AHS-B,
	BMHS,
	KIGA/SOZ
	Externs.prüf VO
	Schulordnung
	Aufsichtserlass
	sonst. SchUG-VO
	Wahl VO
	Schüler, Eltern, KuA
	ÄSchG
	Dipl.Supplement
	ASO, UPG
2	SchOG
	Beitrags VO
	Eröff. u. Teilz VO
	Univ.berecht VO
	sonst. SchOG VO
	BA / Leibeserzieher
3	SchZG
	SchZG-VO
4	SchPflG
	SchPflG-VO
	BAG, JASG
5	SchBeihG
6	PflSchErh-GG
	Bild.Dok.G
7	PrivSchG
	Luf PrivSchG
8	BSchAufsG
	BSchAufsG-VO
9	Luf SchGe
	LufBSchG
	ForstG
	Luf BerufsSchG
	Luf FachSchG
10	MindSchG Bgld
	MindSchG Ktn
11	SchVG
	SchVG-VO
12	Schule/Kirche
	RelLG, VO, sV,
	rel.Bekenntnissgem.G,
	OrientKG
13	FLAG, TabakG,
	ASVG
14	B-VG
	BVG 1962, 1975,
	StGG, SrV,
	FAG 2001
15	Wr. SchulG

KODEX
DES ÖSTERREICHISCHEN RECHTS
SAMMLUNG DER ÖSTERREICHISCHEN BUNDESGESETZE

WOHNUNGS-GESETZE

LexisNexis

1	MRG
	MRG-Nov 1985
	2. WÄG
	3. WÄG
	RichtWG
	ABGB §§ 1090 ff
	ZPO §§ 560 ff
	JN §§ 49, 81
	EO § 349
	AO § 12a
2	WEG
	IRÄG
	1982 Art X
3	WGG
	mit Verordnungen
4	HeizKG
	mit Verordnungen
5	BTVG
6	BauRG
7	LPG
8	KlGG
9	StadtEG
10	BodenbG
11	WFG
12	WSG
13	StartWG
14	B-SWBG
15	WWG
16	BWSF-G
17	KSchG
18	MaklerG
	ImmMV
19	HbG
	mit ArbVG
20	Mietzins-beihilfe
Anhang	ÖVI-Ehren-kodex

KODEX
DES ÖSTERREICHISCHEN RECHTS
SAMMLUNG DER ÖSTERREICHISCHEN BUNDESGESETZE

UNIVERSITÄTS-RECHT

LexisNexis

1	UOG 1993
2	KUOG
3	VOen aufgrund der Organisationsgesetze
	ImplemVOen
	GiVO
	EvalVO
	UBV
	BBVO
	KOVO
4	UniAkkG
5	DUK-Gesetz
6	UniStG
	EinrichtVO
	Studienstandort VOen
	UniStEVO 1997
	PersgrupVO
7	FHStG
8	HSG 1998
	HSWO 2001
9	StudFG
10	HTaxG
	StuBeiVO
	RErstVO
11	BDG 1979
12	GG
13	VBG
14	AbgelteG
15	B-GBG
	FFP

KODEX
DES ÖSTERREICHISCHEN RECHTS
SAMMLUNG DER ÖSTERREICHISCHEN BUNDESGESETZE

INNERE VERWALTUNG

LexisNexis

1	EGVG
2	AVG + VOen
3	VStG + VOen
4	VVG + VO
5	AgrVG
6	DVG + VO
7	ZustellG + VO + US
8	VwFormVO
9	FristenÜb
10	AmtssprVOen
11	AuskPflG B-BerichtspflG
12	SPG + Div. Gesetze + BKAG
13	MeldeG + VO
14	PaßG + VOen
15	StbG + VOen + BG
16	FrG + VOen
17	FlüchtlingsK + Abk. Prot. Üb
18	AsylG + VOen UBÄSG
19	BBettrG + VOen
20	GrekoG + VO und Kdm
21	SDÜ-BeitrittsÜb + Kdm, Prot, Beschl
22	SuSprmittelG
23	PyrotechG
24	WaffG + VOen
25	KriegsmatG + VO
26	VereinsG
27	VersammlG
28	DSG + VOen
29	MedienG + VOen
30	PornoG
Anhang	

LexisNexis

KODEX DES ÖSTERREICHISCHEN RECHTS
HERAUSGEBER: UNIV.-PROF. DR. WERNER DORALT

FINANZMARKTRECHT I

1	BWG CRR-BegleitV KI-RMV MindestkohärenzV ReservemeldungsV ZKR-AustauschVO AP-VO JKAB-V VERA-V STDM-V 2016 ZKRMV EKV 2016 SK-EMV KP-V ParameterV
2	CRR + Ven EZB-Finrep Ext-VO EZB-Wahlrechte-VO EZB-Ana-Credit-VO CRD-IV + Ven
3	ESAEG + Ven
4	BaSAG + Ven EU-DelV und DVen SRM-VO + Ven
5	SpG
6	BSpG + V
7	PSK-G
8	HypBG PfandbriefG + EinfVen FBSchVG PfandbriefstelleG KuratorenG
9	WBIB-G

LexisNexis

KODEX DES ÖSTERREICHISCHEN RECHTS
HERAUSGEBER: UNIV.-PROF. DR. WERNER DORALT

FINANZMARKTRECHT II

1	ZaDiG + Ven SEPA-VO VZKG + VO ÜberweisungsVO AufgegebenedatenVO GeldtransferVO ZertifizierungsVO ZertifizierungsVO -Beschl ZahlungsdiensteR (PSD II) InterbankenentgelteVO (MIF) E-GeldG + VO DevisenG + Ven SanktionenG Euro-Begleitgesetze ScMG WechselG + ScheckG
2	VKrG VKrRL HIKrG FMA-MiKaNa-V ImmoKrRL + V FernFinG FernFinRL
3	FM-GwG + 4. GW-RL DelVO Drittländ
4	StabAbgG
5	KontRegG KapAbflM- + Ven
6	GMSG + V ADG EU-Amtshilfe-G
7	FMABG + V NBG EBA-VO ESRB-VO SSM-VO + V
8	FinStaG + V ZaBiStaG ÖIAG-G ÖBIB-G HypoSan HaftungsG
9	FinanzkonglomerateG + V FK-DelV
10	APAG RL-KG

LexisNexis

KODEX DES ÖSTERREICHISCHEN RECHTS
HERAUSGEBER: UNIV.-PROF. DR. WERNER DORALT

FINANZMARKTRECHT III

1	WAG HTAusnV AusnV IIKV WPMV WAG 2018 MiFIR MiFIR DfVO MiFID II MiFID DfVO
2	BörseG + Ven BörseG 2018 VeröffV MpV VMV TransV ECV 2.LVV
3	Short-Selling-VO
4	Benchmark-VO Benchmark-DfVO RW-VG
5	REMIT-VO
6	Strommärkte-VO
7	Treibhausgas-VO
8	MarktmissbrauchsVO + Ven MAD-Sankt DRL-Meldung Del-VO Ausn DfVO Meldung Forn DfVO Eigengeschäft DfVO Insider TransRL + delVen DfVO Infoaustausch ESMA
9	ESMA-VO

LexisNexis

KODEX DES ÖSTERREICHISCHEN RECHTS
HERAUSGEBER: UNIV.-PROF. DR. WERNER DORALT

FINANZMARKTRECHT IV

1	KMG HGebV MVS-V EU-ProspektV ProspektoVO DelV VeröffNo DelV VeröffP AquivalenzV
2	UDRBG UDRB-KorrV
3	AltFG AltF-InfoV
4	PRIIP-V
5	DepG
6	FinSG
7	KEG
8	InvFG AnteileV InfoGhwV 4. DerRiskM- GeldmarktF-V EU-GeldmarktV ÜbrFk-V TeilfondsV KID-V InvF-LRMV FMV, WPV OGAW KID- OGAW VerfF OGAW Ausn OGAW VwG OGAW-MF- OGAW DelV OGAW DfV
9	AIFMG AIF-WarnV AIFM-MV AIFM-Ven RisikokapitalfondsVO + V SocUnternehfondsVO + V ELIF-VO
10	ImmoInv RisikostreuV OTC DerV ProspInV
11	EMIR-V + Ven SFT-VO SFT-VollzugV ZGVG + Z
12	FinalitätsG CSD-VO + V
13	BMSVG PKKG, BPG DfV Pensio EU-EbAV-V
14	CRA-V RAVG Ratingagen

LexisNexis

KODEX
DES ÖSTERREICHISCHEN RECHTS
HERAUSGEBER: UNIV.-PROF. DR. WERNER DORALT

LEBENSMITTELRECHT

1	LMSVG
2	Kennzeichnung
3	Lebensmittel
4	LM für spez. Gruppen
5	Wasser
6	Zusatzstoffe
7	Hygiene
8	Gebrauchsgegenstände
9	Kosmetika
10	Amtl Kontrolle
11	EG-Basis-Verordnung
12	EG-Hygiene-Verordnungen
13	EG-KontrollV
14	EG-ClaimsV
15	EG-AnreicherungsV
16	EU-Novel FoodV
17	EU-QuaDG

LexisNexis

KODEX
DES ÖSTERREICHISCHEN RECHTS
HERAUSGEBER: UNIV.-PROF. DR. WERNER DORALT

GESUNDHEITSBERUFE

1	GuKG GuK-AV GuK-TAV FH-GuK-AV GuK-SV GuK-LFV PA-PFA-AV GuK-WV GuK-BAV GuK-AusweisV GBR-BAV GuK-EWRV Art. 15a-B-VG-V SozbetrB
2	HebG Heb-AV FH-Heb-AV HebAV Heb-EWRV 2008 HebGSV Heb-GWO
3	KTG KT-AV
4	MABG MAB-AV TT-AV TT-AkkV
5	MMHmG MMHm-AV MMHm-ZV Hm-BerufsausweisV
6	MTD-G FH-MTD-AV V-RFS-MTD MTD-AusweisV
7	MTF-SHD-G
8	MuthG
9	PsychologenG EWR-PsychologenG EWR-PsychologenV PsychotherapieG EWR-PsychotherapieG EWR-PsychotherapieV
10	SanG San-AV SanAFV
11	ZÄG ZASS-VO BAG Lehre ZfAO
12	GBRG

LexisNexis

KODEX
DES ÖSTERREICHISCHEN RECHTS
HERAUSGEBER: UNIV.-PROF. DR. WERNER DORALT

POLIZEIRECHT

1	SPG + Ven
2	PStSG
3	WaffGebrG
4	BKA-G
5	BAK-G
6	PolKG EU-PolKG
7	Sonstige
8	StGB VbVG
9	NebenG
10	StPO JGG
11	StRegG TilgG
12	Sonstige
13	EGVG + Sonstige
14	AVG
15	VStG VVG + VwGVG
16	ZustellG
17	MeldeG + DV
18	PassG + DV
19	BFA-G + DV BFA-VG + DV
20	FPG + DV
21	NAG + DV
22	AsylG + DV
23	GrekoG
24	SDÜ + Sonstige
25	AuslBG
26	WaffG + Ven
27	KriegsmatG + V
28	PyroTG + DV
29	SprG + Ven
30	MedienG
31	VersammlG
32	StVO + Ven
33	FSG + DV
34	KFG + Ven
35	Sonstige
36	B-VG
37	EMRK + ZP StGG HausRG PersFrG
38	Sonstige
39	ABGB
40	AHG, OrgHG PolBEG
41	ASVG
42	BDG + Ven

LexisNexis

KODEX
DES ÖSTERREICHISCHEN RECHTS
HERAUSGEBER: UNIV.-PROF. DR. WERNER DORALT

BESONDERES VERWALTUNGSRECHT

1	BVergG 2006
2	DSG
3	UG 2002
4	DMSG
5	KAKuG
6	GTG
7	SPG + BG KorruptPräv + PStSG
8	MeldeG
9	PassG
10	FPG
11	NAG
12	AsylG 2005
13	GVG-B 2005
14	WaffG
15	BFA-G
16	BFA-VG
17	PStG 2013
18	ForstG
19	WRG
20	AWG
21	IG-L
22	EG-K
23	UVP-G
24	StVO
25	KFG
26	FSG
27	GewO

LexisNexis

KODEX-Bestellformular

Titel	Preis im Abo EUR	Einzelpreis EUR
Verfassungsrecht 2022, inkl. App	28,80	36,-
Europarecht (EU-Verfassungsrecht) 2021, inkl. App	30,-	37,50
Völkerrecht 2022, inkl. App	28,20	36,-
Basisgesetze ABGB und B-VG 2022, inkl. App		15,-
Bürgerliches Recht 2022, inkl. App	26,-	32,50
Taschen-Kodex ABGB 2021, inkl. App		19,-
Familienrecht 2020, inkl. App	44,-	55,-
Unternehmensrecht 2022, inkl. App	27,20	34,-
Zivilgerichtliches Verfahren 2022, inkl. App	32,-	40,-
Internationales Privatrecht 2021, inkl. App	27,20	34,-
Taschen-Kodex Strafgesetzbuch 2021 inkl. App		15,-
Strafrecht 2022, inkl. App	26,-	32,50
Gerichtsorganisation 2021, inkl. App	60,80	76,-
Anwalts- und Gerichtstarife 9/2021, inkl. App	24,-	30,-
Justizgesetze 2021, inkl. App	23,20	29,-
Wohnungsgesetze 2022, inkl. App	44,80	56,-
Finanzmarktrecht Band Ia+Ib (Bankenaufsicht), inkl. App	76,00	95,-
Finanzmarktrecht Band II (Zahlungsverkehr), inkl. App	64,80	81,-
Finanzmarktrecht Band III (Wertpapierrecht, Börse), inkl. App	64,80	81,-
Finanzmarktrecht Band IV (Kapitalmarkt, Prospektrecht), inkl. App	64,80	81,-
Finanzmarktrecht Band V (Geldwäsche), inkl. App	48,-	60,-
Versicherungsrecht Band I 2021/22, inkl. App	60,-	75,-
Versicherungsrecht Band II 2021/22, inkl. App	47,20	59,-
Compliance für Unternehmen 2020/21, inkl. App	58,40	73,-
IP-/IT-Recht 2021, inkl. App	52,-	65,-
Mediation 2021, inkl. App	25,60	32,-
Schiedsverfahren 2020, inkl. App	36,-	45,-
Wirtschaftsprivatrecht 2021/22, inkl. App	23,80	29,80
WirtschaftsG I (Öffentliches Wirtschaftsrecht) 2021, inkl. App	47,20	59,-
WirtschaftsG II (Wettbewerb, Gew. Rechtsschutz) 2021/22, inkl. App	60,-	48,-
WirtschaftsG III (UWG) 2019/20, inkl. App	31,20	39,-
WirtschaftsG IV (Telekommunikation) 2022	66,40	83,-
WirtschaftsG V (Wettbewerbs- und Kartellrecht) 2022, inkl. App	53,60	67,-
WirtschaftsG VI (Datenschutz) 2021, inkl. App	52,-	65,-
WirtschaftsG VII (Energierecht) 2021, inkl. App	48,-	60-
Vergabegesetze 2019, inkl. App	42,40	53,-
Arbeitsrecht 2021/22, inkl. App	33,60	42,-
EU-Arbeitsrecht 2022, inkl. App	55,20	69,-
Arbeitnehmerschutz 2021/22, inkl. App	30,40	38,-
Sozialversicherung (Bd. I) 2021/22, inkl. App	33,60	42,-
Sozialversicherung (Bd. II) 2021/22, inkl. App	32,-	40,-
Sozialversicherung (Bd. III) 2020/21 inkl. App	26,40	33,-
Personalverrechnung 2021	32,-	40,-
Steuergesetze 2021/22, inkl. App	31,20	39,-
Steuer-Erlässe (Bd. I) 2021, inkl. App	48,-	60,-
Steuer-Erlässe (Bd. II) 2022, inkl. App	28,00	35,-
Steuer-Erlässe (Bd. III) 2022, inkl. App	48,80	61,-
Steuer-Erlässe (Bd. IV) 2022, inkl. App	50,60	63,-
EStG - Richtlinienkommentar 2021, inkl. App	56,-	70,-
LStG - Richtlinienkommentar 2021, inkl. App	47,20	59,-
KStG - Richtlinienkommentar 2020	39,20	49,-
UmgrStG - Richtlinienkommentar 2021	48,-	60,-
UStG - Richtlinienkommentar 2021, inkl. App	42,40	53,-
Doppelbesteuerungsabkommen 2020, inkl. App	52,-	65,-
Zollrecht 2022, inkl. App	92,80	116,-
Finanzpolizei 2020, inkl. App	39,20	49,-
Rechnungslegung- und Prüfung 2022, inkl. App	47,60	57,-
Internationale Rechnungslegung IAS/IFRS 2022, inkl. App	24,-	30,-
Verkehrsrecht 2021, inkl. App	73,60	92,-
Wehrrecht 2020, inkl. App	44,80	56,-
Ärzterecht 2021, inkl. App	76,-	95,-
Krankenanstaltengesetze 2021/22	57,60	72,-
Veterinärrecht 2022	76,80	96,-
Umweltrecht 2021/22, inkl. App	84,-	105,-
EU-Umweltrecht 2020, inkl. App	82,40	103,-
Wasserrecht 2022, inkl. App	77,60	97,-
Abfallrecht mit ÖKO-Audit 2021, inkl. App	83,20	104,-
Chemikalienrecht 2021/22, inkl. App	63,20	79,-
EU-Chemikalienrecht 2022, inkl. App	76,-	95,-
Lebensmittelrecht 2022, inkl. App	69,60	87,-
Schulgesetze 2021/22	56,80	71,-
Universitätsrecht 2019, inkl. App	47,20	59,-
Besonderes Verwaltungsrecht 2022, inkl. App	52,-	65,-
Innere Verwaltung 2022, inkl. App	79,20	99,-
Asyl- und Fremdenrecht 2021, inkl. App	38,30	48,-
Polizeirecht 2022 März, inkl. App	46,30	58,-
Verwaltungsverfahrensgesetze (AVG) 2022, inkl. App	17,60	22,-
Landesrecht Vorarlberg 2021	92,-	115,-
Landesrecht Tirol 2021	102,40	128,-

Die Preise beziehen sich auf die angegebene Auflage, zzgl. Porto und Versandspesen. Satz- und Druckfehler vorbehalten.

Für Ihre Bestellung einfach Seite kopieren, gewünschte Anzahl eintragen, Bestellabschnitt ausfüllen und an Ihren Buchhändler oder an den Verlag LexisNexis ARD Orac faxen: (01) +43-1-534 52-141 oder ganz bequem unter
Tel.: (01) 534 52-0 oder über **shop.lexisnexis.at/kodex.html**
JETZT NEU: Der KODEX ist unter **www.kodexapp.info** als Mobile App und nun auch als Desktop App für Windows verfügbar!

Firma/Name: .... Kundennr.: ....

Straße: ....